白银有色集团股份有限公司

BAIYIN NONFERROUS GROUP CO,LTD.

股票代码：601212

白银有色集团股份有限公司（以下简称“白银有色”），前身为白银有色金属公司成立于 1954 年，注册地位于甘肃省白银市，是国家“一五”时期 156 个重点建设项目之一，曾创造了铜硫产量、产值和利税连续 18 年全国第一的辉煌，被誉为共和国有色工业的“长子”，为中国有色工业和地方经济发展做出了重要贡献。

2017 年 2 月 15 日，白银有色在上交所正式敲锣整体上市

白银有色在境内外共有分子公司 39 家，主要产品包括阴极铜、铅锭、锌锭、铜材、铅材、锌材、贵金属制品和电线电缆等多个品种，Ibis 牌锌锭、铅锭在 LME 注册，Ibis 牌阴极铜、锌锭在上海期货交易所注册。2017 年 2 月 15 日登陆 A 股市场，成为目前国内 A 股市场有色行业唯一一家整体上市的大型国有企业。目前，白银有色已由传统的有色采选、冶炼、加工企业，发展成为生产、投资、贸易、金融等多元产业融合、有色金属与贵金属并重、传统产业与新兴产业并举的综合性跨国集团公司。

厂坝铅锌矿

白银有色先后入选国家“循环经济模式典型案例”，获得“全国循环经济工作先进单位”、“国家技术创新示范企业”、“全国首批资源综合利用‘双百’工程骨干企业”、“全国五一劳动奖状”和“全国先进基层党组织”等荣誉称号。2017 年白银有色在全国 500 强企业中排名第 271 位，有色行业排名第 12 位，在中国 100 大跨国公司中排名第 78 位。

20 万吨阴极铜电解车间

未来，白银有色将继续弘扬艰苦奋斗的企业精神和感恩回报的企业文化，全力推进“1336”战略体系，建设成为以有色金属产业为基础，投资、贸易、金融、大数据、现代物流、科研技术服务等多业态、多元化发展的国际知名、国内一流跨国集团。

艰苦奋斗 感恩回报

上海證券交易所 SHANGHAI STOCK EXCHANGE

上海证券交易所成立于1990年11月26日，同年12月19日开业，受中国证监会监督和管理。上海证券交易所致力于创造透明、开放、安全、高效的市场环境，其主要职能包括：提供证券交易的场所、设施和服务；制定和修改证券交易所的业务规则；审核、安排证券上市交易，决定证券暂停、恢复、终止和重新上市；提供非公开发行证券转让服务；组织和监督证券交易；对会员进行监管；对证券上市交易公司及相关信息披露义务人进行监管；对证券服务机构为证券上市、交易等提供服务的行为进行监管；管理和公布市场信息；开展投资者教育和保护；法律、行政法规规定及中国证监会许可、授权或委托的其他职能。

截至2017年末，沪市上市公司家数达1396家，总市值33.1万亿元；2017年全年股票累计成交金额51.1万亿元，日均成交2095亿元，股市筹资总额7578亿元；债券市场挂牌只数10386只，托管量7.4万亿元，累计成交247.3万亿元；基金市场只数达202只，累计成交7.8万亿元；衍生品市场全年累计成交893.1亿元。沪市投资者开户数量已达26296万户。

经过28年的快速成长，上海证券交易所已发展成为拥有股票、债券、基金、衍生品四大类证券交易品种、市场结构较为完整的证券交易所；拥有可支撑上海证券市场高效稳健运行的交易系统及基础通信设施；拥有可确保上海证券市场规范有序运作、效能显著的自律监管体系。依托这些优势，上海证券市场的规模和投资者群体也在迅速壮大。

2016年9月，上交所公益基金会与上海市儿童医院发起“格桑花之爱”高原儿童医疗援助公益项目

2017年7月14-20日，上交所公益基金会主办的“希望之光”优秀乡村教师培训班在华东师范大学举办

上交所公益基金会 --“行走的渴望”云南文山因战伤残人员假肢安装公益项目签约仪式

开展“蓝色梦想”贫困学生资助项目

上交所公益基金会为四川省盐源县双河乡小学捐建的理想阶梯图书室

上交所公益慈善项目

【格桑花之爱】【行走的渴望】【理想阶梯】【希望之光】【蓝色梦想】

上海证券交易所公益基金会，成立于2015年2月2日，是由上海证券交易所作为唯一发起人，捐资1000万元成立的非公募基金会。桂敏杰担任基金会首任理事长。

基金会立足上海，辐射全国，以倡导企业社会责任，发挥资本市场优势，共同致力社会公益慈善事业，共同促进社会主义精神文明和和谐社会建设为宗旨。

基金会将与证券金融业界及社会各界广泛合作，致力于开展社会金融知识普及、金融扶贫、赈灾、济困、助残、敬老、扶幼、支教助学、环境保护、证券金融文化交流等社会公益慈善活动，推动上海城市文明发展，推动上海国际金融中心建设，促进社会主义精神文明和和谐社会建设。

聚爱于心，助困于行，让每一个梦想都乘风远航！

至诚至公 全球融通
建世界领先交易所
地址：上海市浦东南路 528 号证券大厦　邮政编码：200120
总机：68808888　传真：68804868　电子邮件：webmaster@secure.sse.com.cn

支持中小企业 创造无限机会

深圳证券交易所（以下简称“深交所”或“本所”）于 1990 年 12 月 1 日开始营业，是经国务院批准设立的全国性资本市场。主要职能包括：提供证券交易的场所和设施；制定本所业务规则；接受上市申请、安排证券上市；组织、监督证券交易；对会员和上市公司进行监管；管理和公布市场信息；中国证监会许可的其他职能。

深交所根植于中国改革开放的前沿，服务中国经济发展战略，致力于建设全球最具活力的资本市场平台。20 多年来，在中国证监会领导下，深交所努力建设完善深市多层次市场体系、多样化产品体系，已经成为我国国民经济不可分割的重要组成部分，成为支持实体经济发展、服务国家战略的重要基础平台和推动支持创新中国建设的重要力量。

吴利军理事长出席“第六届中国（西部）高新技术产业与金融资本对接推进会。

2017 年 12 月 3 日，王建军总经理在“全球公益金融论坛暨 2017 社会影响力投资峰会”上宣布，深交所正式成为联合国可持续证券交易所倡议第 67 家伙伴交易所。这标志着深交所将在支持可持续发展、推进绿色金融建设方面发挥更大作用。

2017 年 12 月 16 日，深圳证券交易所与伦敦证券交易所集团在北京举办中英创新资本专题研讨会暨“深伦科创投融资服务联盟”启动仪式。

2017 年 12 月 2 日，在深港通开通即将一周年之际，深圳证券交易所与香港交易及结算所有限公司、中国证券登记结算有限责任公司，在深圳举办了“深港通一周年：资本市场国际化新征程”主题座谈会。

2017 年深圳证券交易所多层次资本市场服务实体经济发展的功能作用持续发挥。截至 12 月底，深交所上市公司达到 2089 家，总市值 23.58 万亿元，股票筹资额 7821.85 亿元，全年股票成交金额累计 61.69 万亿元。上市基金 535 只，挂牌债券 3846 只，资产证券化产品 185 只。

深交所在中国证监会领导下，将以服务全面建成小康社会、全面深化改革为宗旨，以加快建设中国多层次资本市场体系为使命，贯彻创新、协调、绿色、开放、共享的发展理念，全力服务供给侧结构性改革和“一带一路”国家战略，推进自主创新，服务实体经济，支持中小企业，打造创新资本形成中心，释放成长新动力。

地址：北京市海淀区西直门北大街62号
电话：+86（10）8229 8322
传真：+86（10）8229 8158
邮箱：ir@chalco.com.cn

励精图治　创新求强

大事记

- 2014年1月17日至18日，《600kA超大容量铝电解槽技术研发》项目通过了国家科技部组织的课题验收，项目整体技术达到了国际领先水平。
- 2014年7月28日，中国铝业山西分公司孝义铝矿被国土资源部评为第四批“国家级绿色矿山试点单位”。
- 2015年6月15日，中国铝业成功完成A股股票非公开发行，募集资金80亿元人民币。
- 2015年9月20日，公司所属甘肃华鹭铝业与白银市政府、白银有色集团签署合作协议，就甘肃华鹭铝业出城入园项目展开合作；11月10日，公司与贵阳市政府签订贵铝电解铝“退城进园”战略合作框架协议。
- 2016年9月，中国铝业非公开发行2016年公司债券（第一期），募集资金32.15亿元，并于10月24日起，在上海证券交易所挂牌。
- 2016年10月31日，中国铝业成功发行5N期5亿美元境外高级永续债券，票面利率4.25%。据了解，这是中国铝业发行的第二笔投资级别永续债，也是中铝集团及其下属公司截至目前发行规模较大、利率较低的一笔境外永续债券。体现了广大投资者对中国铝业的认可和信任，加强了中国铝业在国际资本市场的影响力。
- 2017年6月，中国铝业与国寿投资设立“国寿投资–中铝股份供给侧改革项目”，引入8年期供给侧改革投资资金100亿元。
- 2017年，中国铝业与交银国际信托、交银国际资产合资成立北京中铝交银四则产业投资基金，基金规模100亿元。

海洋石油981

海洋石油982

海洋石油691

海洋石油760

完井工具系列化

北美联合实验室

固井技术“花开”墨西哥

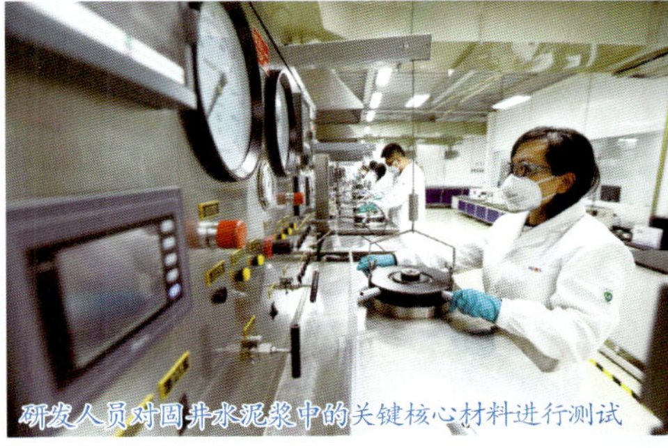
研发人员对固井水泥浆中的关键核心材料进行测试

公司荣誉

公司自2002年上市以来，累计在两市获得的资本市场荣誉超过100项，下面列举近2017年的重要奖项。

1.荣获“金港股最佳投资者关系”奖项。

2.在香港知名财经杂志《中国融资》举办的“年度上市公司大奖”系列评选中，荣获“最佳企业管治”公司奖。

3.在“天马奖 · 第八届中国上市公司投资者关系评选”中获得“中国主板上市公司投资者关系最佳董事会”荣誉。

4.HKIRA授予公司“投资者关系卓越证书”（Certificate of Excellence）。

5.公司2016《笃行 致远》年报，在美国传媒专业联盟LLC举办的“Vision Awards（远见奖）”国际年报评选中获得金奖。

6.公司连续第六年入选恒生「A股可持续发展企业基准指数」成份股，连续第四年入选「恒生可持续发展企业基准指数」成份股。

大事记

· 2002年11月，H股上市融资22.35亿港元（24亿人民币）。

· 2006年2月，10亿人民币短期融资券发行。

· 2007年5月，15亿人民币企业债发行。

· 2007年9月，A股上市融资67.4亿人民币。

· 2012年9月，10亿美元公司债发行。

· 2014年2月， H股的私募股权融资58亿港元（46亿人民币）。

· 2015年7月，10亿美元中期票据计划发行。

· 2016年5月，首期50亿元人民币公司债发行。

· 2016年10月，二期50亿元人民币公司债发行。

证通股份有限公司成立于2015年1月8日，是由国内多家证券机构、互联网企业和金融服务机构以市场化方式共同发起成立的金融科技综合服务企业。公司注册于中国（上海）自由贸易试验区，目前注册资本金为人民币25.1875亿元。

公司以“让金融服务更加安全便捷”为愿景，面向以证券业机构为主的各类金融机构和互联网企业，以经济运行的大数据为基础，运用科技的手段，以“为金融行业风险管理提供综合服务”为“一体”、支付结算和财富管理为“两翼”，提供金融综合服务解决方案。

公司牢记“让数据说话，用科技赋能”使命，自成立以来先后获得第三方支付、基金销售、融资租赁、保险代理等多项核心业务资质，以金融安全、大数据、人工智能等前沿技术为着力点，稳步提升金融科技核心实力。

公司愿与广大金融机构、互联网企业及个人客户携手并进，共创中国金融科技综合服务业的美好明天。

公司外景

2017年12月，公司与云从科技建立科技联合创新实验室正式揭牌，双方将开展深度合作。

2017年10月，公司成功举办互联网证券高峰论坛，来自中国互联网金融协会和近30家证券公司的嘉宾参与交流，分享经验探讨未来发展方向。

公司地址：上海市浦东新区新金桥路 27 号 1 号楼 201206
联系电话：021-20538888 客服电话：400-820-1515
电子邮件：service@ect888.com

科技实力

公司建设有专业化、高水准的科技力量，打造行业领先的科技保障实力。公司IT技术人才核心团队成员来自知名IT、金融企业，拥有扎实的专业素养和丰富的从业经验。

公司搭建了IT应用云与数据云平台，可提供上千台云主机,支持上百T数据存储计算能力；已建成的同城双活架构的现代化数据中心符合国家A级标准，使应用系统整体可用率高于99.95%。核心业务系统RTO（灾后恢复时长）平均15分钟，RPO（灾后恢复数据丢失段时长）基本为0。

公司已通过等保三级安全测评认证、ISO20000服务管理体系与ISO27001信息安全管理体系国家级认证，为证通服务证券行业提供了强有力的技术保障。

企业总控中心

证通主机房

年度要闻

2017年3月，公安部全国公民身份证号查询服务中心宁智俭主任一行莅临公司调研指导，表示将在技术和信息安全方面进一步加深与证通的合作交流。

2017年3月，公司联网通汇金融共性技术服务平台获得上海张江国家自主创新示范区专项发展资金支持。

2017年6月，公司客户认证服务平台荣获2016年度上海金融创新成果奖。

2017年6月，公司投教基地被命名为首批上海市证券期货投资者教育基地。

2017年10月，公司成功举办互联网证券高峰论坛，来自中国互联网金融协会和近30家证券公司的嘉宾参与交流，分享发展经验探讨未来发展方向。

2017年12月，公司与云从科技金融科技联合创新实验室正式揭牌，双方将开展深度合作。

2017年12月，公司与上海福彩中心启动全市福利彩票“二维码”电子支付。

www.zts.com.cn
地址：山东省济南市经七路 86 号
邮编：250001
客户服务专线：95538

中泰证券总部大楼

2017年大事记

1、公司（本部）荣获第五届全国文明单位称号。
2、公司严格落实全面从严治党责任，党建工作持续提升。
3、公司子公司中泰资管获批公募基金业务资格，为 2017 年证监会发放的券商资管唯一公募牌照。
4、公司投行债券承销业务排名逆市提升，荣获“中国区突破债券投行君鼎奖”。
5、公司经纪业务转型初见成效，市场份额排名上升至行业第 11 位。
6、公司研究所研究实力大幅提升，荣获新财富进步最快研究机构第一名。
7、公司子公司鲁证期货期权交易量居行业前列，场外业务继续保持领先地位。
8、公司子公司中泰国际业务实现新突破，服务山东企业海外融资再立新功。
9、公司投身精准扶贫攻坚，积极履行社会责任。
10、统一思想、凝聚共识，公司企业文化建设作出新部署。

www.zts.com.cn

为贯彻落实脱贫攻坚战略部署，中泰证券专门成立扶贫领导小组和扶贫办公室，多次深入新疆疏勒县、英吉沙县等国家级贫困县进行现场调研。

中泰证券保荐主承销的陕西盘龙药业于2017年11月16日在深交所挂牌上市，募集资金2.17亿元，是陕西省商洛市第一家上市公司，也是陕西省贫困县第一家上市工作。

中泰证券与新疆疏勒县政府签订结对帮扶协议。

公司以贫困地区实体经济需求为导向，努力发挥自身专业优势，积极实施“七个一”工程，即在贫困地区推荐 1 家企业 IPO、设立 1 支产业扶贫基金、打造 1 个农产品品牌、建设 1 所公益学校、选派 10 名优秀干部挂职、帮助 100 名建档立卡贫困户脱贫、资助 100 名贫困学生，努力打好“金融扶贫、产业扶贫、消费扶贫、慈善扶贫”组合拳。近年来通过股权、债券等手段为贫困地区融资近 30 亿元，其中保荐主承销的陕西盘龙药业 IPO 项目于 2017 年 11 月 16 日在深交所挂牌上市，是陕西省商洛市第一家上市公司，也是陕西省贫困县第一家上市公司；向新疆喀什等贫困地区企业和农户采购绿色农产品 1500 多万元，有效解决了当地农产品滞销的难题，推进和带动了当地农产品生产加工和销售等产业的发展；累计捐款近 300 万元，用于支持帮包村建设，贫困户发展养殖、种植、加工等特色产业以及贫困助学等。联合两家子公司出资 1000 万元，发起成立了山东中泰慈善基金会，创建公益事业的集中统一平台。

东莞证券股份有限公司成立于 1988 年 6 月，注册资本 15 亿元，是国有控股的全国性综合类证券公司，也是全国首批承销保荐机构之一。公司具有全牌照业务资格，下设经纪业务管理总部等 15 个单位，截止 2018 年 2 月，拥有 78 家分支机构（其中经纪业务分支机构 75 家，上海分公司 1 家，深圳分公司 1 家，北京办事处 1 家），全资拥有东证锦信私募基金子公司，参股华联期货有限公司，营业足迹遍布珠三角、长三角及环渤海经济圈。目前，公司"扎根东莞、迈向全国"的格局基本形成。

东莞证券作为东莞本土唯一券商，三十年风雨兼程，三十年不忘初心，三十年稳健前行，在市委市政府的领导下，谋篇布局 稳健发展。

2017 年，公司实现营业收入 19.77 亿元，营业支出 10.49 亿元，净利润 7.51 亿元，总资产 275.20 亿元，净资产 60.12 亿元，净资产收益率 13.11%。据 CISP 系统数据显示，截至 2017 年末，公司部分指标排名情况如下：总资产排名第 54 位，净资产排名第 69 位，营业收入第 40 位，净利润第 35 位。

秉承金融回归本源，服务实体经济的理念，东莞证券多年来利用丰富的资本市场经验为企业提供专业的股权融资、债券融资服务，为企业借助资本市场腾飞与发展提供了强大支持。2017 年，公司 IPO 发行家数同比增长 75%，发行募集规模同比增长 247.03%，发行家数和募集资金规模均跻身行业前 30 名，分别位列第 22 和 25 名（排名数据来源于东方财富网）业务规模实现快速增长。

规范、诚信、专业、创新

公司领导合照

三十年，是峥嵘岁月的磨砺；三十年，是过往经验的沉淀；三十年，是发展基石的夯实；三十年，见证了中国资本市场的蜕变；三十年，守望明天的灿烂辉煌。在过去的 30 年里，东莞证券坚持以市场为导向，积极抓住行业创新发展的机遇，不断提高经营管理水平和业务创新能力，大力推动业务结构转型升级和多元化发展，取得了骄人业绩。未来岁月里，东莞证券必将成为资本规模和实力雄厚，整体布局和结构合理，核心竞争力全面提升，能有效参与国际国内资本市场竞争 运行稳健且可持续发展的全国性综合金融服务提供商。

公司历年来获得多项荣誉 ,先后荣获广东省企业管理现代化创新成果二等奖第一名、广东省"金融创新奖"三等奖、东莞市金融创新成果奖三等奖、中国最具成长性证券经纪商、东莞市诚信企业、2014~2015 年度东莞市优秀企业、2015 年度东莞市大型骨干企业、"三十年东莞骄傲"标志企业、金融消费权益保护工作先进单位、2017 年度卓越综合金融服务商、2017 年新三板投行先锋、广东省守合同重信用企业等荣誉。此外 ,公司也连续三年荣获东莞市委市政府颁发的"年度税收突出贡献奖"。

2016 年 12 月与江华结对帮扶签约仪式

2017 年 9 月 19 日 金钻财富现场照

地址：莞城区可园南路 1 号金源中心 30 楼
委托、服务电话：95328
邮政编码：523000

证券代码 :835337
地 址：兰州市城关区东岗西路 638 号兰州财富中心
电 话：0931-8888088 传 真：0931-4890515
邮箱：hlzq@hlzq.com

华龙证券公司大楼

华龙证券股份有限公司（以下简称：公司）成立于 2001 年 5 月 18 日，是由甘肃省人民政府组织筹建，经中国证监会批准的综合类全牌照证券经营机构，注册资本 63.26 亿元。2016 年 1 月 21 日，公司在全国中小企业股份转让系统（下称“新三板”）挂牌，证券代码 835337。

华龙证券经营范围包括：证券经纪、证券投资咨询、证券承销与保荐、财务顾问、证券自营、证券资产管理、融资融券、代销金融产品、直接投资、证券投资基金代销、为期货公司提供中间介绍业务等。

经过多年发展，公司已拥有广泛的客户资源、良好的社会形象和品牌影响力，形成了在全国金融中心及重点城市有机构、无缝隙覆盖甘肃全省的网点布局。在北京、上海、深圳、重庆、杭州、无锡、合肥、乌鲁木齐、西安、成都、长沙、武汉、济南、厦门等国内主要中心城市及甘肃省内各地市设立了 15 家分公司和 80 余家证券营业部。同时，公司始终坚持多元化发展的理念，积极构建金融控股集团架构，主发起设立了华商基金管理公司，控股华龙期货股份有限公司，主发起设立甘肃股权交易中心，全资控股金城资本管理有限公司。

公司大力实施人才战略，现有员工中本科以上学历员工超过 90%，其中硕博士以上学历人数达 26%，拥有一批经验丰富、业务精湛的保荐代表人、财富管理专家、金融产品设计专家和债务融资专家。经国家科技部、教育部批准，公司设有博士后流动工作站，成为公司培养优选后备人才的基地。

公司坚持“开拓西部，放眼全国”的发展战略，凭借专业化的优质服务，诚信、务实、高效、敬业的团队精神，在竞争激烈的中国证券服务业中稳步提升份额。2009 年成功保荐首批创业板上市企业发行上市，成为首批保荐企业在创业板上市的全国 17 家证券公司之一，2012 年新三板扩容后，成为推荐首批企业在新三板挂牌的证券公司，自 2008 年起，公司先后 8 次荣获“省长金融奖”。

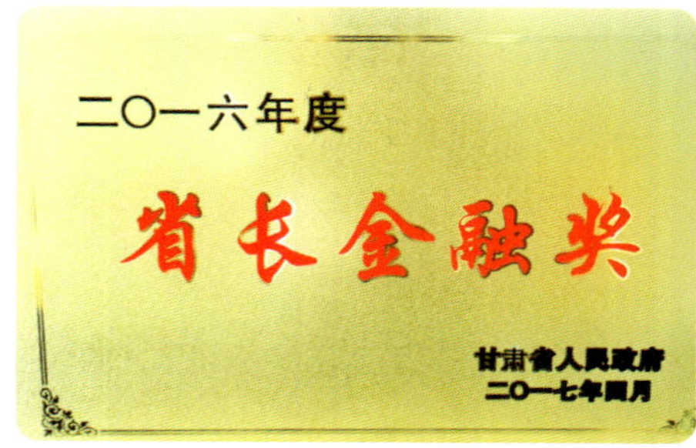

2016 年度省长金融奖

2017 中国优秀投行君鼎奖

华龙证券杯投资创业大赛

2016 年年底，公司圆满完成了新三板增资扩股工作，募集资金 96 亿元，资本实力大幅提升，同时引进多家实力雄厚的战略投资者。未来，公司将以经纪、投行等传统业务为主体，以资本型中介业务和资本投资业务为两翼，以创新业务为驱动，以机制改革、业务创新、规模扩张、品牌建设为抓手，把公司打造成为治理健全、风控有效、专业精湛、收益良好的现代金融控股集团。

深耕甘肃 立足西北 放眼全国

www.hlzq.com

华龙证券溢价收购建档立卡贫困户种植荞麦原粮，现金支付，直接补贴农户，农户乐上心头。

“垄上人家”爱心助学活动

2017年11月6日，为了贯彻落实省委省政府“金融服务实体经济”的战略部署，支持我省中小企业创新发展，发现和培育一批有作为、有潜力的创新人才及企业，帮助企业解决目标战略定位、融资困境等问题，华龙证券股份有限公司联合省内其他金融机构特别举办了“华龙证券杯”投资创业大赛。该大赛是我省金融机构对中小微企业进行投贷联动的一次创新之举。“华龙证券杯”投资创业大赛由甘肃金控集团、华龙证券主办，金城资本管理有限公司、甘肃股权交易中心协办。大赛历时四个月，近三百家企业报名参与，参赛企业涉及工业制造、金融服务、农业科技、食品餐饮、文化传媒、医疗医药等多个领域。在我省多家权威金融单位、投资机构共同把关及见证下，经过了初赛、复赛、决赛，于12月30日落下帷幕，共有24家企业获奖。

股票代码：600328

内蒙古兰太实业股份有限公司
地址：内蒙古阿拉善经济开发区
邮编：750336
电话：0483-8182899
传真：0483－8182002
邮箱：ltzqb@lantaicn.com

内蒙古兰太实业股份有限公司（简称“兰太实业”）成立于1998年，2000年在上海证券交易所挂牌上市，股票代码：600328。中国盐业总公司为公司实际控制人，总部位于内蒙古阿拉善经济开发区，现有员工4000余人，资产总额68亿元，年销售收入30亿元左右。

兰太实业始终遵循“盐为基础、横向拓宽、纵向延伸、科学发展”的经营思路，不断推进管理变革和技术创新，加快产业转型升级和多元化发展步伐，持续调整产品和产业结构，经过多年的发展，现已成为集制盐、盐化工、生物制药、矿产资源开发为一体，横跨内蒙古、青海、江西等三省（区）六地的大型上市企业集团。现拥有国内技术领先的130万吨/年纯碱生产线；机械化程度较高的300万吨/年成品盐生产线；世界产能最大的6.5万吨/年金属钠生产线；1.2万吨/年高品质液态钠生产线；我国唯一的并被列入国家863计划项目的核级钠生产线；全国单套产能最大的氯酸钠生产线；年产1万吨的三氯异氰尿酸生产线；国内最大的规模化生物盐藻养殖基地；同时，公司还建成了日处理能力为3万立方米的污水处理装置等环保设施。

多年来，公司以其良好的经济效益和社会声誉，先后被评为“国家高新技术企业”、“中国化工企业500强”、“中国化工最具发展潜力的上市公司”、“全国五一劳动奖状获奖企业”、“国家知识产权优势企业”、“内蒙古自治区盐化工企业研究开发中心”、“内蒙古自治区盐化工工程技术研究中心”、“内蒙古自治区高新技术特色工业产业化基地”、“阿拉善盟盟长质量奖”获奖企业等荣誉称号。同时，公司还建立了“吉兰泰盐湖博士工作站”、“吉兰泰盐湖与盐化工产业院士专家工作站”等科技组织。

公司主要产品“银湖”牌精制盐是国内同类产品首批通过绿色认证的“绿色食品”，“国邦”牌金属钠、“兰太”牌氯酸钠、复方甘草片、苁蓉益肾颗粒为自治区名牌产品、“中盐”牌维蜂盐藻胶丸为“中国保健品最具影响力十大品牌”产品，“昆仑雪”牌纯碱为青海省名牌产品，主要产品行销全国二十多个省、市、自治区，并出口欧美、东南亚等多个国家和地区。

“大道致远，行者无疆”。今天的兰太实业正沿着“打造技术领先，质量一流，和谐发展的最具成长力的中盐成员企业”努力迈进，向着幸福兰太、百年兰太的目标奋力前行，让我们并肩携手，共谱合作双赢新篇章。

品质体现价值　发展惠及社会

内蒙古兰太实业股份有限公司制盐分公司—银满盐湖

中盐青海昆仑碱业有限公司

内蒙古兰太钠业有限责任公司—金属钠成品

内蒙古兰太药业有限责任公司—盐藻养殖基地

高海拔地区固相水和制碱技术

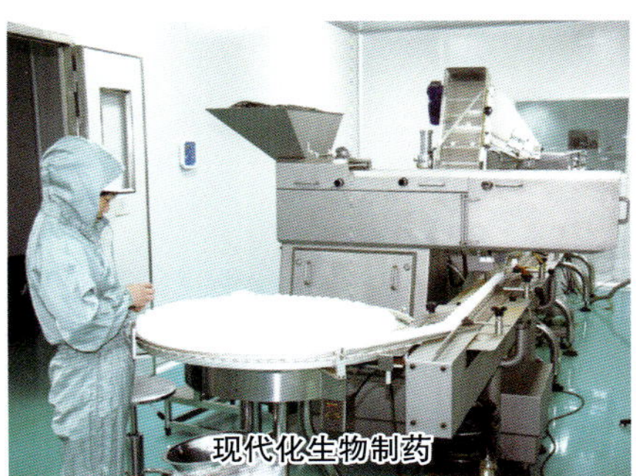

现代化生物制药

公司发展历程

- 1953年，组建了国营吉兰泰盐场。
- 1975年，建成了全国第一座机械化湖盐场。
- 1986年，建成年产5万吨的真空精制盐分厂，2000年完成扩建产能达到20万吨。
- 1990年，成立兰太生物工程分公司。2000年，引进以色列生产技术和德国先进设备建成20吨/年盐藻粉生产项目。
- 1996年，引进美国RMI公司先进制钠技术建成泰达制钠厂，引进美国杜邦公司先进制钠技术，建成万吨制钠厂。
- 1998年，组建了内蒙古兰太实业股份有限公司。
- 2000年，兰太实业6000万A股在上海证券交易所挂牌上市交易。
- 2001年，在呼和浩特建成符合国家GMP标准的现代化制药生产基地。
- 2002–2005年，分别建成氯化聚乙烯厂、高纯钠厂、氯化异氰尿酸厂和氯酸钠厂。
- 2005年，公司实际控制人变更为中国盐业总公司，公司由地方国企划转为央企下属企业。
- 2008年，组建了中盐青海昆仑碱业有限公司并于2011年成功投产。

SINOMA 中材科技股份有限公司
Sinoma Science & Technology Co.,Ltd.

股票简称：中材科技
股票代码：002080

公司简介

中材科技股份有限公司成立于2001年，系由原南京玻璃纤维研究设计院、北京玻璃钢研究设计院和苏州非金属矿工业设计研究院三个国家级科研院所改制设立，是我国玻璃纤维及复合材料的技术发源地，是我国特种纤维复合材料行业惟一的集研究开发、设计、制造于一体的高新技术企业。公司承继了三个国家级科研院所四十多年的核心技术资源和人才优势，是我国特种纤维复合材料行业的技术装备研发中心，也是我国国防工业最大的特种纤维复合材料配套研制基地，引领着中国特种纤维复合材料的技术发展方向。

2006年11月20日，公司完成首次公开发行，并在深圳证券交易所挂牌交易。上市以来，公司围绕新能源、新材料、节能减排等国家战略性新兴产业方向，重点培育发展了风电叶片、高压复合气瓶（氢气瓶、天然气瓶、工业气瓶等）、膜材料等产业。2016年4月，公司与泰山玻璃纤维有限公司的重大资产重组，打通了纤维复合材料产业链上下游，形成了风电叶片、玻璃纤维两大支柱产业。根据公司“十三五”产业发展规划，公司将锂电池隔膜作为主导产业重点发展，将逐步形成风电叶片、玻璃纤维、锂膜三大支柱产业。上市10年多以来，公司营业收入从8.9亿增至103亿，净利润从0.8亿增至7.7亿，净资产从6.9亿增至88亿。

公司将始终遵循“诚信、尊重、创新、高效”的核心价值观，秉承“员工、客户、股东、社会和谐发展”的经营理念，坚持“创新型、价值型、国际型”定位，以“推动新材料产业发展，促进社会技术进步”为使命，以满足客户需求、提升客户价值为目标，立志成为“最为客户尊重与员工、股东信赖的中国材料工业知名科技企业”。

地址：北京市海淀区板井路69号商务中心写字楼12Fa
邮编：100097
电话：010-88433966-200
传真：010-88437712
邮箱：sinoma@sinomatech.com

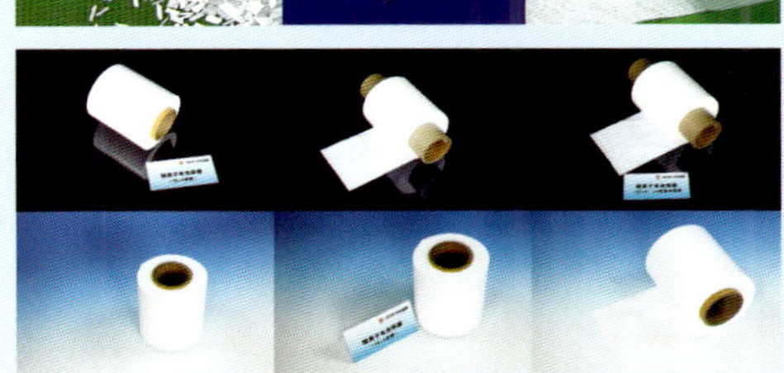

复合材料风电叶片

中材叶片是国内规模最大，具有核心自主知识产权的，集设计、研发、制造及服务为一体的风电叶片供应商。产品开发实现了1MW到6MW系列化推进，拥有六大系列60余个型号产品。适用于高低温、高海拔、低风速、沿海、海上等不同运行环境。全系列产品通过GL、DNV等国际认证。

拥有北京延庆、甘肃酒泉、江苏阜宁、吉林白城、内蒙古锡林、江西萍乡和河北邯郸等七个兆瓦级风电叶片产业基地，具备年产4000套兆瓦级风电叶片的生产能力。创立十年以来，全球累计装机突破1.8万台，产品覆盖14个国家，累计装机容量超过30GW，连续7年市场占有率保持全国第一。

玻璃纤维及制品

泰山玻纤以玻璃纤维及制品为主业，于1997年建成国内首条万吨级池窑拉丝生产线，经过十几年的发展，目前玻璃纤维及制品总产能已达到80万吨/年，为全球五大、中国三大玻璃纤维制造企业之一。

泰山玻纤主要产品为无碱玻纤无捻粗纱系列、短切毡、方格布、风电叶片用多轴向经编织物、热塑性短切纤维、热塑性长纤维、耐酸型的无碱无硼TCR纤维、电子级细纱等，广泛应用于建筑、交通运输、电子电器、航空航天等国民经济各个领域，远销美国、西欧、加拿大、中东、南非等70多个国家和地区。

锂电池隔膜

公司重点培育锂电池隔膜产业，锂电池隔膜是新能源电池生产的关键材料，是产业链的重要组成部分，其终端产品广泛的应用于数码产品、动力能源、储能电站三大领域。

公司于2016年3月，成立中材锂膜有限公司，主要生产5~20μm湿法双向同步拉伸隔膜及各类涂覆隔膜，产品性能优越，已通过国内外多家中、高端锂电池厂家的认证和使用。山东滕州（总部）基地一期项目2.4亿平米/年的基膜生产线、4000万平米/年的涂覆膜生产线预计于2018年底全部建成投产。

包头东宝生物技术股份有限公司成立于1997年，是一家专业的生物制品国家级高新技术企业，内蒙古自治区科学发展先进企业、“内蒙古自治区首批大众创业 万众创新示范基地”，包头市首批“百年老店”。公司注册资本4.6亿元，总资产10亿元，属生物科技行业，符合国家健康产业规划发展方向，是国家鼓励发展的战略新兴产业，也是自治区党委十届二中全委会列明的七大新兴业态之一。

东宝生物主营产品“金鹿”牌明胶、“圆素”牌胶原蛋白及“白云”牌磷酸氢钙均为自治区名牌产品。“金鹿”牌荣获自治区著名商标、“圆素”牌荣获包头市知名商标荣誉称号。

2011年7月6日，公司在深圳证券交易所成功上市，股票简称“东宝生物”，股票代码“300239”，是内蒙古自治区第一家在创业板上市的民营企业，也是包头市第一家登陆国内A股的民营企业。

东宝生物现有年产10000吨明胶、1000吨胶原蛋白生产能力。建于高新区滨河新区的东宝生物生态科技园将打造中国明胶行业“五个第一”，即智能化技术第一、产品质量第一、生产（经营）规模第一、效益第一、生产（工作）环境第一，志在建成亚洲明胶样板工厂。

公司一直注重研发工作，不断推进技术进步，与中科院理化所、加州大学等科研院所开展紧密合作，拥有自治区级企业技术中心、研究开发中心、中科院理化所—东宝生物胶原蛋白与明胶生物工程应用研发中心，与中科院理化所等单位联合实验室被认定为首批中国轻工业明胶重点实验室。

未来，公司除积极拓展现有业务外，还将紧抓“健康中国”战略发展的契机，多方位实施对外合作项目，加大骨胶原肽抑制肿瘤作用机制研究、明胶静电纺丝生物药械材料、医用胶原水解物(代血浆明胶)等前沿技术的研发力度，以优质的产品和超值的服务抢占大健康市场。

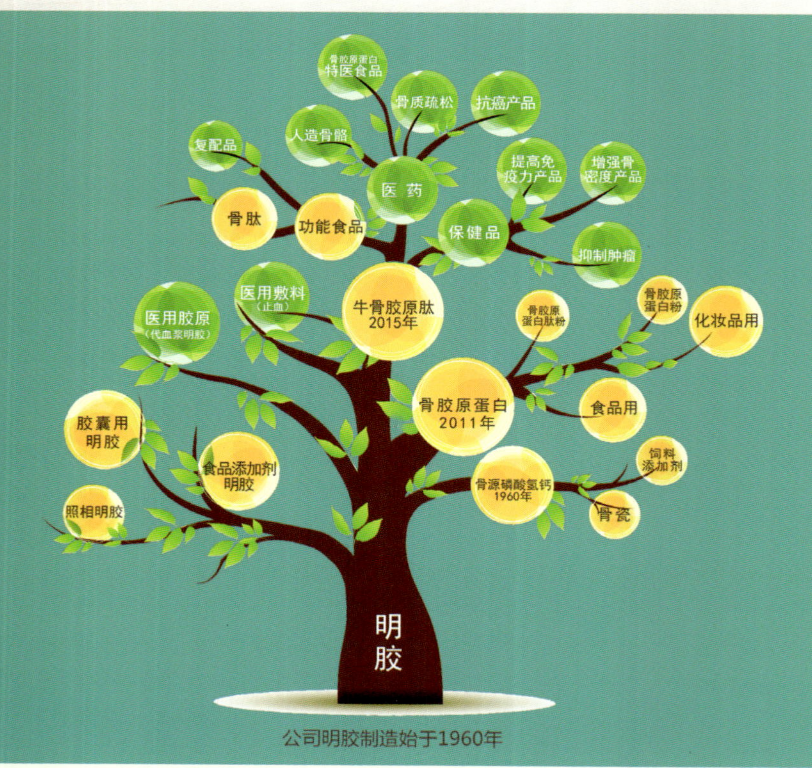

公司明胶制造始于1960年

企业文化

经营理念：员工为本、客户至尊

使命：专注胶原 持续创新 追求健康

愿景：世界级现代胶原生物技术企业

获得荣誉

- 2017年5月，公司被内蒙古自治区质监局授予“标准化良好企业AAA级企业”荣誉称号。
- 2017年6月，公司荣获中国生产力促进中心协会颁发的“2016年度全国生产力促进创新发展奖”荣誉。
- 2017年7月5日，公司研发中心入选《包头市“鹿城英才”工程第二批产业创新创业人才团队》。
- 2017年11月16日，公司被国家知识产权局评为“2017年度国家知识产权优势企业”。

东宝生物成立20周年庆祝大会启动仪式

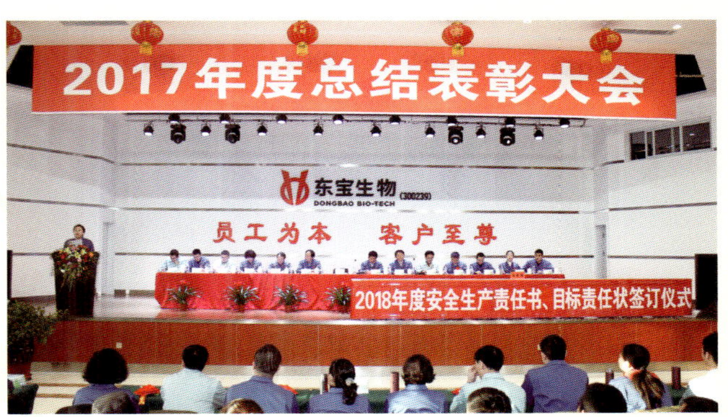

2017年度总结表彰大会

胶原蛋白项目奠基仪式

授予：东河区白明胶厂

百年老店

中共包头市委员会 包头市人民政府

二〇一六年十二月

包头市首批百年老店

东宝生物现代化明胶生产线

东宝生物研发中心实验室

成都红旗连锁股份有限公司

证券简称：红旗连锁　　证券代码：002697

成都红旗连锁股份有限公司
党委书记、董事长、总经理曹世如

红旗连锁创建于 2000 年 6 月 22 日。目前公司已发展成为中国西部地区以连锁经营、物流配送、电子商务为一体的大型商业连锁企业，是中国 A 股市场便利连锁超市上市公司（002697.SZ）。

目前，红旗连锁总资产达 42 亿元，拥有 3 座物流配送中心，在全省已开设近 2800 家直营连锁超市，主要有便利超市、24 小时店、红旗快捷（超市 + 快餐）等业态，就业员工达 17000 人，系四川省及成都市“重要生活必需品应急保供重点联系企业”，中国 A 股市场首家便利超市上市公司。

多年来，红旗连锁通过加强“企业党建、企业文化建设、信息化建设、网络建设、物流配送建设”五大建设，在企业经营中实实在在做到了“三个没有”——没有商品积压、没有呆滞账务、更重要的是没有积压问题。

为给广大消费者带来更加轻松便捷的生活享受，提供“方便、实惠、放心”的优质服务，长期以来，红旗连锁致力于多功能便民服务平台建设，积极服务民生、竭力奉献。

2017年1月10日，红旗连锁与摩拜单车战略合作 助力市民绿色健康出行

2018年1月30日，红旗连锁与香港四洲集团签署战略合作协议

2018年2月2日，曹世如董事长荣膺“榜样中国2017四川十大经济影响力人物”

诚信经商 便民便利

目前，公司已开展公交卡消费和充值、水电气费代收、火车票 / 汽车票 / 飞机票代售、电信 / 移动 / 联通缴费、广电业务费代收、中国邮政快递代收、拉卡拉、顺丰快递代存、翼支付、微信支付、QQ 钱包等 70 多项便民增值服务。同时，公司还自建综合营销平台（IMP）、铺设红旗 WIFI、上线红旗 APP、红旗“微商城”等，给广大市民带来了便捷的服务体验。2017 年，红旗连锁进店消费人次近 4 亿。

新时代，新征程，新作为。作为居民日常生活的好邻居，红旗连锁将不断创新、竭力满足消费者需求，加快推进‘连锁 + 互联网 + 金融’战略，做好各项便民服务，为建设高品质和谐宜居生活城市贡献力量。共同引领零售新业态发展。

www.hqls.com.cn

地址：成都市高新区西区康大道7号

电话：028-87877333　邮箱：xcb@hqls.com.cn

锦天城伦敦分所开业

2018年第一次管理总部联席会议

国际仲裁论坛合照

关于我们

锦天城律师事务所（“锦天城”）成立于1999年，总部设在中国上海，是一家提供全方位法律服务的，在业内享有盛誉和领先地位的中国律师事务所。锦天城已在中国大陆十八个大城市（北京、深圳、杭州、苏州、南京、成都、重庆、太原、青岛、厦门、天津、济南、合肥、郑州、福州、南昌、西安、广州）及中国香港和英国伦敦开设分所，并在香港、深圳前海与史蒂文生黄律师事务所联营。锦天城致力于在瞬息万变的商业环境中为境内外客户制定法律解决方案并提供法律服务。

锦天城坚持优质、高效的服务理念和团队合作的方式，对客户的每一个项目和案件提供细致的法律分析和切实可行的法律建议，积极进取地解决法律问题。

我们的团队

锦天城有执业律师2000余名，其中合伙人（含高级国际法律顾问）500余位。除以中文（普通话、上海话、粤语、闽南语）为日常工作语言之外，我们的许多律师还精通英文、日文、德文、法文等主要语种，并拥有美国多州、英国、法国及日本等地的执业资格。

锦天城的合伙人、高级国际法律顾问及律师专业精通、资历丰富。我们有许多商业律师曾在国际顶尖律师事务所和/或领先跨国企业工作多年。我们的许多诉讼律师曾任职于最高人民法院、高级人民法院和各级人民检察院，也有多位合伙人目前担任着各地仲裁机构的仲裁员。另外，我们还有多位合伙人和律师曾就职于各级政府部门和立法机构。因此，我们对法律法规的适用、政府审批与监管要求以及各种复杂的法律程序有深刻理解，并能为客户提供行之有效的解决方案。

锦天城多位合伙人和律师曾应邀参与了多部重要法律法规的起草和制定工作，其中多数法律法规直至今日仍频繁应用于日常法律事务中。我们的合伙人和高级国际法律顾问也在多部国际投资、贸易和其他国际经济合作条约的起草工作中发挥了重要作用。

我们的专业团队通过紧密的合作，帮助大量企业客户完成诸多复杂、高端的商业交易，并成功代理了多个具有里程碑意义的案件。

Contact Us 联系我们

9/11/12F No.501,Yinchen Middle Road Pudong New Area, Shanghai 200120 P.R. China
上海市浦东新区银城中路501号上海中心大厦9、11、12层　邮编 200120
Tel 电话:（86 21）2051 1000　Fax 传真:（86 21）2051 1999

锦天城与B&B签约仪式

资本市场年会合照

锦天城年会

我们的荣誉

锦天城多次被中国司法部、地方司法局、律师协会以及国际知名法律媒体和权威评级机构列为中国最顶尖的法律服务提供者之一，位居全国十大品牌律师事务所前列。

- 锦天城多次获得中华全国律师协会颁发的“全国优秀律师事务所”荣誉称号、上海市律师协会颁发的“上海市优秀律师事务所”、上海市司法局授予的“上海市司法行政系统先进集体”等荣誉。锦天城多位合伙人曾获得“上海领军人才”、“全国优秀律师”等法律界个人荣誉称号。
- 钱伯斯法律评级机构（Chambers and Partners）近期连续三年授予锦天城 “领先的中国律师事务所”证书，并在多个领域（公司商事、收购兼并、私募基金/风险投资、资本市场、银行与金融、国际贸易、争议解决、知识产权及税务等各主要领域）均给予本所各领域相关律师个人优良的评级。
- 《法律500强》(Legal 500)在《中国商业律师事务所指南》中评价锦天城是一家在外商直接投资、公司和商业法律领域顶尖的上海律师事务所，是“其他律师事务所希望成为的公司和商业律师事务所”。 近年来锦天城被评选为Legal500 Asia Pacific中国银行及金融、资本市场、公司商事及兼并收购、争议解决和税务领域杰出律所之一。
- 《国际金融法1000强杂志 / 亚洲领先律师年鉴》(IFLR 1000 / AsiaLaw Profile) 多年来多次在多个主要领域（收购兼并、私募基金/风险投资、资本市场、以及银行金融等）给予锦天城“第一流”(1st Tier)等优良评级。锦天城许多合伙人在该杂志与年鉴中被列为相关领域的领先律师。
- 《亚洲法律事务》(ALB) 在其每年举办的“中国法律年度大奖”中多次授予锦天城重大奖项和提名。近几年来，锦天城所获奖项和提名包括“中国律师事务所大奖”、“上海律师事务所大奖”、“年度最佳中国公司法务”、“年度最佳兼并与收购律师事务所”、“年度最佳争端解决律师事务所”、“年度最佳银行业律师事务所”等综合性奖项和各主要业务领域奖项。此外，锦天城曾获得多次“中国律师事务所最佳雇主”称号。
- 《中国商法杂志》事务所荣获“年度卓越律所（上海）”大奖，并一举揽获“反腐败及合规”、“银行及金融”、“破产及重组”、“娱乐及体育产业”四项大奖。。

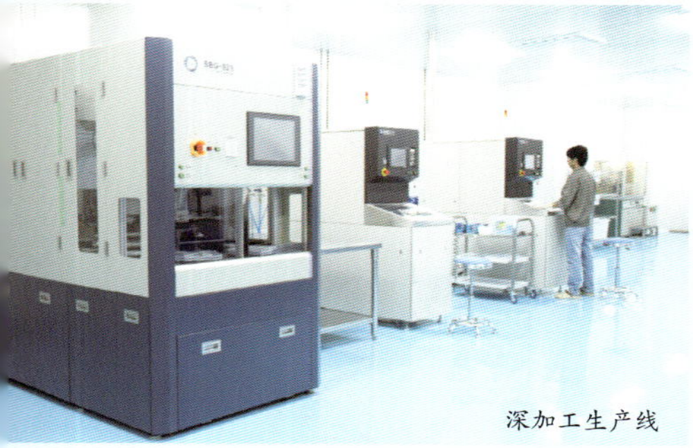

2017 中國證券業年鑒

CHINA SECURITIES YEAR BOOK

协办单位

总第二十五期

图书在版编目(CIP)数据

中国证券业年鉴. 2017/ 中国证券业年鉴编辑委员会 编.
上海:复旦大学出版社, 2018.11
ISBN 978-7-309-14026-2

Ⅰ. 中… Ⅱ. 中… Ⅲ. 证券业—中国—2017—年鉴 Ⅳ. F832.91-54

中国版本图书馆 CIP 数据核字(2018)第 248305 号

中国证券业年鉴(2017·总第二十五期)
中国证券业年鉴编辑委员会 编

责任编辑　方毅超　姜作达　戚雅斯　谢同君　王雅楠
封面设计　上海众证文化传播有限公司
出版发行　复旦大学出版社有限公司出版发行
　　　　　上海市国权路 579 号　　邮编 200433
经　　销　新华书店
印　　刷　上海晨昶电脑排版印刷有限公司
开　　本　850mm×1168mm　1/16
印　　张　130.75
插　　页　210
字　　数　5540 千字
版　　次　2018 年 11 月第 1 版　2018 年 11 月第 1 次印刷

定　　价　人民币 1980 元　港币 2480 元　美元 400 元

编辑说明

《中国证券业年鉴》秉承客观、公正、全面的原则，忠实记录我国证券市场的发展轨迹，向海内外各界人士宣传、展现我国证券市场的发展成就，并给后人查阅、研究我国证券市场历史年度的动态，提供权威资料。做好中国证券业历史的编辑整理工作，保证中国证券业历史记录的有序延续，是我们的历史使命。自 1993 年创刊以来，《中国证券业年鉴》已经逐渐成长为一个展示公司业绩、总结市场成就、记录中国证券业历史、向海内外各界人士展现和推介中国证券市场形象的权威窗口。《中国证券业年鉴》每年出版一次，分上、中、下三册向国内外公开发行。

《中国证券业年鉴》（2017 · 总第二十五期）主要反映本年度中国金融、证券、基金、期货市场及企业制度建设和发展方面的情况和最新动态，供海内外有关机关、社团、学校、研究部门、企事业单位及社会各界人士做进一步研究参考使用，为推动中国证券业的规范化和国际化、建设中国特色社会主义市场经济服务。

《中国证券业年鉴（2017）》内容设置专论、中国金融市场、中国证券市场、中国基金市场、中国期货市场、香港地区证券市场、新三板市场、企业纪实与人物访谈、中国证券业年度人物等部分，另有彩色图片 1200 幅。

《中国证券业年鉴（2017）》的资料直接来源于公司的公告和报告，国务院有关部委及各省、自治区、直辖市相关单位提供的材料，保证了年鉴的权威性和准确性。《中国证券业年鉴（2017）》基本保持上一期的内容和体例，同时丰富了香港证券市场的详细资料，记录了香港证券市场年度发展动态与市场成就，进一步展示了部分市场参与主体的良好形象。但由于中国证券业仍处于快速发展阶段，加上各地区的发展不平衡以及我们的水平有限，难免出现一些疏漏，敬请读者谅解和指正。

《中国证券业年鉴》由上海证券交易所、深圳证券交易所、香港交易所协助中国证券业年鉴编辑委员会共同编辑出版，在编辑过程中得到了国务院有关部门，中国证券监督管理委员会及各省、自治区、直辖市证监局，上海证券交易所，深圳证券交易所，香港交易所，全国中小企业股份转让系统及证券界有关领导、专家的指导和支持，在此我们表示最诚挚的感谢。

中国证券业年鉴编辑部

中国证券业年鉴理事会

（以下排名不分先后）

李晓安	华龙证券股份有任公司	董事长
孔祥清	华宝基金管理有限公司	董事长
许义明	景顺长城基金管理有限公司	总经理
陈　重	新华基金管理股份有限公司	董事长
王　彬	国投瑞银基金管理有限公司	总经理
何　伟	长城基金管理有限公司	董事长
朱治理	万和证券有限责任公司	董事长
范　力	东吴基金管理有限公司	董事长
余　政	民生证券股份有限公司	董事长
许金超	农银汇理基金管理有限公司	总经理
吴　坚	西南证券股份有限公司	总裁
秦斯朝	中证鹏元资信评估股份有限公司	副总裁、评级总监
王文京	用友网络科技股份有限公司	董事长、总裁
杨　超	证通股份有限公司	综合管理部总经理
任开宇	金元顺安基金管理有限公司	董事长
徐建军	北京德恒律师事务所	副主任
张近东	苏宁云商集团股份有限公司	董事长
袁　泽	新疆新鑫矿业股份有限公司	董事局主席
陈　平	马应龙药业集团股份有限公司	董事长
李春宏	江苏连云港港口股份有限公司	董事长
徐　进	安徽口子酒业股份有限公司	董事长、总裁
方同华	黑龙江珍宝岛药业股份有限公司	董事长
倪永培	安徽迎驾贡酒股份有限公司	董事长
高　庆	南方产权联合交易中心有限责任公司	董事长
刘世春	金融街控股股份有限公司	董事长
于九洲	唐山冀东水泥股份有限公司	副董事长、总经理
宁中伟	安徽金种子酒业股份有限公司	董事长
谢长军	龙源电力股份有限公司	总经理
张永年	四川成渝高速公路股份有限公司	董事会秘书
刘　建	泰达宏利基金管理有限公司	总经理
吴晓东	华泰联合证券有限责任公司	董事长

中国证券业年鉴编辑委员会

地　　址：上海浦东桃林路 18 号环球广场 B 座 2809 室
邮　　编：200135
电　　话：021－61990079
传　　真：021－68781179
邮　　箱：bjb@ csybook. com

目　录

编辑说明　年鉴理事会　编辑委员会
上册 …… 1－784
中册 …… 785－1596
下册 …… 1597－2412
特载:香港回归二十周年　聚焦香港资本市场…… 1745－1810

第一编　专　论

■ 2017年国民经济和社会发展统计公报
国家统计局 …… 127

■ 以新发展理念引领经济新常态
推进中国经济平稳健康可持续发展
何立峰 …… 139

■ 中国经济前景:多方合力推动增长
周小川 …… 141

■ 中国经济的对外开放:从制造业扩展到服务业
周小川 …… 142

■ 在"一带一路"国际合作高峰论坛
"促进资金融通"平行主题会议的发言
周小川 …… 144

■ 在"四个伟大"中担当中央企业的责任和使命
郝　鹏 …… 144

■ 深化国企国资改革　做强做优做大国有企业
肖亚庆 …… 146

■ 加快建立现代财政制度
肖　捷 …… 148

■ 在中国证券业协会第六次会员大会上的讲话
刘士余 …… 150

■ 持续改进银行服务为经济社会发展贡献金融新动能
郭树清 …… 151

■ 促进多层次资本市场健康发展
吴　清 …… 152

■ 努力建设世界领先的交易所
吴　清 …… 154

■ 资本市场要在新的历史方位中找准定位
吴利军 …… 155

■ 强化责任担当　深化精准扶贫
李　超 …… 158

■ 在第十三届中国(深圳)国际期货大会上的讲话
方星海 …… 159

■ 发展大宗商品市场,促进财富管理健康发展
方星海 …… 161

■ 在2017中国风险投资论坛上的致辞
宣昌能 …… 162

■ 在新浪金麒麟论坛上的讲话
张慎峰 …… 163

■ 积极响应国家政策　助力住房租赁市场发展
黄红元 …… 165

■ 担当起新时代的历史使命
王建军 …… 166

■ 热情拥抱金融科技
王建军 …… 167

■ 在2017年城商行年会上的讲话
王兆星 …… 169

■ 在自贡市加快推进多层次资本市场建设工作会上的讲话
陈共炎 …… 171

■ 当前经济形势与深化供给侧结构性改革
李　伟 …… 172

■ 携手共进开创纠纷调解工作新局面
徐　明 …… 174

■ 防范利益冲突　完善内部治理　推动私募基金行业专业化发展
洪　磊 …… 176

■ 回归金融本源　恪守基金本质　筑牢基金行业安全与发展制度基础
洪　磊 …… 178

■ 探索多渠道投资者权益救济,维护投资者合法权益
刘洪涛 …… 179

■ 可持续发展引领上市公司新方向
王建宙 …… 180

■ **提升期货业服务供给侧改革和实体经济能力**
王明伟 …… 182

■ **立足服务实体经济　促进私募基金有序发展**
胡家夫 …… 183

■ **完善创投基金差异化自律管理和服务 迎接创业投资行业发展新时代**
张小艾 …… 184

第二编　中国金融市场

第一章　中国金融市场概况 …… 189

- 2017 年金融市场运行情况 …… 189
- 2017 年支付体系运行总体情况 …… 190
- 2017 年中国宏观经济运行分析 …… 191
- 2017 年金融市场分析 …… 194
- 2017 年货币信贷概况 …… 197
- 2017 年货币政策操作 …… 199
- 2017 年四季度及全年金融机构直接投资数据 …… 203
- 2017 年全国国有及国有控股企业经济运行情况 …… 204
- 2017 年金融统计数据报告 …… 204
- 2017 年社会融资规模存量统计数据报告 …… 205
- 2017 年社会融资规模增量统计数据报告 …… 205
- 2017 年农村地区支付业务发展总体情况 …… 205
- 2017 年股票市场统计表 …… 207
- 2017 年地区社会融资规模增量统计表 …… 207
- 2017 年社会融资规模存量统计表 …… 208
- 2017 年存款性公司概览 …… 208
- 2017 年官方储备资产 …… 208
- 2017 年货币供应量 …… 209
- 2017 年汇率 …… 209
- 2017 年国内各类债券统计表 …… 209
- 2017 年中债国债收益统计表 …… 209
- 2017 年金融机构本外币信贷收支表 …… 210
- 2017 年中国外汇市场交易概况 …… 210
- 2017 年货币当局资产负债表 …… 211
- 2017 年金融机构人民币信贷收支表 …… 212
- 2017 年存款类金融机构人民币信贷收支表 …… 213
- 2017 年存款类金融机构本外币信贷收支表 …… 214
- 2017 年存款类金融机构外汇信贷收支表 …… 214
- 2017 年金融机构外汇信贷收支表 …… 215
- 2017 年其他存款性公司资产负债表 …… 216
- 2017 年中资全国性大型银行人民币信贷收支表 …… 217
- 2017 年中资全国性四家大型银行人民币信贷收支表 …… 218
- 2017 年中资全国性中小型银行人民币信贷收支表 …… 218
- 2017 年中国对外证券投资资产(分国家地区) … 219
- 2017 年全国银行间同业拆借交易统计表 …… 224
- 2017 年全国银行间质押式回购交易统计表 …… 224
- 2017 年企业商品价格指数 …… 225
- 2017 年城镇储户收入与物价扩散指数表 …… 225
- 2017 年企业家信心指数与企业景气指数表 …… 226
- 2017 年银行家信心与银行业景气指数表 …… 226
- 2017 年四季度金融机构贷款投向统计报告 …… 226
- 2017 年小额贷款公司统计数据报告 …… 226
- 2017 年存款保险基金收入情况 …… 227
- 银行间债券市场境外机构投资者名单（央行类机构） …… 227
- 银行间债券市场境外机构投资者名单（商业类机构） …… 227
- 银行间债券市场结算代理人名单 …… 230
- 2017 年中国货币政策大事记 …… 231

第二章　金融机构 …… 233

第一节　银行业金融机构 …… 233

- 中国工商银行股份有限公司 …… 233
- 中国农业银行股份有限公司 …… 234
- 中国建设银行股份有限公司 …… 235
- 中国银行股份有限公司 …… 235
- 交通银行股份有限公司 …… 237
- 中国邮政储蓄银行股份有限公司 …… 237
- 招商银行股份有限公司 …… 238
- 中国光大银行股份有限公司 …… 241
- 中国民生银行股份有限公司 …… 242
- 中信银行股份有限公司 …… 244
- 上海银行股份有限公司 …… 245
- 杭州银行股份有限公司 …… 246
- 中原银行股份有限公司 …… 246
- 上海浦东发展银行股份有限公司 …… 247
- 兴业银行股份有限公司 …… 248
- 平安银行股份有限公司 …… 249
- 华夏银行股份有限公司 …… 250
- 广发银行股份有限公司 …… 253
- 南京银行股份有限公司 …… 253
- 宁波银行股份有限公司 …… 254
- 江苏银行股份有限公司 …… 255
- 江苏张家港农村商业银行股份有限公司 …… 256
- 江苏常熟农村商业银行股份有限公司 …… 257
- 江苏江阴农村商业银行股份有限公司 …… 258
- 包商银行股份有限公司 …… 259
- 北京农商银行股份有限公司 …… 260
- 北京银行股份有限公司 …… 262
- 渤海银行股份有限公司 …… 263
- 成都银行股份有限公司 …… 263
- 东莞银行股份有限公司 …… 264
- 广州银行股份有限公司 …… 265
- 哈尔滨银行股份有限公司 …… 266
- 河北银行股份有限公司 …… 267

· 徽商银行股份有限公司 268
· 吉林银行股份有限公司 268
· 晋商银行股份有限公司 270
· 昆仑银行股份有限公司 271
· 内蒙古银行股份有限公司 271
· 齐鲁银行股份有限公司 273
· 青岛银行股份有限公司 273
· 日照银行股份有限公司 274
· 深圳农村商业银行股份有限公司 275
· 盛京银行股份有限公司 276
· 台州银行股份有限公司 278
· 天津银行股份有限公司 279
· 潍坊银行股份有限公司 279
· 温州银行股份有限公司 281
· 西安银行股份有限公司 281
· 营口银行股份有限公司 281
· 长安银行股份有限公司 283
· 长沙银行股份有限公司 284
· 浙商银行股份有限公司 285
· 郑州银行股份有限公司 287
· 重庆银行股份有限公司 288

第二节 非银行金融机构 289
■财务公司 289
· 中车财务有限公司 289
· 中国电建集团财务有限责任公司 290
· 保利财务有限公司 292
· 兵工财务有限责任公司 292
· 兵器装备集团财务有限公司 293
· 东风汽车财务有限公司 293
· 福建省能源集团财务有限公司 293
· 广东粤电财务有限公司 294
· 国机财务有限责任公司 294
· 国投财务有限公司 295
· 海航集团财务有限公司 295
· 航天科工财务有限公司 296
· 航天科技财务有限责任公司 296
· 上海汽车集团财务有限责任公司 296
· 通用技术集团财务有限责任公司 298
· 中电投财务有限公司 298
· 中国大唐集团财务有限公司 299
· 中国电力财务有限公司 299
· 中国电子财务有限责任公司 299
· 中国电子科技财务有限公司 300
· 中国华电集团财务有限公司 300
· 中国华能财务有限责任公司 300
· 中国南航集团财务有限公司 301
· 中国能源建设集团财务有限公司 301
· 中国石化财务有限责任公司 302
· 中国铁建财务有限公司 302
· 中海集团财务有限责任公司 302
· 中航工业集团财务有限责任公司 302
· 中化工程集团财务有限公司 303
· 中化集团财务有限责任公司 303
· 中建财务有限公司 303
· 中交财务有限公司 304
· 中节能财务有限公司 304
· 中铝财务有限责任公司 305
· 中铝保险经纪(北京)股份有限公司 305
· 中油财务有限公司 305
· 中远财务有限责任公司 306
■信托公司 306
· 安徽国元信托有限责任公司 306
· 安信信托股份有限公司 306
· 百瑞信托有限责任公司 307
· 北方国际信托股份有限公司 307
· 北京国际信托有限公司 307
· 渤海国际信托股份有限公司 308
· 长安国际信托股份有限公司 308
· 长城新盛信托有限责任公司 309
· 东莞信托有限公司 309
· 光大兴陇信托有限责任公司 309
· 国联信托股份有限公司 309
· 国民信托有限公司 310
· 国通信托有限责任公司 310
· 国投泰康信托有限公司 311
· 湖南省信托有限责任公司 311
· 华宝信托有限责任公司 311
· 华宸信托有限责任公司 312
· 华能贵诚信托有限公司 312
· 华融国际信托有限责任公司 313
· 华润深国投信托有限公司 313
· 华鑫国际信托有限公司 314
· 建信信托有限责任公司 314
· 江苏省国际信托有限责任公司 314
· 交银国际信托有限公司 315
· 昆仑信托有限责任公司 315
· 陆家嘴国际信托有限公司 316
· 山东省国际信托股份有限公司 316
· 山西信托股份有限公司 317
· 陕西省国际信托股份有限公司 318
· 上海爱建信托有限责任公司 318
· 上海国际信托有限公司 318
· 四川信托有限公司 319
· 天津信托有限责任公司 319
· 西藏信托有限公司 319
· 新华信托股份有限公司 320
· 兴业国际信托有限公司 320
· 英大国际信托有限责任公司 320
· 中铁信托有限责任公司 321
· 中原信托有限公司 321
· 重庆国际信托股份有限公司 322

第三编　中国证券市场

第一章　中国证券市场概况 …… 325

第一节　中国证券市场 …… 325

·2017 年中国证监会政府信息公开工作年度报告 … 325
·2017 年中国证监会关于法治政府建设的情况 … 326
·2017 年度上市公司年报会计监管报告 …… 328
·2017 年中国证券登记结算统计综述 …… 328
·2017 年中国证券投资者保护基金统计概要 …… 329
·2017 年 IPO 保荐机构情况 …… 329
·2017 年证券公司分类结果 …… 330
·2017 年证券公司经营业绩统计排名 …… 332
·2017 年度证券公司总资产排名 …… 332
·2017 年度证券公司净资产排名 …… 333
·2017 年度证券公司营业收入排名 …… 334
·2017 年度证券公司营业收入增长率排名 …… 335
·2017 年度证券公司净利润排名 …… 336
·2017 年度证券公司净利润增长率排名 …… 337
·2017 年度证券公司净资产收益率排名 …… 338
·2017 年度证券公司成本管理能力排名 …… 338
·2017 年度证券公司信息系统投入金额排名 …… 339
·2017 年度证券公司信息技术人员薪酬排名 …… 340
·2017 年度证券公司信息技术投入考核值排名 … 341
·2017 年度证券公司公益性支出排名 …… 342
·2017 年度证券公司净资本排名 …… 342
·2017 年度证券公司核心净资本排名 …… 343
·2017 年度证券公司净资本收益率排名 …… 344
·2017 年度证券公司财务杠杆倍数排名 …… 345
·2017 年度证券公司客户资金余额排名 …… 346
·2017 年度证券公司托管证券市值排名 …… 347
·2017 年度证券公司代理买卖证券业务收入（含席位租赁）排名 …… 348
·2017 年度证券公司代理买卖证券业务收入排名 … 349
·2017 年度证券公司交易单元席位租赁收入排名 … 349
·2017 年度证券公司营业部平均代理买卖证券业务收入排名 …… 350
·2017 年度证券公司机构客户投研服务收入占经纪业务收入比例排名 …… 351
·2017 年度证券公司证券经纪业务收入排名 …… 352
·2017 年度证券公司代理销售金融产品收入排名 … 353
·2017 年度证券公司客户资产管理月均受托资金排名 …… 354
·2017 年度证券公司客户资产管理业务收入排名 … 355
·2017 年度证券公司投资银行业务收入排名 …… 355
·2017 年度证券公司承销与保荐业务收入排名 … 356
·2017 年度证券公司股票主承销家数排名 …… 357
·2017 年度证券公司股票主承销金额排名 …… 358
·2017 年度证券公司股票主承销佣金收入排名 … 358
·2017 年度证券公司债券主承销家数排名 …… 359
·2017 年度证券公司债券主承销金额排名 …… 360
·2017 年度证券公司债券主承销佣金收入排名 … 361
·2017 年度证券公司担任资产证券化管理人家数排名 …… 362
·2017 年度证券公司担任资产证券化管理人发行证券金额排名 …… 362
·2017 年度证券公司财务顾问业务收入排名 …… 363
·2017 年度证券公司并购重组财务顾问业务收入排名 …… 364
·2017 年度证券公司投资咨询业务收入排名 …… 364
·2017 年度证券公司境外子公司证券业务收入占营业收入比例排名 …… 365
·2017 年度证券公司融资类业务收入排名 …… 365
·2017 年度证券公司融资融券业务利息收入排名 … 366
·2017 年度证券公司融资融券业务规模排名 …… 367
·2017 年度证券公司约定购回利息收入排名 …… 368
·2017 年度证券公司约定购回业务规模排名 …… 368
·2017 年度证券公司股票质押利息收入排名 …… 369
·2017 年度证券公司股票质押业务规模排名 …… 369
·2017 年度证券公司证券投资收入排名 …… 370
·2017 年度证券公司股权投资收入排名 …… 371
·2017 年证券公司债券承销业务专项统计 …… 371
·2017 年度私募投资基金登记备案总体情况 …… 373
·2017 年中国证券市场交易规模统计表 …… 374
·2017 年度证券公司脱贫攻坚等社会责任履行情况专项评价结果 …… 374
·2017 年证券期货市场诚信情况 …… 376
·2017 年证监会行政处罚情况综述 …… 377
·2017 年证监会派出机构行政处罚情况综述 …… 378
·2017 年证监会行政处罚案件诉讼情况综述 …… 379
·2017 年证监会监管执法情况综述 …… 380
·2017 年度证监会稽查执法工作情况 …… 381
·2017 年度证监会案件办理情况通报 …… 382
·2017 年证监会稽查 20 起典型违法案例 …… 384
·证券公司名录 …… 387
·期货公司名录 …… 388
·取得中国证监会证券评级业务许可的资信评级机构名录 …… 390
·从事证券期货业务资产评估机构名 …… 390
·从事证券期货业务会计师事务所名录 …… 391
·2017 年世界各地证券交易所统计(12 月底） …… 391
·证券投资咨询机构名录 …… 392

第二节　上海证券交易所 …… 393

·2017 年上海市场概况 …… 393
·2017 年上海市场回顾 …… 394
·2017 年沪市证券交易市场质量综述 …… 394
·2017 年上交所基金市场综述 …… 395
·2017 年上交所期权市场综述 …… 396
·2017 年上证 50ETF 期权市场概览 …… 398
·2017 年上交所债券市场综述 …… 399

·2017 年新上市公司股票发行概况 ………………… 400
·2017 年新上市公司股票上市概况 ………………… 404
·2017 年上市公司配股概况 ……………………… 407
·2017 年成交股数最多的前 20 种股票 ……………… 407
·2017 年成交金额最多的前 20 种股票 ……………… 408
·2017 年前 20 种涨幅最大股票 …………………… 408
·2017 年前 20 种跌幅最大股票 …………………… 409
·2017 年融资交易前 20 种证券 …………………… 409
·2017 年融券交易前 20 种证券 …………………… 410
·2017 年末 50 家市价总值最大的上市公司 ……… 410
·2017 年末 50 家流通市值最大的上市公司 ……… 411
·2017 年各月成交股数、成交金额和市盈率 ……… 412
·2017 年上市公司公开发行可转换公司债券表 … 412
·2017 年末上市公司股权结构分布 ………………… 413
·2017 年优先股发行上市概况 …………………… 413
·2017 年上市公司简称更改一览表 ……………… 413
·2017 年实施其他风险警示的公司 ……………… 414
·2017 年退市风险警示公司 ……………………… 414
·2017 年撤销退市风险警示 ……………………… 415
·2017 年撤销其他风险警示 ……………………… 415
·2017 年暂停上市的公司 ………………………… 415
·2017 年度上交所会员及非会员机构概况 ……… 415
·2017 年末上交所会员及营业部地区分布 ……… 416
·2017 年上交所融资融券交易前 20 名会员 ……… 416
·2017 年上交所融资融券余额前 20 名会员 ……… 417
·2017 年期权市场证券公司经纪业务前十名情况 … 417
·2017 年期权市场期货公司经纪业务前五名情况 … 417
·2017 年上海证券交易所大事记 ………………… 418

第三节　深圳证券交易所 ………………………… 419
·2017 年深圳股票市场运行概况 ………………… 419
·2017 年度深市上市证券总览 …………………… 420
·2017 年 1－12 月深市成交概况 ………………… 421
·2017 年末深市股票行业成交统计 ……………… 421
·2017 年末深市股票行业分布 …………………… 422
·2017 年末深交所会员交易金额统计 …………… 422
·2017 年深圳股票市场运行绩效总体情况 ……… 422
·2017 深交所上市公司年报实证分析报告 ……… 423
·中小企业板 13 年运行情况总结报告 …………… 427
·创业板 8 周年运行情况报告 ……………………… 430
·2017 年深交所上市公司年报分析概要 ………… 431
·2017 年深市主板上市公司年报主要财务指标 … 433
·2017 年中小企业板上市公司年报主要财务指标 … 442
·2017 年创业板上市公司年报主要财务指标 …… 459
·2017 年深市成交量最大的二十家上市公司 …… 473
·2017 年深市成交金额最大的二十家上市公司 … 473
·2017 年深市成交笔数最多的二十家上市公司 … 473
·2017 年深市涨幅最大的二十家上市公司 ……… 474
·2017 年深市跌幅最大的二十家上市公司 ……… 474
·2017 年深市换手率最高的二十家上市公司 …… 475
·2017 年深市上市公司简称变更统计 …………… 475
·2017 年深市上市公司全称变更统计 …………… 478
·2017 年深圳证券市场各省股票集资情况一览表 … 480
·2017 年深交所并购重组情况分析 ……………… 480
·2017 年深交所债券市场发展综述 ……………… 481
·深市上市公司参与“一带一路”建设情况报告 … 482
·2017 年深交所市场培育服务纪实 ……………… 484
·2017 年深交所国际化发展综述 ………………… 485
·2017 年深交所个人投资者状况调查 …………… 486
·深圳证券交易所理事会 2017 年工作报告(节选) … 487
·深圳证券交易所监事会 2017 年工作报告(节选) … 489
·深圳证券交易所总经理 2017 年工作报告(节选) … 491
·2017 年深圳证券交易所大事记 ………………… 493

第二章　证券监管与经营机构 ……………… 497
第一节　证券监管机构 ………………………… 497
·中国证券监督管理委员会 ……………………… 497
·上海证券交易所 ………………………………… 498
·深圳证券交易所 ………………………………… 499
·中国证券登记结算有限责任公司 ……………… 499
·中国证券业协会 ………………………………… 501
·中国证券投资基金业协会 ……………………… 502
·中国证券金融股份有限公司 …………………… 502
·中国证券投资者保护基金有限责任公司 ……… 502
·中证中小投资者服务中心有限责任公司 ……… 503

第二节　证券经营机构 ………………………… 504
·财达证券股份有限公司 ………………………… 504
·安信证券股份有限公司 ………………………… 504
·北京高华证券有限责任公司 …………………… 505
·渤海证券股份有限公司 ………………………… 506
·财富证券有限责任公司 ………………………… 506
·财通证券股份有限公司 ………………………… 507
·川财证券有限责任公司 ………………………… 509
·大通证券股份有限公司 ………………………… 510
·大同证券股份有限公司 ………………………… 510
·德邦证券股份有限公司 ………………………… 511
·第一创业摩根大通证券有限责任公司 ………… 512
·第一创业证券股份有限公司 …………………… 512
·东北证券股份有限公司 ………………………… 512
·东方证券股份有限公司 ………………………… 513
·东莞证券股份有限公司 ………………………… 514
·东海证券股份有限公司 ………………………… 515
·东吴证券股份有限公司 ………………………… 516
·东兴证券股份有限公司 ………………………… 518
·东亚前海证券有限责任公司 …………………… 519
·方正证券股份有限公司 ………………………… 520
·光大证券股份有限公司 ………………………… 521
·广发证券股份有限公司 ………………………… 522
·广州证券股份有限公司 ………………………… 523
·国都证券股份有限公司 ………………………… 525
·国金证券股份有限公司 ………………………… 526

· 国联证券股份有限公司 …… 528
· 国融证券股份有限公司 …… 530
· 国盛证券有限责任公司 …… 530
· 国泰君安证券股份有限公司 …… 531
· 国信证券股份有限公司 …… 532
· 国元证券股份有限公司 …… 533
· 海通证券股份有限公司 …… 534
· 恒泰长财证券有限责任公司 …… 536
· 恒泰证券股份有限公司 …… 536
· 红塔证券股份有限公司 …… 538
· 宏信证券有限责任公司 …… 539
· 华安证券股份有限公司 …… 540
· 华创证券有限责任公司 …… 541
· 华福证券有限责任公司 …… 542
· 华金证券股份有限公司 …… 542
· 华菁证券有限公司 …… 543
· 华林证券股份有限公司 …… 543
· 华融证券股份有限公司 …… 544
· 华泰证券股份有限公司 …… 545
· 华龙证券股份有限公司 …… 546
· 江海证券股份有限公司 …… 548
· 金元证券股份有限公司 …… 549
· 九州证券股份有限公司 …… 549
· 联储证券有限责任公司 …… 550
· 联讯证券股份有限公司 …… 550
· 民生证券股份有限公司 …… 551
· 南京证券股份有限公司 …… 552
· 平安证券股份有限公司 …… 552
· 申港证券股份有限公司 …… 553
· 申万宏源证券有限公司 …… 553
· 世纪证券有限责任公司 …… 554
· 首创证券有限责任公司 …… 556
· 太平洋证券股份有限公司 …… 557
· 万和证券股份有限公司 …… 558
· 网信证券有限责任公司 …… 558
· 五矿证券有限公司 …… 559
· 西部证券股份有限公司 …… 560
· 西藏东方财富证券股份有限公司 …… 562
· 兴业证券股份有限公司 …… 562
· 中泰证券股份有限公司 …… 564
· 长城国瑞证券有限公司 …… 565
· 长城证券股份有限公司 …… 566
· 长江证券股份有限公司 …… 567
· 银泰证券有限责任公司 …… 568
· 英大证券有限责任公司 …… 569
· 浙商证券股份有限公司 …… 570
· 中国国际金融股份有限公司 …… 571
· 中国民族证券有限责任公司 …… 573
· 中国银河证券股份有限公司 …… 574
· 中航证券有限公司 …… 576
· 中天证券股份有限公司 …… 576
· 中信建投证券股份有限公司 …… 576
· 中信证券股份有限公司 …… 577
· 中银国际证券股份有限公司 …… 577
· 中原证券股份有限公司 …… 579
· 万联证券股份有限公司 …… 580
· 新时代证券股份有限公司 …… 581
· 信达证券股份有限公司 …… 582
· 招商证券股份有限公司 …… 583
· 中山证券有限责任公司 …… 584
· 中邮证券有限责任公司 …… 585
· 山西证券股份有限公司 …… 586
· 上海证券有限责任公司 …… 587
· 天风证券股份有限公司 …… 588
· 西南证券股份有限公司 …… 589

第三章　中国上市公司 …… 591

第一节　上市公司公告/业绩报告 …… 591
· 600025　华能澜沧江水电股份有限公司 …… 591
· 600939　重庆建工集团股份有限公司 …… 597
· 601019　山东出版传媒股份有限公司 …… 603
· 601200　上海环境集团股份有限公司 …… 607
· 601212　白银有色集团股份有限公司 …… 612
· 601228　广州港股份有限公司 …… 616
· 603359　江苏东珠景观股份有限公司 …… 621
· 603365　上海水星家用纺织品股份有限公司 …… 627
· 603383　福建顶点软件股份有限公司 …… 633
· 603586　山东金麒麟股份有限公司 …… 637
· 603603　博天环境集团股份有限公司 …… 641
· 603648　上海畅联国际物流股份有限公司 …… 647
· 603722　无锡阿科力科技股份有限公司 …… 652
· 300622　博士眼镜连锁股份有限公司 …… 657
· 300624　万兴科技股份有限公司 …… 662
· 300632　厦门光莆电子股份有限公司 …… 667

第二节　上海证券交易所上市公司/财务指标 …… 671
· 600000　上海浦东发展银行股份有限公司 …… 671
· 600004　广州白云国际机场股份有限公司 …… 671
· 600006　东风汽车股份有限公司 …… 671
· 600007　中国国际贸易中心股份有限公司 …… 671
· 600008　北京首创股份有限公司 …… 672
· 600009　上海国际机场股份有限公司 …… 672
· 600010　内蒙古包钢钢联股份有限公司 …… 672
· 600011　华能国际电力股份有限公司 …… 672
· 600012　安徽皖通高速公路股份有限公司 …… 673
· 600015　华夏银行股份有限公司 …… 673
· 600016　中国民生银行股份有限公司 …… 673
· 600017　日照港股份有限公司 …… 673
· 600018　上海国际港务(集团)股份有限公司 …… 674
· 600019　宝山钢铁股份有限公司 …… 674
· 600020　河南中原高速公路股份有限公司 …… 674
· 600021　上海电力股份有限公司 …… 674

· 600022 山东钢铁股份有限公司 …………………… 675
· 600023 浙江浙能电力股份有限公司 ……………… 675
· 600025 华能澜沧江水电股份有限公司 …………… 675
· 600026 中远海运能源运输股份有限公司 ……… 675
· 600027 华电国际电力股份有限公司 ……………… 676
· 600028 中国石油化工股份有限公司 ……………… 676
· 600029 中国南方航空股份有限公司 ……………… 676
· 600030 中信证券股份有限公司 …………………… 676
· 600031 三一重工股份有限公司 …………………… 677
· 600033 福建发展高速公路股份有限公司 ……… 677
· 600035 湖北楚天高速公路股份有限公司 ……… 677
· 600036 招商银行股份有限公司 …………………… 677
· 600037 北京歌华有线电视网络
股份有限公司 ……………………………… 678
· 600038 中航直升机股份有限公司 ………………… 678
· 600039 四川路桥建设股份有限公司 ……………… 678
· 600048 保利房地产(集团)股份有限公司 …… 678
· 600050 中国联合网络通信股份有限公司 ……… 679
· 600051 宁波联合集团股份有限公司 ……………… 679
· 600052 浙江广厦股份有限公司 …………………… 679
· 600053 昆吾九鼎投资控股股份有限公司 ……… 679
· 600054 黄山旅游发展股份有限公司 ……………… 680
· 600055 北京万东医疗科技股份有限公司 ……… 680
· 600056 中国医药健康产业股份有限公司 ……… 680
· 600057 厦门象屿股份有限公司 …………………… 680
· 600058 五矿发展股份有限公司 …………………… 681
· 600059 浙江古越龙山绍兴酒股份有限公司 …… 681
· 600060 青岛海信电器股份有限公司 ……………… 681
· 600061 国投安信股份有限公司 …………………… 681
· 600062 华润双鹤药业股份有限公司 ……………… 682
· 600063 安徽皖维高新材料股份有限公司 ……… 682
· 600064 南京高科股份有限公司 …………………… 682
· 600066 郑州宇通客车股份有限公司 ……………… 682
· 600067 冠城大通股份有限公司 …………………… 683
· 600068 中国葛洲坝集团股份有限公司 ………… 683
· 600069 河南银鸽实业投资股份有限公司 ……… 683
· 600070 浙江富润股份有限公司 …………………… 683
· 600071 凤凰光学股份有限公司 …………………… 684
· 600072 中船科技股份有限公司 …………………… 684
· 600073 上海梅林正广和股份有限公司 ………… 684
· 600074 江苏保千里视像科技集团
股份有限公司 ……………………………… 684
· 600075 新疆天业股份有限公司 …………………… 685
· 600076 康欣新材料股份有限公司 ………………… 685
· 600077 宋都基业投资股份有限公司 ……………… 685
· 600078 江苏澄星磷化工股份有限公司 ………… 685
· 600079 人福医药集团股份公司 …………………… 686
· 600080 金花企业(集团)股份有限公司 ……… 686
· 600081 东风电子科技股份有限公司 ……………… 686
· 600082 天津海泰科技发展股份有限公司 ……… 686
· 600083 广东博信投资控股股份有限公司 ……… 687
· 600084 中信国安葡萄酒业股份有限公司 ……… 687
· 600085 北京同仁堂股份有限公司 ………………… 687
· 600086 东方金钰股份有限公司 …………………… 687
· 600088 中视传媒股份有限公司 …………………… 688
· 600089 特变电工股份有限公司 …………………… 688
· 600090 新疆同济堂健康产业股份有限公司 …… 688
· 600091 包头明天科技股份有限公司 ……………… 688
· 600093 易见供应链管理股份有限公司 ………… 689
· 600094 上海大名城企业股份有限公司 ………… 689
· 600095 哈尔滨高科技(集团)
股份有限公司 ……………………………… 689
· 600096 云南云天化股份有限公司 ………………… 689
· 600097 上海开创国际海洋资源
股份有限公司 ……………………………… 690
· 600098 广州发展集团股份有限公司 ……………… 690
· 600099 林海股份有限公司 ………………………… 690
· 600100 同方股份有限公司 ………………………… 690
· 600101 四川明星电力股份有限公司 ……………… 691
· 600103 福建省青山纸业股份有限公司 ………… 691
· 600104 上海汽车集团股份有限公司 ……………… 691
· 600105 江苏永鼎股份有限公司 …………………… 691
· 600106 重庆路桥股份有限公司 …………………… 692
· 600107 湖北美尔雅股份有限公司 ………………… 692
· 600108 甘肃亚盛实业(集团)
股份有限公司 ……………………………… 692
· 600109 国金证券股份有限公司 …………………… 692
· 600110 诺德投资股份有限公司 …………………… 693
· 600111 中国北方稀土(集团)高科技
股份有限公司 ……………………………… 693
· 600112 贵州长征天成控股股份有限公司 ……… 693
· 600113 浙江东日股份有限公司 …………………… 693
· 600114 东睦新材料集团股份有限公司 ………… 694
· 600115 中国东方航空股份有限公司 ……………… 694
· 600116 重庆三峡水利电力(集团)
股份有限公司 ……………………………… 694
· 600117 西宁特殊钢股份有限公司 ………………… 694
· 600118 中国东方红卫星股份有限公司 ………… 695
· 600119 长发集团长江投资实业
股份有限公司 ……………………………… 695
· 600120 浙江东方集团股份有限公司 ……………… 695
· 600121 郑州煤电股份有限公司 …………………… 695
· 600122 江苏宏图高科技股份有限公司 ………… 696
· 600123 山西兰花科技创业股份有限公司 ……… 696
· 600125 中铁铁龙集装箱物流股份有限公司 …… 696
· 600126 杭州钢铁股份有限公司 …………………… 696
· 600127 金健米业股份有限公司 …………………… 697
· 600128 江苏弘业股份有限公司 …………………… 697
· 600129 重庆太极实业(集团)
股份有限公司 ……………………………… 697
· 600130 宁波波导股份有限公司 …………………… 697
· 600131 四川岷江水利电力股份有限公司 ……… 698

· 600132 重庆啤酒股份有限公司 …………………… 698
· 600133 武汉东湖高新集团股份有限公司 ……… 698
· 600135 乐凯胶片股份有限公司 …………………… 698
· 600136 武汉当代明诚文化股份有限公司 ……… 699
· 600137 四川浪莎控投股份有限公司 …………… 699
· 600138 中青旅控股股份有限公司 ……………… 699
· 600139 四川西部资源控股股份有限公司 ……… 699
· 600141 湖北兴发化工集团股份有限公司 ……… 700
· 600143 金发科技股份有限公司 …………………… 700
· 600145 新疆亿路万源实业投资控股
股份有限公司 ……………………………… 700
· 600146 商赢环球股份有限公司 …………………… 700
· 600148 长春一东离合器股份有限公司 ………… 701
· 600149 廊坊发展股份有限公司 …………………… 701
· 600150 中国船舶工业股份有限公司 …………… 701
· 600151 上海航天汽车机电股份有限公司 ……… 701
· 600152 宁波维科精华集团股份有限公司 ……… 702
· 600153 厦门建发股份有限公司 …………………… 702
· 600155 河北宝硕股份有限公司 …………………… 702
· 600156 湖南华升股份有限公司 …………………… 702
· 600157 永泰能源股份有限公司 …………………… 703
· 600158 中体产业集团股份有限公司 …………… 703
· 600159 北京市大龙伟业房地产开发
股份有限公司 ……………………………… 703
· 600160 浙江巨化股份有限公司 …………………… 703
· 600161 北京天坛生物制品股份有限公司 ……… 704
· 600162 深圳香江控股股份有限公司 …………… 704
· 600163 福建省南纸股份有限公司 ……………… 704
· 600165 宁夏新日恒力钢丝绳股份有限公司 …… 704
· 600166 北汽福田汽车股份有限公司 …………… 705
· 600167 联美控股股份有限公司 …………………… 705
· 600168 武汉三镇实业控股股份有限公司 ……… 705
· 600169 太原重工股份有限公司 …………………… 705
· 600170 上海建工集团股份有限公司 …………… 706
· 600171 上海贝岭股份有限公司 …………………… 706
· 600172 河南黄河旋风股份有限公司 …………… 706
· 600173 卧龙地产集团股份有限公司 …………… 706
· 600175 美都能源股份有限公司 …………………… 707
· 600176 中国巨石股份有限公司 …………………… 707
· 600177 雅戈尔集团股份有限公司 ……………… 707
· 600178 哈尔滨东安汽车动力股份有限公司 …… 707
· 600179 安通控股股份有限公司 …………………… 708
· 600180 瑞茂通供应链管理股份有限公司 ……… 708
· 600182 佳通轮胎股份有限公司 …………………… 708
· 600183 广东生益科技股份有限公司 …………… 708
· 600184 北方光电股份有限公司 …………………… 709
· 600185 格力地产股份有限公司 …………………… 709
· 600186 莲花健康产业集团股份有限公司 ……… 709
· 600187 黑龙江国中水务股份有限公司 ………… 709
· 600188 兖州煤业股份有限公司 …………………… 710
· 600189 吉林森林工业股份有限公司 …………… 710
· 600190 锦州港股份有限公司 ……………………… 710
· 600191 包头华资实业股份有限公司 …………… 710
· 600192 兰州长城电工股份有限公司 …………… 711
· 600193 上海创兴资源开发股份有限公司 ……… 711
· 600195 中牧实业股份有限公司 …………………… 711
· 600196 上海复星医药(集团)
股份有限公司 ……………………………… 711
· 600197 新疆伊力特实业股份有限公司 ………… 712
· 600198 大唐电信科技股份有限公司 …………… 712
· 600199 安徽金种子酒业股份有限公司 ………… 712
· 600200 江苏吴中实业股份有限公司 …………… 712
· 600201 金宇生物技术股份有限公司 …………… 713
· 600202 哈尔滨空调股份有限公司 ……………… 713
· 600203 福建福日电子股份有限公司 …………… 713
· 600206 有研新材料股份有限公司 ……………… 713
· 600207 河南安彩高科股份有限公司 …………… 714
· 600208 新湖中宝股份有限公司 …………………… 714
· 600209 罗顿发展股份有限公司 …………………… 714
· 600210 上海紫江企业集团股份有限公司 ……… 714
· 600211 西藏诺迪康药业股份有限公司 ………… 715
· 600212 山东江泉实业股份有限公司 …………… 715
· 600213 扬州亚星客车股份有限公司 …………… 715
· 600215 长春经开(集团)股份有限公司 ……… 715
· 600216 浙江医药股份有限公司 …………………… 716
· 600217 陕西秦岭水泥(集团)
股份有限公司 ……………………………… 716
· 600218 安徽全柴动力股份有限公司 …………… 716
· 600219 山东南山铝业股份有限公司 …………… 716
· 600220 江苏阳光股份有限公司 …………………… 717
· 600221 海南航空股份有限公司 …………………… 717
· 600222 河南太龙药业股份有限公司 …………… 717
· 600223 鲁商置业股份有限公司 …………………… 717
· 600225 天津松江股份有限公司 …………………… 718
· 600226 浙江瀚叶股份有限公司 …………………… 718
· 600227 贵州赤天化股份有限公司 ……………… 718
· 600228 江西昌九生物化工股份有限公司 ……… 718
· 600229 青岛城市传媒股份有限公司 …………… 719
· 600230 沧州大化股份有限公司 …………………… 719
· 600231 凌源钢铁股份有限公司 …………………… 719
· 600232 浙江金鹰股份有限公司 …………………… 719
· 600233 圆通速递股份有限公司 …………………… 720
· 600234 山西广和山水文化传播
股份有限公司 ……………………………… 720
· 600235 民丰特种纸股份有限公司 ……………… 720
· 600236 广西桂冠电力股份有限公司 …………… 720
· 600237 安徽铜峰电子股份有限公司 …………… 721
· 600238 海南椰岛(集团)股份有限公司 ……… 721
· 600239 云南城投置业股份有限公司 …………… 721
· 600240 北京华业资本股份有限公司 …………… 721
· 600241 辽宁时代万恒股份有限公司 …………… 722
· 600242 中昌海运股份有限公司 …………………… 722

· 600243 青海华鼎实业股份有限公司 …………… 722
· 600246 北京万通地产股份有限公司 …………… 722
· 600247 吉林成城集团股份有限公司 …………… 723
· 600248 陕西延长石油化建股份有限公司 ……… 723
· 600249 柳州两面针股份有限公司 ……………… 723
· 600250 南京纺织品进出口股份有限公司 ……… 723
· 600251 新疆冠农果茸集团股份有限公司 ……… 724
· 600252 广西梧州中恒集团股份有限公司 ……… 724
· 600255 安徽鑫科新材料股份有限公司 ………… 724
· 600256 广汇能源股份有限公司 ………………… 724
· 600257 大湖水殖股份有限公司 ………………… 725
· 600258 北京首旅酒店(集团)
股份有限公司 ……………………………… 725
· 600259 广晟有色金属股份有限公司 …………… 725
· 600260 湖北凯乐科技股份有限公司 …………… 725
· 600261 浙江阳光照明电器集团
股份有限公司 ……………………………… 726
· 600262 内蒙古北方重型汽车
股份有限公司 ……………………………… 726
· 600265 云南景谷林业股份有限公司 …………… 726
· 600266 北京城建投资发展股份有限公司 ……… 726
· 600267 浙江海正药业股份有限公司 …………… 727
· 600268 国电南京自动化股份有限公司 ………… 727
· 600269 江西赣粤高速公路股份有限公司 ……… 727
· 600270 中外运空运发展股份有限公司 ………… 727
· 600271 航天信息股份有限公司 ………………… 728
· 600272 上海开开实业股份有限公司 …………… 728
· 600273 浙江嘉化能源化工股份有限公司 ……… 728
· 600275 湖北武昌鱼股份有限公司 ……………… 728
· 600276 江苏恒瑞医药股份有限公司 …………… 729
· 600277 内蒙古亿利能源股份有限公司 ………… 729
· 600278 东方国际创业股份有限公司 …………… 729
· 600279 重庆港九股份有限公司 ………………… 729
· 600280 南京中央商场(集团)
股份有限公司 ……………………………… 730
· 600281 太原化工股份有限公司 ………………… 730
· 600282 南京钢铁股份有限公司 ………………… 730
· 600283 钱江水利开发股份有限公司 …………… 730
· 600284 上海浦东路桥建设股份有限公司 ……… 731
· 600285 河南羚锐制药股份有限公司 …………… 731
· 600287 江苏舜天股份有限公司 ………………… 731
· 600288 大恒新纪元科技股份有限公司 ………… 731
· 600289 亿阳信通股份有限公司 ………………… 732
· 600290 华仪电气股份有限公司 ………………… 732
· 600291 内蒙古西水创业股份有限公司 ………… 732
· 600292 国家电投集团远达环保股份有限公司…… 732
· 600293 湖北三峡新型建材股份有限公司 ……… 733
· 600295 内蒙古鄂尔多斯资源股份有限公司 …… 733
· 600297 广汇汽车服务股份公司 ………………… 733
· 600298 安琪酵母股份有限公司 ………………… 733
· 600299 蓝星安迪苏股份有限公司 ……………… 734
· 600300 维维食品饮料股份有限公司 …………… 734
· 600301 南宁化工股份有限公司 ………………… 734
· 600302 西安标准工业股份有限公司 …………… 734
· 600303 辽宁曙光汽车集团股份有限公司 ……… 735
· 600305 江苏恒顺醋业股份有限公司 …………… 735
· 600306 沈阳商业城股份有限公司 ……………… 735
· 600307 甘肃酒钢集团宏兴钢铁
股份有限公司 ……………………………… 735
· 600308 山东华泰纸业股份有限公司 …………… 736
· 600309 万华化学集团股份有限公司 …………… 736
· 600310 广西桂东电力股份有限公司 …………… 736
· 600311 甘肃荣华实业(集团)
股份有限公司 ……………………………… 736
· 600312 河南平高电气股份有限公司 …………… 737
· 600313 中农发种业集团股份有限公司 ………… 737
· 600315 上海家化联合股份有限公司 …………… 737
· 600316 江西洪都航空工业股份有限公司 ……… 737
· 600317 营口港务股份有限公司 ………………… 738
· 600318 安徽新力金融股份有限公司 …………… 738
· 600319 潍坊亚星化学股份有限公司 …………… 738
· 600320 上海振华重工(集团)
股份有限公司 ……………………………… 738
· 600321 正源控股股份有限公司 ………………… 739
· 600322 天津市房地产发展(集团)
股份有限公司 ……………………………… 739
· 600323 瀚蓝环境股份有限公司 ………………… 739
· 600325 珠海华发实业股份有限公司 …………… 739
· 600326 西藏天路股份有限公司 ………………… 740
· 600327 无锡商业大厦大东方股份有限公司 …… 740
· 600328 内蒙古兰太实业股份有限公司 ………… 740
· 600329 天津中新药业集团股份有限公司 ……… 740
· 600330 天通控股股份有限公司 ………………… 741
· 600331 四川宏达股份有限公司 ………………… 741
· 600332 广州白云山医药集团股份有限公司 …… 741
· 600333 长春燃气股份有限公司 ………………… 741
· 600335 国机汽车股份有限公司 ………………… 742
· 600336 澳柯玛股份有限公司 …………………… 742
· 600337 美克国际家居用品股份有限公司 ……… 742
· 600338 西藏珠峰工业股份有限公司 …………… 742
· 600339 中国石油集团工程股份有限公司 ……… 743
· 600340 华夏幸福基业股份有限公司 …………… 743
· 600343 陕西航天动力高科技股份有限公司 …… 743
· 600345 武汉长江通信产业集团
股份有限公司 ……………………………… 743
· 600346 恒力石化股份有限公司 ………………… 744
· 600348 阳泉煤业(集团)股份有限公司 ……… 744
· 600350 山东高速股份有限公司 ………………… 744
· 600351 亚宝药业集团股份有限公司 …………… 744
· 600352 浙江龙盛集团股份有限公司 …………… 745
· 600353 成都旭光电子股份有限公司 …………… 745
· 600354 甘肃省敦煌种业股份有限公司 ………… 745

・600355　精伦电子股份有限公司 …………………… 745
・600356　牡丹江恒丰纸业股份有限公司 ………… 746
・600358　国旅联合股份有限公司 …………………… 746
・600359　新疆塔里木农业综合开发
股份有限公司 …………………………………… 746
・600360　吉林华微电子股份有限公司 …………… 746
・600361　北京华联综合超市股份有限公司 ……… 747
・600362　江西铜业股份有限公司 …………………… 747
・600363　江西联创光电科技股份有限公司 ……… 747
・600365　通化葡萄酒股份有限公司 ……………… 747
・600366　宁波韵升股份有限公司 …………………… 748
・600367　贵州红星发展股份有限公司 …………… 748
・600368　广西五洲交通股份有限公司 …………… 748
・600369　西南证券股份有限公司 …………………… 748
・600370　江苏三房巷实业股份有限公司 ………… 749
・600371　万向德农股份有限公司 …………………… 749
・600372　中航航空电子系统股份有限公司 ……… 749
・600373　中文天地出版传媒股份有限公司 ……… 749
・600375　华菱星马汽车(集团)
股份有限公司 …………………………………… 750
・600376　北京首都开发股份有限公司 …………… 750
・600377　江苏宁沪高速公路股份有限公司 ……… 750
・600378　四川天一科技股份有限公司 …………… 750
・600379　陕西宝光真空电器股份有限公司 ……… 751
・600380　健康元药业集团股份有限公司 ………… 751
・600381　青海春天药用资源科技股份有限公司…… 751
・600382　广东明珠集团股份有限公司 …………… 751
・600383　金地(集团)股份有限公司 …………… 752
・600385　山东金泰集团股份有限公司 …………… 752
・600386　北京巴士传媒股份有限公司 …………… 752
・600387　浙江海越股份有限公司 …………………… 752
・600388　福建龙净环保股份有限公司 …………… 753
・600389　南通江山农药化工股份有限公司 ……… 753
・600390　五矿资本股份有限公司 …………………… 753
・600391　中国航发航空科技股份有限公司 ……… 753
・600392　盛和资源控股股份有限公司 …………… 754
・600393　广州粤泰集团股份有限公司 …………… 754
・600395　贵州盘江精煤股份有限公司 …………… 754
・600396　沈阳金山能源股份有限公司 …………… 754
・600397　安源煤业集团股份有限公司 …………… 755
・600398　海澜之家股份有限公司 …………………… 755
・600399　抚顺特殊钢股份有限公司 ……………… 755
・600400　江苏红豆实业股份有限公司 …………… 755
・600401　海润光伏科技股份有限公司 …………… 756
・600403　河南大有能源股份有限公司 …………… 756
・600405　北京动力源科技股份有限公司 ………… 756
・600406　国电南瑞科技股份有限公司 …………… 756
・600408　山西安泰集团股份有限公司 …………… 757
・600409　唐山三友化工股份有限公司 …………… 757
・600410　北京华胜天成科技股份有限公司 ……… 757
・600415　浙江中国小商品城集团
股份有限公司 …………………………………… 757
・600416　湘潭电机股份有限公司 …………………… 758
・600418　安徽江淮汽车股份有限公司 …………… 758
・600419　新疆天润乳业股份有限公司 …………… 758
・600420　上海现代制药股份有限公司 …………… 758
・600421　湖北仰帆控股股份有限公司 …………… 759
・600422　昆药集团股份有限公司 …………………… 759
・600423　柳州化工股份有限公司 …………………… 759
・600425　新疆青松建材化工(集团)
股份有限公司 …………………………………… 759
・600426　山东华鲁恒升化工股份有限公司 ……… 760
・600428　中远海运特种运输股份有限公司 ……… 760
・600429　北京三元食品股份有限公司 …………… 760
・600433　广东冠豪高新技术股份有限公司 ……… 760
・600435　北方导航控制技术股份有限公司 ……… 761
・600436　漳州片仔癀药业股份有限公司 ………… 761
・600438　通威股份有限公司 ………………………… 761
・600439　河南瑞贝卡发制品股份有限公司 ……… 761
・600444　国机通用机械科技股份有限公司 ……… 762
・600446　深圳市金证科技股份有限公司 ………… 762
・600448　华纺股份有限公司 ………………………… 762
・600449　宁夏建材集团股份有限公司 …………… 762
・600452　重庆涪陵电力实业股份有限公司 ……… 763
・600455　西安博通资讯股份有限公司 …………… 763
・600456　宝鸡钛业股份有限公司 …………………… 763
・600458　株洲时代新材料科技股份有限公司 …… 763
・600459　贵研铂业股份有限公司 …………………… 764
・600460　杭州士兰微电子股份有限公司 ………… 764
・600461　江西洪城水业股份有限公司 …………… 764
・600462　深圳九有股份有限公司 …………………… 764
・600463　北京空港科技园区股份有限公司 ……… 765
・600466　四川蓝光发展股份有限公司 …………… 765
・600467　山东好当家海洋发展股份有限公司 …… 765
・600468　天津百利特精电气股份有限公司 ……… 765
・600469　风神轮胎股份有限公司 …………………… 766
・600470　安徽六国化工股份有限公司 …………… 766
・600475　无锡华光锅炉股份有限公司 …………… 766
・600476　湖南湘邮科技股份有限公司 …………… 766
・600477　杭萧钢构股份有限公司 …………………… 767
・600478　湖南科力远新能源股份有限公司 ……… 767
・600479　株洲千金药业股份有限公司 …………… 767
・600480　凌云工业股份有限公司 …………………… 767
・600481　双良节能系统股份有限公司 …………… 768
・600482　中国船舶重工集团动力股份有限公司…… 768
・600483　福建福能股份有限公司 …………………… 768
・600485　北京信威通信科技集团股份有限公司…… 768
・600486　江苏扬农化工股份有限公司 …………… 769
・600487　江苏亨通光电股份有限公司 …………… 769
・600488　天津天药药业股份有限公司 …………… 769
・600489　中金黄金股份有限公司 …………………… 769
・600490　鹏欣环球资源股份有限公司 …………… 770

· 600491 龙元建设集团股份有限公司 …………… 770
· 600493 福建凤竹纺织科技股份有限公司 ……… 770
· 600495 晋西车轴股份有限公司 ………………… 770
· 600496 长江精工钢结构(集团)
股份有限公司 ……………………………… 771
· 600497 云南驰宏锌锗股份有限公司 …………… 771
· 600498 烽火通信科技股份有限公司 …………… 771
· 600499 广东科达洁能股份有限公司 …………… 771
· 600500 中化国际(控股)股份有限公司 …… 772
· 600501 航天晨光股份有限公司 ………………… 772
· 600502 安徽水利开发股份有限公司 …………… 772
· 600503 华丽家族股份有限公司 ………………… 772
· 600505 四川西昌电力股份有限公司 …………… 773
· 600506 新疆库尔勒香梨股份有限公司 ………… 773
· 600507 方大特钢科技股份有限公司 …………… 773
· 600508 上海大屯能源股份有限公司 …………… 773
· 600509 新疆天富热电股份有限公司 …………… 774
· 600510 黑牡丹(集团)股份有限公司 ………… 774
· 600511 国药集团药业股份有限公司 …………… 774
· 600512 腾达建设集团股份有限公司 …………… 774
· 600513 江苏联环药业股份有限公司 …………… 775
· 600515 海航基础设施投资集团股份有限公司…… 775
· 600516 方大炭素新材料科技股份有限公司 …… 775
· 600517 上海置信电气股份有限公司 …………… 775
· 600518 康美药业股份有限公司 ………………… 776
· 600519 贵州茅台酒股份有限公司 ……………… 776
· 600520 文一三佳科技股份有限公司 …………… 776
· 600521 浙江华海药业股份有限公司 …………… 776
· 600522 江苏中天科技股份有限公司 …………… 777
· 600523 贵州贵航汽车零部件股份有限公司 …… 777
· 600525 长园集团股份有限公司 ………………… 777
· 600526 浙江菲达环保科技股份有限公司 ……… 777
· 600527 江苏江南高纤股份有限公司 …………… 778
· 600528 中铁高新工业股份有限公司 …………… 778
· 600529 山东省药用玻璃股份有限公司 ………… 778
· 600530 上海交大昂立股份有限公司 …………… 778
· 600531 河南豫光金铅股份有限公司 …………… 779
· 600532 上海宏达矿业股份有限公司 …………… 779
· 600533 南京栖霞建设股份有限公司 …………… 779
· 600535 天士力制药集团股份有限公司 ………… 779
· 600536 中国软件与技术服务股份有限公司 …… 780
· 600537 亿晶光电科技股份有限公司 …………… 780
· 600538 北海国发海洋生物产业
股份有限公司 ……………………………… 780
· 600539 太原狮头水泥股份有限公司 …………… 780
· 600540 新疆赛里木现代农业股份有限公司 …… 781
· 600543 甘肃莫高实业发展股份有限公司 ……… 781
· 600545 卓郎智能技术股份有限公司 …………… 781
· 600546 山煤国际能源集团股份有限公司 ……… 781
· 600547 山东黄金矿业股份有限公司 …………… 782
· 600548 深圳高速公路股份有限公司 …………… 782
· 600549 厦门钨业股份有限公司 ………………… 782
· 600550 保定天威保变电气股份有限公司 ……… 782
· 600551 时代出版传媒股份有限公司 …………… 783
· 600552 凯盛科技股份有限公司 ………………… 783
· 600555 海航创新股份有限公司 ………………… 783
· 600556 广西慧金科技股份有限公司 ………… 783
· 600557 江苏康缘药业股份有限公司 …………… 784
· 600558 四川大西洋焊接材料股份有限公司 …… 784
· 600559 河北衡水老白干酒业
股份有限公司 ……………………………… 784
· 600560 北京金自天正智能控制
股份有限公司 ……………………………… 784
· 600561 江西长运股份有限公司 ………………… 857
· 600562 国睿科技股份有限公司 ………………… 857
· 600563 厦门法拉电子股份有限公司 …………… 857
· 600565 重庆市迪马实业股份有限公司 ………… 857
· 600566 湖北济川药业股份有限公司 …………… 858
· 600567 山鹰国际控股股份公司 ………………… 858
· 600568 中珠医疗控股股份有限公司 …………… 858
· 600569 安阳钢铁股份有限公司 ………………… 858
· 600570 恒生电子股份有限公司 ………………… 859
· 600571 信雅达系统工程股份有限公司 ………… 859
· 600572 浙江康恩贝制药股份有限公司 ………… 859
· 600573 福建省燕京惠泉啤酒股份有限公司 …… 859
· 600575 安徽皖江物流(集团)股份有限公司 … 860
· 600576 浙江祥源文化股份有限公司 …………… 860
· 600577 铜陵精达特种电磁线股份有限公司 …… 860
· 600578 北京京能电力股份有限公司 …………… 860
· 600579 青岛天华院化学工程股份有限公司 …… 861
· 600580 卧龙电气集团股份有限公司 …………… 861
· 600581 新疆八一钢铁股份有限公司 …………… 861
· 600582 天地科技股份有限公司 ………………… 861
· 600583 海洋石油工程股份有限公司 …………… 862
· 600584 江苏长电科技股份有限公司 …………… 862
· 600585 安徽海螺水泥股份有限公司 …………… 862
· 600586 山东金晶科技股份有限公司 …………… 862
· 600587 山东新华医疗器械股份有限公司 ……… 863
· 600588 用友网络科技股份有限公司 …………… 863
· 600589 广东榕泰实业股份有限公司 …………… 863
· 600590 泰豪科技股份有限公司 ………………… 863
· 600592 福建龙溪轴承(集团)
股份有限公司 ……………………………… 864
· 600593 大连圣亚旅游控股股份有限公司 ……… 864
· 600594 贵州益佰制药股份有限公司 …………… 864
· 600595 河南中孚实业股份有限公司 …………… 864
· 600596 浙江新安化工集团股份有限公司 ……… 865
· 600597 光明乳业股份有限公司 ………………… 865
· 600598 黑龙江北大荒农业股份有限公司 ……… 865
· 600599 熊猫金控股份有限公司 ………………… 865
· 600600 青岛啤酒股份有限公司 ………………… 866
· 600601 方正科技集团股份有限公司 …………… 866

· 600602　云赛智联股份有限公司 ……………………… 866
· 600603　广汇物流股份有限公司 ……………………… 866
· 600604　上海市北高新股份有限公司 ……………… 867
· 600605　上海汇通能源股份有限公司 ……………… 867
· 600606　绿地控股股份有限公司 ……………………… 867
· 600608　上海宽频科技股份有限公司 ……………… 867
· 600609　金杯汽车股份有限公司 ……………………… 868
· 600610　上海中毅达股份有限公司 ………………… 868
· 600611　大众交通(集团)股份有限公司 ……… 868
· 600612　老凤祥股份有限公司 ………………………… 868
· 600613　上海神奇制药投资管理
股份有限公司 ………………………………… 869
· 600614　鹏起科技发展股份有限公司 ……………… 869
· 600615　上海丰华(集团)股份有限公司 ……… 869
· 600616　上海金枫酒业股份有限公司 ……………… 869
· 600617　山西省国新能源股份有限公司 ………… 870
· 600618　上海氯碱化工股份有限公司 ……………… 870
· 600619　上海海立(集团)股份有限公司 ……… 870
· 600620　上海市天宸股份有限公司 ………………… 870
· 600621　上海华鑫股份有限公司 ……………………… 871
· 600622　光大嘉宝股份有限公司 ……………………… 871
· 600623　上海华谊集团股份有限公司 ……………… 871
· 600624　上海复旦复华科技股份有限公司 ……… 871
· 600626　上海申达股份有限公司 ……………………… 872
· 600628　上海新世界股份有限公司 ………………… 872
· 600629　华东建筑集团股份有限公司 ……………… 872
· 600630　上海龙头(集团)股份有限公司 ……… 872
· 600633　浙报数字文化集团股份有限公司 ……… 873
· 600634　上海富控互动娱乐股份有限公司 ……… 873
· 600635　上海大众公用事业(集团)
股份有限公司 ………………………………… 873
· 600636　上海三爱富新材料股份有限公司 ……… 873
· 600637　东方明珠新媒体股份有限公司 ………… 874
· 600638　上海新黄浦置业股份有限公司 ………… 874
· 600639　上海金桥出口加工区开发
股份有限公司 ………………………………… 874
· 600640　号百控股股份有限公司 ……………………… 874
· 600641　上海万业企业股份有限公司 ……………… 875
· 600642　申能股份有限公司 …………………………… 875
· 600643　上海爱建集团股份有限公司 ……………… 875
· 600644　乐山电力股份有限公司 ……………………… 875
· 600645　中源协和细胞基因工程股份有限公司 …… 876
· 600647　上海同达创业投资股份有限公司 ……… 876
· 600648　上海外高桥集团股份有限公司 ………… 876
· 600649　上海城投控股股份有限公司 ……………… 876
· 600650　上海锦江国际实业投资
股份有限公司 ………………………………… 877
· 600651　上海飞乐音响股份有限公司 ……………… 877
· 600652　上海游久游戏股份有限公司 ……………… 877
· 600653　上海申华控股股份有限公司 ……………… 877
· 600654　中安消股份有限公司 ………………………… 878
· 600655　上海豫园旅游商城股份有限公司 ……… 878
· 600657　信达地产股份有限公司 ……………………… 878
· 600658　北京电子城投资开发股份有限公司 …… 878
· 600660　福耀玻璃工业集团股份有限公司 ……… 879
· 600661　上海新南洋股份有限公司 ………………… 879
· 600662　上海强生控股股份有限公司 ……………… 879
· 600663　上海陆家嘴金融贸易区开发
股份有限公司 ………………………………… 879
· 600664　哈药集团股份有限公司 ……………………… 880
· 600665　天地源股份有限公司 ………………………… 880
· 600666　奥瑞德光电股份有限公司 ………………… 880
· 600667　无锡市太极实业股份有限公司 ………… 880
· 600668　浙江尖峰集团股份有限公司 ……………… 881
· 600671　杭州天目山药业股份有限公司 ………… 881
· 600673　广东东阳光科技控股股份有限公司 …… 881
· 600674　四川川投能源股份有限公司 ……………… 881
· 600675　中华企业股份有限公司 ……………………… 882
· 600676　上海交运集团股份有限公司 ……………… 882
· 600677　航天通信控股集团股份有限公司 ……… 882
· 600678　四川金顶(集团)股份有限公司 ……… 882
· 600679　上海凤凰企业(集团)股份有限公司 … 883
· 600680　上海普天邮通科技股份有限公司 ……… 883
· 600681　百川能源股份有限公司 ……………………… 883
· 600682　南京新街口百货商店股份有限公司 …… 883
· 600683　京投发展股份有限公司 ……………………… 884
· 600684　广州珠江实业开发股份有限公司 ……… 884
· 600685　中船海洋与防务装备股份有限公司 …… 884
· 600686　厦门金龙汽车集团股份有限公司 ……… 884
· 600687　甘肃刚泰控股(集团)股份有限公司 …… 885
· 600688　中国石化上海石油化工股份有限公司…… 885
· 600689　上海三毛企业(集团)股份有限公司 …… 885
· 600690　青岛海尔股份有限公司 ……………………… 885
· 600691　阳煤化工股份有限公司 ……………………… 886
· 600692　上海亚通股份有限公司 ……………………… 886
· 600693　福建东百集团股份有限公司 ……………… 886
· 600694　大商股份有限公司 …………………………… 886
· 600695　上海绿庭投资控股集团股份有限公司…… 887
· 600696　上海岩石企业发展股份有限公司 ……… 887
· 600697　长春欧亚集团股份有限公司 ……………… 887
· 600698　湖南天雁机械股份有限公司 ……………… 887
· 600699　宁波均胜电子股份有限公司 ……………… 888
· 600701　哈尔滨工大高新技术产业开发
股份有限公司 ………………………………… 888
· 600702　四川沱牌舍得酒业股份有限公司 ……… 888
· 600703　三安光电股份有限公司 ……………………… 888
· 600704　物产中大集团股份有限公司 ……………… 889
· 600705　中航资本控股股份有限公司 ……………… 889
· 600706　西安曲江文化旅游股份有限公司 ……… 889
· 600707　彩虹显示器件股份有限公司 ……………… 889
· 600708　光明房地产集团股份有限公司 ………… 890
· 600710　苏美达股份有限公司 ………………………… 890

·600711 盛屯矿业集团股份有限公司 …………… 890
·600712 南宁百货大楼股份有限公司 …………… 890
·600713 南京医药股份有限公司 ………………… 891
·600714 青海金瑞矿业发展股份有限公司 ……… 891
·600715 文投控股股份有限公司 ………………… 891
·600716 江苏凤凰置业投资股份有限公司 ……… 891
·600717 天津港股份有限公司 …………………… 892
·600718 东软集团股份有限公司 ………………… 892
·600719 大连热电股份有限公司 ………………… 892
·600720 甘肃祁连山水泥集团股份有限公司 …… 892
·600721 新疆百花村股份有限公司 ……………… 893
·600722 河北金牛化工股份有限公司 …………… 893
·600723 北京首商集团股份有限公司 …………… 893
·600724 宁波富达股份有限公司 ………………… 893
·600725 云南云维股份有限公司 ………………… 894
·600726 华电能源股份有限公司 ………………… 894
·600727 山东鲁北化工股份有限公司 …………… 894
·600728 佳都新太科技股份有限公司 …………… 894
·600729 重庆百货大楼股份有限公司 …………… 895
·600730 中国高科集团股份有限公司 …………… 895
·600731 湖南海利化工股份有限公司 …………… 895
·600732 上海新梅置业股份有限公司 …………… 895
·600733 成都前锋电子股份有限公司 …………… 896
·600734 福建实达集团股份有限公司 …………… 896
·600735 山东新华锦国际股份有限公司 ………… 896
·600736 苏州新区高新技术产业
股份有限公司 …………………………… 896
·600737 中粮屯河股份有限公司 ………………… 897
·600738 兰州民百(集团)股份有限公司 ……… 897
·600739 辽宁成大股份有限公司 ………………… 897
·600740 山西焦化股份有限公司 ………………… 897
·600741 华域汽车系统股份有限公司 …………… 898
·600742 长春一汽富维汽车零部件
股份有限公司 …………………………… 898
·600743 华远地产股份有限公司 ………………… 898
·600744 大唐华银电力股份有限公司 …………… 898
·600745 闻泰科技股份有限公司 ………………… 899
·600746 江苏索普化工股份有限公司 …………… 899
·600747 大连大福控股股份有限公司 …………… 899
·600748 上海实业发展股份有限公司 …………… 899
·600749 西藏旅游股份有限公司 ………………… 900
·600750 江中药业股份有限公司 ………………… 900
·600751 天津天海投资发展股份有限公司 ……… 900
·600753 河南东方银星投资股份有限公司 ……… 900
·600754 上海锦江国际酒店发展
股份有限公司 …………………………… 901
·600755 厦门国贸集团股份有限公司 …………… 901
·600756 浪潮软件股份有限公司 ………………… 901
·600757 长江出版传媒股份有限公司 …………… 901
·600758 辽宁红阳能源投资股份有限公司 ……… 902
·600759 洲际油气股份有限公司 ………………… 902
·600760 中航沈飞股份有限公司 ………………… 902
·600761 安徽合力股份有限公司 ………………… 902
·600763 通策医疗投资股份有限公司 …………… 903
·600764 中国船舶重工集团海洋防务与信息
对抗股份有限公司 ……………………… 903
·600765 中航重机股份有限公司 ………………… 903
·600766 烟台园城黄金股份有限公司 …………… 903
·600767 运盛(上海)实业股份有限公司 ……… 904
·600768 宁波富邦精业集团股份有限公司 ……… 904
·600769 武汉祥龙电业股份有限公司 …………… 904
·600770 江苏综艺股份有限公司 ………………… 904
·600771 广誉远中药股份有限公司 ……………… 905
·600773 西藏城市发展投资股份有限公司 ……… 905
·600774 武汉市汉商集团股份有限公司 ………… 905
·600775 南京熊猫电子股份有限公司 …………… 905
·600776 东方通信股份有限公司 ………………… 906
·600777 山东新潮能源股份有限公司 …………… 906
·600778 新疆友好(集团)股份有限公司 ……… 906
·600779 四川水井坊股份有限公司 ……………… 906
·600780 山西通宝能源股份有限公司 …………… 907
·600781 辅仁药业集团实业股份有限公司 ……… 907
·600782 新余钢铁股份有限公司 ………………… 907
·600783 鲁信创业投资集团股份有限公司 ……… 907
·600784 鲁银投资集团股份有限公司 …………… 908
·600785 银川新华百货商业集团
股份有限公司 …………………………… 908
·600787 中储发展股份有限公司 ………………… 908
·600789 山东鲁抗医药股份有限公司 …………… 908
·600790 浙江中国轻纺城集团股份有限公司 …… 909
·600791 京能置业股份有限公司 ………………… 909
·600792 云南煤业能源股份有限公司 …………… 909
·600793 宜宾纸业股份有限公司 ………………… 909
·600794 张家港保税科技(集团)股份有限公司 … 910
·600795 国电电力发展股份有限公司 …………… 910
·600796 浙江钱江生物化学股份有限公司 ……… 910
·600797 浙大网新科技股份有限公司 …………… 910
·600798 宁波海运股份有限公司 ………………… 911
·600800 天津环球磁卡股份有限公司 …………… 911
·600801 华新水泥股份有限公司 ………………… 911
·600802 福建水泥股份有限公司 ………………… 911
·600803 新奥生态控股股份有限公司 …………… 912
·600804 鹏博士电信传媒集团
股份有限公司 …………………………… 912
·600805 江苏悦达投资股份有限公司 …………… 912
·600807 山东天业恒基股份有限公司 …………… 912
·600808 马鞍山钢铁股份有限公司 ……………… 913
·600809 山西杏花村汾酒厂股份有限公司 ……… 913
·600810 神马实业股份有限公司 ………………… 913
·600811 东方集团股份有限公司 ………………… 913
·600812 华北制药股份有限公司 ………………… 914
·600814 杭州解百集团股份有限公司 …………… 914

· 600815 厦门厦工机械股份有限公司 …………… 914
· 600816 安信信托股份有限公司 …………………… 914
· 600817 西安宏盛科技发展股份有限公司 ……… 915
· 600818 中路股份有限公司 ………………………… 915
· 600819 上海耀皮玻璃集团股份有限公司 ……… 915
· 600820 上海隧道工程股份有限公司 …………… 915
· 600821 天津劝业场(集团)股份有限公司 …… 916
· 600822 上海物资贸易股份有限公司 …………… 916
· 600823 上海世茂股份有限公司 ………………… 916
· 600824 上海益民商业集团股份有限公司 ……… 916
· 600825 上海新华传媒股份有限公司 …………… 917
· 600826 上海兰生股份有限公司 ………………… 917
· 600827 上海百联集团股份有限公司 …………… 917
· 600828 茂业商业股份有限公司 ………………… 917
· 600829 哈药集团人民同泰医药股份有限公司…… 918
· 600830 香溢融通控股集团股份有限公司 ……… 918
· 600831 陕西广电网络传媒(集团)
股份有限公司 …………………………… 918
· 600833 上海第一医药股份有限公司 …………… 918
· 600834 上海申通地铁股份有限公司 …………… 919
· 600835 上海机电股份有限公司 ………………… 919
· 600836 上海界龙实业集团股份有限公司 ……… 919
· 600837 海通证券股份有限公司 ………………… 919
· 600838 上海九百股份有限公司 ………………… 920
· 600839 四川长虹电器股份有限公司 …………… 920
· 600841 上海柴油机股份有限公司 ……………… 920
· 600843 上工申贝(集团)股份有限公司 ……… 920
· 600844 丹化化工科技股份有限公司 …………… 921
· 600845 上海宝信软件股份有限公司 …………… 921
· 600846 上海同济科技实业股份有限公司 ……… 921
· 600847 重庆万里新能源股份有限公司 ………… 921
· 600848 上海临港控股股份有限公司 …………… 922
· 600850 上海华东电脑股份有限公司 …………… 922
· 600851 上海海欣集团股份有限公司 …………… 922
· 600853 龙建路桥股份有限公司 ………………… 922
· 600854 江苏春兰制冷设备股份有限公司 ……… 923
· 600855 北京航天长峰股份有限公司 …………… 923
· 600856 长春中天能源股份有限公司 …………… 923
· 600857 宁波中百股份有限公司 ………………… 923
· 600858 银座集团股份有限公司 ………………… 924
· 600859 王府井集团股份有限公司 ……………… 924
· 600860 北京京城机电股份有限公司 …………… 924
· 600861 北京城乡商业(集团)股份有限公司 … 924
· 600862 中航航空高科技股份有限公司 ………… 925
· 600863 内蒙古蒙电华能热电股份有限公司 …… 925
· 600864 哈尔滨哈投投资股份有限公司 ………… 925
· 600865 百大集团股份有限公司 ………………… 925
· 600866 广东肇庆星湖生物科技
股份有限公司 …………………………… 926
· 600867 通化东宝药业股份有限公司 …………… 926
· 600868 广东梅雁吉祥水电股份有限公司 ……… 926
· 600869 远东智慧能源股份有限公司 …………… 926
· 600870 厦门华侨电子股份有限公司 …………… 927
· 600871 中石化石油工程技术服务
股份有限公司 …………………………… 927
· 600872 中炬高新技术实业(集团)
股份有限公司 …………………………… 927
· 600873 梅花生物科技集团股份有限公司 ……… 927
· 600874 天津创业环保集团股份有限公司 ……… 928
· 600875 东方电气股份有限公司 ………………… 928
· 600876 洛阳玻璃股份有限公司 ………………… 928
· 600877 中国嘉陵工业股份有限公司(集团) …… 928
· 600879 航天时代电子技术股份有限公司 ……… 929
· 600880 成都博瑞传播股份有限公司 …………… 929
· 600881 吉林亚泰(集团)股份有限公司 ……… 929
· 600882 上海广泽食品科技股份有限公司 ……… 929
· 600883 云南博闻科技实业股份有限公司 ……… 930
· 600884 宁波杉杉股份有限公司 ………………… 930
· 600885 宏发科技股份有限公司 ………………… 930
· 600886 国投电力控股股份有限公司 …………… 930
· 600887 内蒙古伊利实业集团股份有限公司 …… 931
· 600888 新疆众和股份有限公司 ………………… 931
· 600889 南京化纤股份有限公司 ………………… 931
· 600890 中房置业股份有限公司 ………………… 931
· 600891 哈尔滨秋林集团股份有限公司 ………… 932
· 600892 大晟时代文化投资股份有限公司 ……… 932
· 600893 中国航发动力股份有限公司 …………… 932
· 600894 广州广日股份有限公司 ………………… 932
· 600895 上海张江高科技园区开发
股份有限公司 …………………………… 933
· 600896 览海医疗产业投资股份有限公司 ……… 933
· 600897 元翔(厦门)国际航空港股份有限公司 … 933
· 600898 国美通讯设备股份有限公司 …………… 933
· 600900 中国长江电力股份有限公司 …………… 934
· 600903 贵州燃气集团股份有限公司 …………… 934
· 600908 无锡农村商业银行股份有限公司 ……… 934
· 600909 华安证券股份有限公司 ………………… 934
· 600917 重庆燃气集团股份有限公司 …………… 935
· 600919 江苏银行股份有限公司 ………………… 935
· 600926 杭州银行股份有限公司 ………………… 935
· 600933 爱柯迪股份有限公司 …………………… 935
· 600936 广西广播电视信息网络股份有限公司…… 936
· 600939 重庆建工集团股份有限公司 …………… 936
· 600958 东方证券股份有限公司 ………………… 936
· 600959 江苏省广电有线信息网络
股份有限公司 …………………………… 936
· 600960 渤海汽车系统股份有限公司 …………… 937
· 600961 株洲冶炼集团股份有限公司 …………… 937
· 600962 国投中鲁果汁股份有限公司 …………… 937
· 600963 岳阳林纸股份有限公司 ………………… 937
· 600965 河北福成五丰食品股份有限公司 ……… 938
· 600966 山东博汇纸业股份有限公司 …………… 938

· 600967 内蒙古第一机械集团股份有限公司 …… 938
· 600969 湖南郴电国际发展股份有限公司 ……… 938
· 600970 中国中材国际工程股份有限公司 ……… 939
· 600971 安徽恒源煤电股份有限公司 …………… 939
· 600973 宝胜科技创新股份有限公司 …………… 939
· 600975 湖南新五丰股份有限公司 ……………… 939
· 600976 健民药业集团股份有限公司 …………… 940
· 600977 中国电影股份有限公司 ………………… 940
· 600978 宜华生活科技股份有限公司 …………… 940
· 600979 四川广安爱众股份有限公司 …………… 940
· 600980 北矿科技股份有限公司 ………………… 941
· 600981 江苏汇鸿国际集团股份有限公司 ……… 941
· 600982 宁波热电股份有限公司 ………………… 941
· 600983 惠而浦(中国)股份有限公司 ………… 941
· 600984 陕西建设机械股份有限公司 …………… 942
· 600985 安徽雷鸣科化股份有限公司 …………… 942
· 600986 科达集团股份有限公司 ………………… 942
· 600987 浙江航民股份有限公司 ………………… 942
· 600988 赤峰吉隆黄金矿业股份有限公司 ……… 943
· 600990 安徽四创电子股份有限公司 …………… 943
· 600992 贵州钢绳股份有限公司 ………………… 943
· 600993 马应龙药业集团股份有限公司 ………… 943
· 600995 云南文山电力股份有限公司 …………… 944
· 600996 贵州省广播电视信息网络股份有限公司 …………………………… 944
· 600997 开滦能源化工股份有限公司 …………… 944
· 600998 九州通医药集团股份有限公司 ………… 944
· 600999 招商证券股份有限公司 ………………… 945
· 601000 唐山港集团股份有限公司 ……………… 945
· 601001 大同煤业股份有限公司 ………………… 945
· 601002 晋亿实业股份有限公司 ………………… 945
· 601003 柳州钢铁股份有限公司 ………………… 946
· 601005 重庆钢铁股份有限公司 ………………… 946
· 601006 大秦铁路股份有限公司 ………………… 946
· 601007 金陵饭店股份有限公司 ………………… 946
· 601008 江苏连云港港口股份有限公司 ………… 947
· 601009 南京银行股份有限公司 ………………… 947
· 601010 文峰大世界连锁发展股份有限公司 …… 947
· 601011 宝泰隆新材料股份有限公司 …………… 947
· 601012 隆基绿能科技股份有限公司 …………… 948
· 601015 陕西黑猫焦化股份有限公司 …………… 948
· 601016 中节能风力发电股份有限公司 ………… 948
· 601018 宁波舟山港股份有限公司 ……………… 948
· 601019 山东出版传媒股份有限公司 …………… 949
· 601020 西藏华钰矿业股份有限公司 …………… 949
· 601021 春秋航空股份有限公司 ………………… 949
· 601028 江苏玉龙钢管股份有限公司 …………… 949
· 601038 第一拖拉机股份有限公司 ……………… 950
· 601058 赛轮金宇集团股份有限公司 …………… 950
· 601069 西部黄金股份有限公司 ………………… 950
· 601086 甘肃国芳工贸(集团)股份有限公司 … 950
· 601088 中国神华能源股份有限公司 …………… 951
· 601098 中南出版传媒集团股份有限公司 ……… 951
· 601099 太平洋证券股份有限公司 ……………… 951
· 601100 江苏恒立液压股份有限公司 …………… 951
· 601101 北京昊华能源股份有限公司 …………… 952
· 601106 中国第一重型机械股份公司 …………… 952
· 601107 四川成渝高速公路股份有限公司 ……… 952
· 601108 财通证券股份有限公司 ………………… 952
· 601111 中国国际航空股份有限公司 …………… 953
· 601113 义乌华鼎锦纶股份有限公司 …………… 953
· 601116 三江购物俱乐部股份有限公司 ………… 953
· 601117 中国化学工程股份有限公司 …………… 953
· 601118 海南天然橡胶产业集团股份有限公司 …………………………… 954
· 601126 北京四方继保自动化股份有限公司 …… 954
· 601127 重庆小康工业集团股份有限公司 ……… 954
· 601128 江苏常熟农村商业银行股份有限公司…… 954
· 601137 宁波博威合金材料股份有限公司 ……… 955
· 601139 深圳市燃气集团股份有限公司 ………… 955
· 601155 新城控股集团股份有限公司 …………… 955
· 601158 重庆水务集团股份有限公司 …………… 955
· 601163 三角轮胎股份有限公司 ………………… 956
· 601166 兴业银行股份有限公司 ………………… 956
· 601168 西部矿业股份有限公司 ………………… 956
· 601169 北京银行股份有限公司 ………………… 956

第三节 深圳证券交易所上市公司/财务指标 …… 957
· 000001 平安银行股份有限公司 ………………… 957
· 000002 万科企业股份有限公司 ………………… 957
· 000004 深圳中国农大科技股份有限公司 ……… 957
· 000005 深圳世纪星源股份有限公司 …………… 957
· 000006 深圳市振业(集团)股份有限公司 …… 958
· 000007 深圳市全新好股份有限公司 …………… 958
· 000008 神州高铁技术股份有限公司 …………… 958
· 000009 中国宝安集团股份有限公司 …………… 958
· 000010 深圳美丽生态股份有限公司 …………… 959
· 000011 深圳市物业发展(集团)股份有限公司 … 959
· 000012 中国南玻集团股份有限公司 …………… 959
· 000014 沙河实业股份有限公司 ………………… 959
· 000016 康佳集团股份有限公司 ………………… 960
· 000017 深圳中华自行车(集团)股份有限公司 … 960
· 000018 神州长城股份有限公司 ………………… 960
· 000019 深圳市深宝实业股份有限公司 ………… 960
· 000020 深圳中恒华发股份有限公司 …………… 961
· 000021 深圳长城开发科技股份有限公司 ……… 961
· 000022 深圳赤湾港航股份有限公司 …………… 961
· 000023 深圳市天地(集团)股份有限公司 …… 961
· 000025 深圳市特力(集团)股份有限公司 …… 962
· 000026 飞亚达(集团)股份有限公司 ………… 962
· 000027 深圳能源集团股份有限公司 …………… 962
· 000028 国药集团一致药业股份有限公司 ……… 962

· 000029 深圳经济特区房地产(集团)股份有限公司 …… 963
· 000030 富奥汽车零部件股份有限公司 …… 963
· 000031 中粮地产(集团)股份有限公司 …… 963
· 000032 深圳市桑达实业股份有限公司 …… 963
· 000034 神州数码集团股份有限公司 …… 964
· 000035 中国天楹股份有限公司 …… 964
· 000036 华联控股股份有限公司 …… 964
· 000037 深圳南山热电股份有限公司 …… 964
· 000038 深圳大通实业股份有限公司 …… 965
· 000039 中国国际海运集装箱(集团)股份有限公司 …… 965
· 000040 东旭蓝天新能源股份有限公司 …… 965
· 000042 深圳市中洲投资控股股份有限公司 …… 965
· 000043 中航地产股份有限公司 …… 966
· 000045 深圳市纺织(集团)股份有限公司 …… 966
· 000046 泛海控股股份有限公司 …… 966
· 000048 深圳市康达尔(集团)股份有限公司 …… 966
· 000049 深圳市德赛电池科技股份有限公司 …… 967
· 000050 天马微电子股份有限公司 …… 967
· 000055 方大集团股份有限公司 …… 967
· 000056 深圳市皇庭国际企业股份有限公司 …… 967
· 000058 深圳赛格股份有限公司 …… 968
· 000059 北方华锦化学工业股份有限公司 …… 968
· 000060 深圳市中金岭南有色金属股份有限公司 …… 968
· 000061 深圳市农产品股份有限公司 …… 968
· 000062 深圳华强实业股份有限公司 …… 969
· 000063 中兴通讯股份有限公司 …… 969
· 000065 北方国际合作股份有限公司 …… 969
· 000066 中国长城科技集团股份有限公司 …… 969
· 000068 深圳华控赛格股份有限公司 …… 970
· 000069 深圳华侨城股份有限公司 …… 970
· 000070 深圳市特发信息股份有限公司 …… 970
· 000078 深圳市海王生物工程股份有限公司 …… 970
· 000088 深圳市盐田港股份有限公司 …… 971
· 000089 深圳市机场股份有限公司 …… 971
· 000090 深圳市天健(集团)股份有限公司 …… 971
· 000096 深圳市广聚能源股份有限公司 …… 971
· 000099 中信海洋直升机股份有限公司 …… 972
· 000100 TCL 集团股份有限公司 …… 972
· 000150 宜华健康医疗股份有限公司 …… 972
· 000151 中成进出口股份有限公司 …… 972
· 000153 安徽丰原药业股份有限公司 …… 973
· 000155 川化股份有限公司 …… 973
· 000156 华数传媒控股股份有限公司 …… 973
· 000157 中联重科股份有限公司 …… 973
· 000158 石家庄常山北明科技股份有限公司 …… 974
· 000159 新疆国际实业股份有限公司 …… 974
· 000166 申万宏源集团股份有限公司 …… 974
· 000301 江苏吴江中国东方丝绸市场股份有限公司 …… 974
· 000333 美的集团股份有限公司 …… 975
· 000338 潍柴动力股份有限公司 …… 975
· 000400 许继电气股份有限公司 …… 975
· 000401 唐山冀东水泥股份有限公司 …… 975
· 000402 金融街控股股份有限公司 …… 976
· 000403 振兴生化股份有限公司 …… 976
· 000404 华意压缩机股份有限公司 …… 976
· 000407 山东胜利股份有限公司 …… 976
· 000408 藏格控股股份有限公司 …… 977
· 000409 山东地矿股份有限公司 …… 977
· 000410 沈阳机床股份有限公司 …… 977
· 000411 浙江英特集团股份有限公司 …… 977
· 000413 东旭光电科技股份有限公司 …… 978
· 000415 渤海金控投资股份有限公司 …… 978
· 000416 民生控股股份有限公司 …… 978
· 000417 合肥百货大楼集团股份有限公司 …… 978
· 000418 无锡小天鹅股份有限公司 …… 979
· 000419 长沙通程控股股份有限公司 …… 979
· 000420 吉林化纤股份有限公司 …… 979
· 000421 南京公用发展股份有限公司 …… 979
· 000422 湖北宜化化工股份有限公司 …… 980
· 000423 东阿阿胶股份有限公司 …… 980
· 000425 徐工集团工程机械股份有限公司 …… 980
· 000426 内蒙古兴业矿业股份有限公司 …… 980
· 000428 华天酒店集团股份有限公司 …… 981
· 000429 广东省高速公路发展股份有限公司 …… 981
· 000430 张家界旅游集团股份有限公司 …… 981
· 000488 山东晨鸣纸业集团股份有限公司 …… 981
· 000498 山东高速路桥集团股份有限公司 …… 982
· 000501 武汉武商集团股份有限公司 …… 982
· 000502 绿景控股股份有限公司 …… 982
· 000503 海虹企业(控股)股份有限公司 …… 982
· 000504 南华生物医药股份有限公司 …… 983
· 000505 海南珠江控股股份有限公司 …… 983
· 000506 中润资源投资股份有限公司 …… 983
· 000507 珠海港股份有限公司 …… 983
· 000509 华塑控股股份有限公司 …… 984
· 000510 四川金路集团股份有限公司 …… 984
· 000513 丽珠医药集团股份有限公司 …… 984
· 000514 重庆渝开发股份有限公司 …… 984
· 000516 西安国际医学投资股份有限公司 …… 985
· 000517 荣安地产股份有限公司 …… 985
· 000518 江苏四环生物股份有限公司 …… 985
· 000519 中兵红箭股份有限公司 …… 985
· 000520 长航凤凰股份有限公司 …… 986
· 000521 合肥美菱股份有限公司 …… 986
· 000523 广州市浪奇实业股份有限公司 …… 986
· 000524 广州岭南集团控股股份有限公司 …… 986
· 000525 南京红太阳股份有限公司 …… 987
· 000526 厦门紫光学大股份有限公司 …… 987

· 000528 广西柳工机械股份有限公司 …………… 987
· 000529 广东广弘控股股份有限公司 …………… 987
· 000530 大连冷冻机股份有限公司 ……………… 988
· 000531 广州恒运企业集团股份有限公司 ……… 988
· 000532 珠海华金资本股份有限公司 …………… 988
· 000533 广东万家乐股份有限公司 ……………… 988
· 000534 万泽实业股份有限公司 ………………… 989
· 000536 华映科技(集团)股份有限公司 ……… 989
· 000537 天津广宇发展股份有限公司 …………… 989
· 000538 云南白药集团股份有限公司 …………… 989
· 000539 广东电力发展股份有限公司 …………… 990
· 000540 中天金融集团股份有限公司 …………… 990
· 000541 佛山电器照明股份有限公司 …………… 990
· 000543 安徽省皖能股份有限公司 ……………… 990
· 000544 中原环保股份有限公司 ………………… 991
· 000545 金浦钛业股份有限公司 ………………… 991
· 000546 金圆水泥股份有限公司 ………………… 991
· 000547 航天工业发展股份有限公司 …………… 991
· 000548 湖南投资集团股份有限公司 …………… 992
· 000550 江铃汽车股份有限公司 ………………… 992
· 000551 创元科技股份有限公司 ………………… 992
· 000552 甘肃靖远煤电股份有限公司 …………… 992
· 000553 湖北沙隆达股份有限公司 ……………… 993
· 000554 中国石化山东泰山石油股份有限公司…… 993
· 000555 神州数码信息服务股份有限公司 ……… 993
· 000557 宁夏西部创业实业股份有限公司 ……… 993
· 000558 莱茵达体育发展股份有限公司 ………… 994
· 000559 万向钱潮股份有限公司 ………………… 994
· 000560 昆明百货大楼(集团)股份有限公司 … 994
· 000561 陕西烽火电子股份有限公司 …………… 994
· 000563 陕西省国际信托股份有限公司 ………… 995
· 000564 供销大集集团股份有限公司 …………… 995
· 000565 重庆三峡油漆股份有限公司 …………… 995
· 000566 海南海药股份有限公司 ………………… 995
· 000567 海南海德实业股份有限公司 …………… 996
· 000568 泸州老窖股份有限公司 ………………… 996
· 000570 苏常柴股份有限公司 …………………… 996
· 000571 新大洲控股股份有限公司 ……………… 996
· 000572 海马汽车集团股份有限公司 …………… 997
· 000573 东莞宏远工业区股份有限公司 ………… 997
· 000576 江门甘蔗化工厂(集团)股份有限公司 … 997
· 000581 无锡威孚高科技集团股份有限公司 …… 997
· 000582 北部湾港股份有限公司 ………………… 998
· 000584 江苏哈工智能机器人股份有限公司 …… 998
· 000585 东北电气发展股份有限公司 …………… 998
· 000586 四川汇源光通信股份有限公司 ………… 998
· 000587 金洲慈航集团股份有限公司 …………… 999
· 000589 贵州轮胎股份有限公司 ………………… 999
· 000590 启迪古汉集团股份有限公司 …………… 999
· 000591 中节能太阳能股份有限公司 …………… 999
· 000592 中福海峡(平潭)发展股份有限公司 …… 1000
· 000593 四川大通燃气开发股份有限公司 …… 1000
· 000595 宝塔实业股份有限公司 ……………… 1000
· 000596 安徽古井贡酒股份有限公司 ………… 1000
· 000597 东北制药集团股份有限公司 ………… 1001
· 000598 成都市兴蓉环境股份有限公司 ……… 1001
· 000599 青岛双星股份有限公司 ……………… 1001
· 000600 河北建投能源投资股份有限公司 …… 1001
· 000601 广东韶能集团股份有限公司 ………… 1002
· 000603 盛达矿业股份有限公司 ……………… 1002
· 000605 渤海水业股份有限公司 ……………… 1002
· 000606 神州易桥信息服务股份有限公司 …… 1002
· 000607 浙江华媒控股股份有限公司 ………… 1003
· 000608 阳光新业地产股份有限公司 ………… 1003
· 000609 北京绵石投资集团股份有限公司 …… 1003
· 000610 西安旅游股份有限公司 ……………… 1003
· 000611 内蒙古天首科技发展股份有限公司 … 1004
· 000612 焦作万方铝业股份有限公司 ………… 1004
· 000613 海南大东海旅游中心股份有限公司 … 1004
· 000615 京汉实业投资股份有限公司 ………… 1004
· 000616 海航投资集团股份有限公司 ………… 1005
· 000617 中国石油集团资本股份有限公司 …… 1005
· 000619 芜湖海螺型材科技股份有限公司 …… 1005
· 000620 新华联文化旅游发展股份有限公司 … 1005
· 000622 恒立实业发展集团股份有限公司 …… 1006
· 000623 吉林敖东药业集团股份有限公司 …… 1006
· 000625 重庆长安汽车股份有限公司 ………… 1006
· 000626 远大产业控股股份有限公司 ………… 1006
· 000627 天茂实业集团股份有限公司 ………… 1007
· 000628 成都高新发展股份有限公司 ………… 1007
· 000630 铜陵有色金属集团股份有限公司 …… 1007
· 000631 顺发恒业股份公司 …………………… 1007
· 000632 福建三木集团股份有限公司 ………… 1008
· 000633 新疆合金投资股份有限公司 ………… 1008
· 000635 宁夏英力特化工股份有限公司 ……… 1008
· 000636 广东风华高新科技股份有限公司 …… 1008
· 000637 茂名石化实华股份有限公司 ………… 1009
· 000638 万方城镇投资发展股份有限公司 …… 1009
· 000639 西王食品股份有限公司 ……………… 1009
· 000650 仁和药业股份有限公司 ……………… 1009
· 000651 珠海格力电器股份有限公司 ………… 1010
· 000652 天津泰达股份有限公司 ……………… 1010
· 000655 山东金岭矿业股份有限公司 ………… 1010
· 000656 金科地产集团股份有限公司 ………… 1010
· 000657 中钨高新材料股份有限公司 ………… 1011
· 000659 珠海中富实业股份有限公司 ………… 1011
· 000661 长春高新技术产业(集团)
股份有限公司 ……………………… 1011
· 000662 天夏智慧城市科技股份有限公司 …… 1011
· 000663 福建省永安林业(集团)
股份有限公司 ……………………… 1012
· 000665 湖北省广播电视信息网络

股份有限公司 …………………………… 1012
· 000666 经纬纺织机械股份有限公司 ………… 1012
· 000667 美好置业集团股份有限公司 ………… 1012
· 000668 荣丰控股集团股份有限公司 ………… 1013
· 000669 金鸿控股集团股份有限公司 ………… 1013
· 000670 盈方微电子股份有限公司 …………… 1013
· 000671 阳光城集团股份有限公司 …………… 1013
· 000672 甘肃上峰水泥股份有限公司 ………… 1014
· 000673 当代东方投资股份有限公司 ………… 1014
· 000676 智度科技股份有限公司 ……………… 1014
· 000677 恒天海龙股份有限公司 ……………… 1014
· 000678 襄阳汽车轴承股份有限公司 ………… 1015
· 000679 大连友谊(集团)股份有限公司 ……… 1015
· 000680 山推工程机械股份有限公司 ………… 1015
· 000681 视觉(中国)文化发展
股份有限公司 …………………………… 1015
· 000682 东方电子股份有限公司 ……………… 1016
· 000683 内蒙古远兴能源股份有限公司 ……… 1016
· 000685 中山公用事业集团股份有限公司 …… 1016
· 000686 东北证券股份有限公司 ……………… 1016
· 000687 华讯方舟股份有限公司 ……………… 1017
· 000688 建新矿业股份有限责任公司 ………… 1017
· 000690 广东宝丽华新能源股份有限公司 …… 1017
· 000691 海南亚太实业发展股份有限公司 …… 1017
· 000692 沈阳惠天热电股份有限公司 ………… 1018
· 000693 成都华泽钴镍材料股份有限公司 …… 1018
· 000695 天津滨海能源发展股份有限公司 …… 1018
· 000697 陕西炼石有色资源股份有限公司 …… 1018
· 000698 沈阳化工股份有限公司 ……………… 1019
· 000700 江南模塑科技股份有限公司 ………… 1019
· 000701 厦门信达股份有限公司 ……………… 1019
· 000702 湖南正虹科技发展股份有限公司 …… 1019
· 000703 恒逸石化股份有限公司 ……………… 1020
· 000705 浙江震元股份有限公司 ……………… 1020
· 000707 湖北双环科技股份有限公司 ………… 1020
· 000708 大冶特殊钢股份有限公司 …………… 1020
· 000709 河钢股份有限公司 …………………… 1021
· 000710 成都市贝瑞和康基因技术
股份有限公司 …………………………… 1021
· 000711 京蓝科技股份有限公司 ……………… 1021
· 000712 广东锦龙发展股份有限公司 ………… 1021
· 000713 合肥丰乐种业股份有限公司 ………… 1022
· 000715 中兴－沈阳商业大厦(集团)
股份有限公司 …………………………… 1022
· 000716 南方黑芝麻集团股份有限公司 ……… 1022
· 000717 广东韶钢松山股份有限公司 ………… 1022
· 000718 苏宁环球股份有限公司 ……………… 1023
· 000719 中原大地传媒股份有限公司 ………… 1023
· 000720 山东新能泰山发电股份有限公司 …… 1023
· 000721 西安饮食股份有限公司 ……………… 1023
· 000722 湖南发展集团股份有限公司 ………… 1024
· 000723 山西美锦能源股份有限公司 ………… 1024
· 000725 京东方科技集团股份有限公司 ……… 1024
· 000726 鲁泰纺织股份有限公司 ……………… 1024
· 000727 南京华东电子信息科技
股份有限公司 …………………………… 1025
· 000728 国元证券股份有限公司 ……………… 1025
· 000729 北京燕京啤酒股份有限公司 ………… 1025
· 000731 四川美丰化工股份有限公司 ………… 1025
· 000732 泰禾集团股份有限公司 ……………… 1026
· 000733 中国振华(集团)科技
股份有限公司 …………………………… 1026
· 000735 罗牛山股份有限公司 ………………… 1026
· 000736 中房地产股份有限公司 ……………… 1026
· 000737 南风化工集团股份有限公司 ………… 1027
· 000738 中国航发动力控制股份有限公司 …… 1027
· 000739 普洛药业股份有限公司 ……………… 1027
· 000750 国海证券股份有限公司 ……………… 1027
· 000751 葫芦岛锌业股份有限公司 …………… 1028
· 000752 西藏银河科技发展股份有限公司 …… 1028
· 000753 福建漳州发展股份有限公司 ………… 1028
· 000755 山西三维集团股份有限公司 ………… 1028
· 000756 山东新华制药股份有限公司 ………… 1029
· 000757 四川浩物机电股份有限公司 ………… 1029
· 000758 中国有色金属建设股份有限公司 …… 1029
· 000759 中百控股集团股份有限公司 ………… 1029
· 000760 斯太尔动力股份有限公司 …………… 1030
· 000761 本钢板材股份有限公司 ……………… 1030
· 000762 西藏矿业发展股份有限公司 ………… 1030
· 000766 通化金马药业集团股份有限公司 …… 1030
· 000767 山西漳泽电力股份有限公司 ………… 1031
· 000768 中航飞机股份有限公司 ……………… 1031
· 000776 广发证券股份有限公司 ……………… 1031
· 000777 中核苏阀科技实业股份有限公司 …… 1031
· 000778 新兴铸管股份有限公司 ……………… 1032
· 000779 兰州三毛实业股份有限公司 ………… 1032
· 000780 内蒙古平庄能源股份有限公司 ……… 1032
· 000782 广东新会美达锦纶股份有限公司 …… 1032
· 000783 长江证券股份有限公司 ……………… 1033
· 000785 武汉中商集团股份有限公司 ………… 1033
· 000786 北新集团建材股份有限公司 ………… 1033
· 000788 北大医药股份有限公司 ……………… 1033
· 000789 江西万年青水泥股份有限公司 ……… 1034
· 000790 成都泰合健康科技集团
股份有限公司 …………………………… 1034
· 000791 甘肃电投能源发展股份有限公司 …… 1034
· 000792 青海盐湖工业股份有限公司 ………… 1034
· 000793 华闻传媒投资集团股份有限公司 …… 1035
· 000795 英洛华科技股份有限公司 …………… 1035
· 000796 海航凯撒旅游集团股份有限公司 …… 1035
· 000797 中国武夷实业股份有限公司 ………… 1035
· 000798 中水集团远洋股份有限公司 ………… 1036

· 000799 酒鬼酒股份有限公司 …… 1036
· 000800 一汽轿车股份有限公司 …… 1036
· 000801 四川九洲电器股份有限公司 …… 1036
· 000802 北京京西文化旅游股份有限公司 …… 1037
· 000803 四川金宇汽车城(集团)股份有限公司 …… 1037
· 000806 北海银河生物产业投资股份有限公司 …… 1037
· 000807 云南铝业股份有限公司 …… 1037
· 000809 铁岭新城投资控股股份有限公司 …… 1038
· 000810 创维数字股份有限公司 …… 1038
· 000811 冰轮环境技术股份有限公司 …… 1038
· 000812 陕西金叶科教集团股份有限公司 …… 1038
· 000813 德展大健康股份有限公司 …… 1039
· 000815 中冶美利云产业投资股份有限公司 …… 1039
· 000816 江苏农华智慧农业科技股份有限公司 …… 1039
· 000818 方大锦化化工科技股份有限公司 …… 1039
· 000819 岳阳兴长石化股份有限公司 …… 1040
· 000820 神雾节能股份有限公司 …… 1040
· 000821 湖北京山轻工机械股份有限公司 …… 1040
· 000822 山东海化股份有限公司 …… 1040
· 000823 广东汕头超声电子股份有限公司 …… 1041
· 000825 山西太钢不锈钢股份有限公司 …… 1041
· 000826 启迪桑德环境资源股份有限公司 …… 1041
· 000828 东莞发展控股股份有限公司 …… 1041
· 000829 天音通信控股股份有限公司 …… 1042
· 000830 鲁西化工集团股份有限公司 …… 1042
· 000831 五矿稀土股份有限公司 …… 1042
· 000833 广西贵糖(集团)股份有限公司 …… 1042
· 000835 长城国际动漫游戏股份有限公司 …… 1043
· 000836 天津鑫茂科技股份有限公司 …… 1043
· 000837 秦川机床工具集团股份公司 …… 1043
· 000838 财信国兴地产发展股份有限公司 …… 1043
· 000839 中信国安信息产业股份有限公司 …… 1044
· 000848 河北承德露露股份有限公司 …… 1044
· 000850 安徽华茂纺织股份有限公司 …… 1044
· 000851 大唐高鸿数据网络技术股份有限公司 …… 1044
· 000852 中石化石油机械股份有限公司 …… 1045
· 000856 唐山冀东装备工程股份有限公司 …… 1045
· 000858 宜宾五粮液股份有限公司 …… 1045
· 000859 安徽国风塑业股份有限公司 …… 1045
· 000860 北京顺鑫农业股份有限公司 …… 1046
· 000861 广东海印集团股份有限公司 …… 1046
· 000862 宁夏银星能源股份有限公司 …… 1046
· 000863 三湘印象股份有限公司 …… 1046
· 000868 安徽安凯汽车股份有限公司 …… 1047
· 000869 烟台张裕葡萄酿酒股份有限公司 …… 1047
· 000875 吉林电力股份有限公司 …… 1047
· 000876 新希望六和股份有限公司 …… 1047
· 000877 新疆天山水泥股份有限公司 …… 1048
· 000878 云南铜业股份有限公司 …… 1048
· 000880 潍柴重机股份有限公司 …… 1048
· 000881 中广核核技术发展股份有限公司 …… 1048
· 000882 北京华联商厦股份有限公司 …… 1049
· 000883 湖北能源集团股份有限公司 …… 1049
· 000885 河南同力水泥股份有限公司 …… 1049
· 000886 海南高速公路股份有限公司 …… 1049
· 000887 安徽中鼎密封件股份有限公司 …… 1050
· 000888 峨眉山旅游股份有限公司 …… 1050
· 000889 茂业通信网络股份有限公司 …… 1050
· 000890 江苏法尔胜股份有限公司 …… 1050
· 000892 欢瑞世纪联合股份有限公司 …… 1051
· 000893 广州东凌国际投资股份有限公司 …… 1051
· 000895 河南双汇投资发展股份有限公司 …… 1051
· 000897 天津津滨发展股份有限公司 …… 1051
· 000898 鞍钢股份有限公司 …… 1052
· 000899 江西赣能股份有限公司 …… 1052
· 000900 现代投资股份有限公司 …… 1052
· 000901 航天科技控股集团股份有限公司 …… 1052
· 000902 湖北新洋丰肥业股份有限公司 …… 1053
· 000903 昆明云内动力股份有限公司 …… 1053
· 000905 厦门港务发展股份有限公司 …… 1053
· 000906 浙商中拓集团股份有限公司 …… 1053
· 000908 湖南景峰医药股份有限公司 …… 1054
· 000909 数源科技股份有限公司 …… 1054
· 000910 大亚科技股份有限公司 …… 1054
· 000911 南宁糖业股份有限公司 …… 1054
· 000912 四川泸天化股份有限公司 …… 1055
· 000913 浙江钱江摩托股份有限公司 …… 1055
· 000915 山东山大华特科技股份有限公司 …… 1055
· 000917 湖南电广传媒股份有限公司 …… 1055
· 000918 嘉凯城集团股份有限公司 …… 1056
· 000919 金陵药业股份有限公司 …… 1056
· 000920 南方汇通股份有限公司 …… 1056
· 000921 海信科龙电器股份有限公司 …… 1056
· 002001 浙江新和成股份有限公司 …… 1057
· 002002 鸿达兴业股份有限公司 …… 1057
· 002003 浙江伟星实业发展股份有限公司 …… 1057
· 002004 华邦生命健康股份有限公司 …… 1057
· 002005 广东德豪润达电气股份有限公司 …… 1058
· 002006 浙江精功科技股份有限公司 …… 1058
· 002007 华兰生物工程股份有限公司 …… 1058
· 002008 大族激光科技产业集团股份有限公司 …… 1058
· 002009 天奇自动化工程股份有限公司 …… 1059
· 002010 传化智联股份有限公司 …… 1059
· 002011 浙江盾安人工环境股份有限公司 …… 1059
· 002012 浙江凯恩特种材料股份有限公司 …… 1059
· 002013 中航工业机电系统股份有限公司 …… 1060
· 002014 黄山永新股份有限公司 …… 1060

· 002015 江苏霞客环保色纺股份有限公司 …… 1060
· 002016 广东世荣兆业股份有限公司 ………… 1060
· 002017 东信和平科技股份有限公司 ………… 1061
· 002018 安徽华信国际控股股份有限公司 …… 1061
· 002019 亿帆医药股份有限公司 ……………… 1061
· 002020 浙江京新药业股份有限公司 ………… 1061
· 002021 中捷资源投资股份有限公司 ………… 1062
· 002022 上海科华生物工程股份有限公司 …… 1062
· 002023 四川海特高新技术股份有限公司 …… 1062
· 002024 苏宁易购集团股份有限公司 ………… 1062
· 002025 贵州航天电器股份有限公司 ………… 1063
· 002026 山东威达机械股份有限公司 ………… 1063
· 002027 分众传媒信息技术股份有限公司 …… 1063
· 002028 思源电气股份有限公司 ……………… 1063
· 002029 福建七匹狼实业股份有限公司 ……… 1064
· 002030 中山大学达安基因股份有限公司 …… 1064
· 002031 巨轮智能装备股份有限公司 ………… 1064
· 002032 浙江苏泊尔股份有限公司 …………… 1064
· 002033 丽江玉龙旅游股份有限公司 ………… 1065
· 002034 旺能环境股份有限公司 ……………… 1065
· 002035 华帝股份有限公司 …………………… 1065
· 002036 联创电子科技股份有限公司 ………… 1065
· 002037 贵州久联民爆器材发展
股份有限公司 ……………………… 1066
· 002038 北京双鹭药业股份有限公司 ………… 1066
· 002039 贵州黔源电力股份有限公司 ………… 1066
· 002040 南京港股份有限公司 ……………… 1066
· 002041 山东登海种业股份有限公司 ………… 1067
· 002042 华孚时尚股份有限公司 ……………… 1067
· 002043 德华兔宝宝装饰新材股份有限公司 … 1067
· 002044 美年大健康产业控股股份有限公司 … 1067
· 002045 国光电器股份有限公司 ……………… 1068
· 002046 洛阳轴研科技股份有限公司 ………… 1068
· 002047 深圳市宝鹰建设控股集团
股份有限公司 ……………………… 1068
· 002048 宁波华翔电子股份有限公司 ………… 1068
· 002049 紫光国芯股份有限公司 ……………… 1069
· 002050 浙江三花智能控制股份有限公司 …… 1069
· 002051 中工国际工程股份有限公司 ………… 1069
· 002052 深圳市同洲电子股份有限公司 ……… 1069
· 002053 云南能源投资股份有限公司 ………… 1070
· 002054 广东德美精细化工集团
股份有限公司 ……………………… 1070
· 002055 深圳市得润电子股份有限公司 ……… 1070
· 002056 横店集团东磁股份有限公司 ………… 1070
· 002057 中钢集团安徽天源科技
股份有限公司 ……………………… 1071
· 002058 上海威尔泰工业自动化
股份有限公司 ……………………… 1071
· 002059 云南旅游股份有限公司 ……………… 1071
· 002060 广东水电二局股份有限公司 ………… 1071
· 002061 浙江交通科技股份有限公司 ………… 1072
· 002062 宏润建设集团股份有限公司 ………… 1072
· 002063 远光软件股份有限公司 ……………… 1072
· 002064 浙江华峰氨纶股份有限公司 ………… 1072
· 002065 东华软件股份公司 …………………… 1073
· 002066 瑞泰科技股份有限公司 ……………… 1073
· 002067 浙江景兴纸业股份有限公司 ………… 1073
· 002068 江西黑猫炭黑股份有限公司 ………… 1073
· 002069 獐子岛集团股份有限公司 …………… 1074
· 002070 福建众和股份有限公司 ……………… 1074
· 002071 长城影视股份有限公司 ……………… 1074
· 002072 凯瑞德控股股份有限公司 …………… 1074
· 002073 软控股份有限公司 …………………… 1075
· 002074 国轩高科股份有限公司 ……………… 1075
· 002075 江苏沙钢股份有限公司 ……………… 1075
· 002076 广东雪莱特光电科技股份有限公司 … 1075
· 002077 江苏大港股份有限公司 ……………… 1076
· 002078 山东太阳纸业股份有限公司 ………… 1076
· 002079 苏州固锝电子股份有限公司 ………… 1076
· 002080 中材科技股份有限公司 ……………… 1076
· 002081 苏州金螳螂建筑装饰股份有限公司 … 1077
· 002082 万邦德新材股份有限公司 …………… 1077
· 002083 孚日集团股份有限公司 ……………… 1077
· 002084 广州海鸥住宅工业股份有限公司 …… 1077
· 002085 浙江万丰奥威汽轮股份有限公司 …… 1078
· 002086 山东东方海洋科技股份有限公司 …… 1078
· 002087 河南新野纺织股份有限公司 ………… 1078
· 002088 山东鲁阳节能材料股份有限公司 …… 1078
· 002089 新海宜科技集团股份有限公司 ……… 1079
· 002090 江苏金智科技股份有限公司 ………… 1079
· 002091 江苏国泰国际集团国贸
股份有限公司 ……………………… 1079
· 002092 新疆中泰化学股份有限公司 ………… 1079
· 002093 国脉科技股份有限公司 ……………… 1080
· 002094 青岛金王应用化学股份有限公司 …… 1080
· 002095 浙江网盛生意宝股份有限公司 ……… 1080
· 002096 湖南南岭民用爆破器材
股份有限公司 ……………………… 1080
· 002097 山河智能装备股份有限公司 ………… 1081
· 002098 福建浔兴拉链科技股份有限公司 …… 1081
· 002099 浙江海翔药业股份有限公司 ………… 1081
· 002100 天康生物股份有限公司 ……………… 1081
· 002101 广东鸿图科技股份有限公司 ………… 1082
· 002102 冠福控股股份有限公司 ……………… 1082
· 002103 广博集团股份有限公司 ……………… 1082
· 002104 恒宝股份有限公司 …………………… 1082
· 002105 深圳信隆健康产业发展
股份有限公司 ……………………… 1083
· 002106 深圳莱宝高科技股份有限公司 ……… 1083
· 002107 山东沃华医药科技股份有限公司 …… 1083
· 002108 沧州明珠塑料股份有限公司 ………… 1083

· 002109 陕西兴化化学股份有限公司 ………… 1084
· 002110 福建三钢闽光股份有限公司 ………… 1084
· 002111 威海广泰空港设备股份有限公司 …… 1084
· 002112 三变科技股份有限公司 ……………… 1084
· 002113 湖南天润数字娱乐文化传媒
股份有限公司 ………………………… 1085
· 002114 云南罗平锌电股份有限公司 ………… 1085
· 002115 三维通信股份有限公司 ……………… 1085
· 002116 中国海诚工程科技股份有限公司 …… 1085
· 002117 东港股份有限公司 …………………… 1086
· 002118 吉林紫鑫药业股份有限公司 ………… 1086
· 002119 宁波康强电子股份有限公司 ………… 1086
· 002120 韵达控股股份有限公司 ……………… 1086
· 002121 深圳市科陆电子科技股份有限公司 … 1087
· 002122 天马轴承集团股份有限公司 ………… 1087
· 002123 梦网荣信科技集团股份有限公司 …… 1087
· 002124 天邦食品股份有限公司 ……………… 1087
· 002125 湘潭电化科技股份有限公司 ………… 1088
· 002126 浙江银轮机械股份有限公司 ………… 1088
· 002127 南极电商股份有限公司 ……………… 1088
· 002128 内蒙古霍林河露天煤业
股份有限公司 ………………………… 1088
· 002129 天津中环半导体股份有限公司 ……… 1089
· 002130 深圳市沃尔核材股份有限公司 ……… 1089
· 002131 利欧集团股份有限公司 ……………… 1089
· 002132 河南恒星科技股份有限公司 ………… 1089
· 002133 广宇集团股份有限公司 ……………… 1090
· 002134 天津普林电路股份有限公司 ………… 1090
· 002135 浙江东南网架股份有限公司 ………… 1090
· 002136 安徽安纳达钛业股份有限公司 ……… 1090
· 002137 深圳市麦达数字股份有限公司 ……… 1091
· 002138 深圳顺络电子股份有限公司 ………… 1091
· 002139 深圳拓邦股份有限公司 ……………… 1091
· 002140 东华工程科技股份有限公司 ………… 1091
· 002141 贤丰控股股份有限公司 ……………… 1092
· 002142 宁波银行股份有限公司 ……………… 1092
· 002143 印纪娱乐传媒股份有限公司 ………… 1092
· 002144 宏达高科控股股份有限公司 ………… 1092
· 002145 中核华原钛白股份有限公司 ………… 1093
· 002146 荣盛房地产发展股份有限公司 ……… 1093
· 002147 新光圆成股份有限公司 ……………… 1093
· 002148 北京北纬通信科技股份有限公司 …… 1093
· 002149 西部金属材料股份有限公司 ………… 1094
· 002150 江苏通润装备科技股份有限公司 …… 1094
· 002151 北京北斗星通导航技术
股份有限公司 ………………………… 1094
· 002152 广州广电运通金融电子
股份有限公司 ………………………… 1094
· 002153 北京中长石基信息技术
股份有限公司 ………………………… 1095
· 002154 报喜鸟控股股份有限公司 …………… 1095
· 002155 湖南黄金股份有限公司 ……………… 1095
· 002156 通富微电子股份有限公司 …………… 1095
· 002157 江西正邦科技股份有限公司 ………… 1096
· 002158 上海汉钟精机股份有限公司 ………… 1096
· 002159 武汉三特索道集团股份有限公司 …… 1096
· 002160 江苏常铝铝业股份有限公司 ………… 1096
· 002161 深圳市远望谷信息技术
股份有限公司 ………………………… 1097
· 002162 上海悦心健康集团股份有限公司 …… 1097
· 002163 中航三鑫股份有限公司 ……………… 1097
· 002164 宁波东力股份有限公司 ……………… 1097
· 002165 红宝丽集团股份有限公司 …………… 1098
· 002166 桂林莱茵生物科技股份有限公司 …… 1098
· 002167 广东东方锆业科技股份有限公司 …… 1098
· 002168 深圳市惠程电气股份有限公司 ……… 1098
· 002169 广州智光电气股份有限公司 ………… 1099
· 002170 深圳市芭田生态工程股份有限公司 … 1099
· 002171 安徽楚江科技新材料股份有限公司 … 1099
· 002172 江苏澳洋科技股份有限公司 ………… 1099
· 002173 创新医疗管理股份有限公司 ………… 1100
· 002174 游族网络股份有限公司 ……………… 1100
· 002175 东方时代网络传媒股份有限公司 …… 1100
· 002176 江西特种电机股份有限公司 ………… 1100
· 002177 广州御银科技股份有限公司 ………… 1101
· 002178 上海延华智能科技(集团)
股份有限公司 ………………………… 1101
· 002179 中航光电科技股份有限公司 ………… 1101
· 002180 纳思达股份有限公司 ………………… 1101
· 002181 广东广州日报传媒股份有限公司 …… 1102
· 002182 南京云海特种金属股份有限公司 …… 1102
· 002183 深圳市怡亚通供应链股份有限公司 … 1102
· 002184 上海海得控制系统股份有限公司 …… 1102
· 002185 天水华天科技股份有限公司 ………… 1103
· 002186 中国全聚德(集团)股份有限公司 …… 1103
· 002187 广州市广百股份有限公司 …………… 1103
· 002188 巴士在线股份有限公司 ……………… 1103
· 002189 利达光电股份有限公司 ……………… 1104
· 002190 四川成飞集成科技股份有限公司 …… 1104
· 002191 深圳劲嘉集团股份有限公司 ………… 1104
· 002192 融捷股份有限公司 …………………… 1104
· 002193 山东如意毛纺服装集团
股份有限公司 ………………………… 1105
· 002194 武汉凡谷电子技术股份有限公司 …… 1105
· 002195 上海二三四五网络控股集团
股份有限公司 ………………………… 1105
· 002196 浙江方正电机股份有限公司 ………… 1105
· 002197 深圳市证通电子股份有限公司 ……… 1106
· 002198 广东嘉应制药股份有限公司 ………… 1106
· 002199 浙江东晶电子股份有限公司 ………… 1106
· 002200 云南云投生态环境科技
股份有限公司 ………………………… 1106

• 002201 江苏九鼎新材料股份有限公司 ……… 1107
• 002202 新疆金风科技股份有限公司 ………… 1107
• 002203 浙江海亮股份有限公司 ……………… 1107
• 002204 大连华锐重工集团股份有限公司 …… 1107
• 002205 新疆国统管道股份有限公司 ………… 1108
• 002206 浙江海利得新材料股份有限公司 …… 1108
• 002207 新疆准东石油技术股份有限公司 …… 1108
• 002208 合肥城建发展股份有限公司 ………… 1108
• 002209 广州达意隆包装机械股份有限公司 … 1109
• 002210 深圳市飞马国际供应链股份有限公司 ……………………… 1109
• 002211 江苏宏达新材料股份有限公司 ……… 1109
• 002212 南洋天融信科技集团股份有限公司 … 1109
• 002213 深圳市特尔佳科技股份有限公司 …… 1110
• 002214 浙江大立科技股份有限公司 ………… 1110
• 002215 深圳诺普信农化股份有限公司 ……… 1110
• 002216 三全食品股份有限公司 ……………… 1110
• 002217 合力泰科技股份有限公司 …………… 1111
• 002218 深圳市拓日新能源科技股份有限公司 ……………………… 1111
• 002219 恒康医疗集团股份有限公司 ………… 1111
• 002220 大连天宝绿色食品股份有限公司 …… 1111
• 002221 东华能源股份有限公司 ……………… 1112
• 002222 福建福晶科技股份有限公司 ………… 1112
• 002223 江苏鱼跃医疗设备股份有限公司 …… 1112
• 002224 三力士股份有限公司 ………………… 1112
• 002225 濮阳濮耐高温材料(集团)股份有限公司 ……………………… 1113
• 002226 安徽江南化工股份有限公司 ………… 1113
• 002227 深圳奥特迅电力设备股份有限公司 … 1113
• 002228 厦门合兴包装印刷股份有限公司 …… 1113
• 002229 鸿博股份有限公司 …………………… 1114
• 002230 科大讯飞股份有限公司 ……………… 1114
• 002231 奥维通信股份有限公司 ……………… 1114
• 002232 启明信息技术股份有限公司 ………… 1114
• 002233 广东塔牌集团股份有限公司 ………… 1115
• 002234 山东民和牧业股份有限公司 ………… 1115
• 002235 厦门安妮股份有限公司 ……………… 1115
• 002236 浙江大华技术股份有限公司 ………… 1115
• 002237 山东恒邦冶炼股份有限公司 ………… 1116
• 002238 深圳市天威视讯股份有限公司 ……… 1116
• 002239 奥特佳新能源科技股份有限公司 …… 1116
• 002240 广东威华股份有限公司 ……………… 1116
• 002241 歌尔股份有限公司 …………………… 1117
• 002242 九阳股份有限公司 …………………… 1117
• 002243 深圳市通产丽星股份有限公司 ……… 1117
• 002244 杭州滨江房产集团股份有限公司 …… 1117
• 002245 江苏澳洋顺昌股份有限公司 ………… 1118
• 002246 四川北方硝化棉股份有限公司 ……… 1118
• 002247 浙江帝化新材料股份有限公司 ……… 1118
• 002248 威海华东数控股份有限公司 ………… 1118
• 002249 中山大洋电机股份有限公司 ………… 1119
• 002250 联化科技股份有限公司 ……………… 1119
• 002251 步步高商业连锁股份有限公司 ……… 1119
• 002252 上海莱士血液制品股份有限公司 …… 1119
• 002253 四川川大智胜软件股份有限公司 …… 1120
• 002254 烟台泰和新材料股份有限公司 ……… 1120
• 002255 苏州海陆重工股份有限公司 ………… 1120
• 002256 深圳市兆新能源股份有限公司 ……… 1120
• 002258 利尔化学股份有限公司 ……………… 1121
• 002259 四川升达林业产业股份有限公司 …… 1121
• 002260 德奥通用航空股份有限公司 ………… 1121
• 002261 拓维信息系统股份有限公司 ………… 1121
• 002262 江苏恩华药业股份有限公司 ………… 1122
• 002263 浙江大东南股份有限公司 …………… 1122
• 002264 新华都购物广场股份有限公司 ……… 1122
• 002265 云南西仪工业股份有限公司 ………… 1122
• 002266 浙富控股集团股份有限公司 ………… 1123
• 002267 陕西省天然气股份有限公司 ………… 1123
• 002268 成都卫士通信息产业股份有限公司 … 1123
• 002269 上海美特斯邦威服饰股份有限公司 … 1123
• 002270 华明电力装备股份有限公司 ………… 1124
• 002271 北京东方雨虹防水技术股份有限公司 ……………………… 1124
• 002272 四川川润股份有限公司 ……………… 1124
• 002273 浙江水晶光电科技股份有限公司 …… 1124
• 002274 江苏华昌化工股份有限公司 ………… 1125
• 002275 桂林三金药业股份有限公司 ………… 1125
• 002276 浙江万马股份有限公司 ……………… 1125
• 002277 湖南友谊阿波罗商业股份有限公司 … 1125
• 002278 上海神开石油化工装备股份有限公司 ……………………… 1126
• 002279 北京久其软件股份有限公司 ………… 1126
• 002280 杭州联络互动信息科技股份有限公司 ……………………… 1126
• 002281 武汉光迅科技股份有限公司 ………… 1126
• 002282 博深工具股份有限公司 ……………… 1127
• 002283 天润曲轴股份有限公司 ……………… 1127
• 002284 浙江亚太机电股份有限公司 ………… 1127
• 002285 深圳世联行地产顾问股份有限公司 … 1127
• 002286 保龄宝生物股份有限公司 …………… 1128
• 002287 西藏奇正藏药股份有限公司 ………… 1128
• 002288 广东超华科技股份有限公司 ………… 1128
• 002289 深圳市宇顺电子股份有限公司 ……… 1128
• 002290 苏州中科创新型材料股份有限公司 … 1129
• 002291 星期六股份有限公司 ………………… 1129
• 002292 奥飞娱乐股份有限公司 ……………… 1129
• 002293 罗莱生活科技股份有限公司 ………… 1129
• 002294 深圳信立泰药业股份有限公司 ……… 1130
• 002295 广东精艺金属股份有限公司 ………… 1130
• 002296 河南辉煌科技股份有限公司 ………… 1130
• 002297 湖南博云新材料股份有限公司 ……… 1130

· 002298 安徽中电兴发与鑫龙科技股份有限公司 …… 1131
· 002299 福建圣农发展股份有限公司 …… 1131
· 002300 福建南平太阳电缆股份有限公司 …… 1131
· 002301 深圳齐心集团股份有限公司 …… 1131
· 002302 中建西部建设股份有限公司 …… 1132
· 002303 美盈森集团股份有限公司 …… 1132
· 002304 江苏洋河酒厂股份有限公司 …… 1132
· 002305 南国置业股份有限公司 …… 1132
· 002306 中科云网科技集团股份有限公司 …… 1133
· 002307 新疆北新路桥集团股份有限公司 …… 1133
· 002308 威创集团股份有限公司 …… 1133
· 002309 江苏中利集团股份有限公司 …… 1133
· 002310 北京东方园林环境股份有限公司 …… 1134
· 002311 广东海大集团股份有限公司 …… 1134
· 002312 成都三泰控股集团股份有限公司 …… 1134
· 002313 深圳日海通讯技术股份有限公司 …… 1134
· 002314 深圳市新南山控股(集团)股份有限公司 …… 1135
· 002315 焦点科技股份有限公司 …… 1135
· 002316 深圳键桥通讯技术股份有限公司 …… 1135
· 002317 广东众生药业股份有限公司 …… 1135
· 002318 浙江久立特材科技股份有限公司 …… 1136
· 002319 珠海市乐通化工股份有限公司 …… 1136
· 002320 海南海峡航运股份有限公司 …… 1136
· 002321 河南华英农业发展股份有限公司 …… 1136
· 002322 宁波理工环境能源科技股份有限公司 …… 1137
· 002323 江苏雅百特科技股份有限公司 …… 1137
· 002324 上海普利特复合材料股份有限公司 …… 1137
· 002325 深圳市洪涛装饰股份有限公司 …… 1137
· 002325 浙江永太科技股份有限公司 …… 1138
· 002327 深圳市富安娜家居用品股份有限公司 …… 1138
· 002328 上海新朋实业股份有限公司 …… 1138
· 002329 皇氏集团股份有限公司 …… 1138
· 002330 山东得利斯食品股份有限公司 …… 1139
· 002331 安徽皖通科技股份有限公司 …… 1139
· 002332 浙江仙琚制药股份有限公司 …… 1139
· 002333 苏州罗普斯金铝业股份有限公司 …… 1139
· 002334 深圳市英威腾电气股份有限公司 …… 1140
· 002335 厦门科华恒盛股份有限公司 …… 1140
· 002336 人人乐连锁商业集团股份有限公司 …… 1140
· 002337 天津赛象科技股份有限公司 …… 1140
· 002338 长春奥普光电技术股份有限公司 …… 1141
· 002339 积成电子股份有限公司 …… 1141
· 002340 格林美股份有限公司 …… 1141
· 002341 深圳市新纶科技股份有限公司 …… 1141
· 002342 巨力索具股份有限公司 …… 1142
· 002343 慈文传媒股份有限公司 …… 1142
· 002344 海宁中国皮革城股份有限公司 …… 1142
· 002345 广东潮宏基实业股份有限公司 …… 1142
· 002346 上海柘中集团股份有限公司 …… 1143
· 002347 泰尔重工股份有限公司 …… 1143
· 002348 广东高乐玩具股份有限公司 …… 1143
· 002349 精华制药集团股份有限公司 …… 1143
· 002350 北京科锐配电自动化股份有限公司 …… 1144
· 002351 深圳市漫步者科技股份有限公司 …… 1144
· 002352 顺丰控股股份有限公司 …… 1144
· 002353 烟台杰瑞石油服务集团股份有限公司 …… 1144
· 002354 大连天神娱乐股份有限公司 …… 1145
· 002355 兴民智通(集团)股份有限公司 …… 1145
· 002356 深圳赫美集团股份有限公司 …… 1145
· 002357 四川富临运业集团股份有限公司 …… 1145
· 002358 河南森源电气股份有限公司 …… 1146
· 002359 北讯集团股份有限公司 …… 1146
· 002360 山西同德化工股份有限公司 …… 1146
· 002361 安徽神剑新材料股份有限公司 …… 1146
· 002362 汉王科技股份有限公司 …… 1147
· 002363 山东隆基机械股份有限公司 …… 1147
· 002364 杭州中恒电气股份有限公司 …… 1147
· 002365 潜江永安药业股份有限公司 …… 1147
· 002366 台海玛努尔核电设备股份有限公司 …… 1148
· 002367 康力电梯股份有限公司 …… 1148
· 002368 太极计算机股份有限公司 …… 1148
· 002369 深圳市卓翼科技股份有限公司 …… 1148
· 002370 浙江亚太药业股份有限公司 …… 1149
· 002371 北方华创科技集团股份有限公司 …… 1149
· 002372 浙江伟星新型建材股份有限公司 …… 1149
· 002373 北京千方科技股份有限公司 …… 1149
· 002374 山东丽鹏股份有限公司 …… 1150
· 002375 浙江亚厦装饰股份有限公司 …… 1150
· 002376 山东新北洋信息技术股份有限公司 …… 1150
· 002377 湖北国创高新材料股份有限公司 …… 1150
· 002378 崇义章源钨业股份有限公司 …… 1151
· 002379 山东宏创铝业控股股份有限公司 …… 1151
· 002380 南京科远自动化集团股份有限公司 …… 1151
· 002381 浙江双箭橡胶股份有限公司 …… 1151
· 002382 蓝帆医疗股份有限公司 …… 1152
· 002383 北京合众思壮科技股份有限公司 …… 1152
· 002384 苏州东山精密制造股份有限公司 …… 1152
· 002385 北京大北农科技集团股份有限公司 …… 1152
· 002386 宜宾天原集团股份有限公司 …… 1153
· 002387 黑牛食品股份有限公司 …… 1153
· 002388 深圳市新亚电子制程股份有限公司 …… 1153
· 002389 浙江南洋科技股份有限公司 …… 1153
· 002390 贵州信邦制药股份有限公司 …… 1154
· 002391 江苏长青农化股份有限公司 …… 1154
· 002392 北京利尔高温材料股份有限公司 …… 1154
· 002393 天津力生制药股份有限公司 …… 1154
· 002394 江苏联发纺织股份有限公司 …… 1155

· 002395 无锡双象超纤材料股份有限公司 …… 1155
· 002396 福建星网锐捷通讯股份有限公司 …… 1155
· 002397 湖南梦洁家纺股份有限公司 ………… 1155
· 002398 厦门市建筑科学研究院集团
股份有限公司 ………………………… 1156
· 002399 深圳市海普瑞药业集团
股份有限公司 ………………………… 1156
· 002400 广东省广告集团股份有限公司 ……… 1156
· 002401 中远海运科技股份有限公司 ………… 1156
· 002402 深圳和而泰智能控制股份有限公司 … 1157
· 002403 浙江爱仕达电器股份有限公司 ……… 1157
· 002404 浙江嘉欣丝绸股份有限公司 ………… 1157
· 002405 北京四维图新科技股份有限公司 …… 1157
· 002406 许昌远东传动轴股份有限公司 ……… 1158
· 002407 多氟多化工股份有限公司 …………… 1158
· 002408 淄博齐翔腾达化工股份有限公司 …… 1158
· 002409 江苏雅克科技股份有限公司 ………… 1158
· 002410 广联达科技股份有限公司 …………… 1159
· 002411 江苏必康制药股份有限公司 ………… 1159
· 002412 湖南汉森制药股份有限公司 ………… 1159
· 002413 江苏雷科防务科技股份有限公司 …… 1159
· 002414 武汉高德红外股份有限公司 ………… 1160
· 002415 杭州海康威视数字技术
股份有限公司 ………………………… 1160
· 002416 深圳市爱施德股份有限公司 ………… 1160
· 002417 深南金科股份有限公司 ……………… 1160
· 002418 浙江康盛股份有限公司 ……………… 1161
· 002419 天虹商场股份有限公司 ……………… 1161
· 002420 广州毅昌科技股份有限公司 ………… 1161
· 002421 深圳达实智能股份有限公司 ………… 1161
· 002422 四川科伦药业股份有限公司 ………… 1162
· 002423 中原特钢股份有限公司 ……………… 1162
· 002424 贵州百灵企业集团制药
股份有限公司 ………………………… 1162
· 002425 凯撒(中国)股份有限公司 …………… 1162
· 002426 苏州胜利精密制造科技
股份有限公司 ………………………… 1163
· 002427 浙江尤夫高新纤维股份有限公司 …… 1163
· 002428 云南临沧鑫圆锗业股份有限公司 …… 1163
· 002429 深圳市兆驰股份有限公司 …………… 1163
· 002430 杭州杭氧股份有限公司 ……………… 1164
· 002431 棕榈生态城镇发展股份有限公司 …… 1164
· 002432 天津九安医疗电子股份有限公司 …… 1164
· 002433 广东太安堂药业股份有限公司 ……… 1164
· 002434 浙江万里扬股份有限公司 …………… 1165
· 002435 长江润发医药股份有限公司 ………… 1165
· 002436 深圳市兴森快捷电路科技
股份有限公司 ………………………… 1165
· 002437 哈尔滨誉衡药业股份有限公司 ……… 1165
· 002438 江苏神通阀门股份有限公司 ………… 1166
· 002439 启明星辰信息技术集团
股份有限公司 ………………………… 1166
· 002440 浙江闰土股份有限公司 ……………… 1166
· 002441 众业达电气股份有限公司 …………… 1166
· 002442 龙星化工股份有限公司 ……………… 1167
· 002443 浙江金洲管道科技股份有限公司 …… 1167
· 002444 杭州巨星科技股份有限公司 ………… 1167
· 002445 中南红文化集团股份有限公司 ……… 1167
· 002446 广东盛路通信科技股份有限公司 …… 1168
· 002447 大连晨鑫网络科技股份有限公司 …… 1168
· 002448 中原内配集团股份有限公司 ………… 1168
· 002449 佛山市国星光电股份有限公司 ……… 1168
· 002450 康得新复合材料集团股份有限公司 … 1169
· 002451 上海摩恩电气股份有限公司 ………… 1169
· 002452 湖南长高高压开关集团股份公司 …… 1169
· 002453 苏州天马精细化学品股份有限公司 … 1169
· 002454 上海加冷松芝汽车空调
股份有限公司 ………………………… 1170
· 002455 无锡百川化工股份有限公司 ………… 1170
· 002456 欧菲科技股份有限公司 ……………… 1170
· 002457 宁夏青龙管业股份有限公司 ………… 1170
· 002458 山东益生种畜禽股份有限公司 ……… 1171
· 002459 秦皇岛天业通联重工股份有限公司 … 1171
· 002460 江西赣锋锂业股份有限公司 ………… 1171
· 002461 广州珠江啤酒股份有限公司 ………… 1171
· 002462 嘉事堂药业股份有限公司 …………… 1172
· 002463 沪士电子股份有限公司 ……………… 1172
· 002464 众应互联科技股份有限公司 ………… 1172
· 002465 广州海格通信集团股份有限公司 …… 1172
· 002466 天齐锂业股份有限公司 ……………… 1173
· 002467 二六三网络通信股份有限公司 ……… 1173
· 002468 申通快递股份有限公司 ……………… 1173
· 002469 山东三维石化工程股份有限公司 …… 1173
· 002470 金正大生态工程集团股份有限公司 … 1174
· 002471 江苏中超控股股份有限公司 ………… 1174
· 002472 浙江双环传动机械股份有限公司 …… 1174
· 002473 宁波圣莱达电器股份有限公司 ……… 1174
· 002474 福建榕基软件股份有限公司 ………… 1175
· 002475 立讯精密工业股份有限公司 ………… 1175
· 002476 山东宝莫生物化工股份有限公司 …… 1175
· 002477 雏鹰农牧集团股份有限公司 ………… 1175
· 002478 江苏常宝钢管股份有限公司 ………… 1176
· 002479 浙江富春江环保热电股份有限公司 … 1176
· 002480 成都市新筑路桥机械股份有限公司 … 1176
· 002481 烟台双塔食品股份有限公司 ………… 1176
· 002482 深圳广田集团股份有限公司 ………… 1177
· 002483 江苏润邦重工股份有限公司 ………… 1177
· 002484 南通江海电容器股份有限公司 ……… 1177
· 002485 希努尔男装股份有限公司 …………… 1177
· 002486 上海嘉麟杰纺织品股份有限公司 …… 1178
· 002487 辽宁大金重工股份有限公司 ………… 1178
· 002488 浙江金固股份有限公司 ……………… 1178

· 002489　浙江永强集团股份有限公司 ………… 1178
· 002490　山东墨龙石油机械股份有限公司 …… 1179
· 002491　通鼎互联信息股份有限公司 ………… 1179
· 002492　珠海恒基达鑫国际化工仓储
股份有限公司 ………………………… 1179
· 002493　荣盛石化股份有限公司 ……………… 1179
· 002494　华斯控股股份有限公司 ……………… 1180
· 002495　广东佳隆食品股份有限公司 ………… 1180
· 002496　江苏辉丰生物农业股份有限公司 …… 1180
· 002497　四川雅化实业集团股份有限公司 …… 1180
· 002498　青岛汉缆股份有限公司 ……………… 1181
· 002499　科林环保装备股份有限公司 ………… 1181
· 002500　山西证券股份有限公司 ……………… 1181
· 002501　吉林利源精制股份有限公司 ………… 1181
· 002502　骅威文化股份有限公司 ……………… 1182
· 002503　搜于特集团股份有限公司 …………… 1182
· 002504　北京弘高创意建筑设计
股份有限公司 ………………………… 1182
· 002505　湖南大康国际农业食品
股份有限公司 ………………………… 1182
· 002506　协鑫集成科技股份有限公司 ………… 1183
· 002507　重庆市涪陵榨菜集团股份有限公司 … 1183
· 002508　杭州老板电器股份有限公司 ………… 1183
· 002509　天广中茂股份有限公司 ……………… 1183
· 002510　天津汽车模具股份有限公司 ………… 1184
· 002511　中顺洁柔纸业股份有限公司 ………… 1184
· 002512　中山达华智能科技股份有限公司 …… 1184
· 002513　江苏蓝丰生物化工股份有限公司 …… 1184
· 002514　苏州宝馨科技实业股份有限公司 …… 1185
· 002515　金字火腿股份有限公司 ……………… 1185
· 002516　旷达科技集团股份有限公司 ………… 1185
· 002517　恺英网络股份有限公司 ……………… 1185
· 002518　深圳科士达科技股份有限公司 ……… 1186
· 002519　江苏银河电子股份有限公司 ………… 1186
· 002520　浙江日发精密机械股份有限公司 …… 1186
· 002521　齐峰新材料股份有限公司 …………… 1186
· 002522　浙江众成包装材料股份有限公司 …… 1187
· 002523　株洲天桥起重机股份有限公司 ……… 1187
· 002524　光正集团股份有限公司 ……………… 1187
· 002526　山东矿机集团股份有限公司 ………… 1187
· 002527　上海新时达电气股份有限公司 ……… 1188
· 002528　深圳英飞拓科技股份有限公司 ……… 1188
· 002529　福建海源复合材料科技
股份有限公司 ………………………… 1188
· 002530　金财互联控股股份有限公司 ………… 1188
· 002531　天顺风能(苏州)股份有限公司 ……… 1189
· 002532　新界泵业集团股份有限公司 ………… 1189
· 002533　金杯电工股份有限公司 ……………… 1189
· 002534　杭州锅炉集团股份有限公司 ………… 1189
· 002535　林州重机集团股份有限公司 ………… 1190
· 002536　河南省西峡汽车水泵股份有限公司 … 1190
· 002537　海联金汇科技股份有限公司 ………… 1190
· 002538　安徽省司尔特肥业股份有限公司 …… 1190
· 002539　成都云图控股股份有限公司 ………… 1191
· 002540　江苏亚太轻合金科技股份有限公司 … 1191
· 002541　安徽鸿路钢结构(集团)
股份有限公司 ………………………… 1191
· 002542　中化岩土工程股份有限公司 ………… 1191
· 002543　广东万和新电气股份有限公司 ……… 1192
· 002544　广州杰赛科技股份有限公司 ………… 1192
· 002545　青岛东方铁塔股份有限公司 ………… 1192
· 002546　南京新联电子股份有限公司 ………… 1192
· 002547　苏州春兴精工股份有限公司 ………… 1193
· 002548　深圳市金新农科技股份有限公司 …… 1193
· 002549　湖南凯美特气体股份有限公司 ……… 1193
· 002550　常州千红生化制药股份有限公司 …… 1193
· 002551　深圳市尚荣医疗股份有限公司 ……… 1194
· 002552　宝鼎科技股份有限公司 ……………… 1194
· 002553　江苏南方轴承股份有限公司 ………… 1194
· 002554　华油惠博普科技股份有限公司 ……… 1194
· 002555　芜湖顺荣三七互娱网络科技
股份有限公司 ………………………… 1195
· 002556　安徽辉隆农资集团股份有限公司 …… 1195
· 002557　洽洽食品股份有限公司 ……………… 1195
· 002558　巨人网络集团股份有限公司 ………… 1195
· 002559　江苏亚威机床股份有限公司 ………… 1196
· 002560　河南通达电缆股份有限公司 ………… 1196
· 002561　上海徐家汇商城股份有限公司 ……… 1196
· 002562　兄弟科技股份有限公司 ……………… 1196
· 002563　浙江森马服饰股份有限公司 ………… 1197
· 002564　苏州天沃科技股份有限公司 ………… 1197
· 002565　上海顺灏新材料科技股份有限公司 … 1197
· 002566　吉林省集安益盛药业股份有限公司 … 1197
· 002567　唐人神集团股份有限公司 …………… 1198
· 002568　上海百润投资控股集团
股份有限公司 ………………………… 1198
· 002569　浙江步森服饰股份有限公司 ………… 1198
· 002570　贝因美婴童食品股份有限公司 ……… 1198
· 002571　安徽德力日用玻璃股份有限公司 …… 1199
· 002572　索菲亚家居股份有限公司 …………… 1199
· 002573　北京清新环境技术股份有限公司 …… 1199
· 002574　浙江明牌珠宝股份有限公司 ………… 1199
· 002575　广东群兴玩具股份有限公司 ………… 1200
· 002576　江苏通达动力科技股份有限公司 …… 1200
· 002577　深圳雷柏科技股份有限公司 ………… 1200
· 002578　福建省闽发铝业股份有限公司 ……… 1200
· 002579　惠州中京电子科技股份有限公司 …… 1201
· 002580　山东圣阳电源股份有限公司 ………… 1201
· 002581　山东未名生物医药股份有限公司 …… 1201
· 002582　好想你健康食品股份有限公司 ……… 1201
· 002583　海能达通信股份有限公司 …………… 1202
· 002584　西陇科学股份有限公司 ……………… 1202

·002585 江苏双星彩塑新材料股份有限公司 …… 1202
·002586 浙江省围海建设集团股份有限公司 …… 1202
·002587 深圳市奥拓电子股份有限公司 …… 1203
·002588 史丹利农业集团股份有限公司 …… 1203
·002589 瑞康医药股份有限公司 …… 1203
·002590 浙江万安科技股份有限公司 …… 1203
·002591 江西恒大高新技术股份有限公司 …… 1204
·002592 南宁八菱科技股份有限公司 …… 1204
·002593 厦门日上集团股份有限公司 …… 1204
·002594 比亚迪股份有限公司 …… 1204
·002595 山东豪迈机械科技股份有限公司 …… 1205
·002596 海南瑞泽新型建材股份有限公司 …… 1205
·002597 安徽金禾实业股份有限公司 …… 1205
·002598 山东省章丘鼓风机股份有限公司 …… 1205
·002599 北京盛通印刷股份有限公司 …… 1206
·002600 广东红粉磁材股份有限公司 …… 1206
·002601 龙蟒佰利联集团股份有限公司 …… 1206
·002602 浙江世纪华通集团股份有限公司 …… 1206
·300001 青岛特锐德电气股份有限公司 …… 1207
·300002 北京神州泰岳软件股份有限公司 …… 1207
·300003 乐普(北京)医疗器械股份有限公司 …… 1207
·300004 南方风机股份有限公司 …… 1207
·300005 探路者控股集团股份有限公司 …… 1208
·300006 重庆莱美药业股份有限公司 …… 1208
·300007 汉威科技集团股份有限公司 …… 1208
·300008 天海融合防务装备技术股份有限公司 …… 1208
·300009 安徽安科生物工程(集团)股份有限公司 …… 1209
·300010 北京立思辰科技股份有限公司 …… 1209
·300011 北京鼎汉技术股份有限公司 …… 1209
·300012 华测检测认证集团股份有限公司 …… 1209
·300013 江苏新宁现代物流股份有限公司 …… 1210
·300014 惠州亿纬锂能股份有限公司 …… 1210
·300015 爱尔眼科医院集团股份有限公司 …… 1210
·300016 北京北陆药业股份有限公司 …… 1210
·300017 网宿科技股份有限公司 …… 1211
·300018 武汉中元华电科技股份有限公司 …… 1211
·300019 成都硅宝科技股份有限公司 …… 1211
·300020 银江股份有限公司 …… 1211
·300021 大禹节水集团股份有限公司 …… 1212
·300022 吉峰三农科技服务股份有限公司 …… 1212
·300023 西安宝德自动化股份有限公司 …… 1212
·300024 沈阳新松机器人自动化股份有限公司 …… 1212
·300025 杭州华星创业通信技术股份有限公司 …… 1213
·300026 天津红日药业股份有限公司 …… 1213
·300027 华谊兄弟传媒股份有限公司 …… 1213
·300028 金亚科技股份有限公司 …… 1213
·300029 江苏华盛天龙光电设备股份有限公司 …… 1214
·300030 广州阳普医疗科技股份有限公司 …… 1214
·300031 无锡宝通科技股份有限公司 …… 1214
·300032 金龙机电股份有限公司 …… 1214
·300033 浙江核新同花顺网络信息股份有限公司 …… 1215
·300034 北京钢研高纳科技股份有限公司 …… 1215
·300035 湖南中科电气股份有限公司 …… 1215
·300036 北京超图软件股份有限公司 …… 1215
·300037 深圳新宙邦科技股份有限公司 …… 1216
·300038 北京梅泰诺通信技术股份有限公司 …… 1216
·300039 上海凯宝药业股份有限公司 …… 1216
·300040 哈尔滨九洲电气股份有限公司 …… 1216
·300041 湖北回天新材料股份有限公司 …… 1217
·300042 深圳市朗科科技股份有限公司 …… 1217
·300043 星辉互动娱乐股份有限公司 …… 1217
·300044 深圳市赛为智能股份有限公司 …… 1217
·300045 北京华力创通科技股份有限公司 …… 1218
·300046 湖北台基半导体股份有限公司 …… 1218
·300047 深圳天源迪科信息技术股份有限公司 …… 1218
·300048 北京合康新能科技股份有限公司 …… 1218
·300049 内蒙古福瑞医疗科技股份有限公司 …… 1219
·300050 珠海世纪鼎利科技股份有限公司 …… 1219
·300051 厦门三五互联科技股份有限公司 …… 1219
·300052 深圳中青宝互动网络股份有限公司 …… 1219
·300053 珠海欧比特控制工程股份有限公司 …… 1220
·300054 湖北鼎龙化学股份有限公司 …… 1220
·300055 北京万邦达环保技术股份有限公司 …… 1220
·300056 厦门三维丝环保股份有限公司 …… 1220
·300057 汕头万顺包装材料股份有限公司 …… 1221
·300058 北京蓝色光标品牌管理顾问股份有限公司 …… 1221
·300059 东方财富信息股份有限公司 …… 1221
·300061 上海康耐特旗计智能科技集团股份有限公司 …… 1221
·300062 中能电气股份有限公司 …… 1222
·300063 广东天龙油墨集团股份有限公司 …… 1222
·300064 郑州华晶金刚石股份有限公司 …… 1222
·300065 北京海兰信数据科技股份有限公司 …… 1222
·300066 三川智慧科技股份有限公司 …… 1223
·300067 上海安诺其集团股份有限公司 …… 1223
·300068 浙江南都电源动力股份有限公司 …… 1223
·300069 浙江金利华电气股份有限公司 …… 1223
·300070 北京碧水源科技股份有限公司 …… 1224
·300071 北京华谊嘉信整合营销顾问集团股份有限公司 …… 1224
·300072 北京三聚环保新材料股份有限公司 …… 1224
·300073 北京当升材料科技股份有限公司 …… 1224
·300074 华平信息技术股份有限公司 …… 1225

· 300075 北京数字政通科技股份有限公司 …… 1225
· 300076 宁波 GQY 视讯股份有限公司 ………… 1225
· 300077 国民技术股份有限公司 ……………… 1225
· 300078 思创医惠科技股份有限公司 ………… 1226
· 300079 北京数码视讯科技股份有限公司 …… 1226
· 300080 河南易成新能源股份有限公司 ……… 1226
· 300081 恒信东方文化股份有限公司 ………… 1226
· 300082 辽宁奥克化学股份有限公司 ………… 1227
· 300083 广东劲胜智能集团股份有限公司 …… 1227
· 300084 海默科技(集团)股份有限公司 ……… 1227
· 300085 深圳市银之杰科技股份有限公司 …… 1227
· 300086 康芝药业股份有限公司 ……………… 1228
· 300087 安徽荃银高科种业股份有限公司 …… 1228
· 300088 芜湖长信科技股份有限公司 ………… 1228
· 300089 广东文化长城集团股份有限公司 …… 1228
· 300090 安徽盛运环保(集团)
股份有限公司 ………………………… 1229
· 300091 江苏金通灵流体机械科技
股份有限公司 ………………………… 1229
· 300092 四川科新机电股份有限公司 ………… 1229
· 300093 广东金刚玻璃科技股份有限公司 …… 1229
· 300094 湛江国联水产开发股份有限公司 …… 1230
· 300095 江西华伍制动器股份有限公司 ……… 1230
· 300096 易联众信息技术股份有限公司 ……… 1230
· 300097 大连智云自动化装备股份有限公司 … 1230
· 300098 高新兴科技集团股份有限公司 ……… 1231
· 300099 尤洛卡精准信息工程股份有限公司 … 1231
· 300100 宁波双林汽车部件股份有限公司 …… 1231
· 300101 成都振芯科技股份有限公司 ………… 1231
· 300102 厦门乾照光电股份有限公司 ………… 1232
· 300103 西安达刚路面机械股份有限公司 …… 1232
· 300104 乐视网信息技术(北京)
股份有限公司 ………………………… 1232
· 300105 烟台龙源电力技术股份有限公司 …… 1232
· 300106 新疆西部牧业股份有限公司 ………… 1233
· 300107 河北建新化工股份有限公司 ………… 1233
· 300108 吉药控股集团股份有限公司 ………… 1233
· 300109 博爱新开源制药股份有限公司 ……… 1233
· 300110 华仁药业股份有限公司 ……………… 1234
· 300111 浙江向日葵光能科技股份有限公司 … 1234
· 300112 深圳万讯自控股份有限公司 ………… 1234
· 300113 杭州顺网科技股份有限公司 ………… 1234
· 300114 中航电测仪器股份有限公司 ………… 1235
· 300115 深圳市长盈精密技术股份有限公司 … 1235
· 300116 陕西坚瑞沃能股份有限公司 ………… 1235
· 300117 北京嘉寓门窗幕墙股份有限公司 …… 1235
· 300118 东方日升新能源股份有限公司 ……… 1236
· 300119 天津瑞普生物技术股份有限公司 …… 1236
· 300120 天津经纬电材股份有限公司 ………… 1236
· 300121 山东阳谷华泰化工股份有限公司 …… 1236
· 300122 重庆智飞生物制品股份有限公司 …… 1237
· 300123 亚光科技集团股份有限公司 ………… 1237
· 300124 深圳市汇川技术股份有限公司 ……… 1237
· 300125 大连易世达新能源发展
股份有限公司 ………………………… 1237
· 300126 锐奇控股股份有限公司 ……………… 1238
· 300127 成都银河磁体股份有限公司 ………… 1238
· 300128 苏州锦富技术股份有限公司 ………… 1238
· 300129 上海泰胜风能装备股份有限公司 …… 1238
· 300130 深圳市新国都技术股份有限公司 …… 1239
· 300131 深圳市英唐智能控制股份有限公司 … 1239
· 300132 福建青松股份有限公司 ……………… 1239
· 300133 浙江华策影视股份有限公司 ………… 1239
· 300134 深圳市大富科技股份有限公司 ……… 1240
· 300135 江苏宝利国际投资股份有限公司 …… 1240
· 300136 深圳市信维通信股份有限公司 ……… 1240
· 300137 河北先河环保科技股份有限公司 …… 1240
· 300138 晨光生物科技集团股份有限公司 …… 1241
· 300139 北京晓程科技股份有限公司 ………… 1241
· 300140 中节能环保装备股份有限公司 ……… 1241
· 300141 苏州工业园区和顺电气
股份有限公司 ………………………… 1241
· 300142 云南沃森生物技术股份有限公司 …… 1242
· 300143 广东星普医学科技股份有限公司 …… 1242
· 300144 宋城演艺发展股份有限公司 ………… 1242
· 300145 南方中金环境股份有限公司 ………… 1242
· 300146 汤臣倍健股份有限公司 ……………… 1243
· 300147 广州市香雪制药股份有限公司 ……… 1243
· 300148 天舟文化股份有限公司 ……………… 1243
· 300149 量子高科(中国)生物
股份有限公司 ………………………… 1243
· 300150 北京世纪瑞尔技术股份有限公司 …… 1244
· 300151 深圳市昌红科技股份有限公司 ……… 1244
· 300152 徐州科融环境资源股份有限公司 …… 1244
· 300153 上海科泰电源股份有限公司 ………… 1244
· 300154 深圳市瑞凌实业股份有限公司 ……… 1245
· 300155 广东安居宝数码科技股份有限公司 … 1245
· 300156 神雾环保技术股份有限公司 ………… 1245
· 300157 恒泰艾普集团股份有限公司 ………… 1245
· 300158 山西振东制药股份有限公司 ………… 1246
· 300159 新疆机械研究院股份有限公司 ……… 1246
· 300160 江苏秀强玻璃工艺股份有限公司 …… 1246
· 300161 武汉华中数控股份有限公司 ………… 1246
· 300162 深圳雷曼光电科技股份有限公司 …… 1247
· 300163 宁波先锋新材料股份有限公司 ……… 1247
· 300164 西安通源石油科技股份有限公司 …… 1247
· 300165 江苏天瑞仪器股份有限公司 ………… 1247
· 300166 北京东方国信科技股份有限公司 …… 1248
· 300167 深圳市迪威迅股份有限公司 ………… 1248
· 300168 万达信息股份有限公司 ……………… 1248
· 300169 常州天晟新材料股份有限公司 ……… 1248
· 300170 上海汉得信息技术股份有限公司 …… 1249

· 300171　上海东富龙科技股份有限公司 ……… 1249
· 300172　中电环保股份有限公司 ……………… 1249
· 300173　松德智慧装备股份有限公司 ………… 1249
· 300174　福建元力活性炭股份有限公司 ……… 1250
· 300175　朗源股份有限公司 …………………… 1250
· 300176　广东鸿特科技股份有限公司 ………… 1250
· 300177　广州中海达卫星导航技术
股份有限公司 ……………………………… 1250
· 300178　腾邦国际商业服务集团
股份有限公司 ……………………………… 1251
· 300179　河南四方达超硬材料股份有限公司 … 1251
· 300180　上海华峰超纤材料股份有限公司 …… 1251
· 300181　浙江佐力药业股份有限公司 ………… 1251
· 300182　北京捷成世纪科技股份有限公司 …… 1252
· 300183　青岛东软载波科技股份有限公司 …… 1252
· 300184　武汉力源信息技术股份有限公司 …… 1252
· 300185　通裕重工股份有限公司 ……………… 1252
· 300187　永清环保股份有限公司 ……………… 1253
· 300188　厦门市美亚柏科信息股份有限公司 … 1253
· 300189　海南神农基因科技股份有限公司 …… 1253
· 300190　江苏维尔利环保科技股份有限公司 … 1253
· 300191　潜能恒信能源技术股份有限公司 …… 1254
· 300192　苏州科斯伍德油墨股份有限公司 …… 1254
· 300193　深圳市佳士科技股份有限公司 ……… 1254
· 300194　福安药业（集团）股份有限公司 ……… 1254
· 300195　天津长荣科技集团股份有限公司 …… 1255
· 300196　江苏长海复合材料股份有限公司 …… 1255
· 300197　深圳市铁汉生态环境股份有限公司 … 1255
· 300198　福建纳川管材科技股份有限公司 …… 1255
· 300199　深圳翰宇药业股份有限公司 ………… 1256
· 300200　北京高盟新材料股份有限公司 ……… 1256
· 300201　徐州海伦哲专用车辆股份有限公司 … 1256
· 300202　聚龙股份有限公司 …………………… 1256
· 300203　聚光科技（杭州）股份有限公司 ……… 1257
· 300204　舒泰神（北京）生物制药
股份有限公司 ……………………………… 1257
· 300205　武汉天喻信息产业股份有限公司 …… 1257
· 300206　深圳市理邦精密仪器股份有限公司 … 1257
· 300207　欣旺达电子股份有限公司 …………… 1258
· 300208　青岛市恒顺众昇集团股份有限公司 … 1258
· 300209　天泽信息产业股份有限公司 ………… 1258
· 300210　鞍山森远路桥股份有限公司 ………… 1258
· 300211　江苏亿通高科技股份有限公司 ……… 1259
· 300212　北京易华录信息技术股份有限公司 … 1259
· 300213　北京佳讯飞鸿电气股份有限公司 …… 1259
· 300214　山东日科化学股份有限公司 ………… 1259
· 300215　苏州电器科学研究院股份有限公司 … 1260
· 300216　湖南千山制药机械股份有限公司 …… 1260
· 300217　镇江东方电热科技股份有限公司 …… 1260
· 300218　安徽安利材料科技股份有限公司 …… 1260
· 300219　鸿利智汇集团股份有限公司 ………… 1261
· 300220　武汉金运激光股份有限公司 ………… 1261
· 300221　广东银禧科技股份有限公司 ………… 1261
· 300222　科大智能科技股份有限公司 ………… 1261
· 300223　北京君正集成电路股份有限公司 …… 1262
· 300224　烟台正海磁性材料股份有限公司 …… 1262
· 300225　上海金力泰化工股份有限公司 ……… 1262
· 300226　上海钢联电子商务股份有限公司 …… 1262
· 300227　深圳光韵达光电科技股份有限公司 … 1263
· 300228　张家港富瑞特种装备股份有限公司 … 1263
· 300229　北京拓尔思信息技术股份有限公司 … 1263
· 300230　上海永利带业股份有限公司 ………… 1263
· 300231　北京银信长远科技股份有限公司 …… 1264
· 300232　深圳市洲明科技股份有限公司 ……… 1264
· 300233　山东金城医药集团股份有限公司 …… 1264
· 300234　浙江开尔新材料股份有限公司 ……… 1264
· 300235　深圳市方直科技股份有限公司 ……… 1265
· 300236　上海新阳半导体材料股份有限公司 … 1265
· 300237　山东美晨生态环境股份有限公司 …… 1265
· 300238　冠昊生物科技股份有限公司 ………… 1265
· 300239　包头东宝生物技术股份有限公司 …… 1266
· 300240　江苏飞力达国际物流股份有限公司 … 1266
· 300241　深圳市瑞丰光电子股份有限公司 …… 1266
· 300242　广东明家联合移动科技股
份有限公司 ………………………………… 1266
· 300243　山东瑞丰高分子材料股份有限公司 … 1267
· 300244　迪安诊断技术集团股份有限公司 …… 1267
· 300245　上海天玑科技股份有限公司 ………… 1267
· 300246　广东宝莱特医用科技股份有限公司 … 1267
· 300247　安徽乐金健康科技股份有限公司 …… 1268
· 300248　新开普电子股份有限公司 …………… 1268
· 300249　四川依米康科技集团股份有限公司 … 1268
· 300250　杭州初灵信息技术股份有限公司 …… 1268
· 300251　北京光线传媒股份有限公司 ………… 1269
· 300252　深圳金信诺高新技术股份有限公司 … 1269
· 300253　卫宁健康科技集团股份有限公司 …… 1269
· 300254　山西仟源医药集团股份有限公司 …… 1269
· 300255　河北常山生化药业股份有限公司 …… 1270
· 300256　浙江星星科技股份有限公司 ………… 1270
· 300257　浙江开山压缩机股份有限公司 ……… 1270
· 300258　江苏太平洋精锻科技股份有限公司 … 1270
· 300259　新天科技股份有限公司 ……………… 1271
· 300260　昆山新莱洁净应用材料
股份有限公司 ……………………………… 1271
· 300261　雅本化学股份有限公司 ……………… 1271
· 300262　上海巴安水务股份有限公司 ………… 1271
· 300263　洛阳隆华传热节能股份有限公司 …… 1272
· 300264　深圳市佳创视讯技术股份有限公司 … 1272
· 300265　江苏通光电子线缆股份有限公司 …… 1272
· 300266　兴源环境科技股份有限公司 ………… 1272
· 300267　湖南尔康制药股份有限公司 ………… 1273
· 300268　佳沃农业开发股份有限公司 ………… 1273

· 300269 深圳市联建光电股份有限公司 ……… 1273
· 300270 杭州中威电子股份有限公司 ………… 1273
· 300271 北京华宇软件股份有限公司 ………… 1274
· 300272 上海开能环保设备股份有限公司 …… 1274
· 300273 珠海和佳医疗设备股份有限公司 …… 1274
· 300274 阳光电源股份有限公司 ……………… 1274
· 300275 重庆梅安森科技股份有限公司 ……… 1275
· 300276 湖北三丰智能输送装备股份有限公司 ………………………… 1275
· 300277 深圳海联讯科技股份有限公司 ……… 1275
· 300278 华昌达智能装备集团股份有限公司 … 1275
· 300279 无锡和晶科技股份有限公司 ………… 1276
· 300280 南通锻压设备股份有限公司 ………… 1276
· 300281 广东金明精机股份有限公司 ………… 1276
· 300282 北京汇冠新技术股份有限公司 ……… 1276
· 300283 温州宏丰电工合金股份有限公司 …… 1277
· 300284 苏交科集团股份有限公司 …………… 1277
· 300285 山东国瓷功能材料股份有限公司 …… 1277
· 300286 安科瑞电气股份有限公司 …………… 1277
· 300287 北京飞利信科技股份有限公司 ……… 1278
· 300288 贵阳朗玛信息技术股份有限公司 …… 1278
· 300289 北京利德曼生化股份有限公司 ……… 1278
· 300290 荣科科技股份有限公司 ……………… 1278
· 300291 北京华录百纳影视股份有限公司 …… 1279
· 300292 吴通控股集团股份有限公司 ………… 1279
· 300293 沈阳蓝英工业自动化装备股份有限公司 ………………………… 1279
· 300294 博雅生物制药集团股份有限公司 …… 1279
· 300295 江苏三六五网络股份有限公司 ……… 1280
· 300296 利亚德光电股份有限公司 …………… 1280
· 300297 蓝盾信息安全技术股份有限公司 …… 1280
· 300298 三诺生物传感股份有限公司 ………… 1280
· 300299 富春通信股份有限公司 ……………… 1281
· 300300 汉鼎宇佑互联网股份有限公司 ……… 1281
· 300301 深圳市长方集团股份有限公司 ……… 1281
· 300302 北京同有飞骥科技股份有限公司 …… 1281
· 300303 深圳市聚飞光电股份有限公司 ……… 1282
· 300304 江苏云意电气股份有限公司 ………… 1282
· 300305 江苏裕兴薄膜科技股份有限公司 …… 1282
· 300306 杭州远方光电信息股份有限公司 …… 1282
· 300307 宁波慈星股份有限公司 ……………… 1283
· 300308 中际旭创股份有限公司 ……………… 1283
· 300309 吉艾科技集团股份公司 ……………… 1283
· 300310 广东宜通世纪科技股份有限公司 …… 1283
· 300311 任子行网络技术股份有限公司 ……… 1284
· 300312 邦讯技术股份有限公司 ……………… 1284
· 300313 新疆天山畜牧生物工程股份有限公司 ………………………… 1284
· 300314 宁波戴维医疗器械股份有限公司 …… 1284
· 300315 北京掌趣科技股份有限公司 ………… 1285
· 300316 浙江晶盛机电股份有限公司 ………… 1285
· 300317 深圳珈伟光伏照明股份有限公司 …… 1285
· 300318 北京博晖创新光电技术股份有限公司 ………………………… 1285
· 300319 深圳市麦捷微电子科技股份有限公司 ………………………… 1286
· 300320 江阴海达橡塑股份有限公司 ………… 1286
· 300321 山东同大海岛新材料股份有限公司 … 1286
· 300322 惠州硕贝德无线科技股份有限公司 … 1286
· 300323 华灿光电股份有限公司 ……………… 1287
· 300324 北京旋极信息技术股份有限公司 …… 1287
· 300325 江苏德威新材料股份有限公司 ……… 1287
· 300326 上海凯利泰医疗科技股份有限公司 … 1287
· 300327 中颖电子股份有限公司 ……………… 1288
· 300328 东莞宜安科技股份有限公司 ………… 1288
· 300329 海伦钢琴股份有限公司 ……………… 1288
· 300330 上海华虹计通智能系统股份有限公司 ………………………… 1288
· 300331 苏州苏大维格科技股份有限公司 …… 1289
· 300332 天壕环境股份有限公司 ……………… 1289
· 300333 深圳兆日科技股份有限公司 ………… 1289
· 300334 天津膜天膜科技股份有限公司 ……… 1289
· 300335 广州迪森热能技术股份有限公司 …… 1290
· 300336 上海新文化传媒集团股份有限公司 … 1290
· 300337 银邦金属复合材料股份有限公司 …… 1290
· 300338 长沙开元仪器股份有限公司 ………… 1290
· 300339 江苏润和软件股份有限公司 ………… 1291
· 300340 江门市科恒实业股份有限公司 ……… 1291
· 300341 麦克奥迪(厦门)电气股份有限公司 ………………………… 1291
· 300342 常熟市天银机电股份有限公司 ……… 1291
· 300343 山东联创互联网传媒股份有限公司 … 1292
· 300344 北京太空智造股份有限公司 ………… 1292
· 300345 湖南红宇耐磨新材料股份有限公司 … 1292
· 300346 江苏南大光电材料股份有限公司 …… 1292
· 300347 杭州泰格医药科技股份有限公司 …… 1293
· 300348 深圳市长亮科技股份有限公司 ……… 1293
· 300349 金卡智能集团股份有限公司 ………… 1293
· 300350 华鹏飞股份有限公司 ………………… 1293
· 300351 浙江永贵电器股份有限公司 ………… 1294
· 300352 北京北信源软件股份有限公司 ……… 1294
· 300353 北京东土科技股份有限公司 ………… 1294
· 300354 江苏东华测试技术股份有限公司 …… 1294
· 300355 内蒙古蒙草生态环境(集团)股份有限公司 ………………………… 1295
· 300356 光一科技股份有限公司 ……………… 1295
· 300357 浙江我武生物科技股份有限公司 …… 1295
· 300358 楚天科技股份有限公司 ……………… 1295
· 300359 全通教育集团(广东)股份有限公司 ………………………… 1296
· 300360 杭州炬华科技股份有限公司 ………… 1296
· 300362 成都天翔环境股份有限公司 ………… 1296

· 300363 重庆博腾制药科技股份有限公司 …… 1296
· 300364 中文在线数字出版集团股份有限公司 …… 1297
· 300365 北京恒华伟业科技股份有限公司 …… 1297
· 300366 四川创意信息技术股份有限公司 …… 1297
· 300367 东方网力科技股份有限公司 …… 1297
· 300368 河北汇金机电股份有限公司 …… 1298
· 300369 北京神州绿盟信息安全科技股份有限公司 …… 1298
· 300370 北京安控科技股份有限公司 …… 1298
· 300371 汇中仪表股份有限公司 …… 1298
· 300373 扬州扬杰电子科技股份有限公司 …… 1299
· 300374 北京恒通创新赛木科技股份有限公司 …… 1299
· 300375 天津鹏翎集团股份有限公司 …… 1299
· 300376 易事特集团股份有限公司 …… 1299
· 300377 深圳市赢时胜信息技术股份有限公司 …… 1300
· 300378 鼎捷软件股份有限公司 …… 1300
· 300379 北京东方通科技股份有限公司 …… 1300
· 300380 上海安硕信息技术股份有限公司 …… 1300
· 300381 广东溢多利生物科技股份有限公司 …… 1301
· 300382 苏州斯莱克精密设备股份有限公司 …… 1301
· 300383 北京光环新网科技股份有限公司 …… 1301
· 300384 北京三联虹普新合纤技术服务股份有限公司 …… 1301
· 300385 无锡雪浪环境科技股份有限公司 …… 1302
· 300386 飞天诚信科技股份有限公司 …… 1302
· 300387 湖北富邦科技股份有限公司 …… 1302
· 300388 安徽国祯环保节能科技股份有限公司 …… 1302
· 300389 深圳市艾比森光电股份有限公司 …… 1303
· 300390 苏州天华超净科技股份有限公司 …… 1303
· 300391 康跃科技股份有限公司 …… 1303
· 300392 北京腾信创新网络营销技术股份有限公司 …… 1303
· 300393 苏州中来光伏新材股份有限公司 …… 1304
· 300394 苏州天孚光通信股份有限公司 …… 1304
· 300395 湖北菲利华石英玻璃股份有限公司 …… 1304
· 300396 迪瑞医疗科技股份有限公司 …… 1304
· 300397 西安天和防务技术股份有限公司 …… 1305
· 300398 上海飞凯光电材料股份有限公司 …… 1305
· 300399 北京无线天利移动信息技术股份有限公司 …… 1305
· 300400 深圳市劲拓自动化设备股份有限公司 …… 1305
· 300401 浙江花园生物高科股份有限公司 …… 1306
· 300402 南京宝色股份公司 …… 1306
· 300403 江门市地尔汉宇电器股份有限公司 …… 1306
· 300404 广州博济医药生物技术股份有限公司 …… 1306
· 300405 辽宁科隆精细化工股份有限公司 …… 1307
· 300406 北京九强生物技术股份有限公司 …… 1307
· 300407 天津凯发电气股份有限公司 …… 1307
· 300408 潮州三环(集团)股份有限公司 …… 1307
· 300409 广东道氏技术股份有限公司 …… 1308
· 300410 广东正业科技股份有限公司 …… 1308
· 300411 浙江金盾风机股份有限公司 …… 1308
· 300412 浙江迦南科技股份有限公司 …… 1308
· 300413 芒果超媒股份有限公司 …… 1309
· 300414 四川中光防雷科技股份有限公司 …… 1309
· 300415 广东伊之密精密机械股份有限公司 …… 1309
· 300416 苏州苏试试验集团股份有限公司 …… 1309
· 300417 佛山市南华仪器股份有限公司 …… 1310
· 300418 北京昆仑万维科技股份有限公司 …… 1310
· 300419 北京浩丰创源科技股份有限公司 …… 1310
· 300420 江苏五洋停车产业集团股份有限公司 …… 1310
· 300421 江苏力星通用钢球股份有限公司 …… 1311
· 300422 广西博世科环保科技股份有限公司 …… 1311
· 300423 山东鲁亿通智能电气股份有限公司 …… 1311
· 300424 广州航新航空科技股份有限公司 …… 1311
· 300425 环能科技股份有限公司 …… 1312
· 300426 浙江唐德影视股份有限公司 …… 1312
· 300427 红相股份有限公司 …… 1312
· 300428 河北四通新型金属材料股份有限公司 …… 1312
· 300429 常州强力电子新材料股份有限公司 …… 1313
· 300430 北京诚益通控制工程科技股份有限公司 …… 1313
· 300431 暴风集团股份有限公司 …… 1313
· 300432 绵阳富临精工机械股份有限公司 …… 1313
· 300433 蓝思科技股份有限公司 …… 1314
· 300434 四川金石东方新材料设备股份有限公司 …… 1314
· 300435 杭州中泰深冷技术股份有限公司 …… 1314
· 300436 福建广生堂药业股份有限公司 …… 1314
· 300437 河南清水源科技股份有限公司 …… 1315
· 300438 广州鹏辉能源科技股份有限公司 …… 1315
· 300439 美康生物科技股份有限公司 …… 1315
· 300440 成都运达科技股份有限公司 …… 1315
· 300441 宁波鲍斯能源装备股份有限公司 …… 1316
· 300442 上海普丽盛包装股份有限公司 …… 1316
· 300443 山东莱芜金雷风电科技股份有限公司 …… 1316
· 300444 北京双杰电气股份有限公司 …… 1316
· 300445 北京康斯特仪表科技股份有限公司 …… 1317
· 300446 保定乐凯新材料股份有限公司 …… 1317
· 300447 南京全信传输科技股份有限公司 …… 1317
· 300448 浩云科技股份有限公司 …… 1317
· 300449 北京汉邦高科数字技术股份有限公司 …… 1318

· 300450 无锡先导智能装备股份有限公司 …… 1318
· 300451 创业软件股份有限公司 ……………… 1318
· 300452 安徽山河药用辅料股份有限公司 …… 1318
· 300453 江西三鑫医疗科技股份有限公司 …… 1319
· 300455 北京康拓红外技术股份有限公司 …… 1319
· 300456 北京耐威科技股份有限公司 ………… 1319
· 300457 深圳市赢合科技股份有限公司 ……… 1319
· 300458 珠海全志科技股份有限公司 ………… 1320
· 300459 浙江金科文化产业股份有限公司 …… 1320
· 300460 广东惠伦晶体科技股份有限公司 …… 1320
· 300461 浙江田中精机股份有限公司 ………… 1320
· 300462 上海华铭智能终端设备
股份有限公司 ………………………… 1321
· 300463 迈克生物股份有限公司 ……………… 1321
· 300464 广东星徽精密制造股份有限公司 …… 1321
· 300465 高伟达软件股份有限公司 …………… 1321
· 300466 赛摩电气股份有限公司 ……………… 1322
· 300467 四川迅游网络科技股份有限公司 …… 1322
· 300468 深圳四方精创资讯股份有限公司 …… 1322
· 300469 上海中信信息发展股份有限公司 …… 1322
· 300470 四川日机密封件股份有限公司 ……… 1323
· 300471 成都华气厚普机电设备
股份有限公司 ………………………… 1323
· 300472 北京万向新元科技股份有限公司 …… 1323
· 300473 阜新德尔汽车部件股份有限公司 …… 1323
· 300474 长沙景嘉微电子股份有限公司 ……… 1324
· 300475 安徽聚隆传动科技股份有限公司 …… 1324
· 300476 胜宏科技(惠州)股份有限公司 ……… 1324
· 300477 北京合纵科技股份有限公司 ………… 1324
· 300478 杭州高新橡塑材料股份有限公司 …… 1325
· 300479 神思电子技术股份有限公司 ………… 1325
· 300480 光力科技股份有限公司 ……………… 1325
· 300481 濮阳惠成电子材料股份有限公司 …… 1325
· 300482 广州万孚生物技术股份有限公司 …… 1326
· 300483 上海沃施园艺股份有限公司 ………… 1326
· 300484 深圳市蓝海华腾技术股份有限公司 … 1326
· 300485 北京赛升药业股份有限公司 ………… 1326
· 300486 山西东杰智能物流装备
股份有限公司 ………………………… 1327
· 300487 西安蓝晓科技新材料股份有限公司 … 1327
· 300488 恒锋工具股份有限公司 ……………… 1327
· 300489 哈尔滨中飞新技术股份有限公司 …… 1327
· 300490 华自科技股份有限公司 ……………… 1328
· 300491 石家庄通合电子科技股份有限公司 … 1328
· 300492 山鼎设计股份有限公司 ……………… 1328
· 300493 上海润欣科技股份有限公司 ………… 1328
· 300494 湖北盛天网络技术股份有限公司 …… 1329
· 300495 美尚生态景观股份有限公司 ………… 1329
· 300496 中科创达软件股份有限公司 ………… 1329
· 300497 江西富祥药业股份有限公司 ………… 1329
· 300498 温氏食品集团股份有限公司 ………… 1330
· 300499 广州高澜节能技术股份有限公司 …… 1330
· 300500 启迪设计集团股份有限公司 ………… 1330
· 300501 上海海顺新型药用包装材料
股份有限公司 ………………………… 1330
· 300502 成都新易盛通信技术股份有限公司 … 1331
· 300503 广州市昊志机电股份有限公司 ……… 1331
· 300505 昆明川金诺化工股份有限公司 ……… 1331
· 300506 深圳市名家汇科技股份有限公司 …… 1331
· 300507 江苏奥力威传感高科股份有限公司 … 1332
· 300508 上海维宏电子科技股份有限公司 …… 1332
· 300509 江苏新美星包装机械股份有限公司 … 1332
· 300510 吉林省金冠电气股份有限公司 ……… 1332
· 300511 上海雪榕生物科技股份有限公司 …… 1333
· 300512 杭州中亚机械股份有限公司 ………… 1333
· 300513 北京恒泰实达科技股份有限公司 …… 1333
· 300514 深圳友讯达科技股份有限公司 ……… 1333
· 300515 湖南三德科技股份有限公司 ………… 1334
· 300516 湖北久之洋红外系统股份有限公司 … 1334
· 300517 海波重型工程科技股份有限公司 …… 1334
· 300518 深圳市盛讯达科技股份有限公司 …… 1334
· 300519 浙江新光药业股份有限公司 ………… 1335
· 300520 科大国创软件股份有限公司 ………… 1335
· 300521 爱司凯科技股份有限公司 …………… 1335
· 300522 苏州世名科技股份有限公司 ………… 1335
· 300523 北京辰安科技股份有限公司 ………… 1336
· 300525 福建博思软件股份有限公司 ………… 1336
· 300526 中潜股份有限公司 ………………… 1336
· 300527 湖北华舟重工应急装备
股份有限公司 ………………………… 1336
· 300528 幸福蓝海影视文化集团
股份有限公司 ………………………… 1337
· 300529 珠海健帆生物科技股份有限公司 …… 1337
· 300530 广东达志环保科技股份有限公司 …… 1337
· 300531 深圳市优博讯科技股份有限公司 …… 1337
· 300532 深圳市今天国际物流技术
股份有限公司 ………………………… 1338
· 300533 深圳冰川网络股份有限公司 ………… 1338
· 300534 甘肃陇神戎发药业股份有限公司 …… 1338
· 300535 四川达威科技股份有限公司 ………… 1338
· 300536 武汉农尚环境股份有限公司 ………… 1339
· 300537 江苏广信感光新材料股份有限公司 … 1339
· 300538 深圳市同益实业股份有限公司 ……… 1339
· 300539 宁波横河模具股份有限公司 ………… 1339
· 300540 成都深冷液化设备股份有限公司 …… 1340
· 300541 北京先进数通信息技术股份公司 …… 1340
· 300542 新晨科技股份有限公司 ……………… 1340
· 300543 深圳市朗科智能电气股份有限公司 … 1340
· 300545 深圳市联得自动化装备
股份有限公司 ………………………… 1341

· 300546　深圳市雄帝科技股份有限公司 ········· 1341
· 300547　四川川环科技股份有限公司 ············ 1341
· 300548　博创科技股份有限公司 ················ 1341
· 300549　优德精密工业(昆山)股份有限公司 ······ 1342
· 300550　浙江和仁科技股份有限公司 ············ 1342
· 300551　上海古鳌电子科技股份有限公司 ······ 1342
· 300552　北京万集科技股份有限公司 ············ 1342
· 300553　杭州集智机电股份有限公司 ············ 1343
· 300554　南京三超新材料股份有限公司 ········· 1343
· 300555　无锡路通视信网络股份有限公司 ······ 1343
· 300556　丝路视觉科技股份有限公司 ············ 1343
· 300557　武汉理工光科股份有限公司 ············ 1344
· 300558　贝达药业股份有限公司 ················ 1344
· 300559　成都佳发安泰教育科技股份有限公司 ··· 1344
· 300560　中富通集团股份有限公司 ·············· 1344
· 300561　珠海汇金科技股份有限公司 ············ 1345
· 300562　广东乐心医疗电子股份有限公司 ······ 1345
· 300563　神宇通信科技股份公司 ················ 1345
· 300565　深圳市科信通信技术股份有限公司 ··· 1345
· 300566　宁波激智科技股份有限公司 ············ 1346
· 300567　武汉精测电子集团股份有限公司 ······ 1346
· 300568　深圳市星源材质科技股份有限公司 ··· 1346
· 300569　青岛天能重工股份有限公司 ············ 1346
· 300570　深圳太辰光通信股份有限公司 ········· 1347
· 300571　杭州平治信息技术股份有限公司 ······ 1347
· 300572　深圳市安车检测股份有限公司 ········· 1347
· 300573　沈阳兴齐眼药股份有限公司 ············ 1347
· 300575　江苏中旗科技股份有限公司 ············ 1348
· 300576　深圳市容大感光科技股份有限公司 ··· 1348
· 300577　安徽开润股份有限公司 ················ 1348
· 300578　上海会畅通讯股份有限公司 ············ 1348
· 300579　北京数字认证股份有限公司 ············ 1349
· 300580　无锡贝斯特精机股份有限公司 ········· 1349
· 300581　西安晨曦航空科技股份有限公司 ······ 1349
· 300582　英飞特电子(杭州)股份有限公司 ······ 1349
· 300583　山东赛托生物科技股份有限公司 ······ 1350
· 300584　南京海辰药业股份有限公司 ············ 1350
· 300585　南京奥联汽车电子电器
股份有限公司 ···························· 1350
· 300586　广东美联新材料股份有限公司 ········· 1350
· 300587　浙江天铁实业股份有限公司 ············ 1351
· 300588　新疆熙菱信息技术股份有限公司 ······ 1351
· 300589　江龙船艇科技股份有限公司 ············ 1351
· 300590　上海移为通信技术股份有限公司 ······ 1351
· 300591　广东万里马实业股份有限公司 ········· 1352
· 300592　湖南华凯文化创意股份有限公司 ······ 1352
· 300593　北京新雷能科技股份有限公司 ········· 1352
· 300595　欧普康视科技股份有限公司 ············ 1352
· 300596　天津利安隆新材料股份有限公司 ······ 1353
· 300597　吉林吉大通信设计院股份有限公司 ··· 1353
· 300598　诚迈科技(南京)股份有限公司 ········· 1353
· 300599　广东雄塑科技集团股份有限公司 ······ 1353
· 300600　常熟瑞特电气股份有限公司 ············ 1354
· 300601　深圳康泰生物制品股份有限公司 ······ 1354
· 300602　深圳市飞荣达科技股份有限公司 ······ 1354
· 300603　立昂技术股份有限公司 ················ 1354
· 300604　杭州长川科技股份有限公司 ············ 1355
· 300605　恒锋信息科技股份有限公司 ············ 1355
· 300606　东莞金太阳研磨股份有限公司 ········· 1355
· 300607　广东拓斯达科技股份有限公司 ········· 1355
· 300608　北京思特奇信息技术股份有限公司 ··· 1356
· 300609　上海汇纳信息科技股份有限公司 ······ 1356
· 300610　扬州晨化新材料股份有限公司 ········· 1356
· 300611　浙江美力科技股份有限公司 ············ 1356

第四编　中国基金市场

第一章　中国基金市场概况 ························ 1359
· 2017 年公募基金市场统计数据 ························ 1359
· 2017 年度资产证券化业务备案情况综述 ············ 1359
· 2017 年私募投资基金登记备案总体情况 ············ 1363
· 2017 年证券期货经营机构资产管理业务
数据统计 ·· 1363
· 私募基金服务实体经济情况报告 ···················· 1364
· 2017 年基金管理公司专户管理资产月均规模
前 20 名 ·· 1365
· 2017 年基金子公司专户管理资产月均规模
前 20 名 ·· 1365
· 2017 年末基金管理公司社保及企业年金管理
规模排名 ·· 1366
· 2017 年基金管理机构非货币公募基金月均规模
前 20 名 ·· 1366
· 2017 年证券公司主动管理资产月均规模
前 20 名 ·· 1366
· 2017 年证券公司资产管理月均规模前 20 名 ··· 1367
· 基金管理公司从事特定客户资产管理业务
子公司名录 ·· 1367
· 公募基金管理机构名录 ······························ 1368
· 公募证券投资基金名录 ······························ 1369
· 证券投资基金托管人名录 ···························· 1424
· 人民币合格境外机构投资者名录 ···················· 1425
· 合格境外机构投资者托管行名录 ···················· 1429
· 合格境外机构投资者名录 ···························· 1430
· 基金公司理财中心名录 ······························ 1436

第二章　资产托管银行 ································ 1437
· 中国工商银行资产托管部 ···························· 1437
· 中国建设银行资产托管业务部 ······················ 1437
· 中国银行托管业务部 ································ 1438

· 中国农业银行托管业务部 …… 1439
· 招商银行总行资产托管部 …… 1440
· 交通银行总行资产托管部 …… 1440
· 平安银行资产托管事业部 …… 1441
· 兴业银行资产托管部 …… 1442
· 中国民生银行资产托管部 …… 1442
· 江苏银行资产托管部 …… 1443
· 上海浦东发展银行资产托管部 …… 1444
· 中信银行资产托管部 …… 1444
· 宁波银行资产托管部 …… 1445
· 中国邮政储蓄银行托管业务部 …… 1445
· 中国光大银行投资与托管业务部 …… 1445
· 南京银行资产托管部 …… 1446
· 上海银行资产托管部 …… 1446
· 广发银行资产托管部 …… 1447
· 北京银行资产托管部 …… 1447

第三章　基金管理公司 …… 1448
· 宝盈基金管理有限公司 …… 1448
· 博时基金管理有限公司 …… 1449
· 长城基金管理有限公司 …… 1453
· 长盛基金管理有限公司 …… 1455
· 长信基金管理有限公司 …… 1457
· 大成基金管理有限公司 …… 1459
· 东方基金管理有限责任公司 …… 1461
· 东吴基金管理有限公司 …… 1462
· 工银瑞信基金管理有限公司 …… 1464
· 光大保德信基金管理有限公司 …… 1466
· 广发基金管理有限公司 …… 1467
· 国金基金管理有限公司 …… 1470
· 国开泰富基金管理有限责任公司 …… 1471
· 国联安基金管理有限公司 …… 1472
· 国泰基金管理有限公司 …… 1473
· 国投瑞银基金管理有限公司 …… 1475
· 海富通基金管理有限公司 …… 1478
· 华富基金管理有限公司 …… 1479
· 华夏基金管理有限公司 …… 1481
· 汇添富基金管理股份有限公司 …… 1483
· 嘉实基金管理有限公司 …… 1486
· 金鹰基金管理有限公司 …… 1489
· 景顺长城基金管理有限公司 …… 1490
· 摩根士丹利华鑫基金管理有限公司 …… 1492
· 南方基金管理有限公司 …… 1494
· 诺安基金管理有限公司 …… 1497
· 鹏华基金管理有限公司 …… 1498
· 上投摩根基金管理有限公司 …… 1501
· 泰达宏利基金管理有限公司 …… 1503
· 泰信基金管理有限公司 …… 1504
· 天治基金管理有限公司 …… 1505
· 万家基金管理有限公司 …… 1506
· 鑫元基金管理有限公司 …… 1507
· 兴全基金管理有限公司 …… 1508
· 兴业基金管理有限公司 …… 1510
· 易方达基金管理有限公司 …… 1511
· 银河基金管理有限公司 …… 1514
· 银华基金管理股份有限公司 …… 1515
· 招商基金管理有限公司 …… 1518
· 中海基金管理有限公司 …… 1521
· 中欧基金管理有限公司 …… 1523

第五编　中国期货市场

第一章　中国期货市场概况 …… 1527
· 2017 年中国期货市场运行情况 …… 1527
· 2017 年各期货公司分类评价结果 …… 1528
· 2017 年 1－10 月全国期货公司经营总体情况 …… 1530
· 期货公司名录 …… 1533
· 2017 年 1 月全国期货市场交易情况统计 …… 1535
· 2017 年 2 月全国期货市场交易情况统计 …… 1536
· 2017 年 3 月全国期货市场交易情况统计 …… 1537
· 2017 年 4 月份全国期货市场交易情况统计 …… 1538
· 2017 年 5 月份全国期货市场交易情况统计 …… 1539
· 2017 年 6 月份全国期货市场交易情况统计 …… 1540
· 2017 年 7 月份全国期货市场交易情况统计 …… 1541
· 2017 年 8 月份全国期货市场交易情况统计 …… 1542
· 2017 年 9 月份全国期货市场交易情况统计 …… 1543
· 2017 年 10 月份全国期货市场交易情况统计 …… 1544
· 2017 年 11 月份全国期货市场交易情况统计 …… 1545
· 2017 年 12 月份全国期货市场交易情况统计 …… 1546
· 期货从业人员管理办法 …… 1547
· 期货经营机构投资者适当性管理实施指引 …… 1548
· 期货交易管理条例 …… 1551

第二章　期货经纪机构 …… 1559
第一节　期货监管与自律组织 …… 1559
· 中国期货业协会 …… 1559
· 中国金融期货交易所 …… 1560
· 上海期货交易所 …… 1560
· 大连商品交易所 …… 1563
· 郑州商品交易所 …… 1565

第二节　期货经营机构 …… 1566
· 华泰期货有限公司 …… 1566
· 海通期货股份有限公司 …… 1566
· 上海中期期货股份有限公司 …… 1567
· 徽商期货有限责任公司 …… 1568
· 申银万国期货有限公司 …… 1568
· 中投天琪期货有限公司 …… 1569

· 光大期货有限公司 …… 1569
· 东海期货有限责任公司 …… 1570
· 浙商期货有限公司 …… 1570
· 永安期货股份有限公司 …… 1571
· 南华期货股份有限公司 …… 1571
· 五矿经易期货有限公司 …… 1572
· 广发期货有限公司 …… 1573
· 国泰君安期货有限公司 …… 1574
· 浙江新世纪期货有限公司 …… 1574
· 兴证期货有限公司 …… 1575
· 建信期货有限责任公司 …… 1575
· 平安期货有限公司 …… 1577
· 格林大华期货有限公司 …… 1577
· 国贸期货经纪有限公司 …… 1578
· 银河期货有限公司 …… 1579
· 一德期货有限公司 …… 1579
· 鲁证期货股份有限公司 …… 1581
· 北京首创期货有限责任公司 …… 1581
· 国信期货有限责任公司 …… 1582
· 中信建投期货有限公司 …… 1582
· 长江期货有限公司 …… 1582
· 金元期货有限公司 …… 1583
· 国联期货有限责任公司 …… 1583
· 华信期货股份有限公司 …… 1584
· 和融期货有限责任公司 …… 1584
· 中钢期货有限公司 …… 1585
· 海航期货股份有限公司 …… 1585
· 华闻期货有限公司 …… 1586
· 渤海期货股份有限公司 …… 1586
· 云晨期货有限责任公司 …… 1586
· 国金期货有限责任公司 …… 1587
· 国都期货有限公司 …… 1587
· 中航期货有限公司 …… 1588
· 冠通期货有限公司 …… 1588
· 招商期货有限公司 …… 1589
· 宏源期货有限公司 …… 1590
· 通惠期货有限公司 …… 1590
· 中大期货有限公司 …… 1591
· 华安期货有限责任公司 …… 1591
· 上海浙石期货经纪有限公司 …… 1591
· 锦泰期货有限公司 …… 1592
· 新湖期货有限公司 …… 1592
· 东航期货有限责任公司 …… 1593
· 海证期货有限公司 …… 1593
· 上海东证期货有限公司 …… 1593
· 华联期货有限公司 …… 1594
· 中国国际期货股份有限公司 …… 1594
· 西部期货有限公司 …… 1595
· 中银国际期货有限责任公司 …… 1596
· 方正中期期货有限公司 …… 1596

特载：香港回归二十周年　聚焦香港资本市场

■香港交易所
· 新时代的交易所运营　李小加 …… 1746
· 香港交易所——连接中国与环球市场的先行者 … 1747
■香港中国金融协会
· 香港中国金融协会 …… 1748
· 香港中国金融协会主席团理事名单 …… 1749
■香港中资银行业协会
· 回归二十年香港中资银行业发展综述 …… 1751
· 香港中资银行业协会工作回顾与未来展望 …… 1754
■香港中资证券业协会
· 回归二十年的香港资本市场格局变迁
交银国际董事长、香港中资证券业协会会长
谭岳衡 …… 1755
· 香港中资证券业协会 …… 1757
■香港上市公司商会
· 香港上市公司商会 …… 1764
■香港中资基金业协会
· “香港回归 20 周年”寄语
香港中资基金业协会会长　丁晨 …… 1764
· 中资资产管理机构在港蓬勃发展
香港中资基金业协会保驾护航
香港中资基金业协会秘书长　王颖思 …… 1765
■香港特许秘书公会
· “香港回归 20 周年”寄语
香港特许秘书公会会长　傅溢鸿 …… 1767
· 香港特许秘书公会 …… 1768
· 香港特许秘书公会北京代表处 20 周年
征集感言 …… 1773
· 香港特许秘书公会北京代表处 20 周年
标志性事件 …… 1775
■香港回归祖国二十年与金融业发展
· 香港回归二十周年金融业的回顾与思考
胡章宏 …… 1775
· 香港回归二十周年银行业回顾、思考与展望
岳毅 …… 1777
· 香港回归二十周年保险行业的发展变迁与思考
刘安林 …… 1779
· 香港回归二十周年资管业的回顾与思考
陈爽 …… 1781
· 香港回归二十周年证券业回顾、思考与展望
谭岳衡 …… 1782
· 香港回归二十周年基金行业发展的回顾与思考
丁晨 …… 1784
■巩固和发展香港国际金融中心地位
· 香港资本市场的新机遇
胡章宏　钱志义 …… 1786

· 跨境投资需求增　港有力捕捉先机
陈爽 …… 1788
· 全球新格局下一带一路国家战略与香港的角色定位
阎峰 …… 1789
· 引入新经济　可提振港股
谭岳衡 …… 1793
· 新形势下香港中资金融业定位
张丽 …… 1794
· 内地金融改革与香港的发展机遇
陈林龙 …… 1796
· ETF 助港巩固全球财富管理中心地位
丁晨 …… 1798
· 透明可预测是香港市场精髓
林涌 …… 1800
· 香港资本市场支持内地经济转型开启新篇章
欧鹏 …… 1801
· 一带一路东风助港经济转型
高凡　张斐然 …… 1802
■多重新动力助推香港金融业前行
· 内地保险企业加快海外布局
刘安林 …… 1803
· 开通"深港通"两地全面互联互通
谭岳衡 …… 1805
· "深港通"有利多元化投资
王永 …… 1806
· 抓一带一路机遇　商品金融跨界融合
林治洪 …… 1807
· 跨境业务是中资券商立足之本
李炳涛 …… 1809

第六编　香港地区证券市场

· 2017 年香港证券市场回顾 …… 1813
· 2017 年香港市场指数——K 线图 …… 1816
· 2017 年香港市场表现 …… 1819
· 2017 年港交所主板市场概况 …… 1823
· 2017 年港交所创业板（GEM）市场概况 …… 1824
· 2017 年港交所衍生产品市场概况 …… 1824
· 2017 恒生指数股份统计 …… 1825
· 2017 恒生中国企业指数股份统计 …… 1827
· 2017 恒生香港中资企业指数股份统计 …… 1828
· 2017 年中国企业（H 股）股份统计 …… 1829
· 2017 年中资红筹股份统计 …… 1829
· 2017 年度香港中资股集资统计 …… 1830
· 2017 年度香港中资股交易统计 …… 1830
· 2017 年香港市场结算及交收概况 …… 1830
· 2017 年度港交所主板上市统计 …… 1831
· 2017 年末港交所主板行业市值比较 …… 1833
· 2017 年末香港市场行业规模统计 …… 1833
· 2017 年度港交所主板新上市公司总览 …… 1833
· 2017 年主板市价总值最大的五十家上市公司 …… 1840
· 2017 年主板成交金额最大的二十种股份 …… 1842
· 2017 年主板成交股数最多的二十种股份 …… 1842
· 2017 年主板收市价升幅最大的二十种股份 …… 1843
· 2017 年主板收市价跌幅最大的二十种股份 …… 1843
· 2017 年度港交所主板上市公司更名一览 …… 1844
· 2017 年度港交所主板除牌上市公司统计 …… 1846
· 2017 年度港交所创业板（GEM）上市统计 …… 1846
· 2017 年度港交所创业板（GEM）新上市公司总览 …… 1847
· 2017 年创业板（GEM）市价总值最大的五十家上市公司 …… 1851
· 2017 年创业板（GEM）成交金额最多的二十种股份 …… 1852
· 2017 年创业板（GEM）成交股数最多的二十种股份 …… 1852
· 2017 年创业板（GEM）升幅最大的二十种股份 …… 1853
· 2017 年创业板（GEM）跌幅最大的二十种股份 …… 1854
· 2017 年创业板（GEM）成交金额及股数 …… 1854
· 2017 年创业板（GEM）中国企业（H 股）股份统计 …… 1855
· 2017 年创业板（GEM）中资红筹股份统计 …… 1855
· 2017 年度港交所 GEM 除牌上市公司统计 …… 1856
· 2017 年度港交所 GEM 上市公司更名一览 …… 1856
· 2017 年度创业板公司股份配售一览 …… 1857
· 2017 年度创业板市场收购、合并及改组情况统计 …… 1858
· 2017 年度港交所 LME 商品期货成交量统计 …… 1859
· 2017 年度港交所期货及期权产品最高纪录统计 …… 1860
· 2017 年场外结算公司累计结算金额 …… 1861
· 沪港通成交金额及股数（2014－2017） …… 1862
· 沪股通成交最活跃的二十种股份（金额） …… 1863
· 港股通（沪港通）成交最活跃的二十种股份（金额） …… 1863
· 深港通成交金额及股数（2016－2017） …… 1864
· 深股通成交最活跃的二十种股份（金额） …… 1865
· 港股通（深港通）成交最活跃的二十种股份（金额） …… 1865
· 港交所相关中国股份之成交量统计（主板） …… 1866
· 港交所相关中国股份之成交量统计（GEM） …… 1867
· 港交所相关中国股份之股份集资统计（主板） …… 1867
· 港交所相关中国股份之股份集资统计（GEM） …… 1868
· 港交所相关中国股份之市价总值统计

(主板) …… 1868
· 港交所相关中国股份之市价总值统计 (GEM) …… 1869
· 港交所中国企业 H 股公司名单(主板) …… 1870
· 港交所中国企业 H 股公司名单(GME) …… 1874
· 港交所中资红筹股公司名单(主板) …… 1875
· 港交所中资红筹股公司名单(GEM) …… 1878
· 港交所参与者市场占有率分布(2013 – 2017) …… 1879
· 港交所参与者统计 …… 1879
· 期货结算所参与者 …… 1880
· 期交所期权结算所参与者 …… 1880
· 中央结算所参与者 …… 1880
· 场外结算公司会员 …… 1880
· 2017 年香港证券及衍生产品市场大事纪要 …… 1880

第七编 中国新三板市场

第一章 新三板市场概况 …… 1885
· 新三板市场建设发展情况介绍 …… 1885
· 2017 年新三板市场运行总体特征 …… 1887
· 2017 新三板市场发展报告(精简版) …… 1888
· 全国股份转让系统 2017 年市场统计概况 …… 1893
· 全国股份转让系统 2017 年挂牌公司情况 …… 1894
· 2017 年新三板市场股票转让情况统计 …… 1896
· 2017 年新三板市场股票发行情况统计 …… 1896
· 2017 年新三板市场并购重组情况统计 …… 1898
· 2017 年度新三板挂牌公司增发融资情况一览 …… 1898
· 2017 年新三板市场转板情况统计 …… 1952
· 2017 年度上市公司并购新三板挂牌公司一览 …… 1953
· 2017 年新三板挂牌公司参股上市挂牌公司统计 …… 1959
· 2017 年新三板挂牌公司年报分析报告 …… 1960
· 2017 年新三板市场主办券商执业情况 …… 1962
· 2017 年度新三板挂牌公司增发主承销商统计 …… 1963
· 2017 年度新三板推荐挂牌主办券商统计 …… 1965
· 2017 年度新三板做市券商一览 …… 1967
· 2017 年度新三板挂牌公司更名一览 …… 1969
· 2017 年度新三板挂牌公司股票简称更名一览 …… 1975
· 2017 年度新三板退市股票一览 …… 1979
· 2017 年新三板市场十大事件 …… 1995

第二章 新三板挂牌企业选登/财务指标 …… 1997
· 430022 北京五岳鑫信息技术股份有限公司 …… 1997
· 430027 北京北科光大信息技术股份有限公司 …… 1997
· 430029 北京金泰得生物科技股份有限公司 …… 1997
· 430032 北京凯英信业科技股份有限公司 …… 1997
· 430033 北京彩讯科技股份有限公司 …… 1998
· 430041 北京中机联供非晶科技股份有限公司 …… 1998
· 430053 北京国学时代文化传播股份有限公司 …… 1998
· 430065 中海阳能源集团股份有限公司 …… 1998
· 430080 北京尚水信息技术股份有限公司 …… 1999
· 430082 北京博雅英杰科技股份有限公司 …… 1999
· 430093 北京掌上通网络技术股份有限公司 …… 1999
· 430103 北京天大清源通信科技股份有限公司 …… 1999
· 430105 北京合力思腾科技股份有限公司 …… 2000
· 430117 北京航天理想科技股份有限公司 …… 2000
· 430124 北京汉唐自远技术股份有限公司 …… 2000
· 430144 北京煦联得节能科技股份有限公司 …… 2000
· 430145 北京智立医学技术股份有限公司 …… 2001
· 430149 湖北江汉石油仪器仪表股份有限公司 …… 2001
· 430157 腾龙电子技术(上海)股份有限公司 …… 2001
· 430163 北京合创三众能源科技股份有限公司 …… 2001
· 430164 大医科技股份有限公司 …… 2002
· 430175 上海科新生物技术股份有限公司 …… 2002
· 430186 北京国承瑞泰科技股份有限公司 …… 2002
· 430190 北京新瑞理想软件股份有限公司 …… 2002
· 430191 北京波尔通信技术股份有限公司 …… 2003
· 430196 北京宣爱智能模拟技术股份有限公司 …… 2003
· 430205 武汉亿房信息网络股份有限公司 …… 2003
· 430209 北京康孚科技股份有限公司 …… 2003
· 430212 北京六合伟业科技股份有限公司 …… 2004
· 430214 上海建中医疗器械包装股份有限公司 …… 2004
· 430221 武汉风帆电化科技股份有限公司 …… 2004
· 430223 武汉亿童文教股份有限公司 …… 2004
· 430234 上海翼捷工业安全设备股份有限公司 …… 2005
· 430237 上海大汉三通通信股份有限公司 …… 2005
· 430238 上海普华科技发展股份有限公司 …… 2005
· 430240 北京随视传媒科技股份有限公司 …… 2005
· 430241 武汉威林科技股份有限公司 …… 2006
· 430247 北京金日创科技股份有限公司 …… 2006
· 430251 天津光电高斯通信工程技术股份有限公司 …… 2006
· 430252 武汉联宇技术股份有限公司 …… 2006
· 430256 上海卓繁信息技术股份有限公司 …… 2007
· 430266 武汉联动设计股份有限公司 …… 2007

· 430274　天津重钢机械装备股份有限公司 …… 2007
· 430281　北京能为科技股份有限公司 ………… 2007
· 430282　上海优睿文化传媒股份有限公司 …… 2008
· 430284　北京科胜伟达石油科技股份有限公司 ………… 2008
· 430286　上海东岩机械股份有限公司 ………… 2008
· 430289　北京华索科技股份有限公司 ………… 2008
· 430292　北京威控科技股份有限公司 ………… 2009
· 430296　北京平安力合科技发展股份有限公司 ………… 2009
· 430297　天津金硕信息科技集团股份有限公司 ………… 2009
· 430299　天津宝恒流体控制设备股份有限公司 ………… 2009
· 430301　北京倚天凌云科技股份有限公司 …… 2010
· 430306　永铭诚道(北京)医学科技股份有限公司 ………… 2010
· 430309　上海易所试网络信息技术股份有限公司 ………… 2010
· 430316　上海巨灵信息技术股份有限公司 …… 2010
· 430319　上海欧萨评价咨询股份有限公司 …… 2011
· 430322　智合新天(北京)传媒广告股份有限公司 ………… 2011
· 430328　北京锦鸿希电信息技术股份有限公司 ………… 2011
· 430332　安华智能股份公司 ………… 2011
· 430334　上海科洋科技股份有限公司 ………… 2012
· 430341　北京呈创科技股份有限公司 ………… 2012
· 430345　上海天呈医流科技股份有限公司 …… 2012
· 430347　武汉地大信息工程股份有限公司 …… 2012
· 430351　爱科凯能科技(北京)股份有限公司 … 2013
· 430355　上海沃特奇能源科技股份有限公司 … 2013
· 430358　上海基美影业股份有限公司 ………… 2013
· 430359　武汉同济现代医药科技股份有限公司 ………… 2013
· 430360　北京世纪竹邦能源技术股份有限公司 ………… 2014
· 430363　上海上电电机股份有限公司 ………… 2014
· 430368　上海明波通信技术股份有限公司 …… 2014
· 430379　上海昂盛智能工程股份有限公司 …… 2014
· 430385　浙江中一检测研究院股份有限公司 … 2015
· 430389　东莞市意普万尼龙科技股份有限公司 ………… 2015
· 430392　湖南斯派克科技股份有限公司 ……… 2015
· 430396　哈尔滨亿汇达电气科技发展股份有限公司 ………… 2015
· 430403　武汉英思工程科技股份有限公司 …… 2016
· 430406　广东奥美格传导科技股份有限公司 … 2016
· 430409　厦门市天泉鑫膜科技股份有限公司 … 2016
· 430413　湖南泓辉科技股份有限公司 ………… 2016
· 430419　广东三凯新材料股份有限公司 ……… 2017
· 430420　上海易城工程顾问股份有限公司 …… 2017
· 430425　成都乐创自动化技术股份有限公司 … 2017
· 430426　四川长城软件科技股份有限公司 …… 2017
· 430428　陕西瑞科新材料股份有限公司 ……… 2018
· 430429　广州星业科技股份有限公司 ………… 2018
· 430440　广东松本绿色新材股份有限公司 …… 2018
· 430449　深圳市蓝泰源信息技术股份有限公司 ………… 2018
· 430451　深圳市万人市场调查股份有限公司 … 2019
· 430452　西安汇龙科技股份有限公司 ………… 2019
· 430453　大连恒锐科技股份有限公司 ………… 2019
· 430454　东莞市百大新能源股份有限公司 …… 2019
· 430460　苏州太湖电工新材料股份有限公司 … 2020
· 430463　广西春茂投资股份有限公司 ………… 2020
· 430465　贵州东方世纪科技股份有限公司 …… 2020
· 430467　深圳市行健自动化股份有限公司 …… 2020
· 430468　新疆锦棉种业科技股份有限公司 …… 2021
· 430470　杭州哲达科技股份有限公司 ………… 2021
· 430471　郑州豪威尔电子科技股份有限公司 … 2021
· 430476　济南海能仪器股份有限公司 ………… 2021
· 430479　成都网阔信息技术股份有限公司 …… 2022
· 430480　郑州辰维科技股份有限公司 ………… 2022
· 430482　河源富马硬质合金股份有限公司 …… 2022
· 430484　福建求实智能股份有限公司 ………… 2022
· 430490　广东旭龙物联科技股份有限公司 …… 2023
· 430491　厦门蓝斯通信股份有限公司 ………… 2023
· 430493　大同新成新材料股份有限公司 ……… 2023
· 430496　山东大正医疗器械股份有限公司 …… 2023
· 430497　威海威硬工具股份有限公司 ………… 2024
· 430499　安徽中科自动化股份有限公司 ……… 2024
· 430501　厦门超宇环保科技股份有限公司 …… 2024
· 430502　潍坊万隆电气股份有限公司 ………… 2024
· 430511　山东远大朗威教育科技股份有限公司 ………… 2025
· 430518　广东嘉达早教科技股份有限公司 …… 2025
· 430522　湖南超弦科技股份有限公司 ………… 2025
· 430529　成都恒成工具股份有限公司 ………… 2025
· 430535　柳州爱格富食品科技股份有限公司 … 2026
· 430536　重庆渝万通新材料科技股份有限公司 ………… 2026
· 430538　哈尔滨中大型材科技股份有限公司 … 2026
· 430540　石家庄五龙制动器股份有限公司 …… 2026
· 430542　西安利雅得电气股份有限公司 ……… 2027
· 430545　山东星科智能科技股份有限公司 …… 2027
· 430547　郑州畅想高科股份有限公司 ………… 2027
· 430553　兰州海红技术股份有限公司 ………… 2027
· 430554　深圳市金正方科技股份有限公司 …… 2028
· 430558　哈尔滨均信投资担保股份有限公司 … 2028
· 430559　珠海新华通软件股份有限公司 ……… 2028

· 430560 成都西部泰力智能设备股份有限公司 ………………………… 2028
· 430564 陕西天润科技股份有限公司 ………… 2029
· 430575 苏州迈科网络安全技术股份有限公司 ………………………… 2029
· 430577 武汉力龙信息科技股份有限公司 …… 2029
· 430580 杭州云天软件股份有限公司 ………… 2029
· 430582 安徽华菱西厨装备股份有限公司 …… 2030
· 430583 江苏国贸酝领智能科技股份有限公司 ………………………… 2030
· 430585 徐州金联瑞星软件科技股份有限公司 ………………………… 2030
· 430592 凯德技术长沙股份有限公司 ………… 2030
· 430593 苏州华尔美特装饰材料股份有限公司 ………………………… 2031
· 430600 安徽徽电科技股份有限公司 ………… 2031
· 430601 苏州吉玛基因股份有限公司 ………… 2031
· 430602 江苏腾旋科技股份有限公司 ………… 2031
· 430604 福建三炬生物科技股份有限公司 …… 2032
· 430610 江苏瀚远科技股份有限公司 ………… 2032
· 430614 北京星通联华科技发展股份有限公司 ………………………… 2032
· 430615 大连华工创新科技股份有限公司 …… 2032
· 430617 北京欧迅体育文化股份有限公司 …… 2033
· 430619 四川格纳斯光电科技股份有限公司 … 2033
· 430622 无锡顺达智能自动化工程股份有限公司 ………………………… 2033
· 430623 江苏箭鹿毛纺股份有限公司 ………… 2033
· 430629 成都国科海博信息技术股份有限公司 ………………………… 2034
· 430630 上海合胜计算机科技股份有限公司 … 2034
· 430637 上海菱博电子技术股份有限公司 …… 2034
· 430640 上海摩威环境科技股份有限公司 …… 2034
· 430644 北京紫贝龙科技股份有限公司 ……… 2035
· 430646 上海底特精密紧固件股份有限公司 … 2035
· 430649 天津绿清管道科技股份有限公司 …… 2035
· 430653 同望科技股份有限公司 ……………… 2035
· 430656 上海财安金融服务集团股份有限公司 ………………………… 2036
· 430663 济南大陆机电股份有限公司 ………… 2036
· 430664 北京联合永道软件股份有限公司 …… 2036
· 430667 北京三多堂传媒股份有限公司 ……… 2036
· 430668 江苏笃诚医药科技股份有限公司 …… 2037
· 430670 合肥东芯通信股份有限公司 ………… 2037
· 430673 上海天佑铁道新技术研究所股份有限公司 ………………………… 2037
· 430676 浙江恒立数控科技股份有限公司 …… 2037
· 430685 宁波新芝生物科技股份有限公司 …… 2038
· 430686 安徽华盛科技控股股份有限公司 …… 2038
· 430688 河北鹏远光电股份有限公司 ………… 2038
· 430689 广州摩登百货股份有限公司 ………… 2038
· 430692 深圳市杰纳瑞医疗仪器股份有限公司 ………………………… 2039
· 430695 青岛浩海网络科技股份有限公司 …… 2039
· 430698 武汉康普常青软件技术股份有限公司 ………………………… 2039
· 430704 山东同智伟业软件股份有限公司 …… 2039
· 430706 海芯华夏(北京)科技股份有限公司 ………………………… 2040
· 430715 郑州春泉节能股份有限公司 ………… 2040
· 430716 浙江爱力浦科技股份有限公司 ……… 2040
· 430719 同创九鼎投资管理集团股份有限公司 ………………………… 2040
· 430726 北京津宇嘉信科技股份有限公司 …… 2041
· 430727 江西金格科技股份有限公司 ………… 2041
· 430732 山东威马泵业股份有限公司 ………… 2041
· 430733 北京御食园食品股份有限公司 ……… 2041
· 430737 无锡斯达新能源科技股份有限公司 … 2042
· 430741 重庆格林绿化设计建设股份有限公司 ………………………… 2042
· 430758 四联智能技术股份有限公司 ………… 2042
· 430761 广西升禾环保科技股份有限公司 …… 2042
· 430764 上海美诺福科技股份有限公司 ……… 2043
· 830768 山东耀通科技集团股份有限公司 …… 2043
· 830770 深圳市牛商网络股份有限公司 ……… 2043
· 830771 江苏华灿电讯股份有限公司 ………… 2043
· 830772 威海远航科技发展股份有限公司 …… 2044
· 830775 杭州吉华高分子材料股份有限公司 … 2044
· 830779 武汉市蓝电电子股份有限公司 ……… 2044
· 830781 广东精鹰传媒股份有限公司 ………… 2044
· 830786 江苏华源建筑设计研究院股份有限公司 ………………………… 2045
· 830789 博富科技股份有限公司 ……………… 2045
· 830794 南京奥派信息产业股份公司 ………… 2045
· 830797 上海易之景和环境技术股份有限公司 ………………………… 2045
· 830798 北京中外名人文化传媒股份有限公司 ………………………… 2046
· 830800 重庆天开园林股份有限公司 ………… 2046
· 830806 宁波亚锦电子科技股份有限公司 …… 2046
· 830812 大连约伴旅游股份有限公司 ………… 2046
· 830813 河南熔金高温材料股份有限公司 …… 2047
· 830814 江苏浩博新材料股份有限公司 ……… 2047
· 830816 武汉卡特工业股份有限公司 ………… 2047
· 830822 青岛海容商用冷链股份有限公司 …… 2047
· 830826 天津泰瑞机械装备科技股份有限公司 ………………………… 2048
· 830831 福建华泰集团股份有限公司 ………… 2048
· 830833 武汉九生堂生物科技股份有限公司 … 2048
· 830834 平原信达化工股份有限公司 ………… 2048

· 830839 山东万通液压股份有限公司 ………… 2049
· 830841 广东长牛电气股份有限公司 ………… 2049
· 830843 上海沃迪智能装备股份有限公司 …… 2049
· 830847 乐山晟嘉电气股份有限公司 ………… 2049
· 830849 河南平原智能装备股份有限公司 …… 2050
· 830865 广州南菱汽车股份有限公司 ………… 2050
· 830874 无锡金田元丰科技股份有限公司 …… 2050
· 830882 无锡佳龙换热器股份有限公司 ……… 2050
· 830885 广东波斯科技股份有限公司 ………… 2051
· 830886 福建太尔电子科技股份有限公司 …… 2051
· 830887 江苏吉美思物联网产业
股份有限公司 ……………………… 2051
· 830889 湖南深拓智能设备股份有限公司 …… 2051
· 830891 广东轩辕网络科技股份有限公司 …… 2052
· 830898 北京华人天地影视策划
股份有限公司 ……………………… 2052
· 830900 江苏维福特科技发展股份有限公司 … 2052
· 830902 四川长仪油气集输设备
段份有限公司 ……………………… 2052
· 830903 上海复展智能科技股份有限公司 …… 2053
· 830908 江苏普诺威电子股份有限公司 ……… 2053
· 830909 河北同成科技股份有限公司 ………… 2053
· 830911 江苏标榜装饰新材料股份有限公司 … 2053
· 830913 沈阳中北通磁科技股份有限公司 …… 2054
· 830914 长沙海赛电装科技股份有限公司 …… 2054
· 830921 上海海阳保安服务股份有限公司 …… 2054
· 830923 南京上元堂医药股份有限公司 ……… 2054
· 830928 珠海市康定电子股份有限公司 ……… 2055
· 830929 广东幸美化妆品股份有限公司 ……… 2055
· 830934 武汉玻尔科技股份有限公司 ………… 2055
· 830935 新疆伊帕尔汗香料股份有限公司 …… 2055
· 830937 湖南信达智能设备股份有限公司 …… 2056
· 830942 无锡北方数据计算股份有限公司 …… 2056
· 830945 江苏麟龙新材料股份有限公司 ……… 2056
· 830949 广东中窑窑业股份有限公司 ………… 2056
· 830952 胜利方兰德石油装备股份有限公司 … 2057
· 830953 江西惠当家信息技术股份有限公司 … 2057
· 830958 苏州高新区鑫庄农村小额贷款
股份有限公司 ……………………… 2057
· 830959 宁波爱珂智能科技股份有限公司 …… 2057
· 830961 西安圣华农业科技股份有限公司 …… 2058
· 830969 广东智通人才连锁股份有限公司 …… 2058
· 830971 苏州科特环保股份有限公司 ………… 2058
· 830976 深圳电通纬创微电子股份有限公司 … 2058
· 830981 湖南世纪钨材股份有限公司 ………… 2059
· 830982 深圳市中易腾达科技股份有限公司 … 2059
· 830983 广州保得威尔电子科技
股份有限公司 ……………………… 2059
· 830984 南京德邦金属装备工程
股份有限公司 ……………………… 2059
· 830985 浙江力诺流体控制科技
股份有限公司 ……………………… 2060
· 830994 上海金友金弘智能电气
股份有限公司 ……………………… 2060
· 830995 四川九洲光电科技股份有限公司 …… 2060
· 830996 北京汇能精电科技股份有限公司 …… 2060
· 831002 成都飞鱼星科技股份有限公司 ……… 2061
· 831003 金大智能技术股份有限公司 ………… 2061
· 831004 南京宝泰特种材料股份有限公司 …… 2061
· 831005 萍乡华维电瓷科技股份有限公司 …… 2061
· 831009 北京合锐赛尔电力科技
股份有限公司 ……………………… 2062
· 831020 大连华阳密封股份有限公司 ………… 2062
· 831021 四川华雁信息产业股份有限公司 …… 2062
· 831023 大连北方国际展览股份有限公司 …… 2062
· 831026 杭州熙浪信息技术股份有限公司 …… 2063
· 831028 河南华丽纸业包装股份有限公司 …… 2063
· 831029 湖北银丰棉花股份有限公司 ………… 2063
· 831031 江苏诚盟装备股份有限公司 ………… 2063
· 831039 国义招标股份有限公司 ……………… 2064
· 831040 郑州优波科新材料股份有限公司 …… 2064
· 831047 四川深远石油钻井工具
股份有限公司 ……………………… 2064
· 831056 贵州千叶药品包装股份有限公司 …… 2064
· 831060 珠海天香苑生物科技发展
股份有限公司 ……………………… 2065
· 831061 深圳市中瀛鑫科技股份有限公司 …… 2065
· 831064 上海浩驰科技股份有限公司 ………… 2065
· 831065 鑫干线(北京)科技股份公司 ……… 2065
· 831071 上海北塔软件股份有限公司 ………… 2066
· 831073 福建瑞恒信息科技股份有限公司 …… 2066
· 831074 浙江佳力科技股份有限公司 ………… 2066
· 831075 武汉宏海科技股份有限公司 ………… 2066
· 831076 江苏展博电扶梯成套部件
股份有限公司 ……………………… 2067
· 831082 唐山汇鑫嘉德节能减排科技
股份有限公司 ……………………… 2067
· 831085 广州博冠光电科技股份有限公司 …… 2067
· 831090 凉山州锡成新材料股份有限公司 …… 2067
· 831091 北京精冶源新材料股份有限公司 …… 2068
· 831094 成都光大灵曦科技发展
股份有限公司 ……………………… 2068
· 831097 武汉思为同飞网络技术
股份有限公司 ……………………… 2068
· 831098 常州市武进区通利农村小额贷款
股份有限公司 ……………………… 2068
· 831106 上海埃林哲软件系统股份有限公司 … 2069
· 831111 北京智明恒石油科技股份有限公司 … 2069
· 831112 江苏哥伦布商业管理股份有限公司 … 2069
· 831118 深圳市兰亭科技股份有限公司 ……… 2069

· 831119　云南蓝钻生物科技股份有限公司 …… 2070
· 831121　山东力久特种电机股份有限公司 …… 2070
· 831130　河南环宇石化装备科技股份有限公司 …… 2070
· 831133　科润智能科技股份有限公司 …… 2070
· 831134　常州爱特科技股份有限公司 …… 2071
· 831141　沈阳金铠建筑科技股份有限公司 …… 2071
· 831144　上海欣影电力科技股份有限公司 …… 2071
· 831150　吉林省金越交通装备股份有限公司 …… 2071
· 831154　广州益方田园环保股份有限公司 …… 2072
· 831160　浙江晨龙锯床股份有限公司 …… 2072
· 831166　苏州纳地金属制品股份有限公司 …… 2072
· 831171　广东海纳川生物科技股份有限公司 …… 2072
· 831174　沈阳全密封变压器股份有限公司 …… 2073
· 831185　洛阳众智软件科技股份有限公司 …… 2073
· 831190　常州第六元素材料科技股份有限公司 …… 2073
· 831193　四川新健康成生物股份有限公司 …… 2073
· 831200　深圳巨正源股份有限公司 …… 2074
· 831205　上海圣博华康文化创意投资股份有限公司 …… 2074
· 831212　云南昆钢耐磨材料科技股份有限公司 …… 2074
· 831220　安徽新宁装备股份有限公司 …… 2074
· 831221　苏州聚阳环保科技股份有限公司 …… 2075
· 831222　北京市金龙腾装饰股份有限公司 …… 2075
· 831225　北京宏景世纪软件股份有限公司 …… 2075
· 831226　上海聚宝网络科技股份有限公司 …… 2075
· 831230　上海双申医疗器械股份有限公司 …… 2076
· 831234　济南天辰铝机股份有限公司 …… 2076
· 831239　云南杨丽萍文化传播股份有限公司 …… 2076
· 831251　深圳市库马克新技术股份有限公司 …… 2076
· 831252　武汉博润通文化科技股份有限公司 …… 2077
· 831254　深圳市平方科技股份有限公司 …… 2077
· 831260　宁国东方碾磨材料股份有限公司 …… 2077
· 831262　重庆广建装饰股份有限公司 …… 2077
· 831265　湖北省宏源药业科技股份有限公司 …… 2078
· 831266　一铭软件股份有限公司 …… 2078
· 831267　宁夏法福来食品股份有限公司 …… 2078
· 831275　北京睿力恒一物流技术股份公司 …… 2078
· 831280　厦门兴恒隆股份有限公司 …… 2079
· 831290　广东金达照明科技股份有限公司 …… 2079
· 831292　汇智光华(北京)文化传媒股份有限公司 …… 2079
· 831294　浙江中德自控科技股份有限公司 …… 2079
· 831295　湖北川东环保能源开发股份有限公司 …… 2080
· 831296　沈阳奥拓福科技股份有限公司 …… 2080
· 831297　陕西省数字证书认证中心股份有限公司 …… 2080
· 831303　洛阳澳凯富汇信息技术股份有限公司 …… 2080
· 831308　福建华博教育科技股份有限公司 …… 2081
· 831309　湖北雷迪特冷却系统股份有限公司 …… 2081
· 831313　南京中超新材料股份有限公司 …… 2081
· 831319　湖南绿蔓生物科技股份有限公司 …… 2081
· 831320　上海路骋国际旅行社股份有限公司 …… 2082
· 831322　北京朗悦科技股份有限公司 …… 2082
· 831323　珠海长先新材料科技股份有限公司 …… 2082
· 831325　迈奇化学股份有限公司 …… 2082
· 831326　焦作市三利达射箭器材股份有限公司 …… 2083
· 831328　科耐特输变电科技股份有限公司 …… 2083
· 831363　襄阳佰蒂生物科技股份有限公司 …… 2083
· 831366　宁夏国龙医疗发展股份有限公司 …… 2083
· 831369　北京帜扬信通科技股份有限公司 …… 2084
· 831373　深圳市电科电源股份有限公司 …… 2084
· 831377　有友食品股份有限公司 …… 2084
· 831379　融信租赁股份有限公司 …… 2084
· 831382　北京智创联合科技股份有限公司 …… 2085
· 831387　山东华特磁电科技股份有限公司 …… 2085
· 831389　新乡市万和过滤技术股份公司 …… 2085
· 831395　上海智通建设发展股份有限公司 …… 2085
· 831409　华油阳光(北京)科技股份有限公司 …… 2086
· 831411　烟台三重技术股份有限公司 …… 2086
· 831413　山东中创软件商用中间件股份有限公司 …… 2086
· 831418　山西三合盛节能环保技术股份有限公司 …… 2086
· 831430　北京天易门窗幕墙股份有限公司 …… 2087
· 831443　湖南黑美人茶业股份有限公司 …… 2087
· 831446　内蒙古亨利新技术工程股份有限公司 …… 2087
· 831449　北京赛格立诺办公科技股份有限公司 …… 2087
· 831452　武汉宝特龙科技股份有限公司 …… 2088
· 831453　江西远泉林业股份有限公司 …… 2088
· 831454　福建省皇品文化传播股份有限公司 …… 2088
· 831455　广东粤林电气科技股份有限公司 …… 2088
· 831460　上海光和光学制造股份有限公司 …… 2089
· 831462　浙江友泰电气股份有限公司 …… 2089
· 831464　福建创高安防技术股份有限公司 …… 2089
· 831465　北京广佳建设股份有限公司 …… 2089
· 831472　上海复娱文化传播股份有限公司 …… 2090
· 831478　北京天际数字技术股份公司 …… 2090
· 831480　山东福生佳信科技股份有限公司 …… 2090
· 831481　浙江瑞铃企业管理股份有限公司 …… 2090
· 831487　山西山大合盛新材料股份有限公司 …… 2091
· 831489　湖南天衡儿童用品股份有限公司 …… 2091

· 831492 山东安信种苗股份有限公司 ………… 2091
· 831493 福建赛特传媒股份有限公司 ………… 2091
· 831497 上海事成软件股份有限公司 ………… 2092
· 831502 浙江东都节能技术股份有限公司 …… 2092
· 831504 中晟光电设备(上海)
股份有限公司 ………………………… 2092
· 831513 保定爱廸新能源股份有限公司 ……… 2092
· 831516 湖北金科环保科技股份有限公司 …… 2093
· 831518 南京波长光电科技股份有限公司 …… 2093
· 831524 河南康耀电子股份有限公司 ………… 2093
· 831526 天津凯华绝缘材料股份有限公司 …… 2093
· 831527 北京约顿气膜建筑技术
股份有限公司 ………………………… 2094
· 831541 中节环(北京)环境科技
股份有限公司 ………………………… 2094
· 831553 陕西中科非开挖技术股份有限公司 … 2094
· 831555 张家港天乐橡塑科技股份有限公司 … 2094
· 831559 武汉天高熔接股份有限公司 ………… 2095
· 831567 南达新农业股份有限公司 ………… 2095
· 831570 深圳市鸿益达供应链股份有限公司 … 2095
· 831572 新疆新华能电气股份有限公司 ……… 2095
· 831573 云南佳盈物流股份有限公司 ………… 2096
· 831574 上海富翊装饰工程股份有限公司 …… 2096
· 831575 南京光辉互动网络科技
股份有限公司 ………………………… 2096
· 831586 福建高奇电子科技股份有限公司 …… 2096
· 831588 山川秀美生态环境工程
股份有限公司 ………………………… 2097
· 831589 江苏吉福新材料股份有限公司 ……… 2097
· 831591 浙江云涛生物技术股份有限公司 …… 2097
· 831592 廊坊市北方嘉科印务股份有限公司 … 2097
· 831598 上海热像机电科技股份有限公司 …… 2098
· 831602 江苏昊华传动控制股份有限公司 …… 2098
· 831604 广东世纪网通信设备股份有限公司 … 2098
· 831613 山东雷帕得汽车技术股份有限公司 … 2098
· 831618 镇江市丹徒区文广世民农村小额贷款
股份有限公司 ………………………… 2099
· 831620 湖南宝信云建筑综合服务平台
股份有限公司 ………………………… 2099
· 831622 苏州攀特电陶科技股份有限公司 …… 2099
· 831631 北京北邮国安技术股份有限公司 …… 2099
· 831634 盏世创业科技股份有限公司 ………… 2100
· 831643 上海仙剑文化传媒股份有限公司 …… 2100
· 831662 河北快乐沃克人力资源
股份有限公司 ………………………… 2100
· 831663 云南云叶化肥股份有限公司 ………… 2100
· 831666 亿丰洁净科技江苏股份有限公司 …… 2101
· 831669 东莞市永晟电线科技股份有限公司 … 2101
· 831677 天意有福科技股份有限公司 ………… 2101
· 831678 湖南利德电子浆料股份有限公司 …… 2101
· 831684 上海瑞珑汽车科技股份有限公司 …… 2102
· 831686 威海市正大环保设备股份有限公司 … 2102
· 831687 青岛亨达股份有限公司 ……………… 2102
· 831691 上海三高计算机中心股份有限公司 … 2102
· 831694 贵州黔驰信息股份有限公司 ………… 2103
· 831704 世纪九如(北京)环境科技
股份有限公司 ………………………… 2103
· 831705 江西永通科技股份有限公司 ………… 2103
· 831708 广州市吉华勘测股份有限公司 ……… 2103
· 831711 上海青浦资产经营股份有限公司 …… 2104
· 831714 山东福航新能源环保股份有限公司 … 2104
· 831723 南通市通州区恒晟农村小额贷款
股份有限公司 ………………………… 2104
· 831727 北京中钢网信息股份有限公司 ……… 2104
· 831730 河北亚诺生物科技股份有限公司 …… 2105
· 831734 宁波展通电信设备股份有限公司 …… 2105
· 831739 吉林省艾斯克机电股份有限公司 …… 2105
· 831744 深圳市万信达生态环境
股份有限公司 ………………………… 2105
· 831745 考迈托(佛山)挤压科技
股份有限公司 ………………………… 2106
· 831751 虎符智能科技股份有限公司 ………… 2106
· 831752 贵州蓝图新材料股份有限公司 ……… 2106
· 831754 江苏康能生物工程股份有限公司 …… 2106
· 831757 河南振华工程发展股份有限公司 …… 2107
· 831764 北京拓美文化传媒股份有限公司 …… 2107
· 831767 上海知音音乐文化股份有限公司 …… 2107
· 831774 浙江凯实激光科技股份有限公司 …… 2107
· 831775 河南巨龙生物工程股份有限公司 …… 2108
· 831779 北京卓越信通电子股份有限公司 …… 2108
· 831784 无锡市贝尔机械股份有限公司 ……… 2108
· 831785 山东恒远利废技术股份有限公司 …… 2108
· 831792 山东海思堡服装服饰集团
股份有限公司 ………………………… 2109
· 831793 广州利洋水产科技股份有限公司 …… 2109
· 831800 北京高科中天技术股份有限公司 …… 2109
· 831805 上海微企信息技术股份有限公司 …… 2109
· 831808 苏州神元生物科技股份有限公司 …… 2110
· 831809 无锡锡南铸造机械股份有限公司 …… 2110
· 831813 广东广新信息产业股份有限公司 …… 2110
· 831814 无锡富岛科技股份有限公司 ………… 2110
· 831816 广东兴锐电子科技股份有限公司 …… 2111
· 831823 广东智冠信息技术股份有限公司 …… 2111
· 831827 山东宝来利来生物工程
股份有限公司 ………………………… 2111
· 831835 山东苏柯汉生物工程股份有限公司 … 2111
· 831837 广东硕泉园林股份有限公司 ………… 2112
· 831840 北京东光物业管理股份有限公司 …… 2112
· 831846 苏州飞驰环保科技股份有限公司 …… 2112
· 831851 贵州绿健神农有机农业

股份有限公司 ………………………… 2112
·831854 浙江曼克斯缝纫机股份有限公司 …… 2113
·831859 甘肃祁连山药业股份有限公司 ……… 2113
·831869 苏州东南药业股份有限公司 ………… 2113
·831876 浙江华辰新材股份有限公司 ………… 2113
·831878 浙江先锋科技股份有限公司 ………… 2114
·831881 东莞市鑫聚光电科技股份有限公司 … 2114
·831882 湖南众益文化传媒股份有限公司 …… 2114
·831884 福建成达兴智能科技股份有限公司 … 2114
·831889 福建天信投资咨询顾问
股份有限公司 ………………………… 2115
·831892 天津市新玻电力复合绝缘子制造
股份有限公司 ………………………… 2115
·831896 浙江思考投资集团股份有限公司 …… 2115
·831902 万绿生态园林股份有限公司 ………… 2115
·831912 大连金三元生态园林工程
股份有限公司 ………………………… 2116
·831916 厦门商中在线科技股份有限公司 …… 2116
·831928 山东开泰石化股份有限公司 ………… 2116
·831931 云南能投威士科技股份有限公司 …… 2116
·831937 湖南建研信息技术股份有限公司 …… 2117
·831938 上海亿格企业管理咨询
股份有限公司 ………………………… 2117
·831941 江苏兴荣高新科技股份有限公司 …… 2117
·831945 安徽安泽电工股份有限公司 ………… 2117
·831952 北京华图供应链管理股份有限公司 … 2118
·831959 苏州香塘担保股份有限公司 ………… 2118
·831963 广西明利创新实业股份有限公司 …… 2118
·831965 大连固瑞聚氨酯股份有限公司 ……… 2118
·831973 深圳善为影业股份有限公司 ………… 2119
·831974 辽宁维森信息技术股份有限公司 …… 2119
·831975 广东温迪数字传播股份有限公司 …… 2119
·831978 常州金康精工机械股份有限公司 …… 2119
·831979 大兴安岭林格贝寒带生物科技
股份有限公司 ………………………… 2120
·831983 成都市都江堰春盛中药饮片
股份有限公司 ………………………… 2120
·831993 河北欧克新型材料股份有限公司 …… 2120
·831994 深圳市中冀联合技术股份有限公司 … 2120
·831997 深圳海斯迪能源科技股份有限公司 … 2121
·831998 广东合迪科技股份有限公司 ………… 2121
·832001 贵州黑碳碳投低碳产业发展
股份有限公司 ………………………… 2121
·832004 北京海林节能科技股份有限公司 …… 2121
·832007 云南航天工程物探检测
股份有限公司 ………………………… 2122
·832008 湖南金天铝业高科技股份有限公司 … 2122
·832014 广东绿之彩印刷科技股份有限公司 … 2122
·832016 深圳市奥伦德科技股份有限公司 …… 2122
·832018 广东固特超声股份有限公司 ………… 2123
·832023 田野创新股份有限公司 ……………… 2123
·832029 潍坊金正食品股份有限公司 ………… 2123
·832030 上海皆悦文化影视传媒
股份有限公司 ………………………… 2123
·832032 上海奇想青晨新材料科技
股份有限公司 ………………………… 2124
·832035 天晴干细胞股份有限公司 …………… 2124
·832043 福建卫东环保股份有限公司 ………… 2124
·832055 无锡军工智能电气股份有限公司 …… 2124
·832057 雅安茶厂股份有限公司 ……………… 2125
·832067 郑州翱翔医药科技股份有限公司 …… 2125
·832069 三明科飞产气新材料股份有限公司 … 2125
·832077 陕西合成药业股份有限公司 ………… 2125
·832078 烟台泰利汽车模具股份有限公司 …… 2126
·832084 山东深川变频科技股份有限公司 …… 2126
·832097 苏州浩辰软件股份有限公司 ………… 2126
·832117 苏州腾冉电气设备股份有限公司 …… 2126
·832118 山东华网智能科技股份有限公司 …… 2127
·832138 中衡保险公估股份有限公司 ………… 2127
·832145 北京恒合信业技术股份有限公司 …… 2127
·832152 昆山华富新材料股份有限公司 ……… 2127
·832156 上海强田液压股份有限公司 ………… 2128
·832157 四川龙华光电薄膜股份有限公司 …… 2128
·832164 洛阳尚柳生态环境科技
股份有限公司 ………………………… 2128
·832174 浙江益立胶囊股份有限公司 ………… 2128
·832176 广东顺德三扬科技股份有限公司 …… 2129
·832185 河南双建管桩股份有限公司 ………… 2129
·832186 宁波惠尔顿婴童安全科技
股份有限公司 ………………………… 2129
·832189 河北科瑞达仪器科技股份有限公司 … 2129
·832204 北京易科势腾科技股份有限公司 …… 2130
·832207 北京永拓工程咨询股份有限公司 …… 2130
·832208 浙江尔格科技股份有限公司 ………… 2130
·832209 广东新比克斯实业股份有限公司 …… 2130
·832215 新疆瀚盛建设工程股份有限公司 …… 2131
·832220 海德尔节能环保股份有限公司 ……… 2131
·832223 深圳市配天智造装备股份有限公司 … 2131
·832238 锦州康泰润滑油添加剂
股份有限公司 ………………………… 2131
·832243 焦作力合节能装备股份有限公司 …… 2132
·832248 浙江安正科技股份有限公司 ………… 2132
·832250 安徽铜都流体科技股份有限公司 …… 2132
·832251 上海众深科技股份有限公司 ………… 2132
·832254 安徽万安环境科技股份有限公司 …… 2133
·832263 美亚高新材料股份有限公司 ………… 2133
·832266 首帆动力科技股份有限公司 ………… 2133
·832267 北京诺君安信息技术股份有限公司 … 2133
·832270 广东骏驰科技股份有限公司 ………… 2134
·832274 广州佳时达软件股份有限公司 ……… 2134

· 832280　创元期货股份有限公司 ………………… 2134
· 832286　山东凯翔生物科技股份有限公司 …… 2134
· 832287　深圳市锦瑞新材料股份有限公司 …… 2135
· 832296　天维尔信息科技股份有限公司 ……… 2135
· 832304　武汉纽威晨创科技发展
股份有限公司 ……………………………… 2135
· 832312　深圳市领耀东方科技股份有限公司 … 2135
· 832315　四川君和环保股份有限公司 ………… 2136
· 832320　安徽大富装饰股份有限公司 ………… 2136
· 832331　厦门高士达科技股份有限公司 ……… 2136
· 832341　南京常荣声学股份有限公司 ………… 2136
· 832343　天长市秦栏小额贷款股份有限公司 … 2137
· 832345　北京海泰斯工程设备股份有限公司 … 2137
· 832356　常熟市金华机械股份有限公司 ……… 2137
· 832378　广州利昂建筑设计股份有限公司 …… 2137
· 832379　河南鑫融基金控股股份有限公司 …… 2138
· 832385　湖南快乐文化传媒股份有限公司 …… 2138
· 832386　深圳市凯瑞德电子股份有限公司 …… 2138
· 832402　上海辉文生物技术股份有限公司 …… 2138
· 832414　江苏精湛光电仪器股份有限公司 …… 2139
· 832416　潍坊华美精细技术陶瓷
股份有限公司 ……………………………… 2139
· 832419　山东路斯宠物食品股份有限公司 …… 2139
· 832423　深圳市德卡科技股份有限公司 ……… 2139
· 832438　广西钦州润港林业股份有限公司 …… 2140
· 832439　北京马可正嘉汽车运动
股份有限公司 ……………………………… 2140
· 832447　北京森馥科技股份有限公司 ………… 2140
· 832451　福建神州电子股份有限公司 ………… 2140
· 832458　河南红枫种苗股份有限公司 ………… 2141
· 832470　万里运业股份有限公司 …………… 2141
· 832474　福建卓越鸿昌环保智能装备
股份有限公司 ……………………………… 2141
· 832475　浙江欣欣饲料股份有限公司 ………… 2141
· 832485　广东中钰科技股份有限公司 ………… 2142
· 832487　汉得利(常州)电子股份有限公司 …… 2142
· 832502　圆融光电科技股份有限公司 ………… 2142
· 832524　北京尚洋易捷信息技术
股份有限公司 ……………………………… 2142
· 832527　深圳市恒康达国际食品
股份有限公司 ……………………………… 2143
· 832535　宁夏润龙包装新材料股份有限公司 … 2143
· 832537　浩华控股股份有限公司 …………… 2143
· 832556　山东宏力热泵能源股份有限公司 …… 2143
· 832567　伟志股份公司 ……………………… 2144
· 832586　浙江圣兆药物科技股份有限公司 …… 2144
· 832628　江苏爱源医疗科技股份有限公司 …… 2144
· 832635　北京中捷四方生物科技
股份有限公司 ……………………………… 2144
· 832637　上海华源磁业股份有限公司 ………… 2145
· 832657　光合文旅控股股份有限公司 ………… 2145
· 832664　福建未名信息技术股份有限公司 …… 2145
· 832670　杭州数亮科技股份有限公司 ………… 2145
· 832671　厦门冠宇科技股份有限公司 ………… 2146
· 832688　云南福慧科技股份有限公司 ………… 2146
· 832698　东阳青雨传媒股份有限公司 ………… 2146
· 832699　武汉南华工业设备工程
股份有限公司 ……………………………… 2146
· 832730　山东蓝贝思特教装集团
股份有限公司 ……………………………… 2147
· 832731　浙江精通科技股份有限公司 ………… 2147
· 832734　福建洁利来智能厨卫股份有限公司 … 2147
· 832743　福建福能融资租赁股份有限公司 …… 2147
· 832753　上海杰易森股份有限公司 …………… 2148
· 832762　广州大洋教育科技股份有限公司 …… 2148
· 832770　深圳市赛格导航科技股份有限公司 … 2148
· 832781　伟乐视讯科技股份有限公司 ………… 2148
· 832794　山东万斯达建筑科技股份有限公司 … 2149
· 832806　易兰(北京)规划设计股份有限公司 …… 2149
· 832837　安徽莱姆佳生物科技股份有限公司 … 2149
· 832860　深圳海龙精密股份有限公司 ………… 2149
· 832865　南京天膜科技股份有限公司 ………… 2150
· 832872　广东飞新达智能设备股份有限公司 … 2150
· 832876　深圳市慧为智能科技股份有限公司 … 2150
· 832883　胜利德润能源股份有限公司 ………… 2150
· 832886　浙江依特诺科技股份有限公司 ……… 2151
· 832917　安徽惠洲地质安全研究院
股份有限公司 ……………………………… 2151
· 832936　郑州万达重工股份有限公司 ………… 2151
· 832944　南京市雨花台区银信农村小额贷款
股份有限公司 ……………………………… 2151
· 832947　北京意畅科技股份有限公司 ………… 2152
· 832955　云南七丹药业股份有限公司 ………… 2152
· 832963　河北海鹰环境安全科技
股份有限公司 ……………………………… 2152
· 832984　成都埃森普特科技股份有限公司 …… 2152
· 832987　北京牡丹联友环保科技
股份有限公司 ……………………………… 2153
· 832989　沈阳鑫博工业技术股份有限公司 …… 2153
· 832998　深圳市雅昌科技股份有限公司 ……… 2153
· 833004　深圳市博阅科技股份有限公司 ……… 2153
· 833011　江苏奥斯汀光电科技股份有限公司 … 2154
· 833027　阳光恒美金融信息技术服务(上海)
股份有限公司 ……………………………… 2154
· 833039　上海昶昱黄金制品股份有限公司 …… 2154
· 833069　深圳市石金科技股份有限公司 ……… 2154
· 833071　青岛科恩锐通信息技术
股份有限公司 ……………………………… 2155
· 833075　深圳市柏星龙创意包装
股份有限公司 ……………………………… 2155

·833086 青岛明药堂医疗股份有限公司 ……… 2155
·833103 东莞兆舜有机硅科技股份有限公司 … 2155
·833106 瑞奥电气(北京)股份有限公司 ……… 2156
·833111 青岛国泰药业股份有限公司 ………… 2156
·833114 重庆商汇小额贷款股份有限公司 …… 2156
·833115 浙江畅尔智能装备股份有限公司 …… 2156
·833123 重庆瑞丰包装股份有限公司 ………… 2157
·833127 广州晶品智能压塑科技
股份有限公司 ………………………… 2157
·833135 中源智人科技(深圳)股份有限公司 …… 2157
·833146 珠海双喜电器股份有限公司 ………… 2157
·833160 黄冈鲁班药业股份有限公司 ………… 2158
·833171 福建国航远洋运输(集团)
股份有限公司 ………………………… 2158
·833172 玉溪明珠花卉股份有限公司 ………… 2158
·833173 北京赢鼎教育科技股份有限公司 …… 2158
·833176 桂林五洲旅游股份有限公司 ………… 2159
·833181 深圳市泰久信息系统股份有限公司 … 2159
·833206 上海影达文化传媒股份有限公司 …… 2159
·833210 临安市兆丰小额贷款股份有限公司 … 2159
·833213 安徽翼迈科技股份有限公司 ………… 2160
·833216 北京海涛国际旅行社股份有限公司 … 2160
·833282 康达新能源设备股份有限公司 ……… 2160
·833285 大连环球矿产股份有限公司 ………… 2160
·833310 成都仁新科技股份有限公司 ………… 2161
·833319 北京比酷天地文化股份有限公司 …… 2161
·833333 江苏科雷斯普能源科技
股份有限公司 ………………………… 2161
·833353 南京天梯自动化设备股份有限公司 … 2161
·833380 上海起航企业管理咨询
股份有限公司 ………………………… 2162
·833390 福建国德医疗科技
股份有限公司 ………………………… 2162
·833402 上海众引文化传播股份有限公司 …… 2162
·833404 南宁飞日润滑科技股份有限公司 …… 2162
·833439 南京领先环保技术股份有限公司 …… 2163
·833440 南京新鸿运物业管理股份有限公司 … 2163
·833454 河南同心传动股份有限公司 ………… 2163
·833468 湖北双剑鼓风机股份有限公司 ……… 2163
·833476 广州点动信息科技股份有限公司 …… 2164
·833483 上海凯科管业科技股份有限公司 …… 2164
·833486 广西锦绣前程人力资源
股份有限公司 ………………………… 2164
·833522 吉林喜丰节水科技股份有限公司 …… 2164
·833534 河北神玥软件科技股份有限公司 …… 2165
·833541 南京新康达磁业股份有限公司 ……… 2165
·833575 北京康乐卫士生物技术
股份有限公司 ………………………… 2165
·833579 山东鼎盛精工股份有限公司 ………… 2165
·833588 九州方园新能源股份有限公司 ……… 2166
·833625 四川捷报文化传播股份有限公司 …… 2166
·833649 江苏宝美户外用品股份有限公司 …… 2166
·833650 杭州美亚药业股份有限公司 ………… 2166
·833665 北京清大天达光电科技
股份有限公司 ………………………… 2167
·833678 株洲南方阀门股份有限公司 ………… 2167
·833689 深圳市架桥资本管理股份有限公司 … 2167
·833697 上海未来企业股份有限公司 ………… 2167
·833715 深圳凯世光研股份有限公司 ………… 2168
·833726 杭州蜂派科技股份有限公司 ………… 2168
·833740 上海音锋机器人股份有限公司 ……… 2168
·833762 北京励思信息技术股份有限公司 …… 2168
·833769 浙江中泰环保股份有限公司 ………… 2169
·833772 浙江天蓝环保技术股份有限公司 …… 2169
·833786 深圳市超纯环保股份有限公司 ……… 2169
·833810 重庆睿博光电股份有限公司 ………… 2169
·833822 广州市铭慧机械股份有限公司 ……… 2170
·833832 湖北追日电气股份有限公司 ………… 2170
·833908 深圳比科斯电子股份有限公司 ……… 2170
·833928 北京火谷网络科技股份有限公司 …… 2170
·833938 上海天狐创意设计股份有限公司 …… 2171
·833951 浩蓝环保股份有限公司 ……………… 2171
·833967 深圳市万极科技股份有限公司 ……… 2171
·833984 民太安财产保险公估股份有限公司 … 2171
·833999 昆山艾博机器人股份有限公司 ……… 2172
·834002 山东易构软件技术股份有限公司 …… 2172
·834015 杭州金海岸文化发展股份有限公司 … 2172
·834017 上海方心健康科技发展
股份有限公司 ………………………… 2172
·834041 上海恒业分子筛股份有限公司 ……… 2173
·834047 上海缔安科技股份有限公司 ………… 2173
·834048 上海蓝灯数据科技股份有限公司 …… 2173
·834073 山东隆和节能科技股份有限公司 …… 2173
·834089 浙商创投股份有限公司 ……………… 2174
·834092 厦门惠和股份有限公司 ……………… 2174
·834096 江川金融服务股份有限公司 ………… 2174
·834101 无锡择尚科技股份有限公司 ………… 2174
·834176 上海厚谊俊捷国际物流发展
股份有限公司 ………………………… 2175
·834180 宁波鸿立光电科技股份有限公司 …… 2175
·834232 南京水杯子科技股份有限公司 ……… 2175
·834281 无锡威达智能电子股份有限公司 …… 2175
·834295 虎彩印艺股份有限公司 ……………… 2176
·834344 中邮创业基金管理股份有限公司 …… 2176
·834378 上海锐英科技股份有限公司 ………… 2176
·834415 恒拓开源信息科技股份有限公司 …… 2176
·834433 广东晖速通信技术股份有限公司 …… 2177
·834462 江苏欧佩日化股份有限公司 ………… 2177
·834490 上海我享网络信息科技
股份有限公司 ………………………… 2177

· 834512　上海传诚时装股份有限公司 ············ 2177
· 834528　深圳红酒世界电商股份有限公司 ······ 2178
· 834539　辽宁运通车联发展股份有限公司 ······ 2178
· 834553　上海龙腾科技股份有限公司 ············ 2178
· 834554　无锡豪帮高科股份有限公司 ············ 2178
· 834564　北京光慧鸿途科技股份有限公司 ······ 2179
· 834567　华多九州科技股份有限公司 ············ 2179
· 834591　江苏华富储能新技术股份有限公司 ··· 2179
· 834592　云南一乘驾驶培训股份有限公司 ······ 2179
· 834608　北京星光影视设备科技
股份有限公司 ···························· 2180
· 834626　苏州弗尔赛能源科技股份有限公司 ··· 2180
· 834632　山东新绿食品股份有限公司 ············ 2180
· 834665　东莞市科旺科技股份有限公司 ········· 2180
· 834689　杭州小拇指汽车维修科技
股份有限公司 ···························· 2181
· 834693　上海金陵电机股份有限公司 ············ 2181
· 834712　北京掌上明珠科技股份有限公司 ······ 2181
· 834716　上海至臻文化传媒股份有限公司 ······ 2181
· 834718　北京绿创声学工程股份有限公司 ······ 2182
· 834850　AEM 科技(苏州)股份有限公司 ········· 2182
· 834851　山东威能环保电源科技
股份有限公司 ···························· 2182
· 834852　广州市正点未来营销策划
股份有限公司 ···························· 2182
· 834855　上海赛特康新能源科技
股份有限公司 ···························· 2183
· 834856　广州国游网络科技股份有限公司 ······ 2183
· 834861　同福集团股份有限公司 ················ 2183
· 834878　深圳市华尊科技股份有限公司 ········· 2183
· 834885　深圳开永广告传媒股份有限公司 ······ 2184
· 834924　上海悦游网络信息科技
股份有限公司 ···························· 2184
· 834928　上海雷珏信息科技股份有限公司 ······ 2184
· 834952　北京中电联环保股份有限公司 ········· 2184
· 834968　广州市玄武无线科技股份有限公司 ··· 2185
· 834979　自贡天健生物科技股份有限公司 ······ 2185
· 834992　上海上亿传媒股份有限公司 ············ 2185
· 835038　上海广生行母婴用品股份有限公司 ··· 2185
· 835067　深圳墨麟科技股份有限公司 ············ 2186
· 835077　青岛博宁福田通道设备
股份有限公司 ···························· 2186
· 835118　深圳市集万物流股份有限公司 ········· 2186
· 835136　唐山报春电子商务股份有限公司 ······ 2186
· 835152　西安未来国际信息股份有限公司 ······ 2187
· 835205　天津梵雅文化传播股份有限公司 ······ 2187
· 835220　东莞市银禧光电材料科技
股份有限公司 ···························· 2187
· 835223　兰考瑞华环保电力股份有限公司 ······ 2187
· 835262　浙江佳乐科仪股份有限公司 ············ 2188
· 835272　江苏凯基生物技术股份有限公司 ······ 2188
· 835341　深圳市安软科技股份有限公司 ········· 2188
· 835343　厦门艾美森新材料科技
股份有限公司 ···························· 2188
· 835364　辽宁德善药业股份有限公司 ············ 2189
· 835388　广东佳景科技股份有限公司 ············ 2189
· 835395　国泰人防防护设备股份有限公司 ······ 2189
· 835483　中大建设股份有限公司 ················ 2189
· 835501　安徽威达环保科技股份有限公司 ······ 2190
· 835570　华晋天下(北京)传媒股份公司 ········· 2190
· 835579　机科发展科技股份有限公司 ············ 2190
· 835586　北京景典传媒科技股份有限公司 ······ 2190
· 835599　泰合鼎川物联科技(北京)
股份有限公司 ···························· 2191
· 835692　广东力王高新科技股份有限公司 ······ 2191
· 835693　重庆浩丰规划设计集团
股份有限公司 ···························· 2191
· 835737　传神语联网网络科技股份有限公司 ··· 2191
· 835760　微网信通(北京)通信技术
股份有限公司 ···························· 2192
· 835827　盛嘉伦橡塑(深圳)股份有限公司 ······ 2192
· 835858　黑河金禾农业科技股份有限公司 ······ 2192
· 835859　上海景鸿国际物流股份有限公司 ······ 2192
· 835896　天津华宇股份有限公司 ················ 2193
· 835912　西安阿房宫药业股份有限公司 ········· 2193
· 835914　上海伊秀餐饮管理股份有限公司 ······ 2193
· 835996　安徽亿源药业股份有限公司 ············ 2193
· 836078　北京天睿空间科技股份有限公司 ······ 2194
· 836081　浙江西谷数字技术股份有限公司 ······ 2194
· 836125　江苏揽月工程科技发展
股份有限公司 ···························· 2194
· 836157　辽宁顺邦通信技术股份有限公司 ······ 2194
· 836167　深圳东文传媒股份有限公司 ············ 2195
· 836226　长沙卡友信息服务股份有限公司 ······ 2195
· 836254　滴滴集运(天津)科技
股份有限公司 ···························· 2195
· 836290　湖南高盛板业股份有限公司 ············ 2195
· 836372　上海中电罗莱电气股份有限公司 ······ 2196
· 836393　北京北森云计算股份有限公司 ········· 2196
· 836400　上海留成网信息技术股份有限公司 ··· 2196
· 836414　上海欧普泰科技创业股份有限公司 ··· 2196
· 836466　深圳五洲无线股份有限公司 ············ 2197
· 836518　扬州中宝药业股份有限公司 ············ 2197
· 836534　山东百诺医药股份有限公司 ············ 2197
· 836594　北京逸家洁信息技术股份有限公司 ··· 2197
· 836653　北京实力电传文化发展
股份有限公司 ···························· 2198
· 836680　常州中天新材料股份有限公司 ········· 2198
· 836694　深圳家电网科技实业股份有限公司 ··· 2198
· 836826　大连盖世健康食品股份有限公司 ······ 2198

· 836848 北京北迈科技股份有限公司 ………… 2199
· 836896 湖南桃花源农业科技股份有限公司 … 2199
· 837047 北京清芝融科商用机器
股份有限公司 ………………………… 2199
· 837062 山东同成医药股份有限公司 ………… 2199
· 837133 苏州舞之动画股份有限公司 ………… 2200
· 837191 山东京广传媒股份有限公司 ………… 2200
· 837198 安徽紫金新材料科技股份有限公司 … 2200
· 837333 高光世纪（天津）新能源科技
股份有限公司 ………………………… 2200
· 837422 包头市塞北机械设备股份有限公司 … 2201
· 837436 上海环钻环保科技股份有限公司 …… 2201
· 837485 上海天谷生物科技股份有限公司 …… 2201
· 837576 昆山吉山会津塑料工业
股份有限公司 ………………………… 2201
· 837647 宁夏金河科技股份有限公司 ………… 2202
· 837684 广东英妮股份有限公司 ……………… 2202
· 837804 菏泽韩升元电子股份有限公司 ……… 2202
· 837865 宁夏亘峰嘉能能源科技
股份有限公司 ………………………… 2202
· 837870 上海超固投资股份有限公司 ………… 2203
· 838139 宁夏万齐农业股份有限公司 ………… 2203
· 838378 合肥阳光医疗科技股份有限公司 …… 2203
· 838381 安徽德孚转向系统股份有限公司 …… 2203
· 838384 四川新港联行置业股份有限公司 …… 2204
· 838437 江苏骅盛车用电子股份有限公司 …… 2204
· 838473 江苏慧眼数据科技股份有限公司 …… 2204
· 838533 大连国域无疆传媒集团
股份有限公司 ………………………… 2204
· 838708 新疆科能防水防护技术
股份有限公司 ………………………… 2205
· 838712 重庆鸿全兴业金属制品
股份有限公司 ………………………… 2205
· 838955 南京迈特望科技股份有限公司 ……… 2205
· 838972 精为天生态农业股份有限公司 ……… 2205
· 839164 南京兴华建筑设计研究院
股份有限公司 ………………………… 2206
· 839344 鹤壁京立医院股份有限公司 ………… 2206
· 839422 四川天喜车用空调股份有限公司 …… 2206
· 839561 芜湖永裕汽车工业股份有限公司 …… 2206
· 839702 和元生物技术（上海）
股份有限公司 ………………………… 2207
· 839706 奇士达智能科技股份有限公司 ……… 2207
· 839720 重庆沁旭熊猫雷笋股份有限公司 …… 2207
· 839896 北京新东方迅程网络科技
股份有限公司 ………………………… 2207
· 870107 上海博阳新能源科技股份有限公司 … 2208
· 870171 浙江宏鼎汽摩配件股份有限公司 …… 2208
· 870352 重庆汉嘉电气股份有限公司 ………… 2208
· 870455 合肥紫金钢管股份有限公司 ………… 2208
· 870522 上海信隆行信息科技股份有限公司 … 2209
· 871942 南京阖天下黄金珠宝股份有限公司 … 2209
· 872018 广州市鲁班建筑科技集团
股份有限公司 ………………………… 2209
· 872123 山东开创集团股份有限公司 ………… 2209
· 872219 山东联科云计算股份有限公司 ……… 2210

第八编　中国证券市场企业发展实录

第一章　企业发展纪实 ……………………… 2213
· 中国邮政储蓄银行 ………………………… 2213
· 中国铝业股份有限公司 …………………… 2218
· 中海油田服务股份有限公司 ……………… 2219
· 华润双鹤药业股份有限公司 ……………… 2221
· 内蒙古兰太实业股份有限公司 …………… 2223
· 上海环境集团股份有限公司 ……………… 2224
· 证通股份有限公司 ………………………… 2225
· 上海浦东发展银行香港分行 ……………… 2226
· 泰豪科技股份有限公司 …………………… 2227
· 华荣科技股份有限公司 …………………… 2228
· 福建闽东电力股份有限公司 ……………… 2229
· 乐山电力股份有限公司 …………………… 2229
· 南方东英资产管理有限公司 ……………… 2230
· 广东中盈盛达融资担保投资股份有限公司 …… 2232
· 融信中国控股有限公司 …………………… 2232
· 蓝帆医疗股份有限公司 …………………… 2235
· 北京华远意通热力科技股份有限公司 …… 2236
· 成都红旗连锁股份有限公司 ……………… 2237
· 上海中期期货股份有限公司 ……………… 2237
· 海通期货股份有限公司 …………………… 2241
· 景顺长城基金管理有限公司 ……………… 2242
· 华宝信托有限责任公司 …………………… 2244
· 中国电建集团财务有限公司 ……………… 2245
· 北京三聚环保新材料股份有限公司 ……… 2247
· 林州重机集团股份有限公司 ……………… 2248
· 包头东宝生物技术股份有限公司 ………… 2249
· 北京城建投资发展股份有限公司 ………… 2251
· 北京银行股份有限公司 …………………… 2254
· 甘肃祁连山水泥集团股份有限公司 ……… 2256
· 山东晨鸣纸业集团股份有限公司 ………… 2258
· 山东大业股份有限公司 …………………… 2259
· 山东海化股份有限公司 …………………… 2261
· 西部信托有限公司 ………………………… 2264
· 兴业银行股份有限公司 …………………… 2265

第二章　服务实体经济与精准扶贫 ……… 2268
■ **精准扶贫纪实** …………………………… 2268
· 安信证券 2017 年度精准扶贫报告 ……… 2268
· 财通证券 2017 年度精准扶贫报告 ……… 2269

· 长江证券 2017 年度精准扶贫报告 …………………… 2270
· 第一创业证券 2017 年度精准扶贫报告 ………… 2271
· 东北证券 2017 年度精准扶贫报告 …………………… 2273
· 东方证券 2017 年度精准扶贫报告 …………………… 2274
· 东海证券 2017 年度精准扶贫概要 …………………… 2276
· 东吴证券 2017 年度精准扶贫报告 …………………… 2276
· 东兴证券 2017 年度精准扶贫报告 …………………… 2278
· 方正证券 2017 年度精准扶贫报告 …………………… 2279
· 光大证券 2017 年度精准扶贫报告 …………………… 2280
· 广发证券 2017 年度精准扶贫报告 …………………… 2281
· 国都证券 2017 年度精准扶贫概要 …………………… 2282
· 国金证券 2017 年度精准扶贫报告 …………………… 2283
· 国融证券 2017 年度精准扶贫概要 …………………… 2285
· 国盛证券 2017 年度精准扶贫概要 …………………… 2285
· 国泰君安证券 2017 年度精准扶贫报告 ………… 2285
· 国信证券 2017 年度精准扶贫报告 …………………… 2286
· 国元证券 2017 年度精准扶贫报告 …………………… 2287
· 海通证券 2017 年度精准扶贫报告 …………………… 2288
· 恒泰长财证券 2017 年度精准扶贫概要 ………… 2289
· 恒泰证券 2017 年度精准扶贫概要 …………………… 2289
· 红塔证券 2017 年度精准扶贫概要 …………………… 2290
· 宏信证券 2017 年度精准扶贫概要 …………………… 2290
· 华安证券 2017 年度精准扶贫报告 …………………… 2290
· 华创证券 2017 年度精准扶贫概要 …………………… 2291
· 华金证券 2017 年度精准扶贫概要 …………………… 2292
· 华龙证券 2017 年度精准扶贫概要 …………………… 2292
· 华泰证券 2017 年度精准扶贫报告 …………………… 2292
· 江海证券 2017 年度精准扶贫概要 …………………… 2294
· 金元证券 2017 年度精准扶贫概要 …………………… 2294
· 联储证券 2017 年度精准扶贫概要 …………………… 2294
· 民生证券 2017 年度精准扶贫概要 …………………… 2295
· 山西证券 2017 年度精准扶贫报告 …………………… 2295
· 首创证券 2017 年度精准扶贫概要 …………………… 2296
· 太平洋证券 2017 年度精准扶贫报告 ……………… 2296
· 万和证券 2017 年度精准扶贫概要 …………………… 2298
· 万联证券 2017 年度精准扶贫概要 …………………… 2298
· 五矿证券 2017 年度精准扶贫概要 …………………… 2298
· 西部证券 2017 年度精准扶贫报告 …………………… 2299
· 西南证券 2017 年度精准扶贫报告 …………………… 2300
· 信达证券 2017 年度精准扶贫概要 …………………… 2301
· 银泰证券 2017 年度精准扶贫概要 …………………… 2301
· 招商证券 2017 年度精准扶贫报告 …………………… 2301
· 浙商证券 2017 年度精准扶贫报告 …………………… 2302
· 中国银河证券 2017 年度精准扶贫报告 ………… 2303
· 中金公司 2017 年度精准扶贫概要 …………………… 2305
· 中山证券 2017 年度精准扶贫报告 …………………… 2305
· 中泰证券 2017 年度精准扶贫概要 …………………… 2306
· 中天证券 2017 年度精准扶贫概要 …………………… 2306
· 中信建投证券 2017 年度精准扶贫概要 ………… 2306
· 中信证券 2017 年度精准扶贫报告 …………………… 2307
· 中银国际证券 2017 年度精准扶贫概要 ………… 2308
· 中原证券 2017 年度精准扶贫报告 …………………… 2308
· 海通期货精准扶贫情况介绍 …………………… 2309
· 申银万国期货精准扶贫情况介绍 ………………… 2310
· 徽商期货精准扶贫情况介绍 …………………… 2310
· 中投天琪期货精准扶贫情况介绍 ………………… 2311
· 方正中期期货精准扶贫情况介绍 ………………… 2311
· 华泰期货精准扶贫情况介绍 …………………… 2312
· 新湖期货精准扶贫情况介绍 …………………… 2313
· 永安期货精准扶贫情况介绍 …………………… 2314
■ **服务实体经济纪实** …………………………………… 2317
· 中国建设银行服务实体经济情况介绍 ………… 2317
· 重庆农村商业银行服务实体经济情况介绍 …… 2318
· 国信证券服务实体经济情况介绍 ………………… 2320
· 国元证券服务实体经济情况介绍 ………………… 2322
· 国泰君安证券服务实体经济情况介绍 ………… 2323
· 长江证券服务实体经济情况介绍 ………………… 2324
· 华龙证券服务实体经济情况介绍 ………………… 2326
· 山西证券服务实体经济情况介绍 ………………… 2326
· 华泰证券服务实体经济情况介绍 ………………… 2328
· 广发证券服务实体经济情况介绍 ………………… 2329
· 中航证券服务实体经济情况介绍 ………………… 2330
· 海通期货服务实体经济情况介绍 ………………… 2330
· 申银万国期货服务实体经济情况介绍 ………… 2332
· 华泰期货服务实体经济情况介绍 ………………… 2333
· 徽商期货服务实体经济情况介绍 ………………… 2334
· 银河期货服务实体经济情况介绍 ………………… 2338
· 南华期货服务实体经济情况介绍 ………………… 2340

第九编　中国证券业人物纪实与访谈

· 访中国铝业股份有限公司董事长
余德辉 ………………………………………………… 2345
· 记中海油田服务股份有限公司董事长
吕波 …………………………………………………… 2346
· 记中国铝业股份有限公司党委书记、总裁
敖宏 …………………………………………………… 2347
· 记全国政协委员、中原银行党委书记、董事长
窦荣兴 ………………………………………………… 2349
· 记广东中盈盛达融资担保投资股份有限公司董事长
吴列进 ………………………………………………… 2350
· 记江苏井神盐化股份有限公司董事长
徐长泉 ………………………………………………… 2351
· 记上海环境集团股份有限公司董事长、党委副书记
颜晓斐 ………………………………………………… 2352
· 记东莞证券股份有限公司党委书记、董事长兼总裁
陈照星 ………………………………………………… 2353
· 访华润双鹤药业股份有限公司党委书记、总裁
李昕 …………………………………………………… 2354

· 访银华基金管理股份有限公司总经理
王立新 …… 2355
· 访长城国瑞证券有限公司总裁王勇 …… 2358
· 访北京华远意通热力科技股份有限公司董事长
赵一波 …… 2359
· 访北京华远意通热力科技股份有限公司总经理
杨勇 …… 2361
· 访甘肃祁连山水泥集团股份有限公司董事长
脱利成 …… 2362
· 访光大证券股份有限公司党委书记、董事长
薛峰 …… 2363
· 访广东鸿图科技股份有限公司总裁
徐飞跃 …… 2365
· 访江苏今世缘酒业股份有限公司董事长
周素明 …… 2366
· 访江西赣粤高速公路股份有限公司董事长
黄铮 …… 2367
· 访科华控股股份有限公司董事长
陈洪民 …… 2369
· 访西安西拓电气股份有限公司董事长
赵新 …… 2369
· 访中国东方资产管理股份有限公司党委书记、董事长
吴跃 …… 2371
· 访中国再保险(集团)股份有限公司董事长
袁临江 …… 2372
· 记东旭集团有限公司董事长李兆廷 …… 2373
· 记湖北泰晶电子科技股份有限公司董事长
喻信东 …… 2375
· 记湖南艾华集团股份有限公司党委书记、董事长
艾立华 …… 2376
· 记南京医药股份有限公司董事长
陶昀 …… 2377
· 记上海巴安水务股份有限公司董事长
张春霖 …… 2378

插页目录

上　册

· **封　面**　中国铝业股份有限公司
· **封　底**　北京三聚环保新材料股份有限公司
· **封　二**　林州重机集团股份有限公司
· **前环衬**　中国铝业股份有限公司

扉页

· 白银有色集团股份有限公司 …… 1
· 上海证券交易所 …… 2
· 深圳证券交易所 …… 4
· 中国铝业股份有限公司 …… 6
· 中海油田服务股份有限公司 …… 7
· 证通股份有限公司 …… 10
· 中泰证券股份有限公司 …… 12
· 东莞证券股份有限公司 …… 14
· 华龙证券股份有限公司 …… 16
· 内蒙古兰太实业股份有限公司 …… 18
· 中材科技股份有限公司 …… 20
· 包头东宝生物技术股份有限公司 …… 22
· 成都红旗连锁股份有限公司 …… 24
· 上海市锦天城律师事务所 …… 26
· 云南临沧鑫圆锗业股份有限公司 …… 28

综合版

· 砥砺奋进中的中国资本市场 …… 85
· 中国铝业股份有限公司 …… 86
· 中海油田服务股份有限公司 …… 88
· 上海环境集团股份有限公司 …… 90
· 上海银行股份有限公司 …… 91
· 泰豪科技股份有限公司 …… 92
· 内蒙古兰太实业股份有限公司 …… 93
· 江苏井神盐化股份有限公司 …… 94
· 宜华生活科技股份有限公司 …… 95
· 华润双鹤药业股份有限公司 …… 96
· 华荣科技股份有限公司 …… 97
· 乐山电力股份有限公司 …… 98
· 白银有色集团股份有限公司 …… 99
· 江铃汽车股份有限公司 …… 100
· 福建闽东电力股份有限公司 …… 101
· 中材科技股份有限公司 …… 102
· 蓝帆医疗股份有限公司 …… 104
· 成都红旗连锁股份有限公司 …… 105
· 北京华远意通热力科技股份有限公司 …… 106
· 绿康生化股份有限公司 …… 107
· 包头东宝生物技术股份有限公司 …… 108

· 东莞证券股份有限公司 ………………………… 110
· 信达证券股份有限公司 ………………………… 111
· 华龙证券股份有限公司 ………………………… 112
· 中泰证券股份有限公司 ………………………… 113
· 交银施罗德基金管理有限公司 ………………… 114
· 易方达基金管理有限公司 ……………………… 115
· 信达澳银基金管理有限公司 …………………… 116
· 银华基金管理股份有限公司 …………………… 117
· 海通期货股份有限公司 ………………………… 118
· 上海中期期货股份有限公司 …………………… 119
· 华泰期货有限公司 ……………………………… 120
· 徽商期货有限责任公司 ………………………… 121
· 申银万国期货有限公司 ………………………… 122
· 中投天琪期货有限公司 ………………………… 123
· 博士眼镜连锁股份有限公司 …………………… 124

中 册

· **封　面**　中国铝业股份有限公司
· **封　底**　盛全物业服务股份有限公司
· **封　二**　四联智能技术股份有限公司

扉页

· 创新之路——中国新三板五周年 ………………… 785
· 新三板五周年企业寄语 ………………………… 786
· 全国中小企业股份转让系统 …………………… 788
· 蓝德环保科技集团股份有限公司 ……………… 790
· 浙江中德自控科技股份有限公司 ……………… 792
· 湖南天衡儿童用品股份有限公司 ……………… 794
· 深圳市森日有机硅材料股份有限公司 ………… 796
· 北京时代桃源环境科技股份有限公司 ………… 798
· 山东永平再生资源股份有限公司 ……………… 800

下 册

· **封　面**　中国铝业股份有限公司
· **封　底**　中国电建财务公司
· **封　二**　信达澳银基金管理有限公司
· **前环衬**　中国银行托管业务部

扉页

· 交银施罗德基金管理有限公司 ………………… 1597
· 香港交易所 ……………………………………… 1598
· 中国工商银行资产托管部 ……………………… 1600
· 中国建设银行资产托管业务部 ………………… 1602
· 中国农业银行托管业务部 ……………………… 1604
· 工银国际控股有限公司 ………………………… 1606
· 中原银行股份有限公司 ………………………… 1608
· 山东省国际信托股份有限公司 ………………… 1610
· 中国国际金融股份有限公司 …………………… 1612
· 甘肃银行股份有限公司 ………………………… 1614
· 津上精密机床(中国)有限公司 ………………… 1616
· 国元国际控股有限公司 ………………………… 1618
· 中证鹏元资信评估股份有限公司 ……………… 1620
· 中车财务有限公司 ……………………………… 1622
· 易方达基金管理有限公司 ……………………… 1624
· 国投瑞银基金管理有限公司 …………………… 1626
· 景顺长城基金管理有限公司 …………………… 1628
· 新华基金管理股份有限公司 …………………… 1630
· 银华基金管理股份有限公司 …………………… 1632

综合版

· 特载－聚焦香港资本市场 ……………………… 1689
· 港交所互联互通市场 …………………………… 1690
· 香港中国金融协会 ……………………………… 1692
· 香港中资证券业协会 …………………………… 1696
· 香港上市公司商会 ……………………………… 1698
· 香港中资基金业协会 …………………………… 1702
· 香港特许秘书公会 ……………………………… 1704
· 工银国际控股有限公司 ………………………… 1712
· 中原银行股份有限公司 ………………………… 1714
· 山东省国际信托股份有限公司 ………………… 1716
· 浦发银行香港分行 ……………………………… 1718
· 南方东英资产管理有限公司 …………………… 1720
· 国元国际控股有限公司 ………………………… 1722
· 中国利郎有限公司 ……………………………… 1724
· 广东中盈盛达融资担保投资股份有限公司 …… 1726
· 中国邮政储蓄银行 ……………………………… 1728
· 津上精密机床(中国)有限公司 ………………… 1729
· 融信中国控股有限公司 ………………………… 1730
· 泸州市兴泸水务(集团)股份有限公司 ………… 1731
· 国投瑞银资产管理(香港)有限公司 …………… 1732

2017 中国证券业年度人物

· 余德辉先生　中国铝业股份有限公司
董事长 ………………………… 2382
· 吕　波先生　中海油田服务股份有限公司
董事长 ………………………… 2383
· 敖　宏先生　中国铝业股份有限公司
执行董事、总裁 ………………… 2384
· 李　玮先生　中泰证券股份有限公司
党委书记、董事长 ……………… 2385
· 李德禄先生　内蒙古兰太实业股份有限公司
党委副书记、董事长 …………… 2386
· 李　昕先生　华润双鹤药业股份有限公司
党委书记、总裁 ………………… 2387
· 窦荣兴先生　中原银行股份有限公司
党委书记、董事长 ……………… 2388
· 陈照星先生　东莞证券股份有限公司
董事长 ………………………… 2389

· 王映黎女士　山东省国际信托股份有限公司党委书记、董事长 …… 2390
· 曹世如女士　成都红旗连锁股份有限公司党委书记、董事长、总经理 …… 2391
· 张　丽女士　上海浦东发展银行香港分行行政总裁 …… 2392
· 王尔宏先生　国元国际控股有限公司董事总经理 …… 2393
· 吴列进先生　广东中盈盛达融资担保投资股份有限公司董事长 …… 2394
· 颜晓斐先生　上海环境集团股份有限公司党委副书记、董事长 …… 2395
· 刘壮超先生　宜华生活科技股份有限公司董事长 …… 2396
· 王　军先生　包头东宝生物技术股份有限公司董事长 …… 2397
· 廖　明先生　白银有色集团股份有限公司董事长 …… 2398
· 郭现生先生　林州重机集团股份有限公司董事长 …… 2399
· 徐炜中先生　华泰期货有限公司董事、总裁 …… 2400
· 吴红松先生　海通期货股份有限公司党委书记、总经理 …… 2401
· 韩正辉先生　中投天琪期货有限公司董事、总经理 …… 2402
· 吴国华先生　徽商期货有限责任公司董事长 …… 2403
· 唐东雷先生　津上精密机床(中国)有限公司行政总裁及执行董事 …… 2404
· 胡志荣先生　华荣科技股份有限公司董事长、总经理 …… 2404
· 陈　重先生　新华基金管理股份有限公司董事长 …… 2405
· 王　彬女士　国投瑞银基金管理有限公司总经理 …… 2405
· ALEXANDER LIU 先生　博士眼镜连锁股份有限公司董事长 …… 2406
· LOUISA FAN 女士　博士眼镜连锁股份有限公司董事、总经理 …… 2406
· 欧宗洪先生　融信中国控股有限公司董事会主席、执行董事、行政总裁 …… 2407
· 许金超先生　农银汇理基金管理有限公司总经理 …… 2407
· 邱天高先生　江铃汽车股份有限公司董事长 …… 2408
· 赵一波先生　北京华远意通热力科技股份有限公司董事长 …… 2408
· 黄代放先生　泰豪科技股份有限公司董事长 …… 2409
· 杨　剑先生　泰豪科技股份有限公司总裁 …… 2409
· 时景丽女士　中车财务有限公司党委书记、董事长 …… 2410
· 王立新先生　银华基金管理股份有限公司总经理 …… 2410
· 金　煜先生　上海银行股份有限公司党委书记、董事长 …… 2411
· 任开宇先生　金元顺安基金管理有限公司董事长 …… 2411
· 秦斯朝先生　中证鹏元资信评估股份有限公司副总裁、评级总监 …… 2412
· 吴明德先生　锦天城律师事务所主任、高级合伙人 …… 2412

砥砺奋进中的中国资本市场

（行业代表排名不分先后）

中国铝业股份有限公司

ALUMINUM CORPORATION OF CHINA LIMITED

中国铝业股份有限公司(以下简称“中国铝业”)于 2001 年 9 月 10 日在中华人民共和国注册成立,控股股东是中国铝业集团有限公司。中国铝业是中国有色金属行业的龙头企业,综合规模居全球铝行业前列。公司股票分别在纽约证券交易所(股票代码:ACH)、香港联合交易所(股票代码:2600)和上海证券交易所(股票代码:601600)三地挂牌上市。

中国铝业是中国铝行业唯一集铝土矿、煤炭等资源勘探开采,氧化铝、原铝和铝合金产品生产、技术研发,国际贸易,物流产业,火力发电、新能源发电于一体的大型生产经营企业。截至 2017 年末,公司拥有分公司 10 家,参股公司 19 家,所属企业 38 家,其中全资子公司 16 家,控股子公司 22 家。

中国铝业以保障国家战略资源开发和利用为己任,在航空航天、轨道交通、民用高端合金等方面发挥了极为重要的作用,先后为中国第一颗人造卫星、长征系列火箭、神舟系列飞船、嫦娥工程、大飞机、高铁动车、建筑交通等提供了大量的高品质的关键材料。

2007 年 4 月 30 日,中国铝业在上海证券交易所发行 A 股上市,成功实现了上海、香港、纽约三地上市。

2015 年 4 月 29 日贵州华锦铝业有限公司年产 160 万吨氧化铝项目投产仪式,该项目对中国铝业探索“央企控股、民企机制运营”的混合所有制模式起到了示范作用

2017 年 10 月 31 日,中国铝业继前期与中国人寿合资共同设立 100 亿元供给侧改革投资项目后,进一步签署全面战略合作协议,双方将紧密围绕国家战略,充分发挥资金融通和保险保障功能,积极推进供给侧结构性改革,开展多层次全方位战略合作,实现国有企业做强做优做大

2017 年中国铝业借助国家市场化和法治化债转股政策的机遇,实施市场化债转股,总规模达 126 亿元,成为国家发改委向国务院推荐的央企市场化债转股标杆项目

A股上市十周年

股票简称：中国铝业
股票代码：601600

荣获2016中国铝业峰会2015-2016年度最具竞争力氧化铝企业集团
荣获2016中国铝业峰会2015-2016年度最具竞争力电解铝企业集团
荣获"大地之爱 母亲水窖"五周年突出贡献奖
荣获国家知识产权局和世界知识产权组织"第十八届中国专利奖优秀奖"
荣获《中国融资》举办的"2016中国融资上市公司大奖"最佳投资者关系奖
2015、2016年度连续两年获得上海证券交易所信息披露A级评价
荣获中国证券最具海外影响力上市公司金紫荆奖

- 荣获首批在京央企知识产权领先工程实施单位
- 《财富》2011年最具创新力的中国公司
- 荣获2010生态中国贡献奖
- 荣获"十一五"中央企业节能减排优秀企业
- 2017年7月14日，中国铝业"铝行业氧化铝制造过程信息物理系统安全可靠一体化平台"项目，被国家工信部列为制造业与互联网融合发展试点示范项目。

2017年5月23日，中国铝业与中国石油签署战略合作协议

2017年5月25日，中铝交银四则产业投资基金成立揭牌仪式在上海中铝大厦举行，开创了金融资本对接国企改革的新思路，打造了优质实体资产与先进金融工具高度融合的新模式，为银企牵手做强"中国制造"提供了新的路径

2018年3月22日中国铝业召开第六届董事会第二十一次会议

2018年3月23日中国铝业召开2017年度投资者业绩发布会

COSL 中海油田服务股份有限公司 China Oilfield Services Limited

第一任董事长 傅成玉先生

右上图：2002 年 11 月，中海油服发行 H 股，在香港联合交易所主板上市

右下图：2007 年 9 月，中海油服 A 股在上海证券交易所上市

第二任董事长 刘健先生

右上图：刘健先生在公司新加坡基地落成仪式上讲话

右下图：刘健先生参加 2014 年临时股东大会

第三任董事长 吕波先生

右上图：吕波先生在作业基地现场考察

右下图：吕波先生在海上作业现场考察

现任董事长 齐美胜先生

右上图：齐美胜先生参加 2017 年度业绩发布会

右下图：齐美胜先生接待乌干达能源与矿产部部长

员工风采

10 月 1 日，南海二号青年先锋队举行升旗仪式

CDE 员工拓展活动

放飞希望

中国上市公司发展成就巡礼

A股上市十周年

股票简称：中海油服
股票代码：601808

兴旺号

海洋石油 981 南海勘探发现大气田

海洋石油 708

海洋石油 648

海洋石油 944

专业技术

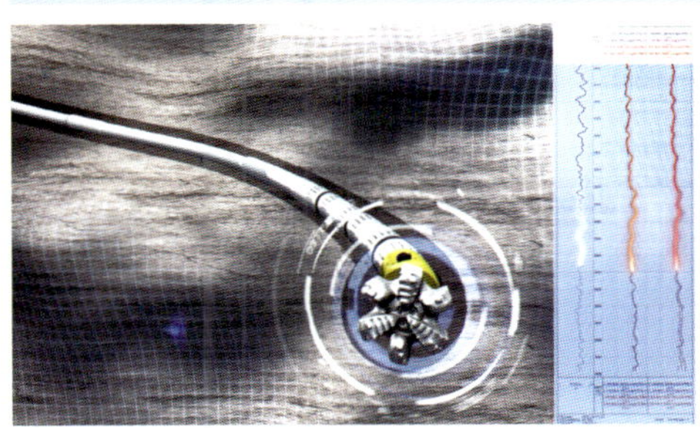
旋转导向系统和随钻测井系统

定向探管技术

自研随钻设备在中东市场商业应用

社会公益

中国海油 COSL 希望小学

墨西哥公司开展“爱心无国界 关爱孤儿成长”活动

中海油服员工王晓虹西非支教

上海环境集团股份有限公司

SHANGHAI ENVIRONMENT GROUP CO., LTD.

股票简称:上海环境

股票代码:601200

1. 上海环境上市仪式合影
2. 上海环境第一次股东大会
3. 上海环境与上海证券交易所签订上市协议
4. 上海市固体废物处置有限公司
5. 竹园污水处理厂二沉池
6. 土壤修复工程现场
7. 天马生活垃圾焚烧发电厂
8. 江桥生活垃圾焚烧发电厂
9. 奉贤生活垃圾焚烧发电厂
10. 老港再生能源利用中心一期工程项目
11. 洛阳生活垃圾焚烧发电厂
12. 松江静脉产业园

股票简称：上海银行
股票代码：601229

❶ 2013 年 12 月，本公司引入欧元区市值最大的银行西班牙桑坦德银行作为战略投资者。

❷ 2015 年 10 月，本公司成立浦西、市南、市北分行，在我国银行业中开创了同一城市按区域设立分行的先河。

❸ 2016 年 11 月，本公司成功登陆上交所主板，成为当年 A 股最大规模 IPO。

❹ 2017 年 4 月，本公司举办 2016 年度业绩说明会。

❺ 2017 年 8 月，本公司发起设立的尚诚消费金融公司开业。

❻ 2018 年 2 月，本公司举行首场智慧金融暨手机银行 5.0 产品发布会。

❼ 2018 年 4 月，本公司与新加坡华侨银行、西班牙桑坦德银行签署一带一路跨境业务战略合作协议。

❽ 2017 年，本公司成都分行慰问贫困山区学生。

泰豪 TELLHOW

股票简称：泰豪科技
股票代码：600590

① 2017年8月23日，公司德国创新研究院正投入运行，与德国能源行业代表企业开展多项合作。

② 2017年7月30日，公司作为我军装备研制和生产重点单位参与建军90周年阅兵仪式，获装备服务优质单位荣誉。

③ 2016年10月–11月，公司携核心技术和产品亮相第二届军民融合发展高科技成果展览暨高层论坛、第十一届中国国际航空航天博览会，获《焦点访谈》栏目以及中国军网、法国防务新闻等知名媒体报道。

④ 2016年5月参与电力混合所有制改革，组建贵安新区配售电公司，并积极参与军工集团混合所有制改制。

⑤ 2016年公司积极响应国家“一带一路”战略，与印尼、巴基斯坦等国签订海外EPC总包项目合同，大力推进国际化战略步伐。

⑥ 2015年7月，泰豪军工集团挂牌成立。

⑦ 2014年3月，李克强总理出席“两会”江西代表团审议，并与黄代放董事长交流。

⑧ 2013年11月，成立清华大学–泰豪装备联合研究院。

股票简称：兰太实业
股票代码：600328

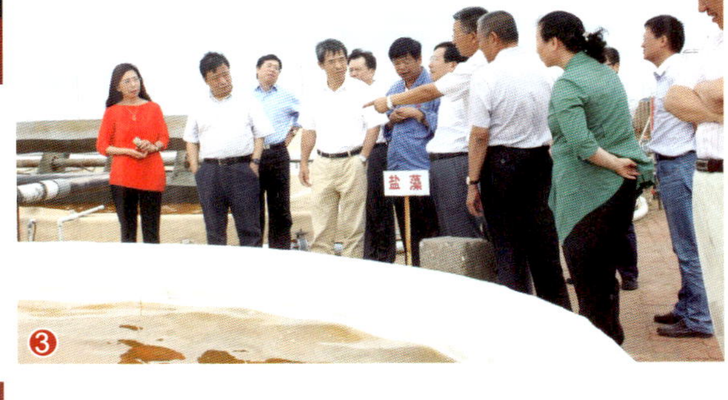

❶ 2000年，公司在上海证券交易所挂牌上市。

❷ 出访美国凡特鲁斯公司

❸ 2013年7月，国资委国有企业监事会主席熊志军（前排左三）到公司盐藻基地视察工作。

❹ 2011年11月，公司获得上市公司金紫荆奖，董事长（右三）出席颁奖仪式。

❺ 2016年非公开发行股票工作圆满成功

❻ 中盐青海昆仑碱业有限公司奠基仪式

❼ 向阿拉善经济开发区小学捐资助学

股票简称：井神股份
股票代码：603299

❶ 2015年12月31日，公司A股在上交所主板挂牌上市。

❷ 井神股份公司鸟瞰图

❸ 井神股份循环经济研究院

❹ 公司捐资助学仪式

❺ 时任江苏省省长石泰峰来公司视察

❻ 职工代表大会暨年度总结表彰大会

❼ 职工新春联欢会

股票简称：宜华生活

股票代码：600978

宜华生活科技股份有限公司

Yihua Lifestyle Technology Co.,Ltd.

1. 1987年，宜华创始人刘绍喜先生靠借来的800元办了一家家具小作坊，开始了艰辛的创业之路。
2. 2004年8月，公司A股在上海证券交易所发行上市。
3. 2013年8月，公司以自筹资金收购中国林业集团公司等持有的6家加蓬公司股权，大力实施“产业链一体化”战略。
4. 2016年5月，公司名称变更为“宜华生活科技股份有限公司”，简称变更为“宜华生活”，公司将逐步从传统的家居制造企业转型升级为住居生活一体化服务商。
5. 2016年9月，公司完成以现金支付收购设立于新加坡上市公司华达利国际控股有限公司100%股权并将其私有化。
6. 2017年3月，以“你的风华·我的宜华”为主题，以“而立宜华·星耀天下”大型文艺晚会为主线，庆祝“宜华”创立30周年。

股票简称：华润双鹤

股票代码：600062

❶ 华润集团董事长傅育宁调研华润双鹤

❷ 华润集团副董事长、总经理罗熹调研华润双鹤

❸ 华润医药控股董事长王春城调研华润双鹤

❹ 华润双鹤总部大楼

❺ 华润双鹤符合新版GMP标准的新固体制剂大楼

❻ 华润双鹤固体制剂生产车间

❼ 华润双鹤拥有现代化研究开发中心，不断提升自主研发能力，丰富产品线和改善品种结构

❽ 华润双鹤拥有丰富的产品群

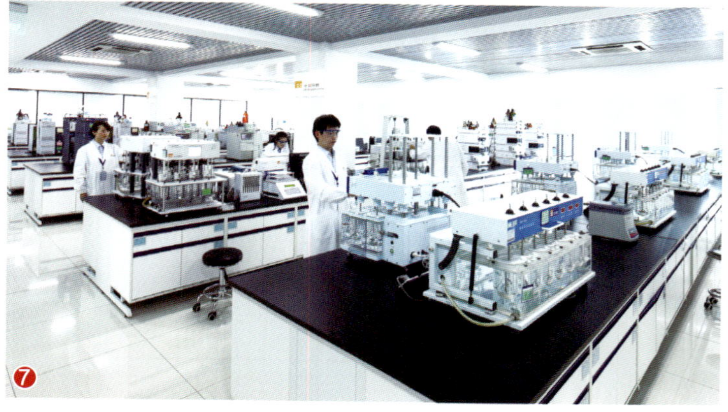

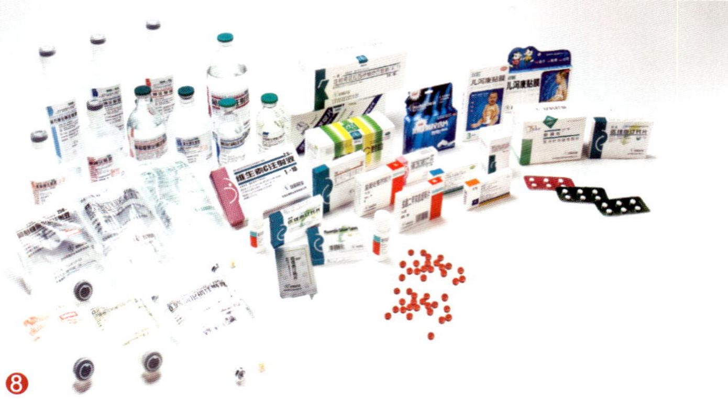

股票简称：华荣股份

股票代码：603855

华荣科技

① 2017年5月24日，华荣股份A股上市仪式。

② 2015国际工业防爆技术论坛

③ 2017IECEX国际研讨会

④ 光电性能试验

⑤ 自动化生产现场

⑥ 华荣检测中心

⑦ 企业技术中心

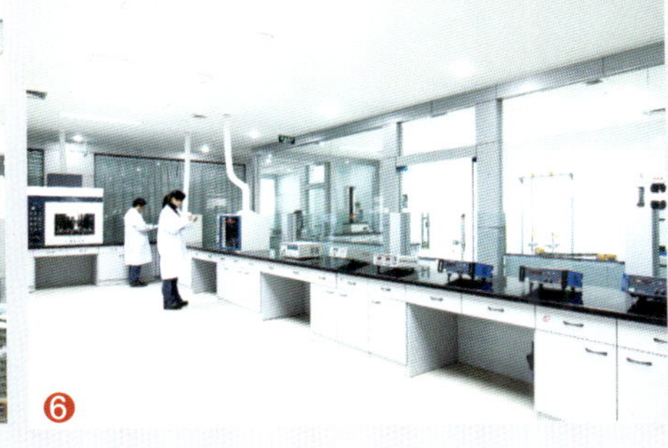

乐山电力股份有限公司

股票简称：乐山电力
股票代码：600644

1. 公司大楼
2. 96500 客服热线为客户排忧解难
3. 进乡镇宣传安全用电
4. 精准扶贫为星星村筑起致富路
5. 农网改造助力美丽乡村建设
6. 一水厂水源迁建 展示"乐电速度"
7. 抗击雪灾保供电
8. 做好全市供水保障
9. 建设水气“一张网” 服务农村供气供水

股票简称：白银有色
股票代码：601212

BNMC 白银有色

1. 2017年2月15日，白银有色在上交所正式敲锣整体上市
2. 2017年1月24日，白银有色董事长廖明在网上投资者交流会上致辞
3. 上市签约仪式
4. 厂坝铅锌矿
5. 第一黄金公司厂区一角
6. 西北铅锌冶炼厂
7. 20万吨阴极铜电解车间

江铃汽车股份有限公司

股票简称:江铃汽车

股票代码:000550

❶ 1993 江铃汽车股份有限公司成立,A 股上市。

❷ 1995 江铃与福特开启战略合作,B 股上市,福特品牌产品陆续上市。

❸ 2013 江铃小蓝 30 万辆整车基地投产。

❹ 2016 年江铃 SUV 市场全领域布局战略构想发布。

❺ 2017 江铃重卡磅礴而出。

❻ 2017 年江铃股份富山新能源汽车基地正式开工。

股票简称：闽东电力
股票代码：000993

1. A股隆重上市
2. 宁德霞浦海上风电场测风塔签约仪式
3. 宁德厦钨开工奠基仪式
4. 公司非公开发行股票获审通过时留影
5. 宁德虎贝风电场开工仪式
6. 再融资募投项目投产发电
7. 丰源水电站车间一角
8. 福鼎桑园水库航拍全景图

sinoma 中材科技股份有限公司
Sinoma Science & Technology Co.,Ltd.

中材科技股份有限公司成立于2001年，系由原南京玻璃纤维研究设计院、北京玻璃钢研究设计院和苏州非金属矿工业设计研究院三个国家级科研院所改制设立，是我国玻璃纤维及复合材料的技术发源地，是我国特种纤维复合材料行业惟一的集研究开发、设计、制造于一体的高新技术企业。公司承继了三个国家级科研院所四十多年的核心技术资源和人才优势，是我国特种纤维复合材料行业的技术装备研发中心，也是我国国防工业最大的特种纤维复合材料配套研制基地，引领着中国特种纤维复合材料的技术发展方向。

2006年11月20日，公司完成首次公开发行，并在深圳证券交易所挂牌交易。上市以来，公司围绕新能源、新材料、节能减排等国家战略性新兴产业方向，重点培育发展了风电叶片、高压复合气瓶（氢气瓶、天然气瓶、工业气瓶等）、膜材料等产业。2016年4月，

1958年，北京玻璃钢研究设计院成立

1960年，苏州非金属矿工业设计研究院成立

2006年11月20日，中材科技股票在深圳证券交易所发行上市

年产2.4亿平米锂电池隔膜建设项目首条生产线试生产推介会

高压复合气瓶生产线

滕州隔板生产设备

地铁第三轨防护系统

中国上市公司发展成就巡礼

股票简称：中材科技
股票代码：002080

公司与泰山玻璃纤维有限公司的重大资产重组，打通了纤维复合材料产业链上下游，形成了风电叶片、玻璃纤维两大支柱产业。根据公司“十三五”产业发展规划，公司将锂电池隔膜作为主导产业重点发展，将逐步形成风电叶片、玻璃纤维、锂膜三大支柱产业。上市10年多以来，公司营业收入从8.9亿增至103亿，净利润从0.8亿增至7.7亿，净资产从6.9亿增至88亿。

公司将始终遵循“诚信、尊重、创新、高效”的核心价值观，秉承“员工、客户、股东、社会和谐发展”的经营理念，坚持“创新型、价值型、国际型”定位，以“推动新材料产业发展，促进社会技术进步”为使命，以满足客户需求、提升客户价值为目标，立志成为“最为客户尊重与员工、股东信赖的中国材料工业知名科技企业”。

1964年，南京玻璃纤维研究设计院成立

2001年，中材科技股份有限公司成立

中材叶片堆场

玻纤生产线

泰山玻纤系列产品

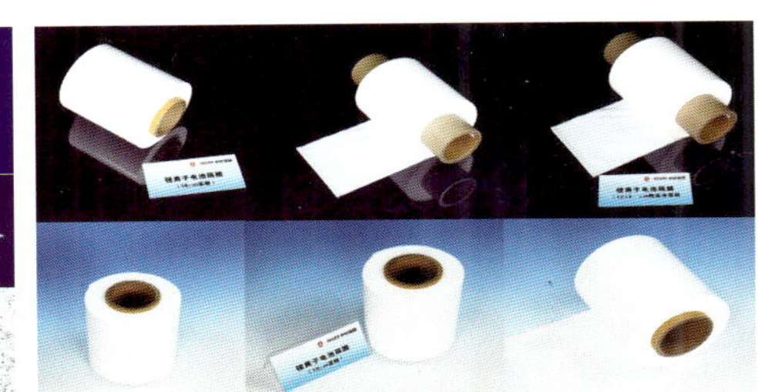

锂电池隔膜系列产品

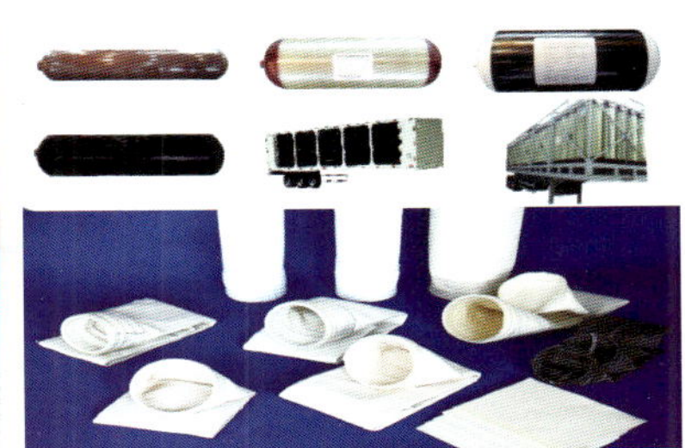

高压复合气瓶及过滤材料

bluesail+ 蓝帆医疗

蓝帆医疗股份有限公司

股票简称：蓝帆医疗
股票代码：002382

1. 2017 年年度股东大会召开
2. 蓝帆学院职业经理人一期毕业照片
3. 蓝帆 · 智立方品牌策划营销签约仪式
4. 刘文静董事长荣获“第三届中国上市公司十大创业领袖人物”
5. 蓝帆医疗生产基地
6. 公司办公楼外景
7. 蓝帆医疗 2018 年年会
8. 参加 2017CMEF 秋季医博会

成都红旗连锁股份有限公司

股票简称：红旗连锁
股票代码：002697

❶ 2017 年 11 月 3 日，攀枝花市政府与红旗连锁战略合作新闻发布会

❷ 2018 年 1 月 30 日，优化供应链 红旗连锁与香港四洲集团签署战略合作协议

❸ 2018 年 2 月 2 日，曹世如董事长荣膺“榜样中国·2017 四川十大经济影响力人物”

❹ 2017 年 1 月 10 日，红旗连锁与摩拜单车战略合作 助力市民绿色健康出行

❺ 2017 年 3 月 3 日，曹世如董事长向“微爱同行”公益项目捐赠 100 万元

❻ 2017 年 7 月 27 日，红旗连锁试运行首个“市民驿站”

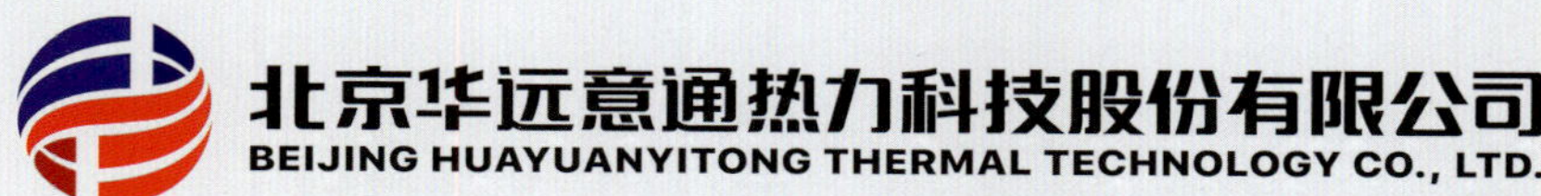

股票简称：华通热力
股票代码：002893

1. 董事长上市敲钟
2. 董事长上市讲话
3. 2017–2018 年供暖季工作启动会
4. 向夏各庄小学捐资捐物
5. 为丰体时代小学捐赠图书
6. “赠送一套书，打开一扇窗” 公益捐助
7. “华通热力一直捐助学” 活动
8. 锅炉房定压补水系统
9. 锅炉脱硝及烟气余热回收技术
10. 锅炉烟气全热回收技术

中国上市公司发展成就 

绿康生化股份有限公司
LIFECOME BIOCHEMISTRY CO.,LTD.

股票简称：绿康生化
股票代码：002868

① 2017年5月3日，绿康生化股份有限公司成功在深交所中小板敲钟上市。
② 上市答谢会
③ 上市路演
④ 新办公楼
⑤ 公司鸟瞰
⑥ 公司主办国际研讨会
⑦ 参加国际展览会
⑧ 获得“中国专利优秀奖”和“国家技术发明奖”

包头东宝生物技术股份有限公司成立于1997年(其前身包头市精胶厂始建于1960年),是一家专业的生物制品国家级高新技术企业,内蒙古自治区科学发展先进企业、"内蒙古自治区首批大众创业 万众创新示范基地",包头市首批"百年老店"。公司注册资本4.6亿元,总资产10亿元,属生物科技行业,符合国家健康产业规划发展方向,是国家鼓励发展的战略新兴产业,也是自治区党委十届二中全委会列明的七大新兴业态之一。

"辉煌二十年,共筑东宝梦"东宝生物成立二十周年员工座谈会合影

中科院理化所郭燕川博士在本次胶原蛋白高峰论坛上与大家分享胶原蛋白等大健康产品的未来发展前景

东宝生物成立20周年庆祝大会暨2017中国·包头胶原生物科技高峰论坛会场

东宝生物成立20周年庆祝大会现场

证券简称：东宝生物
证券代码：300239

东宝生物主营产品“金鹿”牌明胶、“圆素”牌胶原蛋白及“白云”牌磷酸氢钙均为自治区名牌产品。“金鹿”牌荣获自治区著名商标、“圆素”牌荣获包头市知名商标荣誉称号。

2011 年 7 月 6 日，公司在深圳证券交易所成功上市，股票简称“东宝生物”，股票代码“300239”，是内蒙古自治区第一家在创业板上市的民营企业，也是包头市第一家登陆国内 A 股的民营企业。

东宝生物成立 20 周年庆祝大会启动仪式

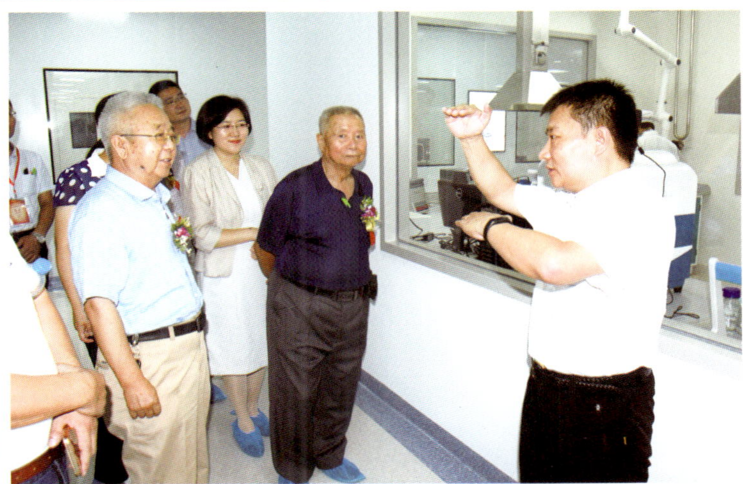

公司董事、副总经理王富荣先生为参观人员进行讲解

公司退休老员工、全体高中层管理人员以及业务合作伙伴共同合影留念

参加本次活动的人员参观公司生产车间

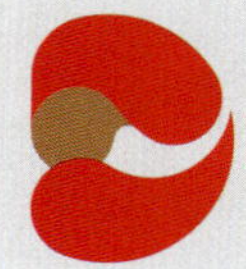

东莞证券
DONGGUAN SECURITIES

百顺村校园慰问

情系江华爱心传递

2016 年 12 月 与江华结对帮扶签约仪式

百顺村七一慰问爱心助学活动

走访中国社会扶贫网

东莞证券股份有限公司成立于 1988 年 6 月，注册资本 15 亿元，是国有控股的全国性综合类证券公司，也是全国首批承销保荐机构之一。公司具有全牌照业务资格，下设经纪业务管理总部等 15 个单位，截止 2018 年 2 月，拥有 78 家分支机构（其中经纪业务分支机构 75 家，上海分公司 1 家，深圳分公司 1 家，北京办事处 1 家），全资拥有东证锦信私募基金子公司，参股华联期货有限公司，营业足迹遍布珠三角、长三角及环渤海经济圈。目前，公司“扎根东莞、迈向全国”的格局基本形成。

2017 年，公司全年开展百顺入村慰问活动六期，累计捐赠各类物资共计 384,331 元，完成百顺村 26 户 87 人脱贫户脱贫工作，脱贫完成率达 65.9%；联合江华县委县政府先后于 2017 年 4 月 22、9 月 28 日举办了两场大型招商引资推介活动，累计邀请 100 余家企业莅临参会，面向广大企业家立体展示江华特色；组织开展百顺村喇叭潭水电站收购改造、涝江电业股权投资、新农村建设等工作，壮大集体经济收入；启动“公益江华行”活动，面向江华县捐赠 80 万元爱心基金，专门用于当地贫困大学生学习资助、山区教育援建和社会公益事业；联合京东商城举办“爱心点亮希望，书香流溢山区”捐书助学活动，为南雄市 48 个贫困村捐书 22548 册，书架 48 组；依托“中证互联”网络平台，同江华县同丰粮油食品有限责任公司、南雄市臻农农产品种养专业合作社、云南昭通鲁甸浩丰苹果合作社签订三方合作协议以销售特色农产品，通过总部饭堂采购渠道助力贫困地区消费扶贫；捐资 75 万元，主动认领山西隰县村级光伏发电站一座，助力脱贫攻坚；帮助贵州省惠水、瓮安两个国贫县共计发行债券达 15.5 亿元，为促进当地经济发展做出重大贡献。

信达证券

毕节扶贫

信达证券股份有限公司成立于2007年9月，由中国信达资产管理股份有限公司（简称中国信达）作为主要发起人，联合中海信托股份有限公司和中国中材集团有限公司，在承继中国信达投资银行业务和收购原汉唐证券、辽宁证券的证券类资产基础上设立，注册资本15.11亿元。2011年2月，公司注册资本增至25.687亿元。

扶贫工作：

信达证券与贵州省毕节市大方县人民政府、纳雍县人民政府、织金县人民政府签署精准扶贫合作协议；与新疆省和田县、云南省元阳县签署结对帮扶合作框架协议。具体情况如下：

2017年3月，信达证券及子公司信达期货、信达澳银共同向贵州省毕节市大方县对江镇对江小学捐赠了价值5万元、近2000册的图书及书架等物品，以实际行动支持贫困地区教育事业发展，帮助贫困地区学校解决学习资源匮乏的现实问题。

2017年11月，信达与新疆地区和田县（国家级贫困县）沟通并达成结对帮扶意向，目前已签订《结对帮扶扶贫合作框架协议》。2017年12月，信达证券与云南省元阳县沟通并达成结对帮扶意向。

公司大楼

华龙证券打造“藏乡荞麦”绿色健康食品品牌

华龙证券杯投资创业大赛

庄园牧场上市

陇神戎发上市

华龙证券股份有限公司（以下简称：公司）成立于2001年5月18日，是由甘肃省人民政府组织筹建，经中国证监会批准的综合类全牌照证券经营机构，注册资本63.26亿元。2016年1月21日，公司在全国中小企业股份转让系统（下称“新三板”）挂牌，证券代码835337。

经过多年发展，公司已拥有广泛的客户资源、良好的社会形象和品牌影响力，形成了在全国金融中心及重点城市有机构、无缝隙覆盖甘肃全省的网点布局。在北京、上海、深圳、重庆、杭州、无锡、合肥、乌鲁木齐、西安、成都、长沙、武汉、济南、厦门等国内主要中心城市及甘肃省内各地市设立了15家分公司和80余家证券营业部。同时，公司始终坚持多元化发展的理念，积极构建金融控股集团架构，主发起设立了华商基金管理公司，控股华龙期货股份有限公司，主发起设立甘肃股权交易中心，全资控股金城资本管理有限公司。

公司坚持“开拓西部，放眼全国”的发展战略，凭借专业化的优质服务，诚信、务实、高效、敬业的团队精神，在竞争激烈的中国证券服务业中稳步提升份额。2009年成功保荐首批创业板上市企业发行上市，成为首批保荐企业在创业板上市的全国17家证券公司之一，2012年新三板扩容后，成为推荐首批企业在新三板挂牌的证券公司，自2008年起，公司先后8次荣获“省长金融奖”。

2017年11月6日，为了贯彻落实省委省政府“金融服务实体经济”的战略部署，支持我省中小企业创新发展，发现和培育一批有作为、有潜力的创新人才及企业，帮助企业解决目标战略定位、融资困境等问题，华龙证券股份有限公司联合省内其他金融机构特别举办了“华龙证券杯”投资创业大赛。该大赛是我省金融机构对中小微企业进行投贷联动的一次创新之举。

中泰证券股份有限公司
ZHONGTAI SECURITIES CO.,LTD.

中泰证券保荐主承销的陕西盘龙药业于 2017 年 11 月 16 日在深交所挂牌上市，募集资金 2.17 亿元，是陕西省商洛市第一家上市公司，也是陕西省贫困县第一家上市公司。

中泰证券股份有限公司（原名齐鲁证券有限公司）成立于 2001 年 5 月，目前有员工 7500 多人，在全国 28 个省市自治区设有 41 家分公司、280 多家证券营业部，控股鲁证期货股份有限公司、鲁证创业投资有限公司、中泰金融国际有限公司、中泰证券（上海）资产管理有限公司、中泰创业投资（深圳）有限公司，参股万家基金管理有限公司、齐鲁股权交易中心有限公司、中证信用增进股份有限公司、证通股份有限公司，形成了集证券、期货、基金、直投为一体的综合性证券控股集团。

公司积极响应中国证券业协会提出的“一司一县”“一县一企”扶贫倡议，助力国家扶贫攻坚战，先后与新疆疏勒县、宁夏原州区等 9 个国家级贫困县区签订结对帮扶协议，与宁夏瑞春杂粮、江西铁木真装饰等 10 余个贫困县企业签订财务顾问协议，成为结对帮扶贫困县区较多的证券公司。

公司以贫困地区实体经济需求为导向，努力发挥自身专业优势，积极实施“七个一”工程，即在贫困地区推荐 1 家企业 IPO、设立 1 支产业扶贫基金、打造 1 个农产品品牌、建设 1 所公益学校、选派 10 名优秀干部挂职、帮助 100 名建档立卡贫困户脱贫、资助 100 名贫困学生，努力打好“金融扶贫、产业扶贫、消费扶贫、慈善扶贫”组合拳。近年来通过股权、债券等手段为贫困地区融资近 30 亿元，其中保荐主承销的陕西盘龙药业 IPO 项目于 2017 年 11 月 16 日在深交所挂牌上市，是陕西省商洛市第一家上市公司，也是陕西省贫困县第一家上市公司；向新疆喀什等贫困地区企业和农户采购绿色农产品 1500 多万元，有效解决了当地农产品滞销的难题，推进和带动了当地农产品生产加工和销售等产业的发展；累计捐款近 300 万元，用于支持帮包村建设，贫困户发展养殖、种植、加工等特色产业以及贫困助学等。联合两家子公司出资 1000 万元，发起成立了山东中泰慈善基金会，创建公益事业的集中统一平台。

为贯彻落实脱贫攻坚战略部署，中泰证券专门成立扶贫领导小组和扶贫办公室，多次深入新疆疏勒县、英吉沙县等国家级贫困县进行现场调研。

中泰证券与新疆疏勒县政府签订结对帮扶协议。

交银施罗德 BOCOM Schroders

❶ 2008 年 交银施罗德参加上海理财博览会
❷ 2008 年 交银施罗德举办财富万里行投资者交流会
❸ 2008 年 交银施罗德捐助上海真爱梦想公益基金会设立四川省阿坝马尔康中心校、广元苍溪五龙小学等 3 所“梦想中心”
❹ 2011 年 交银施罗德举办“关注自闭症儿童”—“阳光使者”爱心基金会活动
❺ 2012 年 交银施罗德举办第三届宽客论坛

易方达

1. 爱心小学开工典礼
2. 2009 年 8 月 26 日，广爱小学落成 – 孩子们和新学校
3. 帮扶田心小学
4. 易方达运动会
5. 易方达绿色中国行

1 信达澳银成立十周年照片
2 信达澳银成立 12 周年拓展合影
3 2016 中国基金业协会青少年儿童财商培养系列活动—信达澳银携手小伙伴们让财商共同成长
4 信达澳银获得的荣誉

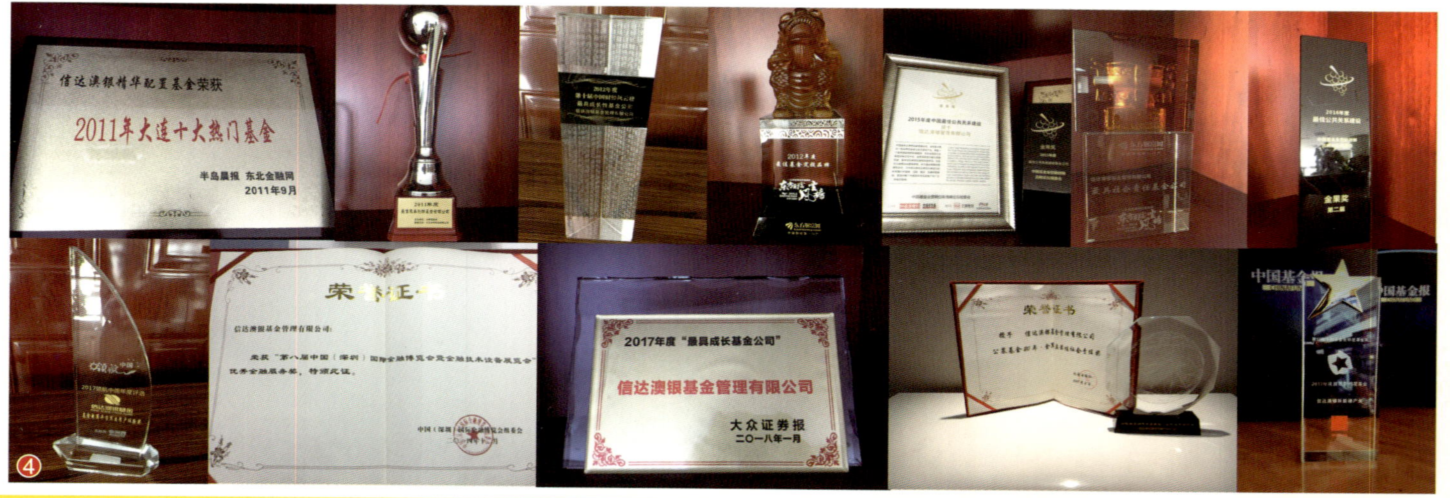

银华基金
YINHUA FUND

1. 2001 年 5 月，银华基金全体员工合影。
2. 2008 年，投资者走进银华基金。
3. 2010 年 3 月，金牛基金颁奖典礼现场，图为银华基金总经理王立新。
4. 2010 年 3 月，银华深 100 新闻发布会顺利举办。
5. 2017 年 10 月，银华基金向额济纳旗林业局捐赠 30 万元，作为“银华基金 200 亩梭梭造林基金”的启动资金，为防沙治沙、建设祖国的青山绿水做出自己的一份贡献。

1. 海通期货人才团队 – 经纪业务运营中心
2. 海通期货人才团队 – 市场总部
3. 海通期货人才团队 – 信息技术管理部
4. 海通期货人才团队 – 期权部
5. 海通期货扶贫公益：结对河南睢县开展精准扶贫
6. 海通期货调研河南睢县鸡蛋产业情况
7. 海通期货调研福岛橡胶合作社橡胶生产情况
8. 海通期货扶贫公益：与海南琼中福岛橡胶合作社举行签约仪式

证券简称：上海中期
证券代码：871467

1. 2017 年 6 月 19 日，上海中期期货股份有限公司在全国中小企业股份转让系统挂牌。
2. "优秀产业服务期货公司"、"年度投资者最满意期货公司"... 多年来，上海中期作为各家期货交易所的优秀会员，多次获评社会各类机构的荣誉奖项。
3. 2017 年上海中期积极备战原油期货，开展多场投资者培训活动。
4. 上海中期创新产业服务模式服务实体企业，通过设立期货品种产业链服务团队，整合优势资源，提升专业服务水平。
5. 上海中期重视员工培训工作，从新员工入职培训到后续职业培训，形成完整培训体系，有效提升业务技能。
6. 上海中期重视企业文化建设，通过员工拓展等系列活动提升了凝聚力。图为"责任・荣誉"三山岛环岛徒步融合之旅活动。

1. 华泰期货公司总裁徐炜中在 2017 上期所第十四届上海衍生品市场论坛华泰期货专场上讲话
2. 华泰期货总裁徐炜中与剑阁县县长张世忠签署精准扶贫战略合作协议
3. 华泰期货为四川省剑阁县柳场村贫困学生捐赠助学金
4. 华泰期货与陕西省延长县签署“一司一产，‘长’‘期’携手”精准帮扶备忘录
5. 华泰期货在四川省剑阁县开展农产品期货与期权基础知识培训
6. 华泰期货在《期货日报》第十届最佳期货经营机构评选中揽获 16 项大奖

徽商期货
HUISHANG FUTURES

1. 徽商期货总部大楼
2. 中央政治局常委、国务院副总理汪洋(左二,时任安徽省常务副省长)为公司开业揭牌
3. 安徽省人大副主任花建慧(时任安徽省副省长)为公司颁奖
4. 徽商期货荣誉走廊
5. 徽商期货客服中心门厅
6. 徽商期货党支部书记、董事长吴国华带领公司全体员工开展捐赠活动
7. 徽商期货总经理储进代表公司进行捐助

申银万国期货

❶

❷

❸

❶ 多年来，公司以优异的表现在行业内的各项评选活动中荣获交易所，主流媒体，政府机关等颁发的共计百余个奖项和荣誉

❷ 公司注重市场培育，连续 9 年主办“申万宏源·衍生品论坛”，连续多年在大连和郑州举办商品期货高端论坛，与海内外经济金融专家探讨行业发展趋势，与交易所和产业客户共商产融合作方案。

❸ 2013 年 9 月 29 日，申万智富风险管理子公司首批入驻上海自贸区

❹ 2017 年 10 月 14 日，公司与上海期货交易所、中国人保合作推进天然橡胶“保险 + 期货”项目完成首批赔付。该项目在云南永德县覆盖贫困建档立卡户 104 户，保险规模现货产量 2000 吨，并获得了中央电视台、上海证券报等多家主流媒体的报道。

❺ 2017 年 10 月 22 日，公司承办上海市团委组织的“国旗下成长”主题教育活动

❻ 2018 年 3 月 26 日，在原油期货上市首个交易日，公司境内外客户积极参与，凭借申银万国期货极速、稳定的交易系统，公司客户在 SC1810 合约中夺得原油期货境外中介首单交易，公司资管账户、境内专业客户抢得原油期货首批成交

❹

❺

油期货上市首日彰显国际范儿

工银资管发布全球首只挂钩境内原油期货理财产品

境外中介原油期货首单通过申银万国期货完成

❻

1. 中央汇金公司、中金公司、中投证券领导莅临中投期货指导工作
2. 中投期货"保险＋期货"暨阳原县玉米价格保险签约仪式现场
3. 中投期货对创美农业帮扶捐赠揭牌仪式
4. 中投期货荣誉墙
5. 中投期货为迎接原油期货上市在全国各地举办多场培训会
6. 中投期货举办专项投资研讨会现场
7. 中投期货员工团建活动

博士眼镜

股票简称：博士眼镜
股票代码：300622

❶ 2017 年 3 月 15 日，博士眼镜在深圳证券交易所挂牌上市

❷ 热烈庆祝博士眼镜成功上市——纳克达斯广告

❸ 帆船比赛 – 博士眼镜

❹ 2017 年，博士眼镜登项乔戈里峰

第一编
专论

鼎力中原　融通四海

专 论

2017 年国民经济和社会发展统计公报[1]

中华人民共和国国家统计局

（2018 年 2 月 28 日）

2017 年，各地区各部门在以习近平同志为核心的党中央坚强领导下，不断增强政治意识、大局意识、核心意识、看齐意识，深入贯彻落实党的十八大和十八届三中、四中、五中、六中、七中全会精神，认真学习贯彻党的十九大精神，以习近平新时代中国特色社会主义思想为指导，按照中央经济工作会议和《政府工作报告》部署，坚持稳中求进工作总基调，坚定不移贯彻新发展理念，坚持以提高发展质量和效益为中心，统筹推进“五位一体”总体布局和协调推进“四个全面”战略布局，以供给侧结构性改革为主线，统筹推进稳增长、促改革、调结构、惠民生、防风险各项工作，经济运行稳中有进、稳中向好、好于预期，经济社会保持平稳健康发展。

一、综合

初步核算，全年国内生产总值[2]827122 亿元，比上年增长 6.9%。其中，第一产业增加值 65468 亿元，增长 3.9%；第二产业增加值 334623 亿元，增长 6.1%；第三产业增加值 427032 亿元，增长 8.0%。第一产业增加值占国内生产总值的比重为 7.9%，第二产业增加值比重为 40.5%，第三产业增加值比重为 51.6%。全年最终消费支出对国内生产总值增长的贡献率为 58.8%，资本形成总额贡献率为 32.1%，货物和服务净出口贡献率为 9.1%。全年人均国内生产总值 59660 元，比上年增长 6.3%。全年国民总收入[3]825016 亿元，比上年增长 7.0%。

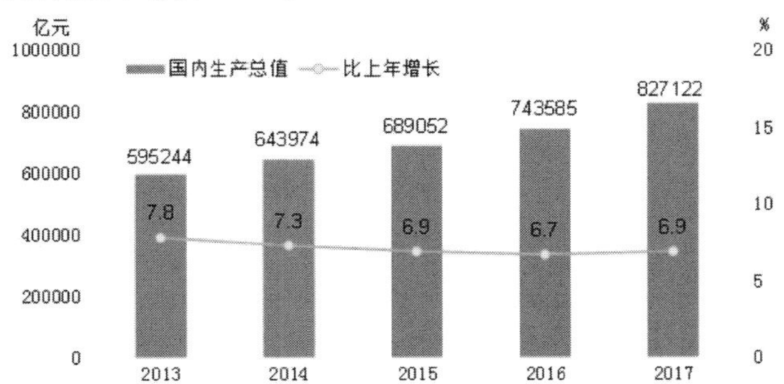

图 1　2013—2017 年国内生产总值及其增长速度

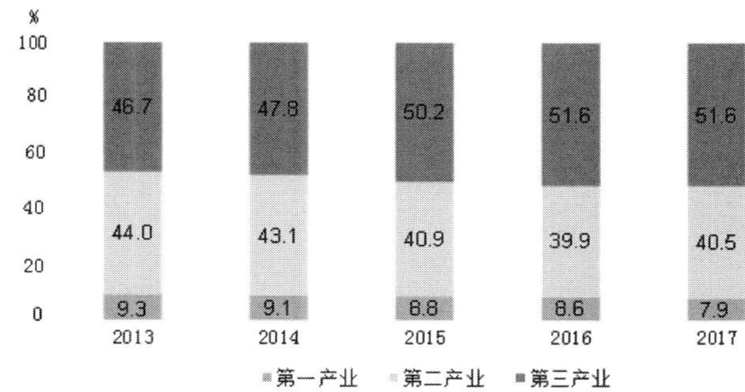

图 2　2013—2017 年三次产业增加值占国内生产总值比重

表 1　2017 年年末人口数及其构成

指　标	年末数（万人）	比重（%）
全国总人口	139008	100.0
其中：城镇	81347	58.52
乡村	57661	41.48
其中：男性	71137	51.2
女性	67871	48.8
其中：0－15 岁（含不满 16 周岁）[6]	24719	17.8
16－59 岁（含不满 60 周岁）	90199	64.9
60 周岁及以上	24090	17.3
其中：65 周岁及以上	15831	11.4

年末全国大陆总人口 139008 万人，比上年末增加 737 万人，其中城镇常住人口 81347 万人，占总人口比重（常住人口城镇化率）为 58.52%，比上年末提高 1.17 个百分点。户籍人口城镇化率为 42.35%，比上年末提高 1.15 个百分点。全年出生人口 1723 万人，出生率为 12.43‰；死亡人口 986 万人，死亡率为 7.11‰；自然增长率为 5.32‰。全国人户分离的人口[4]2.91 亿人，其中流动人口[5]2.44 亿人。

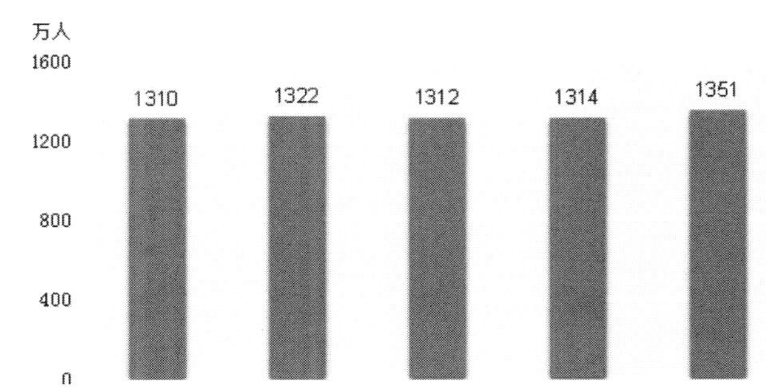

图 3　2013—2017 年城镇新增就业人数

年末全国就业人员 77640 万人，其中城镇就业人员 42462 万人。全年城镇新增就业 1351 万人，比上年增加 37 万人。年末城镇登记失业率为 3.90%，比上年末下降 0.12 个百分点。全国农民工[7]总量 28652 万人，比上年增长 1.7%。其中，外出农民工 17185 万人，增长 1.5%；本地农民工 11467 万人，增长 2.0%。

全年居民消费价格比上年上涨 1.6%。工业生产者出厂价格上涨 6.3%。工业生产者购进价格上涨 8.1%。固定资产投资价格上涨 5.8%。农产品生产者价格[8]下降 3.5%。

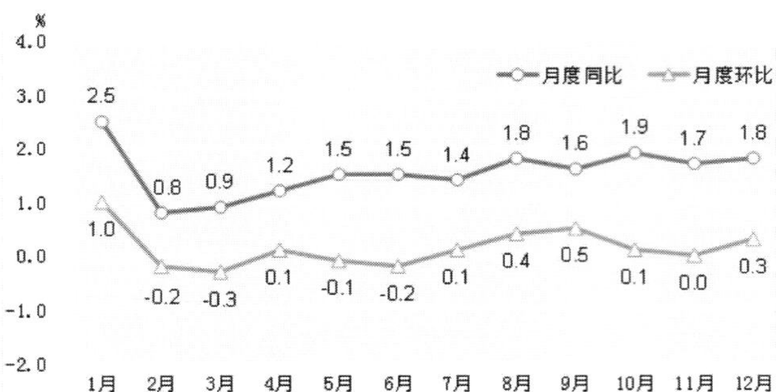

图 4 2017 年居民消费价格月度涨跌幅度

表 2 2017 年居民消费价格比上年涨跌幅度

单位：%

指标	全国	城市	农村
居民消费价格	1.6	1.7	1.3
其中：食品烟酒	−0.4	−0.2	−1.1
衣着	1.3	1.2	1.3
居住[9]	2.6	2.5	2.7
生活用品及服务	1.1	1.0	1.2
交通和通信	1.1	1.0	1.4
教育文化和娱乐	2.4	2.4	2.3
医疗保健	6.0	6.8	4.2
其他用品和服务	2.4	2.5	2.4

12 月份 70 个大中城市新建商品住宅销售价格月同比上涨的城市个数为 61 个，比 1 月份减少 5 个；下降的为 9 个，增加 5 个。

年末国家外汇储备 31399 亿美元，比上年末增加 1294 亿美元。全年人民币平均汇率为 1 美元兑 6.7518 元人民币，比上年贬值 1.6%。

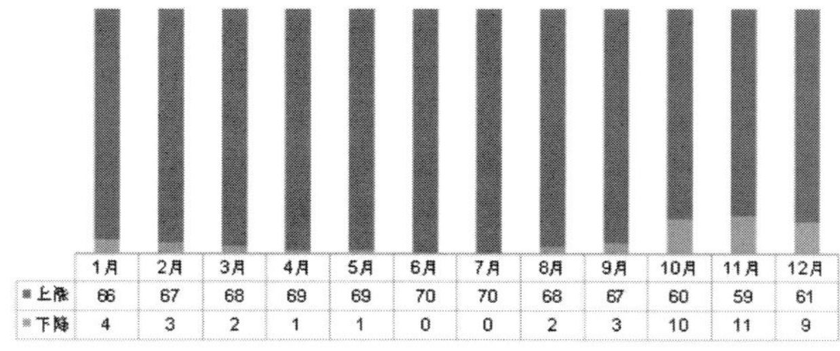

	1月	2月	3月	4月	5月	6月	7月	8月	9月	10月	11月	12月
上涨	66	67	68	69	69	70	70	68	67	60	59	61
下降	4	3	2	1	1	0	0	2	3	10	11	9

图 5 2017 年新建商品住宅销售价格月同比上涨、下降城市个数变化情况

年末国家外汇储备 31399 亿美元，比上年末增加 1294 亿美元。全年人民币平均汇率为 1 美元兑 6.7518 元人民币，比上年贬值 1.6%。

供给侧结构性改革扎实推进。全年全国工业产能利用率[10]为 77.0%，比上年提高 3.7 个百分点。其中，煤炭开采和洗选业产能利用率为 68.2%，比上年提高 8.7 个百分点；黑色金属冶炼和压延加工业产能利用率为 75.8%，提高 4.1 个百分点。年末商品房待售面积 58923 万平方米，比上年末减少 10616 万平方米。其中，商品住宅待售面积 30163 万平方米，减少 10094 万平方米。年末规模以上工业企业资产负债率为 55.5%，比上年末下降 0.6 个百分点。全年规模以上工业企业每百元主营业务收入中的成本为 84.92 元，比上年下降 0.25 元；每百元主营业务收入中的费用为 7.77 元，下降 0.2 元。全年生态保护和环境治理业、公共设施管理业、农业固定资产投资（不含农户）分别比上年增长 23.9%、21.8% 和 16.4%。

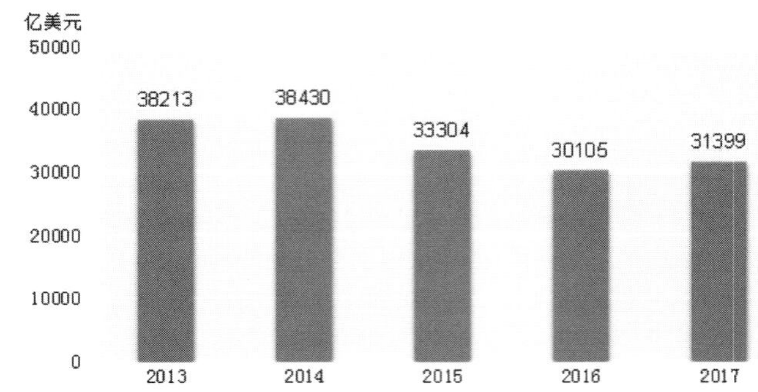

图 6 2013—2017 年年末国家外汇储备

新动能新产业新业态加快成长。全年规模以上工业战略性新兴产业[11]增加值比上年增长 11.0%。高技术制造业[12]增加值增长 13.4%，占规模以上工业增加值的比重为 12.7%。装备制造业[13]增加值增长 11.3%，占规模以上工业增加值的比重为 32.7%。全年新能源汽车产量 69 万辆，比上年增长 51.2%；智能电视产量 9666 万台，增长 3.8%；工业机器人产量 13 万台（套），增长 81.0%；民用无人机产量 290 万架，增长 67.0%。全年规模以上服务业[14]中，战略性新兴服务业[15]营业收入 41235 亿元，比上年增长 17.3%；实现营业利润 7446 亿元，增长 30.2%。全年高技术产业投资[16] 42912 亿元，比上年增长 15.9%，占固定资产投资（不含农户）的比重为 6.8%；工业技术改造投资[17] 105912 亿元，增长 16.3%，占固定资产投资（不含农户）的比重为 16.8%。全年网上零售额[18] 71751 亿元，比上年增长 32.2%。其中网上商品零售额 54806 亿元，增长 28.0%，占社会消费品零售总额的比重为 15.0%。在网上商品零售额中，吃类商品增长 28.6%，穿类商品增长 20.3%，用类商品增长 30.8%。2016 年末全国25.1%的村有电子商务配送站点。

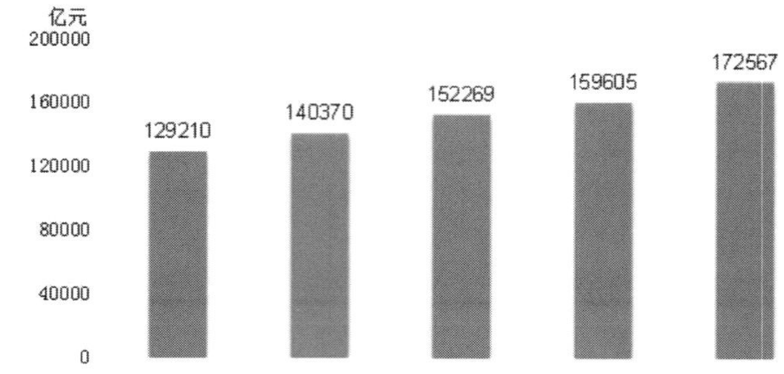

图 7 2013—2017 年全国一般公共预算收入

注：图中 2013 年至 2016 年数据为全国一般公共预算收入决算数，2017 年为执行数。

发展质量效益改善。全年全国一般公共预算收入 172567 亿元，比上年增长 7.4%[19]。其中税收收入 144360

亿元,比上年增加13999亿元,增长10.7%。全年规模以上工业企业实现利润75187亿元,比上年增长21.0%。分经济类型看,国有控股企业实现利润16651亿元,比上年增长45.1%;集体企业400亿元,下降8.5%,股份制企业52404亿元,增长23.5%,外商及港澳台商投资企业18753亿元,增长15.8%;私营企业23753亿元,增长11.7%。分门类看,采矿业实现利润4587亿元,比上年增长2.6倍;制造业66511亿元,增长18.2%;电力、热力、燃气及水生产和供应业4089亿元,下降10.7%。全年规模以上服务业企业实现营业利润23645亿元,比上年增长24.5%。全年全员劳动生产率[20]为101231元/人,比上年提高6.7%。全年制造业产品质量合格率[21]为93.71%。

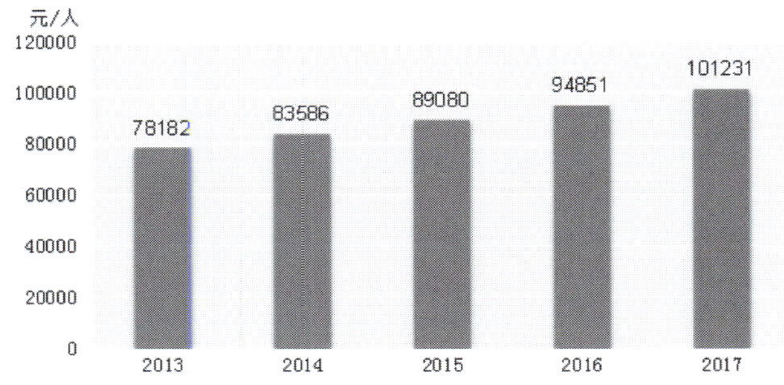

图8 2013—2017年全员劳动生产率

二、农业

全年粮食种植面积11222万公顷,比上年减少81万公顷。其中,小麦种植面积2399万公顷,减少20万公顷;稻谷种植面积3018万公顷,减少0.2万公顷;玉米种植面积3545万公顷,减少132万公顷。棉花种植面积323万公顷,减少12万公顷。油料种植面积1420万公顷,增加7万公顷。糖料种植面积168万公顷,减少1万公顷。

全年粮食产量61791万吨,比上年增加166万吨,增产0.3%。其中,夏粮产量14031万吨,增产0.8%;早稻产量3174万吨,减产3.2%;秋粮产量44585万吨,增产0.4%。全年谷物产量56455万吨,比上年减产0.1%。其中,稻谷产量20856万吨,增产0.7%;小麦产量12977万吨,增产0.7%;玉米产量21589万吨,减产1.7%。

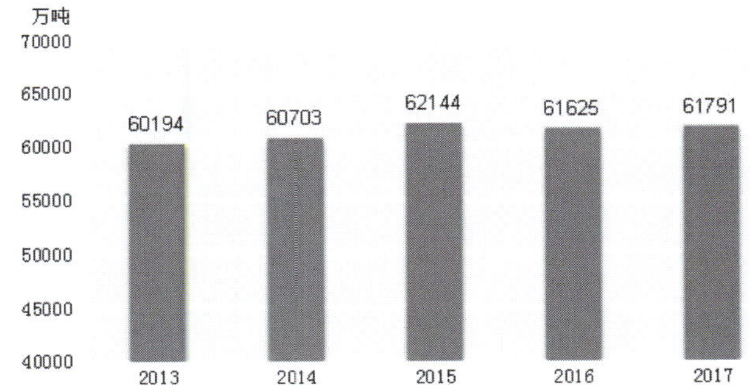

图9 2013—2017年年粮食产量

全年棉花产量549万吨,比上年增产3.5%。油料产量3732万吨,增产2.8%。糖料产量12556万吨,增产1.7%。茶叶产量255万吨,增产6.0%。

全年猪牛羊禽肉产量8431万吨,比上年增长0.8%。其中,猪肉产量5340万吨,增长0.8%;牛肉产量726万吨,增长1.3%;羊肉产量468万吨,增长1.8%;禽肉产量1897万吨,增长0.5%。禽蛋产量3070万吨,下降0.8%。牛奶产量3545万吨,下降1.6%。年末生猪存栏43325万头,下降0.4%;生猪出栏68861万头,增长0.5%。

全年水产品产量6938万吨,比上年增长0.5%。其中,养殖水产品产量5281万吨,增长2.7%;捕捞水产品产量1656万吨,下降5.8%。

全年木材产量7682万立方米,比上年下降1.2%。

全年新增耕地灌溉面积109万公顷,新增高效节水灌溉面积144万公顷。

三、工业和建筑业

全年全部工业增加值279997亿元,比上年增长6.4%。规模以上工业增加值增长6.6%。在规模以上工业中,分经济类型看,国有控股企业增长6.5%;集体企业增长0.6%,股份制企业增长6.6%,外商及港澳台商投资企业增长6.9%;私营企业增长5.9%。分门类看,采矿业下降1.5%,制造业增长7.2%,电力、热力、燃气及水生产和供应业增长8.1%。

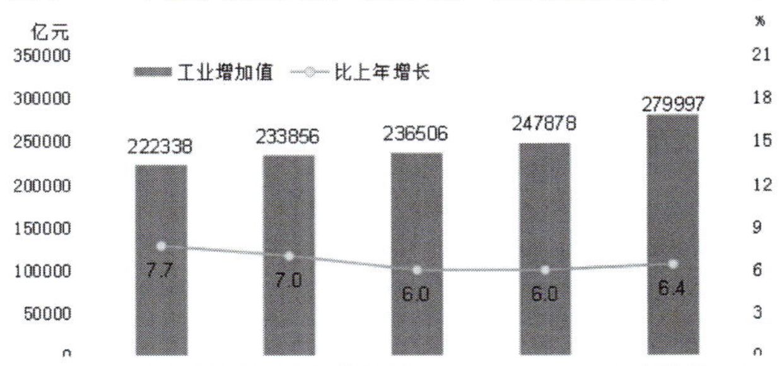

图10 2013—2017年全部工业增加值及其增长速度

全年规模以上工业中,农副食品加工业增加值比上年增长6.8%,纺织业增长4.0%,化学原料和化学制品制造业增长3.8%,非金属矿物制品业增长3.7%,黑色金属冶炼和压延加工业增长0.3%,通用设备制造业增长10.5%,专用设备制造业增长11.8%,汽车制造业增长12.2%,电气机械和器材制造业增长10.6%,计算机、通信和其他电子设备制造业增长13.8%,电力、热力生产和供应业增长7.8%。六大高耗能行业[22]增加值增长3.0%,占规模以上工业增加值的比重为29.7%。

表3 2017年主要工业产品产量及其增长速度

产品名称	单位	产量	比上年增长(%)
纱	万吨	4050.0	8.5
布	亿米	868.1	-4.3
化学纤维	万吨	4919.6	0.7
成品糖	万吨	1470.6	1.9
卷烟	亿支	23448.3	-1.6
彩色电视机	万台	15932.6	1.0
其中:液晶电视机	万台	15755.9	0.3
家用电冰箱	万台	8548.4	0.8
房间空气调节器	万台	17861.5	24.5
一次能源生产总量	亿吨标准煤	35.9	3.6
原煤	亿吨	35.2	3.3
原油	万吨	19150.6	-4.1
天然气	亿立方米	1480.3	8.2
发电量	亿千瓦小时	64951.4	5.9

产品名称	单位	产量	比上年增长(%)
其中:火电[23]	亿千瓦小时	46627.4	5.1
水电	亿千瓦小时	11898.4	0.5
核电	亿千瓦小时	2480.7	16.3
粗钢	万吨	83172.8	3.0
钢材[24]	万吨	104958.8	0.1
十种有色金属	万吨	5501.0	2.9
其中:精炼铜(电解铜)	万吨	897.0	6.3
原铝(电解铝)	万吨	3329.0	2.0
水泥	亿吨	23.4	-3.1
硫酸(折100%)	万吨	9212.9	0.9
烧碱(折100%)	万吨	3365.2	5.1
乙烯	万吨	1821.8	2.3
化肥(折100%)	万吨	6184.3	-6.7
发电机组(发电设备)	万千瓦	11830.4	-9.8
汽车	万辆	2901.8	3.2
其中:基本型乘用车(轿车)	万辆	1194.5	-1.4
运动型多用途乘用车(SUV)	万辆	1004.7	9.9
大中型拖拉机	万台	41.8	-32.4
集成电路	亿块	1564.6	18.7
程控交换机	万线	1240.8	-14.9
移动通信手持机[25]	万台	188982.4	2.2
微型计算机设备	万台	30678.4	5.8

年末全国发电装机容量177703万千瓦,比上年末增长7.6%。其中[26],火电装机容量110604万千瓦,增长4.3%;水电装机容量34119万千瓦,增长2.7%;核电装机容量3582万千瓦,增长6.5%;并网风电装机容量16367万千瓦,增长10.5%;并网太阳能发电装机容量13025万千瓦,增长68.7%。

全年全社会建筑业增加值55689亿元,比上年增长4.3%。全国具有资质等级的总承包和专业承包建筑业企业实现利润7661亿元,增长9.7%。其中国有控股企业2313亿元,增长15.1%。

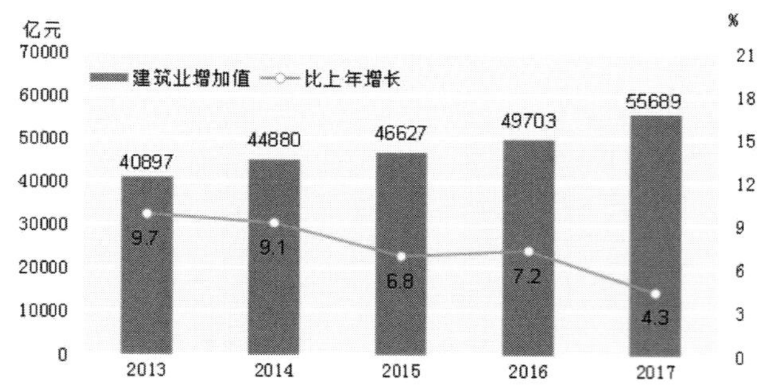

图11 2013—2017年建筑业增加值及其增长速度

四、固定资产投资

全年全社会固定资产投资641238亿元,比上年增长7.0%[27]。其中固定资产投资(不含农户)631684亿元,增长7.2%。分区域看[28],东部地区投资265837亿元,比上年增长8.3%;中部地区投资163400亿元,增长6.9%;西部地区投资166571亿元,增长8.5%;东北地区投资30655亿元,增长2.8%。在固定资产投资(不含农户)中,第一产业投资20892亿元,比上年增长11.8%;第二产业投资235751亿元,增长3.2%;第三产业投资375040亿元,增长9.5%。基础设施投资[29]140005亿元,增长19.0%,占固定资产投资(不含农户)的比重为22.2%。民间固定资产投资[30]381510亿元,增长6.0%,占固定资产投资(不含农户)的比重为60.4%。六大高耗能行业投资64430亿元,下降1.8%,占固定资产投资(不含农户)的比重为10.2%。

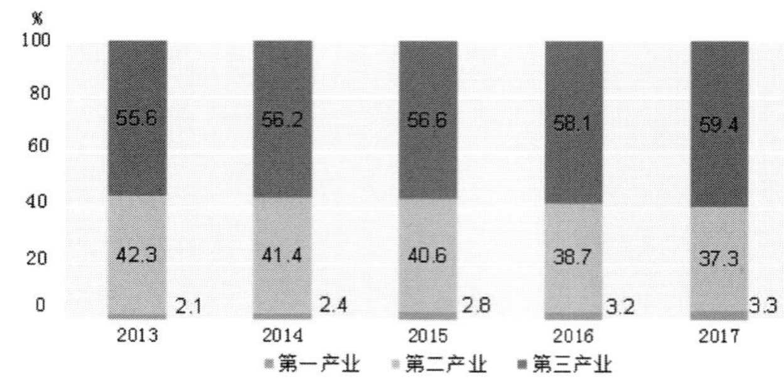

图12 2013—2017年三次产业投资占国家资产投资(不含农户)比重

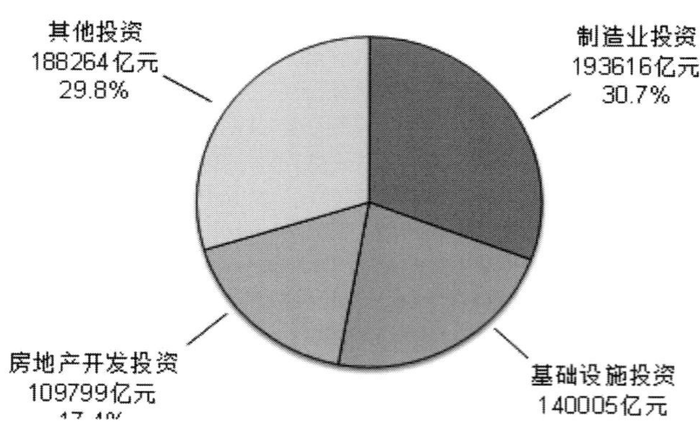

图13 2017年按领域分固定资产投资(不含农户)及其占比

表4 2017年分行业固定资产投资(不含农户)及其增长速度

行业	投资额(亿元)	比上年增长(%)
总计	631684	7.2
农、林、牧、渔业	24638	9.1
采矿业	9209	-10.0
制造业	193616	4.8
电力、热力、燃气及水生产和供应业	29794	0.8
建筑业	3648	-19.0
批发和零售业	16542	-6.3
交通运输、仓储和邮政业	61186	14.8
住宿和餐饮业	6107	3.9
信息传输、软件和信息技术服务业	6987	12.8
金融业	1121	-13.3
房地产业[31]	139734	3.6

行业	投资额（亿元）	比上年增长(%)
租赁和商务服务业	13304	14.4
科学研究和技术服务业	5932	9.4
水利、环境和公共设施管理业	82105	21.2
居民服务、修理和其他服务业	2686	2.4
教育	11084	20.2
卫生和社会工作	7327	18.1
文化、体育和娱乐业	8732	12.9
公共管理、社会保障和社会组织	7931	-2.0

表 5　2017 年固定资产投资新增主要生产与运营能力

指标	单位	绝对数
新增 220 千伏及以上变电设备	万千伏安	24263
新建铁路投产里程	公里	3038
其中：高速铁路[32]	公里	2182
增、新建铁路复线投产里程	公里	3223
电气化铁路投产里程	公里	4583
新改建公路里程	公里	313607
其中：高速公路	公里	6796
港口万吨级码头泊位新增通过能力	万吨/年	24858
新增民用运输机场	个	11
新增光缆线路长度	万公里	705

全年房地产开发投资 109799 亿元，比上年增长 7.0%。其中住宅投资 75148 亿元，增长 9.4%；办公楼投资 6761 亿元，增长 3.5%；商业营业用房投资 15640 亿元，下降 1.2%。

全年全国城镇棚户区住房改造开工 609 万套，棚户区改造基本建成 604 万套，公租房基本建成 82 万套。全年全国农村地区建档立卡贫困户危房改造 152.5 万户[33]。

表 6　2017 年房地产开发和销售主要指标及其增长速度

指　标	单　位	绝对数	比上年增长%
投资额	亿元	109799	7.0
其中：住宅	亿元	75148	9.4
其中：90 平方米及以下	亿元	22367	-9.7
房屋施工面积	万平方米	781484	3.0
其中：住宅	万平方米	536444	2.9
房屋新开工面积	万平方米	178654	7.0
其中：住宅	万平方米	128098	10.5
房屋竣工面积	万平方米	101486	-4.4
其中：住宅	万平方米	71815	-7.0
商品房销售面积	万平方米	169408	7.7
其中：住宅	万平方米	144789	5.3
本年到位资金	亿元	156053	8.2
其中：国内贷款	亿元	25242	17.3
个人按揭贷款	亿元	23906	-2.0

五、国内贸易

全年社会消费品零售总额 366262 亿元，比上年增长 10.2%。按经营地统计，城镇消费品零售额 314290 亿元，增长 10.0%；乡村消费品零售额 51972 亿元，增长 11.8%。按消费类型统计，商品零售额 326618 亿元，增长 10.2%；餐饮收入额 39644 亿元，增长 10.7%。

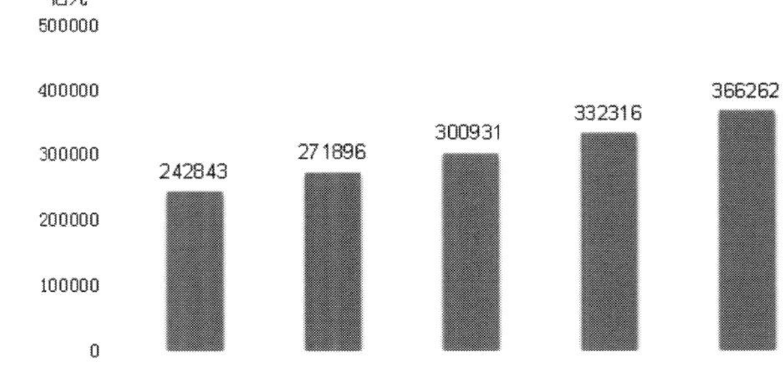

图 14　2013—2017 年社会消费品零售总额

在限额以上企业商品零售额中，粮油、食品、饮料、烟酒类零售额比上年增长 9.7%，服装、鞋帽、针纺织品类增长 7.8%，化妆品类增长 13.5%，金银珠宝类增长 5.6%，日用品类增长 8.0%，家用电器和音像器材类增长 9.3%，中西药品类增长 12.4%，文化办公用品类增长 9.8%，家具类增长 12.8%，通讯器材类增长 11.7%，建筑及装潢材料类增长 10.3%，汽车类增长 5.6%，石油及制品类增长 9.2%。

六、对外经济[34]

全年货物进出口总额 277923 亿元，比上年增长 14.2%。其中，出口 153321 亿元，增长 10.8%；进口 124602 亿元，增长 18.7%。货物进出口差额（出口减进口）28718 亿元，比上年减少 4734 亿元。对“一带一路”[35]沿线国家进出口总额 73745 亿元，比上年增长 17.8%。其中，出口 43045 亿元，增长 12.1%；进口 30700 亿元，增长 26.8%。

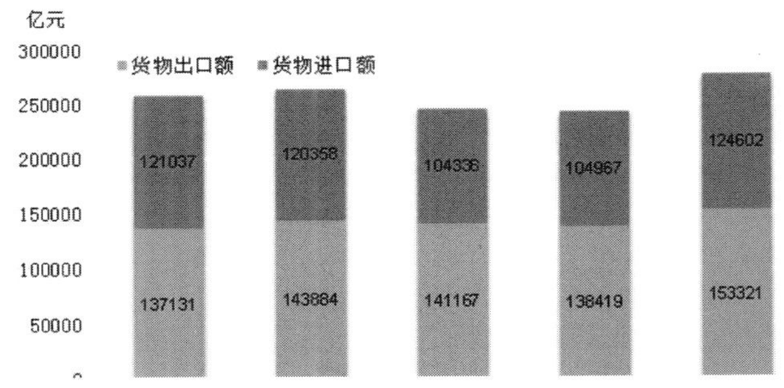

图 15　2013—2017 年货物进出口总额

表 7　2017 年货物进出口总额及其增长速度

单位：亿美元

指　标	金额（亿元）	比上年增长%
货物进出口总额	277923	14.2
货物出口额	153321	10.8
其中：一般贸易	83325	11.7
加工贸易	51381	8.8
其中：机电产品	89465	12.1
高新技术产品	45150	13.3
货物进口额	124602	18.7
其中：一般贸易	73299	23.2
加工贸易	29180	11.3
其中：机电产品	57785	13.3

指　　标	金额（亿元）	比上年增长%
高新技术产品	39501	14.1
货物进出口差额（出口减进口）	28718	–

表 8　2017 年主要商品出口数量、金额及其增长速度

商品名称	单位	数量	比上年增长%	金额（亿元）	比上年增长%
煤（包括褐煤）	万吨	817	-7.0	75	64.7
钢材	万吨	7541	-30.5	3700	3.1
纺织纱线、织物及制品	—	—	—	7441	7.4
服装及衣着附件	—	—	—	10656	2.3
鞋类	万吨	450	6.5	3269	5.0
家具及其零件	—	—	—	3385	7.4
自动数据处理设备及其部件	万台	154208	-3.1	10710	18.1
手持或车载无线电话	万台	121087	-4.8	8503	11.3
集装箱	万个	300	50.6	567	103.2
液晶显示板	万个	193367	1.6	1737	2.3
汽车	万辆	104	43.1	898	27.2

表 9　2017 年主要商品进口数量、金额及其增长速度

商品名称	数量（万吨）	比上年增长（%）	金额（亿元）	比上年增长（%）
谷物及谷物粉	2559	16.4	440	17.2
大豆	9553	13.8	2688	19.6
食用植物油	577	4.4	307	11.3
铁矿砂及其精矿	107474	5.0	5175	35.0
氧化铝	287	-5.3	75	29.5
煤（包括褐煤）	27090	6.1	1536	63.7
原油	41957	10.1	11003	42.7
成品油	2964	6.4	982	33.3
初级形状的塑料	2868	11.5	3284	20.1
纸浆	2372	12.6	1039	28.5
钢材	1330	0.6	1027	18.2
未锻轧铜及铜材	469	-5.2	2115	21.3
集成电路	3770	10.1	17592	17.3
汽车	124	15.7	3422	16.3

表 10　2014 年对主要国家和地区货物进出口额及其增长速度

单位：亿美元

国家和地区	出口额（亿元）	比上年增长（%）	占全部出口比重（%）	进口额（亿元）	比上年增长（%）	占全部进口比重（%）
欧盟	25199	12.6	16.4	16543	20.2	13.3
美国	29103	14.5	19.0	10430	17.3	8.4
东盟	18902	11.9	12.3	15942	22.8	12.8
日本	9301	8.9	6.1	11204	16.3	9.0
中国香港	18899	-0.4	12.3	495	-54.9	0.4
韩国	6965	12.6	4.5	12013	14.4	9.6
中国台湾	2979	12.2	1.9	10512	14.5	8.4
巴西	1962	35.2	1.3	3974	31.4	3.2
印度	4615	19.8	3.0	1107	42.4	0.9
俄罗斯	2906	17.8	1.9	2790	31.0	2.2
南非	1004	18.4	0.7	1649	12.1	1.3

全年服务进出口[36]总额 46991 亿元，比上年增长 6.8%。其中，服务出口 15407 亿元，增长 10.6%；服务进口 31584 亿元，增长 5.1%。服务进出口逆差 16177 亿元。

全年吸收外商直接投资（不含银行、证券、保险）新设立企业 35652 家，比上年增长 27.8%。实际使用外商直接投资金额 8776 亿元（折 1310 亿美元），增长 7.9%，增速比上年加快 3.8 个百分点。其中"一带一路"沿线国家对华直接投资新设立企业 3857 家，增长 32.8%；对华直接投资金额 374 亿元（折 56 亿美元）。全年高技术制造业实际使用外资 666 亿元，增长 11.3%。

表 11　2017 年外商直接投资（不含银行、证券、保险）及其增长速度

行　业	企业数（家）	比上年增长%	实际使用金额（亿美元）	比上年增长%
总计	35652	27.8	8776	7.9
其中：农、林、牧、渔业	706	26.5	72	-41.6
制造业	4986	24.3	2259	-1.9
电力、燃气及水生产和供应业	372	19.6	235	68.1
交通运输、仓储和邮政业	517	21.7	374	13.6
信息传输、计算机服务和软件业	3169	116.6	1389	157.1
批发和零售业	12283	30.7	770	-23.9
房地产业	737	95.0	1133	-10.4
租赁和商务服务业	5087	9.9	1125	7.5
居民服务和其他服务业	349	42.5	38	16.0

全年对外直接投资额（不含银行、证券、保险）8108 亿元，按美元计价为 1201 亿美元，比上年下降 29.4%。其中，对"一带一路"沿线国家直接投资额 144 亿美元。

表 12　2017 年对外直接投资额（不含银行、证券、保险）及其增长速度

行业	对外直接投资金额（亿美元）	比上年增长（%）
总计	1201	-29.4
其中：农、林、牧、渔业	22	-25.3
采矿业	83	-4.4
制造业	191	-38.4
电力、热力、燃气及水生产和供应业	32	26.5
建筑业	73	37.5
批发和零售业	249	-9.6
交通运输、仓储和邮政业	30	-16.9
信息传输、软件和信息技术服务业	103	-49.3
房地产业	22	-79.6
租赁和商务服务业	349	-17.3

全年对外承包工程业务完成营业额 11383 亿元，按美元计价为 1686 亿美元，比上年增长 5.8%。其中，对"一带一路"沿线国家完成营业额 855 亿美元，增长 12.6%，占对外承

包工程业务完成营业额比重为50.7%。对外劳务合作派出各类劳务人员52万人,增长5.7%。

七、交通、邮电和旅游

全年货物运输总量479亿吨,比上年增长9.3%。货物运输周转量196130亿吨公里,增长5.1%。全年规模以上港口完成货物吞吐量126亿吨,比上年增长6.4%,其中外贸货物吞吐量40亿吨,增长5.7%。规模以上港口集装箱吞吐量23680万标准箱,增长8.3%。

表13 2017年各种运输方式完成货物运输量及其增长速度

指标	单位	绝对数	比上年增长(%)
货物运输总量	亿吨	479.4	9.3
铁路	亿吨	36.9	10.7
公路	亿吨	368.0	10.1
水运	亿吨	66.6	4.3
民航	万吨	705.8	5.7
管道	亿吨	7.9	7.3
货物运输周转量	亿吨公里	196130.4	5.1
铁路	亿吨公里	26962.2	13.3
公路	亿吨公里	66712.5	9.2
水运	亿吨公里	97455.0	0.1
民航	亿吨公里	243.5	9.5
管道	亿吨公里	4757.2	13.4

全年旅客运输总量185亿人次,比上年下降2.6%。旅客运输周转量32813亿人公里,增长5.0%。

表14 2017年各种运输方式完成旅客运输量及其增长速度

指 标	单 位	绝对数	比上年增长%
旅客运输总量	亿人次	185.1	-2.6
铁路	亿人次	30.8	9.6
公路	亿人次	145.9	-5.4
水运	亿人次	2.8	4.1
民航	亿人次	5.5	13.0
旅客运输周转量	亿人公里	32812.7	5.0
铁路	亿人公里	13456.9	7.0
公路	亿人公里	9765.1	-4.5
水运	亿人公里	77.9	7.7
民航	亿人公里	9512.8	13.5

年末全国民用汽车保有量21743万辆(包括三轮汽车和低速货车820万辆),比上年末增长11.8%,其中私人汽车保有量18695万辆,增长12.9%。民用轿车保有量12185万辆,增长12.0%,其中私人轿车11416万辆,增长12.5%。

全年完成邮政行业业务总量[37]9764亿元,比上年增长32.0%。邮政业全年完成邮政函件业务31.5亿件,包裹业务0.3亿件,快递业务量400.6亿件;快递业务收入4957亿元。全年完成电信业务总量[38]27557亿元,比上年增长76.4%。电信业全年新增移动电话交换机容量[39]23646万户,达到242186万户。年末全国电话用户总数161125万户,其中移动电话用户141749万户。移动电话普及率上升至102.5部/百人。固定互联网宽带接入用户[40]34854万户,比上年增加5133万户,其中固定互联网光纤宽带接入用户[41]29392万户,比上年增加6627万户;移动宽带用户[42]113152万户,增加19077万户。移动互联网接入流量246亿G,比上年增长162.7%。互联网上网人数7.72亿人,增加4074万人,其中手机上网人数[43]7.53亿人,增加5734万人。互联网普及率达到55.8%,其中农村地区互联网普及率达到35.4%。软件和信息技术服务业[44]完成软件业务收入55037亿元,比上年增长13.9%。

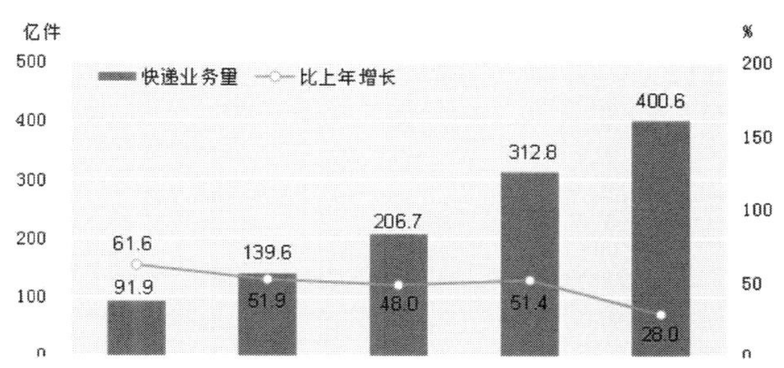

图16 2013—2017年快递业务量及其增长速度

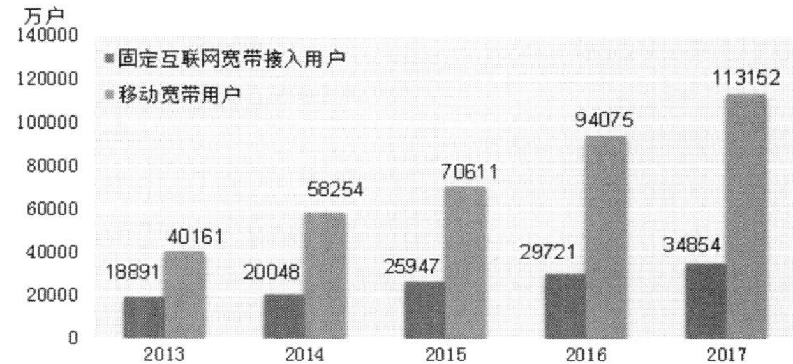

图17 2013—2017年年末固定互联网宽带接入用户和移动宽带用户数

全年国内游客50亿人次,比上年增长12.8%;国内旅游收入45661亿元,增长15.9%。入境游客13948万人次,增长0.8%。其中,外国人2917万人次,增长3.6%;香港、澳门和台湾同胞11032万人次,与上年持平。在入境游客中,过夜游客6074万人次,增长2.5%。国际旅游收入1234亿美元,增长2.9%。国内居民出境14273万人次,增长5.6%。其中因私出境13582万人次,增长5.7%;赴港澳台出境8698万人次,增长3.6%。

八、金融

年末广义货币供应量(M2)余额167.7万亿元,比上年末增长8.2%;狭义货币供应量(M1)余额54.4万亿元,增长11.8%;流通中货币(M0)余额7.1万亿元,增长3.4%。

全年社会融资规模增量[45]19.4万亿元,按可比口径计算比上年多1.6万亿元;年末社会融资规模存量[46]174.6万亿元,比上年末增长12.0%。年末全部金融机构本外币各项存款余额169.3万亿元,比年初增加13.7万亿元,其中人民币各项存款余额164.1万亿元,增加13.5万亿元。全部金融机构本外币各项贷款余额125.6万亿元,增加13.6万亿元,其中人民币各项贷款余额120.1万亿元,增加13.5万亿元。

年末主要农村金融机构(农村信用社、农村合作银行、农村商业银行)人民币贷款余额149820亿元,比年初增加15602亿元。全部金融机构人民币消费贷款余额315194亿元,增加64717亿元。其中,个人短期消费贷款余额68041亿元,增加 18724 亿元;个人中长期消费贷款余额 247154 亿元,增加 45993 亿元。

表 15　2017 年年末全部金融机构本外币存贷款余额及其增长速度

指　　标	年末数（亿元）	比上年末增长%
各项存款	1692727	8.8
其中:境内住户存款	651983	7.5
其中:人民币	643768	7.7
境内非金融企业存款	571641	7.7
各项贷款	1256074	12.1
其中:境内短期贷款	411153	8.2
境内中长期贷款	750894	18.2

全年上市公司通过境内市场累计筹资 40836 亿元,比上年减少 12244 亿元。其中,首次公开发行 A 股完成申购 419 只,筹资 2186 亿元;A 股现金再融资(包括公开增发、定向增发、配股、优先股)9209 亿元,减少 4178 亿元;上市公司通过沪深交易所发行债券(包括公司债、可转债、可交换债和企业资产支持证券)筹资 28105 亿元,减少 8563 亿元。全年全国中小企业股份转让系统[47]新增挂牌公司 2176 家,筹资 1336 亿元,减少 3.95%。

全年发行公司信用类债券[48]5.64 万亿元,比上年减少 2.59 万亿元。

全年保险公司原保险保费收入[49]36581 亿元,比上年增长 18.2%。其中,寿险业务原保险保费收入 21456 亿元,健康险和意外伤害险业务原保险保费收入 5291 亿元,财产险业务原保险保费收入 9835 亿元。支付各类赔款及给付 11181 亿元。其中,寿险业务给付 4575 亿元,健康险和意外伤害险赔款及给付 1518 亿元,财产险业务赔款 5087 亿元。

九、居民收入消费和社会保障

全年全国居民人均可支配收入[50]25974 元,比上年增长 9.0%,扣除价格因素,实际增长 7.3%。全国居民人均可支配收入中位数[51]22408 元,增长 7.3%。按常住地分,城镇居民人均可支配收入 36396 元,比上年增长 8.3%,扣除价格因素,实际增长 6.5%。城镇居民人均可支配收入中位数 33834 元,增长 7.2%。农村居民人均可支配收入 13432 元,比上年增长 8.6%,扣除价格因素,实际增长 7.3%。农村居民人均可支配收入中位数 11969 元,增长 7.4%。按全国居民五等份收入分组[52],低收入组人均可支配收入 5958 元,中等偏下收入组人均可支配收入 13843 元,中等收入组人均可支配收入 22495 元,中等偏上收入组人均可支配收入 34547 元,高收入组人均可支配收入 64934 元。全国农民工人均月收入 3485 元,比上年增长 6.4%。

全国居民人均消费支出 18322 元,比上年增长 7.1%,扣除价格因素,实际增长 5.4%。按常住地分,城镇居民人均消费支出 24445 元,增长 5.9%,扣除价格因素,实际增长4.1%;农村居民人均消费支出 10955 元,增长 8.1%,扣除价格因素,实际增长 6.8%。恩格尔系数为 29.3%,比上年下降0.8 个百分点,其中城镇为 28.6%,农村为 31.2%。

按照每人每年 2300 元(2010 年不变价)的农村贫困标准计算,2017 年,年末农村贫困人口 3046 万人,比上年末减少 1289 万人[53];贫困发生率[54]3.1%,比上年下降 1.4 个百分点。贫困地区[55]农村居民人均可支配收入 9377 元,比上年增长 10.5%,扣除价格因素,实际增长 9.1%。

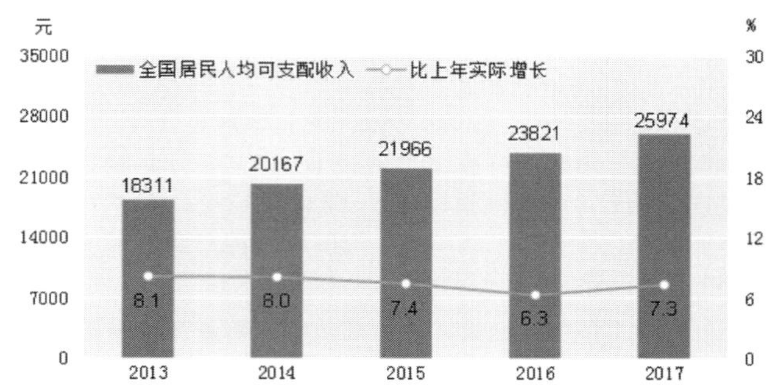

图 18　2013—2017 年全国居民人均可支配收入及其增长速度

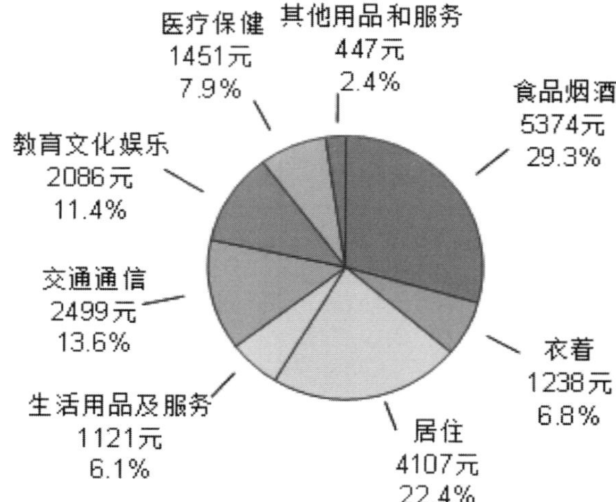

图 19　2017 年全国居民人均消费支出及其构成

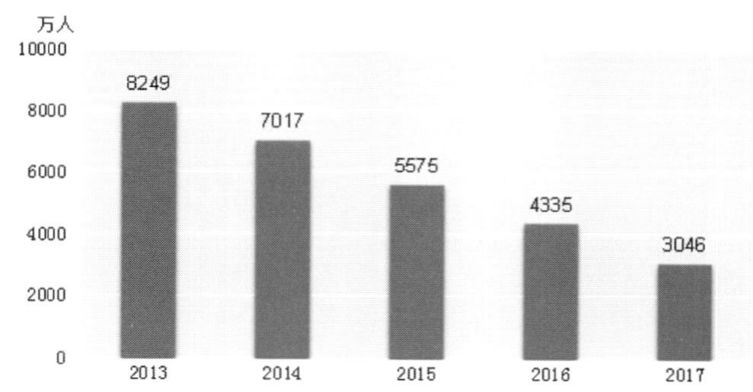

图 20　2013—2017 年年末全国农村贫困人口

年末全国参加城镇职工基本养老保险人数 40199 万人,比上年末增加 2269 万人。参加城乡居民基本养老保险人数 51255 万人,增加 408 万人。参加基本医疗保险人数 117664 万人,增加 43272 万人。其中,参加职工基本医疗保险人数 30320 万人,增加 789 万人;参加城乡居民基本医疗保险人数 87343 万人[56],增加 42483 万人。参加失业保险人数 18784 万人,增加 695 万人。年末全国领取失业保险金人数 220 万人。参加工伤保险人数 22726 万人,增加 836 万人,其中参加工伤保险的农民工 7807 万人,增加 297 万人。参加生育保险人数 19240 万人,增加 789 万人。年末全国共有 1264 万人享受城市居民最低生活保障,4047 万人享受农村居民最低生活保障,467 万人享受农村特困人员[57]救助供养。全年资助

5203万人参加基本医疗保险，医疗救助3536万人次。国家抚恤、补助各类优抚对象859万人。

十、教育、科学技术和文化体育

全年研究生教育[58]招生80.5万人，在学研究生263.9万人，毕业生57.8万人。普通本专科招生761.5万人，在校生2753.6万人，毕业生735.8万人。中等职业教育[59]招生582.4万人，在校生1592.5万人，毕业生496.9万人。普通高中招生800.1万人，在校生2374.5万人，毕业生775.7万人。初中招生1547.2万人，在校生4442.1万人，毕业生1397.5万人。普通小学招生1766.6万人，在校生10093.7万人，毕业生1565.9万人。特殊教育招生11.1万人，在校生57.9万人，毕业生6.9万人。学前教育在园幼儿4600.1万人。九年义务教育巩固率为93.8%，高中阶段毛入学率为88.3%。

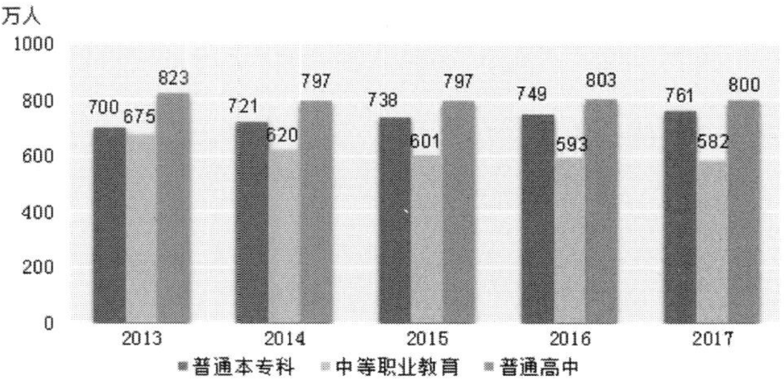

图21　2013—2017年普通本专科、中等职业教育及普通高中招生人数

全年研究与试验发展（R&D）经费支出17500亿元，比上年增长11.6%，与国内生产总值之比为2.12%，其中基础研究经费920亿元。全年国家重点研发计划共安排42个重点专项1115个科技项目，国家科技重大专项共安排454个课题，国家自然科学基金共资助43935个项目。截至年底，累计建设国家重点实验室503个，国家工程研究中心131个，国家工程实验室217个，国家企业技术中心1276家。国家科技成果转化引导基金累计设立5支子基金，资金总规模247.2亿元。全年境内外专利申请369.8万件，授予专利权183.6万件；PCT专利申请受理量[60]为5.1万件。截至年底，有效专利714.8万件，其中境内有效发明专利135.6万件，每万人口发明专利拥有量9.8件。全年共签订技术合同36.8万项，技术合同成交金额13424亿元，比上年增长17.7%。

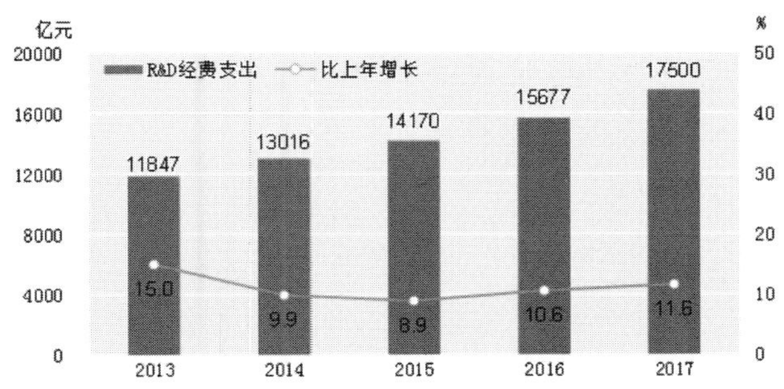

图22　2013—2017年研究与试验发展（R&D）经费支出及其增长速度

全年成功完成17次宇航发射。首颗高轨道高通量通信卫星实践十三号、首颗大型硬X射线空间探测卫星“慧眼”卫星成功发射；北斗导航全球卫星系统组网首发双星成功发射；天舟一号货运飞船成功发射，完成与天宫二号交会对接。“墨子号”量子卫星成功实现预定科学目标，暗物质粒子探测卫星“悟空”发现反常电子信号，C919大型客机、“鲲龙”AG600水陆两栖飞机首飞成功。

表16　2017年专利申请、授权和有效专利情况

指　　标	专利数（万件）
专利申请数	369.8
其中：境内专利申请	351.3
其中：发明专利申请	138.2
其中：境内发明专利	123.4
专利授权数	183.6
其中：境内专利授权	170.5
其中：发明专利授权	42.0
其中：境内发明专利	32.0
年末有效专利数	714.8
其中：境内有效专利	620.4
其中：有效发明专利	208.5
其中：境内有效发明专利	135.6

年末全国共有产品检测实验室35000个，其中国家检测中心739个。全国现有产品质量、体系认证机构401个，已累计完成对140250个企业的产品认证。全国共有法定计量技术机构4037个，全年强制检定计量器具8326万台（件）。全年制定、修订国家标准3811项，其中新制定2684项。

年末全国文化系统共有艺术表演团体2054个，博物馆3217个。全国共有公共图书馆3162个，总流通[61]72641万人次；文化馆3327个。有线电视实际用户2.20亿户，其中有线数字电视实际用户1.98亿户。年末广播节目综合人口覆盖率为98.7%，电视节目综合人口覆盖率为99.1%。全年生产电视剧310部13310集，电视动画片83599分钟。全年生产故事影片798部，科教、纪录、动画和特种影片[62]172部。出版各类报纸368亿份，各类期刊26亿册，图书90亿册（张），人均图书拥有量[63]6.49册（张）。年末全国共有档案馆4237个，已开放各类档案13806万卷（件）。2016年，文化及相关产业增加值30785亿元，比上年增长13.0%；占国内生产总值的比重为4.14%，比上年提高0.19个百分点。

全年我国运动员在24个运动大项中获得106个世界冠军，共创6项世界纪录。全年我国残疾人运动员在11项国际赛事中获得160个世界冠军。2016年，体育产业增加值6475亿元，比上年增长17.8%；占国内生产总值的比重为0.9%，比上年提高0.1个百分点。

十一、卫生和社会服务

年末全国共有医疗卫生机构99.5万个，其中医院3.0万个，在医院中有公立医院1.2万个，民营医院1.8万个；基层医疗卫生机构94.0万个，其中乡镇卫生院3.7万个，社区卫生服务中心（站）3.5万个，门诊部（所）23.0万个，村卫生室63.8万个；专业公共卫生机构2.2万个，其中疾病预防控制中心3482个，卫生监督所（中心）3133个。年末卫生技术人员891万人，其中执业医师和执业助理医师335万人，注册护士379万人。医疗卫生机构床位785万张，其中医院609万张，乡镇卫生院125万张。全年总诊疗人次[64]81.0亿人次，出院人数[65]2.4亿人。

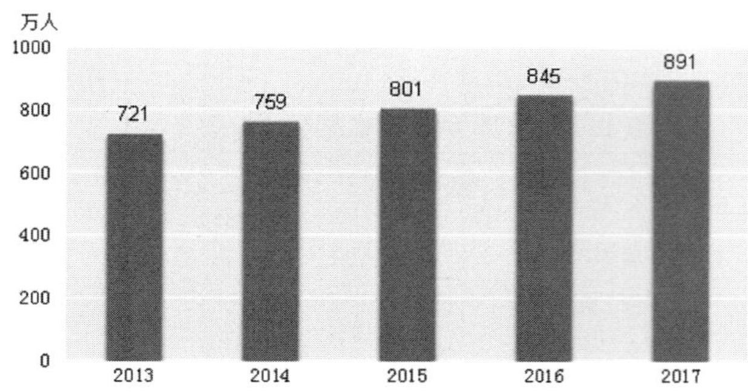

图 23　2013—2017 年年末卫生技术人员人数

年末全国共有各类提供住宿的社会服务机构 3.2 万个，其中养老服务机构 2.9 万个，儿童服务机构 656 个。社会服务床位[66]749.5 万张，其中养老服务床位 714.2 万张，儿童服务床位 9.6 万张。年末共有社区服务中心 2.5 万个，社区服务站 13.9 万个。

十二、资源、环境和安全生产

全年全国国有建设用地供应总量[67]60 万公顷，比上年增长 16.4%。其中，工矿仓储用地 12 万公顷，增长 1.6%；房地产用地[68]11.5 万公顷，增长 7.2%；基础设施等用地 36.5 万公顷，增长 26.1%。

全年水资源总量 28675 亿立方米。全年平均降水量 640 毫米。年末全国监测的 604 座大型水库蓄水总量 3518 亿立方米，比上年末蓄水量有所增加。全年总用水量 6090 亿立方米，比上年增长 0.8%。其中，生活用水增长 2.8%，工业用水增长 0.2%，农业用水增长 0.6%，生态补水增长 1.7%。万元国内生产总值用水量[69]78 立方米，比上年下降 5.6%。万元工业增加值用水量 49 立方米，下降 5.9%。人均用水量 439 立方米，比上年增长0.3%。

全年完成造林面积 736 万公顷，其中人工造林面积 390 万公顷，占全部造林面积的 53.0%。森林抚育面积 830 万公顷。截至年底，自然保护区达到 2750 个，其中国家级自然保护区 463 个。新增水土流失治理面积 5.6 万平方公里。

初步核算，全年能源消费总量 44.9 亿吨标准煤，比上年增长 2.9%。煤炭消费量增长 0.4%，原油消费量增长 5.2%，天然气消费量增长 14.8%，电力消费量增长 6.6%。煤炭消费量占能源消费总量的 60.4%，比上年下降 1.6 个百分点；天然气、水电、核电、风电等清洁能源消费量占能源消费总量的 20.8%，上升 1.3 个百分点。全国万元国内生产总值能耗下降 3.7%。重点耗能工业企业单位烧碱综合能耗下降0.3%，吨水泥综合能耗下降 0.1%，吨钢综合能耗下降0.9%，吨粗铜综合能耗下降4.8%，每千瓦时火力发电标准煤耗下降 0.8%。全国万元国内生产总值二氧化碳排放下降5.1%。

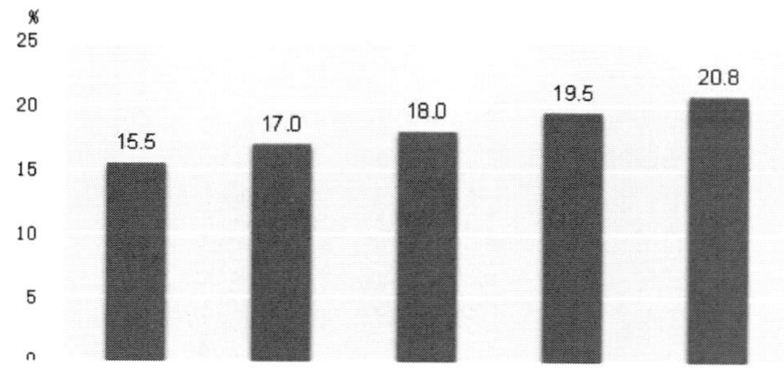

图 24　2013—2017 年清洁能源消费量占能源消费总量的比重

近岸海域 417 个海水水质监测点中，达到国家一、二类海水水质标准的监测点占 67.8%，三类海水占 10.1%，四类、劣四类海水占 22.1%。

在监测的 338 个地级及以上城市中，城市空气质量达标的城市占 29.3%，未达标的城市占 70.7%。细颗粒物(PM2.5)未达标城市(基于 2015 年 PM2.5 年平均浓度未达标的 262 个城市)年平均浓度 48 微克/立方米，比上年下降 5.9%。

在监测的 323 个城市中，城市区域声环境质量好的城市占 5.9%，较好的占 65.0%，一般的占 27.9%，较差的占 0.9%，差的占 0.3%。

全年平均气温为 10.39℃，比上年上升 0.03℃。共有 8 个台风登陆。

全年农作物受灾面积 1848 万公顷，其中绝收 183 万公顷。全年因洪涝和地质灾害造成直接经济损失 1910 亿元，因旱灾造成直接经济损失 375 亿元，因低温冷冻和雪灾造成直接经济损失 19 亿元，因海洋灾害造成直接经济损失 58 亿元。全年大陆地区共发生 5.0 级以上地震 13 次，成灾 11 次，造成直接经济损失 148 亿元。全年共发生森林火灾 3223 起，森林火灾受害森林面积 2.5 万公顷。

全年各类生产安全事故共死亡 37852 人。工矿商贸企业就业人员 10 万人生产安全事故死亡人数 1.639 人，比上年下降 3.7%；道路交通事故万车死亡人数 2.06 人，下降 3.7%；煤矿百万吨死亡人数 0.106 人，下降 32.1%。

注释：

[1]本公报中数据均为初步统计数。各项统计数据均未包括香港特别行政区、澳门特别行政区和台湾省。部分数据因四舍五入的原因，存在着与分项合计不等的情况。

[2]国内生产总值、各产业增加值和人均国内生产总值绝对数按现价计算，增长速度按不变价格计算。

[3]国民总收入，原称国民生产总值，是指一个国家或地区所有常住单位在一定时期内所获得的初次分配收入总额。它等于国内生产总值加上来自国外的初次分配收入净额。

[4]人户分离的人口是指居住地与户口登记地所在的乡镇街道不一致且离开户口登记地半年及以上的人口。

[5]流动人口是指人户分离人口中扣除市辖区内人户分离的人口。市辖区内人户分离的人口是指一个直辖市或地级市所辖区内和区与区之间，居住地和户口登记地不在同一乡镇街道的人口。

[6]2017 年年末，0 - 14 岁(含不满 15 周岁)人口为 23348 万人，15 - 59 岁(含不满60 周岁)人口为 91570 万人。

[7]年度农民工数量包括年内在本乡镇以外从业 6 个月及以上的外出农民工和在本乡镇内从事非农产业 6 个月及以上的本地农民工两部分。

[8]农产品生产者价格是指农产品生产者直接出售其产品时的价格。

[9]居住类价格包括租赁房房租、住房保养维修及管理、水电燃料等价格。

[10]产能利用率是指实际产出与生产能力(均以价值量计量)的比率。企业的实际产出是指企业报告期内的工业总产值；企业的生产能力是指报告期内，在劳动力、原材料、燃料、运输等保证供给的情况下，生产设备(机械)保持正常运行，企业可实现的、并能长期维持的产品产出。

[11]工业战略性新兴产业包括节能环保产业，新一代信息技术产业，生物产业，高端装备制造产业，新能源产业，新材

料产业，新能源汽车产业等七大产业中的工业相关行业。

[12]高技术制造业包括医药制造业，航空、航天器及设备制造业，电子及通信设备制造业，计算机及办公设备制造业，医疗仪器设备及仪器仪表制造业，信息化学品制造业。

[13]装备制造业包括金属制品业，通用设备制造业，专用设备制造业，汽车制造业，铁路、船舶、航空航天和其他运输设备制造业，电气机械和器材制造业，计算机、通信和其他电子设备制造业，仪器仪表制造业。

[14]规模以上服务业包括年营业收入1000万元及以上，或年末从业人员50人及以上的交通运输、仓储和邮政业，信息传输、软件和信息技术服务业，房地产业(不含房地产开发经营)，租赁和商务服务业，科学研究和技术服务业，水利、环境和公共设施管理业，教育，卫生和社会工作；年营业收入500万元及以上，或年末从业人员50人及以上的居民服务、修理和其他服务业，文化、体育和娱乐业法人单位。

[15]战略性新兴服务业包括节能环保产业，新一代信息技术产业，生物产业，高端装备制造产业，新能源产业，新材料产业，新能源汽车产业等七大产业中的服务业相关行业。

[16]高技术产业投资包括医药制造、航空航天器及设备制造等六大类高技术制造业投资和信息服务、电子商务服务等九大类高技术服务业投资。

[17]工业技术改造投资是指工业企业利用新技术、新工艺、新设备、新材料对现有设施、工艺条件及生产服务等进行改造提升，实现内涵式发展的投资活动。

[18]网上零售额是指通过公共网络交易平台(主要从事实物商品交易的网上平台，包括自建网站和第三方平台)实现的商品和服务零售额。其中，网上零售额包括的服务，以及少部分用于生产经营用或被转卖的商品不统计在社会消费品零售总额中。

[19]为推进财政资金统筹使用，2017年1月1日起将新增建设用地土地有偿使用费、南水北调工程基金、烟草企业上缴专项收入3项政府性基金调整转列一般公共预算。为此，在2016年基数中考虑3项政府性基金转列一般公共预算的影响，并以此为基础计算同口径同比增减额和增减幅。

[20]全员劳动生产率为国内生产总值(以2015年价格计算)与全部就业人员的比率。

[21]制造业产品质量合格率是指以产品质量检验为手段，按照规定的方法、程序和标准实施质量抽样检测，判定为质量合格的样品数占全部抽样样品数的百分比，统计调查样本覆盖制造业的29个行业。

[22]六大高耗能行业包括石油加工、炼焦和核燃料加工业，化学原料和化学制品制造业，非金属矿物制品业，黑色金属冶炼和压延加工业，有色金属冶炼和压延加工业，电力、热力生产和供应业。

[23]火电包括燃煤发电量，燃油发电量，燃气发电量，余热、余压、余气发电量，垃圾焚烧发电量，生物质发电量。

[24]钢材产量数据中含企业之间重复加工钢材约24000万吨。

[25]移动通信手持机、钢材2016年产量根据有关专项调查进行了调整，2017年产量增速均按可比口径计算。

[26]少量发电装机容量(如地热等)公报中未列出。

[27]根据第三次农业普查结果对2016年固定资产投资基数进行调整，2017年增速按可比口径计算。

[28]固定资产投资(不含农户)按东部、中部、西部和东北地区计算的合计数据小于全国数据，是因为有部分跨地区的投资未计算在地区数据中。其中，东部地区是指北京、天津、河北、上海、江苏、浙江、福建、山东、广东和海南10省(市)；中部地区是指山西、安徽、江西、河南、湖北和湖南6省；西部地区是指内蒙古、广西、重庆、四川、贵州、云南、西藏、陕西、甘肃、青海、宁夏和新疆12省(区、市)；东北地区是指辽宁、吉林和黑龙江3省。

[29]基础设施投资是指建造或购置为社会生产和生活提供基础性、大众性服务的工程和设施的支出。公报中的基础设施投资包括交通运输、邮政业，电信、广播电视和卫星传输服务业，互联网和相关服务业，水利、环境和公共设施管理业投资。

[30]民间固定资产投资是指具有集体、私营、个人性质的内资企事业单位以及由其控股(包括绝对控股和相对控股)的企业单位建造或购置固定资产的投资。

[31]房地产业投资除房地产开发投资外，还包括建设单位自建房屋以及物业管理、中介服务和其他房地产投资。

[32]高速铁路是指线路最大速度200公里/小时及以上的铁路和200公里/小时以下仅运行动车组列车的铁路。

[33]各省(自治区、直辖市)汇总上报截至2017年12月底建档立卡贫困户农村危房改造实际竣工数。

[34]货物进出口、服务进出口、吸收外资采用人民币计价。对外投资和对外承包工程由于技术原因仍主要沿用美元计价。

[35]“一带一路”是指“丝绸之路经济带”和“21世纪海上丝绸之路”。

[36]服务进出口按照《国际收支手册(第六版)》标准统计，增速按可比口径计算。

[37]邮政行业业务总量按2010年价格计算。

[38]电信业务总量按2015年价格计算。

[39]移动电话交换机容量是指移动电话交换机根据一定话务模型和交换机处理能力计算出来的最大同时服务用户的数量。

[40]固定互联网宽带接入用户是指报告期末在电信企业登记注册，通过xDSL、FTTx + LAN、FTTH/O以及其他宽带接入方式和普通专线接入公众互联网的用户。

[41]固定互联网光纤宽带接入用户是指报告期末在电信企业登记注册，通过FTTH或FTTO方式接入公众互联网的用户。

[42]移动宽带用户是指报告期末在计费系统拥有使用信息，占用3G或4G网络资源的在网用户。

[43]手机上网人数是指过去半年通过手机接入并使用互联网的6周岁及以上中国居民数量。

[44]软件和信息技术服务业包括软件开发，信息系统集成服务，信息技术咨询服务，数据处理和存储服务，集成电路设计和其他信息技术服务等行业。

[45]社会融资规模增量是指一定时期内实体经济(境内非金融企业和个人)从金融体系获得的资金总额。

[46]社会融资规模存量是指一定时期末(月末、季末或年末)实体经济(境内非金融企业和个人)从金融体系获得的资金余额。

[47]全国中小企业股份转让系统又称“新三板”，是2012年经国务院批准设立的全国性证券交易场所。

[48]公司信用类债券包括非金融企业债务融资工具、企业债券以及公司债、可转债等。

[49]原保险保费收入是指保险企业确认的原保险合同

保费收入。

[50]全国居民收入名义增速快于分城乡居民收入增速的原因是:在城镇化过程中,一部分在农村收入较高的人口进入城镇地区,但在城镇属于较低收入人群,他们的迁移对城乡居民收入均有拉低作用。但无论在城镇还是农村,其收入增长效应都会体现在全体居民收入增长中。

[51]人均收入中位数是指将所有调查户按人均收入水平从低到高(或从高到低)顺序排列,处于最中间位置调查户的人均收入。

[52]全国居民五等份收入分组是指将所有调查户按人均收入水平从高到低顺序排列,平均分为五个等份,处于最高20%的收入群体为高收入组,依此类推依次为中等偏上收入组、中等收入组、中等偏下收入组、低收入组。

[53]减贫人口等于当年贫困人口减去上年贫困人口,也相当于当年脱贫人口减去当年返贫人口。

[54]贫困发生率是指贫困人口占目标调查人口的比重。

[55]贫困地区包括集中连片特困地区和片区外的国家扶贫开发工作重点县,原共有832个县。2017年开始将新疆阿克苏地区纳入贫困监测范围。

[56]参加城乡居民基本医疗保险人数增加较多,一是原参加新型农村合作医疗人员并入城乡居民基本医疗保险参保人员统计;二是开展全民参保登记,基本医疗保险覆盖面进一步扩大。

[57]农村特困人员是指无劳动能力,无生活来源,无法定赡养、抚养、扶养义务人或者其法定义务人无履行义务能力的农村老年人、残疾人以及未满16周岁的未成年人。

[58]2017年研究生招生、在学研究生指标口径发生变化(增加非全日制研究生)。

[59]中等职业教育包括普通中专、成人中专、职业高中和技工学校。

[60]PCT专利申请受理量是指国家知识产权局作为PCT专利申请受理局受理的PCT专利申请数量。PCT(Patent Cooperation Treaty)即专利合作条约,是专利领域的一项国际合作条约。

[61]总流通人次是指本年度内到图书馆场馆接受图书馆服务的总人次,包括借阅书刊、咨询问题以及参加各类读者活动等。

[62]特种影片是指那些采用与常规影院放映在技术、设备、节目方面不同的电影展示方式,如巨幕电影、立体电影、立体特效(4D)电影、动感电影、球幕电影等。

[63]人均图书拥有量是指在一年内全国平均每人能拥有的当年出版图书册数。

[64]总诊疗人次指所有诊疗工作的总人次数,包括门诊、急诊、出诊、预约诊疗、单项健康检查、健康咨询指导(不含健康讲座)人次。

[65]出院人数指报告期内所有住院后出院的人数,包括医嘱离院、医嘱转其他医疗机构、非医嘱离院、死亡及其他人数,不含家庭病床撤床人数。

[66]社会服务床位数除收养性机构外,还包括救助类机构、社区类机构以及军休所、军供站等机构的床位。

[67]国有建设用地供应总量是指报告期内市、县人民政府根据年度土地供应计划依法以出让、划拨、租赁等方式将土地使用权提供给单位或个人使用的国有建设用地总量。

[68]房地产用地是指商服用地和住宅用地的总和。

[69]万元国内生产总值用水量、万元工业增加值用水量和万元国内生产总值能耗按2015年价格计算。

资料来源:

本公报中户籍人口城镇化率、民用汽车、交通事故数据来自公安部;城镇新增就业、登记失业率、社会保障、技工学校数据来自人力资源社会保障部;外汇储备、汇率数据来自外汇局;财政数据来自财政部;制造业产品质量合格率、质量检验、国家标准制定修订等数据来自质检总局;水产品产量数据来自农业部;木材产量、林业、森林火灾数据来自林业局;灌溉面积、水资源、水土流失治理数据来自水利部;发电装机容量、新增220千伏及以上变电设备数据来自中电联;新建铁路投产里程、增新建铁路复线投产里程、电气化铁路投产里程、铁路运输数据来自铁路总公司;新改建公路里程、港口万吨级码头泊位新增通过能力、公路运输、水运、港口货物吞吐量数据来自交通运输部;新增民用运输机场、民航数据来自民航局;新增光缆线路长度、电信业务总量、电话交换机容量、电话用户、宽带用户、移动互联网接入流量、上网人数、互联网普及率、软件业务收入等数据来自工业和信息化部;棚户区住房改造、公租房、农村地区建档立卡贫困户危房改造数据来自住房城乡建设部;货物进出口数据来自海关总署;服务进出口、外商直接投资、对外直接投资、对外承包工程、对外劳务合作等数据来自商务部;管道数据来自中石油、中石化、中海油;邮政业务数据来自邮政局;农村地区互联网普及率数据来自中国互联网络信息中心;旅游数据来自旅游局、公安部;货币金融、公司信用类债券数据来自人民银行;上市公司数据来自证监会;保险业数据来自保监会;城乡低保、农村特困人员救助供养、社会服务、农作物受灾面积、洪涝地质灾害造成直接经济损失、旱灾造成直接经济损失、低温冷冻和雪灾造成直接经济损失来自民政部;教育数据来自教育部;重点研发计划、科技重大专项、国家重点实验室、科技成果转化引导基金、技术合同等数据来自科技部;自然科学基金项目数据来自自然基金委;国家工程研究中心、国家工程实验室、企业技术中心、万元国内生产总值二氧化碳排放等数据来自发展改革委;专利数据来自知识产权局;宇航发射数据来自国防科工局;艺术表演团体、博物馆、公共图书馆、文化馆数据来自文化部;广播电视、电影、报纸、期刊、图书数据来自新闻出版广电总局;档案数据来自档案局;体育数据来自体育总局;残疾人运动员数据来自中国残联;卫生数据来自卫生计生委;国有建设用地供应数据来自国土资源部;自然保护区、环境监测数据来自环境保护部;平均气温、登陆台风数据来自气象局;海洋灾害造成直接经济损失数据来自海洋局;地震次数、地震灾害直接经济损失数据来自地震局;安全生产数据来自安全监管总局;其他数据均来自国家统计局。

以新发展理念引领经济新常态 推进中国经济平稳健康可持续发展

——访国家发展改革委党组书记、主任　何立峰

（2017年8月19日）

习近平总书记在省部级主要领导干部“学习习近平总书记重要讲话精神，迎接党的十九大”专题研讨班开班式上强调指出，党的十八大以来的五年，是党和国家发展进程中很不平凡的五年，我们坚定不移贯彻新发展理念，有力推动我国发展不断朝着更高质量、更有效率、更加公平、更可持续的方向前进。近日，国家发展改革委党组书记、主任何立峰接受了专访，对党的十八大以来我国经济社会发展取得的辉煌成就进行了详细解读。

记者：您对过去五年我国经济社会发展总体情况如何评价？

何立峰：党的十八大以来，面对复杂变化的国内外形势，以习近平同志为核心的党中央从经济发展长周期和全球政治经济大背景出发，准确把握我国经济发展所处历史新方位，形成了更加系统完善的政策框架，引领我国经济保持中高速增长、向中高端迈进，可以说是“风景这边独好”。

一是作出了经济发展进入新常态的重大判断，解决了中国经济要“怎么看”的问题。在新常态下，我国经济增速从高速转为中高速增长，经济结构不断调整优化，发展动能转向创新驱动。认识、把握、引领新常态，是当前和今后一个时期经济工作的大逻辑。

二是形成了以新发展理念为指导、以供给侧结构性改革为主线的政策框架，解决了发展经济要“干什么”的问题。党的十八届五中全会提出了创新、协调、绿色、开放、共享的新发展理念；围绕践行新发展理念，进一步确立了推进供给侧结构性改革这条主线，提高供给体系质量和效率，增强经济持续增长的动力。

三是贯彻稳中求进工作总基调，解决了做好经济工作要“怎么干”的问题。在严峻复杂的国内外环境中，把该“稳”的稳住了，我国经济稳定增长、就业持续增加、物价基本稳定、国际收支改善；推动该“进”的取得了明显成效，优化经济结构、转变发展方式、激发经济发展新动能不断实现新突破。

五年来，我们迈过了很多艰难坎坷，渡过了很多激流险滩，我国经济社会发展取得了举世瞩目的辉煌成就，为实现“两个一百年”奋斗目标和中华民族伟大复兴的中国梦夯实了基础。

记者：五年来，经济转型升级特别是供给侧结构性改革取得了哪些突破？

何立峰：习近平总书记深刻指出，推进供给侧结构性改革，就是要通过去除没有需求的无效供给、创造适应新需求的有效供给，打通供求渠道，努力实现供求关系新的动态均衡。我们坚持以供给侧结构性改革为主线，打出了一套组合拳，供求关系正在发生实质性变化，经济转型升级步伐加快，为长远发展打下了牢固根基。

一是“三去一降一补”成效显现。钢铁、煤炭等重点行业去产能扎实推进，为优质产能和新动能的发展腾出了空间；坚持分类调控、因城施策，房地产去库存力度不断加大；去杠杆步伐稳健，企业杠杆率稳步下降；加大减税降费等工作力度，下大力气为企业降成本；紧紧围绕脱贫攻坚、社会事业等关键领域和薄弱环节，大力推进补短板建设。

二是振兴实体经济迈出坚实步伐。坚持以提高质量和核心竞争力为中心，制造业改造提升步伐加快，2013—2016年高技术产业和装备制造业增加值年均增速比规模以上工业高3.8个和1.9个百分点；服务业已占国民经济半壁江山，市场化社会化国际化水平不断提升。

三是农业供给侧结构性改革稳步推进。加快农业发展方式转变，农业生产结构逐步优化，农业技术装备水平逐步提升，农业农村改革逐步深化，现代农业产业体系、生产体系和经营体系逐步建立。2016年农业科技进步贡献率提高到56.2%。

四是经济结构调整加快。产业结构“三产超二产”，需求结构“消费超投资”，发展的质量和效益明显提高。同时，加快建设统一开放的市场体系，资源要素配置日渐优化。

记者：五年来宏观调控工作取得了哪些成效？

何立峰：习近平总书记指出，供给侧和需求侧是管理和调控宏观经济的两个基本手段，二者要相互配合、协调推进。五年来，我国宏观调控思路方式不断创新和完善，宏观经济保持了7.2%的年均增速、2%的物价水平和5%左右的调查失业率，始终运行在合理区间，对全球经济增长的贡献率超过30%。

一是注重在区间调控基础上加强定向调控、相机调控，不搞量化宽松和“大水漫灌”式的强刺激，宏观调控的前瞻性、针对性、协同性显著增强。

二是消费需求保持强劲拉动作用，对经济增长的贡献率稳步提升，今年上半年达到63.4%。消费结构升级步伐加快，居民消费品质从中低端向中高端转变，消费形态由物质型向服务型转变，消费方式发生积极变化。

三是投资在调结构、补短板中发挥关键作用，投资结构持续优化，补短板领域投资持续快速增长，民间投资持续占据主导地位。2013年以来，高技术制造业、生态环保、教育领域投资年均分别增长14.8%、29.7%和19.2%。

四是把防风险摆在突出位置，努力守住不发生系统性区域性风险的底线。强化信息公开与政策解读，社会预期保持稳定，切实增强了各方面对我国经济发展的信心。

记者：党的十八大以来，经济体制改革有哪些突出亮点？

何立峰：经济体制改革是全面深化改革的重点，核心问题

是处理好政府和市场的关系,使市场在资源配置中起决定性作用和更好发挥政府作用。习近平总书记强调,要继续在社会主义基本制度与市场经济的结合上下功夫,既要"有效的市场",也要"有为的政府"。五年来,改革呈现全面发力、多点突破、纵深推进的崭新局面,社会主义市场经济体制不断完善,为经济社会发展增添了新动力。

一是"放管服"改革向纵深推进。国务院各部门取消和下放行政审批事项的比例超过 40%,不少地方削减比例超过 70%,工商登记改为"先照后证";深入推进综合执法改革,全面推行"双随机、一公开"监管,事中事后监管持续强化;推行"互联网 + 政务服务",政府服务不断优化。

二是重点领域和关键环节改革取得突破。投融资体制改革方面,企业投资项目核准制度全面革新,中央层面核准项目累计削减 90%;价格改革方面,由市场形成的商品价格和服务价格比例已经超过了 97%;国企国资改革方面,提出了国企改革一揽子政策设计,混合所有制改革试点稳步开展;电力、油气、盐业、国有林区林场、公务用车制度等领域改革也在有序推进。

三是公平竞争市场环境加快形成。出台完善产权保护制度依法保护产权政策,建立公平竞争审查制度,社会信用体系建设取得新进展,价格监管和反垄断执法强力推进。

四是金融财税体制改革有序推进。利率市场化改革持续深化,人民币汇率弹性不断增强,金融体系日渐完善,金融监管得到改进。新修订的预算法正式实施,营改增试点全面推开。

记者:五年来在创新发展方面取得了哪些成效?

何立峰:习近平总书记多次强调,要摆脱过去更多依靠资源、资本、劳动力等要素投入的粗放型增长模式,大力推动创新驱动发展。五年来,我们深入实施创新驱动发展战略,着力提升创新能力,积极培育发展新动能,全面改造提升传统动能。2016 年我国科技进步贡献率达到 56.2%,创新对发展的支撑作用持续增强。

一是创新能力持续提升。在 8 个区域布局开展全面创新改革试验,着力破除制约创新发展的体制机制瓶颈。科技创新投入稳步增长,2016 年研究与试验发展经费支出达 1.55 万亿元,比 2012 年增长 50.5%。科技创新能力稳步提高,排名上升至全球第二十二位。

二是大众创业万众创新广泛开展。双创示范基地建设扎实推进,市场主体活力持续释放,正向外溢效应日益显著,为创新驱动注入了源源不断的活力。2013—2016 年,我国企业数量翻了一番,今年上半年日均新登记企业 1.6 万户。

三是新技术新产业新模式新业态蓬勃发展。基础研究、重大基础设施、重大装备等领域科技创新捷报频传,集成电路、人工智能等战略性新兴产业不断壮大,数字经济加快发展。

记者:在促进区域城乡协调协同发展方面,取得了哪些积极进展?

何立峰:党的十八大以来,以习近平同志为核心的党中央统揽发展全局,提出了"一带一路"建设、京津冀协同发展、长江经济带发展三大战略,深入推进以人为核心的新型城镇化。五年来,发展新空间得到有效拓展,区域城乡发展格局正在重塑优化,新增长极增长带加快形成。

一是"一带一路"建设成效显著。各地结合自身比较优势,在园区合作、产业对接等方面探索创新,取得了积极成果。

二是京津冀协同发展有力有序有效推进。交通一体化、生态环保、产业升级转移取得突破,北京城市副中心、河北雄安新区规划建设稳步推进,创新、改革、试点三大支撑不断强化。

三是长江经济带发展取得明显成效。坚持生态优先、绿色发展,共抓大保护、不搞大开发,积极推进水环境治理、水生态修复、水资源保护三大工程建设,稳步推动综合立体交通走廊建设。

四是区域发展总体战略和差别化区域政策深入实施。持续推进西部开发、东北振兴、中部崛起、东部率先"四大板块"协调发展,国家级新区及各类开发区等重要功能平台的集聚效应增强。

五是新型城镇化扎实推进。户籍人口城镇化率和常住人口城镇化率分别提高到 41.2% 和 57.35%。城镇化空间格局持续优化,城市群、中小城市和特色小(城)镇发展加速。城镇基础设施和公共服务水平不断加强,可持续发展能力有效提升。

记者:五年来,我国开放型经济发展取得了哪些成就?

何立峰:以开放促改革、促发展,是我国发展不断取得新成就的重要法宝。以推进"一带一路"建设为统领,我国开放型经济发展水平不断提升,更深层次、更高水平的双向开放格局正在形成。

一是"一带一路"建设成果丰硕。有序推进战略规划对接,已与 69 个国家和国际组织签署了 85 份政府间合作协议,政策沟通更加密切。积极开展重大项目建设,公路、铁路、机场、港口等交通、能源、通信基础设施建设稳步实施。大力推动投资贸易便利化,中欧班列开行超过 4500 列,贸易畅通显著提升。扎实开展金融创新合作,资金融通明显改善。持续加大民生领域投入,民心相通日益深化。共建"一带一路"倡议正在逐渐从理念转化为共识,从愿景转变为行动。

二是对外开放的广度和深度不断扩展。"引进来"水平进一步提高,利用外资连续五年居世界前三位。"走出去"结构进一步改善,在推进对外投资便利化的同时,有效防范对外投资风险。对外货物和服务贸易总额稳居世界前列,11 个自贸试验区的试验田作用持续发挥。

三是积极推进全球治理体系变革。针对当前世界范围内贸易保护主义和内顾倾向抬头、逆全球化思潮蔓延的态势,提出了构建人类命运共同体的中国主张,为完善全球治理贡献了中国智慧。

记者:五年来,生态文明建设取得了哪些进展?

何立峰:党的十八大把生态文明建设纳入"五位一体"总体布局,十八届五中全会明确提出绿色发展理念,这是以习近平同志为核心的党中央站在中华民族永续发展的战略高度和长远角度作出的重大战略决策。五年来,我们坚定不移推进生态文明建设,着力推动形成节约资源和保护环境的空间格局、产业结构、生产方式、生活方式,美丽中国建设迈出重要步伐。

一是生态文明制度建设持续深化。党中央、国务院印发了《关于加快推进生态文明建设的意见》和《生态文明体制改革总体方案》,强化顶层设计,着力突破利益固化的藩篱。

二是主体功能区战略持续完善。覆盖国家和省级、陆域和海域的主体功能区规划体系基本建立,重点生态功能区产业准入负面清单制度开始推行。

三是资源节约和环境保护力度持续加大。资源利用效率显著提高,环境质量有所改善,自然生态系统保护管控加强。2016 年,全国单位 GDP 能耗和用水量分别比 2012 年下降

17.9%和25.4%,空气质量达标城市增加到84个。

四是绿色发展持续推进。节能环保、新能源等绿色产业发展取得明显成效,能源生产和消费革命加快推进,积极应对气候变化推动低碳发展。

记者:五年来,在民生保障方面有哪些重点突破?

何立峰:习近平总书记指出,中国梦归根到底是人民的梦,必须紧紧依靠人民来实现,必须不断为人民造福。五年来,我们坚持以人民为中心的发展思想,着眼解决人民群众普遍关心的突出问题,推动实现经济发展和民生改善良性循环。

一方面,脱贫攻坚战全面打响。党中央把贫困人口脱贫作为全面建成小康社会的底线任务和标志性指标,注重实施精准扶贫方略,找到"贫根",对症下药、靶向治疗。党的十八大以来,在原有脱贫基础上,农村贫困人口累计减少5564万人,2017年计划再减少1000万人以上;贫困发生率下降到2016年底的4.5%。

另一方面,基本公共服务均等化深入推进。大力实施就业优先战略,2013年以来全国城镇新增就业人数连续四年每年保持在1300万人以上;收入分配更加合理,教育质量稳步提升,民生保障网进一步织密扎牢。

记者:您对五年来的经济工作有什么感受和体会?

何立峰:党的十八大以来,在世界经济持续低迷和国内"三期叠加"的大环境下,我国经济社会发展取得巨大成就,用事实驳斥了中国经济"硬着陆""拐点论"等说法。我们深刻感受到,这是以习近平同志为核心的党中央正确领导的结果,是各地区各部门认真贯彻党中央、国务院决策部署的结果,是全国广大人民群众共同努力的结果。

我们深刻体会到,推进经济平稳健康可持续发展任重道远,必须更加紧密地团结在以习近平同志为核心的党中央周围,深入贯彻习近平总书记系列重要讲话精神和治国理政新理念新思想新战略,牢固树立"四个意识",以优异成绩迎接党的十九大胜利召开,为决胜全面建成小康社会、实现中华民族伟大复兴的中国梦而不懈奋斗。

中国经济前景:多方合力推动增长

——在2017年G30国际银行业研讨会上的演讲及问答

中国人民银行党委书记、行长 周小川

2017年10月15日,中国人民银行行长周小川在华盛顿出席国际货币基金组织/世界银行年会期间,在G30国际银行业研讨会上就中国经济前景发表演讲,主要内容如下:

过去几年来中国经济增速持续放缓,自此前高于10%降至2012年的8%左右以后,继续降至2016年的6.7%。但今年以来经济增长动能有所回升,上半年GDP增速达6.9%,下半年有望实现7%。推动经济增长的动力主要来自家庭部门消费的快速增长,1-8月社会消费品零售总额同比增长10.4%,消费对象逐渐从传统的商品转向服务,因此服务业发展加快,第三产业增加值占GDP比重从15年前的约40%上升为当前的55%。经济增长促使就业整体保持稳定,1-8月新增城镇就业约1000万人。这也是中国庞大的人口规模需要保持的就业增长速度。同时,CPI同比增长1.8%,PPI增长6.3%,名义GDP增速达9.5%。

从货币供应和信贷数据看,今年初以来,中国已进入去杠杆进程,广义货币供应量M2增速持续放缓,当前已低于9%。整体杠杆率开始出现下降。虽然幅度不大,但趋势已经形成。金融危机以后,中国开始实行积极的财政政策和货币政策应对危机,所以在2009年后的两年内中国债务占GDP的比重大幅上升,但这是值得的,因为中国经济很快从危机中恢复。现在,中国需要将杠杆率降下来。

得益于外部环境的改善,今年以来中国进出口表现较好,商品贸易顺差为4000亿美元,比去年同期下降了20%,但进口、特别是服务业进口增长较快,经常项目顺差预计今年占GDP比例将降至1.2%。从国际比较看,中国国际收支不平衡程度较低。

关于去杠杆。中国的整体宏观杠杆率较高。分部门看,政府债务占GDP的比例并不高;居民部门债务占GDP的比例仍然处于低位,但增长较快;主要的问题是企业部门债务占GDP的比例较高。得益于低利率环境,当前偿债率仍较为合理。很多人可能会问,为什么企业会有这么高的杠杆率,为什么金融机构特别是商业银行愿意给企业提供这么多贷款。其中一个原因,也是很多经济学家指出的,中国地方政府通过各种融资平台借款,形成了较多的债务,这在统计上体现为企业部门债务,会导致企业部门债务高估。如果将这部分统计为政府债务,企业部门债务会大幅下降,政府债务相应上升,这种债务结构也更加平衡。因此,看待中国的杠杆率,不仅要看国有企业等企业部门债务和银行信贷问题,还应重视地方政府债务问题,而后者与推动城镇化进程有关。国际货币基金组织第四条款磋商团队也向我们提出建议,应认真研究政府间财政关系,改革中央与地方财政收支责任划分。

关于产能过剩和城镇化。中国已开始削减钢铁和水泥行业的过剩产能。这些行业产能过剩主要有两个原因,一是大规模的基础设施建设,二是城镇化进程很快,这两者都需要大量钢铁和水泥。中国的基础设施已得到很大改善,但城镇化进程还在进行中。从登记户籍人口来看,目前城镇化率仅为40%左右;但根据人口调查统计结果,城镇化率约为50%;如果使用样本分析法统计在城镇居住满六个月的人口数量,则城镇化率为57%。这意味着仍有大量农民正在向城市迁徙,虽然这些人可能已在城市找到工作,但尚未在城市落户安家。因此中国的城市化进程仍处于高速发展阶段,导致对钢铁和水泥的需求较大。中国政府希望推动结构改革和优化,高度重视环境保护,因此自愿削减10%的钢铁和水泥产能。目前,去产能已经取得了积极效果,预计能完成既定目标。

关于比较优势转移,现在中国许多劳动力密集型产业已向东盟及东南亚地区转移,也有越来越多的中国投资者去非洲投资,将部分产业转移至非洲。所以服务业在中国经济中的占比越来越大,这是一个很好的现象。但仍存在服务业竞争力不够的问题。虽然有一些优势产业,但医疗教育等行业仍较为薄弱,仍需进一步努力。

关于金融稳定。今年7月的全国金融工作会议决定成立金融稳定发展委员会,未来将重点关注四方面问题。一是影子银行。事实上我们已于两年前开始着手应对这一问题,目前已取得积极进展,许多影子银行业务已回归银行部门,被纳入商业银行资产负债表。二是资产管理行业。这一问题较为复杂,银监会、证监会和保监会三家分业监管的监管机构针对同一资产管理行为可能有不同的监管规定,我们同意金融稳定理事会的相关建议,应理顺和精简对资管行业的监管。三是互联网金融。目前许多科技公司开始提供金融产品,有些公司取得了牌照,但有些没有任何牌照却仍然提供信贷和支付服务、出售保险产品,这可能会带来竞争问题和金融稳定风险。四是金融控股公司。我们观察到,一些大型私人企业通过并购获得各种金融服务牌照,但并非真正意义上的金融控股公司,其间可能存在关联交易等违法行为,而我们对这些跨部门交易尚没有相应的监管政策。

未来我们将进一步深化改革,逐步推动经济去杠杆。同时,加强金融监管协调,推动金融市场平稳健康发展,维护金融稳定。

国际货币金融机构官方论坛(OMFIF)主席 David Marsh 提问:有人说当前全球存在"领导力真空",您是否认为此时是中国在国际货币体系改革中增强领导力的时刻?您在演讲中提到了中国经济的各种积极表现,这似乎为讨论储备货币体系改革、特别提款权的作用、货币互换机制常态化等问题时推动中国主张提供了一个契机。

答:近几年,随着中国经济的快速发展,中国在国际经济治理中开始发挥一定作用,包括参与储备货币体系改革以及贸易与金融稳定等政策的制定工作。但中国目前仍重点关注解决国内问题,包括如何继续促进经济发展,推动监管改革等,从而跟上全球发展步伐。

很高兴看到国际货币基金组织将人民币纳入特别提款权货币篮子,这令人鼓舞,也会激励中国进一步推进改革开放,更好发挥人民币作为可自由使用货币的作用。虽然中国更积极地加强了与国际货币基金组织、国际清算银行以及金融稳定理事会的合作,参与了标准制定工作,但还有很长的路要走,以发挥更大的作用。

货币互换是全球金融危机的意外产物。2008年全球金融危机爆发伊始,由于缺乏硬通货,银行发展代理行关系也面临困难,周边国家提出与中国签署本币互换协议,支持区域贸易发展与便利化。起初是韩国、东盟和中亚一些经济体,后来逐步扩展到世界其他地区,例如阿根廷、乌克兰和埃及等。因此,货币互换机制可以说是金融危机的意外产物。中国支持进一步发展全球安全网,这可能比双边安排更为有效。

花旗银行前总裁 Bill Rhodes 提问:去年您曾对中国债务占 GDP 之比上升表示担忧,但感觉您今年对中国债务问题比较乐观,中国政府目前正在积极采取措施应对债务问题。不知道上述判断是否正确?

答:关于债务问题,应当看到,在城镇化过程中,存在财政透明度不高、政府间财政关系有待理顺、缺乏明确的财政纪律约束地方政府等问题,因此金融市场对地方政府债的定价存在扭曲,向地方政府融资平台提供贷款的定价也存在扭曲,这导致商业银行和金融部门低估了地方政府财政风险。相信这些问题会逐步得到解决,金融市场会变得更加透明、健康。今年7月召开的全国金融工作会议也强调要重视政府债务风险,同时也应看到,与私人部门债务和外债相比,政府债务风险较低,我们将通过推进财政改革积极应对有关问题。

中国经济的对外开放:从制造业扩展到服务业

——在2017陆家嘴论坛上的主旨演讲

中国人民银行党委书记、行长　周小川

各位来宾,女士们、先生们:

上午好!

很高兴参加2017年陆家嘴论坛。中国建设社会主义市场经济,就是要通过参与竞争,优化资源配置,实现经济社会的进步和繁荣。在此过程中,对外开放起到了重要作用。这里,我想结合对国际国内的有关经验和背景,就对外开放问题谈几点理解,供大家参考。

一、制造业开放让中国成长为世界工厂

制造业在我国开放较早,早期也有争议,但相对易于形成共识,使制造业成为开放充分的产业。对制造业开放的一条观察是,较早参与开放和竞争的大多数行业最终都发展壮大得快、竞争力强。开放是资源配置优化的进程,通过市场和竞争机制带来优化配置。

具体来说,在"引进来"方面,开放通过进口和引进国外企业到国内投资办厂,与国内企业形成竞争。回想改革开放之前,国内企业就没有来自外资企业的竞争,只面临少量的国内竞争。参与竞争给工业企业带来了巨大的动力、压力和进步。

在"走出去"方面,通过出口和国内企业走出国门,参与国际竞争。开始时国内企业也不大参与国际竞争,出口也只是一些大宗资源类产品。80年代,很少有人相信中国制成品出口能有什么太大的前途。然而对外开放后,从加工贸易到工业制成品都参与国际竞争,随后"走出去"办企业,中国的制造业和企业不仅没有被冲垮,反而快速发展,中国成长为全球制造业强国、世界工厂,不少领域正迈向全球产业链的中高端。

通过竞争改掉了垄断。过去国内竞争也不充分,外贸企业之间也缺乏竞争,过去的外贸有中化、五矿、中粮、土畜产、纺织、轻工、机械、仪器仪表等外贸公司都是按行业切块,分别负责各自领域的进出口,相互之间财务规则不同,不允许竞争。为了吸引外资,1979年中国专门颁布了第一部中外合资企业法,外资企业对国内企业形成了竞争压力,制造业的行业切分和垄断开始消散。

有了竞争之后，国内企业有了很大进步。越是开放充分、竞争激烈的行业，进步就越快。制造业开始走向繁荣和强大。

二、开放促进了国内的政策改革

开放过程中强烈冲击了传统的集中计划型政策体系，并引发国内一系列重大改革，包括价格体制改革、增值税改革、出口退税、汇率市场化、开启关贸总协定及 WTO 谈判等影响深远的改革。80 年代初要想吸引外资，国内政策体系就要加快向市场经济规则靠拢，要有平等竞争，随后还要考虑与其他国家的企业在国际市场上平等竞争。

平等竞争和开放是相互关联的，不仅是国内企业与外资企业竞争，也必然包括国内企业之间的公平、充分竞争。对外开放促进了放开国内民营资本的准入，随后引入了国民待遇的概念。无论是对内资还是外资，准入条件应该是一致的。对外开放推动了贸易与投资自由化和便利化、汇率市场化、放宽外汇管制三大政策改革，其中包括降低市场准入门槛等，渐使竞争和市场变为普遍适用的政策机制。

三、服务业开放的类似历程

过去，经济学把服务业列为非贸易或不可贸易行业，但随着信息、交通运输的大幅进步，随着全球化的进展，有不少服务已变成可贸易，人们开始说“世界是平的”。我国服务业开放体现了与制造业类似的规律，也是通过对外开放，引入竞争，推动经营效率和服务质量提升，并带动国内相关政策改革。

工业领域，人们知道有国防等个别例外行业不适用于一般的市场竞争原则，但绝大部分行业都是可以开放引入竞争的。服务业也有一些领域涉及敏感行业，也有一些服务难以跨境递交，市场机制难以全部覆盖。但其他大多数服务业是可以开放的。对服务业开放的认识和政策改革进程与制造业也相似。在“引进来”方面，服务业先从酒店、餐饮、交通等行业的吸引外资起步，随后不断向其他服务行业拓展。在“走出去”方面，一开始是工业企业的出口产品 + 售后服务一起“走出去”。后来发展为银行、保险、医疗、航运、旅游、软件、零售、支付、文化等多领域。上海的航运业是比较典型的例子。

四、地区性试点的经验增强了开放的信心

早期，我国决定开放、开发四个经济特区，当时有不同意见，后来特区取得了效果，并向其他地区进行了推广。中国加入 WTO 时也很有争议，但事实证明“入世”对中国产生了深刻的积极影响。本届政府成立以来，有力推动上海自贸区试点，开始也有不同声音，现在自贸区数量已扩大到 11 个，很多先行先试的经验推向全国，说明大家看到开放带来了实实在在的好处。

五、金融服务业是竞争性服务业

金融是服务业的重要组成部分。不管是从 WTO 谈判的内容还是中国统计体系对服务业的分类都可以看出，金融是服务业的重要组成部分。人们经常说，金融是现代经济的核心。1993 年党的十四届三中全会将金融业描述为国民经济命脉行业。我理解当时的背景有：一是金融业特别是银行业对资源配置的作用很突出；二是银行业尚是四大专业银行各管一个专业，相互竞争较少；三是大金融机构尚承担少量政策性业务，未充分市场化；四是金融如不稳定，往往出大乱子。这是否妨碍金融业的市场性质？金融业是否属于竞争性服务业？

应该看到，90 年代，按十四届三中全会确定的社会主义市场经济的 50 条，已将专业银行的政策性义务剥离另设；四大专业银行全面转入竞争性市场中的全方位商业银行。十八届三中全会明确说市场在资源配置中起决定性作用，说明越是重要角色越要靠市场化。全球经济危机告诉大家，要防金融危机，首先要保证金融机构的健康性，高杠杆、低资本、不良贷款等现象均不得宽容，而不开放、不竞争往往纵容了低标准。为此，金融服务业作为市场经济中的竞争性服务业的属性已十分清晰。

从全球经验看，绝大多数金融行业都是竞争性服务业。当年我国引入外资银行，最开始期望引入资本，回头来看，国内商业银行从竞争中学到了很多内容，为我国金融业带来产品演变、市场建设、业务模式、管理经验等一系列变化。后又通过竞争性股改上市，国内银行的经营效率、资产质量、公司治理等都有了较大提高。外资银行的进入也对国内政策带来改革压力，包括会计准则、监管标准以及营改增等。

个别人从自身利益出发，主张对金融业进行保护，等成长壮大了再开放，再参与国际竞争。各国经验(包括我国自身经验)都表明，保护易导致懒惰、财务软约束、寻租等问题，反而使竞争力更弱，损害行业发展，市场和机构不健康、不稳定。其中一个例子是亚洲金融危机前后所发生的的那些现象。

现在，国内很多金融机构都已经“走出去”了，适应了国际竞争，特别是风险管理、定价、反洗钱都有了实质性变化。目前，已有五家金融机构跻身全球系统重要性金融机构，成为资本金充足、经营稳健的市场化经营主体。金融市场的发展和健康化已受到国际债市、新兴市场股票指数机构的关注。这些均说明，金融服务业是竞争性服务业，受益于对外开放，还要进一步扩大开放。

六、“一带一路”为中国金融业开放提供了新机遇

中央提出建设“一带一路”号召以来，各方面都积极响应，推动各项政策落地生效。“一带一路”是开放之路，涉及大量的新型金融合作，会带来进一步开放的需求，也为我国金融开放和国际合作提供了新的机遇。

开发性金融可以在“一带一路”建设中发挥积极作用。我国首先探索的开发性金融是服务国家战略、市场运作、自主经营、注重长期投资、依托信用支持、不靠政府补贴、保本微利、财务上可持续性的金融模式。这种模式可在“一带一路”中有更好的发挥。该模式不会形成对财政资源的挤占，避免滋生道德风险和导致市场扭曲等问题。“一带一路”建设也为金融机构开展海外布局，为贸易、投资、资本运作等提供更好金融服务提供了发展空间。

总之，回顾国内外的改革历程，应该提高认识，坚定信心，坚定不移地走对外开放的道路。从制造业、服务业开放的经验可推导出，金融行业不是例外，同样适用竞争与开放规律。金融服务业在对外开放过程中，由竞争机制带来压力、动力、进步和繁荣，会发展得更好。

我相信，在各方的大力支持和共同努力下，中国的对外开放一定能再上新台阶，上海自贸区的实验与推广、上海国际金融中心建设也将取得新成就。

谢谢大家！

在“一带一路”国际合作高峰论坛“促进资金融通”平行主题会议的发言

中国人民银行党委书记、行长　周小川

（2017 年 5 月 14 日）

各位来宾，女士们、先生们：

这次平行会议的主题是资金融通。资金融通是“一带一路”建设的重要支撑。“一带一路”的核心是共商、共建和共享，不能靠一个国家单打独斗，需要沿线国家共同努力才能搞好投融资合作。同时，政府的资源也是有限的，需要加强政府和市场的分工协作，坚持以企业为主体，市场化运作，才能保证投融资的可持续性。我们愿本着开放包容、平等互利的原则，与有关国家加强“一带一路”投融资领域的合作。我想重点谈以下几点想法：

第一，运用开发性金融，助力“一带一路”资金融通。“一带一路”建设具有项目回收周期较长、资金需求规模巨大等特点，开发性金融可以在其中发挥重要作用。长期以来，世界银行、欧洲复兴开发银行和泛美行等开发性金融机构为发展中国家提供了大量融资。近年来，中国的开发性金融机构在此领域也做出了积极尝试。根据中国的经验，开发性金融是指服务国家战略、依托信用支持、不靠政府补贴、市场运作、自主经营、注重长期投资、保本微利、财务上有可持续性的金融模式。实践证明，开发性金融业务具有多重优势，既可连接政府与市场、整合各方资源，又可为特定需求者提供中长期信用支持，还能对商业性资金起引领示范作用，以市场化方式予以支持。

第二，推动商业银行开展网络化布局，为贸易和投资提供更好的金融服务。“一带一路”建设不仅需要投融资合作，还涉及大量配套金融服务，包括代理行关系、银团贷款、资金结算和清算、项目贷款、账户管理、风险管理等。无论是促进贸易融通，还是更好地服务对外投资，均需要加快推进金融机构和金融服务的网络化布局，提高对贸易的金融服务能力，才能形成金融和经济相互促进的良性循环，进而盘活整盘棋局。我们愿与各国金融监管当局加强交流与合作，共同消除各种不合理的准入壁垒和限制，提供开放、公平、有序的监管环境，从而更好地推进金融机构和金融服务网络化布局，助力“一带一路”建设。

值得一提的是，近期“一带一路”国家的商业银行在推动金融合作领域做出了积极尝试。亚洲金融合作协会已于近期正式成立，将为区域内的金融合作提供广泛的支持。中国工商银行与巴基斯坦、乌兹别克斯坦、奥地利等沿线国家主要银行共同发起了“一带一路”银行合作行动计划，建立了银行常态化合作交流机制。随着条件成熟，未来可继续探讨深化合作的形式。

第三，加强金融基础设施互联互通，推动以社区银行、互联网/电信支付为代表的普惠金融发展。“一带一路”沿线国家金融基础设施联通有助于保证金融市场高效运行和整体稳定。近年来，中国在这方面已经有一些进展，比如中国银联的跨境支付网络已遍布 160 个国家和地区，包括众多“一带一路”沿线国家，为各国的企业和居民提供了优质、安全、高效的支付服务。中国的社区银行是以农信社为代表的，在完善农村地区的金融服务、聚拢当地储蓄方面也积累了有益经验，在推动以手机支付和电信支付为核心的普惠金融发展方面也有一些经验可以交流和分享。

第四，积极发挥本币在“一带一路”建设中的作用。在“一带一路”建设中，积极使用本国货币有助于有效动员当地储蓄、有利于降低换汇成本、有利于维护金融稳定等等。使用本币推动“一带一路”建设已有可以借鉴的经验，中国在签订本币互换协议、货币直接交易、人民币清算行和人民币跨境支付系统（CIPS）方面也进行了一些有益的尝试。中国愿与沿线国家分享相关经验，共同探索扩大本币在“一带一路”合作中的使用，更好地满足市场的需求和经济发展需要。

此外，我们还希望进一步推动股票和债券市场等资本市场发展，扩大股权、债券融资市场的连通性。最后，感谢大家参加此次会议，希望大家能借此机会共同商讨如何改善“一带一路”资金融通问题。

在“四个伟大”中担当中央企业的责任和使命

国务院国资委党委书记　郝鹏

（2017 年 11 月 3 日）

党的十九大以“四个伟大”集中宣示新时代我们党举什么旗、走什么路、以什么样的精神状态、担负什么样的历史使命、实现什么样的奋斗目标。“四个伟大”是习近平新时代中国特色社会主义思想的主线灵魂，是建设社会主义现代化强国、实现中华民族伟大复兴的方向路径，是凝聚全体共产党人和亿万人民智慧力量的共同愿景。中央企业学习贯彻党的十九大精神，就要在“四个伟大”中不忘初心、牢记使命、担当作为，为建设社会主义现代化强国凝聚磅礴力量。

为进行伟大斗争当好基本队伍

党的十九大提出，我们党要团结带领人民有效应对重大挑战、抵御重大风险、克服重大阻力、解决重大矛盾，必须进行具有许多新的历史特点的伟大斗争。进行伟大斗争，靠纲领路线正确，靠人民群众拥护，也要靠可以信赖依靠的基本队伍。新时代我们党要应对执政考验、改革开放考验、市场经济考验、外部环境考验“四大考验”，战胜精神懈怠危险、能力不足危险、脱离群众危险、消极腐败危险“四种危险”，做到“任凭风浪起，稳坐钓鱼台”，必须有关键时刻听指挥、拉得出，危急关头冲得上、打得赢的基本队伍。总书记明确指出，国有企业及其广大党员、干部、职工就是这样的队伍。这是总书记的巨大信任，是党的殷切期望。我们要牢记嘱托，为我们党战胜各种风险挑战、赢得伟大斗争当好基本队伍。

政治上绝对可靠。党的十八大以来，党和国家事业之所以实现历史性变革、取得历史性成就，根本在于习近平总书记掌舵领航，根本在于习近平新时代中国特色社会主义思想科学指引。习近平总书记是当之无愧的新思想创立者、新时代缔造者、中华民族伟大复兴领航者。中央企业1400万职工、500万党员要始终听党话跟党走，坚决维护习近平总书记党的领袖、党的核心地位，坚决贯彻习近平新时代中国特色社会主义思想，坚决听从以习近平同志为核心的党中央指挥和召唤。

思想上绝对忠诚。党的十九大把习近平新时代中国特色社会主义思想写入党章，确立为必须长期坚持并不断发展的指导思想和行动指南，实现了马克思主义中国化的又一次历史性飞跃。党的七大将毛泽东思想写在党的旗帜上，指引中国人民站起来；党的十五大将邓小平理论写在党的旗帜上，指引中国人民富起来；今天习近平新时代中国特色社会主义思想写在党的旗帜上，必将指引中华民族强起来。我们要持续深入学习贯彻习近平新时代中国特色社会主义思想，在深学笃用中打牢听党话跟党走的思想根基，把理论学习转化为理论自信，把真理力量升华为信仰定力，把对党绝对忠诚内化于心、外化于行，进入头脑、融入血脉、沁入骨髓。

行动上绝对紧跟。绝对可靠、绝对忠诚，根本在落实、关键在行动。党的十九大对决胜全面建成小康社会作了战略部署，分两个阶段对全面建设社会主义现代化国家新征程作了战略安排。我们要把贯彻落实十九大各项重大部署作为检验绝对可靠、绝对忠诚的重要标准，以只争朝夕、时不我待的精神状态，用新的思路、新的举措、新的办法，把十九大精神转化为中央企业改革发展党建的生动实践，把总书记标定的目标、擘画的蓝图变为现实。

为建设伟大工程作表率当先锋

党的十九大强调，党的建设新的伟大工程在“四个伟大”中起决定性作用，必须坚定不移全面从严治党。中央企业党的建设是伟大工程重要组成部分，是党在经济领域的重要阵地，要以政治建设为统领，从严从实管党治党，不断强“根”固“魂”，为建设伟大工程作表率当先锋，努力成为践行习近平新时代中国特色社会主义思想的坚强堡垒。

抓住党建责任制这个“牛鼻子”。总书记的报告指出，层层落实管党治党政治责任，是十八大以来党的建设宝贵经验。中央出台的《中央企业党建工作责任制实施办法》，是落实管党治党责任的重要制度成果，对传递党建工作压力，激发党建工作动力，全面加强中央企业党建工作起到重要作用。我们要进一步抓好实施办法的贯彻落实，落实好四部委境外单位党建工作指导意见，制定落实混合所有制企业党建工作规范性文件，完善以中央企业境内单位党建为“主体”，混合所有制企业和境外单位党建为“两翼”的“一体两翼”工作格局。继续抓好中央企业党委（党组）向国资委党委报告年度党建工作、党组织负责人向国资委党委党建工作述职以及中央企业基层党组织书记抓党建述职评议三项重点工作，建立完善中央企业党建工作考核评价体系，健全党建工作“述评考用”工作机制，切实解决“宽松软”问题，真正使中央企业党建工作严起来、实起来、硬起来。

抓住领导干部这个“关键少数”。党的十九大对建设高素质专业化干部队伍提出明确要求。国有企业领导人员是党在经济领域的执政骨干，是我们党治国理政复合型人才的重要来源，是国有企业干部队伍的“关键少数”。我们要坚持党管干部原则，保证党对干部人事工作的领导权和重要干部的管理权，要总结“选”的经验，突出政治标准，注重专业能力、专业精神，选优配强中央企业领导班子，提升干部队伍适应新时代中国特色社会主义发展要求的能力。要提升“用”的实效，精准科学用人，不拘一格用人才，使想干事者有机会、能干事者有舞台、干成事者有位置，弘扬优秀企业家精神，坚决治理不思进取、不接地气、不抓落实、不敢担当的“四不干部”。要完善“管”的制度，坚持严管厚爱相结合，激励约束并重，完善干部考核评价机制，落实“三个区分开来”要求，为担当者担当、为负责者负责、为干事者撑腰。

抓住“三基建设”这个大工程。十九大报告强调要加强基层党组织建设，新修订的党章对国有企业基层党组织建设提出明确要求。我们要树立大抓基层、党的一切工作到支部的理念，大力加强中央企业基层党建的基本组织、基本队伍、基本制度“三基建设”。制定中央企业基层党委工作规则、基层党支部工作规则。按照中央的统一部署，深入开展“不忘初心、牢记使命”主题教育，推进“两学一做”学习教育常态化制度化，真正把企业基层党组织建设成为宣传党的主张、贯彻党的决定、领导基层治理、团结动员职工群众、推动企业改革发展的坚强战斗堡垒。要抓好党员教育管理工作，注重从生产科研一线发展党员，努力把业务骨干培养成党员，把党员培养成业务骨干，把党员骨干输送到重要岗位，使企业关键岗位有党员领着、关键环节有党员把着、关键时刻有党员顶着。

抓住党风廉政“两个责任”。党的十九大提出，要保持战略定力，夺取反腐败斗争压倒性胜利。我们要巩固发展中央企业反腐败斗争压倒性态势，持之以恒正风肃纪，深化落实中央八项规定精神，运用好“四种形态”，抓早抓小、防微杜渐。要深化政治巡视，发挥巡视利剑作用，强化监督执纪问责，保持惩治腐败高压态势，努力减少腐败存量、遏制腐败增量。要推进党内监督同企业内控体系贯通起来，分事行权、分岗设权、分级授权，形成用制度管权管人管事的监督合力。要继续构建不敢腐、不能腐、不想腐体制机制，强化不敢腐的震慑，扎牢不能腐的笼子，增强不想腐的自觉，坚决夺取中央企业反腐败斗争压倒性胜利。

为推进伟大事业夯实重要基础

党的十九大提出，实现伟大梦想，必须推进中国特色社会主义伟大事业。总书记多次强调，国有企业是中国特色社会主义的重要物质基础和政治基础，关系公有制主体地位，关系我们党的执政地位和执政能力，关系我国社会主义制度。我们要坚定不移搞好国有企业，做强做优做大国有资本，夯实中国特色社会主义伟大事业的重要基础。

坚定搞好国有企业的信心和决心。新中国成立以来，党带领国有企业开启建设社会主义新中国壮丽事业，建立了独立完整的工业体系和国民经济体系，奠定了共和国宏基伟业。改革开放以来，我们党坚定不移推进国有企业改革，打赢改革脱困三年攻坚战，国有企业凤凰涅槃、浴火重生。现在，我国国有企业正从跨越式发展追赶者，变成与国际先进企业同台竞争的并行者，有的领域和行业已经成为领跑者。习近平总书记对国有企业改革发展成就给予充分肯定和高度评价，指出国有企业为我国经济社会发展、科技进步、国防建设、民生改善作出了历史性贡献，功勋卓著，功不可没。国有企业历史功绩绝对不能否定，也绝对否定不了。一路走来，一路艰辛，一路收获，国有企业越来越自信，越来越从容，越来越走近世界经济舞台的中央。中国特色社会主义新时代，我们更加坚信国有企业应有作为、必有作为、大有作为，国有企业一定要搞好，也一定能搞好！

坚定不移深化国有企业改革。我们要按照十九大确定的深化国有企业改革的方向和路径，遵循市场经济规律、企业发展规律，实现社会主义和市场经济的有机结合。要深化落实“1 + N”政策体系，加快突破改革重点领域和关键环节，加快建立有效制衡的公司法人治理结构和灵活高效的市场化经营机制，深化企业内部“三项制度”改革，实现干部能上能下、职工能进能出、收入能增能减，调动干部职工干事创业积极性。要积极推动国有经济布局优化、结构调整、战略性重组，深化国有资本投资、运营公司试点，发展混合所有制经济，进一步增强活力、激发动力、释放红利，放大国有资本功能，做强做优做大国有资本。

坚定不移推动国有企业发展。全面贯彻新发展理念，发挥中央企业在供给侧结构性改革中的带动作用，落实“三去一降一补”任务，坚决打赢瘦身健体、提质增效攻坚战，不断提高发展质量和效益。要专注实业、做强主业、创新创业，大力振兴实体经济，促进传统产业优化升级，加快发展先进制造业。要大力实施“走出去”战略，积极参与“一带一路”建设，加快国际化经营步伐，加快培育国际经济合作和竞争新优势。

为实现伟大梦想建设一流企业

企业强则国家强，伟大梦想需要一流企业支撑。总书记在党的十九大上发出了培育具有全球竞争力的世界一流企业的动员令。我们要响应总书记号召，努力建设与社会主义现代化相适应、与伟大梦想相匹配的世界一流企业。

要弘扬一流企业先进精神。党的十九大提出，要更好构筑中国精神、中国价值、中国力量。一流的企业孕育先进的精神，先进的精神塑造一流的企业。中央企业60多年发展壮大历程中，培育了“苦干实干”“三老四严”的石油精神、铁人精神，铸就了“特别能吃苦、特别能战斗、特别能攻关、特别能奉献”的载人航天精神，锻造了“产业报国、勇于创新、为中国梦提速”的高铁精神，这些先进精神植根于中央企业，丰富了中华民族精神宝库。我们要坚持弘扬中央企业先进精神，努力塑造忠诚于党、报效祖国、服务社会、造福人民、回报股东、关爱职工、节约资源、爱护环境、诚实守信、公平竞争的中央企业优秀文化，汇聚建设世界一流企业的强大精神力量。

要锻造一流企业创新能力。党的十九大提出，创新是引领发展的第一动力，是建设现代化经济体系的战略支撑。核心技术买不来、等不来，只能自己干出来。中央企业要大力实施创新驱动发展战略，发挥主力军作用，加快突破关键核心技术，加快培育高附加值尖端产品，加快向产业链价值链高端迈进，在新一轮产业革命中占据有利地位，把竞争和发展的主动权牢牢掌握在自己手里，培育一批引领全球行业技术发展、具有国际话语权和影响力的领军企业，使我国成为世界创新版图的重要一极。

要建设造福人民的一流企业。党的十九大强调坚持以人民为中心的发展思想。国有资产全民所有，发展成果全民共享。中央企业既关系国民经济命脉和国家安全，也与国计民生、百姓生活息息相关。人民对美好生活的向往就是中央企业的奋斗目标。我们要以供给侧结构性改革为契机，努力破解发展不平衡不充分的问题，给人民提供更优质的产品和服务，为人民美好生活加油，使人民获得感、幸福感更加充实、更有保障、更可持续。

深化国企国资改革　做强做优做大国有企业

国务院国资委主任　肖亚庆

（2017 年 6 月 16 日）

党的十八大以来，习近平总书记站在党和国家事业发展全局的战略高度，就国企国资改革发展发表一系列重要讲话，作出许多重要指示批示，充分体现了以习近平同志为核心的党中央对国企国资改革发展的高度重视。习近平总书记关于国企国资改革发展的重要思想，是治国理政新理念新思想新战略的重要组成部分，极大地丰富和发展了马克思主义政治经济学，具有十分重大的现实意义和深远的历史意义，为我们深入推进国企国资改革发展各项工作指明了方向，提供了根本遵循。

不断巩固党执政的物质基础和政治基础

习近平总书记指出，国有企业特别是中央管理企业，在关系国家安全和国民经济命脉的主要行业和关键领域占据支配地位，是国民经济的重要支柱，在我们党执政和我国社会主义国家政权的经济基础中也是起支柱作用的，必须搞好；我国国有企业为我国经济社会发展、科技进步、国防建设、民生改善作出了历史性贡献，功勋卓著，功不可没。习近平总书记对国有企业地位作用的充分肯定，对国有企业历史性贡献的充分肯定，既是对国资系统和广大国有企业的巨大鼓舞，也是强有力的鞭策。

改革开放以来，国有企业改革发展不断取得重大进展，为推动经济社会发展、保障和改善民生、增强我国综合实力作出了重大贡献。从物质基础看，目前国资监管系统企业资产总额达到 144.1 万亿元,上缴税费约占全国财政收入的 1/5,增加值约占全国 GDP 的 1/7,2016 年进入世界 500 强的国有企业有 83 家。我国的基础设施建设、能源资源保障、国防军工和战略性新兴产业大都主要集中在国有企业。从政治基础看,国有企业拥有 4000 多万在岗职工、近 80 万个党组织、1000 多万名党员,是我国工人阶级队伍的骨干力量,是我们党拥有的关键时刻听指挥、拉得出,危急关头冲得上、打得赢的基本队伍,也是我们党执政最坚定、最可靠的阶级基础。从国家综合国力和竞争力看,国有企业在载人航天、探月工程、深海探测、高速铁路、特高压输变电、第四代移动通信等领域取得了一批具有世界先进水平的重大科技创新成果,积极参与国际竞争,已经成为体现国家综合实力、提升我国在国际舞台话语权的重要力量。从维护国家安全、保障改善民生看,国有企业在贯彻落实国家宏观调控政策、实施国家重大战略、支持国防现代化建设、保障能源资源安全、精准脱贫攻坚、维护社会稳定等方面,都发挥了顶梁柱作用。

企业强则国家强。我们必须从讲政治的高度,充分认识国有企业在统筹推进"五位一体"总体布局和协调推进"四个全面"战略布局中,在实现"两个一百年"奋斗目标和中华民族伟大复兴中国梦历史进程中肩负的重大责任和使命,坚持国有企业在国家发展中的重要地位不动摇,坚持把国有企业搞好、把国有企业做强做优做大不动摇,坚决抵制"私有化""去国有化""去主导化"等错误思想言论,理直气壮发展壮大国有经济,确保党执政的物质基础和政治基础更加巩固。

牢牢把握国有企业改革的正确方向

习近平总书记指出,推进国企改革要奔着问题去,坚持以解放和发展社会生产力为标准,坚持政企分开、政资分开,以增强企业活力、提高效率为中心,提高国企核心竞争力;深化国有企业改革,要有利于国有资本保值增值,有利于提高国有经济竞争力,有利于放大国有资本功能。习近平总书记重要讲话精神,为国企国资改革政策制定、工作推进、措施落地提供了根本遵循。

党的十八大以来,各级国资委和广大国有企业认真贯彻落实党中央、国务院关于国有企业改革的决策部署,加快推进改革顶层设计,大力推动改革举措落地,国有企业改革呈现出全面推进、重点突破、成效显现的良好局面。各级国资委结合实际开展国有企业功能界定与分类工作,推动不同类别国有企业分类改革、分类监管、分类考核、分类发展。改组组建国有资本投资、运营公司步伐不断加快,公司制股份制改革全面提速,现代企业制度进一步完善,解决历史遗留问题取得突破性进展。

当前,国有企业改革正处于攻坚阶段,虽然取得了实质性进展,但仍面临许多深层次的矛盾和问题,深化国有企业改革依然任重道远。我们必须坚持和完善基本经济制度,坚持社会主义市场经济改革方向,以解放和发展社会生产力为标准,以提高国有资本效率、增强国有企业活力为中心,深化国有企业改革,使国有企业真正成为能够自主经营、自负盈亏、自担风险、自我约束、自我发展的独立市场主体。

理直气壮做强做优做大国有企业

习近平总书记指出,要理直气壮做强做优做大国有企业,提高核心竞争力和资源配置效率,不断增强国有经济活力、控制力、影响力、国际竞争力、抗风险能力;国有企业要成为党和国家最可信赖的依靠力量,成为坚决贯彻执行党中央决策部署的重要力量,成为贯彻新发展理念、全面深化改革的重要力量,成为实施"走出去"战略、"一带一路"建设等重大战略的重要力量,成为壮大综合国力、促进经济社会发展、保障和改善民生的重要力量,成为我们党赢得具有许多新的历史特点的伟大斗争胜利的重要力量。习近平总书记旗帜鲜明地提出了做强做优做大国有企业的发展目标,是对我们党建设中国特色社会主义理论的继承和发展,是面对新的国际国内形势、立足新的历史发展定位提出的国有企业改革发展新论断新要求。

党的十八大以来,国有企业朝着做强做优做大的目标迈出了坚实的步伐,运行质量和效益不断提高,规模实力明显提升。2016 年中央企业实现增加值达 6.1 万亿元,截至 2016 年底资产总额达到 50.5 万亿元,2013—2016 年共实现利润 6.4 万亿元。今年一季度实现利润总额 3120 亿元,同比增长 23.2%,创下近年来同期最佳业绩。

中央企业间重组整合不断加快,党的十八大以来共有 26 家中央企业进行了重组,中央企业数量从 117 家调整到 102 家;设立国有企业结构调整基金和国有资本风险投资基金,国有企业间联合投资、交叉持股等资本合作广泛开展,国有资本进一步向重要行业和关键领域、向前瞻性战略性产业、向优势企业集中。中央企业不断强化自主创新特别是原始创新,航天航空、高速铁路、特高压输电、移动通信、飞机制造、核电等领域取得了一批具有自主知识产权和国际先进水平的重大创新成果,为企业转型发展奠定了坚实的基础;深入开展"双创""互联网 +",新产业新模式新业态不断涌现,管理创新、商业模式创新不断取得新成效。中央企业"走出去"层次水平不断提高,境外投资额约占我国非金融类对外直接投资总额的 60%,对外承包工程营业额约占我国对外承包工程营业总额的 60%,境外业务逐步由能源、矿产资源开发拓展到高铁、核电、特高压建设运营等领域。

做强做优做大国有企业,是充分发挥国有经济主导作用,推进国家现代化、保障人民共同利益的必然要求。我们必须从推进中国特色社会主义伟大事业和党的建设新的伟大工程的高度来看待国有企业,坚定不移地做强做优做大国有企业,进一步深化供给侧结构性改革,优化国有资本布局结构,提升创新驱动发展能力,不断提高国际化经营管理的水平,使国有企业真正成为我们党执政兴国的重要支柱和依靠力量。

不断增强监管的科学性、针对性和有效性

习近平总书记指出,国有企业改革要先加强监管,防止国有资产流失,这一条不做好,国有企业其他改革就难以取得预期成效;要按照以管资本为主加强国有资产监管的要求,依法依规建立和完善出资人监管权力和责任清单,重点管好国有资本布局、规范资本运作、提高资本回报、维护资本安全。习近平总书记关于国资监管工作的重要讲话精神,明确提出了加强国资监管的核心目的和工作重点,为新形势下完善国有资产监管体制、加强和改进国有资产监管工作进一步指明了方向。

党的十八大以来,各级国资监管机构按照以管资本为主的要求持续加强国有资产监管,国资监管体制不断完善。国资监管机构职能转变工作有序开展。专门制定职能转变方案,大力调整优化内部机构设置和工作流程,聚焦管好资本投向、规范资本运作、提高资本回报、维护资本安全。大力推进简政放权,强化企业运行监测分析和重大事项提示预警,加强出资人财务监督,推动考核结果与薪酬分配紧密挂钩,增强工作联动,提高监管效能。

加强国有资产监管,是搞好国有企业的重要保障,是做强做优做大国有企业的迫切需要。我们必须按照以管资本为主加强国有资产监管的要求，进一步改革和完善国资监管体制，坚持政企分开、政资分开、所有权和经营权分离，进一步深入推进监管职能转变，改进国有资产监管方式和手段，推进分类监管、依法监管和信息化监管，切实强化监督，严防国有资产流失，不断提高监管科学性、针对性和有效性，全面落实国有资产保值增值责任，当好国有资产的忠诚卫士。

全面从严加强国有企业党的建设

习近平总书记在全国国有企业党的建设工作会议上指出，坚持党的领导、加强党的建设是国有企业的"根"和"魂"，是我国国有企业的独特优势。坚持党对国有企业的领导是重大政治原则，必须一以贯之；建立现代企业制度是国有企业改革的方向，也必须一以贯之。要把加强党的领导和完善公司治理统一起来，建设中国特色现代国有企业制度。习近平总书记关于国有企业党建的重要讲话精神，为我们加强国有企业党的建设明确了政治方向和政治原则，提供了强大的思想武器和科学指南。

高度重视全国国企党建会精神的贯彻落实，采取坚决有力措施，坚持问题导向，推动中央企业党的建设不断得到新的加强。认真落实党建工作责任制，强化党建工作考核评价，推动党建工作从"软指标"变成"硬约束"。推动中央企业把党建工作要求纳入公司章程，目前集团层面已全部完成；全面推行董事长、党委书记"一肩挑"，目前建立规范董事会的 83 家中央企业已全部完成。按照"对党忠诚、勇于创新、治企有方、兴企有为、清正廉洁"的 20 字标准从严选拔、教育、监督、管理企业领导人员，着力打造一支高素质的企业领导人员队伍。推动基层党组织全覆盖，健全党建工作机构，充实党务工作力量，使基层党组织的战斗堡垒作用和党员的先锋模范作用得到充分发挥。严明政治纪律和政治规矩，深入贯彻中央八项规定精神，全力做好巡视及巡视整改工作，保持惩治腐败高压态势，风清气正的环境正在形成。

全面从严加强国有企业党的建设，不仅关系到国有企业自身改革发展，而且关系到我们党能不能牢牢掌控国有企业、国有资产，不断巩固党的执政基础。我们必须站在党和国家事业发展全局的战略高度，深刻认识加强国有企业党的建设的重大意义，切实肩负起全面从严管党治党的重大责任，坚决把国有企业党建工作严起来、实起来、强起来，切实为国有企业改革发展提供坚强的政治保证。

加快建立现代财政制度

财政部党组书记、部长　肖捷

（2017 年 12 月 20 日）

习近平同志所作的党的十九大报告从全局和战略的高度强调加快建立现代财政制度，并明确了深化财税体制改革的目标要求和主要任务。我们要坚持以习近平新时代中国特色社会主义思想为指导，不断增强"四个意识"，坚定"四个自信"，进一步健全财政体制、预算制度和税收制度，为夺取新时代中国特色社会主义伟大胜利不懈奋斗。

加快建立现代财政制度

党的十八大以来，在以习近平同志为核心的党中央坚强领导下，现代财政制度建设取得重要阶段性成果。面对新时代新要求，必须加快改革步伐，完善体制机制，更好发挥财政在国家治理中的基础和重要支柱作用。

加快建立现代财政制度是实现党中央关于深化财税体制改革重大部署善作善成的必然要求。过去 5 年，财税领域改革多点突破，不断向纵深推进。现代预算制度主体框架基本确立。新预算法颁布施行。在推进预算公开、实行中期财政规划管理、完善转移支付制度、加强地方政府性债务管理等方面，一系列重大改革举措密集推出、落地实施。税收制度改革取得重大进展。实现增值税对货物和服务全覆盖，开征 66 年的营业税告别历史舞台。资源税从价计征改革全面推进。环境保护税法制定出台。房地产税立法、个人所得税改革、健全地方税体系改革工作稳步推进。财政体制进一步完善。出台推进中央与地方财政事权和支出责任划分改革的指导意见，重点领域财政事权和支出责任划分改革积极推进。全面推开营改增试点后调整中央与地方增值税收入划分过渡方案出台实施。站在新的更高起点上，进一步落实好党中央确立的深化财税体制改革重大部署，必须坚持一张蓝图绘到底，巩固和拓展已取得的改革成果，再接再厉，久久为功。

加快建立现代财政制度是完善和发展中国特色社会主义制度、推进国家治理体系和治理能力现代化的题中应有之义。党的十九大报告深刻洞察世情国情党情变化，科学作出"中国特色社会主义进入了新时代"的重大政治判断。要在迅速变化的时代中赢得主动，在新的伟大斗争中赢得胜利，必须进一步完善和发展中国特色社会主义制度，为党和国家事业发展、人民幸福安康、社会和谐稳定、国家长治久安提供一整套更完备、更稳定、更管用的制度体系。财政制度体现政府与市场、政府与社会、中央与地方关系，涉及经济、政治、文化、社会和生态文明建设各个方面，是国家治理体系的重要组成部分。加快建立现代财政制度，是更好发挥财政在国家治理中的基础和重要支柱作用的客观需要，有利于加快国家治理体系和治理能力现代化进程。

加快建立现代财政制度是决胜全面建成小康社会、实现中国梦的重要保障。党的十九大报告明确指出，我国社会主要矛盾已经转化为人民日益增长的美好生活需要和不平衡不充分的发展之间的矛盾，作出了实现第一个百年奋斗目标和向第二个百年奋斗目标进军的战略部署。适应我国社会主要矛盾新变化，贯彻新时代中国特色社会主义发展的战略安排，支持打好防范化解重大风险、精准脱贫、污染防治的攻坚战，深化供给侧结构性改革，要求加快建立有利于转变经济发展方式、维护市场统一、促进社会公平正义的可持续的现代财政制度，充分发挥其在优化资源配置、提供公共服务、调节收入分配、保护生态环境、维护国家安全等方面的职能，促进更高质量、更有效率、更加公平、更可持续的发展，更好推动人的全面发展、社会全面进步。

建立权责清晰、财力协调、区域均衡的中央和地方财政关系

科学规范的中央和地方财政关系必须具有清晰的财政事权和支出责任划分、合理的财力配置和明确的目标导向，事关区域均衡发展和国家长治久安。当前和今后一个时期中央和地方财政关系的构建，权责清晰是前提，财力协调是保障，区域均衡是方向。要科学界定各级财政事权和支出责任，形成中央与地方合理的财力格局，在充分考虑地区间支出成本因素的基础上将常住人口人均财政支出差异控制在合理区间，加快推进基本公共服务均等化。

权责清晰，就是要形成中央领导、合理授权、依法规范、运转高效的财政事权和支出责任划分模式。在处理好政府和市场关系的基础上，按照体现基本公共服务受益范围、兼顾政府职能和行政效率、实现权责利相统一、激励地方政府主动作为等原则，加强与相关领域改革的协同，合理划分各领域中央与地方财政事权和支出责任，成熟一个、出台一个，逐步到位。及时总结改革成果和经验，适时制定修订相关法律、行政法规。同时，合理划分省以下各级政府财政事权和支出责任，适合哪一级政府处理的事务就交由哪一级政府办理并承担相应的支出责任，省级政府要加强统筹。

财力协调，就是要形成中央与地方合理的财力格局，为各级政府履行财政事权和支出责任提供有力保障。结合财政事权和支出责任划分、税收制度改革和税收政策调整，考虑税种属性，在保持中央和地方财力格局总体稳定的前提下，科学确定共享税中央和地方分享方式及比例，适当增加地方税种，形成以共享税为主、专享税为辅，共享税分享合理、专享税划分科学的具有中国特色的中央和地方收入划分体系。因地制宜、合理规范划分省以下政府间收入。同时，继续优化转移支付制度，扩大一般性转移支付规模，建立健全专项转移支付定期评估和退出机制，研究构建综合支持平台，加强转移支付对中央重大决策部署的保障。

区域均衡，就是要着力增强财政困难地区兜底能力，稳步提升区域间基本公共服务均等化水平。从人民群众最关心、最直接、最现实的主要基本公共服务事项入手，兼顾需要和可能，合理制定基本公共服务保障基础标准，并适时调整完善。根据东中西部地区财力差异状况、各项基本公共服务的属性，规范基本公共服务共同财政事权的支出责任分担方式。按照坚决兜住底线的要求，及时调整完善中央对地方一般性转移支付办法，提升转移支付促进基本公共服务均等化效果。省级政府要通过调整收入划分、加大转移支付力度，增强省以下政府基本公共服务保障能力。

建立全面规范透明、标准科学、约束有力的预算制度，全面实施绩效管理

内容完整、编制科学、执行规范、监督有力、讲求绩效和公开透明是现代预算制度的基本要素。要立足于已确立的预算制度主体框架，进一步提升预算的全面性、规范性和透明度，推进预算科学精准编制，增强预算执行刚性约束，提高财政资源配置效率。

全面规范透明。推进全口径政府预算管理，全面反映政府收支总量、结构和管理活动。强化政府性基金预算、国有资本经营预算、社会保险基金预算与一般公共预算的统筹衔接，严控政府性基金项目设立，加大国有资本经营预算调入一般公共预算力度，加快推进统一预算分配权。深入实施中期财政规划管理，提高中期财政规划的科学性，增强对年度预算编制的指导作用。进一步完善跨年度预算平衡机制，严格规范超收收入的使用管理。坚持以公开为常态、不公开为例外，不断拓展预算公开的内容和范围，完善预算公开的方式方法，加强预算决算公开情况检查，全面提高预算透明度，强化社会监督。

标准科学。遵循财政预算编制的基本规律，根据经济社会发展目标、国家宏观调控要求和行业发展需要等因素，明确重点支出预算安排的基本规范。扩大基本支出定员定额管理范围，建立健全定额标准动态调整机制。深入推进项目支出标准体系建设，发挥标准对预算编制的基础性作用。加强预算评审结果运用，及时总结不同项目的支出规律，探索建立同类项目的标准化管理模式。

约束有力。严格落实预算法，切实硬化预算约束。坚持先预算后支出，年度预算执行中，严格执行人民代表大会批准的预算，严控预算调整和调剂事项，强化预算单位的主体责任。严格依法依规征收财政收入。构建管理规范、风险可控的政府举债融资机制，明确各级政府对本级债务负责，增强财政可持续性。地方政府一律采取发行政府债券方式规范举债，强化地方政府债务预算管理和限额管理。层层落实各级地方政府主体责任，加大问责追责和查处力度，完善政绩考核体系，做到终身问责，倒查责任。

全面实施绩效管理。紧紧围绕提升财政资金使用效益，将绩效理念和方法深度融入预算编制、执行和监督的全过程，注重成本效益分析，关注支出结果和政策目标实现程度。绩效管理覆盖所有财政资金，体现权责对等，放权和问责相结合。强化绩效目标管理，建立预算安排与绩效目标、资金使用效果挂钩的激励约束机制。加强绩效目标执行动态监控。推动绩效评价提质扩围，提升公共服务质量和水平，提高人民满意度。

深化税收制度改革，健全地方税体系

深化税收制度改革的目标是形成税法统一、税负公平、调节有度的税收制度体系，促进科学发展、社会公平和市场统一。要围绕优化税制结构，加强总体设计和配套实施，推进所得类和货物劳务类税收制度改革，逐步提高直接税比重，加快健全地方税体系，提升税收立法层次，完善税收法律制度框架。

着力完善直接税体系。建立综合与分类相结合的个人所得税制度，优化税率结构，完善税前扣除，规范和强化税基，加强税收征管，充分发挥个人所得税调节功能。实行代扣代缴和自行申报相结合的征管制度，加快完善个人所得税征管配套措施，建立健全个人收入和财产信息系统。密切关注国际税改动态，审慎评估和研判国际税制发展趋势，进一步完善企业所得税制度。适应经济全球化发展和“一带一路”建设的需要，加强国际税收协调，提升我国税制的国际竞争力。按照“立法先行、充分授权、分步推进”的原则，推进房地产税立法和实施。对工商业房地产和个人住房按照评估值征收房地产税，适当降低建设、交易环节税费负担，逐步建立完善的现代房地产税制度。

健全间接税体系。按照税收中性原则，深入推进增值税改革，进一步健全抵扣链条，优化税率结构，完善出口退税等政策措施，构建更加公平、简洁的税收制度。结合增值税改革进程，推进增值税立法，最终形成规范的现代增值税制度。结合实施中央和地方收入划分改革，研究调整部分消费税品目征收环节和收入归属。

积极稳妥推进健全地方税体系改革。调整税制结构，培育地方税源，加强地方税权，理顺税费关系，逐步建立稳定、可持续的地方税体系。一是完善地方税种。根据税基弱流动性、收入成长性、征管便利性等原则，合理确定地方税税种。在目前已实施的城镇土地使用税、房产税、车船税、耕地占用税、契税、烟叶税、土地增值税等为地方税的基础上，继续拓展地方税的范围，同时逐步扩大水资源费改税改革试点，改革完善城市维护建设税。二是扩大地方税权。在中央统一立法和税种开征权的前提下，根据税种特点，通过立法授权，适当扩大地方税收管理权限，地方税收管理权限主要集中在省级。三是统筹推进政府非税收入改革。加快非税收入立法进程。深化清理收费改革，继续推进费改税。在规范管理、严格监督的前提下，适当下放部分非税收入管理权限。

全面落实税收法定原则。按照党中央审议通过的《贯彻落实税收法定原则的实施意见》的要求，新开征税种，一律由法律进行规范；将现行由国务院行政法规规范的税种上升为由法律规范，同时废止有关税收条例。力争在 2019 年完成全部立法程序，2020 年完成“落实税收法定原则”的改革任务。

在中国证券业协会第六次会员大会上的讲话

中国证券监督管理委员会党委书记、主席　刘士余

（2017 年 6 月 17 日）

尊敬的陈共炎会长，尊敬的各位代表、各位来宾，各位同志：

大家上午好！今天的大会是证券行业的一次盛会，我谨代表中国证监会向大会的召开表示热烈祝贺！向与会代表及全行业从业人员致以诚挚的问候，向关心支持中国资本市场改革发展的各界朋友、各部门、各单位表示衷心的感谢！

党的十八大以来，在以习近平同志为核心的党中央坚强领导下，经过各有关方面共同努力，中国证券行业在资本实力、发展理念、服务质量、规范水平、市场竞争力等方面都有了显著提升和改善。数字最有说服力。五年来，证券行业的资本增长 2.2 倍，总资产增长 2.7 倍，服务企业完成股权融资 6 万亿元、债权融资 15 万亿元、并购重组交易 3.5 万亿元。这些数字反映出整个证券行业发生了可喜的变化，在促进资本形成、优化资源配置、服务实体经济和投资者方面发挥着越来越重要的作用。特别要强调的是，证券行业在服务国家战略的意识、能力和自觉性等方面正在不断地增强。证券行业始终扮演着投资者与融资者之间、投资者与市场之间、政府与市场之间的桥梁作用，使命光荣，责任重大。当前，我国经济稳中向好，新的动能在不断地提升，新的业态在不断地发展壮大。伴随着全面深化改革的推进，高水平对外开放的展开，中国资本市场正在展示出更加广阔的前景。新的伟大时代呼唤一流的投行，也必将为投行的成长创造难得的机遇。我真诚地期盼，亦坚信，通过包括在座各位的证券行业同仁的共同努力，我们一定能够把握机遇，以舍我其谁的责任和担当，建设富有中国制度特色、注入中国文化元素的世界一流投行。

第一，希望大家专注主业，更好服务于创新驱动战略和供给侧结构性改革。大力发展资本市场，是供给侧结构性改革的题中应有之意。证券公司要心无旁骛做好主业，秉承发展新理念，始终服务于国家创新驱动战略的实施，当前要着力服务好“三去一降一补”这项突出任务与关键领域改革，促进更多的资源优化配置到实体经济最需要的领域。真正履行勤勉尽责等责任，从源头上严把上市公司质量关，不能“只荐不保”、一上了之。证券公司不能只盯着承销保荐，更要在并购重组、盘活存量上做文章，为国企国资改革、化解过剩产能、“僵尸企业”的市场出清、创新催化等方面提供更加专业化的服务，加快对产业转型升级的支持力度。

第二，希望大家主动作为，积极参与“一带一路”战略的实施。金融服务与金融资源的竞争历来是国际竞争的核心要素之一，没有一流的投行，哪有一流的国际竞争力。我们支持有条件的证券公司积极围绕客户“走出去”做好境内境外全流程的服务；我们支持有条件的证券公司积极拓展国际市场，特别是抓住“一带一路”建设的机遇，积极到沿线国家和地区布局设点，开展跨境业务，为实体企业提供更加丰富、便捷的投融资服务。同时，我们将以更加开放的姿态欢迎境外机构来华开展合作，逐步放宽市场准入，扩大市场互联互通。

第三，希望大家创新发展，着力提升服务质量。毫无疑问，没有创新，证券行业就没有活力。同时，创新是一把双刃剑，创新必须以合规经营和风险控制为前提，围绕实体经济发展的需要来进行，不能打着创新的旗号规避内部管控与外部审慎监管。否则，最后必将导致“脱实向虚”、自娱自乐，引发风险。高质量的服务是证券经营机构安身立命之本，更是服务实体经济、防控金融风险的基础。证券经营机构始终要以“了解你的客户”为原则，要以为你的客户创造价值为宗旨，推进以客户为中心的产品和服务创新，更好地满足日益增长的企业投融资和居民财富管理的需求。

第四，希望大家守住底线，共同促进资本市场健康发展。各类证券经营机构必须把防控金融风险放到更加重要的位置，共同创造良好的市场秩序、稳定的市场环境。这方面要靠大家一起行动，共同呵护。证券公司不能光想着招揽客户、收取佣金，要切实履行投资者保护的相应责任，还要识别好客户，发现异常交易行为，要按照法律法规，该制止的要制止，该报告的要报告。同时，要约束好自己的员工，坚守职业操守，体现专业精神，为市场发展注入正能量。

中国证券业协会是法定自律性组织，《证券法》第九章对证券业协会的职责有明确的规定。近年来，中国证券业协会切实履行“自律、服务、传导”的职责，做了大量卓有成效的工作，发挥越来越重要的作用。证监会党委对协会的工作是充分肯定的，行业对协会的工作也是大力支持和寄予厚望的。证券业协会要在新的起点上加强自身建设，不断强化“四个意识”，牢牢把握正确的政治方向。在为行业提供更好服务的同时，在自律管理方面，证券业协会还有很

大的潜力可以挖。要在总结经验的基础上强化自律检查，严格纪律处分。对违反自律规则的会员及其从业人员要严肃处理，坚决曝光，记入诚信档案，使他们真正对自己的行为负起责任。协会要继续完善纠纷调解、投资者救助等机制，切实维护投资者合法权益。协会更要促进资本市场的公开、公平、公正，并努力打造成为自律有力、服务到位、行业信赖、市场认可的自律组织。

同志们，本届大会将选举产生协会新一届的领导班子，希望新班子切实提高政治站位，强化使命担当，团结带领广大会员抓住机遇，奋发有为，坚持不懈地为中国资本市场健康稳定发展而奋斗，为党的十九大胜利召开做出我们应有的贡献！

预祝大会圆满成功！谢谢大家！

持续改进银行服务为经济社会发展贡献金融新动能

——在《2016 年度中国银行业服务改进情况报告》暨文明规范服务千佳示范单位发布会上的讲话

中国银行业监督管理委员会主席、党委书记 郭树清

(2017 年 3 月 15 日)

各位嘉宾、银行界同仁、媒体界的朋友们：

大家下午好！今天是一个特别有意义的日子，既逢3·15国际消费者权益日，又值全国两会胜利闭幕，可谓喜上加喜。非常高兴参加“《2016 年度中国银行业服务改进情况报告》暨文明规范服务千佳示范单位发布会”。首先，我谨代表中国银监会向千佳示范单位、银行业服务管理提升和消费者权益保护工作所取得的新成果表示热烈的祝贺！也借此机会，向长期以来关心、关注和支持银行业发展的各位媒体朋友们和社会各界表示诚挚的感谢！

银行业属于现代服务行业，服务国家战略、服务实体经济、服务客户是银行的天职。自 2006 年起至今，以“百佳”、“千佳”为代表的文明规范服务品牌体系建设工作已经开展了十多年时间，已得到社会公众的广泛认可。一是消费者满意度稳步提升。银行业顺应客户需求变化，持续改进业务流程，创新服务模式，构建了线上线下融合服务平台。截至 2016 年底，银行业营业网点 22.8 万个，新增设营业网点 3800 多个；网上银行交易金额为 1299 万亿元，交易笔数总计 850 亿笔，同比增长 98%。客服中心人工电话接通率达到 91.6%，连续三年高于 90%；客户满意度达到 98.5%，连续五年持续提高。建议媒体朋友不妨试一试，对我们进行监督。二是普惠金融取得成效。通过监管政策引领，采取“双基联动”、网格覆盖等方式，将加强基层村委会建设与基层金融服务联系起来，解决信息不对称问题；通过开设便民服务点和流动服务车，创新“马背银行”、“拎包银行”与“夜市银行”等做法，打通和做好了边远地区金融服务“最后一公里”和“最后一步路”问题，让老少边穷地区及弱势群体均等享受优质银行服务。这些案例，不仅仅代表了我国普惠金融发展水平和创新模式，更为国际普惠金融发展提供了中国范式和案例。三是金融科技(fintech)创新发展。研究表明，2016 年全球约 50% 的金融科技投资流向中国。银行业主动适应金融科技蓬勃发展的新趋势，创新服务渠道入口，注重服务渠道协同发展和资源整合。截至 2016 年底，银行业离柜交易率达 84%，同比提高 6.6 个百分点；遍布全国各地的自助设备、电商平台、微信银行等交易也日趋活跃，为人民群众提供了全功能、全渠道、全天候的便捷金融新服务。四是消费者权益保护力度不断加大。银行业聚焦百姓关切，加大消费者权益保护宣教力度，连续第六年组织开展普及金融知识宣传活动，增强银行业消费者维护自身合法权益的能力。2016 年，组织金融知识普及活动约 36 万场次，参与银行网点近 18 万个，呈现出“政府高度重视、监管扎实推动、协会积极部署、金融机构全力落实、社会公众广泛参与”的银行业消保工作局面。

当前，国内外经济形势依然复杂多变，银行业改革发展所面临的风险挑战和困难依然不少，公众金融服务需求日增且多元。习近平总书记强调：要提升金融服务的覆盖率、可得性、满意度，满足人民群众日益增长的金融需求，特别是要让农民、小微企业、城镇低收入人群、贫困人群和残疾人、老年人等及时获取价格合理、便捷安全的金融服务。这对银行业服务改进提出更高要求，我们要认真学习贯彻习近平总书记系列重要讲话精神，坚定不移地将中央精神转化为具体行动，不断提高银行业服务水平。

一、牢固树立以客户为中心的理念，不断改进银行服务

银行业是一个服务行业，要有“端盘子”的服务精神；能否为实体经济发展提供有效支持、能否为客户提供更好的银行服务，是衡量银行改革成果的最重要的标准。要加大对供给侧结构性改革的支持力度，深入推进“三去一降一补”，切实发挥债委会作用，实现企业、政府和银行“三方共赢”。要认真落实政府工作报告精神，大力发展普惠金融，让所有市场主体和城乡居民都能享受到金融服务的雨露甘霖，鼓励大中型商业银行设立普惠金融事业部，国有大型银行要率先做到；要着力提升小微企业金融服务水平，实行差别化考核评价办法和支持政策，有效缓解融资难、融资贵问题；要着力提升金融精准扶贫效率，发挥好政策性开发性金融作用，强化农村信用社服务“三农”功能，创新产业扶贫、易地搬迁扶贫等授信服务和融资模式，拓宽金融扶贫的覆盖面。有一本名为《Bank3.0》的书指出，未来的银行将不再是一个地方，而是一种行为(Banking is no longer a place you go, but something you do)。银行 3.0 时代已经来临，银行业需强化“以客户为中心”和“服务创造价值”的理念，全面加强服务能力与服务管理体系建设，提供不单纯依赖物理设施的多层次、综合化、针对性强的服务；要利用金融科技，依托大数据、云计算、区块

链、人工智能等新技术,创新服务方式和流程,整合传统服务资源,联动线上线下优势,提升整个银行业资源配置效率,以更先进、更灵活、更高效地响应客户需求和社会需求。

二、加强金融消费者权益保护,构建更加有效的消费者保护工作机制

金融消费者权益保护工作,事关社会公平正义和社会和谐。银行业要以制度建设为基础,将消费者权益保护纳入工作体系,积极履行公平对待消费者的理念。要将消费者权益保护的相关要求融入公司治理、企业文化与经营发展战略,通过建章立制、完善流程、保障资源投入等措施履行消费者保护职责。要完善投资者适当性制度,规范销售、代销业务管理,认真落实销售专区产品销售"双录"(录音录像)有关要求,杜绝虚假承诺、误导销售和欺诈营销。在银行销售的所有产品都必须向客户说明其性质、投向和可能的风险,绝不容许含糊其辞;绝不容许盗用银行名义;绝不容许只收费不负责。风险提示文字要标注和印刷在产品说明书的最显著之处。各银行都要高度重视客户投诉,董事长行长要经常处理和过问这方面工作。要加大消费者权益保护宣教力度,继续开展"普及金融知识万里行"活动,提高消费者风险识别能力,增强消费者依法维权能力。要加强同社会相关部门的合作联动,形成合力,试点设置金融消费纠纷调解中心,共同优化金融服务环境。

三、全面加强行业队伍建设,补齐制度短板

"打铁还要自身硬"。银行业员工要培育良好职业操守,倡导为民、务实、清廉,做到忠诚、干净、担当;要继续弘扬银行业的"三铁"传统,为人民群众看好"钱袋子"。监管部门要坚持以风险为本的监管制度,进一步加强行为监管与功能监管;银行业要进一步加强内控管理,健全完善各项规章,补齐制度短板。一要及时改进完善产品管理制度。依据规范金融机构资产管理业务的指导意见,及时研究制定理财产品和资管产品管理办法;引导理财产品更多地投向实体经济,严控期限错配和杠杆投资。二要优化完善信息管理制度。银行业各类服务变更调整等信息,要通过多种渠道及时向社会公告;对于员工泄露客户信息等风险事件,加强双线问责,严肃处理当事人,严格追究领导责任,从严从重处罚。三要研究完善员工行为准则和职业操守制度。提高员工职业道德和业务素质,严格员工行为管理,坚决惩处吃拿卡要、内外勾结、监守自盗、利益输送等违法违规违纪行为。四要细致梳理服务管理制度。推进网点服务管理标准化建设,实现客户服务精细化、规范化管理;修订服务价格管理制度,整治不当交易、不当激励,减少不当收费行为;立足自身服务特色与战略,将服务管理纳入绩效考核,并从不同维度升级服务水平。

四、发挥好"自律、维权、协调、服务"职能,引领银行业加大优质金融服务供给,开创文明规范服务管理提升新局面

中银协要充分发挥好社会组织"服务国家、服务社会、服务群众、服务行业"的重要作用,努力当好监管部门"看门人"、"守夜人"的助手,发挥桥梁纽带作用;要深化行业自律,通过规范市场秩序使行业实现有序竞合发展,针对反应突出的融资难融资贵、贷款附加条件不合理、金融消费者权益保护不足等问题,采取切实有效的措施,逐步建立长效机制;要强化维权职能,扎实开展"四个一批"(督办一批、通报一批、公示一批、制裁一批)专项治理活动,打击逃废银行债务,切实维护银行权益,建立针对逃废银行债务失信人和违规违纪性质恶劣的人员终生禁入银行业的"两份黑名单";要持之以恒推进全行业服务改进工作,通过"百佳"、"千佳"的示范引领作用,提升全行业文明规范服务能力与内涵,引领银行业开创文明规范服务工作新局面!

同志们!2017 年是实施"十三五"规划的重要一年,是供给侧结构性改革的深化之年。让我们更加紧密地团结在以习近平同志为核心的党中央周围,团结一致、奋力拼搏,创新升级银行服务,为经济社会平稳健康发展贡献新动能,以优异的成绩迎接党的十九大胜利召开!

最后,预祝大会取得圆满成功!

谢谢大家!

促进多层次资本市场健康发展

——专访上海证券交易所党委书记、理事长吴清

(2017 年 11 月 9 日)

党的十九大报告指出,深化金融体制改革,增强金融服务实体经济能力,提高直接融资比重,促进多层次资本市场健康发展。上交所理事长、世界交易所联合会(WFE)主席吴清认为,党的十九大报告赋予了资本市场健康发展的时代使命,丰富了资本市场改革发展的目标内涵,提出了资本市场建设发展的重点任务,将对资本市场发展产生深远影响——

党的十九大描绘了新时代中国特色社会主义建设的宏伟蓝图,对资本市场改革也提出了新要求,必将对我国资本市场未来发展产生非常深远的影响

在经济发展进入新常态形势下,实体经济对直接融资的需求还将不断提升,资本市场将扮演重要角色

在国有企业深化改革进程中,资本市场作为经济要素市场化配置的重要平台,可以进一步推动国有经济结构优化,助力供给侧结构性改革站在新的历史起点上,要坚定贯彻党的十九大部署,更加紧密团结在以习近平同志为核心的党中央周围,全面落实中央部署

党的十九大报告指出,深化金融体制改革,增强金融服务实体经济能力,提高直接融资比重,促进多层次资本市场健康发展。

针对资本市场落实党的十九大报告的具体安排、制度完善、投资者保护、对外开放进展、提升交易所国际影响力等热点问题,经济日报·中国经济网记者日前采访了上交所理事长、世界交易所联合会(WFE)主席吴清。

记者:党的十九大报告对我国资本市场未来发展有何影响?

吴清:党的十九大报告描绘了新时代中国特色社会主义

建设的宏伟蓝图,对资本市场改革也提出了新要求,必将对我国资本市场未来发展产生非常深远的影响。我认为,主要有以下几方面。

一是赋予了资本市场健康发展的时代使命。党的十九大报告明确提出,“深化金融体制改革,增强金融服务实体经济能力,提高直接融资比重,促进多层次资本市场健康发展”。这是下一阶段做好金融改革发展工作的“指南针”,尤其是对资本市场发展提出了更高要求。资本市场直接融资着眼于长期,对服务实体经济和供给侧结构性改革、支持创新创业意义重大。建设社会主义现代化强国,需要一个“融资功能完备、基础制度扎实、市场监管有效、投资者合法权益得到有效保护的多层次资本市场体系”作为支撑,需要资本市场自觉发挥其在资金融通、资源配置、促进并购重组和推进产业升级等方面的作用。

二是丰富了资本市场改革发展的目标内涵。党的十九大报告明确指出,“中国特色社会主义进入新时代,我国社会主要矛盾已经转化为人民日益增长的美好生活需要和不平衡不充分的发展之间的矛盾”。资本市场要贯彻落实新发展理念,以满足人民日益增长的美好生活需要为根本出发点和落脚点,更加注重支持企业创新发展、绿色发展、可持续发展、高质量发展。上市公司是资本市场的基石,要不断提高上市公司质量,投资者是资本市场的源头活水,我国资本市场是以中小投资者为主的市场,中小投资者利益涉及上亿群众的切实利益,要加强投资者利益保护和投资者教育,让人民群众在资本市场上有更多的获得感,分享到经济发展的红利。

三是提出了资本市场建设发展的重点任务。党的十九大报告指出,到2020年是全面建成小康社会的决胜期,要突出抓重点、补短板、强弱项。全面建成小康社会决胜阶段时间紧、任务重,上交所深切感受到强烈的使命感、责任感和紧迫感。今年,上交所党委开展了“练内功、补短板”,强化内部管理,为更好承担使命、迎接挑战打下了扎实基础。上交所要认真学习贯彻党的十九大精神,按照全国金融工作会议部署和证监会党委要求,进一步突出重点、补足短板,增加强项、减少弱项,有力推进资本市场改革发展稳定。

记者:党的十九大报告中提出,深化金融体制改革,增强金融服务实体经济能力,提高直接融资比重,促进多层次资本市场健康发展。上交所如何理解报告中关于资本市场的表述?

吴清:在经济发展进入新常态的形势下,实体经济对直接融资的需求还将不断提升,资本市场将扮演重要角色。提高直接融资比重,既要提高股权融资在社会融资中的比重,也要发挥债券融资工具的作用,两者要比翼齐飞、双轮驱动。同时,要创新直接融资方式手段,丰富融资工具,拓宽直接融资渠道,充分发挥市场的资源配置功能,支持经济转型升级,支持供给侧结构性改革。

在产业发展升级的过程中,无论是优化升级传统产业、加快发展先进制造业、壮大现代服务业,还是推动新型工业化、信息化、城镇化、农业现代化同步发展,都离不开多层次资本市场的支持,为不同规模、不同发展阶段、不同产业特点的企业提供发展平台。资本市场不仅可以多层次发展,每个层次的市场也可以再细分。

在国有企业深化改革的进程中,资本市场作为经济要素市场化配置的重要平台,可以进一步推动国有经济结构优化,助力供给侧结构性改革,释放经济活力。并购重组是资本市场发挥资源优化配置功能的最主要形式。这两年来,在证券监管部门的引导下,一批关系国计民生的重要国有企业在资本市场上完成了并购重组,优化了产业结构,壮大了企业发展实力。

落实党的十九大报告对资本市场提出的要求,上交所有很多工作要做。当前,要重点深入推进以下工作:强化一线监管,完善市场风险监测、分析、预警体系,切实提升对风险的识别和处置能力,维护好资本市场秩序,坚决守住不发生系统性金融风险的底线;强化服务实体经济的能力,以供给侧结构性改革为主线,服务国企国资改革、“三去一降一补”,大力支持创新驱动发展和产业转型升级;深入推进资本市场“四梁八柱”性质的制度改革,进一步完善交易所监管、交易等制度规则,为各类市场主体提供更加高效、高质量的服务;提升上交所市场双向开放水平,加大服务“一带一路”建设力度,深入推进全球化发展;助力国家脱贫攻坚战略,发挥交易所独特优势,推动贫困地区产业资源与资本市场深度对接,支持贫困地区企业利用资本市场发展壮大,为实现“两个一百年”奋斗目标作出贡献。

记者:党的十九大报告提出,我国经济已由高速增长阶段转向高质量发展阶段,经济发展要坚持质量第一、效益优先。围绕党的十九大报告要求,上交所将如何落实好资本市场服务实体经济的要求?

吴清:上交所要坚持为实体经济服务的根本方向,强化使命担当,为实现“两个一百年”奋斗目标、中华民族伟大复兴的中国梦、人民向往的美好生活而努力。具体来说,上交所要从以下四个方面增强服务实体经济的能力。

一是不断完善发行上市融资功能,支持实体经济发展。促进资本市场与产业政策的有效对接,加强与国家部委、地方政府、各地高新技术园区、大学和科研机构、大型重点企业的合作,支持区域经济、产业经济发展。深入推进“新蓝筹”行动,强化发行上市服务,培育优质上市资源,助力新技术、新业态、新模式的发展壮大。

二是推进上市公司并购重组,助力产业结构优化升级。上交所把强化重组行为监管与支持上市公司通过重组转型升级结合起来,推动上市公司并购重组。

三是稳妥发展交易所债券市场,缓解企业融资难融资贵问题。优化公司债发行结构,发挥公司债券市场化、投资者多元、回购交易便捷等优势,引导金融资源配置到国家政策鼓励和支持发展的领域。坚持绿色发展理念,不断推动绿色债券市场有序扩容及相关产品创新;支持普惠金融体系,加大对贫困地区、保障房等惠民项目以及促进双创支撑就业等的金融服务力度,稳步推动双创公司私募可转债试点工作。服务“一带一路”建设,努力推进“一带一路”相关国家的优质企业、境外主权机构、国际开发机构到交易所发行债券。

四是稳步发展衍生品与基金市场。上交所通过产品创新和交易机制创新,坚持发展股票期权,发挥其价格发现方面不可替代的作用,充分反映市场信息和市场参与者的预期,提升资本市场定价效率。基金市场也为投资者提供了标的覆盖股票、债券、商品等多元化的资产配置工具,有助于提升社会大众财富管理水平。

站在新的历史起点上,要坚定贯彻党的十九大部署,更加紧密团结在以习近平同志为核心的党中央周围,全面落实中央部署,促进经济和金融良性循环、健康发展,着力防范系统性金融风险。

努力建设世界领先的交易所
——访上海证券交易所党委书记、理事长吴清
（2017 年 11 月 6 日）

截至 10 月 31 日，沪市已有 52 家上市公司总市值超过千亿元，一批龙头公司股价上涨远超市场，大蓝筹正受到前所未有的追捧。“进入了新时代，资本市场也有了新气象，价值投资氛围正逐渐形成，但这还不够，我们还要有新作为。”当日，上海证券交易所理事长吴清接受上证报记者专访时如此表示。

吴清说，在十九大精神指引下，上交所正按照“两个一百年”奋斗目标着手制定交易所的战略规划，初步考虑要分“两步走”：第一步，成为有效服务国家战略的透明、高效、安全的世界级交易所；第二步，成为与社会主义现代化强国相匹配的世界领先的交易所。

2016 年 5 月，吴清履新上海证券交易所理事长；2017 年 9 月，吴清当选为世界交易所联合会（简称“WFE”）主席，成为自 WFE 成立 56 年以来，首位来自中国境内交易所的主席。

颇具全球视野的吴清坚定地告诉记者：“世界级是不够的，一定要是世界领先的。”

新使命：

建设透明高效安全的市场

党的十九大描绘了新时代中国特色社会主义建设的宏伟蓝图，对资本市场改革提出了新的要求：深化金融体制改革，增强金融服务实体经济能力，提高直接融资比重，促进多层次资本市场健康发展。在吴清看来，十九大报告对资本市场提出了更高、更具体的要求，进一步指明了下一阶段金融改革及资本市场发展的方向。

站在新的历史方位，结合新时代要求，吴清特别强调了上交所的使命担当：“在中华民族伟大复兴过程中，上交所作为资本市场的重要基础设施，要发挥应有的作用，有效配置资源，服务国家战略，服务改革开放，支持创新发展、经济转型，培育世界级、创新型的企业，支持国内外的投资者做好财富管理，并保护好投资者的合法权益，建设一个透明、高效、安全的市场，这是我们重要的使命。”

担起新使命，上交所有很多工作要做。吴清表示，首先要坚持党的领导。中国特色社会主义资本市场的最大特征就是坚持中国共产党领导，这是我们相较于国际市场的独有优势。

二要坚持以人民为中心。吴清指出，上交所要更好地维护好投资者合法权益，管理好市场、服务好市场，有效防范风险、有效配置资源，让人民群众在资本市场上有更多的获得感，通过投资分享到经济发展的红利。

三要坚持服务实体经济，进一步推动创新、加强一线监管、防范系统性风险，创造一个健康稳定的市场环境，支持创新型国家建设及经济转型升级。

同时，在推进深化改革的实践中，上交所一方面通过有效支持经济改革，特别是以供给侧结构性改革为主线，助力“三去一降一补”，服务国企国资改革，大力支持创新驱动发展和产业转型升级；另一方面，需要通过交易所自身的改革和治理的完善推动市场化，进一步提高复合化服务能力和全球化发展水平。

新目标：

从世界级到世界领先

伟大使命催生具有全球视野的高远目标。上证报记者在采访中了解到，上交所正准备制定与“两个一百年”目标相匹配的发展战略。吴清表示，上交所必须拉高标杆，用高标准明确未来发展目标。为此，上交所准备实施“两步走”的发展目标：

“第一步，成为推动民族复兴大业、推动经济创新发展、有效配置国内国际资源，有效服务于企业、服务于改革开放、服务于投资者的透明、高效、安全的世界级交易所。”

在吴清看来，光是世界级是不够的，必须要做到世界领先。“第二步，未来上交所要建设成为与我国社会主义现代化强国相匹配的、具有国际影响力的世界领先证券交易所，形成技术领先、运行高效、结构完整、品种齐全、功能完备、市场透明、监管有效的交易所市场。”

吴清解释称，世界领先的内涵包括：一是成为全球最重要、规模最大、流动性最好的投资和资产配置管理中心之一；二是成为全球最主要的融资中心；三是成为服务“一带一路”建设的资本市场重要支撑；四是成为促进绿色发展、承担社会责任的可持续发展交易所典范；五是成为全球最有影响力的交易所之一，具备对国际资本市场运行规则与标准的较强影响力。

千里之行，始于足下。吴清表示：“当前来看，上交所要实现我们前面说的定位和目标，还有很长的路要走，必须兢兢业业、脚踏实地，认真做好当前和未来一段时间的各方面工作。”

吴清具体提出五个方面的工作：一是做好新蓝筹、新经济、新主板市场，服务于当前经济创新转型，将股票市场从过去以传统的大盘蓝筹为主的市场，转变为多层次、多样化、有包容性的新蓝筹市场；二是推动企业并购重组，通过规则及交易机制完善，有效服务于上市公司并购重组配置资源，提升上市公司质量；三是做好债券及固定收益类融资市场，缓解企业融资难题，用好回购市场，为市场参与者提供流动性；四是推动产品创新，为投资者提供多样化的投资工具；五是主动服务“一带一路”建设，以金融设施联通促进资金融通，有效发挥上交所的优势及潜力。

“波澜壮阔的改革伟业，包括正在推进的供给侧改革、混合所有制改革等，需要世界级的交易所支持。”吴清认为，在服务国家改革开放创新发展的过程中，上交所要不断提升自身的国际化水平，实现多方面的世界领先。

新担当：

监管与创新“两手抓”

进入新时代，我国经济已由高速增长阶段转向高质量发

展阶段。在"提质增效"的过程中，增强金融服务实体经济能力显得尤为重要。"资本市场应当自觉发挥资金融通、资源配置、推进产业升级等作用，成为新时代建设中国特色社会主义的生力军。"吴清说。

对此，上交所分别从监管与创新两方面着手，疏堵结合，为金融资本灌溉实体经济作出科学合理引导。

强化一线监管仍是上交所的重点任务。吴清向记者介绍，近两年，上交所对一线监管的重视程度不断提高。自2016年证监会提出"依法、全面、从严监管"之后，上交所加大了一线监管力度，目前已经形成上市公司监管、市场监察和会员监管的"三位一体"综合监管体系。其中，对信息披露为中心的上市公司监管、对异常交易的监控，以及对会员的自律监管已取得初步成效。

吴清直言："这还是不够的。"吴清告诉记者，接下来，上交所还将从三个方面进一步强化一线监管力度：一是借鉴国际经验进一步提升一线监管能力；二是发挥好上交所自身的资源优势，通过法规的修订、内部规则的完善、技术系统的改进等，使得上交所一线监管的资源、手段比国际其他交易所更丰富、准确、及时；三是加强监管协作，推动监管资源整合，形成监管合力。

"尤其是针对忽悠式重组、蒙面举牌、隐藏式易主等，要让信息披露监管从非现场延伸至现场，让监管更有效、准确，让市场看到上市公司真实的面目，进而让投资者身处一个有效、透明的市场。"吴清表示，针对异常交易行为，要从人力配备、机制安排、技术手段等方面实现相互协同，监管要及时发现异常交易的蛛丝马迹，并及时纠正制止。

此外，还要有效发挥中介机构作用，包括交易所会员对交易行为的管理、专业中介机构对上市公司信息披露的把关作用等，进一步强化上交所一线监管，让市场更透明高效安全地运行。

除了强化一线监管，上交所还为新经济发展制定了新蓝筹行动。

新蓝筹行动主要是强化发行上市服务，培育优质上市资源，助力新技术、新产业、新业态、新模式的发展壮大。数据显示，2016年以来沪市新增上市公司277家，其中高新技术企业223家，占比为81%；战略新兴产业公司157家，占比57%。存量上市公司中，属于战略新兴产业的上市公司家数占比达到29%，比2013年前提高8个百分点。可以看出，新蓝筹队伍正在快速壮大。

吴清坦言，目前新蓝筹行动还处于初步启动阶段，今年上交所专门成立了发行上市服务中心，重点关注新蓝筹公司，后续还将加强对此类公司的联络、服务及培训，不断提升服务能力，不断完善中心建设。另外，还要继续加强与工信部、商务部、科技部、中科院等相关部门的合作，及时沟通交流，对重点区域及公司予以指导。

"下一步，上交所将为新蓝筹公司设计更有针对性的服务方案，对不同的行业、企业采取不同的服务模式。上交所要通过新蓝筹行动在服务国家创新发展方面发挥应有的作用。"吴清向上证报记者表示。

吴清对新蓝筹行动有一个愿景："我们希望未来十年产生的新一代'阿里、腾讯、百度'能够优先选择上交所上市，而不是舍近求远到境外市场。支持未来的BAT公司，就是我们的新蓝筹行动目标。"说到此处，吴清提高了声调。

就在专访结束之时，上交所会议室墙上的一幅"百鸟朝凤"图引起了记者注意，光彩四射的凤凰雄踞图中，众鸟欢飞朝凤，一派欣欣向荣之象。

不忘初心，方得始终。眼下，上交所要做的就是"栽好梧桐树，引得凤凰来"。

资本市场要在新的历史方位中找准定位

——在党委中心组(扩大)学习暨学习党的十九大精神交流会上的讲话

深圳证券交易所党委书记、理事长　吴利军

同志们：

党的十九大开幕以来，全所各级党组织高度重视党的十九大精神学习宣传贯彻工作，以多种形式认真深入学习，从不同角度深化理解认识。学习党的十九大报告，贯彻落实党的十九大精神，一方面要读懂弄通十九大报告的核心内容，另一方面要充分认识和准确把握资本市场、交易所的自身定位和职责使命。

一、深刻领会砥砺奋进的五年的历史性变革

党的十八大以来的五年，是党和国家发展进程中极不平凡的五年，是推动党和国家事业发展深刻历史性变革的五年。五年来，我们党提出了一系列具有开创性的治国理政新理念新思想新战略，出台一系列重大方针政策和重大举措，解决了许多长期想解决而没有解决的难题，办成了许多过去想办而没有办成的大事。五年来，经济建设取得重大成就，全面深化改革取得重大突破，民主法治建设迈出重大步伐，思想文化建设取得重大进展，人民生活不断改善，生态文明建设成效显著，强军兴军开创新局面，港澳台工作取得新进展，全方位外交布局深入展开，全面从严治党成效卓著。我们比以往任何时候都更接近总目标。

盘点五年的巨大成就，学习领会这些历史性变革，这是读懂十九大报告的重要前提。一是要深刻领会五年来的重要实践，是党的十九大重要思想、重大判断、重要部署产生的重要基础。没有五年的重要实践，没有坚强的领导核心，就没有历史性变革，也开不成具有历史性重要意义的重要大会。二是要认真学习习近平总书记顽强的意志品质、对党和国家事业的强烈的责任担当精神和身先士卒的表率作用、坚定的政治勇气和治国理政的大韬略、大智慧。三是要更加坚定党的领导，坚决维护习近平总书记核心地位和党中央权威，进一步增强贯彻党的路线方针政策的自觉性和坚定性，增强"四个自信"、强化"四个意识"。四是要进一步激发为党和国家事业献身的热情，保持好的状态，弘扬好的作风，开创新的事业。

二、读懂中国航船的历史方位和新时代党的历史使命

“中国特色社会主义进入新时代，这是我国发展新的历史方位”。这一重大历史性判断，是五年来实践的重要成果。这个新时代，是继续夺取中国特色社会主义伟大胜利的时代，是决胜建成小康社会、建设社会主义现代化强国的时代，是实现中国梦的时代，是我国走近世界舞台中央、不断为人类做出贡献的时代，是让中国人民无比振奋的时代。

深刻认识、准确把握历史方位是进入新时代走好新征程的重要前提，也是能否成功顺利实现总目标的根本性问题。一是要坚持以正确的理论为指导。习近平新时代中国特色社会主义思想作为马克思主义中国化的最新成果，是我们认识历史方位的根本指针。二是要深刻领会中国特色社会主义进入新时代的重大判断。这一重大判断，是在科学把握时代趋势、国际局势变化、世情国情党情变化，实现“两个百年”目标可能出现的新情况、新问题、新矛盾基础上做出的判断，也是在五年历史性变革、伟大实践基础上做出的判断。三是要深刻认识社会主要矛盾发生变化的重大判断。这一重大论断，是基于过去五年的历史实践，符合党和国家事业发展的客观实际，指明了党和国家事业发展的重点、重心，也指出了进入新时代对工作的新要求。“五位一体”总体布局和“四个全面”战略布局，根本在于解决发展不平衡不充分的问题。四是要充分认识社会主要矛盾变化没有改变我国社会主义所处历史阶段的判断。我国仍处于并将长期处于社会主义初级阶段的基本国情没有变，我国目前仍是发展中大国，但还不是强国。

在读懂读透中国历史方位的过程中，还要注意把握两方面重点。一方面要深刻领会中华民族从站起来、富起来到强起来的深刻变化，这些变化是全方位、根本性的，不是能简单用数字反映。中华民族逐步走向伟大复兴的伟大实践，充分验证了中国特色社会主义道路、理论、制度和文化的强大生机活力。另一方面要充分认识中国发展变化给世界和人类发展史上带来的巨大影响和贡献，中国正在走向世界舞台的中央。

我们正在从事的是一项伟大的事业，伟大事业必须要有坚强的党的领导，必须要坚定党的领导。实践证明，只有中国共产党才能担负起实现中国民族伟大复兴中国梦的历史重任，才能带领人民实现中华民族伟大复兴的中国梦。“没有共产党的领导，民族复兴必然是空想”。实现伟大梦想，实现新时代历史使命，必须要付出更为艰巨、更为艰苦的努力。

三、读懂习近平新时代中国特色社会主义思想的基本精髓

习近平新时代中国特色社会主义思想，是在我们党和国家事业伟大实践基础上的重大理论创新，以全新的视野深化了对共产党执政规律、社会主义建设规律、人类社会发展规律的认识，具有鲜明的理论特色、实践特色、民族特色、时代特色，开辟了马克思主义新境界，开辟了中国特色社会主义新境界，开辟了治国理政新境界，实现了党的指导思想又一次与时俱进，要长期坚持和发展。其核心要义是坚持和发展中国特色社会主义，核心内容是从理论和实践上回答了新时代坚持和发展什么样的中国特色社会主义、怎样坚持和发展中国特色社会主义。其中提到的“十四个坚持”的基本方略，具有很强的现实性和针对性，是我们今后落实总目标和总任务的路线图和方法论，是落实思想的实践要求和行动纲领，充分彰显了“四个自信”和坚定决心，展示了我们党巨大的政治勇气和使命担当，必将凝聚和激发巨大力量和热情，是实现中国梦的重要思想保障、理论保障。

学习习近平新时代中国特色社会主义思想，要学习贯穿其中的坚定信仰信念，鲜明的人民立场和求真务实、勇于创新的精神和强烈的责任担当。要自觉用新思想武装头脑，指导行动，激发干事创业的工作热情。

四、找准资本市场在伟大航程中的定位和职责使命

党的十九大对主要矛盾变化的重大判断，既指明了党和国家事业发展新的历史方位、前进的方向和路线图，也指明了资本市场未来的发展方向和发展路径。资本市场不仅要找准定位、明确职责、认清使命，不拖后腿，不能掉队，紧紧跟上，还要从实现“两个一百年”奋斗目标，实现中华民族伟大复兴中国梦的历史高度，从推进国家治理体系和治理能力现代化的战略高度去积极思考实践。

首先，要认清资本市场发展的成绩与差距。我国资本市场起步晚、发展快，起点高、后劲足，基础实、作用大。过去五年，资本市场伴随着党和国家事业发展也得到长足发展，股市总市值稳居世界第二位。五年来，股权融资 6 万亿元，债券融资 15 万亿元，并购重组 3.5 万亿元，约 70% 的上市公司成长为行业龙头企业。但与党的十九大要求相比，资本市场还有较大差距。例如，产品结构单一，多层次体系不完备；市场包容性出现瓶颈，难以满足创新发展需要；市场化程度及市场效率均有待提升；市场法治环境需要优化，监管威慑力需要增强；跨国行动滞后，国际化程度不高等。存在不成熟的交易者、不完备的交易制度、不完善的市场体系、不适应的监管制度等诸多问题，仍需要做大量基础性工作。

其次，要充分把握资本市场发展的战略机遇期。要充分认识到，党的十九大让资本市场迎来重要的战略机遇期，也将为资本市场破解多年来一直未破解的难题，推动解决一些多年来想解决而没有解决的问题提供更好的环境和更多的条件。党的十九大提出“贯彻新发展理念，建设现代化经济体系”“加快建设实体经济、科技创新、现代金融、人力资源协同发展的产业体系”等一系列要求，这些要求将倒逼资本市场改革，同时也必将促进资本市场快速发展。全所上下一定要抓住机遇，大力作为。

第三，要充分认识资本市场在现代经济体系中的重要作用。建设现代化经济体系要求提高要素配置效率，资本市场是优化资源配置、引导要素有序流动的重要渠道。建设现代化产业体系要求金融与实体充分融合，资本市场在拓宽投融资渠道、强化并购重组功能、激发市场主体创新创业活力、助推经济增长动能转换等方面具有独特优势。同时，提高直接融资比重要求将进一步加快多层次市场体系建设，全面大国开放新格局将进一步推进资本市场国际化，发展实体经济新思想新理念将进一步推动资本市场转变服务方式，深化依法治国、全面从严治党将进一步优化市场发展环境，资本市场建设发展与十九大报告的一系列战略布局息息相关。因此，资本市场必须充分发挥自身功能作用，要成为深化供给侧结构性改革的重要抓手，推动企业做大做强，不仅提供融资渠道，还要带动股份制普及，推动建立现代企业制度。要成为加快建设创新型国家的重要支撑，支持创新创业经济活动，为创业投资提供有效退出渠道，推动行业龙头企业成长。要成为推行乡村振兴战略和区域协调发展战略的重要依托，促进城乡融合与农村产业发展，发挥资本市场资源配置机制，调动资本流向社会最需要的地方，促进经济协调发展和全面小康社会建成。要成为完善社会主义市场经济体制的重要环节，发挥市场机制的约束调节作用，促进政府逐步转变职能，理顺政府和市场“两只手”之间的关系，推动市场在资源配置中起决定性作用，通过市场化手段解决经济社会发展中出现的问题。

第四，准确把握资本市场建设的总目标、总要求。党的十九大指明了资本市场未来的发展方向和发展路径。进入新时代是资本市场发展的新坐标，“继续推动发展的同时，着力解决好发展不平衡不充分问题，大力提升发展质量和效益”是资本市场建设的指明灯。资本市场的稳健发展，是经济社会发展、满足人民日益增长的财富管理需要、建成富强民主文明和谐美丽的社会主义现代化强国不可或缺的部分。习近平总书记对资本市场建设的总体要求，即“尽快形成融资功能完备、基础制度扎实、市场监管有效、投资者合法权益得到充分保护的多层次市场体系”，就是资本市场建设进入新时代，对资本市场建设和发展发展的总目标、总要求。从我国资本市场发展现状来看，无论是直接融资占比、股市市值、直接融资与 GDP 比值，还是上市公司结构、规模，与境外成熟市场相比，与我国经济发展速度规模相比，都存在不小的差距。推动资本市场与经济发展相协调、相适应，实现总目标、总要求，提升资本市场服务实体经济的能力，还有很多工作要做。

五、要贯彻新发展理念，创造性做好各项工作

交易所是党兴办的事业，是国家利益和政治利益的重要载体，既是市场组织者、监管者和建设者，又承担着保障国家经济安全、维护金融市场稳健运行、防范系统性金融风险的重要职责。交易所承载的特殊使命，决定了交易所工作更要提高政治站位，强化全局观念、大局思维和前瞻意识，自觉服从和服务于实体经济发展的需求，自觉服从和服务于国家经济金融发展的大局，切实增强支持国家战略、维护国家安全、保障金融稳定、服务社会民生的使命感、责任感和担当意识，这是我们做好一切工作的出发点。

贯彻落实好党的十九大精神，要突出抓好以下几方面工作：

一是坚持抓好党的建设各项工作。所党委、各级基层党组织及全体党员干部员工，要强化“四个自信”，增强“四个意识”，自觉维护党中央权威和习近平总书记的核心地位，自觉贯彻执行全面从严治党各项要求，毫不动摇、坚持不懈地加强交易所党的各项工作，确保资本市场改革发展及交易所各项工作朝着正确方向前进，将党的政治优势、组织优势、制度优势转化为交易所的发展优势，稳步提升服务政治、经济、社会全局发展能力。

二是坚持深化改革。党的十九大发出了强烈的改革信号。“资本市场要加快改革”是习近平总书记在金融工作会上提出的明确要求。深化改革是资本市场发展的唯一出路。只有通过改革，才能使资本市场发展与实体经济相协调、相适应；只有通过改革，才能使资本市场更好契合国家对外开放战略，打造具有国际竞争力的交易所；只有通过改革，才能切实提升资本市场质量和运行效率。做好改革这篇大文章，关键要解放思想和勇于担当，交易所必须成为资本市场改革思想的重要产生地。

三是坚持贯彻新发展理念。要结合资本市场发展规律和特点，贯彻好新发展新理念，更加注重资本市场发展质量效率，着力提高上市公司质量，稳步推进股票发行注册制改革，完善退市制度，充分发挥并购重组等资本手段，服务供给侧结构性改革和“三去一降一补”，推动去“僵尸企业”，增强我国经济质量优势。要强化服务意识，转变服务模式，全面支持国家重大战略实施，加强对小微企业、“三农”和偏远地区的资本服务，积极推进精准扶贫。

四是坚持依法治市。我国资本市场是新兴市场，法治和监管体系尚不完善，规范程度不高，违法成本较低，必须进一步完善法律制度和监管体系，明确市场参与主体行为规范，提高市场运行规范化程度，降低潜在市场风险。坚持依法治市，倡导合规经营、诚实守信，坚决打击违法犯罪，切实保护投资者合法权益。

五是坚决守住不发生系统性风险底线。防范化解市场风险的着力点，就是加强基础性建设，通过补齐制度短板、技术短板、工作短板和能力素质短板，提升风险管理工作的科学性和有效性，消除影响市场稳定运行的风险隐患。重点夯实各项基础性制度，有效解决资本市场市场不同层次之间、股市与债市之间发展不够均衡问题，充分发挥市场机制约束作用，增加制度弹性和适配性。强化风险监测和研判，健全动态监测和早期预警机制，完善与国际化进程相匹配的跨境风险监测应对机制，对潜在风险“早识别、早预警、早发现、早处置”。系统筛查风险防控体系盲区，重新评估和调整原有风险防范举措，切实增强自身抵御风险能力，按照法治化、市场化、国际化方向，坚持与国际发达资本市场对标。

六是全面提升能力素质。人才队伍是交易所核心竞争力，没有一支品质优秀、专业精良的员工队伍，就不可能建设一个好的交易所。要下决心从制度机制、组织管理、自我约束多个角度大力加强人才队伍建设。交易所就是资本市场的重要舞台，全体干部员工要珍惜机会、演好角色，要有强烈的危机感、使命感、责任感，“勇做时代的弄潮儿”，要有时不我待、只争朝夕的精神，奋力做好各项工作。

明年深交所要以深入贯彻落实党的十九大精神为核心，紧紧围绕完善多层次资本市场体系这一条主线，聚焦“为实体经济服务、防范化解市场风险、深化市场改革、加强一线监管”四个方面重点，扎实做好以下几方面工作：一是全面加强基础制度建设，补齐监管制度短板，夯实市场发展基础。二是着力推动创业板改革，优化主板、中小板、创业板定位，进一步增强市场服务实体经济的功能。三是着力推进产品创新工作，进一步丰富市场产品，更好满足投资者需要。四是着力创新市场培育、发展工作，进一步提升服务地方、企业工作质量水平，努力增强交易所发展后劲。五是着力提升一线监管威慑力，加大对投资者合法权益保护力度。重点加强上市公司监管，完善优胜劣汰机制，加强异常交易行为监管，确保市场平稳有序运行。六是加快建设科技智能监管平台，进一步提升一线监管科学化水平。七是继续推进“走出去”战略，进一步深化国际合作交流。八是大力加强员工队伍能力素质建设，打造一流优秀专业团队。九是深入推进全面从严治党各项工作，进一步提升交易所内部管理工作水平。

强化责任担当　深化精准扶贫
——在资本市场助力脱贫攻坚交流会上的讲话

中国证券监督管理委员会副主席　李超

（2017 年 9 月 29 日）

很高兴参加资本市场助力脱贫攻坚交流会。首先，我谨代表中国证监会，对会议的召开表示热烈祝贺！

党的十八大以来，党中央把贫困人口脱贫作为全面建成小康社会的底线任务和标志性指标，在全国范围全面打响了脱贫攻坚战。金融扶贫是打赢脱贫攻坚战的重要举措和重要支撑。习近平总书记对做好金融扶贫工作，多次作出重要指示。在中央扶贫开发工作会议上，总书记指出，要做好金融扶贫这篇文章，加大对脱贫攻坚的金融支持力度。在全国金融工作会议上，总书记再次强调，要把更多金融资源配置到经济社会发展的重点领域和薄弱环节，推进金融精准扶贫。总书记的重要讲话指明了当前金融扶贫工作的方向，是我们发挥资本市场作用，利用市场化机制服务国家脱贫攻坚战略的根本遵循。

证监会党委始终以习近平总书记扶贫开发重要战略思想为指导，把扶贫工作作为崇高的政治责任，自觉将脱贫攻坚放在战略全局中去谋划和推动，在企业上市、新三板挂牌、人才支持等方面出台相应政策。资本市场服务贫困地区实体经济发展的成效不断显现。主要体现在以下几个方面：

一是资本市场扶贫政策体系进一步完善。为解决贫困地区普遍存在的“资本下不来、留不住、不活跃”等问题，引导富裕地区的资金、人才、技术流向贫困地区，提升贫困地区“造血”能力，证监会出台了《关于发挥资本市场作用服务国家脱贫攻坚战略的意见》，对贫困地区企业在首次公开发行、新三板挂牌、发行公司债券、并购重组时，提出了加快审核，“即报即审、审过即发”。系统各单位也相继出台了配套文件或实施方案，这些措施涵盖了交易所、股转系统等各层次资本市场，充分体现了支持脱贫攻坚措施的力度之大之全。目前，已有 7 家企业通过绿色通道成功上市。

二是市场主体履行社会责任意识不断加强。证监会党委指导各行业协会成立扶贫工作领导小组，把动员行业力量参与扶贫作为一项政治任务，引导行业经营机构履行社会责任，服务国家脱贫攻坚战略。2016 年 8 月，中国证券业协会发起“一司一县”结对帮扶贫困县行动倡议，得到全行业的积极响应。截至目前，已有 93 家证券公司结对帮扶 192 个国家级贫困县。为改善贫困地区金融环境，提升贫困地区对资本市场的认识，各证券公司在贫困地区开展资本市场教育培训活动近 300 场，5 万余人次接受教育培训。另外，证券公司派驻挂职干部 59 人，设立金融扶贫工作站 53 个，与贫困县初步建立了长效帮扶机制。

三是发挥专业优势解决融资难的能力进一步提升。贫困地区金融产品及金融服务供给相对匮乏，企业“融资难、融资贵”的问题较为突出。各证券公司积极发挥专业优势，综合运用承销保荐、并购重组、投资融资、财务顾问等手段，争做有责任、有担当的投资银行，优先支持贫困地区企业利用资本市场资源，帮助企业拓宽直接融资渠道，降低融资成本，有效拉动结对帮扶县脱贫致富，取得了明显成效。

据统计，2016 年度，证券公司帮助贫困地区融资金额达 828.92 亿元。其中，在贫困地区承销保荐 IPO 项目 4 个，融资 16.45 亿元；帮助贫困地区上市公司非公开发行股票融资项目 5 个，融资 37.19 亿元；在贫困地区完成并购重组项目 6 个，融资 174.87 亿元；通过新三板股权融资项目 47 个，融资 35.10 亿元；为贫困地区发行债券融资项目 68 个，融资536.32 亿元；开展私募股权融资项目 6 个，融资 1.49 亿元；设立贫困地区产业基金 6 个，募集资金 27.50 亿元。

经过一年多的努力，资本市场扶贫工作呈现出新局面，为扶贫开发工作积累了宝贵经验。一年多来的实践启示我们：习近平总书记扶贫开发重要战略思想，是打赢脱贫攻坚战的科学指南和根本遵循；结合资本市场特色，建立健全扶贫工作机制，强化组织保障，是支持资本市场服务脱贫攻坚的重要基础；证券公司作为资本市场主要的中介机构，发挥专业优势，合力扶贫，是服务脱贫攻坚履行社会责任的重要方式。在这里，我代表证监会向大家表示衷心的感谢！

2017 年是扎实推进脱贫攻坚的重要一年，也是精准扶贫、精准脱贫的深化之年。面对新形势新任务，党中央国务院对证券行业履行社会责任、服务实体经济提出了更高的要求。我们清醒地认识到，打赢脱贫攻坚战不可能一蹴而就，越往后难度越大。各证券公司要回归本源，提升服务实体经济和脱贫攻坚的能力，以更大的决心、更硬的举措、更扎实的工作，全力以赴，打赢脱贫攻坚战。在这里，我提几点建议。

一是进一步提高政治站位，积极履行社会责任。习近平总书记高度重视扶贫工作，亲力亲为抓扶贫促攻坚，党中央反复强调打赢脱贫攻坚战的意义，各地各部门各机构也都积极行动起来。金融扶贫是脱贫攻坚的重要支撑，证券行业参与脱贫攻坚责无旁贷。今后，各证券公司要进一步增强“四个意识”，充分认识脱贫攻坚的重大意义，真抓实干、锲而不舍，内化于心、外化于行，把党中央国务院的决策部署落到实处，积极探索在市场经济条件下，发挥资本市场作用服务国家脱贫攻坚战略的更多机制、更多举措，真正实现精准扶贫。

二是进一步发挥证券公司专业优势，促进贫困地区产业发展。实现稳定脱贫，发展产业是关键。证监会为贫困地区企业发行上市开通“即报即审、审过即发”的绿色通道，既发挥“绿”的作用，又坚持严的标准。促进贫困地区产业发展，也需要各证券公司对贫困地区企业多一些资源上的倾斜，进一步加大服务力度，加强辅导培育重点企业，帮助拟上市企业提高公司治理水平，在严把质量关的前提下，支持贫困地区企业IPO融资和并购重组等，为贫困县产业发展提供有力支持。

三是进一步创新扶贫方式，提升精准扶贫实效。贫困地区资源禀赋差异大，很多企业离上市要求有一定差距，市场化融资能力低。证券公司要舍得在调研上下功夫，结合实际，精准定位，创新差异化扶贫方式，与贫困县政府建立长效帮扶机制，做好资本市场专业培训，当好地方金融的“参谋员”，做好企业的“服务员”，不断提高贫困地区利用资本市场促进经济发展的能力。

四是进一步加强风险防控，维护投资者权益。党中央、国务院反复强调防控金融风险，保障国家金融安全。强化金融机构防范风险主体责任，金融扶贫尤为如此。各证券公司要加大金融风险防范力度，一方面要加强贫困地区项目的合规风控和后期督导，标准不降、程序不省；另一方面要加强贫困地区投资者风险防范教育，严格限制在贫困地区发行销售损害投资者利益的产品，切实保护贫困地区投资者的合法权益。

各位来宾！确保到2020年贫困人口实现现有标准下的脱贫，是我们党的庄严承诺和重要使命，也是全面建成小康社会最艰巨的任务。我们要坚决贯彻落实党中央、国务院决策部署，认真领会全国金融工作会议精神，坚持稳中求进工作总基调，坚守风险底线，促进行业提升合规风控水平和服务实体经济能力，履行精准扶贫社会责任，为打赢脱贫攻坚战、全面建成小康社会提供有力的资本市场支撑，以优异成绩迎接党的十九大胜利召开！

在第十三届中国(深圳)国际期货大会上的讲话

中国证券监督管理委员会副主席　方星海

(2017年12月2日)

尊敬的艾学峰副市长、卢肯会长，各位来宾、各位朋友：

大家上午好！

很高兴再次参加中国(深圳)国际期货大会。我代表中国证监会对本届大会的召开表示热烈祝贺！对来自海内外的各位参会嘉宾表示诚挚欢迎！

大家知道，党的十九大是在中国特色社会主义进入新时代召开的一次十分重要的大会，具有划时代的意义。会议把习近平新时代中国特色社会主义思想确立为我们党、也是我们国家建设必须长期遵循的根本指导思想，描绘了到本世纪中叶中国发展的宏伟蓝图，提出了建设现代经济体系、发展更高层次的开放型经济、形成全面开放新格局的要求，这为证券期货行业转型发展指明了方向。在此之际，我们围绕“开放融合·提升服务·共赢未来”的主题，齐聚中国改革开放的前沿阵地深圳，共同交流和探讨期货市场如何以十九大精神为统领，更好地服务于实体经济，更好地服务于国家开放战略，意义十分重要。下面，我结合十九大精神的学习，在新时代、新的历史使命下，围绕建设一个更加高效的期货市场、更好地服务产业优化升级，谈几点看法。

一、期货市场在服务产业优化升级过程中大有可为

十九大报告指出：“我国经济已由高速增长阶段转向高质量发展阶段，正处于转变发展方式、优化经济结构、转换增长动力的攻关期”。事实表明，高效的期货市场在稳定与改善企业经营业绩、促进核心企业与上下游企业的良性整合、实现产业优化升级上，发挥着关键性的作用。

首先，高效的期货市场能促进企业定价模式转变。通常，期货品种上市之前，行业龙头企业在产品定价中具有很强的话语权。龙头企业首先定价，其他企业跟随定价。相关期货品种上市后，产品的定价模式发生转变，龙头企业的定价话语权大为削弱，期货价格逐步成为买卖双方最为重要的价格参照依据。在原料采购、产品销售等现货贸易活动中，企业与客户之间仅约定产品质量、数量及升贴水等，根据供货合同执行期间期货品种的价格确定合同的最终执行价格。

当企业的定价模式发生转变后，期货价格将会促使企业的经营模式逐步转变。一是逐步形成以期货市场价格体系为核心的营销体系。二是形成以期货市场均价体系为基础的绩效考核系统。三是形成以期货市场中远期价格体系为参照的财务预算制度，改变了过去在制定预算时“盲人摸象”和“拍脑袋”等随意性比较强的状况。

企业合理运用期货市场定价功能、转变经营机制后，市场竞争就将促使它实现横向规模扩张和纵向产业链上下游整合，提高产业集中度和生产经营效率，最终实现整个产业的优化升级。

二、高效期货市场的标志

期货市场要实现上述服务产业优化升级的功能，最重要是提升市场运行质量和效率。一个高效的期货市场有四个基本的标志。

(一)要有一个丰富、完善的期货、期权品种体系。期货定价以及期货市场功能发挥的基础是期货品种。当前，我国期货市场上市的期货和期权品种还很不够，还远远不能满足经济发展的需要。美国仅芝加哥商业交易所集团(CME-Group)一家，其挂牌交易的期货和期权产品就达2000余个，活跃品种也有200多个。与之相比，我们的差距还很大。我国是全球大宗商品最大的进口国和消费国，很多基础原材料和农产品的产量和消费量均位于世界前列，同时还是全世界唯一拥有联合国产业分类中全部工业门类的国家，形成了一个行业齐全的工业体系，需要风险管理的行业数量众多。

(二)期货价格必须是公正可信的。这个理由无须赘述。实现价格的公正可信，要加强监管，同时交易机制要在不同的市场情况下都能把最合理的价格定出来。

(三)期货价格要具有全市场代表性。若对应的产品是全国性的产品，那么期货价格就要有全国代表性，不能只代表部分地区；若对应的产品是全球性的，那么期货价格就要有全球代表性，不能只代表一个国家。否则期货市场的作用就要大打折扣。

（四）期货价格要能便捷有效地从期货市场传导至企业终端用户。期货价格必须能方便迅速地被企业所使用，否则期货市场就是一个摆设。期货经营机构在价格传导中起着关键的作用。

三、为建设一个高效的期货市场不懈努力

在新的历史条件下，建设高效的期货市场，我们需要着重从以下几个方面做好工作：

（一）以市场需求为导向，继续丰富期货、期权品种，构建日益完善的品种体系。五年来，我们共上市27个新品种，占目前已上市55个期货品种的49%。其中，商品期货品种47个，除原油、天然气外，国外市场成熟的主要商品期货品种均已在我国上市。以铜、铁矿石、PTA、油脂油料等为代表的中国期货市场价格已经逐步发挥影响力，极大地促进了实体企业在国际贸易中开展公平竞争，助推我国向贸易强国迈进。今年上半年，我们又推出了豆粕、白糖两个商品期权，进一步丰富了我国的期货衍生品市场体系，标志着我国期货衍生品市场进入新的发展阶段，降低了实体企业的套保成本，更好适应了实体企业多元化风险管理的需求。棉纱期货今年上市，为棉纺织上下游产业链企业提供了更多的风险管理工具，服务国家棉花目标价格改革和新疆地区经济社会发展。目前，筹备多年的原油期货已经进入上市前最后冲刺阶段；苹果期货的上市工作已基本就绪，期货市场服务“三农”、助力扶贫攻坚又将增添得力工具。下一步，交易所将更加积极地研发上市更多期货、期权新品种，纸浆、红枣、20号标准橡胶、2年期国债、生猪、尿素，以及铜期权等。所有的这些，就是要以品种创新助推期货市场发展，提高其覆盖面，扩大其影响力。

（二）通过有效监管和交易机制创新，确保期货价格的公正可信。秉持依法全面从严的监管理念，加强市场监管。要继续严厉打击市场操纵和内幕交易行为，对客户的资金、持仓以及产品的资金、持有人实现穿透式管理和实控账户合并管理；合理调节交易量，不断完善市场运行风险的监测监控指标；加强对程序化交易管理，建立程序化交易报备和程序化交易者识别制度。各期货交易所近年来在引入做市商等方面进行了有益的探索，取得了初步成效。必须进一步加大交易机制创新力度，争取在更多品种上实现“近月合约活跃、活跃合约连续”。

（三）加快形成全面对外开放新格局，提高期货价格的全球代表性。开放是国家繁荣发展的必由之路。党的十九大报告明确指出“开放带来进步，封闭必然落后”，我们将秉承“自主开放、合作共赢”的方针，加快推进期货市场双向开放。一是加快步伐引入境外交易者参与我国市场。把原油期货作为我国期货市场全面对外开放的起点，做好原油期货上市工作，积极推进铁矿石期货引入境外交易者，其他成熟品种也要做好引入境外交易者的准备。支持和鼓励更多合法守信的境外交易者参与国内商品期货交易。二是扩大境内外交割区域。持续推动保税交割常态化，不断扩大保税交割品种和区域范围。适应相关期货品种国际化需求，支持期货交易所在境外设立交割仓库和办事处，为实体企业提供丰富、便捷的跨境定价与风险管理服务。三是加快推动期货经营机构国际化发展。近期，我们按照国务院统一部署，拟放宽外资入股期货公司的投资比例限制，单个或多个外国投资者直接或间接投资期货公司的投资比例限制放宽至51%，三年后投资比例不受限制。我们希望通过境外股东的进入，为我国期货公司发展引入新的理念和经营方式，提升其市场竞争力。同时将创造条件，为我国期货公司走向全球市场提供各种必要的支持。四是与境外交易所开展灵活多样的合作。我们将重点围绕“一带一路”沿线国家和地区，支持各交易所结合自身特点和优势，综合运用股权、产品、业务等多种形式，与沿线交易所开展合作。研究与境外期货交易所开展产品互挂的可行性。支持中欧交易所丰富产品线，为境外投资者提供中国相关的资产风险管理工具。

习总书记号召我们，新时代要有新气象新作为。我们将选择若干个条件好的期货品种，制定一切必要措施，朝着尽早取得国际主要定价权的方向努力。我们有这个市场规模，有这个经济实力，也有这个决心！

（四）期货经营机构要适时转变发展重点，使价格传导更加便捷高效，以自身转型发展服务实体产业优化升级。当前，我国经济发展处于重要的战略机遇期，期货市场前景广阔。期货经营机构要顺势而为，实现其自身的转型发展。一是要回归本源，专注服务能力提升，不忘服务实体经济的初心。期货经营机构要不断提高专业水平和服务能力，紧紧围绕广大实体企业的多样化风险管理需求，积极服务供给侧结构性改革和经济优化，服务三农和脱贫攻坚战略，服务国家对外开放和“一带一路”战略，在服务好实体经济发展的过程中实现企业自身的价值。二是找准定位，发挥专业优势，做精做细，提高核心竞争力。近年来，期货行业加快转型发展，目前，以传统经纪服务为基础，以资产管理和风险管理为两翼，以境外金融服务为增力的格局已经初步形成，业务多元化、综合化、国际化程度不断深化。下一步，要在持续加强传统业务、服务最广大的实体企业的基础上，进一步发挥在风险对冲、资产定价方面的优势，为广大投资者提供独特的财富管理和资产配置服务。近二年里，期货公司风险管理子公司业务发展迅速，呈现出良好趋势，要为它们更好更快的成长创造必要的市场条件。三是要加强合规建设，严控风险，牢牢守住风险底线。期货经营机构为企业提供风险管理服务，首先要管好自身风险。合规风控是期货经营机构的生命线。大家要进一步提高认识，时刻保持警醒，落实全面风险管理。

各位嘉宾，各位朋友，我们正站在一个伟大的新时代的潮头。在以习近平总书记为核心的党中央坚强领导下，中国人民正满怀信心地建设中国特色社会主义现代化强国，为实现中华民族伟大复兴的中国梦而奋勇前进。期货行业可以为中国梦的实现做出重要贡献。让我们把握新时代的历史机遇，始终坚持金融服务实体经济的根本方向，着力推进改革开放创新，为建设具有国际竞争力的中国期货市场而努力奋斗！

最后，预祝本届大会取得圆满成功。谢谢大家！

发展大宗商品市场，促进财富管理健康发展
——在第三届青岛中国财富论坛上的讲话

中国证券监督管理委员会　方星海

（2017年6月19日）

各位嘉宾，上午好！

很高兴参加第三届青岛中国财富论坛。我谨代表中国证监会对本届论坛的成功召开表示热烈的祝贺。

“洪范五福先言富，大学十章半理财”。这幅对联充分表明了自古以来财富在社会生活中的重要作用。尽管中国传统意识形态的儒释道三家对财富都含有一定程度的轻视之意，但中国老百姓对财富的理解和追求却从来是真切而强烈的。司马迁在《史记·货殖列传》中就写道：“夫千乘之王，万家之侯，百室之君，尚犹患贫，而况匹夫编户之民乎！”邓小平同志鼓励大家勤劳致富，鼓励一部分人先富起来，以先富带后富。他在1992年南方谈话时更以他一向朴实深邃的语言说：我们穷了几千年了，是时候了，不能再等了！尊重财富，创造并积累财富，这符合马克思历史唯物主义的基本原理，也是以经济建设为中心的党的基本路线的必然要求。

改革开放后我国经济快速发展，居民家庭财富规模日益增长。根据波士顿咨询公司的报告，2016年我国个人财富规模达126万亿元人民币，成为仅次于美国的全球第二大财富国家。目前，这些财富大约40%为银行储蓄和理财，40%在房地产市场，10%在股票市场和公募基金，另外10%购买信托和其他产品。这么巨量的资金和财富，如何合理配置和有效管理，既关系到居民家庭财产安全，又关乎我国经济金融的稳定和健康发展，甚至关系到国际金融市场的波动，意义十分重大。财富管理涉及的领域很广，我这里专门讲讲大宗商品市场在财富管理中的作用。

一、大宗商品在资产配置中的地位

做好财富管理离不开现代资产配置模型的理论指导。20世纪50年代，诺贝尔经济学奖得主马科维茨提出均值方差模型后，投资者得以分析如何合理配置资产，在风险一定时取得最大收益。机构投资者开始广泛使用资产配置概念，并逐步形成第一代的资产配置模式，将60%的资产投资到股票市场，40%的资产投资到债券市场。

但由于股票、债券资产的相关性较高，这一组合在市场下行期间风险较大。而有关研究表明，大宗商品与股票、债券等资产价格相关性较低，是资产组合的有益补充。20世纪80年代，耶鲁大学基金会等机构开创了另类投资的先河，除了配置股票、债券外，还将部分资金配置到大宗商品、私募股权以及现金流更稳定的房地产和基础设施等领域，形成了机构投资者的第二代资产配置模式。

本世纪初，大宗商品进入所谓的“超级周期”，在资产配置中的重要性愈加凸显。2004年，美林（Merrill Lynch）分析师进一步提出“美林投资时钟”理论，将大类资产分为股票、债券、大宗商品、现金四类，在经济周期的不同阶段重点配置不同资产。由于判断经济周期十分困难，为确保投资组合能适应各种经济环境，并在风险最小的情况下获取市场平均回报，桥水基金开发了风险平配（Risk Parity）的全天候策略，一个简化的代表性策略可表述为“30%的股票+40%的长期债券+15%的中期债券+7.5%的黄金+7.5%的大宗商品”。这一策略逐渐成为机构投资者的第三代资产配置模式。

目前，很多大型机构投资者都高度重视大宗商品资产配置。2004年至2012年期间，大宗商品在机构投资者资产配置中的比重快速上升。根据美国投资公司协会（ICI）统计，商品型ETF资产管理规模从2004年的13亿美元增长至2012年的1200亿美元。商品型ETF占全部ETF资管规模的比例也从2004年的不到1%上升到2012年的10%左右。

二、大宗商品资产配置在我国的现状和作用

经过20多年的发展，我国大宗商品期货市场已经具备为财富管理配置资产的基本条件。

一是我国大宗商品期货市场规模不断扩大，初步具备大类资产配置所需的市场容量。我国大宗商品期货成交量已连续7年位居世界第一。2016年，上海、大连和郑州三家商品期货交易所共成交商品期货约41.19亿张，同比增长27.26%，约占全球商品期货与期权成交总量的近六成份额。同时，大宗商品期货市场在经历了多年的法制化、规范化发展进程后，目前市场主要参与力量已经开始朝机构化、专业化方向发展，越来越多产业客户开始通过大宗商品期货市场进行风险管理。

二是国内大宗商品期货价格的风险回报特点使其具备大类资产配置的价值。大类资产基于不同的风险、回报和流动性特点，可以分为现金、债券、股票、大宗商品和房地产五大类。由于资本项目可兑换还没有完全实现等原因，我国金融市场与国际金融市场的联动性还不高。在这五类资产中，对于中国投资者而言，只有大宗商品具有更广泛的全球定价的特点，这就决定了其与国内其他大类资产具有天然的低相关性。从2010年本轮金融危机之后的7年数据来看，我国主要大宗商品中与股票指数月度收益率相关性最高的是沪锌，但相关系数仅为0.35；其余大部分品种与股指的相关性大多在0.10－0.25之间；部分农产品，例如豆粕和棉花，和股指的相关性接近于0。而相对于债券，大部分商品更是呈现较弱的负相关性。

三是以大宗商品为基础资产的金融产品占整体资管产品的比重还很低。从国内机构发布的金融产品来看，以大宗商品为基础资产的可投资资产管理产品很少，限制了居民资产配置商品的渠道。目前，国内银行和保险产品的配

置方向主要集中在债券和货币类资产。在公募基金发行的产品中，主要以股票和债券为主，极少有国内商品指数基金。商品 ETF 产品中目前只有黄金标的，黄金 ETF 占整体 ETF 规模比例约 5%。另外，还有少部分正在申报的产品以连接期货市场为主，包括农产品 ETF、白银 ETF、有色金属 ETF 等产品。在私募基金资管产品中，基于商品的资管产品规模还很小。期货公司资管产品的规模为 2792 亿元，主要也以投资证券市场为主，其中，投资股票规模 1028 亿元，占比 37%；投资债券规模 249 亿元，占比 8.9%；投资证券投资基金规模 86 亿元，占比 3.1%；投资大宗商品期货规模只有 73 亿元，占比仅 2.6%。

大宗商品是产业经济不可或缺的原料，对于中国这样一个制造业和国际贸易大国，投资一定比例的大宗商品资产有助于把握对战略资源的控制权，即使在国际形势发生不利变化的情况下，也能确保战略资源的安全供给。目前我国战略资源储备主要依赖政府资金支出，更多地引导民间财富管理资金进入大宗商品市场，可以起到“藏战略储备于民”的作用，具有特殊的重要意义。

三、进一步发展我国大宗商品市场，更好满足财富管理需求

进一步推动国内大宗商品期货市场的改革创新，促进财富管理行业和大宗商品市场的协同发展，重点做好以下几方面工作：

第一，支持财富管理机构配置大宗商品资产，提升财富管理水平。目前，商业银行、保险公司、养老基金等参与期货市场还有一些政策限制。要继续积极与有关部门研究推动取消有关政策限制，在风险可控的前提下研究推进商业银行、保险公司等其他金融机构有序利用期货市场进行资产配置。我国证券期货经营机构已经开发出一些场外商品期权、远期等衍生工具，但整体规模较小，难以满足财富管理机构风险管理的需求。要提高证券期货经营机构的综合竞争力，稳妥发展场外衍生品市场，推动财富管理配置从标准化向个性化、多样化发展。

第二，继续完善期货品种体系建设，满足财富管理的多元化需求。我国现有上市期货期权品种已达到 54 个，基本覆盖了农产品、金属、能源、化工、金融等国民经济主要领域，但一些战略性资源品种和商品指数等领域发展还有空白。要做好原油期货上市工作，持续开展天然气等期货品种的研究。在豆粕、白糖期权平稳运行的前提下，逐步扩大商品期权品种。配置商品指数比配置一篮子商品的财务成本低，国际上机构投资者主要通过投资商品期货指数来进行资产配置。我国要继续培育有市场认可度和权威性的国内商品指数，大力发展以国内商品指数为标的的商品指数基金、商品指数 ETF 等投资产品，拓宽财富管理的资产配置渠道。

第三，加快推进期货市场对外开放，实现财富管理的全球化布局。国内期货市场部分合约的交易量在全球排名靠前，但尚未能掌握国际定价权。加快我国期货市场对外开放，鼓励全球财富管理机构将其纳入配置范围，有利于提升国内期货市场的国际影响力。我们将从国际化程度较高的原油、铁矿石等品种开始，逐步引入境外投资者利用国内商品期货市场进行资产配置。提高交割效率，支持期货交易所在境外设立交割仓库和办事处，推动完善“保税交割”的相关政策。逐步推动国内大宗商品期货价格成为亚太甚至全球的基准价格，形成公开透明的“中国价格”。

我就讲这些，有不当之处，敬请大家批评指正。最后，祝青岛的财富管理和整个金融行业健康繁荣，祝本届财富管理论坛取得圆满成功！

在 2017 中国风险投资论坛上的致辞

中国证券监督管理委员会主席助理　宣昌能

（2017 年 6 月 19 日）

尊敬的胡春华书记，陈昌智副委员长，万钢副主席，各位领导、各位嘉宾：

大家下午好！非常高兴参加“2017 中国风险投资论坛”，受刘士余主席委托，我谨代表中国证监会对本届论坛的召开表示热烈祝贺，对长期以来关心、支持资本市场改革发展的各位领导与各界朋友表示衷心的感谢！下面，我就资本市场如何推进大众创业、万众创新，落实国家创新驱动发展战略谈几点建议，供大家参考。

国际经验表明，发展离不开创新。习近平总书记指出，“坚持创新发展，是我们分析近代以来世界发展历程特别是总结我国改革开放成功实践得出的结论，是我们应对发展环境变化、增强发展动力、把握发展主动权，更好引领新常态的根本之策”。李克强总理也指出，以创新引领实体经济转型升级。要深入实施创新驱动发展战略，推动实体经济优化结构，不断提高质量、效益和竞争力。

创新发展与资本市场密不可分。科技创新与资本的紧密结合，相互促进，是近几十年来全球创新的显著特征。随着人才、技术与资本的结合更加紧密，创新的步伐更快、涉及的领域更广，为各国经济社会发展注入新的动力和活力。在这一创新格局中，直接融资体系分工的深化，多层次资本市场体系的健全和功能拓展，发挥了至关重要的作用。

党中央高度重视发挥资本市场作用，习近平总书记对资本市场的发展作出了一系列重要批示和指示。近年来特别是 2016 年以来，证监会认真贯彻落实国家创新驱动发展战略，坚持稳中求进工作总基调，大力推进多层次资本市场体系建设，加快修复资本市场功能，不断拓展资本市场服务的覆盖面，全方位做好资本市场与创新创业的对接。

一是不断发展壮大交易所市场。2016 年至今年 5 月底，沪深证券交易所新增上市公司 436 家，IPO 融资 2578 亿元。沪市新上市公司中近八成为高新技术企业；深市创业板新上市高新技术企业 142 家，占板块新上市公司的 96%，中小板新上市公司汇集了一批细分行业龙头企业。

新股发行常态化以来，退出渠道的畅通极大推动了创投行业的发展，吸引了大量的社会资本流向创新创业活动，为更多的初创企业提供了急需的资金，绝大多数创业板新上市公司都得到了创业投资的支持。这些上市公司通过持续研发投入，以技术创新促发展，成为推动自主创新、产业升级、技术进步的重要力量。

二是鼓励面向创新创业项目的并购重组。2016 年至今年 5 月底，上市公司共计并购重组交易 3332 单，其中 2055 单涉及创新创业型民营上市公司，占比 62%。上述 90% 的并购重组交易无需证监会审核，由企业自主实施，通过市场化并购，推动行业整合和转型升级，催生新的业绩增长点。

三是深化“新三板”改革。2106 年，“新三板”挂牌企业实现翻番，截至 2017 年 5 月底，“新三板”挂牌企业达到 11200 多家，其中，战略新兴产业企业约占 1/4，高新技术企业占比超过六成。有私募股权基金参股的挂牌企业占比约 60%，带动了社会资本对创新创业企业支持的前移。

四是促进区域性股权市场规范健康发展。截至 2017 年 4 月底，全国共设立 40 家区域性股权市场，共有挂牌企业 1.87 万家，展示企业 6.49 万家，累计为企业实现各类融资 7940 多亿元，对促进中小微企业股权交易和融资、鼓励科技创新发挥了积极作用。

五是大力培育私募市场。截至 5 月底，在中国证券投资基金业协会登记的私募基金管理人达 19100 家，已备案且正常存续的私募基金 54000 余只，实缴规模 9.2 万亿元。私募股权、创业投资基金管理人超过 1 万家，其中专注创业投资业务的 945 家，已备案创业投资基金 2740 只，实缴规模超过 4100 亿元，为创新创业引入了大量投资。

六是加快公司债券品种创新。2016 年，交易所债券市场启动创新创业公司债券和绿色公司债券试点。交易所债券市场支持创新创业企业融资机制得到进一步优化和完善。

资本市场对创新创业提供了有力支持。同时我们也注意到，与我国 1500 余万家中小微企业、30 余万家科技型中小企业的总体规模相比，我国资本市场服务创新创业的能力还有较大提升空间，市场的包容度和覆盖面也不够，风险投资体系尚不健全，创新创业企业融资难的问题依然突出。为此，证监会一直在推进改革和加强探索，并出台了一些针对性的措施。近期，我们优化了首发企业中创业投资基金股东的退出安排，对于专注于长期投资和价值投资的创业投资基金给予了必要的支持。下一步，证监会将继续深入贯彻落实党中央、国务院的决策部署，进一步提高资本市场服务实体经济和创新创业的能力。

一是着力加强多层次资本市场建设。二是积极支持创新创业企业发行上市。新股发行常态化以来，企业上市周期已经大幅缩短、上市预期比较明确，证监会将按照相关法律法规，进一步优化审核工作，提高审核效率，积极支持科技实力突出、创新能力强、业绩增长快的符合条件的企业发行上市。三是严把上市公司入口关。上市公司质量是资本市场健康发展的基石。我们将坚持问题导向，完善 IPO 现场检查等工作机制，严厉打击欺诈发行、包装上市、虚假披露等违法违规行为，加大处罚力度，推动发行人和中介机构归位尽责。四是加快资本市场制度创新。引导私募基金行业健康发展，增加创业资本有效供给，鼓励债券市场创新品种规范发展，优化支持创新创业的软环境。

各位嘉宾、各位朋友：

广东是改革开放的前沿阵地，是创新创业的热土。广东省委、省政府高度重视资本市场建设，作为资本市场的主力军之一，广东共有 A 股上市公司 530 余家，约占 A 股上市公司数的 16%，总市值约 9 万亿元；新三板挂牌企业 1700 多家；登记备案私募基金机构近 4800 家。这些上市公司、挂牌企业和创投机构，构成了创新创业的强大生力军。2016 年，广东企业通过交易所市场实现直接融资 6400 亿元，为服务广东供给侧结构性改革和实施创新驱动发展战略提供了有力支持。我们相信，在党中央、国务院的坚强领导下，广东面对“一带一路”建设和打造粤港澳大湾区的历史机遇，凭借得天独厚的区位优势、敢为人先的改革精神和开放包容的发展环境，将进一步促进创投资本与实体经济精准对接、深度融合，在新的起点上推动区域经济发展迈向更高水平。证监会将一如既往地为广东建设好、发展好、利用好资本市场，提供支持，做好服务。

最后，预祝本次论坛取得圆满成功。谢谢大家！

在新浪金麒麟论坛上的讲话

中国证券监督管理委员会主席助理　张慎峰

（2017 年 11 月 22 日）

尊敬的各位领导、各位嘉宾：

很高兴参加新浪金麒麟论坛。首先对这次论坛的成功举办表示热烈祝贺，对长期以来关心、支持资本市场改革发展的各位领导与各界朋友表示衷心感谢！

当前，全国上下正处于学习宣传贯彻党的十九大热潮之中。党的十九大报告强调，要深化金融体制改革，增强金融服务实体经济能力，提高直接融资比重，促进多层次资本市场健康发展。在这样的背景下，本次分论坛以金融业改革再上新征程为主题，紧扣时代脉搏，顺应社会心声，具有很强的现实意义。证监会全系统正在全力以赴学习宣传贯彻党的十九大精神，从以下几个方面着力推进资本市场实现更高质量、更有效率的发展。

一是大力发展直接融资，进一步完备市场融资功能，切实提升服务实体经济和国家战略的能力。作为现代金融体系的重要组成，资本市场聚焦主业、强化服务、对接国家战略，不仅是安身立命之本，也是防范风险、发展壮大的根本举措。近年来，我们把发展直接融资放在重要位置，坚持股票和债券同步发力，有力支持实体企业降杠杆、降成本。五年来股权融资和交易所债券融资超过 15 万亿元。大力推进以产业整合为重点的市场化并购重组，支持产业升级和结构调整，全力服务制造强国、军民融合和国企混合所有制改革等战略。推出双创债、绿色债等品种，拓展新三板和创业板服务新经济新业态的覆盖面，出台上市公司员工持股和股权激励的制度规定。充分发挥资本市场促进普惠金融体系发展和扶贫工作的作用，对国家级贫困地区的企业 IPO、新三板挂牌、发行债券、并购重组等开辟绿色通道，助力国家脱贫攻坚战略。

下一步，我们将更加全面贯彻新发展理念，积极服务供给侧结构性改革、加快建设创新型国家，以及乡村振兴、区域协调发展等战略，积极发展多层次股权市场和债券市场，增强资本市场投融资功能的发挥。同时，要引导行业机构更加注重以客户需求为导向、以服务创造价值，做优主业、做精专业，更好满足居民多样化的财富管理需求，提升对中小投资者的服务能力。

二是推进资本市场“四梁八柱”改革，进一步夯实基础制度。近年来，我们尊重市场规律，不断堵塞制度漏洞，补齐监管短板。统筹推进新股发行、再融资和大股东减持等制度改革，出台行业机构合规风控和流动性管理等规定。在此基础上，推出沪港通、深港通、基金互认，将 A 股成功纳入明晟新兴市场指数，加入经济合作与发展组织公司治理委员会，成功入股境外交易所，资本市场国际化水平得到明显提升。

下一步，我们将持续改革股票发行、退市等制度，进一步健全优胜劣汰机制；积极引导各类长期资金有序入市，大力发展机构投资者。推动《证券法》、《期货法》以及私募基金管理条例等修订或制定工作。强化对发审委和委员的监督制约。完善上市公司治理准则，进一步提高上市公司质量。积极构建资本市场对外开放新格局，更好利用全球市场、全球资源。进一步落实中美两国元首北京会晤共识，落实放宽证券期货行业外资准入的政策。推进境外上市制度改革，完善 A 股并购境外中资企业政策。推进沪伦通论证。进一步优化 QFII 和 RQFII 制度。加快建设国际化的原油期货市场。支持交易所和行业机构参与“一带一路”建设。

三是强化依法全面从严监管，逐步实现市场监管有效。近年来，针对市场内幕交易、欺诈发行、市场操纵、无照乱办金融、非法交易场所乱象等问题，我们逐步回归并坚守监管本位，树立依法全面从严监管的理念，主动出击、重拳治乱，平稳有序化解邮币卡类、贵金属、微盘交易等风险，积极应对概念股炒作和代币发行融资（ICO）等风险苗头，开展专项执法行动，查办一批违法信息披露、财务造假等大要案。进一步强化交易所一线监管。通过这些举措，监管能力和监管权威大大增强。

下一步，将按照党的十九大关于加强金融监管的部署要求，继续强化依法全面从严监管，健全“以监管会员为中心”的交易行为监管模式，建立“穿透式”监管机制，防止监管套利。打好专项执法行动与常规案件查办的“组合拳”，强化稽查执法处罚力度，坚决打击各类违法行为，真正使市场的纪律严起来，市场的生态好起来，逐步实现市场监管有效的目标。

四是贯彻以人民为中心的发展思想，把防范化解风险放在更加重要的位置，确保投资者合法权益得到充分保护。近年来，我们深刻汲取历史教训，坚持稳中求进工作总基调，加强市场风险监测和防控，妥善处置各类风险隐患，有效遏制市场投机炒作。紧紧依托中央银行，健全风险防控和维护稳定的协同机制，防范化解跨市场跨机构跨产品的风险。努力防止广大中小投资者因市场非理性波动遭受不必要的损失。近年来，出台证券期货投资者适当性管理制度，建立健全持股行权、先行赔付等政策，推进投资者保护工作与司法制度有效衔接。加强预期管理，引导投资者理性参与交易。

总书记多次强调，防范化解金融风险，特别是防止发生系统性金融风险，是金融工作的根本性任务，也是金融工作的永恒主题。党的十九大提出，要坚决打好防范化解重大风险等三大攻坚战。下一步，我们将坚决落实党中央的决策部署，认真贯彻落实国务院金融稳定发展委员会的要求，完善金融安全防线和风险应急处置机制，既防“黑天鹅”，也防“灰犀牛”，对各类风险苗头审慎高效应对，坚决维护资本市场稳定运行大局。同时，不断完善投资者教育和服务体系，完善多元化纠纷调解机制，扩大试点先行赔付、支持诉讼等投资者赔偿救济方式，把保护投资者合法权益的各个方面落到实处。

五是健全多层次资本市场体系，进一步拓展资本市场服务覆盖面。近年来，我们紧紧围绕多层次资本市场体系建设这条主线，不断拓展资本市场的广度和深度。在稳定市场、防范风险的基础上，始终保持定力，推进新股发行常态化。IPO 家数和融资规模均居同期全球前列。调整再融资政策，引导再融资募集资金投向实体经济，支持中小企业发展壮大。将新三板打造成为规范中小微企业运作、缓解中小微企业“融资难、融资贵”问题的重要平台。将区域性股权市场纳入多层次资本市场体系。大力发展私募股权基金。推进交易所债券市场数量和质量的全面发展。稳步扩大“保险 + 期货”试点，拓展服务“三农”的渠道和机制。总的看，资本市场服务不同领域、不同类型、不同周期企业的能力不断提升。

健全多层次资本市场体系，是党中央国务院明确部署的关于资本市场改革的关键性任务。下一步，我们将积极拓展多层次、多元化、互补型股权融资渠道，继续发展壮大交易所市场，持续深化新三板改革；持续完善创业投资基金的差异化监管安排；积极推进债券市场品种创新，有序扩大交易所债券融资规模；引导期货市场健康发展，深化期货市场价格发现、风险管理、服务宏观决策等功能。

各位领导、各位嘉宾：

党的十九大描绘了宏伟蓝图、指明了前进方向。证监会将与有关各方一道，持续深入贯彻落实党的十九大精神，加快形成融资功能完备、基础制度扎实、市场监管有效、投资者合法权益得到有效保护的多层次资本市场体系，为实现中华民族伟大复兴的中国梦做出新的更大贡献。

最后，预祝本次论坛取得圆满成功。谢谢大家！

积极响应国家政策 助力住房租赁市场发展
——上海证券交易所总经理黄红元就租赁住房资产证券化答记者问

(2017 年 10 月 27 日)

近日,国内首单央企租赁住房 REITs——保利租赁住房 REITs 经上交所审议通过。这是住房租赁市场的一个标志性事件,对楼市生态将产生深远影响,从而推动"房子是用来住的,不是用来炒的"发展趋势。

该单 REITs 的推出,有利于租赁住房企业加快资金回笼,加大市场投入;有利于投资人分享租金收入和物业升值收益;更有利于市场发展,化解一线城市的居住难题,惠及更多普通租户。

上交所总经理黄红元指出,保利租赁住房 REITs 项目的推出,为资本市场服务租赁住房行业发展探索和积累了有益经验,是上交所积极响应国家政策,助力住房租赁市场发展的重要举措。

问:国内首单央企租赁住房 REITs——保利租赁住房 REITs 在上交所审议通过,请您简单介绍一下该产品基本情况和主要作用?

答:在中国证监会的部署下,保利租赁住房类 REITs 项目最近已获得上交所审议通过。该项目是具有权益型 REITs 属性的资产证券化产品,属于国内首单央企租赁住房 REITs,具有重要创新意义和示范意义。本项目总规模 50 亿元,优先级评级 AAA,产品期限 18 年,分期发行,底层物业资产是上交所上市公司保利地产自持的优质租赁住房。

本项目对应的租赁住房主要是青年公寓和养老公寓,该类公寓填补了当前租赁市场的短板,具有较好的社会意义。围绕住房租赁市场开展资产证券化业务,也是国外资本市场的通行做法,对于加快推进住房租赁市场建设具有非常积极的推动作用。此外,本项目还有一个亮点是分期发行,发行人可以根据自身与市场发展情况,在两年的有效期内灵活安排发行批次和规模,体现了我国 REITs 市场的发展创新。

问:本单保利租赁住房 REITs 对市场有哪些积极意义?对住房租赁市场的影响几何?

答:习总书记在十九大报告中强调"坚持房子是用来住的、不是用来炒的定位",为住房市场的发展指明了方向。近期,国务院办公厅制定发布了关于加快培育和发展住房租赁市场的有关文件,住房城乡建设部、证监会等九个部委也专门制定了加快发展住房租赁市场的通知,明确提出了推进"REITs 试点"的战略部署。本单租赁住房 REITs 的落地,是上交所积极响应国家政策,落实主管部门部署,为优质住房租赁企业提供金融服务的重要举措。

近几年来,社会各界特别关注住房租赁市场的发展。推进住房租赁市场发展,增加租赁住房的有效供给,离不开金融市场、资本市场的服务和支持。本单租赁住房 REITs 产品的推出,为资本市场服务租赁住房行业发展探索和积累了有益经验。通过为企业提供切实的融资渠道和投资退出路径,盘活存量房屋用于租赁市场,增加租赁住房的有效供给,从而助力于形成一个有效的、规模化的住房租赁市场,也使相关企业能够充分利用社会的资源,合理控制成本,实现多方共赢。

问:目前国内租赁住房 REITs 市场发展如何,现有规模多大,未来上交所会在其他领域做类似的尝试吗?

答:上交所股票市场在服务优质企业上市,促进实体经济发展方面已为广大投资者熟知,此外我们的公司债券和资产证券化等创新产品也在服务实体经济方面取得了长足的进步。截至 2017 年 10 月,上交所资产证券化产品融资规模将近 7000 亿,存量规模为 5000 亿左右,在支持绿色经济、扶贫普惠、推进基础设施建设等方面已经取得了一定成绩。

租赁住房 REITs,就是资产证券化产品中比较有代表性的创新产品。此次保利租赁住房 REITs 的成功推出对于加快推进租赁住房市场建设具有非常积极的示范效应。考虑到该产品主体资质与产品结构设计较好,其他符合条件的且致力于住房租赁市场发展的住房企业也可以借鉴该模式,探索开展资产证券化业务,借助资本市场的服务实现企业良性发展,为社会提供更多的租赁住房。

问:请简单介绍一下,这个产品的风险控制机制主要体现在哪些方面?

答:资本市场创新要牢记风险防控为先,作为创新的首单试点,风险控制很重要。本单产品分为优先级证券和次级证券,优先级证券销售给专业投资者,次级证券由保利地产自持,实现了良好的风险分配,确保了产品安全性。此外,资产证券化产品的安全性还具有稳定现金流的支撑和保障。以本单产品为例,租赁住房的租金收入相对稳定,为产品的收益分配和投资者权利保护提供了支持,同时,该专项计划间接持有标的物业;租金收入与底层物业都通过相关安排独立于保利地产公司资产,实现了与保利地产本身的风险隔离,为产品的安全性提供了良好的保障。

此外,本产品也充分借鉴了一些国外成熟做法,参与各方作了一些针对性的安排,力争实现整体风险可控,确保此类产品后续持续健康发展。

担当起新时代的历史使命

——在党委中心组(扩大)学习暨学习党的十九大精神交流会上的讲话

深圳证券交易所总经理　王建军

十九大报告的主题是不忘初心,牢记使命,高举中国特色社会主义伟大旗帜,决胜全面建成小康社会,夺取新时代中国特色社会主义伟大胜利,为实现中华民族伟大复兴的中国梦不懈奋斗。这个主题强调了共产党人的责任和使命,坚定了未来必须要走中国特色社会主义道路的信心,明确了新时代党的奋斗目标和工作任务。学习十九大报告,要从历史的角度出发,全方位地理解报告所提出的新时代、新使命、新问题、新思想和新任务,将十九大精神落实在资本市场的改革和发展之中。

一、我们要去哪——新时代中国特色社会主义的历史使命

十九大报告中提出,中国共产党人的初心和使命,就是为中国人民谋幸福,为中华民族谋复兴。习近平同志曾经提出,对民族复兴事业的追求,是我们对民族、对人民、对党的责任。这个使命的提出,是由近代中国积贫积弱的历史所决定的。百年前西方殖民者的坚船利炮,彻底打破了中国“天朝上国”的美梦。西方列强通过和清政府签订种种不平等条约,使中国陷入山河破碎、民不聊生的黑暗境地。闻一多先生著名的“七子之歌”,是当时知识分子哀悼国破家亡,疾呼民族觉醒的鲜明写照。无数的仁人志士开始探求中国未来的出路,寻找解救国民于水火之中的良方。十月革命一声炮响,给中国送来了马克思列宁主义。中国先进分子从马克思列宁主义的科学真理中找到了解决中国问题的出路。在近代以后中国社会的剧烈运动中,在中国人民反抗封建统治和外来侵略的激烈斗争中,在马克思列宁主义同中国工人运动的结合过程中,1921 年中国共产党应运而生。党一经成立,就义无反顾肩负起为人民谋幸福、为民族谋复兴的历史使命,团结带领人民进行艰苦卓绝的斗争,结束了任人宰割的屈辱历史,踏上了民族复兴的辉煌征程,彻底改变了中国国家的命运和中华民族的命运。中华人民共和国的诞生,实现了众多有志之士努力追求的理想,为中华民族的伟大复兴奠定了坚实的基础。

新中国成立后,经过多年的努力奋斗,中国共产党带领中国人民取得了新民主主义革命、社会主义建设、改革开放一个又一个的伟大胜利,迎来了从站起来、富起来的伟大飞跃。这充分证明,只有中国共产党才能承担起领导中华民族伟大复兴的伟大使命。站在新的历史节点上,要继续牢记历史使命,迎着民族复兴的曙光不断向前迈进。

二、我们在哪——科学认识我国发展新的历史方位

十九大报告做出了中国特色社会主义进入了新时代这个重大政治判断,是党带领全国各族人民经过长期不懈努力走到的新的时间节点。做出这个重大判断,是改革开放以来我国社会进步的必然结果。我国几项主要的经济指标,展示了我国经济社会发展呈现的良好势头,是进入新时代的有力例证:GDP总量第二,进出口贸易总额第二,财政收入第二,外汇储备第一。人民的日子日益富裕,国家经济实力日益强大。进入社会主义新时代的观念已经实实在在写入了每个国民的心中。

历史方位由发展阶段所决定,进入新时代标志着我国发展站到了新的历史起点上,中国特色社会主义进入了新的发展阶段,党的理论创新实现了新的与时俱进,习近平中国特色社会主义思想的诞生开辟了马克思主义中国化新境界。进入新时代意味着近代以来久经磨难的中华民族迎来了从站起来、富起来到强起来的伟大飞跃,迎来了实现中华民族伟大复兴的光明前景;意味着社会主义在二十一世纪的中国焕发出强大的生机活力,在世界上高举起了中国特色社会主义伟大旗帜;意味着中国特色社会主义道路、理论、制度、文化不断发展,拓展了发展中国家走向现代化的途径,给世界贡献了中国智慧和中国方案。在新的历史时期,我们将进入实现“两个一百年”奋斗目标的历史交汇期,将面临我国主要矛盾已经转化为人民日益增长的美好生活需要和不平衡不充分的发展之间的矛盾的重要挑战。要从新的历史起点和时代条件出发,抓住用好机遇,妥善应对挑战,不断开创中国特色社会主义新局面。

三、我们面临什么问题——正确把握我国社会主要矛盾的变化

中国特色社会主义进入新时代,我国社会主要矛盾已经从人民日益增长的物质文化需要同落后的社会生产之间的矛盾,转化为人民日益增长的美好生活需要和不平衡不充分的发展之间的矛盾。发生变化的原因,来自于社会的发展和进步,人民的生活水平显著提高,对美好生活的向往更加强烈,日益增长的物质文化需要已经不能准确反映人民群众变化了的需求。正确认识和把握社会主要矛盾,才能为今后正确部署和制定党和国家重要工作方针政策提供理论指引,这是总结党的历史得出的深刻结论。

旧民主主义革命时期,党将社会的主要矛盾认识为是中国资产阶级与外国资本主义的矛盾,没有把握住革命的主动权,导致了 1927 年国民革命的失败。在新民主主义革命时期,党牢牢把握住了中华民族与封建主义、帝国主义、官僚资本主义这一主要矛盾,走上了独立自主、自力更生的革命道路,最终取得了新民主主义时期的胜利。新中国成立后,党认识到国内的主要矛盾已经转为工人阶级和资产阶级之间、社会主义道路与资本主义道路之间的矛盾,通过社会主义改造,在中国初步建立了社会主义基本制度。1956 年,党的八大政治报告指出,我们国内的主要矛盾,已经是人民对于建立先进的工业国的要求同落后的农业国的现实之间的矛盾。但是这一正确论断后来被动摇了,让党和国家在后来一段时间之内付出了沉痛的代价。十一届六中全会将人民日益增长的物质文化需要同落后的社会生产之间的矛盾确立为社会主要矛盾,将党和国家的工作重心重新转移到经济建设上,社会发展重新走上正轨。

十九大报告中对社会主要矛盾的新表述,体现了我国社会主要矛盾的表现形式也将随着社会主义发展阶段而发生变化。这一变化没有改变社会矛盾的实质,没有改变我国社会主义所处历史阶段和我国是世界最大发展中国家的国际地位。我国社会目前仍然存在着经济建设与政治、文化、社会、生态文明发展之间的不平衡，以及发展领域不平衡、区域不平衡、群体不平衡等诸多问题。要解决现状，必须要继续坚定不移地贯彻执行党在社会主义初期阶段的基本路线，坚持以经济建设为中心，坚持把发展作为解决我国一切问题的关键和基础，在继续致力于推进发展的基础上，大力提升发展质量和效益，更好满足人民在经济、政治、文化、社会、生态等方面日益增长的需要，更好推动人的全面发展和社会的全面进步。我们必须充分认识到在夺取新时代中国特色社会主义伟大胜利的征程上，还需要付出艰苦的努力。

四、我们用什么办法——深刻领会习近平新时代中国特色社会主义思想的核心要义

党的十九大最突出的贡献是将习近平新时代中国特色社会主义思想确立为我们党必须长期坚持的指导思想。过去五年间，党和国家事业之所以发生历史性变革，取得历史性成就，最根本的原因就是以习近平同志为核心的党中央的坚强领导，是习近平新时代中国特色社会主义思想的正确指引。习近平新时代中国特色社会主义思想是对马克思列宁主义、毛泽东思想、邓小平理论、“三个代表”重要思想和科学发展观的继承和发展，是马克思主义中国化的最新成果，是党和人民实践经验和集体智慧的结晶，是中国特色社会主义理论体系的重要组成部分，是全党和全国人民实现中华民族伟大复兴的行动指南。“八个明确”的主要内容和“十四个坚持”的基本方略相辅相成，是习近平新时代中国特色社会主义思想的基本内涵、四梁八柱、核心要义。“八个明确”概括了习近平新时代中国特色社会主义思想，从理论上回答了我们要坚持和发展的是什么样的社会主义这个问题。“十四个坚持”是新时代坚持和发展中国特色社会主义的基本方略，从实践层面回答了我们应当怎样来坚持和发展中国特色社会主义。深入学习和把握习近平新时代中国特色社会主义思想的科学体系、精神实质和实践要求，要坚持理论联系实际，自觉用这一思想武装头脑，指导实践，凝聚力量，推进工作。要做到学思结合，融会贯通，在落实部署、见诸行动上取得实效，将学习贯彻习近平新时代中国特色社会主义思想不断引向深入。

五、我们要怎么干——在新的历史时期走向新的征程

党的十九大报告明确提出，我国经济已由高速增长阶段转向高质量发展阶段，正处在转变发展方式、优化经济结构、转换增长动力的攻关期。我国经济正面临跨越发展关口、避免落入“中等收入陷阱”等严峻考验。建设现代化经济体系是跨越关口的迫切要求和我国发展的战略目标。建设现代化经济体系，一是要从发展方式、发展动能和运行体制来正确把握现代化经济体系的科学内涵，始终牢记解放和发展生产力是社会主义的本质要求，把实现更高质量、更有效率、更加公平、更可持续的发展作为衡量现代化经济体制的重要标准。二是要深化供给侧结构性改革，将发展经济的着力点放在实体经济之上。充分培育和发挥人力资源竞争优势，发挥人才在经济建设中的重要作用。以结构调整带动质量提升和总量扩张，鼓励发展领先时代的前沿性产业，培育带动发展的战略性产业，建设保障和强化国力的支柱性产业，完善维持社会基本生存发展的基础性产业。三是要加快建设创新型国家，利用我国现有的基础能力优势，人才规模优势，市场空间优势，产业体系优势和体制动员优势，加强国家创新体系建设，实施创新驱动发展战略，通过大力推进科技创新，努力建设世界科技强国。

聚焦到资本市场的现状，目前政府、企业、居民总体负债与GDP比重远超世界各国，有效控制宏观杠杆率、调整直接融资和间接融资比率迫在眉睫。党的十九大报告和全国金融工作会议都对服务实体经济、防范金融风险、深化金融改革等方面做出了一系列重要部署安排。这对于交易所而言，既是巨大的挑战，也是巨大的机遇，这将为资本市场破解难题，推动工作提供更好的环境和更多的支持。在新形势下，要深入思考在建设现代化资本市场中交易所的定位和功能，要继续坚定不移地推进落实服务实体经济、防范化解风险、深化市场改革三大任务。一方面要努力完善融资功能，适应深化供给侧结构性改革的要求，加大对创新企业支持力度，为经济发展转型、创新驱动发展、培育国际竞争新优势贡献资本市场的解决方案，另一方面要完善投资功能，保护好投资者特别是中小投资者的合法权益。认真贯彻“依法监管、从严监管、全面监管”的理念，将保护投资者尤其是中小投资者的合法权益贯穿于监管理念之中。建立健全金融风险识别机制，提高防范化解金融风险的能力，防控市场风险，牢牢守住不发生系统性风险的底线。通过不懈努力，在未来要将交易所打造成为创新资本形成中心，并最终成为全球资源配置中心，为中华民族的伟大复兴提供强大的金融支撑。

回顾党96年的光辉历史，我们终于走到了比历史上任何时期都更加接近、更有信心和能力实现中华民族伟大复兴的伟大时间节点上。要深刻理解党的十九大赋予的新使命，通过学习党的十九大精神，学出对国家、对民族、对党的事业的忠诚，学出对新时代历史使命的担当，学出改革发展的措施和成绩，以实际行动参与创建新时代，见证新时代，不负新时代的重托。

热情拥抱金融科技

——在深交所技术大会上的致辞

深圳证券交易所总经理　王建军

（2017年12月4日）

尊敬的姜主席、各位来宾，各位同仁：

非常欢迎也衷心感谢大家来参加这次技术大会！这个会议不是深交所的，是在座每一位的，是我们全行业的技术会议。开这个会本身就是为了贯彻党的十九大精神，也是响应全行业，特别是会员需要。我们共同形成一个平台，互相交流研讨金融科技对市场、对行业发展的影响和我们未来前进的方向。

这次大会的主题“科技引领 创新发展”，我想对交易所、对整个证券基金期货行业都很重要。科技引领金融，科技也确实改变了金融。近年来，信息技术快速发展推动了全球金融市场不断整合，深刻改变了金融市场的运行生态，也带来了一些新的问题和挑战。但这些问题和挑战是我们必须去面对的，必须去迎接的。交易所是国家重要的基础设施，承担着保障国家经济安全、维护金融市场稳定运行、防范系统性风险的重要职责，面对日新月异的科技发展形势，应当充分发挥深交所市场组织者、监管者和建设者的综合职能，汇聚各方力量，凝聚多方智慧，提升行业整体科技创新能力，强化资本市场核心竞争力。这次大会就是为了办这些事进行尝试和探索。

一、科技创新是市场发展变革的重要推动力

资本市场本身就是技术创新推动的市场，技术创新重塑了市场交易的价值链，提升了市场运行效率和监管效率。没有科技进步和科技成果应用，深交所就不可能从一个区域性市场走向全国性市场，更不可能实现“深港通”，成为全球意义上的市场。没有技术进步，资本市场就不可能突破地域、时差的限制，走向世界市场一体化，资本市场要素配置功能也难以得到有效、充分发挥，也难以适应像我们这样的市场——巨量的交易、巨量的参与者，也难以适应复杂多变的市场环境。作为技术创新的实践者和受益者，资本市场应当主动适应技术创新、技术变革带来的冲击，不能抱残守缺、故步自封，要以开放的心态、开放的思维、开放的机制热情地拥抱金融科技。

像比特币这样兴起的现象，虽然现在金融界很多都认为是泡沫，我们姑且不论，但我们一定要高度重视它背后的技术对我们这个行业、对我们这个市场的深刻影响，因为它完全靠一种算法就创造了信用，没有任何托管。对于我们现在集中的、传统的交易所，是非常非常响亮的警钟。凭借区块链技术，运用算法和规则，纯粹依靠技术建立了信用机制。信用是金融的生命线，我们为了保障市场的基本信用，所有中介机构，包括在座各位，都在为这个信用服务，但别人就已经用技术解决了，那将来还用不用我们？这都是个问号，值得行业深思。

交易所是金融科技应用的重要领域。金融科技的深度渗透，推动交易所在交易方式、产品结构、组织模式等诸多领域的创新发展。2015 年芝加哥商品交易所已经关闭了所有现货大厅，这项延续了上百年的传统，最终也抵挡不过电子系统的冲击。这是技术演进对传统变革的缩影，无论我们多么怀旧，那种潮流都是阻挡不了的。当前，全球交易所纷纷将金融科技作为转型的契机，积极开展金融科技的应用和推广，以增强交易所市场竞争优势，特别是从世界上一些技术领先的交易所来看，信息服务和技术收入已经占到相当的比例。例如，伦交所 2016 年信息和技术服务收入占 41%，纳斯达克占 22%，德交所是 21%，这是非常了不起的，我们在座的几个交易所没有一家能达到这个水平。

技术创新在推动交易所发展的同时，也对现有监管体系带来挑战。例如金融科技对交易方式和产品结构进行了重构，现有法律制度难以有效界定，甚至会出现冲突；金融科技无中心的特点也加剧了信息分散，大量数据无法被监管触及到，可能导致造假、欺诈风险；跨地区、跨行业、跨产品的市场操纵，内幕交易更加隐蔽，监管看不透的现象可能会更加突出。一方面是监管手段先进了，但市场运用技术来规避监管的能力，也大幅提升了。魔高了一丈，道能不能高三尺？现在美国已经批准智能投顾、智能交易基金，将来监管违规责任怎么认定呢？无论对交易所，还是对证监会都是一个大的挑战。还有智能行业的大幅运用，市场交易的趋同，造成市场的共振，像刚才姜主席都讲了，这些也是很大的风险。所以这对交易所、对我们行业机构怎么在新技术下，还能保障系统的安全可靠，是一项很重要的任务。

二、深交所始终是科技创新坚定的倡导者和引领者

金融科技浪潮，填平了新兴市场与成熟市场之间的发展鸿沟，为新兴市场利用后发优势、实现跨越式发展提供了机遇。近年来，在证监会的领导下，证券行业也加大了金融科技的研究投入力度，部分会员单位积极储备了专业人才，并结合自身的业务需求，推动新技术创新运用，并在一些业务场景中取得了很好的效果。在这两天的会议上，行业的专家都会和大家分享他们的成功经验和做法。

深交所一直以来高度重视信息科技的发展和应用，可以说技术创新的基因流淌在深交所运营的每一个细胞当中。早在 90 年代初，深交所就抓住信息技术发展潮流，成立不久就启用电脑自动交易系统，建立了卫星通信专网，全面实现交易智能化、交收无纸化、席位无形化，取代了当时境外市场普遍采用的大堂交易模式。芝加哥商业交易所 2015 年才取消，实际上我们早就没有了。近年来，深交所密切跟踪研究行业前沿技术，成功自主研发了新一代交易系统。目前深交所保持了世界上交易所系统安全运行的世界纪录，所以我对深交所技术队伍感到自豪，并向交易所各时期技术团队始终表示崇高的敬意。现在我们还在利用新的技术，把文本挖掘、机器学习等技术用到监察系统上、上市公司监管上，使得我们在交易监管、公司监管、债券监管、风险监测上提升技术能力。原来我们的技术能力，相当一部分用在保障交易的安全高效上，现在我们花了一部分技术力量用到监管业务上，希望能提升科技监管、智能监管的能力和水平。

纵观近几十年的发展，每一次技术变革都会推动全球资本市场竞争格局的重新调整，那些及时抓住技术发展趋势的交易所，在国际市场竞争中就占据有利的地位，而保守的交易所将逐渐被市场所淘汰。习总书记指出，历史只会眷顾坚定者、奋进者、搏击者。站在新时代的历史方位上，深交所将牢牢抓住金融科技创新带来的发展机遇，继续加大技术投入，充分发挥交易所技术资源优势，一方面建设好行业金融科技研究发展中心，通过组织行业金融科技重大课题研究，发挥在金融科技研发、创新、应用方面的攻关作用，另一方面充分利用大数据、人工智能等新兴技术，重点推进新一代监察系统、新一代信息平台、新一代互联网平台、企业画像智能监管系统等重大工程的实施建设，提高科技监管水平。深交所将继续以技术为依托，以创新为动力，追求技术引领，实现科技强所，扎实推进南方数据中心、金融数据交换平台等基础设施建设，不断增强技术体系的全球竞争力和影响力。这里插一个小广告，南方技术中心现在正在建设，我们想把它建成全行业最高水平的数据中心，在座的同志们，会后如果有时间、有兴趣，可以前去参观、指导，我们希望能够行业共享。

三、发挥整体合力，提升行业整体科技创新应用能力

资本市场科技创新能力的提升，需要市场各方，特别是在座各位的群策群力、携手共进。这次技术大会就是通过搭建平台，实现交易所与市场参与者之间的技术共享，促进技术合作，共谋技术发展，提升行业技术研发与应用水平。我们也衷心希望各位会员能够高度重视金融科技的发展与应用，加大投入，强化交流，发挥合力，促进行业经验成果的分享与推广，推动行业金融科技的发展与进步，共同打造面向新时代的资本市场技术生态体系。

广大会员是证券市场的重要参与者，也是金融科技的重要运用者，我们都要深刻认识到技术本身就在创造价值。像大家都熟悉的余额宝，刚刚推出的时候并不是收益最高的金融产品，而是最方便的金融产品，凭借移动互联技术，为投资者提供了几乎是一键理财的便捷操作，改变了传统理财的投资模式，短时间内就跻身行业前列。所以技术的应用能够极大地改善服务体验，满足多元化需求，无论对投行、对资管，还是对基金管理公司，都应当充分利用新技术的红利，以更深入、更准确、更全面地了解我们的客户，更全面、更精准地服务我们的客户，也更好地、更精确地控制市场风险，以提升全行业的整体服务水平。我们也希望行业各个单位都加大对金融科技高端人才的培养力度，我们这么大一个行业，怎么也得培养点儿技术大佬，这个行业这么先进、这么复杂的技术系统，能不能也走出一两位院士、知名科学家？

各位来宾，我们正在全面开始建设社会主义现代化强国的新征程，十九大报告提出要"加快建设创新型国家"，"突出关键共性技术、现代工程技术、颠覆性技术的创新"，金融科技化是市场发展的大趋势，市场各方都应该抓住机遇，顺势而为，提前谋划，充分利用科技创新推动资本市场的改革发展。深交所将一如既往继续发挥平台功能和公共机构的优势，推动全行业的科技进步，为整个资本市场的信息化建设和安全运行做出积极贡献！

各位同行，当下各种新技术正在以超乎我们想象的速度深刻地改变着金融的格局，我们要时时刻刻关注科技、重视科技，主动应用新科技，把自己打造成高科技的机构，否则我们就会被高科技公司所取代。

谢谢大家！

在2017年城商行年会上的讲话

中国银监会副主席　王兆星

（2017年11月23日）

这次年会是在一个非常重要、非常关键的历史时刻召开的会议。十九大高举中国特色社会主义伟大旗帜，做出中国特色社会主义进入新时代、我国社会主要矛盾已经转化为人民日益增长的美好生活需要和不平衡不充分的发展之间的矛盾等重大政治论断，指明了今后一段时期各项工作的方向。党的十九大报告深刻阐明了习近平新时代中国特色社会主义思想，明确了新时代的基本方略、奋斗目标、战略安排和工作布局，是我们党在新时代的政治宣言和行动纲领，也是金融系统做好新时代金融工作的根本遵循和奋斗方向。城商行系统要把学习贯彻习近平新时代中国特色社会主义思想作为当前和今后一个时期的首要政治任务，把思想和行动统一到党中央对金融工作的分析判断和决策部署上来，提高新时代做好金融工作的政治站位和历史使命感，不忘初心、牢记使命，回归本源、突出主业，不断深化改革，不断创新发展。

一、新时期、新形势、新挑战

党的十八大以来，以习近平同志为核心的党中央科学把握当今世界和当代中国的发展大势，顺应时代要求和人民愿望，推动党和国家事业发生历史性变革，解决了许多长期想解决而没有解决的难题，办成了许多想办而没有办成的大事，取得历史性伟大成就。当前，我国经济运行稳中有进、稳中向好，主要指标都好于预期，今年前三季度GDP实现了6.9%的增长，在世界范围内仍然属于高速增长。供给侧结构性改革深入推进，经济发展的新动力、新动能不断形成，积极因素不断积累。从体制机制看，重要领域和关键环节改革取得突破性进展，十八大以来已经推出了1500多项改革措施，简政放权和商事制度等一系列改革都取得了明显成效。从经济结构看，服务业占GDP比重已超过50%，这也是我国经济结构调整改革的可喜成绩。制造业升级步伐不断加快，以大数据、物联网、云计算、人工智能等为标志的新产业革命、数字经济等蓬勃发展，成为经济发展的新业态和新动力。从地区发展看，中西部增速逐步提高，"东高西慢"的局面有所改观，区域发展协调性显著增强。从发展趋势看，我国经济已由高速增长阶段转向高质量发展阶段，正处在转变发展方式、优化经济结构、转换增长动力的攻关期，建设现代化经济体系是跨越关口的迫切要求和我国发展的战略目标。城商行要认清形势，增强信心，把握机遇，奋发有为，在服务新时代中国特色社会主义进程中发挥更好作用。

过去五年，银行业在党中央、国务院的坚强领导下，服务实体经济质效持续提升，各项改革取得丰硕成果。作为银行业的重要一员，城商行群体在过去一个时期也获得了快速发展。城商行坚持"服务地方经济、服务小微企业、服务城乡居民"的市场定位，逐步树立科学发展理念，不断提升风险管理水平，积极推进转型发展，整体实力显著增强，已成为我国多层次金融体系中举足轻重的重要组成部分，可以称之为一支生力军。截至2017年9月末，全国134家城商行总资产达到30.5万亿元，比五年前增长166.9%，在银行业中占比达到12.7%，较五年前上升了3.7个百分点。从整体看，城商行已经成为银行体系的重要部分，对国家金融安全的影响越来越大。全国39家上市商业银行中，有16家是城商行。机构网点数1.6万个，较五年前翻了一番，其中县域机构覆盖率已超过65%，扎根地方、扎根基层的布局基本形成。值得一提的是，城商行小微企业贷款占各项贷款的比重达到44.1%，较五年前上升了8.26个百分点，134家城商行中有77家小微企业贷款占比超过50%，在支持地方经济、支持小微企业方面已经开始发挥主力军作用。

今年以来，城商行在监管引领下，加快推进回归本源、专注主业，扎实开展各类风险专项治理工作，相关指标企稳好转，经营行为更加规范，防范金融风险和治理金融乱象初见成效。截至2017年9月末，城商行各项贷款11.7万亿元，占总资产38.2%，连续三个季度保持上升。同业资产、同业负债、同业理财等业务余额均较年初下降，资金脱实向虚现象得到一定遏制。城商行取得这样的成绩实属不易，是大家共同努力的结果。

我们要清醒地认识到，金融运行面临的内外部形势依然不容乐观，发展不平衡不协调的一些问题仍很突出，当前和今后一个时期，金融风险尚处在易发高发期，决不能掉以轻心。城商行近年来发展速度很快，业务结构发生较大变化，这里面有应对宏观环境、行业竞争、自身局限做出的市场选择，但也存在脱实向虚、期限错配、杠杆叠加、风险不断扩大等一系列问题。城商行一定要牢固树立风险意识，牢固树立底线思维，尤其重视下面几个现象。一是金融市场规模的迅速增长与金融机构的高杠杆趋势，加大了银行业金融机构的流动性风险，也抬升了系统性风险。一些城商行资产配置期限过长，导致流动性风险进一步积累。二是交叉金融业务迅速扩张，交易链条拉长加大了风险管控难度。近年来开展的一些资管类业务，有的已经突破了地域、行业限制，也突破了宏观调控政策和审慎监管规则，部分资金流向了房地产、过剩产能等领域，有些风险还没有完全暴露。三是城商行法人治理和风险管控滞后，形成了很多显性或隐性的金融风险。有的城商行公司治理能力薄弱，个别银行大股东将银行视为提款机，通过信托、资管、股权反复质押等手段套取银行资金，票据业务、理财“飞单”、“萝卜章”等违法案件在城商行屡屡发生，这些都给我们敲了警钟。

我们必须看到，按照全国金融工作会议的要求，根据新的金融发展和风险形势，银行业金融机构必须加快回归本源、更加专注主业，把防范风险放在更加重要的位置。接下来，监管标准会越来越高，监管会越来越严，对违规违法和不审慎经营行为的处罚也会加大。最近，银监会对十几起银行业金融机构的案件和风险事件进行了严肃查处和严厉处罚，处罚的目的是警示、提示，希望大家更加自觉地加强公司治理和提高风险管控能力，做好功课，强身健体。

二、新时期、新征程、新作为

做好新时期金融工作，首要是坚持党中央对金融工作集中统一领导，确保金融改革发展方向正确，确保国家金融安全。党的十九大报告指出，要深化金融体制改革，增强金融服务实体经济能力，守住不发生系统性金融风险的底线。城商行要以高度的政治责任感和使命感，学深悟透习近平总书记关于金融工作的一系列重要论述，坚持稳中求进的总基调，遵循金融发展规律，把握服务实体经济、防控金融风险、深化金融改革“三位一体”的辩证关系，在服务实体经济的同时，实现银行自身的安全健康发展。

（一）增强金融服务实体经济能力

金融是实体经济的血脉，为实体经济服务是金融的天职，是金融的宗旨，也是防范金融风险的根本举措。中国银行业过去十几年的快速发展，正是得益于我国经济的持续高速增长，不可能存在金融“风景这边独好”的情况。城商行作为地方性金融机构，要把为地方经济服务作为出发点和落脚点，注重业务本地化，下沉服务重心，推进普惠金融，全力以赴支持现代化经济体系建设。重点支持以下几个方面。

第一，要积极支持重点战略重点领域。城商行要根据自己的优势和业务结构，以深化供给侧结构性改革为主线，积极服务创新驱动发展战略、乡村振兴战略、区域协调发展战略等各项国家战略。积极参与打造实体经济、科技创新、现代金融、人力资源协同发展的产业体系，将信贷资源更多地向战略性新兴产业、先进制造业和创新创业企业倾斜，支持更多社会主体投身创新创业，促进科技成果转化，不断增强我国经济创新力和竞争力。坚持有保有压的差异化信贷政策，强化对高负债企业、房地产领域、地方政府融资平台的债务约束，着力解决产能过剩行业和僵尸企业占用大量金融资源问题。

第二，要持续强化小微金融服务。小微企业是城商行的主要客户群，支持小微企业发展是我们的职责所在，也是大有作为的发展空间。城商行要围绕小微企业融资“缺信息、缺信用、缺抵押”等根本症结，增强支小助微的服务理念，积极探索创新服务方式和金融产品，合理制定服务价格，积极主动减费让利，争取把“小客户”做成“大市场”。这几年，城商行在服务小微企业方面作出了很多探索，也形成了很多更科学、风险更可控的经验做法。要利用好与客户联系紧密的线下基础，多把网点设在小微企业集中的市场、城乡结合部、乡镇等地，扩大与小微企业的接触面，打造小微企业门口的金融“便利店”。利用好互联网大数据等线上技术，提升客户挖掘、信息采集与分析水平，降低获客、征信、风控等成本。利用好国家支持小微企业的相关优惠政策，加强与地方政府、税务、司法机关等各方的信息共享，更好地为小微企业提供贴身服务。

第三，要主动推进精准脱贫和普惠金融服务。城商行是城乡普惠金融的重要提供者，应继续下沉机构、下沉服务，提高存取款等基础金融服务的可获得性，有效满足城乡居民融资需求。在此基础上，坚持大扶贫格局，精准扶贫、精准脱贫，继续做好农户小额信用贷款、农户联保贷款等服务，认真开展农村承包土地经营权和农民住房财产权抵押贷款试点工作。

（二）守住不发生系统性金融风险的底线

防范化解金融风险，特别是防范系统性、区域性金融风险，是银行业和银行业监管部门的重要职责。要充分认识金融风险的严峻性、复杂性和外溢性，做到早识别、早预警、早发现、早处置，主动开展风险排查，提高风险防范的前瞻性、敏感性和针对性，落实好风险防控的主体责任和监督责任。

要有效防范处置重点领域风险。城商行当前所面临的风险成因是复杂的，既有外部环境问题，也有内部管理问题，既有行业共性问题，也有区域特有问题，防范风险不能“千人一面”。整体看，流动性风险、信用风险、交叉业务风险相对集中，操作风险、信息科技风险对个别银行挑战也很大。这里要强调的是，流动性风险始终是对中小商业银行最具有威胁的风险，也最易引发系统性、区域性风险。一定要保持高度警惕，不断优化本行业务结构，不断优化资产负债结构，不断优化收入和盈利结构，不断提高资产质量，加快推动同业负债回归流动性管理的本源。要切实做好流动性压力测试，根据压力测试结果有针对性地做好预案，加强操作性演练。对于信用风险，总的原则是“摸清底数、综合施策、控制增量、处置存量”，切实提高贷款分类的准确性，坚决纠正掩盖不良贷款的行为。认真贯彻落实房地产相关政策，积极稳妥化解地方政府债务风险。对于交叉业务风险，要按照“实质重于形式”的原则，还原业务本质，严格资金投向，严核交易对手，客观评估风险，准确计提资本。

要进一步治理金融乱象。今年以来，监管部门落实党中央、国务院工作要求，稳妥有序开展银行业市场乱象整治工作，取得了阶段性成效，但还需要进一步加以巩固。我们将有计划、分步骤地深入整治市场乱象，严厉打击乱办金融、非法集资等非法金融活动，严格规范金融市场交易行为。城商行要切实纠正各类违规业务，严格规范经营活动，坚决摒弃乱搞同业、乱加杠杆、乱做表外等名为创新，实际仅是多一层嵌套、加一个通道、加一个杠杆这种容易产生系统性金融风险且助长金融系统脆弱性的行为。切实加强合规管理，充实壮大内审合规部门力量，推进合规文化建设，严防各类案件发生。要牢记金融是接受严格监管的特许行业,严格防范监管套利行为。

（三）推动深化改革加快转型发展。深化改革是金融发展与稳定的内生动力和根本保障。推动金融更好地服务实体经济,有效防范化解金融风险,关键是让金融业改革发展沿着正确的方向不断推进。对于城商行,深化改革的落脚点还是要放在加快自身改革和转型发展上,通过贯彻新发展理念,实现从外延式扩张向质效优先发展转变。城商行改革转型的核心和根本,就是要完善与新发展理念相适应的公司治理机制。金融机构要建立完善的公司法人治理结构和严格的风险控制体系,把好风险问责第一道关口。完善有效的公司治理,是银行最关键、最根本的核心竞争力,也是银行行稳致远、健康可持续发展的基石。商业银行承担着极其重要的经济功能和社会责任,完善有效的公司治理,更事关存款人的权益、事关国家金融安全稳定。

对于城商行的公司治理建设,我要多讲几句。客观地讲,城商行公司治理不完善的问题是相对比较突出的。从风险事件和案件来看,个别城商行公司治理存在严重缺陷。尤其是当前外部环境不确定性增加,以往被高速增长所掩盖的问题将水落石出。这既是一些金融乱象和金融风险的根源所在,也是制约部分城商行进一步转型升级的短板和软肋,还是影响城商行群体健康发展的重要因素。所以,必须下大决心、大力气加以改进。公司治理没有最优,只有更优,不存在标准模式。可以明确的是,有效的银行公司治理,不能是简单追求利润和股东利益最大化的,而应是各利益相关方积极参与的"共同治理",既做到防范内部人控制,也要防止一股独大、外部人不当干预。要遵循各治理主体独立运作、有效制衡、相互合作、协调运转的原则,推动完善银行股权结构、优化法人治理架构、强化信息披露和外部监督,建立高效的决策与制约机制以及科学的激励约束机制。城商行要牢固树立"四个意识",坚持党的统一领导,把党的领导和完善公司治理有机统一起来,不断深化公司治理改革。

第一,公司治理要坚持党的领导核心、政治核心地位,充分发挥党委在"把方向、谋战略、抓改革、促发展、控风险"等方面的作用。坚持在党委的统一领导下,合理界定不同治理主体的职责边界,不能缺位,也不能越位。要自觉维护以习近平同志为核心的党中央集中统一领导,不折不扣地贯彻党中央所制定的一系列经济金融大政方针。

第二,要强化"两会一层"的履职能力。城商行董事会、监事会、管理层要承担起管控风险的首要职责,充分把握银行业务模式、业务结构变化所带来的风险,不断改进全面风险管理战略和策略,提升内审覆盖面及其效能。不断优化董事会、监事会成员的结构。银行是企业,不能办成官僚机构,既要体现精简,也要体现高效和权责。独立董事不能成为大股东和高管层的代言人,应坚持独立性、专业性,提高履职能力,保护好中小股东、金融消费者的权益。进一步健全完善对董监事的履职评价体系,及时淘汰不具备履职能力、不作为、乱作为的董事、监事。我们既要对机构问责,同时也要对董事、监事及高管问责,这也是当前国际金融监管改革的大趋势。

第三,要强化股权管理。最近,银监会起草了《商业银行股权管理暂行办法(征求意见稿)》,正在征求意见。股权管理是城商行公司治理的基础,股权结构深刻影响着银行的治理结构和治理有效性。近些年来,城商行通过股份制改造、上市融资等方式,股权结构总体得到优化。但也应清醒地看到,有的城商行历史上出于化解风险的需要,在股权结构上存在先天不足,所有者越位和缺位现象并存。因此,强化股权管理,是城商行做好风险源头管控的重要环节。城商行要争取地方政府支持,进一步优化股权结构,通过减持、增资扩股、扩大开放等方式,引进注重银行长远健康发展、资金实力雄厚、管理经验丰富、能带来协同效应的战略性股东,也欢迎依法合规的财务投资。在股权管理上,必须落实穿透原则,提高股权透明度,规范隐性股东和股权代持现象。严格股东行为管理,规范股权质押、股份转让等行为,切实落实关联交易管理规定和管理程序,严防股东利益输送。

最后,我还要强调一下人才队伍建设问题。我们已经进入了一个技术进步的新时代,更好地利用、驾驭新的科技,使其成为我们业务发展的支撑,进一步强化风险管控,都需要一批专业人才。城商行的创新、发展、转型离不开一支专业尽职的高素质团队。要切实落实习近平总书记重要讲话要求,大力培养、选拔政治过硬、作风优良、业务精通的金融人才,特别是要注意培养金融高端人才,努力建设一支德才兼备的高素质金融人才队伍。要改革选人用人机制,改进绩效考核体系,使人才有用武之地,有大有作为的空间。

党的十九大为我们描绘了未来发展新蓝图,开启了建设中国特色社会主义新时代的新征程。让我们更加紧密地团结在以习近平同志为核心的党中央周围,牢固树立"四个意识",深入贯彻习近平新时代中国特色社会主义思想,以高度的责任感、使命感、紧迫感,不忘初心,牢记使命,高举中国特色社会主义伟大旗帜,为决胜全面建成小康社会、夺取新时代中国特色社会主义伟大胜利、实现中华民族伟大复兴的中国梦作出贡献!

在自贡市加快推进多层次资本市场建设工作会上的讲话

中国证券业协会会长 陈共炎

(2017 年 4 月 6 日)

各位朋友,大家上午好!

非常高兴来到举世闻名的恐龙之乡、千年盐都、南国灯城自贡,参加自贡市加快推进多层次资本市场建设工作会,首先,我代表中国证券业协会对大会的召开表示热烈的祝贺!

在刚刚召开的"两会"上,李克强总理多次提到支持资本市场发展,政府工作报告明确要推进资产证券化,支持市场化法制化债转股,加大股权融资力度,完善主板市场基础性制度,积极发展创业板、新三板,规范发展区域性股权市场等,充分表明资本市场在推进我国经济供给侧改革和结构转型发展中的重要作用。

今天，自贡市委市政府专门召开加快推进多层次资本市场建设工作会，李刚书记对加快推进自贡市资本市场建设提出了明确要求。下面，我借这个机会就证券经营机构如何利用多层次资本市场服务实体经济谈几点意见：

首先，利用多层次资本市场服务企业、服务实体经济，要求证券经营机构回归投行本质。企业利用多层次资本市场需要通过证券经营机构提供中介服务才能进行。在各类证券经营机构中，目前最有实力、影响最大的是证券公司，现在全国大约有120多家大大小小的证券公司。从2012年以来，证券公司自身的业务实力、服务能力和功能都有较大提升，行业平均年收入增长率接近30%，服务实体的能力有所提高，但成效并未尽如人意。前一段有人指责金融机构脱实向虚、自我循环、自我膨胀，确实存在这种现象。客观上讲是因为受传统业务模式和经营理念影响，偏重股票二级市场；主观上讲还是政治站位不高，缺乏社会责任意识。证券经营机构应当回归投行本质，大力发展投资银行业务，把自身的发展融入到整个社会经济发展中去，把服务实体经济、推动供给侧改革和实现国家战略作为主要目标，才能实现持续、和谐的发展。

第二，证券经营机构一定要根据企业的实际状况灵活运用多层次资本市场。实事求是就是要量身定制。多层次资本市场是一个模糊概念，有不同的区分，有公开市场与私募市场、场内市场与场外市场之分，不同的市场只是运行规则不同、服务方式不同，没有高低贵贱之分。企业应当根据自己的条件和特点选择不同的市场。一般来说，交易所市场是公开市场，虽然融资容易，但要求比较高、门槛较高，不是所有企业都能享受其服务的。我国大量企业连股份公司都不是，企业形态千差万别，有的是有限责任公司、合伙企业，甚至企业尚未设立，只是一个创业计划，这些企业或项目的融资不太适合交易所市场，应当选择场外市场、私募市场。目前，我国场外市场包括区域性股权交易市场和券商柜台市场等，券商柜台市场又包括证券公司自己办的柜台市场和互联互通的市场即报价系统。报价系统近两年融资额都突破3000亿，也是很好的融资场所。中介机构在为企业提供融资服务时，一定要实事求是，不能弄虚作假，拔苗助长，要真实披露信息，选择市场融资。

第三，证券经营机构利用多层次资本市场为企业提供投融资服务时一定要遵循“稳中求进”的总基调、总原则，就是说不仅要注意各种投融资工具的综合运用，更要注意风险的防控和经营。多层次资本市场投融资方式是非常丰富的，大多数企业熟悉或关注的重心集中在股权融资和债权融资，其实还有很多很好的方式值得我们去开发利用，如资产证券化、收益凭证、仓单质押、票据融资等，具体融资方式应根据企业自身的条件来选择和设计。不管何种融资方式，利用多层次资本市场都是有风险的，对风险“零容忍”是理想主义的，关键是要做好风险防范和经营管理。中央经济工作会议和政府工作报告都特别重视防范风险。风险防范一靠企业不做假账，中介机构不乱搞包装，让投资者根据其实际情况去判断；二靠发展市场化的信用体系，要大力发展增信、担保、估值、评级、保理等机构，共同分担和缓解风险。只有这样，才能真正做到“稳中求进”。

总之，证券经营机构利用多层次资本市场服务企业、服务实体经济时，一定要回归本质、实事求是、稳中求进。不能帮倒忙，更不能做金融麻烦的制造者。

朋友们！中国证券业协会这几年为证券行业发展和多层次资本市场建设、为行业支持实体经济发展做了一些工作，非常愿意为自贡市的发展提供支持。相信双方通过不懈努力，一定能促进证券行业与自贡经济社会的共同发展。

最后，预祝今天会议圆满成功！祝各位来宾工作顺利、万事如意！

谢谢大家！

当前经济形势与深化供给侧结构性改革

——在第十三届中国工业论坛上的主旨演讲

国务院发展研究中心主任　李伟

（2017年7月15日）

今年是供给侧结构性改革深化之年，也是实施“制造强国战略”的关键之年。今天，大家相聚于此，以“深化供给侧结构性改革，全面实施中国制造2025”为主题进行研讨，具有重要的现实意义。下面，我就此谈几点看法，供大家参考。

一、上半年我国经济总体延续企稳向好态势

今年以来，我国经济企稳向好的态势更加巩固，多项宏观经济指标继续改善。一是经济保持平稳增长。一季度经济增长6.9%，二季度主要经济指标保持平稳。前5个月，全国规模以上工业增加值同比增长6.7%，较去年同期上升0.8个百分点；服务业指数稳定在8%以上；农业增加值增速较去年同期小幅提升。二是经济结构持续优化。消费比重继续提高，第三产业增速稳定高于第二产业；新技术、新产业快速发展，前5个月，新能源汽车、工业机器人、集成电路产量保持25%以上增长；传统行业集中度上升，水泥、造纸、挖掘机等行业前十名企业市场份额，较2012年分别提高31个、5.2个和17.2个百分点。三是质量和效益继续提升。1－5月份，规模以上工业企业主营业务收入和利润同比分别增长13.5%和22.7%，为2012年以来同期最高水平；财政收入同比增长10%，较去年同期提高1.7个百分点。前5个月城镇新增就业599万人，完成了全年目标的54.4%。四是风险防控取得进展。今年以来，去杠杆和金融风险监管力度明显加强，6月份M2增速降为9.4%，为自有数据以来的最低值；企业资产负债表继续改善；资金外流和人民币贬值压力明显减弱，外汇储备余额连续5个月回升。

经济运行继续发生积极变化，主要是坚持稳中求进工作总基调，坚持实施以供给侧结构性改革为主线、适度扩大总需

求的宏观政策的结果。

第一，供给侧结构性改革推动供需结构改善和企业利润回升。在去年取得积极成效的基础上，今年供给侧结构性改革深化推进，前5个月，全国新退出钢铁产能3170万吨、煤炭产能6897万吨，分别完成年度任务的63%和46%。供需结构改善带动大宗商品价格明显回升。前5个月，PPI累计同比上升6.8%，规模以上工业企业利润增长22.7%。更重要的是，供给侧结构性改革强化了企业"新陈代谢"机制，市场配置资源功能明显增强，市场预期明显改善。

第二，适度扩大总需求政策对稳定内需发挥了积极作用。1-5月份，基础设施投资同比增长20.9%，比去年同期高0.9个百分点；房地产开发投资同比增长8.8%，比去年同期高1.8个百分点；制造业投资同比增长5.1%，比去年同期高0.5个百分点。5月末，产成品存货同比增长9.3%。初步测算，今年库存对GDP的贡献将由负转正，对提振短期需求发挥重要作用。

第三，外部经济环境改善推动出口增长由负转正。今年以来，全球经济温和复苏，美、欧、日等主要经济体均有所转暖。5月份，占全球经济总量超过80%的G20国家，综合制造业PMI指数处于2011年以来的高位。受大宗商品价格回升和中间品贸易增速恢复的影响，全球贸易明显回升。上半年，我国外贸出口按美元计价同比增长8.6%，较去年同期高18.2个百分点，改变了连续两年负增长的局面。

同时，我们也要看到，当前我国经济企稳向好的基础仍不稳固，经济提质增效的动力仍显不足，经济结构失衡的矛盾仍然突出，行业企业地区分化的态势仍在增大，实现可持续的中高速增长面临挑战。对经济运行出现的新变化，我们要保持战略定力，有效应对各种风险挑战，积极创造条件推动经济增长进入提质增效的新轨道。

二、推动经济增长进入提质增效的新轨道

从中长期看，中国经济正在进入转型下半程，经济增速下降的空间明显收窄，在中高速平台企稳的条件不断积累，提质增效正在成为经济增长的主基调。

首先，去产能深化推进，供求失衡的矛盾继续缓解，新供给进入扩张周期。2016年下半年以来，工业生产、企业盈利水平、就业等经济指标明显改善，新技术、新产业、新业态、新模式等新供给力量不断增强，预示着供给侧正在发生积极变化，成为支撑经济增长的重要力量。更为重要的是，中国经济正在由数量追赶阶段向质量追赶阶段转换，通过提升产业价值链和产品附加值带动经济增长还有很大的潜力和空间。

其次，传统需求空间仍有潜力，新的需求不断涌现，需求潜力将持续释放。我国交通、水利、城市等基础设施投资需求空间仍然很大，制造业投资增长逐步稳定在合理区间，居民消费结构加快升级，旅游、健康、养老、休闲、文化等新消费热点不断涌现，高端化、个性化、服务化需求加快成长，对经济保持可持续中高速增长将发挥重要支撑作用。

第三，宏观管理框架不断完善，宏观调控和防范风险能力提升。近年来，我们形成了以新发展理念为指导、以供给侧结构性改革为主线的政策框架，同时，做好总需求管理和预期引导，逐步探索出适应和引领新常态的宏观管理框架，有效应对产能过剩、杠杆率攀升、跨境资本流动和汇率波动对经济运行的影响，积累了在新常态条件下宏观调控和防控风险的经验，为经济持续健康发展提供了有力保障。

经济运行总体趋稳，并不意味着经济增速始终稳定在某一个具体的水平上，而是会呈现出围绕相对稳定中枢上下小幅波动。总体上看，2017年我国经济运行能够实现年初设定的各项预期目标，甚至可能取得更好的效果。我们要按照新常态的大逻辑，坚持稳中求进的总基调，保持战略定力，深化推进供给侧结构性改革，做好总需求管理和预期引导，完善宏观审慎管理框架，有效防控金融风险，促进生产率持续回升，推动经济增长进入提质增效的新轨道。

三、振兴实体经济提升制造业竞争力

做强实体经济是经济发展和增强国际竞争力的根基。近年来，我国实体经济发展面临一系列困难，产能过剩和存量债务问题突出、综合生产经营成本上升、传统比较优势减弱、投资回报率有所下降。通过深入推进供给侧结构性改革，扎实推进"三去一降一补"，实体经济正在发生积极变化，呈现出一系列新特点。

一是钢铁煤炭等行业去产能取得积极进展，为结构调整赢得了时间。随着去产能持续推进，大宗商品价格明显回升，能源原材料行业企业效益明显改善，为传统产业设备更新、产业转型升级创造了条件。

二是高技术和新兴产业快速成长，新旧动能加快转换。1-5月份，高技术产业增长11.3%，装备制造业增长10.3%，分别较规模以上工业快4.8和3.8个百分点；部分高端制造业税收增长明显加快，前5个月通用设备、专用设备、电器机械与器材、计算机通讯等行业，税收增长分别为28.2%、23.6%、23.4%和13%，增速也显著高于其他制造业。

三是创新投入不断加大，创新能力迈上新台阶。目前，我国研发经费投入强度在2.1%左右，已经超过了OECD国家平均水平，更重要的是，研发经费投入强度从1%上升到2%，多数国家都要用几十年的时间，而我国仅用了12年。企业研发投入占我国研发经费总量的78%，成为研发投入的主体。可以说，我国已经进入创新活跃期，创新能力正在上台阶。

但也要看到，我国工业"大而不强"的问题仍然突出。多数企业还处在产业链中低端，竞争力不强；有50多家工业企业进入世界500强，但品牌价值不高，迄今尚未有中国品牌进入《福布斯》全球品牌价值100强榜单；我国生产了全球48%的智能手机，但芯片仍主要依靠进口，集成电路是最大进口类产品，年进口额超过2200亿美元。我国核心和关键技术对外依存度为50%左右，新产品开发70%靠外来技术。这些都表明，我们要真正成为工业强国，实现工业提质增效还要付出艰苦努力。工业是供给侧结构性改革的主战场。2015年，党中央、国务院作出实施《中国制造2025》战略的重大部署，各项工作已经全面展开。下一步推进工业领域供给侧结构性改革，需要着力完善体制机制，切实让市场在资源配置中发挥决定性作用。

一是着力完善"退"的机制。以处置"僵尸企业"为突破口，建立市场化、法治化退出通道，妥善处置债务、安置人员，解决"退不出、死不了"的问题，加快企业优胜劣汰、"新陈代谢"，真正实现市场出清。

二是着力完善"合"的机制。以资产重组、资本整合、产业融合为路径，鼓励企业兼并重组，推进国有企业混合所有制改革，促进制造业和服务业融合、农业"接二连三"、传统产业嫁接新技术、新模式，真正实现产业升级换代。

三是着力完善"升"的机制。以培育发展新技术、新产业、新业态、新模式为重点，加强创新激励，鼓励知识创造，促进技术前沿拓展和技术扩散，严格产权和知识产权保护，真正实现生产效率的提升。

四是着力完善"放"的机制。加大简政放权、放管结合和优化服务力度，营造稳定透明的政策环境、高效规范的行政环境和公平竞争的市场环境。进一步扩大对外开放，加大“吸引外资 20 条”的落实力度，加快构建对外开放新机制。

同志们，工业是一个民族和国家的脊梁，制造强国是中国梦的重要组成部分，建设强大的工业，是国家富强、民族复兴、人民幸福的物质基础。工业强大了，经济发展保持中高速、迈向中高端就有了坚实基础。我们坚信，在以习近平同志为核心的党中央坚强领导和各方面的共同努力下，制造强国建设一定会不断取得进展，《中国制造 2025》的目标一定会实现。

最后，预祝本次论坛取得圆满成功！谢谢大家。

携手共进开创纠纷调解工作新局面

——在投服中心举办的第二期全国调解员业务培训班的开幕致辞

中证中小投资者服务中心总经理　徐明

（2017 年 6 月 8 日）

为全面落实国务院办公厅《关于进一步加强资本市场中小投资者合法权益保护工作的意见》（国办发〔2013〕110 号）中“支持自律组织、市场机构独立或者联合依法开展证券期货专业调解，为中小投资者提供免费服务”的要求，按照最高人民法院与中国证监会《关于在全国部分地区开展证券期货纠纷多元化解机制试点工作的通知》中“充分发挥证券期货监管机构、行业组织等在预防和化解证券期货矛盾纠纷方面的积极作用，依法、公正、高效化解证券期货纠纷，维护投资者的合法权益”文件精神，中国证监会近年来在多元化解证券期货纠纷工作上做了大量卓有成效的工作，证券期货市场行政监管、自律监管、专业机构共同参与、多位一体的纠纷化解机制正逐步形成合力。但距离我们把调解作为市场纠纷解决的主要渠道和主要依托的目标还很远，离广大投资者对我们的期望还有很大差距，还有大量的工作需要开展，还需要进一步努力。利用中证中小投资者服务中心（简称投服中心）举办的第二期全国调解员业务培训班的机会，对证券期货纠纷调解工作，谈四点不成熟的看法，仅供参考。

一、纠纷调解工作是保护中小投资者合法权益的重要手段，调解员队伍的建设是做好这项工作的前提和基础

作为中国证监会批准设立并直接管理的全国性公益机构，投服中心于 2014 年 12 月经国家工商总局登记在上海注册成立，其宗旨和目的就是为了保护投资者尤其是广大中小投资者的合法权益，其基本职责是持股行权、纠纷调解、诉讼与支持诉讼和投资者教育。目前，持股行权已扩大到全国，投服中心已持沪深交易所全部上市公司股票（3085 家，停牌公司除外，截至 2017 年 6 月 8 日），并积极行使法律法规赋予的股东合法权利，努力做积极股东、合法股东、示范股东；支持诉讼也全面展开，继全国首例证券支持诉讼胜诉后，投服中心持续提起 3 件相关诉讼；投资者教育则围绕着投服中心“知权、行权、维权”的主题有序推进。投服中心的各项工作正有序、全面、深入地展开，取得较好的效果。

纠纷调解工作作为投服中心的核心工作，是保护广大投资者的重要手段，投服中心成立以来在中国证监会的正确领导下，在各级人民法院和各辖区派出机构、行业协会等大力支持下，秉持中立、公益、专业、高效的定位，以构建调解工作机制为基础，以提升调解能力为重心，大力开展证券期货纠纷调解工作。截至今年 5 月底，投服中心登记纠纷案件 4027 件，争议金额 8.4 亿元，正式受理案件 1433 件，成功调解 945 件，投资者获赔金额达到了 7200 万元。投服中心普通调解的案件量和投资者获赔金额均占全国半数以上，法院委托调解的案件量与和解赔偿金额占全国 90% 以上。投服中心已经基本形成覆盖全国的调解网络，投服中心调解已经成为市场纠纷调解的主要渠道之一，以小额速调、诉调对接为代表的新型调解机制品牌效应逐步形成。2016 年 7 月，投服中心成为最高人民法院和中国证监会联合确定的全国证券期货纠纷多元化解机制试点工作试点调解组织。可见，纠纷调解工作在保护中小投资者合法权益方面发挥着巨大的作用。

与诉讼及仲裁等纠纷化解的相关途径相比，调解具有自己鲜明的特点和优势，主要体现在准入门槛相对较低、成本不高、程序便捷、意思自治、对抗程度弱、和谐解决纠纷概率大等优势。正因为如此，纠纷调解工作被赋予了“东方经验”的美誉，成为当事人双方化解纠纷喜闻乐见的方式，成为保护中小投资者合法权益的重要手段。

但是，再好的制度和手段都是人来实现的，毫无疑问，调解员是纠纷调解工作的核心，调解员水平的高低已成为调解工作成败极其重要的因素。因此，调解员队伍的建设是我们做好这项工作的前提和基础。

二、要清醒认识证券期货纠纷调解工作面临的形势和挑战，积极推动全国证券期货纠纷调解中心建设

近年来，随着多层次资本市场的快速发展，证券期货新产品和新业务涉及的交易关系愈加复杂，而我国资本市场中小投资者占绝大多数的市场结构在短期内很难改变，中小投资者在资本市场的弱势地位也很难改变。中小投资者的风险识别和自我保护能力相对较弱，保护中小投资者合法权益的客观环境不尽人意，中小投资者合法权益受到损害的现象时有发生，矛盾纠纷数量呈现不断上升的趋势。据不完全统计，2015 年证监会 12386 热线接受投资者诉求近 10 万件，证监会全年处理举报 1.7 万件，2016 年单纯的民事纠纷投诉 5000 多件，由证监会处理的举报 1.3 万件，纠纷处理的压力很大。与此形成鲜明对照的是，投资者维权渠道不畅，维权难的问题仍然突出。主要原因是市场经营主体投诉处理责任不明确，资本市场多元化纠纷解决机制和组织体系不健全，证券纠纷专业调解刚刚起步，民事赔偿诉讼制度有待完善，中小投资者起诉、举证还存在诸多困难。大量的纠纷涌向监管部门等待处理，一方面挤占本就有限的监管资源，成为了监管部门的“难以承受之重”，另一方面，行政监管和纠纷解决本身是两种不同的职能，各有其不同的价值追求，将两者交于同一主体行使，不仅于监管部门存在于法无据的问题，也必然引起程序的冲突与紧张，从而影响各自价值的实现。

目前就资本市场的纠纷调解工作而言，纠纷调解力量分散、调解对象狭窄，来源渠道单一，公信力不够，投入和宣传不足，配套保障不完善，证券期货的纠纷调解权威性不高，对涉及纠纷的投资者缺乏吸引力，距离成为市场纠纷化解的主要渠道和重要依托仍然有着很大的差距。加大证券期货纠纷调解的组织建设、机制建设和探索创新，实现从传统调解向专业调解的转变，是我们面临的重大任务，也是证券期货纠纷调解发展的必由之路。

正因为如此，按照中国证监会的工作部署，投服中心正抓紧推进全国证券期货纠纷调解中心的建设工作。设立全国性、综合性、独立第三方专门调解机构，是资本市场更好地为国家战略服务，提高国际竞争力的根本要求；是维护广大投资者合法权益的现实需要；是推动资本市场基础制度建设并促进监管转型的必然选择，对于促进资本市场稳定健康发展、投资者保护具有特别重要的现实意义。投服中心将继续在中国证监会的领导下，在各方支持下，以“申请便捷、程序简化、专业权威、效力保证”为目标，抓紧筹建全国调解中心，并力争在年内完成挂牌工作，为形成投资者合法权益得到充分保护的资本市场，为经济社会平稳发展贡献力量。

三、做好调解工作关键要在调解能力上下功夫

做好证券期货纠纷调解工作关键要在调解能力上下功夫。一方面，要在借鉴国际经验的基础上，从我国的国情特点出发，建立一整套与我国资本市场矛盾纠纷特点相适应的组织体系和制度办法。另一方面，作为专门调解组织，要不断创新调解工作机制，体现向中小投资者倾斜的鲜明特色，真正树立公信力和吸引力。主要从以下三个方面着手。

一是要建立健全专门的适合证券期货纠纷调解的工作机制。要建立便捷高效的案源承接机制。充分利用“互联网+”，打造网上纠纷受理和调解平台，实现网络调解、视频调解、远程调解等现代化技术手段的应用，极大便利投资者参与调解，降低当事人解决纠纷的成本。要建立繁简分流的纠纷受理和转办调处机制，构建普通程序、简易程序、速裁程序等相配套的多层次制度体系，实现简案快调，繁案精调。要建立对投资者实施倾斜保护的调解机制。针对证券市场投资者相比市场机构处于信息、资金、能力等弱势的状况，加强探索和完善小额速裁、调解结果无异议确认等机制，从程序上适当向中小投资者倾斜。要探索建立专家咨询委员会，调解中的专业调查取证等工作机制，体现证券期货调解的专业性、权威性。要协调建立完善诉调对接工作机制，将最高人民法院和中国证监会联合通知所规定的调解协议的司法确认制度、保障落实调解协议的督促程序功能、专门的示范判决机制落到实处，确保调解协议的效力和执行力。总之，纠纷调解是一种基于双方当事人自愿的替代性制度安排，一定要在机制创新上动脑子、下功夫，切实增强纠纷调解工作的吸引力。

二是要锻造专业胜任、管理到位的调解员队伍。首先要严把选聘关。要拓宽调解员聘任渠道，探索调解员职业化建设。通过科学的选聘考察机制，将真正热爱调解、专业能力胜任、时间精力保证、品行端正中立的人才吸引和选聘到调解员队伍来；其次要加强专业培训，从证券期货专业知识、纠纷处理的法律规则、社会心理学、调解技能等多方面提升专业素质，打造复合型调解员队伍；第三要加强管理考核，通过科学管理调度和有效的激励约束，充分发挥调解员的作用。要培养金牌调解员，形成调解员的执业声望，不断提升调解队伍素质，用实力、专业、公正赢得当事人的信任。

三是要形成协调联动、齐抓共管的工作新局面。证券期货纠纷调解是一项复杂的系统工程，需要参与各方积极支持，从而建立“监管部门组织管理、调解机构具体实施、市场主体积极配合、投资者理性参与”的证券期货纠纷多元化解工作新格局。要加强与各地派出机构的沟通交流，进一步扩大和深化与各辖区的合作机制建设，同时，推动各地派出机构加大对多元化解机制的监管支持力度，加强协调指导，强化沟通联系和信息共享，对于无正当理由而拒不履行调解、和解协议的证券期货市场经营主体，依法对其相关行为进行核查，发现违法违规行为的及时查处，并记入资本市场诚信数据库。

四、对调解员队伍建设的几点希望

调解员运用自身的知识、技能和经验化解纠纷，为争议双方搭起沟通的桥梁，是纠纷化解中的至关重要的角色。调解员是投服中心调解工作的主体力量，也是调解能力建设的主要载体和对象。为加强调解员队伍的建设管理，充分发挥调解员队伍的作用，投服中心已经制定了相关的管理办法，就调解员的选聘资格、遴选程序、职业操守、管理考核、补贴发放、解除聘用等进行了较为全面的规定。下一步，投服中心将持续加大调解员培训力度，加强调解员的日常管理与考核，通过评选金牌调解员、协调有关部门建立对调解员的声誉激励机制等手段更好地体现对调解员的激励约束。希望广大调解员能积极对投服中心的工作提出宝贵意见建议，借此机会，也对兼职调解员从事调解工作提出几点具体的要求：

一是严格遵守投服中心调解规则和相关规定，依法中立公正地开展调解工作，保守调解工作所知悉的秘密，遵守廉政纪律，避免利益冲突。二是协调好本职工作和兼职从事调解工作的关系，在投服中心的统一协调调度下，保证调解工作所需的时间和精力。三是积极参加投服中心组织的业务培训，不断加强业务学习，自觉提升专业能力。四是调解员在聘用期内如任职、联系方式等信息发生变化，应及时告知投服中心，由投服中心更新调解员名册。

发源于传统中华文化的纠纷调解工作，发展到今天，正逐渐演变成为一门吸收了社会学、心理学等多领域研究成果的综合性学科，在一些国家，调解已经成为人们可以终生为业的一门职业。作为调解程序的主持者，调解员无疑是影响纠纷调解成效的关键因素，迫切需要在原有的专业基础上，通过科学规范的培训和学习提升综合执业能力。因此，只有加强学习、培训提高工作能力和专业水平，才能更好的做好这项工作，在证券期货纠纷调解事业中不忘初心，更好地实现自己的价值追求。

我们相信，有全市场各参与主体的共同努力，有社会各有关方面的关心支持，有众多调解员对证券期货纠纷调解的无私奉献，资本市场纠纷调解工作一定会不断取得新的进步和成绩，一定会有越来越多的中小投资者通过纠纷调解取得实实在在的救济和补偿，资本市场的投资者保护工作一定会赢得更多的投资者认可和更加广泛的社会认同和支持。

防范利益冲突　完善内部治理
推动私募基金行业专业化发展

在第四届中国（宁波）私募投资基金峰会上的发言

中国证券投资基金业协会党委书记、会长　洪磊

（2017 年 12 月 2 日）

尊敬的各位来宾：

上午好！很高兴在第四届中国（宁波）私募投资基金峰会上，与大家共聚一堂，增进交流，凝聚共识，共襄行业发展之计，我代表中国证券投资基金业协会对各位领导、各位专家的到来表示热烈的欢迎和诚挚的感谢！十九大报告提出，要深化金融体制改革，增强金融服务实体经济能力，提高直接融资比重，促进多层次资本市场健康发展。本次峰会就是要从私募基金行业视角，探讨私募基金如何规范、健康发展，推动私募基金行业提高服务实体经济的能力，在多层次资本市场建设中发挥更大作用。借此机会，我想代表中国证券投资基金业协会向大家汇报一下私募基金登记备案工作情况和主要思路，交流基金治理与行业自律相关看法，请大家批评指正。

自 2014 年 2 月协会依法开展登记备案工作以来，我国私募基金行业发展令人瞩目，各类私募基金管理总规模由 2014 年 12 末的 1.49 万亿元增长到 2017 年 11 月末的 10.83 万亿元。从分布上看，私募证券基金、私募股权基金、创业投资基金和私募 FOF 的占比分别为 12.4%、46.5%、4.5% 和 13.4%；其中，股权、创投类基金及其 FOF 合计占比 58%，已经成为私募投资基金的主流。从投向上看，截至 2017 年三季度末，私募股权和创投类基金投向排名前五的行业分别为计算机运用、资本品、房地产、其他金融和交通运输，合计占比超过 50%。创业投资基金 58.7% 的资金投向 1.4 万余家中小企业，42.5% 的资金投向 1.1 万余家种子期、起步期的企业，有力地支持了实体经济创新发展。

协会私募登记备案工作经历了三个时期。第一个时期是 2014 年 2 月 7 日至 12 月 22 日初始探索期。这一时期登记备案性质定位较为模糊，缺乏经验规则，属于登记备案的探索期。这一时期，平均每月有 765 家机构申请登记，1563 只产品申请备案。第二个时期是 2014 年 12 月 22 日至 2016 年 2 月 5 日全口径登记备案期。为摸清行业底数，响应商事改革和“双创”要求，这一时期实行了不设门槛的登记备案机制，大量背景各异、主业模糊或没有明确展业目标的机构和个人纷纷申请登记，登记申请数量呈爆发式增长，行业良莠不齐、风险积聚。这一时期，平均每月有 2016 家机构申请登记，2294 只产品申请备案。第三个时期是 2016 年 2 月 5 日至今底线审核和信用约束期。以《关于进一步规范私募基金管理人登记若干事项的公告》（以下称“二五公告”）发布为标志，协会从登记备案源头开始，全面规范展业秩序和信用环境。完成 13000 余家已登记机构注销工作，在机构登记中引入法律意见书制度，发挥理事会专业治理和专业委员会智库咨询功能，加快推进“7 + 2”（7 个自律管理办法和 2 个行为指引）自律规则实施，引导行业规范化、专业化发展。这一时期，以协会“资产管理业务综合报送平台”（“AMBERS 系统”）开发上线时点为标志，又可以分为三个小阶段，第一阶段 2016 年 2 月至 2016 年 8 月，AMBERS 系统尚未上线，平均每月完成 231 家机构登记，2564 只产品备案；第二阶段是 2016 年 9 月至 2017 年 3 月，AMBERS 系统正式上线，新旧系统并行，平均每月完成 465 家机构登记，2285 只产品备案；第三阶段是 2017 年 4 月至今，所有业务并入 AMBERS 系统，平均每月完成 473 家机构登记，2270 只产品备案。综合报送平台建设实现了行业信息报送、存储方式从非结构化、非标准化文档到结构化、标准化数据的关键转变。这一时期，登记备案标准进一步明确，持续披露、社会公示、失联报告、投诉调解、自律处分等各项工作机制逐步健全，行业信用积累、信用服务、信用约束机制明显增强，在推动行业发展的同时，行业风险得到有效抑制，行业生态环境得到明显改善。

2017 年，协会增加了私募登记备案工作人员，并分类优化业务流程，提高标准化反馈和办结效率要求，但申请与受理之间的矛盾并没有得到根本缓解。2017 年以来，私募登记备案热情不减，平均每月新增机构登记申请 760 家，产品备案申请 2520 只。压力更大的是，有大量申请机构存在各种认识误区或基础性治理问题，尤其突出的是对私募基金的本质认识不清，业务模式不清晰，不知晓或无法执行基本的内部治理、风险控制和利益冲突防范制度，给行业埋下风险隐患。一些机构对管理人义务职责明显缺乏基本认识和准备，盲目提交申请；一些机构无视甚至故意混淆登记备案与行政许可的本质区别，将登记备案炒作为持牌金融业务，通过“倒壳”、“卖壳”谋取投机收益，严重扰乱行业秩序；一些机构从业人员（尤其是高管）的数量及资格资质不符合《基金法》的基本要求，不具备基本的内控制度，显然不具备履行受托义务的专业能力；一些机构充当信贷资金通道，通过单一资产对接或结构化设计等方式发行“名股实债”、“明基实贷”产品，变相保底保收益；一些机构通过股东委派高管等方式直接独资或控股私募子公司，进而通过发行私募产品自融或为关联方提供融资，等等。上述种种行为均违背了受托管理的基本要求，将基金资产置于严重的利益冲突风险之中，甚至为利益输送打开了方便之门。解决上述问题的根本出路在于完善管理人和基金的内部治理，通过有效的制度安排将利益冲突风险控制在合理范围。

防范利益冲突是基金管理人践行受托义务的底线要求。利益冲突表现为“一系列可能造成如下风险的情况，即关于首要利益的专业判断或行动将受到次要利益的不当影响”。首要利益通常是一种职业或专业活动必须遵循且充分努力才能实现的特定利益，例如医生必须忠实于病人的健康，律师必须忠实于客户的正当权益。对于基于信托关系的各类基金而言，利益关系主体是作为受托人的基金管理人和作为委托人的投资者。首要利益就是受托资产的利益，次要利益主要表现为基金管理人的机构利益或具体管理人员的个人利益。次要利益本身并不是错误的，但是当次要利益被置于主要利益之上时，就有可能侵害主要利益，构成违背信义义务的利益冲突。行业自律的主要功能之一就是完善基金财产的受托管理，约束基金管理人始终遵从投资人的正当利益诉求，保证任何决策都与基金财产利益相一致，尽可能地使处于信息不利地位的投资者避免处于利益冲突的场景。

基于这一基本观点和立场，中国证券投资基金业协会致力于不断完善包括登记备案、基金募集、基金合同、内部控制、信息披露、基金服务等在内的自律规则，推动私募基金管理人和基金服务机构正确认识行业本质，共同完善基金治理，保护投资者核心利益。协会已经开展的工作主要包括以下几个方面。

一是强化内控制度要求，切实防范利益冲突。私募基金管理人是防范利益冲突的第一责任人，应当秉持专业、独立、制衡、有效原则，建立符合展业需要的内部治理架构和内部控制规范，公平对待所管理基金和各类投资者，有效防范利益冲突和利益输送。为此，协会调整了申请材料的形式审查要求，要求申请机构提供管理人登记法律意见书。律师的法律意见书要对申请机构的展业基础、内控制度进行尽职调查并发表专项意见，以此引导私募基金申请人重视自身治理，有效建立防范利益冲突、落实受托责任，这是行业自律的第一道防火墙。根据法律法规要求，协会刚刚发布《私募基金登记备案相关问题解答（十四）》，明确不予登记的6类情形，并在协会网站定期公示不予办理登记的申请机构名称及不予登记原因，提升市场社会监督参与程度。在产品备案环节，要求基金合同中的13类重要风险揭示必须由投资者逐一签字，落实投资者知情权和充分风险告知义务，做到卖者尽责，买者自负。此外，实践中正在逐渐清晰不予备案的相关情形。比如，对涉嫌非法集资、合伙型私募基金中有限合伙人直接担任基金管理人或通过代持成为管理人、私募基金产品担任普通合伙人、基金投资者中出现代缴代付等违反法律法规原则要求的产品不予备案。又如，对违法违规开展金融机构持牌专营业务或者不符合协会自律规则的产品，如进行直接借贷、民间借贷、P2P、众筹投资等，或直接购买商品房出售获取差价等的，不予备案。

二是维护基金的本质，强化专业化经营要求。基金的本质特征是集合理财、组合投资，管理人要做到卖者尽责，投资者按基金份额和约定承担风险并获取收益；对于私募基金，还要坚持非公开募集和向合格投资者募集原则。基金与信贷是两类不同性质的金融服务活动。从基金的本质出发，任何基金产品都不能对投资者保底保收益，不能搞名股实债或明基实贷。国务院《私募基金管理条例》和《中国人民银行、银监会、证监会、保监会、外汇局关于规范金融机构资产管理业务的指导意见》已经广泛征求意见，有助于厘清私募基金以及各类资产管理业务的展业规范。实践中，鉴于私募基金管理人股东控制权复杂、资金来源多样、管理人内控薄弱、兼营一级和二级市场业务冲突大于互补的现实，协会要求私募证券、私募股权和其他私募业务分类经营且不得兼营，对其采取有差异的分类审核标准，既是为了避免在管理人层面出现重大利益冲突和利益输送风险，也是为了更好地维护基金的本质，推动行业专业化发展。2017年以来，私募证券、私募股权和创投基金管理人登记数量明显增长，平均每月新增机构登记申请759家，比2016年增长56.3%，每月完成登记484家，比2016年增长60.5%；其中，私募证券投资基金管理人月度登记数量比2016年增长37.1%，私募股权和创投基金管理人月度登记数量比2016年增长72.2%。

三是加强投资者风险教育。坚持强化风险警示，建设多渠道警示体系，帮助投资人提高防范投资欺诈的能力。2016年9月，协会在深入研究分析全部投资者投诉台账和案例的基础上，提炼出防范以私募基金名义开展非法集资的四类52条关键要素，将其印制在扑克牌上，按照“保护自己”、“谨防骗局”、“学会提问”、“识别游说技巧”、“如何有效投诉”五个方面，帮助投资者把握投资注意事项，提高风险防范能力。为了让这些扑克牌真正触达需要保护的投资人群体，特别是普通投资者，协会与证监会各派出机构、各地金融办携手链家地产、红旗连锁超市等机构将扑克牌送进社区。今年年底之前，协会还将与京东开展合作，通过京东平台向非法集资风险聚集最高的20个三、四线城市免费派发100万副。除此以外，协会今年通过今日头条开展的为广大投资者“明规则、辨风险”问答活动，吸引了3700万人次参与。协会与四大报、新浪、腾讯、搜狐、和讯建立同步公示机制，形成报纸、网络、两微一端联动，将失联私募机构警示第一时间推向公众。

发展现代金融，资产管理业必须在直接融资中发挥更重要作用。只有保证受托义务得到履行，才能奠定行业发展的长久根基。在国家治理体系和治理能力现代化的时代要求下，私募基金行业治理既不能走变相行政许可、依托国家信用背书的老路，也不能走简单放任、一备了之的歪路。协会不应该、也没有能力对任何展业机构的当前和未来发展作出主观先验的判断。但是，在登记备案中围绕展业能力、投资者知情权、利益冲突管理等与信托义务密切相关事项实施底线管理，是行业自律的应有之义，与行政许可有根本区别。协会将在中国证监会党委的坚强领导下，坚定不移地贯彻落实《基金法》要求，推动行业提高治理水平，落实受托义务，通过市场相互制衡防范利益冲突，维护行业基础法则和长远发展利益。近期，协会将发布《私募基金管理人登记须知》，明确重点事项规范性标准，并在登记备案系统中完善信息提示，增加一线业务人员配置，进一步提高登记备案效率。我们深知，协会一已之力十分有限，需要广泛共识，付出艰苦努力。让我们携手共进，共赴新时代中国特色社会主义建设新征程！

最后，预祝本次峰会取得圆满成功，谢谢大家！

回归金融本源　恪守基金本质
筑牢基金行业安全与发展制度基础

——在“第三届中国并购基金年会”上的讲话

中国证券投资基金业协会党委书记、会长　洪磊

（2017 年 11 月 6 日）

各位同仁，女士们、先生们：

大家上午好！很高兴来到并购基金年会，与大家共同探讨金融安全与基金行业发展相关议题。首先，我代表中国证券投资基金业协会，向年会的召开表示热烈祝贺！向支持行业发展的各界专家、朋友表示衷心的感谢！十八大以来，基金行业迎来跨越式发展，不但行业规模迅猛增长，规范发展、自律成长的理念也逐渐深入人心，多元、竞争、包容、开放的发展格局初步形成。十九大报告在习近平中国特色社会主义思想指导下，提出要坚持全面深化改革，不断推进国家治理体系和治理能力现代化；要坚持新发展理念，使市场在资源配置中起决定性作用，更好发挥政府作用；要坚持总体国家安全观，统筹发展和安全，做到居安思危。就金融领域而言，增强金融服务实体经济能力、防范金融风险、深化金融改革是金融工作的三大任务。如何树立正确的发展观、安全观，如何协调金融发展与金融安全的关系成为检验金融工作的试金石。我想借此机会谈谈几点体会，跟大家交流。

金融的本源是为实体经济提供资金融通，服务实体经济是金融的宗旨，也是实现金融安全的根本举措。从服务实体经济角度看，银行、证券、基金、保险各有其不可替代的功能价值。在一个健康而充满活力的金融体系中，各类金融服务在其有效边界内充分竞争，让有限的金融资源以最有效率的方式配置到实体经济中去。换言之，金融应当致力于探索成本更低、效率更高的资源配置机制，而不是借助资源垄断或信息不对称反客为主，对实体经济“鲸吞蚕食”。面向大众的金融产品主要有三大类别，一是储蓄与信贷产品，二是投资管理产品，三是保险产品。储蓄与信贷产品只能由具备吸收公众存款资格的商业银行发行，储蓄资金形成商业银行负债，银行按约定的期限和利率承担偿付义务。投资管理产品由具备受托管理能力的各类资产管理机构发行，投资资金独立于管理人自有资金，也不构成管理人负债，管理人按事先承诺的方式管理受托资金，对投资者负有勤勉尽责义务，投资人自担风险、自享收益，管理机构只作为管理顾问收取一定比例的管理费。保险产品只能由保险公司发行，按“大数法则”在投保人之间分散风险，投保人以缴纳保费为代价，在特定风险发生时获得风险补偿保障，保险公司对投保人履行“出险赔付”责任。三类金融产品本质不同，功能各异，理应各司其职、不可偏废。

但是，金融产品属性不明、风险不清恰恰是当前最主要的金融风险之一。从整个资产管理行业看，各类资产管理业务并没有遵循统一的上位法，在监管上既有信托关系主导的突出投资人利益优先原则的监管规则，也有民商关系主导的遵从平等合同主体地位的监管规则，受托财产法律属性不清晰，相关主体受托责任不明确，出现大量信贷业务与投资业务混同、违背委托人根本利益的现象，“刚性兑付”、“资金池”、“明股实债”、“明基实贷”等违背资产管理本质的产品大量存在。由于《证券法》、《基金法》没有对证券和基金作出实质性定义，导致大量形似而神非的产品无法得到准确界定，也无法适用恰当的监管标准。监管标准与业务本质的错配，给监管套利留下巨大空间，也让金融风险无法得到充分披露和有效监管。资产管理产品不能隐含“刚性兑付”，因为资产管理机构不受资本充足率约束，就不能按负债模式运营，否则就切断了投资风险的社会化分散功能，使“挤兑”引发的系统性风险在资产管理领域成为可能。

服务实体经济不是一个筐，什么都可以往里装；即使资金最终流到了实体经济，还要看是否带来了高昂的成本和过多的风险。防范系统性风险也不是一个筐，即使装满了制度规则，如果与业务本质发生错配，只会窒息真正的创新而让真正的风险坐大。因此，回归本源、恪守本质是保障金融安全的首要条件。

基金的本质是受托理财，必须坚持“投资者利益优先”，做到“组合投资”、“卖者尽责、买者自负”和“收益共享、风险自担”。首先，基金必须坚持投资人利益优先，做到“卖者尽责”。基金是集合他人资产而非自有资金，并基于投资人的充分信任而拥有完整的资产处置权，投资人的利益高于管理人的利益、管理人恪尽谨慎勤勉是信托责任的集中体现。信托责任对管理人提出的要求要远高于合同关系的要求，因为投资人的信任是动态的、变化的，信任持续的基础是管理人能够忠实于投资人的利益，专业、尽责地对待受托资产。如果没有完善的信托法律架构和市场规则，仅仅依靠合同关系或私人关系，都无法维系这种信任，也无法保障“卖者尽责”。其次，基金必须坚持组合投资。组合投资是基金分散风险、管理风险的基本手段，也是管理人履行谨慎义务的核心准则，组合投资无法规避整个市场的系统性波动风险，但可以有效规避单一资产的非系统性风险。第三，基金必须坚持“买者自负、风险自担”。基金的专业性体现为对不同风险的标的资产构造投资组合，并与投资者的风险偏好和风险承担能力相匹配，投资端和融资端足够分散同时又足够专业，才能最大程度上实现投资和融资的匹配，达到一对一交易无法达到的社会融资成本与投资效率的均衡。因此，将信托关系弱化为合同关系，将组合投资简化为单一投资，让保底保收益取代风险自担，短期看是尊重了市场意思自治，繁荣了市场，长期上则必定模糊行业本质，侵蚀行业发展根基，也无法正确识别和防范行业风险。

十八大以来，基金行业以十八届三中、四中、五中、六中全会精神为指导，围绕国家治理体系和治理能力现代化的总体目标，积极探索行业社会化治理之路，初步形成政府监管与行业自律共治，社会约束与自主发展有机协调的现代行业治理新体系、新机制。通过行业理事会、行业专业委员会制订自律规则、公约，行业协会根据法规和监管要求实施自律检查、自律处分与投诉调解，现代化行业治理逐渐落地生根。截至2017年8月底，基金业协会共对17人采取自律处分，1140人被取消考从业资格试成绩并禁考1－3年，对43家机构采取暂停备案、撤销管理人登记或责令注销登记、取消会员资格等自律处分措施，公示失联私募机构298家，公示异常私募机构2884家次。响应投资者投诉3132件，通过行业调解、促成和解事项97件，为投资者挽回经济损失4.5亿元。

全国金融工作会议以来，在中国证监会党委的正确领导下，基金行业紧紧围绕服务实体经济和防范金融风险工作要求，主动降杠杆、压“通道”、防风险，积极回归本源，着力支持创新创业。截至2017年三季度末，证券期货经营机构私募资产管理业务规模为30.19万亿元，在过去两个季度连续下降，累计降幅达10.6%；其中，“通道”业务下降更加显著，累计降幅达11.4%。私募基金方面，截至2017年二季度末，协会已备案私募基金5.66万只，管理资产规模9.78万亿元，其中，境内直接投资规模达5.86万亿元，占比57.6%（境内间接投资、现金管理、其他投资和境外投资分别占比24.6%、11.1%、5.2%和1.6%）。剔除二级市场投资后，境内直接投资项目账面价值合计4.89万亿元，其中，扩张期投资占比47.80%，起步期投资占比31.33%，种子期投资10.3%，对未上市未挂牌企业的股权投资项目数量占比89.8%，项目账面价值占比64.7%。私募股权基金和创业投资基金投资的企业已经有589家成功登陆A股，1731家挂牌新三板，有力支持了实体经济创新发展。

党的十九大对金融工作提出了全新要求，落实到基金行业，要坚定不移地做好以下几方面工作。

一是回归金融本源，恪守行业本质，以专业化精神更好服务实体经济。自2013年私募基金纳入《基金法》规范以来，行业对基金的本质与行业风险的认识不断深化，基于这些认识逐步建立行业自律基础性规则。在这一过程中，有争议、有反复，但是，立足行业本质、认清行业风险、探索专业化发展是坚定不移的方向。2016年基金业协会资产管理业务综合报送平台上线以来，协会要求每个私募机构分别按照证券类、股权与创投类、其他类选择主营业务类型，并要求不得兼营。综合国际经验和国内实际，专业化经营可以更好地保护投资者，减少利益冲突发生的可能，推动私募机构在专业化方向上展开竞争；与此同时，可以降低机构和产品层面的复杂性，减少关联风险，可以更好地识别和防范行业风险。未来，行业应当进一步优化专业化管理机制，完善专业化经营制度，在专业化道路上不断精进，更好服务实体经济。

二是做好自律服务，建设行业信用，让市场主体信用在行业发展中起决定性作用。随着在基金业协会登记备案的机构人员从业信息以及产品“募、投、管、退”专业信息的积累，行业自律的重点将从入口端转向行为端，信用管理与信用服务的价值将更加突出。通过信用积累、信用公示、诚信激励与失信惩戒，行业机构将真正拥有有社会公信力的信用记录和信用等级，市场起决定性作用将通过商业主体信用的市场化博弈与约束得以彰显。目前，基金业协会已初步完成私募证券投资基金管理人会员信用信息报告的标准制定工作，包括机构经营的合规性、稳定度、专业度、透明度等4个方面。未来，协会将深入探索各类私募会员机构积累个体信用的标准，力争为全体会员机构提供全面、完整、准确的信用管理服务，提升行业公信力，推动基业长青。

三是深化行业改革，优化制度环境，为实现创新、协调、绿色、开放、共享的有机行业生态不懈努力。作为专业化、长期运作的机构投资者，基金可以持续推动实体经济价值创造，促进资本市场公允价格发现，为公共服务、养老金融、绿色发展提供多元化、多层次投资工具，如公共不动产REITs、养老型基金、绿色投资基金以及广泛的ESG投资等。应当从行业根本价值和社会长远需求出发，积极发展大类资产配置服务、基础资产标准化服务，建设从基础资产到大类资产配置的三层有机架构。为此，要推动行业监管法规的统一，推动从间接税到直接税综合税制改革，尤其是适应基金投资活动的专项税制改革，营造有利于行业发展的制度环境，建设创新、协调、绿色、开放、共享的有机行业生态。

全行业应当深刻理解十九大提出的新思想、新目标、新战略、新布局，牢牢把握服务实体经济的主线，守住不发生系统性风险的底线，坚持行业本质，摒弃短视投机，坚定不移地走专业化发展和现代化治理之路。

我相信，在十九大精神的指导下，在各界同仁的共同努力下，基金行业的明天一定会更美好！

谢谢大家！

探索多渠道投资者权益救济，维护投资者合法权益

——在2017年国际证券投资者保护研讨会上的致辞

中国证券投资者保护基金公司党委书记、董事长　刘洪涛

（2017年8月30日）

尊敬的各位嘉宾，女士们、先生们：

非常高兴我们时隔两年再次相聚在北京。在这美好的时节，我们满怀喜悦的心情迎来了2017年国际证券投资者保护研讨会的召开。在此，我谨代表中国证券投资者保护基金公司向远道而来的美国、加拿大、俄罗斯、英国、日本以及我国香港地区的来宾表示热烈欢迎，对出席本次会议的中华人民共和国国务院法制办、财政部、人民银行、银监会、保监会相关部门以及证监会系统单位的领导和同事们表示衷心感谢。秋天

是收获的季节，这也预示以此次会议为契机，通过为期一天半的交流互鉴、集思广益，我们将共同探索国际投资者保护工作新思路、新方向，进一步深化国际投资者保护工作多边交流合作机制。

投资者是资本市场最重要的主体之一，维护投资者合法权益是保障资本市场功能实现和健康发展的基础工程。因此中、美、加三国投保机构在 2014 年发起形成了国际证券投资者保护年度研讨会机制，由三方轮流主办，到今年已经是第四次了，再次由我公司主办，共同交流互鉴投资者保护的新理念、新举措、新方式。前三次会议均主题明确、内容丰富，并得到了国际业内的积极响应，世界主要经济体的投保机构纷纷参会并交流互鉴，一定程度上促进了本国投资者保护事业的发展。尤其是近两年来，各投保机构在投资者权益救济方面，也都结合本国国情和市场情况进行了积极有益的探索，在行政和解赔付、代理诉讼、集团诉讼、投资者权益损害专项补偿等领域开展了一系列理论研究和实践探索，取得良好效果。因此，经广泛征集境内外相关投资者保护机构意见，本次研讨会议的主题选定为“探索多渠道权益救济，维护投资者合法权益”。同时世界各国（和地区）纷纷探索投资者保护关口前移，加强对资本市场以及证券公司等相关机构进行风险监测，及早发现预警、及早防范处置，避免系统性风险、区域性风险的产生，因此本次研讨会设置了三个议题：“投资者权益损害赔偿的制度研究与实践”、“证券期货市场民事纠纷处理的经验与发展”、“市场机构风险监测的探索与思考”。

我公司也在吸收借鉴国际同行经验的基础上，结合中国资本市场实际，探索了一些富有中国特色的有益经验。

在探索投资者权益救济渠道方面，主要有两个探索，一是在去年的研讨会上介绍了我国资本市场建立了因重大违法强制退市公司投资者赔偿制度，今年取得了突破性进展。有一家上市公司叫欣泰电气，因欺诈发行被中国证监会行政处罚强制退市，欣泰电气的上市保荐人，对于自身在欣泰电气上市保荐过程中未能勤勉尽责主动承担应有责任，独立出资人民币 5.5 亿元，设立欣泰电气欺诈发行先行赔付专项基金，委托我公司作为基金管理人，对因欣泰电气欺诈发行而遭受投资损失的投资者进行先行赔付，与愿意接受赔付且放弃对相关责任人起诉权利的适格投资者达成和解。截至 2017 年 7 月 28 日完成有效申报、与保荐人达成有效和解的适格投资者人数为 11524 人，占比 94.49%，对适格投资者支付的补偿金额占应补偿总金额的 99.18%，及时、便捷、高效地使投资者获得赔付，较好地维护了投资者合法权益，赢得了社会的广泛认可。这一案例稍后我的同事会做详细的介绍，这也是目前我国多元化解纠纷机制的重要探索。我公司探索的第二个投资者权益救济渠道是推进证券纠纷调解试点。最高人民法院与中国证监会联合开展了证券期货纠纷多元化解机制试点，我公司作为八家证券纠纷调解试点组织之一，积极探索了 3 例“一对多”的调解模式，促使 35216 名投资者与上市公司达成和解，涉及金额 5.04 亿元，切实维护了投资者合法权益，同时有效预防和化解了社会矛盾。经过这一实践，我公司与相关法院就证券纠纷多元化解机制初步达成共识，共同建立证券期货纠纷诉讼与调解对接工作机制。法院确定我公司为特邀调解组织，在征得当事人同意后，于诉前、诉中委派、委托、邀请我公司开展调解工作。纳入诉调对接范围的纠纷有四类：一是投资者与上市公司等信息披露主体违法违规的证券虚假陈述责任纠纷，二是投资者与从事内幕交易、操纵市场等侵权行为人之间的证券、期货内幕交易责任纠纷及操纵证券、期货交易市场责任纠纷，三是投资者与证券、期货等经营机构的民事纠纷，第四类是其他适宜通过调解方式解决的证券期货纠纷。这种合作模式成功运行后，将有望高效解决投资者因上市公司虚假陈述产生的纠纷，将维护投资者合法权益落到实处。希望明年的研讨会我们能介绍这方面的进展和经验。

在证券公司风险监测方面，我们在原来的交易结算资金安全监控体系基础上，将风险防控关口前移，构建完善了证券公司风险监测体系。在借鉴参考了境内外资本市场理论研究、政策规定与实践经验的基础上，定位证券公司主要风险，通过构建指标体系，集中系统、技术、资金和人员等资源，基于证券公司财务、业务数据，客观展现证券公司主要风险，实现对证券公司市场风险、信用风险、流动性风险、操作风险和资本风险五类风险和行业风险的常态化监测预警。这个监测结果一方面向监管部门报告，为机构监管提供信息支持；另一方面，向证券公司提供风险监测报告，便于证券公司了解并审视自身风险水平。通过预警化解证券公司单一风险，实现防范系统性风险的产生，从根本上保护投资者合法权益。本次会上我的同事也将就这一部分进行详细的介绍。

今天出席本次研讨会的境外嘉宾也都带来了本国和地区在投资者保护领域尤其是探索投资者权益救济方面的良好做法和有益经验，非常期待能分享这些信息。希望各位嘉宾能畅所欲言、深入交流、相互借鉴，共同为维护投资者合法权益作出努力！

最后，衷心预祝本次研讨会圆满成功！

可持续发展引领上市公司新方向

——在“2017 中国责任投资论坛”上的致辞

中国上市公司协会会长　王建宙

（2017 年 6 月 6 日）

尊敬的阎庆民副市长、尊敬的王忠民副理事长、尊敬的洪磊会长、各位领导、各位嘉宾、女士们、先生们：

大家上午好。

首先我谨代表会议主办方之一对来自海内外的参会嘉宾表示热烈欢迎和诚挚感谢。环境（E）、社会（S）和治理（G）为核心的社会责任投资理念代表了当前国际投资和经济发展新趋势，对于推动企业长期价值的提升和可持续发展具有重要意义。中国上市公司协会一直以来都重视企业的可持续发展工作，在公司治理、社会责任、生态文明建设和精准扶贫等方面作了大量的工作，我们还是联合国全球契约组织的成员。今天，我想借着论坛，就上市公司的可持续发展分享一些想法和感受。

一、可持续发展是中国经济新常态下的必然选择，是企业“常青”的根基

可持续发展是中国国家战略，是当前经济转型升级的重要推动力量。可持续发展包括社会、生态和经济可持续发展，代表一种新的发展模式，从过去单纯以经济增长为目标转变为各方面的综合发展。中国作为世界第二大经济体，在推动经济社会的可持续发展方面一直呈现大国的责任担当，并将其上升为国家战略。

早在1997年，中共十五大就把可持续发展战略确定为中国“现代化建设中必须实施”的战略。十八届五中全会提出创新、协调、绿色、开放、共享的五大发展理念。《国民经济和社会发展第十三个五年规划纲要》进一步提出，五大发展是“十三五”乃至更长时期我国发展思路、发展方向、发展着力点的集中体现，必须贯穿于“十三五”经济社会发展的各领域各环节，并对绿色发展、能源气候等方面提出更高要求。2016年4月中国签署了《巴黎协定》，推动积极应对气候变化、实现绿色低碳发展。G20杭州峰会首次提出落实联合国2030年可持续发展议程制定行动计划，首次把绿色金融列入二十国集团议程。在目前经济新常态下，倡导可持续发展将不断推动经济结构调整优化和转型升级，是中国经济迈入新阶段的重要标志。

可持续发展能力是上市公司的核心竞争力，决定了企业是否能“常青”。上市公司作为资本市场的基石、国民经济的主力军，是实现国家战略，实现中华民族伟大复兴中国梦的主力冲锋队。近年来，上市公司在贯彻五大发展理念、推动“五位一体”总体布局方面先行表率，积极服务供给侧结构性改革、创新驱动、“一带一路”、脱贫攻坚等国家战略，在经济转型和产业升级进程中释放新动能、新活力。上市公司承担着国家责任、社会责任，必须对国家和社会负责、对股东负责、对员工负责。对于公司而言，重视可持续发展有利于提升公司的长期风险防范能力，提高回报能力和长期价值，积极影响投资。2013年哈佛商学院报告显示，可持续发展做得好的公司从长期而言股票市值和财务表现好于同行业。德意志银行2012年研究报告也提出，“100%的学术研究认同拥有较高企业社会责任和ES（环境、社会和公司治理）评级的公司，在债务和股权融资上有较低的资本成本”，“89%的研究显示拥有较高ESG评级的公司，拥有更好的股票市值表现，同时86%的研究显示，这些公司拥有更好的财务表现。”2015年德意志银行以及汉堡大学对超过2千起的实践作了数据研究分析，提出了ESG标准和公司财务表现（CFP）之间的正相关，ESG对CFP的积极影响随着时间的发展更加稳定。

我本人曾经长年在企业任职，对可持续发展是有深刻认识和亲身实践。以中国移动为例，多年以前就将可持续发展融入公司战略，规范和引导公司经营活动。2007年我们开始申报道琼斯可持续发展指数，通过与同业“赛跑”、对标，建立内部管理闭环，逐步提升可持续发展管理水平和绩效表现。2008年到2015年，中国移动连续8年入选道琼斯可持续发展全球指数，且为中国唯一一家入选的上市公司，不仅实现了透明、合规、规范运营，也赢得了企业自身与社会相关方的共同可持续发展。

二、中国上市公司协会将积极引导上市公司重视可持续发展，并推动开展相关工作

从国际上看，可持续发展倡议及相关工作备受国际组织和投资机构欢迎。联合国全球契约组织、全球报告倡议组织（GRI）、OECD、国际标准化组织（ISO）、国际劳工组织、世界交易所联合会（WFE）、国际综合报告委员会（IIRC）、世界可持续发展工商理事会（WBCSD）以及世界银行下属IFC等国际机构均高度重视可持续发展工作，发布了相关指引、指南、标准或报告。联合国全球契约为公司合作达成可持续发展目标提供了最大的国际性平台。按照世界交易所联合会《可持续性调查报告（2016）》统计结果显示，在参与调查的全球46家证券交易所当中，超过90%的证券交易所均采取了多种形式的可持续性发展措施。很多国际商业机构也都开展可持续发展相关工作。

目前中国上市公司可持续发展相关工作还处于起步阶段，A股上市公司情况差异较大、发展不平衡，对可持续发展总体重视还不够、未形成共识。从2016年年报数据来看，上市公司存在财务指标、结构调整等方面的分化。不少企业仍然处于结构调整、转型升级的进程中，传统产业与新兴产业、金融企业与非金融企业、国有企业与民营企业存在结构和发展方面的不平衡，三大板块的资产、营收和利润阶梯状分布特征继续强化。不同规模、发展阶段和行业等特征决定了上市公司当期诉求和远期发展目标的差异。一些上市公司已经建立了可持续发展的成熟体系，而部分上市公司在公司治理、环境和社会责任等方面仍存在欠缺和问题，对可持续发展存在认识上的淡薄。

刘士余主席在今年协会第二届会员代表大会上提出，上市公司协会的职责之一是“要集众智，搭平台，搞服务，促进上市公司不断提升竞争力，当好实施国家战略、提升国家竞争力的排头兵”。去年以来，中国上市公司协会将上市公司可持续发展作为一项重点工作，并成立专项工作小组积极推进。依据协会章程，协会的宗旨之一是推动上市公司持续健康发展，增强核心竞争力和国际影响力。开展上市公司可持续发展评价等相关工作是践行协会“服务、自律、规范、提高”的基本职责。上市公司协会拟与相关单位合作，分阶段分步骤开展工作。目前在立足国情，参照国内外相关立法、研究成果和既有评价体系的基础上，我们从经济、社会与环境三个维度设计了上市公司可持续发展评价的初步框架。经济维度包括公司治理、商业行为守则、公司内控等多个二级指标；社会维度包括劳工及雇佣、社区责任、反腐败和扶贫等二级指标；环境维度包括环保管理状况、环保目标等二级指标。下一步将结合中国实践和上市公司的需求不断完善。我们的目标是通过可持续发展评价等工作，引导企业重视环境保护、社会责任和公司治理等非财务经营因素，与国际先进实践接轨，引导、倡导企业与社会的共同长远发展，提升公司规范运作水平，从而提高上市公司质量，培育良好的长期价值投资理念、价值投资导向，促进资本市场稳定与发展。

可持续发展是一项系统性的长线工程，难度很大，需要各方的共同努力。对上市公司而言，可持续发展既是机遇也是挑战。也希望广大机构投资者能够积极践行ESG责任投资理念，摒弃短期利益驱动而损害上市公司长期健康发展的行为，从投资需求的角度与上市公司的可持续发展形成良性互动，推动可持续发展成为自发、自觉的行动。中国上市公司协会愿与大家一起共同打造可持续发展的美好愿景。

谢谢大家。

提升期货业服务供给侧改革和实体经济能力

——专访全国人大代表、中国期货业协会会长王明伟

（2017 年 3 月 2 日）

2017 年全国两会召开前夕，全国人大代表、中国期货业协会会长王明伟接受了期货日报记者的独家采访，就当前期货市场发展形势、如何提升期货资管业务质量等行业关心的话题进行了详细阐述。

谈及即将召开的 2017 年全国两会，王明伟表示将认真履职、勤勉尽责，主动反映期货行业的呼声与期盼，为推动行业进一步稳定健康发展贡献力量。

去年期货业发展势头良好利润总额创新高

在回答记者关于当前期货市场发展形势的问题时，王明伟表示，2016 年，在证监会的指导下，在全行业的共同努力下，期货行业各项工作扎实推进，期货品种创新有序推进，市场规模稳步扩大；市场功能日益发挥，服务实体经济的能力和资源配置的效率显著提升；期货经营机构稳步推进创新业务，综合实力得到提升。

尤为重要的是，期货市场风险防范化解机制基本形成，建立起了一套既为国际市场所接受，又适应我国市场发展实际的风险防范和化解机制，成功经受住了近年来商品及金融市场的剧烈波动。特别是 2015 年以来，期货行业在应对股指期货和大宗商品价格波动的过程中，未发生重大风险事件，风险控制能力再次得到了检验。总体来看，2016 年，在国内外经济形势错综复杂的情况下，我国期货市场总体保持了平稳运行，并维持了良好的发展势头。

数据显示，2016 年全国期货市场累计成交量约 41.38 亿手，累计成交额约 195.63 万亿元，商品期货成交量已连续 7 年位居世界第一。截至 2016 年年底，我国期货市场客户权益总额 4369.07 亿元，与 2015 年相比增加了 14.08%，分别是 2013 年和 2014 年的 2.19 倍和 1.14 倍。149 家期货公司总资产、净资产分别达到 5439.41 亿元、911.53 亿元，同比分别增长 14.61% 和 16.42%，比 2014 年分别增长了 58.5% 和 48.8%。去年期货公司营业收入和净利润分别达到 240.08 亿元、65.85 亿元。虽然受股指期货交易受限影响，营业收入同比下降了 1.64%，但净利润仍保持了接近 10% 的增长。

当然，我国期货市场与国际成熟市场相比，仍然存在一定差距。突出表现在市场规模与实体经济风险管理的需求不够匹配；实体企业参与度有待提高，期货和现货市场发展结合需要进一步加强；期货经营机构对于传统经纪业务的依赖程度仍然较高，核心竞争力有待进一步增强；社会各界对期货的认识有待提高等。

把保稳定、防风险工作放在更加突出位置

在王明伟看来，2017 年是落实“十三五”规划的重要一年和推进供给侧结构性改革的深化之年，“三去一降一补”任务将有更大的实质性进展，期货行业面临的市场环境仍很复杂，要将保稳定、防风险的工作放在更加突出的位置。

经纪业务、资产管理和风险管理业务是当前期货经营机构的三项主要业务。从经纪业务来看，由于发展时间较长，相关的合规风控制度及手段相对成熟，主要的挑战在于市场个别品种出现剧烈波动时，市场各主体的风险管控能力能否经受住考验。从 2008 年金融危机、2015 年国内股市异常波动以及近期商品市场大幅波动期间市场各主体的表现来看，期货市场总体风险管控能力经受住了检验。

资产管理业务方面，相对于其他同属私募性质的资管展业主体，期货公司起步晚、积累少，导致主动管理能力仍较弱，行业服务社会财富管理与风险管理需求的能力有待提高。部分公司还存在内控不严格、制度不健全、业务流程不规范等问题。

风险管理业务开展时间不长，公司业务模式还处于探索阶段，虽然在服务实体经济方面取得了一定成果，但总体作用发挥还不够显著，相关业务规则有待进一步完善。同时，风险管理业务范围涉及现货、场内期货期权和场外衍生品三类工具，业务形态较为复杂，业务风险点较为分散，对公司的专业能力、风险控制能力都提出了更高和更新的要求。

协会将引导期货公司围绕主业深化创新

谈及 2017 年中期协如何支持期货公司创新发展，王明伟表示，协会将通过多方面工作引导期货经营机构围绕主业深化创新，进一步提升全行业服务供给侧结构性改革和实体经济的能力。

2017 年，中期协将贯彻落实《期货经营机构服务实体经济行动纲要（2017—2020）》（下称《纲要》），做好《纲要》的发布实施、贯彻落实、效果评估等工作。在去年 12 月举办的第十二届中国国际（深圳）期货大会上，中期协与中国钢铁业协会签署了合作备忘录。近期，中期协正与中国钢铁业协会密切联系，协调落实备忘录的具体合作事宜。下一步，中期协还将积极探索与其他重点行业协会建立紧密联系，促进期现对接，搭建期现交流合作平台。

中期协还将积极引导行业发挥行业特色服务国家脱贫攻坚战略。近期，中期协在京召开第四届理事会第十二次会议，审议通过了《关于期货行业履行脱贫攻坚社会责任的意见》，并就开展精准帮扶活动向理事单位发出了倡议。下一步，中期协将定期采集、总结会员单位扶贫工作开展情况，组织开展相关评估工作。

中期协将引导督促风险管理公司落实试点要求，围绕服务实体经济发展开展试点业务；继续开展对风险管理公司业务模式的调研和试点情况的评估，积极总结典型案例和成功经验；推动与现货企业、产业的经验共享和交流合作；稳步推进风险管理公司场外衍生品业务；组织行业开展压力测试；进一步推动和规范风险管理业务的发展。

此外，中期协将持续开展风险管理、资产管理、期权等创新业务培训；配合落实《纲要》，开展期现结合、服务钢铁行业、服务三农等培训，推动解决行业创新发展的人才瓶颈。

中期协将加强行业基础性研究和宣传，推动期货行业与

科研院所的交流合作，增强期货及衍生品市场理论研究基础；整合政府、高校以及政策研究机构的专家资源，引导和推动专家为期货市场建言献策；继续宣传推广期货服务实体经济的典型案例和成功经验；做好期货分析师论坛和中国国际期货大会的组织和筹备工作，进一步提升期货行业在全球和全社会的影响力。

提高资管主动管理能力发挥专业优势、行业特色

对于近日备受关注的期货公司资管业务发展形势，王明伟表示，期货公司要把提升期货资管业务的质量放在更加重要的位置，要在发挥期货专业优势和行业特色上下功夫。

他认为，提升期货资管业务质量，一是要转变观念，充分理解期货资管业务的本质，要着眼于自身风险管理专业优势，充分利用期货及衍生品工具，运用风险对冲等手段，打造行业特色产品，服务日益增长的财富管理和风险管理需求；二是要加强人才培养与储备，不断提升主动管理能力；三是需要监管部门及自律组织加强对期货资管业务的监管、引导与支持。

“主动管理能力是资管业务展业机构的核心竞争力。不断提高主动管理能力、积极开展主动管理业务，是我们一直以来倡导和鼓励的期货资管业务发展方向。”王明伟说，期货资管业务不能一味盲目扩张规模，追求短期效应、规模效应，不能脱实向虚、以钱炒钱，更不能以规避监管为目的做嵌套投资。

立足服务实体经济　促进私募基金有序发展

——在“21世纪国际财经峰会2017年会”上的讲话

中国证券投资基金业协会纪委书记　胡家夫

（2017年9月25日）

尊敬的各位领导、各位嘉宾、各位同仁：

大家上午好！

很高兴受邀参加21世纪经济报道主办的国际财经峰会2017年会。在中国经济转型升级、金融发展面临新形势的重要关口，本次国际财经峰会的举办，将帮助我们更好地落实全国金融工作会议精神，迎接党的十九大胜利召开。我谨代表中国证券投资基金业协会（以下简称协会）对此次峰会的举办表示热烈祝贺！借此机会，我想谈一谈私募行业的作用和协会在私募行业自律管理方面所做的工作，欢迎大家批评指正。

股权投资历史悠久，也是人类社会的一次重要创新。国际证监会组织认为，私募股权基金通过非公开的方式募集资金，通过多元化投资策略购买公司的股权或股权相关的证券，致力于将中长期资本匹配给需要资金来发展成长的公司，以使潜在股东回报最大化。对于当前经济转型中的中国而言，发展私募股权基金具有十分重要的意义和实践价值。首先，私募股权基金通过投资于实体经济中最具创新性和成长潜力的创新创业公司，直接服务于实体经济转型和创新增长，是改善金融资本循环、提升投融资质量的重要形式。其次，私募股权基金既是一种资金汇集手段，也是一种组合投资工具，在信托责任约束下，做到“卖者尽责、买者自负”，可以有效降低资金融通中的杠杆率，分散投资风险，改善金融结构失衡和实体经济高杠杆风险。截至2017年8月底，在协会备案的私募股权和创业投资基金已经达到6.37万亿元，其中，近80%的私募股权投资基金投资于企业起步期和扩张期，70%的创业投资基金投资于企业种子期、起步期，在全球前沿科技创新和新兴产业领域积极进行战略性、前瞻性布局，投资行业主要集中于新一代信息技术、新能源、新材料、芯片制造、人工智能、生物医药等，通过促进技术、知识产权和人力资本转化为现实生产力，促进创新成果产业化、市场化和规模化，有力推动了中小微创新创业和战略性新兴产业的发展。截至2017年6月底，私募股权基金和创业投资基金投资的企业已经有589家成功登陆A股，1731家挂牌新三板。

第五次全国金融工作会议指出，金融是实体经济的血脉，要坚持“回归本源、优化结构、强化监管、市场导向”四项原则，以“服务实体经济、防控金融风险、深化金融改革”三项任务作为行业发展的根本导向。中国证券投资基金业协会认真履行《基金法》和证监会赋予的职责，积极开展行业自律管理与服务，着力提升行业专业化水平和服务于实体经济的能力。几年来，协会重点做了以下几方面工作。

一是围绕行业信用体系建设，构建“7+2”自律规则体系。

信用是行业立身之本，坚持非公开募集、履行合格投资者和投资者利益优先的受托责任是私募基金的生命线。协会从行业本质和发展要求出发，逐步建立“7+2”自律规则体系，从登记备案源头开始，全面加强行业信用体系建设。以2016年2月5日协会发布《关于进一步规范私募基金管理人登记若干事项的公告》（即“二五公告”）为标志，行业正式走上规范发展和诚信制度化建设之路。自2016年2月5日至2017年8月底，协会共注销私募基金管理人12544家，其中，主动申请注销的私募基金管理人913家，未按照《公告》要求完成第一只私募基金产品备案被注销的私募基金管理人11631家。有个比较数据可以供大家参考，2016年2月底，也就是“二五公告”实施之前，在协会登记的私募基金管理人25969家，其中有管理规模的8414家，占比32.4%；截至2017年8月底，协会有效公示的私募基金管理人20652家，其中有管理规模的17786家，占比86.1%，实缴规模突破10万亿元，行业发展势头不减，优胜劣汰效果显著。三年来，以诚信约束为抓手，通过透明的登记备案标准、明确的行业行为准则和有效的事中事后监测和自律监管，行业市场化发展机制加强，逐步形成三重有效博弈：在登记备案环节，以法律意见书为载体，实现私募基金管理人与律师事务所等中介机构的相互博弈；在基金募集环节，以基金合同为载体，实现管理人与投资者的相互博弈；在投资运作环节，以信息披露为载体，实现私募基金与被投项目的相互博弈。

二是建设机构－产品－人员信息综合报送平台，努力提升自律管理水平，强化行业信用积累与服务能力。

2017 年 4 月，协会资产管理业务综合报送平台（简称 AMBERS 系统）全面上线，原私募基金登记备案系统全部迁至综合报送平台。私募基金登记备案流程、信息报送流程与人员管理、自律管理、舆情监测功能相衔接，通过数据积累和勾稽校验，为行业信用体系建设提供有力支撑。协会正在依托大数据处理技术，整合机构、产品、人员等多维主体信息，探索建立私募证券投资基金管理人会员综合分类指标体系，展示管理人经营的稳定性、专业性、合规性、信披度，以此促进机构积累个体信用，落实信用档案与信用管理，让合规、诚信、专业的基金管理人越来越多地受益于自身信用的改善和行业公信力的提高，让市场主体行为真正回归市场，实现行业信用自治。

三是强化协会服务效能，提升专业化服务水平。

协会新成立了私募服务部，定位于私募行业专业服务，推动资源对接与政策沟通。成立早期投资专业委员会、创业投资基金专业委员会、私募股权及并购基金专业委员会、私募证券投资基金专业委员会、母基金专业委员会，聚集私募行业知名机构的专家，代表行业心声，为私募事业的自治、自律和发展献计献策。目前，协会专委会已经举办了系列“中国私募行业百人论坛股权”，搭建行业团结共治、资源共享平台。私募股权及并购基金专业委员会已于 2017 年 5 月举办“私募股权暨并购百人论坛”，创业投资基金专业委员会和早期投资专业委员会于 2017 年 7 月举办了“创业投资及早期投资百人论坛”，均取得了良好的效果。计划年内将继续举办“母基金百人论坛”和“中国私募证券基金百人论坛”，打造行业发展智库。协会积极加强政策沟通和资源平台搭建，改善私募股权投资行业的制度环境及对接效率，包括协调、推动国家有关部委建立基金产品中性、透明的税收政策以及创业投资机构反向挂钩机制；认真落实财政部关于豁免国有创业投资机构和国有创业投资引导基金国有股转持义务公示工作；对接国家相关部委，利用大数据服务于各类优惠政策的落地；推动妥善解决三类股东问题，为私募基金行业创造有利的制度环境。同时，邀请私募机构走进商飞集团，组织私募机构参与世界中餐业联合会、中国矿业联合会及文化部艺术发展中心等举办的行业活动，有效实现了私募基金与其他行业机构的联动，降低了资源对接成本。

四是加强从业人员管理，完善持续性行业培训。

开展基金从业人员资格考试，是《基金法》赋予协会的职责。针对私募股权和创投行业的特点，协会专门增加适应私募股权基金、创业投资基金的科目三考试，出版股权及创投基金的专业教材，逐步提升私募从业人员的专业能力，靠专业性来强化从业人员的信用积累。针对业界信誉良好、从业经历丰富、专业背景突出的私募基金管理机构高管人员，提供了灵活、多样的基金从业资格认定取得方式。自增设科目三以来，截至 2017 年 8 月底，累计通过科目三考试 25 万余人。同时，为了进一步增强从业人员的合规意识，持续提高专业素养，协会开发了人员管理系统和远程培训系统，组织业内专家录制私募股权、创投远程培训课程，相关在线课程累计观看学习达 66.5 万人次。在线下培训中，协会优先满足私募基金的培训需求，面向早期、创投机构人员举办专题培训会，及时就行业普遍关心的热点问题进行集中宣讲答疑，仅 2017 年上半年，累计开展针对私募基金的培训 24 场，参培人员近 8700 人。私募行业为人才密集型行业，协会加强人员管理和行业培训旨在帮助私募行业培养一批合规守法、专业过硬的人才，为私募行业诚信经营、建设信用文化、履行信托职责奠定基础。

回顾过去，私募行业通过以信用为核心的自律管理体系和服务体系建设，已经逐步摆脱“野蛮生长”的烙印，走上规范发展新阶段，成长为资本市场的生力军，在推动创新发展和产业升级方面发挥着越来越大的作用。

未来，作为资本市场供给侧结构改革的重要内容，私募基金必须以构建稳固的信托关系为核心，忠实于投资者利益，回归行业本源，立足于自身信用的改善和行业公信力的提高，把命运掌握在自己的手里，更好地服务于实体经济转型发展。

谢谢大家！

完善创投基金差异化自律管理和服务 迎接创业投资行业发展新时代

——在“第十九界高交会创业投资高峰论坛”上发表讲话

中国证券投资基金业协会副会长　张小艾

（2017 年 11 月 17 日）

尊敬的各位领导、各位来宾：

大家早上好！很高兴受邀参加此次高峰论坛。党的十九大明确提出“创新是引领发展的第一动力，是建设现代化经济体系的战略支撑”，要“增强金融服务实体经济能力，提高直接融资比重，促进多层次资本市场健康发展”。今天深圳市创业投资同业公会召开第十九届“高交会”创业投资高峰论坛，是党的十九大召开之后创业投资行业的一次重要盛会。我谨代表中国证券投资基金业协会（以下简称协会）对论坛的召开表示热烈祝贺！借此机会，我想谈一谈对创业投资基金的功能作用、属性特征的几点认识，并向大家汇报协会对创投基金实施差异化自律管理和服务的积极探索，请大家批评指正。

一、创业投资基金是多层次资本市场的重要组成部分，是落实国家创新驱动战略和服务实体经济的重要资本力量

第一，创业投资基金是直接融资的重要渠道，是连接创新创业企业与资本市场的重要桥梁。近年来，我国创业投资市场呈现出快速发展的态势。截至今年3季度末，协会已备案创业投资基金3687只，基金规模为5247亿元。创业投资基金为多层次资本市场先后培育输送了大批上市资源，其中，在中小企业板上市企业中，有创投背景企业约占46%，创业板上市企业中，有创投背景企业约占70%。从基金退出情况看，根据协会备案的统计数据，通过新三板挂牌方式发生的退出行为470次，实际退出金额27.05亿元；通过境内IPO方式发生的退出行为为261次，实际退出金额358.57亿元。创投基金与资本市场相互融合、相互促进，逐步实现多层次、多阶段的对接。

第二，创业投资基金服务于国家宏观经济战略转型，积极引导社会资金投向战略性新兴产业。《国务院关于加快培育和发展战略性新兴产业的决定》指出，坚持创新发展，将战略性新兴产业加快培育成为先导产业和支柱产业，大力发展创业投资和股权投资基金。创业投资基金紧紧围绕服务国家创新发展战略、向战略性新兴产业发力。从行业分布来看，协会三季度末数据显示，创投基金投资在“计算机运用”、“医药生物”、“医疗器械与服务”行业的案例数量合计占50.03%，账面价值合计占41.7%。从地域分布来看，主要投资于北京、上海、广东、江苏、浙江这些创新活力强的地区，案例数量合计约占73.87%，账面价值合计占68.22%。为国家经济转型升级和培育经济新动能提供了重要支撑。

第三，创业投资基金有效拓宽创业创新型企业融资渠道，带动政府和社会资本投入，是落实国家创新驱动、“双创”战略的有效途径。协会三季度末数据显示，创业投资基金投资高新技术企业的案例累计6763个，账面价值1293.64亿元，分别占37.63%和41.43%。创业投资基金不仅为创业企业和高新技术企业提供融资支持，还以其投后管理的优势，帮助这些企业度过“死亡谷”，成为其平稳发展的“护航者”。

二、客观认识创业投资基金的属性特征、差异化管理和服务

目前，社会上对创业投资基金的属性特征、差异化管理和服务存在不同的认识和理解，对此我谈谈个人的看法，与大家交流，请大家批评指正。

（一）创业投资基金化是创业投资发展的必然趋势和主流模式。1946年美国成立研究与发展公司（ARD），为全球第一家以公司形式运作的创业投资机构。1985年国家科委主导设立的中国新技术创业投资公司，是我国第一家创业投资公司。1993年成立的淄博乡镇企业投资基金，是我国第一只公司型创业投资基金。随着改革开放的深入、市场经济的发展、科技创新的推动，社会对资金需求日益强烈，同时多层次资本市场体系的健全和法律法规的完善，推动了创业投资基金的较快发展，使其日益成为创业投资的主流模式。从实践看，许多创业投资公司都在由单一自有资金投资向基金化转型，例如，深创投、江苏高投等知名创投机构也由最初的创业投资公司逐步发展到对外募集资金管理创业投资基金的模式。

（二）创业投资基金是资本和创业企业有效结合的投融资工具，是适应人类社会科技与经济发展进入新阶段的重要金融创新。

首先，创业投资基金作为一种有效集合投资方式，具有高效募资、专业化管理的特点。创业投资基金面向合格投资者募集资金，通过专业化管理和运作，对处于创建期或重建期的未上市企业进行组合投资，实现技术、资本、人才、管理等创新要素与企业有效结合，促进企业成长腾飞、投资者发家致富。同时创投基金由于向外募集资金，具有一定的风险外溢性，需要将其作为金融产品进行适当监管。

其次，创业投资基金是专注于投资实体经济、特别是早中期创新型成长性企业的私募股权基金。一是投资实体。创投基金直接投资于实体企业，而不是虚拟企业，不涉及二级市场炒作。二是投早投小。创投基金设立初衷是投资早期、中小型企业，帮助大量高科技成长性企业发展壮大，尽管创投行业发展至今，部分创投基金的投资也延伸到了扩张期、中后期企业，但创投基金投早投小的主要特征仍没有改变。协会三季度末数据显示，创业投资基金投资种子期、起步期的案例数量11163个，账面价值合计1327.41亿元，分别占62.11%、42.51%；创业投资基金投资中小企业的案例数量累计14422个，账面价值1831.31亿元，分别占总投资案例数量的80.25%和58.65%。三是价值投资。创投基金能够促进人才、资本、技术等各种要素资源的聚集，挖掘被投企业价值，提供投后管理等增值服务，培育企业、发展企业，最终通过股权转让或退出的方式实现资本价值增值。四是长期投资。创投基金追求长期财务回报，而不是短期投机炒作或者谋求企业控股权。创业投资的周期都很长，需要投资人有价值发现的眼光和长久的耐心。

第三，创业投资基金是权益性投资。创业投资基金主要投早投小投新投长，是权益性投资，而不应是债权性投资。创投基金不应该采用复杂化的产品结构方式，应该简单明了，不应当存在“杠杆运作”、“层层嵌套”、“监管套利”、“名股实债”、“小股大债”、“名基实贷”、“刚性兑付”等情形。

以上是我对创投基金的一些个人看法，我们也希望监管等有关权威部门尽快研究出台创投基金的具体认定标准，以统一社会各界认识，并为各项政策的精准落地和有效实施提供依据。

（三）坚持统一功能监管基础上的适度、差异化监管。

创业投资基金虽然在投资范围、投资对象、投资运作方式、收益实现方式等方面与私募证券投资基金有所不同，但是作为私募基金的一种，其基础法律关系都是信托关系，都是受人之托、代人理财、忠人之事。基金管理人都要以投资者利益至上，诚实信用、勤勉尽责地履行信义义务。各类私募基金在资金募集、合格投资者要求、投资者适当性、财产独立和安全、管理人勤勉尽责等方面都应具有相同的基本规范，都应有“向合格投资者募集”“非公开募集”“收益共享、风险自担”和“组合投资”的基本特征。从国际发达市场立法经验看，大多数国家和地区将创投基金纳入私募基金的统一立法体系，其法律法规并不以投资对象的不同对私募基金进行区分。今年全国金融工作会议也强调，要“强化综合监管，突出功能监管和行为监管”。国务院目前正在制定的《私募投资基金管理暂行条例》，明确了各类私募基金应该共同遵守的基本行为规范，同时也设置了关于创投基金特别规定的专章，较好体现了对创业投资基金在统一监管基础上的差异化监管。我们希望国务院《私募投资基金管理暂行条例》尽早出台，以为包括创投基金在内的各类私募基金健康发展保驾护航。同时，中国证监会和中国证券投资基金业协会也会根据《私募投资基金管理暂行条例》进一步细化对创业投资基金有针对性的规定。

此外，我理解对创业投资基金实行差异化的管理和服务，应更多体现在对创投基金的政策支持和行业服务上。创业投资由于具有投早投小投新投长的特征，存在一定的市场失灵，而其对于推进我国创新型国家建设、支持双创、促进经济结构调整和产业转型升级有重要意义，因此需要政府充分发挥“有形之手”的作用，对创业投资加强政府引导和政策支持。例如，完善创业投资税收政策，建立创业投资与政府项目对接机制，研究鼓励长期投资政策措施，建立所投资企业上市解禁期与上市前投资期限长短反向挂钩制度，充分发挥政府引导基金作用，拓宽创业投资资本来源，拓宽创业投资基金市场化退出渠道，优化投资环境，推动双向开放等，促进创业投资基金行业做大做优做强，加快形成“创业、创新 + 创投”的良好发展格局。

三、完善创投基金差异化自律管理和服务，迎接创业投资行业发展的新时代

2014 年 2 月以来，协会根据《证券投资基金法》的规定和证监会授权，积极履行私募基金登记备案和自律管理职责。在不设行政许可、适度监管的原则下，以三个博弈为基础，建立健全私募基金登记备案制度，构建“7 + 2”自律规则体系，逐步形成了事前标准明确、事中监测严密、事后执纪有力的适合中国私募基金特点的自律管理体系。私募基金行业开始步入了规范发展轨道。

在对私募基金进行自律管理和服务的过程中，协会根据创投基金的特点，始终注重对创投基金实行差异化自律管理和服务，取得初步成效。

第一，对创投基金管理人设置差异化入会条件及会费减免安排。对于符合 2017 年 1 月 1 日施行的《中国证券投资基金业协会会员管理办法》、专注创投领域的私募基金管理人申请入会时，提供审核流程上的便利；将创投会员成为普通会员的资产管理规模由 10 亿元下调为 3 亿元；免除创业投资基金管理人会员 2017 年会费。

第二，对创业投资基金管理人从业人员设定灵活弹性的资质要求。差别化证券类私募，编写《股权投资基金基础知识》教材，并专设关于私募股权投资的科目三考试；对私募股权基金管理机构的高级管理人员，增设双认定的资格获取方式；对其法定代表人和合规风控负责人之外的从业人员，不强制要求其具有基金从业资格。

第三，对创业投资基金管理人设计符合业务特点的自律制度。在进行创投基金管理人登记过程中，简化对其公司制度方面的要求，并对拟登记机构的营业范围适度拓宽及灵活掌握；降低创业投资基金的披露频率，未强制创业投资基金的信息披露义务人按月或按季提供信息报告，降低行业估值压力。

第四，鼓励创业投资基金管理人参与协会治理和行业自治服务。协会于 2015 年成立创业投资专业委员会，鼓励其参与协会内部治理和自律规则建设；建立联席会议制度，通过汇聚行业知名专家，完善行业专业化治理体系，提升行业自治能力和水平。

第五，推动改善创业投资发展的制度环境。研究推动妥善解决三类股东问题、创业投资机构反向挂钩机制；支持私募机构参与新三板做市制度创新，拓展私募机构业务范围；推动各方深入研究出台有利于提高资本市场投融资效率及促进长期资本形成的公平、中性税负机制；积极对接国家相关部委，反映创投行业声音，推动落实各项相关优惠政策等。

为了深入贯彻党的十九大精神，进一步落实国家创新驱动发展战略，促进创业投资基金的持续健康发展，下一步协会将进一步加大对创业投资基金的差异化自律管理和服务：

第一，优化创业投资基金管理人登记和产品备案机制。为创业投资基金管理人登记、产品备案及重大事项变更设置专岗，提供绿色通道服务，缩短办理时限，减少补正反馈次数，提升优化服务。创业投资基金管理人诚信情况良好，且已成为协会会员，其下设私募基金管理人申请登记时，可适当简化办理手续。

第二，优化创业投资基金管理人及其附属机构入会手续，研究下一步会员会费减免方案。协会将优先办理符合条件创业投资基金管理人的入会申请。创业投资基金管理人成为会员后，其附属机构申请入会时，简化其入会程序。在免除创投基金管理人会员 2017 年会费的基础上，协会将抓紧研究下一步有关会费减免方案。

第三，完善创业投资基金信息报送服务。协会将公布基金运行信息报送数据标准，向服务机构开放以降低创业投资基金管理人信息填报难度。延长创业投资基金的运行信息更新时限，减少基金信息披露备份信息的报送要求。

第四，加快探索建立创业投资基金管理人会员信用信息报告机制。协会将充分发挥协会创业投资基金专业委员会的作用，尽快建立创业投资基金管理人会员信用信息报告机制，推动创业投资基金管理人维护累积自身信誉、恪守信义义务，提升创业投资基金行业整体信用水平、树立行业社会公信力。

第五，进一步加强和提升行业服务水平。继续发挥协会创业投资专业委员会作用，支持各地区创业投资基金协会工作，不断完善行业专业化治理体系。积极组织、参与创业投资论坛、研讨会和私享汇，定期发布《中国创业投资基金行业研究报告》。优化远程培训系统，培育和提升创业投资基金行业从业专业能力。加大专业培训力度，面向创业投资基金管理人会员免费提供创业投资基金行业合规性培训。

第六，持续推动创业投资基金相关政策支持及落实。做好与财政部、国家税务总局等政府部门的信息对接，根据《财政部税务总局关于创业投资企业和天使投资个人有关税收试点政策的通知》（财税〔2017〕38 号）等要求，配合落实符合条件的创投基金的税收优惠。积极配合证监会、发展改革委、工商、财税、科技、商务等主管部门，推动研究和完善创业投资基金工商登记、财税优惠、被投企业 IPO 股东认定、创业投资基金被投企业上市解禁期与上市前投资期限长短方向挂钩等一系列制度措施。

各位领导、各位嘉宾，当前，中国特色社会主义进入新时代，我国社会主要矛盾已经转化为人民日益增长的美好生活需要和不平衡不充分发展之间的矛盾。我们相信在习近平新时代中国特色社会主义思想指导下，在落实创新驱动发展战略、服务实体经济、深化金融体制改革、建设多层次资本市场、提高直接融资比重的过程中，在全面建设社会主义现代化强国、实现中华民族伟大复兴中国梦的征途中，创业投资基金一定会迎来自己的新时代。中国证券投资基金业协会将在中国证监会的指导下，深入贯彻党的十九大精神，与社会各界同仁一道，不断做好创投基金的自律管理和服务，为创投行业发展的新时代作出应有的贡献！

预祝本次论坛圆满成功！谢谢大家！

第二编
中国金融市场

第一章　中国金融市场概况

2017 年金融市场运行情况

2017 年，债券市场发行规模继续保持增长，交易量有所减少，债券收益率曲线上移，市场投资者结构进一步多元化；货币市场利率有所上行，交易量小幅下降；互换利率小幅上行；股指震荡走升，成交量同比下降。

一、债券发行量保持增长

2017 年，债券市场共发行各类债券 40.8 万亿元，较上年增长 12.9%。其中，银行间债券市场发行债券 36.8 万亿元，同比增长 14.2%。截至 2017 年 12 月末，债券市场托管余额为 74.0 万亿元，其中银行间债券市场托管余额为 65.4 万亿元。

2017 年，国债发行 3.9 万亿元，地方政府债券发行 4.4 万亿元，金融债券①发行 5 万亿元，政府支持机构债券发行 2860 亿元，资产支持证券发行 1.5 万亿元，同业存单发行 20.2 万亿元，公司信用类债券发行 5.5 万亿元。

图 1：近年来债券市场主要债券品种发行量变化情况

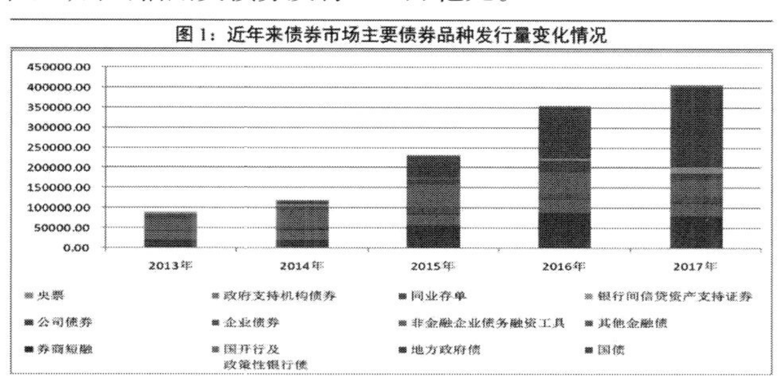

资料来源：中央结算公司、上海清算所、上交所、深交所　　单位：亿元

二、银行间市场成交量有所减少

2017 年，银行间市场信用拆借、回购交易成交总量 695.3 万亿元，同比下降 0.3%。其中，同业拆借累计成交 79.0 万亿元，同比下降 17.7%；质押式回购累计成交 588.3 万亿元，同比增长 3.5%；买断式回购累计成交 28.1 万亿元，同比下降 14.9%。

2017 年，债券市场现券交易量 108.4 万亿元，同比下降 18.0%。其中，银行间市场现券累计成交 102.8 万亿元，日均成交 4097 亿元，同比下降 19.1%。交易所现券累计成交 5.6 万亿元，日均成交 227.9 亿元，同比增长 9.8%。

三、货币市场利率和债券收益率上行

2017 年 12 月份，银行间货币市场同业拆借月加权平均利率为 2.91%；质押式回购月加权平均利率为 3.11%。

2017 年，债券收益率曲线整体上移。12 月末，1 年、3 年、5 年、7 年、10 年期国债收益率分别为 3.79%、3.78%、3.84%、3.90%、3.88%；5 年期 AAA 级、AA+级和 AA 级中短期票据收益率分别为 5.42%、5.67%、5.87%；中债综合全价指数为 113.37 点；交易所上证国债指数为 160.85点。

图 2：2017 年银行间市场国债收益率曲线变化情况

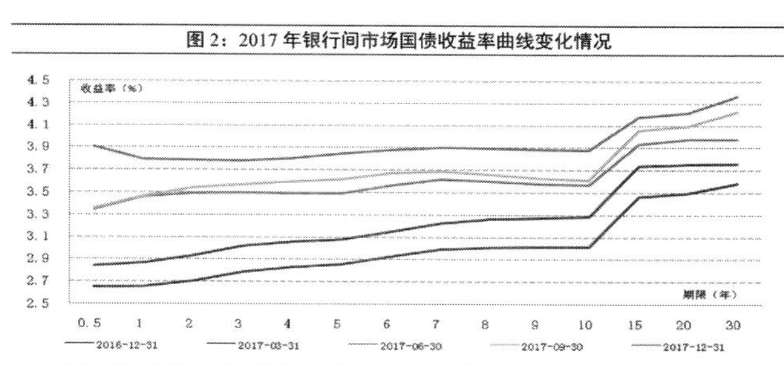

资料来源：中央国债登记结算有限责任公司

四、投资者结构进一步多元化

截至 2017 年末，银行间市场各类参与主体共计 18681 家，较上年末增加 3437 家。其中，境内法人类机构 2665 家，较上年末增加 235 家；境内非法人类机构 15458 家，较上年末增加 2999 家；境外机构投资者 617 家，较上年末增加 210 家。

2017 年末，银行间市场存款类金融机构持有债券余额 38.01 万亿元，持债占比 58.1%，较上年末下降 0.6 个百分点；非法人机构投资者持债规模 18.54 万亿元，占比为 28.3%，较上年末提高 0.9 个百分点。公司信用类债券持有者中存款类机构继续下降，存款类金融机构、非银行金融机构、非法人机构投资者和其他投资者的持有债券占比分别为 21.7%、7.1%、71.2%。

五、利率衍生品交易量同比增长，互换利率小幅上行

2017 年，银行间人民币利率衍生品市场累计成交 14.4 万亿元，同比增长 45.2%。其中，利率互换成交名义本金总额 14.4 万亿元，同比增长 45.2%；债券远期成交 12 亿元，信用违约互换成交 7 亿元。利率互换期限品种主要以短期品种为主，1 年期及以下交易名义本金额占总成交量的 76.9%；浮动端参考利率为 7 天回购定盘利率（FR007），占比为 79.1%。

图 3:上交所股票成交量价走势　　图 4：深交所股票成交量价走势

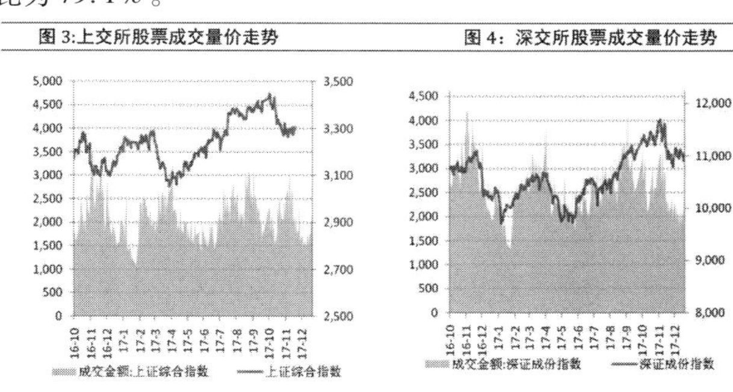

资料来源：上海证券交易所、深圳证券交易所

① 包括国开行金融债、政策性银行债、普通金融债、二级资本债、资本补充债、证券公司短期融资券和交易所金融债。

互换利率小幅上行。2017 年末,1 年期 FR007 互换利率为 3.70%,5 年期 FR007 互换利率为 4.04%。

六、股票市场股指震荡走升

2017 年,股票市场整体震荡走升,上证综指创 2016 年以来新高。上证综指一度突破 3400 点,创 2016 年以来新高,最后收于 3307 点,较上年末上涨 6.56%;深圳成指收于 11040 点,较上年末上涨 8.48%。两市全年成交额 112.8 万亿元,同比下降 11.71%。

(资料来源:中国证券监督管理委员会、中央国债登记结算有限责任公司、全国银行间同业拆借中心、银行间市场清算所股份有限公司、上海证券交易所和深圳证券交易所)

2017 年支付体系运行总体情况①

2017 年支付业务统计数据显示,全国支付体系运行平稳,社会资金交易规模不断扩大,支付业务量保持稳步增长。

一、非现金支付工具

2017 年,全国共办理非现金支付业务② 1608.78 亿笔,金额 3759.94 万亿元,同比分别增长 28.59% 和 1.97%。

(一)票据

票据业务量持续下降。2017 年,全国共发生票据业务 2.56亿笔,金额 172.37 万亿元,同比分别下降 12.79% 和 8.21%。其中,支票业务 2.37 亿笔,金额 153.81 万亿元,同比分别下降 13.09% 和 7.23%;实际结算商业汇票业务 1648.39 万笔,金额 16.77 万亿元,同比分别下降 0.49% 和 11.48%;银行汇票业务 52.73 万笔,金额 3644.82 亿元,同比分别下降 65.54% 和 61.65%;银行本票业务 164.70 万笔,金额 1.42 万亿元,同比分别下降 29.77% 和 31.92%。

电子商业汇票系统业务量快速增长。2017 年,电子商业汇票系统出票 655.42 万笔,金额 12.68 万亿元,同比分别增长 184.38% 和 52.02%;承兑 678.00 万笔,金额 13.02 万亿元,同比分别增长 185.17% 和 51.75%;贴现 179.23 万笔,金额 6.95 万亿元,同比分别增长 113.96% 和 20.50%;转贴现 503.48 万笔,金额 44.48 万亿元,笔数同比增长 62.71%,金额同比下降 2.89%。质押式回购 44.00 万笔,金额 6.92 万亿元,同比分别增长 181.20% 和 104.90%③。

(二)银行卡

发卡量保持稳步增长。截至 2017 年末,全国银行卡在用发卡数量 66.93 亿张,同比增长 9.27%。其中,借记卡在用发卡数量 61.05 亿张,同比增长 7.87%;信用卡和借贷合一卡在用发卡数量共计 5.88 亿张,同比增长 26.35%。借记卡在用发卡数量占银行卡在用发卡数量的 91.22%,较上年末有所下降。全国人均持有银行卡 4.84 张④,同比增长 8.35%。其中,人均持有信用卡 0.39 张,同比增长 25.82%。

受理市场环境不断完善。截至 2017 年末,银行卡跨行支付系统联网商户 2592.60 万户,联网 POS 机具 3118.86 万台,ATM96.06 万台,较上年末分别增加 525.40 万户、665.36 万台和 3.64 万台。全国每万人对应的 POS 机具数量 225.56 台,同比增长 26.04%,每万人对应的 ATM 数量 6.95 台,同比增长 3.06%。

银行卡交易量继续增长。2017 年,全国共发生银行卡交易⑤ 1494.31 亿笔,金额 761.65 万亿元,同比分别增长 29.41% 和 2.67%,日均 4.09 亿笔,金额 2.09 万亿元。其中,银行卡存现 96.41 亿笔,金额 67.92 万亿元,同比分别下降 7.95% 和 11.99%;取现 173.17 亿笔,金额 65.07 万亿元,同比分别下降 3.78% 和 0.65%;转账业务 638.46 亿笔,金额 559.99万亿元,同比分别增长 31.17% 和 3.20%;消费业务 586.27 亿笔,金额 68.67 万亿元,同比分别增长 52.96% 和 21.54%。全年银行卡渗透率达到 48.71%,比上年上升 0.24 个百分点。银行卡卡均消费金额为 1.03 万元,同比上升 11.22%;银行卡笔均消费金额为 1171.24 元,同比下降 20.54%。

银行卡信贷规模继续增长。截至 2017 年末,银行卡授信总额⑥为 12.48 万亿元,同比增长 36.58%;银行卡应偿信贷余额为 5.56 万亿元,同比增长 36.83%。银行卡卡均授信额度 2.12 万元,授信使用率⑦ 44.54%。信用卡逾期半年未偿信贷总额 663.11 亿元,占信用卡应偿信贷余额的 1.26%,占比较上年末下降 0.14 个百分点。

(三)贷记转账等其他结算业务

贷记转账等其他结算业务量保持增长。2017 年,全国共发生贷记转账、直接借记、托收承付、国内信用证等其他业务 111.91 亿笔,金额 2825.92 万亿元,同比分别增长 19.77% 和 2.48%。其中,贷记转账业务 96.67 亿笔,金额 2780.67 万亿元。

(四)电子支付

移动支付业务量保持较快增长。2017 年,银行业金融机构共处理电子支付⑧业务 1525.80 亿笔,金额 2419.20 万亿元。

其中,网上支付业务 485.78 亿笔,金额 2075.09 万亿元,笔数同比增长 5.20%,金额同比下降 0.47%;移动支付业务 375.52 亿笔,金额 202.93 万亿元,同比分别增长 46.06% 和 28.80%;电话支付业务 1.60 亿笔,金额 8.78 万亿元,同比分别下降 42.58% 和 48.56%。

2017 年,非银行支付机构发生网络支付业务⑨ 2867.47 亿笔,金额 143.26 万亿元,同比分别增长 74.95% 和 44.32%。

二、支付系统

2017 年,支付系统⑩共处理支付业务 773.34 亿笔,金额 5414.25 万亿元,同比分别增长 30.44% 和 5.86%。

---

① 自 2015 年起,支付体系运行总体情况按照《支付业务统计指标》金融行业标准披露支付业务数据。

② 非现金支付业务包含票据、银行卡及其他结算业务。其中,其他结算业务包含贷记转账、直接借记、托收承付及国内信用证业务。

③ 自 2017 年第三季度起,转贴现和质押式回购分开统计,并按照可比口径计算同比数据。

④ 指标涉及人均值时,人数使用国家统计局公布的 2016 年末全国大陆总人口 138271 万人;下同。

⑤ 银行卡交易量为银行卡本外币交易量之和。

⑥ 银行卡授信总额为信用卡和借贷合一卡的授信总额之和。

⑦ 授信使用率为银行卡应偿信贷余额与银行卡授信总额之比。

⑧ 电子支付是指客户通过网上银行、电话银行、手机银行、ATM、POS 和其他电子渠道,从结算类账户发起的账务变动类业务笔数和金额。包括网上支付、电话支付、移动支付、ATM 业务、POS 业务和其他电子支付等六种业务类型。

⑨ 非银行支付机构处理网络支付业务量不包含红包类等娱乐性产品的业务量。

⑩ 包含大额实时支付系统、小额批量支付系统、网上支付跨行清算系统、同城清算系统、境内外币支付系统、全国支票影像交换系统、银行业金融机构行内支付系统、银行卡跨行支付系统、城市商业银行汇票处理系统和支付清算系统、农信银支付清算系统、人民币跨境支付系统。

(一)人民银行支付系统

2017 年,人民银行支付系统①共处理支付业务 122.89 亿笔,金额 3964.57 万亿元,同比分别增长 53.44% 和 3.75%,分别占支付系统业务笔数和金额的 15.89% 和 73.22%。日均处理业务 3528.45 万笔,金额 15.68 万亿元②。

大额实时支付系统业务量持续平稳增长。2017 年,大额实时支付系统处理业务 9.32 亿笔,金额 3731.86 万亿元,同比分别增长 12.89% 和 3.20%。日均处理业务 371.35 万笔,金额 14.87 万亿元。

小额批量支付系统业务量保持增长。2017 年,小额批量支付系统处理业务 25.28 亿笔,金额 33.14 万亿元,同比分别增长 7.63% 和 7.22%。日均处理业务 692.48 万笔,金额 908.07 亿元。

网上支付跨行清算系统业务量增长较快。2017 年,网上支付跨行清算系统共处理业务 84.64 亿笔,金额 61.72 万亿元,同比分别增长 90.07% 和 64.76%。日均处理业务 2318.98万笔,金额 1690.96 亿元。

同城清算系统业务金额小幅增长。2017 年,同城清算系统③共处理业务 3.59 亿笔,金额 130.85 万亿元,笔数同比下降 3.61%,金额同比增长 0.03%。日均处理业务 143.04 万笔,金额 5213.15 亿元。

境内外币支付系统业务量小幅下降。2017 年,境内外币支付系统共处理业务 201.66 万笔,处理业务金额 1.01 万亿美元(折合人民币约为6.75 万亿元④),同比分别增长 1.55% 和 22.84%。日均处理业务 8034.26 笔,金额 40.13 亿美元(折合人民币约为 268.75 亿元)。

全国支票影像交换系统并入小额支付系统。自 2017 年 9 月 4 日起,银行业金融机构统一通过小额批量支付系统处理全国支票影像交换系统业务。2017 年 1 月 1 日至 9 月 3 日,全国支票影像交换系统共处理业务 443.50 万笔,金额 2456.87 亿元。日均处理业务 1.80 万笔,金额 9.99 亿元。

(二)其他机构支付系统

银行业金融机构行内支付系统业务量持续增长。2017 年,银行业金融机构行内支付系统共处理业务 323.13 亿笔,金额 1333.69 万亿元,同比分别增长 25.10% 和 9.73%。日均处理业务 8852.98 万笔,金额 3.65 万亿元。

银行卡跨行支付系统业务量稳步增长。2017 年,银行卡跨行支付系统共处理业务 293.48 亿笔,金额 93.85 万亿元,同比分别增长 23.51% 和 39.93%。日均处理业务 8040.47 万笔,金额 2571.21 亿元。

城市商业银行汇票处理系统和支付清算系统业务笔数增长较快。2017 年,城市商业银行汇票处理系统和支付清算系统处理业务⑤3311.46 万笔,金额 9162.58 亿元。日均处理业务 9.07 万笔,金额 25.10 亿元。

农信银支付清算系统业务笔数保持快速增长。2017 年,农信银支付清算系统共处理业务 33.49 亿笔,金额 6.67 万亿元,同比分别增长 99.23% 和 22.99%。日均处理业务 917.54 万笔,金额 182.87 亿元。

人民币跨境支付系统业务量快速增长。2017 年,人民币跨境支付系统处理业务 125.90 万笔,金额 14.55 万亿元,同比分别增长 97.92% 和 233.67%。日均处理业务 5056.22 笔,金额 584.50 亿元。

网联平台试运行平稳。截至 2017 年末,共有 248 家商业银行和 65 家支付机构接入网联平台,各支付机构有序将涉及银行账户的网络支付业务从直连通道切换至网联平台。

三、人民币银行结算账户

截至 2017 年末,全国共开立人民币银行结算账户 92.23 亿户,同比增长 10.43%,增速下降 2.91 个百分点。

(一)单位银行结算账户

单位银行结算账户数量总体保持增长,基本存款账户数量在单位银行结算账户中的占比小幅上升,临时存款账户数量持续减少。截至 2017 年末,全国共开立单位银行结算账户 5483.43 万户,同比增长 11.01%,增速下降 0.26 个百分点。其中,基本存款账户 3792.31 万户,一般存款账户 1331.11 万户,专用存款账户 340.96 万户,临时存款账户 19.05 万户,分别占单位银行结算账户总量的 69.16%、24.28%、6.22% 和 0.35%。基本存款账户、一般存款账户、专用存款账户同比分别增长 15.53%、1.87% 和 3.32%,临时存款账户同比下降5.08%。

(二)个人银行结算账户

个人银行结算账户数量平稳增长。截至 2017 年末,全国共开立个人银行结算账户 91.69 亿户,同比增长 10.42%,增速下降 2.93 个百分点。

2017 年中国宏观经济运行分析

2017 年,中国经济稳中向好,好于预期,经济活力、动力和潜力不断释放,稳定性、协调性和可持续性明显增强,实现了平稳健康发展。经济结构不断优化,新兴动能加快成长,质量效益明显提高。消费需求对经济增长的拉动作用保持强劲,投资增长稳中略缓、结构优化,进出口较快增长。工业生产加快发展,第三产业增加值占 GDP 的比重为 51.6%,高于第二产业 11.1 个百分点。就业稳中向好,消费价格温和上涨。初步核算,全年国内生产总值(GDP)为 82.7 万亿元,按可比价格计算,同比增长 6.9%。分季度看,四个季度同比分别增长 6.9%、6.9%、6.8%、6.8%。全年居民消费价格(CPI)同比上涨 1.6%,贸易顺差为 2.9 万亿元人民币。

一、消费增长稳健,投资增长稳中略缓,进出口较快增长

城乡居民收入增长较快,消费增长稳健。2017 年,全国居民人均可支配收入 25974 元,同比增长 9.0%;扣除价格因素实际增长 7.3%,增速比上年加快 1.0 个百分点。按常住地分,城镇居民人均可支配收入为 36396 元,扣除价格因素实际增长 6.5%;农村居民人均可支配收入为 13432 元,扣除价格因素实际增长 7.3%。消费成为经济增长的主要驱动力,全年最终消费支出对国内生产总值增长的贡献率为 58.8%。中国人民银行 2017 年第四季度城镇储户问卷调查显示,居民消费意愿相对平稳,倾向于“更多消费”的居民占 26.2%,比上年同期提高 3.1 个百分点。2017 年,社会消费品零售总额

① 包含大额实时支付系统、小额批量支付系统、网上支付跨行清算系统、同城清算系统、境内外币支付系统、全国支票影像交换系统。

② 2017 年大额实时支付系统实际运行 251 个工作日,小额批量支付系统实际运行 365 个工作日,网上支付跨行清算系统实际运行 365 个工作日,同城清算系统实际运行 251 个工作日,境内外币支付系统实际运行 251 个工作日,全国支票影像交换系统实际运行 246 个工作日,此处按实际运行工作日计算;下同。

③ 同城清算系统包括同城票据交换系统和同城电子清算系统。

④ 境内外币系统业务量使用每个季度末最后一个交易日的汇率按季度折算为人民币。

⑤ 自 2017 年起,城市商业银行汇票处理系统和支付清算系统业务除统计银行汇票、汇兑、通存通兑外,还统计实时代收付业务。

为 36.6 万亿元，比上年增长 10.2%。乡村消费品零售额增长继续快于城镇，全年乡村消费品零售额同比增长 11.8%，比城镇高 1.8 个百分点。网上零售增势强劲，线下消费持续回暖，全年全国网上零售额为 7.18 万亿元，同比增长 32.2%；商务部重点监测专业店、百货店销售额同比分别增长 6.2% 和 2.4%，增速较上年分别加快 3.3 个和 2.7 个百分点。

固定资产投资增长稳中略缓，投资结构调整优化。全年固定资产投资（不含农户）63.2 万亿元，同比增长 7.2%，增速比上年回落 0.9 个百分点。当前投资呈现以下几个特征：一是高端制造业和装备制造业投资较快增长，高耗能行业投资增长放缓。全年高技术制造业和装备制造业投资同比分别增长 17% 和 8.6%，高耗能制造业投资同比下降 1.8%。二是民间投资增速回升，全年民间投资同比增长 6%，比上年高 2.8 个百分点。三是基础设施投资（不含电力、热力、燃气及水生产和供应业）增速加快，全年为 19%，比上年高 1.6 个百分点。四是东北地区投资由负转正，全年为 2.8%；其他地区投资增速总体稳定。

进出口较快增长，外贸结构优化。按人民币计价，2017 年进出口总额为 27.8 万亿元，同比增长 14.2%。其中，出口 15.3 万亿元，增长 10.8%；进口 12.5 万亿元，增长 18.7%。进出口相抵，顺差 2.9 万亿元，同比收窄 14.2%。按美元计价，全年进出口总额同比增长 11.4%。其中，出口同比增长 7.9%；进口同比增长 15.9%；贸易顺差 4225 亿美元，同比收窄 17.1%。2017 年，一般贸易进出口占进出口总额的比重为 56.4%，比上年提高 1.3 个百分点；机电产品出口占出口总额的 58.4%，为出口主力；民营企业进出口增长 15.3%，占进出口总额的 38.5%，比上年提高 0.4 个百分点。对“一带一路”部分沿线国家出口保持增长，对俄罗斯、波兰和哈萨克斯坦等国进出口分别增长 23.9%、23.4% 和 40.7%，均高于总体增幅。

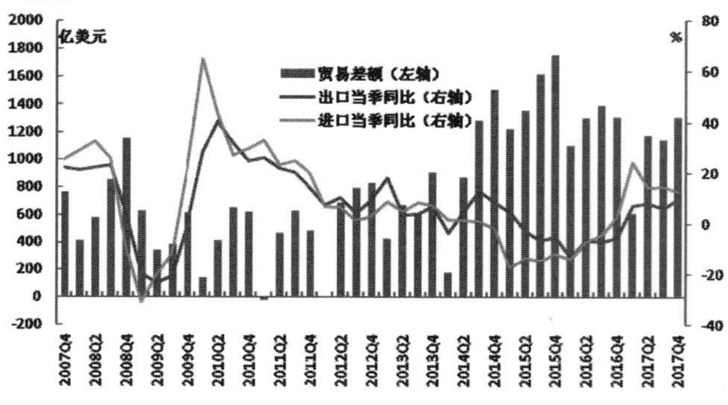

图 1　进出口增速与贸易差额

数据来源：海关总署。

外商直接投资延续向高端产业聚集的态势，对外投资降幅收窄、结构优化。全年实际使用外资金额为 8775.6 亿元人民币，同比增长 7.9%。从产业分布看，2017 年，高技术制造业实际使用外资 655.9 亿元人民币，同比增长 11.3%。高技术服务业实际使用外资 1846.5 亿元人民币，同比增长 93.2%。2017 年，境内投资者非金融类直接投资 1200.8 亿美元，同比下降 29.4%，非理性对外投资得到切实有效遏制。对“一带一路”沿线国家投资合作稳步推进，全年直接投资 143.6 亿美元，占同期总额的 12%，比上年提高 3.5 个百分点。对外投资行业结构持续优化，主要流向租赁和商务服务业、批发和零售业、制造业以及信息传输、软件和信息技术服务业，占比分别为 29.1%、20.8%、15.9% 和 8.6%。房地产业、体育和娱乐业对外投资没有新增项目。

二、农业生产总体稳定，工业生产增速加快

分产业看，第三产业增加值增长快于第二产业，但第二产业占比回升。2017 年，第一产业增加值为 6.5 万亿元，同比增长 3.9%；第二产业增加值为 33.5 万亿元，增长 6.1%；第三产业增加值为 42.7 万亿元，增长 8.0%。三次产业增加值占 GDP 比重分别为 7.9%、40.5%、51.6%，第三产业占比高于第二产业 11.1 个百分点，但第二产业占比较上年提高 0.7 个百分点。

农业生产形势较好。全年全国粮食总产量为 61791 万吨，比上年增加 166 万吨，同比增长 0.3%。全年猪牛羊禽肉产量 8431 万吨，同比增长 0.8%。

工业生产加快发展，结构优化效益提升。2017 年，全国规模以上工业增加值同比实际增长 6.6%，增速比上年加快 0.6 个百分点。工业向中高端迈进，全年高技术制造业和装备制造业增加值同比分别增长 13.4% 和 11.3%，分别快于规模以上工业 6.8 个和 4.7 个百分点。全年规模以上工业企业产销率达到 98.1%。全国规模以上工业企业实现利润总额 7.5 万亿元，同比增长 21.0%；规模以上工业企业主营业务收入利润率为 6.5%，比上年提高 0.5 个百分点。第四季度中国人民银行 5000 户工业企业调查显示，企业生产经营景气指数为 59.8%，连续六个季度高于 50%，比上季提高 4.3 个百分点，比上年同期提高 7.2 个百分点；企业盈利指数为 61.5%，为 2008 年以来的最高值，比上季和上年同期分别提高 3.9 个和 4.4 个百分点；国内订单指数为 53.0%，比上季度和上年同期分别提高 2.8 个和 3.1 个百分点；出口订单指数为 48.5%，比上季度下降 1.1 个百分点，但比上年同期提高 2.9 个百分点。

三、消费价格温和上涨，工业生产价格上涨较快

居民消费价格温和上涨。2017 年，CPI 同比上涨 1.6%，涨幅比上年回落 0.4 个百分点，其中各季度涨幅分别为 1.4%、1.4%、1.6% 和 1.8%。从食品和非食品分类看，食品价格有所下降，非食品价格上涨较快。食品价格下降 1.4%，涨幅比上年回落 6.0 个百分点；非食品价格上涨 2.3%，涨幅比上年提高 0.9 个百分点。从消费品和服务分类看，消费品价格涨幅有所回落，服务价格涨幅明显扩大。消费品价格上涨 0.7%，涨幅比上年回落 1.2 个百分点；服务价格上涨 3.0%，涨幅比上年提高 0.8 个百分点。

工业生产价格上涨较快。2017 年，PPI 同比上涨 6.3%，涨幅比上年提高 7.7 个百分点，其中各季度涨幅分别为 7.4%、5.8%、6.2% 和 5.9%。其中，生活资料价格涨幅大体稳定，生产资料价格涨幅大幅提高。生活资料价格同比上涨 0.7%，涨幅比上年高 0.7 个百分点；生产资料价格同比上涨 8.3%，涨幅比上年高 10.1 个百分点。工业生产者购进价格同比上涨 8.1%，涨幅比上年高 10.1 个百分点，其中各季度涨幅分别为 9.4%、8.1%、7.7% 和 7.1%。农业生产资料价格同比上涨 0.6%，涨幅比上年扩大 0.5 个百分点；农产品生产价格同比下降 3.5%，上年为同比上涨 3.4%。2017 年，中国人民银行监测的企业商品价格（CGPI）同比上涨 6.8%。各季度同比涨幅分别为 8.7%、6.4%、6.5% 和 5.5%。全年初级产品价格月平均涨幅为 10.1%，中间产品价格月平均涨幅为 8%，最终产品价格月平均涨幅为 0.5%。分项上看，煤油电及矿产品价格涨幅大于农产品及加工业产品；投资品价格涨幅大于消费品。

国际大宗商品价格总体上涨，进口价格涨幅明显扩大。2017年各季度，洲际交易所布伦特原油期货当季平均价格分别环比上涨6.9%、-6.9%、2.7%和17.8%，累计上涨20.3%。伦敦金属交易所铜现货当季平均价格分别环比上涨10.6%、-2.9%、12.1%和7.4%，累计上涨29.3%；铝现货当季平均价格分别环比上涨8.3%、2.9%、5.5%和4.7%，累计上涨23%。2017年，进口价格同比上涨9.6%，涨幅比上年高12.6个百分点，其中各季度分别上涨13.4%、11.8%、7.4%和5.8%；出口价格同比上涨4.0%，涨幅比上年高6.2个百分点，其中各季度分别上涨5.1%、5.8%、3.2%和1.9%。

GDP平减指数（按当年价格计算的GDP与按固定价格计算的GDP的比率）涨幅扩大。2017年GDP平减指数同比上涨4.1%，比上年高约3个百分点。

价格改革稳步推进。一是推进按病种收费工作。要求各地在前期改革试点基础上，逐步扩大按病种收费范围，病种收费标准要按照“有激励、有约束”的原则制定，逐步建立收费标准动态调整机制，原则上实行最高限价管理。二是推进农业水价综合改革。要求各省（自治区、直辖市）在选择具备条件的地区先行开展农业水价综合改革、充分发挥好典型示范引领作用的同时，统筹农业水价形成机制与精准补贴和节水奖励机制、工程建设和管护机制、用水管理机制的协同推进，在总体上不增加农民负担的前提下，建立健全促进农业节水的体制机制。三是推进区域电网输电价格改革。在省级电网输配电价改革实现全覆盖的基础上，全面推进区域电网输电价格改革，完善跨省跨区专项输电工程输电价格调整机制，促进跨省跨区电力市场交易。四是推进天然气价格改革。完成首次天然气跨省管道定价成本监审和价格核定工作，核减成本比例为16%，并出台意见指导各地加强城镇燃气配送环节价格监管。

四、财政收支增长较快

2017年，全国财政收入17.3万亿元，同口径①同比增长7.4%；全国财政支出20.3万亿元，同比增长7.7%；收支相抵，全国财政赤字为30763亿元，比上年多2474亿元。税收收入较快增长，非税收入下降。全年税收收入14.4万亿元，同比增长10.7%；非税收入2.8万亿元，同比下降6.9%。分税种看，国内增值税同比增长8%；国内消费税同比增长0.1%，企业所得税和个人所得税分别同比增长11.3%、18.6%，进口货物增值税和消费税同比增长24.9%，关税同比增长15.1%，车辆购置税同比增长22.7%，主体税种多数增长较快。

从支出结构看，财政支出占比较高且增长较快的科目有节能环保支出、社会保障和就业支出、城乡社区支出，全年同比分别增长19.8%、16.0%和15.6%。

五、就业基本稳定

城镇新增就业持续增长，居民就业感受指数持续回升。2017年，城镇新增就业1351万人，同比多增37万人。中国人民银行第四季度储户问卷调查显示，居民当期就业感受指数为44.9%，比上季提高2.3个百分点，比上年同期提高4.8个百分点，连续六个季度提高；居民收入感受指数为53.6%，比上季提高0.8个百分点，比上年同期提高1.7个百分点。

中国人力资源市场信息监测中心对95个城市的公共就业服务机构市场供求信息进行的统计分析显示，2017年第四季度，劳动力市场需求略大于供给，求人倍率约为1.22，比上年同期和上季度分别上升0.09和0.06。与上年同期相比，用人需求增加15.6万人，求职人数减少17.3万人；与上季度相比，用人需求和求职人数分别减少58.9万人和73.2万人。从行业需求看，与上年同期相比，制造业、租赁和商务服务业、住宿和餐饮业、信息传输计算机服务和软件业、房地产业、农林牧渔业、教育等行业的用人需求均保持较大幅度增长；与上季度相比，除信息传输计算机服务和软件业、房地产业、国际组织等行业外，其他各行业的用人需求均有所下降。

六、国际收支呈现“双顺差”

国际收支保持“双顺差”格局。2017年，经常账户顺差为1720亿美元，与同期国内生产总值（GDP）的比例为1.4%，仍保持在合理区间；非储备性质的金融账户顺差为825亿美元，可比口径2016年为逆差4752亿美元。截至2017年末，外汇储备余额为31399亿美元。

外债规模继续平稳增长。2017年12月末，全口径（含本外币）外债余额为16800亿美元，较6月末上涨7.5%。其中，短期外债余额为10939亿美元，占外债余额的65%。

七、行业分析

1. 房地产行业

2017年，全国商品房销售保持较快增长，销售面积和销售额均创历史新高，但增速趋缓；“因城施策”的房地产调控效果显现，房价上涨速度显著放缓；房地产开发投资总体平稳增长，房地产贷款增速明显下降。

房价上涨速度显著放缓。2017年12月，全国70个大中城市中，新建商品住宅价格同比上涨的城市有61个，比上年同期减少4个；平均涨幅为5.8%，较上年同期低5.0个百分点。二手住宅价格同比上涨的城市有65个，比上年同期增加4个；平均涨幅为5.0%，较上年同期低2.9个百分点。

商品房销售创历史新高，但增速趋缓。2017年，全国商品房销售面积为16.9亿平方米，同比增长7.7%，增速较上年低14.8个百分点；商品房销售额为13.4万亿元，同比增长13.7%，增速较上年低21.1个百分点。其中，商品住宅销售面积和销售额分别占商品房销售面积和销售额的85.5%和82.5%。

房地产开发投资总体平稳增长。2017年，全国房地产开发投资完成额为11.0万亿元，同比增长7.0%，增速较上年高0.1个百分点。其中，住宅开发投资额为7.5万亿元，同比增长9.4%，增速较上年高3.0个百分点，占房地产开发投资的比重为68.4%。全国房屋新开工面积17.9亿平方米，同比上升7.0%，增速较上年低1.1个百分点。全国房屋施工面积为78.1亿平方米，同比增长3.0%，增速较上年低0.2个百分点。全国房屋竣工面积为10.1亿平方米，同比下降4.4%，2016年为同比增长6.1%。

房地产贷款增速明显下降。2017年末，全国主要金融机构（含外资）房地产贷款余额为32.2万亿元，同比增长20.9%，增速较上年末低6.1个百分点，房地产贷款余额占各项贷款余额的26.8%。其中，个人住房贷款余额为21.9万亿元，同比增长22.2%，增速较上年末低14.5个百分点；住房开发贷款余额为5.6万亿元，同比增长26.7%，增速较上年末高13.4个百分点；地产开发贷款余额为1.3万亿元，同比下降8.0%，降幅较上年末扩大3.1个百分点。

保障房信贷支持力度仍较大。截至2017年末，全国保障

① 2017年1月1日起将新增建设用地土地有偿使用费、南水北调工程基金、烟草企业上缴专项收入3项政府性基金调整转列一般公共预算。相关文件3月份印发，4月起在上年基数中考虑3项政府性基金转列一般公共预算的影响，并以此为基础计算同比增减额和增减幅。

性住房开发贷款余额为 3.3 万亿元，同比增长 32.6%，增速较上年末低 5.7 个百分点，但仍保持较快增长；全年新增8202.5 亿元，同比多增 1230.3 亿元，新增额占同期房产开发贷款增量的 61.8%。此外，利用住房公积金贷款支持保障性住房建设试点工作稳步推进，截至 2017 年末，已有 85 个城市的 373 个保障房建设项目通过贷款审批，并按进度发放871.7 亿元，收回贷款本金 789.9 亿元。

2. 铁路运输行业

作为国民经济大动脉、重大基础设施和民生工程，铁路不仅在中国经济社会发展中发挥着关键作用，还正成为对外交流合作的重要纽带，助力"一带一路"合作共赢。

近年来铁路发展成效显著。一是设施网络建设加速推进。截至 2017 年底，铁路营业总里程达 12.7 万公里，居世界第二。其中，高速铁路 2.5 万公里，居世界第一，中西部地区铁路营业里程为 9.7 万公里。随着 2018 年初石济高铁的开通运营，"四纵四横"高速铁路网基本建成。二是运输能力大幅提升。2017 年，全国铁路旅客发送量累计达 30.8 亿人次，同比增长 9.6%；全国铁路货运总发送量累计达 36.9 亿吨，同比增长 10.7%。客、货运增速均明显高于经济增速。三是科技创新成为新亮点。"复兴号"中国标准动车组全面实现自主化设计，自主开发的铁路列车调度指挥系统和运输调度管理系统全面应用。四是铁路发展助力中国"走出去"。由中国企业承建的土耳其安伊高速铁路、肯尼亚蒙内铁路已建成通车，雅万高铁和中老、匈塞、中泰等铁路陆续开工建设。中国高铁已成为中国高端制造的一张亮丽"名片"。

但也应注意到，铁路运输业在发展过程中存在一些突出问题。一是有效供给尚待进一步提高。中国人口密度与法国、德国、英国等发达国家相近，而铁路密度与这些国家相比仍有较大提升空间。2015 年，按面积计算中国的铁路密度为 126 千米/万平方千米，低于法国的 544.5、德国的 948.2 和英国的 674.6。按人均计算中国的铁路密度为 0.8 千米/万人，低于法国的 4.6、德国的 4.1 和英国的 2.6。二是区域发展不均衡，尤其是中西部地区发展不足。此外，囿于铁路建设本身具有投资大、周期长及难以在短期内盈利等行业特征，近十年来中国铁路总公司负债逐年增长，对此亦须密切关注。

未来一段时期，应进一步充分发挥铁路骨干运输优势，推动铁路事业更好地服务国家战略和经济社会发展。一是进一步完善铁路设施网络。扩大中西部路网覆盖，优化东部网络布局，加快建设脱贫攻坚和国土开发铁路。二是积极化解债务风险，健全长期投融资机制。严控债务增量，拓展权益类资金来源。培育多元投资主体，放宽市场准入，鼓励广泛吸引包括民间投资、外资等在内的社会资本参与铁路投资建设。三是加强国际交流合作，进一步推动铁路"走出去"。积极推进铁路建设施工、人才培训、技术标准等全方位对外合作，促进铁路"走出去"向产业链、价值链高端方向发展。

2017 年金融市场分析

2017 年金融市场整体运行平稳。在经济基本面总体平稳、美联储加息缩表以及金融体系适度去杠杆大背景下，银行间回购交易量小幅增长，市场利率有所上行后趋于稳定；债券市场收益率总体上行，交易量有所下降；股票市场指数总体稳中有升，成交量和筹资额同比减少；保险业资产和保费收入增速均有所放缓。

一、金融市场运行概况

（一）货币市场运行整体平稳，市场利率有所上行后趋于稳定

货币市场运行整体平稳，银行间回购交易量小幅增长，拆借交易量下降。2017 年，银行间市场债券回购累计成交616.4万亿元，日均成交 2.5 万亿元，同比增长 2.5%；同业拆借累计成交 79 万亿元，日均成交 3147 亿元，同比下降 17.7%。从期限结构看，回购和拆借隔夜品种的成交量分别占各自总量的 80.5%和 86.1%，占比基本保持稳定。交易所债券回购累计成交 260.2 万亿元，同比增长 11.4%。

表 1　2017 年金融机构回购、同业拆借资金净融出、净融入情况

单位：亿元

	回购市场		同业拆借	
	2017 年	2016 年	2017 年	2016 年
中资大型银行①	-1450764	-1953274	-170598	-237311
中资中小型银行②	49838	356213	23490	19786
证券业机构③	465915	490116	119990	175790
保险业机构④	-8761	-31443	77	97
外资银行	49185	70702	2295	-270
其他金融机构及产品⑤	894587	1067686	24747	41909

注：①中资大型银行包括工商银行、农业银行、中国银行、建设银行、国家开发银行、交通银行、邮政储蓄银行。②中资中小型银行包括招商银行等 17 家中型银行、小型城市商业银行、农村商业银行、农村合作银行、村镇银行。③证券业机构包括证券公司和基金公司。④保险业机构包括保险公司和企业年金。⑤其他金融机构及产品包括城市信用社、农村信用社、财务公司、信托投资公司、金融租赁公司、资产管理公司、社保基金、基金、理财产品、信托计划、其他投资产品等，其中部分金融机构和产品未参与同业拆借市场。⑥负号表示净融出，正号表示净融入。

数据来源：中国外汇交易中心。

从融资主体结构看，主要呈现以下特点：一是中资大型银行作为资金主要融出方的地位进一步加强。2017 年大型银行经回购和拆借净融出资金 162.1 万亿元，占市场总体净融出资金量的 99.5%。二是其他金融机构及产品、证券业机构是主要的资金融入方。其他金融机构及产品全年净融入91.9 万亿元，占市场净融入资金的 56.4%，占比较 2016 年高 6.5 个百分点；证券业机构全年净融入 58.6 万亿元，占市场净融入资金的 35.9%，占比较 2016 年高 6 个百分点。三是城商行、农商行和农合行等小型银行第四季度通过质押式回购融入资金规模大幅减少。当季上述银行通过质押式回购净融入资金 19.8 万亿元，占全年净融入资金的 21.9%，比前三季度平均水平少 3.8 万亿元。

货币市场利率有所上行后趋于稳定。上半年，受美联储两次加息、国内宏观经济超预期及监管加强等因素影响，货币市场利率整体上行，下半年以来总体趋向平稳。2017 年 12 月，同业拆借月加权平均利率为 2.91%，比 6 月低 3 个基点；质押式回购月加权平均利率为 3.11%，比 6 月高 8 个基点；12 月银行业存款类金融机构间利率债质押式回购月加权平均利率为 2.74%。Shibor 总体有所上行。2017 年末，隔夜和 1 周 Shibor 分别为 2.84%和 2.95%，3 个月和 1 年期 Shibor 分别为 4.91%和 4.76%。

利率互换交易增长较快。2017 年，人民币利率互换市场达成交易 138410 笔，同比增长 57.6%；名义本金总额为 14.4 万亿元，同比增长 45.3%。从期限结构来看，1 年及 1 年期以下交易最为活跃，名义本金总额达 11.1 万亿元，占总量的 76.9%。从参考利率来看，人民币利率互换交易的浮动端参考利率主要包括 7 天回购定盘利率和 Shibor，与之挂钩的利

率互换交易名义本金占比分别为79.0%和20.6%。

表2　2017年利率互换交易情况

	交易笔数(笔)	交易量(万亿元)
2017年	138410	14.4
2016年	87849	9.91

数据来源:中国外汇交易中心。

同业存单和大额存单业务有序发展。2017年上半年,同业存单余额稳步上升,下半年受监管强化、金融体系去杠杆等因素影响,同业存单余额呈波动下降趋势。2017年末,同业存单市场余额为8.03万亿元,较2017年8月的最高点回落0.41万亿元。2017年银行间市场陆续发行同业存单2.7万只,发行总量为20.2万亿元,二级市场交易总量为112.9万亿元,同业存单发行交易全部参照Shibor定价。同业存单发行利率与中长端Shibor的相关性进一步提高。2017年,3个月期同业存单发行加权平均利率为4.62%,比3个月Shibor高25个基点。金融机构陆续发行大额存单2.3万期,发行总量为6.2万亿元,同比增加9343亿元。大额存单发行的有序推进,进一步扩大了金融机构负债产品市场化定价范围,有利于培养金融机构的自主定价能力,健全市场化利率形成和传导机制。

(二)债券市场收益率总体有所上行,交易量有所下降

受金融体系适度去杠杆影响,债券市场交易量有所下降。2017年,银行间债券市场现券交易102.8万亿元,日均成交4097亿元,同比下降19.1%。从交易主体看,中资中小型银行和证券业机构是净卖出方,净卖出现券5.5万亿元;其他金融机构及产品是主要的净买入方,净买入现券4.8万亿元。从交易品种看,银行间债券市场国债现券交易累计成交13.1万亿元,占银行间市场现券交易的12.8%;金融债券和公司信用类债券现券交易分别累计成交71.6万亿元和17.2万亿元,占比分别为69.6%和16.7%。交易所债券现券成交5.5万亿元,同比增长4.2%。

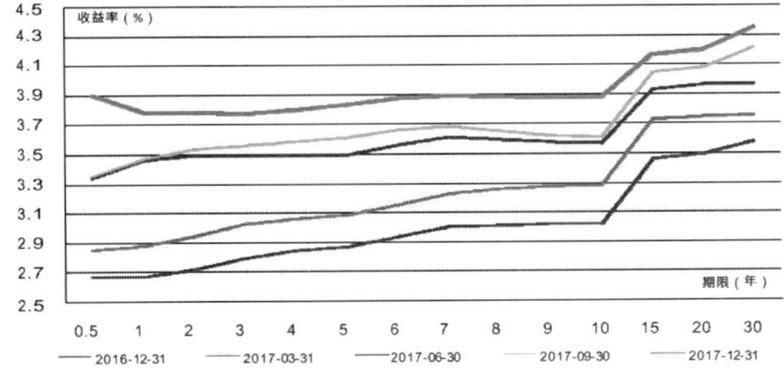

图1　银行间市场国债收益率曲线变化情况

数据来源:中央国债登记结算有限责任公司。

银行间市场债券指数下行。2017年,中债综合净价指数由年初的102.15点下降至年末的97.97点,降幅为4.09%;中债综合全价指数由年初的117.30点下降至年末的113.37点,降幅为3.35%。交易所上证国债指数由年初的159.71点上升至年末的160.85点,升幅为0.71%。国债收益率上行,曲线进一步平坦化。2017年,随着金融体系内部去杠杆进程推进,一些金融机构出售债券以应对流动性风险和监管要求,同时信用风险溢价上升,债券市场出现较大调整,国债收益率整体以上行趋势为主。2017年末,1年期、3年期、5年期、7年期和10年期收益率较年初分别上升104个、95个、96个、86个和78个基点;1年期和10年期国债利差为9个基点,较上年末收窄27个基点。

债券发行规模继续增长,同业存单和国债发行增长较快。2017年累计发行各类债券39.8万亿元,同比增加12%,其中第四季度发行9.9万亿元,比上年同期多发行2万亿元。公司信用类债券发行规模下降,发行量同比减少2.6万亿元。同业存单和国债发行增长较快,2017年分别累计发行20.2万亿元和4.0万亿元,同比多发行7.2万亿元和0.9万亿元。2017年末,国内各类债券余额74.4万亿元,同比增长16.6%。

表3　2017年各类债券发行情况

单位:亿元

债券品种	发行额	较上年同期增减
国债	39932	9274
地方政府债券	43581	-16847
中央银行票据	0	0
金融债券①	258056	75904
其中:国家开发银行及政策性金融债	32535	-1037
同业存单	201872	72141
公司信用类债券②	56352	-25890
其中:非金融企业债务融资工具	40244	-11114
企业债券	5931	-1395
公司债	9807	-13565
国际机构债券	573	161
合计	398494	42601

注:①金融债券包括国开行金融债、政策性金融债、商业银行普通债、商业银行次级债、商业银行资本混合债、证券公司债券、同业存单等。②公司信用类债券包括非金融企业债务融资工具、企业债券以及公司债、可转债、可分离债、中小企业私募债等。

数据来源:中国人民银行、国家发展和改革委员会、中国证券监督管理委员会、中央国债登记结算有限责任公司。

债券发行利率上行。2017年12月发行的10年期国债发行利率为3.82%,比上年同期发行的同期限国债利率上升112个基点;国开行发行的7年期金融债利率为4.94%,比上年同期发行的同期限金融债利率上升119个基点;主体评级AAA的企业发行的一年期短期融资券(债券评级A-1)平均利率为5.51%,比上年同期高124个基点;5年期中期票据平均发行利率为6.23%,比上年同期高170个基点。Shibor对债券产品定价继续发挥重要的基准作用。2017年,发行以Shibor为基准定价的浮动利率债券及同业存单139只,总量为803.5亿元;发行固定利率企业债382只,总量为3730.95亿元,全部参照Shibor定价;发行参照Shibor定价的固定利率短期融资券3341.7亿元,占固定利率短期融资券发行总量的81.7%。

(三)票据融资降幅趋缓,利率小幅震荡

票据承兑业务降幅趋缓。2017年,企业累计签发商业汇票17.0万亿元,同比下降6.1%;期末商业汇票未到期金额为8.2万亿元,同比下降9.5%。前三季度票据承兑余额持续下降,第四季度票据承兑余额有所企稳,2017年末余额较9月末上升434亿元、较年初下降8544亿元。从行业结构看,企业签发的银行承兑汇票余额仍集中在制造业、批发和零售业;从企业结构看,由中小型企业签发的银行承兑汇票约占三分之二。

票据融资余额企稳回升，票据市场利率小幅震荡。2017年，金融机构累计贴现40.3万亿元，同比下降52.4%；期末贴现余额为3.9万亿元，同比下降28.9%。前三季度票据融资余额持续下降，第四季度票据融资余额小幅回升，2017年末余额较9月末上升1410亿元、较年初下降1.6万亿元。票据融资余额占各项贷款的比重为3.2%，同比下降1.9个百分点。票据市场利率前三季度主要受到市场供求影响小幅震荡、略有下行，第四季度受年末因素影响小幅上升。

（四）股票市场指数稳中有升，成交量和筹资额同比减少

沪深两市总体呈稳中有升走势，大盘股稳步上涨。2017年末，上证综合指数收于3307点，比上年末上涨6.6%；深证成份指数收于11040点，比上年末上涨8.5%；创业板指数收于1753点，比上年末下跌10.7%。以上证50为代表的大盘股稳步上涨，2017年末上证50指数收于2860点，同比上涨25.1%。2017年末，沪市A股加权平均市盈率从上年末的15.9倍升至18.2倍，深市A股加权平均市盈率从上年末的41.6倍降至36.5倍。股票市场成交量下降，创业板交投活跃度下降。2017年，沪、深股市累计成交112.5万亿元，日均成交4609亿元，同比下降11.7%；创业板累计成交16.6万亿元，同比下降23.7%。2017年末，沪、深股市流通市值为44.9万亿元，同比增长14.2%；创业板流通市值为3万亿元，与上年相当。

股票市场筹资额同比减少。2017年境内各类企业和金融机构在境内外股票市场上通过发行、增发、配股、权证行权等方式累计筹资1.2万亿元，同比下降19%；其中A股筹资1万亿元，同比下降24.7%。

（五）保险业资产增速放缓

2017年，保险业累计实现保费收入3.9万亿元，同比增长24.6%，增速较上年低2.9个百分点；累计赔款、给付1.2万亿元，同比增长15.9%，其中，财产险赔付同比增长18.4%，人身险赔付同比增长13.9%。

保险业资产增速继续放缓。2017年末，保险业总资产16.7万亿元，同比增长10.8%，增速较上年末低11.5个百分点。其中，银行存款同比下降22.4%，投资类资产同比增长19.1%。

表4　2017年末主要保险资金运用余额及占比情况

单位：亿元，%

	余额（亿元）		占资产总额比重（%）	
	2017年末	2016年末	2017年末	2016年末
资产总额	167489	151169	100	100
其中：银行存款	19274	24844	11.5	16.4
投资	129932	109066	77.6	72.1

数据来源：中国保险监督管理委员会。

（六）外汇即期交易增幅减缓

2017年，人民币外汇即期成交6.4万亿美元，同比增长8.0%，增速比上年低13.9个百分点；人民币外汇掉期交易累计成交金额折合13.4万亿美元，同比增长34.1%，其中，隔夜美元掉期成交7.8万亿美元，占掉期总成交额的58.2%；人民币外汇远期市场累计成交1034亿美元，同比减少32.4%。2017年，"外币对"累计成交金额折合1188亿美元，同比增长2.5%，其中成交最多的产品为美元对欧元，占市场份额比重为34.4%。

外汇市场交易主体进一步扩展。截至2017年末，共有即期市场会员645家，远期、外汇掉期、货币掉期和期权市场会员各194家、192家、163家和116家，即期市场做市商32家，远掉期市场做市商27家。

（七）黄金市场平稳运行黄金横盘震荡，小幅收涨

国际黄金价格最高1346.25美元/盎司，最低1151.00美元/盎司，年末收于1296.5美元/盎司，同比上涨11.85%。上海黄金交易所黄金Au9999最高价300元/克，最低价258元/克，年末收盘价273元/克，同比上涨3.3%。

上海黄金交易所总体交易规模保持增长。2017年，上海黄金交易所黄金累计成交5.43万吨，同比增长11.54%；成交金额14.98万亿元，同比增长14.98%。

二、金融市场制度性建设

（一）完善债券市场基础性制度建设

一是中国人民银行配合财政部开展首次国债做市支持操作，正式启动国债做市支持机制，推动完善收益率曲线。二是制定并发布了《内地与香港债券市场互联互通合作管理暂行办法》，成功推出内地与香港债券市场互联互通合作（简称"债券通"），丰富了境外投资者投资渠道，进一步推进银行间债券市场对外开放。截至2017年末，已有249家机构通过"债券通"途径进入银行间债券市场，持债规模超800亿元。三是发布中国人民银行公告〔2017〕第7号，允许符合条件的境外信用评级机构在银行间债券市场开展信用评级，规范银行间债券市场信用评级业务，促进信用评级行业健康发展。四是发布《绿色债券评估认证行为指引（暂行）》，有效规范了绿色债券评估认证行为，进一步推动绿色债券市场健康发展。五是发布了《中国人民银行银监会证监会保监会关于规范债券市场参与者债券交易业务的通知》，旨在督促各类市场参与者加强内部控制与风险管理，健全债券交易相关的各项内控制度，规范债券交易行为，并将自身杠杆操作控制在合理水平。

（二）统一资产管理产品标准规制

资产管理业务是一种典型的跨行业、跨市场业务。2016年底以来，针对资产管理行业标准不一、多层嵌套、刚性兑付等突出问题，在党中央、国务院的领导下，中国人民银行会同银监会、证监会、保监会、外汇局等部门起草了《关于规范金融机构资产管理业务的指导意见》（征求意见稿），于2017年11月17日向社会公开征求意见。该意见是中国第一部立足整个资产管理行业的规范性意见，坚持问题导向，秉承宏观审慎管理与微观审慎监管相结合、机构监管与功能监管相结合的监管理念，按照产品类型统一监管标准，最大程度地消除套利空间，以促进资产管理业务规范发展，有效防控金融风险，更好地服务实体经济。

（三）加强证券期货业监管制度和市场建设

证券期货市场制度建设取得进展。一是证监会发布《区域性股权市场监督管理试行办法》，明确区域性股权市场监管规则及穿透核查制度和投资者资金管理制度，规范运营机构可开展的业务范围及其应承担的义务。二是证监会发布《上市公司股东、董监高减持股份的若干规定》，完善大宗交易制度和减持计划的信息披露制度。三是证监会修改《证券交易所管理办法》，完善交易所内部治理结构，强化交易所对证券交易活动的一线监管职责。

进一步加强对证券期货业的监管。一是证监会发布《证券公司和证券投资基金管理公司合规管理办法》，通过明晰董事会、监事会、高级管理人员、合规负责人等各方职责，提高合规履职保障，加大违法违规追责力度等措施。二是证监会发布《公开募集开放式证券投资基金流动性风险管理规定》，

对公募基金的产品设立、投资运作、申购赎回、估值与披露等业务环节进行规范,全面提升基金管理人对公募基金流动性风险的内部管控要求,并对货币市场基金特别是机构类货币市场实施更为严格的风险管控和约束。三是证监会发布《期货公司风险监管指标管理办法》及配套文件,提高最低净资本要求,按流动性、可回收性及风险度大小进一步细化资产调整比例,调整资产管理业务风险资本准备计提范围与计提标准。四是证监会发布公告,要求自2018年1月1日起资本市场有关主体全面实施新审计报告准则,新准则增加关键审计事项、突出持续经营相关事项,提高了审计报告信息的有用性和针对性。

(四)完善保险市场基础性制度建设加强保险业风险防控

一是保监会发布《关于进一步加强保险业风险防控工作的通知》和《关于强化保险监管打击违法违规行为整治市场乱象的通知》,针对当前保险业风险较为突出的领域提出防控风险的具体要求,着力整治股东虚假出资、公司治理失衡、违规投资等乱象。二是保监会发布《关于进一步加强保险资金股票投资监管有关事项的通知》,规范保险机构股票投资行为。三是保监会发布《关于保险资金设立股权投资计划有关事项的通知》。一方面严防"名股实债"方式,禁止设置明确的回报预期和定期支付固定投资回报,体现股权投资计划业务的权益投资特点。另一方面,明确保险资产管理机构应当承担主动管理职责,不得以股权投资计划直接或变相开展通道业务,不得嵌套投资。

鼓励保险资金支持实体经济。保监会发布《关于保险业支持实体经济发展的指导意见》,在保险资金投资PPP项目、支农支小融资、基础设施建设等方面给予更大的支持,引导保险业更好服务国家战略和实体经济发展。

完善偿付能力监管体系。保监会印发《偿二代二期工程建设方案》,具体包括:完善监管规则,解决资本不实、关联交易复杂、流动性风险较高、保障功能不足等问题;建立偿付能力数据真实性检查制度,开展监管科技的应用研究。

2017年货币信贷概况

2017年,银行体系流动性合理稳定,货币信贷和社会融资规模总体平稳增长,贷款结构继续改善,利率水平基本稳定,人民币汇率弹性增强。

一、货币总量增长有所放缓

2017年末,广义货币供应量M2余额为167.7万亿元,同比增长8.2%,增速比上年末低3.1个百分点。狭义货币供应量M1余额为54.4万亿元,同比增长11.8%,增速比上年末低9.6个百分点。流通中货币M0余额为7.1万亿元,同比增长3.4%,增速比上年末低4.7个百分点。全年现金净投放2342亿元,同比少投放2745亿元。

M2增速下降主要反映了去杠杆和金融监管逐步加强背景下,银行资金运用更加规范,金融部门内部资金循环和嵌套减少,资金更多流向实体经济,而缩短资金链条也有助于降低资金成本。随着供给侧结构性改革的推进,经济结构优化,经济增长对货币信贷的依赖程度有所降低,加之经济内生增长动力增强后资金周转及货币流通速度亦会随之加快,相对慢一点的货币增速仍可以支持经济实现平稳较快增长。从历史经验看,往往预期较差、经济下行压力较大时,M2增速会超出名义GDP增速较多,而当经济增长动能较强、预期较好时,M2增速与名义GDP增速的缺口反而较小。长期看,随着去杠杆深化和金融进一步回归为实体经济服务,比过去低一些的M2增速可能成为常态。

专栏1 M2增速变化及其与实体经济的关系

2017年以来M2增速有所放缓,全年M2同比增长8.2%,比上年末低3.1个百分点。同时,新增贷款和社会融资规模保持较快增长,我国经济运行也呈现稳中向好态势。对M2增速变化的原因及其对实体经济的影响,社会各界都十分关注。

M2是一个总量概念,其变化取决于不同货币派生渠道的变化,银行发放贷款、进行证券投资、购买外汇以及开展部分同业业务等都会派生存款,从而形成货币供给,相反银行发行债券、股票以增加资本金时,会反向减少全社会存款,从而减少货币供给。如果将目前168万亿左右的M2余额形象地比喻为一个"水池",那么我们需要分析哪些管道在向水池"注水",哪些管道在"抽水"。2017年以来贷款这一管道是在加快"注水"的,全年人民币贷款新增13.5万亿元,同比多增0.9万亿元,同时外汇占款同比少减也对M2增速有一定向上拉动。但整个水池水平面的上升速度反而下降,这就意味着还有其他管道在"抽水"。从派生渠道分析,2017年M2增速放缓的原因主要有三个。

一是银行股权及其他投资科目从之前的快速扩张转为有所萎缩,是导致M2增速回落的最主要原因。银行股权及其他投资主要包括银行购买和持有的资管计划、理财产品等。由于近年来部分银行不规范运作和监管套利,银行股权及其他投资增长较快,银行通过此渠道还向表外业务和影子银行进行了大量融资。其中一部分在延长了资金链条后最终流到了实体经济,但也有相当部分资金仅在金融市场上循环加杠杆套利。随着金融体系内部去杠杆深入推进,资金在金融体系内部循环、多层嵌套的情况大幅减少。由此,2017年银行股权及其他投资同比大幅少增,下拉M2增速超过4个百分点。

二是银行债券投资规模下降。前两年在地方政府债和企业债发行较多的大环境下,银行大量购债。但2017年以来地方债和企业债发行较上年同期放缓,银行购债相应减少,由此下拉M2增速约0.4个百分点。

三是财政存款超预期增长。财政存款增长会导致M2相应下降,因为当企业或个人缴税后,其存款会减少,而财政在拿到这笔资金后会上存央行,这意味着财政收入的增长会阶段性导致商业银行体系存款的减少,进而使M2下降。2017年以来,我国经济企稳向好,PPI涨幅保持高位,财政收入增长超出预期,财政存款增长较快,由此下拉M2增速约0.3个百分点。

传统上看,M2增速与经济增长之间关联度较高,但随着结构性等因素变化,上述关系也会发生一些变化。从2017年的实践看,M2增速适度下行、宏观杠杆率趋稳,经济仍保持了平稳较快增长。究其原因,一是在M2增速下行的同时,贷款和社会融资总量保持较快增长,对实体经济的支持力度并不弱。放缓的银行股权及其他投资业务中,有一部分是通过理财、资管计划等表外途径发放给实体经济的"类信贷",监管加强后部分转为表内贷款,部分则转为信托贷款,继续向实体经济提供支持。二是银行股权及其他投资中有一部分原本就在金融体系内"空转",这部分资金压缩后影响的主要是资金链条长短和金融部门内部的收益,对实体经济的影响不大。三是随着我国经济结构逐步优化,低一些的M2增速仍能够支持经济实现高质量发展。在供给侧结构性改革以及市场化优胜劣汰机制的推动下，我国经济的总供求更加平衡，消费、服务业和技术进步贡献上升，经济增长更趋"轻型"，加之经济内生增长动力增强后资金周转及货币流通速度亦会加快，因此，相对慢一点的货币增速仍可以支持经济实现平稳较快增长。

党的十九大报告提出，要健全金融监管体系，守住不发生系统性金融风险的底线。中央经济工作会议也指出要打好防范化解重大风险攻坚战，重点是防控金融风险。2017年以来，中国人民银行及金融监管部门陆续出台了一系列措施防范化解金融风险。在保持贷款和社会融资对实体经济有力支持的同时，金融体系内部杠杆率降低，银行资金运用更趋规范，金融部门内部资金循环和嵌套减少。在目前外需总体改善、内需较为稳定、经济供求更加平衡的大背景下，主要由金融体系控制内部杠杆导致的M2增速适度下降对实体经济的影响不大。长期来看，随着经济结构逐步优化，低一些的货币增速仍能够支持经济实现高质量发展，这也有助于在宏观上实现去杠杆。此外还应看到，随着金融市场和金融产品更趋复杂，M2的可测性、可控性及与实体经济的相关性都在下降，在完善货币数量统计的同时，可更多关注利率等价格型指标，逐步推动从数量型调控为主向价格型调控为主转型。

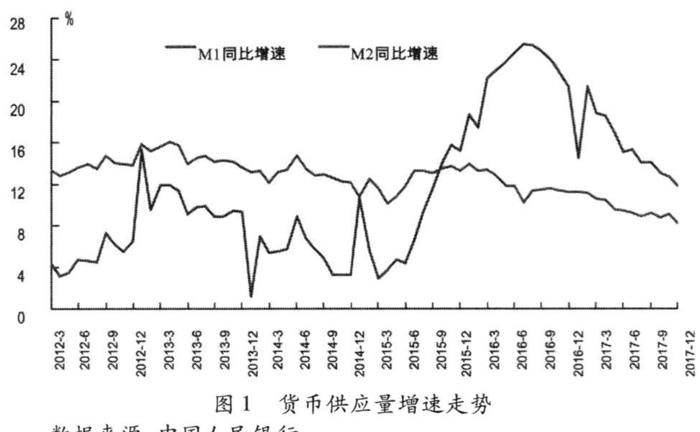

图1 货币供应量增速走势

数据来源：中国人民银行。

2017年末，基础货币余额为32.2万亿元，较年初增加1.5万亿元。货币乘数为5.21，比9月末低0.20，比上年末高0.19。金融机构超额准备金率为2.1%。其中，农村信用社为12.3%。

二、金融机构人民币存款平稳增长

2017年末，金融机构本外币各项存款余额为169.3万亿元，同比增长8.8%，比年初增加13.7万亿元，同比少增2.0万亿元。人民币各项存款余额为164.1万亿元，同比增长9.0%，比年初增加13.5万亿元，同比少增1.4万亿元。外币存款余额为7910亿美元，比年初增加779亿美元，同比少增66亿美元。

从人民币存款期限看，活期存款比重降低。2017年，住户存款和非金融企业存款增量中活期存款占比为45.2%，比上年低11.2个百分点。从人民币存款部门分布看，住户存款、非金融企业存款分别同比少增5649亿元、3.2万亿元；非银行业金融机构存款同比多增1.3万亿元。

表1 2017年人民币存款结构

单位：亿元

	12月末余额	同比增速	当年新增额	同比多增额
人民币各项存款	1641044	9.0%	135120	-13630
住户存款	643768	7.7%	45985	-5649
非金融企业存款	542405	8.0%	40904	-31587
政府存款	304853	12.8%	34193	6241
非银行业金融机构存款	139552	10.0%	12269	13052
境外存款	10467	20.4%	1770	4313

数据来源：中国人民银行。

三、金融机构贷款增长较快

2017年末，金融机构本外币贷款余额为125.6万亿元，同比增长12.1%，比年初增加13.6万亿元，同比多增8432亿元。人民币贷款余额为120.1万亿元，同比增长12.7%，比年初增加13.5万亿元，增量再创历史新高，同比多增8782亿元。总体看，2017年贷款平稳较快增长，但一些可能影响信贷投放的因素也需关注，包括部分银行资本消耗较快，信贷可持续投放能力受到一定制约等。

从人民币贷款期限结构看，中长期贷款增量比重提高。中长期贷款比年初增加11.7万亿元，同比多增1.8万亿元，增量占比为86.3%，比上年提高8.5个百分点。从人民币贷款部门分布看，住户贷款增速高位持续放缓，2017年末为21.4%，比上年末低2.1个百分点。其中，个人住房贷款增速回落至22.2%，较年内最高点低14.6个百分点，3月份以来持续月度同比少增，全年增量为4.0万亿元，同比少增8269亿元，增量占比下降至29.4%，较上年低8.6个百分点；但非住房消费贷款大幅增加，全年新增2.5万亿元，同比多增1.2万亿元。非金融企业及机关团体贷款增加较多，比年初增加6.7万亿元，同比多增6088亿元。分机构看，各类机构贷款普遍多增，中资大型银行和小型农村金融机构贷款同比分别多增2508亿元和1707亿元。

表2 2017年人民币贷款结构

单位：亿元

	12月末余额	同比增速	当年新增额	同比多增额
人民币各项贷款	1201321	12.7%	135278	8782
住户贷款	405045	21.4%	71342	8035
非金融企业及机关团体贷款	785496	9.3%	67071	6089
非银行业金融机构贷款	6359	-33.3%	-3183	-4175
境外贷款	4421	1.1%	48	-1168

数据来源：中国人民银行。

表3 2017年分机构新增人民币贷款情况

单位：亿元

	新增额	同比多增
中资大型银行①	53615	2508
中资中小型银行②	73629	215
小型农村金融机构③	15602	1707
外资金融机构	1478	1054

注：①中资大型银行是指本外币资产总量大于等于2万亿元的银行（以2008年末各金融机构本外币资产总额为参考标准）。②中资中小型银行是指本外币资产总量小于2万亿元的银行（以2008年末各金融机构本外币资产总额为参考标准）。③小型农村金融机构包括农村商业银行、农村合作银行、农村信用社。

数据来源：中国人民银行。

外币贷款增加较多。2017年末，金融机构外币贷款余额为8379亿美元，比年初增加522亿美元，同比多增967亿美元。从投向看，非金融企业及机关团体短期贷款比年初增加2亿美元，同比多增856亿美元；境外贷款比年初增加517亿美元，同比多增108亿美元。

四、社会融资规模合理增长

初步统计，2017年末社会融资规模存量为174.64万亿元，同比增长12%，增速比上年末低0.8个百分点。2017年社会融资规模增量为19.44万亿元，比上年多1.63万亿元。2017年社会融资规模增量主要有以下特点：一是对实体经济发放的人民币贷款同比多增。全年金融机构对实体经济发放的人民币贷款增加13.84万亿元，比上年多增1.41万亿元，占同期社会融资规模增量的71.2%。二是信托贷款和未贴现银行承兑汇票同比明显多增，委托贷款同比少增较多。全年信托贷款增加2.26万亿元，比上年多增1.4万亿元；未贴现银行承兑汇票增加5364亿元，比上年多增2.49万亿元；委托贷款增加7770亿元，比上年少增1.41万亿元。三是企业债券融资和股票融资少于上年，占比下降。全年企业债券净融资为4495亿元，比上年少2.55万亿元；非金融企业境内股票融资8734亿元，比上年少3682亿元。

五、金融机构贷款利率基本平稳

2017年上半年受我国经济预期向好等因素影响，金融机构贷款利率小幅上升，下半年以来利率走势较为平稳。12月，非金融企业及其他部门贷款加权平均利率为5.74%，比9月下降0.02个百分点。其中，一般贷款加权平均利率为5.80%，比9月下降0.06个百分点；票据融资加权平均利率为5.23%，比9月上升0.25个百分点。个人住房贷款利率小幅上升，12月加权平均利率为5.26%，比9月上升0.25个百分点。从利率浮动情况看，执行下浮利率的贷款占比有所下降，执行基准、上浮利率的贷款占比有所上升。12月，一般贷款中执行下浮利率的贷款占比为14.28%，比上年同期下降13.94个百分点；执行基准利率的贷款占比为21.31%，比上年同期上升2.26个百分点；执行上浮利率的贷款占比为64.41%，比上年同期上升11.68个百分点。

在国际金融市场利率波动、境内外币资金供求变化等因素的综合作用下，外币存贷款利率略有上升。12月，活期3个月以内大额美元存款加权平均利率分别为0.20%和1.70%，比上年同期分别上升0.06个和0.82个百分点；3个月以内、3(含)-6个月美元贷款加权平均利率分别为2.67%和2.99%，比上年同期分别上升0.77个和0.74个百分点。

六、人民币汇率双向浮动弹性明显增强

2017年，美元整体走弱，主要货币对美元多数升值，人民币对美元汇率也有所走升，对一篮子货币汇率保持基本稳定。人民币对美元双边汇率弹性进一步增强，双向浮动的特征更加显著，汇率预期总体平稳。2017年末，中国外汇交易中心发布的CFETS人民币汇率指数为94.85，全年上涨0.02%。参考BIS货币篮子和SDR货币篮子的人民币汇率指数分别为95.93和95.99，全年分别下跌0.32%和上涨0.51%。根据国际清算银行的计算，2017年，人民币名义有效汇率贬值0.64%，实际有效汇率贬值0.99%；2005年人民币汇率形成机制改革以来至2017年12月，人民币名义有效汇率升值36.50%，实际有效汇率升值45.67%。2017年末，人民币对美元汇率中间价为6.5342元，比上年末升值6.16%。2005年人民币汇率形成机制改革以来至2017年末，人民币对美元汇率累计升值26.66%。

2017年，人民币对美元双边汇率有所升值，但与此同时，欧元、日元、英镑等其他SDR篮子货币和俄罗斯卢布、马来西亚林吉特等新兴市场货币对美元同样升值较多，比较而言人民币对美元升值幅度并不算大，CFETS人民币汇率指数全年仅小幅升值0.02%，总体在92-95的区间内窄幅波动。2017年，CFETS人民币汇率指数的年化波动率为2.61%，较2016年的2.80%有所收窄，且小于人民币对美元汇率收盘价3.42%的年化波动率，人民币对一篮子货币汇率保持了基本稳定。

七、跨境人民币业务稳步发展

2017年，跨境人民币收付金额合计9.19万亿元，其中实收4.45万亿元，实付4.74万亿元。经常项目下跨境人民币收付金额合计4.36万亿元，其中，货物贸易收付金额3.27万亿元，服务贸易及其他经常项下收付金额1.09万亿元；资本项目下人民币收付金额合计4.83万亿元。

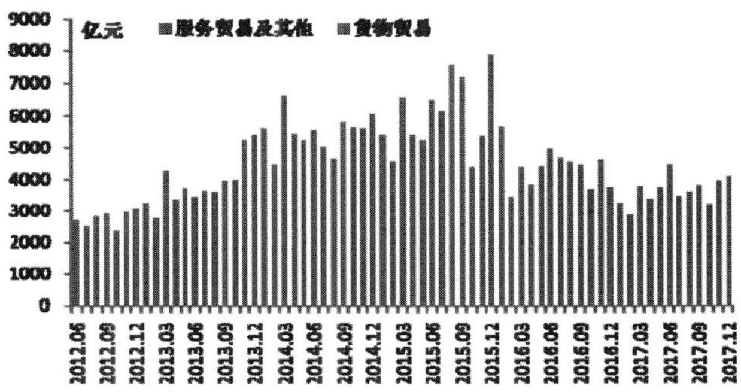

图2　经常项目人民币收付金额按月情况

数据来源：中国人民银行。

2017年货币政策操作

2017年以来，在党中央、国务院领导下，中国人民银行坚持稳中求进工作总基调，贯彻落实新发展理念，根据我国经济发展主要矛盾和经济发展阶段变化不断完善宏观调控，实施好稳健中性的货币政策，做好稳增长、促改革、调结构、去杠杆、惠民生、防风险各项工作，为供给侧结构性改革和高质量发展营造了中性适度的货币金融环境。

一、张弛有度开展公开市场操作

2017年，外汇因素对银行体系流动性的影响逐步消退，存款增长放缓等因素使得金融机构缴存法定存款准备金的需求相对减弱，银行体系中长期流动性压力有所减轻，但财政因素对流动性的影响增强，主要表现为下半年国库库款余额同比持续走高、财政收入与支出之间的时滞进一步拉长，放大了流动性供求的季节性波动。此外，随着一系列金融监管新规陆续出台，金融体系降低内部资金杠杆，提高了资金面内在稳定性，但市场预期变化以及金融机构资产负债行为调整在一定程度上加大了短期资金供求波动。

按照稳健中性货币政策要求，中国人民银行密切关注银行体系流动性供求形势和市场预期变化，在通过中期借贷便利(MLF)、抵押补充贷款(PSL)等工具弥补银行体系中长期流动性缺口的同时，以7天期为主合理搭配逆回购期限品种，张弛有度开展公开市场操作，不断提高操作的前瞻性、灵活性和精准性，并根据“削峰填谷”的需要推出2个月期逆回购、临时准备金动用安排(Contingent Reserve Allowance，CRA)等工具品种，丰富央行流动性工具箱，维护银行体系流动性中性适度、合理稳定和货币市场利率平稳运行。同时，加强预调微调和市场沟通，以多种方式向市场说明流动性影响因素和央行操作意图，增强央行公信力和市场互信，收到了较好效果。

公开市场操作利率适当上行。2017 年 2 月 3 日和 3 月 16 日，公开市场操作利率先后两次上行，幅度均为 10 个基点，主要反映了市场资金供求状况和利率走势的变化，也有利于引导市场预期。12 月 14 日美联储加息当日，公开市场操作利率再次随行就市上行 5 个基点，符合市场预期方向，但利率上行幅度小于预期。公开市场操作利率小幅上行可适度收窄其与货币市场利率的利差，有助于修复市场扭曲，理顺货币政策传导机制，客观上也有利于市场主体形成合理的利率预期，避免金融机构过度加杠杆和扩张广义信贷。

2017 年，中国人民银行累计开展逆回购操作 21.2 万亿元，其中 7 天期操作 10.8 万亿元，14 天期操作 6.1 万亿元，28 天期操作 3.7 万亿元，63 天期操作 6300 亿元。年末，公开市场逆回购操作余额为 12500 亿元。

二、灵活开展常备借贷便利和中期借贷便利操作

在春节期间和月末、季末等货币市场利率易发生波动的时点，运用常备借贷便利（SLF）满足中小金融机构短期流动性需求。2017 年，中国人民银行累计开展常备借贷便利操作共 6069 亿元，各季度分别开展操作 2300 亿元、769 亿元、1168 亿元和 1832 亿元，期末余额为 1304 亿元。探索发挥常备借贷便利利率作为利率走廊上限的作用，促进货币市场平稳运行。为反映经济基本面和适应货币市场利率中枢上行，2017 年三次上调常备借贷便利利率，其中，第一季度上调两次，第四季度上调一次，7 天利率分别上调 10 个、10 个和 5 个基点。2017 年末，隔夜、7 天、1 个月常备借贷便利利率分别为 3.35%、3.50%、3.85%。

为促进经济平稳增长，保证基础货币供给，结合金融机构流动性需求情况，每月适时开展中期借贷便利操作，弥补银行体系中长期流动性缺口。中期借贷便利成为央行基础货币供给的重要渠道。2017 年，中国人民银行累计开展中期借贷便利操作 53295 亿元，各季度分别开展操作 14415 亿元、14525 亿元、10575 亿元和 13780 亿元，期末余额为 45215 亿元，比年初增加 10642 亿元。为满足金融机构中长期流动性需求，主要开展期限为 1 年期的中期借贷便利操作，稳定市场预期。中期借贷便利采取招标方式，2017 年中标利率有所上行，其中，第一季度中标利率上行两次，第四季度中标利率上行一次，1 年期利率分别上行 10 个、10 个和 5 个基点，最后一期操作 1 年期中标利率为 3.25%。

三、实施普惠金融定向降准并建立临时准备金动用安排

宣布对普惠金融实施定向降准政策，促进金融资源向普惠金融领域倾斜。根据国务院部署，2017 年 9 月中国人民银行宣布将原有对小微企业和“三农”领域实施的定向降准政策拓展并延伸至脱贫攻坚和“双创”等其他普惠金融领域。同时，优化原有定向降准政策标准，聚焦真小微、真普惠，指向单户授信 500 万元以下的小微企业贷款、个体工商户和小微企业主经营性贷款，以及农户生产经营、创业担保、建档立卡贫困人口、助学等贷款，政策精准性和有效性显著提高。

建立临时准备金动用安排，促进银行体系流动性和货币市场平稳运行。为满足 2018 年春节前商业银行因现金大量投放而产生的临时流动性需求，支持商业银行做好春节前后的各项金融服务，中国人民银行建立“临时准备金动用安排”。春节前后，凡符合宏观审慎经营要求、在现金投放中占比较高的全国性商业银行若存在临时流动性缺口，可使用不超过两个百分点的法定存款准备金，使用期限为 30 天。

四、完善并逆周期调整宏观审慎政策

党的十九大提出了健全货币政策和宏观审慎政策双支柱调控框架的要求。中国人民银行贯彻落实党中央、国务院战略部署，积极构建和完善宏观审慎政策框架。宏观审慎评估（MPA）是中国人民银行在这方面的重要探索和实践，在防范系统性金融风险、维护金融稳定方面发挥了重要作用。MPA 正式实施两年来，人民银行积极做好评估工作，引导金融机构加强自我约束和自律管理，促进金融机构稳健经营，增强金融服务实体经济的可持续性，牢牢守住了不发生系统性金融风险的底线。同时，人民银行还不断总结经验，根据 MPA 实施情况及宏观调控需要，对指标构成、权重、相关参数等加以改进和完善。继 2017 年第一季度将表外理财纳入广义信贷指标范围之后，又于 2017 年第三季度评估时，将绿色金融纳入 MPA“信贷政策执行情况”进行评估。还将在 2018 年第一季度的评估中把同业存单纳入同业负债占比指标，对资产规模 5000 亿元以上的银行发行的同业存单进行考核，对资产规模 5000 亿元以下的银行发行的同业存单进行监测。

2017 年 9 月 8 日，中国人民银行宣布调整外汇风险准备金政策和对境外金融机构境内存放执行正常准备金率的政策，将外汇风险准备金征收比例降为零，并取消对境外金融机构境内存放准备金的穿透式管理。这两项政策都是在前两年人民币汇率出现异常波动、资本流动呈现一定顺周期性的背景下出台的，旨在通过宏观审慎政策工具对外汇市场的顺周期性进行逆周期调节，有效稳定了市场预期。2017 年以来，随着供给侧结构性改革、简政放权、创新驱动战略等深化实施，我国经济结构加快调整，发展新动能增强，经济增长的稳定性、协调性进一步增强。同时，市场对各主要货币走势看法合理分化，预期趋稳。在基本面因素的推动下，跨境资本流动和外汇供求更趋平衡，人民币对美元汇率双向波动，对一篮子货币基本稳定。在市场环境已转向中性的情况下，有必要使前期为抑制外汇市场顺周期波动而出台的逆周期宏观审慎管理措施也回归中性，强化外汇市场价格发现功能，提高市场流动性，更好地服务于实体经济，促进经济持续、协调、平稳发展。

五、支持国民经济重点领域和薄弱环节

中国人民银行积极运用信贷政策支持再贷款、再贴现和抵押补充贷款等工具引导金融机构加大对小微企业、“三农”和棚改等国民经济重点领域和薄弱环节的支持力度。根据宏观调控形势合理增加支农、支小再贷款额度，重点向深度贫困地区、真抓实干成效明显地方倾斜。积极探索完善扶贫再贷款正向激励机制，通过上海票据交易所开展再贴现电子化操作，提高再贴现业务办理效率，有效发挥再贴现政策的精准滴灌效应。截至 2017 年末，全国支农再贷款余额为 2564 亿元，支小再贷款余额为 929 亿元，扶贫再贷款余额为 1616 亿元，再贴现余额为 1829 亿元。

对国家开发银行、中国进出口银行和中国农业发展银行发放抵押补充贷款，主要用于支持三家银行发放棚改贷款、重大水利工程贷款、人民币“走出去”项目贷款等。2017 年，进一步完善抵押补充贷款管理，改进监测评估制度，强化激励约束机制，由三家银行自主决定运用抵押补充贷款资金发放贷款的适用范围，按照保本微利原则合理确定贷款利率水平，加大对国民经济重点领域和薄弱环节的信贷支持，促进降低实体经济融资成本。2017 年，中国人民银行向三家银行提供抵押补充贷款共 6350 亿元，其中，第四季度提供 1511 亿元，期末抵押补充贷款余额为26876亿元。

将信贷资产质押和央行内部(企业)评级工作推广至全国。2017年,中国人民银行继续在山东、广东、江苏、上海等11省(市)稳步推进信贷资产质押和央行内部(企业)评级试点工作,进一步完善各项制度流程和央行内部(企业)评级系统,人民银行分支机构以信贷资产质押方式向金融机构提供信贷政策支持再贷款和常备借贷便利。总体看,试点工作进展顺利,形成了可复制可推广的经验。12月,在总结前期试点经验的基础上,人民银行决定自2018年起向全国推广信贷资产质押和央行内部(企业)评级工作。金融机构可根据向央行融资的需要及合格担保品持有情况,筛选出优质的信贷资产,向人民银行申请对相关非金融企业进行央行内部评级,评级达标的非金融企业贷款可纳入货币政策担保品范围。为引导金融机构加大对小微企业、绿色经济的信贷支持,人民银行优先接受符合标准的小微企业贷款、绿色贷款作为信贷资产担保品。信贷资产质押和央行内部(企业)评级是人民银行完善货币政策担保品管理框架的重要举措,有利于解决中小金融机构合格担保品相对不足的问题,提高货币政策操作的灵活性,有利于保障央行资产安全,防范金融风险,维护金融稳定。人民银行将继续合理调控流动性投放,合格担保品范围的扩大不会导致央行大规模投放流动性。

专栏2　货币政策担保品管理框架的构建和完善

2012年以来,随着资本流动形势的变化,中国人民银行通过公开市场操作、再贷款等货币政策工具主动供给基础货币,先后创设了常备借贷便利、中期借贷便利、抵押补充贷款等创新型货币政策工具。在此过程中,人民银行面临着提供基础货币是采用信用方式还是担保方式的选择。过去人民银行提供再贷款主要采用信用方式,存在较大的信用风险。从主要经济体中央银行的实践看,中央银行以担保方式提供融资是通行做法。随着我国金融市场的发展,债券市场已具备一定的深度和广度,可提供相当数量的高等级债券作为担保品,从而为人民银行采用担保方式提供基础货币创造了条件。为维护中央银行资产安全,防范道德风险,人民银行构建并逐步完善货币政策担保品管理框架,主要采用担保方式向银行体系提供基础货币,信用方式逐步淡出。

在借鉴国际经验并充分考虑我国国情的基础上,中国人民银行在2012年底初步构建了多层次的货币政策担保品管理框架,并在实践中不断完善。货币政策工具包含公开市场操作、再贷款等,各种工具的目标、期限、交易对手、操作方式都不一样。人民银行在构建货币政策担保品管理框架时,需要考虑建立单一的还是多层次的担保品管理框架,即各种货币政策工具是否接受相同范围的担保品。单一担保品管理框架的优点是有较好的弹性,金融机构可以预先建立合格担保品池,以备不同的工具使用。单一担保品池可以简化中央银行的担保品管理,提高流动性供给的及时性和灵活性,但存在道德风险和逆向选择的问题,即在可选择不同担保品的情况下,金融机构倾向于选择等级低、流动性差的担保品,不利于中央银行的风险管理。多层次的担保品管理框架虽然在操作上相对复杂,但在风险管理方面具有一定优势。主要经济体中央银行中,欧央行和日本银行采用单一担保品管理框架,美联储和英格兰银行采用多层次担保品管理框架。在人民银行的多层次担保品管理框架下,公开市场操作主要接受国债、政策性金融债等高等级债券作为担保品,再贷款、常备借贷便利、中期借贷便利和抵押补充贷款等工具则将担保品范围扩展至优质的信贷资产。

具体来看,我国货币政策担保品管理框架主要包括合格担保品范围、评估体系、风险控制及托管方式等四方面内容。

合格担保品范围。我国的货币政策担保品管理框架将高等级债券和优质信贷资产一并纳入担保品范围。近年来,我国债券市场快速发展,国债、政策性金融债、高评级企业债等高等级债券总量充裕,人民银行首选将高等级债券纳入货币政策担保品范围。但这些高等级债券主要集中在大型商业银行,中小型银行的持有量较少,存在金融机构之间分布不平衡问题。将高等级债券和优质信贷资产一并纳入担保品范围,可以有效解决中小型银行债券担保品结构性短缺等问题。

评估体系。担保品的评估是担保品管理框架的重要组成部分,评估方式根据担保品的流动性状况而变化。对于债券等高流动性资产,主要采用外部信用评级。对于信贷资产等低流动性资产,则可选择参考外部信用评级、商业银行内部评级和央行内部评级。2008年国际金融危机后,各经济体中央银行普遍认为外部信用评级存在利益冲突、顺周期等问题,而商业银行内部评级也缺乏透明度,且没有统一标准,因此逐步减少了对外部信用评级、商业银行内部评级的依赖,强化了央行内部评级在担保品评估中的作用。在构建我国的货币政策担保品管理框架时,人民银行也致力于构建央行内部评级体系。2014年5月,人民银行开始探索开展信贷资产质押和央行内部企业评级试点,尝试建立央行内部企业评级体系。2015年9月,信贷资产质押和央行内部企业评级试点推广至11个省(市),2017年12月推广至全国。

风险控制。人民银行通过设置和调整担保品折扣率、建立担保品动态调整机制等措施控制风险。审慎设置和调整担保品折扣率可以降低金融机构逆向选择的可能性和违约风险,人民银行按照担保品的种类、评级、剩余期限等因素确定折扣率,并根据货币政策操作需要和金融风险评估情况调整折扣率。折扣率以国债折扣率为基础,其他担保品的折扣率在相同剩余期限国债折扣率的基础上加一定百分点确定。当担保品的可担保价值低于或者高于融资本息余额一定水平时,人民银行根据需要启动担保品调整机制。

托管方式。债券担保品由中央国债登记结算有限责任公司、银行间市场清算所股份有限公司两家托管机构托管。对于信贷资产担保品,人民银行采用委托借款金融机构托管的模式。为保障对质押信贷资产的权益,所有质押的信贷资产须在动产融资统一登记平台登记公示。鼓励金融机构预先备案担保品,以提高流动性供给的效率。未来人民银行还将探索构建统一的担保品管理信息系统,并借鉴国际经验不断完善和优化权益清晰、结构合理、管理规范、处置便利、灵活高效的货币政策担保品管理框架。

六、发挥信贷政策的结构引导作用

中国人民银行把推进供给侧结构性改革与加强信贷政策结构性调整有机结合起来,加强宏观调控,实施差别化信贷政策,区别对待、有扶有控、疏堵结合、综合施策,做好持续推进经济结构优化、产业结构升级、能源结构转型、民生领域普惠等的金融服务,引导金融资源配置到经济社会发展重点领域、重点区域和薄弱环节,满足实体经济领域有效融资需求。一是全面推进金融支持制造业发展。加大对“中国制造2025”重点领域支持力度。服务海洋强国、军民融合战略,加大对海洋经济发展和国防科技与民用领域互通发展的金融支持。完善新型城镇化、地下管廊、新材料、船舶、铁路、物流、能源等重点领域和产业的金融配套措施。二是大力推动绿色可持续发展。督促金融机构落实金融支持钢铁、煤炭、煤电等行业化解过剩产能的政策措施，妥善处置企业债务和银行不良资产问题。指导金融机构完善绿色信贷机制，引导信贷资金投向生态保护、清洁能源、循环经济等领域。三是深入推进金融精准扶贫。召开金融支持深度贫困地区脱贫攻坚座谈会，推动金融机构聚焦深度贫困地区。开展金融精准扶贫政策效果评估，做好易地扶贫搬迁相关资金筹措和管理服务，做好金融扶贫信息对接和统计监测。四是改进提升农村金融服务。稳妥有序推进农村“两权”抵押贷款试点工作，经全国人大常委会审议通过，将试点工作延期一年，做好农业供给侧改革重点领域的金融服务。五是推动区域经济协调发展。加大京津冀协同发展金融支持力度，研究金融支持雄安新区规划建设政策措施。做好“一带一路”、长江经济带发展、西部大开发等国家战略的金融服务工作。六是培育经济新动能。发展养老、健康、文化等新消费领域，创新金融支持方式，吸引民间投资，探索可复制、可推广的文化金融发展体制机制。七是加大对小微企业金融支持力度。推动普惠金融领域定向降准，开展小微企业应收账款融资专项行动。八是推动创业担保贷款政策落地实施，研究完善金融支持“双创”政策措施，全力做好助学、农民工、民族地区等薄弱环节和弱势群体的金融服务。九是完善资产证券化市场运行机制，统筹推进资产证券化市场发展。

七、深化利率市场化改革

中国人民银行继续深入推进利率市场化改革。一是继续培育金融市场基准利率体系。1 月 3 日起，Shibor 发布时间由上午 9:30 调整为上午 11:00，促进 Shibor 更好地反映市场利率情况，基准性进一步增强。5 月 31 日，人民银行指导全国银行间同业拆借中心推出了银银间回购定盘利率（FDR，包括隔夜、7 天、14 天三个期限）和以 7 天银银间回购定盘利率（FDR007）为参考利率的利率互换产品，完善银行间市场基准利率体系。二是不断健全市场利率定价自律机制。进一步拓宽自律机制成员范围，目前自律机制成员已扩大至 1712 家，包括 12 家核心成员、988 家基础成员和 712 家观察成员。同时，进一步完善省级自律机制。三是有序推进同业存单和大额存单的发行交易。8 月 31 日，人民银行发布公告明确同业存单的发行期限不得超过 1 年，引导同业存单市场规范有序发展。四是继续完善中央银行利率调控体系。探索构建利率走廊机制，积极疏通利率传导渠道，增强央行引导和调节市场利率的有效性。

总体看，利率市场化改革进一步深化并取得积极成效。金融机构的自主定价和风险管理能力有所提升，金融市场基准利率体系逐步完善，中央银行市场化的利率调控和传导更为顺畅。

八、完善人民币汇率市场化形成机制

进一步完善人民币汇率市场化形成机制，保持人民币汇率在合理均衡水平上的基本稳定。2017 年 5 月份，外汇市场自律机制在“收盘汇率 + 一篮子货币汇率变化”的人民币兑美元汇率中间价形成机制基础上，组织各报价行在报价模型中增加了“逆周期因子”，以对冲外汇市场的顺周期性，防范可能出现的“羊群效应”。“收盘价 + 一篮子货币汇率变化 + 逆周期因子”的中间价报价机制初步确立，人民币对美元双边汇率弹性进一步增强，双向浮动的特征更加显著，汇率预期平稳。2017 年下半年以来，中国经济保持平稳较快增长，人民币汇率预期趋于分化，企业结汇意愿增强，跨境资本流动和外汇市场供求趋于平衡，此前外汇市场上存在的顺周期贬值预期已大幅收敛。在此背景下，2018 年 1 月份，各报价行基于自身对经济基本面和市场情况的判断，陆续对“逆周期系数”进行了调整，目前“逆周期因子”已回归中性。

2017 年，人民币对美元汇率中间价最高为 6.4997 元，最低为 6.9526 元，244 个交易日中 123 个交易日升值、121 个交易日贬值，最大单日升值幅度为 0.93%（639 点），最大单日贬值幅度为 0.86%（594 点）。

人民币对欧元、日元等其他国际主要货币汇率有升有贬。2017 年末，人民币对欧元、日元汇率中间价分别为 1 欧元兑 7.8023 元人民币、100 日元兑 5.7883 元人民币，分别较 2016 年末贬值 6.35% 和升值 2.95%。2005 年人民币汇率形成机制改革以来至 2017 年末，人民币对欧元汇率累计升值 28.35%，对日元汇率累计升值 26.22%。

2017 年，银行间外汇市场人民币直接交易成交活跃，流动性明显提升，降低了微观经济主体的汇兑成本，促进了双边贸易和投资。

2017 年末，在中国人民银行与境外货币当局签署的双边本币互换协议下，境外货币当局动用人民币余额为 221.50 亿元，人民银行动用外币余额折合 16.14 亿美元，对促进双边贸易投资发挥了积极作用。

九、深入推进金融机构改革

全面落实开发性金融机构、政策性银行改革方案。中国人民银行积极发挥统筹协调作用，多次召开改革工作小组会议，稳步推动落实国家开发银行、中国进出口银行、中国农业发展银行改革方案，已完成对国家开发银行、中国进出口银行注资以及三家银行章程修订工作。目前，人民银行正会同改革工作小组成员单位有序推动建立健全董事会和完善治理结构、划分业务范围等改革举措，国家开发银行新一届董事会、中国进出口银行董事会已分别于 2017 年 11 月 6 日、2018 年 1 月 15 日成立并运转。积极配合有关部门做好完善风险补偿机制、制定审慎监管办法等相关工作。

着力完善存款保险制度功能。存款保险制度实施各项工作稳步推进，金融机构存款平稳增长，大、中、小银行存款格局保持稳定。金融机构 50 万元限额内的客户覆盖率为 99.6%，保持稳定。继续做好风险差别费率实施工作，完善存款保险风险评价和费率机制，更好地发挥差别费率的风险约束和正向激励作用。加强对各类型投保机构的风险监测与核查，依法采取风险警示和早期纠正措施。对于农村信用社，及时将风险通报地方政府，落实省级人民政府的管理和风险处置责任。对于村镇银行，及时将风险通报监管部门和主发起行，落实监管责任和主发起行风险处置责任。积极与地方政府、监管部门沟通协调，推动风险依法处置。积极开展存款保险宣传和业务培训。做好存款保险保费归集和基金管理工作。

农村信用社改革进展顺利。截至 2017 年末，全国共组建以县（市）为单位的统一法人农村信用社 907 家，农村商业银行 1262 家，农村合作银行 33 家。2017 年末，全国农村信用社各项存贷款余额分别为 27.2 万亿元和 15.0 万亿元，占同期全部金融机构各项存贷款余额的比例分别为 16.1% 和 11.9%，其中涉农贷款余额和农户贷款余额分别为 9.0 万亿元和 4.4 万亿元，比上年末分别增长 9.5% 和 11.6%。按贷款五级分类口径统计，2017 年末，全国农村信用社不良贷款余额和比例分别为 6204.3 亿元和 4.2%，资本充足率为 11.7%；2017 年实现利润 2487.8 亿元，比 2016 年增加 146.7 亿元。

十、深化外汇管理体制改革

进一步促进贸易投资自由化便利化。一是深入开展重点领域立法和文件清理工作，更新《现行有效外汇管理主要法规目录》。二是积极引导外贸新业态的健康发展，开展并扩大跨境电子商务、旅游采购、第三方支付机构外汇支付试点。三是完善境外投资外汇管理，进一步引导和规范企业境外投资方向，支持境内有能力、有条件的企业积极稳妥开展境外投资活动。四是依法支持、保障真实合规的经常项目国际支付与转移，优化外商来华直接投资外汇管理。

稳妥有序推进金融市场开放和人民币资本项目可兑换。一是推进债券市场开放，做好“债券通”相关外汇政策配套。二是完善全口径跨境融资宏观审慎管理政策，满足企业融资需求。三是扩大外汇市场开放，允许银行间债券市场境外投资者参与境内外汇衍生品市场。

维护外汇市场健康秩序。一是加强系统建设和信息采集，上线机构外币现钞存取系统和银行卡境外交易外汇管理系统。二是完善货物贸易外汇管理，向银行开放企业报关电子信息，便利银行贸易单证审核。三是完善个人外汇管理。提高个人外汇数据申报质量、加强个人购汇真实性管理，强化个人购汇申报的真实申报义务和法律责任。四是保持高压态势打击地下钱庄，联合多部门合力打击外汇违法违规行为，加强典型案例通报和宣传警示教育。

2017年四季度及全年金融机构直接投资数据

2017年四季度，境外投资者对我国境内金融机构直接投资流入284.33亿元人民币，流出218.20亿元人民币，净流入66.14亿元人民币；我国境内金融机构对境外直接投资流出231.13亿元人民币，流入157.38亿元人民币，净流出73.75亿元人民币。2017年全年，境外投资者对我国境内金融机构直接投资流入763.50亿元人民币，流出561.48亿元人民币，净流入202.02亿元人民币；我国境内金融机构对境外直接投资流出943.43亿元人民币，流入752.61亿元人民币，净流出190.83亿元人民币（见表1）。

2017年末，境外投资者对我国境内金融机构直接投资存量9746.22亿元人民币，我国境内金融机构对境外直接投资存量15319.35亿元人民币（见表2）。

按美元计值，2017年四季度，境外投资者对我国境内金融机构直接投资流入43.02亿美元，流出33.01亿美元，净流入10.01亿美元；我国境内金融机构对境外直接投资流出34.97亿美元，流入23.81亿美元，净流出11.16亿美元。2017年全年，境外投资者对我国境内金融机构直接投资流入113.72亿美元，流出83.49亿美元，净流入30.23亿美元；我国境内金融机构对境外直接投资流出139.42亿美元，流入111.47亿美元，净流出27.94亿美元（见表3）。

按美元计值，2017年末，境外投资者对我国境内金融机构直接投资存量1491.57亿美元，我国境内金融机构对境外直接投资存量2344.49亿美元（见表4）。

表1　金融机构直接投资流量表

单位：亿元人民币

项目	2017年四季度	2017年全年
来华直接投资净流动	66.14	202.02
流入	284.33	763.50
流出	218.20	561.48
对外直接投资净流动	-73.75	-190.83
流入	157.38	752.61
流出	231.13	943.43

注：1. 本表计数采用四舍五入原则。

2. 季度流量人民币值通过当季流量美元值折算而成，折算率采用人民币对美元中间价季度平均值。

3. 净流动为流入减流出差额，正值代表净流入，负值代表净流出。

表2　金融机构直接投资存量表（年度）

单位：亿元人民币

项目	2017年末
来华直接投资	9746.22
对外直接投资	15319.35

注：1. 本表计数采用四舍五入原则。

2. 年末存量人民币值通过年末存量美元值折算而成，折算率采用年末人民币对美元中间价。

表3　金融机构直接投资流量表

单位：亿美元

项目	2017年四季度	2017年全年
来华直接投资净流动	10.01	30.23
流入	43.02	113.72
流出	33.01	83.49
对外直接投资净流动	-11.16	-27.94
流入	23.81	111.47
流出	34.97	139.42

注：1. 本表计数采用四舍五入原则。

2. 净流动为流入减流出差额，正值代表净流入，负值代表净流出。

表4　金融机构直接投资存量表（年度）

单位：亿美元

项目	2017年末
来华直接投资	1491.57
对外直接投资	2344.49

注：本表计数采用四舍五入原则。

附：名词解释

金融机构包括在我国境内依法成立的从事银行业、证券业、保险业及其他金融业务的机构总部及分支机构。

金融机构直接投资是指境外投资者对我国境内金融机构或我国境内金融机构对境外企业进行股权或债权投资，且相关股权投资使直接投资者在直接投资企业中拥有10%或以上的表决权。

金融机构直接投资流量表统计境内金融机构对外直接投资和来华直接投资的股权或债权投资流量数据情况（不含收益再投资）。其中：来华直接投资流入是指境外投资者对我国境内金融机构投入或新增的股权或债权投资，流出是指境外投资者从我国境内金融机构减少或撤出的股权或债权投资；对外直接投资资金流出是指我国境内金融机构对境外企业投入或新增的股权或债权投资，流入是指我国境内金融机构从境外企业减少或撤出的股权或债权投资。

2017 年全国国有及国有控股企业经济运行情况

2017 年 1－12 月,全国国有及国有控股企业①(以下简称国有企业)经济运行态势良好、稳中有进,国有企业收入和利润持续较快增长,利润增幅高于收入 9.9 个百分点。

一、国有企业主要经济效益指标情况

(一)营业总收入。1－12 月,国有企业营业总收入 522014.9 亿元,同比增长 13.6%。(1)中央企业 308178.6 亿元,同比增长 12.5%。(2)地方国有企业 213836.3 亿元,同比增长 15.2%。

(二)营业总成本。1－12 月,国有企业营业总成本 507003.9 亿元,同比增长 12.6%,其中销售费用、管理费用和财务费用同比分别增长 9.5%、8.5%和 8%。(1)中央企业 297048.4 亿元,同比增长 12%,其中销售费用、管理费用和财务费用同比分别增长 7.6%、7.9%和 4.6%。(2)地方国有企业 209955.5 亿元,同比增长 13.5%,其中销售费用、管理费用和财务费用同比分别增长 12.5%、9.3%和 11.2%。

(三)实现利润。1－12 月,国有企业利润总额 28985.9 亿元,同比增长 23.5%。(1)中央企业 17757.2 亿元,同比增长 16%。(2)地方国有企业 11228.7 亿元,同比增长 37.6%。

(四)应交税金。1－12 月,国有企业应交税金 42345.5 亿元,同比增长 9.5%。(1)中央企业 30812.9 亿元,同比增长 5%。(2)地方国有企业 11532.6 亿元,同比增长 23.6%。

(五)资产、负债和所有者权益。12 月末,国有企业资产总额 1517115.4 亿元,同比增长 10%;负债总额 997157.4 亿元,同比增长 9.5%;所有者权益合计 519958 亿元,同比增长 11%。(1)中央企业资产总额 751283.5 亿元,同比增长 8.2%;负债总额 511213 亿元,同比增长 7.3%;所有者权益合计 240070.5 亿元,同比增长 10.2%。(2)地方国有企业资产总额 765831.9 亿元,同比增长 11.8%;负债总额 485944.4 亿元,同比增长 11.9%;所有者权益合计 279887.5 亿元,同比增长 11.7%。

二、主要行业盈利情况

2017 年 1－12 月,钢铁、有色等 2016 年同期亏损的行业持续保持盈利,煤炭、交通、石油石化等行业利润同比增幅较大;电力等行业利润同比降幅较大。

(来源:资产管理司)

2017 年金融统计数据报告

一、广义货币增长 8.2%,狭义货币增长 11.8%

12 月末,广义货币(M2)余额 167.68 万亿元,同比增长 8.2%,增速分别比上月末和上年同期低 0.9 个和 3.1 个百分点;狭义货币(M1)余额 54.38 万亿元,同比增长 11.8%,增速分别比上月末和上年同期低 0.9 个和 9.6 个百分点;流通中货币(M0)余额 7.06 万亿元,同比增长 3.4%。全年净投放现金 2342 亿元。

二、全年人民币贷款增加 13.53 万亿元,外币贷款增加 522 亿美元

12 月末,本外币贷款余额 125.61 万亿元,同比增长 12.1%。月末人民币贷款余额 120.13 万亿元,同比增长 12.7%,增速分别比上月末和上年同期低 0.6 个和 0.8 个百分点。

全年人民币贷款增加 13.53 万亿元,同比多增 8782 亿元。分部门看,住户部门贷款增加 7.13 万亿元,其中,短期贷款增加 1.83 万亿元,中长期贷款增加 5.3 万亿元;非金融企业及机关团体贷款增加 6.71 万亿元,其中,短期贷款增加 1.63万亿元,中长期贷款增加 6.38 万亿元,票据融资减少 1.58万亿元;非银行业金融机构贷款减少 3183 亿元。12 月份,人民币贷款增加 5844 亿元,同比少增 4600 亿元。

12 月末,外币贷款余额 8379 亿美元,同比增长 6.6%。全年外币贷款增加 522 亿美元,同比多增 967 亿美元。12 月份,外币贷款增加 48 亿美元,同比多增 214 亿美元。

三、全年人民币存款增加 13.51 万亿元,外币存款增加 779 亿美元

12 月末,本外币存款余额 169.27 万亿元,同比增长 8.8%。月末人民币存款余额 164.1 万亿元,同比增长 9%,增速分别比上月末和上年同期低 0.6 个和 2 个百分点。

全年人民币存款增加 13.51 万亿元,同比少增 1.36 万亿元。其中,住户存款增加 4.6 万亿元,非金融企业存款增加 4.09 万亿元,财政性存款增加 5684 亿元,非银行业金融机构存款增加 1.23 万亿元。12 月份,人民币存款减少 7929 亿元,同比多减 9564 亿元。

12 月末,外币存款余额 7910 亿美元,同比增长 11.1%。全年外币存款增加 779 亿美元,同比少增 66 亿美元。12 月份,外币存款增加 65 亿美元,同比少增 28 亿美元。

四、12 月份银行间人民币市场同业拆借月加权平均利率为 2.91%,质押式债券回购月加权平均利率为 3.11%

2017 年银行间人民币市场以拆借、现券和回购方式合计成交 798.18 万亿元,日均成交 3.18 万亿元,日均成交比上年下降 3.2%。其中,同业拆借日均成交同比下降 17.7%,现券日均成交同比下降 19.1%,质押式回购日均成交同比上升 3.5%。

12 月份同业拆借加权平均利率为 2.91%,比上月低 0.01 个百分点,比上年同期高 0.47 个百分点;质押式回购加权平均利率为 3.11%,分别比上月和上年同期高 0.11 个和0.55个百分点。

五、国家外汇储备余额 3.14 万亿美元

12 月末,国家外汇储备余额为 3.14 万亿美元。12 月末,人民币汇率为 1 美元兑 6.5342 元人民币。

六、2017 年跨境贸易人民币结算业务发生 4.36 万亿元,直接投资人民币结算业务发生 1.64 万亿元

2017 年,以人民币进行结算的跨境货物贸易、服务贸易及其他经常项目、对外直接投资、外商直接投资分别发生3.27 万亿元、1.09 万亿元、4568.8 亿元、1.18 万亿元。

注 1:当期数据为初步数。

注 2:2011 年 10 月起,货币供应量已包括住房公积金中心存款和非存款类金融机构在存款类金融机构的存款。

注 3:自 2014 年 8 月份开始,转口贸易被调整到货物贸易进行统计,货物贸易金额扩大,服务贸易金额相应减少。

注 4:自 2015 年起,人民币、外币和本外币存款含非银行业金融机构存放款项,人民币、外币和本外币贷款含拆放给非银行业金融机构的款项。

① 本月报所称全国国有及国有控股企业,包括中央管理企业、中央部门和单位所属企业以及 36 个省(自治区、直辖市、计划单列市)的地方国有及国有控股企业,不含国有金融类企业。

2017 年社会融资规模存量统计数据报告

初步统计,2017 年社会融资规模存量为 174.64 万亿元,同比增长 12%。其中,对实体经济发放的人民币贷款余额为 119.03 万亿元,同比增长 13.2%;对实体经济发放的外币贷款折合人民币余额为 2.48 万亿元,同比下降 5.8%;委托贷款余额为 13.97 万亿元,同比增长 5.9%;信托贷款余额为 8.53万亿元,同比增长 35.9%;未贴现的银行承兑汇票余额为 4.44 万亿元,同比增长 13.7%;企业债券余额为 18.37 万亿元,同比增长 2.5%;非金融企业境内股票余额为 6.65 万亿元,同比增长 15.1%。

从结构看,2017 年对实体经济发放的人民币贷款余额占同期社会融资规模存量的 68.2%,同比高 0.8 个百分点;对实体经济发放的外币贷款余额占比 1.4%,同比低 0.3 个百分点;委托贷款余额占比 8%,同比低 0.5 个百分点;信托贷款余额占比 4.9%,同比高 0.9 个百分点;未贴现的银行承兑汇票余额占比 2.5%,同比持平;企业债券余额占比 10.5%,同比低 1 个百分点;非金融企业境内股票余额占比 3.8%,同比高 0.1 个百分点。

注 1:社会融资规模存量是指一定时期末(月末、季末或年末)实体经济(境内非金融企业和个人)从金融体系获得的资金余额。

注 2:数据来源于人民银行、证监会、保监会、中央国债登记结算有限责任公司和银行间市场交易商协会等部门。

注 3:社会融资规模中的本外币贷款是指一定时期内实体经济从金融体系获得的人民币和外币贷款,不包括银行业金融机构拆放给非银行业金融机构的款项和境外贷款。

注 4:2015 年 1 月起,委托贷款统计制度进行了调整,将委托贷款划分为现金管理项下的委托贷款和一般委托贷款。社会融资规模中的委托贷款只包括由企事业单位及个人等委托人提供资金,由金融机构(即贷款人或受托人)根据委托人确定的贷款对象、用途、金额、期限、利率等向境内实体经济代为发放、监督使用并协助收回的一般委托贷款。

注 5:当期数据为初步统计数,同比增速为可比口径数据。

2017 年社会融资规模增量统计数据报告

初步统计,2017 年社会融资规模增量累计为 19.44 万亿元,比上年多 1.63 万亿元。其中,对实体经济发放的人民币贷款增加 13.84 万亿元,同比多增 1.41 万亿元;对实体经济发放的外币贷款折合人民币增加 18 亿元,同比多增 5658 亿元;委托贷款增加 7770 亿元,同比少增 1.41 万亿元;信托贷款增加 2.26 万亿元,同比多增 1.4 万亿元;未贴现的银行承兑汇票增加 5364 亿元,同比多增 2.49 万亿元;企业债券净融资 4495 亿元,同比少 2.55 万亿元;非金融企业境内股票融资 8734 亿元,同比少 3682 亿元。12 月份社会融资规模增量为 1.14 万亿元,比上年同期少 4999 亿元。

从结构看,2017 年对实体经济发放的人民币贷款占同期社会融资规模的 71.2%,同比高 1.4 个百分点;对实体经济发放的外币贷款占比 0.01%,同比高 3.2 个百分点;委托贷款占比 4%,同比低 8.3 个百分点;信托贷款占比 11.6%,同比高 6.8 个百分点;未贴现的银行承兑汇票占比 2.8%,同比高 13.8 个百分点;企业债券占比 2.3%,同比低 14.6 个百分点;非金融企业境内股票融资占比 4.5%,同比低 2.5 个百分点。

注 1:社会融资规模是指实体经济(境内非金融企业和住户,下同)从金融体系获得的资金。其中,增量指标是指一定时期内(每月、每季或每年)获得的资金额,存量指标是指一定时期末(月末、季末或年末)获得的资金余额。

注 2:社会融资规模统计数据来源于人民银行、发改委、证监会、保监会、中央国债登记结算有限责任公司和银行间市场交易商协会等部门。

注 3:社会融资规模中的本外币贷款是指一定时期内实体经济从金融体系获得的人民币和外币贷款,不包含银行业金融机构拆放给非银行业金融机构的款项和境外贷款。

注 4:2015 年 1 月起,委托贷款统计制度进行了调整,将委托贷款划分为现金管理项下的委托贷款和一般委托贷款。社会融资规模中的委托贷款只包括由企事业单位及个人等委托人提供资金,由金融机构(即贷款人或受托人)根据委托人确定的贷款对象、用途、金额、期限、利率等向境内实体经济代为发放、监督使用并协助收回的一般委托贷款。

注 5:当期数据为初步统计数,当月比上月、比上年同期的数据为可比口径数据。

2017 年农村地区支付业务发展总体情况

一、农村地区基本情况

截至 2017 年末,所统计农村地区拥有县级行政区 2252 个,乡级行政区 3.21 万个,村级行政区 52.97 万个,农村地区人口数量 9.71 亿人。

截至 2017 年末,农村地区银行网点数量 12.61 万个;每万人拥有的银行网点数量为 1.30 个,县均银行网点 55.99 个,乡均银行网点 3.93 个,村均银行网点 0.24 个。

二、结算账户和非现金支付方式情况

(一)银行机构

1. 银行结算账户开户数量依然稳步增长。截至 2017 年末,农村地区累计开立单位银行结算账户 1966.51 万户;2017 年(以下简称当年)新增 143.44 万户,增长 7.87%。农村地区个人银行结算账户 39.66 亿户,人均 4.08 户;当年新增 4.05亿户,增长 11.37%。

2. 银行卡数量持续增长但增幅放缓。截至 2017 年末,农村地区银行卡数量余额 28.81 亿张。人均持卡量为 2.97 张。其中,借记卡 26.91 亿张,当年新增 3.04 亿张,增长 12.74%;信用卡 1.75 亿张,当年新增 0.10 亿张,增长 6.06%;借贷合一卡 1437.17 万张。

3. 电子银行支付出现明显分化,手机银行高速增长,网银支付持平,电话银行支付业务明显萎缩。截至 2017 年末,农村地区网上银行开通数累计 5.31 亿户,较上年新增 1.02 亿户,增幅 23.78%;2017 年发生网银支付业务笔数 94.69 亿笔,金额 152.73 万亿元,交易金额较上年有小幅增长。手机银行开通数累计 5.17 亿户,较上年新增 1.44 亿户,增长 38.61%;发生手机银行支付业务笔数 91.10 亿笔,金额 38.89 万亿元,分别增长 79.12%、66.2%。电话银行开通数累计 1.9亿户,较上年减少 0.25 亿户,下降 11.63%;发生电话银行支付业务笔数 9788.24 万笔,金额 1214.71 亿元,同比分别下降 46.22%、55.37%。

4. 银行机构支持农村电子商务发展情况。2017 年,银行业金融机构为农村地区电子商务共提供收款服务 4.60 亿笔,金额 5543.13 亿元。

（二）非银行支付机构

1.移动支付业务占绝对优势。2017 年，非银行支付机构为农村地区提供网络支付业务共计 1417.82 亿笔，金额 45 万亿元；其中，互联网支付 122.73 亿笔，金额 2.1 万亿元，单笔金额 171.11 元；移动支付 1295.09 亿笔，金额 42.9 万亿元，单笔金额 331.25 元。

2.支持农村地区电商发展情况。2017 年，非银行支付机构为农村地区网络商户提供收款 2.77 亿笔，金额 1791.68 亿元，单笔金额 646.82 元。

三、支付清算系统覆盖情况

（一）人民银行支付系统覆盖情况。

截至 2017 年末，农村地区接入人民银行支付系统的银行网点 9.49 万个，代理银行网点 2.72 万个，合计 12.21 万个，覆盖比率为 96.83%，覆盖率较上年提升 3.37 个百分点。

（二）农信银支付清算系统业务增长迅速。

截至 2017 年末，以参与者身份接入农信银支付清算系统的银行网点 44056 个，基本覆盖农信社等合作金融机构营业网点。2017 年农村地区通过农信银支付清算系统办理业务 33.49 亿笔，金额 6.68 万亿元，同比分别增长 99.23%、23.02%，交易增长十分迅速。

四、银行卡受理市场建设情况

（一）农村特约商户总量稳步增长

截至 2017 年末，农村地区特约商户 526.33 万户，当年新增 58.01 万户，增长12.39%。

（二）ATM 数量持续增长，交易笔数明显下降

截至 2017 年末，农村地区 ATM37.74 万台，当年新增 3.42万台，增长 9.97%，万人拥有数量 3.89 台；当年发生交易 134.82 亿笔，较上年下降 21.56%，交易金额 23.05 万亿元，增长2.67%；单笔交易金额 1709.69 元，人均办理 13.88 笔/年。

（三）POS 机数量依然保持高位小幅增长，低端转账电话加快更新，POS 机业务量再次下降

截至 2017 年末，农村地区 POS 机 711.49 万台（含转账电话 235.23 万台），当年新增 34.53 万台（转账电话减少 51.54 万台，下降速度加快），增长 5.1%，每万人拥有 73.27 台。当年发生交易 24.58 亿笔，金额 7.36 万亿元，同比分别下降 36.57%，6%；单笔交易金额 2994.3 元，人均办理 2.53 笔/年。

（四）自助服务终端等创新型机具数量与交易量均下降

截至 2017 年末，农村地区除 ATM、POS 机之外的其他自助服务终端（如多媒体终端等）18.24 万台，较上年减少 0.68 万台；当年发生交易 5.16 亿笔，金额 2.14 万亿元，同比分别下降 17.57% 和 1.83%；单笔交易金额 4147.29 元/笔，每万人拥有数量 1.88 台，人均办理 0.53 笔/年。

五、助农取款服务发展情况

（一）助农取款服务行政村全覆盖保持稳定，结构不断优化，支付业务出现下滑迹象

截至 2017 年末，农村地区拥有助农取款服务点 91.4 万个（其中，加载电商功能的 13.98 万个），覆盖村级行政区 51.56万个，村级行政区覆盖率达97.34%，村均拥有量为1.73 个。2017 年，农村地区助农取款服务点共办理支付业务（包括取款、汇款、代理缴费）合计 4.51 亿笔，金额 3651.92 亿元，同比分别下降 8.89% 和 14.03%。

（二）取款业务出现下降，取款笔数占服务点支付业务总量依然接近一半

2017 年，农村地区助农取款服务点办理取款业务 2.25 亿笔，金额为 1159.25 亿元，同比分别下降11.76%、7.84%；取款业务笔数占全部支付业务笔数的49.89%；全年共办理查询 1.84 亿笔。取款查询比约为 5:4，查询业务频繁。

（三）汇款业务量下降，代理缴费业务金额仍增长较快

2017 年，农村地区取款服务点办理汇款（含现金汇款和转账汇款）业务达 1.24 亿笔，金额为 2364.24 亿元，同比分别下降 8.15% 和 17.92%；代理缴费业务 1.02 亿笔，同比下降 2.86%，金额达 128.44 亿元，同比增长 17.16%。

（四）各类支付业务笔均金额情况

2017 年，农村地区服务点支付业务笔均金额 809.74 元；其中，汇款、取款、代理缴费的笔均金额依次为 1906.65 元、515.22 元、125.92 元。

（五）单点业务笔数略有下降，人均各类业务笔数均下降

2017 年，农村地区单个服务点平均办理支付业务 1.35 笔/天，同比下降 2.17%；其中，分别办理取款、汇款、代理缴费 0.67、0.37、0.31 笔/天，同比分别变化 -5.63%、-2.63%、6.9%。服务点人均办理支付业务 0.47 笔/年，同比下降 14.53%；其中，人均分别办理取款、汇款、代理缴费 0.23、0.13、0.11 笔/年，同比分别下降 17.86%、13.33%、8.33%。

六、非现金支付代理发放情况

2017 年，银行机构和非银行支付机构以非现金支付方式（包括存折、银行卡）代理“城乡居民养老保险”（含新型农村养老保险和城镇居民社会养老保险）、“新农合”（即新型农村合作医疗）以及各类财政涉农补贴资金发放合计 20.52 亿笔，金额 7837.69 亿元。其中，代理发放“城乡居民养老保险” 12.98亿笔，金额 3999.96 亿元，单笔金额 308.16 元。代理发放“新农合”1.52 亿笔，金额 678.32 亿元，单笔金额 446.26 元。代理发放各类财政涉农补贴 6.02 亿笔，金额 3159.41 亿元，单笔金额 524.82 元。

2017年股票市场统计表

	股票筹资额（亿元）	成交量（百万股）	成交金额（亿元）	期末总股本（亿股）	期末市价总值（亿元）	期末上市公司数（家）	期末收盘指数	
							上证综合指数	深证成份指数
2017.1	1740	540556	67642	49348	517248	3105	3159	10052
2017.2	572	646348	80836	49506	538212	3137	3242	10391
2017.3	965	816227	115943	49757	539588	3185	3223	10429
2017.4	1235	734887	92082	50177	527481	3223	3155	10235
2017.5	549	648501	81304	50891	513613	3261	3117	9865
2017.6	565	678445	84759	51837	534322	3297	3192	10530
2017.7	609	830406	97612	52384	542177	3326	3273	10505
2017.8	666	986758	117672	52624	561973	3362	3361	10817
2017.9	1330	885243	115101	52844	569301	3399	3349	11087
2017.10	934	589506	79400	53044	579121	3426	3393	11368
2017.11	1452	811859	112035	53325	564016	3462	3317	10944
2017.12	1139	609349	80238	53747	567086	3485	3307	11040
2017年累计	9164	7356876	932351					

数据来源：中国证券监督管理委员会。

2017年地区社会融资规模增量统计表

单位：亿元人民币

地区	地区社会融资规模增量	其中：						
		人民币贷款	外币贷款（折合人民币）	委托贷款	信托贷款	未贴现银行承兑汇票	企业债券	非金融企业境内股票融资
北京	8255	7206	-232	1082	1571	130	-2748	959
天津	2790	2754	109	-224	-132	378	-231	51
河北	8346	5532	40	98	1881	61	297	170
山西	3203	2246	-14	194	158	-8	460	50
内蒙古	2104	2096	4	72	-218	15	-111	84
辽宁	3936	2779	-130	-176	37	1331	-314	223
吉林	1568	818	-14	148	34	87	137	150
黑龙江	2394	1449	-64	109	357	312	56	53
上海	11748	7606	-52	221	1869	298	351	1144
江苏	15244	11000	142	375	620	-99	1946	762
浙江	13331	8718	-218	746	1282	257	911	1166
安徽	7038	4287	76	331	1197	276	379	262
福建	5263	4069	-48	-62	563	282	17	251
江西	5347	3981	62	419	838	-222	78	55
山东	8498	5874	48	673	501	39	307	582
河南	6802	5237	143	177	526	74	82	251
湖北	7281	5024	17	521	902	-112	460	258
湖南	6430	4308	-1	187	288	332	731	353
广东	22091	15244	-67	242	2794	1292	413	1305
广西	3421	2594	-6	266	0	434	34	8
海南	856	797	-4	-152	0	126	14	20
重庆	3719	3080	-163	-83	174	-64	-11	57
四川	7391	5318	234	778	446	-520	383	207
贵州	4046	3002	8	530	230	63	193	20
云南	3151	2356	11	237	326	-127	95	127
西藏	1019	996	-1	30	-96	28	30	16
陕西	5926	2758	-36	244	2198	220	83	320
甘肃	2894	1754	30	74	1144	-214	-54	32
青海	1208	642	1	36	577	29	-109	0
宁夏	865	665	-2	49	0	119	-8	15
新疆	3039	2315	-17	216	65	69	103	171

注 1:地区社会融资规模增量是指一定时期内、一定区域内实体经济(非金融企业和住户)从金融体系获得的资金总额。
注 2:表中数据为初步统计数。
注 3:数据来源于人民银行、发改委、证监会、保监会、中央国债登记结算有限责任公司和银行间市场交易商协会等。
注 4:由金融机构总行(或总部)提供的社会融资规模为 1.54 万亿元。

2017 年社会融资规模存量统计表

单位:万亿元人民币

项目	2017.1		2017.2		2017.3		2017.4		2017.5		2017.6		2017.7		2017.8		2017.9		2017.10		2017.11		2017.12	
	存量	增速(%)	存量	增速(%)	存量	增速(%)	存量	增速(%)	存量	增速(%)	存量	增速(%)	存量	增速(%)	存量	增速(%)	存量	增速(%)	存量	增速(%)	存量	增速(%)	存量	增速(%)
社会融资规模存量	159.61	12.7	160.69	12.8	162.80	12.5	164.14	12.7	165.17	12.9	166.86	12.8	167.95	13.2	169.36	13.1	171.14	13.0	172.11	12.9	173.66	12.5	174.71	12.0
其中:人民币贷款	107.50	12.8	108.53	12.9	109.69	12.6	110.77	13.1	111.95	13.2	113.40	13.1	114.31	13.5	115.46	13.8	116.65	13.5	117.31	13.5	118.45	13.7	119.03	13.2
外币贷款(折合人民币)	2.61	-9.0	2.66	-5.5	2.69	-2.9	2.66	-1.5	2.64	-2.2	2.62	-3.0	2.58	-3.3	2.49	-7.2	2.48	-5.7	2.48	-5.8	2.49	-6.2	2.48	-5.8
委托贷款	13.51	20.3	13.63	19.6	13.83	19.7	13.82	17.9	13.80	16.1	13.79	14.4	13.81	12.9	13.80	11.5	13.88	10.8	13.88	10.2	13.91	8.7	13.97	5.9
信托贷款	6.59	19.7	6.70	20.9	7.01	24.9	7.16	26.9	7.34	29.8	7.59	32.3	7.71	33.5	7.82	34.3	8.06	35.9	8.16	36.4	8.31	35.1	8.53	35.9
未贴现银行承兑汇票	4.52	-24.6	4.34	-22.7	4.58	-18.7	4.62	-13.8	4.49	-7.4	4.47	-2.3	4.27	4.9	4.29	6.5	4.37	14.8	4.37	20.6	4.37	16.8	4.44	13.7
企业债券	17.90	19.5	17.81	16.7	17.85	12.3	17.90	10.3	17.67	8.6	17.66	7.1	17.89	7.6	18.02	6.1	18.17	5.0	18.30	4.2	18.40	1.9	18.44	2.9
非金融企业境内股票	5.89	26.2	5.95	25.2	6.03	25.4	6.11	24.6	6.15	22.8	6.20	21.0	6.26	19.3	6.32	18.1	6.37	16.1	6.43	14.8	6.57	15.4	6.65	15.2

2017 年存款性公司概览

单位:亿元人民币

项目	2017.1	2017.2	2017.3	2017.4	2017.5	2017.6	2017.7	2017.8	2017.9	2017.10	2017.11	2017.12
国外净资产	262921.17	261282.58	260793.33	258876.25	256806.74	255507.67	254462.01	252269.45	254784.92	253900.62	253857.97	253287.49
国内信贷	1620474.84	1629441.92	1650628.96	1656942.94	1665099.74	1701411.11	1704201.79	1726488.59	1740946.75	1741231.57	1760035.20	1780278.09
对政府债权(净)	158407.23	156376.07	166268.66	165943.79	168610.98	176481.27	174529.46	183303.83	190194.05	184695.25	190414.90	204892.15
对非金融部门债权	1181205.35	1189718.19	1200190.41	1210019.25	1219699.42	1234070.46	1243249.48	1256749.64	1265934.66	1271825.38	1281749.32	1288782.51
对其他金融部门债权	280862.25	283347.66	284169.89	280979.90	276789.35	290859.38	286422.85	286435.13	284818.05	284710.94	287870.98	286603.42
货币和准货币	1575945.59	1582913.07	1599609.57	1596331.87	1601360.42	1631282.53	1628996.63	1645156.60	1655662.07	1653434.16	1670013.40	1676768.54
货币	472526.45	476527.60	488770.09	490180.42	496389.78	510228.17	510484.58	518113.93	517863.04	525977.19	535565.05	543790.15
流通中货币	86598.61	71727.69	68605.05	68392.60	67333.21	66977.68	67129.04	67550.99	69748.54	68230.69	68623.16	70645.60
单位活期存款	385927.84	404799.91	420165.04	421787.82	429056.58	443250.48	443355.54	450562.94	448114.50	457746.50	466941.89	473144.55
准货币	1103419.14	1106385.48	1110839.48	1106151.45	1104970.63	1121054.36	1118512.05	1127042.67	1137799.03	1127456.97	1134448.35	1132978.39
单位定期存款	317957.26	311667.58	317183.42	318092.78	314929.83	317003.07	314699.58	317888.57	326614.31	319740.97	320651.87	320196.23
个人存款	634745.73	635880.32	643278.44	630992.53	632225.70	642931.90	635229.77	637886.94	648349.70	640250.93	641619.60	649341.50
其他存款	150716.15	158837.59	150377.62	157066.14	157815.10	161119.39	168582.71	171267.16	162835.01	167465.07	172176.88	163440.66
不纳入广义货币的存款	45145.77	47053.20	48587.66	48847.08	48735.23	49138.78	48826.79	47399.80	46694.24	46694.00	46805.99	47043.42
债券	203060.93	208030.11	213157.16	216410.00	214516.45	218171.63	219392.14	221420.38	223471.80	223518.57	225742.65	225877.02
实收资本	47394.17	47423.65	47799.04	48035.98	48178.83	48377.47	48603.38	48839.06	49562.78	49848.37	50187.72	52048.22
其他(净)	11849.55	5304.47	2268.85	6194.27	9115.56	9948.37	12844.85	15942.20	20340.79	21637.09	21143.41	31828.37

2017 年官方储备资产

项目	2017.1		2017.2		2017.3		2017.4		2017.5		2017.6		2017.7		2017.8		2017.9		2017.10		2017.11		2017.12	
	亿美元	亿 SDR	亿美元	亿 SDR	亿美元	亿 SDR	亿美元	亿 SDR	亿美元	亿 SDR	亿美元	亿 SDR	亿美元	亿 SDR	亿美元	亿 SDR	亿美元	亿 SDR	亿美元	亿 SDR	亿美元	亿 SDR	亿美元	亿 SDR
1. 外汇储备	29982.04	22064.63	30051.24	22196.18	30090.88	22177.04	30295.33	22096.87	30535.67	22058.24	30567.89	21969.36	30807.20	21884.02	30915.27	21873.14	31085.10	21994.76	31092.13	22134.58	31192.77	22037.85	31399.49	22048.12
2. 基金组织储备头寸	97.00	71.39	96.65	71.39	96.25	70.94	96.94	70.71	97.88	70.71	94.79	68.13	88.42	62.81	90.91	64.32	90.91	64.32	88.44	62.96	84.97	60.03	79.47	55.80
3. 特别提款权	97.67	71.87	97.41	71.95	97.62	71.95	98.64	71.95	99.66	71.99	100.27	72.07	101.49	72.10	102.07	72.21	102.07	72.22	101.48	72.24	102.32	72.29	109.81	77.11
4. 黄金	712.92	524.66	743.76	549.35	737.39	543.46	750.19	547.17	750.04	541.81	735.85	528.86	750.84	533.36	777.02	549.76	760.05	537.79	752.38	535.62	758.33	535.77	764.73	536.98
5. 其他储备资产	5.95	4.38	6.23	4.60	5.50	4.05	4.62	3.37	0.75	0.54	5.03	3.62	4.48	3.18	-0.10	-0.07	5.67	4.01	5.43	3.86	6.49	4.59	5.45	3.83
合计	30895.58	22736.93	30995.29	22893.47	31027.64	22867.44	31245.73	22790.07	31484.01	22743.29	31503.84	22642.04	31752.44	22555.47	31885.17	22559.36	32043.81	22673.11	32039.86	22809.27	32144.90	22710.53	32358.95	22721.84

注:自 2016 年 4 月 1 日起,除按美元公布官方储备资产外,增加以国际货币基金组织特别提款权(SDR)公布相关数据,折算汇率来源于国际货币基金组织网站,其中 2017 年 1 月 USD/SDR = 0.735928,2017 年 2 月 USD/SDR = 0.738611,2017 年 3 月 USD/SDR = 0.737002,2017 年 4 月 USD/SDR = 0.729382,2017 年 5 月 USD/SDR = 0.722376,2017 年 6 月 USD/SDR = 0.718707,2017 年 7 月 USD/SDR = 0.710354,2017 年 8 月 USD/SDR = 0.707519,2017 年 9 月 USD/SDR = 0.707566,2017 年 10 月 USD/SDR = 0.711903,2017 年 11 月 USD/SDR = 0.706505,2017 年 12 月 USD/SDR = 0.702181。

2017 年货币供应量

单位:亿元人民币

项目	2017.1	2017.2	2017.3	2017.4	2017.5	2017.6	2017.7	2017.8	2017.9	2017.10	2017.11	2017.12
货币和准货币(M2)	1575945.59	1582913.07	1599609.57	1596331.87	1601360.42	1631282.53	1628996.63	1645156.60	1655662.07	1653434.16	1670013.40	1676768.54
货币(M1)	472526.45	476527.60	488770.09	490180.42	496389.78	510228.17	510484.58	518113.93	517863.04	525977.19	535565.05	543790.15
流通中货币(M0)	86598.61	71727.69	68605.05	68392.60	67333.21	66977.68	67129.04	67550.99	69748.54	68230.69	68623.16	70645.60

注:自 2011 年 10 月起,货币供应量已包括住房公积金中心存款和非存款类金融机构在存款类金融机构的存款。

2017 年汇率

项目	2017.1	2017.2	2017.3	2017.4	2017.5	2017.6	2017.7	2017.8	2017.9	2017.10	2017.11	2017.12
一特别提款权单位折合人民币元(期末数)	9.3480	9.3002	9.3501	9.4569	9.4534	9.4364	9.4693	9.3223	9.3958	9.3110	9.3521	9.2734
一美元折合人民币(期末数)	6.8588	6.8750	6.8993	6.8931	6.8633	6.7744	6.7283	6.6010	6.6369	6.6397	6.6034	6.5342
一美元折合人民币(平均数)	6.8918	6.8713	6.8932	6.8845	6.8827	6.8019	6.7654	6.6736	6.5634	6.5154	6.6186	6.5942

2017 年国内各类债券统计表

单位:亿元

	政府债券		中央银行票据		金融债券		公司信用类债券		国际机构债券		各类债券合计	
	发行	余额	发行	余额	发行	余额	发行	余额	发行	余额	发行	余额
2017.1	1360	226400	0	0	13316	239113	2206	178280	0	537	16882	644329
2017.2	1846	226209	0	0	23077	248762	2212	176996	0	537	27135	652504
2017.3	6497	229439	0	0	26408	255817	6036	177843	70	607	39011	663706
2017.4	6084	235378	0	0	18322	258552	5199	178646	50	657	29655	673233
2017.5	8408	241883	0	0	17071	256017	2809	176338	78	735	28367	674973
2017.6	8697	248454	0	0	23177	260855	3992	176420	35	724	35901	686453
2017.7	11479	257926	0	0	20488	265802	6648	178363	115	839	38730	702931
2017.8	13987	262346	0	0	21860	269847	6633	179691	65	913	42545	712798
2017.9	7317	267832	0	0	27257	272811	6300	181165	100	1008	40973	722816
2017.10	7053	272800	0	0	18023	272592	4786	182043	10	998	29873	728433
2017.11	8013	278779	0	0	24206	276525	5621	182964	50	1013	37891	739281
2017.12	2772	281538	0	0	24850	278301	3908	183252	0	1013	31530	744104
2017 年累计	83513		0		258056		56352		573		398494	

注:公司信用类债券包括非金融企业债务融资工具、企业债券以及公司债、可转债等。

数据来源:中国人民银行、国家发展和改革委员会、中国证券监督委员会、中央国债登记结算有限责任公司,上海清算所。

2017 年中债国债收益统计表

单位:%

	1 天	1 年	3 年	5 年	7 年	10 年	30 年
2017.1	2.2343	2.6757	2.8212	3.0375	3.2777	3.3465	3.7287
2017.2	2.4042	2.7121	2.9001	2.9999	3.1891	3.2921	3.7971
2017.3	2.8437	2.8632	3.0186	3.0782	3.2272	3.2828	3.7604
2017.4	2.6174	3.1672	3.2298	3.3417	3.4696	3.4668	3.8902
2017.5	2.6474	3.4542	3.5747	3.5758	3.6493	3.6102	3.9997
2017.6	2.8293	3.4600	3.4973	3.4931	3.6150	3.5683	3.9765
2017.7	2.6977	3.3974	3.5078	3.5628	3.6648	3.6260	4.1001
2017.8	2.8430	3.3883	3.5797	3.6124	3.7016	3.6265	4.2208
2017.9	3.2428	3.4660	3.5669	3.6166	3.6880	3.6136	4.2274
2017.10	3.3034	3.5683	3.7210	3.8826	3.9397	3.8917	4.3603
2017.11	3.0021	3.6404	3.7759	3.8444	3.9196	3.8901	4.3341
2017.12	2.5378	3.7909	3.7808	3.8445	3.8998	3.8807	4.3671

注:本表数据为当月最后一个交易日数据。

数据来源:中央国债登记结算有限责任公司。

2017 年金融机构本外币信贷收支表

单位:亿元人民币

项目	2017.1	2017.2	2017.3	2017.4	2017.5	2017.6	2017.7	2017.8	2017.9	2017.10	2017.11	2017.12
来源方项目												
一、各项存款	1570543.70	1595554.25	1609763.95	1612709.37	1623661.43	1650365.57	1658258.19	1670416.45	1674161.77	1685032.00	1700777.72	1692727.15
(一)境内存款	1552010.67	1576409.68	1590335.79	1592703.22	1604266.25	1628530.35	1637440.88	1648455.76	1651929.62	1662612.42	1678505.12	1670756.08
1.住户存款	637867.55	638848.47	646154.77	633886.75	635094.94	645588.77	638051.71	640348.14	650738.50	642724.40	644140.25	651983.38
(1)活期存款	254725.28	245684.72	246593.85	239625.76	240655.63	246523.12	242581.48	244334.00	251072.79	245751.42	246153.03	252607.48
(2)定期及其他存款	383142.27	393163.75	399560.91	394260.99	394439.30	399065.65	395470.24	396014.14	399665.71	396972.98	397987.23	399375.91
2.非金融企业存款	512612.60	520991.31	535061.19	535901.22	536659.53	547305.90	543234.40	548074.96	550841.48	551135.56	558529.61	571640.83
(1)活期存款	206886.99	216339.63	223650.86	224765.37	226724.25	233792.91	233123.36	235268.80	230428.35	236379.22	241863.41	250154.09
(2)定期及其他存款	305725.61	304651.68	311410.33	311135.85	309935.28	313512.99	310111.03	312806.16	320413.14	314756.34	316666.20	321486.75
3.政府存款	270665.44	278847.99	278196.25	286701.71	295340.29	295845.09	309041.96	309565.50	308583.52	322254.18	324967.76	305564.20
(1)财政性存款	39574.51	41477.45	33807.76	40232.91	45780.20	39615.35	51224.22	47323.88	43342.75	53839.06	53460.66	41134.78
(2)机关团体存款	231090.92	237370.54	244388.49	246468.80	249560.09	256229.74	257817.74	262241.62	265240.77	268415.12	271507.09	264429.42
4.非银行业金融机构存款	130865.08	137721.91	130923.58	136213.54	137171.49	139790.60	147112.81	150467.16	141766.12	146498.28	150867.51	141567.66
(二)境外存款	18533.03	19144.57	19428.16	20006.15	19395.18	21835.22	20817.31	21960.69	22232.15	22419.58	22272.60	21971.08
二、金融债券	38823.12	39681.41	40199.53	39975.38	40910.92	42064.74	41952.65	43559.64	45362.84	45713.06	47300.73	50548.39
三、对国际金融机构负债	6.34	6.34	4.35	4.35	4.33	9.79	32.52	9.57	9.63	9.61	9.58	9.47
四、其他	22308.34	11429.11	9677.12	23356.03	18337.38	8597.95	20320.23	19326.33	26856.37	29105.23	28908.94	37990.23
资金来源总计	1631681.51	1646671.12	1659644.95	1676045.13	1682914.06	1701038.05	1720563.58	1733311.99	1746390.60	1759859.90	1776996.98	1781275.24
运用方项目												
一、各项贷款	1141947.07	1155104.62	1165986.22	1176538.42	1186636.00	1202130.07	1210353.24	1219865.18	1231795.60	1238878.33	1250493.30	1256073.74
(一)境内贷款	1108177.05	1120242.86	1130877.14	1141537.68	1152443.58	1167463.85	1175381.65	1185530.79	1198211.02	1204809.46	1216134.89	1221745.93
1.住户贷款	341330.38	344333.91	352270.30	357981.55	364092.18	371554.71	377178.62	383820.78	391135.57	395635.49	401836.57	405150.18
(1)短期贷款	96882.85	96083.00	99515.21	100786.13	102570.96	105178.80	106254.35	108426.84	110976.67	111767.12	113790.87	113977.40
消费贷款	50543.47	49943.42	52857.60	54443.24	56304.82	58618.33	59974.45	62069.45	64333.42	65594.24	67569.22	68123.00
经营贷款	46339.38	46139.59	46657.61	46342.89	46266.13	46560.47	46279.90	46357.40	46643.25	46172.89	46221.66	45854.40
(2)中长期贷款	244447.53	248250.90	252755.09	257195.42	261521.22	266375.91	270924.27	275393.94	280158.90	283868.36	288045.70	291172.78
消费贷款	206623.79	210273.33	214083.54	218106.43	221870.96	225939.94	229926.49	233739.01	237753.01	241097.98	244599.86	247173.30
经营贷款	37823.74	37977.58	38671.55	39089.00	39650.26	40435.97	40997.78	41654.92	42405.90	42770.38	43445.85	43999.48
2.非金融企业及机关团体贷款	760061.05	767803.77	771841.00	776618.97	782061.71	788796.60	791933.66	795941.30	800413.21	802522.44	807814.39	810171.19
(1)短期贷款	279420.03	283318.81	285503.59	287000.79	289280.24	291858.94	292353.33	292325.22	291989.33	291892.04	292288.92	291514.76
(2)中长期贷款	411634.49	417570.22	423153.30	428137.84	432536.22	438229.58	442336.73	445906.13	450623.69	452942.04	457109.93	458957.34
(3)票据融资	50260.49	47841.53	43952.89	41959.76	40472.60	38866.20	37189.06	37507.13	37480.60	37099.10	37480.48	38882.82
(4)融资租赁	16823.03	17104.84	17319.79	17573.36	17772.90	18020.21	18171.14	18322.24	18589.01	18843.90	19197.27	19341.30
(5)各项垫款	1923.01	1968.36	1911.44	1947.22	1999.75	1821.68	1883.40	1880.57	1730.58	1745.35	1737.79	1474.96
3.非银行业金融机构贷款	6785.62	8105.19	6765.84	6937.15	6289.69	7112.55	6269.37	5768.71	6662.24	6651.54	6483.93	6424.56
(二)境外贷款	33770.01	34861.75	35109.07	35000.74	34192.42	34666.22	34971.58	34334.39	33584.58	34068.87	34358.41	34327.82
二、债券投资	254711.00	255040.48	258362.18	262817.89	267272.34	272239.96	279633.67	283050.40	289166.39	293742.81	299867.73	303045.15
三、股权及其他投资	233579.29	235089.07	233855.90	235233.71	227550.19	225240.98	229194.38	229020.74	224042.17	225877.20	225296.57	220843.02
四、在国际金融机构资产	1444.15	1436.95	1440.65	1455.12	1455.53	1427.04	1382.29	1375.67	1386.45	1361.56	1339.38	1313.32
资金运用总计	1631681.51	1646671.12	1659644.95	1676045.13	1682914.06	1701038.05	1720563.58	1733311.99	1746390.60	1759859.90	1776996.98	1781275.24

注:1. 本表机构包括中国人民银行、银行业存款类金融机构、银行业非存款类金融机构。
2. 银行业存款类金融机构包括银行、信用社和财务公司。银行业非存款类金融机构包括信托投资公司、金融租赁公司、汽车金融公司和贷款公司等银行业非存款类金融机构。
3. 自 2015 年起,"各项存款"含非银行业金融机构存放款项,"各项贷款"含拆放给非银行业金融机构款项。
4. 自 2017 年起,对国际金融组织相关本币账户以净头寸反映。

2017 年中国外汇市场交易概况

单位:亿元人民币

交易品种	2017.1	2017.2	2017.3	2017.4	2017.5	2017.6	2017.7	2017.8	2017.9	2017.10	2017.11	2017.12	合计
一、即期	44117.91	37891.15	58269.25	47724.04	55476.25	58411.13	54647.85	62641.47	53321.04	44874.13	60870.48	61832.42	640077.12
银行对客户市场	16716.45	14183.40	18997.41	15975.05	17198.19	19448.26	16887.42	17556.31	18679.41	15111.13	18073.80	19798.00	208624.84
其中:买入外汇	8863.37	7330.58	9795.28	8322.46	9029.25	10323.00	8848.88	8775.86	9252.20	7426.59	9172.41	9801.81	106941.68
卖出外汇	7853.08	6852.82	9202.12	7652.59	8168.94	9125.26	8038.54	8780.46	9427.22	7684.55	8901.39	9996.19	101683.16
银行间外汇市场	27401.46	23707.75	39271.84	31748.98	38278.07	38962.87	37760.43	45085.16	34641.63	29763.00	42796.68	42034.42	431452.28

交易品种	2017.1	2017.2	2017.3	2017.4	2017.5	2017.6	2017.7	2017.8	2017.9	2017.10	2017.11	2017.12	合计
二、远期	2665.47	1798.46	2288.18	1359.35	1774.52	1760.83	1833.74	1874.54	3507.06	2645.86	3555.10	3567.41	28630.53
银行对客户市场	1618.19	1366.15	1869.39	1078.93	1474.66	1460.30	1200.16	1547.86	3159.20	2058.93	2472.28	2369.66	21675.72
其中:买入外汇	1083.74	522.59	939.20	364.62	619.62	578.78	511.45	671.03	1827.16	1236.49	1632.16	1695.61	11682.45
卖出外汇	534.45	843.56	930.19	714.32	855.05	881.52	688.70	876.83	1332.04	822.44	840.13	674.04	9993.27
其中:3个月(含)以下	682.49	738.07	714.57	680.68	702.90	846.64	629.92	709.44	1577.26	1058.07	1278.47	1120.61	10739.11
3个月至1年(含)	782.72	548.52	949.87	348.17	719.07	555.92	489.87	730.74	1400.57	886.79	998.37	1074.37	9484.95
1年以上	152.99	79.57	204.95	50.08	52.70	57.74	80.37	107.68	181.37	114.08	195.45	174.68	1451.65
银行间外汇市场	1047.28	432.31	418.80	280.42	299.86	300.53	633.58	326.68	347.86	586.93	1082.82	1197.75	6954.81
其中:3个月(含)以下	758.23	290.16	269.58	165.72	163.71	185.57	467.98	186.59	229.72	306.87	792.61	1063.59	4880.32
3个月至1年(含)	251.72	102.02	134.96	114.07	135.76	107.81	120.38	136.00	98.45	223.27	274.07	125.68	1824.20
1年以上	37.33	40.12	14.25	0.63	0.38	7.15	45.22	4.10	26.25	56.79	16.15	8.49	256.87
三、外汇和货币掉期	53901.63	49225.43	77630.51	62235.79	68140.65	76349.27	78839.41	84824.19	77503.02	78200.12	107506.79	99068.92	913425.73
银行对客户市场	902.43	317.91	630.84	355.09	508.29	762.60	675.00	547.34	776.87	359.09	570.48	562.60	6968.55
其中:近端换入外汇	336.75	108.86	194.48	83.60	79.04	56.73	41.34	31.20	36.94	18.24	41.39	82.82	1111.38
近端换出外汇	565.68	209.06	436.36	271.84	429.24	705.87	633.66	516.14	739.93	340.85	529.09	479.78	5857.51
银行间外汇市场	52999.20	48907.51	76999.67	61880.70	67632.36	75586.67	78164.41	84276.86	76726.15	77841.04	106936.30	98506.32	906457.18
其中:3个月(含)以下	43957.19	42239.37	67472.91	55375.89	58613.61	64813.22	66199.77	73922.04	66395.35	66728.73	93960.10	85085.46	784763.65
3个月至1年(含)	9001.26	6625.42	9448.68	6439.44	8945.39	10710.64	11892.72	10328.86	10258.59	10995.67	12870.10	13250.07	120766.85
1年以上	40.75	42.72	78.08	65.37	73.36	62.81	71.92	25.96	65.63	116.64	106.09	170.79	920.12
四、期权	4394.22	2496.06	3624.84	2481.92	3033.69	3260.64	3113.72	3460.72	3408.77	2650.33	3961.11	4720.66	40606.68
银行对客户市场	2134.81	886.95	1346.23	937.34	1266.87	1767.29	912.13	1475.62	1413.50	1032.68	1211.65	1209.39	15594.44
其中:买入期权	978.54	436.77	683.37	511.20	688.06	870.00	522.05	736.45	813.40	589.23	731.95	610.32	8171.34
卖出期权	1156.26	450.18	662.87	426.13	578.81	897.29	390.08	739.16	600.10	443.45	479.69	599.07	7423.10
其中:3个月(含)以下	362.42	258.69	190.02	252.57	234.27	461.67	258.77	253.23	501.24	359.53	310.31	523.75	4138.22
3个月至1年(含)	1504.62	505.70	354.75	543.78	863.24	1098.03	478.72	942.77	748.30	582.84	824.46	617.96	9402.74
1年以上	267.76	122.55	138.60	140.99	169.35	207.58	174.64	279.62	163.96	90.31	76.87	67.68	2053.49
银行间外汇市场	2259.41	1609.11	2278.61	1544.58	1766.82	1493.35	2201.59	1985.10	1995.27	1617.65	2749.46	3511.27	25012.24
其中:3个月(含)以下	1605.98	1269.62	1830.96	783.66	1053.50	847.86	1630.91	1155.17	1161.72	662.12	1567.87	2489.67	16059.04
3个月至1年(含)	652.61	338.12	426.16	755.07	712.36	642.63	570.69	824.32	826.99	950.90	1180.61	1019.35	8899.79
1年以上	0.83	1.37	21.49	5.85	0.96	2.86	0.00	5.61	0.00	4.63	0.99	2.25	46.84
五、合计	105079.22	91411.09	141812.78	113801.10	128425.11	139781.87	138434.73	152800.93	137739.89	128370.45	175893.48	169189.41	1622740.06
其中:银行对客户市场	21371.88	16754.41	22843.87	18346.42	20448.01	23438.45	19674.71	21127.13	24028.99	18561.83	22328.21	23939.65	252863.55
银行间外汇市场	83707.34	74656.68	118968.92	95454.68	107977.11	116343.42	118760.02	131673.80	113710.91	109808.61	153565.27	145249.76	1369876.51
其中:即期	44117.91	37891.15	58269.25	47724.04	55476.25	58411.13	54647.85	62641.47	53321.04	44874.13	60870.48	61832.42	640077.12
远期	2665.47	1798.46	2288.18	1359.35	1774.52	1760.83	1833.74	1874.54	3507.06	2645.86	3555.10	3567.41	28630.53
外汇和货币掉期	53901.63	49225.43	77630.51	62235.79	68140.65	76349.27	78839.41	84824.19	77503.02	78200.12	107506.79	99068.92	913425.73
期权	4394.22	2496.06	3624.84	2481.92	3033.69	3260.64	3113.72	3460.72	3408.77	2650.33	3961.11	4720.66	40606.68

注:1、外汇市场统计口径仅限于人民币对外汇交易,不含外汇之间交易。

2、银行对客户市场采用客户买卖外汇总额,银行间外汇市场采用单边交易量,均为发生额本金。

3、银行对客户市场的即期=买入外汇(售汇)+卖出外汇(结汇)(含银行自身结售汇,不含远期结售汇履约)、远期=买入外汇(售汇)+卖出外汇(结汇)、外汇和货币掉期=近端换入外汇(售汇)+近端换出外汇(结汇)、期权=买入期权+卖出期权,均采用客户交易方向。

4、外汇市场交易数据按美元编制,当月人民币计价数据由美元数据按月均人民币对美元汇率中间价折算得到。

5、本表计数采用四舍五入原则。

2017年货币当局资产负债表

单位:亿元人民币

项目	2017.1	2017.2	2017.3	2017.4	2017.5	2017.6	2017.7	2017.8	2017.9	2017.10	2017.11	2017.12
国外资产	225614.58	224887.86	224290.37	223811.90	223430.64	223007.56	222787.49	222577.85	222589.36	222239.61	221984.56	221164.12
外汇	217337.60	216756.41	216209.50	215789.52	215496.18	215153.03	215106.56	215098.35	215106.85	215127.83	215151.52	214788.33
货币黄金	2541.50	2541.50	2541.50	2541.50	2541.50	2541.50	2541.50	2541.50	2541.50	2541.50	2541.50	2541.50
其他国外资产	5735.48	5589.95	5539.37	5480.88	5392.96	5313.03	5139.43	4938.00	4941.02	4570.27	4291.54	3834.29
对政府债权	15274.09	15274.09	15274.09	15274.09	15274.09	15274.09	15274.09	15274.09	15274.09	15274.09	15274.09	15274.09
其中:中央政府	15274.09	15274.09	15274.09	15274.09	15274.09	15274.09	15274.09	15274.09	15274.09	15274.09	15274.09	15274.09
对其他存款性公司债权	91346.34	88464.46	80711.21	84560.93	85834.20	85906.57	91383.16	86175.10	89148.68	97454.35	101125.50	102230.35
对其他金融性公司债权	6316.41	6316.41	6316.41	6313.41	6313.41	6318.41	6318.41	6318.41	6318.41	6318.41	6321.41	5986.62
对非金融性部门债权	79.57	80.40	117.31	103.82	98.94	97.13	96.40	94.75	95.26	89.45	88.41	101.95
其他资产	9636.66	10446.42	10644.29	11232.70	11533.93	14421.85	14750.55	16704.19	16570.75	17499.43	17679.90	18174.48
总资产	348267.65	345469.66	337353.68	341296.85	342485.22	345025.62	350610.11	347144.40	349996.56	358875.34	362473.88	362931.62
储备货币	307810.72	302689.17	302387.33	299463.62	299584.96	303771.57	299098.02	301892.63	306044.19	305318.36	307064.54	321870.76

项目	2017.1	2017.2	2017.3	2017.4	2017.5	2017.6	2017.7	2017.8	2017.9	2017.10	2017.11	2017.12
货币发行	96762.57	79362.76	75246.61	74434.11	73746.18	73268.68	73259.69	73817.22	76626.49	74544.86	74851.16	77073.58
其他存款性公司存款	211048.15	223326.41	227140.72	225029.51	225838.79	229662.13	224936.93	227174.06	228516.42	229778.44	231218.49	243802.28
非金融机构存款						840.77	901.40	901.35	901.29	995.07	994.90	994.90
不计入储备货币的金融性公司存款	6724.75	6856.67	7744.24	8415.62	8772.30	7596.84	7351.66	6383.99	6047.23	5701.48	5420.93	5019.23
发行债券	500.00	500.00	500.00	500.00	500.00							
国外负债	1235.17	1246.15	1099.03	1274.18	829.56	1599.31	1152.03	1259.06	1025.47	1095.84	1243.26	880.00
政府存款	29971.11	31962.00	24025.62	28764.10	30943.56	28112.90	38442.69	33119.78	31095.04	40791.54	41410.36	28626.03
自有资金	219.75	219.75	219.75	219.75	219.75	219.75	219.75	219.75	219.75	219.75	219.75	219.75
其他负债	1806.15	1995.92	1377.72	2659.57	1635.09	3725.25	4345.96	4269.19	5564.88	5748.36	7115.04	6315.84
总负债	348267.65	345469.66	337353.68	341296.85	342485.22	345025.62	350610.11	347144.40	349996.56	358875.34	362473.88	362931.62

注:1. 自2017年起,对国际金融组织相关本币账户以净头寸反映。
2. "非金融机构存款"为支付机构交存人民银行的客户备付金存款。

2017 年金融机构人民币信贷收支表

单位:亿元

项目	2017.1	2017.2	2017.3	2017.4	2017.5	2017.6	2017.7	2017.8	2017.9	2017.10	2017.11	2017.12
来源方项目												
一、各项存款	1520724.23	1543813.97	1556487.07	1559117.58	1570194.04	1596635.61	1604795.21	1618425.55	1622757.71	1633318.72	1648973.59	1641044.22
(一)境内存款	1511579.95	1534290.84	1547169.41	1549308.13	1561459.52	1585978.39	1595371.63	1608004.32	1612133.23	1622490.14	1638115.23	1630576.82
1. 住户存款	629063.76	630076.92	637409.28	625236.01	626484.85	637137.89	629622.87	632212.71	642590.65	634538.64	635993.89	643767.62
(1)活期存款	249795.56	240875.13	241907.16	235017.10	236092.94	242055.06	238119.02	240076.25	246818.26	241453.90	241873.72	248239.10
(2)定期及其他存款	379268.19	389201.79	395502.11	390218.92	390391.91	395082.83	391503.84	392136.45	395772.39	393084.73	394120.17	395528.52
2. 非金融企业存款	484206.61	490851.70	503767.80	504219.91	505291.95	515971.26	512274.25	518343.14	521822.60	521948.22	529129.66	542404.58
(1)活期存款	195938.27	204560.26	212131.87	213155.76	215036.63	222011.64	221195.42	223821.26	219596.78	224655.25	229895.05	237887.75
(2)定期及其他存款	288268.34	286291.44	291635.93	291064.15	290255.32	293959.62	291078.83	294521.87	302225.82	297292.98	299234.61	304516.83
3. 政府存款	270002.87	278191.11	277556.29	286078.79	294747.85	295245.10	308459.81	309049.62	308038.81	321665.59	324282.21	304852.70
(1)财政性存款	39574.04	41476.98	33807.31	40232.47	45779.76	39614.92	51223.82	47323.45	43342.43	53838.74	53460.59	41134.49
(2)机关团体存款	230428.84	236714.14	243748.98	245846.31	248968.09	255630.19	257235.99	261726.17	264696.38	267826.85	270821.62	263718.21
4. 非银行业金融机构存款	128306.70	135171.11	128436.04	133773.43	134934.88	137624.13	145014.69	148398.86	139681.17	144337.69	148709.46	139551.92
(二)境外存款	9144.28	9523.13	9317.67	9809.44	8734.52	10657.23	9423.59	10421.23	10624.48	10828.58	10858.36	10467.40
二、金融债券	37113.66	38017.37	38146.66	37928.80	38842.36	40006.62	39915.24	41456.67	43235.44	43551.40	44871.06	47999.58
三、流通中货币	86598.61	71727.69	68605.05	68392.60	67333.21	66977.68	67129.04	67550.99	69748.54	68230.69	68623.16	70645.60
四、对国际金融机构负债	6.34	6.34	4.35	4.35	4.33	9.79	32.52	9.57	9.63	9.61	9.58	9.47
五、其他	142048.19	145857.52	147736.31	161910.75	158382.10	148780.14	160049.26	158692.14	162979.89	166502.93	165701.58	172235.54
资金来源总计	1786491.03	1799422.89	1810979.44	1827354.07	1834756.04	1852409.84	1871921.27	1886134.93	1898731.20	1911613.35	1928178.97	1931934.41
运用方项目												
一、各项贷款	1086366.65	1098023.51	1108256.00	1119233.62	1130352.83	1145720.82	1153975.90	1164895.84	1177617.35	1184249.28	1195476.59	1201320.99
(一)境内贷款	1082004.24	1093646.84	1103898.29	1114834.81	1125976.52	1141255.77	1149555.93	1160508.73	1173282.59	1179921.07	1191183.42	1196900.23
1. 住户贷款	341225.02	344226.99	352173.83	357883.61	363989.89	371453.08	377068.78	383704.18	391025.80	395526.63	401732.02	405045.45
(1)短期贷款	96796.29	95994.63	99437.26	100706.43	102486.70	105094.79	106166.21	108331.42	110887.90	111679.02	113706.62	113892.52
消费贷款	50458.87	49856.95	52781.84	54365.87	56223.21	58536.99	59888.94	61976.56	64247.30	65508.70	67487.60	68040.78
经营贷款	46337.42	46137.68	46655.42	46340.55	46263.49	46557.80	46277.28	46354.86	46640.61	46170.32	46219.02	45851.73
(2)中长期贷款	244428.74	248232.35	252736.57	257177.19	261503.19	266358.29	270902.57	275372.76	280137.90	283847.61	288025.40	291152.93
消费贷款	206605.23	210255.02	214065.26	218088.35	221853.09	225922.49	229904.97	233718.02	237732.18	241077.40	244579.72	247153.63
经营贷款	37823.51	37977.33	38671.30	39088.84	39650.09	40435.80	40997.60	41654.74	42405.72	42770.22	43445.68	43999.31
2. 非金融企业及机关团体贷款	734036.94	741350.88	744995.67	750082.34	755743.62	762747.79	766283.13	771113.45	775677.81	777819.70	783045.76	785495.79
(1)短期贷款	264564.56	267950.55	269870.36	271424.58	273896.57	276643.21	277269.27	277964.04	277397.61	277284.33	277481.33	276555.01
(2)中长期贷款	401424.86	407442.41	412919.83	418145.54	422541.05	428306.95	432639.40	436278.51	441302.93	443668.55	447943.17	450022.22
(3)票据融资	50188.14	47769.84	43877.20	41894.59	40425.57	38828.35	37166.49	37484.98	37463.27	37085.13	37470.33	38873.41
(4)融资租赁	16068.82	16357.52	16547.18	16802.98	17011.89	17271.81	17446.66	17629.30	17897.44	18150.54	18523.80	18654.98
(5)各项垫款	1790.56	1830.56	1781.10	1814.65	1868.54	1697.46	1761.31	1756.63	1616.56	1631.15	1627.13	1390.17
3. 非银行业金融机构贷款	6742.28	8068.98	6728.79	6868.86	6243.00	7054.90	6204.02	5691.10	6578.98	6574.74	6405.64	6358.99
(二)境外贷款	4362.41	4376.67	4357.71	4398.80	4376.32	4465.04	4419.97	4387.11	4334.77	4328.20	4293.17	4420.75
二、债券投资	248546.63	248919.17	251996.05	256400.30	260591.54	265484.56	272873.20	276329.25	281209.34	285649.18	291557.63	294381.54
三、股权及其他投资	230254.50	231745.35	230535.74	231934.02	224318.46	222082.89	226041.83	225894.32	220869.72	222684.00	222112.35	217588.73
四、黄金占款	2541.50	2541.50	2541.50	2541.50	2541.50	2541.50	2541.50	2541.50	2541.50	2541.50	2541.50	2541.50

项目	2017.1	2017.2	2017.3	2017.4	2017.5	2017.6	2017.7	2017.8	2017.9	2017.10	2017.11	2017.12
五、中央银行外汇占款	217337.60	216756.41	216209.50	215789.52	215496.18	215153.03	215106.56	215098.35	215106.85	215127.83	215151.52	214788.33
六、在国际金融机构资产	1444.15	1436.95	1440.65	1455.12	1455.53	1427.04	1382.29	1375.67	1386.45	1361.56	1339.38	1313.32
资金运用总计	1786491.03	1799422.89	1810979.44	1827354.07	1834756.04	1852409.84	1871921.27	1886134.93	1898731.20	1911613.35	1928178.97	1931934.41

注:1. 本表机构包括中国人民银行、银行业存款类金融机构、银行业非存款类金融机构。

2. 银行业存款类金融机构包括银行、信用社和财务公司。银行业非存款类金融机构包括信托投资公司、金融租赁公司、汽车金融公司和贷款公司等银行业非存款类金融机构。

3. 自2015年起,"各项存款"含非银行业金融机构存放款项,"各项贷款"含拆放给非银行业金融机构款项。

4. 自2017年起,对国际金融组织相关本币账户以净头寸反映。

2017年存款类金融机构人民币信贷收支表

单位:亿元

项目	2017.1	2017.2	2017.3	2017.4	2017.5	2017.6	2017.7	2017.8	2017.9	2017.10	2017.11	2017.12
来源方项目												
一、各项存款	1531977.28	1556088.08	1568760.82	1571673.55	1582817.83	1609412.68	1617453.20	1629349.81	1633471.10	1643553.60	1659508.00	1651654.63
(一)境内存款	1522833.00	1546564.95	1559443.15	1561864.11	1574083.31	1598755.46	1608029.61	1618928.58	1622846.62	1632725.02	1648649.64	1641187.23
1. 住户存款	629063.28	630076.46	637408.84	625235.60	626484.45	637137.54	629622.57	632212.48	642590.47	634538.46	635993.73	643767.47
(1)活期存款	249795.56	240875.13	241907.16	235017.10	236092.94	242055.06	238119.02	240076.25	246818.26	241453.90	241873.72	248239.10
(2)定期及其他存款	379267.72	389201.33	395501.68	390218.50	390391.51	395082.48	391503.54	392136.23	395772.21	393084.56	394120.00	395528.37
2. 非金融企业存款	483423.72	490064.97	502946.86	503387.60	504449.26	515095.42	511403.38	517457.90	520902.15	520959.15	528123.84	541269.47
(1)活期存款	195924.33	204546.21	212112.69	213136.58	215017.45	221990.56	221174.44	223800.31	219575.87	224629.25	229869.13	237851.89
(2)定期及其他存款	287499.39	285518.77	290834.18	290251.02	289431.81	293104.86	290228.94	293657.59	301326.28	296329.90	298254.72	303417.59
3. 政府存款	270001.75	278189.99	277555.17	286077.66	294746.72	295243.98	308458.69	309048.50	308037.68	321664.47	324281.09	304851.58
(1)财政性存款	39572.95	41475.89	33806.23	40231.39	45778.68	39613.83	51222.73	47322.37	43341.35	53837.66	53459.51	41133.41
(2)机关团体存款	230428.80	236714.10	243748.94	245846.27	248968.05	255630.15	257235.95	261726.13	264696.34	267826.81	270821.58	263718.17
4. 非存款类金融机构存款	140344.25	148233.52	141532.28	147163.25	148402.88	151278.51	158544.98	160209.70	151316.31	155562.94	160250.98	151298.71
(二)境外存款	9144.28	9523.13	9317.67	9809.44	8734.52	10657.23	9423.59	10421.23	10624.48	10828.58	10858.36	10467.40
二、金融债券	47252.98	47947.66	48566.39	48519.31	49141.12	50300.16	50472.98	51658.72	53288.03	54370.35	55966.71	58853.26
三、流通中货币	86598.61	71727.69	68605.05	68392.60	67333.21	66977.68	67129.04	67550.99	69748.54	68230.69	68623.16	70645.60
四、对国际金融机构负债	6.34	6.34	4.35	4.35	4.33	9.79	32.52	9.57	9.63	9.61	9.58	9.47
五、其他	124473.49	127155.98	128240.86	141728.05	138006.56	127609.00	139037.65	139417.41	143360.41	147021.95	145619.13	151917.17
资金来源总计	1790308.70	1802925.75	1814177.47	1830317.86	1837303.05	1854309.31	1874125.39	1887986.50	1899877.70	1913186.20	1929726.58	1933080.14
运用方项目												
一、各项贷款	1083110.83	1094588.63	1104020.42	1114490.28	1125349.41	1140303.08	1148734.59	1159410.16	1171640.79	1177867.28	1188731.78	1194529.79
(一)境内贷款	1078750.90	1090214.38	1099664.90	1110093.60	1120975.16	1135839.87	1144316.40	1155024.78	1167307.52	1173540.51	1184439.99	1190110.16
1. 住户贷款	336787.48	339840.55	347754.76	353403.48	359522.10	366907.61	372428.28	378916.15	386095.02	390435.26	396441.78	399564.41
(1)短期贷款	96507.06	95715.97	99161.49	100433.47	102217.15	104828.95	105905.65	108074.50	110635.28	111431.72	113463.55	113654.97
消费贷款	50185.22	49593.34	52521.26	54108.24	55968.94	58286.55	59643.94	61735.37	64010.57	65277.28	67260.35	67819.03
经营贷款	46321.84	46122.63	46640.23	46325.24	46248.20	46542.40	46261.71	46339.13	46624.70	46154.44	46203.20	45835.94
(2)中长期贷款	240280.42	244124.58	248593.28	252970.01	257304.95	262078.66	266522.63	270841.65	275459.74	279003.54	282978.23	285909.44
消费贷款	202532.03	206220.46	209995.15	213954.61	217729.40	221724.85	225610.45	229274.21	233161.77	236342.84	239646.53	242018.72
经营贷款	37748.39	37904.12	38598.12	39015.40	39575.55	40353.81	40912.18	41567.44	42297.97	42660.70	43331.70	43890.72
2. 非金融企业及机关团体贷款	716829.06	723765.71	727175.65	731940.61	737379.00	744133.05	747503.11	752180.82	756465.12	758252.42	763066.38	765401.71
(1)短期贷款	263557.86	266852.10	268749.24	270239.84	272693.43	275462.95	276102.95	276836.41	276258.49	276042.51	276206.31	275295.70
(2)中长期贷款	401172.23	407192.45	412648.70	417876.19	422274.94	428030.37	432360.92	435992.12	441012.64	443377.54	447642.29	449717.42
(3)票据融资	50188.14	47769.84	43877.20	41894.59	40425.57	38828.35	37166.49	37484.98	37463.27	37085.13	37470.33	38873.41
(4)融资租赁	120.27	120.75	119.41	115.33	116.51	113.91	111.43	110.68	114.16	116.08	120.32	125.00
(5)各项垫款	1790.56	1830.56	1781.10	1814.65	1868.54	1697.46	1761.31	1756.63	1616.56	1631.15	1627.13	1390.17
3. 非存款类金融机构贷款	25134.36	26608.12	24734.48	24749.51	24074.07	24799.20	24385.01	23927.80	24747.38	24852.83	24931.83	25144.04
(二)境外贷款	4359.93	4374.26	4355.52	4396.68	4374.25	4463.21	4418.19	4385.38	4333.27	4326.77	4291.79	4419.62
二、债券投资	259681.67	259967.65	263586.65	268310.10	272372.95	277237.72	284885.30	288285.29	293030.65	298271.88	304519.55	307067.00
三、股权及其他投资	226192.95	227634.61	226378.74	227731.34	220087.48	217646.95	221475.16	221275.52	216171.47	218016.14	217442.85	212840.19
四、黄金占款	2541.50	2541.50	2541.50	2541.50	2541.50	2541.50	2541.50	2541.50	2541.50	2541.50	2541.50	2541.50
五、中央银行外汇占款	217337.60	216756.41	216209.50	215789.52	215496.18	215153.03	215106.56	215098.35	215106.85	215127.83	215151.52	214788.33
六、在国际金融机构资产	1444.15	1436.95	1440.65	1455.12	1455.53	1427.04	1382.29	1375.67	1386.45	1361.56	1339.38	1313.32
资金运用总计	1790308.70	1802925.75	1814177.47	1830317.86	1837303.05	1854309.31	1874125.39	1887986.50	1899877.70	1913186.20	1929726.58	1933080.14

注:1. 本表机构包括中国人民银行、银行业存款类金融机构。

2. 银行业存款类金融机构包括银行、信用社和财务公司。

3. 自2015年起,"各项存款"含非存款类金融机构存放款项,"各项贷款"含拆放给非存款类金融机构款项。

4. 自2017年起,对国际金融组织相关本币账户以净头寸反映。

2017 年存款类金融机构本外币信贷收支表

单位：亿元人民币

项目	2017.1	2017.2	2017.3	2017.4	2017.5	2017.6	2017.7	2017.8	2017.9	2017.10	2017.11	2017.12
来源方项目												
一、各项存款	1581897.41	1607929.15	1622113.83	1625356.35	1636368.92	1663215.76	1671025.08	1681428.52	1684951.04	1695375.92	1711413.95	1703460.40
(一)境内存款	1563364.38	1588784.57	1602685.67	1605350.20	1616973.74	1641380.54	1650207.78	1659467.83	1662718.89	1672956.33	1689141.35	1681489.32
1. 住户存款	637867.08	638848.01	646154.33	633886.33	635094.54	645588.42	638051.41	640347.92	650738.32	642724.23	644140.09	651983.23
(1)活期存款	254725.28	245684.72	246593.85	239625.76	240655.63	246523.12	242581.48	244334.00	251072.79	245751.42	246153.03	252607.48
(2)定期及其他存款	383141.80	393163.30	399560.48	394260.57	394438.91	399065.30	395469.94	396013.92	399665.53	396972.81	397987.06	399375.76
2. 非金融企业存款	511821.84	520196.42	534231.97	535060.52	535808.42	546422.36	542355.85	547182.17	549913.16	550138.59	557515.72	570496.61
(1)活期存款	206873.04	216325.58	223631.67	224746.18	226705.07	233771.83	233102.38	235247.85	230407.44	236353.21	241837.49	250118.23
(2)定期及其他存款	304948.79	303870.84	310600.29	310314.34	309103.35	312650.53	309253.47	311934.32	319505.72	313785.38	315678.23	320378.39
3. 政府存款	270664.31	278846.87	278195.13	286700.59	295339.16	295843.96	309040.84	309564.38	308582.39	322253.05	324966.63	305563.08
(1)财政性存款	39573.43	41476.37	33806.67	40231.83	45779.11	39614.27	51223.14	47322.80	43341.66	53837.98	53459.58	41133.70
(2)机关团体存款	231090.88	237370.50	244388.45	246468.76	249560.05	256229.70	257817.70	262241.58	265240.73	268415.08	271507.05	264429.38
4. 非存款类金融机构存款	143011.15	150893.28	144104.25	149702.76	150731.61	153525.79	160759.67	162373.36	153485.02	157840.46	162518.92	153446.40
(二)境外存款	18533.03	19144.57	19428.16	20006.15	19395.18	21835.22	20817.31	21960.69	22232.15	22419.58	22272.60	21971.08
二、金融债券	48758.79	49392.35	50278.30	50250.81	50886.09	52038.99	52196.52	53390.81	55045.16	56108.14	58012.87	61025.55
三、对国际金融机构负债	6.34	6.34	4.35	4.35	4.33	9.79	32.52	9.57	9.63	9.61	9.58	9.47
四、其他	4921.33	-7128.77	-9514.63	3499.00	-1732.70	-12293.18	-399.89	454.32	7618.63	10058.23	9263.15	18092.80
资金来源总计	1635583.89	1650199.07	1662881.86	1679110.52	1685526.64	1702971.36	1722854.24	1735283.22	1747624.45	1761551.89	1778699.55	1782588.22
运用方项目												
一、各项贷款	1138621.53	1151555.20	1161633.31	1171715.00	1181527.05	1196576.80	1205026.93	1214328.23	1225731.81	1232441.65	1243725.58	1249271.38
(一)境内贷款	1105035.48	1116890.88	1126722.95	1136915.85	1147542.35	1162157.51	1170307.07	1180253.15	1192455.40	1198683.40	1209689.15	1215274.44
1. 住户贷款	336892.84	339947.47	347851.23	353501.42	359624.38	367009.24	372538.11	379032.75	386204.79	390544.11	396546.33	399669.14
(1)短期贷款	96593.62	95804.34	99239.43	100513.18	102301.40	104912.96	105993.78	108169.92	110724.05	111519.82	113547.80	113739.86
消费贷款	50269.82	49679.80	52597.01	54185.61	56050.55	58367.89	59729.45	61828.26	64096.70	65362.82	67341.97	67901.25
经营贷款	46323.80	46124.54	46642.42	46327.57	46250.85	46545.07	46264.33	46341.67	46627.34	46157.00	46205.84	45838.61
(2)中长期贷款	240299.22	244143.13	248611.80	252988.24	257322.98	262096.28	266544.33	270862.83	275480.75	279024.29	282998.53	285929.28
消费贷款	202550.60	206238.77	210013.43	213972.68	217747.27	221742.29	225631.96	229295.21	233182.60	236363.42	239666.66	242038.39
经营贷款	37748.62	37904.36	38598.37	39015.56	39575.71	40353.99	40912.36	41567.62	42298.15	42660.87	43331.86	43890.89
2. 非金融企业及机关团体贷款	742094.27	749466.57	753243.66	757702.14	762931.38	769428.82	772424.55	776311.21	780504.41	782257.25	787157.02	789386.33
(1)短期贷款	278412.24	282219.26	284381.37	285814.96	288076.01	290677.59	291185.94	291196.54	290849.15	290649.16	291012.83	290254.41
(2)中长期贷款	411378.26	417316.66	422878.55	427864.87	432266.50	437949.45	442054.72	445616.28	450329.92	452647.55	456805.59	458649.14
(3)票据融资	50260.49	47841.53	43952.89	41959.76	40472.60	38866.20	37189.06	37507.13	37480.60	37099.10	37480.48	38882.82
(4)融资租赁	120.27	120.75	119.41	115.33	116.51	113.91	111.43	110.68	114.16	116.08	120.32	125.00
(5)各项垫款	1923.01	1968.36	1911.44	1947.22	1999.75	1821.68	1883.40	1880.57	1730.58	1745.35	1737.79	1474.96
3. 非存款类金融机构贷款	26048.36	27476.84	25628.06	25712.29	24986.59	25719.45	25344.41	24909.19	25746.20	25882.04	25985.80	26218.98
(二)境外贷款	33586.06	34664.32	34910.36	34799.15	33984.70	34419.29	34719.86	34075.08	33276.41	33758.25	34036.43	33996.94
二、债券投资	266006.42	266234.57	270115.59	274915.96	279231.42	284168.97	291823.76	295183.72	301168.64	306545.71	313013.87	315915.75
三、股权及其他投资	229511.78	230972.36	229692.31	231024.44	223312.64	220798.55	224621.25	224395.59	219337.55	221202.96	220620.73	216087.76
四、在国际金融机构资产	1444.15	1436.95	1440.65	1455.12	1455.53	1427.04	1382.29	1375.67	1386.45	1361.56	1339.38	1313.32
资金运用总计	1635583.89	1650199.07	1662881.86	1679110.52	1685526.64	1702971.36	1722854.24	1735283.22	1747624.45	1761551.89	1778699.55	1782588.22

注：1. 本表机构包括中国人民银行、银行业存款类金融机构。
2. 银行业存款类金融机构包括银行、信用社和财务公司。
3. 自 2015 年起，“各项存款”含非存款类金融机构存放款项，“各项贷款”含拆放给非存款类金融机构款项。
4. 自 2017 年起，对国际金融组织相关本币账户以净头寸反映。

2017 年存款类金融机构外汇信贷收支表

单位：亿美元

项目	2017.1	2017.2	2017.3	2017.4	2017.5	2017.6	2017.7	2017.8	2017.9	2017.10	2017.11	2017.12
来源方项目												
一、各项存款	7278.26	7540.52	7733.11	7787.90	7802.53	7942.12	7962.17	7889.52	7756.62	7804.92	7860.49	7928.40
(一)境内存款	5909.40	6141.04	6267.67	6308.64	6249.24	6292.08	6268.77	6141.38	6007.67	6059.21	6131.95	6167.87
1. 住户存款	1283.58	1275.86	1267.59	1254.98	1254.51	1247.47	1252.75	1232.45	1227.66	1232.85	1233.66	1257.35
(1)活期存款	718.74	699.58	679.30	668.59	664.80	659.55	663.24	645.02	641.04	647.25	648.05	668.54

项目	2017.1	2017.2	2017.3	2017.4	2017.5	2017.6	2017.7	2017.8	2017.9	2017.10	2017.11	2017.12
(2)定期及其他存款	564.83	576.29	588.29	586.39	589.72	587.92	589.51	587.44	586.62	585.61	585.62	588.81
2.非金融企业存款	4140.39	4382.76	4534.53	4594.87	4569.11	4624.31	4600.34	4502.99	4371.17	4394.69	4451.02	4472.95
(1)活期存款	1596.30	1713.36	1669.59	1684.24	1702.92	1739.09	1772.80	1734.21	1632.02	1765.74	1812.45	1877.25
(2)定期及其他存款	2544.09	2669.39	2864.95	2910.64	2866.19	2885.23	2827.54	2768.78	2739.15	2628.96	2638.57	2595.70
3.政府存款	96.60	95.55	92.76	90.37	86.32	88.57	86.52	78.15	82.07	88.65	103.82	108.89
(1)财政性存款	0.07	0.07	0.06	0.06	0.06	0.06	0.06	0.06	0.05	0.05	0.01	0.04
(2)机关团体存款	96.53	95.48	92.69	90.31	86.26	88.50	86.46	78.09	82.02	88.60	103.81	108.84
4.非存款类金融机构存款	388.83	386.87	372.79	368.41	339.30	331.73	329.16	327.78	326.77	343.02	343.45	328.68
(二)境外存款	1368.86	1399.48	1465.44	1479.26	1553.29	1650.03	1693.40	1748.14	1748.96	1745.71	1728.54	1760.53
二、金融债券	219.55	210.14	248.13	251.19	254.25	256.68	256.16	262.40	264.75	261.73	309.87	332.45
三、卖出回购资产	61.87	62.68	101.99	103.02	108.64	108.98	118.49	122.93	119.00	121.64	125.53	115.18
四、借款及非存款类金融机构拆入	1002.70	1057.76	1068.50	1120.96	1146.38	1218.21	1294.69	1283.81	1363.05	1318.45	1342.70	1299.41
五、其他	1730.88	1536.39	1383.10	1194.42	1016.81	983.09	961.65	978.01	1302.93	1371.07	1297.15	1331.56
资金来源总计	10293.26	10407.49	10534.83	10457.50	10328.60	10509.07	10593.17	10536.67	10806.35	10877.81	10935.73	11007.01
运用方项目												
一、各项贷款	8093.35	8286.05	8350.54	8301.74	8185.22	8306.82	8366.50	8319.66	8150.04	8219.40	8328.10	8377.70
(一)境内贷款	3832.24	3880.22	3921.85	3891.17	3870.91	3884.87	3862.89	3821.90	3789.10	3786.75	3823.66	3851.16
1.住户贷款	15.36	15.55	13.98	14.21	14.90	15.00	16.32	17.66	16.54	16.39	15.83	16.03
(1)短期贷款	12.62	12.85	11.30	11.56	12.28	12.40	13.10	14.46	13.37	13.27	12.76	12.99
消费贷款	12.33	12.58	10.98	11.22	11.89	12.01	12.71	14.07	12.98	12.88	12.36	12.58
经营贷款	0.29	0.28	0.32	0.34	0.39	0.39	0.39	0.38	0.40	0.39	0.40	0.41
(2)中长期贷款	2.74	2.70	2.69	2.65	2.63	2.60	3.23	3.21	3.16	3.13	3.07	3.04
消费贷款	2.71	2.66	2.65	2.62	2.60	2.58	3.20	3.18	3.14	3.10	3.05	3.01
经营贷款	0.03	0.04	0.04	0.02	0.02	0.03	0.03	0.03	0.03	0.03	0.02	0.03
2.非金融企业及机关团体贷款	3683.62	3738.31	3778.35	3737.29	3723.05	3734.02	3703.97	3655.57	3622.07	3615.35	3648.22	3670.63
(1)短期贷款	2165.74	2235.22	2265.76	2259.52	2241.28	2245.90	2241.72	2175.45	2198.41	2199.90	2242.26	2289.29
(2)中长期贷款	1488.02	1472.61	1482.74	1449.08	1455.80	1464.20	1440.75	1457.99	1403.86	1396.15	1387.66	1366.92
(3)票据融资	10.55	10.43	10.97	9.46	6.85	5.59	3.35	3.36	2.61	2.10	1.54	1.44
(4)融资租赁												
(5)各项垫款	19.31	20.04	18.89	19.23	19.12	18.34	18.15	18.78	17.18	17.20	16.76	12.98
3.非存款类金融机构贷款	133.26	126.36	129.52	139.67	132.96	135.84	142.59	148.67	150.50	155.01	159.61	164.51
(二)境外贷款	4261.11	4405.83	4428.69	4410.57	4314.32	4421.95	4503.61	4497.76	4360.94	4432.65	4504.44	4526.54
二、债券投资	922.14	911.55	946.32	958.33	999.30	1023.15	1031.24	1045.06	1226.17	1246.11	1286.35	1354.22
三、股权及其他投资	483.88	485.49	480.28	477.74	469.91	465.22	467.59	472.67	477.04	479.97	481.25	497.01
四、买入返售资产	2.57	16.08	2.95	3.08	6.01	9.68	10.34	11.98	16.42	17.81	16.42	16.96
五、存放非存款类金融机构款项	791.32	708.32	754.74	716.61	668.16	704.19	717.49	687.31	936.68	914.52	823.60	761.11
资金运用总计	10293.26	10407.49	10534.83	10457.50	10328.60	10509.07	10593.17	10536.67	10806.35	10877.81	10935.73	11007.01

注:1.本表机构包括中国人民银行、银行业存款类金融机构。
2.银行业存款类金融机构包括银行、信用社和财务公司。
3.自2015年起,“各项存款”含非存款类金融机构存放款项,“各项贷款”含拆放给非存款类金融机构款项。

2017年金融机构外汇信贷收支表

单位:亿美元

项目	2017.1	2017.2	2017.3	2017.4	2017.5	2017.6	2017.7	2017.8	2017.9	2017.10	2017.11	2017.12
来源方项目												
一、各项存款	7263.58	7525.86	7722.07	7774.70	7790.33	7931.32	7945.99	7876.21	7745.19	7788.50	7845.07	7909.60
(一)境内存款	5894.72	6126.38	6256.63	6295.44	6237.05	6281.29	6252.58	6128.08	5996.23	6042.78	6116.53	6149.07
1.住户存款	1283.58	1275.86	1267.59	1254.98	1254.51	1247.47	1252.75	1232.45	1227.66	1232.85	1233.66	1257.35
(1)活期存款	718.74	699.58	679.30	668.59	664.80	659.55	663.24	645.02	641.04	647.25	648.05	668.54
(2)定期及其他存款	564.83	576.29	588.29	586.39	589.72	587.92	589.51	587.44	586.62	585.61	585.62	588.81
2.非金融企业存款	4141.54	4383.94	4535.73	4596.09	4570.34	4625.45	4601.48	4504.14	4372.36	4395.88	4452.24	4474.34
(1)活期存款	1596.30	1713.36	1669.59	1684.24	1702.92	1739.09	1772.80	1734.21	1632.02	1765.74	1812.45	1877.25
(2)定期及其他存款	2545.24	2670.58	2866.15	2911.85	2867.42	2886.36	2828.68	2769.93	2740.33	2630.14	2639.79	2597.09
3.政府存款	96.60	95.55	92.76	90.37	86.32	88.57	86.52	78.15	82.07	88.65	103.82	108.89
(1)财政性存款	0.07	0.07	0.06	0.06	0.06	0.06	0.06	0.06	0.05	0.05	0.01	0.04
(2)机关团体存款	96.53	95.48	92.69	90.31	86.26	88.50	86.46	78.09	82.02	88.60	103.81	108.84

项目	2017.1	2017.2	2017.3	2017.4	2017.5	2017.6	2017.7	2017.8	2017.9	2017.10	2017.11	2017.12
4.非银行业金融机构存款	373.01	371.03	360.55	353.99	325.88	319.80	311.83	313.33	314.15	325.40	326.81	308.49
(二)境外存款	1368.86	1399.48	1465.44	1479.26	1553.29	1650.03	1693.40	1748.14	1748.96	1745.71	1728.54	1760.53
二、金融债券	249.24	242.04	297.55	296.90	301.39	303.81	302.81	318.58	320.54	325.57	367.94	390.07
三、卖出回购资产	61.87	62.68	101.99	103.02	108.64	108.98	118.49	122.93	119.00	121.64	125.53	115.18
四、借款及非银行业金融机构拆入	1161.96	1218.09	1226.76	1279.34	1303.76	1383.36	1458.96	1479.85	1565.26	1516.48	1543.70	1504.40
五、其他	1550.25	1360.35	1200.35	1001.45	828.57	785.85	762.72	729.62	1054.44	1125.57	1045.18	1076.78
资金来源总计	10286.90	10409.02	10548.72	10455.42	10332.69	10513.32	10588.97	10527.20	10804.43	10877.76	10927.41	10996.04
运用方项目												
一、各项贷款	8103.52	8302.71	8367.55	8313.36	8200.60	8326.83	8379.14	8327.43	8163.19	8227.64	8331.57	8379.41
(一)境内贷款	3815.95	3868.51	3910.38	3873.85	3856.32	3868.69	3838.37	3790.65	3756.04	3748.42	3778.58	3802.41
1.住户贷款	15.36	15.55	13.98	14.21	14.90	15.00	16.32	17.66	16.54	16.39	15.83	16.03
(1)短期贷款	12.62	12.85	11.30	11.56	12.28	12.40	13.10	14.46	13.37	13.27	12.76	12.99
消费贷款	12.33	12.58	10.98	11.22	11.89	12.01	12.71	14.07	12.98	12.88	12.36	12.58
经营贷款	0.29	0.28	0.32	0.34	0.39	0.39	0.39	0.38	0.40	0.39	0.40	0.41
(2)中长期贷款	2.74	2.70	2.69	2.65	2.63	2.60	3.23	3.21	3.16	3.13	3.07	3.04
消费贷款	2.71	2.66	2.65	2.62	2.60	2.58	3.20	3.18	3.14	3.10	3.05	3.01
经营贷款	0.03	0.04	0.04	0.02	0.02	0.03	0.03	0.03	0.03	0.03	0.02	0.03
2.非金融企业及机关团体贷款	3794.27	3847.69	3891.02	3849.74	3834.61	3845.18	3812.34	3761.22	3726.95	3720.46	3750.89	3776.35
(1)短期贷款	2165.90	2235.38	2265.92	2259.68	2241.44	2246.06	2241.88	2175.61	2198.57	2200.06	2242.42	2289.45
(2)中长期贷款	1488.54	1473.14	1483.26	1449.61	1456.32	1464.72	1441.27	1458.51	1404.39	1396.67	1388.19	1367.44
(3)票据融资	10.55	10.43	10.97	9.46	6.85	5.59	3.35	3.36	2.61	2.10	1.54	1.44
(4)融资租赁	109.96	108.70	111.98	111.76	110.88	110.47	107.68	104.97	104.20	104.43	101.99	105.04
(5)各项垫款	19.31	20.04	18.89	19.23	19.12	18.34	18.15	18.78	17.18	17.20	16.76	12.98
3.非银行业金融机构贷款	6.32	5.27	5.37	9.91	6.80	8.51	9.71	11.76	12.54	11.57	11.86	10.03
(二)境外贷款	4287.57	4434.19	4457.17	4439.50	4344.28	4458.13	4540.76	4536.78	4407.15	4479.22	4552.99	4577.00
二、债券投资	898.75	890.37	922.72	931.02	973.41	997.20	1004.78	1018.20	1198.91	1218.98	1258.46	1325.89
三、股权及其他投资	484.75	486.36	481.23	478.69	470.87	466.18	468.55	473.63	478.00	480.92	482.21	498.04
四、买入返售资产	2.57	16.08	2.95	3.08	6.01	9.68	10.34	11.98	16.42	17.81	16.42	16.96
五、存放非银行业金融机构款项	797.31	713.50	774.27	729.27	681.80	713.43	726.16	695.97	947.92	932.40	838.75	775.73
资金运用总计	10286.90	10409.02	10548.72	10455.42	10332.69	10513.32	10588.97	10527.20	10804.43	10877.76	10927.41	10996.04

注:1.本表机构包括中国人民银行、银行业存款类金融机构、银行业非存款类金融机构。

2.银行业存款类金融机构包括银行、信用社和财务公司。银行业非存款类金融机构包括信托投资公司、金融租赁公司、汽车金融公司和贷款公司等银行业非存款类金融机构。

3.自2015年起,"各项存款"含非银行业金融机构存放款项,"各项贷款"含拆放给非银行业金融机构款项。

2017年其他存款性公司资产负债表

单位:亿元人民币

项目	2017.1	2017.2	2017.3	2017.4	2017.5	2017.6	2017.7	2017.8	2017.9	2017.10	2017.11	2017.12
国外资产	52382.92	52332.99	52878.54	52635.45	51170.68	52266.20	52342.46	51376.69	53361.16	53852.29	54156.99	53482.42
储备资产	226870.34	236596.32	239252.18	236746.90	237024.31	243284.63	237297.88	240317.19	242297.40	242651.58	243513.49	256108.11
准备金存款	216706.38	228961.25	232610.62	230705.39	230611.33	236993.63	231167.23	234050.96	235419.45	236337.41	237285.49	249680.13
库存现金	10163.96	7635.07	6641.56	6041.51	6412.97	6290.99	6130.65	6266.23	6877.95	6314.17	6228.00	6427.98
对政府债权	173104.25	173063.98	175020.18	179433.79	184280.44	189320.08	197698.05	201149.52	206014.99	210212.70	216551.17	218244.08
其中:中央政府	173104.25	173063.98	175020.18	179433.79	184280.44	189320.08	197698.05	201149.52	206014.99	210212.70	216551.17	218244.08
对中央银行债权	536.06	524.59	522.15	521.34	521.83	2.59	2.59	2.59	2.59	2.59	2.59	0.00
对其他存款性公司债权	311394.21	308360.91	311844.58	300195.80	299439.07	296901.52	289849.22	293442.80	292933.11	290177.26	295253.17	296042.86
对其他金融机构债权	274545.84	277031.24	277853.48	274666.49	270475.94	284540.96	280104.44	280116.71	278499.63	278392.53	281549.57	280616.80
对非金融机构债权	844232.95	849690.32	852221.87	856414.01	859976.09	866964.10	870614.96	877622.13	879634.60	881191.82	885114.57	889011.43
对其他居民部门债权	336892.84	339947.47	347851.23	353501.42	359624.38	367009.24	372538.11	379032.75	386204.79	390544.11	396546.33	399669.14
其他资产	118918.62	107565.42	103578.27	105709.55	108875.74	103915.04	104043.58	106688.18	102809.16	106902.35	109002.82	104048.92
总资产	2338878.01	2345113.25	2361022.48	2359824.74	2371388.46	2404204.36	2404491.30	2429748.57	2441757.45	2453927.22	2481690.70	2497223.76
对非金融机构及住户负债	1426694.39	1440407.25	1469485.35	1458744.04	1463203.00	1491234.21	1482019.48	1497641.75	1511037.38	1505057.99	1516194.21	1531978.63
纳入广义货币的存款	1338630.83	1352347.80	1380626.90	1370873.13	1376212.11	1403185.46	1393284.88	1406338.45	1423078.51	1417738.40	1429213.36	1442682.27
单位活期存款	385927.84	404799.91	420165.04	421787.82	429056.58	443250.48	443355.54	450562.94	448114.50	457746.50	466941.89	473144.55
单位定期存款	317957.26	311667.58	317183.42	318092.78	314929.83	317003.07	314699.58	317888.57	326614.31	319740.97	320651.87	320196.23
个人存款	634745.73	635880.32	643278.44	630992.53	632225.70	642931.90	635229.77	637886.94	648349.70	640250.93	641619.60	649341.50
不纳入广义货币的存款	45145.77	47053.20	48587.66	48847.08	48735.23	49138.78	48826.79	47399.80	46694.24	46694.00	46805.99	47043.42

项目	2017.1	2017.2	2017.3	2017.4	2017.5	2017.6	2017.7	2017.8	2017.9	2017.10	2017.11	2017.12
可转让存款	13237.41	14191.37	13976.95	13905.01	14356.21	14682.81	14835.69	14479.55	13811.31	14473.55	14769.76	15266.53
其他存款	31908.36	32861.83	34610.71	34942.07	34379.02	34455.97	33991.11	32920.26	32882.94	32220.45	32036.23	31776.89
其他负债	42917.80	41006.24	40270.79	39023.83	38255.67	38909.97	39907.81	43903.49	41264.62	40625.59	40174.86	42252.94
对中央银行负债	94354.18	91564.60	83858.15	87596.04	88713.32	90883.78	96024.86	90457.27	93244.86	101467.32	104762.32	105470.08
对其他存款性公司负债	138852.82	134090.54	133599.68	123165.31	124877.93	122164.57	115610.64	119813.83	119269.64	118633.92	121983.45	126116.07
对其他金融性公司负债	157925.85	164353.95	154081.50	161447.49	161309.18	163226.83	172725.83	174931.25	166741.52	171433.17	176261.61	168350.54
其中:计入广义货币的存款	150716.15	158837.59	150377.62	156219.29	156968.25	160278.63	167681.30	170365.81	161933.73	166470.01	171181.98	162445.76
国外负债	13841.15	14692.13	15276.55	16296.91	16965.02	18166.79	19515.91	20426.03	20140.14	21095.44	21040.32	20479.05
债券发行	203060.93	208030.11	213157.16	216410.00	214516.45	218171.63	219392.14	221420.38	223471.80	223518.57	225742.65	225877.02
实收资本	47174.42	47203.90	47579.29	47816.22	47959.08	48157.72	48383.63	48619.31	49343.02	49628.61	49967.97	51828.47
其他负债	256974.26	244770.78	243984.80	248348.72	253844.48	252198.83	250818.80	256438.75	258509.08	263092.20	265738.16	267123.89
总负债	2338878.01	2345113.25	2361022.48	2359824.74	2371388.46	2404204.36	2404491.30	2429748.57	2441757.45	2453927.22	2481690.70	2497223.76

2017 年中资全国性大型银行人民币信贷收支表

单位:亿元

项目	2017.1	2017.2	2017.3	2017.4	2017.5	2017.6	2017.7	2017.8	2017.9	2017.10	2017.11	2017.12
来源方项目												
一、各项存款	741965.68	752702.55	764749.28	756266.81	762338.47	786160.53	781020.35	790000.24	798332.63	792274.76	794862.73	793135.65
(一)境内存款	737646.74	748224.96	760256.23	751716.92	757906.56	781530.78	776704.62	785356.31	793285.77	787032.86	789439.27	787874.39
1. 个人存款	376215.17	374368.14	379028.31	369532.85	369366.43	375026.38	370146.91	371912.73	379328.40	371632.11	372104.12	376349.76
其中:活期储蓄存款	167505.16	160489.87	161204.65	156558.39	157003.02	159862.23	157884.11	159639.49	164775.11	159624.35	159958.73	163926.10
定期储蓄存款	137947.42	138849.41	138638.08	136326.78	135469.67	135458.69	133576.80	132748.17	132810.72	130789.45	129913.57	128880.82
结构性存款	9694.07	10568.43	11837.99	10940.05	10543.62	11357.19	11245.04	11433.87	11709.10	12493.20	13167.30	13333.02
2. 单位存款	318399.05	328689.84	338734.46	338142.27	341763.86	349155.78	348380.25	353296.73	356849.74	356303.10	357468.60	355422.93
其中:活期存款	143295.71	150679.78	157638.43	157595.46	161286.68	165137.05	166040.63	168057.83	167655.29	169475.37	171746.66	170310.58
定期存款	72173.58	72171.51	72892.00	72664.65	72028.87	72026.52	70894.31	71389.66	71440.38	71407.42	70651.74	70778.34
保证金存款	12178.47	12061.05	12211.24	11978.50	11864.88	11834.00	11240.57	11111.36	11078.42	10834.58	10756.29	10670.31
结构性存款	12281.70	12164.94	11227.03	11623.02	11034.60	11302.74	11841.59	12465.86	13072.14	11851.08	12282.24	10878.54
3. 国库定期存款	4087.54	4035.07	4206.90	4741.44	4874.65	5422.12	5762.55	6246.22	6097.79	6009.17	5548.64	5221.81
4. 非存款类金融机构存款	38944.99	41131.91	38286.57	39300.35	41901.61	51926.51	52414.91	53900.62	51009.82	53088.47	54317.91	50879.88
(二)境外存款	4318.94	4477.60	4493.04	4549.89	4431.92	4629.75	4315.74	4643.94	5046.87	5241.90	5423.46	5261.26
二、金融债券	85854.54	86562.01	86931.41	87562.28	87153.62	87489.03	87794.47	88668.44	89444.55	91004.47	92570.67	93466.82
三、卖出回购资产	11135.20	10491.73	3851.77	4057.22	5065.90	4035.85	7860.10	3242.12	4962.63	8657.38	9040.36	13473.94
四、向中央银行借款	34845.26	36198.88	38781.22	39624.70	40413.78	41511.54	41408.76	41954.28	41773.10	41894.15	41965.83	42476.16
五、银行业存款类金融机构往来(来源方)	17506.57	16683.45	17514.57	17293.47	16471.22	14797.97	14111.55	14446.69	14308.80	13432.37	14857.79	15980.58
六、其他	65116.03	65680.90	66150.09	69230.58	71057.31	62478.81	63130.22	63564.25	62181.28	65001.86	66251.82	70579.04
资金来源总计	956423.28	968319.52	977978.33	974035.06	982500.30	996473.71	995325.45	1001876.02	1011003.00	1012264.99	1019549.20	1029112.19
运用方项目												
一、各项贷款	548824.86	553561.48	557660.47	562222.03	566767.23	572689.52	576934.42	581610.86	586336.03	589513.50	592371.09	594701.26
(一)境内贷款	546939.06	551676.71	555778.43	560400.67	565026.67	570971.01	575206.24	579931.41	584693.47	587860.41	590749.25	593013.57
1. 短期贷款	132158.79	133666.52	135607.91	137271.07	138445.86	140801.21	141730.23	142592.23	143331.55	143489.13	142975.60	142594.58
2. 中长期贷款	391879.98	397441.64	402184.37	406771.49	411390.65	416405.49	420774.43	424802.89	429143.55	432320.01	435612.42	437345.15
3. 票据融资	22422.07	20082.67	17518.42	15887.22	14717.96	13340.42	12276.61	12115.49	11834.83	11669.51	11784.80	12732.60
4.. 融资租赁												
5. 各项垫款	478.22	485.87	467.74	470.89	472.21	423.88	424.97	420.80	383.55	381.76	376.42	341.24
(二)境外贷款	1885.80	1884.77	1882.03	1821.36	1740.55	1718.52	1728.19	1679.45	1642.56	1653.08	1621.84	1687.69
二、债券投资	199137.88	199838.81	202329.11	205765.86	208037.43	210007.83	214515.93	215719.75	218302.98	221421.19	225560.96	225235.63
三、股权及其他投资	43240.16	44280.47	44073.53	44008.46	41368.22	41454.64	41115.88	41017.05	40318.01	39040.53	37941.54	38288.41
四、买入返售资产	21356.35	16759.49	21904.34	14217.50	20068.83	24207.74	17222.90	17178.12	20324.86	15138.64	16567.85	22503.60
五、存放中央银行存款	103392.44	117335.81	116550.20	116738.15	116270.97	117537.17	117693.27	118794.37	117302.58	120323.09	118561.41	120384.08
六、银行业存款类金融机构往来(运用方)	40471.59	36543.46	35460.68	31083.05	29987.63	30576.82	27843.04	27555.86	28418.53	26828.04	28546.35	27999.21
资金运用总计	956423.28	968319.52	977978.33	974035.06	982500.30	996473.71	995325.45	1001876.02	1011003.00	1012264.99	1019549.20	1029112.19

注:1. 本表机构指本外币资产总量大于等于 2 万亿元的银行(以 2008 年末各金融机构本外币资产总额为参考标准),包括工行、建行、农行、中行、国开行、交行和邮政储蓄银行。
2. 自 2015 年起,"各项存款"含非存款类金融机构存放款项,"各项贷款"含拆放给非存款类金融机构款项。

2017 年中资全国性四家大型银行人民币信贷收支表

单位:亿元

项目	2017.1	2017.2	2017.3	2017.4	2017.5	2017.6	2017.7	2017.8	2017.9	2017.10	2017.11	2017.12
来源方项目												
一、各项存款	595453.06	601041.68	612711.10	603579.86	608773.70	622878.71	617383.80	624303.66	632796.90	625995.35	627842.65	628072.26
(一)境内存款	591334.63	596770.77	608434.15	599239.48	604568.48	618481.34	613289.02	619882.39	627981.13	620960.36	622632.44	623040.56
1.个人存款	297005.52	293065.80	297407.85	288782.15	288861.01	293493.16	288735.99	290371.28	297499.76	289430.87	289245.73	292761.45
其中:活期储蓄存款	138283.47	132194.35	133347.10	128316.03	128836.05	131342.42	129134.41	130728.43	134982.18	130360.01	130594.39	133766.32
定期储蓄存款	127587.98	128837.83	128916.96	126859.53	126207.32	126369.52	124663.93	123995.65	124220.13	122355.47	121624.72	120768.47
结构性存款	5688.34	5843.04	6739.28	6905.65	6565.38	6797.34	7032.88	7225.21	8024.15	8008.07	8232.19	8283.21
2.单位存款	263165.70	271959.59	281021.38	279903.72	282710.88	289415.86	288454.26	291785.46	296242.58	295342.07	295448.47	295161.11
其中:活期存款	112695.23	119230.51	125587.01	124640.41	127337.71	131220.89	132035.08	132985.90	133577.54	134497.83	136482.66	136591.91
定期存款	63154.32	63131.27	63743.85	63564.33	63059.95	63134.45	62203.88	62729.56	62843.61	62902.65	62163.90	62274.09
保证金存款	9465.53	9419.87	9602.34	9477.97	9415.34	9383.78	8961.71	8863.66	8853.76	8648.43	8579.77	8545.27
结构性存款	7988.78	7224.88	6656.33	7085.42	6740.28	6485.71	6790.17	6964.29	7537.61	6776.99	6807.46	6107.15
3.国库定期存款	3193.27	3138.24	3290.44	3745.09	3917.47	4539.87	4953.10	5124.30	5017.43	4959.89	4868.93	4522.95
4.非存款类金融机构存款	27970.13	28607.14	26714.47	26808.51	29079.12	31032.45	31145.68	32601.35	29221.36	31227.53	33069.30	30595.05
(二)境外存款	4118.44	4270.91	4276.95	4340.38	4205.22	4397.37	4094.78	4421.27	4815.77	5034.99	5210.21	5031.70
二、金融债券	6446.37	6447.62	6452.86	6453.43	6453.62	6455.31	6453.20	6453.19	6745.90	7129.45	8263.65	8258.99
三、卖出回购资产	8955.45	8611.99	3443.83	3123.76	3220.61	2381.53	5781.36	1969.55	2998.77	6734.44	6552.06	11456.92
四、向中央银行借款	12536.26	13690.69	15454.22	15800.57	16300.08	16878.24	16774.97	17203.87	17018.33	17138.18	17173.79	17608.24
五、银行业存款类金融机构往来(来源方)	9413.06	9965.33	11378.64	11565.44	11089.38	9473.16	9026.73	8921.74	9511.30	8291.26	9428.16	9822.66
六、其他	56270.80	56924.02	57156.20	60123.20	62173.17	61048.07	61884.66	61750.97	59518.57	62430.28	63321.07	65711.74
资金来源总计	689075.00	696681.34	706596.84	700646.25	708010.56	719115.03	717304.71	720602.99	728589.76	727718.97	732581.38	740930.81
运用方项目												
一、各项贷款	398649.54	401919.27	405057.11	408117.85	411050.39	415247.85	418210.32	421493.57	424636.85	426743.14	428508.94	429665.51
(一)境内贷款	397338.63	400603.95	403733.32	406846.05	409829.28	414047.64	416998.37	420330.37	423511.18	425635.60	427434.87	428580.27
1.短期贷款	104635.02	105606.49	107568.36	108799.44	109425.96	111357.23	112066.92	112728.84	112900.75	112738.62	112242.72	111701.61
2.中长期贷款	274788.57	279194.48	282743.04	286200.31	289615.96	293205.09	296334.31	299210.27	302564.02	305001.87	307248.31	308248.14
3.票据融资	17533.22	15414.92	13041.91	11455.24	10390.74	9134.60	8244.77	8039.19	7748.39	7598.36	7649.48	8366.34
4..融资租赁												
5.各项垫款	381.81	388.06	380.01	391.06	396.61	350.72	352.37	352.07	298.02	296.74	294.37	264.18
(二)境外贷款	1310.92	1315.32	1323.79	1271.81	1221.11	1200.21	1211.94	1163.20	1125.67	1107.54	1074.07	1085.24
二、债券投资	152646.13	153345.28	155054.22	157172.75	158420.24	160081.31	164332.56	164407.32	165714.60	168088.14	171431.60	170984.61
三、股权及其他投资	14510.98	16041.03	17137.26	16692.09	14771.62	15023.17	14765.05	14680.83	13498.72	12690.07	11997.12	12718.19
四、买入返售资产	15172.91	8802.37	12314.04	5401.33	11915.29	15927.65	9933.91	9413.98	13806.01	8451.81	10431.37	15495.86
五、存放中央银行存款	81893.40	93861.24	92989.79	93473.14	93112.18	94214.79	94412.69	94979.12	93730.43	96416.39	93977.38	96239.28
六、银行业存款类金融机构往来(运用方)	26202.04	22712.15	24044.42	19789.09	18740.84	18620.26	15650.19	15628.19	17203.14	15329.42	16234.97	15827.36
资金运用总计	689075.00	696681.34	706596.84	700646.25	708010.56	719115.03	717304.71	720602.99	728589.76	727718.97	732581.38	740930.81

注:1.本表机构包括工行、建行、农行、中行。

2.自2015年起,“各项存款”含非存款类金融机构存放款项,“各项贷款”含拆放给非存款类金融机构款项。

2017 年中资全国中小型银行人民币信贷收支表

单位:亿元

项目	2017.1	2017.2	2017.3	2017.4	2017.5	2017.6	2017.7	2017.8	2017.9	2017.10	2017.11	2017.12
来源方项目												
一、各项存款	655860.02	665428.47	674813.76	680087.58	679802.03	687336.43	687800.99	695025.54	696117.50	700533.96	712648.34	714373.42
(一)境内存款	653652.43	663020.56	672390.92	677625.78	677570.81	684609.80	685526.36	692386.37	693211.39	697759.04	710090.80	711726.99
1.个人存款	206282.91	208706.34	212730.25	210959.86	212302.31	217360.30	215102.06	216303.64	219735.34	219602.15	221364.58	225375.78
其中:活期储蓄存款	66897.76	65308.33	66163.52	64411.01	65069.61	68094.52	66282.92	66684.22	68213.11	68086.45	68341.44	70649.54
定期储蓄存款	119573.31	122892.44	124739.63	125006.84	125113.14	125737.11	125862.32	126299.39	127036.95	127292.81	128117.21	128681.01
结构性存款	9825.80	10225.31	10847.26	11077.47	11452.87	12271.96	12187.42	12376.18	13012.72	12901.06	13512.14	14322.53
2.单位存款	342306.63	343851.84	353132.89	354625.19	354523.84	364263.46	360412.18	364587.40	367918.22	370003.44	377528.23	380560.17
其中:活期存款	134917.36	139206.38	144364.85	145373.17	145813.66	151927.09	150842.70	152529.79	151417.03	154608.82	159863.22	162495.67
定期存款	82666.83	82252.20	82491.12	82511.93	82082.56	82362.24	81596.40	81644.09	81564.67	81180.76	81118.40	81448.23

项目	2017.1	2017.2	2017.3	2017.4	2017.5	2017.6	2017.7	2017.8	2017.9	2017.10	2017.11	2017.12
保证金存款	37422.62	35773.28	35618.10	34517.25	33510.73	33384.32	31468.49	31752.77	32025.84	31548.34	32216.45	33423.21
结构性存款	25976.40	24681.92	25958.29	27055.41	27168.85	27453.83	28754.80	30262.03	31692.61	31775.40	32256.54	31014.99
3. 国库定期存款	4806.92	4665.64	5306.57	5805.77	6427.74	5578.81	5653.51	6132.95	5974.13	6458.53	6066.66	6122.51
4. 非存款类金融机构存款	100255.97	105796.74	101221.21	106234.96	104316.91	97407.24	104358.61	105362.38	99583.70	101694.92	105131.32	99668.53
(二)境外存款	2207.59	2407.91	2422.84	2461.81	2231.22	2726.62	2274.63	2639.17	2906.10	2774.91	2557.54	2646.43
二、金融债券	72656.43	72795.60	73625.51	75157.43	75437.63	76058.66	76328.67	77832.20	79728.43	80119.82	81244.23	81875.46
三、卖出回购资产	35413.63	31251.91	24658.15	25768.42	28524.43	28417.29	28032.54	27220.44	26876.48	30791.72	34466.23	32730.49
四、向中央银行借款	28185.82	28464.27	30472.23	30442.69	30693.28	31439.58	31638.99	32596.79	33569.13	33976.93	34288.23	36589.87
五、银行业存款类金融机构往来(来源方)	115296.43	114644.89	117259.49	110584.28	107398.67	108562.37	107572.11	110149.10	109234.48	108451.93	109100.09	107342.95
六、其他	68074.86	70348.65	73982.40	74386.90	76137.55	79684.40	80549.40	83073.79	86660.23	84936.90	84841.52	90085.46
资金来源总计	975487.18	982933.79	994811.55	996427.29	997993.59	1011498.72	1011922.69	1025897.85	1032186.25	1038811.27	1056588.63	1062997.65
运用方项目												
一、各项贷款	467612.35	474333.89	479797.75	485373.10	490762.39	498865.62	502836.19	508389.64	516002.27	518743.30	526230.56	530345.73
(一)境内贷款	465361.43	472061.08	477539.29	483011.13	488337.93	496315.33	500336.28	505871.87	513494.89	516246.78	523734.62	527786.25
1. 短期贷款	214476.02	216584.12	218017.83	218856.34	220108.71	223163.10	223668.42	225062.20	227221.29	227696.33	230390.73	230843.48
2. 中长期贷款	226294.62	230907.79	236528.22	241417.37	245715.82	251274.52	255266.45	258988.23	264451.43	266915.81	271514.24	274871.44
3. 票据融资	23324.79	23271.05	21721.35	21435.90	21159.98	20647.25	20105.47	20525.09	20624.82	20420.86	20614.04	21054.18
4..融资租赁	0.00	0.00	0.00	0.00	0.00	0.00	0.00	0.00	0.00	0.00	0.00	0.00
5. 各项垫款	1266.00	1298.12	1271.89	1301.52	1353.42	1230.45	1295.93	1296.35	1197.34	1213.77	1215.61	1017.14
(二)境外贷款	2250.91	2272.81	2258.46	2361.97	2424.46	2550.29	2499.90	2517.77	2507.38	2496.52	2495.94	2559.48
二、债券投资	144297.86	144008.45	146006.66	149416.97	150094.31	152517.86	155847.67	159320.46	162366.43	165221.88	168225.71	170122.98
三、股权及其他投资	178688.03	179095.83	178212.98	179612.54	174515.94	172167.52	175981.64	175967.11	171810.18	174897.09	175606.62	170831.31
四、买入返售资产	17432.44	21418.84	19770.80	18150.49	21248.55	25651.11	20746.49	22203.51	21780.49	21600.54	24875.80	27492.40
五、存放中央银行存款	88779.18	87317.31	90313.86	89532.47	90031.58	93072.28	89330.74	91257.73	92302.34	92133.96	94646.28	101225.55
六、银行业存款类金融机构往来(运用方)	78677.32	76759.47	80709.50	74341.72	71340.82	69224.33	67179.98	68759.39	67924.55	66214.51	67003.65	62979.67
资金运用总计	975487.18	982933.79	994811.55	996427.29	997993.59	1011498.72	1011922.69	1025897.85	1032186.25	1038811.27	1056588.63	1062997.65

注:1. 本表机构指本外币资产总量小于2万亿元的银行(以2008年末各金融机构本外币资产总额为参考标准)。

2. 自2015年起,“各项存款”含非存款类金融机构存放款项,“各项贷款”含拆放给非存款类金融机构的款项。

2017年中国对外证券投资资产(分国家/地区)

单位:亿美元

序号	国家/地区名称	国家/地区代码	合计	股本证券	债务证券	长期	短期
	合计		4977	3035	1942	1585	357
1	安道尔	AD	0.0	0.0	0.0	0.0	0.0
2	阿联酋	AE	22.4	0.2	22.2	8.2	14.0
3	阿富汗	AF	0.0	0.0	0.0	0.0	0.0
4	安提瓜和巴布达	AG	0.0	0.0	0.0	0.0	0.0
5	安圭拉	AI	0.0	0.0	0.0	0.0	0.0
6	阿尔巴尼亚	AL	0.0	0.0	0.0	0.0	0.0
7	亚美尼亚	AM	0.1	0.0	0.1	0.1	0.0
8	安哥拉	AO	0.2	0.0	0.2	0.2	0.0
9	阿根廷	AR	2.6	0.6	1.9	1.9	0.0
10	美属萨摩亚	AS	0.0	0.0	0.0	0.0	0.0
11	奥地利	AT	3.0	1.9	1.1	1.1	0.0
12	澳大利亚	AU	92.0	44.1	47.9	23.8	24.1
13	阿鲁巴	AW	0.0	0.0	0.0	0.0	0.0
14	阿塞拜疆	AZ	0.3	0.0	0.3	0.3	0.0
15	波黑	BA	0.0	0.0	0.0	0.0	0.0
16	巴巴多斯	BB	0.0	0.0	0.0	0.0	0.0
17	孟加拉国	BD	0.8	0.0	0.8	0.0	0.8
18	比利时	BE	13.7	11.3	2.5	2.4	0.0
19	布基纳法索	BF	0.0	0.0	0.0	0.0	0.0
20	保加利亚	BG	0.1	0.0	0.1	0.1	0.0
21	巴林	BH	0.1	0.0	0.1	0.1	0.0
22	布隆迪	BI	0.0	0.0	0.0	0.0	0.0

序号	国家/地区名称	国家/地区代码	合计	股本证券	债务证券	长期	短期
23	贝宁	BJ	0.0	0.0	0.0	0.0	0.0
24	百慕大	BM	19.8	16.6	3.1	2.7	0.4
25	文莱	BN	0.0	0.0	0.0	0.0	0.0
26	玻利维亚	BO	0.0	0.0	0.0	0.0	0.0
27	博奈尔、圣尤斯特歇斯和萨巴	BQ	0.0	0.0	0.0	0.0	0.0
28	巴西	BR	18.9	14.8	4.1	3.7	0.4
29	巴哈马	BS	0.0	0.0	0.0	0.0	0.0
30	不丹	BT	0.0	0.0	0.0	0.0	0.0
31	博茨瓦纳	BW	0.0	0.0	0.0	0.0	0.0
32	白俄罗斯	BY	0.0	0.0	0.0	0.0	0.0
33	伯利兹	BZ	0.0	0.0	0.0	0.0	0.0
34	加拿大	CA	58.5	32.3	26.2	24.4	1.8
35	科科斯(基林)群岛	CC	0.0	0.0	0.0	0.0	0.0
36	刚果(金)	CD	0.0	0.0	0.0	0.0	0.0
37	中非	CF	0.0	0.0	0.0	0.0	0.0
38	刚果(布)	CG	0.0	0.0	0.0	0.0	0.0
39	瑞士	CH	51.7	42.5	9.2	4.3	4.9
40	科特迪瓦	CI	0.3	0.0	0.3	0.3	0.0
41	库克群岛	CK	0.0	0.0	0.0	0.0	0.0
42	智利	CL	2.5	1.5	1.0	1.0	0.0
43	喀麦隆	CM	0.1	0.0	0.1	0.1	0.0
44	中国	CN	0.0	0.0	0.0	0.0	0.0
45	哥伦比亚	CO	1.9	0.2	1.8	1.8	0.0
46	哥斯达黎加	CR	0.4	0.0	0.4	0.4	0.0
47	古巴	CU	0.9	0.0	0.9	0.2	0.7
48	佛得角	CV	0.0	0.0	0.0	0.0	0.0
49	库拉索岛	CW	0.0	0.0	0.0	0.0	0.0
50	圣诞岛	CX	0.0	0.0	0.0	0.0	0.0
51	塞浦路斯	CY	0.3	0.1	0.2	0.2	0.0
52	捷克	CZ	0.7	0.3	0.4	0.4	0.0
53	德国	DE	83.8	58.8	25.0	25.0	0.0
54	吉布提	DJ	0.0	0.0	0.0	0.0	0.0
55	丹麦	DK	10.2	8.0	2.2	2.2	0.0
56	多米尼克	DM	0.0	0.0	0.0	0.0	0.0
57	多米尼加	DO	0.7	0.0	0.7	0.7	0.0
58	阿尔及利亚	DZ	0.0	0.0	0.0	0.0	0.0
59	厄瓜多尔	EC	0.8	0.0	0.8	0.8	0.0
60	爱沙尼亚	EE	0.0	0.0	0.0	0.0	0.0
61	埃及	EG	1.3	0.7	0.6	0.6	0.0
62	西撒哈拉	EH	0.0	0.0	0.0	0.0	0.0
63	厄立特里亚	ER	0.0	0.0	0.0	0.0	0.0
64	西班牙	ES	14.6	11.2	3.4	3.3	0.0
65	埃塞俄比亚	ET	0.1	0.0	0.1	0.1	0.0
66	芬兰	FI	4.9	4.5	0.4	0.4	0.0
67	斐济	FJ	0.0	0.0	0.0	0.0	0.0
68	福克兰群岛(马尔维纳斯群岛)	FK	0.0	0.0	0.0	0.0	0.0
69	密克罗尼西亚联邦	FM	0.0	0.0	0.0	0.0	0.0
70	法罗群岛	FO	0.0	0.0	0.0	0.0	0.0
71	法国	FR	66.2	46.4	19.8	18.3	1.5
72	加蓬	GA	0.1	0.0	0.1	0.1	0.0
73	英国	GB	176.1	114.1	62.0	47.9	14.1
74	格林纳达	GD	0.0	0.0	0.0	0.0	0.0
75	格鲁吉亚	GE	0.1	0.0	0.1	0.1	0.0
76	法属圭亚那	GF	0.0	0.0	0.0	0.0	0.0
77	格恩西	GG	0.0	0.0	0.0	0.0	0.0
78	加纳	GH	0.2	0.0	0.2	0.2	0.0
79	直布罗陀	GI	0.0	0.0	0.0	0.0	0.0

序号	国家/地区名称	国家/地区代码	合计	股本证券	债务证券	长期	短期
80	格陵兰	GL	0.0	0.0	0.0	0.0	0.0
81	冈比亚	GM	0.0	0.0	0.0	0.0	0.0
82	几内亚	GN	0.0	0.0	0.0	0.0	0.0
83	瓜德罗普	GP	0.0	0.0	0.0	0.0	0.0
84	赤道几内亚	GQ	0.0	0.0	0.0	0.0	0.0
85	希腊	GR	0.6	0.5	0.2	0.2	0.0
86	危地马拉	GT	0.1	0.0	0.1	0.1	0.0
87	关岛	GU	0.0	0.0	0.0	0.0	0.0
88	几内亚比绍	GW	0.0	0.0	0.0	0.0	0.0
89	圭亚那	GY	0.0	0.0	0.0	0.0	0.0
90	中国香港	HK	1543.9	1187.4	356.6	260.2	96.4
91	洪都拉斯	HN	0.1	0.0	0.1	0.1	0.0
92	克罗地亚	HR	0.3	0.0	0.3	0.3	0.0
93	海地	HT	0.0	0.0	0.0	0.0	0.0
94	匈牙利	HU	2.8	0.6	2.2	2.0	0.2
95	印度尼西亚	ID	17.2	6.6	10.7	9.6	1.1
96	爱尔兰	IE	37.9	29.2	8.7	7.0	1.7
97	以色列	IL	2.1	2.0	0.1	0.1	0.0
98	马恩岛	IM	0.2	0.2	0.0	0.0	0.0
99	印度	IN	9.8	7.3	2.5	1.3	1.1
100	英属印度洋领地	IO	0.0	0.0	0.0	0.0	0.0
101	伊拉克	IQ	0.4	0.0	0.4	0.3	0.1
102	伊朗	IR	0.0	0.0	0.0	0.0	0.0
103	冰岛	IS	0.0	0.0	0.0	0.0	0.0
104	意大利	IT	21.1	17.5	3.6	3.6	0.1
105	泽西岛	JE	1.6	0.1	1.5	1.5	0.0
106	牙买加	JM	0.2	0.0	0.2	0.2	0.0
107	约旦	JO	0.2	0.0	0.2	0.2	0.0
108	日本	JP	129.7	93.5	36.3	18.3	17.9
109	肯尼亚	KE	0.1	0.0	0.1	0.1	0.0
110	吉尔吉斯斯坦	KG	0.0	0.0	0.0	0.0	0.0
111	柬埔寨	KH	0.0	0.0	0.0	0.0	0.0
112	基里巴斯	KI	0.0	0.0	0.0	0.0	0.0
113	科摩罗	KM	0.0	0.0	0.0	0.0	0.0
114	圣基茨和尼维斯	KN	0.0	0.0	0.0	0.0	0.0
115	朝鲜	KP	0.0	0.0	0.0	0.0	0.0
116	韩国	KR	48.7	20.9	27.8	10.5	17.2
117	科威特	KW	0.1	0.0	0.1	0.1	0.0
118	开曼群岛	KY	384.7	241.5	143.2	117.2	26.0
119	哈萨克斯坦	KZ	0.6	0.0	0.6	0.6	0.0
120	老挝	LA	0.0	0.0	0.0	0.0	0.0
121	黎巴嫩	LB	0.6	0.0	0.6	0.6	0.1
122	圣卢西亚	LC	0.0	0.0	0.0	0.0	0.0
123	列支敦士登	LI	0.0	0.0	0.0	0.0	0.0
124	斯里兰卡	LK	0.7	0.0	0.7	0.6	0.1
125	利比里亚	LR	0.8	0.7	0.1	0.1	0.0
126	莱索托	LS	0.0	0.0	0.0	0.0	0.0
127	立陶宛	LT	0.1	0.0	0.1	0.1	0.0
128	卢森堡	LU	93.8	65.5	28.3	18.4	9.9
129	拉脱维亚	LV	0.0	0.0	0.0	0.0	0.0
130	利比亚	LY	0.0	0.0	0.0	0.0	0.0
131	摩洛哥	MA	0.8	0.0	0.8	0.8	0.0
132	摩纳哥	MC	0.0	0.0	0.0	0.0	0.0
133	摩尔多瓦	MD	0.0	0.0	0.0	0.0	0.0
134	黑山	ME	0.0	0.0	0.0	0.0	0.0
135	马达加斯加	MG	0.0	0.0	0.0	0.0	0.0
136	马绍尔群岛	MH	0.0	0.0	0.0	0.0	0.0

序号	国家/地区名称	国家/地区代码	合计	股本证券	债务证券	长期	短期
137	前南马其顿	MK	0.0	0.0	0.0	0.0	0.0
138	马里	ML	0.0	0.0	0.0	0.0	0.0
139	缅甸	MM	0.0	0.0	0.0	0.0	0.0
140	蒙古	MN	8.3	7.5	0.8	0.5	0.4
141	中国澳门	MO	11.3	0.1	11.2	7.5	3.7
142	马提尼克	MQ	0.0	0.0	0.0	0.0	0.0
143	毛里塔尼亚	MR	0.0	0.0	0.0	0.0	0.0
144	蒙特塞拉特	MS	0.0	0.0	0.0	0.0	0.0
145	马耳他	MT	0.0	0.0	0.0	0.0	0.0
146	毛里求斯	MU	0.5	0.3	0.2	0.1	0.1
147	马尔代夫	MV	0.1	0.0	0.1	0.0	0.1
148	马拉维	MW	0.0	0.0	0.0	0.0	0.0
149	墨西哥	MX	10.6	4.7	6.0	5.6	0.3
150	马来西亚	MY	4.0	1.4	2.6	2.5	0.1
151	莫桑比克	MZ	0.0	0.0	0.0	0.0	0.0
152	纳米比亚	NA	0.1	0.0	0.1	0.1	0.0
153	新喀里多尼亚	NC	0.0	0.0	0.0	0.0	0.0
154	尼日尔	NE	0.0	0.0	0.0	0.0	0.0
155	诺福克岛	NF	0.0	0.0	0.0	0.0	0.0
156	尼日利亚	NG	0.4	0.0	0.4	0.4	0.0
157	尼加拉瓜	NI	0.0	0.0	0.0	0.0	0.0
158	荷兰	NL	41.6	23.6	17.9	17.4	0.6
159	挪威	NO	4.0	3.1	0.8	0.8	0.0
160	尼泊尔	NP	0.0	0.0	0.0	0.0	0.0
161	瑙鲁	NR	0.0	0.0	0.0	0.0	0.0
162	纽埃	NU	0.0	0.0	0.0	0.0	0.0
163	新西兰	NZ	6.8	4.0	2.7	2.7	0.0
164	阿曼	OM	0.2	0.0	0.2	0.2	0.0
165	巴拿马	PA	1.3	0.8	0.5	0.5	0.0
166	秘鲁	PE	1.2	0.0	1.2	1.2	0.0
167	法属波利尼西亚	PF	0.0	0.0	0.0	0.0	0.0
168	巴布亚新几内亚	PG	0.1	0.1	0.0	0.0	0.0
169	菲律宾	PH	1.8	1.2	0.6	0.5	0.1
170	巴基斯坦	PK	0.5	0.2	0.3	0.3	0.0
171	波兰	PL	9.2	2.0	7.2	7.2	0.0
172	圣皮埃尔和密克隆	PM	0.0	0.0	0.0	0.0	0.0
173	皮特凯恩	PN	0.0	0.0	0.0	0.0	0.0
174	波多黎各	PR	0.0	0.0	0.0	0.0	0.0
175	巴勒斯坦	PS	0.0	0.0	0.0	0.0	0.0
176	葡萄牙	PT	1.5	0.8	0.7	0.6	0.1
177	帕劳	PW	0.0	0.0	0.0	0.0	0.0
178	巴拉圭	PY	0.3	0.0	0.3	0.2	0.0
179	卡塔尔	QA	0.4	0.1	0.4	0.3	0.0
180	留尼汪	RE	0.0	0.0	0.0	0.0	0.0
181	罗马尼亚	RO	0.5	0.1	0.5	0.5	0.0
182	塞尔维亚	RS	0.2	0.0	0.2	0.2	0.0
183	俄罗斯联邦	RU	18.4	16.4	2.0	2.0	0.0
184	卢旺达	RW	0.0	0.0	0.0	0.0	0.0
185	沙特阿拉伯	SA	0.5	0.0	0.5	0.4	0.1
186	所罗门群岛	SB	0.0	0.0	0.0	0.0	0.0
187	塞舌尔	SC	0.5	0.0	0.5	0.0	0.5
188	苏丹	SD	0.0	0.0	0.0	0.0	0.0
189	瑞典	SE	15.8	12.8	3.0	3.0	0.0
190	新加坡	SG	61.6	16.5	45.0	26.1	18.9
191	圣赫勒拿	SH	0.0	0.0	0.0	0.0	0.0
192	斯洛文尼亚	SI	0.3	0.0	0.3	0.3	0.0
193	斯洛伐克	SK	-3.2	-3.2	0.1	0.1	0.0

序号	国家/地区名称	国家/地区代码	合计	股本证券	债务证券	长期	短期
194	塞拉利昂	SL	0.0	0.0	0.0	0.0	0.0
195	圣马力诺	SM	0.0	0.0	0.0	0.0	0.0
196	塞内加尔	SN	0.2	0.0	0.2	0.2	0.0
197	索马里	SO	0.0	0.0	0.0	0.0	0.0
198	苏里南	SR	0.0	0.0	0.0	0.0	0.0
199	南苏丹	SS	0.0	0.0	0.0	0.0	0.0
200	圣多美和普林西比	ST	0.0	0.0	0.0	0.0	0.0
201	萨尔瓦多	SV	0.4	0.0	0.4	0.4	0.0
202	荷属圣马丁	SX	0.0	0.0	0.0	0.0	0.0
203	叙利亚	SY	0.0	0.0	0.0	0.0	0.0
204	斯威士兰	SZ	0.0	0.0	0.0	0.0	0.0
205	特克斯和凯科斯群岛	TC	0.0	0.0	0.0	0.0	0.0
206	乍得	TD	0.0	0.0	0.0	0.0	0.0
207	法属南部领地	TF	0.0	0.0	0.0	0.0	0.0
208	多哥	TG	0.0	0.0	0.0	0.0	0.0
209	泰国	TH	5.0	3.8	1.2	1.1	0.1
210	塔吉克斯坦	TJ	0.0	0.0	0.0	0.0	0.0
211	托克劳	TK	0.0	0.0	0.0	0.0	0.0
212	东帝汶	TL	0.0	0.0	0.0	0.0	0.0
213	土库曼斯坦	TM	0.0	0.0	0.0	0.0	0.0
214	突尼斯	TN	0.1	0.0	0.1	0.1	0.0
215	汤加	TO	0.0	0.0	0.0	0.0	0.0
216	土耳其	TR	4.1	1.5	2.6	2.2	0.3
217	特立尼达和多巴哥	TT	0.1	0.0	0.1	0.1	0.0
218	图瓦卢	TV	0.0	0.0	0.0	0.0	0.0
219	中国台湾	TW	5.4	3.0	2.4	2.3	0.1
220	坦桑尼亚	TZ	0.0	0.0	0.0	0.0	0.0
221	乌克兰	UA	1.2	0.0	1.2	1.2	0.0
222	乌干达	UG	0.0	0.0	0.0	0.0	0.0
223	美国本土外小岛屿	UM	0.0	0.0	0.0	0.0	0.0
224	美国	US	1452.5	820.0	632.5	573.7	58.8
225	乌拉圭	UY	0.5	0.0	0.5	0.4	0.1
226	乌兹别克斯坦	UZ	0.0	0.0	0.0	0.0	0.0
227	梵蒂冈	VA	0.0	0.0	0.0	0.0	0.0
228	圣文森特和格林纳丁斯	VC	0.0	0.0	0.0	0.0	0.0
229	委内瑞拉	VE	0.3	0.0	0.3	0.3	0.0
230	英属维尔京群岛	VG	315.1	15.1	300.1	263.5	36.5
231	美属维尔京群岛	VI	4.3	0.0	4.3	4.3	0.0
232	越南	VN	0.6	0.0	0.6	0.2	0.3
233	瓦努阿图	VU	0.0	0.0	0.0	0.0	0.0
234	瓦利斯和富图纳	WF	0.0	0.0	0.0	0.0	0.0
235	萨摩亚	WS	0.0	0.0	0.0	0.0	0.0
236	科索沃	XK	0.0	0.0	0.0	0.0	0.0
237	也门	YE	0.0	0.0	0.0	0.0	0.0
238	马约特	YT	0.0	0.0	0.0	0.0	0.0
239	南非	ZA	5.9	3.7	2.2	2.1	0.2
240	赞比亚	ZM	0.2	0.0	0.2	0.2	0.0
241	津巴布韦	ZW	0.0	0.0	0.0	0.0	0.0
242	其他	_X	18.1	12.2	5.9	5.2	0.7
243	国际组织	XX	14.7	0.0	14.7	14.7	0.0

注:1. 我国对外证券投资资产数据(分国家/地区)的统计原则与国际货币基金组织的《国际收支和国际投资头寸手册》(第六版)一致。对外证券投资资产是国际投资头寸表(IIP)的一个子项目,本表进一步区分国家/地区,债务投资又区分长期和短期。本表总量数据与已公布IIP表中对应的对外证券投资资产数据略有差异,主要是由于部分数据报送机构修正了数据。

2. 国家/地区代码按照国际货币基金组织的协调证券投资调查(CPIS)的标准列示。

3. 债务证券的长期和短期期限是按照原始期限进行分类。

4. 我国对外证券投资资产(分国家/地区)数据的公布频率为半年度。

5. 本表计数采用四舍五入原则。

2017 年全国银行间同业拆借交易统计表

单位:亿元

	1 天		7 天		14 天		21 天	
	交易量	加权平均利率(%)	交易量	加权平均利率(%)	交易量	加权平均利率(%)	交易量	加权平均利率(%)
2017.1	50192	2.22	6982	2.71	1814	3.15	588	3.81
2017.2	62629	2.38	5150	2.93	904	3.30	194	3.68
2017.3	67691	2.51	6244	3.16	1026	3.53	140	4.20
2017.4	53821	2.56	4989	3.18	761	3.41	63	4.03
2017.5	47751	2.79	6267	3.24	729	3.83	38	4.20
2017.6	55703	2.85	6910	3.30	661	3.92	64	4.50
2017.7	48944	2.73	6593	3.26	444	3.80	69	4.13
2017.8	54286	2.88	6633	3.41	613	3.96	46	3.93
2017.9	59760	2.78	7094	3.50	1736	4.07	219	4.18
2017.10	47104	2.71	6327	3.36	416	4.02	22	4.25
2017.11	63922	2.79	7995	3.44	807	3.99	580	4.10
2017.12	68003	2.71	9337	3.46	2838	4.18	1103	4.03
2017 年累计	679807		80521		12750		3126	

	1 个月		2 个月		3 个月		4 个月	
	交易量	加权平均利率(%)	交易量	加权平均利率(%)	交易量	加权平均利率(%)	交易量	加权平均利率(%)
2017.1	687	3.69	428	4.22	199	4.23	34	4.26
2017.2	316	4.15	271	4.34	189	4.51	203	4.47
2017.3	421	4.39	930	4.51	133	4.87	18	4.64
2017.4	466	4.13	447	4.35	129	4.55	11	4.62
2017.5	270	4.13	229	4.67	175	4.86	11	4.70
2017.6	364.85	4.91	224.25	5.11	249	5.14	24.26	5.09
2017.7	365	3.89	207	4.20	158	4.57	11	4.46
2017.8	392	3.67	247	4.24	156	4.66	32	4.47
2017.9	294	4.19	437	4.73	100	4.93	4	4.89
2017.10	216	4.16	449	4.44	206	4.81	58	4.57
2017.11	570	4.03	448	4.70	286	5.18	24	5.12
2017.12	716	4.80	747	5.22	200	5.59	46	5.31
2017 年累计	5079		5063		2180		475	

	6 个月		9 个月		1 年		交易量合计	加权平均利率(%)
	交易量	加权平均利率(%)	交易量	加权平均利率(%)	交易量	加权平均利率(%)		
2017.1	51	4.35	1	4.25	90	4.67	61066	2.36
2017.2	20	4.53	15	4.31	14	4.60	69905	2.47
2017.3	23	4.63	10	4.65	25	4.64	76661	2.62
2017.4	39	4.43	11	4.67	31	4.78	60767	2.65
2017.5	20	4.96	9	4.97	17	4.36	55514	2.88
2017.6	33.12	4.91	10.00	5.20	42.15	5.26	64285.14	2.94
2017.7	36	4.55	14	4.81	30	4.89	56871	2.82
2017.8	26	4.71	11	4.86	19	4.85	62461	2.96
2017.9	12	4.87	6	5.01	15	5.34	69678	2.92
2017.10	22	4.89	3	5.01	12	5.04	54835	2.82
2017.11	81	4.86	9	5.08	8	4.86	74730	2.92
2017.12	14	5.29	5	5.27	28	5.32	83037	2.91
2017 年累计	377		103		329		789811	

数据来源:中国外汇交易中心。

2017 年全国银行间质押式回购交易统计表

单位:亿元

	1 天		7 天		14 天		21 天	
	交易量	加权平均利率(%)	交易量	加权平均利率(%)	交易量	加权平均利率(%)	交易量	加权平均利率(%)
2017.1	264508	2.24	42838	2.67	22797	3.33	6743	4.36
2017.2	287141	2.44	50053	3.08	13838	3.59	2048	4.10

2017.3	405358	2.59	59949	3.51	20181	4.47	3740	4.71
2017.4	346259	2.65	48919	3.36	16365	3.78	2040	4.22
2017.5	381767	2.78	59981	3.29	17262	4.03	2309	4.30
2017.6	446443	2.85	73710	3.49	18930	4.40	2682	5.01
2017.7	421857	2.78	74549	3.32	14810	3.99	1185	4.21
2017.8	458893	2.96	77543	3.54	16813	4.18	1720	4.25
2017.9	458094	2.84	61700	3.41	38821	4.60	5841	5.04
2017.10	355495	2.75	59513	3.37	14355	4.21	3447	4.42
2017.11	473470	2.82	77143	3.49	16378	4.37	9916	4.47
2017.12	447983	2.73	77846	3.86	26009	5.35	14637	4.88
2017 年累计	4747267		763744		236560		56307	
	1 个月		2 个月		3 个月		4 个月	
	交易量	加权平均利率(%)	交易量	加权平均利率(%)	交易量	加权平均利率(%)	交易量	加权平均利率(%)
2017.1	8453	4.03	3529	4.57	475	4.57	192	4.27
2017.2	1459	4.21	2277	4.35	557	4.51	440	4.47
2017.3	5667	4.82	2795	4.94	868	4.86	507	4.61
2017.4	1554	4.15	1220	4.29	272	4.40	41	4.64
2017.5	3016	4.40	2797	4.64	592	4.86	107	4.84
2017.6	3101	5.14	2446	5.22	1468	5.13	287	5.31
2017.7	941	4.21	738	4.20	713	4.35	539	4.40
2017.8	1431	4.08	1324	4.21	382	4.48	68	4.50
2017.9	3883	4.96	3760	4.79	774	4.59	166	4.74
2017.10	822	4.40	1254	4.37	249	4.70	90	4.71
2017.11	1645	4.47	1720	4.62	708	4.76	388	5.01
2017.12	4954	5.71	3183	5.77	1388	5.55	707	5.42
2017 年累计	36925		27043		8445		3533	
	6 个月		9 个月		1 年		交易量合计	加权平均利率(%)
	交易量	加权平均利率(%)	交易量	加权平均利率(%)	交易量	加权平均利率(%)		
2017.1	95	4.27	34	4.16	166	4.56	349831	2.48
2017.2	185	4.47	30	4.40	4	4.55	358030	2.61
2017.3	350	4.78	479	4.82	6	4.93	499901	2.84
2017.4	147	4.63	6	4.74	35	4.82	416858	2.80
2017.5	90	4.96	6	5.01	1	5.10	467927	2.92
2017.6	71	5.07	12	5.04	7	5.04	549157	3.03
2017.7	241	4.52	9	4.52	4	4.63	515587	2.90
2017.8	54	4.55	7	4.69	9	4.71	558244	3.09
2017.9	190	4.71	30	4.80	13	4.89	573273	3.07
2017.10	42	4.75	6	4.88	14	4.92	435286	2.91
2017.11	70	5.03	18	4.98	26	5.10	581482	3.00
2017.12	159	5.43	140	5.44	24.05	5.20	577029	3.11
2017 年累计	1694		777		309		5882606	

数据来源:中国外汇交易中心。

2017 年企业商品价格指数

以上年同月为 100

年月	总指数	农产品	矿产品	煤油电
2017.1	108.5	104.5	115.2	117.7
2017.2	109.3	100.1	117.1	121.5
2017.3	108.4	97.7	115.8	120.6
2017.4	106.8	97.2	112.2	118.6
2017.5	106.2	97	110.2	114.2
2017.6	106.1	98.2	110.2	110.7
2017.7	105.8	98.7	109.3	109.2
2017.8	106.7	99.8	111.8	111
2017.9	106.9	99.1	111.8	109.9
2017.1	106.8	99.7	111.2	108.6
2017.11	105.3	98.5	107.6	107.1
2017.12	104.4	98.6	105.6	105.7

2017 年城镇储户收入与物价扩散指数表

	2017.Q1	2017.Q2	2017.Q3	2017.Q4
当期收入感受指数	52.6	51.3	52.8	53.6
未来收入信心指数	52.9	52.9	53.3	54.9
未来物价预期指数	61.5	61.3	61.2	64.3

2017 年企业家信心指数与企业景气指数表

	2017. Q1	2017. Q2	2017. Q3	2017. Q4
企业家信心指数	61.5	65.4	68.7	71.8
企业景气指数	52.7	54.6	55.5	59.8

2017 年银行家信心与银行业景气指数表

	银行家信心指数	银行业景气指数
2017. Q1	64.9	66.9
2017. Q2	67.8	65.0
2017. Q3	75.3	65.8
2017. Q4	79.1	68.3

2017 年四季度金融机构贷款投向统计报告

人民银行统计，2017 年末，金融机构人民币各项贷款余额 120.1 万亿元，同比增长 12.7%，增速比上年末低 0.8 个百分点；全年增加 13.5 万亿元，同比多增 8782 亿元。当年贷款投向呈现以下特点：

一、企业中长期贷款增速提高

2017 年末，本外币非金融企业及机关团体贷款余额 81 万亿元，同比增长 8.8%，增速比上年末高 0.5 个百分点；全年增加 6.6 万亿元，同比多增 8454 亿元。

分期限看，年末非金融企业及机关团体短期贷款及票据融资余额 33 万亿元，同比下降 0.02%，增速比上年末低 4.6 个百分点，全年增加 676 亿元，同比少增 1.4 万亿元；中长期贷款余额 45.9 万亿元，同比增长 15.9%，增速比上年末高4.8 个百分点，全年增加 6.2 万亿元，同比多增 2.2 万亿元。

从用途看，年末非金融企业及机关团体固定资产贷款余额 34.6 万亿元，同比增长 12.2%，增速比上年末高 4.9 个百分点；经营性贷款余额 36.2 万亿元，同比增长 11.6%，增速比上年末高 5 个百分点。

二、小微企业贷款增长较快

2017 年末，人民币小微企业贷款余额 24.3 万亿元，同比增长 16.4%，增速比上年末高 0.4 个百分点，比同期大型和中型企业贷款增速分别高 3.8 个和 5.8 个百分点。

2017 年末，小微企业贷款余额占企业贷款余额的 33%，占比比上年末高 0.9 个百分点。全年小微企业贷款增加 3.4 万亿元，同比多增 3967 亿元，增量占同期企业新增贷款的 39.9%，比上年占比水平低 9.2 个百分点。

三、工业和服务业中长期贷款增速上升

2017 年末，本外币工业中长期贷款余额 8.1 万亿元，同比增长5.1%，增速比上年末高2 个百分点；全年增加 3944 亿元，同比多增 1648 亿元。其中，重工业中长期贷款余额 7.2 万亿元，同比增长 5.1%，增速比上年末高 2.1 个百分点；轻工业中长期贷款余额 9389 亿元，同比增长 5.2%，增速比上年末高 1.9 个百分点。

2017 年末，本外币服务业中长期贷款余额 30.8 万亿元，同比增长 18.2%，增速比上年末高 7 个百分点。其中，交通运输、仓储和邮政业中长期贷款余额同比增长 10.3%，增速比上年末高 4 个百分点；水利环境和公共设施管理业中长期贷款余额同比增长 25.9%，增速比上年末高 14.6 个百分点。

四、农村和农业贷款增速上升

2017 年末，本外币农村（县及县以下）贷款余额 25.1 万亿元，同比增长 9.3%，增速比上年末高 2.8 个百分点，全年增加 2.5 万亿元，同比多增 6060 亿元；农户贷款余额 8.1 万亿元，同比增长 14.4%，增速比上年末低 0.8 个百分点，全年增加 1 万亿元，同比多增 880 亿元；农业贷款余额 3.9 万亿元，同比增长 5.7%，增速比上年末高 1.5 个百分点，全年增加 2187 亿元，同比多增 394 亿元。

五、房地产贷款增速回落

2017 年末，人民币房地产贷款余额 32.2 万亿元，同比增长 20.9%，增速比上年末低6.1 个百分点；全年增加 5.6 万亿元，同比少增 1087 亿元。

2017 年末，房产开发贷款余额 7 万亿元，同比增长 21.7%，增速比上年末高 9.5 个百分点，其中，保障性住房开发贷款余额 3.3 万亿元，同比增长 32.6%，比上年末低 5.7 个百分点，全年增加 8203 亿元，增量占同期房产开发贷款的 61.8%，比上年占比低 51.7 个百分点（上年保障性住房开发贷款增量占同期房产开发贷款增量的 113.5%）；地产开发贷款余额 1.3 万亿元，同比下降 8%，降幅比上年末扩大 3.1 个百分点。个人住房贷款余额 21.9 万亿元，同比增长 22.2%，增速比上年末低 14.5 个百分点。

六、住户消费性贷款增速减缓，经营性贷款增速提升

2017 年末，本外币住户贷款余额 40.5 万亿元，同比增长 21.4%，增速比上年末低 2.1 个百分点；全年增加 7.1 万亿元，同比多增 8010 亿元。

2017 年末，本外币住户消费性贷款余额 31.5 万亿元，同比增长 25.8%，增速比上年末低 6.4 个百分点，全年增加 6.5 万亿元，同比多增 3693 亿元；住户经营性贷款余额 9 万亿元，同比增长 8.1%，增速比上年末高 5 个百分点，全年增加 6625 亿元，同比多增 4316 亿元。

2017 年小额贷款公司统计数据报告

截至 2017 年末，全国共有小额贷款公司 8551 家。贷款余额 9799 亿元，全年增加 504 亿元。

表 1：小额贷款公司分地区情况统计表

2017－12－31

地区名称	机构数量（家）	从业人员数（人）	实收资本（亿元）	贷款余额（亿元）
全国	8551	103988	8270.33	9799.49
北京市	99	1403	136.07	146.77
天津市	95	1299	119.54	129.60
河北省	437	5894	247.74	245.60
山西省	294	3233	186.15	172.60
内蒙古自治区	361	3259	257.71	262.06
辽宁省	547	5061	362.84	310.98
吉林省	532	4892	145.03	109.88
黑龙江省	254	1997	133.33	112.62
上海市	123	1575	200.00	219.01
江苏省	630	5795	809.26	932.72
浙江省	326	3418	574.58	668.24
安徽省	439	4867	363.87	447.01
福建省	118	1415	258.81	299.81

江西省	200	2531	222.56	223.45
山东省	334	4282	448.62	495.04
河南省	282	3752	221.07	238.48
湖北省	283	3615	305.63	310.71
湖南省	128	1903	104.20	105.40
广东省	461	9509	653.54	855.60
广西壮族自治区	304	3909	264.83	474.33
海南省	56	970	61.71	65.95
重庆市	266	6319	734.90	1467.37
四川省	322	5729	537.45	606.15
贵州省	281	2630	88.52	80.99
云南省	272	2944	129.13	127.88
西藏自治区	18	156	14.32	13.98
陕西省	270	2868	245.81	241.77
甘肃省	331	3570	151.35	128.99
青海省	77	878	47.99	47.17
宁夏回族自治区	128	1680	62.28	56.22
新疆维吾尔自治区	283	2635	181.51	203.13

注:由于批准设立与正式营业并具备报数条件之间存在时滞,统计口径小额贷款公司数量与各地公布的小额贷款公司批准设立数量有差别。

2017 年存款保险基金收入情况

2015 年 5 月 1 日《存款保险条例》施行,我国存款保险制度正式建立。按照国务院工作部署和要求,人民银行认真履行职责,精心组织、扎实做好存款保险制度实施各项工作。全国 3959 家吸收存款的银行业金融机构已全部办理了投保手续,风险差别费率平稳实施,存款保险制度功能不断完善。2017 年,大中小银行存款的格局保持稳定,银行业金融机构经营秩序正常,各方反应积极正面。存款保险制度作为金融业的一项重要基础性制度安排,在完善金融安全网、加强存款人保护、推动形成市场化的金融风险防范和处置机制,建立维护金融稳定的长效机制等方面发挥积极作用。

根据《存款保险条例》规定,投保机构向存款保险基金管理机构交纳保费,形成存款保险基金。存款保险基金由人民银行开立专门账户,分账管理,单独核算。2017 年,存款保险基金专户共归集保费 236.07 亿元,利息收入 6.11 亿元。截至 2017 年 12 月 31 日,基金专户余额为 480.28 亿元,目前尚未发生支出和使用情况。(完)

表 1:存款保险基金收支情况统计表

单位:人民币元

项目	2016 年	2017 年
一、期初基金专户余额	3,099,980,654.42	23,810,479,076.13
二、本年归集	20,710,498,421.71	24,217,817,775.29
1. 保费	20,471,200,682.84	23,606,898,563.06
2. 滞纳金	134,437.49	395,698.41
3. 利息收入	238,139,580.01	610,523,487.43
4. 暂收款项	1,023,721.37	26.39
三、本年支出	-	-
四、期末基金专户余额	23,810,479,076.13	48,028,296,851.42

银行间债券市场境外机构投资者名单(央行类机构)

截至 2017 年 5 月末,共有 60 家境外央行类机构进入银行间债券市场,现将部分名单公布如下(按实际进入时间排序):

序号	境外机构中文全称
1	香港金管局
2	韩国央行
3	新加坡政府投资有限公司
4	世界银行
5	白俄罗斯国家银行
6	韩国投资公司
7	立陶宛银行
8	亚洲开发银行
9	瑞士国家银行
10	新开发银行
11	国际复兴开发银行
12	国际开发协会
13	非洲开发基金
14	非洲开发银行
15	阿拉伯货币基金组织
16	斯洛伐克国家银行
17	柬埔寨国家银行

银行间债券市场境外机构投资者名单(商业类机构)

序号	境外机构中文全称
1	中国工商银行(亚洲)有限公司
2	香港上海汇丰银行有限公司
3	渣打银行(香港)有限公司
4	交通银行股份有限公司香港分行
5	星展银行(香港)有限公司
6	东亚银行有限公司
7	恒生银行有限公司
8	中国建设银行(亚洲)股份有限公司
9	南洋商业银行有限公司
10	集友银行有限公司
11	永隆银行有限公司
12	中国建设银行股份有限公司香港分行
13	中国农业银行股份有限公司香港分行
14	中信银行(国际)有限公司
15	花旗银行香港分行
16	三菱东京日联银行香港分行
17	德意志银行股份有限公司香港分行
18	美国银行香港分行
19	中国银行股份有限公司香港分行
20	创兴银行有限公司
21	华侨永亨银行有限公司

22	招商银行香港分行
23	中国工商银行(澳门)股份有限公司
24	大华银行有限公司
25	法国巴黎银行香港分行
26	丰隆银行有限公司香港分行
27	富邦银行(香港)有限公司
28	日本瑞穗银行股份有限公司
29	中国银行股份有限公司澳门分行
30	上海商业银行有限公司
31	中国工商银行马来西亚有限公司
32	巴克莱银行有限公司香港分行
33	华侨银行有限公司
34	中国工商银行(欧洲)有限公司
35	嘉实国际资产管理有限公司
36	华夏基金(香港)有限公司
37	国泰君安金融控股有限公司
38	中国国际金融(香港)有限公司
39	海通国际控股有限公司
40	广发控股(香港)有限公司
41	南方东英资产管理有限公司
42	永丰商业银行股份有限公司香港分行
43	华侨永亨银行股份有限公司
44	博时基金(国际)有限公司
45	安信国际金融控股有限公司
46	汇添富资产管理(香港)有限公司
47	中信证券国际有限公司
48	招商证券国际有限公司
49	申万宏源(国际)集团有限公司
50	海富通资产管理(香港)有限公司
51	易方达资产管理(香港)有限公司
52	国信证券(香港)金融控股有限公司
53	大成国际资产管理有限公司
54	光大证券金融控股有限公司
55	澳盛银行集团有限公司香港分行
56	华安资产管理(香港)有限公司
57	中银集团人寿保险有限公司
58	香港永明金融有限公司
59	中国工商银行股份有限公司香港分行
60	国元证券(香港)有限公司
61	摩根大通银行香港分行
62	台北富邦商业银行股份有限公司香港分行
63	中国人寿保险(海外)股份有限公司
64	大新银行有限公司
65	保诚保险有限公司
66	宏利人寿保险(国际)有限公司
67	华南商业银行股份有限公司香港分行
68	台湾银行股份有限公司香港分行
69	兆丰国际商业银行国际金融业务分行
70	中国信托商业银行股份有限公司香港分行
71	合作金库商业银行股份有限公司香港分行
72	汇丰人寿保险(国际)有限公司
73	大都会人寿保险有限公司
74	马来亚银行香港分行
75	国泰世华商业银行股份有限公司国际金融业务分行
76	台湾中小企业银行股份有限公司香港分行
77	玉山商业银行股份有限公司香港分行
78	麦格理银行有限公司
79	友邦保险(国际)有限公司
80	中国工商银行股份有限公司新加坡分行
81	澳门国际银行股份有限公司
82	裕信(德国)银行股份有限公司香港分行
83	大西洋银行股份有限公司
84	工银瑞信资产管理(国际)有限公司
85	台新国际商业银行股份有限公司
86	安达人寿保险有限公司
87	联博有限公司
88	上投摩根资产管理(香港)有限公司
89	南山人寿保险股份有限公司
90	国投瑞银资产管理(香港)有限公司
91	中银国际英国保诚资产管理有限公司
92	中国农业银行(英国)有限公司
93	广发国际资产管理有限公司
94	国泰证券投资信托股份有限公司
95	第一商业银行股份有限公司国际金融业务分行
96	恒生保险有限公司
97	台湾人寿保险股份有限公司
98	中国工商银行(伦敦)有限公司
99	泰康资产管理(香港)有限公司
100	建银国际资产管理有限公司
101	大新人寿保险有限公司
102	中国建设银行(伦敦)有限公司
103	日盛国际商业银行股份有限公司
104	中国光大银行股份有限公司(香港分行)
105	汇丰环球投资管理(香港)有限公司
106	安石投资管理有限公司
107	富敦资金管理有限公司
108	中国人寿富兰克林资产管理有限公司
109	富兰克林华美证券投资信托股份有限公司
110	中国工商银行(莫斯科)股份公司
111	德国商业银行股份有限公司
112	上海商业储蓄银行股份有限公司
113	丰收投资管理(香港)有限公司
114	中国人寿保险股份有限公司(台湾)
115	瑞银环球资产管理(香港)有限公司
116	汇丰(台湾)商业银行股份有限公司
117	农银国际资产管理有限公司

118	中国光大资产管理有限公司
119	中国银行股份有限公司台北分行
120	中国平安资产管理(香港)有限公司
121	中国工商银行(印度尼西亚)有限公司
122	中信建投(国际)金融控股有限公司
123	中国银河国际金融控股有限公司
124	永丰金资产管理(亚洲)有限公司
125	群益证券投资信托股份有限公司
126	加拿大丰业银行新加坡分行
127	摩根士丹利国际股份有限公司
128	日兴资产管理亚洲有限公司
129	信达国际资产管理有限公司
130	太平洋投资管理亚洲私营有限公司
131	花旗(台湾)商业银行股份有限公司
132	法国兴业银行
133	交银施罗德资产管理(香港)有限公司
134	星展银行有限公司
135	国金证券(香港)有限公司
136	三商美邦人寿保险股份有限公司
137	安达国际控股有限公司
138	预知投资管理公司
139	工银亚洲投资管理有限公司
140	施罗德投资管理(香港)有限公司
141	中国工商银行(加拿大)有限公司
142	富邦产物保险股份有限公司
143	新光人寿保险股份有限公司
144	百达资产管理有限公司
145	大众商业银行股份有限公司
146	渣打银行(韩国)有限公司
147	越秀资产管理有限公司
148	中国工商银行股份有限公司卢森堡分行
149	施罗德投资管理(新加坡)有限公司
150	国泰人寿保险股份有限公司
151	天达资产管理有限公司
152	彰化商业银行股份有限公司
153	新韩法国巴黎资产运用株式会社
154	株式会社韩亚银行
155	利安资金管理有限公司
156	荷兰安智银行有限公司
157	安泰商业银行股份有限公司
158	东亚人寿保险有限公司
159	法国巴黎银行
160	富邦证券投资信托股份有限公司
161	现代证券株式会社
162	齐鲁国际控股有限公司
163	交通银行首尔分行
164	华泰金融控股(香港)有限公司
165	上海浦东发展银行股份有限公司香港分行

166	大华资产管理有限公司
167	中国银行股份有限公司法兰克福分行
168	澳大利亚澳洲联邦银行
169	瑞士再保险股份有限公司
170	摩根资产管理(新加坡)有限公司
171	鼎晖投资咨询新加坡有限公司
172	台湾银行股份有限公司
173	贝莱德顾问(英国)有限公司
174	凯基商业银行股份有限公司
175	汇丰中华证券投资信托股份有限公司
176	中国工商银行(泰国)股份有限公司
177	韩国产业银行
178	法国巴黎投资管理亚洲有限公司
179	瑞士银行
180	未来资产基金管理有限公司
181	纽伯格伯曼新加坡
182	加拿大丰业银行亚洲有限公司
183	哥伦比亚大学
184	新韩金融投资
185	润晖投资管理香港有限公司
186	韩国中小企业银行
187	安联环球投资新加坡有限公司
188	富国资产管理(香港)有限公司
189	中国银行股份有限公司巴黎分行
190	三星证券株式会社
191	俄罗斯外贸银行公开股份公司
192	东方金融控股(香港)有限公司
193	Insight投资管理(环球)有限公司
194	中国银行股份有限公司悉尼分行
195	鼎亚资本(新加坡)私人有限公司
196	东亚联丰投资管理有限公司
197	东卫资产管理私人有限公司
198	忠利投资卢森堡有限公司
199	中国建设银行迪拜国际金融中心分行
200	美国桥水投资公司
201	法国巴黎资产管理
202	国民银行
203	安本亚洲资产管理有限公司
204	麦格理银行有限公司新加坡分公司
205	中国信托商业银行股份有限公司国际金融业务分行
206	中国农业银行(卢森堡)有限公司
207	中国建设银行股份有限公司首尔分行
208	普信国际
209	中国建设银行股份有限公司台北分行
210	安大略退休金管理委员会
211	渣打银行(新加坡)有限公司
212	国泰全球投资管理有限公司
213	中金金融产品有限公司

214	中国建设银行东京分行
215	高瓴资本管理有限公司
216	三星资产运用株式会社
217	喀斯喀特有限责任公司
218	中华机遇国际有限责任公司
219	第一金证券投资信托股份有限公司
220	法国工商信贷银行有限公司
221	玉山商业银行股份有限公司
222	汇丰投资基金(香港)有限公司
223	东洋生命保险株式会社
224	中国银行(卢森堡)有限公司
225	比尔及梅林达盖茨信托基金会
226	国民年金公团(韩国)
227	佳富基金管理(爱尔兰)有限公司
228	野村资产管理德国有限公司
229	美国金瑞基金管理有限公司
230	锋裕资产管理公司
231	中国建设银行股份有限公司新加坡分行
232	波士顿管理与研究
233	伊顿万斯管理
234	JF 资产管理有限公司
235	渣打国际商业银行股份有限公司
236	联博有限合伙
237	元大证券信托股份有限公司
238	海通银行
239	新加坡科技资产管理有限公司
240	新光产物保险股份有限公司
241	全球人寿保险股份有限公司
242	野村新加坡有限公司
243	摩根证券投资信托股份有限公司
244	富达基金(香港)有限公司
245	宏利资产管理(香港)有限公司
246	中国工商银行股份有限公司纽约分行
247	美盛投资(欧洲)有限公司
248	加拿大年金计划投资委员会
249	渣打银行
250	三菱日联国际资产管理公司
251	开泰银行(大众)有限公司
252	摩根资产管理(英国)有限公司

注:本名单所含境外机构投资者包括已进入中国银行间债券市场的境外商业银行、非银行类金融机构、金融机构产品类投资者的投资管理人、其他类型机构投资者等,并按实际进入时间排序;已进入中国银行间债券市场的央行类机构(包括境外央行或货币当局、国际金融组织、主权财富基金、其他官方储备管理机构等)另表公布。

银行间债券市场结算代理人名单

序号	境外机构中文全称
1	中国工商银行
2	中国农业银行
3	中国银行
4	中国建设银行
5	交通银行
6	中信银行
7	中国光大银行
8	中国民生银行
9	华夏银行
10	上海浦东发展银行
11	广东发展银行
12	招商银行
13	兴业银行
14	恒丰银行
15	北京银行
16	上海银行
17	南京银行
18	天津银行
19	杭州银行
20	汉口银行
21	大连银行
22	重庆银行
23	宁波银行
24	富滇银行
25	哈尔滨银行
26	太原市商业银行
27	贵阳市商业银行
28	西安市商业银行
29	福建海峡银行
30	齐商银行
31	齐鲁银行
32	乌鲁木齐市商业银行
33	东莞银行
34	成都银行
35	平安银行
36	包商银行
37	长沙银行
38	河北银行
39	厦门银行
40	青岛银行
41	上海市农村商业银行
42	常熟市农村商业银行
43	广东顺德农村商业银行
44	汇丰银行(中国)有限公司
45	渣打银行(中国)有限公司
46	法国巴黎银行(中国)有限公司
47	德意志银行(中国)有限公司
48	花旗银行(中国)有限公司

(截至 2017 年 5 月)

2017 年中国货币政策大事记

1 月 13 日，中国人民银行印发《关于全口径跨境融资宏观审慎管理有关事宜的通知》（银发〔2017〕9 号），进一步完善本外币一体化的全口径跨境融资宏观审慎管理框架。

1 月，为保障春节前由现金投放形成的集中性需求，中国人民银行陆续通过临时流动性便利（TLF）操作为现金投放量较大的几家大型商业银行提供临时流动性支持。

1 月 23 日，中国人民银行向全国人大财经委员会汇报 2016 年货币政策执行情况。

1 月 23 日，中国人民银行、银监会、证监会、保监会、扶贫办五部门联合印发《关于开展金融精准扶贫政策效果评估的通知》（银发〔2017〕19 号），切实发挥评估工作对进一步改进精准扶贫金融服务的积极作用。

2 月 17 日，发布《2016 年第四季度中国货币政策执行报告》。

2 月 27 日，中国人民银行按照定向降准相关制度，根据相关金融机构 2016 年度支持“三农”和小微企业考核结果，动态调整金融机构存款准备金率。

3 月 7 日，中国人民银行联合工业和信息化部、银监会、证监会、保监会印发《关于金融支持制造强国建设的指导意见》（银发〔2017〕58 号），进一步建立健全多元化金融服务体系，大力推动金融产品和服务创新，加强和改进对制造强国建设的金融支持和服务。

3 月 13 日，印发《中国人民银行办公厅关于做好 2017 年信贷政策工作的意见》（银办发〔2017〕48 号），坚持稳中求进工作总基调，着力提高信贷政策定向结构性调整功能，着力推动供给侧结构性改革取得实质性进展，着力振兴实体经济和促进经济结构转型升级，指导人民银行分支机构和银行业金融机构做好 2017 年信贷政策工作。

3 月 16 日，经国务院批准，中国人民银行货币政策委员会组成人员调整。丁学东、郭树清担任货币政策委员会委员，肖捷、尚福林不再担任货币政策委员会委员职务。

3 月 29 日，中国人民银行货币政策委员会召开 2017 年第一季度例会。

4 月 18 日，中国人民银行向全国人大财经委员会汇报 2017 年第一季度货币政策执行情况。

5 月 2 日，中国人民银行、工业和信息化部会同财政部、商务部、国资委、银监会、外汇局联合印发《小微企业应收账款融资专项行动工作方案（2017 – 2019 年）》（银发〔2017〕104 号），积极推进应收账款融资，有效盘活小微企业存量资产，多渠道打通小微企业融资瓶颈。

5 月 12 日，发布《2017 年第一季度中国货币政策执行报告》。

5 月 16 日，中国人民银行和香港金融管理局联合发布《中国人民银行香港金融管理局联合公告》及《内地与香港“债券通”答记者问》，同意中国外汇交易中心暨全国银行间同业拆借中心、中央国债登记结算有限责任公司、银行间市场清算所股份有限公司和香港交易及结算有限公司、香港债务工具中央结算系统开展香港与内地债券市场互联互通合作。

5 月 19 日，中国人民银行与新西兰储备银行续签双边本币互换协议，协议规模为 250 亿元人民币/50 亿新西兰元，有效期为 3 年。

5 月 23 日，中国人民银行印发《人民币跨境收付信息管理系统管理办法》（银发〔2017〕126 号），加强人民币跨境收付信息管理系统管理，保障人民币跨境收付信息管理系统安全、稳定、有效运行。

6 月 20 日，配合财政部开展国债做市支持操作，正式启动国债做市支持机制，推动完善国债收益率曲线。

6 月 21 日，为规范开展内地与香港债券市场互联互通合作相关业务，保护境内外投资者合法权益，维护债券市场秩序，中国人民银行发布《内地与香港债券市场互联互通合作管理暂行办法》（中国人民银行令〔2017〕第 1 号），并随后发布《〈内地与香港债券市场互联互通合作管理暂行办法〉答记者问》。

6 月 21 日，中国人民银行与中国银行（香港）有限公司续签《关于人民币业务的清算协议》。

6 月 30 日，中国人民银行和香港金融管理局签署《“债券通”项目下中国人民银行与香港金融管理局加强监管合作谅解备忘录》，根据两地的法律和各自法定权限，双方建立有效的信息交换与协助执行机制，加强监管合作，共同打击跨境违法违规行为，确保项目有效运作。

6 月 30 日，中国人民银行货币政策委员会召开 2017 年第二季度例会。

7 月 3 日，发布中国人民银行公告〔2017〕第 7 号，推动符合条件的境内外信用评级机构在银行间债券市场开展信用评级业务，促进信用评级行业健康发展。

7 月 3 日，内地与香港债券市场互联互通合作（简称“债券通”）正式上线试运行。

7 月 4 日，经国务院批准，香港人民币合格境外机构投资者（RQFII）额度扩大至 5000 亿元人民币。

7 月 6 日，中国人民银行与蒙古银行续签双边本币互换协议，规模为 150 亿元人民币/5.4 万亿蒙古图格里克，有效期 3 年。

7 月 17 日，中国人民银行向全国人大财经委员会汇报 2017 年上半年货币政策执行情况。

7 月 18 日，中国人民银行与阿根廷央行续签双边本币互换协议，规模为 700 亿元人民币/1750 亿阿根廷比索，有效期 3 年。

7 月 21 日，中国人民银行与瑞士央行续签双边本币互换协议，规模为 1500 亿元人民币/210 亿瑞士法郎，有效期 3 年。

8 月 4 日，发布《中国区域金融运行报告（2017）》。

8 月 11 日，发布《2017 年第二季度中国货币政策执行报告》。

8 月 11 日，在内蒙古自治区推出人民币对蒙古图格里克银行间市场区域交易。

8 月 31 日，发布中国人民银行公告〔2017〕第 12 号，为引导同业存单市场规范有序发展，规定自 2017 年 9 月 1 日起，金融机构不得新发行期限超过 1 年（不含）的同业存单。

9 月 8 日，发布《中国人民银行关于调整外汇风险准备金政策的通知》（银发〔2017〕207 号），宣布自 2017 年 9 月 11 日起，将外汇风险准备金率下调至零。

9 月 8 日，中国人民银行取消对境外人民币业务参加行在境内代理行存放交存准备金的穿透式管理方式。

9 月 13 日，在广西自治区推出人民币对柬埔寨瑞尔银行间市场区域交易。

9 月 21 日，中国人民银行与中国银行澳门分行续签《关于人民币业务的清算协议》。

9 月 27 日，中国人民银行货币政策委员会召开 2017 年第三季度例会。

9 月 30 日，中国人民银行宣布自 2018 年起，将当前对小微企业和“三农”领域实施的定向降准政策拓展和优化为统一对符合宏观审慎经营要求且普惠金融领域贷款达到一定比例的商业银行实施。

10 月 11 日，中国人民银行与韩国央行续签双边本币互换协议，协议规模为 3600 亿元人民币/64 万亿韩元，有效期为 3 年。

10 月 16 日，中国人民银行向全国人大财经委员会汇报 2017 年前三季度货币政策执行情况。

11 月 2 日，中国人民银行与卡塔尔央行续签双边本币互换协议，协议规模为 350 亿元人民币/208 亿里亚尔，有效期为 3 年。

11 月 8 日，中国人民银行、银监会联合发布修订后的《汽车贷款管理办法》（中国人民银行中国银行业监督管理委员会令〔2017〕第 2 号），进一步规范汽车贷款行为。同时联合印发《关于调整汽车贷款有关政策的通知》（银发〔2017〕234 号），将自用和商用新能源新车贷款最高发放比例从 80% 和 70% 分别提高至 85% 和 75%，二手车贷款最高发放比例由 50% 提高至 70%，加强对汽车消费的金融支持。

11 月 8 日，中国人民银行与加拿大央行续签双边本币互换协议，协议规模为 2000 亿元人民币/300 亿加元，有效期为 3 年。

11 月 17 日，发布《关于规范金融机构资产管理业务的指导意见（征求意见稿）》，向社会公开征求意见。

11 月 17 日，发布《2017 年第三季度中国货币政策执行报告》。

11 月 22 日，中国人民银行与香港金管局续签双边本币互换协议，协议规模为 4000 亿元人民币/4700 亿港元，有效期为 3 年。

11 月 22 日，中国人民银行与俄罗斯央行续签双边本币互换协议，协议规模为 1500 亿元人民币/13250 亿卢布，有效期为 3 年。

12 月 13 日，中国人民银行与证监会联合印发《绿色债券评估认证行为指引（暂行）》，完善绿色债券评估认证制度，推动绿色债券市场持续健康发展。

12 月 14 日，印发中国人民银行公告〔2017〕第 18 号，宣布自 2018 年 1 月 29 日起实施新的《自动质押融资业务管理办法》，旨在优化自动质押融资业务，进一步发挥其在提高支付清算效率、保障支付清算安全方面的作用。

12 月 19 日，中国人民银行印发《关于推广信贷资产质押和央行内部（企业）评级工作的通知》（银发〔2017〕289 号），自 2018 年起信贷资产质押和央行内部（企业）评级工作推广至全国。

12 月 20 日，中国人民银行、银监会、证监会和保监会联合印发《关于金融支持深度贫困地区脱贫攻坚的意见》（银发〔2017〕286 号），坚持新增金融资金优先满足深度贫困地区、新增金融服务优先布设深度贫困地区，为深度贫困地区打赢脱贫攻坚战提供重要支撑。

12 月 22 日，中国人民银行与泰国央行续签双边本币互换协议，协议规模为 700 亿元人民币/3700 亿泰铢，有效期为 3 年。

12 月 27 日，人民银行办公厅批复同意中国外汇交易中心引入境外银行参与银行间外汇市场区域交易。

12 月 27 日，中国人民银行货币政策委员会召开 2017 年第四季度例会。

12 月 29 日，中国人民银行、银监会、证监会和保监会联合印发《关于规范债券市场参与者债券交易业务的通知》（银发〔2017〕302 号），督促各类市场参与者加强内部控制与风险管理，规范债券交易行为。

12 月 29 日，中国人民银行决定建立“临时准备金动用安排（CRA）”，2018 年春节前后，凡符合宏观审慎经营要求、在现金投放中占比较高的全国性商业银行若存在临时流动性缺口，可使用不超过两个百分点的法定存款准备金，使用期限为 30 天。

第二章　金融机构

第一节　银行业金融机构

中国工商银行股份有限公司

一、企业概况

中国工商银行成立于1984年1月1日。2005年10月28日，整体改制为股份有限公司。2006年10月27日，成功在上交所和香港联交所同日挂牌上市。经过持续努力和稳健发展，已经迈入世界领先大银行行列，拥有优质的客户基础、多元的业务结构、强劲的创新能力和市场竞争力。将服务作为立行之本，积极建设"客户首选的银行"，向全球627.1万公司客户和5.67亿个人客户提供全面的金融产品和服务。自觉将社会责任融入发展战略和经营管理活动，在发展普惠金融、支持精准扶贫、保护环境资源、支持公益事业等方面受到广泛赞誉。始终聚焦主业，坚持服务实体经济的本源，与实体经济共荣共存、共担风雨、共同成长；始终坚持风险为本，牢牢守住底线，将控制和化解风险作为不二铁律；始终坚持对商业银行经营规律的把握与遵循，致力于打造"百年老店"；始终坚持稳中求进、创新求进，持续深化大零售、大资管、大投行以及国际化和综合化战略，积极拥抱互联网；始终坚持专业专注，开拓专业化经营模式，锻造"大行工匠"。国际化、综合化经营格局不断完善，境外网络扩展至45个国家和地区，盈利贡献进一步提升。2017年，多项核心指标继续保持全球第一，连续五年位居英国《银行家》全球银行1000强、美国《福布斯》全球企业2000强、《财富》500强商业银行子榜单榜首，蝉联Brand Finance全球最有价值银行品牌。

（一）经营概况

2017年末，总资产260,870.43亿元，比上年末增加19,497.78亿元，增长8.1%；总负债239,459.87亿元，比上年末增加17,898.85亿元，增长8.1%；全年实现净利润2,874.51亿元，增长3.0%，平均总资产回报率（ROA）为1.14%，加权平均净资产收益率（ROE）为14.35%，核心一级资本充足率为12.77%，一级资本充足率为13.27%，资本充足率为15.14%。营业收入6,756.54亿元，增长5.3%，其中利息净收入5,220.78亿元，增长10.6%；非利息收入1,535.76亿元；营业费用1,861.94亿元，下降3.6%，成本收入比26.45%。

（二）公司金融业务

2017年末，公司客户627.1万户，比上年末增加48.7万户。连续第八年获评《环球金融》"中国最佳公司银行"，首次获评《环球金融》"中国最佳可再生能源银行"。

1. 公司存贷款业务。2017年末，公司类贷款余额89,368.64亿元，比上年末增加7,961.80亿元，增长9.8%；公司存款余额105,576.89亿元，增加11,091.69亿元，增长11.7%。

2. 中小企业业务。推广小微金融业务中心专营模式，成立小微金融业务中心234家，采用批量化、标准化、一站式服务方式，依托互联网加强产品创新，丰富基于场景的风控和授信模式，实现信贷审批的线上化、智能化，研发推出网上质押贷款、网上小额贷款产品。获评《中国经营报》"2017卓越竞争力中小企业服务银行"。

3. 机构金融业务。在26个地区实现省级账户开立，地区覆盖率达68%，收入支出户、财政专户和职业年金归集账户新开户居同业首位，代理财政收支业务量同业第一，跨省异地缴罚业务覆盖面最广、业务量最大，地方债投资金额排名市场第一，金融债承销业务量继续保持银行类机构市场第一地位。

4. 结算与现金管理业务。借助工商企业通、小微企业平台、工银e缴费以及大额资金监控等平台扩大客户规模，创新全球现金管理服务，积极为客户提供涵盖账户信息、收付款、流动性管理、投融资和风险管理六大产品线的综合金融解决方案。2017年末，对公结算账户数量748.9万户，比上年末增长7.6%，实现结算业务量2,563万亿元，比上年增长5.5%，业务规模保持市场领先。现金管理客户138.1万户；全球现金管理客户6,388户，增长10.8%。

5. 国际结算与贸易融资业务。加快线上化转型创新，推进国际业务与"互联网+"的深度融合。加快国际业务电子化系统建设，推进企业网银跨境汇款项目开发投产；为重点客户投产银企直联异地交单、SWIFT直联等功能，提升集约化业务处理效率和个性化客户服务能力。2017年，境内国际贸易融资累计发放667.30亿美元。国际结算量2.8万亿美元，其中境外机构办理1.1万亿美元。

6. 投资银行业务。拓展并购顾问业务，创新债务融资顾问业务模式，开展股权融资顾问业务，积极发展债券承销业务。全年主承销各类境内外债券1,497支，主承销规模12,937.78亿元。境内主承销规模继续保持市场排名第一，市场份额高达13.26%。

二、企业文化

使命：

提供卓越金融服务

——服务客户

——回报股东

——成就员工

——奉献社会

愿景：

打造"价值卓越、坚守本源、客户首选、创新领跑、安全稳健、以人为本"的具有全球竞争力的世界一流现代金融企业

价值观：

工于至诚，行以致远

——诚信、人本、稳健、创新、卓越

三、企业战略

中国工商银行高度重视发展战略的制定与执行,坚持以战略指导业务发展。经营转型是本行发展战略的核心。股改以来,围绕这一战略主线,本行已编制并实施了四个三年规划,取得了突出成就,印证了转型战略顺应经济金融发展趋势和客户需求、符合本行经营发展实际,是正确和有效的。2017 年是本行第四个三年发展战略规划(2015 - 2017 年)的收官之年和第五个三年规划(2018 - 2020 年)的编制之年,本行将继续贯彻转型思想,着力推进经营模式的深度变革,提升核心竞争力,推动各项事业稳健可持续发展。

(一)中国工商银行战略转型的主要成就

股改上市后,本行积极把握国内经济发展模式转型的历史机遇,努力克服了国际金融危机的不利影响,坚定不移推进结构调整和发展模式转变,初步走出了一条资产与资本相平衡、质量与效益相兼顾、成本与效率相统筹的集约化、可持续发展之路;较好地推进了结构调整和发展模式转型,基本构筑起可持续的经营架构;深入推进体制机制和流程改革,为转型发展构建起良好的管理架构与基础;国际化、综合化实现了新突破,跨境跨市场服务能力不断增强;竞争力明显提升,不仅在国内同业中保持了综合竞争优势地位,而且主要竞争指标跻身国际先进银行之列,市场影响力不断增强。

(二)中国工商银行新三年规划的战略框架

今后一段时期,国内外经济金融环境仍具有较大的不确定性和复杂性,本行将按照新时期战略导向,以实体经济为依托,以稳质量、调结构、求创新、促改革为着力点,审时度势,主动作为,确保本行继续实现提质增效发展。一是实施信贷管理基础再造、不良贷款综合治理和全面风险管理提升等三大工程,把好转型质量关;二是实施资产、负债、收益和渠道四大结构调整,构建与新市场、新业态相匹配的新型经营架构;三是实施信息化银行、零售金融、对公金融、大资管与综合化、国际化等五大领域的创新转型,构筑起在新常态和利率市场化大背景下稳定盈利增长和扩大核心竞争优势的战略基础;四是深化体制机制改革,夯实转型发展的管理基础。

本行相信,新三年规划将对本行未来的经营发展起到重要的战略指导和推动作用,本行将抓好落地实施,推动全行转型发展再上台阶。

【联系方式】
地址:北京市西城区复兴门内大街 55 号
邮编:100140
24 小时全国电话服务热线:95588
24 小时贵宾服务专线:400 - 66 - 95588
投资者关系联系
电话:010 - 6610 - 8608
传真:010 - 6610 - 8522
电邮:ir@ icbc. com. cn
网址:www. icbc - ltd. com

中国农业银行股份有限公司

一、企业概况

本行的前身最早可追溯至 1951 年成立的农业合作银行。上世纪 70 年代末以来,本行相继经历了国家专业银行、国有独资商业银行和国有控股商业银行等不同发展阶段。2009 年 1 月,本行整体改制为股份有限公司。2010 年 7 月,本行分别在上海证券交易所和香港联合交易所挂牌上市。

本行是中国主要的综合性金融服务提供商之一,致力于建设经营特色明显、服务高效便捷、功能齐全协同、价值创造能力突出的国际一流商业银行集团。本行凭借全面的业务组合、庞大的分销网络和领先的技术平台,向广大客户提供各种公司银行和零售银行产品和服务,同时开展金融市场业务及资产管理业务,业务范围还涵盖投资银行、基金管理、金融租赁、人寿保险等领域。截至 2017 年末,本集团总资产210,533.82亿元,发放贷款和垫款 107,206.11 亿元,吸收存款 161,942.79 亿元,资本充足率 13.74%,全年实现净利润1,931.33亿元。

截至 2017 年末,本行境内分支机构共计 23,661 个,包括总行本部、总行大客户部、3 个总行专营机构、3 个培训学院、37 个一级分行(含 5 家直属分行)、378 个二级分行(含省区分行营业部)、3,485 个一级支行(含直辖市、直属分行营业部和二级分行营业部)、19,701 个基层营业机构以及 52 个其他机构。境外分支机构包括 13 家境外分行和 4 家境外代表处。本行拥有 15 家主要控股子公司,其中境内 10 家,境外 5 家。

2014 年起,金融稳定理事会连续四将本行纳入全球系统重要性银名单。2017 年,在美国《财富》杂志世界 500 强排名中,本行位列第 38 位;在英国《银行家》杂志全球银行 1,000 强排名中,以一级资本计,本行位列第 6 位。本行标准普尔发人信用评级为 A/A - 1,惠誉长/短期发行人违约评级为 A/F1A/F1。

二、企业文化

使命:面向“三农”,服务城乡,回报股东,成就员工。

愿景:建设国际一流大型商业银行。

核心价值观:诚信立业,稳健行远。

核心价值观指导下的相关理念

经营理念:以市场为导向,以客户为中心,以效益为目标。

管理理念:细节决定成败,合规创造价值,责任成就事业。

服务理念:客户至上,始终如一。

风险理念:违规就是风险,安全就是效益。

人才理念:德才兼备,以德为本,尚贤用能,绩效为先。

廉洁理念:清正廉洁,风清气正。

三、企业荣誉

2017 - 09 - 20,中国农业银行在“2016 - 2017 年度资产证券化介甫奖”评选中荣获三项大奖。

2017 - 06 - 23,农业银行荣获《亚洲货币》“最佳数字化银行”实力大奖。

2017 - 03 - 28,农业银行 BoEing 系统荣膺香港财资杂志“最佳创新性核心银行项目”大奖。

2017 - 03 - 20,农业银行 BoEing 系统工程荣膺 2017 年度 IDC 亚太金融行业创新大奖。

2017 - 01 - 20,中国农业银行荣获香港《财资》“2016 年度 AAA 国家大奖”之中国区“最佳资产证券化奖”。

【联系方式】
地址:北京市东城区建国门内大街 69 号
邮编:100005
客服电话:95599
电邮:95599@ abchina. com
投资者关系联系
电话:010 - 85109619
传真:010 - 85108557
电邮:ir@ abchina. com
网址:www. abchina. com

中国建设银行股份有限公司

一、企业概况

中国建设银行股份有限公司是一家中国领先的大型股份制商业银行，总部设在北京，其前身中国建设银行成立于1954年10月。本行于2005年10月在香港联合交易所挂牌上市（股票代码939），于2007年9月在上海证券交易所挂牌上市（股票代码601939）。于2017年末，本行市值约为2,328.98亿美元，居全球上市银行第五位。本集团在英国《银行家》杂志按照一级资本排序的2017年全球银行1000强榜单中，位列第二。

本行设有14,920个分支机构，拥有352,621位员工，服务于亿万个人和公司客户，与中国经济战略性行业的主导企业和大量高端客户保持密切合作关系。本行在29个国家和地区设有商业银行类分支机构及子公司；拥有基金、租赁、信托、人寿、财险、投行、期货、养老金等多个行业的子公司。

本行秉承"以客户为中心、以市场为导向"的经营理念，致力于成为最具价值创造力银行，达到短期效益与长期效益的统一、经营目标与社会责任目标的统一，并最终实现客户、股东、社会和员工价值的最大化。

二、企业历史

本行的历史可以追溯到1954年，成立时的名称是中国人民建设银行，当时是财政部下属的一家国有独资银行，负责管理和分配根据国家经济计划拨给建设项目和基础建设相关项目的政府资金。1979年，中国人民建设银行成为一家国务院直属的金融机构，并逐渐承担了更多商业银行的职能。

随着国家开发银行在1994年成立，承接了中国人民建设银行的政策性贷款职能，中国人民建设银行逐渐成为一家综合性的商业银行。1996年，中国人民建设银行更名为中国建设银行。

本行由本行前身中国建设银行根据中国公司法规定的分立程序于2004年9月成立。在银监会于2004年9月14日批准之后，本行、中国建投与汇金公司于2004年9月15日签署分立协议，根据此份协议，中国建设银行分立为本行和中国建投。本行于2004年9月17日成立为一家股份制商业银行。

2005年10月27日本行H股在香港联合交易所挂牌上市（股票代码为939），2007年9月25本行A股在上海证券交易所挂牌上市（股票代码为601939）。

三、企业战略

本行致力于发展成为专注为客户提供最佳服务，为股东创造最大价值，为员工提供最好发展机会的国际一流银行。

本行计划将资源集中用于目标客户、产品和重点区域：

1. 客户

加强与大型企业客户的传统良好关系，关注电力、电讯、石油和燃气以及基础设施等战略性的龙头企业，以及与主要金融机构和政府机关的传统良好关系，并选择性地发展与中小企业客户的关系。在个人银行业务方面，大力提高来自高收入个人客户市场的收益，同时通过提供更具成本效益和规模经济效益的产品，巩固大众客户基础。

2. 产品

发展批发和零售产品，专注中间业务，包括支付和结算服务、个人理财业务和公司财务管理。积极发展本行的个人银行业务，专注住房按揭和储蓄产品多样化，并建立业内领先的信用卡业务。

3. 重点区域

重点发展长江三角洲、珠江三角洲和环渤海地区等经济较发达地区市场的主要城市，并加快发展中国内陆省份的省会城市。

四、企业文化

愿景：建设最具创造力的国际一流银行集团

使命：为客户提供更好服务、为股东创造更大价值、为员工搭建广阔的发展平台、为社会承担全面的企业公民责任。

核心价值观：诚实、公正、稳健、创造

经营理念：以市场为导向、以客户为中心

服务理念：客户至上、注重细节

风险理念：了解客户、理解市场、全员参与、抓住关键

人才理念：注重综合素质、突出业绩实效

作风：勤奋严谨、求真务实

宣传用语：中国建设银行建设现代生活

与客户同发展与社会共繁荣

不断创新追求卓越

善建者行成其久远

五、企业荣誉

1.《环球金融》（Global Finance）组织的2017年"全球最佳财资与现金管理银行与供应商"评选结果揭晓，中国建设银行以卓越的表现荣获亚太区最佳流动性管理银行奖。

2.4月8日，中国建设银行荣获"中国妇女儿童慈善奖——突出贡献奖"最高荣誉。

3.6月28日，中国银行业协会在京举办《2016年度中国银行业社会责任报告》发布暨社会责任工作表彰会，中国建设银行蝉联"年度最具社会责任金融机构奖"大奖。

4.8月22日，中国建设银行荣获《亚洲银行家》杂志"最佳网点数字化奖"、"中国最佳数字银行奖"两项大奖。

5.9月27日，中国建设银行荣获《亚洲货币》杂志2017年度"中国最佳银行"、"南亚地区'一带一路'最佳中资银行"两项大奖。

【联系方式】

地址：北京市西城区金融大街25号

邮编：100033

24小时服务热线：95533

24小时信用卡客户服务专线：境内400－820－0588

境外＋86－21－38690588

信用卡客户服务邮箱：CCBCC. ZH@ CCB. COM

投资者关系联系

电话：（852）39186212（香港）

010－66215533（北京）

传真：（852）25238185（香港）

010－66218888（北京）

电邮：ir@ ccb. com

网址：www. ccb. com

中国银行股份有限公司

一、基本情况

1912年2月，经孙中山先生批准，中国银行正式成立。在中华人民共和国成立前的37年间，中国银行先后是当时的国家中央银行、国际汇兑银行和外贸专业银行。在动荡的历

史年代，中国银行作为民族金融的支柱，以服务大众、振兴民族金融业为己任，稳健经营，锐意进取，各项业务取得了长足发展。中华人民共和国成立后，中国银行成为国家指定的外汇外贸专业银行，继续保持和发扬了顽强创业的企业精神，为国家对外经贸发展、开展经济建设作出了贡献。1994 年，随着金融体制改革的深化，中国银行由外汇外贸专业银行向功能完善、服务全面的国有商业银行转化。1994 年和 1995 年，中国银行分别成为香港地区、澳门地区的发钞银行。2004 年 8 月 26 日，中国银行股份有限公司在北京注册成立，中国银行成为国家控股的股份制商业银行，标志中国银行向建立拥有良好公司治理机制的现代化股份制商业银行的目标迈出了一大步，中国银行翻开了历史新的一页。中国银行于 2006 年 6 月 1 日在香港联合交易所（股份代号：3988）上市，同年 7 月 5 日也在上海证券交易所（股份代号：601988）挂牌上市，进一步扩大了中国银行在国际市场和国内市场的实力和影响力，为中国银行的百年品牌再添美誉。中国银行是国内主要金融服务提供商之一，业务范围涵盖商业银行、投资银行和保险领域，旗下有中银香港、中银国际、中银保险、中银基金、中银航空租赁、中银投资等控股金融机构。商业银行为中国银行的主营业务，包括公司金融、个人金融和金融市场等业务。

作为中国唯一连续经营百年的银行，中国银行在全球范围内的卓越表现得到了海内外的高度认可。连续 29 年入选美国《财富》杂志评选的“世界 500 强”，中国企业独此一家。中国银行曾先后多次被《欧洲货币》评选为“中国最佳银行”、“中国最佳国内银行”及“亚洲最佳现金管理银行”，多次被《财资》评为“中国最佳国内银行”，被美国《环球金融》杂志评为“中国最佳外汇银行”和“最佳国际化银行”等。

2017 年，全球银行业权威杂志英国《银行家》公布“2017 年全球银行品牌 500 强排行榜”，中国银行在全球银行业中排名第 5 位，较 2016 年晋升 1 位。2017 年，中国银行还获得了“最佳贸易融资银行”《亚洲货币》、“亚太区最佳人民币清算行”《亚洲银行家》、“2017 年度亚洲卓越商业银行”《21 世纪经济报道》、“金融行业最佳海外形象企业”《中国报道》、“最佳上市银行”《金融时报》、“2017 中国区债券承销银行君鼎奖”《证券时报》、“2017 中国区全能银行投行君鼎奖”《证券时报》、“2017 年度私人银行卓越奖”《上海证券报》等诸多荣誉与奖项。

中国银行在注重稳健经营的同时积极进取，不断创新，创造了国内银行业的许多第一，在国际结算、外汇资金和贸易融资等领域得到业界和客户的广泛认可和赞誉。中国银行是中国国际化程度最高的银行。1929 年，中国银行在伦敦设立第一家海外分行，此后在世界各大金融中心相继开设分支机构。中国银行在国内同业中率先引进国际管理技术人才和经营理念，不断向国际化一流大银行的目标迈进。截至 2017 年末，除在中国内地外，中国银行在中国香港、中国澳门等 53 个国家和地区拥有分支机构，境外员工数量超过 25，000 名，拥有广泛的国际银行网络。

二、托管业务介绍

（一）基本概况

1998 年 7 月，经中国证监会和中国人民银行核准，中国银行成为国内首批五家从事基金托管业务的银行之一，同年 10 月总行基金托管部成立，2014 年初正式更名为“托管业务部”。

经过近 20 年的发展，中国银行拥有目前业内最为齐全的托管业务资质，取得了所有监管机构开办托管业务的批复，依托全球一万多家境内外分支机构的网络优势，为全球客户的单一或全球市场投资提供本地托管与跨境托管服务。截至 2017 年末，中银集团全球托管资产规模近 10 万亿元，是业内领先的大型托管银行。

（二）亮点与优势

1. 托管业务起步早，托管经验丰富。中国银行托管业务起步于 1998 年。2003 年率先为中资保险公司的境内投资提供托管服务，2005 年首开中资银行跨境托管之先河。多年的业务运营，使中国银行积累了丰富的托管业务经验。经过二十余年的持续努力，中国银行托管业务领域和范围不断拓宽，拥有全面的业务资格、业内最为齐全和丰富的托管产品线，服务手段和内容不断深化，风险管理能力不断增强，积累了丰富的托管运作经验。

2. 产品创新引领市场。中国银行致力于通过创新满足客户需求、引领市场潮流。在几乎所有的托管领域，中国银行均是首家或首批实践者。中国银行首批获得基金、保险、企业年金等托管资格，是国内首家社保资金托管银行与保险资金全托管银行之一，并首批为交易所交易基金（ETF）、QFII、QDII、RQFII、企业年金、信托计划、银行理财、券商资产管理计划等金融产品提供托管服务；中国银行也是最早涉足机构客户 QDII、资产证券化等创新业务的托管银行。在托管服务方面，中国银行先后率先推出绩效评估、公司行动、风险分析等托管增值服务，并在业内首家推出“一站式”跨境托管服务。

3. 托管客户类型全面。中国银行拥有最为齐全的托管客户群，其中不但包括以社保基金与保险公司为代表的保险保障类机构、大型央企、主要的基金公司、证券公司、信托公司、商业银行和高端个人客户等客户，还包括众多国际知名金融机构客户。

4. 领先的“一站式”跨境托管能力。中国银行依托海外机构优势，在国内同业中率先构建海内外一体化的托管综合服务平台。以中国银行担任全球托管行，在不同市场委任海外机构或外资托管行，建立全球托管网络，即“总行 + 中银香港/重点海外分行”的托管模式，在中国香港、美国、新加坡、卢森堡等重点国家和地区利用自有网络和托管系统开展托管业务，同时通过与全球托管行的合作形成覆盖全球的托管网络，为机构和个人投资者的全球投资活动提供全面托管及相关金融服务。目前中国银行拥有最强海外自有托管网络，海外机构托管规模居中资首位，托管境外投资客户数量和规模居市场前列。

5. 安全稳定高效的托管系统平台。中国银行结合国际先进托管业务设计思想，推出了全球托管系统平台，用信息化手段和国际化的管理思维，为客户提供账户管理、指令管理、公司行动、清算交收、核算估值、投资监督等托管服务内容；并率先打造完全自主知识产权的跨境托管模块，直接深入对接海外本地资本市场，为全球托管业务的开展提供了强有力的网络化、电子化和信息化的支持。同时，该平台实现与渠道系统、资金汇划系统及各登记结算机构的无缝衔接，为客户提供安全、稳定、便捷、高效的全球资产托管服务。

中国银行托管债券交收服务能力一直在引领行业：中国银行于 2012 年首家与中央结算公司系统完成了大证书下的直联，实现了债券结算业务的自动化、电子化，并在后续的一年多时间里，保持行业唯一一家直联托管行的地位；中国银行与 2016 年 3 月实现与银行间债券交易另一大结算机构——

上清所的直联，目前银行间债券结算业务自动化率达到99%以上，在结算量稳步增长的市场状况下，有力地支持了业务发展，在债券托管市场上树立了品牌形象。

2017年，中国银行持续优化清算功能，提升业务效率。为满足日益增长的上交所RTGS业务处理效率，我行推出了上海RTGS业务自动支付服务。直连中国结算FISP系统，实现场外开放式基金从开户、划款指令、交易接收及确认及日终对账的全自动处理。

中国银行不断优化电子指令功能，实现中债、上清所DVP账户之间的互划。

6.严密完善的风险内控体系。中国银行建立了全面、严格的管理制度和操作流程，通过制度控制、岗位控制、系统应用控制、操作风险管理工具应用、业务持续性管理、内控检查及审计等措施建立了涵盖托管业务全流程的风险体系。截至2017年，中国银行托管业务已连续十年获得国际主流内控审阅准则（最新标准为ISAE3402和SSAE16）的无保留意见的内控报告，内部控制获得外部独立审计机构的认可。

7.卓越的品牌声誉：经过不懈的努力，“中银托管”品牌在业内建立起较高知名度，蜚声海外，取得了境内外客户、监管机构及同业的认同，近年来获得多项荣誉：先后获得《21世纪经济报道》“年度最佳托管银行”；《金融理财》“年度金牌最稳健托管银行”；香港《财资》（THE ASSET）杂志“最佳RQFII托管银行”奖、“中国最佳本地托管银行”；《首席财务官》杂志“中国CFO最佳资产托管银行”等行业奖项。

2018年1月13日，在由东方财富网、天天基金主办的年度金融领域行业大榜——“2017年东方财富风云榜”评选活动中，我行凭借强大的综合实力和2017年度优异的托管服务，荣获“2017年度最佳托管银行”奖。2018年3月22日，由中国基金报主办的中国基金业英华奖公募基金20年特别评选颁奖典礼在北京揭晓，我行荣获公募基金20年“最佳基金托管银行”奖。日前，我行还荣获了中央国债登记结算有限责任公司（简称“中央结算公司”）评选的2017年度“优秀托管机构”奖。这是自该奖项设立起，我行连续第五年获此殊荣，体现出中央结算公司、客户及市场对我行托管债券交收服务能力的高度认可。

【联系方式】
电话：010－66592638
传真：010－66594568
电邮：IR@BANKOFCHINA.COM
网址：www.boc.cn

交通银行股份有限公司

企业概况

交通银行始建于1908年，是中国历史最悠久的银行之一，也是近代中国的发钞行之一。1987年4月1日，重新组建后的交通银行正式对外营业，成为中国第一家全国性的国有股份制商业银行，总行设在上海。2005年6月交通银行在香港联合交易所挂牌上市，2007年5月在上海证券交易所挂牌上市。

交通银行是中国主要金融服务供应商之一，集团业务范围涵盖商业银行、证券、信托、金融租赁、基金管理、保险、离岸金融服务等。报告期末，交通银行境内分行机构235家，其中省分行30家，直属分行7家，省辖行198家，在全国239个地级和地级以上城市、158个县或县级市共设有3,270个营业网点；旗下拥有7家非银子公司，包括全资子公司交银租赁、交银保险、交银投资，控股子公司交银基金、交银国信、交银人寿、交银国际。此外，交通银行还是常熟农商银行的第一大股东、西藏银行的并列第一大股东，战略入股海南银行，控股4家村镇银行。

交通银行已在16个国家和地区设立了21家境外分（子）行及代表处，分别是香港分行/香港子行、纽约分行、东京分行、新加坡分行、首尔分行、法兰克福分行、澳门分行、胡志明市分行、旧金山分行、悉尼分行、台北分行、伦敦分行/英国子行、卢森堡子行/卢森堡分行、布里斯班分行、交银（卢森堡）巴黎分行、交银（卢森堡）罗马分行、巴西子行和多伦多代表处，境外营业网点共65个（不含代表处）。

2015年，国务院批准《交通银行深化改革方案》。围绕探索大型商业银行公司治理机制、实施内部经营机制改革、推进经营模式转型创新三大重点，交通银行稳步推动深化改革项目落地实施，改革红利逐步释放，转型动力有效激发，核心发展指标不断提升。2017年，交通银行已连续九年跻身《财富》（Fortune）世界500强，营业收入排名第171位；位列《银行家》（The Banker）杂志全球1000家大银行一级资本排名第11位，较2016年排名上升2位。

交通银行的发展战略是：走国际化、综合化道路，建设以财富管理为特色的一流公众持股银行集团（简称“两化一行”战略）；企业愿景是：建设中国最佳财富管理银行；企业精神是：拼搏进取、责任立业、创新超越；企业使命是：创造共同价值；经营理念是：一个交行、一个客户；广告语是：百年交行——您的财富管理银行。

交通银行作为一家历史悠久、战略清晰、治理规范、经营稳健、服务优质的国有大型银行集团，将始终紧紧围绕落实国家战略和服务实体经济，不断推进深化改革、转型发展、从严治党，努力为广大客户提供更好服务，为股东创造更多价值，为社会做出更大贡献！

【联系方式】
投资者服务联系方式
地址：上海市浦东新区银城中路188号
邮编：200120
传真：021－58798398
电邮：investor@bankcomm.com
热线电话：021－58766688
客服联系方式
24小时服务热线：95559
客服邮箱：95559@bankcomm.com
网址：www.bankcomm.com

中国邮政储蓄银行股份有限公司

一、基本概况

中国邮政储蓄银行（以下简称“邮储银行”）是中国领先的大型零售银行，定位于服务社区、服务中小企业、服务“三农”，致力于为中国经济转型中最具活力的客户群体提供服务。同时，邮储银行积极服务于大型客户并参与重大项目建设，为中国经济发展作出了重要贡献。

邮储银行拥有营业网点近4万个，服务个人客户超过5

亿人,拥有优异的资产质量和显著的成长潜力。目前,邮储银行打造了包括网上银行、手机银行、自助银行、电话银行、电视银行、“微银行”等在内的全方位电子银行体系,形成了电子渠道与实体网络互连互通,线下实体银行与线上虚拟银行齐头并进的金融服务格局。

2015 年,邮储银行引入十家境内外战略投资者,进一步提升了综合实力。2016 年,邮储银行在香港联交所主板成功上市,圆满完成“股改—引战—上市”三步走改革路线图,正式登陆国际资本市场。2017 年,邮储银行成功发行 72.5 亿美元境外优先股,在国际资本市场上创下多个纪录,迈入新十年的发展阶段。根据英国《银行家》杂志“2017 年全球银行 1000 强排名”,邮储银行以 2016 年末总资产位居第 21 位。在 2017 年《福布斯》“全球上市公司 2000 强”排名中,邮储银行首次入榜,位居第 55 位。

二、所获奖项

凭借优秀的经营业绩和管理能力获得良好的市场声誉。2016 年及 2017 年,本行获得的主要奖项及荣誉如下所示:

2017 年

“全球上市公司 2000 强”榜单中位居第 55 位——《福布斯》网站

“全球银行 1000 强排名”总资产居第 21 位——英国《银行家》杂志

“《财富》中国 500 强排行榜”中居第 34 位——财富中文网

最佳小企业金融——《环球金融》

最佳支付服务银行——《亚洲货币》

2017 年中国商业银行竞争力排名 - 最佳普惠金融银行——《银行家》杂志(中国)

2017 年中国金融创新奖 - 十佳金融产品创新奖和十佳互联网金融产品创新奖

中国银行业理财机构最佳收益奖、最佳风控奖和最佳转型奖——中国银行业协会

优秀资产证券化业务参与机构——上海证券交易所

第七届中国证券“金紫荆”奖 - 最佳投资者关系管理上市公司——香港国际金融论坛

“2017 中国社会责任杰出企业奖”——新华网

2016 年

“全球银行 1000 强排名”总资产居第 22 位——英国《银行家》杂志

优秀服务奖、银行卡业务优秀成员单位奖、年度社会责任最佳公益慈善贡献奖和年度最佳社会责任特殊贡献网点奖——中国银行业协会

2016 年网络金融创新奖和 2016 年度最佳手机银行功能奖——中国金融认证中心

客户服务突出奖——中国银联

“互联网 +”模式下的网贷产品荣获 2016 中国金融十佳互联网金融创新奖——《银行家》杂志(中国)

最佳农村金融——《环球金融》(美国)

2016 年社会责任杰出企业奖——新华网

2016 年度卓越风险管理银行、卓越消费信贷业务银行和最具传播力商业银行——《21 世纪经济报道》

“亚洲银行竞争力排名”第六名

年度影响力金融机构——第一财经

年度卓越普惠金融银行奖——《经济观察报》

2015 年金融科技创新突出贡献奖和金融产品创新突出贡献奖——《金融电子化》杂志(中国人民银行主管)

杰出中资银行奖、杰出零售银行奖和杰出信用卡创新奖——金融界

优秀社区金融品牌和优秀绿色金融品牌——《每日经济新闻》

2016 年度最佳小微企业金融服务银行和最佳银行信贷产品品牌奖——《新京报》

最值得百姓信赖的银行机构——《半月谈》

2016 最佳 IPO 奖和最具品牌价值上市公司——中国融资

四、竞争优势

邮储银行的竞争优势主要体现在以下几个方面:

1. 服务于庞大的零售客户群体,拥有差异化的战略定位;

2. 中国网点数量最多的银行,拥有独特的运营模式;

3. 拥有雄厚的存款基础和强大的资金实力;

4. 始终坚持审慎的风险管理,拥有优异的资产质量;

5. 拥有广阔的业务发展空间与增长潜力;

6. 先进的信息科技能力为业务发展提供全面支持;

7. 拥有强大的股东支持,与战略投资者开展全方位的合作;

8. 拥有经验丰富的管理团队以及凝聚力强的年轻员工队伍。

五、信用亮点

邮储银行的信用亮点主要体现在以下几个方面:

1. 强大的股东背景,大力的政府支持;

2. 最广泛的网络,庞大的客户基础;

3. 最优的资产质量,稳健的风险管理;

4. 雄厚的存款基础,强大的资金实力;

5. 独特的资产结构,充裕的流动性;

6. 优异的财务表现,稳健的资本提升;

7. 强大的科技创新,持续的效率提升;

8. 卓越的管理团队,优秀的人才队伍。

【联系方式】

地址:北京市西城区金融大街 3 号

邮编:100808

电话:(8610)68858158

传真:(8610)68858165

客服电话:95580

网址:www.psbc.com

招商银行股份有限公司

一、企业概况

招商银行 1987 年成立于中国改革开放的最前沿——深圳蛇口,是中国境内第一家完全由企业法人持股的股份制商业银行,也是国家从体制外推动银行业改革的第一家试点银行。

招商银行诞生以来,开创了中国银行业的数十个第一:创新推出了具有里程碑意义的、境内第一个基于客户号管理的借记卡——“一卡通”;首个真正意义上的网上银行——“一网通”,第一张国际标准双币信用卡;首个面向高端客户的理财产品——“金葵花理财”;率先推出银行业首个智能投顾产品——“摩羯智投”,目前规模已超百亿,开创了中国财富管理领域“人与机器”、“线上线下”的融合服务新模式;并在境

内银行业率先推出了离岸业务、买方信贷、国内信用证业务、企业年金业务、现金管理业务、银关通业务、公司理财与网上承兑汇票业务等。

成立31年来,招商银行始终坚持“因您而变”的经营服务理念,品牌知名度日益提升。在英国权威金融杂志《银行家》公布的2017年全球银行品牌500强中,招商银行品牌价值位列全球第12位;在《财富》世界500强榜单中,招商银行连续6年强势入榜,2017年名列世界第216位,中国区第30位。招商银行业务发展和经营特色也深得国内外机构的认同,在9次荣膺《亚洲银行家》“中国最佳零售银行”,14次荣获“中国最佳零售股份制银行”之后,招商银行在2018年首获“亚太区最佳零售银行”大奖,这也是中国银行业首次获评该奖项;基于招行在金融科技领域的突出表现,《亚洲货币》也将2017年“Fintech中国领导者:最佳全国性商业银行”奖项授予了招商银行。

截至2017年年底,招商银行境内外分支机构逾1800家,在中国大陆的130余个城市设立了服务网点,拥有6家境外分行和3家境外代表处,员工7万余人。此外,招商银行还在境内全资拥有招银金融租赁有限公司,控股招商基金管理有限公司,持有招商信诺人寿保险有限公司50%股权、招联消费金融公司50%股权;在香港全资控股永隆银行有限公司和招银国际金融控股有限公司,是一家拥有商业银行、金融租赁、基金管理、人寿保险、境外投行等金融牌照的银行集团。

近年来,招商银行持续推进“轻型银行”建设,实现了“质量、效益、规模”动态均衡发展,结构更安全,特色更鲜明,模式更清晰。2017年,招商银行资产规模稳步增长,盈利能力保持强劲,利润增速位居行业前列;不良贷款余额和不良贷款率“双降”,资产质量趋稳向好。年末市值已突破7,100亿元,位居全球上市银行第十一位。

面向未来,招商银行提出“金融科技银行”新定位,紧紧围绕客户需求,深度融合科技与业务,以科技敏捷带动业务敏捷,创造最佳客户体验。

二、企业社会责任

招商银行始终秉承“源于社会回报社会”的企业社会责任理念,积极参与公益事业,将企业公民的理念延伸至扶贫、教育、环境保护、公共卫生等众多领域,赢得了各界的肯定,多次获得“最佳企业社会责任”、“中国最受尊敬企业”、“中国儿童慈善突出贡献奖”、“中国低碳典范企业”等奖项。

我们通过贯彻国家宏观经济政策,加快管理变革,提升可持续价值创造能力,推进“两小”企业和创新型企业成长,带动就业,服务经济社会发展;我们通过持续产品和服务创新,促进服务能力的提高,为客户带来更新更好的服务体验;我们通过完善绿色信贷,加大绿色信贷支持力度,开展绿色运营和绿色公益,引领绿色金融创新,进而促进绿色经济发展;我们通过畅通员工职业成长通道,重视员工能力提升,营造良好工作环境,促进员工与企业的共同成长;我们通过深化社会责任理念,开展社会公益活动,参与社区共建,积极回馈社会,致力成为优秀企业公民。

1. 月捐悦多

“月捐悦多”是招商银行联合多家公益机构推出的小额月度捐赠计划,我们倡导人人公益,践行可持续公益路径;我们鼓励更多的人加入公益大家庭,让世界因为您的加入而变得更加美好。

2. 乐善乐捐

“乐善乐捐”是由招商银行面向公益组织推出的项目捐赠平台。持卡客户可通过平台介绍,选择自己感兴趣的项目进行定向捐助。除了现金捐赠,招行还创新开通信用卡积分捐赠。

3. 壹家人月捐计划

客户月捐善款将专款用于壹基金重大灾害备灾物资储备的相关工作,及时把生命攸关的物资以最快的速度送到最需要的地方。

4. 爱满葵园全行志愿者行动

以“爱满葵园”为主题的关爱儿童全行志愿者行动,向希望小学献爱心、为留守儿童送温暖、探访儿童福利院。

三、企业荣誉

2017年1月6日,在东方财富网主办的2016东方风云榜的评选活动中,招商银行荣获“2016最佳财富管理银行”的奖项。

2017年1月9日,招商银行荣获中国银行业协会颁发的2016年中国银行业好新闻“突出贡献奖”。

2017年1月12日,招商银行在《南方周末》的“2016年中国国有上市企业社会责任榜”与“中国国有上市企业经济责任榜”中,分别位列第四名和第六名。

2017年1月19日,胡润百富《2017中国千万富豪品牌倾向报告》正式对外公布。招商银行信用卡凭借其强大的品牌及市场影响力,连续13年蝉联胡润百富“最受千万富豪青睐的信用卡”大奖。

2017年2月16日,招商银行成功荣获国际权威杂志《亚洲私人银行家》(《Asian Private Banker》)杂志2016年“中国本土最佳私人银行”大奖。

2017年2月22日,《欧洲货币》(《Euromoney》)杂志在伦敦举办2017全球最佳私人银行和财富管理机构颁奖盛典,招商银行再度荣膺“中国区最佳私人银行”大奖。

2017年2月,英国权威金融杂志《银行家》(《The Banker》)公布全球银行品牌500强,招商银行凭借品牌价值142.69亿美元位列全球排名第12位,较2016年上升了1位。

2017年3月17日,国际权威财经杂志《亚洲银行家》(《The Asian Banker》)主办的“2017年度国际零售金融服务卓越大奖”评选结果在东京揭晓,招商银行第8次荣膺“中国最佳零售银行”,第13次荣获“中国最佳股份制零售银行”国际大奖,在获奖的中国区银行中规格最高、数量最多。与此同时,招行还收获了两项国际产品大奖,“云按揭”被评为亚太区“年度最佳按揭与住房贷款产品”,“一网通支付”被评为亚太区“年度最佳移动支付产品”。

2017年4月26日,品牌咨询公司Interbrand在上海外滩和平饭店举办2017年度最佳中国品牌价值排行榜暨“加速成长”交流会,正式发布《2017 Best China Brands》(最佳中国品牌排行榜),招商银行位列第十名。

2017年6月5日,《财经》杂志发布“长青奖暨首届《财经》年度最佳金融机构评选榜单”,招商银行荣获“年度最佳股份制银行”、“年度最佳信用卡银行”、“年度最佳托管银行”、“年度最佳私人银行”四个奖项。

2017年6月8日,在国际权威财经杂志《亚洲银行家》(《The Asian Banker》)新加坡举办的国际奖项颁奖典礼中,招商银行获得了《亚洲银行家》2017年度交易银行奖项计划的“中国最佳股份制交易银行”、“中国最佳股份制现金管理银行”,2017年度金融市场奖项计划的“中国最佳托管银行”,2017年度“银行家之选”奖项计划的“中国最佳金融供应链管理项目”、“中国最佳现金管理项目”、“中国最佳资金管理服务中心”六项国际大奖。

2017 年 6 月 15 日，在《银行家》杂志社举办的“2017 中国金融创新奖”评选中，招商银行荣获“最佳金融创新奖”，同时，“离岸资本金融”、“全功能网上托管银行 2.0”、“集中审批零售信贷工厂”产品获“十佳金融产品创新奖”，“APP5.0”产品获“十佳互联网金融创新奖”，“摩羯智投”产品获“十佳财富管理创新奖”，私人银行业务获“十佳家族信托管理创新奖”。

2017 年 6 月 16 日，《国际金融报》公布了“2017 国际先锋理财机构”评选的获奖名单，招商银行获评“2017 国际先锋理财机构”、“2017 科技金融先锋机构”、“2017 先锋理财品牌”、“2017 先锋私人银行”。

2017 年 6 月 28 日，在中国银行业协会举办的“《2016 年度中国银行业社会责任报告》发布暨社会责任工作表彰会”中，招商银行荣获“2016 年度中国银行业社会责任最佳公益慈善贡献奖”；招商银行昆明分行储蓄柜员山吉文获“2016 年度中国银行业最佳社会责任管理者奖”。

2017 年 7 月 3 日，英国权威金融杂志《银行家》(《The Banker》)公布 2017 年全球银行 1000 强排名，招商银行排名持续攀升，较去年提高 4 个位次，以 559.4 亿美元的一级资本(Tier1 Capital)规模位列全球第 23 位。

2017 年 7 月 7 日，在证券时报举办的“2017 中国最佳财富管理机构评选君鼎奖”颁奖典礼中，招商银行荣获“2017 中国财富管理机构君鼎奖”与“2017 中国私人银行品牌君鼎奖”奖项。

2017 年 7 月 12 日，在美国权威金融杂志《机构投资者》(《Institutional Investors》)评选中，我行荣获“2017 全亚洲决策管理团队”的以下奖项：招商银行荣获 2017 亚洲地区银行板块“最受尊敬公司”、“最佳投资者关系管理公司”，招商银行 2016 年中期业绩投资者专题活动日荣获“最佳分析师日”，招商银行官方网站荣获“最佳投资者关系网站”。本公司成为今年大中华地区综合排名最高、获奖最多的银行。

2017 年 7 月 20 日，《财富》世界 500 强榜单正式发布，招商银行连续 6 年强势入榜，名列第 216 名。2017 年 7 月 31 日，《财富》中国 500 强榜单揭晓，招商银行以 2,090.25 亿元的营业收入位列第 30 名，在国内所有银行中排名第五，仅次于国有四大行。

2017 年 7 月 29 日，《21 世纪经济报道》在上海举办主题为“统一监管趋势下的破与立”的 2017 资产管理年会，年会上揭晓了第十届中国资产管理“金贝奖”评选结果，招商银行荣获“2017 最佳资产管理银行”。

2017 年 8 月 3 日，在《亚洲银行家》(《The Asian Banker》)举办的中国国际银行会议暨亚洲银行家中国奖励计划颁奖典礼上，招商银行携手 SAS 以“招商银行智慧营销平台项目”联合荣获《亚洲银行家》2017 年度“中国最佳客户关系管理项目(Best CRM Project)”大奖。

2017 年 8 月 3 日，在广东省企业联合会举办的“2017 年广东企业 500 强、优秀自主品牌发布大会暨企业发展高峰论坛”中，招商银行名列“2017 广东企业 500 强”第 6 名。

2017 年 8 月 7 日，在知名财富管理咨询机构 Scorpio Partnership 发布的全球私人银行最新排行榜单上，招商银行排名持续攀升，较去年提高 5 个位次，以 238.96 亿美元资产管理规模(assets under management)位列全球第 15 位。

2017 年 8 月 22 日，在中国企业联合会公布的 2017 中国企业 500 强名单上，招商银行以营业收入 29,756,000 万元位列第 47 位；同时在其公布的 2017 中国服务业企业 500 强名单上，招商银行位列第 24 位。

2017 年 8 月 24 日，在新浪财经举办的“第五届银行综合评选”颁奖典礼中，招商银行荣获“年度最佳手机银行”奖项。

2017 年 9 月，品牌价值及战略咨询公司 Brand Finance 发布了中国银行品牌的市场调研结果，招商银行获评最受欢迎的银行，有高达 24.3% 受访者愿意选择招商银行。同时，招商银行名列最值得信赖银行第二名，仅次于中国银行。

2017 年 9 月 15 日，在《证券时报》主办的 2017 中国金融科技先锋榜颁奖典礼中，招商银行上榜“中国银行业创新先锋榜”及综合大奖“中国 AI 金融拓荒榜”，摩羯智投上榜“中国智能投顾新锐榜”。

2017 年 9 月 21 日，在国内《银行家》杂志主办的 2017 中国商业银行竞争力排名颁奖典礼中，招商银行荣获“全国性商业银行财务评价第一”、“全国性商业银行核心竞争力评价第三”、“最佳商业银行”、“最佳财富管理银行”四项大奖。

2017 年 10 月 12 日，在《第一财经》与 RFP 联合举办的“2017 年第一财经·RFP 中国理财精英”颁奖典礼中，招商银行荣获“中国十佳年度创新机构”奖。

2017 年 10 月 17 日，在思盟社会责任促进中心、复旦大学管理学院、中智关爱通、αi 优质职场共同举办的第二届“αi 社会价值共创”中国企业社会责任卓越案例颁奖典礼中，招商银行荣获企业“社会价值共创”社会责任案例优秀奖。

2017 年 10 月 19 日，在品牌和营销咨询公司 Prophet 铂慧举办的品牌相关性指数发布会上，招商银行获评为 2017 年度中国最具相关性品牌 50 强。

2017 年 11 月 21 日，在《环球金融》举办的“2017 中国之星”颁奖典礼中，招商银行荣获“最佳私人银行(Best Private Bank)、最佳代际财富管理银行(Best Bank ForIntergenerational Wealth Management)、国内最佳一带一路倡议奖(BestO BOR Initiative - Domestic)”。

2017 年 11 月 24 日，在《每日经济新闻》举办的 2017 第七届中国上市公司口碑榜颁奖典礼中，招商银行荣获“最具社会责任奖”。

2017 年 12 月 3 日，在《第一财经》杂志社举办的“第一财经金融价值榜”的颁奖典礼中，招商银行凭借 2017 年的优秀业绩、突出表现和良好口碑，荣获 2017 年度智能理财奖项。

2017 年 12 月 5 日，招商银行入选《财新》杂志社主办的“融绿 - 财新 ESG50 指数”并入围 2017 年“美好 50”公司榜单，成为 2017 年度中国 A 股市场 ESG(环境、社会和公司治理)领域表现最为优异的 50 家公司之一。

2017 年 12 月 6 日，在《21 世纪商业评论》举办的“金石奖”颁奖典礼中，招商银行荣获“2017 年度新金融创新大奖”、“2017 年度最佳智能科技银行”。

2017 年 12 月 6 日，在《贸易金融》杂志与中国贸易金融网、环球交易银行网联合主办的“第 7 届中国经贸企业最信赖的金融服务商(金贸奖)”颁奖典礼中，招商银行凭借在贸易金融、财资、供应链金融、跨境金融及交易银行领域中的出色表现，荣获“最佳跨境金融服务银行”、“最佳交易银行服务”两项大奖。

2017 年 12 月 6 日，在《21 世纪经济报道》杂志社举办的“21 世纪亚洲金融竞争力”颁奖典礼中，我行凭借 2017 年的优秀业绩、突出表现和良好口碑，获评为“2017 年度卓越品牌建设银行”。

2017 年 12 月 6 日，在《亚洲银行家》中国私人银行与财富管理奖项计划中，招商银行再次荣获2017年度"最佳私人银行"（Best Overall Private Bank）和"最佳股份制私人银行"（Best Joint Stock Private Bank）荣誉。

2017年12月7日，在《上海证券报》举办的"金理财"颁奖典礼中，招商银行荣获"2017金理财年度财富管理品牌卓越奖、2017金理财年度私人银行卓越奖"两项大奖。

2017年12月8日，在金融界网站举办的"2017金融界领航中国年度评选"活动中，招商银行荣获"杰出智能银行奖、年度值得信赖银行奖、杰出智能投顾品牌奖"三项大奖。

2017年12月12日，在《21世纪经济报道》举办的"金V榜"颁奖典礼中，招商银行荣获"2017年度最佳金融APP"大奖。

2017年12月13日，在"华尔街见闻·2017金融领军者"颁奖典礼中，招商银行凭借突出业绩、金融科技创新表现和品牌影响力脱颖而出，荣获"年度最具影响力银行品牌"、"年度卓越信用卡银行"大奖。

2017年12月15日，在《每日经济新闻》举办的"金鼎奖"颁奖典礼中，招商银行荣获"2017年度卓越资产管理银行奖"。

2017年12月22日，在《金融时报》报社主办、中国社科院金融研究所提供学术支持的"2017中国金融机构金牌榜·金龙奖"颁奖典礼中，招商银行荣获"年度最佳股份制银行"。

2017年12月25日，招商银行荣获《亚洲货币》2017"Fintech中国领导者：最佳全国性商业银行"大奖。

【联系方式】

地址：广东省深圳市福田区深南大道7088号招商银行大厦

邮编：518040

服务热线：95555

信用卡服务热线：400－820－5555

钻石贵宾服务专线：40068－95555

企业年金专线：4006095555和95555－9

金葵花贵宾服务专线：40088－95555

网址：www.cmbchina.com

中国光大银行股份有限公司

一、企业概况

中国光大银行成立于1992年8月，是经国务院批复并经中国人民银行批准设立的全国性股份制商业银行，总部设在北京。中国光大银行于2010年8月在上海证券交易所挂牌上市、2013年12月在香港联合交易所挂牌上市。

中国光大银行不断改革创新，锐意进取，通过加快产品、渠道和服务模式的创新，在资产管理、投行业务、电子银行和信用卡业务等方面培育了较强的市场竞争优势，基本形成了各业务主线均衡发展、风险管理逐步完善、创新能力日益增强的经营格局。

截至2017年12月31日，中国光大银行已在境内设立分支机构1196家，实现境内省级行政区域服务网络的全覆盖，机构网点辐射全国129个经济中心城市。加快国际化布局，香港分行、首尔分行、光银国际、光银欧洲、卢森堡分行相继开业运营，悉尼分行申请设立；社会责任日益彰显，持续多年支持"母亲水窖"公益活动在社会上产生较大影响；在英国《银行家》杂志2017年发布的"全球1,000家大银行"排名中，中国光大银行位列第49位。

多年来，伴随中国经济和金融业的发展进程，中国光大银行品牌形象和市场价值不断提升，在为广大客户和社会公众提供优质金融服务的同时，实现了良好的经营业绩，已成为一家运作规范、颇具影响力的上市银行。

二、企业文化

愿景：

精品银行、诚信伙伴

价值观：

诚信为本、创新为先、团队合作、卓越执行、和谐发展

实践方向：

在销售、创新、风险和服务中取得最佳平衡，并融入所有的核心价值观

三、企业荣誉

1. 2017年1月，东方财富网主办"2016东方财富风云榜"评选，本行被评为"2016年度最具创新力银行"、"2016年度最佳财富管理银行"。

2. 2017年1月，本行信用卡中心获JCB国际组织颁发的"卓越贡献奖"。

3. 2017年1月，凤凰网主办"金凤凰2016年度金融评选"，本行被评为"年度最具竞争力股份银行"，信用卡中心被评为"年度最佳服务性信用卡中心"。

4. 2017年1月，本行"云支付线上收单平台"获中国支付清算协会、网络支付应用工作委员会、移动支付工作委员会联合颁发的"安全产品奖"。

5. 2017年3月，中金在线发布"2016年度中金在线财经排行榜"，本行被评为"最佳财富管理银行"。

6. 2017年3月，本行信用卡中心获中国银联颁发的"2016年银联卡产品合作创新奖"。

7. 2017年3月，本行获中国外汇交易中心颁发的2016年度银行间外汇市场优秀成员"最佳外币拆借会员奖"，2016年度银行间本币市场"优秀交易商"和"优秀同业存单发行人"奖。

8. 2017年4月，全国妇联主办，中国妇女发展基金会、中国儿童少年基金会承办"中国妇女儿童慈善奖（2015－2016）"表彰大会，本行获"2015－2016年度中国妇女儿童慈善奖"。

9. 2017年4月，国际品牌咨询公司interbrand发布2017最佳中国品牌排行榜，本行被评为"2017最佳中国品牌"。

10. 2017年5月，《证券时报》主办"2017中国区优秀投行君鼎奖"评选，本行获"2017中国区银行（行业）投行君鼎奖"、"2017中国区债券承销银行君鼎奖"。

11. 2017年5月，《金融时报》、中国金融新闻网、《中国金融家》、《上海金融报》联合主办首届中国金融品牌高峰论坛，本行获"年度卓越金融品牌创新奖"。

12. 2017年6月，中国银行业协会举办2017年私人银行业务专业委员会年会暨《中国私人银行行业发展报告》发布会，本行被评为"最佳家族财富管理银行"。

13. 2017年6月，中国银行业协会发布2016年银行理财产品发行机构评价结果，本行获"最佳综合理财能力奖"、"最佳收益奖"、"最佳创新奖"、"最佳转型奖"、"最佳社会贡献奖"、"最佳合规奖"和"最佳风控奖"。

14. 2017年7月，中国人民银行征信中心发布《关于全国性银行2016年度征信系统数据质量工作优秀机构和优秀个人评选结果的通报》，本行被评为"个人征信系统数据质量工作优秀机构"。

15. 2017 年 7 月,《南方周末》主办中国企业社会责任年会,本行被评为“2017 年度精准扶贫贡献年度典范企业”。

16. 2017 年 7 月,《21 世纪经济报道》举办第十届中国资产管理年会暨“金贝奖”颁奖盛典,本行被评为“2017 最具发展潜力私人银行”,获“2017 最佳银行财富管理品牌”奖。

17. 2017 年 8 月,新浪网举办 2017 中国银行业发展论坛暨第五届银行业综合评选颁奖典礼,本行被评为“创新财富管理银行”。

18. 2017 年 8 月,《亚洲银行家》主办中国未来金融峰会暨第十六届中国国际银行会议和中国奖项颁奖典礼,本行获“2017 年度中国最佳零售银行网点创新奖”。

19. 2017 年 10 月,本行云缴费平台被《新金融世界》杂志评为“2017 年度中国优秀金融创新案例”。

20. 2017 年 12 月,《21 世纪商业评论》主办 21 世纪新金融发展峰会,本行被评为“2017 年度最佳电子银行”。

21. 2017 年 12 月,中国金融认证中心(CFCA)主办第十三届中国电子银行年度盛典,本行获“2017 年度最佳电子银行奖”、“2017 年度最佳直销银行奖”。

22. 2017 年 12 月,《经济观察报》主办“中国卓越金融奖”评选,本行被评为“年度卓越创新银行”、“年度卓越现金管理银行”。

23. 2017 年 12 月,和讯网举办第十五届财经风云榜颁奖典礼,本行被评为“年度用户信赖银行品牌”,云缴费平台获“商业银行创新产品奖”,信用卡中心被评为“年度优秀金融机构”。

24. 2017 年 12 月,《金融时报》举办“2017 中国金融机构金牌榜”评选,本行被评为“年度最佳普惠金融创新银行”、“年度最佳小微金融服务银行”。

25. 2017 年 12 月,《上海证券报》主办 2017 中国财富管理峰会暨第八届金理财奖颁奖典礼,本行获“年度资产管理卓越奖”、“年度机构专属类理财产品卓越奖”。

26. 2017 年 12 月,《每日经济新闻》主办“第八届金鼎奖颁奖典礼暨 2017 中国金融发展论坛”,本行被评为“年度最佳私人银行”、“卓越企业年金管理银行”。

【联系方式】
地址:北京市西城区太平桥大街 25 号中国光大中心
邮编:100033
客户服务热线:95595
投诉邮箱地址:95595@ cebbank. com
总机:010 - 63636363
传真:010 - 63639066、63639088
网址:www. cebbank. com

中国民生银行股份有限公司

一、企业概况

中国民生银行于 1996 年 1 月 12 日在北京正式成立,是中国第一家主要由民营企业发起设立的全国性股份制商业银行,也是严格按照中国《公司法》和《商业银行法》设立的一家现代金融企业。

成立 22 年来,伴随着中国经济快速发展,在广大客户和社会各界的支持下,中国民生银行充分发挥“新银行、新体制”的优势,从当初只有 13.8 亿元资本金的一家小银行,发展成为一级资本净额超过 3800 亿元、资产总额超过 5. 9 万亿元、分支机构近 3000 家、员工近 5. 8 万人的大型商业银行。在英国《银行家》杂志 2017 年 7 月发布的全球 1000 家大银行排名中,中国民生银行位居第 29 位;在美国《财富》杂志 2017 年 7 月发布的世界 500 强企业排名中,中国民生银行位居第 251 位。

作为中国银行业改革试验田,中国民生银行秉持“为民而生、与民共生”的使命,坚持以改革创新为己任,致力于为中国银行业探索现代商业银行建设之路,致力于为客户提供专业特色的现代金融服务,致力于为投资者创造更高的市场价值和投资回报。2000 年 12 月 19 日,中国民生银行 A 股股票(代码:600016)在上海证券交易所挂牌上市。2005 年 10 月 26 日,中国民生银行完成股权分置改革,成为国内首家实施股权分置改革的商业银行。2009 年 11 月 26 日,中国民生银行 H 股股票(代码:01988)在香港证券交易所挂牌上市。上市以来,中国民生银行致力于完善公司治理,大力推进改革转型,取得了良好经营业绩,成为中国证券市场中备受关注和尊敬的上市公司。

随着中国经济由高速增长阶段转向高质量发展阶段,中国银行业面临的经济金融环境发生深刻变化,商业银行纷纷加快战略转型步伐。2015 年 2 月,中国民生银行启动全面转型变革的顶层设计——“凤凰计划”,到 2017 年末“凤凰计划”设计全面完成,试点落地成效初显。中国民生银行以实施“凤凰计划”为主线,以提高发展质量和效益为目标,按照“做强公司金融,做大零售金融,做优金融市场业务,做好综合化经营”的经营思路,努力向数字化、轻型化、综合化的标杆银行转变,持续提升公司价值。

公司银行板块,中国民生银行围绕“一手抓经营发展,一手抓转型提升”两条主线,打造“专业化的商业银行”、“场景化的交易银行”、“定制化的投资银行”三大业务特色;围绕国家经济结构调整和重大战略业务领域,夯实公司客户基础,优化调整公司信贷业务格局;创新投行业务体制与流程,不断提升投行业务竞争力;优化供应链金融业务模式,引领公司业务融合发展模式转型升级。截至 2017 年末,中国民生银行对公存款余额 24,347. 47 亿元,境内有余额对公存款客户达 101.28万户,比上年末增加 17.36 万户,增幅 20.69%;对公贷款余额 16,996.96 亿元,比上年末增加 1,433. 11 亿元,增幅 9.21%。

投资银行方面,中国民生银行聚焦医疗健康、文旅消费、高端制造及信息技术、政府及投资机构四大行业,力推定向增发、产业(政府)基金、Pre - IPO 直投、并购重组四大重点业务,以及发债、证券化两大重点产品为支柱的“4 + 2”投行产品体系,发行了全国首单交易所基础设施 PPP + ABS 项目、深交所首单 PPP + ABS 项目、全国首单轨道交通行业绿色资产证券化项目、全国首单央企绿色环保建筑证券化项目等。债券承销方面,注册发行了银行间市场首单采用批量发行模式的信托型 ABN,承销了市场首单购房尾款 ABN 四川蓝光等。2017 年,全行债券业务发行规模 2435.47 亿元。

交易银行方面,中国民生银行聚焦实体企业生产经营场景,着力丰富国际业务、新供应链金融、结算与现金管理业务、国内贸易融资和保理业务四大系列产品,实现交易银行业务的线上化转型和场景化升级。打造“跨境通”国际业务服务品牌,构建跨境融资、跨境资金管理、跨境 E + 、跨境联动、国际信贷五大产品体系,为客户提供全方位、定制化的跨境金融服务。推出“通”、“聚”、“盈”三大现金管理产品体系,增强差异化竞争力。加快推广无追索权保理、“N + 1”保理等特色产品，推广应收账款类解决方案在医药、工程、公用事业、TMT等特色行业应用，巩固保理业务的同业领先地位。获得中国银行业协会授予的“最佳供应链金融银行”等荣誉，交易银行业务的品牌影响力持续提升。

零售银行板块，中国民生银行进一步明确小微金融战略定位，加快推进小微金融战略转型；全面加强财富管理体系建设，深化私人银行业务转型调整，不断提升资产配置能力；大力推动信用卡业务发展，发卡量、交易额等指标快速增长。截至2017年末，中国民生银行零售非零客户达3,556.14万户，比上年末增长522.38万户；管理个人客户金融资产14,363.60亿元，比上年末增长1,743.47亿元。

小微金融业务方面，中国民生银行深入推进小微金融战略，强化客群细分经营能力，转型提升小微金融发展模式。利用移动互联和大数据等新技术，迭代升级乐收银3.0、电子账户等产品服务，上线“云抵押”，推进小微金融线上线下O2O轻型化便捷服务。加大二维码收银台、云账户等结算产品的推广力度，扩大基础客户群体。截至2017年末，中国民生银行小微客户达592.42万户，比上年末增长180.29万户，增幅43.75%；2017年累计投放小微贷款4,282.38亿元。

信用卡业务方面，中国民生银行依靠数据驱动和科技创新，聚焦客户的境外游、餐饮、网购等消费需求，持续提升安心、实惠、便捷的用卡体验。截至2017年末，中国民生银行信用卡累计发卡量3,873.86万张，2017年新增发卡量1,040.22万张，同比增长119.37%；实现交易额16,482.61亿元，同比增长33.65%；实现手续费及佣金收入213.83亿元，同比增长33.26%。

私人银行业务方面，中国民生银行坚持以财富管理为主体、以“投行+”为特色、以国际化为方向、以“互联网+”为工具的“一体三翼”服务理念，致力于为客户提供财富管理、专业顾问、私行专属产品、VIP非金融等专业化一站式服务。截至2017年末，中国民生银行管理私人银行金融资产3,068.79亿元，比上年末增长101.31亿元。

社区金融业务方面，中国民生银行深入贯彻普惠金融战略，全面升级社区金融商业模式，推动社区网点持续健康经营。截至2017年末，持有牌照的社区支行1,622家，比上年末减少72家；社区网点金融资产余额2,180.57亿元，比上年末增长517.01亿元；社区网点客户数578.88万户，比上年末新增116.82万户。

金融市场板块，中国民生银行搭建金融同业战略客户平台，持续优化同业负债结构，截至2017年末发行同业存单余额3,351.31亿元，比上年末增长31.25%；推广托管综合金融服务，促进托管业务稳步发展，截至2017年末资产托管规模达77,396.52亿元；全力打造“非凡资产管理”品牌，加强资产组合管理，截至2017年末理财产品存续规模11,534.89亿元；贵金属和外汇交易业务规模不断扩大。

同业业务方面，中国民生银行坚持做优做细同业客户管理，做强做深同业业务合作，建设同业e+品牌，强化系统开发，深化平台合作。截至2017年末，中国民生银行累计搭建同业战略客户平台15个，同211家战略客户签署战略合作协议；同业负债规模14,320.22亿元，同业资产规模2,437.09亿元。

资产托管业务方面，中国民生银行积极搭建银基、银信、银保、银银等托管客户合作平台，建立总分支行托管联动营销体系，推进托管“资信通”、“财富通”平台建设，推出“惠通”系列托管综合金融服务，托管业务稳步发展。截至2017年末，中国民生银行资产托管规模余额77,396.52亿元，养老金托管规模850.34亿元，管理的企业年金个人账户17.34万户。

理财业务方面，中国民生银行大力拓展零售客户和企业客户市场，全力打造“非凡资产管理”品牌；围绕国家重大战略，创新多种工具，支持实体经济发展；及时调整投资策略，加强资产组合管理，切实保障投资者权益。截至2017年末，中国民生银行理财产品存续规模11,534.89亿元。

贵金属及外汇交易方面，2017年中国民生银行贵金属业务场内黄金交易量3,346.50吨，白银交易量14,102.99吨，交易金额共计9,495.81亿元，为上海黄金交易所第四大交易商、上海期货交易所最活跃的自营交易商之一、国内重要的黄金进口商之一。开发代客交易系统，在银行间外汇市场活跃做市，持续提升外汇业务竞争力。2017年，中国民生银行境内即期结售汇交易量6,502.39亿美元，同比增长125.30%；远期结售汇、人民币外汇掉期交易量8,060.60亿美元，同比增长28.12%。

网络金融板块，中国民生银行创新互联网金融发展模式，依托新兴金融科技，大力创新直销银行、零售网络金融、公司网络金融、网络支付、微信银行等平台、产品和服务，持续提升客户体验，市场份额稳居商业银行第一梯队。截至2017年末，民生银行直销银行客户数1,091.45万户，管理金融资产1,047.46亿元，如意宝申购总额2.05万亿元；手机银行客户数3,079.17万户，比上年末增加604.03万户；个人网银客户数1,812.88万户，比上年末增加188.36万户；企业网银签约客户104.27万户，比上年末新增16.77万户；微信服务号矩阵用户数达2,681.89万户。

境外业务板块，中国民生银行稳步推进境外机构布局，通过香港分行和民生商银国际控股有限公司搭建境外业务平台，打造民生跨境金融服务品牌。截至2017年末，香港分行总资产1,897.93亿港元，较上年末增长19.25%，2017年实现净收入22.60亿港元；民生商银国际控股有限公司总资产154.06亿港元，较上年末增长302.14%，2017年实现净利润2.25亿港元。

22年来，中国民生银行在经济金融转型变革的大潮中把脉方向、聚合资源、创新求变、探路前行，实现了规模和效益持续增长。2017年末，中国民生银行资产总额59,020.86亿元，2017年实现净利润498.13亿元。

22年来，中国民生银行牢固树立“民生服务社会大众、实践情系民生事业、大众情系民生银行”的责任意识，扎实开展精准扶贫工作，支持教育扶贫、医疗扶贫、产业扶贫及农村基础设施改造等项目，持续开展“我决定民生爱的力量——ME公益创新资助计划”、百年巨匠、美丽乡村等公益活动，成为金融反哺社会的重要参与者和推动者。

展望未来，中国民生银行将以习近平新时代中国特色社会主义思想为指导，深入贯彻落实党的十九大精神和全国金融工作会议精神，坚持“民营企业的银行、科技金融的银行、综合服务的银行”的战略定位，锐意变革创新，加速战略转型，致力于成为一家特色鲜明、价值成长、持续创新的标杆性银行，努力实现“长青银行、百年民生”的宏伟愿景，为客户创造更大价值，为投资者实现更高回报。

窗体底端

二、企业荣誉

荣获《亚洲周刊》“公司卓越管治企业”大奖；

在“金紫荆”奖评选活动中获得“最具投资价值上市公

司”奖；

蝉联“第十一届中国上市公司董事会金圆桌奖”之“最佳董事会奖”和“最具创新力董秘”奖；

手机银行在中国电子金融产业联盟、中国互联网协会互联网金融工作委员会联合主办的第二届中国互联网金融高层论坛中荣获“年度互联网金融创新奖”；

在新浪财经主办的“2015 年银行综合评选”中再次荣获“年度最佳手机银行”大奖；

直销银行在金融行业权威杂志《银行家》、社科院金融研究所、互联网金融千人会联合主办的“2015 中国金融创新论坛暨中国金融创新奖颁奖典礼”中荣获“十佳互联网金融创新奖”；

直销银行在中国金融认证中心（CFCA）主办的第十一届中国电子银行年会中获得“中国最佳直销银行奖”；

荣获 2016 胡润中国新金融 50 强和 2016 中国最具创新模式新金融企业奖；

在《银行家》杂志举办的“中国金融创新奖”评选中，“小微宝”荣获“2015 年十佳金融产品创新奖（零售业务）”；

在中国经营报社、中国经营报社研究院联合中国社会科学院举办的“2015 年度卓越竞争力金融机构”评选中荣获“2015 卓越竞争力小微金融服务银行”奖；

在“中关村互联网金融论坛暨第三届普惠金融论坛”上荣获“2015 中国最具影响力普惠金融服务提供商”奖；

荣获《欧洲货币》“中国区最佳贸易金融银行奖”；

在《21 世纪经济报道》主办的 2015 年中国资产管理年会中获得“2015 中国资产管理金贝奖”；

在《金融理财》举办的 2015 年度金融理财金貔貅奖评选中，荣获“金牌创新力托管银行奖”；

在《欧洲货币》杂志的 2015 年黄金零售调查中获得黄金零售第一名；

在 2015 年新京报行业评选活动中获得“2015 年最佳外汇资金交易银行奖”；

管理会计系统荣获 IMA 美国管理会计师协会颁发的“管理会计特别贡献奖”；

荣获中国银联颁发的“客户服务协作奖”；

荣获 VISA 国际组织颁发的“2015 年度最佳高端产品设计奖”；

荣获美国运通国际股份有限公司颁发的“2015 年度最佳深度合作伙伴奖”；

荣获《亚洲银行》颁发的 2015 年度“中国最佳多渠道管理项目”大奖。

【联系方式】

地址：北京市西城区复兴门内大街 2 号民生银行大厦
邮编：100031
服务监督电话：95568
投资者关系电话：010－58560975
传真：010－58560720
电邮：cmbc@cmbc.com.cn
网址：www.cmbc.com.cn

中信银行股份有限公司

一、企业概况

本行成立于 1987 年，是中国改革开放中最早成立的新兴商业银行之一，是中国最早参与国内外金融市场融资的商业银行，并以屡创中国现代金融史上多个第一而蜚声海内外，为中国经济建设做出了积极贡献。2007 年 4 月，本行实现在上海证券交易所和香港联合交易所 A + H 股同步上市。

本行以建设最佳综合金融服务企业为发展愿景，充分发挥中信集团金融与实业并举的独特竞争优势，坚持“以客为尊”，秉承“平安中信、合规经营、科技立行、服务实体、市场导向、创造价值”的经营理念，向企业客户和机构客户提供公司银行业务、国际业务、金融市场业务、机构业务、投资银行业务、保理业务、托管业务等综合金融解决方案，向个人客户提供零售银行、信用卡、消费金融、财富管理、私人银行、出国金融、电子银行等多元化金融产品及服务，全方位满足企业、机构及个人客户的综合金融服务需求。

截至 2017 年末，本行在国内 142 个大中城市设有 1,435 家营业网点，同时下设 5 家附属机构，包括中信国际金融控股有限公司、信银（香港）投资有限公司、中信金融租赁有限公司、浙江临安中信村镇银行股份有限公司、中信百信银行股份有限公司。其中，中信国际金融控股有限公司子公司中信银行（国际）有限公司，在香港、澳门、纽约、洛杉矶、新加坡和中国内地设有 41 家营业网点。中信百信银行股份有限公司为本行与百度公司发起设立的国内首家具有独立法人资格的直销银行。此外，本行与哈萨克斯坦人民银行等交易方签署了股权交易协议，成为国内首家在哈收购银行的股份制商业银行。

2017 年是本行成立 30 周年华诞，是具有里程碑意义的一年。30 年来，本行坚持服务实体经济，稳健经营，与时俱进。经过 30 年的发展，本行已成为一家总资产规模超 5 万亿元、员工人数近 6 万名，具有强大综合实力和品牌竞争力的金融集团。2017 年，本行在英国《银行家》杂志“全球银行品牌 500 强排行榜”中排名第 22 位；本行一级资本在英国《银行家》杂志“世界 1000 家银行排名”中排名第 25 位；本行获评英国《银行家》杂志 2017 年度“中国最佳银行”，为中国地区唯一获奖银行。

二、企业荣誉

一月，在《金融理财》主办的“第七届金融理财金貔貅奖”评选中，本行被评为“年度金牌零售银行”，出国金融服务被评为“年度金牌市场影响力金融产品”。

二月，在英国《银行家》杂志发布的“全球银行品牌 500 强排行榜”中，本行排名第 22 位。

在《亚洲货币》主办的“最佳私人银行”评选中，本行被评为“2017 最佳精品私人银行”。

本行获得中国金融期货交易所“2016 年度存管银行优质服务奖”。

三月，本行获得中国外汇交易中心 2016 年度“最佳交易奖”、“综合最佳做市机构”、“最佳外币对手交易奖”、“最佳远掉期交易奖”、“最佳即期奖”、“最佳丹麦克朗直接交易做市机构奖”、“最佳瑞典克朗直接交易做市机构奖”。

本行获得中央国债登记结算有限责任公司“2016 年度优秀自营机构奖”。

本行获得亚太区贷款市场公会（APLMA）“亚太区最佳杠杆收购融资项目奖”、“亚太区最佳银团项目奖”。

在《亚洲银行家》主办的 2017 年度“卓越零售银行金融服务”评选中，本行获得“中国及亚太地区最佳进步零售银行奖”。

本行获得中国扶贫基金会“2016 年度扶贫明星奖”。

四月，本行被中国供应链金融年会组委会评为“最佳供应链金融领军企业”。

五月，在《福布斯》公布的“全球企业 2000 强”排名中，本行排名第 78 位。

在《金融时报》主办的“2016 中国卓越金融品牌榜”评选中，本行获“年度卓越金融品牌传播奖”。

六月，本行获得中国银行业协会“最佳国际结算银行”、“银团贷款最佳业绩奖”、“养老金业务行业贡献奖”、“中国最佳私人银行奖”、“中国最佳家族财富管理奖”、“中国最佳非金融增值服务奖”、“中国最佳客户体验奖”。

七月，在英国《银行家》杂志公布的“世界 1000 家银行排名”中，本行一级资本排名第 25 位。

本行获得环球资本、《亚洲货币》颁发的“2016 中国最佳银团贷款项目奖”。

九月，在《亚洲货币》主办的 2017 年银行国别奖评选中，本行获得“最佳公司和投资银行奖”。

在《亚洲货币》主办的 2017 年度中国卓越交易银行大奖评选中，本行被评为“最佳电子交易银行”。

在《财富管理》杂志社主办的“金臻奖”评选中，本行获得“最佳中国私人银行—最佳资产管理奖”。

十一月，本行获评英国《银行家》杂志 2017 年度“中国最佳银行”。

在《每日经济新闻》举办的“金鼎奖”评选中，本行被评为“卓越手机银行”。

在《21 世纪经济报道》主办的“中国汽车金引擎奖”评选中，本行被评为“2017 最佳汽车金融服务银行”、“2017 最佳个贷汽车金融创新银行”。

本行被《中国经营报》评为“2017 卓越竞争力出国金融服务银行”。

十二月，本行获得澳大利亚联邦银行“2016 年度澳元清算优秀直通率奖”。

本行获得德意志银行“2016 年度美元和欧元清算优秀直通率奖”。

在《21 世纪经济报道》举办的“21 世纪亚洲金融竞争力评选”中，本行被评为“2017 年度亚洲卓越商业银行”、“2017 年度卓越大客户融资服务银行”。

在《金融时报》举办的“2017 中国金融机构金牌榜金龙奖”评选中，本行被评为“年度最具品牌价值银行”、“年度最佳大客户服务创新银行”。

在新华网和中国社科院企业社会责任研究中心等联合主办的 2017 中国社会责任公益评选中，本行获得“2017 中国社会责任扶贫奖”。

本行获得《亚洲银行家》“中国最佳私人财富服务质量奖”。

本行被《经济观察报》评为 2017 年“年度卓越私人银行”、“年度卓越出国金融服务银行”。

【联系方式】

地址：北京市东城区朝阳门北大街 9 号
邮编：100010
电话：010 – 85230010
传真：010 – 85230079
电邮：ir@ citicbank. com
网址：www. citicbank. com

上海银行股份有限公司

一、企业概况

上海银行股份有限公司（以下简称“上海银行”）成立于 1995 年 12 月 29 日，总行位于上海，是上海证券交易所主板上市公司，股票代码 601229。

上海银行以“精品银行”为战略愿景，以“精诚至上，信义立行”为核心价值观，近年来通过推进专业化经营和精细化管理，着力在中小企业、财富管理和养老金融、金融市场、跨境金融、在线金融等领域培育和塑造经营特色，不断增强可持续发展能力。

上海银行目前在上海、北京、深圳、天津、成都、宁波、南京、杭州、苏州、无锡、绍兴、南通、常州、盐城等城市设立分支机构，形成长三角、环渤海、珠三角和中西部重点城市的布局框架；发起设立四家村镇银行、上银基金管理有限公司、上海尚诚消费金融股份有限公司，设立上海银行（香港）有限公司，并与全球 120 多个国家和地区近 1,500 多家境内外银行及其分支机构建立了代理行关系。

上海银行自成立以来市场影响力不断提升。截至 2017 年末，总资产 18,077.67 亿元；实现净利润 153.28 亿元，同比增长 7.13%。在英国《银行家》杂志 2017 年公布的“全球银行 1000 强”榜单中，按一级资本和总资产计算，上海银行分别位列全球银行业第 85 位和 89 位；多次被《亚洲银行家》杂志评为“中国最佳城市零售银行”。

二、企业文化

使命：提供专业服务，创造恒久价值

愿景：成为卓越的精品银行

服务上，努力实现产品精致，服务专业

管理上，努力实现管理精细，运行高效

财务上，努力实现增长稳健，盈利出众

品牌上，努力实现诚信卓越，受人尊敬

人员上，努力实现队伍精干，素质一流

核心价值观：精诚至上，信义立行

经营理念：以市场为导向，以客户为中心

管理理念：创新、协同、精细、高效

人才理念：以人为本，人尽其才

服务理念：点滴用心，相伴成长

风险理念：稳健合规，提升价值

三、社会责任

1. 推进责任融合

我行将愿景和使命与社会责任相结合，在推进“精品银行”战略建设中，不断提升全体员工的社会责任感；维护股东合法权益，公平对待所有股东；维护客户利益，诚信合规经营，为社会公众提供安全、便捷、高效的金融服务；注重环境保护，支持公益事业，积极回报社会。

2. 社会责任目标

通过对股东、客户、员工、合作伙伴、社区、自然环境等利益相关者承担责任和义务，为社会创造价值，实现企业和社会的和谐发展。

3. 社会责任观

为股东创造价值，实现股东价值最大化，推动企业可持续发展

为客户提供卓越服务，实现价值创造，与客户相伴成长

为员工创造成长空间，实现价值提升，与企业共同发展

为合作伙伴提供发展平台，实现合作共赢
为社区提供支持帮助，推动和谐社会建设
承担环境保护的责任，推进建设节约型社会

【联系方式】
地址：上海市浦东新区银城中路 168 号
邮编：200120
客服热线：95594
总机：021 －68475888
传真：021 －68476111
电邮：webmaster@ bosc. cn
境外（含港澳地区）：86 －21 －66614500
网址：www. bankofshanghai. com

杭州银行股份有限公司

一、企业概况

杭州银行成立于 1996 年 9 月，总部位于杭州。目前，全行拥有 200 余家分支机构，网点覆盖长三角、珠三角、环渤海湾等发达经济圈。此外，还发起设立了杭银消费金融股份有限公司，与澳洲联邦银行共同投资设立了五家村镇银行，投资入股了石嘴山银行股份有限公司。2016 年 10 月 27 日，首次公开发行 A 股在上海证券交易所成功上市，股票代码 600926。

成立以来，杭州银行始终以“中国价值领先银行”为愿景，秉承“诚信、创新、效率、尊重、责任”的核心价值观，坚持服务区域经济、中小企业和城乡居民的市场定位。经过多年的努力，已发展成为一家资产质量较好、经营业绩优良、综合实力跻身全国城市商业银行前列的区域性商业银行。凭借在金融服务方面的良好表现，在英国《银行家》杂志 2017 年公布的全球银行 1000 强排名中，按一级资本排名列第 209 位。近年来，获得了“最佳城市商业银行”、“最佳科技金融服务城商行”、“全国支持中小企业发展十佳商业银行”等荣誉。

目前，杭州银行正聚焦六大业务发展战略，发力六大能力提升战略，加快向“轻、新、精、合”的品质银行转型。

二、企业文化

公司愿景：致力于为中小企业与城乡家庭提供专业、便捷、亲和的金融服务，成为中国价值领先银行。

价值领先：客户价值领先、员工价值领先、股东价值领先、社会价值领先

核心价值观：诚信、创新、效率、尊重、责任
形象定位：钻石银行、绿色银行
对外口号：信我信未来
市场定位：市民银行、中小企业主办银行。

【联系方式】
地址：浙江省杭州市庆春路 46 号杭州银行大厦 27 楼
邮编：310003
投资者专线：0571 －87253058
传真：0571 －85151339
电邮：ir@ hzbank. com. cn
全国客户服务热线：95398/400 －8888 －508
网址：www. hzbank. com. cn

中原银行股份有限公司

中原银行股份有限公司（以下简称“中原银行”或“本行”）是河南省唯一一家省级法人银行，成立于 2014 年 12 月 26 日，总部设在河南省省会郑州市。截至 2017 年 6 月 30 日，中原银行在河南全省 18 个省辖市全部设立了分行，拥有营业网点 421 家；作为主发起人，中原银行在河南省内设有 9 家村镇银行和 1 家消费金融公司；2017 年 7 月 19 日，在香港联交所主板挂牌上市。

成立至今，中原银行始终秉承“稳健、创新、进取、高效”的核心价值观，以“稳健”为前提，将“创新”视为生存条件，把“进取”作为责任担当，依靠“高效”确保工作质量。倡导和坚持“以人为本，业绩导向”的经营理念，深入贯彻落实“传统业务做特色、创新业务找突破、未来银行求领先”三大战略发展方向，并在此基础上进一步布局“上网下乡”战略，顺应新时代的发展要求，探索数字化转型战略，不断拓展新的发展空间。

一、经营实力稳步提升

中原银行这些年来实现了从无到有、从小到大的发展，业绩品牌显著提升。一是机构体系持续完善、覆盖范围不断拓宽。新设立郑州、洛阳、焦作、平顶山、济源 5 家分行，实现分支机构在全省 18 个省辖市全覆盖。发起设立了中原消费金融公司，不断拓展金融服务渠道与手段。二是业务规模快速增长，资产负债结构持续优化。截至 2017 年 6 月末，资产总额达到 4580. 10 亿元，较 2017 年年初约增加人民币 249. 39 亿元，增幅约 5. 8%。贷款和结构化融资约为人民币 3，071. 36亿元，较 2017 年年初约增加人民币 394. 33 亿元，增幅约为 14. 7%，占总资产比重由 2017 年年初的 61. 8% 提高至67. 1%；一般存款余额约为人民币 2，795. 54 亿元，较 2017 年年初约增长人民币 342. 01 亿元，增幅约为 13. 9%，占总负债的比重由 2017 年年初的 61. 7% 提高至 66. 4%。三是风控体系持续完善，内控水平不断提高。风险管理方面，本行加快构建全面风险评估监测预警体系，积极推进大数据风控系统建设，以“三年达标，五年清零”为目标狠抓“降旧控新”工作，加强清收队伍建设，创新清收方式，资产质量保持稳定。内控合规方面，有序开展各项内部审计工作，持续开展合规风险提示，案例警示，员工行为排查，强化党风廉政建设，有效防范合规及案件风险。四是资产质量保持稳定，各项监管指标达标。截至 2017 年 6 月末，全行资本充足率 11. 82%，不良贷款率 1. 85%，拨备覆盖率 213. 52%，各项指标符合监管要求。连续三年获得监管部门 2C 级监管评级，主体信用等级获得 AAA 级最高评级，跨入全国良好银行序列。五是战略布局有效推进，创新业务效果明显。全面布局“上网”战略。探索打造科技银行、数字银行，实现直销银行 APP 上线，线上业务服务范围延伸到全国。推进“员工在线”“产品在线”“管理在线”“客户在线”，梳理产品与服务在线项目 80 余项，渠道、产品、营销、风控、运营等线上化项目多点开花。大力推动“下乡”战略，发展普惠金融和精准扶贫，推进“网点下沉、服务下沉、渠道下沉”，持续构建县乡村“三位一体”服务体系，顺利与格莱珉银行签订战略合作协议，开展精准扶贫国际合作项目，现已完成兰考项目点总部建设并实现成功落地放款。不断推进传统业务转型发展。公司银行方面，分别在国际业务、财政代理、投行业务等方面取得了外汇、即期结售汇、跨境人民币、省级国库集中支付代理、非金融企业债务融资工具承

销、信贷资产证券化等多项业务资质，并在此基础上加强交易银行带动作用，积极打造投行“生态圈”，初步建立债券承销、结构化融资、股权投资和资本运作的投行产品体系。零售银行方面，获得社保卡发卡、金融IC卡发卡、代销实物贵金属以及ETC合作银行等多项业务资质，并围绕建设市民银行，进一步丰富产品体系，增强线上获客及服务能力。金融市场业务方面，先后获得中国农业发展银行、中国国家开发银行以及中国进出口银行的债券承销团资格，获得全国银行间债券市场的准入资格、清算所开立债券持有人账户业务资格、同业拆借中心业务资格以及上海黄金交易所交易专户资格等，不断拓宽同业业务渠道。六是品牌得到广泛认可，连续获得多项殊荣。被《金融时报》连续两年评为“年度十佳城市商业银行”，并荣获“最佳服务地方经济奖”“最佳服务实体经济银行奖”“最具贡献金融豫军”等。在英国《银行家》杂志公布的2017年全球1000家银行榜单中，中原银行一级资本总额位列全球第227名，在126家上榜的中资银行中排名第35位。

二、聚焦服务地方发展

坚持贴近河南省情，将服务地方经济建设作为发展核心和立身之本。一是全力服务实体经济。首先，持续优化信贷结构，支持我省经济转型和供结侧结构性改革，截至2017年6月30日，本行公司贷款总额为人民币1197.29亿元，为公司客户提供结构化融资余额为638.30亿元。其次，对接国家重大战略，紧密跟踪服务“一带一路”建设、“三区一群”等在河南省落地实施。再次，深化与地方政府合作，与部分省直厅局和全省18个省辖市签订战略合作协议，为产业调整、国企改革、城镇化建设等重点领域提供资金保障。最后，还不断提升民生保障和消费升级领域信贷支持，不仅获得了信用卡发卡资质，子公司中原消费金融公司的业务规模也逐步扩大，截至2017年6月30日累计放款额人民币16.61亿元，累计放款突破60万笔。二是积极践行普惠金融。推动惠农服务下沉，截至2017年6月30日止6个月，全省已布设惠农支付服务点1,282个，惠农服务点存款余额人民币21.16亿元，新增人民币存款16.69亿元。填补农村金融空白，打通金融服务最后一公里，探索开发金融扶贫产品，在全省率先投放光伏扶贫贷款，与孟加拉格莱珉银行合作引进复制国际先进经验，助推扶贫攻坚。

三、市场化机制基本确立

本行按照省委省政府要求，不断深化改革，使企业成为真正的市场主体。一是推进产权多元化改革。成立之初即打造了由基础股东、主要股东和大股东构成的“天坛式”股权结构。积极引进战略投资者，先后进行两次增资扩股，以资本为纽带，实现国有与民营资本融合、混合所有的多元产权格局，确保市场化方向，保证平稳健康发展。2017年7月，本行成功在香港联交所主板上市，全行实收资本增至200.75亿元。股权结构中，国家股及国有成份法人股占比26.16%，民营法人、自然人股及H股合计占比73.84%。二是健全法人治理结构。构建了“三会一层”构架，即股东大会、董事会、监事会、高级管理层，建立了独立董事和外部监事制度，制定了完善的议事规则，建立了良好的内控治理机制，形成了有效制衡、运转高效的现代企业制度，大大提高了资源配置的效率。三是确立市场化用人机制。按照职业经理人制度要求，采取市场化的方式选聘高管层，全行干部不设行政级别。坚持“以人为本、业绩导向”的考核机制，打造公平公正的考核环境，实现严格规范的管理，为每一个员工提供适应自身能力的发展平台。同时严格依照业绩进行考核，在全行确立“干部能上能下、收入能高能低、人员能进能出”的认识。

四、金融科技加速布局

本行坚持“科技立行、科技兴行”，把金融科技作为突破方向，积极探索数据银行、科技银行转型发展道路。一是夯实基础。在筹建之初即启动科技规划和数据大集中，历时18个月新建了一套满足商业银行经营管理需要、能够支持银行长远发展的基础骨干IT系统群，并实现13家分行新老系统切换，在业内创造了同步建设系统最多、整合时间最短的纪录，为实现全行业务的集约化运营管理奠定了基础。二是强化保障。在思想上，树立共识，明确科技是驱动业务发展的重要力量，依靠科技驱动，跟从市场导向，不断强化客户的中心地位，进一步提升客户体验和运营效率。在投入上，科技经费逐年增加，科技基础设施建设稳步实施。在郑州、上海搭建了数据和容灾备份“两地三中心”，2017年成功进行两次业务连续性演练核心业务系统容灾切换演练，为河南省内城商行首例。同时，占地面积55亩、建设面积16万平方米的科技中心建设正在加快推进。三是加强研发。启动大数据平台建设，明晰了风险控制、精准营销、客户画像、精细化管理等开发方向，与华为、清华大学等联合开展大数据联合应用创新、区块链技术等研究。四是创新应用。手机银行不断迭代更新，部分功能处于行业领先。直销银行、信用卡、消费金融等领域充分运用大数据、人工智能等技术，实现业务在线申请、自动审批。在业内创新住房抵押个人贷款新模式，开发线上金融产品“永续贷”，获得中国金融行业最佳创新项目奖。

附：中原银行大事记

1.2014年12月，本行在河南省郑州市正式成立。

2.2015年3月，本行与河南省濮阳市政府签署首个战略合作协议。

3.2015年12月，本行注册资本增资扩股1204459259股内资股，实缴资本达到人民币16625000000元。

4.2016年7月，以2015年12月31日的一级资本计，本行在《银行家》于2016年公布的“全球1000家大银行”中位居第210位，即在上榜国内所有商业银行中位居第31位，并在上榜国内所有城市商业银行中位居第9位。

5.2016年8月，本行在河南省首批惠农支付服务点开业。

6.2016年10月，本行首款线上房产抵押贷款产品——“永续贷”上线，获《金融电子化》授予“2016年度金融行业产品创新突出贡献奖”。

7.2016年11月，本行洛阳分行正式开业，标志着本行实现河南省18个省辖市全覆盖。

8.2017年2月，本行与格莱珉普惠金融与精准扶贫国际合作项目签约。

9.2017年7月，本行在香港联合交易所主板上市。

上海浦东发展银行股份有限公司

一、企业概况

上海浦东发展银行股份有限公司（以下简称：浦发银行）是1992年8月28日经中国人民银行批准设立、1993年1月9日开业、1999年在上海证券交易所挂牌上市（股票交易代码：600000）的全国性股份制商业银行，总行设在上海。目前，注册资本金293.52亿元。良好的业绩、诚信的声誉，使浦发银行成为中国证券市场中备受关注和尊敬的上市公司。秉承"笃守诚信,创造卓越"的核心价值观,浦发银行积极探索金融创新,资产规模持续扩大,经营实力不断增强。

至2017年末,公司总资产规模达6.14万亿元。目前,浦发银行已在境内外设立了41家一级分行、约1800家营业机构,拥有超过5.2万名员工,架构起全国性国际化商业银行的经营服务格局。近年来,浦发银行加快国际化、综合化经营发展,以香港、新加坡、伦敦分行开业、浦银国际成立为标志,国际化经营步伐不断加快,以投资设立浦发村镇银行、浦银金融租赁有限公司、浦发硅谷银行等机构和顺利收购上海国际信托有限公司为标志,积极推进综合化经营。

上市以来,浦发银行连续多年被《亚洲周刊》评为"中国上市公司100强"。2018年2月,英国《银行家》杂志发布"全球银行品牌500强"排名,浦发银行位列第13位,居上榜中资银行第6位,品牌价值147.72亿美元;6月,美国《福布斯》杂志发布"全球企业2000强"排名,浦发银行位列第70位,居上榜中资企业第13位、中资银行第9位;7月,英国《银行家》杂志发布"全球银行1000强"排名,根据核心资本,浦发银行位列全球第25位,居上榜中资银行第8位;2017年7月,美国《财富》杂志发布"财富世界500强"排名,浦发银行位列第245位,居上榜中资企业第54位、中资银行第8位。目前,浦发银行是国内为数不多同时获得三大国际评级机构投资级以上评级的股份制商业银行之一:惠誉对浦发银行的评级为长期发行人违约评级BBB,评级展望稳定;标普对浦发银行的评级为长期信用评级BBB、短期信用评级A-2,评级展望稳定;穆迪对浦发银行的评级为长期存款评级Baa2、短期存款评级Prime-2,评级展望稳定。深耕金融服务的同时,浦发银行积极践行社会责任,致力于打造优秀企业公民。2017年浦发银行获评中国银行业协会"年度公益慈善贡优秀项目奖"、"年度社会责任最佳绿色金融奖"、"年度最佳社会责任特殊贡献网点奖"。

在新一轮发展中,浦发银行将全面贯彻落实党的十九大、全国金融工作会议、中央经济工作会议精神,因势而变、顺势而为、乘势而上,推进转型发展,坚持以客户为中心,科技引领,打造一流数字生态银行,努力成为新时代金融业高质量发展的排头兵。

二、社会责任

浦发银行的企业社会责任观

依托金融专业优势,形成具有浦发银行特色的责任竞争力,主动承担经济、社会、环境责任,促进自身和利益相关方共同可持续发展。

浦发银行企业社会责任行动准则

1. 依法合规,稳健经营。遵守法律法规,稳健经营,确保公司合规、稳健、持续发展。

2. 笃守诚信,服务大众。合法诚信,加大对保增长、惠民生、调结构领域的融资支持,最大限度地为大众提供现代金融产品和服务,以先进的金融理念引领大众,为大众创新金融体验。

3. 以人为本,价值统一。最大限度地为利益相关方创造价值,实现公司价值与利益相关方价值的和谐统一。

4. 奉献爱心,回报社会。积极支持和参与公益慈善活动,通过持续性的志愿者活动弘扬"奉献,互助,友爱,进步"的浦发银行志愿者理念,维护和增进社会利益,实现银行和社会协调发展。

5. 传导政策,调配资源。服务国家宏观调控政策,发挥金融对社会资源的引导和调配作用,合理有效配置信贷资源,支持中国低碳经济和绿色发展。

6. 倡导环保,绿色金融。支持绿色信贷,创新绿色金融产品,以商业行为、市场机制支持节能、环保绿色产业,打造中国金融业的低碳银行。

【联系方式】
地址:上海市中山东一路12号
邮编:200002
服务热线:95528
电话:021-61618888
传真:021-63230807
电邮:bdo@ spdb. com. cn
网址:www. spdb. com. cn

兴业银行股份有限公司

兴业银行股份有限公司(简称兴业银行)1988年8月成立于福建省福州市,是经国务院、中国人民银行批准成立的首批股份制商业银行之一,也是中国首家赤道银行。2007年2月在上海证券交易所挂牌上市(股票代码:601166),目前注册资本207.74亿元。

开业30年来,秉承"为金融改革探索路子,为经济建设多作贡献"的使命和初心,坚持以客户为中心,执守服务实体本源,兴业银行坚持走差异化经营、市场化特色化发展道路,实现了从地方银行、区域银行、全国性银行、上市银行到现代主流银行集团的多级跨越,目前已在全国设立44家一级分行(含香港分行)、2064家分支机构,与全球1600多家银行建立代理行关系,并建立了网上银行、电话银行、手机银行、微信银行和直销银行等线上渠道,形成虚实结合、覆盖全国、衔接境内外的庞大服务网络,拥有约6万名员工组成的专业化金融服务团队,形成了以银行为主体,涵盖信托、金融租赁、基金、期货、资产管理、消费金融、研究咨询、数字金融等多个领域的综合金融服务集团,跻身全球银行30强,稳居世界500强、全球上市公司100强。

截至2017年末,兴业银行总资产达6.42万亿元,较年初增长5.44%;实现净利润572亿元,同比增长6.22%;加权平均净资产收益率15.35%,总资产收益率0.92%,继续保持同类型银行前列;不良贷款率1.59%,较年初下降0.06个百分点,拨备覆盖充足,拨贷比达3.37%,拨备覆盖率达211.78%,均保持同业较高水平。

30年来,兴业银行始终牢记"一流银行,百年兴业"的使命,在市场发展大潮中逐浪前行,在与客户相伴成长中,发展成为特色鲜明的中国主流商业银行:在业内最早确立可持续发展的公司治理理念;首开绿色金融先河,率先采纳赤道原则,绿色金融龙头地位持续巩固;率先搭建银行间合作平台——银银平台,探索普惠金融差异化实践模式;设立国内第一家单独持牌的资金业务专营机构,在债券、汇率及衍生品、贵金属等领域市场排名稳居前列;在国内推出首个养老金融服务方案"安愉人生",致力为老年人群提供高品质、专属化的金融服务……形成了一批独具特色的优势业务,构筑了更加宽阔的发展"护城河"。

兴业银行因改革而生,也在改革中实现了一次次的跨越发展,始终追求行稳致远,打造"百年老店"。兴业银行是国内最早明确提出经营转型的商业银行之一,多年来毕力躬行

"以客户为中心"理念,保持战略定力的同时,顺应内外部形势变化,适变而变,努力实现更高质量的发展,打造一流价值银行。

过去一年,兴业银行加快"结算型、投资型、交易型"三型银行建设步伐,积极构建"商行+投行"战略体系,再一次彰显敏锐的市场洞察、前瞻的战略把握和强劲的战略执行力。截至2017年末,非金融企业债务融资工具全年承销3288.90亿元,市场份额位居全市场第二,连续6年蝉联股份制银行第一;资产管理业务投研和资产配置能力进一步强化,在银行业理财登记托管中心2017年全国银行理财综合能力评比中排名全市场第二,股份制银行第一;资产托管规模突破11万亿,稳居行业第一梯队;FICC业务依托资金业务优势成为新秀明星,贡献中间业务收入近13亿元,代客FICC收入同比增长95%。

兴业银行坚持"科技兴行"战略,积极构建面向未来的银行。兴业银行是国内少数具备核心系统自主研发能力和自主知识产权的银行之一,也是国内最大的商业银行信息系统提供商之一。近年来,兴业银行将信息科技的功能定位从传统的支持保障转为引领带动,加快金融与科技的深度融合,陆续推出数金云、兴业管家、兴E付、兴智投、黄金眼等众多金融科技产品与应用,并且在信息安全、用户体验、云服务、大数据、人工智能、区块链、流程机器人、开放接口八大领域进行了重点布局,持续推进"安全银行、流程银行、开放银行、智慧银行"建设,不断增添新的发展动能。

30年来,兴业银行市场地位和品牌影响力节节攀升。根据2018年英国《银行家》杂志"全球银行1000强"排名,兴业银行按一级资本排名第26位,按总资产排名第28位。按照美国《财富》杂志"世界500强"最新榜单,兴业银行排名第237位。同时,过去一年在国内外权威机构组织的各项评比中,先后获得"亚洲卓越商业银行""年度最佳股份制银行""中国最受尊敬企业"等多项殊荣。

"好银行助生活更美好"。三十而立,兴业银行将继续发扬爱拼会赢的优良传统,保持战略定力,在高质量发展的道路上稳健前行,不负新时代,不负百年梦想,不负客户与投资者的信赖。

【联系方式】
地址:福建省福州市湖东路154号中山大厦A座10楼
邮编:350003
电话:0591-8732486387857530
传真:0591-87342633
电邮:irm@ cib. com. cn
网址:www. cib. com. cn

平安银行股份有限公司

一、企业概况

平安银行是一家总部设在深圳的全国性股份制商业银行(深圳证券交易所:000001)。其前身深圳发展银行,是中国内地首家公开上市的全国性股份制银行。中国平安保险集团及其控股子公司合计持有本行58%的股份,为本行控股股东。截至2017年末,在职员工32,502人,通过全国70家分行、1079家营业机构为客户提供多种金融服务。

发展战略

平安银行坚持以"零售战略转型"为核心,秉承"科技引领、零售突破、对公做精"的转型发展战略,以"科技引领"为引擎,持续推动"对公做精"和"双轻"战略转型目标的进一步实现。

"科技引领":指借力科技优势,加大投入,提高科技向产品的转换力,引领业务创新发展;"零售突破":以零售贷款(LUM)拉动零售客户资产(AUM),以信用卡带动借记卡,通过模式创新推动业务全面发展;"对公做精":严守资产质量生命线,坚持"行业化、专业化、投行化、轻资本、轻资产"的发展理念,做精品公司银行。

1. 业绩概览

本行始终不忘零售转型的初心,牢记金融服务实体经济的使命,持续打造智能化零售银行;发挥行业化及专业化优势,支持产业升级。截至2017末,本行总体经营稳健、结构持续优化、风控管理有力、资产质量稳中趋好。

2. 整体经营稳健发展

2017年,本行实现营业收入1,057.86亿元,同比降幅1.79%(还原营改增前的营业收入同比增幅1.67%),净利润231.89亿元,同比增长2.61%,盈利能力保持稳定。资产总额32,484.74亿元,较上年末增长9.99%;吸收存款余额20,004.20亿元,较上年末增长4.09%。发放贷款和垫款总额(含贴现)17,042.30亿元,较上年末增幅15.48%。

3. 零售转型成效显著

2017年,本行零售业务营业收入466.92亿元、同比增长41.72%,在全行营业收入中占比为44.14%;零售业务净利润156.79亿元、同比增长68.32%,在全行净利润中占比为67.62%,零售转型成效显著。

2017年末,本行管理零售客户资产10,866.88亿元,较上年末增长36.25%,零售客户数(含借记卡和信用卡客户)6,990.52万户,同口径较上年末增长33.43%;零售存款余额3,409.99亿元、较上年末增长26.76%,零售贷款(含信用卡)余额8,490.35亿元、较上年末增长56.95%;信用卡流通卡量达3,834万张,较上年末增长49.73%。信用卡总交易金额15,472.02亿元,同比增长38.01%。平安口袋银行APP月活客户数1,482万户,均位居股份制银行前列。

4. 对公业务结构持续优化

本行主动调整对公业务结构,严守资产质量生命线,坚持"行业化、专业化、投行化、轻资本、轻资产"的发展理念。在"行业化"方面,培育在特定行业的专业化优势,积极运用"商行+投行+投资"的行业金融模式支持实体经济发展,2017年末行业事业部合计存款余额1,654.94亿元,管理资产余额4,904.87亿元;在"双轻"方面,充分利用综合金融资源与平台,拓展渠道合作,2017年已落地76个投行项目、规模329亿元;完成债券承销规模1,051.05亿元,实现托管费收入30.46亿元,托管净值规模6.13万亿元、较上年末增幅12.25%。黄金账户客户数为510.42万户,增幅41.78%。

5. 科技应用场景不断拓展

本行以科技创新不断引领智能服务,创新成果百花齐放。在线上方面,零售口袋银行APP4.0,全面应用指纹、声纹、人脸识别技术,客户体验大幅提升。实施AI+创新,全方位支持本行风控、营销和运营。同时,本行应用大数据、区块链、人工智能等新科技,持续提升中小企业综合服务能力,持续扩大"橙e网、跨境E、保理云、行E通"等平台影响力,向客户提供精益化的产品与服务;在线下方面,本行全面打造智能化网点,实施网点新布局。2017年8月,本行首家纯零售新门店"广州流花支行"正式开业,该支行全新设计打造"新形象、新模式”,让客户获得全新的智能零售银行新体验。

6. 企业文化建设

我行坚持以人为本,拓宽员工成长通道,关爱员工工作生活,致力银行发展与员工全面成长的和谐统一;我行积极开展合规文化建设,强化全行员工合规意识,营造良好的合规文化氛围。

在企业社会责任方面,我们贯彻落实党中央、国务院精准扶贫战略,充分发挥商业银行特色优势,聚焦定点扶贫、金融扶贫、教育扶贫三大领域,多措并举增强困难群众自我发展能力,帮助贫困地区群众脱贫致富;我们积极投身公益慈善事业,2017 年全年捐赠 552 万元,在教育助学、赈灾救济、回馈社区等领域开展公益慈善活动。多年来,本行矢志不渝地推动公益事业发展,多次荣获“最佳企业社会责任案例奖”“希望工程特殊贡献奖”“最佳公益伙伴”等奖项。

二、企业荣誉

近年来,本行多次荣膺“年度最佳股份制银行”“最受投资者尊重的百强上市公司”“2017 年度亚洲卓越零售银行”“最佳供应链金融服务银行”等多项荣誉;谢永林董事长荣膺“2017 年度银行家”殊荣;平安口袋银行 APP4.0 荣获“中国银行业创新先锋奖”“2017 年最佳 APP”等多项大奖;橙 e 网荣获《银行家》颁发的“十佳金融产品创新奖”“在线供应链金融优秀案例奖”等多项荣誉。

2018 年,本行将全面贯彻落实党的十九大、第五次全国金融工作会议和 2018 年中央经济工作会议要求,不忘初心,牢记使命,依托平安集团综合金融平台,充分发挥综合金融优势,围绕集团“汽车、房产、医疗健康、智慧城市、金融机构”五大生态圈战略,加快战略转型,防范金融风险,全面提升服务实体经济的能力,努力建设领先的智能化零售银行!

【联系方式】
地址:广东省深圳市深南东路 5047 号
传真:86 – 755 – 82080386
电邮:PABDSH@ pingan. com. cn
总机:86 – 755 – 82088888
24 小时客户服务热线:95511 转 3
投资者咨询热线:86 – 755 – 82080387
网址:www. bank. pingan. com

华夏银行股份有限公司

一、企业概况

在改革开放总设计师邓小平的关心支持下,华夏银行于 1992 年 10 月在北京成立。1995 年 3 月,实行股份制改造;2003 年 9 月,首次公开发行股票并上市交易(股票代码:600015),成为全国第五家上市银行。

成立至今,华夏银行走过了奋勇拼搏、成果丰硕的发展历程。截至 2017 年末,总资产规模达 2.5 万亿元,在全国 103 个地级以上城市设立了 40 家一级分行,60 家二级分行,营业网点总数达 968 家,员工人数超过 4 万人,形成了“立足经济发达城市,辐射全国”的机构体系。并建立境内外代理行超过 1600 家,遍及五大洲 115 个国家和地区的 375 个城市,建成了覆盖全球主要贸易区的结算网络。在 2017 年 7 月英国《银行家》全球 1000 家银行排名中,华夏银行核心一级资本和总资产分别位列第 67 位和第 70 位。

华夏银行的发展愿景是积极落实“创新、协调、绿色、开放、共享”五大发展理念,立足服务实体经济,立足为客户和股东创造价值,以存款立行、金融科技兴行、人才强行作为根本的战略导向,坚持特色化、数字化、综合化、轻型化的发展方向,努力建设成为“大而强”“稳而优”的现代金融集团。

在做好经营发展工作的同时,华夏银行积极履行社会责任,加强与客户、股东、员工等利益相关方的沟通与交流,促进企业与社会、环境的可持续发展,塑造良好的社会形象,致力于成为一家有担当、负责任的金融机构。不断提升服务品质和效率,保护消费者权益,积极推行普惠金融理念,推进金融精准扶贫工作,将更多更好的金融服务覆盖最广大的金融消费者,保护金融弱势群体。积极推进绿色金融,打造“绿助成长、美丽华夏”服务品牌。先后多次荣获“小微企业金融服务先进单位”“最具社会责任金融机构”“最佳绿色金融奖”“光明公益奖”等多个奖项。

二、企业荣誉

1. 荣获 2016 年银行业信贷资产登记流转业务最佳机构奖。

2. 2017 年 3 月 15 日,普益标准发布了“银行理财能力排名报告(2016)”,对 18 家全国性商业银行,118 家城市商业银行,282 家农村金融机构共计 418 家银行理财业务的产品研发、投资管理、产品销售、信息披露等方面进行考察与分析。在本次发布的年度排名中,华夏银行的综合理财能力、收益能力、理财产品丰富性 3 项指标,均位列全国性商业银行前 5 名;风险控制能力和信息披露规范性 2 项指标更是闯入前三甲,体现了市场对华夏银行资产管理业务的充分肯定。

3. 4 月 17 日,在银监会组织的 2016 年度“银行业最美人物”评选中,武汉江南春城社区支行行长王文倩成为全国 10 名获选者之一。

4. 6 月 8 日,在第六届中国贸易金融年会上,华夏银行荣获中国银行业协会贸易金融专业委员会颁发的“最佳贸易企业伙伴银行”奖。

由《银行家》杂志主办的 2017 中国金融创新奖揭晓评选结果,华夏银行“投、融、顾、信一体化金融服务”荣获“十佳金融产品创新奖”。

5. 6 月 22 日,由《经济观察报》主办的“2016 – 2017 年度值得托付金融机构评选”榜单在京揭晓,凭借在风险管理、投资收益等方面的出色表现,华夏银行荣获“值得托付资产管理银行”、“值得托付理财产品”(增盈无固定期限)两项大奖。

6、6 月 28 日,中国银行业协会组织召开“2016 年度中国银行业社会责任报告发布暨社会责任工作表彰会”。华夏银行荣获“年度社会责任最佳绿色金融奖”。

7. 6 月 30 日,在中国银行业协会举办的“2017 年私人银行业务专业委员会年会暨《中国私人银行行业发展报告》发布会”上,华夏银行荣获“2016 年度最佳风险管理奖”和“2016 年度最佳客户体验奖”,个人业务部王耀增获“2016 年度优秀私人银行家奖”,杭州分行个人业务部朱丽烨、北京分行东直门支行陈雪获“2016 年度优秀私人财富顾问奖”。

8. 7 月 28 日,在《南方周末》主办的第九届中国企业社会责任年会上,我行获“2016 年中国国有上市企业年度最佳责任企业”奖。

7 月 29 日,在由《21 世纪经济报道》主办的 2017 中国资产管理“金贝奖”颁奖盛典上,经收益能力、创新能力、风险控制能力等多维度评价及“定量”与“定性”分析,我行凭借丰富的理财产品体系、稳健的投资收益表现、高效的风险管理措施以及在财富管理领域的优异表现，荣获“2017 最佳银行财富管理品牌”称号。

9.10 月 23—27 日，中国银行业协会主办第三届银行业客服中心“寻找好声音”业务技能竞赛，全国 55 家银行的 65 个客服中心派出 265 名客服代表参赛，我行信用卡客服中心和总行 95577 客服中心晋级十强决赛，并在决赛中分获第三、四名，两中心派出的 8 名参赛选手全部获个人最高奖项——个人综合奖。我行是唯一一家两个客服中心代表队均获奖的银行。

10.2017 年 12 月 6 日，在贸易金融杂志、中国贸易金融网、中国交易银行年会组委会联合举办的第七届（2017 年度）中国经贸企业最信赖的金融服务商（金贸奖）活动评选中，我行荣获“最佳贸易金融产品创新银行”称号。

11.2017 年 12 月 8 日，在《经济观察报》举办的“观察家金融峰会暨 2016 - 2017 中国卓越金融奖”颁奖典礼上，我行荣获“年度卓越贸易金融银行”称号。

12. 北京分行紫竹桥支行被中央文明委授予“第五届全国文明单位”称号。

13.12 月 6 日，在新华网和中国社科院企业社会责任研究中心联合主办的 2017 中国社会责任公益盛典上，我行获“2017 年中国社会责任公益慈善奖”。

三、大事记

1 月 10 日，中央国债登记结算有限责任公司发布 2016 年度中国债券市场优秀成员评选结果，我行被评为“金融债优秀发行人”、“ABS 优秀发起机构”和“优秀自营商”。

1 月 18 日，华夏信用卡管家 APP 应用正式上线。

1 月，张健华同志任华夏银行党委副书记、董事、行长，樊大志同志不再任华夏银行行长职务。

2 月 8 日，我行被中国银行业协会评为 2016 年度“中国银行业法律风险管理先进单位”。

3 月 9 日，在中国外汇交易中心公布的“2016 年度银行间本币市场评优结果”中，我行被评为“优秀交易商”、“优秀同业存单发行人”。

3 月 9 日，我行银商通产品荣获“2016 年中国支付清算协会安全产品奖”和“互联网周刊年度产品奖（互联网金融）”。

3 月 15 日，中国银行业协会举办文明规范服务千家示范单位发布会，我行荣获“2016 年度文明规范服务工作突出贡献奖”、“2016 年度普及金融知识万里行活动最佳成效奖”，北京分行营业部等 28 个网点被评为“2016 年度中国银行业文明规范服务千佳示范单位”。

3 月 16 日，我行网上银行和手机银行渠道个人自助结售汇业务正式对外推广。

3 月 28 日，我行与北京农商银行签署战略合作协议。

3 月 29 日，我行 2017 年第一次临时股东大会在北京召开，审议通过《关于向华夏金融租赁有限公司增资的议案》和《关于选举本行董事的议案》。

3 月 29 日，在银行间市场清算所股份有限公司召开“2016 年度工作表彰会暨业务交流会”上，我行被评为“2016 年度优秀结算成员”。

3 月 29 日，在中国外汇交易中心组织召开的 2017 年度银行间本币市场交流会上，我行被评为 2016 年度“优秀交易商”和“优秀同业存单发行人”。

3 月 30 日，我行手机银行“9.9 元抢普吉岛浪漫游”活动荣获中国金融认证中心（CFCA）“第三届中国金融品牌‘金栗子’奖”。

3 月，李民吉同志任华夏银行党委书记、董事长，樊大志同志不再任华夏银行党委书记、董事长职务。

3 月，在中国外汇交易中心发布的“2016 年度银行间本币市场交易 200 强”中，我行市场排名第四，位列股份制银行第一。在中央结算公司发布的“债券交割量总排行榜”中，我行 2017 年度债券交割量排名市场第五，股份制银行排名第一。

4 月 11 日，在中国银联和公安部经济犯罪侦察局联合召开的银行卡安全合作委员会第五次全国工作会议上，我行个人业务部荣获“2016 年度警民共建贡献奖”。

4 月 11 日，中国银监会批复我行筹建兰州分行。

4 月 11 日，中国银监会批复我行筹建西宁分行。

4 月 17 日，在中国银监会组织的 2016 年度“银行业最美人物”评选中，武汉江南春城社区支行行长王文倩成为全国 10 名获选者之一。

4 月 25 日，第三届中国资产证券化论坛年度奖评选结果公布，我行发起的“龙元 2016 年第二期信贷资产支持证券”荣获信贷资产类“年度新锐奖”。

4 月 28 日，我行被中国银行业协会评为“中国银行业协会最佳专业委员会常委单位”。

5 月 11 日，总行举办“践行协同发展服务首都建设——华夏银行与北京市重点企业合作洽谈会暨签约仪式”，我行与北京首都创业集团有限公司等 15 家北京市属国有企业签署战略合作协议。

5 月 24 日，我行召开 2016 年年度股东大会。会议以现场和网络投票结合的形式召开，审议通过《华夏银行股份有限公司董事会 2016 年度工作报告》和《华夏银行股份有限公司监事会 2016 年度工作报告》等 16 项议案。

5 月 27 日，我行在中国银联标准二维码支付产品及 62 云闪付营销活动发布会上，推出信用卡业务二维码支付及可穿戴设备支付产品。

6 月 7 日，在第十二届中国企业社会责任报告国际论坛上，我行被评为“2016 金蜜蜂企业社会责任 · 中国榜”金蜜蜂企业。

6 月 8 日，在第六届中国贸易金融年会上，我行被中国银行业协会贸易金融专业委员会评为“最佳贸易企业伙伴银行”。

6 月 12 日，我行接入上海票据交易所交易平台。

6 月 22 日，我行与腾讯公司签署战略合作协议。

6 月 28 日，在中国银行业协会召开的“2016 年度中国银行业社会责任报告发布暨社会责任工作表彰会”上，我行荣获“年度社会责任最佳绿色金融奖”。

6 月 29 日，我行小微企业金融 APP2.0 版正式上线，实现了小微企业网络贷自有服务渠道“零”的突破。

6 月 30 日，我行承办中国银行业协会“2017 年私人银行业务专业委员会年会暨《中国私人银行行业发展报告》发布会”，会上，我行荣获“2016 年度最佳风险管理奖”和“2016 年度最佳客户体验奖”。

6 月，我行荣获中国银行业协会颁发的“2016 年度中国银行业理财机构最佳社会贡献奖”、“2016 年度中国银行业理财机构最佳转型奖”。

7 月 1 日，我行反洗钱工作平台系统正式上线。

7 月 12 日，我行研发推广智慧社区生态圈“金融 + 生活”服务平台，大力发展普惠金融业务。

7 月 13 日，我行举办“合作发展、携手共赢”银信合作交流会，并与 18 家信托公司签署战略合作协议。

7 月 18 日，由我行牵头设计，世界银行集团国际金融公司参与，金正大集团发起并控股的中国现代农业服务平台——金丰公社正式成立。我行与金丰公社签署战略合作框架协议。

7 月 29 日，我行与丝绸之路农商银行发展联盟签署《战略合作框架协议》。

7 月，我行联合世界银行集团举办中国现代农业服务峰会。

7 月出版的英国《银行家》杂志公布全球 1000 家银行排名，按照核心一级资本和总资产计算，我行分别位列 67 位和 70 位，较上年分别提升 12 位和 2 位。

8 月 2 日，我行新一代直销银行正式对外推广。

8 月 3 日，我行与大成基金管理有限公司签署战略合作协议。

8 月 3 日，我行与房山区政府签署战略合作协议及《北京基金小镇战略合作协议》。

8 月 4 日，中国人民银行公布 2016 年度银行科技发展奖获奖项目名单，我行申报的《基于软件定义的新一代金融云网络》、《生产中心同园区双楼宇双活系统基础平台》及《分布式高可用性核心系统集群建设》三个项目荣获二等奖，《面向全面金融风险管理的统一数据集成平台》和《移动终端接入服务平台》两个项目荣获三等奖。

8 月 15 日，我行在雄安新区第一家网点安新支行开业，该支行按照我行智慧网点标准设计，是雄安新区设立后新落户的第一家金融机构。

8 月 16 日，我行正式开通华夏 e 缴费功能，实现“缴费充值，一站完成”，已覆盖我行 95.7% 的机构网点。

8 月 17 日，我行在中国银监会举办主题为“智慧金融、数字华夏—华夏银行金融科技转型之路”新闻发布会，关文杰副行长做主题发言。

8 月 17 日，我行客户服务中心荣获中国银联颁发的“客户服务处理优秀奖。”

8 月 21 日，“有利网”、“玖富普惠”正式在我行网络借贷资金存管系统上线运行。

8 月 24 日，在新浪财经主办的 2017 中国银行业发展论坛上，我行荣获“创新电子银行”奖。

8 月 27 日，我行顺利实现新一代外汇交易平台 CFETS2017（一期）正式上线运行。

9 月 12 日，我行第一款银联、微信、支付宝聚合扫码支付产品上线全行推广。

9 月 15 日，2017 华夏之星第七届中国小企业菁英训练营闭营暨初心图书馆落成仪式在张家口张北县二台镇九年制学校举行。

10 月 12 日，我行与百融金融信息服务股份有限公司签署零售业务合作框架协议。

10 月 15 日，我行正式接入非银行支付机构网络支付清算平台（网联平台）。

10 月 16 日，我行成功发行首单 22.01 亿元个人住房抵押贷款资产支持证券。

10 月 18 日，我行“华夏收银台”收单业务品牌全行推广。

10 月 26 日，我行与恒大地产集团有限公司签署战略合作协议。

10 月 27 日，我行客户服务中心荣获中国银行业协会主办第三届银行业客服中心“寻找好声音”业务技能竞赛“团队综合奖”。

10 月 30 日，我行与中国金币总公司签署战略合作协议。

11 月 9 日，我行人民币跨境支付系统 CIPS 金融债券双边业务功能顺利投产上线。

11 月 22 日，中国经营报、中国社会科学院联合主办的“2017 卓越竞争力金融机构评选”揭晓，我行被评为“2017 卓越竞争力财富管理银行”、“2017 卓越竞争力智能银行”。

11 月，我行移动银行客户规模超过 800 万户。

11 月，我行北京分行紫竹桥支行被中央精神文明建设指导委员会评为第五届全国文明单位，这是我行营业机构首次获此荣誉。

12 月 7 日，在 CFCA 第十三届中国电子银行年度盛典上，我行荣获 2017 年度“最佳手机银行功能奖”和“最佳直销银行安全奖”。

12 月上旬，在新华网和中国社科院企业社会责任研究中心联合主办的 2017 中国社会责任公益盛典上，我行荣获“2017 年中国社会责任公益慈善奖”。

12 月 14 日，在中国银监会 2017 年度银行业信息科技风险管理课题成果评选活动中，我行《基于运维大数据挖掘的 IT 运营价值的研究和实践》荣获一等奖，《基于分布式架构的网络借贷服务模式研究》、《基于开源操作系统的自助终端设备开发及应用研究》荣获三等奖。

12 月 18 日，我行被凤凰网、中华少年儿童慈善救助基金会评为“公益爱心伙伴”。

12 月 20 日，信用卡中心荣获万事达国际卡组织颁发的“2017 年度杰出合作伙伴奖”。

12 月 22 日，在“2017 中国金融机构金牌榜 · 金龙奖”评选活动中，我行被评为“年度最佳绿色金融服务银行”。

12 月 22 日，我行被中国银监会办公厅评为 2017 年“金融知识进万家”活动先进单位。

12 月 28 日，我行共有 90 家网点被评为中国银行业协会文明规范服务“星级”示范网点，其中 39 家五星、32 家四星、19 家三星。

12 月下旬，我行信用卡中心荣获中国银联颁发的 2017 年度差错争议处理工作“最佳协作奖”。

12 月 31 日，我行与中国人民保险集团股份有限公司签署战略合作协议。

12 月，中国银监会批复我行筹建香港分行。

12 月，在第七届中国经贸企业最信赖的金融服务商评选中，我行被评为“最佳贸易金融产品创新银行”。

12 月，在“2016 – 2017 中国卓越金融奖”活动中，我行被评为“年度卓越贸易金融银行”。

12 月，在第十一届“金蝉奖”活动中，我行被评为“2017 年度贸易金融银行”。

2017 年，我行荣获中国银联颁发的“银联卡营销合作优秀奖、银联卡受理环境共建优秀奖”。

截至 2017 年底，全行营业网点总数达 968 家，其中一级分行 40 家，二级分行 62 家，异地支行 9 家。

【联系方式】
地址：北京市东城区建国门内大街 22 号华夏银行大厦
邮编：100005
电话：95577
网址：www.hxb.com.cn

广发银行股份有限公司

一、企业概况

广发银行成立于1988年，是国内首批组建的股份制商业银行之一。本行以创新为驱动，以服务为宗旨，以合规为基石，秉承"创新、包容、奋进"的企业文化精神开展各项经营管理活动，稳中求进、开拓进取，朝着实现"功能完备、业务多元、特色鲜明、同业一流"的战略愿景不断迈进。

本行致力于为客户提供高质量、高效率、全方位的综合金融服务。在北京、天津、河北、山西、辽宁、吉林、黑龙江、上海、江苏、浙江、安徽、福建、江西、山东、河南、湖北、湖南、广东、广西、重庆、四川、云南、陕西、新疆等境内24个省(自治区、直辖市)100个地级及以上城市和澳门特别行政区设立了43家一级分行、843家营业机构，并与全球125个国家和地区的1,718家银行总部及其分支机构建立了代理行关系，为超过30万对公客户、3,422万个人客户、5,711万张信用卡客户、2,427万移动金融客户提供优质、全面的金融服务。

二、企业荣誉

1. 获中国人民银行颁发的"2016年度银行科技发展奖"奖项。

2. 荣获中国银行业监督管理委员会颁发的"2017年度银行业信息科技管理课题二类成果"奖项。

3. 荣获中国银行业协会颁发的"2016年度中国银行业社会责任最佳民生金融奖及公益慈善优秀项目奖"奖项。

4. 荣获中国银行业协会颁发的"2017年度中国银行业文明规范服务百佳示范单位、最佳创新私人银行及最佳综合理财能力奖"奖项。

5. 荣获中国外汇交易中心颁发的"银行间本币优秀交易商、优秀债券交易商、优秀衍生品交易商及2016年度银行间外汇市场优秀做市机构最佳后台支持做市机构奖"奖项。

6. 荣获中国质量协会颁发的"首届全国优质服务大赛一等奖及2017年度全国六西格玛项目发表赛黑带项目一等奖"奖项。

7. 荣获中国广告协会颁发的"2017中国广告长城奖广告主奖·年度营销传播案例奖"奖项。

8. 荣获中国金融认证中心(CFCA)颁发的"2017年最佳个人网上银行奖"奖项。

9. 荣获中国银联颁发的"2017年度中国银联机构合作部自助银行推广优秀奖"奖项。

10. 荣获《环球金融》(GlobalFinance)颁发的"最佳交易银行服务奖"奖项。

11. 荣获《财资》(THEASSET)颁发的"最佳创新企业支付项目奖"奖项。

12. 荣获美国传媒专业联盟(LACP)颁发的"'董事长/行长致辞'全球金奖、'董事长/行长致辞'亚太区白金奖及全球百强年报第19名"奖项。

13. 荣获美国传媒专业联盟(LACP)颁发的"2017年远见奖(VisionAward)全球商业银行白金奖、全球存贷款公司(传统银行)白金奖"奖项。

14. 荣获中央国债登记结算有限责任公司颁发的"ABS资产支持证券优秀发行机构奖、杰出担保品业务合作机构奖"奖项。

15. 荣获广州金交会组委会办公室、南方日报社颁发的"年度支持实体经济发展贡献奖"奖项。

16. 荣获《国际金融报》颁发的"产业基金先锋银行奖、先锋理财品牌、最佳稳健收益理财产品"奖项。

17. 荣获《21世纪经济报道》颁发的"第十届中国资产管理'金贝奖'2017最佳现金管理银行、第十三届中国品牌'金象奖'年度最佳事件营销案例、年度最佳广告片及'金V榜'最具传播力奖"奖项。

18. 荣获欧洲金融(EuroFinance)颁发的"第五届'陶朱奖'最佳供应链金融奖、最佳中小企业融资/现金解决方案奖"奖项。

19. 荣获《每日经济新闻》颁发的"第八届'金鼎奖'年度卓越资产管理银行、年度卓越手机银行"奖项。

20. 荣获《南方都市报》颁发的"2017南都金砖奖最佳智能金融服务、最佳科技创新"奖项。

21. 荣获《信息时报》颁发的"最佳智能投顾银行"奖项。

22. 荣获中国资产证券化论坛、《金融晚报》和中国资产证券化研究所颁发的"信贷类资产证券化新锐奖"奖项。

【联系方式】
地址：广东省广州市越秀区东风东路713号广发银行大厦
邮编：510080
客服热线：400－830－8003
贵宾专线：40082－95508
私人银行专线：40080－95508
电话：020－38322888
传真：020－87311722
电邮：bodoffice@ cgbchina. com. cn
网址：www. cgbchina. com. cn

南京银行股份有限公司

一、企业概况

1. 发展历史

南京银行成立于1996年2月8日，是一家具有由国有股份、中资法人股份、外资股份及众多个人股份共同组成独立法人资格的股份制商业银行，实行一级法人体制。南京银行历经两次更名，先后于2001年、2005年引入国际金融公司和法国巴黎银行入股，在全国城商行中率先启动上市辅导程序并于2007年成功上市。目前注册资本为60.59亿元，下辖17家分行，161家营业网点，员工总数近8000人。自2006年首次入选英国《银行家》杂志公布的全球1000家大银行排行榜以来，我行排名逐年提升，2016年已升至第152位，位次较上年提升49位。

战略愿景

南京银行致力于探索综合化经营。在全国率先尝试了城商行异地参股其他城商行的发展模式，参股日照银行并成为其第一大股东，入股江苏金融租赁有限公司、芜湖津盛农村合作银行，发起设立了宜兴阳羡、昆山鹿城两家村镇银行，投资组建鑫元基金公司，成立紫金山·鑫合金融家俱乐部，在探索综合化经营的道路上不断迈进。

2. 发展模式

自2006年首次入选英国《银行家》杂志公布的全球1000家大银行排行榜以来，我行排名逐年提升，2016年已升至第152位，位次较上年提升49位。南京银行以建设"中国中小银行中一流综合金融服务商"为战略愿景，始终坚持做强做精做出特色的发展道路,各项业务平稳较快增长,经营效益稳步提升,风险管控不断加强,资产质量保持稳定,基础管理持续深化。

3. 发展理念

以成为"中小银行中一流的综合金融服务商"为愿景

以服务模式创新和经营模式创新为两翼

在强总行的支撑下

实现综合金融服务能力、客户服务重心下移、互联网金融发展的突破

经营综述

我行经营范围包括:吸收公众存款;发放短期、中期和长期贷款;办理国内结算;办理票据承兑与贴现;发行金融债券;代理发行、代理兑付、承销政府债券;买卖政府债券、金融债券;从事同业拆借;买卖、代理买卖外汇;从事银行卡业务;提供信用证服务及担保;代理收付款项及代理保险业务;提供保险箱服务;经中国银行业监督管理委员会批准的其他业务。

【联系方式】

地址:江苏省南京市玄武区中山路 288 号

邮编:210008

24 小时客服电话:95302

电话:025 - 86775068

传真:025 - 86775054

网址:www. njcb. com. cn

宁波银行股份有限公司

一、企业概况

宁波银行成立于 1997 年 4 月 10 日,2007 年 7 月 19 日成为国内首家在深圳证券交易所挂牌上市的城市商业银行。

截至 2017 年 12 月末,宁波银行除了在宁波地区经营之外,已在上海、杭州、南京、深圳、苏州、温州、北京、无锡、金华、绍兴、台州和嘉兴设立 12 家分行,营业网点 315 家。2013 年 11 月,宁波银行发起设立永赢基金管理有限公司;2015 年 5 月,宁波银行全资子公司永赢金融租赁有限公司正式开业。

成立 21 年以来,伴随中国经济的快速增长,在广大客户和社会各界的大力支持下,宁波银行各项业务取得长足发展,已经发展成为一家资本净额超 820 亿元,总资产超 10000 亿元,员工人数超 1.5 万人的区域性股份制上市银行,跻身全球前 200 家银行之列。

1. 经营业绩好

宁波银行自成立以来,得益于广大客户的信任与支持,各项业务取得长足发展,展现出良好的经营业绩。截至 2017 年 12 月底,宁波银行总资产 10320. 42 亿元,各项存款 5652. 54亿元,各项贷款 3462. 01 亿元。

宁波银行 2017 年度实现净利润 93. 34 亿元,同比增长 19. 50% 。2017 年 12 月底不良贷款率为 0. 82% 。

2017 年 12 月末,按照《商业银行资本管理办法(试行)》计算的资本充足率 13. 58% ,一级资本充足率和核心一级资本充足率分别为 9. 41% 和 8. 61% 。

2. 资产质量好

宁波银行坚持"控制风险就是减少成本"的风险理念,不断完善全面、全员、全流程的风险管理体系,风险管理能力持续增强。

近年来,宁波银行的风险管理能力经受住了市场考验,在主要经营区域持续消化过剩产能、经济结构大幅调整的情况下,2017 年 12 月底不良率为 0. 82% ,在银行同业中继续保持较低水平。

3. 信用评级高

近年来,宁波银行的经营管理能力和发展前景得到了监管和业界的广泛认可。

在银监会对商业银行的综合评级中,宁波银行多年来均为城商行最高评级。

英国《银行家》杂志按照一级资本发布的 2017 年全球 1000 强银行排行榜中,宁波银行排名位列全球 175 位。

英国《银行家》杂志发布"2018 年全球银行品牌 500 强排行榜",宁波银行位居全球银行第 133 位。

中国《银行家》杂志、新浪财经等专业机构举办的银行业评选中,宁波银行多次获得"中国最佳城市商业银行"称号。

4. 信息透明

作为上市银行,宁波银行有一套完备的经营信息披露机制,能够确保公众充分、及时、准确地了解银行经营状况。

一是宁波银行及时、准确、完整地披露各项经营信息,确保股东和公众能及时了解银行经营状况。

二是一旦业务有重大变化、业绩稍有波动或者涉及较大金额诉讼,宁波银行均在第一时间披露,透明度很高。

三是宁波银行聘请国际知名的安永会计师事务所对对外披露的年度报告进行严格审计,确保信息披露的完整性和准确性。

近年来,宁波银行信息披露准确、及时,社会公信力高,公众口碑良好,先后被权威机构评为"最具社会责任金融机构"、"最佳中小企业板上市公司"和"最具成长潜力上市公司"。

5. 大股东支持

宁波银行前两大股东分别是宁波市政府和新加坡华侨银行,分别持股 21. 38% 、20% ,一直以来都十分支持宁波银行的发展。

宁波市开发投资集团有限公司代表政府持有宁波银行 20% 的股份,加上同样代表政府持股的一致行动人宁兴(宁波)资产管理有限公司持有的 1. 38% 股份,宁波市政府合计持有 21. 38% 的股份,为宁波银行的第一大股东。

新加坡华侨银行是东南亚第二大金融服务集团,是国际上具有最高评级的银行之一,拥有穆迪 Aa1 级评级。新加坡华侨银行 2006 年成为宁波银行战略投资者后,不遗余力地支持宁波银行,使宁波银行在业务发展、风险管理、系统建设和人才培养等方面能快速与国际一流银行接轨。

得益于宁波银行良好的经营业绩和优秀的风险控制能力,宁波市政府和新加坡华侨银行都对宁波银行的发展充满信心,不断为银行提供发展的资本,使得宁波银行的资本更加雄厚,发展动力更足。

6. 管理团队专业

宁波银行的高级管理团队专业敬业、年富力强、稳定团结。

宁波银行管理团队成员长期从事金融和银行管理工作,具备丰富的专业知识,十多年来配合默契,非常稳定,在同业中是最稳定的团队之一,有利于推动银行长远发展战略的实施。尽管宁波银行高管成员平均年龄只有 40 多岁,但均长期从事银行业的经营管理工作,加上与新加坡华侨银行等优秀的外资银行学习交流较多,业务扎实,视野宽广,有助于宁波银行更好地迎接利率市场化的挑战。

近年来，宁波银行紧跟中国经济发展浪潮，高管团队勤勉敬业，不断推动银行向前发展，使得宁波银行成为中国银行业盈利能力强、资本充足率高、不良贷款率低的银行之一。

7. 科技系统领先

宁波银行牢固树立科技就是第一生产力的理念，不断加大科技系统建设投入力度，已在同类银行中建立起一定的比较优势。宁波银行以业务驱动为着力点，持续深化应用系统建设，逐步构建面向业务、面向服务、面向客户的“三位一体”应用系统体系，打造科技系统六大平台，为银行长远发展提供坚实的科技支撑。

8. 业务特色

宁波银行以“了解的市场，熟悉的客户”为准入原则，坚持“门当户对”的经营策略，以为客户提供多元化金融服务为目标，打造“公司银行、零售公司、个人银行、金融市场、信用卡、票据业务、投资银行、资产托管、资产管理”九大利润中心，初步形成多元化的业务增长模式和良好的品牌形象。

公司银行：致力于服务创新和产品创新，全面推动“贸易融资、现金管理、票据业务、投资银行、资产托管”五大业务，重视服务和客户体验升级，为大中型企业提供全方位、一站式的综合金融服务。

零售公司：在同类银行中率先推出“金色池塘”小微企业全面金融服务品牌，为客户提供融资、结算、现金管理等本外币一体增值服务，满足小微企业不同层次的服务需求，全力助推企业发展。

个人银行：以优质服务为基础，不断强化储蓄存款、消费贷款、财富管理、支付结算四项基础业务，打造汇通财富、白领通和薪福宝三大业务品牌，力争成为个人客户金融服务最佳选择。

金融市场：以“完善盈利结构、改进盈利模式、提升市场地位”为出发点，着力推进外汇、债券、融资、衍生四大基础业务，实现盈利来源多元化，力争成为中小同业金融市场业务最佳合作伙伴。

信用卡：实施“精耕细分市场”的业务策略，以信用卡特色产品为抓手，以易百分业务为纽带，推广“小额资金解决方案”，积极运用互联网金融技术，加快产品和服务创新，持续提升客户体验。

票据业务：秉承优质服务理念，以服务中小企业融资和多元化同业合作为宗旨，以丰富的产品体系和高效的业务流程为抓手，力争成为企业客户票据贴现首选银行和同业客户转贴现交易首选银行。

投资银行：发挥金融中介职能，致力搭建多元化的金融服务平台，通过金融产品创新以及金融工具组合，统筹货币市场和资本市场资源，为大中型优质企业提供投资、融资及顾问等综合金融服务。

资产托管：致力为金融机构客户提供优质的资产保管、资金清算、估值核算、基金服务、三方存管服务，通过业内领先的易托管系列产品，打造全电子化的业务流程，力争成为国内资管行业的首选托管机构。

资产管理：秉承为个人、公司、金融机构客户提供专业财富管理服务的理念，以开放式和净值型为产品创新方向，打造“汇通”、“启盈”、“永赢”三大理财品牌，多元化资产布局，全面提升风险管理能力，满足客户日益多元化与个性化的财富管理需求，为客户的财富保驾护航，实现财富不断增值。

宁波银行的发展离不开您一如既往的支持与厚爱，我们将秉承“诚信敬业、合规高效、融合创新”的理念，努力以更好更新的金融服务，在各个业务触点上给您最好的服务体验，力争成为客户首选银行，为把宁波银行打造成一家令人尊敬、具有良好口碑和核心竞争力的现代商业银行而不懈努力。

二、企业文化

1. 诚信敬业

信誉是银行的生命，信誉直接关系到银行的价值，诚信是宁波银行的品格准线，也是员工最为基本的品格和职业操守。一是对银行的整体要求；二是对管理者、对每位员工个体的品格和人格的要求；三是对银行经营每项业务的道德要求。

敬业是宁波银行员工的基本职业素养，要求我们以明确的目标选择、正确的价值观、积极的工作志趣、认真负责的态度，做好每一项工作。

2. 合规高效

合规高效是宁波银行必须一以贯之、积极实践、矢志追求的经营作风和理念。我们经营管理的环节和过程、各项业务的开展首先必须确保依法合规、严谨精细、风险可控，在此基础上，确保各项业务高效运行、高效决策，同时追求最好的效果、取得最好的效益，为股东创造更好的回报。

3. 融合创新

融合是宁波银行打造学习型企业和持续发展的基础。宁波银行始终保持良好的吸收性，善于融合吸纳各类优秀人才、经营理念和管理技术；保持良好的宽容性，善于营造和谐与进取的环境，调动各级员工的积极性和创造性；保持良好的开放性，善于包容理解不同区域文化的差异，与各地文化做到和谐共生。

创新是宁波银行实行差异化竞争策略和持续发展的不竭动力。宁波银行通过建立促进创新的组织、政策和支持系统，培养创新理念，掌握创新技巧，营造鼓励创新的环境，顺应行业发展趋势，不断进行产品、营销、流程、管理、文化、人才培养方面的创新。

诚信敬业是维护我行信誉、确保我行合规高效经营的基础，合规高效是对我行各项经营活动的要求，融合创新是我行寻求更快更好发展的动力。

【联系方式】

地址：浙江省宁波市宁南南路 700 号

邮编：315100

电话：086 – 574 – 89068221（值班电话）

　　　086 – 574 – 87050028（投资者关系）

企业邮箱：

办公室 office@ nbcb. cn

媒体采访 media@ nbcb. cn

信用卡中心 credit@ nbcb. cn

国际业务部 inter@ nbcb. cn

科技部 it@ nbcb. cn

投诉举报信箱 5198@ nbcb. cn

网址：www. nbcb. com. cn

江苏银行股份有限公司

江苏银行是在江苏省内无锡、苏州、南通等 10 家城市商业银行基础上，合并重组而成的现代股份制商业银行，开创了地方法人银行改革的新模式。江苏银行于 2007 年 1 月 24 日正式挂牌开业，是江苏省内最大的法人银行。

江苏银行秉承“融创美好生活”的使命，在“融合创新、务实担当、精益成长”的企业文化为引领下，致力于建设“特色化、智慧化、综合化、国际化”一流上市银行。截至2017年末，资产总额达1.77万亿元，各项存款总额达10078亿元，各项贷款总额达7473亿元。

江苏银行下辖13家省内分行、4家省外分行，服务网络辐射长三角、珠三角、环渤海三大经济圈，实现了江苏省内县域全覆盖。营业网点538家，员工1.4万余人。发起设立了苏银金融租赁公司和丹阳保得村镇银行。2016年8月2日，在上海证券交易所主板上市，股票代码600919，目前已被纳入MSCI指数。

江苏银行的发展得到了社会各界的肯定，获得江苏省委省政府“江苏省优秀企业”、银监会“全国银行业金融机构小微企业金融服务先进单位”、《金融时报》“最具竞争力中小银行”“最具创新力银行”等多项荣誉称号。在英国《银行家》杂志2018年度全球1000强银行排名中，按一级资本列91位，进入全球银行百强，国内排名第17位。被美国《环球金融》杂志评为中国最佳城市商业银行。

【联系方式】

地址：江苏省南京市中华路26号

邮编：210006

服务热线：95319

电话：025-58587122

传真：025-58588273

电邮：dshbgs@jsbchina.cn

网址：www.jsbchina.cn

江苏张家港农村商业银行股份有限公司

一、公司概况

张家港农商银行成立于2001年11月，是全国首家由农村信用社改制组建的地方性股份制商业银行。成立近16年来，张家港农商银行坚持“伴随你，成就你”的办行理念，专注服务中小微企业，积极发挥全国农村金融改革“试验田”的典型示范作用，率先在全国农村金融机构中提出上市、跨区域发展的改革新思路。

2007年，在全国农村金融系统率先启动上市工作，并成为上市申请被证监会正式受理的首家农商行；2017年1月24日，我行在深圳证券交易所成功挂牌上市，股票交易代码为：002839。

2008年，成功迈出跨区域发展第一步，截至2017年6月末，拥有40家支行、1家总行营业部、2家分行、57家分理处、1家社区支行，机构总数合计101家；并在山东寿光、江苏东海各发起设立1家控股村镇银行，参股5家省内外农村金融机构。在英国《银行家》杂志评定的全球银行1000强中排名第686位。2006年-2016年，在银监会风险监管评级中获得最高评级，是银监会确定的全国试点实施新资本协议五家农商行中唯一的县级机构。

二、企业文化

企业愿景：一流区域性商业银行

立足本地金融，发展区域经济，实行多元一统的区域性经营方略，打造治理有方、竞合有序、监督有效、文化有力的发展新模式，逐步实现“立足张家港、辐射江苏省、布局长三角、面向全中国”的宏伟目标。

企业使命：责任立业金融创优价值共筑

责任立业：情系三农小微，与客户共成长，引领机制先行；关注社会，服务实体经济，胜读履行社会责任。

金融创优：立足客户需求，创造客户价值，实现模式创先；加快机制改革，提高管理效能，深化体制改革；发挥独特优势，提高服务品质，传递服务价值。

价值共筑：以人为本，致力员工事先自我价值；创新经营，主力银行创造持续价值；卓越服务，协力客户深耕投资价值。

核心价值观：伴随你成就你

真诚问候，主动沟通，细心周到，赢得信任，风雨相伴；尊重个人，换位思考，延展服务，品质保障，卓越成就。

企业精神：锲而不舍领先一步共同成长分享未来

以持之以恒、坚韧不拔的积极心态不懈工作，以勇为人先、追求卓越的争创意识奋力前行，以相互助力、至诚相随的赤子情怀共同成长，以协同合作、共赢共进的团队精神分享未来。

经营理念：植根地方助力中小创新求变

在区域定位上，立足张家港、布局江苏省、辐射长三角、面向全中国；在市场定位上，扶持农工商、助力中小微、服务全方位；在体制模式上，突破旧传统、追求新思维、实现大跨越。

发展理念：积极稳健永续发展追求卓越

抢抓机遇，稳健发展，科学管理，永续经营，始终坚持做到永不自满，永不懈怠，永不停步。机制本身不是优势，员工的努力加上科学的机制才能形成独特优势，才能促使张家港农村商业银行始终有持久的生命力、创新力、影响力，赢得公众信赖，成就卓越的发展成绩。

管理理念：精致高效审慎灵活和谐至美

精细地分解战略目标，周密的落实管理责任，确保高效的展开工作；健全内控机制，提升全员素质，灵活应对市场变化；营造和谐环境，协调组织内外关系，构建至诚至美银行。

风险理念：效率基于安全，信誉源于品质

每个岗位都要做到以身作则，遵规守纪，按章操作，安全第一，向安全要效率；每条支线都要做到诚信严谨，认真负责，标准专业，品质出众，共同提高信誉；每位员工都要做到主动学习，敬业专注，精细入微，专注客户，努力提升品质。

营销理念：关于超越勇争第一

耐心听、细心问、留心看、用心记，快速发现客户需求，有效满足客户需求。勇于超越自我、超越同行、超越市场，永远不服输，永远不低头，永远争第一。

服务理念：诚心诚意成就你

从客户的需求点和利益点出发，以真诚热情的态度为客户服务，做到“笑相迎、礼貌问、双手接、快速办、巧推荐、提醒递、目相送”。

人才理念：知人善用人尽其才共谋发展

人才是银行最宝贵的财富。我们要建立健全的人才选拔、培养、评价机制，做到发现人才，团结人才，使用人才，最大限度的让合适的人在合适的岗位上，用其所长，人尽其才。同时注重激发活力凝聚人心，让员工有前进的动力，中层有创新的压力，高层有变革的领导力，通过上下联动，无间隙合作，共同创造卓越未来。

【联系方式】

地址：江苏省张家港市人民中路66号

邮编：215600

服务热线：0512-96065

传真：0512-58236370

监督电话:0512－96065
监督邮箱:jiandu@ zrcbank. com
网址:www. zrcbank. com

江苏常熟农村商业银行股份有限公司

一、公司概况

江苏常熟农村商业银行股份有限公司(以下简称"常熟农商银行")总部设在素有"江南鱼米之乡"美誉的江苏省常熟市。2001 年 11 月 28 日,由常熟市农村信用合作联社改制而来,是全国首批组建的股份制农村金融机构。2016 年 9 月 30 日在上海证券交易所挂牌上市(股票简称:常熟银行,股票代码 601128)。

改制以来,常熟农商银行全面贯彻落实科学发展观,充分发挥法人银行的体制机制优势,大胆改革创新,灵活稳健经营,在努力发挥常熟地方金融主力军作用的同时,积极致力于探索多元化的跨区发展之路,在全国农村中小金融机构中首家成功引进战略投资者;首家走出注册地开展跨区经营。截至 2017 年 12 月末,常熟农商银行在全国共有营业网点 145 家,其中,常熟地区 108 家、非常熟地区 37 家;同时,开设了 30 家"兴福"系村镇银行,并参股 6 家农村金融机构。

常熟农商银行牢记农村金融改革赋予的使命,坚持服务"三农"、服务小微企业的市场定位,积极探索差异化、特色化发展之路,支持了一大批个体工商户创业、发展与成长,被广大客户亲切地称为"自己的银行",2010 年度获"全国银行业金融机构小企业金融服务先进单位",2011 年至 2014 年连续四年获得"江苏省银行业金融机构小企业金融服务工作先进单位",2014 年获"《金融时报》金龙奖'年度最具竞争力农商行'"、"中国银行业协会(花旗集团)微型创业'年度创新发展奖'",2015 年度获评"2012－2015 年度全国银行业金融机构小微企业金融服务先进单位"、2017 年获中国银行业协会"陀螺"评价体系"公司治理"板块农商行首位,"2017 年理财直接融资工具和银行理财管理计划业务优秀单位","2017 年中国金融认证中心'区域性商业银行最佳手机银行用户体验奖'"、"2017 年农村合作金融机构支农支小服务示范单位"、"2017 年度全国慈善会爱心企业"等荣誉称号。

截至 2017 年 12 月末,总资产 1458. 25 亿元、总存款 990. 05亿元、总贷款 778. 11 亿元。据英国《银行家》杂志 2018 年 7 月公布的全球 1000 家银行排名,我行位居国际银行排名第 549 位。

在未来的征途上,常熟农商银行将继续以"农村金融领跑者"愿景为指引,以"普惠金融、责任银行"为使命,秉承"敢闯、敢试、敢为"拼搏精神,专注中小、灵活高效,勇为人先,稳健行远,全力打造客户丰富、渠道多元、管理扎实、员工幸福的现代零售银行!

二、企业文化

(一)目标层面

企业愿景:即由企业内部的成员所制订,藉由团队讨论,获得一致的共识,形成大家愿意全力以赴的未来方向,是一个高度浓缩版的"企业蓝图",这个"蓝图"将引导和号召全体员工朝着共同目标和方向一起前进。

我行企业愿景:"农村金融领跑者"。

这是我行的长远自我定位,体现了引领同业发展的决心、勇气和行动。

(二)精神层面

企业使命:是指企业在社会经济发展中所应担当的角色和责任,是企业的根本性质和存在的理由,说明企业的经营领域、经营思想,为企业目标的确立与战略的制定提供依据。

我行企业使命:"普惠金融责任银行"。

普惠金融:是指我行历来秉持"小对小、小对优",坚持以中小企业为主要服务对象,率先在全国同类机构中成立了小企业专营机构,近年来又率先成立了小额贷款中心,为面广量大的小微企业和个体工商户提供专业化、一条龙金融服务。服务的客户面涉及千家万户。

责任银行:是指我行致力于做一个合格的企业公民,在不断发展的同时,积极承担和履行作为一个社会公民的责任,彰显责任银行的形象。

核心价值观:是指企业在经营过程中坚持不懈,努力使全体员工都必需信奉的信条。核心价值观是企业哲学的重要组成部分,它是解决企业在发展中如何处理内外矛盾的一系列准则,如企业对市场、对客户、对员工等的看法或态度,它是企业表明企业如何生存的主张。

我行核心价值观:"诚信立业共享成长"。

诚信立业:是基本准则,表示我行历来讲诚信、讲信用,对承诺的事,坚决做到一诺千金。

共享成长:是发展原则,体现了我行的一种态度,追求与员工、客户、股东共同实现成长,做一个"值得员工自豪,值得客户信任,值得股东青睐,值得社会尊敬"的银行。

企业精神:是指企业基于自身特定的性质、任务、宗旨、时代要求和发展方向,并经过精心培养而形成的企业成员群体的精神风貌。

我行企业精神:"自省乐观勇为人先"。

自省乐观:是指在发展过程中,不忘经常自省,始终以乐观和积极向上的心态,积极面对和努力克服发展过程中遇到的一切困难、挫折。

勇为人先:体现了我行作为农村金融改革的"试验田",大胆地进行探索和尝试,勇做改革弄潮儿,争当中国农村金融先行者的内在气质和行为追求。

(三)经营层面

经营理念:即系统的、根本的管理思想,具体就是管理者追求企业绩效的根据,是客户、竞争者以及员工价值观与正确经营行为的确认,然后在此基础上形成企业基本设想与领先优势、发展方向、共同信念和企业追求的经营目标。

我行经营理念:"专注中小灵活高效"。

专注中小:是指我行始终坚持自身客户定位,与大银行实施错位经营,致力于打造中小企业专营银行,走特色化发展之路。

灵活高效:体现了我行彰显股份制一级法人决策链短、审批快捷的体制和机制优势。

发展理念:即企业的发展价值观,是企业在发展过程中的指导思想和行为原则,是企业全体员工共同遵守的发展准则。

我行发展理念:"敢于探索稳健行远"。

敢于探索:表示我行在改革发展过程中,敢于做"第一个吃螃蟹"的人,勇于探索同业未走过的路。

稳健行远:表示我行以开放、创新的心态,灵活应对各种变化和挑战;以及在发展过程中坚持审慎决策、规范经营、合规运作,通过在日常经营和服务客户过程中脚踏实地的内在自律,追求效益、质量、规模、速度诸要素有机统一的发展观。

(四)管理层面

管理理念：是企业在运行过程中用于指导管理活动的信念及秉承的原则，包括制度的建设、架构的设置、人才的管理等。

我行管理理念："合规尽责精益求精"。

合规尽责：要求员工具备良好的职业道德和行为操守，自觉严格遵守和执行各项规章制度，规范操作，规范管理，注重细节、按流程办事，高标准执行、有效规避风险。

精益求精：要求员工爱岗敬业，具备必备的岗位履职素质和能力，主动、不断地学习业务技术和管理知识，视工作为事业，全身心投入，做一行，爱一行，专一行，达到和力争超越组织要求的工作标准和业绩指标，人人争当本职岗位的行家里手，超越自我，永不满足。

人才理念：就是企业重视人才、爱护人才、合理开发人才、使用人才、留住人才、提升人才的指导思想和价值观念。

我行人才理念："海纳百川员工第一"。

海纳百川：表示我行始终以开放的姿态、广博的胸怀，广纳四海人才，兼收并蓄，唯贤是举。

员工第一：表达我行一种善待员工、为员工搭建成长舞台的姿态，以此激励员工把个人追求融入到企业长远发展之中，在工作中积极主动，不计较个人得失，自觉奉献；相互尊重、彼此信任、彼此支持、分享经验、相互补台、共同成长，同心协力推进企业长足发展。

服务理念：是指企业以客户为中心，为其提供优质、全面、及时服务的观念，是企业获取利润、求得生存与发展的基本条件。

我行服务理念："常系民业贴心首选"。

常系民业："常"既体现出企业鲜明的地域特征，又寓意"经常，时常"，更鲜明地体现出企业"以民为本，关注民生"的社会责任感。

贴心首选：是企业主动为广大客户提供全天候、无差别服务的品牌承诺，并视具有亲和力的"贴心"服务为自身在服务品质方面的宗旨所在，致力于打造客户"首选"的合作伙伴。

三、社会责任

慈善基金

常熟市慈善总会农商银行分会是由江苏常熟农村商业银行股份有限公司组织发起的，登记管理机构是常熟市民政局，业务主管单位是常熟市慈善总会。办公地点为常熟市新颜路 100 号。

农商银行分会的业务范围是：

资助帮扶社会弱势群体；

开展助学助教、环境保护和各类慈善公益性项目；

重大突发性灾害的紧急捐助。

本分会的原始基金数额为人民币壹仟伍佰万元，其中，常熟农商银行捐资壹仟万元，常熟市金穗房地产有限责任公司捐资伍佰万元。

本分会有五名理事组成理事会，理事每届任期为五年，任期届满，连选可以连任。本分会设监事一名，秘书长一名。

常熟市慈善总会农商银行分会第一届理事长为吴建亚同志。

【联系方式】

地址：江苏省常熟市新世纪大道 58 号

邮编：215500

客服电话：4009962000

投资者关系查询

电话：0512－52909021

传真：0512－52909021

电邮：xhch@ csrcbank. com

网址：www. csrcbank. com

江苏江阴农村商业银行股份有限公司

一、基本概况

江阴农商银行前身江阴市信用合作社联合社，是在原江阴市 35 家法人信用合作社和 3 家城市信用社的基础上，经国务院、中国人民银行总行批准，由江阴企业、自然人入股组建的地方性股份制商业银行，是全国首批三家股份制农村商业银行之一。

江阴农商银行秉承"融通天下，丰裕万家"的企业使命，坚定服务农村的宗旨，坚持服务中小企业、小微企业的市场定位，秉承"离您最近，和你最亲"的服务理念，发扬"精于勤，成于思，兴于和"的企业精神，在大力支持经济社会中，各项业务取得了快速、稳健发展，其综合经济效益在全省信用社系统位居前列；存贷款总规模在全市各金融机构中名列前茅，为地方经济发展作出了巨大贡献。开放促发展，稳健载未来。伴随着我国农村金融体制改革的不断深化，江阴农商银行正向着创建品质精益的公众持股银行的目标大步迈进。

二、企业荣誉

1 月 18 日，2016 年度江阴市重点骨干企业座谈会在市政府隆重举行，江阴农商银行再获"重点骨干企业"和"2016 年度企业上市"两大重要奖项。

2 月，在无锡市政府的金融工作奖评比活动中，江阴农商银行荣获"金融改革与创新"奖。

2 月 4 日，在江阴市委、市政府召开的 2016 年度全市先进表彰大会上，江阴农商银行荣获表彰，被评为"服务地方先进单位"、"百强明星企业"和"上缴税金超亿元企业"。

2 月，江阴农商银行被无锡市平安金融创建活动领导小组评为"2016 年度全市平安金融创建活动先进集体"，被无锡市公安局表彰为 2015－2016 年度单位内部治安保卫工作成绩突出集体，记集体三等功一次。

3 月 2 日，江阴农商银行被中国银监会无锡监管分局表彰为"2016 年度无锡市银行业金融机构小微企业金融服务工作先进单位"称号。

4 月 5 日，江苏省农村信用社联合社通报了 2016 年度全省农村商业银行（农村信用联社）等级管理的考核结果，江阴农商银行获评 5A 级单位，连续 14 年被评为最高级。

5 月，江阴农商银行创新推出"企业增值宝——智能交费购电"业务，为企业客户提供网上交费购电、电费账户余额查询等服务。

6 月，在中国银监会江苏监管局组织开展的 2016 年度江苏省银行业金融机构小微企业金融服务工作先进单位评选活动中，江阴农商银行荣获"2016 年度江苏省银行业金融机构小微企业金融服务工作先进单位"。

6 月 16 日，在中国人民银行无锡市中心支行、无锡市政府金融办、无锡银监分局、无锡市金融学会联合开展的无锡市"一行一品"金融服务创新项目评选活动中，江阴农商银行的"江银快贷"项目被评为无锡市"一行一品"金融服务创新项目。

6 月 12 日，江阴农商银行与江苏众网互联网有限公司在江阴市金顾山物流园区签署授信合作协议，并正式推出“物流通”新业务，专项服务平台中小微物流企业融资需求。

6月份，江阴农商银行推出首款线上贷款业务——“江银e贷”，旗下首款网贷产品“公积金e贷”成功上线，标志着我行线上小额信用贷款业务实现新的突破。

6月，江阴农商银行与江阴天力燃气有限公司合作推出“个人增值宝——智能燃气缴费”业务，为个人用户提供燃气缴费、余额查询等功能。

7月3日，英国《银行家》杂志按照一级资本总额等指标排名，发布了“2017年全球银行业1000强”榜单。江阴农商银行排名全球银行业598位，比2016年615位上升了17位。国内银行排名91位、江苏省联社62家法人单位第3名。

9月6日，无锡市人民政府金融工作办公室和无锡市上市公司协会表彰了2016年度无锡市优秀A股上市公司，江阴农商银行获得“市值规模奖”和“信息披露优胜奖”。

9月7日，中国人民银行无锡市中心支行对金融消费者权益保护微视频竞赛活动的评选结果进行了通报，江阴农商银行报送的《学习征信知识维护个人权益》荣获一等奖。（锡银发（2017）73号）

9月10日，中国企业联合会、中国企业家协会正式发布了2017中国服务业企业500强，江阴农商银行荣登第476位。

9月15日，在中国共产主义青年团无锡市金融工作委员会举办的“提升岗位能力、提升服务水平活动”中，江阴农商银行推荐的《信贷移动视频系统》项目被评为无锡金融青年“金点子”方案一等奖。

9月15日，在中国共产主义青年团无锡市金融工作委员会举办的“提升岗位能力、提升服务水平活动”中，江阴农商银行推荐的《收银宝》项目被评为无锡金融青年“金点子”方案鼓励奖。

9月，江阴农商银行董事长孙伟被全球锡商大会组委会评为无锡市百名锡商人物。

9月28日，在每日经济新闻主办的“2017中国商业银行价值论坛”中，江阴农商银行获得创新发展奖。

11月11日，金融时报社、中国地方金融研究院、地方金融论坛办公室、河北城市商业银行合作组织联合主办全国地方金融二十一次论坛（2017），对全国性地方金融机构进行了综合评比，江阴农商银行荣获“中国地方金融2016十佳农商银行”称号。

11月13日，在国家外汇管理局江苏省分局关于2017年度江苏省暨南京地区银行执行外汇管理规定考核情况的通报中，江阴农商银行综合考核等级评定为“A类银行”。（苏汇发〔2017〕48号）

12月18日，中国银行业协会发布2017年度商业银行稳健发展能力“陀螺”（GYROSCOPE）评价体系评比结果，江阴农商银行荣获农村商业银行综合评价第八名，居县域农村商业银行第一名。

12月20日，中共江阴市委、江阴市人民政府对江阴市创建全国文明城市工作的先进集体和先进个人进行表彰，江阴农商银行获评“创建全国文明城市工作先进集体——先进单位”称号。（澄委发〔2017〕51号）

12月20日，无锡市银行业协会对“2017年度无锡银行业普及金融知识万里行活动”先进单位进行表彰，江阴农商银行被评为2017年度无锡银行业普及金融知识万里行活动优秀组织奖。（锡银协发〔2017〕第020号）

【联系方式】

地址：江苏省江阴市澄江中路1号
邮编：214431
电话：0510－81886666
客服热线：0510－96078
传真：0510－86805815
电邮：jynshjiandu@ jybank. com. cn
投资者热线：0510－86851978
传真：0510－86850069
电邮：jyrcbank@ sina. com
网址：www. jybank. com. cn

包商银行股份有限公司

一、企业概况

包商银行成立于1998年12月，是内蒙古自治区最早成立的股份制商业银行，前身为包头市商业银行，2007年9月经中国银监会批准更名为包商银行。目前，包商银行在内蒙古自治区内的包头、赤峰、巴彦淖尔、通辽、鄂尔多斯、锡林郭勒、呼伦贝尔、呼和浩特、兴安盟、乌兰察布、乌海、阿拉善、满洲里、二连浩特和自治区外的宁波、深圳、成都、北京设立了18家分行、291个营业网点（含社区、小微支行），员工8000多人；此外，发起设立了包银消费金融公司，设立了小企业金融服务中心，发起设立了北京昌平、天津津南、江苏南通、大连金州、四川广元、贵州毕节、吉林九台、河南郾城、山西清徐等29家村镇银行；机构遍布全国16个省、自治区、直辖市。2016年末，包商银行资产总额4183亿元，各项存款余额1821亿元，各项贷款余额1448亿元。

包商银行是中国银监会评定的首批风险最小（即二级）的七家城商行之一，监管风险评级连续多年保持在二级水平。近几年，包商银行先后荣获“全国文明单位”、“全国小企业贷款工作先进单位”、“全国小企业金融服务先进单位”、“内蒙古最具社会责任感企业”、“内蒙古社会责任最佳公益慈善贡献奖”等奖项。李镇西董事长荣获“2015—2016年全国金融系统企业文化建设标兵”、“2015年全国劳动模范”、“2012年度社会责任引领人物奖”、“2011年度全国五一劳动奖章”等荣誉。中央电视台新闻联播、对话、经济半小时等节目，以及《人民日报》、《经济日报》、《光明日报》、人民网、新华社等媒体曾多次深入报道了包商银行小微金融服务工作。

包商银行秉承“实现价值、创造大美、不屈不挠、追求卓越”的企业文化，始终坚持“建设现代化、国际化的好银行”的战略愿景，聚焦“民生”产业、“高新特”产业和“大众创业、万众创新”的市场定位，致力于打造“全面的金融服务集成商”的商业模式。围绕发展战略，包商银行坚持创新引领，以“产业链整体价值”为中心，发挥金融的力量，着力推动全产业链金融的实施，重点围绕大农业、文化、旅游、教育、医疗、养老、民生制造业等与百姓生活息息相关的产业，以及高科技、新能源、新材料、特殊产业和特色产业，运用投行思维、链化思维对产业链进行整合、提升、重构，优化资源配置，推行“以产业为依托、以金融为支撑”的业务发展模式，探索为产业链上的中小微企业提供全生命周期的金融解决方案。利用互联网、大数据、云计算等技术手段，大力发展数字银行、电子银行等金融服务，推动线上线下业务融合，进行产品、服务和流程创新，提高服务中小微企业发展的效率。与金融机构合作，创新模式，从“融资”到“融智”，从只向中小微企业提供贷款服务，发展到存款、保险、理财、信息咨询等服务。

包商银行借鉴国内外先进银行事业部制改革经验，结合自身对服务客户效率、效益和质量改善的实际需求，围绕组织架构、制度、团队、文化、习惯全方位打造流程型组织，推行事业部制，形成了端到端的客户服务流程，实现了组织扁平化管理，提高办事效率，提升服务质量，培育新的增长点。实施前中后台分离、中后台大集中，前台人员专注于销售和服务，中台人员专注于产品和风控，后台人员专注于运营。从内涵和外延两个维度进行了数字化的转型，既包括核心系统的改造，更包括数字银行——有氧金融的创新试水。

包商银行作为中央重点扶贫单位，深入贯彻落实中央和地方精准扶贫的各项政策和工作部署，创新思路方法，探索社会扶贫新模式，发起创立了"马上帮"移动公益服务平台，重点实施"精准扶贫马上帮"扶贫项目，开展"互联网 + 扶贫"。同时，依托包商银行公益基金会，与社会组织或地方政府建立公益合作关系，积极开展扶贫济困、助学兴教。此外，包商银行在为农牧民和城镇居民提供便捷金融服务方面做了一些创新性探索与实践，与银联合作试点推广"村口银行"，应用互联网的便利优势，为农牧民提供全新金融服务场景；率先建立了国内首家数字银行，以"无卡、无网点、无现金交易"为特色，致力于打造"互联网上的商业银行"；创建了"咖啡银行"，将包商银行网点业务与尊享咖啡服务相融合，在醇香浓郁、轻松舒适的咖啡厅氛围中为客户提供优质金融服务。

包商银行着力打造总部经济，2016 年缴纳税金 29 亿元，自成立以来累计缴纳税金 129 亿元，成为内蒙古自治区 A 级信用纳税人和包头市纳税大户，在推动就业、促进消费、缴纳税收、助力产业升级、品牌建设等方面为经济社会发展做出了积极贡献。

二、企业文化

战略愿景：建设现代化、国际化的好银行

战略目标：全面的金融服务集成商

发展目标：立足百姓创业，立志国际品牌，做最好的小企业金融服务集成商

核心理念：包容乃大，商赢天下

市场定位：坚持服务中小微企业、社区金融（零售）、县域经济（新农村）

【联系方式】

地址：内蒙古自治区包头市青山区钢铁大街 6 号

邮编：014030

客服热线：95352

网址：www.bsb.com.cn

北京农商银行股份有限公司

一、企业概况

近年来，北京农商银行作为北京市属国有金融企业，秉承"稳健可持续全面发展"的经营理念，认真贯彻落实宏观调控政策和金融监管要求，着力打造"流程银行、特色银行、精品银行"，持续调整结构、夯实基础、提升质效，规模、效益、质量实现协调发展，经营质态呈现持续向好的良好势头，开启"深化改革、创新发展"崭新阶段。

在英国《银行家》最新全球 1000 家银行排名中，一级资本排名 204 位，资产规模排名 164 位。在中国银行业协会 2017 年度"陀螺"评价体系中位列全国农商银行第一名，在"中国 TOP40 家银行价值创造排行榜"中多项价值创造指标排名稳居前列，连续 6 年获评"全国最佳农商银行"。荣获"全国文明单位"、"全国厂务公开民主管理先进单位"、北京市人民政府首届"质量管理奖"、"中国银行业年度最具社会责任金融机构"等一系列荣誉称号。在世界品牌实验室 2017 年《中国 500 最具价值品牌》排行榜中，品牌价值居中国银行业第 13 位，冠名 CBA 篮球队，品牌形象和社会影响力持续提升。

经营规模突破 8000 亿元，综合经营实力迈上新台阶。截至 2017 年末，全行资产余额达到 8158.98 亿元，较年初增加 924.87 亿元、增长 12.78%；全行资本充足率达到 14.57%；五级不良贷款率 0.55%，拨备覆盖率 599.07%，资产质量、风险抵御能力持续处于同业领先水平。

牢牢把握首都城市战略定位，成为支持经济转型升级和提质增效的重要金融力量。围绕首都"四个中心"定位和新版城市总体规划，遵循"立足首都、面向津冀、融通城乡、服务客户"的市场定位，主动融入城市副中心建设，紧盯京津冀协同发展、冬奥会筹备、新机场、雄安新区建设等重点领域，积极跟进轨道交通、生态环保等民生类重大工程，加大对文创、科技和棚户区改造支持力度，不断强化金融支持实体经济力度，全方位满足市场主体多层次、多样化的融资需求。

坚持与时俱进，高水平助推城乡一体化建设。把握北京"都市型农业"发展特点和趋势，围绕信贷资金支持、改善农村金融服务功能进行一系列探索，打造全市覆盖范围最广的金融服务网络，实现全市首笔集体资产经营权质押业务落地，率先以直融方式支持大兴区集体经营性建设用地入市项目，创新推出盘活农宅金融服务，近 5 年来累计发放各类涉农贷款 2000 余亿元，推动首都城乡一体化发展迈向更高层次。先后荣获"北京市城乡结合部重点村建设先进单位"、"信贷支持三农先进单位"、"三农金融服务先进单位"等荣誉称号。

突出服务民生，大力推行普惠金融。围绕"大众创业、万众创新"，组建中小企业专营团队，健全中小微金融风险管理体系，近 5 年来累计发放小微企业贷款 2000 多亿元。围绕服务京津冀协同发展，联合津冀两地同业创新推出京津冀"农银通"卡，实现了三地个人客户资金的跨区域无成本流通。围绕服务民生，全面代理政府各类补贴业务达 43 种，与市民政局联合开发养老助残卡，打造"金色时光"养老金融专属产品与服务体系，成为北京市机关事业单位养老保险开立银行账户中标银行，被国务院授予"全国新型农村和城镇居民社会养老保险工作先进单位"，为市民百姓提供实实在在的便捷金融服务。

强化创新驱动，再造经营模式和业务流程。坚持以科技创新为支撑和引领，统筹推进组织管理体制创新、渠道建设创新、流程优化再造、业务与产品创新。近 5 年，共投产各类科技项目超过 2000 个，应用系统增加到 155 个，研发投产金融新产品和服务项目超 1000 项，建立起涵盖零售、公司、涉农条线共计 46 个大类、300 余个细类的业务产品体系，综合金融服务能力和市场竞争能力明显提升。深入推进"3110"工程建设，全面布局互联网金融，打造全方位、多层次的服务渠道，不断完善网上银行、电话银行、手机银行、微信银行、智能银行等全天候、立体化的服务网络，客户体验全面改善。积极推进"流程银行"和网点智能化建设，实现了票据提入集中、授权集中、后督集中、参数集中的"四集中"工程，"集约化生产平台"处于同业领先水平，服务便捷化、智能化水平进一步

提升。

坚持从严治行，实现稳健合规经营。深入推进质量管理建设，内控管理向标本兼治纵深推进。确立了覆盖“信用风险、市场风险、操作风险、流动性风险、科技风险、声誉风险”的全面风险管理体系框架，强化“制度、流程、系统”的“三位一体”建设，实现了对关键风险环节的系统“硬控制”，风险管理水平大幅提升。稳步实施分层授权，突出坚持“从严治贷”，认真贯彻宏观调控政策、产业政策和监管要求，优化授信审批模式，严把授信准入关和贷后管理关，信贷资产质量持续保持优良水平。建立内部控制评估管理机制，完善全行内控组织架构，不断强化员工行为规范和问责管理，健全内部审计制度体系，有效提升了“三道防线”联动防控水平，经受住了复杂形势下各类风险交织的严峻考验。

完善“大党建”工作格局，强化党建引领作用。北京农商银行全面学习宣传贯彻落实党的十九大精神，以习近平新时代中国特色社会主义思想为指导，充分发挥行党委领导核心和政治核心作用，优化“三重一大”决策制度和党委议事规则，构建党内监督体系，开展经常性纪律教育，细化落实中央八项规定精神实施办法，持之以恒正风肃纪，加大重点领域、重要时点检查力度，严格执纪问责，推进全面从严治党向纵深发展。

站在新时代，面对经济金融新常态，北京农商银行将继续贯彻落实党的十九大精神，以习近平新时代中国特色社会主义思想为指导，牢固树立和贯彻新发展理念，认真落实市委市政府决策部署和各项监管要求，坚持稳中求进工作总基调，坚持稳健可持续全面发展，坚持服务实体经济，以“深化改革、创新发展”为经营主题，围绕高质量发展，抓重点、补短板、强弱项，牢牢守住风险底线，着力推动质量变革、效率变革、动力变革，以“实透细”的工作作风保障新阶段各项工作高质效落实，全力向特色精品上市银行目标迈进。

二、企业文化

我们的使命——植根北京融通农商服务民生创造价值

我们的愿景——创造城乡一体化的精品银行

我们的核心价值观——诚信责任稳健人本创新

我们的企业精神——厚德益众善行致远

三、企业荣誉

2017 年度殊荣

1. 在 2017 年英国《银行家》杂志全球银行排名中，本行资产规模位列第 164 位，一级资本位列第 204 位。

2. 本行在中国银行业协会发布的 2017 年度“陀螺”（GYROSCOPE）体系综合评价中，位列农村商业银行综合发展能力评价首位。

3. 本行在“中国 TOP40 家银行价值创造排行榜”中，多项价值创造指标排名稳定居前。

4. 在世界品牌实验室 2017 年《中国 500 最具价值品牌排行榜中》，以 119.25 亿元的品牌价值居中国银行业第 13 位。

5. 本行荣获《金融时报》与中国社科院金融研究所联办的“2016 中国金融机构金牌榜”“金龙奖——年度最佳农商银行”奖项，这是本行连续六次获得该奖项。

6. 在中国人民银行营业管理部通报的 2016 年北京市金融机构人民币管理工作考核情况中，本行综合排名第一，被评为 2016 年度北京市金融机构人民币管理工作先进单位。

7. 在中国人民银行营业管理部发布的 2016 年度北京辖区中资银行信贷政策导向效果评估结果中，本行被评为综合评估结果一等，并在小微企业信贷和绿色信贷专项领域分别获得一等。

8. 本行获评中国人民银行营业管理部“2016 年度北京市国库经收业务考核第一名”。

9. 在国家外汇管理局北京外汇管理部 2017 年度银行执行外汇管理规定情况关联考核等级评定中，本行获评为 A 类银行。

10. 本行被全国厂务公开协调小组授予“全国厂务公开民主管理先进单位”荣誉称号。

11. 本行密云支行荣获“全国文明单位”称号。

12. 本行获得中国金融思想政治工作研究会组织评选的“2016－2017 年全国金融系统思想政治工作先进单位”荣誉称号，本行党委组织部（宣传部）梁大学同志获得“2016－2017 年全国金融系统思想政治工作先进工作者”荣誉称号。

13. 本行平谷支行荣获全国级青年文明号称号。

14. 本行客户服务中心获得“全国巾帼文明岗”荣誉称号。

15. 本行集体经营性建设用地入市专项融资产品在中央金融团工委、全国金融青联联合举办的第四届金融青年双提升活动中荣获“金点子方案优秀奖”。

16. 本行丰台支行营业部、石景山支行营业部、昌平支行营业部、顺义空港支行四家网点获得 2017 年度中国银行业文明规范服务五星级营业网点荣誉称号。

17. 本行荣获中国银行业支农支小服务示范单位。

18. 本行荣获中国银行业协会 2017 年银团贷款业务最佳发展奖。

19. 在中国银行业协会发布的“2016 年银行理财产品发行机构评价结果”中，本行荣获“中国银行业理财机构最佳农商行奖”。

20. 本行获得中国外汇交易中心暨全国银行间同业拆借中心颁发的“2016 年度银行间本币市场优秀交易商”奖项。

21. 本行获评 CFCA 中国金融认证中心颁发的“中国电子银行金榜奖—2017 年最具特色直销银行奖”。

22. 本行荣膺北京秉正银行业消费者权益保护促进中心 2017 年度“秉正杯”消保工作集体奖。

23. 本行在中央国债登记结算有限责任公司组织的 2017 年中债优秀成员评选中，荣获“优秀自营机构奖”、“杰出担保品业务参与机构奖”。

24. 本行“金色时光”养老金融产品荣获 2017 中国国际金融展“金鼎奖”年度优秀金融品牌奖。

25. 本行荣获 2017 北京国际金融博览会“年度最佳服务银行奖”，养老助残卡荣获“创新金融服务奖”。

26. 本行荣获北京银监局颁发的 2017 年“金融知识进万家”宣传服务月活动标兵单位集体奖项。

27. 本行获得北京银监局“2016 年北京银行业新闻宣传先进单位和信息报送先进单位”荣誉称号。

28. 本行荣获 2017 年北京银监局报送机构客户风险统计工作考核三等奖。

29. 本行获得中国银行业协会行业发展研究委员会第二届常委会突出贡献奖。

30. 在全国地方金融二十一次论坛年会公布的中国地方金融 2016 年度十佳评选结果中，本行荣获“十佳农商银行”奖。

31. 本行门头沟支行营业部、密云支行营业部、昌平支行营业部、顺义支行营业部 4 家单位荣获北京市青年文明号荣誉。

32. 本行业务处理监督中心被授予“北京市三八红旗集体”称号。

33. 本行丰台支行、平谷支行荣获“北京市金融系统先进职工之家”荣誉称号。

34. 经中国人民银行批准，本行金凤凰理财债券账户获得全国银行间债券市场准入资质。

35. 在中国人民银行营业管理部组织的存款保险比赛中，本行获得北京市银行业金融机构存款保险业务知识竞赛“优胜奖”。

36. 本行获得 2018—2020 年记账式国债和储蓄国债的承销资格。

37. 本行信贷资产证券化业务资格获得北京银监局核准。

38. 本行获得银行业理财登记托管中心有限公司评选的“2017 年全国银行业理财信息登记工作优秀农村合作金融机构”称号。

39. 本行客户服务中心在中国银行业协会举办的“第三届中国银行业‘寻找好声音’业务技能竞赛”中，荣获“客服好声音”团队综合大奖。

40. 本行荣获北京银行业“金融知识进万家”授课案例大赛老年组一等奖。

41. 本行被评为市国资委 2017 年度信访维稳工作目标管理考核优秀单位。

42. 本行荣获 2016—2017 年度市国资委系统首都国企职工宣讲工作先进单位。

43. 本行微电影《民情日记》荣获北京市国资委系统第二届微电影大赛评委会特别奖。

44. 本行被北京市人民政府机关事务管理办公室评定为 2017 年度“机要文件优秀交换集体”称号。

45. 本行获评外汇交易中心 2017 年“活跃交易商”称号。

46. 本行获得北京市银行业协会组织评选的“2015 - 2016 年度北京市银团贷款优秀金融机构”称号。

47. 在北京市银行业协会组织开展的“2016 年度北京市银行业‘三农’及小微金融服务”先进单位和个人评选活动中，本行荣获“2016 年度‘三农’金融服务优秀管理机构”荣誉称号，大兴支行荣获“2016 年度‘三农’金融服务特色经营单位”荣誉称号，三农金融业务部梁崇茂同志荣获“2016 年度‘三农’金融服务个人特殊贡献奖”。

48. 本行审计部黄日旺同志被中国内部审计协会评为“2014—2016 年度全国内部审计先进工作者”。

49. 本行审计信息系统在中国内部审计协会主办的“内部审计信息化优秀成果展示”活动中被评为“内部审计信息化优秀成果”奖。

50. 本行“代理农村中小金融机构个人收结汇项目”荣获首届农村中小金融机构科技创新优秀案例评选——十佳应用创新案例奖。

51. 本行“大数据平台建设项目”荣获首届农村中小金融机构科技创新优秀案例评选——十大网络人气优秀案例奖。

52. 本行“中小银行敏捷数据管理平台的研究与实践项目”荣获 2017 年中国银监会信息科技风险管理课题研究四类成果奖。

53. 本行撰写的《加强国有企业党内监督问题的思考与探索》一文，在中国监察学会金融分会举办的 2017 年度理论研究成果（论文）评比中，获得优秀奖。

54. 本行会计营运部、业务处理监督中心获得“农信银支付清算系统支付结算业务运行管理先进单位”称号；会计营运部、国际业务部、软件开发中心获得“2017 年农信银支付清算系统业务应用推广先进单位”称号；会计营运部、网络金融部、软件开发中心、业务处理监督中心获得“2017 年一点对接网联项目先进单位”称号。

55. 在中国金融业客服中心发展联盟举办的“2017 年度金融业客服中心优秀奖评选活动”中，本行客户服务中心荣获“呼出业务精英团队奖”、“运营管理精英班组奖”。

56. 在《金融电子化》杂志社、中国金融业客服中心发展联盟联合举办的“2016 年度金融业客服中心优秀奖评选活动”中，本行客户服务中心荣获“技术支持精英奖”。

57. 在《中国基金报》、国际金融理财标准委员会（中国）联合主办的首届基金投资实盘大赛中，本行荣获“2016 年最佳投资顾问机构”殊荣。

58. 在《银行家》杂志主办的中国金融创新奖评选中，本行“金色时光”系列产品以地方性金融机构第一名成绩获得了 2017 年十佳金融产品创新奖（零售业务）。

59. 本行获评《中国经营报》2017 年卓越竞争力品牌建设银行荣誉称号。

60. 本行马布里主题信用卡获评《北京晚报》2017 年度最具人气信用卡荣誉称号。

61. 本行会计营运部马君同志在中国人民银行评选的银行科技发展奖“基于物联网技术的智能金库现金管理系统”项目中，获得二等奖，赵艳芝、王冬同志获得三等奖。

62. 本行怀柔支行驻村“第一书记”刘艳平获得“国企楷模 · 北京榜样”优秀人物称号。

63. 在中国银行业协会、香港银行学会和《金融时报》社联合举办的“2017 年两岸暨港澳银行业财富管理论坛暨第八届全国杰出财富管理师评选”中，本行荣获“第八届全国杰出财富管理师评选”活动最佳组织奖，密云支行周灵晰荣获甲组铜奖。

64. 本行银行卡部刘伟同志被中国银行卡业协会银行卡专业委员会评为“银行卡行业优秀个人奖”。

65. 本行客户服务中心詹梦迪荣获中国电子商会呼叫中心与客户关系管理专业委员会颁发的“2017 年度十佳客服代表”奖项。

66. 本行四季青支行梅茜获得“北京市第六届职业技能大赛优秀理财规划师”荣誉称号；房山支行王晓林、延庆支行柳晓波，荣获“北京市第六届职业技能大赛理财能手”荣誉称号。

67. 本行商务中心区支行朱乾明撰写的《新常态下的“资产配置策略”》一文，荣获中国银行业协会组织的第二届财富管理征文大赛优秀奖。

【联系方式】
地址：北京市西城区月坛南街 1 号院 2 号楼
邮编：100045
网址：www. bjrcb. com
客服邮箱：96198@ bjrcb. com

北京银行股份有限公司

一、企业概况

北京银行成立于 1996 年，是一家中外资本融合的新型股份制银行。成立以来，北京银行依托中国经济腾飞崛起的大好形势，先后实现引资、上市、跨区域等战略突破。目前，已在北京、天津、上海、西安、深圳、杭州、长沙、南京、济南、南昌、石家庄、乌鲁木齐等十余个中心城市以及香港、荷兰拥有600多家分支机构，开辟和探索了中小银行创新发展的经典模式。

截至2018年3月末，北京银行资产达到2.39万亿元，一季度实现净利润58.11亿元。成本收入比22.94%，不良贷款率1.23%，拨备覆盖率为272.68%，资本充足率12.28%，各项经营指标均达到国际银行业先进水平，公司价值排名中国区域性发展银行首位，品牌价值达448.69亿元，一级资本排名全球千家大银行63位，连续五年跻身全球银行业百强，被誉为中国最具创新能力和发展潜力的中型银行。

22年来，北京银行积极履行社会责任，在医疗、教育、慈善、赈灾等方面向社会捐助超过3.5亿元。凭借优异的经营业绩和优质的金融服务，北京银行赢得了社会各界的高度赞誉，先后荣获"全国文明单位"、"亚洲十大最佳上市银行"、"中国最佳城市商业零售银行"、"最佳区域性银行"、"最佳支持中小企业贡献奖"、"最佳便民服务银行"、"中国上市公司百强企业"、"中国社会责任优秀企业"、"最具持续投资价值上市公司"、"中国最受尊敬企业"、"最受尊敬银行"、"最值得百姓信赖的银行机构"及"中国优秀企业公民"、"最具创新银行"、"最佳互联网金融银行奖"等称号。

【联系方式】

地址：北京市西城区金融大街丙17号北京银行大厦

邮编：100033

电话：95526

投资者查询：010－66223826

传真：66223833

电邮：snow@bankofbeijing.com.cn

网址：www.bankofbeijing.com.cn

渤海银行股份有限公司

一、企业概况

渤海银行是1996年至今国务院批准新设立的唯一一家全国性股份制商业银行，是第一家在发起设立阶段就引进境外战略投资者的中资商业银行，是第一家总部设在天津的全国性股份制商业银行。

渤海银行由天津泰达投资控股有限公司、渣打银行（香港）有限公司、中国远洋运输（集团）总公司、国家开发投资公司、宝钢集团有限公司、天津信托有限责任公司和天津商汇投资（控股）有限公司等7家股东发起设立。2005年12月30日成立，2006年2月正式对外营业。

渤海银行在发展规划中确定了成为"最佳体验现代财资管家"的长远发展愿景，明确了以客户为中心，通过特色化、综合化、数字化、国际化四大抓手，建立人才、科技、财务、风险和机制五大保障，持续推动转型的战略定位，树立了"客户为先、开放创新、协作有为、人本关爱"的企业核心价值观。自成立以来，在制度、管理、商业模式和科技平台创新上进行了不懈地探索，实现了资本、风险和效益的协同发展，保持了包括规模、利润等成长性指标和风险控制指标的同业领先水平。

2016年，渤海银行资产总额达到8562.4亿元，较年初增长12%；实现营业收入218.7亿元，同比增长18.3%；实现净利润64.8亿元，同比增长17%（未经审计）。渤海银行已在全国设立了22家一级分行、23家二级分行、119家支行、87家社区小微支行，并在香港设立了代表处，下辖分支机构网点总数达到252家，网点布局覆盖了环渤海、长三角、珠三角及中西部地区的重点城市。

2016年，在英国《银行家》杂志公布的"全球银行1000强"排名中，渤海银行综合排名逐年大幅提升，从2009年的603位，提升至202位；亚洲银行综合竞争力排名第50位。在《金融时报》主办的"中国金融机构金牌榜·金龙奖"评选中，荣获"年度十佳互联网金融创新机构"奖，以及在《中国经营报》、《21世纪经济报道》、《每日经济新闻》等组织的一系列评选活动中，先后获得"卓越竞争力个人贷款业务银行"、"卓越金融市场业务银行"、"卓越资金存托管银行"等多项殊荣。

二、企业文化

愿景：最佳体验的现代财资管家

品牌主张：一旦选择，终身相伴

价值观：客户为先开放创新协作有为人本关爱

共同准则：

1. 最大化客户的全价值链和生命周期价值
2. 以客户为标准，优化客户体验，提升客户满意度
3. 通过学习、借鉴和跟随，主动创新，有效应对市场变化
4. 对于新兴业务试错容错，避免明哲保身、无所作为的态度
5. 迅速制定和执行决策，积极回应任务和需求
6. 确保各层级、前中后台各部门频繁和透明的沟通
7. 鼓励跨部门及跨条线的协作，将全行的整体利益放在首位
8. 各部门对于全行愿景与使命秉持一致共识
9. 员工是银行最为宝贵的财富，尽最大可能为员工创造良好的工作条件
10. 坚持选贤任能、人适其岗的选人用人原则
11. 厉行节约，勤俭办行
12. 珍视银行声誉，维护品牌形象

社会责任观：

客户——客户为先卓越体验

员工——尊重关爱助力成长

社会——承担责任奉献爱心

合作者——诚信竞争互利共赢

股东——创造价值永续回报

【联系方式】

地址：天津市河东区海河东路218号

邮编：300012

服务咨询电话：400888881195541

电子邮件：enquiry@cbhb.com.cn

网址：www.cbhb.com.cn

成都银行股份有限公司

一、企业概况

成都银行成立于1996年12月，是一家以国有股本为主、股权多元化的地方性股份制商业银行，引入马来西亚丰隆银行作为境外战略投资合作伙伴。2018年1月31日，成都银行在上海证券交易所挂牌上市，成为四川省首家上市银行、全国第8家A股上市城市商业银行。目前，成都银行注册资金36.12亿元，在岗员工5000余名，下辖重庆、西安、广安、资阳、眉山、内江、南充、宜宾、乐山、德阳、阿坝、泸州12家分行和30家直属支行（部）、180余家营业网点，发起设立国内首

批、中西部第一家消费金融公司——四川锦程消费金融有限责任公司以及江苏宝应锦程和四川名山锦程村镇银行，并入股西藏银行。

成都银行秉承“服务地方经济，服务小微企业，服务城乡居民”的市场定位，积极探索差异化、特色化发展路径，形成了自身独特的业务特色和竞争优势，综合实力位居西部城商行前列，部分经营指标达到国内先进银行水平。截至 2017 年末，成都银行总资产 4345.39 亿元，各项存款 3127.97 亿元，各项贷款 1486.63 亿元。在 2017 年英国《银行家》公布的最新排名中，成都银行居全球前 1000 家商业银行第 313 位。

成都银行主动将自身发展融入地方发展大局，积极对接中央和地方重大发展战略，借助成都在西部地区的核心地位和辐射作用，结合川陕渝三地共同的产业优势，积极做好金融支持和资金要素保障，加大对地方重大产业、城乡基础设施建设和民生工程的支持力度，为区域经济的健康快速发展、城乡一体化的有序推进作出了积极贡献。

成都银行致力于为广大小微企业客户提供优质高效的金融服务，利用自身优势，加强产品创新和“本土化”改造，开发了一批“特色化、标准化、本土化”产品。目前，旗下“财富金翼”小微企业融资产品品牌包括“壮大贷”、“成长贷”、“科创贷”、“科票通”、“创业贷”、“惠农贷”、“易采贷”等 10 余种产品，为不同发展阶段的小微企业融资提供多种金融方案以及一站式金融服务，不遗余力支持企业成长发展。

成都银行坚持“亲民便民惠民”理念，持续开办代发工资、社保和代收煤气水电费等与市民生活息息相关的基础金融业务，坚持优惠的定价和收费策略，最大限度降低银行卡用卡成本，提供高收益的理财产品，创新推出“E 城通”综合缴费平台，积极推进互联网金融和社区银行建设，通过实实在在的行动让市民百姓享受到便捷实惠的金融服务，赢得了“市民银行”美誉。

成都银行持续发挥地方性法人机构优势，将经营活动开展同社会责任履行紧密衔接、有机融合，全力推进改革创新，大力支持四川经济建设发展，切实提升金融服务质效，持续开展扶贫、助困等社会公益活动，不断在促进社会和谐进步等方面取得新成效，荣获“四川银行业助力精准扶贫十大爱心组织”、“最具爱心企业奖”，彰显了西部领先城市商业银行的强烈责任担当和良好品牌形象。

近年来，成都银行凭借优异的经营业绩和优质的金融服务，赢得了社会各界的高度赞誉，先后荣获“四川企业 100 强”、“最佳城市商业银行”、“最佳金融服务城商行”、“最佳优质服务银行”、“最佳民生金融奖”、“银行科技发展奖”、“最具社会责任金融机构奖”、“百姓最信得过的银行品牌”等荣誉称号。

二、企业荣誉

2017 年 11 月，在第十三届中国（成都）金融理财节之金融总评榜颁奖盛典上，我行一举夺得“普惠金融服务大众社会责任奖”“年度最受欢迎电子银行”“年度最佳小微金融服务银行”“年度最佳社区银行”“年度最受欢迎银行卡”五项大奖。

【联系方式】
地址：四川省成都市西御街 16 号
邮编：610015
电话：400－68－96511/028－96511
网址：www.bocd.com.cn

东莞银行股份有限公司

一、企业概况

东莞银行股份有限公司（以下简称本行）是经中国人民银行批准，在东莞市工商行政管理局登记注册的股份制商业银行，成立于 1999 年 9 月 8 日。截至目前，本行下辖总行营业部、12 家分行（东莞分行、广州分行、深圳分行、惠州分行、长沙分行、佛山分行、合肥分行、清远分行、珠海分行、韶关分行、中山分行、南沙分行）、香港代表处、49 家一级支行、73 家二级支行、13 家社区支行、3 家小微支行，发起设立 6 家村镇银行，参股河北省邢台银行。

成立以来，本行在各级政府及监管机构的正确领导和监管下，紧紧围绕价值最大化的核心目标，以市场为导向，以客户为中心，以提高人力资本和科技应用能力为基础，以“提升效率”为手段，强化风险管理、销售管理和服务管理，进一步推进产品和服务创新，优化资源配置和完善激励机制，经营管理水平不断提高，业务持续增长，一直以优异的业绩在全国同行业中名列前茅。截至 2017 年 12 月末（审计后并表数据），本行总资产达 2612.83 亿元，各项存款余额为 1746.80 亿元，贷款余额为 1008.68 亿元。

本行是当地一家具有独立法人资格的银行，管理半径短，决策灵活，科技开发优势明显，软硬件设备先进，自主开发设计灵活性高，更贴近市场和客户，不断创新金融产品，致力于为客户提供全方位、特色化的金融业务。随着客户金融需求的多样化发展，本行在丰富齐全的个人业务品种基础上，推出了优质单位正式员工集体授信业务、“好易居”住房公积金组合贷款、“日日盈”、“月月盈”储蓄理财产品、“快汇通”自助汇款、信用卡、代收房维基金等特色业务品种，为客户精心打造的“玉兰理财”品牌下属产品种类齐全，包括票据、债券、信托等系列理财产品，以及基金、黄金、保险、第三方存管等多种代理业务产品；竭诚为公司客户提供各项金融产品及独具匠心的贴心服务，包括传统公司融资产品：固定资产贷款、流动资金贷款、银团贷款、票据业务（银行承兑汇票、电子票据）等；中小企业特色融资产品：租金质押贷款、中标工程贷款、应收账款质押贷款、订单融资、股权质押、动产质押、机械设备按揭贷款等；特色代收代付业务及资产增值类产品：代理非税收缴业务及公司理财产品等；本行的资金业务发展迅速，投资领域不断拓宽，在业内享有较高的知名度，主要经营同业存放、债券投资、票据转贴现等业务；业务办理快捷方便，除网点柜台外，还包括自助终端、网上银行、电话银行等多种服务渠道。

本行良好的信誉和业绩，得到了来自业界、客户和权威媒体的广泛认可。在全球知名的英国《银行家》杂志揭晓的世界银行 1000 强名单中，我行 2007 年首次入围全球银行业 1000 强，2012 年入围全球银行业 500 强。2009 年，在中国《银行家》公布的 2008 中国商业银行竞争力评价报告中，荣获“泛珠三角经济区域城市商业银行竞争力排名第一名”、“最佳品牌营销城市商业银行”。2010 年，《理财周报》评选本行为“2010 中国十大最佳城市商业银行”。2011 年，荣获中国《银行家》杂志“最佳企业社会责任奖”。2012 年，在“2012 南方金融年度系列评选活动”中荣获“最佳金融营销创意奖”；荣获广东省人民政府颁发的“金融创新奖”一等奖，是唯一荣获该奖项的法人银行。2013 年，荣获银监会颁发的“2012 年度银行业金融机构小微企业金融服务特色产品”奖;“机械设备按揭贷款”荣获市2012年度东莞市金融创新成果奖一等奖;2014年,本行“松湖烟雨”小微企业集合信贷产品获“2013年度东莞市金融创新成果奖一等奖”;2015年,荣获“2015年广东省自主创新标杆企业”,入选中国银监会全国城商行“领头羊”,是华南地区唯一入选行。

【联系方式】
地址:广东省东莞市莞城区体育路21号东莞银行大厦
邮编:523011
服务热线:96228(省内)、4001196228(省外)
传真:(0769)22118020
网址:www.dongguanbank.cn

广州银行股份有限公司

一、企业概况

总行新办公大楼位于珠江新城CBD中轴线花城广场核心区

122个机构网点,包括总行1家,分行13家(含信用卡中心)、支行108家

3400多名员工

注册资本金83亿元

历史沿革

成立于1996年9月17日,在46家城市信用合作社的基础上组建广州城市合作银行;

1998年7月,更名为广州市商业银行股份有限公司;

2001年12月,新增资本金7亿元;

2005年12月,增资扩股10亿元;

2007年5月,定向增资23亿元;

2008年9月,增资扩股30亿元,总资本金达到83亿元;

2009年9月,获准更名为广州银行股份有限公司;

2010年3月,首家异地分行——深圳分行正式成立;

2011年6月,南京、佛山分行正式成立;

2013年6月,中山分行正式成立;

2013年11月,惠州分行正式成立;

2014年6月,江门分行正式成立;

2014年12月,肇庆分行正式成立;

2015年12月,东莞分行正式成立;

2016年8月,横琴分行正式成立;

2016年9月,南沙分行、信用卡中心正式成立;

2016年12月,广州分行正式成立;

2018年2月,清远分行正式成立。

发展业绩

截至2017年末,广州银行资产规模4401.52亿元,各项存款余额2815.85亿元,各项贷款余额1694.11亿元,实现利润总额38.52亿元,净利润32.20亿元,不良贷款率1.36%。

市场定位:

服务地方:

支持市政重点工程:为广州开发区、科学城、大学城、天河软件园、广州地铁、新电视塔、内环路、广园快速路、新光快速路、南沙港快速路等项目提供资金支持;

支持地方经济:为城投集团、交投集团、广药集团、珠啤集团、发展集团、岭南集团、建筑集团、南方航空、深圳航空、省交通集团、广晟资产经营有限公司等提供信贷支持;

扶持民营企业:支持美晨集团、华新集团、德豪润达、大连万达、苏宁电器、明和实业等民营企业的发展。

服务市民:

医保卡三家发卡行之一,代理发行集多种功能于一体的社会保障市民卡;

代发广州市财政统发人员工资;

定期推出种类齐全、内容丰富、期限灵活的红棉理财系列产品,为广大市民投资理财提供帮助;

开办物业专项维修资金业务和存量房交易资金托管业务;

提供形式多样、办理便捷的个人贷款业务;

推出信用卡、公务卡、一卡通、支付宝卡通、住房公积金归集业务;

推出红棉理财卡、红棉爱车卡、淘宝红棉卡等借记卡,集多币种、多储种、多账户于一体,具有个人结算、刷卡消费、电子银行、投资理财等功能;

提供多种公用事业代缴费服务,代销多种基金、保险、黄金产品,为企事业单位提供代发工资服务。

推出网上银行、手机银行、电话银行、银信通等多种电子渠道业务,提供账户查询、转账汇款、投资理财、缴费支付、集团理财、代发工资等金融服务,全方位满足客户的资金管理需求。

二、获得荣誉

改革开放30年广州企业管理十大成就奖

广州十大最具竞争力服务品牌

广州市文明单位

广州2010年亚洲残疾人运动会爱心企业

广东银行业亚运金融服务先进单位

2010年度中国银行业社会责任践行奖

中国银行业文明规范服务示范单位

2010年度金融类国有及国有控股企业绩效评价“AAA-优”评级

2011年最佳服务中小企业银行

2011—2013年度广东省纳税百强企业

2012年亚洲中小银行竞争力排名第一

2012年亚洲城市商业银行竞争力排名第一

2012年—2014年中国服务业企业500强

2013年度资产规模2000亿元以上城商行综合排名第二

2014年地方经济社会发展贡献奖

2014年金质金融服务品牌“最佳本土银行”

2014年度资产规模2000亿元以上城商行竞争力评价第三名

2015年金榕奖“年度最佳中小企业服务商”

2015年金狮奖“年度最受市民喜爱银行”

2016年度广东省最佳雇主

2016亚洲银行500强

2017年《The Banker》全球银行500强(自2010年起连续8年入选)

2017年中国银行业100强

2017年广东省企业100强

2017年广东省服务业100强

2017年广州品牌百强企业

【联系方式】
地址:广东省广州市天河区珠江东路30号
邮编:510620

电话:400 - 83 - 96699
网址:www. gzcb. com. cn

哈尔滨银行股份有限公司

一、企业概况

哈尔滨银行成立于 1997 年 2 月,总部位于哈尔滨市。现已在天津、重庆、大连、沈阳、成都、哈尔滨、大庆等地设立了 17 家分行,在北京、广东、江苏、吉林、黑龙江等 14 个省及直辖市发起设立了 32 家村镇银行,发起设立东北第一家金融租赁公司——哈银金融租赁有限责任公司及黑龙江省第一家消费金融公司——哈尔滨哈银消费金融有限责任公司。截至 2017 年 12 月 31 日,拥有营业机构 363 家,分支机构遍布全国七大行政区。2014 年 3 月 31 日,哈尔滨银行在香港联合交易所主板成功上市(股票代号:06138. HK),是中国第三家登陆香港资本市场的城市商业银行,也是中国东北地区第一家上市的商业银行。

截至 2017 年 12 月 31 日,哈尔滨银行资产总额人民币 5,642. 552亿元,客户贷款及垫款总额人民币 2,373. 978 亿元,客户存款总额人民币 3,782. 584 亿元。哈尔滨银行在英国品牌咨询公司 Brand Finance 发布的"2017 年度全球银行品牌价值 500 强"中,凭借 199% 的品牌价值增长率,跃升至第 195 位。在美国《福布斯》杂志 2017 年度"全球上市公司 2000 强"榜单中,位列第 1,130 位。在英国《银行家》杂志 2017 年全球 1000 家银行排名中位列 217 位,居榜单中国银行第 35 位。在《财富》(中文版)发布的"2017 年中国 500 强排行榜"中位列第 417 位。荣获《亚洲银行家》杂志"2017 中国奖项"计划:"中国最佳区域现金管理银行"。连续四年蝉联美国《环球金融》杂志"中国之星"奖项之"最佳城市商业银行"奖项,同时首次揽入"最佳亚洲银团贷款银行"大奖。入选中国银监会推出的城商行"领头羊计划",成为 12 家"领头羊"之一。

哈尔滨银行秉承"普惠金融,和谐共富"的经营理念,以"建设服务优良、特色鲜明的国际一流小额信贷银行"为战略目标。探索推出符合国内经济特色并具有国际水平的小微金融核心技术,在国内银行机构中首家实现技术输出。与法国沛丰、国际金融公司(IFC)、美国安信永、联合国开发计划署(UNDP)等多个国际组织开展战略合作,积极参与国际小额信贷开发项目,在国际上形成一定影响力。坚持以客户为中心,优化传统业务、利用产品创新实验室平台创新产品服务,"白领贷""彩虹贷"等特色业务在区域内颇具知名度。截至 2017 年 12 月 31 日,小额信贷余额人民币 1,914. 256 亿元,占全行客户贷款总额的 80. 6% 。

哈尔滨银行不断开拓市场,深化金融创新,成为多项银行业务领域的市场领先者。是中国最早开展小额信贷业务的城市商业银行之一,是国内首家开展农村金融业务的城市商业银行。是中国东北地区首家获得外汇经营权的城市商业银行,全国银行间外汇市场人民币对卢布交易四家做市商之一,也是境内卢布现钞经营规模最大的银行。是境内卢布对人民币直接汇率的首家挂牌银行,形成的卢布汇率趋势分析是国家制定对俄金融政策的重要参考,并作为中俄总理定期会晤委员会金融合作分委会参会单位,为中俄合作发展发挥重要的金融纽带作用。是中国东北地区拥有各种债券经营资格最全的城市商业银行,中国东北地区率先开展投行及同业业务的城市商业银行,"亚洲金融合作联盟"的三家牵头发起行之一。作为中方发起人及主席单位于 2015 年联合俄罗斯联邦储蓄银行,发起首个中俄金融机构交流平台——中俄金融联盟,成员已由初始的 35 家发展到 68 家。携手俄罗斯亚太银行,首次实现中俄两国金融机构间卢布现钞空运至中国非边境口岸城市的跨境调入。跨境电商支付平台被国家发改委持续纳入《国家重大建设项目库》管理,列为"一带一路"重点建设项目,被黑龙江省政府列为《黑龙江路海丝绸之路经济带重大项目》。

哈尔滨银行积极践行党的十九大精神,高度关注精准扶贫、支持"三农"、聚焦民生、关注小微企业融资需求等关系国计民生的重要领域。派驻工作队深入双龙村开展扶贫帮扶工作,加快数字普惠金融发展,推动金融互联、金融共享。始终不忘企业的社会责任,自成立以来,建立了哈尔滨钱币博物馆,捐建黑龙江省抗联希望小学,成立"弘毅助学协会"和"温暖龙江基金",举办"金色的记忆——俄罗斯画家笔下的哈尔滨"油画展、俄罗斯雕塑艺术展,捐建首条户外公益塑胶跑道,赞助 2016、2017 年哈尔滨国际马拉松赛,发起设立的深圳市同佳岸慈善基金会推动"幸福社区"公益项目等若干公益慈善项目,无不为重塑城市新文化、打造新时代的社区关系做出了重要贡献,彰显了哈尔滨银行顺应新时期中国特色社会主义建设亟需的时代担当。2017 年度,哈尔滨银行用于社会公益的投入为人民币 2,288. 60 万元。

未来,哈尔滨银行将继续坚定不移地走小额信贷特色经营之路。回归本源、专注主业,以惟惠之怀承社会之责,用至诚之心创至信之行,努力建设国际知名小额信贷银行,为中国金融事业发展和小康社会建设做出更大贡献。

二、愿景及战略

愿景:从城市到世界。

战略:建设服务优良,特色鲜明的国际一流小额信贷银行。

三、企业荣誉(国际级)

2017 年度"全球银行品牌价值 500 强",位列第 195 位,Brand Finance(英国品牌咨询公司)

2017 年度"全球上市公司 2000 强"榜单,位列第 1130 位,美国《福布斯》杂志

2017 全球银行 1000 强:第 217 位,中国区第 35 位,英国《银行家》(The Banker)

2017 年中国 500 强:第 417 位,在入榜的 25 家商业银行中排名第 23 位,《财富》(中文版)

2017 中国奖项计划:中国最佳区域现金管理银行,《亚洲银行家》(THE ASIAN BANKER)

2017 中国之星:最佳城市商业银行,《环球金融》(GLOBAL FINANCE)

2017 中国之星:最佳亚洲银团贷款银行,《环球金融》(GLOBAL FINANCE)

2015 - 2016 年全国金融系统企业文化建设先进单位,中国金融思想政治工作研究会、中国金融企业文化促进会

2016 年中国银行业好新闻先进宣传示范单位奖,中国银行业协会

2016 年中国债券市场优秀成员之"债券业务进步奖",中央国债登记结算有限责任公司

突出贡献奖,城市商业银行资金清算中心

2016 年度中国银行业法律风险管理工作先进单位,中国银行业协会

全国银行业理财等级工作优秀城商行(2016 年度),银行业理财登记托管中心

2016年度银行间本币市场活跃交易商，中国银行间同业拆借中心

哈马嘉年华：第三届中国金融品牌“金栗子奖”极具影响力奖，中国电子银行网

2017年区域性商业银行最佳手机银行业务创新奖，CFCA中国金融认证中心

敬老文明号，全国老龄工作委员会

2016万事达卡最佳合作商业银行奖，万事达国际信用卡集团

2016万事达卡突出贡献，奖万事达国际信用卡集团

俄易融：2017中国金融创新奖之十佳金融产品创新奖（对公业务），《银行家》

医贷通：2017中国金融创新奖之十佳金融产品创新奖（零售业务），《银行家》

丰收e贷：2017中国金融创新奖之十佳互联网金融创新奖，《银行家》

全国农村金融十佳品牌创新机构，中华合作时报社、《中国金融》杂志社、中央财经大学金融品牌研究所

支持中小企业发展优秀服务机构，黑龙江省中小企业协会、黑龙江省企业创新成果审定委员会

2017年中小银行先锋榜：普惠金融榜，《每日经济新闻》

中国银行业协会“寻找好声音”员工业务技能竞赛“最佳智慧团队”，中国银行业协会

中国地方金融（2016）十佳城市商业银行，全国地方金融论坛办公室、金融时报社、中国地方金融研究院

2017卓越竞争力小微金融服务银行，中国经营报社、中国社会科学院、中智咨询

2017年度卓越雇主品牌银行，中国经营报社、中国社会科学院、中智咨询

2017年度客户口碑最佳客户联络中心，中国电子商务协会

二类成果奖：《基于DEVOPS理论与人工智能技术的银行业务可用性管控》，银行业信息科技风险高层指导管理委员会

第八届金鼎奖：年度卓越交易银行，每日经济新闻

第十五届中国财经风云榜：2017年度商业银行科技创新奖，和讯网

2017中国金融机构金牌榜·金龙奖：年度十佳城市商业银行，金融时报

【联系方式】
地址：黑龙江省哈尔滨市道里区上江街888号
邮编：150010
电话：95537
传真：0451－86779000
网址：www.hrbb.com.cn

河北银行股份有限公司

一、企业概况

河北银行成立于1996年5月28日，是全国首批5家试点城市合作银行之一，由石家庄市区48家城市信用社组建为石家庄城市合作银行，1998年6月和2009年11月，先后更名为石家庄市商业银行和河北银行。2012年6月，省委、省政府为做大做强地方金融产业，将其纳入省级管理，成为全省唯一一家省属地方法人银行。

成立21年来，在各级党委、政府重视支持及监管部门的大力指导下，河北银行不忘“服务地方经济、服务中小企业、服务城市居民”初心，坚持差异化、特色化、专业化发展道路，主动适应经济新常态，持续推进创新转型，实现了自身经营质效提升与地方经济转型升级的良性互动。截至2017年末，河北银行资产总额3220.14亿元，存款总额2095.34亿元，贷款余额1504.36亿元，实现净利润26.26亿元，缴纳税费13.92亿元。主要监管指标保持达标，监管评级为二类行水平。在英国《银行家》杂志公布的“2017年全球1000家大银行”中排名367位，较2012年提升334位。主体长期信用等级由AA+上调为最高评级AAA。

目前河北银行已在河北省11个设区市和天津、青岛设立13家分行级机构，营业网点238家。另外，还发起设立了平山西柏坡冀银村镇银行、尉犁达西冀银村镇银行和冀银金融租赁股份有限公司。目前全行正式在岗员工4654人，本科及以上学历占比76.7%。

河北银行积极履行“以卓越的金融服务助企业发展，增居民福祉，促社会繁荣”的企业使命，坚持“朋友金融知心致行”的品牌理念，在提供优质金融服务和提升经营管理水平的同时，也获得了社会各界的认可，先后获得“全国文明单位”、“全国金融系统企业文化建设先进单位”、“全国小微企业金融服务先进单位”等荣誉，是中国银监会确定的全国城商行十二家领头羊之一。2016年末，河北省政府还出台了《支持河北银行做强做大方案》，为河北银行快速发展提供了坚实保障。

未来，河北银行将牢牢把握省委省政府支持河北银行做强做大政策机遇以及京津冀协同发展、筹办冬奥会、雄安新区建设业务机遇，不断提升综合实力和品牌形象，为实现“环渤海区域领先的公众银行”的发展愿景而不懈努力。

二、企业文化

核心价值观：责任心、团队、高效率

责任心：

先公后私，公而忘私，以公司利益、客户利益为重。

恪尽职守，勇于担当，主动承担责任和义务，做好自己份内的工作，多做一些“份外”的工作，不推诿、不拖拉、不卸责。

团队：

团结协作无部门之争，坦诚沟通无边界之分，彼此尊重无情感之伤。

员工之间和谐共事，轻松愉快、简单真诚。工作秩序稳定有序，各在其位、各司其职。

乐于分享，互利多赢，共生共荣。

高效率：

体察客户需求，快速响应，高效决策。

强化时间管理，实事求是、目标明确、认真专注地做好一切事情。

勇于创新，并将流程简化进行到底。

【联系方式】
地址：河北省石家庄市平安北大街28号
邮编：050011
客服电话：400－612－9999或0311－96368
传真：0311－88627075
电邮：zqh@hebbank.com
网址：www.hebbank.com

徽商银行股份有限公司

一、企业概况

徽商银行是经中国银监会批准，全国首家由城市商业银行、城市信用社联合重组成立的区域性股份制商业银行，总部设在安徽省合肥市。1997 年 4 月 4 日注册成立。2005 年 11 月 30 日更名为徽商银行股份有限公司。2005 年 12 月 28 日正式合并安徽省内芜湖、马鞍山、安庆、淮北、蚌埠 5 家城市商业银行，及六安、淮南、铜陵、阜阳科技、阜阳鑫鹰、阜阳银河、阜阳金达等 7 家城市信用社。2006 年 1 月 1 日正式对外营业。2013 年 11 月 12 日，本行在香港联交所主板挂牌上市。本行经安徽银监局批准持有机构编码为 B0162H234010001 的金融许可证，并经安徽省工商行政管理局批准领取注册证 340000000026144 号营业执照，注册地址为中国安徽省合肥市安庆路 79 号天徽大厦 A 座。截至 2017 年末，本行注册资本约为人民币 110.50 亿元。

本行主要经营范围包括在中国吸收公司和零售客户存款，利用吸收的存款发放贷款，以及从事资金业务，包括货币市场业务，投资和交易业务及代客交易等。截至 2017 年 12 月 31 日，徽商银行在岗员工 9,520 人；除总行外，本行设有 17 家分行及 417 个对外营业机构（包括 3 家分行营业部和 414 家支行），680 家自助服务区。本行有三家附属公司，即徽银金融租赁有限公司、金寨徽银村镇银行有限责任公司、无为徽银村镇银行有限责任公司，并参股奇瑞徽银汽车金融股份有限公司。

本行坚持“服务地方经济、服务中小企业、服务广大民众”的市场定位，业务持续较快发展，综合实力逐步增强，经营管理水平稳步提升，规模、质量、效益协调发展，树立了“地方银行”、“市民银行”和“中小企业银行”的良好社会形象，已经成为安徽省内乃至全国银行业具有较高知名度和一定影响力的区域性商业银行。得到了社会各界的充分肯定和广泛赞誉，入选英国《银行家》杂志“全球 1000 家大银行”前 200 位，排名 168 位，比上年提升 20 位。

二、企业文化

（一）愿景

创一流品质建百年徽银

（二）使命

成就客户梦想创造股东价值

促进员工发展承担公民责任

（三）核心价值观

诚信稳健创新和谐

（四）理念

1. 经营理念：与市场同行与客户共赢

2. 管理理念：系统规范精细超越

3. 风险理念：审慎、理性、稳健的风险偏好设定

分层、分离、整合的风险治理结构

前瞻、客观、专业的风险度量管理

主动、量化、持续的风险管理实施

4. 服务理念：亲和高效专业

5. 人才理念：吸引有志之才培育可塑之才使用胜任之才

（五）作风

正直勤勉协作进取

【联系方式】

地址：安徽省合肥市安庆路 79 号徽商银行大厦

邮编：230001

电话：4008896588（24 小时客服）

电邮：96588@ hsbank. com. cn

网址：www. hsbank. com. cn

吉林银行股份有限公司

一、企业概况

2007 年 10 月，在原长春市商业银行基础上重组设立吉林银行股份有限公司（以下简称吉林银行）。目前，吉林银行在吉林省内 9 个市州和大连、沈阳拥有 11 家分行，1 家分行级专营机构，378 个营业网点，发起设立 10 家村镇银行、一家贷款公司，参股一汽汽车金融公司。

成立以来，吉林银行通过增资扩股、引进国际战略投资者、跨区域发展、建设新一代核心业务系统，走特色化、差异化、智慧化、综合化发展道路，稳步推进各项改革，不断加大产品和服务创新力度，经营范围不断拓展，经营规模快速提升，逐步发展成为集贸易金融、国际金融、投资银行、金融市场、私人银行、代客理财、信用卡、网络金融服务于一体，具有较强竞争力和可持续发展能力的现代金融企业。

2014 年下半年，以董事长、党委书记张宝祥为首的新一届领导班子上任后，吉林银行秉承“创新、协调、绿色、开放、共享”五大发展理念，实施“七大战略”，发展“五大金融”，立足地方、服务中小、重心下沉、经营转型取得明显成效：发起建立东北城商行联盟，加入中俄金融联盟，与全球 335 家国际银行建立合作关系；“凭证无纸化、印章电子化”系统在全行推广应用，初步实现柜台传统方式向现代银行智能化的转变；荣获全国银行间市场优秀交易员、银行间本币市场活跃交易商；蝉联“全国支持中小企业发展十佳商业银行”，获得“全国青年文明号”“2016 中国服务区域发展最佳金融机构”“中国银行业社会责任最佳民生金融奖”“吉林省著名商标”“全国巾帼文明岗”等多项荣誉。

作为地方银行，吉林银行始终心怀感恩、回报社会，以服务实体经济、“输血”民营经济、助推东北老工业基地振兴为己任，支持东北亚铁路等“一带一路”建设，扶持人参等特色产业“脱胎换骨”，支持廉租房建设、棚户区改造等民生工程，创新“两日贷”、“接续贷”“吉税贷”等金融产品，搭建“万民创业”平台，小企业业务连续三年实现“三个不低于”目标。2017 年，小微贷款余额和增量占比省内单一金融机构排名第一位。个人金融取得新突破，创新推出欧亚联名信用卡、菁英卡、VISA 世界杯信用卡、新版手机银行、智能存款、E 商贷等广受欢迎的金融产品。

未来，吉林银行将高举习近平新时代中国特色社会主义思想伟大旗帜，全面贯彻党的十九大精神，不忘初心，牢记使命，回归本源，突出主业，以“七大战略”为指引，继续发展“五大金融”，着力提升“四大实力”，不断提高经营管理实力和市场竞争能力，努力为新时代吉林全面振兴发展做出新的贡献。

二、文化理念

核心理念

一起成长一起分享

企业愿景

成为资本充足、内控严密、产品创新、服务优质、效益良好、具有较强核心竞争力的现代金融企业。

企业使命

使员工成长让客户信赖为股东增值尽社会责任

理念释义：

吉林银行的核心主体是员工、客户、股东，在实现共同成长、共同进步的同时，承担支持经济发展、尽社会责任的义务。

使员工成长

以人为本，激发员工的积极性和创造性，关爱员工、造福员工，建立员工职业生涯发展通道，通过科学激励与素质能力培养，塑造优秀员工，让员工在工作中学习，在学习中进步，与吉林银行共同成长、共同进步，实现人生价值。

让客户信赖

恪守信用、不断创新，以热情的服务态度、熟练的服务技能、灵活的服务方式、领先的服务产品来满足客户的需求，赢得客户的信赖。

为股东增值

实现资源的最佳配置，创造和保持优良业绩，提高吉林银行的经济价值，回报投资者利益，创造品牌价值、社会价值，做有影响力的价值创造者。

尽社会责任

做品格健全、受人尊敬的银行，支持地方经济发展，承担社会责任，参与公益事业，服务和谐社会。

共同价值观

稳健进取和谐创新

理念释义：

稳健

吉林银行追求规模、质量、效益的协调可持续增长，稳健发展，合规经营，内控优先。

进取

吉林银行不满足于现状，追求不懈的发展动力，提供领先的金融服务，做金融市场的“先行者”。致力于提升业务创新能力、市场营销能力、品牌影响能力、客户服务能力、风险掌控能力和保障支持能力，激发潜能，做到基业常青，永葆生机。

和谐

吉林银行在风险控制的前提下加快发展，谋求内控与发展、合规与创新的高度和谐。既关注细节，又把握全局，实现追求精细与讲究效率两者的和谐统一。内部，员工之间、部门之间团结协作；外部，与客户、与同业、与社会实现共赢。

创新

创新带来生机，创新是不懈的发展动力。吉林银行有创新的激情和勇气，有思想，有方法，担责任，超越自我。建立创新机制，营造创新氛围，鼓励创新举措，使吉林银行不断提高并保持创新激情。

经营理念

持续稳健居安思危快速发展创造价值

理念释义：

持续稳健

把握机遇，更新观念，准确定位，科学发展，反对浮躁冒进，追求稳定健康的经营业绩。坚持可持续发展，视质量重于数量。防范金融风险，追求规模、质量、效益的协调可持续增长。

居安思危

吉林银行对发展环境时刻保持警觉并随时做出反应。员工具备忧患意识，有危机感和责任感，居安思危，不断进取。在行动上始终保持警觉，正视危机和压力，勇于接受挑战，化压力为动力，不断超越自我。

快速发展

发展是吉林银行永恒的主题，我们在整合一切资源的同时，追求企业的快速良性发展，经营规模的稳健扩张，金融业务的不断拓展，以改革为动力，在改革中谋发展，打造具有国内同业领先水平的品牌银行，积极推进上市经营及跨区域发展。

创造价值

获取最大利润，创造价值以实现持续发展是吉林银行最根本的社会责任。我们履行使命，准确定位，科学发展，以绩效为导向，实施激励机制，实现资源最佳配置。提高运营效率，降低成本，在追求规模、质量、效益协调发展的过程中创造公司价值、员工价值、品牌价值。

管理理念

精细严谨权责明确科学激励务实高效

理念释义：

精细严谨

关注细节，细致分析，强化执行，提高效率。掌握科学的工作方法，细究每一工作环节，精确分析问题，科学制订计划，统筹安排落实，及时总结提高。严格内控优先，行为依从制度约束，合规覆盖经营全程。

权责明确

集权有道、分权有序、授权有章、用权有度是吉林银行组织行为科学。领导与执行，始终都秉承责任清晰、运作高效的原则来进行，强化管理者的权责，强化管理者的责任意识，工作积极进取，积极作为，勇于承担责任。

科学激励

用科学有效的激励手段提高员工的工作积极性，将“保护和激发员工的工作热情”作为企业管理的重要目标，尊重、认可员工的工作成绩，使员工感觉到价值感和成就感，努力为员工创造更多发展机会和更大发展空间。

务实高效

按规律办事，在真正掌握问题本质的基础上，以效率和效果为出发点，追求用最简洁、最直接、最有效的方式解决问题，最大限度减少时间、人力和物力资源的浪费，倡导责任明确，程序简洁，杜绝形式主义、推托敷衍、不作为，处理问题干净利落。

人才理念

纳贤举才尊重赋能德能并举多维发展

理念释义：

纳贤举才

创造公平的竞争环境，凭业绩和能力选拔和任用人才，多层次、多渠道、全方位吸引人才，尊重人才，培养人才，为员工搭建学习平台、实践平台，做到人尽其才，才尽其用，实现人才的快速成长。

尊重赋能

吉林银行人才观的核心是尊重每名员工，每名员工都是可用之材，每个人都有自己的长处，让员工在这里充分发挥自己的长处，做最适合自己的工作；充分赋予员工权力，发挥员工的最大潜能，鼓励员工参与管理，实现个人与银行的共同成长。

德能并举

选用人才要集“品行”和“能力”于一身，品行与能力是衡量人才的标准，两者缺一不可，只有具备优良的品行和突出的能力才是吉林银行的优秀人才。

多维发展

吉林银行引导与鼓励员工进行职业生涯规划，根据企业的发展与自身特点,选择不同的职业发展通道,在为企业创造业绩的同时实现自己的人生价值。

服务理念

点滴用心携手进步真诚相待相伴永远

理念释义:

点滴用心

用心感受客户的需要,了解客户的期望,虚心听取客户的意见,积极采纳合理建议,只有全心全意服务、关注细节,才能真正赢得客户的信赖和满意。

携手进步

要在全行内部树立"下一环节就是客户"的理念,把自己工作的下一环节当成客户,要树立主动为客户服务的思想,在部门与部门之间,同事与同事之间树立互相服务的理念,养成互相服务的习惯,携手客户、员工、股东,共同发展、共同进步。

真诚相待

真诚守信,以真诚赢得客户,用价值回报客户,我们愿意始终如一地伴随着客户的成长,急客户所急,想客户所想,以方便客户为出发点和归宿;同事之间,以诚相待,互帮互助,一起进步,共同成长。

相伴永远

行业间越趋激烈的竞争环境要求我们不断提升客户忠诚度,用心做好一天的服务不难,难的是每一天都能做到用心服务。用心服务一时一刻都不能松懈,要做到持之以恒,这样我们才能有忠诚的客户,有不尽的资源。

职业意识

敬业尽责团队合作学习进取勇于超越

理念释义:

敬业尽责

任何职业都是社会给予个人的机会,获得职业机会的每一个人都应该懂得感恩,要把职业当成一种使命,加倍珍惜,要通过履行职业责任和追求职业成就证明自身价值,实现人生梦想。吉林银行的员工要有强烈的事业心、责任感和忧患意识,让每个员工都成为想干事、能干事、干成事的创造者。全行各有管理人员要端正工作作风,提倡主动承担,积极工作,坚决反对形式主义和弄虚作假,坚决杜绝事不关己、互相推诿、不作为、不承担责任。

团队合作

吉林银行的每名员工都要有团队意识。我们有责任为团队的利益互相合作、相互支持。我们是团队的一员,要做到内心真诚、尊重他人、换位思考、充分理解、求同存异,要服从大局,加强个人与个人之间的沟通,化解分歧,达成共识,实现共同目标。

学习进取

吉林银行提倡具备"激情高昂"的心态,树立"迎难而上"的信心,把学习当作一种职业人的义务,养成不断学习的习惯,树立终生学习的意识,通过持续的学习,不断提高自己适应工作的能力。吉林银行的员工必须具有核心专长与技能,成为自己所在岗位上的专家,成为能创造价值的人,并不断为组织提供前进的动力。

勇于超越

吉林银行强化员工奉献与超越意识,不满足于只完成自己的本职工作,树立"无功就是过"的思想,只有超越自己的本职工作,为吉林银行创造超越本职工作的价值,才是真正的价值创造。

【联系方式】

地址:吉林省长春市东南湖大路 1817 号

邮编:130033

电话:400 – 88 – 96666(全国)　96666(吉林省)

电邮:zhanyt@ jlbank. com. cn

网址:www. jlbank. com. cn

晋商银行股份有限公司

一、企业概况

晋商银行股份有限公司(简称晋商银行,英文 JINSHANG BANK CO. ,LTD)经中国银监会批准于 2009 年 2 月 28 日正式挂牌成立,是一家总行设在山西太原的股份制商业银行。

在山西省委、省政府的正确领导下,晋商银行秉承"诚信、创新、实干"的企业文化理念,以服务和助推山西经济发展,打造核心竞争力,成为一家机制科学、特色鲜明、风控到位、功能完善的精品区域性上市银行为发展愿景,立足"区域化发展、差异化竞争、综合化经营、网络化服务"四个方向,深耕山西市场,服务地方经济,服务中小企业,服务城镇居民,服务互联网用户,持续调整业务结构、持续改变业务增长方式、持续提升业务竞争力、持续推进业务创新,逐步成长为在全国城商行和全省金融同业中具有一定影响力的股份制商业银行。

成立以来,晋商银行不断加强党的建设,在党委的正确领导下,坚守责任担当,稳步推进"做强对公、做精零售、做实风控、做优运营"内部改革,大力推动行业、产业、产品、客户结构的调整和业务转型,不断探索低资本消耗、高经济效益的资本节约式发展道路。对标上市公司,建立并不断完善公司治理体系。建立股东大会、董事会、监事会、高级管理层,"三会一层"内部运行架构,职权明晰,运行顺畅。股本结构包括国有股、国有法人股、其他境内法人股、个人股四类。随着央企引入,经过新一轮的增资扩股后,股东结构将更加合理。

八年多的发展,晋商银行实现了省内中心城市全覆盖,下辖 13 家二级分行,98 家传统支行、62 家社区支行。投资设立清徐晋商村镇银行,发起成立晋商消费金融公司。布局互联网金融,积极探索"互联网 + 渠道",网上银行、手机银行、微信银行、直销银行等多种虚拟渠道的建设广泛延伸服务触角,形成"线下线上一体化"金融服务大格局。全方位、专业化、高水平的服务使晋商银行正在成为地方政府的"金融管家"、实体经济的"合作伙伴"和城镇居民的"生活助手"。

成立至今,晋商银行充分发挥地方法人银行优势,积极筹措信贷资金,不断创新融资工具,在支持全省重大项目,密切政银企合作,践行普惠金融理念,助推小微企业发展,改善民生中发展壮大。八年间,不断满足市场需求,持续创新金融产品,创新城中村改造项目融资模式。形成"晋升财富"核心品牌业务;丰富"卡易贷""存贷通""商易贷""房抵贷"等个贷产品;打响"远亲不如'晋邻'"的社区银行品牌;推广"晋商快付"等快捷支付手段,逐步树立低风险、快增长、高效益的良好社会形象。

至 2017 年 6 月末,晋商银行资产总额、存款余额、贷款余额分别达到 1798. 96 亿元、1278. 13 亿元、820. 99 亿元;累计实现经营利润 147. 72 亿元、净利润 73. 29 亿元,累计上缴税费 51. 29 亿元。晋商银行的发展得到了公众和业界的高度关注和普遍认同,自 2010 年起连续跨入全球前 1000 家银行行列,目前全球排名 557 位,进入银监会监管评级二级行行列,先后被评为"中国城商行最具竞争力民族品牌"、"中国最具竞争力中小银行"、"山西省功勋企业"、"山西老百姓最喜爱的银行”等，获得“山西省五一劳动奖状”。

不忘初心，晋商银行将忠实践行习总书记视察山西重要讲话精神，旗帜鲜明谋上市，理直气壮抓发展，认真履行全面从严治党主体责任，以加强党建工作为统领，以服务实体经济为根本，以深化业务转型为主线，以创新管理流程为驱动，贯彻落实好“山西转型发展”的行动计划，谋篇布局、精准发力，在支持区域经济发展中提质增效，在践行普惠金融理念中赢得市场，在“塑造山西美好形象、实现山西振兴崛起”中做出新贡献。

晋商银行义通天下

二、企业文化

诚信、创新、实干

诚信是基础，创新是根本，实干是保障。

“诚信”是晋商精神的精髓，是晋商银行做大做强的根基。诚信就是要引导大家牢固树立诚信为本、以义制利的思想，恪守商业道德，践行社会责任，带头成为诚实守信的倡导者、推动者、维护者。

“创新”是晋商成功的法宝，是晋商银行做大做强的动力。创新就是要引导大家牢固树立锐意进取、开拓创新的思想，开阔视野，超前思维，勇于接受新理念，开发新产品，构建新机制，创造新业绩。

“实干”是晋商精神的内在品质，是晋商银行做大做强的保障。实干就是要引导大家牢固树立空谈误国、实干兴邦的思想，脚踏实地，勤奋敬业，主动作为，快速执行，以实实在在的业绩持续推动晋商银行向前发展。

三、八字箴言

责任、坚持、落实、效果。

“责任”是前提，“落实”是手段，“坚持”是态度，“效果”是目标。

责任，就是要敢于担当、履职尽责，增强责任感和使命感，主动承担起推动晋商银行转型发展的重任；

落实，就是要把总行的各项安排部署记在心里、抓在手上、落实在行动上，决不能流于形式和口号；

坚持，就是工作思路、措施、目标不动摇，坚持不懈地把总行确定的各项工作和业务进行推进；

效果，就是以结果为导向，不做无用之功，让每一项改革措施都开花结果。

【联系方式】

地址：山西省太原市长风西街丽华大厦A座

电话：0351－68195650351－6819505

网址：www.jshbank.com

昆仑银行股份有限公司

一、企业概况

2006年6月6日，克拉玛依市商业银行成立。

2009年4月，在服务国家能源安全和西部大开发战略背景下，在中国石油发展金融业务决策部署下，中国石油天然气集团公司增资控股克拉玛依市商业银行。2010年4月，克拉玛依市商业银行更名为昆仑银行。寓意磅礴发展的“昆仑”商号为银行注入了强大的品牌价值。

近年来，昆仑银行确立了坚定不移走产融结合特色化发展道路，依托能源、立足丝路、面向国际、支持实体、报效国家，致力于建立特色鲜明、富有活力的优秀商业银行。

昆仑银行依托股东优势和区位优势，突出发展公司业务，大力发展零售业务，积极发展国际业务，稳健发展金融市场业务，将市场拓展到了北京、黑龙江、陕西、四川及石油天然气富集区产业链等省区市以及伊朗等国家，在四川乐山和新疆塔城开办了2家村镇银行，营业网点80余个，为客户提供了多元化、特色化的金融产品和服务。经过10年的发展，昆仑银行产融结合特色初具规模，综合实力持续增强，从一家小型区域性城商行逐步发展成为跨区经营、具有一定国际影响力的特色商业银行，资产规模迈入全国城市商业银行前列，是近年来国内成长最快的银行之一。

未来的昆仑银行将强力推进产融结合发展战略，扎实推进实施“一核两翼”工程，加快建设成为综合型、集约型、智慧型、创新型，以及特色化、受尊重的一流商业银行。

【联系方式】

地址：新疆维吾尔自治区克拉玛依市世纪大道7号

电话：010－89026988

传真：010－89025406

电邮：ir@ klb. com. cn

邮编：834000

网址：www. klb. cn

内蒙古银行股份有限公司

一、企业概况

内蒙古银行成立于1999年11月19日，前身是呼和浩特市商业银行。2009年，内蒙古自治区政府出资入股成为第一大股东，正式更名为内蒙古银行股份有限公司。在自治区党委和政府的关怀下，历经国内经济形势不断调整变化，不忘初心，砥砺前行，已经成为一支跨区经营、全面发展的重要金融力量。

立足本土，扎根北疆。通过不断完善管理机制，创新服务产品，丰富服务渠道，严格落实国家及监管部门要求，强化全面风险管理，夯实公司、小微、零售业务“三大根基”，规范做强同业、理财、投行、互联网银行、国际业务“五大板块”。履行社会责任，努力构筑差异化、特色化经营模式，把普惠金融、绿色金融、民族金融、沿边金融落到实处。

截至2017年末，内蒙古银行资产总额1267亿元，负债总额1162亿元，各项存款余额766亿元，各项贷款余额554亿元。2017年全年实现净利润4.86亿元，缴纳各项税收4.3亿元。荣获中国银行业协会授予的五星级营业网点、银行业文明规范服务千佳示范单位、百佳优秀创建奖，内蒙古自治区人民政府授予的金融支持重点工作重点项目贡献奖、支持地方经济社会发展突出贡献奖等荣誉称号。

截至2017年末，内蒙古银行机构总数达129个，覆盖自治区8个盟市，包括总行机关、10家分行（含营业部）、2家直属支行、115家支行和1家小企业金融服务中心。其中，区外在哈尔滨设1家分行；区内设9家分行，分别是呼伦贝尔分行、兴安盟分行、通辽分行、锡林郭勒分行、乌兰察布分行、包头分行、乌海分行、呼市分行和总行营业部。在旗县设立的机构数为19个。员工总数3119人。共主发起设立31家村镇银行。区内22家，设在国贫县5家，省贫县6家；区外9家，设在国贫县1家。31家村镇银行总体保持良好的规模增长态势，资产总额393.6亿元，较年初增加46.41亿元，增幅13.37%；负债总额356.96亿元，较年初增加45.49亿元，增幅14.6%；各项存款余额325.83亿元，较年初增加51.49亿元,增幅 18.77%;各项贷款余额 233.8 亿元,较年初增加 31.83 亿元,增幅 15.76%。

二、企业文化

内蒙古银行股份有限公司(以下简称"内蒙古银行")成立于 1999 年 11 月 18 日,是内蒙古自治区成立最早的城市商业银行之一。多年来内蒙古银行始终坚持以"服务地方经济、服务中小企业、服务城市居民"为己任,以"做实做强,打造国内一流的城市商业银行"为目标,不断完善管理机制,创新服务产品,丰富服务渠道,在中小企业、城市居民服务方面形成了自己独特优势,实现了持续、稳定、快速地发展,成为了内蒙古自治区金融市场上一支重要金融力量。

内蒙古银行在改革发展进程中,始终重视文化的软实力作用。特别是 2009 年更名后从打造现代银行,促进内蒙古银行可持续发展的高度,把企业文化建设放在全行工作的重要战略位置,坚持物质文明和精神文明两手抓,促进业务经营与企业文化建设同发展,做出了全面推进企业文化建设的决策,精心提炼了"诚信恒久创新致胜"的核心价值观,确立了"专注于心高效于行"的宣传语,全面推进了视觉文化、理念文化、行为文化、制度文化建设,具有内蒙古银行特色的企业文化正在日渐形成,核心理念深入人心,品牌形象明显提升,行为规范有效践行,文化活动丰富多彩。

企业宗旨:服务客户回报股东增益社会泽惠员工

"服务客户"—内蒙古银行人站在企业宗旨的高度,把客户利益作为企业的出发点与根本归宿,服务地方经济、服务民众、服务中小企业,把提高服务质量和以客户为中心作为内蒙古银行的长期策略。

"回报股东"—内蒙古银行在十多年的发展过程中,始终以回报股东为己任,艰苦奋斗、团结拼搏、攻坚破难,确保每年分红任务的完成。在 2009 年更名后,股东增加了,股本金提高了,内蒙古银行大力发展经营业务,创造利润、创造价值,稳步提高股息回报股东。

"增益社会"—内蒙古银行立足内蒙古,依托地方经济优势,以金融业务为基础,为社会提供优质金融服务,增进社会效益,为富民强区做贡献。

"泽惠员工"—内蒙古银行把泽惠员工作为企业根本的责任和永远的目标。内蒙古银行追求公司与员工目标一致,荣辱与共,携手同行,共享成功。

企业愿景:做实做强,打造国内一流的城市商业银行

"做实做强"—内蒙古银行要立足当前的金融业务,做好当前的工作,积累经验;调整经营结构,把单一的业务模式向多元化、差异化业务发展,积极发展中间业务,拓展市场空间;兴利除弊,为企业注入活力,提升企业竞争力。

"打造国内一流的城市商业银行"—内蒙古银行将积极通过推动企业经营机制转变,实行经营科学化、发展多元化的经营战略;提高管理效益,创造一流的经营业绩,打造出鼎力内蒙古乃至全国的现代化优秀城市商业银行。"国内一流"的标准是动态演进的,内蒙古银行的发展和追求也是永无止境的。

企业核心价值观:诚信恒久创新致胜

"诚信恒久"—作为内蒙古银行的核心价值观,充分体现了蒙古族地域文化的精髓。内蒙古银行作为一个信用中介和信用的经营者以"诚信"立业,既体现了企业志在长远的宏图大略,又给人以信任,负责任的企业形象。

"创新致胜"—内蒙古银行正处在发展的关键时期,只有战胜自我,敢于从思想、机制、组织、管理、市场等全方位进行创新,持续不断地去除积弊、推陈出新,才能在变化中求得健康持续发展,最终适应环境,走向胜利。

企业精神:专注于心高效于行

"专注于心"—内蒙古银行的每位员工在工作上集中精力、专心致志,对每一笔业务都能做到精通、认真、心无旁骛。尽自己所能开拓进取,努力使自己成为本行业专家。

"高效于行"—内蒙古银行人要在执行决策或日常工作时发扬纪律严明、服从管理、雷厉风行的工作作风。发挥内蒙古银行一级法人的优势,树立企业特色鲜明的精神风貌。

经营理念:夯实基础增强能力快速扩张差异化发展

"夯实基础"—内蒙古银行在今后的发展过程中要不断完善公司治理与组织架构,加强风险管理、优化业务流程、提升人力资源管理和信息科技体系等内部核心基础能力建设,从而为自身的生存和可持续发展夯实基础。

"增强能力"—内蒙古银行为实现发展战略目标要强化八项关键能力,包括组织构架、风险管理、财务管理、人力资源、信息科技、企业文化、产品开发和项目群管理。

"快速扩张"—首先是要建立强有力的呼市市场地位,依托呼市、包头、鄂尔多斯三个重点城市,通过三个梯队城市的发展,完成自治区内机构的覆盖;二是利用在内蒙古自治区建立的基础,有选择的进驻自治区以外能产生综合效应的目标市场;三是利用地域优势依托口岸经济在蒙古、俄罗斯开办分支机构。

"差异化发展"—内蒙古银行需要摆脱与大型商业银行同质化的发展道路,寻求并实现差异化定位,通过调整经营结构,开拓新领域,发展新业务,努力培育支柱业务,走特色化、多元化、差异化的发展道路。

服务理念:客户至上服务至优

"客户至上"—内蒙古银行始终把客户放在最重要的位置。为客户提供周全、可靠、满意的服务,还需要不断地提高产品技术和服务水平,使得企业有能力和实力去为客户服务。

"服务至优"—内蒙古银行本着至诚至微,用心服务。关注每一环节和细节,体现专业和敬业精神,积极与客户进行沟通、交流获取有价值的建议,改进产品和服务,赢得客户恒久的忠诚。

用人理念:因材施用因才发展

"因材施用"—内蒙古银行根据员工不同的能力,进行量材使用,使每个人都有其用武之地,全面发挥员工的主动性和创造性,全面提升银行竞争力。

"因才发展"—内蒙古银行要根据员工个人特长,制定相应职工发展规划,成就员工,立人达人,育才兴企,才能实现持续发展和个人的全面发展。

安全理念:科学管理防控风险

内蒙古银行追求的利润最大化是在其自身风险承受范围内的合理化收益。要加强科学管理,提高对各种风险的评估能力、辨识能力,提高防范风险的能力,避免出现只重视业务发展,不重视风险防控的倾向。要最大限度地发挥员工在风险管理方面的积极性、创造性和智慧,从而追求一种全方位、多角度、综合化的风险管理效果。

【联系方式】

地址:内蒙古自治区呼和浩特市赛罕区腾飞南路 33 号
电话:400-0596-019
传真:0471-5180333
网址:www.boimc.com.cn

齐鲁银行股份有限公司

一、企业概况

齐鲁银行成立于1996年6月，是一家由国有股份、中资法人股份、外资股份和众多个人股份等共同组成独立法人资格的股份制商业银行，实行一级法人体制。齐鲁银行历经3次更名，于2004年引入澳洲联邦银行入股，成为山东省首家、全国第四家与外资银行实现战略合作的城商行，2015年在全国中小企业股份转让系统挂牌，成为全国第一家挂牌“新三板”的商业银行。截至2017年末，注册资本41.22亿元，资产规模2362亿元，下辖天津、青岛、聊城、泰安、德州、临沂、滨州、东营8家分行，筹建烟台、日照分行，135家营业网点，是中国银行业协会城市商业银行工作委员会副主任单位。

齐鲁银行秉承“打造具有竞争力的精品区域银行，成为中小企业、城乡居民和驱动本地经济的首选银行”的战略愿景，以公司金融、零售金融、金融市场、互联网金融、县域金融为核心业务板块，打造“大零售”银行的发展目标并付诸实践，引进德国储蓄银行微贷技术，倾力发展普惠金融，为广大客户提供近在“家门口”的贴心服务，成为“您身边的好邻居”。

齐鲁银行秉承稳健发展经营理念。强化全面风险管理，全面搭建起“总行—分行（中心支行）—支行”的三级管理架构，实行风险总监派驻制，推行会计主管委派制，搭建了“三内三外”、“一防一控”的立体化风控体系。通过分层培训、加大风险条线人员配置、严格问责机制、全面落实岗位交流轮换制度和“四眼原则”等方式，持续提升员工素质，培育正向风险文化。

齐鲁银行坚持“为才搭台、育才提升”的人才理念，采取校园招聘、专业招聘等方式，多渠道、全方位完善人才梯次建设，持续优化选人用人机制，建立收入与贡献度相匹配、不同序列有序区别、具有竞争力的薪酬体系，搭建了各层次的人员发展平台。

齐鲁银行稳步探索综合化经营。发起成立了章丘齐鲁村镇银行，接收河南、河北15家村镇银行，对外投资济宁银行和德州银行，是山东省城商行联盟并列第一大股东，在探索综合化经营的道路上稳步迈进。

【联系方式】
地址：山东省济南市市中区顺河街176号
电话：0531－86075850
传真：0531－81915514
电邮：boardoffice@ qlbchina. com
网址：www. qlbchina. com

青岛银行股份有限公司

一、企业概况

青岛银行股份有限公司（以下简称“本行”）成立于1996年11月，并于2015年12月3日在香港联合交易所主板挂牌上市（股票代码：3866. HK），为山东省首家主板上市银行。截至2017年12月31日，本行资产总额3062.76亿元，比上年末增长28.29亿元，增幅10.18%。

本行总部设在青岛，目前在山东省内设有13家分行，计划不断增加营业网点至山东省所有主要城市，并等待时机走向全国。本行在全国城市商业银行中率先（2011年3月）成立私人银行暨财富中心，为高净值客户提供公私一体、投融资一体、境内外一体的专业性、创新性和专属性的金融服务；还建立了网上银行（www. qdccb. com）、电话银行“400－66－96588（全国）”和“96588”（青岛）、手机银行、微信银行及直销银行等电子银行渠道，与全球各国家和地区的多家银行机构建立了代理行关系，为客户提供便捷的全天候线上服务；并已形成了稳定的客户基础，与山东省战略性行业及新型行业的主要企业和大量高净值客户保持着密切的合作关系。

本行坚持“打造服务温馨、风管坚实、科技卓越的特色银行”为核心的战略规划，做优、做强、做特的目标，在公司治理、风险管控、IT建设等各领域持续改革提升，逐步探索、初步形成了“治理完善、服务温馨、风管坚实、科技卓越、定位清晰、模式领先”六大特色，可为客户提供三大条线业务，即：

公司银行业务：除提供一般的存贷款业务外，本行还提供以重大项目和重点工程为主的政府金融，以民生相关行业和项目为主的民生金融，以贸易金融、小企业金融等为主的特色金融，以已上市及拟上市企业为主的融创合赢服务和以集团客户为主的集团金融等。本行自2012年开始探索实践“接口银行”发展模式，积极与国内外商业银行、保险公司、证券公司等金融机构开展各类金融合作。

零售银行业务：以“打造最便民的一站式零售银行”为目标，通过服务创新、网点转型、产品创新等手段，提供覆盖全生命周期的“幸福家庭计划”消费金融服务，以“海融财富”系列理财产品和“1＋1＋N”顾问式服务模式为主的多层次综合财富管理，以园区、校区、社区、地铁金融IC一卡通为主的多应用服务。

金融市场业务：本行拥有城商行业内最为齐全的牌照和资质，包括资产证券化、政策性金融债承销、非金融企业债务融资工具承销、利率定价会员、尝试性做市商等，其中本行更是山东省内唯一拥有资产证券化业务资格的银行。在保持与商业银行良好合作的同时，我们不断深化与券商、基金、信托、保险等非银金融机构的合作，目前货币市场业务领先于行业，理财管理业务广受认可，投资业务快速提升。

本行在实现可持续发展的同时，积极自觉履行企业社会责任，开展了定点扶贫、赈灾济困、关爱弱势群体、志愿者服务等活动回馈社会。多年来，除送温暖献爱心捐款捐物、多形式普及金融知识外，我们还大力支持教育公益事业。如建立“共青团中央青年就业创业见习基地”；在中国海洋大学、青岛大学、青岛科技大学等7所高等院校设立“青岛银行奖学金”；组织大学生创业计划大赛；成立“青银梦想爱心基金”，在贵州省安顺一中、安顺二中设立青岛银行“励志班”、“铭志班”共资助100名贫困学生等。

凭借着温馨优质的服务和专业化特色化经营，本行赢得客户和社会的广泛认可，连续四年获得中国银监会颁发的“银行业信息科技风险管理研究成果奖”、第十八届全国企业管理现代化创新成果二等奖、《金融时报》颁发的金龙奖“最佳中小银行”、金蝉奖“最佳管理创新银行”、金钻奖“最佳城市商业银行”奖项等众多奖项，并荣膺中国服务业企业500强等荣誉，位居中国银行业协会“中资银行100强”第51位。

二、企业荣誉

1月，普益财富2016年4季度《银行理财能力排名报告》权威发布。本行综合理财能力位居全国城商行第七位，风险控制能力位居全国城商行第五位。

1月，本行荣获中国金融政研会2015－2016年全国金融系统企业文化建设先进单位”称号。

1 月，本行荣获青岛市人民银行 2016 年“青岛市金融统计工作先进集体”一等奖。

2 月 25 日，本行荣获山东省社会保障卡知识竞赛青岛赛区选拔赛一等奖。

3 月，本行荣获中国银行业协会 2016 年“全国银行业法律风险管理先进单位”称号。

4 月 28 日，山东省总工会授予本行“富民兴鲁劳动奖状”，总行营业部荣获青岛市“工人先锋号”，市北支行李卓同志荣获“山东省富民兴鲁劳动奖章”和青岛市“工人先锋”荣誉称号。

4 月，在中国银监会 2016 年度“提高监管效能、提升监管能力”EAST 系统应用劳动竞赛中，本行从全国上百家金融机构中脱颖而出，荣获“监管标准化数据报送优秀组织单位”称号。

5 月，本行市北支行储蓄柜员李卓荣获中国银行业监督管理委员会“银行业最美人物”入围奖，成为全青岛市唯一入围该项评选的银行从业人员，也是全国荣获该项殊荣的 30 人之一。

5 月，“2017 企事业内刊高峰论坛暨 2016 年度优秀企事业内刊评比颁奖盛典”，《青岛银行》内刊荣获 2016 年度优秀企事业内刊期刊类三等奖，是获奖内刊中唯一一家城商行内刊。

6 月 22 日，世界品牌实验室（World Brand Lab）第十四届“世界品牌大会”发布 2017 年中国 500 最具价值品牌榜单，本行以 60.31 亿元品牌价值位列榜单 418 位，是山东省唯一入选金融企业。

6 月 28 日，本行荣获中国银行业协会“2016 年度中国银行业最具社会责任金融机构奖”。

6 月，本行荣获山东省银监局 2016 年重点研究课题二等奖；

7 月，英国《银行家》杂志公布了“2017 全球银行 1000 强”榜单，按照核心一级资本，本行位居世界银行第 372 位，连续四年入围世界银行 500 强，继续位居山东省内法人银行前列。按照总资产排名，本行位居世界银行第 351 位。

8 月，在青岛市财政局开展的 2016 年度全市地方金融企业绩效评价工作中，我行评价结果为优秀（A），绩效状况在全国银行类中处于优秀水平。

9 月 28 日，在香港“世界经理人峰会盛典”上，世界品牌实验室（WorldBrandLab）隆重发布了第 12 届“亚洲品牌 500 强”榜单，本行位列 486 位，成为山东省唯一入选金融企业，国内唯一入选城商行。

10 月 13 日，在中国信息化推进联盟客户关系管理专业委员举办的“第十五届中国客户联络中心产业高峰论坛暨第十五届最佳客户联络中心及最佳管理人颁奖大会”上，本行客服中心（多媒体客户互动中心）获得 2016－2017 年度中国最佳客户联络中心奖、中国客户联络中心最佳服务体验奖项。

2017 年 10 月，荣获 2017 年度山东省十佳优秀企事业报（刊）奖，2017 年度山东省十佳企事业报（刊）先进编撰人。

11 月，本行荣获 2017 年度“金融知识进万家”活动先进单位荣誉称号。

11 月，本行荣获中国企业文化研究会颁发的“2012－2017 企业文化建设优秀单位”奖。

11 月，本行“小企业政府采购贷”产品获得山东银行业协会评选的服务小微企业优秀金融产品奖项。

11 月，本行荣获 2017 年山东省新旧动能转换重大工程”专题研究征文三等奖和优秀奖；

12 月 1 日，中央国债登记结算有限责任公司公布银行理财产品发行能力百强名单，本行位居第十位，列上榜城商行中第一位。

12 月，本行荣获第一财经 2017 年度金融价值榜最佳竞争力城商行。

12 月 6 日，在第七届中国经贸企业最信赖的金融服务商评选活动中，本行再次荣获“最佳贸易金融城商银行”奖项。

12 月 7 日，本行荣获中国金融认证中心评选的“2017 年区域性商业银行最佳手机银行功能奖”。

12 月 14 日，本行第三度荣获年度银行业信息科技风险管理课题二类成果奖。

12 月 18 日，本行荣获中国银行业协会 2017 年商业银行稳健发展能力“陀螺”（GYROSCOPE）评价体系城市商业银行综合排名第七名。

12 月 19 日，本行手机银行在和讯网举办的“第 15 届中国财经风云榜”荣获“商业银行科技创新奖”。

12 月 22 日，本行连续 7 年获金融时报评选的“2017 中国金融机构金牌榜·金龙奖”，荣膺“金龙十年·非凡成就奖”、“年度最佳财富管理中小银行”奖。

12 月 28 日，中国银行业协会发布《关于命名中国银行业文明规范服务五星级、四星级及三星级营业网点的决定》（银协发〔2017〕175 号），本行胶州支行、济南舜耕支行、济南泺源支行等 3 家网点被评选为“中国银行业文明规范服务五星级营业网点”称号，东营分行营业部、淄博分行营业部、开发区支行、即墨支行等 4 家网点被评选为“中国银行业文明规范服务四星级营业网点”称号。

12 月 28 日，中国银行业协会发布《关于表彰 2017 年度中国银行业文明规范服务“明星大堂经理”的决定》（银协发〔2017〕174 号），本行大堂经理曲晓梅被评选为 2017 年度中国银行业文明规范服务明星大堂经理，成为全国入围该名单的 1000 名大堂经理之一。

12 月，《青岛银行》内刊荣获 2017 年全国城商行内刊交流会，“最佳报刊奖”“最佳策划奖”“最佳栏目奖”“最佳美编奖”四大奖项。

12 月 28 日，2017 年世界经理人年会暨“五星钻石奖”颁奖典礼举行，本行连续第二年荣获“五星钻石奖”。

【联系方式】
地址：山东省青岛市崂山区秦岭路 6 号
邮编：266061
电话：0532－85709728
传真：0532－85783866
电邮：ir@ qdbankchina. com
网址：www. qdccb. com

日照银行股份有限公司

一、企业概况

日照银行成立于 2000 年 12 月 28 日，其前身为日照市商业银行，是一家由国有股份、企业法人股份及自然人股份共同组成的具有独立法人资格的股份制商业银行。2004 年实现本外币一体化经营，与 80 多个国家和地区的近 600 家银行建立了代理行关系。2006 年引进南京银行为战略投资者，成为全国城商行之间战略合作的首例。2009年更名为日照银行，设立首家异地分行青岛分行。2010年以来，先后设立济南分行、临沂分行、潍坊分行、枣庄分行、济宁分行、威海分行、烟台分行，发起设立济宁高新村镇银行，正在筹建聊城分行。截至2017年末，辖8家分行、65家支行、1个营业部、1个小企业信贷中心，总行设22个部室，注册资本37.48亿元，从业人员2000余人。

日照银行围绕"打造精品银行，成就百年老店"的企业愿景，坚持"公平、法正、抓实、创新"的核心价值观，恪守"质量为本、稳健经营、不求做大、但求做精"的经营理念，树立"立足地方经济、支持中小企业、服务广大市民"的市场定位，塑造了"中小企业银行""市民自己的银行""货币市场特色银行""物流银行""社区银行"五大品牌，实现了由小到大、由弱到强、由地方性银行到区域性银行的成功跨越。

日照银行保持了快速健康发展，成立以来，资产规模增长97倍，累计投放信贷资金1.53万亿元，实现利润105亿元，上缴税金52亿元，"一基两翼"跨区域经营战略布局了全省大半个版图，有力支持了地方经济社会发展。先后获得"全国文明单位""全国青年文明号""全国工人先锋号""中国银行业文明规范服务千佳示范单位"等国家及省、市级百余项集体荣誉称号。

截至2017年末，日照银行资产总额1238亿元，存款余额884亿元，贷款余额569亿元，实现账面利润8.19亿元，上缴税金6.81亿元。在山东银监局辖内13家城商行中，资产、存款、贷款规模保持前3位；在日照辖区，存款市场份额保持第一并再创新高，表内外授信总额保持同业第1位，纳税列金融企业第1位、全市企业第4位。

二、企业文化

市场定位

立足地方经济，支持中小企业，服务广大市民

文化定位

家人文化

核心理念篇

（一）企业愿景：打造精品银行，成就百年老店

（二）企业使命：提供最好的金融服务，创造最大的社会价值

（三）核心价值观：公平，法正，抓实，创新

（四）企业精神：敬业，团结，创新，奋进

（五）企业作风：机制活，决策快，效率高，服务好

（六）员工作风：发自内心的工作

（七）道德观：感恩之心，包容之心，进取之心

（八）企业社会责任宣言：做优秀企业公民，以责任引领未来

品牌宣传语

阳光品质，真情相伴

市民自己的银行

生活因您而阳光

生活理财，成就未来—黄海卡

基本理念篇

（一）经营理念：质量为本，稳健经营，不求做大，但求做精

（二）管理理念：发现问题靠水平，解决问题靠能力

（三）人才理念：人尽其才，人成其才

（四）团队理念：一家人，一条心，一股劲，一个目标

（五）学习理念：乐学善用，交流共享

（六）服务理念：您满意，我快乐

（七）廉洁理念：头顶悬剑，无欲则刚

（八）营销理念：敏锐，时机，团队，共赢

（九）合规理念：时时合规，事事合规

（十）风险理念：风险控制优先，规模效益同步

（十一）全局理念：你为日照银行负责，日照银行为你负责

（十二）批评理念：对事不对人

【联系方式】

地址：山东省日照市烟台路197号

邮编：276826

电话：400-68-96588

传真：0633-8781479

电邮：master@bankofrizhao.com.cn

网站：www.bankofrizhao.com.cn

深圳农村商业银行股份有限公司

一、企业概况

圳农村商业银行（以下简称"我行"）成立于2005年12月9日，是经中国银监会批准，在深圳市农村信用社基础上改制组建而成的股份制农村商业银行。我行继承了深圳市农村信用社50多年的发展历史、服务特色和文化传统，在改革发展和经营管理的各个方面都取得了较好的成绩。

截至2017年末，我行总资产折合人民币2737.92亿元，实现净利润人民币37.37亿元，主要财务指标均位居国内中小商业银行前列。在英国《银行家》杂志2017年发布的"世界银行1000强"中，我行排名325位。在2017年全国商业银行稳健发展能力"陀螺"评价体系中，我行位列全国农村商业银行综合发展能力评价第二名。

截至2017年末，我行在深圳地区有近200家营业网点，网点数量居深圳银行同业首位。我行已发行银行卡"信通卡"超过1500万张，安装ATM、现金存取款机、自助终端等自助银行设备超过2000台，是深圳地区服务网络和销售渠道最为完善的银行之一。

我行始终坚持社区零售银行的战略定位，践行普惠金融、绿色发展，始终以社区居民、中型企业、小微企业和城乡居民为主要服务对象，全方位推进创新发展，加快在多领域实现突破，确立了"积极进取，稳中求快，能快则快"的经营策略，坚持以客户为中心的经营理念，努力挖掘各种潜力，满足市场需求，致力于打造国内领先的精品零售银行，成为社区居民创新、消费、置业、财富管理及中型企业、小微企业展业的主选银行。

目前我行已在广西临桂、柳江开设两家异地支行，并作为主发起人设立宜州深通、灵川深通、扶绥深通和苍梧深通四家村镇银行，实现了跨区域经营。同时，我行积极探索多元化发展，经中国银监会批准，我行作为主发起人设立的前海兴邦金融租赁公司于2017年6月16日正式开业，标志着我行向综合化经营迈出重要一步，也是向金融控股集团迈出的关键一步。

2013年，我行在深圳市慈善会下设成立深圳农村商业银行慈善基金，原始金额为1000万元，全部来源于深圳农村商业银行捐赠。近年来通过慈善基金每年资助贫困大学生上学，举行各项公益活动等。2015年，我行荣获深圳市慈善会

授予的“热心慈善企业”称号。

二、企业文化

本行坚持“质量优先、适度规模、专注服务、保证效益”的社区零售银行发展观，秉执“质量、效益、规模均衡协调发展”的经营理念，“稳健、内敛、韧性”的经营文化，“团结、积极、务实、创新”的企业文化，“始于平凡、见于细微”的服务文化，坚持以人为本，强化“合规人人有责”、“主动合规”、“合规创造价值”的合规理念和行为准则。

三、社会责任

作为社区零售银行，客户选择上专注于中小企业、居民个人和外来务工人员。本行义无返顾的承担起了外来务工人员金融服务的重任，本行利用众多网点，结算手续费低廉、小额帐户管理费低廉，不人为地设置开户障碍等措施积极服务来深务工人员。为方便外来务工人员金融需要，缓解因为外来务工人员客户数量过于庞大而导致柜面压力过大，本行加大自助设备建设，方便其存取汇划等结算业务。为了保障外来务工人员的合法利益，防止厂方拖欠工资行为发生，本行免费为宝安区、龙岗区劳动局开发了劳动工资监察系统。

本行积极履行社会责任，真心回馈社会。面对百年一遇的地震灾害，本行向四川灾区捐款 339 万元，向甘肃对口支援 500 万元，向玉树灾区捐款 200 万元。本行自成立以来，累计纳税近 90 亿元。在实现经济效益的同时我行不忘社会效益，积极倡导绿色金融、绿色信贷，加强对节能环保行业的金融服务支持，控制对“高污染、高能耗、高投资”行业的贷款投入；在机构布局方面，对部分网点效益落后却又切实存在金融服务需求的地区，仍然留守当地，向社区居民提供金融服务，帮助他们改善生活和生产条件。位于大鹏半岛的南澳支行就是一个生动的例子。

2013 年 4 月，本行捐赠 1000 万元，成立深圳市慈善会·深圳农村商业银行慈善基金，以助学助医、助残济困、公益环保、关爱社会、奉献爱心为宗旨，弘扬扶弱济贫、扶危救急、共襄公益、服务社会的优良美德。深圳市慈善会·深圳农村商业银行慈善基金陆续开展了资助贫困大学生、“罗湖区小小发明家创意大赛”、“寻找深圳新锐创客之星”、中小学生公益围棋赛等活动，获得了良好的社会反响。

本行坚持质量优先的发展思想，不追求跨越式增长而是持久适度增长，为股东创造长期稳定回报，全体股东的合法权益得到有效体现。

2015 年，深圳市银行业协会授予我行荣获“最佳民生金融奖”，深圳市慈善会授予我行“热心慈善企业”称号。

四、企业荣誉

我行荣获 2017 年中国银行业协会“陀螺”评价体系农商行组第二名。

我行荣获深圳市银行业协会颁发的 2016 年度“最佳民生金融奖”、“最佳公益慈善贡献奖”。

我行荣获 CFCA 中国金融认证中心颁发的“中国电子银行金榜奖 2017 年区域性商业银行最佳手机银行安全奖”。

我行“当铺”线上质押贷款平台荣获“首届农村中小金融机构科技创新优秀案例评选——十佳金融服务案例”。

我行荣获深圳市社会治安综合治理委员会颁发的“深圳市打击治理电信网络新型违法犯罪工作先进集体”称号。

我行荣获农信银资金清算中心颁发的“2016 年度农信银支付清算系统运维管理先进单位”称号。

英国《银行家》杂志 2017 年发布的“世界 1000 强银行”排名中，我行排名第 325 位。

我行连续多年获得全国银行间同业拆借中心“年度银行间本币市场交易 100 强”。

我行在“2016 中国电子银行宣传年启动仪式暨第四届金融品牌峰会”上荣获“2016 中国金融业社会化营销最佳平台”奖。

2015 年，我行荣获中国银行业监督管理委员会颁发的“全国银行业金融机构小微企业金融服务先进单位”。

我行荣获“2015 年度银行间本币市场最佳农村金融机构”奖。

2015 年，深圳市银行业协会授予我行荣获“最佳民生金融奖”。

2015 年，深圳市慈善会授予我行“热心慈善企业”称号。

2014 年，我行在“第十届中国电子银行年会暨 2014 中国电子银行金榜颁奖盛典”上荣获“2014 年区域性商业银行最佳手机银行成长奖”。

2014 年，在国际数据中心主办的“2014 年中国金融行业转型与创新高峰论坛”中，我行“客户关系管理系统”荣获“2014 年度中国金融行业最佳创新项目”奖。

我行“客户关系管理系统”凭借优秀的产品设计理念和成熟的信息技术应用荣获深圳市人民政府颁发的“2014 年度深圳金融创新奖优秀奖”。

我行获得由中国金融认证中心颁发的“2013 年区域性商业银行最佳手机银行用户体验奖”。

我行获得“罗湖区 2012 年度重点纳税企业”、“罗湖区 2013 年度重点纳税企业”称号。

我行荣获中国银行业监督管理委员会颁发的“全国银行业金融机构小微企业金融服务 2011 年度先进单位”。

我行荣获中国银行业监督管理委员会颁发的“最佳金融 IT 产品创新奖”、“最佳小企业金融产品创新奖”。

我行新一代综合业务系统荣获深圳市人民政府颁发的“2011 年度深圳市金融创新奖”一等奖。

我行获得深圳市公安局授予的“2009 年度深圳市金融系统安全保卫工作先进治安保卫重点单位”。

我行面向小企业类客户群体的信贷技术开发与应用项目荣获深圳市人民政府颁发的“2010 年深圳市金融创新奖”优秀奖。

我行信通卡和 961200 客服热线多年获得“深圳知名品牌”荣誉称号。

【联系方式】
地址：广东省深圳市深南东路 3038 号合作金融大厦
邮编：518001
传真：86-755-25188233
网址：www.4001961200.com
全国服务热线：4001961200
深圳服务热线：961200（深圳）
境外服务热线：86-755-961200
投诉电邮：online@4001961200.com
违法举报邮箱：sunlight@4001961200.com

盛京银行股份有限公司

一、企业概况

盛京银行总部位于辽宁省沈阳市，前身是沈阳市商业银行，2007 年 2 月经中国银监会批准更名为盛京银行，并实现跨区域经营，是东北地区实力雄厚的总部银行。2014 年 12 月 29 日，盛京银行在香港联合交易所主板成功上市（股份代号:02066）。

目前，盛京银行在北京、上海、天津、长春、沈阳、大连等城市设立了 18 家分行，经营网络覆盖京津冀、长三角及东北地区。同时，在沈阳设立了资金运营中心、小企业金融服务中心、信用卡中心等 3 家分行级专营机构，营业机构总数已达 201 家。在沈阳发起设立了东北地区首家消费金融公司——盛银消费金融有限公司；在上海宝山、宁波江北、沈阳沈北、新民、辽中、法库等地发起设立了 6 家村镇银行，形成了“根植沈阳、覆盖辽宁、辐射东北、走向全国”的机构战略布局，市场竞争力和区域影响力不断提升。

盛京银行始终坚持依法合规、稳健经营，不断改革创新、开拓进取，促进效益、质量、规模均衡发展。截至 2017 年末，总资产达 10,306.17 亿元，实现净利润 75.74 亿元，连续多年纳税排名辽宁省金融服务业首位，沈阳市纳税前三强。凭借良好的经营业绩和优质的金融服务，盛京银行赢得了社会各界的高度赞誉，荣膺英国《银行家》杂志和知名品牌评估机构 Brand Finance 联合发布的“2018 年全球银行品牌 500 强”第 191 位，位列入榜中资银行第 23 位；名列英国《银行家》杂志“2017 年全球银行 1000 强”第 190 位，在中国入榜银行中位列第 24 位；在中国银行业协会发布的 2017 年中国银行业 100 强榜单中位列第 24 位；入榜中国企业联合会和中国企业家协会发布的“2017 年中国企业 500 强”；荣获《金融时报》社 2017 年中国金融机构金牌榜“年度最具竞争力中小银行”奖项；荣获中国银行业协会商业银行综合理财能力评价“最佳城商行”奖项；2016 年、2017 年连续两年被全国银行间同业拆借中心评为“银行间本币市场核心交易商”；获得中国外汇交易中心评选的 2017 年度“银行间外汇市场 50 强”；2015 年、2016 年、2017 年在香港财经杂志《中国融资》连续三年被评选为最佳上市公司奖项；2015 年、2016 年、2017 年连续获得联合资信评估有限公司 AAA 评级。

盛京银行始终坚持“服务地方经济、服务中小企业、服务城乡居民”的市场定位，积极履行金融企业社会责任，依托体制机制和决策优势，主动对接和服务“一带一路”、“京津冀”协同发展、长江经济带建设、东北老工业基地振兴、自贸试验区改革创新等国家重大战略和《中国制造 2025》等决策部署，努力提升服务实体经济的能力和效率。作为伴随东北老工业基地全面振兴逐步发展壮大的区域总部型银行，盛京银行充分发挥金融先导、辐射带动和战略支撑作用，不断创新服务理念、服务方式，优化金融资源配置，大力支持基础设施、支柱产业、重点行业、民生工程建设发展，为促进东北老工业基地经济结构调整和产业转型升级提供了强有力的信贷支持和金融保障，成为区域经济发展的“牵引机”，为地区金融发展与经济增长、民生改善相互促进和良性循环做出了重要贡献。

秉承“市民银行、服务小微、服务市民”的经营宗旨，盛京银行积极践行普惠金融理念，提供便利、增值、安全的金融服务，持续提升普惠金融服务水平，形成了“亲民、便民、利民、惠民”的服务特色和品牌优势。设立“小企业金融服务中心”，完善专业化的服务体系，开通绿色通道，简化业务流程，主动减费让利，推出“快快贷”小微企业融资品牌，涵盖经营贷、商铺贷、创业贷、采购贷、按揭贷、税贷通等九大系列产品，以及循环贷、接续贷、年审制等特色产品服务，满足不同类型、不同发展阶段的小微企业融资需求。持续优化完善和创新拓展贴近市民生活需求的金融产品和服务渠道，大力推进社区金融建设，形成了物理网点、网上银行、手机银行、微信银行、电视银行、电话银行等全方位、多渠道的服务体系；加强与互联网等领域企业的跨界合作，提高线上、线下业务协同和场景化金融服务能力，提升客户体验；推出“财富通”、“创利”系列智能储蓄存款产品，以及智盈、稳盈、盛盈系列“红玫瑰”理财产品，满足客户财富资产保值、增值需求；积极打造区域公用事业全功能代理型银行，代理发放医疗、失业、最低生活保障等社会保障资金，以及水、电、煤气、供暖、通讯、有线电视、教育、交通罚款、住房公积金、房屋维修基金等与百姓日常生活密切相关的收费项目，成为辽沈地区代收费项目最多、服务功能最全的银行之一。多年来，坚持减免 30 余种服务收费，市民贴心、可信赖银行的品牌形象日益深入人心。

面对未来，盛京银行将以党的十九大精神为指引，主动适应经济发展新常态，牢固树立和践行新发展理念，紧紧抓住金融改革开放持续深化和国家振兴东北老工业基地等区域发展战略深入实施的历史机遇，积极推进战略转型和改革创新，推动经营模式和产品、业务、服务创新，逐步构建东北总部地区为主体，京津冀地区为战略客户、同业和投行业务中心，长三角地区为金融交易和业务创新中心的“一主体两中心”战略性经营布局，加快向“轻资产、轻资本、轻成本”的内涵式、集约化、可持续发展方式转变，努力将自身建设成为综合性、多元化、高品质、在同类型银行中处于领先地位的股份制商业银行，持续提升服务实体经济的质效与水平，为推进新时代中国特色社会主义现代化建设做出积极贡献！

二、企业荣誉

“2017 年全球银行 1000 强”中名列第 190 位，在中国入榜，银行中位列第 24 位——英国《银行家》杂志

2017 年中国企业 500 强——中国企业联合会、中国企业家协会

2017 年中国银行业 100 强榜单位列第 24 位——中国银行业协会

2017 年最佳上市公司大奖、最具投资价值奖——香港财经杂志《中国融资》

2017 年度最具竞争力中小银行——《金融时报》

2017 年度卓越竞争力社会责任银行——《每日经济新闻》

入选“2017 中国中小银行先锋榜”的“普惠金融榜”——《每日经济新闻》

2017 年度值得信赖银行奖、2017 年度杰出中小银行奖——《金融界》

“2017 年金融科技最佳实践—风险管理创新中小银行”

金融科技及服务优秀创新奖——《金融电子化》杂志社

2017 年度银行间本币市场核心交易商、2017 年度银行间本币市场交易 300 强——全国银行间同业拆借中心

2017 年度银行间外汇市场 50 强——中国外汇交易中心

2017 年“最佳进步承销商”、“优秀创新承销商”“银行间市场优秀承销商”、“绿色债券优秀承销商”——国家开发银行

2017 年“优秀承销商”——中国农业发展银行、中国进出口银行

2017 年度中债优秀成员—优秀自营机构—城市商业银行——中央国债登记结算有限责任公司

2017 年度最受欢迎的银行理财产品、用户最满意银行、金融支持实体经济成就奖——辽沈晚报

辽宁省用户满意企业——辽宁省质量协会

2017 年度辽宁银行业金融知识普及工作先进单位——辽宁银监局

沈阳市职工文化建设突出贡献单位——沈阳市总工会

2017 中国年度最佳雇主"沈阳最佳雇主 10 强"——北京大学社会调查研究中心·智联招聘

【联系方式】

地址:辽宁省沈阳市沈河区北站路 109 号

邮编:110013

电邮:shengjing@ shengjingbank. com. cn

服务热线:024 -96666

网址:www. shengjingbank. com. cn

台州银行股份有限公司

一、企业概况

台州银行股份有限公司始建于 1988 年 6 月 6 日,由城市信用社发展而来,总行地处民营经济发祥地之一的浙江省台州市。2002 年 3 月,以市场化方式发起成立了全国首家政府参股不控股的城市商业银行"台州市商业银行",2010 年 9 月更名为台州银行。目前,我行注册资本 18 亿元,2008 年成功引进中国平安、招商银行为我行股东及战略合作伙伴。

截至目前,我行拥有员工 9000 余人。设有舟山、温州、杭州、宁波、金华、湖州、衢州、绍兴、嘉兴、丽水 10 家分行,同时主发起设立了浙江三门银座村镇银行、深圳福田银座村镇银行、北京顺义银座村镇银行、江西赣州银座村镇银行、重庆渝北银座村镇银行、重庆黔江银座村镇银行、浙江景宁银座村镇银行等 7 家"银座"系列的村镇银行。

我行始终坚持小微企业金融服务的市场定位,坚持"以市场为导向、以客户为中心"的经营理念,以"简单、方便、快捷"的服务、简单实用的个性化产品、高效的服务流程,有效地避开了同质化竞争,赢得了客户和市场的认同,业务也连年保持稳健、快速增长。截至 2017 年末,全行(含主发起设立的村镇银行)资产总额亿 1574. 25 元,各项存款余额为 1319. 43亿元,各项贷款余额为 1033. 75 亿元,不良贷款率为 0. 66% 。

在小微企业金融服务过程中,我行的努力和成绩得到了各级政府的高度肯定,连续 5 年被中国银监会评为"小微企业金融服务先进单位",并获评中国最佳中小企业服务、品牌竞争力银行,被列为浙江省服务业重点企业和浙江服务名牌。"小本贷款"产品被中国银行业协会、中国地方金融研究院评为"2010 年服务小企业及三农十佳特优金融产品"。目前,我行已跻身于世界前 1000 家银行和亚洲前 300 家银行之列,在英国《银行家》杂志公布的"2016 年全球 1000 家银行"排名中,位列 515 名。

通过不断努力与多年的经验积累,我行总结出了一套实践检验、行之有效的小微企业金融服务技术,形成了"以市场化治理,提供公平对等服务;以差异化经营,满足合理信贷需求;以特色化服务,打造小微服务品牌;以精细化管理,保持稳健发展步伐"的优势竞争力。通过为客户量身定做金融产品,以"下户调查、眼见为实、自编报表、交叉检验"为核心的"十六字"信贷调查技术,为小微企业创造平等的融资机会,解决了小微企业信息不对称、缓解了小微企业融资难等问题。

我行的企业文化也紧紧围绕小微企业金融服务需求而展开,长期以来形成了"吃苦、求实、创新"的企业精神,"廉洁、诚实、高效"的信贷文化,2012 年开始,我行又提出了"积极、主动、合作、快乐"的企业文化新理念,提高员工幸福感。

独特的企业个性和信贷技术决定了我行必须自行培养员工,为此,我行设立了具有社会办学资格的 1.3 万平方米的"台州银行银座金融培训学院"。通过引进国际先进的培训理念,分条线开发培训课程,建立了高密度、高效率、标准化的培训体系,并设计出科学合理的上岗资格认证机制。目前,全行机构 99. 47% 的员工为我行自行培养。

近年来,客户在变、市场在变,我行立志成为"中国小微企业金融服务领先银行"的企业使命不变。在金融市场化加速推进、竞争越来越激烈的客观环境下,我行积极思变,2012 年 2 月,正式启动了与全球最大的战略咨询公司麦肯锡公司的战略项目合作,提出"变革转型二次创业"的号召,明确"与客户做朋友"的"社区银行"商业发展模式。2013 -2015 年,我行积极推进"社区银行"这一战略落地,包括在业务规划、人员招聘、网点布局、流程审批等方面,都努力与"社区银行"接轨,为客户提供了全方位的金融服务。

除了为社会提供优质的金融服务外,作为一家富有社会责任感的金融企业,我行饮水思源,不断地感恩回报社会,努力打造受人尊敬的绿色银行。2010 年,我行申请加入联合国环境规划署(UNEP)气候融资创新贷款项目(CFIF),推出"绿色节能贷款",将原来只适用于大中型企业的技术改造移植到小微企业领域。2011 年底,我行出资 300 万元,与中国银行业监督管理委员会台州监管分局、浙江慈善总会合作,设立台行银座创业扶贫慈善基金,以帮助那些有劳动能力和有创业意愿的贫困创业者,尤其是贫困大学生,实现创业梦想。2012 年,我行率先在全国提出"服务不收费,服务更到位"的承诺,减费让利于广大小微客户,至 2017 年,我行连续六年保持减费让利措施不变,打造"免费银行"。

今后,我行将怀着强烈的社会责任感,继续坚持特色化、差异化的发展道路,持续提升经营管理水平和创新能力,培育核心竞争力,为更多小微客户提供专业、贴身、贴心的服务,努力实现"通过让小企业得到一流的金融服务,以改进中国的金融市场"的企业使命。

二、企业文化

以市场为导向,以客户为中心;

简单、方便、快捷的优质服务

为员工营造未来

为股东创造价值

为小企业提供公平的融资机会,使小企业因为有我们而发展得更好

为社会履行责任

在全国树立一流的金融服务标杆

打造绿色的、受人尊敬的、可以信赖的精品银行

三、企业荣誉

2017 年度 12 月 22 日,台州银行获《金融时报》"年度最佳小微金融服务中小银行"

12 月,台州银行"绿色节能贷款"入选"浙江绿色金融十大优秀案例"

2017 年 9 月我行获 2016 年度最佳普惠金融城商行

2017 年 9 月我行获 2016 年度资产规模 1000 亿 -2000 亿元城市商业银行竞争力评价第一名

2017 年 8 月我行"大唐花好月圆卡"在 2017 年度"我最喜爱的银行卡"评选中被评为人气银联卡

2017 年 7 月我行获"2017 年台州银行业突发事件应急处

置大赛”决赛一等奖

2017年5月我行“小微企业信用保证基金担保授信业务”和“村聚易贷兴农卡”获浙江省银行业第四届服务小微和三农双十佳金融产品

2017年5月我行获“2016年度市级银行支持地方经济发展业绩考核优秀单位”和“2016年度小微金融发展突出贡献单位”

2017年4月我行获台州市人民政府2016年度小微企业金融服务“突出贡献单位”

2017年4月我行获台州市人民政府2016年度金融支持地方经济发展“优秀单位”

2017年4月我行被评为2016年度浙江银行业小微企业金融服务先进单位，黄军民行长被评为“2016年度浙江银行业小微企业金融服务十大领军人物”荣誉称号

2017年3月我行被评为2016年度金融机构支持浙江经济社会发展三等奖

2017年3月黄军民行长被评为2016年度台州银行业小微企业金融服务领军人物、台州银行被评为2016年度台州银行业小微企业金融服务先进单位

2017年2月我行荣获第十一届（2015－2016年）“台州市消费者信得过单位”称号

2017年2月我行被评为2016年度路桥区地方财政收入贡献杰出企业

2017年1月黄军民、郑丽莎撰写的论文《社区银行商业模式下的中小银行科技创新发展》荣获2016年度调研课题一等奖

2017年1月我行在2016年度台州市金融机构金融统计评价中被评为“先进集体”

2017年1月陈剑敏、阮海铭撰写的论文《营改增对金融业的影响分析》荣获2016年度调研课题三等奖

2017年1月王伟文、沈晓林撰写的论文《互联网支付与银行业传统支付的比较分析》荣获2016年度调研课题优胜奖

【联系方式】

地址：浙江省台州市市府大道699号

电话：0576－89036978

传真：0576－81896013

电邮：tzbank@ tzbank. com

网址：www. tzbank. com

天津银行股份有限公司

一、企业概况

天津银行股份有限公司（Bank of Tianjin CO.，LTD.），简称天津银行（Bank of Tianjin），是香港联合交易所主板上市公司，股票代码1578，总部位于天津。截至2017年末，公司注册资本60.7亿元人民币，所有者权益417.5亿元人民币。在股权结构中，内资法人股占比65.54%，H股占比29.07%，内资自然人股占比5.39%。其中，国有股东占总股本比例为49.62%。

主要股东有：天津保税区投资有限公司，持股比例15.92%；澳大利亚和新西兰银行集团有限公司，持股比例11.95%；天津市医药集团有限公司，持股比例8.02%；天津渤海化工集团有限责任公司，持股比例8.02%。

天津银行前身为城市信用社。1996年11月，经中国人民银行批准，在65家城市信用社的基础上组建为“天津城市合作银行”，成为首批获准组建的5家城市合作银行之一。1998年8月，按照国务院要求，更名为“天津市商业银行”。2006年，引入澳新银行作为境外战略投资者。2007年2月，经中国银监会批准，更名为“天津银行”，并获准跨区域经营，先后在北京、石家庄、上海、济南、成都设立一级分行，从地方银行变身为区域性股份制银行。2016年3月，在香港上市，成为天津市国有企业IPO募集资金最高和资产规模最大的上市公司。

截止2017年末，天津银行在全国范围内设有1家营业部、6家中心支行、7家一级分行及6家二级分行，共计241家营业机构。出资设立了天银金融租赁股份有限公司、天津市蓟州村镇银行以及宁夏和新疆自治区7家津汇村镇银行，机构布局覆盖京津冀、长三角及中西部地区重要城市。

二、企业文化

天津银行行标释义

标志名称《汇通天下》或曰《融通四海》

1. 标志形态是由一笔构成，体现汇通天下的内涵，代表天津银行立足天津、放眼全国、走向世界的发展方向。

2. 标志由左、中、右三部分构成，左边是字母“T”，右边是字母“J”的变形，是“天津”“Tian Jin”的首字母，体现地域特色，中间的“S”代表“服务”（SERVICE），也代表“海河”，海河是九河下梢，汇聚入海，寓意汇通天下，融通四海。

3. 标志呈方形，是城市和钱币的象征。

4. 标志为数学符号“∞”无穷大，寓意天津银行发展前景无限广阔。

标志颜色：蓝色。蓝色象征海洋，体现博大与包容。

【联系方式】

地址：天津市河西区友谊路15号

邮编：300201

电话：400－696－0296

网址：www. tccb. com. cn

潍坊银行股份有限公司

一、企业概况

潍坊银行成立于1997年8月，目前设有青岛、聊城、滨州和烟台4家分行和微贷中心1家分行级专营机构，下设89家支行，控股设立青岛胶南海汇村镇银行。

成立以来，潍坊银行坚定不移地推进改革创新，逐步发展成为一家资本持续达标、管理机制灵活、经营效益显著、品牌特色鲜明的现代股份制商业银行。截至2017年末，全行总资产达到1136.73亿元，本外币存款余额，803亿元，各项贷款余额483亿元，实现经营利润18.7亿元，上缴税金6.14亿元，经营规模、效益、发展质量和潜力已经位居全省城商行前列。

按照现代企业制度要求，潍坊银行建立了完善的法人治理结构，围绕“建立一套好机制”，深入推进了人事、绩效、薪酬、营销、培训、内设机构等一系列内部改革，在管理、营销、服务、科技、产品创新等方面不断实现新突破。

近年来，潍坊银行先后荣获中国企业文化建设先进单位、中国优秀企业形象单位、小企业贷款先进单位、山东省“富民兴鲁”劳动奖状、山东省劳动关系和谐企业、“山东省学习型组织先进单位”、潍坊市十佳行业文化品牌、“潍坊市和谐企

业创建示范单位”等荣誉称号。

二、企业文化

企业理念

核心价值观:学习进取、创新实干、廉洁担当、和谐发展

发展理念:文化筑梦、聚力本源、质量为先、行稳致远

市场定位:立足地方经济、立足中小企业、立足城乡居民

人才理念:奋斗者为本,任人唯贤

服务理念:温馨优雅超值

三、发展历程

潍坊银行成立于1997年,前身为潍坊市商业银行,全称为潍坊银行股份有限公司,注册地址位于山东省潍坊市奎文区胜利东街5139号,组织形式为股份有限公司。

1986年至今,潍坊银行经历了四次重要的发展时期。

1986年至1997年6月:城市信用社、城市信用合作社联合社时期。

1986年,潍坊市作为全国金融体制改革试点城市之一,组建了第一家城市信用社——潍城区西关城市信用社。1986年——1993年,潍坊城区及各县市区陆续成立城市信用社。1993年10月,经中国人民银行批准成立了潍坊市城市信用合作社联合社,对全市各城市信用社实行统一管理。

1997年7月至1998年8月21日:城市合作银行时期。

1997年7月,根据国务院《关于金融体制改革的决定》、《国务院关于组建城市合作银行的通知》及全国组建城市合作银行第四次座谈会会议精神,经中国人民银行批准,在原潍坊市城市信用合作社联合社和潍城、奎文、坊子、寒亭、开发五区的11家城市信用社基础上,组建成立了潍坊城市合作银行。

1998年8月22日—2009年8月8日:商业银行时期。

1998年8月22日,依据《中华人民共和国公司法》、《中华人民共和国商业银行法》和其他有关法律、法规的要求,经中国人民银行批准,由潍坊市财政局、法人股东和自然人股东共同参股组织成立了潍坊市商业银行股份有限公司。成立之初,全辖11家支行,76个分理处,实行总部—支行—分理处三级管理。

2002年3月,潍坊市商业银行实施支行改建工作,保留原11家支行,将62个分理处撤并为29家新建支行,实现了“一级法人、两级经营”模式。改建后的41家支行(部)本着“小支行、多功能、大服务”的经营模式,各项业务得到了突飞猛进的发展,充分体现了“总部—支行”二级经营“扁平化”管理模式的科学性和先进性,公司治理更加完善,我行步入发展快车道。

2002年10月,潍坊市商业银行第一次增资扩股工作全面完成,资本金迅速扩张,新一届领导班子组建为潍坊商行的发展注入了全新的生机和活力,潍坊市商业银行进入快速发展期。在以后的5年内,潍坊商行经营班子在市场定位、经营思路、经营效益、内部改革、金融创新、科技发展、企业文化、不良资产处置等各项重大工作中做出了大量艰苦的努力,并取得了巨大成就,发展成为一家公司治理科学严谨,运营机制灵活高效的现代股份制商业银行。

2006年末,圆满完成第二轮增资扩股工作,资本充足率达到监管要求,资本实力大大增强,抗风险能力有了显著提高,也为未来两年的发展奠定了坚实的基础。

2007年12月23日,召开2007年第一次临时股东大会,选举并产生了新的董事会、监事会及高级管理层成员,新的领导班子更趋年轻化、知识化、专业化。

2008年初,新的领导班子颁布了新的纲领—《潍坊市商业银行未来三年发展战略规划》,把潍坊商行未来三年的发展定位于县域扩张、跨区域发展、业务转型、管理升级、人才战略、文化兴行和推进上市的七大重点工作上。

2008年12月30日,由潍坊市商业银行控股设立的子公司—青岛胶南海汇村镇银行股份有限公司隆重开业,标志着我行跨区域发展成功破冰,为进一步推进跨区域发展战略创造了条件。

2008年末,我行全面完成了第三轮增资扩股工作,在金融危机面前增强了我行资本实力,使我行历史上形成的各类不良资产包袱全部提前消化完毕,比2005年剥离不良资产时规划的时间提前了2年。我行也成为山东首家实现历史不良资产全部消化的城商行。

2009年8月8日至今:潍坊银行时期。

2009年6月3日,中国银监会正式批复同意“潍坊市商业银行”更名为“潍坊银行”。经过紧张细致的筹备,于8月8日展开更名新闻发布会,正式对外宣布企业更名。实现企业更名,标志着我行已经跨入全国先进股份制商业银行的序列,开始由一家地方银行向区域性股份制商业银行转变,从此进入了新的历史发展阶段。

2009年12月26日,潍坊银行昌乐支行隆重开业,标志着我行在潍坊市实现了县域机构的全覆盖,县域扩张战略取得了第一阶段的全面胜利。

2010年1月22日,潍坊银行青岛分行正式开业运营,这是我行成功设立的第一家异地分行,标志着我行跨区域发展战略迈出了新的、实质性步伐。

2010年3月,潍坊银行全面启动营销体制改革,完成了全行首批10家支行的转型定位工作,成立了汽车、钢材物流、房地产金融服务中心和微贷中心共四家专业信贷中心,一家纺织行业特色支行,五家依托周围市场提供高效、超值服务的综合性小微特色支行,营销组织体系进一步完善。

2011年,潍坊银行全面实施组织架构改革。大刀阔斧地对已经不适应市场竞争、客户服务与风险控制要求的高度扁平化、综合性支行组织体系进行了再造。实现运行条线与客户服务条线的分离,建立17家区域客服中心和5家专业事业部,实现客户管理与市场开发的专业化经营和客户经理队伍的集约化配置;47家支行转变为专业化的运行中心;按照市场拓展条线、运行条线、控制条线、保障条线调整总行部门设置。改革奠定了基于全面强化风险控制能力、全面改善客户服务水平、全面增强综合竞争优势、体现流程银行思想、全新的银行组织体系,为潍坊银行最终实现发展方式转变,持续稳健经营打下了坚实的基础。

经过十余年的不断发展,在全行员工的共同努力下,潍坊银行牢固确立“文化兴行、效益富行、特色立行、制度固行”的管理理念,充分发扬“立足潍坊,心怀天下,负重自强,敢为人先”的企业精神,始终坚持“立足中小企业、立足广大市民、立足地方经济”的市场定位,不断深化改革、加快发展,不断健全和完善法人治理结构,致力于现代金融企业的制度创新、机制创新、产品创新和科技创新,保持了持续、稳定、健康发展的良好态势,已经发展成为一家资本持续达标、管理机制灵活、经营效益显著、品牌特色鲜明的现代股份制商业银行。

【联系方式】

地址:山东省潍坊市胜利东街5139号邮编261041

电话:0536-8106161

传真:0536-8106171
网址:www.bankwf.com

温州银行股份有限公司

一、企业概况

温州银行成立于1998年12月,前身温州市商业银行由29家城市信用社、6家金融服务社和8家营业处整合而成。通过7次增资扩股和股本结构优化,注册资本由2.9亿元增至29.63亿元。2007年顺利更名并启动跨区域经营,相继在上海、杭州、宁波等9地设立异地分行,温州辖内设有2家分行,现辖属166家营业网点(含总行营业部),对温州本土网点实现全覆盖,员工2800余人,逐步形成"立足温州、布局浙江、进军长三角"的跨区域经营发展服务格局。

在各级政府与有关部门的大力支持下,温州银行在全力支持实体经济发展的同时,始终保持着稳健快速增长。2017年,温州银行围绕做强做优目标,坚持推动经营转型,深化七大利润中心建设,主要经营指标跻身全省城商行"铁三角";坚持反哺地方,以金融力量支持供给侧结构性改革,以金融活水灌溉小微企业发展壮大,为地方经济发展提供坚强有力的金融支撑;坚持特色化发展,培育了社区金融、文化科技金融、医疗金融、互联网金融、小微金融、温商金融、"一带一路"金融等七大特色金融品牌,逐步塑造起自身经营亮点和市场口碑;坚持普惠金融之路,不断提升服务效率、创新服务产品、锻造服务品质,依托金融科技深化"最多跑一次";坚守风险底线,资产质量持续优于同业平均水平,以实际行动助力信用温州建设。截至2017年末,资产总额2210亿元,本外币存款余额1160亿元,本外币贷款余额791亿元,不良贷款率1.44%,累计实现净利润10.76亿元,拨备覆盖率185.98%,一级资本充足率8.93%,资本充足率11.62%。

近年来,温州银行先后获得亚洲最具影响力金融品牌、中资商业银行50强、全国十佳城商行、中国城商行十大影响力品牌、中国最具影响力中小银行、中国银行业100强、中国服务业企业500强、中国企业信息化500强、中国品牌文化影响力500强、中国最佳城市商业银行、中国最具发展潜力中小银行、全国支持中小企业发展十佳商业银行、全国文明单位、浙江省模范集体、浙江省金融机构改革创新优秀单位、浙江省服务业重点企业、浙江省内部审计先进集体、浙江省银行业金融机构安全防范工作先进集体、温州市百强企业、温州市服务业"双百"企业等一系列荣誉称号。荣获温州市2017年度考绩优秀单位、温州市金融机构业绩考核前三,人民银行在温银行业金融机构综合评价A等行(全市城商行机构唯一),纳税总额持续保持金融、国资系统首位,市场影响力和品牌美誉度不断提升。

【联系方式】
地址:浙江省温州市车站大道华海广场196号
电话:0577-96699
网址:www.wzbank.cn

西安银行股份有限公司

一、企业概况

西安银行是由市属国有平台公司、外资大型银行及国内大型企业投资参股的、具有股权多元化和市场化特征的区域性股份制商业银行。注册资本40亿元,下设8家分行、169家营业网点,控股2家村镇银行,参股1家汽车金融公司,正在筹建西银创投公司(投贷联动子公司)和金融租赁公司,初步构建了综合化、多元化的金融集团运营模式。

近年来,在政府、监管以及社会各界的关心支持下,西安银行历经五次增资扩股,实现了更名、跨区域、总行迁址、上市申报等重大战略,已成为西部地区最大的城市商业银行之一。目前,西安银行经营规模近2200亿元,年实现净利润20.09亿元,年纳税总额10.3亿元,连续四年银监会监管评级保持较高水平,是银监会确定的国内城商行12家区域示范标杆"领头羊"银行之一,也是国内10家投贷联动试点行之一。在英国《银行家》杂志"2016年全球前1,000家"银行评选中,本行一级资本排名第389位,居中国入选银行第57位,六年上升329位;在中国《银行家》杂志公布的《2016中国商业银行竞争力评价报告》中,晋升"资产规模2000-3000亿元城商行竞争力排名"第4名并荣获"最佳金融科技城市商业银行";在中国银行业协会2015年发布的商业银行稳健发展能力"陀螺(GYROSCOPE)评价体系"中,在资产规模大于1,500亿元的地方性法人银行中收益可持续能力排名第1位,运营管理能力排名第10位;同时连续多年被西安市政府评为"支持西安经济最佳金融机构"和"纳税先进企业"。去年末,西安银行国内A股IPO申报获证监会正式受理。

未来,西安银行将积极顺应经济、金融和监管新常态,扎根地方经济,发展方向与国家区域发展战略高度契合,与陕西西安地方经济发展融合互动,以信息科技为引领,以改革创新为主导,以转型升级为宗旨,以风险管理、人才建设和体制机制等完善为保障,依托全方位改革创新提升服务实体经济效率,努力打造区域内盈利水平最高、资产质量最好、竞争发展能力最强、业务结构最优、服务水准最佳的西部领先的上市银行。

二、企业荣誉

2017年6月15日,由《银行家》杂志、中国社会科学院金融研究所金融产品中心、银行家研究中心、中央财经大学互联网经济研究院共同主办的中国金融创新论坛暨"2017中国金融创新奖"颁奖典礼在京举行,西安银行继去年斩获两项大奖后,今年又凭借"@盾"和"西银惠付"两个具有显著特色的行业自主创新产品再次蝉联"十佳金融产品创新奖"和"十佳互联网金融创新奖"两项殊荣。

2017-03-17我行荣获共青团西安市委"2016年先进团委"称号。

【联系方式】
地址:陕西省西安市高新路60号
邮编:710075
全国客服电话:400-869-6779
电箱:xacb_ddw@xacbank.com
网址:www.xacbank.com

营口银行股份有限公司

一、企业概况

营口银行,一个充满生机、富于特色和创新力的现代商业银行。

1997年4月1日,营口银行正式成立,总部设于辽宁营口。20年来,营口银行顺应中国经济发展的时代洪流,以最矫健的姿态融入其中,已发展成为中国一家公司治理完善、经营特色鲜明、经营效益良好、资产质量上乘、综合实力位列全国城商行优秀行列的区域性股份制商业银行。

1. 中国最具成长力中小银行

秉承"致广大,尽精微"的核心价值观和"谦恭、诚信、创新、进取"的企业精神,营口银行始终坚持差异化、特色化、精细化道路,追求质量、效益、规模、结构协调发展,走出了一条低风险、稳增长、后劲足的健康发展之路。

多年来,营口银行始终保持资产、负债、利润的稳健协调发展,构建了由物理网点、网上银行、手机银行、微信银行、自助银行、电话银行等构成的立体化、多渠道的服务体系,形成了公司业务、零售业务、国际业务等多项业务板块和功能多元、内容丰富、特色鲜明的产品体系,金融服务水平持续跃升。

营口银行视经营品质如企业生命。近年来,营口银行拨备覆盖率、流动性比率、资本利润率、资产利润率等各项主要监管指标在中国银行业始终保持优良水平,连续多年被中国银监会评定为全国金融机构最佳监管级别。

依托各项业务的健康、快速发展和经营品质的不断提升,营口银行得到了来自社会各界的广泛认同。2007 年,营口银行入围英国《银行家》杂志评选的中国银行业 100 强;2008 年,被第四届中国金融专家年会评选为"中国最具成长力金融机构";2009 年,被第五届中国金融专家年会评选为"中国最具成长力中小银行";2011 年,被第七届中国金融(专家)年会授予"2010 年度中国最具特色中小银行";2013 年,被第九届中国金融专家年会"评选为"中国城市金口碑服务银行";2014 - 2016 年先后被中国中小银行发展高峰论坛授予"最佳中小企业服务奖"、"最具市场竞争力奖"、"金口碑特色银行奖";2017 年,营口银行入选"2017 中国银行业 100 强";"大公资信"对营口银行主体信用评级上调为 AA +,且评级展望稳定。

2. 跨省经营的区域性股份制商业银行

2009 年,在中国银监会政策支持下,营口银行启动了跨区域经营战略进程。2009 年 6 月 6 日,营口银行第一家外埠分行——沈阳分行正式开业,自此,营口银行区域化发展不断提速,2010 至 2016 年 7 年间,大连分行、哈尔滨分行、葫芦岛分行、鞍山分行、营口分行、小企业金融服务中心、丹东分行、盘锦分行、本溪分行、辽阳分行相继成立,综合竞争实力的持续走强;2017 年,营口银行阜新分行、锦州分行先后成立,催生营口银行在更大范围开展金融创新与服务。当前营口银行 13 家分行共同服务市场,实现了辽宁沿海经济带、环渤海经济圈、东北老工业基地三大经济区域市场的优势互补与联动发展,区域性经营网络战略布局稳步推进。

在区域化发展的过程中,营口银行坚持传递"为您着想"的服务理念,不断优化公司治理,持续强化服务管理和品牌建设,将"中小企业伙伴银行"、"市民生活的管家银行"的经营特色拓展到更广阔的区域,塑造了营口银行优质卓越的品牌形象。

最具特色的"中小企业的伙伴银行"

助力小企业,贷就大梦想。自成立以来,营口银行坚定不移地坚守服务中小微企业的市场定位,深入市场,贴近客户,激发灵感,着力创造,在与众多中小微企业的业务往来中,掌握了中小企业金融服务的核心技术专长,形成了独特的竞争优势,塑造了鲜明的"中小企业伙伴银行"特色品牌。立行以来,营口银行累计投放超过 5200 亿元信贷资源支持中小企业发展,中小企业贷款量占营口银行全部贷款 90% 以上,小微企业贷款占比达 70%,为促进中小企业发展做出了持续的努力和卓越的贡献。

近年来,"新常态"下的经济结构调整深入推进,面对复杂多变的市场环境,营口银行始终坚持做中小微企业的可靠伙伴,大力促进服务模式创新、业务产品创新、流程机制创新,建立一套独具特色的综合化服务方案,在保证银行风控要求的基础上,充分发挥"灵活高效"的一贯优势,全力推动中小微企业及战略新兴产业的良好发展。

20 年深耕"中小微",赢得广泛赞誉。营口银行先后被中国银监会授予"全国银行业金融机构小企业贷款工作先进单位","全国银行业金融机构小微企业金融服务先进单位";被中国印刷及设备器材工业协会授予"中国中小印刷企业最佳服务银行",被辽宁银监局授予"辽宁省小企业信贷服务先进单位",被第八届中国金融(专家)年会授予"品牌竞争力小企业服务银行",被辽宁省银行业授予小微企业金融服务"优秀金融机构"。2016 年,因为在小微企业金融服务领域做出的持久努力和突出贡献,营口银行再次被监管机构评为"小微企业金融服务先进单位"荣誉称号。

最受信赖的"市民生活的管家银行"

立行以来,营口银行始终秉承着"为您着想"的服务理念,结合当地市民金融生活需求,丰富产品、创新服务、拓宽渠道、加强合作,着力打造"市民生活的管家银行"。当前,营口银行百余家机构网点因地制宜,以专业见长、以贴心著称、产品全面丰富、服务方便快捷,已经在个人金融服务领域打造出了具有鲜明特色的服务品牌。

持久努力,营口银行业务产品体系的不断丰富。目前,营口银行已经形成了有储蓄、理财、投资、个人信贷、中间业务、卡业务、私人银行服务、增值服务等组成的多维度、立体化个人金融服务体系,近百项产品服务可供市民自由选择。

服务渠道的不断拓展以及服务平台的创新搭建为营口银行服务品质提升提供了更加广阔的渠道。多年来,营口银行持续加快网络银行建设,已经形成了由物理网点、网上银行、手机银行、微信银行、自助银行、电子支付平台等组成的多渠道、立体化服务体系,网络渠道电子分流率近 70%,成为主服务渠道。随着线上支付体系的不断完善,营口银行网络银行已经成功实现了从功能性电子渠道建设到综合化开放式网络平台的拓展,正在为客户带来更多体验。

除了金融服务之外,营口银行还充分发挥平台效应,整合聚集资源,通过营银缴费通实现水、电、煤气、话费、取暖费等生活费用的一站式代缴;依托营银卡业务实现银企、商户与客户之间的三方共赢;通过打造以惠民服务、绿色通道、公益宣讲、社区联谊等为主要形式的公益惠民服务体系将服务送到千家万户;通过"营口银行社区金融管家"服务将金融服务融入市民生活,全面延伸服务触角,提升服务品质。

围绕着"市民生活的管家银行"的目标,营口银行优质全面、方便快捷、专业现代、热情贴心的个人金融服务得到广大市民和专业机构的高度认可。2012 年,营口分行站前支行、开发区支行被中国银行业协会授予"中国银行业文明规范服务千佳示范单位";2013 年,营口分行开发区支行被中国银行业协会评为"全国百佳金牌示范单位";2014 年,营口银行 11 家单位受到中国银行业协会表彰,哈尔滨分行营业部和小企业中心市府路支行被授予"中国银行业协会千佳示范单位";2015 年,营口银行 7 家网点被中国银行业协会授予优质文明服务星级单位称号;2016 年,营口银行 12 家下辖机构收到中国银行业协会各级机构表彰;2017 年,营口银行 5 家营业网点被中国银行业协会授予文明规范服务星级网点，营口银行被授予“辽宁省银行业优服创建十周年特殊贡献奖。

3. 做一家受人尊敬的银行

按照“管理上成为国内一流的商业银行，在质量、获利、成长等方面成为佼佼者，做一家受人尊敬的银行”的企业愿景，营口银行追求更具内涵、更有质量的发展，努力打造“受投资者信赖、受员工热爱、受社会尊重、受大众称道”的好银行。

目前，营口银行公司治理体系不断完善，已形成了多元化、分散化、合理化的股权结构，直接促进公司治理机制决策科学、执行有力、监督有效，发展视野更加开阔，创新发展能力逐年增强。在发展中，营口银行也始终不忘做管理精细的品牌银行的初心，一方面在风险管理、内控建设、机制创新、流程优化、队伍建设和企业文化提升等方面下足功夫，同时在改革创新、更名、跨区域发展、流程化银行建设、战略转型等重大战略规划实施方面敢作敢为，为公司长远稳健发展打下了坚实基础。

品牌影响力和综合竞争力持续走强的同时，营口银行不忘践行企业公民的社会责任，始终科学贯彻执行国家各项经济调控政策，大力发展绿色信贷，全力支持中小微企业，弘扬诚信文化，关怀民生发展，热心社会公益，积极履行纳税义务，为构建和谐社会付出不懈努力，实现了企业价值与社会价值的同步提升。营口银行相继被中央文明委评为全国综合性最高集体荣誉称号——“全国文明单位”，被中华全国总工会授予企事业单位的最高荣誉——“全国五一劳动奖状”。2017 年，因为在动员社会力量、发展公益事业、加强社会主义精神文明建设、坚持履行社会责任中工作突出、成绩显著，营口银行被辽宁省社会公益事业发展中心、辽宁省公益事业发展促进会联合授予“辽宁省企业社会责任先进单位”荣誉称号。

新时代开启新征程，新时代呼唤新作为。秉承新的责任与使命，营口银行将更加坚定服务中小微企业的市场定位，倍加珍惜来之不易的发展机会，继续秉承“谦恭、诚信、创新、进取”的企业精神，不断推进现代金融企业建设，努力为客户创造价值，为股东创造收益，为员工创造未来，为社会创造财富。

【联系方式】

地址：辽宁省营口市沿海产业基地新海大街 99 号 16F
邮编：115000
电话：40078－96178
网址：www. bankofyk. com
电邮：40078－96178@ bankofyk. com

长安银行股份有限公司

一、企业概况

长安银行是在陕西省委、省政府主导下，经中国银监会批准，引入延长集团、陕西煤业、陕西有色等战略投资者，以新设合并方式组建的法人股份制商业银行。总部设在西安市，2009 年 7 月 31 日开业。注册资本金 56.41 亿元，下辖 10 个分行、9 个直属支行，开业网点 236 家，遍布省内 10 个设区市和杨凌示范区、西咸新区。发起并控股设立陕西长银消费金融有限公司、天水秦州长银村镇银行、太白长银村镇银行、陕西岐山长安村镇银行、陕西陇县长银村镇银行。

截至 2017 年末，全行资产规模 2078 亿元，各项贷款余额 901 亿元，各项存款余额 1453 亿元。净资产 133 亿元。开业以来，累计实现利税 128 亿元，其中缴纳税金 48 亿元。银监会监管评级为 2C 级。各项衡量商业银行审慎经营的监管指标优良。

长安银行秉承“服务丝路强国战略，服务陕西追赶超越，服务中小提质增效，服务城乡统筹发展”的市场定位，牢记建设特色、现代、精品银行的使命，主动发挥“支持地方经济发展主力军”的重要作用，积极投身于陕西经济社会发展。不断创新和优化银政、银企合作机制，积极支持移民搬迁、西咸新区和省保障性住房等省属重点项目，重视能源资源产业的转型升级和地方特色产业扶持，重点营销支持新能源、电子信息、航天航空、新材料等产业链及城市基础设施建设项目。持续加大对教育、卫生、医疗等民生工程建设的金融服务力度，较好地满足了省内实体经济建设融资需求。积极发展小微企业金融服务业务，设立西北首家科技支行，推出“长安贷”系列小微金融产品，联合省科技厅成立了陕西省科技金融产品研究开发中心，多次荣获政府有关部门和监管机构表彰。形成了以长长卡、“长盈、长盛”理财产品和“安鑫宝”、长安云闪付、e 长安电子银行、“微道＋”小微金融移动服务平台等互联网金融产品为代表的特色业务体系；积极创新普惠金融，在全省农村开设惠农支付服务点，形成城乡金融服务的“快车道”；实施“信贷助推精准脱贫 863 计划”，积极探索精准扶贫模式，努力服务好陕西脱贫攻坚和“追赶超越”发展要求。

长安银行新增存贷款额度稳居陕西省内中小银行机构首位、全省金融机构前列，连年超额完成省政府下达经营任务，多次荣获省政府通报表彰；先后囊括中国银监会“全国银行业金融机构小微企业金融服务先进单位”、“优秀团队”和“优秀个人”三项大奖，“长安贷”荣获中国银行业协会“2015 年服务小微五十佳金融产品”称号；被人民银行西安分行评为 A 类金融机构；被授予中国债券市场“优秀自营机构”，获“陕西省百强企业”、“陕西省纳税信用 A 级纳税人”等荣誉称号。

长安银行已全面步入快速发展的上升通道。全行紧密围绕“转型发展、追赶超越”的工作主线，积极推进管理模式、业务发展模式和盈利模式的战略性转变，努力探索多元化经营模式，积极推动高质量发展，为建设“特色、现代、精品”银行而努力奋斗。

二、业务范围

吸收公众存款；
发放短期、中期、长期贷款；
办理国内外结算；
办理票据承兑与贴现；
发行金融债券；
办理发行、代理兑付、承销政府债券；
买卖政府债券、金融债券；
从事同业拆借；
买卖、代理买卖外汇；
从事银行卡业务：
提供信用证服务及担保；
代理收付款项及代理保险等业务；
提供保险箱业务；
结汇、售汇；
经中国银行业监督管理委员会批准的其他业务。

三、核心价值

诚信(诚信为本)

诚信是我行的基本属性,是我行价值观的核心。诚实守信是做人做事的基本品质。诚信包括全行系统上级与下级、管理干部与员工相互之间应有的诚信行为,也包括全行各级机构与外部企业、组织和个人之间,履行签订的有关合同的诚信行为,以及全行机构与本行广大客户之间的诚信行为。我行以长安印为 logo 鲜明地体现了诚信为本的价值观。

创新(创新发展)

创新是我行企业价值观的精髓。创新是民族进步之魂,是我行发展活力之源。创新是在现有发展基础上的创新,是推动又好又快发展的动力。它体现了长安银行积极进取、追求进步的精神状态。

稳健(持续发展)

稳健是我行企业价值观的特征。银行是经营风险的高风险行业,稳健是回避和防范风险的前提。遵规守法、按章办事和坚持科学发展是稳健的具体体现,是我行保持持续发展的基本保证。

人本(以人为本)

【联系方式】

地址:陕西省西安市高新技术产业开发区高新四路 13 号朗臣大厦

邮编:710075

电话:029 – 96669

网址:www. ccabchina. com

长沙银行股份有限公司

一、企业概况

长沙银行成立于 1997 年 5 月,是湖南省首家区域性股份制商业银行和湖南最大的法人金融企业。目前已拥有包括广州分行在内的 30 家分行(直属支行),共有超过 700 个网点,营业网点实现了湖南全域覆盖,控股发起湘西、祁阳、宜章三家村镇银行和湖南长银五八消费金融股份有限公司。同时,为广大客户提供 365 天 * 24 小时手机银行、网上银行、微信银行和电话银行服务。

长沙银行始终秉承"正道而行、信泽大众"的发展使命,坚持"聚焦客户、实干为本、快乐同行"的核心价值观,坚持深耕湖南,做"湖南人的主办银行"的定位,构建了以大批发为业务主体,大零售、大资管为两翼,网络金融为一尾的"一体两翼一尾"业务格局,着力打造智慧金融、县域金融、绿色金融、科技金融四大特色战略品牌。截至 2017 年 12 月末,长沙银行资产总额 4705.44 亿元,资产质量良好,各项监管指标均达到监管要求。近年来,长沙银行的品牌影响力不断提升,综合实力跃居全球银行业 500 强和中国服务业 500 强,位列"2017 年全球银行 1000 强"第 340 位和"2016 年中国服务业企业 500 强"第 221 位。

长沙银行将坚持社区化、平台化、综合化、集约化、智能化发展思路,持续推进转型发展、合规稳健经营,不断提升综合金融服务能力,全力打造一家智造快乐的银行。

二、社会责任

自 6 月底以来,湖南连续遭受强降雨袭击,洪水肆虐,汛情极度严峻,部分地区受灾情况严重。洪水退却后,湖南省部分受灾区域面临着灾后救援重建的重要任务,受灾人民的安危也始终牵动着长行人的心。长沙银行作为"湖南人自己的银行",秉承"正道而行,信泽大众"的企业使命,发扬干事担当精神,高度重视此次灾后重建工作,紧急调集人力物力,排除万难、万众一心,全力投入到灾后救援重建的各项工作当中。

1. 防汛抗洪紧急动员

7 月 1 日晚,长沙银行赵小中行长主持召开防汛抗洪紧急会议,成立了以谢湘生行长助理为总指挥长、后勤服务部、安全保卫部等多个相关部门任成员单位的全行防汛抗洪指挥中心,积极开展防汛救灾工作。7 月 3 日清晨,洪灾发生后的第一时间,长沙银行朱玉国董事长、吴四龙监事长、谢湘生行长助理等行领导迅速赶赴宁乡县等救灾一线,深入探望了解灾情,为灾区人民送去亲切问候。长沙银行后勤服务部在宁乡受灾后的第一时间雪中送炭,配合宁乡县委县政府救援行动,紧急调拨干净饮用水与食物,送往受灾情况较为严重的大成桥、菁华铺、喻家坳、道林、花明楼、灰汤、老粮仓、横市、沙田、巷子口、历经铺、白马桥等地,以解受灾群众生活必需品的燃眉之急。

2. 星星之火可以燎原

7 月 3 日,为号召全行青年员工积极投入到灾后援救工作中,长沙银行行党委紧急部署,共青团长沙银行股份有限公司委员会迅速行动,组织动员行内青年员工成立志愿者服务队,短短时间内就招募青年志愿者达 600 余人,积极投入到"守护长沙 · 抗洪救灾"青年志愿者行动中。同时,共青团长沙银行股份有限公司委员会积极募集救援物资支持受灾区域。仅一天时间,就募集并捐赠了 8 批救援物资价值近 100 万元,分别送往宁乡县、长沙县、湘潭县、岳麓区、望城区等受灾地区。在当地党委政府的统一部署下,志愿者第一时间赶赴灾情前线,将捐赠的救灾物资送到受灾群众手中。

在长沙团市委的统筹部署下,长沙银行志愿者们带上长沙银行快乐益家慈善基金会筹集的救灾物资从开福区浏阳河小学出发赶赴受灾严重的宁乡资福县中心地带,看望受灾群众。同时将救灾物资送往宁乡县 17 个乡镇,共捐赠 880 件矿泉水、680 件食品、4500 份药品、500 件救生衣、3050 个编织袋、3000 份口罩毛巾、1520 个牙膏牙刷、600 个水桶水盆、473 床空调被、200 件雨具和工具、毛巾 1000 条、17 箱彩条布、266 个帐篷、200 升汽油,饼干 150 件、蜡烛 3 件、棉签 500 包、广东凉茶 500 包、方便面 6288 盒价值 50 万元,并组织车辆及时将救灾物资运送到资福县,与当地政府干部一起发放给受灾群众。因为捐赠对口、行动迅速,长沙银行志愿者们得到了长沙团市委及当地县委政府的高度肯定。

为支援灾区重建工作,党群工作部在全行积极开展筹集善款工作,号召全体长行人奉献爱心,帮助灾区人民打赢抗洪救灾、重建家园的攻坚战。活动发起后,长沙银行各部室、分支行积极踊跃捐款,长行人纷纷伸出援助之手,奉献爱心,汇聚成爱的海洋。截至 7 月 17 日,全行逾 6000 人(含长银 58 和村镇银行)参与宁乡灾区爱心募捐活动,募集款项 113.35689 万元,捐往长沙慈善会;同时,长沙银行还通过长沙银行快乐益家慈善基金会向长沙慈善会捐赠现金 400 万元。本次抗洪救灾,长沙银行共计捐赠 543.35689 万元,重磅支持灾区的抗洪救灾和灾后重建工作。

3. 艰难时刻体现担当

在支援灾区抗洪救灾及灾后救援的系列行动中,长沙银行涌现出一大批先进典型及模范人物,他们用行动诠释着长沙银行的企业使命与责任担当。7 月 3 日一早,吴四龙监事长亲自带队,不顾艰难险阻,深入长沙银行对口扶贫点宁乡县流沙河镇受灾一线，走村入户慰问受灾群众，并为他们带去矿泉水及方便面等食品物资；长沙银行党群工作部魏美林，自暴雨侵袭长沙后的第一时间，于6月26日深夜时分，星夜兼程、不顾艰险，赶往长沙银行对口扶贫村流沙河镇鸿富村。在洪涝灾害发生后，魏美林不顾个人安危，深入救灾一线与村民一起转移受灾群众，连续奋斗了10多个日夜。

长沙银行宁乡支行全体员工在支行行领导的统一指挥下，发扬顽强拼搏、众志成城的团结精神，夜以继日、连续奋战，积极参与到政府防汛救援工作中，积极奔走在各个乡镇运送救援物资，全力支持支行网点所在乡镇灰汤、花明楼、喻家坳、道林、大成桥等地开展积极有效的防汛救灾工作；在汛情较为严重的长沙县，星城支行分两批次运送爱心物资到黄兴镇等地应急疏散安置点；在长沙河西灾情较严重的含浦地区，湘江新区支行及志愿者队伍带去了饮用水、食品等看望慰问奋战在抗洪救灾一线的群众；湘潭分行青年志愿者兵分两路，赶往九华河堤湘潭银监驻点及湘钢河堤人民银行驻点慰问；株洲分行携志愿者们与株洲团市委、株洲市青基会一行，将爱心物资送到株洲地区受灾较严重的天元区群丰镇。

4. 灾后重建一路同行

7月14日，洪水退去，骄阳似火，长沙银行又联合长沙民革金融系统支部，一早驱车来到我行对口扶贫帮扶村，此次全省受灾最严重的宁乡县流沙河镇鸿富村开展慰问活动，为村上送去消毒水、艾条等紧俏药品和手套、铁铲锄头、喷雾器等农用物资，帮助灾区做好疾病防控，支持村民尽快恢复生产，重建美好家园。

洪水无情人有情，心手相牵护家园。长行人与湖南人民心手相连，坚定信心、勇往直前，共同携手抵御洪灾，共同重建美好家园！

【联系方式】
地址：湖南省长沙市岳麓区滨江路长沙银行大厦
邮编：410005
电话：0731－96511
网址：www.cscb.cn

浙商银行股份有限公司

一、企业概况

浙商银行股份有限公司（以下简称“浙商银行”）是中国银保监会批准的12家全国性股份制商业银行之一，总行设在浙江省杭州市，是唯一一家总部位于浙江的全国性股份制商业银行，2004年8月18日正式开业，2016年3月30日在香港联交所上市（股份代号：2016）。截至2017年12月31日，浙商银行已设立了213家分支机构，实现了对长三角、环渤海、珠三角以及部分中西部地区的有效覆盖。2017年4月21日，首家控股子公司——浙银租赁正式开业。2017年12月19日，浙商银行获得香港金融管理局授予的银行牌照，成为香港持牌银行，加快了国际化布局步伐。2018年4月10日，浙商银行香港分行正式开业。

开业以来，浙商银行始终按照时任浙江省委书记习近平总书记在浙商银行成立之初提出的要求，立足浙江，稳健发展，已成为一家基础扎实、效益优良、成长迅速、风控完善的优质商业银行。截至2017年12月31日，本集团总资产1.54万亿元，客户存款余额8,606亿元，客户贷款及垫款总额6,729亿元，同比分别增长13.43%、16.89%、46.44%；不良贷款率1.15%。在英国《银行家》（The Banker）杂志“2017年全球银行1000强（Top 1000 World Banks 2017）”榜单上，按一级资本位列第131位，较上年上升27位；按总资产位列第109位，较上年上升8位。中诚信国际给予浙商银行金融机构评级中最高等级AAA主体信用评级。

面对经济金融新常态，浙商银行确立了成为最具竞争力全国性股份制商业银行和浙江省最重要金融平台的“两最”总目标和全资产经营战略。

“两最”总目标：成为最具竞争力全国性股份制商业银行和浙江省最重要金融平台。“最具竞争力全国性股份制商业银行”指在服务目标客户过程中体现出比肩一流股份制银行的专业水平，在创新能力、风控能力、市场服务能力、价值创造能力上具有明显竞争优势；规模体量上与全国性股份制商业银行的身份相匹配，能够为专业能力的持续发展提供支撑。“浙江省最重要金融平台”指功能齐全、规模领先、业绩优良、声誉卓著的浙江省代表性金融集团，在资源投放、高效服务、模式创新上走在前列，成为省内各级政府、金融机构、核心企业和广大浙商的战略性合作伙伴。

最具竞争力是最重要金融平台的能力基础，最重要金融平台是最具竞争力的客观体现和重要支撑，“两最”互为因果。

全资产经营战略：涵盖前中后台管理和协调的系统经营战略，是主动适应高度不确定和快速变化的市场环境，构建方向明确、机制灵活、策略多样、工具丰富的权变经营体系。在内部经营层面，突破单纯以信贷资产为主的局限，根据市场与客户需求的变化随时调整信贷类资产、交易类资产、同业类资产、投资类资产及表内外资产的配置，以资产带动负债，重塑银行的资产负债表；在客户服务层面，打破资产、负债与服务，公司、同业、个人业务及产品的界限，把金融活动融合到客户的经营和生活中，优化客户的资产负债表；进而形成快速适应市场和客户需求变化的竞争能力，开拓多元化的盈利来源，有效平衡经济周期、业务波动对我行资产规模、盈利能力的影响，实现领先同业的增长，最终达成“两最”总目标。

二、企业文化

2016－2020年规划期内，浙商银行将深入贯彻落实“四个全面”重要战略布局和“创新、协调、绿色、开放、共享”五大发展理念，坚持金融服务实体经济的本质要求，适应国内外经济金融形势和监管要求新变化，推动深化供给侧结构性改革，优化调整客户结构、产品结构、业务结构和收入结构，依靠科技进步、业务创新和体制机制创新，显著提升综合竞争能力。

1. 总目标

浙商银行的总目标是成为最具竞争力全国性股份制商业银行和浙江省最重要金融平台。“最具竞争力全国性股份制商业银行”是指在服务目标客户过程中体现出比肩一流股份制银行的专业水准，在创新能力、风控能力、市场服务能力、价值创造能力上具有明显竞争优势；规模体量上与全国性股份制商业银行的身份相匹配，能够为专业能力的持续发展提供支撑。“浙江省最重要金融平台”是指功能齐全、规模领先、业绩优良、声誉卓著的浙江省代表性金融集团，在资源投放、高效服务、模式创新上走在前列，成为省内各级政府、金融机构、核心企业和广大浙商的战略性合作伙伴。最具竞争力是最重要金融平台的能力基础，最重要金融平台是最具竞争力的客观体现和重要支撑，“两最”互为因果。

2. 战略定位

深入推进全资产经营战略：创新合作，在客户中心理念下实现客群与业务聚焦；灵活应变，塑造综合化、数字化、扁平化的有机组织；对标一流，打造最具特色竞争力的中型银行。

全资产经营战略是涵盖前中后台管理和协调的系统经营战略，是主动适应高度不确定和快速变化的市场环境，构建方向明确、机制灵活、策略多样、工具丰富的权变经营体系。在内部经营层面，突破单纯以信贷资产为主的局限，根据市场与客户需求的变化随时调整信贷类资产、交易类资产、同业类资产、投资类资产及表内外资产的配置，以资产带动负债，重塑银行的资产负债表；在客户服务层面，打破资产、负债与服务，公司、同业、个人业务及产品的界限，把金融活动融合到客户的经营和生活中，优化客户的资产负债表；进而形成快速适应市场和客户需求变化的竞争能力，开拓多元化的盈利来源，有效平衡经济周期、业务波动对我行资产规模、盈利能力的影响，实现领先同业的增长，最终达成“两最”总目标。

浙商银行企业文化建设方向是灵活创新、务实协作、客户为先、人本关爱，上述文化基因将通过大量持续性工作渗透到经营管理的各个方面。

灵活创新：建立鼓励创新和容错的氛围，推动各业务部门主动发现市场机会并创新业务模式，为孵化特色提供可能；建立有机组织与“赛马机制”，适应宏观环境与金融市场的快速变化。

务实协作：全行员工务实进取，强化各部门对于银行总目标与使命的共识，避免不作为、明哲保身的想法，不固执己见，不守旧平庸，不消极等待，不务虚空谈；鼓励跨部门及跨条线的资源整合与协同作战。

客户为先：聚焦客群与业务，从客户需求出发，与客户共创价值，让客户为先的意识深入骨髓。最大化客户总体收入贡献和生命周期价值，优化客户体验，提升客户满意度。

人本关爱：树立员工是银行最宝贵财富理念，尊重员工尊严和价值，尽最大可能为员工创造良好的工作条件，提供有竞争力的激励机制和选聘机制；管理层与一线员工并肩作战，建立健全平等沟通交流机制。

三、业务范围

浙商银行为一家中资股份制商业银行，经银监会批准，并经登记机关核准，其经营范围为：

吸收公众存款；

发放短期、中期和长期贷款；

办理国内外结算；

办理票据承兑与贴现；

发行金融债券；

代理发行、代理兑付、承销政府债券；

买卖政府债券、金融债券；

从事同业拆借；

买卖、代理买卖外汇；

从事银行卡业务；

提供信用证服务及担保；

代理收付款项及代理保险业务；

提供保管箱服务；

经国务院银行业监督管理机构批准的其他业务。

本行经国家外汇管理局批准，可以经营结汇、售汇业务。

四、社会责任

浙商银行在紧紧围绕“两最”总目标，坚持推进全资产经营战略谋求自身发展的同时，积极探索适合自身特点的社会责任履行方式，勇于承担一个优秀企业应尽的责任，努力创造经济、社会、环境的综合价值，全面服务经济社会的协调可持续发展。全行社会责任实践成果丰硕，受到监管部门和社会公众的充分肯定，多次获评中国银行业协会“最具社会责任金融机构奖”等荣誉。

1. 用心服务实体经济

我行积极响应国家“着力振兴实体经济”的号召，主动对接“十三五”规划、“一带一路”、“互联网 +”、“中国制造2025”等国家战略，多措并举“保增长、促转型、惠民生”，与实体经济共呼吸、同成长。

一是坚持将服务小微企业作为履行经济责任的长期着力点，持续增进小微企业金融服务。主动下沉客户定位和服务重心，有效支持普惠大众的融资需求，先后推出“农房抵押贷”“民宿贷”等系列贷款，助力小微企业、创客群体等，并在申请流程、担保方式等多方面进行创新，为客户提供差异化的服务。其中，通过“双创”系列贷款先后帮扶了游泳世界冠军、盲人按摩师、下岗女职工等不同群体创业。截至 2016 年末，全行国标小微企业贷款余额 1436.29 亿元，国标小微企业贷款累计投放 6254.71 亿元。

二是积极响应国家精准金融扶贫工作的号召，从网点布局、信贷政策、业务服务等方面推动扶贫工作落实。制定浙商银行扶贫规划，明确 2016—2020 年扶贫工作的指导思想、机制及重点，设计开发“农村电商贷”等适宜贫困地区的产品，确保扶贫工作有序开展。持续向贫困地区延伸服务网点，在西部十二省（区）的四川、陕西、甘肃等地分别设立了共 32 家营业机构。因地制宜谋策略，坚持“输血”与“造血”同行。如，2016 年 10 月，成都分行赴乐山市金口河区大杠村开展精准扶贫，针对性制定帮扶方案助力脱贫，提出在大杠村建立“浙商农场”试点，走订单式农业模式，对村民种植的蔬菜、天麻，饲养的鸡、猪等家畜进行包销。

三是全力支持国家及地方重点项目建设，推进产业转型升级。积极落实国家“十三五”规划，推进“一带一路”建设，为西安、兰州等地重点建设项目和核心建设平台提供资金支持，升级“涌金”系列池化融资产品服务企业“走出去”，截至 2016 年末，累计入池资产达 4676.99 亿元。根植浙江、服务全国，积极与地方政府合作，加大对城市轨道交通、重大水利工程、棚户区改造等方面的支持力度。

四是创享便捷金融服务，持续为客户提供贴心服务。一是致力打造一体化、流程化、智能化的智慧银行，基本完成互联网金融全渠道建设，推出对公“涌金”系列产品和对私“增金”系列产品，全方位满足客户金融需求。二是不断加强消费者权益保护工作，重视客户财产安全和信息安全保护，尊重消费者知情权，妥善处理客户投诉，广泛开展“金融知识进万家”“金融知识普及月”“金融知识万里行”等系列主题宣传活动。

2. 同心致力绿色环保

我行积极倡导绿色金融，探索可持续发展的商业银行经营模式，不断加快绿色金融业务发展，着力实现业务发展与环境保护的齐抓并举。

一是积极实施绿色信贷，将环境与社会风险管理纳入风险管理政策，向节能环保、清洁能源、新能源汽车等绿色产业项目实行信贷政策倾斜，严格控制“两高一剩”行业贷款，并积极参与浙江省百万家庭屋顶光伏工程、“五水共治”等重大战略。截至 2016 年末，我行五大新兴行业融资余额超 1200 亿元，较 2015 年末增幅逾 100%。

二是将“绿色、低碳、健康、环保”的理念贯穿到企业发展中，坚持开展绿色运营。严格要求员工遵守节能降耗原则，提倡节约用水、使用峰谷电、餐厅光盘行动等，购置节能环保电器，推行无纸化办公，努力降低楼体建筑运行与人员办公环节的能源消耗。积极倡导客户、外部服务商等树立和增强绿色环保意识，在采购活动中优选绿色、环保、节能产品和供应商。在全行范围内使用再生纸用品，并选用再生环保衣料制作行服，钱江新城大楼及营业网点均严格采用绿色建材及环保家具，努力实现全行"绿色运营"目标。

3. 爱心促进社会和谐

我行秉承"源于社会，回馈社会"的理念，积极推动促进社会和谐的实践活动，努力将发展成果分享给客户、员工及社会。

一是坚持参与社会公益事业，积极投身于赈灾助学和志愿者服务等公益事业中，打造了"浙商银行彩虹计划""夏日送清凉"等特色公益名片。其中，"浙商银行彩虹计划"开展5年来共募集社会各界捐款约1280万元，资助学生超过1万名，浙商银行慈善基金和员工捐款达289万元。2016年，全行公益捐赠884.80万元，拓展公益项目至72个，受助人数达50858人。

二是我行在2004年开业之初将总行开业庆典费用528万元捐赠给"雏鹰起飞——浙商银行千名贫困学子助学计划"，用于资助贫困学生，并由此形成"开网点，送爱心"的优良传统。据不完全统计，全行各地网点开业及周年庆典捐款逾1600万元。其中，浙商银行连续9年坚持援助陕西西安略阳接官亭镇中心小学。

三是积极探索"体育+公益"的社会责任实践形式，成立浙商银行男子篮球队，并定期组织队员们开展探望贫困、残疾儿童等以篮球友谊赛为主题的公益活动，引导并帮扶特殊群体培养积极向上的生活方式。

【联系方式】
地址：浙江省杭州市下城区庆春路288号
邮编：310006
电话：0571－88268966
传真：0571－87659826
电邮：IR@czbank.com
网址：www.czbank.com

郑州银行股份有限公司

一、企业概况

郑州银行地处大河之南，中原腹地。历经郑州市商业银行等多个时期，2009年12月正式更名为郑州银行。2015年12月23日，郑州银行在香港联交所主板挂牌上市（股票代码：6196.HK），是河南省首家、全国第十家上市的城市商业银行。作为一家本土金融机构，郑州银行"守土有责"，确立了"商贸金融、市民金融、小微金融"的"三大特色定位"，秉持"中意你我他"的价值主张和"服务到心"的品牌理念，坚持走特色化、差异化发展之路，服务实体经济发展。近年来，郑州银行各项业务不断取得历史性突破，市场竞争力和综合实力显著增强。

截至2017年12月31日，郑州银行在职员工4171人，分支行166家，其中分行12家、支行153家（包含总行营业部）、专营机构1家。发起成立了河南九鼎金融租赁股份有限公司，中牟、新密、鄢陵、扶沟、确山、浚县、新郑7家村镇银行，综合化经营稳步推进，规模和影响力已进入全国城商行第一梯队。资产规模4358.28亿元，存款总额2554.07亿元，贷款总额1244.56亿元，资本充足率13.53%，不良贷款率1.5%，拨备覆盖率207.75%，各项主要监管指标均达到监管要求。

郑州银行经营管理能力的持续提升，得到了社会各界的广泛认可。在麦肯锡最新公布的"中国TOP40银行价值创造排行"中，本行经济利润排城商行第2位；基于良好业绩和市场表现，在2017年中国证券"金紫荆奖"评选中，本行蝉联最具投资价值上市公司奖；在中国《银行家》杂志组织的"2017中国金融创新奖"评选中，本行荣获"最佳金融创新奖"、"十佳金融产品创新奖"、"十佳互联网金融产品创新奖"三项桂冠；在英国《银行家》公布的2017年全球1000家大银行榜单中，本行一级资本总额排名第322名，较上年前进16名；在2017年中国商业银行竞争力排名中，位列"3000亿以上资产规模城商行竞争力第2名"，并荣获"最佳品牌城商行"奖；在中国银行业协会2017"陀螺"体系评价中，位列城市商业银行综合评价第4名；本行主体评级被中诚信国际信用评级公司评为AAA级，是评级最高的全国15家城商行之一。

二、企业文化

使命：鼎铸中原，立鼎金融，盛世民生，和谐共荣

愿景：建一流精品，创百年鼎盛

核心价值观：

核心理念

合规鼎峙（规范经营）

革故鼎新（创新发展）

一言九鼎（坚守诚信）

延伸理念

竞争观：快速响应，差异竞争，特色取胜

营销观：研判市场，关注需求，共荣共生

服务观：处处用心，快捷高效，行动感人

管理观：以德治行，科技兴行，持续发展

沟通观：心诚言诤，畅通互动，共谋发展

团队观：道相同，心相通，力相聚，情相融

人才观：开放选才，开诚爱才，开卷育才，开明用才

创新观：日创日新，事创事新，人创人新

学习观：贴合岗位，符合专业，聚合时间，融合行动

廉洁观：慎独守正，自律自省，廉洁公正

企业精神：拔山扛鼎，追求卓越

市场定位：服务地方立足中小关注民生发展高端

企业文化推广语：

核心推广语

诚·立信德·致远

品牌文化推广语：

源于你心，践于我行

聚财生财，共享未来

品牌沟通广告语：

牵手一生信赖一生

中意你我他

强力总行建设文化思路：

十倡导、十反对

倡导真抓实干、反对华而不实

倡导开拓进取、反对消极落后

倡导爱岗敬业、反对营私舞弊

倡导学习提升、反对自暴自弃

倡导合规建设、反对违规操作

倡导优质服务、反对冷漠粗鲁
倡导团结和谐、反对制造内耗
倡导言行文明、反对低级庸俗
倡导勤俭节约、反对铺张浪费
倡导廉洁自律、反对腐化堕落
反对四风
反对不敢担当
反对不思进取
反对本位主义
反对功利思想
四强
战略引领能力强、推动发展能力强
改革创新能力强、服务保障能力强
四优
政治素质优、岗位技能优、工作业绩优、群众评价优
四讲四重
讲进取、重担当
讲规矩、重风险
讲学习、重创新
讲团队、重协作

三、大事记

1996 年 7 月中国人民银行批准筹建本行。

1996 年 8 月中国人民银行同意本行开业。

1996 年 11 月本行正式注册成立，当时的名称为郑州城市合作银行股份有限公司。

2000 年 2 月本行更名为郑州市商业银行股份有限公司。

2009 年 4 月本行成立小企业金融事业部，实现对小企业贷款业务的独立核算、独立考核。

2009 年 10 月经银监会批准，更名为郑州银行股份有限公司。

2009 年 12 月由本行作为主发起人组建的中牟郑银村镇银行正式开业。

2010 年 8 月本行首家省内地市分行——南阳分行挂牌成立，标志着本行进入跨区域发展的新阶段。

2011 年 12 月本行首家小企业专营支行——正光路支行正式挂牌，标志着本行在小企业贷款专营方面迈出了坚实的第一步。

本行完成增资扩股工作，以 2.72 元价格增发新股 25.08 亿股，募集资金 68.22 亿元。

2013 年 6 月本行在市场上推出了国内信用证、国内保理、商业承兑汇票、预付款融资、订单融资等五项国内贸易融资新产品。

2013 年 7 月本行获得外汇存款、外汇贷款、外汇汇款和外币兑换四项外汇业务经营资格，填补了外汇业务空白。

2013 年 8 月本行博士后科研工作站获批成立。

2013 年 12 月本行获中国银监会河南监管局批准取得跨境人民币结算业务资格。

2014 年 6 月本行获批信用卡业务资格。

根据《银行家》杂志，本行资产规模、一级资本跻身世界银行 500 强。

2014 年 7 月本行成为市场利率定价自律机制成员机构。

2015 年 2 月本行成为中国人民银行 2015 年度公开市场业务一级交易商成员。

215 年 7 月本行获得大额存单发行资格。

2015 年 9 月本行获《银行家》杂志和中国社会科学院金融研究所共同评选的 2014 年度“最佳城市商业银行”及“资产规模 2000 亿元以上城市商业银行竞争力评价第一名”。

2015 年 10 月本行获中国银监会评选的 2015 年度“全国银行业金融机构小微企金融服务先进单位”称号。

2015 年 12 月 23 日郑州银行成功在香港联合交易所主板上市（股票代码为 6196.HK），成为河南省第一家登陆国际资本市场的法人银行。

【联系方式】
地址：河南省郑州市郑东新区商务外环路 22 号
电话：0371－67009199　67009868
传真：0371－67009898
电邮：ir@ zzbank.cn

重庆银行股份有限公司

一、企业概况

重庆银行成立于 1996 年，是西部和长江上游地区成立最早的地方性股份制商业银行。按照市政府制定的“龙虾三吃”发展战略，2013 年 11 月 6 日在港交所成功挂牌上市，成为全国 146 家城商行中首家在港交所主板成功上市的内地城商行。近年来，重庆银行在社会各界的关心帮助下，逐渐发展成为一个业务结构优、资产质量好、盈利能力强、发展潜力大的“小而优”的商业银行。

截至 2017 年 12 月 31 日，资产总额 4,227.63 亿元，成功突破 4000 亿大关，客户存款 2387.05 亿元，客户贷款及垫款总额 1,721.62 亿元，不良贷款率、资本充足率等风险管理指标保持在行业较优水平，监管指标全面达标。

近年来，重庆银行企业品牌形象全面提升，成为第一家在港交所定向增发的内地上市城商行。英国《银行家》对全球千家银行 2016 年度排名中，重庆银行列 290 位，步入全球银行前 300 强。在中国《银行家》对资产规模 2000 亿元以上城商行的年度综合排名中，全行进入全国城商行前三甲。重庆银行 H 股还入选摩根士丹利全球小型股指数（MSCI），是大陆首家被纳入该指数的城市商业银行。2017 年，国际评级公司标准普尔（S&P Global Ratings）给予重庆银行“BBB－”长期发行人信用评级以及“A－3”短期发行人信用评级，评级展望为：稳定。同时，给予重庆银行“cnA”的长期大中华区规模评级及“cnA－2”的短期大中华区规模评级。该信用评级结果在目前有国际评级的城市商业银行中位于最高水平。截至 2017 年 12 月，重庆银行下设 141 家分支机构，员工总数达 4066 人，网点覆盖了重庆市所有区县，并先后在成都、贵阳、西安设立了 26 家分支行。

【联系方式】
地址：重庆市江北区永平门街 6 号
邮编：400024
电话：4007096899
电邮：tsxf@ bankofchongqing.com
传真：023－63824699
网址：www.cqcbank.com

第二节　非银行金融机构

■ 财务公司

中车财务有限公司

【企业概况】

中车财务有限公司是集团第一家持牌金融机构，由中国北车集团财务有限公司与南车财务有限公司按照对等合并原则组建而成，合并后公司于2017年1月18日正式更名为“中车财务有限公司”，注册资本22亿元，其中中车集团出资1.9008亿元，持股8.64%，中车股份出资20.0992亿元，持股91.36%。

【经营概况】

2017年，公司面对国内金融市场资金面持续偏紧、金融监管力度加大、公司运营模式发生重大改变，公司制度、业务、人员、文化加速融合的内外部经营形势，迎难而上，全年实现营业收入6.64亿元（净收入），较上年同期增长15.37%；实现净利润4.59亿元，较上年同期增长17.62%；不良资产率和不良贷款率为0；计提贷款损失一般准备1.66亿元，拨备充足；2017年日平均流动性比例为42.55%，年末流动性比例为81.12%，流动性情况良好。2017年末资本充足率13.61%。2017年，公司荣获集团“2017年度突出进步奖”。获评财协“A类”评级，其中资金集中管理能力、经营与服务水平、风险管理能力、盈利能力各项指标均获高分。

【信贷业务】

2017年，公司积极推进以自营贷款为核心的各类信贷服务，全面推进票据业务，大力拓展保函业务和贴现业务，业务规模和服务种类均取得快速发展，较好地发挥了金融平台作用。全年信贷投放最高值达180亿元，较2016年底增幅达20%，年末公司自营贷款余额140亿元。全年实现自营贷款利息收入和中间业务收入合计6.3亿元，比上年增加4400万元，增幅8%。

【同业业务】

2017年，公司存放同业业务收益及管理水平不断提升。全年实现存放同业定期日均规模48.02亿元，平均利率达4.47%，同业活期资金规模31.02亿元，平均利率达2.81%。年末时点同业定期余额205亿元，较2016年同期增长74亿元，增长1.56倍。期末时点办理的同业定期存款平均利率5.88%，较2016年末的4.57%高出1.31个百分点。同业拆入低成本资金229亿元，平均利率2.85%，交易日均拆入额度5.7亿元。

【票据业务】

2017年全年为60余家成员单位累计开立约2000张50亿元承兑汇票，同时减免手续费和保证金为成员单位节约财务费用约1800万元。累计办理票据贴现4亿元，同比增加3.3亿元。2017年公司完成上海票交所系统切换和核心业务系统电票功能优化，持续推广财司电票，努力拓宽财司电票流转渠道，通过票据互认打通铁总财务公司开具的商票在集团和供应商范围内贴现融资路径。稳步推进票据池建设，确定集团票据池建设总体方案。

【结算和资金集中】

2017年，公司日均吸收存款规模222亿元（其中人民币为208亿元），较上年同期192亿元（其中人民币为191亿元）增长16%。年末时点吸收存款余额508亿元（其中人民币为488亿元，外币折合人民币20亿元），较上年同期352亿元增长44.32%，达到历史最高点；年末时点全口径资金集中度约69%，较上年同期64%增长约5个百分点。全年平均全口径资金集中度约52%，较上年同期45%增加7个百分点。

【外汇业务】

2017年公司结售汇业务步入良性发展轨道，共办理即期代客结售汇业务21笔，合计折美元15125万元，实现177.94万元的结售汇收益，同时也为成员单位节约汇兑成本约42.43万元。2017年，公司在原有五大外币币种的基础上新增新加坡元和澳大利亚元的开户、直连、归集和结汇业务。

【业务创新】

2017年公司启动基于核心业务系统的移动互联平台建设，立足核心企业打造移动办公平台、票据管理平台、信息交互平台，为面向全产业链提供金融服务奠定基础。保函业务取得突破性进展，累计办理各类保函73笔15亿元。2017年，公司创新服务模式，组建项目团队，实地调研了解成员企业资金管理现状及存在的问题并为其提供金融服务咨询。

【风险管理和内部控制】

2017年公司在金融监管风暴下，完成了一系列强监管规定动作。与此同时扎实做好风险监测、监控工作，对流动性比率、资本充足率等关键监管指标进行持续跟踪，并建立预警机制；公司不良资产继续实现了“双0”目标（0不良资产余额和0不良资产比例）。此外，2017年在监管局指定内审、审计署项目自查以及巡视组审计过程中，公司积极配合审计工作，对发现的问题迅速核实、研究、整改。

【财务管理】

2017年，公司严格执行全面预算，分解下达内部分解指标并持续按月推进主要经营指标滚动预算；开展银行业各类日报表、月报表和金融市场信息披露；完善专业化板块的绩效考核指标体系设计方案；开展提质增效，开拓完成经营指标的内部激励方案的落地、预算细则的拟订；开展财资管理项目的专题研究和项目实施，提出新企业会计准则的研究和应对方案；2017年，公司完成合并事项的税收汇缴工作，突破性争取了财政补贴；公司进一步管理集团及股份94个银行账户和资金结算业务和记账业务，财务工作质量和贡献进一步提升。

【综合管控与人力资源管理】

2017年，公司先后完成更名、变更住址、高管准出事项报备、新增董事任职资格审批、南车财务公司注销，正式以中车财务有限公司名义运营。随后统一工资体系，完善岗位绩效工资制实施办法，完成员工对岗对级。目前共有在岗员工47人，拥有本科及以上学历的员工100%。2017年公司进一步优化新公司的治理架构，完善“三会一层”公司治理结构；通过系统的整章建制、规范流程工作，共计新制、修订152部业务相关制度。

【信息化建设】

2017 年,公司基于大数据平台一期项目基础,充分利用公司现有各项数据资源,完成财资管理大数据分析专题建设,实现全集团范围投、融资规模的监控,充分发挥财务公司作为司库的管理职责。2017 年,公司还大力开展移动互联平台建设,将传统业务与互联网高度融合,项目完成后,将实现票据池管理、票据融资管理、沟通平台管理等多项功能。

【党群工作与企业文化建设】

2017 年,公司全面贯彻落实党的十九大重大决策部署,以党委书记讲党课、党委中心组扩大会议、党支部会议等各种方式学习传达党的十九大精神。公司党委通过建立健全制度体系,着手建立党员干部培训培养机制,并通过政治理论学习、"两学一做"教育等不断加强思想政治引领,通过成立党小组,完善基层组织制度建设、严格执行三会一课制度,定期组织民主生活会、规范选举制度等严肃党内政治民主制度,通过签署"党员廉洁自律承诺书"、参观教育基地、自查整改巡视组监督检查意见等方式,不断加强党风廉政建设,全面夯实了财务公司党建基础,精神文明建设务实走心。

2017 年,公司党委将党建工作、文化建设与规划发展、业务经营更加紧密地有机结合在一起。基层党组织规模进一步扩大,干部队伍素质进一步提高,群众组织建设进一步加强。公司成立了工会、女工委员会,设立工会主席、委员、女工委主任、副主任,在党委的统一领导下开展了自行车比赛羽毛球比赛等主题鲜明、丰富多彩的精神文化活动,有力促进了公司全面建设和协调发展。与此同时,公司制订了《中车财务有限公司先进部门和优秀员工评选管理办法(暂行)》等基础制度,为培育和形成"专业、创新、高效、融合"等特质为一体的企业文化氛围建立制度保障。2017 年,公司捐赠扶贫款 39.2 万元。

地址:北京市丰台区芳城园一区 15 号楼附楼 1 - 5 楼
邮编:100078
电话:010 - 51897086
电邮:caiwugsb@ crrcgc. cc
网址:www. crrcgc. cc

中国电建集团财务有限责任公司

【公司简介】

中国电建集团财务有限责任公司(以下简称"电建财务公司")于 2015 年 12 月 18 日开业,是经中国银行业监督管理委员会批准设立,为中国电建集团成员单位提供金融服务的非银行金融机构。

电建财务公司注册资本金为人民币 50 亿元,由中国电力建设集团有限公司、中国电力建设股份有限公司和中国水电工程顾问集团有限公司共同出资成立。公司注册经营地在北京市。

电建财务公司设立股东会、董事会和监事会,董事会下设风险控制委员会和审计委员会。设置职能部门 7 个,即综合管理部、计划财务部、信贷管理部、资金结算部、风险管理部、信息技术部和审计稽核部。

电建财务公司植根集团产业发展,以为集团和成员企业提供优质金融服务为核心,以建设国内一流财务公司为目标,切实发挥资金集中管理作用,打造全覆盖、多层次、差异化的金融服务体系,助推集团公司加快实现成为能源电力、水资源与环境、基础设施领域具有国际竞争力的质量效益型世界一流综合性建设投资集团的战略目标。

【战略定位】

根据国务院国资委与中国银监会联合发布的《关于进一步促进中央企业财务公司健康发展的指导意见》(国资发评价〔2014〕165 号),结合实际经营管理需要,集团公司通过职能委托、职责授权的方式将资金管理职能交由电建财务公司履行,在推动财务公司为成员企业提供稳健、高效的金融服务的同时,依托财务公司运作体系,落实集团资金管控要求。

电建财务公司坚持"立足集团、服务集团、规范经营、开拓创新"的经营宗旨,贯彻"审慎经营、规范管理、服务集团、创新进取"的经营方针,践行"搭建平台、整合资源、提质增效、效益共享"的经营思路,围绕集团资金管理和金融服务的双重职能,充分发挥财务公司"集团资金归集平台、集团资金结算平台、集团资金监控平台、集团融资运营平台、集团金融服务平台"五项功能,立足集团主业发展,服务集团发展战略,为实现集团公司战略目标提供资金支持和金融服务,提高集团资金统配能力和整体效益。

【发展战略】

电建财务公司在"十三五"发展期间,将深入贯彻"创新、协调、绿色、开放、共享"的发展理念,立足长远,脚踏实地,从创新发展、特色服务、风险监管等各方面循序渐进、稳步发展,助推集团业务发展,为集团公司加快建成世界一流综合性建设投资集团作出积极贡献!

战略愿景:发展成为功能全面、服务专业、管理科学的电建集团最佳金融服务平台。

战略使命:保障集团资金安全,创造产融协同价值,助推集团主业发展。

战略定位:电建集团全球化战略发展的资金归集与结算中心、融资运营与管理中心、外汇交易与管理中心、风险监测与管控中心、产业链金融服务中心和金融投资与孵化中心。

战略目标:电建财务公司在"十三五"期间,将根据电建集团战略发展的金融服务需求,以公司的战略愿景、战略使命和战略定位为指引,综合考量内外部环境和自身资源能力,本着"业务发展适应集团需求、能力建设满足业务发展、经营业绩体现管理能力"的原则,规划自身的业务发展、能力建设和经营业绩目标。(一)业务发展目标。"十三五"期间,电建财务公司将采取多元驱动、以点及面的发展模式,深入分析集团金融需求,积极推动金融产品创新,搭建起以"六个中心"为框架的业务体系,努力实现业务资质全牌照、成员企业全覆盖、金融风险全管控,为成员企业提供业务品种多元化、解决方案个性化、服务手段系统化和风险管理全面化的业务发展目标。(二)能力建设目标。为实现战略发展目标,公司自身需要加强六个方面能力建设。六个方面能力分别是客户营销服务能力、信贷管理能力、资本市场运作能力、金融业务发展能力、风险控制能力、业务创新和研发能力。(三)经营业绩目标。"十三五"末,电建财务公司营业收入达到 13.5 亿元,利润总额达到 6.3 亿元,资产总额达到 580 亿元,资金集中度达到 52%。

【经营业绩】

电建财务公司自 2015 年 12 月 18 日开业以来,按照集团公司制度安排,认真履行双重属性,即对集团成员企业提供金融服务的服务属性和作为集团总部管理职能重要组成部分的辅助管理属性,着力打造产融高度结合的企业集团金融平台取得积极成效,得到了中国财务公司协会等有关方面的充分肯定和集团成员企业的高度认可。电建财务公司荣获“2017 中国金融机构金牌榜·金龙奖”——“年度最具成长性财务公司”，受邀在 2017 年中国财务公司协会第 20 次会员大会上作典型经验交流。

2016 年是电建财务公司开业的第一年，通过多措并举强化资金归集，积极盘活集中资金，着力开展金融创新，提高金融服务效率，实现开业起步“开门红”。全年完成营业收入 5.40 亿元，实现利润总额 2.02 亿元。截至 2016 年末，电建财务公司资产总额 538.48 亿元，在全国 236 家企业集团财务公司中位列第 23 位；吸收存款 486.60 亿元，全年累计发放自营贷款 233.01 亿元，委托贷款 28.24 亿元；资金集中度 46.72%，位居建筑行业央企财务公司第二名。

2017 年，电建财务公司通过同业运作“增效”和内部调剂“降本”，综合效益显著。全年实现营业收入 13.22 亿元，实现利润总额 4.28 亿元；截至 2017 年末，电建财务公司资产总额 473.51 亿元，吸收存款余额 418.2 亿元，自营贷款余额 164.54 亿元，委托贷款余额 222.07 亿元，资金集中度 46.57%。

经过两年多的不懈努力，电建财务公司资金集中管理水平显著提升，金融手段服务集团发展的能力显著提高，各项经营指标处于行业领先水平，为集团公司提质增效、转型升级、实施产融结合战略发挥了应有的重要作用。

【信贷业务】

本着“立足集团、服务集团”的原则，注重以信贷业务促企业提质增效，通过实施一系列激励优惠措施，信贷业务扎实稳步开展，先后研发了自营贷款、委托贷款、银团贷款、集团内应收账款保理等信贷产品，为公司不断做强做优做大发挥了重要作用。

拓展信贷业务种类，提高金融服务质量。结合成员企业票据融资、保函置换保证金等业务需求，开展了票据承兑和资信证明、内部保函、存款证明等内部鉴证业务，节约了成员企业的保证金资源。

【产融结合】

充分发挥企业集团财务公司发育于产业、紧密依靠企业集团的特殊优势，产融结合成效明显。牵头重大项目融资取得积极成果。注重深化“总对总”银企合作，充分利用集团良好信誉，以财务公司为纽带，建立机制化的融资方案招标模式，与相关银行组建项目融资银团，以融资无担保、无银团费、利率下浮 10% 的方案一揽子解决集团新能源项目的投融资需求，提高整体议价能力，节约大量金融资源。

推出装备制造板块整体金融服务方案，2016 年 1 月份公司与装备制造板块 16 家企业签订了一体化金融服务方案和框架协议，一揽子解决了装备类企业融资难、融资贵、资金短缺、资信不足等问题，推进板块年底时点资金集中度较年初提升 56 个百分点。

【资金运作】

资金运作成效明显。在当前公司经营范围有限、放贷规模受限的情况下，着力加强同业资金运作。公司与集团长期合作的商业银行充分协商，最大限度争取同业存款优惠价格，建立定期报价机制，结合公司资金头寸适时办理定期存款产品，提高资金运作效益。

【票据业务】

针对成员企业办理银行承兑汇票时遇到的“授信难、费用高、抵押多”等诸多问题，公司结合成员企业票据融资业务需求，开展了电子商业汇票承兑业务。该业务具有“收费低、效率高”等明显优势，免收保证金和管理费，办理时限仅 2 个工作日。

【外汇业务】

2016 年 6 月公司跨国外汇资金集中运营主办企业资格获国家外汇管理局批复，集团备案成员企业 86 家，获批集中调配外债额度 50 亿美元，开立了境内外外汇主账户。按照集团公司关于外汇资金集中管理的要求，积极研究筹建集团公司境外资金集中管理平台。

【资金集中】

公司自成立以来，始终将加强集团资金集中管理作为工作主线，经过不懈努力，电建财务公司资金集中度达到建筑行业财务公司较好水平。

积极构建银企分级双线签约的合作新模式。在同行业中率先实施财务公司与银行总行签约、成员企业与省分行签约，以银行“总分支”三级联动机制和“财企总分”四方协议为保障，从源头上解决了因资金归集导致各地银行分支机构利益不均、金融服务差异化的矛盾。同时，为凝聚成员企业资金集中管理合力，共同提升集团整体资金运作能力，2017 年集团公司委托财务公司组织开展了资金集中管理达标竞赛活动，对资金集中管理成效显著的 31 家成员企业进行表彰。

努力打造资金集中管理政策体系。制定集团公司《资金管理综合评价办法》，对成员企业融资能力和资金管理水平进行模型测算及综合评价分类，并依据评价结果，对成员企业金融服务实施区别对待、分类管理，增强成员企业资金集中管理的主动性和积极性。

加强资金集中平台建设。上线运行银企直连，按照“横到边、纵到底”原则，核定成员企业银行账户留存限额，搭建二级本部归集体系，促使排除专户和临时户等不可归集因素后银企直连覆盖率达到 95% 以上，形成“中农工建交 + 浦发招商”七大银行直连网络全面覆盖，建立起财务公司资金集中的主渠道和主平台。

【风险管理和内部控制】

风险管理贯彻“以风险为导向、以流程为纽带、以控制为手段、以制度为保障”的总体思路，坚持监测、报告和分离原则，紧盯风险监测指标，及时调整经营策略和业务结构，初步实现了风险管理全覆盖。全年各项监管指标运行良好，满足监管要求。审计稽核工作坚持“强管理、防风险、增效益”的理念，聚焦企业发展战略，坚持以问题和风险为导向，以合规管理为目标，完善工作方法，突出审计重点，拓展审计范围，确保公司持续健康发展。

【人力资源管理】

公司采取公开招聘的方式，面向社会及时补充紧缺的金融业务人才。截至 2017 年底，公司共有员工 39 人，全部具有本科以上学历，拥有中级及以上专业技术职称的占 74%，均具有扎实的金融和资金管理基础、良好的专业知识技能和从业经验。

公司将打造学习型团队作为一项重点工作来抓，制定培训计划，实行岗位锻炼，采取集中培训与自我学习、走出去与引进来相结合的方式开展培训。同时，开展“全员大讲堂”活动，以推动学习型企业建设和职工专业能力提高，促使职工尽快熟练业务制度、流程和岗位操作要点，进一步推动公司制度完善、业务流程优化和运营效率的提高。

【信息化建设】

公司致力于打造“互联网 + 金融”的 IT 治理结构，推动大数据、云计算等信息技术与企业经营管理融合。与商业银行建立银企直连专线，基本建成核心业务系统，完成贷款流程改造、营改增价税分离及部分标准功能的优化完善。推动核心业务系统与财务核算系统、资金管理系统、1104 报表系统自动对接。

【党建工作】

深入学习贯彻党的十九大精神，扎实开展“两学一做”学习教育，着力加强组织建设和制度建设，全面从严治党。制定党委工作规则，依法合规推动党建工作与中心工作深度融合；不断完善惩治和预防腐败体系，切实织密权力的笼子；积极开展对外宣传，营造有利于发展的良好舆论氛围；群团工作有声有色，搭建职工沟通交流平台，培育和丰富企业文化。

【企业文化建设】

公司秉承“责任、创新、诚信、共赢”的价值观，发扬“自强不息、勇于超越”的集团精神，结合实际加强企业文化建设。以为成员企业提供多元化金融服务、助推集团主业发展为己任，以文化建设增强职工素质能力、塑造企业良好形象，充分发挥企业文化的凝聚、导向、规范、激励功能，促进公司战略远景的落地实现。

大事记

2015 年 7 月 9 日，中国银行业监督管理委员会批准筹建电建财务公司。

2015 年 12 月 10 日，中国银行业监督管理委员会北京监管局批准电建财务公司开业。

2015 年 12 月 17 日，北京市工商局海淀分局核发电建财务公司营业执照。

2015 年 12 月 18 日，电建财务公司开业仪式在中国电建集团总部隆重举行。国务院国资委、北京银监局、北京市海淀区人民政府、中国财务公司协会、工农建交中等 20 多家金融机构的 150 余位嘉宾莅临现场。

2016 年 1 月 6 日，成功对集团 6 家成员企业发放了首批贷款。

2016 年 3 月 25 日，与中国银行银企直连正式上线运行。

2016 年 6 月 8 日，外汇资金集中运营管理业务资格正式获得国家外汇管理局北京外汇管理部批复。

2016 年 6 月 24 日，自营贷款规模突破百亿元大关，达到 101.72 亿元。

2016 年 6 月 30 日，资金集中度首次突破 30%，达到 33.61%。

2016 年 7 月 14 日，成功为电建建筑公司开立首笔存款证明书。

2016 年 8 月 16 日，正式开通电子商业汇票承兑系统。

2016 年 9 月 20 日，成功为电建西北院开办首笔授信证明书。

2016 年 11 月 16 日，为水电五局发放首笔美元贷款 1500 万美元。

2016 年 12 月 31 日，集团公司总部资金集中额首次突破 500 亿元。

2017 年 4 月 30 日，集团公司总部资金集中额突破 600 亿元，财务公司资金集中额突破 500 亿元，双双创下里程碑式新高。

2017 年 7 月 11 日，同业拆借业务资质获银监会北京监管局批准，业务范围得到进一步扩大。

2017 年 8 月 31 日，资金集中度达 51.53%，再创历史新高。

2017 年 11 月 30 日，成功办理首笔内部应收账款保理买断业务。

2017 年 12 月 22 日，电建财务公司荣获“2017 中国金融机构金牌榜 · 金龙奖”——“年度最具成长性财务公司”，捧回历史首奖。

2017 年 12 月 22 日，电建财务公司受邀在中国财务公司协会第 20 次会员大会上作交流发言。

地址：北京市海淀区西直门外大街 168 号腾达大厦 8 层
邮编：100044
电话：010 - 58368993
电邮：finance@ powerchina. cn
网址：http://finance. powerchina. cn

保利财务有限公司

【企业概况】

保利财务有限公司于 2007 年由中国银行业监督管理委员会批准成立，2008 年 3 月 28 日正式开业。公司隶属于中国保利集团公司，是一家以加强集团资金管理和提高资金使用效率为目的，为企业集团内部成员单位提供财务管理服务的中外合资非银行金融机构。公司现有股东单位 8 家，分别是中国保利集团公司、保利科技有限公司、保利南方集团有限公司、保利（香港）控股有限公司、保利房地产（集团）股份有限公司（股票代码：S. H. 600048）、保利置业集团有限公司（股票代码：H. K. 00119）、瑞士信贷银行股份有限公司（Credit Suisse AG）及保利能源控股有限公司。公司 2010 年启动增资工作，并于 2011 年 9 月末顺利完成全部手续，现公司注册资本为 7 亿元。截至 2013 年末，公司总资产 86 亿元，资本充足率 43%，全年实现营业收入 4.72 亿元，利润总额 2.5 亿元，净利润 1.85 亿元。

保利财务有限公司是银监会新《企业集团财务公司管理办法》颁布后北京银监局辖内成立的第一家中外合资财务公司。以享誉中外的中国保利集团公司为依托、并有国际著名银行瑞士信贷的加盟，使保利财务公司备受社会瞩目。

保利财务有限公司秉承“立足集团、依托集团、服务集团”的经营宗旨，发挥集团公司整体优势，优化资源配置、降低资金成本、提高资金效率；保利财务有限公司奉行“安全性、流动性、盈利性”的经营方针，竭诚为成员企业提供专业、优质的金融服务，致力于为集团成员企业打造高效、规范、安全运营的资金结算平台、资金融通平台、资本运营平台，助力集团公司各项事业不断发展壮大。

【企业文化】

企业宗旨：立足集团、依托集团、服务集团

经营方针：安全性、流动性、盈利性

地址：北京市东城区朝阳门北大街 1 号新保利大厦 8C
邮编：100010
电话：010 - 84192372
电邮：contact@ polyfinance. com. cn
网址：www. polyfinance. com. cn

兵工财务有限责任公司

【企业概况】

兵工财务有限责任公司（简称“兵工财务公司”）经中国

人民银行批准，于1997年5月正式成立，为隶属于中国兵器工业集团公司（以下简称“兵器工业集团”）的非银行金融机构，立足兵器工业集团，按照国资委、银监会《指导意见》要求，致力于发挥资金归集平台、资金结算平台、资金监控平台、金融服务平台职能，以全方位的金融服务支撑兵器工业集团产业发展。

目前，经监管机构核准，兵工财务公司已经具备了《企业集团财务公司管理办法》允许财务公司开展的全部业务品种，成为行业里为数不多的具备全牌照经营资质的机构之一。兵工财务公司各项业务全面发展，业务品种不断创新，建立了一套具有兵器金融特点的完整业务体系，目前开展的业务主要包括存款业务、贷款业务、中间业务、票据业务、结算业务、投资业务、消费信贷、买方信贷、融资租赁、外汇业务等大类，涵盖数十个业务品种。

兵工财务公司逐步完善法人治理结构，构建了适应经营发展需要的制度体系及组织架构，按照“前中后台”的模式设置了总经理办公室、风险控制与法律事务部、财务计划部、结算业务部、信贷业务部、投资业务部、信息技术部、客户服务部、纪检监察部、审计部等涵盖管理、业务、客户服务等方面的部门，截至2016年底员工总数109人。

成立二十年来，兵工财务公司始终把兵器工业集团战略目标作为自身发展的出发点和落脚点。作为兵器工业集团的资金管理平台和金融服务平台，兵工财务公司努力推动结构调整与转型升级，将搞好产融结合、支撑兵器工业集团产业发展作为核心使命，全力做好金融服务，各项业务稳步发展，至2016年末资产规模突破800亿元，每年为兵器工业集团及各成员单位提供金融服务400亿元以上。今后，兵工财务公司将顺应改革大势，继续全面贯彻落实兵器工业集团决策部署，深度融入全价值链体系化精益管理战略，主动适应经济发展新常态，秉承“服务为本、客户中心”的经营理念，继续坚持结构调整、精益管理、金融创新、文化培育的工作主线，以立足服务、创造价值、创新驱动、转型发展为工作重点，着力提升金融服务能力及价值创造能力，为兵器工业集团产业发展提供全面金融支撑。

【企业文化】

企业理念：服务为本、客户中心

地址：北京市东城区青年湖南街19号
邮编：100011
电话：010－84127722
电邮：adnin@ norfico. com. cn
网址：www. norfico. com. cn

兵器装备集团财务有限公司

【企业概况】

兵器装备集团财务有限责任公司是经中国银行业监督管理委员会批准、由中国兵器装备集团公司及其所属成员单位共同出资组建、具有企业法人地位的非银行金融机构。公司于2005年10月正式成立，注册资本5.2亿元人民币，2008年9月底公司实现增资扩股，注册资本增至15亿元；2014年12月底公司再次增资扩股，注册资本增至20.88亿元。

兵器装备集团财务有限责任公司隶属于中国兵器装备集团公司，是加强企业集团资金集中管理、提高企业集团资金使用效率、为企业集团成员单位提供财务金融管理服务的非银行金融机构，业务上接受中国银行业监督管理委员会的管理、协调、监督和稽核。

财务公司作为集团产融结合的平台，以“汇通财智，创造价值”为公司愿景，承载着“助推一流企业集团，打造一流财务公司”的重大使命，充分发挥各种金融职能，创新金融服务手段，为各类优质客户提供一流的金融解决方案，通过科学的管理和完善的机制，发挥团队和财富的最大效用，为行业、股东、员工、社会创造价值。

【企业文化】

企业愿景：一汇通财智、创造价值
企业使命：一助推一流企业集团、打造一流财务公司

地址：北京市海淀区车道沟10号院科研三号楼五层
邮编：100089
电话：010－68966770
网址：www. bzhcw. cn

东风汽车财务有限公司

【企业概况】

东风汽车财务有限公司（以下简称公司）是东风汽车集团所属非银行金融机构，公司于1987年5月7日经国家银行业监督管理机关批准设立，是全国设立的第一家企业集团财务公司。公司注册资本金35亿元人民币，位于武汉经济技术开发区东风大道10号。

公司以依托东风汽车集团、服务东风汽车集团为经营宗旨，秉承“专业、效率、创新、服务”的经营理念，积极开展东风汽车集团资金集中管理服务，为东风汽车集团成员单位提供结算、融资等全方位全价值链金融服务；大力拓展汽车销售金融业务，提升东风汽车集团旗下商用车及乘用车的市场占有率。公司致力于发展成为东风汽车集团“资金集中管理平台”“汽车金融事业单元”和“资金营运理财中心”，做大做强“东风金融”品牌。

公司建立健全法人治理结构，规范完善营运管理体系，持续创新金融服务，深化精细管理水平，提升全面风险管理能力，助推东风汽车事业发展。

【企业文化】

经营宗旨：依托东风汽车集团、服务东风汽车集团
经营理念：专业、效率、创新、服务

地址：湖北省武汉市经济开发区东风大道10号
邮编：430056
电邮：dfcw@ df－finance. com. cn
网址：www. df－finance. com. cn

福建省能源集团财务有限公司

【企业概况】

福建省能源集团财务有限公司是由福建省能源集团有限责任公司（90%）和福建福能股份有限公司（10%）共同出资设立的非银行金融机构，注册资本10亿元，是福建省国资系统获批的第一家企业集团财务公司。其业务范围为：对成员单位办理财务和融资顾问、信用鉴证及相关的咨询、代理业务；协助成员单位实现交易款项的收付；经批准的保险代理业务；对成员单位提供担保；办理成员单位之间的委托贷款及委

托投资；对成员单位办理票据承兑与贴现；办理成员单位之间的内部转账结算及相应的结算、清算方案设计；吸收成员单位的存款；对成员单位办理贷款及融资租赁；从事同业拆借；承销成员单位的企业债券；有价证券投资；对金融机构投权投资。

福建省能源集团财务公司的经营方针为："服务集团、诚实守信、规范运作、稳健经营"。功能定位是：为企业集团成员单位提供财务管理服务，立足集团并依托集团发展，核心是服务集团，为集团成员单位提供各种优质高效的金融服务；通过加强资金集中管理，提高资金使用效率和资源配置效率，不断降低融资成本，最终实现股东成员单位和财务公司互利互赢、共同发展。

【企业文化】

核心价值观：真诚、有为、开心

核心理念：心怀感恩、创造感动

地址：福建省福州市鼓楼区琴亭路 29 号方圆大厦 16 楼
邮编：350003
电话：0591 – 87273188
网址：www. fjegfc. com

广东粤电财务有限公司

【企业概况】

广东粤电财务有限公司（以下简称"财务公司"）成立于 2006 年 12 月，是广东省粤电集团有限公司通过净壳收购重组原广东万家乐集团财务有限责任公司组建的一家非银行金融机构。初始注册资本为人民币 3 亿元，经过 4 次增资扩股，现注册资本为人民币 20 亿元。由广东省粤电集团有限公司、广东电力发展股份有限公司及广东省沙角（C 厂）发电公司分别持有 60%、25% 和 15% 的股权。

一、经营范围

成立之初，财务公司已获准经营八项业务；2008 年获批新增投资类业务；2009 年获进入全国银行间拆借中心资格；2012 年获批开展即期结售汇业务的资格并进一步扩大有价证券投资业务范围，现可开展《企业集团财务公司管理办法》中第二十八条全部业务及第二十九条部分业务。2015 年公司正式取得交易商协会的会员资格，为开展投行业务转型打下坚实基础。

此外，财务公司全资控股深圳天鑫保险经纪公司，并投资作为珠海农村商业银行排名第一股东，现已成为集团金融板块架构的核心。

现公司经营业务范围包括：对成员单位办理财务和融资顾问、信用鉴证及相关的咨询、代理业务；协助成员单位实现交易款项的收付；经批准的保险代理业务；对成员单位提供担保；办理成员单位之间的委托贷款及委托投资；对成员单位办理票据承兑与贴现；办理成员单位之间的内部转帐结算及相应的结算、清算方案设计；吸收成员单位的存款；对成员单位办理贷款及融资租赁；从事同业拆借；经批准发行财务公司债券；承销成员单位的企业债券；对金融机构的股权投资；有价证券投资等。

二、经营状况

公司成立以来，坚持合规、稳健经营，取得良好的经营业绩，在监管部门批准的经营范围内，结合集团公司管理特点和经营需求，不断探索自身发展道路，积极开展金融创新和精细化管理，在经营和管理上取得了良好的业绩——2011 年起连续多年被推选为中国财务公司协会理事单位；2012 年成为广州市人民政府认定的"广州市首批认定总部企业"。2015 年在中国财务公司协会首次行业评级中获评为最高级别"创新型财务公司"。

截至 2016 年末，财务公司资产总额超 170 亿元，全资控股深圳天鑫保险经纪有限公司，并成为珠海农村商业银行股份有限公司排名第一主要战略股东。2011 年起公司担任中国财务公司协会理事单位，连续两年获行业评级最高级别"A 级"（创新型财务公司）。

围绕"依托集团、服务集团、扎根基层、服务基层"的经营宗旨，财务公司不断在实践中探索适合自身的发展方向，并努力打造国内一流财务公司品牌，为集团做强做大贡献应有的力量。

【企业文化】

企业宗旨：依托集团、服务集团、扎根基层、服务基层

地址：广州市天河区天河东路 2 号粤电广场南塔 12 – 13 层
邮编：510731
电话：020 – 8513882
网址：www. gdyd. com

国机财务有限责任公司

【企业概况】

国机财务有限责任公司由中国机械工业集团有限公司及其所属 26 家成员企业共同投资组建，经中国人民银行业监督管理委员会批准于 2003 年 9 月正式成立，是具有独立法人资格的非银行金融机构，注册资本 11 亿元人民币。

深入集团成员企业经营链条，努力为集团和成员企业提供优质高效的特色金融服务。公司成立以来，以"依托集团资源，服务集团发展"为宗旨，坚持"规范、服务、发展、创新"的经营理念，不断深入集团成员企业经营链条，努力为集团和成员企业提供优质高效的特色金融服务，成功开发并推广了融资租赁、买方信贷、票据承兑与贴现、厂商一票通、转开函证、票据池、母子公司资金池等一系列创新金融产品，为成员企业的发展提供了有力的金融支持，深化了公司与成员企业的合作。

完善的法人治理结构。公司设立股东会、董事会和监事会，并在董事会下设立战略与提名委员会、审计与风险控制委员会、业绩考核与薪酬委员会三个专业委员会，完善的法人治理结构奠定了公司的经营管理基础。

有效的风险防范与控制机制。覆盖公司经营管理全范围和全过程的内部控制体系，为公司构筑起了科学有效的风险防范与控制机制。

提供安全高效的运营管理平台。网上银行、资金结算、银企直连、信贷管理、投资管理、风险管理、客户管理、财务管理、OA 办公系统等完备功能的信息系统，为公司提供了安全高效的运营管理平台。

提供有力的人才保障。专业务实、积极进取的员工队伍，为公司开展专业、高效的金融服务提供了有力的人才保障。

公司将秉持国机集团"合力同行，创新共赢"的价值理念，积极探索具有国机特色的金融服务模式，不断提升服务品质，努力为集团及成员企业创造价值，为建设"五个国机"作

出更大贡献。

【企业文化】

愿景：坚持“依托集团资源，服务集团发展”的基本宗旨，坚持以集团整体发展战略为导向，以促进产融结合，支持集团实体经济发展为目标，打造集团的产业链金融综合服务商。

核心价值观：和谐、发展、诚信、共赢

公司管理概念：团队化、专业化、规范化、市场化

地址：北京市海淀区丹棱街3号A座
邮编：100080
电话：010－82606800
电邮：office@ sinomf. com
网址：www. sinomf. com

国投财务有限公司

【企业概况】

国投财务有限公司是2008年底经中国银行业监督管理委员会批准设立，并核发金融许可证的非银行金融机构，于2009年2月11日经国家工商行政管理总局核准注册成立。公司注册资本为50亿元人民币。

公司由国家开发投资公司、雅砻江水电凉山有限公司、国投资本控股有限公司、国投云南大朝山水电有限公司、国投泰康信托有限公司、国投高科技投资有限公司、厦门华夏国际电力发展有限公司、国投甘肃小三峡发电有限公司、国投交通控股有限公司和国投电力控股股份有限公司共同出资组建，并由国家开发投资公司控股。公司通过提供综合性的金融产品和服务，旨在加强国投集团资金集中管理能力，提高资金使用效率，降低资金使用成本，实现产融结合。公司立足集团、强化服务、内外并举、优化协同，推动加快集团产业发展，提升集团竞争优势。

2017年底，公司资产273.08亿元，负债203.17亿元，所有者权益69.91亿元；当年实现利润总额6.24亿元，为集团节约成本费用8.36亿元；9年累计为集团节约费用55.55亿元。

公司将不断适应宏观经济形势和经营环境变化、适应集团发展需要，积极探索、锐意创新，持续提升经营管理与金融服务水平，努力实现“面向集团的、行业一流的卓越精品财务公司”的愿景目标。

【企业文化】

企业精神：集流成渊、融通集团

地址：北京市西城区阜成门北大街2号楼18层
邮编：100034
电话：010－83325080
传真：010－83325073
网址：www. sdicfinance. com

海航集团财务有限公司

【企业概况】

海航集团财务有限公司（以下简称“财务公司”或“公司”）组建于2003年12月，是经中国银监会批准由海航集团有限公司等7家股东投资设立的一家全国性非银行金融机构。公司成立初期注册资本3亿元，经2006年、2008年、2010年和2015年四次增资扩股后，注册资本达80亿元（含500万等值美元）。

其中，海航集团有限公司占注册资本总额的33.250%；天津航空有限责任公司占注册资本总额的25.000%；海航机场集团有限公司占注册资本总额的22.059%；中国新华航空集团有限公司占注册资本总额的8.000%；三亚凤凰国际机场有限责任公司占注册资本总额的7.941%；海口美兰国际机场有限责任公司占注册资本总额的3.125%；海航酒店（集团）有限公司占注册资本总额的0.625%。

经中国银行业监督管理委员会核准，公司经营范围包括：对成员单位办理财务和融资顾问、信用鉴证及相关的咨询、代理业务；协助成员单位实现交易款项的收付；经批准的保险代理业务；对成员单位提供担保；办理成员单位之间的委托贷款及委托投资；对成员单位办理票据承兑与贴现；办理成员单位之间的内部转账结算及相应的结算、清算方案设计；吸收成员单位的存款；对成员单位办理贷款及融资租赁；从事同业拆借；经批准发行财务公司债券；承销成员单位的企业债券；对金融机构的股权投资；有价证券投资；成员单位产品的消费信贷、买方信贷及融资租赁。

截至2018年2月，财务公司董事会成员包含徐洲金先生、黄尔威先生、张尚辉先生、穆先义先生、牟高翔先生，监事会成员包括周珮萱先生、陈于前先生、蒙娜女士。

自运营以来，财务公司严格依法合规运营，有效地加强了集团资金集中管理，提高了集团整体资金使用效率，搭建了与外部金融市场的合作渠道，并在全国同业中树立了良好的信用形象，为实现海航集团的整体效益最大化，发挥了不可替代的重要作用。

【企业文化】

海航人的共同理想，是“造福于人类的幸福与世界的和平”。

海航家园兼容并蓄，让人类文明在这座艺术殿堂共融共生。海航人坚持全球视野和世界市场的立场，让全人类都能分享全球化带来的果实，没有丝毫差异。

我们要创造一个新形态的企业，它既是有形的海航，也是无形的符号；它既能激发人努力工作的欲望，也能激发人承担起对员工、对社会、对世界的责任；它既能通过产品提供、财富分配让人们生活更加美好，也能肩负起推动人类社会文明进步的使命；它既能因竞争而永葆活力，也能使人在竞争中恪守人格和不渝信条。

海航人致力于符合道德规范和负责任的、促进全球资源高效配置与利用的企业行为。在每一个海航人的血液中都流淌着社会责任感的因子，他们都有着一个共同理想——“造福于人类的幸福与世界的和平”，这也是激励海航人不断超越自我的动力。

海航人的共同信仰，是“天佑善人、天自我立、自我主宰”，是“真、善、美”，是“无疆大爱”。

海航人的共同追求，是“大众认同、大众参与、大众分享、大众成就”。

海航人的共同理念，是“诚信、业绩、创新”。

地址：北京市朝阳区霄云路甲26号海航大厦写字楼22层
邮编：100026
电话：010－57583700
网址：www. hna－finance. com

航天科工财务有限公司

【企业概况】

航天科工财务有限责任公司由中国航天科工集团有限公司及其下属 14 家成员单位投资成立的一家非银行金融机构,于 2001 年 11 月成立,现注册资本金人民币 23.85 亿元。

公司本部位于北京,另在武汉设立分公司。2017 年末,公司资产总额 747.77 亿元,实现营业收入 17.52 亿元,利润总额 11.67 亿元。公司在职员工 76 人,平均年龄 38 岁,本科及以上学历占比 89.5%,其中硕士及以上学历占比 35.5%。

作为集团公司金融服务平台,公司始终以支持集团公司产业发展为己任,以提高资金运行效率为核心,充分发挥"资金集中、资金结算、资金监控和金融服务"四大平台功能,不断推动集团公司转型升级的同时,实现了自身业务领域的不断拓展,公司整体经济效益稳步提升,金融风险防控持续强化,金融服务效果明显,企业文化深入人心,团队建设卓有成效。

"十三五"期间,公司将以商业模式创新为核心,调整经营定位,推进新业务的开展;以技术创新为支撑,加快信息化建设,提升公司核心竞争力;以管理创新为手段,推动内部管理机制改革与创新,为公司发展提供内生动力。计划到 2020 年,实现全资质运行,建成具有航天特色的行业一流财务公司,成为制度完善,管理机制科学合理,运行规范高效的现代金融企业。

【企业文化】

公司使命:提升价值非凡助推

企业价值观:利益相关方价值最优化

战略定位:发挥财务公司作为集团战略支点、经济引擎和桥梁纽带的作用

战略目标:助推航天产业发展,提升集团整体价值,将公司打造成行业领先型企业

经营宗旨:作为连接金融与集团的纽带和桥梁,充分发挥专家理财优势,为集团和股东创造更大的经济效益

经营方针:稳健经营、诚信服务、严格管理、追求效益

管理理念:"1BP"管理——精确到 1BP,精细到 1BP,努力到最后 1BP。

地址:北京市海淀区紫竹院路 116 号嘉豪国际中心 B 座 12 层
邮编:100097
电话:010-58930256
网址:www.cwgs.casic.cn
财务公司武汉分公司:
地址:湖北省武汉市江汉区建设大道 737 号 广发银行大厦 41 楼
邮编:430013
电话:027-85357660
传真:027-85357659

航天科技财务有限责任公司

【企业概况】

航天科技财务有限责任公司于 2001 年成立,是经中国银行业监督管理委员会批准,为适应社会主义市场经济的要求,支持我国航天事业持续稳定发展,由中国航天科技集团公司以及中国航天科技集团其他十六家成员单位共十七方共同出资设立的一家非银行金融机构,注册资本金人民币 35 亿元。

财务公司作为集团公司目前唯一一家现代金融企业,在构建航天科技工业新体系进程中,立足于自身在金融和资本市场的专业优势,紧紧围绕"建设一流财务公司"的愿景,以充分发挥"金融平台"职能为己任,以"创建一流"为第一目标,以"服务航天"为第一要求,以"科学发展"为第一要务,以"风险防范"为第一责任,充分发挥资金融通、金融服务功能,成为成员单位"密不可分"的金融服务提供商,实现集团价值最大化。

航天科技财务有限责任公司具备完善的"三会一层"法人治理结构,股东大会、董事会、监事会及经营管理层。董事会设置了执行委员会及四个专业委员会,分别为战略与投资委员会、风险管理委员会、预算与审计委员会及薪酬与考核委员会,并聘请外部专家担当独立董事;经营层下设预算与成本管理委员会、审贷委员会、投资决策委员会。

多年来,财务公司通过制定并实施人才队伍建设规划,继承和弘扬航天传统精神,建立完善市场化的人才选拔、评价、培养、激励机制,形成了一支专业素质优良、服务水平较高、作风稳健的人才队伍。公司共拥有员工 88 名,平均年龄 38 岁,其中博士研究生 4 名,硕士研究生 47 名,大学本科及以上学历占 95%;员工队伍中金融、经济、财会等专业人员占 66%,经济管理等专业占 21%,拥有享受政府特殊津贴专家 1 名,航天贡献奖获得者 5 名,航天基金奖获得者 1 名。

【企业文化】

企业愿景:建设一流财务公司

地址:北京市西城区平安里西大街 31 号
邮编:100035
电话:010-66498800
网址:www.astfc.com

上海汽车集团财务有限责任公司

【企业概况】

上海汽车集团财务有限责任公司(以下简称上汽财务)是上海汽车集团(A 股代码:600104)所属的非银行金融机构,于 1994 年 5 月在上海成立,现有注册资本金人民币 103.8 亿元,现任董事长陈志鑫,总经理沈根伟。截至 2016 年末,公司资产总额 2038 亿元,行政部室 20 个。

创建初期,上汽财务公司抓住上汽集团所属企业因桑塔纳轿车国产化亟需技改贷款而银行无法充分提供的契机,充分发挥自身的资金优势,为上汽集团所属企业提供信贷服务,有力支持了集团主业发展。2000 年以后,上汽财务公司的发展面临的形势日趋严峻。一方面,随着中国加入 WTO,中外资银行对客户的争夺更加激烈;另一方面,上汽财务公司与生俱来的政策限制及上汽集团成员企业的特点,也使公司的生存与发展经历重大考验。逆水行舟、不进则退,重重困难并没有束缚住公司前进的步伐,公司管理层带领全体员发展经历重大考验。逆水行舟、不进则退,重重困难并没有束缚住公司前进的步伐,公司管理层带领全体员工突破传统、创新思路,探索出一条"新型国企"的市场化发展之道。在新的发展思路指引下,公司管理层以文化建设为引领,以行动落地为抓

手,带领全体员工奋力拼搏,全力开拓新的生存发展空间。

通过多年不懈奋斗,上汽财务公司的经营业绩得以快速攀升,形成公司金融、汽车金融、投融资三大业务板块,走出一条"创新引领未来、和谐共创价值"的产融结合道路。公司利润总额2009年至2015年分别达到5.79亿元、10.20亿元、14.91亿元、18.57亿元、25.19亿元、28.63亿元、50.68亿元,连续多年保持两位数增长水平。在公司金融领域,上汽财务公司始终立足为集团产业布局服务,走产融共赢之路。目前服务覆盖集团旗下379家企业,为企业提供"私人定制"式本外币金融服务;七次为上汽通用、上汽通用五菱等集团重点企业牵头组建银团贷款,被上汽通用评为最佳金融合作伙伴;近年来集团客户在上汽财务的存款规模屡创新高,最高峰已超900亿元。在汽车金融领域,上汽财务公司虽然涉足较晚,但却后来居上,迅速赶超同业。截止2015年末,上汽财务公司汽车金融业务已覆盖全国370多个城市、1900多家经销商,累计为超过480万台车辆提供融资服务,为超过120万人次发放消费信贷,业务规模在经营本集团汽车品牌业务的金融公司中排名第一。在业务高速发展的同时,资产质量优中求优,批发业务从开业以来始终保持零不良率;零售业务30天以上逾期率仅为银行、汽车金融公司平均水平的1/4-1/3,实现发展速度和资产质量连续多年双创第一的业界奇迹。在投融资领域,上汽财务公司自营开展固定收益类和权益投资类等证券投资业务,坚持稳健投资的原则,以出色的市场预判力和团队执行力,多次成功运作,实现了总计近95亿元的投资收益。特别值得一提的是,2012年,公司正式发行了业内首单资产证券化产品——"2012上元一期个人汽车抵押贷款资产支持证券",再创财务公司行业先河。2013年,大公国际、联合资信将"2012上元一期"优先B档的信用等级由A级上调至AA级,中债资信则直接将其信用等级由A级上调至AA+级,使其成为市场上跟踪评级上调最多的资产证券化产品。无论是在2011年和2013年发生债券系统性风险时,还是在2008年和2015年发生股票系统性风险时,我司投资团队都经受住了市场反复考验并迭创佳绩,充分显示出我司投资团队优秀的投研能力和风险控制能力。

创新是公司发展的源动力。作为一家创新型金融机构,上汽财务公司在市场化浪潮中奋力拼搏,金融新品层出不穷,凭借近年来在市场开拓和风险管理两方面的出色表现,不仅成为业内多数新业务的最早试行者和准入者,而且至今仍是业内部分业务的唯一准入者,如:业内首家获批金融衍生产品交易资格、外币对市场会员资格;业内首家开展远期结售汇业务、远期外汇买卖、卖方贴现业务;业内首家发行资产支持证券。2014年,经过不懈努力,公司产业链金融也获得历史性突破,成为全国首批五家试点产业链金融的财务公司之一,获批对集团外供应商开展保理业务、对经销商开展建店融资业务、对汽车消费贷款客户开展维修贷款业务、对汽车消费贷款客户开展延保和保养贷款业务、对汽车消费贷款客户开展车辆保险贷款业务、对集团成员单位所属品牌的二手车零售贷款业务六项试点。2015年,公司又获批人民币外汇掉期、外币对掉期等衍生产品交易业务资格。与此同时,公司还拥有一支强大的新产品开发队伍。2005年以来,公司自主开发了拥有完全自主知识产权的现金管理系统、汽车金融批发系统、汽车金融零售系统、基于RFID(互联网)技术的合格证远程监控系统及车辆远程监控系统、个人消费贷款远程面签系统、车贷E管家,并根据中国国情自主开发了适合中国特色的综合贷后管理系统。2014年,为了充分融入互联网金融的浪潮,公司适时启动了O2O"金融电商"项目——"好车e贷"电商平台,覆盖电脑客户端、手机客户端、微信号三个使用最广的平台。除了上述引用互联网新技术的新产品外,公司在汽车金融领域首先推出了全面浮动抵押制度,目前覆盖面已达90%,远远高于其他各大汽车金融公司。上述各项新产品得到业内各方高度认可,曾获包括两项发明专利在内的四项国家专利、六项软件著作权,其中"车辆合格证远程监管"项目还获得上海市金融创新三等奖,并得到上海市发改委服务业发展引导资金400万元的现金资助。

人才是公司发展的竞争力。自成立以来,上汽财务公司在人才队伍建设上不断探索、实践,建成了一套完善的人本体系,打造了一支"敬业、专业、创新、合作"的高素质人才队伍。首先,公司独创H型职业发展体系,使行政干部序列和技术干部序列双轨并行,为员工提供了全新的职业发展通道,用精彩的事业吸引人。2015年,公司为鼓励创新型人才脱颖而出,积极探索优秀人才快速成长通道,还推出了《关键岗位人才见习培训管理办法》,从制度层面将创新人才的培养与员工职业发展、绩效管理有效结合,让更多具有创新想法的员工通过此机制直接获得提拔晋升。其次,公司通过公平、公开、公正的的市场化人才招聘选拔机制,切实做到"能者上、庸者下、平者让",用公平的环境留住人。公司建立了一套以创新和挑战为导向,目标管理(硬指标,占70%)和能力素质(软指标,占30%)相结合的绩效考核体系,并让全员共同参与绩效考评全过程,用科学合理的考核制度激励人。同时,公司还形成了内外训相结合、线上下相互补、岗位实践与课堂授课相交叉的人员培训体系,促使员工在工作中迅速成长,用有效的学习培养人。

文化是公司发展的软实力。多年来,上汽财务公司始终致力于深化企业文化建设,通过外塑形象、内聚合力,有效提升了员工的凝聚力、战斗力和创新力,并为公司营造了良好发展环境。一方面,塑造了具有上汽财务特色的"价值"文化体系。公司通过各类主题活动,关爱员工,使员工更好的融入企业文化中。对全体员工,公司举办了"员工家庭才艺秀""员工家庭趣味运动会""运动会""艺术节""快乐健身跑""企业文化知识竞赛"等活动,力争培育一支有文化凝聚力的高素质员工队伍,打造有文化支撑的企业核心竞争力。对长期奔波在外的外勤员工,不仅开展了"外勤员工家庭日""拓展活动"等,还建立了"太太俱乐部""家庭爱心卡",将公司的关爱延伸至其家属。对青年员工,开展了"我工作、我快乐""将爱进行到底"青年联谊主题派对等活动,不断增强公司对青年的吸引力和凝聚力。另一方面,公司努力营造良好外部发展环境,传播了"公益在我心、与希望同行、快乐志愿者"的正能量,充分体现了国有企业的社会责任感。在汶川、玉树发生地震灾害时,公司积极筹款,支援灾区,共捐款15.32万元。公司还积极支持上海世博,捐赠6000万元用于世博建设。同时,继1997年捐资20万建造井冈山畔田希望小学后,公司每年对其进行捐赠。2013年,公司还邀请希望小学师生代表来沪进行为期5天的"牵手希望,情系上财"访问之旅,使孩子们开拓眼界、增长知识。此外,为更好地服务群众、服务社会,本着"我奉献、我服务、我快乐"的理念,公司成立了多支志愿服务队,开展了汽车消费贷款咨询、"爱心伞"、外勤员工家属24小时就医陪诊服务热线等一系列志愿服务活动。

公司多年来取得的成绩得到业内外充分肯定，斩获多项荣誉。自2007以来八次获得上汽集团年度业绩优异奖。2008年，公司被上海市总工会授予“上海市职工最满意的企业”称号，并当选中国银行间市场交易商协会理事单位，成为唯一一家财务公司理事。2010年，公司被评为上海市首批合法经营示范企业。2011年，当选中国财务公司协会副会长单位，成为五家副会长单位中唯一一家地方国企财务公司。2011、2012年，公司在《金融时报》和中国社科院金融研究所联合举办的“中国金融机构金牌榜‘金龙奖’”评选中，两度当选全国三家“年度最佳财务公司”之一。2012年，凭借高速增长的业绩和良好的发展前景，公司先后被大公国际、联合资信等权威评级机构一致评定为AAA最高主体信用评级。2012、2013、2014年，三次入榜“上海市税收收入百强企业”名单。2013年，在《21世纪经济报道》旗下《理财周报》主办的“中国汽车金融年会暨中国汽车金引擎奖颁奖典礼”上，当选全国三家“2013最佳创新型汽车金融公司”之一。2013年，在金融时报社和中国社会科学院金融研究所联合举办的“2013中国金融机构金牌榜‘金龙奖’颁奖盛典”上，荣获全国唯一“年度最佳创新财务公司”称号。2014年，公司LOGO被评为“上海市著名商标”，成为本次获评的仅有五家金融类企业之一。同年，公司“车辆合格证远程监管”项目荣获上海市2014年度“金融创新三等奖”，并在金融时报社和中国社会科学院金融研究所联合举办的“2014中国金融机构金牌榜‘金龙奖’颁奖盛典”上，荣获“年度最具创新力财务公司”称号。2014－2015年，在J. D. Power亚太公司对中国汽车金融开展的满意度调研中，上汽财务公司以出色表现连续两年荣膺行业第一。2015年，公司在“2015年中国金融机构金牌榜·金龙奖”评选中获得“年度最佳风险管理财务公司”荣誉称号，并在第六届中国汽车金融年会上获得“汽车金融50人论坛第二届副主席单位”荣誉称号。

【企业文化】

企业愿景：打造中国特色的企业金融服务品牌，成为业内首选的优质金融服务专家，实现股东、客户、员工共赢。

经营战略：优质服务与合理利润并重，投资业务与金融业务并重。

企业精神：创新引领未来，和谐共创价值。

核心价值观：在为集团企业提供优质服务中体现自身价值，在为客户创造最大价值的同时求得自身最大发展空间。

地址：上海静安区康定路1199号
邮编：200042
电话：021－62311010
网址：www. saicfinance. com

通用技术集团财务有限责任公司

【企业概况】

通用技术集团财务有限责任公司（以下简称“财务公司”）隶属于中国通用技术（集团）控股有限责任公司（以下简称“中国通用技术集团”）。由中国通用技术集团及中国技术进出口总公司出资组建。注册资本10亿元人民币，其中，中国通用技术集团持股95%，中国技术进出口总公司持股5%。财务公司是经中国银行业监督管理委员会批准设立的为集团公司及集团成员单位提供财务管理服务的非银行金融机构。

财务公司自2009年11月获中国银监会批筹，于2010年9月19日取得中国银监会开业批复，于2010年9月26日和30日先后领取金融许可证和法人营业执照，于2010年10月25日正式开始上线运行。

财务公司的经营宗旨为“以中国通用技术（集团）控股有限责任公司总体利益最大化为目标，通过专业化的运作，实现集团成员单位资金的全覆盖集中管理，进而有效控制资金风险，实现集团总体战略布局下的最优资源配置，并为集团成员单位提供灵活的金融产品及全方位的财务顾问服务”。

作为集团的非银行金融机构，财务公司将始终紧密围绕集团整体发展战略，始终坚持以集团整体利益最大化为目标，秉承“依托集团、服务成员、规范经营、稳健发展”的经营理念，大力推进基础业务、中间业务和创新业务的开展，充分发挥金融平台功能作用，培育、强化核心能力，提升资金集中管理水平和资源配置效率，加强业务协同，促进产融结合，打造成为有力支持集团转型升级战略实施的金融服务中心。

【企业文化】

企业愿景：努力打造支持集团健康持续发展的金融服务平台

核心价值理念：诚信共赢

地址：北京市丰台区西三环中路90号通用技术大厦六层
邮编：100055
电话：010－63348329
网址：www. gtfc. com. cn

中电投财务有限公司

【企业概况】

中电投财务有限公司（以下简称“公司”）是经中国银行业监督管理委员会（银监复〔2005〕42号文）批准，于2005年2月改制成立的全国性非银行金融机构，由中国电力投资集团公司（以下简称“集团公司”）控股。公司总部设在北京，注册资本金50亿元人民币，具备《企业集团财务公司管理办法》规定的全部经营资质，是全国银行业同业拆借市场会员、银行间外汇市场会员、银行间交易商协会会员，中国财务公司协会第八届监事长单位。

公司成立以来，在集团公司党组正确指导、国家金融监管部门的大力支持下，始终坚持“服务集团”的宗旨，以实现集团公司资金管理整体效益最大化为目标，运用金融职能和多种金融工具，不断创新业务领域，稳健经营、规范运作，资产规模不断壮大，产业结构持续优化，整体实力和竞争力快速提升，为集团公司能源战略可持续发展提供了强有力的金融支撑。2015年，公司认真贯彻金融监管部门的各项监管要求，积极应对货币政策实际趋紧，利率市场化加快推进等诸多因素影响，稳健经营、强化服务、防控风险，实现利润11.24亿元。

【企业文化】

企业理念：专业、协同、创新、卓越

地址：北京市西城区西直门外大街18号金贸大厦C1座
邮编：100044
电话：（010）－56625777
邮箱：cpicwgs@ cpicorp. com. cn
网址：www. cpifcl. com. cn

中国大唐集团财务有限公司

【企业概况】

中国大唐集团财务有限公司(China Datang Finance Co., Ltd)(以下简称"公司")是根据深银监复〔2004〕250号《关于中国大唐集团重组深圳经济特区经济发展财务公司有关问题的批复》、中国银行业监督管理委员会银监复〔2005〕95号《中国银行业监督管理委员会关于大唐集团财务有限公司业务范围及变更营业场所的批复》,于2005年5月10日正式成立的,2005年8月正式开业。公司是由中国大唐集团公司控股的系统内第一家非银行金融机构,注册资本金4869871590.23元人民币(含750万美元)。

公司主要职能是为集团公司系统提供资金集中管理服务,提高资金使用效率,对成员单位办理吸收存款、贷款、结算、票据、融资租赁业务,提供担保、财务顾问等专业服务,并开展有价证券投资、发行财务公司债券、承销成员单位企业债券、对金融机构股权投资等业务。

公司拥有一批来自电力和金融领域,熟悉金融和资本市场,具有丰富经验的高素质专业人才。公司本部现设综合管理部、存款业务部、计划财务部、信贷业务部、票据业务部、创新业务部、结算业务部、风险与合规管理部、监察审计部、信息技术部、党群工作部等11个职能部门。

作为中国大唐集团公司内部资金集中管理和运作平台,公司在依法合规的前提下,充分发挥资金集团化、集约化管理平台作用,有效提高资金使用效率和效益,成为集团成员单位可信赖的"内部银行",跻身全国财务公司的先进行列,开创了大唐集团金融事业发展的新局面。"十二五"期间四获中国大唐集团公司先进单位荣誉称号,2015年荣获中国财务公司行业首次评级A级(创新型)企业和首都文明单位等重要荣誉。

面对新机遇,迎接新挑战。公司将牢牢把握"依托集团、服务集团、支撑集团、贡献集团"的战略定位,认真践行"务实、奉献、创新、奋进"的大唐精神,充分发挥金融平台作用,服从于集团公司发展战略,服务于集团公司及成员单位,坚持价值思维,效益导向,持续提升资金管控能力、金融服务能力、盈利能力、精细化管理能力,以优良的业绩回报全体股东,为大唐集团的发展提供更加有力的金融支持。

【企业文化】

战略定位:依托集团、服务集团、支撑集团、贡献集团

大唐精神:务实、奉献、创新、奋进

地址:北京市西城区菜市口大街1号院1号楼

邮编:100052

电话:010-83956819

邮箱:sumingyang@ china-cdt. com

网址:www. cdt-cw. com

中国电力财务有限公司

【企业概况】

中国电力财务有限公司(以下简称"中国电财")是经中国银监会批准,由国家电网公司控股、国网国网英大集团公司等参股的一家非银行金融机构,注册资本金100亿元,为国家电网公司成员单位及经中国银监会核准的服务对象提供金融服务。中国电财目前拥有东北、西北、华中、华东、华北5家区域分公司、7家省级分公司和13家省级业务部,员工800余人,经营范围涵盖资金结算、存款、贷款、融资租赁、票据、贴现、债券承销、证券投资以及财务顾问等。

2014年,面临繁重的发展任务,中国电财抓住金融改革逐步推向深入的大好时机,积极服务国网公司财力集约化管理大局,扎实开展"三增三节"活动,全面推进流程型财务公司建设,攻坚克难,奋勇拼搏,经受住种种考验,取得新的成绩和突破。2014年,中国电财主要经营指标再创新高,各项监管指标符合银监会监管要求,总体保持良好的发展态势,连续三年获得国家电网公司企业负责人年度业绩考核A级,连续四年荣获"金龙奖"年度最佳财务公司称号,当选中国财务公司协会新一届理事会会长单位,行业影响力稳步提升。

【企业文化】

企业精神:努力超越追求卓越

企业愿景:建设世界一流电网建设国际一流企业

公司使命:奉献清洁能源建设和谐社会

公司宗旨:服务党和国家工作大局、服务电力客户、服务发电企业、服务经济社会发展

核心价值观:诚信责任创新奉献

企业理念:以人为本忠诚企业奉献社会

地址:北京市东城区建国门内大街乙18号院1号楼英大国际大厦

邮编:100005

电话:010-51960599

网址:www. cpfc. sgcc. com. cn

中国电子财务有限责任公司

【企业概况】

中国电子财务有限责任公司的前身为中国信息信托投资公司,是1988年经中国人民银行批准设立的非银行金融机构。2000年11月6日,根据人民银行做强集团公司的指导精神和批复,中国信息信托投资公司改组为中国电子财务有限责任公司,由面向全社会开展金融服务的非银行金融机构转变为以加强企业集团资金集中管理和提高企业集团资金使用效率为目的,为企业集团成员单位提供资金结算和筹融资服务的非银行金融机构。公司注册资本金17.5亿元(含美元1,500万元),中国电子信息产业集团有限公司是财务公司第一大股东,集团内另有7家成员单位参股。

中国电子财务有限责任公司秉承"稳健、创新、服务、共赢"的发展理念,不断提升金融服务水平,在集团公司内逐步打造资金集中结算服务平台、产业链融资平台、综合金融服务平台。公司业绩连续多年保持了20%以上增长速度,金融服务规模稳步提升,统筹盘活资源效果显著,资本实力大幅增强,风险防控卓有成效。

中国电子财务有限责任公司业务范围包括:对成员单位办理财务和融资顾问、信用鉴证及相关的咨询、代理业务;协助成员单位实现交易款项的收付;对成员单位提供担保;办理成员单位之间的委托贷款及委托投资;对成员单位办理票据承兑与贴现;办理成员单位之间的内部转账结算及相应的结算、清算方案设计;吸收成员单位的存款;对成员单位办理贷款及融资租赁;从事同业拆借;经批准发行财务公司债券;承销成员单位的企业债券;有价证券投资。

随着集团公司打造金融板块，支持成员企业发展的战略部署，中国电子财务有限责任公司逐步携手中电投控、产业基金、融资租赁公司等金融服务企业，丰富金融服务品种，充分发挥公司金融功能和产业链服务优势，围绕集团公司三大系统工程和五大产业布局，以企业改革重组为契机，以资金结算和信贷业务为基础，以集团总部管控为支撑，加强与战略银行合作，加快业务模式转型和服务模式创新，为集团成员单位提供系统化的金融支持和服务解决方案。

【企业文化】

发展理念：稳健、创新、服务、共赢

地址：中国北京市海淀区中关村东路66号甲1号楼
邮编：100190
电话：010－62672000
网址：www.cec－f.com.cn

中国电子科技财务有限公司

【企业概况】

中国电子科技财务有限公司经中国银行业监督管理委员会（银监复〔2012〕742号文）批准，于2012年12月正式成立。公司在业务上接受中国银行业监督管理委员会的监督指导，依法自主经营，具有独立企业法人资格，属于非银行金融机构。注册资本20亿元人民币，共十家股东：中国电子科技集团公司、第十研究所、第十四研究所、第二十八研究所、第二十九研究所、第三十六研究所、第三十八研究所、第四十一研究所、第五十二研究所、第五十四研究所。其中，中国电子科技集团公司出资11亿元，占总股本的55%，其他九家成员单位分别出资1亿元，占总股本的45%。

目前，财务公司已建立完善的法人治理结构，下设8个部门：综合管理部、人力资源部、财务部、客户服务部、资金结算部、投资银行部、风险管理部、审计与纪检监察部。

财务公司定位于为集团成员单位提供金融服务，业务范围包括：对成员单位办理财务和融资顾问、信用鉴证及相关的咨询、代理业务；协助成员单位实现交易款项的收付；对成员单位提供担保；对成员单位办理票据承兑与贴现；办理成员单位之间的内部转帐结算及相应的结算、清算方案设计；吸收成员单位的存款；对成员单位办理贷款及融资租赁；从事同业拆借等。

【企业文化】

经营理念：完善产融战略布局、构建核心金融平台

地址：北京市复兴路17号国海广场A座16层
邮编：100036
电话：010－68589003
网址：www.cetcf.com.cn

中国华电集团财务有限公司

【企业概况】

中国华电集团财务有限公司（以下简称“华电财务公司”）是经中国银行业监督管理委员会银监复［2004］7号文批准，根据《企业集团财务公司管理办法》在原北方有色金属工业财务公司基础上重组设立的财务公司。华电财务公司业务接受中国银行业监督管理委员会的监督指导，依法自主经营，自担风险，自我约束，自负盈亏，具有独立企业法人资格。华电财务公司是由中国华电集团公司控股，华电集团系统内9家企业共同参股组建的一家全国性非银行金融机构，目前注册资本金为50亿元。

华电财务公司按照国家的金融方针、政策及有关法律法规，以“加强企业集团资金集中管理和提高企业集团资金使用效率为目的，为企业集团成员单位提供财务管理服务”为目标，立足于集团、服务于集团。公司经营范围包括以下业务：对成员单位办理财务和融资顾问、信用证及相关的咨询、代理业务；协助成员单位实现交易款项的收付；经批准的保险代理业务；对成员单位提供担保；办理成员单位之间的委托贷款及委托投资；对成员单位办理票据承兑与贴现；办理成员单位之间的内部转账结算及相应的结算、清算方案设计；吸收成员单位的存款；对成员单位办理贷款及融资租赁；从事同业拆借；经批准发行财务公司债券；承销成员单位的企业债券；对金融机构的股权投资；有价证券投资；成员单位产品的消费信贷、买方信贷及融资租赁；中国银行业监督管理委员会批准的其他业务。

华电财务公司拥有一支年轻有为、充满蓬勃朝气的金融专业人才队伍，“金帆”文化赋予了这支队伍坚定的理想、饱满的干劲、勇于创新的精神和敢于拼搏的勇气。全体员工争当“金帆”文化的践行者，经过10多年的发展，公司呈现出良好势头，先后荣获“中央企业先进集体”、“中央企业文明单位”、“全国电力行业优秀企业”、“全国企业文化建设影响力十强”、“中国金融机构金牌榜·金龙奖2013年度最佳财务公司”、“华电集团先进企业”等荣誉称号，树立了华电财务公司的良好形象。

【企业文化】

企业精神：担当、超越
企业理念：运作规范、管理优秀、持续发展

地址：北京市西城区宣武门内大街2号中国华电大厦
B座10层
邮编：100031
电话：010－83568000
网址：hdcw.chd.com.cn

中国华能财务有限责任公司

【企业概况】

中国华能财务有限责任公司（“以下称财务公司”）的前身是华能金融公司，成立于1987年10月，是中国人民银行最早批准成立的财务公司之一，也是国内监管评级最高并第一批获准发行企业债的财务公司之一。公司注册地在北京，注册资本金为人民币50亿元，现有股东9家，均为华能集团系统内单位。下设有内蒙古分公司和呼伦贝尔结算部两个分支机构。

财务公司经营范围：对成员单位办理财务和融资顾问、信用鉴定及相关的咨询、代理业务；协助成员单位实现交易款项的收付；对成员单位提供担保；办理成员单位之间的委托贷款及委托投资；对成员单位办理票据承兑与贴现；办理成员单位之间的内部转帐结算及相应的结算、清算方案设计；吸收成员单位的存款；对成员单位办理贷款及融资租赁；从事同业拆借；经批准发行财务公司债券；承销成员单位的企业债券；对金融机构的股权投资；有价证券投资；成员单位产品的消费信贷、买方信贷及融资租赁；保险兼业代理。

作为华能集团的重要资金管理平台，财务公司不断致力

于结算中心和内部融资中心建设,加强资金集中管理,提高资金使用效率,业务规模和经济效益稳步提升,主要经营指标在发电行业财务公司中保持领先地位。

【企业文化】

企业宗旨:立足集团、服务集团;服务是工作之本、效益之源

核心价值观:诚信、服务、创新、高效

企业精神:爱岗敬业、积极进取、开拓创新

地址:北京市复兴门南大街丙2号天银大厦
C座西侧7层
邮编:100031
电话:010-63080886
网址:www.hnf.com.cn

中国南航集团财务有限公司

【企业概况】

中国南航集团财务有限公司(以下简称"南航财务公司")于1994年1月27日经中国人民银行批准设立,1995年6月28日经广东省工商行政管理局登记注册正式成立,是隶属于中国南方航空集团公司(以下简称"南航财务公司")的非银行金融机构。公司成立之时,由南航集团公司和中国南方航空股份有限公司(以下简称"南航财务公司")共同出资设立,注册资本金为人民币1亿元。经过多次增资扩股,目前注册资本为人民币7.24亿元。股东共6家,包括南航集团公司、南航股份公司、汕头航空公司、厦门航空公司、珠海航空公司、广州南联食品公司。

南航财务公司建立了完善的股东会、董事会和监事会三会制度。董事会下设战略管理委员会、风险管理委员会、信用审查委员会、投资决策委员会四大专业委员会,负责对重大事项的决策审批。现设有十个部门,前台业务部门包括营业部、金融服务部、投资银行部(创新业务部)、投资业务部(研究发展部),中台风险控制部门包括资金计划部、风险管理部(合规管理部)以及董事会下设的稽核部(纪检监察办),后台保障部门包括财务部、信息与技术部、行政人事部(党群工作部),构建了前中后台分离的三道防线。

成立十多年来,南航财务公司一直以"立足集团,服务集团"为宗旨,遵循"励精图治、创新超越、防范风险、持续发展"十六字指导方针,立足于集团内企业的行业特点,为集团企业设计并提供全方位的和适应性强的金融服务产品。在发展战略上,公司致力整合集团内部所有的金融资源,逐步打造资金集中管理平台、统一融资平台、投资理财平台以及咨询服务平台四大平台,成为集团内外金融联系的桥梁,最终实现航空金融专家的地位,努力开创集团金融产业新局面。

【企业文化】

企业核心价值观:弘扬南航人精神,锻造尽职尽责的作风,恪守尽心尽力的承诺,成就尽善尽美的服务。

服务理念:秉承"依托集团、服务集团"的经营宗旨,贯彻"以客为尊、专业专注"的服务理念,着力为集团及成员企业提供全方位和适应性强的金融服务产品,在集团资金集中管理、结算、资金融通、财务顾问等方面发挥了"内部银行"的独特作用。

企业愿景:竭尽全力把南航财务公司打造成集团企业最合适的银行

地址:广西省广州市机场路航云南街17号
邮编:510405
电话:020-86128791
网址:www.csnfs.com.cn

中国能源建设集团财务有限公司

【企业概况】

中国能源建设集团财务有限公司(以下简称"公司")前身为葛洲坝集团财务有限责任公司,于1996年1月3日经中国人民银行总行批准成立、1996年2月16日正式对外营业,初始注册资本1亿元。在集团公司的大力支持下,经数次增资扩股和股权调整,公司现有注册资本19亿元人民币,股东单位5家,母公司为中国能源建设集团有限公司,注册地址为湖北省武汉市硚口区解放大道558号。

公司以加强中国能建集团资金集中管理和提高中国能建集团资金使用效率为目的,为中国能建集团成员单位提供财务管理服务。经中国银行业监督管理委员会批准,公司业务范围包括:对成员单位办理财务和融资顾问、信用鉴证及相关的咨询、代理业务;协助成员单位实现交易款项的收付;经批准的保险代理业务;对成员单位提供担保;办理成员单位之间的委托贷款及委托投资;对成员单位办理票据承兑与贴现;办理成员单位之间的内部转账结算及相应的结算、清算方案设计;吸收成员单位的存款;对成员单位办理贷款及融资租赁;从事同业拆借;经批准发行财务公司债券;承销成员单位的企业债券;对金融机构的股权投资;有价证券投资;中国银行业监督管理委员会批准的其他业务。

公司是全国较少拥有全口径服务功能的财务公司之一;是全国银行业同业拆借市场会员单位;具有证券投资资格,是证监会发审委审核批准的新股询价对象,具有网下新股申购、询价资格,并经上交所批准,具有上交所大宗交易投资者资格;获得即期结售汇业务资格;拥有票据行号,具有开具商业承兑汇票资格等。

公司建立了完善的公司治理结构,三会一层机构健全、议事规则规范。公司实行董事会领导下的总经理负责制,设有贷款、投资、预算三个专门委员会和办公室、党群工作部、资金部、信贷部、投资部、营业部、信息技术部、计划财会部、稽核部、风险管理与法律事务部等十个职能部门。截止2016年12月末,公司在职职工78名,其中本科及以上学历53人,中级及以上职称47人。

公司秉持"立足集团,服务实体"的宗旨,以实现集团整体效益最大化为终极目标,坚持"以服务促发展"经营理念,改革创新、开拓进取,充分发挥金融服务实体经济的平台功能,为推动集团转型升级发挥着重要作用。先后获得国家电力公司双文明单位标兵、湖北省文明单位、湖北省国资委文明单位、湖北省"守合同重信用"企业、葛洲坝集团最佳文明单位、中国能建文明单位、中国能建文明单位标兵等一系列荣誉。

【企业文化】

企业宗旨:立足集团、服务实体

经营理念:以服务促发展

地址:中国北京市朝阳区西大望路26号1号楼
邮编:100022
电话:010-59098556

中国石化财务有限责任公司

【企业概况】

中国石化财务有限责任公司(以下简称“公司”)是经中国人民银行批准,1988 年 7 月 8 日成立,在国家工商总局注册,中国银行业监督管理委员会直接监管的非银行金融机构。公司注册资本 100 亿元(含 6000 万美元),中国石油化工集团公司出资 51%,中国石油化工股份有限公司出资 49%。公司股东大会为最高权力机构,下设董事会、监事会及公司管理层,其中董事会成员 8 人,包括:董事长刘运,副董事长王新华,董事陈革、温冬芬、戴锭、张保龙、解正林、程忠。公司总部设在北京,设有上海、南京、广州、郑州、成都、武汉、天津、新疆、山东等 9 家分公司。

公司可以办理《企业集团财务公司管理办法》中列举的所有本外币业务,具体包括:对成员单位办理财务和融资顾问、信用鉴证及相关的咨询、代理业务;协助成员单位实现交易款项的收付;保险代理业务;对成员单位提供担保;办理成员单位之间的委托贷款及委托投资;对成员单位办理票据承兑与贴现;办理成员单位之间的内部转账结算及相应的结算、清算方案设计;吸收成员单位的存款;对成员单位办理贷款及融资租赁;从事同业拆借;发行财务公司债券;承销成员单位的企业债券;对金融机构进行股权投资;有价证券投资;成员单位产品的消费信贷、买方信贷及融资租赁。此外,公司作为国内首家非银行金融机构结售汇业务试点单位,可以办理石化集团成员单位结售汇和外汇资金集中收付业务。

【企业文化】

企业精神:诚信为本、服务至上、规范高效、开拓创新

地址:中国北京市朝阳区朝阳门北大街 22 号
邮编:100728
电话:8610 - 59966700
网址:www.sfc.sinopec.com

中国铁建财务有限公司

【企业概况】

中国铁建财务有限公司(以下简称财务公司)是经中国银监会批准,具有独立法人资格的非银行金融机构,于 2012 年 4 月 18 日正式开业运营。财务公司是中国铁道建筑总公司重组中国长城财务公司后,引入其下属核心子公司——中国铁建股份有限公司,共同出资成立的。注册资本 60 亿元,其中,中国铁建股份有限公司出资人民币 564000 万元,占比 94%;中国铁道建筑总公司出资人民币 36000 万元,占比 6%。

财务公司的成立对促进中国铁建资金集中管理,加强资金监管,防范资金风险;提高资金效益,降低财务成本,优化财务结构;有效配置资源,助力结构调整等方面发挥重要的作用。财务公司作为非银行金融机构,在中国铁建发展战略指引下,在中国铁建产业结构调整的大背景下,始终坚持“加强中铁建总公司、股份公司及成员单位资金集中管理,提高资金使用效率,为中铁建总公司、股份公司及成员单位提供专业的资金管理、投融资等金融服务”的经营宗旨和“依法合规、审慎稳健、依托集团、服务企业、开拓进取、创誉争效”的经营方针,实现自身规范健康发展。

【企业文化】

企业理念:诚信敬业、激情创业、工作即是快乐
企业方针:以人为本、诚实守信、和谐自然、建造精品
企业精神:不畏艰险、勇攀高峰、领先行业、创誉中外
地址:北京市海淀区复兴路 40 号中国铁建大厦 10 层

邮编:100855
电话:010 - 52689022
电邮:services@crccfc.com.cn
网址:www.crccfc.com

中海集团财务有限责任公司

【企业概况】

中海集团财务有限责任公司系经中国银行业监督管理委员会批准,由中国海运(集团)总公司及下属中海集装箱运输股份有限公司、中海发展股份有限公司、广州海运(集团)有限公司、中海(海南)海盛船务股份有限公司共同出资六亿元人民币设立的企业集团财务公司。

公司紧紧围绕集团“百年中海,世界一流”目标,以“依托集团、服务集团”为经营宗旨,以“规范、稳健、服务、发展”为经营方针,以“运作规范、管控有效、客户信赖、员工敬业的一流金融企业”为公司愿景,以“精益求精”为工作理念,不断提高资金运行效率与效益,努力为成员单位提供优质、高效、便捷的金融服务。

【企业文化】

公司愿景:运作规范、管控有效、客户信赖、员工敬业的一流金融企业
工作理念:精益求精
核心价值观:合规、稳健、专业、高效
经营宗旨:依托集团、服务集团
经营方针:规范、稳健、服务、发展

地址:上海市虹口区东大名路 670 号 5 楼
邮编:200080
电话:021 - 65966666
电邮:zhcwinfo@cnshipping.com
网址:www.csfinance.com.cn

中航工业集团财务有限责任公司

【企业概况】

中航工业集团财务有限责任公司(以下简称“公司”)隶属于中国航空工业集团公司,于 2007 年 4 月正式成立。公司是以加强企业集团资金集中管理和提高资金使用效率为目的,为集团成员单位提供财务管理服务的非银行金融机构。公司金融业务受中国银行业监督管理委员会北京监管局的监管,在国家工商行政管理总局登记注册,现有注册资本 25 亿元人民币,为中航资本控股股份有限公司所属成员单位。

公司在原西飞财务公司、贵航财务公司的基础上重组成立。集团党组书记、董事长林左鸣为公司设定了“用创新思维创建航空金融产业”的光荣使命。集团党组成员、副总经理顾惠忠,为公司成长倾注心血,提出了建设“五个一流”的奋斗目标。

公司坚持“立足集团高效服务创新管理追求卓越”的经

营理念，以自身金融业务服务集团产业发展，切实履行集团贴身银行的责任与使命。

公司践行“双核”发展战略：以集团跨越发展为“核心”，为航空产业发展提供“金融驱动”；以自身快速发展为“核心”，为集团金融板块发展提供“内驱动”。确立了“抓住高效服务、风险管理、人才队伍三个关键，成为集团公司的“资金管理中心、内部结算中心、金融服务中心和融资筹资中心”的总体发展思路。

经中国银监会批准，公司先后开展了政策许可的各类业务，已成为业务种类齐全的综合金融机构。

公司致力于为客户提供更好服务，为股东创造更大价值，为员工搭建广阔发展平台，为社会承担全面企业责任，矢志建设一流财务公司，倾力打造中航工业的贴身银行，为集团“两融、三新、五化、万亿”宏伟战略的实现而努力奋斗！

【企业文化】

中航资本经营理念：凝聚、协同、分享、共赢

公司使命：用创新思维创建航空金融产业

公司愿景：实现“五个一流”，即创建一流公司、实现一流管理、建设一流团队、争做一流员工、创造一流业绩；打造国际知名、国内先进的航空工业金融品牌

公司战略：双核驱动：以集团跨越发展为“核心”，为航空产业发展提供“金融驱动”；以财务公司快速发展为“核心”，为集团金融板块发展提供“内驱动”。

公司经营理念：立足集团、高效服务、创新管理、追求卓越

公司倡导的企业文化：快乐工作，快乐生活

地址：北京市朝阳区东三环中路乙10号
艾维克大厦18层
邮编：100022
电话：010－400－066－5019
传真：010－65675004
邮编：xfjb@ avicfinance. com. cn
网址：www. avicfinance. com. cn

中化工程集团财务有限公司

【企业概况】

中化工程集团财务有限公司是中国化学工程集团公司和中国化学工程股份有限公司共同出资在京设立的非银行金融机构。公司注册资本10亿元人民币，于2012年9月正式开业。公司依托中国化学工程集团（股份）公司强大的业务运营和资金保障能力，通过开展结算、信贷、投融资等金融业务，服务集团和成员单位，实现自身的可持续发展。

未来，公司将逐步涉足资本市场，利用各类资本市场金融品种，丰富公司的资产组合，在国债、企业债券和等业务方面有所作为；积极参与货币市场运作，利用银行间同业拆借市场和债券市场调解资金余缺、增加资金收益；积极强化投资中介职能，通过快速融资、整合各成员单位资源，担任企业集团、成员单位债券的主要承销商，完成债券的承销业务；积极为集团和企业提供集事前咨询、事中参与、事后分析于一体的管理咨询、投资理财与财务顾问服务，与集团公司良性互动；积极涉足保险等金融领域，最终实现对外拓展、多元化经营的战略格局。

【企业文化】

企业愿景：提供优质金融服务，建设一流财务公司。

企业使命：做强中国化学金融，推进集团产业发展。

经营理念：“依托集团、服务集团”。

核心价值观：以奋斗者为本、以客户为中心。

地址：北京市东城区东直门内大街2号中国化学
工程大厦13层
邮编：100007
电话：010－59765361
电邮：cwgsbgs@ cncecfc. com
网址：www. cncecfc. com

中化集团财务有限责任公司

【企业概况】

中化集团财务有限责任公司（以下简称“中化财务公司”）成立于2008年6月，是由中国中化集团公司投资设立的非银行金融机构，注册资本金为人民币10亿元。2009年7月，经中国银监会批准，中化财务公司股东变更为中国中化股份有限公司。2011年12月，根据中化财务公司战略发展需要，经中国银监会批准，中化财务公司注册资本金增加至人民币30亿元。

公司开业以来，以“依托集团、服务集团、规范运营、创新开拓”为宗旨，着力拓展业务范围，积极创新业务品种，服务内涵不断丰富，金融研发创新能力逐步提升，已形成全球资金池、融资服务、资产管理和金融中介四大核心业务协同发展的战略格局，为中化集团产业发展和战略转型发挥着日益重要的服务和支持作用。

公司贯彻“规范治理、稳健经营”的核心理念，构筑了以全面风险管理为主导的管理保障体制。公司打造了设计科学、执行高效的制度流程体系，构建了规范严密、覆盖全面的风险管控机制，形成了权责明晰、制约合理的内部组织机构，为企业有效管理风险、稳步增强核心竞争力、实现全面协调可持续发展夯实了基础。

公司高度重视人才引进、培养、融合工作，着力打造高素质、专业化的金融服务团队。努力创建学习型金融企业，培育学习创新氛围，建设培训交流平台，持续提升员工的职业能力和人力资源价值。

【企业文化】

中化集团企业文化的核心是“做人：诚信、合作、善于学习；做事：认真、创新、追求卓越”。公司按以上“做人”、“做事”的准则努力推进并积极营造健康、向上的企业文化，为股东（国家）、客户、员工价值的共同提升，矢志追求中化基业长青。公司的长远目标是把中化建设成为真正受到同行业广泛尊重的具有全球地位的伟大公司。

地址：中国北京市西城区复兴门内大街28号凯晨世贸中心中座F3
邮编：100031
电话：010－59569332/9333
传真：010－59568943
网址：www. sinochemfinance. com

中建财务有限公司

【公司概况】

中建财务有限公司是经中国银行业监督管理委员会批准，在国家工商管理总局注册的一家非银行金融机构，注册资

本 60 亿元,中国建筑工程总公司和中国建筑股份有限公司分别持有财务公司 20%、80% 股权。

作为"中国建筑"集团内唯一一家全资金融机构,财务公司秉承"依托集团、服务集团、规范管理、审慎经营"的经营方针,定位于"集团资金集中平台、资金配置平台和金融核心企业",提高集团资金运行效率、实现集团价值最大化为最高目标,围绕集团"一最两跨"的战略目标,整合集团内外各项金融资源,为集团及兄弟单位提供全方位、多品种、个性化的金融服务,为整个集团的发展提供资金支持和保障。

财务公司于 2011 年初正式运营以来,在集团和各兄弟单位的支持下,始终坚持提高自身的业务能力和服务水平,积极开拓服务新领域,深入研究及开展资金集中、结算支付、信贷票据、金融投资等业务,实现了向兄弟单位分享收益,为集团及兄弟单位提供更专业的服务,促进集团产业转型升级,与兄弟单位共发展。

【企业文化】

"CSCEC"中国建筑工程总公司企业标识,源自公司英文名称 China State Constru Ctionengineeringcorporation 缩写。

标志整体造型方正、坚实,象征建筑的基石、诚信的品格以及国内外市场一体化的运营实力。

CSCEC 标识的艺术组合,喻示公司开拓、创新的进取精神,奉献社会、造福人类的信心,打造过程精品、提供优质工程的质量意识,跨越五洲、业主至上的服务理念。

大海一样深邃的蓝色,展示中国建筑宽广的胸怀,描绘出充满希望与活力的美好未来……

地址:北京三里河路 15 号中建大厦 A 座 7 层
邮编:100037
电话:010 - 88084560
传真:010 - 88084588
网址:cscfc. cscec. com

中交财务有限公司

【企业概况】

中交财务有限公司是经中国银行业监督管理委员会批准,于 2013 年 7 月成立的非银行金融机构。公司由中国交通建设集团有限公司及中国交通建设股份有限公司共同出资设立,注册资本金 35 亿元人民币。

中交财务有限公司作为集团内部资金管理平台,将竭诚为集团公司及下属成员单位提供资金结算、存款、信贷、委托贷款、融资租赁、财务和融资顾问等多品种、专业化的金融服务。公司将通过构建金融平台,整合内部资源,强化资金集中管理,为集团提高资金运营效率、扩宽融资渠道、改善资本结构、节约财务成本以及防范资金风险搭建新的平台;为集团促进产业资本与金融资本融合、做大做强各个业务板块贡献力量。

中交财务有限公司作为中交集团第一家控股的金融企业,将认真贯彻"依托集团、服务集团"的经营宗旨,以"稳健经营、服务至上、风险可控、开拓创新"为经营方针,坚持"安全性、流动性、效益性"平衡统一的经营原则,为成员单位提供方便快捷和优质高效的综合金融服务。公司将秉承"奉献、创新、严谨、诚实、和谐"为企业理念,围绕集团产业需要,以服务于中国交建"保基础、调结构、走出去"的战略目标作为公司的使命,以产融结合为手段,将公司打造成中交集团资金集中管理中心、金融服务中心和金融专业人才培育中心。

【企业文化】

经营宗旨:依托集团、服务集团

经营方针:稳健经营、服务至上、风险可控、开拓创新

企业理念:奉献、创新、严谨、诚实、和谐

地址:北京市西城区德胜门外大街 83 号德胜国际中心
B 座 16 层
邮编:100088
电话:010 - 82016160
传真:010 - 82016187
电邮:webmaster@ ccccfc. com
网址:www. ccccfc. cn

中节能财务有限公司

【企业概况】

经中国银行业监督管理委员会批准,中节能财务有限公司(以下简称"财务公司")于 2014 年 7 月 10 日获得开业批复并领取金融许可证。财务公司现有注册本金人民币 30 亿元,是集团公司独资设立的第一家非银行金融机构,致力于为集团及其成员企业提供多层次、低成本、个性化金融产品服务。

财务公司的成立,对集团公司提高资金资源配置效率、加快产融结合具有重要意义。财务公司的功能作用主要体现为:一是财务公司作为资金归集平台,通过集团资金的跨账户、跨地域、跨主体集中,提高集团资金使用效益;二是财务公司作为资金结算平台,通过科学搭建账户体系,为集团成员单位提供安全、高效、优质的对外结算和内部清算服务,加快集团资金周转;三是财务公司作为资金监控平台,通过强化成员单位各类型账户和票据在线监控,控制资金风险;四是财务公司作为金融服务平台,通过内部资金融通,节省集团的财务费用、缓解存贷双高。通过发挥牌照优势,拓宽集团融资渠道;通过财务顾问业务,服务集团投融资管理和资本运作。

财务公司的业务范围包括:对成员单位办理财务和融资顾问、信用鉴证及相关的咨询、代理业务;协助成员单位实现交易款项的收付;经批准的保险代理业务;对成员单位提供担保;办理成员单位之间的委托贷款和委托投资;对成员单位办理票据承兑和贴现;办理成员单位之间的内部转账结算及相应的结算清算方案设计;吸收成员单位的存款;对成员单位办理贷款和融资租赁;从事同业拆借;中国银行业监督管理委员会批准的其他业务。

财务公司现设业务发展部、结算业务部、计划财务部、风险管理部、稽核审计部、办公室等六个部门;为健全公司治理机构,公司董事会下设审计委员会、风险管理委员会、提名与薪酬考核委员会三个专业委员会。财务公司现有在职员工中,硕士学历占比超过 75%,中共党员占比超过 50%。

未来,财务公司经批准可以开展金融同业拆借、发行金融债券等业务,支持集团经营发展;开展成员单位产品的消费信贷、买方信贷、融资租赁等产业链金融业务,帮助成员单位拓展市场份额与产品销售;开展有价证券投资、委托投资理财、金融股权投资业务,实现资产保值增值。

【企业文化】

企业愿景:成为全球节能环保产业领先者,让天更蓝、地更绿、水更清,人类生活更美好。

企业使命：致力绿色发展、循环发展和低碳发展，引领技术进步，推进生态文明，建设美丽中国。

企业理念：聚合点滴、创生无限

企业精神：拼搏精神、奉献精神、创新精神

地址：北京市西城区平安里西大街26号
新时代大厦16层
邮编：100034
电话：010－83496196
传真：010－83496188
网址：www.finance.cecep.cn

中铝财务有限责任公司

【公司概况】

中铝财务有限责任公司（以下简称“公司”）是经中国银行业监督管理委员会（银监复〔2011〕199号文）批准的非银行金融机构，于2011年6月正式设立。公司注册资本为25亿元人民币，由中国铝业公司（以下简称“中铝公司”）全额出资。公司在业务上接受中国银行业监督管理委员会和中国人民银行的监督指导，依法自主经营，具有独立企业法人资格。

公司是中铝公司旗下核心金融企业。成立以来，公司始终把服务中铝公司战略作为自身发展的出发点和落脚点，以加强集团资金集中管理和提高资金使用效率为目的，立足服务和创新，着力推进资金集中，积极拓宽金融服务功能，努力为成员单位提供优质的综合金融服务，切实发挥了金融支持作用。

公司将不断适应宏观经济形势和经营环境变化，积极探索中铝特色产融结合发展道路，稳步推进资金集中和改革创新，持续提升金融服务水平，发挥集团内各项金融业务协同优势，打造“一个平台”“五个中心”，一个平台就是综合金融服务平台，五个中心是资金集中管理服务中心、产业融资中心、金融投资业务中心、投行业务服务中心、金融人才储备中心。

中铝保险经纪（北京）股份有限公司

公司于2013年1月经中国保险监督管理委员会批准设立，总部设于北京，是一家全国性、综合性的保险中介机构，可在全国范围内从事财产险、人身险、再保险等经纪业务及风险管理咨询业务。

公司拥有完善的现代企业法人治理结构和专业的服务团队，公司坚持“责任、诚信”的经营理念和“厚德载物、服务至上”的企业精神，依法、稳健经营，以客户为中心，以开放的思维和市场化、专业化、规范化、国际化的方法，为客户提供高品质的服务，实现客户资产安全和价值最大化。

公司注册资本为1180万元人民币，股东为中国铝业公司、云南铜业（集团）有限公司、启天控股有限公司，持股比例分别为94.15%、5%及0.85%。

【企业文化】

经营理念：责任、诚信

企业精神：厚德载物、服务至上

地址：北京市海淀区西直门北大街62号中铝大厦7层
邮编：100035
电话：010－82298679
传真：010－82298981
网址：www.chinalcof.com

中油财务有限公司

【企业概况】

中油财务有限责任公司（以下简称“公司”），是为满足中国石油天然气集团公司财务发展战略，加强资金管理，由中国石油天然气集团公司和中国石油天然气股份有限公司共同持股，经中国人民银行批准，在国家工商行政管理总局注册的一家非银行金融机构，是全国银行间债券市场、中国外汇交易中心会员，中国证监会认可的首批IPO询价对象。

公司成立于1995年12月。公司始终坚持“依托集团，服务集团，奉献集团”的宗旨，充分发挥集团公司结算平台、筹融资平台、资金管理平台功能，降低筹融资成本，提高资金运作效率和效益，为中国石油产业的发展提供了金融服务与支持。在集团公司和成员企业的支持帮助下，公司保持了健康平稳的发展态势，结算量、资产、收入和利润规模连续多年位居国内同行业前列，成为目前全国资产规模最大、业务品种最多、效益最好的财务公司之一。

公司共有股东单位3家，注册资本83.3125亿元人民币。公司最高权力机构是股东会，实行董事会领导下的总经理负责制。公司总部设有财务部、营业部、信贷部、证券部、国际业务部、管理稽核部、信息发展部、人事劳资部、金融与会计研究所、总经理办公室（党群工作部）10个部门，在集团公司成员单位所在地分别设立了大庆分公司、沈阳分公司、吉林分公司、西安分公司和63个业务受理处。目前，公司服务网络覆盖集团公司石油天然气勘探开发、炼油化工、管道运输、油气炼化产品销售、石油工程技术服务等各个领域，为400多家成员客户提供广泛的金融产品和服务。为配合集团公司“走出去”战略，公司于2008年3月在中国香港设立了中国石油财务（香港）有限公司，随后又在迪拜设立了中国石油财务（迪拜）有限公司，在新加坡注册成立中国石油财务（新加坡）有限公司，为集团公司境外成员企业提供跨境金融服务。

公司主要经营以下本外币金融业务：对成员单位办理财务和融资顾问、信用鉴证及相关的咨询、代理业务；协助成员单位实现交易款项的收付；经批准的保险代理业务；对成员单位提供担保；办理成员单位之间的委托贷款及委托投资；对成员单位办理票据承兑与贴现；办理成员单位之间的内部转账结算及相应的结算、清算方案设计；吸收成员单位的存款；对成员单位办理贷款及融资租赁；从事同业拆借；经批准发行财务公司债券；承销成员单位的企业债券；对金融机构的股权投资；有价证券投资；成员单位产品的消费信贷、买方信贷及融资租赁。

经中国银行业监督管理委员会和国家外汇管理局批准，为中国石油天然气集团公司实施境内外资金集中管理，为各成员单位办理结售汇、外币兑换及境内衍生品交易服务。

【企业文化】

中华人民共和国成立五十多年来，伴随着石油工业的快速发展，石油企业文化也取得了丰硕成果。中国石油集团公司形成了丰厚的企业文化积淀，培育了以“大庆精神”“铁人精神”等为代表的优秀企业文化，激励了几代石油人艰苦奋斗、无私奉献，并在社会上产生了很大影响，成为中华民族优秀文化的重要组成部分，有力地促进了中国石油工业的发展。

重组改制以来，集团公司大力加强企业文化建设工作，努力为建设具有国际竞争力的跨国企业集团提供强有力的文化支撑。2001 年,中国石油将企业文化建设作为“十五”期间的十大工程之一,2003 年制定颁发了《企业文化建设纲要》,成立了企业文化部,努力建设具有鲜明时代特征和石油特色的优秀企业文化,有力地促进了企业的发展。加强企业文化建设已成为中国石油建设具有国际竞争力跨国企业集团的重要措施,“文化强企”已经成为中国石油发展战略的重要组成部分和全体员工的共识。

在未来发展中,中国石油集团将继续把文化战略作为重要的发展战略之一,不断丰富和完善具有石油特色的企业文化,让优秀的石油文化成为企业发展的不竭动力。

地址:北京市东城区东直门北大街 9 号中国石油大厦
A 座 8 - 12 层
邮编:100007
电邮:lvzongjian@ cnpc. com. cn
网址:cpf. cnpc. com. cn

中远财务有限责任公司

【企业概况】

中远财务有限责任公司(前身为“中远集团财务公司”)成立于 1993 年 10 月,注册资本 27400 万元(含 2000 万美元)。1999 年 9 月,经中国人民银行批准改制增资,由中远集团的全资子公司改制为有限责任公司,注册资本增加至 4 亿元(含 2000 万美元)。2005 年 12 月,经中国银监会批准,公司进行增资扩股,注册资本增加至 8 亿元(含 2000 万美元)。2011 年 12 月,经中国银监会北京监管局批准,公司再次进行增资扩股,注册资本增加至 16 亿元(含 2000 万美元)。

经中国银监会批准,公司的业务范围包括:对成员单位办理财务和融资顾问、信用鉴证及相关的咨询、代理业务;协助成员单位实现交易款项的收付;对成员单位提供担保;办理成员单位之间的委托贷款及委托投资;对成员单位办理票据承兑与贴现;办理成员单位之间的内部转账结算及相应的结算、清算方案设计;吸收成员单位的存款;从事同业拆借;对成员单位办理贷款及融资租赁;经批准发行财务公司债券;承销成员单位的企业债券;对金融机构的股权投资;有价证券投资。

公司设有总经理办公室/党群工作部、结算业务部、投资交易部、企业金融部、计划财务部、审核部/风险管理部、网络信息部。

公司成立以来,坚持“稳健经营,不断发展”的经营理念,依托中远集团强大的产业实力,在各股东单位、集团各成员企业及金融同业的大力支持下,取得了良好的经济效益和社会效益。

【企业文化】

公司使命:聚焦产业链金融创新,提升服务集团主业及金融行业扩张能力,逐步确立集团金融运作中心地位,最大限度为成员单位带来增值服务。

公司愿景:加强资金集中管理,拓宽金融服务职能,开展集约化金融服务;集聚集团金融资产,扩张集团金融版图,实现集团化金融管理;发挥混业经营优势,提供全方位金融支持,形成集成化金融产业。

企业价值观:服务集团最优,回报股东最大,员工发展最好

企业精神:诚信,务实,创新,共荣

经营理念:服务集团,稳健经营,创造效益

用人理念:用人所长,让合适的人做合适的事

地址:北京市西城区月坛北街 2 号月坛大厦 A 座 19 层
邮编:10004
电话:010 - 68083199
网址:www. coscofinance. com

■ 信托公司

安徽国元信托有限责任公司

【公司简介】

安徽国元信托有限责任公司是经中国银行业监督管理委员会批准设立的非银行金融机构,由安徽国元控股(集团)有限责任公司发起设立,创立于 2001 年 12 月 20 日。公司注册资本 30 亿元人民币,注册地安徽省合肥市宿州路 20 号,为中国信托业协会理事单位。

2017 年,面对复杂多变的外部经济形势和市场环境,公司牢牢坚持“依法合规、稳健经营”理念,严格落实监管要求,围绕业务发展和党的建设两大任务,防风险、提规模、推创新,稳中求进、开拓进取,保持了公司持续稳定发展。截至 12 月末,公司管理信托资产规模 2634. 30 亿元,较年初增长 117. 78%;公司固有资产 73. 26 亿元,较年初增长 17. 39%。全年实现各项业务收入 6. 93 亿元;利润总额 5. 63 亿元;净利润 4. 72 亿元。2017 年全年,为信托受益人实现收益 100. 81 亿元;公司共发行支持安徽地方建设信托项目 68 个,募集资金 335. 62 亿元,为地方经济社会发展作出积极贡献。

2017 年,公司凭借良好的经营成绩,在省政府对全省金融机构支持地方发展经营业绩考核中,公司获评“优秀”等级。在《证券时报》举办的第十届中国优秀信托公司评选活动中,公司连续第四年获评“区域影响力”信托公司。公司发行的“金陵 2016 年 2 期资产支持证券财产权信托”项目被《证券时报》评为“2017 年度优秀资产证券化信托计划”,在 2017 中国资产证券化论坛年会上荣获“年度杰出交易奖”。

2018 年,公司将继续深入贯彻落实党的十九大、中央经济工作会议和全省金融工作会议精神,牢固坚持“依法合规、稳健经营”理念,以“顺应监管、防控风险、回归本业、服务实体、深化改革、提质增效”为指导思想,顺应经济形势、监管要求和行业发展趋势,在巩固已有发展成绩的基础上,严守风险底线,加快推进转型创新,不断提高内部管理水平,加强党建、班子和队伍建设,打造勤勉奋进、务实高效、和谐共进的企业文化,努力实现公司的可持续发展。

地址:安徽省合肥市庐阳区宿州路 20 号国元信托大厦
邮编:230001
电话:0551 - 65226666
传真:0551 - 62620261
网址:www. gyxt. com. cn

安信信托股份有限公司

【公司简介】

安信信托股份有限公司(股票代码 600816)成立于 1987

年，是中国唯一一家于上交所上市的信托公司，也是目前国内市值最高的信托公司。自2014年开始，安信信托连续三年ROE（净资产收益率，为衡量企业盈利能力的核心指标）排名全行业第一。2017年，安信信托信托业务收入52.8亿元，全行业排名第一；净利润36.68亿元，全行业排名第二。

安信信托被中国信托行业协会评为A级信托公司；主体信用等级获大公国际资信评估公司AA+评级，评级展望为稳定。安信信托亦为首批被纳入MSCI新兴市场指数的公司。

安信信托入选了《福布斯》（Forbes）杂志公布的2017年亚洲200家最佳中小企业（Best Undera Billion，简称BUB）排行榜。

【企业文化】

价值观：诚信、务实、分享、责任

公司司训：踏踏实实做人，规规矩矩做事，风险高于一切，诚信重于泰山。

资产管理宗旨：理财·生财·护财·传财

地址：上海市黄浦区广东路689号海通证券大厦
1楼、2楼、29楼
电话：800－820－3188，400－921－5188
总机：021－63410777
网址：www.anxintrust.com

百瑞信托有限责任公司

【公司简介】

百瑞信托有限责任公司是经中国银行业监督管理委员会批准设立的非银行金融机构。公司始建于1986年4月15日，前身为郑州信托投资公司，2002年完成重新登记后更名为百瑞信托；2010年以来，历经多次增资扩股，公司注册资本增至40亿元。公司目前的股东包括大型央企国家电力投资集团公司、地方政府郑州市政府和国际知名金融集团摩根大通3方。

自2002年完成重新登记以来，在监管部门的监管指导下，在各级政府部门的大力支持下，百瑞信托秉承“诚信、创新、务实、高效”的发展理念，围绕“规范经营、稳步发展、强化管理、防范风险”的经营原则，凭借一支以硕博士研究生为主体并拥有CFA、CFP、AFP等资格证书的专业财富管理团队，推出了“百瑞富诚（基础设施类）”、“百瑞宝盈（房地产类）”、“百瑞恒益（工商企业类）”“百瑞安鑫”“百瑞仁爱”五大业务品牌，设立了百瑞信托有限责任公司博士后科研工作站，并不断根据监管导向完善治理结构、推动业务转型和强化风险控制，逐渐形成稳健的经营风格，在激烈的市场竞争中不但站稳了脚跟，而且赢得了发展。

2002－2017年，百瑞信托累计发行信托项目近1450个，发行信托规模近5400亿元；累计清算信托项目近1150个，清算信托规模超过3500亿元，且所有到期信托计划均实现按时清算，累计向投资者分配信托利益超过4000亿元；截至2017年底，公司管理信托项目368个，管理信托规模达到1711.64亿元。

【企业文化】

公司使命：用我们的专业智慧，成就你的恒久基业

公司愿景：追求卓越，与时俱进，做中国信托业的百年老店

公司理念：诚信、创新、务实、高效

员工行为：快乐工作、诚信为本、合规经营、敢于承担

地址：河南省郑州市郑东新区商务外环路10号
中原广发金融大厦22，26－29楼
邮编：450018
电话：0371－65817000 传真：0371－69177300
网址：www.brxt.net

北方国际信托股份有限公司

【公司简介】

北方国际信托股份有限公司前身为天津经济技术开发区信托投资公司，于1987年10月经中国人民银行天津分行批准成立，注册资本为2000万元。1994年更名为天津北方国际信托投资公司，其间经公积金转增股本、增资扩股各一次，使注册资本达到50679万元。

2002年6月，完成与天津滨海信托投资有限公司合并，同时增资扩股67818万元，公司注册资本达到150251万元，并改制为股份有限公司，公司名称变更为天津北方国际信托投资股份有限公司。2002年9月经中国人民银行批准重新登记。2003年10月，更名为北方国际信托投资股份有限公司。

2005年12月，经天津市政府批准，完成公司分立，注册资本变更为1000998873元。2008年10月，经中国银监会批准公司名称变更为北方国际信托股份有限公司。

公司股东27家，控股股东为天津泰达投资控股有限公司。

地址：天津市河西区友谊路5号北方金融大厦25－28F
邮编：300201
电话：022－28370688
网址：www.nitic.cn

北京国际信托有限公司

【公司简介】

北京国际信托有限公司是北京市属唯一一家大型非银行金融机构，中国信托业协会常务理事单位。公司成立于1984年，是中国改革开放之初首批成立的信托公司之一；注册资本金22亿元人民币，现有股东包括北京市国有资产经营有限责任公司、航天科技财务有限责任公司、中国石油化工股份有限公司等十大企业。

近年来，公司在市场化改革中，始终秉承“谨慎、诚信、尽职、创新”的理念，依托良好和谐的内外环境、完善的治理结构、专业的管理团队、完备的风险管理体系和雄厚的产品创新能力，守正出奇，知时善变，不断调整业务结构，提升主动管理能力，积极向资产管理、财富管理和投行业务转型，连续多年信托资产管理规模稳步增长、利润持续攀升，风险管理能力、资产管理能力、自身经营能力均处行业先进地位。在支持实体经济发展、拓宽投资人财产性收入渠道等方面发挥了积极作用，践行了企业社会责任，树立了良好社会形象，是广大投资人信赖的卓越信托公司。

未来，公司将继续坚持市场化导向，诚信稳健，适变应变，发挥创新性、专业化、特色化优势。立足北京，服务全国，放眼世界，在资产管理和财富管理领域深耕细作，打造国内领先的

广义投行。

【企业文化】

打造“诚信为本、专业优质、有效管理”的公司品牌；

树立“谨慎、诚信、尽职、创新”的市场形象；

建设“质量优良、管理科学、信誉卓著、效益突出”的一流专业信托公司；

恪守“忠诚于委托人、当好投资人守夜人”的企业文化理念。

电话：010－59680888

传真：010－59680999

地址：北京市朝阳区安立路 30 号

邮编：100012

客服邮箱：ifo@ bjitic. com

投诉举报信箱：cm@ bjitic. com

网址：www. bjitic. com

渤海国际信托股份有限公司

【公司简介】

渤海国际信托股份有限公司（以下简称“渤海信托”）成立于 1983 年 12 月，前身为河北省国际信托投资有限责任公司，2006 年完成重组，成为海航集团成员企业，2007 年更名为渤海国际信托有限公司。2015 年 7 月 31 日，公司完成整体改制，正式更名为渤海国际信托股份有限公司。公司注册地为河北省石家庄市，注册资本 36 亿元，是目前河北省唯一一家经营信托业务的非银行金融机构。

在三十余年的发展历程中，渤海信托锲而不舍地立足于“受人之托，代人理财”的信托本源，秉承“诚信、业绩、创新”的企业理念，遵循“规范运作、稳健经营”的经营原则，充分发挥作为信托企业的经济属性、金融属性和社会属性，运用信托横跨实体经济、资本市场及各金融业态的灵活机制，打造金融服务平台，提升金融服务水平，促进客户财富增长，助推社会经济发展，实现自身经营效益的节节升高。

三十多年的创业和创新，渤海信托走过一段充满奋进和突破的历程，不断迎接挑战，战胜挑战，实现了跨越式发展，创造了不俗的经营业绩。经营范围覆盖资金信托、动产信托、不动产信托、有价证券信托及其他财产或财产权信托等信托业务，同时还包括投资基金业务、经营企业资产的重组、并购及项目融资、公司理财、财务顾问等自营业务，产品涉及基础产业、房地产、工商、金融机构等领域。

渤海信托坚持金融必须服务社会、助推经济，为百姓、为客户谋利益的理念，广结善缘，以社会责任和客户利益为重，不断提升资本能力、规模能力、风控能力，为广大投资者提供可信赖、专业化的信托理财服务，赢得了公众的认可和支持。公司坚持以服务地方经济为己任，近年来累计为 105 家中小企业融资 200 亿元，资金投向包括城市基础设施建设、教育、医疗及制造业等多个领域。同时还与地方商业银行合作，以信托产品支持国家支持行业、高新技术领域和高成长行业的企业，涉及电子、化工、环保、计算机等领域。为满足高净值客户的理财需求，渤海信托成立了财富俱乐部，搭建一套围绕高净值客户的资产配置需求而形成的产品供给体系，为俱乐部会员的财富增值和生活品质提升提供优质服务。

近年来，渤海信托历获“中国最具成长性信托公司”“中国最具区域影响力信托公司”“中国最佳管理信托公司”“杰出风险管理奖”等荣誉称号，并在 2016 年中国信托业协会组织开展的行业评级中荣获 A 级评级，逐步成为产品和服务优良、可持续发展能力强、社会各界高度信赖的财富管理机构。

更好的信托，更好的生活。作为一家勇于承担社会责任的金融企业，渤海信托将立足信托本源，矢志于人类的幸福生活，对国家负责，对社会负责，对员工负责，对股东负责，致力于成为客户资产保值增值的理财专家和首选管家，构造差异化和覆盖面广的销售网络，创造有竞争力的产品和服务，广结稳定真诚的客户，沉淀长远价值，遵循金融本质规律，服务社会经济发展，成为核心竞争优势明显、可持续发展能力强的综合金融服务机构。

【企业文化】

企业理念：以德修身、以诚养心、以义制利、以本图新

地址：河北省石家庄市新石中路 377 号 B 座 22－23 层

邮编：050090

电话：0311－68050666

邮箱：bohaitrust@ bohaitrust. com

网址：www. bohaitrust. com

长安国际信托股份有限公司

【公司简介】

长安国际信托股份有限公司前身为“西安国际信托有限公司”，1986 年经中国人民银行批准成立。1999 年 12 月公司增资改制为有限责任公司，更名为“西安国际信托投资有限公司”。2002 年 4 月，经中国人民银行总行批准重新登记申请，公司获准单独保留。2008 年 2 月经中国银行业监督管理委员会批准，公司换领新的金融许可证，同时更名为“西安国际信托有限公司”。2011 年 11 月经中国银行业监督管理委员会批准，并经工商登记，公司整体变更为股份有限公司，同时更名为“长安国际信托股份有限公司”。目前，公司注册资本为人民币 33.3 亿元。

公司主要从事资金信托业务、投资银行业务、融资租赁业务和其他金融业务。公司业务涉及货币市场、资本市场和金融衍生品市场等领域。

信托业与银行业、证券业、保险业一起构成现代金融四大支柱。信托以“受人之托，代人理财”为核心，遵循诚实、信用、谨慎、有效的管理原则，在货币市场与资本市场、金融资本与产业资本、投资者与融资者之间发挥着重要的桥梁作用。

公司致力于成为卓越的专业资产管理和投资管理机构，成立多年来，为国内外数百家企业和机构，数万余名自然人投资者提供了专业的信托金融服务。公司已建立了完善的法人治理机制，拥有健全的风险控制体系，有一支在金融、投资、资本运作等领域具有丰富经验和突出能力的专业团队，可以为委托人和投资客户提供全面的信托金融和理财服务。

【企业文化】

坚持诚信、稳健、专业、创新的经营管理原则，以提升自主管理能力为着力点，以增强风险控制能力为保障，通过持续推进业务和产品创新，不断完善理财产品线和客户服务体系，形成公司优势业务和主导产品，树立公司信托理财品牌，为客户的财富增值提供专业化服务，成为具有领先地位、以创新保障可持续发展的信托公司。

地址：陕西省西安市高新区科技路 33 号高新国际商务中心 15、23、24、35、36 层

电话:029－87990899
网址:www.caitc.cn

长城新盛信托有限责任公司

【公司简介】

长城新盛信托有限责任公司是经中国银监会批准的,由中国长城资产管理公司、新疆生产建设兵团国有资产经营公司、德阳市国有资产经营有限公司和伊犁哈萨克自治州财信融通投资担保有限公司在重组原伊犁哈萨克自治州信托投资公司的基础上设立的非银行金融机构,注册资金30,000万元。公司注册地在乌鲁木齐市,公司管理总部设在北京。

长城新盛信托秉承"受人之托,代人理财"的宗旨,将以一流的投资项目、一流的理财能力和一流的服务水平,当好资本经营参谋,做好投资理财专家。通过构建多元化与最优化的合作平台,控制过程风险,形成多赢格局,实现股东、受益人利益最大化和企业健康发展的最终目标。公司制定了严谨、科学的发展战略,依托股东优势资源,力争将公司打造成为信托行业具有竞争力的一流公司。

公司坚持市场化原则,通过有效的激励机制,确立以人为本、共同成长的人才战略,力争使每一位员工充分发挥自身价值,与企业共成长,共同分享发展成果。

【企业文化】

公司理念:受人之托、代人理财
公司文化:以金融服务推动产业进步

新疆乌鲁木齐本部
地址:新疆维吾尔自治理乌鲁木齐人民路280号
　　银行联合办公楼7层
邮编:830002
电话:0991－3775362
传真:0991－3775362
电邮:gwxs@gwxstrust.com
网址:www.gwxstrust.com
北京管理总部
地址:北京西城区月坛北街2号月坛大厦B座7层
邮编:100045
电话:010－68085258
传真:010－68085228

东莞信托有限公司

【公司简介】

东莞信托成立于1987年,是东莞国有控股企业,国有股份占比91.5%。目前注册资本金人民币12亿元,是广东省内5家信托公司之一。

东莞信托致力成为"值得信赖的专业资产管理金融机构"。自成立以来,东莞信托坚持走自主管理道路,以提升资产管理能力为立足点,以寻求委托人利益最大化为目标,大力支持我市重点工程建设、基础设施建设,为广大企事业单位和个人提供多元化、综合化、个性化的金融服务,为投资者实现较高的投资回报,树立了良好的市场形象,各项业绩迅速增长。

截至2016年底,东莞信托净资产38.11亿元,管理信托资产415.83亿元;2016年实现利润总额5.3亿元,净利润3.98亿元,并为客户分配收益25.91亿元。

根据全国信托公司2016年年报披露数据,东莞信托主动管理型信托资产占比达95.34%、结束项目信托报酬率3.1575%、已清算结束集合类信托产品加权平均实际年化收益率9.227%,多项指标在全行业68家信托公司中均名列前茅。

展望未来,东莞信托将继续提升资产管理能力和抗风险能力,为广大投资者提供更优质的金融服务。

地址:广东省东莞市松山湖高新技术产业开发区
　　创新科技园2号楼
邮编:523808
电话:400－168－3388
网址:www.dgxt.com

光大兴陇信托有限责任公司

【公司简介】

光大兴陇信托有限责任公司是2014年经中国银监会批准,由中国光大集团股份公司(以下简称中国光大集团)在重组原甘肃信托的基础上成立的金融机构,目前是中国光大集团金融板块中与银行、证券、保险并列的四大核心子公司之一。中国光大集团是中央管理的国有重要骨干企业,创办于1983年5月,是横跨金融与实业、海内与海外,涵盖银行、证券、保险、基金、信托、期货、租赁、投资和环保、文旅、医药等实业的大型金融控股集团。

光大兴陇信托自成立以来,秉持中国光大集团综合化经营优势,以支持国家经济发展为使命,践行产融结合、持续创新理念,提供全景式、全周期、全方位金融服务,致力于打造综合化、特色化、国际化、公众型的国内一流资产管理机构。2017年度,公司管理信托资产规模在68家信托公司中排名上升至第15位左右。截止2017年底,管理资产规模4733.93亿元、同比增长53.97%;营业收入11.36亿元、同比增长41.77%;利润总额7.03亿元、同比增长46.47%。在2017年"金牛理财产品"评选活动中,我司荣获"2016年度金牛集合信托公司奖",在第十届中国"诚信托"评选中,我司荣获"中国诚信托—成长优势奖"。

【企业文化】

含弘光大、品物咸亨

地址:甘肃省兰州市城关区东岗西路555号
　　金融国际9楼
邮编:730099
电话:0931－4650500
传真:0931－4650710
网址:www.ebtrust.com

国联信托股份有限公司

【公司简介】

国联信托股份有限公司的前身是无锡市投资信托公司,初创于1987年2月。2003年1月,无锡市信托投资公司获准重新登记,并更名为国联信托投资有限责任公司。2007年7月,更名为国联信托有限责任公司。2008年7月,国联信托有限责任公司变更为国联信托股份有限公司。公司目前注册资本为30亿元人民币,控股股东为无锡市国联发展(集团)有限公司。

国联信托以"诚信、稳健、规范、创新"为企业的经营宗旨,遵循"受人之托,代人理财"的信托理念,凭借"诚信为道"的价值观赢得了广大投资人的关注与信任;逐步成长为具有竞争力的现代金融服务公司。

自重新登记以来,国联信托以提高资源整合能力和主动管理能力为基础,以提供综合金融服务为抓手,不断开发新产品,拓展新领域,经营业绩保持快速发展。截至2014年12月底,公司信托资产规模达到435.14亿元,2014年度实现利润总额4.95亿元。2013年公司在《证券时报》举办的第六届"优秀信托公司评选"活动中,荣获"最具区域影响力信托公司"称号。

竭诚为广大投资者提供热情、周到、优质的服务,给予投资者丰厚的回报,是国联信托股份有限公司永远的追求!

【企业文化】

信托理念:受人之托,代人理财

价值观:诚信为道

地址:中国江苏省无锡市太湖新城金融一街8号
国联大厦10-11楼

邮编:214000

业务投诉电话:0510-82832656

举报电话:0510-82832656

网址:www.gltic.com.cn

国民信托有限公司

【公司简介】

国民信托有限公司(简称"国民信托")前身为中国人民建设银行浙江省信托投资公司,成立于1987年1月,是受中国银行业监督管理委员会监管的金融机构。2004年经中国银行业监督管理委员会批准,迁址北京并于2007年"新两规"出台后首批获得重新登记,取得了监管机构换发的新"金融机构许可证"更名为国民信托有限公司。公司目前的注册资本为10亿元人民币。

公司坚持"以人为本、诚信敬业、专业稳健、创新共赢"的经营方针,积极按照监管要求发挥"受人之托、代人理财"的金融功能,立足信托主业,多种业务有机结合,走差异化发展道路,同时探索创新业务。在发展中逐步建立完善风险管控体系,提高风险管理能力,发展成为风险可控、守法合规、创新不断、具有核心竞争力的现代信托机构以服务投资者,以服务实体经济,服务民生。同时,公司将充分发挥信托特有功能和制度优势,广泛探索运用公益信托模式,积极推动社会公益事业的模式创新,促进扶贫、教育、文化、科技及医疗卫生等公益事业的发展。

国民信托通过坚持市场化原则,建立有竞争力的薪酬及考核激励体系,使个人效益与团队业绩、公司业绩、风险管控实效挂钩;建立"能者上、平者让、庸者下"的有效考核机制与灵活的用人机制;加强对重要岗位、核心人员的考核激励力度;并发挥考核激励制度在公司治理和风险管控中的导向作用,逐步建立核心人员中长期激励机制等措施,已经拥有一支专业化、年轻化、国际化的团队。公司员工81%来自信托、银行、证券等金融机构,44%为研究生以上学历,23%拥有海外学习工作经历,40岁以下年龄的员工占比超过75%。扎实的金融知识、丰富的投资经验和国际化视野造就了一支思想活跃的知识团队。专业的团队是国民信托的核心竞争力之一,也是为受益人及合作各方提供专业服务的重要保障。

国民信托持续推进产品创新,陆续推出大量风险可控、收益较高的信托产品,形成了多个产品种类。信托资金投向包括基础设施建设、房地产、证券投资在内的等多个领域为各地市政基础设施建设、民生改善、实体经济发展等提供了良好的金融支持,得到了广泛的社会认可和业内好评。

2006年8月,公司荣获"2006年度第四届中国信托行业客户满意最具影响力品牌"奖;此后,公司凭借"稳盈宝1号"、"天房瑞诚集合资金信托计划"分别获得《上海证券报》主办的"诚信托"第二届(2007年度)、第八届(2013年度)"最佳信托产品奖"和"价值信托产品奖";同时,公司2007年在中国品牌影响力高峰论坛年会中荣获"中国信托行业最具竞争力品牌"奖;"国民信托"品牌还获得了2008-2009年度中国信托行业十大诚信品牌;2013年度公司因在北京市西城区域经济发展中作出了突出的贡献,得到了西城区人民政府颁发的"突出贡献奖"。

今后,国民信托将进一步引导信托资金投向改善民生的实体经济、保障性安居工程、农业、重大水利工程、中西部铁路建设、新型城市化建设、节能环保产业和社会事业等领域,并通过创新产品、业务转型、创新服务模式和工具,为信托受益人提供更多的选择,在财富管理、财富传承和资产增值的领域合作、共赢。

【企业文化】

核心价值观:诚信、服务、担当、包容

公司愿景:聚焦私募投行、资产管理和私人财富三大核心领域,为股东创造价值,为客户创造财富,打造具有凝聚力、竞争力的业务团队,致力于成为灵活、创新、高效的国内一流的综合金融服务平台。

经营方针:以人为本、诚信敬业、专业稳健、创新共赢

地址:北京市东城区西滨河路18号国民信托中心

邮编:100011

电话:010-84268088

传真:010-84268000

客户服务热线:4007791888,8009901888

投诉处理专线:4007701970

电邮:info@natrust.cn

网址:www.natrust.cn

国通信托有限责任公司

【公司简介】

国通信托有限责任公司(原方正东亚信托有限责任公司),是经中国银监会于2010年1月23日批准重组成立的非银行金融机构,2010年11月26日正式开业运营,公司注册资本为32亿元。

公司是一家全国性金融机构。公司扎根武汉,辐射全国,公司还在北京、上海、广州、深圳、郑州、青岛、南京、杭州、宁波、重庆、成都等18个大中城市设立业务团队,展业范围遍布全国20多个省市自治区。

公司股东为武汉金融控股(集团)有限公司、东亚银行有限公司和北大方正集团有限公司,主要从事资金信托、动产信托、不动产信托、有价证券信托、其他财产或财产权信托,固有

业务项下存放同业、拆放同业、贷款、租赁、投资等本外币业务,以及法律法规规定或中国银行业监督管理委员会批准的其他业务。

公司开业7年来经营成果显著,累计实现营业收入78.55亿元,利润总额52.52元。截至2017年12月底,公司累计发行1354个信托项目、管理信托资产规模达7917亿元,稳健发展的经营风格赢得了客户的充分信任及业界的良好口碑。

公司管理团队均有10年以上的金融从业经验,2017年末公司员工317人,平均年龄33.8岁,硕士以上学历50.2%,大量骨干员工具有特许金融分析师(CFA)、金融风险管理师(FRM)、注册会计师(CPA)、法律职业资格等专业资质,专业人才储备丰富。

着眼未来,公司励精图治、积极进取,致力于不断提升核心竞争力和可持续发展能力,为"成为专业引领、持续创新、受人尊敬的一流信托企业"这一愿景而努力!

地址:湖北省武汉市江汉区新华路296号
IFC国际金融中心32－38层
邮编:430015
电话:027－85565769
财富热线:027－85567532
网址:www.gt－trust.com

国投泰康信托有限公司

【公司简介】

国投泰康信托有限公司是经中国人民银行批准设立、中国银监会监管的非银行金融机构,注册资本金21.905亿元人民币,公司四家股东为国投资本控股有限公司、泰康保险集团股份有限公司、悦达资本股份有限公司和泰康资产管理有限责任公司,分别持有公司55%、32.98%、10%、2.02%的股份。

公司秉承"有道而正、信则人任"的核心价值观,坚持"心有界,行无疆"的业务理念,不断打造高信用级别的信托产品,为客户提供专业化、多元化、个性化的金融服务。

目前公司主要开展实业投行、资产管理、财富管理等业务,在传统业务领域和另类投资等领域硕果颇丰。未来将着力推进业务转型,积极深化业务模式创新,加大培养主动管理能力。

国投泰康信托以务实的精神、稳健的作风以及细致的服务,成为客户心目中"值得托付的理财顾问"。公司所有主动管理项目均实现平稳运行,为投资人实现了预期收益。

公司与全球著名的资产管理机构瑞银集团(UBSAG)合资组建了国投瑞银基金管理有限公司,国投泰康信托持有国投瑞银51%的股权,国投泰康信托还参股了多家金融机构。

公司致力成为卓越的资产管理机构和值得托付的财富管理人。

【企业文化】

公司愿景:成为卓越的资产管理机构和值得托付的财富管理人

公司使命:成就财富梦想,实现更美生活

核心价值观:有道而正,信则人任

经营宗旨:为客户、为员工、为股东、为社会

发展理念:长远、共享、共赢

经营理念:规范、进取、创新

管理理念:透明、务实、激励

人才理念:德信、专业、担当

团队理念:忠诚、包容、合作

地址:北京市西城区阜成门北大街2号楼16层、17层
邮编:100034
电话:400－608－8800
电邮:sdictrust@sdictktrust.com
网址:www.sdictktrust.com

湖南省信托有限责任公司

【公司简介】

湖南省信托有限责任公司(简称"湖南信托")1985年经湖南省人民政府批准成立,2002年经中国人民银行总行核准重新登记,2008年获得了中国银行业监督管理委员会颁发新的金融许可证,是湖南省人民政府下属、归口省财政厅管理的国有企业,是目前湖南省唯一保留的信托机构,也是省内唯一能够同时涉足资本市场、货币市场和产业市场的非银行金融机构。公司现有股东为湖南财信投资控股有限责任公司(简称"财信控股")和湖南省国有投资经营有限公司(简称"湖南国投"),注册资本24.5132亿元人民币。

自2002年重新登记以来,湖南信托坚持"受人之托,代人理财"的信托本源,以服务地方经济社会发展为宗旨,围绕集团"精干主业、精耕湖南,服务实体、造福社会"的发展战略,努力发挥信托功能优势,深化与地方政府的合作,积极支持供给侧结构性改革和实体经济发展,不断创新产品与服务,切实加强风险防控,建立全面风险管理体系,有效提高发展质量。在促进地方经济发展的同时,自身也实现了较快较好的发展。

【企业文化】

经营理念:专注、协同、共享、规范

地址:湖南省长沙市城南西路1号财信大厦6－9楼
电话:0731－85196911
邮箱:hnxt@huntic.com
网址:www.huntic.com

华宝信托有限责任公司

【公司简介】

华宝信托有限责任公司(简称"华宝信托")成立于1998年,是中国宝武钢铁集团有限公司(简称"中国宝武")旗下的产业链金融板块成员公司,中国宝武钢铁集团有限公司持股98%,浙江省舟山市财政局持股2%。华宝信托注册资本金37.44亿元(含1500万美元),旗下控股华宝基金管理有限公司(中美合资)。

华宝信托的大股东中国宝武信誉卓著、实力雄厚。秉承中国宝武一贯的严谨稳健、诚信规范作风,华宝信托始终以"受益人利益最大化"为经营理念,以专业化和差异化发展为基本战略,以资产管理与信托服务为两大主业,立足资本市场,不断强化能力建设、渠道建设和品牌建设。公司业务门类齐全、专业化分工清晰、团队阵容整齐、主动管理与创新能力强大、业绩持续良好。目前,公司为中国信托业协会第三届理事会副会长单位。

多年来华宝信托始终保持创新意识,多项业务资格或

行动处于行业领先地位。2017 年,公司自主开发并落地成都双流区 PPP 项目,并上线家族信托管理系统。2016 年,公司获中诚信国际主体“AAA”评级,同年推出“世家华传”和“基业宝承”两个家族信托子系列服务,成功落地多单家族信托业务,为客户提供个性化、定制化的家族财富管理综合解决方案。2015 年,联手上海临港集团设立百亿元开发基金,并成功发行公司首单 QDII 集合信托计划。2014 年,通过人力资源和社会保障部的企业年金管理资格延续申请,成为国内为数不多的拥有“法人受托机构”和“账户管理人”两项资格的信托公司。2013 年,推出公益性质的信托——“华宝爱心信托”,建立标准化信托服务平台——华宝流通宝平台。2012 年,推出信托产品评级,申请到以信托计划名义设立的股指期货套保交易编码和套利交易编码。2011 年,成为业内较早获得股指期货交易业务资格的信托公司。2007 年,新“两规”颁布后首批获准换发金融牌照。2005 年,取得人社部颁发的年金受托人及账管人资格,并在业内较早开展结构化证券信托业务。2004 年,引入独立董事。2003 年,在公开媒体开展信息披露,并在业内较早发起成立合资基金公司。

此外,公司 2015 年获得私募基金管理人资格,2012 年获得受托境外理财业务资格,2008 年获得大宗交易系统合格投资者资格,2006 年获得资产证券化业务资格,2005 年首批获得新股发行询价对象资格,业务资格全面。

华宝信托为投资者创造了良好收益,1998 - 2017 年累计为客户实现收益 1501 亿元。2006 年起,公司进入快速发展阶段,2006 - 2017 年累计完成清算信托项目 1267 个。截至 2017 年底,公司受托管理信托资产规模 5956 亿元(不含企业年金)。华宝信托也为股东创造了良好收益,自 1998 年成立以来,连续 20 年实现盈利。

近年来,华宝信托在各类专业行业评选中多次荣获重要奖项。其中 2017 年,公司荣获《上海证券报》第十届“诚信托”卓越公司大奖、《证券时报》第十届“中国优秀信托公司”奖、《21 世纪经济报道》第十届“金贝奖”卓越信托公司奖等行业内公司类奖项。

目前,华宝信托产品利用多种结构和工具覆盖了资本市场、货币市场、实体经济。同时,在风控方面,华宝信托形成了由董事会及管理层直接领导,以风险管理部门为依托,相关职能部门配合,与各个业务部门全面联系的三级风险管理组织体系,公司治理结构及风险控制水平行业领先。

展望未来,华宝信托将继续以机构、高端客户需求为核心,专注于证券、投融资、产业金融深度服务、国际业务、信托服务等专业领域,提供另类财富管理和综合金融解决方案,打造中国领先的综合金融服务商。我们将进一步丰富产品线及提升信托服务能力,为客户打造更好产品,提供更好服务,让更多的市场主体参与信托,享受信托制度的优势。

地址:中国(上海)自由贸易试验区世纪大道 100 号
环球金融中心 52 层、59 层
邮编:200120
客服:40088 - 40098
总机:021 - 38506666
传真:021 - 68403999
电邮:hbservice@ hwabaotrust. com
网站:www. hwabaotrust. com

华宸信托有限责任公司

【公司简介】

华宸信托有限责任公司(原内蒙古信托投资有限责任公司)成立于 1988 年。1990 年经中国人民银行批准,首次取得《金融许可证》。2000 年进入自治区 18 户区直国有重要骨干企业行列。2002 年完成公司制改造,经中国人民银行批准,获准重新登记,成为全国第 41 家重新登记的信托投资公司。2005 年,完成了增资扩股工作。2007 年,按照国家银监会的统一部署,顺利完成业务转型审批工作,同时更名为华宸信托有限责任公司。2013 年,在自治区党委、政府,自治区国资委的指导下,先后获得中国银监会有关批复和呼和浩特市工商局核准通知书,完成了股权结构调整工作。目前公司前三大股东为:包头钢铁(集团)有限责任公司、中国大唐集团资本控股有限公司、内蒙古自治区人民政府国有资产监督管理委员会。公司注册资本为 8 亿元人民币。

【企业文化】

提供专业服务:华宸信托始终致力于为高端客户提供私密、稳健、轻松、优雅的理财环境。我们将以专业的投资专家、专业的理财顾问及专业的客户服务为您提供价值最大化的第三方理财服务。

铸就诚信品牌:华宸信托始终倡导并践行“诚实、信用、谨慎、有效”的企业理念。“诚实、信用”是市场经济对企业的基本要求,我们视其为立身之本、发展之基、信誉之源。华宸信托奉行全方位的诚信理念,这种理念集中体现在高标准的职业道德和商业道德上。

倡导开放胸怀:华宸信托始终循着中国经济腾飞的脚步,敞开胸怀拥抱世界。我们没有固步自封、夜郎自大,有的只是开放的胸怀,分享的精神和全球化的眼光。

秉持创新理念:华宸信托始终遵循“创新无止境”的价值观念,不断完善自我。创新不是闭门造车、冥思苦想,而是借鉴和超越。我们将借鉴国际以及国内同行的先进经验,少走弯路,力争超越。

地址:呼和浩特市赛罕区如意西街 23 号
日信华宸大厦 5 楼
邮编:010011
电邮:hctrust@ hctrust. cn
电话:0471 - 4193900
网址:www. hctrust. cn

华能贵诚信托有限公司

【公司简介】

华能贵诚信托有限公司(以下简称华能信托),是中国华能集团旗下的专业从事信托业务的非银行金融机构,公司注册资本金 42 亿元,净资产 109 亿元。业务范围遍及全国,注册地为贵州省贵阳市。

2008 年 11 月,经中国银监会批准,华能资本服务有限公司对原贵州省黔隆国际信托投资有限责任公司增资扩股重组。2009 年 1 月正式更名为华能贵诚信托有限公司;2009 年 2 月,经中国银监会批准,公司换发新的金融许可证,按照“新两规”要求开展信托经营业务。

华能信托建立了权责制衡、界面清晰的公司法人治理结构;组建了高素质、专业化的业务管理团队;具备雄厚的产品研发、创新实力;构建了覆盖公司各类业务的操作流程、经营层级及四级镶嵌式风控体系;搭建了涵盖公司业务开展、财务管理、监管对接等需求的信息系统功能模块和信息管理系统。

华能信托除强化公司本部的功能建设外,分别在北京、上海、深圳、广州、宁波、无锡、郑州、南京、杭州等地建立业务联络处,已初步构建以北京为中心、辐射各经济发展城市的业务发展格局。

华能信托自2013年起连续四年综合排名跻身国内信托行业前十位后,2017年,公司拿出新的精气神,围绕把公司建设成为国内最优秀的金融资产生产商和供应商的战略目标,深化具有华能特点的、以一体两翼为主体的金融资产池建设,坚持创新驱动,优化产品结构和业务模式,发展壮大新动能,增强核心竞争力。

【企业文化】

公司重视人力资源的创造价值,将"人力资本"视为实现公司持续发展、提高市场竞争力的战略资源。

地址:贵州省贵阳市观山湖区长岭北路55号
贵州金融城1期商务区10号楼23层
邮编:550001
电话:0851-88661688
传真:0851-88661708
电邮:public@hngtrust.com
网址:www.hngtrust.com

华融国际信托有限责任公司

【公司简介】

华融国际信托有限责任公司是一家全国性非银行金融机构,是中国华融资产管理股份有限公司在重组新疆国际信托投资有限责任公司的基础上于2008年5月19日设立的。公司注册地在新疆乌鲁木齐市,注册资本30.36亿元,中国华融为大股东,其他股东包括:长城人寿股份有限公司、珠海市华策集团有限公司、新疆凯迪投资有限责任公司、新疆恒合投资股份有限公司。

华融信托自2008年重组成立以来,在中国华融党委的正确领导下,在社会各界的大力支持下,公司全体员工拼搏进取,奋力争先,不断增强自主资产管理能力,提升风险防控水平,拓展资金募集渠道,实现了跨越式发展。华融信托产品类型丰富,投资方式主要包括:贷款、股权投资、权益投资、证券投资、产业投资基金、并购基金、资产证券化等。投资领域主要涵盖房地产、工商企业、基础产业、证券投资及金融机构。至2017年已累计为数百家国内优质企业提供了超8000亿元的综合金融服务,有力支持了基础设施、房地产、交通、水利、电力、现代物流等多个关系国计民生重大产业的发展,为委托人创造收益超过700亿元,先后获得"全国银监会系统先进集体称号""中国年度金牌成长力信托公司""年度优秀财富管理中心""优秀金融服务品牌""优秀理财管理中心称号""金牛集合信托公司""优秀财富管理品牌奖"等多项行业大奖,在业界形成了一定的品牌影响力和市场认可度。

【企业文化】

国家托付事业,人民托付信赖;社会托付财富,员工托付梦想。

地址:新疆维吾尔自治区乌鲁木齐市中山路333号
中泉广场17楼
电话:0991-2337045
邮箱:hrxt@huarongtrust.com.cn
网址:www.huarongtrust.com.cn

华润深国投信托有限公司

【公司简介】

华润深国投信托有限公司(以下简称"华润信托"或"公司")是一家历史悠久、业绩领先、实力雄厚、品牌卓越的综合金融服务机构。

公司前身是成立于1982年、有"信托行业常青树"之称的"深圳国际信托投资有限公司"(简称"深国投")。华润信托注册资本人民币60亿元,股东分别为华润股份有限公司和深圳市人民政府国有资产监督管理委员会。

华润信托秉承华润集团优秀的企业文化,在"让资产更智慧"的品牌口号引领下,始终坚持客户导向和持续创新,在结构金融、证券信托、股权投资、财富管理、风险管理等诸多领域形成了独特的专业专长,为遍布海内外的高净值客户、高效益企业和高成长机构提供了优异的定制化和差异化金融解决方案,并实现了良好回报。

华润信托在国内信托行业开创了多个第一:第一支开放式证券投资信托计划;第一支限制性股票激励计划;第一支企业现金流资产证券化信托计划;第一个组合基金信托产品系列(托付宝TOF);第一支煤炭资源整合并购基金,第一支信托公司自主管理量化对冲基金……

华润信托通过持有国内证券行业翘楚的国信证券股份有限公司股权和与台湾第一大券商元大宝来证券投资信托股份有限公司合资组建华润元大基金管理有限公司,形成健康、良性的业务组合。并通过积极探索产融结合和融融协同模式,与华润集团旗下华润置地、华润银行、华润资本、华润资产等利润中心形成良好的业务合作,着力打造有自身特色、可持续发展的商业模式。

2017年,华润信托全年取得净利润22.48亿元,营业收入26.74亿元。信托资产规模12,553.00亿元,为委托人带来信托收益377.93亿元。

公司连续担任中国信托业协会理事会副会长单位,连续多年屡次荣获如"中国优秀信托公司"等诸多荣誉。

30多年经风经雨,华润信托已经成为一家发展迅速、业绩领先、实力雄厚、品牌卓越的综合金融服务机构。

【企业文化】

华润使命:引领商业进步,共创美好生活
企业愿景:成为大众信赖和喜爱的全球化企业
价值观:诚实守信,业绩导向,以人为本,创新发展
发展理念:做实、做强、做大、做好、做长
企业精神:务实、专业、协同、奉献

地址:广东省深圳市福田中心四路1-1号嘉里建设广场
第三座10楼
邮编:518048
电话:0755-33380600
邮箱:service@crctrust.com
网址:www.crctrust.com

华鑫国际信托有限公司

【公司简介】

华鑫国际信托有限公司(简称“华鑫信托”)于 2010 年 2 月 9 日获得中国银行业监督管理委员会批准重新登记,注册地为北京,控股股东为中国华电集团公司,公司注册资本金 22 亿元人民币。

华鑫信托以“受人之托,代人理财”为根本,秉承“稳健经营,价值至上”的理念,坚持面向市场,为客户提供全面、专业、特色金融服务。结合自身优势,华鑫信托形成了具有鲜明特色的发展思路。公司以能源和基础产业信托业务为核心,坚持多领域经营;以提供多元化、专业化、特色化金融服务为手段,坚持业务创新;以全面风险管理为保障,坚持稳健经营,规范运作。主要经营的信托业务包括:资金信托;动产信托;不动产信托;有价证券信托;其他财产或财产权信托;作为投资基金或者基金管理公司的发起人从事投资基金业务;经营企业资产的重组、购并及项目融资、公司理财、财务顾问等业务;受托经营国务院有关部门批准的证券承销业务;办理居间、咨询、资信调查等业务;代保管及保管箱业务等。主要自营业务包括:存放同业;拆放同业;贷款业务;租赁业务;投资业务;以固有财产为他人提供担保;同业拆借;法律法规规定或中国银行业监督管理委员会批准的其他业务。

公司确立了法人治理基本架构。制定了包括公司业务操作、财务管理、风险管理、信息化建设在内的制度,形成了一套较为科学合理的制度体系。坚持以客户为中心、以业务为主线,建立起各类风险的监测、评估、处置等工作机制,保证风险可控在控。按照精干、高效原则,引进和培养了一批年富力强、从业经验丰富、有较强管理水平和开拓能力的高素质、专业化人才。公司努力提升盈利能力、人才支撑能力、执企能力、科学发展能力、风险管控能力,打造核心竞争力,努力把公司建设成为业绩优良、管理先进、科学发展、质形俱佳、值得信赖,具有核心竞争力,同业一流的专业化国际化信托公司。

【企业文化】

公司使命:为客户、股东、社会和员工创造更大的价值

公司愿景:建设同业领先的专业化、国际化信托公司

核心价值:诚信,求真,和谐,创新

公司精神:始于至信,臻于至善

经营理念:稳健经营,价值至上

人才理念:德选其人,才尽其用、酬显其绩

地址:北京市西城区宣武门内大街 2 号中国华电大厦 B 座 11 层

邮编:100031

电话:400 - 680 - 1616

传真:010 - 83568281

网址:www. cfitc. com

建信信托有限责任公司

【公司简介】

建信信托有限责任公司(简称“建信信托”)是经中国银监会报请国务院批准,由中国建设银行投资控股的非银行金融机构,2009 年 8 月公司正式重组运营,2011 年公司成为由中国银监会直接监管的 8 家信托公司之一。截至 2017 年 12 月 31 日,公司净资产 110. 6 亿元,净资本 72. 8 亿元,各项业务风险资本之和 68. 2 亿元,净资本与净资产比例 65. 78% ,净资本与各项业务风险资本比例 106. 63% 。公司实现净利润 16. 5 亿元,公司信托业务资产总额为 14096. 70 亿元,2017 年存续项目资产质量较好,到期信托项目均按期清算兑付。投资类项目中的信用债外部评级均为 AA 及以上,信用风险可接受。公司固有业务信用风险主要来自于固定收益类资产,报告期内,公司固有业务资产总额为 116. 07 亿元,不良资产余额为 0 亿元。

截至 2017 年 12 月 31 日,公司共有员工 372 人,平均年龄 35 岁,其中,博士学历 18 人,占比 4. 8% ;硕士学历 215 人,占比 57. 8% ;本科学历 128 人,占比 34. 4% ;专科学历 7 人,占比 1. 9% ;其他学历 4 人,占比 1. 1% 。

公司坚持服务实体经济、服务民生、服务投资者,认真贯彻国家经济金融政策和监管要求,加快转型和创新步伐,满足客户多样化金融需求;公司始终坚持依法合规、稳健经营,不断完善风险防控体系,有效履行受托人职责和义务,维护受益人利益最大化,所有到期信托产品均实现了按期清算、足额兑付。2017 年全年共为受益人创造收益 3398 亿元,较上年增长 382. 23% 。公司积极落实习近平总书记关于“更好推进精准扶贫精准脱贫,确保如期实现脱贫攻坚目标”的重要指示精神,与建总行联合发起了“助力紫阳县脱贫攻坚爱心物资捐赠”精准扶贫活动。共捐赠爱心包 1400 个、图书 1600 本、保温杯 1000 个,总价值达 25 万余元。

建信信托秉承“诚信、审慎、求新、共赢”的核心价值观,融合中国建设银行在品牌、渠道、管理以及项目资源上的强大优势,市场营销、产品创新能力不断提升;信托、固有两大业务体系协同并进;投资、融资功能不断完善;内控水平、风控体系显著加强;高素质核心业务团队成长迅速,具备了积极推动理财专业化、投资多元化的不断满足投融资各方金融需求的市场专业能力,从而为真正实现——“为客户提供优质服务,为股东创造最大价值,为员工搭建广阔平台,为社会承担应尽责任”的现代化金融企业的发展目标奠定了坚实的基础。

【企业文化】

企业愿景:致力于成为一流信托公司。其内涵包括:建设一流员工队伍,拥有一流盈利能力,打造一流资产管理能力,培育一流客户服务能力,形成一流风险控制能力。这既是建信信托的奋斗目标,更是全体建信信托人的共同责任和心愿。

企业使命:为客户提供优质服务,为股东创造最大价值,为员工搭建广阔平台,为社会承担应尽责任。

核心价值观:诚信、审慎、求新、共赢

经营理念:以市场为导向,以客户为中心

风险理念:收益覆盖风险,风险与收益相匹配

人才理念:以人为本,人尽其才

地址:北京市西城区闹市口大街一号院 4 号楼长安兴融中心 10 楼

邮编:401147

电话:010 - 67596169

传真:010 - 67596590

网址:www. ccbtrust. com. cn

江苏省国际信托有限责任公司

【公司简介】

江苏省国际信托有限责任公司(简称“江苏信托”)前身

为江苏省国际信托投资公司，于1981年10月经国家外资管理委员会和江苏省人民政府批准正式成立。2001年8月，江苏省政府决定对江苏省国际信托投资公司和江苏省投资管理有限责任公司进行集团化重组改制，组建江苏省国信资产管理集团有限公司。2002年8月，经中国人民银行批准，江苏省国际信托投资公司予以重新登记，并更名为“江苏省国际信托投资有限责任公司”，注册资金为248389.9万元人民币。2007年6月，根据新两规要求，经中国银监会批准，江苏省国际信托投资有限责任公司更名为“江苏省国际信托有限责任公司”，同时变更业务范围。2013年12月，公司注册资本金为人民币26.8亿元，现为中国信托业协会理事单位。2016年，江苏舜天船舶股份有限公司向江苏省国信资产管理集团有限公司（以下简称：国信集团）发行股份以收购其所拥有的江苏省国际信托有限责任公司81.49%的股权，公司已办理股东变更手续。2017年，江苏舜天船舶股份有限公司更名为江苏国信股份有限公司。公司坚持“发展、创新、高效、稳健”的经营理念，积极按照新两规要求，发挥“受人之托、代人理财”的特点，立足信托本业，完善治理结构，改善经营机制，探索业务创新，加强人才开发，经济效益稳步增长，切实维护了委托人的最大利益。公司已经发展成为我国信托业中资产质量优良、管理规范、经营合规、信息透明、风控能力较强的信托公司。

展望未来，江苏信托将顺应不断变化的内外部环境，以业务发展为主线，以改善治理机制为基础，以风险控制为保障，着力打造信托融资、受托服务、信托投资和固有业务四大业务平台，全面提升服务品质，着力加强品牌建设，大力推进人才开发，培育先进的企业文化，发展成为立足江苏、面向全国、健康和谐的现代化金融机构。

【企业文化】

经营理念：发展、创新、高效、稳健

员工文化：乐于奉献、善于合作、勇于拼搏、敢于创新

地址：江苏省南京市玄武区长江路2号22－26层

邮编：210005

电话：025－89667777

电邮：jsitc@ jsitc. net

网址：www. jsitic. net

交银国际信托有限公司

【公司简介】

“交银国际信托有限公司”（以下简称“公司”）成立于1981年6月，原名为湖北省国际信托投资公司，注册资本1亿元人民币。2001年12月，按照中国人民银行关于信托投资公司清理整顿和重新登记的有关要求，公司改制并更名为湖北省国际信托投资有限公司，并于2003年1月经中国人民银行核准重新登记。2007年5月，经中国银监会批准，公司引进交通银行股份有限公司实施战略重组。重组完成后，公司更名为“交银国际信托有限公司”，注册资本12亿元人民币，交通银行股份有限公司持有85%的股份，湖北省财政厅持有15%的股份。公司注册资本分别于2011年12月增加至20亿元人民币，2013年3月增加至31.76亿元人民币，2013年11月增加至37.65亿元人民币，股东出资比例均不变。2014年10月，湖北省财政厅持有的公司15%股权划转至湖北省交通投资有限公司持有。2017年4月，公司增资20亿元，注册资本达到57.65亿元，股东出资比例保持不变。

公司是国内首家由大型国有商业银行直接投资控股的信托公司，拥有一批具有商业银行、投资银行、信托、基金等资深从业背景的专业团队，并拥有交通银行强大的实力背景、完善的资源网络和卓越的品牌信誉支持。自成立以来，秉承“受人之托，代人理财”的经营宗旨和诚信服务的管理理念，根据客户的资产状况和风险偏好，利用信托制度及其独特的功能设计，竭诚提供跨市场、多领域、跨地区的财富管理、项目融资和受托托管等专业化信托服务，以优质周到的服务赢得赞誉。

【企业文化】

受人之托、诚信第一、代人理财、赢利为本

地址：武汉市建设大道847号瑞通广场B座16－17层

电话：027－85487417

邮编：430015

网址：www. bocommtrust. com

昆仑信托有限责任公司

【公司简介】

昆仑信托有限责任公司，成立于1986年，注册地在宁波，是由中国石油控股的金融企业。2009年和2017年，公司先后两次增资扩股，注册资本达102亿元。2017年2月10日，公司与中国石油其他金融企业在A股整体上市。昆仑信托是中国信托业协会理事单位、中国银行间市场交易商协会会员，入股中国信托业保障基金有限责任公司、中国信托登记有限责任公司，拥有全国债券市场准入、同业拆借市场成员、以固有资产从事股权投资、资产证券化和私募投资基金管理人资格。公司依法开展债权、股权、标品、同业、财产、资产证券化、公益/慈善和事务等八大类信托业务，广泛筹集和融通资金，为社会各行各业提供金融服务，为受益人的最大利益处理信托事务。

昆仑信托具有完善的法人治理结构，拥有一支勇于开拓、善于创新、精于投资、严于管理的信托基金经理人队伍，公司坚持“低风险偏好”的风控理念，建立了“三纵三横”的风险控制体系，风格稳健、收益稳定、资产优良、业绩突出，累计发行信托计划900多只，累计管理资产近万亿元。

昆仑信托视信誉为生命，建立了以“信”为核心的企业文化，公司“以诚树人，以实立业，以信兴企”，倡导员工做“金融街上的石油人”，努力打造国内一流的资产管理平台、财富管理平台和战略共赢平台，树立了“信誉无价，托付有道”的品牌形象。

公司先后荣获“浙江省优秀企业”“宁波市纳税50强”。2016年，公司在“中国金融机构金牌榜？金龙奖”评选活动中，荣获“最佳风险管理信托公司”荣誉称号。

【企业文化】

企业宗旨：奉献能源、创造和谐

企业精神：爱国、创业、求实、奉献

战略愿景：资产管理平台、财富管理平台、战略共赢平台

企业形象：信誉无价、托付有道

地址：浙江省宁波市江东区民安东路268号

宁波国际金融服务中心北区E座28－31层

邮编:315042
电话:0574 - 87031727
电邮:klinfo@ cnpc. com. cn
网址:www. kunluntrust. com

陆家嘴国际信托有限公司

【公司简介】

陆家嘴国际信托有限公司是上海陆家嘴金融发展有限公司控股的信托机构,2012 年 2 月经中国银监会批准重新登记,公司注册地位于青岛,管理总部位于上海,并在北京、杭州、苏州、济南、郑州、昆明、无锡等多个重点城市设立业务分部。2014 年 12 月,经中国银监会批准,陆家嘴信托注册资本金增加至 30 亿元,显著增强了资金实力和风险缓冲能力。陆家嘴信托秉承"专业化发展、差异化竞争、精细化管理"的发展理念,实现合规经营与业务发展并重、市场拓展与战略创新并驱、资产管理与财富管理并行,构建特色鲜明、具有核心品牌价值的资产管理能力,致力于成为国内一流的城市综合金融服务提供商。目前,公司业务已涵盖基础产业、工商企业、股权收益权、房地产投融资、证券投资、组合投资等多种信托类型,并布局资产证券化、股权投资、特色证券投资业务,满足多元化理财需求。

2017 年,在宏观经济下行以及市场竞争的双重压力下,陆家嘴信托保持了经营业绩的稳固前进。截至 2017 年末,公司累计营业收入 10.62 亿元,实现净利润 4.79 亿元,信托收入 8.46 亿元。2017 年公司累计已发行成立信托计划 1041 个,规模 5,821 亿元,其中存续信托项目 422 个,规模 2849.35 亿元,新增发行成立信托计划 277 个,规模 1824.44 亿元,同比增长 11.09%。陆家嘴信托先后获评《上海证券报》"诚信托·成长优势奖";《证券时报》"优秀理财管理中心奖""中国最具发展潜力信托公司"等荣誉,综合实力和品牌形象得到了业内和社会各界的进一步认可。

未来,陆家嘴信托将紧密围绕上海国际金融中心建设、青岛财富管理试验区的战略要求,重点布局以上海为中心的长三角经济一体化和以青岛为中心的环渤海都市经济圈,深耕"上海和青岛"双主场,实现实体经济与金融产业有效对接;依托股东资源和优质资产,以差异化、特色化、专业化、品牌化的经营模式,不断精进专业服务和管理能力,构建核心资产管理能力,努力打造独具特色的"陆家嘴品牌"价值。

地址:上海市浦东新区世纪大道 1600 号陆家嘴广场
30 楼/25 楼
电话:021 - 50587808
传真:021 - 50588225
邮编:200122
电邮:ljzxt@ ljzitc. com. cn
网址:www. ljzitc. com. cn

山东省国际信托股份有限公司

【公司简介】

山东省国际信托股份有限公司(简称"山东国信",代码:01697. HK)初创于 1987 年 3 月,是经中国人民银行和山东省人民政府批准设立的非银行金融机构。2007 年 8 月,获中国银监会批复同意换发新的金融许可证,名称变更为"山东省国际信托有限公司"。2015 年 7 月,整体变更为股份有限公司更名为"山东省国际信托股份有限公司"。现为中国信托业协会理事单位。

成立 30 年以来,山东国信始终以充分运用信托平台服务经济社会发展为己任,坚持稳健经营、稳中求进的核心理念,综合运用金融工具加强受托管理能力建设,快速响应市场需求推出多种类信托理财产品,充分发挥信托制度优势支持国家和地方经济,有效嫁接了货币市场、资本市场和产业市场,形成了信托业务和固有业务"两驾马车",实现了事务管理型信托、主动管理型信托和财产权信托等产品的"多轮驱动",构建了"根植山东,辐射全国,走向国际"的发展格局,逐步发展成为综合实力领先、品牌美誉度高的综合金融和财富管理服务提供商。

在长期股权投资方面,公司注重把握金融产业政策,致力于打造综合金融服务平台。目前主要参股泰信基金、富国基金、民生证券、泰山财产保险、德州银行、山东豪沃汽车金融有限公司等金融机构。

公司多年来的发展成绩得到了社会各界的认可与好评。在中国信托业协会开展的 2015 - 2016 年度信托行业评级,山东国信连续两年获得最高评级 A 级。先后获得"诚信托 - 卓越公司奖""诚信托 - 管理团队奖""最佳创新信托公司""最佳社会责任信托公司""最佳金融服务机构""卓越金融企业风险控制奖""中国最具区域影响力信托公司"等二十余项全国性、行业性大奖。作为山东省属国有企业,公司的发展在省内也获得了高度评价,被山东省政府授予"山东省金融发展贡献先进单位"荣誉称号,连续三年荣获"山东省金融创新奖",在省财政厅开展的全省地方金融企业绩效评价中,连续五年获得最高 AAA 级评价。

2017 年 12 月 8 日,公司在香港联交所交易馆举行 H 股主板上市挂牌仪式,股票简称"山东国信",代码 01697. HK,实现了内地信托公司香港上市"零"的突破,成为内地信托登陆国际资本市场第一股和港股信托第一股。在 2017 年中国融资大奖评选活动中,山东国信荣获"2017 年度最佳 IPO 奖"。

回顾过去,山东国信善于把握机遇,敢于迎接挑战,为国家和地方经济发展提供了多类型、全方位、全产业链的优质投融资服务,为机构和个人投资者提供了专业化、差异化、个性化的综合金融理财服务。展望未来,公司将一如既往,以法为纲,以信为本,以稳为基,为国际国内的广大投资者创造更大的价值。

【企业文化】

山东国信始终坚持"专业、诚信、勤勉、成就"核心价值观。

专业,即业务精通,具备较高的业务素质及综合素质,具备较强的专业能力、持续学习和改进的能力,具备独当一面或担当重任的工作能力。诚信,对企业来讲,就是对国家诚信、对社会诚信、对员工诚信、对客户诚信、对股东诚信、对合作伙伴诚信;对员工来讲,就是态度真诚,对企业忠诚、对工作忠诚、对岗位忠诚。勤勉,以饱满的热情积极投入到工作中,具有强烈的责任感和使命感,具有良好的敬业精神,具有浓厚的服务意识和端正的工作态度。成就,包括对客户、对公司、对自身的成就,要具有实干精神和结果意识,要想干事、能干事、干成事,使努力和奋斗能够转化为工作成果,从而实现工作目标。

【社会责任】

作为山东管国有金融企业，山东国信在实现自身稳健发展、积极为地方经济提供投融资服务的同时，充分发挥信托制度和功能优势，对国家和社会全面发展、自然环境和资源，以及广大投资者和员工、客户等利益相关方主动承担责任，实现了追求经济效益与承担社会责任的有机结合。

公司始终坚持根植于实体经济，充分发挥信托独特的功能优势，通过“产业信托”路径，切实助力了供给侧结构性改革。截至2016年末，产业投融资余额1520亿元，占存续信托规模的66%，有效引导社会闲置资金进入实体经济领域，提升了服务实体经济的质效。同时，发挥“实业投行”资源禀赋优势，支持“双创”企业成长壮大。

公司顺应监管政策导向，积极推动金融创新，有效为国家重点区域发展战略提供金融支持。2013年－2016年，山东国信累计引入1724亿元社会资本支持国家战略经济区及基础性民生工程建设，其中投向“蓝黄”战略经济区620亿元、“一圈一带”经济区540亿元。

公司不断加大对环境治理、综合整治、绿色环保领域的融资支持，统计显示，2013年－2016年累计为山东省内小清河、白浪河重点流域治理以及污水管网改扩建等城市基础设施项目提供融资支持564亿元。2016年12月，山东国信联合国网山东省电力公司、山东省科学院、山东大学等8家单位，筹备设立山东省电能替代产业发展促进会，旨在形成战略合作伙伴关系，实现优势互补、资源共享，共同促进电能替代技术的推广应用，为服务经济结构调整、大气污染防治作出更大的积极贡献。

2015年初，公司选派年轻骨干作为驻村“第一书记”赴菏泽市曹县孙老家镇开展定点帮扶工作，改善了村容村貌、丰富了群众文化生活、推广了多个农业扶贫重点项目，精准扶贫工作取得显著成效，赢得当地干部群众的广泛好评。

山东国信还积极探索开展公益慈善类信托，为精准扶贫注入慈善信托“活水”。公司作为顾问单位发起成立我国慈善信托行业智库，2016年11月联合慈善组织、金融同业机构和专业工作者发起成立全国首个慈善信托行业联合体——中国慈善联合会慈善信托委员会，致力于促进慈善信托的应用与普及，为社会力量参与慈善事业提供更畅通的途径。公司积极开展标准化慈善信托产品，形成山东国信？大同系列慈善信托产品，吸纳社会各界资金参与到扶贫助学、爱老敬老慈善活动中。

同时，山东国信充分发挥信托优势，为山东省残疾人福利基金会、山东省送温暖基金会、山东省慈善总会慈善资金提供专业管理服务。在受托管理山东省公安厅慈善类基金中，通过类慈善信托业务对山东省公安民警互助金和优抚基金进行理财增值，充分体现了主动履行社会责任的国企担当。

【公司荣誉】

山东国信经过多年的发展，不断提升公司治理水平，改进内控风险管理机制，依法合规开展各项经营活动，实现了平稳可持续发展。近年来，山东国信品牌价值不断提升，在综合实力、公司治理和企业社会责任等方面广受海内外评级机构和媒体的认可与好评，获得多个荣誉奖项。

2017年度最佳IPO奖

2017年度最佳财富管理信托公司

2016年度“诚信托－卓越公司奖”

2016最佳创新信托公司

2016卓越金融企业风险控制奖

2014至2015年度山东省金融发展贡献先进单位

2013年、2014年及2015年山东省省级文明单位

2014年最佳社会责任信托公司奖

2014年爱心助残捐助先进单位

2014年中国“诚信托—管理团队奖”

2014年中国最具创新力信托公司奖

2013年、2014年山东“最受消费者信赖金融品牌”

2013年省管企业慈善工作先进基层单位

2013年“中国最具区域影响力信托公司”

2013年中国“诚信托—成长优势奖”

2011年度、2012至2013年度山东省金融创新奖

2012年至2013年中国阳光私募最佳风控信托公司金樽奖

2012年“领航中国”信托行业最具成长性奖

2011至2012年中国资产管理金贝奖——最具发展潜力信托公司

2011年中国阳光私募最佳服务信托公司金樽奖

2011年最受公众喜爱的信托公司奖

2011年“山东十大最具成长性金融类机构”

2010年中国阳光私募最佳创新信托公司金樽奖

2009年最佳金融服务机构奖

地址：山东省济南市解放路166号
电话：0531－86566593
传真：0531－86968708
邮箱：ir1697@ luxin. cn
网址：www. sitic. com. cn

山西信托股份有限公司

【公司简介】

山西信托是由山西省信托投资公司改制而成，于2002年4月1日正式获准重新登记，是经中国人民银行和山西省人民政府批准保留的山西省唯一一家信托机构。公司注册资本金人民币13.57亿元，其中美元2414万元。2013年4月公司经中国银行业监督管理委员会批准，名称由“山西信托有限责任公司”变更为“山西信托股份有限公司”。目前，公司由3家股东单位组成，分别为：山西金融投资控股集团有限公司、太原市海信资产管理有限公司、山西国际电力集团有限公司。

为了适应不断变化的市场环境，保持公司的良好发展态势，公司将坚持以科学发展观统领公司发展全过程，紧紧围绕公司战略发展目标，规范经营，稳健发展，执着追求，勇于创新，努力提高核心竞争力，加快业务调整步伐，实现合理盈利模式，构建学习型、效益型、和谐型公司，充分实现股东权益、社会效益和员工利益的最大化，逐步将公司发展成为全国一流的信托机构，成为具有一定影响力的专业理财机构。

【企业文化】

经营方针：诚信经营、稳健发展

地址：山西省太原市府西街69号山西国际贸易中心
邮编：030002
电话：0351－8686777
电邮：websxxt@ sxxt. net
网址：www. sxxt. net

陕西省国际信托股份有限公司

【公司简介】

陕西省国际信托股份有限公司(简称陕国投,证券代码:000563)前身为陕西省金融联合投资公司(简称陕金联)。1984年陕金联的设立,标志着陕西现代信托业的诞生。1994年1月10日,陕国投在深圳证券交易所上市,标志着中国非银行金融上市机构的诞生。陕国投是中西部地区唯一的上市信托公司、陕西首家上市的省属金融机构。公司总股本30.90亿股,公司净资产79.31亿元。2017年实现营业收入11.51亿元,实现利润总额4.63亿元,管理的信托资产总额达到4532.22亿元,为省内投融资393.58亿元,资本实力大幅提升,服务地方经济建设的能力在陕西省信托公司中继续大幅领先。

陕国投成立34年上市24年来,陕国投积极发挥信托投融资功能,为大批企业和项目提供了大量信托贷款、信托投资、融资租赁、信用担保、财务顾问、风险投资等优质金融服务,同时推动公司自身得到快速发展,诚信铸就了良好的"陕国投"品牌。近年来,陕国投连续多年被陕西省政府评为"优秀金融机构";连续被陕西省国资委考核评比为A级省属企业;连续7年被评为"中国最具区域影响力信托公司";被评为"西安市著名商标""陕西省著名商标""陕西省重合同守信誉企业""省级纳税等级A级纳税人";公司有多款信托产品被授予创新奖。

【企业文化】

企业精神:诚信、务实、创新、奉献

企业使命:诚信理财,创造价值,务实稳健,合规运营,以人为本,全面发展,客户至上,创新服务,注重节约,关心环保,奉献爱心,和谐共进。

地址:陕西省西安市高新区科技路50号金桥国际广场C座24-27层

电话:029-88897633　029-81870262

网址:www.siti.com.cn

上海爱建信托有限责任公司

【公司简介】

上海爱建信托有限责任公司(以下简称"爱建信托")是由上海爱建股份有限公司投资组建,经中国人民银行及国家外汇管理局批准成立的专业信托金融机构。爱建信托创建于1986年8月,前身为上海爱建金融信托投资公司,是全国首家民营非银行金融机构,注册资本金人民币10亿元。2001年12月,爱建信托获中国人民银行批准重新登记。2012年4月,爱建信托获中国银监会批准换领新金融许可证。2012年5月,公司名称变更为上海爱建信托有限责任公司。2018年2月,爱建信托注册资本金增至人民币42亿元。

爱建信托业务范围涵盖资金信托;动产信托;不动产信托;有价证券信托;其他财产或财产权信托;作为投资基金或者基金管理公司的发起人从事投资基金业务;经营企业资产的重组、购并及项目融资、公司理财、财务顾问等业务;受托经营国务院有关部门批准的证券承销业务;办理居间、咨询、资信调查等业务;代保管及保管箱业务;以存放同业、拆放同业、贷款、租赁、投资方式运用固有财产;以固有财产为他人提供担保;从事同业拆借;法律法规规定或中国银行业监督管理委员会批准的其他业务。

爱建信托自成立以来,一直发扬"爱国建设"的精神,坚持"稳中求进"的理念,诚信经营,开拓创新,为国家尤其是为上海的许多重大项目提供了大量的金融服务,取得了较好的社会效益和经济效益。爱建信托连续多年被评为全国500家最大的服务性企业;多次被评为上海市级文明单位;成功推出全国第一个规范资金信托计划——上海外环隧道项目资金信托计划,被誉为"信托业立春"的标志性事件;2013年被有关媒体评为"2013年度最具成长性信托公司""第七届'诚信托'投资回报奖""第六届中国资产管理'金贝奖'最具发展潜力信托公司。

爱建信托充分发挥信托制度综合理财优势,在有效防范风险的基础上,积极开拓信托本源业务,资金信托业务、投资银行业务、资产信托业务,取得了快速的发展,通过有效发挥自身专业理财能力和经营优势,得到了广大客户的认可。爱建信托将继续秉承"受人之托、代人理财"的信托宗旨,创新发展业务,切实加强全面风险管理,不断提高核心竞争力,将公司打造成资本充足、信誉良好、经营稳健、勇于创新的资产集成商和财富管理者。

地址:上海市徐汇区肇嘉浜路746号

电话:021-64396600

邮编:200030

电邮:ajmail-1@ajfc.com.cn

网址:www.ajxt.com.cn

上海国际信托有限公司

【公司简介】

上海国际信托有限公司(简称"上海信托")成立于1981年,是国内较早成立的信托公司之一,公司注册资本人民币50亿元,在金融领域具有较高的声望和地位。

上海信托主要从事资产管理、投资银行业务和家族财富管理业务,为高净值客户提供专业的理财方案与服务,业务领域主要涵盖股权债权融资、证券投资、另类投资、工商受托、公益信托、投行服务、家族传承等范围,是目前国内信托行业业务品种齐全、产品服务体系完备的专业投资机构之一。

依托上海浦东发展银行强大的股东背景和雄厚的资金实力,上海信托一直位列行业第一梯队。旗下拥有全资子公司上信资产管理有限公司,上信资产旗下控股上信(香港)控股有限公司、上海上信健康产业投资发展有限公司、上海浦耀信晔投资管理有限公司。并在2015年成功打造上信赢通财富管理有限公司、上信信托有限公司(香港)等平台公司。

此外,上海信托还控股上投摩根基金管理公司、上海国利货币经纪有限公司,参股上海人寿保险股份有限公司、中国信托业保障基金有限责任公司。

地址:上海市黄浦区九江路111号上投大厦

邮编:200002

电话:021-23131111

信托服务专线:021-962583

网址:www.shanghaitrust.com

四川信托有限公司

【公司简介】

四川信托有限公司(简称“四川信托”)经中国银监会批准、四川省工商行政管理局登记注册,于2010年11月28日正式成立,公司注册资本35亿元,管理信托资产规模逾3000亿元,经营收入、净利润、净资产收益率等各项指标进入行业前列。

开业以来,公司始终坚持以市场为导向、以风险控制为核心、以稳健发展为基础、以创新研发为动力,以西部金融中心成都为大本营,服务遍及西部、华北、华东、华南等片区,积极开辟周边省份、城市的信托业务,经营触角延伸至全国各地,实现了受益人、股东、合作伙伴、员工和企业协同发展,先后荣获“年度最佳信托公司”“中国最具成长性信托公司”“年度最具竞争力信托公司”“年度最佳财富管理品牌”“年度卓越竞争力综合服务信托公司”等殊荣。

未来,公司将继续秉承“风险第一、效益第二”的经营理念和“竞争中求发展,创新中求卓越”的企业精神,立足四川、面向全国,以资产管理、投资银行、财富管理为公司核心业务,在资产端、资金端、管理端三方面齐头并进,协调发展,从“资金提供者”向“资产管理者”转变,为同业机构和高净值客户提供全方位、全流程的综合金融服务,精心打造富有川信特色的信托模式。

【企业文化】

企业使命:川汇沧海·信达天下

企业愿景:成为国内一流资产管理机构

企业目标:实现受益人利益最大化,为员工创造价值,为股东创造财富,为社会作出贡献

核心价值观:诚信、专业、创新、服务

企业精神:竞争中求发展,创新中求卓越

经营理念:风险第一,效益第二

经营定位:立足四川,面向全国

管理理念:机制与管理并行,风险与发展并重,合规与拓展并存,创新与监管相融

合规理念:人人合规、事事合规,时时合规、我要合规

地址:四川省成都市人民南路二段18号川信大厦9楼
邮编:610016
电话:028-86200288
电邮:schtrust@ schtrust. com
网址:www. schtrust. com

天津信托有限责任公司

【公司简介】

天津信托有限责任公司(以下简称“天津信托”或“公司”)由中国人民银行天津市分行创建,于1980年10月20日成立,并于同年11月1日正式对外营业,是国内最早成立的信托投资机构之一。2002年9月14日,中国人民银行银复(2002)263号《中国人民银行关于天津信托投资公司重新登记有关事项的批复》批准,天津信托完成了重新登记。2009年6月,经银监会批复,公司名称变更为天津信托有限责任公司。2014年4月15日,公司注册资本金增加为人民币17亿元整。

天津信托成立以来,历经国家信托行业五次整顿,几经改变控股方,一直获准单独保留,是全国仅有几家自始至终获准单独保留的信托公司之一。

天津信托具有完善的法人治理结构,具有行之有效的内部控制机制。公司注重风险管控体系的建设,不断提升整体风险控制能力。公司秉承“合规经营、谨慎经营”的优良传统,恪守“诚实、信用、谨慎、有效”的经营理念,充分发挥“受人之托、代人理财”基本职能。积极参与经济与社会建设,为社会提供灵活多样的金融服务。长期以来,天津信托开发和完善了集合资金信托、单一资金信托、股权投资、权益收购、融资租赁、指定项目信托等业务品种,围绕重点工程、基础设施建设、能源交通、企业集团、小微企业、现代物流、房地产开发、教育和高新技术等产业发展,推出一系列信托产品,将合格投资人的委托资金转变为投资资金,既满足委托人资金保值增值的需求,又服务天津市经济社会各项事业的发展。

天津信托凭借优良的资产质量、卓越的管理水平和良好的服务,获得社会各界的认可,曾荣获《21世纪经济报道》等权威机构评出的“金融理财金贝奖”,即第二届“年度最佳风险控制团队”、第三届“年度优秀信托理财团队”;荣获天津银监局和天津市银行业协会授予的天津市银行业迎奥运优质服务年“明星服务机构”。

天津信托将继续严格按照《信托法》、《信托公司管理办法》等相关法规和行业监管要求开展各项业务,继续弘扬“对社会负责、对客户负责、对股东负责、对员工负责”的企业精神,恪守委托人利益至上的信托理念,不断强化业务创新能力,始终如一地为客户提供专业化的金融信托服务。

【企业文化】

核心理念(企业精神):诚信,稳健,高效

企业使命:为客户提供优质产品和服务为股东创造满意回报为员工搭建实现人生价值的舞台为经济社会发展作出应有贡献

发展愿景:在履行受托人职责、业务产品持续创新、提高管理盈利水平等方面始终走在行业前列

经营哲学:一个目标、两个坚持、三个追求、四个承诺

一个目标:努力创建一流企业,即一流的人才,一流的服务,一流的产品,一流的信誉。两个坚持:坚持诚实守信,坚持长远发展。三个追求:追求客户满意度最大化、追求企业效益最大化、追求员工个人发展空间最大化。四个承诺:对社会负责,对客户负责,对股东负责,对员工负责

地址:天津市河西区围堤道125-127号(天信大厦)
邮编:300074
电话:022-28408110　28408118
网址:www. tjtrust. com

西藏信托有限公司

【公司简介】

西藏信托有限公司成立于1991年,是一家经营历史超过20年的非银行金融机构。凭借稳健经营的理念、因时而变的经营策略,公司始终未出现大的风险。历经信托行业6次清理整顿,成为信托公司中得以保存的10%不到的少数机构。过去十年公司保持了持续盈利,资产质量优良、业务领域不断扩大,逐步发展为全国性的综合金融服务机构。

公司致力于广泛、多市场的资产管理业务。公司将受托

资产合理配置于货币市场、银行间市场、资本市场、衍生品市场以及直接投资(PE)市场,并积极参与并购融资、房地产、资源、能源、艺术收藏品等另类投资的机会,产品线完整、丰富;公司同时关注国内及国际市场,以客户的利益最大化为业务目标。

公司为客户提供安全高效的资产管理服务,为股东提供合理稳定的收益,为员工提供有尊严的工作环境(不仅仅是收入)和有预期的成长空间,是企业的使命和促进社会进步的重要组成部分。“财务保障通达自由心境”是我们不懈努力所追求的最终目标。

公司总部设于北京,并在上海、成都、拉萨、深圳等地设有办事机构。公司与国内主要的金融机构建立了长期合作关系,以务实、共信、多赢的合作理念推进同业合作。

【企业文化】

核心价值观:财务保障通达自由心境

地址:北京市朝阳区金桐西路 10 号远洋光华国际 C 座 1708
邮编:100020
电话:010 - 85353500
网址:www.ttco.cn

新华信托股份有限公司

【公司简介】

新华信托股份有限公司(以下简称“新华信托”)成立于 1979 年,是中国最早成立的信托公司之一。

自成立以来,新华信托经历了银信分离、证信分业、增资扩股、引入海外战略投资者等历程。

2001 年 10 月,新华信托成为首批 5 家通过中国人民银行审批,获准重新登记,取得信托法人机构许可证的信托公司之一。

2009 年 1 月,英国巴克莱银行(BarclaysBankPLC)入股新华信托并持有 19.50% 的股份,新华信托成为国内首批引入海外知名战略投资者的信托公司。

2012 年,经中国银监会重庆监管局批准,新华信托于 2012 年 12 月,将部分未分配利润转增为注册资本,转增后公司注册资本为 12 亿元。

2015 年,经中国银监会重庆监管局批准,新华信托于 2015 年 7 月,注册资本增加至 42 亿元。

秉承“珍视所托,专业理财”的经营理念,新华信托始终贯彻“信托为本、面向市场、勇于创新”的经营方针,以客户为中心、以市场为导向,锐意进取、开拓创新,在稳健快速的发展中积极探索信托业务发展模式,建立了资产管理业务、综合投行业务、功能信托业务等三大核心业务架构,树立了一流的品牌形象,成长为一家真正具有先进经营管理理念、风格稳健、市场声誉卓著的优秀信托公司。

【企业文化】

经营理念:珍视所托,专业理财
经营方针:信托为本、面向市场、勇于创新

地址:重庆市江北区北城 1 路 6 号
电话:023 - 63790279
电邮:service@ nct - china.com
网址:www.nct - china.com

兴业国际信托有限公司

【公司简介】

兴业国际信托有限公司成立于 2009 年 9 月,注册地为福建省福州市,现有注册资本为人民币 50 亿元,是经国务院同意以及中国银行业监督管理委员会批准设立的我国第三家银行系信托公司,也是我国第一批引进境外战略投资者的信托公司。

兴业国际信托有限公司以建设“综合性、多元化、有特色的全国一流信托公司”为战略目标,坚持依法经营、稳健经营,不断夯实业务基础和客户基础,着力提升业务发展和创新能力,致力于成为国内优秀的综合信托金融服务提供商。截至 2017 年末,兴业信托管理资产规模达 11325.51 亿元,是我国最大型的信托公司之一。

按照建设全国一流信托公司的战略定位,目前兴业国际信托有限公司已在全国除西藏以外的各省、市、区、计划单列市设立了 35 个业务和客户服务网络,实现了全国化经营与服务,是全国服务网络最齐全的信托公司。同时,兴业国际信托有限公司全资拥有兴业国信资产管理有限公司、兴业期货有限公司,参股紫金矿业集团财务有限公司、华福证券有限责任公司、中国信托登记有限责任公司,并通过兴业国信资产管理有限公司控股兴业经济研究咨询股份有限公司、兴业资产管理股份有限公司、福建交易市场登记结算中心股份有限公司、兴业数字金融服务(上海)股份有限公司,参股上海票据交易所股份有限公司,通过兴业期货有限公司全资拥有兴业银信资本管理有限公司。在全国优秀信托公司评选活动中,兴业国际信托有限公司先后荣获“中国优秀信托公司”“卓越信托公司”“信托行业杰出品牌奖”“最佳行业影响力信托公司”“优秀资产管理机构”“信托行业风险管理奖”“社会责任优秀实践奖”等多项荣誉。

【企业文化】

兴业使命:真诚服务、共同兴业
兴业愿景:一流银行、百年兴业
核心价值观:理性、创新、人本、共享
兴业精神:务实、敬业、创业、团队

地址:福建省福州市五四路 137 号信和广场 25 - 26 层
邮编:350003
电话:0591 - 88263888
传真:0591 - 88263999
网址:www.ciit.com.cn

英大国际信托有限责任公司

【公司简介】

英大国际信托有限责任公司(简称“英大信托”或“公司”)成立于 1987 年 3 月,目前注册资本金为人民币 30.22 亿元,共有国网英大国际控股集团有限公司、中国电力财务有限公司等 6 家股东单位。为适应发展需要,2010 年 6 月,公司由济南迁至北京。

30 年来,在社会各界的大力支持和关心下,公司以“受益人利益最大化”为原则,坚持“诚信为本,依法理财”的经营理念,内强管理,外塑形象,形成了务实稳健的经营风格,各项业务稳步增长,综合实力显著增强。截至 2016 年末,公司管理资产总规模2385亿元;自迁址北京以来,累计实现利润总额超过45亿元,累计向受益人分配信托收益超过700亿元,综合实力位居行业前列。公司连续9年荣登中国社科院和金融时报社联合评选的"中国金融机构排行榜",2016年再次获颁"年度最具创新力信托公司"称号,多次获得北京市东城区百强企业、纳税信用A级企业等荣誉,社会影响力和美誉度不断提升。

面对经济发展"新常态",公司将认真贯彻落实各项监管要求,围绕"转型、提质、合规、发展"的主题,以主动性、创新性思维,迎接金融业变革,坚持市场化方向,坚持产融结合,坚持服务实体经济,不断提高市场竞争力和盈利能力,以"合作共赢"的理念与各界朋友开展广泛而深入的合作,携手共创美好明天!

【企业文化】

核心价值观:诚信、责任、创新、奉献

企业精神:努力超越、追求卓越

地址:北京市东城区建国门内大街乙18号
院英大国际大厦4层

邮编:100005

电话:4000-188-688

网址:www.yditc.com.cn

中铁信托有限责任公司

【公司简介】

中铁信托有限责任公司(简称"中铁信托",原名为"衡平信托有限责任公司")是经中国银行业监督管理委员会批准,以金融信托为主营业务的非银行金融机构,注册资本50亿元。2007年7月,公司按照中国银监会《信托公司管理办法》换发了新的金融许可证,公司名称由"衡平信托投资有限责任公司"变更为"衡平信托有限责任公司",成为全国首批换发金融许可证的信托公司之一。2008年12月,经四川银监局批准,公司正式更名为"中铁信托有限责任公司"。

中铁信托的控股股东——中国中铁股份有限公司是由中国铁路工程总公司以整体重组、独家发起方式设立的股份有限公司,是集勘察设计、施工安装、工业制造、房地产开发、资源矿产、金融投资和其他业务于一体的特大型企业集团,是全球最大建筑工程承包商之一,在2017年《财富》世界500强中排名第55位。

中铁信托业务范围涵盖资金信托、动产信托、不动产信托、有价证券信托、投资基金、证券承销、投资银行业务等;办理居间、咨询、资信调查等业务;以存放同业、拆放同业、贷款、租赁、投资方式运用固有财产;以固有财产为他人提供担保,从事同业拆借以及法律法规规定或中国银行业监督管理委员会批准的其他业务。2008年9月,中国银监会核准我公司特定目的信托受托机构资格;2009年11月,经中国银行业监督管理委员会四川监管局批复,中铁信托获得以固有资产从事股权投资的创新业务资格;2012年12月,经中国银行间市场交易商协会批准,中铁信托获得银行间市场交易商协会会员资格;2015年9月,经中国证券投资基金业协会审核通过,中铁信托获得私募基金管理人资格;2016年8月,中铁信托获得银登中心信贷资产收益权转让相关业务资格。

自2005年9月中国中铁入主以来,中铁信托坚持"创新、服务、可持续"的核心经营理念,按照现代金融企业的要求,着力进行管理创新和业务创新,不断提高专业管理水平和综合理财能力。同时,公司积极发挥信托优势,在支持地方经济建设、活跃地方金融市场、促进民间资金向民间资本转化等方面发挥了积极而独特的作用,为大批实体企业提供了全面金融服务。目前公司管理的信托资产规模超过4000亿元,信托产品按期兑付率连续33年保持100%,在业界享有良好声誉,在银监会及信托业协会的评级保持在行业第一梯队。

中铁信托于2004年通过ISO9001国际质量管理体系认证,并荣幸入选中国信托业协会第一届理事会;2011年4月,入选中国信托业协会第一届监事会;2012年,当选四川省银行业协会第六届理事会理事单位。2012年10月,公司正式取得博士后创新实践基地资格,是四川省内第一家获得该资格的金融机构,也是信托行业内第四家获取该资格的公司。2012年12月,牵头与四川省慈善总会成立了"中铁信托爱心基金",已成功募集善款270余万元,成功实施了养老助学、精准扶贫等慈善公益项目。近年来,中铁信托还获得了"中国优秀信托公司""年度优秀信托品牌""年度最佳理财服务品牌""最佳研发团队""年度最佳信托公司""年度最佳理财服务品牌""优秀理财管理团队""中华全国铁路总工会全路模范职工之家""年度最佳公益慈善贡献奖"等荣誉。

信任源于专业,专业创造价值。中铁信托将致力于成为行业一流的现代综合金融企业,以客户为中心,铭记使命、珍惜托付,为广大企业客户提供更加优质、更加高效、更加低成本的全面金融服务,为广大投资客户提供安全稳健、丰富便捷、尊享专属的理财服务。

【企业文化】

经营理念:创新、服务、可持续

企业精神:信任源于专业,专业创造价值

地址:四川省成都市航空路1号国航世纪中心B座

邮编:610041

电话:028-86029144

电邮:crtc@crtrust.com

网址:www.crtrust.com

中原信托有限公司

【公司简介】

中原信托成立于1985年,注册资本36.5亿元,是中国银行业监督管理委员会核准的国有控股信托金融机构。近年来,中原信托依托规范的法人治理机制、健全的风险管理体系、合规经营、务实发展的文化理念以及专业化信托投融资研发团队,成功开发了系列信托金融产品,为机构和高净值客户提供了贴近需求的资产管理和财富增值服务。截至2016年末,累计管理信托财产4919亿元,按时足额交付到期信托财产3589亿元,累计向客户分配信托收益485亿元,保持自主开发类信托理财产品到期本金兑付和预期收益实现率100%的优良记录。全部到期信托项目均实现信托目的。

中原信托以高效的专业团队、超前的研发视野和积极稳健的风险控制手段为客户提供优质金融服务,实现与客户的共同成长,为中国信托事业的健康发展贡献力量。

【企业文化】

诚信重诺,值得托付

地址:河南省郑州市郑东新区商务外环路24号
中国人保大厦25-28层
邮编:450016
电话:0371-88861666
网址:www.zyxt.com.cn

重庆国际信托股份有限公司

【公司简介】

公司的前身是重庆国际信托投资公司,于1984年10月经中国人民银行批准成立,注册资本金3,500万元人民币。2002年1月,公司引入战略投资者,进行增资改制,并经中国人民银行总行《中国人民银行关于重庆国际信托投资有限公司重新登记有关事项的批复》(银复〔2002〕号)批准,获准重新登记,注册资本金增至人民币10.3373亿元(含美元1565万元)。2004年底,公司进一步增资扩股,注册资本金增加到16.3373亿元,取得了中国银行业监督管理委员会重庆监管局颁发的《中华人民共和国金融许可证》(编号为K10226530H002)和重庆市工商行政管理局颁发的《企业法人营业执照》。2007年10月19日,经中国银行业监督管理委员会银监复〔2007〕461号文《中国银监会关于重庆国际信托投资有限公司变更公司名称和业务范围的批复》获准变更公司名称、业务范围并领取新的金融许可证(编号为K0051H250000001)。2010年11月,经中国银行业监督管理委员会银监复〔2010〕552号《关于批准重庆国际信托有限公司增加注册资本及调整股权结构等有关事项的批复》批准,公司注册资本由人民币16.3373亿元增加至人民币24.3873亿元,公司股权结构由重庆国信投资控股有限公司100%持股,变更为多家机构投资者共同持股,上述事项已于2010年12月22日完成工商变更登记。2015年9月29日,经中国银行业监督管理委员会重庆监管局渝银监复〔2015〕114号《关于重庆国际信托有限公司变更名称及注册资本的批复》,本公司名称变更为"重庆国际信托股份有限公司",公司注册资本由人民币24.3873亿元变更为人民币128亿元,上述事项已于2015年9月29日完成工商变更登记。

【企业文化】

受人之托、诚信第一、代人理财、赢利为本

地址:重庆市渝中区民权路107号
邮编:401147
电话:023-89035888
电邮:cqiti@cqiti.com
网址:www.cqitic.com

第三编
中国证券市场

第一章　中国证券市场概况

第一节　中国证券市场

2017年中国证监会政府信息公开工作年度报告

根据《中华人民共和国政府信息公开条例》有关规定，现公布中国证监会2017年政府信息公开工作年度报告。本报告内容包括主动公开信息情况、依申请公开信息情况、信息公开机制平台建设情况、信息公开收费及减免情况、因信息公开申请行政复议及提起行政诉讼情况、存在的问题及改进措施。

一、主动公开信息情况

2017年，中国证监会及其派出机构通过网站等形式对外公开政府信息14 560条，其中会机关公开6 849条，各派出机构公开7 711条(派出机构信息公开情况详见各证监局发布的本单位2017年政府信息公开工作年度报告)。会机关主动公开的政府信息主要涵盖以下方面：

(一)重要监管政策措施及工作动态信息

在"证监会要闻"栏目发布重大监管新闻255条。主要包括我会重要工作会议、重要监管政策、新品种上市、市场违法案件查处、国际监管合作以及重点工作进展等情况。在"证监会令"及"证监会公告"专栏发布证监会令7项、证监会公告20项。落实《国务院办公厅关于做好全国人大代表建议和全国政协委员提案办理结果公开工作的通知》要求，公开了76件我会办理的全国人大代表建议和全国政协委员提案的办理复文。

(二)行政审批信息

制定并公布行政审批中介服务事项清单。对保留的行政审批中介服务事项开展摸底核实工作，制定行政审批中介服务事项清单并在我会网站公布，包含事项名称、设定依据、实施机构、收费情况等各项信息，便于社会监督。对行政许可事项服务指南进行修订。

在公司公开发行股票审核中，公开首次公开发行股票招股说明书(预披露及补充预披露)924件、发审会会议公告和审核结果公告489件、再融资反馈意见41件、发审委审核意见25件、发行监管问答6件、首发企业信息披露质量抽查抽签情况4件。在非上市公众公司审核工作中，公开发行说明书及反馈意见回复124件、审核反馈意见113件。在上市公司并购重组审核中，公开并购重组委会议公告和审核结果公告166件、并购重组反馈意见251件。在公司债券发行审核中，公司债券募集说明书(预披露)5件、反馈意见39件。对首次公开发行股票，上市公司并购重组，证券投资基金募集，证券、基金经营机构等的行政许可事项受理及审核进度情况每周予以更新发布。

(三)稽查、处罚和行政复议信息

在"稽查局"栏目发布各类稽查执法工作信息17条、案情8件。在"行政处罚委"栏目发布行政处罚决定书118件、市场禁入决定书28件。在"行政复议"栏目发布行政复议决定138件。

(四)市场统计信息

在"统计数据"栏目发布《证券市场月报》12期、《上市公司行业分类》4期、《期货市场周报》52期、《期货市场月报》12期。

(五)合法机构名录及监管合作信息

在"合法机构名录"栏目更新发布证券公司名录、期货公司名录、公募证券投资基金名录、公募基金管理机构名录、基金管理公司从事特定客户资产管理业务子公司名录、证券投资基金托管人名录、公开募集基金销售支付结算机构名录、合格境外机构投资者托管行名录、人民币合格境外机构投资者名录、合格境外机构投资者名录、证券投资咨询机构名录、从事证券期货业务会计师事务所目录、从事证券期货业务资产评估机构目录。

(六)《证监会年报》及《证监会白皮书》

在"了解证监会"栏目，发布我会2016年年报，系统介绍我会监管职责与架构以及在监管改革、制度建设、创新发展、风险防范、法制建设、稽查执法、投资者保护、对外开放与国际合作等方面的工作情况。同时，按照依法行政、阳光行政的要求，按月将我会出台的规范性文件、行政许可批复、官方网站新闻稿以及证券期货市场统计报表等公开信息汇编成《证监会白皮书》，2017年共发布12期。

(七)部门预决算

2017年4月7日，公布我会2017年度部门预算。2017年7月21日，公布我会2016年度部门决算。公开内容细化到支出功能分类的项级科目。"三公"经费按财政部要求已公开全部财政拨款安排预算数，以及公务用车购置和保有量、国内公务接待情况、"三公"经费增减变化原因等信息，并细化说明了因公出国(境)团组、人数。

二、依申请公开信息情况

2017年，我会共收到政府信息公开申请1 284件。其中，现场申请7件，占比0.55%；网络申请859件，占比66.9%；信函申请418件，占比32.55%。

答复政府信息公开申请1284件。其中，属于已主动公开范围的734件，占比57.17%；同意公开答复的26件，占比2.02%；不同意公开答复的107件，占比8.33%；不属于本行政机关公开的293件，占比22.82%；申请信息不存在的124件，占比9.66%。

三、信息公开机制平台建设情况

坚持和完善例行新闻发布会制度。2017年，全年举办47场例行新闻发布会，主动发布新闻223余条，回应公众关注热点或重大舆情数28个。

一方面，持续做好官方网站建设和日常运维，调整、新设网站栏目 17 个。另一方面，着力打造“两微一端”的综合性宣传平台，积极筹备我会官方手机客户端，提升信息公开能力和影响力。截至 2017 年 12 月 31 日，证监会微博粉丝 827.6 万，微信订阅数 65 万，通过微博微信直播例行新闻发布会 48 场，发布微博 1 436 条，微信 200 期信息 332 条，转发国务院常务会议信息 31 条、中国政府网微博 34 条。

四、信息公开收费及减免情况

2017 年，我会未收取与监管信息公开相关的检索、复制、邮寄等费用。

五、因信息公开申请行政复议及提起行政诉讼情况

2017 年，我会共收到涉及会机关政府信息公开工作的行政复议申请 17 件，均决定维持具体行政行为。以我会机关为被告的信息公开类行政诉讼案件新增 15 件，往年结转 17 件。其中，维持具体行政行为或判决驳回原告诉讼请求的 24 件，被依法纠错 1 件，其他 7 件尚在法院审理过程中。

六、存在问题及改进措施

我会政府信息公开工作存在的主要问题是政府信息主动公开的途径和范围还需继续适应市场需求，依申请公开监管信息的水平需进一步提高。2018 年，我会将继续按照中共中央办公厅、国务院办公厅《关于全面推进政务公开工作的意见》（中办发〔2016〕8 号）和《国务院办公厅关于印发〈关于全面推进政务公开工作的意见〉实施细则的通知》（国办发〔2016〕80 号），推进证券期货监管系统信息公开，加强政策解读，增强公开实效，促进资本市场健康发展。

2017 年中国证监会关于法治政府建设的情况

来源：中国证监会 www. csrc. gov. cn

2017 年，中国证监会在以习近平同志为核心的党中央坚强领导下，坚决贯彻落实党的十八届四中全会关于全面推进依法治国的部署，认真学习领会党的十九大、中央经济工作会议、第五次全国金融工作会议的精神，严格按照《法治政府建设实施纲要（2015－2020 年）》（中发〔2015〕36 号，以下简称《纲要》）要求，紧紧围绕服务实体经济、防控金融风险、深化金融改革三项任务，持续加强法治政府建设，深入推进依法行政，严格规范公正文明执法，全面推进新时代资本市场法治建设，取得了新的进步。

一、2017 年法治政府建设情况

（一）坚持依法全面从严监管

1. 依法高效履行行政许可职责，提升服务实体经济能力。全年共接收行政许可申请 2 669 件，发出补正、受理等各类通知 6 319 件。特别是在履行股票发行审核职责中，坚持质量第一和确保市场稳定运行，保持新股发行常态化，优化股票发行审核流程，提高审核效率。全年共审结 IPO 企业 633 家，共 419 家企业完成首发申购，融资 2 186 亿元；共 266 家上市公司实施再融资，融资 8 002 亿元。全年共核准境内企业境外上市和再融资申请 32 件，支持境内企业在香港市场融资 2 165 亿港元。

2. 强化监督检查等日常监管，促进相关市场主体依法、规范运作。加强证券公司等证券基金期货经营机构的日常监管，全年共对 160 余家机构或分支机构、110 余名人员采取行政监管措施，对 70 余家机构、60 余名人员采取自律惩戒措施。加大对中介机构的监管力度，全年共对 21 家律师事务所从事的 47 个 IPO 证券法律项目开展专项检查，对 9 家律师事务所及 13 名律师采取行政监管措施；对 2 家会计师事务所、3 家资产评估机构及 18 名注册会计师、14 名资产评估师采取行政监管措施；对 54 家咨询机构及其分支机构、1 名个人采取行政监管措施。

3. 从严查处违法行为，加强监管执法力度。通过严格查办各领域重大案件，形成强大执法威慑。全年新启动案件调查 478 件，新增立案 312 件；办结立案案件 335 件，同比增长 43%。全年作出行政处罚决定 224 件，罚没款金额 74. 79 亿元，同比增长 74. 74%，市场禁入 44 人。部署清理整顿各类交易场所“回头看”行动，基本解决地方各类交易场所的违规问题。

4. 加强一线自律监管，发挥行业自律组织职能。进一步理顺行政监管和自律管理的关系，督促、指导交易所等市场行业自律组织，发挥贴近市场一线的优势，加强其一线监管职能。沪深证券交易所大力开展“以监管会员为中心”的一线监管工作，包括证券交易所在内的市场行业自律组织全年共作出一线监管纪律处分决定 300 余件。

（二）完善依法行政制度体系

1. 加强重点领域立法，主动适应改革和发展需要。进一步健全符合我国国情的资本市场法制体系，扎实推进证券法修改、期货法制定及公司法、刑法修改等具有资本市场“四梁八柱”性质的基础法律立法工作，不断完善资本市场顶层制度设计。进一步完善股份减持等市场交易制度、证券交易所自律管理等一线监管制度、上市公司再融资等发行监管制度、区域性股权市场监管等资本市场规章规范性文件。全年共出台规章 13 件、规范性文件 27 件，各系统单位出台自律规则 100 余件。

2. 深化行政审批制度改革，落实“放管服”改革要求。贯彻落实《国务院关于修改部分行政法规的决定》（国务院令第 666 号），取消期货公司设立、收购、参股境外期货类经营机构行政审批事项并做好后续衔接工作。进一步做好“放管服”改革涉及的规章、规范性文件清理工作，修改、废止证券期货市场规章和规范性文件 20 件。

3. 落实法制部门起草重要监管制度的要求，完善立法体制机制。贯彻《纲要》关于重要行政管理法律法规由政府法制机构组织起草的要求，进一步发挥证监会法制工作部门的作用，集中专业力量组织修改、制定《上市公司股东、董监高减持股份的若干规定》《证券交易所管理办法》《证券期货市场诚信监督管理办法》《行政许可实施程序规定》《律师事务所从事证券法律业务管理办法》等多部重要监管规章、规则。

（三）推进行政决策民主化、科学化、法治化

1. 坚持科学民主依法决策，加强重大决策的合法性审查。实行决策前论证、决策中回避、票决制以及责任制，确保决策出台均严格履行程序。特别是将合法性审查工作摆在突出位置，对拟提交主席办公会议讨论的相关议题，都需要先进行合法性审查。

2. 严格落实《立法法》等法律法规要求，确保规章规范性文件的立法程序依法、规范、有序。进一步落实《证券期货规章制定程序规定》，严格按照法定程序制定各项规章，提高社会各方有序参与立法的途径和方式，保障各项立法程序要求落实到位。继续落实规章独立审查要求等工作机制，提升立法规范程度。有序推动证券期货规章规范性文件立法后评估试点相关工作。

3. 加大对具体行政行为的法律会签审查力度，提升行政决策质量。进一步落实证监会法制工作部门对有关法律、法规、规章执行的监督协调职责，加大对执法中法律问题的会签审查工作力度，全年共提出书面的法律会签审查意见约 500

件。按照《证券法》《行政强制法》等的要求,严格落实查封冻结强制措施的申请与审查决定相分离的体制要求,审查制发冻结决定书10份,累计冻结资金达180亿余元。

（四）坚持严格规范公正文明高效执法

1. 完善行政许可标准化制度,优化行政许可办理流程。按照国务院审改办关于行政许可标准化工作的要求,优化行政许可受理服务中心的服务规范,补充完善行政许可办结时限等办理流程。

2. 加强稽查执法规范化建设,严格规范稽查执法权力运行。形成了执法办案、执法管理、执法培训、执法保障等稽查执法内部工作制度体系。有序推进类案证据规范的编制和相关操作规范指引的起草,统一重点执法环节的程序和标准,进一步规范一线调查办案工作。规范稽查权力运行,全面梳理风险点,研究起草权力约束的相关规范,防范廉政风险。

3. 完善行政处罚工作机制,严格行政执法程序。基本形成包括行政处罚委员会、巡回审理工作组、派出机构在内的证监会系统行政处罚工作"一盘棋"格局。在行政处罚案件审理中,严格落实首长负责制、集体讨论制,以及听证、复核制度。全年共召开听证会84场,复核会88场。

4. 推进资本市场诚信建设,探索完善以诚信激励约束机制为核心的资本市场监管新方式。深入推进资本市场诚信建设,拓宽监管资源和手段。不断扩大资本市场诚信数据库覆盖面,截至2017年底,共收录市场机构6.8万余家、人员92.3万余名,行政许可信息2.66万余条,监管执法信息2.35万余条。建立诚信记录查询和重大失信记录公开渠道,逐步完善《证券期货市场诚信监督管理暂行办法》等诚信法律制度规范。加强部际信息共享,拓宽联合奖惩网络,全年与外部委签署13份失信联合惩戒备忘录和1份守信联合激励备忘录。

（五）强化对行政权力的监督和制约

1. 坚持用制度约束权力,强化监管权力的运行机制。进一步规范监管权力运行,提高监管工作透明度。切实贯彻《关于进一步规范发行审核权力运行的若干意见》《中国证监会稽查办案十项禁令》要求,严格规范股票发行审核权力的运行,重点防范稽查人员可能出现的十个方面禁止性行为。修改《关于加强发行审核工作人员履职回避管理的规定》《关于加强发审委委员履职回避管理的规定》,出台《中国证监会发行审核工作预约接待办法》《关于修改〈中国证券监督管理委员会发行审核委员会办法〉的决定》等文件,依法从严完善权力运行制约和监督制度。

2. 积极接受司法监督,扎实做好行政应诉工作。2017年,共办理行政诉讼案件225件,同比增长31.6%,终审胜诉率98%。一批证券期货监管执法的原则和标准,通过行政诉讼得到进一步的确立。在北京市高级人民法院金融审判十大典型案例中,即包含证监会胜诉的4例案件。同时,认真落实行政机关负责人出庭应诉要求。在北京市高级人民法院公开审理欣泰电器不服中国证监会处罚决定及复议决定上诉案中,证监会有关负责人出庭应诉,取得良好的法治效果和社会效果。

3. 积极接受人大政协监督,不断提升依法行政水平。积极做好全国人大代表建议和全国政协委员提案的答复工作,及时研究办理,切实改进工作。全年共承办全国人大议案建议154件,全国政协提案137件;共在官网公开47件建议提案复文,实现可公开主办件的全部公开。

4. 全面推进政务公开,不断提高监管透明度。以公开为原则,不公开为例外,推进决策公开、执行公开、管理公开、服务公开、结果公开。全年主动对外公开政府信息14 560条;答复政府信息公开申请1 284件。坚持每周例行新闻发布会制度,及时发布资本市场有关法律法规和政策措施,加大政策解读和舆论引导,不断健全符合资本市场特点的新闻发布体系。全年共举办48场例行新闻发布会,主动发布新闻超过200条,累计回应公众关注热点或重大舆情50余件。

（六）依法有效化解资本市场矛盾纠纷

1. 积极做好投资者的投诉答复处理工作,引导市场机构与投资者之间矛盾纠纷的"就地解决"。通过"12386"证监会热线服务平台,全年共接收投诉者诉求73 224件,同比增长近30%。平稳启动热线直转试点,在北京地区10家证券期货经营机构的试点过程中,超过60%的投诉在一周内办结,取得良好效果。

2. 完善证券期货专业调解体系机制,妥善化解市场矛盾。已初步形成覆盖全国、全领域的资本市场调解网络,专业调解组织增至52家。创新调解工作机制,"小额速调"业务模式已推广至全国16个辖区,5家调解机构已实现网上接受申请,3家调解机构可通过视频、电话开展调解。各相关调解组织全年共受理案件4 727件,办结率89.51%,调解成功率81.26%,涉及金额8.8亿元,同比增长119%。

3. 加强行政复议工作,有效化解监管矛盾。2016年,行政复议工作机制做了进一步完善,第五届复议委员会组建,主任委员和副主任委员分别由证监会有关负责同志和法制工作部门负责人担任。2017年,共办理行政复议案件237件,增长17.9%;已办结199件,结案率84%;维持原行政行为188件,变更原行政行为3件。通过行政复议,绝大多数案件实现了案结事了,有效化解了资本市场的监管矛盾。

4. 推动健全投资者赔偿新机制,切实保护投资者合法权益。组织中证中小投资者服务中心开展证券支持诉讼工作取得新进展,首次在全国范围公开征集并接受80名投资者委托,提起支持诉讼。截至2017年底,中证中小投资者服务中心已提起7起支持诉讼。成功组织开展首例"先行赔付"案件办理工作。兴业证券公司在欣泰电气虚假陈述案中,积极承担先行赔付责任,共与1.2万投资者达成和解,主动赔偿2.4亿元,投资者权益得到保障,市场矛盾纠纷得以化解。

（七）加强法治政府建设的组织领导和保障机制

1. 切实加强党的领导,不断提升法治政府建设水平。证监会党委高度重视法治政府建设工作,党委主要负责同志全面履行证监会法治建设"第一责任人"责任,不断完善保障和提高法治水平的体制机制。通过召开党委会等多种形式,听取法治建设有关工作汇报,及时研究解决重大问题。证监会党委要求系统各单位和部门按照《纲要》要求,结合证券期货监管工作实际,站在全面推进依法治国高度,深刻理解、坚决贯彻党中央国务院关于法治政府建设的重大决策部署。

2. 注重资源保障,优化调整机构设置。证监会通过多种工作举措,保障法治政府建设工作顺利开展。各部门、派出机构和系统单位不断完善法律内核审查制度、体制、机制,进一步重视发挥法制工作部门、法制工作小组和法制工作人员作用。持续壮大公职律师队伍,发挥其在规则起草、日常监管、稽查处罚、复议应诉等方面的作用。截至2017年底,已有公职律师近700人,比2012年底增加39%。

3. 增强干部法律素养,提高依法监管的意识。首次组织98名局级(会管)干部以及会机关处级干部举行宪法宣誓仪式。健全多层次培训体系,提升监管干部的法律素养。全年共举办稽查执法、依法行政、应诉工作等24期培训班,累计培训近 1 700 人。特别是与中国政法大学合作，举办证监会系统干部法制专项培训班，在"七五"普法期间实现对全系统所有监管干部的法制专项轮训，全年举办 4 期，共有 518 名监管干部接受了为期一周的法律培训。

二、下一步工作打算

2018 年，证监会将以习近平新时代中国特色社会主义思想为指导，全面贯彻落实党的十九大精神和中央经济工作会议、第五次全国金融工作会议的部署要求，对照《纲要》内容，结合资本市场发展和监管工作实际，夯实资本市场基础法律制度，大力推动《证券法》修订、《期货法》制定等立法工作，持续推进依法行政，强化行政执法责任制，坚持依法全面从严监管理念，进一步完善日常监管、案件调查、行政处罚、行政复议等协调联动的大监管、大执法工作格局，严厉打击各类违法违规行为，大力推进资本市场法治宣传教育，提高监管干部运用法治思维和方式的能力，着力解决新时代资本市场法治建设的新情况、新问题，推动法治政府建设取得新的成绩。

2017 年度上市公司年报会计监管报告

截至 2018 年 4 月 30 日，沪深两市已上市的 3 531 家公司（其中 A 股 3 513 家），除康达尔、山东地矿、＊ST 华泽、凯迪生态、千山药机、抚顺特钢、中毅达、美都能源、＊ST 上普 9 家公司未按期披露年报外，其余 3 522 家均按时披露了经审计的 2017 年年度报告。为掌握上市公司执行会计准则、内部控制和财务信息披露规范的情况，证监会会计部抽查审阅了 798 家上市公司 2017 年年度报告和内部控制评价、审计报告，在此基础上形成了《2017 年上市公司年报会计监管报告》。总体而言，上市公司能够较好地理解并执行企业会计准则、内部控制规范和相关信息披露规则，但仍有部分公司存在会计确认与计量不正确、财务及内部控制信息披露不规范的问题。

年报分析发现，部分上市公司在执行企业会计准则、内部控制规范和财务信息披露规则中存在的主要问题有：合并报表范围判断不恰当；非同一控制下企业合并未充分识别和确认可辨认无形资产；或有对价初始确认和后续计量有误；收入确认与计量不符合会计准则的规定；资产减值计提不充分，商誉减值测试方法不正确，利用资产减值计提及转回调节利润；金融工具、政府补助、递延所得税、非经常性损益和持有待售的非流动资产、处置组和终止经营相关的准则或规定执行不到位；资产减值、现金流量表、会计估计、终止经营、非经常性损益等相关信息披露有误或不充分，少数公司财务报告还存在文字表述、数字勾稽等方面的简单错误；内部控制评价报告和内部控制审计报告未严格遵守相关要求，内部控制评价报告中内部控制评价范围披露不规范、内部控制缺陷相关信息披露不充分、内部控制评价结论不恰当等。上市公司年度报告存在的会计处理和信息披露问题，也反映出部分会计师事务所在执行审计业务过程中未保持足够的职业怀疑、专业胜任能力不足、重大非常规交易和会计估计审计不到位，以及风险意识不足、部分审计程序流于形式、项目质量控制不到位等问题。

上市公司和会计师事务所等中介机构应高度重视会计监管报告中提出的问题，不断提高自身对会计准则、审计准则及相关规定的理解和应用水平，及时发现并改正财务报告编制、审计中存在的问题，稳妥做好公司财务信息披露和审计相关工作。针对年报审阅中发现的上市公司执行会计准则、内部控制规范以及财务信息披露规则中存在的问题，以及会计师事务所存在的审计问题，我们将继续做好以下工作：

一是通过发布本年报会计监管报告，向市场传递关于执行会计准则、内部控制规范、财务信息披露规则和审计规范等方面的监管标准，引导上市公司和会计师事务所切实提高财务信息披露质量和审计项目执业质量。

二是整理汇总年报审阅中发现的上市公司问题线索，与交易所、有关证监局等一线监管部门配合进一步了解情况，在此基础上认定上市公司存在违反会计准则、内部控制和财务信息披露规范要求的，按照有关监管安排进行处理。

三是针对会计准则具体规范不明确、实务中存在争议的问题，加强调研，推动准则制定部门制定指引。对于准则有原则性规定但执行中有争议的问题，尽快形成监管口径，以监管问答等形式对外发布，指导市场实践。同时，持续收集整理典型案例，以案例指导的形式，提升上市公司理解和运用准则的能力，促进市场主体会计专业判断意识与能力的提升。

四是进一步关注市场热点、难点问题，重点关注和深入研究收入、金融工具等新准则实际执行情况和面临的问题，及时沟通协调，加强技术指导，促进上市公司实现新旧准则执行平稳过渡。

五是结合年报审阅发现的会计师事务所审计执业质量问题，进一步强化对相关会计师事务所及其审计项目的监督检查，督促其健全质量控制体系，勤勉尽责，不断提升执业质量。同时，加强与证券资格会计师事务所的专业联系，加大专业指导和培训力度，提升注册会计师的专业胜任能力。

2017 年中国证券登记结算统计综述

（一）投资者情况

2017 全年新增投资者 1 587.26 万，其中，自然人 1 583.79 万。2017 年期末投资者数为 13 398.30 万，较上年增加 13.44%。

（二）登记存管证券情况

截至 2017 年末，中国结算登记存管的沪深证券交易所的证券 15 449 只、全国股份转让系统的证券为 11 968 只。在沪深证券交易所的证券中，A 股 3 470 只，比上年增加 420 只；B 股 100 只，较上年无变化；国债 243 只，比上年增加 15 只；地方债 788 只，比上年增加 199 只；政策性金融债 6 只，比上年增加 4 只；企业债 2 149 只，比上年增加 106 只；公司债 3 838 只，比上年增加 1 038 只；可转债 49 只，比上年增加 32 只；中小企业私募债 1 215 只，比上年减少 101 只；封闭式基金 21 只，比上年减少 7 只；ETF169 只，比上年增加 23 只；LOF605 只，比上年增加 10 只；实时申赎货币基金 9 只，较上年无变化；资产证券化产品 2 787 只，比上年增加 655 只。

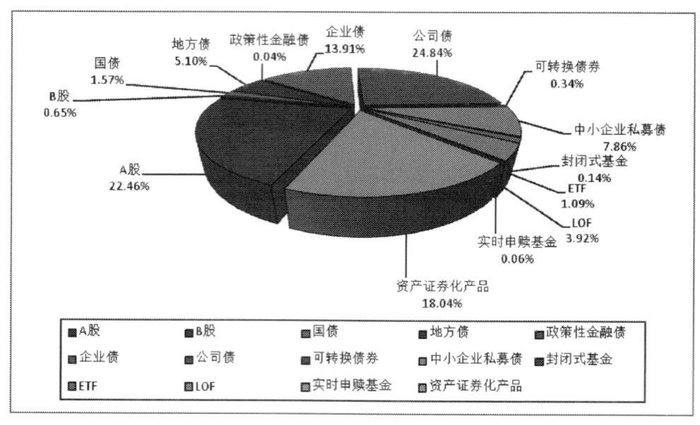

图 1　2017 年登记存管证券数量占比

截至2017年末，中国结算登记存管的沪深证券交易所的证券面值为15.03万亿元、全国股份转让系统的证券面值为7 318.16亿元。在沪深证券交易所的证券中，非限售A股面值4.58万亿元，非限售B股面值283.55亿元，国债面值6 301.76亿元，地方债2 484.64亿元，政策性金融债895.00亿元，企业债9 668.23亿元，公司债53 357.36亿元，可转债1 107.36亿元，中小企业私募债11 976.94亿元，封闭式基金面值138.62亿元，ETF945.78亿元，LOF877.94亿元，实时申赎货币基金157.21亿元，资产证券化产品面值8 905.90亿元。

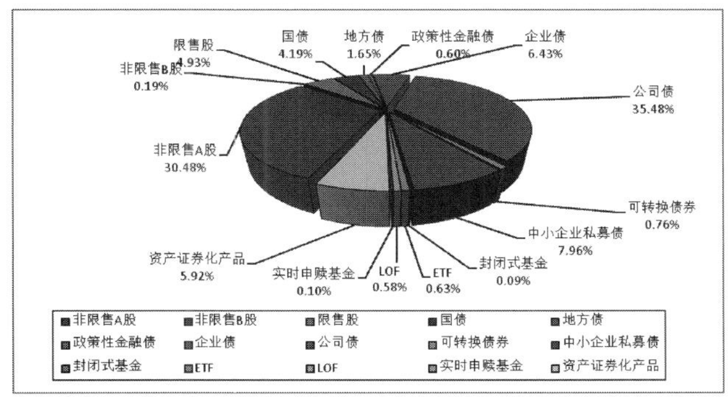

图2 2017年登记存管证券面值占比

截至2017年末，登记存管的沪深证券交易所的证券总市值为66.33万亿元、全国股份转让系统的证券总市值为38 570.22亿元。在沪深证券交易所证券中，A股总市值56.64万亿元，B股总市值1 795.01亿元，国债总市值6 125.04亿元，地方债2 475.08亿元，政策性金融债887.61亿元，企业债8 175.76亿元，公司债52 621.33亿元，可转债902.35亿元，中小企业私募债11 848.78亿元，封闭式基金总市值155.17亿元，ETF3 517.30亿元，LOF773.07亿元，实时申赎货币基金171.26亿元，资产证券化产品总市值7 482.43亿元。

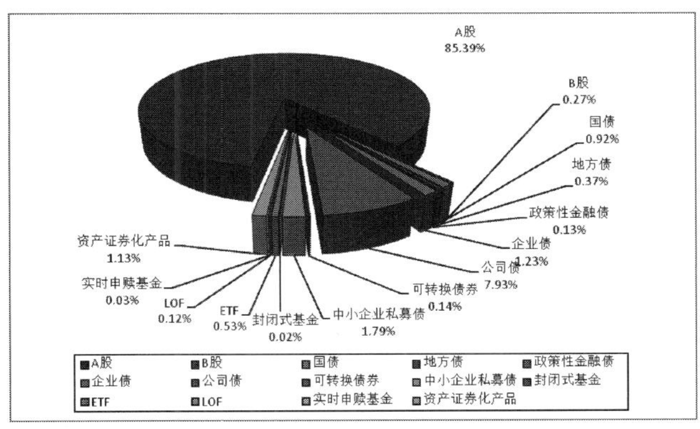

图3 2017年登记存管证券总市值占比

（三）结算总额和结算净额情况

2017年，中国结算的证券结算总额为1 289.48万亿元，较上年增加5.69%；结算净额为40.75万亿元，较上年增加1.24%。

（四）开放式基金业务稳步发展

截至2017年末，开放式基金TA系统内参与的管理人共有168家，其中，基金公司74家、券商89家、银行1家、境外TA4家；服务的销售机构达339家，其中，商业银行53家、证券公司98家、基金公司及资产管理公司直销96家、投资咨询机构4家、独立销售机构73家、期货公司5家、保险代理公司和保险经纪公司2家、境外销售机构8家。累计代理发行理财产品4 915只，其中开放式基金895只、创新型封闭式基金5只、券商集合理财产品4 002只，互认基金13只。产品类型涵盖了股票型、债券型、混合型、货币型、保本型、QDII、FOF、LOF、上证基金通、场外ETF等。另外，还全面支持了集合计划的参与、退出、权益分派、业绩报酬、收益补偿、展期以及TA移转等各类业务。

2017年中国证券投资者保护基金统计概要

【债权受偿情况】

根据被处置证券公司资产负债情况，投保基金公司对26家被处置证券公司投保基金受偿率进行了预估。截至12月底，河北证券、兴安证券已达到100%受偿，其他24家证券公司中，受偿率下限预计在50%以上的有2家，分别是南方证券、闽发证券；20% -50%的有8家，分别是大鹏证券、中富证券、汉唐证券、西北证券、华夏证券、中关村证券、中科证券、天一证券；10% -20%的有6家，分别是亚洲证券、北方证券、民安证券、广东证券、天同证券和新疆证券；5% -10%的有1家，为武汉证券；

5%以下的有7家，分别是德恒证券、恒信证券、五洲证券、甘肃证券、昆仑证券、天勤证券和新华证券。

截至12月底，共有24家证券公司进行了破产财产分配。投保基金公司共受偿现金42.807亿元（包括代财政部管理的债权受偿现金0.061亿元）、受偿股票11只、基金1只；投保基金公司代财政部管理的债权受偿股票2只。

【投保基金筹集和使用】

1-12月，投保基金累计市场筹集金额为56.610亿元，其中交易经手费2.139亿元，证券公司上缴33.600亿元，申购冻结资金利息0.871亿元。利息收入（包括基金存款及贷款利息）14.249亿元，基金投资收益3.830亿元，有关责任方追偿收入和破产财产清偿收入0.219亿元，其他收入45.011亿元。

1-12月，投保基金公司累计使用投保基金22.042亿元，其中，风险处置支出0.005亿元，风险监测费用0.261亿元，基金委托管理费0.182亿元，剩余为其他支出。

【证券公司分类与上缴基金】

1-12月，证券公司按证监会批准的缴纳比例上缴投保基金33.600亿元，其中，AA类证券公司上缴6.130亿元，A类证券公司上缴7.712亿元，BBB类证券公司上缴13.035亿元，BB类证券公司上缴1.919亿元，B类证券公司上缴0.978亿元，CCC类证券公司上缴1.138亿元，CC类证券公司上缴0.701亿元，C类证券公司上缴1.986亿元。

【发放投保基金情况】

截至12月底，投保基金公司累计使用市场筹集基金发放投保基金10.941亿元，其中，6.413亿元用于弥补客户证券交易结算资金，4.528亿元用于收购个人债权。

2017年IPO保荐机构情况

2017年，证监会发行审核委员会共审核466个IPO项目，审核通过380家，否决86家。其中被否决项目数量排名前10位的保荐机构分别是：国金证券（8家）、广发证券（6家）、申万宏源（5家）、招商证券（5家）、海通证券（5家）、光大证券(4 家)、中德证券(4 家)、兴业证券(4 家)、安信证券(4 家)、中信证券(4 家)。

2017 年,未在规定期限内回复反馈意见的 IPO 项目共 94 个。其中超期项目在 3 家以上的保荐机构分别是:中信证券(10 家)、海通证券(6 家)、招商证券(6 家)、广发证券(5 家)、国信证券(5 家)、华泰联合(5 家)、兴业证券(4 家)、中信建投(4 家)、安信证券(3 家)、东兴证券(3 家)、光大证券(3 家)、中德证券(3 家)、中泰证券(3 家)、中金公司(3 家)。

2017 年,共有 146 个 IPO 项目申请撤回,其中,召开初审会议后又申请撤回的项目有 43 个;在现场检查计划公布后、具体实施之前,撤回的项目有 11 个;在现场检查中被发现问题后撤回的项目有 16 个。

保荐机构是企业发行上市的第一道关口,是资本市场"看门人",负有法定的核查把关责任。保荐机构应当坚持诚实守信、勤勉尽责,进一步提高保荐工作质量,慎重选择和推荐企业,严格筛选把关;深入进行尽职调查,充分揭示企业风险,确保辅导工作不走过场,杜绝只荐不保,切实提高申报材料质量,为资本市场健康发展尽到应有责任,更好服务于创新驱动发展战略和供给侧结构性改革。下一步,我会将结合审核和日常监管情况,有针对地加大对保荐机构监管力度,发现问题,坚决处理,严格问责。

附表 1　12017 年保荐机构 IPO 项目被否决的情况

保荐机构	被否决项目数
国金证券	8
广发证券	6
申万宏源	5
招商证券	5
海通证券	5
光大证券	4
中德证券	4
兴业证券	4
安信证券	4
中信证券	4
国海证券	3
华林证券	3
国信证券	3
摩根士丹利华鑫	2
一创摩根	2
长江证券	2
国元证券	2
国泰君安	2
华福证券	1
信达证券	1
英大证券	1
东海证券	1
华安证券	1
华西证券	1
东兴证券	1
银河证券	1
东莞证券	1
西部证券	1
中国中投	1
德邦证券	1
长城证券	1
东吴证券	1
中金公司	1
民生证券	1
华泰联合	1
中信建投	1

附表 2　2017 年 IPO 项目反馈意见回复超期 3 家以上的保荐机构情况

保荐机构	超期项目数量
中信证券	10
海通证券	6
招商证券	6
广发证券	5
国信证券	5
华泰联合	5
兴业证券	4
中信建投	4
安信证券	3
东兴证券	3
光大证券	3
中德证券	3
中泰证券	3
中金公司	3

2017 年证券公司分类结果

根据《证券公司分类监管规定》(以下简称《规定》),经证券公司自评、证监局初审、中国证监会证券基金机构监管部复核,由中国证监会证券基金机构监管部、证监局、自律组织、证券公司代表等组成的证券公司分类评价专家评审委员会审议确定了 2017 年证券公司分类结果。

证券公司分类结果不是对证券公司资信状况及等级的评价,而是证券监管部门根据审慎监管的需要,以证券公司风险管理能力为基础,结合公司市场竞争力和合规管理水平,对证券公司进行的综合性评价,主要体现的是证券公司合规管理和风险控制的整体状况。

证券公司分为 A(AAA、AA、A)、B(BBB、BB、B)、C(CCC、CC、C)、D、E5 大类 11 个级别。A、B、C 三大类中各级别公司均为正常经营公司,其类别、级别的划分仅反映公司在行业内风险管理能力及合规管理水平的相对水平。D 类、E 类公司分别为潜在风险可能超过公司可承受范围及被依法采取风险处置措施的公司。

中国证监会根据证券公司分类结果对不同类别的证券公司在行政许可、监管资源分配、现场检查和非现场检查频率等方面实施区别对待的监管政策。分类结果主要供证券监管部门使用,证券公司不得将分类结果用于广告、宣传、营销等商业目的。

2017 年各证券公司分类结果如下(按公司名称拼音顺序排序):

序号	公司名称	2017年级别
1	爱建证券	CC
2	安信证券	A
3	北京高华	A
4	渤海证券	A
5	财达证券	BBB
6	财富证券	BB
7	财通证券	A
8	长城国瑞	BB
9	长城证券	BBB
10	长江证券	A
11	川财证券	B
12	大通证券	BBB
13	大同证券	BB
14	德邦证券	BB
15	第一创业	BBB
16	东北证券	BBB
17	东方财富	BBB
18	东方证券	A
19	东海证券	A
20	东莞证券	A
21	东吴证券	A
22	东兴证券	BBB
23	方正证券	C
24	光大证券	A
25	广发证券	AA
26	广州证券	A
27	国都证券	BBB
28	国海证券	B
29	国金证券	A
30	国开证券	A
31	国联证券	BBB
32	国融证券	BB
33	国盛证券	BBB
34	国泰君安	AA
35	国信证券	A
36	国元证券	A
37	海际证券	BBB
38	海通证券	AA
39	恒泰证券	CCC
40	红塔证券	A
41	宏信证券	CCC
42	华安证券	A
43	华宝证券	BBB
44	华创证券	BB
45	华福证券	A
46	华金证券	CCC
47	华菁证券	B
48	华林证券	A
49	华龙证券	BBB
50	华融证券	AA
51	华泰证券	AA
52	华西证券	A
53	华鑫证券	BBB
54	华信证券	BB
55	江海证券	BBB
56	金元证券	BBB
57	九州证券	B
58	开源证券	BB
59	联储证券	BBB
60	联讯证券	B
61	民生证券	A
62	南京证券	A
63	平安证券	A
64	瑞银证券	BBB
65	山西证券	B
66	申港证券	BBB
67	申万宏源	AA
68	世纪证券	BB
69	首创证券	B
70	太平洋	A
71	天风证券	A
72	万和证券	BB
73	万联证券	BBB
74	网信证券	B
75	五矿证券	BB
76	西部证券	BBB
77	西南证券	C
78	湘财证券	BBB
79	新时代	CC
80	信达证券	CC
81	兴业证券	BBB
82	银河证券	AA
83	银泰证券	BBB
84	英大证券	BBB
85	招商证券	AA
86	浙商证券	A
87	中航证券	BB
88	中金公司	AA
89	中山证券	BBB
90	中泰证券	A
91	中天证券	BBB
92	中投证券	CCC
93	中信建投	AA
94	中信证券	AA
95	中银国际	A
96	中邮证券	BBB
97	中原证券	A

今年129家公司中，有32家公司按规定与其母公司合并评价，即：高盛高华（母公司北京高华）、长江保荐、长江证券资产管理（母公司长江证券）、第一创业摩根大通证券（母公司第一创业）、东方证券资产管理、东方花旗证券（母公司东方证券）、瑞信方正、民族证券（母公司方正证券）、光大证券资产管理（母公司光大证券）、广发证券资产管理（母公司广发证券）、华英证券（母公司国联证券）、国泰君安证券资产管理、上海证券（母公司国泰君安证券）、海通证券资产管理（母公司海通证券）、恒泰长财（母公司恒泰证券）、华泰联合、华泰证券资产管理（母公司华泰证券）、摩根士丹利华鑫证券（母公司华鑫证券）、齐鲁证券资产管理（母公司中泰证券）、中德证券（母公司山西证券）、兴证证券资产管理（母公司兴业证券）、银河金汇证券资产管理（母公司银河证券）、浙商证券资产管理（母公司浙商证券）、中信证券（山东）、金通证券（母公司中信证券）、招商证券资产管理（母公司招商证券）、财通证券资产管理（母公司财通证券）、国盛证券资产管理（母公司国盛证券）、申万宏源承销保荐、申万宏源西部（母公司申万宏源）、东证融汇资产管理（母公司东北证券）、渤海汇金资产管理（母公司渤海证券）。

2017 年证券公司经营业绩统计排名

中国证券业协会对2017年度98家证券公司会员经审计经营数据及业务情况进行了统计排名。指标分为企业规模与经营绩效、风险管理与负债能力、客户基础与市场影响力三大类，共计50项指标。具体排名情况如下：

排名指标索引

序号	排名指标	口径
1	总资产	专项合并
2	净资产	专项合并
3	营业收入	合并口径
4	营业收入增长率	合并口径
5	净利润	专项合并
6	净利润增长率	专项合并
7	净资产收益率	专项合并
8	成本管理能力	专项合并
9	信息系统投入金额	专项合并
10	信息技术人员薪酬	专项合并
11	信息技术投入考核值	专项合并
12	公益性支出	合并口径
13	净资本	专项合并
14	核心净资本	专项合并
15	净资本收益率	专项合并
16	财务杠杆倍数	专项合并
17	客户资金余额	专项合并
18	托管证券市值	专项合并
19	代理买卖证券业务收入（含席位租赁）	专项合并
20	代理买卖证券业务收入	专项合并
21	交易单元席位租赁收入	专项合并
22	证券公司营业部平均代理买卖证券业务收入	专项合并
23	机构客户投研服务收入占经纪业务收入比例	专项合并
24	证券经纪业务收入	专项合并
25	代理销售金融产品收入	专项合并
26	客户资产管理月均受托资金	专项合并
27	客户资产管理业务收入	专项合并
28	投资银行业务收入	专项合并
29	承销与保荐业务收入	专项合并
30	股票主承销家数	专项合并
31	股票主承销金额	专项合并
32	股票主承销佣金收入	专项合并
33	债券主承销家数	专项合并
34	债券主承销金额	专项合并
35	债券主承销佣金收入	专项合并
36	担任资产证券化管理人家数	专项合并
37	担任资产证券化管理人发行证券金额	专项合并
38	财务顾问业务收入	专项合并
39	并购重组财务顾问业务收入	专项合并
40	投资咨询业务收入	专项合并
41	境外子公司证券业务收入占营业收入比例	合并口径
42	融资类业务收入	专项合并
43	融资融券业务利息收入	专项合并
44	融资融券业务规模	专项合并
45	约定购回利息收入	专项合并
46	约定购回业务规模	专项合并
47	股票质押利息收入	专项合并
48	股票质押业务规模	专项合并
49	证券投资收入	专项合并
50	股权投资收入	专项合并

注：1. 合并口径指证券公司集团财务数据口径；

2. 专项合并指证券公司及其证券类子公司数据口径：排名中北京高华与高盛高华，长江证券与长江保荐、长江资管，第一创业与一创投行，东方证券与上海东方证券资产管理、东方花旗证券，方正证券与瑞信方正、民族证券，光大证券与上海光大证券资产管理，广发证券与广发证券资产管理，国联证券与华英证券，国泰君安证券与上海国泰君安证券资产管理、上海证券，海通证券与上海海通证券资产管理，恒泰证券与恒泰长财，华泰证券与华泰联合、华泰资管，华鑫证券与摩根士丹利华鑫证券，中泰证券与中泰证券（上海）资产管理，山西证券与中德证券，兴业证券与兴证证券资产管理，银河证券与银河金汇证券资产管理，浙商证券与浙江浙商证券资产管理，中信证券与中信证券（山东）、金通证券，招商证券与招商资管，财通证券与财通资管，国盛证券与国盛资管，申万宏源与申万宏源承销保荐、申万宏源西部，东北证券与东证融汇，渤海证券与渤海汇金资管，中金公司与中投证券合并计算；

3. 排名指标中第三项营业收入、第八项成本管理能力、第十一项信息技术投入考核值、第十五项净资本收益率、第二十项代理买卖证券业务收入、第二十二项证券公司营业部平均代理买卖证券业务收入、第二十三项机构客户投研服务收入占经纪业务收入比例、第二十七项客户资产管理业务收入、第二十八项投资银行业务收入、第四十一项境外子公司证券业务收入占营业收入比例等十项指标适用于2018年证券公司分类评价工作。

2017 年度证券公司总资产排名

单位：万元

序号	公司名称	总资产
1	中信证券	48,394,097
2	国泰君安	34,641,019
3	海通证券	31,092,873
4	广发证券	29,631,646
5	华泰证券	29,434,738
6	招商证券	26,093,624
7	申万宏源	25,114,931
8	银河证券	22,920,777
9	东方证券	20,463,810
10	中信建投	18,434,310
11	国信证券	18,264,531
12	中金公司	18,190,385
13	光大证券	16,013,884
14	兴业证券	12,690,387
15	方正证券	11,632,283
16	中泰证券	11,538,311
17	长江证券	10,419,518
18	安信证券	10,251,872
19	平安证券	9,433,812
20	东吴证券	7,395,534
21	东兴证券	6,393,435
22	国海证券	6,167,793
23	国元证券	5,945,620
24	东北证券	5,648,524
25	财通证券	5,574,851

序号	公司名称	总资产
26	西南证券	5,541,825
27	渤海证券	5,341,002
28	华融证券	5,108,667
29	华西证券	4,852,388
30	西部证券	4,679,902
31	浙商证券	4,615,061
32	太平洋证券	4,545,387
33	山西证券	4,409,205
34	信达证券	4,314,331
35	中银国际	4,243,666
36	国开证券	4,220,566
37	长城证券	4,144,163
38	广州证券	4,029,114
39	天风证券	4,024,299
40	江海证券	3,963,372
41	国金证券	3,870,119
42	中原证券	3,594,769
43	民生证券	3,439,437
44	华安证券	3,355,019
45	华福证券	3,318,703
46	华创证券	3,249,415
47	第一创业	3,009,629
48	东方财富	2,983,960
49	恒泰证券	2,974,287
50	华龙证券	2,918,207
51	新时代证券	2,846,474
52	东莞证券	2,753,799
53	财达证券	2,627,917
54	万联证券	2,571,576
55	财富证券	2,464,509
56	湘财证券	2,407,833
57	五矿证券	2,325,250
58	东海证券	2,258,130
59	南京证券	2,249,213
60	国联证券	2,220,203
61	国盛证券	2,123,490
62	九州证券	2,061,724
63	华信证券	2,059,210
64	国都证券	1,975,324
65	首创证券	1,860,471
66	联储证券	1,788,703
67	中山证券	1,759,196
68	联讯证券	1,619,862
69	华宝证券	1,549,928
70	华林证券	1,445,014
71	德邦证券	1,426,619
72	金元证券	1,413,150
73	华鑫证券	1,390,414
74	红塔证券	1,351,909
75	国融证券	1,253,177
76	开源证券	1,221,308
77	华金证券	1,182,851
78	英大证券	1,131,445
79	中航证券	1,116,125
80	万和证券	1,099,946
81	长城国瑞	946,164
82	中天证券	866,933
83	爱建证券	852,730
84	宏信证券	846,893
85	大通证券	846,493
86	申港证券	692,004
87	中邮证券	687,796
88	世纪证券	666,990
89	大同证券	658,024
90	银泰证券	609,847
91	中天国富	549,680
92	川财证券	533,993
93	北京高华	498,995
94	瑞银证券	315,089
95	华菁证券	290,547
96	汇丰前海	176,140
97	网信证券	171,518
98	东亚前海	149,084

2017年度证券公司净资产排名

单位:万元

序号	公司名称	净资产
1	中信证券	12,793,050
2	国泰君安	12,256,170
3	海通证券	10,829,105
4	华泰证券	8,510,105
5	广发证券	7,899,045
6	招商证券	7,693,858
7	银河证券	6,340,372
8	申万宏源	5,303,774
9	东方证券	5,210,767
10	国信证券	5,080,163
11	光大证券	4,958,420
12	中信建投	4,247,178
13	方正证券	3,674,591
14	中金公司	3,386,441
15	中泰证券	3,196,996
16	兴业证券	3,188,735
17	安信证券	3,029,860
18	平安证券	2,599,902
19	长江证券	2,592,194
20	国元证券	2,429,020
21	东吴证券	2,029,108
22	财通证券	2,024,014
23	渤海证券	2,006,000
24	西南证券	1,912,032
25	东兴证券	1,902,745
26	国金证券	1,866,695
27	西部证券	1,753,626
28	国开证券	1,529,120
29	东北证券	1,503,501
30	长城证券	1,422,449
31	华龙证券	1,408,814
32	华融证券	1,357,562
33	国海证券	1,339,721
34	山西证券	1,283,535

序号	公司名称	净资产
35	华西证券	1,264,219
36	浙商证券	1,232,775
37	华安证券	1,208,374
38	太平洋证券	1,170,489
39	华信证券	1,136,877
40	民生证券	1,126,818
41	广州证券	1,115,175
42	中银国际	1,112,383
43	红塔证券	1,070,358
44	华创证券	1,038,739
45	万联证券	1,032,614
46	江海证券	1,014,344
47	国盛证券	1,006,801
48	中原证券	1,006,605
49	天风证券	998,989
50	恒泰证券	993,942
51	新时代证券	941,280
52	南京证券	932,116
53	国都证券	903,647
54	华福证券	886,710
55	财达证券	883,834
56	第一创业	864,120
57	信达证券	863,852
58	东海证券	841,764
59	湘财证券	811,521
60	五矿证券	768,865
61	九州证券	758,036
62	国联证券	751,590
63	德邦证券	749,308
64	东方财富	667,677
65	财富证券	630,125
66	东莞证券	603,391
67	联储证券	561,235
68	中天国富	543,491
69	华鑫证券	522,385
70	金元证券	516,078
71	大通证券	513,441
72	万和证券	508,038
73	中山证券	497,681
74	联讯证券	493,403
75	中邮证券	454,157
76	华宝证券	443,033
77	长城国瑞	415,221
78	首创证券	391,234
79	华金证券	390,715
80	中天证券	376,263
81	国融证券	370,838
82	华林证券	368,213
83	中航证券	362,360
84	英大证券	352,628
85	申港证券	348,013
86	开源证券	335,094
87	北京高华	331,087
88	银泰证券	284,494
89	华菁证券	281,168
90	宏信证券	206,487
91	瑞银证券	192,869
92	汇丰前海	162,308
93	川财证券	158,215
94	东亚前海	145,532
95	大同证券	145,115
96	爱建证券	141,244
97	世纪证券	138,836
98	网信证券	66,537

2017 年度证券公司营业收入排名

单位：万元

序号	公司名称	营业收入
1	中信证券	4,329,163
2	海通证券	2,822,167
3	国泰君安	2,380,413
4	广发证券	2,157,565
5	华泰证券	2,110,853
6	招商证券	1,335,321
7	申万宏源	1,266,853
8	国信证券	1,192,361
9	银河证券	1,134,419
10	中信建投	1,130,325
11	中金公司	1,120,914
12	东方证券	1,053,151
13	光大证券	983,815
14	兴业证券	881,878
15	平安证券	838,213
16	中泰证券	809,505
17	安信证券	756,737
18	华融证券	681,229
19	方正证券	595,299
20	长江证券	564,005
21	东北证券	492,611
22	浙商证券	461,061
23	山西证券	439,300
24	国金证券	439,059
25	东吴证券	414,424
26	财通证券	401,153
27	东兴证券	362,698
28	国元证券	351,070
29	西部证券	316,994
30	中银国际	306,753
31	西南证券	306,076
32	恒泰证券	300,645
33	华福证券	300,126
34	天风证券	298,616
35	长城证券	295,105
36	华西证券	266,978
37	国海证券	265,872
38	中原证券	214,762
39	东莞证券	209,879
40	新时代证券	203,880
41	东海证券	196,847
42	第一创业	195,167
43	华安证券	191,659
44	德邦证券	189,642
45	信达证券	175,927
46	广州证券	174,341

序号	公司名称	营业收入
47	国开证券	173,402
48	民生证券	171,963
49	国都证券	167,548
50	华龙证券	159,308
51	东方财富	152,254
52	财达证券	148,185
53	华创证券	144,573
54	国盛证券	141,837
55	南京证券	138,456
56	江海证券	135,424
57	湘财证券	134,829
58	太平洋证券	129,690
59	国联证券	125,793
60	渤海证券	122,222
61	华鑫证券	121,868
62	金元证券	111,826
63	红塔证券	111,316
64	万联证券	110,304
65	九州证券	109,454
66	华林证券	106,718
67	中山证券	103,671
68	开源证券	99,883
69	财富证券	99,276
70	长城国瑞	95,482
71	首创证券	93,057
72	北京高华	92,822
73	瑞银证券	86,222
74	中航证券	83,660
75	华信证券	83,030
76	国融证券	82,193
77	宏信证券	77,377
78	五矿证券	71,614
79	联储证券	70,807
80	英大证券	65,830
81	华宝证券	63,325
82	联讯证券	62,828
83	大通证券	57,309
84	大同证券	47,476
85	爱建证券	42,151
86	中天国富	39,466
87	中邮证券	36,051
88	世纪证券	35,440
89	华金证券	34,494
90	银泰证券	34,299
91	川财证券	33,450
92	申港证券	32,695
93	网信证券	29,020
94	万和证券	26,570
95	中天证券	10,615
96	华菁证券	5,929
97	东亚前海	2,339
98	汇丰前海	1,950

注:1. 该指标指证券公司合并口径营业收入;
2. 该指标中位数为163428万元,不低于中位数的为排名前49位的公司;
3. 此项排名适用于2018年证券公司分类评价工作。

2017年度证券公司营业收入增长率排名

单位:%

序号	公司名称	营业收入增长率
1	中天国富	466.30
2	申港证券	421.05
3	山西证券	87.28
4	长城国瑞	82.83
5	华菁证券	61.85
6	东方证券	53.16
7	联储证券	45.98
8	五矿证券	39.17
9	东方财富	37.39
10	华信证券	36.77
11	华融证券	28.06
12	九州证券	27.36
13	中邮证券	26.81
14	华泰证券	24.78
15	兴业证券	16.21
16	华龙证券	16.17
17	华福证券	15.75
18	国融证券	14.93
19	东海证券	14.73
20	红塔证券	14.22
21	招商证券	14.17
22	平安证券	13.94
23	中信证券	13.92
24	国盛证券	13.29
25	恒泰证券	12.70
26	民生证券	12.47
27	华安证券	10.51
28	东北证券	9.92
29	网信证券	9.35
30	江海证券	9.18
31	中银国际	8.37
32	光大证券	7.35
33	国都证券	7.06
34	中金公司	6.94
35	中原证券	6.91
36	德邦证券	5.74
37	广发证券	4.16
38	国元证券	4.00
39	金元证券	1.53
40	东兴证券	1.51
41	大同证券	1.30
42	世纪证券	1.00
43	华宝证券	0.87
44	海通证券	0.75
45	西部证券	0.41
46	浙商证券	0.34
47	安信证券	-1.39
48	华西证券	-1.50
49	瑞银证券	-2.01
50	中泰证券	-2.90
51	天风证券	-3.61
52	万联证券	-3.69
53	长江证券	-3.71
54	第一创业	-3.75
55	爱建证券	-4.08
56	北京高华	-4.85

序号	公司名称	营业收入增长率
57	财通证券	-5.73
58	东莞证券	-6.01
59	国金证券	-6.01
60	国信证券	-6.46
61	中航证券	-6.64
62	开源证券	-7.12
63	国泰君安	-7.61
64	南京证券	-7.67
65	银泰证券	-7.77
66	万和证券	-9.93
67	东吴证券	-10.78
68	银河证券	-14.32
69	申万宏源	-14.44
70	中信建投	-14.75
71	长城证券	-15.29
72	首创证券	-15.53
73	宏信证券	-15.59
74	西南证券	-15.72
75	湘财证券	-16.21
76	华鑫证券	-17.00
77	国开证券	-17.38
78	华林证券	-18.54
79	大通证券	-19.04
80	财达证券	-19.26
81	新时代证券	-19.89
82	信达证券	-21.55
83	方正证券	-23.28
84	财富证券	-26.05
85	华创证券	-26.39
86	太平洋证券	-28.11
87	国海证券	-30.73
88	国联证券	-31.49
89	华金证券	-31.53
90	英大证券	-34.14
91	川财证券	-35.98
92	中山证券	-39.96
93	联讯证券	-40.79
94	广州证券	-40.80
95	渤海证券	-41.92
96	中天证券	-73.38

2017 年度证券公司净利润排名

单位:万元

序号	公司名称	净利润
1	中信证券	906,914
2	国泰君安	872,785
3	华泰证券	826,492
4	广发证券	717,083
5	海通证券	663,785
6	招商证券	502,355
7	国信证券	436,653
8	申万宏源	408,483
9	中信建投	375,680
10	银河证券	361,890
11	东方证券	318,556
12	光大证券	289,497
13	平安证券	223,430
14	安信证券	221,574
15	兴业证券	214,292
16	中泰证券	190,676
17	财通证券	155,046
18	华融证券	152,857
19	长江证券	147,418
20	中金公司	139,673
21	方正证券	134,364
22	东兴证券	121,663
23	国金证券	115,806
24	中银国际	100,465
25	国元证券	94,074
26	华西证券	93,461
27	国开证券	92,687
28	长城证券	86,287
29	浙商证券	84,994
30	西南证券	83,716
31	东吴证券	76,743
32	东莞证券	75,075
33	国都证券	74,816
34	西部证券	74,532
35	华安证券	63,965
36	国盛证券	63,770
37	东方财富	63,060
38	恒泰证券	62,708
39	东海证券	60,590
40	天风证券	53,993
41	德邦证券	52,882
42	东北证券	51,043
43	山西证券	47,329
44	华龙证券	46,376
45	华林证券	43,390
46	湘财证券	41,989
47	中原证券	41,539
48	国联证券	41,364
49	南京证券	40,856
50	财富证券	38,638
51	第一创业	37,657
52	财达证券	33,452
53	信达证券	33,295
54	红塔证券	32,514
55	万联证券	32,052
56	民生证券	31,595
57	首创证券	29,814
58	华创证券	28,705
59	渤海证券	28,306
60	国海证券	28,180
61	江海证券	28,077
62	新时代证券	28,063
63	中航证券	27,210
64	五矿证券	26,346
65	华福证券	25,874
66	广州证券	19,077
67	大通证券	19,065
68	宏信证券	17,783
69	金元证券	17,112

序号	公司名称	净利润
70	九州证券	16,872
71	太平洋证券	15,545
72	北京高华	13,640
73	华信证券	12,410
74	英大证券	10,787
75	中山证券	10,210
76	银泰证券	9,829
77	联储证券	8,063
78	大同证券	8,033
79	国融证券	7,609
80	中邮证券	6,689
81	长城国瑞	5,153
82	开源证券	4,767
83	华鑫证券	4,104
84	瑞银证券	4,089
85	中天国富	3,821
86	川财证券	3,417
87	华宝证券	2,980
88	万和证券	2,641
89	爱建证券	2,556
90	华金证券	2,509
91	联讯证券	2,311
92	申港证券	1,326
93	网信证券	879
94	世纪证券	231
95	东亚前海	-4,468
96	华菁证券	-16,294
97	汇丰前海	-17,692
98	中天证券	-22,474

2017 年度证券公司净利润增长率排名

单位:%

序号	公司名称	净利润增长率
1	中天国富	261.46
2	五矿证券	133.41
3	北京高华	118.33
4	恒泰证券	115.95
5	民生证券	109.73
6	华信证券	83.01
7	东方财富	71.84
8	东方证券	46.67
9	东海证券	33.35
10	华泰证券	32.20
11	德邦证券	21.16
12	金元证券	13.95
13	兴业证券	13.48
14	中信证券	13.25
15	国都证券	11.67
16	平安证券	9.95
17	中银国际	9.69
18	华龙证券	9.27
19	海通证券	9.20
20	国盛证券	5.18
21	万联证券	1.51
22	华安证券	0.82
23	财通证券	0.24
24	华创证券	-0.03
25	广发证券	-0.33
26	财富证券	-3.50
27	招商证券	-3.95
28	山西证券	-4.02
29	天风证券	-5.83
30	红塔证券	-6.27
31	大通证券	-6.87
32	长城证券	-7.47
33	光大证券	-7.93
34	华融证券	-8.47
35	东莞证券	-8.67
36	华西证券	-9.16
37	东兴证券	-9.19
38	湘财证券	-9.76
39	国开证券	-10.29
40	国融证券	-10.37
41	国金证券	-12.16
42	安信证券	-12.96
43	国泰君安	-14.03
44	西南证券	-15.35
45	中邮证券	-16.33
46	国信证券	-18.10
47	中航证券	-18.52
48	中金公司	-21.41
49	浙商证券	-22.05
50	九州证券	-22.73
51	银河证券	-23.21
52	南京证券	-23.31
53	中泰证券	-24.06
54	华林证券	-24.58
55	宏信证券	-25.01
56	国元证券	-25.38
57	中信建投	-26.48
58	银泰证券	-26.61
59	申万宏源	-26.71
60	第一创业	-26.87
61	江海证券	-27.52
62	首创证券	-27.76
63	大同证券	-30.22
64	长江证券	-31.31
65	西部证券	-32.02
66	中原证券	-32.43
67	方正证券	-32.64
68	信达证券	-34.65
69	爱建证券	-35.21
70	国联证券	-35.39
71	华福证券	-44.96
72	财达证券	-46.71
73	网信证券	-47.03
74	联储证券	-48.12
75	东吴证券	-48.38
76	瑞银证券	-55.65
77	东北证券	-57.22
78	川财证券	-58.05
79	新时代证券	-58.50
80	万和证券	-58.98
81	英大证券	-60.23
82	长城国瑞	-63.50

序号	公司名称	净利润增长率
83	世纪证券	-66.16
84	太平洋证券	-67.97
85	渤海证券	-68.57
86	国海证券	-71.33
87	中山证券	-73.78
88	开源证券	-74.32
89	华宝证券	-78.90
90	广州证券	-79.42
91	华鑫证券	-85.06
92	华金证券	-85.80
93	联讯证券	-89.18
94	中天证券	-483.75

2017 年度证券公司净资产收益率排名

单位:%

序号	公司名称	净资产收益率
1	东莞证券	13.06
2	华融证券	12.62
3	华林证券	12.31
4	东方财富	10.04
5	华泰证券	9.84
6	广发证券	9.40
7	中银国际	9.36
8	德邦证券	9.24
9	中信建投	9.10
10	国信证券	8.89
11	平安证券	8.89
12	财通证券	8.86
13	安信证券	8.59
14	宏信证券	8.56
15	国都证券	8.45
16	浙商证券	8.07
17	申万宏源	7.98
18	国泰君安	7.83
19	首创证券	7.83
20	中航证券	7.72
21	华西证券	7.63
22	招商证券	7.45
23	东海证券	7.34
24	中信证券	7.22
25	国盛证券	7.18
26	东方证券	6.93
27	兴业证券	6.89
28	东兴证券	6.52
29	恒泰证券	6.47
30	国金证券	6.43
31	海通证券	6.30
32	国开证券	6.18
33	长城证券	6.18
34	中泰证券	6.08
35	财富证券	6.06
36	银河证券	6.01
37	湘财证券	5.97
38	光大证券	5.94
39	长江证券	5.79
40	五矿证券	5.70
41	大同证券	5.66
42	天风证券	5.54
43	国联证券	5.41
44	华安证券	5.38
45	西部证券	4.98
46	中金公司	4.71
47	西南证券	4.45
48	南京证券	4.41
49	第一创业	4.33
50	国元证券	4.26
51	北京高华	4.19
52	中原证券	4.05
53	信达证券	3.86
54	财达证券	3.84
55	东吴证券	3.83
56	方正证券	3.75
57	山西证券	3.73
58	大通证券	3.66
59	万联证券	3.66
60	银泰证券	3.48
61	东北证券	3.41
62	金元证券	3.36
63	华龙证券	3.31
64	九州证券	3.13
65	英大证券	3.06
66	新时代证券	3.02
67	红塔证券	3.00
68	华福证券	2.91
69	民生证券	2.84
70	江海证券	2.77
71	华创证券	2.69
72	中山证券	2.31
73	联储证券	2.23
74	川财证券	2.16
75	瑞银证券	2.13
76	国海证券	2.10
77	国融证券	2.07
78	中邮证券	1.91
79	爱建证券	1.83
80	开源证券	1.78
81	广州证券	1.71
82	长城国瑞	1.63
83	渤海证券	1.40
84	网信证券	1.33
85	太平洋证券	1.32
86	华信证券	1.28
87	华鑫证券	0.93
88	万和证券	0.79
89	中天国富	0.71
90	华金证券	0.69
91	华宝证券	0.66
92	联讯证券	0.46
93	申港证券	0.38
94	世纪证券	0.17
95	中天证券	-5.80
96	华菁证券	-8.66

2017 年度证券公司成本管理能力排名

序号	公司名称	成本管理能力
1	东方财富	1.780

序号	公司名称	成本管理能力
2	国泰君安	1.755
3	国信证券	1.733
4	国盛证券	1.681
5	红塔证券	1.664
6	中银国际	1.628
7	大通证券	1.623
8	海通证券	1.594
9	招商证券	1.576
10	中信建投	1.558
11	中航证券	1.553
12	东莞证券	1.533
13	安信证券	1.515
14	德邦证券	1.503
15	光大证券	1.482
16	华西证券	1.473
17	国联证券	1.472
18	财富证券	1.458
19	湘财证券	1.450
20	华融证券	1.446
21	华安证券	1.444
22	东海证券	1.438
23	银河证券	1.423
24	中信证券	1.393
25	国金证券	1.387
26	广发证券	1.369
27	申万宏源	1.360
28	中邮证券	1.354
29	华泰证券	1.344
30	南京证券	1.330
31	华林证券	1.326
32	中泰证券	1.314
33	宏信证券	1.292
34	东兴证券	1.290
35	国元证券	1.275
36	金元证券	1.272
37	浙商证券	1.265
38	中原证券	1.253
39	北京高华	1.249
40	华龙证券	1.246
41	国都证券	1.218
42	财达证券	1.206
43	长江证券	1.202
44	民生证券	1.199
45	新时代证券	1.143
46	万联证券	1.098
47	银泰证券	1.075
48	大同证券	1.070
49	长城证券	1.055
50	方正证券	1.045
51	财通证券	1.025
52	信达证券	1.016
53	平安证券	1.012
54	东吴证券	1.010
55	国开证券	1.010
56	天风证券	1.003
57	第一创业	1.003
58	华鑫证券	0.995
59	长城国瑞	0.995
60	瑞银证券	0.993
61	中山证券	0.957
62	恒泰证券	0.927
63	太平洋证券	0.924
64	华福证券	0.888
65	开源证券	0.880
66	世纪证券	0.859
67	西部证券	0.852
68	爱建证券	0.840
69	中金公司	0.835
70	山西证券	0.786
71	川财证券	0.768
72	英大证券	0.765
73	西南证券	0.746
74	中天国富	0.740
75	华创证券	0.731
76	兴业证券	0.717
77	广州证券	0.668
78	东北证券	0.640
79	联讯证券	0.639
80	联储证券	0.633
81	国融证券	0.623
82	华宝证券	0.612
83	中天证券	0.601
84	五矿证券	0.574
85	网信证券	0.534
86	国海证券	0.530
87	东方证券	0.502
88	江海证券	0.492
89	万和证券	0.482
90	华信证券	0.474
91	东亚前海	0.344
92	首创证券	0.303
93	申港证券	0.236
94	华菁证券	0.212
95	渤海证券	0.177
96	华金证券	0.168
97	九州证券	0.154
98	汇丰前海	0.099

注:1. 成本管理能力=(营业收入-投资收益-公允价值变动收益)/营业支出;

2. 该指标中位数为1.050,不低于中位数的为排名前49位的公司;

3. 此项排名适用于2018年证券公司分类评价工作。

2017年度证券公司信息系统投入金额排名

单位:万元

序号	公司名称	信息系统投入金额
1	国泰君安	64,324
2	中信证券	57,785
3	海通证券	43,433
4	华泰证券	43,366
5	中信建投	39,938
6	平安证券	37,317
7	中泰证券	35,455
8	广发证券	35,392
9	申万宏源	34,022
10	银河证券	33,843
11	中金公司	33,814

序号	公司名称	信息系统投入金额
12	招商证券	32,364
13	国信证券	31,465
14	安信证券	25,256
15	光大证券	24,117
16	东方证券	23,316
17	方正证券	20,307
18	长江证券	16,492
19	东兴证券	15,243
20	兴业证券	14,633
21	东吴证券	13,515
22	西南证券	12,778
23	国金证券	11,384
24	东北证券	11,129
25	浙商证券	10,938
26	东方财富	10,708
27	国海证券	10,224
28	财通证券	10,160
29	中银国际	10,091
30	恒泰证券	10,080
31	华宝证券	9,512
32	太平洋证券	9,365
33	天风证券	9,331
34	国元证券	8,916
35	信达证券	8,769
36	西部证券	8,696
37	山西证券	8,547
38	华鑫证券	8,233
39	长城证券	8,103
40	南京证券	8,068
41	湘财证券	7,966
42	万联证券	7,699
43	东海证券	7,629
44	华融证券	7,459
45	国联证券	7,011
46	华福证券	6,996
47	中原证券	6,855
48	华安证券	6,771
49	财富证券	6,707
50	第一创业	6,669
51	财达证券	6,344
52	瑞银证券	6,270
53	华龙证券	5,937
54	华西证券	5,931
55	德邦证券	5,873
56	广州证券	5,799
57	江海证券	5,626
58	新时代证券	5,537
59	渤海证券	5,525
60	英大证券	5,447
61	民生证券	5,371
62	大同证券	5,285
63	中山证券	4,976
64	东莞证券	4,891
65	北京高华	4,864
66	国开证券	4,846
67	国都证券	4,793
68	华创证券	4,773
69	金元证券	4,735
70	联储证券	4,673
71	联讯证券	4,514
72	宏信证券	4,502
73	开源证券	4,454
74	九州证券	4,324
75	中航证券	3,742
76	红塔证券	3,562
77	大通证券	3,537
78	华信证券	3,532
79	国融证券	3,486
80	国盛证券	3,471
81	中邮证券	3,441
82	世纪证券	3,314
83	华林证券	3,144
84	爱建证券	3,017
85	首创证券	2,821
86	五矿证券	2,801
87	中天证券	2,598
88	银泰证券	2,474
89	长城国瑞	2,457
90	华金证券	2,330
91	华菁证券	2,288
92	申港证券	1,950
93	川财证券	1,767
94	万和证券	1,724
95	网信证券	1,630
96	中天国富	1,275

2017 年度证券公司信息技术人员薪酬排名

单位:万元

序号	公司名称	信息技术人员薪酬
1	中信证券	35,241
2	广发证券	26,809
3	国信证券	26,730
4	华泰证券	25,289
5	国泰君安	23,499
6	中金公司	20,051
7	平安证券	19,796
8	申万宏源	17,816
9	银河证券	16,677
10	招商证券	15,718
11	东方证券	15,031
12	中信建投	12,839
13	海通证券	11,509
14	兴业证券	11,303
15	安信证券	10,297
16	方正证券	9,882
17	中泰证券	8,434
18	光大证券	7,733
19	国金证券	6,639
20	长江证券	6,194
21	东兴证券	5,953
22	华信证券	5,232
23	广州证券	5,136
24	财通证券	4,950
25	天风证券	4,514
26	西南证券	4,332

序号	公司名称	信息技术人员薪酬
27	九州证券	4,294
28	长城证券	4,111
29	中银国际	4,063
30	国海证券	3,861
31	东吴证券	3,819
32	东海证券	3,809
33	第一创业	3,772
34	信达证券	3,769
35	华宝证券	3,644
36	民生证券	3,457
37	华西证券	3,036
38	浙商证券	3,007
39	华融证券	2,505
40	国元证券	2,396
41	华福证券	2,261
42	华创证券	2,191
43	湘财证券	2,191
44	江海证券	2,175
45	东北证券	2,116
46	山西证券	2,028
47	太平洋证券	1,982
48	渤海证券	1,982
49	华鑫证券	1,978
50	新时代证券	1,872
51	国联证券	1,846
52	南京证券	1,812
53	金元证券	1,768
54	西部证券	1,738
55	恒泰证券	1,734
56	中山证券	1,701
57	北京高华	1,649
58	瑞银证券	1,644
59	财富证券	1,604
60	万联证券	1,591
61	五矿证券	1,587
62	财达证券	1,557
63	东莞证券	1,444
64	德邦证券	1,402
65	申港证券	1,359
66	中原证券	1,355
67	长城国瑞	1,326
68	联讯证券	1,214
69	英大证券	1,212
70	红塔证券	1,187
71	国融证券	1,175
72	华安证券	1,170
73	联储证券	1,161
74	东方财富	1,135
75	首创证券	1,128
76	国开证券	1,121
77	华龙证券	1,109
78	银泰证券	1,042
79	华金证券	1,023
80	国都证券	1,007
81	世纪证券	1,001
82	中天证券	948
83	华林证券	926
84	开源证券	882
85	中航证券	861
86	川财证券	852
87	大通证券	774
88	华菁证券	721
89	中天国富	648
90	大同证券	615
91	万和证券	580
92	国盛证券	542
93	爱建证券	539
94	宏信证券	448
95	中邮证券	429
96	网信证券	241

2017年度证券公司信息技术投入考核值排名

单位:万元

序号	公司名称	信息技术投入考核值
1	平安证券	43,858
2	中金公司	43,205
3	中信证券	36,705
4	华泰证券	28,320
5	国泰君安	25,203
6	中泰证券	24,744
7	国信证券	24,604
8	东方证券	23,312
9	招商证券	19,147
10	海通证券	18,648
11	广发证券	18,418
12	中信建投	18,399
13	银河证券	18,170
14	安信证券	17,405
15	申万宏源	14,287
16	方正证券	13,070
17	东兴证券	12,095
18	华宝证券	12,002
19	兴业证券	10,951
20	光大证券	10,940
21	东方财富	8,989
22	华信证券	8,695
23	天风证券	8,176
24	东海证券	7,948
25	西南证券	7,633
26	长江证券	7,618
27	东吴证券	7,353
28	中银国际	7,278
29	信达证券	7,141
30	九州证券	7,048
31	太平洋证券	7,036
32	恒泰证券	6,549
33	华鑫证券	6,455
34	第一创业	6,271
35	国金证券	6,197
36	万联证券	6,172
37	湘财证券	6,049

序号	公司名称	信息技术投入考核值
38	南京证券	5,745
39	瑞银证券	5,634
40	山西证券	5,545
41	国海证券	5,316
42	民生证券	5,110
43	财富证券	4,816
44	浙商证券	4,734
45	江海证券	4,640
46	大同证券	4,619
47	联储证券	4,611
48	金元证券	4,514
49	英大证券	4,267
50	华福证券	4,241
51	财通证券	4,210
52	北京高华	4,013
53	国联证券	3,725
54	广州证券	3,691
55	世纪证券	3,478
56	东北证券	3,463
57	中原证券	3,454
58	华龙证券	3,410
59	德邦证券	3,236
60	五矿证券	3,170
61	中邮证券	3,148
62	长城证券	3,147
63	华安证券	3,136
64	华创证券	3,060
65	国融证券	3,013
66	国元证券	3,011
67	财达证券	2,944
68	联讯证券	2,804
69	银泰证券	2,608
70	中天证券	2,582
71	长城国瑞	2,557
72	大通证券	2,501
73	红塔证券	2,488
74	开源证券	2,428
75	宏信证券	2,394
76	爱建证券	2,361
77	新时代证券	2,208
78	中航证券	2,103
79	华金证券	2,012
80	华西证券	2,011
81	中山证券	1,938
82	中天国富	1,843
83	渤海证券	1,715
84	国都证券	1,635
85	万和证券	1,535
86	西部证券	1,312
87	川财证券	1,222
88	网信证券	1,123
89	首创证券	982
90	国盛证券	365
91	华林证券	358
92	东莞证券	153
93	华融证券	64
94	国开证券	-106

注:1. 信息技术投入考核值=本年信息技术投入+本年信息技术人员薪酬×120%-上年专项合并营业收入*3%;
2. 2016年、2017年新成立的证券公司不纳入此项统计排名;
3. 该指标中位数为4563万元,不低于中位数的为排名前47位的公司;
4. 此项排名适用于2018年证券公司分类评价工作。

2017 年度证券公司公益性支出排名

单位:万元

序号	公司名称	公益性支出
1	兴业证券	3,951
2	银河证券	3,747
3	国泰君安	2,847
4	东方证券	2,739
5	国信证券	2,192
6	光大证券	1,990
7	广发证券	1,696
8	中金公司	1,549
9	申万宏源	1,543
10	华泰证券	1,431
11	国元证券	1,307
12	中信证券	1,269
13	华西证券	1,106
14	恒泰证券	1,056
15	天风证券	1,018
16	招商证券	1,012
17	中天国富	1,000
18	海通证券	988
19	安信证券	892
20	财通证券	845
21	华安证券	702
22	东吴证券	694
23	南京证券	681
24	西南证券	655
25	东兴证券	636
26	东海证券	516
27	华信证券	501
28	湘财证券	500
29	中信建投	487
30	渤海证券	470

注:该指标仅公布行业前30名公司。

2017 年度证券公司净资本排名

单位:万元

序号	公司名称	净资本
1	国泰君安	11,519,975
2	中信证券	9,184,928
3	海通证券	8,365,998
4	广发证券	6,913,190
5	华泰证券	6,267,778
6	招商证券	6,037,890
7	申万宏源	5,640,413
8	银河证券	5,493,394
9	东方证券	4,651,145
10	国信证券	4,455,222
11	中信建投	3,702,533

序号	公司名称	净资本
12	兴业证券	3,694,761
13	光大证券	3,623,351
14	方正证券	3,273,300
15	中金公司	3,129,905
16	安信证券	2,669,565
17	长江证券	2,591,375
18	中泰证券	2,202,190
19	平安证券	2,171,731
20	国开证券	1,980,915
21	东兴证券	1,960,889
22	东吴证券	1,900,446
23	渤海证券	1,842,285
24	财通证券	1,819,605
25	华融证券	1,783,407
26	国元证券	1,761,944
27	国金证券	1,607,517
28	东北证券	1,598,954
29	西部证券	1,563,757
30	国海证券	1,465,487
31	西南证券	1,435,113
32	太平洋证券	1,386,419
33	浙商证券	1,349,173
34	广州证券	1,202,264
35	江海证券	1,198,753
36	华西证券	1,157,227
37	中银国际	1,145,355
38	长城证券	1,108,644
39	华龙证券	1,065,349
40	华创证券	1,036,780
41	民生证券	1,023,805
42	信达证券	1,008,083
43	天风证券	992,754
44	国盛证券	945,878
45	华安证券	910,129
46	红塔证券	903,563
47	万联证券	897,779
48	山西证券	887,140
49	湘财证券	879,409
50	国联证券	819,581
51	国都证券	812,719
52	中原证券	783,707
53	恒泰证券	783,424
54	财达证券	776,878
55	德邦证券	776,573
56	五矿证券	759,934
57	第一创业	756,779
58	南京证券	741,683
59	东方财富	721,575
60	东海证券	712,805
61	新时代证券	704,785
62	华福证券	686,515
63	东莞证券	633,340
64	华信证券	568,019
65	九州证券	544,904
66	万和证券	497,541
67	华鑫证券	482,922
68	长城国瑞	470,730
69	金元证券	457,709
70	联讯证券	452,800
71	财富证券	450,293
72	联储证券	448,117
73	中邮证券	439,973
74	中天国富	438,653
75	大通证券	435,110
76	中山证券	432,479
77	国融证券	402,874
78	华宝证券	394,938
79	北京高华	353,864
80	首创证券	348,858
81	华金证券	342,999
82	申港证券	340,394
83	华林证券	333,258
84	英大证券	318,124
85	中航证券	308,089
86	中天证券	298,635
87	开源证券	281,113
88	华菁证券	267,623
89	银泰证券	255,010
90	爱建证券	183,867
91	宏信证券	181,768
92	瑞银证券	167,310
93	汇丰前海	153,511
94	川财证券	152,259
95	东亚前海	143,111
96	大同证券	135,894
97	世纪证券	122,186
98	网信证券	58,009

2017 年度证券公司核心净资本排名

单位:万元

序号	公司名称	核心净资本
1	国泰君安	9,598,873
2	中信证券	8,269,014
3	海通证券	7,650,998
4	广发证券	5,918,190
5	华泰证券	5,667,778
6	银河证券	5,493,394
7	申万宏源	4,569,413
8	招商证券	4,427,890
9	东方证券	3,741,145
10	光大证券	3,623,351
11	国信证券	3,530,222
12	中信建投	3,352,533
13	兴业证券	2,544,261
14	方正证券	2,471,698
15	安信证券	2,459,571
16	长江证券	2,241,375
17	平安证券	2,171,731
18	中金公司	2,086,603
19	中泰证券	1,782,190
20	渤海证券	1,742,285
21	东兴证券	1,650,889
22	国金证券	1,607,517
23	西部证券	1,563,757
24	国元证券	1,551,952

序号	公司名称	核心净资本
25	财通证券	1,494,605
26	国开证券	1,480,915
27	东吴证券	1,266,964
28	华融证券	1,244,667
29	西南证券	1,215,113
30	国海证券	1,126,195
31	长城证券	1,108,644
32	东北证券	1,065,969
33	华龙证券	1,065,349
34	浙商证券	1,024,173
35	华西证券	1,002,227
36	中银国际	970,355
37	国盛证券	945,878
38	太平洋证券	924,279
39	广州证券	915,253
40	华安证券	910,129
41	红塔证券	903,563
42	万联证券	897,779
43	华创证券	896,780
44	江海证券	890,053
45	山西证券	887,140
46	民生证券	844,805
47	财达证券	776,878
48	五矿证券	759,934
49	湘财证券	744,409
50	南京证券	741,683
51	天风证券	723,754
52	新时代证券	704,785
53	国都证券	672,719
54	信达证券	672,055
55	国联证券	669,581
56	德邦证券	651,573
57	东方财富	586,575
58	恒泰证券	573,424
59	华信证券	568,019
60	东海证券	562,805
61	东莞证券	552,840
62	第一创业	533,139
63	中原证券	522,472
64	万和证券	497,541
65	华福证券	482,515
66	金元证券	457,709
67	联讯证券	452,800
68	财富证券	450,293
69	联储证券	448,117
70	中邮证券	439,973
71	九州证券	439,904
72	中天国富	438,653
73	大通证券	435,110
74	华鑫证券	422,922
75	华宝证券	394,938
76	长城国瑞	389,730
77	中山证券	358,479
78	华金证券	342,999
79	申港证券	340,394
80	华林证券	333,258
81	国融证券	322,374
82	中航证券	308,089
83	中天证券	298,635
84	北京高华	283,864
85	英大证券	279,624
86	华菁证券	267,623
87	开源证券	256,113
88	银泰证券	255,010
89	首创证券	243,858
90	宏信证券	167,768
91	瑞银证券	167,310
92	汇丰前海	153,511
93	川财证券	152,259
94	东亚前海	143,111
95	爱建证券	123,867
96	世纪证券	122,186
97	大同证券	121,894
98	网信证券	58,009

2017 年度证券公司净资本收益率排名

单位:万元

序号	公司名称	净资本收益率
1	华泰证券	13.29
2	华林证券	12.59
3	东莞证券	12.12
4	平安证券	10.59
5	中信建投	10.26
6	广发证券	10.22
7	安信证券	10.20
8	东方财富	9.87
9	宏信证券	9.66
10	国都证券	9.65
11	华融证券	9.61
12	国信证券	9.61
13	中信证券	9.54
14	首创证券	9.29
15	财通证券	9.27
16	招商证券	9.10
17	中航证券	9.08
18	中银国际	8.80
19	德邦证券	8.60
20	恒泰证券	8.53
21	国泰君安	8.32
22	东海证券	8.23
23	华西证券	8.20
24	中泰证券	8.13
25	海通证券	7.77
26	长城证券	7.74
27	东方证券	7.74
28	浙商证券	7.70
29	国盛证券	7.69
30	财富证券	7.61
31	申万宏源	7.29
32	光大证券	7.28
33	国金证券	7.14

序号	公司名称	净资本收益率
34	华安证券	6.75
35	银河证券	6.60
36	大同证券	6.44
37	东兴证券	6.14
38	国元证券	6.11
39	兴业证券	6.05
40	五矿证券	5.80
41	西南证券	5.75
42	长江证券	5.73
43	天风证券	5.60
44	西部证券	5.43
45	南京证券	5.37
46	湘财证券	5.20
47	山西证券	5.06
48	国联证券	4.99
49	国开证券	4.76
50	中金公司	4.66
51	第一创业	4.62
52	中原证券	4.60
53	财达证券	4.37
54	万联证券	4.30
55	大通证券	4.30
56	九州证券	4.29
57	方正证券	4.27
58	华龙证券	4.15
59	新时代证券	4.00
60	东吴证券	3.99
61	银泰证券	3.90
62	金元证券	3.77
63	华福证券	3.73
64	北京高华	3.66
65	红塔证券	3.49
66	英大证券	3.32
67	信达证券	3.27
68	东北证券	3.18
69	民生证券	3.07
70	联储证券	2.69
71	华创证券	2.63
72	江海证券	2.63
73	华信证券	2.55
74	中山证券	2.54
75	瑞银证券	2.45
76	川财证券	2.26
77	开源证券	2.08
78	国海证券	2.01
79	中邮证券	1.98
80	国融证券	1.87
81	广州证券	1.57
82	渤海证券	1.56
83	网信证券	1.53
84	爱建证券	1.39
85	长城国瑞	1.37
86	太平洋证券	1.23
87	华鑫证券	0.92
88	万和证券	0.82
89	中天国富	0.78
90	华金证券	0.78
91	华宝证券	0.73
92	联讯证券	0.49
93	申港证券	0.39
94	世纪证券	0.16
95	东亚前海	-6.24
96	中天证券	-6.56
97	华菁证券	-9.13
98	汇丰前海	-23.05

注:1. 净资本收益率＝净利润/年均净资本;
2. 该指标中位数为4.71%,不低于中位数的为排名前49位的公司;
3. 此项排名适用于2018年证券公司分类评价工作。

2017年度证券公司财务杠杆倍数排名

序号	公司名称	财务杠杆倍数
1	爱建证券	4.55
2	中金公司	4.28
3	国海证券	3.99
4	首创证券	3.90
5	信达证券	3.87
6	申万宏源	3.84
7	东方证券	3.59
8	兴业证券	3.57
9	中信建投	3.51
10	天风证券	3.48
11	太平洋证券	3.46
12	江海证券	3.44
13	华融证券	3.39
14	中信证券	3.32
15	长江证券	3.27
16	东方财富	3.09
17	广发证券	3.08
18	东吴证券	3.06
19	东北证券	3.04
20	广州证券	3.04
21	东莞证券	3.04
22	开源证券	3.02
23	财富证券	3.00
24	中山证券	2.97
25	川财证券	2.96
26	国融证券	2.94
27	东兴证券	2.94
28	山西证券	2.92
29	浙商证券	2.92
30	华西证券	2.91
31	华宝证券	2.90
32	华泰证券	2.89
33	世纪证券	2.88
34	第一创业	2.88
35	五矿证券	2.88
36	华金证券	2.88
37	国信证券	2.86
38	招商证券	2.85
39	中原证券	2.84
40	中泰证券	2.84
41	银河证券	2.83
42	平安证券	2.83

序号	公司名称	财务杠杆倍数
43	中银国际	2.82
44	华创证券	2.80
45	光大证券	2.77
46	华福证券	2.74
47	联储证券	2.71
48	国开证券	2.69
49	华林证券	2.65
50	联讯证券	2.64
51	安信证券	2.62
52	九州证券	2.61
53	方正证券	2.53
54	大同证券	2.51
55	民生证券	2.48
56	英大证券	2.48
57	西南证券	2.44
58	新时代证券	2.44
59	海通证券	2.40
60	渤海证券	2.37
61	国泰君安	2.36
62	宏信证券	2.35
63	长城证券	2.27
64	财通证券	2.26
65	西部证券	2.17
66	华安证券	2.15
67	恒泰证券	2.11
68	国联证券	2.04
69	国元证券	2.03
70	金元证券	2.02
71	财达证券	2.02
72	万联证券	1.99
73	申港证券	1.95
74	中航证券	1.93
75	湘财证券	1.93
76	东海证券	1.92
77	长城国瑞	1.89
78	万和证券	1.89
79	华龙证券	1.78
80	华信证券	1.78
81	国都证券	1.72
82	南京证券	1.72
83	华鑫证券	1.70
84	中天证券	1.66
85	国金证券	1.61
86	国盛证券	1.60
87	银泰证券	1.51
88	瑞银证券	1.50
89	德邦证券	1.49
90	网信证券	1.46
91	北京高华	1.45
92	中邮证券	1.23
93	汇丰前海	1.09
94	大通证券	1.06
95	红塔证券	1.04
96	华菁证券	1.03
97	东亚前海	1.02
98	中天国富	1.01

注：财务杠杆倍数＝扣除代理买卖证券款、信用交易代理买卖证券款及代理承销证券款后的总资产/净资产。

2017 年度证券公司客户资金余额排名

单位：万元

序号	公司名称	客户资金余额
1	中信证券	5,900,244
2	国泰君安	5,761,028
3	广发证券	5,321,136
4	海通证券	5,100,025
5	银河证券	4,960,274
6	华泰证券	4,861,413
7	申万宏源	4,766,318
8	招商证券	4,149,337
9	国信证券	3,724,054
10	中金公司	3,699,223
11	中信建投	3,516,337
12	中泰证券	2,455,466
13	方正证券	2,337,437
14	安信证券	2,312,783
15	光大证券	2,263,167
16	平安证券	2,085,521
17	长江证券	1,938,588
18	东方证券	1,748,171
19	兴业证券	1,313,247
20	东吴证券	1,194,889
21	华西证券	1,178,702
22	中银国际	1,110,353
23	国元证券	1,022,004
24	东北证券	1,021,231
25	浙商证券	1,020,478
26	财通证券	1,000,635
27	信达证券	967,582
28	东莞证券	921,706
29	东方财富	921,257
30	长城证券	910,000
31	华福证券	891,583
32	西南证券	882,734
33	恒泰证券	879,855
34	西部证券	877,659
35	国金证券	871,722
36	财达证券	840,519
37	湘财证券	838,867
38	国海证券	817,993
39	东兴证券	804,763
40	华安证券	755,099
41	中原证券	690,772
42	国联证券	687,905
43	山西证券	655,998
44	南京证券	648,646
45	东海证券	643,097
46	民生证券	641,434
47	渤海证券	585,031
48	财富证券	576,441
49	新时代证券	553,395
50	广州证券	547,284
51	天风证券	546,372
52	万联证券	517,684
53	国盛证券	509,322

序号	公司名称	客户资金余额
54	华鑫证券	503,267
55	华融证券	500,171
56	太平洋证券	499,605
57	第一创业	480,837
58	江海证券	471,820
59	华林证券	467,683
60	国都证券	418,668
61	中航证券	415,188
62	华龙证券	410,953
63	金元证券	368,221
64	宏信证券	361,005
65	华创证券	344,460
66	首创证券	332,843
67	联讯证券	316,468
68	德邦证券	311,151
69	大通证券	304,256
70	大同证券	293,572
71	中山证券	281,532
72	联储证券	266,904
73	世纪证券	266,485
74	华宝证券	263,146
75	英大证券	257,927
76	中天证券	240,461
77	红塔证券	239,929
78	开源证券	210,911
79	爱建证券	209,416
80	银泰证券	179,655
81	国融证券	161,744
82	长城国瑞	160,704
83	万和证券	138,984
84	中邮证券	129,253
85	五矿证券	110,951
86	国开证券	105,262
87	九州证券	85,957
88	网信证券	74,237
89	川财证券	66,063
90	华金证券	58,140
91	华信证券	39,606
92	瑞银证券	26,252
93	北京高华	17,301
94	申港证券	13,595
95	华菁证券	2

2017年度证券公司托管证券市值排名

单位：万元

序号	公司名称	托管证券市值
1	中信证券	381,527,208
2	银河证券	293,587,044
3	申万宏源	285,409,892
4	中金公司	267,119,814
5	国泰君安	238,046,432
6	中信建投	200,351,582
7	招商证券	176,154,333
8	华泰证券	172,857,300
9	中银国际	156,846,752
10	广发证券	156,739,340
11	海通证券	139,915,628
12	东兴证券	108,038,229
13	国信证券	103,806,667
14	光大证券	74,529,200
15	长江证券	70,823,056
16	中泰证券	69,258,745
17	兴业证券	64,537,932
18	东方证券	49,809,547
19	安信证券	45,579,012
20	方正证券	42,091,106
21	平安证券	41,840,158
22	东吴证券	40,743,277
23	华西证券	31,200,772
24	国元证券	29,269,754
25	长城证券	29,254,504
26	西南证券	28,261,324
27	国金证券	27,215,172
28	中航证券	26,351,091
29	浙商证券	25,671,268
30	山西证券	23,566,768
31	财通证券	22,790,008
32	华宝证券	22,634,044
33	东北证券	21,935,911
34	广州证券	19,157,065
35	华福证券	18,329,623
36	德邦证券	17,918,531
37	第一创业	17,883,173
38	华融证券	17,733,643
39	湘财证券	16,289,944
40	信达证券	16,078,888
41	国海证券	15,977,197
42	东方财富	15,949,666
43	财达证券	15,701,118
44	民生证券	15,589,224
45	东莞证券	15,496,654
46	华安证券	14,808,814
47	中原证券	14,258,050
48	万联证券	13,891,758
49	天风证券	13,322,246
50	东海证券	13,308,208
51	西部证券	12,687,888
52	恒泰证券	12,371,525
53	国联证券	12,365,819
54	南京证券	12,330,324
55	瑞银证券	11,781,529
56	渤海证券	11,701,631
57	新时代证券	11,372,073
58	长城国瑞	11,068,781
59	英大证券	10,736,974
60	财富证券	9,960,278
61	华龙证券	9,250,742
62	太平洋证券	9,231,848
63	红塔证券	9,169,881
64	国都证券	9,147,287
65	国盛证券	8,923,285
66	江海证券	8,883,059
67	开源证券	8,008,722
68	金元证券	7,928,856

序号	公司名称	托管证券市值
69	华鑫证券	7,510,560
70	华创证券	7,188,869
71	爱建证券	6,993,464
72	华林证券	6,724,443
73	首创证券	6,442,686
74	宏信证券	6,419,420
75	国开证券	6,046,177
76	联讯证券	5,765,670
77	大通证券	5,731,569
78	中山证券	5,323,024
79	华金证券	4,834,812
80	中天证券	4,632,705
81	世纪证券	4,388,884
82	五矿证券	4,334,332
83	大同证券	3,895,722
84	国融证券	3,627,819
85	银泰证券	3,413,378
86	九州证券	2,662,043
87	万和证券	2,428,739
88	联储证券	2,295,010
89	中邮证券	1,772,859
90	川财证券	1,248,713
91	网信证券	1,097,316
92	华信证券	892,154
93	北京高华	402,313
94	申港证券	399,757
95	华菁证券	42

2017 年度证券公司代理买卖证券业务收入(含席位租赁)排名

单位:万元

序号	公司名称	代理买卖证券业务收入(含席位)
1	国泰君安	497,438
2	中信证券	441,376
3	银河证券	409,895
4	国信证券	396,648
5	申万宏源	387,384
6	广发证券	378,871
7	华泰证券	375,697
8	招商证券	344,463
9	海通证券	316,052
10	中信建投	262,941
11	方正证券	246,912
12	中泰证券	235,454
13	中金公司	214,312
14	光大证券	193,481
15	安信证券	186,908
16	长江证券	154,739
17	平安证券	150,813
18	兴业证券	118,525
19	东方证券	117,123
20	国金证券	112,261
21	华西证券	101,485
22	东吴证券	93,929
23	浙商证券	92,769
24	东方财富	83,485
25	东莞证券	79,944
26	财通证券	78,522
27	东兴证券	77,115
28	华安证券	71,128
29	恒泰证券	70,096
30	东北证券	68,504
31	国元证券	68,438
32	西部证券	66,770
33	信达证券	65,843
34	西南证券	63,134
35	财达证券	62,636
36	中银国际	59,857
37	长城证券	57,934
38	天风证券	56,862
39	华福证券	53,672
40	中原证券	51,757
41	湘财证券	49,026
42	国海证券	47,407
43	东海证券	45,968
44	财富证券	43,170
45	南京证券	42,670
46	民生证券	41,881
47	国联证券	41,305
48	渤海证券	36,822
49	华龙证券	36,192
50	华创证券	35,920
51	山西证券	35,158
52	万联证券	34,316
53	新时代证券	34,010
54	国盛证券	33,151
55	华鑫证券	32,505
56	华融证券	32,378
57	广州证券	32,094
58	太平洋证券	28,887
59	宏信证券	27,170
60	第一创业	27,112
61	国都证券	26,713
62	江海证券	25,656
63	中航证券	23,683
64	瑞银证券	23,354
65	联讯证券	22,922
66	华林证券	22,660
67	世纪证券	19,398
68	红塔证券	18,556
69	华宝证券	18,474
70	金元证券	17,827
71	大通证券	17,681
72	首创证券	17,575
73	大同证券	17,127
74	英大证券	16,803
75	中山证券	16,446
76	中天证券	14,769
77	爱建证券	12,311

序号	公司名称	代理买卖证券业务收入(含席位)
78	银泰证券	11,767
79	德邦证券	11,239
80	开源证券	9,861
81	北京高华	9,813
82	川财证券	9,326
83	国融证券	9,106
84	长城国瑞	8,821
85	万和证券	7,900
86	五矿证券	6,546
87	中邮证券	6,122
88	联储证券	5,850
89	九州证券	5,255
90	国开证券	5,053
91	华信证券	4,176
92	网信证券	3,860
93	华金证券	2,957
94	申港证券	68
95	华菁证券	8

2017 年度证券公司代理买卖证券业务收入排名

单位:万元

序号	公司名称	代理买卖证券业务收入
1	国信证券	195,196
2	银河证券	192,494
3	国泰君安	122,616
4	申万宏源	112,647
5	方正证券	96,550
6	广发证券	88,701
7	招商证券	85,112
8	中泰证券	73,173
9	中信证券	72,108
10	光大证券	66,829
11	中信建投	66,513
12	海通证券	66,395
13	中金公司	63,629
14	华西证券	59,344
15	西部证券	38,855
16	财达证券	38,236
17	华安证券	37,586
18	恒泰证券	32,081
19	东莞证券	30,794
20	东兴证券	27,002
21	安信证券	26,701
22	华龙证券	24,751
23	信达证券	23,453
24	西南证券	22,463
25	中原证券	19,656
26	浙商证券	19,379
27	华融证券	18,232
28	民生证券	16,995
29	国元证券	15,652
30	新时代证券	15,096
31	太平洋证券	14,065
32	国金证券	13,022
33	红塔证券	12,672
34	山西证券	12,624
35	渤海证券	12,349
36	长江证券	12,289
37	华创证券	11,599
38	国盛证券	11,299
39	湘财证券	11,166
40	宏信证券	10,582
41	大通证券	9,654
42	瑞银证券	9,633
43	江海证券	9,442
44	财富证券	9,312
45	南京证券	9,272
46	国都证券	8,879
47	东海证券	8,859
48	联讯证券	8,817
49	中天证券	8,318

注:1. 该指标代理买卖证券业务收入 = 代理买卖证券业务净收入 - 股票基金交易额 ×2.5‱。
2. 此项排名适用于2018 年证券公司分类评价工作;
3. 该指标仅公布行业中位数以上排名。

2017 年度证券公司交易单元席位租赁收入排名

单位:万元

序号	公司名称	交易单元席位租赁收入
1	中信证券	68,613
2	海通证券	58,763
3	广发证券	47,909
4	申万宏源	47,507
5	长江证券	46,008
6	兴业证券	45,347
7	招商证券	44,853
8	东方证券	43,786
9	中信建投	41,102
10	国泰君安	38,912
11	中金公司	38,247
12	光大证券	37,439
13	天风证券	35,486
14	华泰证券	34,816
15	银河证券	29,438
16	方正证券	27,310
17	安信证券	26,102
18	中泰证券	25,753
19	国信证券	25,035
20	国金证券	23,783
21	东北证券	15,565
22	东吴证券	15,124
23	平安证券	15,110
24	华创证券	14,652
25	东兴证券	13,711
26	西南证券	12,230
27	民生证券	8,404

序号	公司名称	交易单元席位租赁收入
28	东方财富	8,281
29	中银国际	7,143
30	长城证券	7,031
31	瑞银证券	6,718
32	国都证券	5,031
33	恒泰证券	5,019
34	川财证券	4,990
35	华鑫证券	4,865
36	第一创业	4,413
37	财通证券	4,087
38	浙商证券	3,831
39	国海证券	3,781
40	广州证券	3,773
41	渤海证券	3,391
42	华信证券	3,153
43	英大证券	3,124
44	北京高华	2,955
45	华安证券	2,889
46	新时代证券	2,848
47	西部证券	2,722
48	信达证券	2,501
49	东海证券	2,160
50	华宝证券	2,106
51	宏信证券	1,998
52	万联证券	1,965
53	首创证券	1,961
54	华福证券	1,893
55	山西证券	1,839
56	国联证券	1,820
57	华西证券	1,643
58	联讯证券	1,539
59	爱建证券	1,497
60	华龙证券	1,449
61	太平洋证券	1,426
62	华融证券	1,341
63	德邦证券	1,260
64	财富证券	1,041
65	华林证券	1,014
66	湘财证券	959
67	江海证券	910
68	国盛证券	881
69	世纪证券	655
70	万和证券	558
71	中山证券	557
72	南京证券	528
73	华金证券	526
74	国融证券	479
75	开源证券	470
76	五矿证券	454
77	财达证券	422
78	中航证券	411
79	中原证券	383
80	金元证券	355
81	国元证券	321
82	联储证券	256
83	九州证券	255
84	长城国瑞	215
85	东莞证券	170
86	红塔证券	123
87	中天证券	115
88	大通证券	67
89	国开证券	45
90	申港证券	37
91	中邮证券	12
92	华菁证券	9
93	大同证券	8
94	网信证券	5
95	银泰证券	1

2017 年度证券公司营业部平均代理买卖证券业务收入排名

单位:万元

序号	公司名称	营业部平均均代理买卖证券业务收入
1	北京高华	9,813
2	瑞银证券	7,785
3	国金证券	7,150
4	平安证券	4,297
5	华泰证券	3,524
6	国信证券	3,308
7	华宝证券	3,299
8	东兴证券	2,921
9	中信证券	2,735
10	招商证券	2,546
11	华西证券	2,481
12	东方财富	2,441
13	东莞证券	2,252
14	银河证券	2,241
15	东吴证券	2,111
16	湘财证券	2,095
17	广发证券	2,081
18	国泰君安	1,963
19	中金公司	1,954
20	浙商证券	1,909
21	中信建投	1,873
22	海通证券	1,791
23	中泰证券	1,766
24	光大证券	1,737
25	方正证券	1,736
26	申万宏源	1,653
27	长江证券	1,602
28	财富证券	1,570
29	恒泰证券	1,544
30	兴业证券	1,504
31	第一创业	1,473
32	川财证券	1,457
33	长城证券	1,423
34	天风证券	1,394
35	东北证券	1,300
36	财通证券	1,289
37	中银国际	1,287
38	安信证券	1,257
39	东方证券	1,249
40	东海证券	1,223
41	信达证券	1,222
42	英大证券	1,175

序号	公司名称	营业部平均均代理买卖证券业务收入
43	万联证券	1,171
44	宏信证券	1,166
45	中原证券	1,138
46	渤海证券	1,123
47	国都证券	1,108
48	大同证券	1,105
49	华安证券	1,103
50	华鑫证券	1,094
51	西部证券	1,051
52	华创证券	1,044
53	西南证券	1,035
54	红塔证券	1,003
55	民生证券	963
56	南京证券	942
57	国元证券	940
58	国联证券	930
59	华信证券	870
60	国海证券	830
61	新时代证券	825
62	财达证券	824
63	金元证券	822
64	华龙证券	802
65	华福证券	762
66	大通证券	743
67	德邦证券	739
68	联讯证券	703
69	中航证券	679
70	山西证券	663
71	江海证券	640
72	首创证券	637
73	华融证券	630
74	银泰证券	610
75	太平洋证券	577
76	华林证券	572
77	中山证券	569
78	长城国瑞	548
79	广州证券	478
80	世纪证券	447
81	五矿证券	431
82	国盛证券	420
83	爱建证券	409
84	中天证券	343
85	开源证券	288
86	万和证券	284
87	国融证券	269
88	中邮证券	267
89	网信证券	257
90	国开证券	191
91	联储证券	176
92	华金证券	150
93	九州证券	141
94	华菁证券	7
95	申港证券	6

注:1. 部均代理买卖业务净收入=(代理买卖证券业务净收入+交易单元席位租赁净收入)/公司年末营业部家数(A型营业部数量按1计算,B型数量按1/2计算,C型数量按1/5计算,具有经纪业务牌照分公司按1计算;折算后营业部数量合计小于1家按1家计算);

2. 该指标中位数为1105万元,不低于中位数的为排名前47位的公司;

3. 此项排名适用于2018年证券公司分类评价工作。

2017年度证券公司机构客户投研服务收入占经纪业务收入比例排名

单位:%

序号	公司名称	机构客户投研服务收入占经纪业务收入比例
1	华菁证券	114.35
2	华信证券	66.11
3	天风证券	61.85
4	申港证券	54.31
5	川财证券	53.50
6	华创证券	40.36
7	东方证券	35.25
8	兴业证券	33.78
9	北京高华	29.99
10	长江证券	28.91
11	瑞银证券	25.47
12	东北证券	22.29
13	国金证券	20.35
14	民生证券	19.86
15	西南证券	18.88
16	光大证券	18.78
17	英大证券	18.32
18	海通证券	18.28
19	华金证券	17.46
20	东兴证券	17.46
21	国都证券	17.37
22	中金公司	16.58
23	第一创业	16.00
24	东吴证券	15.98
25	中信建投	14.77
26	华鑫证券	14.41
27	中信证券	13.30
28	安信证券	13.21
29	招商证券	12.53
30	广发证券	12.22
31	申万宏源	11.99
32	爱建证券	11.97
33	长城证券	11.89
34	广州证券	11.56
35	中银国际	11.53
36	首创证券	10.97
37	方正证券	10.86
38	华宝证券	10.82
39	中泰证券	10.64
40	东方财富	9.79
41	平安证券	9.64
42	渤海证券	8.99
43	华泰证券	8.93
44	德邦证券	8.52
45	新时代证券	8.22
46	国海证券	7.75
47	国泰君安	7.73

序号	公司名称	机构客户投研服务收入占经纪业务收入比例
48	宏信证券	7.33
49	万和证券	7.05
50	恒泰证券	7.01
51	五矿证券	6.91
52	银河证券	6.79
53	联讯证券	6.67
54	国信证券	6.10
55	万联证券	5.64
56	国融证券	5.24
57	山西证券	5.13
58	财通证券	4.92
59	太平洋证券	4.92
60	开源证券	4.72
61	东海证券	4.66
62	九州证券	4.66
63	华林证券	4.42
64	国联证券	4.35
65	联储证券	4.30
66	华融证券	4.08
67	西部证券	4.07
68	华安证券	4.05
69	华龙证券	3.98
70	浙商证券	3.94
71	信达证券	3.69
72	江海证券	3.48
73	华福证券	3.38
74	世纪证券	3.38
75	中山证券	3.37
76	国盛证券	2.59
77	长城国瑞	2.42
78	财富证券	2.39
79	金元证券	1.98
80	湘财证券	1.94
81	中航证券	1.69
82	华西证券	1.61
83	南京证券	1.19
84	国开证券	0.88
85	中天证券	0.77
86	中原证券	0.73
87	财达证券	0.67
88	红塔证券	0.66
89	国元证券	0.47
90	大通证券	0.38
91	东莞证券	0.21
92	中邮证券	0.18
93	网信证券	0.11
94	大同证券	0.05
95	银泰证券	0.01

注:1. 机构客户投研服务收入占比=交易单元席位租赁净收入/证券经纪业务收入;
2. 此项排名适用于2018年证券公司分类评价工作。

2017 年度证券公司证券经纪业务收入排名

单位:万元

序号	公司名称	证券经纪业务收入
1	中信证券	515,855
2	国泰君安	503,240
3	银河证券	433,692
4	国信证券	410,519
5	申万宏源	396,195
6	广发证券	391,899
7	华泰证券	389,746
8	招商证券	358,095
9	海通证券	321,460
10	中信建投	278,348
11	方正证券	251,373
12	中泰证券	242,141
13	中金公司	230,655
14	光大证券	199,388
15	安信证券	197,648
16	长江证券	159,135
17	平安证券	156,753
18	兴业证券	134,262
19	东方证券	124,225
20	国金证券	116,881
21	华西证券	102,352
22	浙商证券	97,280
23	东吴证券	94,645
24	东方财富	84,599
25	财通证券	83,117
26	东莞证券	80,934
27	东兴证券	78,542
28	恒泰证券	71,576
29	华安证券	71,325
30	东北证券	69,832
31	国元证券	68,843
32	信达证券	67,697
33	西部证券	66,952
34	西南证券	64,770
35	财达证券	62,783
36	中银国际	61,934
37	长城证券	59,158
38	天风证券	57,370
39	华福证券	55,942
40	中原证券	52,173
41	湘财证券	49,541
42	国海证券	48,774
43	东海证券	46,315
44	南京证券	44,224
45	财富证券	43,627
46	民生证券	42,323
47	国联证券	41,830
48	渤海证券	37,695
49	华龙证券	36,371
50	华创证券	36,301
51	山西证券	35,837

序号	公司名称	证券经纪业务收入
52	万联证券	34,830
53	新时代证券	34,642
54	国盛证券	33,957
55	华鑫证券	33,758
56	华融证券	32,894
57	广州证券	32,629
58	太平洋证券	29,015
59	国都证券	28,965
60	第一创业	27,588
61	宏信证券	27,259
62	瑞银证券	26,376
63	江海证券	26,116
64	中航证券	24,399
65	联讯证券	23,065
66	华林证券	22,932
67	华宝证券	19,474
68	世纪证券	19,415
69	红塔证券	18,659
70	大同证券	18,213
71	首创证券	17,884
72	金元证券	17,881
73	大通证券	17,705
74	英大证券	17,048
75	中山证券	16,519
76	中天证券	14,977
77	德邦证券	14,781
78	爱建证券	12,509
79	银泰证券	11,781
80	开源证券	9,967
81	北京高华	9,851
82	川财证券	9,327
83	国融证券	9,130
84	长城国瑞	8,887
85	万和证券	7,908
86	中邮证券	6,618
87	五矿证券	6,565
88	联储证券	5,966
89	九州证券	5,474
90	国开证券	5,059
91	华信证券	4,769
92	网信证券	4,131
93	华金证券	3,011
94	申港证券	68
95	华菁证券	8

注:1. 该指标经纪业务收入 = 代理买卖证券业务净收入 + 交易单元席位租赁净收入 + 代销金融产品净收入;

2. 该指标中位数为 37695 万元,不低于中位数的为排名前 47 位的公司。

2017 年度证券公司代理销售金融产品收入排名

单位:万元

序号	公司名称	代理销售金融产品收入
1	中信证券	74,479
2	银河证券	23,797
3	中金公司	16,343
4	兴业证券	15,737
5	中信建投	15,407
6	华泰证券	14,048
7	国信证券	13,871
8	招商证券	13,632
9	广发证券	13,028
10	安信证券	10,740
11	申万宏源	8,811
12	东方证券	7,102
13	中泰证券	6,687
14	平安证券	5,940
15	光大证券	5,908
16	国泰君安	5,802
17	海通证券	5,408
18	国金证券	4,620
19	财通证券	4,594
20	浙商证券	4,511
21	方正证券	4,461
22	长江证券	4,396
23	德邦证券	3,542
24	瑞银证券	3,022
25	华福证券	2,269
26	国都证券	2,252
27	中银国际	2,077
28	信达证券	1,854
29	西南证券	1,635
30	南京证券	1,553
31	恒泰证券	1,480
32	东兴证券	1,427
33	国海证券	1,367
34	东北证券	1,328
35	华鑫证券	1,253
36	长城证券	1,224
37	东方财富	1,114
38	大同证券	1,086
39	华宝证券	1,001
40	东莞证券	990
41	渤海证券	872
42	华西证券	867
43	国盛证券	807
44	中航证券	716
45	东吴证券	716
46	山西证券	679
47	新时代证券	632
48	华信证券	593
49	广州证券	535
50	国联证券	525
51	华融证券	516
52	湘财证券	515
53	万联证券	514
54	天风证券	508
55	中邮证券	496
56	第一创业	476
57	江海证券	460
58	财富证券	457

序号	公司名称	代理销售金融产品收入
59	民生证券	441
60	中原证券	416
61	国元证券	405
62	华创证券	381
63	东海证券	347
64	首创证券	309
65	华林证券	272
66	网信证券	270
67	英大证券	245
68	九州证券	219
69	中天证券	208
70	爱建证券	198
71	华安证券	197
72	西部证券	182
73	华龙证券	179
74	财达证券	148
75	联讯证券	143
76	太平洋证券	127
77	联储证券	116
78	开源证券	106
79	红塔证券	103
80	宏信证券	89
81	中山证券	73
82	长城国瑞	65
83	金元证券	54
84	华金证券	54
85	北京高华	38
86	国融证券	24
87	大通证券	24
88	五矿证券	19
89	世纪证券	16
90	银泰证券	14
91	万和证券	8
92	国开证券	6
93	川财证券	1

2017 年度证券公司客户资产管理月均受托资金排名

单位：万元

序号	公司名称	客户资产管理月均受托资金
1	中信证券	169,970,696
2	华泰证券	94,273,423
3	国泰君安	90,280,177
4	申万宏源	79,990,289
5	中信建投	73,076,194
6	中银国际	67,771,571
7	招商证券	65,305,905
8	广发证券	60,927,756
9	海通证券	56,957,184
10	德邦证券	46,674,520
11	华福证券	45,357,984
12	安信证券	37,355,438
13	江海证券	35,982,674
14	银河证券	30,806,885
15	华融证券	30,083,367
16	长城证券	29,568,383
17	国都证券	27,324,006
18	光大证券	26,896,515
19	中金公司	26,335,414
20	方正证券	26,111,059
21	渤海证券	25,976,636
22	第一创业	25,283,163
23	东吴证券	24,611,016
24	广州证券	24,456,255
25	中泰证券	23,531,727
26	国信证券	23,447,824
27	华创证券	22,177,301
28	平安证券	22,010,214
29	国金证券	19,331,101
30	新时代证券	19,250,008
31	金元证券	19,084,530
32	万联证券	18,327,425
33	国海证券	17,391,002
34	国开证券	16,821,878
35	太平洋证券	16,641,247
36	天风证券	16,548,469
37	浙商证券	16,159,133
38	中山证券	15,991,958
39	财通证券	15,329,452
40	中邮证券	15,068,734
41	东方证券	14,760,441
42	长江证券	13,947,064
43	开源证券	12,365,349
44	华林证券	12,321,043
45	东兴证券	12,100,727
46	国元证券	11,391,179
47	兴业证券	11,369,519
48	九州证券	10,916,951
49	东北证券	10,740,142
50	恒泰证券	10,219,195
51	西南证券	10,182,618
52	东海证券	9,807,174
53	华鑫证券	9,123,111
54	华安证券	8,029,352
55	宏信证券	7,760,212
56	信达证券	7,397,750
57	川财证券	7,288,014
58	华西证券	6,727,329
59	西部证券	6,304,798
60	民生证券	5,209,249
61	联讯证券	5,123,752
62	长城国瑞	4,909,596
63	华金证券	4,713,603
64	国盛证券	4,511,673
65	华龙证券	4,457,693
66	大通证券	4,398,065
67	五矿证券	4,156,098
68	财富证券	4,003,130
69	山西证券	3,921,025
70	湘财证券	3,831,613
71	南京证券	3,654,730
72	东莞证券	3,271,274
73	华信证券	3,237,136
74	东方财富	3,094,386

序号	公司名称	客户资产管理月均受托资金
75	爱建证券	2,499,923
76	国联证券	2,453,022
77	首创证券	1,800,084
78	联储证券	1,678,989
79	中原证券	1,647,026
80	国融证券	1,492,381
81	万和证券	1,400,823
82	中航证券	1,356,014
83	大同证券	1,218,721
84	华宝证券	1,177,128
85	网信证券	996,733
86	银泰证券	986,687
87	英大证券	847,038
88	申港证券	589,310
89	世纪证券	528,019
90	中天证券	510,534
91	财达证券	508,123
92	华菁证券	377,589
93	红塔证券	149,880
94	瑞银证券	54

2017 年度证券公司客户资产管理业务收入排名

单位：万元

序号	公司名称	客户资产管理业务收入
1	东方证券	191,511
2	华泰证券	148,279
3	广发证券	145,013
4	中信证券	109,762
5	华融证券	108,122
6	国泰君安	103,056
7	光大证券	89,559
8	招商证券	70,504
9	中泰证券	68,807
10	天风证券	68,762
11	财通证券	66,268
12	申万宏源	57,538
13	长江证券	53,643
14	银河证券	53,466
15	中信建投	51,773
16	中金公司	50,422
17	中银国际	49,928
18	东兴证券	45,530
19	海通证券	38,693
20	德邦证券	38,083
21	兴业证券	36,942
22	安信证券	35,313
23	华信证券	33,425
24	国开证券	32,807
25	平安证券	29,082
26	浙商证券	25,028
27	方正证券	24,556
28	国信证券	23,232
29	太平洋证券	20,472
30	东北证券	15,440
31	湘财证券	15,017
32	第一创业	14,356
33	东吴证券	14,064
34	东莞证券	13,097
35	信达证券	11,449
36	联储证券	11,334
37	华创证券	10,411
38	国元证券	9,881
39	山西证券	9,712
40	长城国瑞	8,887
41	中山证券	8,799
42	国金证券	8,668
43	西部证券	8,520
44	国盛证券	8,379
45	东海证券	8,205
46	华西证券	7,587
47	宏信证券	7,554

注：1. 该指标客户资产管理业务收入 = 资产管理业务净收入 − 资管业务月均受托资金 × 5‰；

2. 此项排名适用于 2018 年证券公司分类评价工作；

3. 该指标仅公布行业中位数以上排名。

2017 年度证券公司投资银行业务收入排名

单位：万元

序号	公司名称	投资银行业务收入
1	中信证券	398,756
2	中信建投	324,552
3	广发证券	264,531
4	国泰君安	232,415
5	国信证券	211,110
6	海通证券	209,373
7	华泰证券	195,065
8	招商证券	189,389
9	中金公司	187,291
10	国金证券	135,409
11	安信证券	131,904
12	东方证券	128,738
13	申万宏源	126,540
14	兴业证券	110,288
15	光大证券	107,484
16	中泰证券	83,767
17	平安证券	83,254
18	东吴证券	75,977
19	东兴证券	70,657
20	长江证券	68,637
21	华融证券	68,089
22	民生证券	63,900
23	天风证券	63,781
24	西部证券	59,620
25	西南证券	57,631
26	开源证券	56,684
27	山西证券	56,464
28	银河证券	52,813
29	长城证券	50,013
30	浙商证券	48,580
31	东海证券	47,193
32	国元证券	46,865
33	国海证券	46,191
34	中银国际	43,192
35	信达证券	38,894

序号	公司名称	投资银行业务收入
36	方正证券	38,803
37	国融证券	37,874
38	第一创业	36,109
39	中山证券	34,433
40	东莞证券	33,761
41	华西证券	33,578
42	华林证券	32,901
43	德邦证券	32,083
44	东北证券	32,003
45	华鑫证券	31,010
46	财富证券	29,865
47	瑞银证券	29,619
48	广州证券	27,931
49	国开证券	27,629
50	华创证券	27,454
51	恒泰证券	27,144
52	中航证券	24,677
53	财通证券	23,952
54	新时代证券	22,347
55	北京高华	21,224
56	联储证券	17,915
57	宏信证券	17,407
58	九州证券	17,204
59	国联证券	16,391
60	华龙证券	15,804
61	华福证券	15,670
62	金元证券	14,431
63	中天国富	14,426
64	渤海证券	13,235
65	太平洋证券	12,695
66	长城国瑞	11,974
67	江海证券	10,554
68	万联证券	10,102
69	华信证券	9,739
70	五矿证券	9,518
71	首创证券	9,249
72	中原证券	9,176
73	华安证券	9,024
74	南京证券	8,971
75	大同证券	8,970
76	川财证券	8,894
77	联讯证券	8,774
78	国盛证券	8,126
79	湘财证券	7,973
80	爱建证券	7,615
81	国都证券	7,460
82	红塔证券	7,300
83	财达证券	7,014
84	华金证券	5,646
85	英大证券	5,264
86	东方财富	5,234
87	华菁证券	4,855
88	万和证券	2,072
89	申港证券	1,830
90	网信证券	1,804
91	世纪证券	1,696
92	中邮证券	1,018
93	中天证券	985
94	大通证券	770
95	华宝证券	194
96	东亚前海	19
97	银泰证券	10

注:1. 投资银行业务收入 = 承销业务净收入 + 保荐业务净收入 + 财务顾问业务净收入;

2. 此项排名适用于2018 年证券公司分类评价工作。

2017 年度证券公司承销与保荐业务收入排名

单位:万元

序号	公司名称	承销保荐业务收入
1	中信证券	312,018
2	中信建投	238,761
3	广发证券	207,098
4	国泰君安	197,252
5	国信证券	189,865
6	海通证券	187,994
7	招商证券	148,158
8	中金公司	137,574
9	国金证券	117,250
10	华泰证券	111,820
11	东方证券	110,571
12	安信证券	101,849
13	申万宏源	97,030
14	兴业证券	90,947
15	光大证券	83,433
16	平安证券	70,850
17	民生证券	57,876
18	东吴证券	57,452
19	中泰证券	51,694
20	东兴证券	51,526
21	银河证券	45,821
22	西部证券	45,108
23	长江证券	44,549
24	天风证券	44,525
25	山西证券	44,139
26	东海证券	44,022
27	国海证券	39,306
28	长城证券	39,153
29	浙商证券	38,554
30	开源证券	38,540
31	中银国际	37,931
32	国元证券	35,927
33	华融证券	34,126
34	西南证券	33,874
35	第一创业	31,898
36	瑞银证券	28,901
37	华西证券	26,016
38	德邦证券	25,894
39	财富证券	25,892
40	信达证券	25,094
41	国开证券	24,584
42	方正证券	23,160
43	华创证券	22,903
44	中山证券	22,505
45	东莞证券	22,073
46	中航证券	21,997

序号	公司名称	承销保荐业务收入
47	国融证券	21,735
48	广州证券	20,909
49	北京高华	17,752
50	华鑫证券	16,924
51	联储证券	16,658
52	恒泰证券	16,138
53	宏信证券	15,069
54	华林证券	14,930
55	新时代证券	14,756
56	东北证券	14,434
57	财通证券	13,346
58	华福证券	13,038
59	九州证券	11,855
60	国联证券	11,589
61	华龙证券	10,764
62	金元证券	9,759
63	渤海证券	9,633
64	爱建证券	7,076
65	万联证券	6,521
66	湘财证券	6,343
67	中天国富	6,316
68	华信证券	6,121
69	江海证券	6,094
70	国盛证券	5,798
71	国都证券	5,020
72	联讯证券	5,000
73	红塔证券	4,953
74	华安证券	4,698
75	首创证券	4,540
76	川财证券	4,292
77	五矿证券	4,261
78	长城国瑞	4,172
79	英大证券	3,601
80	东方财富	3,285
81	太平洋证券	3,189
82	财达证券	2,880
83	华金证券	2,544
84	南京证券	2,312
85	中原证券	1,793
86	世纪证券	1,430
87	中天证券	949
88	万和证券	948
89	大同证券	904
90	网信证券	601
91	申港证券	340
92	华宝证券	147
93	中邮证券	143
94	大通证券	47
95	银泰证券	1

2017 年度证券公司股票主承销家数排名

单位：个

序号	公司名称	股票主承销家数
1	中信证券	70
2	广发证券	58
3	中信建投	53
4	中金公司	46
5	海通证券	44
6	华泰证券	44
7	国泰君安	42
8	国信证券	41
9	国金证券	39
10	招商证券	34
11	兴业证券	26
12	申万宏源	25
13	安信证券	24
14	民生证券	21
15	东兴证券	16
16	华融证券	16
17	东方证券	16
18	东吴证券	15
19	山西证券	15
20	德邦证券	14
21	中泰证券	14
22	天风证券	13
23	国海证券	12
24	国元证券	12
25	中银国际	12
26	光大证券	12
27	长城证券	11
28	浙商证券	10
29	西南证券	9
30	长江证券	9
31	华西证券	8
32	江海证券	8
33	西部证券	8
34	中航证券	8
35	瑞银证券	7
36	北京高华	7
37	东莞证券	6
38	华创证券	6
39	华林证券	5
40	平安证券	5
41	东北证券	5
42	广州证券	4
43	中天国富	4
44	宏信证券	4
45	第一创业	4
46	方正证券	4
47	恒泰证券	4
48	华鑫证券	4
49	银河证券	4
50	东海证券	3
51	国开证券	3
52	华安证券	3
53	五矿证券	3
54	爱建证券	2
55	华福证券	2
56	华龙证券	2
57	金元证券	2

序号	公司名称	股票主承销家数
58	九州证券	2
59	财通证券	2
60	国联证券	2
61	国都证券	1
62	华金证券	1
63	南京证券	1
64	国融证券	1
65	华信证券	1
66	首创证券	1
67	万联证券	1
68	新时代证券	1
69	信达证券	1
70	中山证券	1
71	联储证券	1
72	渤海证券	1

注:该指标指证券公司主承销A股等首次公开发行、配股及增发项目家数,数据来源于各证券公司报送机构监管报表数据,因公司统计口径可能存在差异,该指标排名情况仅供参考。

2017 年度证券公司股票主承销金额排名

单位:万元

序号	公司名称	股票主承销金额
1	中信证券	18,870,481
2	中金公司	12,312,500
3	国泰君安	11,052,228
4	中信建投	9,721,202
5	华泰证券	5,994,422
6	广发证券	3,278,494
7	国信证券	3,266,369
8	海通证券	2,973,356
9	中银国际	2,958,009
10	兴业证券	2,954,753
11	招商证券	2,907,948
12	国金证券	2,625,975
13	东方证券	2,346,676
14	安信证券	2,173,957
15	申万宏源	2,168,893
16	北京高华	1,918,970
17	瑞银证券	1,845,537
18	东兴证券	1,448,312
19	东吴证券	1,379,782
20	光大证券	1,311,683
21	西南证券	1,294,599
22	中泰证券	1,270,955
23	山西证券	1,176,471
24	天风证券	1,124,482
25	国元证券	1,043,492
26	华鑫证券	988,039
27	中航证券	979,795
28	浙商证券	853,874
29	民生证券	844,155
30	国开证券	779,300
31	华西证券	763,033
32	方正证券	703,338
33	长城证券	599,956
34	中天国富	574,964
35	华福证券	553,074
36	恒泰证券	475,367
37	华林证券	474,775
38	长江证券	472,495
39	新时代证券	387,000
40	国海证券	347,247
41	华融证券	312,018
42	东莞证券	311,071
43	华创证券	304,717
44	南京证券	300,000
45	平安证券	291,128
46	广州证券	272,155
47	西部证券	265,517
48	华安证券	259,531
49	金元证券	253,910
50	东海证券	253,134
51	第一创业	237,136
52	宏信证券	220,683
53	银河证券	191,484
54	华信证券	179,825
55	财通证券	140,414
56	德邦证券	129,097
57	东北证券	112,045
58	江海证券	87,993
59	华龙证券	71,147
60	爱建证券	68,673
61	九州证券	64,080
62	国都证券	56,386
63	国联证券	42,713
64	渤海证券	32,525
65	国融证券	27,603
66	华金证券	26,047
67	首创证券	18,003
68	万联证券	17,460
69	中山证券	15,940
70	联储证券	5,000
71	五矿证券	4,500

注:该指标指证券公司主承销A股等首次公开发行、配股及增发项目金额,数据来源于各证券公司报送机构监管报表数据,因公司统计口径可能存在差异,该指标排名情况仅供参考。

2017 年度证券公司股票主承销佣金收入排名

单位:万元

序号	公司名称	股票主承销佣金收入
1	中信证券	174,133
2	中信建投	126,270
3	广发证券	126,180
4	国泰君安	118,937
5	海通证券	113,482
6	国信证券	110,394
7	国金证券	93,052
8	中金公司	83,706
9	招商证券	81,691
10	安信证券	78,472
11	华泰证券	78,418

序号	公司名称	股票主承销佣金收入
12	兴业证券	54,458
13	东方证券	44,666
14	民生证券	43,580
15	申万宏源	41,108
16	东吴证券	36,942
17	山西证券	34,819
18	中泰证券	32,321
19	中银国际	31,592
20	国元证券	28,161
21	东兴证券	27,178
22	光大证券	23,860
23	西南证券	21,930
24	浙商证券	20,670
25	瑞银证券	20,424
26	华西证券	20,167
27	东莞证券	17,467
28	长城证券	17,421
29	西部证券	16,971
30	北京高华	16,815
31	平安证券	16,085
32	天风证券	15,166
33	中航证券	14,718
34	国海证券	12,440
35	华林证券	12,400
36	第一创业	12,358
37	长江证券	12,174
38	银河证券	10,627
39	方正证券	10,471
40	金元证券	9,961
41	华鑫证券	8,745
42	德邦证券	8,462
43	宏信证券	7,925
44	华创证券	5,712
45	东海证券	5,551
46	中天国富	5,401
47	东北证券	4,934
48	华龙证券	4,875
49	爱建证券	4,543
50	恒泰证券	4,278
51	国融证券	4,059
52	国联证券	3,755
53	国都证券	3,710
54	华福证券	3,582
55	华融证券	3,217
56	江海证券	3,217
57	财通证券	3,094
58	九州证券	2,984
59	华安证券	2,925
60	广州证券	2,830
61	新时代证券	2,556
62	国开证券	2,335
63	万联证券	2,230
64	首创证券	2,200
65	渤海证券	1,191
66	华信证券	1,075
67	南京证券	298
68	华金证券	283
69	信达证券	283
70	中山证券	94
71	五矿证券	38
72	联储证券	5

注：该指标指证券公司主承销股票佣金收入。

2017年度证券公司债券主承销家数排名

单位：个

序号	公司名称	债券主承销家数
1	中信建投	360
2	海通证券	277
3	招商证券	270
4	中信证券	253
5	国泰君安	226
6	光大证券	169
7	平安证券	146
8	华泰证券	139
9	广发证券	135
10	德邦证券	134
11	中金公司	107
12	东方证券	98
13	国开证券	78
14	兴业证券	70
15	国信证券	69
16	长江证券	60
17	中银国际	59
18	开源证券	58
19	银河证券	52
20	天风证券	48
21	中山证券	46
22	中泰证券	46
23	财富证券	43
24	广州证券	42
25	东吴证券	37
26	国海证券	37
27	浙商证券	37
28	华福证券	36
29	西部证券	35
30	长城证券	35
31	国金证券	34
32	华融证券	33
33	方正证券	31
34	东海证券	29
35	申万宏源	28
36	东兴证券	27
37	国融证券	26
38	西南证券	22
39	华鑫证券	22
40	财通证券	21
41	瑞银证券	19
42	恒泰证券	19
43	山西证券	19
44	国元证券	17
45	安信证券	15

序号	公司名称	债券主承销家数
46	九州证券	15
47	信达证券	15
48	渤海证券	15
49	华创证券	14
50	新时代证券	13
51	万联证券	12
52	第一创业	12
53	国联证券	12
54	民生证券	11
55	爱建证券	9
56	川财证券	9
57	联讯证券	9
58	南京证券	9
59	东北证券	9
60	宏信证券	8
61	华龙证券	8
62	华西证券	8
63	华信证券	8
64	联储证券	8
65	华安证券	7
66	湘财证券	7
67	东莞证券	6
68	红塔证券	6
69	首创证券	6
70	太平洋证券	5
71	五矿证券	5
72	英大证券	5
73	中原证券	5
74	北京高华	5
75	大同证券	4
76	财达证券	3
77	长城国瑞	3
78	中航证券	3
79	中天证券	3
80	国盛证券	3
81	中天国富	2
82	江海证券	2
83	金元证券	2
84	世纪证券	2
85	国都证券	1
86	华宝证券	1
87	华林证券	1
88	万和证券	1
89	网信证券	1
90	东方财富	1

注:该指标指证券公司主承销国债、企业债、公司债、可转债、短期融资券、特种金融债等项目家数,数据来源于各证券公司报送机构监管报表数据,因公司统计口径可能存在差异,该指标排名情况仅供参考。

2017 年度证券公司债券主承销金额排名

单位:万元

序号	公司名称	债券主承销金额
1	中信证券	47,055,608
2	中信建投	40,568,134
3	招商证券	38,426,200
4	德邦证券	28,907,775
5	国泰君安	22,356,289
6	海通证券	19,910,498
7	光大证券	17,293,878
8	中金公司	16,814,728
9	华泰证券	14,935,305
10	平安证券	12,596,761
11	广发证券	12,196,268
12	国开证券	10,205,365
13	中银国际	10,118,670
14	东方证券	8,409,933
15	国信证券	7,365,744
16	银河证券	6,906,300
17	兴业证券	6,415,700
18	中泰证券	5,265,868
19	长江证券	4,782,965
20	瑞银证券	4,625,663
21	申万宏源	4,232,450
22	开源证券	3,904,000
23	天风证券	3,889,805
24	信达证券	3,678,000
25	华融证券	3,533,897
26	华鑫证券	3,498,530
27	东兴证券	3,462,500
28	财富证券	3,421,900
29	方正证券	3,023,130
30	西部证券	2,879,000
31	中山证券	2,857,757
32	国海证券	2,842,500
33	东海证券	2,824,350
34	长城证券	2,712,762
35	浙商证券	2,661,600
36	广州证券	2,443,600
37	国金证券	2,377,649
38	东吴证券	2,108,520
39	第一创业	1,869,965
40	山西证券	1,828,429
41	安信证券	1,764,500
42	西南证券	1,646,350
43	华福证券	1,517,469
44	国融证券	1,513,000
45	国元证券	1,459,700
46	华创证券	1,437,000
47	恒泰证券	1,416,000
48	新时代证券	1,238,458
49	渤海证券	1,163,000
50	财通证券	1,126,467
51	东北证券	876,000
52	国联证券	876,000
53	民生证券	858,250
54	北京高华	846,670
55	华信证券	840,000
56	九州证券	822,500
57	万联证券	822,000
58	红塔证券	817,220
59	联储证券	703,000
60	江海证券	631,000
61	川财证券	611,400
62	宏信证券	516,000
63	湘财证券	515,700
64	五矿证券	483,200

序号	公司名称	债券主承销金额
65	首创证券	471,000
66	爱建证券	452,500
67	联讯证券	447,000
68	华安证券	440,000
69	华西证券	413,525
70	中原证券	408,000
71	华龙证券	405,000
72	东莞证券	368,686
73	世纪证券	360,000
74	南京证券	350,000
75	太平洋证券	313,700
76	国都证券	240,000
77	财达证券	217,500
78	国盛证券	210,150
79	中航证券	182,500
80	英大证券	170,000
81	中天国富	150,250
82	东方财富	150,000
83	大同证券	134,000
84	中天证券	113,000
85	长城国瑞	65,000
86	华林证券	60,000
87	金元证券	31,000
88	网信证券	30,000
89	万和证券	20,000

注：该指标指证券公司主承销国债、企业债、公司债、可转债、短期融资券及特种金融债等项目金额，数据来源于各证券公司报送机构监管报表数据，因公司统计口径可能存在差异，该指标排名情况仅供参考。

2017 年度证券公司债券主承销佣金收入排名

单位：万元

序号	公司名称	债券主承销佣金收入
1	中信证券	117,922
2	中信建投	116,150
3	德邦证券	86,085
4	海通证券	72,585
5	国泰君安	70,695
6	国信证券	68,102
7	招商证券	63,448
8	光大证券	62,234
9	平安证券	47,071
10	广发证券	42,660
11	东方证券	41,769
12	中金公司	40,239
13	开源证券	38,701
14	华泰证券	35,295
15	银河证券	34,982
16	长江证券	31,968
17	兴业证券	31,624
18	国开证券	30,984
19	华融证券	28,867
20	中山证券	27,709
21	财富证券	25,980
22	西部证券	25,678
23	天风证券	25,177
24	国海证券	22,767
25	长城证券	21,313
26	信达证券	19,627
27	申万宏源	18,334
28	中泰证券	18,195
29	东兴证券	16,962
30	东吴证券	16,305
31	安信证券	16,076
32	广州证券	15,920
33	西南证券	15,580
34	浙商证券	14,916
35	国金证券	13,402
36	方正证券	13,209
37	东海证券	12,584
38	国融证券	12,108
39	联储证券	12,061
40	恒泰证券	11,705
41	新时代证券	10,682
42	华创证券	10,447
43	山西证券	9,428
44	财通证券	8,580
45	国联证券	8,071
46	国元证券	7,595
47	九州证券	7,261
48	华鑫证券	6,738
49	东北证券	6,601
50	渤海证券	6,254
51	民生证券	6,117
52	万联证券	5,978
53	中银国际	5,846
54	国盛证券	5,755
55	华福证券	5,571
56	瑞银证券	4,921
57	红塔证券	4,906
58	华信证券	4,665
59	湘财证券	4,546
60	华龙证券	4,078
61	东莞证券	4,025
62	第一创业	3,871
63	联讯证券	3,591
64	川财证券	3,503
65	五矿证券	3,460
66	太平洋证券	3,179
67	华西证券	3,109
68	宏信证券	3,044
69	爱建证券	2,290
70	江海证券	2,264
71	东方财富	2,052
72	首创证券	1,883
73	英大证券	1,868
74	财达证券	1,779
75	南京证券	1,486
76	中原证券	1,474
77	长城国瑞	1,442
78	世纪证券	1,358
79	北京高华	1,301
80	中航证券	1,295
81	华安证券	921
82	大同证券	896
83	中天国富	844
84	华林证券	755

序号	公司名称	债券主承销佣金收入
85	金元证券	620
86	国都证券	543
87	华金证券	472
88	网信证券	380
89	中天证券	348
90	万和证券	200
91	华宝证券	50

注:该指标指证券公司主承销债券佣金收入。

2017 年度证券公司担任资产证券化管理人家数排名

单位:个

序号	公司名称	担任资产证券化管理人家数
1	德邦证券	104
2	中金公司	41
3	华泰证券	37
4	中信证券	30
5	平安证券	28
6	方正证券	22
7	招商证券	18
8	天风证券	13
9	国泰君安	11
10	国金证券	10
11	广发证券	10
12	华福证券	8
13	长城证券	8
14	中信建投	8
15	兴业证券	6
16	中山证券	5
17	联储证券	5
18	第一创业	5
19	华林证券	4
20	华西证券	4
21	江海证券	4
22	开源证券	4
23	民生证券	4
24	九州证券	4
25	中银国际	4
26	光大证券	4
27	恒泰证券	4
28	华创证券	3
29	华菁证券	3
30	长城国瑞	3
31	西部证券	3
32	信达证券	3
33	渤海证券	3
34	海通证券	3
35	银河证券	3
36	长江证券	3
37	财富证券	2
38	东兴证券	2
39	广州证券	2
40	国开证券	2
41	国信证券	2
42	金元证券	2
43	华信证券	2
44	财通证券	2
45	华鑫证券	2
46	中泰证券	2
47	山西证券	2
48	申万宏源	2
49	东莞证券	1
50	东海证券	1
51	东吴证券	1
52	华金证券	1
53	华宝证券	1
54	国融证券	1
55	首创证券	1
56	太平洋证券	1
57	西南证券	1
58	东北证券	1
59	东方证券	1

2017 年度证券公司担任资产证券化管理人发行证券金额排名

单位:万元

序号	公司名称	担任资产证券化管理人发行金额
1	德邦证券	26,756,026
2	中金公司	8,164,873
3	华泰证券	4,730,110
4	平安证券	3,872,860
5	中信证券	3,635,006
6	国泰君安	2,997,257
7	招商证券	2,853,853
8	天风证券	2,801,422
9	江海证券	2,500,750
10	方正证券	1,947,000
11	中银国际	1,425,500
12	国金证券	1,336,300
13	信达证券	1,170,694
14	开源证券	1,162,900
15	华福证券	1,115,975
16	广发证券	1,109,350
17	中信建投	1,098,200
18	兴业证券	847,200
19	长城证券	846,140
20	第一创业	729,810
21	恒泰证券	681,600
22	银河证券	662,900
23	光大证券	579,800
24	渤海证券	569,000
25	东方证券	555,000
26	华菁证券	505,100
27	海通证券	501,300
28	西部证券	480,400
29	华西证券	466,129
30	联储证券	402,400
31	东海证券	300,200
32	民生证券	295,800
33	中山证券	269,690
34	东兴证券	220,700

序号	公司名称	担任资产证券化管理人发行金额
35	金元证券	220,000
36	华林证券	176,876
37	长城国瑞	165,142
38	中泰证券	160,700
39	国开证券	155,000
40	财富证券	153,000
41	华创证券	149,800
42	九州证券	143,466
43	申万宏源	135,023
44	长江证券	127,300
45	华鑫证券	125,400
46	国融证券	115,000
47	首创证券	110,000
48	山西证券	109,662
49	华信证券	109,620
50	广州证券	100,000
51	华宝证券	97,883
52	财通证券	94,200
53	太平洋证券	84,000
54	国信证券	83,700
55	东莞证券	67,725
56	华金证券	64,000
57	西南证券	55,710
58	东吴证券	51,000
59	东北证券	42,000

2017年度证券公司财务顾问业务收入排名

单位:万元

序号	公司名称	财务顾问业务净收入
1	中信证券	86,738
2	中信建投	85,791
3	华泰证券	83,245
4	广发证券	57,433
5	中金公司	49,717
6	招商证券	41,230
7	国泰君安	35,164
8	华融证券	33,963
9	中泰证券	32,072
10	安信证券	30,055
11	申万宏源	29,509
12	长江证券	24,088
13	光大证券	24,051
14	西南证券	23,756
15	海通证券	21,379
16	国信证券	21,245
17	兴业证券	19,341
18	天风证券	19,256
19	东兴证券	19,132
20	东吴证券	18,525
21	东方证券	18,167
22	国金证券	18,159
23	开源证券	18,144
24	华林证券	17,971
25	东北证券	17,569
26	国融证券	16,139
27	方正证券	15,643
28	西部证券	14,513
29	华鑫证券	14,086
30	信达证券	13,801
31	平安证券	12,403
32	山西证券	12,326
33	中山证券	11,929
34	东莞证券	11,688
35	恒泰证券	11,006
36	国元证券	10,939
37	长城证券	10,860
38	财通证券	10,606
39	浙商证券	10,026
40	太平洋证券	9,506
41	中天国富	8,110
42	大同证券	8,067
43	长城国瑞	7,802
44	新时代证券	7,591
45	华西证券	7,562
46	中原证券	7,384
47	广州证券	7,022
48	银河证券	6,992
49	国海证券	6,885
50	南京证券	6,659
51	德邦证券	6,189
52	民生证券	6,025
53	九州证券	5,349
54	中银国际	5,261
55	五矿证券	5,257
56	华龙证券	5,040
57	华菁证券	4,855
58	国联证券	4,802
59	首创证券	4,709
60	金元证券	4,672
61	川财证券	4,602
62	华创证券	4,551
63	江海证券	4,460
64	华安证券	4,326
65	第一创业	4,211
66	财达证券	4,134
67	财富证券	3,973
68	联讯证券	3,774
69	华信证券	3,618
70	渤海证券	3,602
71	万联证券	3,581
72	北京高华	3,471
73	东海证券	3,171
74	华金证券	3,102
75	国开证券	3,045
76	中航证券	2,679
77	华福证券	2,632
78	国都证券	2,440
79	红塔证券	2,347
80	宏信证券	2,338
81	国盛证券	2,328
82	东方财富	1,949
83	英大证券	1,664
84	湘财证券	1,630
85	申港证券	1,490
86	联储证券	1,257
87	网信证券	1,203

序号	公司名称	财务顾问业务净收入
88	万和证券	1,125
89	中邮证券	875
90	大通证券	723
91	瑞银证券	718
92	爱建证券	539
93	世纪证券	266
94	华宝证券	47
95	中天证券	36
96	东亚前海	19
97	银泰证券	9

2017 年度证券公司
并购重组财务顾问业务收入排名

单位:万元

序号	公司名称	并购重组财务顾问业务收入
1	华泰证券	72,825
2	中信建投	52,904
3	中金公司	35,963
4	广发证券	31,401
5	中信证券	22,334
6	招商证券	21,109
7	西南证券	18,161
8	国泰君安	12,570
9	国金证券	9,939
10	光大证券	8,298
11	海通证券	8,119
12	国信证券	6,858
13	东方证券	6,141
14	华鑫证券	4,533
15	长江证券	4,323
16	天风证券	4,022
17	安信证券	3,549
18	东兴证券	3,362
19	中天国富	3,186
20	国元证券	3,107
21	长城证券	2,922
22	浙商证券	2,861
23	南京证券	2,845
24	兴业证券	2,732
25	山西证券	2,543
26	中泰证券	2,208
27	华西证券	2,066
28	申万宏源	1,991
29	开源证券	1,639
30	华金证券	1,423
31	北京高华	1,309
32	东北证券	1,288
33	广州证券	1,176
34	东吴证券	1,125
35	方正证券	935
36	华林证券	855
37	民生证券	813
38	华融证券	765
39	国海证券	750
40	金元证券	750
41	瑞银证券	718
42	中原证券	679
43	华龙证券	660
44	信达证券	626
45	东莞证券	598
46	平安证券	589
47	华创证券	520
48	德邦证券	481
49	银河证券	472
50	东海证券	386
51	恒泰证券	377
52	万和证券	342
53	红塔证券	283
54	国联证券	274
55	新时代证券	247
56	渤海证券	231
57	中银国际	226
58	联储证券	190
59	财达证券	189
60	万联证券	176
61	第一创业	153
62	申港证券	151
63	九州证券	132
64	财通证券	110
65	国都证券	94
66	国盛证券	81
67	太平洋证券	75
68	华菁证券	75
69	首创证券	49

2017 年度证券公司投资咨询业务收入排名

单位:万元

序号	公司名称	投资咨询业务收入
1	招商证券	54,128
2	平安证券	47,832
3	中信证券	23,507
4	海通证券	22,302
5	中金公司	17,458
6	国金证券	15,029
7	天风证券	9,726
8	东方证券	9,332
9	广发证券	8,407
10	中原证券	8,245
11	信达证券	7,887
12	国信证券	7,632
13	安信证券	6,581
14	长江证券	6,380
15	长城证券	6,046
16	渤海证券	5,416
17	申万宏源	5,304
18	国开证券	5,284
19	网信证券	4,961
20	华泰证券	4,700

序号	公司名称	投资咨询业务收入
21	国融证券	3,383
22	光大证券	3,333
23	中山证券	3,114
24	川财证券	2,852
25	第一创业	2,771
26	华金证券	2,694
27	中泰证券	2,526
28	英大证券	2,517
29	东北证券	2,499
30	国泰君安	2,404
31	广州证券	2,373
32	华安证券	2,222
33	国元证券	2,181
34	东海证券	2,086
35	兴业证券	2,055
36	华融证券	1,980
37	联讯证券	1,894
38	浙商证券	1,775
39	湘财证券	1,652
40	东吴证券	1,408
41	华创证券	1,327
42	新时代证券	1,180
43	银河证券	1,007
44	国海证券	797
45	财达证券	774
46	东兴证券	764
47	中信建投	700
48	中航证券	650
49	九州证券	632
50	恒泰证券	622
51	财富证券	612
52	德邦证券	581
53	万和证券	565
54	山西证券	563
55	方正证券	559
56	开源证券	513
57	爱建证券	472
58	首创证券	472
59	中天证券	429
60	金元证券	418
61	华林证券	398
62	东莞证券	381
63	江海证券	366
64	财通证券	314
65	万联证券	289
66	华西证券	240
67	西南证券	198
68	大同证券	192
69	国都证券	180
70	大通证券	143
71	中邮证券	129
72	华鑫证券	117
73	华宝证券	113
74	中银国际	98
75	联储证券	55
76	银泰证券	55
77	宏信证券	54
78	民生证券	54
79	国联证券	37
80	华龙证券	30
81	太平洋证券	15
82	五矿证券	5

2017年度证券公司境外子公司证券业务收入占营业收入比例排名

单位:万元

序号	公司名称	境外子公司证券业务收入占营业收入比例
1	海通证券	25.58
2	中金公司	20.67
3	中信证券	12.24
4	中原证券	10.38
5	东兴证券	10.33
6	光大证券	9.62
7	国泰君安	9.23
8	华泰证券	8.05
9	兴业证券	7.46
10	招商证券	6.69
11	国元证券	6.02
12	中泰证券	5.44
13	广发证券	5.41
14	东海证券	3.60
15	中信建投	3.59
16	西南证券	3.58
17	山西证券	3.45
18	安信证券	3.18
19	银河证券	3.05
20	东方证券	3.02
21	申万宏源	2.99
22	财通证券	2.49
23	长江证券	2.31
24	国金证券	2.07
25	国都证券	1.83
26	国信证券	1.58
27	方正证券	0.84
28	东吴证券	0.48
29	平安证券	0.43
30	天风证券	0.03

注:1. 境外子公司证券业务收入占营业收入比例=证券公司香港子公司合并口径营业收入/证券公司合并口径营业收入;
2. 此项排名适用于2018年证券公司分类评价工作。

2017年度证券公司融资类业务收入排名

单位:万元

序号	公司名称	融资类业务收入
1	中信证券	837,049
2	国泰君安	793,167
3	海通证券	638,398

序号	公司名称	融资类业务收入
4	华泰证券	611,099
5	广发证券	541,106
6	银河证券	516,099
7	申万宏源	508,947
8	招商证券	501,993
9	国信证券	456,119
10	中信建投	356,337
11	光大证券	297,013
12	长江证券	291,950
13	东方证券	289,960
14	兴业证券	255,462
15	方正证券	236,360
16	中泰证券	222,053
17	安信证券	207,862
18	中金公司	159,456
19	国元证券	131,171
20	太平洋证券	116,537
21	平安证券	115,594
22	东吴证券	113,453
23	东兴证券	105,991
24	中银国际	104,963
25	东北证券	103,864
26	华西证券	92,885
27	中原证券	89,908
28	国海证券	88,172
29	长城证券	81,028
30	信达证券	80,116
31	广州证券	77,575
32	浙商证券	75,328
33	华融证券	73,903
34	财通证券	73,854
35	国金证券	73,568
36	华安证券	73,114
37	华福证券	72,687
38	西南证券	70,282
39	东莞证券	68,476
40	山西证券	64,812
41	西部证券	64,190
42	民生证券	61,291
43	国都证券	56,563
44	江海证券	53,572
45	东方财富	52,378
46	国开证券	51,984
47	财达证券	51,460
48	南京证券	49,792
49	国联证券	49,506
50	湘财证券	48,684
51	东海证券	47,616
52	财富证券	47,186
53	恒泰证券	46,614
54	第一创业	44,525
55	新时代证券	42,894
56	国盛证券	41,345
57	金元证券	40,255
58	万联证券	38,580
59	华创证券	38,399
60	天风证券	37,345
61	渤海证券	35,590
62	华龙证券	29,965
63	联讯证券	28,281
64	红塔证券	28,108
65	华林证券	27,614
66	德邦证券	27,379
67	华鑫证券	27,141
68	中山证券	25,867
69	长城国瑞	25,687
70	首创证券	24,036
71	五矿证券	23,612
72	英大证券	21,602
73	中航证券	19,091
74	大通证券	15,088
75	世纪证券	12,996
76	宏信证券	12,994
77	大同证券	11,906
78	国融证券	11,265
79	中天证券	10,932
80	华宝证券	10,916
81	爱建证券	10,570
82	九州证券	10,173
83	银泰证券	10,057
84	开源证券	8,390
85	中邮证券	7,908
86	万和证券	7,401
87	华金证券	5,950
88	联储证券	4,786
89	申港证券	3,619
90	华信证券	2,268
91	川财证券	1,932
92	北京高华	1,302
93	网信证券	459
94	瑞银证券	268

2017 年度证券公司融资融券业务利息收入排名

单位：万元

序号	公司名称	融资融券业务利息收入
1	中信证券	457,262
2	国泰君安	436,937
3	华泰证券	413,150
4	广发证券	410,740
5	银河证券	401,581
6	申万宏源	395,124
7	招商证券	377,835
8	国信证券	307,765
9	海通证券	306,463
10	中信建投	285,405
11	光大证券	221,379
12	安信证券	176,685
13	方正证券	173,355
14	中泰证券	172,817
15	长江证券	165,398
16	中金公司	117,813

序号	公司名称	融资融券业务利息收入
17	兴业证券	98,070
18	国元证券	87,111
19	东方证券	81,182
20	东兴证券	71,391
21	华西证券	69,944
22	财通证券	63,929
23	东吴证券	63,287
24	长城证券	62,303
25	中银国际	61,268
26	东北证券	60,668
27	浙商证券	59,685
28	西南证券	57,977
29	华福证券	56,860
30	平安证券	56,226
31	信达证券	55,411
32	华安证券	54,951
33	东莞证券	53,613
34	国海证券	50,984
35	国金证券	49,564
36	湘财证券	45,844
37	中原证券	43,956
38	南京证券	41,480
39	恒泰证券	39,677
40	西部证券	39,609
41	山西证券	39,296
42	东方财富	38,109
43	财富证券	36,762
44	财达证券	35,589
45	民生证券	32,672
46	国联证券	32,267
47	国都证券	29,278
48	东海证券	29,067
49	新时代证券	28,415
50	万联证券	27,309
51	渤海证券	27,286
52	华鑫证券	26,360
53	华融证券	24,842
54	第一创业	24,784
55	广州证券	24,438
56	江海证券	22,784
57	华龙证券	21,040
58	中航证券	18,439
59	中山证券	18,378
60	太平洋证券	17,437
61	国盛证券	16,698
62	金元证券	16,008
63	英大证券	15,468
64	大通证券	15,075
65	华林证券	15,017
66	联讯证券	14,910
67	首创证券	14,477
68	天风证券	14,109
69	华创证券	13,827
70	宏信证券	12,255
71	红塔证券	11,467
72	世纪证券	11,207
73	德邦证券	10,367
74	银泰证券	9,991
75	大同证券	9,598
76	华宝证券	8,526
77	五矿证券	8,388
78	中天证券	8,354
79	爱建证券	7,566
80	国开证券	6,550
81	国融证券	5,815
82	开源证券	5,462
83	中邮证券	4,436
84	长城国瑞	4,404
85	九州证券	3,008
86	华金证券	2,752
87	万和证券	2,554
88	联储证券	2,544
89	川财证券	1,932

2017 年度证券公司融资融券业务规模排名

单位：万元

序号	公司名称	融出资金余额
1	中信证券	7,054,537
2	国泰君安	6,342,679
3	华泰证券	5,944,615
4	广发证券	5,750,538
5	银河证券	5,691,996
6	招商证券	5,437,465
7	申万宏源	5,382,152
8	海通证券	4,787,776
9	中信建投	4,616,299
10	国信证券	3,976,840
11	光大证券	2,943,624
12	中泰证券	2,712,955
13	安信证券	2,509,356
14	方正证券	2,356,007
15	长江证券	2,321,111
16	中金公司	2,089,598
17	兴业证券	1,456,226
18	国元证券	1,267,818
19	东方证券	1,262,431
20	平安证券	1,121,252
21	财通证券	1,031,137
22	东方财富	984,297
23	东兴证券	950,527
24	华西证券	927,231
25	华福证券	891,673
26	华安证券	889,069
27	长城证券	879,547
28	中银国际	850,828
29	东北证券	843,226
30	西南证券	837,324
31	东吴证券	805,511
32	浙商证券	785,161
33	国金证券	748,326
34	信达证券	735,154

序号	公司名称	融出资金余额
35	东莞证券	681,803
36	国海证券	634,782
37	湘财证券	584,788
38	中原证券	572,207
39	南京证券	557,173
40	西部证券	544,409
41	财富证券	536,459
42	恒泰证券	532,284
43	山西证券	531,679
44	国联证券	460,934
45	财达证券	433,686
46	国都证券	415,989
47	万联证券	412,556
48	民生证券	397,013
49	东海证券	383,154
50	广州证券	378,402
51	新时代证券	371,369
52	第一创业	367,509
53	渤海证券	351,782
54	华融证券	330,338
55	华鑫证券	311,884
56	中山证券	303,712
57	天风证券	290,434
58	江海证券	283,313
59	中航证券	268,606
60	华龙证券	256,616
61	太平洋证券	245,952
62	联讯证券	226,403
63	华林证券	223,798
64	国盛证券	218,596
65	英大证券	203,469
66	金元证券	202,124
67	大通证券	198,894
68	首创证券	195,022
69	华创证券	170,745
70	宏信证券	161,338
71	世纪证券	154,376
72	五矿证券	151,259
73	红塔证券	147,014
74	银泰证券	146,062
75	德邦证券	141,376
76	大同证券	126,974
77	华宝证券	118,369
78	中天证券	111,872
79	国开证券	108,993
80	开源证券	107,013
81	爱建证券	95,761
82	国融证券	83,877
83	中邮证券	83,229
84	联储证券	79,632
85	九州证券	57,474
86	长城国瑞	55,979
87	万和证券	49,908
88	华金证券	43,823
89	川财证券	24,196

2017 年度证券公司约定购回利息收入排名

单位：万元

序号	公司名称	约定购回业务利息收入
1	海通证券	7,754
2	广发证券	6,046
3	申万宏源	4,216
4	中天国富	4,145
5	中信证券	2,492
6	国元证券	2,288
7	国信证券	1,652
8	中信建投	1,432
9	中邮证券	1,422
10	东吴证券	1,147
11	西南证券	938
12	中金公司	851
13	方正证券	665
14	宏信证券	432
15	山西证券	399
16	长江证券	364
17	安信证券	313
18	财通证券	303
19	中原证券	232
20	网信证券	201
21	东方证券	191
22	华西证券	184
23	财富证券	156
24	兴业证券	125
25	银河证券	99
26	浙商证券	94
27	华宝证券	87
28	信达证券	78
29	太平洋证券	77
30	国泰君安	72
31	银泰证券	37
32	华福证券	29
33	中泰证券	23
34	开源证券	9
35	东方财富	3
36	江海证券	3
37	新时代证券	2
38	东北证券	1

2017 年度证券公司约定购回业务规模排名

单位：万元

序号	公司名称	约定购回业务规模
1	海通证券	157,053
2	广发证券	107,031
3	国信证券	96,139
4	申万宏源	37,609
5	中信证券	35,596
6	东吴证券	31,106
7	国元证券	23,142
8	中金公司	23,111
9	西南证券	15,000

序号	公司名称	约定购回业务规模
10	中信建投	8,653
11	安信证券	7,508
12	兴业证券	6,580
13	方正证券	5,992
14	山西证券	4,062
15	华西证券	2,425
16	财通证券	2,390
17	中泰证券	1,998
18	东方证券	1,800
19	华宝证券	1,592
20	中原证券	1,532
21	银河证券	1,279
22	信达证券	495
23	财富证券	409
24	银泰证券	100
25	开源证券	38

2017 年度证券公司股票质押利息收入排名

单位:万元

序号	公司名称	股票质押业务利息收入
1	国泰君安	356,158
2	中信证券	338,010
3	海通证券	324,180
4	东方证券	203,071
5	华泰证券	197,949
6	兴业证券	157,267
7	国信证券	140,564
8	招商证券	124,158
9	广发证券	111,792
10	长江证券	106,995
11	申万宏源	101,424
12	银河证券	99,469
13	光大证券	75,635
14	太平洋证券	62,899
15	方正证券	55,286
16	中信建投	52,294
17	华融证券	49,061
18	东吴证券	49,019
19	国开证券	45,434
20	中泰证券	44,106
21	东北证券	43,195
22	中银国际	42,901
23	国元证券	41,772
24	广州证券	40,891
25	中金公司	40,248
26	平安证券	38,614
27	国海证券	37,188
28	东兴证券	32,090
29	安信证券	30,864
30	江海证券	30,785
31	民生证券	24,652
32	西部证券	24,580
33	华创证券	24,573
34	金元证券	23,756
35	国金证券	23,558
36	天风证券	23,235
37	华西证券	22,758
38	信达证券	22,573
39	国盛证券	22,370
40	长城国瑞	18,626
41	第一创业	17,797
42	中原证券	17,621
43	华安证券	17,611
44	红塔证券	16,640
45	德邦证券	16,221
46	国联证券	15,997
47	财达证券	15,871
48	浙商证券	15,549
49	东莞证券	14,862
50	长城证券	14,757
51	新时代证券	14,478
52	东海证券	13,066
53	华福证券	12,808
54	东方财富	12,651
55	万联证券	11,271
56	财通证券	9,622
57	首创证券	9,559
58	西南证券	8,916
59	华龙证券	8,761
60	南京证券	8,312
61	渤海证券	8,304
62	山西证券	7,501
63	中山证券	7,489
64	九州证券	7,165
65	财富证券	5,661
66	英大证券	5,452
67	国融证券	5,450
68	恒泰证券	5,169
69	联讯证券	5,059
70	国都证券	4,735
71	五矿证券	4,452
72	万和证券	4,187
73	申港证券	3,619
74	华林证券	3,135
75	爱建证券	3,004
76	开源证券	2,918
77	中天证券	2,578
78	华宝证券	2,302
79	华金证券	2,207
80	中邮证券	2,050
81	联储证券	1,929
82	世纪证券	1,789
83	大同证券	949
84	华信证券	858
85	华鑫证券	781
86	中航证券	652
87	宏信证券	307
88	网信证券	258
89	湘财证券	198
90	银泰证券	29
91	大通证券	14

2017 年度证券公司股票质押业务规模排名

单位:万元

序号	公司名称	股票质押业务规模
1	中信证券	7,747,874

序号	公司名称	股票质押业务规模
2	国泰君安	7,672,379
3	海通证券	7,418,933
4	华泰证券	4,357,450
5	国信证券	3,634,357
6	银河证券	3,626,120
7	申万宏源	3,213,106
8	东方证券	3,095,567
9	兴业证券	3,086,620
10	招商证券	3,055,564
11	广发证券	2,648,163
12	中泰证券	1,895,218
13	光大证券	1,863,015
14	长江证券	1,659,898
15	中信建投	1,345,258
16	东吴证券	1,160,655
17	中金公司	1,140,050
18	中银国际	1,039,316
19	方正证券	987,642
20	安信证券	901,284
21	国开证券	820,642
22	华融证券	807,892
23	东兴证券	797,252
24	国元证券	786,409
25	太平洋证券	769,613
26	江海证券	740,157
27	东北证券	721,493
28	平安证券	680,974
29	国海证券	673,033
30	广州证券	639,013
31	华创证券	554,225
32	国联证券	517,168
33	信达证券	503,381
34	天风证券	502,853
35	华西证券	500,929
36	红塔证券	470,441
37	中原证券	466,443
38	华安证券	466,006
39	浙商证券	464,557
40	民生证券	457,430
41	国金证券	441,461
42	西部证券	412,684
43	长城国瑞	403,639
44	财达证券	368,200
45	金元证券	354,717
46	德邦证券	352,012
47	财通证券	351,752
48	第一创业	326,149
49	山西证券	298,794
50	国盛证券	264,585
51	东方财富	256,547
52	华龙证券	255,273
53	东莞证券	252,251
54	渤海证券	252,052
55	华福证券	243,069
56	南京证券	227,721
57	首创证券	216,786
58	万联证券	207,644
59	五矿证券	193,278
60	新时代证券	193,159
61	国融证券	183,186
62	西南证券	178,158
63	长城证券	159,144
64	九州证券	138,517
65	万和证券	136,278
66	国都证券	102,274
67	申港证券	101,491
68	联讯证券	101,388
69	英大证券	98,846
70	中山证券	98,828
71	中邮证券	90,700
72	联储证券	88,758
73	财富证券	86,188
74	恒泰证券	84,488
75	华金证券	70,552
76	华林证券	69,268
77	开源证券	67,256
78	中天证券	59,729
79	华信证券	58,513
80	华宝证券	47,222
81	爱建证券	44,113
82	华鑫证券	33,298
83	中航证券	30,682
84	世纪证券	23,705
85	大同证券	16,824
86	网信证券	8,219
87	大通证券	750
88	宏信证券	162

注:该指标指证券公司自有资金参与规模。

2017 年度证券公司证券投资收入排名

单位:万元

序号	公司名称	证券投资收入
1	华泰证券	667,477
2	中信证券	652,191
3	广发证券	576,141
4	东方证券	573,404
5	国泰君安	519,045
6	兴业证券	326,600
7	海通证券	303,480
8	申万宏源	277,918
9	中金公司	263,805
10	招商证券	216,814
11	中信建投	209,668
12	平安证券	200,549
13	光大证券	182,049
14	银河证券	174,988
15	国信证券	168,320
16	方正证券	134,293
17	财通证券	131,866
18	安信证券	131,127
19	西部证券	124,489
20	东北证券	111,213
21	西南证券	109,806
22	长江证券	104,108
23	国海证券	103,882
24	渤海证券	103,755
25	中泰证券	97,340

序号	公司名称	证券投资收入
26	九州证券	93,984
27	东兴证券	93,763
28	恒泰证券	93,490
29	东吴证券	88,745
30	山西证券	84,730
31	江海证券	83,793
32	华融证券	74,173
33	浙商证券	66,875
34	国都证券	63,691
35	首创证券	63,417
36	国开证券	63,140
37	国元证券	62,725
38	华西证券	60,947
39	广州证券	59,141
40	长城证券	53,434
41	五矿证券	49,896
42	国盛证券	48,873
43	天风证券	46,489
44	华创证券	44,391
45	国金证券	44,326
46	华信证券	40,501
47	华安证券	38,177
48	东莞证券	35,038
49	东海证券	34,310
50	中银国际	34,087
51	万联证券	33,426
52	华龙证券	33,419
53	太平洋证券	32,021
54	国融证券	31,749
55	联储证券	31,601
56	华宝证券	31,514
57	第一创业	30,791
58	华金证券	26,837
59	华林证券	26,035
60	财达证券	25,764
61	申港证券	25,510
62	南京证券	24,436
63	信达证券	24,385
64	国联证券	24,205
65	联讯证券	23,978
66	德邦证券	22,916
67	湘财证券	21,278
68	英大证券	20,645
69	民生证券	19,543
70	新时代证券	19,414
71	中原证券	16,559
72	中山证券	16,541
73	财富证券	15,440
74	万和证券	15,141
75	网信证券	14,206
76	中天国富	13,540
77	红塔证券	13,058
78	中航证券	11,393
79	川财证券	10,944
80	钰泰证券	10,327
81	爱建证券	9,948
82	开源证券	9,945
83	宏信证券	9,067
84	金元证券	8,087
85	华鑫证券	7,520
86	中邮证券	6,692
87	长城国瑞	6,505
88	东方财富	6,413
89	大同证券	6,341
90	瑞银证券	5,767
91	大通证券	5,236
92	世纪证券	4,953
93	北京高华	995
94	华菁证券	102
95	汇丰前海	–
96	东亚前海	–
97	华福证券	–2,775
98	中天证券	–15,933

注:证券投资收入＝交易性金融工具的投资收益＋可供出售金融资产的投资收益＋持有至到期金融资产的投资收益＋衍生金融工具的投资收益＋交易性金融工具公允价值变动收益＋衍生金融工具公允价值变动收益。

2017年度证券公司股权投资收入排名

单位:万元

序号	公司名称	股权投资收入
1	海通证券	107,800
2	中信证券	91,559
3	招商证券	82,146
4	广发证券	73,037
5	平安证券	50,000
6	华泰证券	49,771
7	财通证券	49,535
8	东方证券	43,379
9	西南证券	38,846
10	兴业证券	38,123
11	华福证券	38,000
12	长城证券	36,725
13	国信证券	29,057
14	申万宏源	20,037
15	天风证券	18,671
16	华创证券	17,000
17	银河证券	15,081
18	华信证券	14,866
19	第一创业	13,780
20	中原证券	13,625
21	国都证券	13,133
22	国元证券	11,849
23	长江证券	11,202
24	中金公司	10,061
25	东吴证券	9,439
26	新时代证券	9,000
27	中泰证券	8,857
28	首创证券	8,533
29	东北证券	7,444
30	光大证券	6,608
31	华龙证券	5,702
32	国泰君安	5,199
33	开源证券	5,073
34	山西证券	5,000
35	信达证券	4,996
36	广州证券	2,947

序号	公司名称	股权投资收入
37	华安证券	2,906
38	南京证券	2,560
39	安信证券	1,910
40	国海证券	1,627
41	东海证券	1,151
42	华鑫证券	1,069
43	大通证券	1,000
44	华融证券	776
45	东莞证券	588
46	浙商证券	245
47	太平洋证券	183
48	中山证券	39
49	九州证券	26
50	西部证券	12

注:股权投资收入=对联营企业和合营企业的投资收益+对子公司的投资收益。

2017 年证券公司债券承销业务专项统计

2017 年全年,24 家证券公司作为绿色债券主承销商或绿色资产证券化产品管理人(沪深交易所市场)共承销发行 24 只产品,合计金额 315.12 亿元,其中发行资产证券化产品 7 只 80.97 亿元。12 家公司承销发行 20 只创新创业公司债,合计金额 40.63 亿元。38 家公司参与地方政府债券合计中标 391.46 亿元,合计中标地区 21 个。具体情况如下:

绿色债券(含资产证券化产品)发行主承销(或管理人)家数

序号	公司名称	家数
1	海通证券	3.00
2	开源证券	2.00
3	东兴证券	2.00
4	中信建投	1.33
5	首创证券	1.00
6	中投证券	1.00
7	平安证券	1.00
8	长城证券	1.00
9	华福证券	1.00
10	海通资管	1.00
11	西南证券	1.00
12	东吴证券	1.00
13	广发证券	1.00
14	中银国际	1.00
15	国融证券	1.00
16	广发资管	1.00
17	长城国瑞	1.00
18	华泰联合	0.67
19	中泰证券	0.50
20	太平洋证券	0.50
21	中金公司	0.33
22	西部证券	0.33
23	川财证券	0.33

注:若一个债券发行项目由 N 家证券公司联合主承销,则每家证券公司的主承销家数均按 1/N 家计。

绿色债券(含资产证券化产品)已发行金额

序号	公司名称	发行金额(亿元)
1	中信建投	45.00
2	东兴证券	27.50
2	中信证券	27.50
4	平安证券	26.50
5	华泰联合	25.50
6	海通证券	20.35
7	开源证券	20.30
8	川财证券	17.50
9	中投证券	15.00
10	海通资管	13.04
11	首创证券	10.00
12	长城国瑞	9.83
13	长城证券	9.00
14	西南证券	8.00
15	广发证券	6.00
16	中金公司	6.00
17	西部证券	6.00
18	东吴证券	5.10
19	国融证券	5.00
20	华福证券	4.80
21	广发资管	3.20
22	中泰证券	2.10
23	中银国际	1.00
24	太平洋证券	0.90

注:同一项目分期发行的,仅于发行首期计入当年度主承销家数,发行金额按当年实际承销发行金额计。

创新创业公司债发行主承销家数

1	东吴证券	7.00
2	华福证券	2.00
3	国信证券	1.50
4	中信建投	1.50
5	财通证券	1.00
6	浙商证券	1.00
7	国泰君安	1.00
8	海通证券	1.00
9	英大证券	1.00
10	招商证券	1.00
11	九州证券	1.00
12	中山证券	1.00

创新创业公司债已发行金额

1	浙商证券	18.00
2	英大证券	6.00
3	国泰君安	3.45
4	中信建投	3.30
5	国信证券	3.00
6	海通证券	2.40
7	华福证券	2.20
8	东吴证券	1.56
9	九州证券	0.30
10	招商证券	0.20
11	财通证券	0.12
12	中山证券	0.10

地方政府债券实际中标金额

1	中信证券	77.78
2	中信建投	56.00
3	兴业证券	52.08
4	中银国际	27.30
5	国泰君安	24.47
6	国信证券	23.63
7	申万宏源	22.57
8	海通证券	18.51
9	东方证券	17.40
10	华泰证券	9.80
11	中德证券	8.80
12	广发证券	7.40
13	中山证券	6.90
14	宏信证券	5.03
15	财富证券	4.80
16	长江证券	4.20
17	招商证券	4.00
18	江海证券	2.80
19	国海证券	2.20
20	平安证券	2.00
21	财达证券	1.90
22	国金证券	1.60
23	华福证券	1.50
24	联储证券	1.00
25	民生证券	1.00
26	天风证券	1.00
27	西部证券	1.00
28	浙商证券	1.00
29	中泰证券	1.00
30	广州证券	0.50
31	财通证券	0.40
32	华融证券	0.40
33	太平洋证券	0.40
34	第一创业	0.30
35	中金公司	0.30
36	华安证券	0.20
37	中天国富证券	0.20
38	东方财富	0.10

地方政府债券实际中标地区数

序号	公司名称	实际中标地区个数
1	中信证券	13
2	国泰君安	12
3	海通证券	12
4	国信证券	10
5	兴业证券	9
6	中信建投	8
7	中银国际	7
8	申万宏源	6
9	广发证券	5
10	东方证券	4
11	华泰证券	3
12	中山证券	3
13	宏信证券	2
14	华福证券	2
15	平安证券	2
16	太平洋证券	2
17	招商证券	2
18	中德证券	2
19	财达证券	1
20	财富证券	1
21	财通证券	1
22	第一创业	1
23	广州证券	1
24	国海证券	1
25	国金证券	1
26	华安证券	1
27	华融证券	1
28	江海证券	1
29	联储证券	1
30	民生证券	1
31	天风证券	1
32	西部证券	1
33	东方财富	1
34	长江证券	1
35	浙商证券	1
36	中金公司	1
37	中泰证券	1
38	中天国富证券	1

注:地方债发行主体包括省、自治区和直辖市以及计划单列市大连、青岛、宁波、厦门和深圳,以此为口径统计分区参与情况。

经与交易所、承销机构核对,协会对2018年5月11日发布的2017年证券公司债券承销业务专项统计进行了更正,以此版为准。

2017年度私募投资基金登记备案总体情况

(截至2017年12月底)

截至2017年12月底,基金业协会已登记私募基金管理人22 446家。已备案私募基金66 418只,管理基金规模11.10万亿元,私募基金管理人员工总人数23.83万人。

	私募管理人(家)	管理基金(只)	管理规模(亿元)
证券	8467	32216	22858
股权及创投	13200	28465	70913
其他	7779	5737	17232
合计	22446	66418	111003

截至2017年12月底,私募基金管理人按基金总规模划分,管理规模在1亿元-10亿元的4 945家,10亿元-20亿元的734家,20亿元-50亿元的599家,50亿元-100亿元的238家,100亿元以上的187家。

2017 年中国证券市场交易规模统计表

日期	上市证券总数	上市股票总数	上市A股总数	上市B股总数	总股本（亿股）	总市值（亿元）	流通股本（亿股）	流通市值（亿元）	A股平均市盈率	B股平均市盈率	股票、基金累计成交金额（亿元）	A股累计成交金额（亿元）	B股累计成交金额（亿元）	基金累计成交金额（亿元）	债券累计成交金额（亿元）	代扣A股交易印花税（亿元）	代扣B股交易印花税（亿元）
2017-12	17857	3567	3467	100	53,746.674	567,086.077	45,044.871	449,298.142	18.150	22.480	1,226,149.880	1,123,647.871	977.225	98,052.094	2,584,453.826	1,126.210	0.826
2017-11	17649	3544	3444	100	53,325.002	564,016.415	44,745.584	445,742.449	18.100	22.460	1,132,253.807	1,043,460.225	926.591	84,698.911	2,373,950.884	1,045.690	0.811
2017-10	17015	3508	3408	100	53,043.901	579,121.087	44,579.651	454,726.677	18.360	23.020	1,008,434.400	931,535.342	816.027	73,263.641	2,156,604.387	932.982	0.717
2017-09	16645	3481	3381	100	52,843.868	569,300.937	44,334.120	445,642.685	18.010	23.770	921,633.672	852,228.913	722.372	66,069.647	1,987,539.204	853.287	0.641
2017-08	16203	3444	3344	100	52,623.605	561,972.784	44,006.032	439,483.107	17.990	22.690	799,090.781	737,247.346	602.931	58,929.924	1,765,047.452	737.984	0.530
2017-07	15796	3408	3308	100	52,384.002	542,177.287	43,726.897	425,785.092	17.470	22.070	673,407.751	619,660.369	517.567	51,155.025	1,505,411.999	620.166	0.451
2017-06	15383	3379	3279	100	51,837.261	534,321.716	43,277.914	415,813.407	16.980	21.540	568,382.453	522,126.139	439.664	43,967.241	1,262,438.572	523.209	0.398
2017-05	15151	3343	3243	100	50,891.110	513,612.785	42,640.177	399,360.705	16.490	21.150	474,866.478	437,430.989	376.137	35,547.112	1,005,473.047	438.346	0.345
2017-04	14849	3305	3205	100	50,176.761	527,480.829	42,073.852	405,917.493	16.680	27.170	385,696.399	356,187.213	315.958	27,931.828	774,851.641	356.872	0.289
2017-03	14582	3267	3167	100	49,757.493	539,588.141	41,724.906	414,054.751	16.850	27.450	285,931.153	264,176.320	244.390	20,569.242	582,919.442	264.519	0.221
2017-02	14344	3219	3119	100	49,506.130	538,211.871	41,526.217	413,509.751	16.830	28.760	159,646.487	148,336.289	141.099	10,633.120	358,133.406	148.672	0.125
2017-01	14235	3187	3087	100	49,347.908	517,247.760	41,354.130	400,012.463	16.320	27.850	72,676.852	67,585.443	56.274	4,686.055	180,049.105	68.718	0.052

数据来源：Wind

2017 年度证券公司脱贫攻坚等社会责任履行情况专项评价结果

中国证券业协会对2017 年度98 家证券公司脱贫攻坚等社会责任履行情况进行了专项评价。评价指标包括结对帮扶国家级贫困县个数、服务贫困地区企业首次公开发行股票并上市项目个数、其他方式服务贫困地区企业融资金额、公益性支出占比、绿色债券（含资产证券化产品）及创新创业公司债已发行总金额等。具体评价结果如下：

1．证券公司结对帮扶国家级贫困县个数

单位：个

序号	公司名称	个数
1	方正证券	9
2	西部证券	8
3	中泰证券	8
4	恒泰证券	7.5
5	国信证券	7
6	华金证券	6.5
7	长江证券	5.5
8	东方证券	5.5
9	民生证券	5.5
10	天风证券	5.5
11	国融证券	5
12	华林证券	5
13	湘财证券	5
14	银河证券	5
15	长城证券	4.5
16	光大证券	4.5
17	东北证券	4
18	东海证券	4
19	东吴证券	4
20	国泰君安	4
21	华宝证券	4
22	华创证券	4
23	山西证券	4
24	申万宏源	4
25	中原证券	4
26	财富证券	3.5
27	财通证券	3.5
28	国金证券	3.5
29	国开证券	3.5
30	国联证券	3.5
31	华信证券	3.5
32	中金公司	3.5
33	东兴证券	3
34	海通证券	3
35	华西证券	3
36	江海证券	3
37	金元证券	3
38	太平洋证券	3
39	东方财富	3
40	中航证券	3
41	中山证券	3
42	中天国富	3
43	中信建投	3
44	第一创业	2.5
45	国盛证券	2.5
46	国元证券	2.5
47	华福证券	2.5
48	申港证券	2.5
49	万联证券	2.5
50	兴业证券	2.5
51	长城国瑞	2
52	东莞证券	2
53	国海证券	2

序号	公司名称	个数
54	宏信证券	2
55	华龙证券	2
56	九州证券	2
57	开源证券	2
58	新时代证券	2
59	银泰证券	2
60	招商证券	2
61	浙商证券	2
62	中天证券	2
63	中信证券	2
64	大同证券	1.5
65	广州证券	1.5
66	信达证券	1.5
67	爱建证券	1
68	安信证券	1
69	渤海证券	1
70	财达证券	1
71	川财证券	1
72	德邦证券	1
73	广发证券	1
74	国都证券	1
75	红塔证券	1
76	华安证券	1
77	华融证券	1
78	华泰证券	1
79	华鑫证券	1
80	联储证券	1
81	联讯证券	1
82	南京证券	1
83	平安证券	1
84	世纪证券	1
85	首创证券	1
86	万和证券	1
87	五矿证券	1
88	西南证券	1
89	中银国际	1
90	中邮证券	1
91	网信证券	0.5

注:帮扶个数相同的,按公司名称拼音排序;母公司、证券子公司合并计算。

2. 服务贫困地区企业首次公开发行股票并上市项目个数

单位:个

序号	公司名称	项目个数
1	长江证券	1
2	国海证券	1
3	海通证券	1
4	华龙证券	1
5	中泰证券	1
6	中信证券	1

注:项目个数相同的,按公司名称拼音排序。

3. 其他方式服务贫困地区企业融资金额

单位:亿元

序号	公司名称	金额
1	东方证券	74.55
2	国开证券	73.54
3	招商证券	71.94
4	兴业证券	61.07
5	华龙证券	54.29
6	北京高华	45.00
7	财富证券	44.70
8	长江证券	43.28
9	华创证券	31.33
10	天风证券	21.37
11	广州证券	17.00
11	恒泰证券	17.00
13	中金公司	13.00
14	中山证券	12.52
15	渤海证券	12.00
16	广发证券	12.00
17	开源证券	12.00
18	国信证券	10.60
19	国金证券	10.58
20	东兴证券	10.53
21	国联证券	10.00
22	信达证券	9.10
23	西南证券	8.20
24	九州证券	8.00
25	中泰证券	8.00
26	五矿证券	7.00
27	财达证券	6.75
28	国海证券	6.06
29	中信证券	5.95
30	中信建投	5.66
31	国盛证券	5.16
32	太平洋证券	4.16
33	平安证券	4.12
34	东莞证券	3.50
35	华西证券	2.50
36	华泰证券	2.10
37	申港证券	1.60
38	宏信证券	1.50
39	长城证券	1.15
40	方正证券	0.99
41	国泰君安	0.99
42	西部证券	0.98
43	海通证券	0.96
44	东方财富	0.85
45	第一创业	0.75
46	华福证券	0.58
47	国都证券	0.54
48	华融证券	0.54
49	国融证券	0.38
50	东吴证券	0.37
51	东海证券	0.30

序号	公司名称	金额
52	安信证券	0.26
53	申万宏源	0.25
53	万联证券	0.25
55	东北证券	0.20
56	山西证券	0.11
57	金元证券	0.10
58	光大证券	0.05
59	湘财证券	0.02

注:融资金额相同的,按公司名称拼音排序;母公司、证券子公司、私募基金子公司、另类投资子公司、其他子公司(不含期货、基金子公司)合并计算。

4. 公益性支出占比

单位:‰

序号	公司名称	公益性支出占比
1	中天国富	25.34
2	华信证券	6.04
3	南京证券	4.92
4	兴业证券	4.48
5	华西证券	4.14
6	国元证券	3.72
7	湘财证券	3.71
8	华安证券	3.66
9	恒泰证券	3.51
10	天风证券	3.41
11	银河证券	3.30
12	东海证券	2.62
13	东方证券	2.60
14	西南证券	2.14
15	财通证券	2.11
16	光大证券	2.02
17	国信证券	1.84
18	东兴证券	1.75
19	东吴证券	1.68
20	中金公司	1.38
21	申万宏源	1.22
22	国泰君安	1.20
23	安信证券	1.18
24	广发证券	0.79
25	招商证券	0.76
26	华泰证券	0.68
27	海通证券	0.35
28	中信证券	0.29

注:公益性支出占比 = 公益性支出/营业收入且公益性支出金额在500万以上的,公益性支出与营业收入数据取自证券公司经营业绩指标排名数据。

5. 绿色债券(含资产证券化产品)及创新创业公司债已发行总金额

单位:亿元

序号	公司名称	总金额
1	中信建投	48.30
2	海通证券	35.79
3	东兴证券	27.50
3	中信证券	27.50
5	平安证券	26.50
6	华泰证券	25.50
7	中金公司	21.00
8	开源证券	20.30
9	浙商证券	18.00
10	川财证券	17.50
11	首创证券	10.00
12	长城国瑞	9.83
13	广发证券	9.20
14	长城证券	9.00
15	西南证券	8.00
16	华福证券	7.00
17	东吴证券	6.66
18	西部证券	6.00
18	英大证券	6.00
20	国融证券	5.00
21	国泰君安	3.45
22	国信证券	3.00
23	中泰证券	2.10
24	中银国际	1.00
25	太平洋证券	0.90
26	九州证券	0.30
27	招商证券	0.20
28	财通证券	0.12
29	中山证券	0.10

注:发行金额相同的,按公司名称拼音排序;母公司、证券子公司合并计算。

2017 年证券期货市场诚信情况

为深入学习贯彻党的十九大精神,全面贯彻落实中央经济工作会议和全国金融工作会议工作部署,落实国务院《社会信用体系建设规划纲要(2014—2020 年)》的工作安排,加强诚信监管,提升资本市场诚信水平,近日,证监会资本市场诚信建设办公室根据资本市场诚信数据库的数据信息,对 2017 年资本市场诚信状况进行了统计、分析。

根据诚信数据库记录的违法失信信息,我们对 2017 年度证券期货市场各类活跃主体的诚信状况进行了分析梳理。从违法失信主体情况看,2017 年度存在违法失信记录的机构共 1 072 家。其中,上市公司相关责任主体 355 家、非上市公众公司相关责任主体 117 家、公司债券发行人 57 家、证券公司 75 家、基金管理公司 27 家、期货公司 52 家、证券投资咨询机构 46 家、基金销售机构 37 家、资信评级机构 2 家,会计师事务所 22 家、资产评估机构 16 家、律师事务所 14 家、私募基金管理人 174 家、机构投资者 61 家、其他违法失信机构 17 家。其中,以上市公司相关主体、私募基金管理人相关主体和非上市公众公司相关主体为主,约占全部违法违规主体的 60.2%。

2017 年度存在违法失信记录的个人共 1 716 人。其中,上市公司相关人员 927 人、非上市公众公司相关人员 77 人、公司债券发行人相关人员 24 人,证券公司从业人员 109 人、基金管理公司从业人员 60 人、期货公司从业人员 54 人、证券投资咨询机构从业人员1人、会计师事务所从业人员106人、资产评估机构从业人员37人、律师事务所从业人员18人、私募基金管理人从业人员29人、个人投资者245人、其他人员29人。其中，以上市公司相关人员（包括上市公司董监高，上市公司控股股东、实际控制人，上市公司持股5%以上个人投资者，上市公司并购重组交易对方董监高，拟上市公司董监高）为主，占比54.0%。

从违法失信行为情况看，市场违法失信行为中信息披露违法失信行为仍然高居首位，占比47.4%，内控管理违法失信行为占比21.5%，业务经营违法失信行为占比17.2%，市场交易违法失信行为占比13.6%。上市公司责任主体的违法失信行为主要是信息披露违法，这一定程度上说明信息披露违法失信行为既是上市公司监管的核心，也是市场违法失信的“高危区”。

今后，证监会将继续高度重视并持续加强诚信建设，促进资本市场长期稳定健康发展。

2017年证监会行政处罚情况综述

来源：中国证监会 www.csrc.gov.cn

2017年，中国证监会深入学习宣传贯彻党的十九大精神、中央经济工作会议和全国金融工作会议精神，在习近平新时代中国特色社会主义思想指导下，紧紧围绕服务实体经济、防控金融风险、深化金融改革三项任务，不断强化监管执法工作，坚决打击资本市场各类违法违规行为。全系统上下统一执法理念，凝聚执法合力，对资本市场乱象重拳出击，果断亮剑，依法全面从严实施行政处罚，全年作出行政处罚决定224件，罚没款金额74.79亿元，同比增长74.74%，市场禁入44人，同比增长18.91%，行政处罚决定数量、罚没款金额、市场禁入人数再创历史新高，有力维护了市场“三公”原则，有效保护了投资者合法权益，为资本市场的健康稳定运行提供了强有力保障。

信息披露违法类案件处罚60起。其中，慧球科技“1001项议案”违法系列案、九好集团与鞍重股份“忽悠式重组”案、雅百特财务造假案等市场影响大、社会关注度高，我会依法严肃处理，及时回应了投资者关切；方正证券等信息披露违法系列案涉案主体多、手法隐蔽、持续时间久，市场影响恶劣，山东墨龙虚假陈述欺诈投资者，其实际控制人借机违法减持，内幕交易，“吃相难看”令市场哗然，我会依法予以严惩。同时，我会也通过行政追责进一步强化大股东的法律责任和信义义务，对新疆成农违法减持“金新农”、郑明略违法减持“巨轮智能”等超比例增减持股票未披露及限制期内交易案件从严处罚；落实“看穿式监管”理念，对江苏文峰、益盛药业未如实披露其股东股权代持情况、游久游戏大股东未披露一致行动关系等案件依法严处。我会通过严格执法，将发行人、上市公司及其大股东、实际控制人、董监高责任落实到位，切实防范发行上市、并购重组中的短期化、套利化投机行为和资本脱实向虚倾向，引导上市公司更加注重规范治理，更加注重主业经营，提升财务质量，回归实体本源，不断夯实资本市场健康发展的基石。

操纵市场类案件处罚21起。随着市场的发展和监管的加强，操纵市场案件不断发生新的变化，一是涉案账户控制关系趋于复杂，如鲜言控制多名自然人账户、14个信托账户、28个HOMS交易单元操纵“多伦股份”，骄龙资产使用资管计划证券账户操纵“广汽集团”，穗富投资使用20余个资管账户操纵“宁波富邦”；二是一些不法分子实施跨境、跨市场操纵行为，如唐汉博利用“沪股通”跨境操纵“小商品城”；三是与其他案件类型相比，操纵案件的涉案金额及非法获利日趋巨大，如鲜言操纵市场案违法所得5.7亿余元，朱康军操纵市场案违法所得近2.7亿元，唐汉博、唐园子等操纵市场案违法所得约2.5亿元，此外还有马永威等操纵“福达股份”案、徐留胜操纵“天瑞仪器”等股票案等7起案件获利在千万以上；四是有的上市公司利益相关方与操纵方合谋操纵，如蝶彩资产实际控制人谢风华与恒康医疗实际控制人阙文彬合谋，以“市值管理”为名行操纵牟利之实。我会通过用足法律赋权，严厉打击形形色色的市场操纵行为，有效抑制市场过度投机、跟风炒作氛围，倡导价值投资理念，消除市场风险隐患，营造安全、稳定、公平的市场环境。

内幕交易类案件处罚60起。其中，有44起案件的内幕信息涉及资产并购重组事项，占比为73.33%，说明上市公司并购重组领域依然是内幕交易的高发地带，也是行政执法的重点监控地带；有行为人试图借用“马甲”账户进行内幕交易以逃避制裁，如徐玉锁（远望谷实际控制人）内幕交易“远望谷”案，刘晓忠内幕交易“唐山港”案，李铁军内幕交易“益盛药业”案，终难逃脱法律责任；有些案件内幕信息传递链条长、涉案主体多，我会在执法中持续加大对内幕信息泄露人追责力度，如吴福利泄露唐山港内幕信息案、王文平泄露江苏索普内幕信息案、冯玉露泄露中科英华内幕信息案、张江泄露“*ST新材”内幕信息案等。我会通过严厉打击内幕交易行为，警示处于信息优势的上市公司“内部人”常怀律己之心，保护处于信息劣势的中小投资者免受不法侵害，切实维护公平透明的市场交易秩序。

中介机构违法类案件处罚17起。其中，新时代证券、西南证券开展保荐业务未勤勉尽责，西南证券、爱建证券开展上市公司重大资产重组项目财务顾问业务未勤勉尽责，信永中和会计师事务所开展上市公司首发上市及年报审计业务、瑞华会计师事务所、中兴华会计师事务所开展上市公司年报审计业务未勤勉尽责，立信会计师事务所开展上市公司重大资产重组审计业务未勤勉尽责，北京天元律师事务所开展上市公司重大资产重组项目法律服务业务未勤勉尽责，广东君信律师事务所、北京东易律师事务所开展IPO法律服务业务未勤勉尽责，中联评估开展上市公司重大资产重组项目评估业务未勤勉尽责等案件，均依法受到严肃处理。我会通过严格落实中介机构法律责任，督促保荐人、财务顾问、会计师事务所、律师事务所、评估机构等专业机构及其从业人员切实提升诚信守法、自律合规意识和专业化水平，依法、勤勉、审慎地开展证券服务业务，不断规范、强化资本市场的外部约束机制。

私募基金领域违法案件处罚8起。其中，盛世嘉和投资基金管理（北京）有限公司、深圳前海新富资本管理集团有限公司、广东中大创业投资管理有限公司、广东盈隆汇股权投资基金管理有限公司、湖北运鸿创赢股权投资基金管理有限公司等私募基金管理人违反私募基金相关监管规定，不同程度存在未按规定办理基金产品备案、向非合格投资者募集资金、向不特定对象宣传推介产品、承诺最低年化收益率、挪用基金财产、未评估投资者的风险承受能力等违法违规行为，依法受到行政处罚。我会将不断加大对私募基金管理人的行政追责力度，坚决遏制私募基金领域违法违规多发态势，严令私募基金领域相关机构和人员恪尽职守，诚信为本，合规经营，消除金融乱象，封堵监管漏洞，防范金融风险，督促私募基金管理人切实提升投资管理能力和风险控制能力，为服务实体经济贡献更大力量。

期货市场违法案件处罚3起。廖山炎操纵"普麦1601"期货合约,上海有色金属交易中心编造传播虚假信息扰乱期货市场秩序,三立期货为其实际控制人个人借款提供担保导致账户被人民法院冻结,给投资者利益造成重大风险,均依法受到相应的行政处罚。与股票市场相比,期货市场违法案件虽然数量不多,但违法行为的风险外溢效应不容小觑。我会将不断强化期货衍生品市场的监管执法力度,规范期货交易行为,促进期货市场更好发挥风险管理、服务实体经济的功能。

新三板市场违法案件处罚5起。其中,中泰证券与易所试公司合谋操纵该公司股票,哥仑步未及时披露公司董事长兼总经理的辞职信息,晨龙锯床未及时、准确、完整披露与关联方资金往来情况,鸿铭科技未及时报送、披露重大资产重组事项,枫盛阳未按规定及时披露对外担保、资金占用事项,均依法受到行政处罚。为促进多层次资本市场健康发展,我会对新三板市场持续加大监管执法力度,有异动必有反应,有违法必有惩处,我会将通过严格执法不断督促挂牌公司依法履行信息披露义务,约束参与各方规范遵守交易秩序,保障新三板市场的健康发展,更好发挥其服务创新、成长、中小微型企业的功能。

此外,我会还依法处理了短线交易、证券从业人员买卖股票、法人利用他人账户买卖股票、基金经理"老鼠仓"交易等案件25起。

一年来,通过依法全面从严的行政处罚工作,有力震慑了市场违法行为,引导市场主体敬畏法律,知所行止,严守底线,有效净化了市场生态环境,巩固了市场健康发展的法治基础,筑牢了不发生系统性风险的"防火墙"。新的一年,证监会将继续深入贯彻落实习近平新时代中国特色社会主义思想,不忘初心,牢记使命,坚持稳中求进工作总基调,恪尽职守、敢于监管、精于监管、严格问责,肩负起新时代赋予的新责任和新使命,持续推进资本市场的稳定健康发展。

2017 年证监会派出机构行政处罚情况综述

来源:中国证监会 www.csrc.gov.cn

2017年,中国证监会深入学习贯彻党的十九大精神,全面贯彻落实中央经济工作会议和全国金融工作会议部署,以习近平新时代中国特色社会主义思想为指导,紧紧围绕服务实体经济、防控金融风险、深化金融改革三项任务,进一步优化全系统执法资源、强化派出机构辖区监管职责,加强对派出机构行政处罚工作的监督指导、统筹协调,统一执法标准和执法理念,依法全面从严打击资本市场各类违法违规行为,勇于担当,敢于亮剑,铁腕执法,整饬乱象,不断凝聚执法合力,全系统执法效能有了进一步提升。派出机构全年作出行政处罚决定123件,同比增长44%,占同期全系统行政处罚数量近40%,罚没款金额2.06亿元,同比增长57%。行政处罚决定数量、罚没款金额创历史新高,有力强化了辖区监管权威性和威慑力。

从2017年处罚案件的地域分布看,华东地区9家派出机构处罚37件,华南地区4家派出机构处罚25件,华北地区5家派出机构处罚19件,西南地区5家派出机构处罚15件,西北地区5家派出机构处罚11件,东北、华中地区分别为4家派出机构处罚8件,派出机构处罚案件数量与各辖区市场规模、执法能力相适应,证监会全系统行政处罚一盘棋的格局初步形成。

2017年,派出机构通过日常监管与稽查执法的密切配合,实现了对违法行为从线索发现到立案处罚的快速反应和无缝链接,严惩了一批社会呼声高、市场较为关切的类型化案件。一是集中处理一批私募基金违法行为。在私募基金快速发展过程中,一些私募基金管理人急功近利、无视规则,屡屡跨越法律禁止之红线。针对私募基金不规范行为,深圳证监局、湖北证监局、青岛证监局等派出机构对9家私募基金管理人未按规定办理基金备案手续、向合格投资者之外的个人募集资金、向投资者承诺保本或最低收益、向不特定对象宣传推介私募基金产品等违法行为进行处罚,剑指私募基金乱象,引导私募基金行业规范发展。二是坚决打击大股东违法减持行为。大股东违法减持是A股市场之大害,历来为广大投资者深恶痛绝。为避免大股东"抽血走人"、踩踏中小投资者,江苏证监局、吉林证监局、新疆证监局等派出机构对27起上市公司董事、监事、高级管理人员及大股东违法减持类案件作出处罚,约束上市公司内部人合法依规买卖股票,切实保护中小投资者合法权益。三是严惩从业人员炒股行为。禁止从业人员交易股票是预防从业人员"近水楼台""监守自盗"的有效抓手。上海证监局在杨泰华从业人员违法买卖股票案中,对当事人开出5 700万元的"大额罚单",创派出机构单个案件罚没款金额之最,有效震慑利益输送。

过去一年,派出机构不惧压力、迎难而上,积极研究新情况、解决新问题、探索新办法,敢于用足用好法律空间,对证券市场中各类违法交易行为始终保持高压态势,处罚了一批具有典型意义的案件。在傅哲宽、林芳荔内幕交易"恒泰艾普"案、闫华、郑宏内幕交易"*ST新材"案中,北京证监局认定非法获取内幕信息的人与他人共同从事内幕交易,破解了内幕信息传递链条上的难题。在陈海峰内幕交易"喜临门"案、徐骏内幕交易"海亮股份"案中,浙江证监局通过"密切关系人"锁定信息来源,有效地打击在亲属间传递内幕信息、进行内幕交易的行为。在林安内幕交易"博汇纸业"案中,山东证监局在一揽子内幕信息的认定上作出有益探索。在徐再聪操纵"航天工程"等股票案,阮克荣操纵"益民集团"等股票案中,广东证监局和安徽证监局各自在充分论证、释明法理的基础上,适用兜底条款,有力打击了新型操纵市场行为。在陈广潮等操纵"蓉胜超微"案中,广东证监局首开先河,运用相互印证的间接证据认定合谋操纵,为严惩联合操纵市场的恶劣行为作出示范。派出机构积极执法、敢于担当,坚决贯彻落实依法、全面、从严的监管理念,对市场乱象抓早抓小,为规范市场秩序,维护市场健康稳定发展作出了积极贡献。

在证监会的统一指导下,派出机构行政处罚工作蹄疾步稳,开拓向前,处罚的案件经受住了司法审查的检验,2017年,派出机构被诉案件5件,其中,我会胜诉3件,法院驳回原告起诉1件,原告主动撤诉1件。派出机构行政处罚工作已经具备"接得起""罚得出""立得住"的实力。

一年以来,证监会行政处罚委员会通过对派出机构执法工作监督指导,制定统一的执法标准,发布疑难问题问答指引,开展全系统执法培训等形式,不断加强对派出机构行政处罚工作的统筹协调,保障全系统处罚案件审理质量统一、执法标准统一、处罚力度统一,进一步提升全系统行政处罚工作的一致性、协调性,全系统行政处罚案件质效齐升,处罚力度不断加大,牢固树立证监会执法的权威性和公信力,切实践行党中央关于依法治国、依法行政的部署要求。

2018 年,证监会将继续深入贯彻落实习近平新时代中国特色社会主义思想,不忘初心,牢记使命,紧紧围绕全面推进依法治国的总目标,扎实推进依法行政和法治政府建设,公正执法、廉洁执法、从严执法、高效执法,进一步整合全系统行政处罚资源、提升行政处罚效能,不断强化依法全面从严监管,严惩资本市场违法违规行为,持续净化资本市场生态,为资本市场持续稳定健康发展保驾护航!

2017 年证监会行政处罚案件诉讼情况综述

来源:中国证监会 www. csrc. gov. cn

2017 年,证监会深入学习贯彻十九大精神,认真落实中央经济工作会议和全国金融工作会议各项要求,扎实推进党中央、国务院关于资本市场加强执法的决策部署,坚持稳中求进工作总基调,紧紧围绕服务实体经济、防控金融风险、深化金融改革三项任务,强化监管执法,回归监管本位,依法全面从严履行监管职责,执法全覆盖、零容忍,加大对重点监管领域的执法力度,整顿金融乱象,对危害市场秩序的各类违法行为持续保持高压态势,行政处罚数量、罚款金额、市场禁入数量屡创新高,行政处罚工作蹄疾步稳,质效齐升。

强大的执法态势,对各种金融乱象起到了强有力的遏制作用,有效震慑了证券期货市场各类违法行为,取得了显著的社会效果和法律效果。与此同时,行政处罚诉讼案件数量持续保持高位运行。2015 年、2016 年和 2017 年,证监会系统行政处罚诉讼案件分别为 31 件、43 件和 48 件,连续三年创造历史新高。面对诉讼多发、高发的态势,证监会从容应对,依法充分尊重当事人诉讼权利,积极主动配合司法审查,依法开展行政应诉工作,连续三年行政处罚诉讼案件保持实体“零败诉”,远低于 2017 年 12 月 19 日北京市高级人民法院发布的北京金融类行政诉讼一审实体判决行政机关败诉率 18.07%。2017 年证监会行政处罚诉讼的 48 件案件中,法院对其中 35 件案件作出判决或裁定。35 件案件中,原告主动撤诉 5 件;法院驳回再审申请 1 件;剩余案件无一例判决撤销或改变我会行政处罚决定。

2017 年以来,行政处罚诉讼案件呈现多样化、复杂化、新颖化的特点,案件类型既包括证券市场操纵、内幕交易、信息披露违法、短线交易、中介机构未勤勉尽责等传统案件,也包括期货市场操纵、编造传播虚假信息、上市公司大股东违法减持、欺诈发行等历史上首次出现的新型案件。同时,新行政诉讼法正式实施后,法院对证监会行政处罚诉讼案件的司法审查标准日趋严格,审查重点呈现由具体行政行为审查向抽象行政行为审查延伸,由合法性审查向合理性审查延伸,由事实证据问题审查向法律适用问题审查延伸,由实体合法性审查向程序合法性审查延伸等特点,证监会行政处罚应诉工作面临严峻考验。

面对行政处罚诉讼工作的新形势、新特点及日趋严格的司法审查,证监会高度重视行政处罚应诉工作,刘士余主席反复强调,无论胜诉败诉都是证监会的宝贵财富,要求出庭人员耐心听取当事人的诉求;姜洋副主席多次重申,要坚决打消怕诉讼而不敢处罚的心理,执法要有“置之死地而后生”的勇气和定力。证监会充分尊重司法审查,主动适应司法审查的新形势、新要求,遵循监管规律、审判规律,严守法律底线,坚持专业化方向,注重提升行政处罚的质量与效能,注重保障应诉工作,打造专业化审理、应诉队伍,建立符合应诉工作一般规律的应诉工作机制。为做好行政处罚应诉工作,履行应诉职责,证监会建立了“谁审理,谁应诉”的案件审理、应诉一体化责任制,一方面倒逼审理人员恪守法律,用应诉的抗辩思路审视证据、适用法律、确定量罚尺度,从源头上提升行政执法质量;另一方面审理人员担纲出庭应诉,行政执法战线的同志凝心聚力、迎难而上,辅之以专业化的应诉工作保障机制,实现了符合应诉工作一般规律的执法责任制与应诉工作专业化的有机结合。在证监会党委的坚强领导下,在日趋成熟、规范的应诉工作机制的保障下,证监会机关未外聘过一名执业律师代理诉讼,没有为应诉额外花过国家一分钱,证监会执法水平、应诉专业化、法治化水平通过法院审判和判决得以体现。北京市高级人民法院发布的十大金融典型行政案例中有 6 个是证监会案件。2017 年,行政处罚诉讼工作中,无论是首例行政机关负责人出庭应诉,还是首例因巨额错单交易引发的行政处罚诉讼案件落槌、首例因操纵期货市场行政处罚诉讼案取得最终胜诉,都成为具有标志意义的事件。

第一,行政机关负责人出庭应诉拔得头筹、赢得好评。近日,欣泰电气诉证监会一案,二审在北京市高院公开开庭审理,黄炜主席助理出庭应诉,成为中央部级机关负责人出庭应诉的首例。黄炜主席助理在法庭上郑重申明,证监会应诉不仅是为证监会自身行政行为的合法性抗辩,更是为被违法行为侵害、遭受巨额经济损失的广大中小投资者抗辩,更是为维护证券市场稳定健康运行的正常秩序而抗辩。通过行政机关负责人出庭应诉,证监会再次向市场传递了监管部门的法治理念,推动了资本市场厉行法治的进程。

第二,首例再审案件被最高人民法院驳回。光大证券内幕交易案当事人之一杨某某诉证监会再审一案,历经一审、二审、再审听证,历时 4 年的因“光大乌龙指”引发的杨某某诉证监会一案完美收官。此案是一例涉及 ETF 及股指期货的新型内幕交易案件,无先例可循,因具有跨市场、跨品种的特点,案件处理引起广泛关注。一审、二审及再审听证均围绕本案的错单交易信息是否构成内幕信息、信息是否已在光大证券交易前公开、光大证券的交易是否构成内幕交易的豁免情形以及处罚幅度等问题展开。证监会在庭审过程中向法院充分说明了案件事实、相关证据与法律逻辑,经法院的严格审查,最终得到了司法的认可。该案再审被驳回,进一步树立我会执法权威和公信力,实现执法警示效应,有效发挥了司法判决的理性引领作用。

第三,首例操纵期货市场类诉讼案件两审胜诉。陶某诉证监会一案,法院全面支持了证监会依据交易终端重合比例、交易行为特征等综合认定共同操纵的认定思路;支持了证监会关于操纵期货交易价格的认定标准。期货市场具有价格发现、套期保值、风险规避和资源配置功能,采取保证金交易制度,当日无负债结算制度(T+0),杠杆效应明显。操纵期货市场类案件与操纵证券市场类案件既有共通之处,也存在一定的差异,通过对操纵期货交易价格行为的司法审查,确定了此类案件相对清晰、明确的执法标准,再次为期货市场的有序运行划定监管红线,为推动期货立法积累了案例基础,为期货更好发挥风险管理、服务国民经济和实体产业起到积极作用。

通过近年来的行政处罚诉讼案件,证监会的执法原则和标准得到进一步巩固和确认,证监会的执法权威和执法理念得到进一步加强。在内幕交易类、操纵市场类、上市公司大股东违法减持类、编造传播虚假信息类等典型案件中,司法判决对我会的执法原则和执法标准予以支持和认同。

在内幕交易类诉讼案件黄某某诉证监会案中,法院支持了证监会对内幕信息敏感期范围的划定、敏感期内反向交易不构成内幕交易抗辩理由等认定原则；支持了证监会根据联络接触、交易异常等认定内幕交易的思路，并认为应由当事人提供证据证明交易行为的合理性。通过对内幕交易行为的司法审查，进一步巩固了该类案件的执法原则，有效震慑了违法者，有力维护了公开、公平、公正的市场秩序，切实保护了投资者合法权益。

在操纵证券市场类诉讼案件吕某某诉证监会案中，法院支持了证监会综合交易下单地址、资金关联、账户的实际管理、交易情况及特点等因素判断账户控制关系的认定原则；支持了证监会综合交易量占比、持仓量占比、自买自卖量占比等情况，认定操纵行为的思路。通过对操纵证券市场类诉讼案件的司法审查，证监会对此类案件的执法标准得到进一步的巩固和完善，对市场高发频发的市场操纵类违法行为形成强有力的威慑，促进市场公平有序运行。

在上市公司大股东违法减持类案件庄某某诉证监会案中，法院支持了证监会关于大股东增持或减持已发行股份比例未达 5% 时作出的公告不能替代达到 5% 时法定公告义务的认定原则；支持了证监会对大股东未在法律规定增持或减持已发行股份 5% 时停止增持或减持，也未履行报告和公告义务依法分别予以行政处罚的执法原则。通过对上市公司大股东违法减持类案件的司法审查，进一步明确了大股东减持股票时的信息披露及限制期不得买卖义务，震慑了大股东滥用其在公司持股地位和资金、信息优势鱼肉市场等违法行为，有力地保障了中小投资者合法权益。

在编造、传播虚假信息类案件刘某某、陈某诉证监会两案中，法院支持了证监会关于虚假信息的界定、编造传播虚假信息适格主体及有关人员范围、扰乱证券市场秩序的考量因素等认定原则。股票市场是信息导向市场，虚假信息严重影响投资者对市场的判断，通过对编造、传播虚假信息类案件的司法审查，进一步明确无论是专业媒体、专业人士或是普通股民，都应对法律心存敬畏，依法自觉约束有关市场的言论，切实维护证券期货市场的信息管理秩序。

在信息披露违法类案件刘某某诉证监会案中，法院支持了证监会根据责任人在信息披露违法中的作用、身份职务、勤勉尽责情况等因素划分法律责任层次的原则；支持了证监会对当事人提出不知情、任职时间短、信赖审计机构意见、不直接从事经营管理等理由不能免责的认定原则。同时，此类案件的司法审判中，还明确了连续违法行为的判断标准等问题。通过对信息披露违法案件的司法审查，再次巩固了证监会对此类案件一贯的执法思路和原则，有效地震慑了上市公司滥用信息优势恶意欺诈投资者的行为，引导上市公司优化公司治理结构，有效保障了资本市场健康可持续发展。

与此同时，法院审判过程中对证监会进一步提高依法行政水平提出了有益建议，积极推进证监会规范和完善行政执法工作。证监会高度重视法院的审判意见和建议，积极主动完善体制机制，不断提高依法处罚、依法行政的能力和水平。诉讼结果表明，证监会的行政处罚经得起司法机关的检验，证监会严格规范公正文明的执法，在法院公平公正的审判中获得了赞同和支持。

要加快建成融资功能完备、基础制度扎实、市场监管有效、投资者权益得到充分保护的强大的资本市场，必须厉行法治，法治的昌明是基石。严格规范公正文明的行政执法与公平正义强力高效的司法裁判良性互动，是推动资本市场法制建设不断进步的必由之路。在资本市场执法实践中，要始终坚定不移地以习近平新时代中国特色社会主义思想为根本遵循，厚植中国底蕴，凝聚中国智慧，探索中国路径，总结中国经验，作出中国贡献。

下一步，证监会将以党的十九大精神为指引，不忘初心，牢记使命，以习近平新时代中国特色社会主义思想为引领，继续践行恪尽职守、敢于监管、精于监管、严格问责的监管精神，持续强化依法全面从严监管，坚决打击资本市场各类违法行为，切实净化市场生态，引导市场主体敬畏法律、尊重法律、恪守法律，提高资本市场的法治化水平，为新时代资本市场改革发展稳定保驾护航。

2017 年证监会监管执法情况综述

来源：中国证监会 www. csrc. gov. cn

为深入贯彻落实全国金融工作会议精神，2017 年，证监会紧紧围绕服务实体经济、防控金融风险、深化金融改革三项任务，坚持依法全面从严监管，不断强化稽查执法，严厉打击各类违法违规行为，促进证券期货市场健康稳定发展，保护投资者合法权益，营造公开、公平、公正的市场环境。从证监会 2017 年监管执法情况统计数据看，无论是体现日常监管力度的行政监管措施数量，还是体现稽查执法态势的立案调查、行政处罚数量，都有大幅度的增长。2017 年，证监会全年共采取行政监管措施 1 269 件，新增立案调查 312 起，作出行政处罚 237 件，针对 44 人作出市场禁入 25 件，监管执法工作取得良好效果。

一、行政监管措施数量大幅增长，日常监管力度日益增强

行政监管措施具有快速反应、及时矫正违法违规行为的特点，是日常监管的重要手段，在日常监管中发挥了重要作用。近年来，证监会在依法全面从严监管理念下，着力强化日常监管，行政监管措施数量呈逐年递增趋势，2015 年、2016 年行政监管措施数量分别较上一年度增长了 47%、51%，2017 年较上一年度又有大幅提升，全年共采取行政监管措施 1 269 件，较上一年度增长了 30%，涨幅明显。其中，对市场机构的日常监管力度明显加大，共有 817 家机构被我会采取过行政监管措施，包括上市公司 158 家，占比 19%；非上市公众公司 91 家，占比 11%；证券公司 70 家，占比 9%；期货公司 50 家，占比 6%；基金管理公司 28 家，占比 3%；私募基金管理人 156 家，占比 19%；会计师事务所 22 家，律师事务所 10 家，合计占比 4%。

日常监管力度总体加大的同时，对中介机构的日常监管力度也在逐步加大，涉及中介机构业务的行政监管措施使用频次明显增多。如 2014—2016 年仅针对 13 个市场主体（机构）采取过“限制证券期货经营机构业务活动”类监管措施，而 2017 年针对 24 个市场主体（机构）采取了该类监管措施；又如 2014 - 2016 年均未使用过“责令更换董监高或限制其权利”类监管措施，而 2017 年针对 2 个市场主体采取了该类监管措施。2017 年强监管环境下，行政监管措施实施力度加强，尤其对证券期货经营机构的力度有极大提升。

二、立案调查数量维持高位，稽查执法高压态势常态化

2017 年，证监会紧扣风险防范和稳定发展，聚焦重点领域和市场关切问题，依法严肃查处了一批大案要案。全年新增立案调查 312 起，与 2016 年相比数量进一步上升。近年来，稽查执法保持高压态势，年度新增立案调查数量总体保持高位，2014—2016 年分别新增立案调查 205 起、345 起、302 起，继 2016 年小幅下降，2017 年新增立案调查数量进一步增长。

对于传统违法案件，证监会继续保持高压态势。全年虚假陈述、操纵市场、内幕交易等三大类传统违法案件合计立案203件，占全部立案案件的65%。与近年来对传统违法案件的打击力度保持一致，2015年、2016年这三大类传统违法案件立案数量占比分别为64%、63%。

在严厉打击传统违法案件的同时，对新三板、中介机构执业等领域出现的乱象，也加大了打击力度。2017年，对新三板领域立案19件，同比增长14%。同时，针对部分中介机构执业操守问题，坚持加大打击力度，全年针对中介机构新增立案15件。

此外，为配合立案调查工作，依法对当事人涉嫌转移或隐匿违法资金、证券等涉案财产及时采取冻结措施，全年制发冻结决定书10份，累计冻结涉案资金1.55亿元。此外，全年累计对491名涉案人员申请采取限制出境措施，与公安部门协同执法工作态势进一步巩固。

三、行政处罚数量进一步增长，从严打击违法行为成效显著

2017年，证监会面对市场乱象重拳出击，严厉打击各类证券期货违法违规活动。全年共作出行政处罚决定237件，与2016年相比增加了7%，与2015年相比增加了37%；作出市场禁入决定25件，与2016年相比增加了25%，与2015年相比增加了127%。

近年来，证监会一直牢记使命，切实肩负起法律赋予的职责，不断加大监管执法力度。行政处罚决定数量呈不断上升趋势，2015年、2016年行政处罚总量分别较上一年度增长了8%、28%。同时，2017年被采取市场禁入的主体44人，与2014年、2015年、2016年相比分别增加了42%、120%、16%，是近年来禁入人数最多的一年。

从案件类型上看，2017年证监会对信息披露违法类、内幕交易类案件仍保持严厉打击力度，两类案件占行政处罚决定总量比例为59%。这与一直以来证监会监管趋势相同，2014—2016年，两类案件在全部行政处罚案件中的占比分别为69%、69%、56%。

在此基础上，其他类型案件打击力度也有所增强。如私募机构违法案件行政处罚进一步增多。2016年针对私募机构违法案件作出6件行政处罚。这是证监会第一年针对该类案件作出行政处罚，此前该类案件多由派出机构以行政监管措施方式处理。2017年证监会针对该类型案件作出行政处罚10件，较2016年增长了67%。

同时，2017年证监会进一步加大了针对证券公司、期货公司以及证券服务机构（包括会计师事务所、律师事务所、资产评估机构、投资咨询机构等）违法违规行为的处罚力度。从近年针对相关中介机构的行政处罚情况看，2014－2017年，证监会针对中介机构作出行政处罚决定数量分别为5件、2件、16件、19件。自2016年开始，证监会加大了对上述机构的处罚力度，2017年处罚力度进一步强化，针对上述机构作出行政处罚较2016年又增加了19%。

此外，信息披露案件中，2017年对新三板挂牌公司信息披露违法的处罚力度进一步强化。2017年证监会针对新三板挂牌公司信息披露违法行为作出行政处罚7件，相较2016年增加了75%。

行政处罚决定数量增长的同时，行政处罚罚没款涉及金额也有大幅增长。2017年证监会全年行政处罚罚没款涉及75.66亿元，较2016年（42.01亿元）增长了80%，涨幅较大。而2017年行政处罚决定数量仅比2016年增加了7%。这一方面与案件涉案金额有直接关系，2017年行政处罚案件“大案”较多；另一方面也凸显行政处罚力度进一步加大。

2017年度证监会稽查执法工作情况

来源：中国证监会 www.csrc.gov.cn

2017年，证监会深入学习贯彻党的十九大精神和全国金融工作会议精神，自觉用习近平新时代中国特色社会主义思想武装头脑、指导实践、推进工作，进一步强化“四个意识”，坚定“四个自信”，坚决落实党中央、国务院关于资本市场监管执法的各项决策部署，按照依法全面从严监管的工作方针，紧扣风险防范和稳定发展，聚焦重点领域和市场关切，严厉打击各类证券期货违法违规活动，全面提升稽查执法综合效能，确保市场运行有序，投资者权益得到有效保护，资本市场服务实体经济的功能得到充分发挥。

一、严厉打击违法违规，落实整治市场乱象新定位

案件查办取得显著成效。2017年，证监会从维护市场稳定健康发展的全局出发，立足于防控系统性风险、净化市场环境，坚持打好常规案件查办与专项执法行动“组合拳”，始终保持对各类证券期货违法活动的高压态势。全年新启动调查478件，新增立案案件312件，其中重大案件90件，同比增长一倍。此外，新增涉外案件157件。全年办结立案案件335件，同比增长43%；其中，31起案件移送公安机关追究刑事责任，公安机关已对其中20件立案侦查。

专项行动发挥风险防控作用。我会坚持以专项执法行动为抓手，集中打击重点领域典型违法行为，及时化解潜在风险隐患。今年共部署4个批次专项执法行动，组织查办54起重大典型案件。集中打击股票发行和持续披露环节虚假陈述，查办雅百特海外造假、昆明机床连续多年财务舞弊及相关中介机构未勤勉尽责等10起典型案件，严防有毒资产侵蚀市场运行基础。部署打击恶性操纵市场专项行动，查获马永威等人系列操纵等16起重大案件，及时遏制“炒新”“炒小”对市场秩序的严重干扰。开展专项行动集中查办涉及并购重组、高送转、重大投资决策等多个领域的18起内幕交易案件，对弘高创意实际控制人甄建涛、鱼跃医疗董事长吴光明等人涉嫌内幕交易立案调查，坚决维护市场公平交易原则。针对私募基金领域的专项执法行动集中部署10起案件，重点打击违规经营、利益输送、管理失范等可能引发风险外溢的违法行为，力促行业规范发展。

查办重大案件提振市场信心。严惩浙江九好忽悠式重组、慧球科技1001奇葩议案等无视监管红线、挑战法律底线的恶性案件。彻查龙薇传媒虚假陈述、佳电股份财务造假、山东墨龙业绩变脸等并购重组、大股东减持领域的重大违法行为。快查快处同花顺传播误导信息、曾改雄编造传播期货市场不实信息等扰乱市场信息传播秩序的“黑嘴”。严肃处理债券、期货市场暴露的风险隐患，依法查办五洋建设违法违规、操纵期货合约等多起案件。坚决打击敢于“兴风作浪”的资本大鳄，严惩了鲜言、唐汉博、朱康军、任良成等一批惯犯累犯、职业违法团伙。过去一年，稽查部门集中力量查办各领域重大有影响案件，形成了强大的执法威慑，及时回应了市场关切，取得良好的市场效果、法律效果和社会效果。

二、加强执法机制建设，执法效能提升取得新进展

提升线索发现处理水平。构建即时关注、即时分析、即时反馈、即时核查的快速反应机制，紧盯重要时点、重点股票、重点行为、重点账户,加强实时监控和预警预测,提高线索发现分析的主动性、前瞻性、针对性。全年共受理违法违规有效线索625件,调查启动率76%。会同交易所研究数据协查统计口径和异常交易线索报告标准,提高了线索质量和案件查办效率。制定类案线索筛查指引,创新数据辅助分析模型,完善线索分层分类处理,提高打击及时性和精准度。

优化调查组织管理模式。在大要案办理中充分利用以案代训、援派组长、联合办案等调查模式,统筹系统稽查资源,集中力量快速突破案件,专项行动案件平均调查时间仅为65天,慧球科技1001奇葩议案、雅百特案查结分别用时34天和37天,山东墨龙案查结仅用21天。建立优秀调查组长人才库,充分发挥业务引领作用,实现战斗力的辐射效应。健全以调查组为基础单元的管理模式,严格落实调查单位的主体责任。加强案件办理的监督指导,建立重点案件全程跟进、新型案件专题研究、常规案件节点把控的督导机制。建立稽查局、稽查总队一体化工作机制,在违法线索分析、案件质量控制、办案力量调配等方面形成良性互动,提高执法效率。

着力加强执法规范建设。有序推进类案调查证据规范的编制,统一重点执法环节的程序和标准,进一步规范一线调查办案工作。修订完善案件结案工作制度,防范结案环节执法风险。梳理案件查办遇到的新情况、新问题,及时向立法、司法部门反馈,积极推动《证券法》《刑法》、操纵市场及利用未公开信息交易刑事司法解释等法律的修订和起草工作,夯实打击证券违法犯罪活动的法律基础。发挥稽查执法发现制度缺陷和监管漏洞的作用,推行稽查建议报告制度,全年形成稽查建议报告397份。

三、强化技术创新支持,科技执法建设取得新突破

全面规划科技化执法体系。坚持利用大数据、云计算、智能化提升科技化执法水平,召开稽查执法科技化建设专题会议,坚持"需求导向、统筹谋划、尊重规律、确保安全"的基本原则,遵循"重点推进、分步实施、先行试点、重见成效"的建设思路,设计构建以辐射稽查执法各环节的数据集中、数据建模、取证软件、质量控制、案件管理、调查辅助"六大工程"并辅以执法监督的总体框架,加快推进科技化执法系统性建设。

持续完善执法数据支持系统。建立银行资金电子化查询平台,有效提高调查办案效率。依托中央监控系统平台,建立稽查执法大数据支持系统,着手构建可疑主体智能查询、违法所得自动统计、不公平交易线索自动筛查等智能化分析模块,优化案件管理和涉案数据分析系统。全面归集违法违规线索、案件历史数据,建立案件数据库,提高数据集中利用率。

着力提高办案技术装备水平。为39家调查单位配发包括执法记录仪在内的700余套执法装备。挖掘系统技术资源,组织调查单位开发稽查信息共享云平台、鹰眼资金分析软件、内幕交易调查分析系统等一批实用性调查软件工具。

四、深入开展执法协作,形成协同配合的执法新格局

强化行政执法与刑事司法的紧密衔接。与公安部五个证券犯罪办案基地密切配合,在15起案件的线索发现、情报沟通、问题研判等方面无缝衔接,精准打击。完善重大案件一体化办案机制,在联合调查、信息共享等方面进一步深化合作。充分发挥专业优势,应公安机关要求出具行政认定意见,支持检察起诉、司法审判。联合北京市西城区法院开展涉金融案件集中执行活动,涉及2014年以来我会申请法院强制执行的41起未执结案件。

加强与相关行政监管部门的联动协作。在国务院金融稳定发展委员会的指导下,深化与人民银行、银监会、保监会的执法合作,健全在反洗钱、打击"老鼠仓"、债券执法等方面的协作机制。认真贯彻落实工信部、证监会战略合作协议,建立打击证券期货违法案件协作机制,全年办理协查事项千余件。积极探索与税务部门的执法协作,为浙江九好案的案件突破提供重要帮助。深化与审计署的重大案件线索通报和反馈机制。加强与纪检监察、国资管理等部门的沟通协作,联合防控内幕交易和利益输送等违法行为。

不断拓宽跨境联合监管执法空间。巩固和深化内地与香港的执法合作,全年开展各类跨境执法协作事项145件,共同研究建立协同调查工作机制,召开两次执法合作工作会议,联合举办典型案例研讨培训班,互派执法人员交流实习。与巴基斯坦证监会、迪拜金融管理局等监管机构开展执法合作,为查实雅百特跨境财务造假案提供有力支持。加强与加拿大、日本、马来西亚等境外证券执法部门的沟通联系,增进执法合作共识。

五、强化政治纪律作风,稽查队伍建设取得新进步

深入学习贯彻党的十九大精神。稽查系统牢固树立"四个意识",坚持读原著、学原文、悟原理,在学懂弄通做实上下功夫,切实把思想和行动统一到党的十九大精神上来,自觉维护以习近平同志为核心的党中央权威和集中统一领导,坚决以习近平新时代中国特色社会主义思想指导、推动稽查执法工作,坚决整治市场乱象,维护市场秩序,坚守不发生系统性风险的底线。

切实落实全面从严治党的工作要求。牢记稽查执法的政治使命和政治责任,坚定从严执法的政治定力。通过学党规党纪、读党史理论、开展自查自纠等方式,深化"两学一做"学习教育活动,强化政治纪律和规矩意识。认真落实"三会一课"等组织生活制度,充分发挥基层党组织的战斗堡垒作用。严格执行稽查办案十项禁令等制度,构建廉政防控长效机制。

锤炼纪律作风和提升办案能力。组织3个批次198人参加的稽查干部政治、纪律和作风专项培训,明确提出参照公安纪律部队模式加强培训管理,提高稽查干部的政治觉悟,养成纪律严明、作风严谨、敢于担当的优良传统。按照实战与培训结合的原则,举办调查实施与应急处置、典型案例分析、电子取证、稽查宣传等9期专题培训,累计培训651人次,促进稽查干部提高实战本领和业务水平。

2018年,我会将以党的十九大精神为引领,坚决以习近平新时代中国特色社会主义思想为指导,全面贯彻第五次全国金融工作会议和中央经济工作会议的决策部署,坚持依法全面从严监管,打好防控金融风险的攻坚战,坚决打击证券期货违法违规行为,保护投资者合法权益,确保证券期货监管目标的顺利实现,为资本市场服务实体经济、助力高质量发展,营造公开、公平、公正的市场环境。

2017年度证监会案件办理情况通报

来源:中国证监会 www.csrc.gov.cn

2017年,证监会坚决贯彻落实党中央国务院关于加强资本市场监管执法的决策部署,按照依法全面从严监管的工作要求,聚焦重点领域和市场关切,坚持专项行动与常态执法相结合,严肃查处了一批在资本市场蒙骗欺诈、兴风作浪的典型案件,形成强大震慑,为资本市场健康稳定发展提供重要保障。

一、案件总体情况

2017 年，稽查部门受理各类违法违规有效线索 625 件，交易监控发现的异常线索占 70%，全年新启动调查 478 起，启动调查率 76%；立案调查 312 起，立案率 65%。全年集中部署 4 个批次专项执法行动共 54 起典型案件，重点打击财务造假、爆炒次新股、利用高送转非法交易、私募乱象等市场典型违法行为。全年新增重大案件 90 起，同比增长一倍。全年办结立案案件 335 起，同比增长 43%；其中，移交行政处罚部门审理 303 起，移送公安机关涉嫌犯罪案件和线索 31 起。此外，全年还新增涉外办查案件 157 起，较前三年平均数量增长 15%。累计对 491 名涉案人员申请采取限制出境措施，依法冻结涉案资金 1.55 亿元。

总体看，传统违法案件占比依然较高，操纵市场案件数量减少，老鼠仓得到有效遏制。2017 年，虚假陈述、操纵市场、内幕交易三大类传统违法案件合计立案 203 件，占全部立案案件的 65%，仍是主要违法类型。针对“靠消息炒股”的市场突出问题，稽查部门加大打击力度，全年新增内幕交易立案 101 件，占新增立案案件的 32%，同比增长 54%。随着打击资管从业人员背信、利益输送等违法违规力度的增强，老鼠仓案件数量大幅下降，从 2016 年的 29 件减少到 2017 年的 13 件。此外，信息披露各环节恶性案件、内幕交易重大案件仍然多发，操纵市场团伙化、短线“坐庄”特征明显，新三板、私募领域乱象增多，部分中介机构丧失执业操守问题突出，造谣传谣严重扰乱市场秩序。

二、信息披露各环节恶性违法案件依然多发，财务造假更加隐蔽，信息披露被滥用来非法牟利

2017 年启动违规披露案件立案调查 64 件，较 2016 年增长 33%，财务造假（占 40%）与重大事项不披露（占 26%）是主要类型。一是造假环节不断延伸，涉及 IPO、再融资、并购重组、持续披露等多个领域。有的在 IPO 申报前即开始谋划造假；有的在通过发审会后、取得发行核准批文前隐秘粉饰财务数据；有的在公司上市后长期、系统性造假。二是造假手法不断翻新。有的滥用行业特点，寻求行业会计制度和企业会计准则差异的“制度红利”。有的通过境外公司，或依靠海外客户跨境造假。有的与关联方串通编造虚假合同纠纷，利用司法判决支付违约金的方式实施造假。三是并购重组违规披露折射脱实向虚倾向。有的用空壳公司以“名人效应 + 高杠杆融资”进行收购，不及时披露重要进展信息，严重误导投资者。有的大股东在控股权转让过程中隐瞒实情、控制节奏分阶段披露，不断“拉抽屉”。四是信息披露异化为内幕交易、操纵市场的工具。有些上市公司实际控制人通过控制信息披露节奏，一方面利用误导性陈述频繁发布公司转型、对外收购以及项目研发突破等利好消息影响投资者预期，另一方面推迟发布企业亏损或收购失败的利空消息，或与不法私募机构勾结利用信息优势操纵市场，或提前高位精准减持股票从事内幕交易。

三、内幕交易大案频发，并购重组仍是重灾区，内幕信息多级多向多次传递引发窝案串案

2017 年内幕交易平均案值超过 3 000 万元，7% 的案件涉案金额突破亿元，超过 70% 的内幕交易获利，最高收益 4 000 余万元。从内幕信息看，并购重组仍是内幕交易重灾区，利用高送转、重大亏损等业绩类信息从事非法交易案件多发。从涉案主体看，法定内幕信息知情人直接交易仍占 40%；内幕信息泄露范围进一步扩大，包括知情人子女就读学校校长、银行审贷人员、市场掮客、开办企业所在地党政干部等。从传递方式看，网络社交工具的普及客观上为内幕信息在亲属圈、朋友圈、同事圈等多种熟人圈内多层多级多向传递提供了便利，形成一批窝案串案。统计显示，超过 25% 的案件涉案主体在 3 人以上，最多 7 人同时被查。

四、老鼠仓案件数量明显减少，但个别资管从业人员顶风作案，私募老鼠仓问题逐渐凸显

2017 年老鼠仓立案 13 件，立案数量同比减少 60%，违法高发蔓延态势初步遏制。从涉案领域看，8 起案件涉及私募从业人员老鼠仓，数量超过公募基金、保险资管、券商自营等传统多发领域。从违法行为看，共同违法案件增多，由私下单独交易转变为共享信息、交换信息、合谋从事非法交易；有的老鼠仓与内幕交易、从业人员违规买卖股票相互交织。从违法性质看，个别从业人员在我会打击老鼠仓专项行动背景下仍不收敛不收手，甚至在接受调查期间继续作案，性质十分恶劣。

五、操纵市场立案数量明显下降，但团伙化、职业化特征明显，“短线坐庄”情况突出

2017 年操纵市场立案 38 件，同比下降 17%。一是涉案主体呈现团伙化、职业化特征，单位有组织违法比重上升。部分涉案主体以投资公司名义成立专门交易团队，在资金、设备、操作、决策端专人专岗，频繁开立和注销账户，单案平均涉及证券账户达 95 个。二是个股价量异常波动引发快进快出负面效应。部分涉案主体集中快速拉抬股价，导致部分次新股价格非理性上涨，引发市场对板块概念跟风炒作，对其他投资者产生负面效仿现象，操纵手法快速扩散，积聚较大风险。有的通过配资账户引入大量民间资金，加大杠杆反复炒作，放大市场风险，影响市场稳定。三是操纵手法糅杂多样，“短线坐庄”趋势明显。有些实际控制人或与知名私募配合，假借市值管理名义操控信息发布节奏操纵股价，或与市场“牛散”联手，配合二级市场资金连续操纵。有的综合使用虚假申报、盘中拉抬、尾市封涨停等多种手法，短时间轮番炒作多只股票，短线操纵和“坐庄”交织。四是嫁接互联互通、期现联动，隐蔽性更强。有的通过内地与香港地区股票市场互联互通机制，采用多种异常交易手法跨境操纵股票。有的同时大量做多或做空期现两市，配合发布合约标的利好或利空消息，甚至编造传播不实信息，引诱投资者跟风后平仓获利上亿元。

六、私募基金领域违法金额巨大，多种违规行为叠加，市场危害加深加重

案件主要特点，一是涉案金额巨大。有的私募基金管理人以投资顾问、通道业务等方式通过结构化产品扩大规模，利用资金优势操纵市场。有的挪用基金财产，在不同产品之间进行利益输送，多起案件违法案值超亿元。二是资金运作环节违规多发。有的私募机构与上市公司勾结，内幕交易、信息操纵和违规披露交织复合。有的私募与其他投资机构从业人员勾结，交换各自管理的基金产品投资信息，在交易品种和时机方面形成默契，实施利益输送。有的私募基金屡次涉案、屡次被查，不思悔改。三是资金募集环节违法手法多样。主要表现为公开宣传、对投资者不设门槛、提供保底承诺，有的借互联网平台拆分销售，投资者数量变相突破法定上限，聚积市场风险，影响社会稳定。有的私募基金违规从事资金池业务，借旧还新、募短投长，严重偏离合法轨道。

七、新三板市场违法动机多样，资金占用、违规披露与合谋操纵问题突出

2017 年我会对新三板领域立案 19 件，同比增长 14%。挂牌企业及其大股东和实际控制人、做市商等中介机构涉案较多。案件特点一是违规披露、资金占用隐患较大。挂牌公司在定期报告、重大事项、关联交易、诉讼担保等事项上违规披露现象严重。有的挂牌公司实际控制人利用关联企业拆借资金,归还个人债务。有的通过少计应收款坏账准备和存货跌价准备、虚增收入等方式进行财务造假。二是实际控制人单独或合谋操纵股价问题突出。有的实际控制人隐蔽利用空壳公司参与定增,同期又大量使用其他账户买卖本公司股票,制造交易活跃假象吸引其他投资者参与,遂即高价减持定增股份获利巨大。有的做市商滥用市场地位,与挂牌公司实际控制人合谋,在收盘阶段提高报价拉抬股票价格操纵市场。三是违法动机复杂多样。有的挂牌公司实际控制人操纵本公司股价以直接获利为目的,有的是为了进入或维持在创新层,有的是为了谋求更高的定向增发价格,有的是为了弥补业绩承诺。

八、部分中介机构核查验证走过场,严重丧失执业操守,屡次违法屡次被查

继2016年专项行动对专门领域集中打击之后,2017年共立案调查中介机构违法案件15件,同比下降40%,涉及5家证券公司、4家会计师事务所、1家律师事务所和3家资产评估师事务所。案件主要特点,一是核查验证程序"走过场"问题突出。主要表现为不遵守相关业务规则,核验程序流于形式,未编制工作计划,获取的资料证据不充分、不适当,底稿记录不完整,倒签报告日期,甚至在检查调查期间伪造篡改工作底稿。二是专业把关"不专业"情况严重。主要表现为未保持应有的职业审慎,未全面有效评估项目风险,对明显异常情况未充分关注,对重大舞弊迹象怀疑不足,背离执业基本准则。有些中介机构在多个审计项目中未勤勉尽责被我会多次立案调查,最多一家审计机构两年内先后4次被我会立案调查。

九、借助互联网和自媒体编造传播虚假信息,严重扰乱证券期货市场秩序,影响恶劣

2017年新增编造传播虚假信息案件调查7起,同比增长40%,全年已作出行政处罚1起,处罚事先告知1起,移交公安机关治安处罚和通报线索各1起。一是互联网和自媒体成为主要传播途径。虚假信息由"广场式"公开散布转变为"茶坊式"社交网络集聚后多向、网状传播,扩散速度快,引发股价大幅波动,危害后果加深加剧。二是违法手法和形式多样化。案发领域由证券市场向期货市场蔓延,信息种类由个股信息向监管政策蔓延。有的财经网站过度依赖自动抓取软件,在信息审核方面严重失职。有的知名机构从业人员背离基本事实,发布夸大估值的研究报告,严重误导投资者决策判断。三是行为目的复杂化。有的编造传播虚假信息意图影响市场价格,有的恶意丑化监管形象为了获取网民注册信息,有的自媒体造谣传谣只是为了扩大自身市场影响。

十、对于其他干扰资本市场稳定运行的违法违规行为继续保持高压严打态势

一是继续拓展执法领域。新增2起交易所债券市场违法违规案件,主要涉及财务欺诈、违规披露问题。新增3起期货市场违法违规案件,主要涉及编造传播虚假信息和操纵市场。二是严查从业人员违规。全年新增立案29起,超过前两年案件总数。主要涉及从业人员利用他人证券账户违规买卖、持有证券,从业人员私下接受客户委托买卖证券。三是持股变动信息违规披露案件数量逐持续减少。全年新增立案案件10起,较2015年(53起)、2016年(30起)分别减少81%、60%,举牌乱象逐步规范。

下一步,证监会稽查部门将继续以防范金融风险和服务实体经济为重点,依法全面从严打击证券期货违法违规活动,整治市场乱象,保护投资者利益,净化市场环境,切实维护资本市场健康稳定发展。

2017年证监会稽查20起典型违法案例

来源:中国证监会 www.csrc.gov.cn

一、虚假陈述及中介机构未勤勉尽责

(一)鲜言操控上市公司炮制"1001项奇葩议案"暨操纵多伦股份等系列案件——对挑战法律底线者彻查严处

本案系证监会对上市公司实际控制人挑战法律底线、屡次实施违法违规行为进行彻查严处的标杆案件。2017年1月4日晚,广西慧球科技股份有限公司(简称慧球科技)1001项"奇葩议案"通过网络非正常披露,将多个重大政治问题当作炒作噱头,挑战监管权威,践踏法律底线,败坏社会公德,影响恶劣。证监会联合相关部门成立专案组,查实慧球科技实际控制人鲜言指使董秘炮制并通过非法渠道散播含有虚假记载、误导性陈述及重大遗漏的信息。同时查明,鲜言存在操纵"多伦股份"股票价格、指使匹凸匹披露违规、背信损害上市公司利益等多项违法犯罪行为,证监会最终对鲜言操纵行为依法开出34.69亿元罚单并采取终身证券市场禁入措施,坚决将其涉嫌犯罪行为移送公安机关,并对多名责任人员作出行政处罚。对挑战法律底线、践踏市场规则者,证监会将坚决查处,绝不姑息。

(二)九好集团财务造假及相关中介机构未勤勉尽责案——亮剑"忽悠式"重组、对市场中介"顶格"处罚

本案系证监会依法全面从严打击"忽悠式"重组、遏制"有毒"资产污染市场,警示中介机构勤勉尽责的典型案件。2016年5月,浙江九好办公服务集团有限公司(简称九好集团)为了重组上市,与上市公司鞍重股份联手进行"忽悠式"重组,通过各种手段虚增巨额收入和银行存款。审计机构利安达会计师事务所、法律服务机构天元律师事务所、评估机构中联资产评估集团有限公司、独立财务顾问西南证券及其从业人员未勤勉尽责,出具专业意见存在虚假记载。2017年4月,证监会依法查处了包括鞍重股份、九好集团、九好集团股东、九好集团实际控制人的一致行动人在内的33名责任主体。对组织、决策实施财务造假的九好集团实际控制人郭丛军等人采取证券市场禁入措施,对4家中介机构分别给予顶格处罚。证监会严厉打击重大重组中的各类违法行为,督促中介机构发挥市场"看门人"作用,目的是使并购重组切实发挥支持供给侧结构性改革、服务实体的功能作用。

(三)山东墨龙虚假陈述及实际控制人精准减持案——上市公司业绩"变脸"、实际控制人父子提前避损

本案系上市公司实际控制人滥用信息优势和控股地位,虚假陈述、内幕交易、违规减持等多项违法行为交织复合的典型案例。2016年10月山东墨龙石油机械股份有限公司(简称山东墨龙)公告三季度盈利800余万元并预计全年盈利。2017年2月修正称,预计2016年全年亏损4.8亿至6.3亿元,业绩"变脸"引发市场质疑。调查发现,2015年以来,山东墨龙通过虚增售价、少计成本等手法连续两年将季报、半年报"扭亏为盈",虚增收入最高达1亿元,虚增利润最高达2.2亿元。在业绩"变脸"的内幕信息发布前,公司实际控制人、董事长张恩荣及其子总经理张云山以大宗交易方式抛售股票,避损3824万元,"吃相"难看。2017年9月,证监会依法

对山东墨龙和张恩龙父子内幕交易行为作出行政处罚。本案系2017年证监会专项执法行动首批部署重点案件,警示上市公司控股股东、实际控制人远离虚假陈述、内幕交易、违规减持的高压线。

(四)宝利国际违规披露案——首次对上市公司自愿性信息披露过程中的违法行为作出认定处罚

本案系证监会对上市公司自愿性信息披露过程中涉嫌违法违规进行处罚的首起案件。江苏宝利国际投资股份有限公司(简称宝利国际)在2015年1至8月连续发布5项对外投资公告。调查发现,宝利国际在主动披露上述事项后,后续并未就上述投资公告事宜签订具体协议,在相关业务明确终止的情况下未依法披露重大进展。证监会认定,宝利国际滥用自愿披露方式做选择性披露,隐瞒负面信息,营造公司积极拓展海外业务且捷报频传的假象,严重误导投资者。2017年6月,证监会依法对宝利国际及相关责任人员予以处罚。自愿性信息披露可能触发后续的强制披露义务,信息披露义务人应当确保信息披露的真实、准确、完整。

(五)雅百特财务造假案——2017年跨境执法合作的成功案例

本案系一起上市公司借跨境业务进行隐蔽造假的典型恶性案件。江苏雅百特科技股份有限公司(简称雅百特)重组上市过程中,于2015年1月披露承接巴基斯坦木尔坦地铁公交工程的金属屋面围护系统工程,合同金额3 250万美元。重组上市后,2015年报披露工程完工,实现收入2亿元。经查,雅百特通过虚构承揽境外项目、虚构跨境资金循环、虚构建材出口、虚构境内建材贸易等手法,虚增收入5.8亿元,虚增利润2.6亿元。2017年12月,证监会对雅百特作出顶格罚款,对相关责任人员依法采取证券市场禁入措施。本案系2017年证监会专项执法行动首批部署重点案件,巴基斯坦、美国、香港证监会等为本案查办提供了有力支持,是中国证监会跨境执法合作的又一起成功案例。

(六)佳电股份财务造假案——"不知情、不了解、未参与"不应成为上市公司高管"免责牌"

本案是一起上市公司为完成重组利润承诺而实施财务造假的典型案例。2011年,上市公司阿继电器进行资产重组,重组完成后更名为佳电股份,佳木斯电机股份有限公司(简称佳电公司)由此成为上市公司全资子公司。重组协议约定,佳电公司在2011至2014年度实际净利润应不低于预测水平,否则佳电公司原股东需向阿继电器原股东进行补偿。经查,为保证业绩承诺完成,佳电股份以少计主营业务成本、销售费用等方式,在2013年、2014年合计虚增利润1.98亿元。本案听证期间,多名高管以"对公司造假行为不知情,对隐蔽的财务手段无法、无能力识别"为由提起申辩。2017年12月,证监会依法对佳电股份及其22名相关责任人员依法作出行政处罚。本案系2017年证监会专项执法行动首批部署重点案件。本案的查处再次警示上市公司全体董事、监事和高级管理人员应勤勉尽责,了解并持续关注上市公司的生产经营情况、财务状况、重大事件及其影响,"不知情、不了解、未参与"不应成为免责事由。

(七)晨龙锯床违规披露案——新三板挂牌企业关联方资金占用未依法披露被处罚

本案系典型的新三板挂牌公司违规披露案件,反映了部分新三板公司实际控制人和高管人员将公众公司当做"自家钱庄",缺乏合规经营理念,致使公司内控失序的问题。调查发现,浙江晨龙锯床股份有限公司(简称晨龙锯床)的关联方浙江晨龙集团有限公司、浙江合一机械有限公司通过111笔关联资金交易,累计占用晨龙锯床资金1.2亿元,晨龙锯床未按规定履行审议程序,未及时、准确、完整地披露。2017年3月,浙江证监局依法对晨龙锯床及其实际控制人、财务总监作出行政处罚。新三板是多层次资本市场的重要组成部分,是证监会监管执法的重要领域,证监会将不断加大对新三板各类违法行为的打击力度,切实维护新三板市场正常秩序。

二、内幕交易及利用未公开信息交易案

(八)弘高创意实际控制人甄建涛违规交易本公司股票案——利用"高送转"信息从事内幕交易被移送公安

本案是一起典型的上市公司实际控制人利用"高送转"信息从事内幕交易的案件,涉案人员目前已被公安机关依法采取刑事强制措施。2016年2月北京弘高创意建筑设计股份有限公司(简称弘高创意)公告"高送转"内幕信息前,公司实际控制人甄建涛授意员工使用保洁员等4人名义新开立账户,突击转入资金买入本公司股票,并在上述信息公开、股价连涨4个交易日后随即卖出,获利670余万元。2017年3月,证监会将本案依法移送公安机关追究刑事责任。上市公司利润分配方案容易异化为公司内部人制造题材推高股价,通过违法交易牟取私利的工具,证监会专门部署2017年专项执法行动第三批案件,重点打击利用"高送转"信息实施内幕交易等市场乱象。

(九)李一男内幕交易华中数控股票案——知名企业高管内幕交易获刑

本案系一起"裙带化"特征明显的内幕交易案件。2014年4月中旬,华为原副总裁、时任北京牛电科技有限责任公司董事长李一男从武汉华中数控股份有限公司(简称华中数控)总裁李某涛处获知华中数控重大资产重组的内幕信息,随即借用他人账户大量买入"华中数控"股票,并暗示其妹妹同期买入部分"华中数控"股票,两人合计获利700余万元,构成内幕交易。因涉嫌犯罪,证监会将本案依法移送公安机关追究刑事责任。2017年1月22日,广东省高级人民法院作出二审判决,判处李一男有期徒刑两年六个月,没收违法所得并处罚金700余万元。本案警示市场参与者摒弃"靠打探消息炒股"的恶习,戒绝内幕交易。

(十)周继和内幕交易江泉实业股票案——行政刑事密切衔接,法网恢恢疏而不漏

本案系行政执法与刑事司法有机协同、密切衔接的一起典型案件。2014年4月至6月,张健业为山东江泉实业股份有限公司(简称江泉实业)居间介绍并购重组方,期间内幕交易"江泉实业"股票,并将相关内幕信息传递给其大学老师周继和。周继和在内幕信息敏感期内买入"江泉实业"股票,获利1 264余万元。2016年3月,四川省成都市中级人民法院对张健业内幕交易作出一审有罪判决。2016年8月,证监会认定周继和内幕交易,对其依法给予行政处罚。周继和以公安机关在侦办张健业等相关案件过程中并未认定其涉嫌犯罪、证监会不应再对其行政处罚为由,提起行政诉讼。2017年3月,北京市高级人民法院二审驳回周继和的上诉请求,维持证监会行政处罚决定。通过行政执法与刑事司法的紧密衔接,有效防止违法主体逃避法律责任,打击内幕交易不留死角。

(十一)刘敏等人内幕交易苏州高新股票案——公职人员及其亲属涉嫌内幕交易"窝案"

本案系近年来一起国家机关、国有企事业单位工作人员利用国资控股上市公司重组信息从事内幕交易的典型案

件。2015 年 4 月至 7 月，时任苏州市高新区管委会国资办主任的刘敏参与了苏州新区高新技术产业股份有限公司（简称苏州高新）收购苏州创投的相关工作。重组信息公开前，刘敏与其妹刘英、与苏州高新区财政局工作人员张永宁，合谋提前买入“苏州高新”股票，调查还发现，兴业银行苏州高新区支行行长朱雪冬从刘敏、张永宁处获知的内幕信息，从事内幕交易。2017 年 7 月，证监会依法作出行政处罚。本案中，多名国家工作人员利用职务便利获取的内幕信息从事非法交易，严重损害了公务形象。证监会将继续联合纪检监察、国资管理部门，不断深化执纪执法合作，严防国家工作人员内幕交易。

（十二）太平洋资管投资经理李雪“老鼠仓”案——情节特别严重获刑五年六个月

本案是一起保险资管投资经理从事“老鼠仓”犯罪的典型案件。2009 年 2 月 28 日至 2012 年 5 月 17 日，时任太平洋资管公司权益投资部经理李雪利用职务便利获取的股票交易等未公开信息，与其管理的保险投资组合账户趋同交易，趋同交易品种达到 70% 以上，涉及 73 只股票，累计成交金额 7.66 亿余元，非法获利 428 万余元。证监会依法将案件移送公安机关追究刑事责任。2017 年 6 月，上海市高级人民法院二审认定，李雪从事“老鼠仓”交易，情节特别严重，判处有期徒刑五年六个月，并处罚金人民币 500 万元。随着执法力度不断加大，金融资管机构一批长期隐蔽的“老鼠仓”交易陆续曝光，案发领域从基金行业向保险资管领域蔓延，证监会将会同相关部门健全综合防控长效机制，规范金融资产管理行业健康发展。

（十三）私募基金投资顾问吴刚涉嫌“老鼠仓”案——规范私募机构从业人员守法合规

本案系私募基金从业人员利用因职务便利掌握的基金投资信息从事“老鼠仓”的典型案件。2015 年 1 月 21 日至 10 月 23 日，时任“招商汇智之喜马拉雅集合资产管理计划”投资顾问的吴刚，负责投资决策以及具体下单操作，知悉相关交易信息，在上述资管计划趋同买入“东阿阿胶”等 16 只股票的同时，趋同交易相同的股票，获利 948 万元，吴刚按约定提取业绩报酬。2017 年 5 月，福建证监局依据《私募投资基金监督管理暂行办法》对吴刚作出顶格处罚。案件警示私募基金从业人员“受人之托”应“忠人之事”，高度自律。

三、操纵市场

（十四）马永威等人操纵福达股份股票案——严查“快进快出”手法操纵小市值股票

本案系一起以“快进快出”手法操纵小市值股票的恶性案件。2016 年第二季度以来，“福达股份”等小市值概念股出现连续多日放量上涨后断崖式下跌的异常走势。根据交易所监控线索，稽查人员迅速出击，查明马永威、曹勇等人控制使用 38 个江浙闽地区的个人及资管计划账户，动用 2.9 亿元资金，底部吸筹、边建仓边拉升，于 2016 年 7 月 5 日至 7 月 18 日操纵“福达股份”股票，引诱不明真相的投资者跟风买入，在拉出 3－5 个涨停后大规模出货，获利 2 289 万元。其操纵行为造成个股暴涨暴跌，严重影响市场秩序。2017 年 5 月，证监会对马永威、曹勇等人作出行政处罚。对配资放大杠杆、短线操纵小盘股行为的快速查处，有效遏制了市场炒作苗头。

（十五）蝶彩资产、谢风华与阙文斌合谋操纵恒康医疗股票案——上市公司与私募内外勾结，以市值管理之名行操纵市场之实

本案系上市公司实际控制人与私募机构内外勾结讲故事、造热点、炒股价的一起典型案件。恒康医疗集团股份有限公司（简称恒康医疗）实际控制人阙文彬为实现高价减持股票的目的，与蝶彩资产实际控制人谢风华合谋实施信息操纵。双方约定“管理”股价的目标和利益分配比例，合谋设立资管产品参与交易。股价达到预期后，蝶彩资产、谢风华安排阙文彬通过大宗交易减持“恒康医疗”股票 2 200 万股，非法获利 5 100 余万元；蝶彩资产、谢风华分得 4 858 万元。此外，在本案调查中还发现并彻查了 3 起内幕交易“案中案”。本案的严肃查处再次为上市公司大股东、实际控制人及市场机构划定醒目“红线”，警醒各方远离“伪市值管理”。

（十六）廖国沛操纵 15 只股票价格案——持续打击新型短线操纵

本案是一起以“封涨停”为欺诈特征，制造交易活跃假象，诱骗投资者跟风买入的新型短线操纵案。2014 年 1 月至 2016 年 6 月，廖国沛控制本人及亲友名下的 28 个证券账户，通过以大单连续交易封涨停、虚假申报并封涨停、盘中拉抬并封涨停等手法，先后操纵“桐君阁”“通程控股”等 15 只股票，影响股票收盘价格和交易量，并于次日反向卖出获利共计 2 716 万元。2017 年 12 月，证监会对廖国沛作出行政处罚。本案系 2016 年证监会专项执法行动第三批部署重点案件，证监会严厉打击封涨停类短线操纵等恶性操纵行为，推动市场回归价值投资理念。

四、编造传播证券期货虚假信息

（十七）同花顺传播误导性信息案——财经网站信息审核失职导致谣言传播

本案系一起新型的网络媒体传播误导性信息案件。2017 年 7 月 5 日下午，互联网出现题为“传复星集团董事长失联，交易所 11 复星债与 10 复星债大跌”的信息，被多家网站转载。次日，复星集团控股或参股的境内外数家上市公司股价大跌，引发上证医药指数下跌 0.95%，证监会调查发现，浙江核新同花顺网络信息股份有限公司（简称同花顺）运营的网站自动抓取发布于 2015 年 12 月的陈旧信息后，在文章录入审核时未发现相关问题，将其作为即时新闻发布，导致迅速传播，严重误导了投资者。证监会已对本案作出行政处罚。本案警示传播媒介及其从业人员在利用科技手段采集信息的同时，应切实履行审核职责，防范虚假信息不当传播，扰乱市场秩序。

（十八）上海有色金属交易中心编造并传播期货市场虚假信息案——未经核实公开转发微信群内虚假信息遭罚

本案系证监会查处的一起编造并传播期货市场虚假信息的典型案件。2015 年 11 月 25 日，上海有色金属交易中心有限公司（简称有色中心）总经理助理陆敏宏在微信群中看到“金川集团股份有限公司向国务院和证监会状告恶意做空镍的势力”的信息，在核实无果、明知可能虚假的情况下，仍安排在有色中心网站上公开发布，经多家网站转载后广泛传播，当日沪镍 1601 价格涨幅 5.99%。次日，陆敏宏又将其在微信群看到的网民建议拼接转化为有色中心向国家有关部门建议的事实化表述，通过有色中心网站发布，当日沪镍 1601 价格涨幅进一步扩大，最高涨幅达 8.5%。11 月 27 日主流媒体辟谣后，沪镍 1601 价格收盘下跌 0.8%。证监会对有色中心及陆敏宏编造并传播期货虚假信息行为给予警告及罚款。编造、传播虚假信息是《期货交易管理条例》明确禁止的行为。期货交易者应做到不造谣、不传谣、不信谣，自觉维护公开、公平、公正的市场秩序。

五、私募机构违法违规

（十九）穗富投资违法违规案——私募机构屡触监管红线被处罚

本案系私募机构缺乏合规经营理念、屡次从事违规交易被罚的典型案例。2014 年 9 月，作为上市公司深圳中国农大科技股份有限公司非公开发行股份的提案方，广州穗富投资管理有限公司（简称穗富投资）在内幕信息公开前，利用其担任投资顾问的 4 个资产管理计划账户内幕交易"国农科技"，获利 330 余万元。2014 年 10 月，穗富投资超比例持有"同大股份"未披露。2014 年 10 月至 2015 年 9 月，穗富投资先后利用旗下资管账户或信托产品账户，操纵"宁波富邦"、"国光股份"等 7 只股票。2016 年以来，证监会对上述 3 起案件陆续作出行政处罚。为有效遏制私募基金领域违法违规的多发态势，证监会专门部署 2017 年第四批专项执法行动，规范私募领域市场秩序，促进私募基金行业健康有序发展。

六、证券从业人员违规买卖股票

（二十）林庆义违规买卖股票案——证券从业人员炒股罚款过亿

本案系近年来证监会查处的一起持续时间较长、获利金额巨大的证券从业人员违规买卖股票案。林庆义于 2001 年 5 月至 2009 年 7 月先后任职于南方证券、中投证券。2004 年 7 月 9 日至 2009 年 6 月 8 日，林庆义借助其朋友姜某的账户进行证券交易，累计买卖股票 154 只，买入金额累计 50 亿元，累计获利 7 000 万元。2017 年 6 月，证监会依法决定没收林庆义违法所得并处一倍罚款，合计罚没款达 1.41 亿元。从业人员炒股可能伴生内幕交易、利益输送等违法违规行为，破坏市场信心，证监会将依法严肃处理。

证券公司名录

序号	公司名称	辖区
1	爱建证券有限责任公司	上海
2	安信证券股份有限公司	深圳
3	北京高华证券有限责任公司	北京
4	渤海证券股份有限公司	天津
5	财达证券股份有限公司	河北
6	财富证券有限责任公司	湖南
7	财通证券股份有限公司	浙江
8	财通证券资产管理有限公司	浙江
9	长城国瑞证券有限公司	厦门
10	长城证券股份有限公司	深圳
11	长江证券（上海）资产管理有限公司	上海
12	长江证券承销保荐有限公司	上海
13	长江证券股份有限公司	湖北
14	网信证券有限责任公司	辽宁
15	川财证券有限责任公司	四川
16	大通证券股份有限公司	大连
17	大同证券有限责任公司	山西
18	德邦证券股份有限公司	上海
19	第一创业证券承销保荐有限责任公司	北京
20	第一创业证券股份有限公司	深圳
21	东北证券股份有限公司	吉林
22	东方花旗证券有限公司	上海
23	东方证券股份有限公司	上海
24	东海证券股份有限公司	江苏
25	东莞证券股份有限公司	广东
26	东吴证券股份有限公司	江苏
27	东兴证券股份有限公司	北京
28	方正证券股份有限公司	湖南
29	高盛高华证券有限责任公司	北京
30	光大证券股份有限公司	上海
31	广发证券股份有限公司	广东
32	广发证券资产管理（广东）有限公司	广东
33	广州证券股份有限公司	广东
34	国都证券股份有限公司	北京
35	国海证券股份有限公司	广西
36	国金证券股份有限公司	四川
37	国开证券股份有限公司	北京
38	国联证券股份有限公司	江苏
39	国盛证券有限责任公司	江西
40	国泰君安证券股份有限公司	上海
41	国信证券股份有限公司	深圳
42	国元证券股份有限公司	安徽
43	中天国富证券有限公司	贵州
44	海通证券股份有限公司	上海
45	恒泰长财证券有限责任公司	吉林
46	恒泰证券股份有限公司	内蒙古
47	红塔证券股份有限公司	云南
48	宏信证券有限责任公司	四川
49	华安证券股份有限公司	安徽
50	华宝证券有限责任公司	上海
51	华创证券有限责任公司	贵州
52	华福证券有限责任公司	福建
53	华金证券股份有限公司	上海
54	华林证券有限责任公司	西藏
55	华龙证券股份有限公司	甘肃
56	华融证券股份有限公司	北京
57	华泰联合证券有限责任公司	深圳
58	华泰证券（上海）资产管理有限公司	上海
59	华泰证券股份有限公司	江苏
60	华西证券股份有限公司	四川
61	华鑫证券有限责任公司	深圳
62	华英证券有限责任公司	江苏
63	江海证券有限公司	黑龙江
64	金通证券有限责任公司	浙江
65	金元证券股份有限公司	海南
66	开源证券股份有限公司	陕西
67	联讯证券股份有限公司	广东
68	民生证券股份有限公司	北京
69	摩根士丹利华鑫证券有限责任公司	上海

序号	公司名称	辖区
70	南京证券股份有限公司	江苏
71	平安证券股份有限公司	深圳
72	中泰证券(上海)资产管理有限公司	上海
73	中泰证券股份有限公司	山东
74	国融证券股份有限公司	内蒙古
75	瑞信方正证券有限责任公司	北京
76	瑞银证券有限责任公司	北京
77	山西证券股份有限公司	山西
78	上海东方证券资产管理有限公司	上海
79	上海光大证券资产管理有限公司	上海
80	上海国泰君安证券资产管理有限公司	上海
81	上海海通证券资产管理有限公司	上海
82	上海华信证券有限责任公司	上海
83	上海证券有限责任公司	上海
84	申万宏源西部证券有限公司	新疆
85	申万宏源证券承销保荐有限责任公司	新疆
86	申万宏源证券有限公司	上海
87	世纪证券有限责任公司	深圳
88	首创证券有限责任公司	北京
89	太平洋证券股份有限公司	云南
90	天风证券股份有限公司	湖北
91	九州证券股份有限公司	青海
92	万和证券股份有限公司	海南
93	万联证券股份有限公司	广东
94	五矿证券有限公司	深圳
95	西部证券股份有限公司	陕西
96	西藏东方财富证券股份有限公司	西藏
97	西南证券股份有限公司	重庆
98	湘财证券有限责任公司	湖南
99	新时代证券股份有限公司	北京
100	信达证券股份有限公司	北京
101	兴业证券股份有限公司	福建
102	兴证证券资产管理有限公司	福建
103	银河金汇证券资产管理有限公司	深圳
104	银泰证券有限责任公司	深圳
105	英大证券有限责任公司	深圳
106	招商证券股份有限公司	深圳
107	招商证券资产管理有限公司	深圳
108	浙江浙商证券资产管理有限公司	浙江
109	浙商证券股份有限公司	浙江
110	中德证券有限责任公司	北京
111	中国国际金融股份有限公司	北京
112	中国民族证券有限责任公司	北京
113	中国银河证券股份有限公司	北京
114	中国中投证券有限责任公司	深圳
115	中航证券有限公司	江西
116	中山证券有限责任公司	深圳
117	中天证券股份有限公司	辽宁
118	中信建投证券股份有限公司	北京
119	中信证券(山东)有限责任公司	青岛
120	中信证券股份有限公司	深圳
121	中银国际证券股份有限公司	上海
122	中邮证券有限责任公司	陕西
123	中原证券股份有限公司	河南
124	联储证券有限责任公司	深圳
125	国盛证券资产管理有限公司	深圳
126	东证融汇证券资产管理有限公司	上海
127	渤海汇金证券资产管理有限公司	深圳
128	申港证券股份有限公司	上海
129	华菁证券有限公司	上海
130	汇丰前海证券有限责任公司	深圳
131	东亚前海证券有限责任公司	深圳

期货公司名录

序号	辖区	期货公司名称
1	北京	北京首创期货有限责任公司
2		第一创业期货有限责任公司
3		方正中期期货有限公司
4		格林大华期货有限公司
5		冠通期货有限公司
6		国都期货有限公司
7		国元期货有限公司
8		宏源期货有限公司
9		金鹏期货经纪有限公司
10		九州期货有限公司
11		民生期货有限公司
12		首创京都期货有限公司
13		银河期货有限公司
14		英大期货有限公司
15		中钢期货有限公司
16		中国国际期货股份有限公司
17		中粮期货有限公司
18		中天期货有限责任公司
19		中衍期货有限公司
20	天津	财达期货有限公司
21		和融期货有限责任公司
22		华金期货有限公司
23		津投期货经纪有限公司
24		山金期货有限公司
25		一德期货有限公司
26	河北	河北恒银期货经纪有限公司
27	山西	和合期货经纪有限公司
28		山西三立期货经纪有限公司
29		晟鑫期货经纪有限公司
30	辽宁	江海汇鑫期货有限公司
31		江信国盛期货有限责任公司
32	吉林	东方汇金期货有限公司
33		天富期货有限公司
34	黑龙江	大通期货经纪有限公司
35		黑龙江时代期货经纪有限公司

序号	辖区	期货公司名称
36	上海	渤海期货股份有限公司
37		东航期货有限责任公司
38		东吴期货有限公司
39		东兴期货有限责任公司
40		光大期货有限公司
41		国富期货有限公司
42		国泰君安期货有限公司
43		国投安信期货有限公司
44		国信期货有限责任公司
45		海通期货股份有限公司
46		海证期货有限公司
47		恒泰期货股份有限公司
48		华闻期货有限公司
49		华鑫期货有限公司
50		建信期货有限责任公司
51		瑞银期货有限责任公司
52		上海大陆期货有限公司
53		上海东方期货经纪有限责任公司
54		上海东亚期货有限公司
55		上海东证期货有限公司
56		上海浙石期货经纪有限公司
57		中财期货有限公司
58		上海中期期货股份有限公司
59		申银万国期货有限公司
60		天风期货股份有限公司
61		天鸿期货经纪有限公司
62		通惠期货有限公司
63		同信久恒期货有限责任公司
64		铜冠金源期货有限公司
65		新湖期货有限公司
66		中辉期货有限公司
67		中融汇信期货有限公司
68		中银国际期货有限责任公司
69	江苏	创元期货股份有限公司
70		道通期货经纪有限公司
71		东海期货有限责任公司
72		国联期货股份有限公司
73		弘业期货股份有限公司
74		江苏东华期货有限公司
75		锦泰期货有限公司
76		南证期货有限责任公司
77		前海期货有限公司
78		新纪元期货股份有限公司
79	浙江	宝城期货有限责任公司
80		大地期货有限公司
81		大越期货股份有限公司
82		国海良时期货有限公司
83		南华期货股份有限公司
84		盛达期货有限公司
85		信达期货有限公司
86		永安期货股份有限公司
87		浙江新世纪期货有限公司
88		浙商期货有限公司
89		中大期货有限公司
90	安徽	安粮期货股份有限公司
91		华安期货有限责任公司
92		徽商期货有限责任公司
93	福建	福能期货股份有限公司
94		鑫鼎盛期货有限公司
95		兴证期货有限公司
96	江西	江西瑞奇期货经纪有限公司
97	山东	鲁证期货股份有限公司
98		招金期货有限公司
99		中州期货有限公司
100	河南	华信期货股份有限公司
101		中原期货股份有限公司
102	湖北	长江期货股份有限公司
103		美尔雅期货有限公司
104	湖南	大有期货有限公司
105		德盛期货有限公司
106		金信期货有限公司
107	广东	广发期货有限公司
108		广州金控期货有限公司
109		广州期货股份有限公司
110		华联期货有限公司
111		华泰期货有限公司
112		集成期货股份有限公司
113		摩根大通期货有限公司
114		新晟期货有限公司
115	海南	华融期货有限责任公司
116		金元期货股份有限公司
117	重庆	华创期货有限责任公司
118		西南期货有限公司
119		中电投先融期货股份有限公司
120		中信建投期货有限公司
121	四川	倍特期货有限公司
122		国金期货有限责任公司
123		华西期货有限责任公司
124	云南	红塔期货有限责任公司
125		云晨期货有限责任公司
126	陕西	长安期货有限公司
127		迈科期货股份有限公司
128		西部期货有限公司
129	甘肃	华龙期货股份有限公司
130	青海	中金期货有限公司
131	新疆	金石期货有限公司
132		新疆天利期货经纪有限公司
133	深圳	海航期货股份有限公司
134		混沌天成期货股份有限公司
135		金瑞期货股份有限公司
136		平安期货有限公司
137		乾坤期货有限公司
138		深圳金汇期货经纪有限公司
139		深圳瑞龙期货有限公司
140		神华期货有限公司
141		五矿经易期货有限公司
142		招商期货有限公司
143		中航期货有限公司
144		中投天琪期货有限公司
145		中信期货有限公司
146	大连	大连良运期货经纪有限公司
147	宁波	兴业期货有限公司
148	厦门	国贸期货有限公司
149		瑞达期货股份有限公司

取得中国证监会证券评级业务许可的资信评级机构名录

（按公司名称拼音顺序排列）

截至 2017 年 12 月 31 日

公司名称	注册地址	网址	电话	邮政编码
大公国际资信评估有限公司	北京市朝阳区霄云路 26 号鹏润大厦 A 座 2901	www. dagongcredit. com	010 – 51087768	100125
东方金诚国际信用评估有限公司	北京市西城区德胜门外大街 83 号 701 室（德胜园区）	www. dfratings. com	010 – 62299800	100088
联合信用评级有限公司	天津市南开区水上公园北道 38 号爱俪园公寓 508 号	www. unitedratings. com. cn	010 – 85172818	300000
鹏元资信评估有限公司	深圳市福田区深南大道 7008 号阳光高尔夫大厦 3 楼	www. pyrating. cn	0755 – 82872897 0755 – 82872318	518040
上海新世纪资信评估投资服务有限公司	上海市杨浦区控江路 1555 号 A 座 103 室 K – 22	www. shxsj. com	021 – 63501349	200001
上海远东资信评估有限公司	上海市黄浦区淮海中路 622 弄 7 号	www. sfecr. com	021 – 61428000	200082
上海资信有限公司（投资者付费模式）	上海市黄浦区北京东路 280 号	www. shanghai-cis. com. cn	021 – 53211522	200002
中诚信证券评估有限公司	上海市青浦区工业园区郏一工业区 7 号 3 幢 1 层 C 区 113 室	www. ccxr. com. cn	021 – 51019090	200011
中证指数有限公司（投资者付费模式）	上海市浦东新区锦康路 308 号陆家嘴世纪金融广场 6 号楼 13 层	www. csindex. com. cn	021 – 50185500	200127

从事证券期货业务资产评估机构名录

序号	机构名称
1	安徽中联国信资产评估有限责任公司
2	北京北方亚事资产评估事务所（特殊普通合伙）
3	北京国融兴华资产评估有限责任公司
4	北京国友大正资产评估有限公司
5	北京华信众合资产评估有限公司
6	北京金开资产评估有限公司
7	北京天健兴业资产评估有限公司
8	北京天圆开资产评估有限公司
9	北京亚超资产评估有限公司
10	北京亚太联华资产评估有限公司
11	北京中锋资产评估有限责任公司
12	北京中和谊资产评估有限公司
13	北京中科华资产评估有限公司
14	北京中林资产评估有限公司
15	北京中企华资产评估有限责任公司
16	北京中天和资产评估有限公司
17	北京中天衡平国际资产评估有限公司
18	北京中天华资产评估有限责任公司
19	北京中同华资产评估有限公司
20	北京卓信大华资产评估有限公司
21	福建联合中和资产评估土地房地产估价有限公司
22	福建中兴资产评估房地产土地估价有限责任公司
23	广东联信资产评估土地房地产估价有限公司
24	广东中广信资产评估有限公司
25	广东中联羊城资产评估有限公司
26	国众联资产评估土地房地产估价有限公司
27	湖北众联资产评估有限公司
28	江苏华信资产评估有限公司
29	江苏银信资产评估房地产估价有限公司
30	江苏中天资产评估事务所有限公司
31	开元资产评估有限公司
32	坤元资产评估有限公司
33	辽宁元正资产评估有限公司
34	辽宁众华资产评估有限公司
35	青岛天和资产评估有限责任公司
36	山东正源和信资产评估有限公司
37	上海财瑞资产评估有限公司
38	上海东洲资产评估有限公司
39	上海立信资产评估有限公司
40	上海申威资产评估有限公司
41	上海众华资产评估有限公司
42	深圳德正信国际资产评估有限公司

序号	机构名称
43	深圳市鹏信资产评估土地房地产估价有限公司
44	四川天健华衡资产评估有限公司
45	天津华夏金信资产评估有限公司
46	天津中联资产评估有限责任公司
47	天源资产评估有限公司
48	同致信德(北京)资产评估有限公司
49	万邦资产评估有限公司
50	万隆(上海)资产评估有限公司
51	沃克森(北京)国际资产评估有限公司
52	厦门市大学资产评估土地房地产估价有限责任公司
53	亚洲(北京)资产评估有限公司
54	银信资产评估有限公司
55	正衡资产评估有限责任公司
56	中发国际资产评估有限公司
57	中和资产评估有限公司
58	中建银(北京)资产评估有限公司
59	中京民信(北京)资产评估有限公司
60	中联资产评估集团有限公司
61	中铭国际资产评估(北京)有限责任公司
62	中瑞国际资产评估(北京)有限公司
63	中水致远资产评估有限公司
64	中通诚资产评估有限公司
65	中威正信(北京)资产评估有限公司
66	中资资产评估有限公司
67	重庆华康资产评估土地房地产估价有限责任公司
68	北京经纬东元资产评估有限公司
69	新疆华盛资产评估与不动产估价有限公司

从事证券期货业务会计师事务所名录

序号	机构名称
1	安永华明会计师事务所(特殊普通合伙)
2	北京天圆全会计师事务所(特殊普通合伙)
3	北京兴华会计师事务所(特殊普通合伙)
4	北京永拓会计师事务所(特殊普通合伙)
5	北京中证天通会计师事务所(特殊普通合伙)
6	毕马威华振会计师事务所(特殊普通合伙)
7	大华会计师事务所(特殊普通合伙)
8	大信会计师事务所(特殊普通合伙)
9	德勤华永会计师事务所(特殊普通合伙)
10	福建华兴会计师事务所(特殊普通合伙)
11	广东正中珠江会计师事务所(特殊普通合伙)
12	华普天健会计师事务所(特殊普通合伙)
13	江苏公证天业会计师事务所(特殊普通合伙)
14	江苏苏亚金诚会计师事务所(特殊普通合伙)
15	立信会计师事务所(特殊普通合伙)
16	立信中联会计师事务所(特殊普通合伙)
17	利安达会计师事务所(特殊普通合伙)
18	普华永道中天会计师事务所(特殊普通合伙)
19	瑞华会计师事务所(特殊普通合伙)
20	山东和信会计师事务所(特殊普通合伙)
21	上会会计师事务所(特殊普通合伙)
22	四川华信(集团)会计师事务所(特殊普通合伙)
23	天衡会计师事务所(特殊普通合伙)
24	天健会计师事务所(特殊普通合伙)
25	天职国际会计师事务所(特殊普通合伙)
26	希格玛会计师事务所(特殊普通合伙)
27	信永中和会计师事务所(特殊普通合伙)
28	亚太(集团)会计师事务所(特殊普通合伙)
29	致同会计师事务所(特殊普通合伙)
30	中汇会计师事务所(特殊普通合伙)
31	中勤万信会计师事务所(特殊普通合伙)
32	中审华会计师事务所(特殊普通合伙)
33	中审亚太会计师事务所(特殊普通合伙)
34	中审众环会计师事务所(特殊普通合伙)
35	中天运会计师事务所(特殊普通合伙)
36	中喜会计师事务所(特殊普通合伙)
37	中兴财光华会计师事务所(特殊普通合伙)
38	中兴华会计师事务所(特殊普通合伙)
39	中准会计师事务所(特殊普通合伙)
40	众华会计师事务所(特殊普通合伙)

2017 年世界各地证券交易所统计(12 月底)

交易所	年末指数	上市公司数		市价总值(万亿元)	总成交金额(十亿元)
		本地	外国		
纳斯达克	6903.4(纳斯达克指数)	2545	404	10.04	11336.29
纽约	12808.8(纽交所综指)	1791	495	22.08	14535.34
多伦多	16209.1(多伦多 300)	3278	50	2.37	1287.15
澳大利亚	6065.1(澳洲标普 200)	2013	134	1.51	842.79
马来西亚	385.0(MSCI 马来西亚)	894	10	0.46	137.42
香港	29919.2(恒生指数)	1987	131	4.35	1953.14
日本	22764.9(日经 225)	3598	6	6.22	5778.42
韩国	2467.5(韩国综指)	2114	20	1.77	2011.92
印度	34056.8(孟买 SENSEX30)	1896	1	2.35	1034.10
新加坡	4149.1(MSCI 新加坡)	483	267	0.79	219.61
中国台湾	10642.9(台湾加权指数)	838	86	1.07	792.27
泰国	1753.7(泰国综指)	688	0	0.55	339.53
德国	12917.6(德国 DAX)	450	49	2.26	1558.59
泛欧	1032.7(泛欧 100)	1093	162	4.39	2045.65

资料来源:http://www.world-exchanges.org。

证券投资咨询机构名录

序号	名称	辖区
1	鼎信汇金(北京)投资管理有限公司	北京
2	和讯信息科技有限公司	北京
3	天一星辰(北京)科技有限公司	北京
4	北京指南针科技发展股份有限公司	北京
5	北京中富金石咨询有限公司	北京
6	北京盛世创富证券投资顾问有限公司	北京
7	北京博星证券投资顾问有限公司	北京
8	北京东方高圣投资顾问有限公司	北京
9	北京海问咨询有限公司	北京
10	北京金美林投资顾问有限公司	北京
11	北京股商投资有限责任公司	北京
12	上海益学投资咨询有限公司	上海
13	北京中方信富投资管理咨询有限公司	北京
14	北京中和应泰财务顾问有限公司	北京
15	北京中资北方投资顾问有限公司	北京
16	北京首证投资顾问有限公司	北京
17	北京和众汇富科技股份有限公司	北京
18	北京天相财富管理顾问有限公司	北京
19	辽宁弘历投资咨询有限公司	辽宁
20	沈阳麟龙投资顾问有限公司	辽宁
21	四川省钱坤证券投资咨询有限公司	四川
22	成都汇阳投资顾问有限公司	四川
23	四川大决策证券投资顾问有限公司	四川
24	杭州顶点财经网络传媒有限公司	浙江
25	浙江同花顺云软件有限公司	浙江
26	广州市万隆证券咨询顾问有限公司	广东
27	上海汇正财经顾问有限公司	上海
28	广州越声理财咨询有限公司	广东
29	广东科德投资顾问有限公司	广东
30	广东博众证券投资咨询有限公司	广东
31	广州广证恒生证券研究所有限公司	广东
32	湖南金证投资咨询顾问有限公司	湖南
33	湖南巨景证券投资顾问有限公司	湖南
34	广州经传多赢投资咨询有限公司	广东
35	深圳市国诚投资咨询有限公司	深圳
36	深圳市珞珈投资咨询有限公司	深圳
37	深圳市启富证券投资顾问有限公司	深圳
38	深圳市中证投资资讯有限公司	深圳
39	深圳市尊悦证券资讯有限公司	深圳
40	深圳大德汇富咨询顾问有限公司	深圳
41	深圳市怀新企业投资顾问股份有限公司	深圳
42	深圳市中广资本管理有限公司	深圳
43	深圳君银证券投资咨询顾问有限公司	深圳
44	深圳市新兰德证券投资咨询有限公司	深圳
45	上海东方财富证券研究所有限公司	上海
46	上海海能证券投资顾问有限公司	上海
47	深圳市优品投资顾问有限公司	深圳
48	上海凯石证券投资咨询有限公司	上海
49	上海迈步投资管理有限公司	上海
50	上海荣正投资咨询股份有限公司	上海
51	上海森洋投资咨询有限公司	上海
52	上海证券之星综合研究有限公司	上海
53	上海申银万国证券研究所有限公司	上海
54	上海世基投资顾问有限公司	上海
55	上海新兰德证券投资咨询顾问有限公司	上海
56	江苏百瑞赢证券咨询有限公司	江苏
57	上海亚商投资顾问有限公司	上海
58	上海益盟软件技术股份有限公司	上海
59	上海智蚁理财顾问有限公司	上海
60	上海证券通投资资讯科技有限公司	上海
61	陕西巨丰投资资讯有限责任公司	陕西
62	联合信用投资咨询有限公司	天津
63	北部资产经营股份有限公司	大连
64	大连华讯投资股份有限公司	大连
65	海南港澳资讯产业股份有限公司	海南
66	海顺证券投资咨询有限公司	宁波
67	重庆东金投资顾问有限公司	重庆
68	河南和信证券投资顾问股份有限公司	河南
69	云南产业投资管理有限公司	云南
70	安徽华安新兴证券投资咨询有限责任公司	安徽
71	安徽大时代证券投资咨询有限公司	安徽
72	青岛市大摩证券投资有限公司	青岛
73	河北源达证券投资顾问股份有限公司	河北
74	山东神光咨询服务有限责任公司	山东
75	山东点掌资本管理有限公司	山东
76	江苏金百临投资咨询有限公司	江苏
77	江苏天鼎投资咨询有限公司	江苏
78	厦门市鑫鼎盛控股有限公司	厦门
79	上海新汇通投资顾问有限公司	上海
80	厦门高能投资咨询有限公司	厦门
81	武汉中证通投资咨询有限公司	湖北
82	福建天信投资咨询顾问股份有限公司	福建
83	福建中讯证券研究有限责任公司	福建
84	黑龙江省容维证券数据程序化有限公司	黑龙江

第二节 上海证券交易所

2017 年上海市场概况

	2017 年	2016 年	2015 年
上市证券(年末)			
上市公司数	1396	1182	1081
上市证券数	12219	9647	5914
上市股票数	1440	1226	1125
新上市公司数	214	103	90
发行股本(亿股)	35288.347	32707.761	30235.537
流通股数(亿股)	31119.446	29372.251	27418.407
市价总值(亿元)	331324.817	284607.631	295194.202
流通市值(亿元)	281365.673	240006.240	254127.844
筹资总额			
股票	7578.050	7039.220	8712.96
优先股	200.000	1378.000	1959.000
交易概况			
交易天数	244	244	244
全年成交金额(亿元)	3063862.429	2838724.470	2663690.840
股票	511242.793	501700.420	1330992.102
基金	78169.763	89359.768	103814.161
债券	2473417.825	2247175.210	1228533.708
优先股	138.913	45.190	48.237
期权	893.136	431.890	236.660
其他	0	12.000	65.972
日均成交金额(亿元)	12556.813	11634.117	10916.766
日均股票成交金额(亿元)	2095.257	2056.149	5454.886
全年股票成交数量(亿股)	44500.239	45718.624	102485.627
日均股票成交数量(亿股)	182.378	187.371	420.023
全年股票成交笔数(万笔)	240178.481	238318.838	513407.948
日均股票成交股数(万笔)	984.338	976.717	2104.131
股价指数			
上证 180 指数年度最高	9133.428	7986.387	11815.510
上证 180 指数年度最低	7192.873	6051.987	6360.075
上证 180 指数年末收盘	8647.029	7224.601	7995.769
上证综合指数年度最高	3450.495	3538.689	5178.191
上证综合指数年度最低	3016.531	2638.302	2850.714
上证综合指数年末收盘	3307.172	3103.637	3539.182
市场比率			
平均市盈率(倍)	18.161	15.939	17.634
换手率 1(市值)%	128.734	143.182	354.633
换手率 2(流通市值)%	144.988	158.425	388.468

沪港通概貌

	额度使用情况		日均使用				
	交易情况额度	日均额度使用率	交易净额(亿元)	交易额(亿元)	占标的股总交易额比	日均交易额(亿元)	同比
沪股通	3.4	2.61%	630	13146	2.04%	56	74.14%
港股通	13.39	12.75%	1968	14886	6.29%	65	107.47%

备:香港成交金额折算为人民币,汇率使用外管局港币兑人民币中间价。

2017 年上海市场回顾

一、交易概貌

2017 年上交所各类证券成交总额 306.4 万亿元。其中，沪市股票总市值 33.1 万亿元，较 2016 年末增加 16.4%，成交金额 51.1 万亿元，日均成交 2095.3 亿元，较 2016 年增加 1.9%。

债券现券及回购挂牌数 10 386 只，较 2016 年底增加 2 309只，增幅 29%。债券托管量 7.4 万亿元，较 2016 年底增加 1.2 万亿元，增幅 19%。二级市场债券交易量达 247.3 万亿元，比 2016 年度增长 10%，其中现券成交 4.4 万亿元，回购成交为 242.9 万亿元。全年上交所市场债券发行量达 2.97 万亿元，比 2016 年增长 8%。股票期权累计成交 1.8 亿张，其中认购期权 10 634.48 万张，认沽期权 7 763.14 万张。

日均成交 75.40 万张，日均持仓合约数 165.64 万张，日均成交面值 198.94 亿元，日均权利金成交额 3.66 亿元，分别较 2016 年增长了 133%、75%、175% 和 107%。

基金挂牌总数 191 只，总市值规模为 3 395 亿元，年内累计交易量为超过 7.8 万亿元，市场参与人数为 47 万。其中，ETF 产品居于主导地位，上市产品数量为 114 只，市值规模为 3 077 亿元，全年交易额达 7.78 万亿元，占整个场内基金市场的比例为 99.7%。

2017 年，上证综指开盘 3 105.31 点，最高 3 450.5 点，最低 3 016.53 点，年底收于 3 307.17 点，涨幅 6.56%。上证 50 指数开盘 2 285.27 点，最高 3 038.28 点，最低 2 282.24 点，年底收于 2 860.44 点，涨幅 25.08%。上证 180 指数开盘 7 225.26点，最高 9 133.43 点，最低 7 192.87 点，年底收于 8 647.03点，涨幅 19.69%。

2017 年，沪股通标的股票 576 只，成交 13146 亿元，持有市值 3 322 亿元，日均额度使用率 2.61%；港股通标的股票 311 只，成交 14 886 亿元，持有市值 6 597 亿元，日均额度使用率 12.75%。

二、沪港通

成交情况

板块	家数	持有市值(亿元)	成交金额(亿元)
沪股通	576	3322.38	13146.22
港股通	311	6597.76	14886.24

额度情况

板块	日均使用额度(亿元)	日均额度使用率(%)	年末剩余额度(亿元)
沪股通	3.4	2.61%	—
港股通	13.39	12.75%	—

截至 2017 年底，上海证券交易所投资者开户数 26 296 万户。

三、证券发行与上市

2017 年，上市公司数达到 1 396 家，较 2016 年末增加 214 家，沪市上市股票数达到 1 440 只，股票筹资总额 7 578 亿元，较 2016 年增加 7.7%。上市公司总股本 35 288 亿股，流通股 31 119 亿股。

2017 年上交所的股票成交额、IPO 融资总额、市价总值在全球主要交易所中分别排名第 5、第 3、第 4 位。

2017 年沪市证券交易市场质量综述

2017 年沪市证券交易市场整体质量有所提升，沪市市场质量指数相比 2016 年的 464 点上升了 19.8%，达到 556 点的历史新高。从流动性上看，2017 年市场交易活跃度与 2016 年相比变化不大，价格冲击指数、流动性指数、买卖价差等与 2016 年基本持平，相对有效价差较 2016 年有所下降。从波动性上看，2017 年沪市日内波动率、超额波动率和收益波动率与 2016 年相比均有小幅下降。

2017 年沪市流动性指数为 576 万元，与 2016 年的 577 万元基本持平，价格冲击指数与 2015 年、2016 年基本持平。沪市绝对买卖价差为 2 分，相对买卖价差为 13 个基点，绝对有效价差为 4.1 分，与 2016 年基本持平；相对有效价差为 25 个基点，相比 2016 年下降了 4 个基点。2017 年沪市成交活跃，订单深度指标位列 2007 年以来的第四位，其中 5 档订单深度为 639 万元，10 档订单深度为 1 133 万元，两档订单深度较 2016 年均有所下降，下降幅度分别为 3.8% 和 4.5%。

从流动性指标的日内特征来看，2017 年沪市日内流动性特征与 2016 年类似。从分时特征上看，市场流动性在上午开盘时相对较差，开盘一小时内流动性大幅快速增长，随后开始缓慢增长。中午休市前后流动性出现短暂波动，下午开盘后流动性继续维持缓慢增长趋势，接近收盘时出现小幅下跌。

从订单申报金额来看，2017 年沪市平均每笔申报金额 4.17 万元，是 2016 年的 1.03 倍；平均每笔成交金额 2.11 万元，是 2016 年的 1.01 倍。订单大多集中在每笔申报金额较小的分段，有 46.9% 的订单申报金额不超过 1 万元，另有 45.6% 的订单在 1 万与 10 万元之间，6.44% 的订单在 10 万与 50 万元之间，0.68% 的订单在 50 万与 100 万元之间，0.38% 的订单超过 100 万元。

从订单申报、成交及撤单笔数来看，2017 沪市平均每天有效报单 1 563.6 万笔，为 2016 年 1 497.17 万笔的 1.04 倍；平均每天成交 982.45 万笔(单向)，为 2016 年 973.89 万笔(单向)的 1.01 倍；撤单笔数平均每交易日有 360.92 万笔，约占有效报单笔数的 23.08%，撤单笔数占比略低于 2016 年(24.25%)。从主要板块来看，市值越大的股票撤单比例越低，上证 50 成分股的撤单比例最低，为 20.2%。

从沪市各主要板块的订单笔数上看，上证 380 的交易活跃度最高，上证 180 次之，上证 50 最低；从按股数统计的各板块情况看，上证 380 的交易活跃度仍是最高的。从订单类型在各证券品种中应用的分布来看，不管是申报笔数还是股数，限价订单的使用都最为广泛，市价订单使用都很少。其中，从申报笔数来看，2017 年限价订单的比例为 96.52%；从申报股数来看，2017 年限价订单的比例为 66.81%。

从订单成交情况来看，全年有 62.84% 的订单(以数量计算)得以成交，略低于 2016 年的水平。从投资者类型的订单成交情况来看，机构投资者提交的订单占比(笔数)有所上升，从 2016 年的 6.99% 提高到 2017 年的 11.05%，订单股数和成交股数也均有上升。

从订单执行时间来看，以笔数计算，51.72% 的订单在提交后 1 秒内成交(即时成交)，与 2016 年的 51.5% 基本持平；累计有 64.94% 的订单在提交后 10 秒内成交，相对 2016 年的 64.59% 略有提升；10 秒 – 5 分钟内成交的订单累计占比 23.7%，较 2016 年的 24.46% 下降了 0.76%。

2017 年上交所基金市场综述

2017 年，围绕党中央关于资本市场服务实体经济、防控金融风险和深化金融改革三项任务，上交所按照“一所连百业、一市跨全球”的战略定位，本着稳中求进的工作基调，积极稳妥地推动基金市场的发展与创新；通过建立 ETF 互联网平台、优化做市商制度、探索建立持续发行机制、推出更多投资标的、打造一支 ETF 行业分析师队伍等五项举措，全面激发基金市场活力。随着资产类别、产品业态、交易机制不断丰富健全，上交所基金市场的财富管理功能已初步显现，逐步成为境内投资者的重要资产配置场所。

一、产品创新稳步推进

2017 年，上交所先后推出现金申赎型的跨市场债券 ETF－富国中证 10 年期国债 ETF、支持上海国企改革的上海改革发展 ETF 以及在券商资管领域实现突破的东证睿玺 LOF 等创新型基金。上述创新产品为投资者提供了更加丰富的资产配置工具，使上交所基金市场的财富管理功能进一步显现，提升了交易所市场对投资者和资金的粘性。

二、财富管理功能初显

2017 年，上交所基金市场的产品数量和资产规模都有了较大增长。截至年底，上交所基金市场共有 191 只产品挂牌，总市值规模为 3 395 亿元，年内累计交易量为超过 7.8 万亿元（如表 1），市场参与人数为 47 万。其中，ETF 产品居于主导地位，上市产品数量为 114 只，市值规模为 3 077 亿元，全年交易额达 7.78 万亿元，占整个场内基金市场的比例为 99.7%。

表 1　上交所基金市场概况

产品类型		数量（只）		市值（亿元）		成交额（亿元）	
		2017 年	2016 年	2017 年	2016 年	2017 年	2016 年
ETF	股票 ETF	74	64	1494	1326	4037	3681
	债券 ETF	4	3	38	66	1192	621
	黄金 ETF	2	2	53	72	3148	1199
	货币 ETF	25	23	1389	1789	66971	82025
	跨境 ETF	9	7	103	122	2473	1010
	小计	114	99	3077	3374	77821	88536
	LOF	70	39	54	69	237	611
申赎型货币基金		6	6	157	280	—	—
封闭式基金		1	3	107	165	112	212
合　计		191	147	3395	3888	78170	89359

伴随着资产类别、产品业态、交易机制的不断丰富健全，上交所基金市场的财富管理功能已经初步显现。目前，市场上代表性的基金产品主要有：传统的股票型 ETF 如上证 50ETF、沪深 300ETF 和中证 500ETF；堪称场内资金“零钱包”的华宝添益和银华日利；适合大类资产配置的黄金 ETF、南方原油 LOF 和美元债 LOF 以及各具特色的创新封闭式债券基金博时安康、海外中概互联网 ETF 和财通定增封闭 LOF 等（如表 2）。交易所场内基金产品的不断丰富可以满足不同投资者多元化的投资需求，实现其资产配置和风险管理的需求。

表 2　上交所基金市场代表性产品的相关指标

类型	产　品	跟踪标的/挂钩资产	市值规模（亿元）	日均交易额（亿元）	T+0 交易	融资融券标的	进质押回购库
股票 ETF	上证 50ETF（510050）	上证 50 指数	380.85	8.26		是	
	上证 180ETF（510180）	上证 180 指数	200.70	0.29		是	
	上证 180 金融 ETF（510230）	上证 180 金融指数	39.08	0.03		是	
	沪深 300ETF（510300）	沪深 300 指数	203.21	4.23		是	
	华夏沪深 300ETF（510330）	沪深 300 指数	186.98	0.12		是	
	中证 500ETF（510500）	中证 500 指数	185.17	1.71		是	
	广发中证 500ETF（510510）	中证 500 指数	14.35	0.08		是	
	上海国企 ETF（510810）	上海优质国企改革标的	100.90	0.30			
货币 ETF	华宝添益（511990）	银行协议存款等	649.27	121.82	是		
	银华日利（511880）	银行协议存款等	262.16	87.28	是		
债券 ETF	国债 ETF（511010）	5 年期国债指数	2.49	4.71	是		是
	城投债 ETF（511220）	城投债指数	33.62	0.12	是		
黄金 ETF	黄金 ETF（518880）	上海金交所实物金	50.67	11.73	是	是	
	黄金基金（518800）	上海金交所实物金	2.40	1.18	是		
跨境 ETF	德国 30ETF（513030）	德国 DAX30 指数	1.73	0.02	是		
	标普 500ETF（513500）	美国标普 500 指数	4.57	0.04	是		
	H 股 ETF（510900）	香港恒生国企指数	65.77	9.76	是	是	
	纳指 ETF（513100）	美国纳斯达克 100 指数	2.98	0.06	是		
	中概互联 ETF（513050）	BAT 等海外上市互联网企业	12.34	0.18	是		

类型	产品	跟踪标的/挂钩资产	市值规模（亿元）	日均交易额（亿元）	T+0 交易	融资融券标的	进质押回购库
LOF	博时安康(501100)	18 个月定期封闭债券基金	6.69				
	南方原油 LOF(501018)	海外原油价格	1.88	0.07	是		
	美元债券 LOF(501300)	美元外汇	1.78	0.00	是		
	香港中小 LOF(501021)	标普港股中国中小盘指数	15.91	0.08	是		
	财通精选(501001)	股票定增项目	2.79	0.02			
	银华惠安(501033)	定开债+定增+打新	3.06				

数据截至 2017 年底。

三、风险防范措施加强

围绕防控风险和服务创新，基金运营机制得到持续优化。

一是发布《分级基金业务管理指引》。适度提高分级基金 B 份额的投资门槛并要求投资者签订相关“风险揭示书”。

二是基本完成新基金业务管理系统开发工作。将择机进入管理系统试运行阶段，这使得防范运营风险的措施有所加强。

三是继续修订《基金上市规则》，为配合新基金法实施、落实证监会相关政策，对现有《基金上市规则》进行补充完善。

四是优化基金运营流程。建立、修订相关基金运营流程 10 多个，加强基金运营操作中的风险防范。

五是及时处置潜在市场风险。密切关注市场动态，及时对疑似风险或潜在风险事件，如标普 500ETF 溢价、分级基金下折等进行分析研究并果断采取措施。

四、市场推广形成体系

围绕服务市场、活跃市场、普及财富管理知识、传播价值投资理念的主旨，基金市场推广工作得到继续深入开展并逐渐形成体系。具体包括：

一是加强宣传推广。从 2017 年 9 月起，深入开展直接面向指数股（ETF）投资者大规模培训，累计举办指数股讲堂过百场，覆盖全国 30 多个城市，60 多家重点营业部，培训过万名个人投资者。2018 年将继续加大 ETF 市场推广力度，计划举办百场指数股（ETF）讲堂，并制作 ETF 投教推广视频，供各个营业部播放。

二是提升市场活跃度。完善流动性服务商机制，继续优化做市商考核指标，待改革措施正式实施后将有望对规模小、流动性差的基金产品给予有力支持。

三是拓展市场营销渠道。选择黄金 ETF、债券型 ETF 等代表性产品与个别券商开展营销合作，探索场内基金与券商渠道双赢的合作模式。密切关注资本市场开放进程，择机研究开拓沪股通、自贸区交易平台等跨境渠道，引入境外投资。

2017 年上交所期权市场综述

2017 年，上交所按照“风险可控、稳中求进”的工作基调，稳步推进衍生品市场创新发展。全年 50ETF 期权市场运行平稳，定价合理，经济功能逐步发挥。期权市场投资者参与理性，风险可控。衡量市场质量和风险情况的各项指标（如市场质量指数、风险指数和投机指数等）均处于合理水平。上交所进一步优化了期权合约条款和相关交易机制，增加了期权合约初始行权价格数量，提高了单笔最大申报数量。此外，积极推进增加 ETF 期权交易品种和行权指令合并申报、组合策略保证金等机制优化。

一、市场概况

2017 年期权市场运行平稳，风险可控，市场规模稳步增长，投资者参与理性且参与人数稳步增加，期权经济功能逐步发挥。经过近三年的发展，上证 50ETF 期权已经成为全球主要的 ETF 期权品种之一。

2017 年全年，50ETF 期权累计成交 1.8 亿张，其中认购期权 10 634.48 万张，认沽期权 7 763.14 万张，日均成交 75.40 万张，单日最大成交 198.99 万张；年末持仓 147.24 万张，日均持仓 165.64 万张，单日最大持仓 206.27 万张；累计成交面值 4.85 万亿元，日均成交面值 198.94 亿元；累计权利金成交 893.14 亿元，日均权利金成交 3.66 亿元。同期，上海市场股票总成交 51.12 万亿元，上证 50 指数成分股累计成交 8.91 万亿元。

总体上看，上证 50ETF 期权市场规模稳步增长，投资者参与理性且参与人数稳步增加，期权合约定价合理，期权经济功能逐步发挥。

市场规模稳步增长。随着投资者对期权产品的日渐熟悉，2017 年上证 50ETF 期权市场规模稳步增长。期权日均成交张数 75.40 万张，日均持仓合约数 165.64 万张，日均成交面值 198.94 亿元，日均权利金成交额 3.66 亿元，分别较 2016 年增长了 133%、75%、175% 和 107%。

投资者结构较为合理。2017 年，投资者账户总数为 25.8 万户，较 2016 年增长了 28%。其中，机构投资者交易占比约 63%，比 2016 年上升 6 个百分点。

期权合约定价合理，投资者参与理性。2017 年，期权市场成交持仓比平均为 0.45，期现成交比平均为 0.52，投机交易（方向性交易）占比为 19.02%。2017 年，期权市场质量指数稳定在 100－130 之间，市场质量逐步改善；期权市场风险指数平均值为 42（60 以下代表风险较小），市场风险较小；市场投机指数平均值为 46（60 以下代表投机较少），市场投机交易占比较少。三项指数均处于合理水平。

期权经济功能逐步发挥。随着期权市场规模稳步扩大，越来越多的投资者使用期权进行保险和增强收益，保险和增强收益的交易占比分别达到了 13.10% 和 45.02%。2017 年，年末市场受保市值（投资者通过期权为其股票进行保险的股票市值）为 102.6 亿元，较年初增长 19%，单日受保市值最高达到 135 亿元，日均受保市值为 101.6 亿元，较 2016 年增长 75%。

二、交易参与人

截至 2017 年底，共有 84 家证券公司和 21 家期货公司取得了上交所股票期权交易参与人资格，61 家证券公司取得自营业务资格。证券公司期权经纪业务成交量为 15 713.57 万张（双向），占全市场总成交量的 42.71%。证券公司累计开立期权经纪业务账户 25 4978 户，较 2016 年底新增 54 974 户，占全市场总开户数的 98.74%。期货公司经纪业务成交量为 5 800.11 万张（双向），占全市场总成交量的 15.76%。期货公司共开立期权经纪业务账户 3 085 户，较 2016 年底增加 1 231户，占全市场总开户数的 1.2%。

上证50ETF期权做市商共有13家，其中主做市商10家，一般做市商3家。2017年，做市商运行平稳，未发生市场风险事件，整体上较好地履行了各项做市义务，在流动性提供和保障合理定价等方面发挥了重要作用。在成交量方面，主做市商日均成交58.92万张（双向），占全市场39.07%，日均持仓53.65万张（双向），占全市场32.39%，日均申报2 630.9万张，占全市场90.45%。做市商成交量占市场比较为稳定，低于美国及中国香港地区期权市场的做市商成交占比。做市商义务履行情况亦有所提高。2017年，主做市商时间加权平均报价价差与做市义务要求之比为34.2%，加权平均参与率平均为92.8%，均优于做市商基本义务要求。

三、创新发展

2017年，为更好地满足投资者期权交易和风险管理需求，上交所持续推进交易机制优化和产品创新，为期权市场健康发展创造条件。

一是增加期权合约初始行权价格数量并提高单笔最大申报数量。为满足市场精准避险需求、增加期权市场深度，2017年底期权合约初始行权价格数量从原有的5个增加至9个（包括1个平值、4个实值和4个虚值）；同时，为提高市场交易效率，便利投资者交易，限价订单单笔申报最大数量由目前的10张调整为30张，市价订单单笔申报最大数量由5张调整为10张。

二是持续研究组合保证金和证券保证金机制。组合策略保证金机制可在确保风险可控前提下，大幅度降低期权卖方的成本，有效平衡期权市场买卖双方的力量，提高市场效率。上交所组合策略保证金机制已于全真模拟交易环境上线，全年运行平稳，为正式推出该项机制奠定了坚实基础。同时，上交所也在积极探索证券保证金机制，为投资者提供使用已持有证券作为期权保证金的途径，丰富投资者的保证金来源。

三是研究优化相关期权交易和结算机制。为提高行权和结算交割效率，上交所积极研究行权指令合并申报机制，即对同时持有认购和认沽权利仓的投资者实行轧差结算，便利投资者行权，降低市场成本。同时，为满足投资者的大额交易需求，降低期权大宗订单对竞价市场价格的影响和冲击，上交所研究设计了大宗撮合和协议交易机制方案。

四是研究推进证券借贷产品和信用利差期权产品。证券借贷产品是建立证券市场内在自发平衡机制的重要要素，是对现有融券业务的有益补充，也是金融衍生产品进一步发展的重要配套产品，有助于完善资本市场产品体系。上交所通用衍生品模拟交易平台（STAR平台）已于2017年5月开展了证券借贷产品的交易测试。信用利差期权是以债券的信用利差为标的的一项创新期权产品，是投资者管理债券市场信用风险的重要手段。我们在信用利差指数编制、信用利差期权产品合约设计等方面开展了深入研究，取得了较好进展。

四、市场推广

2017年，上交所在市场各方支持下，按照“覆盖面广、形式多样、渠道丰富、注重实效”的总体市场培育思路，开展了一系列针对不同主体、多种类型的投资者教育与推广活动，以更好地服务各类投资者，满足市场参与者的需求。

一是进一步加强个人投资者培训。为夯实期权市场发展基础，培育合格的期权个人投资者，上交所开展了直面个人投资者的大规模教育培训活动。2017年在北京、上海、深圳、广州、重庆等93个城市，与66家期权经营机构合作举办了298场期权培训，累计培训29 909名个人投资者。此外，上交所于2017年5月正式推出了针对已开户投资者的期权进阶讲堂培训。期权进阶讲堂为小班教学，在授课过程中注重与投资者的互动与交流，着力于解决他们在日常交易中的实际问题，全年共举办83场，取得了较好的市场反响。

二是多层次开展机构投资者培训。2017年，共举办了60场期权投顾初级班、4场期权投顾高级班，共培训了投资顾问7 391名，期权策略顾问培训的开展为期权业务市场发展培育了专业的人才队伍。同时，面向期权经营机构自营和资管、保险、基金、信托、银行等从事期权交易的专业人员举办交易员培训，包括较初级的交易员入门培训和相对高阶的交易员培训。2017年共举办4场交易员培训，共有420名来自券商、私募、公募等机构的学员参与。

三是与各大高校联合打造高校期权精品课堂。为进一步营造良好的金融衍生品市场发展环境，培养潜在专业人才，上交所继续联合全国重点高校举办高校期权精品课堂专场培训，面向高校学生组织交易所讲师及市场机构专家进行授课，将理论知识、模拟交易、市场案例研究融于一体。2017年，上交所与清华大学、复旦大学、上海交通大学、上海财经大学等23所高校开展合作，累计1 840名学生选修了合作课程，理论与实务相结合的教学模式深受师生好评。

四是举办各类期权主题投教活动。2017年陆续举办了股票期权上市两周年主题推广活动、“我与股票期权的故事”征文活动、“期权的一千零一夜”主题推广活动，并启动了期权十佳讲师、优秀投顾的评选活动。

五是充分利用新媒体开展期权市场培育和推广工作。2017年2月起在各大主流视频平台发布了《股票期权动画之独孤九剑》系列期权投教动画，10月起在喜马拉雅平台上线了《进才的快乐期权路》广播连续剧。“上交所期权之家”作为官方期权公众号主要用于发布股票期权每日交易信息、政策解读和期权投教知识，搭建了与投资者互动交流的高效平台，目前关注人数近十万人。

五、市场监管

股票期权对我国资本市场而言是一项无先例、无实践的重大创新，因此上交所在产品开发初期就确立了偏谨慎的产品设计原则和“高标准、稳起步、严监管、防风险”的市场发展指导方针。2017年上交所进一步完善期权的一线监管制度，坚持底线监管、动态监管、联动监管、功能本位监管四项基本监管原则，落实了涵盖宏观风险监控、交易行为监管、做市商监管、期权经营机构监管和市场运行风险监控“五位一体”的监管体系，并继续归纳了在宏观监管、超前监管、全面监管、精准监管、大数据监管和预防性监管等六方面的监管实践经验。

2017年，上交所期权市场监管有效，风险可控。全年日常监控预警近1.8万次，日均处理预警70余次；对于行权交收违约风险、行权日实值较多、被指派证券不足、疑似程序化、账户自成交、数据报送准确性提醒、客户资金透资等情况，电话提醒约1 200余次；发布市场提醒公告80余次，现场检查4次。

2017年，上交所重点加强了以下四个方面一线监管工作：

一是进一步加大对程序化交易行为的监管。在事前监管方面，上交所建立完备的报备制度，2017年期权经营机构的程序化交易账户报备申请800余次，对前期尽调不合规的期权经营机构进行相关处理;在事中监管方面,采用严格的风控措施,专门设计了监控指标,专人专岗监控,做到实时发现、核查与处置。2017 年共对程序化交易账户采取电话提醒 100 余次;在事后监管方面,每日对程序化交易未报备账户进行筛查,及时发现并处置未报备账户。

二是强化异常交易行为监管。进一步细化了相关的风险预警指标体系,对影响开盘价、影响结算价、影响熔断集合竞价、频繁报撤单、虚假申报、拉抬打压价格、账户组自成交、利益输送等异常行为进行重点预警监控。

三是进一步完善跨市场交易监管。充分发挥现货与期权在同一交易所交易的优势,实施无缝隙的期现联动监管,并利用技术手段对投资者现货和期权的申报、成交及持仓等数据进行挖掘,通过高效、精准的风险预警和违规交易识别模型,能够及时有效地监控可能存在的跨市场异常交易行为,有效地防范了跨市场风险。

四是加强套保账户监管。从套保账户的投机交易占比、Delta 值、现货和期权持仓量的比值以及交易行为是否偏离套保方案等多个方面,对套保账户的非套保交易行为进行甄别和监控。

五是加强做市商监控。实时监控做市商交易行为,对自成交、异常报价、希腊字母指标、单位时间内申报笔数、持仓集中度、保证金占用比例等指标进行监控、快速反应和处置。此外,定期对做市商进行风控及系统压力测试。

六是加强市场运行风险预警与管理。重点对结算风险和行权交收风险进行监控。结算风险主要通过对保证金、出入金异常进行监控,并进行盘中试算和压力测试,全年对保证金盘前不足电话提醒 4 次,保证金盘中不足电话提醒 20 次,盘中保证金占用比例高于 90% 电话提醒 104 次。行权交收风险监管涵盖行权前、行权日和交收日的监控和提醒,全年共计发布行权、交收提醒公告 72 次,月均行权日电话提醒 50 余次,月均交收日电话提醒 10 余次,全年未出现交收违约事件。

六、未来展望

上交所期权市场诞生近三年来,总体上看,市场运行平稳有序,规模持续增长,功能稳步发挥,股票期权业务试点取得了较好效果。然而,市场发展也存在一些亟待完善之处。突出表现在两个方面:一是标的单一,不能满足投资者的多样化风险管理需求。从标的覆盖面和代表性而言,上证 50ETF 对证券市场覆盖面不足,特别是金融行业权重过高,具有较大局限性;二是市场交易成本较高,在当前缺乏组合保证金和大宗交易机制的情况下,机构投资者的大单交易需求较难得到满足。

2018 年,上交所将继续本着"期现联动发展,服务民富国强"的市场建设初心,按照十九大报告"增强金融服务实体经济能力""促进多层次资本市场健康发展"的总体要求,在风险可控的情况下,积极推动新增 ETF 期权标的,优化期权保证金机制,建立期权大宗撮合交易机制,研究探索个股期权产品。

期权是国际市场与期货并驾齐驱的成熟金融衍生产品。近年全球场内权益类期权成交量约为期货成交量的 2 倍。目前,我国股票期权市场发展仍处于初级阶段,与我国实体经济规模不相匹配,不能有效满足资本市场发展需要。从国际经验看,美国股票期权的期现成交比约为 1.8 倍,我国股票期权的期现成交比目前仅 0.04 倍;美国股票期权成交面额与 GDP 之比为 4.5 倍,我国目前仅 0.06 倍。展望未来,随着我国国民经济和资本市场的稳健发展,上交所股票期权市场发展前景极为广阔。未来几年,服务实体经济、防控金融风险与深化金融改革是金融工作的三大任务。期权作为唯一的市场化风险转移工具,可以有效弥补期货风险对冲功能的不足,必将在我国金融风险管理中发挥越来越大的作用。随着投资者对股票期权产品的日渐熟悉、相关交易机制的逐步完善和产品体系的日益丰富,我国股票期权市场必将成为全球场内衍生品市场的重要组成部分,与实体经济、股票市场形成联动发展的良性格局。

2017 年上证 50ETF 期权市场概览

交易数据		2017 年			2016 年		
		认购	认沽	合计	认购	认沽	合计
合约成交量(万张)	总成交	10634.48	7763.14	18397.62	4,523.55	3,383.38	7,906.93
	日均成交	43.58	31.82	75.40	18.54	13.87	32.41
	最高成交	—	—	198.99	—	—	106.65
	最低成交	—	—	29.34	—	—	4.50
合约成交面值(亿元)	总成交	28192.84	20348.99	48541.83	10193.95	7457.34	17651.29
	日均成交	115.54	83.40	198.94	41.78	30.56	72.34
	最高成交	—	—	593.21	—	—	252.88
	最低成交	—	—	68.44	—	—	10.53
合约权利金(亿元)	总成交	598.79	294.34	893.14	259.83	172.06	431.89
	日均成交	2.45	1.21	3.66	1.06	0.71	1.77
	最高成交	—	—	16.03	—	—	6.66
	最低成交	—	—	1.04	—	—	0.42
合约持仓量(万张)	期末持仓	84.54	62.70	147.24	79.81	51.72	131.53
	日均持仓	87.26	78.38	165.64	51.42	43.43	94.86
	最高持仓	—	—	206.27	—	—	172.24
	最低持仓	—	—	100.46	—	—	37.70
合约行权	行权量(万张)	23.14	16.33	39.47	11.65	9.67	21.32
	行权比例	90.68%	93.39%	91.80%	88.97%	98.98%	93.24%

2017 年上交所债券市场综述

2017 年，上海证券交易所（以下简称“上交所”）债券市场牢固树立风险意识，着力提升市场发展质量。上交所大力提升交易所债券市场服务实体经济的能力，地方政府债券发行取得实质进展，支持优质企业发行债券，优化调整发债结构，支持资产证券化产品发行，稳步推进债券品种创新，债券市场份额保持稳定。同时，上交所坚持稳字当头，以落实证监会《关于交易所债券市场安全运行和稳健发展的总体方案》为抓手，有效防控市场风险，及时防范化解违约风险，保障债券市场平稳运行。

2017 年，上交所市场债券发行量达 2.97 万亿元，比上年增长 8%。其中，公司债券融资 1.43 万亿元，包括面向普通投资者公开发行的大公募公司债券、面向合格投资者公开发行的小公募公司债券、面向合格投资者非公开发行的私募公司债券；可转换债券融资 555 亿元，资产支持证券融资 5 628 亿元；地方政府债券融资 8 768 亿元；国开债融资 414 亿元。截至 2017 年底，上交所债券挂牌 10 386只，较 2016 年底增加 2 309 只，增幅 29%。债券托管量 7.4 万亿元，较 2016 年底增加 1.2 万亿元，增幅 19%。其中，国债 191 只，托管量 6 180 亿元；地方政府债券 2 259 只，托管量 2 443 亿元；金融债 16 只，托管量 647 亿元；企业债 2 323 只，托管量 8 168 亿元；公司债 3 659 只，托管量 5.0 万亿元；资产支持证券 1 920 只，托管量 5 656亿元；可转换公司债 18 只，托管量 695 亿元。2017 年二级市场债券交易量达 247.3 万亿元，比 2016 年度增长 10%，其中现券成交 4.4 万亿元，回购成交为 242.9 万亿元。

2017 年，上交所债券市场把提升市场发展质量放在首要位置，贯彻落实中国证监会的工作部署，紧密围绕服务实体经济、防控风险、助力金融改革开展各项工作，债券市场稳中有进。一是扶优限劣，优化债券市场结构。2017 年，地方政府债券在上交所发行取得实质进展。截至 2017 年底，已有河北、山东、内蒙古、四川、湖北和天津等 19 家地方政府在上交所成功发行地方债，累计发行规模 8 768 亿元。2017 年，上交所共受理公司债券上市或挂牌预审核申请 973 家，受理的融资总金额将近 3.1 万亿元；审核通过 832 家，审核总金额达 2.6 万亿元，发行人整体资质大幅提高。二是贯彻落实国家战略部署，稳妥开展债券品种创新。首批扶贫专项公司债及扶贫地区资产支持证券、首只“一带一路”熊猫债券、首单项目收益专项公司债、首单央企民企住房租赁 REITs、全球首单可持续发展资产支持证券、国内首单美元计价资产支持证券已发行成功，首单公募住房租赁专项公司债获批。2017 年，上交所共发行创新创业公司债 13 只，规模合计 23 亿元；绿色公司债 16 只，绿色资产支持证券 6 只，规模合计 273 亿元；可续期债 51 只，规模合计 941 亿元；可交换债 36 只，规模合计 820 亿元；熊猫债 4 只，规模合计 40 亿元。三是加强一线监管，防范和化解债券违约风险。2017 年，上交所根据证监会的统一部署，基本建立了债券存续期风险防控的体系，引导中介机构归位尽责，落实存续期受托责任；加强风险研判、预警，着力推进违约司法处置进程；调整投资者适当性制度，加强投资者适当性管理。四是加强债券质押式回购风险管理。完善回购利率形成机制，防范利率大幅波动；建立回购数据报送和风险监测等机制，防范融资主体流动性风险；优化协议回购和计划推出三方回购，分流质押式回购压力和中国结算风险。五是持续做好安全运行保障，完善基础设施建设。上交所强化了债券交易日常监管，二级市场异常交易监测、交易环节投资者适当性管理（越权交易监管）、回购及其他创新产品的违约管理和异常管理等工作，及时处理各类风险隐患，确保不出现系统性风险；完善了上市发行相关规则，调整可交换债发行方式，做好所司业务约定，完善所内债券业务常规流程梳理。六是持续优化债券市场服务，加强市场培训。上交所积极走访中央企业和地方重点国有企业，持续做好引导优质企业发行公司债和资产证券化的推广工作，提升高等级信用债发行量占比。2017 年，上交所共举办公司债和 ABS 风险防范、投资机构、地方债、双创债等相关业务培训 33 期，累计培训学员近 5 000 人，受到市场各方认可。

2018 年，上交所债券市场将继续坚持稳中求进总基调，牢固树立风险意识，着力提升市场发展质量，建设与上交所主板多层次、包容性的新蓝筹市场定位相匹配的、高质量的债券市场。一是严守风险底线，健全处置机制。持续加强风险监测，防范化解违约风险；加强回购风险管理，完善流动性平抑机制。二是优化结构、稳步创新，提升服务实体经济能力。继续推进利率债和高等级债券发行交易；稳步推进债券市场国际化；大力发展绿色金融，稳步开展品种创新；进一步发挥资产证券化盘活存量和降杠杆的作用。三是深化监管，加强基础制度建设。筑牢市场准入，把好风险防控第一道关；健全自律监管规则体系，完善中介机构监管体系，强化一线监管职能；研究完善债券交易制度，改进债券交易技术系统。

债券成交概貌

2017 年	期末挂牌数（只）	较 2016 年同期增减	成交量（亿）	较 2016 年同期增减（亿元）
债券现券及回购合计	10,422	2,310	2,473,418	226,288
国债	191	8	1,740	-4,040
地方债	2,259	822	713	-1,279
公司债	3,659	737	32,749	5,933
企业债	2,323	155	5,941	-1,334
可转债	18	9	1,859	766
资产支持证券	1,920	564	1,266	478
金融债	16	14	163	129
债券回购	36	1	2,428,987	225,635

2017 年债券分品种托管量

债券品种	数量（只）	托管量（亿元）
国债	191	6,180
地方债	2,259	2,443
公司债	3,659	50,283
企业债	2,323	8,168
可转债	18	695
资产支持证券	1,920	5,656
金融债	16	647
合计	10,386	74,072

2017 年债券分品种发行量

债券品种	数量(只)	发行量(亿元)
大公募	16	190
小公募	443	5,807
私募	688	8,317
可转债	14	555
资产支持证券	318	5,628
地方债	233	8,768
金融债	9	414
合计	1,721	29,679

2017 年债券分品种交易量

债券品种		交易量(亿元)
现券	国债	1,740
	地方债	713
	公司债	32,749
	企业债	5,941
	可转债	1,859
	资产支持证券	1,266
	金融债	163
回　购		2,428,987
合　计		2,473,418

备注:公司债包括一般公司债、可交换债;可转债包括一般可转债、分离交易可转债;回购包括质押回购、协议回购、报价回购。

2017 年新上市公司股票发行概况

股票代码	股票简称	发行量(万股)	发行价(元)	中签率(%)	筹资金额(万元)	发行市盈率(摊薄法)	上市日期
600025	华能水电	180000.00	2.17	0.51	390600.00	76.86	2017/12/15
600903	贵州燃气	12195.00	2.21	0.06	26950.60	22.88	2017/11/7
600933	爱柯迪	13824.00	11.01	0.06	152202.24	20.79	2017/11/17
600939	重庆建工	18150.00	3.12	0.09	56628.00	22.92	2017/2/21
601019	山东出版	26690.00	10.16	0.10	271170.40	22.99	2017/11/22
601086	国芳集团	16000.00	3.16	0.07	50560.00	22.92	2017/9/29
601108	财通证券	35900.00	11.38	0.13	408542.00	22.98	2017/10/24
601212	白银有色	69800.00	1.78	0.25	124244.00	556.25	2017/2/15
601228	广州港	69868.00	2.29	0.22	159997.72	22.98	2017/3/29
601326	秦港股份	55800.00	2.34	0.20	130572.00	49.62	2017/8/16
601366	利群股份	17600.00	8.82	0.08	155232.00	22.98	2017/4/12
601375	中原证券	70000.00	4.00	0.24	280000.00	11.23	2017/1/3
601619	嘉泽新能	19371.00	1.26	0.09	24407.75	17.87	2017/7/20
601858	中国科传	13050.00	6.84	0.07	89262.00	22.97	2017/1/18
601878	浙商证券	33333.00	8.45	0.14	281666.72	22.98	2017/6/26
601881	中国银河	60000.00	6.81	0.21	408600.00	7.02	2017/1/23
601949	中国出版	36450.00	3.34	0.14	121743.00	22.96	2017/8/21
601952	苏垦农发	26000.00	9.32	0.10	242320.00	22.12	2017/5/15
603032	德新交运	3334.00	5.81	0.03	19370.54	20.93	2017/1/5
603035	常熟汽饰	7000.00	10.44	0.04	73080.00	15.09	2017/1/5
603037	凯众股份	2000.00	16.01	0.02	32020.00	22.98	2017/1/20
603038	华立股份	1670.00	23.26	0.01	38844.20	22.98	2017/1/16
603039	泛微网络	1667.00	14.90	0.01	24838.30	22.99	2017/1/13
603040	新坐标	1500.00	16.44	0.01	24660.00	22.99	2017/2/9
603041	美思德	2500.00	12.92	0.02	32300.00	20.01	2017/3/30
603042	华脉科技	3400.00	11.26	0.03	38284.00	22.98	2017/6/2
603043	广州酒家	5000.00	13.18	0.04	65900.00	20.28	2017/6/27
603050	科林电气	3334.00	10.29	0.03	34306.86	22.99	2017/4/14
603055	台华新材	6760.00	9.21	0.04	62259.60	22.97	2017/9/21
603063	禾望电气	6000.00	13.36	0.05	80160.00	22.98	2017/7/28
603076	乐惠国际	1865.00	19.71	0.01	36759.15	22.99	2017/11/13
603078	江化微	1500.00	24.18	0.01	36270.00	22.99	2017/4/10
603079	圣达生物	2000.00	15.09	0.02	30180.00	22.99	2017/8/23
603081	大丰实业	5180.00	10.42	0.04	53975.60	22.98	2017/4/20
603083	剑桥科技	2447.00	15.05	0.03	36824.17	22.99	2017/11/10
603086	先达股份	2000.00	17.64	0.01	35280.00	15.26	2017/5/11
603089	正裕工业	2667.00	11.63	0.03	31017.21	20.11	2017/1/26
603096	新经典	3336.00	21.55	0.03	71890.80	21.22	2017/4/25
603103	横店影视	5300.00	15.45	0.04	81885.00	22.98	2017/10/12
603106	恒银金融	7000.00	10.75	0.04	75250.00	22.99	2017/9/20
603110	东方材料	2567.00	13.04	0.03	33469.38	22.98	2017/10/13

股票代码	股票简称	发行量（万股）	发行价（元）	中签率（%）	筹资金额（万元）	发行市盈率（摊薄法）	上市日期
603113	金能科技	7730.00	13.37	0.05	103350.10	22.98	2017/5/11
603127	昭衍新药	2050.00	12.51	0.03	25645.50	22.98	2017/8/25
603129	春风动力	3333.00	13.63	0.03	45433.42	22.98	2017/8/18
603133	碳元科技	5200.00	7.87	0.04	40924.00	22.98	2017/3/20
603136	天目湖	2000.00	19.68	0.01	39360.00	22.99	2017/9/27
603138	海量数据	2050.00	9.99	0.02	20479.50	19.82	2017/3/6
603139	康惠制药	2497.00	14.57	0.03	36381.29	22.98	2017/4/21
603157	拉夏贝尔	5477.00	8.41	0.04	46061.57	9.76	2017/9/25
603165	荣晟环保	3168.00	10.44	0.03	33073.92	17.13	2017/1/17
603177	德创环保	5050.00	3.60	0.04	18180.00	22.97	2017/2/7
603178	圣龙股份	5000.00	7.53	0.03	37650.00	22.99	2017/3/28
603179	新泉股份	3985.00	14.01	0.03	55829.85	20.26	2017/3/17
603180	金牌厨柜	1700.00	27.85	0.01	47345.00	22.99	2017/5/12
603181	皇马科技	5000.00	10.36	0.03	51800.00	22.99	2017/8/24
603183	建研院	2200.00	13.56	0.03	29832.00	22.98	2017/9/5
603186	华正新材	3235.00	5.37	0.03	17371.95	22.97	2017/1/3
603196	日播时尚	6000.00	7.08	0.04	42480.00	22.99	2017/5/31
603197	保隆科技	2928.00	22.87	0.03	66963.36	21.66	2017/5/19
603200	上海洗霸	1843.00	17.35	0.01	31976.05	22.98	2017/6/1
603208	江山欧派	2021.00	24.83	0.03	50181.43	22.99	2017/2/10
603225	新凤鸣	7730.00	26.68	0.05	206236.40	22.99	2017/4/18
603226	菲林格尔	2167.00	17.56	0.03	38052.52	22.99	2017/6/15
603228	景旺电子	4800.00	23.16	0.04	111168.00	22.97	2017/1/6
603229	奥翔药业	4000.00	7.81	0.03	31240.00	22.98	2017/5/9
603232	格尔软件	1525.00	18.10	0.01	27602.50	22.91	2017/4/21
603233	大参林	4001.00	24.72	0.04	98904.72	22.99	2017/7/31
603238	诺邦股份	3000.00	13.31	0.03	39930.00	22.99	2017/2/22
603260	合盛硅业	7000.00	19.52	0.04	136640.00	22.99	2017/10/30
603266	天龙股份	2500.00	14.63	0.03	36575.00	22.99	2017/1/10
603269	海鸥股份	2287.00	8.76	0.02	20034.12	22.99	2017/5/17
603277	银都股份	6600.00	12.37	0.05	81642.00	22.99	2017/9/11
603278	大业股份	5200.00	15.31	0.03	79612.00	22.95	2017/11/13
603283	赛腾股份	4000.00	6.90	0.03	27600.00	22.98	2017/12/25
603286	日盈电子	2202.00	7.93	0.03	17461.07	22.97	2017/6/27
603289	泰瑞机器	5100.00	7.83	0.03	39933.00	22.98	2017/10/31
603303	得邦照明	6000.00	18.63	0.04	111780.00	15.10	2017/3/30
603305	旭升股份	4160.00	11.26	0.04	46841.60	22.98	2017/7/10
603316	诚邦股份	5082.00	6.82	0.04	34659.24	22.98	2017/6/19
603320	迪贝电气	2500.00	9.93	0.02	24825.00	22.98	2017/5/2
603321	梅轮电梯	7700.00	6.07	0.04	46739.00	22.99	2017/9/15
603326	我乐家居	4000.00	9.87	0.03	39480.00	22.97	2017/6/16
603329	上海雅仕	3300.00	10.54	0.03	34782.00	22.99	2017/12/29
603330	上海天洋	1500.00	18.19	0.01	27285.00	22.99	2017/2/13
603331	百达精工	3181.00	9.63	0.03	30636.21	22.98	2017/7/5
603335	迪生力	6334.00	3.62	0.04	22929.08	18.33	2017/6/20
603337	杰克股份	5167.00	17.72	0.04	91559.24	22.99	2017/1/19
603345	安井食品	5401.00	11.12	0.04	60059.12	22.99	2017/2/22
603357	设计总院	8120.00	10.44	0.05	84772.80	17.61	2017/8/1
603358	华达科技	4000.00	31.18	0.03	124720.00	19.83	2017/1/25
603359	东珠景观	5690.00	18.18	0.04	103444.20	22.34	2017/9/1
603360	百傲化学	3334.00	9.24	0.03	30806.16	22.92	2017/2/6
603363	傲农生物	6000.00	4.79	0.04	28740.00	22.95	2017/9/26
603365	水星家纺	6667.00	16.00	0.04	106672.00	22.98	2017/11/20
603367	辰欣药业	10000.00	11.66	0.05	116600.00	22.98	2017/9/29
603378	亚士创能	4900.00	12.94	0.03	63406.00	22.98	2017/9/28
603380	易德龙	4000.00	10.68	0.03	42720.00	22.99	2017/6/22
603383	顶点软件	2105.00	19.05	0.02	40100.25	22.98	2017/5/22
603385	惠达卫浴	7104.00	13.27	0.04	94270.08	21.40	2017/4/5

股票代码	股票简称	发行量（万股）	发行价（元）	中签率（%）	筹资金额（万元）	发行市盈率（摊薄法）	上市日期
603386	广东骏亚	5050.00	6.23	0.03	31461.50	22.99	2017/9/12
603387	基蛋生物	3300.00	22.25	0.03	73425.00	22.99	2017/7/17
603388	元成股份	2500.00	12.10	0.02	30250.00	22.99	2017/3/24
603396	金辰股份	1889.00	19.47	0.01	36778.83	22.99	2017/10/18
603429	集友股份	1700.00	15.00	0.01	25500.00	22.97	2017/1/24
603444	吉比特	1780.00	54.00	0.02	96120.00	22.96	2017/1/4
603458	勘设股份	3104.00	29.36	0.03	91127.18	22.98	2017/8/9
603466	风语筑	3600.00	16.56	0.03	59616.00	22.98	2017/10/20
603477	振静股份	6000.00	5.58	0.04	33480.00	22.98	2017/12/18
603488	展鹏科技	5200.00	7.67	0.03	39884.00	22.98	2017/5/16
603496	恒为科技	2500.00	14.14	0.03	35350.00	22.98	2017/6/7
603499	翔港科技	2500.00	9.24	0.02	23100.00	22.97	2017/10/16
603500	祥和实业	3150.00	13.17	0.03	41485.50	22.98	2017/9/4
603501	韦尔股份	4160.00	7.02	0.04	29203.20	22.99	2017/5/4
603505	金石资源	6000.00	3.74	0.04	22440.00	22.94	2017/5/3
603507	振江股份	3141.00	26.25	0.03	82445.74	22.99	2017/11/6
603517	绝味食品	5000.00	16.09	0.04	80450.00	22.99	2017/3/17
603527	众源新材	3110.00	13.27	0.03	41269.70	22.97	2017/9/7
603533	掌阅科技	4100.00	4.05	0.04	16605.00	22.96	2017/9/21
603535	嘉诚国际	3760.00	15.17	0.03	57039.20	22.85	2017/8/8
603536	惠发股份	3000.00	7.63	0.03	22890.00	22.97	2017/6/13
603538	美诺华	3000.00	14.03	0.03	42090.00	22.98	2017/4/7
603557	起步股份	4700.00	7.73	0.04	36331.00	22.98	2017/8/18
603578	三星新材	2200.00	12.26	0.03	26972.00	22.99	2017/3/6
603579	荣泰健康	1750.00	44.66	0.02	78155.00	22.89	2017/1/11
603580	艾艾精工	1667.00	9.81	0.01	16353.27	22.98	2017/5/25
603586	金麒麟	5250.00	21.37	0.03	112192.50	22.98	2017/4/6
603595	东尼电子	2500.00	13.01	0.03	32525.00	22.99	2017/7/12
603602	纵横通信	2000.00	15.18	0.02	30360.00	22.99	2017/8/10
603603	博天环境	4001.00	6.74	0.04	26966.74	22.97	2017/2/17
603605	珀莱雅	5000.00	15.34	0.03	76700.00	22.99	2017/11/15
603607	京华激光	2278.00	16.04	0.02	36539.12	22.93	2017/10/25
603612	索通发展	6020.00	7.88	0.04	47437.60	22.97	2017/7/18
603615	茶花股份	6000.00	8.37	0.04	50220.00	22.98	2017/2/13
603617	君禾股份	2500.00	8.93	0.03	22325.00	17.53	2017/7/3
603619	中曼石油	4000.00	22.61	0.04	90440.23	22.99	2017/11/17
603626	科森科技	5267.00	18.85	0.04	99276.73	20.75	2017/2/9
603628	清源股份	6845.00	5.57	0.04	38126.65	22.99	2017/1/12
603630	拉芳家化	4360.00	18.39	0.04	80180.40	22.99	2017/3/13
603637	镇海股份	2558.00	13.86	0.03	35448.75	22.99	2017/2/8
603638	艾迪精密	4400.00	6.58	0.03	28952.00	22.98	2017/1/20
603639	海利尔	3000.00	24.95	0.03	74850.00	22.95	2017/1/12
603648	畅联股份	9217.00	7.37	0.05	67926.86	22.96	2017/9/13
603655	朗博科技	2650.00	6.46	0.03	17119.00	22.96	2017/12/29
603656	泰禾光电	1899.00	21.91	0.02	41607.09	22.98	2017/3/21
603659	璞泰来	6370.00	16.53	0.04	105300.89	22.99	2017/11/3
603661	恒林股份	2500.00	56.88	0.02	142200.00	22.98	2017/11/21
603665	康隆达	2500.00	21.40	0.03	53500.00	22.99	2017/3/13
603668	天马科技	5300.00	6.21	0.04	32913.00	22.97	2017/1/17
603676	卫信康	6300.00	5.53	0.05	34839.00	22.96	2017/7/21
603677	奇精机械	2000.00	21.13	0.02	42260.00	22.99	2017/2/6
603679	华体科技	2500.00	9.44	0.03	23600.00	22.99	2017/6/21
603683	晶华新材	3167.00	9.34	0.03	29579.78	22.99	2017/10/20
603685	晨丰科技	2500.00	21.04	0.02	52600.00	22.99	2017/11/27
603689	皖天然气	8400.00	7.87	0.05	66108.00	22.98	2017/1/10
603690	至纯科技	5200.00	1.73	0.04	8996.00	22.88	2017/1/13
603707	健友股份	6350.00	7.21	0.05	45783.50	22.98	2017/7/19
603711	香飘飘	4001.00	14.18	0.04	56734.18	22.99	2017/11/30

股票代码	股票简称	发行量（万股）	发行价（元）	中签率（%）	筹资金额（万元）	发行市盈率（摊薄法）	上市日期
603717	天域生态	4318.00	14.63	0.03	63169.27	22.99	2017/3/27
603721	中广天择	2500.00	7.05	0.03	17625.00	22.99	2017/8/11
603722	阿科力	2170.00	11.24	0.02	24390.80	22.98	2017/10/25
603725	天安新材	3668.00	9.64	0.03	35359.52	22.99	2017/9/6
603728	鸣志电器	8000.00	11.23	0.04	89840.00	22.98	2017/5/9
603730	岱美股份	4800.00	24.92	0.04	119616.00	22.92	2017/7/28
603757	大元泵业	2100.00	22.42	0.03	47082.00	16.30	2017/7/11
603758	秦安股份	6000.00	10.80	0.04	64800.00	21.96	2017/5/17
603767	中马传动	5333.00	11.19	0.04	59676.27	22.98	2017/6/13
603768	常青股份	5100.00	16.32	0.03	83232.00	22.99	2017/3/24
603776	永安行	2400.00	26.85	0.03	64440.00	22.99	2017/8/17
603787	新日股份	5100.00	6.09	0.03	31059.00	22.97	2017/4/27
603797	联泰环保	5334.00	5.96	0.03	31790.64	22.98	2017/4/13
603801	志邦股份	4000.00	23.47	0.03	93880.00	22.92	2017/6/30
603803	瑞斯康达	5680.00	13.72	0.04	77929.60	22.98	2017/4/20
603809	豪能股份	2667.00	22.39	0.03	59714.13	22.99	2017/11/28
603811	诚意药业	2130.00	15.76	0.03	33568.80	20.67	2017/3/15
603813	原尚股份	2207.00	10.17	0.03	22445.19	22.99	2017/9/18
603817	海峡环保	11250.00	4.04	0.06	45450.00	22.99	2017/2/20
603825	华扬联众	4000.00	14.67	0.03	58680.00	22.98	2017/8/2
603826	坤彩科技	9000.00	6.79	0.05	61110.00	22.97	2017/4/14
603829	洛凯股份	4000.00	7.23	0.03	28920.00	22.99	2017/10/17
603833	欧派家居	4151.00	50.08	0.04	207882.08	22.99	2017/3/28
603839	安正时尚	7126.00	16.78	0.05	119574.28	22.98	2017/2/14
603848	好太太	4100.00	7.89	0.04	32349.00	22.98	2017/12/1
603855	华荣股份	8277.00	7.59	0.05	62822.43	22.98	2017/5/24
603856	东宏股份	4933.00	10.89	0.03	53720.37	22.98	2017/11/6
603860	中公高科	1668.00	15.62	0.01	26054.16	22.99	2017/8/2
603877	太平鸟	5500.00	21.30	0.04	117150.00	22.97	2017/1/9
603879	永悦科技	3600.00	6.75	0.03	24300.00	22.97	2017/6/14
603880	南卫股份	2500.00	11.72	0.03	29300.00	22.98	2017/8/7
603881	数据港	5265.00	7.80	0.04	41067.00	22.99	2017/2/8
603882	金域医学	6868.00	6.93	0.05	47595.24	22.97	2017/9/8
603890	春秋电子	3425.00	23.72	0.03	81241.00	22.98	2017/12/12
603896	寿仙谷	3495.00	11.54	0.03	40332.30	22.98	2017/5/10
603903	中持股份	2561.00	9.88	0.03	25302.19	22.98	2017/3/14
603906	龙蟠科技	5200.00	9.52	0.03	49504.00	22.99	2017/4/10
603908	牧高笛	1669.00	16.37	0.01	27321.53	22.99	2017/3/7
603912	佳力图	3700.00	8.64	0.03	31968.00	22.99	2017/11/1
603916	苏博特	7600.00	9.02	0.04	68552.00	22.98	2017/11/10
603917	合力科技	2800.00	14.22	0.03	39816.00	22.99	2017/12/4
603920	世运电路	8880.00	15.08	0.05	133910.40	22.98	2017/4/26
603922	金鸿顺	3200.00	17.54	0.03	56128.00	22.98	2017/10/23
603926	铁流股份	3000.00	20.40	0.03	61200.00	22.98	2017/5/10
603933	睿能科技	2567.00	20.20	0.03	51853.40	22.99	2017/7/6
603937	丽岛新材	5222.00	9.59	0.03	50078.98	22.98	2017/11/2
603938	三孚股份	3756.00	9.64	0.03	36204.56	22.99	2017/6/28
603955	大千生态	2175.00	15.26	0.03	33190.50	22.97	2017/3/10
603960	克来机电	2000.00	9.51	0.02	19020.00	22.99	2017/3/14
603963	大理药业	2500.00	12.58	0.02	31450.00	20.69	2017/9/22
603966	法兰泰克	4000.00	7.32	0.03	29280.00	22.88	2017/1/25
603970	中农立华	3333.00	12.47	0.03	41566.75	22.98	2017/11/16
603976	正川股份	2700.00	14.32	0.03	38664.00	22.99	2017/8/22
603978	深圳新星	2000.00	29.93	0.02	59860.00	22.99	2017/8/7
603980	吉华集团	10000.00	17.20	0.06	172000.00	22.98	2017/6/15
603985	恒润股份	2000.00	26.97	0.01	53940.00	22.99	2017/5/5
603991	至正股份	1870.00	10.61	0.02	19840.70	22.99	2017/3/8

注：统计以上市日期在2017年的为准。另，发行方式均为按市值申购。

2017 年新上市公司股票上市概况

股票代码	股票简称	行业	发行价(元)	上市日期	开盘价(元)	收盘价(元)
600025	华能水电	电力、热力、燃气及水	2.170	2017/12/15	2.600	3.120
600903	贵州燃气	电力、热力、燃气及水	2.210	2017/11/7	2.650	3.180
600933	爱柯迪	制造业	11.010	2017/11/17	13.210	15.850
600939	重庆建工	建筑业	3.120	2017/2/21	3.740	4.490
601019	山东出版	文化、体育和娱乐业	10.160	2017/11/22	12.190	14.630
601086	国芳集团	批发和零售业	3.160	2017/9/29	3.790	4.550
601108	财通证券	金融业	11.380	2017/10/24	13.660	16.390
601212	白银有色	制造业	1.780	2017/2/15	2.140	2.560
601228	广州港	交通运输、仓储和邮政	2.290	2017/3/29	2.750	3.300
601326	秦港股份	交通运输、仓储和邮政	2.340	2017/8/16	2.810	3.370
601366	利群股份	批发和零售业	8.820	2017/4/12	10.580	12.700
601375	中原证券	金融业	4.000	2017/1/3	4.800	5.760
601619	嘉泽新能	电力、热力、燃气及水	1.260	2017/7/20	1.510	1.810
601858	中国科传	文化、体育和娱乐业	6.840	2017/1/18	9.850	9.850
601878	浙商证券	金融业	8.450	2017/6/26	12.170	12.170
601881	中国银河	金融业	6.810	2017/1/23	8.170	9.810
601949	中国出版	文化、体育和娱乐业	3.340	2017/8/21	4.010	4.810
601952	苏垦农发	制造业	9.320	2017/5/15	11.180	13.420
603032	德新交运	交通运输、仓储和邮政	5.810	2017/1/5	6.970	8.370
603035	常熟汽饰	制造业	10.440	2017/1/5	12.530	15.030
603037	凯众股份	制造业	16.010	2017/1/20	23.050	23.050
603038	华立股份	制造业	23.260	2017/1/16	33.490	33.490
603039	泛微网络	信息传输、软件和信息	14.900	2017/1/13	21.460	21.460
603040	新坐标	制造业	16.440	2017/2/9	23.670	23.670
603041	美思德	制造业	12.920	2017/3/30	18.600	18.600
603042	华脉科技	制造业	11.260	2017/6/2	16.210	16.210
603043	广州酒家	制造业	13.180	2017/6/27	18.980	18.980
603050	科林电气	制造业	10.290	2017/4/14	12.350	14.820
603055	台华新材	制造业	9.210	2017/9/21	13.260	13.260
603063	禾望电气	制造业	13.360	2017/7/28	16.030	19.240
603076	乐惠国际	制造业	19.710	2017/11/13	23.650	28.380
603078	江化微	制造业	24.180	2017/4/10	34.820	34.820
603079	圣达生物	制造业	15.090	2017/8/23	18.110	21.730
603081	大丰实业	制造业	10.420	2017/4/20	15.000	15.000
603083	剑桥科技	制造业	15.050	2017/11/10	18.060	21.670
603086	先达股份	制造业	17.640	2017/5/11	21.170	25.400
603089	正裕工业	制造业	11.630	2017/1/26	16.750	16.750
603096	新经典	文化、体育和娱乐业	21.550	2017/4/25	25.860	31.030
603103	横店影视	文化、体育和娱乐业	15.450	2017/10/12	18.540	22.250
603106	恒银金融	制造业	10.750	2017/9/20	15.480	15.480
603110	东方材料	制造业	13.040	2017/10/13	15.650	18.780
603113	金能科技	制造业	13.370	2017/5/11	16.040	19.250
603127	昭衍新药	科学研究和技术服务业	12.510	2017/8/25	18.010	18.010
603129	春风动力	制造业	13.630	2017/8/18	19.630	19.630
603133	碳元科技	制造业	7.870	2017/3/20	11.330	11.330
603136	天目湖	水利、环境和公共设施	19.680	2017/9/27	23.620	28.340
603138	海量数据	信息传输、软件和信息	9.990	2017/3/6	14.390	14.390
603139	康惠制药	制造业	14.570	2017/4/21	20.980	20.980
603157	拉夏贝尔	制造业	8.410	2017/9/25	10.090	12.110
603165	荣晟环保	制造业	10.440	2017/1/17	15.030	15.030
603177	德创环保	水利、环境和公共设施	3.600	2017/2/7	5.180	5.180
603178	圣龙股份	制造业	7.530	2017/3/28	10.840	10.840
603179	新泉股份	制造业	14.010	2017/3/17	16.810	20.170
603180	金牌厨柜	制造业	27.850	2017/5/12	40.100	40.100
603181	皇马科技	制造业	10.360	2017/8/24	14.920	14.920
603183	建研院	科学研究和技术服务业	13.560	2017/9/5	19.530	19.530

股票代码	股票简称	行业	发行价(元)	上市日期	开盘价(元)	收盘价(元)
603186	华正新材	制造业	5.370	2017/1/3	7.730	7.730
603196	日播时尚	制造业	7.080	2017/5/31	8.500	10.200
603197	保隆科技	制造业	22.870	2017/5/19	32.930	32.930
603200	上海洗霸	水利、环境和公共设施	17.350	2017/6/1	24.980	24.980
603208	江山欧派	制造业	24.830	2017/2/10	35.760	35.760
603225	新凤鸣	制造业	26.680	2017/4/18	32.020	38.420
603226	菲林格尔	制造业	17.560	2017/6/15	25.290	25.290
603228	景旺电子	制造业	23.160	2017/1/6	33.350	33.350
603229	奥翔药业	制造业	7.810	2017/5/9	11.250	11.250
603232	格尔软件	信息传输、软件和信息	18.100	2017/4/21	26.060	26.060
603233	大参林	批发和零售业	24.720	2017/7/31	29.660	35.600
603238	诺邦股份	制造业	13.310	2017/2/22	19.170	19.170
603260	合盛硅业	制造业	19.520	2017/10/30	28.110	28.110
603266	天龙股份	制造业	14.630	2017/1/10	21.070	21.070
603269	海鸥股份	制造业	8.760	2017/5/17	12.610	12.610
603277	银都股份	制造业	12.370	2017/9/11	17.810	17.810
603278	大业股份	制造业	15.310	2017/11/13	22.050	22.050
603283	赛腾股份	制造业	6.900	2017/12/25	9.940	9.940
603286	日盈电子	制造业	7.930	2017/6/27	11.420	11.420
603289	泰瑞机器	制造业	7.830	2017/10/31	11.280	11.280
603303	得邦照明	制造业	18.630	2017/3/30	26.830	26.830
603305	旭升股份	制造业	11.260	2017/7/10	13.510	16.210
603316	诚邦股份	建筑业	6.820	2017/6/19	8.180	9.820
603320	迪贝电气	制造业	9.930	2017/5/2	11.920	14.300
603321	梅轮电梯	制造业	6.070	2017/9/15	7.280	8.740
603326	我乐家居	制造业	9.870	2017/6/16	11.840	14.210
603329	上海雅仕	交通运输、仓储和邮政	10.540	2017/12/29	12.650	15.180
603330	上海天洋	制造业	18.190	2017/2/13	26.190	26.190
603331	百达精工	制造业	9.630	2017/7/5	11.560	13.870
603335	迪生力	制造业	3.620	2017/6/20	4.340	5.210
603337	杰克股份	制造业	17.720	2017/1/19	25.520	25.520
603345	安井食品	制造业	11.120	2017/2/22	16.010	16.010
603357	设计总院	科学研究和技术服务业	10.440	2017/8/1	12.530	15.030
603358	华达科技	制造业	31.180	2017/1/25	37.420	44.900
603359	东珠景观	建筑业	18.180	2017/9/1	26.180	26.180
603360	百傲化学	制造业	9.240	2017/2/6	11.090	13.310
603363	傲农生物	制造业	4.790	2017/9/26	6.900	6.900
603365	水星家纺	制造业	16.000	2017/11/20	19.200	23.040
603367	辰欣药业	制造业	11.660	2017/9/29	13.990	16.790
603378	亚士创能	制造业	12.940	2017/9/28	15.530	18.630
603380	易德龙	制造业	10.680	2017/6/22	15.380	15.380
603383	顶点软件	信息传输、软件和信息	19.050	2017/5/22	22.860	27.430
603385	惠达卫浴	制造业	13.270	2017/4/5	19.110	19.110
603386	广东骏亚	制造业	6.230	2017/9/12	8.970	8.970
603387	基蛋生物	制造业	22.250	2017/7/17	32.040	32.040
603388	元成股份	建筑业	12.100	2017/3/24	14.520	17.420
603396	金辰股份	制造业	19.470	2017/10/18	23.360	28.040
603429	集友股份	制造业	15.000	2017/1/24	21.600	21.600
603444	吉比特	信息传输、软件和信息	54.000	2017/1/4	77.760	77.760
603458	勘设股份	科学研究和技术服务业	29.360	2017/8/9	42.280	42.280
603466	风语筑	文化、体育和娱乐业	16.560	2017/10/20	19.870	23.850
603477	振静股份	制造业	5.580	2017/12/18	6.700	8.040
603488	展鹏科技	制造业	7.670	2017/5/16	11.040	11.040
603496	恒为科技	制造业	14.140	2017/6/7	16.970	20.360
603499	翔港科技	制造业	9.240	2017/10/16	11.090	13.310
603500	祥和实业	制造业	13.170	2017/9/4	15.800	18.960
603501	韦尔股份	制造业	7.020	2017/5/4	10.110	10.110
603505	金石资源	采矿业	3.740	2017/5/3	4.490	5.390
603507	振江股份	制造业	26.250	2017/11/6	37.800	37.800

股票代码	股票简称	行业	发行价(元)	上市日期	开盘价(元)	收盘价(元)
603517	绝味食品	制造业	16.090	2017/3/17	19.310	23.170
603527	众源新材	制造业	13.270	2017/9/7	19.110	19.110
603533	掌阅科技	信息传输、软件和信息	4.050	2017/9/21	5.830	5.830
603535	嘉诚国际	交通运输、仓储和邮政	15.170	2017/8/8	21.840	21.840
603536	惠发股份	制造业	7.630	2017/6/13	10.990	10.990
603538	美诺华	制造业	14.030	2017/4/7	20.200	20.200
603557	起步股份	制造业	7.730	2017/8/18	11.130	11.130
603578	三星新材	制造业	12.260	2017/3/6	17.650	17.650
603579	荣泰健康	制造业	44.660	2017/1/11	53.590	64.310
603580	艾艾精工	制造业	9.810	2017/5/25	11.770	14.130
603586	金麒麟	制造业	21.370	2017/4/6	30.770	30.770
603595	东尼电子	制造业	13.010	2017/7/12	18.730	18.730
603602	纵横通信	信息传输、软件和信息	15.180	2017/8/10	18.220	21.860
603603	博天环境	水利、环境和公共设施	6.740	2017/2/17	8.090	9.710
603605	珀莱雅	制造业	15.340	2017/11/15	22.090	22.090
603607	京华激光	制造业	16.040	2017/10/25	23.100	23.100
603612	索通发展	制造业	7.880	2017/7/18	11.350	11.350
603615	茶花股份	制造业	8.370	2017/2/13	10.040	12.050
603617	君禾股份	制造业	8.930	2017/7/3	10.720	12.860
603619	中曼石油	制造业	22.610	2017/11/17	32.560	32.560
603626	科森科技	制造业	18.850	2017/2/9	22.620	27.140
603628	清源股份	制造业	5.570	2017/1/12	6.680	8.020
603630	拉芳家化	制造业	18.390	2017/3/13	26.480	26.480
603637	镇海股份	科学研究和技术服务业	13.860	2017/2/8	19.960	19.960
603638	艾迪精密	制造业	6.580	2017/1/20	7.900	9.480
603639	海利尔	制造业	24.950	2017/1/12	35.930	35.930
603648	畅联股份	租赁和商务服务业	7.370	2017/9/13	8.840	10.610
603655	朗博科技	制造业	6.460	2017/12/29	7.750	9.300
603656	泰禾光电	制造业	21.910	2017/3/21	26.290	31.550
603659	璞泰来	制造业	16.530	2017/11/3	23.800	23.800
603661	恒林股份	制造业	56.880	2017/11/21	68.260	81.910
603665	康隆达	制造业	21.400	2017/3/13	25.680	30.820
603668	天马科技	制造业	6.210	2017/1/17	8.940	8.940
603676	卫信康	制造业	5.530	2017/7/21	7.960	7.960
603677	奇精机械	制造业	21.130	2017/2/6	30.430	30.430
603679	华体科技	制造业	9.440	2017/6/21	13.590	13.590
603683	晶华新材	制造业	9.340	2017/10/20	13.450	13.450
603685	晨丰科技	制造业	21.040	2017/11/27	25.250	30.300
603689	皖天然气	电力、热力、燃气及水	7.870	2017/1/10	11.330	11.330
603690	至纯科技	制造业	1.730	2017/1/13	2.080	2.490
603707	健友股份	制造业	7.210	2017/7/19	10.380	10.380
603711	香飘飘	制造业	14.180	2017/11/30	17.020	20.420
603717	天域生态	建筑业	14.630	2017/3/27	17.560	21.070
603721	中广天择	文化、体育和娱乐业	7.050	2017/8/11	8.460	10.150
603722	阿科力	制造业	11.240	2017/10/25	13.490	16.190
603725	天安新材	制造业	9.640	2017/9/6	13.880	13.880
603728	鸣志电器	制造业	11.230	2017/5/9	13.480	16.170
603730	岱美股份	制造业	24.920	2017/7/28	35.880	35.880
603757	大元泵业	制造业	22.420	2017/7/11	26.900	32.280
603758	秦安股份	制造业	10.800	2017/5/17	12.960	15.550
603767	中马传动	制造业	11.190	2017/6/13	16.110	16.110
603768	常青股份	制造业	16.320	2017/3/24	19.580	23.500
603776	永安行	科学研究和技术服务业	26.850	2017/8/17	32.220	38.660
603787	新日股份	制造业	6.090	2017/4/27	7.310	8.770
603797	联泰环保	水利、环境和公共设施	5.960	2017/4/13	7.150	8.580
603801	志邦股份	制造业	23.470	2017/6/30	33.800	33.800
603803	瑞斯康达	制造业	13.720	2017/4/20	16.460	19.760
603809	豪能股份	制造业	22.390	2017/11/28	26.870	32.240
603811	诚意药业	制造业	15.760	2017/3/15	18.910	22.690

股票代码	股票简称	行业	发行价(元)	上市日期	开盘价(元)	收盘价(元)
603813	原尚股份	交通运输、仓储和邮政	10.170	2017/9/18	14.640	14.640
603817	海峡环保	电力、热力、燃气及水	4.040	2017/2/20	5.820	5.820
603825	华扬联众	信息传输、软件和信息	14.670	2017/8/2	21.120	21.120
603826	坤彩科技	制造业	6.790	2017/4/14	9.780	9.780
603829	洛凯股份	制造业	7.230	2017/10/17	10.410	10.410
603833	欧派家居	制造业	50.080	2017/3/28	72.120	72.120
603839	安正时尚	制造业	16.780	2017/2/14	24.160	24.160
603848	好太太	制造业	7.890	2017/12/1	9.470	11.360
603855	华荣股份	制造业	7.590	2017/5/24	9.110	10.930
603856	东宏股份	制造业	10.890	2017/11/6	15.680	15.680
603860	中公高科	科学研究和技术服务业	15.620	2017/8/2	22.490	22.490
603877	太平鸟	制造业	21.300	2017/1/9	25.560	30.670
603879	永悦科技	制造业	6.750	2017/6/14	9.720	9.720
603880	南卫股份	制造业	11.720	2017/8/7	14.060	16.880
603881	数据港	信息传输、软件和信息	7.800	2017/2/8	9.360	11.230
603882	金域医学	卫生和社会工作	6.930	2017/9/8	9.980	9.980
603890	春秋电子	制造业	23.720	2017/12/12	28.460	34.160
603896	寿仙谷	制造业	11.540	2017/5/10	13.850	16.620
603903	中持股份	水利、环境和公共设施	9.880	2017/3/14	14.230	14.230
603906	龙蟠科技	制造业	9.520	2017/4/10	13.710	13.710
603908	牧高笛	制造业	16.370	2017/3/7	23.570	23.570
603912	佳力图	制造业	8.640	2017/11/1	10.370	12.440
603916	苏博特	制造业	9.020	2017/11/10	10.820	12.990
603917	合力科技	制造业	14.220	2017/12/4	20.480	20.480
603920	世运电路	制造业	15.080	2017/4/26	18.100	21.720
603922	金鸿顺	制造业	17.540	2017/10/23	21.050	25.260
603926	铁流股份	制造业	20.400	2017/5/10	24.480	29.380
603933	睿能科技	制造业	20.200	2017/7/6	29.090	29.090
603937	丽岛新材	制造业	9.590	2017/11/2	13.810	13.810
603938	三孚股份	制造业	9.640	2017/6/28	13.880	13.880
603955	大千生态	建筑业	15.260	2017/3/10	18.310	21.970
603960	克来机电	制造业	9.510	2017/3/14	13.690	13.690
603963	大理药业	制造业	12.580	2017/9/22	18.120	18.120
603966	法兰泰克	制造业	7.320	2017/1/25	10.540	10.540
603970	中农立华	批发和零售业	12.470	2017/11/16	17.960	17.960
603976	正川股份	制造业	14.320	2017/8/22	17.180	20.620
603978	深圳新星	制造业	29.930	2017/8/7	35.920	43.100
603980	吉华集团	制造业	17.200	2017/6/15	20.640	24.770
603985	恒润股份	制造业	26.970	2017/5/5	38.840	38.840
603991	至正股份	制造业	10.610	2017/3/8	12.730	15.280

2017 年上市公司配股概况

股票代码	股票简称	股权登记日	配股说明书公告日	股本变动公告日	配股上市日	配股价（元）	实际筹资额（万元）
600057	象屿股份	2017/12/19	2017/12/15	2018/1/3	2018/1/8	6.10	175046
600089	特变电工	2017/5/31	2017/5/25	2017/6/19	2017/6/22	7.17	344709
600405	动力源	2017/5/26	2017/5/24	2017/6/14	2017/6/19	4.00	49533

注:统计以股权登记日在 2017 年的为准。

2017 年成交股数最多的前 20 种股票

序号	股票代码	股票简称	成交股数(万股)	占总成交股数的比例(%)
1	601668	中国建筑	5684073.72	1.28
2	601288	农业银行	5429825.37	1.22
3	600050	中国联通	4458388.23	1.00
4	603993	洛阳钼业	4165801.68	0.94

序号	股票代码	股票简称	成交股数(万股)	占总成交股数的比例(%)
5	601988	中国银行	4155609.27	0.93
6	601398	工商银行	3851281.07	0.87
7	601899	紫金矿业	3538273.20	0.80
8	601992	金隅股份	3369613.30	0.76
9	600008	首创股份	3222676.01	0.72
10	600022	山东钢铁	3111265.56	0.70
11	600010	包钢股份	3068399.72	0.69
12	601600	中国铝业	2969411.28	0.67
13	601258	庞大集团	2923176.48	0.66
14	600028	中国石化	2894017.67	0.65
15	600219	南山铝业	2726617.41	0.61
16	601818	光大银行	2505452.30	0.56
17	600016	民生银行	2372781.33	0.53
18	600307	酒钢宏兴	2329285.16	0.52
19	601766	中国中车	2179899.59	0.49
20	600019	宝钢股份	2175280.98	0.49

2017 年成交金额最多的前 20 种股票

序号	股票代码	股票简称	成交金额(万元)	占总成交金额的比例(%)
1	601318	中国平安	93527444.12	1.83
2	601668	中国建筑	54262684.01	1.06
3	600516	方大炭素	52125099.32	1.02
4	600519	贵州茅台	46417494.81	0.91
5	600030	中信证券	36674986.87	0.72
6	600050	中国联通	33554127.13	0.66
7	600887	伊利股份	32543664.73	0.64
8	603799	华友钴业	30855728.37	0.60
9	601166	兴业银行	30827860.15	0.60
10	600036	招商银行	29457929.47	0.58
11	600111	北方稀土	28518466.57	0.56
12	600340	华夏幸福	27036683.13	0.53
13	600309	万华化学	26876241.96	0.53
14	603993	洛阳钼业	25980334.40	0.51
15	601766	中国中车	23248645.24	0.45
16	601992	金隅股份	23135012.60	0.45
17	600008	首创股份	21731705.35	0.43
18	601398	工商银行	21300719.49	0.42
19	600104	上汽集团	20974515.87	0.41
20	601688	华泰证券	20589094.62	0.40

2017 年前 20 种涨幅最大股票

序号	股票代码	股票简称	上年度收盘价(元)	本年度收盘价(元)	涨幅(%)
1	603690	至纯科技	1.730	20.290	1077.37
2	603533	掌阅科技	4.050	45.320	1019.01
3	603032	德新交运	5.810	54.260	835.95
4	600903	贵州燃气	2.210	16.860	662.90
5	603612	索通发展	7.880	49.930	533.63
6	601619	嘉泽新能	1.260	7.900	526.98
7	603501	韦尔股份	7.020	41.770	495.01
8	603595	东尼电子	13.010	76.800	490.32
9	603881	数据港	7.800	45.710	486.47
10	603177	德创环保	3.600	20.800	480.76
11	603138	海量数据	9.990	44.290	477.52
12	603429	集友股份	15.000	41.850	457.94
13	603505	金石资源	3.740	20.780	455.62

序号	股票代码	股票简称	上年度收盘价(元)	本年度收盘价(元)	涨幅(%)
14	603165	荣晟环保	10.440	57.350	451.05
15	603603	博天环境	6.740	34.910	419.03
16	603638	艾迪精密	6.580	33.230	409.34
17	603896	寿仙谷	11.540	57.100	394.80
18	603286	日盈电子	7.930	38.120	380.71
19	603180	金牌厨柜	27.850	132.070	374.22
20	603882	金域医学	6.930	31.630	356.42

2017年前20种跌幅最大股票

序号	股票代码	股票简称	上年度收盘价(元)	本年度收盘价(元)	跌幅(%)
1	600654	*ST中安	17.430	5.290	-69.65
2	603159	上海亚虹	80.480	24.920	-68.76
3	600275	*ST昌鱼	17.800	6.000	-66.29
4	600680	*ST上普	30.580	10.460	-65.79
5	603779	威龙股份	43.200	16.820	-60.91
6	600506	香梨股份	34.940	13.670	-60.88
7	603028	赛福天	26.450	10.330	-60.83
8	603558	健盛集团	30.970	12.400	-59.71
9	600647	同达创业	45.450	18.470	-59.19
10	600538	国发股份	13.640	5.580	-59.09
11	603528	多伦科技	65.350	8.830	-58.98
12	600576	祥源文化	18.380	7.560	-58.87
13	603090	宏盛股份	47.670	19.740	-58.34
14	601500	通用股份	23.970	10.000	-57.99
15	603859	能科股份	53.430	22.330	-57.95
16	603029	天鹅股份	48.570	20.530	-57.58
17	600767	*ST运盛	15.550	6.610	-57.49
18	603878	武进不锈	40.000	16.960	-57.27
19	603031	安德利	56.950	24.280	-57.16
20	603819	神力股份	39.800	17.030	-57.00

2017年融资交易前20种证券

序号	股票代码	股票简称	融资买入额(万元)	卖券还款额(万元)	合计(万元)
1	601318	中国平安	15830188.84	5922768.98	21752957.82
2	601668	中国建筑	10086834.88	3925919.21	14012754.09
3	600516	方大炭素	9637665.91	2967684.71	12605350.62
4	600030	中信证券	7213166.27	2844943.36	10058109.63
5	518880	黄金ETF	6747282.92	2769306.06	9516588.98
6	510900	H股ETF	5692313.02	3721661.96	9413974.98
7	600519	贵州茅台	6509044.30	1948435.70	8457480.00
8	600050	中国联通	6042366.58	2166495.32	8208861.90
9	601166	兴业银行	5965028.02	2227448.25	8192476.27
10	600309	万华化学	5671708.46	1952358.62	7624067.08
11	600340	华夏幸福	5239864.23	1861807.68	7101671.91
12	603993	洛阳钼业	4916626.72	1627355.85	6543982.57
13	600111	北方稀土	4509656.43	1624484.61	6134141.04
14	601992	金隅股份	4536032.73	1439351.23	5975383.96
15	600008	首创股份	4552482.64	1341077.22	5893559.86
16	601766	中国中车	3504239.79	1414745.45	4918985.24
17	600392	盛和资源	3680378.47	1175507.51	4855885.98
18	600016	民生银行	3579920.81	1148513.17	4728433.98
19	600887	伊利股份	3335401.91	1212950.68	4548352.59
20	600036	招商银行	3388512.42	1153444.57	4541956.99

2017 年融券交易前 20 种证券

序号	股票代码	股票简称	融券卖出额(万元)	买券还券额(万元)	合计(万元)
1	510300	300ETF	1727566.04	877096.03	2604662.07
2	510500	500ETF	426648.89	246166.68	672815.57
3	510050	50ETF	524005.53	111908.55	635914.08
4	601166	兴业银行	582062.92	44292.20	626355.12
5	518880	黄金 ETF	554682.73	2184.36	556867.09
6	600030	中信证券	317610.57	208648.75	526259.32
7	601318	中国平安	295687.58	196209.01	491896.59
8	600036	招商银行	314674.31	159630.21	474304.52
9	600016	民生银行	361283.43	38495.22	399778.65
10	600150	中国船舶	273767.68	69913.79	343681.47
11	601699	潞安环能	225291.70	84173.62	309465.32
12	601688	华泰证券	200724.82	72626.17	273350.99
13	600309	万华化学	181197.52	70494.72	251692.24
14	601398	工商银行	208228.80	29674.52	237903.32
15	601601	中国太保	140908.02	83777.84	224685.86
16	601288	农业银行	167903.88	52301.03	220204.91
17	600022	山东钢铁	193138.63	23512.91	216651.54
18	601668	中国建筑	160184.95	51956.11	212141.06
19	600887	伊利股份	137903.93	72299.98	210203.91
20	601988	中国银行	173341.75	35018.22	208359.97

2017 年末 50 家市价总值最大的上市公司

序号	股票简称	股票代码	市价总值(万元)	占全体上市公司 市价总值比重(%)
1	工商银行	601398	167159571.77	5.05
2	中国石油	601857	130994960.95	3.95
3	农业银行	601288	112623177.57	3.40
4	贵州茅台	600519	87618540.35	2.64
5	中国银行	601988	83673909.39	2.53
6	中国平安	601318	75806986.16	2.29
7	中国人寿	601628	63407648.85	1.91
8	招商银行	600036	59865196.73	1.81
9	中国石化	600028	58576913.65	1.77
10	中国神华	601088	38209734.94	1.15
11	上汽集团	600104	37433810.21	1.13
12	浦发银行	600000	36954269.22	1.12
13	兴业银行	601166	35295350.09	1.07
14	长江电力	600900	34298000.00	1.04
15	中国中车	601766	29460963.44	0.89
16	中国建筑	601668	27060000.00	0.82
17	中国太保	601601	26039511.40	0.79
18	民生银行	600016	24793934.48	0.75
19	交通银行	601328	24374786.55	0.74
20	中信银行	601998	21112632.83	0.64
21	伊利股份	600887	19566667.71	0.59
22	恒瑞医药	600276	19430859.20	0.59
23	中国联通	600050	19138090.78	0.58
24	宝钢股份	600019	19095509.10	0.58
25	中信证券	600030	17807831.07	0.54
26	保利地产	600048	16779694.10	0.51
27	光大银行	601818	16123205.10	0.49
28	中国中铁	601390	15636368.78	0.47
29	上港集团	600018	15410493.64	0.47

序号	股票简称	股票代码	市价总值(万元)	占全体上市公司市价总值比重(%)
30	中国交建	601800	15036461.34	0.45
31	新华保险	601336	14639784.17	0.44
32	海天味业	603288	14532492.05	0.44
33	国泰君安	601211	13919829.46	0.42
34	大秦铁路	601006	13484179.88	0.41
35	北京银行	601169	13047327.74	0.39
36	中国铁建	601186	12814615.49	0.39
37	广汽集团	601238	12500733.00	0.38
38	中国国航	601111	12273346.40	0.37
39	洛阳钼业	603993	12154051.54	0.37
40	海螺水泥	600585	11731127.66	0.35
41	华夏银行	600015	11540417.99	0.35
42	中国重工	601989	11505177.96	0.35
43	青岛海尔	600690	11487506.74	0.35
44	中国核电	601985	11440591.05	0.35
45	包钢股份	600010	11213918.03	0.34
46	康美药业	600518	11122431.22	0.34
47	上海银行	601229	11068603.13	0.33
48	中国电建	601669	11045903.29	0.33
49	海通证券	600837	10414572.83	0.31
50	万华化学	600309	10372844.56	0.31

2017年末50家流通市值最大的上市公司

序号	股票简称	股票代码	流通市值(万元)	占全体上市公司流通市值比重(%)
1	工商银行	601398	167159571.77	5.94
2	中国石油	601857	130994960.95	4.66
3	农业银行	601288	112623177.57	4.00
4	贵州茅台	600519	87618540.35	3.11
5	中国银行	601988	83673909.39	2.97
6	中国平安	601318	75806986.16	2.69
7	中国人寿	601628	63407648.85	2.25
8	招商银行	600036	59865196.73	2.13
9	中国石化	600028	58576913.65	2.08
10	中国神华	601088	38209734.94	1.36
11	浦发银行	600000	35382638.75	1.26
12	上汽集团	600104	35325915.48	1.26
13	兴业银行	601166	32369920.14	1.15
14	中国中车	601766	27753325.37	0.99
15	中国建筑	601668	26817996.39	0.95
16	中国太保	601601	26039511.40	0.93
17	民生银行	600016	24793934.48	0.88
18	交通银行	601328	24374786.55	0.87
19	中信银行	601998	19781201.72	0.70
20	恒瑞医药	600276	19426896.18	0.69
21	伊利股份	600887	19421415.33	0.69
22	宝钢股份	600019	19085523.46	0.68
23	长江电力	600900	17937762.77	0.64
24	中信证券	600030	17764537.68	0.63
25	保利地产	600048	16606922.43	0.59
26	光大银行	601818	16123205.10	0.57
27	中国中铁	601390	15377218.21	0.55
28	上港集团	600018	15132194.47	0.54
29	中国交建	601800	15036461.34	0.53
30	新华保险	601336	14639784.17	0.52
31	海天味业	603288	14509250.45	0.52

序号	股票简称	股票代码	流通市值(万元)	占全体上市公司流通市值比重(%)
32	大秦铁路	601006	13484179.88	0.48
33	中国联通	600050	13417445.52	0.48
34	北京银行	601169	13047327.74	0.46
35	中国铁建	601186	12814615.49	0.46
36	海螺水泥	600585	11731127.66	0.42
37	华夏银行	600015	11540417.99	0.41
38	青岛海尔	600690	11487506.74	0.41
39	中国重工	601989	11072084.03	0.39
40	广汽集团	601238	10642872.64	0.38
41	中国国航	601111	10499187.33	0.37
42	海通证券	600837	10414572.83	0.37
43	三安光电	600703	10355120.89	0.37
44	康美药业	600518	9845537.24	0.35
45	万华化学	600309	9844677.51	0.35
46	华泰证券	601688	9395866.11	0.33
47	华夏幸福	600340	9275577.72	0.33
48	洛阳钼业	603993	8912166.72	0.32
49	中国铝业	601600	8866504.30	0.32
50	国泰君安	601211	8764942.53	0.31

2017 年各月成交股数、成交金额和市盈率

月份	成交股数(万股)	成交金额(万元)	市盈率
1	28491601.28	310526607.29	16.34
2	34550781.67	381519318.81	16.85
3	42090943.60	515344752.62	16.87
4	38663263.10	427525479.51	16.70
5	32952565.95	364802911.27	16.50
6	32834549.31	370259407.48	17.00
7	42553654.52	454086165.43	17.48
8	51388711.76	557613680.99	18.00
9	43139993.22	498818641.33	18.02
10	27570625.25	343648902.30	18.37
11	40586728.58	519036389.98	18.11
12	30178969.75	369245671.62	18.16

2017 年上市公司公开发行可转换公司债券表

股票代码	股票简称	转债代码	转债简称	地区	发行规模(亿元)	发行数量(万手)	申购报价(元/张)
600566	济川药业	110038	济川转债	湖北省	8.43	84.32	100
600845	宝信软件	110039	宝信转债	上海市	16.00	160.00	100
600183	生益科技	110040	生益转债	广东省	18.00	180.00	100
600863	内蒙华电	110041	蒙电转债	内蒙古自治区	18.75	187.52	100
600372	中航电子	110042	航电转债	北京市	24.00	240.00	100
601818	光大银行	113011	光大转债	北京市	300.00	3,000.00	100
601311	骆驼股份	113012	骆驼转债	湖北省	7.17	71.70	100
601211	国泰君安	113013	国君转债	上海市	70.00	700.00	100
601222	林洋能源	113014	林洋转债	江苏省	30.00	300.00	100
601012	隆基股份	113015	隆基转债	陕西省	28.00	280.00	100
601127	小康股份	113016	小康转债	重庆市	15.00	150.00	100
601929	吉视传媒	113017	吉视转债	吉林省	15.60	156.00	100
603822	嘉澳环保	113502	嘉澳转债	浙江省	1.85	18.50	100
603738	泰晶科技	113503	泰晶转债	湖北省	2.15	21.50	100

2017 年末上市公司股权结构分布

单位:亿元

证券类型				发行总额	比例(%)	市价总值	比例(%)
股票	非流通股份	发起人股	国家拥有股份	879.84	2.08	7319.61	2.21
			境内法人股	504.86	1.19	4894.15	1.48
			境外法人股	38.37	0.09	475.14	0.14
			个人股	108.55	0.26	1340.04	0.40
		募集法人股		1.04	0.00	47.30	0.01
		内部职工股		0.00	0.00	0.00	0.00
		机构配售		18.99	0.05	167.43	0.05
		其他		2617.24	6.18	35715.48	10.78
	尚未流通股合计			4168.90	9.85	49959.14	15.08
	境内上市人民币股(A股)			30963.17	73.16	280368.22	84.62
	境内上市外资股(B股)			156.28	0.37	997.46	0.30
	境外上市外资股			7035.61	16.62	—	—
股份总计				42323.96	100.00	331324.82	100.00

2017 年优先股发行上市概况

优先股代码	优先股简称	股票代码	股票简称	发行日	发行价	筹资额(亿元)
360026	苏银优 1	600919	江苏银行	2017/12/7	100.00	200.00
360027	杭银优 1	600926	杭州银行	2017/12/22	100.00	100.00
360028	招银优 1	600036	招商银行	2017/12/22	100.00	275.00
360029	上银优 1	601229	上海银行	2017/12/22	100.00	200.00

2017 年上市公司简称更改一览表

序号	股票代码	更名日期	新股票简称	原股票简称
1	600061	2017/12/22	国投资本	国投安信
2	600072	2017/3/7	中船科技	钢构工程
3	600093	2017/4/26	易见股份	禾嘉股份
4	600221	2017/6/12	海航控股	海南航空
5	600226	2017/6/15	瀚叶股份	升华拜克
6	600255	2017/8/25	梦舟股份	鑫科材料
7	600321	2017/10/12	正源股份	国栋建设
8	600339	2017/2/17	* ST 油工	* ST 天利
9	600391	2017/5/9	航发科技	成发科技
10	600520	2017/11/8	文一科技	中发科技
11	600528	2017/3/2	中铁工业	中铁二局
12	600545	2017/12/5	卓郎智能	新疆城建
13	600576	2017/9/26	祥源文化	万家文化
14	600603	2017/4/5	广汇物流	大洲兴业
15	600614	2017/1/23	鹏起科技	鼎立股份
16	600622	2017/11/1	光大嘉宝	嘉宝集团
17	600633	2017/4/14	浙数文化	浙报传媒
18	600634	2017/3/20	富控互动	中技控股
19	600655	2017/9/13	豫园股份	豫园商城
20	600737	2017/2/17	中粮糖业	中粮屯河
21	600745	2017/8/9	闻泰科技	中茵股份
22	600760	2018/1/12	中航沈飞	中航黑豹
23	600893	2017/5/9	航发动力	中航动力
24	600898	2017/6/16	国美通讯	三联商社
25	600967	2017/5/10	内蒙一机	北方创业

序号	股票代码	更名日期	新股票简称	原股票简称
26	601992	2018/1/19	金隅集团	金隅股份
27	603313	2017/1/13	梦百合	恒康家居
28	603900	2017/12/15	莱绅通灵	通灵珠宝
29	900907	2017/1/23	鹏起 B 股	鼎立 B 股
30	900945	2017/6/12	海控 B 股	海航 B 股

2017 年实施其他风险警示的公司

序号	证券代码	证券简称	实施起始日	实施其他风险警示后简称
1	600289	亿阳信通	20171227	ST 信通
2	600074	保千里	20171229	ST 保千里
3	600265	*ST 景谷	20170210	ST 景谷
4	600725	*ST 云维	20170316	ST 云维
5	600234	*ST 山水	20170328	ST 山水
6	600301	*ST 南化	20170410	ST 南化
7	600732	*ST 新梅	20170606	ST 新梅
8	600710	*ST 常林	20170731	ST 常林

2017 年退市风险警示公司

序号	证券代码	证券简称	实施起始日	实施退市风险警示后简称
1	600145	国创能源	20140505	*ST 新亿
2	600806	昆明机床	20160401	*ST 昆机
3	600817	宏盛科技	20160428	*ST 宏盛
4	600432	吉恩镍业	20160503	*ST 吉恩
5	600228	昌九生化	20170314	*ST 昌九
6	600860	京城股份	20170321	*ST 京城
7	600225	天津松江	20170321	*ST 松江
8	600733	前锋股份	20170322	S*ST 前锋
9	600403	大有能源	20170327	*ST 大有
10	600608	上海科技	20170327	*ST 沪科
11	900930	沪普天 B	20170328	*ST 沪普 B
12	600680	上海普天	20170328	*ST 上普
13	600696	匹凸匹	20170329	*ST 匹凸
14	600636	三爱富	20170330	*ST 爱富
15	601005	重庆钢铁	20170405	*ST 重钢
16	600425	青松建化	20170411	*ST 青松
17	600121	郑州煤电	20170419	*ST 郑煤
18	601106	中国一重	20170421	*ST 一重
19	600767	运盛医疗	20170421	*ST 运盛
20	900951	大化 B 股	20170425	*ST 大化 B
21	601558	华锐风电	20170426	*ST 锐电
22	600112	天成控股	20170427	*ST 天成
23	600149	廊坊发展	20170428	*ST 坊展
24	600275	武昌鱼	20170502	*ST 昌鱼
25	600815	厦工股份	20170502	*ST 厦工
26	600540	新赛股份	20170502	*ST 新赛
27	601519	大智慧	20170502	*ST 智慧
28	600747	大连控股	20170503	*ST 大控
29	600844	丹化科技	20170503	*ST 丹科
30	900921	丹科 B 股	20170503	*ST 丹科 B
31	600401	海润光伏	20170503	*ST 海润
32	600877	中国嘉陵	20170503	*ST 嘉陵
33	600423	柳化股份	20170503	*ST 柳化
34	600847	万里股份	20170503	*ST 万里
35	600654	中安消	20170503	*ST 中安

2017 年撤销退市风险警示

序号	证券代码	证券简称	撤销后简称	日期
1	600701	*ST 工新	工大高新	20170214
2	600212	*ST 江泉	江泉实业	20170223
3	600319	*ST 亚星	亚星化学	20170227
4	600675	*ST 中企	中华企业	20170302
5	600375	*ST 星马	华菱星马	20170308
6	600760	*ST 黑豹	中航沈飞	20170313
7	600230	*ST 沧大	沧州大化	20170315
8	600721	*ST 百花	百花村	20170320
9	601918	*ST 新集	新集能源	20170327
10	600603	*ST 兴业	广汇物流	20170328
11	600546	*ST 山煤	山煤国际	20170412
12	600866	*ST 星湖	星湖科技	20170412
13	600306	*ST 商城	商业城	20170419
14	600520	*ST 中发	文一科技	20170425
15	600581	*ST 八钢	八一钢铁	20170503
16	600390	*ST 金瑞	五矿资本	20170504
17	600339	*ST 油工	中油工程	20170508

2017 年撤销其他风险警示

序号	证券代码	证券简称	撤销后简称	日期
1	600539	ST 狮头	狮头股份	20170417

2017 年暂停上市的公司

序号	证券代码	证券简称	日期
1	600806	*ST 昆机	20170523
2	600432	*ST 吉恩	20170526

2017 年度上交所会员及非会员机构概况

一、会员概况

截至 2017 年底，上交所共有会员 115 家，较 2016 年新增汇丰前海证券 1 家会员。会员营业部 10 880 家，较 2016 年新增 1 493 家。会员及非会员共持有席位 5 363 个，共开通交易单元 18 670 个，较 2016 年新增交易单元 2 222 个。

二、非会员机构概况

非会员机构主要包括基金管理公司、保险公司、保险资产管理公司、上市商业银行等参与上交所业务的机构。截至 2017 年底，参与上交所业务的基金管理公司共 113 家，保险公司共 43 家，保险资产管理公司共 18 家，上市商业银行共 16 家，银行系资产管理公司共 4 家，开展质押业务的银行共 14 家，社保（全国社保基金理事会）1 家，期货公司共 26 家，财务公司共 14 家，信托投资公司共 2 家。

三、成为会员的条件

根据《上海证券交易所章程》，申请成为本所会员，须同时具备下列条件：（一）经中国证监会依法批准设立、具有法人地位的证券经营机构；（二）具有良好信誉、经营业绩；（三）组织机构和业务人员符合中国证监会和本所规定的条件，符合本所对内部管理制度、技术系统以及风险防范提出的各项要求；（四）承认并遵守本所章程和业务规则，按规定交纳会员费用；（五）本所要求的其他条件。

具备前条规定条件的证券经营机构，在向本所提出申请并提供相应的申报文件，经理事会批准后，方可成为本所的会员。

四、会员席位与交易单元管理

根据《上海证券交易所会员管理规则》，会员应当至少持有一个本所席位。会员取得席位后参与证券交易的，应当通过在本所设立的参与者交易业务单元进行。本所对席位实行总量限制，不再新增席位。会员可通过从其他会员受让的方式取得席位。会员取得的席位不得退回本所。本所对会员实施交易权限管理时，可以设定、调整和限制会员参与本所交易的品种、方式及规模。

五、会员监管与服务概述

2017 年，上交所积极推进建立"以监管会员为中心"交易行为监管模式，切实履行上交所一线监管职责，同时提升会员服务水平。具体表现在以下五个方面：一是建立会员监管工作机制，积极推进《上海证券交易所会员管理规则》《上海证券交易所会员客户证券交易行为管理实施细则》等相关规则的修订工作；同时建立部门间联合监管合作机制，强化协同监管效应。二是完善现场和非现场检查机制，联合深交所对 9 家会员开展首轮专项现场检查；开展会员单位客户交易行为管理专项检查自查工作，编制七大类 60 条《会员客户交易行为管理工作自查表》，要求 102 家会员单位进行自查。三是建立维护市场稳定工作机制，在特殊时期建立特别保障机制以维护市场稳定。四是完善创新业务管理和风险监测指标体系，对股票质押回购业务风险实行定期监测，并督促会员及时报告股票质押违约处置或其他重大风险事件。五是强化会员客户管理，与深交所合办会员客户合规管理培训，督促会员对客户进行事前、事中、事后全过程管理，筑牢投资者交易行为管理的第一道防线。

2017 年末上交所会员及营业部地区分布

地区	公司数	营业部数	营业部交易金额（百万元）	比例（%）
安徽	2	308	4784555.92	0.79
北京	19	553	84100200.67	13.88
福建	3	479	20858083.01	3.44
甘肃	1	106	812581.93	0.13
广东	22	1446	156183557.15	25.78
广西	1	202	2761684.90	0.46
贵州	2	118	1262650.41	0.21
海南	2	72	1091049.04	0.18
河北	1	272	3874575.73	0.64
河南	1	378	4485287.99	0.74
黑龙江	1	181	7002650.08	1.16
湖北	2	403	11640667.91	1.92
湖南	3	393	7401937.21	1.22
吉林	2	157	2949896.44	0.49
江苏	6	919	33559818.69	5.54
江西	2	325	7379591.90	1.22
辽宁	3	383	9225319.91	1.52
内蒙	2	116	3406901.61	0.56
宁夏	0	52	353136.33	0.06
青海	1	29	390145.44	0.06
山东	3	602	13023085.53	2.15
山西	2	199	2926226.06	0.48
陕西	3	273	4646990.83	0.77
上海	17	783	157305598.77	25.96
四川	4	443	23777122.71	3.92
天津	1	175	4047639.34	0.67
西藏	2	26	1437279.63	0.24
新疆	2	111	1227727.64	0.20
云南	2	174	2792688.22	0.46
浙江	3	973	27021433.54	4.46
重庆	1	222	4107839.32	0.68

2017 年上交所融资融券交易前 20 名会员

序号	会员名称	融资交易额（万元）	融券交易额（万元）	合计（万元）
1	华泰证券股份有限公司	66006037.99	110573.82	66116611.81
2	国泰君安证券股份有限公司	56325661.63	2019398.36	58345059.99
3	广发证券股份有限公司	44416389.85	867354.64	45283744.49
4	中国银河证券股份有限公司	39443129.49	570434.09	40013563.58
5	海通证券股份有限公司	32685443.19	157491.96	32842935.15
6	招商证券股份有限公司	29809378.63	1637643.35	31447021.98
7	中泰证券股份有限公司	29644311.86	729050.17	30373362.03
8	申万宏源证券有限公司	28888329.29	592986.41	29481315.70
9	中信证券股份有限公司	26664237.11	1080968.07	27745205.18
10	安信证券股份有限公司	24896291.39	1860276.83	26756568.22
11	国信证券股份有限公司	21441420.46	2583380.13	24024800.59
12	中信建投证券股份有限公司	21727517.42	1301516.12	23029033.54
13	中国中投证券有限责任公司	21174384.23	74.81	21174459.04
14	光大证券股份有限公司	18476892.94	569563.62	19046456.56
15	国元证券股份有限公司	14415536.33	123625.94	14539162.27

序号	会员名称	融资交易额(万元)	融券交易额(万元)	合计(万元)
16	申万宏源西部证券有限公司	14405486.13	0.00	14405486.13
17	方正证券股份有限公司	13402142.13	141711.43	13543853.56
18	长江证券股份有限公司	12803572.85	446021.38	13249594.23
19	平安证券股份有限公司	12857443.41	8252.46	12865695.87
20	华西证券股份有限公司	11730723.13	13039.39	11743762.52

2017 年上交所融资融券余额前 20 名会员

序号	会员名称	融资余额(万元)	融券余额(万元)	合计(万元)
1	中信证券股份有限公司	4690792.39	10902.55	4701694.94
2	国泰君安证券股份有限公司	3541799.27	40007.03	3581806.30
3	中国银河证券股份有限公司	3417103.93	7086.00	3424189.93
4	广发证券股份有限公司	3341816.35	48373.95	3390190.30
5	华泰证券股份有限公司	3212696.59	1754.48	3214451.07
6	中信建投证券股份有限公司	3170846.30	12158.97	3183005.26
7	招商证券股份有限公司	3049979.39	28473.96	3078453.35
8	海通证券股份有限公司	2867036.43	1830.11	2868866.54
9	申万宏源证券有限公司	2255498.57	8747.98	2264246.55
10	国信证券股份有限公司	2081612.44	27433.80	2109046.24
11	光大证券股份有限公司	1659272.25	55160.10	1714432.35
12	中泰证券股份有限公司	1655692.36	25977.05	1681669.41
13	安信证券股份有限公司	1480749.92	3056.47	1483806.39
14	长江证券股份有限公司	1346246.26	1954.20	1348200.46
15	中国中投证券有限责任公司	1010969.81	21.97	1010991.78
16	方正证券股份有限公司	951517.24	2089.68	953606.93
17	东方证券股份有限公司	881889.20	3346.56	885235.76
18	申万宏源西部证券有限公司	876970.80	14.65	876985.45
19	平安证券股份有限公司	853958.78	298.38	854257.16
20	兴业证券股份有限公司	843588.58	1419.97	845008.55

2017 年期权市场证券公司经纪业务前十名情况

排名	成交量		开户数	
	公司名称	市场份额(%)	公司名称	市场份额(%)
1	华宝证券	13.27	银河证券	8.66
2	华泰证券	7.82	广发证券	7.71
3	中信证券	4.26	招商证券	7.63
4	广发证券	3.42	安信证券	6.55
5	国泰君安	3.33	国信证券	6.20
6	银河证券	2.77	国泰君安	6.17
7	招商证券	2.64	华泰证券	5.82
8	海通证券	2.53	长江证券	4.83
9	安信证券	2.50	东北证券	4.48
10	国信证券	2.33	中泰证券	4.23
合计		44.87		62.28

2017 年期权市场期货公司经纪业务前五名情况

排名	成交量		开户数	
	公司名称	市场份额(%)	公司名称	市场份额(%)
1	光大期货	6.30	永安期货	0.18
2	鲁证期货	5.15	银河期货	0.15
3	南华期货	3.86	南华期货	0.13
4	银河期货	2.56	方正中期	0.10
5	华西期货	1.63	光大期货	0.09
合计		19.50		0.65

2017 年上海证券交易所大事记

1 月 25 日

上交所推出中国战略新兴产业指数。3 月 13 日

3 只传统基础设施领域政府和社会资本合作(PPP)项目资产支持证券化产品在上交所成功发行,标志着证监会和发改委推进的 PPP 项目资产证券化试点产品正式落地。

4 月 14 日

上交所修订《上海证券交易所交易规则》,自 2017 年 5 月 22 日起调整质押式回购计息规则和收盘价的计算方法。

5 月 14 日

上交所和马来西亚交易所在北京签署谅解备忘录,马来西亚总理纳吉布见证文本互换仪式。

5 月 22 日

上交所和莫斯科交易所在莫斯科签署战略合作协议,这是上交所首次与国外交易所签署战略合作协议。

5 月 26 日

上交所与哈萨克斯坦阿斯塔纳国际金融中心管理局在阿斯塔纳签署合作协议,共同投资建设阿斯塔纳国际交易所。根据合作协议,上交所持有阿斯塔纳国际交易所 25.1% 的股份,并将在技术咨询、业务规划、产品设计、市场推广等方面为该所的筹建给予全方位支持。

6 月 11 日

上交所启动上市公司现场检查工作首批试点。

6 月 15 日

上交所与西非证券交易所签署谅解备忘录,并举办中国 – 西非资本市场座谈会。

6 月 19 日

上交所和卢森堡证券交易所在卢森堡举行指数发布仪式,共同推出绿色债券指数。

6 月 21 日

中国 A 股加入 MSCI 明晟指数。

6 月 26 日

上交所举办"国际投资者投资 A 股市场"研讨会,中国证监会副主席方星海致辞,上交所理事长吴清、上交所总经理黄红元、MSCI 董事长亨利 · 费尔南德斯出席研讨会,来自海内外机构投资者和投资银行的百余位专业人士参加,共同讨论 A 股纳入 MSCI 指数给国际投资者及中国资本市场进一步改革创新带来的新机遇。

6 月 30 日

上交所修订并发布《上市公司股东及董监高减持股份临时公告格式指引》,根据证监会 5 月 27 日发布的减持新规要求,进一步细化了相关信息披露要求。

8 月 25 日

沪深交易所共同主办的证券交易所一线监管国际研讨会在上海召开,中国证监会主席刘士余出席并致辞。中国证监会有关部门,纳斯达克、香港交易所及结算有限公司、伦敦证券交易所、巴基斯坦证券交易所等 11 家交易所代表出席研讨会并作交流发言。

9 月 6 日

上交所理事长吴清与联合国投资和企业司司长詹晓宁在泰国曼谷共同宣布,上交所正式成为联合国可持续证券交易所倡议第 65 家伙伴交易所,也是我国首个加入该倡议的证券交易所。

9 月 7 日

在泰国曼谷举行的第 57 届世界交易所联合会(World Federation of Exchanges)会员大会上,上交所理事长吴清成功当选为 WFE 主席。这是中国内地交易所首次在国际行业组织中担任主要领导职务。

9 月 13 日

上交所举办"中国 – 东盟资本市场服务'一带一路'建设合作与发展论坛",马来西亚、新加坡、泰国、柬埔寨、老挝、缅甸、菲律宾等东盟国家交易所负责人出席并参与讨论,境内外 30 余家证券、基金公司参加会议。

9 月 28 日

上交所与卢森堡证券交易所签署合作谅解备忘录附录,确定共同推进两所在绿色债券领域的合作。卢森堡财政部部长格拉美亚、卢森堡驻华大使俞博生等出席了签署仪式。

9 月 29 日

上交所正式承接中国证监会交办的首发申请企业常态化现场检查工作。

10 月 27 日

上交所正式发布《上海证券交易所服务"一带一路"建设愿景和行动计划(2018 – 2020 年)》,作为上交所未来服务"一带一路"建设的纲领性文件,明确将以合理配置资源为前提,统筹部署各方面、各阶段的工作,有效支持"一带一路"建设。

12 月 1 日

沪深交易所、中国结算共同发布《上海证券交易所　深圳证券交易所　中国证券登记结算有限责任公司证券交易资金前端风险控制业务规则》,上交所、中国结算共同发布《上海证券交易所　中国证券登记结算有限责任公司证券交易资金前端风险控制业务实施细则》,自 2018 年 6 月 1 日起实施。

12 月 27 日

华泰资管 – 中飞租一期资产支持专项计划在上交所成功发行。该项目是交易所市场首单以外币计价的资产证券化产品。

12 月 29 日

上交所与上海市衡山(集团)公司正式签订浦江饭店长期租赁合同,租用浦江饭店用于举办资本市场系列展览,筹建中国证券博物馆(暂定名),并作为上交所投资者教育基地和国际交易所文化交流基地。

第三节　深圳证券交易所

2017 年深圳股票市场运行概况

2017 年深圳股票市场概况如附表 1 所示。2017 年深证成指上涨 8.48%，中小板指上涨 16.73%，创业板指下跌 10.67%。2017 年深市上市公司达 2089 家，比 2016 年增加 219 家，总市值达 23.58 万亿元，比 2016 年增加 5.69%。深市平均市盈率为 36.21 倍，比 2016 年下降了 12.13%，其中创业板估值下降最为明显，平均市盈率为 38.76 倍，降幅达 30%，中小板平均市盈率为 39.07 倍，上涨 18%。

附表 1　2017 年深圳市场概况（截至 2017 年 12 月 29 日）

指标名称	数值	比上年增减	变化率
深证成份指数	11,040.45	863.31	8.48%
深证综合指数	1,899.34	-69.77	-3.54%
深证 B 股指数	1,163.44	35.74	3.17%
中小板指数	7,554.85	1,082.62	16.73%
创业板指数	1,752.65	-209.40	-10.67%
上市公司数（个）	2089	219	11.71%
总股本（亿股）	18,458.32	2,415.79	15.06%
流通股本（亿股）	13,925.42	2,161.62	18.38%
总市值（亿元）	235,761.26	12,683.01	5.69%
流通市值（亿元）	167,932.47	14,537.03	9.48%
加权平均股价（元/股）	12.77	-1.14	-8.20%
平均市盈率	36.21	-5.00	-12.13%

2017 年深圳股票市场运行呈现三大特征：

一是市场交易量有所下降，成交低迷股票以小盘股居多。

2017 年深市 A 股总成交量比 2016 年下降了 11.9%，部分小盘股成交十分低迷。如附图 1 所示，自 2017 年 9 月开始，低成交的个股数量连创年内新高，尤其是到 2017 年 12 月，成交低迷的股票数量明显上升。2017 年 12 月 12 日开始，500 多只股票的 5 日累计成交金额（其中剔除了停牌的股票）小于 1 亿元，说明有四分之一的深市个股日均成交金额不超过 2 000 万元。

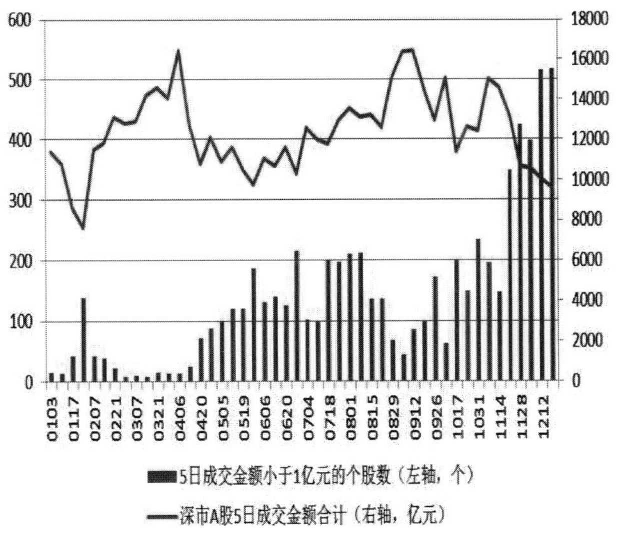

附图 1　2017 年深市个股 5 日成交金额分布

二是深市整体波动和指数交易活跃度均明显下降。

从振幅和年换手率来看，如附表 2 所示，深证成指、深证综指、深证 B 指、中小板指和创业板指的年振幅分别为 23.54%、17.14%、16.74%、36.25% 和 21.47%，较 2016 年分别下降了 17.33%、25.28%、12.06%、5.19% 和 25.74%，年换手率分别为 317.83%、369.28%、60.53%、319.91% 和 382.41%，较 2016 年分别下降 91.72%、142.62%、10.82%、75.81% 和 195.04%。特别地，个股年换手率中位数为 563.69%，远低于 2016 年中位数 874.46%（见附表 3），其中 498 只股票的年换手率超过 1000%，远低于 2016 年的 735 只。

附表 2　2017 年深证指数统计（截至 2017 年 12 月 29 日，区间为 12 个月）

指数简称	年换手率（%）	比上年增减（%）	年振幅（%）	比上年增减（%）	市盈率	比上年增减（%）
深证成指	317.83	-91.72	23.54	-17.33	31.53	3.17
深证综指	369.28	-142.62	17.14	-25.28	36.21	-12.13
深证 B 指	60.53	-10.82	16.74	-12.06	11.31	1.43
中小板指	319.91	-75.81	36.25	-5.19	39.07	17.65
创业板指	382.41	-195.04	21.47	-25.74	38.76	-29.76

附表 3　2013 至 2017 年个股年换手率分布情况

	2013	2014	2015	2016	2017
个股年换手率的中位数（基于流通股本，%）	714.64	795.83	1,390.70	874.46	563.69
年换手率大于 1000% 的股票数（个）	434	478	1,341	735	498

三是深市 A 股走势“二八分化”。

深市 A 股全体涨跌幅的中位数为 -21.85%，这与深证成指和中小板指数的上涨形成了鲜明对比。总市值 1 000 亿元以上的股票普遍上涨，涨幅中位数为 42.39%，而小市值股票大部分亏损，尤其是总市值 50 亿元以下的股票普遍亏损，亏损中位数达到 -35.42%。整体来看，2017 年市场走势表现为“二八分化”，深市 A 股涨跌幅数量分布如附图 2 所示，价格上涨的股票占深市 A 股总数的 21.02%，下跌个股占比为 78.98%，其中，64.10% 的个股跌幅在 10% -50%，5.28% 的个股跌幅超过 50%。

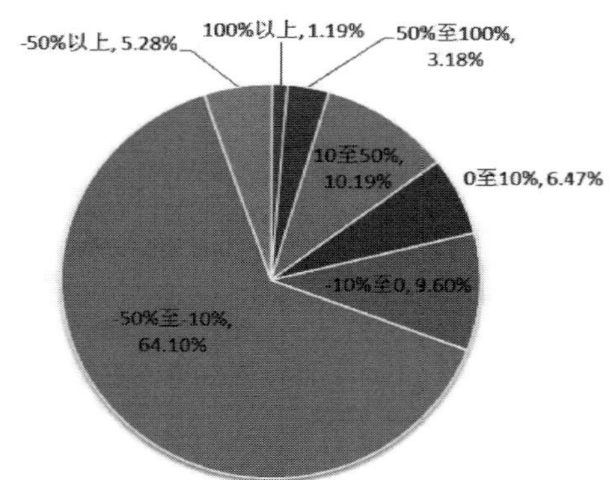

附图 2　2017 年深市 A 股涨跌幅数量分布

2017 年度深市上市证券总览

2017 年 12 月底	上市数目	总发行股本	总流通股本	市价总值	流通市值
股票	2,127	1,845,832,389,674	1,392,542,099,878	23,576,125,649,843	16,793,247,169,730
主板 A 股	465	745,914,135,987	603,037,385,760	7,964,666,849,891	6,545,826,574,501
中小板	903	761,223,584,750	558,139,482,175	10,399,202,115,692	7,115,507,326,431
创业板	710	325,849,172,317	218,648,700,969	5,128,881,345,137	3,049,477,307,964
主板 B 股	49	12,845,496,620	12,716,530,974	83,375,339,123	82,435,960,834
基金	535	107,017,797,792	107,017,797,792	123,604,630,742	123,604,630,742
ETFs	52	18,291,331,363	18,291,331,363	45,215,051,101	45,215,051,101
LOFs	242	21,658,088,459	21,658,088,459	22,365,876,280	22,365,876,280
分级基金	240	66,256,792,870	66,256,792,870	55,241,343,439	55,241,343,439
封闭基金	1	811,585,100	811,585,100	782,359,921	782,359,921
债券	2,971	22,075,902,891,500	584,595,659,600	22,036,463,626,201	578,088,404,420
国债	2,452	21,539,679,820,000	58,524,643,400	21,506,407,894,751	57,999,633,706

2017年12月底	上市数目	总发行股本	总流通股本	市价总值	流通市值
公司债	482	504,440,725,200	504,440,725,200	498,570,343,961	498,570,343,961
企业债	9	15,090,000,000	4,937,944,700	14,745,467,600	4,778,506,865
可转债	19	16,692,346,300	16,692,346,300	16,739,919,889	16,739,919,889
债券回购	9	0	0	0	0
权证	0	0	0	0	0
优先股	5	29,350,000,000	29,350,000,000	27,696,125,000	27,696,125,000
合计	5,638	24,058,103,078,966	2,113,505,557,270	45,763,890,031,786	17,522,636,329,892

2017年1－12月深市成交概况

2017年1月－12月份	日数	人民币元	占总计（%）	数量	单位	笔	占总计（%）
股票	244	61,685,500,639,463	75.75	4,398,152,772,764	股	3,066,596,059	92.81
主板A股	244	19,103,168,526,775	23.46	1,767,019,887,185	股	924,268,787	27.97
中小板	244	25,987,979,635,131	31.91	1,740,943,644,949	股	1,342,337,033	40.63
创业板	244	16,552,158,973,605	20.33	882,988,284,334	股	796,551,160	24.11
主板B股	244	42,193,503,951	0.05	7,200,956,296	股	3,439,079	0.1
基金	244	1,988,232,389,725	2.44	785,364,098,164	基金单位	34,078,367	1.03
ETFs	244	1,506,926,123,853	1.85	103,342,751,656	基金单位	10,389,845	0.31
LOFS	244	44,334,054,117	0.05	51,818,840,675	基金单位	4,044,963	0.12
分级基金	244	433,704,468,605	0.53	626,997,591,778	基金单位	19,555,050	0.59
封闭基金	244	3,267,743,151	0	3,204,914,055	基金单位	88,509	0
债券	244	17,759,597,548,807	21.81	177,597,396,541	张	203,397,698	6.16
国债	244	13,748,441,372	0.02	138,166,740	张	166,401	0.01
公司债	244	381,480,459,590	0.47	3,866,179,514	张	691,516	0.02
企业债	244	4,832,859,679	0.01	48,964,036	张	163,113	0
可转债	244	41,093,066,165	0.05	359,659,031	张	2,375,968	0.07
债券回购	244	17,318,442,722,000	21.27	173,184,427,220	张	200,000,700	6.05
权证		0	0	0	份	0	0
优先股	244	0	0	0	股	0	0
合计	244	81,433,330,577,995	100	5,361,114,267,469		3,304,072,124	100

2017年末深市股票行业成交统计

2017年1－12月份	交易天数	成交金额		成交股数		成交笔数	
		人民币元	占总计（%）	股数	占总计（%）	笔	占总计（%）
合计	244	61,685,500,639,463	100	4,398,152,772,764	100	3,066,596,059	100
农林牧渔	244	709,194,511,213	1.15	59,891,997,926	1.36	37,179,882	1.21
采矿业	244	965,888,431,062	1.57	98,747,966,381	2.25	50,288,972	1.64
制造业	244	41,449,301,300,065	67.19	2,892,971,611,151	65.78	2,051,373,313	66.89
水电煤气	244	987,212,093,299	1.6	100,719,749,469	2.29	56,877,677	1.85
建筑业	244	1,794,937,609,875	2.91	136,935,967,674	3.11	97,586,772	3.18
批发零售	244	1,591,471,246,668	2.58	123,893,075,406	2.82	87,427,326	2.85
运输仓储	244	833,589,265,334	1.35	68,868,253,399	1.57	49,315,481	1.61
住宿餐饮	244	71,814,472,458	0.12	8,875,027,866	0.2	5,023,118	0.16
信息技术	244	6,613,104,026,321	10.72	367,070,596,487	8.35	304,293,363	9.92
金融业	244	1,732,917,869,821	2.81	145,099,508,201	3.3	80,498,448	2.63
房地产	244	1,881,062,268,634	3.05	185,819,492,049	4.22	96,224,677	3.14
商务服务	244	705,773,210,306	1.14	55,201,933,860	1.26	37,091,871	1.21
科研服务	244	514,646,235,717	0.83	24,315,847,683	0.55	24,734,179	0.81
公共环保	244	877,421,883,858	1.42	62,099,429,345	1.41	40,139,532	1.31
教育	244	5,101,957,333	0.01	148,134,999	0	211,721	0.01
卫生	244	128,200,165,312	0.21	5,465,696,980	0.12	6,038,754	0.2
文化传播	244	633,639,266,587	1.03	44,205,088,438	1.01	31,840,402	1.04
综合	244	190,224,825,600	0.31	17,823,395,450	0.41	10,450,571	0.34

2017 年末深市股票行业分布

2017 年 12 月底	上市数目	总发行股本	总流通股本	市价总值	流通市值
合计	2127	1,845,832,389,674	1,392,542,099,878	23,576,125,649,843	16,793,247,169,730
农林牧渔	30	30,922,901,024	24,627,976,619	392,424,748,804	276,048,435,075
采矿业	26	36,157,773,113	27,738,267,835	268,482,391,569	214,285,273,982
制造业	1457	1,092,772,523,879	847,366,326,424	14,856,515,686,550	10,986,218,842,630
水电煤气	47	63,129,495,345	48,686,665,123	415,043,409,931	306,895,965,848
建筑业	53	47,109,601,044	34,747,955,813	493,082,408,799	353,109,258,647
批发零售	72	63,428,558,968	44,362,332,075	725,410,739,348	509,834,670,971
运输仓储	32	33,951,131,618	17,736,711,479	595,167,558,805	184,915,873,823
住宿餐饮	7	3,660,754,472	2,879,454,773	26,521,700,648	20,193,370,509
信息技术	190	131,093,683,160	90,058,171,207	1,900,637,462,782	1,220,169,699,956
金融业	22	107,858,771,189	74,449,613,874	1,145,445,245,135	818,980,615,513
房地产	63	113,427,619,494	94,881,504,604	1,154,766,667,516	918,820,111,146
商务服务	32	47,046,161,270	29,834,416,141	469,861,338,586	263,462,617,094
科研服务	24	8,468,429,679	5,568,121,386	212,592,519,192	77,930,324,249
公共环保	25	26,590,905,106	21,326,696,992	327,882,950,053	258,690,799,381
教育	1	96,195,107	96,195,107	3,528,436,525	3,528,436,525
卫生	6	6,079,940,273	3,464,559,323	154,325,518,613	92,663,527,134
文化传播	31	27,398,463,104	19,114,883,141	379,431,969,316	244,254,176,630
综合	9	6,639,481,829	5,602,247,962	55,004,897,671	43,245,170,616

2017 年末深交所会员交易金额统计

单位：百万元

2017 年 1－12 月	总　计	本地会员	异地会员	其　他
总交易金额(百万元)	162,877,061.71	35,439,051.58	126,478,848.54	959,161.59
股票	123,371,001.28	26,840,501.27	95,571,812.29	958,687.72
主板 A 股	38,206,337.05	8,481,000.94	29,306,989.36	418,346.75
中小板	51,975,959.27	11,292,554.80	40,255,460.02	427,944.45
创业板	33,104,317.95	7,042,018.87	25,957,882.96	104,416.12
主板 B 股	84,387.01	24,926.66	51,479.95	7,980.40
基金	3,976,464.78	625,893.22	3,350,097.69	473.87
ETFs	3,013,852.25	435,669.24	2,578,162.20	20.81
LOFs	88,668.11	18,292.24	70,375.86	
分级基金	867,408.94	170,475.51	696,576.72	356.7
封闭基金	6,535.49	1,456.23	4,982.90	96.36
债券	35,529,595.65	7,972,657.08	27,556,938.57	
国债	27,496.88	5,993.47	21,503.41	
公司债	762,960.92	188,106.90	574,854.02	
企业债	9,665.72	1,938.99	7,726.73	
可转债	82,186.13	18,628.26	63,557.87	
债券回购	34,636,885.44	7,754,137.60	26,882,747.84	
权证				
优先股				

2017 年深圳股票市场运行绩效总体情况

2017 年深市整体震荡向上，深证成指上涨 8.48%，市场总体运行平稳，成交量有所下降，波动明显下降，个股走势表现为“二八分化”。在此背景下，深圳股票市场运行绩效总体情况如下：

一是深市流动性基本保持稳定，但存在一定结构性分化。2017 年，深市 A 股冲击成本指数为 11.1 个基点，略低于 2016 年(13 个基点)，相对买卖价差和相对有效价差分别为 12.3 和 28.4 个基点，与 2016 年持平，而深度为 170 万元，较 2016 年(173 万元)略有下降，流动性基本保持稳定。近十年来，深市流动性呈逐年向好趋势,冲击成本趋于下降,宽度趋于减小,深度趋于增加。深市各板块流动性的变化趋势存在差异。相较于2016年,2017年主板冲击成本下降,宽度减小,深度增加,流动性有所提升;中小板冲击成本下降,宽度小幅增大,深度增加,流动性也有所提升;创业板冲击成本下降,但宽度增大,深度减少,流动性有所下降。

二是公司规模越大、机构持股比例越高、股价越低,股票流动性越好。从不同类别股票的情况来看,公司规模越大、机构持股比例越高、股价越低,股票冲击成本越小、宽度越小、深度越大、流动性越好。各类典型股票群体中,深成指成份股和机构重仓股流动性较好,ST股和深市B股流动性较差,其中,深市B股流动性远低于其他典型股票群体。

三是深市波动性显著下降,主板、中小板、创业板波动性依次递增。2017年深市A股收益波动率和分时波动率分别为39个基点和40个基点,较2016年(52个基点和51个基点)分别下降26%和22%,为近十年最低水平,各板块波动性均显著下降。深市主板、中小板、创业板的波动性依次递增:深市主板的波动性最低(收益波动率和分时波动率分别为33个基点和38个基点),中小板次之(收益波动率和分时波动率分别为37个基点和39个基点),创业板最高(收益波动率和分时波动率均为43个基点)。

四是公司规模越大、机构持股比例越高、股价越低,股票波动性越小。从不同类别股票的情况来看,公司规模越大,机构持股比例越高、股价越低,股票波动率越小。各类典型股票群体中,深成指成份股和机构重仓股波动性较小,ST股波动性较大,值得注意的是,深市B股波动性远小于其他典型股票群体,这可能与其投资者结构以及交易低迷有关。

五是深市定价效率有所提升,同涨同跌现象明显缓解。2017年深市整体市场效率系数为0.93,接近随机游走,与近五年均值持平,定价效率较高,主板、中小板、创业板的市场效率系数分别为0.92、0.93、0.95,均处于较高水平。2015和2016年,伴随着A股市场大幅波动,各板块股票普遍同涨同跌,两个年度深市股价同步性指标高达0.34和0.44。2017年,深市整体股价同步性指标为0.20,显著低于2015年和2016年,为五年来最低,同涨同跌现象明显缓解,股价走势反映上市公司特质信息的能力大为提升。

六是深市订单执行的质量和效率稳定处于较高水平。2014至2017年深市最优报价订单执行比例分别为70%、63%和68%和72%;单一价格订单执行比例分别为82%、77%、81%和83%,订单执行效率稳定处于较高水平。过去十年(2008至2017年)订单执行时间总体保持稳定水平,其中限价订单执行时间一直保持在260－360秒。市场流动性较差时,订单执行时间将延长,很多订单进入市场后不能立即成交,2012年和2008年尤为明显。2017年深市最优五档披露报价订单深度略有下降,因而,相较于2016年的限价订单执行时间275秒稍有上升。

2017深交所上市公司年报实证分析报告

深交所综合研究所年报分析课题小组

截至2018年4月30日,深市2 110家上市公司中的2 105家披露了2017年年报或年报数据,其中主板公司472家,中小板公司911家,创业板公司722家。2017年至今,中小板、创业板分别新增上市公司89家、154家。深市上市公司年报数据很大程度上反映了过去一年国民经济运行的整体情况,折射出经济转型的过程、方向和正在形成的突破口。

全样本统计分析显示:(1)深市上市公司总体业绩保持平稳增长,盈利质量明显改善;制造业公司表现亮眼,呈现全面增长态势;第三产业增长动力强劲,新兴服务业表现突出;创新驱动深入推进,战略新兴产业整体良好;行业龙头及创新能力强的公司业绩增长突出;新上市公司质地优秀,经营绩效良好;并购重组回归本源,持续推动产业整合与转型升级;回报股东的力度持续增强,分红乱象大幅减少;积极响应国家倡议,全力推动落实国家战略。(2)三个板块服务实体经济的层次化特征明显,主板蓝筹增长强劲,国有企业做优做强;中小板平稳快速增长,高质量发展趋势明显;创业板成为创新创业引擎,新动能加速形成。(3)如下问题和趋势值得关注。区域和行业发展不均衡的问题依旧存在,新动能的培育和壮大需要更多包容与支持,并购重组的整合效果及业绩波动风险值得关注,外部环境变化对上市公司的影响需要持续观察。

一、上市公司总体情况分析

2017年是中国社会经济发展中极不平凡的一年。中国特色社会主义进入新时代,我国经济已由高速增长阶段转向高质量发展阶段。在转变发展方式、优化经济结构、转换增长动力的攻坚期,2017年国民经济保持稳中向好发展态势,转型升级成效显著。作为中国经济的典型代表,深市上市公司整体业绩持续增长,传统行业回暖迹象明显,新动能正在加速形成,高质量发展的态势初步显现。

(一)整体业绩保持平稳增长,盈利质量明显改善

营业总收入保持增长态势2017年深市上市公司实现营业总收入10.4万亿元,同比增长23.46%,其中主板、中小板和创业板同比分别增长20.33%、26.76%和27.83%;以可比数据为样本,近三年主板、中小板、创业板营业总收入年复合增长率分别为11.47%、20.84%和29.1%,增长态势较为稳定。

净利润规模继续平稳增长。2017年深市上市公司归属母公司股东净利润合计7 295.02亿元,同比增长20.58%,其中主板、中小板分别增长35.62%和18.89%,创业板下降15.21%,剔除个别权重股(温氏股份和乐视网)的影响后,净利润增长4.43%。盈利面方面,深市92.97%的公司实现盈利;65.32%的公司实现净利润同比增长;连续两年持续盈利的公司中,460家公司(占比21.85%)的净利润增长幅度超过50%。

在业绩向好的同时,盈利能力也有显著改善。2017年深市上市公司净资产收益率为9.72%,连续3年增长。非金融上市公司毛利率为22.57%,较2016年提升0.46个百分点。扣除非经常性损益后,净利润增长16.22%,连续两年增长率在10%以上。扣非后的净资产收益率为7.84%,盈利能力逐步提高。

表 1　2017 年深市上市公司总体业绩情况

板块	平均营业总收入增长率	平均净利润增长率	平均净资产收益率	平均毛利率（不含金融行业）
全部公司	23.46%	20.58%	9.72%	22.57%
主板	20.33%	35.62%	10.44%	21.20%
中小板	26.76%	18.89%	9.86%	22.41%
创业板	27.83%	-15.21%	7.30%	29.48%

（二）制造业公司表现突出，呈现全面增长态势

盈利面、盈利能力以及经营效率均有所提升。2017 年全国规模以上工业企业利润总额同比增长 21%，增速比 2016 年高 12.5 个百分点。在上市公司层面，深市制造业 29 个细分行业全部盈利，营业总收入同比增长 26.2%，净利润同比增长 34.18%。净资产收益率、销售毛利率分别为 9.94% 和 23.18%，较 2016 年分别增长 0.68 和 1.63 个百分点；存货周转天数为 79.19 天，同比下降 18.91 天。

传统制造业企稳回暖，新兴制造业发展良好。制造业细分行业中的钢铁、有色金属、化学纤维、金属制品业、纺织业、造纸业、非金属矿物制品等传统制造业受益于供给侧结构性改革，净利润同比增长均超过 30%；新兴制造业方面，专用设备、计算机通信、仪器仪表净利润同比增长分别达到 125.74%、67.40% 和 62.32%。深市共有 133 家高端装备制造公司，营业总收入和净利润分别增长 39.71% 和 101.19%，新动能不断增强。从产业链来看，中上游景气延续，下游稳中向好。供给侧结构性改革叠加周期性复苏，受益上游偏重资源品的制造业（石油、钢铁、有色、化工、橡胶塑料、非金属矿物制品等行业），整体净利润增长 70.92%。中游机械行业（通用设备、电气机械、仪器仪表、金属制品、运输设备等）和轻工制造业（木材、造纸、印刷），净利润分别增长 17.89% 和 39.61%；下游面向消费端的制造业（食品饮料、纺织服装、文体用品、家具、医药、汽车、专用设备、计算机通信等）业绩整体稳中向好，收入和净利润增速分别为 20.71% 和 29.87%。

（三）第三产业增长动力强劲，新兴服务业表现突出

我国服务业增加值增速连续 5 年高于第二产业，成为经济发展的主动力。2017 年深市第三产业营业总收入占深市总体比重 31.35%，净利润占比 36.02%；剔除乐视网的影响后，2017 年第三产业营业总收入增长 20.26%，净利润增长 13.25%，整体表现良好，部分细分行业也亮点频频。消费提质升级推动“幸福产业”快速发展。2017 年旅游、文化、体育、健康、养老“五大幸福产业”快速发展，相关公司营业总收入合计 1065.39 亿元，同比增长 13.22%，净利润合计 141.54 亿元，同比增长 5.19%，经过数年高速增长后，继续保持平稳增长。其中，文体娱乐和卫生行业公司营业总收入同比分别增长 7.93% 和 42.52%，不断推动民生改善。高技术服务业呈现良好发展势头。深市共 15 家公司属高技术服务业，2017 年营业总收入合计 149.91 亿元，净利润合计 20.08 亿元，同比分别增长 31.46% 和 27.57%。以具有可比数据的公司为样本，三年间高技术服务业公司营业总收入年复合增长率为 27.82%，发展势头良好。

以互联网技术为特征的数字经济稳定增长。深市共有互联网及信息技术类公司 195 家，剔除乐视网的影响后，2017 年营业总收入合计 3841.53 亿元，同比增长 27.67%；净利润合计 372.07 亿元，同比增长 6.77%，整体保持稳定增长。

（四）创新驱动深入推进，战略新兴产业整体良好

研发投入逐步加大、力度不断增强。2017 年，深市整体平均研发强度 2.61%，204 家公司研发强度超过 10%，占深市公司总数的 9.69%。深市公司研发投入金额合计 2 688.094 亿元，研发投入绝对额连续三年明显增加，2017 年同比增加 23.75%。研发支出超过 10 亿元的公司有 33 家，中兴通讯、美的集团、比亚迪、潍柴动力、京东方 A 等 5 家公司研发支出超过 50 亿元。深市公司平均聘请技术人员 678 人，中位数为 281 人，200 多家深市公司技术人员占比超过 50%。

战略新兴产业、行业龙头公司普遍重视研发投入。2017 年，深市 865 家战略新兴产业公司研发投入 1 540.43 亿元，较上年增长 24.32%，平均研发强度为 4.66%，超过深市平均水平。各行业龙头明显增加了研发上的投入，美的集团过去 5 年投入研发资金超过 200 亿元，2017 年比亚迪研发费用 62.66亿元，比 2016 年增加 17.44 亿元。

战略新兴产业整体良好，助力深市新旧动能转换。战略新兴产业公司 2017 年的营业总收入 3.31 万亿元，同比增长 27.61%；净利润 2 408.04 亿元，同比增长 14.95%。营业总收入占深市总体比例为 31.83%，较上年同期略有提高；净利润占比 33.01%。贡献率呈逐年提高态势，推动深市新旧动能加快转换。

（五）行业龙头及创新能力强的公司业绩增长突出

龙头企业业绩贡献率高、增速快。市值前 20% 的公司贡献了深市六成收入，2017 年营业总收入增长 24.53%，净利润增长 29.25%；而市值后 20% 的公司营业总收入增长 11.84%，净利润下降 147.49%，分化较为明显。龙头企业普遍创新能力较强，持续进行研发、创新投入，市值前 20% 的深市上市公司研发投入增长率为 26.95%，市值后 20% 的研发投入增长率为 9.33%。

表 2　深市上市公司不同市值组别业绩及研发投入情况

市值从大到小排位分布	营业总收入增长率	净利润增长率	平均研发投入增长率
前 20%	24.53%	29.25%	26.95%
20% -40%	24.40%	9.70%	22.77%
40% -60%	21.44%	5.64%	21.89%
60% -80%	23.45%	-16.85%	14.63%
后 20%	11.84%	-147.49%	9.33%

（六）新上市公司质地优秀，经营绩效良好

资本市场始终将服务实体经济摆在最重要的位置，2017 年共有 243 家公司 IPO 融资，中小板新增 89 家，创业板新增 154 家，83.4% 的公司属于国家高新技术企业，分属电子与信息技术、生物医药、新材料等新兴产业。其中电子与信息技术类新上市公司 72 家，占新上市公司数 29.63%；生物医药新上市公司 21 家，新增新材料上市公司 20 家。

新上市企业整体经营绩效优异，盈利能力强。新 IPO 公

司2017年营业总收入2 370.68亿元,净利润292.46亿元,同比分别增长21.34%和11.4%。净资产收益率为15.52%,毛利率为31.93%,分别高于深市平均水平5.8个和9.36个百分点;三年间营业总收入年复合增长率17.18%,显示其整体拥有较强的盈利能力以及持续增长潜能。

(七)并购重组回归本源,持续推动产业整合与转型升级

受从严监管政策的影响,2017年深市并购重组数量有所下降,但质量显著提升,"忽悠式""跟风式"重组趋于平静。2017年深市完成并购重组190起,同比下降13.64%;并购交易金额6 580.77亿元,同比增长46.46%。其中,主板并购交易金额同比增长136.85%,中小板、创业板并购交易金额分别同比下降6.76%和8.75%。主板并购交易金额的增长主要得益于板块内的大额并购交易,2017年主板并购交易金额超过100亿的有8起,其中＊ST济柴、渤海金控、华北高速并购案交易金额均超过500亿元。

表3　各板块公司重大资产重组事件数量和交易金额(2016－2017年)

年度	板块	主板	中小板	创业板	合计
2017	实施完成数量(起)	50	72	68	190
	完成交易金额(亿元)	3971.46	1847.43	761.88	6580.77
2016	实施完成数量(起)	50	82	88	220
	完成交易金额(亿元)	1676.80	1981.47	834.90	4493.17
同比增长	实施完成数量(%)	0	－12.20	－22.73	－13.64
	完成交易金额(%)	136.85	－6.76	－8.75	46.46

数据来源:深交所统计,交易金额不包括配套融资金额。

产业并购占主导地位,重组上市热潮渐退。从标的资产与上市公司业务关联情况看,2017年披露的重组方案中超过六成为产业整合。同时,受监管新规与IPO审核常态化影响,2017年深市仅2家公司完成重组上市,4家公司披露重组上市方案,同比分别减少85.71%与55.56%。

海外并购回归理性,助力上市公司提升国际竞争力。2017年深市公司披露海外重大资产重组方案20起,交易金额606.57亿元,低于2016年的30起和2 359.78亿元。海外标的主要集中于欧美等地,行业集中于先进制造业、信息技术、医疗器械等。通过并购海外优质标的,一批公司加速了全球布局的步伐,迅速提升国际竞争力。

并购重组服务国企改革功效日益彰显。以主板为例,2017年实施完成的重大资产重组中,46%的企业重组前控制权为国有,并购交易金额达2281.57亿元。国有企业借助资本市场平台,持续实现国有资源布局优化、结构调整、战略性整合和转型升级。深交所先后推进完成招商蛇口和招商公路吸收合并方案,实现招商局板块整合,成为国有企业发挥资本市场功能服务国家战略的典范之作。

(八)回报股东的力度持续增强,分红乱象大幅减少

现金分红逐年稳步增加,回报股东力度不断增强。截至2018年4月30日,深市76.86%的上市公司(1611家)推出现金分红预案,分红金额3 199.85亿元,同比上升62.22%,股利支付率为44%。深市盈利公司中,33.68%的公司(656家)股利支付率超过50%。2015－2017年连续三年分红的公司有1 162家。分红金额最高的三个行业分别是计算机和通信设备制造业、房地产业及医药制造业,分别为373.56亿元、272.38亿元和252.29亿元。

从严监管卓有成效,"高送转"乱象减少。近年来,证监会高度重视对高送转乱象的监管,深交所从健全规则、强化监管、加强投资者教育等方面多管齐下,严防概念炒作,净化市场环境。深市上市公司2016年度高送转方案从2015年度的267家大幅下降至166家,截至2018年4月30日仅有49家公司披露2017年度高送转方案。从股价表现来看,市场反应也更为理性,概念股炒作明显降温。

(九)积极响应国家倡议,全力推动落实国家战略

有力支持打好污染防治攻坚战。上市公司的环保意识不断增强,2017年深市共有409家公司披露环境保护相关信息,同比增加196家。环保监管、执法力度持续强化,如对山西三维公司违法排污问题的监管,营造打好污染防治攻坚战的良好氛围。2017年深市118家节能环保行业公司,累计投入191.18亿元开展环境技术与产品服务研发。

以多种方式积极主动参与精准扶贫。2017年深市公司结合自身产业特点与扶贫地区实际,通过成立扶贫产业基金、兴办实业、开展培训教育、参加扶贫公益活动等多种形式,推动产业发展脱贫、转移就业脱贫等。据不完全统计,截至目前深市有394家上市公司披露了2017年精准扶贫工作信息,较上年增加175家;共投入资金181.66亿元,物资折款26.56亿元,帮助建档立卡贫困人口脱贫超过33.57万人,较上年多帮扶25.27万人。

稳妥推进去产能、去杠杆,增强风险承受能力。煤炭行业固定资产投资延续下降态势,2017年同比下降14.01%;钢铁行业固定资产投资在连续多年下降之后,2017年保持平稳。受去产能和行业周期性回暖的影响,2017年深市钢铁行业净利润同比增长3.47倍,煤炭行业净利润增长2.87倍。在去杠杆方面,相关重资产行业的负债率下降明显,2017年采矿业的资产负债率为48.28%,较2016年下降10.48个百分点;钢铁制造业、有色金属冶炼行业资产负债率分别为67.64%和58.45%,同比下降2.7和2.6个百分点。

积极响应"一带一路"倡议,推动企业国际化发展。据不完全统计,深市公司通过进出口贸易、工程建设、设立制造基地或研发中心、产业并购等多种方式参与"一带一路"项目建设330余家次。中信海直、创维数字、新希望、京东方、中工国际、易华录、深圳能源等一批具有领先技术的公司,将中国标准、中国技术、中国创新带入沿线各国,树立了中国制造的品牌形象。

二、三个板块差别化发展格局继续强化

随着中小板、创业板公司数量逐步增加,以及主板公司运用资本市场工具持续整合、优化与发展,三个板块实现各自市场定位的基础更加宽厚,差别化特征更加清晰和丰富,差别化发展的格局继续强化。

(一)服务实体经济的层次化特征明显

三板块公司的行业分布差异显著。按照国际行业分类标准,主板公司工业、可选消费业、材料行业公司数量接近,各约占比19%。中小板公司主要集中在工业、材料和信息技术业,占比分别为27.77%、18.77%和17.34%。创业板公司则主要集中在信息技术和工业,占比分别为34.49%和30.06%。

三板块公司的规模呈现阶梯状分布。2017 年主板、中小板、创业板公司平均总资产依次为 336.42 亿元、83.43 亿元和 30.96 亿元，平均营业总收入依次为 113.86 亿元、42.97 亿元和 15.35 亿元，平均净利润分别为 7.72 亿元、3.06 亿元和 1.2亿元，阶梯状差异特征显著。

三板块公司的盈利能力和杠杆水平呈规律性排列。2017 年主板、中小板、创业板非金融公司平均毛利率分别为 21.2%、22.41% 和 29.48%，平均资产负债率分别为66.24%、49.3% 和 40.54%。中小创公司的产品服务、业态和模式等创新较多，毛利率水平普遍高于主板企业。且中小创公司较多处于发展阶段相对较早期，股权融资相对充足，资产负债率相对较低。

表 4　深市多层次资本市场各板块发展概况

	平均总资产（亿元）	平均营业总收入（亿元）	平均净利润（亿元）	平均毛利率（剔除金融行业）	平均资产负债率（剔除金融行业）
主板	336.42	113.86	7.72	21.20%	66.24%
中小板	83.43	42.97	3.06	22.41%	49.30%
创业板	30.96	15.35	1.20	29.48%	40.54%

（二）主板：蓝筹增长强劲，国有企业做优做强

在一些竞争性行业里，主板涌现出了一批市场化蓝筹公司，2017 年业绩表现亮眼。排名前 10 位的公司合计实现净利润 1447.63 亿元，占主板净利润的四成；在公司规模相对较大的基础上仍保持较快发展，2017 年净利润增长 23.5%。万科、美的集团、潍柴动力、TCL 集团、中兴通讯等一批公司，2017 年营业总收入超过千亿。航天科技、新华制药等 137 家公司三年净利润复合增长率超过 30%。

占主板近六成的国有企业，充分借助资本市场平台，实现国有资源的战略整合及有序流转，推动产业布局调整和转型升级。涌现出了一批广为关注的国企改革样本，例如，招商公路吸收合并华北高速实现整体上市，云南白药的控股股东引入民营股东实现集团层面的混合所有制改革等，进一步激发了国企活力。2017 年主板国企实现净利润 2 274.88 亿元，同比增长 46.54%，连续两年保持增长。

（三）中小板：平稳快速增长，高质量发展趋势明显

中小板目前已经覆盖了包括高端制造、信息技术、文化传播、物流服务、金融地产等在内的 16 个行业。2014 - 2016 年，营业总收入平均增速为 13.2%，净利润平均增速为 11.8%，2017 年继续保持高增长态势，营业总收入和净利润增长率分别为 26.76% 和 18.89%。越来越多的公司逐步成长为市场化蓝筹企业，行业细分龙头的经济示范作用明显。2017 年营业总收入超过 100 亿元的公司有 88 家，净利润超过 10 亿元的有 59 家，五分之一的公司净利润增速超过 50%。

中国高端制造的典型代表，聚集了一大批优秀公司，起到了良好的高质量发展示范效应。净利润排名前 20 的公司分布在计算机通信、汽车制造、零售、现代物流等行业，共实现净利润 825.71 亿元，占中小板公司净利润总额的 29.64%。海康威视、比亚迪、苏宁易购、顺丰控股等已成为行业领军企业。

（四）创业板：创新创业引擎，新动能加速形成

创业板公司业绩稳步增长，带动经济的动能逐步增强。在复杂的经济环境下，创业板公司 2017 年业绩实现平稳增长，剔除乐视网和温氏股份个股影响后，净利润三年复合增长率 17.3%。板块内公司平均研发强度 4.64%，高新技术企业占比九成，创新创业特色突出。其中，36.15% 的公司承担国家火炬计划项目，11.77% 的公司承担国家 863 计划，24.38% 获得国家创新基金支持，拥有与主营产品相关的核心专利技术项目 2.6 万项。新兴产业公司不断涌入创业板，经济增长新动能加速形成。板块内战略新兴产业的比重不断增加，2017 年至 2018 年 4 月新增 85 家，主要集中在新一代信息技术、新材料和生物医药行业。在业绩贡献率方面，板块内战略新兴产业收入和净利润占比分别为 70.39% 和 61.41%，新增长动能正在持续积累。涌现出蓝思科技、智飞生物、碧水源、汇川技术等一批具有较强影响力和创新力的企业。

三、问题和趋势

中国经济转向高质量发展的条件逐步成熟，支撑经济迈向中高端水平的有利因素逐步增多，为深市上市公司的持续增长提供了有力支撑。在整体业绩保持平稳增长、发展质量逐步提升的同时，发展不均衡不充分的问题依旧存在，一些潜在风险值得高度关注。

（一）区域和行业发展不均衡的问题依旧存在

区域发展方面，东部地区新增上市公司数量、新兴企业占比，以及盈利能力等均显著优于中部、西部和东北地区。2017 年东部地区上市公司净利润增长 19.71%，战略新兴产业公司占比43.41%，新增深市公司 198 家，居各区域之首。中、西部地区 2017 年上市公司分别新增 25 家和 18 家，资源性、基础性产业比重较大，传统产业占比 62.45% 和 68.24%。东北地区 2015 至 2017 年间，每年仅新增 2 家上市公司，已上市公司盈利能力较弱、亏损比例较高。

行业发展方面，金融和地产依然是利润大户，农业类公司表现低迷。金融和地产行业营业总收入合计占全部公司的 10.07%，但净利润占全部公司的 21.7%。农业类公司表现低迷，受国内养殖结构变化、产品价格下滑以及个别企业存货风险的影响，2017 年农业类公司净利润同比下降 48.21%。

（二）新动能的培育和壮大需要更多包容与支持

新兴产业前期研发和市场培育的投入较大，短期内业绩难见明显增长，上市难度较大，导致新兴产业的占比提升不够快。2017 年高端设备制造、生物医药、新一代信息技术等我国实体经济中短板类产业，新增上市公司家数占比仅为 26.75%。2014 - 2017 年，战略新兴产业公司数量占比上升 3.6 个百分点。在加快新旧动能转化的攻坚时期，应进一步加大对新兴产业的支持。

新兴产业的高成长性伴随高风险，支持创新的政策和资源的投入也需要转化时间，在这个过程中，需要密切关注新兴产业的波动，及时调整相关政策，同时也要给予更多包容。例如，生物科技产业具有高研发高风险属性，短期业绩波动大属正常现象。新能源、新能源汽车行业发展初期受国家政策影响较大，环保和补贴等政策对行业的整体影响较大，政策的调整需要及时和适当。

（三）并购重组的整合效果及业绩波动风险值得关注

2015 年是并购重组的高峰之年，如今已历 3 年，并购重组后的整合效果、业绩持续性等是影响未来上市公司的主要因素之一，值得高度关注。历史经验及相关研究表明，并购重组后相关业务整合失败的概率很高，对被并购标的业绩往往带来负面影响。2017 年出现了一些公司未能履行业绩承诺的现象，甚至有个别公司通过更改承诺的方式逃避责任，对资本市场的诚信建设和投资者的合法权益造成不利影响，对此

应予以高度关注。

并购重组形成的大额商誉，也给少数上市公司未来业绩带来较大的不确定性。截至2017年末，深市公司累计商誉8 204.9亿元，占当期营业总收入7.89%。2015年商誉减值52.12亿元，2016年减值82.31亿元，2017年减值254.28亿元，对净利润产生直接侵蚀。由于计提大额减持，部分公司在营业收入实现大幅度增长的同时，净利润却大幅下降甚至巨额亏损。

（四）外部环境变化对上市公司的影响需要持续观察

未来几年，中国对外开放格局将进一步增强，服务业和制造业市场准入将进一步放宽，进出口规模和对外投资规模将进一步扩大，外部环境变化对上市公司的影响将更加广泛和复杂。近期中美贸易摩擦有所升温，我们期望以合作共赢的方式解决争端，但是对上市公司面临的潜在风险需要保持高度关注。据统计，2017年深市共有764家公司存在对美国的出口贸易，出口收入约占营业收入总额的5%。短期来看，中美贸易摩擦对深市公司影响有限。长期来看，若贸易摩擦进一步升级，受到影响的公司数量可能会增加，也会影响到公司未来对美市场的拓展。

此外，部分企业对外技术依存度较高，外部环境风险也值得关注。

附：数据说明

1. 分析样本包括新上市公司，共2 105家；行业分类采用中国证监会2016年的分类标准，战略性新兴产业样本根据深交所分类确定。

2. 东部地区是指北京、天津、河北、上海、江苏、浙江、福建、山东、广东和海南10省（市）；中部地区是指山西、安徽、江西、河南、湖北和湖南6省；西部地区是指内蒙古、广西、重庆、四川、贵州、云南、西藏、陕西、甘肃、青海、宁夏和新疆12省（区、市）；东北地区是指辽宁、吉林和黑龙江3省。

3. 报告中毛利率及资产负债率的计算，均剔除了金融行业，其他全样本指标，如未专门说明均包含了金融行业。

4. 平均研发强度根据已披露公司的研发投入和营业收入，按照整体法计算得出，计算时剔除了数据缺失的公司。

5. 股利支付率为上市公司中报分红和年报分红预案合计，与当年归属母公司股东净利润之比，按照整体法计算得出，计算时剔除了数据缺失的公司。

6. 并购重组的统计口径为重大资产重组及发行股份购买资产。

7. "幸福产业"相关公司包括：卫生和社会工作，文化、体育和娱乐，住宿和餐饮3个一级行业，以及公共设施管理业1个二级行业。

固本强基　砥砺前行

——中小企业板13年运行情况总结报告

中小企业板自2004年5月27日成立以来，已走过13年，13年来，中小企业板始终把规范作为发展的前提，坚持稳中求进，以坚实平稳的步伐引领中小企业开拓前进。中小企业代表了我国经济中最有活力的群体，是我国经济发展的中坚力量。13年精耕细作，中小企业板培养出一批行业龙头公司，在以创新引领实体经济转型升级、支持"一带一路"建设、促进区域城乡协调发展、支持扶贫攻坚等工作中发挥了积极作用，充分体现了发展中小企业的重要战略意义。

一、市场规模稳步发展，助力国民经济快速发展

截至2017年5月20日，中小企业板共有857家上市公司，市场规模逐步扩大；累计融资19 781亿元，其中IPO累计融资5 576亿元，累计股权类再融资12 854亿元，累计其他类再融资1 449亿元，努力解决中小企业融资难题，中小企业板在稳步发展的过程中，不断助力国民经济的发展。

截至2017年5月20日，中小企业板公司总股本6 906亿股，累计总成交金额149.1万亿元，股票总市值达9.8万亿元，约占深沪两市市值的18.96%，成为支持中国金融体系构建、促进多层次资本市场发展不可或缺的重要生力军。中小企业板综合指数从最初的1 000点，增长至2017年5月20日的10 853点，见证了中小企业板市场的高成长性。中小企业板的机构投资者持股比例也逐年稳步上升，比例从2004年6月25日的22.59%上升至2017年5月20日的45.90%，机构家数达到3.97万家，投资者结构不断优化。

2016年深港通开通，中小企业板深股通标的公司425家，占深股通总标的数量的47.17%，上述标的公司累计成交金额1 016.71亿元，日均成交金额9.78亿元，累计成交数量53.10亿股，日均成交数量0.51亿股，有效促进了两地市场的互联互通。

二、公司业绩稳健增长，共享经营发展成果

2004－2016年，中小企业板公司累计实现营业收入14.25万亿元，平均营业收入从6.51亿元增长至35.26亿元，每年持续增长，年均复合增长率为15.12%。13年累计实现净利润1万亿元，平均净利润从0.4亿元增长至2.64亿元，除2012年同比下滑外，其余年份均同比增长，年均复合增长率17.03%，平均每年有67%的公司业绩同比增长，31%的公司业绩同比增长30%以上，体现出较强的盈利能力。中小企业板公司专注主业发展，80%以上的业绩来源于主营业务的贡献，非经常性损益所占比例较低。

中小企业板上市公司2016年平均营业总收入35.26亿元、平均净利润2.64亿元，分别同比增长17.16%和30.32%。在供给侧结构性改革深入推进的背景下，中小企业板2016年整体业绩稳中有进，且增速回升，收入、净利润增速均为最近五年新高，反映出中小企业、民营经济在产业结构调整和经济转型升级中的活力。

在业绩增长的同时，中小企业板公司保持了积极回报投资者的优良传统，一直坚持较高的现金分红比例。从2004年至2016年，中小企业板公司合计分红3 156.48亿元，占累计实现净利润合计额的32%，用实际行动回报投资者，让经济发展的成果惠及更多普通投资者。中小企业板共35家企业累计分红额超过累计融资额，其中洋河股份与海康威视分红总额过百亿，洋河股份2009年上市以来累计分红总额145亿元，是其融资总额的5.37倍，公司业绩持续稳定增长，近3年分别实现净利润45亿元、54亿元、58亿元；海康威视2010年上市以来累计分红总额107亿元，是其融资总额的3.15倍，公司业绩快速增长，近三年分别实现净利润47亿元、59亿元、74亿元。

三、区域经济协调发展，促进社会共同富裕

截至2017年5月20日，中小企业板857家上市公司已覆盖全国的31个省级行政区，中西部地区中小企业板上市公司186家，占比21.70%。中小企业板中286家公司生产经营所在地为县级区域，占比33.37%，切实支持中西部地区经济建设和县域经济发展。

中小企业板通过资源配置，支持区域产业经济结构调整和升级，促进区域经济协调发展。中小企业板公司在做优做强的同时发挥辐射作用，带动贫困地区的产业发展，带动贫困群众就业，增收致富。正邦科技采取“公司 + 贫困户”的模式，2016 年投入资金 6 亿元，在贫困县实施养猪产业扶贫项目 17 个，主动承担 3 个贫困村的帮扶工作，共帮助建档立卡贫困户脱贫 3 000 人，积极带动产业发展。海大集团一直以来优先选择在贫困县/村建设生产基地，在多个国家级或省级贫困县直接投资项目共 21 个，累计投入资金 9.68 亿元，2016 年度投入资金 3.54 亿元，为贫困县创造了 3 600 万元的应纳税所得额，创造了 1 659 个就业岗位，对接农户约 2.5 万人。

四、行业分布更加广泛，打造细分冠军主平台

截至 2017 年 5 月 20 日，中小企业板有制造业公司 662 家，占比为 77.25%，随着金融保险、房地产、信息技术、文体传播、物流服务等行业公司相继上市，中小企业板已经扩张到了 16 个行业，行业分布更加广泛。国信证券等 5 家证券公司和宁波银行等 3 家中小商业银行在中小企业板成功上市，为中小企业板积极支持地方金融业的发展产生了积极影响。国内快递行业龙头企业顺丰控股、申通快递、韵达股份均已在近期通过重组上市登陆中小企业板，苏宁云商也在 2017 年完成对天天快递 70% 股权的收购，形成了具有特色的快递物流板块，体现了新业态与资本市场的深度融合。123 家农林牧渔、副食品加工等领域的涉农企业，积极利用资本市场资源配置优势，通过技术创新和管理创新提高效率和效益，成为推进农业现代化的主力军。

经过 13 年的成长，一批知名企业从中小企业板走了出来，海康威视、比亚迪、苏宁云商、金风科技、科大讯飞、洋河股份等已成为行业领军企业。857 家公司中，109 家主导产品（服务）位居国际市场前三名，381 家公司位居国内前三名。

中小企业板全力服务主业突出、具有成长性和科技含量的中小企业，是全球专注中小企业为数不多的成功市场之一。五、并购重组和再融资活跃，积极服务实体经济中小企业板上市公司作为民营经济和新兴产业的典型代表，充分发挥对市场经济嗅觉敏锐、反应快速的优势，运用并购重组这一最具市场化的优化资源配置的工具，实现了转型升级和发展壮大。2011 年至 2016 年推出重大资产重组方案的公司数分别为 8 家、17 家、42 家、94 家、160 家、134 家，合计交易金额分别为 93 亿元、143 亿元、611 亿元、1 295 亿元、4 053 亿元、4 060亿元。从发展情况来看，中小企业板重大资产重组自 2014 年快速增长以来，在持续活跃的基础下，逐渐显现出更加理性、务实的发展态势。截至 2016 年 12 月 31 日，中小企业板累计实施完成重组方案 308 家次，累计金额达 5 379 亿元。

近年来，中小企业板上市公司境外并购交易数量、金额持续上升。截至 2017 年 4 月 30 日，中小企业板公司披露的境外并购的重组交易 27 单，合计金额超过 1 400 亿元。2016 年，已披露的境外并购方案涉及交易金额 880 亿元，比上年增长 5.62 倍，例如海普瑞收购美国 SPL、海能达收购德国罗德施瓦茨和英国上市公司赛普乐、天齐锂业收购智利 SQM、东方精工收购意大利佛斯伯公司等。上市公司通过境外并购快速获取优势资源和技术，加快产业升级，提高了国际竞争力。

2016 年，78 家公司完成 83 次重大资产重组，累计金额 2 002亿元。这 78 家公司 2016 年平均营业收入和净利润分别同比增长 57% 和 223%，明显高于板块平均水平。

截至 2017 年 5 月 20 日，中小企业板共有 1 286 家次的公司进行了再融资，再融资金额 14 303 亿元，占融资总额的 64%。中小企业板通过市场机制优化资源配置，为供给端企业的科技创新、技术升级提供资金支持。以比亚迪为例，其在 2011 年中小企业板上市，2010 年底全年营业收入仅 48 亿元。上市后，公司先后实施三次公司债和一次增发，融资额达 219.73 亿元，为公司的经营发展提供了必要的资金支持。上市后 5 年，比亚迪的营业收入增长至 1 034 亿元，公司在新能源车领域保持全球领先地位，如公司产品纯电动出租车 e6 及纯电动大巴 K9，在全世界超过 200 个城市成功运营，并保持公共交通领域的全球最长行驶纪录。

六、积极实施员工激励，坚持分享共赢

中小企业板为上市公司提供了实施股权激励及员工持股计划的平台，积极引导公司与员工分享共赢。

中小企业板中民营公司占比高达 86.11%。上市前，由于受到规模、地域、品牌知名度等方面的限制，这些公司普遍面临人才短缺的矛盾。上市后，中小企业板公司抓住契机，迅速推出激励计划，吸引优秀人才，为企业的快速发展打下坚实基础。截至 2017 年 5 月 20 日，中小企业板上市公司累计有 538 家次公司推出股权激励方案，激励对象包括上市公司董事、高管及核心技术人员等，合计近十万人。天虹商场、海康威视等一批国有控股上市公司也积极推出股权激励方案。

2016 年，中小企业板完成股权激励方案的公司平均营业总收入、净利润分别为 34.41 亿元和 2.65 亿元，同比增长 26.28% 和 43.48%，增长率高于板块平均水平，反映出有效的激励制度对业绩增长产生的积极作用。以康得新为例，从 2011 年至今，公司先后推出 3 次股权激励方案，累计向 267 名核心员工授予股票期权 2 276.94 万份。在实施股权激励期间，公司业绩实现了爆发式增长。2016 年度，公司实现营业收入 92.33 亿元，实现净利润 19.63 亿元。2011 年度至 2016 年度，公司营业收入年均增长率为 42.36%，净利润年均增长率为 63.85%。

中小企业板公司也积极通过员工持股计划激励普通员工。截至 2017 年 5 月 20 日，中小企业板共有 296 家公司披露了员工持股计划草案，其中欧菲光、大华股份等公司推出多期员工持股计划，上市公司员工持股计划惠及数万名普通员工，使普通员工在共享发展中有更多的获得感，增强企业发展动力。

七、持续研发投入，以创新促进转型升级

中小企业板是高新技术企业进入资本市场的主要渠道之一，资本与具有自主创新能力的中小企业结合，帮助企业实现产品升级、技术升级和产业升级。据统计，截至 2017 年 5 月 20 日，中小企业板公司有 661 家高新技术企业，占比为 77.13%，其中拥有国家火炬计划项目的公司 273 家，拥有国家 863 计划项目的公司 75 家。

上市为高新技术企业提高研发投入创造了有利条件。2016 年，中小企业板上市公司的研发投入合计达到 868 亿元，较上年增长 21.05%，平均每家公司研发投入 1.02 亿元，占营业收入的比重为 2.89%。249 家战略新兴产业企业平均研发投入 1.71 亿元，同比增长 23.16%，平均研发投入占营业收入的比重为 4.86%，显著高于板块平均水平，与其产业特点相匹配。从 2008 年至 2016 年，中小企业板公司平均研发投入从 3 302 万元增长到 1.02 亿元，复合年均增长率为 15.14%。大量的研发投入取得了丰硕的创新成果，例如，海康威视 2016 年研发投入高达 24 亿元，公司继续深耕安防行业,产品已销往150多个国家和地区,境外销售收入达94亿元,保持全球安防行业领先地位。金风科技2016年研发投入达14亿元,截至2016年末,公司为全球超过2.5万台机组、700多个风电场提供建设、运维等服务和技术支持,17 000余台机组接入金风科技全球监控中心,进入全球风电整机制造商前三名。四维图新2016年研发费用7.26亿元,占公司营业收入的45.80%,公司面向自动驾驶等新兴领域,持续加大研发投入。

中小企业板13年的发展经验表明,持续的研发投入、积极不懈的技术创新与管理创新是中小企业板公司谋求持续发展的最重要根基。

八、助力"一带一路",实现互通共建共赢

中小企业板上市公司积极响应国家"一带一路"倡议,牢牢抓住发展机遇,积极开拓海外市场,扎实推进沿线国家产业布局,努力实现国际化发展。截至2017年5月,中小企业板共有138家公司参与国家"一带一路"建设,业务遍布77个国家和地区,累计投资金额822.37亿元,参与形式有项目投资、工程建设、商品服务贸易、设立分支机构等,内容涉及基础设施建设、自然资源开发、技术输出、经贸合作等领域,投资金额超过10亿元的项目有21个。

2016年,参与"一带一路"建设的138家公司实现平均营业总收入51.58亿元,同比增长20.08%,平均净利润3.78亿元,同比增长43.64%,平均营业总收入、净利润的规模和增幅均高于板块平均水平,具有良好的发展前景。上述138家公司"一带一路"相关业务实现的收入合计371.42亿元,占公司同期收入比例为5.37%,实现净利润合计29.07亿元,占同期净利润比例为5.74%。中工国际主营业务为国际工程总承包,具有丰富的国际工程总承包管理经验,业务遍布东南亚、中亚、西亚非洲、中东欧等"一带一路"沿线的数十个国家。在"一带一路"倡议提出后,公司对重点市场进行详细规划和深度开发,落实多个大型项目的合同签约,涵盖交通、能源、石化等多个领域,工程建设相关业务涉及金额已超过400亿元。公司投资开发并参与建设的中国——白俄罗斯工业园,成为"一带一路"经济合作中已经落地并具有标志性意义的项目,也是双方互利合作的典范。2016年,公司"一带一路"相关业务占公司营业总收入的比例高达43%,该类业务贡献净利润达4.05亿元,占同期净利润的32%。

九、履行社会责任,积极回馈社会

中小企业板上市公司认真履行社会责任,在创造就业、分享收益、建设美丽中国等方面贡献力量。截至2016年末,中小企业板公司在职员工总数326万人,2008年至2016年,平均每家公司提供的就业岗位由2 795个增加到3 914个,年均增长率4.3%。2016年,中小企业板公司支付职工薪酬等相关支出合计2 968亿元,同比增长28%,实现就业人数和员工薪酬双增长。

13年来,中小企业板公司不断强化社会责任,在追求企业经济利益的同时,以高度的社会责任感在国家建设中发挥了重要作用。13年来,中小企业板公司累计上缴税收金额为8 271亿元,平均每家公司上缴税收金额从3 292万元增长到20 197万元,复合年均增长率为16.32%。中小企业板公司一直高度重视环保投入,2011年至2016年,累计环保投入1 071亿元,占净利润的比重超过13%。一批环保、资源节约、循环经济领域的公司在中小企业板上市,如将废弃资源循环利用的格林美、利用垃圾发电的富春环保、生产制造风能设备的金风科技、环保工程及服务领域的清新环境等,利用资本市场不断做优做强,积极投身于环境保护和"美丽中国"建设。

十、引导创投资金,培育创投沃土

中小企业板的设立极大地激发了民间投资和创业的热情,启动民间资本,大力支持中小企业的发展,推动经济健康快速发展。中小企业板公司良好的业绩表现、丰厚的投资回报,不但调动了创投行业的极大热情,积累了创业投资的丰富经验、加速了行业市场的规范、繁荣,反过来又推动多层次资本市场体系的日益完善和发展,形成良好的互动关系。通过在中国资本市场的不断尝试和发展,中国的创业投资逐步成为我国中小企业发展的助推器,正是在创业投资的扶持和帮助下,众多属于新兴业态的中小企业得以茁壮成长登陆资本市场,其成功典范又形成巨大的示范效应,激励更多的人才和资本投身创业大潮。截至2017年5月20日,中小企业板339家创投背景的上市公司共吸引了395家PE/VC投资。

十一、先行先试的制度探索,规范市场稳定发展

中小企业板是我国多层次资本市场建设的第一步,是一项开创性事业,没有现成的经验可循。13年来,中小企业板充分发挥先行先试的制度探索作用,针对中小企业的特点,大胆探索,勇于实践,率先建立上市公司诚信档案系统,率先推出打包发行、集中上市和网下发行电子化;率先实行募集资金年度专项审计、募集资金专户存储和三方监管协议等制度,并对募投项目的调整和变更、对超募资金的使用、对募集资金的检查等作出规范,引导上市公司合理使用募集资金;率先推动退市制度改革,在退市标准中引入关联方资金占用、对外担保、公开谴责和市场交易等新的指标,通过丰富退市标准,完善了证券市场的优胜劣汰机制,增加公司的违规成本;率先推出持续督导专员制度,促进持续督导质量的提高,充分发挥保荐机构对上市公司治理的外部约束作用;率先实施分类监管,对不同风险级别的公司试行差异化监管;率先实施年报说明会、实时披露、公平披露、信息披露直通车、上市首日防爆炒等一系列行之有效的监管举措。

中小企业板建立了相对独立、完整的监管规则体系,为板块健康稳定发展奠定了重要基础,为中小企业和民营企业监管和信息披露进行了积极探索,也为多层次资本市场建设积累了重要经验。

十二、坚持从严监管,维护市场"三公"

13年来,中小企业板始终坚持"从严监管"理念,秉承"发现一起,查处一起"的原则,对违规公司及相关责任人及时采取纪律处分或监管措施。中小企业板累计作出公开谴责47次,通报批评206次,涉及上市公司133家次,涉及其他法人单位60家次、自然人783人次,发出监管函、关注函及问询函合计7 407份。纪律处分或监管措施的对象包括上市公司及董事、监事、高级管理人员、相关股东、保荐机构及保荐代表人、并购重组交易标的股东等,并在深交所网站公开纪律处分和监管措施,对警示其他上市公司规范运作、维护资本市场"三公"原则,净化资本市场发展环境发挥了积极作用。

中小企业板一直将"提高信息披露透明度"作为重要抓手。为提高中小企业的信息披露质量,减少虚假信息,中小企业板从提高信息披露的广度、深度、及时性和公平性等方面入手,制定了包括畜禽水产养殖、土木工程建筑等一系列行业信息披露指引、制定并及时修订包括停复牌业务备忘录等在内的一系列业务备忘录和重要公告披露格式,对上市公司的信息披露提供全面、详细的指导,通过提高信息披露质量切实保护中小投资者权益。

十三、寓监管于服务，以服务促发展

中小企业板主要由民营企业组成，大量公司正经历着由传统家族企业转型为开放性上市公司的过程，这其中不仅需要监管规范，更需要正确的引导和服务。13 年来，中小企业板秉承"寓监管于服务，以服务促监管"的理念，积极为市场提供高质量的特色服务的同时也促进了公司自身的发展。

在培训方面，13 年来，中小企业板共举办了数百场面向实际控制人、董事长、董事会秘书、保荐代表人的专题培训，培训内容包括《上市首日诚信规范第一讲》、上市公司信息披露、公司治理、并购重组、再融资与股权激励等诸多方面。通过培训引导公司合规经营、规范运作，用好各类资本市场工具做优做强。

在特色市场服务方面，中小企业板通过编写监管通讯、会计监管简报、年报披露最佳案例手册、股权激励及并购重组案例分析和问题解答、董秘工作的"红宝书"《董秘信息披露实用手册》等资料，帮助上市公司及时了解和掌握最新的监管资讯和动态，通过案例分享帮助上市公司提高资本运作的能力和效率。

中小企业板的设立为中小企业进入资本市场开辟了专门通道，中小企业板的发展历程，也是中小企业和民营经济繁荣发展的缩影。中小企业板作为促进中小企业发展的资本沃土，将不断提升服务实体经济和社会发展的能力，固本强基，砥砺前行。

（中小板公司管理部陶艳谭和李晓铮撰稿）

深化改革　锐意创新

——创业板 8 周年运行情况报告

一、创业板蓬勃发展，影响力不断提升

（一）市场规模快速增长，服务实体经济能力日益增强

8 年来，创业板快速发展，新上市公司数量逐年增加，市场规模稳步扩大。截至 2017 年 10 月 27 日，创业板共有 690 家上市公司，占上市公司总数量的 20%，总市值 5.5 万亿元，占 A 股总市值的 9.5%。创业板已成为多层次资本市场中不可或缺的重要组成部分。

（二）整体业绩稳步增长，盈利能力不断提高

8 年来，在国内外经济形势发生深刻变化背景下，创业板公司营业收入始终保持稳定增长，成为新常态下经济调速不减势的稳定器和发展动力转换的新引擎。创业板公司平均收入规模由 2009 年的 3.05 亿元增长至 2016 年的 12.96 亿元，年复合增长率达 23%；平均净利润由 2009 年的 0.58 亿元增长至 2016 年的 1.5 亿元，年复合增长率达 15%。

（三）优秀公司脱颖而出，龙头企业树立标杆

在板块整体业绩向好的同时，一批优秀公司脱颖而出。据统计，在 2016 年之前上市的 492 家公司中，23 家公司上市后净利润复合增长率超 50%，89 家公司净利润复合增长率超 30%。

创业板培育出一批龙头企业，成为各行业的标杆。2016 年营业总收入超过 30 亿元的创业板公司达 41 家，净利润超过 5 亿元的公司达 33 家，其中蓝思科技、东方财富、碧水源、汇川技术等已经成为具有较强影响力和创新力的企业。

二、服务供给侧结构性改革，服务实体经济发展

（一）大力发展直接融资，推动企业去杠杆降成本

8 年来，创业板有力促进了资本形成和资源优化配置，对于支持创业创新企业成长，推动企业去杠杆、降低财务成本发挥了积极作用。

1. 上市公司改善资本结构，降低财务成本

截至 2017 年 10 月 27 日，创业板累计 IPO 融资规模达 3 481亿元，股权再融资规模达 2 576 亿元，有力支持了创业创新企业成长，有效发挥了资本市场资源配置功能作用。再融资中，有 156 家次的创业板公司实施完成非公开发行股票，募集资金达 1 503 亿元；3 家公司完成了配股，募集资金 22.9 亿元；218 家公司实施了重组配套融资，募集资金 1 050 亿元。股权融资显著降低了企业杠杆率，创业板上市公司上市前一年平均资产负债率为 37.3%，上市后第一年迅速降为 18.9%。

在债券融资方面，截至 2017 年 10 月 27 日，创业板公司实际发行债券 48 家次，募集资金 238 亿元。债券平均利率从 2015 年的 7.4% 下降至 2017 年的 5.8%，降低了企业财务成本。蓝色光标发行了创业板首单可转债，募集资金 14 亿元。

2. 带动创业投资热潮，改善未上市企业融资环境

科技创新型企业由于其轻资产、高风险的特征，一直面临融资难、融资贵的问题。创业板的启动为创业投资提供了有效的退出渠道，吸引带动了大量的政府和社会资金流向科技创新型中小微企业，缓解其发展初期的资金难题并帮助其建立规范的现代公司治理结构。目前，创业板共有 410 家公司上市前获得创投的资金支持，初始投资总额达 239 亿元。

（二）推动经济转型升级，补齐产业结构短板

我国经济正处在转变发展方式、优化经济结构、转换增长动力的攻关期。在传统的要素驱动模式边际效益逐步减弱的同时，以创业板上市公司为代表的新动能扮演了经济增长的生力军，推动我国经济提质增效升级。

1. 新兴产业表现突出，引领产业结构调整

文化、信息以及健康产业已成为创业板发展的引领行业。上市后净利润复合增长率前 100 名的公司中，传媒、计算机、电子和医药生物行业入围的公司均超过 10 家，占据前四名。新兴产业强劲的增长势头，展现了我国产业结构调整的显著成果。

2. 积极并购助外延扩张，善用资本促产业整合

创业板公司充分发挥资本市场在企业并购重组过程中的主渠道作用，通过并购进行产业整合、做大做强。一些从事传统产业的公司，通过并购进入新兴产业，完成产业的转型升级。截至 2017 年 9 月 30 日，在已实施完成的 317 单重组中，平均交易金额 8.2 亿元；276 单涉及发行股份支付对价，平均股份对价支付金额 6.6 亿元，占交易总对价的 80.5%。并购重组帮助创业板公司实现跨越式发展，进一步提高了公司竞争力和创新力。

从业绩承诺实现情况看，80% 以上的公司完成了业绩承诺。2015 年，创业板已实施完成的重组中，共有 174 单存在业绩承诺，仅 26 单未实现承诺业绩。2016 年，256 单涉及业绩承诺的重组中，仅 29 单未实现承诺业绩。

（三）服务创新型国家建设，补齐自主创新的短板

创业板以创新为引领，以人才为支撑，打造科技创业创新有机结合的广阔平台，推动我国经济从要素驱动向创新驱动转换，补齐创新发展的短板。

1. 支持自主创新，推动技术进步

截止 2017 年 10 月 27 日，690 家创业板公司中，638 家拥有高新技术企业资格，600 家拥有核心专利技术，252 家拥有国家火炬计划项目，83 家拥有国家 863 计划项目，60 家为国

家创新试点企业。

2. 激励科技人才创造热情，构建产学研一体化的创新网络

目前，创业板有 40 余家公司的在职员工入选国家或地方“千人计划”。其中，欧比特、恒泰艾普等 7 家公司的实际控制人入选“千人计划”。80 多家公司的实际控制人曾在高校或科研院所任职，30 余家创业板公司在上市前有高校或科研院所入股。创业板建立了公平的利益共享机制和高效的价值发现机制，为资本和人才牵线、为技术和市场搭桥。

3. 高度重视研发投入，盈利能力保持领先

以新兴企业为主的创业板公司一直保持了较高的研发投入。2009 至 2016 年，创业板公司平均研发强度达 5%，高于市场平均水平。对自主创新的投入使创业板公司保持了较强的盈利能力，毛利率长期维持在 30% 以上。作为创新驱动发展的主战场，创业板公司放眼长远，打造科技创新的核心竞争力，凸显出较强的成长型和创新型特征。

（四）推动脱贫攻坚工作，助力社会协调发展

创业板积极发挥资本市场扶贫作用，大力支持中西部和县乡级企业发展，促进就业和居民收入增加，助力社会协调发展。

1. 推进区域、城乡协调发展，发挥资本市场扶贫作用

目前，创业板地处县、乡级区域的公司有 91 家，已成为当地的支柱企业。创业板支持一批城乡支柱工业企业、农业企业的发展，为城镇化提供了产业支撑，同时有力促进城乡区域结构矛盾的解决。此外，中西部省区的创业板公司已达 139 家。创业板通过支持中西部地区企业的发展，有效缓解我国区域经济发展不平衡的问题，推动区域协调可持续发展。

2. 创造就业岗位，提高收入水平

创业板通过促进中小企业发展，加快实现“更高质量的就业”“增加居民收入”等改善民生目标。2016 年年报显示，创业板公司平均领取薪酬的职工人数从 2015 年的 1 893 人上升为 1 927 人；人均薪酬从 8.3 万元增至 9.5 万元，同比增长 14.5%。

三、完善制度加强监管，构建长远发展的四梁八柱

（一）基础制度日趋完善

创业板运行 8 年来，各项基础制度逐步建立和完善，市场规则更加贴近创新型、成长型企业的产业规律和特征需求。为大力支持企业发展，深交所推动创业板在准入门槛、再融资等方面进行了重点优化。其一，积极配合和推动创业板 IPO 制度改革，降低财务准入门槛、放开行业限制、取消盈利持续增长要求。其二，构建有创业板特色的再融资制度，率先实行小额快速再融资。其三，为净化创业板环境，避免壳资源炒作，明确创业板上市公司不得重组上市，从严监管变相重组上市。

（二）行业指引渐成体系

为更加准确地揭示新兴产业公司在业务模式、盈利模式等方面的鲜明特点，提高信息披露的可读性、可比性和有效性，创业板持续发布多个新兴行业的信息披露指引。目前，创业板已发布了影视、医药、光伏、节能环保、互联网游戏、视频、电子商务、营销、LED 产业链和医疗器械共 10 份新兴行业信息披露指引，行业指引规则体系逐渐形成。

（三）从严监管力促规范

在创业板运行过程中，深交所着力强化一线监管职能，全面贯彻依法全面从严的监管理念，坚守风险防控底线。一方面，强化对信息披露、并购重组、股价异动和违法违规事件的监管，促进市场主体规范运作；另一方面，保持监管敏感性，对风险苗头早识别、早处置、早上报，开展风险排查，积极防范和化解风险，保障市场稳定运行。

一是保持高度的监管敏感性，重点关注风险公司和风险事件，积极开展风险排查。针对排查中发现的经营情况发生重大变化、涉及退市风险或遭受媒体严重质疑的高风险公司，“一司一策”逐家制定监管方案，综合运用公开发函、约见公司负责人、停牌核查、提请证监局现场检查等监管手段，妥善防范和化解风险。

二是严格并购重组监管，重点关注“忽悠式”重组、类金融资产重组上市、红筹企业退市回归、规避重组上市、大额现金并购等问题。三是果断亮剑概念炒作，防控市场波动风险。对股价大幅波动的公司，第一时间公开发函，要求公司就业务开展的实际情况作出澄清；对个别公司实施临时停牌，抑制市场炒作风气。

四是严格执行退市制度。就欣泰电气欺诈发行的行为，于 2017 年 6 月 23 日依法作出欣泰电气股票终止上市的决定，8 月 28 日欣泰电气顺利摘牌。

四、全面深化改革，迈向服务实体经济新征程

创业板作为多层次资本市场体系的重要组成部分，在服务实体经济、推进创业创新等方面取得了积极进展。近年来，随着供给侧结构性改革和国家创新驱动发展战略的深入推进，新兴产业逐渐成为中国经济增长的新引擎，一大批科技创新前沿企业不断涌现，新经济、新产业、新业态、新模式层出不穷，对创业板提出了新的诉求，创业板对创业创新企业的包容性和覆盖面不足等问题逐步显现。近年来，党中央、国务院政策文件多次提出创业板改革的要求。《国务院关于进一步促进资本市场健康发展的若干意见》提出，要“加快创业板市场改革，健全适合创新型、成长型企业发展的制度安排”。“十三五”规划提出，要深化创业板改革。《“十三五”国家科技创新规划》提出，要“深化创业板市场改革，健全适合创新型、成长型企业发展的制度安排，扩大服务实体经济覆盖面”。努力构建适合创新型、成长型企业成长特点，契合创新经济发展需求的市场制度，不断提高服务创业创新的能力，已经成为深化创业板改革的方向。

新时代新使命新征程。深交所将加快推进创业板改革，优化创业板定位和制度安排，提高创业板对早期科技企业的支持能力，把创业板的服务对象向高新产业前端推进，向创新企业最需要资本市场支持的阶段推进，努力增加创新企业供给，积极推进新三板向创业板转板试点，支持一批创新能力强、发展前景广、契合国家发展战略导向的优秀企业上市。

深交所将在十九大精神指引下，不忘初心，牢记使命，努力打造创新资本形成中心，加快建设融资功能完善、基础制度扎实、市场监管有效、投资者合法权益得到有效保护的资本市场，不断增强服务实体经济能力，为国家创新体系建设，为中国经济的美好未来发挥更加积极的作用。

2017 年深交所上市公司年报分析概要

六大亮点凸显深市多层次资本市场　助力经济高质量发展

截至 2018 年 4 月 28 日，深市 2 105 家上市公司交出 2017 年度业绩“成绩单”，其中主板 472 家、中小企业板 911 家、创业板 722 家。年报显示，上市公司作为中国经济的排头兵，全

面贯彻党的十九大和中央经济工作会议精神，认真落实“十三五”规划各项部署，深化供给侧结构性改革，推进产业转型升级，培育发展新动能，带头践行社会责任。六大亮点凸显深市多层次资本市场蓬勃发展，在助力经济高质量发展方面取得积极进展。

一、业绩再上新台阶

2017 年，深市上市公司整体业绩持续提升，合计实现营业总收入（以下简称收入）10.4 万亿元，同比增长 23.46%；实现归属于上市公司股东的净利润（以下简称净利润）7 295 亿元，同比增长 20.58%；经营活动现金净流量同比增长 19.71%，盈利质量明显提升；平均净资产收益率为 9.72%，连续 3 年稳定增长。分板块来看，不同板块公司在行业分布、成长阶段及商业模式等方面呈现出各自突出特点。三个板块收入均实现了较快增长，生产经营规模不断扩大；主板公司平均净利润增幅为 36%，蓝筹群体表现亮眼，盈利能力持续提升；中小企业板公司平均收入及净利润均实现同比平稳增长，增幅分别为 27%、19%，展现出良好发展前景；创业板公司平均收入同比增长 28%，平均毛利率 29%，为三个板块水平最高，体现出以高新技术企业为代表的创业板公司较强的竞争优势和发展潜力。

二、绩优公司新突破

2017 年，深市绩优公司继续保持稳健发展态势，优势地位更加巩固。213 家公司收入过百亿元，较上年增加 56 家；11 家公司收入过千亿元，较上年增加 3 家；1 274 家公司实现收入和利润双增长，556 家公司净利润增长超过 50%；净利润前 50 名公司占到了深市净利润的四成以上，在经济增长中发挥了龙头和支柱作用，支付各项税费共计 2 220 亿元，累计提供就业岗位 147 万个，在税收及就业方面的贡献均表现突出。主板万科、平安银行、格力电器、美的集团、招商蛇口 5 家蓝筹公司净利润过百亿元；中小企业板龙头海康威视净利润接近翻倍，洋河股份、顺丰控股、分众传媒等公司持续稳定增长；创业板公司虽整体规模偏小，但极具活力，三聚环保、碧水源等具有较大影响力的企业业绩持续大幅增长。

三、转型升级新动能

在经济进入新常态的形势下，新兴产业引领作用凸显。截至 2018 年 4 月底，深市高新技术企业占比超过 7 成，战略新兴产业企业占比超过 4 成，涌现出一批对产业优化发展、经济转型升级具有引领作用和示范意义的企业，信息技术、移动支付、大数据、云计算、物联网、生物医疗、人工智能等新兴产业上市公司蓬勃发展，推动深交所成为中国创新企业的聚集地、中国新经济的主战场。创业板新经济集聚效应尤为明显，战略新兴产业企业占比近 7 成，华大基因、亿联网络、开立医疗等源头创新企业在创业板上市，东方国信、智飞生物等公司持续成长。深市一批传统行业的公司积极拥抱新模式和新技术，加快新旧动能转换，焕发崭新的活力。天虹股份积极利用互联网和大数据推动线上线下融合，规模持续增长；海亮股份、三钢闽光从传统加工向精密加工转型取得良好成效，收入分别增长 59%、66%，净利润分别增长 28%、331%；贝瑞基因通过重组转型为基因检测企业，实现可持续发展。钢铁、煤炭、有色、采矿等一批传统周期性行业，受益于供给侧结构性改革的持续深入推进，经营状况明显复苏，盈利能力显著提升，收入和净利润分别增长 27%、240%。冀中能源在结构性去产能的国家战略导向下，加快落后产能退出，扩大优质增量供给，收入和净利润分别增长 49%、336%。

四、中国制造新栋梁

深市约 7 成上市公司为制造业。制造业作为实体经济的中坚力量，是立国之本、兴国之器、强国之基。2017 年，深市 29 个制造业细分行业整体全部实现盈利，收入和净利润增幅分别为 26%、34%，其中高端装备制造公司增速最为耀眼，133 家公司收入和净利润增幅分别为 40%、101%。按照“中国制造 2025”行动纲领的部署要求，制造业上市公司积极落实创新驱动发展国家战略，依靠自主科技创新和外延式并购增厚业绩，持续加快转变发展方式，实现产业结构转型升级，全力推动“中国制造”走向“中国创造”，努力实现制造强国的战略目标。中航飞机多年深耕军民用大中型飞机整机及航空零部件领域，承担 C919 飞机全机结构部件近半数工作任务，助力国产大飞机 2017 年成功首飞；京东方围绕核心技术持续突破，跻身半导体显示领域的世界顶级供货商，多年投入收获爆发式增长，2017 年净利润增长三倍。

五、国企发展新成效

2017 年，深市国有企业利用资本市场进一步做优做强，积极推进全面深化改革，取得瞩目成果。深市国有企业平均收入和净利润分别为 93 亿元、6 亿元，同比增长 20%、43%。全年共 39 家国有企业完成重组方案实施，助推国企改革取得实质性进展。招商公路发行 A 股换股吸收合并华北高速，成功实现产业资源整合、国有资本布局优化，成为国有企业实施战略性重组的又一典范；云南白药通过控股股东层面增资引入民营资本，促进体制机制灵活化，推动治理结构市场化，进一步提高市场竞争力；沙隆达通过发行股份购买安道麦（ADAMA）100%股权，积极部署实施农化业务资产的全球化布局，成功跻身全球领先的农药生产经销商之列。这些颇具市场影响力的国企改革样本，获得市场广泛关注和积极评价，也为其他国有上市公司借助资本市场实现改革发展提供了可借鉴的经验。

六、社会责任新担当

深市上市公司在实现自身发展的同时，回报股东力度逐年提升，环保投入不断加大，主动参与精准扶贫意识不断增强。2017 年，深市 1 611 家公司推出现金分红预案，分红金额达到 3 200 亿元，同比上升 62%，股利支付率为 44%。2015－2017 年连续三年分红的公司有 1162 家，占比超过五成。深市 118 家节能环保行业公司，累计投入 191 亿元开展环境技术与产品服务研发，助力美丽中国建设。深市 313 家公司披露了年度社会责任报告，394 家公司披露了精准扶贫情况，409 家公司披露了环境保护相关信息，均较上年同期大幅增加，上市公司率先作出表率，努力打好精准脱贫、污染，防治攻坚战。

深市上市公司还积极参与“一带一路”建设，为沿线国家经济发展提供中国智慧。中信海直、京东方、中工国际、易华录等一批拥有领先技术的公司，广泛参与“一带一路”项目建设，在实现自身业绩规模增长、盈利能力提升的同时，将中国标准、中国技术、中国创新引入“一带一路”沿线各国，树立了中国企业的品牌形象。

2017年深市主板上市公司年报主要财务指标

股票代码	股票简称	净利润(万元)	每股收益(元)	每股经营性现金流量(元)	分配预案
000001	平安银行	2318873.53	1.3	-6.92	10派1.36元(含税)
000002	万科A	2805181.49	2.54	7.4574	10派9元(含税)
000004	国农科技	856.67	0.102	0.1719	不分配不转增
000005	世纪星源	1530.84	0.0145	-0.2298	不分配不转增
000006	深振业A	80563.64	0.5968	0.5236	10派1.81元(含税)
000007	全新好	1645.37	0.0475	0.0065	不分配不转增
000008	神州高铁	87378.05	0.311	-0.0188	10派0.5元(含税)
000009	中国宝安	13320.38	0.06	0.1819	10派0.2元(含税)
000010	美丽生态	-106142.69	-1.2947	0.6881	不分配不转增
000011	深物业A	62296.27	1.0453	-0.581	10派3元(含税)
000012	南玻A	82538.83	0.35	0.9917	10转增1.5股派0.5元(含税)
000014	沙河股份	763.03	0.0378	2.0784	10派0.1元(含税)
000016	深康佳A	505702.52	2.1001	-1.7917	10派1.62元(含税)
000017	深中华A	152.96	0.003	-0.0062	不分配不转增
000018	神州长城	38009.10	0.22	-1.0492	10派0.4元(含税)
000019	深深宝A	-5409.41	-0.1089	-0.1911	不分配不转增
000020	深华发A	97.44	0.0034	0.0414	不分配不转增
000021	深科技	54130.30	0.3679	0.4892	10派0.5元(含税)
000022	深赤湾A	50449.51	0.782	1.8026	10派13.19元(含税)
000023	深天地A	3050.08	0.2198	1.7944	10派0.5元(含税)
000025	特力A	6686.28	0.2249	-0.007	不分配不转增
000026	飞亚达A	14021.63	0.3196	1.2877	10派2元(含税)
000027	深圳能源	74933.82	0.19	0.713	10派0.8元(含税)
000028	国药一致	105779.19	2.47	3.0021	10派3元(含税)
000029	深深房A	18498.85	0.1829	-0.0176	不分配不转增
000030	富奥股份	83154.76	0.64	0.3579	10送4股派2元(含税)
000031	中粮地产	94533.11	0.52	0.9471	10派0.55元(含税)
000032	深桑达A	2637.12	0.0625	0.3169	10派0.2元(含税)
000034	神州数码	72292.47	1.1053	-0.4461	10派0.38元(含税)
000035	中国天楹	22226.92	0.1729	0.026	不分配不转增
000036	华联控股	134312.51	1.177	-0.2194	10派5元(含税)
000037	深南电A	1590.42	0.03	0.3265	不分配不转增
000038	深大通	35793.01	0.6847	-0.1414	10派4元(含税)
000039	中集集团	250924.20	0.81	1.4333	10派2.7元(含税)
000040	东旭蓝天	54409.84	0.41	0.1142	10派0.41元(含税)
000042	中洲控股	61536.32	0.9256	-7.7976	10派2元(含税)
000043	中航地产	15058.78	0.2258	3.8421	10派1元(含税)
000045	深纺织A	5277.61	0.1	-0.0558	不分配不转增
000046	泛海控股	289131.87	0.5564	-3.7062	10派1.5元(含税)
000049	德赛电池	30053.56	1.4643	-2.0349	10派2.5元(含税)
000050	深天马A	80720.43	0.5761	1.3712	10派0.7元(含税)
000055	方大集团	114440.44	0.97	0.4713	10派1.5元(含税)
000056	皇庭国际	17782.37	0.15	0.2859	10派0.4元(含税)
000058	深赛格	21955.33	0.1777	0.4106	10派0.55元(含税)
000059	华锦股份	184527.97	1.15	1.8538	不分配不转增
000060	中金岭南	106699.29	0.46	1.0376	10转增5股派2.5元(含税)
000061	农产品	1389.21	0.0082	0.4548	10派0.5元(含税)
000062	深圳华强	41226.95	0.5716	0.597	10派3.5元(含税)
000063	中兴通讯	456817.20	1.09	1.72	10派3.3元(含税)
000065	北方国际	49925.34	0.97	2.5787	10转增5股派1.2元(含税)
000066	中国长城	58104.33	0.204	-0.1368	10派0.6元(含税)

股票代码	股票简称	净利润(万元)	每股收益(元)	每股经营性现金流量(元)	分配预案
000068	华控赛格	3260.33	0.0324	0.0177	不分配不转增
000069	华侨城 A	864324.25	1.0533	-0.9384	10 派 3 元(含税)
000070	特发信息	26562.32	0.4236	0.4034	10 派 0.36 元(含税)
000078	海王生物	63637.58	0.2427	-0.9193	不分配不转增
000088	盐田港	40435.52	0.21	0.051	10 派 0.21 元(含税)
000089	深圳机场	66136.17	0.3225	0.5282	10 派 1.1 元(含税)
000090	天健集团	60162.12	0.5023	-1.3143	10 转增 2 股派 2 元(含税)
000096	广聚能源	15019.40	0.28	0.1548	10 派 0.2 元(含税)
000099	中信海直	9098.33	0.15	-0.1229	10 派 0.15 元(含税)
000100	TCL 集团	266439.60	0.2178	0.6814	10 派 1 元(含税)
000150	宜华健康	17432.75	0.3893	0.096	10 转增 4 股派 1 元(含税)
000151	中成股份	8736.15	0.2952	0.3666	10 派 2.5 元(含税)
000153	丰原药业	6534.81	0.2091	0.1652	不分配不转增
000155	川化股份	32489.72	0.26	-0.0356	不分配不转增
000156	华数传媒	64127.55	0.45	0.8816	10 派 2 元(含税)
000157	中联重科	133192.37	0.17	0.3658	10 派 2 元(含税)
000158	常山北明	35509.50	0.21	0.2316	10 派 0.5 元(含税)
000159	国际实业	-6630.53	-0.1378	-0.0614	不分配不转增
000166	申万宏源	459968.34	0.23	-1.525	10 派 0.5 元(含税)
000301	东方市场	22846.74	0.19	0.3928	10 派 1 元(含税)
000333	美的集团	1728368.90	2.66	3.7254	10 派 12 元(含税)
000338	潍柴动力	680834.25	0.85	2.033	10 派 2.5 元(含税)
000400	许继电气	61377.73	0.6087	-0.0347	10 派 0.2 元(含税)
000401	冀东水泥	11038.33	0.08	2.0054	不分配不转增
000402	金融街	300641.23	1.01	-2.4271	10 派 3 元(含税)
000403	ST 生化	3830.79	0.1405	-0.1317	不分配不转增
000404	华意压缩	9712.36	0.152	-0.2331	10 派 0.26 元(含税)
000407	胜利股份	6230.25	0.07	0.2297	不分配不转增
000408	藏格控股	121437.71	0.61	-0.0333	不分配不转增
000410	沈阳机床	11775.16	0.15	-1.4674	不分配不转增
000411	英特集团	8349.05	0.4	0.7638	不分配不转增
000413	东旭光电	174366.68	0.33	0.2209	10 派 0.7 元(含税)
000415	渤海金控	263034.10	0.43	3.3993	10 派 0.6 元(含税)
000416	民生控股	2721.38	0.0512	-0.03	10 派 0.5 元(含税)
000417	合肥百货	21314.80	0.2733	0.8131	10 派 1.5 元(含税)
000418	小天鹅 A	150641.25	2.38	3.187	10 派 10 元(含税)
000419	通程控股	12793.13	0.2353	0.4744	不分配不转增
000420	吉林化纤	8559.41	0.0433	0.0161	不分配不转增
000421	南京公用	14852.12	0.2594	5.455	10 派 0.5 元(含税)
000422	*ST 宜化	-509069.52	-5.739	1.3543	不分配不转增
000423	东阿阿胶	204435.25	3.1258	2.6871	10 派 9 元(含税)
000425	徐工机械	102061.77	0.14	0.45	10 派 0.4 元(含税)
000426	兴业矿业	56498.53	0.3024	0.6245	10 派 0.2 元(含税)
000428	华天酒店	10896.21	0.107	0.1831	不分配不转增
000429	粤高速 A	150992.24	0.72	1.0498	10 派 5.06 元(含税)
000430	张家界	6736.22	0.19	0.3022	不分配不转增
000488	晨鸣纸业	376932.55	1.7	0.0123	10 转增 5 股派 6 元(含税)
000498	山东路桥	57605.68	0.5143	0.2075	10 派 0.6 元(含税)
000501	鄂武商 A	124133.98	1.66	0.3362	10 派 0.8 元(含税)
000502	绿景控股	-8326.08	-0.45	-0.6976	不分配不转增
000503	海虹控股	1667.49	0.0186	-0.2687	不分配不转增
000504	南华生物	-3711.94	-0.12	-0.1521	不分配不转增
000505	京粮控股	12960.32	0.2	-2.0116	不分配不转增
000506	中润资源	-44913.38	-0.4835	0.1192	不分配不转增

股票代码	股票简称	净利润(万元)	每股收益(元)	每股经营性现金流量(元)	分配预案
000507	珠海港	14060.80	0.1781	0.4639	10派0.36元(含税)
000509	华塑控股	1250.60	0.0151	-0.0579	不分配不转增
000510	金路集团	6752.36	0.1108	0.0742	10派0.4元(含税)
000511	*ST烯碳	7714.96	0.07	0.2114	不分配不转增
000513	丽珠集团	442868.46	8.09	2.3785	10转增3股派20元(含税)
000514	渝开发	8079.67	0.0958	0.7143	10派0.2元(含税)
000516	国际医学	19839.08	0.1	0.196	不分配不转增
000517	荣安地产	54175.58	0.1702	-0.0822	10派0.2元(含税)
000518	四环生物	728.84	0.0071	-0.0105	不分配不转增
000519	中兵红箭	12021.10	0.0857	0.3826	不分配不转增
000520	长航凤凰	5081.98	0.0502	0.054	不分配不转增
000521	美菱电器	3247.32	0.0311	-0.528	10派0.6元(含税)
000523	广州浪奇	3997.30	0.08	-0.3054	10派0.2元(含税)
000524	岭南控股	17735.93	0.28	0.7611	10派2.73元(含税)
000525	红太阳	69755.57	1.201	0.8856	10派5元(含税)
000526	*ST紫学	2438.09	0.2535	3.6934	不分配不转增
000528	柳工	32293.00	0.287	0.8466	10派1.5元(含税)
000529	广弘控股	15532.27	0.27	0.4977	10派0.68元(含税)
000530	大冷股份	20075.98	0.23	-0.2419	10派0.5元(含税)
000531	穗恒运A	18423.96	0.2689	0.7314	10派1元(含税)
000532	华金资本	4828.48	0.1401	0.3661	10派0.3元(含税)
000533	万家乐	3819.00	0.06	-0.2095	10派0.15元(含税)
000534	万泽股份	8947.15	0.18	0.1359	10派0.5元(含税)
000536	华映科技	20498.49	0.0741	0.1589	10派1元(含税)
000537	广宇发展	217179.14	1.29	4.31	10派1.3元(含税)
000538	云南白药	314498.14	3.02	1.1097	10派15元(含税)
000539	粤电力A	74318.04	0.14	0.7002	10派0.8元(含税)
000540	中天金融	208154.94	0.4455	-0.6814	10转增5股派0.5元(含税)
000541	佛山照明	74030.87	0.5819	0.1697	10转增1股派3.29元(含税)
000543	皖能电力	13205.43	0.07	0.5526	10派0.1元(含税)
000544	中原环保	32235.35	0.5	0.546	10转增5股派3.5元(含税)
000545	金浦钛业	16582.78	0.17	0.26	10派0.5元(含税)
000546	金圆股份	35083.88	0.5537	0.4113	10派0.5元(含税)
000547	航天发展	27612.58	0.19	0.1355	不分配不转增
000548	湖南投资	13040.00	0.26	0.5308	10派0.5元(含税)
000550	江铃汽车	69093.82	0.8	0.7817	10派3.2元(含税)
000551	创元科技	6643.16	0.17	0.4339	10派1元(含税)
000552	靖远煤电	55221.10	0.2415	0.2664	10派1元(含税)
000553	沙隆达A	154587.90	0.66	1.6903	10派0.63元(含税)
000554	泰山石油	267.90	0.006	0.3389	10派0.1元(含税)
000555	神州信息	30264.23	0.3141	0.3567	10派0.32元(含税)
000557	西部创业	8699.48	0.06	0.2071	不分配不转增
000558	莱茵体育	2850.21	0.0221	-0.0849	不分配不转增
000559	万向钱潮	88151.28	0.32	0.4325	10派2元(含税)
000560	昆百大A	7289.06	0.0623	0.0003	10转增3股派0.1元(含税)
000561	烽火电子	6970.38	0.12	0.3406	不分配不转增
000563	陕国投A	35223.65	0.114	0.3374	10派0.2元(含税)
000564	供销大集	141452.09	0.2354	0.2412	10派0.1元(含税)
000565	渝三峡A	8112.54	0.19	0.1247	10派0.2元(含税)
000566	海南海药	8662.66	0.06	0.3941	10派1元(含税)
000567	海德股份	7326.83	0.4846	-15.301	不分配不转增
000568	泸州老窖	255794.46	1.798	2.5215	10派12.5元(含税)
000570	苏常柴A	4643.13	0.08	-0.2167	10派0.3元(含税)
000571	新大洲A	2139.25	0.0263	0.2082	不分配不转增

股票代码	股票简称	净利润(万元)	每股收益(元)	每股经营性现金流量(元)	分配预案
000572	海马汽车	-99435.91	-0.6046	-1.0996	不分配不转增
000573	粤宏远A	3546.54	0.0569	-0.2413	不分配不转增
000576	广东甘化	-28305.14	-0.64	-0.012	不分配不转增
000581	威孚高科	257133.95	2.55	0.9492	10派12元(含税)
000582	北部湾港	54133.77	0.437	1.0521	10派1.15元(含税)
000584	哈工智能	9004.78	0.1468	0.6487	10派0.2元(含税)
000585	*ST东电	-39705.76	-0.45	0.0526	不分配不转增
000586	汇源通信	81.49	0.004	-0.1463	不分配不转增
000587	金洲慈航	102156.64	0.48	0.5622	不分配不转增
000589	黔轮胎A	-22169.15	-0.29	0.2918	不分配不转增
000590	启迪古汉	1917.38	0.0824	-0.3723	不分配不转增
000591	太阳能	80466.86	0.268	0.5541	10派0.73元(含税)
000592	平潭发展	597.11	0.0031	0.0125	不分配不转增
000593	大通燃气	2410.77	0.067	0.2278	不分配不转增
000595	*ST宝实	1874.25	0.02	-0.0013	不分配不转增
000596	古井贡酒	114874.06	2.28	1.8485	10派10元(含税)
000597	东北制药	11899.53	0.25	-0.6346	不分配不转增
000598	兴蓉环境	89574.69	0.3	0.555	10派0.78元(含税)
000599	青岛双星	10928.19	0.16	-0.9029	10派0.2元(含税)
000600	建投能源	16838.83	0.094	0.702	10派0.8元(含税)
000601	韶能股份	44575.39	0.4125	0.6156	10派2.2元(含税)
000603	盛达矿业	28314.38	0.41	0.7253	不分配不转增
000605	渤海股份	11313.85	0.46	-0.3714	10转增4股派0.5元(含税)
000606	神州易桥	6421.56	0.0839	-0.0404	不分配不转增
000607	华媒控股	14680.98	0.14	0.182	10派0.15元(含税)
000608	阳光股份	15236.50	0.2	0.198	10派0.3元(含税)
000609	中迪投资	13439.86	0.46	-1.4385	不分配不转增
000610	西安旅游	-1856.23	-0.0784	-0.5938	不分配不转增
000611	天首发展	-2152.78	-0.0669	-0.0495	不分配不转增
000612	焦作万方	17573.11	0.148	0.1249	10派0.5元(含税)
000613	大东海A	285.90	0.0079	0.0141	不分配不转增
000615	京汉股份	30922.45	0.4	-0.8436	10派0.5元(含税)
000616	海航投资	1253.63	0.01	0.005	不分配不转增
000617	中油资本	684254.04	0.76	5.6635	10派2.28元(含税)
000619	海螺型材	903.15	0.0251	0.2873	不分配不转增
000620	新华联	85724.62	0.45	0.4928	10派1元(含税)
000622	恒立实业	-2738.62	-0.0644	-0.16	不分配不转增
000623	吉林敖东	186347.14	1.6	0.2206	10派3元(含税)
000625	长安汽车	713723.47	1.49	-0.2852	10派4.46元(含税)
000626	远大控股	-19263.77	-0.32	-0.7321	不分配不转增
000627	天茂集团	132616.42	0.3	0.0874	10派0.1元(含税)
000628	高新发展	2439.72	0.078	0.3627	不分配不转增
000629	*ST钒钛	86328.20	0.1005	-0.0443	不分配不转增
000630	铜陵有色	54881.67	0.05	-0.0733	10派0.2元(含税)
000631	顺发恒业	76504.03	0.31	0.8108	10派3.1元(含税)
000632	三木集团	2454.87	0.0527	0.6514	不分配不转增
000633	合金投资	-2370.90	-0.0616	-1.2753	不分配不转增
000635	英力特	9331.30	0.31	1.2171	不分配不转增
000636	风华高科	24684.88	0.28	0.4534	10派0.7元(含税)
000637	茂化实华	9937.79	0.19	0.2576	10派1.5元(含税)
000638	万方发展	1616.39	0.0522	0.2728	不分配不转增
000639	西王食品	34327.37	0.76	0.8573	10转增4股派1.08元(含税)
000650	仁和药业	38022.67	0.31	0.402	10派1元(含税)
000651	格力电器	2240157.62	3.72	2.7193	不分配不转增

股票代码	股票简称	净利润(万元)	每股收益(元)	每股经营性现金流量(元)	分配预案
000652	泰达股份	29809.93	0.202	0.5293	10 派 0.35 元(含税)
000655	*ST 金岭	-31629.35	-0.531	0.2035	不分配不转增
000656	金科股份	200460.52	0.35	-1.5891	10 派 2.5 元(含税)
000657	中钨高新	12807.22	0.2037	0.8152	10 转增 4 股
000659	珠海中富	9396.96	0.07	0.2242	不分配不转增
000661	长春高新	66194.88	3.89	2.242	10 派 8 元(含税)
000662	天夏智慧	57417.45	0.6829	0.7483	10 转增 3 股派 0.7 元(含税)
000663	永安林业	6875.31	0.2	0.2164	不分配不转增
000665	湖北广电	33528.55	0.53	1.4522	10 派 0.8 元(含税)
000666	经纬纺机	120020.51	1.7	-2.8263	10 派 2.1 元(含税)
000667	美好置业	66438.24	0.2596	-0.4034	10 派 0.25 元(含税)
000668	荣丰控股	1038.38	0.07	0.784	10 派 0.2 元(含税)
000669	金鸿控股	23963.12	0.49	1.417	10 转增 4 股
000670	盈方微	-33097.66	-0.4053	0.0696	不分配不转增
000671	阳光城	206196.55	0.51	2.1775	10 派 0.5 元(含税)
000672	上峰水泥	79177.41	0.97	1.2652	10 派 1 元(含税)
000673	当代东方	10967.32	0.1386	-0.5872	不分配不转增
000676	智度股份	52732.54	0.546	-0.0115	10 派 0.3 元(含税)
000677	恒天海龙	193.17	0.0022	0.0014	不分配不转增
000678	襄阳轴承	1157.28	0.03	0.0608	不分配不转增
000679	大连友谊	1305.62	0.0366	0.1639	不分配不转增
000680	山推股份	6378.85	0.0514	0.436	不分配不转增
000681	视觉中国	29082.09	0.4151	0.357	10 派 0.42 元(含税)
000682	东方电子	6351.77	0.0649	0.1963	不分配不转增
000683	远兴能源	71151.10	0.18	0.355	10 派 0.2 元(含税)
000685	中山公用	106693.12	0.72	0.3823	10 派 2.2 元(含税)
000686	东北证券	66694.66	0.28	1.9231	10 派 1 元(含税)
000687	华讯方舟	13100.86	0.173	-0.5029	不分配不转增
000688	建新矿业	41239.36	0.3626	0.4473	10 派 1 元(含税)
000690	宝新能源	10313.77	0.05	0.3531	10 派 0.3 元(含税)
000691	亚太实业	-860.06	-0.03	0.0457	不分配不转增
000692	惠天热电	-6659.71	-0.12	0.2187	不分配不转增
000695	滨海能源	974.84	0.0439	0.0911	不分配不转增
000697	炼石有色	5789.32	0.1034	-0.1256	不分配不转增
000698	沈阳化工	22484.87	0.27	0.2409	不分配不转增
000700	模塑科技	13446.49	0.163	0.1062	10 派 1.2 元(含税)
000701	厦门信达	6946.97	-0.0843	0.7872	10 派 0.31 元(含税)
000702	正虹科技	1611.33	0.0604	-0.0215	不分配不转增
000703	恒逸石化	162198.96	1	1.4332	10 转增 4 股派 2 元(含税)
000705	浙江震元	6108.25	0.18	0.1548	不分配不转增
000707	双环科技	-74625.84	-1.6078	-0.8006	不分配不转增
000708	大冶特钢	39490.07	0.879	0.7898	10 派 3 元(含税)
000709	河钢股份	181706.24	0.17	1.5451	10 派 1 元(含税)
000710	贝瑞基因	23274.96	0.92	0.2097	不分配不转增
000711	京蓝科技	28929.24	0.43	-0.5408	10 转增 2 股
000712	锦龙股份	19428.32	0.22	-4.4764	10 派 1 元(含税)
000713	丰乐种业	1165.76	0.039	-0.4742	不分配不转增
000715	中兴商业	8457.69	0.3	0.3786	10 派 0.8 元(含税)
000716	黑芝麻	11107.11	0.175	0.6034	10 派 0.72 元(含税)
000717	韶钢松山	251654.74	1.0401	1.4499	不分配不转增
000718	苏宁环球	114776.15	0.3782	0.6549	10 派 1 元(含税)
000719	中原传媒	69322.21	0.68	0.8188	10 派 1.8 元(含税)
000720	*ST 新能	-54895.63	-0.446	0.3199	不分配不转增
000721	西安饮食	-1125.29	-0.0225	0.0258	不分配不转增

股票代码	股票简称	净利润(万元)	每股收益(元)	每股经营性现金流量(元)	分配预案
000722	湖南发展	8900.81	0.19	0.2189	10 派 0.5 元(含税)
000723	美锦能源	106493.04	0.26	0.3448	不分配不转增
000725	京东方 A	756768.25	0.217	0.7548	10 派 0.5 元(含税)
000726	鲁泰 A	84115.09	0.91	1.1251	10 派 5 元(含税)
000727	华东科技	1164.62	0.0026	0.1625	不分配不转增
000728	国元证券	120374.61	0.4	-0.6051	10 派 1.5 元(含税)
000729	燕京啤酒	16134.82	0.057	0.4923	10 派 0.2 元(含税)
000731	四川美丰	15560.33	0.2631	0.936	10 派 0.8 元(含税)
000732	泰禾集团	212446.92	1.7072	-10.0869	10 派 2.2 元(含税)
000733	振华科技	20362.69	0.434	-1.1636	10 派 0.5 元(含税)
000735	罗牛山	15296.52	0.1328	0.275	不分配不转增
000736	中交地产	61716.52	2.08	-12.1605	10 送 5 股派 5.2 元(含税)
000737	*ST 南风	-42058.17	-0.7664	-0.2678	不分配不转增
000738	航发控制	21764.00	0.19	0.8706	10 派 0.35 元(含税)
000739	普洛药业	25659.21	0.22	0.178	10 派 0.65 元(含税)
000750	国海证券	37576.02	0.09	-1.3279	10 派 0.6 元(含税)
000751	锌业股份	22689.43	0.16	0.0389	不分配不转增
000752	西藏发展	952.37	0.0361	0.1001	10 派 0.1 元(含税)
000753	漳州发展	8506.99	0.086	0.7941	不分配不转增
000755	*ST 三维	10610.47	0.2261	-0.1717	不分配不转增
000756	新华制药	20959.19	0.45	0.8152	10 转增 3 股派 0.5 元(含税)
000757	浩物股份	4709.52	0.1	0.1457	不分配不转增
000758	中色股份	20098.09	0.1021	0.8187	10 派 0.15 元(含税)
000759	中百集团	6764.62	0.1	0.252	10 派 0.6 元(含税)
000760	斯太尔	-16894.25	-0.21	-0.4434	不分配不转增
000761	本钢板材	160011.02	0.51	0.8751	10 派 0.5 元(含税)
000762	西藏矿业	3454.38	0.0663	-0.162	不分配不转增
000766	通化金马	25787.93	0.27	0.0274	不分配不转增
000767	漳泽电力	-155635.14	-0.506	0.3763	不分配不转增
000768	中航飞机	47140.17	0.1703	0.473	10 派 0.85 元(含税)
000776	广发证券	859539.91	1.13	-5.0705	10 派 4 元(含税)
000777	中核科技	4456.09	0.1162	-0.1998	不 10 派 0.4 元(含税)
000778	新兴铸管	109303.18	0.2779	0.9232	10 派 1.5 元(含税)
000779	三毛派神	7925.06	0.425	0.0694	不分配不转增
000780	*ST 平能	48379.79	0.48	1.1616	10 派 2 元(含税)
000782	美达股份	3500.10	0.07	-0.4806	10 派 0.4 元(含税)
000783	长江证券	154511.24	0.28	-3.1898	10 派 1.5 元(含税)
000785	武汉中商	35753.53	1.42	1.1465	10 派 2 元(含税)
000786	北新建材	234398.54	1.311	1.484	10 派 3.55 元(含税)
000788	北大医药	3426.10	0.06	-0.0442	10 派 0.13 元(含税)
000789	万年青	46262.82	0.7542	2.5921	10 派 3.5 元(含税)
000790	泰合健康	17166.70	0.3983	-0.0706	10 送 3 股派 0.8 元(含税)
000791	甘肃电投	24614.73	0.2535	1.2024	10 派 0.77 元(含税)
000792	盐湖股份	-415923.79	-1.4929	0.545	不分配不转增
000793	华闻传媒	27723.81	0.1377	0.3287	10 派 0.15 元(含税)
000795	英洛华	10274.93	0.09	0.0872	不分配不转增
000796	凯撒旅游	22069.94	0.2748	0.6196	不分配不转增
000797	中国武夷	24975.79	0.25	-1.6406	10 转增 3 股派 0.6 元(含税)
000798	中水渔业	5425.06	0.1698	0.4655	不分配不转增
000799	酒鬼酒	17609.87	0.542	0.6928	10 派 1.5 元(含税)
000800	一汽轿车	28123.68	0.1728	1.404	10 派 0.2 元(含税)
000801	四川九洲	728.54	0.0071	-0.1691	10 派 0.2 元(含税)
000802	北京文化	31033.35	0.4274	-0.5437	10 派 0.41 元(含税)
000803	*ST 金宇	2174.06	0.17	-0.3336	不分配不转增

股票代码	股票简称	净利润(万元)	每股收益(元)	每股经营性现金流量(元)	分配预案
000806	银河生物	1022.76	0.0093	-0.061	不分配不转增
000807	云铝股份	65700.10	0.25	0.7796	10派0.70元(含税)
000809	*ST新城	10110.68	0.12	0.8218	不分配不转增
000810	创维数字	9433.57	0.09	-0.5482	不分配不转增
000811	冰轮环境	31446.82	0.48	0.1168	10派0.8元(含税)
000812	陕西金叶	2717.13	0.06	0.3795	10送1转增4股派0.3元(含税)
000813	德展健康	79717.77	0.3556	0.1716	不分配不转增
000815	美利云	2549.78	0.04	-0.1105	不分配不转增
000816	*ST慧业	-26607.64	-0.19	-0.0187	不分配不转增
000818	航锦科技	25554.20	0.37	0.6924	10派0.8元(含税)
000819	岳阳兴长	-985.06	-0.036	0.0689	不分配不转增
000820	神雾节能	34808.85	0.55	-0.6279	不分配不转增
000821	京山轻机	15322.45	0.32	0.1413	10派0.27元(含税)
000822	山东海化	68518.87	0.77	-0.0498	10派0.5元(含税)
000823	超声电子	19190.83	0.3574	0.5895	10派0.8元(含税)
000825	太钢不锈	462188.51	0.811	1.911	10派2.43元(含税)
000826	启迪桑德	125115.22	1.268	-0.4409	10转增4股派4元(含税)
000828	东莞控股	88681.59	0.8531	0.047	10派2.5元(含税)
000829	天音控股	23420.26	0.24	1.0022	10派0.22元(含税)
000830	鲁西化工	194993.64	1.239	2.7353	10派3元(含税)
000831	五矿稀土	3051.14	0.0311	0.1259	不分配不转增
000833	贵糖股份	7976.62	0.12	-0.0042	10派0.5元(含税)
000835	长城动漫	12769.81	0.39	0.5903	不分配不转增
000836	鑫茂科技	8412.75	0.0696	0.2196	10派0.3元(含税)
000837	秦川机床	1645.50	0.0237	0.0082	不分配不转增
000838	财信发展	19579.02	0.1779	-1.2442	10派0.36元(含税)
000839	中信国安	25937.13	0.0662	-0.0763	10派0.5元(含税)
000848	承德露露	41359.79	0.42	0.152	10派5元(含税)
000850	华茂股份	10403.35	0.11	0.0558	10派0.5元(含税)
000851	高鸿股份	17930.83	0.2869	0.2596	10转增4股
000852	石化机械	941.38	0.0157	0.0797	不分配不转增
000856	冀东装备	1554.18	0.07	0.3349	不分配不转增
000858	五粮液	967372.15	2.548	2.5728	10派13元(含税)
000859	国风塑业	6022.78	0.08	-0.022	10派0.1元(含税)
000860	顺鑫农业	43836.95	0.7683	4.3304	10派1.5元(含税)
000861	海印股份	23002.66	0.1	0.188	不分配不转增
000862	银星能源	-18861.37	-0.267	0.6365	不分配不转增
000863	三湘印象	26514.06	0.19	-1.8424	10派2元(含税)
000868	安凯客车	-23015.27	-0.33	0.3586	不分配不转增
000869	张裕A	103169.51	1.51	1.4198	10派5元(含税)
000875	吉电股份	-33953.39	-0.16	0.6439	不分配不转增
000876	新希望	228000.05	0.54	0.6433	10派1.5元(含税)
000877	天山股份	26492.52	0.301	1.113	10派0.8元(含税)
000878	云南铜业	22746.91	0.1606	-0.8328	不分配不转增
000880	潍柴重机	2350.60	0.09	1.3971	10派0.2元(含税)
000881	中广核技	38886.16	0.3684	0.2132	10派0.37元(含税)
000882	华联股份	1986.28	0.0074	-0.018	10派0.03元(含税)
000883	湖北能源	217320.08	0.334	0.492	10派1元(含税)
000885	同力水泥	60285.08	1.2234	3.4639	10派0.1元(含税)
000886	海南高速	9431.06	0.095	0.3757	10派0.5元(含税)
000887	中鼎股份	112744.49	0.93	0.9313	10派3元(含税)
000888	峨眉山A	19660.58	0.3731	0.654	10派1元(含税)
000889	茂业通信	22858.12	0.3676	0.0694	10派0.37元(含税)
000890	法尔胜	14313.67	0.38	-2.1542	不分配不转增

股票代码	股票简称	净利润(万元)	每股收益(元)	每股经营性现金流量(元)	分配预案
000892	欢瑞世纪	42207.16	0.43	-0.4407	不分配不转增
000893	东凌国际	-238666.10	-3.1532	0.0191	不分配不转增
000895	双汇发展	431929.99	1.3091	1.7124	10派11元(含税)
000897	津滨发展	-11935.91	-0.0738	-0.1746	不分配不转增
000898	鞍钢股份	560500.00	0.775	0.8664	10派2.32元(含税)
000899	赣能股份	1645.01	0.0169	0.3946	不分配不转增
000900	现代投资	86493.23	0.57	0.4227	10派1元(含税)
000901	航天科技	17028.00	0.4159	0.8813	10转增5股
000902	新洋丰	68015.07	0.52	0.7016	10派2元(含税)
000903	云内动力	26479.17	0.149	-0.2727	10派0.45元(含税)
000905	厦门港务	10865.62	0.2	-0.0325	10派0.2元(含税)
000906	浙商中拓	17325.14	0.34	-1.5468	10转增3股派1元(含税)
000908	景峰医药	16208.56	0.1842	0.1724	10派0.1元(含税)
000909	数源科技	3052.48	0.098	-0.2452	10派0.35元(含税)
000910	大亚圣象	65918.83	1.22	2.1421	10派1.2元(含税)
000911	南宁糖业	-19305.26	-0.6	-2.6573	不分配不转增
000912	*ST天化	-148770.40	-2.54	0.8088	不分配不转增
000913	钱江摩托	8274.37	0.18	0.2793	不分配不转增
000915	山大华特	24320.09	1.04	1.8184	10派2.5元(含税)
000917	电广传媒	-46428.88	-0.33	0.0909	不分配不转增
000918	嘉凯城	198774.96	1.1	-1.4763	不分配不转增
000919	金陵药业	13712.65	0.2721	0.8792	10派1.7元(含税)
000920	南方汇通	11445.36	0.27	0.2756	10派0.5元(含税)
000921	海信科龙	199753.01	1.47	0.3339	10派4.4元(含税)
000922	*ST佳电	12050.21	0.2216	0.0215	不分配不转增
000923	河北宣工	27479.03	0.5323	1.9133	不分配不转增
000925	众合科技	6021.05	0.17	0.06	10转增4股
000926	福星股份	84535.54	0.89	0.1352	10派2元(含税)
000927	一汽夏利	-164053.54	-1.0284	-1.0557	不分配不转增
000928	中钢国际	41775.89	0.3323	0.6391	10派1.2元(含税)
000929	兰州黄河	1623.60	0.0874	0.147	不分配不转增
000930	中粮生化	23730.72	0.2461	0.7753	不分配不转增
000931	中关村	1426.16	0.0191	0.2109	不分配不转增
000932	华菱钢铁	412091.95	1.3665	1.3974	不分配不转增
000933	神火股份	36809.02	0.1937	0.5767	10派0.25元(含税)
000935	四川双马	20366.57	0.27	0.8131	10派1.75元(含税)
000936	华西股份	19539.96	0.22	0.0107	10派0.3元(含税)
000937	冀中能源	106434.07	0.3012	1.199	10派1元(含税)
000938	紫光股份	157542.12	1.511	0.2854	10转增4股派2元(含税)
000948	南天信息	2198.45	0.0891	-0.2277	10派0.2元(含税)
000949	新乡化纤	3027.34	0.0241	-0.1783	10派0.1元(含税)
000950	*ST建峰	110626.62	0.64	-0.6377	不分配不转增
000951	中国重汽	89758.07	1.34	1.3218	10派6.8元(含税)
000952	广济药业	10521.16	0.418	0.7105	10派1.1元(含税)
000953	*ST河化	2946.24	0.1002	-1.1324	不分配不转增
000955	欣龙控股	4544.04	0.0844	-0.1674	不分配不转增
000957	中通客车	19121.17	0.32	-1.5969	10派2元(含税)
000958	东方能源	6769.96	0.08	0.3768	10派0.5元(含税)
000959	首钢股份	221065.11	0.4179	1.7646	不分配不转增
000960	锡业股份	70602.63	0.4592	1.3752	不分配不转增
000961	中南建设	60266.16	0.1625	-0.7919	10派0.2元(含税)
000962	东方钽业	-38002.32	-0.8621	0.5353	不分配不转增
000963	华东医药	177950.61	1.83	1.7088	10转增5股派7.2元(含税)
000965	天保基建	41085.96	0.41	-1.278	10转增1股派0.1元(含税)

股票代码	股票简称	净利润(万元)	每股收益(元)	每股经营性现金流量(元)	分配预案
000966	长源电力	-12155.97	-0.1097	0.5183	不分配不转增
000967	盈峰环境	35265.66	0.32	-0.5411	10派0.9元(含税)
000968	蓝焰控股	48940.46	0.53	0.7294	不分配不转增
000969	安泰科技	5916.97	0.0577	0.0796	10派0.3元(含税)
000970	中科三环	28225.93	0.265	-0.0268	10派0.9元(含税)
000971	高升控股	15636.04	0.31	0.3543	10转增10股
000972	*ST中基	3668.99	0.05	-0.2284	不分配不转增
000973	佛塑科技	10568.33	0.11	0.7224	10派0.3元(含税)
000975	银泰资源	32527.36	0.3007	0.851	10转增4股派2元(含税)
000976	华铁股份	49398.98	0.31	-0.0787	不分配不转增
000977	浪潮信息	42753.08	0.3901	0.1977	10派0.4元(含税)
000978	桂林旅游	5294.17	0.147	0.4965	10派0.7元(含税)
000979	中弘股份	-251122.80	-0.3	-0.2473	不分配不转增
000980	众泰汽车	113628.29	0.71	0.0044	10派0.15元(含税)
000981	银亿股份	160129.33	0.4	0.288	10派7元(含税)
000982	*ST中绒	4796.22	0.0266	-0.0284	不分配不转增
000983	西山煤电	156910.57	0.4979	1.7247	10派0.4元(含税)
000985	大庆华科	4815.51	0.37	0.723	10派1.85元(含税)
000987	越秀金控	63331.88	0.285	-4.2833	10派0.9元(含税)
000988	华工科技	32416.19	0.36	0.0981	10派0.3元(含税)
000989	九芝堂	72141.98	0.83	0.1748	10派4元(含税)
000990	诚志股份	80850.86	0.65	1.2783	10派1.5元(含税)
000993	闽东电力	2258.89	0.06	0.6537	不分配不转增
000995	皇台酒业	-18763.03	-1.06	-0.1463	不分配不转增
000996	中国中期	3029.21	0.0878	-0.0326	不分配不转增
000997	新大陆	65408.31	0.6877	-0.273	10派0.8元(含税)
000998	隆平高科	77177.20	0.61	0.4143	10派1元(含税)
000999	华润三九	130168.72	1.33	1.594	10派4.6元(含税)
001696	宗申动力	27240.81	0.2379	-0.2052	10派0.3元(含税)
001896	豫能控股	5353.35	0.047	0.4936	不分配不转增
001965	招商公路	336819.50	0.599	0.4822	10派2.19元(含税)
001979	招商蛇口	1222030.82	1.55	-0.5957	10派6.2元(含税)
200011	深物业B	62296.27	1.0453	-0.581	10派3元(含税)
200012	南玻B	82538.83	0.35	0.9917	10转增1.5股派0.5元(含税)
200016	深康佳B	505702.52	2.1001	-1.7917	10派1.62元(含税)
200017	深中华B	152.96	0.003	-0.0062	不分配不转增
200018	神州B	38009.10	0.22	-1.0492	10派0.4元(含税)
200019	深深宝B	-5409.41	-0.1089	-0.1911	不分配不转增
200020	深华发B	97.44	0.0034	0.0414	不分配不转增
200022	深赤湾B	50449.51	0.782	1.8026	10派13.19元(含税)
200025	特力B	6686.28	0.2249	-0.007	不分配不转增
200026	飞亚达B	14021.63	0.3196	1.2877	10派2元(含税)
200028	一致B	105779.19	2.47	3.0021	10派3元(含税)
200029	深深房B	18498.85	0.1829	-0.0176	不分配不转增
200030	富奥B	83154.76	0.64	0.3579	10送4股派2元(含税)
200037	深南电B	1590.42	0.03	0.3265	不分配不转增
200045	深纺织B	5277.61	0.1	-0.0558	不分配不转增
200053	深基地B	-5590.36	-0.24	1.6499	不分配不转增
200054	建车B	1437.51	0.12	0.5276	不分配不转增
200055	方大B	114440.44	0.97	0.4713	10派1.5元(含税)
200056	皇庭B	17782.37	0.15	0.2859	10派0.4元(含税)
200058	深赛格B	21955.33	0.1777	0.4106	10派0.55元(含税)
200152	山航B	49035.34	1.23	4.636	10派2.5元(含税)
200160	东沣B	410.23	0.01	-0.1197	不分配不转增

股票代码	股票简称	净利润(万元)	每股收益(元)	每股经营性现金流量(元)	分配预案
200168	舜喆 B	-1435.25	-0.045	-0.0272	不分配不转增
200413	东旭 B	174366.68	0.33	0.2209	10 派 0.7 元(含税)
200418	小天鹅 B	150641.25	2.38	3.187	10 派 10 元(含税)
200429	粤高速 B	150992.24	0.72	1.0498	10 派 5.06 元(含税)
200468	*ST 宁通 B	1188.52	0.06	-0.2196	不分配不转增
200488	晨鸣 B	376932.55	1.7	0.0123	10 转增 5 股派 6 元(含税)
200505	京粮 B	12960.32	0.2	-2.0116	不分配不转增
200512	闽灿坤 B	2607.71	0.14	0.376	10 派 0.8 元(含税)
200521	皖美菱 B	3247.32	0.0311	-0.528	10 派 0.6 元(含税)
200530	大冷 B	20075.98	0.23	-0.2419	10 派 0.5 元(含税)
200539	粤电力 B	74318.04	0.14	0.7002	10 派 0.8 元(含税)
200541	粤照明 B	74030.87	0.5819	0.1697	10 转增 1 股派 3.29 元(含税)
200550	江铃 B	69093.82	0.8	0.7817	10 派 3.2 元(含税)
200553	沙隆达 B	154587.90	0.66	1.6903	10 派 0.63 元(含税)
200570	苏常柴 B	4643.13	0.08	-0.2167	10 派 0.3 元(含税)
200581	苏威孚 B	257133.95	2.55	0.9492	10 派 12 元(含税)
200596	古井贡 B	114874.06	2.28	1.8485	10 派 10 元(含税)
200613	大东海 B	285.90	0.0079	0.0141	不分配不转增
200625	长安 B	713723.47	1.49	-0.2852	10 派 4.46 元(含税)
200706	瓦轴 B	1018.29	0.03	-0.0053	10 派 0.4 元(含税)
200725	京东方 B	756768.25	0.217	0.7548	10 派 0.5 元(含税)
200726	鲁泰 B	84115.09	0.91	1.1251	10 派 5 元(含税)
200761	本钢板 B	160011.02	0.51	0.8751	10 派 0.5 元(含税)
200771	杭汽轮 B	6875.33	0.09	0.2723	10 派 0.5 元(含税)
200869	张裕 B	103169.51	1.51	1.4198	10 派 5 元(含税)
200986	粤华包 B	1863.79	0.04	-0.0728	10 派 0.18 元(含税)
200992	中鲁 B	9151.75	0.34	0.2376	不分配不转增

数据来源:深圳证券信息有限公司制作,截至 2018 年 5 月 1 日

2017 年中小企业板上市公司年报主要财务指标

股票代码	股票简称	净利润(万元)	每股收益(元)	每股经营性现金流量(元)	分配预案
002001	新和成	170441.34	1.57	1.0062	10 转增 7 股派 7 元(含税)
002002	鸿达兴业	100488.29	0.4074	0.3368	10 派 1.1 元(含税)
002003	伟星股份	36455.90	0.63	0.8895	10 转增 3 股派 5 元(含税)
002004	华邦健康	50790.56	0.25	0.2906	10 派 2 元(含税)
002005	德豪润达	-97139.73	-0.6664	0.2862	不分配不转增
002006	精功科技	9914.48	0.22	-0.1231	10 派 0.2 元(含税)
002007	华兰生物	82082.35	0.8825	0.1908	10 派 3 元(含税)
002008	大族激光	166504.39	1.56	1.8495	10 派 2 元(含税)
002009	天奇股份	8476.64	0.23	0.0692	10 派 0.5 元(含税)
002010	传化智联	46940.81	0.14	-0.3228	10 派 0.5 元(含税)
002011	盾安环境	9228.73	0.1	0.3023	不分配不转增
002012	凯恩股份	3061.46	0.07	0.1326	不分配不转增
002013	中航机电	57900.84	0.24	0.8265	10 转增 5 股派 0.25 元(含税)
002014	永新股份	20548.32	0.61	0.8259	10 转增 5 股派 4.5 元(含税)
002015	霞客环保	747.97	0.019	0.0512	不分配不转增
002016	世荣兆业	91298.16	1.1284	0.0376	10 派 7.2 元(含税)
002017	东信和平	3772.82	0.11	0.2747	10 派 0.3 元(含税)
002018	华信国际	44745.28	0.2	0.2067	不分配不转增
002019	亿帆医药	130510.35	1.15	0.9385	10 派 1 元(含税)
002020	京新药业	26437.69	0.394	0.523	10 派 2 元(含税)

股票代码	股票简称	净利润(万元)	每股收益(元)	每股经营性现金流量(元)	分配预案
002021	中捷资源	-9320.80	-0.14	0.062	不分配不转增
002022	科华生物	21775.99	0.4248	0.255	10派0.65元(含税)
002023	海特高新	3436.89	0.05	0.0443	不分配不转增
002024	苏宁易购	421251.60	0.45	-0.7095	10派1元(含税)
002025	航天电器	31139.22	0.73	0.4329	10派2.5元(含税)
002026	山东威达	12554.82	0.3	0.2355	10派0.6元(含税)
002027	分众传媒	600470.68	0.49	0.3398	10转增2股派1元(含税)
002028	思源电气	24919.12	0.33	0.6386	10派1元(含税)
002029	七匹狼	31657.92	0.42	0.861	10派1元(含税)
002030	达安基因	8644.78	0.12	-0.3034	10送1股派0.25元(含税)
002031	巨轮智能	6370.18	0.029	0.1632	10派0.01元(含税)
002032	苏泊尔	130760.66	1.601	1.3168	10派7.2元(含税)
002033	丽江旅游	20421.22	0.3716	0.5464	10派1.5元(含税)
002034	旺能环境	23481.66	1.22	1.7894	10转增7股派2.5元(含税)
002035	华帝股份	50962.84	0.8802	0.6335	10送2转增3股派3元(含税)
002036	联创电子	28369.80	0.5	0.0845	10派0.48元(含税)
002037	久联发展	7677.40	0.23	2.2612	10派0.47元(含税)
002038	双鹭药业	53357.54	0.7791	0.5559	10派5元(含税)
002039	黔源电力	32034.99	1.049	5.1852	10派3元(含税)
002040	南京港	10632.95	0.2856	0.6934	10派0.3元(含税)
002041	登海种业	16670.31	0.1894	-0.2086	10派0.52元(含税)
002042	华孚时尚	67737.62	0.69	-1.3041	10转增5股派5元(含税)
002043	兔宝宝	36488.24	0.44	0.505	10派2.3元(含税)
002044	美年健康	61380.01	0.24	0.5553	10转增2股派0.5元(含税)
002045	国光电器	13077.90	0.31	0.2545	10派0.8元(含税)
002046	轴研科技	1637.40	0.0354	0.3014	10派0.1元(含税)
002047	宝鹰股份	36676.77	0.29	-0.2958	10派0.4元(含税)
002048	宁波华翔	79825.46	1.51	2.2413	10派1.5元(含税)
002049	紫光国芯	27988.72	0.4612	0.9628	10派0.5元(含税)
002050	三花智控	123595.21	0.6	0.306	10派1.5元(含税)
002051	中工国际	148407.04	1.33	-2.2371	10派3.5元(含税)
002052	同洲电子	893.91	0.01	-0.2002	不分配不转增
002053	云南能投	16212.80	0.2904	0.0928	10派1元(含税)
002054	德美化工	2996.10	0.07	0.2226	10派0.47元(含税)
002055	得润电子	17475.58	0.3832	-0.3726	10派0.5元(含税)
002056	横店东磁	57804.29	0.35	0.5064	10派1元(含税)
002057	中钢天源	13571.68	0.5291	0.4491	10转增5股派1.6元(含税)
002058	威尔泰	281.64	0.02	0.0338	10派0.1元(含税)
002059	云南旅游	7154.52	0.0979	0.2085	10派0.1元(含税)
002060	粤水电	15810.26	0.1315	0.1266	10派0.3元(含税)
002061	浙江交科	110680.66	0.87	0.6196	10派1元(含税)
002062	宏润建设	27195.23	0.25	1.0179	10派0.5元(含税)
002063	远光软件	17227.26	0.2862	0.1778	10送2转增2股派0.5元(含税)
002064	华峰氨纶	38549.56	0.23	0.2121	10派0.25元(含税)
002065	东华软件	66379.96	0.2114	0.0534	10派1元(含税)
002066	瑞泰科技	1517.46	0.0657	0.8387	不分配不转增
002067	景兴纸业	63809.00	0.58	-0.0088	10派0.5元(含税)
002068	黑猫股份	48077.85	0.73	0.1484	10派3元(含税)
002069	獐子岛	-72285.75	-1.02	0.1919	不分配不转增
002070	*ST众和	-104005.67	-1.6372	0.0817	不分配不转增
002071	长城影视	16975.22	0.32	0.5628	不分配不转增
002072	凯瑞德	-3510.96	-0.199	0.0684	不分配不转增
002073	软控股份	9205.22	0.0986	0.3507	不分配不转增
002074	国轩高科	83800.71	0.95	-0.0877	10派1元(含税)

股票代码	股票简称	净利润(万元)	每股收益(元)	每股经营性现金流量(元)	分配预案
002075	沙钢股份	70480.16	0.319	0.8156	不分配不转增
002076	雪莱特	5587.02	0.08	-0.6419	不分配不转增
002077	大港股份	3363.10	0.06	-0.0994	不分配不转增
002078	太阳纸业	202423.30	0.8	1.4529	10派1元(含税)
002079	苏州固锝	10469.70	0.1438	0.2075	10派0.3元(含税)
002080	中材科技	76728.37	0.951	0.9547	10转增6股派3元(含税)
002081	金螳螂	191849.56	0.73	0.6724	10派1.5元(含税)
002082	万邦德	9821.34	0.41	-0.074	不分配不转增
002083	孚日股份	41020.32	0.45	0.9494	10派3元(含税)
002084	海鸥住工	9195.89	0.1816	0.3601	10派1元(含税)
002085	万丰奥威	90056.33	0.41	0.4433	10派3元(含税)
002086	东方海洋	12405.41	0.1804	0.0866	不分配不转增
002087	新野纺织	29217.84	0.3577	0.1301	10派0.4元(含税)
002088	鲁阳节能	21375.13	0.61	1.2143	10派5元(含税)
002089	新海宜	-11531.16	-0.08	0.1297	不分配不转增
002090	金智科技	15348.34	0.6458	-0.3267	10派1.5元(含税)
002091	江苏国泰	77429.58	0.5	-0.0662	10派2元(含税)
002092	中泰化学	240231.60	1.1192	1.7486	10派1.5元(含税)
002093	国脉科技	16280.49	0.1646	0.2197	10派0.15元(含税)
002094	青岛金王	40293.91	1.06	0.1141	10转增7股派1.2元(含税)
002095	生意宝	1916.90	0.08	-0.1227	10派0.5元(含税)
002096	南岭民爆	2704.51	0.07	-0.4194	10派0.2元(含税)
002097	山河智能	16227.53	0.1954	0.3736	10派0.5元(含税)
002098	浔兴股份	11899.34	0.33	0.2874	10派0.2元(含税)
002099	海翔药业	34221.72	0.22	0.0633	10派1元(含税)
002100	天康生物	40714.98	0.42	0.674	10派1元(含税)
002101	广东鸿图	29134.15	0.92	1.8807	10转增5股派2元(含税)
002102	冠福股份	28255.41	0.108	0.1264	10派0.5元(含税)
002103	广博股份	11181.29	0.2	0.1437	10派0.3元(含税)
002104	恒宝股份	16264.84	0.228	-0.6037	不分配不转增
002105	信隆健康	4579.10	0.124	0.1375	10派0.6元(含税)
002106	莱宝高科	14090.45	0.2	0.4997	10派1元(含税)
002107	沃华医药	5703.19	0.16	0.3434	不分配不转增
002108	沧州明珠	54528.00	0.4999	0.4603	10转增3股派2元(含税)
002109	兴化股份	20641.30	0.2941	0.6933	10转增5股
002110	三钢闽光	398972.53	2.9	2.1834	10派15元(含税)
002111	威海广泰	11325.98	0.3	0.0751	10派1.2元(含税)
002112	三变科技	-12452.91	-0.62	0.2278	不分配不转增
002113	天润数娱	538.69	0.007	0.0744	10转增7股
002114	罗平锌电	5528.97	0.17	-0.0351	不分配不转增
002115	三维通信	4727.48	0.114	0.0401	10派0.5元(含税)
002116	中国海诚	20069.38	0.48	0.01	10派2.2元(含税)
002117	东港股份	23210.56	0.638	0.895	10派4元(含税)
002118	紫鑫药业	37157.74	0.29	-1.031	不分配不转增
002119	康强电子	6400.27	0.31	0.0759	10转增4股派1元(含税)
002120	韵达股份	158931.96	1.31	2.4386	10转增3股派2.38元(含税)
002121	科陆电子	45866.18	0.3391	0.1435	10派0.35元(含税)
002122	天马股份	12777.44	0.11	-0.5408	不分配不转增
002123	梦网集团	24045.53	0.28	0.2891	不分配不转增
002124	天邦股份	26214.10	0.34	0.4331	10转增5股派1元(含税)
002125	湘潭电化	4717.15	0.14	0.1601	不分配不转增
002126	银轮股份	31098.17	0.41	0.3467	10派0.4元(含税)
002127	南极电商	53429.16	0.34	0.3286	10转增5股派0.62元(含税)
002128	露天煤业	175461.47	1.07	1.2652	10派3元(含税)

股票代码	股票简称	净利润(万元)	每股收益(元)	每股经营性现金流量(元)	分配预案
002129	中环股份	58454.08	0.2211	0.3978	10派0.2元(含税)
002130	沃尔核材	16796.02	0.1329	0.1185	10派0.2元(含税)
002131	利欧股份	42118.28	0.12	-0.0609	10派0.11元(含税)
002132	恒星科技	5659.13	0.045	0.1295	不分配不转增
002133	广宇集团	18997.88	0.25	0.6517	10派0.8元(含税)
002134	天津普林	1419.06	0.06	0.0963	不分配不转增
002135	东南网架	10358.33	0.12	0.3664	10派0.12元(含税)
002136	安纳达	16376.92	0.7616	0.983	10派1元(含税)
002137	麦达数字	7532.73	0.1308	0.1818	不分配不转增
002138	顺络电子	34127.40	0.44	0.5776	10派2元(含税)
002139	拓邦股份	21001.93	0.32	0.3042	10转增5股派1元(含税)
002140	东华科技	-6313.58	-0.14	0.8905	不分配不转增
002141	贤丰控股	915.72	0.0081	0.0365	10派0.01元(含税)
002142	宁波银行	933357.20	1.8	3.55	10派4元(含税)
002143	印纪传媒	76865.81	0.4343	0.1896	10派0.19元(含税)
002144	宏达高科	9654.76	0.55	0.8366	10派1.5元(含税)
002145	中核钛白	38854.90	0.24	0.2876	10派0.2元(含税)
002146	荣盛发展	576077.00	1.32	0.5229	10派4.2元(含税)
002147	新光圆成	135770.38	0.74	-1.0643	不分配不转增
002148	北纬科技	12966.22	0.24	0.3467	10派0.8元(含税)
002149	西部材料	5407.48	0.1271	-0.6613	10派0.9元(含税)
002150	通润装备	7076.70	0.26	0.3985	10派1.5元(含税)
002151	北斗星通	10491.17	0.21	-0.0496	10派0.7元(含税)
002152	广电运通	89948.50	0.37	0.2769	10派2元(含税)
002153	石基信息	41902.87	0.39	0.4809	10派1元(含税)
002154	报喜鸟	2592.88	0.02	0.3574	10派0.1元(含税)
002155	湖南黄金	30222.07	0.25	0.3982	不分配不转增
002156	通富微电	12212.94	0.13	1.0381	不分配不转增
002157	正邦科技	52574.65	0.23	0.3907	10派0.5元(含税)
002158	汉钟精机	22693.01	0.4279	0.5218	10派2.2元(含税)
002159	三特索道	550.14	0.04	1.184	不分配不转增
002160	常铝股份	17062.95	0.236	-0.3496	10派1元(含税)
002161	远望谷	152.37	0.0021	-0.0247	不分配不转增
002162	悦心健康	2017.23	0.0236	0.1288	不分配不转增
002163	中航三鑫	-914.27	-0.01	0.6733	不分配不转增
002164	宁波东力	15931.77	0.29	0.0127	10派0.5元(含税)
002165	红宝丽	4090.28	0.07	-0.1258	10派0.6元(含税)
002166	莱茵生物	20593.97	0.47	0.546	10派0.5元(含税)
002167	东方锆业	-3931.30	-0.06	0.3814	不分配不转增
002168	深圳惠程	-10760.76	-0.14	-0.0067	不分配不转增
002169	智光电气	12514.21	0.1589	-0.1243	10派0.6元(含税)
002170	芭田股份	-10078.91	-0.1132	0.2498	不分配不转增
002171	楚江新材	36062.83	0.337	0.1156	10派1元(含税)
002172	澳洋科技	15465.86	0.21	0.1355	不分配不转增
002173	创新医疗	14074.31	0.31	0.452	10派1元(含税)
002174	游族网络	65589.05	0.76	0.8346	10派0.75元(含税)
002175	东方网络	-27199.97	-0.3608	0.2636	不分配不转增
002176	江特电机	28130.44	0.19	-0.6065	10派0.2元(含税)
002177	御银股份	1376.70	0.0181	0.1941	10派0.15元(含税)
002178	延华智能	2520.32	0.03	0.111	不分配不转增
002179	中航光电	82535.08	1.0525	0.6069	10派1.2元(含税)
002180	纳思达	94941.60	0.9443	0.3704	10派1.2元(含税)
002181	粤传媒	7255.12	0.0625	-0.0142	10派0.07元(含税)
002182	云海金属	15482.19	0.2395	0.4808	10派0.8元(含税)

股票代码	股票简称	净利润(万元)	每股收益(元)	每股经营性现金流量(元)	分配预案
002183	怡亚通	59523.62	0.28	0.0192	10派0.58元(含税)
002184	海得控制	1452.89	0.0596	-0.1022	10派1元(含税)
002185	华天科技	49517.00	0.2324	0.424	10派0.2元(含税)
002186	全聚德	13599.60	0.4409	0.7253	10派2.6元(含税)
002187	广百股份	17387.25	0.51	0.5745	10派3元(含税)
002188	ST巴士	-203342.56	-6.83	-0.0409	不分配不转增
002189	利达光电	2175.51	0.11	0.6559	10派0.25元(含税)
002190	成飞集成	-10832.44	-0.3138	-0.7811	不分配不转增
002191	劲嘉股份	57441.12	0.43	0.5484	10派3元(含税)
002192	融捷股份	3618.10	0.1393	0.0786	不分配不转增
002193	如意集团	7093.31	0.27	0.4936	10派1元(含税)
002194	*ST凡谷	-51443.36	-0.91	-0.5946	不分配不转增
002195	二三四五	94754.54	0.29	0.0484	10转增3股派0.3元(含税)
002196	方正电机	13229.59	0.3	0.1022	10派0.5元(含税)
002197	证通电子	4309.56	0.08	-1.4067	10派0.5元(含税)
002198	嘉应制药	-21476.17	-0.4232	0.0604	不分配不转增
002199	东晶电子	149.00	0.01	0.0991	不分配不转增
002200	云投生态	-40450.35	-2.1968	0.5741	不分配不转增
002201	九鼎新材	-318.50	-0.01	0.4033	不分配不转增
002202	金风科技	305465.69	0.839	0.8502	10派2元(含税)
002203	海亮股份	70533.20	0.4217	-1.8363	10派0.6元(含税)
002204	大连重工	2531.94	0.01	0.0587	10派0.1元(含税)
002205	国统股份	1590.30	0.1369	0.4479	10派0.42元(含税)
002206	海利得	31376.23	0.26	0.3672	不分配不转增
002207	*ST准油	989.16	0.04	-0.1947	不分配不转增
002208	合肥城建	13276.56	0.41	-0.1317	10派1元(含税)
002209	达意隆	2017.82	0.1033	0.6523	10派0.12元(含税)
002210	飞马国际	30597.75	0.19	0.0992	10派0.35元(含税)
002211	宏达新材	2042.69	0.05	0.2569	不分配不转增
002212	南洋股份	42505.94	0.38	0.1125	10派0.4元(含税)
002213	特尔佳	1012.77	0.0492	-0.0284	不分配不转增
002214	大立科技	3016.06	0.07	0.0491	10派0.25元(含税)
002215	诺普信	30850.61	0.3375	-0.4948	10派1.5元(含税)
002216	三全食品	7201.92	0.09	0.4321	10派0.2元(含税)
002217	合力泰	117948.34	0.38	0.1625	10派0.38元(含税)
002218	拓日新能	16316.39	0.13	0.0368	10派0.3元(含税)
002219	恒康医疗	20280.93	0.1087	-0.1098	不分配不转增
002220	天宝食品	13380.57	0.24	-0.5315	10转增4股派0.25元(含税)
002221	东华能源	106297.81	0.6562	1.2973	10派0.47元(含税)
002222	福晶科技	13658.60	0.3195	0.3435	10派1元(含税)
002223	鱼跃医疗	59202.94	0.59	0.2415	10派1.5元(含税)
002224	三力士	16079.28	0.24	0.2119	10派0.5元(含税)
002225	濮耐股份	2218.85	0.03	0.1475	不分配不转增
002226	江南化工	8174.56	0.0897	0.3277	10派0.65元(含税)
002227	奥特迅	1484.01	0.0673	0.124	10派0.2元(含税)
002228	合兴包装	15390.37	0.15	-0.2352	10派0.5元(含税)
002229	鸿博股份	1076.02	0.0214	0.1348	10派0.6元(含税)
002230	科大讯飞	43467.60	0.33	0.2612	10转增5股派1元(含税)
002231	奥维通信	955.62	0.0268	-0.2567	10派0.1元(含税)
002232	启明信息	5317.93	0.1302	0.0604	10派0.5元(含税)
002233	塔牌集团	72097.70	0.7635	0.798	10派3元(含税)
002234	民和股份	-29055.10	-0.96	-0.2537	不分配不转增
002235	安妮股份	-36507.18	-0.8812	-0.0536	10转增5股
002236	大华股份	237872.68	0.82	0.3154	10派2元(含税)

股票代码	股票简称	净利润(万元)	每股收益(元)	每股经营性现金流量(元)	分配预案
002237	恒邦股份	36095.63	0.4	0.7638	10 派 1 元(含税)
002238	天威视讯	23557.50	0.38	0.8804	10 派 2.5 元(含税)
002239	奥特佳	36699.78	0.12	0.166	10 派 0.15 元(含税)
002240	威华股份	2626.16	0.05	0.1037	不分配不转增
002241	歌尔股份	213922.62	0.68	1.0881	10 派 1 元(含税)
002242	九阳股份	68891.87	0.9	0.0637	10 派 7 元(含税)
002243	通产丽星	4224.33	0.1158	0.1656	10 派 0.5 元(含税)
002244	滨江集团	171141.46	0.55	1.1023	10 派 0.83 元(含税)
002245	澳洋顺昌	35441.81	0.3616	0.0876	10 派 0.4 元(含税)
002246	北化股份	10848.09	0.21	0.3743	10 派 0.4 元(含税)
002247	帝龙文化	54912.19	0.65	0.379	10 派 0.7 元(含税)
002248	华东数控	3713.73	0.1208	0.3794	不分配不转增
002249	大洋电机	41775.10	0.18	0.0584	10 派 1.1 元(含税)
002250	联化科技	20134.12	0.22	0.636	10 派 1 元(含税)
002251	步步高	14645.33	0.1695	1.3023	10 派 1 元(含税)
002252	上海莱士	83582.86	0.17	0.0533	10 派 0.17 元(含税)
002253	川大智胜	4544.48	0.2	0.4415	10 派 1.2 元(含税)
002254	泰和新材	10006.78	0.16	0.5032	10 派 0.5 元(含税)
002255	海陆重工	9710.44	0.157	0.35	不分配不转增
002256	兆新股份	15358.45	0.08	0.0927	10 派 0.75 元(含税)
002258	利尔化学	40196.73	0.77	0.6922	不分配不转增
002259	升达林业	1371.65	0.018	0.0218	不分配不转增
002260	德奥通航	-51347.82	-1.94	-0.2763	不分配不转增
002261	拓维信息	6634.96	0.06	0.1269	10 派 0.1 元(含税)
002262	恩华药业	39463.43	0.3911	0.4482	10 派 0.5 元(含税)
002263	大东南	-56759.31	-0.3	0.0244	不分配不转增
002264	新华都	-5244.34	-0.08	-0.0019	不分配不转增
002265	西仪股份	1967.92	0.06	0.4274	不分配不转增
002266	浙富控股	8653.66	0.04	0.1475	10 派 0.1 元(含税)
002267	陕天然气	39542.91	0.3556	1.0081	10 派 3 元(含税)
002268	卫士通	16905.49	0.2109	-0.0609	10 派 0.5 元(含税)
002269	美邦服饰	-30479.98	-0.12	-0.1271	不分配不转增
002270	华明装备	30645.97	0.61	-0.511	10 转增 5 股派 1.2 元(含税)
002271	东方雨虹	123883.68	1.4	0.0272	10 转增 7 股派 1.5 元(含税)
002272	川润股份	643.89	0.0153	0.0104	不分配不转增
002273	水晶光电	35602.15	0.54	0.5404	10 转增 3 股派 1 元(含税)
002274	华昌化工	5731.49	0.0903	-0.0648	10 派 1 元(含税)
002275	桂林三金	46440.23	0.79	0.6571	10 派 4 元(含税)
002276	万马股份	11495.17	0.12	-0.9082	不分配不转增
002277	友阿股份	30774.70	0.2188	0.4385	10 派 0.5 元(含税)
002278	神开股份	1062.38	0.03	0.0682	不分配不转增
002279	久其软件	30694.34	0.4351	0.18	10 派 0.3 元(含税)
002280	联络互动	6523.42	0.03	-0.378	不分配不转增
002281	光迅科技	33428.96	0.53	0.447	10 派 1.7 元(含税)
002282	博深工具	5107.93	0.15	0.0926	10 派 1 元(含税)
002283	天润曲轴	33513.34	0.3	-0.081	10 派 0.3 元(含税)
002284	亚太股份	8340.69	0.11	0.2692	10 派 1 元(含税)
002285	世联行	100388.35	0.49	-1.4804	10 派 0.8 元(含税)
002286	保龄宝	4962.19	0.13	-0.0999	10 派 0.9 元(含税)
002287	奇正藏药	30084.24	0.741	0.5661	10 派 4.1 元(含税)
002288	超华科技	3685.50	0.0396	0.0374	不分配不转增
002289	宇顺电子	-12745.41	-0.4548	1.1354	不分配不转增
002290	中科新材	237.12	0.01	-4.1679	10 派 1.2 元(含税)
002291	星期六	-35204.59	-0.88	0.3289	不分配不转增

股票代码	股票简称	净利润(万元)	每股收益(元)	每股经营性现金流量(元)	分配预案
002292	奥飞娱乐	9012.96	0.07	0.1162	不分配不转增
002293	罗莱生活	42787.70	0.6083	0.5651	10派3.5元(含税)
002294	信立泰	145188.73	1.39	1.3936	10派8元(含税)
002295	精艺股份	5883.16	0.2351	-1.2544	10派1.5元(含税)
002296	辉煌科技	-15174.28	-0.4029	0.1586	不分配不转增
002297	博云新材	-6238.86	-0.13	0.0445	不分配不转增
002298	中电鑫龙	17221.50	0.2446	0.2145	10派0.5元(含税)
002299	圣农发展	31509.67	0.2562	1.1834	不分配不转增
002300	太阳电缆	10184.12	0.19	0.4129	10派1.8元(含税)
002301	齐心集团	14007.18	0.33	-0.3838	10转增5股派0.5元(含税)
002302	西部建设	10574.12	0.1	0.4697	10派0.7元(含税)
002303	美盈森	34818.63	0.2258	0.1713	10派1.3元(含税)
002304	洋河股份	662717.00	4.4	4.5675	10派25.5元(含税)
002305	南国置业	5737.44	0.0331	0.9516	10派0.5元(含税)
002306	*ST云网	-1833.05	-0.02	-0.0126	不分配不转增
002307	北新路桥	5059.81	0.09	0.6387	10转增6股
002308	威创股份	18990.53	0.22	0.2726	10派0.43元(含税)
002309	中利集团	30553.74	0.48	-0.9224	10派1元(含税)
002310	东方园林	217792.17	0.81	1.0904	10派0.65元(含税)
002311	海大集团	120722.52	0.78	0.3137	10派2.5元(含税)
002312	*ST三泰	30239.62	0.22	-0.0505	不分配不转增
002313	日海通讯	10202.08	0.33	0.2306	10派0.35元(含税)
002314	南山控股	64185.70	0.34	-0.262	不分配不转增
002315	焦点科技	7315.42	0.31	-0.5019	10派5元(含税)
002316	键桥通讯	-2434.82	-0.0619	0.0414	不分配不转增
002317	众生药业	42012.11	0.52	0.4542	10派1.8元(含税)
002318	久立特材	13382.42	0.16	-0.1453	10派1.5元(含税)
002319	乐通股份	1064.82	0.05	0.4069	10派0.162元(含税)
002320	海峡股份	22779.03	0.45	0.9961	10转增3股派2元(含税)
002321	华英农业	6126.39	0.1147	-0.6162	10派0.5元(含税)
002322	理工环科	27911.79	0.7	0.3822	10派3元(含税)
002323	雅百特	26409.27	0.3541	-0.7017	10派0.35元(含税)
002324	普利特	17423.21	0.64	-0.6756	10转增5股派1元(含税)
002325	洪涛股份	13718.77	0.11	-0.1112	10派0.2元(含税)
002326	永太科技	18223.61	0.22	0.0238	10派1元(含税)
002327	富安娜	49346.70	0.6	0.4219	10派2.5元(含税)
002328	新朋股份	9206.09	0.21	0.8877	10派0.45元(含税)
002329	皇氏集团	5674.00	0.0677	0.7307	10派0.1元(含税)
002330	得利斯	742.35	0.015	0.172	10派0.08元(含税)
002331	皖通科技	8271.76	0.2361	0.0854	不分配不转增
002332	仙琚制药	20663.01	0.23	0.1828	10派0.6元(含税)
002333	罗普斯金	-3895.69	-0.0775	-0.079	不分配不转增
002334	英威腾	22585.50	0.2992	-0.1276	10派1.5元(含税)
002335	科华恒盛	42620.81	1.55	0.6017	10派10元(含税)
002336	人人乐	-53841.16	-1.346	0.5034	不分配不转增
002337	赛象科技	1449.57	0.02	0.1897	10派0.1元(含税)
002338	奥普光电	3846.83	0.16	-0.0196	10派0.3元(含税)
002339	积成电子	7152.89	0.19	0.066	10派0.4元(含税)
002340	格林美	61033.93	0.16	0.0611	10派0.26元(含税)
002341	新纶科技	17253.05	0.3429	0.1797	10转增10股派0.35元(含税)
002342	巨力索具	-1716.18	-0.018	0.1075	不分配不转增
002343	慈文传媒	40842.16	1.29	0.4748	10转增4股派1.8元(含税)
002344	海宁皮城	30126.23	0.23	0.4257	10派1.2元(含税)
002345	潮宏基	28424.47	0.33	0.3365	10派1元(含税)

股票代码	股票简称	净利润(万元)	每股收益(元)	每股经营性现金流量(元)	分配预案
002346	柘中股份	25925.58	0.59	0.0135	10派2元(含税)
002347	泰尔股份	-7423.36	-0.1652	-0.0904	不分配不转增
002348	高乐股份	5508.91	0.0582	-0.0751	不分配不转增
002349	精华制药	17532.00	0.2086	0.0903	10派0.5元(含税)
002350	北京科锐	7218.97	0.1869	0.2258	不分配不转增
002351	漫步者	11653.24	0.2	-0.0542	10派1元(含税)
002352	顺丰控股	477068.97	1.12	1.3848	10派2.2元(含税)
002353	杰瑞股份	6778.96	0.07	0.4635	10派1.2元(含税)
002354	天神娱乐	101967.62	1.1742	0.9545	10派0.2元(含税)
002355	兴民智通	6216.74	0.12	-0.0991	10派0.1元(含税)
002356	赫美集团	14399.05	0.4638	-0.8032	10转增7股派1元(含税)
002357	富临运业	10319.42	0.3292	0.6685	10派1元(含税)
002358	森源电气	44672.48	0.48	-0.1208	10派1.4元(含税)
002359	北讯集团	21763.13	0.2148	0.4988	不分配不转增
002360	同德化工	9612.92	0.25	0.3961	10派1.5元(含税)
002361	神剑股份	12443.60	0.14	-0.2141	10派0.5元(含税)
002362	汉王科技	4325.49	0.202	0.1914	不分配不转增
002363	隆基机械	5607.41	0.14	0.6685	10派0.2元(含税)
002364	中恒电气	6377.43	0.11	0.0083	10派1元(含税)
002365	永安药业	13315.07	0.71	1.0044	10转增5股派1元(含税)
002366	台海核电	101397.97	1.17	-0.1162	10派1.17元(含税)
002367	康力电梯	32616.10	0.4089	0.3625	10派1.5元(含税)
002368	太极股份	29194.06	0.7027	0.7735	10派2.11元(含税)
002369	卓翼科技	2049.07	0.04	0.0748	10派0.6元(含税)
002370	亚太药业	20215.21	0.38	0.2378	10派1元(含税)
002371	北方华创	12561.02	0.2743	0.069	10派0.28元(含税)
002372	伟星新材	82128.57	0.83	0.9341	10转增3股派6元(含税)
002373	千方科技	36466.83	0.33	0.1826	10派0.4元(含税)
002374	丽鹏股份	9005.78	0.1	-0.5978	不分配不转增
002375	亚厦股份	35768.69	0.27	0.1185	10派0.4元(含税)
002376	新北洋	28643.18	0.45	0.6693	10派2元(含税)
002377	国创高新	4318.54	0.08	0.2831	不分配不转增
002378	章源钨业	3141.88	0.03	-0.2053	10派0.2元(含税)
002379	宏创控股	3943.14	0.0426	-0.0927	不分配不转增
002380	科远股份	10922.33	0.46	0.5779	10派1.5元(含税)
002381	双箭股份	11251.55	0.26	0.2347	10派1元(含税)
002382	蓝帆医疗	20086.43	0.41	0.4603	10派2元(含税)
002383	合众思壮	24192.67	0.3278	-1.1403	10派0.5元(含税)
002384	东山精密	52619.36	0.54	0.1501	10转增5股派0.5元(含税)
002385	大北农	126521.19	0.31	0.1685	10派0.8元(含税)
002386	天原集团	10265.38	0.1528	0.8699	不分配不转增
002387	黑牛食品	1533.03	0.0327	0.7695	不分配不转增
002388	新亚制程	6496.21	0.14	0.2515	10派0.2元(含税)
002389	南洋科技	18670.40	0.43	0.1661	10派0.2元(含税)
002390	信邦制药	31938.35	0.19	0.1183	10派0.3元(含税)
002391	长青股份	22789.82	0.634	1.4328	10派3元(含税)
002392	北京利尔	16222.05	0.14	0.0678	10派0.15元(含税)
002393	力生制药	11681.72	0.64	0.9824	10派3元(含税)
002394	联发股份	36028.65	1.113	0.9137	10派5元(含税)
002395	双象股份	1308.95	0.0732	0.1469	不分配不转增
002396	星网锐捷	47230.28	0.8528	0.4753	10派1.5元(含税)
002397	梦洁股份	5126.37	0.07	0.1488	10派0.6元(含税)
002398	建研集团	19109.13	0.56	0.2158	10转增10股派2元(含税)
002399	海普瑞	13133.03	0.1053	-0.3264	10派0.45元(含税)

股票代码	股票简称	净利润(万元)	每股收益(元)	每股经营性现金流量(元)	分配预案
002400	省广集团	-18410.58	-0.11	0.2023	不分配不转增
002401	中远海科	7595.10	0.2505	0.4699	10派0.5元(含税)
002402	和而泰	17810.37	0.21	0.2199	10派0.25元(含税)
002403	爱仕达	17273.89	0.49	0.3058	10派1.5元(含税)
002404	嘉欣丝绸	11177.69	0.21	0.0997	10派1.8元(含税)
002405	四维图新	26519.96	0.2186	0.3043	10派0.42元(含税)
002406	远东传动	18721.18	0.33	0.3244	10派1.2元(含税)
002407	多氟多	25651.20	0.41	0.0432	10派2元(含税)
002408	齐翔腾达	84961.20	0.48	0.1648	10派1.2元(含税)
002409	雅克科技	3452.80	0.1004	0.0165	10派0.11元(含税)
002410	广联达	47224.42	0.422	0.5321	10派2.5元(含税)
002411	必康股份	89262.58	0.5825	0.0232	10派1元(含税)
002412	汉森制药	10880.68	0.3676	0.3981	不分配不转增
002413	雷科防务	12256.26	0.11	-0.1449	10派0.3元(含税)
002414	高德红外	5844.48	0.0936	0.051	10派0.15元(含税)
002415	海康威视	941085.51	1.03	0.7989	10派5元(含税)
002416	爱施德	37896.76	0.367	-1.4939	10转增2股派2元(含税)
002417	深南股份	767.18	0.03	0.3493	不分配不转增
002418	康盛股份	20806.98	0.18	-1.5226	10派0.3元(含税)
002419	天虹股份	71819.26	0.8975	1.4037	10转增5股派4.5元(含税)
002420	毅昌股份	-47852.76	-1.19	0.06	不分配不转增
002421	达实智能	31182.58	0.1635	0.1092	10派0.3元(含税)
002422	科伦药业	74854.42	0.52	0.7656	10派2.09元(含税)
002423	中原特钢	-25792.04	-0.5128	0.0032	不分配不转增
002424	贵州百灵	52613.74	0.37	0.0566	10派0.8元(含税)
002425	凯撒文化	25457.15	0.31	0.245	10派1元(含税)
002426	胜利精密	46225.78	0.1351	-0.0537	10派0.3元(含税)
002427	ST尤夫	32752.45	0.82	0.8431	10派0.1元(含税)
002428	云南锗业	846.44	0.01	0.1635	不分配不转增
002429	兆驰股份	60292.75	0.13	-0.2529	不分配不转增
002430	杭氧股份	36070.40	0.41	0.8824	10派0.75元(含税)
002431	棕榈股份	30427.36	0.21	0.152	10派0.3元(含税)
002432	九安医疗	-16586.12	-0.38	-0.2123	不分配不转增
002433	太安堂	29039.86	0.38	0.1001	不分配不转增
002434	万里扬	64309.52	0.48	0.1758	10派1.5元(含税)
002435	长江润发	33469.36	0.68	0.9843	10转增7股派5元(含税)
002436	兴森科技	16474.87	0.11	0.2708	10派0.3元(含税)
002437	誉衡药业	30967.57	0.1409	0.2965	10派0.15元(含税)
002438	江苏神通	6239.96	0.13	0.3134	10派0.25元(含税)
002439	启明星辰	45189.20	0.51	0.4954	10派0.5元(含税)
002440	闰土股份	93485.09	1.22	0.791	10转增5股派4.5元(含税)
002441	众业达	20062.30	0.37	-0.0621	10派1.2元(含税)
002442	龙星化工	4995.90	0.1041	0.6956	不分配不转增
002443	金洲管道	16265.16	0.31	-0.1245	10派1元(含税)
002444	巨星科技	54982.31	0.51	0.4181	不分配不转增
002445	中南文化	29285.95	0.36	0.206	10转增7股派0.4元(含税)
002446	盛路通信	10077.74	0.13	0.1622	10派0.15元(含税)
002447	晨鑫科技	27137.35	0.19	0.1771	不分配不转增
002448	中原内配	27922.97	0.4723	0.3947	10派1元(含税)
002449	国星光电	35913.39	0.7549	1.3408	10转增3股派3.2元(含税)
002450	康得新	247438.18	0.7	1.0348	10派0.7元(含税)
002451	摩恩电气	5922.62	0.13	0.1844	不分配不转增
002452	长高集团	6089.75	0.116	0.5818	10派0.3元(含税)
002453	天马精化	1566.59	0.03	0.3269	不分配不转增

股票代码	股票简称	净利润(万元)	每股收益(元)	每股经营性现金流量(元)	分配预案
002454	松芝股份	36610.39	0.87	0.8238	10 转增 5 股派 1 元(含税)
002455	百川股份	10457.46	0.22	0.4237	10 派 1 元(含税)
002456	欧菲科技	100972.03	0.38	0.1213	10 派 0.56 元(含税)
002457	青龙管业	1926.76	0.06	0.3007	10 派 1 元(含税)
002458	益生股份	-31036.82	-0.92	-0.4179	不分配不转增
002459	天业通联	2216.80	0.06	-0.0808	不分配不转增
002460	赣锋锂业	146907.81	1.98	0.6793	10 转增 5 股派 4 元(含税)
002461	珠江啤酒	18536.39	0.18	0.447	10 转增 10 股派 1 元(含税)
002462	嘉事堂	26364.16	1.05	-1.493	10 派 1.5 元(含税)
002463	沪电股份	20351.77	0.1216	0.0923	10 派 0.5 元(含税)
002464	众应互联	19222.46	0.83	1.3243	10 转增 4 股
002465	海格通信	29328.42	0.13	0.0762	10 派 0.8 元(含税)
002466	天齐锂业	214503.88	1.94	3.1122	10 派 2 元(含税)
002467	二六三	3098.69	0.04	0.1804	不分配不转增
002468	申通快递	148783.62	0.97	1.3706	10 派 2 元(含税)
002469	三维工程	5726.27	0.11	-0.0406	10 派 0.5 元(含税)
002470	金正大	71549.94	0.23	0.4719	10 派 0.8 元(含税)
002471	中超控股	8371.84	0.066	0.0572	10 派 0.1 元(含税)
002472	双环传动	24260.11	0.36	0.2948	10 派 0.6 元(含税)
002473	*ST 圣莱	-5689.83	-0.3556	0.0051	不分配不转增
002474	榕基软件	3276.32	0.0527	0.1382	10 派 0.1 元(含税)
002475	立讯精密	169056.81	0.53	0.0532	10 转增 3 股派 0.6 元(含税)
002476	宝莫股份	827.04	0.0135	0.1437	10 派 0.1 元(含税)
002477	雏鹰农牧	4518.88	0.01	0.0243	10 派 0.2 元(含税)
002478	常宝股份	14367.55	0.17	0.5814	10 派 1 元(含税)
002479	富春环保	34444.18	0.43	0.5929	10 派 1 元(含税)
002480	新筑股份	1245.64	0.0193	-0.2369	10 派 0.2 元(含税)
002481	双塔食品	3689.92	0.03	0.035	10 派 0.1 元(含税)
002482	广田集团	64670.77	0.42	0.6839	10 派 0.5 元(含税)
002483	润邦股份	8507.40	0.13	0.0466	10 派 0.5 元(含税)
002484	江海股份	19002.86	0.2331	0.2935	10 派 0.8 元(含税)
002485	希努尔	3664.54	0.1145	0.0218	10 转增 7 股
002486	嘉麟杰	2809.47	0.0338	-0.0296	不分配不转增
002487	大金重工	4149.95	0.08	-0.2116	10 派 0.1 元(含税)
002488	金固股份	5398.31	0.09	-0.5704	不分配不转增
002489	浙江永强	7824.66	0.04	0.0895	10 派 0.1 元(含税)
002490	山东墨龙	3803.85	0.05	0.0407	不分配不转增
002491	通鼎互联	59503.53	0.478	0.4509	10 派 0.5 元(含税)
002492	恒基达鑫	6496.12	0.1604	0.314	10 派 0.5 元(含税)
002493	荣盛石化	200123.85	0.52	1.0568	10 转增 5 股派 1.2 元(含税)
002494	华斯股份	-7544.65	-0.2	0.5845	不分配不转增
002495	佳隆股份	2141.44	0.0229	0.0798	10 派 0.1 元(含税)
002496	辉丰股份	40808.14	0.27	0.3575	10 派 0.3 元(含税)
002497	雅化集团	23833.44	0.25	0.1891	10 派 0.2 元(含税)
002498	汉缆股份	25013.78	0.08	-0.0927	10 派 0.36 元(含税)
002499	科林环保	4160.84	0.22	-5.6862	10 派 0.2 元(含税)
002500	山西证券	40890.13	0.14	-0.2093	10 派 0.9 元(含税)
002501	利源精制	52315.07	0.44	1.0547	不分配不转增
002502	骅威文化	36526.63	0.42	0.1129	10 派 0.5 元(含税)
002503	搜于特	61282.88	0.2	-0.2823	10 派 2 元(含税)
002504	*ST 弘高	-14842.80	-0.14	-0.5194	不分配不转增
002505	大康农业	2377.62	0.0043	-0.1779	不分配不转增
002506	协鑫集成	2385.31	0.005	0.0119	不分配不转增
002507	涪陵榨菜	41414.22	0.52	0.6623	10 派 1.5 元(含税)

股票代码	股票简称	净利润(万元)	每股收益(元)	每股经营性现金流量(元)	分配预案
002508	老板电器	146121.35	1.54	1.3236	10派7.5元(含税)
002509	天广中茂	60789.94	0.24	-0.2254	10派0.15元(含税)
002510	天汽模	9326.21	0.11	0.1498	10派0.3元(含税)
002511	中顺洁柔	34906.56	0.47	0.7729	10转增7股派1元(含税)
002512	达华智能	17122.53	0.1563	0.031	10派0.45元(含税)
002513	蓝丰生化	3544.68	0.1	0.1627	不分配不转增
002514	宝馨科技	3968.79	0.07	0.0784	不分配不转增
002515	金字火腿	10796.81	0.11	0.019	不分配不转增
002516	旷达科技	38474.90	0.255	0.5227	10派1元(含税)
002517	恺英网络	161021.74	1.12	0.5176	10转增5股派1.2元(含税)
002518	科士达	37143.94	0.64	0.6782	10派2元(含税)
002519	银河电子	18728.66	0.16	0.037	不分配不转增
002520	日发精机	5716.94	0.1	0.4215	10派1元(含税)
002521	齐峰新材	16051.14	0.32	-0.4971	10派2元(含税)
002522	浙江众成	6800.33	0.08	-0.2207	10派0.6元(含税)
002523	天桥起重	11684.61	0.12	0.1624	10转增4股派0.5元(含税)
002524	光正集团	541.64	0.01	0.2411	不分配不转增
002526	山东矿机	7133.52	0.1336	0.2545	10转增7股
002527	新时达	13766.95	0.22	0.0858	10派0.7元(含税)
002528	英飞拓	12725.18	0.1216	-0.0273	不分配不转增
002529	海源机械	700.85	0.027	-0.1507	不分配不转增
002530	金财互联	23047.42	0.47	0.3823	10转增6股派0.5元(含税)
002531	天顺风能	46951.18	0.26	-0.0731	10派0.33元(含税)
002532	新界泵业	12970.97	0.25	0.2124	10派2元(含税)
002533	金杯电工	12421.00	0.226	-0.3224	10派1元(含税)
002534	杭锅股份	41733.28	0.57	0.7189	10派2元(含税)
002535	林州重机	3506.81	0.04	0.2664	不分配不转增
002536	西泵股份	24155.21	0.72	0.3375	10派3元(含税)
002537	海联金汇	41394.58	0.33	-0.1262	10派0.5元(含税)
002538	司尔特	21296.19	0.3	0.0628	10派1.5元(含税)
002539	云图控股	10439.17	0.1	1.0603	10派0.8元(含税)
002540	亚太科技	30363.47	0.2867	-0.0813	10派0.6元(含税)
002541	鸿路钢构	20951.33	0.6	0.546	10转增5股派0.65元(含税)
002542	中化岩土	23655.80	0.13	0.0829	10派0.2元(含税)
002543	万和电气	41340.05	0.9395	1.9844	10转增3股派5元(含税)
002544	杰赛科技	20172.75	0.35	0.3227	10派1.1元(含税)
002545	东方铁塔	25126.15	0.1909	0.1821	10派0.5元(含税)
002546	新联电子	11228.05	0.13	0.2391	10派1.2元(含税)
002547	春兴精工	-35914.06	-0.32	-0.0326	不分配不转增
002548	金新农	6765.78	0.18	0.5477	10派1元(含税)
002549	凯美特气	5188.75	0.0832	0.2436	10派0.5元(含税)
002550	千红制药	18300.49	0.14	0.0692	10派0.8元(含税)
002551	尚荣医疗	17516.02	0.26	0.3334	10派0.5元(含税)
002552	宝鼎科技	-13505.86	-0.45	0.2029	不分配不转增
002553	南方轴承	7854.58	0.2257	0.2271	10派2元(含税)
002554	惠博普	8890.02	0.08	-0.1424	10派0.1元(含税)
002555	三七互娱	162058.24	0.76	0.8528	10派1元(含税)
002556	辉隆股份	13661.97	0.1904	0.6181	10派0.7元(含税)
002557	洽洽食品	31922.21	0.63	0.5778	10派3.5元(含税)
002558	巨人网络	129031.63	0.64	0.7378	10派2元(含税)
002559	亚威股份	9470.82	0.2552	0.3066	10派1.75元(含税)
002560	通达股份	1202.68	0.03	-0.3248	10派0.2元(含税)
002561	徐家汇	23719.40	0.57	0.6555	10派3.6元(含税)
002562	兄弟科技	40304.27	0.76	0.2274	10转增6股派2元(含税)

股票代码	股票简称	净利润(万元)	每股收益(元)	每股经营性现金流量(元)	分配预案
002563	森马服饰	113792.93	0.42	0.8132	10派2.5元(含税)
002564	天沃科技	22514.56	0.31	-0.6926	不分配不转增
002565	顺灏股份	10319.07	0.15	0.2789	不分配不转增
002566	益盛药业	6006.96	0.1815	0.8178	10派0.5元(含税)
002567	唐人神	31030.55	0.39	0.4992	10派1.5元(含税)
002568	百润股份	18264.53	0.22	0.3497	不分配不转增
002569	步森股份	-3380.70	-0.24	-0.0712	不分配不转增
002570	*ST因美	-105704.45	-1.0338	-0.1496	不分配不转增
002571	德力股份	5057.88	0.129	0.3126	不分配不转增
002572	索菲亚	90677.09	0.98	1.3457	10派4.5元(含税)
002573	清新环境	65165.79	0.6072	-0.0701	10派1元(含税)
002574	明牌珠宝	8725.37	0.17	0.3565	10派0.5元(含税)
002575	群兴玩具	-2141.28	-0.0364	0.0797	不分配不转增
002576	通达动力	392.07	0.02	-0.0305	10派0.1元(含税)
002577	雷柏科技	1887.57	0.07	-0.0003	不分配不转增
002578	闽发铝业	3833.04	0.04	0.0184	10派0.2元(含税)
002579	中京电子	2374.40	0.06	0.1053	10派1元(含税)
002580	圣阳股份	3116.83	0.09	0.0648	不分配不转增
002581	未名医药	38841.16	0.5887	0.4109	不分配不转增
002582	好想你	10689.57	0.21	0.4382	10派0.7元(含税)
002583	海能达	24486.29	0.14	-0.134	10派0.25元(含税)
002584	西陇科学	8984.57	0.15	-0.0329	不分配不转增
002585	双星新材	7465.12	0.0678	0.0113	10派0.1元(含税)
002586	围海股份	21332.40	0.22	0.0761	10派0.5元(含税)
002587	奥拓电子	13201.41	0.22	0.0153	10派1元(含税)
002588	史丹利	27112.54	0.23	0.2126	10派0.5元(含税)
002589	瑞康医药	100821.18	0.67	-1.6096	10派0.68元(含税)
002590	万安科技	12781.75	0.27	0.332	10派0.3元(含税)
002591	恒大高新	1474.52	0.0519	0.1231	10派3元(含税)
002592	八菱科技	13504.23	0.48	0.1916	10派2.5元(含税)
002593	日上集团	6784.81	0.1	-0.0543	10派0.5元(含税)
002594	比亚迪	406647.80	1.4	2.3341	10派1.41元(含税)
002595	豪迈科技	67582.79	0.84	0.5298	10派3.75元(含税)
002596	海南瑞泽	17620.44	0.18	-0.0974	10派0.2元(含税)
002597	金禾实业	102226.85	1.81	1.9556	10派6元(含税)
002598	山东章鼓	6951.04	0.2228	0.1216	不分配不转增
002599	盛通股份	9254.44	0.29	-0.0167	10派0.5元(含税)
002600	领益智造	140476.95	0.6	0.2482	不分配不转增
002601	龙蟒佰利	250241.40	1.25	1.1652	10派5.5元(含税)
002602	世纪华通	78274.03	0.76	0.1936	不分配不转增
002603	以岭药业	54070.51	0.45	0.0952	10派1元(含税)
002604	ST龙力	-348332.89	-5.81	-0.4176	不分配不转增
002605	姚记扑克	7682.94	0.1934	0.1627	10派1元(含税)
002606	大连电瓷	5931.23	0.15	0.2062	10派0.15元(含税)
002607	亚夏汽车	7345.35	0.09	-0.1542	10派0.2元(含税)
002608	江苏国信	217967.30	0.67	1.0024	不分配不转增
002609	捷顺科技	20888.40	0.3151	0.0484	10派1.2元(含税)
002610	爱康科技	11345.53	0.025	0.194	不分配不转增
002611	东方精工	49049.83	0.5	-0.0829	10转增6股派0.45元(含税)
002612	朗姿股份	18757.13	0.4689	0.3234	10派1.5元(含税)
002613	北玻股份	-5926.10	-0.0632	-0.0051	不分配不转增
002614	奥佳华	34518.02	0.63	0.5399	10派1元(含税)
002615	哈尔斯	10980.11	0.27	0.0926	10派2元(含税)
002616	长青集团	8758.04	0.1189	0.0377	不分配不转增

股票代码	股票简称	净利润(万元)	每股收益(元)	每股经营性现金流量(元)	分配预案
002617	露笑科技	30838.94	0.42	-1.3887	10转增5股派0.2元(含税)
002618	丹邦科技	2537.36	0.05	0.3881	10派0.05元(含税)
002619	艾格拉斯	41397.09	0.26	0.2165	10派0.1元(含税)
002620	瑞和股份	13253.66	0.37	0.175	10派1.5元(含税)
002621	三垒股份	1835.44	0.05	0.0943	不分配不转增
002622	融钰集团	7191.63	0.09	-0.1989	不分配不转增
002623	亚玛顿	-2299.16	-0.14	0.7656	不分配不转增
002624	完美世界	150470.87	1.14	0.6118	10派1.7元(含税)
002625	光启技术	8085.57	0.07	0.0076	10转增7股派0.11元(含税)
002626	金达威	47405.06	0.77	0.7903	10派4元(含税)
002627	宜昌交运	11082.94	0.757	0.5089	10转增10股派1.5元(含税)
002628	成都路桥	2242.61	0.0304	0.3056	不分配不转增
002629	仁智股份	186.32	0.0045	-0.4796	不分配不转增
002630	华西能源	19270.42	0.2611	0.0547	10转增6股派0.3元(含税)
002631	德尔未来	8564.44	0.13	0.3666	10派0.2元(含税)
002632	道明光学	12375.29	0.21	0.203	10派0.5元(含税)
002633	申科股份	541.25	0.04	0.0387	不分配不转增
002634	棒杰股份	4826.13	0.1	0.2475	10派0.5元(含税)
002635	安洁科技	39148.01	0.61	0.3959	10派1元(含税)
002636	金安国纪	53733.63	0.738	0.9167	不分配不转增
002637	赞宇科技	15942.61	0.38	0.4486	10派2元(含税)
002638	勤上股份	8419.67	0.06	-0.0716	不分配不转增
002639	雪人股份	-5889.33	-0.09	-0.0022	不分配不转增
002640	跨境通	75099.37	0.52	-0.2036	10派0.53元(含税)
002641	永高股份	19265.43	0.17	0.1835	10派0.26元(含税)
002642	荣之联	-20208.23	-0.3168	0.158	不分配不转增
002643	万润股份	38527.84	0.42	0.6735	10派1.53元(含税)
002644	佛慈制药	7409.28	0.1451	0.1301	10派0.13元(含税)
002645	华宏科技	12389.79	0.592	1.0141	10转增7股派0.8元(含税)
002646	青青稞酒	-9416.43	-0.2093	0.0627	10派0.7元(含税)
002647	民盛金科	-21574.16	-0.58	-1.5415	10转增5股
002648	卫星石化	94245.68	1.04	0.5323	10派0.88元(含税)
002649	博彦科技	21764.45	0.426	0.3228	10派0.83元(含税)
002650	加加食品	15928.36	0.14	0.0025	不分配不转增
002651	利君股份	12873.78	0.13	0.0933	10派0.6元(含税)
002652	扬子新材	8530.07	0.17	0.2269	10派0.5元(含税)
002653	海思科	23755.32	0.22	0.3627	10派2.8元(含税)
002654	万润科技	13612.96	0.16	0.0535	10派0.5元(含税)
002655	共达电声	-17491.85	-0.49	0.2056	不分配不转增
002656	摩登大道	13468.10	0.31	0.6386	10转增6股派0.15元(含税)
002657	中科金财	-23666.12	-0.7	0.3212	不分配不转增
002658	雪迪龙	21478.82	0.36	0.4129	10派0.72元(含税)
002659	凯文教育	2325.91	0.05	-0.3611	不分配不转增
002660	茂硕电源	1306.50	0.05	0.7142	不分配不转增
002661	克明面业	11267.52	0.338	-0.0791	10派2元(含税)
002662	京威股份	31672.38	0.25	0.355	10派0.64元(含税)
002663	普邦股份	15188.47	0.09	0.1615	10派0.09元(含税)
002664	长鹰信质	25582.47	0.64	0.667	10派0.65元(含税)
002665	首航节能	9389.46	0.0435	-0.1002	10派0.110955元(含税)
002666	德联集团	15373.73	0.2	-0.1429	10派0.47元(含税)
002667	鞍重股份	2316.15	0.17	0.1932	10转增7股派0.24元(含税)
002668	奥马电器	38149.20	0.61	-1.3114	10转增7股派0.62元(含税)
002669	康达新材	4377.83	0.19	0.2454	10派0.37元(含税)
002670	国盛金控	58064.25	0.3877	-2.5641	10转增3股派0.1元(含税)

股票代码	股票简称	净利润(万元)	每股收益(元)	每股经营性现金流量(元)	分配预案
002671	龙泉股份	5358.33	0.11	0.0274	10派0.12元(含税)
002672	东江环保	47337.60	0.55	0.7559	10派1.61元(含税)
002673	西部证券	75227.09	0.2303	-1.2721	10派0.7元(含税)
002674	兴业科技	4513.69	0.1494	0.1183	10派5元(含税)
002675	东诚药业	17263.36	0.2454	0.297	10派0.27元(含税)
002676	顺威股份	-4803.98	-0.0667	0.01	不分配不转增
002677	浙江美大	30519.21	0.48	0.6935	10派4.65元(含税)
002678	珠江钢琴	16470.13	0.17	0.2106	10转增3股派0.8元(含税)
002679	福建金森	5549.05	0.4	0.5538	10转增7股派5元(含税)
002680	长生生物	56627.71	0.5829	0.499	10派4元(含税)
002681	奋达科技	44329.14	0.34	0.2368	10转增4股派0.6元(含税)
002682	龙洲股份	16719.77	0.48	-0.0711	10转增5股派0.9元(含税)
002683	宏大爆破	16263.74	0.23	0.5659	10派1元(含税)
002684	猛狮科技	-13414.51	-0.24	-2.3794	不分配不转增
002685	华东重机	13193.23	0.1701	-0.2526	10派0.3元(含税)
002686	亿利达	14052.86	0.319	0.0681	10派0.7元(含税)
002687	乔治白	7528.63	0.21	0.3953	10派1.5元(含税)
002688	金河生物	10842.39	0.17	0.0429	10派0.3元(含税)
002689	远大智能	3573.54	0.0377	-0.0359	10转增1股派1元(含税)
002690	美亚光电	36466.51	0.5394	0.6534	10派5元(含税)
002691	冀凯股份	927.74	0.05	0.2285	10转增7股派0.1元(含税)
002692	睿康股份	7487.22	0.1043	-0.1771	10派0.1元(含税)
002693	双成药业	631.48	0.02	-0.0556	不分配不转增
002694	顾地科技	11378.41	0.2	0.3444	10派0.04元(含税)
002695	煌上煌	14090.41	0.282	0.2659	10派0.7元(含税)
002696	百洋股份	11319.99	0.6119	1.3754	10转增7股派3.5元(含税)
002697	红旗连锁	16492.99	0.12	0.3527	10派0.21元(含税)
002698	博实股份	12954.42	0.19	0.1628	10派0.8元(含税)
002699	美盛文化	19078.53	0.21	0.219	不分配不转增
002700	新疆浩源	7577.38	0.18	0.2573	10派0.3元(含税)
002701	奥瑞金	70385.81	0.3	0.8027	10派1.76元(含税)
002702	海欣食品	-2728.19	-0.0567	0.0187	不分配不转增
002703	浙江世宝	3265.61	0.0414	-0.0483	不分配不转增
002705	新宝股份	40802.39	0.5121	0.5679	10派3元(含税)
002706	良信电器	21020.01	0.41	0.3267	10转增5股派2.5元(含税)
002707	众信旅游	23262.40	0.28	0.227	10派0.28元(含税)
002708	光洋股份	1205.70	0.0257	0.3223	10派0.2元(含税)
002709	天赐材料	30473.02	0.92	-0.2336	10派1.8元(含税)
002711	欧浦智网	21007.86	0.2	-0.0826	不分配不转增
002712	思美传媒	23108.87	0.76	-0.5813	10派1.1元(含税)
002713	东易日盛	21757.67	0.86	2.2479	10派11元(含税)
002714	牧原股份	236552.94	2.12	1.5427	10转增8股派6.9元(含税)
002715	登云股份	895.66	0.1	0.3515	不分配不转增
002716	金贵银业	25345.49	0.47	0.6703	10转增7股派1元(含税)
002717	岭南股份	50928.20	1.23	-1.1949	10转增13股派1.75元(含税)
002718	友邦吊顶	12920.23	1.47	2.3782	10派4元(含税)
002719	麦趣尔	1883.55	0.17	0.4452	10转增6股派0.49元(含税)
002721	金一文化	18239.01	0.27	-1.9948	10派0.35元(含税)
002722	金轮股份	8573.57	0.49	0.1374	10派1元(含税)
002723	金莱特	766.77	0.0411	0.3268	不分配不转增
002724	海洋王	15195.87	0.2533	0.2561	10转增2股派1元(含税)
002725	跃岭股份	1592.94	0.1	0.309	10转增6股
002726	龙大肉食	18812.10	0.25	0.1174	10派0.5元(含税)
002727	一心堂	42271.41	0.812	0.6889	10派3元(含税)

股票代码	股票简称	净利润(万元)	每股收益(元)	每股经营性现金流量(元)	分配预案
002728	特一药业	10634.28	0.53	0.5148	10 派 5 元(含税)
002729	好利来	2277.56	0.34	0.3204	10 派 1 元(含税)
002730	电光科技	5609.20	0.17	0.1912	10 派 0.35 元(含税)
002731	萃华珠宝	6256.12	0.42	0.5038	10 派 0.5 元(含税)
002732	燕塘乳业	12076.78	0.77	1.0702	10 派 6 元(含税)
002733	雄韬股份	3632.28	0.1	-0.5157	10 派 0.5 元(含税)
002734	利民股份	13732.36	0.83	0.4436	10 转增 7 股派 5 元(含税)
002735	王子新材	3864.32	0.48	0.1179	10 派 0.92 元(含税)
002736	国信证券	457477.76	0.52	-2.7979	10 派 1.5 元(含税)
002737	葵花药业	42399.66	1.45	1.9136	10 转增 10 股派 10 元(含税)
002738	中矿资源	5479.16	0.2847	0.036	10 派 0.5 元(含税)
002739	万达电影	151567.52	1.2907	1.693	10 转增 5 股派 2 元(含税)
002740	爱迪尔	6034.07	0.18	-1.0754	10 派 0.2 元(含税)
002741	光华科技	9261.95	0.2475	0.1907	10 派 1 元(含税)
002742	三圣股份	18033.07	0.42	0.4152	10 派 0.7 元(含税)
002743	富煌钢构	7023.18	0.21	-1.9529	10 派 0.42 元(含税)
002745	木林森	66854.82	1.27	2.0601	10 转增 10 股派 2.47 元(含税)
002746	仙坛股份	10196.93	0.56	1.3204	10 转增 7 股派 4 元(含税)
002747	埃斯顿	9305.40	0.11	-0.0267	10 派 0.72 元(含税)
002748	世龙实业	15055.98	0.6273	0.5121	10 派 2 元(含税)
002749	国光股份	18529.74	2.4706	2.5543	10 转增 7 股派 20 元(含税)
002750	龙津药业	3515.95	0.0878	0.145	10 派 0.3 元(含税)
002751	易尚展示	4748.98	0.34	0.4258	10 派 0.7 元(含税)
002752	昇兴股份	9251.79	0.11	0.314	10 派 0.5 元(含税)
002753	永东股份	23700.20	1.0672	-0.0362	10 转增 5 股派 1.61 元(含税)
002755	东方新星	1096.69	0.11	-0.4964	10 转增 7 股派 0.35 元(含税)
002756	永兴特钢	35165.96	0.98	0.8957	10 派 2 元(含税)
002757	南兴装备	10818.87	0.9895	1.0477	10 派 3 元(含税)
002758	华通医药	4206.38	0.2	0.1137	10 派 0.8 元(含税)
002759	天际股份	2218.26	0.05	-0.0042	10 派 0.5 元(含税)
002760	凤形股份	-8509.57	-0.97	-0.0532	不分配不转增
002761	多喜爱	2313.74	0.19	0.4323	10 转增 7 股派 0.26 元(含税)
002762	金发拉比	9156.71	0.45	0.3843	10 转增 7.5 股派 1.5 元(含税)
002763	汇洁股份	22231.86	0.57	1.2406	10 派 3 元(含税)
002765	蓝黛传动	12557.10	0.3	0.2405	10 派 0.5 元(含税)
002766	索菱股份	14221.95	0.35	0.2324	10 派 0.25 元(含税)
002767	先锋电子	4590.23	0.31	0.0448	10 派 0.56 元(含税)
002768	国恩股份	20306.43	0.85	0.2282	10 派 1.3 元(含税)
002769	普路通	6824.70	0.18	0.9756	10 派 0.33 元(含税)
002770	科迪乳业	12668.93	0.12	0.2989	10 派 0.18 元(含税)
002771	真视通	6928.15	0.43	0.3801	10 派 1.5 元(含税)
002772	众兴菌业	14227.31	0.39	0.5554	10 派 1 元(含税)
002773	康弘药业	64419.90	0.96	1.1362	10 派 2.8 元(含税)
002774	快意电梯	7497.54	0.2389	0.2529	10 派 0.67 元(含税)
002775	文科园林	24419.38	0.9847	-0.52	10 转增 6 股派 1 元(含税)
002776	柏堡龙	12930.73	0.54	-0.0592	10 派 1 元(含税)
002777	久远银海	9079.55	0.57	0.8692	10 派 2.5 元(含税)
002778	高科石化	3067.04	0.34	0.2228	10 派 0.7 元(含税)
002779	中坚科技	2369.58	0.18	0.2925	10 派 0.36 元(含税)
002780	三夫户外	-1290.87	-0.13	-0.3107	不分配不转增
002781	奇信股份	14960.30	0.66	-0.6173	10 派 0.67 元(含税)
002782	可立克	5742.14	0.1348	0.1905	10 派 2 元(含税)
002783	凯龙股份	11501.32	0.55	0.7495	10 转增 6 股派 2 元(含税)
002785	万里石	-644.05	-0.03	-0.0838	不分配不转增

股票代码	股票简称	净利润(万元)	每股收益(元)	每股经营性现金流量(元)	分配预案
002786	银宝山新	6454.91	0.17	-0.0153	10派0.17元(含税)
002787	华源控股	9328.46	0.33	0.5238	10派2元(含税)
002788	鹭燕医药	13057.89	1.02	-3.4889	10送5股派2元(含税)
002789	建艺集团	9145.65	1.13	0.7598	10转增7股派1.38元(含税)
002790	瑞尔特	16041.39	1	1.3438	10转增6股派5元(含税)
002791	坚朗五金	19109.72	0.59	-0.1376	10派1元(含税)
002792	通宇通讯	11054.39	0.49	0.1194	10派0.5元(含税)
002793	东音股份	11585.17	0.58	0.5114	10派1元(含税)
002795	永和智控	5802.84	0.29	0.1194	10派2.5元(含税)
002796	世嘉科技	2569.25	0.32	0.5103	10派2元(含税)
002797	第一创业	42285.11	0.12	0.1308	10派0.2元(含税)
002798	帝王洁具	5452.51	0.63	1.1166	10转增7股派2元(含税)
002799	环球印务	2260.87	0.15	0.3461	不分配不转增
002800	天顺股份	4122.46	0.55	-0.9733	10派1.2元(含税)
002801	微光股份	10756.71	0.91	0.6843	10派5元(含税)
002802	洪汇新材	7211.84	0.67	0.3321	10派3.5元(含税)
002803	吉宏股份	8003.43	0.69	-0.543	10派1.3元(含税)
002805	丰元股份	3790.17	0.39	0.2466	10派0.7元(含税)
002806	华锋股份	2850.10	0.21	0.3391	10派0.8元(含税)
002807	江阴银行	80844.97	0.4574	1.1508	10派1元(含税)
002808	苏州恒久	3044.66	0.159	0.0142	10派0.5元(含税)
002809	红墙股份	8064.49	0.67	-0.4251	10派2元(含税)
002810	山东赫达	4632.25	0.4847	0.6916	10转增2股
002811	亚泰国际	10775.78	0.6	0.1463	10派2元(含税)
002812	创新股份	15592.35	1.15	1.2598	10转增10股派11元(含税)
002813	路畅科技	2453.18	0.2	-1.3259	10派0.59元(含税)
002815	崇达技术	44390.31	1.0827	1.7094	10转增10股派5.4元(含税)
002816	和科达	1616.82	0.16	-0.5537	10派0.26元(含税)
002817	黄山胶囊	4642.04	0.54	0.5126	10派1.1元(含税)
002818	富森美	65119.98	1.48	2.227	10派6元(含税)
002819	东方中科	2281.36	0.2013	-0.4132	10派0.4元(含税)
002820	桂发祥	9260.48	0.72	0.6322	10转增6股派3元(含税)
002821	凯莱英	34128.77	1.51	0.8535	10派3.5元(含税)
002822	中装建设	16075.00	0.27	-0.2972	10派0.5元(含税)
002823	凯中精密	15251.25	0.53	0.5679	10派1.58元(含税)
002824	和胜股份	6518.85	0.3699	0.07	10派0.67元(含税)
002825	纳尔股份	3633.46	0.36	1.0126	10转增4股派1元(含税)
002826	易明医药	6047.66	0.32	0.4074	10派0.6元(含税)
002827	高争民爆	11128.49	0.6	0.6105	10派4元(含税)
002828	贝肯能源	7001.50	0.6	0.7697	10转增7股派1.1元(含税)
002829	星网宇达	6274.35	0.41	-0.3425	10派0.2元(含税)
002830	名雕股份	5157.96	0.39	1.3539	10派1.2元(含税)
002831	裕同科技	93190.10	2.3297	1.459	10派6元(含税)
002832	比音勒芬	18022.40	1.69	1.1859	10转增7股派10元(含税)
002833	弘亚数控	23448.05	1.75	1.6697	10派2.4元(含税)
002835	同为股份	2045.10	0.09	-0.1698	10派0.3元(含税)
002836	新宏泽	4759.27	0.3	0.1788	10派2.5元(含税)
002837	英维克	8560.67	0.43	-0.2991	10派0.6元(含税)
002838	道恩股份	9379.78	0.74	0.2666	10转增10股派1.6元(含税)
002839	张家港行	76310.23	0.43	3.046	10派1元(含税)
002840	华统股份	11845.45	0.68	1.0241	10转增5股派1.27元(含税)
002841	视源股份	69108.16	1.72	2.2571	10转增6股派6元(含税)
002842	翔鹭钨业	6888.37	0.7	-0.9802	10转增7股派2元(含税)
002843	泰嘉股份	5067.49	0.37	0.6414	10派1.5元(含税)

股票代码	股票简称	净利润(万元)	每股收益(元)	每股经营性现金流量(元)	分配预案
002845	同兴达	14921.54	0.77	0.3305	10派0.8元(含税)
002846	英联股份	4540.18	0.24	0.1302	10派0.5元(含税)
002847	盐津铺子	6573.73	0.54	0.0953	10派2元(含税)
002848	高斯贝尔	1498.46	0.0935	-0.3894	不分配不转增
002849	威星智能	5320.45	0.64	0.2431	10转增5股派1.2元(含税)
002850	科达利	16601.57	1.24	-0.5303	10转增5股派3元(含税)
002851	麦格米特	11705.33	0.6873	0.513	10转增5股派1.5元(含税)
002852	道道全	19135.30	1.2	-0.3531	10转增7股派2.3元(含税)
002853	皮阿诺	10298.36	0.67	0.5789	10派1.6元(含税)
002855	捷荣技术	5178.43	0.23	-0.5775	10派0.5元(含税)
002856	美芝股份	4245.73	0.45	0.2289	10转增2股派1.5元(含税)
002857	三晖电气	3325.40	0.44	0.0502	10转增6股派0.6元(含税)
002858	力盛赛车	4073.66	0.69	0.4239	10转增10股派2元(含税)
002859	洁美科技	19622.03	0.79	0.4249	10派1.6元(含税)
002860	星帅尔	8940.39	1.26	1.0289	10转增5股派3元(含税)
002861	瀛通通讯	8578.82	0.76	0.5252	10派3元(含税)
002862	实丰文化	4339.88	0.59	0.4542	10派0.6元(含税)
002863	今飞凯达	6087.65	0.3	-0.8146	10转增7股派0.9元(含税)
002864	盘龙药业	4371.90	0.65	0.3282	10派1元(含税)
002865	钧达股份	6744.26	0.61	-0.4299	10派1.8元(含税)
002866	传艺科技	7776.63	0.59	0.5349	10转增7股派1.2元(含税)
002867	周大生	59207.48	1.31	0.7426	10派6元(含税)
002868	绿康生化	8592.50	0.78	0.8009	10派2.5元(含税)
002869	金溢科技	8941.79	0.85	0.1212	10派3元(含税)
002870	香山股份	7148.96	0.72	0.4133	10派2元(含税)
002871	伟隆股份	6072.30	1	0.9278	10转增7股派3元(含税)
002872	天圣制药	24857.54	1.31	-0.263	10转增5股派2.36元(含税)
002873	新天药业	6611.68	1.0715	0.901	10转增7股派2元(含税)
002875	安奈儿	6886.98	0.77	0.5169	10转增3股派2元(含税)
002876	三利谱	8220.39	1.15	-1.7632	10派3元(含税)
002877	智能自控	4764.66	0.44	-0.2935	10转增7股派0.8元(含税)
002878	元隆雅图	7145.20	1.06	0.48	10转增7股派4元(含税)
002879	长缆科技	12095.45	1.03	0.3951	10转增4股派1.5元(含税)
002880	卫光生物	15474.92	1.64	0.2649	10派5元(含税)
002881	美格智能	5628.52	0.6	-0.159	10转增7股派1元(含税)
002882	金龙羽	19022.36	0.49	-0.2281	10派1元(含税)
002883	中设股份	4908.72	1.05	0.3146	10转增6股派2元(含税)
002884	凌霄泵业	18836.59	2.85	1.5947	10转增6股派8元(含税)
002885	京泉华	5823.54	0.83	0.4888	10转增5股派0.75元(含税)
002886	沃特股份	4036.14	0.59	-1.0631	10转增5股派1.1元(含税)
002887	绿茵生态	17835.49	2.6101	0.0972	10转增10股派6元(含税)
002888	惠威科技	3361.17	0.47	0.1408	10转增5股派2元(含税)
002889	东方嘉盛	11834.35	1	1.381	不分配不转增
002890	弘宇股份	4010.26	0.7	0.3266	10派0.6元(含税)
002891	中宠股份	7367.38	0.88	0.7564	10派1元(含税)
002892	科力尔	6544.63	0.91	0.5392	10派1.26元(含税)
002893	华通热力	5221.31	0.54	0.9179	10派1元(含税)
002895	川恒股份	13341.38	0.3574	0.3014	10派1.5元(含税)
002896	中大力德	5984.24	0.9	0.9888	10派1.8元(含税)
002897	意华股份	9397.87	1.08	0.7877	10转增6股派5元(含税)
002898	赛隆药业	6450.51	0.4962	0.532	10派1元(含税)
002899	英派斯	8317.00	0.85	0.4743	10派0.72元(含税)
002900	哈三联	18107.55	1.06	1.0587	10转增5股派5元(含税)
002901	大博医疗	29555.63	0.8	0.7716	10派4元(含税)

股票代码	股票简称	净利润(万元)	每股收益(元)	每股经营性现金流量(元)	分配预案
002902	铭普光磁	8035.78	0.71	0.1624	10派1.5元(含税)
002903	宇环数控	7897.98	1	0.9324	10转增5股派3元(含税)
002905	金逸影视	21153.11	1.59	2.4441	10转增6股派6元(含税)
002906	华阳集团	28005.04	0.68	0.3633	10派2.5元(含税)
002907	华森制药	11198.75	0.3054	0.2033	10派0.71元(含税)
002908	德生科技	5752.06	0.5449	0.3969	10派2元(含税)
002909	集泰股份	4524.30	0.48	0.615	10转增4股派2.5元(含税)
002910	庄园牧场	6835.19	0.46	0.7024	10派0.73元(含税)
002911	佛燃股份	34740.59	0.69	1.059	10派3元(含税)
002912	中新赛克	13233.12	2.57	3.1538	10转增6股派7.5元(含税)
002913	奥士康	17315.15	1.56	1.6759	10派3.1元(含税)
002915	中欣氟材	4704.21	0.54	0.3765	10派1.5元(含税)
002916	深南电路	44808.23	2.13	3.2	10派5.1元(含税)
002917	金奥博	6251.66	0.74	0.1424	10派2元(含税)
002918	蒙娜丽莎	30172.10	2.55	2.3473	10转增5股派1.94元(含税)
002919	名臣健康	4850.89	0.79	-0.3274	10派2元(含税)
002920	德赛西威	61644.50	1.37	1.1749	10派3元(含税)
002921	联诚精密	4709.71	0.79	0.2389	10派2.5元(含税)
002922	伊戈尔	7775.55	0.79	0.4784	10派2元(含税)
002923	润都股份	9065.26	1.21	0.7727	10转增2股派7元(含税)
002925	盈趣科技	98386.25	2.59	2.4794	10派8元(含税)
002926	华西证券	101912.48	0.49	0.0692	10派0.38元(含税)
002927	泰永长征	6961.03	0.99	0.1298	10转增3股派1.85元(含税)
002928	华夏航空	37423.07	1.04	1.9	10派1.1元(含税)
002929	润建通信	23940.00	1.45	-1.14	10派1.2元(含税)
002930	宏川智慧	9264.07	0.51	1.26	
002931	锋龙股份	4781.09	0.72	0.86	

数据来源：深圳证券信息有限公司制作，截至2018年5月1日

2017年创业板上市公司年报主要财务指标

股票代码	股票简称	净利润(万元)	每股收益(元)	每股经营性现金流量(元)	分配预案
300001	特锐德	27831.76	0.28	0.054	10派0.5元(含税)
300002	神州泰岳	11955.01	0.061	0.2757	10派0.07元(含税)
300003	乐普医疗	89908.53	0.5053	0.5125	10派1.27元(含税)
300004	南风股份	3010.07	0.06	-0.3502	不分配不转增
300005	探路者	-8485.39	-0.0952	-0.167	不分配不转增
300006	莱美药业	5556.15	0.068	0.0756	10派0.5元(含税)
300007	汉威科技	11032.09	0.38	0.4479	10派0.45元(含税)
300008	天海防务	16413.91	0.171	-0.1306	10派0.18元(含税)
300009	安科生物	27774.26	0.39	0.3939	10转增4股派1.5元(含税)
300010	立思辰	20278.22	0.2326	-0.1905	不分配不转增
300011	鼎汉技术	7373.11	0.1359	0.1325	10派0.2元(含税)
300012	华测检测	13389.83	0.08	0.2107	10派0.25元(含税)
300013	新宁物流	14401.33	0.48	-0.0378	10派0.6元(含税)
300014	亿纬锂能	40336.48	0.47	0.0946	10派1元(含税)
300015	爱尔眼科	74251.45	0.495	0.8732	10转增5股派3元(含税)
300016	北陆药业	11881.67	0.36	0.4446	10派0.37元(含税)
300017	网宿科技	83040.29	0.34	0.2648	10派0.3元(含税)
300018	中元股份	10009.81	0.21	0.2688	10派1元(含税)
300019	硅宝科技	5200.52	0.1572	0.2784	10派1元(含税)
300020	银江股份	13865.42	0.21	-0.3284	10派0.5元(含税)
300021	大禹节水	9543.71	0.16	-0.0177	不分配不转增

股票代码	股票简称	净利润(万元)	每股收益(元)	每股经营性现金流量(元)	分配预案
300022	吉峰农机	-4469.10	-0.1175	0.3962	不分配不转增
300023	宝德股份	3601.47	0.11	-0.8476	不分配不转增
300024	机器人	43237.79	0.2771	-0.2474	10 派 0.5 元(含税)
300025	华星创业	-13344.88	-0.31	0.1592	不分配不转增
300026	红日药业	45072.97	0.15	0.2466	10 派 0.2 元(含税)
300027	华谊兄弟	82828.39	0.3	-0.0773	10 派 0.3 元(含税)
300028	金亚科技	-18693.95	-0.5435	-0.096	不分配不转增
300029	天龙光电	6702.19	0.3351	0.0538	不分配不转增
300030	阳普医疗	1115.85	0.04	0.4605	10 派 0.25 元(含税)
300031	宝通科技	22100.59	0.557	0.7754	10 派 1.15 元(含税)
300032	金龙机电	-41856.29	-0.52	-0.0914	不分配不转增
300033	同花顺	72565.38	1.35	1.0775	10 派 9 元(含税)
300034	钢研高纳	5819.21	0.1381	0.1014	10 派 0.7 元(含税)
300035	中科电气	4748.18	0.0924	0.0065	10 派 0.2 元(含税)
300036	超图软件	19626.60	0.44	0.5547	10 派 0.88 元(含税)
300037	新宙邦	28005.38	0.75	0.4663	10 派 2 元(含税)
300038	梅泰诺	48726.84	1.506	0.6919	10 转增 18 股派 1.5 元(含税)
300039	上海凯宝	27230.47	0.2538	0.2294	10 派 1 元(含税)
300040	九洲电气	10010.56	0.29	-0.6587	10 派 0.5 元(含税)
300041	回天新材	11036.91	0.2671	0.1697	10 派 5 元(含税)
300042	朗科科技	5618.94	0.4206	0.1809	10 派 1.6 元(含税)
300043	星辉娱乐	23003.40	0.18	0.2259	10 派 0.3 元(含税)
300044	赛为智能	18192.03	0.4904	-0.7839	10 转增 8 股派 0.5 元(含税)
300045	华力创通	8131.71	0.15	-0.157	10 派 0.15 元(含税)
300046	台基股份	5338.78	0.3758	0.5279	10 转增 5 股派 2 元(含税)
300047	天源迪科	15593.29	0.42	0.1929	10 派 0.4 元(含税)
300048	合康新能	6760.33	0.06	-0.0619	10 派 0.2 元(含税)
300049	福瑞股份	7186.69	0.27	0.4796	10 派 1 元(含税)
300050	世纪鼎利	11209.41	0.21	0.3736	10 派 0.2 元(含税)
300051	三五互联	6732.60	0.18	0.1694	不分配不转增
300052	中青宝	5029.67	0.19	0.4088	10 派 0.2 元(含税)
300053	欧比特	12087.40	0.194	0.2265	10 派 0.2 元(含税)
300054	鼎龙股份	33634.11	0.35	0.3597	10 派 0.1 元(含税)
300055	万邦达	30537.36	0.353	0.583	10 派 0.7 元(含税)
300056	三维丝	4210.86	0.11	0.4839	不分配不转增
300057	万顺股份	7961.97	0.1811	0.7113	10 派 0.5 元(含税)
300058	蓝色光标	22227.85	0.1	-0.056	10 派 0.206224 元(含税)
300059	东方财富	63690.16	0.1488	-1.4363	10 转增 2 股派 0.2 元(含税)
300061	康旗股份	29857.89	0.57	0.752	10 转增 3 股派 0.57 元(含税)
300062	中能电气	-6997.93	-0.23	-0.3309	不分配不转增
300063	天龙集团	-30582.49	-0.421	0.1614	不分配不转增
300064	豫金刚石	23094.60	0.1916	-0.0002	10 派 0.21 元(含税)
300065	海兰信	10340.55	0.29	0.3813	10 派 0.3 元(含税)
300066	三川智慧	7909.36	0.076	0.0558	10 派 0.2 元(含税)
300067	安诺其	8491.91	0.13	0.0922	10 派 0.5 元(含税)
300068	南都电源	38088.66	0.47	0.3479	10 派 2 元(含税)
300069	金利华电	1792.44	0.15	0.6232	不分配不转增
300070	碧水源	250938.39	0.8	0.8008	10 派 0.9 元(含税)
300071	华谊嘉信	-27711.75	-0.41	-0.1493	不分配不转增
300072	三聚环保	253915.23	1.43	-0.1956	10 转增 3 股派 1 元(含税)
300073	当升科技	25017.43	0.6834	0.3824	10 派 1.3 元(含税)
300074	华平股份	3432.03	0.0638	0.0794	不分配不转增
300075	数字政通	16959.49	0.42	-0.0849	10 派 0.3 元(含税)
300076	GQY 视讯	-10461.79	-0.25	0.104	不分配不转增
300077	国民技术	-48803.59	-0.88	-0.1998	不分配不转增

股票代码	股票简称	净利润(万元)	每股收益(元)	每股经营性现金流量(元)	分配预案
300078	思创医惠	13026.23	0.16	0.2274	10派0.18元(含税)
300079	数码科技	3649.58	0.0265	0.2484	10派0.1元(含税)
300080	易成新能	-102412.59	-2.0368	-0.3654	不分配不转增
300081	恒信东方	9414.44	0.1889	-0.1569	10派0.5元(含税)
300082	奥克股份	20945.42	0.31	0.2048	10派1.55元(含税)
300083	劲胜智能	46079.89	0.32	-0.1234	不分配不转增
300084	海默科技	1288.37	0.0335	0.1191	10派0.15元(含税)
300085	银之杰	2223.85	0.0321	-0.0986	不分配不转增
300086	康芝药业	5019.69	0.1115	0.0404	不分配不转增
300087	荃银高科	6246.19	0.15	0.3214	10派1元(含税)
300088	长信科技	54440.19	0.24	0.2584	10派1元(含税)
300089	文化长城	7346.18	0.17	0.2802	不分配不转增
300090	盛运环保	-131840.11	-0.9988	-1.5962	不分配不转增
300091	金通灵	12489.87	0.2341	-0.4988	10派0.23元(含税)
300092	科新机电	598.51	0.0262	-0.2293	10派0.12元(含税)
300093	金刚玻璃	1790.90	0.08	-0.2476	10派0.1元(含税)
300094	国联水产	14413.26	0.18	-0.487	不分配不转增
300095	华伍股份	5176.97	0.1368	-0.0324	10派0.3元(含税)
300096	易联众	1812.17	0.042	-0.0022	10派0.05元(含税)
300097	智云股份	17031.04	0.62	-0.1669	10派0.6元(含税)
300098	高新兴	40827.15	0.38	0.098	10转增5股派0.4元(含税)
300099	精准信息	10164.41	0.1539	0.1044	10派1元(含税)
300100	双林股份	18216.87	0.46	0.6077	10派1.5元(含税)
300101	振芯科技	3053.98	0.0549	-0.0065	不分配不转增
300102	乾照光电	21056.03	0.3	0.625	10派0.3元(含税)
300103	达刚路机	4333.17	0.2047	0.111	10转增5股
300104	乐视网	-1387804.48	-3.4815	-0.6619	不分配不转增
300105	龙源技术	1598.64	0.0311	-0.1433	不分配不转增
300106	西部牧业	-36702.11	-1.74	0.383	不分配不转增
300107	建新股份	8707.57	0.1593	0.1644	10派1.5元(含税)
300108	吉药控股	20246.40	0.32	0.0734	10派0.5元(含税)
300109	新开源	9282.32	0.55	0.2786	10转增3股派1元(含税)
300110	华仁药业	3753.50	0.0396	0.2141	10派0.2元(含税)
300111	向日葵	2370.20	0.02	0.1835	不分配不转增
300112	万讯自控	4436.50	0.17	0.2286	10派1.2元(含税)
300113	顺网科技	51233.78	0.74	0.9739	10派2元(含税)
300114	中航电测	12944.55	0.22	0.2512	10派0.5元(含税)
300115	长盈精密	57096.55	0.63	0.3074	10派1元(含税)
300116	坚瑞沃能	-368413.54	-1.51	-0.8261	不分配不转增
300117	嘉寓股份	6374.03	0.09	0.0704	10派0.1元(含税)
300118	东方日升	64976.80	0.78	0.4711	10派1元(含税)
300119	瑞普生物	10489.52	0.2593	0.2659	10派1.5元(含税)
300120	经纬电材	5597.38	0.255	0.0588	10转增3股派2元(含税)
300121	阳谷华泰	20354.13	0.72	0.1495	10派3元(含税)
300122	智飞生物	43227.54	0.27	0.1273	10派1.3元(含税)
300123	亚光科技	9655.71	0.26	-0.0202	10派0.2元(含税)
300124	汇川技术	106004.18	0.65	0.2953	10派3元(含税)
300125	易世达	-26424.77	-2.24	0.0427	10转增5股
300126	锐奇股份	444.03	0.01	0.1889	10派0.1元(含税)
300127	银河磁体	19296.54	0.6	0.2194	10派4.5元(含税)
300128	锦富技术	5848.44	0.0686	0.0224	10转增3股派0.1元(含税)
300129	泰胜风能	15369.38	0.21	0.0965	10派0.8元(含税)
300130	新国都	7193.39	0.29	0.1774	10转增8股派1.5元(含税)
300131	英唐智控	14300.32	0.13	-0.4421	10派0.3元(含税)
300132	青松股份	9474.60	0.2455	-0.0123	10派0.5元(含税)

股票代码	股票简称	净利润(万元)	每股收益(元)	每股经营性现金流量(元)	分配预案
300133	华策影视	63443.27	0.36	0.3991	10 派 0.37 元(含税)
300134	大富科技	-51175.78	-0.67	0.1384	不分配不转增
300135	宝利国际	3751.77	0.04	0.3957	10 派 0.1 元(含税)
300136	信维通信	88904.61	0.9081	0.7498	10 派 0.8 元(含税)
300137	先河环保	18816.93	0.55	0.5558	10 转增 6 股派 0.5 元(含税)
300138	晨光生物	14282.98	0.3916	-0.3977	10 转增 4 股派 0.8 元(含税)
300139	晓程科技	-19005.62	-0.69	0.215	不分配不转增
300140	中环装备	7597.86	0.22	-0.2003	10 派 0.5 元(含税)
300141	和顺电气	610.11	0.02	-0.2117	10 派 0.15 元(含税)
300142	沃森生物	-53713.75	-0.3494	-0.0371	不分配不转增
300143	星普医科	12239.62	0.43	0.5785	10 转增 9 股
300144	宋城演艺	106761.21	0.73	1.2144	10 派 1.2 元(含税)
300145	中金环境	59072.43	0.49	0.6383	10 转增 6 股派 0.5 元(含税)
300146	汤臣倍健	76625.56	0.52	0.6491	10 派 3.3 元(含税)
300147	香雪制药	6593.92	0.1	0.1656	10 派 0.3 元(含税)
300148	天舟文化	13401.67	0.16	0.2501	10 派 0.16 元(含税)
300149	量子高科	5780.95	0.14	0.1503	10 派 0.4 元(含税)
300150	世纪瑞尔	4674.56	0.09	-0.071	10 派 1 元(含税)
300151	昌红科技	3469.93	0.07	0.1057	10 派 0.3 元(含税)
300152	科融环境	3746.00	0.05	-0.1424	10 派 0.06 元(含税)
300153	科泰电源	2896.31	0.0905	-0.1485	10 派 1 元(含税)
300154	瑞凌股份	8578.69	0.19	0.4223	10 派 2 元(含税)
300155	安居宝	1329.14	0.02	-0.0367	10 派 0.1 元(含税)
300156	神雾环保	36104.82	0.36	-1.3449	不分配不转增
300157	恒泰艾普	-44613.54	-0.63	-0.2584	不分配不转增
300158	振东制药	30153.59	0.5831	0.0868	10 转增 10 股派 0.4 元(含税)
300159	新研股份	40543.60	0.27	-0.0765	10 派 0.28 元(含税)
300160	秀强股份	11090.29	0.19	0.3262	10 派 0.2 元(含税)
300161	华中数控	3287.00	0.1902	-0.9047	10 派 0.2 元(含税)
300162	雷曼股份	2031.53	0.06	0.0032	10 派 1 元(含税)
300163	先锋新材	-2795.37	-0.059	0.0226	不分配不转增
300164	通源石油	4412.33	0.1	0.0292	10 派 0.2 元(含税)
300165	天瑞仪器	10370.91	0.22	0.2209	10 派 0.7 元(含税)
300166	东方国信	43078.89	0.41	0.2086	不分配不转增
300167	迪威迅	-584.99	-0.0195	-0.1959	不分配不转增
300168	万达信息	32650.70	0.3167	-0.227	10 派 0.38 元(含税)
300169	天晟新材	-3732.26	-0.1145	0.0343	不分配不转增
300170	汉得信息	32375.09	0.38	-0.0291	10 派 0.3 元(含税)
300171	东富龙	12309.78	0.2	0.0333	10 派 0.6 元(含税)
300172	中电环保	11816.16	0.23	0.2906	10 派 0.5 元(含税)
300173	智慧松德	6718.40	0.11	-0.0704	10 派 0.3 元(含税)
300174	元力股份	4867.67	0.1988	0.3861	10 派 0.5 元(含税)
300175	朗源股份	3960.09	0.084	0.2544	10 派 0.1 元(含税)
300176	鸿特精密	49115.52	4.5783	9.1754	10 转增 9 股派 11 元(含税)
300177	中海达	6701.21	0.1534	0.2512	10 派 0.15 元(含税)
300178	腾邦国际	28373.13	0.5	-0.3134	10 派 0.47 元(含税)
300179	四方达	6157.01	0.1289	0.4049	10 派 1 元(含税)
300180	华峰超纤	24929.17	0.45	0.2825	10 转增 8 股派 0.5 元(含税)
300181	佐力药业	4514.03	0.07	0.0107	10 派 0.2 元(含税)
300182	捷成股份	107440.42	0.4205	0.192	10 派 0.42 元(含税)
300183	东软载波	23805.43	0.5252	0.6042	10 派 3.5 元(含税)
300184	力源信息	32381.85	0.5426	0.032	10 派 0.5 元(含税)
300185	通裕重工	21351.80	0.07	0.0267	10 派 0.4 元(含税)
300187	永清环保	14352.05	0.22	-0.2518	10 派 0.3 元(含税)
300188	美亚柏科	27171.63	0.56	0.4023	10 转增 6 股派 2 元(含税)

股票代码	股票简称	净利润(万元)	每股收益(元)	每股经营性现金流量(元)	分配预案
300189	神农基因	-1634.57	-0.016	0.3816	不分配不转增
300190	维尔利	13870.31	0.32	0.1442	10转增8股派1元(含税)
300191	潜能恒信	-1677.88	-0.05	0.2087	10派0.1元(含税)
300192	科斯伍德	576.48	0.02	0.1105	不分配不转增
300193	佳士科技	14377.09	0.29	0.4082	10派0.5元(含税)
300194	福安药业	28481.47	0.24	0.3811	10派1元(含税)
300195	长荣股份	14830.75	0.36	0.0265	不分配不转增
300196	长海股份	20194.05	0.48	0.8898	10派1元(含税)
300197	铁汉生态	75711.11	0.5	-0.5624	10转增5股派0.5元(含税)
300198	纳川股份	7117.95	0.069	-0.1049	10派0.1元(含税)
300199	翰宇药业	32972.14	0.36	0.2287	10派2元(含税)
300200	高盟新材	4332.35	0.18	0.1893	10派2元(含税)
300201	海伦哲	16041.71	0.1556	-0.0128	10派0.2元(含税)
300202	聚龙股份	5886.80	0.11	0.3698	10派1元(含税)
300203	聚光科技	44890.70	1	0.1337	10派1.8元(含税)
300204	舒泰神	26302.68	0.55	0.5727	10派2.5元(含税)
300205	天喻信息	2259.69	0.0525	0.4333	10派0.3元(含税)
300206	理邦仪器	4376.70	0.0748	0.1948	10派0.85元(含税)
300207	欣旺达	54380.06	0.43	-0.1165	10派2元(含税)
300208	恒顺众昇	33414.47	0.44	-0.1668	不分配不转增
300209	天泽信息	10835.17	0.37	0.2578	10派0.2元(含税)
300210	森远股份	5542.29	0.11	-0.0908	10派0.12元(含税)
300211	亿通科技	365.66	0.0121	0.0883	10派0.5元(含税)
300212	易华录	20111.84	0.5439	-1.259	10转增2股派1.5元(含税)
300213	佳讯飞鸿	11621.08	0.2	-0.0302	10派0.5元(含税)
300214	日科化学	9508.55	0.23	0.1172	10派1.5元(含税)
300215	电科院	12580.87	0.17	0.5315	10派1元(含税)
300217	东方电热	8335.75	0.0655	-0.0496	10派0.1元(含税)
300218	安利股份	-1666.29	-0.0768	0.6334	不分配不转增
300219	鸿利智汇	35348.98	0.51	0.1583	10派0.5元(含税)
300220	金运激光	-4234.51	-0.3361	0.0031	不分配不转增
300221	银禧科技	21855.82	0.45	0.0185	10派1.2元(含税)
300222	科大智能	33712.70	0.48	-0.0837	10派0.7元(含税)
300223	北京君正	650.11	0.039	-0.1837	10转增2股派0.2元(含税)
300224	正海磁材	10159.66	0.12	0.0662	10派1.2元(含税)
300225	金力泰	4735.49	0.101	0.1876	10派0.4元(含税)
300226	上海钢联	4817.80	0.3023	-7.8993	不分配不转增
300227	光韵达	6137.92	0.42	0.347	10转增5股派0.6元(含税)
300228	富瑞特装	5104.85	0.11	0.0413	10派0.15元(含税)
300229	拓尔思	15813.84	0.3353	0.3412	10派0.5元(含税)
300230	永利股份	29196.85	0.6439	0.7596	10转增8股派1.2元(含税)
300231	银信科技	12300.46	0.3647	-0.0967	10派1.5元(含税)
300232	洲明科技	28429.90	0.47	0.1933	10转增2股派0.5元(含税)
300233	金城医药	28630.41	0.77	0.3862	10派2元(含税)
300234	开尔新材	-608.65	-0.02	0.1833	不分配不转增
300235	方直科技	882.25	0.05	0.0236	不分配不转增
300236	上海新阳	7240.95	0.3737	0.5001	10派1.3元(含税)
300237	美晨生态	60948.47	0.76	-0.2206	10转增8股派0.8元(含税)
300238	冠昊生物	5747.52	0.22	0.0725	10派0.5元(含税)
300239	东宝生物	2241.66	0.0486	-0.0068	10派0.3元(含税)
300240	飞力达	7163.48	0.2	-0.173	不分配不转增
300241	瑞丰光电	13418.64	0.527	0.7775	10转增10股派0.5元(含税)
300242	明家联合	19306.59	0.3	0.0896	10派0.31元(含税)
300243	瑞丰高材	3061.93	0.15	0.3055	10派0.5元(含税)
300244	迪安诊断	34959.30	0.64	0.0699	10派0.25元(含税)

股票代码	股票简称	净利润（万元）	每股收益（元）	每股经营性现金流量（元）	分配预案
300245	天玑科技	5495.43	0.2	0.1454	10 派 0.7 元（含税）
300246	宝莱特	5754.73	0.3939	0.4949	10 派 0.5 元（含税）
300247	乐金健康	6799.51	0.08	-0.1074	10 派 0.3 元（含税）
300248	新开普	11967.12	0.37	0.2016	10 转增 5 股派 0.6 元（含税）
300249	依米康	9094.72	0.2061	-0.1875	10 派 0.25 元（含税）
300250	初灵信息	7789.72	0.34	0.605	10 派 2 元（含税）
300251	光线传媒	81515.69	0.28	-0.0109	10 派 2 元（含税）
300252	金信诺	13012.35	0.29	-0.8152	10 转增 3 股派 0.6 元（含税）
300253	卫宁健康	22903.99	0.1439	0.0496	10 派 0.15 元（含税）
300254	仟源医药	2167.34	0.1	0.1925	10 派 0.5 元（含税）
300255	常山药业	19691.92	0.21	0.1736	10 派 0.2 元（含税）
300256	星星科技	6661.28	0.1	-0.3409	10 转增 5 股派 0.2 元（含税）
300257	开山股份	10435.68	0.12	0.2078	10 派 1 元（含税）
300258	精锻科技	25033.42	0.6181	0.8957	10 派 1.25 元（含税）
300259	新天科技	16095.77	0.3	0.139	10 转增 12 股派 1 元（含税）
300260	新莱应材	2158.10	0.11	0.1951	10 派 0.2 元（含税）
300261	雅本化学	7316.92	0.1363	0.4442	10 转增 5 股派 0.6 元（含税）
300262	巴安水务	14349.49	0.214	-0.6258	不分配不转增
300263	隆华节能	4601.49	0.0522	0.5241	10 派 0.1 元（含税）
300264	佳创视讯	-7373.16	-0.18	-0.2626	不分配不转增
300265	通光线缆	4230.62	0.13	0.5401	10 派 0.15 元（含税）
300266	兴源环境	36161.57	0.35	-0.8675	10 转增 5 股派 0.3 元（含税）
300267	尔康制药	52245.63	0.2533	0.3332	10 派 0.2 元（含税）
300268	佳沃股份	244.94	0.02	-0.3498	不分配不转增
300269	联建光电	10428.58	0.15	0.4939	不分配不转增
300270	中威电子	4554.20	0.17	-0.3904	10 派 0.2 元（含税）
300271	华宇软件	38116.61	0.58	0.6462	10 派 0.5 元（含税）
300272	开能环保	5801.01	0.15	0.1005	10 转增 2 股派 1 元（含税）
300273	和佳股份	9271.05	0.12	-0.7475	10 派 0.3 元（含税）
300274	阳光电源	102419.67	0.71	0.5905	10 派 0.8 元（含税）
300275	梅安森	4201.91	0.255	0.414	不分配不转增
300276	三丰智能	6473.79	0.1691	0.0711	不分配不转增
300277	海联讯	605.33	0.0181	0.0493	10 派 0.15 元（含税）
300278	华昌达	6099.66	0.1119	0.0594	不分配不转增
300279	和晶科技	7680.03	0.1711	-0.0667	10 派 0.3 元（含税）
300280	南通锻压	451.95	0.0353	-0.222	不分配不转增
300281	金明精机	3639.81	0.14	0.0927	10 转增 5 股派 0.21 元（含税）
300282	汇冠股份	2227.85	0.09	-0.1639	不分配不转增
300283	温州宏丰	630.05	0.02	-0.0278	10 派 0.05 元（含税）
300284	苏交科	46386.13	0.82	0.5558	10 转增 4 股派 1.6 元（含税）
300285	国瓷材料	24481.80	0.41	0.2167	10 派 0.5 元（含税）
300286	安科瑞	9458.36	0.67	0.702	10 转增 5 股派 1 元（含税）
300287	飞利信	40410.78	0.28	0.0955	10 派 0.57 元（含税）
300288	朗玛信息	9714.16	0.29	0.207	不分配不转增
300289	利德曼	7306.71	0.17	0.2854	10 派 0.3 元（含税）
300290	荣科科技	1882.01	0.0586	0.0581	10 派 0.12 元（含税）
300291	华录百纳	11019.85	0.1356	0.0873	10 派 0.28 元（含税）
300292	吴通控股	22559.58	0.18	0.065	10 派 0.5 元（含税）
300293	蓝英装备	718.95	0.03	-0.3111	不分配不转增
300294	博雅生物	35658.85	0.89	-0.0594	10 派 1.5 元（含税）
300295	三六五网	9411.29	0.49	-2.3053	10 派 1 元（含税）
300296	利亚德	120978.15	0.74	0.4782	10 转增 5 股派 1.1 元（含税）
300297	蓝盾股份	41380.95	0.35	0.0216	10 派 0.36 元（含税）
300298	三诺生物	25797.19	0.6346	0.5988	10 转增 2 股派 3 元（含税）
300299	富春股份	-17129.20	-0.3	0.245	10 转增 3 股

股票代码	股票简称	净利润(万元)	每股收益(元)	每股经营性现金流量(元)	分配预案
300300	汉鼎宇佑	8514.05	0.19	0.516	10转增5股派0.2元(含税)
300301	长方集团	3623.84	0.0459	0.2603	不分配不转增
300302	同有科技	5082.66	0.12	0.1241	10派0.2元(含税)
300303	聚飞光电	5984.78	0.05	0.0365	10派0.6元(含税)
300304	云意电气	14125.72	0.16	0.1461	10派0.3元(含税)
300305	裕兴股份	6895.82	0.2394	0.1853	10派0.57元(含税)
300306	远方信息	12834.93	0.45	0.2944	10派2元(含税)
300307	慈星股份	23871.55	0.3	0.2276	10派2元(含税)
300308	中际旭创	16150.54	0.5	0.0873	10派0.38元(含税)
300309	吉艾科技	21226.47	0.44	-1.9694	不分配不转增
300310	宜通世纪	23132.62	0.27	0.0827	10派0.51元(含税)
300311	任子行	14926.81	0.33	0.4501	10转增5股派0.3元(含税)
300312	邦讯技术	-14181.28	-0.44	-0.0593	不分配不转增
300313	天山生物	744.43	0.04	0.3989	不分配不转增
300314	戴维医疗	4703.32	0.16	0.1901	10派0.5元(含税)
300315	掌趣科技	26389.44	0.1	0.2427	10派0.1元(含税)
300316	晶盛机电	38664.25	0.39	-0.1635	10转增3股派1元(含税)
300317	珈伟股份	31482.03	0.3685	0.1009	10派0.2元(含税)
300318	博晖创新	3885.10	0.0476	-0.1159	10派0.05元(含税)
300319	麦捷科技	-35119.86	-0.5	0.256	不分配不转增
300320	海达股份	14028.01	0.2657	-0.0075	不分配不转增
300321	同大股份	2448.47	0.2757	0.2823	10派0.6元(含税)
300322	硕贝德	5777.98	0.14	0.109	10派0.3元(含税)
300323	华灿光电	50210.64	0.6	0.6099	10派0.95元(含税)
300324	旋极信息	38929.22	0.3387	0.5683	10转增5股派0.7元(含税)
300325	德威新材	2508.16	0.02	-0.2419	10派0.05元(含税)
300326	凯利泰	19498.14	0.2727	0.2055	10派0.3元(含税)
300327	中颖电子	13363.77	0.6383	0.6666	10转增1股派4.5元(含税)
300328	宜安科技	3276.16	0.08	0.3335	10派0.3元(含税)
300329	海伦钢琴	4098.05	0.1631	0.2538	10派0.29元(含税)
300330	华虹计通	594.91	0.04	-0.0937	不分配不转增
300331	苏大维格	8124.43	0.36	0.2266	10派0.8元(含税)
300332	天壕环境	9017.23	0.1	-0.067	10派0.21元(含税)
300333	兆日科技	1894.43	0.0564	0.083	10派1.2元(含税)
300334	津膜科技	-6656.74	-0.24	-0.2615	不分配不转增
300335	迪森股份	21302.22	0.5867	0.6469	10派1.2元(含税)
300336	新文化	24638.65	0.46	0.5482	10转增5股派0.5元(含税)
300337	银邦股份	783.73	0.0095	-0.0774	10派0.1元(含税)
300338	开元股份	16008.04	0.49	1.0063	10派0.15元(含税)
300339	润和软件	24941.12	0.35	0.2022	10派1元(含税)
300340	科恒股份	12240.10	1.0385	-0.8464	10转增8股派2元(含税)
300341	麦迪电气	13032.42	0.2566	0.3165	10派0.55元(含税)
300342	天银机电	19056.99	0.45	0.1776	10派1.5元(含税)
300343	联创互联	37151.99	0.63	0.7838	10派1.3元(含税)
300344	太空智造	-3278.92	-0.0971	0.1055	不分配不转增
300345	红宇新材	-4989.88	-0.11	0.0358	不分配不转增
300346	南大光电	3383.91	0.2104	0.14	10转增7股派1.2元(含税)
300347	泰格医药	30101.39	0.6018	0.6297	10派2元(含税)
300348	长亮科技	8768.65	0.304	-0.0281	10派0.6元(含税)
300349	金卡智能	34814.21	1.48	1.9531	10转增8股派2元(含税)
300350	华鹏飞	5912.52	0.11	0.0645	10派0.05元(含税)
300351	永贵电器	18124.84	0.47	-0.0968	10派0.75元(含税)
300352	北信源	9145.20	0.0631	-0.0608	10派0.12元(含税)
300353	东土科技	12660.81	0.2449	0.0697	10派0.5元(含税)
300354	东华测试	456.83	0.033	0.1883	10派0.1元(含税)

股票代码	股票简称	净利润(万元)	每股收益(元)	每股经营性现金流量(元)	分配预案
300355	蒙草生态	84398.22	0.53	0.262	10 派 0.87 元(含税)
300356	光一科技	-39240.42	-0.9619	-0.0256	不分配不转增
300357	我武生物	18610.39	1.15	0.9847	10 转增 8 股派 4 元(含税)
300358	楚天科技	16039.62	0.37	0.3333	不分配不转增
300359	全通教育	6629.16	0.1	0.0852	10 派 0.2 元(含税)
300360	炬华科技	15730.80	0.43	0.5874	10 派 0.8 元(含税)
300362	天翔环境	6532.59	0.155	0.0672	10 派 0.2 元(含税)
300363	博腾股份	10744.99	0.25	0.6815	10 派 0.26 元(含税)
300364	中文在线	7752.71	0.11	0.3362	10 派 0.14 元(含税)
300365	恒华科技	19223.70	1.07	-0.2034	10 转增 10 股派 2 元(含税)
300366	创意信息	17267.58	0.3285	0.0011	10 派 0.6 元(含税)
300367	东方网力	38470.65	0.4551	0.1039	10 派 0.45 元(含税)
300368	汇金股份	-16550.22	-0.3043	-0.1635	不分配不转增
300369	绿盟科技	15236.77	0.2	0.0944	10 派 0.6 元(含税)
300370	安控科技	10625.12	0.1108	-0.4486	10 派 0.22 元(含税)
300371	汇中股份	6524.11	0.5437	0.6686	10 派 1.5 元(含税)
300373	扬杰科技	26655.69	0.57	0.5194	10 派 1.24 元(含税)
300374	恒通科技	6993.35	0.36	-0.7263	10 派 1 元(含税)
300375	鹏翎股份	11925.47	0.65	0.6388	10 转增 8 股派 3 元(含税)
300376	易事特	71406.88	0.31	0.1556	10 派 0.31 元(含税)
300377	赢时胜	20846.31	0.2808	-0.1581	10 派 1.5 元(含税)
300378	鼎捷软件	6110.01	0.23	0.8509	10 派 1 元(含税)
300379	东方通	-30728.67	-1.1102	0.3941	不分配不转增
300380	安硕信息	1266.13	0.09	0.0978	10 派 0.2 元(含税)
300381	溢多利	8042.43	0.1977	-0.0107	10 派 0.4 元(含税)
300382	斯莱克	13647.50	0.44	0.0078	10 转增 8 股派 5 元(含税)
300383	光环新网	43586.21	0.3	0.2805	10 派 0.2 元(含税)
300384	三联虹普	9033.05	0.5596	0.147	10 派 3 元(含税)
300385	雪浪环境	6034.25	0.4993	0.3086	10 派 0.7 元(含税)
300386	飞天诚信	12517.45	0.3	0.2462	10 派 0.5 元(含税)
300387	富邦股份	6856.11	0.55	0.3284	10 转增 8 股派 1.1 元(含税)
300388	国祯环保	19417.49	0.65	-1.368	10 转增 8 股派 1.5 元(含税)
300389	艾比森	10600.30	0.3337	0.5855	10 派 0.8 元(含税)
300390	天华超净	3191.19	0.09	0.2558	10 派 0.3 元(含税)
300391	康跃科技	6971.70	0.3714	0.1965	10 派 0.2 元(含税)
300392	腾信股份	-13740.90	-0.36	-0.1243	不分配不转增
300393	中来股份	25857.27	1.44	-2.9758	10 派 5 元(含税)
300394	天孚通信	11123.47	0.5985	0.645	10 派 3.2 元(含税)
300395	菲利华	12177.61	0.4131	0.3907	10 派 1.5 元(含税)
300396	迪瑞医疗	16739.28	1.0916	1.5061	10 转增 8 股派 2.5 元(含税)
300397	天和防务	7009.17	0.29	0.4306	不分配不转增
300398	飞凯材料	8381.24	0.27	0.2772	10 派 0.5 元(含税)
300399	京天利	-2468.44	-0.16	0.0021	10 转增 3 股
300400	劲拓股份	8033.68	0.33	0.2744	不分配不转增
300401	花园生物	13040.33	0.72	0.7654	10 转增 15 股派 1.4 元(含税)
300402	宝色股份	1053.82	0.05	0.1797	10 派 0.11 元(含税)
300403	地尔汉宇	16074.10	0.48	0.5823	10 转增 8 股派 1.6 元(含税)
300404	博济医药	-2448.86	-0.18	0.1953	不分配不转增
300405	科隆股份	2281.33	0.2335	-0.4867	10 送 1 转增 2 股派 0.25 元(含税)
300406	九强生物	27315.14	0.55	0.4143	10 派 1.5 元(含税)
300407	凯发电气	6414.64	0.24	-0.2254	10 派 0.5 元(含税)
300408	三环集团	108344.34	0.63	0.5612	10 派 2 元(含税)
300409	道氏技术	15211.95	0.71	-0.2942	10 转增 8 股派 2.2 元(含税)
300410	正业科技	19758.53	1.05	-0.013	10 派 1.02 元(含税)
300411	金盾股份	7115.06	0.4	0.1972	10 转增 8 股派 0.5 元(含税)

股票代码	股票简称	净利润(万元)	每股收益(元)	每股经营性现金流量(元)	分配预案
300412	迦南科技	4396.39	0.17	-0.1011	10派1.1元(含税)
300413	快乐购	7253.74	0.18	-0.1498	10派0.5元(含税)
300414	中光防雷	3849.59	0.23	-0.1157	10派0.8元(含税)
300415	伊之密	27548.83	0.64	0.3376	10派1.8元(含税)
300416	苏试试验	6128.16	0.49	0.4609	10派1元(含税)
300417	南华仪器	3723.74	0.4563	0.5278	10派2.5元(含税)
300418	昆仑万维	99866.61	0.89	0.9079	10派0.87元(含税)
300419	浩丰科技	5903.98	0.16	0.2839	10派0.35元(含税)
300420	五洋停车	7756.69	0.16	-0.0966	10转增4股派0.6元(含税)
300421	力星股份	7397.34	0.5666	0.3561	10派2.7元(含税)
300422	博世科	14670.42	0.41	-0.4219	10派0.42元(含税)
300423	鲁亿通	2763.60	0.26	0.2206	10转增6股
300424	航新科技	6669.66	0.28	-0.4068	不分配不转增
300425	环能科技	9241.13	0.2516	0.1446	10转增8股派2.3元(含税)
300426	唐德影视	19259.48	0.48	-0.4489	10派0.5元(含税)
300427	红相股份	11795.00	0.38	0.8319	10派0.73元(含税)
300428	四通新材	10477.93	0.43	0.0879	10转增2股派3.3元(含税)
300429	强力新材	12659.09	0.4922	0.3362	10派1元(含税)
300430	诚益通	8960.14	0.52	-0.1194	10转增5股派0.56元(含税)
300431	暴风集团	5513.93	0.17	-1.4865	10派0.14元(含税)
300432	富临精工	37122.33	0.7279	-0.4133	10派2元(含税)
300433	蓝思科技	204697.74	0.78	1.5852	10转增5股派2.300141元(含税)
300434	金石东方	11586.85	0.66	0.7743	10派1.1元(含税)
300435	中泰股份	6020.35	0.25	0.1004	10派2元(含税)
300436	广生堂	3356.53	0.24	0.504	10派1元(含税)
300437	清水源	11325.89	0.5188	0.1209	10派1.1元(含税)
300438	鹏辉能源	25139.65	0.92	-0.025	10派1元(含税)
300439	美康生物	21419.32	0.62	-0.3701	10派1.25元(含税)
300440	运达科技	11887.12	0.26	0.1895	10派0.55元(含税)
300441	鲍斯股份	15097.17	0.42	0.6024	10转增8股派1元(含税)
300442	普丽盛	875.46	0.09	0.2081	10派0.18元(含税)
300443	金雷风电	15027.75	0.6313	0.8504	不分配不转增
300444	双杰电气	10454.39	0.3518	0.1114	10转增8股派0.6元(含税)
300445	康斯特	5301.37	0.3201	0.4541	10派0.8元(含税)
300446	乐凯新材	10437.88	0.85	0.9568	10派4元(含税)
300447	全信股份	12279.08	0.424	0.1925	10派0.6元(含税)
300448	浩云科技	11118.51	0.54	0.5153	10转增8股派1.02元(含税)
300449	汉邦高科	4753.86	0.32	-1.3075	不分配不转增
300450	先导智能	53750.00	1.2863	0.0703	10转增10股派2.3元(含税)
300451	创业软件	16324.42	0.7	0.7167	10转增10股派1元(含税)
300452	山河药辅	5033.58	0.54	0.6844	10转增5股派2元(含税)
300453	三鑫医疗	4238.96	0.27	0.3923	10派1元(含税)
300454	深信服	57351.93	1.59	2.13	
300455	康拓红外	7175.65	0.18	0.085	10送3股派0.8元(含税)
300456	耐威科技	4843.44	0.26	0.4063	10转增5股派0.5元(含税)
300457	赢合科技	22091.64	0.72	-0.15	10派1元(含税)
300458	全志科技	1733.04	0.05	0.2774	10派0.25元(含税)
300459	金科文化	39393.35	0.25	0.1374	10派0.2元(含税)
300460	惠伦晶体	2335.69	0.14	0.6311	10派0.3元(含税)
300461	田中精机	2122.40	0.32	-0.5939	10送5转增3股派0.65元(含税)
300462	华铭智能	4523.10	0.33	0.0697	10派1元(含税)
300463	迈克生物	37413.22	0.67	0.1416	10派1.35元(含税)
300464	星徽精密	1508.69	0.0721	0.2064	不分配不转增
300465	高伟达	3502.05	0.08	-0.1788	不分配不转增
300466	赛摩电气	2555.40	0.05	0.0279	10派0.1元(含税)

股票代码	股票简称	净利润(万元)	每股收益(元)	每股经营性现金流量(元)	分配预案
300467	迅游科技	10240.08	0.61	0.3541	10 派 0.35 元(含税)
300468	四方精创	8816.34	0.84	0.4602	10 转增 8 股派 2.5 元(含税)
300469	信息发展	3320.79	0.486	0.1202	10 转增 8 股派 1 元(含税)
300470	日机密封	12004.48	1.13	0.6768	10 派 2.5 元(含税)
300471	厚普股份	3248.37	0.087	-0.3723	10 派 0.18 元(含税)
300472	新元科技	2089.00	0.21	0.16	10 派 0.32 元(含税)
300473	德尔股份	13134.04	1.3006	0.3982	10 派 3 元(含税)
300474	景嘉微	11882.94	0.44	0.0792	10 派 1.5 元(含税)
300475	聚隆科技	8740.31	0.44	0.4559	10 派 0.88 元(含税)
300476	胜宏科技	28181.86	0.72	0.8367	10 转增 8 股派 3 元(含税)
300477	合纵科技	13125.52	0.45	0.2756	10 转增 8 股派 1 元(含税)
300478	杭州高新	4234.00	0.64	0.1712	10 转增 9 股派 1.5 元(含税)
300479	神思电子	1714.38	0.1071	-0.3062	10 派 0.3 元(含税)
300480	光力科技	3842.98	0.21	0.0176	10 派 0.5 元(含税)
300481	濮阳惠成	7416.31	0.46	0.2603	10 转增 5 股派 3.5 元(含税)
300482	万孚生物	21069.50	1.2	0.9483	10 转增 8 股派 5 元(含税)
300483	沃施股份	581.44	0.09	1.3179	10 派 0.3 元(含税)
300484	蓝海华腾	12826.84	0.62	0.3658	10 派 1 元(含税)
300485	赛升药业	28160.41	1.17	0.4509	10 转增 10 股派 2.4 元(含税)
300486	东杰智能	3654.81	0.26	0.7411	10 派 0.25 元(含税)
300487	蓝晓科技	9318.57	0.46	0.3674	10 派 0.85 元(含税)
300488	恒锋工具	9605.27	0.93	0.7587	10 派 2.6 元(含税)
300489	中飞股份	1252.57	0.138	-0.3102	10 派 0.13 元(含税)
300490	华自科技	5712.45	0.28	-0.0513	10 派 0.5 元(含税)
300491	通合科技	1071.75	0.07	0.1067	10 派 0.2 元(含税)
300492	山鼎设计	2061.31	0.25	0.1787	10 派 1.8 元(含税)
300493	润欣科技	5441.48	0.18	0.1722	不分配不转增
300494	盛天网络	8589.20	0.36	0.2386	10 派 0.98 元(含税)
300495	美尚生态	28411.70	0.4777	-0.3268	10 派 0.5 元(含税)
300496	中科创达	7804.43	0.197	0.4491	10 派 0.8 元(含税)
300497	富祥股份	17755.04	1.63	1.8763	10 转增 10 股派 5 元(含税)
300498	温氏股份	675111.90	1.2932	1.5313	10 派 4 元(含税)
300499	高澜股份	4125.54	0.34	-0.2536	不分配不转增
300500	启迪设计	7041.63	0.58	0.6924	10 派 1.2 元(含税)
300501	海顺新材	6581.12	0.98	0.8191	10 转增 5 股派 5 元(含税)
300502	新易盛	11109.09	0.4772	-0.3068	10 派 1.2 元(含税)
300503	昊志机电	7526.00	0.3	0.1121	10 派 0.55 元(含税)
300504	天邑股份	22994.86	1.1466	0.3821	10 派 1.5 元(含税)
300505	川金诺	6057.96	0.6489	1.0281	10 派 1.3 元(含税)
300506	名家汇	17365.85	0.58	-0.7877	不分配不转增
300507	苏奥传感	10113.26	0.84	0.7694	10 派 1.7 元(含税)
300508	维宏股份	8069.56	1.4202	0.818	10 转增 6 股派 2.4 元(含税)
300509	新美星	5929.36	0.74	1.0747	10 转增 9 股派 6 元(含税)
300510	金冠电气	12565.50	0.64	0.1474	不分配不转增
300511	雪榕生物	12240.52	0.61	1.3377	10 转增 9 股派 1.2 元(含税)
300512	中亚股份	18581.08	0.69	0.4878	10 派 10 元(含税)
300513	恒泰实达	3703.55	0.3039	-0.4539	不分配不转增
300514	友讯达	7186.17	0.7839	0.2513	10 转增 10 股派 1 元(含税)
300515	三德科技	2380.92	0.119	0.1218	10 派 0.75 元(含税)
300516	久之洋	4454.20	0.37	-1.0591	10 派 1.11 元(含税)
300517	海波重科	3491.75	0.34	-1.3801	10 派 0.31 元(含税)
300518	盛讯达	6322.70	0.68	0.4262	10 派 1.1 元(含税)
300519	新光药业	10615.92	0.66	0.7765	10 派 2.5 元(含税)
300520	科大国创	1837.44	0.09	-0.016	10 派 0.25 元(含税)
300521	爱司凯	3668.03	0.25	0.2397	10 派 0.5 元(含税)

股票代码	股票简称	净利润(万元)	每股收益(元)	每股经营性现金流量(元)	分配预案
300522	世名科技	5342.48	0.4452	0.3411	10派2元(含税)
300523	辰安科技	9101.31	0.632	0.7503	10派1.3元(含税)
300525	博思软件	5468.51	0.8026	0.78	10转增8股派2.1元(含税)
300526	中潜股份	4343.83	0.2558	0.4619	10派0.5元(含税)
300527	华舟应急	19300.58	0.407	0.1474	10送1转增7股派0.25元(含税)
300528	幸福蓝海	11246.33	0.3	0.8288	10派1元(含税)
300529	健帆生物	28441.40	0.69	0.7299	10派3.5元(含税)
300530	达志科技	5411.90	0.77	0.4285	10派6.19元(含税)
300531	优博讯	4861.33	0.17	0.207	10派0.2元(含税)
300532	今天国际	9320.48	0.61	-0.0005	10转增8股派3元(含税)
300533	冰川网络	9702.10	0.97	0.22	10派4元(含税)
300534	陇神戎发	1711.22	0.0564	-0.0068	10派0.12元(含税)
300535	达威股份	5175.42	0.8663	0.2513	10转增7股派2元(含税)
300536	农尚环境	5189.04	0.31	-0.7747	10派0.7元(含税)
300537	广信材料	6133.41	0.3522	0.128	10派1.05元(含税)
300538	同益股份	1843.56	0.33	-2.1895	10转增5股派1.2元(含税)
300539	横河模具	3147.14	0.15	0.0587	10派0.31元(含税)
300540	深冷股份	1928.26	0.241	-0.2746	10转增5.1875股派0.5元(含税)
300541	先进数通	4293.01	0.36	-1.1544	10转增5股派1元(含税)
300542	新晨科技	3618.78	0.4	-0.0054	10转增7股派0.8元(含税)
300543	朗科智能	8017.14	0.67	0.992	10派3元(含税)
300545	联得装备	5652.25	0.79	0.6873	10转增10股派2元(含税)
300546	雄帝科技	7951.15	0.59	0.3906	10派1.5元(含税)
300547	川环科技	11427.61	1.9	-0.1998	10转增10股派10元(含税)
300548	博创科技	7980.03	0.97	0.8959	10派2元(含税)
300549	优德精密	7570.74	0.57	0.1631	10派2.5元(含税)
300550	和仁科技	3290.46	0.41	0.5584	10派0.6元(含税)
300551	古鳌科技	1491.47	0.2033	0.1746	10转增5股派0.6元(含税)
300552	万集科技	3790.33	0.35	-0.7153	10派0.7元(含税)
300553	集智股份	2204.12	0.46	-0.0465	10派2.5元(含税)
300554	三超新材	8612.67	1.8069	1.2325	10转增8股派2元(含税)
300555	路通视信	4493.50	0.2247	-0.2909	10派0.5元(含税)
300556	丝路视觉	2355.40	0.21	0.2668	10派0.5元(含税)
300557	理工光科	3584.92	0.64	-1.6624	10派2.5元(含税)
300558	贝达药业	25772.74	0.64	0.6939	10派1.5元(含税)
300559	佳发安泰	7314.03	1.02	1.2178	10转增9股派2元(含税)
300560	中富通	3903.09	0.37	-0.1648	10转增5股派0.8元(含税)
300561	汇金科技	7972.47	0.95	0.106	10转增10股派3.6元(含税)
300562	乐心医疗	1784.07	0.09	-0.0217	10派0.27元(含税)
300563	神宇股份	3976.02	0.5	0.0424	10派1元(含税)
300565	科信技术	5882.08	0.37	1.0586	10转增3股派1.5元(含税)
300566	激智科技	6042.10	0.5	0.3655	10转增3股派1.25元(含税)
300567	精测电子	16684.74	2.07	1.4446	10送5转增5股派5元(含税)
300568	星源材质	10679.17	0.56	0.208	10派3元(含税)
300569	天能重工	9558.28	0.6372	0.8706	10派1.5元(含税)
300570	太辰光	10010.86	0.4353	0.5823	10派2.2元(含税)
300571	平治信息	9702.73	1.21	2.3375	10转增5股派2.5元(含税)
300572	安车检测	7904.80	1.1857	2.7495	10转增8股派2.5元(含税)
300573	兴齐眼药	3943.71	0.49	0.4087	10派2.5元(含税)
300575	中旗股份	11732.53	1.6	2.1862	10派3.2元(含税)
300576	容大感光	3684.58	0.31	0.1672	10派1元(含税)
300577	开润股份	13340.76	1.11	1.2753	10转增8股派3.3元(含税)
300578	会畅通讯	3425.12	0.49	0.3041	10转增8股派1元(含税)

股票代码	股票简称	净利润(万元)	每股收益(元)	每股经营性现金流量(元)	分配预案
300579	数字认证	8424.55	1.05	1.4415	10转增5股派3元(含税)
300580	贝斯特	13964.10	0.7131	0.7655	10派1.4元(含税)
300581	晨曦航空	4852.14	0.5367	-0.5545	10转增9股
300582	英飞特	2502.02	0.13	0.2726	10派0.21元(含税)
300583	赛托生物	9200.18	0.88	0.1009	10派1元(含税)
300584	海辰药业	6560.05	0.8375	0.582	10转增5股派2.5元(含税)
300585	奥联电子	5885.30	0.3678	0.2598	10派2元(含税)
300586	美联新材	5456.92	0.57	0.353	10转增15股派5元(含税)
300587	天铁股份	7115.74	0.68	-0.1867	10派1.5元(含税)
300588	熙菱信息	8066.79	0.807	-0.7937	10转增6股派1.2元(含税)
300589	江龙船艇	3500.85	0.3158	-0.4995	10送1转增7股派0.3元(含税)
300590	移为通信	9693.85	0.6188	0.486	10派2元(含税)
300591	万里马	3733.24	0.1378	-0.8314	不分配不转增
300592	华凯创意	4873.50	0.41	-0.0362	10派0.5元(含税)
300593	新雷能	3560.21	0.31	-0.1769	10派0.5元(含税)
300595	欧普康视	15085.87	1.26	1.1641	10转增8股派2.1元(含税)
300596	利安隆	13050.03	0.74	0.1744	10派1.09元(含税)
300597	吉大通信	4189.09	0.18	0.0287	10派0.17元(含税)
300598	诚迈科技	3937.58	0.49	0.226	10派0.5元(含税)
300599	雄塑科技	13365.56	0.45	0.5843	10派1.2元(含税)
300600	瑞特股份	10777.48	1.1	0.0538	10送6股派2.5元(含税)
300601	康泰生物	21470.35	0.53	0.3656	10送2转增3股派1.2元(含税)
300602	飞荣达	10814.78	1.1	1.2727	10转增10股派1元(含税)
300603	立昂技术	8036.84	0.8	0.1281	10派1元(含税)
300604	长川科技	5025.29	0.72	0.1379	10转增9股派1.5元(含税)
300605	恒锋信息	4314.77	0.5246	-0.8942	10转增3股派0.6元(含税)
300606	金太阳	5496.40	0.63	0.6643	不分配不转增
300607	拓斯达	13802.19	1.34	0.0558	10派2元(含税)
300608	思特奇	6545.22	0.78	-0.2195	10转增2股派2.8元(含税)
300609	汇纳科技	5910.17	0.6157	0.4978	10派2.5元(含税)
300610	晨化股份	7888.77	0.54	0.2407	10派1元(含税)
300611	美力科技	4765.42	0.27	0.0829	10派1元(含税)
300612	宣亚国际	7495.65	0.72	-0.2756	10转增5股派5元(含税)
300613	富瀚微	10606.11	2.49	1.5635	10派2.35元(含税)
300615	欣天科技	3147.30	0.39	0.5424	10转增8股派1元(含税)
300616	尚品宅配	38004.50	3.71	7.9621	10转增8股派10元(含税)
300617	安靠智电	7980.24	1.2224	-0.3151	10转增5股派5元(含税)
300618	寒锐钴业	44940.48	3.91	-0.7843	10转增6股派10元(含税)
300619	金银河	4746.46	0.66	-0.1742	10派0.8元(含税)
300620	光库科技	5993.27	0.7265	0.5357	10派2元(含税)
300621	维业股份	7877.93	0.62	-0.6453	10转增5股派1元(含税)
300622	博士眼镜	5219.66	0.65	0.7192	10派2元(含税)
300623	捷捷微电	14414.91	1.64	1.314	10转增9股派5元(含税)
300624	万兴科技	6860.07	1.14	1.3361	10派2元(含税)
300625	三雄极光	25556.39	0.97	0.1828	10派12.5元(含税)
300626	华瑞股份	5691.91	0.61	0.3192	10转增8股派1元(含税)
300627	华测导航	12910.65	1.155	0.6469	10转增10股派2.7元(含税)
300628	亿联网络	59078.97	4.22	3.4523	10转增10股派16元(含税)
300629	新劲刚	2464.38	0.39	0.2197	10转增5股派1元(含税)
300630	普利制药	9840.44	0.86	0.768	10转增5股派1.6元(含税)
300631	久吾高科	4503.83	0.4683	-0.7442	10派1.3元(含税)
300632	光莆股份	5228.01	0.4816	0.4104	10转增3股派0.8元(含税)
300633	开立医疗	19002.31	0.49	0.3405	10派0.5元(含税)

股票代码	股票简称	净利润(万元)	每股收益(元)	每股经营性现金流量(元)	分配预案
300634	彩讯股份	13166.83	0.37	0.28	
300635	达安股份	5167.84	0.41	-0.2774	10派0.39元(含税)
300636	同和药业	6545.77	0.8688	0.4189	10派1.1元(含税)
300637	扬帆新材	6520.97	0.59	0.6712	10派2元(含税)
300638	广和通	4385.74	0.58	-1.5354	10转增5股派1.25元(含税)
300639	凯普生物	9321.00	1.13	0.8698	10转增10股派5元(含税)
300640	德艺文创	3565.80	0.49	0.0303	10转增8股派2.5元(含税)
300641	正丹股份	10806.30	0.41	0.5531	10转增7股派1.6元(含税)
300642	透景生命	12681.50	2.31	1.7666	10转增5股派4元(含税)
300643	万通智控	3533.78	0.19	0.2357	10派1.1元(含税)
300644	南京聚隆	5643.31	1.18	0.08	10派3元(含税)
300645	正元智慧	4196.89	0.69	-0.6003	10派2元(含税)
300647	超频三	3353.06	0.31	-0.6717	10转增8股派1元(含税)
300648	星云股份	6262.47	1.01	-0.3084	10转增10股派1元(含税)
300649	杭州园林	3474.28	0.3	0.1644	10派0.8元(含税)
300650	太龙照明	5143.93	0.89	0.3261	10转增7股派2.5元(含税)
300651	金陵体育	4387.81	0.632	-0.0425	不分配不转增
300652	雷迪克	7495.99	0.95	0.6748	10派1元(含税)
300653	正海生物	6166.96	0.86	0.8184	10派5元(含税)
300654	世纪天鸿	3136.48	0.41	0.1187	10转增5股派1元(含税)
300655	晶瑞股份	3617.65	0.4576	-0.3122	10转增7股
300656	民德电子	4045.99	0.7527	0.1005	10转增5股派2元(含税)
300657	弘信电子	7228.32	0.78	1.3891	10派3.4元(含税)
300658	延江股份	9013.00	1.01	0.7764	10转增5股派3元(含税)
300659	中孚信息	4861.76	0.67	0.3404	10转增6股派2.5元(含税)
300660	江苏雷利	21810.04	2.41	1.1676	10转增8股派8元(含税)
300661	圣邦股份	9387.10	1.7393	1.9944	10转增3股派5元(含税)
300662	科锐国际	7433.87	0.47	0.519	10派0.83元(含税)
300663	科蓝软件	4008.04	0.34	-0.2126	10转增5股派0.5元(含税)
300664	鹏鹞环保	21932.21	0.548	0.1603	10派0.5元(含税)
300665	飞鹿股份	3065.40	0.46	-0.2535	10转增6股派0.5元(含税)
300666	江丰电子	6403.46	0.33	0.1811	10派0.53元(含税)
300667	必创科技	4286.99	0.72	0.1451	10转增5股派1元(含税)
300668	杰恩设计	6224.79	1.69	0.5512	10转增15股派15元(含税)
300669	沪宁股份	3863.47	0.52	0.5877	10派1.8元(含税)
300670	大烨智能	5491.50	0.5811	0.0743	10转增8股派2元(含税)
300671	富满电子	5883.10	0.66	-0.1823	10转增4股
300672	国科微	5264.48	0.55	0.7922	10派1.5元(含税)
300673	佩蒂股份	10676.20	1.56	0.3926	10转增5股派5元(含税)
300675	建科院	3398.78	0.2713	0.6642	10派0.65元(含税)
300676	华大基因	39809.15	1.05	0.5663	10派3元(含税)
300677	英科医疗	14508.41	1.75	2.5193	10转增10股派1.5元(含税)
300678	中科信息	4253.63	0.498	0.1205	10转增8股派0.5元(含税)
300679	电连技术	36113.72	3.52	4.4881	10转增8股
300680	隆盛科技	1827.55	0.31	-0.1187	10派2元(含税)
300681	英搏尔	8429.54	1.31	-1.0993	10派6元(含税)
300682	朗新科技	13913.68	0.37	0.1169	10派0.51元(含税)
300683	海特生物	14238.96	1.65	0.8038	10派3元(含税)
300684	中石科技	8224.40	1.2624	-0.4479	10派1.9元(含税)
300685	艾德生物	9406.58	1.38	1.1486	10转增8股派2.4元(含税)
300686	智动力	4201.61	0.4	0.105	10转增6股派1元(含税)
300687	赛意信息	10101.11	1.52	0.4011	10转增8股派2元(含税)
300688	创业黑马	4717.28	0.83	0.2055	10派1元(含税)

股票代码	股票简称	净利润(万元)	每股收益(元)	每股经营性现金流量(元)	分配预案
300689	澄天伟业	5290.49	0.91	0.7432	10 派 2.5 元(含税)
300690	双一科技	11054.75	1.91	0.7173	10 转增 6 股派 10 元(含税)
300691	联合光电	8198.60	1.15	0.1739	10 转增 6 股派 3 元(含税)
300692	中环环保	5068.88	0.57	-0.8667	10 转增 5 股派 0.5 元(含税)
300693	盛弘股份	4601.48	0.61	0.3456	10 转增 5 股派 3 元(含税)
300695	兆丰股份	20497.67	3.78	3.2946	10 派 15 元(含税)
300696	爱乐达	7363.66	1.28	1.3611	10 转增 7 股派 2.9 元(含税)
300697	电工合金	6123.45	0.459	-0.2257	10 转增 3 股派 1 元(含税)
300698	万马科技	2733.91	0.24	-0.392	10 派 0.33 元(含税)
300699	光威复材	23719.85	0.77	1.1364	10 派 3 元(含税)
300700	岱勒新材	11134.73	1.66	0.1793	10 派 3 元(含税)
300701	森霸传感	6005.22	0.92	0.7967	10 派 3.75 元(含税)
300702	天宇股份	10018.21	1.03	0.7376	10 转增 5 股派 1.5 元(含税)
300703	创源文化	6052.60	0.93	1.2317	10 转增 5 股派 3.5 元(含税)
300705	九典制药	6857.34	0.72	0.6854	10 转增 10 股派 1.2 元(含税)
300706	阿石创	4093.21	0.64	0.1056	10 转增 8 股派 0.55 元(含税)
300707	威唐工业	8458.67	1.3245	1.0855	10 转增 10 股派 1.1 元(含税)
300708	聚灿光电	11002.55	0.54	0.5006	10 派 0.6 元(含税)
300709	精研科技	15514.69	2.23	1.4787	10 派 5.11 元(含税)
300710	万隆光电	4678.14	0.8658	0.1057	10 派 2 元(含税)
300711	广哈通信	5528.58	0.48	-0.3106	10 派 0.8 元(含税)
300712	永福股份	7696.61	0.694	0.4024	10 派 1 元(含税)
300713	英可瑞	8423.18	1.9	0.0135	10 转增 8 股派 1 元(含税)
300715	凯伦股份	4457.02	0.782	-0.0207	10 转增 8 股派 2 元(含税)
300716	国立科技	6157.81	0.75	0.3279	10 转增 5 股派 1.5 元(含税)
300717	华信新材	4308.88	0.87	0.5941	10 转增 6 股派 2 元(含税)
300718	长盛轴承	12149.36	1.53	1.0189	10 转增 9.8 股派 3.7 元(含税)
300719	安达维尔	8979.44	0.6934	-0.8565	10 转增 5 股派 5 元(含税)
300720	海川智能	3814.60	0.69	0.6114	10 派 2 元(含税)
300721	怡达股份	6458.48	1.0456	0.0259	10 派 2 元(含税)
300722	新余国科	4474.17	0.73	0.209	10 派 3 元(含税)
300723	一品红	15669.53	1.27	0.8834	10 派 1.5 元(含税)
300725	药石科技	6717.92	1.19	0.7451	10 转增 5 股派 2 元(含税)
300726	宏达电子	19983.85	0.55	0.1792	10 派 1 元(含税)
300727	润禾材料	4818.61	0.64	-0.0631	10 转增 3 股派 1 元(含税)
300729	乐歌股份	6282.78	0.95	0.7834	10 派 2 元(含税)
300730	科创信息	4449.48	0.62	0.0803	10 转增 7 股派 1 元(含税)
300731	科创新源	6421.16	0.98	0.4956	10 派 3.5 元(含税)
300732	设研院	23026.01	4.26	-0.0857	10 转增 8 股派 5 元(含税)
300733	西菱动力	10102.99	0.84	0.6452	10 派 1.5 元(含税)
300735	光弘科技	17356.16	0.65	0.802	10 派 2 元(含税)
300736	百华悦邦	3963.52	0.97	1.1281	10 转增 5 股派 6.8 元(含税)
300737	科顺股份	21768.00	0.48	0.2182	10 派 0.5 元(含税)
300738	奥飞数据	6273.27	1.28	1.0084	10 派 0.5 元(含税)
300739	明阳电路	11686.38	1.26	1.7216	10 转增 5 股派 3 元(含税)
300740	御家汇	15849.42	1.32	1.45	10 转增 7 股派 4 元(含税)
300741	华宝股份	114805.11	2.07	2.6	
300742	越博动力	9425.71	1.6	-3.28	
300743	天地数码	4451.86	0.91	0.69	

数据来源:深圳证券信息有限公司制作,截至 2018 年 5 月 1 日

2017 年深市成交量最大的二十家上市公司

序号	证券代码	证券简称	前收	收盘	成交金额(元)	成交量(股)
1	000725	京东方 A	3.90	5.79	776,983,756,972.07	162,489,416,959
2	000709	河钢股份	4.38	3.90	260,240,406,842.61	54,976,670,411
3	002340	格林美	5.75	7.19	248,677,169,197.63	33,581,976,874
4	000630	铜陵有色	2.73	2.92	91,355,803,745.76	29,525,270,531
5	000839	中信国安	9.18	9.59	300,511,689,382.55	28,186,480,855
6	000778	新兴铸管	7.14	5.22	183,017,671,244.27	26,703,872,747
7	000100	TCL 集团	3.30	3.90	92,499,247,799.79	22,655,283,485
8	000001	平安银行	9.16	13.30	252,452,517,251.18	22,609,459,181
9	002797	第一创业	9.67	9.80	232,358,398,656.12	19,534,934,068
10	300059	东方财富	12.50	12.95	260,137,824,164.37	19,338,358,843
11	000413	东旭光电	11.26	9.38	208,741,392,842.70	19,138,334,199
12	000425	徐工机械	3.38	4.63	72,290,041,873.36	18,539,311,336
13	000825	太钢不锈	4.15	4.96	94,114,650,394.42	18,520,277,962
14	000651	格力电器	36.54	43.70	612,203,357,677.53	16,971,878,699
15	000807	云铝股份	6.65	10.23	169,277,485,687.82	16,454,633,136
16	000683	远兴能源	2.68	2.91	51,840,940,706.38	16,171,713,394
17	000877	天山股份	12.87	10.40	211,682,671,987.31	15,743,336,027
18	000063	中兴通讯	15.95	36.36	389,173,525,178.64	14,763,690,265
19	300355	蒙草生态	9.52	12.54	180,631,968,469.91	14,195,131,651
20	002497	雅化集团	9.47	13.33	182,727,407,426.03	13,804,811,097

2017 年深市成交金额最大的二十家上市公司

序号	证券代码	证券简称	前收	收盘	成交金额(元)	成交量(股)
1	000725	京东方 A	3.90	5.79	776,983,756,972.07	162,489,416,959
2	000651	格力电器	36.54	43.70	612,203,357,677.53	16,971,878,699
3	002230	科大讯飞	32.07	59.14	596,268,050,005.72	12,194,673,100
4	002460	赣锋锂业	42.75	71.75	421,630,123,719.08	7,476,031,025
5	000063	中兴通讯	15.95	36.36	389,173,525,178.64	14,763,690,265
6	002466	天齐锂业	49.93	53.21	370,079,376,692.20	6,625,952,728
7	000333	美的集团	28.17	55.43	368,378,663,032.66	9,118,903,467
8	000858	五粮液	52.21	79.88	345,353,923,568.01	6,356,563,283
9	000839	中信国安	9.18	9.59	300,511,689,382.55	28,186,480,855
10	002415	海康威视	29.16	39.00	283,137,805,614.44	8,687,290,088
11	000709	河钢股份	4.38	3.90	260,240,406,842.61	54,976,670,411
12	300059	东方财富	12.50	12.95	260,137,824,164.37	19,338,358,843
13	000002	万科 A	20.73	31.06	255,038,495,262.34	10,273,287,463
14	000001	平安银行	9.16	13.30	252,452,517,251.18	22,609,459,181
15	002340	格林美	5.75	7.19	248,677,169,197.63	33,581,976,874
16	002797	第一创业	9.67	9.80	232,358,398,656.12	19,534,934,068
17	000877	天山股份	12.87	10.40	211,682,671,987.31	15,743,336,027
18	000401	冀东水泥	11.90	13.79	211,511,380,371.87	11,919,541,566
19	000413	东旭光电	11.26	9.38	208,741,392,842.70	19,138,334,199
20	002405	四维图新	18.17	26.39	205,264,575,127.00	8,223,539,513

2017 年深市成交笔数最多的二十家上市公司

序号	证券代码	证券简称	前收	收盘	成交金额(元)	成交量(股)	成交笔数
1	000725	京东方 A	3.90	5.79	776,983,756,972.07	162,489,416,959	29,054,081
2	000651	格力电器	36.54	43.70	612,203,357,677.53	16,971,878,699	19,059,584
3	002230	科大讯飞	32.07	59.14	596,268,050,005.72	12,194,673,100	16,137,960
4	000839	中信国安	9.18	9.59	300,511,689,382.55	28,186,480,855	13,725,509
5	002797	第一创业	9.67	9.80	232,358,398,656.12	19,534,934,068	13,559,704
6	002340	格林美	5.75	7.19	248,677,169,197.63	33,581,976,874	13,405,694

序号	证券代码	证券简称	前收	收盘	成交金额(元)	成交量(股)	成交笔数
7	000877	天山股份	12.87	10.40	211,682,671,987.31	15,743,336,027	12,839,065
8	000709	河钢股份	4.38	3.90	260,240,406,842.61	54,976,670,411	11,795,331
9	002302	西部建设	18.82	17.52	188,759,250,937.97	10,221,957,921	11,368,556
10	002460	赣锋锂业	42.75	71.75	421,630,123,719.08	7,476,031,025	11,144,234
11	002466	天齐锂业	49.93	53.21	370,079,376,692.20	6,625,952,728	10,972,468
12	000063	中兴通讯	15.95	36.36	389,173,525,178.64	14,763,690,265	10,754,762
13	000413	东旭光电	11.26	9.38	208,741,392,842.70	19,138,334,199	10,598,637
14	000858	五粮液	52.21	79.88	345,353,923,568.01	6,356,563,283	9,609,158
15	000002	万科A	20.73	31.06	255,038,495,262.34	10,273,287,463	9,509,443
16	002415	海康威视	29.16	39.00	283,137,805,614.44	8,687,290,088	9,418,751
17	002307	北新路桥	17.88	11.31	155,438,938,211.46	9,550,462,005	9,334,039
18	000333	美的集团	28.17	55.43	368,378,663,032.66	9,118,903,467	9,253,730
19	000778	新兴铸管	7.14	5.22	183,017,671,244.27	26,703,872,747	9,227,216
20	300059	东方财富	12.50	12.95	260,137,824,164.37	19,338,358,843	8,500,031

2017 年深市涨幅最大的二十家上市公司

序号	证券代码	证券简称	前收	收盘	成交金额(元)	成交量(股)	涨幅%
1	300618	寒锐钴业	12.45	235.77	117,767,425,484.65	836,615,538	1793.73
2	300676	华大基因	13.64	208.00	90,426,344,199.90	552,562,569	1424.93
3	300666	江丰电子	4.64	69.17	62,639,250,193.37	1,370,054,990	1390.73
4	300601	康泰生物	3.29	47.25	20,768,774,311.85	558,479,804	1339.63
5	300708	聚灿光电	2.82	30.54	19,059,595,618.61	654,406,359	982.98
6	300725	药石科技	11.32	114.30	8,887,959,783.61	92,099,750	909.72
7	300706	阿石创	9.97	87.42	25,755,353,236.66	284,378,276	776.83
8	300649	杭州园林	9.04	37.50	47,436,277,720.93	847,061,072	731.77
9	300603	立昂技术	4.55	35.98	25,048,616,143.91	566,247,712	691.75
10	300675	建科院	3.66	28.21	35,435,657,840.17	982,810,644	671.83
11	300672	国科微	8.48	64.87	28,666,001,099.21	586,012,021	664.98
12	300678	中科信息	7.85	57.57	34,594,865,180.69	527,158,810	633.38
13	300630	普利制药	11.49	76.56	9,280,230,697.70	201,587,711	566.32
14	300685	艾德生物	13.86	90.67	21,759,043,429.64	231,147,101	554.18
15	300607	拓斯达	18.74	67.60	28,645,039,115.98	372,102,559	550.48
16	300604	长川科技	9.94	62.00	19,723,947,359.07	409,547,978	523.74
17	300700	岱勒新材	10.49	64.90	17,243,486,100.48	231,657,595	518.68
18	300657	弘信电子	7.77	47.68	26,267,626,318.98	505,674,709	516.49
19	300629	新劲刚	8.28	50.81	25,225,784,587.17	492,074,995	513.65
20	002840	华统股份	6.55	39.76	20,919,363,603.07	735,910,578	509.30

2017 年深市跌幅最大的二十家上市公司

序号	证券代码	证券简称	前收	收盘	成交金额(元)	成交量(股)	跌幅%
1	000033	新都退	7.96	1.70	700,413,132.14	509,103,098	88.98
2	300372	欣泰退	3.03	1.48	152,568,704.98	97,362,817	75.78
3	300234	开尔新材	30.02	9.11	16,160,551,480.71	1,007,028,264	69.63
4	300526	中潜股份	107.03	18.34	20,686,901,330.19	756,155,913	65.67
5	300556	丝路视觉	62.36	21.58	26,784,717,414.46	653,116,635	65.16
6	002795	永和智控	91.60	16.11	30,000,188,252.86	965,884,603	64.53
7	300028	金亚科技	14.18	5.05	19,425,022,882.52	2,079,222,550	64.39
8	300379	东方通	69.39	12.64	44,361,207,069.89	1,413,188,403	63.43
9	002473	*ST 圣莱	28.55	10.69	3,441,026,101.79	150,815,570	62.56
10	002070	*ST 众和	13.88	5.25	25,901,175,031.03	2,312,522,719	62.18
11	000982	*ST 中绒	9.15	3.50	13,527,062,503.61	3,278,294,206	61.75
12	300531	优博讯	145.30	15.86	38,068,215,241.28	988,547,559	61.74
13	300368	汇金股份	21.82	8.58	21,304,281,018.79	1,391,055,355	60.63
14	000409	山东地矿	14.20	5.24	20,018,342,893.16	2,044,325,713	60.13
15	300551	古鳌科技	66.53	26.64	9,190,502,334.25	205,837,008	59.89

序号	证券代码	证券简称	前收	收盘	成交金额(元)	成交量(股)	跌幅%
16	300522	世名科技	94.51	21.07	17,949,084,170.01	372,005,127	59.64
17	300076	GQY 视讯	15.26	6.17	25,090,139,737.35	2,828,172,146	59.57
18	300449	汉邦高科	48.44	19.64	10,944,415,736.39	386,499,556	59.42
19	300569	天能重工	100.04	22.66	21,160,808,918.25	403,092,120	59.01
20	300517	海波重科	48.06	19.70	9,187,057,050.09	284,987,156	58.79

2017 年深市换手率最高的二十家上市公司

序号	证券代码	证券简称	前收	收盘	成交金额(元)	成交量(股)	换手率%
1	002836	新宏泽	38.62	19.26	56,036,494,473.37	1,392,447,677	4260.81
2	002846	英联股份	55.60	19.09	47,780,565,255.57	1,456,463,294	4202.20
3	002830	名雕股份	28.98	23.10	41,236,793,311.92	1,179,281,908	4186.17
4	002843	泰嘉股份	32.97	22.00	46,459,698,209.30	1,424,970,954	4071.33
5	300649	杭州园林	60.45	37.50	47,436,277,720.93	847,061,072	3899.18
6	300585	奥联电子	23.44	18.84	34,954,994,087.82	1,199,963,338	3777.32
7	002842	翔鹭钨业	40.06	43.83	43,763,067,748.34	858,628,075	3434.50
8	300562	乐心医疗	29.34	22.76	54,069,696,027.32	1,312,864,316	3427.36
9	002839	张家港行	16.79	11.72	102,327,783,936.54	6,158,981,334	3407.23
10	002845	同兴达	71.18	28.41	58,109,735,333.82	1,028,990,572	3375.22
11	002824	和胜股份	23.88	20.26	40,214,668,216.72	1,213,615,359	3362.52
12	002819	东方中科	35.77	26.00	36,181,081,562.40	921,236,538	3192.51
13	002346	柘中股份	27.70	18.69	79,853,243,541.02	2,503,397,372	3137.10
14	002847	盐津铺子	41.00	26.27	38,464,782,113.79	925,995,147	2987.12
15	300629	新劲刚	44.90	50.81	25,225,784,587.17	492,074,995	2952.54
16	300591	万里马	18.43	9.24	39,873,198,942.07	1,895,998,693	2934.40
17	300619	金银河	42.09	46.46	29,159,982,900.21	546,200,651	2923.99
18	300534	陇神戎发	19.70	10.01	48,110,773,767.20	1,871,542,812	2905.47
19	002877	智能自控	25.93	23.76	24,391,220,369.98	878,012,135	2873.05
20	300589	江龙船艇	24.83	24.70	24,669,890,480.73	713,866,533	2857.20

2017 年深市上市公司简称变更统计

变更日期	证券代码	证券简称	变更前简称	变更后简称
2017-12-28	300167	迪威迅	迪威视讯	迪威迅
2017-12-27	200054	建车 B	建摩 B	建车 B
2017-12-26	002664	长鹰信质	信质电机	长鹰信质
2017-12-22	002061	浙江交科	江山化工	浙江交科
2017-12-18	000155	川化股份	*ST 川化	川化股份
2017-12-15	000912	*ST 天化	泸天化	*ST 天化
2017-12-07	300237	美晨生态	美晨科技	美晨生态
2017-12-01	002456	欧菲科技	欧菲光	欧菲科技
2017-11-29	000691	亚太实业	ST 亚太	亚太实业
2017-11-15	002464	众应互联	金利科技	众应互联
2017-10-27	000158	常山北明	常山股份	常山北明
2017-10-27	000736	中交地产	中房地产	中交地产
2017-10-13	000811	冰轮环境	烟台冰轮	冰轮环境
2017-10-12	002042	华孚时尚	华孚色纺	华孚时尚
2017-10-10	000976	华铁股份	春晖股份	华铁股份
2017-10-09	300308	中际旭创	中际装备	中际旭创
2017-09-13	000669	金鸿控股	金鸿能源	金鸿控股
2017-09-07	300306	远方信息	远方光电	远方信息
2017-08-29	300108	吉药控股	双龙股份	吉药控股
2017-08-28	000710	贝瑞基因	*ST 天仪	贝瑞基因
2017-08-28	002359	北讯集团	齐星铁塔	北讯集团

变更日期	证券代码	证券简称	变更前简称	变更后简称
2017-08-25	300079	数码科技	数码视讯	数码科技
2017-08-24	000584	哈工智能	友利控股	哈工智能
2017-08-21	002123	梦网集团	梦网荣信	梦网集团
2017-08-15	002619	艾格拉斯	巨龙管业	艾格拉斯
2017-08-14	002220	天宝食品	天宝股份	天宝食品
2017-08-10	002148	北纬科技	北纬通信	北纬科技
2017-08-07	002537	海联金汇	海立美达	海联金汇
2017-07-28	300061	康旗股份	康耐特	康旗股份
2017-07-19	300459	金科文化	金科娱乐	金科文化
2017-07-17	300372	欣泰退	欣泰电气	欣泰退
2017-07-13	300083	劲胜智能	劲胜精密	劲胜智能
2017-07-07	300007	汉威科技	汉威电子	汉威科技
2017-07-06	300143	星普医科	星河生物	星普医科
2017-06-29	300268	佳沃股份	万福生科	佳沃股份
2017-06-27	000408	藏格控股	金谷源	藏格控股
2017-06-16	002625	光启技术	龙生股份	光启技术
2017-06-16	300405	科隆股份	科隆精化	科隆股份
2017-06-15	000995	*ST 皇台	*ST 皇台	皇台酒业
2017-06-12	002193	如意集团	山东如意	如意集团
2017-06-09	002558	巨人网络	世纪游轮	巨人网络
2017-06-08	000611	天首发展	*ST 天首	天首发展
2017-06-07	000980	众泰汽车	金马股份	众泰汽车
2017-06-05	300081	恒信东方	恒信移动	恒信东方
2017-06-01	002379	宏创控股	鲁丰环保	宏创控股
2017-05-31	002530	金财互联	丰东股份	金财互联
2017-05-26	002180	纳思达	艾派克	纳思达
2017-05-25	000968	蓝焰控股	煤气化	蓝焰控股
2017-05-24	000033	新都退	*ST 新都	新都退
2017-05-24	002379	宏创控股	*ST 鲁丰	鲁丰环保
2017-05-23	000408	藏格控股	*ST 金源	金谷源
2017-05-22	002614	奥佳华	蒙发利	奥佳华
2017-05-19	000505	京粮控股	*ST 珠江	珠江控股
2017-05-19	002739	万达电影	万达院线	万达电影
2017-05-19	200505	京粮 B	*ST 珠江 B	珠江 B
2017-05-18	000633	合金投资	*ST 合金	合金投资
2017-05-18	002289	宇顺电子	*ST 宇顺	宇顺电子
2017-05-16	200160	东沣 B	南江 B	东沣 B
2017-05-15	000913	钱江摩托	*ST 钱江	钱江摩托
2017-05-15	000968	蓝焰控股	*ST 煤气	煤气化
2017-05-15	200706	瓦轴 B	*ST 瓦轴 B	瓦轴 B
2017-05-12	000504	南华生物	*ST 生物	南华生物
2017-05-05	002401	中远海科	中海科技	中远海科
2017-05-04	000622	恒立实业	*ST 恒立	恒立实业
2017-05-03	000410	沈阳机床	沈阳机床	*ST 沈机
2017-05-03	000659	珠海中富	珠海中富	*ST 中富
2017-05-03	000831	五矿稀土	*ST 五稀	五矿稀土
2017-05-03	000932	华菱钢铁	华菱钢铁	*ST 华菱
2017-05-03	000982	*ST 中绒	中银绒业	*ST 中绒
2017-05-03	002070	*ST 众和	众和股份	*ST 众和
2017-05-03	002504	弘高创意	弘高创意	*ST 弘高
2017-05-02	000693	*ST 华泽	ST 华泽	*ST 华泽
2017-05-02	000933	神火股份	*ST 神火	神火股份
2017-05-02	002134	天津普林	天津普林	*ST 普林
2017-05-02	002473	*ST 圣莱	圣莱达	*ST 圣莱
2017-04-28	002207	ST 准油	准油股份	*ST 准油
2017-04-28	002312	三泰控股	三泰控股	*ST 三泰
2017-04-28	002336	人人乐	*ST 人乐	人人乐
2017-04-27	002248	华东数控	华东数控	*ST 东数
2017-04-27	002306	*ST 云网	中科云网	*ST 云网

变更日期	证券代码	证券简称	变更前简称	变更后简称
2017－04－26	000809	铁岭新城	铁岭新城	＊ST 新城
2017－04－25	002571	德力股份	德力股份	＊ST 德力
2017－04－24	000780	平庄能源	平庄能源	＊ST 平能
2017－04－21	002173	创新医疗	＊ST 创疗	创新医疗
2017－04－21	002423	中原特钢	＊ST 中特	中原特钢
2017－04－21	300338	开元股份	开元仪器	开元股份
2017－04－20	000738	航发控制	中航动控	航发控制
2017－04－19	002608	江苏国信	＊ST 舜船	江苏国信
2017－04－18	000532	华金资本	力合股份	华金资本
2017－04－18	000972	＊ST 中基	中基健康	＊ST 中基
2017－04－17	000037	深南电 A	＊ST 南电 A	深南电 A
2017－04－17	200037	深南电 B	＊ST 南电 B	深南电 B
2017－04－11	000526	紫光学大	紫光学大	＊ST 紫学
2017－04－11	300299	富春股份	富春通信	富春股份
2017－04－07	000856	冀东装备	＊ST 冀装	冀东装备
2017－04－07	002490	山东墨龙	山东墨龙	＊ST 墨龙
2017－04－07	002513	蓝丰生化	＊ST 蓝丰	蓝丰生化
2017－04－05	000540	中天金融	中天城投	中天金融
2017－04－05	000613	大东海 A	大东海 A	＊ST 东海 A
2017－04－05	000717	韶钢松山	＊ST 韶钢	韶钢松山
2017－04－05	000962	东方钽业	＊ST 东钽	东方钽业
2017－04－05	002069	獐子岛	＊ST 獐岛	獐子岛
2017－04－05	200613	大东海 B	大东海 B	＊ST 东海 B
2017－04－05	300099	精准信息	尤洛卡	精准信息
2017－03－31	002419	天虹股份	天虹商场	天虹股份
2017－03－30	000670	盈方微	＊ST 盈方	盈方微
2017－03－29	000066	中国长城	长城电脑	中国长城
2017－03－29	000595	宝塔实业	宝塔实业	＊ST 宝实
2017－03－29	000755	＊ST 三维	山西三维	＊ST 三维
2017－03－28	002109	兴化股份	＊ST 兴化	兴化股份
2017－03－23	002647	仁东控股	宏磊股份	民盛金科
2017－03－21	000922	＊ST 佳电	佳电股份	＊ST 佳电
2017－03－21	300349	金卡智能	金卡股份	金卡智能
2017－03－20	000803	＊ST 金宇	金宇车城	＊ST 金宇
2017－03－17	002290	中科新材	禾盛新材	中科新材
2017－03－15	002199	东晶电子	＊ST 东晶	东晶电子
2017－03－14	000606	顺利办	＊ST 易桥	神州易桥
2017－03－14	002061	浙江交科	＊ST 江化	江山化工
2017－03－10	300500	启迪设计	苏州设计	启迪设计
2017－03－07	002601	龙蟒佰利	佰利联	龙蟒佰利
2017－03－02	000953	ST 河化	河池化工	＊ST 河化
2017－03－01	000710	贝瑞基因	天兴仪表	＊ST 天仪
2017－02－28	300140	中环装备	启源装备	中环装备
2017－02－27	000881	中广核技	大连国际	中广核技
2017－02－24	000564	供销大集	西安民生	供销大集
2017－02－24	002352	顺丰控股	鼎泰新材	顺丰控股
2017－02－24	002371	北方华创	七星电子	北方华创
2017－02－23	300128	锦富技术	锦富新材	锦富技术
2017－02－22	002638	勤上股份	勤上光电	勤上股份
2017－02－15	000892	欢瑞世纪	星美联合	欢瑞世纪
2017－02－14	002692	睿康股份	远程电缆	睿康股份
2017－02－10	000617	中油资本	石油济柴	中油资本
2017－02－08	002309	中利集团	中利科技	中利集团
2017－01－24	002141	贤丰控股	蓉胜超微	贤丰控股
2017－01－19	000906	浙商中拓	物产中拓	浙商中拓
2017－01－18	002120	韵达股份	新海股份	韵达股份
2017－01－16	000617	中油资本	＊ST 济柴	石油济柴
2017－01－11	002787	华源控股	华源包装	华源控股
2017－01－10	000519	中兵红箭	江南红箭	中兵红箭

2017 年深市上市公司全称变更统计

变更日期	证券代码	证券简称	变更前全称	变更后全称
2017-12-28	300167	迪威迅	深圳市迪威视讯股份有限公司	深圳市迪威迅股份有限公司
2017-12-27	200054	建车 B	重庆建设摩托车股份有限公司	重庆建设汽车系统股份有限公司
2017-12-22	002061	浙江交科	浙江江山化工股份有限公司	浙江交通科技股份有限公司
2017-12-19	002664	长鹰信质	信质电机股份有限公司	长鹰信质科技股份有限公司
2017-12-11	002881	美格智能	深圳市美格智能技术股份有限公司	美格智能技术股份有限公司
2017-12-07	300237	美晨生态	山东美晨科技股份有限公司	山东美晨生态环境股份有限公司
2017-12-01	002456	欧菲科技	深圳欧菲光科技股份有限公司	欧菲科技股份有限公司
2017-11-30	300244	迪安诊断	浙江迪安诊断技术股份有限公司	迪安诊断技术集团股份有限公司
2017-11-29	300567	精测电子	武汉精测电子技术股份有限公司	武汉精测电子集团股份有限公司
2017-11-28	000980	众泰汽车	安徽众泰汽车股份有限公司	众泰汽车股份有限公司
2017-11-15	002464	众应互联	昆山金利表面材料应用科技股份有限公司	众应互联科技股份有限公司
2017-10-24	000158	常山北明	石家庄常山纺织股份有限公司	石家庄常山北明科技股份有限公司
2017-10-24	000633	合金投资	沈阳合金投资股份有限公司	新疆合金投资股份有限公司
2017-10-24	000736	中交地产	中房地产股份有限公司	中交地产股份有限公司
2017-10-12	002042	华孚时尚	华孚色纺股份有限公司	华孚时尚股份有限公司
2017-10-10	000976	华铁股份	广东开平春晖股份有限公司	广东华铁通达高铁装备股份有限公司
2017-10-09	300308	中际旭创	山东中际电工装备股份有限公司	中际旭创股份有限公司
2017-09-27	000811	冰轮环境	烟台冰轮股份有限公司	冰轮环境技术股份有限公司
2017-09-22	002089	新海宜	苏州新海宜通信科技股份有限公司	新海宜科技集团股份有限公司
2017-09-19	300575	中旗股份	江苏中旗作物保护股份有限公司	江苏中旗科技股份有限公司
2017-09-18	002582	好想你	好想你枣业股份有限公司	好想你健康食品股份有限公司
2017-09-15	000511	烯碳退	银基烯碳新材料股份有限公司	银基烯碳新材料集团股份有限公司
2017-09-13	000669	金鸿控股	中油金鸿能源投资股份有限公司	金鸿控股集团股份有限公司
2017-09-12	300480	光力科技	郑州光力科技股份有限公司	光力科技股份有限公司
2017-09-04	002496	ST 辉丰	江苏辉丰农化股份有限公司	江苏辉丰生物农业股份有限公司
2017-08-29	002670	国盛金控	广东国盛金控集团股份有限公司	国盛金融控股集团股份有限公司
2017-08-29	300108	吉药控股	通化双龙化工股份有限公司	吉药控股股份有限公司
2017-08-28	002359	北讯集团	山东齐星铁塔科技股份有限公司	北讯集团股份有限公司
2017-08-25	000710	贝瑞基因	成都天兴仪表股份有限公司	成都市贝瑞和康基因技术股份有限公司
2017-08-24	000584	哈工智能	江苏友利投资控股股份有限公司	江苏哈工智能机器人股份有限公司
2017-08-15	002619	艾格拉斯	浙江巨龙管业股份有限公司	艾格拉斯股份有限公司
2017-08-14	300416	苏试试验	苏州苏试试验仪器股份有限公司	苏州苏试试验集团股份有限公司
2017-08-10	300278	华昌达	湖北华昌达智能装备股份有限公司	华昌达智能装备集团股份有限公司
2017-08-07	002537	海联金汇	青岛海立美达股份有限公司	海联金汇科技股份有限公司
2017-08-04	300294	博雅生物	江西博雅生物制药股份有限公司	博雅生物制药集团股份有限公司
2017-08-01	300053	欧比特	珠海欧比特控制工程股份有限公司	珠海欧比特宇航科技股份有限公司
2017-08-01	300309	吉艾科技	吉艾科技(北京)股份公司	吉艾科技集团股份公司
2017-07-28	300061	康旗股份	上海康耐特光学股份有限公司	上海康耐特旗计智能科技集团股份有限公司
2017-07-19	300459	金科文化	浙江金科娱乐文化股份有限公司	浙江金科文化产业股份有限公司
2017-07-17	300195	长荣股份	天津长荣印刷设备股份有限公司	天津长荣科技集团股份有限公司
2017-07-14	000545	金浦钛业	吉林金浦钛业股份有限公司	金浦钛业股份有限公司
2017-07-13	300083	劲胜智能	东莞劲胜精密组件股份有限公司	广东劲胜智能集团股份有限公司
2017-07-10	300350	华鹏飞	深圳市华鹏飞现代物流股份有限公司	华鹏飞股份有限公司
2017-07-07	300007	汉威科技	河南汉威电子股份有限公司	汉威科技集团股份有限公司
2017-07-06	300143	星普医科	广东星河生物科技股份有限公司	广东星普医学科技股份有限公司
2017-06-29	300268	佳沃股份	万福生科(湖南)农业开发股份有限公司	佳沃农业开发股份有限公司
2017-06-27	000408	藏格控股	金谷源控股股份有限公司	藏格控股股份有限公司
2017-06-16	002625	光启技术	浙江龙生汽车部件股份有限公司	光启技术股份有限公司
2017-06-12	002193	如意集团	山东济宁如意毛纺织股份有限公司	山东如意毛纺服装集团股份有限公司
2017-06-09	002558	巨人网络	重庆新世纪游轮股份有限公司	巨人网络集团股份有限公司
2017-06-07	000980	众泰汽车	黄山金马股份有限公司	安徽众泰汽车股份有限公司

变更日期	证券代码	证券简称	变更前全称	变更后全称
2017-06-06	002435	长江润发	长江润发机械股份有限公司	长江润发医药股份有限公司
2017-06-05	300081	恒信东方	恒信移动商务股份有限公司	恒信东方文化股份有限公司
2017-06-02	002124	天邦股份	宁波天邦股份有限公司	天邦食品股份有限公司
2017-06-01	002379	宏创控股	鲁丰环保科技股份有限公司	山东宏创铝业控股股份有限公司
2017-05-31	002530	金财互联	江苏丰东热技术股份有限公司	金财互联控股股份有限公司
2017-05-26	002180	纳思达	珠海艾派克科技股份有限公司	纳思达股份有限公司
2017-05-25	000968	蓝焰控股	太原煤气化股份有限公司	山西蓝焰控股股份有限公司
2017-05-25	300233	金城医药	山东金城医药股份有限公司	山东金城医药集团股份有限公司
2017-05-22	002614	奥佳华	厦门蒙发利科技(集团)股份有限公司	奥佳华智能健康科技集团股份有限公司
2017-05-19	002739	万达电影	万达电影院线股份有限公司	万达电影股份有限公司
2017-05-16	200160	东沣B	承德南江股份有限公司	东沣科技集团股份有限公司
2017-05-16	300396	迪瑞医疗	长春迪瑞医疗科技股份有限公司	迪瑞医疗科技股份有限公司
2017-05-05	002401	中远海科	中海网络科技股份有限公司	中远海运科技股份有限公司
2017-04-26	002212	南洋股份	广东南洋电缆集团股份有限公司	南洋天融信科技集团股份有限公司
2017-04-25	002154	报喜鸟	浙江报喜鸟服饰股份有限公司	报喜鸟控股股份有限公司
2017-04-20	000738	航发控制	中航动力控制股份有限公司	中国航发动力控制股份有限公司
2017-04-19	300463	迈克生物	四川迈克生物科技股份有限公司	迈克生物股份有限公司
2017-04-18	000532	华金资本	力合股份有限公司	珠海华金资本股份有限公司
2017-04-11	002542	中化岩土	中化岩土工程股份有限公司	中化岩土集团股份有限公司
2017-04-11	300299	富春股份	富春通信股份有限公司	富春科技股份有限公司
2017-04-07	002054	德美化工	广东德美精细化工股份有限公司	广东德美精细化工集团股份有限公司
2017-04-07	300492	山鼎设计	四川山鼎建筑工程设计股份有限公司	山鼎设计股份有限公司
2017-04-06	000540	中天金融	中天城投集团股份有限公司	中天金融集团股份有限公司
2017-04-06	300099	精准信息	尤洛卡矿业安全工程股份有限公司	尤洛卡精准信息工程股份有限公司
2017-03-29	000066	中国长城	中国长城计算机深圳股份有限公司	中国长城科技集团股份有限公司
2017-03-28	002608	江苏国信	江苏舜天船舶股份有限公司	江苏国信股份有限公司
2017-03-23	002647	仁东控股	浙江宏磊铜业股份有限公司	民盛金科控股股份有限公司
2017-03-21	300349	金卡智能	金卡高科技股份有限公司	金卡智能集团股份有限公司
2017-03-17	002290	中科新材	苏州禾盛新型材料股份有限公司	苏州中科创新型材料股份有限公司
2017-03-10	300500	启迪设计	苏州设计研究院股份有限公司	启迪设计集团股份有限公司
2017-03-07	002601	龙蟒佰利	河南佰利联化学股份有限公司	龙蟒佰利联集团股份有限公司
2017-02-28	300140	中环装备	西安启源机电装备股份有限公司	中节能环保装备股份有限公司
2017-02-27	000881	中广核技	大连国际合作(集团)股份有限公司	中广核核技术发展股份有限公司
2017-02-24	000564	供销大集	西安民生集团股份有限公司	供销大集集团股份有限公司
2017-02-24	002352	顺丰控股	马鞍山鼎泰稀土新材料股份有限公司	顺丰控股股份有限公司
2017-02-24	002371	北方华创	北京七星华创电子股份有限公司	北方华创科技集团股份有限公司
2017-02-23	300128	锦富技术	苏州锦富新材料股份有限公司	苏州锦富技术股份有限公司
2017-02-22	002399	海普瑞	深圳市海普瑞药业股份有限公司	深圳市海普瑞药业集团股份有限公司
2017-02-21	300425	环能科技	四川环能德美科技股份有限公司	环能科技股份有限公司
2017-02-15	000881	中广核技	中国大连国际合作(集团)股份有限公司	大连国际合作(集团)股份有限公司
2017-02-15	000892	欢瑞世纪	星美联合股份有限公司	欢瑞世纪联合股份有限公司
2017-02-14	002692	睿康股份	远程电缆股份有限公司	睿康文远电缆股份有限公司
2017-02-14	300556	丝路视觉	深圳丝路数字视觉股份有限公司	丝路视觉科技股份有限公司
2017-02-10	000617	中油资本	济南柴油机股份有限公司	中国石油集团资本股份有限公司
2017-02-08	002309	中利集团	中利科技集团股份有限公司	江苏中利集团股份有限公司
2017-01-23	002141	贤丰控股	广东蓉胜超微线材股份有限公司	贤丰控股股份有限公司
2017-01-19	000906	浙商中拓	物产中拓股份有限公司	浙商中拓集团股份有限公司
2017-01-18	002120	韵达股份	宁波新海电气股份有限公司	韵达控股股份有限公司
2017-01-11	002308	威创股份	广东威创视讯科技股份有限公司	威创集团股份有限公司
2017-01-11	002787	华源控股	苏州华源包装股份有限公司	苏州华源控股股份有限公司
2017-01-10	000519	中兵红箭	湖南江南红箭股份有限公司	中兵红箭股份有限公司
2017-01-09	002761	多喜爱	多喜爱家纺股份有限公司	多喜爱集团股份有限公司
2017-01-09	300439	美康生物	宁波美康生物科技股份有限公司	美康生物科技股份有限公司

2017 年深圳证券市场各省股票集资情况一览表

单位：百万元

省份	总集资		主板						中小板						创业板					
			首次发行		增发		配股集资		首次发行		增发		配股集资		首次发行		增发		配股集资	
	只数	集资金额	只数	集资金额	只数	集资金额	只数	集资金额	只数	集资金额	只数	集资金额	只数	集资金额	只数	集资金额	只数	集资金额	只数	集资金额
广东	206	148438.3			10	40086.71			39	22572.18	65	54372.77			41	16372.58	51	15034.07		
山东	37	115968.62			3	90674.56	1	2998.28	6	1894.22	8	8831.37			7	3839.53	12	7730.66		
安徽	18	80469.16			4	20520.7					8	59059.68			2	638.93	4	249.85		
江苏	82	80266.73			2	1030.17			4	1736.71	30	56304.33	1	3562.56	25	9077.04	20	8555.91		
浙江	94	77544.83			4	1708.98			8	2820.34	39	53889.43			20	6745.03	23	12381.05		
北京	69	43636.29			4	3369.25			2	529.6	21	14025.06			10	2783.73	31	22627.21	1	301.43
湖北	21	42760.02			6	29892.26			1	529.23	4	5616.16			1	851.13	9	5871.24		
湖南	33	23721.32			4	5637.15			8	4295.73	5	5655.18			7	1750.99	9	6382.26		
福建	36	18872.44			4	2927.2			2	919.56	14	9158.18			11	4316.64	5	1550.88		
河北	9	18507.06			4	15123.82					2	2222.91					3	1160.33		
四川	21	17513.71			4	7904.45					6	3904.91			2	582.31	9	5122.04		
天津	8	13368.68			1	9111.17			1	840.2	1	153.04			1	338.7	4	2925.57		
甘肃	2	11575.17			1	11225.75			1	349.43										
辽宁	5	10824.97			1	7000.77					1	3132.51					3	691.69		
吉林	6	10123			2	5051.93					1	3000			1	331.8	2	1739.27		
重庆	5	9609.35			2	8227.26			2	1367.08	1	15.02								
云南	7	9413.88			3	7109.57					4	2304.3								
河南	14	8820.71			2	2856.28			1	205.2	7	4580.77			2	1008.36	2	170.1		
上海	31	8182.34							1	168.59	7	709.79			6	2487.49	17	4816.48		
山西	3	6054.01			2	6013.65					1	40.36								
江西	10	5876.99			1	1082.83	1	639.58			4	3654.2			2	469.2	2	31.18		
陕西	5	5667.8			2	555.11			1	217.35			1	4852.08			1	43.27		
海南	5	3863.48			1	2131.42			1	271.5	2	1109.78			1	350.78				
新疆	6	3501.4			1	1150					3	2110.96			2	240.44				
黑龙江	3	2958.66			2	2005.17			1	953.49										
内蒙古	2	1304.56			2	1304.56														
广西	2	1285.43			1	188.43					1	1097								
宁夏	2	1216.06			2	1216.06														
贵州	3	840.15			1	241.86			2	598.29										

2017 年深交所并购重组情况分析

回归本源出成效　从严监管见真章

2017 年，深交所紧扣“服务实体经济、防控金融风险、深化金融改革”三项任务，认真贯彻依法全面从严监管理念，严把并购重组信息披露审查质量关，扎实服务实体经济，推动产业结构调整，推进新旧动能转换。

一、响应号召，聚焦主业——服务实体经济

2017 年，深市停牌筹划重大资产重组 353 家次，比上年同期减少 14.1%；披露重大资产重组方案合计 217 家次，比上年同期减少 33.6%，涉及交易金额 4 726.7 亿元，比上年同期下降 54.5%；包括吸收合并等方案在内，2017 年实施完成方案合计 186 家次，比上年同期减少 14.3%，涉及金额 6 528.2亿元，比上年同期增长 45.8%。虽然并购重组数量下降，但重组质量显著提升，并购重组市场开始由高速发展转变为高质量发展，呈现出以下特征：

产业逻辑主导并购市场发展，驱动公司聚焦主业。2017 年深市披露的 217 家次重组方案中，产业整合方案占比达 59%，同比提高 4 个百分点。一批企业利用并购重组成功实现外延发展，优化资源配置，进一步提升了市场竞争力和盈利能力。

评估增值率明显下降，市场逐步回归理性。2017 年，深市上市公司并购重组收购标的剔除异常值后平均评估增值率为 586%，增值幅度较上年同期下降逾三成，重组标的整体估值水平降低，上市公司盲目重组追逐热点的情况减少，逐渐回归理性。

重组上市热潮渐退，募集配套资金规模大幅下降。受重组新规及再融资新规影响，2017 年深市仅 4 家上市公司披露重组上市方案，同比减少 56%；2017 年披露的并购重组方案拟募集配套资金金额合计 775.8 亿元，同比减少 76.0%，规模大幅下降。

助力国有企业深化改革，服务国家战略。国企上市公司通过资本市场平台，推动国企集团调整产业布局，实现国有资源的战略性整合，有效推动国家大政方针落地。深交所先后推进完成招商蛇口和招商公路吸收合并方案，实现招商局板块整合，成为国有企业发挥资本市场功能践行国家战略的典范之作。

二、多措并举，重拳出击——净化重组环境

2017年，深交所召开重组会136次，审核230家次的重组信息披露文件，发出重组问询函件250余份，就37家次重组方案存在的问题请示证监会，其中有16家次重组方案在“刨根问底”式监管下终止。2017年，深交所不断加强监管力度，体现在以下方面：

严格审查“涉嫌规避重组上市”方案，遏制监管套利。自重组新规实施以来，重组上市的方案虽有所减少，但市场上利用三方交易、突击打散标的股权、委托表决权等方式规避重组上市的情形依然存在。对于此类方案，深交所坚决贯彻从严审查理念，针对上市公司控制权与主营业务稳定性、交易资金来源等进行刨根问底式问询，真正把好重组信息披露审查第一关。

重点关注异常重组方案，保护中小投资者权益。针对市场“玩跨界”、“清壳式”重组等乱象，深交所及时适应新形势，前移监管站位，勇于担当，深入追踪跨界收购标的的业绩真实性，强化重组方案对业绩真实性、持续盈利能力、估值合理性等内容的披露。同时，2017年以来“清壳式”重组问题逐渐突显，上市公司存在沦为“空壳”的风险，对于此类方案，深交所快速反应、充分问询，关注方案的合规性。

严格控制重组停牌时间，杜绝忽悠式重组停牌。2017年以来，个别公司以筹划重大资产重组的名义长期停牌，以躲避市场下跌风险。针对上述情况，深交所要求上市公司申请停牌时提供充分、有效的证明材料，严格控制停牌时间，防范忽悠式重组停牌。

密切跟踪重组“三高”问题，加强后续监管。重组审查阶段，深交所充分利用问询手段，强化信息披露，在高压的监管态势下，2017年重组方案的估值水平显著下降。重组完成后的业绩承诺期间，深交所对标的资产业绩大幅波动或业绩精准达标等异常情况保持高度敏感，有效利用网络公开信息、同行业财务数据等发掘线索。

在2017年重组监管中，深交所还充分利用多手段、多维度的监管模式，与证监会稽查局、地方证监局紧密合作加强联合监管，加强对中介机构的监管力度，督促中介机构归位尽责，从严监管净化重组市场环境，保护投资者权益。

2018年是深入贯彻十九大精神的开局之年，深交所将继续坚持稳中求进工作总基调，坚持以服务供给侧结构性改革为主线，切实强化并购重组监管，提升资本市场服务实体经济能力，把握新机遇，实现新作为。

2017年深交所债券市场发展综述

深交所耕耘债市谱写芳华

近年以来，深交所根据中国证监会关于交易所债券市场健康发展决策部署，始终以服务实体经济为本源，以不发生系统性风险为底线，以深化改革发展为动力，积极支持对接国家发展战略，优化产品结构，完善监管制度，提升服务水平，不断拓展债券市场服务实体经济的深度和广度。

2017年，深交所实现地方政府债、国开债招标发行突破，推出创新创业可转债、熊猫债、住房租赁及政府和社会资本合作（PPP）资产证券化等创新品种。截至年末，深市挂牌债券（含资产证券化产品）4 031只，托管总面值近1.7万亿元，较年初增长27%，全年增加直接融资规模7 556亿元，债券交易量（含回购）18.39万亿元，同比增长30%，市场规模与质量不断提升。

一、若遇风雨站得稳——严监管，筑牢风险防控底线

维护债市稳定运行的首要任务是打好防范风险攻坚战。2017年，深交所积极强化一线监管，通过分类监管审核、调整规模结构、加强动态监测、着力风险排查、凝聚监管合力等多种措施，守住不发生系统性风险的底线。

发行准入从严把关。严格执行“申报即纳入监管”要求，持续贯彻落实国家产业政策，对房地产、产能过剩行业重点关注，对类平台企业坚决“堵后门”，扶优限劣，调节发行主体结构。2017年深市房地产、过剩产能和类平台企业债券发行规模均大幅下降，债项评级AAA的高信用等级债券发行规模占比较2016年末增长一倍。

存续监管“一体四翼”。全面构建以债券风险分类监管为一体，以风险排查、市场监测、监管协作和市场化法治化处置为四翼的监管防控体系。发布公司债券存续期信用风险管理指引，建立以受托管理人为核心的债券风险分类监管体系。提前组织风险排查，持续开展风险动态测评，尽早抓住风险苗头、摸清风险底数。逐步构建二级市场债券交易异常波动指标体系，加强投资者适当性管理，提高市场风险动态监测和实时预警能力。优化监管交流专区，加强信息共享，凝聚监管合力，提高风险化解工作主动性。坚持市场化、法治化原则处置高风险债券，督促发行人和受托管理人履行义务，依法依规从严监管。2017年共采取177项监管措施和纪律处分，包括通报批评21例、公开谴责3例，推动圣达威私募债券欺诈发行案件刑事终审判决落地，稳妥化解11只债券偿付风险，全年未发生债券违约。

二、发力筑牢压舱石——调结构，提高债市发展质量

为优化债券产品结构，降低运行风险，深交所积极推动地方债、国开债等高信用等级债券登陆，形成利率债和信用债“双轮驱动”新格局，不断推进债券市场高质量发展。

地方债发行实现突破。在财政部专业指导和证监会大力支持下，进一步发挥交易所市场功能，拓宽地方债发行渠道，2017年共10家地方政府发行近1 500亿元，覆盖一般债、专项债、土地储备、收费公路和轨道交通等多样化品种。提供定制化服务对接各地方财政特色需求，既可满足同时招标数百亿规模，又可支持数十个地级市的小规模发行安排，切实为发行人及承销团深市招标发行提供优质体验。积极组织动员券商类承销团成员整合业务条线、发挥经纪业务优势，提高地方债二级市场流动性。多渠道开展地方债宣传与投资者教育，实现近3.5万名个人投资者认购超1.2亿元，交易所市场投资者多元化优势初步显现。

国开债首次登陆。2017年，深交所与国开行积极协作、相互配合，国开债全年累计5次分别以利率、价格、数量等多种招标方式合计发行386.2亿元，国开债发行与增发在深市实现常态化。国开债品种全面、市场认可度高、交易活跃，其在深市成功发行，一方面提高了深市债券1年期等短期限产品的托管份额，有效满足了深市投资者债券交易配置需求，另一方面优化了深市债券质押库结构，有助于深市投资者丰富投资策略，增厚投资收益。

三、争当引水先锋队——促转型，创新服务国家战略

深交所充分发挥债券和资产证券化产品制度优势，积极服务对接“一带一路”、租购并举、扶贫攻坚、创新创业、绿色发展、政府和社会资本合作等关键环节和重点领域。

持续扩大绿色债、熊猫债、可续期债、创新创业可转债、

"一带一路"专项债等创新产品覆盖面，累计发行绿色行业公司债及绿色资产证券化产品 871.5 亿元，支持贫困地区企业融资 170.6 亿元，发行发改委和财政部首批 PPP 项目资产证券化 5.7 亿元，率先推出创新创业债发行规模 19.5 亿元、"一带一路"专项公司债 125 亿元，满足实体经济多样化融资需求，助力国家重点战略实施。

积极探索资产证券化产品创新，落实国家关于租购并举政策导向，助力住房租赁市场发展。2017 年 11 月 3 日，首单住房租赁类 REITs(房地产投资信托基金)"新派公寓权益型房托资产支持专项计划"成功发行，募集金额 2.7 亿元，为解决城市青年人才居住问题提供有效融资支持，也为住房租赁企业开展 REITs 试点起到重要示范作用。12 月 1 日，首单长租公寓抵押贷款资产证券化"招商创融 – 招商蛇口长租公寓资产支持专项计划"获通过，总额度 60 亿元，既盘活了住房租赁企业的存量资产，又保留了长租公寓的所有权，帮助企业打通"投资、建设、运营和退出"的完整业务链条，助力传统租赁行业转型升级。

供应链金融资产证券化降低中小企业融资成本。深交所积极引导应收应付账款资产证券化产品创新，推进产业链良性发展，实现资源优化配置。例如"平安证券 – 万科供应链金融资产支持专项计划"，基础资产为万科企业股份有限公司向上游中小企业采购建材或工程服务产生的应付账款，系列产品累计发行 19 期，总发行规模 251.85 亿元，共为1 800余家中小企业供应商提供融资服务，其中注册资本在1 000万元以下的供应商数量占比为 34%，平均为中小企业降低融资成本 100 – 300BP，供应商平均获得回款时间由超过两个月缩短为半个月，有效缓解中小企业现金流压力。

突出深交所服务科技创新特色定位，适应创新创业公司特征推出附转股条款的创新创业可转债，举办 3 场专项培训会，试点 5 单项目。首单创新创业可转债"蓝天转 S1"于 2017 年 10 月 16 日完成发行，首年利率 2%。首单非新三板挂牌企业创新创业可转债"价值转 S"于 2017 年 12 月 12 日完成发行，利率 2.8%，为更大范围创新创业企业融资提供了借鉴样本。创新创业可转债利用含权价值降低科创型中小企业融资成本，助力服务国家创新驱动发展战略。

四、打造服务新名片——增实效，完善市场配套体系

2017 年，深交所切实发挥金融服务优势，主动提高市场服务意识，积极响应发行人、投资者和承销商等市场参与主体业务需求，扎实推进多项市场服务措施落地。

一站式服务全面推行。深交所与中证登深圳分公司合作，推行债券发行上市一站式服务，将登记业务前置，简化发行登记手续，明确操作要点，统一对外窗口，大幅提升发行上市业务效率。"17 深投 01"作为首单试点一站式服务债券，7 月 12 日发行完毕，7 月 17 日上市，承销商根据一站式指南提前准备登记上市申请材料，实现发行后 T + 3上市目标。

建立与市场机构信息互通互享机制。固定收益业务审核、发行、上市及存续期操作新系统上线，进一步推进审核透明化便捷化，开通面向市场机构待办业务自动提醒和催办功能，推出"深交所固收"微信公众号，每日发布发行上市派息兑付业务、审核进度和监管信息。

完善回购计息的披露方式。改革质押式回购计息方式，有效解决回购节假日效应问题，平抑二级市场回购价格波动，帮助市场更加准确理解交易所市场回购利率信号。

绿色通道机制服务优质企业。打造专业服务团队，对优质企业优质项目实行专人专审，建立沟通审核绿色通道，加大市场培育支持力度。深化合作发展，对接资源平台，为多家优质发行人提供债券融资和资产证券化针对性服务。

草木蔓发，春山可望。2018 年，深交所将以习近平新时代中国特色社会主义思想为指引，持续推动债市高质量健康发展，深入推进落实"服务实体经济、防控金融风险、深化金融改革"三大任务。

深市上市公司参与"一带一路"建设情况报告

自"一带一路"(Ⅰ)倡议提出至今，国内企业特别是上市公司积极参与，在其中发挥了重要作用。根据深市上市公司的年报、临时报告、新闻报道以及企业网站等公开信息，深交所综合研究所对深市上市公司参与"一带一路"建设的情况和特点进行了梳理，从上市公司层面分析了资本市场全力服务"一带一路"发挥的作用，汇总形成以下报告。

截至 2016 年 12 月 31 日，深市 1 870 家上市公司中约 284 家以不同方式参与了"一带一路"建设，其中主板约 67 家，中小企业板约 155 家，创业板约 60 家(Ⅱ)。上市公司参与的方式主要是产品出口、工程建设、设立制造基地或研发中心，其中产品出口规模 900 多亿元人民币(Ⅲ)，工程建设规模约 1 500 亿元人民币(Ⅳ)，设立制造基地约 70 个，收购资产约 60 家次(Ⅴ)。合作地区覆盖了大部分"一带一路"沿线国家，以东南亚、中亚、欧洲地区为主，俄罗斯、非洲地区参与程度在不断提升。参与公司的行业遍布 45 个中类行业(Ⅵ)，其中计算机、通信和其他电子设备制造业、专用设备制造业、电器机械及器材制造业、化学原料及化学制造业、通用设备制造业、汽车制造业较为集中，共计约 163 家，占比为 57%。

1. 参与方式以产品出口、工程建设为主，辅以并购、设立海外基地等形式

目前深市 130 多家(Ⅶ)上市公司产品或服务出口至沿线国家，其中计算机、通信和其他电子设备制造业、电器机械及器材制造业、化学原料及化学制品制造业、专用设备制造业、汽车制造业公司数量较多，主要由于我国在"一带一路"沿线国家较多开展交通、电力、通信等基础设施建设，对相关产品的需求量较大。如光迅科技借助"一带一路"，将优势产品出口至澳大利亚、印度、埃塞俄比亚、吉尔吉斯斯坦等沿线国家，2016 年海外市场营收约 8 亿元，显著增强了盈利水平。

基础设施建设工程是"一带一路"建设的另一重要内容。目前深市上市公司约有 72 家通过工程承包、参与项目建设、获取海外订单、海外设厂、成立合资公司、成立子公司等方式参与沿线国家工程建设，主要项目见表 1。

表 1　部分深市公司参与的"一带一路"工程建设情况

证券代码	证券简称	行业	主要海外业务国家	规模
000928	中钢国际	土木工程建筑业	印尼、玻利维亚、伊朗、俄罗斯	海外订单总额约 448 亿元，占订单总额约 70%
000065	北方国际	土木工程建筑业	老挝、巴基斯坦、伊朗	海外订单总额约 540 亿元
002051	中工国际	土木工程建筑业	白俄罗斯、斯里兰卡、伊朗、乌兹别克	海外订单总额约 200 亿元

证券代码	证券简称	行业	主要海外业务国家	规模
002307	北新路桥	土木工程建筑业	巴基斯坦、塔吉克斯坦、吉尔吉斯斯坦	约9个大规模项目总额超30亿元
002135	东南网架	土木工程建筑业	越南、柬埔寨、新加坡、委内瑞拉	海外订单约30亿元
002534	杭锅股份	通用设备制造业	文莱	中标(文莱)PMB石油化工项目电站工程(包括海水淡化工程及电站海水脱硫工程)的中标单位,中标金额为10.19亿元
300103	达刚路机	专用设备制造业	印度、越南、安哥拉、阿尔及利亚	斯里兰卡公路改造工程累计超过12亿元订单
002430	杭氧股份	专用设备制造业	马来西亚	马来西亚制氧工程EPC总承包项目合同
000507	珠海港	交通运输业	巴基斯坦	与中海港控共同签署65亿元合作建设瓜达尔港的订单

此外,深市上市公司还通过并购资产、设立海外基地等方式积极参与“一带一路”建设。截至目前深市约54家上市公司发起了对“一带一路”沿线国家的并购;约26家企业在“一带一路”沿线设立了生产基地和研发中心,如TCL集团在越南、中东、埃及等地均设立了制造基地,海信科龙在埃及、南非、孟加拉等国建立了工厂,苏泊尔在越南建立了生产基地,鲁泰A在柬埔寨、越南、缅甸先后建厂等。可以看到,发起海外并购和建立生产基地的公司以电器制造业、金属制造业、纺织业等行业为主,主要目的为海外寻求技术、资源(矿产、农业、人力),以及寻求产品在当地的销售市场。

2. 行业以传统优势行业为主

计算机、通信和其他电子设备制造业和专用设备制造业是深市的传统优势行业,也是深市参与“一带一路”建设公司数量最多的两个行业,一共约73家。典型的通过产品出口参与“一带一路”建设的上市公司如中兴通讯,其智慧城市项目,依托“一带一路”已遍及全球40多个国家140多个城市,成为“信息丝绸之路”的重要载体。

此外,深市部分处于相对“产能过剩”行业的上市公司通过“一带一路”建设积极布局海外,获得了新的盈利增长点。其中化学原料及化学制品制造业、有色金属冶炼及压延加工、橡胶和塑料制品业、黑色金属冶炼及压延加工、有色金属矿采选业、非金属矿物制品等公司共计约49家,工程建造、通用设备制造业约25家,纺织业8家,参与方式包括当地投资设厂、产品销售、承接项目订单等。典型公司如上峰水泥,借助吉尔吉斯及周边国家在水电站、基础设施建设等方面的市场发展机遇,与ZETH国际共同建设水泥项目,目前业绩基本面获得改善。化学制品行业的恒逸石化、传统纺织行业的鲁泰A均通过在文莱、越南等地区投资设厂等方式,为公司带来了新的利润来源。

3. 除传统上市公司大省之外,边境重点省份参与度较高

上市公司数量大省如广东、浙江、山东等参与“一带一路”的公司较多,从相对比例看,边境地区省份参与积极,参与度较高,如新疆、广西、云南等省份的参与比例均在平均水平以上。

造成边境重点省份参与度较高的原因主要是:一方面,边境重点省份具有区位优势,其中新疆、云南和广西等省份均处于“一带一路”的重要位置,跨区域的基础设施连通建设需求高;另一方面,边境重点省份具有政策优势。新疆、云南和广西等省份均将参与“一带一路”建设作为本地区发展的重要布局,如2017年新疆政府工作报告提出,为配合“一带一路”建设,2017年新疆地区铁路、公路和机场建设投资目标分别为347亿元、2 000亿元和143.5亿元,交通基建总投资将近2 500亿元。

4. 海外并购融资方式上,以自有资金和境内融资为主

上市公司的海外并购的资金来源绝大部分依靠自有资金或境内非公开发行的方式。上市公司尤其是民营上市公司由于缺乏境外并购金融工具、缺乏相应信用评级数据、对国际金融市场不熟悉等原因,在海外融资存在较大难度。

5. 不同国家合作重点不同

由于沿线国家和地区本身在自然资源、经济、政治领域存在较大差异,上市公司在不同地区采取的主要业务方式也各有侧重(见表2)。

表2　深市公司参与“一带一路”建设不同区域重点方式对比

地区	合作重点	原因	典型上市公司
中亚	工程项目承包建设	中亚地理位置和经济发展水平决定了两地之间跨区域基础设施建设需求较高	雪人股份、新兴铸管、北新路桥
东南亚	产品出口、项目建设、海外生产基地	当地自然资源丰富、劳动力密集、市场广阔、对基础设施建设需求高	云铝股份、神州长城、鲁泰A
南亚	项目承包建设	当地对基础设施建设的需求高	东方电子、康力电梯、北新路桥
欧洲	收购资产、设立研发基地	上市公司对欧洲地区的先进技术、悠久品牌的需求	日发精机、山东如意

中亚地区以工程项目的承包建设为主。目前约有10家深市公司在中亚地区从事工程项目建设,主要是基础设施建设项目,如雪人股份在土库曼斯坦的天然气项目,新兴铸管在哈萨克斯坦的管道项目和排水网络建设工程,惠博普在哈萨克斯坦的天然气处理厂项目,北新路桥在中亚地区的水利水电项目等。原因主要是:(1)中亚地区是“丝绸之路经济带”的物流、客流、信息流的集中地,且基础设施建设方面较落后,对跨境基础设施建设的需求高;(2)中亚国家一直积极谋求与“丝绸之路经济带”对接合作:2015年中国与哈萨克斯坦签署多份文件,项目总金额达236亿美元,与乌兹别克斯坦合作建设中国—中亚天然气管线项目和中乌铁路建设项目等。

东南亚地区主要以出口产品、项目建设和设立海外生产基地为主。目前深市公司对东南亚地区出口的主要产品为家用电器、计算机、通信和电子设备等;项目建设方面,约有20家公司在东南亚地区有建设项目,主要是利用当地丰富的自然资源进行的项目,如云铝股份在老挝的矿产项目、神州长城在柬埔寨的世贸中心建设项目、鸿达兴业在柬埔寨的土壤改良项目等;另外,东南亚地区具有劳动力资源丰富,市场广阔等优势,为利用这些优势,深市约17家公司在当地设立产品

基地、子公司或合资公司，如格力电器、立讯精密、苏泊尔在越南的生产基地，海亮股份在越南的工业园区，鲁泰 A 在柬埔寨、越南、缅甸的生产基地等，以降低生产成本，赢得东南亚市场。

南亚地区以项目承包建设为主。巴基斯坦和印度等南亚国家基础设施建设水平相对落后，对交通、电力等领域的项目建设需求高。其中中巴经济走廊是“一带一路”的示范项目，中巴之间在港口建设、交通基础设施建设和产业合作方面达成了合作规划，并确定了一批优先实施和积极推进的项目。目前约有 15 家公司在印度、巴基斯坦等地有基础设施和产业合作方面的项目建设，如晨光生物在印度的万寿菊颗粒项目，东方电子在印度的配电改造项目，康力电梯在印度的地铁项目，中材科技在印度的玻璃纤维生产线项目，远大智能在印度的海外工厂、北新路桥在巴基斯坦和印度的建设项目、盾安环境在巴基斯坦卡拉奇的核电项目等。

欧洲地区以收购资产、设立研发基地为主。深市公司主要看中的是欧洲地区传统优势企业的先进技术和管理，以及历史较为悠久的品牌。其中以获取先进技术为目标的并购有日发精机 2014 年和 2015 年先后收购意大利 MCM 和高嘉两家公司，这两家公司都是世界领先机床制造商，客户涵盖了空中客车、波音、通用电气、西门子等；以获取优势品牌为目的的并购有山东如意收购了法国著名时尚集团 SMCP，将几个著名服装品牌收入麾下。此外为充分利用欧洲地区传统技术优势，部分上市公司还在欧洲设立了研发基地，如龙力生物在丹麦设立的海外研发中心、海信科龙在欧洲设立多个研发中心。

6. 数量上以民营企业为主，但大型项目和基建工程以国有企业为主

参与“一带一路”建设的公司民营企业约 199 家，占比 70%。但民营企业的参与方式以出口产品、设立分支机构为主。地方国有企业和中央国有企业是承担基础设施建设的大型项目的主力，包括中工国际、北方国际、中钢国际、中国武夷、中成股份、云铝股份、柳工等，在沿线国家都承担了大型项目、大型工程。

尾注：

Ⅰ主要是有业务开展的上市公司，统计时间为 2013 年“一带一路”倡议提出以后。

Ⅱ上市公司参与“一带一路”情况主要根据公司年报、公告和新闻报道等公开信息整理，涵盖了上市公司大部分参与“一带一路”的情况，该统计可能存在不完全情况。

Ⅲ由于部分公司未披露具体数据，该统计为根据现有数据估算。

Ⅳ上述数据为笔者根据公司情况的估算。

Ⅴ包含未完成的收购。

Ⅵ行业分类标准为证监会行业分类 - 中级类别。

Ⅶ数据根据公司年报和企业网站等信息筛选得出。

2017 年深交所市场培育服务纪实

激发动力初心所向　播种希望无问西东

滋兰九畹，树蕙百亩。2017 年，深交所在中国证监会领导下，牢记金融服务实体经济初心，市场培育服务工作紧紧围绕促进中国经济转向高质量发展，牢牢把握多层次资本市场新时代新征程的职责定位和使命任务，聚焦重点领域、重点区域，积极服务供给侧结构性改革，扎实推进市场培育服务体系建设，全面支持经济发展动能转换，努力为科技创新和现代金融更高质量协同发展播种希望、发现未来。

一、埋头深耕，破解痛点，打造领先创新资本形成中心

2017 年，深交所联合券商、创投等市场机构，多方支持创新企业对接资本市场，走访调研大批拟上市企业、拟发债或 ABS 产品企业，牵头组织行业领军企业、中介机构、创投机构等开展多场新兴行业或专题上市研讨活动，并与科技部火炬中心联合发起建立“燧石星火”创投联盟，举办多期上市交流研讨会、投后企业规范培训班等活动，建立覆盖企业上市前、上市中、上市后的全程服务体系。

携手攻坚克难，深入研究并积极推动解决创新企业上市的共性问题。针对创业创新企业普遍存在的研发费用高、未弥补亏损大、股东期权人数多等问题，深入研究，主动了解市场主体目前利用资本市场发展的“痛点”，先后编写针对研发费用资本化、累计未弥补亏损、“三类股东”和股权激励等问题相关处理建议报告，建言献策，及时反映创业创新企业实际诉求，推动优化市场制度。

努力推进科技金融专项服务方案，打造支持创业创新的资本生态圈。启动服务广东省科技企业对接资本市场专项行动，与广东省科技厅签订战略合作协议，搭建科技企业创新支撑平台和投融资服务体系。联合中关村管委会等单位，启动“中关村创新 100 上市培育工程”，共同筛选、辅导、培育中关村示范区科技创新企业。通过专项服务方案，重点服务创新企业，引导创新资本流向，探索培育具有示范效应的科技创新企业群体。

发挥优势，大胆探索，实现服务央企从无到有的突破，不断总结经验，逐步形成服务国资国企改革新模式。与多家大型企业集团签署战略合作协议，对接近 30 家央企集团，定制实施个性化综合服务方案，涵盖上市资源培育、并购重组、固定收益、科技金融、资本运营规划等多样化内容。联合举办多期资本运作专题培训活动，协调推动解决实际操作问题，开展研讨座谈和专题路演。助力国资国企深化改革发展，推动国有资本做强做优做大，培育具有充沛创新力和全球竞争力的世界一流企业。

二、扎根地方，广泛播种，服务区域经济转型发展

从模式到意识，将资本市场服务创新发展的“种子”播撒到全国各地，生根发芽。与地方政府密切合作，通过广泛动员、研讨、培训等方式，合力培育上市资源。深交所与多个省市政府签订了战略合作协议，合作建设在地化的创业创新企业上市培育基地，与各地证监局、金融办、上市办、发改委、高新区、区域股交中心等单位共同实施“中小企业上市资源培育工程”。

重点区域重点突破，薄弱环节主动服务。启动“梧桐工程”专项服务方案，全面对接浙江“凤凰行动”计划。为多省市提供一揽子综合服务，促进重点区域企业群体素质提升，带动整个区域产业升级。扎根内蒙古、赣州等经济欠发达地区，探索适应当地发展阶段性需求的服务方案，雪中送炭，缩小区域经济差距，促进区域均衡发展。

人才培养是“播种”关键，举办市场培育培训活动，宣传最新金融知识，为地方培养金融领域专业人才。2017 年举办改制上市、审核实务、固定收益等资本市场培训活动 100 多期，参加各地主题研讨座谈 400 多场。在陕西西安举办“深交所服务地方经济建设座谈会”，来自全国 20 多个省市的 200 多位金融干部参与研讨交流。深交所“金融办之家”全年邀

请30多名金融干部开展为期1个月的学习交流活动，为地方培养了解资本市场的急需人才。

春种一粟，秋收万子，完善培育服务工作体系

辛勤耕耘播种，收获水到渠成。一是持续形成完善一套市场培育服务工作体系。在多年探索的基础上，深交所扎根地方，深入一线，与地方政府紧密协作，在多地建设了上市培育基地，在多地启动了专项服务工程，同时汇聚券商、创投等市场机构的合力，打造了覆盖企业成长全阶段、贯穿企业上市全过程的全国服务网络和资本形成链条，已经初步建立了一套支持区域经济和创业创新企业发展的市场培育服务体系。

二是支持培养一支金融领域人才队伍。2017年，深交所举办的各类资本市场培训班、培训会覆盖了拟上市企业董秘、财务总监、独立董事等高管10 000多人，参加的各类研讨班、座谈会覆盖了企业、政府人员30 000多人，组织的"金融办之家"和金融干部座谈会覆盖了专职地方金融干部300多人，为资本市场输送了大量的专业人才。

三是服务一批新增优质上市公司。培育一批优秀后备上市资源，推动一批企业启动改制、报辅、报会等上市进程，引导企业规范运作、完善治理结构，为资本市场储备优秀上市资源。2017年，深市IPO公司总数222家，其中中小板公司81家，创业板公司141家，首发募资总额925亿元，公司家数和融资额分别增长79%、93%，IPO家数和规模均居全球前列。IPO公司中，战略新兴企业84家，占比超过三分之一，对引导资金投向创业创新企业、促进科技成果转化起到了重要的示范作用。全球最大的基因组学研发机构华大基因于2017年7月登陆深交所创业板，募集资金4.84亿元，主要用于医学检验解决方案平台升级项目、基因组学研究中心建设项目等。IPO公司中，既有来自华南、华东、京津等发达地区的电连技术、精研科技、圣邦股份等，也有来自东北、西北、西南等欠发达地区的哈三联、庄园牧场、新天药业等，为贯彻落实国家区域均衡发展战略作出积极贡献。除了国科微、威星智能等一大批民营企业，还有深南电路、中科信息等央企下属企业代表，为推动国资国企借助资本市场整合产业资源创造了良好条件。

2018年，深交所将以习近平新时代中国特色社会主义思想为指引，不断适应经济高质量发展新需求，扎扎实实做好市场培育服务工作，积极引导金融活水服务实体经济发展，不忘初心，牢记使命，与时俱进，砥砺前行。

2017年深交所国际化发展综述

参与"一带一路"建设打造世界领先的创新资本形成中心

东经114°、北纬22°交汇点，这是深交所在世界坐标系中的位置，2017年这个基础点与世界的联系正变得更为扎实与紧密。深交所的国际化地图，正在逐步"全息化"。

2017年，深交所全面贯彻党的十九大精神，落实中国证监会关于资本市场国际化战略部署，推动跨境资本形成，延伸特色服务链条，丰富金融产品体系，增强国际交流合作，持续完善境外投资者关系管理，构建全面开放新格局，有序推进"一带一路"建设和国际化发展，全力打造世界领先的创新资本形成中心。

连接更实效——构建跨境资本服务机制

深交所的国际化地图上，2017年最闪亮的连接线是建立了一条更专业更实效的资本联通渠道——跨境资本服务机制。

这一年，深交所积极与境内外机构共享资源渠道、共建合作网络，以信息服务为纽带促进跨境投融资对接，打造跨境金融服务生态体系，为创业创新企业提供全周期、多方位的融资和培育服务，发挥金融支持实体经济的作用。

围绕企业跨境发展和投融资需求，深交所启动跨境资本服务机制，基于"科技型中小企业成长路线图计划2.0"的境内运作经验和技术手段，为境内外企业提供最具公信力的一站式跨境投融资服务，推动中国与"一带一路"沿线国家及发达市场间优质产业与资本融合。

2017年以来，跨境资本服务机制已先后在印度、柬埔寨、老挝、巴基斯坦、越南、菲律宾、南非等7个"一带一路"方向国家实现落地，举行多场特色行业企业境内外路演活动，累计为50家境外企业，向逾4 000家境内投资机构提供"线上+线下"路演展示和信息对接服务，为境外企业与中国创新资本对接提供标准化解决方案。

特别是，深交所与伦敦证券交易所集团合作共建的"深伦科创投融资服务联盟"，已纳入第九次中英两国经济财金对话重点成果清单并于2017年12月16日成功启动，进一步拓展了两国资本市场对科创型企业和中小企业的投融资服务范围，为中英创新资本对接增添新的渠道。该项目将提供包括融资项目展示和路演、评估服务、企业培训、线上投融资社区、上市培育等全链条服务，为中英两国科创企业、投资机构之间持续搭建双向服务机制。

此外，跨境资本服务机制充分利用境内外市场机构资源，广泛建立战略合作关系，不断延伸合作范围。深交所与中国银行、建银国际、海通国际等中资在外金融机构及多家境外投行建立合作网络，推动资源整合，实现信息共享，共同为我国企业走出去提供不同成长阶段的定制化投融资服务。

基础更扎实——完善跨境金融产品体系和基础设施建设

2017年，深交所致力于发挥资本平台功能，丰富跨境金融产品序列，完善跨境基础设施建设，便利境内外投资者资产全球化配置，为"一带一路"建设提供持续融资渠道。

深交所探索固定收益品种创新，启动境外公司发行人民币债券（熊猫公司债）试点，积极推动"一带一路"沿线企业在境内发行熊猫债、跨境资产证券化等产品，支持"一带一路"沿线国家和地区基础设施建设。截至2017年底，共有3家境外公司在深交所累计发行熊猫公司债5单，发行金额总计70亿元人民币。

深交所积极推进跨境指数及基金产品开发与推广，探索建设自主海外指数体系，集中力量打造深市核心指数在海外的基金产品群，引导境外投资机构配置深市资产，推动更多追踪境外指数的基金产品在深交所挂牌，满足境内投资者资产国际化配置需求。

深交所通过不断完善跨境基础设施建设，促进境内外市场互联互通。中国内地与中国香港基金互认服务平台为内地基金和香港基金拓展两地销售渠道提供平台服务，有效降低基金销售成本，促进基金市场互联互通。截至2017年底，共有65家中国内地参与机构、30家中国香港地区参与机构接入平台，通过平台双向申购基金金额累计达217亿元人民币。

深交所旗下的金融数据交换平台为中国证券市场各类参与机构提供数据交换的一站式解决方案，已与全球多家主要国际服务平台合作对接，通过中国香港节点的建设和跨境业务的拓展，为境内外资本市场信息互通发挥枢纽作用。

三、交流更紧密——深化境外交流与国际合作

2017 年，翻开深交所国际化地图，深交所与境外的连接线如同航空线路图，越来越繁密。

这一年，深交所不断创新跨境合作形式，建立常态化高级别交流机制，构建全球伙伴关系网络，积极参与加入国际性组织平台，通过股权合作、技术咨询、业务培训等多样化方式，分享“中国模式”，推介深交所一线监管和市场发展经验，提升中国资本市场的辐射力和国际影响力。

深交所积极拓展与“一带一路”沿线国家和成熟市场多层次交往合作。2017 年，深交所先后对印度、柬埔寨、缅甸、老挝、加拿大、美国、越南、菲律宾 8 国证券监管及市场机构开展高级别访问，与印度孟买交易所、柬埔寨金边交易所、老挝证券交易所、加拿大多伦多交易所集团等 4 家境外交易所签署或更新合作谅解备忘录，实现对全球 40 家境外交易所和市场机构的全覆盖。

深交所针对“一带一路”沿线市场特点提供资本市场特色培训。2017 年，深交所应巴基斯坦、越南、老挝及伊朗等国交易所要求，为其提供定制化业务培训项目。目前，深交所已累计为 9 个沿线国家的 8 家交易所和 3 家监管机构近 200 人次提供定制化培训，有效增进境外市场对中国资本市场的认知认同，提高中国资本市场软实力，带动沿线市场共同发展。

深交所以股权合作形式深度参与“一带一路”沿线资本市场建设。2017 年，与中金所、上交所联合收购巴基斯坦证券交易所 40% 股权，利用深交所在技术系统方面自主开发运营优势，积极发挥股东作用参与巴基斯坦证券交易所公司治理，战略支持巴基斯坦交易所开发和完善自主技术系统，支持当地资本市场基础设施建设，探索推动全方位技术、市场和设施的联通与共享。

深交所广泛参与国际证监会组织、世界交易所联合会、亚洲暨大洋洲交易所联合会等国际组织事务，通过担任主讲单位、发表专题报告等形式分享建设多层次资本市场和服务中小企业发展的经验。深交所加入联合国可持续证券交易所倡议，成为第 67 家伙伴交易所，助推市场可持续发展和绿色金融建设。

深交所积极促进两岸金融合作，推动两岸民间交流。借助“燧石星火”创业俱乐部形式，发挥市场组织协调资源优势，调动上市公司、创业企业、投资机构、金融中介等社会资源，面向 64 名中国台湾在校大学生举办了“燧石星火台湾学生创业夏令营”活动，有效提升中国台湾青年对祖国的亲近感、认同感，为进一步深化两岸教育合作、推进两岸金融交流营造了良好氛围。

四、相知更深入——提升境外投资者关系服务水平

2017 年，通过多渠道的信息交流，在国际化地图上深交所与全球其他点之间的相互映射逐渐清晰，相互认知逐渐深入。

这一年，深交所积极推动上市公司开展境外投资者关系管理，完善服务体系，建立常态化沟通反馈机制，优化投资者市场结构，助力上市公司国际化发展。

深交所联合港交所共开展了 5 轮深港通国际路演活动，面向 600 家境外投资机构举行 123 场宣介活动，覆盖全球主要金融市场，充分展示中国创新经济发展潜力和资本市场特色。深交所不断创新线上交流平台，与彭博、路透等国际媒体平台举行深港通网上路演，提升路演效率，扩大覆盖和传播范围。

深交所推动上市公司境外投资者关系管理常态化。2017 年，深交所联合境内外券商共举办 13 场反向路演和 3 期境外投资者走进上市公司活动，并首次带领 8 家深市上市公司赴美路演，合计超过千名境外投资机构代表与逾百家深市上市公司参与活动，为境外投资者与上市公司之间提供双向、畅通、有效的沟通渠道；完善“互动易”英文即时翻译功能，要求“深股通”标的上市公司在指定网站披露中英文信息要览，提升上市公司英文信息披露水平，减少信息不对称；推动深交所 L2 行情数据在港落地，进一步拓宽境外投资者信息获取渠道；定期举办境外投资者关系管理培训课程，提升上市公司专业水平和国际竞争力，完善上市公司股权文化建设和公司治理体系。

下一步，深交所将继续深入贯彻落实党的十九大、中央经济工作会议和全国金融工作会议精神，在中国证监会领导下，坚持对外开放，深化国际合作，完善跨境资本服务机制，推进境内外资本市场互联互通，全面推进“十三五”期间建设世界领先的创新资本形成中心。

2017 年深交所个人投资者状况调查

为全面掌握个人投资者状况，提升投教服务和保护工作的针对性、有效性，近期，深圳证券交易所组织开展了 2009 年以来的第 9 次个人投资者状况调查活动，形成了《2017 年度个人投资者状况调查报告》。调查延续了历年跟踪调查框架，主要涉及投资者结构、知识水平、投资理念、投资行为、知权与行权状况等多个方面，同时增加了投资者对于 2018 年股市风险因素以及资本市场热点问题看法等调查内容。

本次调查按照证券账户的地理分布状况，采取分层抽样方式，对调研地区年龄在 18－60 岁、过去 12 个月进行过沪深两市股票交易的 15 890 个样本投资者进行问卷调查，涵盖全国 307 个大中小城市。有关调查结果摘要如下：

一、从投资者结构看，中小投资者超七成，新入市投资者呈年轻化趋势，创业板与非创业板投资者结构差异明显。

1. 2017 年，证券市场仍以中小投资者为主，证券账户资产量低于 50 万元的投资者（中小投资者）占比 75.1%，较 2016 年下降约 2 个百分点。受访投资者证券平均账户资产量为 53.9 万元，较上年增长 2.5 万元。

2. 2017 年新入市投资者中，25 岁以下投资者占比 28.2%，30 岁以下投资者占比 55.8%，新入市投资者平均年龄 31.2 岁，而 5 年前新入市投资者平均年龄约 36 岁，新入市投资者年轻化趋势较为明显。

3. 创业板与非创业板投资者结构存在明显差异。一是创业板投资者平均账户资产量达 63.2 万元，显著高于非创业板投资者 40.0 万元的平均资产量。二是创业板 10 万元以下的散户所占比例仅为 28.0%，明显低于非创业板 49.3% 的比例。

二、从投资者知识水平看，投资知识水平总体显著提高，但不同区域、不同年龄段、不同板块的投资者知识水平差异明显。

从投资知识得分看，受访投资者平均 69.4 分（满分 100 分），较上年 63.1 分有明显提升。其中，60 分以下投资者占 27.4%，较上年降低 15%，80 分以上投资者占 33.1%，较上年提高 11.8%。从不同区域看，华东地区投资者平均得 71.1 分，七大地理区域中保持领先，西北地区投资者平均得分最低，为 66.9 分。从不同年龄段看，18－24 岁的投资者得分最低（66.9 分）；45－49 岁的投资者得分最高（71.2 分）。从不同板块的投资者看，创业板投资者平均得分为71.2分，显著高于非创业板投资者平均水平(66.7分)。

三、从投资决策信息来源看，网络媒体和技术指标分析是最重要的信息渠道，但创业板投资者信息获取渠道更为广泛。

1. 2017年投资者获取投资信息的渠道平均为2.8种，较上年2.5种略有上升。其中，排在前三位的信息渠道依次为"手机上的网络类媒体"(47.6%)、"依据股票价格走势、成交量变化等技术指标分析"(42.4%)和"电脑上的网络类媒体"(42.0%)。

2. 创业板投资者在信息获取方面使用的渠道平均为3.0种，多于非创业板投资者的2.5种，表明决策信息来源更加广泛。创业板投资者对于上市公司公告、金融机构研究报告和技术指标分析等信息来源的使用率平均高出非创业板投资者10个百分点。

四、从投资者投资理念看，投资理性程度总体增强。

1. 越来越多投资者开始接受并逐步形成价值投资理念。调查显示，价值投资类首次超过趋势类和短线交易类，成为投资者占比最高的投资风格类型。其中，长期价值类投资者占比26.5%，较上年提高5.5%；短线交易类投资者占比18.1%，较上年降低5.3%；趋势类投资者占比25.9%，与上年基本持平。

2. 投资者在短线交易、过度交易方面的心理偏差正在好转。调查显示，非理性投资者在各种心理描述选项的占比平均下降3.8%。其中，"我宁愿买明天可能涨10%的股票也不买一年后可能翻一倍的股票"降幅最高(7.3%)，其次是"我喜欢操作股票，哪天不操作的话总觉得缺了点什么"，降幅4.9%。

五、从投资行为看，虽然投资理性程度总体增强，但非理性投资行为问题仍然不容忽视。

1. 非理性投资行为发生比例依然较高。各种行为描述选项的非理性投资者平均占比39.2%，发生比例较高的有"投资自己买过的股票比其他股票更容易挣钱"(熟悉偏好，占63.8%)、"自己操作股票比购买基金收益更高"(过度自信，占47.5%)和"我总是拿不住盈利股票而长期持有亏损股票"(处置效应，40.3%)。

2. 追涨型投资者远多于抄底型投资者。调查显示，只有8.5%投资者为抄底型投资者，46.9%的投资者为追涨型投资者，其余投资者没有明确的追涨或抄底倾向。

3. 近六成投资者没有明确止损策略。调查显示，21.1%的投资者不重视止损策略，认为"即使股票价格下跌，只要我不卖出，就不会亏损"，38.5%的投资者对止损持不明确态度，只有40.4%的投资者倾向使用止损策略。

4. 投资者持股较为集中。调查显示，超半数投资者持有股票低于3只，平均持股4.9只，较上年平均持股5.1只有所下降。

六、从投资盈亏原因看，投资亏损与投资者的经验、知识与研究不足、非理性行为密切相关。

1. 调查发现，受访投资者亏损的主要原因依次是"自己的投资经验不足"(52.5%)，"自己的投资知识不足"(49.8%)，"经济形势的变化"(31.5%)。

2. 进一步对比分析不同盈利状况的受访投资者行为发现，与盈利投资者相比，亏损投资者发生频繁交易和处置效应(指"个人投资者拿不住盈利股票而长期持有亏损股票"的现象)行为的比例分别为37.3%、47.3%，相应高出10个百分点和12个百分点，而使用止损策略的比例是38.0%，低4.5个百分点。同时，亏损投资者阅读上市公司公告的比例是22.5%，低10.8个百分点，阅读金融机构研究报告的比例是32%，低9.3个百分点，听信传言、听人荐股的比例31.4%，高出6.2个百分点。

七、从投资者知权和行权状况看，知权比例有明显提升，行权意识和能力仍待提高。

1. 投资者知权状况明显改善。调查显示，知权投资者平均占比44.1%，投票权、知情权的知权比例超过55%，各项权利的知权比例较上年有5%－10%的增幅。

2. 投资者行权意识和能力仍有待提高。调查显示，通过网络投票形式行使投票权的投资者比例只有25.2%，通过电话或者网络了解上市公司情况行使知情权的投资者比例只有22.4%；行使其余各项权利的投资者比例均未超过10%，甚至超过一半的投资者(52.5%)从未行使过股东权利。

八、科技监管、发行并购重组改革受关注度较高，投资者对创业板改革充满期待。

1. 对于2018年资本市场改革发展重大举措，投资者最为关注的是"推进科技监管"(占比66.0%)和"加快股票发行制度和并购重组市场化改革"(占比64.5%)。此外，65.7%的投资者对于境外上市的我国科技创新型企业回归A股市场较为关注，表示有投资兴趣。

2. 创业板改革备受关注，近九成投资者表示创业板应当增强对科技创新企业的支持力度。其中，74.6%的投资者支持对企业首发条件中的财务标准作出优化安排，57.6%的投资者支持对双重股权结构的企业首发条件作出优化安排。

九、投资者对2018年股票市场信心总体向好。

1. 对于2018年股市，投资者信心总体向好。调查显示，39.0%的投资者倾向乐观，较上年增加10.8%；51.1%的投资者持中性态度，较上年减少5.9%；9.9%的投资者表示悲观，较上年减少4.9%。投资者积极评价6月A股正式纳入MSCI指数，63.1%的投资者认为长期利好股市；26.7%的投资者认为短期股市会上扬。

2. 从市场风险看，投资者最担心的依次是，"在金融去杠杆背景下，债券到期兑付金额增长较大，债券违约事件可能大幅增加"(59.0%)、"资管新规实施带来的流动性冲击，短期内可能导致股市资金面收紧"(57.6%)、"全球逐步进入加息周期，利率走高将可能导致股票等权益类资产估值水平总体下降"(55.4%)。此外，企业盈利的不确定性、美国股市高位回调风险传导等，也是投资者较为关心的风险因素。

深圳证券交易所理事会2017年工作报告(节选)

2017年是党和国家发展进程中极不平凡的一年。党的十九大、中央经济工作会议、全国金融工作会议胜利召开，标定我国发展新的历史方位，确立习近平新时代中国特色社会主义思想为党的指导思想，提出决胜全面建成小康社会的三大攻坚战和推动高质量发展的八项重点工作，明确服务实体经济、防控金融风险、深化金融改革三项金融工作主要任务，为资本市场下一步改革稳定发展指明了方向。中国证监会党委提出"六稳六进"，把主动防范化解系统性金融风险、全力维护市场稳定运行放在首要位置，对深交所各项工作提出总体要求。深交所会员大会实现常态化召开，修订发布《深圳证券交易所章程》，交易所治理和理事会运作进入全新阶段。

一年来,深交所第四届理事会全面学习贯彻习近平新时代中国特色社会主义思想,认真贯彻落实党的十九大、中央经济工作会议和全国金融工作会议精神,坚持稳中求进工作总基调,牢固树立和贯彻新发展理念,按照高质量发展要求,紧紧围绕打好决胜全面建成小康社会三大攻坚战和推进落实金融工作三项主要任务,坚持党的领导,发挥决策职能,凝聚会员合力,推动深交所各项工作取得显著成效。

一、2017 年主要工作

(一)落实办法要求,治理运行进入新阶段

2017 年 11 月修订发布的《证券交易所管理办法》,是资本市场一项重要的基础性规章制度,对于证券交易所加强党的领导、完善监管职能、优化治理结构等具有重大指导意义,为进一步完善交易所内部治理架构提供了制度依据和法治保障。理事会认真组织梳理办法的新条款、新要求,审议通过关于落实办法有关工作安排的报告,推动做好实施前各项准备工作。依照办法相关规定,组织修订章程,进一步明确会员大会、理事会、总经理和监事会的职权边界,确保决策、执行、监督衔接有序。推动修订完善相关制度规则,将办法各项要求具体落实到上市协议、业务规则以及相关制度中,确保贯彻执行到位。

(二)强化自身建设,决策能力再上新台阶

理事会持续完善相关制度机制,将交易所与广大会员紧密联系起来,发挥市场各方力量,提升决策能力水平,为推进多层次市场建设夯实基础。

一是健全完善工作制度机制。根据新修订的办法和章程,立足理事会工作实际,先后两次组织修订《理事会工作规则》,与上位法各项要求保持一致,进一步健全完善理事会功能机制,强化理事履职责任,严格理事履职纪律,进一步提升理事会规范运作水平。

二是全面提升科学决策水平。优化完善专门委员会设置,形成战略发展、风险管理、会员自律管理、上市培育、技术发展、薪酬财务、上诉复核 7 个专门委员会,充分发挥广大会员和政府、高校、基金、创投等单位的市场、信息及专业优势,为理事会科学决策提供智力支持,提升理事会决策透明度,推动各方共同参与深交所市场建设。组织召开各专门委员会及理事会顾问年度会议,梳理汇总各位委员、顾问就强化一线监管、防范化解风险、服务实体经济、推进改革发展等重点任务提出的意见建议,结合交易所工作实际持续跟进推动落实。积极探索完善日常运行和沟通合作机制,最大程度发挥各专门委员会及理事会顾问的决策支持作用。

(三)推动市场发展,核心任务取得新进展

一是强化风险防控,切实保障市场安全运行。全面贯彻“稳中求进”工作总基调,强化决策指导,汇聚市场力量,推动深交所设立专门的风险管理部门,组织风险管理委员会开展专题研讨,充分吸纳会员意见建议,推动交易所和广大会员进一步加大协同力度,牢牢守住不发生系统性风险的底线。着力推动强化深交所一线监管职能,组织制定股份减持、资金前端风控等业务规则,修订基金上市规则,全面夯实监管制度基础,有效落实风险防控职责。充分发挥会员理事引领作用,通过专门委员会会议、专题座谈会议等多种形式,就异常交易、会员管理、股票质押等业务规则听取会员意见建议,推动“以监管会员为中心”的交易行为监管模式落地。

二是服务实体经济,主动对接国家战略。坚持服务供给侧结构性改革和创新驱动发展战略,组织专题研究新经济企业上市需求,推动深交所完善市场培育服务机制和创业投资基金退出机制,提升对高新科技企业、成长性企业、具备国际竞争力的新兴企业的服务能力。积极响应“一带一路”倡议,研究建立对巴基斯坦交易所的股东权利行使机制,进一步优化深交所国际化发展布局。推进资本市场双向开放,组织研讨交易所国际化战略,推动交易所与会员在产品设计、市场布局、项目建设等方面加大合作力度,不断提升深市国际竞争力和影响力。

三是统筹改革全局,激发长远发展动力。推动制定发布《深圳证券交易所发展战略规划纲要(2018 - 2020)》,主动对接十九大报告关于经济社会发展和资本市场建设的目标要求,对标习近平新时代中国特色社会主义思想和基本方略的各项部署,明确深交所未来三年的发展目标和路径,将深交所发展融入国家整体战略布局。组织研讨深化多层次市场特别是创业板改革有关事项,听取会员意见建议,推动提升创业板包容支持新技术新产业新业态新模式的能力,探索改进三个板块功能定位及配套制度机制,全面服务不同类型、不同周期、不同发展阶段的企业。注重发挥交易所的技术引领和市场服务作用,充分吸纳会员关于行业技术发展的意见建议,推动召开 2017 年深交所技术大会,搭建行业技术交流平台,推动行业信息技术发展。

第四届理事会成立以来,坚守使命担当,统筹发展全局,完善组织体系,创新工作方式,凝聚会员力量,共召开现场会议 4 次,召开通讯表决会议 7 次,形成决议 27 项,有效发挥决策职能,有力推动深交所各项事业的发展。

二、当前形势与任务

党的十九大对决胜全面建成小康社会作出了重要部署,明确了从 2020 年到本世纪中叶分两步走,把我国建成社会主义现代化强国的奋斗目标。证监会系统 2018 年工作会议提出,要努力建设富有国际竞争力的中国特色资本市场。交易所是资本市场的核心机构,一个强大的资本市场,离不开一流证券交易所的支撑。当前,我国正处在转变发展方式、优化经济结构、转换增长动力的攻坚期,迫切需要建设一流证券交易所,通过加速资本形成,为经济转入高质量发展、抢占新一轮科技革命制高点注入不竭动力。深交所的发展正面临难得的历史机遇,必须紧紧抓住有利条件,趁势而上,持续提升市场竞争力和监管公信力。

同时也应该清醒认识到,深交所市场改革发展稳定还面临一些风险和挑战。一是国际形势面临地缘政治、货币政策、贸易摩擦等诸多风险因素,不确定性强、不稳定性高,可能会对我国经济金融领域产生溢出效应。二是国内经济发展不平衡不充分的一些突出问题尚未解决,质量效益有待提升,重点风险防控任务依然艰巨,金融领域风险的跨市场传导特征越发显著。三是资本市场作为我国金融体系的短板,其“不成熟的交易者、不完备的交易制度、不完善的市场体系、不适应的监管制度”等问题仍然存在。在国内外多重因素影响下,我国资本市场将持续处于市场风险的高发易发期。此外,与新形势下服务国家发展全局的要求相比,与境外成熟市场交易所相比,深交所在市场规模质量、服务新经济能力、风险防控和一线监管能力、国际化水平等方面还存在一定差距。

面对机遇和挑战,深交所理事会将进一步提高政治站位,强化全局观念、大局思维和前瞻意识,优化工作机制,提升决策能力,推动深交所改革发展与党和国家事业发展相适应,与党和国家决策部署相协调。力争到 2020 年,形成领先的创新支持市场体系、领先的创新资本生态圈、领先的市场监管与风控体系、领先的市场基础设施和制度体系，努力成为世界领先的创新资本形成中心，打造世界一流证券交易所。

三、下一步工作思路

2018年是贯彻党的十九大精神开局之年，是改革开放40周年，是决胜全面建成小康社会、实施十三五规划承上启下的关键一年。交易所是国家金融体系和资本市场重要组成部分，理事会作为交易所决策机构，要将自身工作与落实党和国家大政方针相结合，与资本市场改革稳定发展要求相契合。2018年理事会将坚持以习近平新时代中国特色社会主义思想武装头脑、指导实践、推动工作，紧紧围绕全面学习贯彻党的十九大和十九届二中、三中全会以及中央经济工作会议、全国“两会”和金融工作会议精神这条主线，重点做好三方面工作。一是聚焦金融工作三项核心任务，坚决守住不发生系统性风险的底线，推动深化市场改革，提高直接融资能力，建设现代化经济体系，助力经济高质量发展。二是全面落实《证券交易所管理办法》要求。推动加快制定修订配套规章制度，切实将加强党的领导、强化一线监管、完善治理结构等要求落实到交易所治理和监管实践的各个环节。三是充分发挥组织会员建设市场作用。认真落实会员大会精神，进一步强化理事会自身建设，完善理事会及专门委员会运作体系，团结带动广大会员，凝聚全行业力量，共同促进多层次资本市场稳定健康发展。在此基础上，全力推进以下六项具体工作：

一是以推动经济高质量发展为导向，全面深化市场改革。进一步拓展直接融资覆盖面，全面提升服务实体经济的能力。根据证监会统一部署，全力推动创新企业境内发行股票或存托凭证试点平稳实施落地，深化创业板改革，坚持服务创新创业的板块定位和特色，持续增加制度供给，进一步提高板块包容性，加大对符合国家发展战略、具有核心竞争力的高新技术企业和新经济新产业的支持力度，并做好改革风险防控。进一步完善深市多层次市场板块体系，优化主板、中小企业板和创业板功能定位，推动各板块协同发展。提高上市公司质量，严把再融资、并购重组质量关，持续推进退市制度改革，完善优胜劣汰机制，推动更多优质上市公司进入资本市场。通过改革推动尽快形成投融资功能完备、基础制度扎实、市场监管有效、投资者合法权益得到充分保护的多层次资本市场体系。

二是以助力国家战略部署为重点，大力提升直接融资服务能力。贯彻新发展理念，强化培育服务，丰富产品工具，着力提升直接融资特别是股权融资能力。要发挥市场化资源配置功能，全面服务供给侧结构性改革，扎实推进“三去一降一补”五大任务，推动存量重组、增量优化、动能转换。配合混合所有制改革，深化对中央企业和国有企业转型服务对接，支持军民融合产业加快发展。推进债券、资产证券化等金融产品创新，优化债券发行人结构，充分对接国家政策导向和实体经济需求。推动并购重组市场化改革，加大对产业并购支持力度，提升服务实体经济质量和效益。升级跨境投融资服务平台，推进“一带一路”建设金融创新，将服务范围扩展至优质境外红筹公司等创新企业。

三是以坚持国家总体安全观为原则，切实打好防范化解风险攻坚战。要切实强化风险意识、树立底线思维、打破惯性思维，坚持风险导向、落实风险责任，强化对金融风险防范重要性的认识，夯实交易所制度基础，从根本上预防风险。完善常态化风险管理工作机制，健全风险防控的协同机制，建立统一的风险监测平台，防范化解跨市场跨机构跨产品风险。加强对高风险上市公司持续动态排查，针对风险及早实施监管干预。通过智能化监管手段，提高二级市场交易监控、分析、处置能力。全面排查交易系统运行风险，推进灾备交易系统建设，提高交易连续性保障能力。

四是以保护投资者合法权益为目标，持续强化一线监管。持续强化依法全面从严监管，坚决打击违法违规行为，切实维护市场秩序，保护投资者合法权益。要补齐监管制度短板，配合《证券交易所管理办法》实施，修订《深圳证券交易所章程》《股票上市规则》《证券上市协议》等一系列制度规则，做好制度衔接，夯实市场发展基础。大力推进科技监管，加快建设科技智能监管平台，运用大数据、云计算、人工智能等新技术，提升监管智能化水平。加强与会员的监管合作，减少规避监管、规则套利等市场乱象。推动惩罚性违约金、现场检查等新增监管手段和“以监管会员为中心”的交易行为监管模式落地，加大新增监管举措频度和力度，不断提升监管有效性、及时性和灵活性，切实增强交易所一线监管威慑力。

五是以新一轮高水平对外开放要求为指引，有序推进国际化发展。在证监会党委统筹下，主动融入国家整体对外开放战略，积极服务国家“一带一路”倡议，加强监管、技术、人员交流，实现设施联通、资金融通，全面强化日常交往和战略合作。开拓跨境股权合作，形成对外技术和能力输出的示范带动效应。在“深港通”和“深伦科创投融资服务联盟”成功经验基础上，加快探索与其他发达市场建立互联互通机制。推动境外路演服务机制常态化，吸引“一带一路”沿线国家来深交所发行主权熊猫债。加大交易所、会员和相关市场机构合作，以深交所国际化带动行业国际化，共同提升资本市场对外开放水平。

六是以强化理事会自身建设为抓手，凝聚发挥行业各方力量。要按照《证券交易所管理办法》的要求，进一步加强理事会自身建设，提高政治站位，强化责任担当，立足资本市场发展全局，统筹谋划交易所建设各项工作。积极发挥理事的市场优势、信息优势和专业优势，提前介入，认真谋划，形成“头雁效应”。探索创新专门委员会工作机制，制定完善年度工作计划，充分发挥专家智囊作用。通过会员理事带动引导广大会员，着力补齐制度机制短板，切实落实客户管理职责，构建防范化解市场风险的坚强防线，凝聚各方力量共同建设好深圳资本市场。

站在新的历史起点，第四届理事会将坚持以习近平新时代中国特色社会主义思想为指导，深入贯彻落实党的十九大、中央经济工作会议、全国“两会”和金融工作会议精神及证监会党委各项决策部署，按照会员大会的决议要求，不忘初心、牢记使命，凝心聚力、团结一致，引领和推动深交所积极服务决胜全面建成小康社会三大攻坚战和推动高质量发展八项重点工作，为实现党的十九大确定的各项目标任务作出应有贡献。

深圳证券交易所监事会2017年工作报告(节选)

2017年会员大会以来，深交所第二届监事会全面学习贯彻习近平新时代中国特色社会主义思想，认真贯彻落实党的十九大、中央经济工作会议和全国金融工作会议精神，坚持稳中求进工作总基调，牢固树立和贯彻新发展理念，按照高质量发展要求，紧紧围绕打好决胜全面建成小康社会三大攻坚战和推进落实金融工作三项主要任务，坚持党的领导，履行监督职能，积极推动风险防控、内部审计、财务监督和下属机构管理等工作，全力保障深交所规范稳健有序发展。

一、2017 年主要工作

（一）严守风险底线，重点强化风险管理监督

监事会作为风险管理监督机构，充分认识到自身担负的重要职责，切实增强全局观念和大局意识，全面贯彻党和国家决策部署，注重听取会员机构意见建议，充分发挥监督指导职能，积极推动完善深交所风险管理体系。

一是健全管理机制。推动深交所设立专门的风险管理部门，统筹协调全所风险管理工作。推动建立风险管理奖惩机制和常态化工作机制，健全完善所内维稳协作、市场预期管理等相关配套机制，强化风险防控的事前、事中、事后全过程管理。

二是摸清风险底数。以防范化解系统性风险为核心目标，督导相关部门开展全面风险排查，聚焦股市异常波动、上市公司、债券市场、基金市场、技术安全等重点风险，梳理形成全所重点风险清单，制定针对性应对措施。督促全面排查物业安全隐患，认真落实反恐措施，提升人员管控水平，强化消防安全保障。

三是强化监测应对。着力强化重点风险防控监督指导，注重提升风险管理智能化水平，推动建立市场运行风险监测系统。督导制定临时停市、重大自然灾害等应急预案，进一步提高交易连续性保障能力。

（二）严格审查督导，切实落实财务内控监督

监事会将采购管理、业务内控和财务管理作为监督检查的重要内容，通过专项审计等方式，严格审查督导，确保相关业务合法合规。

一是规范采购管理。以“厉行节约、防范风险、提升效率”为目标，分阶段督导对采购业务实施专项审计，提出整改建议，实现深交所和下属公司两级采购业务审计全覆盖。

二是强化业务内控。从加强一线监管、维护市场安全运行的大局出发，督导完成固定收益业务内部控制专项审计，从加强技术建设、提高风险监测水平、优化内控流程等方面提出多项整改要求。

三是完善财务管理。审议年度财务预决算报告，督导实施预算管理专项审计，在制度建设、系统建设、预算执行等方面提出整改措施，敦促提升预算管理力度。以合规性、效益性为重点，强化异地中心财务管理监督。

（三）完善制度机制，持续强化下属机构监督

监事会从完善管理制度、提升管理水平入手，强化日常监督，推动建立完善下属机构管理体系，促进深交所探索形成集团化管理模式。

一是优化管理制度。督导有关部门调研下属机构管理运作和管理制度落实情况，听取意见建议，完成《下属机构管理办法》及其配套指引的修订工作，对下属机构管理制度进行系统性、针对性完善。

二是提升管理水平。推动深交所与下属机构进行人事系统对接，全面掌握深交所全系统人事信息。

（四）加强自身建设，着力巩固规范运作基础

监事会积极推动修订完善制度规则，努力提升自身规范运作水平。2017 年 7 月发布实施的深交所章程，增设监事会专章，确立了监事会法律地位，明确了相关工作依据。2017 年 11 月修订发布的《证券交易所管理办法》，进一步完善了监事会的职权范围、人员构成等规定，夯实监事会规范运作的制度基础。在全面梳理总结上位法新条款、新要求的基础上，先后两次组织修订《监事会工作规则》，进一步完善工作流程机制，强化监事履职纪律要求，促进监事会依法有效行使监督职能。

一年来，第二届监事会不忘初心、牢记使命，强化监督职能，服务全局工作，保障稳定发展，共召开 4 次现场会议，形成决议 12 项，各项工作取得明显成效。站在新的历史起点上，监事会必须充分认识当前形势对自身工作的要求：一是党的十九大明确要求守住不发生系统性金融风险的底线，中央经济工作会议将防范化解重大风险放在三大攻坚战之首，全国金融工作会议把防范化解风险列为金融工作三大核心任务之一，凸显了风险防控工作的极端重要性。当前资本市场运行基础仍不够牢固，风险防范化解形势依然严峻，这对监事会的风险管理监督职责提出更高要求。二是随着《证券交易所管理办法》正式实施，深交所治理结构体系将进一步完善，一线监管职能将进一步强化，监事会对此必须高度重视，确保全面跟上改革步伐。

二、下一步工作思路

2018 年，监事会要进一步提升站位、强化担当，坚持以习近平新时代中国特色社会主义思想为指导，认真学习贯彻宪法精神，全面贯彻落实中央经济工作会议、全国金融工作会议和会员大会部署要求，根据新修订的《证券交易所管理办法》和《深圳证券交易所章程》，重点围绕防控重大风险、发挥监督职能、完善自身建设等方面开展工作。

（一）全面梳理制度规则，贯彻落实办法要求

《证券交易所管理办法》的实施，涉及交易所大量协议、规则的制定和修订，包括《证券上市协议》和其他上市挂牌协议，以及上市公司及债券发行人监管、会员监管、交易监管等多方面业务规则。监事会将从自身监督职责出发，做好对协议、规则修订相关决策流程合法合规性的监督，同时密切关注并全面掌握协议、规则的具体调整情况，为后续监督其执行情况打好基础。

（二）着重强化全局意识，服务风险防控大局

一是完善风险管理机制。督促制定《风险管理办法》，健全优化风险管理日常工作机制，推动建立统一的风险监测管理平台，统筹修订完善各项应急预案，全面提升风险应急处置能力。

二是强化风险监测排查。指导完善以防范风险为目标的市场监测机制，推动优化风险监测指标体系。指导推进重点课题研究，提高市场趋势预研预判能力。督导强化专项风险排查，全面梳理上市公司各类风险隐患，加强债券和资产证券化产品信用风险防范。

三是提升运行保障水平。指导开展新一代交易系统运行风险专项审计，进一步提高交易连续性保障能力。推进自身安防体系评估，全面排查潜在风险，不断提升安防管控水平。

四是夯实依法治市基础。督促加强一线监管法律风险防范化解，积极发挥监事优势，指导应诉工作，促进提升应诉能力。督导完善内部救济机制，力求从源头化解矛盾。

（三）坚持勤勉尽责，有效发挥自身职能

一是加大财务内控监督力度。督导本所和下属机构做好费用支出管理，确保将中央八项规定精神及实施细则要求落到实处。督导开展业务专项审计回头看，确保各项整改措施落到实处。

二是强化下属机构监督。推动落实新修订的《下属机构管理办法》及配套工作指引，健全报批报告工作机制，统筹加强人事管理，探索将本所及下属机构外部审计工作纳入监督范围，推动提升深交所集团化管理水平。

下一步，第二届监事会将在所党委领导下，团结一致、恪

尽职守，全面贯彻落实2018年会员大会精神，审慎行使权力，认真履行职责，不断优化工作机制，充分发挥监督职能，坚决守住不发生系统性风险底线，全力保障深交所规范稳健有序发展，为打赢防范化解重大风险攻坚战作出应有的贡献。

深圳证券交易所总经理2017年工作报告（节选）

2017年会员大会以来，深交所经理层全面学习贯彻习近平新时代中国特色社会主义思想，认真贯彻落实党的十九大、中央经济工作会议和全国金融工作会议精神，坚持稳中求进工作总基调，牢固树立和贯彻新发展理念，按照高质量发展要求，紧紧围绕打好决胜全面建成小康社会三大攻坚战和推进落实金融工作三项主要任务，坚持党的领导，狠抓执行落实，积极服务实体经济发展，全力保障市场稳健运行，认真履行一线监管职责，着力夯实内部管理基础，深交所工作实现四个“显著提升”。

一、2017年主要工作

2017年，深交所股票成交金额61.69万亿元，股票筹资额7 822亿元。截至2018年3月底，深交所上市公司2 108家，市值23.39万亿元；债券（含资产支持证券）挂牌4 146只，托管面额1.76万亿元；基金534只，规模1 253亿元。

（一）服务实体经济能力显著提升

服务实体经济是金融的天职和宗旨。一年来，经理层重点从直接融资、产品创新、市场改革、市场服务、国际发展、精准扶贫等方面，全面对接国家发展战略要求，服务实体经济能力显著提升。

一是直接融资能力全球领先。新增上市公司222家，首发筹资额925亿元，一批创新能力强、发展前景广、契合国家发展战略的优秀企业登陆深交所。522家上市公司实现再融资，再融资总规模6897亿元，服务实体经济的能力不断增强。推进以产业整合为重点的市场化并购重组，年度交易金额达6 531亿元。截至2017年底，深市IPO数量、融资金额位居世界第1位，成交金额、市价总值、上市公司数量分别位列世界第3位、第7位和第10位。

二是债券市场发展取得突破。加大固定收益产品创新力度，积极发展低风险利率债产品。成功招标发行四川、广东等10个地方政府债券1 419亿元，建立地方债常态化招标发行机制。发行国开行政策性金融债386亿元，实现招标发行方式全覆盖。推出全国首单住房租赁类REITs产品，推动绿色债、双创债、可续期债等创新产品发行，拓宽中小企业融资方式，有效盘活社会存量资产。

三是重点改革任务稳步推进。制定实施《深交所发展战略规划纲要（2018－2020）》，将深交所发展融入国家整体战略布局。持续推进创业板改革，扩大包容性和覆盖面，为创新驱动引领示范企业发行上市积极创造条件。研究制订CDR方案，持续推进ETF期权试点。组织召开2017年技术大会，发挥行业引领作用，推进证券期货业金融科技研究发展中心（深圳）建设。

四是市场服务体系持续完善。统筹全所力量开展市场推广，重点服务科技含量高、创新能力强、发展空间大的企业。精准服务地方经济社会发展需求，在浙江实施“梧桐工程”，在江苏启动“新金融高地”战略合作，在广东推进“资本兴粤”工程。搭建科技金融服务平台，全面深化“科技型中小企业成长路线图计划2.0”，联合知名创投机构成立创投联盟，与政府部门合作开展科技金融专项计划。获批“国家级互联网投资者教育基地”，成为全国唯一拥有线上线下投教基地的单位。

五是国际化进程扎实推进。实施“一带一路”沿线国家和成熟市场差异化合作策略，形成广泛合作、重点突出的战略布局。与伦交所展开合作，“深伦科创投融资联盟”项目纳入中英财金对话重点成果清单。与中国银行等签署战略合作协议，共建跨境资本信息服务平台，先后在柬埔寨、巴基斯坦、印度等地开展特色路演活动。与境外交易所开展股权合作，联合参股巴交所。保障深港通平稳运行，建立三所两司定期会商机制，推动建立深港通投资者身份识别机制。

六是精准扶贫工作成效显著。推动“大水漫灌”式扶贫向“精确滴灌”式扶贫转变，立足定点帮扶县甘肃武山和新疆麦盖提当地产业特色，在力度和精度上狠下功夫，全面搭建多层次帮扶体系，解决群众实际困难，甘肃武山危房改造项目作为精准扶贫经验获得推广。为两县扶贫事业投入资金1 609.6万元，两县贫困发生率下降32%，累计减贫12万人。

（二）防控风险能力显著提升

交易所是维护资本市场稳健运行第一责任人，对防控市场风险责无旁贷。经理层有针对性地完善风险防控体系机制，进一步强化风险排查监测应对，防控市场风险能力显著提升。

一是健全风险管理机制。设立风险管理部，统筹协调全所风险管理工作。建立常态化风险信息报送机制和风险管理例会制度，强化事前、事中、事后全过程管理，着力防范化解重点领域风险。进一步完善应急预案体系，制定临时停市、重大自然灾害等重要应急预案。探索建立市场运行风险监测系统，逐步提升风险管理智能化水平。

二是加强风险排查监测应对。两次组织全所风险排查，聚焦市场波动、上市公司、债券市场、基金市场、技术安全等重点风险，形成风险清单并制定应对预案。加强市场运行监测，实行专人盯市值班和快速反应制度，形成涵盖预警、分析、评估的多维监测机制。建立深市高风险公司台账，紧盯债券信用风险和基金流动性风险，积极应对各类市场冲击因素。

三是提升业务连续性保障能力。完成交易系统南方中心一期和郑州灾备中心建设，以及会员资金前端监控与临时停市技术准备，推进数据防泄漏系统、IT服务与运维管理平台建设，进一步提升业务连续性保障能力。实施技术系统应急安全保障运行计划，重点防范交易系统中断和技术操作风险。全年未发生安全事故，刷新16年安全运行世界纪录。

（三）一线监管能力显著提升

交易所是市场监管第一道防线，坚决扛起一线监管职责是落实依法全面从严监管的重要保证。经理层着力补齐制度机制短板，积极推动主动式、预防式监管，强化一线监管效能，监管能力显著提升。

一是补齐依法监管制度短板。落实新《证券交易所管理办法》，制定修订业务规则46件，着重从加大监管力度、丰富监管手段、转变交易监管模式等三个方面夯实一线监管制度基础。制定《建设规范透明交易所工作方案》，以“公开为常态、不公开为例外”，增强监管透明度，全力打造现代化透明交易所。

二是提升上市公司监管效能。从严监管“忽悠式”“跟风式”重组、跨界并购与规避重组上市、变更业绩补偿承诺等异常行为，加大现金重组监管力度。落实再融资、减持新规，维护市场秩序。突出监管重点，密切跟进、积极应对收购及权益变动、高送转、长期停牌、现金分红、股份高比例质押、公司更名等市场新情况新问题，打击年末“突击创利”行为。紧盯市场热点，及时出手监管概念股，严防炒作。稳妥做好＊ST新都退市、欣泰电气终止上市、＊ST烯碳暂停上市等工作，及时回应市场关切，增强突发事件应变能力。

三是从严打击异常交易行为。全面落实市场交易监管“三个转变”要求，围绕“四个重点”，抓早抓小，从严精准打击异常交易行为。督促会员归位尽责，推进“以监管会员为中心”的交易行为监管，推动会员成为识别、发现、劝阻、制止异常交易的重要关口，初步形成全行业合力维护市场秩序的态势。

四是大幅增加监管资源投入。成立所级协调机构、实施模块化管理，提高整体监管效能，增强一线监管的及时性、针对性和有效性。设立合规检查部，配合设立巡回审理办公室。充实监管人员配置，提高一线监管岗位相关员工人数占全所在岗员工人数比例。推进新版监察系统建设，启动“企业画像”等项目，完善大数据智能监控平台，提升科技监管、智能监管水平。

（四）内部管理能力显著提升

规范高效的内部管理是深交所各项事业稳健发展的基础。近年来，深交所员工队伍不断扩大，集团化管理模式初步形成，对内部管理的要求持续提高。经理层着重加强人才队伍建设和下属机构管控，内部管理能力显著提升。

一是加强高素质人才队伍建设。落实《人才强所规划》，加大干部选拔培养力度，明确人才成长路径，实行更加积极、开放、有效的人才政策，打造具有国际竞争力的人才队伍。强化干部队伍政治素质和专业能力培养，完善扶贫干部选派制度机制，开展市场机构挂职交流。

二是加大下属机构管控力度。修订完善《下属机构管理办法》及其配套指引，从党的建设、法人治理、人事管理、财务运行、审计监督等方面明确对下属机构的管理要求。将下属机构人事、财务系统接入交易所，及时掌握全面信息，提高集团化运营能力。

过去一年，广大会员对深交所工作给予了充分理解、大力支持和积极配合，在落实“以监管会员为中心”的交易行为监管模式、推广重点固定收益产品等一系列工作中发挥了重要作用，共同推动深交所各项事业取得长足进步，助力经理层较好地完成了证监会党委、所党委和理事会的决策部署。但经理层也清醒地认识到，与证监会党委提出的建设富有国际竞争力的中国特色资本市场的要求相比，自身工作还有差距，在市场规模、产品结构、制度机制、监管能力等方面还存在不足，需要在下一步工作中明确方向、突出重点、周密谋划、有力执行。

二、下一步工作要点

今年初，为落实十九大精神，深交所制定发布了发展战略规划，明确了未来三年的重点任务，要形成领先的创新支持市场体系、领先的创新资本生态圈、领先的市场监管与风控体系、领先的市场基础设施和制度体系。经理层将把握机遇、锐意进取，坚定不移推进落实服务实体经济、防范化解风险、深化市场改革三大核心任务，提升利用创新资本解决发展不平衡不充分问题的能力，打造创新资本形成中心，建设世界一流证券交易所，助力经济高质量发展，这是深交所在新时代努力奋斗的目标。2018年是落实党的十九大精神的第一年，是改革开放40周年，深交所身处改革开放前沿，将在习近平新时代中国特色社会主义思想的指引下，坚持和加强党的领导，提高政治站位，增强“四个意识”，坚定“四个自信”，以坚定的历史责任担当，以积极的改革开放措施来致敬和纪念改革开放40周年。

（一）着力加大改革创新力度

经理层将积极作为、奋力改革，热情拥抱新经济，将深交所打造成中国新经济主场。一是全力配合发行制度改革实施落地。贯彻落实《关于开展创新企业境内发行股票或存托凭证试点的若干意见》，根据证监会统一部署，制定发布配套规则，实现技术系统就绪，针对性强化一线监管，密切监测并妥善应对市场风险，确保试点顺利启动、平稳运行。二是继续推进创业板改革。推动进一步优化完善创业板首发条件、再融资制度等，推动加快创新企业发行上市，扩大创业板包容性，完善创新资本形成机制。三是优化多层次板块体系。统筹优化主板、中小企业板、创业板定位，建立各板块协同发展、特色鲜明的市场体系，提升资本市场服务蓝筹企业、创新企业的适应性。四是增加创新产品供给。平稳启动ETF期权试点，创新固定收益产品，开发特色ETF产品，逐步形成种类齐全、功能齐备、结构合理、风险可控的产品体系。

（二）持续增强市场服务能力

高举“服务领先”大旗，强化精准服务、有效服务。一是突出服务重点。加强对标杆企业，特别是“千人计划”“孔雀计划”等创新企业的跟踪服务，加强市场推广等配套工作，推动相关公司到深交所上市。深化大型企业集团综合服务，提供一揽子对接方案。二是完善服务网络。搭建“总部+三基地”服务平台，深化“梧桐工程”“新金融高地”“资本兴粤”等专项服务计划。强化投融资对接服务平台建设，打造以深交所为中心的创新资本生态体系。加大西部投入力度，服务国家脱贫攻坚战略。三是保护投资者合法权益。严格落实适当性管理要求，推动完善先行赔付机制，创新投资者宣传教育机制，将投资者保护落实到工作的全链条、各环节。

（三）坚决打好防范化解风险攻坚战

将防范化解市场风险放在维护国家经济金融安全的大局中统筹谋划，既防“黑天鹅”，又防“灰犀牛”，全力保障市场安全稳健运行。一是做好重点领域风险防范处置。加强对各类杠杆工具的风险防控，强化市场资金动向监测。完善高风险上市公司台帐，加强风险动态跟踪评估。密切关注债市流动性风险、信用风险，建立债市流动性支持机制，健全债券违约处置机制。加强交易结构、估值水平、交易行为、杠杆资金等课题研究，增强预研预判能力。二是完善风险防控机制。定期开展全面风险排查，建立常态化现场检查机制，完善市场监测机制，提高风险应急处置能力。三是强化科技应用能力。建设大数据信息服务系统、股票质押风险监测系统、融资融券风险监测系统等大数据应用项目，建立大数据综合平台。

（四）全面提升一线监管水平

坚持依法全面从严监管，以高质量的监管推动塑造良好的资本市场生态。一是完善监管机制。深入推进主动式预防式监管，强化非现场监管与现场检查协作，强化信息披露监管与交易监控联动，提升监管协同性。二是强化基础制度建设。以新《证券交易所管理办法》发布实施为契机，持续修订一线监管制度规则，补齐监管制度短板。推进监管公开，保障自律监管规范透明。三是加强上市公司监管。强化原则监管，优化信息披露直通车制度，提高深市质量与运行效率。全面重新签订上市协议，健全以上市规则为核心，以规范运作指引、信息披露指引、行业信息披露指引为主干，以业务备忘录为补充的监管规则体系。优化分类监管，构筑针对高风险公司的密集监管网络。完善分行业监管，丰富传统行业、新兴行业信息披露指引体系。落实退市制度改革，完善优胜劣汰机制。

四是严格异常交易行为监管。持续推进以“监管会员为中心”的交易行为监管，制定异常交易行为监管细则，推进“看穿式”监管，加强跨境监管协作。五是提高一线监管科技水平。加强技术统筹规划，建设新一代互联网应用平台和信息平台，提升监管智能化水平。

（五）不断加大对外开放力度

对标中央新一轮高水平对外开放要求，积极服务“一带一路”倡议，加速推进国际化进程。一是开拓跨境股权合作。开拓我国与东盟市场金融基础设施建设合作，推进交易技术产品化、国际化。二是拓展互联互通合作。发挥深港通示范作用，深化与港澳台市场互利合作，配合推进H股“全流通”试点。继续推进与伦交所合作项目，优化在前海的资本服务功能。三是完善推动跨境资本服务机制。对接发达市场创新资本服务，联通发展中资本市场。加强跨境债券推广，吸引“一带一路”沿线国家到深交所发行主权熊猫债。

（六）规范完善内部运营管理

围绕深交所中心工作，加强统筹协调，规范内部管理，有力支持全所业务发展进程。一是提高政治站位。进一步深入学习贯彻习近平新时代中国特色社会主义思想，全面贯彻落实习近平总书记系列重要讲话和全国“两会”精神要求，认真开展“不忘初心、牢记使命”主题教育，增强“四个意识”，坚定“四个自信”，坚决贯彻党中央、国务院关于资本市场的方针政策，认真落实所党委、理事会决策部署。二是加强人才队伍建设。持续深入落实《人才强所规划》，建立激励和容错纠错机制，让各类人才的创造活力竞相迸发、聪明才智充分涌流。加强员工队伍能力素质建设，继续选派业务骨干到市场机构挂职，在市场中积淀专业能力。三是提升内部管理水平。运用技术手段完善综合办公平台体系，狠抓督办落实，确保所党委、理事会、监事会及各专门委员会决策、意见落到实处，提升办公运行效率。优化组织架构，提高集团化管理水平。四是强化市场预期管理。落实《新闻舆论工作办法》和新闻发言人工作机制，加强舆情监测，健全新闻媒体常态沟通机制，及时回应市场关切，为深交所市场建设营造良好的舆论氛围。

总之，深交所经理层将坚持以习近平新时代中国特色社会主义思想为指导，深入贯彻落实党的十九大精神，以高度的责任感、使命感和紧迫感，贯彻新发展理念，推进改革、扩大开放、补齐短板、依法治市，坚决守住不发生系统性风险的底线，不断提升服务实体经济和国家战略的能力。与广大会员一起，进一步落实“以监管会员为中心”的交易行为监管模式，全面补齐制度机制短板，从根本上预防市场风险；着力加强融资类业务管理，扎实做好市场风险防控；积极开展创新产品市场推广，助力重点改革任务实施落地，共同将深交所改革稳定发展各项工作推上新台阶。

2017年深圳证券交易所大事记

一月

1月5日，英国国际贸易部贸易与投资国务部长格雷格·汉兹来访。

1月10日，我所与北京市金融工作局、海淀区政府、中关村管委会、中关村股权交易服务集团共同举办中关村创新创业企业上市培育基地启用仪式，并发布深证中关村民企60指数。

1月10日，我所在北京召开2016年度理事会咨询顾问座谈会，并为新聘任顾问颁发聘书。

1月13日，我所召开第三届理事会第48次会议。

1月16日，卢森堡交易所首席执行官罗伯特·沙尔费一行来访。

1月18日，我所召开2016年度所党委民主生活会，中国证监会党委委员、副主席姜洋出席会议并讲话，中组部有关同志参会。

1月19日，我所举办新一代交易系统上线运行总结大会。

1月20日，由上海证券交易所、深圳证券交易所、中国金融期货交易所、中巴投资有限责任公司、巴基斯坦哈比银行组成的联合体与巴基斯坦证券交易所股权出售委员会等在卡拉奇举行巴基斯坦证券交易所股权收购协议签署仪式。

二月

2月10日，中油资本在我所举行重组更名暨上市仪式。

2月15日，我所修订并发布《主板信息披露业务备忘录第4号——证券发行、上市与流通》。

2月24日，顺丰控股在我所举行重组更名暨上市仪式。

2月27日，我所完成第十二次业务规则清理工作，并向市场发布第八批业务规则目录。

三月

3月1日，我所发布实施《股东大会相关事项信息披露备忘录》，以信息披露为抓手维护投资者合法权益。

3月8日，我所落实《国家发展改革委中国证监会关于推进传统基础设施领域政府和社会资本合作（PPP）项目资产证券化相关工作的通知》（发改投资〔2016〕2698号）的首单落地项目“广发恒进-广晟东江环保虎门绿源PPP项目资产支持专项计划”正式受理。

3月9日，我所召开2017年度深交所工会会员代表大会暨第一次职工代表大会。

3月14日，我所举办深港交易所投教合作文本互换仪式暨走进券商营业部首场活动。

3月15日，我所举办2017年投资者保护与服务工作座谈会。

3月16日，我所联合中国证券登记结算有限责任公司深圳分公司、深圳市全景网络有限公司举办以“弘扬理性投资，增强维权意识”为主题的第十五届“3.15投资者维权网上咨询”活动。

3月16日，我所发布《深圳证券交易所2016年个人投资者状况调查报告》。

3月16日至23日，我所先后在北京、深圳、上海、成都召开2017年会员大会北部、南部、东部、西部片区会员座谈会，共计114家会员参会。

3月17日，我所发布实施《深圳证券交易所公司债券存续期信用风险管理指引（试行）》。

3月19日，深圳证券交易所党校2017年第1期培训班暨纪检干部专题培训班开班。

3月20日，中国证监会主席助理宣昌能一行来我所调研座谈。

3月20日，我所下属公司深圳证券信息公司与中央财经大学绿色金融国际研究院联合推出首只在中国和欧洲两地同步发布行情的中国绿色债券指数——“中财-国证绿色债券指数”。

3 月 27 日，我所修订并发布了《主板信息披露业务备忘录第 7 号——信息披露公告格式》。

3 月 28 日，中国证监会主席助理黄炜一行来我所调研座谈。

3 月 29 日，我所与中国银行签署战略合作协议，共同推动“一带一路”跨境金融服务。

3 月 30 日，新加坡交易所 CEO 罗文才一行来访。

四月

4 月 10 日，我所与工业和信息化部在深圳联合举办“中国电子信息产业资本对接高峰论坛”。

4 月 11 日，我所与泛欧交易所、新浪网举行三方《指数合作框架协议》签署仪式。

4 月 11 日，我所发布《深圳证券交易所债券招标发行业务指引》《关于政策性银行金融债券发行与交易试点业务有关事项的通知》。

4 月 12 日，我所与科技部火炬中心依托“科技型中小企业成长路线图计划 2.0”联合发起成立的“燧石星火”创投联盟正式启动。

4 月 13 日，国家开发银行 2017 年金融债券(100 亿元)在我所成功招标发行。

4 月 14 日，我所召开第三届理事会第 49 次会议和第一届监事会第 6 次会议。

4 月 15 日，我所召开 2017 年会员大会。中国证监会主席刘士余在会上作主旨讲话，中国证监会副主席姜洋作总结讲话。

4 月 15 日，我所召开第四届理事会第一次会议和第二届监事会第一次会议。

4 月 16 日至 23 日，我所赴卢森堡开展深港通联合路演推介活动，并赴德国参加国际期权市场协会(IOMA)第 34 届年会。

4 月 18 日至 22 日，我所赴印度开展跨境资本平台对接活动。

4 月 21 日，我所与孟买证券交易所签署合作谅解备忘录。

4 月 23 日至 25 日，我所赴柬埔寨开展跨境资本平台对接活动。

五月

5 月 1 日，《深圳证券交易所分级基金业务管理指引》正式实施。

5 月 2 日，中国证监会副主席姜洋在我所主持召开跨市场监测工作座谈会。

5 月 3 日，我所召开中共深圳证券交易所党员代表大会，选举产生出席证监会系统党代会代表。

5 月 3 日，我所召开技术管理委员会成立暨第一次工作会议。

5 月 5 日，我所与中国建设银行股份有限公司签署战略合作协议。

5 月 5 日，我所修订《深圳证券交易所上市公司信息披露工作考核办法》。

5 月 9 日，我所设立合规检查部，承担对会员、交易、上市公司信息披露监管中发现的重大问题的现场检查等职能。

5 月 10 日，我所在西安市举办“深交所服务地方经济建设座谈会”，来自全国各地 200 多位地方金融干部参加了培训交流。

5 月 10 日至 11 日，我所与港交所、中国结算联合在伦敦举办路演活动。

5 月 12 日，我所修订《深圳证券交易所独立董事备案办法》。

5 月 12 日，我所与港交所、中国结算联合在都柏林举办路演活动。

5 月 14 - 16 日，我所参加在牙买加举办的国际证监会组织第 42 届年会。

5 月 16 日，我所对深圳新都酒店股份有限公司依法作出股票终止上市的决定。

5 月 16 日，我所就《深圳证券交易所债券市场投资者适当性管理办法(征求意见稿)》公开征求意见。

5 月 19 日，我所发布《深圳证券交易所行业信息披露指引第 7 号——上市公司从事土木工程建筑业务》。

5 月 23 日，我所召开“畅谈十八大以来变化、展望十九大胜利召开”离退休人员座谈会。

5 月 25 日，我所联合深圳证监局举办“走进上市公司”5 周年活动，并向深圳地区深市上市公司发出“贴近你的股东”倡议。

5 月 26 日，首只交易所市场小公募创新创业公司债“17 阳普 S1”在我所上市交易。

5 月 27 日，我所发布《深圳证券交易所上市公司股东减持股份相关业务办理指南》《深圳证券交易所上市公司股东及董事、监事、高级管理人员减持股份实施细则》。

5 月 29 日，葡萄牙外交部国务秘书 Jorge Costa Olivera 来访。

六月

6 月 5 日，驻港中资企业负责人粤港澳大湾区考察调研团来所参观调研。

6 月 8 日，泰国证券交易所高级执行副总裁 Santi Kiranand 先生一行来访。

6 月 9 日，香蜜湖金融科技指数在我所上市。

6 月 9 日，我所与上交所签署交易系统异地灾备合作备忘录。

6 月 13 日至 014 日，中国证监会副主席李超一行来深调研，听取我所债券、机构等业务开展情况汇报。

6 月 15 日，我所召开财政部深圳证券交易所政府债券发行系统评审工作会议。

6 月 17 日，我所参加第十九届中国风险投资论坛。

6 月 19 日，我所修订并发布《深圳证券交易所资产支持证券挂牌条件确认业务指引》。

6 月 19 日，我所与 MSCI 就深交所行情授权相关问题签署《协议书》，保障了 A 股顺利纳入 MSCI 全球系列指数。

6 月 23 日，我所对丹东欣泰电气股份有限公司依法作出股票终止上市的决定。

6 月 23 日，我所发布上市公司 2016 年度信息披露工作考核结果。

6 月 26 日，我所与上交所、MSCI 在上海共同举办“国际投资者投资 A 股市场研讨会”，证监会副主席方星海、MSCI 董事长亨利·费尔南德斯出席研讨会。

6 月 28 日，我所理事会技术发展委员会成立暨 2017 年第一次会议在深圳召开。

6 月 28 日，我所制定《深圳证券交易所债券市场投资者适当性管理办法》，修订《深圳证券交易所港股通投资者适当性管理指引》《深圳证券交易所退市整理期业务特别规定》，上述规则于7月1日起与《证券期货投资者适当性管理办法》同步施行。

6月28日至29日，我所与港交所联合在东京举办路演活动。

6月30日，我所理事会薪酬财务委员会成立暨2017年第一次会议在深圳召开。

七月

7月7日，经会员大会审议通过并报中国证监会批准，我所发布《深圳证券交易所章程（2017年修订）》。

7月7日，我所理事会上市培育委员会2017第一次会议在北京召开。

7月11日，我所理事会上诉复核委员会2017年第一次会议在深圳召开。

7月11日，我所理事会风险管理委员会2017年第一次会议在深圳召开。

7月12日，国科微上市，我所上市公司数量达2000家。

7月14日，我所理事会会员自律管理委员会2017第一次会议在上海召开。

7月18日，我所召开庆祝中国共产党成立96周年大会。

7月28日，我所与中国科学院签署战略合作协议。

7月31日至8月18日，我所举办"燧石星火"中国台湾学生创业夏令营活动。

八月

8月1日，财政部深交所政府债券发行系统正式启用，2017年第五批四川省政府一般债券作为首批地方债通过该系统成功发行。同日，我所与四川省财政厅、四川证监局共同签署《关于推动政府和社会资本合作项目资产证券化的合作备忘录》。

8月10日，国家开发银行2017年金融债券在我所中关村基地招标室成功招标续发行。

8月10日，我所与浦发银行在深圳签署战略合作协议。

8月11日，2017年第三批广东省政府一般债券和第五批专项债券在我所成功招标发行。

8月18日，我所与中国银行合作主办的中老跨境资本服务机制启动仪式暨企业路演对接会在老挝万象举行。

8月25日，沪深交易所共同主办的证券交易所一线监管国际研讨会在上海召开，中国证监会主席刘士余出席研讨会并致辞。

8月29日，达卡交易所董事长阿布·哈什姆、总经理马吉德·拉赫曼一行来访。

8月31日，我所理事会战略发展委员会2017年第一次会议在深圳召开。

8月31日，我所召开第四届理事会第二次会议。

8月31日，我所召开第二届监事会第二次会议。

九月

9月8日，我所修订并发布《深圳证券交易所可转换公司债券业务实施细则》和《深圳证券交易所上市公司可转换公司债券发行上市业务办理指南》，制定发布《关于进一步规范和完善深圳证券交易所可交换债券发行业务相关事项的通知》和《深圳证券交易所可交换公司债券发行上市业务办理指南》。

9月3日至9日，我所联合香港交易所、中国证券登记结算有限责任公司赴澳大利亚、新加坡开展深港通路演。

9月12日至19日，我所联合香港交易所、中国证券登记结算有限责任公司赴加拿大、美国开展深港通路演。

9月21日，东方雨虹披露公开发行可转债发行公告，雨虹转债成为深沪两市首只实施信用申购的可转债。

9月22日，我所联合全国中小企业股份转让系统、中国证券登记结算有限责任公司联合发布《创新创业公司非公开发行可转换公司债券业务实施细则（试行）》。

9月28日，我所举办第一期新上市公司培训班。该培训班是我所新开设的"上市必修课"。

十月

10月13日，我所首单非公发创新创业可转债—北京蓝天瑞德环保技术股份有限公司非公开发行创新创业可转换公司债券项目获批。

10月16日，我所与加拿大多伦多交易所集团续签合作谅解备忘录，合作共建中加科技创新型企业服务机制。

10月18日，我所撤销多层次市场公司管理协调规划小组，设立上市公司监管委员会。

10月20日，河北省收费公路专项债券作为我所首单地方政府专项债券成功发行。

10月24日，广西壮族自治区在我所成功发行148亿元地方政府债。

10月26日，我所在深圳举办首期"走进港股通上市公司活动"。

10月31日，贵州省在我所成功招标发行400亿元地方政府债。

十一月

11月2日，我所联合贵州证监局、中证中小投资者服务中心和贵州证券业协会在贵阳启动"投资者服务西部行"活动并举办首场活动。

11月3日，我所成功发行全国首单住房租赁类REITs新派公寓专项计划。

11月13日，国际标准化组织（ISO）主席张晓刚一行来我所调研。

11月14日，马来西亚交易所首席执行官达祖丁·阿丹拿督（Datuk Seri Tajuddin Atan）一行来访。

11月16日，福建省在我所成功发行226亿元地方政府债。

11月17日，我所成功发行首单土地储备专项债券安徽省地方政府债。

11月20日，外交部驻港公署谢锋特派员率驻港领事、商会及媒体代表一行来所访问，就深港资本市场合作成果进行沟通交流。

11月22日、12月1日、12月12日，我所分别召开党委中心组（扩大）学习会议暨学习贯彻党的十九大精神系列交流会。

11月23日，国家开发银行2017年第三期金融债券在我所成功增发。至此，国开行2017年在交易所市场金融债券发行额度800亿元已全部成功发行完毕。

11月23日至24日，中国证监会主席助理黄炜一行来深调研。

11 月 24 日，我所与中关村股权交易服务集团签署《我所向股交集团提供技术支持与综合服务的协议》暨中介机构征信区块链系统发布仪式在中关村国家自主创新示范区会议中心圆满举行。

11 月 24 日，湖北省在我所成功发行 83 亿元地方政府债。

11 月 28 日，芝加哥商品交易所名誉主席利奥 · 梅拉梅德一行来访。

11 月 30 日，我所设立产品与参与人管理委员会。

十二月

12 月 1 日，我所与上交所、中国结算联合发布《证券交易资金前端风险控制业务规则》及配套细则，2018 年 6 月 1 日起实施。

12 月 1 日，全国首单长租公寓抵押贷款资产证券化产品“招商创融 – 招商蛇口长租公寓资产支持专项计划”获我所评审通过。

12 月 2 日，我所会同港交所、中国结算召开“深港通一周年：资本市场国际化新征程”主题座谈会，中国证监会副主席方星海出席并讲话。

12 月 3 日，第十三届中国(深圳)国际期货大会在深圳召开，我所成功举办深交所专场活动。

12 月 3 日，我所正式成为联合国可持续证券交易所倡议(UN Sustainable Stock Exchange Initiative)第 67 家伙伴交易所。

12 月 4 日，我所举办主题为“科技引领 · 创新发展”的 2017 年技术大会，中国证监会副主席姜洋出席并致辞。同日我所承建的证券期货业金融科技研究发展中心(深圳)正式挂牌。

12 月 3 日至 5 日，我所赴越南开展推进跨境资本市场合作相关活动，中国 – 越南资本合作论坛在越南胡志明市成功举行。

12 月 6 日至 9 日，我所赴菲律宾开展推进跨境资本市场合作相关活动，在菲律宾马尼拉成功举办中菲资本市场研讨暨特色项目对接会。

12 月 6 日，我所联合中国创盈市场服务有限公司、深圳证券信息有限公司、深圳证券通信有限公司在中国香港举办我所 L2 行情香港节点启动会议。

12 月 11 日，全国首单轨道交通专项债暨深圳市 2017 年轨道交通专项债券在我所成功发行。

12 月 12 日，老挝证券交易所总经理万康一行来访，我所与老挝证券交易所签署合作谅解备忘录。

12 月 15 日，内蒙古自治区在我所成功发行 35 亿元地方政府债。

12 月 16 日，我所与伦敦证券交易所集团在北京举办中英创新资本专题研讨会暨“深伦科创投融资服务联盟”启动仪式。英国财政大臣菲利普 · 哈蒙德(Philip Hammond)，英国财政部经济事务部长斯蒂芬 · 巴克利(Stephen Barclay)，英国金融行为监管局主席安德鲁 · 贝利(Andrew Bailey)，伦敦证券交易所首席执行官亚迪(Nikhil Rathi)，中国证监会副主席方星海等有关机构代表出席了此次活动。

12 月 18 日，证监会系统学习党的十九大精神青年交流团来我所开展座谈交流。

12 月 22 日，深证新浪大数据 100 指数在我所上线发布。

12 月 25 日，招商公路换股吸收合并华北高速在我所整体上市。

12 月 27 日，我所召开第四届理事会第三次会议。

12 月 27 日，我所召开第二届监事会第三次会议。

第二章　证券监管与经营机构

第一节　证券监管机构

中国证券监督管理委员会

中国证券监督管理委员会（以下简称中国证监会）成立于1992年10月，是国务院直属正部级事业单位，2006年被批准参照《中华人民共和国公务员法》管理。中国证监会依照相关法律法规和国务院授权，统一监督管理全国证券期货市场，维护证券期货市场秩序，保障其合法运行。

中国证监会设在北京，现设主席1名，纪检组长1名，副主席4名，主席助理3名；会机关内设20个职能部门，1个稽查总队，3个中心；根据《证券法》第14条规定，中国证监会还设有股票发行审核委员会，委员由中国证监会专业人员和所聘请的会外有关专家担任。中国证监会在省、自治区、直辖市和计划单列市设立36个证券监管局，以及上海、深圳证券监管专员办事处。

依据有关法律法规，中国证监会在对证券市场实施监督管理中履行下列职责：

（一）研究和拟订证券期货市场的方针政策、发展规划；起草证券期货市场的有关法律、法规，提出制定和修改的建议；制定有关证券期货市场监管的规章、规则和办法。

（二）垂直领导全国证券期货监管机构，对证券期货市场实行集中统一监管；管理有关证券公司的领导班子和领导成员。

（三）监管股票、可转换债券、证券公司债券和国务院确定由证监会负责的债券及其他证券的发行、上市、交易、托管和结算；监管证券投资基金活动；批准企业债券的上市；监管上市国债和企业债券的交易活动。

（四）监管上市公司及其按法律法规必须履行有关义务的股东的证券市场行为。

（五）监管境内期货合约的上市、交易和结算；按规定监管境内机构从事境外期货业务。

（六）管理证券期货交易所；按规定管理证券期货交易所的高级管理人员；归口管理证券业、期货业协会。

（七）监管证券期货经营机构、证券投资基金管理公司、证券登记结算公司、期货结算机构、证券期货投资咨询机构、证券资信评级机构；审批基金托管机构的资格并监管其基金托管业务；制定有关机构高级管理人员任职资格的管理办法并组织实施；指导中国证券业、期货业协会开展证券期货从业人员资格管理工作。

（八）监管境内企业直接或间接到境外发行股票、上市以及在境外上市的公司到境外发行可转换债券；监管境内证券、期货经营机构到境外设立证券、期货机构；监管境外机构到境内设立证券、期货机构、从事证券、期货业务。

（九）监管证券期货信息传播活动，负责证券期货市场的统计与信息资源管理。

（十）会同有关部门审批会计师事务所、资产评估机构及其成员从事证券期货中介业务的资格，并监管律师事务所、律师及有资格的会计师事务所、资产评估机构及其成员从事证券期货相关业务的活动。

（十一）依法对证券期货违法违规行为进行调查、处罚。

（十二）归口管理证券期货行业的对外交往和国际合作事务。

（十三）承办国务院交办的其他事项。

领导介绍：

主席：刘士余

刘士余同志，1961年11月出生，汉族，江苏灌云人，工学硕士。

现任中国证券监督管理委员会主席、党委书记。

1987年开始先后在上海市经济体制改革办公室、国家经济体制改革委员会工作。1994年11月起先后任中国建设银行房地产信贷部副主任，中国人民银行银行司助理巡视员、副司长，中国人民银行监管二司副司长、司长，中国人民银行办公厅主任、党委办公室主任。2004年7月任中国人民银行行长助理、党委委员。2006年6月任中国人民银行副行长。2014年10月任中国农业银行党委书记，2014年12月任中国农业银行董事长。2016年2月任中国证券监督管理委员会主席、党委书记。

纪检组组长：王会民

王会民同志，1959年2月出生，汉族，籍贯甘肃，工商管理硕士。

现任中国证券监督管理委员会纪检组组长、党委委员。

王会民同志1975年7月参加工作。1984年1月进入中国建设银行新疆分行，1992年7月起先后任中国建设银行新疆分行办公室主任，巴音郭楞蒙古自治州中心支行党组副书记、副行长，乌鲁木齐支行党组书记、行长，新疆分行党组副书记、副行长，新疆分行党委书记、行长。2002年2月起先后任新疆维吾尔自治区政府主席助理、党组成员，2005年8月起兼任自治区金融工作办公室主任、党组书记，2008年8月起兼任自治区农村信用社联合社党委书记，2012年1月任新疆维吾尔自治区人大常委会副主任。2014年1月任中国证券监督管理委员会纪委书记、党委委员。2015年12月任中央纪委驻中国证券监督管理委员会纪检组组长、党委委员。

副主席：阎庆民

阎庆民同志，1961年5月出生，汉族，山西天镇人，经济学博士、管理学博士。

现任中国证券监督管理委员会副主席、党委委员。

阎庆民同志1977年7月参加工作。先后在中国人民银行重庆市分行、重庆营业管理部，国家外汇管理局重庆分局、重庆外汇管理部工作。2002 年 12 月起历任中国人民银行银行监管一司副司长、中国农业银行监管组组长(正局级),中国银监会银行监管一部副主任(正局级),中国银监会银行监管一部主任,中国银监会人事部主任、党委组织部部长,中国银监会上海监管局局长、党委书记。2011 年 1 月任中国银监会主席助理、党委委员,2013 年 5 月任中国银监会副主席、党委委员(2011 年 2 月起先后兼任办公厅〔党委办公室〕主任,北京银监局局长、党委书记)。2014 年 12 月任天津市副市长。2017 年 12 月任中国证券监督管理委员会副主席、党委委员。

副主席:李超

李超同志,1965 年 12 月出生,汉族,河南焦作人,管理学博士。

现任中国证券监督管理委员会副主席、党委委员。

李超同志 1987 年 7 月在中国建设银行参加工作。1997 年 7 月起先后任中国建设银行人事教育部机关干部管理处处长,办公室副主任。2000 年 6 月任中国证券监督管理委员会办公厅副主任。2003 年 1 月任中国人民银行办公厅副主任。2004 年 10 月任中国人民银行办公厅主任。2008 年 12 月任国家外汇管理局副局长、党组成员,2011 年 9 月起兼任中国人民银行营业管理部主任、党委书记,国家外汇管理局北京外汇管理部主任。2015 年 9 月任中国证券监督管理委员会副主席、党委委员。

副主席:方星海

方星海同志,1964 年 5 月出生,汉族,浙江乐清人,经济学博士。

现任中国证券监督管理委员会副主席、党委委员。

方星海同志 1998 年 8 月起先后任中国建设银行集团协调委员会办公室主管、中国银河证券公司经营管理委员会秘书长。2001 年 7 月起任上海证券交易所总经理助理、副总经理、党委委员。2005 年 12 月任上海市金融服务办公室副主任(正局级),2007 年 10 月任上海市金融工作党委副书记、市金融服务办公室主任。2013 年 9 月任中央财经领导小组办公室经济一组巡视员,2014 年 6 月任中央财经领导小组办公室经济四局局长。2015 年 10 月任中国证券监督管理委员会副主席、党委委员。

副主席:赵争平

赵争平同志,1962 年 10 月出生,汉族,河南博爱人,工商管理硕士。

现任中国证券监督管理委员会副主席、党委委员。

赵争平同志 1984 年 8 月参加工作。先后在农业部办公厅、国务院办公厅工作。2000 年 11 月起历任中国证监会政策研究室副局级干部,办公厅副主任、党委办公室副主任兼党委宣传部副部长(主持工作),党委宣传部部长兼办公厅副主任、党委办公室副主任。2006 年 2 月任郑州商品交易所党委书记、总经理。2009 年 11 月任中国证监会办公厅主任、党委办公室主任。2015 年 2 月任中国证券监督管理委员会主席助理、党委委员。2016 年 5 月任中国证券监督管理委员会副主席、党委委员。

主席助理:黄炜

黄炜同志,1965 年 4 月出生,汉族,江苏宜兴人,法学博士。

现任中国证券监督管理委员会主席助理、党委委员。

黄炜同志 1989 年 1 月在司法部参加工作。1998 年 9 月起先后任中国证监会稽查部综合处处长,人事教育部组织处处长。2001 年 2 月起历任中国证监会人事教育部副主任、党委组织部副部长、党委宣传部副部长,法律部副主任(其间:2004 年 2 月至 2006 年 2 月挂职任安徽省芜湖市委常委、副市长),法律部主任,首席律师兼法律部主任。2015 年 2 月任中国证券监督管理委员会主席助理、党委委员。

主席助理:宣昌能

宣昌能同志,1967 年 2 月出生,汉族,安徽无为人,哲学博士。

现任中国证券监督管理委员会主席助理、党委委员。

宣昌能同志 1988 年 7 月参加工作。2000 年 8 月起先后任中国证券监督管理委员会规划发展委员会委员、机构监管部副主任。2004 年 9 月起历任中国建设银行重组改制办公室资深顾问、董事会秘书。2006 年 9 月任美国 J. C 佛劳尔斯投资公司董事总经理。2008 年 9 月起先后任中国人民银行金融研究所所长(正局级)、金融稳定局局长。2016 年 8 月任中国证券监督管理委员会主席助理、党委委员。

主席助理:张慎峰

张慎峰同志,1963 年 10 月出生,汉族,山东临沂人,管理学博士。

现任中国证券监督管理委员会主席助理、党委委员。

张慎峰同志 1982 年 7 月参加工作。曾在山东省政府办公厅、山东省证券管理办公室工作。1999 年 6 月起历任中国证监会济南证管办党委委员、副主任,青岛特派办党委书记、主任,青岛证监局党委书记、局长,山东证监局党委书记、局长兼济南稽查局局长,证监会稽查总队党委书记、总队长,稽查局局长兼稽查总队党委书记、总队长,首席稽查兼稽查局局长。2012 年 8 月起先后任中国金融期货交易所党委书记、总经理,党委书记、董事长。2017 年 8 月任中国证券监督管理委员会主席助理、党委委员。

地址:北京市西城区金融大街 19 号富凯大厦 A 座
邮编:100033
网址:www. csrc. gov. cn
前台电话:010 - 88061000
信访电话:010 - 66210182　010 - 66210166
人民微博:http://t. people. com. cn/csrcfabu
新华微博:http://t. home. news. cn/csrcfabu
新浪微博:http://weibo. com/csrcfabu
腾讯微博:http://e. t. qq. com/csrcfabu

上海证券交易所

上海证券交易所成立于 1990 年 11 月 26 日,同年 12 月 19 日开业,受中国证监会监督和管理。上海证券交易所致力于创造透明、开放、安全、高效的市场环境,其主要职能包括:提供证券交易的场所、设施和服务;制定和修改证券交易所的业务规则;审核、安排证券上市交易,决定证券暂停、恢复、终止和重新上市;提供非公开发行证券转让服务;组织和监督证券交易;对会员进行监管;对证券上市交易公司及相关信息披露义务人进行监管;对证券服务机构为证券上市、交易等提供服务的行为进行监管;管理和公布市场信息;开展投资者教育和保护;法律、行政法规规定及中国证监会许可、授权或委托的其他职能。

上海证券交易所下设办公室(党委办公室、理事会办公室、监事会办公室、新闻办公室)、人事部(党委组织部)、党建办公室(党委宣传部)、纪检监察办公室、交易管理部、发行上市中心、上市公司监管一部、上市公司监管二部、监管执行部、会员部、债券业务中心、国际发展部、产品创新中心、市场监察一部、法律部、投资者教育部（企业培训部）、总工程师办公室、信息管理部、北京中心、财务部、内审部、资本市场研究所、中国香港地区办事处等内设部门，以及上交所技术有限责任公司、上证所信息网络有限公司、上证金融服务有限公司等控股子公司，通过其合理分工和协调运作，有效担当起证券市场组织者、监管者的角色。此外，上海证券交易所还参股了17家公司机构。

经过28年的快速成长，上海证券交易所已发展成为拥有股票、债券、基金、衍生品四大类证券交易品种、市场结构较为完整的证券交易所；拥有可支撑上海证券市场高效稳健运行的交易系统及基础通信设施；拥有可确保上海证券市场规范有序运作、效能显著的自律监管体系。依托这些优势，上海证券市场的规模和投资者群体也在迅速壮大。

截至2017年末，沪市上市公司家数达1 396家，总市值33.1万亿元；2017年全年股票累计成交金额51.1万亿元，日均成交2 095亿元，股市筹资总额7 578亿元；债券市场挂牌只数10 386只，托管量7.4万亿元，累计成交247.3万亿元；基金市场只数达202只，累计成交7.8万亿元；衍生品市场全年累计成交893.1亿元。沪市投资者开户数量已达26 296万户。

地址：上海市浦东南路528号证券大厦
邮政编码：200120
总机：021－68808888
传真：021－68804868

深圳证券交易所

深圳证券交易所（以下简称“深交所”或“本所”）于1990年12月1日开始营业，是经国务院批准设立的全国性资本市场。主要职能包括：提供证券集中交易的场所、设施和服务；制定和修改本所的业务规则；审核、安排证券上市交易或者转让，决定证券终止上市交易或者转让；组织、监督证券交易；组织实施交易品种和交易机制创新；按照会员的风险管理水平进行分类管理，并实施日常监管；对上市公司信息披露等行为进行监管；设立或者参与设立证券登记结算机构；管理和公布市场信息；开展投资者教育；法律、法规、规章规定的以及中国证监会许可或者授权的其他职能。

深交所根植于中国改革开放的前沿，服务国家经济发展战略，致力于建设全球最具活力的资本市场平台。20多年来，在中国证监会领导下，深交所努力建设完善深市多层次市场体系、多样化产品体系，已经成为我国国民经济不可分割的重要组成部分，成为服务国家战略、支持实体经济高质量发展的重要基础平台，成为推动加快建设创新型国家、增强我国经济创新力和竞争力的重要支持力量。

一、市场数据

深市市场体系完整，主板、中小企业板、创业板层次清晰、特色鲜明、功能互补，主板服务市场化蓝筹企业，中小企业板服务行业细分龙头，创业板服务自主创新企业和成长型创业企业，充分匹配中国经济多元协同发展优势，包容性强，市场化程度高，成长性突出，创业创新特色显著。

截至2017年12月底，深交所上市公司达到2 089家，总市值23.58万亿元，股票筹资额7 821.85亿元，全年股票成交金额累计61.69万亿元。上市基金535只，挂牌债券3 846只，资产证券化产品185只。

二、组织架构

在深交所党委的统一领导下，治理运营架构包括以下几个层次：一是会员大会为最高权力机构，现有111家会员和3家特别会员。二是理事会为日常决策机构，目前由8名会员理事和4名非会员理事组成，下设战略发展委员会、风险管理委员会、会员自律管理委员会、上市培育委员会、技术发展委员会、薪酬财务委员会、上诉复核委员会7个专门委员会。三是监事会为监督机构，目前由2名非会员监事、3名会员监事、2名职工监事组成。四是经理层，包括总经理1人、副总经理4人，下设上市委员会、纪律处分委员会、技术管理委员会、上市公司监管委员会、产品与参与人管理委员会5个专门委员会。六是内设及下属机构，设有29个直属部室和5家下属机构，下属机构分别为深圳证券交易所创业企业培训中心、深证金融服务有限公司、深圳证券信息有限公司、深圳证券通信有限公司、中国创盈市场服务有限公司。

党的工作机构方面，设有党委办公室、党务工作部（党委宣传部）、党委组织部，实现党办、宣传、组织、党群工作职能全覆盖。党组织实行“所党委－基层党委－党支部”三级管理。群团方面，设有工会、团委，并设有职工代表大会。

深交所将以习近平新时代中国特色社会主义思想为指导，按照党中央、国务院各项决策部署，在中国证监会领导下，以服务实体经济、有效防控风险、全面深化改革为核心任务，以加快建设中国多层次资本市场体系为使命，贯彻新发展理念，服务供给侧结构性改革和“一带一路”倡议，支持企业创业创新，提升核心竞争力，全力打造国际领先创新资本形成中心，建设世界一流证券交易所。

地址：广东省深圳市福田区深南大道2012号
邮编：518038
电话：0755－88668888
邮箱：cis@szse.cn
投资者服务热线：400－808－9999
技术咨询服务热线：0755－82083500

中国证券登记结算有限责任公司

经中国证监会批准，2001年3月30日，中国证券登记结算有限责任公司（以下简称中国结算）设立，公司是依据《中华人民共和国公司法》（以下简称《公司法》）和《中华人民共和国证券法》（以下简称《证券法》）设立的不以营利为目的的企业法人。上海、深圳证券交易所分别持有公司50%的股份。2001年10月1日起，上海、深圳证券交易所承担的全部证券登记结算业务划归中国结算承担，《证券法》规定的全国集中统一运营的证券登记结算体制由此形成。

根据《公司法》和公司章程，公司设立股东会、董事会、监事会和经营管理层。公司总部内设16个部门（含1个工作组），公司下设上海、深圳、北京三家分公司及中国证券登记结算（香港）有限公司、中证证券期货业信息基地建设公司两家全资子公司。中国证监会是公司主管单位。

公司的宗旨是，作为中国资本市场最重要的金融基础设施，秉承安全、高效的基本原则，根据多层次市场加快发展的需要，健全完善集中统一的登记结算体系，为登记结算系统各类参与者参与场内场外、公募私募以及跨境证券现货和衍生品投融资提供规范、灵活、多样的登记结算基础设施服务。

根据《证券法》、证监会发布实施的《证券登记结算管理办法》和公司章程,公司的职能包括:证券账户、结算账户的设立和管理;证券的存管和过户;证券持有人名册登记及权益登记;证券和资金的清算交收及相关管理;受发行人的委托派发证券权益;依法提供与证券登记结算业务有关的查询、信息、咨询和培训服务;中国证监会批准的其他业务。

目前公司业务覆盖的场所范围:(一)为上海、深圳证券交易所及全国中小企业股份转让系统公司全部上市或挂牌的证券提供登记、清算和交收服务;(二)为上海、深圳证券交易所上市的股票期权等金融衍生品提供清算、交收服务;(三)为沪港通等跨境证券交易提供登记、存管、清算、交收服务;(四)为内地发行的开放式基金产品、证券公司资产管理产品及陆港基金互认产品提供登记、清算、交收及托管服务;(五)为中国证券金融公司转融通业务提供登记结算服务;(六)为中国金融期货交易所上市国债期货提供实物交割服务;(七)为非上市公众公司提供集中登记存管服务;(八)为境外上市公司(主要在中国香港)非境外上市股份提供集中登记存管服务;(九)为债券在证券交易所市场与银行间市场流动提供转托管(转登记)服务。

公司对登记结算系统参与者提供的主要服务内容:(一)为上市公司等证券发行人提供持有名册、证券权益派发、公司行为网络投票、股权激励和员工持股计划等服务。(二)通过电子化证券簿记系统为证券持有人设立证券账户,提供登记、存管服务及证券交易后的证券交收服务。(三)为结算参与人设立担保和非担保资金交收账户,为证券、金融衍生品交易提供清算、交收服务。就场内集中交易的证券品种,公司作为中央对手方(CCP)以结算参与人为单位,提供多边净额担保结算服务。就非场内集中交易的证券品种,提供双边全额、双边净额、实时逐笔全额(RTGS)及资金代收付服务。(四)为公募、私募基金发行人提供基金资产的托管服务。

中国证券登记结算有限公司上海分公司

中国证券登记结算有限公司上海分公司,简称中国结算上海分公司,是为证券交易提供集中的登记、存管与结算服务的证券登记结算机构。分公司前身是上海证券中央登记结算公司,成立于1993年3月8日。2001年9月20日,改组为中国证券登记结算有限公司上海分公司。二十年来,分公司与资本市场参与各方紧密合作,正确处理发展与规范、改革创新与风险控制的关系,向资本市场提供了持续不间断的安全、高效的服务。

分公司主要业务职能包括:证券账户、结算账户的设立和管理;证券的存管和过户;证券持有人名册登记及权益登记;证券和资金的清算交收及相关管理;受发行人的委托派发证券权益;依法提供与证券登记结算业务有关的查询、信息、咨询和培训服务;中国证监会批准的其他业务。

展望未来,任重道远,分公司将在公司统一领导下,继续牢固树立使命意识、责任意识、服务意识,继续深化与社会各界的合作与交流,进一步完善证券登记结算的业务管理、技术管理和服务体系,努力为多层次资本市场建设作出更大贡献,为资本市场促进实体经济转型发展提供坚实可靠的服务。

中国证券登记结算有限公司深圳分公司

中国证券登记结算有限公司(以下简称"中国结算")深圳分公司的前身深圳证券登记有限公司成立于1991年1月24日,1995年9月16日并入深圳证券交易所,2001年9月21日改组为中国结算深圳分公司,现有员工175人。中国结算深圳分公司十几年来一直致力于为中国证券市场的快速发展提供安全、高效的证券登记结算服务。

中国结算深圳分公司依法对在深圳证券交易所上市的证券进行登记结算,主要业务范围包括:证券账户的设立和管理;证券登记和托管;证券、资金的清算与交收;证券权益分派等代理服务;提供与登记结算业务有关的信息服务、咨询服务和培训服务;中国证券监督管理委员会批准的其他业务。

中国作为一个经济发展和改革开放的发展中国家,经济增长潜力巨大,证券市场发展的空间极其广阔。中国结算深圳分公司将在社会各界的关心和支持下,继续励精图治,开拓创新,进一步完善登记结算运作体系和服务体系,为中国证券市场和国民经济的发展作出新的贡献。

中国证券登记结算有限公司北京分公司

中国证券登记结算有限责任公司(以下简称"中国结算")北京分公司注册成立于2010年11月25日,目前设立了综合部、结算业务部、发行人业务部、投资者业务部、信息服务部共5个职能部门。

中国结算北京分公司主要职责、业务范围包括:为全国中小企业股份转让系统挂牌证券提供登记结算服务;开展公司数据增值业务;公司总部授权的其他业务。

中国结算北京分公司将在公司总部的统一领导下,以确保新三板登记结算系统安全高效运行为宗旨,为在全国中小企业股份转让系统挂牌证券提供良好的登记结算服务,为多层次资本市场的创新发展作出积极贡献。

中国证券登记结算(香港)有限公司

中国证券登记结算(香港)有限公司是随着沪港通项目的推出,为确保沪港通证券登记结算业务的顺利开展,由中国证券登记结算有限责任公司申请在中国香港设立的跨境证券登记结算服务公司。中国结算(香港)服务于中国内地资本市场的双向开放和互联互通,并致力于不断提升中国内地资本市场的国际化水平。

作为中国结算首个境外业务延伸点,我公司于2014年12月31日成立,目前主要服务于沪港通、深港通及其他证券跨境交易业务。

我们的母公司中国证券登记结算有限责任公司是中国内地资本市场最重要的金融基础设施,承担着沪港通项目跨境结算业务和风险管理的重要职责,肩负着确保沪港通项目安全运行、维护境内广大投资者和结算参与人合法权益的重要使命。

公司总部

地址:北京市西城区太平桥大街17号

邮编:100033

电话:010－50938888

上海分公司

地址:上海市浦东新区陆家嘴东路166号
　　中国保险大厦3层

邮编:200120

电话:021－68870587

深圳分公司

地址:广东省深圳市福田区深南大道2012号

深圳证券交易所广场 22－28 楼
邮编:518038
电话:0755－21899999
传真:0755－21899000
服务热线:4008058058

北京分公司

地址:北京市西城区金融大街 26 号金阳大厦 5 层
邮编:100033
电话:010－50939980
传真:010－50939716

香港子公司

地址:香港中环康乐广场八号交易广场二期 9 楼 906－908 室
电话:(852)28038221
传真:(852)28683772
邮箱:info@ chinaclear. com. hk

中国证券业协会

中国证券业协会是依据《中华人民共和国证券法》和《社会团体登记管理条例》的有关规定设立的证券业自律性组织,属于非营利性社会团体法人,接受中国证监会和国家民政部的业务指导和监督管理。

中国证券业协会成立于 1991 年 8 月 28 日。2017 年 6 月 17 日,协会召开了第六次会员大会,陈共炎同志当选为会长,欧阳昌琼同志当选为执行副会长。20 余年来,协会认真贯彻《中国证券业协会章程》,在中国证监会的监督指导下,团结和依靠全体会员,切实履行"自律、服务、传导"三大职能,在推进行业自律管理、反映行业意见建议、改善行业发展环境等方面做了一些工作,发挥了行业自律组织的应有作用。

中国证券业协会的最高权力机构是由全体会员组成的会员大会,理事会为其执行机构。中国证券业协会实行会长负责制。截至 2016 年年底,协会共有会员 1123 家,其中,法定会员 129 家,普通会员 845 家,特别会员 149 家。

协会的宗旨是:在国家对证券业实行集中统一监督管理的前提下,进行证券业自律管理;发挥政府与证券行业间的桥梁和纽带作用;为会员服务,维护会员的合法权益;维持证券业的正当竞争秩序,促进证券市场的公开、公平、公正,推动证券市场的健康稳定发展。

《中国证券业协会章程》明确了协会在以下三方面的主要职责。

依据《证券法》的有关规定,行使下列职责:教育和组织会员遵守证券法律、行政法规;依法维护会员的合法权益,向中国证监会反映会员的建议和要求;收集整理证券信息,为会员提供服务;制定会员应遵守的规则,组织会员单位的从业人员的业务培训,开展会员间的业务交流;对会员之间、会员与客户之间发生的证券业务纠纷进行调解;组织会员就证券业的发展、运作及有关内容进行研究;监督、检查会员行为,对违反法律、行政法规或者协会章程的,按照规定给予纪律处分。

依据行政法规、中国证监会有关要求,行使下列职责:制定证券业执业标准和业务规范,对会员及其从业人员进行自律管理;负责证券业从业人员资格考试、执业注册;负责组织证券公司高级管理人员、保荐代表人及其他特定岗位专业人员的资质测试或胜任能力考试;负责对首次公开发行股票网下投资者进行注册和自律管理;负责非公开发行公司债券事后备案和自律管理;负责场外证券业务事后备案和自律管理;行政法规、中国证监会规范性文件规定的其他职责。

依据行业规范发展的需要,行使下列自律管理职责:推动行业诚信建设,督促会员履行社会责任;组织证券从业人员水平考试;推动会员开展投资者教育和保护工作,维护投资者合法权益;推动会员信息化建设和信息安全保障能力的提高,经政府有关部门批准,开展行业科学技术奖励,组织制订行业技术标准和指引;组织开展证券业国际交流与合作,代表中国证券业加入相关国际组织,推动相关资质互认;对会员及会员间开展与证券非公开发行、交易相关业务活动进行自律管理;其他涉及自律、服务、传导的职责。

中国证券业协会连续被国家社团管理机关民政部评为全国先进社会组织。

协会领导

陈共炎　会长,博士

历任国务院发展研究中心副研究员,北京商品交易所理事、副总裁,中国证券监督委员会信息中心负责人,中国证券监督委员会政策研究室助理巡视员、机构监管部副主任、证券公司风险处置办公室主任,中国证券投资者保护基金有限责任公司党委书记、董事长,中国证券业协会党委书记、会长。

欧阳昌琼　执行副会长,博士

54 岁,博士研究生,证券从业时间 23 年。历任厦门大学财政金融系副教授,上海万国证券公司厦门业务部总经理,福建省证券监督管理委员会主任,中国证监会广东监管局副局长,中国证监会机构监管部副主任、巡视员,创新业务监管部巡视员,十二届全国人大财经委委员。现任中国证券业协会执行副会长。

方向瑜　党委书记、副会长

59 岁,大专学历,证券从业时间 26 年。历任甘肃省体改委办公室副主任、机关服务中心主任,甘肃省证监会行政负责人,中国证监会兰州特派员办事处党委书记、主任,中国证监会甘肃监管局党委书记、纪委书记、局长,中国证监会安徽监管局党委书记、局长。现任中国证券业协会党委书记、副会长。

葛伟平　副会长,硕士

54 岁,硕士研究生,证券从业时间 24 年。历任湖南省体改委副主任科员,湖南省证监会办公室副主任,中国证监会长沙特派办公司处副处长,中国证监会机构监管部监察综合处处长、四处处长、证券公司风险处置办公室一处处长,中国证监会深圳专员办副专员,中国证监会风险处置办公室副主任,中国证券投资者保护基金有限责任公司党委委员、纪委书记、副董事长。现任中国证券业协会副会长,兼中证机构间报价系统公司总经理。

王燕红　副会长

50 岁,本科学历,从事证券业自律管理 24 年。历任北京市档案局业务监督指导处干部,中国证券业协会内刊编辑,中国证券业协会会员部副主任、主任,专业联络部主任,基金与咨询公司会员部主任,会员管理部主任,副秘书长。现任中国证券业协会副会长。

孟宥慈　副会长

47 岁,硕士研究生,证券从业时间 17 年。历任中国证监会政策研究室(规划委)主任科员,规划发展委员会办公室主任科员,机构监管部主任科员、助理调研员、副处长、处长,中国证券业协会副秘书长、秘书长。现任中国证券业协会副会长。

何　如　副会长，硕士研究生，国信证券股份有限公司董事长、党委书记

曾任中国电子器件公司深圳公司总会计师、总经理，深圳发展银行行长助理、副行长、副董事长兼行长等职务。现任国信证券股份有限公司董事长、党委书记。

周　易　副会长

储晓明　副会长，硕士，申银万国证券股份有限公司党委书记、副董事长、总经理

曾任工商银行商业信贷部科员、副主任科员、技改信贷部项目评估处负责人、技改信贷部调查评估处副处长、固定资产信贷部调查评估处处长、评估咨询部基础设施评估处处长、资产风险管理部副总经理级调研员，中海石油财务有限公司副总经理，中海信托股份有限公司党委书记、总经理。现任申银万国证券股份有限公司党委书记、副董事长、总经理。

地址：北京市西城区金融大街 19 号富凯大厦 B 座 2 层
邮编：100032
电话：010－66575653
邮箱：xhbgs@ sac. net. cn

中国证券投资基金业协会

【协会简介】

中国证券投资基金业协会（简称“协会”）成立于 2012 年 6 月 6 日，是依据《中华人民共和国证券投资基金法》和《社会团体登记管理条例》，经国务院批准，在国家民政部登记的社会团体法人，是证券投资基金行业的自律性组织，接受中国证监会和国家民政部的业务指导和监督管理。根据《中华人民共和国证券投资基金法》，基金管理人、基金托管人应当加入协会，基金服务机构可以加入协会。

协会主要职责包括：教育和组织会员遵守有关证券投资的法律、行政法规，维护投资人合法权益；依法维护会员的合法权益，反映会员的建议和要求；制定和实施行业自律规则，监督、检查会员及其从业人员的执业行为，对违反自律规则和协会章程的，按照规定给予纪律处分；制定行业执业标准和业务规范，组织基金从业人员的从业考试、资质管理和业务培训；提供会员服务，组织行业交流，推动行业创新，开展行业宣传和投资人教育活动；对会员之间、会员与客户之间发生的基金业务纠纷进行调解；依法办理非公开募集基金的登记、备案；协会章程规定的其他职责。

协会最高权力机构为全体会员组成的会员大会，负责制定和修改章程。协会设立会员代表大会，行使选举和罢免理事、监事，审议理事会工作报告、监事会工作报告和财务报告，制定和修改会费标准等职权。会员代表大会闭会期间的执行机构为理事会。本届理事会由 50 名理事组成，其中 4 名非会员理事，46 名会员理事。本届监事会由 12 名监事组成，其中监事长 1 名，副监事长 2 名。

【协会领导】

党委书记、会长：洪磊

洪磊同志，男，1963 年 2 月生，汉族，现任中国证券投资基金业协会党委书记、会长。

洪磊同志毕业于北京大学经济系。曾先后在北京市委、北京市证券监督管理委员会、北京证券有限责任公司、嘉实基金管理有限公司、北京中兴发投资有限公司工作，历任副处长、处长、副总经理、董事总经理。2001 年 6 月进入中国证监会工作，担任基金监管部副主任（副厅局级），2012 年 4 月至 2014 年 9 月任证监会稽查局巡视员（正厅局级）。2014 年 9 月底任中国证券投资基金业协会党委书记。2014 年 10 月至 2015 年 10 月任中国证券投资基金业协会党委书记、副会长（主持工作）。2015 年 10 月起，担任中国基金业协会党委书记、会长。

党委副书记、纪委书记：胡家夫
专职副会长：钟蓉萨
兼职副会长：刘晓艳　汤进喜　汤晓东　纪　伟
李　文　李　浩　李道滨　杨小松
张　伟　其　实　赵令欢　赵学军
祝献忠　郭特华　黄小意　蒋月勤
储晓明　靳海涛
副秘书长：郑富仕　陈春艳

地址：北京市西城区金融大街 20 号交通银行大厦 B 座 9 层
电话：400－017－8200

中国证券金融股份有限公司

中国证券金融股份有限公司（简称中证金融公司）成立于 2011 年 10 月 28 日，是经国务院同意，中国证监会批准设立的全国性证券类金融机构，是中国境内唯一从事转融通业务的金融机构，旨在为证券公司融资融券业务提供配套服务。其股东单位有：上海证券交易所、深圳证券交易所、上海期货交易所、中国证券登记结算有限责任公司、中国金融期货交易所、大连商品交易所和郑州商品交易所。

公司的经营宗旨是：坚持平等、自愿、公平和诚实信用原则，发挥维护市场稳定、活跃市场交易、提供市场服务的职责作用；通过稳步发展转融通业务，完善融资融券交易机制；推动建立信用交易方式，健全资本市场功能；建立融资融券统计监测系统，加强对全市场融资融券交易情况的监测监控；运用市场化手段开展转融资和转融券，防范和化解市场风险，促进资本市场稳定健康发展。

公司的经营范围是：为证券公司融资融券业务提供转融资和转融券服务；运用市场化手段调节证券市场资金和证券的供给；管理证券公司提交的转融通担保品；统计监控证券公司融资融券业务运行情况，监测分析融资融券交易情况，防控市场风险和信用风险；经中国证监会批准同意的其他业务。

地址：北京市西城区丰盛胡同 28 号太平洋保险大厦 15 层
邮编：100032
电话：010－63211663　010－63211666
网址：www. csf. com. cn

中国证券投资者保护基金有限责任公司

2005 年 6 月，国务院批准中国证监会、财政部、中国人民银行发布《证券投资者保护基金管理办法》（以下简称《管理办法》），同意设立国有独资的中国证券投资者保护基金有限责任公司（以下简称“投保基金公司”），并批准了公司章程。2005 年 8 月 30 日，投保基金公司在国家工商总局注册成立，由国务院出资，财政部一次性拨付注册资金 63 亿元。投保基金公司归口中国证监会管理。

公司设董事会，为公司的决策机构；设经理层，主持公司的经营管理工作。公司内设10个部门，分别为党委（纪检监察）办公室、综合部、交易结算资金监控部、法律事务部、资产管理部、调查评价部、投资者教育服务部、统计分析与研究中心、财务部、信息技术部；董事会下设专业委员会，分别为战略发展委员会、薪酬管理委员会、投资决策委员会；公司下设1个控股子公司，北京华证普惠信息股份有限公司。

【投保基金筹集和使用】

2017年，投保基金累计筹集金额为119.920亿元，其中，交易经手费22.139亿元，占18.46%；证券公司上缴基金33.600亿元，占28.02%；申购冻结资金利息0.871亿元，占0.73%；利息收入（包括基金存款及贷款利息）14.249亿元，占11.88%；基金投资收益3.830亿元，占3.19%；有关责任方追偿收入和破产财产清偿收入0.219亿元，占0.18%；其他收入45.011亿元，占37.53%。2017年，投保基金公司累计使用投保基金净额22.042亿元，其中，风险处置支出0.005亿元；风险监测支出0.261亿元；基金委托管理费0.182亿元；其他支出21.593亿元。

【证券公司分类与上缴基金】

2017年，证券公司累计按证监会批准的缴纳比例上缴投保基金33.600亿元，其中，AA类证券公司上缴6.130亿元，A类证券公司上缴7.712亿元，BBB类证券公司上缴13.035亿元，BB类证券公司上缴1.919亿元，B类证券公司上缴0.978亿元，CCC类证券公司上缴1.138亿元，CC类证券公司上缴0.701亿元，C类证券公司上缴1.986亿元。

【发放投保基金情况】

截至2017年12月底，投保基金公司累计向24家被处置证券公司发放投保基金225.205亿元，其中，用于弥补客户证券交易结算资金162.650亿元，占发放总额的72.22%；用于收购个人债权62.555亿元，占发放总额的27.78%。

【证券公司风险处置基本情况】

账户清理工作：截至2017年12月底，共有24家被处置证券公司完成了账户清理工作，占全部被处置证券公司（24家，下同）的100%。第三方存管工作：截至2017年12月底，共有24家被处置证券公司完成了第三方存管工作，占全部被处置证券公司的100%。在全部被处置证券公司的624家营业部中，共624家营业部完成上线，占全部营业部数量的100%。证券类资产处置工作：截至2017年12月底，24家被处置证券公司的证券类资产转让工作已全部完成。司法破产工作：截至2017年12月底，共有24家（占比100%）被处置证券公司的司法破产已被法院受理。

【已拨付投保基金涉及账户及个人债权人人数情况】

截至2017年12月底，投保基金公司共发放投保基金162.650亿元用于弥补客户证券交易结算资金缺口（含休眠账户、单资金账户缺口），涉及967.571万户正常经纪类账户；发放投保基金62.555亿元用于收购个人债权，涉及个人债权人6.131万人。

【被处置证券公司休眠账户、单资金账户情况】

截至2017年12月底，24家被处置证券公司报备休眠账户涉及处置日资金余额4.500亿元、单资金账户涉及资金余额0.661亿元。

【客户证券交易结算资金收购情况】

截至2017年12月底，按照各被处置证券公司账户清理报告统计，24家公司需申请收购资金的客户证券交易结算资金缺口为165.289亿元，其中包括暂不拨付收购资金的休眠账户、单资金账户余额5.161亿元；投保基金公司共发放投保基金161.688亿元用于弥补客户证券交易结算资金缺口（不含休眠账户、单资金账户收购资金），其中弥补缺口后结余资金1.196亿元已退回。

【债权基本情况】

截至2017年12月底，共有26家证券公司进入破产清算程序。投保基金公司是第一大债权人的有20家，担任债委会主席的有19家。投保基金公司正式申报债权总额为252.164亿元，预申报债权总额为23.012亿元。

【债权受偿情况】

截至2017年12月底，共有24家证券公司进行了破产财产分配。投保基金公司共受偿现金42.475亿元（包括代财政部管理的债权受偿现金0.061亿元）、受偿股票11只、基金1只；投保基金公司代财政部管理的债权受偿股票2只。

【专项审计】

截至2017年12月底，24家被处置证券公司的客户证券交易结算资金专项审计报告已全部正式出具；个人债权部分有22家已出具正式报告。

【热线基本情况】

2017年1月1日至12月31日，热线通过电话和网络渠道共受理投资者诉求117 765件，生成并处理有效工单73 224件，其中，建议类14 709件，占比20.09%；咨询类32 215件，占比44.00%；投诉类26 300件，占比35.92%。

地址：北京西城区金融大街5号新盛大厦B座22层
邮编：100033
电话：010－66580883

中证中小投资者服务中心有限责任公司

中证中小投资者服务中心有限责任公司（简称投资者服务中心）是于2014年12月注册成立的证券金融类机构，归属中国证监会直接管理。投资者服务中心的主要职责是为中小投资者自主维权提供教育、法律、信息、技术等服务。具体包括：面向中小投资者开展公益性宣传和教育；为中小投资者自主维权提供法律、信息、技术服务；公益性持有证券等品种，以股东身份行权和维权；受中小投资者委托，提供调解、和解服务；代表中小投资者，向政府机构、监管部门反映诉求；中国证监会委托的其他业务。

投资者服务中心为公司制法人单位。股东会是投服中心的权力机构。股东单位为上海证券交易所、深圳证券交易所、上海期货交易所、中国金融期货交易所和中国证券登记结算有限责任公司。董事会是投服中心的决策机构，对股东会负责，行使股东会授予的权利。目前董事会共有7名成员：董事长郭文英、副董事长徐明、董事张冬科（上海证券交易所副理事长）、董事刘慧清（深圳证券交易所副总经理）、董事曹越（上海期货交易所副总经理）、鲁东升（中国金融期货交易所副总经理）、董事范宇（中国结算公司副总经理）。总经理室为投资者服务中心的执行机构，负责日常经营与管理，目前设总经理1名，副总经理若干。

地址：上海市浦东新区迎春路555号b座4楼
电话：021－50496529

第二节　证券经营机构

财达证券股份有限公司

【公司简介】

财达证券股份有限公司是经中国证监会批准设立的证券经营机构，正式成立于 2002 年 4 月，目前是河北省唯一的法人证券公司，注册资本 27.45 亿元，拥有员工 2000 余人，下设财达期货有限公司 1 家子公司，北京、黑龙江、保定 3 家分公司和 108 家证券营业部，其中河北省内证券营业部 92 家，覆盖全省各设区市及经济发达的县域城市，同时辐射北京、上海、天津、深圳、黑龙江、河南、江苏、安徽、福建、湖南等地，服务客户近 200 万人。

【经营范围】

经过多年发展，财达证券业已成为一个功能完善、业务齐全、产品丰富、服务全面的一站式综合理财服务平台。业务经营范围：证券经纪、证券投资咨询、融资融券、证券投资基金代销、代销金融产品、IB 业务、债券质押式报价回购业务、约定购回式证券交易业务、股票质押式回购交易业务、证券自营、证券承销与保荐、新三板主办券商、做市、与证券交易、证券投资活动有关的财务顾问、证券资产管理等。

【公司荣誉】

多年来，财达证券获得了社会各界的广泛赞誉：先后五次获评 A 级 A 类券商，连续多年荣获“河北省金融贡献奖”、“河北省诚信企业”、“河北省明星企业”、“河北省最具影响力和最具成长性企业”、“河北网民最信赖金融品牌”、“最具发展潜力证券公司”等一系列荣誉，在 2017 年企业信用等级评价中获评 AA 级信用企业。

【公司业务】

1. 经纪业务

财达证券经纪业务坚持“以客户为中心”，在传统业务的基础上广泛开展投资顾问、融资融券、金融产品代销、为期货公司提供中间介绍业务（IB），以及股票期权、新三板和港股通交易服务等，可以满足各类客户的多样化理财需求，帮助客户轻松理财。目前公司全国统一客服热线 95363 正式上线，手机证券服务平台、财达咨询平台、投资顾问平台多管齐下，为客户提供了精准化、多样化服务。多年来，公司经纪业务取得长足发展，2016 年度代理买卖证券净收入行业排名第 29 名。

2. 信用交易业务

财达证券信用交易业务主要为客户提供融资、融券整体解决方案，涵盖融资融券、股票质押式回购交易、远程代理质押等业务，自业务开展以来，财达证券融资融券日均余额已达 50 多亿元，股票质押业务向客户累计融出资金约 90 亿元。

3. 投资银行业务

财达证券是河北省唯一一家法人保荐机构，同时具备承销与保荐、并购重组、财务顾问等全牌照业务资格，公司致力于为实体企业提供 IPO（首次公开发行股票）、上市融资（主板及创业板）、债券融资、并购重组、财务顾问、新三板推介挂牌，公开做市等全方位、多层次的投融资服务。目前，保荐业务、债券业务和新三板业务已经形成了投行业务三大亮点。新三板累计推介挂牌近百家，2016 年，主承销河钢股份两期公司债，累计为河北钢铁融资 50 亿元，其中第二期公司债以 3.56% 的票面利率创下了近年来钢铁行业公司债利率新低，公司大型项目承揽承做能力不断提升。

4. 资产管理业务

财达证券全面发展资产管理业务，以充分满足不同风险偏好客户的个性化理财需求为目标，目前已经形成了包括固定收益类、量化对冲产品类等在内的较完备的理财产品线。其中“财达稳达二号集合资产管理计划”以出色的业绩获得中国证券报评定的券商集合资产管理计划“金牛奖”；“财达稳达一号集合资产管理计划”和“财达稳达三号集合资产管理计划”投资业绩始终位于行业同类产品前 10%，均为 WIND 四星级产品；财达智汇量化对冲系列产品，在券商同期发行的同类产品中，收益名列前茅，资产管理业务水平得到业界广泛好评。

5. 固定收益业务

财达证券固定收益业务拥有一批高水平专业经营团队，聚焦自营投资业务，范围覆盖银行间和交易所市场，秉承稳健的投资理念，凭借专业的研究分析能力和丰富的实战经验，2011－2016 年间，投资平均年化收益率近 15%。

【公司企业文化理念】

核心价值理念体系

1. 企业核心价值理念：竞进有为，行稳致远
2. 企业愿景：做一流券商、建金融高地、铸百年财达
3. 企业使命：服务客户、成就员工、回馈股东、奉献社会
4. 企业精神：诚信、稳健、创新、奉献
5. 企业作风：克己、勤勉、敢为、善成

经营管理理念体系

1. 发展理念：诚实守信、规范发展
2. 经营理念：合规务实、多元发展、创新致胜
3. 管理理念：规范化、精细化、人性化
4. 服务理念：诚信赢得客户，专业创造价值
5. 人才理念：人才成就企业，企业造就人才
6. 学习理念：保持空杯心态，不断超越自我

地址：河北省石家庄市自强路 35 号
　　　庄家金融大厦 24 层
电话：0311－66006223
传真：0311－66006200
邮编：050000
网址：www.s10000.com

安信证券股份有限公司

【公司简介】

安信证券股份有限公司（以下简称“安信证券”“公司”）成立于 2006 年 8 月 18 日，并先后于 2006 年 9 月、12 月以市场化方式收购了原广东证券、中国科技证券和中关村证券的证券类资产。

安信证券总部设于深圳，截至2017年底，拥有员工超过7 500人，在北京、上海、广东、江苏等地设立45家分公司，在29个省级行政区设有333家证券营业部（其中17家筹建中），全资拥有国投安信期货有限责任公司、安信国际金融控股有限公司、安信乾宏投资有限公司，参股安信基金管理有限责任公司等企业。公司从单一的经纪业务发展为全牌照业务综合券商，多项业务排名进入全国前列，行业地位不断提升。2009年以来，公司在证券行业分类评级中连续获A类A级以上评级，其中2011年至2013年达到行业获评评级最高的A类AA级。

安信证券自成立以来，始终坚持“为客户提供高效服务、为股东持续创造价值、为员工搭建广阔发展平台”的经营理念，稳健经营，合规运作，不断提升专业能力，重视履行社会责任，力争成为中国证券行业诚信经营、管理卓越的典范，为促进国内资本市场的发展作出自己的贡献。

【主要业务经营情况】

1. 经纪业务

2017年度，公司经纪业务实现营业收入29.97亿元，同比下降16.85%。2017年度，沪深两市二级市场日均股基成交额5 025.20亿元，同比下滑11.73%。根据万得资讯数据统计，报告期内，公司通过沪深交易所代理股票、基金成交额59 245.40亿元，同比下降20.76%；市场份额2.42%，同比下降10.23%，排名第11位。通过香港交易所代理股票、基金成交额388.85亿元，同比增长52.99%。

根据中国期货业协会公布数据，按双边口径统计，2017年全国期货市场累计成交量61.52亿手，较2016年同期下降25.66%，累计成交额375.79万亿元，同比下降3.95%。2017年，国投安信期货期货经纪业务累计成交量2.14亿手，较2016年同期下降9.05%，市场份额3.48%；累计成交额11.94万亿元，较2016年同期增长17.05%，市场份额3.18%。

2. 资产管理业务

2017年度，公司受托资产管理业务实现营业收入5.84亿元，同比增长58.91%。

根据中国证券业协会数据统计，截至2017年末，境内证券行业受托资金17.26万亿元，较2016年末增加0.21万亿元，增幅1.25%。截至2017年12月31日，母公司管理运作产品427个，其中集合资产管理计划32个、定向资产管理计划392个，管理专项计划3个。

受托管理资金3,627.07亿元，同比增长9.44%，管理规模同比增幅高于行业平均增幅。

3. 自营业务

2017年度，公司自营业务实现营业收入7.32亿元，同比下降1.64%。

2017年，债券市场持续走跌，股票市场行业分化明显，上证综指和深证成指分别上涨6.56%和8.48%，上证50、沪深300分别大涨25.08%和21.78%，创业板指则大跌10.67%。面对复杂的投资环境，公司择机调整投资策略，实现投资收益的最大化。固定收益投资领域，投资理念不断优化，收入结构进一步多元化，投资能力持续提升，在债券市场长时间大幅度下跌的环境中，降低债券单边方向性投资占比，提升策略类投资占比，通过多资产、多策略的投资模式获取多元化投资收益；衍生品交易业务从单一的投机套利交易扩展到具有一定敞口把握能力的量化交易，为公司在权益市场提高投资交易能力奠定基础；权益方面，公司抓住结构性牛市的投资机遇，积极开展行业和个股基本面的研究，凭借较强的投资配置能力，取得可观的收益。

4. 投资银行业务

2017年度，公司实现投资银行业务营业收入13.34亿元，同比下降16.30%，主要为再融资承销收入和新三板财务顾问收入减少。

2017年度，公司完成A股股票主承销项目27个（17个IPO、7个再融资、3个可转债），较上年减少5个，主承销金额合计285.05亿元，同比下降21.12%；剔除因公司融资自主自办发行的债券项目，完成主承销债券项目12个，主承销金额合计108.80亿元，同比下降4.99%；完成H股股权融资项目1个，股权融资金额3.20亿元，同比下降87.72%。

2017年受市场环境变化影响，企业客户挂牌意愿降低，同时市场监管环境趋严，新三板扩容速度放缓。根据万得资讯数据统计，公司2017年新增挂牌123家，行业排名第1位；累计已挂牌609家，行业排名第2位；已挂牌家数及在审家数合计631家，行业排名第2位；2017年1－12月，公司共完成154次定增，行业排名第1位，发行金额46.38亿元，行业排名第8位，公司在新三板业务各主要指标仍保持行业领先地位。

公司拥有高质量的投行人才储备以及丰富的项目储备，为投行业务持续发展提供重要保障。截至2017年12月31日，公司已过会待发行的项目13个，在审项目26个（其中IPO项目10个）。

5. 融资融券业务

2017年度，公司实现融资融券业务营业收入9.38亿元，同比增长94.78%。

根据万得资讯数据统计，截至2017年末，公司通过沪深交易所开展的融资融券业务余额251.74亿元，较上年末增长9.39%，市场份额2.45%，市场排名第13位；股票质押业务持续稳步开展，向上交所申请行权融资业务获批，融资业务种类进一步丰富。

【公司行业地位】

安信证券作为一家综合性证券公司，为客户提供全方位、多元化的金融产品和服务，具备较强的市场竞争能力。报告期内，公司经营情况良好，主要经营指标在证券行业位居中上水平。根据中国证券业协会数据（母公司口径，未经审计），2017年末公司总资产排名行业第18位，较上年下降1位；净资产排名行业第17位，上升1位；净资本排名行业第14位，上升8位；2017年全年营业收入排名行业第13位，较2016年下降2位；利润总额排名行业第12位，与上年持平；净利润排名行业第14位，较2016年下降2位。2017年公司各类指标的最终排名情况，请参见中国证券业协会网站公布的《2017年度证券公司会员经营业绩排名情况》（截至本报告出具之日，中国证券业协会尚未公布相关排名）。

地址：广东省深圳市福田区金田路安联大厦
邮编：518026
总机：0755－82825551
电话：95517
网址：www.essence.com.cn
邮箱：axzq@essence.com.cn

北京高华证券有限责任公司

【公司简介】

北京高华证券有限责任公司可从事证券经纪，自营、证券投资咨询(含财务顾问),资产管理及中国证监会批准的其他业务。公司总部按照管理功能进行组织机构的设置,下设自营与固定收益部、经纪业务总部、研究部、资产管理部、营运部、财务部、资金部、风险管理部、信息技术部、合规部(含内部审计)、法务部、人力资源部和行政办公室(安全及行政服务)。2012 年,高华完成收购乾坤期货有限公司,开拓国内期货产品业务。

公司总部设在北京,管理层由国内外资深的证券界人士担任,包括首席执行官章星、副总经理姚嘉仁、首席财务官孟秋和合规总监屠卫东。

高华于 2004 年由中国资深投资银行家方风雷先生领导的若干投资者及中国知名企业集团联想控股共同创立。

同年,高华与全球领先的投资银行高盛集团成立了一家合资公司,即高盛高华证券有限责任公司,总部亦设在北京。高盛高华可向客户提供广泛的投资银行服务,包括承销股票、债券与可转债等各类证券,还可提供收购兼并等财务顾问服务及其他相关服务。

【企业社会责任】

高华证券致力于满足经济和社会的发展需求,对于回报工作和生活所在的社区具有极大热情。高华积极参与其战略合作伙伴高盛集团在中国的企业社会责任项目,具体内容如下:

【万名女性助学计划——“巾帼圆梦”】

“巾帼圆梦”(10000Women)于 2008 年 3 月启动。这项为期五年的计划旨在为全球的 1 万名弱势女性提供商业和管理教育。这个计划是基于高盛、世界银行和其他机构进行的研究。这些研究表明,类似的教育投入能对国内生产总值增长产生显著影响。研究还表明,对女性的教育投入能产生成倍放大的效应,不仅能增加收入和从业者数量,而且能提高家庭的健康和受教育水平,进而增进社会繁荣。学员可以报名参加根据当地情况设计的证书教育计划,课程包括:营销、会计、市场研究、撰写商业计划书、战略规划、融资和电子商务。这些课程具有文化上适合、灵活和短期的特点,旨在帮助因为受经济和现实条件的限制而无法接受传统商业教育的众多女性打开眼界。自启动以来,“巾帼圆梦”已经深入 22 个国家,包括:阿富汗、巴西、中国、埃及、印度、卢旺达和美国。我们的员工在工余或周末的时间,通过辅导、担任学员选拔委员会委员及担任客座讲师的方式,为“巾帼圆梦”贡献出时间和专长。

“巾帼圆梦”在中国于 2008 年年底启动。至 2017 年年底,已有 2 400 名中国女性企业家参与培训,数量占到全球培训总数的近四分之一。同时,“巾帼圆梦”于 2011 年 6 月向中国西部扩展,在成都启动了项目。西部大开发是中国经济发展策略的重要组成部分,它需要有针对性地在当地投入大量资源,尝试各种创新手段。企业家和就业机会是地区发展的主要动力。“巾帼圆梦”的西部扩展受到了众多关注。

地址:北京市西城区金融大街 7 号
英蓝国际中心 18 楼
邮编:100140
电话:010-66273000
传真:010-66273001
网址:www. ghsl. cn

渤海证券股份有限公司

【公司简介】

渤海证券股份有限公司是唯一一家注册在天津滨海新区的综合类证券公司。前身为渤海证券有限责任公司,是在原天津证券有限责任公司、天津市国际信托投资公司、天津信托投资公司、天津北方国际信托投资公司、天津滨海信托投资有限公司等四家信托机构的证券营业部合并重组的基础上,吸收国内多家有影响、有实力的企业共同参股组建的大型证券公司,并于 2001 年 6 月 8 日正式开业。

2007 年 8 月,经中国证券业协会评审,公司获得规范类券商资格。2008 年 5 月,经中国证监会核准,公司改制为股份有限公司,2018 年的券商分类监管年度评级中,公司获得 B 类 BBB 级。

天津市泰达国际控股(集团)有限公司(简称“泰达国际”)为公司第一大股东,天津泰达投资控股有限公司(简称“泰达控股”)为泰达国际的控股股东。天津市国资委为公司实际控制人。目前,公司股东 41 家,注册资本为 8 037 194 486元。

公司总部座落于天津,公司设有上海、北京、江苏分公司和北京办事处。截至 2017 年 12 月 31 日,公司在全国重要省市和地区共有 52 家证券营业部。

地址:天津市南开区宾水西道 8 号
邮编:300381
电话:400-651-5988　400-651-1717
邮箱:email@ bhzq. com
网址:www. ewww. com. cn

财富证券有限责任公司

【公司简介】

财富证券有限责任公司成立于 2002 年 8 月,现为湖南省唯一的省属国有控股证券公司,注册资本 34.41 亿元,控股股东为湖南财信投资控股有限责任公司。截至 2017 年 12 月 31 日,公司总资产规模 266.93 亿元,净资产规模 62.53 亿元。

公司业务范围涵盖证券经纪、投资银行、资产管理、投资咨询、融资融券、固定收益、证券投资、场外市场、期货经纪等,全资拥有德盛期货有限公司、另类投资公司深圳惠和投资、私募基金公司深圳惠和基金。公司设立了 4 家分公司和 70 家证券营业部,拥有 1 800 余人组成的专业团队,可以全方位满足企业与个人投资者多元化金融服务需求。

公司依托控股股东牌照齐全、实力雄厚的金融控股平台,锐意进取,创新发展,并在债券承销、互联网金融、场外市场等领域形成并保持了行业竞争优势。近年来,公司荣获长沙市规模效益奖,湖南省文明标兵单位、湖南省科学技术二等奖,中国证券业协会优秀课题报告,以及证券时报“中国区最佳债券投行”“中国区最佳企业债承销团队”“中国最具突破证券经纪商”等奖项。

合力天下、筑梦湖湘,财富证券秉承“专注、协同、共享、规范”的经营理念,坚持“贤者在位,能者在职”的人才理念,致力于为客户提供优质、高效的综合金融服务,积极履行社会责任,努力实现客户、股东、员工的和谐共赢。

地址：湖南省长沙市芙蓉中路二段80号
顺天国际财富中心26－28楼
电话：95317
网址：www.cfzq.com

财通证券股份有限公司

【公司简介】

财通证券股份有限公司（以下简称“公司”）是一家经中国证券监督管理委员会批准设立的综合性证券公司，其前身是成立于1993年5月的浙江财政证券公司，2013年10月整体变更为股份公司，总部设在浙江省杭州市。2017年10月24日公司在上海证券交易所挂牌上市交易，股票简称“财通证券”，股票代码601108。截至2017年底，公司总股本为35.89亿股。

公司始终秉承“规范经营、务实创新，差异发展、追求卓越”的经营理念，致力于服务实体经济，紧紧围绕客户需求，专注提升专业水准、创新能力和服务水平，竭诚为客户提供投融资和财富管理服务。公司经过多年发展，搭建了多元化金融服务平台，目前业务牌照齐全，集团化经营初具规模综合金融服务能力全面提升。

公司拥有4家一级全资子公司，分别为财通证券资产管理有限公司、财通证券（香港）有限公司、浙江财通资本投资有限公司、浙江财通创新投资有限公司，截至2017年底共设立证券分支机构135家，其中分公司有14家，证券营业部121家，主要分布在浙江省内各市县及北京、上海、深圳、福州、厦门、青岛、大连、南京、无锡、重庆、成都、苏州等城市。公司主要参股公司有永安期货股份有限公司（截至2017年底期货营业部有35家，分公司5家）、财通基金管理有限公司。

作为一家有高度社会责任感的上市证券公司，公司深知企业发展、市场发展、社会发展的高度一致性，深知企业履行社会责任是一项长期持久的工作。公司作为市场参与主体，始终坚持国有主体地位与市场化方向相结合，积极维护市场稳定、保障投资者权益，加快改革转型、优化管理机制、全力服务实体经济，实现稳中有进，以建设专业化、特色化、集团化、国际化的现代金融控股集团和具有区域特色优势的综合金融服务商为目标，把积极履行社会责任作为企业发展的价值准则之一，实现公司自身发展与经济、社会和环境发展的和谐统一。

截至2017年12月31日，公司总资产577亿元，净资产208亿元。2017年，公司实现营业收入40.12亿元，归属于母公司股东的净利润为15.04亿元。

【公司主要业务经营情况】

（一）证券经纪业务

经纪业务与证券市场交易活跃度密切相关。2017年大盘指数呈现震荡上行趋势，但市场成交额较2016年有所下滑，2017年沪深日均两市成交金额为4,586亿元，同比下降11.65%。受交易量及佣金费率下降影响，证券公司经纪业务收入同比持续下滑。据中国证券业协会统计，证券行业2017年代理买卖证券业务净收入（含席位租赁）为820.92亿元，同比减少22.04%，占营业收入的比例从2016年的32.10%下滑至26.37%。

公司证券经纪业务加速向财富管理转型，积极拓展综合金融服务，呈现出良好的业务发展态势和较强的区域竞争力。报告期内，公司两市股票基金累计成交金额达30 357亿元，市场份额由1.24%上升至1.26%。报告期内，公司不断优化产品销售策略，重点推进资管固收、优质权益类私募和FOF产品引入和销售工作，加大公募基金的引进力度，金融产品销售额实现逆势增长，代销金融产品净收入协会排名由第14位上升至第11位。

公司重视互联网金融业务的发展，以做大做强财通证券APP平台作为2017年重点工作，在行业内率先推出多账户及指纹登录、新股中签预提醒、财金宝（黄金ETF包装）、金融产品收益揭示（包括日收益、累计收益）、板块异动等多项功能。同时，以现金类产品以及固定收益类产品为主要产品抓手，进一步扩大公募规模及线上产品销售占比。

公司按照“省内与省外相结合、分公司和营业部相交叉”的模式优化分支机构布局，扎实推进网点建设工作。2017年完成了10家分公司和19家营业部的筹建开业，实现12家网点迁址、2家网点原址改造以及9家网点信息系统转型。截至2017年底，公司共有证券分支机构135家，其中浙江省内110家、省外25家。

（二）投资银行业务

2017年，IPO发行提速，A股市场IPO发行家数438家，较2016年增加211家；首发融资规模2 301.09亿元，同比增长53.81%；再融资及债券融资1表现低迷，融资规模分别为1.27万亿和.15万亿，同比减少24.90%和27.33%。新三板市场规模增速放缓，累计挂牌企业11 630家，较2016年新增挂牌企业2 176家。

2017年，公司股权融资业务在人员引进、团队建设等方面投入了大量的精力，取得了良好的效果。公司完成1单IPO项目，募资金额3.04亿元；完成再融资项目1单，承销金额11亿元；同时，已成功申报4单IPO项目，并完成1单并购重组项目（以证监会并购重组委审核通过为统计口径）。

债券融资业务将债券项目风险防范作为工作的重心，全年没有出现重大风险事项。公司成功发行20单企业债券和公司债券，主承销金额101.65亿元。报告期内，公司还积极推动债券产品创新，成功发行浙江省内首只双创债，实现了浙江省在采用创新创业债券方式支持创新创业企业融资方面的重要突破，对助推省内实体经济发展具有重大意义。同时，公司在由证券时报主办的“2017中国区优秀投行君鼎奖（CBIB）”中荣膺“2017中国区突破债券投行君鼎奖”。

新三板业务以服务中小企业为原则，继续巩固原有优势，并根据挂牌公司的经营情况和培训需求，对挂牌企业进行了差异化培训。公司完成推荐挂牌项目39家，完成挂牌企业42次的股票定向发行，募资金额14.40亿元。截至报告期末，公司累计推荐挂牌企业226家，持续督导企业225家，并于2017新三板峰会暨第二届金号角奖颁奖盛典上收获了“2017年度十大品牌券商”的荣誉称号，荣获《国际金融报》颁发的“2017新三板先锋投行”。

（三）资产管理业务

（注：债券融资规模口径为信用债融资规模，包括公司债、企业债、可转债、可交债、ABS五类债券品种。）

2017年在去通道、降杠杆的政策环境下，证券公司通道类资产管理规模扩张受到抑制。据中国证券业协会统计，截至2017年末，全行业受托资金降至17.26万亿元，较2016年末下降1 161.64亿元，年内保持稳中有降趋势，出现较明显且持续的收缩。

公司通过全资子公司财通证券资管开展境内证券资产

管理业务。报告期内，财通证券资管坚持"低波动、稳收益"的投资理念，切实加强资管"大平台"建设的推进，促进主动管理型产品及业务模式的创新。在权益业务方面，财通证券资管主动调整权益投资部门结构，抓好存续产品业绩，重塑投研理念，逐步形成以绝对收益为导向的投资风格；在固收业务方面，公司按照监管要求，对相应产品降杠杆、调结构、控风险，不断提升固收业务的安全性，同时开拓新的利润增长点，不断丰富固收业务产品线，公募业务得到稳步推进。截至2017 年底，资管公司受托资产管理总规模达 1 459 亿元，较年初增长约 4.48%，其中主动管理规模 951 亿元，较年初增长约 10.07%。

2017 年，财通证券资管获得了一系列荣誉。在《中国证券报》评选中，荣获"三年期金牛券商集合资产管理人"荣誉称号；在《证券时报》评选中，荣获"2017 中国资产管理券商君鼎奖"荣誉称号；在《中国基金报》评选中，荣获"中国券商资管固收奖"荣誉称号；在《每日经济新闻》评选中，荣获"最具实力券商资管"荣誉称号；在《21 世纪经济报道》评选中，荣获"2017 年度新锐券商资产管理金帆奖"荣誉称号。

（四）证券自营业务

2017 年，A 股市场结构性牛市突出，上证 50 指数从 2016 年底收盘 2 275.11 点上升至 2017 年底 2,860.44 点，全年上涨 25.73%，而同期上证综指上涨 6.56%，深圳综指下跌 3.54%，创业板指下跌 10.54%；债券市场面临资金紧平衡，货币市场利率和债券市场收益率不断上行，截至 2017 年末，十年期国债收益率为 3.88%，较年初上涨 77.53 个基点。

2017 年，在权益性投资方面，公司持续优化投研队伍，加大对 A 股市场的重点行业与领域的研究；积极把握资本市场机会，在控制风险的基础上，保持较为稳定的收益率。

在固定收益投资方面，公司面对弱市场、强监管的市场环境，及时调整布局和策略，有效应对或有损失；全年保持稳健谨慎的操作风格，证券自营收益率大幅超过中债企业债总财富（总值）指数和中证全债指数。

（五）证券信用业务

2017 年，证券信用业务稳步增长，成今年一大亮点。其中，两融余额自 6 月份起随着市场行情回暖，逐月攀升，并于 11 月突破万亿关口，市场风险偏好加强；股票质押业务余额持续上升，但环比增幅收窄。

2017 年，公司融资融券业务的重心在于挖掘融资刚需，积极拓展外部机构客户，努力探索融券业务模式，为大客户提供有效对冲工具，并以线上及线下客户服务相结合的方式，不断提升两融客户服务品质。截至报告期末，公司境内两融余额 107.23 亿元，同比增长 28.10%；期末市占率 1.04%，同比增长 0.16 个百分点，市场排名第 22 位，较 2016 年底上升 3 位，其中融券跻身市场前 5 名。

股票质押业务方面，公司加大优质客户的开发、培育和挖掘力度，着力提高自有资金出资效率，加大自有资金出资规模，实现股票质押业务规模新增长。截至报告期末，公司股票质押规模 35.53 亿元，同比增长 218.97%。

（六）期货业务

2017 年，全国期货市场累计成交量为 30.76 亿手，累计成交额为 187.90 万亿元，同比分别下降 25.66% 和 3.95%；衍生品市场发展渐入佳境，"保险 + 期货"模式渐趋成熟；期市创新加速，期货品种加速丰富，截至 2017 年底，我国期货市场品种已达 56 个，其中商品期货 48 个、金融期货 5 个、商品期权 2 个、金融期权 1 个；场外期权市场爆发式增长。

公司通过参股公司永安期货开展期货业务。报告期内，永安期货经营发展持续向好，各项指标再创新高，全年期货经纪业务交易量市场占有率 2.82%，较 2016 年末市场占有率 2.79% 提升 0.03 个百分点；日均客户权益 231.49 亿元，同比增长 12.31%；全年开展期现业务 4,400 余笔，同比增长 20.17%。同时，场内外期权业务取得新进展，做市商业务起步良好，首批拿下了各大交易所推出的 2 大期权品种做市商和 3 大商品期货做市商资格；全年交易 2,000 多笔场外业务，场外期权名义金额达到 32 亿元，签约场外衍生品协议 130 单，同比增长 6.5%。

2017 年，永安期货荣获由《期货日报》与《证券时报》主办的"第十届中国最佳期货经营机构暨最佳期货分析师评选活动"之"中国最佳期货公司""最佳诚信自律期货公司""最佳商品期货产业服务奖""最佳金融期货服务奖""最佳品牌建设推广奖""最佳资产管理业务奖""最佳期货私募基金孵化奖""最受欢迎的期货经营机构公众号""年度最佳投资者教育奖""最佳风险管理子公司服务奖""最佳期货 IT 系统建设奖""最佳境外业务服务奖""中国期货公司金牌管理团队""期货开户平台技术运用创新奖"，由《国际金融报》主办的"2017 国际先锋理财机构评选"之"2017 期货资管先锋机构"。同时，永安期货的精准扶贫工作获国家扶贫办、中国证监会扶贫办、中期协联合考评第一名。

（七）境外证券业务

2017 年，中国香港证券市场维持高成交额，恒生指数以 29 919 点收市，港股行情已超越美股、欧股和 A 股等主要市场表现，成为全球涨幅最高的指数。与此同时，下半年"债券通"开通，进一步提升了中国内地开放程度和中国香港国际金融中心的吸引力；重大上市改革启动，为新经济提供新的融资和成长平台。

公司通过全资子公司财通香港开展境外证券业务，主要从事港股代理买卖、融资、IPO 分销、账户全权委托、金融产品销售、自营、投资咨询、卖方研究等业务。报告期内，财通香港逐步建立符合自身发展特征的盈利模式，各项业务高速发展。

2017 年，财通香港在智通财经与新浪财经联袂主办的"金中环"评选中，荣获"经纪业务最佳表现券商"和"资管业务最佳表现机构"两大奖项。

（八）基金业务

公司通过参股公司财通基金开展基金管理业务。2017 年金融市场频出的紧缩政策，引发市场走势和业务模式的大幅震动和重整。在此情况下，公司沉着应对挑战，积极推进业务结构的优化调整，向"特色资产配置专家"转型，同时深化研究，加速公司多元化、可持续性的发展布局。

截至 2017 年末，基金公司公募基金共 14 只，规模为 167.64亿元；管理专户产品 883 只，规模 706.64 亿元；存续产品总量为 897 只，总资产管理规模为 874.28 亿元。报告期内，财通基金保持了特色业务的市场占有率，定增业务仍保持业内领先，并在推进业务多维度发展上取得一定成效，机构客户拓展取得明显进展，投研和内控工作更加扎实。

2017 年，财通基金斩获多项业内权威大奖。在《信息时报》"金狮奖"中荣获"最佳投研基金公司"，《证券日报》"金骏马奖"中荣获"最精耕细作金融机构"，《大众证券报》2017 中国基金风云榜中荣获"十大风云基金公司"，东方财富网"2017 东方财富风云榜"中荣获"最具营销创意基金公司"，谁牛金融"2017 谁牛基金奖"中荣获"基金管理公司新势力奖，《北京商报》"北京金融业十大品牌评选"中荣获"普惠金融践行奖”,《第一财经》“华新奖”中荣获“新三板最佳投资机构”、“新三板市场突出贡献奖”,《每日经济新闻》“金鼎奖”中荣获“最具创新力基金公司”、“最佳特色产品”、“最佳传统债券型产品”,《21 世纪经济报道》“金帆奖”中荣获“年度基金管理公司”,2017 中国投资年会中荣获“年度最佳定增投资机构”,2017 中小企业上市融资与市值管理高峰论坛中荣获“新三板市场最具影响力投资机构”。

地址:浙江省杭州市杭大路 15 号嘉华国际商务中心
邮编:310007
电话:95336,40086 - 96336
网址:www. ctsec. com
邮箱:ir@ ctsec. com

川财证券有限责任公司

【公司简介】

川财证券有限责任公司是经中国证监会批准成立的、全国首家由财政国债中介机构整体转制而成的专业证券公司。公司成立于 1988 年,前身是经四川省人民政府批准,由四川省财政出资兴办的四川省川财证券公司。

经过近三十年的变革与成长,现今公司已发展成为由中国华电集团资本控股有限公司、四川省国有资产经营投资管理有限责任公司、四川省水电投资经营集团有限公司等资本和实力雄厚的大型企业共同持股的证券公司。

公司一贯秉承诚实守信、专业运作、健康发展的经营理念,矢志服务客户、服务社会,创造了良好的经济效益和社会效益;目前,公司是中国证券业协会、中国国债协会、上海证券交易所、深圳证券交易所、中国银行间市场交易商协会会员。

公司资源优势明显、专业优势突出、交易设施先进、从业经验丰富、发展特色鲜明;设有经纪业务部、研究所、机构业务部、投资银行部、企业融资部、场外业务部、投行业务支持部、固定收益部、证券投资部、资产管理部、网络金融部等业务部门,在北京、上海、深圳等城市设有分公司;业务范围涵盖证券经纪、证券投资咨询、证券承销与保荐、证券自营、证券资产管理、财务顾问、证券投资基金销售、融资融券、代销金融产品等传统业务和金融创新业务;拥有一支来自外资券商、上市证券公司、大型会计师事务所和银行等金融机构的专业人员队伍,业务人员资本市场经验丰富、渠道资源广泛,在专业领域具有一定的影响力,具有较强的竞争意识、管理意识和服务意识。截至 2017 年 12 月 31 日,公司共有员工 367 人。

2017 年公司实现营业收入 3. 34 亿元,同比下降 35.98%;净资产收益率 2.16%,同比下降 3.01 个百分点;实现净利润 0.34 亿元,同比下降 58.05%。

【主要业务经营概况】

1. 经纪业务

2017 年公司经纪业务继续加快推进分支机构建设,年内在深圳新设 1 家营业部,拟设广东分公司已获监管批复。引进平安银行和盈产品,全年实现产品销售 6 500 余万元。同时,深入落实客户适当性管理新规,继续申报细分业务牌照,取得代理证券质押登记业务资格。

网络金融方面,打造公司综合理财平台—明佣宝,上线开户交易、在线客服等核心功能,在行业内率先推出“明码实价、全民平佣”的营销策略,进行品牌运营与效果推广,获得中国证券报、中证网、证券时报等媒体正面报道和数十家权威媒体转发。

2017 年,经纪业务累计完成股基成交额 1 614 亿元(含基金分仓 745 亿元),同比下降 6.98%,市场份额达到 0.661‰,较 2016 年上升 5.42%;实现营业收入 5 766.62 万元,同比下降 27.86%,主要原因是经纪业务股基交易量及佣金率同比下降所致。

2. 机构研究业务

2017 年机构业务部对外发布报告 2 750 多篇,调研上市公司及产业链 270 余家。新设海外研究部,逐步构建全方位研究体系。2017 年投研业务排名逆市上行,迈进全国前三十。业内知名最佳分析师评选中,研究所在钢铁、有色金属等行业屡获佳绩。成功举办十九大后首个券商行业盛会—“脱虚向实　精选价值”主题精选策略会;同时,依托良好平台建设和媒介渠道,与中央电视台、中国证券报、经济日报等主流媒体建立紧密合作关系,品牌与影响力进一步提升。

2017 年,公司机构及研究业务累计实现交易单元席位租赁净收入 4 989.71 万元,同比下降 5.96%。

3. 证券自营业务

2017 年,公司固定收益部积极开展自营投资、销售交易撮合等业务,2017 年全年交易安全稳定,未发生风险事故,银行间累计现券交易量 1 100 亿,交易所累计现券交易量 238 亿。

2017 年,公司证券自营业务实现营业收入 5 755.53 万元,同比下降 56.13%,其中投资收益及公允价值变动损益 10 943.89万元,回购及拆借利息净收入 -5 188.36 万元。

4. 投行业务

2017 年川财证券投资银行业务继续秉承为企业创造价值,打造高端精品投行的理念,通过优化内部资源组合,为客户提供多层次、全产业链的综合金融服务和个性化服务,建立起适应不同客户、不同服务需求的更加精细的业务服务体系。完善的运作模式在赢得企业信任的同时,也保证了投行业务的快速发展。债券承销方面:全年分别作为独立主承销商及联席主承销商完成了合计 51.14 亿规模的债券发行;新三板项目:完成新三板挂牌 4 单,目前储备项目 1 单;A 股项目:已签约两单 IPO 项目,目前储备项目 4 单,明年预估可签约 3 - 4 单 IPO 项目;做市业务调研项目 140 家,共过会 24 只,其中正在做市股票 13 只,已完全退出 7 只;资产证券化业务方面:投资银行业务除了持续开展传统的股权、债券业务以外,在资产证券化业务方面也有了新的突破。

2017 年,公司投行业务累计实现营业收入 8 893.71 万元,同比下降 58.83%,其中承销业务净收入 4 272.88 万元,财务顾问业务净收入 4 601.96 万元。

5. 资产管理业务

2017 年,公司资产管理业务各项工作处于艰难发展期,受到资本金限制,监管机构要求公司持续降低资管规模。资管规模相应由年初的 829.66 亿元降至年末的 696.19 亿元。截至 2017 年 12 月末,公司共管理 2 只主动管理型定向产品和 12 只集合产品,并为 1 只基金专户产品提供投资顾问服务,资产管理规模和顾问资产规模合计 706.19 亿元。

2017 年,公司资管业务累计实现营业收入 3 072.09 万元,同比增长 29.99%,其中集合资产管理业务净收入 952.63 万元,定向资产管理业务净收入 2 119.46 万元。

6. 融资融券及股票质押业务

2017 年公司积极开展两融业务重点潜在客户推荐活动,

大力拓展信用类业务，但受限于 2017 年整体股市行情疲软的影响，公司 2017 年实现融资融券业务净收入 1 932.08 万元，同比下降 15.81%。

7. 投资咨询业务

2017 年公司积极开展投资咨询业务，投资咨询业务内容主要包括投资顾问、提供咨询研究报告等，全年实现投资咨询业务净收入 2 852.08 万元，同比增长 38.02%。

展望未来，公司将恪守“以客户为中心、服务创造价值”和“至精至诚、专业严谨”的理念；依托强大的股东背景，秉承“规范经营、稳健发展”的基本方针；突出专业金融服务能力、着眼于金融创新业务和服务，完善个性化的服务体系，打造主流产品、锁定主流客户、提供主流服务、创享主流价值；以前瞻的视野、完善的服务，高起点的工作，通过整合内外部资源提供适应客户需求的金融产品解决方案；将公司打造为具有一定市场地位，特色鲜明的，提供多渠道、多层次、全方位金融服务的新锐券商。

地址：四川省成都市高新区交子大道 177 号
中海国际中心 B 座 17 楼
邮编：610041
电话：028 - 86583000
邮箱：cczq@ cczq. com
网址：www. cczq. com

大通证券股份有限公司

【公司简介】

大通证券股份有限公司是总部设在大连的唯一一家证券公司，注册资本 33 亿元，经营范围包括：证券经纪；证券投资咨询；与证券交易、证券投资活动有关的财务顾问；证券承销与保荐；证券自营；证券资产管理；为期货公司提供中间介绍业务；证券投资基金销售业务；融资融券业务；代销金融产品业务；中国证监会批准的其他业务。公司目前在大连、上海、北京、天津、广州、深圳等全国 30 余个城市拥有 53 家营业部和 3 家分公司。

2007 年 8 月，公司通过中国证券业协会组织的规范类证券公司评审，取得规范类证券公司资格。

公司是经中国证监会《关于同意大通证券股份有限公司开业的批复》（证监机构字[2001]90 号）批准，于 2001 年 7 月 18 日领取了《中华人民共和国经营证券业务许可证》，同年 7 月 28 日正式注册登记成立，注册资本 11.188 亿元。

2006 年 12 月，在中国证监会及国家相关部委的关心帮助下，在大连市人民政府的主导下，公司进行了重整，重新变更登记，注册资本 5 亿元。2007 年 10 月，公司增资扩股获得中国证监会批准，注册资本增至 12 亿元，2010 年 11 月，公司增资扩股至 22 亿元，2015 年 12 月，公司增资扩股至 33 亿元。

立足大连，面向全国，积极培育国际视野，在资本实力、资产规模、业务开拓、管理水平、技术手段、市场占有率等方面实现跨越式发展，最终成为具有较强核心竞争力和综合实力的证券公司。

【公司主要业务】

经纪业务：

大通证券目前在全国拥有 37 家证券服务机构，分布于大连、北京、上海、深圳、广州等全国主要中心城市和经济发达地区。网点覆盖面较广，布局均衡合理，为近 30 多万投资者提供证券经纪业务服务。为更好地服务投资者，公司还对呼叫中心系统进行了升级和扩容，推出了客户自助服务和语音留言服务功能。总部客服中心产品部推出的智通管家系列产品，受到广大客户好评，强大的投资顾问团队为客户进行一对一高品质服务。短信服务平台建立起了总公司和营业部上下统一互补的短信服务机制，将公司丰富的资讯和研究成果及时传递到客户手中。公司投资者教育工作依据适当性管理原则服务客户，更好地保障客户利益。2012 年，公司根据市场发展趋势大胆改革创新，以实现通道业务和渠道业务并重发展为目标，推动经纪业务转型，将营业部从传统交易中心模式逐步升级为营销中心模式，实现服务、营销、理财的一体化发展。

投资银行业务：

大通证券投资银行事业部全程参与各行业产业链的金融服务，为企业发展的整个生命周期提供价值。大通投行以客户利益最大化为核心理念，以全方位、专业化服务为目标，凭借良好的服务水平和优秀的投行团队，成功为客户实施最佳的金融战略。投资银行事业部立足国际视野，借鉴国际国内知名大投行运作经验，投行业务涵盖股权融资、财务顾问、新三板、定增、私募债、IPO、再融资、兼并重组、资产证券化等业务。同时，依托大股东华信信托在 VC、PE 等产业投资领域的巨大优势，力求为客户提供全方位、专业化服务。

资产管理业务：

券商资产管理业务是指证券公司根据有关法律、法规和投资委托人的投资意愿，作为管理人，与委托人签订资产管理合同，将委托人委托的资产在证券市场上从事股票、债券等金融工具的组合投资，以实现委托资产收益最大化。大通证券是辽宁省内唯一一家获得中国证监会核准的受托投资管理业务资格的法人券商。客户委托证券公司的资产管理部管理受托资产符合《证券法》和监管部门的相关规定，具有合法、规范、专业的优势。

固定收益业务：

固定收益业务主要从事各类固定收益产品承销、做市、产品开发和投资、风险管理。公司以资本中介为理念，致力于成为产品设计者、流动性提供方、市场组织者、交易参与者和对手方。

交易及衍生品业务：

交易及衍生品业务主要是利用专业是的金融知识，充分的市场分析，进行自主交易。

证券金融业务：

证券金融主要从事，融资融券，约定式购回，质押式回购等金融活动。

地址：辽宁省大连市沙河口区会展路 129 号
大连期货大厦 39 层
邮编：116023
电话：4008 - 169 - 169
网址：www. daton. com. cn　www. estock. com. cn

大同证券股份有限公司

【公司简介】

大同证券的前身“晋冀内蒙古地盟市大同证券公司”，是 1988 年 5 月经中国人民银行总行批准成立的股份制非银行金融机构，是中国证券史上最早成立的证券公司之一，也是山西省改革开放后资本市场起步的标志。2000年1月,公司名称规范为“大同证券经纪有限责任公司”。2015年5月,公司名称变更为“大同证券有限责任公司”,注册资本人民币7.3亿元。现旗下共有46家营业机构和3家控股子公司[即:大证保险经纪股份有限公司、同证泰融股权投资基金管理(宁波)有限公司、大证资本有限责任公司],主要分布于北京、上海、重庆三大直辖市,广东、江苏、山东、浙江、河南、四川、河北、湖南、福建、内蒙古、云南、新疆、海南、山西十四个省区。法定代表人是董祥董事长[兼任山西省工商联(总商会)副会长、山西省投资基金业协会会长]。

作为一家全国性券商,大同证券始终坚持走特色化发展之路,不仅实现了证券业务的全牌照,业务链涵盖了证券经纪、证券投资咨询、与证券交易和证券投资活动有关的财务顾问、证券投资基金代销、代销金融产品、融资融券、证券自营、证券资产管理、证券承销、证券保荐等领域,而且在保险、基金、期货等其他金融业务领域进行了合理布局。基于此,公司从证券业务服务实体经济的角度出发,参与了山西省内山西汾酒、山西焦化、南风化工、山西三维,山西省外中兴通讯、华侨城、四川长虹、首钢股份等十几家公司的发行上市工作,为省内外的上百家中小微企业提供了资本结构完善、股份制改造、上市前持续辅导、新三板推荐挂牌等财务顾问及中介服务;从满足客户需求出发,通过线下的实体网点,线上的网上营业厅、大证金管家等互联网平台,为全国各地的客户提供实时开户、业务办理、综合理财等一揽子的投融资服务。公司从纵深推进新业务布局出发,设立了山西省内唯一一家全国性的专业保险经纪法人机构——大证保险经纪股份有限公司,填补了山西保险经纪市场的空白;同时,在期货IB业务和交易所股票期权等金融衍生品业务方面也作了有效的实践。

作为山西辖区的本土券商,大同证券始终秉承“同创、同赢、同分享”的核心价值观,一直注重培养和提升自身的社会责任意识,勇于承担应尽的社会责任,并为金融扶贫做贡献。在落实国家脱贫攻坚战略和证券行业扶贫工作方面,公司与两个国家级贫困县——临汾市隰县和大同市天镇县建立了结对帮扶关系,签订了结对帮扶协议,并推动了实地调研及考察、参与招商引资活动、辅助主要农产品购买及销售、进行拟上市企业上市辅导、推动电商平台合作、开展春节慰问送温暖活动、在贫困县设立另类投资子公司、参加各类金融扶贫工作会议及培训等一系列工作,切实履行了企业的社会责任。

通过三十年的探索和实践,大同证券总体规模实现了历史性的突破,公司总资产、净资产、客户资产存量、交易总额、利润总额、上缴税金、营业机构等实现了数倍乃至数十倍的增长。近十年来,公司的盈利能力和成本管理能力也不断提升,年度财务指标在全国100多家券商的排名一直居前,其中净资本收益率三年位居第2,两年位居第6,两年位居前20;净资产收益率两年位居前10,五年位居前20;成本管理能力两年位居第6,两年位居前20位,三年位居前30;代理买卖证券业务净收入增长率分别位居第20和第22;代理销售金融产品净收入分别位居第28和第36。

“打造专注客户需求的综合金融服务平台,走特色化发展之路”是大同证券新时期的企业定位;做精做深经纪业务,有序涉猎保险、基金、期货、另类投资等其他金融行业,为客户提供资本中介、资本投资等综合金融服务,成为在行业中具有自身特色的综合金融服务商是公司既定的中长期目标。为此,在当前资本市场十年黄金期发展风生水起、证券行业转型攻坚期发展稳中求进的背景下,大同证券将继续以服务实体经济为己任,以客户价值最大化为目标,认真践行“沟通于心、服务于行”的服务理念,切实弘扬“同创、同赢、同分享”的核心价值观,始终致力于企业与客户的共同成长,并与全国广大客户共同开创公司高质量发展的全新局面!

地址:山西省长治路111号山西世贸中心A座
　　12、13层
邮编:030012
电话:4007121212
邮箱:webmaster@ dtsbc. com. cn
网址:www. dtsbc. com. cn

德邦证券股份有限公司

【公司简介】

德邦证券股份有限公司成立于2003年5月,是经中国证券监督管理委员会批准设立的全国性综合类证券公司,目前注册资本39.67亿元人民币,净资产74.93亿元人民币(数据截至2017年底),已连续十四年实现盈利。德邦证券旗下拥有中州期货有限公司(控股中州星升资产管理有限责任公司)、德邦基金管理有限公司(控股德邦创新资本有限责任公司)、德邦星睿投资管理有限公司、德邦星盛资本管理有限公司,并在财富管理、资产管理、投资银行、私募及PE基金评价、科技金融、国际并购等方面不断创新,始终秉承“心连心、手拉手”的服务理念,为广大客户提供投资、融资等全面、专业的金融服务。

创新推动德邦证券各项业务迅猛发展。德邦证券创立“财富玖功”财富管理品牌,推动国内首家广告公司省广股份在A股挂牌上市,管理中国青年创业就业基金会的创业基金,在消费贷、票据等大类资产证券化方面取得较高的市场影响力。德邦证券开创性地提出面对PE机构的全方位特色服务,并与ChinaVenture投中集团联合编写、出版《中国私募股权投资(PE)年度报告》,以翔实的数据和独特的视角,把对中国私募股权投资市场的研究推向更高境界。数年来德邦证券赢得了投资者、合作伙伴等的充分信任和广泛肯定,获得了包括“2015年度财富管理品牌”“2016年度优秀资产支持专项计划管理人”“2017中国区突破投行君鼎奖”“2017A股最佳成长投行”等在内的多项荣誉。

德邦证券是中国财富管理领域的先行者,率先为机构客户与高端私人客户提供全面财富管理服务。德邦证券曾与交通银行、上海证券报社等发起主办了“中国阳光私募高峰论坛”及“中国财富管理高峰论坛”,共同推进中国财富管理事业的蓬勃发展。德邦证券在财富管理方面的研究实力卓越,连续编写、出版了《中国财富管理年度报告》《中国阳光私募年度报告》,成为国内首创的全景式行业年度报告,深受各界好评。

德邦证券致力于探索金融科技创新,并将科技金融与资产证券化等优势业务紧密结合,创下了ABS领域多个业内首单。同时,服务及投资多家国内领先的金融科技机构。在满足监管要求和隔离墙规定的前提下,公司将继续整合资管、投行、财富管理、PE/VC等各个业务板块的资源,全方位孵化金融科技产业集群,让数据产生价值,让科技驱动金融创新成为企业发展的源动力。

地址：上海市浦东新区福山路500号城建国际中心29楼
电话：021－68761616
传真：021－68767880
邮箱：webmaster@tebon.com.cn
网址：www.tebon.com.cn

第一创业摩根大通证券有限责任公司

第一创业证券承销保荐有限责任公司（First Capital Investment Banking Co., Ltd.）（中文简称"一创投行"）的前身是第一创业摩根大通证券有限责任公司（以下简称"一创摩根"）。一创摩根成立于2011年，由第一创业证券股份有限公司（以下简称"第一创业"）和摩根大通共同出资组建。2017年7月3日，中国证券监督管理委员会北京监管局出具了关于第一创业收购摩根大通持有的一创摩根33.3%股权的《股权转让无异议函》。一创摩根更名为一创投行，成为第一创业的全资子公司。

一创投行将依托"第一创业"的品牌，继续秉承"诚信、进取、创新"的经营理念，坚持"追求可持续发展，努力打造具有独特经营模式、业绩优良、富有竞争力的一流投资银行"的公司愿景，以客户为中心、以创新为动力，致力于成为备受尊敬的一流中国投资银行。

地址：北京市西城区武定侯街6号卓著中心10层
邮编：100033
电话：010－63212001
传真：010－66032671

第一创业证券股份有限公司

【公司简介】

第一创业证券股份有限公司（以下简称"公司""第一创业"）前身是1993年4月成立的佛山证券公司。公司注册资本35.024亿元，法定代表人为刘学民，总部设在深圳，员工总数超过4 000人。2016年5月11日，公司首次公开发行股票并在深圳证券交易所上市交易，证券简称"第一创业"，证券代码"002797"。

目前，公司在全国共设有40余家营业部，并在北京、上海、深圳、河北、厦门、广州等城市设立了分公司；拥有4家全资子公司：第一创业证券承销保荐有限责任公司（简称"一创投行"）、第一创业投资管理有限公司（简称"一创投资"）、深圳第一创业创新资本管理有限公司（简称"创新资本"）、第一创业期货有限责任公司（简称"一创期货"）；控股创金合信基金管理有限公司（简称"创金合信"）；参股银华基金管理股份有限公司、证通股份有限公司、中证机构间报价系统股份有限公司；并与国家高端智库——国家金融与发展实验室联合发起设立了"深圳市第一创业债券研究院"。

第一创业拥有齐全的证券业务牌照，经营范围涵盖：证券经纪；证券投资咨询；与证券交易、证券投资活动有关的财务顾问；证券（不含股票、中小企业私募债券以外的公司债券）承销；证券自营；证券资产管理；融资融券；为期货公司提供中间介绍业务；证券投资基金代销；代销金融产品等。公司还通过全资子公司一创投行从事投资银行业务，通过全资子公司一创期货从事期货业务，通过全资子公司一创投资从事私募股权基金管理业务，通过全资子公司创新资本从事股权投资、创新金融产品投资等另类投资业务，以及通过控股子公司创金合信开展基金管理业务。

第一创业多年来一直坚持"追求可持续发展，努力打造具有独特经营模式、业绩优良、富有竞争力的一流投资银行"的公司愿景，以客户为中心，以创新为动力，致力于为客户提供专业的综合金融服务。经过20多年的发展，公司已经从一家业务单一的小型证券公司，发展成为"业务特色鲜明、收入结构均衡、布局全国"的综合性证券公司，建立了完善的公司治理结构和稳定的核心管理团队，并形成了优秀的企业文化，在固定收益、资产管理、投资银行、证券经纪等多项业务上形成了差异化竞争优势，实现了可持续发展。

目前，公司固定收益业务已发展成为拥有领先的市场地位、业务资质齐全、业务品种丰富的特色业务；资产管理业务有了长足进步，母公司及控股子公司创金合信都已建立起专业能力强、业务经验丰富的投资和研究团队，并将投研优势转化为产品优势和品牌优势；公司正在新能源、新材料、机器人、环保、文化、生物医药等战略新兴产业布局私募股权基金管理业务，大力推进与政府投融资平台、大型国有企业、细分行业龙头的上市公司及具有资深产业背景的专家合作，共同组建私募基金管理机构并发起设立私募股权基金；投资银行业务已具备一定市场影响力，尤其在企业兼并收购、资产重组以及资产证券化领域已积累了丰富的经验，拥有较强的市场竞争力；证券经纪业务实现了更为全面的布局，公司通过产品、业务创新，不断开发新的收入和利润增长点。在我国证券行业盈利模式多元化的发展趋势下，公司已经建立起收入结构均衡和具有自身特色的业务体系，提高了公司抵御市场波动风险的能力，降低了因行业周期波动对公司收入的影响。

截至2017年12月31日，公司总资产为331.20亿元，归属于上市公司股东的净资产88.57亿元。2017年1－12月，公司实现营业收入19.52亿元，归属于上市公司股东的净利润4.23亿元。

展望未来，第一创业将继续秉承"诚信、进取、创新"的核心价值观，坚持"追求可持续发展，努力打造具有独特经营模式、业绩优良、富有竞争力的一流投资银行"的公司愿景，以客户为中心，以创新为动力，致力于成为一家"有固定收益特色，以资产管理业务为核心"的上市证券公司，为成就企业家、投资者的梦想，助力实体经济发展贡献力量！

地址：广东省深圳市福田区福华一路115号
　　　投行大厦20楼
邮编：518048
总机：0755－23838190
电话：95358
邮箱：IR@fcsc.com
网址：www.firstcapital.com.cn

东北证券股份有限公司

【公司简介】

东北证券股份有限公司（以下简称"公司"）前身为吉林省证券公司。2000年6月经中国证监会批准，经过增资扩股成立东北证券有限责任公司。2007年8月，锦州经济技术开发区六陆实业股份有限公司定向回购股份，以新增股份换股吸收合并东北证券有限责任公司，并更名为"东北证券股份有限公司”。2007年8月27日,公司在深圳证券交易所挂牌上市,股票简称为“东北证券”,股票代码为000686。公司注册地为吉林省长春市,注册资本为23.40亿元。

经过三十年的努力,公司规范经营,不断进取,无论经营规模还是综合实力都取得了翻天覆地的变化。截至目前,公司已经开展全面证券及与证券相关的业务,包括证券经纪、证券承销与保荐、证券自营、证券研究咨询、IB、直接投资、融资融券、中小企业私募债、约定购回式证券交易、股票质押式回购交易、代销金融产品等业务,形成了较为完整的业务体系。同时公司坚持多元化发展,积极开展对外投资业务,已设立东证融通直投子公司、东证融达另类投资子公司、东证融汇证券资产管理子公司,控股渤海期货、东方基金,参股银华基金,建立起集证券、基金、期货为一体的开展综合金融服务的控股集团。公司已在全国28个省、自治区、直辖市的67个大中城市设立了42家经纪业务区域分公司、105家证券营业部和3家分公司,公司全国战略布局趋于合理并形成了一定的规模优势和品牌优势。截至2017年末,公司总资产为599.39亿元,实现营业收入49.26亿元,净利润6.67亿元。

公司肩负“融通资源,创造财富”的使命,坚持“一切以客户收益为重,一切以员工利益为重,一切以股东权益为重,一切以社会效益为重”的核心价值观,在稳健中经营、在创新中发展、在服务中共赢。公司致力于建立和谐的经营管理团队,通过充分调动全体员工的积极性,从根本上提高公司的创利能力,回报股东,回报社会。

地址:吉林省长春市生态大街6666号
邮编:130119
电话:0431－85096806
传真:0431－85096816
邮箱:000686@nesc.cn
网址:www.nesc.cn

东方证券股份有限公司

【公司简介】

东方证券股份有限公司(以下简称“公司”)是一家经中国证券监督管理委员会批准设立的综合类证券公司,其前身是于1998年3月9日开业的东方证券有限责任公司,总部设在上海,现有注册资本69.94亿元。公司于2015年3月23日成功登陆上交所(600958),2016年7月8日H股成功发行并上市(03958),成为行业内第五家A+H股上市券商。

经过20年的发展,公司从一家仅有586名员工、36家营业网点的证券公司,逐渐壮大为一家总资产达2 000亿,净资产超过500亿,员工4 000余人、在全国76个城市设有153家分支机构,提供证券、期货、资产管理、理财、投行、投资咨询及证券研究等全方位、一站式专业综合金融服务的上市证券金融控股集团。截至2017年末,公司实现营业收入105.32亿元,较2016年度增长53.16%;实现归属于母公司净利润35.54亿元,较2016年度增长53.57%。

公司全资持有上海东证期货有限公司、上海东方证券资产管理有限公司、上海东方证券资本投资有限公司、东方金融控股(香港)有限公司、上海东方证券创新投资有限公司,与花旗集团合资设立并控股东方花旗证券有限公司,同时作为第一大股东参股汇添富基金管理股份有限公司。

公司将继续秉承“团结　进取　务实　高效”的企业精神,致力于创建“具有国内一流核心竞争力、为客户提供综合金融服务的现代投资银行”。

【公司主要竞争优势】

经过多年的积淀,公司人才、资本、风控、文化等方面在业内具有比较优势,一些优势业务、创新品牌在业内具有较强的竞争力。

(一)稳定的管理团队和专业的人才队伍

公司的高管团队有着平均超过15年的证券及金融行业的管理经验,对资本市场有着深刻的理解,公司高管团队团结进取、务实专业、敢于担当、稳定和谐,对于公司具有长远的战略规划、国际化理念及视野。公司高管团队长期稳定,有助于公司战略决策的一致性与战略执行的连贯性。

专业化、高素质、稳定的人才队伍是公司的重要核心竞争力,公司通过多层次、多形式、具有东方特色的人才培养方式,有效调动员工的积极性、挖掘员工的潜力,增强人才队伍的企业归属感,完善人才梯队的建设。公司还依托于市场化的激励机制、广阔的平台空间吸引资本市场上优秀人才加盟,与公司同发展共进步。公司坚持内部挖掘和外部引进相结合,培养了一大批具有较强市场竞争力的专业骨干。

(二)快速提升的资本实力

公司通过连续三年的股权融资(A股上市、H股上市、A股非公开发行),结合公司债券、海外债等债务融资工具的发行以及公司自身的盈利能力,迅速增加公司资本实力,提高公司市场竞争力、抗风险能力,为公司业务转型、创新业务发展提供了坚实的资本保障。截至报告期末,公司总资产达2 318.60亿元,净资产达535.01亿元,稳步跨入一流券商行列。

(三)投研能力卓越,投资能力突出

公司拥有卓越的投资管理能力,在证券投资、资产管理、基金管理方面长期保持业内领先地位。

公司在证券投资业务方面始终坚持“价值投资、主动管理风险”的投资理念,追求绝对收益,形成了备受行业认可的投研能力,证券投资业务规模和业绩保持业内领先地位。

东证资管长期坚持价值投资的理念及主动管理策略,始终以客户利益最大化为宗旨,以追求绝对收益为目标,不以盲目追求资产管理规模为导向。东证资管资产管理业绩长期排名行业前列,东方红系列产品净值屡创新高,东方红品牌享誉市场。

汇添富基金管理规模稳步增长,排名保持稳定,投资业绩优异,创新能力保持领先地位。截至2017年末,汇添富基金资产管理规模超过5 500亿元,较年初增长15%,其中公募基金规模排名居行业前10。汇添富基金旗下主动管理权益型公募基金近五年业绩稳居前十大基金公司首位。

(四)创新转型深入,合规风控有效

公司业务创新转型提升公司发展空间。近年来,公司认真落实战略规划要求,积极推进传统经纪业务向财富管理转型、传统通道服务向综合金融服务转型、传统交易向资本中介业务转型、传统投资向销售交易转型,四大转型取得积极进展。公司重点发展场外市场及私募业务、衍生产品及资本中介业务、国际化业务和互联网金融业务,四大领域创新成效显现。经过几年来创新转型,公司在诸多领域已形成先发效应和品牌优势,报告期内,公司创新业务收入占比34.9%,汇添富基金申报的“上海国企ETF”创新项目获上海金融创新成果一等奖。

合规风控守住稳健经营底线。公司长期秉承合规创造价值理念，持续完善全面风险管理体系，落实合规管理、风险管理与内部控制工作的融合，加强信息技术在合规与风险管理工作中的应用，不断提升合规与风险管理工作的有效性。报告期内，公司未发生重大违规与风险事件，券商分类评价连续九年获得 A 类 AA 级或 A 类 A 级，合规风控卓有成效，切实守住了稳健经营底线，为公司经营发展保驾护航。

（五）持续加强党建和企业文化建设

公司高度重视企业党建和企业文化建设工作，坚持“党建和企业文化就是生产力”的理念，围绕发展抓党建，抓好党建促发展，对内增强凝聚力，对外提升影响力。多年来，公司深入贯彻落实基层党建工作责任和全面从严治党各项要求，加强基层服务型党组织建设，持续推进群团组织创新工作，深化企业文化品牌项目，培养“三信”员工和以人为本的“家”文化，为员工创造幸福生活。由于公司党建和企业文化工作常抓不懈，公司从领导班子到中层干部，再到普通员工都上下一心，党建和企业文化凝心聚力作用功效显著。

地址：上海市黄浦区中山南路 318 号 2 号楼 22 楼
邮编：200010
电话：021 －63326373
传真：021 －63326010
邮箱：ir@ orientses. com. cn
网址：www. dfzq. com. cn

东莞证券股份有限公司

【公司简介】

东莞证券股份有限公司成立于 1988 年 6 月，注册资本 15 亿元，是国有控股的全国性综合类证券公司，也是全国首批承销保荐机构之一。公司具有全牌照业务资格，下设经纪业务管理总部等 15 个单位，截至 2018 年 2 月，拥有 78 家分支机构（其中经纪业务分支机构 75 家，上海分公司 1 家，深圳分公司 1 家，北京办事处 1 家），全资拥有东证锦信私募基金子公司，参股华联期货有限公司，营业足迹遍布珠三角、长三角及环渤海经济圈。目前，公司“扎根东莞、迈向全国”的格局基本形成。

东莞位于广州与深圳之间，是岭南文化的重要发源地，是广深科技创新的走廊，更地处粤港澳大湾区核心地域，共享世界级城市群璀璨未来。东莞证券与东莞共成长，如今成为了“东莞骄傲”标志性企业。

东莞证券作为东莞本土唯一券商，三十年风雨兼程，三十年不忘初心，三十年稳健前行，在市委市政府的领导下，谋篇布局，稳健发展。

公司具有全牌照业务资格，在全国范围内共拥有 3900 余名员工。经过多年的稳健发展，已形成以经纪、投行、资管三大业务为核心，两融、债融、私募基金和投资咨询等业务齐头并进的综合业务服务模式，成功成长为业务种类齐全、人才队伍强大、市场竞争力强、风险管理能力与持续盈利能力突出的全国性中型规模综合券商。

公司历年来获得多项荣誉，先后荣获广东省企业管理现代化创新成果二等奖第一名、广东省“金融创新奖”三等奖、东莞市金融创新成果奖三等奖、中国最具成长性证券经纪商、东莞市诚信企业、2014 ~ 2015 年度东莞市优秀企业、2015 年度东莞市大型骨干企业、“三十年东莞骄傲”标志企业、金融消费权益保护工作先进单位、2017 年度卓越综合金融服务商、2017 年新三板投行先锋、广东省守合同重信用企业等荣誉。此外，公司也连续三年荣获东莞市委市政府颁发的“年度税收突出贡献奖”。

【企业文化】

公司深入贯彻党建带领司建的运营文化，紧紧围绕党的十九大精神，坚持以习近平新时代中国特色社会主义思想为指引，以“开放、包容、分享”为企业文化，“规范、诚信、专业、创新”为经营理念，坚持“智慧创造财富、专业成就价值”的核心价值观，努力营造正能量的企业文化和健康向上的工作氛围。

立足新时代，公司将不断加强品牌自信、业务自信的自信文化，持续强化合规风控、审计纪检的内控文化，夯实定规严谨、执行有力、规章适时、监督到位的制度文化，打造公司品牌文化，落实党建带领司建的运营文化，持续深化“两学一做”学习教育常态化制度化，提升广大党员干部员工“四个意识”，致力于构建风清气正的运营环境，营造团结一致、奋发有为的公司氛围。

【经营情况】

公司多年来务实求真，已形成了以经纪、投行、资管三大业务为核心，两融、债融、私募基金和投资咨询等业务齐头并进的综合业务服务模式。通过营业网点的全国性布局和业务多元化的改革，公司实现了从区域性、经纪型券商向全国性综合金融服务商的转型。

经历三十余载的辛勤耕耘，东莞证券市场份额逐年递增，经纪业务全国排名前列，资产管理与投行业务飞速发展，公司主要经营指标行业排名年年上升，净资本收益率名列前茅。

2017 年，在市场竞争日趋激烈，监管持续加强的情况下，公司紧紧围绕三大业务，主动挖掘客户资源，积极增收、创收，公司经营整体保持平稳。

2017 年，公司实现营业收入 19. 77 亿元，营业支出 10. 49 亿元，净利润 7. 51 亿元，总资产 275. 20 亿元，净资产 60. 12 亿元，净资产收益率 13. 11%。据 CISP 系统数据显示，截至 2017 年末，公司部分指标排名情况如下：总资产排名第 54 位，净资产排名第 69 位，营业收入第 40 位，净利润第 35 位。

截至 2018 年 2 月，东莞证券经纪业务网点共 75 家，通过 2600 多个主流银行营销渠道，近 3000 名专业理财经理为客户提供最为齐全的证券品种及投资交易服务。2017 年，面对行业形势的严峻考验，公司大经纪业务通过加强网点综合管理与过程督导，缩减 7 家网点面积，搬迁 8 家网点，加强网点成本优化管理；同时积极开展创新业务，启动“金钻财富”高端客户财富管理服务，强化互联网思维，打造智能投顾“财富小宝”等举措，努力提升客户服务、增加市场份额。

秉承金融回归本源，服务实体经济的理念，东莞证券多年来利用丰富的资本市场经验为企业提供专业的股权融资、债券融资服务，为企业借助资本市场腾飞与发展提供了强大支持。2017 年，公司 IPO 发行家数同比增长 75%，发行募集规模同比增长 247. 03%，发行家数和募集资金规模均跻身行业前 30 名，分别位列第 22 和 25 名（排名数据来源于东方财富网），业务规模实现快速增长。在项目质量把控上，公司进一步提升 IPO 项目的风险把控、材质制作水平，保荐项目“春秋电子”IPO 发审委审核六过一，并为同一批审核时间最短的 IPO 项目；在广东局共抽查的同一批 6 家 IPO 企业中，仅我司承做的宏川智慧 IPO 项目顺利通过现场检查。新三板业务方面，截止 2018 年 2 月，公司新三板业务全国排名第 13 位，共帮助270余家企业挂牌上市并获得理想的补充资金。债务融资业务方面,公司积极帮助企业债务融资,至今已承销3支企业债、2支公司债、43支非公开发行公司债(含私募债)、1支ABS,其中在2013、2014年度非公开发行公司债(私募债)排名中分别位于全国第3名和第7名。

大资管业务方面,东莞证券致力于为客户提供各种低风险、高收益的投资品种,以打造"旗峰理财"这一品牌做为长远的目标。其中固收类产品收益均排在行业同类产品前列,"旗峰1号"已成为同业机构竞相购买的主打产品。公司资管业务目前已连续三年荣获2014、2015、2016年度集合资管计划金牛奖、旗峰1号集合资产管理计划荣获"2017年度最受欢迎固定收益类券商资管产品"称号、2015年"最具人气高端理财产品"奖项、"2015年中国最佳资管创新产品"奖项,旗峰共赢3号集合资产管理计划获"2016年度集合资管计划金牛奖"、旗峰避险获"2016年度最受欢迎券商资管产品"称号、东莞证券深圳分公司获2015年"中国最佳机构服务商"、"最佳投资顾问品牌"等奖项。

东莞证券子公司东证锦信2017年向私募基金子公司成功转型,重点关注Pre-IPO项目,积极布局生物医疗、智能制造、移动互联网、等行业,与行业龙头及上市公司合作,深度挖掘产业资源,在利用股权投资天然优势的同时积极推动产业基金和并购基金。2017年,东证锦信根据"倍增计划"相关政策指引,联合九派资本团队共同争取产业并购基金的母基金管理人资格;联合东莞信托等公司共同发起成立"东莞市倍增优选股权投资基金系列基金",首期松山湖倍增基金规模1.2亿元人民币,由东证锦信和前海莞信共同担任管理人;完成《共建松山湖基金小镇合作协议》签署,配合东莞市政府推动松山湖基金小镇建设。

【社会责任】

按照中央、省、市工作部署和中证协工作号召,在公司党委的坚强带领下,东莞证券认真贯彻落实新时期扶贫开发政策,坚持精准扶贫、精准脱贫基本方略,坚持以产业扶贫为主导、以消费扶贫和公益扶贫为补充的帮扶思路,充分发挥企业金融服务优势,统筹规划扶贫方案,积极动员各方力量,协力推进韶关百顺村、湖南江华、云南鲁甸三个对口帮扶点扶贫工作,不断加快扶贫步伐。

公司积极履行社会责任,逐渐形成完善的扶贫开发工作运行保障机制。在组织保障方面,公司不断充实和完善扶贫工作队伍,及时健全扶贫办机构及人员配备,保障各项工作稳步推进。运行保障方面,建立公司2017-2020扶贫工作规划,通过建立健全扶贫攻坚经费保障、督导推进和考核激励机制,切实把扶贫开发工作作为政治任务、民生之本摆到重要日程,层层落实责任,充分调动全员积极性和创造性,保障扶贫攻坚取得实效。经费保障方面,自2017年起,2020年前每年计提上一会计年度公司税前利润总额千分之一点五至千分之五作为扶贫公益专项资金,以建立扶贫攻坚、公益宣传长效机制。督导推进机制方面,通过明确扶贫工作任务要求,定期面向公司管理层开展扶贫工作情况专题汇报,督促相关工作落到实处。考核激励方面,围绕项目开发、项目收费和工作考核,建立奖罚分明的内部激励机制,调动全员参与积极性。

2017年,公司全年开展百顺入村慰问活动六期,累计捐赠各类物资共计384,331元,完成百顺村26户87人脱贫户脱贫工作,脱贫完成率达65.9%;联合江华县委县政府先后于2017年4月22、9月28日举办了两场大型招商引资推介活动,累计邀请100余家企业莅临参会,面向广大企业家立体展示江华特色;组织开展百顺村喇叭潭水电站收购改造、滇江电业股权投资、新农村建设等工作,壮大集体经济收入;启动"公益江华行"活动,面向江华县捐赠80万元爱心基金,专门用于当地贫困大学习资助、山区教育援建和社会公益事业;联合京东商城举办"爱心点亮希望,书香流溢山区"捐书助学活动,为南雄市48个贫困村捐书22548册,书架48组;依托"中证互联"网络平台,同江华县同丰粮油食品有限责任公司、南雄市臻农农产品种养专业合作社、云南昭通鲁甸浩丰苹果合作社签订三方合作协议以销售特色农产品,通过总部饭堂采购渠道助力贫困地区消费扶贫;捐资75万元,主动认领山西隰县村级光伏发电站一座,助力脱贫攻坚;帮助贵州省惠水、瓮安两个国贫县共计发行债券达15.5亿元,为促进当地经济发展做出重大贡献。

【总结和展望】

三十年,是峥嵘岁月的磨砺;三十年,是过往经验的沉淀;三十年,是发展基石的夯实;三十年,见证了中国资本市场的蜕变;三十年,守望明天的灿烂辉煌。在过去的30年里,东莞证券坚持以市场为导向,积极抓住行业创新发展的机遇,不断提高经营管理水平和业务创新能力,大力推动业务结构转型升级和多元化发展,取得了骄人业绩。未来岁月里,东莞证券必将成为资本规模和实力雄厚,整体布局和结构合理,核心竞争力全面提升,能有效参与国际国内资本市场竞争,运行稳健且可持续发展的全国性综合金融服务提供商。

地址:广东省东莞市莞城区可园南路一号金源中心30楼
邮编:523011
电话:95328
邮箱:dgzqjgb@sina.cn
网址:www.dgzq.com.cn

东海证券股份有限公司

【公司简介】

东海证券的前身是1993年成立的常州证券。2003年5月,在行业大潮转折之际,常州证券改名为"东海证券有限责任公司",2005年成为全国首批十家创新试点券商。2013年7月公司改制为"东海证券股份有限公司",目前公司注册资本为16.7亿元。10多年来,东海证券在董事长朱科敏先生的带领下,经历了证券市场的变革和洗礼,一路稳健发展,营业网点从9个发展到64家营业部和8个分公司,客户数量从12万发展到100余万户,经纪业务客户资产从30亿元发展到逾2 000亿元,受托客户资产管理规模逾1 000亿元,集团员工人数从170人发展到3 000余人。2015年7月27日,公司登陆新三板市场,并以当年净利润排名第一的成绩成为新三板领跑者。2016年6月24日,东海证券进入全国中小企业股份转让系统创新层,成为仅有的两家券商之一。截至2017年12月31日,公司总资产344.49亿元,公司全年实现营业收入19.68亿元,实现利润总额6.82亿元,实现归属于母公司股东的净利润4.36亿元。

公司注重企业的社会责任,侧重开展对弱势群体的持续帮扶救助。一是持续做好贫困地区捐资助学,包括继续做好向贵州毕节、青海玉树、甘肃甘南等地区留守儿童捐赠中秋月饼、过冬衣物等活动;捐赠20万元,为贵州贫困地区学校捐建了希望食堂;作为江苏省文明单位,向江苏灌云县兴四村龙王小学捐赠10万元，帮助改善校区教学环境。二是开展对孤老、伤残等困难群体的帮扶，包括在江苏地区，继续做好常州茅山老区“百千万”帮扶工程；在上海地区，继续做好向浦东新区社会发展基金会捐款、捐物活动；在公司内部，做好东海爱心基金对困难员工及员工家属的帮扶工作。2017年，公司共向社会各界捐助款项516.12万元，取得了较好的救助效果，并荣获上海市第八届“慈善之星”提名奖。2018年3月26日，东海证券被中国扶贫基金会授予“2017年度作出突出贡献奖”。

【公司主要竞争优势】

1. 规范合理的公司治理结构以及经验丰富的管理团队

按照现代企业制度，公司建立并持续完善规范合理的公司法人治理结构。公司股东大会、董事会、监事会和经营管理层分别在各自的职责、权限范围内，各司其职、各负其责，确保了公司的规范运作。规范合理的公司治理结构保障了公司优良科学的决策能力。

公司高级管理人员团队拥有多年的证券行业管理经验，对国内外宏观经济形势、证券行业发展趋势具有深刻理解和前瞻性思维，在战略规划、业务经营及风险管理等方面具备丰富的经验，并具备优秀的团队领导力。

2. 全面的风险管理和内部控制

公司充分认识到风险管理和内部控制的必要性和重要性，坚持“合规创造价值”的经营理念，强调依法合规经营的企业文化，各部门员工建立全面风险管理意识。报告期内，公司根据市场环境、监管要求的变化及业务发展需要，持续完善风险管理制度体系和内控制度管理体系，全面提升内部控制及风险管理水平，保障公司各项业务持续健康规范发展。2017年，公司在证券公司分类评价中被评为A类A级。

3. 多元化、全功能的业务平台

公司是综合类证券经营机构，牌照齐全，各项主要业务稳步发展，业务体系和结构不断完善。近年来，公司围绕服务企业、机构、私人三大类客户群，满足客户多市场、全周期、多层次、一站式综合金融服务需求的能力逐步提升，以“东海通APP+东海龙网”为主要载体，满足客户在股票投资、理财投资、信用交易、期权衍生品交易、财富管理、业务办理等多方面需求，不断提升服务水平，形成了涵盖经纪业务、信用交易业务、投资银行、资产管理业务、自营投资与交易、期货业务、国际业务、直接投资等多元化、全功能的业务平台。

4. 突出的财富管理能力

2017年，公司主动探索和实践“互联网+理财”模式，与互联网金融数据服务商合作，打造开放式第三方金融信息与交易服务平台，逐步实现线上线下双向有机融合，建立起立体市场营销网络。公司按照“业务产品化，产品标准化”的发展思路和推广方向，以固定收益类产品为切入点，逐步形成了契合不同客户需求、涵盖投资、融资和服务功能的多元化金融产品库。

5. 不断提升的企业客户服务能力

公司致力于服务优秀公司，以融资中介服务为中心，首发、再融资、债券承销、财务顾问等业务并重，全方位提升公司服务能力；强化与商业银行、大型企业及优秀上市公司合作，为其股权债权融资、并购重组等提供专业化服务，争取成为部分优秀企业的长期合作伙伴，满足其整个生命周期的各类投融资需求。

地址：上海市浦东新区东方路1928号
东海证券大厦
邮编：200125
电话：021－20333333
传真：021－50588876
邮箱：service@ longone. com. cn
网址：www. longone. com. cn

东吴证券股份有限公司

【公司简介】

东吴证券股份有限公司前身为组建于1992年的苏州证券，历经三次增资扩股，于2010年5月28日改制并更名为东吴证券股份有限公司。2011年12月12日，东吴证券在上海证券交易所挂牌上市，股票简称“东吴证券”，股票代码“601555”。

2017年，公司紧紧围绕“建设规范化、市场化、科技化、国际化证券控股集团”的战略目标，稳步推进各项业务：一是围绕监管和内部控制要求，从完善制度、梳理体系、强化监督、加强培训、推动业务新规落实等五个方面加强合规管理，不断提升合规管理有效性。二是切实承担服务实体经济重担，支持产业转型升级，报告期内公司成功发行全国首批创新创业可转债；与泰州市政府签订全面战略合作协议，支持地方产业升级；增加国寿东吴（苏州）城市产业投资企业（有限合伙）的投资金额并完成投放，支持当地实体经济发展。三是坚定不移地推进国际化、多元化战略，积极支持和加速推进新加坡和香港海外子公司的业务发展和结构调整，报告期内顺利完成香港子公司6亿港币增资。

2017年，公司全年实现营业收入41.44亿元，同比下降10.78%；营业利润10.81亿元，同比下降44.19%；利润总额10.74亿元，同比下降46.28%；归属于上市公司股东的净利润7.88亿元，同比下降47.40%；基本每股收益0.26元/股，同比下降48.00%。在2017年证券公司分类监管评级中，公司获得A类A级券商评级。

【主营业务经营情况】

（一）经纪及财富管理业务

经纪及财富管理业务主要是代理客户（包括通过互联网）买卖股票、基金、债券、期货等，通过提供专业化研究服务，协助投资者作出投资决策。报告期内，经纪及财富管理业务实现营业收入13.31亿元，同比下降19.09%。

2017年，公司经纪业务坚持以财富管理为抓手，一方面做好基础工作，确保业务平稳发展；另一方面通过深挖渠道价值，探索线上线下联动的方式，打造有力的业务引领平台。在与银行、证券投资咨询公司等渠道合作过程中，通过线上引入和支撑，线下跟进维护重点渠道和重点客户的模式，促进了新开客户的有效转化，市场份额实现有效提升。公司经纪业务客户数量同比增长10.62%，（A股+基金）市场占有率从1.169%上升为1.185%。全年代理买卖业务成交量（A股+基金）28 961亿元，同比下降10%。

2017年，公司积极探索传统经济业务的数字化转型，加强渠道建设，优化用户体验，完善运营流程。一是通过建设数据化、精准化运营体系，推动传统经纪业务转型。建立渠道服务和支撑平台系统，开发二维码自助生成、客户状态实时跟踪、展业数据监测统计等功能，实现7x24小时精准、高效的渠道服务；二是积极探索互联网产品数字化运营，通过东吴秀财APP、东吴证券官方微信等互联网平台推送投顾服务，推出多类型多层次理财产品，开发了网上直播、秀财FM、模拟炒股大赛等一系列运营活动，有效提升了线上用户的活跃度用户粘性。在券商中国举办的优秀证券公司 APP 评选中，公司获得“最佳运营案例”等三项大奖。

公司通过控股子公司东吴期货有限公司开展期货经纪业务。2017 年，东吴期货全年实现营业收入 10.80 亿元，实现利润总额 0.82 亿元（含子公司数据）。2017 年，东吴期货坚持以服务实体经济为根本，围绕“产业 + 产品”的精准布局，发挥期货和期权工具优势，深耕场内和场外市场，强化综合服务能力，主动适应监管新常态，严控防范合规风险，业务规模与经营管理同步迈上新台阶。

2017 年，东吴期货全面发展、稳健经营，斩获业内多项殊荣：在“中国期货业创新发展论坛暨第十届最佳期货分析师评选”中，荣获中国最具成长性期货公司、最佳商品期货产业服务奖、中国金牌期货研究所、中国优秀期货营业部等 8 个集体奖项与 3 个个人奖项；上海东吴玖盈投资管理有限公司荣获郑州商品交易所“2017 优秀风险管理子公司”称号；研究所荣获大连商品交易所“优秀期货投研团队”称号。

（二）投资银行业务

投资银行业务主要是向机构客户提供企业金融服务，包含股票承销与保荐、债券承销、新三板业务、并购重组、其他财务顾问、金融创新服务。

2017 年，公司坚持创新发展和风险合规双轮驱动，大力发展和夯实主营业务的同时，大胆创新服务模式，全面服务实体企业，持续推动业务种类、业务结构的多元化发展和全产业链拓展。深入对接江浙沪、宁夏、贵州等区域，深度挖掘地区的资源优势，发挥投行各业务条线协同效果，大投行服务能力得到有效提升。报告期内，公司投资银行业务实现收入 7.77 亿元，同比下降 13.31%。

投行 IPO 业务实现历史突破。全年成功完成 IPO 项目共 11 单，金额 49.24 亿元；再融资 4 单，本公司承销金额 88.74 亿元，其中联席主承销配股 1 单，项目总金额 48.52 亿元。根据 wind 统计，首发家数行业内排名第 14 位，较 2016 年同期有大幅提升，IPO 项目完成数量和规模均创历史记录。报告期内，公司荣获证券时报“2016 中国区优秀投行君鼎奖”的“突破股权再融资君鼎奖”；在《价值线》杂志和中国经济网主办、国内多家知名媒体协办的 2017（第四届）中国城市资本竞争力暨最佳上市公司最佳投行发布颁奖峰会上，公司获评“2017A 股最佳成长投行”奖项。

固收业务主动谋求转型创新发展。以转型引导创新、以创新推动转型。报告期内，公司成功发行了证监会《指导意见》发布后的首单创新创业债券和首批创新创业可转换债券，成功发行江苏省内首单城市地下综合管廊专项债券以及江苏省内首单污水处理绿色 ABS 等多单创新型品种，国内首单社区商业物业 REITS 于 2018 年 2 月成功发行。截至报告期末，公司全年合计发行 37 单债券，总发行规模逾 247.28 亿元，其中企业债券 5 单、上市公司债券 1 单、非上市公司债 30 单、资产证券化产品 1 单。

新三板挂牌业务继续保持行业领先地位，围绕客户需求构建新三板生态链，为客户提供投融资一体化服务。全年成功挂牌项目 81 家，年度挂牌数量从 2016 年的行业第 5 名上升至第 4 名；累计挂牌数达 391 家，累计挂牌数由 2016 年的第 6 名上升至第 5 名。全年在股转系统完成 83 单定向发行，融资金额 27.45 亿元；新增做市 14 家，做市总数累计 123 家。报告期内，公司荣获“2017 新三板推荐挂牌券商君鼎奖”“2017 新三板先锋投行奖”“2017 新三板风云榜最佳服务机构奖”“2017 年度新三板峰会最佳做市商”“2017 点金奖之最佳挂牌券商奖”及“2017 点金奖之最佳督导券商奖”等奖项。

（三）投资与交易业务

投资与交易业务是以公司自有资金和依法筹集的资金进行权益性证券、固定收益证券、衍生工具及其他另类金融产品的投资交易。2017 年，公司投资与交易业务共实现业务收入 10.18 亿元，同比下降 2.37%。

权益类证券投资方面，公司积极推进投资管理模式转型，及时调整投资思路，提高基于全面资产配置角度考虑的权益类资产投资管理能力。一方面，为顺应行业专业化管理分工趋势，公司精选优秀管理人机构，实现专业化的投资管理；另一方面，坚持价值投资理念，着力于深度挖掘公司价值，精选投资组合，在风险可控情况下追求稳健投资收益；此外，积极的创新权益类投资业务，开展以浮动收益凭证为核心的资本中介业务。加大对量化策略交易方向、智能投资领域的研究配置，通过期货、期权等衍生产品的投资和工具运用，实现资产的优化配置。

固定收益证券方面，在“金融去杠杆”、“去通道”的基调下，货币政策和监管轮番发力，利率快速上行，波动明显增大。面对严峻的市场环境，公司坚持稳中求进的总基调，以防风险、控杠杆为主要的投资策略，以配置“低杠杆、短久期”品种为主，有效控制了回撤及波动。同时，公司积极推进投资管理业务的多元化和创新业务开展，完善 FICC 业务布局，丰富大类资产配置，推进大类资产海外配置和可交换债投资，为平抑债券熊市冲击，起到了很好防御作用。公司荣获 2017 年度银行间本币市场最佳进步奖。

公司通过全资子公司东吴创新资本开展另类投资业务。2017 年证券业协会进一步加强监管后，行业面临更加严峻的监管环境，东吴创新资本积极顺应监管要求，快速转变经营思路，通过广泛合作，转变业务盈利模式，与同类型业务机构通力合作，共同评估风险，共同投资，积极寻找市场机会。报告期内，东吴创新资本实现利润总额 7 919.15 万元，净利润 6 447.83 万元。

公司通过全资子公司东吴创投开展私募股权投资基金业务。东吴创投在坚持平台化、市场化的基础上，努力扩大整体规模、提升专业化投资能力，不断完善合规风控建设，进一步提升风险控制的判断力和执行力。公司前期投资的华体科技已于 2017 年 6 月挂牌上交所上市；2017 年 12 月与昆山高新创投达成合作，计划设立具有地方国有性质背景的基金，践行金融服务实体经济。报告期内，东吴创投全年实现利润总额 6 722.92 万元，净利润 5 212.73 万元。

（四）资管及基金管理业务

资管及基金管理业务是提供传统资产管理业务、基金管理业务，根据资产规模及客户需求开发资产管理产品和服务。2017 年，资产管理业务实现收入 5.13 亿元，同比增长 16.22%。

公司资产管理业务积极谋求转型突破，努力拓展主动管理业务，稳中求进调结构，一方面主动去通道，对定向通道类业务进行收缩整顿；一方面积极补短板，全力提升主动投资管理能力，努力做大做强主动管理型产品，产品结构更加合理，定向委外主动管理类业务实现突破，集合类固定收益业务稳步提升，新型平层跟投债券及平层股票质押产品顺利落地。截至 2017 年末，公司定向业务规模 1 688.77 亿元，资产管理业务受托管理资产日均规模 2 461.20 亿元，同比增长 45.62%；年末受托管理总规模为 1 918.25 亿元，同比下降

30.41%。

在证券时报举办的“2017 中国财富管理机构君鼎奖”评选中,公司荣获“2017 中国资产管理券商君鼎奖”,海尔保理一期获得“2017 十大创新资管产品君鼎奖”;在“金牛理财产品”评选中,东吴汇融 1 号获选“2016 年度金牛券商集合资管计划”;在中国基金报英华奖 2017 年最佳券商资产管理评选中,获得中国券商资管固收奖。

2017 年,东吴基金聚焦主营业务发展,立足资管主业,持续优化业务结构,主动回归投资本源,不断做大做强公募业务,同时公司继续推进多元化发展战略,资产管理总规模实升。截至 2017 年末,东吴基金管理的资产总规模达 752.89 亿元,其中,公募基金规模 266.41 亿元,专户资产规模 256.09 亿元,子公司专项资产规模 230.39 亿元。全年实现营业收入 27 703.04 万元,利润总额 4 911.34 万元。

(五)信用交易业务

信用交易业务主要为个人及机构客户提供包含融资融券、股票质押式回购、约定购回等资本中介业务。报告期内,信用交易业务实现营业收入 5.88 亿元,同比上升 11.17%。

2017 年,在面临证券市场总体行情低迷、行业利率竞争加剧的外部环境下,公司积极推进业务转型,遵循“做优结构、做大规模、做强品牌”的指导方针,大力发展股票质押业务,稳定推进融资融券业务,积极应对市场变化,制定更加灵活的利率政策,进一步提升了客户体验,实现信用开户一站化、授信变更自动化、风险控制流程化,全面提升信用业务管理运营水平。截至 2017 年末,信用交易业务总规模 374.35 亿元,其中融资融券业务规模 81.08 亿元,公司股票质押业务余额 290.15 亿元,公司约定式购回业务余额 3.12 亿元。

(六)证券研究业务

公司高度重视研究团队建设,不断加强投入,拓展研究覆盖面。2017 年,公司研究所成功引进了纺织服装、轻工、电子、石化化工、房地产、金融工程等成熟研究团队及优秀分析师。在研究品牌、业绩收入、团队建设等方面,取得了较好的突破,研究品牌和市场影响力日益提升。在 2017 年第十五届新财富最佳分析师评选中,公司研究所荣获“新财富进步最快研究机构”第 3 名,共有 10 个行业研究领域入围,并取得 6 个行业研究领域上榜的优异成绩。其中,纺织服装获得第 1 名,机械和环保获得第 2 名,电力设备与新能源获得第 3 名。此外,公司在中国证券业分析师金牛奖、卖方分析师水晶球奖等诸多评选中斩获殊荣。

(七)创新业务

成功发行全国首批双创可转债。2017 年,证监会发布了《关于开展创新创业公司债券试点的指导意见》,该《意见》为创新创业公司债券发行提供了一整套解决方案。《意见》发布后,东吴证券主承销的苏州旭杰建筑科技股份有限公司、苏州市伏泰信息科技股份有限公司的创新创业可转换公司债券成功发行。通过发行可转债,有力支持了高科技成长性企业的发展,企业不仅获得了发展资金,而且综合融资成本低于普通债券融资。

大运营优化成效明显。2016 年公司正式启动大运营优化项目,专门成立大运营优化咨询项目领导小组,与国际领先的专业咨询机构合作,从中台切入,从流程、管理以及 IT 等各方面构建大运营体系,全面提升服务和运营支撑能力。目前,公司运营中心正式挂牌,初步实现经纪、资管、自营三个条线的运营集中。核心项目稳步推进,上线管理驾驶舱项目,运营支撑业务发展的能力明显提升,提高工作效率,降低操作风险,实现了运营资源集约化利用。

地址:江苏省苏州市工业园区星阳街 5 号
电话:95330
传真:0512－62938833
邮箱:dwzq601555@ dwzq. com. cn
网址:www. dwzq. com. cn

东兴证券股份有限公司

【公司简介】

东兴证券股份有限公司(股票简称“东兴证券”,股票代码“601198”)是 2008 年经财政部和中国证监会批准,由中国东方资产管理股份有限公司作为主要发起人发起设立的全国性综合类证券公司,2015 年 2 月 26 日在上海证券交易所上市,是境内首家资产管理公司系上市证券公司。

公司控股股东中国东方资产管理股份有限公司是由财政部与全国社会保障基金理事会共同发起设立,拥有银行、证券、期货、信托、保险、金融租赁、信用评级等多种业务的国有综合金融服务集团,注册资本 553.63 亿元人民币,在全国 26 个中心城市设有分支机构以及多个平台子公司。中国东方资产管理股份有限公司以其深厚的金融背景和雄厚实力为东兴证券的发展提供强有力的支持,共同为客户提供境内外全面金融服务。截至 2017 年 12 月 31 日,公司总资产777.81亿元,较年初增加 51.47 亿元,同比增加 7.09%;净资产 192.53 亿元,同比增长 4.89%。2017 年度,公司实现营业收入 36.27 亿元,同比增加 1.51%;实现归属于母公司股东的净利润 13.09 亿元,同比下降 3.23%;每股收益为 0.475 元,加权平均净资产收益率为 6.98%。

公司秉承“诚信、专业、创新、高效”的经营理念,把客户利益放在首位,以高水准的专业技能、至诚有效的服务和稳健的经营风格赢得客户信任;积极构建具有鲜明时代特色和符合自身特点的企业文化体系,精心打造结构优化、素质精良、战斗力强的专业化人才队伍;深入推进业务的开拓创新,在产品设计、项目运作上追求高质量、低风险;奉行以严格的风险控制为前提、以合理的投资收益为目标的稳健投资策略,建立科学、严谨、高效的业务流程和风险管控体系,追求稳步增长的经营效益,为客户、股东和员工创造价值最大化,将东兴证券建设成为品牌领先、能力突出、业绩优良、特色鲜明的现代金融服务企业。

【公司核心竞争优势】

(一)受益集团协同发展战略,协同业务空间广阔

公司控股股东中国东方是经国务院批准,由财政部、全国社会保障基金理事会共同发起设立的国有大型非银行金融机构。中国东方注册资本为 553.63 亿元,形成了集不良资产、保险、银行、证券、信托和评级于一体的金融控股集团架构,在全国范围内拥有众多分支机构和优质客户资源。2017 年,中国东方启动引入战略投资者工作,与潜在战略投资者签订了股份认购协议并完成公司治理程序,目前正在进行行政审批和工商登记。引战完成后,中国东方的资本实力将进一步增强,为做大做强不良资产主业以及集团协同发展奠定了坚实基础。截至 2017 年末,中国东方经审计的总资产超过 9 000 亿元、净资产突破 1 000 亿元,均较年初增长 20% 以上。

东兴证券依托控股股东的综合金融布局和资源优势，通过在投行、资管、投资等多项业务领域共同挖掘项目、共享客户资源，协同效应显著。2017 年，公司与中国东方开展的各项协同业务贡献收入接近 5.30 亿元。

公司作为中国东方旗下唯一的上市金融平台，在中国东方集团内部具有重要的战略地位。未来，公司将从客户、品牌、渠道、产品、信息等方面与中国东方及其下属公司实现资源共享，结合中国东方不良资产主业的优势地位，充分挖掘未来实体经济发展带来的业务机会，打造具有不同需求类型和风险偏好的多层次客户结构，进一步提高公司的客户开发、产品销售和全方位金融服务的竞争力，提高公司金融产品、金融服务的渗透力以及客户的满意度、忠诚度，实现公司各项业务稳健发展。

（二）业务结构多元化，投融资综合服务能力显著提升

公司深入推进“大投行、大资管、大销售”发展战略，以机构客户和高净值客户为中心，买方与卖方业务相结合，推动业务多元化发展，收入结构进一步优化。自公司上市以来，大投行、大资管业务收入占比明显提升，2017 年末公司大投行、大资管业务收入占比分别为 19% 和 14%，较上市首年分别提高 8 个百分点和 4 个百分点。

公司投融资综合服务能力进一步提升。大投行业务方面，公司股权融资业务保持快速发展，股票主承销家数行业排名进入行业前 15 名，股票主承销金额行业排名进入行业前 20 名，IPO 在审项目及上市辅导投行项目数量位居行业前列。公司大投行业务借助前期良好的人才、项目储备及差异化的市场定位，实现股权业务与债券业务均衡发展，收入增长具有可持续性。

大资管业务方面，公司资管业务具有较强的市场竞争力，机构客户保持快速增长，主动管理收入成为公司资产管理业务收入的主要来源。2017 年，公司资管业务以全面风险控制为前提，通过供应链金融、Pre-ABS、股债联动等多种创新业务模式为客户提供“一站式”融资服务，资管业务净收入排名保持在行业前 25 名；公司资管产品及基金产品受托资金规模较 2016 年增加 260 亿元，管理资产总规模超过 1 200 亿元，其中，主动性管理资产规模超过 600 亿元，中国东方集团协同资管业务规模近 200 亿元。

（三）合规风控体系全面加强

公司秉承“全面、稳健”的合规与风险管理理念，不断完善合规风险质控管理体系及各项制度流程，为各业务之间建立了有效的风险隔离机制和风险防御机制，能够及时处理潜在利益冲突。目前，公司已制定操作风险、市场风险、流动性风险和信用风险管理办法以及风险监控系统管理办法，对净资本和流动性等风险控制指标实施动态监控，持续加强项目审核与风险敞口管理，严守市场风险底线。2017 年，公司全面加强子公司合规管理，优化组织架构，设立了债券业务总部，实现对债券承销发行以及后续受托管理债券的集中统一管理。

（四）境外业务取得突破

公司境外业务快速发展，全资子公司东兴香港成为公司拓展境外业务的重要平台和新的利润增长点。2017 年，东兴香港在第 1 类（证券交易）、第 6 类（就机构融资提供意见）、放债人牌照的基础上，取得证监会第 4 类（就证券提供意见）、第 9 类（资产管理）牌照，各项核心业务实现突破，全年实现营业收入 3.75 亿元，净利润 1.37 亿元，境外业务收入在公司营业收入中占比达到 10%，较 2016 年收入占比提高近 9 个百分点。

（五）具有区域资源优势

公司已形成全国性的业务布局，并在福建地区具有多年的客户积累和渠道优势。目前公司 40% 以上的分支机构集中在福建地区，2017 年代理买卖证券业务净收入超过 60% 来源于福建地区，同时公司经纪业务手续费收入、股基交易量、证券经纪业务利润总额等多项指标持续位于福建证监局辖区（不含厦门）内证券公司前列。福建省是国内经济发达地区之一，民营资本较为活跃，是全国优质中小企业和高净值人群聚集地之一。2017 年，福建地区 GDP 总量为 32 298.28 亿元，同比增长 8.1%，城镇居民人均可支配收入 3.90 万元，同比增长 8.3%，产业转型升级明显加快，高新技术企业从1 638 家增加到 3 054 家，战略性新兴产业增加值年均增长 15%。区域经济的快速发展和战略新兴产业的崛起为公司各项业务开展提供了良好机遇。目前，公司在福建地区具有较强的市场竞争力，并与北京福建企业总商会签署战略合作协议，涉及建材、医疗等 20 多个行业的会员企业 18 000 多家，其中规模企业近 5 000 家，有利于公司投融业务的进一步提升。

地址：北京市西城区金融大街 5 号（新盛大厦 B 座）
电话：95309
传真：010 － 66555246
邮箱：dxzqts@ dxzq. net
网址：www. dxzq. net

东亚前海证券有限责任公司

东亚前海证券有限责任公司（以下简称“东亚前海证券”或“公司”）是经中国证监会批准成立的全国性的综合证券公司，是根据《〈内地与香港关于建立更紧密经贸关系的安排〉（CEPA）补充协议十》设立的合资证券公司。2017 年 8 月，东亚前海证券在深圳市前海注册成立。公司注册资本为人民币 15 亿元，总部设在深圳，并在深圳、上海和北京等城市设有分公司。

东亚前海证券的业务范围包括证券经纪、证券承销与保荐、证券资产管理、证券自营。公司将充分借鉴香港金融业的成熟经验，借助股东的优势资源，力求建设完善的管理架构，在合规、稳健的经营理念下，深耕内地市场并借助香港国际金融中心的优势，把东亚前海证券打造成为极具国际化视野的合资券商。

2017 年公司新设，各项工作主要围绕公司筹建、开业以及业务前期准备展开。2017 年 6 月 19 日获得筹备批复，8 月 9 日完成工商注册，12 月 4 日取得《经营证券期货业务许可证》。2017 年，管理层重点推动落实制度建立、团队组建、系统建设、业务开拓等各项工作。截至 2017 年末，公司总资产 149,084 万元。

东亚前海证券依托股东在境内、外资本市场的布局及在金融科技领域的深厚积累，秉持以人为本、客户第一、股东利益最大化的经营理念，将投资银行（含固定收益）、资产管理业务作为核心业务，发挥内外协同效应，打造有国际视野、有一定品牌特色的证券公司。

地址：广东省深圳市福田区中心四路 1 号嘉里建设广场第一座 23 层
电话：0755 － 21376888

邮箱:easec@ easec. com. cn
网址:www. easec. com. cn

方正证券股份有限公司

【公司简介】

方正证券股份有限公司(以下简称“方正证券”或“公司”)是中国首批综合类证券公司,上海证券交易所、深圳证券交易所首批会员,于 2010 年改制为股份有限公司,并于 2011 年在上海证券交易所上市(股票代码:601901)。

公司目前已设立期货、合资投行、合资基金、私募投资基金、另类投资、香港金控等六家子公司,并持有盛京银行股份有限公司部分股权。2014 年 8 月,公司完成对中国民族证券有限责任公司的收购,公司子公司增至七家,公司总股本扩增至 82.32 亿股。截至 2017 年底,公司总资产 1 483.36 亿元,净资产 374.29 亿元。实现营业收入 59.53 亿元,利润总额 18.87 亿元,归属于上市公司股东的净利润 14.53 亿元。

通过多年积累,方正证券及其子公司业务资质齐全,范围涵盖证券经纪、期货经纪、投资银行、证券自营、资产管理、研究咨询、IB 业务、QFII 业务、融资融券、另类投资业务、证券投资基金业务、场外市场业务、质押式报价回购业务、代销金融产品业务、受托管理保险资金业务、私募基金综合服务业务、新三板做市业务、收益凭证业务、互联网证券业务试点、私募基金管理等。

公司现拥有区域分公司 19 家,证券营业部 286 家,期货营业部 31 家,分布在全国 28 个省(市、自治区)的重要中心城市。

方正证券肩负“以金融服务成就美好生活”的使命,以“成为广受客户信赖的投资银行”为愿景,秉承“客户至上、专业稳健、开放协同、简单专注、勤奋坚持、追求卓越”的价值观,致力于为客户提供交易、投融资、财富管理等全方位金融服务。到 2020 年,公司力争成为各项业务均衡发展,特色鲜明,具有重要影响力和一定国际竞争力的大型综合类券商。

【主营业务经营情况】

1. 经纪业务(未含中国民族证券和瑞信方正)

2017 年,公司继续夯实经纪业务基础,做大经纪业务体量和规模。公司全年实现经纪业务收入 38.73 亿元,经纪业务利润 27.25 亿元;新增客户 100 万户,期末总客户数达到 753 万户。公司依托独具特色的扁平化、标准化管理模式和精细化、差异化的经纪业务考核体系,代理买卖证券业务净收入保持稳定,2017 年公司实现代理买卖证券业务净收入 17.15 亿元,市场份额 2.38%,六年累计增幅达 45.49%。

在稳住现有业务优势的基础上,公司积极转型创新,2017 年,公司金融科技取得丰硕成果,智能化建设布局速度跻身行业领先水平,助推了经纪业务增长。未来,公司将继续与时俱进,以财富管理和综合经营加速经纪业务转型。

公司提前布局、持续发力,立足现有网点,充分发挥零售业务优势,多渠道引流,公司合作银行由 13 家扩展至 23 家,同时进入了五大行(中、农、工、建、邮)的重点合作券商名单,线下依托网点形成了“点对点、分行对分公司、总行对总部”的合作体系,线上进行创新,以互联网模式实现线上突破,线上线下互补持续引流客户。2017 年,公司开户引流保持较快增长,新增投资者占比 4.1%。

2017 年,公司在金融科技领域持续加强投入,推进互联网平台的智能化建设,移动终端“小方”APP 在极速行情数据、智能交易体验、智能数据中心、智能客服体系、综合资产配置等多元化业务领域快速升级进化,在海量数据汇聚和智能算法的基础上持续提升智能化服务能力,推出金融科技 FIRST 实践理念,逐步通过技术驱动服务,全面提升客户的投资体验。截止 2017 年末,客户移动端交易笔数占比达到 73.6%,“小方”APP 月活跃用户同比增长 39.6%,移动化战略卓有成效。“小方”APP 荣获新浪财经“2017 年度十佳 APP”大奖,“券商中国 2017 优秀证券公司 APP 评选”四项大奖、2017“易观之星”年度十大最受欢迎 APP 奖等。

公司打造行业领先的财富管理体系,坚持分散投资风险、全面资产配置的客户服务理念,持续推进公司经纪业务转型。截至 2017 年末,公司实现服务产品收入 1.43 亿元,签约客户数 39 万户,收入占公司代理买卖收入比重 7.03%,同比增长 44%。在保持“普惠型财富管理”业务优势的同时,率先推出家族信托业务,并实现首单落地,通过“高净值财富管理”的探索与实践,加速高净值客户服务体系建设,为高净值客户提供独具方正证券特色的专业化财富管理服务。

2017 年,公司股票期权业务继续保持平稳,公司全年新增股票期权账户 746 户,市场份额 1.26%。截至 2017 年末,公司累计客户数量达 6 591 户。

2. 资产管理业务

2017 年,资产管理分公司围绕管理体系、投研体系、产品体系、客户体系、人才体系深化战略布局,坚持大客户突破战略,资产证券化及固定收益投资等重点业务发展迅速,客户结构持续优化,与大型金融机构、行业龙头企业开展深入合作。2017 年末,受托资产总规模 2 991.04 亿元,同比增长 64.39%,其中集合资产管理计划受托规模为 298.97 亿元;定向资产管理计划受托规模为 2 495.57 亿元;专向资产管理计划受托规模为 196.50 亿元。存续产品数量已升至 731 只,同比增长 72.24%。主动型管理业务规模 572.15 亿元,较期初增长 101.46%。资产管理分公司获得深圳证券交易所 2017 年度“优秀资产支持专项计划管理人”、《证券时报》评选的“2017 中国固收类投资团队君鼎奖”、《中国基金报》评选的 2017 年度英华奖“中国券商资管成长奖”,以及由《中国证券报》在 2017 年评选的“2016 年度金牛券商集合资管计划”等奖项。

3. 自营业务

2017 年,公司自营业务配置结构不断优化,债券规模不断缩减,权益和创新投资及衍生品规模不断增加,配置结构更趋均衡。随着自营业务的配置结构不断优化,未来多元化配置的红利将更加明显,自营投资收益会更加稳定、可观。自营业务全年实现收入 7.47 亿元,总资产规模 226 亿,日均占资 148 亿元,年化收益率 4.78%。

4. 信用业务

2017 年,公司融资融券业务以合规为基石,实现稳健有序发展。2017 年,期末余额 179.86 亿元,期末市场份额为 1.75%;融资融券年日均余额 167.4 亿元,年日均市场份额为 1.79%。融资融券业务规模行业内排名第 16 位(数据来源:万得资讯)。

截至 2017 年末,公司约定购回业务期末待购回金额 0.6 亿元;股票质押期末待购回金额 220.47 亿元,其中自有资金对接的期末待购回金额 100.47 亿元,资管资金对接的期末待购回金额 120 亿元。

5. 新三板业务

2017 年,公司全年新增挂牌 59 家,行业推荐挂牌家数排名第11名(数据来源:万得资讯),较2016年提升2名;全年完成新三板推荐挂牌财务顾问签约59家,保证了业务可持续发展。全年完成新三板挂牌企业定增融资41次,募资总额7.58亿元。2017年,公司在全国中小企业股份转让系统有限责任公司的"主办券商执业质量"年度评价中位列19家一档券商之一,在3月、8月、9月的月度执业质量评价中排名市场第一(数据来源:万得资讯),同时对于挂牌公司采取的集中持续督导模式得到监管部门的肯定。2018年,公司将继续引进高端人才,提高团队素质,深耕细作,全方位提高业务综合服务能力及盈利能力。

6. 研究业务

公司研究所秉承"夯实基础研究能力,前瞻研究制胜"的理念,以大类资产配置为统领,以"定价能力"为核心,强化对机构投资者等各方的研究服务,为客户赢得倍增价值。研究所20多个专业研究团队,基本实现了研究领域的全覆盖,并在宏观、策略、军工、传媒、通信、食品饮料、机械、汽车、电子、环保与公用事业、金融工程、房地产、农业、轻工、医药、化工、中小盘、家电等领域持续扩大影响力,随着分析师队伍不断壮大完善和研究服务持续深入开展,研究能力获得了业内外的高度关注与认可,已成为市场上最活跃的卖方研究机构之一。

2017年,公司研究所在新财富最佳分析师评选中获得本土最佳研究团队第十名,11个团队入围,9个团队上榜的好成绩,包括军工研究团队第二名、传播与文化团队第二名、通信团队第二名、食品饮料团队第二名、宏观经济团队第三名、机械团队第四名、汽车团队第四名、电子团队第五名、公用事业团队第五名等,"水晶球奖""金牛奖"评比中公司也获得多个奖项。

2017年,研究所完成研究报告近4 000篇,其中宏观策略报告400多篇,行业报告约1 000篇,公司报告140多篇,路演服务2 000多人次,举办各种交流会议数十场,分析师持续就宏观经济以及行业、公司发展与客户进行深度交流,探讨资本市场的演变和未来格局,分享最新研究成果,探讨投资机会。

7. 代销金融产品

公司销售产品涵盖货币类、固收类、权益类,外部引入公募基金和银行理财产品,内部发行资管产品和收益凭证,初步建立了品种齐全的产品体系。2017年,整体产品保有规模峰值达到345亿元;其中,银行理财产品保有额峰值97亿元,现金港保有额峰值59亿元。

2017年,公司代销金融产品规模3 929.05亿元,实现销售收入3 579.34万元。

地址:湖南省长沙市芙蓉中路二段200号华侨国际大厦22-24层
邮编:410015
电话:95571
网址:www.foundersc.com

光大证券股份有限公司

【公司简介】

光大证券股份有限公司(以下简称"光大证券")成立于1996年,总部位于上海,是中国证监会批准的首批三家创新试点公司之一,也是"世界500强企业"中国光大集团股份公司(以下简称"光大集团")的核心金融服务平台。公司先后于2009年8月18日和2016年8月18日分别在上海证券交易所及中国香港联合交易所主板上市(股票代码:601788.SH,6178.HK),是一家A+H股上市券商。

成立二十二年来,光大证券秉承"以客户为中心"的服务理念和"为国家图富强,为天下聚财富"的核心价值观,坚持"综合化经营、国际化战略、创新引领、合规稳健"的经营管理理念,各业务条线均衡发展,主要业务稳居行业前列。全年累计实现营业收入98亿元,同比增长7.35%;实现净利润31亿元,同比增长1.64%。稳健的发展步伐和稳定的经营业绩为公司赢得了良好市场声誉,公司连续三年蝉联《金融时报》和中国社科院共同评选的"年度最佳证券公司",连续三年跻身"亚洲品牌500强""中国品牌500强",再次荣登香港权威杂志《亚洲周刊》"全球华商1 000排行榜"并获历史最好排名,荣膺"最受投资者信赖的上市券商"第一名,品牌知名度和市场影响力持续提升。

【公司核心竞争力】

(一)作为光大集团的核心金融服务平台,受益于光大集团的协同效应和品牌优势

公司控股股东光大集团是由国务院出资成立,由财政部及汇金直接控股的横跨金融与实业、海内与海外,涵盖银行、证券、保险、基金、信托、期货、租赁、投资和环保、文旅、医药等实业的大型金融控股集团。2017年,光大集团明确了"做精金融、做优实业、做强集团"的总体产业战略,确立了用10年时间把光大集团打造成为具有全球竞争力的一流金融控股集团的战略目标。

借助光大集团的品牌优势,以及公司在集团中提供金融服务核心平台的地位,公司与光大集团下属子公司在客户拓展、渠道开发、产融结合、业务模式等方面展开了丰富的协同合作,实现了显著的协同效应。同时,借助光大集团广阔的平台和丰富的资源,公司得以进一步开阔自身视野,洞察行业变革趋势,并深入理解客户需求。这种"软实力"是光大证券开拓业务,建立可持续发展战略的重要保证。2017年,光大集团在原有公司业务、个人业务、资产管理、投行业务和政府业务五个联动工作小组的基础上新成立了互联网金融联动工作小组。公司相关业务条线积极参与集团联动工作,建立了条块结合的联动工作机制,完善了相应的组织架构、制度及相关业务流程,形成了组织和制度的双重保障。

(二)卓越的核心业务平台,实现各业务条线间的高度协同

公司成立至今已有22年,经历和见证了中国资本市场的从无到有、发展创新和改革开放。公司通过收购天一证券、昆仑证券,不断发展壮大。2009年登陆上交所主板,2015年收购香港新鸿基金融集团,2016年登陆香港联交所主板,至今已成为一家拥有母公司和13家分公司、7家一级子公司、222家营业部、9 089名员工的大型证券金融集团。公司以投资银行业务为主体,拥有证券领域全牌照,同时旗下子公司业务范围涉及资产管理、公募基金、私募基金、另类投资、期货、融资租赁等,业务区域覆盖中国内地、香港、英国、澳大利亚等国家和地区。

公司在部分业务领域已确立一定的先发优势,综合经营格局成效凸显,可为客户提供全价值链、全生命周期的综合投融资服务。公司的各业务条线均衡发展,大部分业务行业地位与公司整体地位相当,为公司带来了均衡且稳定的收入来源。2017年,固收、资管、期货、国际业务等业务板块保持第

一梯队优势;机构经纪、股票质押等业务则取得较大进步,具备了打造行业优势板块的条件。公司各业务板块相互协同,形成了较为完整的产品链,为境内、外客户提供一系列金融产品及服务以满足客户的多样化需求。

(三)领先的境内外一体化金融服务平台

公司高度重视海外业务的开展,始终坚持以"积极推进国际化,实现境内外一体化"为整体战略目标,以香港为平台,多点布局海外。公司以强大的境内客户资源及中国香港平台的本地市场基础为抓手,深耕中国香港,辐射周边,迈向全球,充分发挥跨境券商的平台优势,致力打造国际一流全能型投资银行。公司 2011 年收购了光证(国际)51% 的股权,并于 2015 年收购了新鸿基金融集团 70% 的股权。2016 年,公司在已持有光证(国际)51% 股权的基础上,进一步收购剩余 49% 股权,使其成为公司在中国香港的全资子公司,并与新鸿基金融集团进行整合。公司已成为投融资服务全价值链、境内外一体的综合金融服务商。

2017 年,公司启用"光大新鸿基"作为公司在港运营品牌;收购英国机构经纪及研究公司 North Square Blue Oak Ltd.(NSBO,中文名"北方蓝橡")全部股份的交易获英国金融行为监管局(FCA)同意,国际业务板块正式登陆欧洲市场,为海外业务发展进一步创造了优势。

(四)强大的创新能力令公司始终保持行业创新先驱地位

作为全国首批三家创新试点证券公司之一,公司在众多新业务领域都是首批获得业务资格的券商之一,覆盖经纪业务、信用业务、资产管理及投资银行等各个方面。这使得公司能够更好地把握新的市场机遇,建立先发优势,保持强劲增长势头;同时,公司不断进行商业模式创新,是国内率先成立融资租赁公司及与互联网企业合资成立互联网金融平台的证券公司,拥有互联网综合金融服务平台"富尊"、证券交易平台"金阳光"以及光大易创"立马理财"等业务平台,努力为客户提供更为多元化的金融服务。

2017 年,公司成功发布互联网综合金融服务产品"智投魔方"。该产品以人工智能技术为基础,以大数据平台为依托,集智能理财、金融社区、智能资讯、大数据精准营销"四位一体",与交易、理财形成有机结合,构建了生态化、场景化服务。公司形成了以昆明棚改模式、央企联合体模式和以购代建模式为代表的 PPP 金融服务模式,与多家大型央企紧密合作,服务区域覆盖云南、浙江、江苏、陕西、安徽等多个省份,服务项目涉及片区开发、交通运输、水利工程等多个业务领域。2017 年 6 月,公司成立了全国首家专业从事政府和社会资本合作相关业务的证券公司私募基金子公司——光大发展。光大发展紧扣"一带一路"、供给侧改革、金融服务实体以及产融结合等宏观政策主题,开展 PPP 产业基金、国企转型基金、城市发展基金、基础设施建设基金等投融资业务,已形成政企合作和城市发展基金两大业务板块,具备了一定的先发优势。

(五)审慎的风险管理及内部控制

公司建立了完善的风险控制规划,通过将风险规划纳入公司战略、集中建设风险数据、完善风险管理政策、工具与系统及对于子公司的全覆盖,形成了强大的风险防御体系,是最早推行全面风险管理战略的券商之一。2017 年,公司主动适应依法、从严、全面的监管形势,严格落实《证券公司全面风险管理规范》新规要求,修改了公司章程,明确了风险管理理念,加强了风险文化的宣导,全面梳理修订了风险管理相关制度,进一步充实了风险管理团队,搭建了覆盖各类业务的风险管理信息系统,促进了公司全面风险管理体系的持续完善。公司各项风险控制指标均持续达到监管机构要求,业务保持了健康良好的发展态势。审慎有效的风险管理体系为公司综合实力的进一步提高提供了保障。

(六)经验丰富的管理团队及高素质、稳定的员工队伍

公司高级管理层团队在证券及金融行业拥有平均 20 年以上的管理经验,同时还有丰富的监管机构从业背景,对国情及金融行业理解深刻,能够准确把握市场形势。同时,员工队伍基本素质较高,人才队伍年轻有活力,干部队伍高效精干。2017 年,公司搭建了覆盖一级部门、分支机构和总部二级部门的多层级后备干部库,人才梯队更加合理。

展望未来,光大证券将依托中央直属大型金融控股集团——光大集团的协同效应和品牌优势,有序推进综合化、国际化经营,争做投融资的安排者、市场的组织者、产品的创设者、流动性的提供者和风险的管理者,致力于将公司打造成为中国一流投资银行。

地址:上海市静安区新闸路 1508 号
电话:021 -22169999
传真:021 -62151789
邮箱:95525@ ebscn. com
网址:www. ebscn. com

广发证券股份有限公司

【公司简介】

广发证券成立于 1991 年,是国内首批综合类证券公司,先后于 2010 年和 2015 年分别在深圳证券交易所及香港联合交易所主板上市(股票代码:000776. SZ,1776. HK)。公司是定位于专注中国优质中小企业及富裕人群,拥有行业领先创新能力的资本市场综合服务商。

公司总资产、净资产、净资本、营业收入和净利润等多项主要经营指标从 1994 年起连续多年位居十大券商行列。截至 2017 年 12 月 31 日,本集团总资产 3 569. 05 亿元,归属于上市公司股东的所有者权益为 848. 54 亿元,2017 年本集团营业收入为 215. 76 亿元,归属于上市公司股东的净利润为 85. 95 亿元。资本实力及盈利能力在国内证券行业持续领先,总市值居国内上市证券公司前列。

本集团提供多元化业务以满足企业、个人(尤其是富裕人群)及机构投资者、金融机构及政府客户的多样化需求,拥有投资银行、财富管理、交易及机构和投资管理等全业务牌照,各项主要业务结构均衡发展,各项主要经营指标尤其是公开发行主承销家数和本土研究水平多年名列行业前列。目前,公司已形成了金融集团化架构,使得公司服务客户能力持续提升。截至 2017 年 12 月 31 日,公司有证券营业部 264 个,已实现全国 31 个省市自治区全覆盖。

公司控股广发期货、广发基金、广发控股香港、广发信德、广发乾和及广发资管,投资参股易方达基金(并列第一大股东)、证通公司、中证信用增进股份有限公司和中证机构间报价系统股份有限公司,形成了初步的金融集团化架构。

广发证券被誉为资本市场上的"博士军团",良好的企业文化提高了公司的凝聚力和向心力。公司风险管理能力在行业中位于前列,并在发展过程中得到反复证实。公司是中国证监会选定的首批试点合规管理券商之一,也是行业最早推

行全面风险管理战略的券商之一。公司还注重创新对公司长期、可持续发展的重要性，一直致力于各项管理、业务、服务及技术创新，并取得了良好的效果。公司始终秉持"知识图强、求实奉献；客户至上、合作共赢"的核心价值观，贯彻执行"稳健经营、持续创新；绩效导向，协同高效"的经营管理理念，在竞争激烈、复杂多变的行业环境中努力开拓、锐意进取，经受住了多次行业重大变化的考验。并以卓越的经营业绩、完善的风险管理及优质的服务成功实现持续稳健发展，多年来是中国资本市场最具影响力的证券公司之一。

在经营业绩及行业地位稳步提升的同时，公司声誉和品牌持续提升。2015 至 2017 年，公司连续三年稳居"胡润品牌榜"中国券商前三名。公司依托"广东省广发证券社会公益基金会"积极履行社会责任，聚焦扶贫济困、助学兴教两大领域，主动践行社会责任，公司美誉度和品牌影响力持续提升。

【公司核心竞争力】

1. 具有市场化的机制，均衡、多元化的股权结构和完善的公司治理

公司没有控股股东和实际控制人。公司股东吉林敖东、辽宁成大和中山公用（均为上市公司）18 年来均一直在公司前三大股东之列（不包括中国香港结算代理人，中国香港结算代理人所持股份为 H 股非登记股东所有）。截至 2017 年 12 月 31 日，吉林敖东及其一致行动人、辽宁成大及其一致行动人和中山公用及其一致行动人持股比例分别为 17.26%、16.42%、10.34%，形成了较为稳定的股权结构。持续均衡、多元化的股权结构为公司形成良好的治理结构提供了坚实保障，确保公司长期保持市场化的运行机制，有利于实现公司的持续健康发展。

2. 优良的企业文化和稳定的经营管理团队

公司始终秉持"知识图强、求实奉献；客户至上、合作共赢"的核心价值观，贯彻执行"稳健经营、持续创新；绩效导向，协同高效"的经营管理理念，谋求持续、健康、稳定的发展。良好的企业文化提高了公司的凝聚力和向心力。公司的经营管理团队和业务骨干队伍高度稳定，流失率低，公司经营管理团队的证券和金融相关领域的管理经验平均超过 23 年，在公司的平均任职期限约 19 年；过去 3 年公司中高层管理团队和员工的主动离职率分别不超过 2% 和 3%，大大增强了客户的信心和各项业务经营的连续性、稳定性。

3. 久经考验且行之有效的风险与合规管理机制

公司风险管理能力在行业中位于前列，并在公司发展过程中得到反复证实。公司是中国证监会选定的首批试点合规管理券商之一，也是行业最早推行全面风险管理战略的券商之一，还是 20 世纪 80 年代末至 90 年代初成立的第一批券商中仅有的四家未经历过因经营亏损而接受注资或重组的主要券商之一。公司坚守合规底线与风险管理生命线，建立了一套有效的涵盖合规与风险文化、治理架构、机制与实践、基础设施等在内的全面风险管理体系，实现合规和风控对各部门、分支机构和控股子公司的垂直管理。多年以来，公司资产质量优良，各项主要风控指标均持续符合监管指标，杠杆监管指标安全边际较大，拥有较强的风险抵御能力。

4. 主要经营指标多年来名列行业前列，品牌价值持续提升

公司总资产、净资产、净资本、营业收入和净利润等多项主要经营指标连续多年位居行业前列。在谋求经济利益和市场地位的同时，公司声誉和品牌持续提升。2015 年－2017 年，公司连续三年稳居"胡润品牌榜"中国券商前三名。公司依托"广东省广发证券社会公益基金会"积极履行社会责任，聚焦扶贫济困、助学兴教两大领域，主动践行社会责任，公司美誉度和品牌影响力持续提升。

5. 业务牌照齐全，业务结构均衡，综合金融服务能力行业领先

本集团拥有投资银行、财富管理、交易及机构和投资管理等全业务牌照，各项主要业务结构均衡发展，各项主要经营指标尤其是公开发行主承销家数和本土研究水平多年名列行业前列。目前，公司已形成了金融集团化架构，使得公司服务客户能力持续提升。

6. 业内领先的科技金融模式

本集团注重创新对公司长期、可持续发展的重要性，一直致力于各项管理、业务、服务及技术创新，并取得了良好的效果。公司持续重视在科技金融方面的投入，一方面积极扩充金融科技研发团队，崇尚工程师文化，通过一系列敏捷团队管理办法，激发了团队成员的技术创新热情；另一方面，公司加大在大数据、人工智能、平台化、客户终端等方向的自主研发和技术创新的力度，先后上线了大数据云服务平台、微服务平台、机器人投顾平台等完全自主研发的科技金融平台，还通过合作研发上线了行业首家基于大数据的全链路量化交易云平台，为科技金融方向的后续发展打下基础。截至目前，共申请发明专利 7 项、实用新型专利 2 项、软件著作权 6 项；其中，已获得 1 项实用新型专利、6 项软件著作权。

【公司发展战略】

随着中国经济进入新时代，在服务实体经济、防控金融风险、深化金融改革的行业发展主基调下，公司制定了 2017－2021 年五年战略规划，概要如下：秉承"知识图强，求实奉献；客户至上，合作共赢"的核心价值观，在打造"成为具有国际竞争力、品牌影响力和系统重要性的现代投资银行"的愿景下，公司确立通过五年的奋斗，力争"实现公司行业地位整体提升"的战略目标。公司将坚持以"客户中心导向"为贯穿始终的战略纲领，本着协同原则和创新精神，洞悉客户需求；从领先战略、科技金融战略、国际化战略、集团化战略和平台化战略五大重点方向，全面推进投资银行业务、财富管理业务、交易及机构业务、投资管理业务四大业务战略的转型和升级；构建战略管理、研究平台、全面风险管理、财务资源管理、人力资源管理和信息技术建设六大支撑战略，为四大业务战略的实现提供强有力的支持；通过未来五年的战略执行，以达成新战略规划的整体目标。

2018 年，公司将发挥市场化机制的优势，加快传统业务转型步伐，积极培育中高端客户群，抢占未来市场竞争的制高点。工作重点是：巩固市场地位，培育新的竞争优势，完善机构客户服务体系，提升国际竞争力，在新一轮战略引领下开创新格局。

地址：广东省广州市天河北路 183 号大都会广场 42 楼
邮编：510075
电话：020－87555888
网址：www.gf.com.cn

广州证券股份有限公司

【公司简介】

广州证券股份有限公司 1988 年经中国人民银行批准成立，是全国最早设立的证券公司之一，2014 年 9 月 1 日召开

股份公司创立大会，正式变更为“广州证券股份有限公司”。2016 年 1 月，公司完成增资扩股，注册资本为 53.6 亿元。

广州证券业务范围涵盖证券经纪、证券投资咨询、与证券交易、证券投资活动有关的财务顾问、证券承销与保荐、证券自营、证券资产管理、融资融券业务、以及中国证监会批准的其他业务等所有综合性业务。

广州证券在全国设立了 34 家分公司、136 个证券营业部，分支机构数量达到了 170 家。旗下拥有全资子公司广州证券创新投资管理有限公司、广证领秀投资有限公司，控股广州期货股份有限公司、广州广证恒生证券研究所有限公司，参股金鹰基金管理有限公司。其中广证恒生为 CEPA 框架协议下国内首家合资证券投资咨询公司，广州期货于 2017 年初成功挂牌新三板。

广州证券由广州越秀金融控股集团有限公司（简称“广州越秀金控”）控股，为广州越秀金控的核心主体。广州越秀金控成立于 2012 年 1 月，是广州越秀金融控股集团股份有限公司（简称“越秀金控”）的主要全资子公司，目前拥有广州证券、越秀融资租赁、越秀产业基金、广州担保、越秀小额贷款、越秀金融科技等金融业务平台，初步形成了以证券为核心的非银行金融控股发展格局。

【主要业务经营状况】

公司主要业务板块分为证券经纪业务、信用业务、资产管理业务、证券自营业务、投资银行业务等。

（一）证券经纪业务

公司证券经纪业务板块主要包括证券代理买卖业务、代销金融产品业务、IB 业务、港股通业务和股票期权业务。报告期，受到成交量萎缩和佣金率下滑的影响，公司证券经纪业务收入出现下降，营业收入 41 870.96 万元，同比下降 22.70%；营业利润 -5 353.04 万元，同比减少 167.07%。

2017 年，公司经纪业务以“夯实客户基础”为中心，多项经营举措齐头并进，客户数量和托管资产规模保持了增长。一是强化分支机构的力量，零售客户数量稳步增长，客户托管资产规模从 2016 年末的 1 564.62 亿元提升至 2017 年末 1 899.83亿元；二是完成营业网点全国布局，实现对全国 31 个省、自治区、直辖市 136 家营业部的客户服务辐射；三是持续推进账户规范、客户适当性管理、投资者教育等方面的工作，强化合规风控，夯实经纪业务发展基础。

根据证券业协会数据，截至 2017 年末，公司代理买卖业务净收入（含席位租赁）3.21 亿元，行业排名 61 位，较 2016 年排名下降 1 位；托管证券市值约 1 915.71 亿元，行业排名 36 位，较 2016 年排名上升 8 位。

（二）信用业务

公司信用业务主要包括融资融券业务、股票质押业务。2017 年，公司着力提升融资融券业务规模，信用业务收入稳步提升，实现营业收入 65 042.28 万元，同比增长 13.69%。

融资融券业务方面，公司充分重视并落实融资融券客户适当性管理工作，加大培训力度，通过现场与视频远程等方式对营业部进行培训，夯实营业部人员业务基础知识，提升服务水平。截至 2017 年底，公司证券业务融资融券余额 37.91 亿元，同比增长 15%，高于市场平均水平；市场占有率由 2016 年的 0.350% 上升至 0.369%。

股票质押业务方面，公司证券业务着力促进股票质押业务平稳健康发展，不断细化风险控制措施。截至 2017 年底，公司自有资金出资的股票质押回购业务余额为 63.93 亿元，较 2016 年下降 14.79%。

（三）资产管理业务

公司资产管理业务板块包括母公司开展的资产管理业务，广州期货开展的资产管理业务、广证创投开展的基金管理业务等。2017 年，受债券市场低迷、市场资金面紧张等因素影响，公司资产管理业务营业收入 14 006.48 万元，同比下降 80.87%；营业利润 7 817.76 万元，同比下降 87.32%。

2017 年，针对宏观环境变化和行业发展情况，公司资产管理业务按照“加强风控，稳步发展”的工作思路，强化的风险管控能力和资金募集能力，着力做好固定收益类集合产品的发行，进一步加强渠道建设。根据基金业协会数据，截至 2017 年第 4 季度我公司主动管理资产月均规模的行业排名为第 15 名，处在行业中上游水平。

2017 年，母公司资产管理业务受托总规模 2 400.88 亿元，营业收入 11 861.29 万元；广州期货资产管理业务规模 25.26 亿元，营业收入 1 024.35 万元；广证创投基金管理业务管理资产规模 15.46 亿元，营业收入 1 082.15 万元；广证领秀根据监管要求对存量管理基金进行了清理，其基金管理业务营业收入 38.69 万元。

（四）证券自营业务

公司证券自营业务包括固定收益业务和投资业务。2017 年，受到金融持续去杠杆、债券指数下跌、存量定向增发项目表现不佳和新三板做市指数下跌等诸多因素的影响，证券自营业务营业收入 31 538.68 万元，同比下降 42.88%；营业利润 18 444.47 万元，同比下降 55.61%。

1. 固定收益业务

公司固定收益业务指以债券为主的投资业务，报告期营业收入 35 388.83 万元。

2017 年，在债券市场经历大幅度调整的情况下，公司固收业务严格把控风险，一方面，坚持从传统债券杠杆配置模式向创新衍生策略交易模式进行业务转型，采取衍生工具主动对冲持仓风险。另一方面，坚持固收资产结构的调整和优化，截至报告期末，自营固定收益债券持仓合计 122.97 亿元，其中利率债占比 23%，AA 级及以上资产占信用资产比例超过 98%。

此外，公司不断拓展 FICC 创新业务领域，建立了完善的 FICC 创新衍生类业务体系。目前，公司可运用的固收投资交易工具丰富多样，具备较强的衍生对冲风险能力，积累了丰富的衍生及策略交易经验，在银行间债券市场中具备了一定的品牌和市场地位。

2017 年，公司成功获得银行间债券市场尝试做市商资格；被全国银行间同业拆借中心评选为“2017 年度银行间本币市场活跃交易商”；连续第二年获得《金融时报》评选的“中国金融机构金牌榜 · 金龙奖”之“年度最佳债券市场交易机构”奖项。

2. 投资业务

公司投资业务包括权益类证券投资业务和新三板做市商业务。2017 年，公司投资业务出现亏损，营业收入 -3 850.15万元。

公司权益类证券投资业务以稳健审慎为原则，强调绝对收益理念，持续完善投研体系，加强风险监控力度，严格控制投资风险。该业务主要投资品种包括二级市场权益类证券、定向增发项目、基金专户及量化衍生品等。截至 2017 年末，权益类证券投资规模约为 5.99 亿元。

2017 年，新三板市场整体发展放缓，新三板市场流动性持续低迷，全年换手率仅为 13.47%，且连续三年呈逐渐下降趋势。公司持续优化新三板做市业务制度及相关业务流程，完善内部投研体系。同时,对做市存量股票进行了全面梳理,全年主动退出做市项目71家。报告期末,公司新三板做市业务持仓规模2.94亿元。截至2017年末,公司累计做市股票家数179家,根据wind数据,行业排名第9名。

2017年,公司在由新三板在线主办的"2017新三板峰会暨第二届金号角奖颁奖"盛典中获得"2017年度最佳做市商"奖项;在新三板智库及"SFC南方财经全媒体"主办的"新三板再分层高峰论坛暨创新层一周年颁奖礼"中获得"2017年创新层十大做市商"奖项。

(五)投资银行业务

公司投资银行业务板块主要分为股权融资业务、财务顾问业务和债券融资业务。2017年,受到再融资和债券审核趋严、市场利率走高,以及承销佣金率下滑等诸多因素影响,公司投资银行业务营业收入27 935.53万元,同比下降63.76%;营业利润6 293.24万元,同比下降85.60%。

1. 股权融资业务

2017年,IPO审核加速,A股市场共有438家公司首发上市,同比增长93%,成为史上首发家数最多的一年;再融资从严审核,全年增发融资规模12705亿元,较2016年缩减幅度约30%(数据来源:wind资讯)。为应对行业形势的变化,公司积极培育股权融资业务,实施投行组织架构调整,构建战略客户服务体系,大力发展配股、可交债等新的股权融资业务品种。截至2017年末,公司完成股票主承销项目4家,主承销金额27亿元;IPO申报1家;股权融资业务承销与保荐净收入6 252.61万元。

2. 财务顾问业务

公司财务顾问业务主要包括上市公司并购重组业务、新三板挂牌等。

2017年,并购市场热度有所下滑,并购重组活动整体降速,全年并购重组上会家数为175家,同比下降37.05%;新三板市场整体发展速度放缓,全年新增挂牌家数1 467家,而2015年和2016年新增挂牌家数分别达3 557家和5 034家(数据来源:wind资讯)。截至2017年末,公司完成新三板挂牌13家;担任了南极电商(002127.SZ)、三元达(002417.SZ)、天首发展(000611.SZ)等上市公司的独立财务顾问;财务顾问业务净收入7 021.78万元。

3. 债券融资业务

2017年,在信用债券违约加剧、监管趋严的形势下,我公司债券融资业务稳中求进,在风险与收益平衡的基础上追求低资本消耗型增长。公司作为主承销商全年承销债券共43期。根据证券业协会统计数据,2017年我公司债券主承销家数行业排名26位,较2016年下降8位;债券主承销金额行业排名38位,较2016年下降17位。报告期,公司债券融资业务承销与保荐净收入14 656.86万元。

2017年,公司被上海证券交易所评为债券市场2017年度"优秀受托管理人""扶贫专项公司债优秀参与机构";被中国农业发展银行评选为"2017年度金融债券优秀承销商"。

地址:广东省广州市珠江西路5号广州国际金融中心主塔19层、20层
邮编:510623
电话:020-88836999
客户电话:95396
邮箱:khts@gzs.com.cn
网址:www.gzs.com.cn

国都证券股份有限公司

【公司简介】

国都证券股份有限公司(以下简称"国都证券")是由国都证券有限责任公司整体变更而来。国都证券有限责任公司是经中国证监会批准,在中诚信托有限责任公司和北京国际信托有限公司原有证券业务整合的基础上,吸收其他股东出资,于2001年12月28日成立的综合性证券公司,注册地为北京。2015年6月23日公司组织形式由有限责任公司整体变更为股份有限公司,公司正式更名为"国都证券股份有限公司",注册资本变更为460 000.000 9万元。2015年12月31日完成增资扩股,注册资本增至530 000.000 9万元。

2017年,公司管理层在董事会的领导下,加强风险防范,依法合规经营,顺应市场发展趋势对相关业务作出适应性调整,积聚公司合力,深挖内潜,带领全体员工努力完成全年工作,实现了营收和净利润正增长。2017年度,公司实现营业收入16.75亿元,归属于母公司净利润7.30亿元。

国都证券前身早在1990年开始从事证券经纪业务、1992年开始从事承销业务,并于1992年在北京设立了第一家证券营业部——工体营业部。多年的业务积淀使公司在金融服务领域拥有丰富的成功经验和众多的资深专业人士。

国都证券成立以来,始终秉承"关注客户需求,与客户共成长"的服务理念,在坚持合规经营的基础上,努力为客户提供便捷、多样化、个性化的金融服务,深得客户认可与信赖,并在业内赢得了良好的声誉。为拓展业务发展空间,公司通过设立另类子公司、香港子公司、控股期货公司、参股基金公司,整合股东、银行等金融机构的资源,搭建起一个多元化的金融服务平台。公司发展至今,已形成门类齐全、服务模式多样化的业务体系,可针对客户的个性化需求,提供一揽子金融解决方案。

"互信、共赢、美好生活"是国都证券的发展愿景,也是国都人的责任所在。国都证券全体同仁愿凭借自身的专业优势,携手广大客户及各界伙伴,把握经济发展的契机,共同开创我们健康丰盛的财富人生。

【主要业务经营状况】

1. 经纪业务

2017年A股市场呈现结构化行情,成交量萎缩,加之互联网金融冲击和一人多户制度,客户争夺更加激烈,佣金率继续下跌,导致经纪业务收入大幅下滑。激烈的竞争态势、高净值人群的增加、产品多样化与投资者需求多元化等使财富管理转型成效成为经纪业务在逆境中求增长的关键。新三板市场、港股通成为经纪业务品种中增幅明显的业务。2017年公司经纪业务继续贯彻"一个通道、两个平台"的发展定位,一些分支机构平台业务成为发展亮点。2017年公司经纪业务实现营业收入37 136.05万元,较上年同期减少13 793.94万元,同比减少27.1%。

2. 自营业务

2017年权益市场逐渐走出股灾阴影,总体呈现恢复性上涨行情。虽然市场整体振幅缩小,但走势上仍呈现十分明显的两波上涨和两次下跌行情。由于较好把握了市场机会,2017年公司自营业务取得优秀投资业绩,总体投资收益率达28.58%,远超公募基金主动股票型基金17.11%和混合型基金10.21%的平均收益率水平。2017年,公司自营业务实现

营业收入 72 684.23 万元，较上年同期增加 40 289.82 万元，同比增加 124.3%。

3. 信用交易业务

2017 年由于行业融资融券业务竞争激烈，融资利率及佣金率均出现下滑，导致两融息费收入以及股票质押业务利息收入均出现不同程度下滑。2017 年，公司信用交易业务实现营业收入 34 012.39 万元，较上年同期减少 5 297.35 万元，同比减少 13.5%。

4. 受托资产管理业务

2017 年是券商资产管理行业分外艰难的一年，公司资产管理业务亦受到严重冲击，主要表现在以银行监管套利为主要特征的资产管理业务规模急剧下降；从 2016 年四季度起，债市震荡下跌，以杠杆化和期限错配为主要特征的固定收益产品投资业绩大幅下滑并面临信用违约不断增加的风险。但公司资产管理总部金融市场部通过业务创新，渠道开拓与维护等策略，仍实现收入连续 5 年正增长，超额完成公司下达的年度收入任务指标。2017 年，公司资产管理业务实现营业收入 13 211.57 万元，较上年同期增加 2 451.87 万元，同比增加 22.8%。

5. 投资银行业务

2017 年 IPO 显著提速，募集资金同比增长 31%；再融资受到监管的严格控制募集资金同比下降 45.6%；企业债、公司债受从严监管和二级市场环境的影响，发行规模同比下降 57.77%，投行收入结构发生较大变化。2017 年，公司投行业务实现营业收入 4 711.26 万元，较上年同期减少 12 992.63 万元，同比减少 73.4%。

6. 中小企业投资银行业务

2017 年，新三板市场受制于改革推进缓慢、政策难以达到市场预期，市场扩容节奏明显放缓，挂牌数量骤减、融资规模下滑、做市指数低迷、流动性低、参与度低等新三板不足之处未有改善。2017 年，全年中小企业投资银行业务实现营业收入 6 553.19 万元，较上年同期减少 2 066.59 万元，同比减少 24.0%。

7. 期货业务

2017 年公司期货业务实现营业收入 4 424.11 万元，较上年同期增加 712.52 万元，同比增加 19.2%，主要由于受证券市场波动影响，子公司国都期货本期投资收益及利息净收入比上年同期增加导致。

8. 另类、私募基金管理业务

2017 年公司另类、私募基金管理业务实现营业收入 10 003.31万元，较上年同期减少4 003.15万元，同比减少 28.6%，主要由于受证券市场波动影响，子公司国都景瑞的投资收益较上期减少导致。

9. 海外业务

2017 年公司海外业务实现营业收入 3 061.57 万元，较上年同期增加 1 352.81 万元，同比增加 79.2%，主要原因为受证券市场波动影响，子公司国都中国香港投资收益较上期增加所致。

地址：北京市东城区东直门南大街 3 号国华投资大厦 9 层、10 层
邮政编码：100007
电话：010－84183126
客服电话：400－818－8118
邮箱：guodu@ guodu. com
网址：www. guodu. com

国金证券股份有限公司

【公司简介】

国金证券股份有限公司是一家资产质量优良、专业团队精干、创新能力突出的上市证券公司，是沪深 300 指数、上证 50 指数、上证 180 指数、上证 180 金融股指数和上证中型企业指数成份股，证券分类评价 A 类 AA 级券商，注册地在四川省成都市。公司目前控股国金期货有限责任公司、国金鼎兴投资有限公司、国金创新投资有限公司，国金证券（香港）有限公司、粤海融资有限公司、参股国金基金管理有限公司。

国金证券尊崇“责任、和谐、共赢”的企业核心价值观，秉承“规范管理、稳健经营、深化服务、科学创新”的经营理念及“专业创造价值，诚信铸就未来”的服务理念，打造了一支专业化、高素质的职业人才团队，取得了良好的经营业绩。

公司还拥有参与股指期货、国债期货交易业务；股票质押式回购业务；股票收益互换业务；参与利率互换交易业务；直接投资业务；全国中小企业股份转让系统从事推荐业务、做市业务和经纪业务；中小企业私募债券主承销业务；向保险机构投资者提供交易单元服务；约定购回式证券交易业务；全国银行间同业拆借市场同业拆借业务；沪港通业务；私募基金综合托管业务试点；银行间尝试做市商；互联网证券业务试点；柜台市场业务试点；股票期权交易参与人；开展黄金现货合约自营资格、上市公司股权激励行权融资业务、合格境内机构投资者（QDII）资格等其他业务资格。

作为一家为广大投资者谋利益的、负责任的证券公司，国金证券一直将“合规经营、风险可控”作为公司长期稳健发展的基石。严格遵守各项法律法规，不断完善公司法人治理结构，建立了比较健全的内控制度，始终坚持合规管理和稳健经营。公司合规与风险管理的整体状况及市场竞争力处于证券行业领先水平。

【公司主要经营情况】

2017 年，公司不断优化业务布局，提升市场竞争力，受证券市场成交量下跌影响，公司全年经营业绩较上年略有下降。截至 2017 年 12 月 31 日，公司总资产 420.93 亿元，同比减少 12.23%；归属于母公司股东的净资产 188.37 亿元，同比增长 7.66%。报告期内，公司取得营业收入 43.91 亿元，同比下降 6.01%；归属于母公司股东的净利润 12.01 亿元，同比下降7.49%。

1. 证券经纪业务

2017 年经纪业务坚持以合规和风险管理为前提，继续秉承“以交易产品为基础、咨询产品为重点、理财产品为突破和融资产品为补充”的经营策略，坚持“保存量为主、促增量为辅”，借适当性管理的契机进一步细分客户群和匹配专业服务，继续在体系内推行以不同业务线为核心的专业分工与合作的经营模式。

2017 年成立了经纪业务执行委员会，撤销原经纪业务管理总部，旨在推动以业务线为核心，打破行政管理层级，根据业务（专业）能力高低授予相应业务管理权限的管理机制。借客户适当性管理的契机，经纪业务把客群按普通投资者和专业投资者进行了区分，明确了针对不同客群的业务牵头方、业务牵头范围及针对不同客群的产品、业务需求流转路径。针对普通投资者客群，增量工作始终以完善 O2O 业务模式、优化布局为目标，着力深化线上线下合作的渠道模式，全面推

进O2O;存量工作以实现增强客户黏性、调整收入结构为目标,通过投顾培养体系的搭建,始终围绕留存资产、聚焦增值、理财突破三个方面展开。针对专业投资者客群,充分利用公司的平台战略优势,以银行同业、PB交易服务为代表的机构业务初具规模。

2017年,佣金宝以客户需求为导向,以完善功能及用户体验为目标,实现佣金宝客服端迭代升级。功能方面,除了对佣金宝传统功能进行了优化和完善外,还新增了多个功能模块,丰富了资讯咨询服务类内容;智能服务方面,先后推出智能客服、智能投顾;社区服务方面,通过组合广场及股友圈,初步建立佣金宝社区生态环境;基础业务方面,全面铺开线上业务的适当性管理改造,不断强化与合作渠道的技术合作方案。

2017年,公司经纪业务股票、基金、债券交易总金额达到32 638.68亿元,比上年同期减少11.46%,其中股票基金交易总金额32 314.11亿元,比上年同期减少11.63%。另外,公司还向基金公司等机构提供交易单元。2017年公司证券经纪业务实现营业收入14.16亿元,较上年同期减少18.76%。

2. 投资银行业务

2017年IPO发行节奏加快,IPO发行数量创历年新高,但否决率也创历年新高,尤其是2017年10月份以后,否决率达到45%左右;2017年2月再融资新规的出台,有效抑制通过募集资金进行财务性投资的情形,再融资规模较2016年有所下降;在去杠杆、防风险、严监管的大背景下,债券市场持续走弱,全年债券发行规模较2016年有所下滑。为适应新的发展趋势,公司加快保荐业务团队建设,同时继续加大对全国重点区域内优质企业的开拓力度,提高公司在全国重点区域的市场占有率,为IPO和并购重组业务储备优质标的;面对日益变化的市场格局,公司持续加强内核水平,提升内核人员的专业技术能力,提高内核标准,严控项目质量风险;公司继续提升在各个投行业务领域的服务水平,提高项目运作水平,增强承销能力,为客户提供全面的专业服务。

2017年,股权融资方面,公司分别担任了赛托生物(300583)、飞荣达(300602)、茶花股份(603615)、诺邦股份(603238)、金麒麟(603586)、达安股份(300635)、同和药业(300636)、坤彩科技(603826)、康惠制药(603139)、奥翔药业(603229)、雷迪克(300652)、华荣股份(603855)、富满电子(300671)、基蛋生物(603387)、健友股份(603707)、英科医疗(300677)、澄天伟业(300689)、翔港科技(603499)、威唐工业(300707)、丽岛新材(603937)、璞泰来(603659)、大业股份(603278)和爱柯迪(600933)等IPO项目,天齐锂业(002466)配股项目,鹏辉能源(300438)、宝鹰股份(002047)、华懋科技(603306)、烽火通信(600498)、中国天楹(000035)、楚天科技(300358)、威龙股份(603779)和合兴包装(002228)等非公开发行股票项目的保荐机构(主承销商),以及冠福股份(002102)、科达股份(600986)、亿利达(002686)和龙洲股份(002682)、帝王洁具(002798)等重大资产重组募集配套资金的主承销商,全信股份(300447)、梅泰诺(300038)等重大资产重组募集配套资金的联合主承销商,合计承销金额为262.60亿元。债券业务方面,2017年共发行34只债券(含可转债),包括17东兴F2、17江阴01、17常交01、17安吉01、17瑞康01、济川转债等,合计承销金额为237.76亿元。并购重组业务方面,公司担任了梅泰诺(300038)、中茵股份(600745)、狮头股份(600539)、新潮能源(600777)、诺邦股份(603238)、海默科技(300084)、冠福股份(002102)、科达股份(600986)、亿利达(002686)和龙洲股份(002682)等重大资产重组项目的独立财务顾问。截至2017年12月末,公司共有注册保荐代表人139名,在全部保荐机构中排名第4位。

2017年公司投资银行业务实现营业收入13.56亿元,较上年增长3.88%。

3. 证券投资业务

2017年,公司自营业务一直秉持稳健的投资风格,严格把控投资风险,在合规的前提下开展各项业务。在权益类投资方面,公司在报告期内投资品种包括但不限于二级市场证券、股票网下定向增发、公募基金、基金专户、信托计划及公司发行的资管产品等。其中,二级市场证券的投资规模相对稳定,投资范围以指数成份股为主;其他场外品种投资,均以中低风险的产品为主。在固定收益类投资方面,2017年在金融去杠杆,管好货币总闸门的政策基调下,债券收益率震荡向上。公司在报告期内采取了稳健的投资策略,分别在降规模,控久期,提升信用资质方面进行了调整,从而规避了市场下跌造成的较大冲击。2017年公司证券投资业务实现营业收入2.28亿元,较上年同期下降2.07%。

4. 资产管理业务

2017年,公司资管业务不断提升投资管理能力和风险控制能力,目前已形成量化对冲、多策略、债券、ABS、FOF/MOM、股票质押等主动管理为特色的业务体系。产品创新能力不断增强,产品类型不断丰富,致力于成为多元化、个性化,特色鲜明的差异化资产管理服务提供商。

2017年,新发行集合计划共计10只,定向计划共计79只,专项计划共计10只。截至2017年12月底,存续的集合资产管理计划共有57只(含清算期),管理规模为92.21亿元;存续的定向资产管理计划共有196只,管理规模达到1 716.06亿元;存续的ABS项目专项资产管理计划共有37只,管理规模为292.08亿元。

2017年,公司ABS业务稳中有增,并再次荣获上海证券交易所"资产支持专项计划优秀管理人"称号。公司成功发行国金-阆中天然气资产支持专项计划,该专项计划为国内首单精准扶贫的ABS项目,被四川省脱贫攻坚领导小组作为"证券+扶贫"的正面典型报送国务院扶贫办。

5. 信用交易业务

2017年,公司信用交易业务稳步发展。期末信用账户累计开户数为6.33万户,较上年末增长约6%。报告期末公司的融资融券余额为75.06亿元,较上年末上升17%,市场占有率为7.17‰(数据来源:沪深交易所)。报告期内公司取得融资融券利息收入49 564.37万元。

2017年,自有资金出资的股票质押式回购交易客户参与数163户,期末待购回客户数为130户,待购回金额为44.52亿元,利息收入23 558.50万元(注:均为母公司口径)。

6. 新三板业务

新三板业务在2017年度继续稳步发展,但随着股转公司对挂牌准入要求的提高以及监管力度的不断加大,新三板推荐挂牌业务在2017年有所放缓;公司在维护原有的新三板企业客户的基础上继续开拓优质新三板挂牌企业和做市企业,为客户提供更为全面、更为专业的服务。

2017年,公司共完成春天生态、鸿泰时尚、红叶风电、旭梅科技、沐家家居等推荐挂牌项目14个,期末在审项目1个;为50家挂牌企业完成定向增发,合计融资36.95亿元。截至2017年底,公司尚在履行持续督导职责的挂牌企业家数为

169 家;公司持续督导新三板纳入创新层的家数为 36 家;截至期末公司做市交易已上线项目 29 个,分别为:海容冷链、南方制药、宏源药业、恒立数控、福生佳信等,其中 4 个为 2017 年新增上线项目。因挂牌企业拟 IPO 或内部决策等原因,共有 10 家挂牌企业的交易方式从做市交易转为协议转让。

7. 境外业务

国金证券(香港)有限公司(以下简称“国金香港”)和国金财务(香港)有限公司(原粤海融资有限公司,以下简称“国金财务香港”)为公司的境外子公司。截至 2017 年 12 月 31 日止,国金香港持有香港证监会核发的第 1 类牌照:证券交易;第 2 类牌照:期货合约交易;第 4 类牌照:就证券提供意见;第 6 类牌照:就机构融资提供意见;第 9 类牌照:提供资产管理,以及持有香港放债人牌照。另外,国金香港于 2013 年 12 月获得中国证监会核发的 RQFII 资格,获批额度为人民币 10 亿元。国金财务香港亦持有香港放债人牌照。

目前,国金香港的主要业务包括销售及交易业务(为股票和期货产品提供交易服务);投资银行业务(股票承销和财务顾问)和资产管理业务。

2017 年度国金香港代理股票交易量 169.65 亿港元,代理期货合约交易量 21,818 张;参与证券承销项目 11 个,参与财务顾问项目 5 个。截至 2017 年 12 月 31 日,资产管理业务受托资金 1.72 亿港元,RQFII 业务受托资金 0.75 亿元人民币。

地址:四川省成都市青羊区东城根上街 95 号
成证大厦 16 楼
邮编:610015
电话:028 - 86690021
邮箱:bgs@ gjzq. com. cn
网址:www. gjzq. com. cn

国联证券股份有限公司

【公司简介】

国联证券股份有限公司创立于 1992 年 11 月,前身为无锡市证券公司,2008 年 5 月通过改制更名为国联证券股份有限公司,注册资本 19.024 亿元人民币,2015 年 7 月 6 日在香港联合交易所上市交易,股票代码为“01456”。经过二十五年的发展,已经形成经纪业务、资产管理、证券投资、融资融券业务等在内较为完善的业务体系,是一家中型综合性券商。公司拥有全资子公司国联通宝资本投资有限责任公司和华英证券有限责任公司,参股中海基金管理有限公司和江苏股权交易中心,形成了证券、基金、直接投资为一体的经营格局。

根据中国证券业协会的统计。截至 2017 年末,在 129 家证券公司中,公司总资产、净资产和净资本排名分别为 62、66、63 位。报告期内,公司营业收入、净利润行业排名分别为 70 和 61 位(非合并口径)。

公司在无锡地区具备强有力的市场竞争力和品牌影响力。截至 2017 年末,公司累计拥有客户 102 万户,客户资产规模累计人民币 1 305 亿元,其中,无锡地区客户达 72 万户,占客户总数的 70%,证券经纪业务领跑无锡地区市场。公司累计为 19 家无锡企业实现新三板挂牌;为 14 家无锡企业股权融资 3.06 亿元;为 3 家无锡企业完成并购重组工作,涉及资产规模 1.09 亿元;为 13 家无锡企业提供做市商服务;为 36 家无锡企业提供持续督导服务。

2017 年,公司被中央国债登记结算有限责任公司表彰为 2016 年度债券优秀发行人之“证券公司短融发行人”;获上证所信息网络有限公司、深圳证券信息有限公司联合颁布的“2017 年度证券信息服务安全运行奖”;获“宿松县希望工程爱心企业”称号。

2017 年全年,本集团实现营业收入合计人民币 12.62 亿元,同比下降 31.30%;实现归属于上市公司股东的净利润人民币 3.61 亿元,同比下降 40.75%。截至 2017 年 12 月 31 日,本集团资产总额人民币 240.66 亿元;归属于上市公司股东的净资产人民币 75.93 亿元,加权平均净资产收益率 4.82%。

【主营业务经营情况】

本集团业务可分为经纪业务、投资银行业务、资产管理及投资业务、信用交易业务、证券投资业务五大板块。

(一)经纪业务

报告期内,经纪业务实现营业收入人民币 5.45 亿元,较 2016 年下降 28.13%。

1. 证券经纪

2017 年,在传统证券经纪业务盈利空间持续压缩、同质化竞争愈演愈烈的形势下,公司以“做大客户基数、做大资产规模”为目标,以提升客户体验为宗旨,全力为客户提供专业高效的综合性财富管理服务。工作上,一是以客户需求为导向,以投资者适当性管理要求为原则,以营销竞赛活动为抓手,持续做大做强产品销售;二是在控制风险、规范发展的基础上推进包括两融、小贷在内的信用交易业务和期权业务,通过相应的增值服务策略开发,带动公司现货、期权业务的联动发展;三是力推沪港通和深港通创新业务。同时,以“全面提升综合能力,做大业务基数”为指导思想,积极调整战略部署,坚守合规风控底线,加大工作铺垫力度,取得了一定成效。

2017 年,本公司代理买卖证券业务净收入为人民币 3.95 亿元,同比下降 28.28%,排名行业第 50 位;2017 年,本公司股票、基金交易金额人民币 13 527.9 亿元,市场占有率 0.56%,较 2016 年下降 8.20%。截至 2017 年末,本公司客户总数 102.4 万户,较 2016 年末增长 16.23%。

2. 其他服务

2017 年,本公司大力发展金融产品代销业务,满足客户多元化的产品需求。2017 年,本公司金融产品销售量为人民币 324.04 亿元,同比上升 19.62%。其中:自主研发资产管理产品销售量为人民币 303.94 亿元,同比上升 19.75%;第三方基金产品销售量为人民币 14.73 亿元,同比上升 11.34%;第三方信托产品销售量为人民币 2.67 亿元,同比下降30.65%;其他金融产品销售量为人民币 2.7 亿元。

为满足客户多元化的理财需求,本公司持续提供期货 IB 业务。截至报告期末,本公司共有 38 家营业部获得期货 IB 业务资格,开展期货 IB 业务,期货 IB 业务商品期货存量账户共 1 597 户,金融期货存量账户共 325 户。2017 年,新增商品期货账户 156 户,新增金融期货账户 13 户,IB 业务实现收入人民币 67.18 万元。

公司于 2014 年 10 月取得了沪港通业务资格,截至 2017 年末,公司沪港通业务开户数 8 147 户。2017 年,沪港通业务产生的交易量为港币 18.66 亿元,佣金收入为人民币 89.26 万元。公司于 2016 年 11 月取得了深港通业务资格,截至 2017 年末,公司深港通业务开户数 3 070 户。2017 年,深港通业务产生的交易量为港币 10.98 亿元,佣金收入为人民币

49.45 万元。

上证 50ETF 期权市场全年交易活跃,公司期权经纪业务稳步提升。报告期内,实现佣金收入 228.42 万元,同比增长 43.81%。截至 2017 年末,本公司沪市期权经纪业务合约账户存量数 1 102 户;2017 年,本公司沪市期权经纪业务累计成交张数 104.85 万张,年度累计成交量市场份额 0.49%,同业排名第 31 位,同比上升 1 位。

2017 年,公司创新投顾业务模式,搭建在线投顾业务平台,打破区域限制,集中投顾资源推广投顾业务。投顾签约数和收入均有所增长。2017 年,共有 372 个客户与本公司签署了投资顾问服务协议,同比增长 190.63%,投资顾问业务收入人民币 101.85 万元,同比增加了 14.83%。

二、投资银行业务

本公司投资银行业务由下属的华英证券开展,同时,本公司作为主办券商为企业提供新三板推荐挂牌、做市、定增等服务。2017 年,投资银行业务实现营业收入人民币 2.36 亿元,较 2016 年下降 49.04%。

2017 年,华英证券面对外部政策、市场的双重挑战,和内部股东变更、组织结构调整等新变化,制定实施了做大基础业务、深耕根据地业务和综合金融协同"三大战略",主动作为,逆势奋进。2017 年,华英证券累计实现营业收入人民币 1.95 亿元,实现利润总额人民币 3 969 万元。

1. 股权融资

2017 年,华英证券共完成股权项目 2 单,其中 IPO 承销保荐项目 1 单,股票联合承销 - 配套融资项目 1 单,合计承销规模人民币 4.27 亿元。截至 2017 年末,华英证券还有证监会申报在审股权类项目 2 单。

2. 债权融资

2017 年,华英证券共完成债券主承销项目 12 单,债券分销项目 7 单,合计承销规模人民币 97.6 亿元。截至 2017 年末,华英证券还有已取得批文、待发行债券项目 6 单,待发行规模人民币 61 亿元;申报在审债券项目 14 单。

3. 财务顾问

2017 年,华英证券共完成财务顾问项目 24 单,实现财务顾问净收入人民币 1 486.41 万元。

4. 新三板

2017 年,新三板业务增长平缓。本公司共完成推荐挂牌项目 19 个,2017 年新增推荐挂牌家数市场排名第 36 位(数据来源:Wind),实现推荐挂牌业务收入人民币 1 729.23 万元。

做市业务方面,截至 2017 年末,本公司参与做市的新三板企业累计为 81 家(其中 18 家变更为协议转让企业),做市投入资金累计达人民币 7 031.70 万元。2017 年,本公司实现投资收益人民币 269.2 万元。

资本市场服务方面,2017 年,本公司协助 25 家企业完成股票定向发行工作,发行规模达人民币 9.91 亿元。另外,2017 年,本公司共完成 2 单并购重组业务。资本市场服务实现业务收入人民币 287.92 万元。

持续督导方面,截至 2017 年末,本公司累计持续督导家数 122 家,实现业务收入人民币 974.69 万元。

三、资产管理及投资业务

2017 年,资产管理及投资业务实现营业收入人民币 64.12百万元,较 2016 年下降 52.15%。

1. 资产管理

2017 年,我国经济在防范风险、去产能的总基调下,全面升级金融监管,进一步规范影子银行、打破刚兑、统一大资管业务,给资产管理行业带来了巨大的改变与挑战。截至 2017 年末,证券期货经营机构资产管理业务总规模约人民币 53.6 万亿元,较 2016 年同期上升 3.49%。

2017 年,公司深耕主动管理领域,不断提升主动投资管理能力,搭建精英团队,注重风险把控,在固收业务、量化业务、私募 FOF 基金、融资类业务等方面取得了较大突破和良好业绩,满足客户多元化需求,为客户带来具有市场竞争力的投资回报。

截至 2017 年末,本公司受托资产管理规模人民币 260.86 亿元,同比增长 12.24%;其中集合资产管理计划人民币 84.21亿元,同比增长 7.41%;定向资产管理计划人民币 169.15亿元,同比增长 17.04%;专项资产管理计划人民币7.5 亿元。本公司管理的资产管理产品共计 94 只,其中集合资产管理计划 37 只,定向资产管理计划 56 只,专项资产管理计划 1 个。

2. 直接投资

2017 年,根据中国证券业协会《关于发布〈证券公司私募投资基金子公司管理规范〉及〈证券公司另类投资子公司管理规范〉的通知》等相关文件,国联通宝拟变更为私募投资基金子公司,国联通宝计划以后不再开展利用自有资金进行直接股权投资业务。国联通宝已按相关要求进行规范整改。截至 2017 年 12 月 31 日,国联通宝已列入中国证券业协会网站公示的第四批整改方案经联合机制审查认可的证券公司及其私募基金子公司等规范平台名单,国联通宝可以据此办理有关私募基金管理人登记和产品备案。相关工商变更登记手续尚在办理当中。

整改获通过前,本集团直接投资业务由本公司全资附属公司国联通宝开展,2017 年,由于正处整改期间,国联通宝原有基金投资期已结束,无法进行新项目投资,完成盈利退出的投资项目 2 个。

四、信用交易业务

2017 年,信用交易业务实现营业收入人民币 2.59 亿元,较 2016 年增加 32.80%。

1. 融资融券

2017 年 A 股市场风格转向价值投资,结构性行情导致个股走势分化明显,券商间行业竞争愈发激烈,本公司信用交易业务受到一定的影响,但总体发展较为稳定。在业务发展的同时,本公司积极响应监管部门适当性管理新规的要求,严格遵守合规要求,加强业务风险管理,提高风险控制水平。截至报告期末,本公司未发生大面积平仓事件和重大投诉纠纷事件。

2017 年,本公司以用户需求和体验为核心,积极拓展客户增值服务,满足了客户多层次的需求;同时积极梳理公司融资融券业务架构,包括推进优化员工激励措施、制定融资融券利率定价模型等,有效促进了融资融券业务发展;此外,在技术层面优化融资融券业务,为客户提供了更为便捷、人性化的操作体验,同时提高了融资融券业务整体效率。

截至 2017 年末,客户信用账户开户总数为 18 968 户,较 2016 年底的 16 015 户增长 18.44%;客户融资融券总授信额度为人民币 454.09 亿元,较 2016 年底的人民币 399.52 亿元增长 13.66%;融资融券余额为人民币 46.39 亿元,较 2016 年底的人民币 43.79 亿元上升 5.94%。截至报告期末,本公司融资融券余额的市场占有率为 0.45%,较 2016 年底的0.47%略有下降。

2. 约定式购回及股票质押式回购

2017 年度，本公司深耕无锡及周边上市公司，以成熟的业务承揽方式、高效的项目评审流程和灵活的业务细节处理不断拓展与各家上市公司的合作，在股票质押式回购业务上实现了跨越式发展。截至报告期末，本公司以自有资金对接的场内股票质押式回购待购回初始交易金额为人民币 50.82 亿元，较 2016 年底的人民币 9.94 亿元净增 40.88 亿元，净增长幅度达到 411.27%。除上述大宗股票质押式回购业务以外，本公司积极响应零售客户需求，持续推进小额股票质押式回购业务（即“小融宝”业务）并完善交易方式，实现移动终端便捷交易。截至报告期末，“小融宝”开户数达 9 488 户，较 2016 年底的 7 257 户增长 30.74%；“小融宝”余额规模超过人民币 105.13 百万元，较 2016 年底的人民币 73.17 百万元增长 43.68%。

五、证券投资业务

截至 2017 年末，证券投资业务实现营业收入人民币2.16 亿元，较 2016 年增加 47.74%。

2017 年，本公司权益类证券投资业务始终坚持价值投资理念，以挖掘低估值、业绩增长确定的投资品种为主要投资思路，密切跟踪重点行业板块，加强价值分析。报告期内，国内 A 股市场震荡上行，港股恒生指数也呈现持续上涨，本公司权益投资业务重点加大了对蓝筹股和港股通品种的配置规模，取得了较好的效果，2017 年权益收益率跑赢沪深 300 指数收益率。

本公司固定收益类证券投资业务以持有到期为主要投资策略，执行风险可控下的中久期、适度杠杆的灵活操作策略，投资品种以中高信用评级债券为主。本公司在对 2017 年市场利率总体上行的判断基础上，坚持低仓位、低杠杆的稳健操作策略。

地址：江苏省无锡市太湖新城金融一街 8 号
国联金融大厦
电话：0510－82833209
客户电话：95570
邮箱：glsc@glsc.com.cn
网址：www.glsc.com.cn

国融证券股份有限公司

【公司简介】

国融证券股份有限公司（原日信证券有限责任公司，以下简称“国融证券”）是经中国证监会核准的综合性证券公司。公司成立于 2002 年 4 月，注册资本为 1 782 511 536 元人民币。公司主要股东包括长安投资集团、普润投资、内蒙古日信担保集团等国内知名大中型企业。

公司秉承“合规经营、稳健发展”的经营理念，自成立以来，资产质量一直保持优良，经营业绩稳步提高，拥有较高的市场美誉度。

公司在全国设有近百家分支机构，旗下控股国融基金管理有限公司和北京首创期货有限责任公司，拥有一家全资子公司国融汇通资本投资有限公司。

公司拥有一支专业、高素质的人才队伍，在投资、融资、交易、托管以及证券研究、产品设计、风险管理及定价等方面拥有经验丰富的专家团队，致力于为客户提供卓越的金融服务。“规范守法、诚信尽职”是公司发展经营中恪守的最高准则，在步入规范发展的繁荣轨道后，面对激烈的市场竞争，公司将继续秉承“稳健、长远”的经营思路，进一步增强“改革、创新”意识，完善经营管理体制和运行机制，稳步前进，全面提升服务品质，打造公司核心竞争能力。

【主要业务经营概况】

一、证券经纪业务

2017 年母公司证券经纪业务实现营业收入 9 221.30 万元，同比下降 26.82%。

证券经纪业务从营销团队建设、培训体系建设、产品池建设、客户池建设等方面逐步搭建公司和营业部营销体系；稳步推进集中运营工作，营业部柜台业务实现总部集中复核，节约经营成本、降低运营风险；在部分地区试行区域督导管理，提升运营效率；对营业部重新进行分类管理与分类考核，最大限度发挥各分支机构的优势，提高战斗力。

二、投资银行业务

2017 年母公司投资银行业务实现营业收入 37 874.39 万元，同比增长 22.27%。

债券业务规模实现逆势增长，股权业务抢抓“发审提速”机遇，新三板业务继续巩固行业领先地位。公司全年共发行债券 32 只，合计规模 152.1 亿元，同比增长 15.8%，行业排名显著提升；完成 IPO 项目 1 单，继续保持项目过会率 100%；新增新三板挂牌公司 92 家，跻身行业前 3。

三、证券投资业务

2017 年母公司证券投资业务实现投资收益 31 024.77 万元，同比下降 7.22%。

债券自营业务在 2017 年采取较为稳健的投资策略，合理控制久期和杠杆水平，提升信用债整体资质，并利用对冲手段有效对冲利率风险，取得了良好的回报；公司获得银行间债券市场尝试做市商资格，市场影响力进一步扩大；股票自营投资风格趋于稳健，收益率波动收窄且稳中有升，投资结构日趋完善。

四、客户资产管理业务

2017 年母公司资产管理业务全年实现营业收入 3 053.10 万元，同比增长 31.59%。

母公司受托管理客户资金 263.67 亿元。其中，定向资产管理业务受托资金 205.74 亿元，集合资产管理业务受托资金 32.62 亿元，资产证券化业务受托资金 25.13 亿元。

五、证券金融业务

2017 年母公司证券金融业务全年实现营业收入 11 264.71万元，同比增长 64.07%。

母公司融资融券业务规模为 8.41 亿元、股票质押式回购业务规模为 18.23 亿元。

地址：北京市西城区闹市口大街 1 号
长安兴融中心西楼 11 层
邮编：100031
电话：010－83991888
传真：010－88086637
网址：www.grzq.com

国盛证券有限责任公司

【公司简介】

国盛证券有限责任公司成立于 2002 年 12 月，前身是江西省国际信托投资公司、江西省发展信托投资股份有限公司和赣州地区信托投资公司等三家信托投资公司的证券业务。2001年,根据国务院信托整顿、信证分业有关政策精神,江西省人民政府启动了省内三家信托投资公司的分业重组工作。2016年4月成为国盛金融控股集团股份有限公司(股票代码:002670)全资子公司,注册资本46.95亿元。2017年6月,完成注册资本增至469 534.62万元的工商变更登记。截至2017年末,公司注册资本为469 534.62万元。公司总部位于江西南昌,在北京、上海、深圳等全国重点城市设立业务管理总部,在31个省(市、自治区)设立246家分支机构。形成了立足江西,辐射全国的业务格局。

国盛证券作为一家全牌照券商,"以卓越服务立业、以改革创新驱动、以控制风险安身、以金融科技图强"的经营理念,为客户提供资本市场全产业链产品及便捷的一站式综合金融服务。经营范围包括证券经纪、证券自营、证券主承销与保荐、证券投资咨询、财务顾问、融资融券、转融通、代办系统主办券商、中小企业私募债、约定购回式证券交易、证券投资基金销售、新三板做市商、港股通、股票期权等。并拥有资产管理、期货、私募基金等子公司,参股公募基金及中证机构间报价系统股份有限公司。业务布局完善,协同效应显著。

展望未来,国盛证券将继续投身于新时代中国特色社会主义建设的伟大征程,不忘初心,牢记使命,以新时代的担当精神,致力于将公司打造成为一家具有核心竞争力的、国内一流的全方位金融服务公司,以共赢开启各方合作光明前景。

【公司核心竞争力】

一、网点实现全国性布局

截至报告期末,国盛证券共有营业网点244家(以轻型营业部为主),分公司3家,分布于北京、上海、深圳、天津、杭州等国内中心城市及江西省各地市,在全国所有券商营业网点数量排名中处于较前位次。报告期内,国盛证券还获得江西证监局关于新设近20家证券分公司的批复,该等分公司的陆续筹建将进一步提升国盛证券全国性服务与营销能力。

二、具备提供全方位服务的资质

公司及子公司国盛期货、国盛资管、上海全钰,是全国银行间和交易所同业拆借及债券市场成员单位、机构间私募产品报价与服务系统参与人、港股通首批参与人。国盛证券拥有证券经纪、证券自营、证券承销与保荐、证券资产管理、证券投资咨询、财务顾问、融资融券、转融通、股转系统主办券商、约定购回式证券交易、股票质押式回购证券交易、代销金融产品、证券投资基金销售、新三板做市商、港股通、上海股票期权等多种业务资格,能够为客户提供一揽子综合金融服务。国盛证券致力以人性化服务提升客户体验,结合互联网平台建设,成为线上线下综合金融服务运营商。

三、团队实力不断增强

报告期内,国盛证券积极引进具有丰富行业经验的经营团队以及行业一线人才,为业务发展打下良好基础。

地址:江西省南昌市红谷滩新区凤凰中大道1115号
北京银行大厦
邮编:330046
客服电话:400-822-2111
邮箱:gs_hjzx@gszq.com
网址:www.gszq.com

国泰君安证券股份有限公司

【公司简介】

国泰君安,中国证券行业长期、持续、全面领先的综合金融服务商。国泰君安跨越了中国资本市场发展的全部历程和多个周期,始终以客户为中心,深耕中国市场,为个人和机构客户提供各类金融服务,确立了全方位的行业领先地位。2011-2017年,国泰君安的营业收入连续七年名列行业前三,在致力于实现高质量增长、规模领先的同时,注重盈利能力和风险管理。自2008年以来,国泰君安连续十一年获得中国证监会授予的A类AA级监管评级,该评级是迄今为止中国证券公司获得的最高评级。

在二十余年创新发展过程中,国泰君安逐渐形成了风控为本、追求卓越的企业文化,成为中国资本市场全方位的领导者以及中国证券行业科技和创新的引领者。这样的成绩源自于全体国泰君安人的共识:客户至上、统筹兼顾的利益观,风控为本、追求卓越的业务观,以人为本、协同协作的人才观,创新超越、珍惜声誉的处世观;源自于对共识的高度认同和持续实践。

截至2017年末,国泰君安实现营业收入238.04亿元,同比降低7.61%;归属于上市公司股东的净利润98.82亿元,同比增长0.41%;归属于上市公司股东的扣除非经常性损益的净利润同比增长11.61%。我们拥有国泰君安金融控股有限公司、上海国泰君安资产管理有限公司、国泰君安期货有限公司、国泰君安创新投资有限公司4家全资专业子公司以及上海证券有限责任公司、国联安基金管理有限公司2家控股专业子公司,分别在境内外从事相关业务,并在境内共设有32家分公司、414家证券营业部和19家期货营业部,营业网点遍布全国30个省、自治区和直辖市。

基于在中国本土强大的竞争优势,未来,国泰君安将主动满足客户跨境需求,务实推进国际化,建立覆盖全球的业务网络和执行能力,为客户提供综合金融服务,努力成为根植本土、覆盖全球、有重要影响力的综合金融服务商。

【公司核心竞争力】

一、根植于心的企业文化:风控为本,追求卓越

国泰君安(以下称"本集团")自成立以来形成了改革创新、锐意进取的经营理念和企业文化,推动了本集团的长期持续全面发展。近年来,集团积极践行《国泰君安共识》,进一步增强了凝聚力和文化认同。

本集团坚信风险管理是证券公司的首要核心竞争力。报告期内,本集团深入推进合规及风险管理体系建设,完善风险快速应对机制,上线全面风险管理平台,制定完成风险管理手册,推进子公司并表管理,业务层面重点风险防范措施取得较好效果。迄今,本集团已连续十年获得中国证监会授予的A类AA级监管评级。

本集团追求卓越,致力于选拔最优秀的人才、为客户提供最优质的服务。报告期内,集团启动职业经理人薪酬制度改革,进一步选优配强干部队伍,持续完善薪酬和绩效管理体系。同时,集团持续完善零售客户和企业机构客户服务体系,通过高质量的服务,拓展客户基础,提升客户粘性。截至2017年末,本集团机构客户数2.6万户、较上年末增加11.14%,个人金融账户数超过1 110万户、较上年末增加21.84%。2015-2017年,与本集团合作项目数量达2个或以上的投行客户数达221名。

二、中国资本市场全方位的领导者

本集团规模持续领先，盈利能力突出。2007 - 2017 年，本集团的净利润一直居于行业前 3 位；2011 - 2017 年，本集团的营业收入、总资产连续七年排名行业前 3 位。2017 年，本公司完成 H 股及可转债发行，综合竞争力进一步提升。根据公开资料统计，2017 年，本集团营业收入和净利润分别排名行业第 3 位及第 2 位，总资产、净资产分别排名行业第 3 位、第 2 位。

本集团业务体系全面均衡，主营业务稳居于行业前列。报告期内，在机构金融业务方面，本集团股权融资承销金额排名行业第 2 位，股票质押回购融出资金排名行业第 2 位；在个人金融业务方面，本集团代理买卖证券业务净收入（含席位租赁）排名行业第 1 位，融资融券余额排名行业第 2 位，本公司的代理销售金融产品净收入排名行业第 1 位，国泰君安期货在中国金融期货交易所累计成交量排名行业第 3 位；在投资管理业务方面，资产管理业务受托资金及月均主动资产管理规模均排名行业第 3 位；国际业务方面，国泰君安国际业绩显著增长，主要经营指标继续排名香港地区中资券商前列，2016 至 2017 年 IPO 累计保荐项目数量在中国香港排名第 1 位。

（三）中国证券行业科技和创新的引领者

本集团高度重视对信息科技的战略性投入，持续推进自主信息科技创新，是信息科技在证券行业应用的先行者。报告期内，集团推进金融科技发展，着力打造智能化 APP，发布君弘灵犀品牌，构建数字化机构服务体系。期末手机终端用户突破 2 200 万户、较上年末增加 83.33%，覆盖率排名行业第 3 位，月活跃度排名行业第 2 位。

本集团具有突出的创新能力，是行业创新的先行者之一。报告期内，集团积极推进 FICC、资产托管、财富管理及金融科技的发展，巩固了在这些领域的领先优势。公司首批取得债券通做市商资格，获准试点开展跨境业务及人民币利率收益互换清算代理业务，以 FICC 为核心的综合金融交易业务链基本建立，客需产品实现了收益凭证、报价回购、收益互换、场外期权、利率互换等业务类别的全覆盖；托管外包业务规模跃居行业第 2 位，公募基金托管规模在证券公司中排名第 1 位。

地址：上海市浦东新区来安路 685 号
邮编：201201
电话：021 - 38676798
传真：021 - 38670798
邮箱：dshbgs@ gtjas. com
网址：www. gtja. com

国信证券股份有限公司

【公司简介】

国信证券股份有限公司（简称“国信证券”）前身是 1994 年 6 月 30 日成立的深圳国投证券有限公司。公司总部设在深圳，法定代表人为何如。

经过 20 多年的发展，国信证券已成长为全国性大型综合类证券公司：截至 2017 年末，注册资本 82 亿元；员工总数 9 109人；在全国 119 个城市和地区共设有 51 家分公司、166 家营业部；拥有国信期货有限责任公司、国信弘盛创业投资有限公司、国信证券（香港）金融控股有限公司 3 家全资子公司；50% 参股鹏华基金管理有限公司。经营范围涵盖：证券经纪，证券投资咨询，与证券交易、证券投资活动有关的财务顾问，证券承销与保荐，证券自营，证券资产管理，融资融券，证券投资基金代销，金融产品代销，为期货公司提供中间介绍业务，证券投资基金托管业务和基金服务业务，股票期权做市，商品期货经纪，金融期货经纪，期货投资咨询、资产管理，受托管理股权投资基金，创业投资业务，代理其他创业投资企业等机构或个人的创业投资业务、创业投资咨询业务，为创业企业提供创业管理服务业务，参与设立创业投资企业与创业投资管理顾问机构，香港证券经纪业务、融资业务及资产管理业务等。

2014 年 12 月 29 日，公司首次向社会公开发行股票并在深圳证券交易所上市交易，证券代码“002736”。截至 2017 年底，公司总资产 1 996. 38 亿元，净资产 521. 43 亿元，（母公司）净资本 445. 52 亿元。国信证券 2013 年至 2016 年的总资产、净资产、净资本、营业收入、净利润等五项核心指标均进入行业前十。

2017 年，公司实现营业收入 119. 24 亿元；归属于上市公司股东的净利润 45. 75 亿元。公司主要经营指标持续保持行业前列。公司代理买卖手续费净收入市场份额 4. 83%，行业排名第三；完成股票及可转债承销 46 家，市场份额为5. 64%，排名行业第五，其中完成 IPO 项目 28 个，行业排名第四；新三板新增挂牌企业 35 家，新增融资金额 59. 59 亿元，行业排名第五。

展望未来，国信证券将继续弘扬“务实、专业、和谐、自律”的企业精神，始终秉持“创造价值、成就你我”的核心理念，开拓进取，不断创新，全力打造国际一流投资银行。

【公司主要业务市场地位】

证券经纪：在行业内较早推行全面客户关系管理，零售经纪客户超过 600 万，托管客户资产达 1. 04 万亿元。拥有近 1 000人的专业投资顾问团队，以及 3 000 多种“金色阳光”系列服务产品。建立了技术领先、功能完善的“鑫网”（www. guosen. com. cn）、金色阳光“藏金阁”网络营业部、“金太阳”手机证券、“95536”电话理财中心、国信理财“微”服务体系（官方微博、微信）等多层次综合理财服务平台。通过国信 TradeStation 等专业交易平台，向活跃交易客户提供交易策略、订单执行、风险管理等一站式综合交易服务。实施“精品营业部”品牌营销战略，把分支机构打造成公司业务的地域支点。根据 2017 年深圳市场股基交易量统计，公司深圳泰然九路、上海北京东路等 2 家营业部总交易量进入行业前十国信证券是行业前八家创新试点证券公司之一，创新能力、竞争优势和市场地位突出。

投资银行：具备业内一流的“全价值链”综合服务能力，可为企业客户提供 IPO、非公开发行、增发、优先股、配股等股权融资服务，公司债、企业债等债权融资服务，直接投资、境内外并购重组、改制重组、私募融资等财务顾问服务，以及市值管理等全价值链专业服务。国信证券是市场唯一一家连续 6 年（2007 - 2012 年）被深交所评为“最佳保荐机构”的券商（2013 年至今深交所未再进行评选）。国信投行拥有 600 多人的专业团队，其中注册保荐代表人超过 160 人，保荐代表人数量连续 12 年（2006 - 2017 年）位居行业前三。2017 年，完成股票承销项目 46 个，市场份额 5. 64%，排名行业第五；其中，完成 IPO 项目 28 个，承销金额共计 152. 76 亿元，排名行业第三；完成非公开发行等股票再融资项目 18 个，排名行业第六；完成可转债项目 3 个，排名行业第一。

固定收益：拥有集固定收益证券发行承销、销售交易、投资研究于一体的综合服务能力。业务资格包括：企业债、公司债、非金融企业债务融资工具、金融债等固定收益品种主承销资格；政策性银行金融债券承销团成员；银行间同业拆借市场业务资格；银行间/交易所债券市场成员；资产支持专项计划管理人；非金融企业债务融资工具报价商；上海证券交易所固定收益证券综合电子平台一级交易商。2017 年，承销债券家数 69.25 只，承销规模 794.29 亿元（按联主家数均分数据）。

资产管理：国信资管运作规范稳健，在行业内首创集合理财产品合同电子化，并被证监会确定为行业标准，形成了良好的市场声誉。业务范围涵盖集合资产管理、定向资产管理和资产证券化业务等全部资产管理业务类别。拥有齐全的产品线，包括货币类投资产品、固定收益类投资产品，量化投资类产品和非标投资类产品，以及股票类产品、FOF 产品和新三板投资产品等，并推出了多种类型的 QDII 产品。国信资管总部投资经理平均证券从业年限超过 10 年，对资本市场具有较强的研究判断能力，可根据客户风险收益偏好进行量身定制，满足不同层次的财富管理需求。截至 2017 年底，公司资产管理净值达到 1 954.86 亿元。

研究业务：实施行业首席分析师制，创新卖方研究服务模式，确立了研究业务的制度优势。近年来，敏锐把握中国经济结构转型升级和互联网变革时代的研究需求，全面优化研究资源配置，并针对中国企业海外上市公司开展海外市场研究，探索专业化、精品化、国际化研究路径。国信证券拥有一支由 80 多名研究员组成的研究服务团队，研究力量覆盖符合中国经济发展方向的战略性新兴产业、大消费行业以及宏观、策略、金融工程、固定收益等高价值领域。公司在社会服务、环保、军工、固定收益、通信、电子、房地产、医药生物、非银等领域的研究实力处于行业领先水平。历年来在《新财富》“最佳分析师”评选中共有 100 多人次上榜。此外，积极探索研究业务新模式，提供政府产业规划、招商引资、高端培训等专项研究咨询服务，实现研究服务产品化、项目化，逐步形成核心优势。

机构业务：国信证券拥有一支专业的机构销售交易团队，连续多年获评《新财富》“最佳销售团队”，依托于公司各项业务资源及优势，向社保基金、公募基金、保险资管、私募基金等专业机构投资者提供研究服务、专家咨询、调研等服务，帮助机构把握投资机会；为集团企业等机构提供投资顾问服务；紧贴市场热点，引入优质金融产品组织销售，满足财富管理客户多元化的资产配置需求；自主开发“做市商对冲交易系统”及多项交易策略，成为业内首家实现对冲模式下双边自动报价的流动性服务提供商；通过种子基金帮助优秀的私募基金管理人做大做强。国信国际机构业务发展迅速，目前服务来自欧美、香港、台湾、韩国、新加坡等海外市场的 QFII/RQFII 客户家数排名行业前列。

资本中介：首批获得融资融券业务、转融通业务试点资格的券商，具有交易系统稳定、征信流程高效、策略服务专业、资金实力雄厚等综合优势；同时大力发展股票质押回购、约定购回式证券交易、股权激励行权融资等创新型资本中介业务，满足客户多样化融资需求。截至 2017 年底，公司融资规模排名行业第十，融券规模排名行业第四；股票质押自有资金出资余额排名行业第五。

场外市场：首批获得股份报价转让业务主办券商资格的证券公司，致力于在全国中小企业股份转让系统为广大中小企业提供推荐挂牌、定向增资、并购重组、做市交易、转板上市等专业服务。2017 年，新增挂牌企业 35 家；全年融资金额 59.59 亿元，排名行业第五。

地址：广东省深圳市红岭中路 1012 号国信证券大厦
邮政编码：518001
电话：95536
总机：0755 - 82130833
传真：0755 - 82130570
网址：www.guosen.com.cn

国元证券股份有限公司

国元证券股份有限公司（以下简称“公司”）是由原安徽省国际信托投资公司和原安徽省信托投资公司作为主发起人，于 2001 年 10 月成立。2007 年 10 月 30 日以股权分置改革为契机，公司借壳“北京化二”成功在深圳证券交易所上市。公司注册资本 3 365 447 047 元。

2017 年，公司 42 亿定增顺利完成，总资产 797 亿元，净资产 254 亿元，全年实现营业收入 35.11 亿元，增长 4.0%；利润总额 15.52 亿元，下降 12.61%；净利润 12.24 亿元，下降 14.23%；每股收益 0.40 元，净资产收益率 5.55%。

2017 年，公司各业务板块稳中有进、协调发展，信用、资管和投行收入、利润更是创历史新高。经纪业务收入 10.42 亿元，全年新设分支机构 26 家，目前 144 家网点、12 家分公司覆盖发达地区和西部潜力地区二三线城市，真正实现了全国性布局；信用业务收入 10.02 亿元，总规模 209 亿元，规模、效益保持稳健增长，已成为公司利润的最大贡献板块；自营业务固定收益、权益投资分别实现收益 2 亿元、6 670 万元，投资稳健；投行业务收入 4.75 亿，全年完成 13 个股权项目，股权融资额超 140 亿元；资管业务收入 1.75 亿元，总规模 1 034 亿元，平台功能发挥效用，在资金渠道开发、同业综合服务等方面取得实效；债券业务发行债券 17 家，承销规模 112.5 亿元，省内企业债市场份额 28%，连续两年居首位；新三板累计推荐挂牌 132 家，有 28 家进入 IPO 辅导期，转板家数市场排名第 4；场外业务在区域市场挂牌、收益凭证发行等方面均取得了积极的进展，开拓出较好的市场空间。

2017 年，恰逢公司上市十周年。经过上市十年、尤其是近几年快速发展，服务实体经济、参与社会公益、履行社会责任，公司社会声誉、公众形象和品牌影响力大幅提升，赢得了广泛赞誉和良好口碑：连续十年荣获深交所信息披露 A 评级；连续四年获省政府支持地方经营业绩考核优秀；首批入围 MSCI 明晟指数；连续三年获中国证券业协会并购重组财务顾问执业能力 A 类评级；2017 年荣获“金融界”上市公司价值评选“最受尊敬董事会”等四项大奖、荣膺“上市公司内部控制百强”、荣获安徽企业“最佳雇主”殊荣。

2018 年，是贯彻党的十九大精神的开局之年，也是公司“十三五”规划承上启下的关键一年。新的一年，公司以党的十九大精神为统领，聚焦“十三五”发展目标，统筹推进“一个中心、两个市场、三项目标、四项策略、五大板块”总体战略，协调推进党建、经营管理各项工作全面发展，坚持稳中求进的工作主基调，坚持新发展理念，以“厚植优势、弥补短板；固本培元、转型发展；守土有责、依法合规；强身健体、防控风险；强化考核、提质增效”为工作思路，按质量效益要求，推动创新发展、打造现代投行、实现争先进位，以更加优秀的业绩、优质的服务、应尽的责任回赠股东、回馈客户、回报社会！

【主要业务经营情况】

1. 经纪业务

2017 年，公司经纪业务立足"弥补短板、强本固体"，狠抓基础客户和基础资产，突出增量考核，激发营业部业务拓展积极性，全年新增 26.3 万客户，较上年同期增长 168.09%。同时，加强营销团队建设，丰富线上线下营销活动；积极发展投顾业务，建设投顾产品线；以客户需求为导向，坚持内设外引，加快产品线建设，满足不同风险偏好客户的多元投资理财需求。

2017 年，公司实现经纪业务净收入 104 248.38 万元，比上年同期下降 21.25%；发生经纪业务成本 72 671.59 万元，比上年同期增长 8.19%；实现经纪业务利润 31 576.79 万元，比上年同期下降 51.57%。其中：母公司实现经纪业务收入 89 672.06 万元，比上年同期下降 25.53%；发生经纪业务成本 58 920.76 万元，比上年同期增长 5.26%；实现经纪业务利润 30 751.30 万元，比上年同期下降 52.27%。国元国际实现经纪业务收入 4 988.28 万元，比上年同期增长 9.54%；发生经纪业务成本 6 189.46 万元，比上年同期增长 13.79%；实现经纪业务利润 -1 201.18 万元，比上年同期减少 315.78 万元。国元期货实现经纪业务收入 9 588.04 万元，比上年同期增长 29.35%；发生经纪业务成本 7 561.37 万元，比上年同期增长 31.35%；实现经纪业务利润 2 026.67 万元，比上年同期增长 22.39%。

2. 证券信用业务

2017 年，公司证券信用业务外抓市场拓展，内抓风控合规，丰富完善动态管理理念，提高灵活自主定价能力，实现融资融券、股票质押两项业务的规模和市场份额双增长。截至 2017 年 12 月 31 日，母公司信用业务余额 209.35 亿元，同比增长 27.33%；融资融券市场份额 1.24%，同比增长 8.8%；股票质押市场份额 0.96%，同比增长 1.05%；融资融券余额、股票质押余额、约定式购回余额行业排名分别为第 20 位、第 32 位和第 6 位。

2017 年，公司实现信用业务净收入 100 231.69 万元，比上年同期增长 18.81%；发生信用业务成本 9 223.31 万元，比上年同期增长 114.04%；实现信用业务利润 91 008.38 万元，比上年同期增长 13.69%。

其中，母公司实现信用业务收入 90 736.23 万元，比上年同期增长 18.47%；发生信用业务成本 5 161.49 万元，比上年同期增长 19.78%；实现信用业务利润 85 574.74 万元，比上年同期增长 18.39%。国元国际实现信用业务利润 5 433.64 万元，比上年同期下降 30.08%。

3. 投资银行业务

2017 年，公司投行业务坚持稳中求进，抓重点、补短板、强弱项，投行业务发展稳定，各项工作迈出坚实步伐，未发生重大风险，有效守住了风险控制的底线。公司全年完成 13 单股权项目、17 单债权项目、推荐 28 家企业在新三板挂牌；投行业务主承销金额 227.78 亿元。

2017 年，公司实现投行业务净收入 47 522.76 万元，比上年同期增长 2.70%；发生投行业务成本 23 369.82 万元，比上年同期增长 12.78%；实现投行业务利润 24 152.94 万元，比上年同期下降 5.47%。

4. 自营投资业务

2017 年，公司积极作为，固定收益业务扩大投资规模，优化持仓组合，适时增添优质品种；权益投资业务加大研究力度，及时调整股票池，把握波段操作机会；三板做市业务实地调研、规范运作；量化投资业务开始实盘操作，研究完善策略。

2017 年，公司实现自营业务收入 66 882.40 万元，比上年同期增长 34.89%；发生自营业务成本 9 979.65 万元，比上年同期增长 151.58%；实现自营业务利润 56 902.75 万元，比上年同期增长 24.75%。其中，母公司实现自营业务收入 38 112.19万元，比上年同期下降 3.70%；发生自营业务成本 5 702.36万元，比上年同期增长 51.38%；实现自营业务利润 32 409.83万元，比上年同期下降 9.49%。国元股权实现自营业务利润 12 177.57 万元，国元国际实现自营业务利润 2 184.14万元，国元创新实现投资业务利润 10 131.21 万元。

5. 资产管理业务

2017 年，公司实现资产管理业务收入 17 521.65 万元，比上年同期增长 23.17%；发生资产管理业务成本 4 778.67 万元，比上年同期下降 17.77%；实现资产管理业务利润 12 742.98万元，比上年同期增长 51.45%。其中：母公司实现资产管理业务收入 15 576.68 万元，比上年同期增长33.12%；发生资产管理业务成本 3 476.47 万元，比上年同期下降 26.42%；实现资产管理业务利润 12 100.21 万元，比上年同期增长 73.44%。国元国际实现资产管理业务收入 1 881.89 万元，比上年同期下降 24.18%；发生资产管理业务成本 1 031.58万元，比上年同期增长 2.94%；实现资产管理业务利润 850.31 万元，比上年同期下降 42.54%。国元期货实现资产管理业务利润 -207.54 万元，比 2016 年同期减少 164.90 万元。

地址：安徽省合肥市梅山路 18 号安徽国际金融中心 A 座
邮编：230001
电话：95578　400-888-8777
邮箱：95578@gyzq.com.cn
网址：www.gyzq.com.cn

海通证券股份有限公司

【公司简介】

海通证券股份有限公司（以下简称"公司"）成立于 1988 年，是国内最早成立的证券公司中唯一未被更名、注资的大型证券公司。2017 年，公司围绕战略目标，坚持稳中求进，积极应对挑战，取得了较好的经营业绩。截至 2017 年 12 月 31 日，公司总资产 5 347.06 亿元，归属于母公司净资产 1 177.55 亿元。2017 年，公司实现营业收入 282.22 亿元，归属于母公司净利润 86.18 亿元；加权平均净资产收益率 7.56%。其中，子公司实现收入 178.22 亿元，占比 60%；海外业务实现收入 48.73 亿元，占比 17%。公司拥有卓越的综合性业务平台和成熟的海外业务平台，经营网点遍及全球 14 个国家和地区；在境内拥有近 340 家证券及期货营业部，在境内外拥有逾 1 000万名客户。

公司前身是上海海通证券公司，于 1994 年改制并发展成全国性的证券公司。2001 年底，公司整体改制为股份有限公司。2002 年，公司完成增资扩股，注册资本金增至 87.34 亿元，成为当时国内证券行业中资本规模最大的综合性证券公司。2005 年，公司成功托管甘肃证券和兴安证券，实现低成本快速扩张，同年公司成为创新试点券商。海通证券A股于2007年在上海证券交易所挂牌上市并完成定向增发。2009年,公司成功收购中国香港本地老牌券商大福证券,更名为海通国际证券,为国际化发展战略迈出了坚实的第一步。2012年,公司于香港联合交易所挂牌上市,实现A+H股两地上市。2013年,公司成功收购恒信金融集团,成为第一家涉足融资租赁业务的证券公司。2015年,公司完成H股定向增发,公司注册资本金增至115.02亿元。同年,公司先后完成收购日本吉亚、葡萄牙圣灵投资银行,并将后者更名为海通银行,进一步提升了国际知名度和品牌影响力,海外布局进一步完善,国际化战略继续深化。公司积极推进金融控股集团建设,基本建成了以证券为核心,业务涵盖期货、直接股权投资、基金和融资租赁等多个业务领域的金融控股集团。

公司拥有一家直投子公司(海通开元)和六家股权投资管理子公司(海富产业、海通吉禾、海通创新、海通新能源、海通创意和海通并购),在国内证券业PE投资领域处于领先地位,打造了国内PE投资领域的知名品牌。公司拥有海通资产管理、海富通基金和富国基金等专业资产管理子公司,资产管理总规模突破1万亿元。公司成立海通创新证券投资公司,打造另类投资的专业平台。公司控股子公司海通期货稳居期货行业市场份额前三位。海通恒信业务遍布全国400多个城市及境外租赁市场,已成长为一家独具特色的、业内领先的融资租赁公司之一。

未来,海通证券将继续以客户为中心,以经纪、投资银行、资产管理等卖方业务为本体,以资本型中介业务和投资业务为两翼,以创新和国际化为驱动力,加强研究、人才、IT和合规风控四根支柱建设,加强资本与投资管理、资产和财富管理、投行承揽与销售定价、机构经纪与销售交易和互联网证券等五大能力建设,致力于把海通建设成为以网上证券、财富管理证券、中小企业证券、机构业务证券为核心的国内一流、国际有影响力的金融控股集团。

【公司核心竞争力】

在长期经营过程中,公司逐步形成了具有自身特色的六大核心竞争力。

1. 雄厚的资本实力

2007－2017年,公司抓住市场机遇,通过A+H股上市、增发等多次战略性股权融资和债券融资,迅速增强了资本实力。2017年,公司通过发行公司债、次级债、ABS、并购贷款、收益凭证、收益权转让、转融资等方式,在有效控制融资成本的同时,构建了多元化的融资渠道,为公司业务发展和重大战略事项推进提供了充足的资金保障。充足的资本为公司转型发展创造了先发优势。

2. 卓越的综合金融服务平台

以证券母公司业务出发,通过设立、收购专业子公司,公司不断扩充金融产品服务范围,延伸金融服务边界,已基本建成涵盖经纪、投行、资产管理、私募股权投资、另类投资、融资租赁等多个业务领域的金融服务集团。公司经纪业务客户基础雄厚;投资银行业务排名行业前列;资产管理业务主动管理规模持续提升;私募股权投资业务规模及利润贡献行业领先;在港业务各项数据排名行业首位;融资租赁业务确立行业领先地位;研究服务市场影响力强。综合化的金融平台具有强大的规模效应和交叉销售潜力,为业务发展提供了有力支撑,为客户综合金融服务创造条件。

3. 广泛的营业网点以及扎实的客户基础

截至2017年12月31日,公司在中国境内拥有331家证券及期货营业部(其中证券营业部290家,期货营业部41家),遍布30个省、直辖市和自治区;在亚洲、欧洲、北美洲、南美洲等14个国家和地区设有分行、子公司或代表处。凭借遍布全国的营业网点和极具战略性的国际化布局,公司得以建立庞大且稳定的客户群,截至2017年12月31日,公司在境内外拥有超过1 130万名客户。

4. 业内领先的国际业务平台

通过收购整合海通国际证券、海通银行,设立自贸区分公司,公司建立了业内领先的国际业务平台,获得了亚太地区先发优势以及欧美地区前瞻性的战略储备。2017年,海通国际证券投行业务继续保持领先,股权融资金额排名在港中资投行第一;中国离岸债券发行数量排名全体投行第一。交易业务成功转型,正式推出全新程序交易服务系统,能够为全球机构客户提供24小时综合电子交易,并具备自主知识产权。资管业务规模和收入不断提升,管理规模660亿港元。与此同时,海通国际证券进一步推进国际金融资源的整合产生了效果:印度业务整合后完成了印度市场近十年来最大的私营企业IPO项目;美国和英国业务的后续整合已经启动。海通国际证券在海外的战略布局进一步优化。

海通银行是公司国际化战略的重要组成部分,拥有伊比利亚本地市场的专业知识以及在海外市场长达20多年的经验,立足于支持中国、欧洲、南美洲和非洲间的跨境业务交流,把公司的业务发展到更广阔的地理区域,为国际化进程的加速提前部署。自贸区分公司是首批加入自贸区FTU体系的证券机构,成功实施了国内券商首单FT项下跨境融资项目。业内领先、全方位多地区的国际业务平台有利于公司把握日益增长的跨境业务机会,满足客户的跨境业务需求,提升公司的国际影响力。

5. 稳健的经营理念、有效的合规风险管理和内部控制体系

公司秉承"稳健乃至保守"的合规与风险管理理念,在近30年的经营历史中,成功度过了多个市场和业务周期、监管改革和行业转型发展,是中国境内二十世纪八十年代成立的证券公司中唯一一家至今仍在营运并且未更名、未被政府注资且未被收购重组过的大型证券公司。公司通过搭建覆盖全公司的风险管理体系,切实落实全面风险管理要求,有效地管理市场风险、信用风险、流动性风险和营运风险。公司已为各业务之间建立了有效的风险隔离机制和适当的预防机制,处理潜在利益冲突。此外,公司还建立了独立和集中化的内部审计及合规体系,用以有效检查、监督各项营运和交易的合规性、真实性、完整性、有效性。

6. 持续增强的科技实力

公司坚持"统一管理、自主可控、融合业务、引领发展"的科技指导思想,通过持续提升生产运行、软件研发、科技管理三大科技能力,为实现公司战略、打造中国标杆式投行提供全面支撑。一方面,紧跟金融科技发展趋势,金融云、大数据、人工智能等战略性工作稳步推进,全面支持各项业务创新发展。另一方面,应用系统自主可控能力日益提升,互联网金融、合规与风险管理、数据服务等领域的自主研发优势不断扩大。以互联网金融领域为例,2017年公司在业内领先推出自主研发的PC版证券交易系统后,公司的"e海通财"互联网金融平台已覆盖手机、PC、IPAD等主流终端。随着自主研发能力的提升,公司已获得手机证券系统、柜台业务系统等8项软件著作权证书,并提交了1项发明专利申请。

地址:上海市黄浦区广东路 689 号
邮编:200001
电话:95553　400 - 888 - 8001
邮箱:haitong@ htsec. com
网址:www. htsec. com

恒泰长财证券有限责任公司

【公司简介】

恒泰长财证券有限责任公司前身为长财证券经纪有限责任公司,经中国证券监督管理委员会批准(证监机构字〔2001〕327 号文件),长财证券经纪有限责任公司于 2002 年 1 月10 日成立。2009 年 6 月,恒泰证券股份有限公司"01476. HK"收购长财证券经纪有限责任公司,长财证券成为恒泰证券全资子公司,并更名为"恒泰长财证券有限责任公司"。2014 年 1 月 3 日,恒泰长财证券与母公司恒泰证券进行业务整合,整合之后,恒泰长财证券成为专门从事投行业务的证券公司,注册地为吉林省长春市。

2017 年,公司按照母公司下达的经营工作目标,有效应对市场变化,保持健康经营态势,稳步推进各项业务。经审计,公司全年实现收入 2. 25 亿元,营业支出 1. 85 亿元,净利润 0. 30 亿元;截至 2017 年末,公司总资产 5. 08 亿元,净资产 4. 26 亿元,净资本 10 亿元。其中,营业收入较 2016 年下降 35. 32% ,营业支出较 2016 年下降 32. 31% ,净利润较 2016 年减少 46. 90% 。

恒泰长财证券有限责任公司坚持"创新、务实、诚信、合作"的核心价值观,遵循"为客户创造价值,为员工创造机会,为股东创造回报,为社会创造财富"的企业使命,全体员工为实现恒泰证券"致力财富管理,成为具有强大市场影响力的证券控股集团"的企业愿景而努力工作。

【公司核心竞争力】

1. 专业的管理团队

公司的经营管理团队具有丰富的行业管理经验,确保了公司能够及时应对监管要求和市场竞争环境的变化,有利于公司能够快速反应,确保公司长期稳定发展。

2. 运行有效的风险管理及内部控制系统

公司长期运行有效的风险管理及内部控制系统,使公司能够将合规意识覆盖公司所有业务和人员,同时可以识别、评估、降低业务开展中面临的各种风险。

公司管理层一直专注于加强风险管理及内部控制、企业管治和培养企业合规文化,根据监管要求不断优化风险管理及内部控制体系,提高公司合规风险识别能力,使公司能及时识别及纠正风险管理及内部控制的不足之处,从而确保公司业务健康、稳定的增长。

3. 优良的企业文化

公司长期秉承母公司恒泰证券"创新、务实、诚信、合作"的企业文化,进一步提升了员工对公司企业文化的认知及员工的凝聚力,确保了公司整体战略和各项具体业务的有效开展,同时公司开放的合作机制也为吸引优秀人才和强化与外部合作奠定了良好基础。

4. 人才为核心的战略

公司长期以来坚持以人才为核心的战略发展思路,重视人才的引进、吸收、固化和提升,尤其重视骨干人才的稳定。公司通过定期为员工提供专业化的培训,有效提升了员工的职业能力及自我价值的实现。公司已建立了合理的人才选拔机制,为专业人才的培养及晋升提供了通道。

地址:吉林省长春市宽城区珠江路 439 号恒泰长财大厦
邮政编码:130051
电话:0431 - 82951762
电邮:htcc@ cczq. net
网址:www. cczq. net

恒泰证券股份有限公司

【公司简介】

恒泰证券股份有限公司(简称"恒泰证券")前身为内蒙古证券有限责任公司,成立于 1992 年,2002 年经中国证监会批准,公司增资扩股并更名为恒泰证券有限公司,注册地为呼和浩特市,2008 年 9 月经中国证监会批准,公司增资改制并更名为恒泰证券股份有限公司,注册资本 20. 06 亿元。2015 年 9 月 9 日,本公司取得中国证券监督管理委员会《关于核准恒泰证券股份有限公司发行境外上市外资股的批复》(证监许可〔2015〕2089 号),核准恒泰证券公开发行境外上市外资股(H 股)并在香港联合交易所有限公司主板上市。2015 年 10 月 15 日,本公司境外发行股份正式在香港联合交易所挂牌上市,股票简称:恒投证券,股票代码:1476. HK。

2017 年,本公司多项业务较 2016 年取得进步。根据 Wind 资讯统计,公司经纪业务市占率持续上升,行业排名第 39 位,较 2016 年上升 2 位;代理证券买卖业务收入行业排名第 27 位,较 2016 年上升 7 位;公司投行业务承销金额行业排名第 57 位,其中企业债承销成绩优异,排名较 2016 年大幅提升,承销家数行业排名第 7 位,承销金额行业排名第 10 位;公司新三板挂牌业务行业排名第 15 位,较 2016 年上升 17 位。

【主要业务经营概况】

一、经纪及财富管理业务

报告期内,经纪及财富管理业务实现营业收入 1 152. 90 百万元,较 2016 年下降 15. 23% 。

1. 证券经纪

2017 年,公司始终秉持"以客户为中心"的服务理念,一方面通过加强互联网金融服务意识、稳步提升线上服务水平,在积极拓宽线上合作渠道,提升行业影响力的同时,持续优化"头派"和"金玉管家"APP 的服务功能,客户体验显著提升;另一方面在持续优化营业部网点布局的同时,通过强化考核、督导、培训机制,进一步激活轻型营业部经营活力,使得轻型营业部在客户数量、托管资产、业务收入等方面都取得显著提升;此外,公司继续大力推进机构业务开展,积极引进私募、信托、公募基金等机构合作伙伴,加强高净值客户的开发,2017 年,实现新增机构类客户托管资产人民币 14,336. 87 百万元。

2. 期货经纪

2017 年,恒泰期货经纪业务进入转型加速阶段,不断丰富业务条线,抓住市场机遇,成为上海国际能源交易中心第一批会员。在增设新网点,强化传统经纪业务基础的同时,重点拓展机构客户、产业客户及特法客户,不断优化收入结构。组建产业服务中心,发力风险管理业务,探索服务产业客户的新模式。在本年度荣获中国金融期货交易所优秀会员金奖,在 2017 年第十五届财经风云榜上荣获年度成长性期货公司奖项和年度金口碑期货公司。把握政策导向,获首批省级投资者教育基地(互联网)资格。2017 年,恒泰期货新增客户

4 070户。

3. 财富管理

2017年,公司紧跟宏观经济运行脉络,坚持以客户为中心,以市场为导向,运用资产配置理念推动公司金融产品销售及财富管理工作。规范准入,科学评估,持续稳步优化金融产品销售结构。加大私募证券投资基金销售力度,为高净值客户提供定制化、高品质财富管理服务;有效推进公募基金及其他产品销售,在保持销售规模稳定的基础上,着重加强中小投资者长期配置理念的引导和教育。将公司自有APP打造成线上投顾综合服务平台,进一步提升客户使用体验,为将来深度客户服务夯实基础。同时,加强风险控制措施,强化风险意识,提升合规经营水平。全年销售各类金融产品97只,销售规模达到人民币8 769百万元,较2016年增长1.2%。

4. 资本中介

2017年,公司在提升客户服务质量的同时,大力开发优质客户,合理控制资金使用效率,加强业务风险控制。2017年,公司股票质押式回购业务交易余额为人民币849.12百万元,较2016年末下降12.16%;融资融券业务融出资金余额达到人民币5 352.30百万元,较2016年末增长3.45%。

5. 资产托管

2017年,资产托管业务通过加强市场开发等方式,继续保持了较快的发展趋势,成为公司新的收入增长点。截至2017年末,为1 216只基金提供托管服务,及为1 022只基金提供基金服务,资产托管和基金服务规模总额迅速增长到人民币111 860百万元,较2016年末增加人民币63 268百万元。

二、投资银行业务

2017年,投资银行业务实现营业收入292.90百万元,较2016年下降34.09%。

2017年是中国资本市场规范化深度发展的一年,恒泰长财投行业务开展过程中,紧跟监管要求,顺应市场变化,积极把握机遇,在股权融资、债务融资业务方面都有较为稳定的发展。

1. 股权融资

2017年,中国A股一级市场保持活跃的发展态势。恒泰长财完成IPO项目2个,再融资项目2个,融资规模为人民币3 054百万元。

2. 债券融资

2017年从发行规模来看,国内债券一级市场增长有所减缓。2017年,恒泰长财在稳固自己企业债优势的前提下,积极探索新的业务方向。完成企业债券项目17个、金融债券项目4个,融资规模人民币11 050百万元。

3. 新三板挂牌业务

2017年,新三板市场新的政策法规出台,行业保持严格监管态势,业务规范要求继续提高,行业竞争持续加剧。新三板挂牌业务部门努力提高团队执业水准,严格把控推荐挂牌公司标准与执业质量,完善内控体系,积极防范风险,不断推进业务的协同与合作,保持了稳健发展的态势。报告期内,完成挂牌项目48个,推荐挂牌业务市场排名第15位(数据来源:东方财富choice金融终端);完成定向增发项目及并购重组项目23个;持续督导挂牌公司119家,市场排名32位(数据来源:东方财富choice金融终端)。

三、投资管理业务

2017年,投资管理业务实现营业收入802.75百万元,较2016年下降5.12%。

1. 资产管理

2017年,整个金融行业都处在强监管的政策环境之下,资管行业规模增速放缓。公司资管业务顺应行业趋势,强化销售,促进规模增长的同时,注重提升主动管理能力,现已形成创富系列、稳健汇富系列、安鑫定增系列、现金系列及FOF型智选系列等五大系列创新型集合计划产品线,同时根据产品发展趋势及市场需求,积极开发以海外投资、量化投资为主题的新产品。权益类主动管理产品本年度均实现正收益,且排名在同类产品中表现较好,为明年权益类产品线的丰富打下了良好基础。

公司在2017年度资产证券化业务处于发展劣势的情况下,仍旧获得了一些行业的认可和好评。2017年,公司先后获得中国资产证券化研究院收费收益权ABS最佳结构奖,财视中国2016-2017资产证券化介甫奖最佳主承销商、最受投资者欢迎企业收益权收费权类资产证券化产品奖、最具规模REITs与商业地产抵押贷款资产证券化产品奖和最受市场认可保理类资产证券化产品奖等。

2017年,集合资产管理计划存续产品共32只;定向资产管理计划存续产品共66只;资产支持证券专项计划存续产品26只。

截至2017年末,资管业务总规模为人民币116 100.36百万元,较2016年末增长49.80%。其中集合计划规模人民币2 984.86百万元,定向计划规模人民币78 850.73百万元,资产证券化规模人民币34 264.77百万元。

2. 基金管理

2017年,两级分化的市场行情对权益类基金业绩影响较大,权益类基金规模缩减,相比之下,债券基金业绩表现突出,规模增幅明显;新华基金积极应对市场不利因素,强化市场拓展与渠道维护能力,全力推进各类业务。

截至2017年末,新华基金旗下共45只公募基金,管理规模达到人民币44 015百万元,同比减少人民币64百万元,下降0.15%;专户管理规模为人民币18,209百万元,同比增加人民币4 909百万元,增长36.91%。

3. 私募股权投资

2017年,恒泰资本根据中国证券业协会发布的《证券公司私募投资基金子公司管理规范》的要求,将不再从事直投业务,原有项目逐步退出,强化存量业务的投后管理工作,全力开展私募投资基金业务。报告期内,恒泰资本成功设立了5支私募基金,投资了7个项目,新增基金投资规模人民币3 669百万元,并储备了大量的新项目。

4. 另类投资

2017年,恒泰先锋根据中国证券业协会发布的《证券公司另类投资子公司管理规范》的要求,对部分已投项目完成退出,加强对存续项目的投后管理工作,并按照监管要求,专注于自有资金投资中国证监会规定的《证券公司证券自营投资品种清单》以外的股权、金融产品。同时,相应完善制度建设,规范岗位设置和业务投资运作条线,加强内部控制与风险管理。

四、自营交易业务

2017年,自营交易业务实现营业收入人民币679.03百万元,较上年增长1 517.30%。

股票投资业务方面,按照稳健经营、严控风险的投资思路,采取总体额度控制与过程风险控制相结合的方式,在严格控制风险的基础上,选择具有估值优势和流动性溢价的蓝筹企业作为组合的基石,同时积极拓宽其它盈利渠道，推进 ETF 做市、量化对冲、港股通等创新型业务，取得优良业绩。

固定收益类业务方面，公司抓住波段性操作机会，并进行了国债期货套利、套保操作、同时也积极推进利率互换、质押式报价回购等创新业务，提高组合收益，严控信用风险，降低融资成本，实现了良好的投资收益。

股转做市业务方面，报告期内新三板受众多不利因素的影响，行情较差，为防范风险，公司适当缩减了做市业务的持仓规模，达到了在不利的市场环境下减少损失的目的。

五、国际业务

2017 年，公司继续推进国际业务进程，积极接洽合作机构，与其建立联系，沟通合作；发掘海外业务机会，了解匹配客户的海外需求；筛选和储备外事人才，制定高管海外培训计划，为下一步业务的顺利开展奠定基础。

地址：北京市西城区金融大街 17 号中国人寿中心 11 楼
电话：010 - 83270996
传真：010 - 83270998
邮箱：zcbgs@ cnht. com. cn
网址：www. cnht. com. cn

红塔证券股份有限公司

【公司简介】

红塔证券股份有限公司是在对云南省三家信托投资公司（云南省国际信托投资公司、云南金旅信托投资有限公司、昆明国际信托投资公司）证券业务重组的基础上，由红塔集团等 13 家国内知名企业共同发起，并经中国证监会批准设立的综合类证券公司。2002 年 1 月 31 日，公司在云南省工商行政管理局领取了《企业法人营业执照》。2002 年 3 月 23 日，公司正式开业。2007 年 12 月 21 日，公司股东由 13 家变更为 8 家。2007 年 5 月 11 日，经中国证券业协会评审，公司成为西南地区首家创新试点类证券公司。2015 年 7 月，晋升为 A 类 A 级证券公司。2015 年 7 月 28 日，公司注册资本增至 32.69 亿元人民币，公司股东变更为 12 家。2015 年 12 月 23 日，公司股东变更为 11 家，云南合和（集团）股份有限公司成为公司第一大股东。

2017 年度，公司实现营业收入 111 316.02 万元，同比增加 14.22%；利润总额 48 651.38 万元，同比增加 16.24%；净利润 36 798.69 万元，同比增加 8.70%。截至 2017 年 12 月 31 日，公司资产规模 143.27 亿元，负债 31.78 亿元，股东权益 111.49 亿元。截至 2017 年底，公司总部设有 16 个职能部门，下辖 46 家营业部、1 家分公司（上海分公司）、3 家全资子公司（红塔期货有限责任公司、红证利德资本管理有限公司、红正均方投资有限公司）、1 家控股子公司（红塔红土基金管理有限公司）。

【公司主营业务经营情况】

1. 证券经纪业务

公司经纪业务受市场交易萎缩等不利因素影响，加之佣金费率大幅降低，业务收入、业务利润同比出现了较为明显的下滑。年内，公司在优化营业网点布局，建成省级投资者教育基地的同时，以主经纪商通道业务（PB 业务）为主要拓展方向，以专业机构客户、高净值客户为重点目标，着力打造集业务承揽、托管清算、后台运维、营销推广为一体的业务服务模式。随着 PB 业务系统的上线，实现了平稳起步。2017 年度，公司经纪业务总交易量 4 727 亿元，市占率 1.24‰；股票基金交易量 2 304 亿元，市占率 1.88‰。

2017 年度，公司证券经纪业务营业收入 17 701.67 万元；营业支出 14 136.98 万元；营业利润 3 564.69 万元。

2. 证券投资业务

公司传统自营投资业务坚持审慎稳健、严控风险的思路，密切跟踪宏观经济和资本市场变化，强化投资研究，主要选择基金产品、银行理财产品、收益凭证等投资品种作为投资标的，并在四季度适度参与了权益类投资，取得了符合公司预期的投资收益。公司创新类投资业务在套利空间大幅收窄的情况下，基本未实施交易操作，工作重点转移至金融工程研究领域，开展了阿尔法多因子选股策略、债券 IRS 工具、期现套利策略、可转债套利策略等金融衍生品的研究。

2017 年度，公司证券投资业务营业收入（含公允价值变动）7 688.19 万元；营业支出 1 166.33 万元；营业利润 6 521.86万元。

3. 资产管理业务

公司资产管理业务加大了不同类型定向资产管理计划的开发力度，完成了“鑫聚 1 号”和“恒盈 21 号 – 23 号”4 个定向资产管理计划的设立，业务总规模实现了快速提升。年内，公司对“登峰 1 号”集合资产管理计划开展了持续营销，实施了每个份额 0.45 元的首次分红，该产品被中国证券报、金牛理财网联合评选为三年期最佳券商资管产品 FOF 组第一名，而“登峰 2 号”和“恒盈 20 号”2 个存量产品因合同到期已经终止。

2017 年度，公司资产管理业务营业收入 790.36 万元；营业支出 902.82 万元；营业利润 – 112.46 万元。

4. 投资银行业务

公司投资银行业务重点围绕股权融资、债权融资、财务顾问、新三板等业务板块，主要完成了 1 家股票非公开发行联席主承销、1 家可转债主承销、3 家公司债主承销、8 家财务顾问、1 家新三板推荐挂牌项目的运作，新三板做市项目累计 50 个。但由于中国证监会对 IPO 发行审核政策作出重大调整，项目审核极为严格，项目过会率急剧下降，对公司主承销的 2 个 IPO 项目影响较大，项目进度放缓。目前，公司投资银行业务各类项目储备超过 15 家，基本具备了可持续发展条件。

2017 年度，公司投资银行业务营业收入 8 630.91 万元；营业支出 8 110.45 万元；营业利润 520.46 万元。

5. 信用交易业务

公司信用业务经过最近几年的持续培育，已发展成为公司一项举足轻重的常规基础业务，自上年度起收入贡献率已居各项业务首位。

2017 年，公司信用业务以股票质押式回购交易为重点，加大了业务拓展力度，业务总规模逐月上升，呈现出良好的业务发展态势。截至 2017 年 12 月 31 日，公司股票质押式回购业务规模 47.28 亿元，同比增长 120.93%。年内，公司未开展约定购回式证券交易业务，未发生转融通业务。

2017 年度，公司信用交易业务营业收入 28 108.39 万元；营业支出 2 352.35 万元；营业利润 25 756.04 万元。

6. 期货经纪业务

公司期货经纪业务受所处地域环境、经济环境所制，营业网点数量和优质客户数量较少，保证金规模偏低，业务基础薄弱、业务体量较小、业务收入单一的状况未能改观。

2017 年度，公司期货经纪业务营业收入 4 072.53 万元；营业支出 3 344.22 万元；营业利润 728.31 万元。

7. 私募投资基金业务

公司私募投资基金业务系根据监管规定,在2017年由公司券商直投业务转型而来。受业务整合、机构整合、人员整合等因素影响,业务尚处于起步阶段,年内业务工作主要集中在确立业务模式、拟定业务制度、培育业务团队、拓宽业务渠道等方面,业务规模、业务收入有限。

2017年度,公司私募投资基金业务营业收入1 701.46万元;营业支出3 111.65万元;营业利润-1 410.19万元。

8. 基金管理业务

公司基金管理业务主要开展了公募基金、基金专户、专项计划、合伙企业产品4类业务,业务发展中积极适应监管形势和市场变化,突出重点实现了公募基金业务规模的较快增长,业务线总体收入有所提升。截至2017年末,公募基金存续9只,存续规模18.84亿元。

2017年度,公司基金管理业务营业收入12 140.39万元;营业支出10 349.81万元;营业利润1 790.58万元。

地址:云南省昆明市北京路155号附1号红塔大厦
邮政编码:650011
电话:0871-3577888
邮箱:htzq@ hongtazq. com
网址:www. hongtazq. com

宏信证券有限责任公司

【公司简介】

宏信证券有限责任公司前身为和兴证券经纪有限责任公司,于2001年8月经中国证监会批准由四川省的6家信托投资机构剥离证券资产合并成立。2012年11月,经四川省工商行政管理局核准,公司名称更名为宏信证券有限责任公司。

公司现有股东12家。公司前三大股东分别为:四川信托有限公司(占总股本的60.376%)、凉山州国有投资发展有限责任公司(占9.589%)、南充市国有资产投资经营有限责任公司(占6.705%)。

公司第一大股东四川信托的资产规模和盈利能力短期内已在行业具有较为领先地位。宏信证券与四川信托积极开展信证合作,形成跨业强强联合的业务态势。

截至2017年末,公司现有证券营业部54家公司,共有员工1 202人。公司全年累计实现营业收入7.74亿,同比下降15.59%;营业支出为5.31亿元,同比减少10.97%;利润总额为2.44亿元,同比减少26.58%;净利润为1.77亿元,同比减少28.81%。

公司总体战略定位为"财富增值服务商"。宏信证券作为西南地区的资深券商,在中国市场经济转型、行业深化改革创新发展中,将继续秉承"专业、高效、务实、创新"的经营理念,"以客户为中心、以市场为导向",竭诚为广大客户提供规范化、个性化、多元化的优质服务,全面推进公司战略发展规划,实现"与客户一起成长,为股东创造价值,携员工共享未来"的公司愿景。

【主要业务概况】

1. 经纪业务

公司经纪业务全年实现收入3.75亿,同比下降18.5%。虽市场行情整体低迷,但公司经纪业务仍取得一些亮点,客户总资产由2016年底的598亿元增加到725亿元,市占率由2016年底的2.20‰提升至2.37‰,新开客户5.56余万户,新开户客户资产216亿元。两融新增开户372户,开户数累计达到了1.17万户,融资余额较2016年的18亿元小幅降至16亿元。股票质押式回购交易金额达到1.33亿元,衍生品业务取得积极进展,新开衍生品账户31户,存续账户158户,交易量3 650.3亿元,全市场交易量排名66位。另外,公司经纪业务年度内扎实推进基础工作,修订、补充、完善制度44项;BOP项目建设全面启动,上线27项业务流程,所有上线业务都实现全营业部通柜业务受理,基本实现了柜台业务集中审核,业务质量集中管控;新三板整改完成率87%,已有33家分支机构申请获得资格。

2. 固定收益业务

2017年,债券市场大环境整体表现为经济基本面韧性较强、金融监管政策持续冲击和货币政策坚持稳健中性,市场全年处于熊市格局之中,各品种收益率均出现大幅上行。在此复杂市场环境下,公司固定收益业务积极应对低迷市场,保持多元化发展活力。在投资上,坚持谨慎的投资策略,采取积极的防御措施,严格控制组合杠杆和久期,重点做好信评基础研究、完善信评体系建设,以加强信用风险防范,防止信用事件冲击。全年债券投资有效实现公司资产保值与增值,取得良好收益水平,组合品种未出现信用违约事件。同时,公司固定收益业务的投研、信评、投顾服务等方面工作齐头并进,投研体系建设以提升大类资产配置能力为首要目标,信评团队已初具影响力,投研和信评工作有效提升了公司服务金融机构客户的综合能力。

3. 资产管理业务

公司资产管理业务结构得到优化,主动管理业务取得积极进展。年度内,在市场和监管双重挤压下,公司资管规模下降,截至12月底,公司资管业务总规模为607亿元,相比2016年底870亿元规模下降30%。但公司资管业务结构出现积极变化,主动管理规模占比提升,主动管理类总规模由2016年底175亿元上升至251亿元,其中银行委外规模172亿元,股票质押规模47亿元,其中主动集合类规模32亿元;被动管理类则由2016年底695亿下降至357亿元。主动管理成为收入主要来源,综合业务费用率开始跃升,全年主动管理实现收入0.66亿元,占比达56%;被动通道类实现收入为0.51亿元,占比为44%。公司固定收益类的相关主动管理产品,运行平稳,净值稳定增长,回撤天数和幅度小,在市场低迷之下均较好完成了各个产品的基准收益,受到客户和市场的一致好评。

4. 投资银行业务

2017年,公司投行业务进展加快,股债承销全面推进。股权融资项目开始全面结果,年度内完成了伟隆股份、中宠股份2单IPO项目,完成了隆基机械、金圆股份2单再融资项目,完成了北斗星通股权激励、中信建设等9单财务顾问项目,完成星通科技、佰惠生等3单新三板持续督导项目,完成了诺丝科技新三板并购重组项目,目前仍存已过会再融资项目1单。债券融资项目开始逐步进入收获期,全年共8支债券主承销(含联席主承销)项目发行,累计发行金额67.6亿元;同时后续项目储备较充足、品种较丰富,包括企业债、公司债、可交换债券以及资产证券化项目。同时,公司积极参与了四川债、内蒙债等地方债参团销售工作,以进一步拓宽业务品种、增加服务范畴。

5. 股票自营业务

2017年股票自营业务缩规模、练内功,使股票自营业务在 2017 年市场波动中的风控水平得到较大提高，在上半年的市场大幅调整中所受冲击较小，全年投资收益逊于市场平均。

6. 研究发展业务

2017 年，公司研究发展业务在研究品质和服务力度方面均有所提升。公司全年共完成研究报告 630 余篇，对市场的走势和风格有较为精准的判断，同时行业跟踪紧密、策略得当，积极进行上市公司调研，发掘投资机会；依托研究成果加大对内外部服务力度，全年共完成路演 10 多次，通过公司网站、内部 OA，客户服务邮箱、“宏信视角”微信公众号等多渠道进行研究成果展现，服务反馈良好。

地址：四川成都市人民南路二段十八号川信大厦 10 楼
邮编：610016
电话：028 - 86199665
传真：028 - 86199079
邮箱：hxzq@ hxzb. cn
网址：www. hxzq. cn

华安证券股份有限公司

【公司简介】

华安证券公司前身是 1991 年成立的安徽省证券公司，安徽省第一家专营证券机构。2001 年，在整合原安徽省证券公司、安徽证券交易中心的证券类资产的基础上，成立了华安证券有限责任公司，是安徽省最早设立的综合类证券公司。此后，公司又经历了综合治理和多次增资扩股，2012 年整体变更为股份制公司。2016 年 12 月 6 日，公司首次公开发行股票在上海证券交易所挂牌上市（股票代码：600909）。

截至 2017 年末，公司共有已开业证券营业部 139 家、分公司 15 家，各项业务以安徽省内为基础，辐射全国主要地区。全年公司实现营业收入 19.18 亿元，归属母公司股东净利润 6.50 亿元，同比分别增长 10.7% 和 7.9%。母公司营业收入 17.85 亿元，净利润 6.40 亿元，同比分别增长 6.3% 和 0.8%，增幅好于行业整体水平，主要经营指标的排名得到一定幅度提升，分类评级连续第四年保持 A 类 A 级。在经营业绩增长同时，公司收入结构进一步改观，母公司经纪业务的收入占比由上年的 56.4% 降至 40.0%；证券投资业务收入占比由上年的 7.6% 提升至 21.3%；资产管理、投资银行两项业务收入占比 10.0%，较上年提升 3.7 个百分点。2017 年母公司收入结构中，传统中介业务占比 45.0%，资本和资本中介型业务占比 53.3%，在上市募集资金带动下，公司盈利模式逐步由卖方业务为主向“买卖并重”转型。

2017 年，公司以发行上市为契机，持续深化业务转型和管理升级，以响应客户需求为驱动、以提升客户价值为目标，整合财富管理、投资银行、资产管理、直接投资等业务资源，协同参控股公司和合作伙伴，致力为客户量身打造综合化的投融资解决方案。历经二十余载深耕细作，公司证券经纪、投资顾问等业务稳居行业领先位次，投资银行业务在 IPO、并购重组、再融资、新三板挂牌等方面经验丰富，资产管理业务形成了以固定收益为主的经营风格、产品投资业绩位居行业前列，新三板做市、主经纪商等创新业务也各具发展特色和竞争优势。

作为安徽资本市场重要组织者，华安证券通过整合集团内部资源，发挥自身综合金融服务优势，以投行业务、直接投资和产业基金为抓手，通过加大资源投入、深化战略合作，全面提升服务地方实体经济的效果。华安证券连续三年获得安徽省政府颁发的“金融机构支持地方经济发展业绩考核”一等奖。华安证券响应精准扶贫号召，通过金融扶贫、产业扶贫、教育扶贫、民生扶贫等多元化的方式推动贫困地区自身能力建设，为全面建设小康社会添砖加瓦。

面对资本市场创新发展大潮，公司将继续坚持“诚信、稳健、专业、和谐”的经营理念，秉承“敬业、担当、协同、进取”的核心价值观，以“成就客户事业、助力员工成长、创造股东价值”为使命，致力发展成为金融功能完善、业务发展均衡、经营效率领先、管理机制灵活的现代证券金融服务集团。

【公司主营业务经营概况】

截至 2017 年 12 月末，公司总资产 399.08 亿元，较期初增长 15.4%；归属上市公司股东权益 122.63 亿元，较期初增长 3.55%。2017 年，公司实现营业收入 19.18 亿元、实现归属上市公司股东的净利润 6.50 亿元，同比分别增长 10.7%、7.9%；加权平均净资产收益率 5.39%，较上年度下降 3.1 个百分点。

1. 证券经纪业务

2017 年，公司证券经纪业务持续强化营销体系建设，巩固基础客户和基础资产，以投资研究服务、主经纪商服务、个股期权、沪港通、深港通等为依托加大机构客户和专业投资者服务力度，期末托管证券市值 1,481 亿元，同比增长 11.3%。客户数 145 万户，同比增长 9.3%；继续坚持线上线下相协同的发展思路，从整体框架优化、先进工具运用等方面提高“徽赢”APP 的竞争力和影响力。在新浪网“2017 年券商 APP 风云榜”上，“徽赢”APP 斩获“最具潜力发展 APP”“最具创意性 APP”两个奖项；完善投资顾问服务体系，利用技术手段创新投顾服务模式；适应网点功能转型需要，推进柜台业务集中运营工作并取得积极进展，推进客户服务中心由被动服务向主动服务、由成本中心向效益中心转型，激活存量客户。

2. 期货经纪业务

2017 年，华安期货公司以做大客户规模为中心，以夯实业务平台为重点，实现业务规模和经济效益的双提升。互联网战略取得积极进展，网上开户数保持全行业领先；客户权益、手续费收入等核心指标大幅前移，跻身行业前 1/3 位次。全年实现净利润 3 709 万元，较上年同期增长 86.4%。分类评级保持 B 类 BBB 级。

截至 2017 年末，华安期货客户权益 20.02 亿元，较上年末增长 45.71%；成交量 7,823 万手，同比下降 22.57%；市场份额 1.27%。

3. 证券自营业务

2017 年，公司固定收益投资通过投资组合设计规避市场风险，配置仓位始终保持中等杠杆、短久期、低波动率的防御性结构，同时通过市场中性策略和衍生品工具把握债券市场相对定价机会，投资收益率大幅领先对标的“开放式债券型基金”。权益投资业务不断加强投研体系建设，完善资产配置框架，调整风险偏好，扩大投资视野，量化衍生品投资等非方向性业务收入占比提升，盈利能力的稳定性显著提高。

新三板自营及做市业务方面，在经历前几年的快速扩张后，新三板市场逐步回归理性，交易活跃度大幅下降。截至 2017 年末，采取做市转让方式的公司 1 343 家，年内减少 311 家。公司新三板做市业务按照“适度参与，精选项目”的经营策略，加强投前调查和投后管理。截至 2017 年末，由公司参与做市的新三板挂牌股票共 125 只，行业排名第 18 位。新三板自营投资项目7个。

4. 投资银行业务

2017年,公司投行业务按照"长短并重、大小结合、股债并举"的发展思路,加大项目拓展与推进力度。报告期内共完成两单首发上市项目,累计融资4.06亿元,实现主板IPO项目和创业板IPO项目的双突破;完成上市公司再融资一单,承销金额21.89亿元;承销债券7只,融资金额44亿元;完成海外并购重组项目1单,交易金额11 880万美元;完成27单新三板挂牌项目,市场排名第25位。

5. 资产管理业务

2017年,公司资产管理业务深挖外部合作渠道,加强产品研发力度和投资风险管理,资产管理业务管理规模和业务收入均创历史新高,年末管理规模1 093亿元,同比增长1.4倍;实现业务收入8 817万元,同比增长20.2%。

6. 信用交易业务

2017年,公司加强对融资融券业务的逆周期管理,做好业务指标的动态调整;积极稳健地拓展股票质押业务资源,做好信用风险和市场风险的动态管理。业务总体保持稳健向好的发展态势,全年实现利息收入7.26亿元。截至2017年末,公司融资融券余额88.91亿元,市场占有率0.87%;股票质押式回购融出资金46.74亿元,市场占有率0.57%(表内业务规模),均较上年末有一定提升。

地址:安徽省合肥市政务文化新区天鹅湖路198号
邮编:230081
电话:0551-65161666
传真:0551-65161600
邮箱:bgs@hazq.com
网址:www.hazq.com

华创证券有限责任公司

【公司简介】

华创证券有限责任公司于2002年1月经中国证监会证监机构字〔2002〕6号文批准成立,注册资本15亿元,经营范围为证券经纪;证券投资咨询;证券投资基金销售;证券自营;与证券交易、证券投资活动有关的财务顾问;证券资产管理;证券承销与保荐;为期货公司提供中间介绍业务;融资融券;金融产品销售。

公司成立以来,抓住机遇低成本扩张,业务规模和机构数量快速增长,截至2017年底,公司现有全资直投业务子公司1家,控股期货子公司1家,并在北京、上海、贵州各设有1家分公司;共有在岗员工2 104人(总部992人,分支机构1 112人);共有72家证券营业部,营业网点立足贵州,分布北京、上海、深圳、江苏、浙江、四川、重庆等地。

2017年是公司完成重组上市后的开局之年。公司立足新起点,集中精力抓重点,补短板,将防范风险、回归服务本源作为首要任务,确定了强化自律管理,夯实发展基础,苦练业务内功的基本策略。一年来,公司调整组织架构,强化工作问责,加强合规督导,开展了以监管报备为基础的自查自纠与基础规范工作,大力建设统一业务管理平台,全力推进员工行为IT化,着力解决了公司经营管理过程中存在的一些基础性、薄弱性问题,强化合规风控文化,建设全面风险管理体系,保障公司持续健康发展。

2017年,公司不断提升综合服务能力,得到社会广泛认可。在新浪财经举办的2017券商APP风云榜评选中,华创e智通获得"最具创意APP"奖项;在新财富第十五届最佳分析师评选中,公司获得"进步最快研究机构"第五名、"最具影响力研究机构"第十名;在新财富第十一届最佳投行评选中,公司获得"2017年最具潜力投行""最佳可转债项目"、"最佳公司债项目"等殊荣;在中国基金报英华奖·券商资管评选中获"2017年中国券商资管成长奖";在上交所"百川众学"平台推送的投教作品,荣获投资者最喜爱的投教作品奖,公司荣获2017年度优秀组织奖。

2017年,公司实现营业收入14.46亿元,同比下降26.40%;归属于母公司所有者的净利润1.95亿元,同比下降52.69%。截止2017年12月31日,公司总资产334.21亿元,同比增长30.40%;归属于母公司所有者权益105.28亿元,同比下降5.68%。

继往开来,公司将坚持以客户为中心、市场为导向,不断提高投融资服务能力和风险管理能力,走差异化发展道路,以更高的服务质量、更好的服务设施、更新的服务理念、更丰富的服务品种为广大客户提供更及时、高效、专业的服务。

【主营业务经营情况】

公司主营业务主要包括证券及期货经纪业务、投资银行业务、资产管理业务、证券自营业务、信用交易业务等。

一、证券及期货经纪业务

1. 证券经纪业务

2017年,公司持续加大推动经纪业务转型力度,注重金融科技服务系统建设,加强客户分类化研究管理,构建差异化、专业化服务体系,增强综合服务能力。报告期内,公司A股、基金成交量为3 865.96亿元,行业排名71位,较2016年下降3位。新增经纪业务资金账户25 089户,累计达49.41万户,托管客户资产751.40亿元,全年累计实现证券经纪业务净收入21 549.12万元,同比下降32.84%。

2. 机构销售与研究业务

2017年,公司继续深化研究的体系建设,提升投研服务实力。研究队伍配置更加完善,研究实力不断提升,市场影响力进一步扩大。研究所及行业研究员继续在新财富、水晶球、金牛奖、中国保险资产管理业最受欢迎卖方分析师、福布斯"中国最佳分析师50强"、投研在线平台"每市"评选、万得大数据"买方最爱榜"等专业评选活动中赢得多项大奖,尤其是在最近的新财富评选中,获得"最具影响力研究机构"第十名,进一步提升了研究品牌影响力。

2017年,公司继续加强对现有签约客户的深度服务和潜在客户的拓展开发,基本实现了研究业务在公募基金领域的全覆盖。目前已签约公募和保险机构共计96家,其中2017年新签约机构达到10家。公司全年实现席位租赁净收入14 651.95万元,同比下降23.79%。

3. 金融产品销售业务

2017年,公司持续以客户服务为导向,财富管理为核心,完善制度和优化流程,丰富产品种类,以不同类型的金融产品满足客户投资需求,金融产品销售业务收入持续稳步增长。

4. 期货经纪业务

2017年,华创期货继续深化基础建设,抓住市场机遇,提升经纪业务市场份额,促进公司客户权益的增长,业务发展继续保持良好势头。截至2017年末华创期货客户权益总额6.72亿元,同比增长113.75%。全年期货经纪业务成交量0.07亿手(双边),同比减少10.31%。公司全年实现期货经纪业务净收入2 277.31万元,同比下降25.11%。

二、投资银行业务

2017 年，公司针对 IPO 审核标准提高，再融资政策收紧，并购重组业务市场交易活跃度降低，债券市场发行规模下降等市场变化，及时调整业务结构，优化业务布局，加强了 IPO 及有关新业务项目的开拓与储备，积极为新三板企业实施精细化持续督导服务。全年累计完成主承销项目 56 个，承销金额 168.40 亿元，其中，主承销股权类项目 7 单，承销金额 49.04亿元，承销金额行业排名 45 位，较 2016 年上升 1 位；主承销各类债券 33 只，承销金额 110.39 亿元，承销金额行业排名53位，较 2016 年下降 4 位；推荐新三板挂牌企业 16 家，融资金融8.97亿元。公司全年实现投行业务净收入 7 454.25 万元，同比下降 46.41%。

三、资产管理业务

2017 年，公司根据外部监管环境变化，多措并举，主动转型，通过提高业务合规标准，加强日常检查，严控风险，推进公司资产管理业务持续健康发展。截至 2017 年末，华创证券受托管理资产总规模为 2 228.78 亿元，行业排名 22 位，较 2016 年上升 1 位，其中主动管理存续规模 292.42 亿元，同比增长 122.58%；华创期货受托管理资产总规模为 24.00 亿元，同比增长 144.15%。2017 年，公司整体实现资产管理业务净收入 23 198.55 万元，同比增长 16.06%。

四、证券自营业务

2017 年，公司自营业务以固定收益类业务为主。面对复杂多变的市场环境，公司积极采取应对策略，基本实现了自有资金投资的总体安全和保证增值。固定收益业务全年投资收益率略高于中债总财富指数收益水平，但较业内领先水平仍有一定差距。2017 年，公司证券自营业务共实现证券投资收益及公允价变动损益 45 587.15 万元，同比下降 3.36%，其中：新三板做市业务实现投资收益及公允价值变动损益 2 254.82万元。

五、信用交易业务

2017 年，公司信用交易业务以发展股票质押业务为主要经营策略，坚持严格管控风险，加强投后管理，持续深化客户分类分级管理，稳步推进业务发展。截止 2017 年末，公司股票质押业务待购回金额为 144.75 亿元，同比增长 93.23%；融资融券余额为 17.13 亿元，同比增长 2.94%。公司信用交易业务全年实现利息收入 38 399.48 万元，同比增长 79.63%，其中：股票质押业务实现利息收入 24 572.66 万元，同比增长 198.22%；融资融券业务实现利息收入 13 826.83 万元，同比增长 5.25%。

地址：贵州省贵阳市云岩区中华北路 216 号华创大厦
邮编：550004
电话：0851 - 86820115
客服电话：4008 - 6666 - 89
邮箱：info@ hczq. com
网址：www. hczq. com

华福证券有限责任公司

【公司简介】

华福证券前身为福建省华福证券公司，成立于 1988 年 8 月，是全国首批成立的证券公司之一。2003 年 4 月，经中国证监会批准，公司增资改制并更名为广发华福证券有限责任公司。2011 年 8 月，更名为华福证券有限责任公司，为福建省属全资国有金融机构。公司法定代表人黄金琳，注册资本 33 亿元，注册地址为福建省福州市鼓楼区温泉街道五四路 157 号 7 - 8 层。

公司坚持创新发展和合规经营并重，构建起包括证券经纪、融资融券、资产管理、保荐承销和新三板主办等完整的证券全牌照业务体系。公司经营范围包括：证券经纪；证券投资咨询；与证券交易、证券投资活动有关的财务顾问；证券承销与保荐；证券自营；证券投资基金代销；为期货公司提供中间介绍业务；证券资产管理业务；融资融券业务；代销金融产品业务。

经过三十年的不断发展，公司形成全国化经营网点布局，在全国设有 29 家分公司、193 家证券营业网点，拥有兴银成长资本管理有限公司和兴银投资有限公司 2 家全资子公司，控股 1 家子公司兴银基金管理有限责任公司，实现以福州为行政总部、上海和北京为业务总部的三总部制全国化经营管理体系。凭借债券和 ABS 业务的出色表现，荣获深交所 2017 年度优秀固定业务创新机构与优秀地方债承销机构两大核心奖项，以及 2018 中国区五星资产证券化主办人奖；成功完成中国境内 2017 年度重大资产重组规模前五的恒力石化项目。子公司日益发挥公募基金管理、私募资产管理、另类投资牌照功能和专业化优势，集团综合金融服务能力全面增强。

经营恒念社会担当，发展维系公益责任。公司连续多年被评为福建省纳税百强企业，在扶贫、慈善、助学和投资者权益保护等方面，建立起常态化的运行机制。公司 2015 年成立慈善基金会，致力社会公益事业积极反哺社会。公司投资者教育基地，被授予首批国家级投教基地，引领行业广泛交流，多次承办大型公益投教活动，连获“投资者教育优秀会员”“我是股东组织奖”银奖等多个奖项，彰显责任风范。公司将始终怀抱客户价值至上、服务实体经济至上的理念，以合规致胜，以专业致胜，努力探索，不断前行。

地址：福建省福州市五四路 157 号新天地大厦 7 至 9 层
（福州行政总部）
电话：400 - 88 - 96326，96326
邮箱：hfkf@ hfzq. com. cn
网址：www. hfzq. com. cn

华金证券股份有限公司

【公司简介】

华金证券前身是设立于 2000 年 9 月的上海久联证券经纪有限责任公司；2005 年 3 月，由中国航天科工集团公司等单位实施重组并更名为航天证券有限责任公司；2014 年 3 月，公司引进战投，并增资扩股，成为珠海金融投资控股集团有限公司旗下的重要成员企业。2014 年 12 月，公司更名为华金证券有限责任公司。2016 年 12 月，公司完成股份制改制，更名为“华金证券股份有限公司”。2017 年 12 月 27 日，公司注册资本由 32 亿元增加至 34.5 亿元。

截至 2017 年底，公司共设立分支机构 51 家，包括 6 家分公司及 45 家证券营业部，公司共有在职员工合计 707 人。公司实现收入 34 494 万元、净利润 4 508 万元。华金之名，有“放眼中华”“风华正茂”之意，含“金融创新”“点石成金”之喻，公司总部位于上海市浦东新区陆家嘴世纪金融广场，公司立足沪上金融制高点，以奋斗者为本，为成功者点赞，汇英才、融财富、聚正气，为上海金融创新驱动，转型发展贡献正能量。

公司将依托珠海横琴区位、政策优势，联动港澳，面向全国，放眼全球。重点围绕"三大引擎＋两大支撑"，即：以固定收益、资产管理、投资银行为主导业务，以经纪（含融资融券）、研究销售为核心支撑业务，坚持创新与互联网金融的发展方向，走出多元化、国际化道路，打造成为具有核心竞争力的特色型资本新锐券商。

【公司各项业务收入情况】

一、"大经纪"板块

2017年，公司完成18家分支机构筹建工作，新增客户1.8万户。经纪业务收入较2016年有所下滑，股票质押式回购余额约为7亿元，两融余额受市场行情影响增长缓慢，约为4亿元。公司经纪业务实现手续费净收入3 013.74万元。其中，代理买卖证券业务实现手续费净收入2 430.29万元，席位佣金收入525.56万元。

二、"大资管"板块

公司定向产品管理规模为520亿元；主动管理型产品规模为9亿元；专项资产管理产品总规模为28亿元；金融衍生品业务推出量化对冲一号产品。2017年，公司资产管理业务实现净收入3 071.65万元，同比增长57.08%。从收入结构上看，集合资产管理业务净收入250.19万元，占比资产管理业务总收入8.15%；定向资产管理业务净收入2 452.97万元，占比资产管理业务总收入79.86%；专项资产管理业务净收入368.49万元，占比资产管理业务总收入12%。

三、"大投行"板块

2017年，公司股权类业务共完成上市公司再融资项目1单，新三板再融资项目2单，新三板推荐挂牌项目6单，债券分销项目1单以及各类财务顾问项目多单。公司投资银行业务实现净收入5 646.04万元。其中，承销业务净收入2 261.09万元、保荐业务净收入283.02万元、财务顾问业务净收入3 101.93万元。

四、"自营"板块

2017年，公司证券自营业务收益26 545.98万元，其中，投资收益17 133.08万元，公允价值变动损益9 412.90元。

五、融资类业务分析

2017年，公司实现买入返售利息收入3 198.58万元，同比减少31.24%；实现融资融券利息收入2 751.53万元，同比小幅增加；卖出回购利息支出17 233.93万元，同比增加86.52%。

地址：上海市浦东新区杨高南路759号30层
邮编：200127
电话：021－20655588
客服电话：4008211357
邮箱：hjzq@ huajinsc. cn
网址：www. huajinsc. cn

华菁证券有限公司

【公司简介】

华菁证券有限公司（以下简称"华菁证券"或"公司"）是经中国证监会批准成立的全国性的多牌照证券公司，也是根据《〈内地与香港关于建立更紧密经贸关系的安排〉（CEPA）补充协议十》设立的合资证券公司。2016年8月，华菁证券在上海市虹口区注册成立，并于2016年10月取得中国证监会颁发的《经营证券期货业务许可证》并正式开业。公司总部设在上海，注册资本为人民币14.048亿元。

华菁证券的业务范围包括证券经纪、证券投资咨询、证券承销与保荐、证券资产管理。依托于股东在境内外资本市场的布局及在新经济领域十余年的深厚积累，华菁证券致力为新经济企业、个人及机构投资者、金融机构等各类客户提供多元化、一站式的综合金融服务，成为服务中国新经济最专业的投资银行。作为国内证券市场的新生力量，华菁证券将坚守合规底线、积极创造价值，助力中国新经济的成长与产业转型升级。

截至2017年12月底，公司共有员工206人，投资银行、固定收益、资产管理、经纪、财富管理和研究等各条线业务有序展开。其中投资银行业务已实现一定数量的储备项目，2个IPO项目进入辅导阶段；固定收益业务累计完成9个项目，融资规模总计达167亿元；资产管理业务已发行6只集合资管计划、1只定向资管计划和3只资产支持专项计划，资产管理规模总计57.37亿元，产品类型丰富，涵盖权益、量化、固收类等产品线；研究所已针对互联网保险、知识付费、长租公寓等新经济领域发布深度报告，市场反响良好。

地址：上海市虹口区吴淞路575号25楼
邮编：200080
电话：021－60156666
客户电话：400－097－6600
邮箱：huajing@ huajingsec. com
网址：www. huajingsec. com

华林证券股份有限公司

【公司简介】

华林证券股份有限公司（以下简称"华林证券"或"公司"）是国内首批成立的综合类证券公司之一，拥有证券业务全牌照。公司管理总部位于深圳，在北京、上海、江苏等地设有分公司，目前已设立营业部超150家，实现全国各省市、自治区、直辖市全覆盖。华林证券另设有子公司：华林资本投资有限公司、华林创新投资有限公司和华林投资服务（深圳）有限公司。

华林证券主营业务涵盖：证券经纪、投资银行、资产管理、投资管理、信用业务等。其中，证券经纪业务逐年扩大，覆盖全国主要地区，通过APP、O2O、大数据等战略方式，形成营销、产品、服务三大体系的差异化经营特色。

公司投资银行业务常年稳居市场前列，IPO、再融资、并购重组、债权融资、新三板等投资银行业务全面发展，为企业经营规划与资本运作提供贴身、周到的专业服务，协助客户实现战略目标；根据wind数据统计，近年公司IPO项目承销家数市场排名连续保持市场前列。

公司专注特色资产管理，重视投研力量建设，坚持"长期稳定持续收益"的投资理念。目前，资产管理业务进入快速发展阶段，集合产品线不断完备，定向资管业务不断提升，主动管理产品以固定收益为主，业务优势明显。

公司一方面在坚持依法合规强化内部风险控制的基础上，充分挖掘客户的实际业务需求，整合经纪、投行、资管等各业务条线优势，集中发力，不断提高市场竞争力；另一方面，公司重视人才队伍建设，通过建立健全的内部管理机制，不断优化提升公司管理、运营水平。在企业社会责任方面，"华林公益行”足迹遍布西藏、河南、山西、湖南、四川、新疆、贵州等地,截至目前,公司用于公益性捐赠支出累计已逾 1500 万元,通过专业金融方式助力贫困地区发展融资规模累计超过十亿元。

近几年,公司连续被国内权威机构授予:2018 中国先锋智能经纪商、2018 人力资源管理杰出奖、2017 年度银行间本币市场优秀债券市场交易商、2017 中国区突破 IPO 投行君鼎奖、2017 卓越竞争力成长型证券公司、2017 卓越竞争力精准扶贫贡献奖、2016 年度中国公益企业等多个奖项。

华林证券以“协作 · 创造、服务中国成长”为企业发展使命,始终坚持业务发展与合规经营并重,以客户为中心,以持续发展为驱动,经过多年不懈努力,华林证券差异化竞争能力和品牌影响力不断提升,发展成为了特色鲜明、线上线下融合的全国性综合券商。

地址:广东省深圳市福田区民田路 178 号
华融大厦 6 楼
邮编:518048
电话:0755 - 82707888
邮箱:PR@ chinalin. com
网址:www. chinalions. com

华融证券股份有限公司

【公司简介】

华融证券股份有限公司(以下简称“公司”)是经中国证监会批准,由中国华融资产管理股份有限公司(以下简称“中国华融”)作为主发起人,联合中国葛洲坝集团有限公司共同发起设立的全国性证券公司。2007 年 9 月,公司在北京正式挂牌成立。目前,公司注册资本 58. 41 亿元。

公司总部设在北京,下设深圳总部、上海总部,北京、上海、深圳、湖南、新疆、湖北、陕西、贵州、四川、江西、海南、浙江、山东、福建、辽宁、广东等 16 家分公司,66 家营业部,控股华融期货有限责任公司与华融瑞泽投资管理有限公司。公司紧紧依托中国华融在资产管理、银行、信托和金融租赁等方面的综合优势,可为客户提供证券经纪、融资融券、证券承销与保荐、与证券交易及证券投资活动有关的财务顾问、证券投资咨询、证券自营、证券资产管理、投资顾问等综合化的财富管理服务。

公司 2011 - 2017 年连续七年被中国证监会评为 A 类券商,2015 年和 2017 年被中国证监会评为 A 类 AA 级券商,并荣获“年度最具竞争力证券机构”“中国资产管理券商君鼎奖”“中国区突破债券投行君鼎奖”“优秀证券公司短融发行人”“创新层十佳新锐做市商”“中国最佳券商资管”等奖项。2017 年,公司实现营业收入 34. 92 亿元,同比增长 0. 71% ,实现净利润 15. 29 亿元。

【主营业务经营情况】

1. 财富管理业务

2017 年,在监管政策不断加码且市场行情并未改善的形势下,财富管理条线坚持合规经营与创新发展并进,严控风险,持续提升基础管理,积极探索并寻求业务创新与模式突破,努力推进财富管理业务综合化转型,在收入利润与业务发展方面均取得一定经营亮点。

2017 年市场成交有所萎缩,沪深两市股基成交额合计 122 万亿元,较 2016 年减少 11% ,市场日均成交额 4 966 亿元,较 2016 年减少 12% 。(数据来源:上海证券交易所,深圳证券交易所)公司财富管理业务股基成交额 6 473 亿元,同比下降 20% ,高于同期市场 11% 的降幅,股基市场份额 2. 649‰。

截至 2017 年末,客户资产总规模近 3 783 亿元,较 2016 年底增长 5% ,可交易型资产 2 196 亿元,较上年底增长 19% ,资金账户突破百万,累计 102 万户,较上年底增长 11% ,新增资金账户 13. 55 万户,同比下降 38% ,新增有效户 6. 25 万户,同比增幅 133% 。

2017 年,融资融券客户总数达到 2. 45 万户,较 2016 年同期的 2. 37 万户增长 3. 32% ;双融业务余额为 33. 29 亿元,较 2016 年同期 32. 39 亿元增长 2. 78% ;股票质押业务规模为 350. 59 亿,较 2016 年同期 378. 37 亿减少 7. 34% ,公司沪深两市综合排名第 14 名。全年金融产品销售额为 108. 62 亿元,较 2016 年同期 94. 24 亿元上升 15. 31% 。

2. 投资银行业务

2017 年公司投资银行业务主动适应监管导向,在继续做大做优传统债券业务的基础上,将可转债、并购重组、IPO 等作为业务重点方向,加大业务拓展和执行力度,为客户提供综合化金融服务;深入贯彻“综合化经营”战略,持续深化“投行 + ”理念,不断加大对业务模式及产品的创新力度,推进投行各项业务发展,全面提升公司投资银行业务的行业竞争力和品牌影响力。与此同时,面对日趋严格的监管政策要求,公司进一步加强业务风险合规的管理与控制,注重提高业务人员的风险责任意识,加强项目风险监控力度,使投资银行业务各项工作平稳推进。

2017 年,公司投资银行业务全年共完成股票及债券承销项目 39 单,合计承销金额达到人民币 403. 8 亿元。公司参与联席主承销的农业银行第一期绿色信贷资产支持证券项目,成为银行间首单经认证的绿色信贷资产支持证券,开创了利用资产证券化等投行工具推动绿色产业发展、加快生态文明建设步伐的新模式;参与联席主承销的农业银行第二期不良资产支持证券项目,成为农业银行首单信用卡类不良资产证券化项目。并购重组业务方面,公司作为主承销商之一参与的中油资本借壳 ST 济柴项目,通过定增募集配套资金人民币 190 亿元,该项目为 2017 年上市公司募集资金规模排名前十的增发项目(数据来源:Wind);作为华侨城集团系列上市公司收购项目的财务顾问,先后帮助企业对 5 家上市公司进行要约收购,为客户提供了全方位的综合化金融服务,形成收购上市公司专业顾问的品牌,为后续开展上市公司收购的投行 + 投资/资金业务奠定了基础。

3. 自营业务

2017 年,固定收益投资业务不断优化债券组合的持仓结构,实现以杠杆收益策略为主,交易波段盈利为辅,通过适时仓位调整,根据市场情况,调节组合久期、杠杆等指标,精挑个券,不断寻找债券的价值洼地,合理规避信用及利率风险,扩大公司债券收入,降低组合投资风险。在衍生品方面,合理配置一定比例的国债期货产品,根据对利率风险的判断,选择投机或对冲交易,在市场下跌时降低组合的风险;同时,与多家银行及金融机构签署《债券借贷交易主协议》,积极扩大交易对手库,通过开展债券借贷交易,降低了融资成本。截至 2017 年 12 月 31 日,实现净投资收益 4. 41 亿元。

2017 年,沪深股市经历了宏观金融监管趋严和金融去杠杆的双重压力,海外美联储多次加息使得 A 股资金面承压。沪指全年窄幅震荡,对于公司证券投资业务产生较大影响。

证券投资部在优化投资配置的同时积极调整投资策略，努力实现收益最大化，全年实现投资收益153.11万元。报告期内，证券投资部完善自营业务风险控制体系，加强投研队伍建设，积极拓宽证券投资的范围，自营业务收入进一步多元化。

4. 资产管理业务

2017年，资管条线以严控风险为重点，以合规经营为抓手，立足主业、调整思路、深化转型，从实际出发，以管理提升服务，深化“三位一体”综合化经营，做到稳中有进，稳中有为。

截至2017年底，公司资产管理总规模2 726.21亿元，产品总数298只，较2016年底新增募集资金规模317.72亿元，新增集合产品39只，开放期持续营销产品135只。在中国证券投资基金业协会公布的2017年排名中，资产管理月均规模排名第13名，主动管理资产月均规模行业排名第5名，保持良好发展势头。

同时，十九大后密集出台的监管政策对资管行业的发展带来了前所未有的挑战，整个行业面临着转型阵痛。公司资管业务将顺应监管要求，积极主动回归资产管理业务本源，努力实现公司资管业务的“二次跨越”。

5. 固定收益理财业务

2017年，固定收益理财业务积极选择债券资产，合理进行组合管理，灵活控制杠杆久期，严格控制信用风险，以有效的负债管理机制配合客户营销工作。在金融去杠杆、严监管、债券市场持续低迷的大背景下，努力保持业绩稳定。截至2017年12月31日，管理资产本金规模1 208亿元，持仓规模达到1 574亿元，较2016年底分别减少19.7%和17.7%。主动管理规模居行业前五。同时，严控风险合规经营，未出现债券违约情况，管理业绩能力经受了市场考验。

6. 公募基金业务

公司在获批公募基金管理业务资格后，深入开展市场调研，结合客户需求，设计并募集发行了基金产品，截至2017年12月31日，公司旗下存续基金产品共3只，分别为华融现金增利货币市场基金（以下简称“华融现金增利”）、华融新锐灵活配置混合型证券投资基金（以下简称“华融新锐”）和华融新利灵活配置混合型证券投资基金（以下简称“华融新利”）。

截至2017年12月31日，华融现金增利基金总份额为28.72亿份，当年累计收益率为3.69%；华融新锐基金单位净值为0.983元，基金资产净值为1.68亿元，当年累计收益率为10.08%；华融新利基金单位净值为1.016，基金资产净值为0.34亿元，当年累计收益率为-1.26%。

7. 新三板业务

2017年，新三板业务继续坚持“精品投行”战略，以新经济、新模式下的中小企业为主要服务对象，以价值研究铸基石，以增值服务创利润，全面提升挂牌、做市、融资、IPO转板、并购重组等一体化、综合化金融服务能力和水平。2017年全年，公司新增完成13家优质中小企业挂牌，累计挂牌88家；为19家企业完成股票非公开发行融资21次，为112只股票提供做市服务，有力地支持了实体经济的发展。2017年，公司服务的创新层企业占挂牌企业的比例继续保持行业前列，并在新三板再分层高峰论坛上被评为“2017年创新层十佳新锐做市商”。

8. 研究咨询业务

2017年，公司进一步深化“投资+研究”战略，对内提供全方位研究服务，大力加强对证券投资业务、资产管理业务、投资银行业务、公募基金业务和财富管理业务的研究支持。根据公司发展战略要求和市场热点，重点加强了宏观策略研究。在宏观策略研究方面，研究部围绕公司首席经济学家在宏观经济、调控政策等研究领域的影响力，整合宏观策略金融小组及部分重点行业人员的力量，组成宏观研究为主、跨行业研究的研究工作小组，发布多篇深度研究报告，通过平面媒体和网络渠道扩大影响，积极参加国内外的高峰论坛、学术研讨等活动，扩大了市场影响力，实现了以点带面、重点突破的良好效果。

此外，公司积极开展市场宣传，对外刊发研究报告，定期参加CCTV及其他媒体节目制作，扩大公司影响力。公司首席经济学家伍戈获第十七届孙冶方经济科学奖（著作奖）；计算机、化工、轻工、建材等行业研究员获得2017年《金融界》慧眼最佳分析师评选第一名。

地址：北京市朝阳区朝阳门北大街18号
　　　中国人保寿险大厦
邮编：100020
电话：95390
邮箱：jjywb@hrsec.com.cn
网址：www.hrsec.com.cn

华泰证券股份有限公司

【公司简介】

华泰证券股份有限公司是一家中国领先的综合性证券集团，具有庞大的客户基础、领先的互联网平台和敏捷协同的全业务链体系，致力成为兼具本土优势和全球视野的一流综合金融集团。

公司于1991年5月开业。2010年2月26日，公司A股在上海证券交易所挂牌上市交易，股票代码601688。2015年6月1日，公司H股在香港联合交易所挂牌上市交易，股票代码6886。在27年的发展历程中，公司抓住了中国资本市场及证券业变革创新的历史机遇，实现了快速成长，主要财务指标和业务指标均位居国内证券行业前列。

公司拥有全资子公司华泰证券（上海）资产管理有限公司、华泰国际金融控股有限公司、华泰紫金投资有限责任公司、华泰创新投资有限公司；控股子公司华泰联合证券有限责任公司、华泰期货有限公司、江苏股权交易中心有限责任公司；参股南方基金管理有限公司、华泰柏瑞基金管理有限公司、江苏银行股份有限公司、金浦产业投资基金管理有限公司等。2016年，公司收购美国TAMP（统包资产管理平台）行业的第三大公司AssetMark，国际化发展布局迈出关键一步。

截至2017年底，公司拥有证券营业部242家，分布于境内上海、北京、广东、江苏、湖北等29个省、市、自治区。2017年，公司总资产达到3 814.83亿元人民币，归属于上市公司股东的所有者权益达到873.36亿元人民币。2017年，公司实现营业收入211.09亿元人民币，归属于上市公司股东的净利润92.77亿元人民币。我们在综合实力上确立了有利的行业地位和影响，拥有了面向未来的更高发展起点。

【公司核心竞争优势】

一、坚持以客户为中心的理念，形成了全业务链联动服务优势

公司坚持以客户为中心的经营理念，准确把握客户特点，及时响应客户需求，迅速形成服务方案，依靠专业服务满足客户需求。2017 年,公司调整了组织架构和运营机制,建立了客户驱动型的管理体系。同时,受益于公司战略理念的高度统一和协同机制的有序运行,形成了强大的全业务链资源调配与高效的资源整合能力。

二、客户基础行业领先,财富管理转型体系化优势显著

得益于多元化的渠道优势和专业的服务能力,公司客户数量和托管资产规模持续增长,并保持在行业前列。庞大的客户基础与客户资产规模成为公司各项业务发展的坚实保障与重要依托。公司通过收购 AssetMark,主动借鉴国际先进的财富管理服务体系和经验,从团队、服务、流程和技术平台等方面有序推进财富管理转型落地,转型的体系化优势日益凸显。公司积极推进投资顾问专业人才队伍和财富管理服务能力建设,根据中国证券业协会统计数据,截至报告期末,母公司从业人员中投资顾问占比 25.43%,行业排名第一。

三、先进的互联网布局引领创新,零售业务持续领跑行业

公司的互联网战略布局和战略执行领先于同业,具有先发优势。自 2014 年推出以来,移动端应用"涨乐财富通"持续进行改进和提升,多项智能服务与产品创新引领行业,形成了智能化、数据化、精准化和专业化特征鲜明的移动金融服务体系,月度活跃用户数连续三年位居券商 App 榜首,品牌效应凸显,并成为公司获取零售客户和归集客户资产的核心载体。同时,线上和线下资源交融并进,也提升了客户开发和服务效率。报告期内,公司零售业务持续领跑,股基交易市场份额连续四年排名行业第一。

四、机构服务市场影响力日益突出,体系化竞争优势不断加强

公司围绕企业客户和机构客户的需求,以投行为龙头,以机构销售为纽带,整合投资交易、研究、PB 等业务资源,搭建机构服务的全业务链体系,不断提升优质客户覆盖广度和市场影响深度。报告期内,投资银行主导完成多个市场标杆性项目,并购交易金额和 IPO 过会率领先同业,进一步扩大了机构业务的市场影响力并为其他业务提供了优质客户和优质资产;投资交易依靠平台化和系统化投研能力,在实现投资业绩的同时,积极创设满足客户需求的各类金融产品;研究业务建立境内外一体化的服务体系,境内外综合影响力不断提升。

五、强大的信息技术实力助力业务发展,确立了差异化竞争优势

公司围绕客户需求和业务需要,打造重点业务和关键系统领域的自主研发能力,持续提升研发和运维的综合实力,大力推动从技术支撑服务到技术驱动业务发展的跨越,IT 投入水平、专业人才规模和技术创新实力位居行业前列。报告期内,公司推出了定制化交易服务平台(MATIC)、行情产品(INSIGHT)等功能先进的业务系统及服务平台。同时,公司持续强化大数据的分析与应用能力,不断挖掘数据潜在价值,积极布局金融科技前沿领域,培育新的业务模式和服务模式。此外,公司充分利用 IT 技术,有效提升合规与风险管理效率。

六、市场化机制建设卓有成效,打造了一流的人才队伍

人力资源管理的市场化改革是驱动公司不断进步的活力之源。近年来,公司建立完善了以能力和绩效为导向的人才选拔任用机制,确立了市场化的用人机制和薪酬激励机制。高端人才、创新型人才、跨界型人才和国际化人才陆续加盟公司,显著提升了人才竞争力和战斗力。公司经营管理层对行业发展具有深入理解并拥有丰富工作经验,具备优秀的团队领导力。公司的管理团队和员工队伍具备较强的改革紧迫感和高效的战略执行力,成为公司持续转型超越的内生动力。

地址:江苏省南京市江东中路 228 号
邮编:210019
电话:025 - 83389999
邮箱:95597@ htsc. com
网址:www. htsc. com. cn

华龙证券股份有限公司

【公司介绍】

华龙证券股份有限公司(以下简称:公司)成立于 2001 年 5 月 18 日,是由甘肃省人民政府组织筹建,经中国证监会批准的综合类全牌照证券经营机构,注册资本 63.26 亿元。2016 年 1 月 21 日,公司在全国中小企业股份转让系统(下称"新三板")挂牌,证券代码 835337。

华龙证券经营范围包括:证券经纪、证券投资咨询、证券承销与保荐、财务顾问、证券自营、证券资产管理、融资融券、代销金融产品、直接投资、证券投资基金代销、为期货公司提供中间介绍业务等。

经过多年发展,公司已拥有广泛的客户资源、良好的社会形象和品牌影响力,形成了在全国金融中心及重点城市有机构、无缝隙覆盖甘肃全省的网点布局。在北京、上海、深圳、重庆、杭州、无锡、合肥、乌鲁木齐、西安、成都、长沙、武汉、济南、厦门等国内主要中心城市及甘肃省内各地市设立了 15 家分公司和 80 余家证券营业部。同时,公司始终坚持多元化发展的理念,积极构建金融控股集团架构,主发起设立了华商基金管理公司,控股华龙期货股份有限公司,主发起设立甘肃股权交易中心,全资控股金城资本管理有限公司。

公司大力实施人才战略,现有员工中本科以上学历员工超过 90%,其中硕博士以上学历人数达 26%,拥有一批经验丰富、业务精湛的保荐代表人、财富管理专家、金融产品设计专家和债务融资专家。经国家科技部、教育部批准,公司设有博士后流动工作站,成为公司培养优选后备人才的基地。

公司坚持"开拓西部,放眼全国"的发展战略,凭借专业化的优质服务,诚信、务实、高效、敬业的团队精神,在竞争激烈的中国证券服务业中稳步提升份额。2009 年成功保荐首批创业板上市企业发行上市,成为首批保荐企业在创业板上市的全国 17 家证券公司之一,2012 年新三板扩容后,成为推荐首批企业在新三板挂牌的证券公司,自 2008 年起,公司先后 8 次荣获"省长金融奖"。

2016 年底,公司圆满完成了新三板增资扩股工作,募集资金 96 亿元,资本实力大幅提升,同时引进多家实力雄厚的战略投资者。未来,公司将以经纪、投行等传统业务为主体,以资本型中介业务和资本投资业务为两翼,以创新业务为驱动,以机制改革、业务创新、规模扩张、品牌建设为抓手,把公司打造成为治理健全、风控有效、专业精湛、收益良好的现代金融控股集团。2017 年,公司全年实现营业收入 15.93 亿元,同比增长 16.17%;净利润 6.44 亿元,同比增长 39.75%。截至 2017 年末,公司资产总额 329.61 亿元,净资产 146 亿元。

2017 年 11 月 6 日,为了贯彻落实省委省政府"金融服务实体经济"的战略部署,支持我省中小企业创新发展,发现和

培育一批有作为、有潜力的创新人才及企业，帮助企业解决目标战略定位、融资困境等问题，华龙证券股份有限公司联合省内其他金融机构特别举办了“华龙证券杯”投资创业大赛。该大赛是我省金融机构对中小微企业进行投贷联动的一次创新之举。“华龙证券杯”投资创业大赛由甘肃金控集团、华龙证券主办，金城资本管理有限公司、甘肃股权交易中心协办。大赛历时四个月，近三百家企业报名参与，参赛企业涉及工业制造、金融服务、农业科技、食品餐饮、文化传媒、医疗医药等多个领域。在我省多家权威金融单位、投资机构共同把关及见证下，经过了初赛、复赛、决赛，于12月30日落下帷幕，共有24家企业获奖。

【主要业务介绍】

1．经纪业务商业模式

证券经纪业务主要是指证券代理买卖业务，即证券公司接受客户委托代客户买卖有价证券，还包括代理还本付息、分红派息、证券代保管、见证以及代理登记开户等业务。我国证券公司从事证券经纪业务必须经中国证监会批准设立证券营业部或核准网上证券委托业务资格。

公司不断优化经纪业务网点布局，结合本地化人才策略，充分发挥区域差异化业务发展优势，积极开拓当地市场资源。2017年公司新设4家经纪业务分公司、9家证券营业部。形成了以甘肃地区为主，开拓西部，放眼全国，覆盖全国19个省、直辖市、自治区，遍布全国主要中心城市的经纪业务格局。

2．投资银行业务商业模式

投资银行业务主要为证券的保荐、发行、承销，以及为客户提供相关的财务顾问服务。按照业务性质，可以分为股权类融资业务、债券类融资业务、财务顾问类业务。其中，股权类融资业务主要包括IPO，上市公司公开增发、配股、非公开发行、发行可转债等业务的保荐与承销；债券类融资业务，主要包括在证券交易所及下设的综合协议交易平台等相关市场上市交易的公司债、可交换债券等债券的发行与承销；财务顾问类业务，主要包括上市公司并购重组、上市公司权益变动、上市公司股权激励、新三板挂牌服务、企业改制和辅导、其他类型财务顾问（如为企业提供尽职调查或赴海外上市论证咨询服务）等。上述业务所涉及的客户类型、证券市场、金融产品及服务等情况如下：

（1）股权融资类业务：主要包括首次公开发行的股票，上市公司新发行的股票（包括上市公司配股、公开增发、非公开发行的股票等），以及在全国中小企业股份转让系统发行交易的股票等。股票承销业务收入是依据承销金额按一定比例收费。

（2）债权类融资业务：公司债权融资类业务的产品主要包括由证监会、证券业协会、证券交易所审批或备案的，在证券交易所相关市场、全国中小企业股份转让系统等市场发行交易的债券等。目前，公司拥有的业务资格包括公司债主承销资格等。债券承销业务收入也是依据承销金额按一定比例收费。

（3）财务顾问业务：主要包括上市公司并购、资产重组、股份置换、企业改制辅导、股权划转、股份确权、股份确认、其他财务顾问业务等。财务顾问客户包括各类上市和非上市公司，财务顾问业务收入根据每个项目的交易类型和金额等具体情况收取顾问费用。

3．固定收益业务商业模式

固定收益业务主要开展各项债券类业务，旨在为政府、企业、金融机构及个人投资者提供全方位、系统性的债务融资及投资服务，业务领域包括债务融资工具的发行与承销，债券产品的销售、交易、投资以及宏观经济、市场策略、产品定价、创新业务等方面的研究。

（1）债务融资业务

债务融资业务开展所有与债券相关的固定收益证券的发行、承销与上市等业务，主要包括企业债券、公司债券、商业银行次级债、金融债、资产证券化、可转债、分离交易可转债、可交换债券等，帮助企业拓展融资渠道。

（2）债券销售业务

开拓并维护客户，与项目组一起协调发行人、投资人簿记建档销售主承销债券，开展短融、中票、国债、金融债的分销业务，负责企业债、ABS等产品的代销业务。

（3）债券交易业务

开拓并维护银行、保险、基金、券商等客户，发掘客户交易需求，开展现券撮合、资金撮合交易等低风险中间业务。

（4）投资自营业务

跟踪研究宏观经济、各项政策，跟踪研究债券市场走势，跟踪研究各投资品种、各套利模式；开展包括可转债在内的债券自营投资、融资、套利业务，开展国债期货及其他衍生品的套利、交易业务。

（5）金融市场业务

进行投顾客户营销，与投顾客户沟通，设计产品，制作合同、签署合同，提供债券投资交易操作顾问服务，同时按照约定收取顾问服务费。

4．信用交易业务模式：

公司信用交易业务主要包括融资融券、股票质押式回购、约定购回等资本中介业务，该类资本市场创新业务在近年间发展迅速，对于优化公司收入结构、提升公司杠杆率和行业净资产收益率有着重要的推动作用，已成为传统经纪业务之外最为重要的盈利增长点。目前公司信用交易业务的主要资金来源为自有资金，借助资本中介业务拓宽公司盈利渠道、促进公司资本优化配置是公司信用交易发展的重要目标。

公司可实现CRM系统对目标客户的筛查，跟踪收集客户需求，向满足适当性要求的投资者提供信用交易服务。信用交易业务采用业务专员模式，参与信用交易的客户由所属营业网点的业务专员提供一对一全程服务，事前事中事后做好投资者教育工作，严格执行客户适当性管理制度，有效控制客户参与信用交易业务的风险。

5．资产管理业务商业模式

资产管理业务是指接受客户委托，按照合同约定，为委托人资产提供投资管理服务，并收取约定管理费用和业绩报酬的行为。目前资产管理业务主要包括三个方面：集合资产管理业务、定向资产管理业务以及专项资产管理业务。资产管理业务产品涵盖普通权益类投资产品、量化投资类产品、债券投资类产品、新三板投资、类信托固定收益类产品等，通过公司营业部及代销机构面向合格投资者销售。客户根据自身理财需求及风险偏好，选择不同风险等级产品，以实现财富的增值保值。面对银行等同业机构客户，为其盘活资产和特定投资需求，提供综合解决方案。

随着资产管理业务的不断发展，资产管理也已成为服务实体经济，解决多方位融资发展需求的新载体。通过股票质押、定向增发、资产收益权转让与回购、非标资产抵押、资产证券化等多种方式，解决企业流动性需求，拓宽融资渠道，降低融资成本，优化企业资本结构，提升企业运作效率。

6. 证券投资业务商业模式

证券投资部在控制总体风险的前提下,依据每年宏观经济走势及市场行情的变化定期制定周详的投资策略,并结合公司净资本水平,适度做大投资规模。保持传统自营业务稳健的盈利能力的同时,积极尝试创新业务,通过灵活的方式获取市场超额利润,提高公司自有资金的投资收益,使自营业务盈利模式更为多元化和稳定。通过扩展业务种类和业务规模、提升团队业务能力、强化风险控制等措施,及时跟进国家推进金融衍生品的步伐,进行前瞻性研究和准备,寻求市场机会。

【社会责任】

华龙证券在切实保障和维护客户权益的基础上,高度关注客户、员工、社会等各方面的利益,积极履行国有企业社会责任,力推精神文明建设,服务社会,奉献社会。

公司成立以来,大力投入慈善事业,扶危助困,回报社会。先后向南方冰雪灾区、四川汶川地震灾区、青海玉树地震灾区、甘肃舟曲泥石流灾区、甘肃岷县冰雹泥石流灾区捐款总计3 000 多万元,被评为"甘肃省十大慈善单位"。

作为注册地和管理总部均设在西部地区的证券经营机构,华龙证券一直致力于助推甘肃乃至西部地区经济发展,建立长效机制,将扶困助贫、兴办教育等扶贫工作日常化、长期化。公司积极响应中国证监会"一司一县"结对帮扶行动号召,结对帮扶甘肃省舟曲县和武山县。2012 年,公司发起设立了华龙证券"垄上人家"爱心基金,凝聚公司全体员工力量,主要帮助甘肃省贫困地区 9 年义务教育学生克服生活困难,以便从根本上改善当地贫穷落后的面貌。

地址:兰州市城关区东岗西路 638 号兰州财富中心
邮编:730000
电话:0931 - 8888088
邮箱:hlzq@ hlzq. com
网址:www. hlzq. com

江海证券股份有限公司

【公司简介】

江海证券有限公司(JIANGHAI SECURITIES CO., LTD.,以下简称"江海证券"或"公司")成立于 2003 年,总部坐落于美丽的冰城哈尔滨,并在京津冀、长三角、珠三角建立了业务中心。2016 年,公司完成资产重组,成为上市公司哈投股份(600864)独资子公司,注册资本达到 67. 67 亿元。

江海证券是黑龙江省辖区内唯一一家国有控股券商,多年来,在黑龙江省及哈尔滨市政府的深切关怀及社会各界的鼎力支持下,秉承"稳健经营、创新发展"的经营理念,以风险控制为前提,以人才队伍建设为依托,通过卓有成效的产品、服务和技术创新,已成为一家全国性综合证券公司,建立了涵盖证券经纪、证券投资咨询、证券自营、证券承销与保荐、证券资产管理、融资融券、证券投资基金代销、代销金融产品等综合业务体系。

截至 2017 年底,江海证券有限公司共有正式员工 1 527 人;拥有 75 家分支机构,包括 17 家分公司和 58 家营业部,其中 33 家营业部布局在黑龙江省内,其他分支机构除设在北京、上海、深圳等经济发达的一线城市外,还分布在福建、辽宁、山东等多个省份的发达城市。随着江海证券战略定位的转变,公司的战略定位从原来的"立足龙江"正在转为"走向全国"。通过北京、上海、深圳三个高端业务中心,以及在广州、山东、湖南、湖北、四川、安徽等省市设立分公司,加之原有的发达地区营业网点布局,带动公司全盘联动,实现"走出龙江"的发展战略。

江海证券下设三家子公司,包括两家全资子公司和一家控股子公司,两家全资子公司为江海证券投资(上海)有限公司和江海证券创业投资(上海)有限公司,控股子公司为江海汇鑫期货有限公司。

江海证券确立了"以经纪业务为基础,以投资银行业务为龙头,以资产管理业务和证券投资业务为两翼"的战略发展思路,旨在打通投行业务与资管业务、投资业务、经纪业务之间的协同渠道,建立利益共享机制,实现各项业务协同发展。

经纪业务方面,公司秉持"以客户为中心,以财富管理为依托"的理念,并依此构建服务体系和框架,帮助客户实现资产保值、增值的目标,打造综合金融服务平台,有效满足了客户日益增长的财富管理需求。

信用业务方面,公司通过融资融券、股票质押回购、约定购回、小额股票质押融资等方式为客户提供便捷、多元化的融资服务。

投行业务方面,公司核心团队长期以来一直活跃于投资银行业务一线,对中国资本市场有着深刻理解,具有为企业提供 IPO 上市、定向增发、债券融资、新三板挂牌、资产证券化等一体化的综合服务功能,并与众多机构投资者建立了良好的合作关系。

自营业务方面,公司能够立足于多层次资本市场投资,在多种盈利模式上全面创新,坚持以价值投资为基础,顺应市场变化,适时操作,锁定收益,投资效果良好。

资管业务方面,公司积极探索"以服务客户为中心、以卓有成效的产品为驱动、以投研能力为核心"三位一体的综合业务模式,打造全面满足客户个性化资产管理需求的业务体系,以经验丰富、业绩优异的专家团队为客户提供长期稳定的投资回报,打造富有江海特色的一流资产管理业务品牌,资产管理业务规模连续多年排名行业前 10%。

江海证券集聚了一批年轻化、专业化的优秀人才,拥有一支具备博士、硕士学历和丰富实践经验的管理团队,构建了责权清晰、科学规范、运营高效的现代金融企业制度和管理体系。为了应对新的行业竞争局面,公司未来还将通过制度创新,吸引优秀业务人才加盟江海证券,实现公司稳健快速发展。

多年来,江海证券积极为地方经济建设及社会发展服务,被黑龙江省政府评为"金融机构促进经济社会发展先进单位",被共青团中央授予"青年就业创业见习基地",通过发行热力 ABS、灾后重建债券等多种形式金融产品、为地方政府平台实现融资、支持实体经济发展。

面对新的发展形势,江海证券确定了新的市场定位和发展方向,抓住行业创新发展的有利时机,全面提升公司核心竞争力,力争发展成为"规模适度、业态优化、持续盈利、个性突出"的现代金融企业集团,践行"服务客户、回报股东、激励员工、奉献社会"的责任与使命,与社会各界一道为中国资本市场的健康稳定发展贡献力量!

地址:黑龙江省哈尔滨市南岗区哈尔滨市南岗区沈阳街
电话:0451 - 82345108
客服电话:400 - 666 - 2288

邮箱：shiqingyun@ jhzq. com. cn
网址：www. jhzq. com. cn

金元证券股份有限公司

【公司简介】

金元证券股份有限公司成立于2002年8月，是经中国证监会批准，由首都机场集团公司作为核心股东出资成立的综合类证券公司。公司注册资本4 030 837 078.00元，开业以来连续十五年盈利。

金元证券管理总部位于深圳，营业网点遍布全国，其中以珠江三角洲、长江三角洲和环渤海经济带为重点，各地区中心城市为辅助，形成了面向全国的立体、多元业务营销网络。

截至2017年末，公司总资产154.01亿元，净资产54.91亿元，净资本45.77亿元，净利润2.09亿元，同比增长11.42%。公司共有员工1 223人（不含经纪人），9家分公司，证券营业部53家，分布在全国18个省市自治区。

金元证券坚持"诚信、亲和、创新、志成"的企业精神和"稳健经营、规范管理、风险控制"的经营理念，并将其贯穿于经营管理和客户服务的每个环节，在跌宕起伏的资本市场上实现了较好的业绩。全体同仁以高度使命感、事业心和专业追求致力于为客户提供优质、高效的全方位服务。并努力为繁荣和发展中国证券市场，推动中国资本市场建设进程贡献力量。

【公司主要业务经营情况】

一、信用业务加速发展

面对行业"去杠杆、降低金融风险"带来市场融资成本自二季度止跌回升的新形势，公司适时加大对股票质押业务的资金投放。截至2017年底，公司信用业务规模85.71亿元，其中，两融业务余额19.70亿元，与2016年末基本持平，股票质押业务规模66.01亿元，其中自有资金出资39.79亿元，较年初增长17.71%，位列行业第37位。

2017年公司信用业务累计综合收益4.10亿元，成为公司营收和净利润的最重要来源。

二、经纪业务内外兼修

全年实现代理买卖证券业务净收入1.75亿元。在加强内部管理方面，一是持续加强合规管控及自查整改力度，重点推进适当性新规的落实；二是夯实管理、优化流程，加强人才培养和培训力度；三是优化考核激励政策，对新设营业部的扶持和激励力度进一步加强。在对外业务开拓方面，一是全年在金融和经济发达城市，新设了12家营业部和2家分公司，确保公司网点战略及时有效推进；二是积极发展机构业务，在市场交易额下滑的局面下确保了客户托管市值的稳定，全年新增客户资产总值146亿元，其中机构客户近70%，客户结构进一步优化；三是线上客户拓展进展明显，公司通过线上"金店"带来的开户数达12 617户，较2016年增长73%。四是以提升市占率为着力点，2017年市占率为2.74‰，较2016年提升6.37%，是公司近五年来首次止跌反弹。

三、资产管理业务积极转型

在行业"去通道转主动、资管回归本源"的监管背景下，公司资管业务积极谋求转型。定向业务逐步向场内债券、ABS等标准品转移。2017年公司已发行3期资产支持证券专项计划，规模累计36亿元，开创公司资产支持证券业务先河。截至2017年末，公司资产管理总规模1 746.45亿元，管理规模在行业内排名32位。全年实现业务净收入8 085.96万元，业务收入快速增长。

四、投资银行业务顺势而为

投行业务紧紧把握今年IPO加速发行

的审批节奏，以保荐业务为重心，其他类型业务形成有效补充。2017年投行业务累计实现净收入1.45亿元，行业排名68位，较2016年同期提升15位。累计完成1家IPO项目，1家上市公司再融资项目，2期公司债主承销项目，9家新三板挂牌项目，21家新三板定向增资项目，1家新三板重大资产重组项目。本年完成的世运电路IPO项目，募集资金13.39亿元，成为公司自成立以来规模最大的IPO项目，其发行规模在全市场位居前列。成功发行宝泰隆非公开发行债，募集资金3.1亿元，成为公司近年来最大的债券发行项目。

五、自营投资业务稳健运行

自营投资业务稳健运行，以"追求绝对收益"为目的，有序开展股票、债券和衍生品投资业务。其中，股票投资把风险控制放在重要位置，以"确定性"为抓手，整体投资策略中性，仓位保持灵活；债券投资严格甄别个券信用风险，合理把控组合久期和杠杆倍数，实现了较为稳定的投资业绩；衍生品投资推进场外期权业务规模，及时调整业务策略，确保了正收益；研究所全年克服人手短缺的困难，为各部门提供各类研究报告127篇，有力支持了公司各业务发展。2017年，自营投资业务实现投资收益2 273万元。

六、各子公司发展势头良好，均保持盈利

金元顺安努力提升投研能力，实施机构改革，公募基金和专户业务继续保持良好的增长势头。截至2017年12月底，金元顺安管理资产规模达520.67亿元，较年初增长90.67%，包括基金子公司合计管理资产规模1 215.25亿元，较年初增长4.37%，全年实现净利润2 018.97万元。金元期货创新经纪业务手段，克服市场原因带来的不利因素，实现营业收入和净利润等多项经营指标的增长。全年实现净利润1671.15万元，较2016年增长38.07%，财务收益创历史新高。金元资本在全年业务开展受限的情况下，实现了经营正收益。11月24日，直投公司转型整改方案获中国证券业协会认可，业务发展障碍已然扫清，未来发展值得期待。

地址：广东省深圳市深南大道4001号
　　　时代金融中心17层
邮编：518048
客服电话：95372
邮箱：jyzq@ jyzq. cn
网址：www. jyzq. cn

九州证券股份有限公司

【公司简介】

九州证券股份有限公司（以下简称"九州证券"）是一家综合类证券公司，以投资银行业务为龙头，固定收益、资产管理、证券经纪、证券交易等其他业务同步发展，构建了极具竞争力的全业务链体系，致力于为客户提供高度专业化的综合金融解决方案。

目前，九州证券已拥有近两千人的专业团队，汇聚了大量具备丰富资本市场投融资经验的业界人才，展业空间遍布全国各地。已在北京、上海、深圳等省市核心地区开业40余家分公司及营业部，搭建起辐射全国、经纬交织的强大业务开发体系和营销服务体系。

九州证券旗下设有期货子公司九州期货、金融服务子公司九禹金服、全资控股子公司西藏九证资本、全资私募基金子公司西藏九证嘉达，业务范围进一步扩大。

秉承合规守信、客户至上、开拓创新、强力执行、简单坦诚的核心价值观，九州证券以服务实体经济为导向，以满足客户需求为中心，打造具有独特竞争力的综合类证券公司。

地址：北京市朝阳区安立路 30 号仰山公园东一门 2 号楼
邮编：100107
客服电话：95305
电话：010 - 57672000
邮箱：jiuzhou@ jzsec. com
网址：www. jzsec. com

联储证券有限责任公司

【公司简介】

联储证券有限责任公司（以下简称“联储证券”）是一家以“创造价值”为使命的综合性券商，致力于成为财富管理行业的改变者和推动者。联储证券原名众成证券，成立于 2001 年 2 月 28 日，注册资本 25.731 亿元人民币，净资产 56 亿元人民币，注册地为深圳，上海资产管理总部位于上海陆家嘴金砖大厦。

联储证券专注于中国高净值人群和优质企业，致力于为客户提供高效、便捷、专业的投融资服务。公司秉承多元化的发展理念，为企业、个人、金融机构、政府客户和机构投资者提供一站式的业务服务。

2017 年度，公司实现营业收入 70 807.49 万元，同比增长 45.98%；实现营业利润 11 295.34 万元，同比减少 21.21%；实现净利润 8 314.45 万元，同比减少 46.50%。自 2015 年起联储证券经营规模不断扩大，营业网点布局日趋合理。截至 2017 年末，公司共有正式员工 1 314 人，共设有 57 家证券营业部，其中 9 家系 2017 年新设，另设立 18 家分公司和 2 家子公司（另类投资子公司和私募投资基金子公司），实现全国布局。

2017 年，公司完成两轮增资扩股，注册资本由 13.594 亿元增至 25.731 亿元，资本金由 16 亿元左右增至约 56 亿元，大大提升了公司的资本实力，也极大地提高了公司的风险抵御能力。从资本规模来看，已经向中型券商迈进。2017 年，公司各项业务发展迅速、综合实力显著提升，获得了市场各界的认可，并收获荣誉如下：

2017 年 5 月 31 日，在中国商业联合会、中国商报社、亚洲品牌网和《今日经济》杂志联合主办的第五届中国商业创新大会上，联储证券斩获“中国金融十大创新品牌”荣誉称号；

2017 年 8 月 11 日，在证券时报旗下的券商中国主办的券商 APP 评选中，联储证券综合理财 APP 平台储宝宝荣获“2017 最具联人气潜力券商 APP 名”；2017 年 8 月 22 日，在中国基金报主办的“2017 英华奖中国最佳券商资管”评选中斩获“中国券商资管成长奖”荣誉称号；

2017 年 11 月 30 日，在中国经营报社、中国社会科学院、中经新金融研究院联合主办的“2017 卓越竞争力评选活动”中，联储证券荣获“2017 卓越竞争力成长型证券公司”荣誉称号。

【主要业务情况】

1. 经纪业务情况

券商经纪业务竞争激烈，市场佣金率持续下滑。为应对竞争，公司积极拥抱互联网，报告期内自主研发上线了综合理财平台——储宝宝，并在短时间内使其成为一款功能全面、体验流畅、服务优质的券商理财 APP。在储宝宝 APP 中，用户不仅可以购买各类金融产品，通过手机开户，享受券商一流开户体验和超低佣金，查看各类资讯，与众多明星投顾沟通，获得个性、专业的投资资讯、资产配置服务；更可以将其作为专业社交平台与朋友互动讨论分享信息。

储宝宝是公司经纪业务实现“零售业务互联网化”目标的重要抓手，借助储宝宝的成功上线，公司 2017 年末营业部客户总资产 2 551 265.65 万元，较上年末增长 138.67%；经纪业务实现营业收入 13 041.36 万元，较上年增长 38.43%。

2. 资产管理业务情况

2017 年金融市场处于去杠杆的大背景之下，公司主动进行了业务结构调整，压缩非标资产管理规模，导致公司资产管理业务出现下滑。截至 2017 年 12 月 31 日，公司资产管理计划募集规模 1 691 724 万元，较上年增长 19.69%；资产管理业务收入为 12 173.16 万元，较上年下降 37.99%。

3. 自营业务情况

2017 年，公司通过增资扩股实现了自有资金的快速增长。为了实现自有资金的保值增值，公司利用自有资金投资国债、企业债、公司债、基金专户理财以及货币基金等固定收益类金融产品，取得自营业务收入 23 991.10 万元，较上年增长 79.06%。

4. 投资银行业务情况

自 2016 年初公司取得承销资质以来，公司致力于为地方平台、企业、上市公司及金融机构提供全方位、系统性的债权、股权融资及投资服务，公司已成功承销 16 华安债、17 泰交 02 等多只公司债券，参与赛轮金宇集团股份有限公司、宁波维科精华集团股份有限公司等非公开发行股票项目。根据债券承销排名（wind 数据），2017 年，联储证券债券总承销金额 70.3 亿元，排第 42 名，较 2016 年排名上升了 33 位。2017 年度，公司投资银行业务收入为 17 915.09 万元，较上年增长 305.74%。

地址：上海市浦东新区陆家嘴环路 333 号金砖大厦 8 层
邮编：200120
电话：021 - 80295888
客服电话：400 - 620 - 6868
网址：www. lczq. com

联讯证券股份有限公司

【公司简介】

联讯证券股份有限公司（以下简称“公司”）成立于 1988 年 6 月，注册资本 31.26 亿元。2014 年 8 月 1 日在全国中小企业股份转让系统（下称“新三板”）挂牌，证券代码 830899。

公司秉承“诚信、规范、创新、和谐”的核心价值观和“财富联讯，服务贴心”的经营理念。2014 年起，公司抓住机遇，创新发展，率先在行业内开拓新三板的融资渠道，短短半年时间，实施两轮融资 38 亿元，公司注册资本增至 31.26 亿元，净资产增至近 50 亿元，完成联讯的跨跃式发展，创造了资本市场的多项记录：第一家新三板融资的证券公司；第一家做市转让的证券公司；做市商最多的挂牌公司。

公司定位于为中小投资者和中小企业提供投、融资等中介服务的现代金融服务企业，共拥有81家分支机构，遍布华北、华中、华东、华南、西北等地区，形成多区域、多层次的网点分布结构。拥有两家全资子公司“联讯资本投资有限公司”和“联讯创新投资有限责任公司”。

公司拥有经纪业务（财富管理）、资产管理、投资银行及投资管理等全业务牌照，提供全业务链的综合金融服务。2017年，各项业务发展态势良好，公司作为主承销商完成9只债券发行，总承销规模44.7亿元；截至2017年12月31日，成功推荐52家企业挂牌新三板。

公司将以登陆新三板为新起点，以客户需求为导向，以客户价值为中心，以人为本，广揽英才，用心服务客户，向风险管理、投融资管理、财富管理方向深化发展，全面打造集证券、期货、基金、投资、财富管理、互联网金融、国际金融等于一体的现代投资银行企业集团，跻身中国市场最具影响力的证券公司之一。

地址：广东省惠州市惠城区江北东江三路55号
邮编：516003
电话：0752－2119391
邮箱：hjzx@lxsec.com
网址：www.lxsec.com

民生证券股份有限公司

【公司简介】

民生证券股份有限公司成立于1986年，注册资本为45.8亿元，注册地为北京。公司具备中国证监会批准的证券经纪、证券承销与保荐等全牌照业务资格，是中国成立最早的证券公司之一。

公司在北京、上海、深圳、广州、郑州等地设立了80余家分支机构，业务范围覆盖全国近30个省、直辖市及自治区；公司控股并管理着三家子公司：民生期货有限公司、民生通海投资有限公司和民生证券投资有限公司。民生证券与子公司优势互补，实现协同发展。截至2017年末，公司总资产349.49亿元，净资产113.73亿元。2017年实现营业收入17.20亿元，同比增长12.47%，净利润3.82亿元，同比增长141.32%。

公司坚持“民生在勤，守正出新”的基本理念；坚持以诚信为根，责任为本，创新为源的核心价值观；坚持在目标、责任、利益上实现社会、企业、个人“三统一”的行为准则。不断通过业务和产品创新、管理和机制创新，为客户提供全方位、多层次的优质、规范、高效投融资工具和专业化、个性化的金融服务。

【主要业务经营概况】

1．经纪业务

2017年经纪业务代理股票基金交易量为8 642.41亿元，同比下降21.26%。面对市场成交萎缩及同质化竞争加剧等多种不利因素，公司加大业务推进力度，寻求业务突破。充分利用主经纪商业务（PB）牌照，实现了PB业务链的贯通，PB业务规模达到58.04亿元，同比上升530.87%。理顺机制，完善流程，推进股权质押与融资融券业务，规模达到132.55亿元，同比增长31.11%。提供固定收益类金融产品，满足客户理财需求，全年共销售各类金融产品62.93亿元，同比增长77.52%。

2．投资银行业务

2017年投资银行业务完成大投行构建，在加强业务管理与质量控制的基础上，巩固传统业务优势，均衡发展多元化业务。2017年度完成德创环保等16个IPO项目；完成升华拜克等7个并购重组项目；完成新亚制程等5个再融资项目；完成同路人等11个债券项目以及南山租赁等3个ABS项目；完成财富无线等13个新三板挂牌项目以及三孚新材等24家新三板定增项目。投资银行业务综合实力进一步增强，品牌影响力有效提升，荣获证券时报评选的“2017中国区突破投行君鼎奖”、国际金融报评选的“2017高成长先锋投资银行”和“2017TMT行业IPO先锋投行”奖项，同时荣获了由中国经济网、价值线杂志、新华网、第一财经日报等联合评选的“2017A股最佳投行”奖项。

3．固定收益业务

2017年固定收益业务将FICC业务作为重要的发展方向进行了布局。在债券销售交易业务方面加强风险管控，主动快速调整业务模式与方向，积极申请国开行、农发行、进出口行金融债承销商资格，同时实现了银行间交易量超4 000亿目标。在投资咨询业务方面加强投资管理，重点以投顾委外业务为核心，围绕项目开拓、产品设计、投资管理及风险控制各个方面开展了一系列工作，巩固了发展基础，为下一步业务开拓创造了良好的条件。

4．研究业务

2017年研究院业务团队建设取得明显进展，主要研究方向实现均衡配臵，一些领域形成了一定的竞争优势，形成了配臵齐全、有竞争力的研究销售队伍。不断强化合规管理，持续开展合规培训，完善报告审核流程和审核标准，强化研究体系的构建，提升研究能力，提高服务质量，多家重点客户的佣金收入及研究排名取得突破。研究课题荣获中国证券业协会2017年重点课题研究优秀课题，研究业务品牌影响力不断增强。

5．资产管理业务

2017年资产管理业务夯实发展了基础，完善了全业务链条。目前业务条线已覆盖量化投资、FOF投资、资产证券化、股票质押、定增、非标转标等领域，建立起较为完备的资管业务体系以及客户服务和市场营销体系。重点发展基于“大投行”客户及业务范畴的主动管理业务，加强产品设计及创新能力，提高上市公司相关业务服务能力，形成专业化的、覆盖投资和融资的主动管理产品线，2017年末主动资产管理业务规模达到155.88亿元，同比增长79.01%。

6．投资业务

2017年权益类投资交易业务体系已完成传统股票投资、量化投资、衍生品以及收益凭证业务的多元投融资体系构建，公司多元投资得到切实推进，为权益类投资业务的稳健发展形成有力支撑。由于2017年A股市场结构分化极为突出，加之公司历史持仓持续过高以及对市场判断失误的主观因素，虽上半年陆续进行了清仓处理，但股票自营投资仍然形成一定亏损。

债券投资业务积极应对市场环境，始终坚持短久期、高票息，严控风险与资金成本，取得了较好的效果，实现债券投资收益较大幅度跑赢市场。

做市业务重点进行结构调整，全年新增做市公司9家，退出做市公司23家，截至年末做市公司60家。同时调整投资思路，筛选重点个股进行布局。在做市指数全年跌幅超过10%的情况下，公司做市业务仍实现了盈利。

地址：北京市东城区建国门内大街 28 号民生金融中心 A 座 18 层
电话：010 - 85127999
邮箱：zcglzb@ mszq. com
网址：www. mszq. com

南京证券股份有限公司

【公司简介】

南京证券创建于 1990 年 12 月，由中国人民银行南京分行发起设立，与新中国资本市场“同龄”。1995 年，南京证券划归南京市人民政府管理。2012 年，南京证券完成股份制改造，变更为股份有限公司。2015 年 10 月，南京证券成功挂牌全国股转系统。

南京证券大楼历经二十多年的风雨洗礼和岁月磨炼，南京证券逐步成长为一家总部在南京的全国性、多功能、综合类的证券公司，先后成为全国首批规范类证券公司和创新试点类证券公司。目前，公司注册资本 24. 7 亿元，业务范围涵盖证券经纪、证券承销与保荐、证券自营、证券资产管理、信用交易、场外市场、金融衍生品、互联网金融等诸多领域，在江苏、宁夏、北京、上海、浙江、山东、福建、重庆、湖南、广东、广西、江西、陕西、云南等省（区、市）设有百余家分支机构，拥有南证期货、巨石创投、宁夏股权托管交易中心等子公司，形成了覆盖证券、期货、基金、创投、股权交易等较为完整的证券金融产业链。南京证券坚持稳健与创新并重的经营之道，创造了自成立以来持续盈利、从未亏损、稳定回报的优良业绩。公司先后成为证券行业首家“全国文明单位”、首家“全国五一劳动奖状”获得单位，并荣获“全国企业文化优秀奖”“江苏省文明单位标兵”“江苏省国有企业‘四好’领导班子先进集体”“江苏省先进基层党组织”等荣誉称号，形成并彰显“正规、正统、正道”的企业文化。

岁月有情，铭刻着南京证券光辉的历程；沧海桑田，凝聚着南京证券永恒的追求。迎着中国资本市场改革开放、创新发展的春风，南京证券将顺天时、应地利、聚人和，秉承“以人为本、以心为桥、以诚为基、以德兴业”的经营宗旨，发扬“稳健、规范、勤俭、和睦”的企业精神，践行“以客户为中心、以市场为导向、以人才为支撑”的发展理念，努力建设“规模适度、平台高效、业绩显著、特色鲜明”的一流现代金融企业，为中国资本市场建设和经济社会发展作出应有贡献。

地址：江苏省南京市江东中路 389 号
邮编：210019
电话：025 - 83367888
客服电话：95386
邮箱：office@ njzq. com. cn
网址：www. njzq. com. cn

平安证券股份有限公司

【公司简介】

平安证券股份有限公司是中国平安（保险）集团股份有限公司旗下重要成员，前身为 1991 年 8 月创立的平安保险证券业务部，截至 2017 年 12 月，平安证券注册资本为 138 亿元，净资产 272 亿元，总资产 976. 77 亿元。

平安证券以先进的金融科技为基础，依托行业领先的互联网平台和高效的线下业务网络，深耕庞大的个人客户群，凭借资产获取和产品制造方面的强大实力，为客户提供包括互联网财富管理、企业及机构证券服务以及投资管理的全方位金融产品及服务，着力打造行业最佳企业主办财务顾问及个人主办财富管理平台，致力成为中国最领先的资产管理公司之一。

互联网财富管理业务方面，平安证券依托集团综合金融优势，以及内外部平台的合作，个人客户数突破 1 300 万，稳居行业第一。同时，公司积极在互联网证券平台进行创新和探索，提升“平安证券”APP 客户体验，促进客户经营。2017 年推出基于大数据、机器学习、人工神经网络技术构建的智能炒股服务，创新性地将专业投顾价值判断逻辑与人工智能技术结合，有效促进客户活跃度、交易量市场份额和两融余额份额持续提升。证券 APP 还推出智能资产配置服务，为客户定制个性化产品投资方案，使产品销售规模实现快速增长，截至 2017 年末规模达 840. 18 亿元，同比增长 43. 0%。凭借在互联网证券领域的耕耘和杰出表现，公司 2017 年分别获评《证券时报》《国际金融报》评选的“2017 年券商 APP 十大品牌”“智能投顾先锋券商”，受到市场和客户的广泛认可。

企业及机构证券服务方面，投行大力执行“投行 + 商行”联动模式整合资源，推动产品经理、客户经理、分公司高效协同，为客户提供全流程、全方位的金融服务。债券承销业务延续传统优势保持行业领先，ABS 承销业务跃进行业前列，其中万科供应链 ABS 为行业首创供应链 ABS 模式，贵阳公交为市场首单省会城市绿色 ABS；股类业务通过积极探索，为客户提供综合定制解决方案，使得大项目落地取得突破，并在项目储备方面成效显著。证券销售交易业务逐步打造“轻资本、高回报、低风险”的新业务模式，业务重心向做市交易、策略交易和交易服务倾斜。同时凭借在利率互换做市业务的优异表现，成为市场首家券商利率互换定盘（收盘）曲线报价机构。另外，公司在创新领域持续大力投入和布局，联手中债和中证指推出涵盖多品种的债券指数，为全市场提供更有效的债券指数投资工具，打造债券 ETF 被动投资生态。2017 年公司在债券自营领域获得了中央国债登记结算有限责任公司授予的“优秀自营机构奖”，以及全国银行间同业拆借中心颁发的“核心交易商”“优秀债券市场交易商”“优秀衍生品市场交易商”等奖项。

投资管理业务依托领先的固收交易技术，大力发展主动管理资管产品和固收投资顾问业务。资管方面，产品向净值化发展，现金类产品屡创新高，创新类 MOM、FOF 产品纷纷落地。投顾业务上，建立起了跨市场、跨品种、多策略的投资组合，用量化投顾和策略聚焦打造和培育拳头产品。在监管趋严的背景下，资管业务实现了规模逆市正增长。凭借资管业务的良好表现，公司在《每日经济新闻》“金鼎奖”评选中获评“最具成长性券商资管”大奖，在《中国基金报》“英华奖”评选中获评“中国券商资管成长奖”。与此同时，公司还通过全资子公司平安财智经营私募股权投资基金投资管理业务，获得了业界的广泛认可。平安财智一年内连续斩获清科“2017 年中国券商直投 10 强”及“中国私募股权投资机构 50 强”、福布斯“2017 年中国最佳 PE 机构 30 强”和中国证券报“2017 年券商直投 10 强”等业内权威奖项。

公司持续投入建设信息系统自主开发能力，打造科技核心竞争优势，践行集团“金融 + 科技”战略转型。公司自主研发并初步建成实时综合技术开发平台“领航平台”，实现交易与管理平台的开放、可扩展、高速、安全等特点。领航平台通过横向和纵向服务快速满足业务需求，降低对外部供应商的依赖，聚焦业务功能，实现快速开发。“平安证券领航做市电子交易系统”使公司成为全市场第一家和唯一一家实现全面接入银行间 X－Swap 系统对接应用程序的机构，填补了中国固定收益市场利率互换做市商的空白，为中国固定收益市场的健康发展和变革作出了突出贡献。运营流程监控系统是国内首个证券公司自主研发的综合实时监控系统。该系统实现了运营流程的管、控一体化，有效降低了运营操作风险。基金研究管理系统实现公司基金研究业务相关的全流程、自动化管理，提高工作效率，降低合规风险，有力的支持了基金销售。信用风险管理系统的搭建，加强了贷前、贷中和贷后的全流程管理，并提升工作效率，降低操作风险。资金交收管理系统实现了对公司资金交收业务系统化和自动化的支持，提升了交收业务的效率并降低了操作风险。

面对剧烈波动的市场、全面从严的监管，公司坚守合规风控底线，紧跟市场环境变化，不断完善合规风控管理体系，2017 年未发生重大合规风险事件。风控方面，公司深化落实全面风险管理要求并重点推进子公司风险管理体系建设，提升信用债投资准入标准和深化内部信用评级体系应用，加强对市场风险的监控和分析、对第三方资管业务风险管理和对投后的管理力度。风险管理系统建设也取得阶段性成果，基本实现了风险类别全覆盖。合规方面，公司完善合规管理架构、强化全流程贯穿合规风险管理以助力业务发展，落实适当性新规以保障投资者利益，并推进子公司整改以强化子公司管控。与此同时，公司不断加强资产负债管理，积极拓展多元化融资渠道和提升融资规模，2017 年累计发行 125 亿元收益凭证、35 亿元短期公司债和 65 亿元私募公司债。

公司从提升客户 NPS、公益慈善、产业扶贫、环境保护等方面践行社会责任。在保证客户权益的基础上，优化客户体验，投身客户的投资教育、投资保护等工作。积极支持社会公益和国家绿色产业发展，坚持反哺社会、投资未来。持续开展平安希望小学的援建和支教，目前已结对帮扶云南保山平安希望小学、广西桂林市兴安县湘漓花桥小学、河北承德市兴隆县前苇塘平安小学。响应行业号召，开展“一司一县”结对帮扶，通过产业扶贫、消费扶贫助力当地经济发展。

未来，平安证券将紧跟国家战略步伐和金融改革步伐，在平安集团持续深化“金融＋科技”，探索“金融＋生态”战略框架下，依托自身先进的业务系统和领先的服务水平，大力支持实体企业，保护投资者合法权益，为广大客户提供更专业、前瞻、便捷的金融服务，与广大客户共同成长。

地址：广东省深圳市福田中心区金田路荣超大厦
　　　4036 号 16－20 层
邮编：518026
电话：95511－8
网址：stock. pingan. com

申港证券股份有限公司

【公司简介】

申港证券股份有限公司（以下简称“公司”）于 2016 年 3 月 14 日经中国证监会批复设立，系国内首家根据 CEPA 协议设立的合资全牌照证券公司，由 3 家中国香港持牌金融机构、11 家国内机构投资者共同发起设立，经营范围包括“证券资产管理、证券经纪、证券承销与保荐、证券自营”等业务。

公司注册在上海自贸区，注册资本 35 亿元人民币，其中港资投资额合计 12. 2 亿元人民币，占总股份的 34. 86%。2017 年公司首次参与“证券公司分类评价”分类评价结果为 B 类 BBB 级。截至 2017 年末，公司共有员工 462 人，设有分支机构 14 家，其中分公司 10 家、证券营业部 4 家。

公司根植上海、服务全国、联动两地，立足差异化、特色化经营，致力于打造“机制灵活、治理完善、服务卓越、绩效优良，具有独特核心竞争力的现代投资银行”。

地址：上海市浦东新区世纪大道 1589 号
　　　长泰国际金融大厦 16 楼
邮编：200122
电话：021－20639666
邮箱：zcgl@ shgsec. com
网址：www. shgsec. com

申万宏源证券有限公司

【公司简介】

申万宏源证券有限公司（简称“申万宏源”），是由新中国第一家股份制证券公司——申银万国证券股份有限公司与国内资本市场第一家上市证券公司——宏源证券股份有限公司，于 2015 年 1 月 16 日合并组建而成。公司注册资本 330 亿元，拥有员工近 8 000 名，在全国设有 24 家区域分公司和 309 家营业部（含西部证券），并设有中国香港、伦敦、东京、新加坡、首尔等海外分支机构。

申万宏源证券有限公司目前拥有全面的证券类业务资格，主要包括：证券经纪、证券投资咨询、融资融券、代销金融产品、证券投资基金代销、为期货公司提供中间介绍业务（以上各项业务限新疆、甘肃、陕西、宁夏、青海、西藏以外区域），证券资产管理，证券承销与保荐（限国债、非金融企业债务融资工具、政策性银行金融债、企业债承销），证券自营（除服务新疆、甘肃、陕西、宁夏、青海、西藏区域证券经纪业务客户的证券自营外），股票期权做市。

公司将在中投公司、中央汇金公司等股东单位的大力支持下，契合国家发展战略重点布局上海、新疆、中国香港、新加坡等区域，通过转型创新不断做大做强，朝着“具有国际竞争力、品牌影响力和系统重要性的现代投资银行”的目标加快迈进，为中国资本市场的创新发展作出积极贡献。

【主要业务的经营概况及市场地位】

2017 年，公司实现营业收入 126. 69 亿元，净利润 45. 74 亿元，营业收入、净利润均排名行业第 8；年末净资产 568. 23 亿元，行业排名第 8，较上年末增长 7. 56%；加权平均净资产收益率 8. 38%，继续保持较强盈利能力。

申万宏源证券旗下包括申万直投、申万创新投、申万菱信、申万研究所、申万宏源（国际）、申万期货、申万宏源西部、申万宏源承销保荐等八家控股子公司，业务范围涵盖传统证券、基金、期货、直投、另类投资等，公司以做强证券业务为出发点，加快投资业务和多元金融业务的布局，努力构建以资本市场为依托的投资与金融服务全产业链。

一、证券业务

公司证券业务主要包括大零售业务、大机构业务、大资产管理业务、大投资银行业务、大投资交易业务等五大业务板块。

1. 大零售业务

截至 2017 年末,公司证券客户托管资产规模达到 2.90 万亿元,较上年末增长 26.75%,市场占有率达到 7.01%,为巩固零售业务行业地位奠定了基础。报告期内,公司共实现代理买卖业务净收入 35.61 亿元,行业排名第 5;融资融券业务利息收入 40.64 亿元,行业排名第 6;股票质押和约定购回利息收入 10.66 亿元,较上年大幅增长 507.92%。

2. 大机构业务

2017 年,公司机构业务条线积极践行平台化战略,初步建成了"产品、销售、交易 + 分支机构"的"3 + 1"协同运作模式;深挖银行业务,推进与超过 300 家银行在互为客户、共同服务客户以及综合金融等方面的合作,初步构成了覆盖 300 家银行等同业客户的大机构业务平台,报告期内,公司实现席位租赁收入 4.75 亿元,基金交易量市场占有率 5.19%,排名行业前列。加大海外客户开发力度,年末境外客户数达到 108 家,较上年末增加 4 家,其中 QFII 和 RQFII 客户数量在中国证券业协会公布的排名中位列第 3。加强海外业务布局,申万宏源(国际)所属新加坡子公司成功获批 RQFII 资格及 20 亿人民币 RQFII 额度。

3. 大资产管理业务

2017 年,公司资产管理业务条线顺应市场和监管形势变化,通过大力开拓银行委外业务、积极拓展银行代销业务,扩充业务渠道;强化产品开发和服务,推出 FOF、挂钩指数等创新产品,满足客户多元化投融资需求,丰富产品体系;加强固收、权益等投资业务的专业化管理,提高投资水平等系列举措,积极推进转型发展,资产管理规模未降反升,截至 2017 年末,公司资产管理业务规模 8 554.17 亿元,较年初增长 24.52%,排名行业第 4。

4. 大投资银行业务

2017 年,公司投资银行业务条线顺应金融服务实体经济的要求,全方位开发 IPO、再融资、并购重组和公司债项目,不断丰富项目储备。报告期内,公司共完成股票主承销项目 25 家,筹资金额 217 亿元,债券主承销项目 28 家,筹资金额 463 亿元;共完成场外业务一级市场推荐挂牌项目 78 家、定向增资项目 156 家,一级市场排名保持行业第 2;积极践行国家"一带一路"和公司国际化发展战略,保荐 1 家马来西亚企业在香港联交所创业板上市,首次完成美国上市承销项目。公司全年实现投资银行业务净收入 13.92 亿元。

5. 大投资交易业务

2017 年,公司投资交易条线按照"控风险、推转型、抓布局、促协同"的思路,稳步推进投资交易体系转型,权益类投资业务,加强大类资产配置,积极探索多元化投资策略,把握市场获取稳健收益;固定收益类投资业务,优化持仓组合,有效控制风险,投资收益率明显跑赢全债指数,排名券商前列;稳步发展证券交易创新业务,取得信用风险缓释工具业务资格。

二、投资业务

1. 股权投资业务

公司通过所属子公司申万直投开展股权投资业务。2017 年,申万直投根据《证券公司私募投资基金子公司管理规范》及相关指导意见,进一步梳理和调整了自身经营模式,积极发挥平台优势,协同总公司为战略客户提供综合金融服务,合作落地了多只股权投资基金,新增基金规模逾 40 亿元,全年实现营业收入 4 662 万元。

2. 另类投资业务

公司通过所属子公司申万创新投开展另类投资业务。2017 年,申万创新投综合运用股权直投和夹层投资相结合的业务模式,积极开拓碳汇投资基金等创新项目,在业务方向上逐步实现"一体两翼 + 孵化",即:深耕股权投资及服务、Pre-Abs 商业地产投资及服务两大领域,孵化绿色金融等潜在投资领域,全年实现营业收入 10 076 万元。

三、多元金融业务

1. 公募基金管理业务

公司通过控股子公司申万菱信基金和参股公司富国基金开展基金管理业务。2017 年,申万菱信基金发挥已有业务优势和经营特色,保证各项业务全面均衡发展,公募基金资产规模保持稳定,主动权益投资取得较好回报,投资能力处于行业领先水平,全年实现营业收入 5.32 亿元。公司持有富国基金 27.775% 股权,2017 年末富国基金管理资产规模4 284.56 亿元,同比增长 0.39%,公募基金总资产(剔除联接基金)市场排名第 15 名。

2. 期货业务

公司通过控股子公司申万期货开展期货业务。2017 年,申万期货凭借在合规经营、创新发展、服务实体经济等方面的良好表现,获得各交易所和相关专业机构颁发的"优秀会员金奖"、"最佳期货公司"等近 50 项相关荣誉,品牌影响力持续提升。报告期内,申万期货实现营业收入 5.42 亿元。

地址:上海市徐汇区长乐路 989 号世纪商贸广场 45 层
邮政编码:200031
电话:021 - 33389888
邮箱:swhysc@ swhysc. com
网址:www. swhysc. com

世纪证券有限责任公司

【公司简介】

世纪证券有限责任公司前身为成立于 1990 年的江西省证券公司。2001 年 7 月,经中国证监会批准,公司增资扩股并更名为"世纪证券有限责任公司",注册地址迁至广东省深圳市。多年来,公司逐步发展成为以深圳为总部,业务网络覆盖全国的综合型证券公司,目前注册资本为 7 亿元人民币,在全国所有省会城市及部分大中城市设立了分支机构,拥有 22 家分公司、38 家证券营业部。

公司的经营范围包括:证券经纪;证券投资咨询;与证券交易、证券投资活动有关的财务顾问;证券承销与保荐;证券自营;证券资产管理;融资融券;证券投资基金代销;代销金融产品。公司以雄厚的资金实力、一流的人才队伍、丰富的专业经验、稳健的经营作风为广大投资者和机构客户提供全方位的专业证券服务。

历经多年的发展,公司培养和造就了一支高素质的骨干员工队伍,公司现有员工近千人。

面对全球化背景下资本市场的机遇与挑战,公司将继续坚持"合规经营、稳健发展"的经营思想,进一步完善战略布局,不断改革创新,努力提升公司的核心竞争力,为建设和谐社会、促进证券市场健康发展贡献新的力量。

【公司主要业务的经营概况】

一、投资银行业务

1. 承销保荐业务

公司保荐并担任主承销的深圳欣锐科技 IPO 项目于

2017年3月31日向中国证监会提交了首次公开发行股票并上市申请文件,2017年4月14日获中国证监会受理。2018年1月17日该项目通过了中国证监会第十七届发审委2018年第16次工作会议的审核。

2. 公司债等债券类业务

北方稀土公开发行2017年公司债券项目是世纪证券任主承销的第一个公开发行的公司债券项目,该项目于2017年2月9日获中国证监会核准批文,核准北方稀土向合格投资者公开发行面值总额不超过36亿元的公司债券。世纪证券分别于3月下旬和9月下旬完成该债券第一期20亿元和第二期16亿元的发行工作。

北方稀土公司债券发行期间,正处于央行货币政策回归中性,债券市场整体趋紧的局面。面临不利局面,公司审时度势,充分调动资源,多部门协同合作,适时启动正式发行工作,最终满额配售20亿元,票面利率5.0%。随后于9月份启动第二期的发行工作,最终满额配售16亿元,票面利率为5.12%。该项目在较为困难情况下的发行成功,获得发行人和同业的高度认同和赞许。

3. 并购重组财务顾问业务

2017年作为收购方聘请的财务顾问,世纪证券协助上市公司歌力思完成了对法国时装品牌IRO公司的收购。编制了独立财务顾问报告等相关文件,并出具了核查意见,协助歌力思完成相应的信息披露工作。目前歌力思及收购标的经营状况良好,公司持续经营能力增强。

4. 持续督导业务

2017年,我司严格按照中国证监会、沪深交易所、全国中小企业股份转让系统等相关规定,对处于持续督导期内的IPO企业以及在全国中小企业股份转让系统挂牌的企业,切实履行了持续督导责任。

5. 业务开拓

2017年,公司持续加大项目开发储备力度,积极开拓IPO及上市公司再融资业务。报告期内完成了十个以上的项目立项,为再融资业务的发展及投行业务持续经营能力的培育奠定基础。

二、经纪业务

2017年,经纪业务围绕"以产品销售为核心,提升客户资产配置水平,加快推动经纪业务转型和发展"的指导思想,大力拓展市场,不断提升客户综合服务和资产配置水平,持续执行风险事件"零容忍"的要求,使得经纪业务稳步发展,业务范围扩大,业务收入结构有所优化,未发生风险事件。

公司机构业务践行公司"大投行、大资管"战略发展思路,重点进行了机构业务客户的开发和引荐。经过1年的布局和铺垫,取得了一定的成效。

三、证券投资业务

公司证券投资以间接投资为主,投资品种涉及股票型基金、混合型基金、可转换债券、股票、定向增发产品、大宗交易等。

2017年初,经过仔细研究,公司认为在国内宏观经济"三去一补"的大背景下,小股票的流动性溢价将会消失,行情将以确定性溢价为主,大盘绩优股将会得到资金追捧,概念股、重组股将会大幅下跌;港股本身估值较低,加之受到深港通、沪港通开通的影响,也将会出现估值修复行情。

根据研究结果,公司加大了对港股基金和大盘龙头股基金的投资力度,取得了较好收益,2017年共计收入3099.07万元,收益率16.43%,远超上证综指和深证成指的涨幅。

2017年,公司紧紧围绕自有资金稳健增值的核心目标,持续优化间接投资特征的投研体系,并对国内外宏观形势、行业、公司持续研究,建立内部学习型组织,夯实投研能力。同时进一步完善现有制度,保障公司自营证券业务依法经营、合规运行。

四、固定收益业务

公司固定收益业务主要分为自营投资业务和债券销售交易业务,自营投资品种涉及债券、资金、资管产品、债券基金和货币基金等,研究范围覆盖宏观、政策、市场、海外等多方面,交易覆盖现券投资、资金以及债券销售业务。

截至2017年底,公司固定收益业务占用公司自有资金4.12亿元(全年平均),全年收入2433.25万元。全年资金交易总量295.80亿元,债券交易总量55.53亿元。

同时为公司整体资金的风险、收益和流动性安排提供了合理的管理方案,在保证资金流动性的同时,提高了闲置资金的收益率。

2017年公司持仓现券的主体评级均在AA以上,其中,持仓现券60%为利率债及AAA级信用债,28%为AA+级信用债。在债券市场违约事件频发、信用风险上升的情况下,减少了公司的信用风险敞口。此外,公司重视把控流动性风险、操作风险和对手方风险,通过加强整体的资金规划、严格完善并规范交易流程,以及甄别交易对手方等措施,防范风险事件的发生。

2017年,公司通过了《世纪证券有限责任公司固定收益部考核激励办法》,并进一步修订和完善了《世纪证券有限责任公司固定收益投资业务管理制度》、《世纪证券有限责任公司固定收益投资业务证券池管理办法》、《世纪证券有限责任公司债券销售业务管理办法》。

五、受托投资管理业务

2017年,公司资产管理业务保持平稳发展。报告期内,公司先后发行了6只集合资产管理计划。截至2017年底,公司存续的集合资产管理计划已达到18只,集合资产管理业务存续规模39.16亿元(份额),较2016年年底的37.68亿元(份额)增长了3.92%。由于年内部分定向产品到期结束,公司受托定向资产管理业务存续规模下降至3.50亿元(份额)。

截至2017年底,公司受托资产总规模为42.66亿(份额)。

六、场外市场业务

2017年,虽然全国中小企业股份转让系统有限责任公司发布了有关分层、交易、信息披露的改革制度,但市场持续低迷。截至2017年末,股转系统挂牌公司总数11 630家,其中1 343家采用做市转让方式。三板做市指数收于993.65点,较年初下跌10.65%。

公司自2014年下半年开展新三板做市业务以来,对该业务予以大量人力、物力的投入和支持,在市场较为低迷的情况下,公司新三板做市业务保持了较为稳定的市场地位。2017年,公司在部门制度完善、人员专业水平提高、软硬件建设等方面稳步推进,进一步完善风控体系、适当调整投资门槛、灵活变更交易策略。报告期内,公司场外市场业务谨慎开展,做市业务共计立项1个,投资做市库存股1支,新增做市股票1支,退出做市股票19支。截至2017年12月31日,公司共为78家挂牌企业提供做市报价服务,全市场排名第33位。在新三板做市行情低迷的背景下,2017年共成交6 733.12万股,成交24 211.90万元,为市场提供流动性作出贡献。

地址：广东省深圳市福田区深南大道招商银行大厦 40－42 层
邮编：518040
客服电话：400－832－3000
邮箱：sjsc@csco.com.cn
网址：www.csco.com.cn

首创证券有限责任公司

【公司简介】

首创证券有限责任公司于 2000 年初成立，注册地为北京，是北京市国资委所属首创集团控股的综合类证券公司。2004 年初，公司完成了增资扩股工作，增资扩股后的注册资本为 65 000 万元人民币。公司股东包括北京首都创业集团有限公司、北京能源集团有限责任公司等多家大型国有企业。

经过十多年快速发展，首创证券逐步发展成为业务种类基本齐全、拥有多家分公司及数十家营业部的综合类证券公司。截至 2017 年底，公司共有员工 1 668 人（含经纪人），拥有分公司 12 家、证券营业部 49 家。公司经营范围包括证券经纪、承销、自营、投资咨询、资产管理、融资融券、投资银行、直接投资等多项金融业务。公司先后参股北京股权交易中心有限公司、中证机构间报价系统股份有限公司，相对控股中邮创业基金管理股份有限公司，全资控股首创京都期货有限公司和首正德盛资本管理有限公司，可进一步为客户提供多元化金融服务。

自成立以来，公司一直坚持“稳健经营、规范管理”的经营原则，高度重视健全内部管理体制和完善风险防范机制，初步形成了一套具有自身特色、合乎证券业规范运作要求的制度化管理体系。2017 年，公司累计实现营业收入 93 057 万元，实现利润总额 37 503 万元，实现归属母公司的净利润 31 542万元。截至 2017 年底，公司资产总额 188.67 亿元，净资产 39.14 亿元；母公司净资本 34.89 亿元。

首创证券将一如既往的秉承稳健经营的原则，遵循专业化、规范化的经营方针，积极开拓市场，吸引人才，不断地推行业务创新和机制创新，抓住机遇做大做强。

【主要业务经营和拓展情况】

1．证券经纪业务

2017 年，证券行业监管力度空前，市场相对低迷，全年两市股票基金成交量较 2016 年同比下降 12%，证券公司代理买卖证券业务净收入萎缩，证券佣金率进一步下滑。

在严峻的市场形势下，公司经纪业务积极向财富管理转型，着力开展互联网证券、产品销售、投顾拓展、机构业务、落实监管要求等方面工作。公司将互联网证券业务进行了重新定位，并提出了新的目标和实施规划，明确了以番茄财富 APP、微信平台、在线客服、渠道合作、分支机构联动五位一体的互联网营销服务思路。根据市场行情变化情况，公司将产品销售重点定位于低风险固定收益类产品上，销售额突破 50 亿元，比上年增长 4 倍，取得了突出业绩。机构业务重点推进 PB 主交易系统经纪服务，延伸基金综合服务业务，并开展私募基金外包资格备案工作。投顾业务努力探索新环境下的业务模式，形成具备一定服务能力的投资顾问团队。同时，根据监管要求，公司经纪业务严格落实在投资者适当性管理、营销行为管理等多方面的要求，在制度完备、系统改造、流程梳理、营业部培训、投资者教育等环节不断深化具体工作，确保各项业务合规开展。

同时，公司重点发展信用业务，并取得较好收益。截至年末，信用业务总规模 50.01 亿元，其中自有资金信用业务总规模 41.38 亿元；两融余额 19.59 亿元，日均余额同比持平；自有资金股票质押余额 21.79 亿，日均余额同比增长 27.63%。

2．资产管理业务

资产管理业务坚持回归财富管理本源，大力开展专业理财、市值管理及各类投融资业务，重点进行产品创新，提升主动管理能力，开拓资产证券化业务，强化多渠道、全方位的精准营销覆盖，为客户提供优质的资产管理及运作服务。

2017 年，公司加大在研究、投资、风险控制方面的投入，强化权益类资产、衍生品工具、商品期货、外汇等大类资产研究，以固定收益类资产为核心，设计并发行了以现金管理、委外投资、跨期平层、投资顾问、股票质押式回购等固定收益类业务为主，定向增发、新股申购等权益类投资业务为辅，适应各类型客户需求的主动管理产品。截至 2017 年底，公司资产管理规模（净值）151.32 亿元，其中主动管理规模（净值）97.93 亿元，主动管理规模（净值）占比 64.71%，同比增长 83.80%。此外，公司在资产证券化业务领域取得突破，不断延伸业务链条。

公司在强化产品投资管理的同时，加强风险控制、产品运营管理、营销能力建设，着力打造风险可识可测可控能力，提高产品运营管理效率和水平，通过加强与代销机构协作等措施，提高产品营销能力，实现了资产管理业务的全方位发展。

3．投资银行业务

公司强化中高端投资银行业务拓展，重点突破 IPO 及再融资、并购重组业务，稳步推进新三板业务，全面提升分支机构区域内投行业务的拓展力度和服务质量。同时，公司努力打造一支专业、优秀的发行队伍，提升公司债券发行的口碑。

公司在 IPO 及再融资业务方面取得积极进展。公司保荐的世纪天鸿 IPO 项目获得中国证监会创业板发行审核委员会审核通过，并顺利完成发行工作；保荐的龙泉股份 2016 年非公开发行股票业务获得中国证监会创业板发行审核委员会审核通过，发行准备工作有序进行。

公司继续巩固全国中小企业股份转让系统（以下简称全国股转系统）开展的股份挂牌推荐、定向发行、并购重组等业务。2017 年，公司新增挂牌公司 17 家，累计推荐挂牌公司达到 99 家，行业排名第 41 位；公司持续督导挂牌公司 102 家，占全国股转系统挂牌公司总数的 0.88%，行业排名第 35 位；公司完成 28 家挂牌公司的股票发行，融资额 7.75 亿元，占全国股转系统挂牌公司融资总额的 0.58%，行业排名第 46 名。同时，公司担任多家挂牌公司重大资产重组财务顾问，完成首单涉及收购海外标的、全程进行海外尽调且重组交易对价高达 1 亿元的海外并购重组项目。

在监管政策持续收紧及市场利率大幅上升的形势下，公司围绕交易所市场开展的公司债券承销业务保持了稳健的发展，并在特色类债券业务方面取得了突破。

2017 年，公司协助首创股份、北汽集团等企业发行、销售公司债合计规模数十亿元。其中，首创股份绿色可续期公司债，规模 10 亿元，为市场上首单非公开可续期绿色债，独创了绿色企业认证概念，并在 2017 年绿色债券（含资产证券化产品）发行主承销（或管理人）排名中位列第五。同时，公司积极发展城投债承销业务，成功为盐城市亭湖区公有资产投资经营公司募集了数十亿元资金。

4．证券自营业务

2017 年债券市场处于熊平走市，金融监管继续加强，信用风险持续释放。

在风险事件频发的市场环境下，公司固定收益业务充分控制风险，重点发展自营投资、债券交易、量化对冲等业务，取得的收益率超过同期债券型基金平均收益率和中债总财富指数。公司债券自营投资实施积极主动管理策略，及时根据市场行情调整交易策略，以配置为主，配合交易盘高抛低吸赚取市场波动差价，自营投资优势进一步巩固。公司定期对所持仓债券进行风险排查，确保了所持自营券中无违约现象。根据万德公布中债统计的证券公司债券排行情况，公司2017全年债券交割量5792亿元，位列证券公司行业排名第34位；根据上海证券交易所公布的会员交易统计情况，公司全年现券交易量3443亿元，位列会员排行第2位；根据银行间同业拆借中心公布的统计情况，公司荣获2017年度银行间本币市场交易300强。公司稳步发展国债期货套利业务，在市场整体较差的情况下，在套利方面抓住了全部正反向套利机会，单边交易方面所用策略也抓住了熊市中的市场机会，绝对收益率名列市场前茅。同时，公司着力加强制度建设，强化风控、研究工作，对日常结算实行严格监控，对业务进行事前、事中、事后的全程跟踪，建立风险警示机制，对交易程序的管理更加有序、规范。

公司以价值投资为导向，重点研究宏观政策和上市公司基本面，加大对大盘蓝筹股的投资力度，精选行业龙头公司，取得了较好的投资收益，提高了资金使用效率。

5．新三板做市业务

2017年，新三板市场在调整的压力下继续规范发展，企业挂牌数量维持在1万多家。在常态化强监管下，市场开启“优胜劣汰”模式，企业退出机制日渐完善。从融资规模和成交量来看，新三板市场整体表现疲软，做市指数高开低走，投资者和做市商面临的局面较为严峻。在市场低迷的情况下，公司一方面加强做市项目的后续跟踪管理，确保做市库存股组合的风险可测、可控、可承受；另一方面以深化行业研究为切入点，精耕细作，严控做市项目质量。截至2017年底，公司累计为65家挂牌企业提供做市报价服务，处于同业中游水平。

公司持续增强新三板做市服务水平，形成较为完整的“进入—交易—退出”业务闭环，为做市企业提供全生命周期的服务。公司适时调整项目开发策略，不断集中行业聚焦度，深化企业研究力度，争做精品项目。公司进一步优化做市交易的数据报送流程，完善系统应急方案，强化了全业务流程的风险管理和内部控制。公司不断提升做市交易能力，在全国股转系统主办券商月度执业质量评价中，公司除4月份外均获得做市交易方面的加分。

6．研究业务

2017年，公司研发部门工作重点集中在提升报告质量和时效性、加强支持和服务力度、推动研究成果产品化等方面，切实为各项业务提供有效的研究支持，持续推动公司的市场影响力和品牌建设。

研发部门完成《首创研究》简报200余篇，宏观策略、行业、公司研究报告300余篇，撰写的研究报告总数和人均报告数量较2016年都有所增加。研究报告强化了对市场以及行业、公司的重大事件的分析和跟进，增加了操作建议推荐次数和频率，时效性和针对性有所提高。

研发部门强化对内服务水平，扩大研究服务范围，提高研究工作的深度和针对性。一方面，研发部门对公司自营业务、经纪业务、投资银行业务、资产管理业务、固定收益业务、融资融券和股票质押等信用业务、新三板做市、新三板挂牌、代销金融产品等经营领域形成了常态化的支持，研究工作已经基本覆盖了公司的主要业务条线。另一方面，研发部门提高工作针对性，与业务联系更加紧密，逐步为业务部门提供特色化和定制化的研究产品支持。

公司积极推动研究产品市场化，持续加强品牌建设。公司整合优秀分析师和投顾资源，开展首席点评栏目，并在番茄财富APP进行直播，提升公司影响力。公司资深研究员在CCTV2财经频道的“市场分析室”、CCTV-News“全球财经”、甘肃卫视“交易日”、中央人民广播电台国际台等主流媒体的财经节目中担任嘉宾，同时还为《证券时报》、英国《金融时报》中文网、中国新闻社和“腾讯财经”等专业财经媒体撰写专栏文章。

地址：北京市西城区德胜门外大街115号德胜尚城E座
邮编：100088
电话：010－59366000
客服电话：400－620－0620
邮箱：sczq@ sczq. com. cn
网址：www. sczq. com. cn

太平洋证券股份有限公司

【公司简介】

2004年，太平洋证券股份有限公司前身太平洋证券有限责任公司为化解云南证券风险在云南昆明注册成立，2007年太平洋证券在上海证券交易所上市。近年来，公司通过经营积累和多种融资、增资手段，不断增强资本实力。先后成功实施定向增发和配股，注册资本增至人民币68亿元。截至2017年末，公司总资产达470.42亿元，净资产达117.05亿元。

太平洋证券经过多年发展，不断壮大资本实力，各项业务取得了长足进步。公司营业网点逐年增加并布局全国，截至2017年末，公司共有107家分支机构，其中19家分公司、88家证券营业部。涵盖全国直辖市及除港澳、台以外的所有省区，并在北京、上海、深圳设立了区域业务中心。公司打造了一支2000余人的专业化人才队伍，构建了全牌照、全业务线的业务体系，已逐步由偏居一隅的地方性证券公司发展成为全国性的中等规模券商。在业务领域，投资银行业务共完成60余家公司IPO、再融资、债券发行、重大资产重组项目；股份转让业务已累计完成新三板挂牌项目130余家，位居行业前列；资产管理业务管理客户资产总规模1 672.6亿元以上；固定收益业务累计承销固定收益类产品87只，融资规模约440亿元；融资融券和股票质押回购业务稳步发展，2017年融资类业务收入行业排名第20位，股票质押业务利息收入行业第14位；公司盈利模式日趋多元。

太平洋证券积极响应国家“一带一路”倡议，充分发挥自身区位优势，以差异化的竞争战略谋求推动业务转型，逐步确立了开拓东南亚市场，布局海外资本市场的国际战略思路。2013年，公司成立了老—中证券有限公司，这是中国证券行业在境外设立的第一家合资证券公司。2017年10月，公司在美国纳斯达克交易所挂牌的太平洋特别并购公司与目标公司顺利完成合并，为中国企业赴美上市开辟了一条新的融资渠道。同时正在积极推进收购泰国证券公司，申请设立香港子公司，布局东南亚市场，不断推进公司国际业务战略布局的进程。

公司以“守正、出奇”为行为准则，追求“宁静、致远”的精神境界，以客户需求为导向，追求股东和社会价值的最大化；以经济效益为中心，追求公司与员工的共同成长。

地址：云南省昆明市北京路 926 号同德广场写字楼 31 楼
邮编：650224
电话：0871－68885858
邮箱：tpy@ tpyzq. com
网址：www. tpyzq. com

万和证券股份有限公司

【公司简介】

万和证券股份有限公司成立于 2002 年 1 月 18 日，是经中国证监会批准，由原深圳市深财证券业务部、成都财盛证券公司和海口财政证券公司三家财政国债中介机构重组设立的证券公司。公司注册地在海口市，总部办公地在深圳市。公司在深圳、海南、四川、广东、广西、北京、湖北、湖南、江苏、浙江、安徽、山东、甘肃、辽宁、云南、福建、上海、河北、河南、重庆等地共设有 62 家分支机构。公司是拥有证券经纪、证券投资基金销售、证券承销与保荐、证券自营、证券投资咨询、证券资产管理、融资融券、代销金融产品、银行同业拆借、新三板主办券商、新三板经纪商、新三板做市商、与证券交易、证券投资活动有关的财务顾问等各类业务资格的综合类券商。

万和证券目前注册资本 22. 72 亿元，拥有七位股东，其中深圳市国资合计持股比例为 95. 33%。目前公司股东名单为：深圳市远致投资有限公司、深圳市鲲鹏股权投资有限公司、深业集团有限公司、深圳市创新投资集团有限公司、深圳远致富海十号投资企业（有限合伙）、成都金融控股集团有限公司、海口市金融控股有限公司。截至 2017 年末，公司资产总额为 110 亿元，净资产为 50. 81 亿元，净资本为 49. 75 亿元。根据中国证券业协会对 2017 年 129 家证券公司进行的初步统计排名，2017 年公司净资产排名第 76，较 2016 年提升 24 位，净资本排名第 75，较 2016 年度提升 33 位。公司整体呈现良好向上的发展势头。

万和证券将充分利用好资本市场，在产业协同、资源互补基础上，通过并购、重组、参股等多种形式，完善在互联网金融、银行、保险、第三方支付、小贷公司、网络众筹、网络征信、金融大数据等领域的业务布局，构建全产业链综合金融平台，实现超常规跨越式发展。

公司各项业务经营概况

1. 经纪业务

2017 年公司经纪业务加快机构建设与业务转型，加大分支机构建设力度，网点布局不断优化，覆盖率不断提高，分支机构业务发展能力、盈利能力不断提升。2017 年在市场交易量下降 11. 52% 的情况下，公司交易量同比增长 35. 55%；公司客户资产、市场份额稳步提升，经纪业务行业成交总排名为 78，上升 7 个位次，市场竞争力大幅增强。

2. 信用交易业务

2017 年公司进一步积极开拓两融、股押业务，利用分支机构为落脚点打造信用交易业务公司网点全覆盖的业务格局，取得理想成效，收入大幅提升。2017 年股票质押业务在深交所排名 66 位；融资融券市场排名 92 位。

3. 资产管理业务

2017 年公司资管业务沉着应对复杂多变的市场与监管环境，稳健开展通道业务和股票质押业务，积极拓展多种业务类型。2017 年末运行的资产管理计划 29 个、管理规模 209 亿元。

4. 固定收益业务

2017 年公司固定收益业务采取稳中求进的投资策略，加强对信用类产品的风险识别和跟踪，在市场疲弱和流动性偏紧的情况下，取得了大幅领先于市场平均水平的投资业绩。全年固定收益业务绝对投资收益率 4. 97%，同期中债财富指数下跌 1. 10%。

5. 权益类投资业务

公司自营投资业务严格把控风险，加强修订部门制度，实现各项业务风险管理任务零差错，并通过对股指期货多单交易及套期保值工具的合理应用，有效防范了极端情况的发生。全年累计创收 647 万元，其中实现投资收益 536 万元。

6. 投资银行业务

2017 年，公司投资银行业务完成 4 家新三板公司挂牌，为深圳地铁集团受让恒大所持万科地产股份提供财务顾问项目，实现债券承销业务零的突破，获得企业债主承销商资格及北金所债权计划业务副主承销资格。在股转系统公布的 2017 年业务执业质量评价点值排名中，公司位于 97 家主办券商中的第 4 位。

7. 场外市场业务

2017 年公司场外市场业务已初步形成投融资相结合的业务模式，获批中证报价系统收益凭证配额发行试点券商资格。公司场外债务融资规模达 13. 06 亿元，场外自营累计投资 3. 5 亿元，实现净收入 628 万元。

地址：广东省深圳市福田区深南大道 7028 号
　　　时代科技大厦 20 层
邮编：518040
电话：0755－82830333
客服电话：400－888－2882
邮箱：office@ wanhesec. com
网址：www. wanhesec. com. cn

网信证券有限责任公司

【公司简介】

网信证券有限责任公司是经中国证券监督管理委员会批准设立的从事证券业务的有限责任公司，是中国证券业协会、中国国债协会、中国证券投资基金业协会，上海、深圳证券交易所的会员单位。公司前身为沈阳市国库券流通服务公司，成立于 1988 年 4 月 21 日，同年更名为沈阳财政证券公司。2015 年 11 月 30 日，变更为网信证券有限责任公司。如今，网信证券已经成长为：注册资本 5 亿元，业务范围涵盖证券经纪、证券自营、证券投资咨询、证券投资基金销售、证券资产管理、证券承销、代销金融产品、证券保荐、与证券交易、证券投资有关的财务顾问等各大领域。

网信证券有限责任公司总部位于辽宁省沈阳市，公司下设北京、深圳 2 家分公司，并在北京、上海、深圳等城市拥有 41 家证券营业部，其中 11 家营业部在辽宁省内，其他营业部分布在北京、上海、天津、长春、哈尔滨、苏州、杭州、青岛、武汉、东莞、厦门、深圳、广州、珠海、成都、西安、佛山、福州、济南、南京等城市。公司业务规模不断扩大，业务范围辐射全国,是一家极具实力的全国规模的综合性券商。2017 年,公司营业收入 29 020 万元,比上年增长了 9.35%;营业支出 27 745万元,比上年增长了 11.35%;营业利润 1 275 万元,比上年下降了 21.34%。

网信证券始终以客户需求为中心,创造价值最大化。目前在全国范围内拥有客户达 16 万户,公司拥有强大的交易系统,灵活的交易方式,专业细致的咨询服务,快捷的互联网客户端,丰富的理财产品服务以及全面的第三方存管支持。

以科技助力投资始终是网信证券核心企业价值观。未来,网信证券将以财富管理、资产管理和投资银行等业务板块为发展重点,致力于建立专业高效的资本媒介,追求服务便捷、特色鲜明的发展路径,在依法合规的前提下融通金融渠道,打造一家提供线上便捷服务、线下优质体验的新型互联网金融综合券商,投资者提供全方位、多维度、一站式综合金融服务。

【公司主要业务经营概况】

1. 证券经纪业务方面

公司的证券经纪业务一直是公司的核心业务。2017 年,公司的经纪业务以客户资产保值增值为首要任务和目标,加强自身经营管理的力度和业务拓展的深度,建立健全风险监管体系,持续加强业务监管,努力做好营销管理和考核,加强投资者教育工作,组织引导分支机构拓展新业务。截止 2017 年末,公司客户累计数量 170 982 户,比年初增加 22 243 户,增长 14.95%;客户资产总额 117 亿元,比年初增加 7 亿元,增长 6.36%;全年实现股票、基金交易额 860 亿元,同比下降 6.83%。

2. 证券投资业务方面

2017 年,公司全年实现投资收益 13 543 万元,比上年增长 23.89%;公司固定收益业务在全国银行间市场的结算失败率、交易违约率均为零,取得了连续三年的零违约率。公司被全国银行间市场评为"银行间市场 300 强单位",保持了公司在全国银行间市场上的信誉和口碑。

3. 资产管理业务方面

2017 年是公司开展资产管理业务的第二年,资产管理业务是公司非常重要的一项业务,公司克服了在专业经验、资深专家、业务基础等方面的不足,秉持"先求知,进而求思,而后求变"的思维,在资产管理业务的推进上,力求在探索中推进,在推进中完善,在完善中发展。在架构和流程设计上,采取了后台合规、风控,加大质量控制审核流程的力度,将合规、风控、质量控制等工作,放在每一个业务流环节上,完成项目审核。面对始终从严的外部监管环境,面对去通道、防风险等多重政策收紧的压力下,2017 年公司资产管理业务新增资产管理计划 57 支,受托资产管理规模达 90.77 亿元。其中,定向产品 44 支,规模 84.07 亿元;集合产品共计 13 个,规模 6.70 亿元,全年资产管理业务收入 2 047 万元。

4. 投资银行业务方面

2017 年,公司投资银行业务实现收入 1 804 万元,项目收入较 2016 年有所减少,但是今年投行项目个数有所增加,项目类型呈现多样化。项目类型主要包括上市公司可转债、政府平台债、新三板挂牌、新三板督导、ABS 业务和正在推进的 IPO 项目等。

5. 做市业务和融资融券业务方面

2017 年,公司已取得了新三板做市、推荐以及经纪业务资格。公司做市业务累计投入资金规模为 1 556 万元,为新三板挂牌公司 17 只股票提供报价服务,全年实现投资收益 70 万元。公司做市业务通过完善制度建设,建立长效约束机制,使各项工作有章可循,工作流程更加清晰,人员权责分配更加明确具体,业务操作合规有效,各项风险得到有效控制。

6. 私募托管业务方面

公司的私募业务通过完善管理制度、理顺操作流程、风险控制和系统安装测试等工作稳步推进 PB 业务的开展。根据公司实际情况制定了《公司 PB 业务管理办法》,以及包括风险揭示书、业务系统使用协议、流程说明书、三方操作备忘录等内容,通过对恒生系统的安排调试和对券商端、客户端运行的完善和改进,2017 年 3 月,恒生 PB 系统正式上线。

地址:辽宁省沈阳市沈河区热闹路 49 号
邮编:110014
客服电话:400 - 618 - 3355
电话:024 - 22955438
网址:www.wxzq.com

五矿证券有限公司

【公司简介】

五矿证券有限公司(以下简称"五矿证券"或"公司")成立于 2000 年 8 月,总部位于中国改革开放的前沿城市深圳,是一家综合类证券公司,也是深圳首批荣获规范类券商资格的证券公司。公司目前拥有一家全资子公司——五矿金通股权投资基金管理有限公司,并在北上广深及全国重点城市地区设立分支机构,截至 2017 年末,已开业的分支机构(含分公司及营业部)共计 41 家,业务网点覆盖华北、华南、华东、西南等主要区域。

近年来,五矿证券业务规模迅速壮大,公司营业收入、净利润等关键业绩指标增速均大幅优于行业水平,2009 年至 2017 年,公司营业收入复合增长率超过 40%;同期净利润复合增长率超过 80%。目前,公司注册资本金为 72.92 亿元人民币,并将继续进行资本补充和战略投资者引入,不断加强公司的持续发展能力、核心竞争能力和抗风险能力,为公司健康、长足发展奠定坚实基础。2017 年公司全年实现营收 7.16 亿元,同比增长 39%,实现利润总额 3.52 亿元,同比增长 133%,优于行业水平。截至 2017 年 12 月,公司净利润排名上升 27 位,位列行业 78 位,营业收入排名上升 10 位,位列行业 93 位。

作为全牌照业务券商,五矿证券经营范围涵盖证券经纪业务、投资银行业务、固定收益业务、资产管理业务、信用业务、自营业务等。在经营发展中,公司不断重塑自身优势,打造个性化特色的"产业服务专家"和"财富管理专家",为客户提供全方位的优质金融服务。

公司以"服务实体,创造价值"为使命,遵循国家发展战略与经济发展政策导向,紧紧围绕服务实体经济这一中心,充分发挥资本市场重要参与者的功能,为市场脱虚向实贡献力量。

自成立以来,公司始终坚持合规经营,建立了以合规风控为基石的公司管理体系,确保业务可持续、规模化发展。同时,公司高度重视企业社会责任,践行价值回报,持续为股东、员工及社会创造价值。

未来,公司将进一步提升业务维度与精度,深入贯彻"珍惜有限,创造无限;以人为本,规范创新"的经营理念,以经纪业务、信用业务为基础,以投行业务、资管业务、交易业务为核心,以海外业务为契机,致力于打造合规文化突出、市场机制成熟的特色券商。

主营业务经营概况

1. 经纪业务:客户与资产大幅增加,战略布局大幅拓展

2017 年,证券二级市场分化加剧、成交低迷,沪深两市股基成交金额同比下滑 11.7%,市场平均净佣金率同比下滑 6.4%。2017 年,公司经纪业务总客户数同比增长 32%,总资产同比增长 47%,其中新增交易性资产 63 亿元,总交易量同比增长 1.43%,两市股基交易份额同比增长 14.68%,市占率排名从 85 位提升至 83 位。围绕重点战略区域,加速网点布局,高效完成 7 家分支机构新设筹建工作。

2. 信用业务:两融业务快速增长,股票质押业务迅速铺开

近年来,在金融去杠杆,业务创新受阻的大环境下,券商重资产发展态势明显,收入结构加速转型,其中资本中介业务尤其是信用业务快速发展且占券商收入的比重稳步提升。市场两融业务规模重新回到万亿规模,股权质押规模持续创新高,交易市值超过 2 万亿元。与此同时,融资成本的上升与融出利率的下降持续压缩信用业务利差空间。随着市场回暖,公司两融余额再创新高,达 15.16 亿元,较年初增长 63.5%。随着公司增资资金的投入,2017 年公司股票质押规模节节攀升,截至年底规模达 48.16 亿元。

3. 投资银行业务:组织团队优化调整,项目储备大幅提升

2017 年,投行新规不断,监管对 IPO 审核提速,投行业务监管日趋严格,质量要求日益提高,否决率骤升,零通过首次出现。定增和并购重组节奏收紧,新三板已过疯狂扩张期。2017 年,公司投行业务优化调整业务结构,从过去以新三板业务和债券承销为主,向 PO、并购重组、可交债等创新类业务转型。IPO 项目取得一定突破,已签署辅导协议 3 家,签署框架协议 6 家。创新类债券项目取得新进展,2017 年新签约可交债 3 只,新三板项目成功推荐 12 家挂牌,持续督导 40 家。

4. 固定收益业务:主动调整策略,结构持续优化

2017 年以来,债券一级市场因利率抬升与政策调整而受阻,债市波动加大,二级市场发行难度增大、发行利率大幅走高。面对不利的市场环境,公司主动调整业务结构,重点发展撮合业务,收入大幅增长,对代持业务严重收缩起到了弥补作用。自营业务在市场环境不佳的情况下,加大专业人才引进和投研体系建设,资金成本控制得当,准确把握住了市场契机。

5. 资产管理业务:组织人员调整到位,主动管理初具雏形

2017 年,监管机构对资管业务新政频出,资管业务规模出现不同程度收缩,通道业务大幅收缩,主动管理型业务成为资管主要收入来源。全年公司资管业务净收入同比增长 46%,远超行业同比微涨 6% 的水平。资产管理总规模(资产净值)达 189 亿元,其中集合资管计划规模达到 8.25 亿元,同比增长 93%,创历史新高。同时,大力调整组织架构,优化业务结构,引入新管理团队,加强主动管理,并通过拓展银行渠道、布局上市公司战略合作、开展内部业务协同等方式,拓展客户资源和合作空间,新进入了 19 家银行准入名单。

6. 债权融资业务:市场大幅收紧,年底突围发力

在监管收紧、资金偏紧、波动加大的情况下,2017 年以来,债券市场发行难度增大、发行利率大幅走高,债券发行规模受此影响出现下调,全年债券发行规模企业债同比下降 37%,公司债同比下降 60%。在此背景下,债权融资部下半年成功发行 3 支债券,发行规模 30 亿元,均以低于市场同类债券价格 50 - 80bp 成功发行。其中“17 六枝债 01”为贵州省国家级贫困县六枝特区首支企业债,是国家发改委重点倡导的绿色农业产投一体化项目,上述债券的成功发行充分展现了公司在债券承销发行领域的水平,得到了市场认可。

7. 证券投资业务:经营稳健,收益良好

2017 年自营业务超过经纪业务,成为券商最重要的收入来源。在增资带动下,公司顺应市场变化积极调整投资策略,较好地把握住投资机会,自营业务全年实现收入 3 112.34 万元,收益率为 15%,大幅超越上证指数 6.56% 的涨幅。新三板做市方面,2017 年共为 29 家企业进行做市;6 家企业从做市转让变更为协议转让,均获得 10% 以上的回购收益;完成 5 家企业的认购打款,累计实现收益 1 009 万元,在新三板市场流动性枯竭及做市指数屡创新低的情况下,在做市商业绩排名中名列前茅。

地址:广东省深圳市福田区金田路 4028 号
荣超经贸中心 47 - 49 楼
邮编:518035
电话:0755 - 82545555
邮箱:wkzq@ vip. 163. com
网址:www. wkzq. com. cn

西部证券股份有限公司

【公司简介】

西部证券股份有限公司成立于 2001 年元月,注册地陕西省西安市,是全国首批规范类证券公司、第 19 家创新类证券公司。2012 年 5 月 3 日,公司在深圳证券交易所正式挂牌上市(股票代码:002673),成为我国第 19 家上市证券公司,是陕西省唯一一家全牌照的上市证券公司。2015 年 3 月 24 日,公司完成了上市后的首次非公开发行股票工作,募集资金近 50 亿元,创陕西省上市企业中单次再融资规模最大的记录,目前公司总股本为 35.01 亿股。截至 2017 年底,公司在陕西、北京、上海、山东、深圳等地区共设有 107 家证券营业部及 9 家经纪业务分公司,在上海设有从事自营业务、客户资产管理业务的第一、二分公司及研究发展中心,在北京设有从事场外市场业务、固定收益业务的北京第一分公司及固定收益部。西部期货有限公司和西部优势资本投资有限公司作为公司全资子公司与公司主营业务协同运作,独立经营。公司与上海利得财富资产管理有限公司合资设立的西部利得基金管理有限公司在公募和私募基金管理业务领域为客户提供服务。

2017 年,公司深入贯彻落实董事会各项决策部署,坚持稳中求进总基调,凝心聚力,团结奋进,牢筑风控防线,坚守合规底线,积极推进“十三五”发展规划落地实施,持续深化业务结构调整及战略转型,着力提升发展质量,不断提升公司核心竞争力,各项工作取得了良好成绩。2017 年全年公司(合并口径)累计实现营业收入 316 994.50 万元;净利润 75 449.66万元。

公司成立以来,建立了完善的法人治理结构和严密科学的内部控制体系,合规守法经营,造就了一支具有共同使命感和价值观的员工队伍,形成了“和衷共济、共谋发展、风控至上、稳中求先”的企业文化,走出了一条规范管理、稳中求先、

注重效益的渐进式发展之路。2017 年,公司完成配股公开发行股票工作,募集资金 48.52 亿元,资本实力和风险抵御能力显著增强,期末总资产 467.99 亿元,同比下降 2.97%;净资产 175.36 亿元,同比增长 41.29%;净资本 156.38 亿元,同比增长 32.22%。

2017 年公司荣获中国证券投资者保护基金有限责任公司评选的“2017 年营业部经理调查工作优秀证券公司”;荣获陕西省劳动竞赛优胜单位奖;荣获上海市浦东新区人民政府颁发的“经济突出贡献奖”;荣获中共白水县委、白水县人民政府颁发的脱贫攻坚工作先进集体奖;在《国际金融报》主办的国际先锋投行论坛中荣获“IPO 审核通过率先锋投行”、“IPO 报审效率先锋投行”、“医疗行业 IPO 先锋投行”、“新三板先锋投行”四个奖项。西部期货荣获中国金融期货交易所 2017 年度优秀会员金奖;荣获大连商品交易所 2017 年度“优秀会员奖”;荣获郑州商品交易所 2017 年度“市场成长优秀会员”。此外,公司还入选“融绿-财新 ESG50 指数”2017 年“美好 50”公司榜单。

【公司主营业务经营概况】

一、大零售业务—经纪业务

根据 WIND 数据统计,2017 年股票累计成交额 111.76 万亿,较 2016 年下降 11.66%。受国内证券市场行情影响,公司经纪业务实现营业收入 84 302.31 万元,同比下降 25.70%,股票基金累计交易量占全国市场份额为 0.446%,同比下降了 8.49%。报告期内,公司经纪业务平稳发展,积极转型,大力发展中间业务,走出一条差异化竞争道路,中间业务收入占比达到 43.04%,同比提升了 3.28 个百分点;积极优化网点布局,进一步“深耕陕西、布局全国”,提升服务质量,巩固公司市场份额;深化业务协同,发挥综合业务触角作用,共销售金融产品 63 只,实现各业务共同发展;强化金融科技支撑作用,稳步开展互联网金融服务,不断提升互联网移动终端的用户体验;积极落实投资者适当性管理办法,做好投资者保护工作。未来,公司经纪业务仍将以打造业务资源蓄水池、加强业务协同为主要目标,以收入模式多元化为着力点,最终实现向“大零售业务”的全面转型。

二、大投行业务

1. 投资银行业务

2017 年公司充分把握 IPO 提速、再融资审核放缓的政策机遇,加快业务开展步伐,投资银行作为成长型业务进步明显,累计实现营业收入 37 790.09 万元、利润总额 11 291.48 万元。IPO 业务方面,公司全年完成 7 单 IPO 主承销,创公司成立以来最好成绩,并在个别区域市场具有一定品牌优势;公司在新疆地区成功发行 2 单 IPO 项目,不仅是公司支持国家“一带一路”战略的体现,也是贯彻落实精准扶贫的重要成果;其中,新疆火炬 IPO 是南疆喀什地区首家 A 股上市公司。再融资业务方面,完成彩虹股份、东方电缆 2 单非公开发行项目;财务顾问业务方面,完成陕西金叶重大资产重组项目,太阳鸟重大资产重组项目已获并购重组委审核通过。未来,公司投资银行业务将在产品多样性、服务专业性上继续加码,不断提高投行的定价、销售能力,真正成为高端业务的提供者。

2. 固定收益业务

2017 年债券市场流动性整体处于收紧状态,受监管环境、债券市场利率上行和同业竞争三大因素影响,公司固定收益业务形势严峻,债券发行压力较大。截至报告期末,公司固定收益业务累计实现营业收入 12 052.73 万元,同比下降 58.80%。面对复杂多变和持续低迷的市场环境,公司固定收益业务重点防控信用风险,优化风控合规管理架构,提高项目管理能力,全年债券承销业务共发行债券 35 只,发行规模 287.9 亿元;持续提高业务创新能力,成功发行公司首单公募债—“17 山高可交换债”;积极响应国家“绿色金融”政策号召,根据中国证券业协会发布的 2017 年绿色公益榜排名显示,公司在绿色债券(含资产证券化产品)发行主承销(或管理人)家数和绿色债券(含资产证券化产品)已发行金额两项评比中,分别位列第 19、14 位。

3. 新三板业务

2017 年,新三板市场步入理性发展,挂牌企业数量增速放缓,企业摘牌数量明显增加。在此环境下,公司新三板业务累计实现营业收入 5 362.55 万元,新增推荐挂牌企业 40 家,完成定向发行 51 次,累计成功推荐挂牌企业达到 242 家,全行业排名第 17 位,并持续保持陕西省内的领先地位。新三板业务是公司“大投行”整体战略转型的重要一环,未来对已挂牌企业的二次开发将成为公司新三板业务的发展重点。

三、泛买方业务

1. 自营业务

2017 年,A 股两极分化较大,市场结构性特征明显,低估值业绩良好的蓝筹股涨幅较多,估值较高的中小盘股大幅下挫。报告期内,公司建立泛买方业务统一的管理架构,顺应市场规律,准确把握大类资产配置方向,权益类、固定收益类和金融衍生品投资业务均衡发展,取得骄人的经营业绩,成为公司第一大收入和利润来源。截至报告期末,自营业务累计实现营业收入 87 031.11 万元、利润总额 74 138.53 万元。权益类投资业务优选持仓品种,合理控制仓位,积极扩展海外市场,取得超额收益;固定收益类投资业务适时保持合理的久期和杠杆,积极开拓新的投资品种,重视信用风险,经营业绩可圈可点;金融衍生品投资方面大力推进创新业务,丰富创新业务品种和业务类型,为公司拓宽投资渠道作出了积极探索和有益尝试。2017 年,公司累计实现证券投资收益在行业 125 家券商中排名第 17 位,公允价值变动净收入在行业 109 家券商中排名第 6 位。

2. 信用交易业务

2017 年,受防控金融风险和去杠杆监管政策影响,投资者风险偏好持续下降,信用交易市场整体增幅缓慢。截至报告期末,公司信用交易业务累计实现营业收入 64 620.49 万元,同比下降 7.90%。公司信用交易业务以风险防控为主,持续强化股票质押业务风险监控,深化业务前瞻性研究,适时启动逆周期调节机制。公司继续保持对股票质押业务的稳定投入,确保对公司收入、利润的重要贡献,股票质押期末待购回初始交易额为 70.88 亿元;两融业务期末余额为 53.42 亿元,开户数、累计授信额度均实现稳定增长;公司股票期权经纪业务保持谨慎、稳健发展态势,目前以培育投资者为主。

3. 做市业务

公司做市业务作为“泛买方”业务体系的有效补充,共为 135 家股转系统挂牌企业提供新三板做市服务,行业排名第 32 位,并荣获由新三板智库评选的“2017 年创新层十佳新锐做市商”奖项;此外,期权做市商业务系统及交易策略运行稳定,当前总资金规模为 1.4 亿元,并取得了较为稳定的收益。

4. 私募投资基金子公司业务

根据行业自律规范要求,西部优势资本持续完善内控体系及制度建设,向私募投资基金子公司规范转型。截至报告期末,西部优势资本累计实现营业收入 5 853.11 万元,存续投资金额 2.75 亿元，管理基金投资总额 15.14 亿元，已投资项目 91 个。目前，西部优势资本已完成公司章程及营业执照变更手续，并按照监管部门要求，上报私募投资基金子公司的整改方案。

四、狭资管业务

1. 资产管理业务

2017 年资管行业遭遇最严监管年，伴随着"去通道、降杠杆"的影响和"一行三会"资产管理业务新规的征求意见，通道业务、委外业务规模压缩，整个行业格局发生重大变化，消除多层嵌套、打破刚兑、降低流动风险等一系列监管要求，促使行业产品形态发生改变。截至报告期末，公司资管业务营业收入 12 162.66 万元，营业利润 912.44 万元。2017 年，公司资产管理业务在回归"狭资管"内涵，支持实体经济直接融资的大背景下，持续加强内控及风险管理能力，提升主动管理产品规模，期末公司资产管理业务总规模为 591.89 亿元，主动管理规模为 163.37 亿元，占总规模的 27.60%。其中，定向资产管理规模为 455.53 亿元；集合资产管理规模为 66.16 亿元；专项资产管理规模为 70.21 亿元，同比增长 36.08%。

2. 基金子公司业务

2017 年，西部利得努力克服不利因素影响，资产管理规模不断扩大，收入结构明显改善，多元化发展趋势显现，当年扭亏为盈，首次实现全年盈利。截至报告期末，西部利得累计实现营业收入 14 547.04 万元，同比增长 82.14%，管理资产规模突破 500 亿元大关，公募、专户管理规模共计 516.59 亿元，同比增长 22.44%。其中：公募基金管理规模 225.4 亿元，同比增长 53%，增长部分主要来自于货币基金；专户管理规模 291.19 亿元，同比增长 6%。

五、大机构业务

2017 年，公司积极申请托管业务资格，努力拓展私募基金综合服务业务，确保 PB 交易系统运行稳定，并制定了《公司托管业务三年发展规划》。2017 年，公司托管业务实现业务收入 482.59 万元，存量私募基金/期货公司等资产管理机构 50 家，综合服务项目 60 个，业务规模约为 21.27 亿元。

六、期货子公司业务

2017 年，期货市场总体平淡，期货资管业务受私募新规影响较大。在此背景下，西部期货充分把握商品期权等行业新机遇，坚持差异化发展理念，深化业务模式转型发展，推进全牌照业务体系构建，积极落实期货投资者适当性管理，深入培育、开发潜在客户，提升对机构客户的专业服务，加大信息技术投入，确保对创新业务有效支持。截至报告期末，西部期货累计实现营业收入 11 129.78 万元，同比增长 21.90%；公司代理交易量、交易额逆势增长，成交量和成交额同比增长 23.31% 和 33.83%；总体市场份额为 0.871%，同比增长 39.36%；首批获得上海国际能源交易中心会员资格；增资工作稳步推进，风险管理子公司已完成设立工作；并在"第十一届全国期货实盘交易大赛"中荣获"优秀资产管理奖"和"优秀服务创新奖"。此外，西部期货新设大连营业部，并筹备设立北京分公司。

七、国际业务

2017 年，公司国际业务累计实现营业收入 1 024.13 万元，积极拓展美元债财务顾问业务，开发债权融资计划等新业务，扎实做好项目储备，努力打造主动型、协同化的业务发展模式，致力于为境内外客户提供跨境投资、资本市场融资和交易等服务，相关工作取得一定成效。

八、研究咨询业务

面对行业发展趋势，公司始终谋求补齐研究咨询业务短板。2017 年是公司研究咨询业务从内部服务向卖方转型的破冰之年。公司初步搭建了一支有市场竞争力的研发团队，推出《研究咨询业务三年发展规划》，搭建卖方研究平台，有针对性地开拓机构客户，差异化产品已得到市场初步认可，并与 15 家公募基金签署席位租赁协议，为业务拓展打下基础。此外，公司成功主办 2017 年度价值投资峰会，市场反响良好，初步树立了西部证券研究资讯业务的品牌形象。

地址：陕西省西安市新城区东新街 319 号 8 幢 13 层
邮编：710004
客服电话：95582
电邮：95582@ xbmail. com. cn
网址：www. westsecu. com

西藏东方财富证券股份有限公司

【公司简介】

西藏东方财富证券股份有限公司简称东方财富证券，前身是西藏自治区信托投资公司证券部。公司注册资本 52 亿元，法定代表人为陈宏，注册地位于拉萨，总部办公地设在上海，员工总数超过 1 500 人。2015 年 12 月 8 日，东方财富证券控股股东变更为东方财富信息股份有限公司（简称"东方财富"，证券代码 300059）。2017 年 7 月，经过新一轮增资扩股，东方财富股权占比 99.88%，东方财富全资子公司上海东方财富证券研究所有限公司股权占比 0.12%。

公司拥有齐全的证券业务牌照，经营范围涵盖：经纪业务、证券投资基金代销、证券自营、财务顾问、证券投资咨询、证券资产管理、证券承销与保荐、融资融券、代销金融产品、为期货公司提供中间介绍业务、新三板推荐挂牌、交易、做市业务，还具备约定购回、质押回购、互联网业务等资格。

2017 年公司实现营业收入 15.22 亿元，净利润 6.35 亿元。截至 2017 年末，公司共有员工 1732 人，在全国 26 个省（自治区、直辖市）共设有 96 家营业部和 9 家分公司；拥有 2 家全资子公司：同信投资有限责任公司、同信久恒期货有限责任公司。

地址：上海市徐汇区宛平南路 88 号金座
邮编：200030
电话：021 - 54660526
客服电话：95357
网址：www. xzsec. com

兴业证券股份有限公司

【公司简介】

兴业证券股份有限公司是中国证监会核准的全国首批综合类证券公司、创新类证券公司，成立于 1991 年 5 月，1999 年改制成立兴业证券股份有限公司，2010 年 10 月，在上海证券交易所首次公开发行股票并上市（601377. SH）。公司注册地为福建省福州市，主要股东有福建省财政厅、福建省投资开发集团有限责任公司、中国证券金融股份有限公司等。

兴业证券主要经营经纪业务、承销与保荐业务、投资咨询业务、自营业务、财务顾问业务、融资融券业务、基金与金融产品代销业务、基金托管业务、期货介绍业务等。在全国各省、市、区共设有50家分公司,125家证券营业部,控股兴全基金管理有限公司、兴证(香港)金融控股有限公司、兴证期货有限公司,全资拥有兴证证券资产管理有限公司、兴证创新资本管理有限公司、兴证投资管理有限公司,参股海峡股权交易中心(福建)有限公司、南方基金管理有限公司、中证信用增进股份有限公司、中证机构间报价系统股份有限公司、证通股份有限公司,设立兴业证券慈善基金会,专门从事慈善公益与扶贫活动。兴证(香港)金融控股有限公司控股的兴证国际金融集团有限公司在香港联交所上市(8407.HK),是兴业证券集团国际化发展的平台。

截至2017年末,集团总资产1 530.55亿元,较年初增长12.10%,净资产358.78亿元,较年初增长4.61%,归属于母公司净资产334.29亿元,较年初增长5.48%。2017年,集团实现营业收入88.19亿元、净利润26.35亿元,归属于母公司股东的净利润22.85亿元,同比增幅分别为16.21%、12.43%和11.66%。其中,投资、投行、经纪等核心业务均实现了超市场增长。

兴业证券成立以来,始终坚持依法经营、稳健经营、文明经营。在中国特色社会主义进入新时代的新形势下,兴业证券提出了"建设一流证券金融集团"的新战略目标。明确提出要把公司建设成为具有强大资本实力,一流的风险管理能力,一流的竞争能力和盈利能力,一流的人才和优秀企业文化、科学的机制体制的证券金融集团。

【公司主营业务经营概况】

1. 经纪业务

2017年,我国证券市场呈震荡态势,根据沪深两市交易所统计,全年市场股票基金交易额244.54万亿元,较2016年下降11.76%。公司经纪业务秉承以客户为中心的理念,规划调整客户服务体系,完善客户分类分级管理,围绕高净值客户的综合化金融需求,努力打造出券商版的"大财富管理"模式。积极打造专业化营销服务体系,依托互联网渠道合作,进一步夯实客户基础,推动投资顾问业务试点工作,全方位改善客户体验、提高客户服务能力。

证券交易业务方面,根据交易所公布数据,2017年公司股票基金交易总金额34 550.58亿元,市场份额1.41%,位居行业第19位。全年母公司实现代理买卖证券业务收入7.32亿元,较上年下降18.37%,降幅低于行业平均降幅。

产品销售方面,2017年公司一方面加深与重点公募、私募机构合作,另一方面借助集团资源优势,加强集团内部协同,为客户提供全方位资产配置服务。母公司全年实现代理金融产品销售收入1.57亿元,逆势增长13.96%。

两融业务方面,报告期末公司融资融券余额达到142.44亿元,较2016年增长18.19%,根据交易所数据统计,位居行业第18位。母公司全年实现融资融券利息收入9.81亿元,较上年增长3.41%。

股票质押回购业务方面,报告期末公司待回购交易金额达到455.09亿元,较2016年增长75.00%,根据交易所数据统计,位居行业第12位,较上年提升8位。母公司全年实现股票质押利息收入15.73亿元,较上年增长81.28%。

期货经纪业务方面,2017年,兴证期货积极推进机构化、产品化和专业化战略实施,日均客户权益达到93.65亿元;商品期货成交额市场分额1.77%,比上年提升20%;继续保持了金融期货业务的一贯优势,成交额市场份额达4.32%,较上年提升27%。

2. 投行业务

2017年,公司完善组织架构和强化队伍建设,大投行业务竞争力提升。在行业整体融资金额下滑的情况下,公司2017年股票融资业务完成主承销14单IPO项目、13单再融资项目,实际主承销金额303亿元。债券融资业务完成主承销10单企业债、61单公司债(含6单可交换公司债),实际主承销金额647亿元。投行业务继续坚持公司目标客户、目标行业和目标区域的核心策略,深耕海西市场,2017年福建市场融资额和家数均位列第一。

3. 客户资产管理业务

2017年,兴证资管坚持稳中求进,坚持专业化投资,权益类产品中长期收益率在行业中仍保持一定优势,大力发展主动管理业务,年末主动管理规模达到654亿元,增长近10%,年末受托资产管理资本金总额1 015.54亿元。

2017年,兴全基金不断提高投资管理综合实力,过往多年权益和债券投资能力均位居行业前列;管理资产规模持续增长,截止2017年末,管理资产总规模2 431亿元,较年初增长40%,其中管理公募基金规模1 597亿元。

4. 证券投资业务

2017年,公司适度增加投资资本金配置,坚持价值投资理念,稳健开展业务,准确判断并抓住低估股票投资机会,全年实现证券自营投资收益和公允价值变动合计37.73亿元,同比增长146%。

2017年,公司持续完善自营业务风险控制体系,加快投研队伍建设,积极拓宽证券投资的范围,灵活调整资产配置,自营业务收入进一步多元化。

5. 研究和机构销售服务业务

2017年投研和机构服务能力继续保持优势。公司研究院荣获新财富"本土最佳研究团队"第3名,19个行业入围单项奖、14个行业排名前三、5个行业获得第一,四个总量团队全部上榜,"兴证研究"品牌行业影响力进一步扩大;同时积极推动研究业务转型,加强内部协同,逐步融入公司各业务链条,将研究优势转化为业务优势和经济效益。机构销售服务能力持续保持行业前列,连续四年蝉联新财富最佳销售服务团队第一;机构客户服务范围不断扩大,保险、QFII、私募、大客户等机构投资者数量和资产大幅增长,席位分仓佣金收入保持在行业第一梯队;同时积极搭建主经纪商业务系统平台,打造全周期私募服务体系和综合机构客户服务体系,2017年公募产品托管取得突破,私募产品托管数量保持在行业前十。

6. 场外业务

持续强化合规、内控管理,追求项目质量。根据全国股转系统公布数据统计,截至2017年末,公司持续督导企业中属于2017年新挂牌的项目75家,行业排名第6位;当年累计发行股票金额25.36亿元,有效助力中小企业的发展。

7. 私募投资基金业务

2017年兴证资本顺利完成规范整改,向私募基金管理子公司方向转型,重点关注项目投资能力和社会募资能力的提升。当年新设2支私募投资基金,年末管理资金总规模49亿元。公司坚持以客户为中心,在解决企业融资需求的同时,为企业提供综合性金融服务,全年完成项目投资15单,投资金额6亿元。

8. 海外业务

兴证(香港)作为集团开展海外业务的桥头堡,为客户提供包括证券及期货经纪、企业融资、资产管理、固定收益及私人财富管理等在内的全方位一站式金融服务。兴证国际在成功登陆香港联交所的第一年,客户规模持续增长,各项业务能力显著增强,综合实力稳步提升,并逐渐形成境内外业务联动、均衡发展的态势,助力集团提升国际竞争力。截至2017 年末,兴证国际在中国香港中央结算所的港股托管市值增至1 131亿港元,在中资券商中排名第 4 位,全年净利润增长超过 50%。

地址:上海市浦东新区长柳路 36 号兴业证券大厦 9 层
邮编:200135
电话:021 - 38565866
邮箱:zcgl@ xyzq. com
网址:www. ixzzcgl. com

中泰证券股份有限公司

【基本概况】

中泰证券股份有限公司(原名齐鲁证券有限公司)成立于 2001 年 5 月,目前有员工 7 500 多人,在全国 28 个省市自治区设有 41 家分公司、280 多家证券营业部,控股鲁证期货股份有限公司、鲁证创业投资有限公司、中泰金融国际有限公司、中泰证券(上海)资产管理有限公司、中泰创业投资(深圳)有限公司,参股万家基金管理有限公司、齐鲁股权交易中心有限公司、中证信用增进股份有限公司、证通股份有限公司,形成了集证券、期货、基金、直投为一体的综合性证券控股集团。截至 2017 年底,公司总资产 1 322. 38 亿元,净资产341. 38 亿元。2017 年实现营业收入 81. 69 亿元,净利润18. 96亿元。近几年,公司共为 300 多家企业提供股权融资、债券融资服务,实现融资额 3 200 多亿元。

【企业文化】

(一)公司核心价值观

中允行健,明德安泰

(二)公司使命

服务好实体经济投融资活动,让投资者充分分享经济发展的财富成果,实现资本市场的中国梦。

(三)公司愿景

将中泰证券打造成为具有卓越服务力、自主创新力、品牌影响力,各种专业化证券业务协同发展的系统重要性现代投资银行。

(四)公司精神——四全精神

全线发力,全心经营,全力创新,全面提升

(五)公司经营理念——四个至上

合规风控至上　客户利益至上

人才价值至上　创新发展至上

(六)公司道德观——七个倡导、七个反对

倡导用心经营、精益求精,反对粗枝大叶、应付混事;

倡导五湖四海、人尽其才,反对团团伙伙、任人唯亲;

倡导系统思考、理性决策,反对盲目自信、感性武断;

倡导创新求变、开拓进取,反对墨守成规、固步自封;

倡导诚实守信、遵纪守法,反对误导欺诈、唯利是图;

倡导团结友爱、协同互助,反对冷漠内讧、互掐互斗;

倡导客观公道、公平正义,反对主观偏见、厚此薄彼。

【经营状况与市场成就】

公司按照“打造系统重要性现代投资银行”的战略目标,努力推进业务转型升级,不断提升市场竞争力和综合金融服务能力。经纪业务,公司从加强高净值客户开发、开展金融产品代销等方面努力推动业务从通道服务向财富管理转型。2017 年实现代理买卖证券业务净收入 20. 97 亿元,行业排名第 11 位。投行业务,公司大力拓展 IPO、债券融资、再融资、新三板等业务,实现了投行业务多元化和收入多元化。2017 年,完成了 15 单股票主承销项目和 91 单债券主承销项目,为企业融资 654 亿元;推荐 67 家企业在新三板挂牌,累计推荐 520 多家企业挂牌,行业排名第 3 位;为240 家企业提供新三板做市服务,行业排名第 3 位。证券投资业务,在市场震荡调整的背景下,公司坚持稳健投资,加大市场研判力度,认真做好权益类、债券类、衍生品投资。2017 年实现投资收益 10. 43 亿元。资产管理业务,在严控业务风险的前提下,积极推进业务转型,不断提升主动投资管理能力,做大主动管理业务规模,综合竞争力进一步提升。2017 年资产管理月均规模2 244亿元,其中主动管理月均规模 1 540 亿元,行业排名第 8 位。期货业务,公司控股的鲁证期货,目前已在香港联交所上市,是国内期货行业第一家在境内外主板上市的公司、香港联交所第一家以期货为主业的上市公司以及山东省第一家境外上市金融企业。2017 年实现营业收入 4. 66 亿元,利润总额 2. 07 亿元。基金业务,公司子公司万家基金,注册资本 1 亿元,目前管理基金规模 657 亿元。2017 年实现营业收入5. 78亿元,利润总额 1. 76 亿元。另类投资和私募投资基金业务,公司子公司鲁证创投公司,注册资本 18. 52 亿元,已完成 30 多单 14 亿元的投资。国际业务,公司在香港设立了中泰金融国际公司,注册资本 17. 9 亿港币,具有证券交易、期货、投资咨询、资管、融资等全业务牌照。目前已为 60 多家企业提供股权、债券等融资服务,实现融资额 1 600 亿港币。

近年来,公司紧跟行业发展前沿,着力开展业务创新和服务模式创新,不断提升市场竞争力。业务创新。公司积极探索利用资产证券化、可转换债、绿色债、双创债、项目收益债等创新融资工具为企业提供融资服务,2017 年完成 5 单资产支持票据项目,发行数量行业排名首位;完成 4 单租赁租金证券化项目,融资额 92. 64 亿元,融资规模行业排名首位,公司获“2017 年中国汽车融资租赁最佳证券服务商”称号;公司主承销的中投保可续期债是国内首单担保公司可续期公司债券。服务模式创新。公司积极推进金融科技发展,成立了以董事长为组长、总裁为副组长的金融科技领导小组,印发了《金融科技发展总体方案》,借助人工智能、大数据、云计算、生物识别等技术手段,建设大数据、智能投顾、量化投资、机构客户服务、智能投行五大特色服务平台,全面推动公司各项业务与金融科技深度融合。公司自主开发了 XTP 极速交易系统,系统运行速度居行业首位。公司自主研发的中泰齐富通 APP,为客户提供行情交易、理财专区、投顾微店、在线咨询一体化和移动化服务,截至目前 APP下载量 720 多万次,月活跃量 272 万。凭借良好的客户体验,中泰齐富通 APP 多次被新浪财经等媒体评为十佳券商APP、证券公司 APP 十大品牌。公司首批获得证券公司 Level-2 经营牌照,目前累计 11. 72 万余名用户使用 Level-2行情。

【社会责任】

公司积极响应中国证券业协会提出的“一司一县”“一县一企”扶贫倡议,助力国家扶贫攻坚战,先后与新疆疏勒县、宁夏原州区等 9 个国家级贫困县区签订结对帮扶协议,与宁夏瑞春杂粮、江西铁木真装饰等 10 余个贫困县企业签订财务顾问协议,成为结对帮扶贫困县区较多的证券公司。

公司以贫困地区实体经济需求为导向，努力发挥自身专业优势，积极实施"七个一"工程，即在贫困地区推荐1家企业IPO、设立1支产业扶贫基金、打造1个农产品品牌、建设1所公益学校、选派10名优秀干部挂职、帮助100名建档立卡贫困户脱贫、资助100名贫困学生，努力打好"金融扶贫、产业扶贫、消费扶贫、慈善扶贫"组合拳。近年来通过股权、债券等手段为贫困地区融资近30亿元，其中保荐主承销的陕西盘龙药业IPO项目于2017年11月16日在深交所挂牌上市，是陕西省商洛市第一家上市公司，也是陕西省贫困县第一家上市公司；向新疆喀什等贫困地区企业和农户采购绿色农产品1 500多万元，有效解决了当地农产品滞销的难题，推进和带动了当地农产品生产加工和销售等产业的发展；累计捐款近300万元，用于支持帮包村建设，贫困户发展养殖、种植、加工等特色产业以及贫困助学等。联合两家子公司出资1 000万元，发起成立了山东中泰慈善基金会，创建公益事业的集中统一平台。

【公司荣誉】

凭借良好的专业能力和业绩表现，中泰证券得到了社会各界的广泛认可。2017年2月，公司荣获"最佳消费扶贫贡献奖"。2017年4月，公司荣获"2017中国区突破债券投行君鼎奖"。2017年7月，公司入选首批山东省省级"厚道鲁商"品牌形象榜上榜企业（五星级企业）；公司资产管理子公司获得"券商资产管理机构君鼎奖""权益类投资团队君鼎奖""固收类投资团队君鼎奖"三项大奖。2017年9月，公司子公司鲁证期货荣获"中国最佳期货公司"。2017年11月，公司荣获第五届全国文明单位称号。同月，公司还荣获"2017最佳成长投行""2017年度证券信息服务发展进步奖"。2017年12月，公司喜获港交所颁发的"港股通优秀服务内地券商"奖。

【2017年大事记】

1. 公司（本部）荣获第五届全国文明单位称号。

2. 公司严格落实全面从严治党责任，党建工作持续提升。

3. 公司子公司中泰资管获批公募基金业务资格，为2017年证监会发放的券商资管唯一公募牌照。

4. 公司投行债券承销业务排名逆市提升，荣获"中国区突破债券投行君鼎奖"。

5. 公司经纪业务转型初见成效，市场份额排名上升至行业第11位。

6. 公司研究所研究实力大幅提升，荣获新财富进步最快研究机构第一名。

7. 公司子公司鲁证期货期权交易量居行业前列，场外业务继续保持领先地位。

8. 公司子公司中泰国际业务实现新突破，服务山东企业海外融资再立新功。

9. 公司投身精准扶贫攻坚，积极履行社会责任。

10. 统一思想、凝聚共识，公司企业文化建设作出新部署。

地址：山东省济南市经七路86号
邮编：250001
电话：0531－68889977
客服电话：95538
邮箱：ztsdb@ zts. com. cn
网址：www. zts. com. cn

长城国瑞证券有限公司

【公司简介】

长城国瑞证券有限公司（以下简称"长城国瑞证券"或"公司"）前身是成立于1988年的厦门证券公司，是中国最早设立的证券公司之一。2014年11月，经财政部、中国银监会批准，并经厦门证监局核准，中国长城资产管理公司（现"中国长城资产管理股份有限公司"）以增资扩股方式，成为公司控股股东。2015年1月，公司完成工商变更登记，企业性质正式由民营企业变更为国有控股企业，并更名为长城国瑞证券有限公司。目前公司注册资本为人民币33.5亿元。

中国长城资产入主后，公司对业务发展目标及路径进行了重新评估，并根据集团公司的发展战略，结合证券行业发展趋势及特点，提出了"证券公司＋资产管理公司"即"SC＋AMC"的差异化发展战略，确立了"五、四、三、二、一"的指导思想，即坚持"创新发展、协调发展、绿色发展、开放发展、共享发展"五大发展理念，坚持"大资管、大投行、大财富、大协同"的四大发展方向，坚持"机制、人才、科技"三大保障，坚持自身发展和与集团协同双轮驱动，坚持合规风险一票否决，全面推进各项业务上台阶、创品牌。

截至2017年末，公司在全国各地设立了36家证券营业部、4家分公司和2家子公司。公司经营范围包括证券经纪、证券资产管理、证券投资咨询、与证券交易及证券投资活动有关的财务顾问、证券投资基金代销、代销金融产品、证券自营、融资融券、证券承销与保荐等，已正式迈入全牌照综合券商行列。

未来，公司将继续秉承控股股东中国长城资产"以人为本、效益优先、诚信至上、奉献社会"的价值理念，"团结、拼搏、求实、创新"的精神，以集团协同业务为核心竞争力，以创新发展为推动力，积极参与国内资本市场的发展，以至诚的服务精神为社会各界提供全方位的综合金融服务。

【公司主营业务经营概况】

2017年是我国政府加强金融风险防控，维护国家经济金融安全的攻坚之年，也是长城国瑞证券有限公司（以下简称"长城国瑞证券"）发展进程中极为重要的一年。面对外部挑战，长城国瑞证券紧紧围绕控股股东中国长城资产管理股份有限公司发展战略，在公司党委与董事会的正确领导下，提早谋划、主动转型，年内完成各项经营任务目标并荣获多个奖项。

2017年，公司实现营业收入95 482.23万元，较2016年同期82.83%；利润总额39 697.25万元，较2016年同期增长97.60%；净利润29 603.07万元，较2016年同期增长97.08%。其中，公司年内实现经纪业务净收入8 886.56万元；投资银行业务净收入11 974.47万元；资产管理业务净收入11 312.82万元；利息净收入－9 698.74万元；投资收益31 863.56万元；公允价值变动40 776.77万元。截至2017年12月31日，公司净资产440 469.84万元，经纪业务合格客户数22 2413户，日均客户保证金余额及托管证券市值（不含限售股）539.89亿元，各项风险控制指标均符合监管要求。

2017年，公司荣获"中国金融机构金牌榜·金龙奖"年度评选活动的"年度最具成长性证券公司"、中国基金报评选的"中国券商资管成长奖"、厦门金砖会议的"金砖国家领导人会晤支持单位"等荣誉。

地址：福建省厦门市思明区深田路 46 号
深田国际大厦 20 楼
电话：400－009－9886
电邮：khts@ gwgsc. com
网址：www. gwgsc. com

长城证券股份有限公司

【公司简介】

1995 年 11 月，长城证券经中国人民银行批准，在原深圳长城证券部和海南汇通国际信托投资公司所属证券机构合并的基础上组建而成，公司注册地在广东省深圳市。2002 年，中国华能集团有限公司入主长城证券。目前，华能资本服务有限公司为长城证券第一大股东，实际控制人为中国华能集团有限公司。公司其他股东包括深圳能源集团股份有限公司、深圳新江南投资有限公司、中核财务有限责任公司、四川长虹电子控股集团有限公司等大型国有企业。

2015 年 4 月，长城证券整体变更设立股份有限公司，公司发展进入新的历史时期。2017 年全年实现合并营业收入 29.51 亿元，利润总额 10.75 亿元，净利润 8.96 亿元。截至 2017 年末，长城证券拥有员工 2836 人，在北京、上海、广州、杭州等地设有 12 家分公司，在全国主要城市设有 109 家营业部（另有一批分公司、营业部正在筹建）。公司控股宝城期货有限责任公司、长城长富投资管理有限公司、长城证券投资有限公司，参股长城基金管理有限公司、景顺长城基金管理有限公司。

作为国内较早成立的综合类证券公司之一，长城证券已经成长为一家资质齐全、业务覆盖全国的综合类证券公司，形成了多功能协调发展的金融业务体系。经营范围覆盖证券经纪，证券投资咨询，与证券交易、证券投资活动有关的财务顾问，证券承销与保荐，证券自营，证券资产管理，融资融券，证券投资基金代销，代销金融产品等。

【主营业务经营概况】

一、经纪业务

2017 年，经纪业务面临市场交易量萎缩和行业佣金率持续下滑的双重挑战，全年实现股票基金交易量 21 115.71 亿元，同比下降 15.93%；股票基金市场份额达 0.86%，相较往年基本保持稳定。2017 年末公司融资融券余额 88.37 亿元，全年日均余额 82.32 亿元，较上年末增长 9.66%，全年利息收入 6.23 亿元，同比增长 2.89%。公司证券经纪业务净收入 6.72 亿元，同比减少 20.69%。

2017 年产品货架不断扩充，全年新增与 13 家基金公司建立代销关系，新增上线代销 310 只公募基金。全年内外部金融产品累计销售 525.69 亿元，比上年度的 180 亿上涨了 192%。金融产品代销规模大幅上涨，切实践行公司经纪业务散户产品化的发展战略。2017 年通过营销竞赛等方式，新增信用账户数 4 364 户，两融客户数同比增长了 14.64%，两融业务已成为引领业务转型、经纪业务创收贡献的主力军。股票质押业务在政策收缩的情况下也取得了较好的成绩，2017 年公司沪深两市股票质押回购融资余额为 243.77 亿元，股票质押回购利息收入 1.48 亿元，同比增长 125.70%。

2017 年证券市场行情保持结构性震荡格局，公司股票基金交易量较 2016 年出现小幅萎缩，公司实施了多种营销手段提高新增资产、有效开户数等指标，剔除 2015 年空前牛市行情的影响，2015－2017 年公司股票基金市场份额保持稳定，2017 年两融日均余额略有回升，两融期末余额接近 90 亿元，较上年上涨 11.92%。

二、投资银行业务

2017 年公司投行业务结构持续优化，IPO 业务占比逐步提升，债券业务转型升级。投行业务实现净收入 5 亿元，发行家数位列行业第 23 位。

2015－2017 年公司投资银行业务发展平稳，业务持续转型。2017 年，在再融资和并购重组显著承压、公司债审核放缓、IPO 提速的大背景下，投资银行业务较往年收入结构更加优化。从收入结构上看，债券项目占比 30%，IPO 项目占比 26%，再融资项目占比 15%，ABS 项目占比 8%，并购重组项目占比 8%。公司债尤其是私募公司债仍是公司竞争力较强业务。2017 年，公司债市场份额由 1.35% 上升至 1.73%，市场排名上升 3 位，私募公司债市场份额由 2.17% 上升至 2.91%，市场排名上升 5 位。已过会、取得发行批文、获得备案函的股、债项目共 34 个，在审项目 31 个，成为公司未来潜在的收入来源。

三、资产管理业务

2017 年，公司资产管理业务手续费净收入为 2.24 亿元，受托管理资产规模 2 684.15 亿元。公司继续扩大主动管理规模，提升主动管理能力，并取得较好的成效：在券商整体主动管理规模下降的趋势下，主动管理规模（含主动管理定向资产管理业务、集合资产管理业务、专项资产管理业务）逆势增长，总规模达 808.22 亿元，同比上升 16.75%；同时，通道业务逐步收缩，至年末总规模为 1 875.93 亿元，同比下降 13.43%。

2017 年是资管发展的“强监管年”，在强监管政策环境下，公司推动资管内部整合，大力发展主动管理业务，收缩通道业务规模，加大了投研力量，在巩固现有固收产品优势下，不断开发满足监管政策、市场导向与客户需求的创新型主动资管产品，如 FOF/MOM 以及其它服务于实体经济与监管要求的资管产品，主动管理类的品种日益丰富、规模也显著上升。资产证券化业务快速发展，业务规模达 139.63 亿元，较上年末 72.49 亿元增长 92.62%；股票质押业务实现新的突破，业务规模达233 亿元，较上年末 138 亿元增长 68.8%。根据证券业协会的经营统计数据，截至 2017 年末，公司资产管理业务受托资金规模位列行业 19 位，资产管理业务净收入位列 33 位。

四、多元化投资业务

2017 年，面对持续震荡的市场行情，公司稳健开展多元化投资业务。固定收益业务前三季度年化收益率在纯债型开放式基金中一度排名第一，受四季度债市利率上行等影响，利率债领跌并带动信用债下跌，导致固定收益业务收入下滑。量化投资在股指期货交易受限和异于往年、大小票严格分化的二八结构化行情的情况下，积极研究新型投资方法，控制投资风险，量化投资（含股票自营）实现收入 0.74 亿元。OTC 业务收入 1.017 亿元，同比增长 185.64%，其中场外个股期权业务高速增长 1 410.14%。

五、互联网证券业务

2017 年全年，公司继续充分利用“刷脸开户”创新模式带来的优势，互联网证券业务仍保持业务持续增长，互联网渠道实现新增开户 9.27 万户，新增客户资产 11.7 亿元，累计客户总规模达 56.29 万户，客户总资产达 73.99 亿元。

地址：广东省深圳市福田区深南大道 6008 号
特区报业大厦 16－17 层

电话:0755 - 83516222
邮箱:cczqir@ cgws. com
网址:www. cgws. com

长江证券股份有限公司

【公司简介】

长江证券股份有限公司(下称公司)是全国性的全牌照上市证券公司,也是中西部最大的证券公司。公司前身为湖北证券公司,于1991年成立,总部设在武汉,于2007年在深圳证券交易所挂牌上市(股票代码为000783),是中国第6家上市券商。经过20多年坚持不懈的努力,公司已发展成为一家实力雄厚、功能齐全、管理规范、业绩突出的优秀上市金融企业。

公司实力雄厚,截至2017年12月底,注册资本由最初的1 700万元增至55.29亿元,公司资产总额1 131.52亿元,同比增长5.66%;归属于上市公司股东的净资产265.11亿元,同比增长3.91%;员工人数6 000余人;2017年,公司实现营业收入56.40亿元;实现归属于上市公司股东的净利润15.45亿元。

公司积极把握资本市场深化改革和行业创新发展的机遇,稳中求进、转型整合、创新发展,经营业绩持续增长、股票市值快速提升。公司功能齐全,可为广大客户提供全方位综合金融服务,目前已形成证券类控股集团的架构,旗下拥有长江证券承销保荐有限公司、长江期货股份有限公司、长江成长资本投资有限公司、长江证券(上海)资产管理有限公司、长江证券国际金融集团有限公司、长信基金管理有限责任公司、长江证券创新投资(湖北)有限公司等多家全资和控参股子公司,并在全国31个省、自治区、直辖市的130个大中城市设立了39家分公司、248家证券营业部和20家期货分支机构,业务网络覆盖全国。

公司管理规范,始终坚持"稳健经营、规范运作"的理念,自觉遵守各项法律、法规和行业公约,不断完善内部控制体系,持续加强合规建设、合规管理和合规操作,努力构建与业务发展水平相匹配的风控机制,以制度建设强化风险意识,以规范运作防范经营风险,保证公司稳定、健康和持续发展。

公司在"坚持稳中求进,力推全面转型,突出创新发展,加强合规风控"总体思想的指导下,全力推动全面转型、创新驱动、合规风控、深耕湖北战略。

公司与时俱进,积极适应市场形势变化,主动探索变革的方向与道路,"实现转型梦,打造升级版"。公司全力推动经纪业务由通道型服务向财富管理服务转型,推动投行业务由单一的融资渠道服务向综合的金融服务转型,推动自营业务由相对单一的投资模式向多样化的策略型的投资模式转型,推动资产管理业务由"小资管"向"大资管"转型。

公司以创新求发展,不断强化创新意识,提升创新能力,加大创新力度,培育创新文化,营造有利于创新的企业氛围,激发全体员工的创新潜能,将创新融入到工作的每一个环节,持续推进组织创新、制度创新和业务创新。公司密切跟踪市场和行业创新动态,明确PB业务、柜台业务、互联网金融、新三板、资产证券化和FICC为业务创新的六大主攻方向,定向发力,抢占先机。

公司提倡全员风控、高管带头风控、全业务链条风控的理念,积极培育良好的风险管理文化,不断建立与创新发展相匹配的全面风险管理体系。公司以"质量管理"为核心建立传统标准业务的合规管理体系,以"合约管理"为核心建立创新非标准业务的风险管理体系,以"流动性管理"为核心建立全面风险管理体系,逐步实现风险管理"全覆盖",力争将风险管理能力打造成公司的核心竞争力。

公司是湖北省唯一金融类上市公司,坚持"深耕湖北"战略,以湖北为根据地,不断提高当地企业直接融资比重,并积极培育市场主体,帮助湖北每一个市场主体都能找到满足自身发展需求的融资方式。公司作为湖北省政府及武汉、襄阳、宜昌、荆州、恩施、咸宁、鄂州等市政府的财务顾问,全面参与湖北资本市场建设,服务湖北实体经济发展。

公司拥有齐全的业务资格以及领先行业的服务能力,其中多数资格均为业内首批获得,业务体系覆盖场内、场外市场,并始终坚持以客户为导向,寻找新机遇,融合新理念,拓展新业务,发掘新渠道,不断提升投资银行、资产管理、经纪、交易与投资业务的专业能力。

公司投资银行业务拥有多个经验丰富、专业精深的业务团队,注重"全业务链"整合,以实现"一个客户、一个团队、一个平台、一个整体、一揽子解决方案"为目标,为政府、企业和其他机构提供更加全面且满足客户不同发展阶段需求的投融资服务;公司资产管理业务始终以客户需求为中心,将客户需求与产品设计进行快速有效对接,打通投融资市场,初步搭建"大资管"平台,有效满足多样化投融资需求;公司经纪业务通过遍布全国的营业网点、丰富的证券交易品种、安全高速便捷的交易平台、专业的理财服务团队和业内领先的资源整合优势,为广大客户提供多元化的财富管理服务;公司交易与投资业务多年来在业内享有较高声誉,拥有一流的业务团队,在证券自营、债券交易、流动性管理和直接投资方面具备丰富经验,排名始终保持行业前列。

公司的愿景是成为提供综合金融服务的具有品牌影响力的现代投资银行。公司秉承以"追求卓越"为核心价值观的企业文化,以"汇聚财智,共享成长"为使命,坚持"诚信经营,规范运作,创新发展"的经营理念,通过服务客户、成就员工、回报股东、反哺社会,实现多方共赢。公司坚持有目标,有追求,努力保持综合实力居行业前列,让客户信赖、股东满意、员工自豪,力争成为拥有一流人才团队、一流管理水平、一流服务品质、一流经营业绩和一流品牌声誉的金融企业。

公司在谋求自身发展的同时,努力践行作为企业公民的社会责任,追求与各方的合作双赢,共同进步,在重大灾难救助以及教育慈善、社群服务等公益事业中持续投入。公司成立了国内第一家由证券公司发起的公益慈善基金会,组建了志愿者团队,先后组织了"情系灾区,共建家园""冬衣暖人心""汶川爱心接力""为玉树灾区人民工作一天""心系雅安长江同心""为芦山灾区捐款""爱心助学""敬老孝亲"等公益慈善活动。

近年来,公司屡获"中国证券行业十大影响力品牌""最具发展力券商""最具成长性证券公司""中国上市公司价值百强""中国证券市场20年最具影响力证券公司"、"中国最佳证券经纪商"等多项殊荣,在行业和市场上树立了良好的品牌形象。

在资本市场持续繁荣发展、证券行业加快转型升级的新形势下,公司将进一步完善战略布局,建立以客户需求为导向的业务模式,构建丰富的产品服务体系,搭建统一高效的中后台支撑体系,不断加快创新转型步伐,为中国资本市场建设和证券行业发展谱写更加波澜壮阔的篇章。

地址:湖北省武汉市新华路特 8 号长江证券大厦
邮编:430015
电话:027 -65799999
客服电话:95579
网址:www. 95579. com

银泰证券有限责任公司

【公司简介】

银泰证券有限责任公司成立于 2006 年 7 月,是证券行业综合治理期间首家批准设立的证券公司。公司注册地为深圳市,注册资本 14 亿元,主要股东为北京嘉鑫世纪投资有限公司、国银金融租赁股份有限公司和武汉致远投资有限公司。通过多年积累,公司取得了多项业务资格,目前经营范围包括:证券经纪;证券投资基金代销;证券自营;证券资产管理;证券投资咨询;与证券交易、证券投资活动有关的财务顾问;融资融券;证券承销与保荐;代销金融产品;为期货公司提供中间介绍业务等。

截至 2017 年末,公司共有 54 家证券营业部,主要分布在珠三角、长三角、环渤海经济圈、江浙地区及中西部南方地区等 44 个中心城市,构建了面向全国的经纪业务框架及完善的营销和服务网络,并设有全资私募投资基金子公司 1 家。

在十一年的蓬勃岁月中,银泰证券通过不断累积区域经济动能、谋略全国布局发展,公司业绩取得了长足进步,同时也聚集了大批高素质的金融、经济、法律、财务和计算机等各类专业人才。公司始终坚持合规守法经营,建立了完善的法人治理结构和严密的内部控制体系,为公司规范管理、高效发展、稳健经营提供各项保障。

在深化金融体制改革,推进行业创新发展的大背景下,银泰证券沉着面对多变的市场形势,始终秉承"诚信、稳健、专业、和谐"的经营理念,以"服务客户、成就员工、回报股东、反哺社会,实现多方共赢"为使命,不断提升治理能力和管理水平,致力于打造国内最具特色的综合类金融服务平台,为客户提供更优质、更安全、更具价值的财富增值服务,并最终实现成为卓越领先金融服务集团的企业愿景,为中国证券市场的发展及中国券商在全球金融市场的发展贡献力量。

【主要业务经营概况】

一、经纪业务

截至 2017 年 12 月 31 日,公司经纪业务托管客户资产总值 367.41 亿元(不含场外开放式基金),较 2016 年同期 360.96 亿元增加了 1.79%。

2017 年公司经纪业务(包含融资融券业务)平均股票基金净佣金率为万分之 3.87,较 2016 年同期净佣金率万分之 4.36 下降了 11.44%,经纪业务实现手续费净收入(包含融资融券业务)1.61 亿元,较 2016 年同期手续费净收入 2.00 亿元下降了 19.57%。2017 年经纪业务(不含融资融券信用资金利差收入)考核净利润 4 273.84 万元,较 2016 年同期 7 874.58 减少了 45.73%。公司平均股票基金市场占有率万分之 17.05,较 2016 年同期万分之 16.57 上升了 2.90%。根据 WIND 资讯 2017 年券商交易量统计数据,2017 年公司股票基金交易量4 196.38亿元,排名居行业第 74 名,较 2016 年提升了一个位次。

二、证券自营业务

1. 权益类投资业务

截至 2017 年 12 月 29 日,上证综指、深证成指和创业板指数分别上涨 6.56%、8.48% 和 -10.67%。机构业绩表现上,据 WIND 可统计的股票型公募基金平均收益率为 13.83%;混合型基金平均收益率为 10.24%;债券型基金平均收益率为 1.67%。阳光私募方面,可统计的股票型私募基金平均收益率为 9.13%;券商集合理财方面,股票型券商理财产品平均收益率为 1.32%。公司权益类投资业务占用资金收益率为 11.96%,在可统计的公募同类型基金业绩排行中处在 50 分位,跑赢多数同期阳光私募及券商集合理财,业绩均超其平均收益率。

2. 固定收益类投资业务

公司固定收益类投资业务将防御风险作为 2017 年的首要工作任务。一方面通过减规模、降杠杆,缩短投资组合久期来抵御利率风险,减少投资损失;另一方面通过提高投资品种等级,分散投资额度和履行提前偿还条款等手段来降低信用风险。同时,积极维护核心客户,开拓融资渠道,降低融资成本,提高结算效率,保证流动性安全。固定收益类投资团队坚决执行既定的短久期投资策略,严格控制业务风险,全年实现投资收益 1 944 万元,投资收益率为 4.86%,债券交易量为 1 971.07 亿元。全年所有业务结算安全顺利,持仓债券资产处于风险可控范围之内。

三、证券资产管理业务

2017 年,公司继续坚持以集合资产管理业务为主、定向资产管理业务为辅的发展方向,持续推动组织建设、制度完善、投资研究、营销推广、交易运营、合规风控等各项工作,努力提升资产管理业务服务水平。2017 年公司未新设集合产品。截至 2017 年 12 月 31 日,公司管理集合资产管理计划共计 5 只,集合资产管理业务规模共计 41.86 亿元,定向资产管理计划共计 9 只,定向资产业务规模共计 43.33 亿元。

四、融资融券业务

2017 年截至报告期末公司共 46 家证券营业部获批开展融资融券业务,信用证券账户数量保持稳定增长,受市场行情影响,业务规模先降后升。截至 2017 年 12 月 31 日客户融资余额 14.63 亿元,较年初上涨 0.62%,全年利息收入 10 542.44万元,同比下降 5.46%。报告期内约定购回式证券业务初始交易 100 万元,到期购回 399.60 万元,利息收入 37.35万元。报告期内股票质押式回购业务共发生初始交易 2 000万元,到期购回 1 500 万元,利息收入 115.93 万元。

五、证券承销业务

2017 年投行债券承销业务继续稳步推进,并在不利的市场环境下取得了积极的进展。2017 年 1 月公司向国家发改委正式申报企业债券项目 1 个,2018 年 1 月取得正式发行核准批文;2017 年完成企业债券分销 1 次、公司债券分销 1 次。

2017 年内,公司履行了主承销商的职责,做好已承销债券的存续期管理工作。持续关注发行人的经营管理情况,监督募集资金的使用情况,关注募投项目建设进度,协助和督促发行人做好信息披露及年度付息工作。

截至 2017 年底,公司所承销债券均能按时还本付息,未发生任何失信和失诺行为。

六、互联网金融业务

2017 年互联网金融业务仍以自助开户业务为切入点,不断优化业务流程和系统,加强各项业务的适当性管理工作,在合规的基础上改善互联网业务体验,提升用户满意度。公司通过与互联网渠道合作共开立 4 236 户,新增资产 3 788.58 万元。

公司持续优化、完善网上营业厅系统,丰富业务办理的种类，进一步涵盖客户日常所需办理的业务范围。另外，通过提高公司微信公众号的运营水平，重点强化功能使用性，结合各类营销活动，做好资讯编辑和客户服务工作，公司微信公众号的关注人数逐渐扩大，截至 2017 年 12 月 31 日总关注人数为 44 239 人。

公司稳步推进自有交易软件"掌易宝"的建设与升级工作，立志打造更智能、便捷、美观的 APP。根据业务分类重构交易页面、开设各种功能栏目的快捷入口、整合理财专区、提升使用频次及在线时长，增强客户粘性。

七、股转系统业务

面对新三板市场的不利局面，公司股转系统做市业务不断调整项目布局思路，控制建仓节奏与成本，在实现少量项目布局的基础上，将做市投入资金规模控制在较小的范围，有效控制了系统风险带来的损失。

截止 2017 年 12 月 29 日，公司股转系统做市业务累计启动做市报价个股数量 12 只（含已退出做市 2 只个股），在全部 92 家做市商中排名第 85 位；累计申请资金 3219 万元，累计投入资金 2102.86 余万元，累计实现收入 -67.14 万元。

八、研究业务

2017 年公司发布策略报告 54 篇，其中年度策略 1 篇，季度策略 3 篇，一周策略 50 篇。在《砥砺前行，价值取胜》的年度策略报告中，对 2017 年 A 股"更大的可能性将是一个平衡市场，沪指全年核心波动区间预计为 3 000 至 3 400"的判断，以及配置方面"价值股将具备更为明显的配置优势"的建议均得到市场验证；在《稳中求进，价值为纲兼顾主题》的二季度策略、《震荡延续，价值扩散》的中期策略以及《博弈性质增强，关注高安全边际品种机会》的四季度策略报告中，亦较好的把握住了当期 A 股的运行特征。一周策略中对 2017 年 A 股运行亦没有出现重大误判，为投资者投资决策提供了一定帮助。

2017 年公司分析师共计在《中国证券报》主办的《券商论道》版面上发布评论 29 篇，同时接受《财经圆桌》栏目书面采访 6 次，口头采访 10 余次，相关评论、采访均得以在中国证券报上刊出，在网络上得到东方财富网、和讯网等财经媒体转载。

地址：广东省深圳市福田区竹子林四路紫竹七道 18 号光大银行 18 楼
邮编：518040
电话：0755 - 28810131
客服电话：400 - 850 - 5505
邮箱：ytzq@ ytzq. com
网址：www. ytzq. com

英大证券有限责任公司

【公司简介】

英大证券有限责任公司是一家全国性的证券经营机构，注册资本 27 亿元，注册地在深圳。公司聚集了大批高素质的金融、经济、法律、财务和计算机等各类专业人才，构建了面向全国的综合性金融理财服务平台，为广大客户提供证券代理买卖、证券承销与保荐、证券资产管理、证券投资咨询、证券投资基金销售、融资融券、期货中间介绍、代销金融产品、新三板做市、期权经纪以及与证券交易、证券投资活动有关的财务顾问等全方位、多样化的证券服务。

公司股东实力雄厚，目前控股股东英大国际控股集团有限公司为国家电网公司设立的全资子公司。国家电网公司是关系国家能源安全和国民经济命脉的国有重要骨干企业，以建设和运营电网为核心业务，承担着为经济社会发展提供安全、经济、清洁、可持续的电力供应的基本使命，经营区域覆盖 26 个省（自治区、直辖市），覆盖国土面积的 88%，供电人口超过 11 亿人，管理员工 186 万人，名列 2016 年《财富》全球企业 500 强第 2 位，是全球最大的公用事业企业。

公司树立"以客户为中心"的服务理念，致力于创建体现个性化、差异化、专业化的客户服务体系。公司在深圳、北京、上海、天津、广州、郑州、成都、沈阳、南京、武汉、南昌、长沙、兰州、重庆、福州、无锡、济南等国内经济发达地区和省会所在地设有 8 家分公司和 30 家营业部，并控股英大期货有限公司，构建了面向全国的经纪业务框架及完善的营销和服务网络，及时满足客户各类投资需求。此外，公司研究咨询团队覆盖宏观、策略、债券及电力行业，为广大客户提供高质量的研究咨询服务。

2017 年公司全年实现营业收入（合并）65 830.48 万元，同比下降 34.14%；实现利润总额（合并）17 499.04 万元，同比下降 56.14%；实现净利润（合并）13 816.00 万元，同比下降 52.47%。其中，母公司全年实现营业收入 53 043.27 万元，同比下降 39.60%；实现利润总额 13 489.39 万元，同比下降 63.70%；实现净利润 10 787.15 万元，同比下降 60.23%。

"客户至上、回报股东、奉献社会"是我们的企业宗旨，"努力超越、追求卓越"是我们的企业精神，"以人为本、诚信立业、合规经营、创新发展"是我们的经营理念。英大证券致力于推动我国资本市场繁荣发展，为国内外企业、个人和机构投资者提供全面专业的证券服务，努力实现客户资产的保值增值。

【主要业务经营情况及市场地位】

1. 证券经纪业务

2017 年，证券市场涨跌分化，上证综指较上年末上涨 6.56%，深证综指较上年末下跌 3.54%，深沪两市股票基金日均成交额 4 904.15 亿元，同比下滑 11.74%，受此环境市场环境影响，公司经纪业务收入同比降幅明显。公司全年累计股票基金总成交量 4 860.59 亿元，同比下降 22.41%。公司股票基金权证综合占有率为 0.2169%，同比下降 10.59%；公司日均保证金余额 35.95 亿元，同比下降 21.33%；日均托管市值为 1 127.06 万元，同比上升 20.47%。2017 年，公司经纪业务实现营业收入 18 455.76 万元，同比下降 23.76%。

2. 投资银行业务

2017 年度，投行业务实现承销业务规模 22.50 亿元，实现营业收入 5 601.42 万元，同比下降 70.42%。报告期内，公司累计跟进项目 124 个（包括新三板持续督导项目），其中：股权类项目有 IPO 保荐发行项目 16 个，IPO 财务顾问项目 3 个，上市公司并购重组项目 2 个，上市公司再融资项目 1 个，股权类持续督导项目 4 个，债权类项目有公司债主承销项目 12 个，企业债主承销项目 2 个，政府债/金融债/债权融资工具项目 7 个，债券受托管理项目 9 个；新三板项目有持续督导项目 37 个，定向增发项目 7 个，并购重组项目 1 个，新三板待申报挂牌项目 1 个；此外，还有专项财务顾问项目 9 个，参团承销项目 13 个。

3. 自营投资业务

2017 年，公司权益类证券投资业务继续坚持稳健投资的原则，在董事会和证券投资决策委员会限定的投资额度内开展投资，投资过程中严格执行监管部门及公司各项风险管理制度和风控指标，控制投资风险，收益波动性有所降低。固定收益业务采取防御策略，认真研判市场，加强融资交易管理，严控业务风险，投资收益率水平保持平稳。公司自营投资业务全年实现营业收入 13 383.18 万元，同比下降 42.74%。

4. 资产管理业务

2017 年，在资管业务监管日益趋严的背景下，公司资产管理业务围绕资本市场，重点拓展股票质押回购、银证合作、场外打新、电网供应链应收账款融资、企业融资、资产证券化等资产管理项目。从产品成立情况看，全年新成立资管产品 13 个，受托管理最大规模合计为 26.20 亿元。

截至年末，公司资管业务管理产品 32 个，其中定向资管产品 28 个，集合资管产品 4 个。受托资产管理业务规模 66.37亿元，其中定向资产管理业务规模 63.34 亿元，集合资产管理业务规模 3.03 亿元。2017 年全年累计实现营业收入 3 671.49万元，同比下降 12.04%。

5. 信用交易业务

2017 年，信用交易业务采取“主动出击、稳中求进、精细管理”的战略方针，全力组织营销拓展，夯实业务客户基础，不断强化同业合作及公司议价能力，通过精细化管理降低资金成本，构建专业化团队，提升服务与支持，业务收入保持稳定增长。截至 12 月 31 日，公司信用业务日均规模 54.75 亿，同比增长 4.23%；全年实现利息收入 2.1 亿元，同比下降4.56%，其中融资融券业务实现利息收入 1.55亿元，占信用业务利息收入 73.67%。融资融券业务累计授信 8 264 户，授信额度144.44亿元，融资余额20.50亿元，信用账户成交量1 143.47亿，占公司股基成交量的 24.29%，同比上升 3.85%，市场排名第 71 名。股票质押业务自有出资 9.98 亿，同比增加 33.24%；银行出资 23.40亿，同比减少 16.96%；总规模 33.37 亿，同比减少 6.45%，市场排名第 65 名。

6. 期货业务全年实现营业收入 12 896.22 万元，同比增长 1.01%；实现利润总额 3 804.10 万元，同比增长 25.67%。

地址：广东省深圳市深南中路华能大厦 30 楼
电话：0755－26982993
邮箱：jgbts@ydzq.sgcc.com.cn
网址：www.ydsc.com.cn

浙商证券股份有限公司

【公司简介】

浙商证券股份有限公司（ZHESHANG SECURITIES CO., LTD.）是经中国证监会批准成立的综合性证券公司，成立于 2002 年 5 月 9 日，2006 年 8 月更名为浙商证券。总部位于浙江省杭州市，注册资本 33.33 亿元人民币。浙商证券于 2017 年 6 月 26 日在上海证券交易所挂牌上市，股票代码：601878，是浙江省首家国有控股的上市券商。

2017 年，公司实现营收 46.11 亿元，同比略微增长；实现净利润 10.64 亿元，同比减少 14.29%。截至 2017 年底，公司共设有 18 家分公司和 95 家证券营业部；公司资产总额 529.2 亿元，同比基本持平；净资产 135.1 亿元，同比增加 41.3%。

2017 年，公司坚持“稳中求进”发展主基调，紧密围绕建设“一流券商”总目标，立足新起点，担当新使命，谋划新发展，统筹资源、集中精力抓重点，补短板，添动力，保持良好发展态势。2017 年 6 月 26 日，公司成功登陆 A 股资本市场，成为浙江省首家本土上市券商；公司在年度分类监管评级中获 A 类 A 级，并购重组财务顾问业务获评 A 级，公司主体信用评级被权威评级机构上调至 AAA 级，浙商期货获 A 类 AA 级；通过申请新型业务资格、浙商资本转型为私募基金管理公司、资管固收业务结构化调整、传统经纪业务转型升级等方式，寻找公司发展新动能；通过成立“凤凰行动”推进委员会、与省内地市政府合作、走进上市公司等方式，为企业做好参谋顾问，切实承担“凤凰行动”使命；通过强化合规风控文化、建设全面风险管理体系、严打违规行为等工作，扎实推进合规风控；规范开展信息披露，所披露信息的真实、准确、完整，未收到交易所任何监管措施。

2017 年，公司品牌建设取得良好社会反响，全年获得各类财经奖项 20 多个，公司被《中国经营报》组织评选为“最具发展潜力上市证券公司”，获得《每日经济新闻》组织评定的“2017 中国上市公司最具成长价值奖”，在《大众证券报》、《新浪财经》组织的中国上市公司竞争力公信力调查评选中被评为“最具创新力上市公司”。

【主营业务经营概况】

1. 经纪业务

2017 年，公司经纪业务手续费净收入 9.71 亿元。公司继续强化经纪业务营销体系、制度、队伍建设，加强对客户的分类研究管理，针对不同的客户，提供差异化的营销服务，并持续加大对新客户、机构客户、高净值客户的拓展力度，并严守合规底线，做好客户适当性管理。公司加大经纪业务转型推动力度，注重金融科技服务体系和质量建设，加强金融产品引入、开发管理。2017 年公司获得《21 世纪经济报道》组织评定的互联网金融产品创新奖，公司入围《证券时报》组织的“中国优秀企业公司 APP”评选，被评为“2017 优秀证券公司 APP 运营案例”。

2. 投资银行业务

2017 年，投行业务手续费净收入 4.86 亿元。2017 年公司投行团队完成股权、债权融资项目 43 单。股权业务多点开花，完成股权保荐类及重大资产重组业务 12 单，其中 IPO 发行 4 单；并购重组业务报会 6 单，过会 6 单，连续保持“百分百”过会率。债券承销业务克服市场低迷环境，完成债权融资 34 单，其中完成公司债发行 29 单。完成首单交易所市场发行的创投机构创新创业债——天图投资双创债，融资规模 10 亿元。2017 年，公司被上海证券交易所评选为“创新创业公司债券优秀参与机构”，获得《证券时报》组织评定的“2017 中国区突破投行君鼎奖”，《国际金融报》组织评定的“IPO 风控能力先锋投行奖”，新华网组织评定的“2017 中国上市公司最佳成长投行”，《21 世纪经济报道》组织评定的“2017 年度债券创新金帆奖”。

3. 资产管理业务

2017 年，资管业务实现净收入 3.42 亿元。期末存量资产管理规模 1 700 亿元，同比提升 23.51%，主动管理规模 754 亿元，同比提升 41%。期末定向资产管理规模 1 042.5 亿元，同比增长 17.19%；集合资产管理规模 647 亿元，同比增长 40.71%，专项资产管理规模为 3.4 亿元，公募基金管理规模为 9.4 亿元。子公司浙商资管获得《国际金融报》组织评定的“2017 主动管理能力先锋券商”“2017 行业先锋领袖”，《证券时报》组织评定的“2017 中国资产管理券商君鼎奖”“2017 绝对收益产品君鼎奖”，《21 世纪经济报道》组织评定的“最具竞争力证券资产管理公司”,《中国基金报》组织评定的“中国券商资管权益英华奖”,《每日经济新闻》组织评定的“最佳口碑量化类产品—浙商汇金1号”。

4. 投资业务

2017年,投资业务实现收益8.14亿元,同比提升271.3%,主要为持有、处置交易性金融资产、可供出售金融资产、衍生金融工具取得的收益。股票自营坚定践行价值投资理念,严格控制风险;金融衍生品自营深耕策略池,FICC业务在债券市场持续低迷的情况下,保持稳健投资风格,并不断培育国债期货、利率互换等业务,形成新的利润增长点。子公司浙商资本转型成为私募股权投资平台,大力拓展私募股权投资业务,服务地方经济转型。

5. 期货业务

子公司浙商期货实现收入18.5亿元,实现净利润2亿元。浙商期货全资子公司浙期实业完成营业额13.6亿元,同比增长27%,实现利润总额6 282万元;浙商国际金融控股有限公司拥有客户权益1.3亿港元,同比增长65%,实现稳定盈利。浙商期货加大营销力度,使得公司客户权益在行业客户权益同比下降的情况下,逆势增长20%。场内外期权业务多维度推进,“期货+保险”进一步延伸至白糖、铁矿石、橡胶等品种,场外报价业务覆盖品种继续增加。

6. 研究业务

公司进一步加大研究队伍建设力度,突出对浙江上市公司的研究,并加强证券与期货研究所的协同合作,新增大宗商品和宏观债券研究,逐步扩大卖方研究范围,聚焦对大型公募基金的拓展服务,筹备开拓私募基金研究服务,形成了一定的特色优势,提升了市场影响力。

地址:浙江省杭州市杭大路1号黄龙世纪广场A座
邮编:310007
电话:0571-87901964
邮箱:zszq@stocke.com.cn
网址:www.stocke.com.cn

中国国际金融股份有限公司

【公司简介】

中国国际金融股份有限公司(中金或“公司”,3908.HK)是中国首家中外合资投资银行。凭借率先采纳国际最佳实践以及深厚的专业知识,我们完成了众多开创先河的交易,并深度参与中国经济改革和发展,与客户共同成长。我们的目标是成为一家具有全球影响力的世界级金融机构。

自1995年成立以来,中金一直致力于为客户提供高质量金融增值服务,建立了以研究为基础,投资银行、股票业务、固定收益、财富管理和投资管理全方位发展的业务结构。凭借深厚的经济、行业、法律法规等专业知识和优质的客户服务,中金在海内外媒体评选中屡获“中国最佳投资银行”“最佳销售服务团队”“最具影响力研究机构”等殊荣。

中金一直以高标准开展业务,并始终坚守以下核心价值:以人为本,以国为怀,勤奋专业,积极进取,客户至上,至诚至信,植根中国,融通世界。

2015年,中金在香港联交所主板成功挂牌上市。2017年,中金与中国中投证券有限责任公司(中投证券)的战略重组完成,中投证券成为中金的全资子公司。本次交易使公司规模显著扩大,综合实力进一步提升,将实现对大、中小企业及机构、个人客户更为深度的覆盖,构建更为均衡的一、二级市场业务结构。

公司总部设在北京,截至2017年12月31日,公司在境内拥有多家子公司,包括中投证券、中金资本、中金基金、中金浦成等,在上海和深圳等地设有分公司,在中国大陆28个省、直辖市拥有200多个营业网点。经过二十余年来的不懈努力,公司业务发展取得了长足进步,发展成为拥有出众的团队、坚实的客户基础及卓越品牌的投资银行。

近年来,公司致力于提高核心竞争力、加速创新业务的投入、深化境外业务的全面发展,力图实现均衡发展的主营业务结构,努力成为一家业务全面、结构合理、并具有全球影响力的世界级金融机构。

【主营业务经营概况】

一、投资银行业务

1. 股权融资

近年来,通过成立行业组、深耕新兴行业、全面落实地方布局,强化全球布局等战略,投行部大力加强了股本项目上的新客户开发。这些战略取得了积极效果,2017年我们在中资企业全球股本融资规模排名第一。

2017年,本公司共完成A股IPO项目12单,主承销金额10 257百万元,项目数量创历史新高;完成A股再融资项目14单,主承销金额人民币94 243百万元。境内A股股本融资规模和再融资规模均排名第一。

2017年,本公司在港股市场继续保持领先地位,在中国香港股权融资市场的竞争优势得到进一步巩固。2017年,本公司共保荐了港股IPO项目9单,居市场第一,项目金额1 182百万美元,市场排名第三。作为账簿管理人主承销港股IPO15单,成交规模967百万美元,单数和规模分别居市场第一和第二。

2017年,中国香港地区和美国市场TMT行业出现上市潮,我们参与了多笔重大的市场交易,表现亮眼,全年TMT中概股境外IPO中,融资规模2.5亿美元以上的共8笔,我们参与了其中7笔。

2. 债务及结构化融资

2017年中金公司进一步扩充债务承销业务团队,在固定收益产品承销领域取得了显着的发展,共完成144个项目,同比增长逾9.1%,合计承销金额约人民币236 923百万元。其中包括境内项目105个,承销规模约人民币206 324百万元;境外发行项目39个,承销规模约4 831百万美元。

2017年,以中投证券整合、落实区域化布局、专业化为核心的战略部署收效显着。受益于良好的业务布局,我们境外债业务持续增长,中国公司投资级美元债承销金额继续保持中资券商第一,并开始在高收益债券承销业务领域逐步树立了中金品牌。与此同时,基于市场首单“一带一路”公司债——俄铝熊猫债的成功经验,我们在人力上加强投入、渠道上进一步调动各种资源,全面把握“一带一路”债券的历史性机遇。

产品创新方面,中金公司完成了俄铝人民币15亿元熊猫债,为首单“一带一路”沿线企业熊猫债;重庆龙湖地产人民币30.4亿元绿色企业债,为首单房地产企业绿色企业债;印力深国投广场人民币37.9亿元商业地产抵押按揭资产证券化(CMBS),为首单无境内公司差额支付增信CMBS项目;弘阳集团5亿美元境外债,为首单非上市民营企业美元债。本公司在债券产品创新方面继续保持优势。

3. 财务顾问服务

本公司并购业务维持领先地位。2017 年公司参与的已公告并购交易 67 单(其中跨境并购 16 单),涉及交易额 995 亿美元。我们在 2017 年中国并购市场前二十大交易中占有 8 席,在中国并购市场总排名第一,市场份额为 15.9%,稳固捍卫中金公司并购业务市场领先地位。

二、股票业务

2017 年,股票业务继续从机构化、产品化和国际化三方面全面推进扎根中国、布局全球的发展战略,基于优质机构客群网络进一步打造全球资产配置平台、通过纽伦新港四大桥梁更好地实现资本融通,在实现创收、加速国际化进程、推动公司发展战略的落实、打造整合的平台、培育精英团队等方面均取得成绩。股票业务 2017 年继续推进转型升级,收入结构均衡发展,境内外的交易市场份额均继续提升,境内业务收入逆市上涨、超过市场交易量表现 35 个百分点以上,境外业务收入显着高于同期市场交易量增长水平。同时,中金公司的 A 股经纪业务平均证券经纪佣金率为万分之 4.8,较市场平均水平仍保持溢价。跨境优势得到充分发挥。在境外,公司通过港交所交易的沪股通和深股通的市场交易份额在所有国际券商中名列前茅;公司在港交所 2017 年度沪深港通颁奖典礼中取得卓越成绩,在全球所有券商中赢得了“沪深港通最多特别独立户口(SPSA/机构开户个数)参与大奖”“最活跃中资经纪商大奖”等三个奖项,成为在本次评选中荣获奖项数量最多的投资银行。在境内,公司覆盖大部分基金及保险客户的港股业务,据交易所有统计数据以来,通过沪/深港通南向开通席位进行港股交易的公募基金及保险客户中,我们的交易份额保持在 10% 的高位。

产品创收大幅提升。2017 年,公司着力于产品创新和交叉营销。主经纪商业务以自主开发的系统平台为依托、规模持续增长,运行产品规模逾人民币 1 400 亿元;期权衍生品业务线在场外衍生品行业市占率领先;境外业务的运行产品规模近人民币 300 亿元,较 2016 年增长近 100%。

进一步深耕客群网络。公司在核心机构客群的市占率保持较高水平并不断提升。2017 年,在充满挑战的 A 股市场环境中,公司机构交易 A 股市场份额提升 23%。截至 2017 年 12 月 31 日,QFII/RQFII 客户 193 个并保持 40% 的占比,市场份额继续保持领先。公司长期耕耘于境内外二级市场,积累了优质机构客户资源,为一级市场业务提供销售支持,合作的境内外项目涵盖 IPO、定增、债券发行、大宗交易、并购顾问等多个领域。

打造精英团队,培育复合人才。销售、交易、产品、支持团队间形成有效沟通,协同效应提升,帮助公司连续 12 年摘取《亚洲货币》评选的中国”最佳销售服务”奖项,并有多名销售、交易人员荣获个人奖项;公司连续 6 年荣获《机构投资者》中国大陆/海外”最佳销售团队”综合排名第一,并在《机构投资者在线》首届评选中荣获“最佳沪深港股通服务券商”。

三、固定收益业务

2017 年,公司继续积极推进固定收益业务的综合布局,进一步加强包括发行、销售、产品、交易等综合服务能力的建设,初步实现了业务收入与利率走势的脱钩。在客户业务方面,综合服务客户能力稳步提升,客户业务取得良好的进展,其中代客交易、结构化产品、商品衍生品等业务继续表现出色,资产证券化业务较往年取得较大的增长。2017 年是各项监管政策密集出台的一年,信用风险层出不穷,公司交易业务方面在复杂的市场环境下继续展现良好的交易和风控能力,审慎把握市场机会,管理的高流动性资产账户显着跑赢市场指数,固定收益交易业务获取了一定的收益。

2017 年,公司继续加强固定收益业务的基础建设,在 IT 系统方面形成了较为完整的规划并开始逐步实施。固定收益业务积极推动与中投证券的相关整合工作,对中投证券的固定收益销售和交易团队进行了整合,整体工作稳步推进。在品牌建设方面,固定收益研究团队荣获《新财富》《水晶球》固定收益奖项评选双料第一,继续维护了公司在固定收益市场的地位和声誉。

四、财富管理业务

2017 年公司一方面设立财富服务中心,系统加强财富研究和产品中心的服务能力,努力提升股票研究和大类资产配置的服务水平,同时重组境外产品平台,布局未来业务增长点;另一方面,公司充分发挥中金大平台优势,强化跨部门合作力度,致力于向客户推荐中金公司全方位的产品和服务,夯实差异化竞争优势,深挖财富管理客群。与此同时,公司继续加强 IT 系统建设和开发力度,不断强化平台功能建设及客户体验提升,在突出财富管理在产品方面的优势、推进重点业务方向、深化投顾激励机制改革、获客及标准化服务等方面均发挥了重要的作用。

2017 年公司完成了对中投证券的收购。为配合中金整体战略部署,财富管理作为融合工作重心投入了大量的资源促进两块业务的融合。公司积极推进与中投证券在分公司、营业部层面的融合,加强业务管理及方案执行方面的互动,扩展融合范围。对于资本市场和产品研究服务、营销活动、培训等支持资源,总部协调全面与中投证券共享,助力中投证券尽快实现业务转型与升级。

截至 2017 年 12 月 31 日,中金公司财富管理的客户数量达到 38 644 户,较 2016 年末增长 28.9%。客户账户资产总值达到人民币约 736 886 百万元,较 2016 年末增长 19.1%;户均资产超过人民币 19 百万元。中投证券有 5 157 名机构客户、340 076 名富裕客户及 2 451 757 名零售客户,对应的客户账户资产总值分别为人民币 1 182 295 百万元、277 864 百万元、53 095 百万元。

五、投资管理业务

1. 资产管理

本公司专注于主动资产管理业务,坚持以客户利益为核心,为境内外客户设计及提供高质量、创新性的资产管理产品和方案,实现客户资产的长期稳步增值。2017 年,公司主动管理规模稳步增长,大幅超越行业增长率;产品和策略不断丰富,客户类型更加多样,为业务可持续增长打下扎实基础;境外资管平台建设逐步完善,跨境投资管理能力进一步提升。此外,与中投证券的整合也为资产管理业务提供了新的发展契机。2017 年,公司与中投证券进行了资管业务全产品线合作,为后续业务协同奠定了坚实基础。

截至 2017 年 12 月 31 日,本集团境内外资产管理总规模为人民币 331 780 百万元,较 2016 年增长 93%。其中中投证券资产管理规模为人民币 57 466 百万元。产品类别方面,集合资产管理业务规模、定向资产管理业务规模(含社保与企业年金)及专项资产管理业务的规模分别为人民币 26 099 百万元、人民币 210 909 百万元及人民币 94 772 百万元。本集团管理产品数量合计 686 只,其中中投证券管理产品数量为 313 只。本集团管理的产品大部分是主动管理产品,集合及定向主动管理规模较 2016 年增长 34%。

在客户结构方面,公司资产管理业务持续以境内外机构客户为重点，通过多元化产品和策略、强化客户服务，使得机构客户规模稳步增长，结构更为均衡。此外，公司积极开拓和维护多种销售渠道，进一步拓展高净值个人客户业务。

2. 公募基金

2017 年，中金基金积极拥抱中金公司发展财富管理业务的机遇，不断开拓销售渠道；紧跟监管和市场环境的变，重点布局和推进公募产品；大力提升投研实力，产品业绩趋好。资产规模继续保持增长。

截至 2017 年 12 月 31 日，中金基金管理资产规模为人民币 12 441 百万元，较 2016 年底增长 38.9%。其中，公募基金规模增长至人民币 7 830 百万元，较 2016 年年底增长 119.7%；投资专户管理规模为人民币 4 612 百万元。

3. 私募股权

公司于 2017 年 3 月 6 日正式成立中金资本运营有限公司。中金资本于同年 11 月 24 日通过中国证监会机构部、证券业协会、基金业协会联合会商，成为证券公司私募基金子公司。中金资本作为公司统一的私募投资基金业务平台，开展公司境内外私募投资基金业务。

中金资本致力于成为一个拥有完善的中后台管理能力、强大的品牌影响力和出色的融资及投资能力的私募投资基金管理平台。同时，中金资本通过产品、行业、地区等多种维度，不断丰富产品、拓展业务范围。目前中金资本管理的基金类型涵盖政府引导基金、存量经济改革基金、美元母基金、美元股权投资基金、人民币股权投资基金、并购基金等。

截至 2017 年 12 月 31 日，中金集团整体管理以及参与管理的私募股权投资规模达到约人民币 2 516 亿元，较 2016 年年底增长 121.7%。

六、研究业务

公司研究团队关注全球市场，对宏观经济、市场策略、资产配置、股票、大宗商品及衍生品进行研究和投资分析，通过公司的全球平台向国内及国际客户提供研究服务。截止 2017 年 12 月 31 日，公司的研究团队由超过 100 名经验丰富的专业人士组成，覆盖 40 多个行业及在中国大陆、中国香港、纽约及新加坡证券交易所上市的 1 000 余家公司。

公司因为研究的独立性、客观性及透彻性获得国内及国际主要投资者的认可。2017 年，公司共发表中英文研究报告超过 10 000 篇。在大量的行业和公司报告基础之上，公司还出版了“中国好品牌：中金大消费 TOP30 组合”“PRIME-中国制造业升级的全盛时代”“浴火重生：产能过剩行业的改革已走到哪里？”“新市民主题研究”“人工智能主题”“民办教育主题”“新三板系列研究”等专题报告，展现了公司对中国的深刻理解。正是基于在研究报告数量和质量上的双重优势，公司在客户中赢得了“中国专家”的声誉。

2017 年，中金研究团队继续收获有国际影响力的权威奖项。公司于 2006 年至 2017 年连续十二年被《亚洲货币》评为“最佳中国研究（第一名）”，公司亦于 2012 年至 2017 年连续六年被《机构投资者》授予“大中华地区最佳研究团队奖（第一名）”。

地址：北京市朝阳区建国门外大街 1 号国贸写字楼
2 座 28 层
邮编：100004
电话：010 - 65051166
邮箱：info@ cicc. com. cn
网址：www. cicc. com

中国民族证券有限责任公司

【公司简介】

中国民族证券有限责任公司（以下简称“公司”）成立于 2002 年 4 月，是经中国证监会批准的综合类证券公司，注册地北京市，注册资本 44.87 亿元人民币。2014 年 7 月 31 日，经中国证监会核准，方正证券股份有限公司通过受让公司 4 486 553 072.22元股权（占出资总额 100%）的方式设立子公司。公司总部位于北京市朝阳区盘古大观，是上海证券交易所、深圳证券交易所的会员单位。在北京、上海、深圳等 18 个大中省市和经济发达地区设立了 51 家分支机构。

公司业务资质齐全，已取得证券经纪、证券投资咨询、证券交易、证券投资活动有关的财务顾问、证券承销与保荐、证券自营、证券资产管理、证券投资基金代销、全国银行间债券交易系统成员、交易所债券市场成员、证券业务外汇经营、企业债券主承销商、IPO 询价对象、LOF 基金申购、赎回代理销售、上证基金通、代办系统主办券商、深圳 ETF 申赎、上证 180 金融交易型开放式指数证券投资基金一级交易商、融资融券、证券经纪人、中小企业私募债承销、转融通、约定式购回证券交易、金融产品代销和保险兼业代理等业务资格。

公司始终秉承“诚信、和谐、进取、规范”的企业文化，各项业务取得了长足发展，行业排名逐年上升，自 2006 年以来，公司连续十年盈利，净资产收益率居行业前列。特别是随着公司创新业务的快速发展，在行业内已逐步形成了具有民族证券特色的业务品牌，先后荣获首届国家理财规划师年会“中国理财行业突出贡献奖”、第九届“中国财经风云榜”—“最佳创新业务券商”、第六届中国证券市场年会“金钥匙奖”、中国资本市场季度高级研讨会十周年“开拓奖”等殊荣，公司“民富齐实”系列产品获“2011 年度最佳经纪业务服务品牌”等称号；投行业务多次实现行业首创，公司承做的“08 钒钛债”项目成为国内证券市场首单无银行担保公司债券，“09 亿城债”成为首单在深交所综合协议交易平台上市交易的公司债券，2013 年完成了首单在交易所挂牌发行的证券公司次级债券；投行团队获得浙江省人民政府授予的“浙江省 2011 年度优秀 IPO 保荐团队”称号；公司始终坚持履行企业公民的社会责任，在“2013（第五届）责任中国优企业峰会”上，登上了“2013（第五届）中国企业社会责任”100 强榜单，荣获了“2013 中国社会责任典范企业”奖；公司始终贯彻诚信经营理念，在“2017 中国企业信用发展论坛暨第八届诚信公益盛典”上荣获“2016 年度中国 AAA 级信用企业”称号。公司系统荣获省部级、全国级“五一劳动奖状、奖章”等先进集体、个人共 140 余个。

【主营业务经营概况】

（一）证券经纪业务

2017 年，公司经纪业务整体运行平稳，在稳住传统业务优势基础上积极向互联网金融、财富管理和机构业务转型升级，服务体系、产品体系不断完善，开户引流、产品销售、机构客户及高净值客户培育开发等成效显著。

截至 2017 年 12 月 31 日，公司托管客户总资产 922.27 亿元，客户总数 150 万户，报告期内新增客户 15 万户。全年实现代理买卖证券业务净收入 4.28 亿元，经纪业务（含信用业务）累计实现营业收入 7.15 亿元，利润总额 3.61 亿元。

（二）投资银行业务

公司投资银行业务优化组织架构，完善制度流程，强化质控合规管理，借助整合契机，积极推进公司内部业务协同。报告期内，完成财务顾问、公司债、企业债、可转债以及新三板等项目 29 个，实现净收入 1.19 亿元；全年股权项目储备 27 个，债券项目储备 28 个，为投行业务下一步发展奠定坚实基础。

（三）资产管理业务

2017 年，公司资产管理业务基本完成与母公司业务整合，截至 2017 年 12 月 31 日，剩余定向通道类产品 6 只，规模 156.04 亿元，专项计划产品 3 只，规模 11.47 亿元。

（四）证券自营业务

2017 年，公司证券自营业务在全年债券市场单边下跌的情况下，实现营业收入 2 979.29 万元。截至 2017 年 12 月 31 日，除三支交易受限的债券外，其余自营债券已清仓，自营业务占用公司资金仅余 5 750 万元。

（五）信用业务

2017 年，公司信用业务保持稳健发展。期末两融余额 56.10 亿元，市场份额 0.55%，两融年日均余额 55.39 亿元，年日均市场份额 0.59%，两融业务规模行业内排名第 42 位（数据来源：万得资讯）。自有资金对接的股票质押业务期末待购回金额 900 万元。

地址：北京市朝阳区北四环中路 27 号
盘古大观 A 座 40F－43F
邮编：100101
电话：400－889－5618
网址：www.e5618.com

中国银河证券股份有限公司

【公司简介】

中国银河证券股份有限公司（简称“中国银河、银河证券”，以下简称“公司”，股票代码：06881.HK；601881.SH）是中国证券行业领先的综合性金融服务提供商，公司及旗下子公司提供经纪、销售和交易、投资银行和投资管理等综合性证券服务。

2007 年 1 月 26 日，公司经中国证监会批准，由中国银河金融控股有限责任公司作为主发起人，联合 4 家国内机构投资者共同发起正式成立。中央汇金投资有限责任公司为公司实际控制人。公司本部设在北京，注册资本为人民币 101.37 亿元。截至 2017 年 12 月 31 日，公司共有员工 9 030 人；公司共有 36 家分公司、470 家证券营业部。

公司的经营宗旨是：根据国家法律法规、方针政策及国际惯例，致力开拓证券业务，秉承“合规、创新、协同、服务”的企业文化和“客户至上、员工为本”的经营理念，坚持“创造价值、增长财富”的企业使命，倾力打造“一流服务、最佳投行”，实现股东长期利益和公司价值的最大化，促进、支持国民经济和证券市场的发展。

公司旗下拥有银河创新资本管理有限公司、中国银河国际金融控股有限公司、银河期货有限公司、银河金汇证券资产管理有限公司和银河源汇投资有限公司。

公司于 2013 年 5 月 22 日在香港联合交易所上市，2015 年 5 月完成 H 股配售，2017 年 1 月 23 日在上海证券交易所 A 股上市。控股股东为中国银河金融控股有限责任公司。截至 2017 年 12 月末，公司总资产为人民币 2 548.15 亿元，较 2016 年末增加 3.63%；归属于母公司股东的权益为人民币 645.13 亿元，较 2016 年末增长 11.25%。2017 年，公司实现营业收入人民币 113.44 亿元，实现归属于母公司股东的净利润人民币 39.81 亿元，同比分别下降 14.32% 和 22.76%；加权平均净资产收益率为 6.33%。

【主营业务经营概况】

1. 证券经纪业务

公司为个人和企业客户提供证券经纪服务，包括根据客户委托代理买卖挂牌交易的股票、基金、债券、信托计划、银行理财产品、期货和金融衍生品等金融产品。

根据上海证券交易所和深圳证券交易所的单一会员资格统计，公司股票和基金的合计交易金额和市场份额连续多年位居行业前列。

公司在国内证券营业网点数量多、覆盖面广且布局合理。截至目前，公司在我国 31 个省、自治区和直辖市共计设立了 36 家分公司、470 家证券营业部，并已有 144 家证券营业部获得了期货 IB 业务资格。

公司实体营业网点扎根当地，积极发挥实体营销网络在风险管理和专业化水平方面的优势；同时大力推进互联网金融的拓展，构建基于互联网、移动终端和微信平台的服务产品体系，全方位满足客户对“面对面”服务和网络服务的需要。

公司依托员工丰富的经纪业务从业经验和对市场及产品的深刻理解，根据经纪业务客户风险承受能力和财富管理的需要为其提供专业、优质及差异化的服务，并通过资源整合及协同营销，为客户提供高水准的财富管理服务、专业的个性化投资理财解决方案和风险管理工具。截至 2017 年 12 月 31 日，公司证券经纪客户 970 万户。

公司遵循 IT 建设的整体规划，按照业务、风控、管理三条主线，建设完成七大平台，顺利实现六大集中，较好地支撑了公司信息化建设与技术创新。公司已构建完成“两地三中心”支撑核心业务运营的基础架构，多线路、多运营商的广域网络连接交易所、期货交易中心和所有分支机构。公司为客户提供多种交易渠道，客户可通过互联网、移动终端（包括手机、平板电脑等）、电话、柜台和网点内交易终端等多种方式完成交易。公司在全国 12 个城市建设了布局合理的 16 个网上交易镜像站点，能够支持百万级客户同时在线使用。此外，公司还通过搭建 VIP 客户快速交易系统和量化交易系统，为高端客户提供更好的服务。

2. 股权融资业务

秉承为客户提供全方位投资银行服务的理念，公司为大、中、小型客户提供包括首次公开发行、公开增发、定向增发、配股、可转债、公司债券、优先股、资产证券化、私募融资、并购重组等在内的全产品线股权融资服务，以满足各类客户在不同发展阶段的需求。公司自成立以来至 2017 年 12 月 31 日，股权承销业务累计承销股权融资项目 131 个，累计主承销金额约人民币 3 026.84 亿元，主承销金额位居行业第十二位。近年来，公司逐步加强对具有高成长潜力的中小企业的股权承销服务力度，先后为高科技、军工、消费品、通信、生物制药和品牌连锁等行业的中小企业提供股权融资。

在保荐承销业务方面，公司参与了中国证券市场上募集资金前十大 IPO 项目，先后完成了中国银行、中国人寿、交通银行、中国平安、中国石油、中国神华、国泰君安、中国建设银行、中国农业银行、山煤国际等超大型、大型项目及海格通信、宋城股份、森马服饰、飞利信等具有市场影响力的中小型、创新型项目的首次公开发行上市工作；完成了国内首单优先股农行境内发行优先股项目，发行规模共计 800 亿元；完成了光大银行优先股第一期 200 亿元发行；完成了山煤国际非公开、三安光电非公开、海南航空非公开、天津海运非公开、大洋电机公开发行、大洋电机非公开发行等再融资项目的发行工作。在并购重组业务方面，完成了中石油要约收购旗下上市公司米塔尔收购华菱管线，中国铝业吸收合并山铝、兰铝和包铝，国元证券等四家券商借壳上市，西航集团收购重组吉林华润生化、哈飞股份重大资产重组暨配套融资、渤海租赁收购新加坡 Seaco SRL 100% 股权并募集配套资金、渤海租赁收购全球第八大集装箱租赁公司 Cronos Ltd 80% 股权项目、三安光电股份有限公司收购美国公司等具有重大影响力的项目，在设计产品方案、把握市场机会、创新交易方式、开展估值定价及控制项目风险等方面具备丰富经验。

在稳定传统股权融资业务的基础上，公司积极开展创新业务。公司把握政策先机，积极布局和开展资产证券化业务。经多途径开拓，已实现资产证券化业务品种的全覆盖。

在企业 ABS 业务方面，公司于 2014 年成功发行 2 单企业 ABS，产品发行家数行业排名第二位，发行规模为 26 亿元，行业排名第四位。2015 年，在“2015 年度中国资产证券化论坛(CSF)年会”上，公司发行的 2 单企业 ABS 均荣获十佳交易奖。2016 年，成功发行 2 单企业 ABS 项目，发行规模 24.64 亿元。

在信贷 ABS 业务方面，公司于 2014 年成功发行 1 单信贷 ABS，发行规模为 50 亿元；2015 年，独家主承销并成功发行 5 单国家开发银行 2015 年第二期、第四期、第五期、第八期和第十期信贷资产支持证券，规模分别为人民币 108.24 亿元、69.35亿元、133.19 亿元、50 亿元和 96 亿元，承销总金额达人民币 456.78 亿元，居行业第四位。

在 ABN 业务方面，2015 年，公司成功发行 1 单 ABN 项目，发行规模为 20 亿元，被银行间市场交易商协会誉为“具有创新意义的 ABN 案例”。2015 年，在《新财富》“第八届新财富中国最佳投行”评选中，荣获“资产证券化能力最佳投行”。2016 年 4 月，在《证券时报》主办的“2016 中国区优秀投行评选”活动中，公司荣获“2016 中国区十大金牌保代”和“2016 中国区最佳财务顾问团队”两项奖。

3. 债券融资业务

债券融资业务方面，公司形成了以企业债券、公司债券、非金融企业债务融资工具和金融债为主导，以资产证券化和绿色债等产品为补充的业务体系。截至 2017 年底，公司主承销的各类债券金额累计约人民币 6,418.79 亿元；其中企业债券承销金额累计约为人民币 3 139.83 亿元，位居行业第一位。

公司长期服务于中国铁路总公司、国家电网、南方电网、中国石油、中国石化、中国联通、中国电信、首都机场、中核集团、华电集团、国电集团、中电投集团、中国电建集团、中国水电、中国商飞、中国电子、南方航空、保利集团、联想控股、清华控股、京投公司、上海国盛、广东广晟、深投控、广东恒建、广州越秀、河北建投、湖北交投、武汉地铁、福建能源、大连万达和大连港等客户。

作为债券市场产品创新的领导者，债券融资团队锐意创新，根据情况变化为发行人设计最佳债券发行方案，在市场上成功发行了第一只灾后重建债券、第一只永续企业债券、第一只停车场项目收益债、第一只城市地下综合管廊项目收益债、第一只停车场与管廊组合专项债券、第一只绿色公司债券、第一只绿色金融债券。作为债券主承销商，公司一直坚持有效降低发行人融资成本，除加强与投资人的沟通、关注市场动态外，还注重对发行窗口的抉择。

2018 年 4 月，公司承做的“烟台银行 2017 年第一期绿色金融债券”在由《证券时报》主办的“2018 中国债券 &ABS 融资创新论坛”上荣获“2018 中国区五星绿色债券项目”奖项。

4. 投资咨询业务

公司成立研究院，定位为公司智库，为公司整体发展和全产品线业务提供研究支持服务；为机构客户和战略客户提供卖方投资研究服务；为政府部门、监管部门和各类企事业单位等提供研究咨询服务；为国际投资者提供全球研究咨询服务等。

公司投资咨询业务已形成规范的研究流程和完善的研究体系，研究领域覆盖宏观经济、投资策略、金融工程、固定收益、行业与上市公司研究以及基金研究等，研究领域广泛，研究实力雄厚。近年来，公司与多家业内权威机构合作，成功举办多场高端论坛，获得业界的一致好评。公司凭借在研究领域的出色表现获得众多业内机构授予的奖项。

基金研究中心是国内第一家专业基金研究评价机构，在该领域综合实力居国内领先地位。基础数据、业务规则、评价指标、分类体系等已经成为中国基金业的主要标准之一。开展基金研究、基金评价、基金投资顾问与 FOF 等各项业务。开发了基金研究评价服务网站(www.yhzqjj.com)，提供各类基金专业数据、研究报告服务。开发了主题为“移动互联智慧基金”的基金慧 APP 和主题为“移动互联数据私募”的私募汇 APP，在国内互联网基金资讯领域处于领先地位。设计开发了一系列的模拟 FOF 产品，取得良好业绩。专门开展了养老金研究，建立初步的研究体系，积累了一定的养老金数据。

经国家人力资源和社会保障部批准，公司于 2010 年设立了博士后科研工作站。工作站与多所知名大学合作招收优秀博士毕业生从事博士后研究工作。工作站研究定位是：以中国经济运行尤其是资本市场发展过程中遇到的重大理论与实践问题和证券公司发展创新过程中遇到的现实性、前瞻性、战略性、基础性问题为研究对象，以提高中国银河证券综合竞争力、促进公司可持续发展、推进中国资本市场的理论建设为目标，力求通过宽视角、深层次、高质量的研究，为把中国银河证券打造成国内一流券商服务，为资本市场的改革发展服务，为发展繁荣中国的经济和金融科学服务。博士后科研工作站成立以来，已招收了 22 名博士后，其中已有 11 名博士后研究人员顺利出站。

5. 融资融券业务

公司自 2010 年 7 月正式开展融资融券业务以来，始终坚持“以客户需求为导向，以专业服务为依托”的经营理念，打造了一支涵盖融资融券业务全流程的专业团队，通过在全国各营业部建立专注于服务融资融券客户的推荐人队伍，为客户提供高效、便捷和专业的“一对一”全程陪护式融资融券服务，满足客户的个性化和差异化需求，帮助客户完善风险控制手段，开创全新盈利模式，实现客户财富的稳步增长。2012 年 8 月，公司获得首批转融资试点资格，并于 2013 年 2 月获得首批转融券试点资格，为符合条件的机构投资者提供转融通证券出借代理服务，帮助机构投资者在不改变其战略持有目的的前提下获取稳定额外的利息收入，拓宽了机构投资者的盈利渠道。截至 2017 年 12 月 31 日，公司融资融券余额人民币 570.29 亿元。2017 年全年公司融资交易额人民币 11 110.64亿元。

地址：北京市西城区金融大街 35 号国际企业大厦 C 座
邮编：100033

电话:95551
客服电话:400－888－8888
邮箱:yhgf@ chinastock. com. cn
网址:www. chinastock. com. cn

中航证券有限公司

公司简介

中航证券是中国军工央企集团所属唯一证券公司,注册资本 19.85 亿元,证券业务资质齐全,业务范围覆盖全国,截至 2017 年末,公司共有 12 家分公司,2 家子公司,77 家经营网点,员工 1 204 人。公司致力于"立足航空工业,建设具有综合金融服务能力、广泛客户基础的、中国军工产业投融资首选现代投资银行"的发展战略,定位于专业化、特色化的发展道路,实施投行引领的业务策略,以投行带动整体,打造投行引领的综合金融业务体系。

近年来,公司与深交所、上交所的战略合作,开创了中国军工产融年会新模式;获得第十届中国证券市场年会最佳券商"金钥匙"奖,2016 年获得证券时报颁发的中国"最贴心券商"称号,"翼启航"APP 获得券商中国"2017 券商 APP 优秀运营团队奖",获得上海证券交易所 2017 年度投资者教育与保护系列活动"最佳公开课奖"铜奖。随着品牌知名度和行业影响力的不断提升,中航证券已成为航空工业军民融合、产能合作的中坚力量。

地址:江西省南昌市红谷滩红谷中大道 1619 号
南昌国际金融大厦 A 栋 41 层
电话:0791－83811898
邮箱:office@ avicsec. com
网址:www. avicsec. com

中天证券股份有限公司

【公司简介】

中天证券股份有限公司(公司)是辽宁省国资委控股的省属国有证券企业。公司于 2004 年 7 月 14 日成立,注册地及总部办公地点在辽宁省沈阳市。初始注册资本 5 亿元,经过四次增资扩股,目前注册资本 22.25 亿元人民币,股东分别为辽宁省人民政府国有资产监督管理委员会、本钢集团有限公司、辽宁省投资集团有限公司、辽宁省大连海洋渔业集团公司、北方联合出版传媒(集团)股份有限公司和辽宁能源投资(集团)有限责任公司。

截至 2017 年末,公司共有员工 927 人(含子公司员工 140 人),正式营运证券营业部 68 家。北京设有一家子公司—中天期货有限责任公司,沈阳设有一家子公司——中天辽创投资管理有限公司。

2017 年,公司继续坚持合规经营底线,积极探索创新发展机遇,秉承稳中求进,立足辽宁,服务辽宁,适度扩张的经营发展策略。各业务条线布局更加合理,利润结构逐步向多元化发展,集团化布局初见成效。在业务开展方面,公司继续加大对全资子公司中天期货的资本投入,提升业务市场化运作水平,盈利能力初步显现;全资子公司中天辽创,是中国证券业协会注册的私募基金公司,以东北振兴和服务辽宁为契机,设立了"特钢基金",目前业务项目储备良好,具有一定的发展前景。经纪业务积极应对复杂多变的市场竞争环境,加快推进集中受理体系和互联网金融平台建设,全力打造新业务、新产品,通过开展金融产品代销、收益凭证、投资顾问业务、质押回购、股票期权、新三板经纪等业务,提升收入水平;自营业务不断拓宽投资渠道,在合规和风险可控的基础上,坚持稳健投资理念,探索多元化金融工具运用,如套期保值操作、建立量化投资模型等;固定收益中间业务从无到有,业务收入增长明显,是固定收益业务的一项突破;资产管理业务继续发行定向资产管理产品和集合资产管理产品,积极研究客户网下申购制度,推出系列网下申购产品,参与运作企业员工持股计划业务;信用交易业务继续保持稳步增长趋势,目前已经成为公司稳定收入的重要来源;投资银行业务积极参与辽宁企业债券和地方政府债券的发行和承销,继续努力推进保荐业务资格申请,能够为广大客户提供多元化的综合金融服务。

地址:辽宁省沈阳市和平区光荣街 23 甲
电话:024－23255256
客服电话:400－6180－315
邮箱:ztzq@ ztportal. com
网址:www. iztzq. com

中信建投证券股份有限公司

【公司简介】

中信建投证券股份有限公司成立于 2005 年 11 月 2 日,是经中国证监会批准设立的全国性大型综合证券公司。公司注册于北京,注册资本 72.46 亿元。截至 2017 年 12 月 31 日,在全国 30 个省、市、自治区设有 302 家证券营业网点,并设有中信建投期货有限公司、中信建投资本管理有限公司、中信建投(国际)金融控股有限公司、中信建投基金管理有限公司、中信建投投资有限公司等 5 家子公司。

2016 年 12 月 9 日,中信建投证券成功在香港联交所上市,股票代码 6066. HK。公司拥有实力强大的股东背景,持有公司 5% 以上股份的股东有:北京国有资本经营管理中心、中央汇金投资有限责任公司与中信证券股份有限公司,均为拥有雄厚资本实力、成熟资本运作经验与较高社会知名度的大型企业。

2017 年,公司实现营业收入 113.03 亿元,净利润 40.62 亿元,净资产收益率 9.90%,保持行业领先水平。投资银行业务继续保持行业优势地位,公司股票和债券主承销项目家数和金额分别位居行业第 1 名和第 3 名,并连续 5 年保持行业前 3 名;其中,股权再融资、并购重组、公司债项目数量均位居行业第 1 名。公司总结发布投资银行业务"316 共同准则",不断加强和深化员工的业务发展及服务理念。经纪业务取得良好成绩,股票基金交易量位居行业第 9 名,托管证券市值位居行业第 6 名。公司坚持财富管理业务转型和深化,互联网平台建设取得明显成效,优问平台不断迭代,努力打造"找好投顾,到中信建投"的线上品牌,中信建投证券 APP 获得《证券日报》颁发的 2017 年度"最佳智能券商"大奖。公司证券金融业务稳步发展,融资融券业务融出资金余额位居行业第 9 名。资产托管和基金运营服务业务稳居行业前 8 名,其中公募基金托管规模连续两年位居行业前 3 名。资产管理规模位居行业第 5 名,合作机构客户增至 700 余家。固定收益业务继续保持较好态势,其中公司债销售规模位居行业首位,资产证券化业务承销规模位居行业第 4 名。研究业务在新财富中获得多个奖项，专业水平和市场影响力进一步提升。股票及衍生品交易业务开发创新多种不同结构的期权产品，积极拓展多元投资策略，继续保持较好的投资收益水平。五家子公司蓬勃发展，中信建投期货有限公司连续两年被评为行业最高级别的A类AA级期货公司，经营业绩再创新高；中信建投资本管理有限公司管理基金只数和资产规模分别较上年年底增长了60%和300%，投资企业数量超过100家；中信建投（国际）金融控股有限公司综合实力不断提高，股权融资和债券融资金额分别位居在港中资券商第6名和第9名；中信建投基金管理有限公司在固定收益等业务领域业绩优异，荣获上交所、深交所2017年度"债券优秀交易商"荣誉称号，是113家基金公司中唯一一家在沪深交易所均获得该称号的公司；2017年11月，中信建投投资有限公司成立，作为第五家子公司，已经在新经济产业和监管认可的自营资金投资领域进行布局。

地址：北京市东城区朝内大街188号
邮编：100010
电话：010－85130588
邮箱：csc@ csc. com. cn
网址：www. csc108. com

中信证券股份有限公司

【公司简介】

中信证券股份有限公司（以下简称"中信证券"或"公司"），于1995年10月25日在北京成立。2002年12月13日，经中国证券监督管理委员会核准，中信证券向社会公开发行4亿股普通A股股票，2003年1月6日在上海证券交易所挂牌上市交易，股票简称"中信证券"，股票代码"600030"。2011年10月6日在香港联合交易所上市交易，股票代码为"6030"。

2017年，公司实现营业收入人民币433亿元，实现净利润人民币114亿元，净资产收益率7.82%，收入和净利润继续位居国内证券公司首位，公司各项业务继续保持市场前列。公司紧紧围绕服务实体经济这一中心，进一步完善融资安排者、财富管理者、交易服务与流动性提供者、市场重要投资者和风险管理者五大角色，不断重塑并巩固核心竞争力。

2017年，公司紧密围绕"做大客户市场、提升综合服务能力"的工作方针，有效支持实体经济发展，主要业务保持市场前列。其中，股权业务承销规模人民币2 210亿元，市场份额12.29%，排名行业第一；债券业务承销规模人民币5 116亿元，市场份额4.29%，排名同业第一；境内并购重组（证监会通道类业务）交易规模人民币1 398亿元，市场份额16.21%，排名行业第一。代理股票基金交易总量人民币13.05万亿元（不含场内货币基金交易量），市场份额5.69%，排名行业第二。资产管理规模人民币1.67万亿元，市场份额10.10%，主动管理规模人民币5 890亿元，均排名行业第一。融资融券余额人民币710亿元，市场份额6.92%，排名行业第一。实现利率产品销售总规模保持同业第一。场外期权业务规模增长较快，同业排名领先。

截至2017年12月31日，中信证券持股5%以上的股东为中国中信有限公司（持股比例为16.50%）。公司依托第一大股东与中信银行、中信信托、信诚人寿保险等公司共同组成中信控股之综合经营模式，并与中信国际金融控股共同为客户提供境内外全面金融服务。

中信证券下属中信证券（山东）有限责任公司、中信证券国际有限公司、中信期货有限公司、金石投资有限公司、华夏基金管理有限公司、中信证券投资有限公司6家主要控股子公司，下属中信产业投资基金管理有限公司、建投中信资产管理有限公司等2家主要参股子公司。

上市以来，中信证券进行了两次A股增资扩股，2006年非公开发行5亿股，募集资金约46亿元；2007年公开发行3.34亿股，募集资金约250亿元。2008年4月，公司实施资本公积转增。转增完成后，公司总股本达6 630 467 600股。2010年6月，公司实施资本公积转增。转增完成后，公司总股本达9 945 701 400股。2011年9－10月公司首次完成H股发行，公司总股本达1 101 690.84万股，其中，A股983 858.07万股，H股117 832.77万股。2015年6月，公司完成非公开发行H股，公司总股本达1 211 690.84万股，其中，A股983 858.07万股，H股227 832.77万股。截至2017年12月31日，公司总资产6 256亿元，净资产1 498亿元，净资本867亿元，是国内规模最大的证券公司。

地址：北京市朝阳区亮马桥路48号中信证券大厦
电话：010－60836030
邮箱：ir@ citics. com
网址：www. cs. ecitic. com

中银国际证券股份有限公司

【公司简介】

中银国际证券股份有限公司（以下简称"中银国际证券"）经中国证监会批准于2002年2月28日在上海成立，注册资本25亿元人民币。中银国际证券由中银国际控股有限公司、中国石油集团资本有限责任公司、上海金融发展投资基金（有限合伙）、云南省投资控股集团有限公司、江西铜业股份有限公司、凯瑞富海实业投资有限公司、中国通用技术（集团）控股有限责任公司、上海祥众投资合伙企业（有限合伙）、江苏洋河酒厂股份有限公司、上海郝乾企业管理中心（有限合伙）、江西铜业集团财务有限公司、达濠市政建设有限公司、万兴投资发展有限公司共同投资。

中银国际证券的经营范围包括：证券经纪、证券投资咨询、与证券交易、证券投资活动有关的财务顾问、证券承销与保荐、证券自营、证券资产管理、融资融券、证券投资基金代销、代销金融产品、公开募集证券投资基金管理。

中银国际证券还通过全资子公司中银国际期货有限责任公司和中银国际投资有限责任公司分别从事期货业务和直接投资业务。

中银国际证券注册地在上海，截至2017年末，公司在北京、深圳、广州、成都、哈尔滨等全国79个主要城市设有8家分公司和100家证券营业部。自成立以来，中银国际证券积极发挥"深厚中行背景、跨境金融服务"业务优势，依托中国银行全方位的金融服务平台，努力为客户提供高品质、专业化、个性化的投资银行和证券服务。公司在资产管理和投资银行业务领域保持了行业优势地位，经纪业务部均收入排名行业前列。

【公司市场地位】

公司上下一心，秉持"以客户为中心、稳健进取"的核心价值观,践行“转型协同”的发展战略,全面加强风险管控,严守合规底线,推进各项业务转型发展,培育公司核心竞争力,经营业绩振奋人心,各项业务发展态势强劲,行业影响力稳步增强,创公司成立以来历史第二弱市环境下历史第一经营业绩。

资产管理业务受托资金规模市场排名第 6 位,收入市场排名第 12 位。股票主承销金额市场排名第 9 位,债券主承销金额市场排名第 12 位。代理销售金融产品收入市场排名第 29 位。经纪业务在《证券时报》举办的第二季“投顾精英赛”中获“机构综合能力十强”。投行业务荣获《证券时报》“2017 中国区股权再融资投行君鼎奖”“2017 年中国区债券投行君鼎奖”,《国际金融报》“2017IPO 先锋投行”“2017 债券承销先锋投行”奖。资管业务荣获《证券时报》“2017 中国资产管理券商君鼎奖”“2017 中国财富管理领军人物君鼎奖”,金牛理财“金牛券商集合资管计划”奖。

研究业务在“第十一届(2017)卖方分析师‘水晶球奖’”中共 3 个团队上榜,获得 5 个奖项。

【主营业务经营概况】

1. 投资银行业务

2017 年,投行业务认真落实公司战略,大力开展针对性的营销工作,稳步推进在手项目执行,成绩斐然,2017 年股权、债券业务主承销规模大幅提升,排名显著提高,并形成了丰富的项目储备。

2017 年股权业务厚积薄发,亮点频现。一方面文化领域成果丰硕,完成文化行业 IPO 四单,分别为中国科传、中国出版、横店影视、山东出版,累计承销规模 56.4 亿元,彰显并巩固了公司特色行业的优势地位;另一方面 IPO、可交债、定增、优先股、重大资产重组等各项业务齐头并进,收入、规模双双突破,创近年新高。

2017 年债券业务继续保持并发扬多年积淀的优势,凭借高素质的专业团队、丰富的业务经验、高效的审核沟通能力和强大的销售能力,在多个细分领域均有所建树并取得良好的承销业绩,承销规模创历史新高。产品布局上,业务类型涵盖了:公司债、金融债、铁道债、资产证券化、地方政府债、可交债等所有业务品种。此外,积极践行国家一带一路、绿色项目等战略规划,响应监管机构号召,大力发展资产证券化等新型业务并取得较好的规模和收入,所承销的地方政府债券位居券商类排名第四位;金融债承销总额 786 亿元,券商类排名第九位;铁道债承销规模 216.1 亿元,券商类排名第七位。

2017 年新三板业务向成长企业综合融资服务转型,在稳步推进挂牌及定增业务的同时,聚焦优质客户的开发及维护,公司主办的 16 家挂牌企业进入 2017 年创新层,占比 15%,高于全市场 12% 的平均水平,客户质量表现较好。

2. 零售经纪业务

2017 年,零售经纪板块克服市场交易量同比下降近 12% 的不利因素,通过组织开展“开门红”、机构客户拓展、产品销售等专项营销竞赛,激发分支机构积极性;在严控风险的前提下积极发展融资融券、股票质押融资等信用业务,利息收入大幅增长;通过开展线上营销活动,加大线下渠道营销等手段,新增客户继续大幅增长,有效户比例大幅提升。财富管理转型稳步推进,转型方向与措施进一步明确,转型效果逐步显现。

客户结构进一步优化,PB 业务得到较快发展。此外,业务基础得到进一步夯实,公司新一代 APP 正式上线,各项功能达到业内领先水平,CRM 完成一期系统建设,营销服务人员队伍数量和质量都有较大提升,为下一步零售经纪业务转型发展打下坚实的基础。

2017 年,新开客户 58.75 万户,新开有效户 23.46 万户,有效户占比达到近 40%,新开有效户及占比创历史最好水平。实现产品销售规模 171 亿元,同比增长 64%,实现产品销售收入 4 530 万元,同比增长 14%。代理销售金融产品净收入市场排名达到 29 名,创历史新高。PB 业务规模达到 146.1 亿元,交易量 354.7 亿元,均实现数倍增长。新开中高端客户 5 673 户,新开机构客户 551 户,新增客户资产 800 亿元,机构客户交易占比同比提升 47%。资产 50 万以上客户手续费收入占比达到 50%,比 2016 年提高 8.7%。

3. 资产管理业务

资产管理业务是公司的核心业务之一,是为客户提供相关理财产品和财富管理服务的重要业务平台,通过开发各类公募和资管理财产品,最大限度地满足客户日益多元化的投资理财需求。截至 2017 年 12 月 31 日,公司资产管理业务受托管理规模为 7 294 亿元,行业排名第六位,持续保持领先地位。主动管理规模增长提速,由年初 1 115 亿元增至 1 826 亿元,占比 25%,同比增长 64%。在《证券时报》举办的中国财富管理评选中荣获“2017 中国资产管理券商君鼎奖”、“2017 中国财富管理领军人物君鼎奖”;在中国证券报、金牛理财主办的第五届(2016 年度)“金牛理财产品”评选中,我司一举斩获三项殊荣:中国红 - 健康生活主题优粤 2 号第 2 期、中国红债券宝双双荣获 2016 年度“金牛券商集合资管计划”大奖,中国红 1 号则获得“三年期金牛券商集合资管计划”。我司响应国家“做大做强国有企业,促进国有资产保值增值,深化国有企业改革,培育具有全球竞争力的世界一流企业”的号召,连续为中国兵器、中交疏浚、中国中铁和中国铁建成功发行了应收账款资产证券化项目,其中中铁建工项目是市场上首单“一带一路”概念的资产证券化项目。

4. 证券投资与资金管理业务

2017 年证券自营业务严格执行公司统一风险偏好,围绕公司“稳健进取”的战略目标,积极管理投资组合,圆满完成了各项任务。2017 年债券市场单边大幅下跌,债券自营面对极其不利的市场环境,谨慎操作,策略安排得当,投资收益率显著超越市场平均水平,同时信用债违约记录继续保持为零。2017 年股票自营遵循价值投资的理念,持仓结构以绩优蓝筹股为主,较好的契合了市场风格,投资收益率跑赢市场可比基金水平。2017 年新三板市场持续低迷,做市业务继续严格规范履行做市商义务,同时在弱市环境下动态优化调整做市品种,逆市取得了优秀的投资业绩。

2017 年,公司进一步加强自有资金管理,平衡风险与收益,兼顾资金使用效益和流动性。积极拓宽融资渠道,共获得同业授信额度约 912 亿元左右,通过多元化融资,满足业务资金需求。强化规范资产负债管理,优化资金管理的激励约束机制,向资产负债管理要效益。加强债务结构调整以降低公司融资成本,进一步提高了融资的计划性和前瞻性,最大限度降低公司融资成本。加强资金流动性和安全性管理,做好流动性监控、资金归集、调拨、划转、存放等管理工作,保证各项长、短期债务按时支付,全年无流动性风险事件发生。完善公司内部资金定价,加强公司内部资金成本管控和核算管理,将资金占用成本核算纳入绩效考核,传导公司战略、引导各部门开展风险收益匹配度较好、收益率水平较高的业务。

5. 机构销售与研究业务

机构销售业务持续对公募、保险及 QFII 等客户的开发和服务力度,全年新增机构客户 9 家。QFII 业务稳步推进,收入增长跑赢大市,收益凭证业务产品线丰富,发行与兑付稳定顺畅。

研究队伍加快整合,研究服务流程不断优化,客户服务效率稳步提升。机构销售业务持续对公募、保险及 QFII 等客户的开发和服务力度,全年新增机构客户 9 家。QFII 业务稳步推进,收入增长跑赢大市,收益凭证业务产品线丰富,发行与兑付稳定顺畅。

地址:上海市浦东新区银城中路 200 号中银大厦 39F
邮编:200120
电话:021-20328000
邮箱:admindiv. china@ bocichina. com
网址:www. bocichina. com

中原证券股份有限公司

【公司简介】

中原证券股份有限公司(以下简称公司或中原证券)成立于 2002 年 11 月 8 日,是河南省内注册的唯一一家法人证券公司。公司成立以来稳健发展,特别是过去的三年成功迈出了三大步:

第一步,2014 年成功实现了在香港上市(公司简称:中州证券,股票代码:1375),提前两到三年进入了国际资本市场,成为国内 120 多家证券公司中第四家、省域证券公司中首家在港上市的中资券商,也是河南省首家上市的金融企业;

第二步,2015 年圆满完成了在中国香港增发融资,当年 9 月还在中国香港设立了子公司,并成功收购中国香港本地一家投资银行,拥有了国际业务发展平台;

第三步,2016 年 12 月底完成 A 股发行,2017 年 1 月 3 日成功在上交所上市(公司简称:中原证券,股票代码:601375),是全国 130 多家证券公司中第八家 H+A 即中国香港和中国内地两地上市公司,也是河南省首家实现两地上市的金融企业,公司发展迈上了一个新的台阶。

随着中国香港地区上市、在港增发和 A 股上市三大跨越的实现,中原证券近年来经济效益和上缴税收增加,员工收入提高,对投资者高比例现金分红,社会捐赠持续位居证券行业前列,支持经济社会发展的能力显著增强,形成了国家、企业、员工、社会和投资者多方共赢的良好局面,公司面貌发生了根本性变化。

目前中原证券注册资本近 40 亿元,管理资产规模 2 000 多亿元,资金调度能力近 600 亿元,现有员工 2 000 多人。公司总部位于河南省郑州市,目前在香港、北京、上海等全国大部分省会以上城市、河南省内各省辖市和发达县(市)设有证券、期货经营机构 100 多家,公司控股有中原股权交易中心和三家投资公司等,获准牵头组建河南法人寿险公司,建设现代化、国际化大型金融控股集团迈出实质性步伐。

A 股上市后,中原证券已明确今后的发展目标,即充分发挥在香港和内地两地上市的优势,紧紧围绕金融服务实体经济的本质要求,在严格遵守监管规定的前提下,争取再用三年左右的时间,把中原证券打造成一个以证券主业为基础,横跨四板市场和保险业务在内的,现代化、国际化的大型金融控股集团,使公司综合实力和经济效益稳居全国券商第一方阵,成为中国香港和中国内地两地的标杆性上市公司之一。

2017 年,公司紧紧围绕年初确定的工作思路,圆满完成了 A 股上市,实现中原人寿申报材料获中国保险监督管理委员会受理并进行预披露,股权中心挂牌企业突破 2 000 家,由全国成立时间上的倒数第四家、跃居挂牌数量全国第 12 位。

面对严峻市场形势,公司经纪业务条线以“提份额、保收入”为中心,狠抓提质增效、狠抓深挖传统业务潜能、狠抓财富管理与综合金融协同发展,进一步向“一站式”综合金融服务平台转型;投行业务方面,全年投行条线完成 IPO 项目申报 1 单、再融资项目过会 1 单、通过交易所审核公司债等项目 10 个、新三板挂牌 25 家,固定收益总部完成专项债等 3 单;自营业务、资产管理业务和其他创新类业务的发展均取得一定成果。公司进一步完善风控、合规体系建设,进行了全面的合规、风控检查,切实提高了风险管理能力;公司连续三年被中国证监会评为 A 类券商。

【主营业务经营概况】

一、经纪业务

2017 年,经纪业务实现营业收入 12.98 亿元,较 2016 年增长 15.76%。

1. 证券经纪

2017 年,公司积极把握上市发展机遇,持续推进业务转型,大力拓展机构经纪业务,逐步调整业务结构。报告期末,A 股、基金交易金额 12 686.14 亿元,市场占有率 0.52%;融资融券余额达 57.42 亿元,信用交易额 985.03 亿元,累计开立信用账户 41 595 户,较 2016 年末增长 3.92%。

2017 年,公司通过优化营业网点布局,保持各项承载业务有效落地,辐射范围逐步扩大,截至报告期末,公司客户总数 172.27 万户,较 2016 年末增长 4.3%。

2017 年,公司围绕财富管理转型目标,着眼于投资顾问业务发展,积极从传统通道服务提供者向财富管理者转变。报告期内,公司不断丰富投顾增资服务产品;通过投顾赛事、线上线下培训等形式,加强对投资顾问的专业培训和综合能力提升;优化投资顾问标准化服务要求及流程,提升客户的服务体验度;通过在部分经纪业务分支机构进行投顾业务试点,逐步探索出较为明确的、“以客户为中心”的投顾业务模式,并基于此推动相关投顾展业平台系统建设,以提升业务开展效率,促进传统通道业务向财富管理转型。

2. 期货经纪

公司通过中原期货开展期货经纪业务。2017 年,在去杠杆严监管的环境下,中原期货以期货经纪业务与创新业务融合为切入点,以全产业链思维,依托优势品种,推进期货经纪业务营销服务模式转型,取得一定成效,营业部特色更加鲜明,新设 1 家营业部,在建 1 家营业部,取得商品期权和原油期货交易资格,积极拓展“仓单服务+期现套利”业务模式。报告期内,中原期货全年客户新增 3 000 多户,服务客户总量已达 2.2 万户,实现营业收入 3.94 亿元,同比增长 294.69%,利润总额 2 916 万元,同比增长 13.28%,净资产收益率 5.3%。

3. 分销金融产品

公司致力于搭建一站式综合金融服务平台,不断丰富金融产品线,推广以金融产品配置为核心的财富管理服务方案,推动产品销售向财富管理转型。

在完善产品线方面,通过代销外部金融产品和开发公司自有产品,不断丰富“现金管理、固定收益、权益投资、另类投资”等产品线,为客户提供多样化的产品选择。

另外,通过投资者教育等方式,引导非专业客户从个人股票交易向金融产品配置转型，引导客户理性投资，培育客户的资产配置、财富管理理念。

2017 年，公司代销公募基金产品共计 5.99 亿元，较 2016 年 5.84 亿元基本持平；代销银行理财产品共计约 16.67 亿元，较 2016 年 7.6 亿元大幅增长 119%。收益凭证销售10.45 亿元，较 2016 年 1 027 万元大幅增长。

二、投资银行业务

截至 2017 年末，公司 IPO 在审核项目 1 单。2017 年，公司完成财务顾问项目 15 个。公司继续积极开展新三板推荐挂牌及其定向增发业务，完成新三板挂牌 25 家，新三板定向融资 21 次，融资金额人民币 3.65 亿元。2017 年，公司投资银行业务实现营业收入 0.81 亿元，较 2016 年下降 69.07%。

三、投资管理业务

2017 年，投资管理业务实现营业收入 2.91 亿元，较 2016 年增长 53.07%。

1. 资产管理

2017 年公司资管业务为投资人提供多样化的理财产品，其中包括：现金管理类产品、权益类产品、债券类产品、MOM 型产品，发挥了多类型产品的设计能力和投资管理能力，摆脱单一市场的过度依赖。同时在服务实体经济方面，通过产品搭建投资人与融资人之间的投融资桥梁。

2017 年，公司资产管理总规模 210.45 亿元，管理产品 44 只，集合 25 只，定向 17 只，专项 2 只。集合产品规模 67.49 亿元，比 2016 年增长 21.2 亿元，增长 45.82%；定向业务规模 132.53 亿元，比 2016 年增长 69.58 亿元，增长 110.53%，专项资产管理计划 2 只，业务规模 10.43 亿元。

2. 私募基金管理

公司通过中鼎开源开展私募基金管理业务。报告期内中鼎开源严控风险，加强管理，深化与地方政府和先进投资机构合作，推动基金设立，加快原有科创基金运作，支持实体经济发展。报告期内，公司发起设立私募基金 2 只，管理规模共计 52 350 万元。科创基金完成投资 6 单，金额共计 9 800 万元。

3. 股权投资和金融资产投资

公司通过中州蓝海开展股权投资和金融资产投资。报告期内，中州蓝海以当期收益和中长期收益为落脚点，齐抓共管股权投资和金融资产投资，完成股权投资 18 单、委托贷款 1 单、金融产品投资 10 单。

四、境外业务

2017 年，境外业务实现营业收入 2.23 亿元，较 2016 年增长 159.16%。

2017 年，在中国香港地区证券市场日均成交金额较 2016 年同期增长 31.86%、募集资金总额较 2016 年同期增长 18.34%、上市公司新增家数较 2016 年增长 38.1% 的大环境下，中州国际抓住有利的业务发展机遇，建立起了完整的国际业务链，与公司紧密协同，积极探索符合自身发展特征的业务模式和盈利模式。报告期内，中州国际坚持国际化、市场化、专业化的方向不动摇，围绕“平台完善、业务提升、利润倍增”三大目标，持续加强基础平台建设，均衡发展各项主体业务，同步提升合规风控管理，各项业务保持了快速发展势头。截至 2017 年末，经纪业务开户数达到 5 268 户，较上年末增长 24.19%，客户持仓市值达到 83.63 亿港元，股票累计交易额 113.15 亿港元，是 2016 年全年的13.08 倍。依托经纪业务客户增长带来的客户投融资需求，在确保风险可控可测的基础上发展资本中介业务。截至报告期末，孖展融资余额 8.41 亿港元，较上年末增长 195.09%；以固定收益业务为突破口，完成 9 只资管产品的设立，管理客户资产规模大幅提升到 50 亿港元；投行业务承做和储备了一批项目，担任象兴国际香港创业板 IPO 项目的独家保荐人及主承销商，作为联席账簿管理人参与了中原银行香港主板 IPO 项目，作为副牵头经办人参与了山东信托的香港主板 IPO 项目，担任郑州银行优先股项目的全球协调人和锦州银行优先股项目的联席账簿管理人。

地址：河南省郑州市郑东新区商务外环路 10 号
邮编：450018
电话：0371－65585018
邮箱：investor@ ccnew. com
网址：www. ccnew. com

万联证券股份有限公司

万联证券股份有限公司是广州市属全资国有证券公司，于 2001 年 8 月 23 日经中国证监会批准设立，现有注册资本 59.54 亿元。公司总部设在广州市，扎根珠三角，在全国主要省份、直辖市及经济活跃的城市均设立了分支机构，形成了以华南为中心、辐射全国的营业网点布局。

自成立以来，公司秉承“诚信、务实、创新、高效”的经营理念，紧随中国资本市场的步伐不断发展壮大，已成长为集证券发行与承销、证券经纪、投资咨询、财务顾问、资产管理于一体的全牌照证券公司。截至 2017 年 12 月 31 日，本公司（含子公司）共有员工 1 873 人，公司在北京、上海、天津、重庆、广东、湖南、湖北、四川、江西、江苏、浙江、福建、陕西、山东、山西、河南、河北、安徽、辽宁、黑龙江、云南、海南、广西、内蒙古共 24 个省市自治区设立了 69 家证券营业部。近年，在广州市政府及股东单位大力支持下，公司资本实力大幅提升，经营规模持续扩大，托管资产超千亿元，客户数量过百万。在高速发展的同时，公司也将风险控制摆在突出位置，始终坚持合规经营稳健发展。

2017 年度，本公司以“稳健开拓，合规发展”为工作思路，在各股东单位的大力支持下，顺利完成 2017 年度增资扩股工作，为开展 IPO 上市奠定基础。同时，继续加强经纪、投行、固收、资管、做市等业务协同，实现业务快速联动和资源共享，并根据市场状况和公司风险容忍度，适时调整投资类及融资类业务规模，努力实现盈利稳定增长。

2017 年度，本公司股票交易金额在上海证券交易所排名为 51 名（累计 1－12 月），较上年度上升 1 名，深圳证券交易所排名为 50 名（累计 1－12 月），较上年度上升 1 名；债券总承销家数排名第 56 名，较上年度上升 2 名；银行间市场证券公司债券交易量排名 18 名，较上年度上升 17 名，获得“2017 年度银行间本币市场交易 300 强”称号；国债期货交易量与持仓量位居市场前列，获得中国金融期货交易所颁发“2017 年度国债期货最佳进步奖”及“第四届股指期权做市仿真交易大赛”入围奖；客户资产管理总规模排名为 35 名。

展望未来，公司将紧紧围绕广州市区域金融中心建设的战略构想，抓住机遇，凭借“团结、敬业、创新、发展”的企业精神和品牌优势，沿着规范、高效、创新的发展道路大步迈进，把万联建设成一个业务上有特色、行业中有影响、经营管理规范、对股东有较好回报、为广大客户提供优质专业服务的证券公司。

地址：广东省广州市天河区珠江东路 11 号
高德置地广场 F 座 18、19 楼
邮编：510623
电话：020 – 38286588
邮箱：wl-office@ wlzq. com. cn
网址：www. wlzq. com. cn

新时代证券股份有限公司

【公司简介】

新时代证券股份有限公司是一家专业化、全国性的综合类证券公司。公司由资产质量优良、资金实力雄厚的股东出资而成。注册地为北京市，注册资本金为人民币 291 000 万元。截至 2017 年底，公司共设有 6 家分公司，65 家证券营业部，遍及北京、上海、天津、重庆、内蒙古、西藏、河南、河北、山东、山西、江苏、浙江、湖南、湖北、福建、四川、广东等全国 17 个省、自治区和直辖市，形成辐射全国、布局合理的客户服务和经营网络。

经过多年运作，公司秉承稳健与创新相结合、个人绩效与团队精神相统一的宗旨，以先进的组织结构、完备的治理模式、一流的人才队伍、丰富的业务经验，构建了崭新的组织体系、业务运行模式和内控机制，促使各项业务不断取得经营佳绩。截至 2017 年底，公司共有员工 1 544 人。

2017 年，公司累计实现营业收入 203 879. 78 万元，实现营业利润 59 510. 26 万元，实现净利润 40 198. 91 万元。其中，母公司实现营业收入 120 681. 26 万元，实现营业利润 39 924. 54万元，实现净利润 28 063. 30 万元。截止 2017 年 12 月 31 日，公司资产总额为 3 242 154. 70 万元。其中，母公司资产总额为 2 846 473. 86 万元，净资产 941 280. 48 万元，净资本 704 784. 91 万元。

【主营业务发展情况】

一、经纪业务

2017 年，面对监管政策趋严、行业竞争加剧、市场持续震荡调整的多重考验，公司经纪业务条线紧紧围绕新增目标积极拓展各项业务。截至 2017 年末，经纪业务体系各分支机构托管资产（全口径）1 230 亿元；本年新增开户数 42 487 户，期末客户结存数 705 548 户；体系内全年销售金融产品 95 只，实现金融产品销售额 42. 71 亿元；本年信用账户开户数 4 012 户，同比增长 70%，合格信用账户结存数 19 424 户，结存客户数市场占比由 1 月末的 3. 67‰提升至 12 月末的 4. 26‰，提升比例 16. 08%。

2017 年，受市场交易量趋缓及信用业务规模整体缩水影响，公司信用业务发展走势基本与市场保持一致，截至报告期末，公司融资融券余额 36. 33 亿元，股票质押业务存续规模 19. 41 亿元。在信用业务稳步发展的同时，公司不断强化和完善风险管理工作，提高风险预警能力，加强盯市预警风险提示，实现信用业务全年未发生重大风险事件。截至 2017 年末，公司融资融券业务整体维持担保比例为 282. 81%，未出现大额违约情况。

同时，公司持续拓展资产托管业务，已与 21 家信托及资产管理公司、8 家银行建立密切合作关系，实现资源整合及共享。截至报告期末，公司累计已上线综合服务（托管）及外包产品 81 支，存续产品 59 支，存续产品规模 12. 75 亿元；PB 投资管理系统累计上线项目 70 个，存续项目 42 个，存续规模 98. 84 亿元。

2018 年，经纪业务将继续围绕提升代买卖净收入市占率的核心指标，制定有效策略，通过加快推进营销团队和渠道建设、积极推动机构类业务开发、持续推进 APP 功能完善和系统优化、加强跨业务线合作对接等一系列措施，实现提高经纪业务在行业竞争优势的最终目的。

2017 年，公司经纪业务实现营业收入 90 042. 27 万元，比上年同期下降 7. 14%；实现业务成本 39 140. 18 万元，比上年同期下降 7. 31%；实现营业利润 50 902. 10 万元，比上年同期下降 7. 01%。

二、投资银行业务

公司投资银行业务以服务于成长型企业为目标，以专业服务和创新为核心竞争力，坚持“与客户共同成长”的理念，本着为客户负责的态度，以专业的眼光准确判断企业的特质，确保企业以最优的时间和财务成本达到既定的融资目标，致力于实现股权、债权和结构性融资平衡发展，形成全方位的融资和顾问服务平台。

报告期内，投资银行并购与财务顾问业务方面完成联美控股发行股份购买资产项目的发行工作、佳沃股份的权益变动项目，还有新潮能源重组项目已过会，已取得批文，目前处于待发行状态。

债券融资业务方面完成 7 只公募债券，5 只私募公司债券的发行，共计发行规模近 150 亿元，同时担任南方水泥的联席主承销商，如期兑付完毕 14 沪南汇、12 宁吉元、13 洛高新、16 洲际债、12 国创债等 5 只债券，切实督促履行好受托管理义务。

场外市场业务方面新三板新增挂牌家数 43 家，目前在审挂牌申报 6 家，累计实现挂牌家数 149 家。完成定向发行业务 30 笔，目前在审定增 10 家，持续督导 147 家；做市业务发展迅速，累计做市 40 只，其中退出做市 20 只。股转业务加速发展，已经初步建立推荐挂牌、融资、并购重组、做市、督导等全业务链服务体系，成为投资银行业务稳定的收入来源。

2017 年，公司投资银行业务实现营业收入 20 219. 46 万元，比上年同期下降 43. 70%；实现业务成本 17 438. 38 万元，比上年同期下降 32. 70%；实现营业利润 2 781. 09 万元，比上年同期下降 72. 19%。

三、资产管理业务

2017 年，在严监管和去杠杆的大背景下，资产管理业务坚持“稳定收益、长期增值”的理念，稳健经营和发展。

2017 年，资产管理规模方面，得益于渠道的深度开发和维护，取得了一定程度的增长，排名小幅提升。截至 2017 年底，资产管理存续规模 1 799. 69 亿，较 2016 年同期增长 7. 38%。证券业协会规模排名 31/96，较 2016 年同期排名分位数提升 3 个百分点。其中，主动投资产品管理规模 184. 75 亿，产品线丰富，在债券市场大幅下跌、股票市场二八分化的市场行情下，整体录得了良好的投资业绩。

报告期内，公司资产管理业务实现营业收入 9 168. 59 万元，营业利润 4 210. 77 万元，利润总额 1 318. 79 万元。

2017 年，公司资产管理业务实现营业收入 9 198. 43 万元，比上年同期下降 51. 56%；实现业务成本 4 957. 82 万元，比上年同期下降 35. 31%；实现营业利润 4 240. 62 万元，比上年同期下降 62. 55%。

地址：北京市海淀区北三环西路 99 号院 1 号楼
15 层 1501

邮编：100086
电话：010－83561000
客服电话：95399
邮箱：dshbgs@ xsdzq. cn
网址：www. xsdzq. cn

信达证券股份有限公司

【公司简介】

信达证券股份有限公司成立于2007年9月，由中国信达资产管理股份有限公司（简称中国信达）作为主要发起人，联合中海信托股份有限公司和中国中材集团有限公司，在承继中国信达投资银行业务和收购原汉唐证券、辽宁证券的证券类资产基础上设立，注册资本15.11亿元。2011年2月，公司注册资本增至25.687亿元。

信达证券秉承"崇德精业、诚信为本、规范经营、创新发展"的经营理念，以"客户利益至上"为经营原则，以"专业创造价值"为核心价值观，通过服务、产品、技术的创新，为客户提供专业、优质的服务，实现公司与客户的共同发展。

信达证券坚持"以人为本"的用人理念，努力营造"公开、公平、公正"的用人环境，高度重视员工培训和员工职业生涯规划，倾力打造优秀人才脱颖而出的竞争平台，建立和谐共进、充满活力、富于创新的员工文化，为公司的可持续发展提供生生不息的动力。截至2017年12月31日，信达证券签订劳动合同员工共计2 830人，其中主要子公司签订劳动合同员工共计447人。

截至2017年12月31日，公司共有分支机构101家，其中分公司8家，证券营业部93家。公司分支机构覆盖16个省、市，其中北京市分布分公司1家、证券营业部10家，上海市分布分公司1家、证券营业部5家，广东省分布分公司2家（含深圳1家）、证券营业部14家（含深圳4家），辽宁省分布分公司1家、证券营业部34家（含大连1家），浙江省分布分公司1家、证券营业部9家（含宁波1家），福建省分布分公司1家、证券营业部3家，江苏省分布证券营业部5家，四川省分布分公司1家、证券营业部3家，河南省分布证券营业部2家，山东省分布证券营业部2家（含青岛2家），海南、湖南、天津、安徽、河北、山西省分布证券营业部1家。公司各营业网点设施完备、交易品种齐全、服务优质、运作规范。

【主要业务经营概况】

2017年度公司各业务线中，证券经纪业务、投行业务、期货业务收入利润贡献度较大，资产管理业务、固定收益类投资产生一定亏损，影响了公司整体业绩。

一、经纪业务及信用交易业务

截至2017年底，公司经纪业务总客户数约158万户，较2016年底增长7.21%，托管资产约2 168.50亿元，较2016年底增长8.81%（未含限售股市值）。

客户结构调整有成效，新增客户13.08万户，占行业新开客户的0.824%，同比上年（0.571%）增长44%；新增客户资产总额326.65亿元，其中高净值客户占比87%。与银行初步建立起共同营销、收益共享的开发模式，有50%以上的营业网点尝试开展机构客户服务。重建金融产品销售体系，销售金额达到46.27亿元，整体规模已恢复至上年水平。

2017年公司代理买卖证券业务净收入（含席位租赁）市场占比为8.02‰，较上年市场占比8.60‰下降6.74%，排名第34位，较上年后退5位。

截至2017年末公司融资融券余额达到74.98亿元，相比2016年末增长2.71%，市场排名第34位；全年日均余额72.18亿元，市场占比0.771%，较2016年增长2.8%。融资业务利息收入行业排名30位，较上年前进4位。股票质押业务规模67.37亿元，较2016年末增长74%，其中股票质押自有资金出资余额50.34亿元。

2017年经纪业务及信用交易业务实现营业净收入16.98亿元，同比下降10%，其中：佣金净收入及综合业务等收入6.94亿元，同比下降26.4%；利差收入1.95亿元，同比下降21.8%；息费毛收入8.08亿元、同比增加16.5%。

二、投资银行业务

2017年公司投行业务收入水平有所恢复。债券承销金额367.8亿元，承销家数15家，行业排名由2016年的42名上升至23名。公司承销白银有色IPO，在绿色债、央企债等创新产品方面有所突破，完成深圳益田假日广场CMBS、首单金融资产管理公司不良资产ABS等重点项目。

2017年公司承销保荐业务净收入市场占比6.39‰，较上年市场占比3.19‰上升3.2个千分点。承销业务净收入市场排名41位，较上年前进24位。

2017年投资银行事业部实现净收入3.02亿元，同比增加38%，其中：承销保荐业务净收入1.5亿元、财务顾问及其他收入1.53亿元。

三、资产管理业务

2017年，公司资产管理业务在调结构、降杠杆、去通道的背景下，主动管理业务规模增加至567.45亿元，占总管理规模比例达82.41%，相比2016年上升9.35%，其中集合业务规模为155.74亿元，相比上年末增长28.5亿元。压缩通道业务规模89.1亿元。

截至2017年底，公司受托资产管理规模688.53亿元，较年初减少24.02亿元、降幅3.37%，行业排名56位，较上年后退1位。受托客户资产管理业务净收入市场占比0.488%（考核目标2%），行业排名42位，较上年后退11位。

2017年资产管理业务实现管理费等收入1.63亿、投资亏损4.8亿元。

（四）证券投资业务

权益投资取得较高收益，其中定增业务表现亮丽，收益率达50.30%。2017年公司权益类投资业务实现投资收益1.37亿元，投资收益率约为11.88%（不含定增业务）。

2017年公司固定收益类投资业务实现投资收益－0.45亿元，投资收益率－1.86%。

（五）场外市场业务

截至2017年底，公司三板挂牌企业达到51家，全年新增3家。做市业务大幅跑赢市场，在全年做市指数下跌10.65%的情况下，公司做市标的新增37家。

2017年，公司场外市场业务实现营业收入6 321万元，其中财务顾问等手续费净收入976万元，做市业务实现投资收益5 345万元（其中浮盈2 737万），投资收益率达20.62%。

地址：北京市西城区闹市口大街9号院1号楼
邮编：100031
电话：95321
邮箱：zbms@ cindasc. com
网址：http://www. cindasc. com/

招商证券股份有限公司

招商证券股份有限公司(简称"招商证券")是具有百年历史的招商局集团旗下的证券公司,传承了招商局集团长期积淀的创新精神、市场化管理理念、国际化运营模式及稳健经营的风格,经过二十余年的发展,已成为国内拥有证券市场业务全牌照的一流券商。2017 年 5 月 17 日,公司完成注册资本变更,注册资本增加至 6 699 409 329 元。

招商证券于 2009 年 11 月首次公开发行 A 股并在上交所主板上市(代码 600999),于 2016 年 10 月首次公开发行 H 股并在港交所主板上市(代码 06099)。截至目前,招商证券已成为上证 50、中证 100、上证 180、沪深 300、新华富时中国 A50、恒生 A 股 100 强指数(HSCAT100)、恒生深港指数系列(SZHKI)、恒生 A 股可持续发展企业基准指数等多个指数的成分股。

招商证券具有稳定持续的盈利能力、科学合理的风险管理架构、全面专业的服务能力。拥有多层次客户服务渠道,截至 2017 年底,在国内设有 243 家证券营业部,拥有 5 家一级全资子公司——招商证券国际有限公司、招商期货有限公司、招商证券资产管理有限公司、招商致远资本投资有限公司、招商证券投资有限公司;参股博时基金管理公司、招商基金管理公司。同时,以香港公司为国际化平台,在英国、新加坡、韩国设立子公司,构建起国内、国际业务一体化的综合证券服务平台。

2017 年,招商证券市场地位进一步提升,多项指标排名创历史最优排名。公司沪深股基交易量市场份额排名第 7,提升 1 名;股票承销金额排名第 7,提升 4 名;债券主承销金额排名第 2,提升 2 名;资产支持证券承销金额排名第 2;2017 年末,融资融券余额排名第 6,提升 1 名;股票质押待购回初始交易金额排名 5,提升 2 名;受托管理资金规模达 7 694.81 亿份,排名第 5,提升 3 名;新财富本土最佳研究团队排名保持第 6;2017 年上半年,公募基金佣金分盘排名第 2。

2017 年是招商证券"赶超战略"的收官之年,公司保持战略定力,紧扣"拓展收入、提升能力、稳中求进、努力赶超"的经营方针,苦练内功、提升能力、提质增效,实现了"跑赢大市、优于同业",多项指标排名创历史最佳,为三年赶超战略画上了圆满的句号。一是核心经营指标跑赢大市,公司营业收入和净利润分别达 133.53 亿元和 57.86 亿元,营业收入与净利润排名双双进位;二是在异常激烈的竞争环境下,公司各业务条线全力争先进位,并在主券商、托管外包、债券承销、并购重组等一批具有战略性发展前景的业务领域保持或建立起领先优势;三是公司资产质量始终保持良好,流动性风险、信用风险等主要风险指标均符合监管规定及董事会要求。2017 年,公司成为行业分类评级中仅有的两家十年蝉联"AA"最高评级的证券公司之一,在行业内树立了依法合规、稳健经营的良好形象。

招商证券致力于"全面提升核心竞争力,打造中国最佳投资银行"。我们将以卓越的金融服务实现客户价值增长,推动证券行业进步,立志打造产品丰富、服务一流、能力突出、品牌卓越的国际化金融机构,成为客户信赖、社会尊重、股东满意、员工自豪的优秀企业。

【公司核心竞争力】

一、中国领先的现代投资银行和卓越的创新能力

公司具有全功能的业务平台,业务结构均衡,综合实力位居行业前列,营收和资产规模连续多年排名行业前十。公司是 2004 年最早获得创新试点资格的证券公司之一,长期将创新领先作为重要的战略导向,不断发掘和拓展新型产品与服务,在主券商、托管外包、并购重组、资产证券化、跨境投行服务、环球商品等多个业务领域建立起领先的市场地位。

2017 年,公司率先获得银行间市场信用风险缓释工具核心交易商资格等多项新业务资格;相继获得豆粕期权和白糖期权做市资格,是国内唯一一家全资格期权做市商。公司自主研发能力突出,自主研发出企业级的应用开发框架——xFrameworks,涵盖可视化开发平台、统一接入平台、微服务业务中间件及统一后台业务开发框架;建成并投入运营总部数据中心,该数据中心严格按照国家最高等级、A 级标准建设,关键指标达到了国际 Uptime Tier IV 的最高等级。

二、机构投资者首选的主经纪商,拥有卓越的机构客户服务能力

公司是众多国内著名专业机构投资者的首选主经纪商。公司在证券行业内率先开展主券商业务,为机构投资者提供一站式服务,是首家获得批准开展私募基金综合托管服务的证券公司,亦是首批建立主券商交易系统的证券公司之一,同时也是为机构投资者提供融券服务和 OTC 产品的领先供货商。公司为机构客户打造出业内领先的托管综合金融服务平台 xTradeMaster。

截至 2017 年末,公司所托管的已备案私募投资基金数量达到 9 490 只,较上年末增长 58.06%;托管产品支数在证券行业内的占比达 26.89%,位居行业第一;托管与外包综合服务资产规模为 20 788.61 亿元(含资管子公司产品 7 793.88 亿元),同比增长 23.58%。报告期内,公司拓展了公募基金托管客户 7 家,年末公募基金托管家数排名位居行业第 1;协会备案私募基金托管家数排名第 1。

三、差异化及多元化的财富管理服务能力和战略性的业务网络布局

公司大力推动经纪业务从传统证券经纪向财富管理业务模式转型。基于客户不同的资产规模及投资需求,公司提供差异化及多元化的服务,不断提升融资融券等资本中介业务在富裕和高净值客户中的覆盖率,满足客户个性化、定制化与多元化的财富管理服务需求。

公司稳健扩大营业部的地域覆盖。截至报告期末,公司拥有 243 家营业部,其中位于珠三角、长三角和环渤海等发达富裕地区的证券营业部数量占 62.14%,其中北京、上海和深圳合计占 30.45%。

四、全方位的投资银行业务平台,一流的企业客户综合服务能力

公司致力于打造全方位、跨境的投资银行业务平台,满足企业客户全生命周期的各类需求,包括上市前融资、股票承销和保荐、债券承销、场外挂牌以及财务顾问服务等。同时,公司重点打造包括 TMT、健康医疗、金融服务、基建及房地产、农业与食品饮料以及能源与交通运输等六大行业的专业服务能力和竞争力。

2017 年,公司股票、债券主承销总金额行业排名进入前 3,跻身行业领先的第一梯队;已披露的并购重组财务顾问交易家数排名行业第 5,连续三年获得证券业协会并购重组专业评价的最高级 A 类评级;2018 年 1 月独家承销普洛斯洛华发行的"一带一路"公司债,成为中国市场上首单获批冠名的"一带一路"公募熊猫债;香港市场 IPO 承销金额在中资券商

中位列第 2,全市场排名第 3;完成郑煤机并购德国博世集团旗下著名电机企业 SG Holding 100% 股权项目,郑煤机是国内煤炭综采液压支架行业的龙头,SG Holding 是全球领先的乘用车和商用车起动机、发电机的一级供应商,本次收购项目的完成标志着公司助力中国优质企业海外并购迈出了重要的一步。

五、高度协同的业务模式和强大的交叉销售能力

公司已搭建起有效的内部协同与服务体系,包括委员会运作模式、项目团队制以及对内部协同的认定、评估及激励等机制。通过相对完整的"协同贡献"计量与考核机制,系统记录协同贡献,发挥各业务条线间的协同效应,促进各业务条线及境内外的合作与交叉销售,通过全功能的业务平台为客户提供全方位、一站式的综合金融理财服务。

六、审慎、主动和全面的风险管理和内部控制

审慎的风险管理文化、有效的风险管理架构、领先的风险量化指标体系、全面覆盖的风险管理工具,是现代投资银行不可或缺的要素,也是保障公司持续增长的基础。公司拥有领先的跨市场、跨业务的全球市场风险管理体系,进行 VaR 测算、压力测试和敏感性分析;建立了实现各类业务及客户信息集中管理的信用风险管理体系,以及内部信用评级工具和担保品折算率分级模型;运用操作风险与控制自我评估、操作风险事件与损失数据收集等管理工具,建立全覆盖的操作风险管理体系,保障业务在风险可知、可测、可控、可承受的前提下实现稳健增长和效益最大化。报告期内,公司再次获得证监会证券公司分类评级 AA 级,成为连续 10 年获得 AA 级的两家券商之一。

七、招商局集团的核心金融服务平台,受益于"招商"的百年品牌与独特的业务资源

招商局集团是公司的实际控制人,作为一家由国务院国资委直接管理的大型央企,招商局集团的业务主要集中于交通、金融、房地产等三大核心产业。证券业务是招商局集团金融板块的核心业务之一,受益于此核心地位,公司获得了竞争对手难以企及的客户资源和业务机会,尤其是在能深入参与招商局集团内"一带一路""产融结合"和"融融结合"等诸多新业务机会方面,公司具有得天独厚的优势,并藉此成功地增强公司的品牌效应和市场地位。

2017 年,公司完成了多个"产融结合"、"融融结合"的项目。其中,包括招商银行非公开发行 275 亿元优先股项目、招商公路换股吸收合并华北高速公路项目。

八、具有前瞻性和国际化视野的管理层以及专业的员工团队

公司的高级管理团队拥有丰富的金融机构管理经验,具有国际化视野并富有远见。公司的中层管理团队拥有多年的证券行业从业经验,拥有出色的执行能力。公司建立了"战略规划、绩效管理、奖金发放和干部任免"相结合的"四位一体"的战略管理体系,将员工利益与业务战略紧密相连;公司提供具有市场竞争力的薪酬机制和职业发展路径,以此激励和吸引人才,不断增强公司的竞争力。

地址:广东省深圳市福田区益田路江苏大厦 38 - 45 层
邮编:518026
电话:0755 - 26951111
邮箱:sbox@ cmschina. com. cn
网址:www. cmschina. com

中山证券有限责任公司

【公司简介】

中山证券有限责任公司,成立于 1992 年,总部位于深圳,注册资本 17 亿元,是一家全牌照的综合类证券公司,拥有投资银行、零售业务、资产管理、固定收益、证券投资等完整业务体系。中山证券控股上海大陆期货有限公司、深圳锦弘和富投资管理有限公司;参股益民基金管理有限公司、世纪证券有限责任公司。2017 年 9 月 22 日,公司完成增资扩股工作,注册资本由 13.55 亿元增加至 17 亿元。

公司经营范围:证券经纪;证券投资咨询;与证券交易、证券投资活动有关的财务顾问;证券承销与保荐;证券自营;证券资产管理;融资融券;证券投资基金代销;为期货公司提供中间介绍业务;代销金融产品。

一直以来,中山证券始终坚持以客户为中心,坚持"以奋斗者为本、以创造者为尊"的核心价值观,秉承"诚信、专业、协同、稳健"的经营理念,充分发挥综合金融服务优势,在服务实体经济、促进多层次资本市场稳健发展等方面贡献自身力量。

2017 年,公司实现营收 10.37 亿元,同比略微增长;实现净利润 1.37 亿元,同比减少 60.95%。截至 2017 年底,公司有员工 1 156 人;共设有 3 家分公司和 80 家证券营业部;公司资产总额 292.44 亿元,同比增长 34.22%;所有者权益总额 51.12 亿元,同比增加 28.57%。

【主营业务经营概况】

1. 投资银行业务

中山证券投资银行业务立足长三角、珠三角及部分内地新兴城市,在深圳、北京、上海、武汉、南京、苏州等地设立了服务机构,提供 IPO、再融资、债券承销发行、资产证券化、收购兼并、新三板推荐挂牌并融资、财务顾问等全价值链服务。公司投行团队汇集金融、法律、财务、投资等领域的优秀专业人士,具备出色的承做、销售及风险控制能力,致力于为客户提供专业、高效的投资银行服务。

中山证券投资银行业务客户涉及电子及信息技术、环保、新能源、通用设备制造、生物医药、房地产、基础设施建设等产业领域。公司成功保荐承销上海中信信息发展股份有限公司首次公开发行上市项目;成功完成积成电子非公开发行股票项目;作为主承销商或联席主承销商承销了金科股份、中南建设、红星美凯龙、涪陵国投、物美控股、复星集团等逾百只公司债券以及武安国资、开乾集团、普定夜郎国投等企业债,累计发行规模近 2 000 亿元;作为主办券商,成功推荐 90 余家企业在股转系统挂牌,累计为挂牌企业提供融资服务 90 余次,募集资金金额约 30 亿元。

近年来,中山证券投资银行业务中债券发行承销业务表现亮眼:在券商公司债券承销业务排行榜中,中山证券 2015 年承销金额位列全国第 6,承销债券只数排名第 2,2016 年承销金额和承销只数均位列全国第 8,独家主承销总数量位列全国第 4,2017 年承销金额位列全国第 10,为连续三年承销金额排名前十的券商。

中山证券投资银行业务的快速发展,尤其是债券业务的连年优异表现获得了业界及市场的认可,中山证券继荣获新财富第十届最佳投行评选"进步最快投行奖""2017 中国区突破债券投行君鼎奖""2017 中国区十大创新投行项目君鼎奖""2017 债券承销先锋投行"等奖项后,2018

年荣获“2018 中国区新锐投行君鼎奖”“2018 中国区十家交易所债券投行”“2018 中国区十大创新项目君鼎奖”三个奖项。

中山证券做市业务于 2014 年 8 月正式开展，是全国股转系统首批开展做市业务的做市商，投资涉及的地区广泛，行业众多。截止 2017 年底，中山证券共有做市企业 176 家，数量排名行业第 10，做市交易量行业排名前十。中山证券做市业务近年来得到了专业机构的广泛认可，在强调自身发展的同时，注重与友商及其他投资研究机构间的良好互动，在此基础上与同行建立了友好合作关系。2016 年荣获“中国区股转系统最佳做市商”称号，2017 年荣获“2017 中国区新三板做市商君鼎奖”、“2017 年创新层十大做市商”等荣誉。

2. 零售业务

中山证券零售业务服务客户 26 载，具有丰富的客服经验和完善的业务体系，拥有近百家线下分支机构，分布于北京、上海、深圳、广州等一线城市及其他活力城市，覆盖了珠三角、长三角及环渤海等经济圈。

中山证券零售业务以打造新型财富管理模式为突破口，积极开展代理沪深上市证券买卖、股份转让系统挂牌证券、港股通、期权、期货 IB 及为机构投资者所打造的专业化交易生态链、产品设计与发行服务等经纪业务；融资融券、股票质押等信用业务；投资顾问、金融产品销售、中间介绍、资本中介项目承揽以及其他差异化和高附加值的综合理财及投融资服务。

中山证券零售业务目前已建立起安全、高效、功能全面的运营与管理体系，形成以客户为中心，集开户、交易、咨询、理财顾问、定制于一体的综合金融服务平台。通过遍布全国的营业网点、互联网络、手机证券 APP、95329 客服热线等多种渠道为客户提供高效便捷的金融服务。

同时，中山证券充分发挥金融科技力量，提升零售业务效率，优化客户体验，实现线上线下协同发展，积极打造 O2O 新型零售业务发展模式。基于在互联网金融业务的探索与成绩，中山证券先后荣获“中国最受欢迎互联网金融产品奖”“金互联卓越 e 券商”“券商中国 2016 最贴心互联网券商”“券商中国 2017 年轻用户最喜爱的券商 APP”“券商中国 2017 最朗朗上口的 APP 名”等荣誉。

3. 资产管理业务

中山证券资产管理业务类型包括集合、定向及专项资产管理业务，针对不同客户在投资收益、风险承受能力和流动性等方面的不同需求，为客户提供相匹配的专业投资管理服务。

中山证券资产管理业务以主动投资管理为发展方向，积极引进和培育专业的资产管理团队，覆盖固定收益类、权益类、定向增发和资产证券化等业务产品线，建立科学有效的市场研究、投资决策和风险控制管理体系。截至 2017 年底，中山证券资产管理业务总规模 1 245 亿元，主动管理月均规模 683 亿元。

中山证券先后获得“中国券商‘金方向’奖”最佳资产管理部门奖、“中国最具成长性资产管理券商奖”等荣誉。

4. 固定收益业务

中山证券固定收益业务秉持稳健灵活的投资理念，依托合理高效的投资决策体系，以投资、研究、交易三位一体的专业化团队，开展债券自营交易、销售交易、债券承销等业务，形成了固定收益类完整业务链，始终坚持低风险、稳定收益、可持续增长的经营理念，为公司提供持续稳定的资本回报。

近年来，中山证券固定收益业务的市场参与度和影响力持续提升，2017 年度本币市场交易量约 1.2 万亿。中山证券连续多年在国开、农发金融债的券商承销团中排名靠前，被中央国债登记结算有限责任公司评为“年度中国债券市场非银行类优秀承销商”。

中山证券持续规范运营所形成的市场信用得到业内机构普遍认可，同银行、信托、保险等近百家金融机构建立了稳定的合作关系，业务拓展的广度和深度不断提高。

5. 证券投资业务

中山证券证券投资业务一直专注于以价值投资为核心的投资理念，以实现绝对超额收益为目标。通过构建投研一体化的投研队伍，凭借业内领先的人才、技术和经验优势，打造以权益投资为主的投资体系，依托严谨完善的决策体系和科学高效的管理体制，历年业绩位于同业前列，多年持续获得稳健收益。

现阶段，中山证券正积极稳健推进私募投资管理、另类投资等业务的发展，努力构建多元化业务发展格局。

中山证券始终将支持创新驱动产业发展、助力供给侧改革、促进实体经济转型升级作为公司各项业务的出发点和落脚点，未来，我们将进一步凭借全面有效的合规风控体系、日臻完善的金融科技平台，不断提升资源配置能力，努力将中山证券打造成为一家科技型、研究型的现代投资银行。

地址：广东省深圳市南山区科技中一路西华强
高新发展大楼 7 层、8 层
邮编：518057
电话：0755 - 82943755
邮箱：jjywb@ zszq. com
网址：www. zszq. com

中邮证券有限责任公司

【公司简介】

中邮证券有限责任公司于 2002 年 9 月经中国证监会批准设立，公司注册资本 40.6 亿元人民币，是中国邮政集团公司绝对控股的证券类金融子公司。

中邮证券的经营范围包括证券经纪、证券投资咨询、证券投资基金销售、融资融券、代销金融产品、证券资产管理、证券承销与保荐、证券自营和与证券交易、证券投资活动有关的财务顾问等。截至 2017 底，公司共设有分公司 19 家，证券营业部 11 家，其中陕西地区分布证券营业部 7 家，北京、四川、福建、江苏地区各设有证券营业部 1 家。公司各分支机构设施完备、交易品种齐全、服务优质、运作规范。

中邮证券紧紧依托中国邮政集团公司雄厚的实力，坚持诚信经营，践行普惠服务，为社会大众提供全方位专业化的证券投、融资服务，帮助客户实现价值增长，努力成为客户认同、社会尊重、股东满意、员工自豪的优秀企业。

2017 年，中邮证券在董事会和管理层的正确领导下，在全体干部员工共同努力下，始终坚持稳中求进的总基调，凝聚共识、砥砺奋进，在推进邮政特色证券事业的道路上，取得了阶段性成果，实现了平稳健康发展。

2017 年，公司实现收入 3.61 亿元，同比增加 26.81%；实现利润总额 1.12 亿元，同比降低 7.15%。截至 2017 年 12 月

31 日,公司总资产 72.88 亿元,较年初增加 24.92 亿元;净资产 45.53 亿元,较年初增长 20.74 亿元。

【主营业务经营概况】

1. 经纪业务

2017 年,公司经纪业务努力克服市场行情低迷、市场规模持续萎缩、投资者信心不足的不利因素,按照经纪业务发展规划,厚植邮政,合规经营,并不断解放思想,分层、分步稳步构建以客户账户为"一体"、以财富管理和金融产品为"两翼"的业务体系,打造邮政特色的经纪业务"一体两翼"发展新模式。分支机构建设有序推进,2017 年新设 3 家分公司,新设 3 家营业部,分支机构总数达到 29 家。成功举办 2017 年及中期投资策略报告会,获得了广大投资者的好评。组织开展"智赢杯"投顾大赛,全面提升投顾人员专业素质和客户服务能力。

2017 年,经纪业务实现收入 7 413 万元;客户资产达到 259.9 亿元,较年初增长 22 亿元;销售金融产品 25.8 亿元,同比增长 1171%,创公司总量和单只产品销售纪录。

2. 资产管理业务

2017 年,公司资管业务为应对经济环境和市场状况的变化,积极向主动管理方向转型,力求进行多元化发展,逐步回归资产管理的本源。资产管理分公司不断加大业务骨干引进力度,主动管理产品投研能力显著提升;强化业务协同,充分发挥券商资管业务链条优势,股东资源合作拓展力度不断增强;加强产品创新能力,新业务空间不断拓宽;注重合规经营,加强风险管控力度,制度体系建设不断完善。

2017 年,资管业务实现收入 1.32 亿元,同比增长 16.8%。资管业务总规模达到 1 401 亿元,主动管理规模 431 亿元,持续保持在行业中上游。市场化产品达到 18 支,实现收入 3 989 万元,同比增长 106.9%,占总收入的 29.8%;与多家银行建立合作,积累了一批优质项目和股权质押客户,进一步打开了市场化发展空间。

3. 自营业务

2017 年,公司自营业务严格按照董事会和公司总经理办公会授权,采取了稳健的投资策略,由于在板块轮动行情中投资难度加大。债券投资以中高评级配置为主,根据市场情况择机进行利率债波段操作及可转债投资,在熊市中实现了较好收益。

2017 年,自营业务实现收入 5 785 万元,同比增长 280.59%。

4. 信用交易业务

2017 年,公司融资融券业务股票质押式回购交易业务正式落地,报告期内共有 6 家分公司进行了 14 笔交易。机构两融业务实现突破,融资规模达到 1.9 亿元,业务交易量大幅提升。公司加强分支机构建设,对相关业务形成支撑,融资融券业务收入在经纪业务收入中占比较 2016 年有所提升。同时,风险管控扎实有效,全年无未了结风险事项,有效维护了客户利益和公司资金安全。

2017 年,信用交易业务实现收入 7 497 万元,同比增长 12.72%;融资余额达到 8.3 亿元,同比增长 53.6%。股票质押回购业务实现突破,融资余额 8.57 亿元。

5. 投资银行业务

2017 年,公司投资银行业务跟进和推动项目 45 个,涵盖债券发行、资产重组、新三板挂牌、IPO 等,其中 IPO 承揽、承做实现突破。投行业务实现收入 1 020 万元,同比增长 8.74%。

地址:陕西省西安市唐延路 5 号

(陕西邮政信息大厦 9 - 11 层)

邮编:710075

电话:400 - 888 - 8005

网址:www.cnpsec.com

山西证券股份有限公司

【公司简介】

山西证券股份有限公司最早成立于 1988 年 7 月,是全国首批证券公司之一,属国有控股性质。经过二十多年的发展,已成为作风稳健、经营稳定、管理规范、业绩良好的创新类证券公司。2010 年 9 月,公司上市首发申请获中国证监会发审委审核通过,11 月 15 日正式在深圳证券交易所挂牌上市,股票代码 002500,注册资本 28.2873 亿元。

公司股东资金实力雄厚,经营风格稳健,资产质量优良,盈利能力良好,其构成集中体现了多种优质资源、多家优势企业的强强联合。公司控股股东为山西金融投资控股集团有限公司。

经过近三十年的发展,山西证券的经营范围基本涵盖了所有的证券领域,分布于财富管理、资产管理、投资管理、投融资、研究、期货、国际业务等板块,具体包括:证券经纪;证券自营;证券资产管理;证券投资咨询;与证券交易、证券投资活动有关的财务顾问;证券投资基金代销;为期货公司提供中间介绍业务;融资融券;代销金融产品等。同时,公司具备公开募集证券投资基金管理业务资格,并获批开展债券质押式报价回购交易、股票质押式回购交易、约定购回式证券交易、转融通、上市公司股权激励行权融资、直接投资、柜台市场等业务。

公司控股中德证券有限责任公司,从事股票和债券的承销与保荐;全资控股格林大华期货有限公司,从事商品期货经纪、金融期货及期货投资咨询业务;全资控股山证国际金融控股有限公司,从事全面优质的经纪及零售证券、期货、投资理财、财富管理、投资移民等金融产品及服务;全资子公司龙华启富投资有限责任公司,从事投资管理、项目投资、财务顾问、经纪信息咨询等直接投资与管理业务。

截至 2017 年底,公司共设有分公司 15 家,其中山西省内 12 家,上海 2 家,北京 1 家。证券营业部 108 家,其中山西省内 57 家,上海 4 家,北京 3 家、深圳 2 家,绍兴 2 家,南京 2 家,石家庄 2 家,西安、宁波、重庆、济南、淄博、济宁、天津、福州、武汉、金华、江门鹤山、大连、无锡、焦作、濮阳、南宁、广安、常德、沧州、保定、沈阳、大连、哈尔滨、永州、长沙、章丘、德州、柳州、海口、阿拉尔、诸暨、昆明、烟台、东营、杭州、成都各 1 家,形成了以国内主要城市为前沿,重点城市为中心,覆盖山西、面向全国的业务发展框架,为近 120 万客户提供全面、优质的综合金融专业服务。

2017 年,公司通过优化业务架构、强化风险管理、完善管理机制等措施,不断深化改革创新,加快转型进程,各项业务稳步推进,收入结构更趋优化。具体来看,财富管理业务持续推进组织建设、品牌建设及投顾建设,进一步加强客户适当性管理,服务能力显著提升,客户数量和客户资产规模稳定增长。自营业务结构不断优化,贸易金融业务开局良好,固定收益类投资业务成为新的利润增长点。资产管理业务引进资产证券化、固定收益等专业团队,业务覆盖更加全面。投行业务品牌影响力进一步扩大,盈利稳定。期货业务盈利能力明显改善。各业务协同能力加强,服务实体经济效果显现。

2017 年,公司实现营业收入 43.93 亿元,同比增长 87.28% ,实现归属于母公司股东的净利润 4.09 亿元,同比下降 12.57% ,实现每股收益 0.14 元。截至期末,公司总资产规模 516.51 亿元,同比增长 7.48% ,净资产 132.64 亿元,同比增长 1.79% 。

未来的山西证券将秉承“诚信、稳健、规范、创新、高效”的经营理念,“以义制利、协作包容、追求卓越”的核心价值观,以“专业服务创造价值”为使命,坚持“让投资更明白”的服务理念,培育务实高效、恪尽职守的工作作风,营造和谐宽松、风清气正的公司氛围,坚定公司发展过程中差异化、专业化、市场化、集约化的战略原则,打造公司与客户共同发展的平台,努力把公司建设成为有特色、有品牌、有竞争力的一流券商。

【公司核心竞争优势】

(一)公司“十三五”战略稳步推进,转型布局成效初现

公司“十三五”战略规划围绕“以义制利、协作包容、追求卓越”的核心价值观,力争成为有特色、有品牌、有竞争力、综合实力领先的中型券商。清晰的发展战略,为公司可持续发展绘就宏伟蓝图,成为公司上下为实现新的发展目标共同奋斗的行动纲领。

2017 年,公司紧密围绕“十三五”战略规划确立的实施路径,从顶层设计、管理机制、机构设置、团队建设、财务结构等多方面进行了全方位优化,使得业务布局更为合理,服务质量大幅提高,经营更趋稳健,为实现公司战略目标打好基础。

(二)资格储备日趋完备

公司始终坚持稳健的经营策略,在坚守合规底线的前提下,不断完善业务布局,资格储备日趋完备。此外,公司四家子公司分别从事投资银行业务、期货业务、私募股权投资业务、国际业务。公司业务已基本覆盖所有证券领域,能够为客户提供多样化的综合金融服务。

报告期内,公司成立贸易金融部,为公司一级部门,开展货币与商品市场业务,取得了上海票据交易所会员资格;子公司山证国际新设山证国际投资管理有限公司及汇通商品有限公司,分别开展自有资金投资业务和商品贸易业务,取得了第 6 类(就机构融资提供意见)牌照、放债人牌照、QFII 资格和债券通境外机构资格。

(三)聚焦实体经济,展现区域优势

公司是山西省内唯一综合类上市证券公司,多年来深耕山西市场,注重与地方政策、经济、民生相融合,业务网络延伸度较广,在省内积累了丰富的机构和零售客户资源,特别在经纪业务、投行业务等方面拥有较强的地域与品牌优势。随着山西省国家资源型经济转型综合配套改革试验区建设的快速推进,供给侧结构性改革、国资国企改革、金融创新体制机制改革步伐的加快,公司在服务实体经济上始终保持高的站位意识,未来将继续深耕山西市场,提升服务能力,开拓新的业务领域。

(四)稳健发展,不断健全风控机制和合规体系

多年来,公司始终坚持审慎稳健的经营风格,将培育内部合规文化,持续提高风险管理能力作为打造公司核心竞争力的基础性工作。

报告期内,公司不断提高对金融环境和监管形势的研判能力,持续加强内控管理。公司注重创新业务的风险管控和合规监督,有效控制运营风险。公司持续优化全面风险管理体系,完善相关制度,从客户、业务和风险类型入手,持续完善和优化风险治理架构;从风险识别、度量和管理三个维度构建系统科学的治理体系;持续优化风险管理的激励、问责和考核机制;持续完善全面风险管理信息技术系统,借助新技术提升主动风险管理能力;持续加强客户适当性管理,高度重视投资者和利益相关主体的诉求。

(五)股东实力雄厚,协同效应助力公司发展

公司控股股东山西金控是集银行、证券、保险、基金、信托等金融业态为一体的省属全牌照金融控股集团,定位于山西国有金融资本投资平台,通过开展投资控股、产业培育、资本整合,推动山西省金融产业集聚发展,助力山西经济结构调整和转型升级。作为山西金控旗下子公司之一,报告期内,公司能够与其他子公司开展高效的内部联动合作,通过协同机制,为政府类客户、大型企业集团和中小企业客户提供一揽子综合金融服务解决方案。

(六)经营稳中向好,结构持续优化

2017 年,公司在“稳中求进”的工作总基调下,聚焦对标指标和关键因素,坚定不移地推进业务转型,提升综合竞争力。子公司中德证券投行业务地位和品牌影响力持续提升,在合资券商中竞争优势继续巩固,盈利进入平台期。据 wind 统计,2017 年,中德证券 IPO 承销金额排名提升 13 名,公司债和企业债承销金额排名提升 4 名,在合资券商中综合竞争能力继续保持前两名。公司固定收益投资业务客户覆盖率不断提升,交易更为活跃,盈利模式明晰,成为公司新的利润增长点,全年债券交割量在证券公司中排名第 4 位,较 2016 年提高 20 名,荣获中国外汇交易中心暨全国银行间同业拆借中心“2017 年度银行间债券市场活跃交易商”。贸易金融业务初步构建了票据、商品货币、衍生品三个业务线,成为上海票据交易所首批券商会员单位之一,获得票交所“优秀非银行类交易商”称号。公司设立上海资产管理分公司,引进资产证券化、固定收益等专业团队,构建了权益类、固收类、资产证券化并行的业务架构,资管产品进一步丰富。

地址:山西省太原市府西街 69 号山西国际贸易中心东塔楼
邮编:030002
电话:0351 - 8686668
邮箱:sxzq@ i618. com. cn
网址:http://www. sxzq. com

上海证券有限责任公司

【公司简介】

上海证券有限责任公司成立于 2001 年 5 月,目前系由国泰君安证券股份有限公司、上海国际集团有限公司和上海上国投资产管理有限公司投资控股的综合类证券公司。公司注册资本 26.1 亿元。

截至 2017 年末,公司拥有期货子公司 1 家、分公司 3 家以及营业网点 74 家,形成以上海为中心,以长三角、珠三角和京津冀经济圈为主体的经营网络。公司业务范围涵盖场内、场外市场,能为广大投资者提供证券经纪、财富管理、投资咨询等全方位的综合金融服务。

公司成立以来,始终秉承“诚信、专业、创新、务实”的核心价值观,坚持效益、质量、规模、结构协调发展,积极探索金融创新,努力打造“上海证券”经营品牌,资产规模持续扩大,经营实力不断增强,取得了显著的社会效益和经济效益。

截至 2017 年 12 月 31 日,公司总资产为 301.11 亿元,比上年增加 8.49% ;公司净资产 100.11 亿元,比上年减少

0.59%；净资本 105.33 亿元，比上年增加 14.77%；净资本与净资产比率为 105.21%。公司资产质量优良，各项风险控制指标符合监管要求。

展望未来，公司将按照“综合化经营、差异化竞争”的战略，立足普惠金融，以最佳产品和服务为指引，加大互联网金融实践，提升客户体验，竭力为广大投资者提供更新更好的金融服务。

【主要业务概况】

（一）经纪业务

2017 年，公司经纪业务线坚持优化结构、强化管理、提升能力的总体要求，继续深化业务转型发展。加大市场拓展和客户资产集聚力度，客户和资产增幅好于市场水平。加强佣金管理，佣金降幅低于行业平均水平。坚持发展多元化创新业务，私募机构、股票质押和产品销售等指标均好于年度经营目标。完善重点区域网点布局，完成 1 家分公司和 8 家营业部新设工作。继续推进分支机构市场化改革，加强经营协同推动工作机制。强化合规风控，顺利完成投资者适当性、合规管理、全面风险管理等监管制度的落实工作。

（二）证券投资业务

2017 年，公司证券投资部门以实现较为稳定的投资收益为目标，把有效控制风险放在首要位置，不断优化调整投资策略，积极应对市场结构分化。加强团队建设和市场化管理，努力构建多元化的业务收入模式。深入挖掘具有长期投资价值的标的，稳健开展债券和产品投资配置，有效优化持仓结构，把握结构性投资机会，稳定和提高了对公司收入利润的贡献。

（三）资产管理业务

2017 年，公司资产管理部门积极应对从紧的监管环境和持续调整的债券市场环境，坚持主动管理和固定收益为主的发展定位，加强市场开拓力度，加快新产品设计开发，保持了产品运作、主动管理规模的基本稳定。积极落实监管新规，强化合规风控和运营管理，平稳完成了多个产品的整改和清算工作。

（四）信用业务

2017 年，公司信用业务面对去杠杆、防风险和结构显著分化的市场环境，加强市场拓展和客户服务，严格控制业务风险，保持了信用业务平稳较快发展。加强精细管理，采取灵活的个性化利率政策，支持分支机构维护核心客户和新设营业部发展。加强总分协同，做好业务培训和业务推广，严格开展尽职调查和贷中管理，积极稳妥推动了股票质押业务快速发展。

（五）场外市场业务

2017 年，公司场外市场业务在新三板市场持续降温和监管趋严的大环境下，坚持质量优先，保持了场外市场业务平稳发展。全年新增挂牌企业 11 家，完成挂牌企业股票发行 25 次，挂牌企业中有 11 家进入股转系统创新层名单。做市企业家数达 209 家，做市数量、成交量、成交金额等指标保持了行业前列。执业质量在主办券商执业质量评价中获评“第一档”。

（六）固定收益业务

2017 年，公司固定收益部门全年新签主承销项目 4 个，完成 4 个项目发行。积极配合公司对外融资和流动性管理工作，支持了公司业务发展。

（七）创新业务

2017 年，公司加强移动金融平台建设，完成指 e 通 3.0 升级，推进掌厅和“WIFI + 营业部”功能优化，实现智能客服一期上线。获得券商中国 2017 优秀 APP 评选“优秀运营案例奖”、财经杂志“2017 最具智慧证券运营品牌奖”、“WIFI + 营业厅”项目获得了上海市人民政府颁发的“上海金融创新奖”三等奖。

2017 年，公司创新发展部门扎实做好基金评价基础研究，加大对外机构客户服务拓展力度。做好媒体合作，拓展了蚂蚁金服发布平台，丰富了研究成果的发布渠道。开展了包括 FOF 和资产证券化等创新业务的研究和探索。

2017 年，公司研究所以公司调研和路演为抓手，着重提升分析师研究和服务能力，调研上市公司家数、路演人次和媒体文章发布数量均大幅提升。加强对分支机构和业务总部的内部服务，取得较好的客户反响。

地址：上海市黄浦区四川中路 213 号久事商务大厦 7 楼
邮编：200002
电话：021－53686888
邮箱：shzq@ shzq. com
网址：www. shzq. com

天风证券股份有限公司

【公司简介】

天风证券股份有限公司（以下简称“天风证券”或“公司”）成立于 2000 年，总部设于湖北省武汉市，是一家拥有全牌照的全国性综合类证券公司。

截至 2017 年 12 月 31 日，公司注册资本达 46.62 亿元，总资产 514.98 亿元。在全国重点区域和城市设有 15 家分公司及 89 家证券营业部；拥有多家全资及控股一级子公司，包括 1 家境外子公司，员工人数超过 3 000 人，综合规模已跃居中等券商行列。

在北京、上海、广州、武汉等全国重点区域和城市设有近百家证券营业部如今的天风，更加重视所承担的经济、环境、社会责任，服务实体经济，促进自身和利益相关方可持续发展。

2017 年，公司实现合并营业收入 29.86 亿元；实现合并营业利润 7.45 亿元，归属于母公司股东的净利润 4.10 亿元。

【主营业务经营概况】

1. 经纪业务

2017 年，在整体交易量小幅下降的市场行情下，公司代理买卖证券业务依然稳中有增，机构投资者为租用公司交易所交易单元席位所支付的租赁费用金额大幅度增加，2017 年经纪业务总体收入规模相较 2016 年翻了一番。公司近年持续扩大网点建设，2017 年新开营业部 29 家。截至 2017 年末，公司已开业营业部共计 89 家，托管客户的资券总值由 2014 年末的 200 亿元上升至 2 000 亿元。

2. 自营业务

公司坚持稳健的资产配置和投资策略，坚持价值投资的理念，自取得证券自营业务资格以来各年度均实现正向投资收益。为应对波动的行情，公司主动调整债券交易业务规模，全年银行间累计交易量达到 10 994.51 亿，新三板做市转让股票 181 支。

3. 大投行业务

2017 年，公司在投行业务方面实现了营业收入 6.38 亿。2017 年度完成 11 支股票承销、36 支债券主承销、8 支资产支持证券主承销；截至2017年末，公司累计完成145家企业在新三板的挂牌。在中国证券业协会发布的“2017年证券公司并购重组财顾评价”中，公司再次获得A类评级可。

4. 资产管理业务收入

2017年，公司全年实现受托客户资产管理业务净收入7.48亿元。截至2017年末，公司已成立运行142支集合理财产品，成立并运作的定向资产计划161支，另设立16支专项资管计划。

地址：湖北省武汉市武昌区中南路99号保利广场A座37楼
邮编：430071
客服电话：95391　400-800-5000
邮箱：dongban@ tfzq. com
网址：www. tfzq. com

西南证券股份有限公司

【公司简介】

西南证券成立于1999年，是在原重庆有价证券公司、原重庆国际信托投资有限公司证券部、原重庆市证券公司和原重庆证券登记有限责任公司的基础上，联合其他股东共同发起设立的证券公司。目前公司注册资本56.45亿元，是一家注册地在重庆的全国综合性证券公司，也是中国第九家上市证券公司和重庆第一家上市金融机构。截至2017年末，公司现有员工近3 000名，在全国拥有94家证券营业部、34家分公司和20个投行业务部门，营业网点基本实现了国内省份全覆盖。公司经营范围包括证券经纪，证券投资咨询，与证券交易、证券投资活动有关的财务顾问，证券承销与保荐，证券自营，证券资产管理，融资融券，证券投资基金代销，代销金融产品，为期货公司提供中间介绍业务，股票期权做市。

近年来，西南证券坚持走改革创新、综合经营和市场化发展道路，先后完成改革重组、借壳上市、增发融资、收购兼并等战略性举措，核心竞争力和综合实力显著提高，逐步建立起全牌照、跨地域、多功能、一体化的综合金融服务模式。公司拥有西证股权投资有限公司、西证创新投资有限公司、西证国际投资有限公司、西南期货有限公司等四家全资子公司，并拥有重庆西证小额贷款有限公司等下属企业，可从事股权投资、另类投资、跨境业务、商品期货、金融期货经纪、小额贷款等业务。公司是全国首家控股地方股权交易中心的券商，是银华基金管理股份有限公司第一大股东，并控股香港上市券商——西证国际证券股份有限公司，公司国际业务平台正逐步走向成熟。

2017年，西南证券着力推动业务转型升级，不断提升发展质量和发展效益，全年实现营业收入30.61亿元，净利润6.91亿元。截至2017年12月31日，公司资产总额636.94亿元，净资产200.49亿元，净资本143.51亿元。公司坚持“以客户为中心”的理念，着力打造的互联网投资者教育基地获评“国家级证券期货投资者教育基地”。

展望未来，西南证券将立足重庆、布局全国、走向海外，坚持“为投资者、客户和实体经济创造价值”的经营宗旨，树立“最有责任心公司”的企业形象，全面推进业务转型和创新发展，全力打造综合金融服务模式，形成公司的比较优势和差异化竞争能力，努力成为创新驱动、品牌引领、综合化经营、国际化发展的中国一流证券集团。

【主营业务经营概况】

1. 证券经纪业务

在佣金和交易规模双降的压力下，公司经纪业务以合规风控为前提积蓄发展动力。截至2017年12月31日，公司证券分支机构为128家，客户总数129.89万户，同比增长4.65%，股票基金交易金额市场份额0.74%，排名34位；融资融券年日均余额市场份额0.79%，期末余额市场份额0.80%，排名29位，券源规模位居全国券商前列，融券余额市场排名13名；自有资金参与的股票质押融资业务日均余额同比增长74.5%，在规模稳步增长的同时，通过做好贷前尽职调查、贷后盯市管理等风控工作，实现了全年项目安全零事故；金融产品销售方面，严格遵守客户适当性管理相关要求，优化产品结构，全年销量同比增长41.95%，保有量同比增长20%，产品表现良好，客户凝聚力开始回升。

公司经纪业务在互联网金融、财富管理、中间业务方面也取得进一步发展。通过对互联网证券业务框架的搭建和完善，在满足监管各项规定的前提下为客户提供更为便利、体验更佳的服务渠道；同时，推动投资顾问收费业务的不断探索，以提升客户收益率为目的，打造投资顾问在投资及咨询方面的核心竞争力；中间业务方面，培养综合专业素质人才，以经纪业务各地分支机构为触角，继续推进综合业务发展，做好中间业务的项目承揽、项目信息传递与推荐、客户关系维护等辅助工作，取得不错成效。

2. 投资银行业务

2017年度，随着宏观经济方面对传统产业去产能和供给侧结构性改革，证券监管部门进一步加强监管降风险的举措，对金融市场带来了深刻影响。投行业务总体呈现A股IPO市场继续保持强劲势头，并购重组市场适当放缓，债券市场扩容放慢，债券发行增速低于2015年及2016年的水平。公司努力保持发挥大投行融合股权、债权、并购三大类的业务结构特点，加大债券产品和业务的开发力度，根据监管政策的导向，加大对绿色债和贫困地区企业发债的支持力度，完成绿色债发行8亿元，协助贫困地区融资12亿元，努力履行了自身社会责任。

2017年公司因担任河南大有能源股份有限公司2012年非公开发行股票项目保荐人和鞍重股份2016年重大资产重组财务顾问，收到证监会两份行政处罚决定书。公司认真吸取教训，以此为戒，查漏补缺，全面加强保荐业务管理和财务顾问业务的管理，加强持续督导工作和财务顾问业务风险管控能力，通过使用大数据信息化等各种手段，提高内部控制和风险管理水平。

股权融资业务：2017年，投行完成IPO项目2个，再融资项目7个，累计承销金额约129.46亿元。

债务融资业务：2017年，债券市场增速减缓，保持平稳正常发展势头。报告期内，投行累计完成债券主承销发行项目22个、累计承销金额约164.64亿元。公司继续保持服务行业大客户的能力，成功的为中国铁路总公司、保定银行、珠海华润银行等国内大型客户承销发行债券。

3. 资产管理业务

2017年金融监管全面趋严，“一行三会”围绕中央供给侧改革和去杠杆的大政方针出台了一系列强有力的监管措施，对大资管行业产生了重大影响。在此背景下，公司资产管理业务深入贯彻监管精神，着力发展主动管理业务，回归资管本源，稳妥推进产品去杠杆，压缩通道业务规模，调整业务结构，进一步加大服务实体经济力度。截至2017年末，公司在运资产管理计划 183 只,母公司管理的资产管理计划 167 只,其中主动管理计划 65 只(包括集合资管计划、定向主动管理计划、专项资管计划),管理规模 330.98 亿元,同比增长 23%,主动管理规模占母公司资管总规模的 36%,较 2016 年同期提高 11 个百分点;定向通道产品 102 只,管理规模 592.38 亿元,同比下降 28%,通道规模不断下降。2017 年全年,母公司新设立各类型资产管理计划 54 只,新增管理规模 242.53 亿元,其中主动管理产品新增设立债券、量化、混合、资产支持专项计划等产品规模 124.68 亿元,产品类型不断丰富,形成了以债券型产品为主、多品种同步发展主动管理业务格局。通道产品新增设立投向 PPP、股票质押式回购等资产的产品规模逾 100 亿,通道业务结构不断优化,进一步服务实体经济发展。

4. 证券自营业务

2017 年,全球主要经济体复苏势头强劲,GDP 增长和就业数据整体趋势向好,通胀维持低位;我国经济发展总体平稳,稳中有进,经济增长展现较强韧性,经济转型结构优化,世界影响力不断扩大。A 股市场区间窄幅震荡上行,内部结构分化,以沪深 300 为代表的价值股表现良好,中小市值、绩差股估值普遍下滑。公司自营业务部门梳理、修订、新建了较为完整的制度体系,严格遵章守法,规范投资,不断壮大投资研究团队,逐步打造投资核心竞争力,建立净值回撤控制机制,审时度势,稳中求胜。秉承价值投资理念,自上而下挑选景气向上的行业,自下而上研究公司基本面挑选投资标的,理性投资,控制了风险,把握了市场结构性机会,获得了较好的投资回报。量化投资业务继续坚持以绝对收益为核心,多策略、多品种、全市场的多元化投资理念,以量化交易为工具,灵活运营各种金融工具及衍生品进行风险管理,有效分散了投资风险,丰富了收益来源。目前已开展的业务和策略包括:固定收益策略、利率互换及国债期货套保、多因子及量化基本面、商品策略、期权策略、及多品种套利策略等。2017 年量化投资业务降低了债券持仓久期及杠杆,并转换了股票持仓的整体价值风格,持续为公司创造了稳定的绝对收益。

5. 其他业务

公司新三板业务当年新增挂牌家数 57 家,市场排名第 13 位;累计督导企业家数 273 家,市场排名居第 12 位,市场份额占比 2.3%(市场排名根据 wind 数据统计);协助 62 家挂牌企业进行股票发行融资共计 67 次,发行金额合计 34 亿元,发行业务收入占比不断提高;新三板托管账户达到 2 106 户,托管股份 72.2 亿股,托管市值达到 247 亿元,受托新三板股票资产继续保持稳定;做市业务主动进行策略调整,有效抑制了业务风险。场外业务启动场外衍生品交易,较短时间即成功落地场外期权合约共 5 笔(均为 SAC 主协议及补充协议项下的交易);全年累计发行保本型固定收益凭证和浮动型收益凭证共 17 只,募集规模约为 39.3 亿元。研究发展中心投资研究能力持续增强,卖方服务的竞争力显著提升,投研佣金连续三年保持较快增长;品牌影响力不断提升,医药团队先后斩获"新财富最佳分析师第四名""水晶球最佳分析师公募榜单第四名""2017 首届中国证券分析师金翼奖",食品饮料团队获"水晶球最佳分析师总榜单第五名、公募榜单第一名",计算机团队获"水晶球最佳分析师公募榜单第二名",另有传媒团队在"天眼最佳选股分析师"评选中荣登传媒行业榜首。

西证投资新增投资项目 1 个,实现 5 个项目的退出,其中瑞斯康达项目实现 A 股 IPO 上市,奇虎 360 借壳江南嘉捷顺利完成。西证创新积极探索另类投资方向,深入挖掘企业孵化、成长、上市过程中的股权投资机会,持续拓展主题基金、MOM、港股通投资,积极探索不良资产、核心资产投资。西南期货深化业务创新,全年经营业绩再度实现逆势大幅增长,商品期货经纪业务同比增长 49%,客户发行期货资管计划 37 只,管理规模突破 10 亿元,并先后获得"中国最受欢迎期货公司"、"最具成长性会员"等殊荣;同时获批设立风险管理子公司,成为目前西部地区唯一一家四项基础业务资格齐备的风险管理子公司。重庆股转中心进一步完善企业孵化培育体系,形成"一市三板"的挂牌服务架构,力助中小微企业拓宽融资渠道,2017 年共协助挂牌企业完成定向增发 23.27 亿元,为企业办理股权质押融资 32.22 亿元,累计达 239.9 亿元,位居全国前列。

地址:重庆市江北区桥北苑 8 号西南证券大厦
邮编:400023
电话:023 - 63786433
邮箱:dshb@ swsc. com. cn
网址:www. swsc. com. cn

华能澜沧江水电股份有限公司

华能澜沧江水电股份有限公司首次公开发行A股股票上市公告书

特别提示

本公司股票将于2017年12月15日在上海证券交易所上市。本公司提醒投资者应充分了解股票市场风险及本公司披露的风险因素，在新股上市初期切忌盲目跟风"炒新"，应当审慎决策、理性投资。

第一节 重要声明与提示

华能澜沧江水电股份有限公司(以下简称"华能水电""本公司"或"发行人""公司")及全体董事、监事、高级管理人员保证上市公告书所披露信息的真实、准确、完整，承诺上市公告书不存在虚假记载、误导性陈述或重大遗漏，并承担个别和连带的法律责任。

上海证券交易所、其他政府机关对本公司股票上市及有关事项的意见，均不表明对本公司的任何保证。

本公司提醒广大投资者注意，凡本上市公告书未涉及的有关内容，请投资者查阅刊载于上海证券交易所网站(http://www.sse.com.cn)的本公司招股说明书全文。

本公司提醒广大投资者注意首次公开发行股票(以下简称"新股")上市初期的投资风险，广大投资者应充分了解风险、理性参与新股交易。

一、本公司特别提醒投资者注意下列事项

(一)股份锁定及限售承诺

本次发行前股东对所持股份的限售安排及自愿锁定的承诺：

发行人控股股东及实际控制人中国华能集团公司承诺：

"自发行人股票在上海证券交易所上市交易之日起三十六个月内，不转让或者委托他人管理本公司截至发行人股票上市之日直接和间接持有的发行人股份，也不由发行人回购该部分股份。发行人上市后六个月内如发行人股票连续二十个交易日的收盘价均低于发行价，或者发行人上市后发行人股票六个月期末(如该日不是交易日，则为该日后第一个交易日)收盘价低于发行价，本公司持有发行人上述股份的锁定期限将在原有锁定期限基础上自动延长六个月。若发行人股票有派息、送股、资本公积金转增股本等除权、除息事项的，发行价将进行除权、除息调整。

上述锁定期满(包括延长的锁定期限)后二十四个月内减持的，应提前将减华能澜沧江水电股份有限公司上市公告书持意向、拟减持数量、减持方式(包括集中竞价交易、大宗交易等上海证券交易所认可的合法方式)等信息以书面方式通知发行人，并由发行人及时予以公告，自发行人公告之日起三个交易日后，方可减持发行人股份，减持价格不低于发行价。如违反上述承诺擅自减持发行人股份的，承诺违规减持发行人股票所得(以下称"违规减持所得")归发行人所有，如未将违规减持所得上交发行人，则发行人有权扣留应付其现金分红中与其应上交发行人的违规减持所得金额相等的现金分红。

自发行人股票在上海证券交易所上市交易之日起，本公司可根据国家有权部门及本公司的战略安排、本公司经营情况及股价情况，适时增持部分发行人股票。"

(二)稳定公司股价的预案

1. 启动股价稳定措施的前提

在本公司A股股票上市后三年内，除不可抗力等因素所导致的股价下跌之外，如本公司A股股票连续20个交易日的收盘价均低于公司最近一期经审计的每股净资产（最近一期审计基准日后，因利润分配、资本公积金转增股本、增发、配股等情况导致公司净资产出现变化的，每股净资产相应进行调整)(以下简称"上述条件")。在符合国有资产监督管理部门、证券监督管理部门以及证券交易所关于股份回购、股份增持、信息披露等有关规定的前提下，公司将采取以下一项或者多项股价稳定措施，并履行相应的信息披露义务。

2. 公司股价的具体措施及解除

本公司、控股股东、本公司的董事和高级管理人员等相关主体将根据公司及市场情况，采取一项或同时采取多项措施以稳定公司股价，具体措施实施时应以维护公司上市地位，保护公司及广大投资者利益为原则，遵循法律、法规、规范性文件及交易所的相关规定，并依法履行相应的信息披露义务。本公司、控股股东、本公司的董事和高级管理人员等相关主体可采取的稳定公司股价的措施包括但不限于：

1)公司回购 。

在上述条件成就后15个交易日内，公司董事会将综合考虑公司经营发展情况、公司所处行业情况、公司现金流量情况等因素的基础上制定股份回购计划，并在30个交易日内召开股东大会，对股份回购计划中有关回购股份的数量、价格、方式、权限及终止条件等进行审议，在形成决议后及时履行法律法规规定的有关报批和信息披露程序。公司回购股份的价格原则上不超过最近一期经审计的每股净资产。

2)公司董事及高级管理人员增持 。

在上述条件成就之日起15个交易日内，在发行人领取薪酬的董事以及全体高级管理人员将增持发行人股份的具体计划(包括增持股份数额、时间安排、各时间段增持金额等)书面通知发行人并由发行人进行公告，并在增持股份公告公布之日起60个交易日内进行增持，增持价格不超过发行人最近一期经审计的每股净资产，各自累计增持金额不少于该董事或者高级管理人员上一年度从发行人实际领取薪酬(税后)的20%。若发行人相关董事、高级管理人员在任职期间因主观原因违反上述承诺，发行人将扣留该董事或者高级管理人员与履行上述增持股份义务所需金额相对应的薪酬，直至其履行相关承诺为止。如因发行人股票价格回升并持续在每股净资产之上或其他非主观原因而导致相关董事、高级管理人员未能全额完成增持计划，不视为其违反上述承诺。

3)公司控股股东增持 。

在上述条件成就后，本公司控股股东华能集团将根据实际情况决定是否增持股份。若本公司控股股东中国华能集团决定增持股份的，需将增持发行人股份的具体计划书面通知发行人，并通过发行人履行相应的信息披露义务，增持价格不超过发行人最近一期经审计的每股净资产，累计增持金额不少于华能集团上一年度从发行人处获取的现金股利的合计金额的20%。若本公司控股股东华能集团在增持股份公告后因主观原因未能实际履行，发行人可扣留其下一年度的与履行上述增持股份义务所需金额相对应的应得现金股利；如下一年度其应分现金股利不华能澜沧江水电股份有限公司上市公告书足用于扣留，该扣留义务将顺延至其后年度，直至累计扣留金额与其应履行增持股份义务所需金额相等。发行人可扣留现金股利直至本公司控股股东华能集团履行相关承诺为止。如因发行人股票价格回升并持续在每股净资产之上或其他非主观原因而导致本公司控股股东未能全额完成增持计划，不视为其违反上述承诺。

各责任主体在完成上述稳定股价措施之后的240个交易日内，其实施稳定股价措施的义务自动解除。自各责任主体完成上述一项或者多项稳定股价措施的第240个交易日之后，若上述稳定股价措施的触发条件再次成就，则各责任主体按上述稳定股价预案再次实施或选择是否实施稳定股价措施。

(三)滚存利润分配

根据本公司于2016年4月11日召开的2016年度第二次临时股东大会决议，本次发行上市前滚存未分配利润由本次发行上市完成后的新老股东按发行后的持股比例共同享有。根据本次发行上市进度，至公司发行上市完成之前，董事会还可以结合期间审计情况拟订利润分配方案，并提请公司股东大会审议通过后实施。

(四)股利分配

经2015年12月31日召开的本公司2015年第四次临时股东大会审议通过的本次发行上市后适用的《华能澜沧江水电股份有限公司章程》，所列明的利润分配政策如下：

1. 本公司的利润分配政策

利润分配不得超过公司累计可分配利润的范围。公司利润分配应重视对投资者的合理投资回报，利润分配政策应保持一定的连续性和稳定性。

1)利润分配的形式：公司可以采取派发现金股利或派发股票股利或两者相结合的方式进行利润分配，并优先采用现金分红的利润分配方式；

2)现金分红的具体条件：公司在当年盈利及累计未分配利润为正，且公司现金流可以满足公司正常经营的情况下，采取现金方式分配股利；

3)发放股票股利的条件：公司在经营情况良好，并且董事会认为公司股票价格与公司股本规模不匹配、发放股票股利有利于公司全体股东整体利益时，可以在满足前款现金分红的条件下，提出股票股利分配预案；

4)现金分红的期间间隔和最低比例：公司在当年盈利、且无未弥补亏损的条件下，如无重大投资计划或重大现金支出事项发生、资产负债率未超过75%，应当采取现金方式分配股利。公司每年以现金方式分配的利润不少于当年实现的可供分配利润的百分之五十。

重大投资计划或重大现金支出事项是指：公司未来十二个月内拟对外投资、收购资产或购买设备等累计支出达到或超过公司最近一期经审计净资产的35%。

2. 本公司上市后三年股东分红回报规划

2015年12月31日，公司召开的2015年第四次临时股东大会审议通过了《华能澜沧江水电股份有限公司上市后三年股东分红回报规划》，其中规定了：

1)股东分红回报规划的原则 。

(1)公司可以采取现金、股票、现金与股票相结合或者法律法规允许的其他方式分配利润。在符合利润分配条件的情况下，现金分红优先于股票股利分配。具备现金分红条件的，应当采用现金分红进行利润分配。

(2)根据累计可供分配利润、公积金及现金流状况,在保证足额现金分红及公司股本规模合理的前提下,公司可以采用发放股票股利方式进行利润分配。公司采用股票股利进行利润分配的,应当以给予股东合理现金分红回报和维持适当股本规模为前提,并综合考虑公司成长性、每股净资产的摊薄等因素。

(3)在满足现金分红条件的情况下,公司将积极采取现金方式分配股利,公司原则上每年度进行一次现金分红;公司董事会可以根据公司盈利情况及资金需求状况提议公司进行中期现金分红。公司每年现金分红原则上不低于母公司当年实现可供股东分配利润的百分之五十。

2)公司本次发行上市后三年的股东分红回报具体规划

(1)公司本次发行上市后三年内,将采取现金股利、股票股利或者现金股利与股票股利相结合的方式进行利润分配,公司在符合利润分配条件的情况下,现金分红优先于股票股利分配。如符合公司章程规定的现金分红条件,公司应当采取现金方式分配股利。

(2)在满足现金分红条件的情况下,公司将积极采取现金方式分配股利,公司原则上每年度进行一次现金分红;公司董事会可以根据公司盈利情况及资金需求状况提议公司进行中期现金分红。

(3)若公司拟进行利润分配的,董事会应当综合考虑公司所处行业特点、发展阶段、经营模式、盈利水平以及是否有重大资金支出安排等因素,区分下列情形,并按照本规划规定的程序,提出差异化的现金分红政策:

①公司发展阶段属成熟期且无重大资金支出安排的,进行利润分配时,现金分红在本次利润分配中所占比例最低应达到 80%;

②公司发展阶段属成熟期且有重大资金支出安排的,进行利润分配时,现金分红在本次利润分配中所占比例最低应达到 40%;

③公司发展阶段属成长期且有重大资金支出安排的,进行利润分配时,现金分红在本次利润分配中所占比例最低应达到 20%;

公司所处发展阶段不易区分但有重大资金支出安排的,由董事会根据具体情形参照前项规定处理。

(五)发行人及相关责任主体的承诺事项

1. 发行人的承诺

1)关于招股说明书内容真实、准确、完整的承诺:

“(1)本公司招股说明书没有虚假记载、误导性陈述或者重大遗漏,且公司 对招股说明书内容的真实性、准确性、完整性承担相应的法律责任。

(2)如本公司首次公开发行 A 股股票招股说明书中存在虚假记载、误导性陈 述或者重大遗漏的情形,对判断公司是否符合法律规定的发行条件构成重大实质华能澜沧江水电股份有限公司上市公告书影响的:①若届时本公司首次公开发行的 A 股股票尚未上市,自中国证监会或其他有权机关认定本公司存在上述情形之日起 30 个工作日内,本公司将按照发行价并加算银行同期存款利息回购首次公开发行的全部 A 股股票;②若届时本公司首次公开发行的 A 股股票已上市交易,自中国证监会或其他有权机关认定本公司存在上述情形之日起 30 个交易日内,本公司董事会将召集股东大会审议关于回购首次公开发行的全部 A 股股票的议案,回购价格的确定将以发行价为基础并参考相关市场因素确定。如本公司因主观原因违反上述承诺,则本公司将依法承担相应法律责任。

如经中国证监会或其他有权机关认定,本公司首次公开发行 A 股股票的招股说明书中存在虚假记载、误导性陈述或者重大遗漏的情形,致使投资者在证券交易中遭受损失的,本公司将严格遵守《证券法》等法律法规的规定,按照中国证监会或其他有权机关认定或者裁定,依法赔偿投资者损失。”

2)关于稳定股价的承诺:

“如本公司 A 股股票连续 20 个交易日的收盘价均低于公司最近一期经审计的每股净资产 (最近一期审计基准日后,因利润分配、资本公积金转增股本、增发、配股等情况导致公司净资产出现变化的,每股净资产相应进行调整)(以下简称‘上述条件’)。

在上述条件成就后 15 个交易日内,公司董事会将综合考虑公司经营发展情况、公司所处行业情况、公司现金流量情况等因素的基础上制定股份回购计划,并在 30 个交易日内召开股东大会,对股份回购计划中有关回购股份的数量、价格、方式、权限及终止条件等进行审议,在形成决议后及时履行法律法规规定的有关报批和信息披露程序。公司回购股份的价格原则上不超过最近一期经审计的每股净资产。”

2. 控股股东的承诺

1)关于所持本公司股份的自愿股份锁定、及减持意向的承诺 :

本公司控股股东及实际控制人中国华能集团公司承诺:

“(1)自发行人股票在上海证券交易所上市交易之日起三十六个月内,不转让或者委托他人管理本公司截至发行人股票上市之日直接和间接持有的发行人股份,也不由发行人回购该部分股份。发行人上市后六个月内如发行人股票连续二十个交易日的收盘价均低于发行价, 或者发行人上市后发行人股票六个月期末(如该日不是交易日,则为该日后第一个交易日)收盘价低于发行价,本公司持有发行人上述股份的锁定期限将在原有锁定期限基础上自动延长六个月。若发行人股票有派息、送股、资本公积金转增股本等除权、除息事项的,发行价将进行除权、除息调整。

(2)本公司减持发行人股票时,本公司应提前将减持意向、拟减持数量、减持方式(包括集中竞价交易、大宗交易等上海证券交易所认可的合法方式)等信息以书面方式通知发行人,并由发行人及时予以公告,自发行人公告之日起三个交易日后,方可减持发行人股份。上述锁定期满(包括延长的锁定期限)后二十四个月内减持的,减持价格不低于发行价。如违反上述承诺擅自减持发行人股份的,承诺违规减持发行人股票所得(以下称“违规减持所得”)归发行人所有,如未将违规减持所得上交发行人, 则发行人有权扣留应付其现金分红中与其应上交发行人的违规减持所得金额相等的现金分红。

本公司将遵守中国证监会《上市公司股东、董监高减持股份的若干规定》,上海证券交易所《股票上市规则》《上海证券交易所上市公司股东及董事、监事、高级管理人员减持股份实施细则》的相关规定。

(3)自发行人股票在上海证券交易所上市交易之日起,本公司可根据国家有权部门及本公司的战略安排、本公司经营情况及股价情况,适时增持部分发行人股票。”

2)关于招股说明书内容真实、准确、完整的承诺

本公司控股股东及实际控制人中国华能集团公司承诺:

“(1)本公司承诺本次发行并上市的招股说明书不存在虚假记载、误导性陈述或者重大遗漏,并对其真实性、准确性、完整性承担相应的法律责任。

(2)如本次发行并上市的招股说明书有虚假记载、误导性陈述或者重大遗漏,对判断发行人是否符合法律规定的发行条件构成重大、实质影响的,本公司将依法购回已转让的原限售股份。自中国证监会或其他有权部门认定本次发行并上市的招股说明书存在前述情形之日起的 30 个交易日内,本公司将公告回购计划,包括但不限于回购方式、回购期限、完成时间等信息,回购价格为发行人 A 股股票的市场价格或中国证监会或其他有权部门认可的其他价格。”

3)关于稳定股价的承诺:

“如本公司 A 股股票连续 20 个交易日的收盘价均低于公司最近一期经审计的每股净资产 (最近一期审计基准日后,因利润分配、资本公积金转增股本、增发、配股等情况导致公司净资产出现变化的,每股净资产相应进行调整)(以下简称‘上述条件’)。

在上述条件成就后,本公司控股股东中国华能集团公司将根据实际情况决定是否增持股份。若本公司控股股东中国华能集团决定增持股份的,需将增持发行人股份的具体计划书面通知发行人,并通过发行人履行相应的信息披露义务,增持价格不超过发行人最近一期经审计的每股净资产,累计增持金额不少于中国华能集团公司上一年度从发行人处获取的现金股利的合计金额的 20%。”

4)关于填补即期回报措施能够得到切实履行的承诺:

“(1)作为控股股东,不越权干预公司经营管理活动,不侵占公司利益;

(2)本公司将根据未来中国证监会、证券交易所等监管机构出台的相关规定,积极采取一切必要、合理措施,使发行人填补回报措施能够得到有效的实施;

(3)如果本公司未能履行上述承诺,本公司将积极采取措施,使上述承诺能够重新得到履行并使发行人填补回报措施能够得到有效的实施,并在中国证监会指定网站上公开说明未能履行上述承诺的具体原因,并向股东及公众投资者道歉。”

5)关于精准扶贫捐赠的承诺:

华能集团作为华能水电的现有股东承诺:

“(1)在华能水电 A 股上市后,在华能水电实施 2018 年度、2019 年度利润分配方案时,就方案实施股权登记日登记在册的华能水电除三家现有股东以外的其他股东(以下简称“新股东”)因华能水电实施 2018 年、2019 年的精准扶贫捐赠所造成的当年度利润分配减少的部分(以下简称“需补足款项”, 每一年度的需补足款项的具体金额=人民币 5 亿元×(1—华能水电 A 股上市日三家现有股东在华能水电的持股比例)),由三家现有股东予以补足。

(2)三家现有股东之间将按华能水电 A 股上市前的持股比例分担当年度的需补足款项。新股东将按照华能水电实施当年度利润分配方案的股权登记日的持股比例分享需补足款项。

(3) 三家现有股东将首先采取以各自所对应的华能水电当年度现金分红转送给新股东的方式予以补足;三家现有股东当年度自华能水电获得的现金分红金额未达到需补足款项的金额或者华能水电当年度未实施现金分红的,三家现有股东将以现金方式向新股东补足。”

3. 其他股东的承诺

1)云南省能源投资集团有限公司关于自愿锁定股份及减持意向的承诺:

“(1)自发行人股票在上海证券交易所上市交易之日起十二个月内,不转让或者委托他人管理本公司截至发行人股票上市之日直接和间接持有的发行人股份,也不由发行人回购该部分股份。

(2)上述锁定期满后,本公司将根据相关法律法规及证券交易所规则,结合证券市场情况、发行人股票走势及公开信息、本公司的业务发展需要等情况,自主决策、择机进行减持。如果在股份锁定期届满后两年内减持股份,则每年减持股份的数量不超过其持有公司股份总数的 50%,其减持价格不低于发行价。

本公司进行减持时,应提前将减持意向和拟减持数量等信息以书面方式通知发行人,并由发行人及时予以公告,自发行人公告之日起三个交易日后,方可减持发行人股份,并按照证券交易所的规则及时、准确地履行信息披露义务。

华能澜沧江水电股份有限公司上市公告书本公司将遵守中国证监会《上市公司股东、董监高减持股份的若干规定》, 上海证券交易所 《股票上市规则》《上海证券交易所上市公司股东及董事、监事、高级管理人员减持股份实施细则》的相关规定。”

2)云南合和(集团)股份有限公司关于自愿锁定股份及减持意向的承诺:

“(1)自发行人股票在上海证券交易所上市交易之日起十二个月内,不转让或者委托他人管理

本公司截至发行人股票上市之日直接和间接持有的发行人股份，也不由发行人回购该部分股份。

(2)上述锁定期满后，本公司将根据相关法律法规及证券交易所规则，结合证券市场情况、发行人股票走势及公开信息、本公司的业务发展需要等情况，自主决策、择机进行减持。如果在股份锁定期届满后两年内减持股份，则每年减持股份的数量不超过其持有公司股份总数的50%，其减持价格不低于发行价。

本公司进行减持时，应提前将减持意向和拟减持数量等信息以书面方式通知发行人，并由发行人及时予以公告，自发行人公告之日起三个交易日后，方可减持发行人股份，并按照证券交易所的规则及时、准确地履行信息披露义务。

本公司将遵守中国证监会《上市公司股东、董监高减持股份的若干规定》，上海证券交易所《股票上市规则》《上海证券交易所上市公司股东及董事、监事、高级管理人员减持股份实施细则》的相关规定。"

3)关于精准扶贫捐赠的承诺：

云能投集团、合和集团作为华能水电的现有股东承诺：

"(1)在华能水电A股上市后，在华能水电实施2018年度、2019年度利润分配方案时，就方案实施股权登记日登记在册的华能水电除三家现有股东以外的其他股东(以下简称"新股东")因华能水电实施2018年、2019年的精准扶贫捐赠所造成的当年度利润分配减少的部分(以下简称"需补足款项"，每一年度的需补足款项的具体金额=人民币5亿元×(1—华能水电A股上市日三家现有股东在华能水电的持股比例))，由三家现有股东予以补足。

(2)三家现有股东之间将按华能水电A股上市前的持股比例分担当年度的需补足款项。新股东将按照华能水电实施当年度利润分配方案的股权登记日的持股比例分享需补足款项。

(3)三家现有股东将首先采取以各自所对应的华能水电当年度现金分红转送给新股东的方式予以补足；三家现有股东当年度自华能水电获得的现金分红金额未达到需补足款项的金额或者华能水电当年度未实施现金分红的，三家现有股东将以现金方式向新股东补足。"

4. 董事、监事、高级管理人员的承诺

1)董事、监事、高级管理人员关于招股说明书内容真实、准确、完整的承诺：

"(1)本人承诺本次发行并上市的招股说明书不存在虚假记载、误导性陈述或者重大遗漏，且对其真实性、准确性、完整性承担相应的法律责任。

(2)如因中国证监会或其他有权部门认定发行人本次发行并上市的招股说明书有虚假记载、误导性陈述或者重大遗漏，致使投资者在证券交易中遭受损失的，本人将依照相关法律、法规规定承担民事赔偿责任，赔偿投资者损失。在该等违法事实被中国证监会、证券交易所或司法机关等有权机关认定后，本人将本着主动沟通、尽快赔偿、切实保障投资者特别是中小投资者利益的原则，按照投资者直接遭受的可测算的经济损失，选择与投资者沟通赔偿、通过设立投资者赔偿基金等方式积极赔偿投资者由此遭受的直接经济损失。

本人以当年度及以后年度应自发行人领取的薪酬、补贴等各类现金收入作为履行担保，若本人未履行上述赔偿义务，则在履行承诺前，发行人有权暂扣本人应领取的薪酬、补贴等各类现金收入。"

2)董事、高级管理人员关于稳定股价的承诺：

"如本公司A股股票连续20个交易日的收盘价均低于公司最近一期经审计的每股净资产(最近一期审计基准日后，因利润分配、资本公积金转增股本、增发、配股等情况导致公司净资产出现变化的，每股净资产相应进行调整)(以下简称华能澜沧江水电股份有限公司上市公告书"上述条件")。

在上述条件成就之日起15个交易日内，在发行人领取薪酬的董事以及全体高级管理人员将增持发行人股份的具体计划(包括增持股份数额、时间安排、各时间段增持金额等)书面通知发行人并由发行人进行公告，并在增持股份公告公布之日起60个交易日内进行增持，增持价格不超过发行人最近一期经审计的每股净资产，各自累计增持金额不少于该董事或者高级管理人员上一年度从发行人实际领取薪酬(税后)的20%。若发行人相关董事、高级管理人员在任职期间因主观原因违反上述承诺，发行人将扣留该董事或者高级管理人员与履行上述增持股份义务所需金额相对应的薪酬，直至其履行相关承诺为止。如因发行人股票价格回升并持续在每股净资产之上或其他非主观原因而导致相关董事、高级管理人员未能全额完成增持计划，不视为其违反上述承诺。"

3)董事、高级管理人员关于填补即期回报措施能够得到切实履行的承诺：

为维护公司和全体股东的合法权益，确保填补即期回报措施能够得到切实履行，公司全体董事、高级管理人员均已根据中国证监会《关于首发及再融资、重大资产重组摊薄即期回报有关事项的指导意见》(证监会公告〔2015〕31号)的要求，出具承诺如下：

"(1)本人承诺不无偿或不公平条件向其他单位或者个人输送利益，也不采用其他方式损害公司利益。

(2)本人承诺对本人的职务消费行为进行约束。

(3)本人承诺不动用公司资产从事与本人履行职责无关的投资、消费活动。

(4)本人承诺由董事会或薪酬委员会制定的薪酬制度与公司填补回报措施的执行情况相挂钩。

(5)本人承诺，如公司拟进行员工股权激励，则拟公布的公司股权激励的行权条件与公司填补回报措施的执行情况相挂钩。"

5. 证券服务机构的承诺

保荐机构及主承销商中信证券股份有限公司承诺："若因本公司为发行人首次公开发行股票制作、出具的文件有虚假记载、误导性陈述或者重大遗漏，给投资者造成损失的，将先行赔偿投资者损失。"

保荐机构及主承销商长城证券股份有限公司承诺："若因本公司为发行人首次公开发行股票制作、出具的文件有虚假记载、误导性陈述或者重大遗漏，给投资者造成损失的，将先行赔偿投资者损失。"

发行人律师海问律师事务所的承诺："如因本所就本次发行中向投资者公开披露的由本所以发行人律师之身份出具的法律意见书及律师工作报告有对判断发行人是否符合法律规定的发行条件构成重大、实质影响的虚假记载、误导性陈述或者重大遗漏，而给本次发行中的投资者造成损失的，本所将就本所过错依法承担相应的赔偿责任，损失赔偿金额以投资者实际发生的直接损失为限。"

审计机构及验资机构中天运会计师事务所承诺："如因本所未能依照适用的法律法规、规范性文件及行业准则的要求勤勉尽责地履行法定职责而导致本所为发行人首次公开发行A股股票制作、出具的文件有虚假记载、误导性陈述或者重大遗漏，给投资者造成实际损失的，本所将按照有管辖权的人民法院依照法律程序作出的有效司法裁决，依法赔偿投资者损失。"

资产评估机构北京天健兴业资产评估有限公司的承诺："如因本公司未能依照适用的法律法规、规范性文件及行业准则的要求勤勉尽责地履行法定职责而导致本公司为发行人首次公开发行A股股票制作、出具的文件有虚假记载、误导性陈述或者重大遗漏，给投资者造成实际损失的，本公司将按照有管辖权的人民法院依照法律程序作出的有效司法裁决，依法赔偿投资者损失。"

土地评估机构北京中地华夏土地房地产评估有限公司的承诺："如因本公司未能依照适用的法律法规、规范性文件及行业准则的要求勤勉尽责地履行法定职责而导致本公司为发行人首次公开发行A股股票制作、出具的文件有虚假记载、误导性陈述或者重大遗漏，给投资者造成实际损失的，本公司将按照有管辖权的华能澜沧江水电股份有限公司上市公告书人民法院依照法律程序作出的有效司法裁决，依法赔偿投资者损失。"

(六)财务报告审计截止日后主要经营状况

公司2017年1-9月财务数据未经审计，但已经中天运出具了无保留结论的《审阅报告》(中天运〔2017〕阅字第90014号)。2017年1-9月，公司实现营业收入910682.12万元，较上年同期增长3.61%；实现营业利润237514.36万元，较上年同期增长87.37%；实现归属于母公司所有者的净利润161406.51万元，较上年同期增长104.47%；实现扣除非经常性损益后归属于母公司的净利润192642.23万元，较上年同期增长70.53%。主要系公司发电量增加及增值税返还所致。

2017年1-9月，公司的主要供应商及客户未发生重大变化。

综上，2017年1-9月，公司经营情况良好，经营模式未发生重大变化，主要客户和供应商较为稳定，整体经营环境未发生不利变化。

根据公司2017年1-9月份经营情况，预计公司2017年度经营模式不会发生重大变化，主要客户和供应商将保持稳定，整体经营环境不会发生重大不利变化。合理预计2017年全年公司营业收入1,254,268.55万元至1,282,614.50万元，较上年同期增长8.58%至11.03%，2017年全年归属于母公司所有者的净利润为170,478.42万元至189,252.01万元，较上年同期增长235.48%至272.42%，2017年全年扣除非经常性损益后归属于母公司的净利润为213,484.51万元至232,258.10万元，较上年同期增长111.85%至130.48%(上述2017年全年数据未经审计，不构成盈利预测)，上述业绩预计合理、谨慎。

二、其他说明事项

本次发行不涉及老股转让情形。

如无特别说明，本上市公告书中的简称或名词的释义与本公司首次公开发行股票招股说明书中的相同。

第二节　股票上市情况

一、本上市公告书系根据《中华人民共和国证券法》《中华人民共和国公司法》和《上海证券交易所股票上市规则》等有关法律法规规定，按照上海证券交易所《股票上市公告书内容与格式指引》编制而成，旨在向投资者提供有关本公司首次公开发行股票上市的基本情况。

二、本公司首次公开发行股票(以下简称"本次发行")已经中国证券监督管理委员会证监许可〔2017〕1991号文核准。

三、本公司A股股票上市已经上海证券交易所自律监管决定书〔2017〕441号文批准。

四、股票上市概况

1. 上市地点：上海证券交易所

2. 上市时间：2017年12月15日

3. 股票简称：华能水电

4. 股票代码：600025

5. 本次发行完成后总股本：1800000万股

6. 本次A股公开发行的股份数：180000万股，均为新股，无老股转让。

7. 本次发行前股东所持股份的流通限制及期限、发行前股东对所持股份自愿锁定的承诺、本次上市股份的其他锁定安排请参见本上市公告书之"第一节　重要声明与提示"。

8. 本次上市的无流通限制及锁定安排的股份：本次网上、网下公开发行的180,000万股股份无流通限制和锁定安排，自2017年12月15日起上市交易。

9. 股票登记机构：中国证券登记结算有限责任公司上海分公司

10. 上市保荐人：中信证券股份有限公司、长城证券股份有限公司

第三节 发行人、股东和实际控制人情况

一、发行人基本情况

中文名称：华能澜沧江水电股份有限公司

英文名称：Huaneng Lancang River Hydropower Inc.

注册资本：1620000 万元（本次发行前）

法定代表人：袁湘华

成立日期：2001 年 2 月 8 日，后于 2015 年 1 月 15 日整体变更为股份有限公司

住所：云南省昆明市官渡区世纪城中路 1 号

邮政编码：650214

电话：0871－67216608

传真号码：0871－67217564

互联网网址：http://www.hnlcj.cn/

电子信箱：hnsd@lcjsd.cn

所属行业：电力、热力生产和供应业

经营范围：国内外电力等能源资源的开发、建设、生产、经营和产品销售；电力等能源工程的投资、咨询、检修、维护及管理服务；对相关延伸产业的投资、开发、建设、生产、经营和产品销售；物资采购、销售及进出口业务。

主营业务：本公司的主营业务为水力发电项目的开发、投资、建设、运营与管理，主要收入来自于水力发电的销售收入。公司统一负责澜沧江干流水能资源开发，是目前国内领先的大型流域、梯级、滚动、综合水电开发主体，是科学化建设、集控化运营水平较高的水力发电公司之一。

董事会秘书：孙卫

二、董事、监事、高级管理人员

（一）董事

根据《公司章程》，公司董事会由 15 名董事组成，其中职工代表董事 1 名，由公司职工通过职工代表大会或其他形式民主选举产生。设董事长 1 名，可以设副董事长。董事长和副董事长由董事会以全体董事的过半数选举产生。

截至本上市公告书刊登日，公司现任 15 名董事的基本情况如下表所示：

姓　名	职务	本届任期	提名人
袁湘华	董事长	2017 年 2 月至 2017 年 12 月	华能集团
孙　卫	董事	2017 年 5 月至 2017 年 12 月	华能集团
戴新民	董事	2014 年 12 月至 2017 年 12 月	华能集团
吴立文	董事	2015 年 12 月至 2017 年 12 月	华能集团
武春生	董事	2015 年 12 月至 2017 年 12 月	华能集团
杨万华	副董事长	2014 年 12 月至 2017 年 12 月	云能投集团
黄　宁	董事	2014 年 12 月至 2017 年 12 月	云能投集团
查昆徽	董事	2014 年 12 月至 2017 年 12 月	云能投集团
李剑波	副董事长	2015 年 6 月至 2017 年 12 月	红塔集团
朱志强	独立董事	2015 年 8 月至 2017 年 12 月	华能集团
毛付根	独立董事	2015 年 8 月至 2017 年 12 月	华能集团
郑冬渝	独立董事	2015 年 8 月至 2017 年 12 月	华能集团
朱锦余	独立董事	2015 年 8 月至 2017 年 12 月	云能投集团
段万春	独立董事	2015 年 8 月至 2017 年 12 月	红塔集团
王子伟	职工代表董事	2015 年 12 月至 2017 年 12 月	职工民主选举

注：袁湘华自 2014 年 12 月起担任董事。

（二）监事

根据《公司章程》，公司监事会由 5 名监事组成，其中职工代表监事 2 名，由公司职工通过职工代表大会或者其他形式民主选举产生。监事会设主席 1 人，由全体监事过半数选举产生。监事会主席召集和主持监事会会议；监事会主席不能履行职务或者不履行职务的，由半数以上监事共同推举一名监事召集和主持监事会会议。

截至本上市公告书刊登日，公司现任 5 名监事的基本情况如下表所示：

姓　名	职务	本届任期	提名人
叶　才	监事会主席	2014 年 12 月至 2017 年 12 月	华能集团
沈　军	监事	2014 年 12 月至 2017 年 12 月	云能投集团
王　斌	监事	2014 年 12 月至 2017 年 12 月	红塔集团
梁文莉	职工代表监事	2014 年 12 月至 2017 年 12 月	职工民主选举
张立胜	职工代表监事	2014 年 12 月至 2017 年 12 月	职工民主选举

（三）高级管理人员

截至本上市公告书刊登日，公司高级管理人员的基本情况如下表所示：

姓　名	职务	任职时间
孙　卫	总经理、董事会秘书	2017 年 2 月
黄光明	副总经理	2014 年 12 月
向泽江	副总经理	2014 年 12 月
郑爱武	副总经理	2014 年 12 月
张之平	副总经理	2014 年 12 月
邓炳超	总会计师	2014 年 12 月
艾永平	总工程师	2014 年 12 月

注：孙卫自 2014 年 12 月起担任董事会秘书。

（四）董事、监事及高级管理人员持有本公司股票、债券情况

截至本上市公告书刊登日，本公司董事、监事、高级管理人均不存在以任何方式直接或间接持有本公司股份、债券的情况。

三、控股股东及实际控制人情况

华能集团成立于 1989 年 3 月 31 日，是经国务院批准成立的国有重要骨干企业，是国家授权投资的机构和国家控股公司的试点。华能集团主要从事电源开发、投资、建设、经营和管理，电力（热力）生产和销售，金融、煤炭、交通运输、新能源、环保相关产业及产品的开发、投资、建设、生产、销售，实业投资经营及管理，是致力于建设具有国际竞争力的集团公司。

四、股东情况

（一）本次发行前后的股本结构情况

本次发行前，公司总股本为 1620000 万股，本次拟公开发行不超过 180000 万股，发行后，社会公众股占发行后总股本比例为 10.00%。发行前后公司的股本结构变化如下：

	本次 A 股发行前		本次 A 股发行后	
股东名称	持股数（股）	持股比例	持股数（股）	持股比例
华能集团（SS）	9,072,000,000	56.00%	9,072,000,000	50.40%
云能投集团（SS）	5,086,800,000	31.40%	5,086,800,000	28.26%
合和集团（SS）	2,041,200,000	12.60%	2,041,200,000	11.34%
社会公众股	－	－	1,800,000,000	10.00%
合计	16,200,000,000	100.00%	18,000,000,000	100.00%

（二）本次发行后，前十大 A 股股东持股情况

本次公开发行后结束后、上市前股东总数的户数为 1231158 户，前 10 名股东持股情况如下：

		发行后	
序号	股东	持股数量（股）	持股比例
1	华能集团（SS）	9,072,000,000	50.40%
2	云能投集团（SS）	5,086,800,000	28.26%
3	合和集团（SS）	2,041,200,000	11.34%
4	中信证券股份有限公司	2,428,657	0.01%
5	长城证券股份有限公司	1,259,304	0.01%
6	国泰君安证券股份有限公司	809,552	0.00%
7	中国移动通信集团公司企业年金计划－中国工商银行股份有限公司	378,832	0.00%
8	国网浙江省电力公司企业年金计划－中国工商银行股份有限公司	292,124	0.00%
9	长江金色晚晴（集合型）企业年金计划－上海浦东发展银行股份有限公司	287,124	0.00%
10	湖北省电力公司企业年金计划－中国银行股份有限公司	197,416	0.00%
	合计	16,205,653,009	90.03%

第四节 股票发行情况

一、发行数量：180000 万股，无老股转让

二、发行价格：2.17 元/股

三、每股面值：人民币 1.00 元

四、发行方式：采用网下向询价对象询价配售和网上按市值申购定价发行相 结合的方式。其中网下向配售对象配售 17995.42 万股，网上市值申购发行 161554.83 万股，本次发行网下投资者弃购 4.58 万股，网上投资者弃购 445.17 万股，合计 449.75 万股，由联席主承销商包销，包销比例为 0.25%。

五、募集资金总额及注册会计师对资金到位的验证情况

本次发行募集资金总额 390600.00 万元，全部为公司公开发行新股募集。

中天运会计师事务所（特殊普通合伙）对公司本次公开发行新股的资金到位情况进行了审验，并于 2017 年 12 月 11 日出具了中天运〔2017〕验字第 90103 号《验资报告》。

六、本次公司公开发行新股的发行费用总额及明细构成、每股发行费用

本次公司公开发行新股的发行费用合计 12773.28 万元。根据中天运〔2017〕验字第 90103 号《验资报告》，发行费用包括：

内容	金额（万元）
承销和保荐费用	10,377.36

律师费	377.36
审计验资费	1,153.77
用于本次发行的信息披露费用	396.23
发行上市手续费及材料印刷费	468.56
合计	12,773.28

本次公司公开发行新股的每股发行费用:0.07 元(按本次发行费用总额除以发行股数计算)。

七、本次公司公开发行新股的发行募集资金净额:377826.72 万元。

八、本次发行后每股净资产:2.1542 元(按本次发行后净资产与股本总数之比计算;股本总额按发行后总股本计算,发行后净资产按本公司截至 2017 年 6 月 30 日经审计的归属母公司股东净资产和本次公司公开发行新股募集资金净额之和计算)。

九、本次发行后每股收益:0.03 元(按本公司 2016 年经审计的扣除非经常性损益前后孰低的归属于母公司股东的净利润除以发行后总股本计算)。

第五节　财务会计情况

中天运对本公司 2014 年度、2015 年度、2016 年度及 2017 年 1-6 月的财务报告出具了标准无保留意见的《审计报告》(中天运[2017]审字第 91 号)。

上述财务数据已在招股说明书进行披露,投资者欲了解相关情况请详细阅读招股说明书。

中天运对公司 2017 年 1-9 月财务报表进行了审阅,并出具了无保留结论的《审阅报告》(中天运[2017]阅字第 90014 号)。审阅报告全文在本上市公告书中作为附件披露,下述财务数据已在招股说明书中进行披露,公司上市后 2017 年三季度财务会计报告不再单独披露。

一、2017 年 1-9 月主要财务数据

(一)合并资产负债表主要数据

单位:万元

项目	2017 年 9 月 30 日	2016 年 12 月 31 日
资产总额	16,657,992.73	16,206,827.20
负债总额	12,971,711.02	12,677,968.56
所有者权益	3,686,281.71	3,528,858.64
归属于母公司所有者的权益	3,507,748.92	3,365,534.40

(二)合并利润表主要数据

单位:万元

项目	2017 年 1—9 月	2016 年 1—9 月	同比变动
营业收入	910,682.12	878,941.16	3.61%
营业利润	237,514.36	126,759.21	87.37%
利润总额	204,042.20	115,915.29	76.03%
净利润	180,107.61	99,459.98	81.09%
归属于母公司所有者的净利润	161,406.51	78,937.30	104.47%
扣除非经常性损益后归属于母公司的净利润	192,642.23	112,968.34	70.53%

(三)合并现金流量表主要数据

单位:万元

项目	2017 年 1—9 月	2016 年 1—9 月
经营活动产生的现金流量净额	606,798.77	600,359.22
投资活动产生的现金流量净额	−564,740.14	−675,692.63
筹资活动产生的现金流量净额	72,827.06	101,253.90

(四)非经常性损益主要项目和金额

单位:万元

项目	2017 年 1—9 月	2016 年 1—9 月
非流动资产处置损益	779.64	335.53
计入当期损益的政府补助(与企业业务密切相关,按照国家统一标准定额或定量享受的政府补助除外)	1,431.86	115.11
除上述各项之外的其他营业外收入和支出	−35,543.78	−36,577.07
小计	−33,332.28	−36,126.44
所得税影响额	−3,586.63	−2,090.98
少数股东权益影响额(税后)	1,490.07	−4.41
归属于母公司股东非经常性净损益	−31,235.72	−34,031.05

二、2017 年主要经营情况

2017 年 1—9 月,公司实现营业收入 910,682.12 万元,较上年同期增长 3.61%;实现营业利润 237,514.36 万元,较上年同期增长 87.37%;实现归属于母公司所有者的净利润 161,406.51 万元,较上年同期增长 104.47%;实现扣除非经常性损益后归属于母公司的净利润 192,642.23 万元,较上年同期增长 70.53%。主要系公司发电量增加所致。

2017 年 1—9 月,公司的主要客户未发生重大变化。

2017 年 1—9 月,公司原材料供应商未发生重大变化。

综上,2017 年 1—9 月,公司经营情况良好,经营模式未发生重大变化,主要客户和供应商较为稳定,整体经营环境未发生不利变化。

根据公司 2017 年 1—9 月份经营情况,预计公司 2017 年度经营模式不会发生重大变化,主要客户和供应商将保持稳定,整体经营环境不会发生重大不利变化。合理预计 2017 年全年公司营业收入 1,254,268.55 万元至 1,282,614.50 万元,较上年同期增长 8.58%至 11.03%,2017 年全年归属于母公司所有者的净利润为 170,478.42 万元至 189,252.01 万元,较上年同期增长 235.48%至 272.42%,2017 年全年扣除非经常性损益后归属于母公司的净利润为 213,484.51 万元至 232,258.10 万元,较上年同期增长 111.85%至 130.48%(上述 2017 年全年数据未经审计,不构成盈利预测),上述业绩预计合理、谨慎。

第六节　其他重要事项

一、募集资金专户存储三方监管协议的安排

根据有关法律法规及《上海证券交易所上市公司募集资金管理办法(2013 年修订)》要求,本公司已于中国工商银行股份有限公司昆明南屏支行(账号 2502010329201087419)、中国农业银行股份有限公司昆明护国支行(账号 24019501040035277)、中国建设银行股份有限公司昆明金源大道支行(账号 53050110381009600025)分别开设了募集资金专项账户。并于 2017 年 12 月 8 日与保荐人中信证券股份有限公司、长城证券股份有限公司和中国工商银行股份有限公司昆明南屏支行、中国农业银行股份有限公司昆明护国支行、中国建设银行股份有限公司昆明金源大道支行分别签订《募集资金专户存储三方监管协议》。

《募集资金专户存储三方监管协议》的主要内容如下(公司简称为"甲方",中国工商银行股份有限公司昆明南屏支行、中国农业银行股份有限公司昆明护国支行、中国建设银行股份有限公司昆明金源大道支行分别在各自的监管协议中简称为"乙方",中信证券股份有限公司、长城证券股份有限公司简称为"丙方"。):

1. 截至本协议签署之日,甲方未以存单的方式存储募集资金。如以存单方式存储募集资金,各方将另行签署补充协议约定存单方式的募集资金存储及监管事宜。

2. 甲乙双方应当共同遵守《中华人民共和国票据法》《支付结算办法》、《人民币银行结算账户管理办法》等法律、法规、规章。

3. 丙方作为甲方的保荐机构,应当依据有关规定指定保荐代表人或其他工作人员对甲方募集资金使用情况进行监督。

丙方承诺按照《证券发行上市保荐业务管理办法》、《上海证券交易所上市公司募集资金管理办法》以及甲方制订的募集资金管理制度对甲方募集资金管理事项履行保荐职责,进行持续督导工作。

丙方可以采取现场调查、书面问询等方式行使其监督权。甲方和乙方应配合丙方的调查与查询。丙方每半年度对甲方现场调查时应同时检查专户存储情况。

4. 甲方授权丙方指定的保荐代表人杨博、黄艺彬、郭小元、郑侠可以随时到乙方查询、复印甲方专户的资料;乙方应当及时、准确、完整地向其提供所需的有关专户的资料。

保荐代表人向乙方查询甲方专户有关情况时应当出具本人的合法身份证明;丙方指定的其他工作人员向乙方查询甲方专户有关情况时应当出具本人的合法身份证明和单位介绍信。

5. 乙方按月(每月 10 日前)向甲方出具真实、准确、完整的专户对账单,并抄送给丙方。

6. 甲方 1 次或 12 个月以内累计从专户支取的金额超过 5000 万元且达到发行募集资金总额扣除发行费用后的净额(以下简称"募集资金净额")的 20%的,甲方及乙方应当在付款后 2 个工作日内及时以传真方式通知丙方,同时提供专户的支出清单。

7. 丙方有权根据有关规定更换指定的保荐代表人。丙方更换保荐代表人的,应当将相关证明文件书面通知乙方,同时按本协议第 15 条的要求书面通知更换后保荐代表人的联系方式。更换保荐代表人不影响本协议的效力。

8. 乙方连续三次未及时向甲方出具对账单,以及存在未配合丙方调查专户情形的,甲方可以主动或在丙方的要求下单方面终止本协议并注销募集资金专户。

9. 丙方发现甲方、乙方未按约定履行本协议的,应当在知悉有关事实后及时向上海证券交易所书面报告。

二、关于国有股转持的事项

根据《境内证券市场转持部分国有股充实全国社会保障基金实施办法》(财企[2009]94 号)的有关规定,经国务院国资委《关于华能澜沧江水电股份有限公司国有股转持有关问题的批复》(国资产权[2016]291 号)批复,同意在本公司完成 A 股发行并上市时,按照实际发行数量 10%计算,将华能集团、云能投集团、合和集团持有的股份划转给社保基金理事会。在本公司完成 A 股发行并上市时,将华能集团、云能投集团、合和集团分别持有的 10,080.00 万股、5,652.00 万股、2,268.00 万股(合计约 18,000 万股)划转给社保基金理事会。

根据《国务院关于印发<划转部分国有资本充实社保基金实施方案>的通知》(国发[2017]49 号)的规定,自该方案印发之日起,《国务院关于印发<减持国有股筹集社会保障资金管理暂行办法>的通知》(国发[2001]22 号)和《关于印发<境内证券市场转持部分国有股充实全国社会保障基金实施办法>的通知》(财企[2009]94 号)等现行国有股转(减)持政策停止执行。按照前述要求,在本次发行上市时,华能集团、云能投集团、合和集团不再根据《关于印发<境内证券市场转持部分国有股充实全国社会保障基金实施办法>的通知》(财企[2009]94 号)转持本公司的相关股份。

本公司国有股东华能集团、云能投集团、合和集团承诺:将按照国发[2017]49 号文及后续颁布

的相关配套规则的规定，依法履行相关义务。

三、其他事项

本公司在招股意向书刊登日至上市公告书刊登前，没有发生可能对本公司有较大影响的重要事项，具体如下：

一、本公司主营业务发展目标进展情况正常。

二、本公司所处行业和市场未发生重大变化，原材料采购价格和产品销售价格、原材料采购和产品销售方式等未发生重大变化。

三、本公司未订立对公司的资产、负债、权益和经营成果产生重大影响的重要合同。

四、本公司没有发生未履行法定程序的关联交易，且没有发生未在招股说明书中披露的重大关联交易。

五、本公司未进行重大投资。

六、本公司未发生重大资产（或股权）购买、出售及置换。

七、本公司住所未发生变更。

八、本公司董事、监事、高级管理人员及核心技术人员未发生变化。

九、本公司未发生重大诉讼、仲裁事项。

十、本公司未发生除正常经营业务之外的重大对外担保等或有事项。

十一、本公司的财务状况和经营成果未发生重大变化。

十二、本公司未召开股东大会、董事会或监事会会议。

十三、本公司未发生其他应披露的重大事项。

第七节　上市保荐人及其意见

一、上市保荐人基本情况

联席保荐机构：中信证券股份有限公司

法定代表人：张佑君

注册地址：广东省深圳市福田区中心三路 8 号卓越时代广场（二期）北座

联系地址：北京市朝阳区亮马桥路 48 号中信证券大厦 21 层

联系电话：010-60833977

传真号码：010-60833083

保荐代表人：杨博、黄艺彬

联系人：范亚琴

联席保荐机构：长城证券股份有限公司

法定代表人：丁益

注册地址：深圳市福田区深南大道 6008 号特区报业大厦 16-17 层

联系地址：北京市西城区西直门外大街 112 号阳光大厦 9 层

联系电话：010-88366060

传真号码：010-88366650

保荐代表人：郭小元、郑侠

联系人：郭小元

二、上市保荐人的推荐意见

作为华能水电首次公开发行 A 股股票的保荐机构，中信证券、长城证券根据《公司法》《证券法》《首发管理办法》《证券发行上市保荐业务管理办法》《保荐人尽职调查工作准则》等有关规定对发行人进行了充分尽职调查，并与发行人、发行人律师及会计师经过了充分沟通后，认为华能水电符合《公司法》《证券法》《首发管理办法》等法律、法规和规范性文件对首次公开发行 A 股股票并上市的规定。本次发行募集资金投向符合国家产业政策，有利于促进发行人持续发展，发挥规模效应，因此，中信证券、长城证券同意作为保荐机构推荐华能水电本次发行并上市。

华能澜沧江水电股份有限公司

2017 年 12 月 14 日

重庆建工集团股份有限公司

重庆建工集团股份有限公司首次公开发行股票上市公告书

特别提示

本公司股票将于 2017 年 2 月 21 日在上海证券交易所上市。本公司提醒投资者应充分了解股票市场风险及本公司披露的风险因素，在新股上市初期切忌盲目跟风“炒新”，应当审慎决策、理性投资。

第一节　重要声明与提示

本公司及全体董事、监事、高级管理人员保证上市公告书的真实性、准确性、完整性，承诺上市公告书不存在虚假记载、误导性陈述或重大遗漏，并承担个别和连带的法律责任。

上海证券交易所、其他政府机关对本公司股票上市及有关事项的意见，均不表明对本公司的任何保证。

本公司提醒广大投资者注意，凡本上市公告书未涉及的有关内容，请投资者查阅刊载于上海证券交易所网站(http://www.sse.com.cn)的本公司招股说明书全文。

本公司提醒广大投资者注意首次公开发行股票(以下简称“新股”)上市初期的投资风险，广大投资者应充分了解风险、理性参与新股交易。

如无特别说明，本上市公告书中的简称或名词的释义与公司首次公开发行股票招股说明书中的相同。

一、公司股东关于股份限制流通及自愿锁定的承诺

公司控股股东重庆建工投资控股有限责任公司承诺：自本公司首次公开发行人民币普通股的股票在证券交易所上市之日起三十六个月内，不转让或者委托他人管理其在本公司本次发行股票前已直接或间接持有的本公司股份，也不由本公司收购该部分股份。其所持的本公司股份在上述锁定期满后两年内减持的，其减持价格不低于本次发行价。本公司上市后 6 个月内如本公司股票连续 20 个交易日的收盘价均低于本次发行价，或者上市后 6 个月期末收盘价低于本次发行价，其持有本公司股票的锁定期限自动延长 6 个月。若本公司股票在此期间发生除权、除息的，发行价格将作相应调整。

本公司其他股东中国华融资产管理股份有限公司、重庆市城市建设投资(集团)有限公司、重庆市江北嘴中央商务区投资集团有限公司、重庆鑫根股权投资重庆建工集团股份有限公司上市公告书基金管理中心(有限合伙)承诺：自本公司首次公开发行股票上市之日起 12 个月内，不转让或者委托他人管理其持有的本公司股份，也不由本公司收购该部分股份。

根据《境内证券市场转持部分国有股充实全国社会保障基金实施办法》(财企〔2009〕94 号)的有关规定，本公司股票首次公开发行股票并上市后，由本公司国有股东转由全国社会保障基金理事会持有的公司国有股，全国社会保障基金理事会将承继原股东的禁售期义务。

二、公开发行前持股 5%以上股东的持股意向及减持计划

重庆建工投资控股有限责任公司作为发行人持股 5%以上的股东，对发行人持股意向及减持意向如下：

“1. 在本公司所持重庆建工集团股份有限公司(‘发行人’)股份锁定期届满后两年内不减持；

2. 本公司未履行或未及时履行上述承诺时的约束措施，包括：

(1)由发行人及时、充分披露本公司未履行或未及时履行相关承诺的原因；

(2)由本公司及时作出合法、合理、有效的补充承诺或替代性承诺，以尽可能保护发行人及投资者的权益；

(3)将上述补充承诺或替代性承诺提交发行人股东大会审议；

(4)本公司因未履行或未及时履行相关承诺所获得的收益归发行人所有；

(5)本公司未履行或未及时履行相关承诺导致发行人或投资者损失的，由本公司依法赔偿发行人或投资者的损失。”

三、公司上市后三年内公司股价低于每股净资产时稳定公司股价的预案

为强化公司、控股股东等责任主体的诚信义务，充分保护公司股东特别是中小股东的权益，本公司制定《公司上市后三年内公司股价低于每股净资产时稳定公司股价的预案》如下：

(一)稳定公司股价预案启动情形

本公司上市后三年内，如本公司 A 股股票收盘价连续 20 个交易日低于最近一期经审计的每股净资产值(最近一期审计基准日后，因利润分配、资本公积金转增股本、增发、配股等情况导致公司净资产或股份总数发生变化的，每股净资产相应进行调整)，则应启动稳定公司股价措施。

(二)责任主体

采取稳定公司股价措施的责任主体包括公司及其控股股东，公司的董事（不包括公司独立董事)和高级管理人员。

应采取稳定公司股价措施的公司董事、高级管理人员既包括在公司首次公开发行股票上市时任职的公司董事(不包括独立董事)及高级管理人员，也包括公司首次公开发行股票上市后三年内新任职的公司董事(不包括独立董事)及高级管理人员。

(三)具体措施

公司稳定股价措施包括：由公司回购公司股票；由公司控股股东增持公司股票；由公司董事(不包括独立董事)、高级管理人员增持公司股票；以及公司董事会、股东大会通过的其他稳定股价的措施。上述措施可单独或合并采用。

公司制定稳定股价具体实施方案时，应当综合考虑当时的实际情况及各种稳定公司股价措施的作用及影响，在符合相关法律法规的规定的情况下，经各方协商确定并通知当次稳定公司股价方案的实施主体，在启动公司股价稳定措施前公告具体实施方案。

稳定公司股价方案不以公司股价高于公司每股净资产为目标。当次稳定公司股价方案实施完毕后，若再次触发稳定股价预案启动情形的，将按前款规定启动下一轮稳定股价预案。

公司及公司控股股东、董事(不包括独立董事)及高级管理人员在履行其增持或回购公司股份义务时，应按照上海证券交易所的相关规则及其他适用的监管规定履行相应的信息披露义务。

1. 公司的稳定股价措施

(1)公司为稳定股价回购股份，应符合《上市公司回购社会公众股份管理办法(试行)》和《关于上市公司以集中竞价交易方式回购股份的补充规定》等相关法律、法规的规定。

(2)公司出现应启动稳定股价预案情形，应在 2 个工作日内启动决策程序，经股东大会决议通过后，依法通知债权人和履行备案程序。本公司将采取上海证券交易所集中竞价交易方式、要约等方式回购股份。回购方案实施完毕后，公司应在 2 个工作日内公告公司股份变动报告，并在 10 日内依法注销所回购的股份，办理工商变更登记手续。

(3)公司回购股份议案需经董事会、股东大会决议通过，其中股东大会须经出席会议的股东所持表决权的三分之二以上通过。公司董事承诺就该等回购事宜在董事会中投赞成票；控股股东承诺就该等回购事宜在股东大会中投赞成票。

(4)公司以要约方式回购股份的，要约价格不得低于回购报告书公告前 30 个交易日公司股票每日加权平均价的算术平均值且不低于公司最近一期经审计的每股净资产；公司以集中竞价方式回购股份的，如公司最近一期经审计的每股净资产值在交易日涨跌幅限制内，回购价格应不低于该每股净资产值，且不得为公司股票当日交易涨幅限制的价格。

(5)公司实施稳定股价议案时，拟用于回购资金应为自筹资金。除应符合相关法律法规之要求之外，还应符合下列各项：

A. 公司单次用于回购股份的资金不得低于人民币 3,000 万元；

B. 公司单次回购股份不超过公司总股本的 2%。

2. 公司控股股东的稳定股价措施

(1)公司控股股东为稳定公司股价之目的增持公司股份，应符合《上市公司收购管理办法》等相关法律、法规的规定。

(2)在公司出现应启动预案的情形时，公司控股股东应在收到通知后 2 个工作日内启动内部决策程序，就其是否有增持公司股票的具体计划书面通知公司重庆建工集团股份有限公司上市公告书并由公司进行公告，公告应披露拟增持的数量范围、价格区间、总金额、完成时间等信息。依法办理相关手续后，应在 2 个交易日内启动增持方案。增持方案实施完毕后，公司应在 2 个工作日内公告公司股份变动报告。

(3)如公司最近一期经审计的每股净资产值在交易日涨跌幅限制内，控股股东增持公司股份价格应不低于该每股净资产值。

(4)控股股东实施稳定股价议案时，除应符合相关法律法规之要求之外，还应符合下列各项：

A. 控股股东单次用于增持公司股份的资金不得低于人民币 3,000 万元；

B. 控股股东单次增持公司股份不超过公司总股本的 2%。

3. 公司董事及高级管理人员的稳定股价措施

(1)公司董事(不包括独立董事)及高级管理人员为稳定公司股价之目的增持公司股份，应符合《上市公司收购管理办法》等相关法律、法规的规定。

(2)在公司出现应启动稳定公司股价预案情形时，公司董事(不包括独立董事)及高级管理人员应在收到通知后 2 个工作日内，就其是否有增持公司股份的具体计划书面通知公司并由公司进行公告，公告应披露拟增持公司股份的数量范围、价格区间、总金额、完成时间等信息。依法办理相关手续后，应在 2 个交易日开始启动增持方案。增持方案实施完毕后，公司应在 2 个工作日内公告公司股份变动报告。

(3)公司最近一期经审计的每股净资产值在交易日涨跌幅限制内，公司董事(不包括独立董事)及高级管理人员增持公司股份价格应不低于该每股净资产值。

(4)公司董事(不包括独立董事)及高级管理人员应根据本预案的规定签署相关承诺。公司首次公开发行股票上市后三年内拟新聘任董事和高级管理人员时，公司将促使该新聘任的董事和高级管理人员根据本预案的规定签署相关承诺。

(5)公司董事(不包括独立董事)及高级管理人员实施稳定公司股价预案时，用于增持公司股份

的货币资金不低于该董事或高级管理人员上年度自公司领取薪酬总和的 20%。

(四)稳定公司股价预案的终止情形

自稳定公司股价预案公告之日起 90 个自然日内,若出现以下任一情形,则视为本次稳定股价措施实施完毕及承诺履行完毕,已公告的稳定股价方案终止执行:

1. 公司股票连续 10 个交易日的收盘价均高于公司最近一期经审计的每股净资产(最近一期审计基准日后,因利润分配、资本公积金转增股本、增发、配股等情况导致公司净资产或股份总数出现变化的,每股净资产相应进行调整);

2. 继续回购或增持公司股份将导致公司股权分布不符合上市条件。

(五)约束措施

1. 公司违反本预案的约束措施

(1)公司应及时充分披露承诺未能履行、无法履行或无法按期履行的事实及具体原因;

(2)公司向其投资者提出补充承诺或替代承诺,以尽可能保护投资者的权益;

(3)公司应将上述补充承诺或替代承诺提交股东大会审议;

(4)公司因违反承诺给投资者造成损失的,将依法对投资者进行赔偿。

2. 公司控股股东违反本预案的约束措施

公司控股股东承诺,就稳定公司股价事宜,不得有下列情形:

(1)对公司股东大会提出的股份回购计划投弃权票或反对票,导致稳定股价议案未予通过;

(2)在出现应启动稳定公司股价预案情形且公司控股股东符合收购上市公司情形时,如经各方协商确定并通知由公司控股股东实施稳定股价预案的,公司控股股东在收到通知后 2 个工作日内不履行公告增持公司股份具体计划或不履行控股股东公司内部决策程序;

(3)公司控股股东已公告增持公司股份具体计划但不能实际履行。

公司控股股东承诺同时提出违反上述承诺时的约束措施如下:

(1)由公司及时充分披露公司控股股东承诺未能履行、无法履行或无法按期履行的事实及具体原因;

(2)公司控股股东向投资者提出补充承诺或替代承诺,以尽可能保护投资者的权益;

(3)由公司董事会将上述补充承诺或替代承诺提交股东大会审议;

(4)公司控股股东因违反承诺给公司或投资者造成损失的,将依法对公司或投资者进行赔偿;

(5)公司有权将与控股股东应履行其增持义务相等金额的应付控股股东现金分红予以截留,直至控股股东履行其增持义务;如已经连续两次以上存在上述情形时,则公司可将与控股股东履行其增持义务相等金额的应付控股股东现金分红予以截留用于公司股份回购计划,公司控股股东丧失对相应金额现金分红的追索权。

3. 公司董事及高级管理人员违反本预案的约束措施

公司董事及高级管理人员承诺,就稳定公司股价事宜,不得有下列情形:

(1)对公司董事会提出的公司股份回购计划投弃权票或反对票,导致稳定公司股价议案未予通过;

(2)在公司出现应启动稳定公司股价预案情形且公司董事(不包括独立董事)及高级管理人员符合收购上市公司情形时,如经各方协商确定并通知公司董事(不包括独立董事)及高级管理人员实施稳定公司股价预案的,公司董事(不包括独立董事)及高级管理人员在收到通知后 2 个工作日内不履行公告增持公司股份具体计划;

(3)公司董事(不包括独立董事)及高级管理人员已公告增持公司股份具重庆建工集团股份有限公司上市公告书体计划但不能实际履行;

(4)公司董事(不包括独立董事)及高级管理人员在任职期间未能按本预案的相关约定履行其增持公司股份义务时,公司有权扣发与其履行增持公司股份义务相等金额的工资薪酬(扣除当地最低工资标准后的部分),直至其履行增持公司股份义务;公司董事(不包括独立董事)、高级管理人员如个人在任职期间连续两次以上未能主动履行本预案规定义务的,由董事会、监事会、半数以上的独立董事提请股东大会同意更换相关董事,由公司董事会解聘相关高级管理人员。

本预案经公司控股股东、公司董事及高级管理人员同意,经公司股东大会审议通过,公司完成首次公开发行股票并上市之日起生效,有效期三年。本稳定股价预案对未来新进的董事、高级管理人员同样具有约束力。

四、关于首次公开发行股票相关文件真实性、准确性、完整性的承诺

(一)发行人控股股东的承诺

本公司控股股东重庆建工投资控股有限责任公司承诺:"若重庆建工招股说明书有虚假记载、误导性陈述或者重大遗漏,对判断发行人是否符合法律规定的发行条件构成重大、实质影响的,本公司将购回已转让的原限售股份,回购价格按照二级市场价格与首次公开发行股票时的发行价格孰高原则确定,并根据相关法律法规的程序实施。

发行人招股说明书有虚假记载、误导性陈述或者重大遗漏,致使投资者在证券交易中遭受损失的,本公司将依法赔偿投资者损失。

本公司若未能履行上述承诺,则本公司将按有关法律、法规的规定及监管部门的要求承担相应的责任;同时,若因本公司未履行上述承诺致使投资者在证券交易中遭受损失且相关损失数额经司法机关以司法裁决形式予以认定的,本公司将自愿按相应的赔偿金额申请冻结所持有的相应市值的重庆建工股票,从而为本公司需根据法律法规和监管要求赔偿的投资者损失提供保障。"

(二)发行人的承诺

本公司承诺:"若本公司首次公开发行股票的招股说明书有虚假记载、误导性陈述或者重大遗漏,对判断本公司是否符合法律规定的发行条件构成重大、实质影响的,本公司将依法回购首次公开发行的全部新股,回购价格按照二级市场价格与首次公开发行股票时的发行价格孰高原则确定,并根据相关法律法规的程序实施。

本公司承诺,本公司首次公开发行股票的招股说明书有虚假记载、误导性陈述或者重大遗漏,致使投资者在证券交易中遭受损失的,本公司将依法赔偿投资者损失。

本公司若未能履行上述承诺,则本公司将按有关法律、法规的规定及监管部门的要求承担相应的责任;同时,若因本公司未履行上述承诺致使投资者在证券交易中遭受损失且相关损失数额经司法机关以司法裁决形式予以认定的,本公司将自愿按相应的赔偿金额冻结自有资金,以为本公司需根据法律法规和监管要求赔偿的投资者损失提供保障。"

(三)发行人董事、监事、高级管理人员的承诺

本公司全体董事、监事、高级管理人员承诺:"若因重庆建工集团股份有限公司招股说明书有虚假记载、误导性陈述或者重大遗漏,致使投资者在证券交易中遭受损失的,本人将依法赔偿投资者损失。

若本人未履行或未及时履行上述承诺时,同意采取以下约束措施,包括:

1. 由发行人及时、充分披露本人未履行或未及时履行相关承诺的事实及具体原因;

2. 由本人及时作出合法、合理、有效的补充承诺或替代性承诺,以充分保护投资者的权益;

3. 将上述补充承诺或替代性承诺提交发行人股东大会审议;

4. 本人未履行或未及时履行相关承诺导致投资者损失的,由本人依法赔偿投资者的损失。"

(四)本次发行相关中介机构的承诺

本次发行保荐机构华融证券股份有限公司承诺:"因本公司为重庆建工集团股份有限公司首次公开发行股票制作、出具的文件有虚假记载、误导性陈述或者重大遗漏,给投资者造成损失的,将先行赔偿投资者损失。"

本次发行发行人律师北京市金杜律师事务所承诺:"因本所为重庆建工集团股份有限公司首次公开发行制作、出具的文件有虚假记载、误导性陈述或者重大遗漏,给投资者造成损失的,本所将依法赔偿投资者损失。"

本次发行审计机构大信会计师事务所(特殊普通合伙)承诺:"因本所为重庆建工集团股份有限公司首次公开发行制作、出具的文件有虚假记载、误导性陈述或者重大遗漏,给投资者造成损失的,本所将依法赔偿投资者损失。"

五、本次发行上市后的股利分配政策

经公司 2013 年年度股东大会审议通过,公司本次发行并上市完成后的股利分配政策为:

公司实行持续、稳定的利润分配政策,公司的利润分配应重视对投资者的合理投资回报并兼顾公司的可持续发展。

公司的利润分配可以采取现金、股票、现金与股票相结合或者法律、法规允许的其他方式。公司在选择利润分配方式时,相对于股票股利等分配方式优先采用现金分红的利润分配方式。根据公司成长性、每股净资产的摊薄等真实合理因素,公司可以采用发放股票股利方式进行利润分配。公司当年度如实现盈利并有可供分配利润时,应当进行年度利润分配。在有条件的情况下,可以进行中期利润分配。

除公司有重大资金支出安排或股东大会批准的其他重大特殊情况外,公司当年度实现盈利在不超过累计可分配利润的范围进行现金分红,且以现金形式分配的利润不少于当年实现的可供分配利润的百分之十五。每年具体的现金分红比例预案由董事会根据前述规定、结合公司经营状况及相关规定拟定,并提交股东大会表决。

公司在经营状况良好,并且董事会认为公司未来成长性较好、公司股本情况与经营规模不匹配、发放股票股利有利于公司全体股东整体利益时,在满足前述现金股利分配之余,可以进行股票股利分配。股票股利分配预案由董事会拟定,并提交股东大会表决。

公司董事会应当综合考虑所处行业特点、发展阶段、自身经营模式、盈利水平以及是否有重大资金支出安排等因素,区分下列情形,并按照公司章程规定的程序,提出差异化的现金分红政策:

(一)公司发展阶段属成熟期且无重大资金支出安排的,进行利润分配时,现金分红在本次利润分配中所占比例最低应达到 80%;

(二)公司发展阶段属成熟期且有重大资金支出安排的,进行利润分配时,现金分红在本次利润分配中所占比例最低应达到 40%;

(三)公司发展阶段属成长期且有重大资金支出安排的,进行利润分配时,现金分红在本次利润分配中所占比例最低应达到 20%;

公司发展阶段不易区分但有重大资金支出安排的,可以按照前项规定处理。

公司每年利润分配预案由董事会结合公司章程的规定、盈利情况、资金供给和需求情况提出、拟订。董事会审议现金分红具体方案时,应当认真研究和论证公司现金分红的时机、条件和最低比例、调整的条件及决策程序要求等事宜,独立董事应对利润分配方案进行审核并发表独立明确的意见,董事会通过后提交股东大会审议。

独立董事可以征集中小股东的意见,提出分红提案,并直接提交董事会审议。

股东大会对现金分红具体方案进行审议前,公司应通过多种渠道主动与股东特别是中小股东进行沟通和交流,包括但不限于电话、传真和邮件沟通或邀请中小股东参会等方式,充分听取中小股东的意见和诉求,并及时答复中小股东关心的问题。

公司董事会未做出现金利润分配预案或利润分配预案中现金分配低于规定比例的,应当在定期报告中披露未现金分红或现金分配低于规定比例的原因、未用于分红的资金留存公司的用途,独立董事应当对此发表独立意见。

公司由于外部经营环境或自身经营状况发生较大变化,确需调整公司章程规 定的利润分配政

策的，调整后的利润分配政策不得违反相关法律法规以及中国证监会、证券交易所的有关规定。公司相关调整利润分配政策的议案，需事先征询监事会意见、取得全体外部监事过半数同意、全体独立董事过半数同意，并由董事会通过后提交公司股东大会批准。同时就此议案公司应当根据证券交易所的有关规定提供网络或其他方式为公众投资者参加股东大会提供便利。股东大会审议制定或修改利润分配相关政策时，须经出席股东大会会议的股东(包括股东代理人)所持表决权的三分之二以上表决通过。

公司应当在年度报告中详细披露现金分红政策的制定及执行情况，说明是否符合公司章程的规定或者股东大会决议的要求，现金分红标准和比例是否明确和清晰，相关的决策程序和机制是否完备，独立董事是否履职尽责并发挥了应有的作用，中小股东是否有充分表达意见和诉求的机会，中小股东的合法权益是否得到充分保护等。对现金分红政策进行调整或变更的，还应对调整或变更的条件及程序是否合规和透明等进行详细说明。

经公司2016年第七次临时股东大会审议通过了《关于公司2017-2019年分红回报规划的议案》，对公司的股利分配作出制度性安排，以保证股利分配政策的连续性和稳定性。主要内容如下：

分红回报规划制定考虑因素：公司着眼于长远和可持续发展，在综合分析公司经营发展实际、股东要求和意愿、社会资金成本、外部融资环境等因素的基础上，充分考虑公司目前及未来盈利规模、现金流量状况、项目投资资金需求、本次发行融资、银行信贷及债权融资环境等情况，确定了公司的分红回报规划，以保证利润分配政策的连续性和稳定性。

分红回报规划制定原则：公司实行持续、稳定的利润分配政策，公司的利润分配应重视对投资者的合理投资回报并兼顾公司的可持续发展。

利润分配形式和期间间隔：公司的利润分配可以采取现金、股票、现金与股票相结合或者法律、法规允许的其他方式。公司在选择利润分配方式时，相对于股票股利等分配方式优先采用现金分红的利润分配方式。根据公司成长性、每股净资产的摊薄等真实合理因素，公司可以采用发放股票股利方式进行利润分配。

公司当年度如实现盈利并具有可供分配利润时，应当进行年度利润分配。在有条件的情况下，可以进行中期利润分配。

现金分红的条件和比例：除公司有重大资金支出安排或股东大会批准的其他重大特殊情况外，公司当年度实现盈利在不超过累计可分配利润的范围进行现金分红，且以现金形式分配的利润不少于当年实现的可供分配利润的百分之十五。

每年具体的现金分红比例预案由董事会根据前述规定、结合公司经营状况及相关规定拟定，并提交股东大会表决。

公司董事会应当综合考虑所处行业特点、发展阶段、自身经营模式、盈利水平以及是否有重大资金支出安排等因素，区分下列情形，并按照公司章程规定的程序，提出差异化的现金分红政策：

(一)公司发展阶段属成熟期且无重大资金支出安排的，进行利润分配时，现金分红在本次利润分配中所占比例最低应达到80%；

(二)公司发展阶段属成熟期且有重大资金支出安排的，进行利润分配时，现金分红在本次利润分配中所占比例最低应达到40%；

(三)公司发展阶段属成长期且有重大资金支出安排的，进行利润分配时，现金分红在本次利润分配中所占比例最低应达到20%；

公司发展阶段不易区分但有重大资金支出安排的，可以按照前项规定处理。

每年具体的现金分红比例预案由董事会根据前述规定、结合公司经营状况及相关规定拟定，并提交股东大会表决。

发放股票股利的具体条件：公司在经营状况良好，并且董事会认为公司股本情况与经营规模不匹配、发放股票股利有利于公司全体股东整体利益时，在满足前述现金股利分配之余，可以进行股票股利分配。股票股利分配预案由董事会拟定，并提交股东大会表决。

未分配利润用途：除根据公司章程的规定，弥补亏损、提取公积金和分红外，公司未分配利润应当主要用于公司的生产经营，包括但不限于资本性开支以及补充流动资金等事项。

2017-2019年分红回报计划：2017-2019年，除公司有重大资金支出安排或股东大会批准的其他重大特殊情况外，公司每年在当年度实现盈利且具有可供分配利润的情况下以现金形式分配的利润不少于当年实现的可供分配利润的百分之十五。公司在经营状况良好，并且董事会认为公司股本情况与经营规模不匹配、发放股票股利有利于公司全体股东整体利益时，在满足前述现金股利分配之余，可以进行股票股利分配。

利润分配的决策机制与程序：公司每年利润分配预案由董事会结合公司章程的规定、盈利情况、资金供给和需求情况提出、拟订。董事会审议现金分红具体方案时，应当认真研究和论证公司现金分红的时机、条件和最低比例、调整的条件及决策程序要求等事宜，独立董事应对利润分配方案进行审核并发表独立明确的意见，董事会通过后提交股东大会审议。独立董事可以征集中小股东的意见，提出分红提案，并直接提交董事会审议。股东大会对现金分红具体方案进行审议前，公司应通过多种渠道主动与股东特别是中小股东进行沟通和交流，包括但不限于电话、传真和邮件沟通或邀请中小股东参会等方式，充分听取中小股东的意见和诉求，并及时答复中小股东关心的问题。

利润分配政策调整的决策机制与程序：公司由于外部经营环境或自身经营状况发生较大变化，确需调整公司章程规定的利润分配政策的，调整后的利润分配政策不得违反相关法律法规以及中国证监会、证券交易所的有关规定。公司相关调整利润分配政策的议案，需事先征询监事会意见、取得全体外部监事过半数同意、全体独立董事过半数同意，并由董事会通过后提交公司股东大会批准。同时就此议案公司应当根据证券交易所的有关规定提供网络或其他方式为公众投资者参加股东大会提供便利。股东大会审议制定或修改利润分配相关政策时，须经出席股东大会会议的股东(包括股东代理人)所持表决权的三分之二以上表决通过。

六、本次发行对每股收益的影响及填补措施

(一)本次公开发行股票摊薄即期回报对本公司主要财务指标的影响

本次发行股票募集资金将全部用于购置大型施工设备项目、重庆建工工业园（钢结构生产基地)一期工程项目以及补充公司营运资金。本次发行募集资金到位后，由于募集资金投资项目存在一定的建设期，难以在本次发行当年产生效益，按照本次发行18，150万股计算，本公司股本和净资产规模将大幅增加，预计募集资金到位当年，本公司基本每股收益和稀释每股收益以及扣除非经营性损益后的基本每股收益和稀释每股收益受股本摊薄影响，相对上年度将呈下降趋势，从而导致本公司即期回报被摊薄。

(二)填补即期回报被摊薄的具体措施

1. 本公司现有业务板块运营状况，发展态势，面临的主要风险及改进措施本公司主要从事房屋建筑工程、基础设施建设与投资及其他相关业务，覆盖房屋建筑工程施工总承包、机电安装工程施工总承包、消防设施工程专业承包、建筑装修装饰工程专业承包；公用与民用房屋建筑工程的施工、装修装饰、机电安装；市政公用工程施工总承包、公路工程施工总承包、土石方工程专业承包、地质灾害治理工程施工、隧道工程专业承包；港口与海岸工程专业承包；基础设施项目的投资与承建；建筑机械设备、器材、构件、钢结构、建筑材料的生产、销售；工程设计、技术咨询、技术服务；农业产业化发展等，本公司主营业务发展态势保持稳定。

本公司目前面临的主要风险详见招股说明书第四节“风险因素”。

2. 提高本公司日常运营效率，降低本公司运营成本，提升本公司经营业绩的具体措施

在后续经营中，本公司将采取以下措施，以应对本次公开发行摊薄即期回报：

(1)加强募集资金管理，防范使用风险

为切实保护投资者利益，本次募集资金到位后，本公司将按照《募集资金使用管理办法》，严格遵循专户存放、规范使用、如实披露、严格管理的原则，规范募集资金的使用和管理，防范募集资金使用风险。

(2)加快募投项目实施进度，确保募集资金使用效率

本公司本次发行募集资金将全部用于公司主营业务，募投项目的实施将有力提高公司持续经营能力和盈利能力。本次发行募集资金到位后，本公司将加快推进募投项目的建设实施，确保募集资金使用效率，争取早日实现募投项目收益。

(3)加强本公司日常运营效率，降低本公司运营成本

本公司进一步加强房屋建筑工程、基础设施建设与投资及其他相关业务的业务管理，提供日常经营效率，积极加强成本管理，严控成本费用，提升本公司利润率水平，以物流公司为载体，发挥整体优势，实现大宗材料集中采购、集中运输、统一配置，降低企业成本；继续推进并不断完善公司全面预算管理，将全面预算管理纳入经营者业绩考核，加强成本费用的控制；建立工程项目信息化管理，使成本数据得到准确及时的传递与分析，成本控制措施得到行之有效地实施。

(4)进一步完善现金分红政策，注重投资者回报及权益保护

本公司已根据中国证监会的要求并结合公司实际情况完善现金分红政策，上市后适用的《公司章程》等文件中对利润分配政策作出制度性安排。同时本公司制定了股东未来分红回报规划，强化对投资者的收益回报，建立了对股东持续、稳定、科学的回报规划与机制，对利润分配做出制度性安排，保证利润分配政策的连续性和稳定性。

上述填补即期回报被摊薄的措施并不等同于对未来利润情况作出预测，投资者不应据此进行投资决策，投资者据此进行投资决策造成损失的，本公司不承担任何责任。

(三)董事、高级管理人员承诺

本公司董事和高级管理人员承诺将切实履行作为董事、高级管理人员的义务，忠实、勤勉地履行职责，维护本公司和全体股东的合法权益。本公司董事和高级管理人员对本公司填补回报措施作出以下承诺：

1. 承诺不无偿或以不公平条件向其他单位或者个人输送利益，也不采用其他方式损害本公司利益。

2. 承诺对董事和高级管理人员的职务消费行为进行约束。

3. 承诺不动用公司资产从事与其履行职责无关的投资、消费活动。

4. 承诺由董事会或薪酬委员会制定的薪酬制度与本公司填补回报措施的执行情况相挂钩。

5. 承诺拟公布的本公司股权激励的行权条件与本公司填补回报措施的执行情况相挂钩。

七、财务报告审计截止日后主要财务信息及经营状况

公司财务报告审计截止日为2016年6月30日。公司2016年9月30日的合并及母公司资产负债表、2016年1-9月与2016年7-9月的合并及母公司利润表、2016年1-9月与2016年7-9月的合并及母公司现金流量表、2016年1-9月合并及母公司股东权益变动表以及财务报表附注未经会计师审计，但已经大信会计师事务所(特殊普通合伙)审阅，并出具大信阅字[2016]第1-00013号审阅报告。

截至2016年9月30日，公司资产总额为6，105，198.81万元，较2015年12月31日增长15，244.10万元，增幅为0.25%；截至2016年9月30日，公司负债总额为5，661，140.20万元，较2015年12月31日增长13，378.83万元，增幅为0.24%，资产、负债规模保持稳定。2016年1-9月，公司营业收入为3，126，795.28万元，较2015年1-9月减少255，346.52万元，降幅为7.55%；其中2016年7-9月，公司营业收入为994，313.35万元，较2015年7-9月减少16，774.89万元，降幅为1.66%。受我国经济增速放缓影响，我国房地产开发投资和基础设施建设投资的增速呈下降趋势，我国建筑行业

增长放缓，公司营业收入有所下降。2016 年 1—9 月，公司归属于母公司所有者的净利润为 22,005.76 万元，较 2015 年 1—9 月减少 45,937.80 万元，降幅为 67.61%；其中 2016 年 7—9 月，公司归属于母公司所有者的净利润为 2,868.55 万元，较 2015 年 7—9 月增长 676.67 万元，增幅为 30.87%。

2016 年 1—9 月，公司归属于母公司所有者的净利润同比下降的主要原因为 2015 年同期公司转让涪南高速公司股权形成长期股权投资收益 33,013.04 万元以及本公司及本公司子公司 2015 年收到建工控股支付的 2009 年 12 月 31 日（股改基准日）至 2014 年 12 月 31 日期间已由本公司及本公司子公司支付的离退休人员费用及 2009 年 12 月 31 日（股改基准日）前本公司及本公司子公司离退休人员 2015 年 1—9 月的相关费用所致。2016 年 1—9 月，公司经营活动产生的现金流量净额为 -24,943.41 万元，较 2015 年 1—9 月减少 100,854.17 万元；其中 2016 年 7—9 月，公司经营活动产生的现金流量净额为 50,774.28 万元，较 2015 年 7—9 月增长 87,892.16 万元。本公司 2016 年 1—9 月经营活动现金流量净额为负数主要是由于工程施工项目占用资金和营业税改征增值税以后本公司支付税费增加所致。本公司 2016 年 7—9 月经营活动现金流量净额同比增长的主要原因为公司加大工程款回收力度，提供劳务收到的现金增加所致。2016 年 1—9 月，公司扣除非经常性损益后归属于母公司所有者的净利润为 20,031.57 万元，较 2015 年 1—9 月增长 4,867.22 万元，增幅为 32.10%。

财务报告审计截止日后，公司主要经营状况正常，经营业绩稳定。公司的经营模式、主要税收政策、主要客户及供应商构成及其他可能影响投资者判断的重大事项方面未发生重大变化。公司预计 2016 年度营业收入在 400.37 亿元至 435.86 亿元之间，同比下降 5.42%—13.12%，归属于母公司所有者的净利润在 2.87 亿元至 3.15 亿元之间，同比下降 59.65%—63.24%，扣除非经常性损益后归属于母公司所有者的净利润在 2.76 亿元至 3.03 亿元之间，同比增长 11.76%—22.69%。

本公司预计 2016 年度归属于母公司所有者的净利润较 2015 年度大幅下降的主要原因为 2015 年度公司转让涪南高速公司股权确认投资收益 33,013.04 万元以及本公司及本公司子公司 2015 年收到建工控股支付的 2009 年 12 月 31 日（股改基准日）至 2014 年 12 月 31 日期间已由本公司及本公司子公司支付的离退休人员费用及 2009 年 12 月 31 日（股改基准日）前本公司及本公司子公司离退休人员 2015 年度的相关费用确认营业外收入共计 21,754.84 万元，使公司 2015 年度净利润大幅上升所致。本公司预计 2016 年度营业利润、净利润较 2015 年度相应财务指标下降超过 50%，提醒投资者关注相关风险。（数据未经注册会计师审计，且不构成盈利预测）

第二节　股票上市情况

一、编制上市公告书的法律依据

本上市公告书系根据《中华人民共和国证券法》《中华人民共和国公司法》和《上海证券交易所股票上市规则》等有关法律法规规定，按照上海证券交易所《股票上市公告书内容与格式指引》（2013 年修订）编制而成，旨在向投资者提供有关本公司首次公开发行 A 股股票上市的基本情况。

二、股票发行的核准部门和文号

本公司首次公开发行 A 股股票（以下简称"本次发行"）已经中国证券监督管理委员会证监许可〔2017〕41 号文核准。

三、证券交易所同意股票上市文件的文号

本公司 A 股股票上市已经上海证券交易所自律监管决定书〔2017〕48 号文批准。

四、股票上市概况

1. 上市地点：上海证券交易所

2. 上市时间：2017 年 2 月 21 日

3. 股票简称：重庆建工

4. 股票代码：600939

5. 本次发行完成后总股本：181,450 万股

6. 本次 A 股公开发行的股份数：本次发行 18,150 万股，不进行老股发售。

7. 本次发行前股东所持股份的流通限制及期限：请参见本上市公告书之"第一节 重要声明与提示"。

8. 本次发行前股东对所持股份自愿锁定的承诺：请参见本上市公告书之"第一节 重要声明与提示"。

9. 本次上市股份的其他锁定安排：请参见本上市公告书之"第一节 重要声明与提示"。

10. 本次上市的无流通限制及锁定安排的股份：本次发行的 18,150 万股股份无流通限制和锁定安排。

11. 股票登记机构：中国证券登记结算有限责任公司上海分公司

12. 上市保荐机构：华融证券股份有限公司

第三节　发行人、股东和实际控制人情况

一、发行人基本情况

（一）发行人基本情况

公司名称：重庆建工集团股份有限公司

英文名称：Chongqing Construction Engineering Group Co.，Ltd

住所：重庆市经开区北区金开大道 1596 号

注册资本：人民币 163,300 万元（本次发行前）

法定代表人：魏福生

成立日期：2010 年 5 月 11 日

经营范围：房屋建筑工程施工总承包（特级），市政公用工程施工总承包（壹级），机电安装工程施工总承包（壹级），建筑装修装饰工程专业承包（壹级），钢结构工程专业承包（壹级），公路工程施工总承包（贰级），园林古建筑工程专业承包（贰级），预应力工程专业承包（贰级），城市轨道交通工程专业承包资质，隧道工程专业承包（贰级），预拌商品混凝土专业承包（贰级），土石方工程专业承包（壹级），消防设施工程专业承包（壹级），地质灾害治理工程施工甲级，工程设计；建筑行业（建筑工程）甲级，（以上经营范围按资质证书核定事项从事经营），承包本行业境外工程和境内国际招标工程，上述境外工程所需的设备、材料出口，对外派遣本行业工程、生产及服务的劳务人员，建筑科技咨询服务，仓储（不含危险品），国内航空、陆路货物运输代理，销售建筑材料（不含危险化学品），建筑设备租赁，授权范围内的国有资产经营。

主营业务：房屋建筑工程、基础设施建设与投资及其他相关业务

所属行业：土木工程建筑业（E48）。

联系电话：023-63511570

传真号码：023-63525880

互联网网址：www.cceg.cn

电子邮箱：zqb@cceg.cn

董事会秘书：窦波

（二）公司董事、监事、高级管理人员及其持有公司股票的情况

姓　名	职务	任职期限	直接持股数（万股）	间接持股数（万股）
魏福生	董事、董事长	2016 年 6 月至 2019 年 6 月	—	—
陈　晓	董事、总经理	董事任期：2016 年 6 月至 2019 年 6 月 高级管理人员任期：2016 年 7 月至 2019 年 7 月	—	—
刘克伟	董事、副总经理、财务负责人	董事任期：2016 年 6 月至 2019 年 6 月 高级管理人员任期：2016 年 7 月至 2019 年 7 月	—	—
石怀强	董事	2016 年 6 月至 2019 年 6 月	—	—
王鹏程	董事	2016 年 6 月至 2019 年 6 月	—	—
张永水	独立董事	2016 年 6 月至 2019 年 6 月	—	—
陈箭宇	独立董事	2016 年 6 月至 2019 年 6 月	—	—
童文光	独立董事	2016 年 6 月至 2019 年 6 月	—	—
卢后盾	监事会主席	2016 年 6 月至 2019 年 6 月	—	—
刘国强	监事	2016 年 6 月至 2019 年 6 月	—	—
王　理	监事	2016 年 6 月至 2019 年 6 月	—	—
扈春艺	监事	2016 年 6 月至 2019 年 6 月	—	—
刘　军	职工代表监事	2016 年 6 月至 2019 年 6 月	—	—
张诗岚	职工代表监事	2016 年 6 月至 2019 年 6 月	—	—
伍绍明	职工代表监事	2016 年 6 月至 2019 年 6 月	—	—
罗　平	副总经理	2016 年 7 月至 2019 年 7 月	—	—
闫学军	副总经理	2016 年 7 月至 2019 年 7 月	—	—
符　建	副总经理	2016 年 7 月至 2019 年 7 月	—	—
窦　波	董事会秘书兼证券部总经理	2016 年 7 月至 2019 年 7 月	—	—

二、控股股东及实际控制人情况

本公司控股股东重庆建工投资控股有限责任公司是重庆市国有资产监督管理委员会直属的投资控股公司。本次发行前，持有本公司 86.03% 的股权。重庆建工投资控股有限责任公司成立于 2007 年 11 月 22 日，注册资本为人民币 143,679.95 万元，法定代表人为魏福生，住所为重庆市经开区北区金开大道 1596 号，主要从事投资业务及相关资产经营、资产管理。本公司实际控制人为重庆市国有资产监督管理委员会。

三、股东情况

（一）本次发行前后股本结构变化情况

本次发行前总股本为 163,300 万股，本次发行 18,150 万股社会公众股，发行后公司的股本结构如下表所示：

股东名称	本次发行前		本次发行后		
	持股数（万股）	持股比例（%）	持股数（万股）	持股比例（%）	锁定期限制
一、有限售条件 A 股流通股					
建工控股（SS）	140,492.44	86.03	138,868.28	76.53	自本公司首次公开发行人民币普通股的股票在证券交易所上市之日起三十六个月内，不转让或者委托他人管理其在本公司本次

					发行股票前已直接或间接持有的本公司股份,也不由本公司收购该部分股份。其所持的本公司股份在上述锁定期满后两年内减持的,其减持价格不低于本次发行价。本公司上市后6个月内如本公司股票连续20个交易日的收盘价均低于本次发行价,或者上市后6个月期末收盘价低于本次发行价,其持有本公司股票的锁定期限自动延长6个月。若本公司股票在此期间发生除权、除息的,发行价格将作相应调整。
城投(集团)公司(SS)	6,502.93	3.98	6,427.80	3.54	自上市之日起锁定12个月
中国华融(SS)	6,002.75	3.68	5,933.35	3.27	自上市之日起锁定12个月
江北嘴集团公司(SS)	4,001.83	2.45	3,955.57	2.18	自上市之日起锁定12个月
鑫根基金(有限合伙)	6,300.00	3.86	6,300.00	3.47	自上市之日起锁定12个月
全国社会保障基金理事会	–	–	1,815.00	1.00	根据《境内证券市场转持部分国有股充实全国社会保障基金实施办法》(财企〔2009〕94号)的有关规定,本公司股票首次公开发行股票并上市后,由本公司国有股东转由全国社会保障基金理事会持有的公司国有股,全国社会保障基金理事会将承继原股东的禁售期义务。
小计	163,300.00	100.00	163,300.00	90.00	—
二、无限售条件A股流通股					
本次发行社会公众股	–	–	18,150.00	10.00	无
合计	163,300.00	100.00	181,450.00	100.00	

注:SS代表State-ownedShareholder,即国有股股东。

(二)本次发行后前十大股东持股情况

本次发行后、上市前股东户数为151,698户,其中前十大股东情况及占发行后股本比例如下:

序号	股东名称	持股数(股)	持股比例(%)
1	建工控股(SS)	1,388,682,774	76.5325
2	城投(集团)公司(SS)	64,277,998	3.5425
3	鑫根基金(有限合伙)	63,000,000	3.4720
4	中国华融(SS)	59,333,537	3.2700
5	江北嘴集团公司(SS)	39,555,691	2.1800
6	全国社会保障基金理事会	18,150,000	1.0003
7	华融证券股份有限公司	318,734	0.0176
8	中国石油天然气集团公司企业年金计划–中国工商银行股份有限公司	73,575	0.0041
9	中国工商银行股份有限公司企业年金计划–中国建设银行股份有限公司	57,225	0.0032
10	中国建设银行股份有限公司企业年金计划–中国工商银行股份有限公司	49,050	0.0027
	合计	1,633,498,584	90.0247

第四节　股票发行情况

一、股票种类:人民币普通股A股

二、每股面值:人民币1.00元

三、发行股数:本次发行18,150万股,占本次发行后公司总股本的10.00%。本次发行的股票均为公司公开发行新股,公司股东不公开发售股份

四、发行价格:3.12元/股

五、发行市盈率:22.92倍(每股收益按2015年度经审计的扣除非经常性损益前后孰低的归属于母公司股东的净利润除以本次发行后总股本计算)

六、发行前每股净资产[1]:2.68元(按经审计的截至2016年6月30日的归属母公司股东所有的权益除以发行前总股本计算)

七、发行后每股净资产[1]:2.71元(按经审计的截至2016年6月30日的归属母公司股东所有的权益与本次募集资金净额之和,除以发行后总股本计算)

八、发行市净率1:1.15倍(发行价格/发行后每股净资产)

九、发行方式:采用网下向网下投资者询价配售与网上按市值申购定价发行相结合的方式

十、发行对象:符合资格的网下投资者和在上海证券交易所开立股票账户的自然人、法人及其他投资者(中国法律、法规及公司须遵守的其他监管要求所禁止者除外)

十一、承销方式:承销团余额包销

十二、募集资金总额和净额:募集资金总额为56,628.00万元,募集资金净额为53,796.00万元;大信会计师事务所(特殊普通合伙)对公司本次公开发行新股的资金到位情况进行了审验,并于2017年2月15日出具了大信验字〔2017〕第1–00021号《验资报告》

十三、拟上市地点:上海证券交易所

十四、发行费用合计:保荐费和承销费为1,310.82万元(保荐费用65.00万元;承销费为募集资金总额的2.20%,为1,245.82万元)、律师费用70.00万元,审计及验资费用950.00万元,发行手续费及材料制作费用151.18万元,与本次发行相关的信息披露费350.00万元;发行费用合计为2,832.00万元。每股发行费用为0.16元(按本次发行费用总额除以本次发行新股数量计算)

十五、包销情况:本次发行网下和网上投资者放弃认购股数由主承销商包销,本次主承销商包销的股份数量为318,734股,包销金额为994,450.08元。主承销商包销比例为0.18%

十六、本次发行后每股收益:0.1361元(按公司2015年经审计的扣除非经常性损益前后孰低的归属于母公司股东的净利润除以发行后总股本计算)

第五节　财务会计情况

公司2013年度、2014年度、2015年度及2016年1–6月的财务数据已经大信会计师事务所(特殊普通合伙)审计,并在招股说明书进行了详细披露,本上市公告书不再另行披露。投资者欲了解相关情况请详细阅读已刊登在上海证券交易所网站的招股说明书等文件。

公司2016年第三季度财务报告未经审计,但已经大信会计师事务所(特殊普通合伙)审阅,并出具了大信阅字〔2016〕第1–00013号《审阅报告》,且已在招股说明书中披露了主要财务信息。

根据大信会计师事务所(特殊普通合伙)出具的《审阅报告》,公司2016年第三季度主要财务数据如下:

1. 合并资产负债表主要数据

单位:元

项目	2016年9月30日	2015年12月31日
资产总计	61,051,988,132.72	60,899,547,056.53
负债合计	56,611,401,966.70	56,477,613,682.75
所有者权益合计	4,440,586,166.02	4,421,933,373.78
其中:归属于母公司股东的权益合计	4,203,418,028.32	4,197,527,608.29

2. 合并利润表主要数据

单位:元

项目	2016年7–9月	2015年7–9月	2016年1–9月	2015年1–9月
营业收入	9,943,133,534.69	10,110,882,482.05	31,267,952,792.11	33,821,417,994.24
营业利润	48,200,777.76	38,884,620.18	277,531,599.04	603,170,212.10
利润总额	51,140,777.04	42,500,567.22	300,503,198.23	815,825,596.41
净利润	32,963,306.42	28,226,953.80	235,905,351.65	707,028,079.92
其中:归属于母公司所有者的净利润	28,685,459.23	21,918,736.35	220,057,632.49	679,435,621.12

3. 合并现金流量表主要数据

单位:元

项目	2016年7–9月	2015年7–9月	2016年1–9月	2015年1–9月
经营活动产生的现金流量净额	507,742,808.93	–371,178,832.71	–249,434,132.11	759,107,610.59
投资活动产生的现金流量净额	8,081,726.33	273,846,410.18	–335,334,940.26	726,150,985.50
筹资活动产生的现金流量净额	–302,048,204.68	437,250,234.58	–1,784,935,328.39	–602,356,067.14
现金及现金等价物净增加额	213,776,330.58	339,923,851.60	–2,369,704,400.76	882,908,172.01

2016年1–9月,公司归属于母公司所有者的净利润为22,005.76万元,较2015年1–9月减少45,937.80万元,降幅为67.61%;其中2016年7–9月,公司归属于母公司所有者的净利润为2,868.55万元,较2015年7–9月增长676.67万元,增幅为30.87%。2016年1–9月,公司归属于母公司所有者的净利润同比下降的主要原因为2015年同期公司转让涪南高速公司股权形成长期股权投资收益33,013.04万元以及本公司及本公司子公司2015年收到建工控股支付的2009年12月31日(股改

1. 发行人于2016年9月进行了股利分配,以2016年6月30日总股本16.33亿股为基础,向全体股东派发现金红利,每股0.15元,共计分配利润24,495.00万元。上述发行前每股净资产、发行后每股净资产和发行市净率的计算未考虑上述股利分配因素。

基准日）至 2014 年 12 月 31 日期间已由本公司及本公司子公司支付的离退休人员费用及 2009 年 12 月 31 日（股改基准日）前本公司及本公司子公司离退休人员 2015 年 1-9 月的相关费用所致。2016 年 1-9 月，公司经营活动产生的现金流量净额为-24,943.41 万元，较 2015 年 1-9 月减少 100,854.17 万元；其中 2016 年 7-9 月，公司经营活动产生的现金流量净额为 50,774.28 万元，较 2015 年 7-9 月增长 87,892.16 万元。本公司 2016 年 1-9 月经营活动现金流量净额为负数主要是由于工程施工项目占用资金和营业税改征增值税以后本公司支付税费增加所致。本公司 2016 年 7-9 月经营活动现金流量净额同比增长的主要原因为公司加大工程款回收力度，提供劳务收到的现金增加所致。2016 年 1-9 月，公司扣除非经常性损益后归属于母公司所有者的净利润为 20,031.57 万元，较 2015 年 1-9 月增长 4,867.22 万元，增幅为 32.10%。

财务报告审计截止日后，公司主要经营状况正常，经营业绩稳定。公司的经营模式、主要税收政策、主要客户及供应商构成及其他可能影响投资者判断的重大事项方面未发生重大变化。公司预计 2016 年度营业收入在 400.37 亿元至 435.86 亿元之间，同比下降 5.42%-13.12%，归属于母公司所有者的净利润在 2.87 亿元至 3.15 亿元之间，同比下降 59.65%-63.24%，扣除非经常性损益后归属于母公司所有者的净利润在 2.76 亿元至 3.03 亿元之间，同比增长 11.76%-22.69%。

本公司预计 2016 年度归属于母公司所有者的净利润较 2015 年度大幅下降的主要原因为 2015 年度公司转让涪南高速公司股权确认投资收益 33,013.04 万元以及本公司及本公司子公司 2015 年收到建工控股支付的 2009 年 12 月 31 日（股改基准日）至 2014 年 12 月 31 日期间已由本公司及本公司子公司支付的离退休人员费用及 2009 年 12 月 31 日（股改基准日）前本公司及本公司子公司离退休人员 2015 年度的相关费用确认营业外收入共计 21,754.84 万元，使公司 2015 年度净利润大幅上升所致。本公司预计 2016 年度营业利润、净利润较 2015 年度相应财务指标下降超过 50%，提醒投资者关注相关风险。（数据未经注册会计师审计，且不构成盈利预测）

第六节　其他重要事项

根据《上海证券交易所上市公司募集资金管理规定》，本公司已与华融证券股份有限公司和存放募集资金的商业银行或其上级有权审批行签订《募集资金专户存储三方监管协议》，对于本公司子公司实施的募集资金投资项目，本公司、本公司子公司已与华融证券股份有限公司和存放募集资金的商业银行或其上级有权审批行签订《募集资金专户存储四方监管协议》。《募集资金专户存储三方监管协议》、《募集资金专户存储四方监管协议》对发行人、发行人子公司、保荐机构及开户银行的相关责任和义务进行了详细约定。公司募集资金专户的开立情况如下：

开户人	募集资金专户开户银行	银行账户
重庆建工集团股份有限公司	中国银行股份有限公司重庆渝北支行	113054313370
重庆建工集团股份有限公司	中国工商银行股份有限公司 重庆华福路支行	3100026519200105441
重庆建工集团股份有限公司	交通银行股份有限公司 重庆两江新区支行	500111064018000008619
重庆建工集团物流有限公司	中国银行股份有限公司重庆双湖支行	111654343636
重庆建工工业有限公司	中国工商银行股份有限公司 重庆华福路支行	3100026519200105565

本公司在招股说明书刊登日至上市公告书刊登前，除签署《募集资金专户存储三方监管协议》《募集资金专户存储四方监管协议》及召开第三届董事会第十二次会议外，没有发生可能对本公司有较大影响的重要事项，具体如下：

一、本公司主营业务发展目标进展情况正常。

二、本公司所处行业和市场未发生重大变化，原材料采购价格和产品销售价格、原材料采购和产品销售方式等未发生重大变化。

三、除与正常业务经营相关的采购、施工等商务合同外，本公司未订立对公司的资产、负债、权益和经营成果产生重大影响的重要合同。

四、本公司没有发生重大关联交易事项。

五、本公司未进行重大投资。

六、本公司未发生重大资产（或股权）购买、出售及置换。

七、本公司住所未发生变更。

八、本公司董事、监事、高级管理人员及核心技术人员未发生变化。

九、本公司未发生重大诉讼、仲裁事项。

十、本公司未发生除正常经营业务之外的重大对外担保等或有事项。

十一、本公司的财务状况和经营成果未发生重大变化。

十二、本公司于 2017 年 1 月 19 日召开了第三届董事会第十二次会议，审议通过了《关于签订公司募集资金专户存储三方监管协议相关事宜的议案》《关于审议公司 2017 年度总体经营指标计划的议案》《关于审议公司 2017 年度投资计划的议案》《关于审议公司 2017 年度融资计划的议案》、《关于审议子公司重庆建工建材物流有限公司购置混凝土搅拌车的议案》《关于审议参股子公司重庆鑫盛农产品批发市场有限公司转让 N14-1/02 地块相关事宜的议案》《关于审议公司物资集中采购和结算平台管理办法的议案》《关于审议公司项目诚信评价考核管理办法的议案》《关于审议公司业务招待费管理办法的议案》《关于审议公司差旅费管理办法的议案》《关于审议公司费用管理办法的议案》《关于审议公司"建工工匠"管理办法（试行）的议案》《关于提请召开股东大会的议案》。除此之外，本公司未召开其他股东大会、董事会或监事会会议。

十三、本公司未发生其他应披露的重大事项。

第七节　上市保荐机构及其意见

一、上市保荐机构基本情况

保荐机构：华融证券股份有限公司

法定代表人：祝献忠

注册地址：北京市西城区金融大街 8 号

联系地址：北京市朝阳区朝阳门北大街中国人保寿险大厦 16 楼

联系电话：010-85556359

传真号码：010-85556405

保荐代表人：周灌青、郭雯

联系人：李禹龙

联系电话：010-85556365

二、上市保荐机构的推荐意见

上市保荐机构华融证券股份有限公司认为，发行人申请其 A 股股票上市符合《中华人民共和国公司法》《中华人民共和国证券法》及《上海证券交易所股票上市规则》等法律、法规的有关规定，发行人 A 股股票具备在上海证券交易所上市的条件。上市保荐机构同意推荐重庆建工集团股份有限公司 A 股股票在上海证券交易所上市。

重庆建工集团股份有限公司

2017 年 2 月 20 日

山东出版传媒股份有限公司

山东出版传媒股份有限公司首次公开发行A股股票上市公告书暨2017年第三季度财务会计报表

特别提示

本公司股票将于2017年11月22日在上海证券交易所上市。本公司提醒投资者应充分了解股票市场风险及本公司披露的风险因素，在新股上市初期切忌盲目跟风"炒新"，应当审慎决策、理性投资。

第一节 重要声明与提示

本公司及全体董事、监事、高级管理人员保证上市公告书所披露信息的真实、准确、完整，承诺上市公告书不存在虚假记载、误导性陈述或重大遗漏，并承担个别和连带的法律责任。

上海证券交易所、其他政府机关对本公司股票上市及有关事项的意见，均不表明对本公司的任何保证。

本公司提醒广大投资者注意，凡本上市公告书未涉及的有关内容，请投资者查阅刊载于上海证券交易所网站(http://www.sse.com.cn)的本公司招股说明书全文。

如无特别说明，本上市公告书中的简称或名词的释义与本公司首次公开发行A股股票招股说明书中的释义相同。

一、股东关于股份锁定的承诺

公司控股股东山东出版集团有限公司及其全资子公司山东新地投资有限公司承诺：自公司股票上市之日起三十六个月内，不转让或者委托他人管理其已直接和间接持有的公司股份，也不由公司回购其持有的该部分股份；自公司股票上市后6个月内，如公司股票连续20个交易日的收盘价均低于本次发行价格，或者上市后6个月期末收盘价低于本次发行价格，其持有公司股票的锁定期限在原有锁定期限基础上自动延长6个月；其所持公司股票在锁定期满后24个月内减持的，减持价格不低于本次发行价格，每12个月内通过证券交易所减持的股票数量不超过本次发行前其所持公司股份总额的20%。如发行人上市后有利润分配或送配股份等除权、除息行为，上述发行价为除权除息后的价格。

公司其他股东中国文化产业投资基金(有限合伙)、中国信达资产管理股份有限公司、中国教育出版传媒集团有限公司、新华出版社、山东省文化产业投资有限公司、中国新闻出版传媒集团有限公司承诺：自发行人股票在证券交易所上市交易之日起12个月内，不转让或者委托他人管理本次发行前其直接或间接持有的发行人的股份，也不由发行人回购其持有的股份。

二、稳定公司股价的预案

山东出版传媒股份有限公司(以下简称"公司")及其控股股东山东出版集团有限公司、公司董事及高级管理人员于此分别承诺，按照下述方案执行公司的A股股价稳定计划预案(以下简称"预案")：

(一)启动预案的具体条件

在公司A股股票上市后三年内，如非因不可抗力因素所致，公司A股股票收盘价格连续20个交易日低于最近一期经审计的每股净资产(第20个交易日构成"触发稳定股价措施日"，公司如有派息、送股、资本公积转增股本、股份拆细、增发、配股或缩股等除权除息事项导致公司净资产或股份总数发生变化的，每股净资产需相应进行调整，下同)，且公司情况同时满足法律、法规和规范性文件关于业绩发布、回购或增持相关规定的情形，则本公司及控股股东、董事(不含独立董事，下同)、高级管理人员等相关主体将启动稳定公司股价的措施。

公司实施股价稳定措施的目的是使股价与股票价值相匹配，尽量促使公司股票收盘价回升达到或超过最近一期经审计的每股净资产。

(二)稳定股价的具体措施

1. 本公司在触发稳定股价措施日起10个交易日内，组织公司的业绩发布会或业绩路演，积极与投资者就公司经营业绩和财务状况进行沟通。

2. 控股股东在触发稳定股价措施日起的10个交易日内(如期间存在N个交易日限制控股股东买卖股票，则控股股东在触发稳定股价措施日后的10+N个交易日内)，应书面通知公司董事会其增持公司A股股票的具体计划(应包括拟增持的数量范围、价格区间、增持期限、增持目标等其他有关增持的内容)并由公司进行公告，前述具体计划包括但不限于：于触发稳定股价义务之日起3个月内以不低于人民币5000万元资金增持股份，若股票收盘价连续20个交易日高于最近一期经审计的每股净资产，则可中止实施该次增持计划，连续40个交易日高于最近一期经审计的每股净资产或增持资金使用完毕，则可终止实施该次增持计划。

3. 如控股股东未如期公告签署具体增持计划，或明确表示未有增持计划的，或已履行股价稳定义务但未达到效果的，则公司董事会应在触发稳定股价措施日起的20个交易日内公告公司是否有具体股份回购计划，如有，应披露拟回购股份的数量范围、价格区间、资金来源、完成时间等信息，且该次回购总金额不低于5,000万元。前述回购股份预案包括但不限于：若股票收盘价连续20个交易日高于最近一期经审计的每股净资产，则可中止实施该次回购计划；连续40个交易日高于最近一期经审计的每股净资产或回购资金使用完毕，则可终止实施该次回购计划。

公司回购股票预案公告后，应根据《公司章程》及公司股票上市地上市规则及其他适用的监管规定履行相应的内部审议程序，依法作出实施回购股票的决议。公司回购股票不应导致公司不满足法定上市条件。

4. 如公司董事会未如期公告股份回购计划，或因各种原因导致签署股份回购计划未能通过股东大会的，董事、高级管理人员应在触发稳定股价措施日起的30个交易日内(如期间存在N个交易日限制董事、高级管理人员买卖股票，则董事、高级管理人员应在触发稳定股价措施日后的30+N个交易日内)或前述股份回购计划未能通过股东大会后的10个交易日内(如期间存在N个交易日限制董事、高级管理人员买卖股票，则董事、高级管理人员应在触发稳定股价措施日后的10+N个交易日内)，应书面通知公司董事会其增持公司A股股票的具体计划(应包括拟增持的数量范围、价格区间、增持期限、增持目标等其他有关增持的内容)并由公司进行公告，前述具体计划包括但不限于：于触发稳定股价措施日起3个月以内，以不低于各自上年度薪酬总额的20%的资金增持股份，若股票收盘价连续20个交易日高于最近一期经审计的每股净资产，则可中止实施该次增持计划，连续40个交易日高于最近一期经审计的每股净资产或增持资金使用完毕，则可终止实施该次增持计划。

5. 控股股东、公司、董事及高级管理人员在履行其增持或回购义务时，应按照公司股票上市地上市规则及其他适用的监管规定履行相应的信息披露义务。

6. 任何对本预案的修订均应经股东大会审议通过，且需经出席股东大会的股东所持有表决权股份总数的三分之二以上同意通过。

(三)未能履行增持或回购义务的约束措施

1. 对于控股股东，如已公告增持具体计划，且达到实施条件但无合理理由未能实际履行，则公司有权将与控股股东履行其增持义务相等金额的应付控股股东现金分红予以截留，直至控股股东履行完毕其增持义务；如已经连续两次触发增持义务而控股股东均未能提出具体增持计划，则公司可将与控股股东履行其增持义务相等金额的应付控股股东现金分红予以截留用于股份回购计划，控股股东丧失对相应金额现金分红的追索权；如对公司董事会提出的股份回购计划投弃权票或反对票，则公司可将与控股股东履行其增持义务相等金额的应付控股股东现金分红予以截留用于下次股份回购计划，控股股东丧失对相应金额现金分红的追索权。

2. 对于公司董事、高级管理人员，如已公告增持具体计划，且达到实施条件但无合理理由未能实际履行，则公司有权将与其履行增持义务相等金额的工资薪酬及现金分红予以截留，直至相关人员履行完毕增持义务；如个人在任职期间连续两次未能主动履行其增持义务，由控股股东或董事会提请股东大会同意更换相关董事，由公司董事会提请解聘相关高级管理人员。

3. 如因公司股票上市地上市规则等证券监管法规对于社会公众股股东最低持股比例的规定导致控股股东、公司、董事及高级管理人员在一定时期内无法履行其增持或回购义务的，相关责任主体可免于前述惩罚，但亦应积极采取其他措施稳定股价。

(四)其他说明

在本预案有效期内，新聘任的公司董事、高级管理人员应履行本预案规定的董事、高级管理人员义务并按同等标准履行公司首次公开发行A股股票时董事、高级管理人员已作出的其他承诺义务。对于公司拟聘任的董事、高级管理人员，应在获得提名前书面同意履行前述承诺和义务。

三、股东关于持股意向及减持股份意向的承诺

(一)本公司控股股东的承诺

本公司控股股东山东出版集团有限公司及其全资子公司山东新地投资有限公司承诺："本公司将遵守中国证监会《上市公司股东、董监高减持股份的若干规定》《上海证券交易所股票上市规则》《上海证券交易所上市公司股东及董事、监事、高级管理人员减持股份实施细则》的相关规定。"

(二)其他股东关于减持意向的承诺

"本公司股东中国文化产业投资基金(有限合伙)、中国信达资产管理股份有限公司、中国教育出版传媒集团有限公司、新华出版社、山东省文化产业投资有限公司、中国新闻出版传媒集团有限公司承诺将遵守中国证监会《上市公司股东、董监高减持股份的若干规定》《上海证券交易所股票上市规则》《上海证券交易所上市公司股东及董事、监事、高级管理人员减持股份实施细则》的相关规定。"

四、关于本次发行相关文件真实性、准确性、完整性的承诺

(一)公司的承诺

公司承诺："公司招股说明书若有虚假记载、误导性陈述或者重大遗漏，对判断公司是否符合法律规定的发行条件构成重大、实质影响的，公司将依法回购首次公开发行的全部新股，回购价格按照二级市场价格确定。公司将在中国证监会、证券交易所等监管机构认定有关违法事实之日起10

个交易日内召开董事会并作出决议，通过回购股份数量、价格区间、完成时间等股份回购具体方案并公告，同时发出股东大会会议通知，涉及公司回购公司股份的应经公司股东大会批准。

自公司首次公开发行股票上市之日至公司发布回购方案之日，公司如有派息、送股、资本公积金转增股本、配股等除权除息事项，回购数量及回购价格将相应进行调整。

公司招股说明书若有虚假记载、误导性陈述或者重大遗漏，致使投资者在证券交易中遭受损失或者公司未履行上述承诺的，公司将依法赔偿投资者损失。”

（二）公司控股股东的承诺

公司控股股东承诺：“山东出版招股说明书若有虚假记载、误导性陈述或者重大遗漏，对判断山东出版是否符合法律规定的发行条件构成重大、实质影响的，山东出版集团将督促山东出版依法回购首次公开发行的全部新股。

山东出版招股说明书若有虚假记载、误导性陈述或者重大遗漏，致使投资者在证券交易中遭受损失的，山东出版集团将依法赔偿投资者损失。相关赔偿金额由司法机关以司法裁判文书予以认定。”

（三）公司董事、监事和高级管理人员的承诺

公司董事、监事和高级管理人员承诺：“山东出版招股说明书若有虚假记载、误导性陈述或者重大遗漏，致使投资者在证券交易中遭受损失的，山东出版董事、监事及高级管理人员将依法赔偿投资者损失。

若山东出版董事、监事及高级管理人员未能履行山东出版首次公开发行股票前个人所作出的相关承诺，则山东出版董事、监事及高级管理人员将依法承担相应的法律责任；并在证券监管部门或有关政府机构认定前述承诺未得到实际履行起 30 日内，或司法机关生效的裁判文件认定因前述承诺未得到实际履行而致使投资者在证券交易中遭受损失起 30 日内，自愿将各自在山东出版上市当年全年从山东出版领取的全部薪金对投资者先行进行依法赔偿。”

（四）本次发行相关中介机构的承诺

本次发行的保荐机构中银证券承诺：“如中银证券为发行人首次公开发行股票制作、出具的文件有虚假记载、误导性陈述或者重大遗漏，给投资者造成损失的，将先行赔偿投资者损失。”

本次发行的律师事务所德和衡承诺：“如因德和衡未能依照适用的法律法规、规范性文件及行业准则的要求勤勉尽责地履行法定职责而导致本所为山东出版首次公开发行制作、出具的文件有虚假记载、误导性陈述和重大遗漏，给投资者造成实际损失的，德和衡将依法赔偿投资者损失，并根据有关法律法规的规定接受监管机构的处罚。”

本次发行的会计师事务所瑞华承诺：“瑞华接受委托，为山东出版传媒股份有限公司首次公开发行股份出具了财务报表审计报告、内部控制鉴证报告、原始财务报表与申报财务报表差异情况的专项审核报告、主要税种纳税情况的专项报告及非经常性损益的专项审核报告。根据中国证券监督管理委员会《中国证监会关于进一步推进新股发行体制改革的意见》（证监会公告〔2013〕42 号）的要求，瑞华承诺，如果因其出具上述文件的执业行为存在过错，违反了法律法规、中国注册会计师协会依法拟定并经国务院财政部门批准后施行的执业准则和规则以及诚信公允的原则，从而导致上述文件中存在虚假记载、误导性陈述或者重大遗漏，并由此给基于对该等文件的合理信赖而将其用于山东出版传媒股份有限公司股票投资决策的投资者造成损失的，瑞华将依照相关法律法规的规定对该等投资者承担相应的民事赔偿责任。”

五、本次发行对即期回报摊薄的影响及公司采取的填补措施

公司首次公开发行股票完成后，公司的股本和净资产规模将较发行前有较大幅度的提高，由于募投项目建设投产需要一定的周期，募集资金投资项目产生效益需要一定的时间，因此本次发行完成后的短时间内，因股本和净资产规模增长较快将摊薄每股收益。但从中长期看，本次发行募集资金带来的资本金规模增长将有效促进公司业务规模的扩张，进一步提升公司的业务规模和盈利能力。公司将积极采取各种措施提高净资产和资本金的使用效率，以获得良好的收益。

（一）应对本次公开发行摊薄即期回报采取的具体措施

本公司采取以下措施来应对本次公开发行摊薄即期回报，但是需要提示投资者的是，制定填补回报措施不等于对本公司未来利润做出保证。

1. 保证本次募集资金有效使用

（1）加强对募集资金的管理，防范募集资金使用风险

为规范公司募集资金的管理和运用，切实保护投资者利益，根据《中华人民共和国公司法》、《中华人民共和国证券法》、《上海证券交易所股票上市规则》等有关法律、法规和规范性文件及《公司章程》的相关规定，结合公司实际情况，公司制定了《山东出版传媒股份有限公司募集资金管理制度》，对募集资金的管理、专户存储、三方监管方面进行了明确规定。本次公开发行募集资金到位后，公司董事会将开设募集资金专项账户，对募集资金进行专项存储；公司将就募集资金账户与开户银行、保荐机构签订募集资金三方监管协议，由保荐机构和开户银行对募集资金进行监管，确保募集资金专款专用。同时，公司将严格遵守《山东出版传媒股份有限公司募集资金管理制度》等相关规定，明确各控制环节的相关责任，按计划申请、审批、使用募集资金，并对使用情况进行内部检查与考核。

（2）投资优质募投项目，提升公司竞争力

本次募集资金将用于公司的主营业务，优先选择符合公司发展战略、投资收益良好、能够提升公司核心竞争力的项目。本次募集资金投入后，公司将积极推动募投项目的建设，充分发挥管理经营优势，有效提升募集资金的使用效益，有助于持续提升公司的经营业绩。

2. 有效防范即期回报被摊薄的风险

（1）加大市场开拓力度

公司将在巩固目前在出版、发行、印刷等领域的市场竞争地位的基础上，通过推动发行业态升级、发展数字业务等战略，继续提升客户服务水平，加大市场开拓力度，拓展收入增长空间，进一步巩固和提升公司的市场竞争地位，实现公司营业收入的可持续增长。

（2）提升管理水平

公司把体制机制创新作为战略重点和核心任务。公司将进一步完善内部控制，提升管理水平，严格控制费用支出，加大成本控制力度，提升经营效率和盈利能力。同时，公司将努力提升人力资源管理水平，完善和改进公司的薪酬制度，提高员工的积极性，并加大人才培养和优秀人才的引进力度，为公司的快速发展夯实基础。

（3）打造一流人才队伍

为了实现未来的发展战略与目标，公司将通过自身培养和外部引进的方式，加强编辑、出版、发行等核心人才队伍建设，提升公司的人才素质结构和水平，增强公司的竞争力。

（4）加快募集资金投资项目进度

本次募集资金到位后，公司将加快推进募集资金投资项目的建设，提高募集资金使用效率，争取募集资金投资项目早日实现预期效益，增强公司的盈利能力。本次募集资金到位前，公司将积极调配资源，开展募集资金投资项目前期准备工作，进行项目相关人才、技术的储备，保证募集资金投资项目的顺利进行。

（5）优化投资者回报机制

公司将建立持续、稳定、科学的投资者回报规划与机制，对利润分配做出制度性安排，以保护公众投资者的合法权益。《公司章程》（草案）、《关于公司股票上市后三年股东分红回报规划的议案》，明确了公司利润分配尤其是现金分红的分配原则、分配形式、具体条件、现金分红比例等内容，完善了公司利润分配的决策机制和利润分配政策的调整原则。

上述填补摊薄即期回报的措施已经 2017 年 4 月 6 日召开的 2016 年度公司股东大会审议通过。

（二）公司董事、高级管理人员及控股股东、实际控制人的相关承诺

1. 公司董事、高级管理人员根据中国证监会相关规定对公司填补回报措施能够得到切实履行做出了承诺：

“（1）本人承诺不会无偿或以不公平条件向其他单位或者个人输送利益，也不采用其他方式损害发行人利益；

（2）本人承诺对本人日常的职务消费行为进行约束；

（3）本人承诺不动用发行人资产从事与自身履行职责无关的投资、消费活动；

（4）本人承诺在自身职责和权限范围内，全力促使发行人董事会、薪酬与考核委员会制定的薪酬制度与发行人填补回报措施的执行情况相挂钩；

（5）若发行人未来实施股权激励，本人承诺在自身职责和权限范围内，全力促使发行人拟公布的股权激励的行权条件与发行人填补回报措施的执行情况相挂钩。”

2. 公司控股股东及实际控制人山东出版集团作出承诺：“本公司承诺不越权干预发行人经营管理活动，不侵占发行人利益。”

上述填补摊薄即期回报的措施已经 2016 年 4 月 22 日召开的公司 2015 年度股东大会审议通过。公司将在未来上市后定期报告中持续披露填补即期回报措施的完成情况及相关承诺主体承诺事项的履行情况。

六、财务报告审计截止日后的主要财务信息及经营情况

公司财务报告审计截止日为 2017 年 6 月 30 日，财务报告截止日至本上市公告书签署日，公司经营模式、采购模式、销售模式、税收政策均未发生重大变化，经营情况正常，亦未出现其他可能影响投资者判断的重大事项。

公司 2017 年第三季度主要财务数据请参见本上市公告书“第五节　财务会计情况”相关内容。公司预计 2017 全年生产经营情况和主要财务指标与 2016 年度相比不会发生重大变化（该项预计不构成 2017 年度盈利预测和利润承诺）。

七、发行人相关主体承诺的核查意见

保荐机构对相关承诺约束措施逐项进行核查，核查后认为发行人及其股东、实际控制人、董事、监事及高级管理人员等相关责任主体出具的承诺已经各相关主体签署，并已明确约定该等承诺未能履行时的相关约束措施，该等承诺的内容及约束措施合法、合规，符合相关政策要求。

发行人律师对相关承诺约束措施逐项进行核查，核查后认为，发行人及其控股股东等责任主体业已根据《关于进一步推进新股发行体制改革的意见》等适用法律、法规和规范性文件的要求就涉及本次发行的有关事宜作出了公开承诺并提出了相应的约束措施；该等承诺及约束措施合法、有效。

第二节　股票上市情况

一、股票发行上市审核情况

本上市公告书系根据《中华人民共和国公司法》《中华人民共和国证券法》《首次公开发行股票并上市管理办法》和《上海证券交易所股票上市规则》等有关法律法规规定，按照上海证券交易所《股票上市公告书内容与格式指引》编制而成，旨在向投资者提供有关本公司首次公开发行 A 股股票上市的基本情况。

经中国证券监督管理委员会“证监许可〔2017〕1917 号”文核准，本公司首次公开发行 A 股股票不超过 26,690 万股。

本公司 A 股股票上市已经上海证券交易所“自律监管决定书〔2017〕428 号”批准，股票简称“山

东出版”，股票代码“601019”。本次发行的26,690万股股票将于2017年11月22日起上市交易。

二、股票上市相关信息

(一)上市地点：上海证券交易所

(二)上市时间：2017年11月22日

(三)股票简称：山东出版

(四)股票代码：601019

(五)本次公开发行后的总股本：2,086,900,000股

(六)本次公开发行的股票数量：266,900,000股

(七)本次上市的无流通限制及锁定安排的股票数量：266,900,000股

(八)发行前股东所持股份的流通限制及期限：参见本上市公告书“第一节　重要声明与提示”之“一、股东关于股份锁定的承诺”

(九)发行前股东对所持股份自愿锁定的承诺：参见本上市公告书“第一节　重要声明与提示”之“一、股东关于股份锁定的承诺”

(十)本次上市股份的其他锁定安排：无

(十一)股票登记机构：中国证券登记结算有限责任公司上海分公司

(十二)上市保荐机构：中银国际证券有限责任公司

第三节　发行人、控股股东和实际控制人情况

一、发行人基本情况

(一)发行人概况

中文名称：山东出版传媒股份有限公司

英文名称：Shandong Publishing&Media Co.,Ltd

发行前注册资本：人民币182,000万元

发行后注册资本人民币208,690万元

法定代表人：张志华

注册地址：山东省济南市英雄山路189号

成立日期：2011年12月28日

经营范围：图书期刊发行(有效期限以许可证为准)。出版行业投资，资产经营与管理；印刷物资销售，仓储，第三方物流服务；装潢设计，广告业务，出版物版权代理。(依法须经批准的项目，经相关部门批准后方可开展经营活动)

所属行业：R-85-新闻和出版业

电话：0531-82098193

传真：0531-82098193

电子邮箱：zqflb@sdcbcm.com

(二)董事、监事和高级管理人员基本情况

本公司现任董事任职情况如下：

姓　名	任职	任职期限
张志华	董事长	2015年6月29日至2018年6月28日
王次忠	副董事长	2015年12月25日至2018年6月28日
迟　云	董事	2016年8月4日至2018年6月28日
胡　鹏	董事	2015年6月29日至2018年6月28日
王昭顺	董事	2015年6月29日至2018年6月28日
徐向艺	独立董事	2015年6月29日至2018年6月28日
胡元木	独立董事	2015年6月29日至2018年6月28日
刘　燕	独立董事	2015年6月29日至2018年6月28日

本公司现任监事任职情况如下：

姓　名	任职	任职期限
张　军	监事会主席	2015年6月29日至2018年6月28日
张　淼	监事会副主席	2015年6月29日至2018年6月28日
张耀元	职工监事	2015年6月10日至2018年6月9日

本公司高级管理人员任职情况如下：

姓　名	任职	任职期限
胡　鹏	总经理	2015年7月31日至2018年7月30日
陈　刚	常务副总经理	2015年7月31日至2018年7月30日
王长春	副总经理	2015年7月31日至2018年7月30日
宫　杰	副总经理、财务总监	2015年7月31日至2018年7月30日
薛严丽	董事会秘书	2015年7月31日至2018年7月30日
范　波	副总经理	2017年6月8日至2018年7月30日

截至本上市公告书签署日，本公司董事、监事及高级管理人员直接、间接持有发行人股份情况如下：

公司的董事、监事、高级管理人员及其近亲属无直接及间接持有公司股份情况。

二、控股股东及实际控制人基本情况

山东出版集团有限公司持有本公司162,680.00万股，占发行前总股本的89.38%，为公司发起人及控股股东，其所持有的本公司股份不存在被质押或被查封、冻结的情形，其基本情况如下：

成立时间：1980年12月5日

注册资本：人民币106,775.7895万元

实收资本：人民币106,775.7895万元

注册地址：济南市市中区经九路胜利大街39号

法定代表人：张志华

经营范围：集团公司及出资企业的国有资产经营管理，投资业务，实物租赁，物业管理；艺术品销售(依法须经批准的项目，经相关部门批准后方可开展经营活动)。

股东构成：山东省人民政府持有100%股权。

三、股本及股东情况

(一)本次发行前后的股本情况

本次发行前本公司的总股本为182,000万股，本次发行26,690万股A股，占发行后本公司总股本的12.79%。本次发行前后的股本结构如下表所示：

股东名称	持股类型	发行前股数(万股)	发行前比例(%)	发行后股数(万股)	发行后比例(%)	锁定期限制
一、有限售条件的股份						
山东出版集团有限公司(SS)	国有股	162,680.0000	89.38	160,294.4478	76.81	自上市之日起锁定36个月
中国文化产业投资基金(有限合伙)(SS)	国有股	6,500.0000	3.57	6,404.7167	3.07	自上市之日起锁定12个月
山东新地投资有限公司(SS)	国有股	3,320.0000	1.82	3,271.4242	1.57	自上市之日起锁定36个月
中国信达资产管理股份有限公司(SS)	国有股	3,000.0000	1.65	3,000.0000	1.44	自上市之日起锁定12个月
中国教育出版传媒集团有限公司(SS)	国有股	2,000.0000	1.10	1,970.6410	0.94	自上市之日起锁定12个月
新华出版社(SS)	国有股	2,000.0000	1.10	1,970.6410	0.94	自上市之日起锁定12个月
山东省文化产业投资有限公司(SS)	国有股	2,000.0000	1.10	1,970.6410	0.94	自上市之日起锁定12个月
中国新闻出版传媒集团有限公司(SS)	国有股	500.0000	0.28	492.5268	0.24	自上市之日起锁定12个月
全国社会保障基金理事会	国有股	–	–	2,624.9615	1.26	其中：24,341,280股锁定36个月；1,908,335股锁定12个月
合计		182,000.0000	100.00	182,000.0000	87.21	–
二、无限售条件A股流通股						
社会公众股股东		–	–	26,690.0000	12.79	–
总合计		182,000.0000	100.00	208,690.0000	100.00	–

(二)本公司前十名股东

本次发行后、上市前，本公司A股股东户数为245,615户，前十名A股股东及持股情况如下：

序号	股东名称	持股数量(股)	持股比例
1	山东出版集团有限公司	1,602,944,478.00	76.81%
2	中国文化产业投资基金(有限合伙)	64,047,167.00	3.07%
3	山东新地投资有限公司	32,714,242.00	1.57%
4	中国信达资产管理股份有限公司	30,000,000.00	1.44%
5	全国社会保障基金理事会转持一户	26,249,615.00	1.26%
6	山东省文化产业投资有限公司	19,706,410.00	0.94%
7	中国教育出版传媒集团有限公司	19,706,410.00	0.94%
8	新华出版社	19,706,410.00	0.94%
9	中国新闻出版传媒集团有限公司	4,925,268.00	0.24%
10	中银国际证券有限责任公司	452,733.00	0.02%
	合计	1,820,452,733.00	87.23%

第四节　股票发行情况

一、发行数量

26,690万股，占发行后总股本的12.79%，全部为新股，不涉及老股转让。

二、发行价格

本次发行价格为10.16元/股，对应市盈率22.99倍(按每股发行价格除以发行后每股收益计算，

其中，每股收益按 2016 年度经审计的扣除非经常性损益前后孰低的净利润除以本次发行后总股本计算）。

三、每股面值

人民币 1.00 元。

四、发行方式

本次发行采用网下向符合条件的投资者询价配售和网上向持有上海市场非限售 A 股股份市值的社会公众投资者定价发行相结合的方式。其中网下最终发行数量为 2,669 万股，占本次发行总量的 10%；网上最终发行数量为 24,021 万股，占本次发行总量 90%。

本次发行网上、网下投资者放弃认购股份由主承销商中银国际证券有限责任公司包销，包销股份数量为 452,733 股，包销比例为 0.17%。

五、募集资金总额及注册会计师对资金到位的验证情况

本次发行募集资金总额为 271,170.40 万元。瑞华会计师事务所（特殊普通合伙）于 2017 年 11 月 14 日对本次发行资金到位情况进行了审验，并出具了“瑞华验字〔2017〕第 01460017 号”《验资报告》。

六、发行费用

本次发行费用总计为 9,165.44 万元，明细如下：

序号	项目	公司公开发行新股发行费用金额（万元）
1	承销和保荐费	7,836.12
2	审计及验资费	528.30
3	律师费	61.32
4	用于本次发行的信息披露费	476.42
5	发行手续费	132.28
6	印花税	131.00
	费用合计	9,165.44

注：上述金额不包含增值税。

本次发行每股发行费用为 0.34 元（按本次发行费用总额除以发行股数计算）。

七、募集资金净额

本次发行募集资金总额为 271,170.40 万元，扣除发行费用 9,165.44 万元后募集资金净额为 262,004.96 万元。

八、发行后每股净资产

本次发行后每股净资产为 3.83 元（按本次发行后归属于母公司股东的所有者权益除以发行后总股本计算，其中，发行后归属于母公司股东的所有者权益按截至 2017 年 6 月 30 日经审计的归属于母公司股东的所有者权益与本次募集资金净额之和计算）。

九、发行后每股收益

本次发行后每股收益为 0.4420 元（按 2016 年度经审计的扣除非经常性损益前后孰低的净利润除以本次发行后总股本计算）。

第五节 财务会计情况

本公司聘请瑞华会计师依据中国注册会计师审计准则对本公司 2014 年 12 月 31 日、2015 年 12 月 31 日、2016 年 12 月 31 日及 2017 年 6 月 30 日的资产负债表和合并资产负债表，2014 年度、2015 年度、2016 年度及 2017 年 1-6 月的利润表和合并利润表、股东权益变动表和合并股东权益变动表、现金流量表和合并现金流量表以及财务报表附注进行了审计。瑞华会计师出具了标准无保留意见的《审计报告》（瑞华审字〔2017〕01460319 号）。上述数据已在公告的招股说明书中进行了详细披露，相关信息请详细阅读招股说明书“第十节财务会计信息”和“第十一节管理层讨论与分析”，本公告不再披露，敬请投资者注意。

本公司 2016 年 1-9 月和 2017 年 1-9 月财务数据未经审计，敬请投资者注意。本公司 2017 年 1-9 月份财务报表已经公司第二届董事会第十九次（临时）会议决议通过，并在本上市公告书中披露，请查阅本上市公告书附件。公司上市后第三季度财务报表不再单独披露。

公司 2017 年 1-9 月主要财务数据列示如下：

单位：万元

项目	2017 年 9 月 30 日	2016 年 12 月 31 日	增减幅度
流动资产	725,092.66	661,048.88	9.69%
流动负债	360,865.18	333,538.40	8.19%
资产总额	1,068,312.33	992,969.74	7.59%
归属于发行人股东的所有者权益	568,114.00	508,967.14	11.62%
归属于发行人股东的每股净资产（元/股）	3.12	2.80	11.62%
项目	2017 年 1-9 月	2016 年 1-9 月	增减幅度
营业总收入	629,245.06	627,382.71	0.30%
营业利润	95,084.33	80,496.67	18.12%
利润总额	95,867.61	84,074.51	14.03%
归属于发行人股东的净利润	96,439.63	84,046.47	14.75%
归属于发行人股东的扣除非经常性损益后的净利润	89,806.02	79,447.65	13.04%
基本每股收益（元/股）	0.53	0.46	14.75%
扣除非经常性损益后的基本每股收益（元/股）	0.49	0.44	13.04%
加权平均净资产收益率（%）	17.73%	17.91%	−0.18%
扣除非经常性损益后的加权平均净资产收益率（%）	16.51%	16.93%	−0.42%
经营活动产生的现金流量净额	−7,240.34	27,959.00	−125.90%
每股经营活动产生的现金流量净额（元/股）	−0.04	0.15	−125.90%

公司 2017 年 1-9 月实现营业收入为 629,245.06 万元，上年度同期数为 627,382.71 万元，同比增长 0.30%；扣除非经常性损益后归属于母公司股东的净利润为 89,806.02 万元，上年同期数为 79,447.65 万元，同比增长 13.04%。

2017 年 1-9 月经营活动产生的现金流量净额为−7,240.34 万元，上年同期数为 27,959.00 万元，减少幅度较高，主要由于当期采购活动支付的现金同比增加所致。

公司财务报告审计截止日（2017 年 6 月 30 日）至本上市公告书签署之日，公司经营模式、采购模式、销售模式、税收政策均未发生重大变化，经营情况正常，亦未出现其他可能影响投资者判断的重大事项。公司预计 2017 全年度生产经营情况和主要财务指标与 2016 年度相比不会发生重大变化（该项预计不构成 2017 年度盈利预测和利润承诺）。

第六节 其他重要事项

一、募集资金专户存储三方监管协议的安排

根据《上海证券交易所上市公司募集资金管理办法》，本公司 2017 年 11 月 6 日已与存放募集资金的商业银行中国工商银行股份有限公司济南市中支行（账号：1602001629200318508）、中国农业银行股份有限公司济南泺源支行（账号：15156401040006936）、中国银行股份有限公司济南阳光新路支行（账号：232534469684）、中信银行股份有限公司济南分行（账号：8112501013400522507），保荐机构分别签订了《募集资金专户存储三方监管协议》。《募集资金专户存储三方监管协议》对发行人、保荐机构及开户银行的相关责任和义务进行了详细约定。

二、其他事项

在招股意向书刊登日至本上市公告书刊登前，本公司不存在可能产生较大影响的重要事项，具体如下：

（一）本公司主要业务发展目标进展情况正常；

（二）本公司所处行业和市场未发生重大变化；

（三）除正常经营活动签订的销售、采购等商务合同外，本公司未订立可能对公司资产、负债、权益和经营成果产生重大影响的重要合同；

（四）本公司未发生重大关联交易事项；

（五）本公司未进行重大投资；

（六）本公司未发生重大资产（或股权）购买、出售及置换；

（七）本公司住所未发生变更；

（八）本公司董事、监事、高级管理人员及核心技术人员未发生变化；

（九）本公司未发生重大诉讼及仲裁事项。

（十）本公司未发生对外担保等或有事项；

（十一）本公司财务和经营成果未发生重大变化；

（十二）本公司召开了 2 次董事会、1 次监事会、1 次股东大会；

（十二）本公司不存在其他应披露的重大事项。

第七节 上市保荐机构及其意见

一、上市保荐机构基本情况

机构名称：中银国际证券有限责任公司

法定代表人：宁敏

注册地址：上海市浦东新区银城中路 200 号中银大厦 39 层

联系地址：北京市西城区西单北大街 110 号 7 层

联系电话：010-66229000

传真：010-66578963

保荐代表人：牛志鹏、郑伟

联系人：牛志鹏

二、上市保荐机构推荐意见

上市保荐机构中银国际证券有限责任公司认为，山东出版传媒股份有限公司申请其股票上市符合《中华人民共和国公司法》《中华人民共和国证券法》及《上海证券交易所股票上市规则》等法律、法规及规范性文件的有关规定，山东出版传媒股份有限公司的股票具备在上海证券交易所上市的条件。保荐机构同意推荐山东出版传媒股份有限公司的股票在上海证券交易所上市。

山东出版传媒股份有限公司

2017.年 11 月 21 日

上海环境集团股份有限公司

上海环境集团股份有限公司首次公开发行股票上市公告书

特别提示

上海环境集团股份有限公司(以下简称"上海环境""本公司""公司")股票将于 2017 年 3 月 31 日在上海证券交易所上市。本公司提醒投资者应充分了解股票市场风险及上海城投控股股份有限公司(以下简称"城投控股")于 2016 年 10 月 22 日披露的《上海城投控股股份有限公司换股吸收合并上海阳晨投资股份有限公司及分立上市暨关联交易报告书(修订稿)》中与本公司相关的风险因素,在新股上市初期切忌盲目跟风"炒新",应当审慎决策、理性投资。

第一节　重要声明与提示

一、重要提示

本公司及全体董事、监事、高级管理人员保证上市公告书所披露信息的真实、准确、完整,承诺上市公告书不存在虚假记载、误导性陈述或重大遗漏,并承担个别和连带的法律责任。

上海证券交易所、其他政府机关对本公司股票上市及有关事项的意见,均不表明对本公司的任何保证。

本公司提醒广大投资者注意股票上市初期的投资风险,广大投资者应充分了解风险、理性参与新股交易。

本公司提醒广大投资者注意,凡本上市公告书未涉及的有关内容,请投资者查阅城投控股于 2016 年 10 月 22 日刊载于上海证券交易所网站(www.sse.com.cn)的《上海城投控股股份有限公司换股吸收合并上海阳晨投资股份有限公司及分立上市暨关联交易报告书(修订稿)》(以下简称"重组报告书")全文。

如无特别说明,本上市公告书中的简称或名词的释义与重组报告书中的相同;本上市公告书所有数值保留两位小数,若出现总数与各分项数值之和尾数不符的情况,均为四舍五入原因造成。

二、城投控股换股吸收合并上海阳晨投资股份有限公司(以下简称"阳晨投资")及分立上市经中国证券监督管理委员会《关于核准上海城投控股股份有限公司吸收合并上海阳晨投资股份有限公司并分立上市的批复》(证监许可〔2016〕2368 号文)核准。

三、公司股票上市首日开盘参考价(即时行情显示的前收盘价)与城投控股于本次分立实施前最后一个交易日的收盘价一致,即为 20.34 元/股;股票上市首日不实行价格涨跌幅限制,交易机制适用上海证券交易所《关于新股上市初期交易监管有关事项的通知》(上证发〔2015〕59 号)、《上海证券交易所证券异常交易实时监控细则》和《上海证券交易所交易规则》有关规定。

(一)集合竞价阶段,有效申报价格不得高于发行价格(即前述股票上市首日开盘参考价,下同)的 120%且不得低于发行价格的 80%;

(二)连续竞价阶段,有效申报价格不得高于发行价格的 144%且不得低于发行价格的 64%;

(三)上市首日如股票竞价交易出现异常波动,上海证券交易所将按照有关规定实施盘中临时停牌措施。

四、本次上市的相关承诺

(一)关于股东所持股份锁定的承诺

1. 控股股东股份锁定承诺

公司控股股东上海城投(集团)有限公司(以下简称"上海城投")承诺:就上海城投因上海环境集团有限公司(以下简称"环境集团")从城投控股分立而取得并持有的上海环境全部股份,自上海环境股票在上海证券交易所上市流通之日起三十六个月内不得转让,也不由上海环境回购该等股份;且根据城投控股重组方案相关安排,上海城投于上海环境从城投控股分立前就所持城投控股股份锁定及转让限制所出具的承诺,在上海环境股票上市后将同样适用于上海城投持有的上海环境相应股份。上海环境上市后,上海城投所持上述股份因上海环境分配股票股利、转增股本等情形所增持的股份亦应遵守前述股份锁定安排。

上海城投所持上海环境股票在前述三十六个月锁定期满后两年内减持的,其减持价格不低于上海环境股票上市首日开盘参考价。

上海环境上市后 6 个月内,如上海环境股票连续 20 个交易日的收盘价均低于上市首日开盘参考价,或者上市后 6 个月期末收盘价低于上市首日开盘参考价,上海城投持有上海环境股票的锁定期限自动延长 6 个月(如果上海环境上市后因派发现金红利、送股、转增股本、增发新股等原因进行除权、除息的,上市首日开盘参考价则按上海证券交易所的有关规定作除权除息处理)。

如违反上述承诺,上海城投将在上海环境股东大会及证券监督管理部门指定的信息披露报刊上公开就未履行股票锁定承诺向上海环境及其他股东道歉,并将出售股票收益上缴上海环境,同时上海城投所持股份锁定期自期满后延长六个月。

2. 公司其他股东所持股份锁定承诺

弘毅(上海)股权投资基金中心(有限合伙)(以下简称"弘毅上海")承诺:

弘毅上海因环境集团从城投控股分立而取得并持有的上海环境全部股份,自上海环境股票在上海证券交易所上市交易之日起一年内不得转让。上海环境上市后,弘毅上海所持上述股份因上海环境分配股票股利、转增股本等情形所增持的股份亦应遵守前述股份锁定安排。锁定期届满后,弘毅上海转让和交易上海环境股份将依据届时有效的法律法规和上海证券交易所的规则办理。

如违反上述承诺,弘毅上海将出售股票收益上缴上海环境,同时弘毅上海所持股份锁定期自期满后延长六个月。

(二)关于稳定公司股价的预案

经公司第一次股东大会审议通过,关于上市后稳定公司股价的预案如下:

1. 稳定股价预案有效期及触发条件

(1)稳定股价预案自公司股票上市之日起 3 年内有效;

(2)稳定股价预案有效期内,一旦公司股票出现当日收盘价连续 20 个交易日低于公司最近一期经审计的每股净资产的情形,则立即启动本预案;

(3)稳定股价预案授权公司董事会负责监督、执行。

公司应在满足实施稳定股价措施条件之日起 2 个交易日内发布提示公告,并在 5 个交易日内召开董事会会议讨论通过具体的稳定股价方案并公告。如未按上述期限公告稳定股价措施的,则应及时公告具体措施的制定进展情况。

公司制定稳定股价方案时,应满足法律、法规和规范性文件关于业绩发布、增持或回购的相关规定;不可导致公司股权分布不符合上市条件。

2. 稳定股价预案的具体措施

稳定股价预案的具体措施为:公司回购公司股票,公司控股股东增持公司股票,董事(不包括独立董事,下同)和高级管理人员增持公司股票。

公司制定稳定股价预案具体实施方案时,应当综合考虑当时的实际情况及各种稳定股价措施的作用及影响,并在符合相关法律法规的规定的情况下,各方协商确定并通知当次稳定股价预案的实施主体,并在启动股价稳定措施前公告具体实施方案。

公司稳定股价方案不以股价高于每股净资产为目标。当次稳定股价方案实施完毕后,若再次触发稳定股价预案启动情形的,将按前款规定启动下一轮稳定股价预案。如果在公司稳定股价方案实施前公司股价已经不满足预案触发条件的,可不再继续实施该方案。

公司及控股股东、董事及高级管理人员在履行其回购或增持义务时,应按照上海证券交易所的相关规则及其他适用的监管规定履行相应的信息披露义务。

3. 稳定股价措施的实施

(1)公司回购股票

1)公司为稳定股价之目的回购股份,应符合相关法律、法规的规定,且不应导致公司股权分布不符合上市条件。

2)在公司出现应启动稳定股价预案情形,公司应在收到通知后 2 个工作日内启动决策程序,经股东大会决议通过后,依法通知债权人和履行备案程序。公司将采取上海证券交易所集中竞价交易方式、要约等方式回购股份。回购方案实施完毕后,公司应在 2 个工作日内公告公司股份变动报告,并在 10 日内依法注销所回购的股份,办理工商变更登记手续。

3)公司回购股份议案需经董事会、股东大会决议通过,其中股东大会须经出席会议的股东所持表决权的三分之二以上通过。公司董事承诺就该等回购事宜在董事会中投赞成票;控股股东承诺就该等回购事宜在股东大会中投赞成票。

4)公司以要约方式回购股份的,要约价格不得低于回购报告书公告前 30 个交易该种股票每日加权平均价的算术平均值且不低于公司最近一期经审计的每股净资产;公司以集中竞价方式回购股份的,回购价格不得为公司股票当日交易涨幅限制的价格。

5)公司实施稳定股价议案时,拟用于回购资金应为自筹资金。除应符合相关法律法规之要求之外,还应符合以下各项:

公司单次用于回购股份的资金金额不高于上一个会计年度经审计的归属于母公司股东净利润的 10%;单一会计年度用以稳定股价的回购资金合计不超过上一会计年度经审计的归属于母公司股东净利润的 20%,超过上述标准的,有关稳定股价措施在当年度不再继续实施,但如下一年度继续出现需启动稳定股价措施的情形时,公司将继续按照上述原则执行稳定股价预案。

如果公司董事会公告回购股份预案后,公司股票若连续 5 个交易日收盘价超过每股净资产时,公司董事会可以做出决议终止回购股份事宜。

(2)控股股东增持

1)控股股东为稳定股价之目的增持股份,应符合《上市公司收购管理办法》等相关法律、法规的规定。

2)在公司出现应启动预案情形时,公司控股股东应在收到通知后 2 个工作日内启动内部决策程序,就其是否有增持公司股票的具体计划书面通知公司并由公司进行公告,公司应披露拟增持的数量范围、价格区间、总金额、完成时间等信息。依法办理相关手续后,应在 2 个交易日内启动增持方案。增持方案实施完毕后,公司应在 2 个工作日内公告公司股份变动报告。

3)控制股东在实施稳定股价议案时,应符合下列各项:

①公司控股股东合计单次用于增持的资金不超过其上一年度公司现金分红的 10%,年度用于增持的资金合计不超过上一年度的现金分红的 20%。超过上述标准的,有关稳定股价措施在当年度不再继续实施。但如下一年度继续出现需启动稳定股价措施的情形时,将继续按照上述原则执行稳

定股价预案。下一年度触发股价稳定措施时，以前年度已经用于稳定股价的增持资金额不再计入累计现金分红金额；

②公司控股股东合计单次增持不超过公司总股本 2%；

③公司控股股东增持价格不高于每股净资产值(以最近一期审计报告为依据)。

(3)公司董事(不含独立董事)及高级管理人员增持

1)公司董事及高级管理人员为稳定股价之目的增持股份，应符合《上市公司收购管理办法》及《上市公司董事、监事和高级管理人员所持本公司股份及其变动管理规则》等法律法规的条件和要求且不应导致公司股权分布不符合上市条件的前提下，对公司股票进行增持。

2)在公司出现应启动预案情形时，公司董事及高级管理人员应在收到通知后 2 个工作日内，就其是否有增持公司股票的具体计划书面通知公司并由公司进行公告，公告应披露拟增持的数量范围、价格区间、总金额、完成时间等信息。

依法办理相关手续后，应在 2 个交易日内开始启动增持方案。增持方案实施完毕后，公司应在 2 个工作日内公告公司股份变动报告。

3)公司董事及高级管理人员增持价格应不高于每股净资产值(以最近一期审计报告为依据)。

4)公司董事及高级管理人员实施稳定股价议案时，单次用于增持股份的货币资金不超过董事和高级管理人员上一年度从公司领取现金薪酬总和的 10%，且年度用于增持股份的资金不超过其上一年度领取的税后薪酬的 20%。超过上述标准的，有关稳定股价措施在当年度不再继续实施。但如下一年度继续出现需启动稳定股价措施的情形时，将继续按照上述原则执行稳定股价预案。

5)公司董事及高级管理人员应根据稳定公司股价预案和相关措施的规定签署相关承诺。公司上市后 3 年内拟新聘任董事和高级管理人员时，公司将促使该新聘任的董事和高级管理人员根据稳定公司股价预案和相关措施的规定签署相关承诺。

4. 相关约束措施

(1)公司违反本预案的约束措施

在启动股价稳定措施的前提条件满足时，如公司未采取上述稳定股价的具体措施，公司将在股东大会及中国证券监督管理委员会指定报刊上公开说明未采取稳定股价措施的具体原因并向股东和社会公众投资者道歉。如非因不可抗力导致，给投资者造成损失的，公司将向投资者依法承担赔偿责任，并按照法律、法规及相关监管机构的要求承担相应的责任；如因不可抗力导致，应尽快研究将投资者利益损失降低到最小的处理方案，并提交股东大会审议，尽可能地保护公司投资者利益。

自公司股票挂牌上市之日起三年内，若公司新聘任董事、高级管理人员的，公司将要求该等新聘任的董事、高级管理人员履行本公司上市时董事、高级管理人员已作出的相应承诺。

(2)公司控股股东违反承诺的约束措施

公司控股股东在启动股价稳定措施的前提条件满足时，如未按照上述预案采取稳定股价的具体措施，将在公司股东大会及中国证监会指定报刊上公开说明未采取上述稳定股价措施的具体原因，在前述事项发生之日起停止在公司领取股东分红，同时持有的公司股份将不得转让，直至按上述预案的规定采取相应的稳定股价措施并实施完毕时为止。

(3)公司董事及高级管理人员违反承诺的约束措施

在启动股价稳定措施的前提条件满足时，如公司董事及高级管理人员未采取上述稳定股价的具体措施，将在公司股东大会及中国证监会指定报刊上公开说明未采取上述稳定股价措施的具体原因，在前述事项发生之日起 5 个工作日内停止在公司领取薪酬或股东分红(如有)，同时持有的公司股份(如有)不得转让，直至按上述预案内容的规定采取相应的股价稳定措施并实施完毕时为止。

5. 稳定股价措施的继续实施和终止

(1)在公司稳定股价措施实施期间，公司、控股股东、董事、高级管理人员可在履行相应程序和信息披露义务后，追加实施回购或增持措施。

(2)在公司稳定股价措施实施期限(自触发日起 120 天)届满时，若稳定股价方案终止的条件未能实现，公司、控股股东、董事、高级管理人员等相关责任主体应即刻提出并追加实施回购或增持措施(追加措施的比例和期限可届时视情形确定)，直至稳定股价方案终止条件实现。

(3)在公司稳定股价措施实施期间，若出现以下任一情形，则视为本次稳定股价措施实施完毕及承诺履行完毕，已公告的稳定股价方案终止执行：

1)公司股票连续 5 个交易日的收盘价均高于公司最近一期经审计的每股净资产(最近一期审计基准日后，因利润分配、资本公积金转增股本、增发、配股等情况导致公司净资产或股份总数出现变化的，每股净资产相应进行调整)；

2)继续回购或增持公司股份将导致公司股权分布不符合上市条件。

(三)持股 5%以上股东的持股意向及减持意向

1. 控股股东上海城投

上海城投在上海环境股票上市流通之日起三十六个月内不减持公司股票，并拟长期持有公司股票。如上海城投在锁定期满后，拟减持公司股票的，将认真遵守中国证监会、证券交易所等有权监管机关关于股东减持的相关规定，结合公司稳定股价、开展经营、资本运作的需要，审慎制定股票减持计划，并逐步减持股票。

上海城投所持股票在锁定期满后两年内减持的，其减持价格不低于上海环境股票上市首日开盘参考价。如果上海环境上市后因派发现金红利、送股、转增股本、增发新股等原因进行除权、除息的，上市首日开盘参考价则按证券交易所的有关规定作除权除息处理。

上海城投减持上海环境股票应符合相关法律、法规、规章及规范性文件的规定，具体方式包括但不限于证券交易所集中竞价交易、大宗交易、协议转让等。

上海城投承诺于减持上海环境股票前将减持意向和拟减持数量等信息以书面方式告知上海环境，并督促上海环境按照证券交易所的规则及时、准确地履行信息披露义务，自上海环境公告之日起 3 个交易日后方可减持上海环境股份。如上海城投未履行该项承诺，将在上海环境股东大会及中国证监会指定的披露媒体上公开说明未履行承诺的具体原因并向上海环境其他股东和社会公众投资者道歉，且其持的上海环境股票自其未履行该项承诺之日起 6 个月内不得减持。

2. 弘毅上海

弘毅上海在上海环境股票上市后一年内不减持公司股票。如弘毅上海拟在锁定期满后减持公司股票的，将认真遵守中国证监会、证券交易所等有权监管机关关于股东减持的相关规定，结合公司稳定股价、开展经营、资本运作的需要，审慎制定股票减持计划，并逐步减持股票。

弘毅上海预计在锁定期满后 36 个月内减持完毕所持公司全部股份，减持价格按减持时的二级市场价格或与交易对方协商确定。

弘毅上海减持上海环境股票应符合相关法律、法规、规章及规范性文件的规定，具体方式包括但不限于证券交易所集中竞价交易、大宗交易、协议转让等。

弘毅上海承诺于减持上海环境股票前将减持意向和拟减持数量等信息以书面方式告知上海环境，并督促上海环境按照证券交易所的规则及时、准确地履行信息披露义务，自上海环境公告之日起 3 个交易日后方可减持上海环境股份，但弘毅上海持有上海环境股份低于 5%以下时除外。如弘毅上海未履行该项承诺，将在上海环境股东大会及中国证监会指定的披露媒体上公开说明未履行承诺的具体原因并向上海环境其他股东和社会公众投资者道歉，且其持的上海环境股票自其未履行该项承诺之日起 6 个月内不得减持。

(四)关于无虚假记载、误导性陈述或者重大遗漏的承诺函

1. 上海环境承诺

公司承诺就公司股票上市事宜编制及公告的上市公告书所披露信息的真实、准确、完整，承诺上市公告书不存在虚假记载、误导性陈述或重大遗漏，并承担个别和连带的法律责任。如上市公告书被相关监管机关认定存在虚假记载、误导性陈述或重大遗漏，致使投资者在证券交易中遭受损失的，公司将依法赔偿投资者损失：

(1) 在相关监管机构认定上市公告书存在虚假记载、误导性陈述或者重大遗漏后 5 个工作日内，公司应启动赔偿投资者损失的相关工作；

(2) 投资者损失依据相关监管机构或司法机关认定的金额或者公司与投资者协商确定的金额确定。

如上市公告书存在虚假记载、误导性陈述或者重大遗漏，对判断公司是否符合法律规定的上市条件构成重大、实质影响的，公司将在相关监管机构认定有关事实后 60 天内依法回购上市时除控股股东持有的所有非限售流通股，回购价格不低于公司上市首日开盘参考价(上述回购实施时法律法规另有规定的从其规定)。

公司将严格履行上述承诺，并积极接受社会监督。

(1)如公司承诺未能履行、确已无法履行或无法按期履行的(因相关法律法规、政策变化、自然灾害及其他不可抗力等发行人无法控制的客观原因导致的除外)，公司将采取以下措施：

1)及时、充分披露发行人承诺未能履行、无法履行或无法按期履行的具体原因，并向股东和社会公众投资者道歉；

2)提出补充承诺或替代承诺，以尽可能保护投资者的权益，并将上述补充承诺或替代承诺提交公司股东大会审议。

(2)如因相关法律法规、政策变化、自然灾害及其他不可抗力等发行人无法控制的客观原因导致公司承诺未能履行、确已无法履行或无法按期履行的，公司将采取以下措施：

1)及时、充分披露公司承诺未能履行、无法履行或无法按期履行的具体原因；

2)尽快研究并实施将投资者损失降低至最小的处理方案，尽可能保护投资者的利益。

2. 控股股东

上海城投保证就上海环境股票上市事宜编制及公告的上海环境上市公告书所披露信息的真实、准确、完整，承诺上市公告书不存在虚假记载、误导性陈述或重大遗漏，并承担个别和连带的法律责任。

如上市公告书被中国证监会、证券交易所或司法机关认定存在虚假记载、误导性陈述或重大遗漏，致使投资者在证券交易中遭受损失的，上海城投将依法赔偿投资者损失。在该等违法事实被相关监管机关认定后，上海城投将本着简化程序、积极协商、先行赔付、切实保障投资者特别是中小投资者利益的原则，按照投资者直接遭受的可测算的经济损失选择与投资者和解、通过第三方与投资者调解及设立投资者赔偿基金等方式积极赔偿投资者由此遭受的直接经济损失。

上海城投将严格履行上述承诺，并积极接受社会监督。如上海城投未能履行或确已无法履行上述承诺的，将通过上海环境及时、充分披露上海城投承诺未能履行或无法履行的具体原因，并向公司股东和社会公众投资者道歉，同时向上海环境及其投资者提出补充承诺或替代承诺，以尽可能保护上海环境及其投资者的权益，并将上述补充承诺或替代承诺提交上海环境股东大会审议。

3. 董事、监事、高级管理人员承诺

公司董事、监事、高级管理人员承诺就公司股票上市事宜编制及公告的上海环境上市公告书所披露信息的真实、准确、完整，承诺上市公告书不存在虚假记载、误导性陈述或重大遗漏，并承担个别和连带的法律责任。

如上市公告书被中国证监会、证券交易所或司法机关认定存在虚假记载、误导性陈述或重大遗漏，致使投资者在证券交易中遭受损失的，公司董事、监事、高级管理人员将依法赔偿投资者损失；在该等违法事实被相关监管机构认定后，将本着简化程序、积极协商、先行赔付、切实保障投资者特别是中小投资者利益的原则，按照投资者直接遭受的可测算的经济损失选择与投资者和解、通过第三方与投资者调解及设立投资者赔偿基金等方式积极赔偿投资者由此遭受的直接经济损失。

公司董事、监事、高级管理人员将严格履行上述承诺，并积极接受社会监督；如上述承诺未能履行或确已无法履行的，将通过公司及时、充分披露承诺未能履行或无法履行的具体原因，并向公司股东和社会公众投资者道歉，同时向公司及其投资者提出补充承诺或替代承诺，以尽可能保护公司

及其投资者的权益，并将上述补充承诺或替代承诺提交公司股东大会审议。

（五）与本次上市有关的证券服务机构承诺

1. 上海环境保荐机构摩根士丹利华鑫证券有限责任公司（以下简称"摩根士丹利华鑫证券"或"本公司"）承诺：

就城投控股换股吸收合并及分立上市事宜，摩根士丹利华鑫证券担任本次重组中城投控股的独立财务顾问及上海环境的上市保荐机构，同意本次重组申请文件中引用本公司出具的独立财务顾问报告、独立财务顾问核查意见及上市保荐书，并保证本公司出具的文件真实、准确、完整。如申请文件中引用本公司为本次重组出具的文件存在虚假记载、误导性陈述或者重大遗漏，并因此给投资者造成损失的，本公司将依法承担相应责任，但本公司能够证明自己没有过错的除外。

2. 上海环境律师北京市金杜律师事务所（以下简称"本所"）承诺：

作为上海城投控股股份有限公司吸收合并上海阳晨投资股份有限公司及分立上市暨关联交易（以下简称"重大资产重组"）的法律顾问，本所及经办律师同意上海城投控股股份有限公司本次重大资产重组申请文件（以下简称"申请文件"）中使用本所出具的法律意见书，并保证法律意见书真实、准确、完整。如申请文件引用本所出具的法律意见书的内容存在虚假记载、误导性陈述或重大遗漏，本所未能尽勤勉尽责的，将承担相应的法律责任。

3. 上海环境审计师普华永道中天会计师事务所（特殊普通合伙）（以下简称"普华永道"）承诺：

本所对上海环境集团股份有限公司，原上海环境集团有限公司（以下简称"环境集团"）2013年度、2014年度、2015年度及截至2016年6月30日止6个月期间的备考财务报表进行了审计，于2016年9月25日出具了普华永道中天特审字〔2016〕第1914号审计报告。本所对环境集团2016年度的财务报表进行了审计，于2017年3月17日出具了普华永道中天审字〔2017〕第22248号审计报告。

本所对环境集团截至2017年2月28日止因从上海城投控股股份有限公司实施分立而变更的注册资本和股本情况进行了审验，于2017年2月28日出具了普华永道中天验字〔2017〕第200号验资报告。

本所确认，对本所出具的上述报告的真实性、准确性和完整性依据有关法律法规的规定承担相应的法律责任，包括如果本所出具的上述报告有虚假记载、误导性陈述或者重大遗漏，给投资者造成损失的，将依法赔偿投资者损失。

五、保荐机构、发行人律师对发行人及相关责任主体承诺的核查意见

保荐机构认为：上海环境及控股股东、持股5%以上的其他股东、公司董事、监事及高级管理人员根据《上海证券交易所股票上市公告书内容与格式指引（2013年修订）》的要求就本次上市作出的各项承诺以及未履行承诺相关事宜的约束措施，均符合法律法规的相关规定，且该等承诺及其约束措施合理、有效，有利于保护中小投资者的合法权益。

律师认为：上海环境及其控股股东、持股5%以上的股东、董事、监事及高级管理人员已履行相应程序并出具书面承诺，并同时披露未能履行承诺时的约束措施。上述承诺及约束措施合法法规、真实、有效。

六、2017年第一季度业绩预计

根据对宏观经济形势、行业变动趋势的判断以及公司目前整体经营情况的分析，公司预计2017年第一季度实现营业收入约50,250万元至55,540万元，较2016年第一季度增长约9%至20%；预计可实现归属于母公司股东的净利润约14,730万元至16,290万元，较2016年第一季度增长约36%至50%；预计可实现扣除非经常性损益后归属于母公司股东的净利润约13,750万元至15,200万元，同比增长约31%至45%。以上业绩预计未经注册会计师审计，亦不构成盈利预测。

第二节　股票上市情况

一、股票上市审批情况

（一）本上市公告书是根据《中华人民共和国公司法》《中华人民共和国证券法》和《上海证券交易所股票上市规则（2014年修订）》等有关规定，并按照上海证券交易所《股票上市公告书内容与格式指引（2013年修订）》编制而成，旨在向投资者提供有关本公司发行股票并上市的基本情况。

（二）城投控股换股吸收合并阳晨投资并分立上市经中国证券监督管理委员会证监许可〔2016〕2368号文核准。

（三）经上海证券交易所《关于上海环境集团股份有限公司人民币普通股股票上市交易的通知》（上海证券交易所自律监管决定书〔2017〕81号）同意，上海环境的人民币普通股股票在上海证券交易所上市，证券简称为"上海环境"，证券代码为"601200"。

二、公司股票上市概况

（一）上市地点：上海证券交易所

（二）上市时间：2017年3月31日

（三）股票简称：上海环境

（四）股票代码：601200

（五）总股本：702,543,884股

（六）本次上市的无流通限制及无锁定安排的股份共计311,183,100股，自

2017年3月31日起上市交易

（七）股东所持股份的流通限制及期限：

本公司控股股东上海城投持有公司326,423,076股股份，其中30,212,588股为有限售条件的流通股，限售期自本公司股票上市交易之日起三十六个月。

（八）股东对所持股份自愿锁定的承诺：

本公司控股股东上海城投承诺：就上海城投因环境集团从城投控股分立而取得并持有的上海环境全部股份，自上海环境股票在上海证券交易所上市流通之日起三十六个月内不得转让，也不由上海环境回购该等股份；且根据城投控股重组方案相关安排，上海城投于上海环境从城投控股分立前就所持城投控股股份锁定及转让限制所出具的承诺，在上海环境股票上市后将同样适用于上海城投持有的上海环境相应股份。上海环境上市后，上海城投所持上述股份因上海环境分配股票股利、转增股本等情形所增持的股份亦应遵守前述股份锁定安排。

上海环境上市后6个月内，如上海环境股票连续20个交易日的收盘价均低于上市首日开盘参考价，或者上市后6个月期末收盘价低于上市首日开盘参考价，上海城投持有上海环境股票的锁定期限自动延长6个月（如果上海环境上市后因派发现金红利、送股、转增股本、增发新股等原因进行除权、除息的，上市首日开盘参考价则按上海证券交易所的有关规定作除权除息处理）。

（九）本次上市股份的其他锁定安排：

持有本公司5%以上股份的股东弘毅上海承诺：弘毅上海因环境集团从城投控股分立而取得并持有的上海环境全部股份，自上海环境股票在上海证券交易所上市交易之日起一年内不得转让。上海环境上市后，弘毅上海所持上述股份因上海环境分配股票股利、转增股本等情形所增持的股份亦应遵守前述股份锁定安排。锁定期届满后，弘毅上海转让和交易上海环境股份将依据届时有效的法律法规和上海证券交易所的规则办理。

（十）股票登记机构：中国证券登记结算有限责任公司上海分公司

（十一）上市保荐机构：摩根士丹利华鑫证券有限责任公司

第三节　上海环境、股东和实际控制人情况

三、公司基本情况

（一）中文名称：上海环境集团股份有限公司

（二）英文名称：Shanghai Environment Group Co.,Ltd.

（三）注册资本：70,254.3884万元人民币

（四）法定代表人：颜晓斐

（五）住所：中国（上海）自由贸易试验区浦东南路1525号5.6楼

（六）经营范围：环境科技和产品开发，固体废弃物处置、城市污水处理等

环保项目和其他市政基础设施项目的投资、设计、建设、运营管理及相关的咨询服务，固体废弃物处置及市政污水处理项目的设计施工总承包，土壤修复，环卫设施设备的检查、修理、维护及管理，固体废弃物、城市污水等资源综合利用开发及其他相关咨询业务，从事货物及技术的进出口业务。（依法须经批准的项目，经相关部门批准后方可开展经营活动）

（七）主营业务：固体废弃物处置、城市污水处理等环境市政项目投资、建

设与运营

（八）所属行业：生态保护和环境治理业（N77）

（九）电话：021-52564780

（十）传真：021-62623121

（十一）电子邮箱：shhj@shenvir.com

（十二）董事会秘书：张春明

四、公司董事、监事、高级管理人员及其持有公司股份情况

（一）董事

上海环境本届董事会由9名董事组成，其中独立董事3名，基本情况如下：

姓　名	董事会职务	任期	持有本公司股份、债券情况
颜晓斐	董事长	2017.2.28-2020.2.27	-
赵令欢	副董事长	2017.2.28-2020.2.27	-
王家樑	董事	2017.2.28-2020.2.27	-
赵爱华	董事	2017.2.28-2020.2.27	-
陈明吉	董事	2017.2.28-2020.2.27	-
陈　帅	董事	2017.2.28-2020.2.27	-
张　辰	独立董事	2017.2.28-2020.2.27	-
王蔚松	独立董事	2017.2.28-2020.2.27	-
王学江	独立董事	2017.2.28-2020.2.27	-

（二）监事

上海环境本届监事会由3名监事组成，其中股东代表监事2人，职工代表监事1人，基本情况如下：

姓　名	董事会职务	任期	持有本公司股份、债券情况
张春林	监事会主席	2017.2.28-2020.2.27	-
高　超	监事	2017.2.28-2020.2.27	-
汪力劲	职工监事	2017.2.28-2020.2.27	-

（三）高级管理人员

上海环境目前共有7名高级管理人员，基本情况如下：

姓　名	董事会职务	任期	持有本公司股份、债券情况
王家樑	总裁	2017.2.28-2020.2.27	-
赵爱华	副总裁	2017.2.28-2020.2.27	-
张春明	副总裁、董事会秘书	2017.2.28-2020.2.27	-
王德浩	副总裁	2017.2.28-2020.2.27	-
叶　辉	副总裁	2017.2.28-2020.2.27	-
邹庐泉	副总裁	2017.2.28-2020.2.27	-
彭小平	财务总监	2017.2.28-2020.2.27	-

五、公司控股股东及实际控制人情况

(一)上海环境的控股股东和实际控制人概述

截至本上市公告书刊登之日,上海城投持有上海环境 326,423,076 股股份,占上海环境总股本的 46.46%,为上海环境的控股股东。上海环境的实际控制人为上海市国有资产监督管理委员会。

截至本上市公告书刊登之日,上海环境的股权结构图如下图所示:

上海市国有资产监督管理委员会

↓ 100%

上海城投

↓ 46.46%

上海环境

(二)上海环境控股股东基本情况

上海城投基本情况如下:

公司名称	上海城投(集团)有限公司
企业性质	有限责任公司(国有独资)
成立日期	1992 年 7 月 21 日
注册资本	5,000,000 万元
法定代表人	陈晓宏
住所	中国(上海)自由贸易试验区浦东南路 500 号
公司网址	http://www.smi-co.com/
统一社会信用代码	91310132211037N
经营范围	城市建设和公共服务投资,市场营销策划,项目投资与资产管理,实业投资,股权投资,自有设备租赁,投资咨询,管理咨询,房地产开发经营。(依法须经批准的项目,经相关部门批准后方可开展经营活动)

六、股东情况

(一)本公司的股本结构

股东名称	持股数量(股)	持股比例	锁定期限制
一、有限售条件 A 股流通股			
上海城投	30,212,588	4.30%	自上市之日起锁定 36 个月
二、无限售条件 A 股流通股			
上海城投	296,210,488	42.16%	自上市之日起锁定 36 个月
弘毅上海	64,937,708	9.24%	自上市之日起锁定 12 个月
A 股公众股东	311,183,100	44.29%	无锁定期限制
合计	702,543,884	100.00%	/

(二)上市前股东情况

截至 2017 年 3 月 23 日,公司股东户数为 98,764 户,持股数量前十名的股东情况如下:

序号	股东名称	持股数量(股)	持股比例
1	上海城投	326,423,076	46.46%
2	弘毅上海	64,937,708	9.24%
3	中国工商银行股份有限公司-中证上海国企交易型开放式指数证券投资基金	6,487,010	0.92%
4	中央汇金资产管理有限责任公司	6,365,845	0.91%
5	中华联合财产保险股份有限公司-传统保险产品	6,169,927	0.88%
6	杨永兴	5,765,497	0.82%
7	申万宏源证券有限公司	4,487,635	0.64%
8	香港中央结算有限公司	3,500,953	0.50%
9	蔡秋兰	3,119,135	0.44%
10	中国建银投资有限责任公司	2,288,775	0.33%

第四节 股本设置情况

一、股本设置

上海环境系自城投控股以存续分立的方式被实施分立并变更为股份有限公司。

根据本次重组安排,城投控股向阳晨投资全体股东发行 A 股股份,以换股方式吸收合并阳晨投资。作为本次合并的存续方,城投控股安排其下属全资子公司环境集团承继及承接阳晨投资的全部资产、负债、业务、人员及其他一切权利与义务,作为合并对价发行的 A 股股份申请在上海证券交易所上市;作为本次合并的被合并方,阳晨投资将终止上市并注销法人资格。

本次合并生效实施后,城投控股将环境集团(包括因本次合并安排由环境集团承继和承接的原阳晨投资全部资产、负债和业务、人员及其他一切权利与义务等)以存续分立的方式实施分立。作为本次分立的存续方,城投控股(存续方)继续运营房地产资产和业务以及其他股权投资业务;作为本次分立的分立主体,环境集团全部股权由城投控股于分立实施股权登记日登记在册的全体股东按持股比例取得及变更为股份有限公司(即上海环境),并申请其股份在上海证券交易所上市。分立实施过程中的股份分拆安排请详见城投控股于 2017 年 2 月 13 日刊载于上海证券交易所网站(www.sse.com.cn)的《关于本次重大资产重组的分立实施公告》。

分立实施完成后,上海环境的总股本为 702,543,884 股。

二、相关决议及批准

1. 2015 年 6 月 18 日,城投控股第八届董事会第十四次会议和阳晨投资第六届董事会第三十四次会议分别审议通过本次重组预案及其他相关议案。

2. 2015 年 8 月 24 日,城投控股第八届董事会第十七次会议和阳晨投资第六届董事会第三十五次会议分别审议通过本次重组草案及其他相关议案。

3. 2015 年 8 月 24 日,环境集团召开董事会会议,同意环境集团参与本次交易的有关安排等事项。

4. 2015 年 8 月 24 日,上海城投执行董事作出决定,原则同意城投控股与阳晨投资本次重组及相关事项。

5. 2015 年 9 月 15 日,获得国务院国资委批准。

6. 2015 年 9 月 22 日,城投控股和阳晨投资分别召开股东大会,审议通过本次重组相关议案。

7. 2015 年 12 月 17 日,获得商务部的原则批复。

8. 2016 年 1 月 6 日,本次重组经中国证监会上市公司并购重组审核委员会召开的 2016 年第 1 次并购重组委工作会议审核通过。

9. 2016 年 8 月 29 日,城投控股第八届董事会第三十三次会议和阳晨投资第六届董事会第四十四次会议分别审议通过关于延长本次重组相关事项决议及股东大会授权董事会办理本次重组相关事宜有效期的议案。

10. 2016 年 9 月 14 日,城投控股和阳晨投资分别召开股东大会,审议通过关于延长本次重组相关事项决议及股东大会授权董事会办理本次重组相关事宜有效期的议案。

11. 2016 年 10 月 18 日,获得中国证监会《关于核准上海城投控股股份有限公司吸收合并上海阳晨投资股份有限公司并分立上市的批复》(证监许可〔2016〕2368 号)核准。

12. 2016 年 11 月 30 日,国家外汇管理局上海分局印发《国家外汇管理局上海市分局关于上海城投控股股份有限公司吸收合并上海阳晨投资股份有限公司及分立上市有关外汇事项的批复》(上海汇复〔2016〕40 号),就本次换股吸收合并及分立上市涉及的外汇事项进行批复。

13. 2016 年 12 月 16 日,经上海证券交易所自律监管决定书〔2016〕309 号《关于上海阳晨投资股份有限公司股票终止上市的决定》核准,阳晨投资股票终止上市。

14. 2017 年 2 月 10 日,环境集团第三届董事会第四次会议审议通过《关于申请上海环境集团股份有限公司股票上市及相关事宜的议案》及《关于提请上海环境集团股份有限公司股东大会授权上海环境集团股份有限公司第一届董事会办理申请股票上市相关事宜的议案》。

15. 2017 年 2 月 28 日,本公司第一次股东大会审议通过《关于申请上海环境集团股份有限公司股票上市及相关事宜的议案》及《关于授权公司董事会办理公司上市相关事宜的议案》。

16. 2017 年 3 月 17 日,本公司第一届董事会第二次会议通过了《关于公司申请股票上市相关文件的议案》等相关议案。

17. 2017 年 3 月 29 日,本公司股票上市经上海证券交易所《关于上海环境集团股份有限公司人民币普通股股票上市交易的通知》(上海证券交易所自律监管决定书〔2017〕81 号)批准,证券简称为“上海环境”,证券代码为“601200”。

三、开盘参考价

根据已于重组报告书披露的本次分立的定价和原则,上海环境开盘参考价与城投控股于本次分立实施前最后一个交易日的收盘价一致,即为 20.34 元/股。

四、每股净资产和每股收益

根据普华永道出具的《审计报告》(普华永道中天审字(2017)第 22248 号),

截至 2016 年 12 月 31 日,以上海环境分立后的总股本 702,543,884 股计算,本公司每股净资产为 6.96 元,2016 年度本公司每股收益为 0.66 元。

第五节 财务会计情况

公司为本次重组编制了 2013 年度、2014 年度、2015 年度及截至 2016 年 6 月 30 日止 6 个月期间的备考财务报表,且经普华永道审计,并出具了标准无保留意见的《审计报告》(普华永道中天特审字〔2016〕第 1914 号)。上述财务报表已于重组报告书中披露,请投资者注意查阅。

公司编制了 2016 年度财务报表,并经于 2017 年 3 月 17 日召开的第一届董事会第二次会议审议通过,且经普华永道审计并出具了标准无保留意见的《审计报告》(普华永道中天审字〔2017〕第 22248 号),具体参见本上市公告书附件,简要披露如下。

一、基本财务指标

单位:万元(除特殊标注外)

项目	2016 年 12 月 31 日	2015 年 12 月 31 日	本报告期末较上年度期末增减
流动资产	170,768.62	178,161.76	-7,393.14
流动负债	274,247.70	220,949.19	53,298.51
总资产	1,189,158.46	1,093,318.34	95,840.12
归属于母公司股东的所有者权益	489,300.51	442,794.36	46,506.15
归属于母公司股东的每股净资产(元/股)	6.96	6.30	0.66
项目	2016 年度	2015 年度	本报告期较上年同期增减
营业总收入	255,107.76	200,941.97	54,165.79
营业利润	48,606.74	37,669.53	10,937.21
利润总额	65,107.75	48,620.38	16,487.38
归属于母公司股东的净利润	46,506.15	34,140.36	12,365.79
归属于母公司股东的扣除非经常性损益后的净利润	41,835.93	28,365.85	13,470.08

基本每股收益(元/股)	0.66	0.49	0.17
扣除非经常性损益后的基本每股收益(元/股)	0.60	0.40	0.20
加权平均净资产收益率	9.98%	8.00%	1.98%
扣除非经常性损益后的加权平均净资产收益率	8.98%	6.65%	2.33%
经营活动产生的现金流量净额	101,538.57	104,024.60	-2,486.03
每股经营活动产生的现金流量净额(元/股)	1.45	1.48	-0.03

注：

1. 公司于2016年12月23日承继及承接阳晨投资的资产、负债所涉及的各项权利、义务、收益及风险并将相关资产纳入合并财务报表，该交易属于同一控制下企业合并，2015年度财务数据已经重述；

2. 以上每股指标按本次分立后本公司的总股本702,543,884股为基础计算，2015年财务数据已经重述；

3. 净资产收益率和扣除非经常性损益后的净资产收益率两个指标的本报告期比上年同期增减为两期数的差值。

二、经营业绩和财务状况的简要说明

(一)经营业绩

2016年度，公司实现营业收入255,107.76万元，利润总额65,107.75万元，较2015年分别增加54,165.79万元、16,487.38万元，增幅分别达26.96%、33.91%。

(二)财务状况

1. 资产

截至2016年12月31日，公司总资产为1,189,158.46万元，较2015年12月31日增加95,840.12万元，增幅为8.77%。截至2016年12月31日，公司资产结构总体保持稳定，其中流动资产占总资产的比例为14.36%。流动资产中，主要由货币资金、应收账款等构成；非流动资产中，主要由长期应收款、无形资产等构成。变动幅度较大的主要会计科目情况如下：

货币资金减少29,321.00万元，降幅为31.65%，主要受投资活动及筹资活动影响，一方面公司2016年进行BOT项目投资造成大额支出，另一方面公司兑付于2016年2月到期的中期票据导致筹资活动产生的现金流量净额为负。

应收账款增加17,991.39万元，增幅为89.86%，主要系公司运营项目固废处置费和焚烧发电等业务收入增加所致。

存货减少7,224.91万元，降幅为40.69%，主要系公司已结算未完工的建造合同项目成本减少所致。

一年内到期的非流动资产增加7,437.75万元，增幅为72.30%，主要系一年内到期的应收账款增加及对佛山威立雅垃圾填埋处理有限公司的委托贷款将于一年内到期并进行重分类，其中一年内到期的应收账款增加系因公司各BOT项目形成的长期应收款按照一年内收回的应收款转入所致。

长期应收款增加92,494.13万元，增幅为18.97%，主要系因BOT项目增加投资所致。

2. 负债

截至2016年12月31日，公司负债合计为605,705.13万元，较2015年12月31日增加39,593.38万元，增幅为6.99%。截至2016年12月31日，公司负债结构总体保持稳定，其中流动负债占总负债的比例为45.28%。流动负债中，主要由应付账款等构成；非流动负债中，主要由长期借款、递延收益等构成。变动幅度较大的主要会计科目情况如下：

应付账款增加29,471.80万元，增幅为29.46%，主要系公司建设项目增加应付设备款和工程款所致。

应付职工薪酬增加2,425.25万元，增幅为51.21%，主要系公司经营业绩大幅提升，计提的奖金增加。

应交税费增加2,999.46万元，增幅为64.61%，主要系建造项目工程结算增加和应税利润增加所致。

其他应付款增加2,894.46万元，增幅为64.17%，主要系公司转让深圳中节能可再生能源有限公司20%股权，收到深圳市科技实业发展有限公司支付的转让价款，截至2016年12月31日，尚未完成该部分股权的权利交接及工商变更登记。

一年内到期的非流动负债增加19,214.02万元，增幅为27.58%，主要系一年内到期的长期借款及应付债券增加，其中一年内到期的应付债券为公司于2012年11月发行的5年期中期票据。

应付债券减少39,751.43万元，主要系将2017年11月份到期兑付的中期票据转入一年内到期的非流动负债科目所致。

三、财务报告审计截止日后的主要经营状况

(一)财务报告审计截止日后主要经营状况

财务报告审计截止日(2016年12月31日)至本上市公告书签署日期间，公司经营状况良好，主营业务、经营模式、款项回收、税政策及其他可能影响投资者判断的重大事项与上年同期相比未发生重大变化。

(二)2017年第一季度业绩预计

根据对宏观经济形势、行业变动趋势的判断以及公司目前整体经营情况的分析，公司预计2017年第一季度实现营业收入约50,250万元至55,540万元，较2016年第一季度增长约9%至20%；预计可实现归属于母公司股东的净利润约14,730万元至16,290万元，较2016年第一季度增长约36%至50%；预计可实现扣除非经常性损益后归属于母公司股东的净利润约13,750万元至15,200万元，同比增长约31%至45%。以上业绩预计未经注册会计师审计，亦不构成盈利预测。

第六节　其他重要事项

本公司自股份公司设立(2017年3月15日)至本上市公告书刊登前，没有发生未经披露的可能对本公司有较大影响的重要事项，具体如下：

一、公司主营业务进展情况正常。

二、公司生产经营情况、生产环境、所处行业或市场情况未发生重大变化。

三、除与正常业务经营相关的采购、销售、借款等商务合同外，公司未订立可能对上海环境的资产、负债、权益和经营成果产生重大影响的重要合同。

四、公司未发生重大关联交易事项。

五、公司未发生重大投资行为。

六、公司未发生重大资产(或股权)购买、出售及置换行为。

七、公司住所未发生变更。

八、公司董事、监事、高级管理人员及核心技术人员未发生变化。

九、公司未发生重大诉讼、仲裁事项。

十、公司未发生对外担保等除正常经营业务之外的或有事项。

十一、公司的财务状况和经营成果未发生重大变化。

十二、2017年3月17日，公司召开第一届董事会第二次会议，审议通过了《关于公司申请股票上市相关文件的议案》《关于公司2016年度财务报表及审计报告的议案》等议案。2017年3月17日，公司召开第一届监事会第二次会议，审议通过了《关于公司2016年度财务报表及审计报告的议案》等议案。

除此之外，公司在上述期间内未召开其他董事会、监事会和股东大会。

十三、公司无其他应披露的重大事项。

第七节　上市保荐机构及其意见

一、上市保荐机构情况

(一)保荐机构：摩根士丹利华鑫证券有限责任公司

(二)法定代表人：王文学

(三)住所：中国(上海)自由贸易试验区世纪大道100号上海环球金融中心75楼75T30室

(四)联系地址：上海市浦东新区世纪大道100号上海环球金融中心75楼

(五)联系电话：021-20336000

(六)传真：021-20336040

(七)保荐代表人：李德祥、杨曦

(八)联系人：李德祥

二、上市保荐意见

上市保荐机构认为，上海环境申请其股票上市符合《中华人民共和国公司法》《中华人民共和国证券法》及《上海证券交易所股票上市规则(2014年修订)》等法律、法规的有关规定，上海环境股票具备在上海证券交易所上市的条件。保荐机构同意推荐上海环境的股票在上海证券交易所上市交易。

上海环境集团股份有限公司

2017年3月30日

白银有色集团股份有限公司

白银有色集团股份有限公司首次公开发行A股股票上市公告书

特别提示

本公司股票将于2017年2月15日在上海证券交易所上市。本公司提醒投资者应充分了解股票市场风险及本公司披露的风险因素，在新股上市初期切忌盲目跟风"炒新"，应当审慎决策、理性投资。

第一节 重要声明与提示

一、重要提示

白银有色(6.260,-0.05,-0.79%)集团股份有限公司(以下简称"本公司""公司""白银有色"或"发行人")及全体董事、监事、高级管理人员保证上市公告书的真实性、准确性、完整性，承诺上市公告书不存在虚假记载、误导性陈述或重大遗漏，并承担个别和连带的法律责任。

上海证券交易所、其他政府机关对本公司股票上市及有关事项的意见，均不表明对本公司的任何保证。

本公司提醒广大投资者注意，凡本上市公告书未涉及的有关内容，请投资者查阅刊载于上海证券交易所网站(http://www.sse.com.cn)的本公司招股说明书书全文。

二、股份锁定、持股意向的承诺

本公司股东国安集团、甘肃省国资委、新业公司、中信集团承诺："自发行人股票上市之日起三十六个月内，不转让或者委托他人管理其已直接和间接持有的发行人股份，也不由发行人回购该部分股份。

当首次出现发行人股票上市后6个月内发行人股票连续20个交易日的收盘价均低于发行人的股票发行价格，或者发行人上市后6个月期末收盘价低于发行人的股票发行价格之情形，本公司持有的发行人股票锁定期将在原承诺锁定期限基础上，自动延长6个月。

如发行人已发生派息、送股、资本公积转增股本等除权除息事项，则上述收盘价格指发行人股票复权后的价格。

自锁定期限届满之日起24个月内，如本公司试图通过任何途径或手段减持发行人首次公开发行股票前本公司已持有的发行人股票，则减持价格应不低于发行价格。如本公司减持发行人股票前，发行人已经发生派息、送股、资本公积转增股本等除权除息事项，则减持价格应不低于发行价格除权除息后的价格。"

公司股东国安集团、甘肃省国资委及新业公司承诺：其所持有的本公司股份锁定期届满后24个月内，累计减持比例不超过届时持有本公司股份总数的10%。

公司股东瑞源基金承诺：其所持有的本公司股份锁定期届满后12个月内，累计减持比例不超过届时持有的本公司股份总数的100%；减持价格不低于公司本次发行并上市时的发行价格；若本公司已经发生派息、送股、资本公积转增股本等除权除息事项，则上述减持价格指本公司复权后的价格。

公司股东信达资产承诺：其所持有的本公司股份锁定期届满后12个月内，累计减持比例不超过届时持有的本公司股份总数的100%。

本公司股东瑞源基金、信达资产、东方资产、华融资产、省经合公司、长城资产承诺：自本公司股票上市之日起十二个月内，不转让或者委托他人管理其已直接和间接持有的本公司股份，也不由本公司回购该部分股份。

三、上市后三年内公司股价低于每股净资产时稳定公司股价的预案

为强化股东、管理层诚信义务，保护中小股东权益，本公司特制定以下股价稳定预案。本预案已经公司股东大会审议通过，在本公司完成首次公开发行A股股票并上市后自动生效，在此后三年内有效。

本预案拟采取以下措施以稳定上市后的公司股价：

1. 增持及回购股份以稳定股价的措施

(1)若在本公司上市后三年内，每年首次出现持续20个交易日成交均价均低于最近一期每股净资产时，将在5个工作日内由本公司股东、董事商议采用以下三种方式的一种，即甘肃省人民政府国有资产监督管理委员会、中信国安(7.090,0.23,3.35%)集团有限公司(以下统称为"大股东")增持、公司回购或者大股东增持和公司回购相结合，并制定具体的稳定股价的方案，该等方案需要提交董事会、股东大会审议，公司大股东及其委派的代表将确保投票赞成。

(2)大股东、公司在履行其增持或回购义务时，应按照公司股票上市地上市规则及其他适用的监管规定履行相应的信息披露义务，并需符合国有资产监管等相关规定。

2. 其他稳定股价的措施

(1)单独或者合计持有公司百分之三以上股份的股东，可以向董事会提交公司股份回购计划的议案，并由股东大会审议通过。

(2)任何对本预案的修订均应经股东大会审议通过，且需经出席股东大会的股东所持有表决权股份总数的三分之二以上同意通过。

(3)若届时证券监管部门及其他相关部门法律法规另有规定的，按其规定执行。

3. 相关惩罚措施

(1)对于大股东，如已公告增持具体计划但由于主观原因不能实际履行，则公司应将与大股东履行其增持义务相等金额的应付大股东现金分红予以截留，直至大股东履行其增持义务；如已经连续两次触发增持义务而大股东均未能提出具体增持计划，则公司可将与大股东履行其增持义务相等金额的应付大股东现金分红予以截留用于股份回购计划，大股东丧失对相应金额现金分红的追索权；如对公司董事会提出的股份回购计划投弃权票或反对票，则公司可将与大股东履行其增持义务相等金额的应付大股东现金分红予以截留用于下次股份回购计划，大股东丧失对相应金额现金分红的追索权。

(2)如因公司股票上市地上市规则等证券监管法规对于社会公众股股东最低持股比例的规定导致大股东及公司在一定时期内无法履行其增持或回购义务的，相关责任主体可免于前述惩罚，但亦应积极采取其他措施稳定股价。

四、关于招股说明书真实性、准确性、完整性的承诺：

1. 本公司关于招股说明书真实性、准确性、完整性的承诺

本公司承诺："《招股说明书》所载之内容不存在虚假记载、误导性陈述或重大遗漏，本公司对其真实性、准确性、完整性承担相应的法律责任。

若证券监督管理部门或其他有权部门认定《招股说明书》所载之内容存在任何虚假记载、误导性陈述或者重大遗漏之情形，且该等情形对判断本公司是否符合法律规定的发行条件构成重大且实质影响的，本公司承诺按照以下方式回购本公司首次公开发行的全部新股：

(1)若上述情形发生于本公司首次公开发行的新股已完成发行但未上市交易之阶段内，则本公司将公开发行募集资金于上述情形发生之日起5个工作日内，按照发行价格并加算银行同期存款利息，返还给网上中签投资者及网下配售投资者；

(2)若上述情形发生于本公司首次公开发行的新股已完成上市交易之后，则本公司将于上述情形发生之日起20个交易日内，按照发行价格或证券监督管理部门认可的价格，通过上海证券交易所系统回购本公司首次公开发行的全部新股。

若《招股说明书》所载之内容存在虚假记载、误导性陈述或者重大遗漏，致使投资者在证券交易中遭受损失的，则本公司将依法赔偿投资者损失。赔偿金额依据本公司与投资者协商确定的金额，或者证券监督管理部门、司法机关认定的方式、金额确定。"

2. 本公司主要股东国安集团、甘肃省国资委、新业公司关于招股说明书真实性、准确性、完整性的承诺

本公司主要股东国安集团、甘肃省国资委、新业公司分别承诺：

"《招股说明书》所载之内容不存在虚假记载、误导性陈述或重大遗漏，本公司对其真实性、准确性、完整性承担相应的法律责任。

若证券监督管理部门或其他有权部门认定《招股说明书》所载之内容存在任何虚假记载、误导性陈述或者重大遗漏之情形，且该等情形对判断发行人是否符合法律规定的发行条件构成重大且实质影响的，本公司将促成发行人依法回购其首次公开发行的全部新股，同时本公司将依法购回本公司已转让的原限售股份(如有)。

若《招股说明书》所载之内容存在虚假记载、误导性陈述或者重大遗漏，致使投资者在证券交易中遭受损失的，则本公司将依法赔偿投资者损失。赔偿金额依据本公司与投资者协商确定的金额，或者证券监督管理部门、司法机关认定的方式、金额确定。

上述承诺内容系本公司真实意思表示，真实、有效，本公司自愿接受监督机构、自律组织及社会公众的监督，若违反上述承诺，本公司将依法承担相应责任。"

3. 本公司董事、监事、高级管理人员关于招股说明书真实性、准确性、完整性的承诺

本公司董事、监事、高级管理人员廖明、孙亚雷、张锦林、罗宁、夏桂兰、严宁、吴万华、雷思维、陈凡、王玉梅、张传福、李宗义、孙积禄、满莉、孙洪元、李建一、秦永忠、杨景、文献、郑志旺、付庆义、朱银鸿、汪东锋、刘燕明、张家国、杜明、席斌、吴贵毅、王普公、孙茏分别承诺：

"《招股说明书》所载之内容不存在虚假记载、误导性陈述或重大遗漏，本人对其真实性、准确性、完整性承担相应的法律责任。

若《招股说明书》所载之内容存在虚假记载、误导性陈述或者重大遗漏，致使投资者在证券交易中遭受损失的，本人将依法赔偿投资者损失。赔偿金额依据本人与投资者协商确定的金额，或者证券监督管理部门、司法机关认定的方式、金额确定。

上述承诺内容系本人真实意思表示，真实、有效，本人自愿接受监督机构、自律组织及社会公众

的监督，若违反上述承诺，本人将依法承担相应责任。"

4. 本次发行相关中介机构关于出具文件真实性的承诺

保荐机构中信建投证券承诺："本公司为发行人首次公开发行股票并上市制作、出具的文件，不存在虚假记载、误导性陈述或重大遗漏。

若因本公司出具的上述文件存在任何虚假记载、误导性陈述或者重大遗漏之情形，给投资者造成损失的，本公司将依法承担赔偿责任。赔偿金额依据本公司与投资者协商确定的金额，或者证券监督管理部门、司法机关认定的方式、金额确定。

上述承诺内容系本公司真实意思表示，真实、有效，本公司自愿接受监督机构、自律组织及社会公众的监督，若违反上述承诺，本公司将依法承担相应责任。"

律师北京市海嘉律师事务所承诺："本所已在《招股说明书》中声明：本所及经办律师已阅读《招股说明书》及其摘要，确认《招股说明书》及其摘要与本所出具的法律意见书和律师工作报告无矛盾之处。本所对发行人在《招股说明书》及其摘要中引用的法律意见书和律师工作报告的内容无异议，确认《招股说明书》不致因上述内容而出现虚假记载、误导性陈述或重大遗漏，并对其真实性、准确性和完整性承担相应的法律责任。

因本所为发行人首次公开发行制作、出具的文件有虚假记载、误导性陈述或者重大遗漏，给投资者造成损失的，将依法赔偿投资者损失。

上述承诺内容系本所真实意思表示，真实、有效，本所自愿接受监督机构、自律组织及社会公众的监督，若违反上述承诺，本所将依法承担相应责任。"

会计师北京永拓会计师事务所（特殊普通合伙）承诺："本所及签字注册会计师已阅读白银有色集团股份有限公司招股说明书及其摘要，确认招股说明书及其摘要与本所出具的审计报告、盈利预测审核报告、内部控制鉴证报告及经本所核验的非经常性损益明细表无矛盾之处。本所及签字注册会计师对发行人在招股说明书及其摘要中引用的审计报告、盈利预测审核报告、内部控制鉴证报告及经本所核验的非经常性损益明细表的内容无异议，确认招股说明书不致因上述内容而出现虚假记载、误导性陈述或重大遗漏，并对其真实性、准确性和完整性承担相应的法律责任。

因本所为发行人首次公开发行制作、出具的文件有虚假记载、误导性陈述或者重大遗漏，给投资者造成损失的，将依法赔偿投资者损失。赔偿金额依据本所与投资者协商确定的金额，或者证券监督管理部门、司法机关认定的方式、金额确定。

上述承诺内容系本所真实意思表示，真实、有效，本所自愿接受监督机构、自律组织及社会公众的监督，若违反上述承诺，本所将依法承担相应责任。"

五、滚存利润的分配安排

2013年6月18日召开的公司2013年第一次临时股东大会通过决议：公司首次公开发行股票并上市前可供分配的滚存未分配利润由发行后新老股东按发行后的持股比例共同享有。

六、摊薄即期回报相关承诺和填补措施

1. 公司第一大股东和第二大股东的承诺

公司第一大股东中信国安集团有限公司和第二大股东甘肃省政府国资委分别承诺："不越权干预公司经营管理活动，不侵占公司利益"。

2. 董事、高级管理人员的承诺

为维护公司和全体股东的合法权益，切实履行被摊薄即期回报填补措施，公司董事、高级管理人员做出如下承诺：

(1) 承诺不无偿或以不公平条件向其他单位或个人输送利益，也不采用其他方式损害公司利益；

(2)承诺对本人的职务消费行为进行约束；

(3)承诺不动用公司资产从事与其履行职责无关的投资、消费活动；

(4) 承诺由董事会或薪酬与考核委员会制定的薪酬制度与公司填补回报措施的执行情况相挂钩；

(5)如公司未来实施股权激励方案，承诺未来股权激励的行权条件与公司填补回报措施的执行情况相挂钩。

3. 公司拟采取的填补措施

为应对发行完成后可能存在的上市公司即期回报被摊薄的风险，公司拟采取以下措施：

(1)加快募集资金投资项目的建设速度，尽快实现预期效益

本次募集资金将主要用于扩大矿产资源储备，提高矿山生产能力，本次发行的募集资金投资项目符合国家产业政策、行业发展趋势及本公司未来整体战略发展方向，募投项目实施后将进一步突出和提高公司核心业务竞争力并改善财务结构、降低财务风险，从而巩固和扩大公司在行业内的竞争优势。从根本上为公司的长远发展打下坚实基础，为回报股东创造良好条件。本次发行募集资金到位后，公司将加快募投项目建设，争取募投项目早日投产并实现预期效益。

(2)完善公司的治理结构，强化公司的内控制度

公司将严格遵循《公司法》《证券法》《上市公司治理准则》等法律法规和规范性文件的要求，完善公司的治理结构，确保股东能够充分行使权利，确保董事会能够认真履行职责，进一步维护公司整体利益，尤其是中小股东的合法权益，为公司发展提供制度保障。此外，公司未来将持续加强内部控制制度的建设，不断强化公司的风险控制流程，加强重点领域的内部控制防控措施，有效控制公司的经营风险，提升公司经营效率。

(3)进一步完善利润分配政策，优化投资回报机制

公司已根据中国证监会《关于进一步落实上市公司现金分红有关事项的通知》和《上市公司监管指引第3号—上市公司现金分红》等规定的要求，对《公司章程(草案)》中的利润分配政策进行了修订，尤其明确了现金分红的具体条件、比例、分配形式和股票股利分配条件等，同时制订了股东分红回报规划。公司将严格执行《公司章程(草案)》及股东分红回报规划等相关规定，切实维护投资者合法权益，强化中小投资者权益保障机制。

(4)加强募集资金管理，严格执行募集资金管理制度

本次募集资金到位后，公司将及时与保荐机构、存放募集资金的银行签订募集资金三方监管协议，按照制度要求将募集资金存放于董事会指定的专项账户中。在募集资金使用过程中，严格执行募集资金管理制度，加强募集资金管理，规范募集资金使用，努力提高募集资金的使用效率。

(5)以提高发展质量和效益为核心，持续增强盈利能力

公司将以"提质增效、结构调整、转型发展"为主线，坚持高目标引领，深入贯彻开放的发展理念，继续抢抓国家"一带一路"战略机遇，加快"走出去"，强化资源保障，提升全球配置资源能力和国际化发展水平；围绕传统产业做强做优，持续提升自主创新能力，推进产业升级，突出发展质量和效益；贯彻绿色发展理念，坚持节约资源、保护环境和提升效益并重，大力发展循环经济；进一步优化产业结构，延伸产业链条，逐步使主导产品向产业链高端延伸，提高产品附加值；培育壮大新兴产业，创新盈利模式，构建多元发展新业态，以新兴产业引领转型发展，保持综合竞争优势，持续增强盈利能力。

七、本公司盈利预测情况

本公司编制了2016年度盈利预测报告，北京永拓会计师事务所(特殊普通合伙)对该盈利预测报告进行了审核，并出具了"京永专字[2016]第31301号"《盈利预测审核报告》。

根据盈利预测审核报告，本公司2016年度预测的营业收入为5,898,810.88万元、利润总额61,046.44万元，净利润为38,764.34万元，归属于母公司股东扣除非经常性损益前后孰低的净利润为21,318.99万元。

2016年度盈利预测报告是本公司在最佳估计假设的基础上并遵循谨慎性原则编制的，但盈利预测所依据的各种假设具有不确定性，投资者进行投资决策时应谨慎使用。

八、本公司财务报告审计截止日后主要经营状况

本公司提示投资者注意招股说明书已披露财务报告审计截止日后的主要财务信息及经营情况。本公司2016年9月30日的资产负债表、2016年1–9月的利润表、现金流量表及财务报表附注未经审计，但已经永拓会计师事务所审阅，并出具了京永审字〔2016〕第14816号《审阅报告》。审阅意见如下："根据我们的审阅，我们没有注意到任何事项使我们相信财务报表没有按照企业会计准则的规定编制，未能在所有重大方面公允反映被审阅单位的财务状况、经营成果和现金流量。"公司已在招股说明书"第十一节管理层讨论分析"中披露了财务报告审计截止日后的主要财务信息及经营状况。

经审阅，2016年1–9月，公司营业收入为4,796,326.72万元，同比增长12.72%；归属于母公司股东的净利润为22,542.72万元，较2015年1–9月扭亏为盈；归属于母公司股东扣除非经常性损益的净利润为18,000.41万元，较2015年1–9月扭亏为盈；公司资产总额和负债总额规模随着短期借款的归还均有所下降，净资产相比2015年末有所增长。2016年1–9月，公司生产经营状况良好，生产模式、销售模式、采购模式、主要税收政策与报告期相比未发生变化，公司主要客户和供应商均保持稳定。

对于2016年全年公司经营情况，基于对经济环境、行业变动趋势的判断以及本公司整体经营情况的分析，预计本公司2016年度公司产销量、订单数量、产品、客户群体以及原材料供应等情况不会发生重大不利变化，经营情况保持稳定，预计2016年度营业收入为5,898,810.88万元至6,484,662.10万元，较2015年度增长7.44%至18.11%；归属于母公司股东净利润为27,327.56万元至29,570.69万元，较2015年度增长146.88%至167.14%；归属于母公司股东扣除非经常性损益的净利润为21,318.99万元至23,562.13万元，较2015年度增长843.15%–942.38%。

如无特别说明，本上市公告书中的简称或名词的释义与本公司首次公开发行股票招股说明书中的释义相同。

第二节　股票上市情况

一、本上市公告书系根据《公司法》《证券法》和《上海证券交易所股票上市规则》等有关法律法规规定，按照上海证券交易所《股票上市公告书内容与格式指引》编制而成，旨在向投资者说明本公司首次公开发行A股股票上市的基本情况。

二、本公司首次公开发行A股股票(简称"本次发行")经中国证券监督管理委员会"证监许可〔2016〕3167号"文核准。本次发行采用网下向投资者询价配售与网上按市值申购定价发行相结合的方式。

三、本公司A股股票上市经上海证券交易所上证发字〔2017〕41号文批准。证券简称"白银有色"，股票代码"601212"。本次发行的69,800万股社会公众股将于2017年2月15日起上市交易。

四、股票上市概况

1. 上市地点：上海证券交易所

2. 上市时间：2017年2月15日

3. 股票简称：白银有色

4. 股票代码：601212

5. 本次公开发行后的总股本：697,296.5867万股

6. 本次公开发行的股票数量:69,800 万股

7. 本次上市的无流通限制及锁定安排的股票数量:本次发行回拨机制启动后,网下最终向投资者询价配售的 6,980 万股股份和网上最终按市值申购定价发行的 62,820 万股股份无流通限制及锁定安排。

8. 发行前股东所持股份的流通限制及期限以及发行前股东对所持股份自愿锁定的承诺请参见本上市公告书之"第一节重要声明与提示"。

9. 股票登记机构:中国证券登记结算有限公司上海分公司

10. 上市保荐机构:中信建投证券股份有限公司

第三节　发行人、股东和实际控制人情况

一、公司基本情况

1. 中文名称:白银有色集团股份有限公司

英文名称:Baiyin Nonferrous Group Co.,Ltd.

中文简称:白银有色

2. 法定代表人:廖明

3. 成立日期:2008 年 11 月 24 日

4. 注册资本(本次发行前):6,274,965,867.00 元

5. 住所:甘肃省白银市白银区友好路 96 号

6. 经营范围:

有色金属、贵金属采矿、选矿、冶炼及压延加工;矿产品及延伸产品研发、生产及销售;冶金、工程技术科学研究与技术服务、研发及咨询;项目投资、投资管理、资产管理、投资咨询;境内外自营期货业务;国内外贸易;进出口业务;互联网、软件和信息技术服务、产品开发、生产和销售;物流及铁路运输、道路运输;废弃资源综合利用;承包境内外招标工程;地质勘查;爆破作业(设计施工);租赁(不含金融租赁服务);水生产及供应;化学原料和化学制品制造;仓储(不包括危险化学品,硫酸、氧气、氮气、氩气除外);设备制造;电气机械和器材制造(以上项目不含国家限制经营和法律、行政法规及国务院决定规定需办理前置许可或审批的项目;依法须经批准的项目,经相关部门批准后方可开展经营活动)。

7. 主营业务:铜、铅、锌、金、银等多种有色金属的采选、冶炼、加工及贸易,业务覆盖有色金属全产业链。

8. 所属行业:有色金属冶炼及压延加工业

9. 联系电话:0943-8810832,0943-8812047

10. 传真号码:0943-8811778

11. 互联网网址:www.bynmc.com

12. 电子信箱:bygs@bynmc.com

13. 董事会秘书:孙茏

14. 董事、监事、高级管理人员

(1)董事

本公司本届董事会由 14 名董事组成,其中独立董事 5 名。

序号	姓　名	职务	本届任期
1	廖　明	董事长	2016.6.3-2019.6.2
2	孙亚雷	副董事长	2016.6.3-2019.6.2
3	张锦林	副董事长	2016.6.3-2019.6.2
4	罗　宁	董事	2016.6.3-2019.6.2
5	夏桂兰	董事	2016.6.3-2019.6.2
6	严　宁	董事	2016.6.3-2019.6.2
7	吴万华	董事	2016.6.3-2019.6.2
8	雷思维	董事	2016.6.3-2019.6.2
9	陈　凡	董事	2016.6.3-2019.6.2
10	王玉梅	独立董事	2016.6.3-2019.6.2
11	张传福	独立董事	2016.6.3-2019.6.2
12	李宗义	独立董事	2016.6.3-2019.6.2
13	孙积禄	独立董事	2016.6.3-2019.6.2
14	满　莉	独立董事	2016.6.3-2019.6.2

(2)监事

本公司监事会由 9 名监事组成,其中股东代表监事 5 名,职工监事 4 名。

序号	姓　名	职务	本届任期
1	孙洪元	监事会主席	2016.6.3-2019.6.2
2	李建一	监事	2016.6.3-2019.6.2
3	秦永忠	监事	2016.6.3-2019.6.2
4	杨　景	监事	2016.6.3-2019.6.2
5	文　献	监事	2016.6.3-2019.6.2
6	郑志旺	职工监事	2016.6.3-2019.6.2
7	付庆义	职工监事	2016.6.3-2019.6.2
8	朱银鸿	职工监事	2016.6.3-2019.6.2
9	汪东锋	职工监事	2016.6.3-2019.6.2

(3)高级管理人员

本公司共有高级管理人员 8 名。

序号	姓　名	职务	任期
1	雷思维	总经理	2016.2.23-2019.2.22
2	刘燕明	副总经理	2014.11.30-2016.9.30
3	张家国	副总经理	2016.6.3-2019.6.2
4	杜　明	副总经理	2016.6.3-2019.6.2
5	席　斌	副总经理	2016.6.3-2019.6.2
6	吴贵毅	财务总监	2013.12.18-2016.12.17
7	王普公	副总经理	2015.6.19-2018.6.18
8	孙　茏	董事会秘书	2016.6.3-2019.6.2
		副总经理	2015.6.19-2018.6.18

15. 董事、监事、高级管理人员持有本公司股票、债券情况

本公司其他董事、监事和高级管理人员均不存在直接或间接持有本公司股份的情况。

二、控股股东及实际控制人的基本情况

1. 控股股东

本公司无控股股东。

2. 实际控制人

本公司无实际控制人。

三、股本结构及前十名股东情况

1. 本次发行前后的股本结构变动情况

本次发行前,本公司总股本为 627,496.5867 万股,本次发行股数为 69,800 万股。

本次发行前后本公司的股本结构如下:

股东名称	本次发行前		本次发行后		
	股数(股)	比例(%)	股数(股)	比例(%)	锁定期限制
一、有限售条件股					
国安集团	2,250,000,000	35.86	2,250,000,000	32.27	36 个月
甘肃省国资委(SS)	2,158,290,782	34.40	2,111,577,513	30.28	36 个月
瑞源基金(有限合伙)	800,000,000	12.75	800,000,000	11.47	12 个月
新业公司(SS)	400,000,000	6.37	391,342,544	5.61	36 个月
信达资产(SS)	374,895,303	5.97	374,895,303	5.38	12 个月
中信集团(SS)	200,000,000	3.19	195,671,272	2.81	36 个月
东方资产(SS)	43,789,193	0.70	43,789,193	0.63	12 个月
华融资产(SS)	20,837,908	0.33	20,837,908	0.30	12 个月
省经合公司(SS)	19,496,969	0.31	19,074,984	0.27	12 个月
长城资产(SS)	7,655,712	0.12	7,655,712	0.11	12 个月
全国社会保障基金理事会	-	-	421,985	0.86	12 个月
			59,699,453		36 个月
二、无限售条件股					
社会公众股	-	-	698,000,000	10.01	无
合计	6,274,965,867	100.000	6,972,965,867	100.00	

注:本次发行前本公司股东所持股份的锁定期限自本公司股票上市之日起计算。

根据《境内证券市场转持部分国有股充实全国社会保障基金实施办法》(财企〔2009〕94 号)和《关于金融资产管理公司和国有银行国有股减持有关问题的通知》(财金函〔200421 号)的有关规定,并经《甘肃省政府国资委关于白银有色集团股份有限公司国有股转持的批复》(甘国资发产权〔2014〕97 号)确认,本公司除信达资产、东方资产、华融资产、长城资产以外的国有股东,将在本公司首次公开发行股票时按照相关法规的要求履行转持义务。按照公司首次公开发行股票数量 6.98 亿股的 10%计算,将甘肃省国资委持有的公司 46,713,269 股股份,新业公司持有的公司 8,657,456 股股份,中信集团持有的公司 4,328,728 股股份,省经合公司持有的公司 421,985 股股份(上述四家股东合计持有公司 60,121,438 股股份)划转给全国社会保障基金理事会。全国社会保障基金理事会将承继原股东的禁售期义务。

2. 本次发行后、上市前股东人数为 526,296 名,持股数量前 10 名股东的名称、持股数量及持股比例如下表所示:

序号	股东账户名称	持股数量(万股)	持股比例
1	国安集团	2,250,000,000	32.27
2	甘肃省国资委	2,111,577,513	30.28
3	瑞源基金(有限合伙)	800,000,000	11.47
4	新业公司	391,342,544	5.61
5	信达资产	374,895,303	5.38

6	中信集团	195,671,272	2.81
7	全国社会保障基金理事会	60,121,438	0.86
8	东方资产	43,789,193	0.63
9	华融资产	20,837,908	0.30
10	省经合公司	19,074,984	0.27

第四节 股票发行情况

一、发行数量:69,800 万股

二、发行价格:1.78 元/股

三、每股面值:人民币 1.00 元

四、发行方式:采用网下向符合条件的投资者询价配售与网上向持有上海市场非限售 A 股股份市值的社会公众投资者定价发行相结合的方式。回拨机制启动前,网下初始发行数量为 48,860 万股,占本次发行总量的 70%;网上初始发行数量为 20,940 万股,占本次发行总量的 30%。回拨机制启动后,网下最终发行数量为 6,980 万股,占本次发行总量的 10%;网上最终发行数量为 62,820 万股,占本次发行总量的 90%,保荐机构(联席主承销商)包销股份的数量为 1,020,649 股

五、募集资金总额及注册会计师对资金到位的验证情况

本次发行募集资金总额为 124,244 万元,其中公司公开发行新股的募集资金总额为 124,244 万元。北京永拓会计师事务所(特殊普通合伙)于 2017 年 2 月 9 日对本次发行的资金到位情况进行了审验,并出具了京永验字[2017]第 210009 号验资报告。

六、发行费用总额及明细构成、每股发行费用

1. 保荐承销费用 8,000.00 万元(不含公司股东公开发售股份部分的承销费用)、审计验资及评估费用 2,210.60 万元、律师费用 413.71 万元、信息披露费用 415.09 万元、材料制作费用 23.75 万元、发行手续费 256.85 万元。

2. 本次公司公开发行新股的每股发行费用为 0.16 元。

七、本次公司公开发行新股的募集资金净额:112,923.99 万元。

八、发行后每股净资产:1.76 元(按本次发行后净资产除以总股本计算,其中,本次发行后的净资产按本公司截至 2016 年 6 月 30 日经审计的净资产和本次募集资金净额之和计算)

九、发行后每股收益:

0.0032 元(按 2015 年度归属于母公司股东扣除非经常性损益后的净利润除以发行后总股本计算)

0.0306 元(按 2016 年度盈利预测归属于母公司股东扣除非经常性损益后的净利润除以发行后总股本计算)

第五节 财务会计信息

本公司的 2013 年 12 月 31 日、2014 年 12 月 31 日、2015 年 12 月 31 日和 2016 年 6 月 30 日的合并及母公司资产负债表,2013 年度、2014 年度、2015 年度和 2016 年 1-6 月的合并及母公司利润表、合并及母公司现金流量表、合并及母公司股东权益变动表以及财务报表附注已进行了审计,并由北京永拓会计师事务所(特殊普通合伙)出具了"京永审字[2016]第 13006 号"标准无保留意见审计报告。

本公司 2016 年 9 月 30 日的资产负债表、2016 年 1-9 月的利润表、现金流量表及财务报表附注未经审计,但已经永拓会计师事务所审阅,并出具了京永审字[2016]第 14816 号《审阅报告》。

以上数据已在公告的招股说明书中进行了详细披露,投资者欲了解相关情况请详细阅读招股说明书,本公告不再披露,敬请投资者注意。

一、公司三季度主要会计数据

2016 年三季度主要财务信息如下表所示:

单位:万元

三季度末资产负债简表

科目	2016 年 9 月 30 日	2015 年 12 月 31 日
资产总额	4,036,601.08	4,509,899.73
负债总额	2,627,594.27	3,309,118.33
净资产	1,409,006.81	1,200,781.39
归属于母公司所有者的净资产	1,149,864.60	1,122,005.03

前三季度利润简表

科目	2016 年 1-9 月	2015 年 1-9 月
营业收入	4,796,326.72	4,255,241.58
营业利润	40,876.97	3,532.70
利润总额	49,071.10	10,752.02
净利润	32,837.82	961.20
归属于母公司所有者的净利润	22,542.72	-3,142.42
归属于母公司股东扣除非经常性损益后的净利润	18,000.41	-5,102.77
经营活动产生的现金流量净额	257,870.96	290,955.50

二、审计截止日后主要经营情况

本公司提示投资者注意招股说明书已披露财务报告审计截止日后的主要财务信息及经营情况。本公司 2016 年 9 月 30 日的资产负债表、2016 年 1-9 月的利润表、现金流量表及财务报表附注未经审计,但已经永拓会计师事务所审阅,并出具了京永审字[2016]第 14816 号《审阅报告》。审阅意见如下:"根据我们的审阅,我们没有注意到任何事项使我们相信财务报表没有按照企业会计准则的规定编制,未能在所有重大方面公允反映被审阅单位的财务状况、经营成果和现金流量。"公司已在招股说明书"第十一节管理层讨论分析"中披露了财务报告审计截止日后的主要财务信息及经营状况。

经审阅,2016 年 1-9 月,公司营业收入为 4,796,326.72 万元,同比增长 12.72%;归属于母公司股东的净利润为 22,542.72 万元,较 2015 年 1-9 月扭亏为盈;归属于母公司股东扣除非经常性损益的净利润为 18,000.41 万元,较 2015 年 1-9 月扭亏为盈;公司资产总额和负债总额规模随着短期借款的归还均有所下降,净资产相比 2015 年末有所增长。2016 年 1-9 月,公司生产经营状况良好,生产模式、销售模式、采购模式、主要税收政策与报告期相比未发生变化,公司主要客户和供应商均保持稳定。

对于 2016 年全年公司经营情况,基于对经济环境、行业变动趋势的判断以及本公司整体经营情况的分析,预计本公司 2016 年度公司产销量、订单数量、产品、客户群体以及原材料供应等情况不会发生重大不利变化,经营情况保持稳定,预计 2016 年度营业收入为 5,898,810.88 万元至 6,484,662.10 万元,较 2015 年度增长 7.44%至 18.11%;归属于母公司股东净利润为 27,327.56 万元至 29,570.69 万元,较 2015 年度增长 146.88%至 167.14%;归属于母公司股东扣除非经常性损益的净利润为 21,318.99 万元至 23,562.13 万元,较 2015 年度增长 843.15%-942.38%。

第六节 其他重要事项

根据《上海证券交易所上市公司募集资金管理办法》,本公司将在公司公开发行新股的募集资金到账后一周内与保荐机构中信建投证券股份有限公司和存放募集资金的商业银行签订《募集资金专户存储三方监管协议》,并在该协议签订后两个交易日内报告上海证券交易所备案并公告。本次存放募集资金的商业银行已出具承诺:在《募集资金专户存储三方监管协议》签订前,未获得保荐机构中信建投证券书面同意,其将不接受白银有色从募集资金专户支取资金的申请。

本公司在招股意向书刊登日(2016 年 12 月 28 日)至上市公告书刊登前,没有发生可能对本公司有较大影响的重要事项,具体如下:

1. 本公司主营业务发展目标进展情况正常。

2. 本公司所处行业和市场未发生重大变化。

3. 除正常经营活动签订的销售、采购、借款等商务合同外,本公司未订立其他对公司资产、负债、权益和经营成果产生重大影响的重要合同。

4. 本公司与关联方未发生重大关联交易。

5. 本公司未进行重大投资。

6. 本公司未发生重大资产(或股权)购买、出售及置换。

7. 本公司住所没有变更。

8. 本公司董事、监事、高级管理人员及核心技术人员没有变化。

9. 本公司未发生重大诉讼、仲裁事项。

10. 本公司未发生除正常经营业务之外的重大对外担保等或有事项。

11. 本公司的财务状况和经营成果未发生重大变化。

12. 本公司未召开董事会、监事会或股东大会。

13. 本公司未发生其他应披露的重大事项。

第七节 上市保荐机构及其意见

一、上市保荐机构基本情况

保荐机构(联席主承销商):中信建投证券股份有限公司

住所:北京市朝阳区安立路 66 号 4 号楼

联系地址:北京市东城区朝内大街 2 号凯恒中心 B、E 座二、三层

法定代表人:王常青

电话:010-85130588

传真:010-65185227

保荐代表人:徐子桐、黄传照

联系人:陶强、金旭、曹思宇、胡昊文、张大亮

二、上市保荐机构的推荐意见

上市保荐机构认为,发行人申请股票上市符合《中华人民共和国公司法》《中华人民共和国证券法》及《上海证券交易所股票上市规则》等有关法律、法规的规定,发行人股票已具备公开上市的条件。中信建投证券股份有限公司同意推荐白银有色集团股份有限公司的股票在上海证券交易所上市。

发行人:白银有色集团股份有限公司

2017 年 2 月 14 日

广州港股份有限公司

广州港股份有限公司首次公开发行A股股票上市公告书

特别提示

本公司股票将于2017年3月29日在上海证券交易所上市。本公司提醒投资者应充分了解股票市场风险及本公司披露的风险因素,在新股上市初期切忌盲目跟风"炒新",应当审慎决策、理性投资。

第一节 重要声明与提示

一、重要声明

广州港股份有限公司(以下简称"本公司""公司""广州港"或发行人)及全体董事、监事、高级管理人员保证上市公告书所披露信息的真实、准确、完整,承诺上市公告书不存在虚假记载、误导性陈述或重大遗漏,并承担个别和连带的法律责任。

证券交易所、其他政府机关对本公司股票上市及有关事项的意见,均不表明对本公司的任何保证。

本公司提醒广大投资者注意,凡本上市公告书未涉及的有关内容,请投资者查阅刊载于上海证券交易所网站(http://www.sse.com.cn)的本公司招股说明书全文。

本公司提醒广大投资者注意首次公开发行股票(以下简称"新股")上市初期的投资风险,广大投资者应充分了解风险、理性参与新股交易。

二、股份锁定的承诺

1. 本公司控股股东广州港集团承诺:

自本公司股票在证券交易所上市之日起36个月内,不转让或者委托他人管理其直接或间接持有的本公司首次公开发行A股股票并上市前已发行的股份,也不由本公司回购该部分股份。本公司上市后6个月内如本公司股票连续20个交易日的收盘价均低于本次发行的发行价,或者上市后6个月期末收盘价低于本次发行的发行价,广州港集团持有的本公司股票将在上述锁定期限届满后自动延长6个月的锁定期。若本公司股票在此期间发生除权、除息的,发行价格将作相应调整。上述锁定期届满后两年内,在满足以下条件的前提下,广州港集团可进行减持:(1)上述锁定期届满且没有延长锁定期的相关情形,如有锁定延长期,则顺延;(2)如发生广州港集团需向投资者进行赔偿的情形,广州港集团已经全额承担赔偿责任;(3)广州港集团在减持发行人股份时,每年减持不超过其持有的公司股份总数的10%,且减持价格将不低于本次发行的发行价;如自发行人首次公开发行股票至上述减持公告之日发行人发生过派息、送股、资本公积金转增股本等除权除息等事项的,发行价格应相应调整;(4)如广州港集团进行减持,将依照《公司法》、《证券法》以及中国证监会、证券交易所有关法律、法规的相关规定进行减持,减持价格不低于本次发行的发行价(如自公司首次公开发行股票至上述减持公告之日公司发生过派息、送股、资本公积金转增股本等除权除息事项的,发行价格应相应调整),且将提前3个交易日向本公司提交减持原因、减持数量、未来减持计划、减持对公司治理结构及持续经营影响的说明,并由本公司在减持前3个交易日予以公告。

2. 本公司直接及间接合计持股5%以上股东中远集团承诺:

自公司股票在证券交易所上市之日起12个月内("锁定期"),不转让或者委托他人管理其直接或间接持有的公司本次发行上市前已发行的股份,也不由发行人回购该部分股份。上述锁定期届满后两年内,在满足以下条件的前提下,可进行减持:(1)上述锁定期届满且没有延长锁定期的相关情形,如有锁定延长期,则顺延;(2)如发生中远集团须向投资者进行赔偿的情形,中远集团已经全额承担赔偿责任;(3)中远集团在减持公司股份时,每年减持不超过中远集团持有的公司股份总数的100%,且减持价格不低于本次发行的发行价;如自公司首次公开发行股票至上述减持公告之日公司发生过派息、送股、资本公积转增股本等除权除息事项的,发行价格应相应调整。中远集团进行减持的,将依照《公司法》、《证券法》以及中国证监会、证券交易所的相关规定进行减持,且提前3个交易日予以公告。

3. 本公司其他股东国投交通控股、广州发展、上海中海码头承诺:

自本公司首次公开发行A股股票并上市之日起12个月内,不转让或者委托他人管理其直接或间接持有的本公司的股份,也不由本公司回购该部分股份。

根据《境内证券市场转持部分国有股充实全国社会保障基金实施办法》(财企[2009]94号)的有关规定,本公司首次公开发行A股股票并上市时,由本公司国有股东广州港集团、国投交通控股、中远集团、上海中海码头转由全国社会保障基金理事会持有的本公司国有股,全国社会保障基金理事会将承继原国有股东的禁售期义务,本公司国有股东广州发展由其国有出资人在本公司首次公开发行A股并上市时,以自有资金向中央金库上缴资金的方式履行国有股转持义务。

三、稳定股价预案

根据《公司法》、《证券法》、《关于进一步推进新股发行体制改革的意见》等相关法律法规的要求,为保护中小股东和投资者利益,公司特制定稳定公司股价的预案如下:

(1)本预案的有效期

本预案自公司股票上市之日起三年内有效。

(2)启动本预案的条件

在本预案有效期内,如果出现连续20个交易日的公司股票收盘价低于公司最近一期经审计的每股净资产(每股净资产=合并财务报表中归属于母公司普通股股东权益合计数÷期末公司股份总数;如最近一期审计基准日后,因利润分配、资本公积转增股本、增发或配股等情况导致公司净资产或股份总数出现变化时,则每股净资产应相应调整,下同)的情形时(以上简称"启动条件"),非因不可抗力因素所致,则启动本预案。

(3)本预案的具体措施

公司及相关主体将采取以下措施中的一项或两项稳定公司股价:(1)公司控股股东广州港集团增持公司股票;(2)公司回购公司股票。

在本预案有效期内,如果出现连续20个交易日的公司股票收盘价低于公司最近一期经审计的每股净资产,公司将在本预案启动条件触发之日起2个交易日内发布提示公告,并在8个工作日内与公司控股股东等协商确定稳定股价的具体方案,如该等方案需要提交公司董事会、股东大会审议的,则控股股东应予以支持。

上述稳定股价的具体方案实施完毕之日起3个月后,如再次触发启动条件,则再次启动稳定股价措施。公司控股股东中止实施增持计划之日或公司决定中止回购公司股票之日起3个月后,如再次触发启动条件,则再次启动稳定股价措施。

若公司及相关主体最终确定以公司控股股东增持公司股票作为稳定股价的措施,则公司控股股东广州港集团在符合相关法律、法规的规定且不应导致公司股权分布不符合上市条件的前提下,对公司股票进行增持,增持价格不高于公司最近一期经审计的每股净资产。

公司控股股东应在本预案启动条件触发之日起10个交易日内,就其增持公司股票的具体计划书面通知公司并由公司进行公告,并应在履行完毕法律法规规定的程序后90日内实施完毕。

公司控股股东在实施增持方案时应承诺如下:公司控股股东单次用于增持公司股票的货币资金不超过其上一年度从公司取得的现金分红总额的30%;单次增持公司股份数量不超过公司总股本的1%。

若某一会计年度内公司股价多次触发本预案启动条件,公司控股股东将持续按照上述稳定股价预案执行,但应遵循单一会计年度内公司控股股东用以增持公司股票的货币资金合计不超过上一年度从公司取得的现金分红总额的50%,且单一会计年度内公司控股股东增持公司股份数量合计不超过公司总股本的2%。

增持公告作出之日后,若公司股票收盘价连续10个交易日高于最近一期经审计的每股净资产,则公司控股股东广州港集团可中止实施增持计划。

若公司及相关主体最终确定以公司回购公司股票作为稳定股价的措施,则公司将在符合相关法律、法规的规定且不应导致公司股权分布不符合上市条件的前提下,向社会公众股东回购股份,回购价格不高于公司最近一期经审计的每股净资产。

公司董事会应在本预案启动条件触发之日起10个交易日内,做出实施回购股份或不实施回购股份的决议。公司董事会应当在做出决议后的2个交易日内公告董事会决议、回购股份预案或不回购股份的理由,并发布召开股东大会的通知。

经股东大会决议决定实施回购的,公司应在履行完毕法律法规规定的程序后90日内实施完毕。公司股东大会对回购股份做出决议,须经出席会议的股东所持表决权的三分之二以上通过,公司控股股东承诺就该等回购事宜在股东大会中投赞成票。

公司在实施回购方案时,除应符合相关法律、法规的规定之外,还应符合下列各项:(1)公司用于回购股份的货币资金总额累计不超过公司首次公开发行新股所募集资金的总额;(2)公司单次用于回购公司股票的货币资金不超过上一年度经审计的归属于母公司股东净利润的5%;(3)公司单次回购股份不超过公司总股本的1%。

若某一会计年度内公司股价多次触发本预案启动条件,公司将持续按照上述稳定股价预案执行,但应遵循单一会计年度内公司用以回购股票的货币资金合计不超过上一年度经审计的归属于母公司股东净利润的10%,且单一会计年度内公司回购股份合计不超过公司总股本的2%。

公司董事会公告回购股份预案后,公司股票收盘价连续10个交易日高于最近一期经审计的每股净资产,则公司董事会可中止回购股份事宜。

在公司符合本预案规定的回购股份的相关条件的情况下,公司董事会经综合考虑公司经营发展实际情况、公司股价的二级市场表现情况、公司自身现金流量状况与融资成本等因素，认为公司不宜或暂无须回购股票的，经半数以上独立董事同意并经董事会决议通过后，应将不回购股票以稳定股价事宜提交股东大会审议，并经出席会议的股东所持表决权的三分之二以上通过。

(4)本预案的约束措施

若公司董事会制订的稳定公司股价措施涉及公司控股股东增持公司股票的，如果公司控股股东未能履行其增持义务，则公司有权将用于实施增持股票计划相等金额的应付公司控股股东现金分红予以扣留或扣减。

如因相关法律、法规对于社会公众股股东最低持股比例的规定导致公司控股股东和公司在一定时期内无法履行其增持或回购义务的，相关责任主体可免于前述惩罚，但亦应积极采取其他措施稳定股价。

(5)本预案的法律程序

本预案已经公司董事会与股东大会审议通过，自公司完成首次公开发行A股股票并上市之日起生效。

如因法律法规修订或政策变动等情形导致本预案与相关规定不符，公司应对本预案进行调整的，需经出席股东大会的股东所持有表决权股份总数的三分之二以上同意通过。

四、关于招股说明书信息披露的承诺

(一)本公司关于招股说明书信息披露的承诺

如本公司《招股说明书》有虚假记载、误导性陈述或者重大遗漏，致使投资者在证券交易中遭受损失的，将依法赔偿投资者损失，赔偿的金额根据公司与投资者协商确定的金额，或者依据证券监督管理部门、司法机关认定的方式或金额确定；如公司《招股说明书》有虚假记载、误导性陈述或者重大遗漏，对判断公司是否符合法律规定的发行条件构成重大、实质影响的，公司将在中国证券监督管理委员会、证券交易所或司法机关等有权机关依法对上述事实作出认定或处罚决定按如下方式依法回购首次公开发行的全部新股：

1. 公司已发行新股但尚未上市的，公司董事会应当在前述行为被依法认定后5日内制定股份回购预案(预案内容包括回购股份数量、价格区间、完成时间等信息)，并提交股东大会审议通过。回购价格为发行价并加算银行同期活期存款利息；

2. 公司已上市的，回购价格根据公司股票发行价格加计银行同期活期存款利息和市场价格孰高确定，若公司在该期间内发生派息、送股、资本公积转增股本等除权除息事项的，发行价应相应作除权除息处理；股份回购义务需在股东大会作出决议之日起3个月内完成。在实施上述股份回购时，如法律法规、公司章程等另有规定的从其规定。

(二)控股股东、实际控制人关于招股说明书信息披露的承诺

控股股东广州港集团承诺：如公司《招股说明书》有虚假记载、误导性陈述或者重大遗漏，致使投资者在证券交易中遭受损失的，广州港集团将依法赔偿投资者损失，赔偿的金额根据公司与投资者协商确定的金额，或者依据证券监督管理部门、司法机关认定的方式或金额确定；如公司《招股说明书》有虚假记载、误导性陈述或者重大遗漏，对判断公司是否符合法律规定的发行条件构成重大、实质影响的，广州港集团将督促公司依法回购首次公开发行的全部新股及其派生股份，并依法购回公司首次公开发行股票时本公司公开发售的股份(如有)，公司已发行尚未上市的，购回价格为发行价并加算银行同期存款利息；公司已上市的，购回价格根据公司股票发行价格加计银行同期活期存款利息和市场价格孰高确定，股份购回义务需在股东大会作出决议之日起3个月内完成。在实施上述股份购回时，如法律法规、公司章程等另有规定的从其规定。

(三)公司董事、监事及高级管理人员关于招股说明书信息披露的承诺

如公司《招股说明书》有虚假记载、误导性陈述或者重大遗漏，致使投资者在证券交易中遭受损失的，本人将依法赔偿投资者损失，赔偿的金额根据公司与投资者协商确定的金额，或者依据证券监督管理部门、司法机关认定的方式或金额确定；承诺不因职务变更、离职等原因而放弃履行已作出的承诺。

(四)本次发行的保荐机构、律师事务所、申报会计师关于招股说明书信息披露的承诺

保荐机构、主承销商中国国际金融股份有限公司承诺：如因本公司未能依照适用的法律法规、规范性文件及行业准则的要求勤勉尽责地履行法定职责而导致本公司为发行人首次公开发行制作、出具的文件有虚假记载、误导性陈述或者重大遗漏，给投资者造成实际损失的，本公司将按照有管辖权的人民法院依照法律程序作出的有效司法裁决，依法赔偿投资者损失。

发行人律师北京市金杜律师事务所承诺：如因本所为发行人首次公开发行股票制作、出具的文件有虚假记载、误导性陈述或者重大遗漏，给投资者造成损失的，经司法机关生效判决认定后，本所将依法赔偿投资者因本所制作、出具的文件所载内容有虚假记载、误导性陈述或者重大遗漏而遭受的损失。有权获得赔偿的投资者资格、损失计算标准、赔偿主体之间的责任划分和免责事由等，按照《证券法》、《最高人民法院关于审理证券市场因虚假陈述引发的民事赔偿案件的若干规定》(法释〔2003〕2号)等相关法律法规的规定执行，如相关法律法规相应修订，则按届时有效的法律法规执行。本所将严格履行生效司法文书确定的赔偿责任，并接受社会监督，确保投资者合法权益得到有效保护。

发行人审计机构立信会计师事务所(特殊普通合伙)广东分所承诺：本所为发行人首次公开发行股票事宜制作、出具的文件有虚假记载、误导性陈述或者重大遗漏，给投资者造成损失的，将依法赔偿投资者损失。

发行人评估机构北京中天衡平国际资产评估有限公司承诺：如因本机构为发行人首次公开发行股票制作、出具的文件有虚假记载、误导性陈述或者重大遗漏，给投资者造成损失的，本机构将按照有管辖权的人民法院依照法律程序作出的有效司法裁决，依法赔偿投资者损失。

五、公开发行前持股5%以上股东的持股意向及减持意向

(一)控股股东广州港集团的减持意向

本公司控股股东广州港集团承诺：其所持有的本次发行前股份锁定期届满后两年内，在满足以下条件的前提下，可进行减持：(a)上述锁定期届满且没有延长锁定期的相关情形，如有锁定延长期，则顺延；(b)如发生其需向投资者进行赔偿的情形，其已经全额承担赔偿责任；(c)其在减持发行人股份时，每年减持不超过其持有的公司股份总数的10%，且减持价格将不低于本次发行的发行价；如自发行人首次公开发行股票至上述减持公告之日发行人发生过派息、送股、资本公积金转增股本等除权除息等事项的，发行价格应相应调整；(d)其进行减持的，将依照《公司法》《证券法》以及中国证监会、证券交易所有关法律、法规的相关规定进行减持，将提前3个交易日向公司提交减持原因、减持数量、未来减持计划、减持对公司治理结构及持续经营影响的说明，并由公司在减持前3个交易日予以公告。

(二)其他持有发行人5%以上股份股东的减持意向

除广州港集团外，持有本公司5%以上股份的股东中远集团承诺：其所持有的本次发行前股份锁定期届满后两年内，在满足以下条件的前提下，可进行减持：(a)上述锁定期届满且没有延长锁定期的相关情形，如有锁定延长期，则顺延；(b)如发生其须向投资者进行赔偿的情形，其已经全额承担赔偿责任；(c)其在减持公司股份时，每年减持不超过本公司持有的公司股份总数的100%，且减持价格不低于本次发行的发行价；如自公司首次公开发行股票至上述减持公告之日公司发生过派息、送股、资本公积转增股本等除权除息事项的，发行价格应相应调整；(d)其进行减持的，将依照《公司法》、《证券法》以及中国证监会、证券交易所的相关规定进行减持，且提前3个交易日予以公告。

六、关于填补即期回报措施的承诺

(一)公司董事、高级管理人员对填补回报措施作出的承诺

为切实优化投资回报，维护投资者特别是中小投资者的合法权益，发行人董事、高级管理人员已根据《关于首发及再融资、重大资产重组摊薄即期回报有关事项的指导意见》(以下简称"指导意见")的要求，就确保本公司填补被摊薄即期回报措施的切实履行作出了承诺。承诺内容具体如下：

(1)本人承诺将不无偿或以不公平条件向其他单位或者个人输送利益，也不采用其他方式损害公司利益；

(2)本人将严格自律并积极使公司采取实际有效措施，对公司董事和高级管理人员的职务消费行为进行约束；

(3)本人将不动用公司资产从事与本人履行职责无关的投资、消费活动；

(4)董事会或薪酬与考核委员会制定、修改薪酬制度时，本人将提议(如有权)并支持薪酬制度与公司填补回报措施的执行情况相挂钩，并在董事会、股东大会投票(如有投票权)赞成薪酬制度与公司填补回报措施的执行情况相挂钩的相关议案；

(5)如公司未来制定、修改股权激励方案，本人将积极促使未来股权激励方案的行权条件与上述公司填补回报措施的执行情况相挂钩；

(6)本人将根据未来中国证监会、证券交易所等监管机构出台的相关规定，积极采取一切必要、合理措施，使上述公司填补回报措施能够得到有效的实施；

(7)如本人违反上述承诺或拒不履行上述承诺，本人将积极采取措施，使上述承诺能够重新得到履行并使上述公司填补回报措施能够得到有效的实施，并在中国证监会指定网站上公开说明未能履行上述承诺的具体原因，并向股东及公众投资者道歉。

(二)公司控股股东对填补回报措施作出的承诺

发行人控股股东广州港集团就发行人提出的填补回报措施出具《关于首次公开发行摊薄即期回报后采取填补措施的承诺函》作出承诺：

(1)作为控股股东，不越权干预公司经营管理活动，不侵占公司利益；

(2)广州港集团将根据未来中国证监会、证券交易所等监管机构出台的相关规定，积极采取一切必要、合理措施，使发行人填补回报措施能够得到有效的实施；

(3)如广州港集团未能履行上述承诺，广州港集团将积极采取措施，使上述承诺能够重新得到履行并使发行人填补回报措施能够得到有效的实施，并在中国证监会上述本次发行摊薄即期回报填补回报措施相关承诺已经公司第一届董事会第五十五次会议以及2016年第一次临时股东大会审议通过。

七、股利分配政策

(一)本次发行上市后的股利分配政策

根据公司2014年第六次临时股东大会审议通过的《广州港股份有限公司关于制订<广州港股份有限公司章程(草案)>的议案》及《关于<广州港股份有限公司上市后未来三年的股东分红回报规划>的议案》等，本公司本次发行后的利润分配政策如下：

1. 公司中长期的具体分红规划

(1)公司利润分配不得超过累计可分配利润，不得损害公司持续经营能力；

(2)公司可以采取现金、股票、现金与股票相结合的方式或者法律、法规允许的其他方式分配利

润;在符合现金分红的条件下,公司应当优先采取现金分红的方式进行利润分配;

(3)公司拟实施现金分红的,应同时满足以下条件:

①公司该年度实现的可分配利润(即公司弥补亏损、提取公积金后所余的税后利润)为正值;

②审计机构对公司该年度财务报告出具标准无保留意见的审计报告;

③公司无重大投资计划或重大现金支出等事项发生(募集资金项目除外)。

重大投资计划或重大现金支出是指:i 公司未来十二(12)个月内拟对外投资、收购资产或购买设备累计支出达到或超过公司最近一期经审计净资产的百分之五十(50%),且超过五千(5,000)万元;ii 公司未来十二(12)个月内拟对外投资、收购资产或购买设备累计支出达到或超过公司最近一期经审计总资产的百分之三十(30%)。

(4)在满足上述现金分红条件情况下,公司将积极采取现金方式分配利润,原则上每年度进行一次现金分红,公司董事会可以根据公司盈利及资金需求情况提议公司进行中期现金分红。

(5)公司应保持利润分配政策的连续性与稳定性,在满足前述现金分红条件情况下,每年以现金方式分配的利润不少于当年实现的可分配利润的百分之二十(20%)。

(6)公司董事会应当综合考虑港口行业特点、发展阶段、自身经营模式、盈利水平以及是否有重大资金支出安排等因素,区分下列情形,并按照公司章程规定的程序,提出差异化的现金分红政策:

①公司发展阶段属成熟期且无重大资金支出安排的,进行利润分配时,现金分红在本次利润分配中所占比例最低应达到 80%;

②公司发展阶段属成熟期且有重大资金支出安排的,进行利润分配时,现金分红在本次利润分配中所占比例最低应达到 40%;

③公司发展阶段属成长期且有重大资金支出安排的,进行利润分配时,现金分红在本次利润分配中所占比例最低应达到 20%;

公司发展阶段不易区分但有重大资金支出安排的,按照前项规定处理。

(7)若公司业绩增长快速,并且董事会认为公司股票价格与公司股本规模不匹配时,可以在满足上述现金分配之余,提出并实施股票股利分配预案。

(8)存在股东违规占用公司资金情况的,公司在进行利润分配时,应当扣减该股东所分配的现金红利,以偿还其占用的资金。

2. 公司进行利润分配应履行决策程序

(1)公司每年利润分配预案由公司董事会结合公司章程的规定、盈利情况、资金需求提出和拟定,经董事会审议通过并经半数以上独立董事同意后提请股东大会审议。独立董事及监事会对提请股东大会审议的利润分配预案进行审核并出具书面意见;

(2)董事会审议现金分红具体方案时,应当认真研究和论证公司现金分红的时机、条件和最低比例、调整的条件及其决策程序要求等事宜,独立董事应当发表明确意见;独立董事可以征集中小股东的意见,提出分红提案,并直接提交董事会审议;

(3)股东大会对现金分红具体方案进行审议时,应当通过多种渠道主动与股东,特别是中小股东进行沟通和交流(包括但不限于提供网络投票表决、邀请中小股东参会等),充分听取中小股东的意见和诉求,并及时答复中小股东关心的问题;

(4)在当年满足现金分红条件情况下,董事会未提出以现金方式进行利润分配预案的,还应说明原因并在年度报告中披露,独立董事应当对此发表独立意见。同时在召开股东大会时,公司应当提供网络投票等方式以方便中小股东参与股东大会表决;

(5) 监事会应对董事会和管理层执行公司利润分配政策和股东回报规划的情况及决策程序进行监督,并应对年度内盈利但未提出利润分配预案的,就相关政策、规划执行情况发表专项说明和意见;

(6)股东大会应根据法律法规和公司章程的规定对董事会提出的利润分配预案进行表决。

3. 分红政策的调整

公司如因外部经营环境或者自身经营状况发生重大变化而需要调整利润分配政策,调整利润分配政策应以保护股东权益为出发点,详细论证和说明调整的原因,并根据公司章程履行内部决策程序,由公司董事会提交议案并经股东大会审议,经出席股东大会的股东所持表决权的 2/3 以上通过。

(二)报告期内股利分配情况

报告期内,公司进行过 2 次利润分配,具体情况如下:

根据本公司 2014 年度股东大会通过的决议,2014 年末公司可供分配利润为 61,221.98 万元,将上述可分配利润中的 25%,按照持股比例向全体股东进行分配,每 10 股派发现金红利 0.2786 元(含税),共支付股利 15,307.68 万元。截至 2015 年 9 月 10 日,上述股利已全部支付完毕。

根据本公司 2015 年度股东大会通过的决议,2015 年末公司可供分配利润为 52,814.71 万元,将上述可分配利润中的 25%,按照持股比例向全体股东进行分配,每 10 股派发现金红利 0.2403 元(含税),共支付股利 13,203.28 万元。截至 2016 年 7 月 29 日,上述股利已全部支付完毕。

八、财务报告审计截止日后主要财务信息、经营状况及 2017 年一季度业绩预测

财务报告截止日后至本上市公告书签署日,公司经营情况稳定,主要经营模式、经营规模等未发生重大变化,亦未出现其他可能影响投资者判断的重大事项。

2016 年第一季度,公司已实现营业收入 138,629.92 万元,归属于母公司所有者净利润为 12,538.27 万元,扣除非经常性损益后归属于母公司所有者的净利润为 11,780.98 万元,公司预计 2017 年第一季度营业收入 170,710.30 至 176,710.30 万元,较上年同期增长幅度为 23.14%至 27.47%;归属于母公司所有者的净利润约为 12,560.60 至 12,660.60 万元,较上年同期增长幅度为 0.18%至 0.98%;扣除非经常性损益后归属于母公司所有者的净利润约为 11,851.78 至 12,046.90 万元,较上年同期增长 0.60%至 2.26%(相关财务数据为公司财务部门预测,未经审计机构审核)。

如无特别说明,本上市公告书中的相关用语或简称具有与本公司首次公开发行股票招股说明书中相同的含义。

第二节 股票上市情况

一、股票发行上市审核情况

(一)编制上市公告书的法律依据

本上市公告书系根据《中华人民共和国公司法》《中华人民共和国证券法》和《上海证券交易所股票上市规则》等有关法律法规规定,按照上海证券交易所《股票上市公告书内容与格式指引》编制而成,旨在向投资者提供有关本公司首次公开发行 A 股股票上市的基本情况。

(二)股票发行的核准部门和文号

本公司首次公开发行 A 股股票(以下简称"本次发行")已经中国证券监督管理委员会"证监许可〔2017〕313 号"批复核准。本次发行采用网下向符合条件的投资者询价配售和网上向持有上海市场非限售 A 股股份市值的社会公众投资者定价发行相结合的方式进行。

(三)交易所同意股票上市文件的文号

本公司 A 股股票上市已经上海证券交易所"自律监管决定书〔2017〕76 号"批准。本公司发行的 A 股股票在上海证券交易所上市,证券简称"广州港",证券代码"601228"。

二、股票上市相关信息

(一)上市地点:上海证券交易所

(二)上市时间:2017 年 3 月 29 日

(三)股票简称:广州港

(四)股票代码:601228

(五)本次发行后的总股本:619,318 万股

(六)本次发行的股票数量:69,868 万股

(七)本次上市的无流通限制及锁定安排的股票数量:69,868 万股

(八)发行前股东所持股份的流通限制及期限:参见本上市公告书之"第一节重要声明与提示"

(九)发行前股东对所持股份自愿锁定的承诺:参见本上市公告书之"第一节重要声明与提示"

(十)股票登记机构:中国证券登记结算有限责任公司上海分公司

(十一)上市保荐机构:中国国际金融股份有限公司

第三节 发行人、股东和实际控制人情况

一、发行人基本情况

中文名称:广州港股份有限公司

英文名称:Guangzhou Port Company Limited

注册资本:人民币 549,450.00 万元

法定代表人:陈洪先

成立日期:2010 年 12 月 28 日

住所/通讯地址:广州市南沙区龙穴大道南 9 号 603 房(仅限办公用途)

邮政编码:510100

电话号码:020-83052510

传真号码:020-83051410

互联网网址:http://www.gzport.com/

电子信箱:gzgdb@gzport.com

董事会秘书:马楚江

经营范围:为船舶提供码头、过驳锚地、浮筒等设施;提供港口货物装卸(含过驳)、仓储、港内驳运、集装箱装卸、堆存、及装拆箱等简单加工处理服务;为船舶进出港、靠离码头、移泊提供顶推、拖带等服务;为旅客提供候船、上下船舶设施和服务;船舶补给供应服务;船舶污染物接收、围油栏供应服务;港口设施、设备和港口机械的租赁、维修服务;港口危险货物作业(仅限分支机构经营);成品油批发(仅限分支机构经营);道路货物运输;停车场经营;危险化学品运输(仅限分支机构经营);铁路货物运输(具体经营项目以交通部门审批文件或许可证为准)(仅限分支机构经营);企业管理服务(涉及许可经营项目的除外);港务船舶调度服务;船舶通信服务;企业自有资金投资;水上货物运输代理;道路货物运输代理;国际货运代理;货物检验代理服务;货物报关代理服务;联合运输代理服务;装卸搬运;其他仓储业(不含原油、成品油仓储、燃气仓储、危险品仓储);港口及航运设施工程建筑;水利和内河港口工程建筑;软件开发;计算机技术开发、技术服务;信息技术咨询服务;水运工程设计服务;铁路沿线维护管理服务;集装箱制造;集装箱租赁服务;运输设备清洗、消毒服务(汽车清洗除外);货物进出口(专营专控商品除外);技术进出口;商品批发贸易(许可审批类商品除外);房屋租赁;场地租赁(不含仓储);物业管理;物流代理服务;供应链管理;仓储代理服务;商品零

售贸易(许可审批类商品除外);商品信息咨询服务;冷库租赁服务(仅限分支机构经营);市场经营管理、摊位出租(仅限分支机构经营);铁路运输通信服务(仅限分支机构经营);信息系统集成服务(仅限分支机构经营);无线通信网络系统性能检测服务(仅限分支机构经营);计算机及通讯设备租赁(仅限分支机构经营);电子、通信与自动控制技术研究、开发(仅限分支机构经营);信息电子技术服务(仅限分支机构经营);网络技术的研究、开发(仅限分支机构经营);计算机网络系统工程服务(仅限分支机构经营);数据处理和存储服务(仅限分支机构经营);软件测试服务(仅限分支机构经营);电子工程设计服务(仅限分支机构经营);通信工程设计服务(仅限分支机构经营);监控系统工程安装服务(仅限分支机构经营);电子自动化工程安装服务(仅限分支机构经营);电子设备工程安装服务(仅限分支机构经营);智能化安装工程服务(仅限分支机构经营);保安监控及防盗报警系统工程服务(仅限分支机构经营);智能卡系统工程服务(仅限分支机构经营);通信系统工程服务(仅限分支机构经营);通信设施安装工程服务(仅限分支机构经营);通信线路和设备的安装(仅限分支机构经营);受企业委托从事通信网络的维修、维护(不涉及线路管道铺设等工程施工)(仅限分支机构经营);楼宇设备自控系统工程服务(仅限分支机构经营)。

主营业务:集装箱、煤炭、粮食、钢材、汽车、金属矿石、油品等货物的装卸及物流等业务

所属行业:根据中国证监会《上市公司行业分类指引》(2012年修订),发行人所在行业属于水上运输业(代码G55)

二、董事、监事、高级管理人员及持股情况

本公司董事、监事、高级管理人员姓名、职务、任职期间以及本次发行后直接或间接持有发行人股票的情况如下:

姓　名	职务	任职期间
陈洪先	董事长	2016年12月20日至2019年12月19日
蔡锦龙	副董事长	2016年12月20日至2019年12月19日
陈万雄	董事	2016年12月20日至2019年12月19日
张　华	董事	2016年12月20日至2019年12月19日
李益波	董事、总经理	2016年12月20日至2019年12月19日
陈锦棋	独立董事	2016年12月20日至2018年4月15日
陈　舒	独立董事	2016年12月20日至2019年2月28日
樊　霞	独立董事	2016年12月20日至2019年12月19日
杨秀微	监事会主席	2016年12月20日至2019年12月19日
王　超	监事会副主席、工会主席	2016年12月20日至2019年12月19日
王小敏	职工代表监事、审计部副部长	2016年12月20日至2019年12月19日
江建园	职工代表监事、人力资源部副部长	2016年12月20日至2019年12月19日
李益波	董事、总经理	2016年12月20日至2019年12月19日
苏兴旺	副总经理	2016年12月20日至2019年12月19日
宋小明	副总经理	2016年12月20日至2019年12月19日
马楚江	董事会秘书、董事会办公室主任	2016年12月20日至2019年12月19日
马素英	财务负责人、财务会计部部长、结算中心主任	2016年12月20日至2019年12月19日

截至本上市公告书签署日,上述董事、监事、高级管理人员均未持有公司股份。

三、控股股东及实际控制人的基本情况

公司实际控制人为广州市国资委,控股股东为广州港集团有限公司。

发行人的控股股东广州港集团前身为广州港务局。广州港务局是根据广州市人民政府出具的《关于成立广州港务局的通知》(穗府〔1987〕82号)的文件精神,撤销原黄埔港务局、广州港务管理局的建制,将黄埔港与广州港合并组建成立。根据广州市人民政府2003年10月2日《印发广州港务管理局组建方案和广州港集团有限公司组建方案的通知》(穗府〔2003〕59号)、广州市人民政府2003年10月22日《关于广州港集团有限公司实行国有资产授权经营的批复》(穗府函〔2003〕157号)及广州市财政局2004年2月25日《关于授权广州港集团有限公司经营管理国有资产的通知》(穗财企一〔2004〕276号)文件,按照政企分开的原则,剥离原广州港务局不属于港政管理职能的人、财、物及下属企业,按照建立现代企业制度的要求,组建国有独资的广州港集团有限公司。

根据2016年3月11日广州市工商局向广州港集团有限公司核发的《营业执照》(统一社会信用代码9144010119065175XL),企业类型为有限责任公司(国有独资),法定代表人为陈洪先,住所为广州市越秀区沿江东路406号,注册资本1,606,251,000.00元,经营范围为:水上货物运输代理(仅限分支机构经营);国内水运船舶代理(仅限分支机构经营);国际货运代理(仅限分支机构经营);联合运输代理服务(仅限分支机构经营);物流代理服务(仅限分支机构经营);道路货物运输代理(仅限分支机构经营);仓储代理服务(仅限分支机构经营);货物检验代理服务(仅限分支机构经营);货物报关代理服务(仅限分支机构经营);港务船舶调度服务(仅限分支机构经营);船舶引航服务(仅限分支机构经营);打包、装卸、运输全套服务代理(仅限分支机构经营);其他仓储业(不含原油、成品油仓储、燃气仓储、危险品仓储)(仅限分支机构经营);集装箱维修(仅限分支机构经营);集装箱租赁服务(仅限分支机构经营);运输设备清洗、消毒服务(汽车清洗除外)(仅限分支机构经营);燃气经营(不设储存、运输,不面向终端用户)(仅限分支机构经营);燃料油销售(不含成品油)(仅限分支机构经营);计算机零配件零售(仅限分支机构经营);电子产品零售(仅限分支机构经营);通信设备零售(仅限分支机构经营);建筑物自来水系统安装服务(仅限分支机构经营);建筑物排水系统安装服务(仅限分支机构经营);建筑物电力系统安装(仅限分支机构经营);房屋建筑工程施工(仅限分支机构经营);场地租赁(不含仓储)(仅限分支机构经营);机械设备租赁(仅限分支机构经营);水上运输设备租赁服务(仅限分支机构经营);其他金属处理机械制造(仅限分支机构经营);其他金属加工机械制造(仅限分支机构经营);专用设备修理(仅限分支机构经营);船舶修理(仅限分支机构经营);餐饮管理(仅限分支机构经营);商品批发贸易(许可审批类商品除外);商品零售贸易(许可审批类商品除外);货物进出口(专营专控商品除外);技术进出口;交通运输咨询服务;工程技术咨询服务;工程造价咨询服务;仓储咨询服务;贸易咨询服务;商品信息咨询服务;信息技术咨询服务;计算机技术开发、技术服务;软件开发;计算机网络系统工程服务;计算机及通讯设备租赁;通信设施安装工程服务;通信工程设计服务;通信基站设施租赁;通信系统工程服务;通信线路和设备的安装;船舶通信服务;房屋租赁;物业管理;向游客提供旅游、交通、住宿、餐饮等代理服务(不涉及旅行社业务)(仅限分支机构经营);提供港口货物装卸(含过驳)、仓储、港内驳运、集装箱装卸、堆存、及装拆箱等简单加工处理服务(仅限分支机构经营);港口设施、设备和港口机械的租赁、维修服务(仅限分支机构经营);为船舶提供码头、过驳锚地、浮筒等设施(仅限分支机构经营);为旅客提供候船、上下船舶设施和服务(仅限分支机构经营);为船舶进出港、靠离码头、移泊提供顶推、拖带等服务(仅限分支机构经营);船舶补给供应服务(仅限分支机构经营);船舶污染物接收、围油栏供应服务(仅限分支机构经营);港口危险货物作业(仅限分支机构经营);港口理货(仅限分支机构经营);港澳航线货物运输(仅限分支机构经营);内贸普通货物运输(仅限分支机构经营);内贸液货危险品运输(仅限分支机构经营);水路旅客运输(仅限分支机构经营);国际船舶运输(仅限分支机构经营);道路货物运输(仅限分支机构经营);成品油批发(仅限分支机构经营);成品油(汽油)零售(仅限分支机构经营);成品油(柴油)零售(仅限分支机构经营);成品油(煤油)零售(仅限分支机构经营);汽车修理与维护(仅限分支机构经营);劳务派遣服务(仅限分支机构经营);对外劳务合作(仅限分支机构经营)。

四、股东情况

(一)本次发行前后的股本情况

本次发行前本公司总股本为549,450.00万股。按照本次发行69,868万股计算,本次发行前后本公司的股本结构如下:

股东	发行前		发行后	
	持股数(股)	持股比例(%)	持股数(股)	持股比例(%)
广州港集团(SS)	4,750,000,000	86.45	4,689,599,114	75.72
国投交通控股(SS)	150,000,000	2.73	148,092,603	2.39
中远集团(SS)	247,250,000	4.50	244,105,940	3.94
上海中海码头(SS)	247,250,000	4.50	246,582,088	3.98
广州发展(SS)	100,000,000	1.82	100,000,000	1.61
全国社会保障基金理事会	–	–	66,120,255	1.07
公众投资者	–	–	698,680,000	11.28
合计	5,494,500,000	100.00	6,193,180,000	100.00

根据《境内证券市场转持部分国有股充实全国社会保障基金实施办法》(财企〔2009〕94号)及相关规定,经广东省国资委《关于广州港股份有限公司首次公开发行股票部分国有股转持的批复》(粤国资函〔2014〕870号)批复,广东省国资委同意本公司国有股东按相关规定在本公司境内首次公开发行时,将所持有的国有股按照实际发行量的10%转由全国社会保障基金理事会持有。其中广州港集团、国投交通控股、中远集团和上海中海码头采取转持股份形式,广州发展国有股东采取上缴资金形式。具体转持数量和实际应缴纳金额以实际发行数量和IPO价格确定。

以本次发行69,868万股计算,则广州港集团转持6,040.0886万股,国投交通控股转持190.7397万股,中远集团转持314.4060万股,上海中海码头转持66.7912万股,广州发展的国有股东应缴纳资金额为1,825,507.85元。

(二)本次发行后、上市前公司前十大股东情况

本次发行后、上市前的股东户数为548,899户,其中持股数量前十名的股东如下表所示:

序号	股东姓名	持股数量(股)	持股比例(%)
1	广州港集团(SS)	4,689,599,114	75.7220
2	上海中海码头(SS)	246,582,088	3.9815
3	中远集团(SS)	244,105,940	3.9415
4	国投交通控股(SS)	148,092,603	2.3912
5	广州发展(SS)	100,000,000	1.6147
6	全国社会保障基金理事会 66,120,255	1.0676	
7	中国国际金融股份有限公司 950,629	0.0153	
8	中国石油天然气集团公司企业年金计划–中国工商银行股份有限公司	209,685	0.0034
9	中国农业银行股份有限公司企业年金计划–中国银行股份有限公司	180,730	0.0029

10	中国电信集团公司企业年金计划		
	–中国银行股份有限公司	149,775	0.0024
	合计	5,495,990,819	88.7426

(三)发行人中自然人股东的情况

本次发行前,本公司股东中无自然人股东。

第四节 股票发行情况

一、发行数量

本次发行采用网下投资者询价配售和网上按市值申购定价发行相结合的方式进行。其中,网下向投资者询价配售股票数量为 6,980.6665 万股,占本次发行总量的 9.99%;网上按市值申购定价发行股票数量为 62,792.2706 万股,占本次发行总量的 89.87%。本次主承销商合计包销 95.0629 万股,包销比例为 0.14%。

二、发行价格

本次发行价格为 2.29 元/股。

三、每股面值

每股面值为 1.00 元。

四、发行市盈率

本次发行市盈率为 22.98 倍。

五、发行方式

本次发行采用网下向投资者询价配售与网上按市值申购定价发行相结合的方式进行。

六、募集资金总额及注册会计师对资金到位的验证情况

本次发行募集资金总额为 159,997.72 万元;扣除发行费用后,募集资金净额为 155,283.39 万元。立信会计师事务所(特殊普通合伙)对公司本次公开发行新股的资金到位情况进行了审验,并于 2017 年 3 月 24 日出具了信会师报字〔2017〕第 ZC10205 号《验资报告》。

七、发行费用

1. 本次发行费用总额为 4,714.33 万元,包括:承销费及保荐费用 3,800.00 万元,审计费及验资费用 75.00 万元,律师费 235.00 万元,信息披露费用 415.0025 万元,发行手续费用 189.33 万元。

2. 每股发行费用为 0.07 元/股(发行费用除以发行股数)。

八、募集资金净额

本次发行募集资金净额为 155,283.39 万元。

九、发行后每股净资产

本次发行后每股净资产为 1.86 元。(按 2016 年 12 月 31 日经审计的归属于母公司股东的净资产值与预计的募集资金净额之和除以发行后总股本计算)

十、发行后每股收益

本次发行后每股收益为 0.10 元。(按照 2016 年经审计的扣除非经常性损益前后归属于母公司股东的净利润的较低者除以本次发行后总股本计算)

第五节 财务会计资料

本公司聘请立信依据中国注册会计师审计准则审计了本公司合并及母公司财务报表,包括截至 2014 年 12 月 31 日、2015 年 12 月 31 日、2016 年 12 月 31 日的合并及母公司资产负债表,2014 年度、2015 年度、2016 年度的合并及母公司利润表、合并及母公司现金流量表、合并及母公司股东权益变动表以及财务报表附注,并出具了标准无保留意见的信会师报字〔2017〕第 ZC10049 号审计报告。

相关财务会计信息已在公告的招股说明书中详细披露,投资者欲了解相关情况请详细阅读招股说明书"第十节财务会计信息"和"第十一节管理层讨论与分析"内容。本上市公告书中不再披露,敬请投资者注意。

财务报告截止日后至本上市公告书签署日,公司经营情况稳定,主要经营模式、经营规模等未发生重大变化,亦未出现其他可能影响投资者判断的重大事项。2016 年第一季度,公司已实现营业收入 138,629.92 万元,归属于母公司所有者净利润为 12,538.27 万元,扣除非经常性损益后归属于母公司所有者的净利润为 11,780.98 万元,公司预计 2017 年第一季度营业收入 170,710.30 至 176,710.30 万元,较上年同期增长幅度为 23.14%至 27.47%;归属于母公司所有者的净利润约为 12,560.60 至 12,660.60 万元,较上年同期增长幅度为 0.18%至 0.98%;扣除非经常性损益后归属于母公司所有者的净利润约为 11,851.78 至 12,046.90 万元,较上年同期增长 0.60%至 2.26%(相关财务数据为公司财务部门预测,未经审计机构审核)。

第六节 其他重要事项

一、募集资金专户存储三方监管协议的安排

根据《上海证券交易所上市公司募集资金管理规定》,本公司已于 2017 年 3 月 21 日与中金公司和存放募集资金的中国建设银行股份有限公司广州经济技术开发区支行(账号:44050147004109015401)签订《募集资金专户存储三方监管协议》。《募集资金专户存储三方监管协议》对发行人、保荐机构及开户银行的相关责任和义务进行了详细约定。

(一)募集资金专户开设情况

银行名称:中国建设银行股份有限公司广州港湾广场支行

账户名称:广州港股份有限公司

专户账号:44050147004109015401

用途:广州港股份有限公司首次公开发行 A 股股票相关募集资金投向项目

二、其他事项

本公司在招股说明书刊登日至上市公告书刊登前,没有发生可能对本公司有较大影响的重要事项。具体如下:

(一)本公司主要业务发展目标进展情况正常;

(二)本公司所处行业和市场未发生重大变化;

(三)本公司接受或提供的产品及服务价格未发生重大变化;

(四)本公司没有发生未履行法定程序的关联交易,且没有发生未在招股说明书中披露的重大关联交易;

(五)本公司未发生重大投资;

(六)本公司未发生重大资产(或股权)购买、出售及转换;

(七)本公司住所未发生变更;

(八)本公司董事、监事、高级管理人员及核心技术人员未发生变化;

(九)本公司未发生重大诉讼、仲裁事项;

(十)本公司未发生除正常经营业务之外的重大对外担保等或有事项;

(十一)本公司的财务状况和经营成果未发生重大变化;

(十二)本公司未召开股东大会、董事会或监事会会议;

(十三)本公司未发生其他应披露的重大事项。

第七节 上市保荐机构及其意见

一、上市保荐机构基本情况

保荐机构名称:中国国际金融股份有限公司

法定代表人:毕明建

住所:北京市朝阳区建国门外大街 1 号国贸大厦 2 座 27 层及 28 层

联系电话:(010)65051166

传真:(010)65051156

保荐代表人:徐康、高圣亮

联系人:李鑫

二、上市保荐机构的推荐意见

上市保荐机构中国国际金融股份有限公司认为,发行人申请其股票上市符合《中华人民共和国公司法》《中华人民共和国证券法》及《上海证券交易所股票上市规则》等法律、法规的规定,发行人股票具备在上海证券交易所上市的条件。上市保荐机构同意推荐广州港股份有限公司在上海证券交易所上市。

广州港股份有限公司

江苏东珠景观股份有限公司

首次公开发行股票上市公告书暨2017年度半年度财务会计报告

特别提示

江苏东珠景观股份有限公司(以下简称"公司""本公司""发行人"、"东珠景观")股票将于2017年9月1日在上海证券交易所上市。本公司提醒投资者应充分了解股票市场风险及本公司披露的风险因素,在新股上市初期切忌盲目跟风"炒新",应当审慎决策、理性投资。

第一节　重要声明与提示

发行人及全体董事、监事、高级管理人员保证上市公告书不存在虚假记载、误导性陈述或重大遗漏,并对其真实性、准确性、完整性承担个别和连带的法律责任。

上海证券交易所、其他政府机关对本公司股票上市及有关事项的意见,均不表明对本公司的任何保证。

本公司提醒广大投资者注意,凡本上市公告书未涉及的有关内容,请投资者查阅刊载于上海证券交易所(http://www.sse.com.cn)网站的本公司招股说明书全文。

本公司首次公开发行股票在上市初期具有较大的价格波动风险,存在跌破发行价格的风险,本公司提醒投资者应充分了解股票市场风险及本公司披露的风险因素,理性参与新股交易。

如无特别说明,本上市公告书中的简称或名词释义与本公司首次公开发行股票招股说明书中的相同。

一、本公司特别提醒投资者注意下列事项:

(一)发行前公司股东持有股份锁定事宜及减持意向等承诺

1. 作为发行人实际控制人、控股股东、董事的席惠明承诺:(1)自发行人股票上市之日起三十六个月内,不转让或者委托他人管理本人直接和间接持有的公司股份,也不由公司回购该部分股份;(2)本人将恪守关于股份限售期的承诺;在本人任职期间已持有的公司股份限售期届满后,每年转让的公司股份不超过本人已持有的公司股份总数的25%;离职后半年内,不转让本人持有的公司股份;(3)本人所持公司股票在锁定期满后两年内进行减持的,其减持价格不低于发行价;若公司上市后6个月内发生公司股票连续20个交易日的收盘价均价低于发行价(若公司股票在此期间发生派息、送股、资本公积金转增股本等除权除息事项的,发行价应相应调整)或者上市后6个月期末收盘价低于发行价(若公司股票在此期间发生派息、送股、资本公积金转增股本等除权除息事项的,发行价应相应调整)的情形,本人所持公司股票的锁定期限自动延长6个月,且不因职务变更或离职等原因而终止履行。

自所持公司股份锁定期满之日起两年内,将视自身财务情况及资金需求对公司股票进行增持或减持。本人所持股票在锁定期满后两年内进行减持的,每年的减持量不超过上一年末所持股份数量的10%,减持价格不低于发行价格的120%(如果公司股票在此期间除权除息的,发行价格作出相应调整)。本人减持将提前三个交易日通知公司减持事宜,在公司公告后再实施减持计划。如本人减持行为未履行上述承诺,减持收益将归公司所有。

2. 作为发行人实际控制人的浦建芬以及其与控股股东席惠明的子女席盛超、席晓燕承诺:(1)自发行人股票上市之日起三十六个月内,不转让或者委托他人管理本人直接和间接持有的公司股份,也不由公司回购该部分股份;(2)本人所持公司股票在锁定期满后两年内进行减持的,其减持价格不低于发行价;若公司上市后6个月内发生公司股票连续20个交易日的收盘价均价低于发行价(若公司股票在此期间发生派息、送股、资本公积金转增股本等除权除息事项的,发行价应相应调整)或者上市后6个月期末收盘价低于发行价(若公司股票在此期间发生派息、送股、资本公积金转增股本等除权除息事项的,发行价应相应调整)的情形,本人所持公司股票的锁定期限自动延长6个月。

同时浦建芬承诺:自所持公司股份锁定期满之日起两年内,将视自身财务情况及资金需求对公司股票进行增持或减持。本人所持股票在锁定期满后两年内进行减持的,每年的减持量不超过上一年末所持股份数量的10%,减持价格不低于发行价格的120%(如果公司股票在此期间除权除息的,发行价格作出相应调整)。本人减持将提前三个交易日通知公司减持事宜,在公司公告后再实施减持计划。如本人减持行为未履行上述承诺,减持收益将归公司所有。

3. 作为发行人董事、高级管理人员并持有发行人股份的章建良、缪春晓、苏伟、王长颖、朱正中5名自然人承诺:(1)自发行人股票上市之日起十二个月内,不转让或者委托他人管理本人直接和间接持有的公司股份,也不由公司回购该部分股份;(2)本人将恪守关于股份限售期的承诺;在本人任职期间已持有的公司股份限售期届满后,每年转让的公司股份不超过本人已持有的公司股份总数的25%;离职后半年内,不转让本人持有的公司股份;(3)本人所持公司股票在锁定期满后两年内进行减持的,其减持价格不低于发行价;若公司上市后6个月内发生公司股票连续20个交易日的收盘价均价低于发行价(若公司股票在此期间发生派息、送股、资本公积金转增股本等除权除息事项的,发行价应相应调整)或者上市后6个月期末收盘价低于发行价(若公司股票在此期间发生派息、送股、资本公积金转增股本等除权除息事项的,发行价应相应调整)的情形,本人所持公司股票的锁定期限自动延长6个月,且不因职务变更或离职等原因而终止履行。

4. 作为发行人监事并持有发行人股份的朱亮承诺:(1)自发行人股票上市之日起十二个月内,不转让或者委托他人管理本人直接和间接持有的公司股份,也不由公司回购该部分股份;(2)本人将恪守关于股份限售期的承诺;在本人任职期间已持有的公司股份限售期届满后,每年转让的公司股份不超过本人已持有的公司股份总数的25%;离职后半年内,不转让本人持有的公司股份。本承诺不因职务变更或离职等原因终止。

5. 华群石、沈勤新、席晓飞、钱亚萍、唐筱晔、陆建生、姚建国、许田、石杰、邢世平、李嘉俊、金鹤鸣、戴怡13名自然人股东及复星创泓、西藏路瑞、景达创投、海通开元、国盛古贤、上海奇福6位股东承诺:自发行人股票上市之日起十二个月内,不转让或者委托他人管理本人(本单位)直接和间接持有的公司股份,也不由公司回购该部分股份。

6. 自然人股东张振湖承诺:(1)本人于2015年10月6日自公司控股股东席惠明处受让的250万股股份,若公司刊登招股说明书之日距该部分股份完成转让交割之日不满十二个月的,自发行人股票上市之日起三十六个月内,不转让或者委托他人管理其本次公开发行前已持有的发行人股份,也不由发行人回购该等股份;若公司刊登招股说明书之日距该部分股份完成转让交割之日已满十二个月的,自发行人股票上市之日起十二个月内,不转让或者委托他人管理其本次公开发行前已持有的发行人股份,也不由发行人回购该等股份;(2)本人于2015年10月7日自景达创投处受让的100万股股份,自公司股票上市之日起十二个月内,不转让或者委托他人管理该等股份,也不由公司回购该等股份。

自然人股东纪建明承诺:(1)本人于2015年8月6日自章建良、苏伟、包彦承处受让的33万股股份,自公司股票上市之日起十二个月内,不转让或者委托他人管理该等股份,也不由公司回购该等股份;(2)本人于2015年8月6日自公司控股股东席惠明处受让的95万股股份,若公司刊登招股说明书之日距该部分股份完成转让交割之日不满十二个月的,自发行人股票上市之日起三十六个月内,不转让或者委托他人管理该等股份,也不由发行人回购该等股份;若公司刊登招股说明书之日距该部分股份完成转让交割之日已满十二个月的,自发行人股票上市之日起十二个月内,不转让或者委托他人管理该等股份,也不由发行人回购该等股份。

自然人股东陈怡添承诺:本人于2015年8月6日自公司控股股东席惠明处受让的80万股股份,若公司刊登招股说明书之日距该部分股份完成转让交割之日不满十二个月的,自发行人股票上市之日起三十六个月内,不转让或者委托他人管理其本次公开发行前已持有的发行人股份,也不由发行人回购该等股份;若公司刊登招股说明书之日距该部分股份完成转让交割之日已满十二个月的,自发行人股票上市之日起十二个月内,不转让或者委托他人管理其本次公开发行前已持有的发行人股份,也不由发行人回购该等股份。

7. 上海福挚、上海银湖、无锡金投3位股东承诺:本单位于2015年8月6日认购的公司股份,若公司刊登招股说明书之日距该部分股份工商登记手续完成之日不满十二个月的,自发行人股票上市之日起三十六个月内,不转让或者委托他人管理其本次公开发行前已持有的发行人股份,也不由发行人回购该等股份;若公司刊登招股说明书之日距该部分股份工商登记手续完成之日已满十二个月的,自发行人股票上市之日起十二个月内,不转让或者委托他人管理其本次公开发行前已持有的发行人股份,也不由发行人回购该等股份。

同时,上海福挚承诺:所持公司股份在锁定期届满两年内,且符合相关法律法规及规范性文件要求的前提下,本公司将根据实际情况逐步减持持有的发行人股份,减持价格为届时的市场价格,减持方式为竞价交易、大宗交易、协议转让等法律法规规定的交易方式。本公司减持发行人股份时,将提前三个交易日通过发行人发出相关公告。

8. 上海福挚的有限合伙人庞彩皖承诺:自公司股票在证券交易所上市之日起12个月内,不转让或者委托他人管理本人所持的公司股份,也不由公司回购该部分股份。如本人所持的公司股份在锁定期满后两年内减持,减持价格将不低于公司首次公开发行股票时的价格(若公司上市后发生派发股利、送红股、转增股本、增发新股或配股等除息、除权行为的,则前述价格将进行相应调整);公司上市后6个月内如公司股票连续20个交易日的收盘价均低于公司首次公开发行股票时的价格,或者上市后6个月期末收盘价低于公司首次公开发行股票时的价格,本人所持公司股份的锁定期限自动延长6个月;在王轩担任公司高级管理人员期间,本人每年转让的股份不超过本人所持公司股份数的25%;在王轩离职后6个月内,本人不转让本人所持的公司股份。

9. 发行人的股东、董事、监事、高级管理人员已出具承诺:"本人/公司将遵守中国证监会《上市公司股东、董监高减持股份的若干规定》,上海证券交易所《股票上市规则》《上海证券交易所上市公司股东及董事、监事、高级管理人员减持股份实施细则》的相关规定。"

(二)关于公司上市后稳定股价的预案及约束措施

为稳定公司股价,保护中小股东和投资者利益,特制定以下稳定公司股价预案:

1. 增持及回购股份以稳定股价的措施

在公司 A 股股票上市后三年内,如果公司 A 股股票收盘价格连续 20 个交易日低于最近一期经审计的每股净资产(最近一期审计基准日后,因利润分配、资本公积金转增股本、增发、配股等情况导致公司净资产或股份总数出现变化的,每股净资产相应进行调整,下同),且公司情况同时满足监管机构对于回购、增持等股本变动行为的规定,则触发控股股东、董事(不含独立董事、非控股股东提名的董事,下同)及高级管理人员的增持义务(简称"触发增持义务")。

(1)控股股东在触发增持义务后的 10 个交易日内,应就其是否增持公司 A 股股票的具体计划书面通知公司并由公司进行公告,如有具体计划,应披露拟增持的数量范围、价格区间、完成时间等信息,且增持股份数量不低于公司股份总数的 2%。

(2)如控股股东未如期公告前述具体增持计划,或明确表示未有增持计划的,则公司董事会应在首次触发增持义务后的 20 个交易日内公告是否有具体股份回购计划,如有,应披露拟回购股份的数量范围、价格区间、完成时间等信息,且回购股份数量不低于公司股份总数的 2%。

(3)如公司董事会未如期公告前述股份回购计划,或因各种原因导致前述股份回购计划未能通过股东大会的,董事、高级管理人员应在首次触发增持义务后的 30 个交易日内(如期间存在 N 个交易日限制董事、高级管理人员买卖股票,则董事、高级管理人员应在首次触发增持义务后的 30+N 个交易日内)或前述股份增持计划未能通过股东大会后的 10 个交易日内(如期间存在 N 个交易日限制董事、高级管理人员买卖股票,则董事、高级管理人员应在前述股份增持计划未能通过股东大会后的 10+N 个交易日内),无条件增持公司 A 股股票,并且各自累计增持金额不低于其上年度薪酬总额的 20%。

在履行完毕上述三项任一增持或回购措施后的 120 个交易日内,控股股东、公司、董事及高级管理人员的增持或回购义务自动解除。从履行完毕前述三项任一增持或回购措施后的第 121 个交易日开始,如果公司 A 股股票收盘价格连续 20 个交易日仍低于最近一期经审计的净资产,则控股股东、公司、董事及高级管理人员的增持或回购义务将按照前述(1)、(2)、(3)的顺序自动产生。

控股股东、公司、董事及高级管理人员在履行其增持或回购义务时,应按照公司股票上市地上市规则及其他适用的监管规定履行相应的信息披露义务,并需符合国有资产监管等相关规定。

2. 其他稳定股价的措施

(1)单独或合计持有公司百分之三以上股份的股东,可以向董事会提交公司股份回购计划的议案,并由股东大会审议。

(2)任何对本预案的修订均应经股东大会审议通过,且需经出席股东大会的股东所持有表决权股份总数的三分之二以上同意通过。

3. 相关惩罚措施

(1)对于控股股东,如已公告增持具体计划但由于主观原因不能实际履行,则公司应将与控股股东履行增持义务相应金额(最近一期经审计的每股净资产×公司股份总数的 2%,下同)的应付控股股东现金分红予以截留,直至控股股东履行其增持义务;如已经连续两次触发增持义务而控股股东均未能提出具体增持计划,则公司可将与控股股东履行其增持义务相应金额的应付控股股东现金分红予以截留用于股份回购计划,控股股东丧失对相应金额现金分红的追索权;如对公司董事会提出的股份回购计划投弃权票或反对票,则公司可将与控股股东履行其增持义务相应金额的应付控股股东现金分红予以截留用于下次股份回购计划,控股股东丧失对相应金额现金分红的追索权。

(2)公司董事、高级管理人员应主动履行其增持义务,如个人在任职期间因主观原因未能按本预案的相关约定履行其增持义务,则公司应将与其履行增持义务相应金额的工资薪酬(上年度薪酬总额的 20%)予以截留代其履行增持义务(由控股股东截留履行增持义务相应金额的工资薪酬代其履行增持义务);如个人在任职期间连续两次未能主动履行其增持义务,由控股股东或董事会提请股东大会同意更换相关董事,由公司董事会提请解聘相关高级管理人员。

(3)如因公司股票上市地上市规则等证券监管规则对于社会公众股东最低持股比例的规定导致控股股东、公司、董事及高级管理人员在一定时期内无法履行其增持或回购义务的,相关责任主体可免于前述惩罚,但应积极采取其他措施稳定股价。

4. 其他说明

在本预案有效期内,新聘任的公司董事、高级管理人员应履行本预案的董事、高级管理人员义务并按照同等标准履行公司首次公开发行 A 股股票时董事、高级管理人员已作出的其他承诺义务。对于新聘任的董事、高级管理人员,应在获得提名前书面同意履行前述承诺和义务。

(三)首次公开发行股票相关文件真实性、准确性、完整性的承诺

本公司首次公开发行股票的招股说明书不存在虚假记载、误导性陈述或者重大遗漏,并对其真实性、准确性、完整性承担法律责任。如果招股说明书存在虚假记载、误导性陈述或重大遗漏,对判断本公司是否符合法律规定的发行条件构成重大、实质影响的,本公司将以二级市场价格回购首次公开发行的全部新股。

发行人承诺:如经中国证监会等有权监管机构或司法机构认定,发行人招股说明书有虚假记载、误导性陈述或者重大遗漏,致使投资者在证券交易中遭受损失的,本公司将依法赔偿投资者损失。

发行人控股股东、实际控制人席惠明及实际控制人浦建芬承诺:如经中国证监会等有权监管机构或司法机构认定,发行人招股说明书有虚假记载、误导性陈述或者重大遗漏,致使投资者在证券交易中遭受损失的,本人将依法赔偿投资者损失。

发行人董事、监事、高级管理人员承诺:如经中国证监会等有权监管机构或司法机构认定,发行人招股说明书有虚假记载、误导性陈述或者重大遗漏,致使投资者在证券交易中遭受损失的,本人将依法赔偿投资者损失。

本次发行的保荐机构瑞信方正承诺:如因本保荐机构为江苏东珠景观股份有限公司首次公开发行股票制作、出具的文件有虚假记载、误导性陈述或者重大遗漏,给投资者造成损失的,将先行赔偿投资者损失。

本次发行的发行人律师海润承诺:因本所为发行人首次公开发行制作、出具的文件有虚假记载、误导性陈述或重大遗漏,给投资者造成损失的,将依法赔偿投资者损失。

本次发行的会计师事务所立信承诺:因本所为发行人首次公开发行制作、出具的文件有虚假记载、误导性陈述或重大遗漏,给投资者造成损失的,将依法赔偿投资者损失。

发行人评估机构江苏中天承诺:因本公司为发行人首次公开发行制作、出具的文件有虚假记载、误导性陈述或重大遗漏,给投资者造成损失的,将依法赔偿投资者损失。

(四)违反承诺的约束措施

发行人及其控股股东、实际控制人、董事、监事及高级管理人员将严格履行发行人招股说明书中披露的公开承诺事项,积极接受社会监督。如果违反公开承诺事项的,违反承诺方需提出补充承诺或替代承诺,并接受以下约束措施,以尽可能保护投资者利益:

发行人承诺:公司如果为首次公开发行上市作出的承诺未能履行、确已无法履行或无法按期履行的(因相关法律法规、政策变化、自然灾害及其他不可抗力等本公司无法控制的客观原因导致的除外),公司将在股东大会及中国证监会指定的报刊、网站上及时、充分披露公司承诺未能履行、无法履行或无法按期履行的具体原因并向股东和投资者道歉;向公司投资者提出补充承诺或替代承诺,以尽可能保护投资者的权益,并将上述补充承诺或替代承诺提交公司股东大会审议,公司向股东提供网络投票方式,独立董事、监事会就补充承诺或替代承诺方案是否合法合规、是否有利于保护公司或其他投资者的利益发表意见。如因相关法律法规、政策变化、自然灾害及其他不可抗力等公司无法控制的客观原因导致公司承诺未能履行、确已无法履行或无法按期履行的,公司将及时披露相关信息。

发行人控股股东、实际控制人承诺:如本人为公司首次公开发行上市作出的承诺未能履行、确已无法履行或无法按期履行的(因相关法律法规、政策变化、自然灾害及其他不可抗力等本人无法控制的客观原因导致的除外),本人将通过公司及时、充分披露本人承诺未能履行、无法履行或无法按期履行的具体原因;向公司及其投资者提出补充承诺或替代承诺,以尽可能保护公司及其投资者的权益;将上述补充承诺或替代承诺提交公司股东大会审议;本人违反承诺所得收益将归属于公司,因此给公司或投资者造成损失的,将依法对公司或投资者进行赔偿。在完全消除本人未履行相关承诺事项的所有不利影响前,本人不得转让公司股份(因继承、被强制执行、上市公司重组、未履行保护投资者利益承诺等必须转让的情形除外),且暂不领取公司现金分红中属于本人的部分。如因相关法律法规、政策变化、自然灾害及其他不可抗力等本人无法控制的客观原因导致本人承诺未能履行、确已无法履行或无法按期履行的,本人将通过公司及时、充分披露本人承诺未能履行、无法履行或无法按期履行的具体原因。

发行人董事、监事、高级管理人员承诺:如本人为公司首次公开发行上市作出的承诺未能履行、确已无法履行或无法按期履行的(因相关法律法规、政策变化、自然灾害及其他不可抗力等本人无法控制的客观原因导致的除外),本人将通过公司及时、充分披露本人承诺未能履行、无法履行或无法按期履行的具体原因;向公司及其投资者提出补充承诺或替代承诺,以尽可能保护公司及其投资者的权益;将上述补充承诺或替代承诺提交公司股东大会审议;本人违反承诺所得收益将归属于公司,因此给公司或投资者造成损失的,将依法对公司或投资者进行赔偿。在完全消除本人未履行相关承诺事项的所有不利影响前,本人同意公司暂停向本人发放工资、奖金、津贴和红利等,并将此直接用于执行未履行的承诺或用于赔偿因未履行承诺而给公司或投资者带来的损失。如因相关法律法规、政策变化、自然灾害及其他不可抗力等本人无法控制的客观原因导致本人承诺未能履行、确已无法履行或无法按期履行的,本人将通过公司及时、充分披露本人承诺未能履行、无法履行或无法按期履行的具体原因。

(五)填补即期回报、增强持续回报能力的措施及承诺

1. 填补被摊薄即期回报的措施

本次公开发行结束、募集资金到位后,公司净资产将大幅增加,总股本亦相应增加,从而摊薄公司即期回报。为保证募集资金有效使用,防范即期回报被摊薄的风险,提高未来回报能力,公司将采取以下措施提高公司未来的盈利能力和回报能力:

(1)积极稳妥的实施募集资金投资项目。根据募集资金投资项目可行性研究报告,从中长期来看,本次募集资金投资项目具有较高的投资回报率,若募集资金项目能按时顺利实施,将进一步帮助公司拓展业务,显著提升中长期的盈利能力及对投资者的回报能力。募集资金未到位前,公司将利用自筹资金先行投入,募集资金到位后将用于支付项目剩余款项、置换先行投入的自筹资金,从而提升募集资金投资项目的实施效率和财务回报。

(2)提高营运资金规模和运营效率。公司将进一步提高资金运营效率,应对行业波动给公司经营带来的风险,同时积极把握行业内的并购机会以使公司跨越式发展,保证公司长期的竞争力和持续盈利能力。

2. 填补被摊薄即期回报的承诺

公司董事及高级管理人员将忠实、勤勉的履行职责，维护公司和全体股东的合法权益，并对公司填补回报措施能够得到切实履行作出承诺：

(1)承诺不无偿或以不公平条件向其他单位或者个人输送利益，也不采用其他方式损害公司利益；

(2)承诺对董事和高级管理人员的职务消费行为进行约束；

(3)承诺不动用公司资产从事与其履行职责无关的投资、消费活动；

(4)承诺由董事会或薪酬委员会制定的薪酬制度与公司填补回报措施的执行情况相挂钩；

(5)承诺拟公布的公司股权激励的行权条件与公司填补回报措施的执行情况相挂钩。

此外，公司董事会将制定持续稳定的现金分红方案，在符合《公司法》《公司章程》《分红回报规划》等规定的情形下，持续履行其在就摊薄即期回报做出的承诺，促使董事会制定符合前述承诺的现金分红方案，并将在董事会表决相关议案时投赞成票，从而通过现金分红方式持续回报股东。

公司制定的上述填补摊薄即期回报的措施不等于对公司未来利润做出保证。公司将在定期报告中持续披露填补即期回报措施的完成情况及相关承诺主体承诺事项的履行情况。

(六)滚存利润的分配安排

根据发行人2015年度第二次临时股东大会决议，本次发行前滚存的利润由公司本次公开发行A股前的老股东和发行后新增加的股东共享。

(七)发行后的股利分配政策

发行人2015年度第二次临时股东大会审议并通过了发行人上市后适用的《公司章程(草案)》，《公司章程(草案)》关于利润分配的具体规定如下：

1. 利润分配原则

(1)公司实行连续、稳定、合理的利润分配政策，公司的利润分配在重视对投资者的合理投资回报基础上，兼顾公司的可持续发展；

(2)在公司当年盈利且现金流满足公司正常经营和长期发展的前提下，公司将实施积极的现金股利分配办法；

(3) 公司董事会和股东大会在对利润分配政策的制定和决策过程中应充分考虑独立董事和公众投资者的意见；

(4)公司优先采用现金分红的利润分配方式。

2. 公司利润分配具体政策

(1) 公司可采取现金或者股票方式或者现金与股票相结合的方式或者法律法规允许的其他方式分配利润，利润分配不得超过累计可分配利润的范围，不得损害公司持续经营能力。

(2)在符合现金分红的条件下，公司应当优先采取现金分红的方式进行利润分配。符合现金分红的条件为：

1)该年度无重大投资计划或重大现金支出；

2)公司该年度实现的可分配利润(即公司弥补亏损、提取公积金后所余的税后利润)及累计未分配利润为正值；

3)审计机构对公司该年度财务报告出具标准无保留意见的审计报告。

重大投资计划或重大现金支出是指以下情形之一：

江苏东珠景观股份有限公司上市公告书

1)公司未来十二个月内拟对外投资、收购资产或购买资产累计支出达到或超过公司最近一期经审计净资产的40%；(募集资金投资的项目除外)

2)公司未来十二个月内拟对外投资、收购资产或购买资产累计支出达到或超过公司最近一期经审计总资产的20%。(募集资金投资的项目除外)

(3)在满足上述现金分红条件情况下，公司应当采取现金方式分配利润，原则上每年度进行一次现金分红，公司董事会可以根据公司盈利及资金需求情况提议公司进行中期现金分红。

(4)现金分红比例：公司应保持利润分配政策的连续性与稳定性，在符合现金分红的条件下，每年以现金方式分配的利润不少于当年实现的可供分配利润的15%。

公司进行利润分配时，公司董事会应当综合考虑所处行业特点、发展阶段、自身经营模式、盈利水平以及是否有重大资金支出安排等因素，区分下列情形，并按照公司章程规定的程序，提出差异化的现金分红政策：

1)公司发展阶段属成熟期且无重大资金支出安排的，进行利润分配时，现金分红在本次利润分配中所占比例最低应达到80%；

2)公司发展阶段属成熟期且有重大资金支出安排的，进行利润分配时，现金分红在本次利润分配中所占比例最低应达到40%；

3)公司发展阶段属成长期且有重大资金支出安排的，进行利润分配时，现金分红在本次利润分配中所占比例最低应达到20%；

公司发展阶段不易区分但有重大资金支出安排的，可以按照前项规定处理。

(5)公司在经营情况良好，并且根据公司成长性、每股净资产的摊薄等真实合理因素，董事会认为公司股票价格与公司股本规模不匹配、发放股票股利有利于公司全体股东整体利益时，可以在满足上述现金分红的条件下，提出股票股利分配预案。

(6)存在股东违规占用公司资金情况的，公司在进行利润分配时，应当扣减该股东所分配的现金红利，以偿还其占用的资金。

3. 公司利润分配的决策程序和机制

(1)公司每年利润分配预案由公司董事会战略委员会结合公司章程的规定、盈利情况、资金需求提出和拟定，经董事会审议通过并经半数以上独立董事同意后提请股东大会审议。独立董事及监事会对提请股东大会审议的利润分配预案进行审核并出具书面意见；

(2)董事会审议现金分红具体方案时，应当认真研究和论证公司现金分红的时机、条件和最低比例、调整的条件及其决策程序要求等事宜，独立董事应当发表明确意见；独立董事可以征集中小股东的意见，提出分红提案，并直接提交董事会审议；

(3)股东大会对现金分红具体方案进行审议时，应当通过多种渠道主动与股东特别是中小股东进行沟通和交流(包括但不限于提供网络投票表决、邀请中小股东参会等)，充分听取中小股东的意见和诉求，并及时答复中小股东关心的问题；

(4)在当年满足现金分红条件情况下，董事会未提出以现金方式进行利润分配预案或者按低于本章程规定的现金分红比例进行利润分配的，还应说明原因并在年度报告中披露，独立董事应当对此发表独立意见。同时在召开股东大会时，公司应当提供网络投票等方式以方便中小股东参与股东大会表决；

(5) 监事会应对董事会和管理层执行公司利润分配政策和股东回报规划的情况及决策程序进行监督，并应对年度内盈利但未提出利润分配预案的，就相关政策、规划执行情况发表审核意见；

(6)股东大会应根据法律法规和公司章程的规定对董事会提出的利润分配预案进行表决。

4. 公司利润分配政策调整

公司根据生产经营情况、投资规划和长期发展的需要等原因需调整利润分配政策的，应由公司董事会根据实际情况提出利润分配政策调整议案，提请股东大会审议并经出席股东大会的股东所持表决权的三分之二以上通过；调整后的利润分配政策应以股东权益保护为出发点，且不得违反中国证监会和证券交易所的有关规定；调整利润分配政策的相关议案需分别经监事会和二分之一以上独立董事同意后提交董事会、股东大会批准，提交股东大会的相关提案中应详细说明修改利润分配政策的原因。公司调整利润分配政策，应当提供网络投票等方式为公众股东参与股东大会表决提供便利。

5. 股东分红回报规划

(1)公司制定本规划考虑的因素：公司着眼于公司的长远和可持续发展，在综合分析公司经营发展实际、股东要求和意愿、社会资金成本、外部融资环境等因素，征求和听取股东尤其是中小股东的要求和意愿，充分考虑公司目前及未来盈利规模、现金流量状况、发展所处阶段、项目投资资金需求、本次发行融资、银行信贷及债权融资环境等因素，平衡股东的短期利益和长期利益的基础上制定股东分红回报规划，建立对投资者持续、稳定、科学的回报规划与机制，对股利分配做出制度性安排，并藉此保持公司利润分配政策的连续性和稳定性。

(2)股东分红回报规划制定原则：1)本公司在本次发行上市后将采取现金、股票或其他符合法律法规规定的方式分配股票股利，并可以根据公司经营情况进行中期现金分红。2)本公司的利润分配政策将重视对投资者的合理投资回报，并保持利润分配政策的连续性和稳定性。3)在公司盈利、现金流满足公司正常经营和中长期发展战略需要的前提下，公司优先选择现金分红方式，并保持现金分红政策的一致性、合理性和稳定性，保证现金分红信息披露的真实性。

(3)股东分红回报规划制定与修改的具体程序：

1)公司董事会应根据《公司章程》规定的利润分配政策以及公司未来发展计划，在充分考虑和听取股东(特别是公众投资者)、独立董事和外部监事的意见基础上，每三年制定一次具体的股东分红回报规划。董事会制定的股东分红回报规划应经全体董事过半数同意且经独立董事过半数同意方能通过。

2)若因公司利润分配政策进行修改或公司经营环境或者自身经营状况发生较大变化而需要调整股东回报规划的，股东回报规划的调整应限定在利润分配政策规定的范围内，该等调整应经全体董事过半数同意并经独立董事过半数同意方能通过。

(4)股东分红回报规划制定周期和相关决策机制：公司董事会应根据《公司章程》规定的利润分配政策，至少每三年重新审阅一次具体的股东分红回报规划，根据股东(特别是公众投资者)、独立董事和外部监事的意见对公司正在实施的股利分配政策作出适当且必要的修改，确定该时段的股东分红回报规划，并确保调整后的股东分红回报规划不违反利润分配政策的有关规定。董事会制定的股东分红回报规划应经全体董事过半数并经独立董事过半数同意方可通过。

(5)董事会和管理层执行公司分红政策和股东回报规划的情况及决策程序接受公司股东(特别是公众投资者)、独立董事及监事会的监督。

二、其他说明事项

本次发行不涉及老股转让情形。

第二节　股票上市情况

一、股票发行上市审核情况

(一)编制上市公告书的法律依据

本上市公告书系根据《中华人民共和国公司法》《中华人民共和国证券法》和《上海证券交易所股票上市规则》等有关法律法规规定，并按照上海证券交易所《股票上市公告书内容与格式指引》编制而成，旨在向投资者提供有关本公司首次公开发行股票并上市的基本情况。

(二)股票发行的核准部门和文号

本公司首次公开发行股票已经中国证券监督管理委员会证监许可〔2017〕1311 号批复核准。

(三)交易所同意股票上市文件的文号

本公司 A 股股票上市已经上海证券交易所“自律监管决定书〔2017〕305 号”批准。本公司发行的 A 股股票在上海证券交易所上市,证券简称“东珠景观”,证券代码“603359”。本次发行的 5,690 万股股票将于 2017 年 9 月 1 日起上市交易。

二、股票发行上市审核情况

(一)上市地点:上海证券交易所

(二)上市时间:2017 年 9 月 1 日

(三)股票简称:东珠景观

(四)股票代码:603359

(五)本次公开发行后总股本:22,760.00 万股

(六)本次公开发行的股票数量:5,690.00 万股(不存在老股转让的情形)

(七)本次上市的无流通限制及锁定安排的股票数量:5,690.00 万股

江苏东珠景观股份有限公司上市公告书

(八)发行前股东所持股份的流通限制及期限、对所持股份自愿锁定的承诺

以及其他锁定安排:详见本上市公告书之“第一节重要声明与提示”

(九)股票登记机构:中国证券登记结算有限责任公司上海分公司

(十)上市保荐机构:瑞信方正证券有限责任公司

第三节　发行人、股东和实际控制人情况

一、发行人基本情况

(一)基本情况

公司名称:江苏东珠景观股份有限公司

英文名称:Jiangsu Dongzhu Landscape Co., Ltd.

注册资本:17,070 万元

法定代表人:章建良

有限公司设立日期:2001 年 7 月 5 日

股份公司设立日期:2010 年 9 月 3 日

住所:无锡市锡山区东亭街道锡沪中路 90 号

邮政编码:214101

联系电话:0510-88227528

传真号码:0510-88209884

互联网地址:http://www.jsdzjg.com

电子邮箱:jsdzjg@jsdzjg.com

经营范围:园林绿化工程施工,园林古建筑工程施工,风景园林工程设计,市政公用工程施工,城市及道路照明工程;园林苗木的研究、开发、种植与销售

所属行业名称:土木工程建筑业

主营业务:本公司拥有苗木种植、生态景观设计、生态修复与景观工程建设、景观养护完整的生态景观产业链。本公司生态景观工程业务主要包括生态湿地修复、地产景观工程、公园广场景观工程、市政道路景观工程。

董事会秘书:王轩

(二)董事、监事、高级管理人员任职及其持股情况

公司董事、监事、高级管理人员姓名、职务及任职期限如下:

序号	姓名	现任发行人董事、监事、高管职务	任职期间	持股数(万股)	持股比例(%)	持股方式
			董事			
1	席惠明	董事长	2016 年 11 月 6 日至 2019 年 11 月 5 日	8,659.00	38.04	直接持股
2	章建良	董事、总经理	2016 年 11 月 6 日至 2019 年 11 月 5 日	125.00	0.55	直接持股
3	缪春晓	董事、副总经理	2016 年 11 月 6 日至 2019 年 11 月 5 日	160.02	0.70	直接持股
4	苏　伟	董事、副总经理	2016 年 11 月 6 日至 2019 年 11 月 5 日	42.00	0.18	直接持股
5	马晓红	董事	2016 年 11 月 6 日至 2019 年 11 月 5 日	–	–	–
6	王长颖	董事	2016 年 11 月 6 日至 2019 年 11 月 5 日	16.00	0.07	直接持股
7	陆新尧	独立董事	2016 年 11 月 6 日至 2019 年 11 月 5 日	–	–	–
8	吴英姿	独立董事	2016 年 11 月 6 日至 2019 年 11 月 5 日	–	–	–
9	成荣光	独立董事	2016 年 11 月 6 日至 2019 年 11 月 5 日	–	–	–
			监事			
1	朱　亮	监事会主席	2016 年 11 月 6 日至 2019 年 11 月 5 日	124.02	0.54	直接持股
2	吴　晶	监事	2016 年 11 月 6 日至 2019 年 11 月 5 日	–	–	–
3	章　坚	职工代表监事	2016 年 11 月 6 日至 2019 年 11 月 5 日	–	–	–
			高级管理人员			
1	章建良	董事、总经理	2016 年 11 月 6 日至 2019 年 11 月 5 日	同上	同上	同上
2	缪春晓	董事、副总经理	2016 年 11 月 6 日至 2019 年 11 月 5 日	同上	同上	同上
3	苏　伟	董事、副总经理	2016 年 11 月 6 日至 2019 年 11 月 5 日	同上	同上	同上
4	黄　莹	财务总监	2016 年 11 月 6 日至 2019 年 11 月 5 日	–	–	–
5	朱正中	副总经理	2016 年 11 月 6 日至 2019 年 11 月 5 日	60.00	0.26	直接持股
6	铁　超	副总经理	2016 年 11 月 6 日至 2019 年 11 月 5 日	–	–	–
7	王　轩	董事会秘书	2016 年 12 月 25 日至 2019 年 11 月 5 日	–	–	–

二、控股股东及实际控制人的基本情况

发行人控股股东为席惠明,实际控制人为席惠明和浦建芬夫妇,本次发行前合计持有公司股份 10,883.02 万股,占公司股份总数的 63.76%,其中席惠明持有公司股份 8,659.00 万股,占公司股份总数的 50.73%;浦建芬持有公司股份 2,224.02 万股,占公司股份总数的 13.03%。按照本次发行 5,690 万股新股计算,本次发行后,席惠明、浦建芬将分别持有发行人 38.04%、9.77%的股份(合计 47.81%的股份),仍将是发行人的实际控制人。

席惠明,男,1964 年出生,中国国籍,无境外永久居留权,大专学历,经济师。身份证号码为 32022219641012****,住址为江苏省无锡市锡山区 ****,现任发行人董事长。

浦建芬,女,1964 年出生,中国国籍,无境外永久居留权,高中学历。身份证号码为 32022219641225****,住址为江苏省无锡市锡山区 ****。

三、股东情况

(一)本次发行前后公司股本结构变化情况

本次发行前发行人总股本为 17,070 万股,按照本次公开发行 5,690 万股新股测算,本次发行股份占发行后股本总额的 25%。

本次发行前后的股本结构如下:

股东名称	公开发行前 持股数量(万股)	公开发行前 持股比例(%)	公开发行后 持股数量(万股)	公开发行后 持股比例(%)	锁定期限制	备注
一、有限售条件 A 股流通股						
席惠明	8,659.00	50.73	8,659.00	38.04	36 个月	–
浦建芬	2,224.02	13.03	2,224.02	9.77	36 个月	–
上海福挚	950.00	5.57	950.00	4.17	12 个月	–
复星创泓	800.00	4.69	800.003.51	12 个月	–	
席盛超	775.98	4.55	775.98	3.41	36 个月	–
西藏路瑞	500.00	2.93	500.00	2.20	12 个月	–
海通开元	400.00	2.34	400.00	1.76	12 个月	–
国盛古贤	360.00	2.11	360.00	1.58	12 个月	–
张振湖	350.00	2.05	350.00	1.54	12 个月	–
景达创投	240.00	1.41	240.00	1.05	12 个月	–
上海银湖	200.00	1.17	200.00	0.88	12 个月	–
无锡金投	180.00	1.05	180.00	0.79	12 个月	–
席晓燕	175.98	1.03	175.98	0.77	36 个月	–
缪春晓	160.02	0.94	160.02	0.70	12 个月	–
纪建明	128.00	0.75	128.00	0.56	12 个月	–
章建良	125.00	0.73	125.00	0.55	12 个月	–
朱　亮	124.02	0.73	124.02	0.54	12 个月	–

华群石	100.02	0.59	100.02	0.44	12 个月	–
上海奇福	100.00	0.59	100.00	0.44	12 个月	–
陈怡添	80.00	0.47	80.00	0.35	12 个月	–
朱正中	60.00	0.35	60.00	0.26	12 个月	–
沈勤新	60.00	0.35	60.00	0.26	12 个月	–
席晓飞	60.00	0.35	60.00	0.26	12 个月	–
苏　伟	42.00	0.25	42.00	0.18	12 个月	–
钱亚萍	36.00	0.21	36.00	0.16	12 个月	–
唐筱晔	36.00	0.21	36.00	0.16	12 个月	–
陆建生	24.00	0.14	24.00	0.11	12 个月	–
姚建国	19.98	0.12	19.98	0.09	12 个月	–
许　田	19.98	0.12	19.98	0.09	12 个月	–
石　杰	19.98	0.12	19.98	0.09	12 个月	–
邢世平	16.00	0.09	16.00	0.07	12 个月	–
王长颖	16.00	0.09	16.00	0.07	12 个月	–
李嘉俊	12.00	0.07	12.00	0.05	12 个月	–
金鹤鸣	10.02	0.06	10.02	0.04	12 个月	–
戴　怡	6.00	0.04	6.00	0.03	12 个月	–
合　计	17,070.00	100.00	17,070.00	75.00	–	–
二、无限售条件 A 股流通股						
社会公众股	–	–	5,690.00	25.00	–	–
合计	–	–	5,690.00	25.00	–	–
三、外资股						
无	–	–	–	–	–	–
合计	–	–	–	–	–	–
总合计	17,070.00	100.00	22,760.00	100.00	–	–

（二）本次发行后、上市前公司股东情况

本次发行后、上市前公司股东户数为 52,630 户，持股数量前十名的股东情况如下：

序号	股东名称	股份数量（万股）	持股比例（%）
1	席惠明	8,659.00	38.04
2	浦建芬	2,224.02	9.77
3	上海福挚	950.00	4.17
4	复星创泓	800.00	3.51
5	席盛超	775.98	3.41
6	西藏路瑞	500.00	2.20
7	海通开元	400.00	1.76
8	国盛古贤	360.00	1.58
9	张振湖	350.00	1.54
10	景达创投	240.00	1.05
	合计	15,259.00	67.04

第四节　股票发行情况

一、发行数量：5,690.00 万股，本次发行不涉及股东公开发售股份，即老股转让

二、发行价格：18.18 元/股

三、每股面值：人民币 1.00 元

四、发行方式：本次发行采用网下向符合条件的投资者询价配售和网上向持有上海市场非限售 A 股股份市值的社会公众投资者定价发行相结合的方式。其中网下向配售对象配售 569 万股，占发行总量的 10%，网上资金申购发行 5,121 万股，占发行总量的 90%。本次发行网下投资者放弃认购 7,931 股，网上投资者放弃认购 98,660 股，合计 106,591 股，由主承销商包销。

五、募集资金总额及注册会计师对资金到位的验证情况

本次发行募集资金总额 103,444.20 万元，全部为公司公开发行新股募集。立信会计师事务所（特殊普通合伙）对公司本次公开发行新股的资金到位情况进行了审验，并于 2017 年 8 月 28 日出具了“信会师报字〔2017〕第 ZB11943 号”《验资报告》。

六、本次公司公开发行新股的发行费用总额及明细构成、每股发行费用

本次公司公开发行新股的发行费用合计 9,742.91 万元（不含税）。根据“信会师报字〔2017〕第 ZB11943 号”《验资报告》，发行费用包括：

序号	项目	公司公开发行新股发行费用金额（万元）
1	保荐及承销费用	7,665.00
2	审计费用	988.00
3	律师费用	440.00
4	信息披露费用	600.00
5	发行上市手续费用	49.91
	费用合计	9,742.91

本次公司公开发行新股的每股发行费用为 1.71 元/股（按本次发行费用总额除以发行股数计算）。

七、本次公司公开发行新股的发行募集资金净额：93,701.29 万元。

八、本次发行后每股净资产：9.48 元/股（按本次发行后净资产与股本总数之比计算；股本总额按发行后总股本计算，发行后净资产按本公司截至 2016 年 12 月 31 日经审计的归属母公司股东净资产和本次公司公开发行新股募集资金净额之和计算）。

九、本次发行后每股收益：0.81 元（按本公司 2016 年经审计的扣除非经常性损益前后孰低的归属于母公司股东的净利润除以发行后总股本计算）。

第五节　财务会计情况

立信会计师事务所（特殊普通合伙）对公司 2014 年、2015 年及 2016 年的财务报表进行了审计，并出具“信会师报字〔2017〕第 ZB10057 号”标准无保留意见的《审计报告》；同时，立信会计师事务所（特殊普通合伙）对公司 2017 年 1–3 月的财务报表进行了审阅，并出具了“信会师报字〔2017〕第 ZB11783 号”《审阅报告》，相关财务会计数据及有关的分析说明请详见本公司已刊登的招股说明书，本上市公告书中不再披露，投资者欲了解相关情况请详细阅读招股说明书相关章节内容。

此外，公司现对 2017 年 1–6 月未经审计、审阅的财务信息予以披露，上市后将不再另行披露 2017 年半年度报告，敬请投资者注意。公司 2017 年未经审计、审阅的半年度报告已经第三届董事会第五次会议审议通过。

一、公司 2017 年 1–6 月主要会计数据和财务指标

项目	2017 年 6 月 30 日	2016 年 12 月 31 日	本报告期末比上年度期末增减	说明
流动资产（万元）	213,345.73	198,861.52	7.28%	–
流动负债（万元）	124,874.59	119,840.68	4.20%	–
总资产（万元）	258,023.12	242,259.59	6.51%	–
归属于发行人股东的所有者权益（万元）	132,205.08	122,074.99	8.30%	–
归属于发行人股东的每股净资产（元/股）	7.74	7.15	8.30%	–
项目	2017 年 1–6 月	2016 年 1–6 月	本报告期末比上年同期增减	说明
营业总收入（万元）	52,669.46	46,438.27	13.42%	–
营业利润（万元）	11,967.09	10,700.14	11.84%	–
利润总额（万元）	11,942.38	10,439.68	14.39%	–
归属于发行人股东的净利润（万元）	10,130.09	8,836.65	14.64%	–
归属于发行人股东的扣除非经常性损益后的净利润	10,101.46	9,058.05	11.52%	–
基本每股收益（元/股）	0.59	0.52	14.60%	–
扣除非经常性损益后的基本每股收益（元/股）	0.59	0.53	11.48%	
加权平均净资产收益率（%）	7.94%	8.16%	–2.71%	–
扣除非经常性损益后的加权净资产收益率（%）	7.92%	8.36%	–5.35%	–
经营活动产生的现金流量净额（万元）	16,181.32	21,199.43	–23.67%	由于不同项目回款进度有所不同，公司 2017 年 1–6 月经营活动产生的现金流量净额有所下降
每股经营活动产生的现金流量净额（元）	0.95	1.24	–23.67%	–

注：已按照 2016 年度审计报告口径对 2016 年 1–6 月数据进行了追溯调整，上表中 2017 年 1–6 月、2016 年 1–6 月数据未经注册会计师审计、审阅。

二、2017 年 1–6 月经营业绩的简要说明

公司财务报告截止日后经营状况良好，公司 2017 年 1–6 月营业收入为 52,669.46 万元，扣除非经常性损益后归属于母公司所有者的净利润为 10,101.46 万元。（数据未经注册会计师审计或审阅）

三、2017 年 1–9 月经营业绩的预测

截至本上市公告书签署之日，公司总体经营情况良好，经营模式未发生重大变化；公司所处行业及市场处于正常的发展状态，亦未出现重大不利变化。公司预计 2017 年 1–9 月收入为 80,725.27 万元，较去年同期上涨 17.29%，扣除非经常性损益后归属于母公司所有者的净利润为 17,051.99 万

元,较去年同期上涨 18.79%。

上述业绩情况的预计,只是公司的初步预测。若实际经营情况与公司初步预计发生较大变化,公司将根据实际情况及时进行披露,请广大投资者谨慎决策,注意投资风险。

第六节　其他重要事项

一、募集资金专户存储三方监管协议的安排

为规范本公司募集资金管理和使用,保护中小投资者的权益,根据有关法律法规及《上海证券交易所上市公司募集资金管理办法(2013 年修订)》,公司已与保荐机构瑞信方正证券有限责任公司和存放募集资金的苏州银行股份有限公司无锡分行、兴业银行股份有限公司惠山支行、中信银行股份有限公司苏州相城支行以及中信银行股份有限公司无锡锡山支行签订了《募集资金专户存储三方监管协议》(以下简称"《监管协议》")。同时,前述四家募集资金专户开户行已出具书面承诺,"在《监管协议》签订前,未获得保荐机构(主承销商)瑞信方正书面同意,本行将不接受东珠景观从募集资金专户支取资金的申请。"

签署《监管协议》一事,已由公司第三届董事会第五次会议审议通过。

(一)募集资金专户开设情况

1. 开户银行:苏州银行股份有限公司无锡分行

账户名称:江苏东珠景观股份有限公司首次公开发行股份募集资金专户(账号:51803900000049)

募集资金用途:购置生态景观工程施工设备项目

2. 开户银行:兴业银行股份有限公司惠山支行

账户名称:江苏东珠景观股份有限公司首次公开发行股份募集资金专户(账号:408460100100087222)

募集资金用途:生态与湿地环境修复研发能力提升项目

3. 开户银行:中信银行股份有限公司苏州相城支行

账户名称:江苏东珠景观股份有限公司首次公开发行股份募集资金专户(账号:8112001013400356206)

募集资金用途:补充生态景观工程施工业务营运资金项目

4. 开户银行:中信银行股份有限公司无锡锡山支行

账户名称:江苏东珠景观股份有限公司首次公开发行股份募集资金专户(账号:8110501012400948683)

募集资金用途:珍稀苗木基地改造项目

(二)募集资金专户存储三方监管协议主要内容

1. 瑞信方正作为东珠景观的保荐人应当依据有关规定指定保荐代表人或其他工作人员对东珠景观募集资金使用情况进行监督。

瑞信方正承诺按照《证券发行上市保荐业务管理办法》《上海证券交易所上市公司募集资金管理办法》等相关法律法规以及东珠景观制订的募集资金管理制度对东珠景观募集资金管理事项履行保荐职责,进行持续督导工作。

瑞信方正可以根据需要随时采取现场调查、书面问询等方式行使其监督权。东珠景观和银行应当配合瑞信方正的调查与查询。瑞信方正每半年度对东珠景观进行现场调查时将同时检查专户存储情况。

2. 监管账户内的募集资金划出监管账户时,东珠景观向银行提供《划款指令》(格式见本协议附件一)。《划款指令》应加盖东珠景观在银行的预留印鉴。银行在收到东珠景观盖章确认的划款指令后将相应资金划出,《划款指令》为银行资金划出的唯一凭证,银行在本协议项下对划款指令包括并不限于用途、收款户名、收款账号、金额、印章及签字等内容的审查义务,仅限于形式审查、不承担实质审查义务,对东珠景观印章、签字的伪造、变造等原因造成的损失不承担任何责任。对不符合本协议约定的划款,银行有权拒绝执行划款指令。

3. 东珠景观授权瑞信方正指定的保荐代表人赵留军、尤晋华可以随时到银行查询、复印东珠景观专户的相关资料(包括但不限于账务流水信息等);银行应当及时、准确、完整地向其提供所需的有关专户的相关资料(包括但不限于账务流水信息等)。

上述保荐代表人向银行查询东珠景观专户有关情况时应当出具本人的合法身份证明;瑞信方正指定的其他工作人员向银行查询东珠景观专户有关情况时应当出具本人的合法身份证明、东珠景观的授权书和瑞信方正的单位介绍信。

4. 银行按月(每月 10 日前)向东珠景观出具真实、准确、完整的专户对账单,并以电子邮件方式抄送给瑞信方正上述主办人及联系人(联系邮箱详见本协议第十五条),银行应当保证对账单内容真实、准确、完整。

5. 东珠景观 1 次或 12 个月以内累计从专户支取的金额超过 5,000 万元且达到发行募集资金总额扣除发行费用后的净额(以下简称"募集资金净额")的 20%的,东珠景观应当提前 3 个工作日通知瑞信方正;东珠景观应在上述通知中将具体支出计划、支出用途、收款单位及帐号以电子邮件方式告知瑞信方正,经瑞信方正以电子邮件方式书面认可后,由东珠景观书面通知银行,银行方可为东珠景观办理资金支取。资金支取完毕后,银行应当及时以电子邮件方式通知瑞信方正,同时提供专户的支出的客户回单。

6. 东珠景观应严格按照相关公开披露文件的承诺用途使用募集资金。东珠景观如不按照上述规定用途使用募集资金,瑞信方正责令东珠景观更正,东珠景观拒不更正的,瑞信方正有权依据有关法律法规及《上海证券交易所上市规则》、《上海证券交易所上市公司持续督导工作指引》等交易所规则规定,向监管部门报告。

7. 银行连续三次未及时向东珠景观出具对账单或向瑞信方正通知专户大额支取情况的,或/且存在未配合瑞信方正调查专户情形的(包括但不限于未及时提供账务流水信息等),东珠景观可主动或在瑞信方正的要求下单方面终止本协议并注销募集资金专户。

8. 本协议自东珠景观、银行、瑞信方正三方法定代表人或其授权代表签署并加盖各自单位公章之日起生效,至专户资金全部支出完毕并依法销户之日起失效。

瑞信方正义务至持续督导责任结束之日解除。"

江苏东珠景观股份有限公司上市公告书

二、其他事项

本公司在招股意向书刊登日至上市公告书刊登前,未发生其他可能对本公司有较大影响的重要事项,具体如下:

(一)本公司主要业务发展目标进展情况正常;

(二)本公司所处行业和市场未发生重大变化;

(三)除与正常业务经营相关的商务合同外,本公司未订立其他对本公司资产、负债、权益和经营成果产生重大影响的重要合同;

(四)本公司与关联方未发生重大关联交易;

(五)本公司未发生重大投资事项;

(六)本公司未发生重大资产(或股权)购买、出售及转换;

(七)本公司住所未发生变更;

(八)本公司董事、监事、高级管理人员未发生变化;

(九)本公司未发生重大诉讼、仲裁事项;

(十)本公司未发生对外担保等或有事项;

(十一)本公司的财务状况和经营成果未发生重大变化;

(十二)除公司于 2017 年 8 月 21 日召开董事会审议通过《签订募集资金三方监管账户》议案及 2017 年半年度未经审计、审阅的财务报告外,公司未召开其他董事会、监事会或股东大会;

(十三)本公司未发生其他应披露的重大事项。

第七节　上市保荐机构及其意见

一、上市保荐机构基本情况

保荐机构:瑞信方正证券有限责任公司

法定代表人:高利

住所:北京市昌平区回龙观镇金燕龙大厦 19 层 1903. 1905 号

联系地址:中国北京市西城区金融大街甲 9 号金融街中心南楼 15 层

联系电话:010-66538666

保荐代表人:赵留军、尤晋华

二、上市保荐机构的推荐意见

保荐机构认为,东珠景观首次公开发行的股票符合《中华人民共和国公司法》《中华人民共和国证券法》及《上海证券交易所股票上市规则》等有关法律、法规的规定,具备在上海证券交易所上市的条件。瑞信方正证券有限责任公司同意推荐江苏东珠景观股份有限公司的股票在上海证券交易所上市。

江苏东珠景观股份有限公司

2017 年 8 月 30 日

上海水星家用纺织品股份有限公司

上海水星家用纺织品股份有限公司首次公开发行A股股票上市公告书暨2017年第三季度财务报表

特别提示

本公司股票将于2017年11月20日在上海证券交易所上市。本公司提醒投资者应充分了解股票市场风险及本公司披露的风险因素，在新股上市初期切忌盲目跟风"炒新"，应当审慎决策、理性投资。

第一节　重要声明与提示

一、重要提示

上海水星家用纺织品股份有限公司(以下简称"水星家纺""发行人""本公司"或"公司")及全体董事、监事、高级管理人员保证上市公告书所披露信息的真实、准确、完整，承诺上市公告书不存在虚假记载、误导性陈述或重大遗漏，并承担个别和连带的法律责任。

上海证券交易所、其他政府机关对本公司股票上市及有关事项的意见，均不表明对本公司的任何保证。

本公司提醒广大投资者注意，凡本上市公告书未涉及的有关内容，请投资者查阅刊载于上海证券交易所网站(http://www.sse.com.cn/)的本公司招股说明书书全文。

二、股份流通限制及自愿锁定股份的承诺

(一)实际控制人

公司实际控制人谢秋花、李来斌、李裕陆、李裕高承诺：

本人严格遵守中国证监会《上市公司股东、董监高减持股份的若干规定》，上海证券交易所《股票上市规则》《上海证券交易所上市公司股东及董事、监事、高级管理人员减持股份实施细则》的相关规定。

自发行人股票上市之日起36个月内，不转让或者委托他人管理本人直接或间接持有的发行人首次公开发行股票前已发行股份，也不由发行人回购该部分股份。在前述承诺锁定期满后，在担任发行人董事或高级管理人员期间，每年转让的股份不超过本人所持有发行人股份的25%；在离职后六个月内，不转让本人所持有的发行人股份。

本人所持发行人股票在锁定期届满后两年内减持的，本人减持价格不低于本次发行并上市时发行人股票的发行价(若发行人股票有派息、送股、资本公积金转增股本等除权、除息事项的，发行价将进行除权、除息调整)；发行人上市后6个月内如发行人股票连续20个交易日的收盘价均低于发行价，或者上市后6上海水星家用纺织品股份有限公司上市公告书暨2017年第三季度财务报表个月期末(如该日不是交易日，则该日后第一个交易日)收盘价低于发行价，本人所持有的发行人股票的锁定期限将自动延长6个月。如本人违反上述承诺或法律强制性规定减持发行人股份的，本人承诺违规减持发行人股票所得归发行人所有，同时本人直接或间接持有的剩余发行人股份的锁定期在原股份锁定期届满后自动延长1年。上述承诺不因本人辞任发行人董事或高级管理人员而发生变化。该承诺为不可撤销承诺。

(二)控股股东

公司控股股东水星控股承诺：

本企业严格遵守中国证监会《上市公司股东、董监高减持股份的若干规定》，上海证券交易所《股票上市规则》、《上海证券交易所上市公司股东及董事、监事、高级管理人员减持股份实施细则》的相关规定。

自发行人股票上市之日起36个月内，不转让或者委托他人管理水星控股持有的发行人首次公开发行股票前已发行股份，也不由发行人回购该部分股份。

水星控股所持发行人股票在锁定期届满后两年内减持的，水星控股减持价格不低于本次发行并上市时发行人股票的发行价(若发行人股票有派息、送股、资本公积金转增股本等除权、除息事项的，发行价将进行除权、除息调整)；发行人股票上市后6个月内如发行人股票连续20个交易日的收盘价均低于发行价，或者上市后6个月期末(如该日不是交易日，则该日后第一个交易日)收盘价低于发行价，水星控股所持有的发行人股票的锁定期限将自动延长6个月。如水星控股违反上述承诺或法律强制性规定减持发行人股份的，水星控股承诺违规减持发行人股票所得归发行人所有，同时水星控股持有的剩余发行人股份的锁定期在原股份锁定期届满后自动延长1年。该承诺为不可撤销承诺。

(三)公司股东李丽君、李裕奖、李芳蕾、李丽娜、李裕党、李春兰、谢作威、谢作佳、梅山标

公司股东李丽君、李裕奖、李芳蕾、李丽娜、李裕党、李春兰、谢作威、谢作佳、梅山标承诺：

本人严格遵守中国证监会《上市公司股东、董监高减持股份的若干规定》，上海证券交易所《股票上市规则》、《上海证券交易所上市公司股东及董事、监事、高级管理人员减持股份实施细则》的相关规定。

自发行人股票上市之日起36个月内，不转让或者委托他人管理本人直接或间接持有的发行人首次公开发行股票前已发行股票，也不由发行人回购该部分股票。

(四)公司其他董事和高级管理人员

公司董事和高级管理人员李道想、沈文贵、周忠、孙子刚承诺：

本人严格遵守中国证监会《上市公司股东、董监高减持股份的若干规定》，上海证券交易所《股票上市规则》《上海证券交易所上市公司股东及董事、监事、高级管理人员减持股份实施细则》的相关规定。

自发行人股票上市之日起12个月内，不转让或者委托他人管理本人直接或间接持有的发行人首次公开发行股票前已发行股份，也不由发行人回购该部分股份。在前述承诺锁定期满后，在担任发行人董事或高级管理人员期间，每年转让的股份不超过本人所持有发行人股份的25%；在离职后六个月内，不转让本人所持有的发行人股份。

本人所持发行人股票在锁定期届满后两年内减持的，本人减持价格不低于本次发行并上市时发行人股票的发行价(若发行人股票有派息、送股、资本公积金转增股本等除权、除息事项的，发行价将进行除权、除息调整)；发行人上市后6个月内如发行人股票连续20个交易日的收盘价均低于发行价，或者上市后6个月期末(如该日不是交易日，则该日后第一个交易日)收盘价低于发行价，本人所持有的发行人股票的锁定期限将自动延长6个月。如本人违反上述承诺或法律强制性规定减持发行人股份的，本人承诺违规减持发行人股票所得归发行人所有，同时本人直接或间接持有的剩余发行人股份的锁定期在原股份锁定期届满后自动延长1年。上述承诺不因本人辞任发行人董事或高级管理人员而发生变化。该承诺为不可撤销承诺。

(五)公司监事孟媛媛

公司监事孟媛媛承诺：

上海水星家用纺织品股份有限公司上市公告书暨2017年第三季度财务报表本人严格遵守中国证监会《上市公司股东、董监高减持股份的若干规定》，上海证券交易所《股票上市规则》《上海证券交易所上市公司股东及董事、监事、高级管理人员减持股份实施细则》的相关规定。

自发行人股票上市之日起12个月内，不转让或者委托他人管理本人持有的发行人首次公开发行股票前已发行股份，也不由发行人回购该部分股份。在前述承诺锁定期满后，在担任发行人监事期间，每年转让的股份不超过本人所持有发行人股份的25%；在离职后六个月内，不转让本人所持有的发行人股份。该承诺为不可撤销承诺。

(六)公司其他股东

公司其他股东梁祥员、李统钻、梁小意、水星投资、高克平、羌张林、谭兵、黄橙、沈守兵承诺：

本人/本企业严格遵守中国证监会《上市公司股东、董监高减持股份的若干规定》，上海证券交易所《股票上市规则》《上海证券交易所上市公司股东及董事、监事、高级管理人员减持股份实施细则》的相关规定。

自发行人股票上市之日起12个月内，不转让或者委托他人管理本人直接或间接持有的发行人首次公开发行前已发行股份，也不由发行人回购该部分股份。

三、稳定公司股价的预案

(一)启动股价稳定措施的具体条件和程序

1. 启动条件及程序

自公司首次公开发行人民币普通股(A股)并上市之日起36个月内，当公司股票连续20个交易日的收盘价低于每股净资产时，应当在5日内召开董事会、25日内召开股东大会，审议稳定股价具体方案，明确该等具体方案的实施期间。

2. 停止条件

在上述稳定股价具体方案的实施期间内，如公司股票连续5个交易日收盘价高于每股净资产时，将终止实施股价稳定措施，视为本次稳定股价的相关措施或承诺已实施或履行完毕。

上述第1项稳定股价具体方案实施期满后90个交易日内，公司、控股股东、董事(独立董事除外)及高级管理人员可不再实施股价稳定措施。从履行完毕前述措施后的第91个交易日开始，如再次发生上述第1项的启动条件，则再次启动稳定股价措施。

(二)稳定股价的具体措施

1. 公司稳定股价的措施

当触发前述股价稳定措施的启动条件时，公司应依照法律、法规、规范性文件、公司章程及公司内部治理制度的规定，及时履行相关法定程序后采取以下部分或全部措施稳定公司股价，并保证股价稳定措施实施后，公司的股权分布仍符合上市条件：

(1)在不影响公司正常生产经营的情况下，经董事会、股东大会审议同意，回购公司部分股票。回购价格不超过公司上一会计年度经审计的每股净资产；用于回购的资金为公司自有资金，每十二个月内用于回购的资金总额不超过上一年度归属于公司股东净利润的20%；回购方式应符合《公司法》《证券法》《上市公司回购社会公众股份管理办法(试行)》《关于上市公司以集中竞价交易方式回购股份的补充规定》等法律法规的规定。

(2)要求控股股东及时任公司董事(独立董事除外)、高级管理人员的人员以增持公司股票的方

式稳定公司股价，并明确增持的金额和期间。

(3)在保证公司经营资金需求的前提下，经董事会、股东大会审议同意，通过实施利润分配或资本公积金转增股本的方式稳定公司股价。

(4)法律、行政法规、规范性文件规定以及中国证监会认可的其他方式。公司控股股东、董事(独立董事除外)、高级管理人员承诺将在公司董事会及股东大会上对公司稳定股价的相关议案投赞成票。

2. 控股股东、公司董事、高级管理人员稳定股价的具体措施

当触发前述股价稳定措施的启动条件时，公司控股股东、董事(独立董事除上海水星家用纺织品股份有限公司上市公告书暨2017年第三季度财务报表外)、高级管理人员应依照法律、法规、规范性文件和公司章程的规定，积极配合并保证公司按照要求制定并启动稳定股价的预案。

控股股东、公司董事(独立董事除外)、高级管理人员应根据股东大会审议通过的稳定股价具体方案，积极采取下述全部或部分措施以稳定公司股价，并保证股价稳定措施实施后，公司的股权分布仍符合上市条件：

(1)在符合股票交易相关规定的前提下，公司控股股东按照公司关于稳定股价具体方案中确定的增持金额和时间增持公司股票，增持的价格不超过公司上一会计年度经审计的每股净资产。每12个月内用于增持股票的资金总金额不超过前述股东上一会计年度从公司获得的税后现金分红总额的50%。

(2)在符合股票交易相关规定的前提下，公司董事(独立董事除外)、高级管理人员按照公司关于稳定股价具体方案中确定的增持金额和时间增持公司股票，增持的价格不超过公司上一会计年度经审计的每股净资产。每12个月内用于增持股票的资金总金额不超过前述人员上一会计年度从公司获得的税后薪酬总额的50%。

(3)除因继承、被强制执行或上市公司重组等情形必须转股外，在股东大会审议股价稳定具体方案或方案实施期间，不转让其持有的公司股份。除经股东大会非关联股东同意外，不由公司回购其持有的股份。

(4)法律、行政法规、规范性文件规定以及中国证监会认可的其他方式。

公司在未来聘任新的董事(独立董事除外)、高级管理人员前，将要求其签署承诺书，保证其履行公司首次公开发行上市时董事(独立董事除外)、高级管理人员已做出的稳定股价承诺，并要求其按照公司首次公开发行上市时董事(独立董事除外)、高级管理人员的承诺提出未履行承诺的约束措施。

(三)未履行稳定股价措施的约束措施

上述主体若届时未实施稳定公司股价的具体措施，则将按照以下原则处理：

1. 若公司上市后三年内，如非因不可抗力因素所致，当公司股票连续20个交易日的收盘价低于上一会计年度经审计的每股净资产时，届时公司如果未能履行或未按期履行稳定股价的承诺，则公司承诺采取以下措施：

(1)及时、充分披露承诺未能履行、无法履行或无法按期履行的具体原因；

(2)自愿接受社会和监管部门的监督，及时改正并继续履行有关承诺；

(3)将应付控股股东现金分红予以暂时扣留，直至公司履行相关承诺；

(4)停止发放对出现该等未履行承诺行为负有个人责任的董事和高级管理人员的薪酬、津贴，直至公司履行相关承诺；

(5)因违反承诺给投资者造成损失的，依法对投资者进行赔偿；

(6)如因相关法律法规、政策变化、自然灾害及其他不可抗力等公司无法控制的客观原因导致公司承诺未能履行、确已无法履行或无法按期履行的，公司将向投资者提出补充承诺或替代承诺(相关承诺需按法律、法规、公司章程的规定履行相关审批程序)，以尽可能保护投资者的权益。

2. 若公司上市后三年内，如非因不可抗力因素所致，当公司股票连续20个交易日的收盘价低于上一会计年度经审计的每股净资产时，届时公司的控股股东如果未能履行或未按期履行稳定股价的承诺，则公司有权采取如下措施，直至控股股东履行其承诺：

(1)通过公司及时、充分披露承诺未能履行、无法履行或无法按期履行的具体原因；

(2)自愿接受社会和监管部门的监督，及时改正并继续履行有关公开承诺；

(3)公司有权将应付控股股东现金分红予以暂时扣留；

(4)因违反承诺给公司或投资者造成损失的，依法对公司或投资者进行赔偿；

(5)如因相关法律法规、政策变化、自然灾害及其他不可抗力等控股股东无法控制的客观原因导致控股股东承诺未能履行、确已无法履行或无法按期履行的，控股股东将向投资者提出补充承诺或替代承诺(相关承诺需按法律、法规、公司章程的规定履行相关审批程序)，以尽可能保护投资者的权益。

3. 若公司上市后三年内，如非因不可抗力因素所致，当公司股票连续20个交易日的收盘价低于上一会计年度经审计的每股净资产时，届时公司的董事(独立董事除外)和高级管理人员如果未能履行或未按期履行稳定股价的承诺，则公司有权采取如下措施，直至相关人员履行其承诺：

(1)通过公司及时、充分披露承诺未能履行、无法履行或无法按期履行的具体原因；

(2)自愿接受社会和监管部门的监督，及时改正并继续履行有关公开承诺；

(3)公司有权将相关董事(独立董事除外)和高级管理人员从公司领取的薪酬予以扣留；

(4)因违反承诺给公司或投资者造成损失的，依法对公司或投资者进行赔偿；

(5)如因相关法律法规、政策变化、自然灾害及其他不可抗力等董事(独立董事除外)和高级管理人员无法控制的客观原因导致董事(独立董事除外)和高级管理人员承诺未能履行、确已无法履行或无法按期履行的，董事(独立董事除外)和高级管理人员将向投资者提出补充承诺或替代承诺(相关承诺需按法律、法规、公司章程的规定履行相关审批程序)，以尽可能保护投资者的权益；

(6)上述承诺不因董事(独立董事除外)和高级管理人员职务变更、离职等原因而失效。

四、相关责任主体关于招股说明书真实、准确及完整的承诺

1. 发行人承诺

发行人承诺：若有权部门或司法机关认定本公司招股说明书中存在虚假记载、误导性陈述或者重大遗漏，且对判断本公司是否符合法律规定的发行条件构成重大、实质影响的，本公司将依法回购首次公开发行的全部新股，并在收到有权部门或司法机关的书面认定后5个交易日内启动股份回购措施。本公司将及时制定股份回购的具体方案，提交董事会、股东大会审议，并进行公告。回购价格为股票发行价加算股票发行后至股票回购期间按中国人民银行同期存款利率计算的利息（如公司上市后有利润分配或送配股份等除权、除息行为，上述发行价作相应调整）。

若本公司招股说明书有虚假记载、误导性陈述或者重大遗漏，且致使投资者在证券交易中遭受损失的，本公司将按照有效的司法裁决文件依法赔偿投资者损失。上述公司回购新股不影响投资者对本公司的民事索赔。

2. 控股股东承诺

控股股东承诺：若有权部门或司法机关认定发行人《招股说明书》中存在虚假记载、误导性陈述或者重大遗漏，且对判断发行人是否符合法律规定的发行条件构成重大、实质影响的，水星控股承诺将购回已转让的原限售股份，同时督促发行人履行股份回购事宜的决策程序，并在发行人召开股东大会对回购股份做出决议时，水星控股就该等回购事宜在股东大会中投赞成票。

若发行人首次公开发行股票并上市过程中公开发布的《招股说明书》有虚假记载、误导性陈述或者重大遗漏，且因此致使公众投资者在证券交易中遭受损失的，水星控股将依法对投资者承担相应的赔偿责任。

3. 实际控制人承诺

实际控制人承诺：若有权部门或司法机关认定发行人招股说明书中存在虚假记载、误导性陈述或者重大遗漏，且对判断发行人是否符合法律规定的发行条件构成重大、实质影响的，本人承诺将督促发行人履行股份回购事宜的决策程序，并在发行人召开董事会和股东大会对回购股份做出决议时，本人就该等回购事宜在董事会和股东大会中投赞成票。

若因发行人招股说明书中存在虚假记载、误导性陈述或者重大遗漏，致使投资者在证券交易中遭受损失的，本人将依法赔偿投资者损失。

本承诺一经作出，即构成本人对发行人不可撤销的单方面合同义务，且不得因本人职务变更、离职等原因而放弃履行承诺。

4. 公司董事、高级管理人员承诺

公司董事、高级管理人员承诺：若有权部门或司法机关认定发行人招股说明书中存在虚假记载、误导性陈述或者重大遗漏，且对判断发行人是否符合法律规定的发行条件构成重大、实质影响的，发行人在召开相关董事会对回购股份做出决议时，本人承诺就该等回购股份的相关决议投赞成票。若因发行人招股说明书中存在虚假记载、误导性陈述或者重大遗漏，致使投资者在证券交易中遭受损失的，本人将依法赔偿投资者损失。

公司除董事以外的高级管理人员、监事承诺：若发行人本次公开发行并上市的招股说明书存在虚假记载、误导性陈述或者重大遗漏，致使投资者在证券交易中遭受损失的，本人将依法赔偿投资者损失。

5. 本次发行相关中介机构的相关承诺

保荐机构(主承销商)中信建投证券股份有限公司承诺：本公司为发行人首次公开发行股票事宜制作、出具的文件有虚假记载、误导性陈述或者重大遗漏，给投资者造成损失的，将依法先行赔偿投资者损失。

发行人会计师立信会计师事务所(特殊普通合伙)承诺：立信会计师为发行人首次公开发行股票事宜制作、出具的文件有虚假记载、误导性陈述或者重大遗漏，给投资者造成损失的，将依法赔偿投资者损失。

发行人律师上海市锦天城律师事务所承诺：如因本所为发行人首次公开发行出具的文件存在虚假记载、误导性陈述或者重大遗漏，给投资者造成损失，本所将依法赔偿投资者损失。

发行人资产评估机构银信资产评估有限公司承诺：银信评估如因其过错致使其为发行人本次首次公开发行上市制作、出具的文件有虚假记载、误导性陈述或重大遗漏，给投资者造成损失的，其将按照有管辖权的人民法院依照法律程序作出的有效司法裁决，依法赔偿投资者损失。

五、公开发行前持股5%以上股东的持股意向及减持意向

本次公开发行前持股5%以上的股东为水星控股、谢秋花、李来斌。

1. 水星控股承诺

作为发行人的控股股东，水星控股未来持续看好发行人及其所处行业的发展前景，愿意长期持有发行人的股份以确保水星控股对发行人的控股地位。

在水星控股所持发行人股票的锁定期届满后，且在不丧失对发行人控股股东地位、不违反水星控股已作出的相关承诺的前提下，水星控股存在减持发行人股票的可能性，但减持幅度将以此为限：(1)在承诺的持股锁定期满后两年内减持的，水星控股每年转让发行人股票不超过上年末所持发行人股票总数的10%；(2)在承诺的持股锁定期满后两年内减持的，减持价格不低于发行人首次公开发行并上市时股票的发行价格(若股份公司股票有派息、送股、资本公积金转增股本等除权、除息事项的，发行价格将进行除权、除息调整)。在承诺的持股锁定期满两年后减持的，减持价格在满足水星控股已作出的各项承诺的前提下根据减持当时的市场价格而定；(3) 水星控股在实施减持时，将提前三个交易日通过发行人进行公告，未履行公告程序前不得减持。如水星控股违反本承诺进行减持的，水星控股减持发行人股票所得归发行人所有。

2. 谢秋花、李来斌承诺

作为发行人的股东、实际控制人之一，本人未来持续看好发行人及其所处行业的发展前景，愿意长期持有发行人的股份以确保本人对发行人的控制地位。

在本人所持发行人股票的锁定期届满后，且在不丧失对发行人实际控制人地位、不违反本人已作出的相关承诺的前提下，本人存在减持发行人股票的可能性，但减持幅度将以此为限：(1)在承诺的持股锁定期满后两年内减持的，本人每年转让发行人股票不超过上年末所持发行人股票总数的10%；(2)在承诺的持股锁定期满后两年内减持的，减持价格不低于发行人首次公开发行并上市时股票的发行价格(若股份公司股票有派息、送股、资本公积金转增股本等除权、除息事项的，发行价格将进行除权、除息调整)。在承诺的持股锁定期满两年后减持的，减持价格在满足本人已作出的各项承诺的前提下根据减持当时的市场价格而定；(3)本人在实施减持时，将提前三个交易日通过发行人进行公告，未履行公告程序前不得减持。

如本人违反本承诺进行减持的，本人减持发行人股票所得归发行人所有。

六、发行人关于填补被摊薄即期回报的措施及承诺

本次公司股份发行数量为6,667.00万股，发行完成后公司总股本将增至26,667.00万股，由于公司的募集资金投资项目存在一定的建设期、达产期，因此公司本次发行募集资金到位当年，公司基本每股收益、稀释每股收益以及扣除非经常性损益后的基本每股收益、稀释每股收益均有较上一年下降的趋势，即期回报存在摊薄风险。为降低本次公开发行摊薄即期回报的影响，充分保护中小股东的利益，公司制定了如下措施：

1. 加强主营业务的开拓，提升公司核心竞争力

本次公司股票公开发行成功之后，公司将继续聚焦现有的核心消费群体，通过品牌建设、市场和渠道开发、技术研发实力的提高、专业人才培养等方面的投入，有效地提高公司及其品牌的知名度、扩充生产能力、扩大直营终端销售网络、提升公司的研发水平，提升公司核心竞争力。

在品牌建设方面，公司将根据各品牌定位，针对细分市场客户进行有针对性的媒体投放，积极探索、推行细分品牌计划。同时，公司将加强与消费群体间的双向沟通，进一步完善和巩固客户维护体系，提升品牌忠诚度。

在市场和渠道开发方面，公司将在保持在二、三线城市竞争优势的同时，积极拓展一、二线城市，对一、二线城市进行合理的布局。公司一方面通过增设直营店铺的形式加强对一、二线城市的布局，另一方面将通过制定一系列的管理措施提高加盟渠道的运营效率以巩固公司在二、三线城市的竞争优势。此外，面对以电商渠道为代表的新兴渠道的快速发展，公司将在产品研发、生产、物流、数据分析等环节大力支持新兴渠道的建设与完善。

在技术研发方面，公司一方面将通过加强外部合作的方式使得产品的设计能力以及产品相关技术的研发能力得到进一步加强，另一方面公司较为注重专业人才的引进与培养，将通过加大人力资源的开发、配置和储备力度，完善人才培养、引进机制，为公司研发实力的提升提供有力保障。

2. 优化供应链体系，提升整体运营效率

公司将优化根据未来发展规划及市场分布，并结合产业配套情况建设新的生产和仓储物流基地，优化生产布局，并完善全国总仓=》区域物流中心=》经销商仓库=》门店的物流系统建设，提升供应链的反应速度，加强消费者的购物体验。此外，公司还将通过搭建并连通按需协同制造管理系统、智慧营销管理系统、仓储物流自动化系统和供应链管理系统来进一步提升全公司的信息化水平，促进公司整体运营效率的提升。

3. 严格执行利润分配政策，优化投资回报机制

公司于2015年第三次临时股东大会会议审议通过了《关于公司股东未来分红回报规划的议案》，在对未来经营绩效合理预计的基础上，制订了对股东分红回报的合理规划。公司将严格执行《公司章程》及股东回报规划文件中的利润分配政策，强化投资回报理念，积极推动对股东的利润分配，增强现金分红透明度，保持利润分配政策的连续性与稳定性。

同时，公司提示投资者：公司制定填补回报措施不等于对公司未来利润做出保证。

七、本次发行后公司股利分配政策

1. 利润分配形式

公司将继续实行持续、稳定的利润分配政策，可采用现金、股票以及现金与股票相结合的方式分配利润。公司董事会可以根据公司的资金需求状况提议公司进行中期现金分红。

2. 现金分红比例

公司积极推行现金分红方式，在满足前述现金分红的条件下，优先考虑现金分红的利润分配方式。公司每年以现金方式分配的利润不少于当年实现的可供分配利润的10%或最近三年以现金方式累计分配的利润不少于最近三年实现的年均可分配利润的30%。

3. 差异化现金分红政策

公司采用现金方式分配利润的，应当综合考虑所处行业特点、发展阶段、自身经营模式、盈利水平以及是否有重大资金支出安排等因素，区分下列情形，并按照公司章程规定的程序，采取差异化的现金分红政策：

(1)公司发展阶段属成熟期且无重大资金支出安排的，进行利润分配时，现金分红在本次利润分配中所占比例最低应达到80%；

(2)公司发展阶段属成熟期且有重大资金支出安排的，进行利润分配时，现金分红在本次利润分配中所占比例最低应达到40%；

(3)公司发展阶段属成长期且有重大资金支出安排的，进行利润分配时，现金分红在本次利润分配中所占比例最低应达到20%；

公司发展阶段不易区分但有重大资金支出安排的，可以按照前项规定处理。

4. 现金分红的期间间隔

在满足现金分红条件的前提下，公司将积极采取现金方式分配股利，原则上每年度进行一次现金分红。除非经董事会论证同意，且经独立董事发表独立意见，并经监事会决议通过，两次分红间隔时间原则上不少于六个月。

5. 股利分配条件

公司在确保足额现金股利分配的前提下，公司可另行实施股票股利分配，加大对投资者的回报力度。

6. 利润分配决策机制和程序

(1)公司管理层根据公司章程规定、盈利情况、资金供给及需求情况和股东回报规划提出每年度利润分配方案，经董事会审议通过后提交股东大会审批。

董事会审议利润分配具体方案时，应当进行认真研究和论证，独立董事应对利润分配方案发表明确意见。独立董事也可以征集中小股东的意见，提出分红提案，并直接提交董事会审议。

(2)股东大会对利润分配方案进行审议前，公司应当通过多种渠道主动与股东特别是中小股东进行沟通和交流，充分听取中小股东的意见和诉求，及时答复中小股东关心的问题。

(3)公司当年度盈利但未进行利润分配的，管理层需就此向董事会提出详细的情况说明，包括未分红的原因、未用于分红的利润的用途和使用计划，并由独立董事对此发表独立意见。董事会审议通过后提交股东大会审议批准。

7. 股东分红回报规划制定周期及相关决策机制

公司至少每三年重新审阅一次股东分红回报规划，由公司董事会结合具体经营情况，充分考虑公司盈利规模、现金流量状况、发展所处阶段及当期资金需求，并充分考虑独立董事、监事和中小投资者的意见，确定该时间段的股东分红回报规划，并提交公司股东大会表决通过后实施。

八、财务报告审计截止日后的财务信息及经营状况

(一)公司2017年1-6月经营情况及同比情况

立信会计师事务所(特殊普通合伙)对公司2017年1-6月及2016年1-6月的财务报表进行了审计，并出具了标准无保留意见审计报告。公司2017年1-6月及上年同期主要财务数据情况如下：

单位：万元

项目	2017年1-6月	2016年1-6月	同比变化
营业收入	99,564.44	77,694.61	28.15%
营业利润	10,767.80	8,132.72	32.40%
利润总额	11,527.95	8,267.63	39.43%
净利润	9,901.79	7,112.60	39.21%
归属于母公司股东的净利润	9,901.79	7,112.60	39.21%
项目	2017.6.30	2016.6.30	同比变化
资产总计	156,635.94	128,685.04	21.72%
负债合计	63,700.06	52,308.47	21.78%
股东权益合计	92,935.88	76,376.57	21.68%
归属于母公司股东权益	92,935.88	76,376.57	21.68%

2017年1-6月，公司的营业收入、营业利润、利润总额、净利润和归属于母公司股东的净利润同比均呈现了较好的增长态势。

财务报告审计截止日至本招股说明书签署日，公司的主要经营模式，包括销售模式、采购模式、生产模式等均未发生重大变化。公司主要产品的销售价格和主要原材料的采购价格未发生重大变化。公司主要客户和主要供应商的结构未发生重大变化。

(二)公司2017年1-9月经营情况及同比情况

公司财务报告审计截止日为2017年6月30日，公司2017年前三季度主要财务数据（未经审计）请参见本上市公告书"第五节财务会计资料"相关内容。

2017年1-9月，公司实现营业收入158,714.80万元，较2016年1-9月同比增长29.10%；实现归属于母公司股东的净利润为15,680.57万元，较2016年1-9月同比增幅为38.42%；扣除非经常性损益后的净利润为14,670.73万元，较上年同期增长34.11%，主要是受益于市场环境较好、公司电商业务的快速发展。上述财务数据未经审计。

2017年1-9月发行人经营情况将保持稳定，营业收入、净利润、扣除非经常性损益后净利润等业绩指标较2016年同期都有所增长。2017年1-9月，发行人的主要客户、主要供应商、整体经营环境均未出现重大变化。2017年1-9月，发行人经营与财务状况正常，报表项目无异常变化，盈利能力未发生重大变化，不存在重大不利影响因素。

(三)公司2017年度经营业绩情况预计

发行人所在的床上用品行业整体处于稳中有升态势，预计公司2017年度经营模式不会发生重大变化，主要客户和供应商将继续保持稳定，整体经营环境不会发生重大不利变化。公司管理层系基于合理依据，预计2017年度公司营业收入在237,577.09万元至256,577.09万元之间，较上年同期增长20.17%到29.78%。扣除非经常性损益后归属于母公司的净利润为22,562.49万元到26,232.49万元之间，较上年同期增长21.54%到41.31%。公司管理层对2017年度业绩的预计是合理和谨慎的，符合发行人的实际业务经营情况及行业趋势。上述有关公司业绩预计仅为管理层对经营业绩的合理估计，未经注册会计师审核，不构成公司的盈利预测。

九、如无特别说明，本上市公告书中的简称或名词的释义与本公司首次公开发行股票招股说明书中的释义相同

第二节　股票上市情况

一、本上市公告书系根据《公司法》《证券法》和《上海证券交易所股票上市规则》等有关法律法规规定，按照上海证券交易所《股票上市公告书内容与格式指引》编制而成，旨在向投资者说明本公司首次公开发行 A 股股票上市的基本情况。

二、本公司首次公开发行 A 股股票(简称“本次发行”)经中国证券监督管理委员会“证监许可〔2017〕1920 号”文核准。本次发行采用网下向符合条件的投资者询价配售与网上按市值申购方式向社会公众投资者定价发行相结合的方式进行。

三、本公司 A 股股票上市经上海证券交易所“自律监管决定书〔2017〕426 号”文批准。证券简称“水星家纺”，股票代码“603365”。本次发行的 66,670,000 股社会公众股将于 2017 年 11 月 20 日起上市交易。

四、股票上市概况

1. 上市地点：上海证券交易所

2. 上市时间：2017 年 11 月 20 日

3. 股票简称：水星家纺

4. 股票代码：603365

5. 本次公开发行后的总股本：266,670,000 股

6. 本次公开发行的股票数量：66,670,000 股

7. 本次上市的无流通限制及锁定安排的股票数量：网下最终发行数量为 666.70 万股，占本次发行总量的 10%；网上最终发行数量为 6,000.30 万股，占本次发行总量的 90%，本次合计上市的无流通限制及锁定安排的股票数量为 66,670,000 股。

8. 发行前股东所持股份的流通限制及期限以及发行前股东对所持股份自愿锁定的承诺：

公司实际控制人谢秋花、李来斌、李裕陆、李裕高承诺：

本人严格遵守中国证监会《上市公司股东、董监高减持股份的若干规定》，上海证券交易所《股票上市规则》《上海证券交易所上市公司股东及董事、监事、高级管理人员减持股份实施细则》的相关规定。

自发行人股票上市之日起 36 个月内，不转让或者委托他人管理本人直接或间接持有的发行人首次公开发行股票前已发行股份，也不由发行人回购该部分股份。在前述承诺锁定期满后，在担任发行人董事或高级管理人员期间，每年转让的股份不超过本人所持有发行人股份的 25%；在离职后六个月内，不转让本人所持有的发行人股份。

本人所持发行人股票在锁定期届满后两年内减持的，本人减持价格不低于本次发行并上市时发行人股票的发行价(若发行人股票有派息、送股、资本公积金转增股本等除权、除息事项的，发行价将进行除权、除息调整)；发行人上市后 6 个月内如发行人股票连续 20 个交易日的收盘价均低于发行价，或者上市后 6 个月期末(如该日不是交易日，则该日后第一个交易日)收盘价低于发行价，本人所持有的发行人股票的锁定期限将自动延长 6 个月。如本人违反上述承诺或法律强制性规定减持发行人股份的，本人承诺违规减持发行人股票所得归发行人所有，同时本人直接或间接持有的剩余发行人股份的锁定期在原股份锁定期届满后自动延长 1 年。上述承诺不因本人辞任发行人董事或高级管理人员而发生变化。该承诺为不可撤销承诺。

公司控股股东水星控股承诺：

本企业严格遵守中国证监会《上市公司股东、董监高减持股份的若干规定》，上海证券交易所《股票上市规则》《上海证券交易所上市公司股东及董事、监事、高级管理人员减持股份实施细则》的相关规定。

自发行人股票上市之日起 36 个月内，不转让或者委托他人管理水星控股持有的发行人首次公开发行股票前已发行股份，也不由发行人回购该部分股份。

水星控股所持发行人股票在锁定期届满后两年内减持的，水星控股减持价格不低于本次发行并上市时发行人股票的发行价(若发行人股票有派息、送股、资本公积金转增股本等除权、除息事项的，发行价将进行除权、除息调整)；发行人股票上市后 6 个月内如发行人股票连续 20 个交易日的收盘价均低于发行价，或者上市后 6 个月期末(如该日不是交易日，则该日后第一个交易日)收盘价低于发行价，水星控股所持有的发行人股票的锁定期限将自动延长 6 个月。如水星控股违反上述承诺或法律强制性规定减持发行人股份的，水星控股承诺违规减持发行人股票所得归发行人所有，同时水星控股持有的剩余发行人股份的锁定期在原股份锁定期届满后自动延长 1 年。该承诺为不可撤销承诺。

公司股东李丽君、李裕奖、李芳蕾、李丽娜、李裕党、李春兰、谢作威、谢作佳、梅山标承诺：

本人严格遵守中国证监会《上市公司股东、董监高减持股份的若干规定》，上海证券交易所《股票上市规则》《上海证券交易所上市公司股东及董事、监事、高级管理人员减持股份实施细则》的相关规定。

自发行人股票上市之日起 36 个月内，不转让或者委托他人管理本人直接或间接持有的发行人首次公开发行股票前已发行股票，也不由发行人回购该部分股票。

公司董事和高级管理人员李道想、沈义贵、周忠、孙子刚承诺：

本人严格遵守中国证监会《上市公司股东、董监高减持股份的若干规定》，上海证券交易所《股票上市规则》《上海证券交易所上市公司股东及董事、监事、高级管理人员减持股份实施细则》的相关规定。

自发行人股票上市之日起 12 个月内，不转让或者委托他人管理本人直接或间接持有的发行人首次公开发行股票前已发行股份，也不由发行人回购该部分股份。在前述承诺锁定期满后，在担任发行人董事或高级管理人员期间，每年转让的股份不超过本人所持有发行人股份的 25%；在离职后六个月内，不转让本人所持有的发行人股份。

本人所持发行人股票在锁定期届满后两年内减持的，本人减持价格不低于本次发行并上市时发行人股票的发行价(若发行人股票有派息、送股、资本公积金转增股本等除权、除息事项的，发行价将进行除权、除息调整)；发行人上市后 6 个月内如发行人股票连续 20 个交易日的收盘价均低于发行价，或者上市后 6 个月期末(如该日不是交易日，则该日后第一个交易日)收盘价低于发行价，本人所持有的发行人股票的锁定期限将自动延长 6 个月。如本人违反上述承诺或法律强制性规定减持发行人股份的，本人承诺违规减持发行人股票所得归发行人所有，同时本人直接或间接持有的剩余发行人股份的锁定期在原股份锁定期届满后自动延长 1 年。上述承诺不因本人辞任发行人董事或高级管理人员而发生变化。该承诺为不可撤销承诺。

公司监事孟媛媛承诺：

本人严格遵守中国证监会《上市公司股东、董监高减持股份的若干规定》，上海证券交易所《股票上市规则》《上海证券交易所上市公司股东及董事、监事、高级管理人员减持股份实施细则》的相关规定。

自发行人股票上市之日起 12 个月内，不转让或者委托他人管理本人持有的发行人首次公开发行股票前已发行股份，也不由发行人回购该部分股份。在前述承诺锁定期满后，在担任发行人监事期间，每年转让的股份不超过本人所持有发行人股份的 25%；在离职后六个月内，不转让本人所持有的发行人股份。该承诺为不可撤销承诺。

公司其他股东梁祥员、李统钻、梁小意、水星投资、高克平、羌张林、谭兵、黄橙、沈守兵承诺：

本人/本企业严格遵守中国证监会《上市公司股东、董监高减持股份的若干规定》，上海证券交易所《股票上市规则》、《上海证券交易所上市公司股东及董事、监事、高级管理人员减持股份实施细则》的相关规定。

自发行人股票上市之日起 12 个月内，不转让或者委托他人管理本人直接或间接持有的发行人首次公开发行前已发行股份，也不由发行人回购该部分股份。

9. 股票登记机构：中国证券登记结算有限公司上海分公司

10. 上市保荐机构：中信建投证券股份有限公司

第三节　发行人、股东和实际控制人情况

一、公司基本情况

1. 中文名称：上海水星家用纺织品股份有限公司

英文名称：Shanghai Shuixing Home Textile Co.,Ltd.

中文简称：水星家纺

2. 法定代表人：李裕陆

3. 成立日期：2000 年 12 月 7 日

2010 年 6 月 25 日(股份有限公司)

4. 注册资本：(本次发行前)20,000.00 万元

5. 住所：上海市奉贤区沪杭公路 1487 号

6. 经营范围：家用纺织品、床上用品、家居用品的研究开发、生产、销售，纺织品原材料的研究开发、销售，从事货物进出口及技术进出口业务，销售服装、鞋帽、箱包、计算机软件及辅助设备、家用电器、智能电子产品、电子元器件、医疗仪器设备及器械、灯具、厨具、卫生洁具、卫浴用品、日用化学产品、家具、玩具、陶瓷制品、水暖器材、电子产品、室内装饰品、室内外装饰材料、工艺品、建筑材料、展示器材、日用百货。(依法须经批准的项目，经相关部门批准后方可开展经营活动)

7. 主营业务：公司主营业务为床用纺织品的研发、设计、生产和销售

8. 所属行业：纺织业

9. 联系电话：021-57435982

10. 传真号码：021-57435966

11. 互联网网址：www.shuixing.com

12. 电子信箱：sxjf@shuixing.com

13. 董事会秘书：周忠

14. 董事、监事、高级管理人员

(1)董事

公司本届董事会由 9 名董事组成，其中独立董事 3 名，所有董事均经选举产生，具体情况如下：

序号	姓　名	性别	董事会任职	任期
1	李裕陆	男	董事长	2017.6.1-2019.6.19
2	李来斌	男	副董事长	2017.6.16-2019.6.19
3	李裕高	男	董事	2016.6.20-2019.6.19
4	李道想	男	董事	2016.6.20-2019.6.19
5	黄均祥	男	董事	2016.6.20-2019.6.19
6	沈义贵	男	董事	2016.6.20-2019.6.19
7	孙　霈	男	独立董事	2016.6.20-2019.6.19
8	潘　敏	女	独立董事	2017.3.26-2019.6.19
9	张佩华	女	独立董事	2016.6.20-2019.6.19

(2)监事

公司本届监事会由 3 名监事组成，所有监事均经选举产生，具体情况如下：

序号	姓　名	性别	监事会任职	任期
1	孟媛媛	女	监事会主席	2016.6.20—2019.6.19
2	金亦庭	男	监事	2016.5.27—2019.6.19
3	陈美珍	女	监事	2016.6.20—2019.6.19

(3)高级管理人员

本公司共有高级管理人员 6 名。

本公司高级管理人员名单如下表所示：

序号	姓　名	性别	职务	任期
1	李裕陆	男	总裁	2017.6.1—2019.6.19
2	李来斌		常务副总裁	2017.6.1—2019.6.19
3	李裕高		副总裁	2016.6.20—2019.6.19
4	沈义贵		副总裁	2016.6.20—2019.6.19
5	周　忠		副总裁、董事会秘书	2016.6.20—2019.6.19
6	孙子刚		财务总监	2016.6.20—2019.6.19

15. 本次发行后，公司董事、监事、高级管理人员持有发行人股票的情况如下：

姓　名	公司职务	直接持股数量(万股)	直接持股比例	间接持股数量(万股)	间接持股比例
李裕陆	董事长、总裁	701.36	2.63%	1,365.83	5.12%
李来斌	副董事长、常务副总裁	1,686.75	6.33%	1,933.40	7.25%
李裕高	董事、副总裁	608.96	2.28%	1,159.28	4.35%
李道想	董事	512.84	1.92%	1,430.51	5.36%
黄均祥	董事	–	–	280.00	1.05%
沈义贵	董事、副总裁	34.00	0.13%	–	–
周　忠	副总裁、董事会秘书	38.00	0.14%	–	–
孙子刚	财务总监	20.00	0.07%	–	–
孟媛媛	监事会主席	10.00	0.04%	–	–
金亦庭	监事	–	–	10.00	0.04%
合　计	–	3611.91	13.54%	6,179.02	23.17%

公司董事、监事、高级管理人员近亲属直接、间接持有发行人股票的情况如下：

姓　名	亲属关系	直接持股数量(万股)	直接持股比例	间接持股数量(万股)	间接持股比例
谢秋花	李来斌之母亲，李裕陆之嫂	1,016.75	3.81%	1,933.40	7.25%
李丽君	谢秋花之女	610.00	2.29%	–	–
李裕奖	李裕陆之兄	516.56	1.94%	954.03	3.58%
李统钻	李道想之子	462.00	1.73%	–	–
李芳蕾	谢秋花之女	460.00	1.72%	–	–
李丽娜	谢秋花之女	460.00	1.72%	–	–
梅山标	李春兰之配偶	300.00	1.12%	–	–
李裕党	李裕陆之兄	254.97	0.96%	285.67	1.07%
李春兰	李裕陆之姐	206.62	0.77%	381.61	1.43%
谢作威	谢秋花之弟	103.31	0.39%	190.81	0.72%
谢作佳	谢秋花之弟	103.31	0.39%	190.81	0.72%

除上述情形外，公司董事、监事、高级管理人员及其近亲属不存在直接或间接持有本公司股份的情况。

二、控股股东及实际控制人的基本情况

公司控股股东为水星控股，持有本公司 10,780.00 万股股份，持股比例为 40.42%的股份，水星控股的基本情况如下：

公司名称：水星控股集团有限公司

法定代表人：李来斌

住所：上海市奉贤区扶港路 1059 号 3 号楼 101–102 室

注册资本：11,300.00 万元

经营范围：实业投资，投资管理，商务信息咨询，房地产开发，建筑装潢，货物运输代理，从事货物进出口及技术进出口业务。(依法须经批准的项目，经相关部门批准后方可开展经营活动)公司实际控制人为谢秋花、李来斌、李裕陆、李裕高，其中谢秋花与李来斌系母子关系、李裕陆与李裕高系兄弟关系、二人与谢秋花系叔嫂关系。李裕陆现任公司董事长、总裁；李裕高现任公司董事、副总裁；李来斌现任公司副董事长、常务副总裁。谢秋花直接持有公司 3.81%的股份、李来斌直接持有公司 6.33%的股份、李裕陆直接持有公司 2.63%的股份、李裕高直接持有公司 2.28%的股份；同时，谢秋花、李来斌、李裕陆、李裕高分别通过持有公司控股股东水星控股 17.94%、17.94%、12.67%、10.76%的股权间接持有本公司股份。

谢秋花、李来斌、李裕陆、李裕高直接和间接控制公司 55.48%的股份比例，是公司的实际控制人。本公司实际控制人的基本情况如下：

谢秋花：1962 年出生，中国国籍，无境外永久居留权，身份证号码为 33032719620815****，住址为上海市徐汇区南丹东路 ** 弄。

李来斌：1986 年出生，中国国籍，无境外永久居留权，研究生学历，身份证号码为 33032719860511****，住址为上海市徐汇区南丹东路 ** 弄。历任上海水星电子商务有限公司副总经理、总经理，上海水星商务信息咨询有限公司执行董事兼总经理。现任水星控股董事长、公司副董事长兼常务副总裁、水星电商总经理、百丽丝执行董事、上海水星执行董事、河北水星执行董事、海安水星执行董事、海门水星执行董事、水星工具董事、水星贸易监事。

李裕陆：1974 年出生，中国国籍，无境外永久居留权，本科学历，身份证号码为 33032719740708****，住址为上海市奉贤区南桥环城东路 ** 弄。历任水星被服营销部经理，水星有限运营总监，水星有限董事兼总经理，重庆水星总经理，浙江水星家纺有限公司总经理。现任公司董事长兼总裁，水星控股董事，水星电商执行董事，北京水星执行董事兼总经理，浙江星贵执行董事兼总经理，百丽丝总经理，河北水星总经理，海安水星总经理，海门水星总经理，上海水星总经理，无锡水星执行董事兼总经理，合肥莫克瑞执行董事兼总经理。

李裕高：1968 年出生，中国国籍，无境外永久居留权，中级工程师，曾在上海交通大学 EMBA 研究生班就读。身份证号码为 33032719680815****，住址为浙江省苍南县龙港镇环河路 ** 号。历任温州水星被服有限公司副总经理，水星被服副总经理，水星有限副总经理，水星有限董事兼副总经理。现任公司董事兼副总裁，水星控股董事，水星工具董事、江苏叠商置业有限公司副董事长。

三、股本结构及前十名股东情况

1. 本次发行前后的股本结构变动情况

本次发行前，本公司总股本为 20,000.00 万股，本次发行股数为 6,667.00 万股。

本次发行前后本公司的股本结构如下：

序号	股东名称	本次发行前 股份数额(万股)	本次发行前 持股比例	本次发行后 股份数额(万股)	本次发行后 持股比例	限售条件
1	水星控股	10,780.00	53.90%	10,780.00	40.42%	自上市之日起锁定 36 个月
2	李来斌	1,686.75	8.43%	1,686.75	6.33%	自上市之日起锁定 36 个月
3	谢秋花	1,016.75	5.08%	1,016.75	3.81%	自上市之日起锁定 36 个月
4	李裕陆	701.36	3.51%	701.36	2.63%	自上市之日起锁定 36 个月
5	李丽君	610.00	3.05%	610.00	2.29%	自上市之日起锁定 36 个月
6	李裕高	608.96	3.04%	608.96	2.28%	自上市之日起锁定 36 个月
7	梁祥员	532.56	2.66%	532.56	2.00%	自上市之日起锁定 12 个月
8	李裕奖	516.56	2.58%	516.56	1.94%	自上市之日起锁定 36 个月
9	李道想	512.84	2.56%	512.84	1.92%	自上市之日起锁定 12 个月
10	李统钻	462.00	2.31%	462.00	1.73%	自上市之日起锁定 12 个月
11	李芳蕾	460.00	2.30%	460.00	1.72%	自上市之日起锁定 36 个月
12	李丽娜	460.00	2.30%	460.00	1.72%	自上市之日起锁定 36 个月
13	水星投资	370.00	1.85%	370.00	1.39%	自上市之日起锁定 12 个月
14	梅山标	300.00	1.50%	300.00	1.12%	自上市之日起锁定 36 个月
15	李裕党	254.97	1.27%	254.97	0.96%	自上市之日起锁定 36 个月
16	李春兰	206.62	1.03%	206.62	0.77%	自上市之日起锁定 36 个月
17	梁小意	154.00	0.77%	154.00	0.58%	自上市之日起锁定 12 个月
18	谢作威	103.31	0.52%	103.31	0.39%	自上市之日起锁定 36 个月
19	谢作佳	103.31	0.52%	103.31	0.39%	自上市之日起锁定 36 个月
20	周　忠	38.00	0.19%	38.00	0.14%	自上市之日起锁定 12 个月
21	沈义贵	34.00	0.17%	34.00	0.13%	自上市之日起锁定 12 个月
22	孙子刚	20.00	0.10%	20.00	0.07%	自上市之日起锁定 12 个月
23	高克平	14.00	0.07%	14.00	0.05%	自上市之日起锁定 12 个月
24	羌张林	14.00	0.07%	14.00	0.05%	自上市之日起锁定 12 个月
25	谭　兵	10.00	0.05%	10.00	0.04%	自上市之日起锁定 12 个月
26	孟媛媛	10.00	0.05%	10.00	0.04%	自上市之日起锁定 12 个月
27	黄　橙	10.00	0.05%	10.00	0.04%	自上市之日起锁定 12 个月
28	沈守兵	10.00	0.05%	10.00	0.04%	自上市之日起锁定 12 个月
29	社会公众	–	–	6,667.00	25.00%	无限售条件
	合计	20,000.00	100.00%	26,667.00	100.00%	–

2. 本次发行后、上市前前十大股东持股情况

本次发行后、上市前的股东户数为 57,308 名，其中前 10 大股东情况如下：

序号	股东账户名称	持股数量(股)	持股比例(%)
1	水星控股集团有限公司	107,800,000	40.42
2	李来斌	16,867,520	6.33
3	谢秋花	10,167,520	3.81
4	李裕陆	7,013,600	2.63
5	李丽君	6,100,000	2.29
6	李裕高	6,089,600	2.28
7	梁祥员	5,325,600	2.00
8	李裕奖	5,165,600	1.94
9	李道想	5,128,400	1.92
10	李统钻	4,620,000	1.73

合计	174,277,840	65.35

第四节　股票发行情况

一、发行数量：6,667 万股

二、发行价格：16.00 元/股

三、每股面值：人民币 1.00 元

四、发行方式：本次发行采用网下向符合条件的投资者询价配售与网上向持有上海市场非限售A股股份市值的社会公众投资者定价发行相结合的方式进行。网下最终发行数量为 666.70 万股，占本次发行总量的 10%；网上最终发行数量为 6,000.30 万股，占本次发行总量 90%。本次发行网下投资者弃购 3,370 股，网上投资者弃购 102,323 股，合计 105,693 股，由主承销商包销。

五、募集资金总额及注册会计师对资金到位的验证情况

本次发行募集资金总额为 106,672.00 万元。立信会计师事务所（特殊普通合伙）于 2017 年 11 月 14 日对本次发行的资金到位情况进行了审验，并出具了信会师报字〔2017〕第 ZA16341 号《验资报告》。

六、发行费用总额及明细构成、每股发行费用

1. 本次发行费用总计 11,877.77 万元：其中，保荐承销费用 9,530.00 万元、审计及验资费用 1,187.94 万元、律师费用 622.50 万元、用于本次发行的信息披露费用 507.55 万元、发行手续费用 29.78 万元。上述发行费用均为不含增值税金额。

2. 本次公司公开发行新股的每股发行费用为 1.78 元（按本次发行费用总额除以发行股数计算）。

七、本次公司公开发行新股的募集资金净额：94,794.23 万元。

八、本次发行后市盈率：22.98 倍。

九、发行后每股净资产：7.04 元（根据 2017 年 6 月 30 日经审计的净资产加上本次发行募集资金净额除以本次发行后总股本计算）

十、发行后每股收益：0.70 元（按 2016 年度经审计的扣除非经常性损益前后孰低的净利润除以本次发行后总股本计算）

第五节　财务会计资料

立信会计师依据中国注册会计师独立审计准则，对公司 2014 年 12 月 31 日、2015 年 12 月 31 日、2016 年 12 月 31 日及 2017 年 6 月 30 日的合并及母公司资产负债表，2014 年度、2015 年度、2016 年度和 2017 年 1-6 月的合并及母公司利润表、现金流量表、所有者权益变动表进行了审计，并出具了"信会师报字〔2017〕第 ZA15810 号"标准无保留意见《审计报告》。本上市公告书不再披露上述财务报告详细情况，投资者欲了解相关情况请详细阅读招股说明书，敬请投资者注意。

本上市公告书已披露截至 2017 年 9 月 30 日的合并资产负债表和资产负债表、2017 年 1-9 月的合并利润表和利润表及合并现金流量表和现金流量表，上述数据均未经审计。本公司上市后将不再另行披露 2017 年第三季度报告，敬请投资者注意。本公司 2017 年第三季度财务报告已经第三届董事会第 11 次会议审议通过。

一、主要会计数据及财务指标

发行人 2017 年前三季度的财务数据情况如下：

单位：元、元/股

项目	2017 年 9 月 30 日 （未经审计）	2016 年 6 月 30 日 （经审计）	变化
总资产	1,592,992,648.07	1,566,359,382.97	1.70%
归属于发行人股东的所有者权益	987,146,643.84	929,358,814.80	6.22%
股本	200,000,000.00	200,000,000.00	–
归属于发行人股东的每股净资产	4.94	4.65	6.22%
项目	2017 年 1-9 月 （未经审计）	2016 年 1-9 月 （未经审计）	变化
营业收入	1,587,148,010.55	1,229,404,953.25	29.10%
营业利润	178,375,799.73	129,485,538.64	37.76%
利润总额	185,902,326.68	134,061,486.86	38.67%
归属于发行人股东的净利润	156,805,716.49	113,280,621.76	38.42%
归属于发行人股东的扣除非经常性损益后的净利润	146,707,256.60	109,391,053.16	34.11%
基本每股收益	0.78	0.57	36.84%
扣除非经常性损益后的基本每股收益	0.73	0.55	32.73%
加权平均净资产收益率	16.79%	14.73%	2.06%
扣除非经常性损益后的加权平均净资产收益率	15.71%	14.22%	1.49%
项目	2017 年 9 月 30 日 （未经审计）	2016 年 6 月 30 日 （经审计）	变化
加权平均净资产收益率	16.79%	14.73%	2.06%
扣除非经常性损益后的加权平均净资产收益率	15.71%	14.22%	1.49%

二、2017 年前三季度主要经营情况

2017 年 1-9 月，公司实现营业收入 158,714.80 万元，较 2016 年 1-9 月同比增长 29.10%；实现归属于母公司股东的净利润为 15,680.57 万元，较 2016 年 1-9 月同比增幅为 38.42%；扣除非经常性损益后的净利润为 14,670.73 万元，较上年同期增长 34.11%，主要是受益于市场环境向好、公司电商业务的快速发展。

2017 年 1-9 月发行人经营情况将保持稳定，营业收入、净利润、扣除非经常性损益后净利润等业绩指标较 2016 年同期都有所增长。2017 年 1-9 月，发行人的主要客户、主要供应商、整体经营环境均未出现重大变化。2017 年 1-9 月，发行人经营与财务状况正常，报表项目无异常变化，盈利能力未发生重大变化，不存在重大不利影响因素。

三、2017 年度经营业绩情况预计

发行人所在的床上用品行业整体处于稳中有升态势，预计公司 2017 年度经营模式不会发生重大变化，主要客户和供应商将继续保持稳定，整体经营环境不会发生重大不利变化。公司管理层系基于合理依据，预计 2017 年度公司营业收入在 237,577.09 万元至 256,577.09 万元之间，较上年同期增长 20.17%到 29.78%。扣除非经常性损益后归属于母公司的净利润在 22,562.49 万元到 26,232.49 万元之间，较上年同期增长 21.54%到 41.31%。公司管理层对 2017 年度业绩的预计是合理和谨慎的，符合发行人的实际业务经营情况及行业趋势。上述有关公司业绩预计仅为管理层对经营业绩的合理估计，未经注册会计师审核，不构成公司的盈利预测。

第六节　其他重要事项

根据《上海证券交易所上市公司募集资金管理办法》，本公司已与保荐机构中信建投证券股份有限公司及存放募集资金的商业银行中国工商银行股份有限公司上海市奉贤支行、中国光大银行股份有限公司上海奉贤支行、中国银行上海市奉贤工业综合开发区支行、兴业银行股份有限公司上海奉贤支行和中信银行股份有限公司上海奉贤支行分别签订了《募集资金专户存储三方监管协议》，《募集资金专户存储三方监管协议》对发行人、保荐机构及存放募集资金的商业银行的相关责任和义务进行了详细约定。具体情况如下：

序号	监管银行	募集资金专户账号
1	中国工商银行股份有限公司上海市奉贤支行	1001780429300623968
2	中国光大银行股份有限公司上海奉贤支行	36850188000106673
3	中国银行上海市奉贤工业综合开发区支行	450774393977
4	兴业银行股份有限公司上海奉贤支行	216410100100092379
5	中信银行股份有限公司上海奉贤支行	8110201013500802603

本公司在招股意向书刊登日至上市公告书刊登前，没有发生可能对本公司有较大影响的重要事项，具体如下：

1. 本公司主营业务发展目标进展情况正常。

2. 本公司所处行业和市场未发生重大变化。

3. 除正常经营活动签订的销售、采购、借款等商务合同外，本公司未订立其他对公司资产、负债、权益和经营成果产生重大影响的重要合同。

4. 本公司与关联方未发生重大关联交易。

5. 本公司未进行重大投资。

6. 本公司未发生重大资产（或股权）购买、出售及置换。

7. 本公司住所没有变更。

8. 本公司董事、监事、高级管理人员及核心技术人员没有变化。

9. 本公司未发生重大诉讼、仲裁事项。

10. 本公司未发生除正常经营业务之外的重大对外担保等或有事项。

11. 本公司的财务状况和经营成果未发生重大变化。

12. 本公司未召开董事会、监事会或股东大会。

13. 本公司未发生其他应披露的重大事项。

第七节　上市保荐机构及其意见

一、上市保荐机构基本情况

保荐机构（主承销商）：中信建投证券股份有限公司

法定代表人：王常青

住所：北京市朝阳区安立路 66 号 4 号楼

电话：021-68824642

传真：021-68801552

保荐代表人：赵小敏、翟程

项目协办人：盖甦

项目经办人：潘锋、谢吴涛、俞康泽、杨逸墨、董?、张鹏飞、沈梅

二、上市保荐机构的推荐意见

上市保荐机构认为，发行人申请股票上市符合《中华人民共和国公司法》《中华人民共和国证券法》及《上海证券交易所股票上市规则》等有关法律、法规的规定，发行人股票已具备公开上市的条件。中信建投证券股份有限公司同意推荐上海水星家用纺织品股份有限公司的股票在上海证券交易所上市。

发行人：上海水星家用纺织品股份有限公司

2017 年 11 月 17 日

福建顶点软件股份有限公司

福建顶点软件股份有限公司首次公开发行股票上市公告书

特别提示

本公司股票将于2017年5月22日在上海证券交易所上市。本公司提醒投资者应充分了解股票市场风险及本公司披露的风险因素，在新股上市初期切忌盲目跟风"炒新"，应当审慎决策、理性投资。

第一节 重要声明与提示

福建顶点软件股份有限公司(以下简称"顶点软件""发行人""本公司"或"公司")及全体董事、监事、高级管理人员保证上市公告书的真实性、准确性、完整性，承诺上市公告书不存在虚假记载、误导性陈述或重大遗漏，并承担个别和连带的法律责任。

证券交易所、其他政府机关对本公司股票上市及有关事项的意见，均不表明对本公司的任何保证。

本公司提醒广大投资者注意，凡本上市公告书未涉及的有关内容，请投资者查阅刊载于上海证券交易所网站(http://www.sse.com.cn)的本公司招股说明书全文。

如无特别说明，本上市公告书中的简称或名词的释义与本公司首次公开发行股票招股说明书中的相同。

同时，本公司另有如下重大事项提请投资者注意：

一、股份限制流通及自愿锁定的承诺、股东持股及减持意向

(一)股东关于股份锁定的承诺

1. 公司控股股东及实际控制人严孟宇先生承诺：自公司股票在上海证券交易所上市交易之日起三十六个月内，不转让或委托他人管理其在顶点软件本次发行前持有的顶点软件的股份，也不由顶点软件回购该股份。

2. 公司法人股东金石投资承诺：自顶点软件股票在上海证券交易所上市交易之日起三十六个月内，不转让或者委托他人管理本公司直接持有的顶点软件公开发行股票前已发行的股份，也不由顶点软件回购本公司直接持有的顶点软件公开发行股票前已发行的股份。

3. 公司法人股东爱派克承诺：自公司股票在上海证券交易所上市交易之日起三十六个月内，不转让或委托他人管理其在顶点软件本次发行前所持有的顶点软件的股份，也不由顶点软件回购该股份。

4. 公司自然人股东赵伟、雷世潘、戴小戈、欧永、林秀红、郑元通、赵莹、余养成、董南勇、张玉、刘法先、徐传秋、邓志强、王敏航、张雄金、鄢继华、谢淑仁、陈瑞德、陈建国承诺：自公司股票在上海证券交易所上市交易之日起十二个月内，不转让或委托他人管理其在顶点软件本次发行前持有的顶点软件的股份，也不由顶点软件回购该股份。

5. 直接持有公司股份的董事、监事、高级管理人员严孟宇、赵伟、雷世潘、欧永、郑元通承诺：除前述锁定期外，在其任职期间每年转让的股份不超过其持有的公司股份总数的百分之二十五；在离职后半年内，不转让其持有的公司股份。

6. 通过爱派克间接持有公司股份的董事、监事、高级管理人员黄义青、赵伟、欧永、雷世潘承诺：自公司股票上市之日起三十六个月内，不转让或者委托他人管理其所持有的爱派克股权；在前述限售期满后，其通过爱派克间接持有的公司股份在任职期间每年转让的比例不超过所持股份总数的百分之二十五；在离职后半年内，不转让通过爱派克间接持有的公司股份。

7. 公司实际控制人严孟宇先生之岳父、爱派克之股东林永正先生承诺：自公司股票在上海证券交易所上市交易之日起三十六个月内，不转让或者委托他人管理其通过爱派克间接持有的公司股份，并且不转让或委托他人管理其所持有的爱派克股权。

8. 本公司控股股东严孟宇先生、法人股东爱派克及持有发行人股份的公司董事、高级管理人员同时承诺：所持股票在锁定期满后两年内减持的，其减持价格不低于发行价；公司上市之日起6个月内如公司股票连续20个交易日的收盘价均低于发行价，或者上市后6个月期末收盘价低于发行价，其持有公司股票的锁定期限在原有锁定期限基础上自动延长6个月。自公司股票上市至其减持期间，公司如有派息、送股、资本公积金转增股本、配股、增发等除权除息事项，上述减持价格及收盘价等将相应进行调整。上述承诺不因其职务变更、离职等原因而失效。

(二)股东持股及减持意向

公司发行前持股5%以上股东严孟宇、爱派克、赵伟、雷世潘承诺：在锁定期满后的12个月内，其减持数量不超过上市时所持顶点软件股份数量的10%；在锁定期满后的24个月内，其减持数量不超过上市时持有顶点软件股份数量的20%；在锁定期满后2年内减持的，其减持价格(如果因顶点软件派发现金红利、送股、转增股本、增发新股等原因进行除权、除息的，按照证券监管部门、上海证券交易所相关规则做相应调整)不低于发行价格。

本公司发行前持股5%以上股东金石投资承诺：如果在锁定期(本次发行股票上市之日起三十六个月内，下同)满后，本公司拟减持股票的，将认真遵守证监会、交易所关于股东减持的相关规定，结合公司稳定股价、开展经营等多方面需要，审慎制定股票减持计划，在股票锁定期满后逐步减持；本公司在锁定期届满之日起减持公司股份的，应符合相关法律、法规、规章的规定，通过大宗交易方式、证券交易所集中竞价交易方式、协议转让或者其他合法方式按照届时市场价格或者大宗交易双方确定的价格减持本公司所持有的公司股票；本公司减持公司股份前，将提前三个交易日予以公告，并按照证券交易所的规则及时、准确地履行信息披露义务，公告拟减持的数量、减持方式、期限等；本公司持有公司股份低于5%以下时除外。

二、发行人、控股股东及董事、高级管理人员关于稳定股价的承诺

公司2015年8月10日召开的第六届董事会第七次会议和2015年8月25日召开的2015年第五次临时股东大会，审议并通过了《关于公司首次公开发行股票并上市后三年内股价稳定预案的议案》，主要内容如下：

(一)启动股价稳定措施的条件

自公司股票正式挂牌上市之日起三年内，若公司股票连续20个交易日(本公司股票全天停牌的交易日除外，下同)的收盘价均低于本公司最近一期经审计的每股净资产时，为维护广大股东利益，增强投资者信心，维护公司股价稳定，本公司将启动股价稳定措施。

(二)股价稳定的具体措施及实施程序

在启动股价稳定措施的前提条件满足时，公司应在5个工作日内，根据当时有效的法律法规和本股价稳定预案，提出稳定公司股价的具体方案，履行相应的审批程序和信息披露义务。股价稳定措施实施后，公司的股权分布应当符合上市条件。

当公司需要采取股价稳定措施时，可以视公司实际情况、股票市场情况，按以下顺序实施股价稳定措施：

1. 公司董事会拟采取的措施

达到启动股价稳定措施的时点起，公司应在5日内召开董事会，讨论公司向社会公众股东回购公司股份的方案，提交股东大会审议，并依法公告具体股份回购计划。

公司回购股份的资金为自有资金，回购股份的价格不高于最近一期经审计的每股净资产，回购股份的方式为以集中竞价交易方式向社会公众股东回购股份。本公司每年度用于回购股份的资金不超过回购股份事项发生时上年度经审计的归属于母公司股东净利润的20%。如果公司股价已经不满足启动稳定公司股价措施的条件的，公司可不再实施向社会公众股东回购股份。回购股份后，公司的股权分布应当符合上市条件。

公司回购股份应符合《公司法》《证券法》《上市公司回购社会公众股份管理办法(试行)》《关于上市公司以集中竞价交易方式回购股份的补充规定》等法律、法规、规范性文件的规定。

2. 控股股东拟采取的措施

公司启动股价稳定措施后，当公司根据股价稳定措施1完成公司回购股份后，公司股票连续20个交易日的收盘价仍低于公司最近一期经审计的每股净资产时，或无法实施股价稳定措施1时，公司控股股东应在5日内，提出增持公司股份的方案(包括拟增持公司股份的数量、价格区间、时间等)，控股股东按照市场价格增持，每年度增持的股份不超过总股本的2%。如果公司股价已经不满足启动稳定公司股价措施的条件的，控股股东可不再实施增持公司股份。

公司控股股东增持公司股份应符合相关法律、法规、规范性文件的规定。

3. 全体董事、高级管理人员拟采取的措施

公司启动股价稳定措施后，当公司根据股价稳定措施2完成股东增持公司股份后，公司股票连续20个交易日的收盘价仍低于公司最近一期经审计的每股净资产时，或无法实施股价稳定措施2时，公司时任董事(不含独立董事及不在公司领薪的董事，下同)、高级管理人员(包括本预案承诺签署时尚未担任公司董事、高级管理人员职务的人士)应在30个交易日内通过二级市场以竞价交易方式买入公司股票以稳定公司股价，每年度用于增持股份的货币资金不超过该董事、高级管理人员上年度于公司取得的薪酬总和的30%。如果公司股价已经不满足启动稳定公司股价措施的条件的，董事、高级管理人员可不再买入公司股份。

公司董事、高级管理人员买入公司股份应符合相关法律、法规、规范性文件的规定。

(三)应启动而未启动股价稳定措施的约束措施

在启动股价稳定措施的前提条件满足时，如公司、控股股东、董事、高级管理人员未采取上述稳定股价的具体措施，公司、控股股东、董事、高级管理人员承诺接受以下约束措施：

公司、控股股东、董事、高级管理人员将在公司股东大会及中国证监会指定报刊上公告未采取上述稳定股价措施的具体原因并向公司股东和社会公众投资者道歉。

如果公司未采取上述稳定股价具体措施的或已公告回购计划但未实际履行，则公司以其承诺的最大回购金额为限对股东承担赔偿责任。

如果控股股东未采取上述稳定股价具体措施的或已公告增持具体计划但未实际履行，则公司应将与控股股东履行其增持义务相等金额的应付控股股东现金分红予以冻结，直至控股股东履行其增持义务。

公司董事、高级管理人员应主动履行其增持义务，如果董事、高级管理人员未采取上述稳定股价具体措施的，则公司应扣留与其履行增持义务相等金额的工资薪酬归公司所有。

上述承诺为本公司、控股股东、董事、高级管理人员真实意思表示，相关责任主体自愿接受监管机构、自律组织及社会公众的监督，若违反上述承诺相关责任主体将依法承担相应责任。

三、有关招股说明书所载内容真实、准确、完整的承诺

本公司承诺：如公司本次公开发行股票的招股说明书有虚假记载、误导性陈述或者重大遗漏，对判断公司是否符合法律规定的发行条件构成重大、实质影响的，公司将依法回购首次公开发行的全部新股。公司将在上述违法事实被中国证监会认定后的当日进行公告，并及时提出股份回购预案，提交董事会、股东大会讨论，在经相关主管部门批准/核准/备案后启动股份回购措施，回购价格依据市场价或相关主管部门认定的价格确定，并根据相关法律、法规规定的程序实施。在实施上述股份回购时，如法律、法规、公司章程等另有规定的从其规定。

本公司控股股东严孟宇承诺：公司招股说明书若存在虚假记载、误导性陈述或者重大遗漏，对判断发行人是否符合法律规定的发行条件构成重大、实质影响的，将以二级市场价格购回已转让的原限售股份。购回价格以公司股票发行价格和有关违法事实被中国证监会认定之日前 30 个交易日公司股票交易均价的孰高者确定；公司上市后发生除权除息事项的，上述发行价格及购回股份数量做相应调整。

本公司及本公司控股股东、实际控制人、董事、监事、高级管理人员承诺：发行人招股说明书有虚假记载、误导性陈述或者重大遗漏，致使投资者在证券交易中遭受损失的，将依法赔偿投资者损失。公司将在上述违法事实被中国证监会、证券交易所或司法机关认定后，本着简化程序、积极协商、先行赔付、切实保障投资者特别是中小投资者利益的原则，按照投资者直接遭受的可测算的经济损失选择与投资者和解、通过第三方与投资者调解及设立投资者赔偿基金等方式积极赔偿投资者由此遭受的直接经济损失。

本公司本次 IPO 聘请的保荐机构东方花旗证券有限公司承诺：因东方花旗为发行人首次公开发行制作、出具的文件有虚假记载、误导性陈述或者重大遗漏，给投资者造成损失的，本公司将依法赔偿投资者损失。

本公司本次 IPO 聘请的会计师事务所致同会计师事务所(特殊普通合伙)承诺：根据《证券法》等法律、法规和中国证监会的有关规定，按照中国注册会计师执业准则和中国注册会计师职业道德守则的要求，致同会计师事务所(特殊普通合伙)(以下简称“致同”)为福建顶点软件股份有限公司(以下简称“发行人”)申请首次公开发行股票并上市依法出具相关文件，致同保证所出具文件的真实性、准确性和完整性。因致同为发行人首次公开发行制作、出具的文件有虚假记载、误导性陈述或者重大遗漏，给投资者造成损失的，在该等违法事实被认定后，将依法赔偿投资者损失。

本公司本次 IPO 聘请的律师事务所国浩律师(上海)事务所承诺：国浩律师(上海)事务所作为福建顶点软件股份有限公司首次公开发行并上市聘请的律师事务所，在本次发行工作期间如因未勤勉尽责，导致制作、出具的文件对重大事件作出违背事实真相的虚假记载、误导性陈述，或在披露信息时发生重大遗漏，导致发行人不符合法律规定的发行条件，造成投资者直接经济损失的，在该等违法事实被中国证监会、证券交易所或司法机关认定后，国浩律师(上海)事务所将本着积极协商、切实保障投资者特别是中小投资者利益的原则，与发行人及其他过错方一起对投资者直接遭受的、可测算的经济损失，选择与投资者和解、通过第三方与投资者调解及设立投资者赔偿基金等方式进行赔偿。

四、关于未能履行承诺时的约束措施

若本公司及本公司控股股东等承诺责任主体未能履行上述承诺及其他涉及本次首次公开发行有关承诺，则其应按有关法律、法规的规定及监管部门的要求承担相应的责任。为保证承诺主体严格履行其承诺事项，相关约束措施如下：

(一)本公司的保障措施

如若未能履行招股说明书中列明的承诺，本公司应立即采取措施消除违反承诺事项，并严格执行本公司董事会决定采取的其他措施；因未能履行承诺致使投资者遭受损失的，本公司将依法赔偿投资者损失。

(二)本公司股东的保障措施

如若未能履行招股说明书中列明的承诺，相关股东应立即采取措施消除违反承诺事项，并严格执行发行人董事会决定采取的其他措施；在消除相关违反承诺事项前，其持有的发行人尚未转让股份不申请解锁和转让；发行人足额截留其应分得的现金分红履行相关承诺；因未能履行承诺而获取的收益，将全部无条件上缴给发行人；因未能履行承诺致使投资者造成损失的，相关股东应依法赔偿投资者损失。

(三)林永正先生的保障措施

如若未能履行招股说明书中列明的承诺，林永正先生应立即采取措施消除违反承诺事项，并严格执行发行人董事会决定采取的其他措施；在消除相关违反承诺事项前，其通过福州爱派克电子有限公司间接持有的尚未转让的发行人股份不申请解锁和转让；因未能履行承诺而获取的收益，将全部无条件上缴给发行人；因未能履行承诺致使投资者造成损失的，将依法赔偿投资者损失。

(四)本公司董事、监事、高级管理人员的保障措施

如若未能履行招股说明书中列明的承诺，相关人员则应立即采取措施消除违反承诺事项，并严格执行发行人董事会决定采取的其他措施；因未能履行承诺而获取的收益，将全部无条件上缴给发行人；因未能履行承诺致使投资者遭受损失的，将依法赔偿投资者损失。相关人员不因辞职或其他原因不担任董事、监事、高级管理人员而放弃上述有关保障措施。

五、有关利润分配的安排

(一)发行人上市后的股利分配政策

根据发行人《公司章程(草案)》，有关股利分配政策的主要内容如下：

1. 公司实施积极的利润分配政策，重视对投资者的合理投资回报，并保持连续性和稳定性。公司采取现金或者股票等方式分配利润，利润分配不得超过累计可分配利润的范围，不得损害公司持续经营能力。

2. 公司采取现金、股票或二者相结合的方式分配股利，并优先以现金方式分配利润。

3. 公司主要采取现金分红的利润分配政策，即公司当年度实现盈利，在依法弥补亏损、提取法定公积金后有可分配利润的，则公司应当进行现金分红。

公司利润分配不得超过累计可分配利润的范围。

公司如无重大投资计划或重大现金支出发生，单一年度以现金方式分配的利润不少于当年度实现的可分配利润的 10%。

除此之外，公司还制定了《上市后三年股东分红回报规划》，对上市后三年内的股利分配进行了具体规划。上市后三年，公司将主要采取现金分红的股利分配政策，单一年度以现金方式分配的利润不少于当年度实现的可分配利润的 10%。在确保足额现金股利分配的前提下，公司可以另行增加股票股利分配。(二)滚存利润分配方案

经公司 2015 年 8 月 25 日召开的 2015 年第五次临时股东大会表决通过，公司发行前滚存利润的分配方案为：在本次发行完成后，由公司本次发行股票后登记在册的所有股东共享公司在本次发行当年实现的利润以及以前年度利润分配完成后滚存的未分配利润。

六、2017 年 1—6 月的业绩预测情况

公司根据报告期内及审计截止日后的实际经营情况、在手订单等相关信息，对 2017 年 1—6 月的业绩进行预测。业绩预测基于软件及证券行业发展情况不存在重大变化、行业及财税政策不存在重大变化且公司生产经营情况相对稳定的假设开展，预计 2017 年 1—6 月的财务数据情况如下：

公司预计 2017 年 1—6 月经营情况稳定，营业收入预计为 8,686.02 万元至 10,265.29 万元，较去年同期增长 10%至 30%；净利润预计为 2,168.21 万元至 2,759.54 万元，较去年同期增长 10%至 40%。公司预计 2017 年 1—6 月经营业绩不存在同比大幅下降的情形，净利润以及扣除非经常性损益后孰低的净利润不会发生重大变动。

第二节　股票上市情况

一、公司股票发行上市审批情况

(一)编制上市公告书的法律依据

本上市公告书是根据《中华人民共和国公司法》《中华人民共和国证券法》《首次公开发行股票并上市管理办法》和《上海证券交易所股票上市规则》等国家有关法律、法规的规定，并按照《上海证券交易所股票上市公告书内容与格式指引》(2013 年修订)而编制，旨在向投资者提供有关顶点软件首次公开发行股票并上市的基本情况。

(二)股票发行的核准部门和文号

经中国证券监督管理委员会(以下简称“中国证监会”)“证监许可〔2017〕615 号”文核准。

(三)交易所同意股票上市文件的号

经上海证券交易所自律监管决定书 143 号文批准，本公司发行的人民币普通股股票在上海证券交易所上市，股票简称“顶点软件”，股票代码“603383”；本次公开发行的 2,105.00 万股股票将于 2017 年 5 月 22 日起上市交易。

二、公司股票上市概况

(一)上市地点：上海证券交易所

(二)上市时间：2017 年 5 月 22 日

(三)股票简称：顶点软件

(四)股票代码：603383

(五)首次公开发行后总股本：8,419.00 万股

(六)公开发行股数：2,105 万股，均为新股，无股东公开发售股份

(七)本次上市的无流通限制及锁定安排的股票数量：2,105 万股

(八)发行前股东所持股份的流通限制及期限、发行前股东对所持股份自愿锁定的承诺、本次上市股份的其他锁定安排请参见“第一节重要声明与提示”

(九)股票登记机构：中国证券登记结算有限责任公司上海分公司

(十)上市保荐人：东方花旗证券有限公司

第三节　发行人、股东和实际控制人情况

一、公司基本情况

中文名称：福建顶点软件股份有限公司

英文名称：Fujian Apex Software Co.,LTD

注册资本：6,314.00 万元(本次发行前)

8,419.00 万元(本次发行后)

法定代表人：严孟宇

住所：福州市台江区新港街道五一中路 169 号利嘉城二期 16 号楼 24 层 07 室

经营范围：电子计算机软件开发、销售；电子计算机批发、零售；计算机网络工程的设计及安装服务；电子计算机技术服务、技术咨询。(上述经营范围中国家有专项规定的项目经审批后或凭有效许可证方可经营)

主营业务：利用自主研发的"灵动业务架构平台(LiveBOS)"，为包括证券、期货、银行、电子交易市场等在内的金融行业及其他行业提供以业务流程管理(BPM)为核心、以"互联网+"应用为重点方向的信息化解决方案。

所属行业：软件和信息技术服务业(代码 I65)

电话：0591-88267679

传真：0591-87861155

公司网址：www.apexsoft.com.cn

电子邮箱：apex@apexsoft.com.cn

董事会秘书：赵伟

发行人董事、监事、高级管理人员的姓名和持有发行人的股票(占发行前总股本比例)情况：

序号	股东	直接持股	间接持股	合计	职务	本届董事、监事等任职起止时间
1	严孟宇	28.57%	–	28.57%	董事长、总经理	2014 年 8 月 4 日至 2017 年 8 月 3 日
2	赵　伟	9.79%	0.40%	10.19%	副董事长、副总经理、财务总监、董秘	2014 年 8 月 4 日至 2017 年 8 月 3 日
3	雷世潘	4.40%	0.77%	5.17%	董事、副总经理	2014 年 8 月 4 日至 2017 年 8 月 3 日
4	黄义青	–	2.26%	2.26%	董事、市场总监	2014 年 8 月 4 日至 2017 年 8 月 3 日
5	欧　永	0.82%	0.89%	1.71%	监事会主席、BPM 发展事业部总经理	2014 年 8 月 4 日至 2017 年 8 月 3 日
6	郑元通	0.74%	–	0.74%	监事、核心技术人员、金融证券事业部技术总监	2014 年 8 月 4 日至 2017 年 8 月 3 日
	合　计	44.32%	4.32%	48.64%	–	–

二、公司控股股东及实际控制人的情况

顶点软件的控股股东和实际控制人为严孟宇，对发行人实施实际控制。严孟宇持有公司 28.57% 的股份，担任发行人董事长、总经理。

严孟宇先生，中国国籍，无境外永久居留权，1969 年生，毕业于北京理工大学机械设计与制造专业，工学学士。曾任福建拖拉机(集团)公司软件开发员，福州海天计算机网络技术公司软件事业部经理。1996 年 7 月参与创立顶点有限，现任公司董事长兼总经理，全面负责公司的运营管理工作；此外，严孟宇先生还兼任福州市政协委员，福州大学软件学院客座教授、福建师范大学董事会董事。严孟宇先生曾获 2003 年福建省首届软件杰出人才奖、2009 年度十大金融科技企业杰出人物、2009 年福建省软件骨干人才带领产业化科技项目领头人、2010 年福建省软件杰出人才、2010 年福州市科技进步二等奖。严孟宇先生担任发行人董事的任期为 2014 年 8 月 4 日至 2017 年 8 月 3 日。

三、股本结构及前十名股东情况

(一)本次发行前后的股本结构情况序发行前发行后

序号	股东名称	发行前		发行后		锁定期限制
		持股数量(股)	持股比例(%)	持股数量(股)	持股比例(%)	
一、有限售条件 A 股流通股						
1	严孟宇	18,040,000	28.57	18,040,000	21.43	36 个月
2	金石投资	13,140,000	20.81	13,140,000	15.61	36 个月
3	爱派克	12,240,000	19.39	12,240,000	14.54	36 个月
4	赵　伟	6,180,000	9.79	6,180,000	7.34	12 个月
5	雷世潘	2,780,000	4.40	2,780,000	3.30	12 个月
6	赵　莹	1,800,000	2.85	1,800,000	2.14	12 个月
7	余养成	1,740,000	2.76	1,740,000	2.07	12 个月
8	董南勇	1,156,000	1.83	1,156,000	1.37	12 个月
9	戴小戈	872,000	1.38	872,000	1.04	12 个月
10	欧　永	520,000	0.82	520,000	0.62	12 个月
11	张　玉	510,000	0.81	510,000	0.61	12 个月
12	刘法先	510,000	0.81	510,000	0.61	12 个月
13	林秀红	412,000	0.65	412,000	0.49	12 个月
14	徐传秋	412,000	0.65	412,000	0.49	12 个月
15	邓志强	412,000	0.65	412,000	0.49	12 个月
16	王敏航	412,000	0.65	412,000	0.49	12 个月
17	郑元通	470,000	0.74	470,000	0.56	12 个月
18	张雄金	398,000	0.63	398,000	0.47	12 个月
19	鄢继华	398,000	0.63	398,000	0.47	12 个月
20	谢淑仁	330,000	0.52	330,000	0.39	12 个月
21	陈瑞德	204,000	0.32	204,000	0.24	12 个月
22	陈建国	204,000	0.32	204,000	0.24	12 个月
合计		63,140,000	100.00	63,140,000	75.00	–
二、无限售条件 A 股流通股						
本次发行股份		–	–	21,050,000	25.00	–
合计		–	–	21,050,000	25.00	–
三、外资股						
合计		–	–	–	–	–
总合计		–	–	84,190,000	100.00	–

(二)本次发行后、上市前前十名股东情况

本次发行后、上市前公司的股东户数为 23,058 户，持股数量前 10 名股东的名称、持股数量及持股比例如下表所示：

序号	股东名称	持股数(万股)	持股比例
1	严孟宇	1,804.00	21.43%
2	金石投资	1,314.00	15.61%
3	爱派克	1,224.00	14.54%
4	赵　伟	618.00	7.34%
5	雷世潘	278.00	3.30%
6	赵　莹	180.00	2.14%
7	余养成	174.00	2.07%
8	董南勇	115.60	1.37%
9	戴小戈	87.20	1.04%
10	欧　永	52.00	0.62%
	合　计	5,846.80	69.45%

第四节　股票发行情况

一、发行数量：2,105 万股(全部为公司公开发行新股，无股东公开发售股份)

二、发行价格：19.05 元/股

三、每股面值：人民币 1.00 元

四、发行方式：本次发行采用网下向询价对象配售和网上按市值申购定价发行相结合的方式。其中网下向配售对象配售 210.50 万股，网上资金申购发行 1,894.50 万股。

五、募集资金总额及注册会计师对资金到位的验证情况

本次发行募集资金总额 40,100.25 万元，全部为公司公开发行新股募集。

致同会计师事务所(特殊普通合伙)对公司本次公开发行新股的资金到位情况进行了审验，并于 2017 年 5 月 16 日出具了"致同验[2017]第 350ZA0022 号"《验资报告》。

六、本次公司公开发行新股的发行费用总额及明细构成、每股发行费用

本次发行全部为新股发行，无股东公开发售股份。本次公开发行新股的发行费用明细如下：

项目	公司公开发行新股发行费用金额(万元)
发行费用	3,856.81
其中：承销保荐费用	2,968.70
审计费	320.75
律师费用	127.36
用于本次发行的手续费及信息披露费	440.00

本次公司公开发行新股的每股发行费用：1.83 元(按本次发行费用总额除以发行股数计算)。

七、本次公司公开发行新股的发行募集资金净额：36,243.44 万元。

八、本次发行后每股净资产：9.96 元(按公司截至 2016 年 12 月 31 日经审计的净资产与本次募集资金净额之和除以发行后总股本计算)。

九、本次发行后每股收益：0.83 元(按照公司 2016 年经审计的扣除非经常性损益前后孰低的归属于母公司股东的净利润除以发行后总股本计算)。

第五节　财务会计资料

公司 2014 年、2015 年及 2016 年财务报表已由致同会计师事务所审计，并出具了"致同审字[2017]第 350ZA0226 号"标准无保留意见的《审计报告》。相关财务数据已在公告的招股说明书中详细披露，投资者欲了解相关情况请详细阅读招股说明书，敬请投资者注意。

本公司 2017 年 3 月 31 日的资产负债表、2017 年 1—3 月的利润表、现金流量表及财务报表附注已由致同会计师事务所审阅，并出具了“致同专字[2017]第 350ZA0227 号”《审阅报告》，审阅意见如下：“根据我们的审阅，我们没有注意到任何事项使我们相信财务报表没有按照企业会计准则的规定编制，未能在所有重大方面公允反映顶点软件公司的财务状况、经营成果和现金流量”。

项目	2017.3.31	2016.12.31	本报告期末比上年度期末增减比例
流动资产(元)	564,502,701.09	574,582,599.75	−1.75%
流动负债(元)	143,445,579.68	154,960,325.87	−7.43%
总资产(元)	620,883,123.13	631,376,776.26	−1.66%
归属于发行人股东的所有者权益(元)	473,254,083.69	471,932,078.73	0.28%
归属于发行人股东的每股净资产(元/股)	7.50	7.47	0.40%
项目	2017 年 1—3 月	2016 年 1—3 月	本报告期比上年同期增减
营业总收入(元)	27,543,978.21	16,921,763.08	62.77%
营业利润(元)	−2,696,879.28	−11,165,177.60	75.85%
利润总额(元)	1,280,160.13	−10,206,795.79	112.54%
归属于发行人股东的净利润(元)	1,322,004.96	−8,658,421.28	115.27%
归属于发行人股东的扣除非经常性损益后的净利润(元)	825,085.90	−8,658,421.28	109.53%
基本每股收益(元/股)	0.02	−0.14	115.27%
扣除非经常性损益后的基本每股收益(元/股)	0.01	−0.14	109.53%
加权平均净资产收益率(%)	0.28%	−2.18%	2.46%
扣除非经常性损益后的加权净资产收益率(%)	0.17%	−2.18%	2.35%
经营活动产生的现金流量净额(元)	−24,211,756.83	−32,900,292.99	26.41%
每股经营活动产生的现金流量净额(元)	−0.38	−0.52	26.41%

注：1. 净资产收益率和扣除非经常性损益后的净资产收益率两个指标的本报告期比上年同期增减为两期数的差值。

2. 营业利润、利润总额、归属于发行人股东的净利润、归属于发行人股东的扣除非经常性损益后的净利润、基本每股收益、扣除非经常性损益后的基本每股收益、经营活动产生的现金流量净额、每股经营活动产生的现金流量净额等指标的变动幅度数据取其绝对值。

公司营业收入、营业利润、利润总额、归属于发行人股东的净利润、每股收益等指标较去年同期增长较多，主要由定制软件业务收入增长较快所致。

截至上市公告书签署日，公司经营情况良好。公司经营模式、主要原材料的采购规模及采购价格、主要项目的执行情况、主要产品及服务的提供、销售规模及销售价格、主要客户及供应商的构成、税收政策及其他可能影响投资者判断的重大事项方面未发生重大变化，不存在可能影响投资者判断的重大事项。

公司根据报告期内及审计截止日后的实际经营情况、在手订单等相关信息，对 2017 年 1—6 月的业绩进行预测。业绩预测基于软件及证券行业发展情况不存在重大变化、行业及财税政策不存在重大变化且公司生产经营情况相对稳定的假设开展，预计 2017 年 1—6 月的财务数据情况如下：

公司预计 2017 年 1—6 月经营情况稳定，营业收入预计为 8，686.02 万元至 10，265.29 万元，较去年同期增长 10%至 30%；净利润预计为 2，168.21 万元至 2，759.54 万元，较去年同期增长 10%至 40%。公司预计 2017 年 1—6 月经营业绩不存在同比大幅下降的情形，净利润以及扣除非经常性损益后孰低的净利润不会发生重大变动。

第六节 其他重要事项

一、募集资金专户存储三方监管协议的安排

根据《上海证券交易所上市公司募集资金管理办法(2013 年修订)》要求，本公司已于 2017 年 5 月 16 日分别与中信银行股份有限公司福州分行所属的晋安支行、招商银行股份有限公司武汉光谷科技支行、武汉顶点软件有限公司及保荐机构东方花旗签订募集资金专户存储监管协议，具体情况如下：

序号	开户行	募集资金专户账号	用途
1	中信银行股份有限公司福州晋安支行	8111301013000322564	基于新一代 LiveBOS 的平台及产品升级项目
2		8111301012700322530	新一代电子交易市场业务支撑系统项目
3		8111301012500322551	流程券商(含期货)解决方案项目
4		8111301012200322521	金融行业互联网化应用解决方案项目
5	招商银行股份有限公司武汉光谷科技支行	127906771210880	研发中心建设项目

各方根据有关法律法规的要求，就各方的权利义务以及募集资金存储、使用、监管等相关后续安排进行了约定。

二、其他事项

本公司在招股意向书刊登日(2017 年 5 月 2 日)至上市公告书刊登前，没有发生可能对本公司有较大影响的重要事项。具体如下：

(一)本公司主要业务发展目标进展情况正常；

(二)本公司所处行业和市场未发生重大变化；

(三)除与正常业务经营相关的采购、销售等商务合同外，本公司未订立其他对本公司资产、负债、权益和经营成果产生重大影响的重要合同；

(四)本公司与关联方未发生重大关联交易；

(五)本公司未发生重大投资；

(六)本公司未发生重大资产(或股权)购买、出售及转换；

(七)本公司住所未发生变更；

(八)本公司董事、监事、高级管理人员及核心技术人员未发生变化；

(九)本公司未发生重大诉讼、仲裁事项；

(十)本公司未发生除正常经营业务之外的重大对外担保等或有事项；

(十一)本公司的财务状况和经营成果未发生重大变化；

(十二)本公司未召开股东大会、董事会或监事会会议；

(十三)本公司未发生其他应披露的重大事项。

第七节 上市保荐机构及其意见

一、上市保荐机构情况

上市保荐机构：东方花旗证券有限公司

法定代表人：马骥

住所：上海市中山南路 318 号东方国际金融广场 2 号楼 24 层

保荐代表人：郑睿、郝智明

项目协办人：周天宇

其他项目组人员(联系人)：张莉、杨凯北、孙帅鲲、张亦驰

电话：(021)23153888

传真：(021)23153500

二、上市保荐机构的推荐意见

东方花旗认为顶点软件申请其股票上市符合《中华人民共和国公司法》《中华人民共和国证券法》及《上海证券交易所股票上市规则》等国家有关法律、法规的有关规定，顶点软件股票具备在上海证券交易所上市的条件。东方花旗保证发行人的董事了解法律、法规、上海证券交易所上市规则及股票上市协议规定的董事的义务与责任，并协助发行人健全了法人治理结构、协助发行人制定了严格的信息披露制度与保密制度。东方花旗已对上市文件所载的资料进行了核实，确保上市文件真实、准确、完整，符合规定要求。东方花旗保证发行人的上市申请材料、上市公告书没有虚假、严重误导性陈述或者重大遗漏，并保证对其承担连带责任，并保证不利用在上市过程中获得的内幕信息进行内幕交易，为自己或他人谋取利益。

东方花旗愿意推荐福建顶点软件股份有限公司的股票在上海证券交易所上市交易，并承担相关保荐责任。

福建顶点软件股份有限公司

2017 年 5 月 19 日

山东金麒麟股份有限公司

山东金麒麟股份有限公司首次公开发行A股股票上市公告书

特别提示

本公司股票将于2017年4月6日在上海证券交易所上市。本公司提醒投资者应充分了解股票市场风险及本公司披露的风险因素，在新股上市初期切忌盲目跟风"炒新"，应当审慎决策、理性投资。

第一节　重要声明与提示

一、重要提示

山东金麒麟股份有限公司(以下简称"本公司""公司"或"金麒麟")及全体董事、监事、高级管理人员保证上市公告书的真实性、准确性、完整性，承诺上市公告书不存在虚假记载、误导性陈述或重大遗漏，并承担个别和连带的法律责任。

上海证券交易所、其他政府机关对本公司股票上市及有关事项的意见，均不表明对本公司的任何保证。

本公司提醒广大投资者注意，凡本上市公告书未涉及的有关内容，请投资者查阅刊载于上海证券交易所网站(http://www.sse.com.cn)的本公司招股说明书全文。

二、本次发行前股东所持股份的流通限制和自愿锁定股份的承诺

公司控股股东山东金麒麟投资管理有限公司、实际控制人孙忠义承诺：如果发行人在证券交易所上市成功，则自股票上市之日起三十六个月内，本人/本公司/本机构对所持上述发行人的股份将不进行任何的股份转让行为，也不委托他人管理本人/本公司/本机构持有的股份，也不由发行人回购本人所持股份。本人/本公司/本机构所持公司股票在锁定期满后两年内减持的，减持价格不低于发行价；公司上市后6个月内如公司股票连续20个交易日的收盘价均低于发行价，或者上市后6个月期末收盘价低于发行价，本人/本公司/本机构持有公司股票的锁定期限自动延长6个月。

发行人其他股东承诺：如果发行人在证券交易所上市成功，则自股票上市之日起十二个月内，本人/本公司/本机构对所持有的发行人股份将不进行任何的股份转让行为，也不委托他人管理本人/本公司/本机构所持有的发行人股份，也不由发行人回购本人/本公司/本机构所持股份。

直接或间接持有发行人股份的董事、高级管理人员承诺：若发行人股票在证券交易所上市成功，自本人持有股票锁定期满后，在本人担任发行人董事或高级管理人员期间，每年转让的股份不超过本人直接或间接持有发行人股份总数的25%；离职后六个月内不转让本人直接或间接持有的发行人股份。本人所持公司股票在锁定期满后两年内减持的，减持价格不低于发行价；公司上市后6个月内如公司股票连续20个交易日的收盘价均低于发行价，或者上市后6个月期末收盘价低于发行价，本人持有公司股票的锁定期限自动延长6个月。上述承诺不因本人不再担任董事、高级管理人员而终止。

直接或间接持有发行人股份的监事人员承诺：若发行人股票在证券交易所上市成功，自本人持有股票锁定期满后，在本人担任发行人监事期间，每年转让的股份不超过本人直接或间接持有发行人股份总数的25%；离职后六个月内不转让本人直接或间接持有的发行人股份。上述承诺不因本人不再担任监事人员而终止。

上述发行价指公司首次公开发行股票的发行价格，如果公司上市后因派发现金红利、送股、转增股本、增发新股等原因进行除权、除息的，则按照证券交易所的有关规定作除权除息处理。

三、公司、公司控股股东、实际控制人、董事、监事、高级管理人员

关于招股说明书真实性的承诺

(一)公司、公司控股股东、实际控制人关于招股说明书真实性的承诺

发行人、发行人控股股东、实际控制人：因发行人招股说明书及其他信息披露资料有虚假记载、误导性陈述或者重大遗漏，致使投资者在证券发行和交易中遭受损失的，将依法赔偿投资者损失。

有权获得赔偿的投资者资格、投资者损失的范围认定、赔偿主体之间的责任划分和免责事由按照《证券法》《最高人民法院关于审理证券市场因虚假陈述引发的民事赔偿案件的若干规定》(法释〔2003〕2号)等相关法律法规的规定执行，如相关法律法规相应修订，则按届时有效的法律法规执行。

控股股东、实际控制人将严格履行生效司法文书认定的赔偿方式和赔偿金额，并接受社会监督，确保投资者合法权益得到有效保护。

发行人控股股东、实际控制人承诺发行人招股说明书真实、准确、完整、及时。如招股说明书存在虚假记载、误导性陈述或者重大遗漏，对判断发行人是否符合法律规定的发行条件构成重大、实质影响的，在该项事实经有权机关生效法律文件确认后30日内，控股股东和实际控制人启动股份回购方案，股份回购的价格为本次发行价格，股份回购数量为发行人控股股东、实际控制人将购回已转让的原限售股份。

发行人、发行人控股股东、实际控制人在招股说明书作出的全部公开承诺事项，当出现未能履行承诺的情况时：

1. 自愿接受社会公开监督，监管部门可以督促控股股东、实际控制人及时改正并继续履行有关公开承诺；

2. 向社会公众道歉并承担相应的经济和法律责任；

3. 主动延长六个月的锁定期，即在其所持股票在锁定期满后延长六个月锁定期；或在其持有股份已经解禁后，自未能履行公开承诺之日起增加六个月锁定期。

(二)董事、监事、高级管理人员关于招股说明书真实性的承诺

公司全体董事、监事、高级管理人员承诺：招股说明书及其摘要不存在虚假记载、误导性陈述或重大遗漏，并对其真实性、准确性和完整性承担个别和连带的法律责任。

公司全体董事、监事、高级管理人员在招股说明书作出的公开承诺事项，当出现未能履行承诺的情况时承诺：

1. 自愿接受社会公开监督，监管部门可以督促相关责任主体及时改正并继续履行有关公开承诺；

2. 相关责任主体公开就个体行为向社会公众道歉并承担相应的经济和法律责任；

3. 对未履行承诺的公司董事、监事、高级管理人员在公司内部给予经济处罚或其它处分；

4. 相关责任主体就个体行为主动延长六个月的锁定期，即自在其所持股票在锁定期满后延长六个月锁定期；或在其持有股份已经解禁后，自未能履行公开承诺之日起增加六个月锁定期；

5. 离职或职务发生变动的持有公司股份的董事、监事、高级管理人员，受以上条款的约束。

四、稳定公司股价预案及相关方承诺

(一)触发和停止股价稳定方案的条件

公司首次公开发行股票并上市后36个月内，如出现连续二十个交易日收盘价低于最近一期经审计的每股净资产时，实施股价稳定方案。

自股价稳定方案触发之日起，公司董事会应在5日内召开董事会会议并告知稳定方案履行义务人。

董事会公告后3个交易日内，相关履行增持义务人将按顺序启动股票增持方案；如触发股价稳定方案时点至股价稳定方案尚未正式实施前或股价稳定方案实施后，某日收盘价高于最近一期经审计的每股净资产时，则停止实施本阶段股价稳定方案。

(二)股价稳定方案的具体措施

1. 控股股东、实际控制人增持公司股票

控股股东、实际控制人以自有资金在二级市场增持流通股份。36个月内增持数量最大限额为本次发行前持股数量的10%。

2. 发行人回购公司股票

发行人以自有资金在二级市场回购流通股份。36个月内回购资金最大限额为本次发行募集资金净额的10%。

公司股东大会授权董事会在触发回购条件时，制定相关方案并实施。该授权自发行人上市后36个月内有效。

3. 董事、高级管理人员增持公司股票

领取薪酬的董事、高级管理人员以不低于稳定方案启动时上一年度从公司领取的薪酬在二级市场增持流通股份。对于本次发行后新聘任的董事、高级管理人员，公司在聘任合同中明确上述承诺并要求履行。

4. 增持或回购股票的限定条件

以上股价稳定方案的任何措施都以不影响《上海证券交易所股票上市规则》中对于上市公司股权分布的要求为前提。

5. 增持或回购股票方案的启动时点

自股价稳定方案触发之日起，公司董事会应在5日内召开董事会会议并告知股价稳定方案履行义务人。

董事会公告后3个交易日内，控股股东、实际控制人将启动股票增持方案；

董事会公告后且控股股东、实际控制人履行完增持义务后，发行人根据董事会已制定的回购方案，于董事会决议公告后3个交易日内开始实施；董事会公告后且控股股东、实际控制人、发行人履行完增持及回购义务后，发行人董事、高级管理人员将在董事会决议公告后3个交易日内启动股票增持；

公司及相关责任人在执行股价稳定方案时不得违反中国证监会及上海证券交易所关于增持或回购股票的时点限制。

(三)股价稳定方案的优先顺序

触发股价稳定方案时,控股股东和实际控制人增持股票为第一顺位,发行人回购公司股票为第二顺位,董事和高级管理人员增持股票为第三顺位。控股股东、实际控制人增持到承诺最大数量后,公司股价仍未达到停止股价稳定方案的条件的,则由发行人实施回购;发行人用尽最大回购资金后,公司股价仍未达到停止股价稳定方案的条件的,则由董事、高级管理人员承担增持义务。控股股东、实际控制人履行完强制增持义务后,可自愿增持。

(四)责任追究机制

自股价稳定方案触发之日起,公司董事会应在5日内召开董事会会议,并及时公告将采取的具体措施并履行后续法律程序。董事会不履行上述义务的,全体董事以上一年度薪酬为限对股东承担赔偿责任。

控股股东、实际控制人承诺在本次发行前持股数量的10%以内承担增持义务,控股股东、实际控制人不履行上述义务的,在限售期满解禁时由公司零元回购上述数量的股票并注销。

发行人承诺在本次募集资金净额的10%以内承担增持义务,公司不履行上述义务的,以其承诺的最大回购金额为限对流通股东承担赔偿责任。

董事、高级管理人员不履行增持义务的,公司从未来的薪酬中扣除其承诺的最大增持金额。

五、主要股东减持意向

本次公开发行前的股东孙忠义承诺:锁定期满后,根据法律法规的要求和自身财务规划的需要,进行合理减持,在担任发行人董事期间,每年减持数量不超过上一年末所持股份数量的25%。每次减持时,提前三个交易日通知公司公告本次减持的数量、减持价格区间、减持时间区间等。

本次公开发行前的股东山东金麒麟投资管理有限公司承诺:所持股票上市之日起严格履行关于股份锁定的承诺,在股份锁定期满并不违背承诺的条件下,根据法律法规的要求和自身财务规划的需要,进行合理减持;每次减持时,提前三个交易日通知公司公告本次减持的数量、减持价格区间、减持时间区间等。

六、本次发行相关机构的承诺

国金证券股份有限公司承诺:因本保荐机构为发行人首次公开发行制作、出具的文件有虚假记载、误导性陈述或者重大遗漏,给投资者造成损失的,将依法按照相关监督机构或司法机关认定的金额赔偿投资者损失,但本保荐机构已按照法律法规的规定履行勤勉尽责义务的除外。

立信会计师事务所(特殊普通合伙)承诺:因本所为发行人首次公开发行制作、出具的文件有虚假记载、误导性陈述或者重大遗漏,给投资者造成损失的,本所将依法赔偿投资者损失。

北京市君泽君律师事务所承诺:因本所为发行人首次公开发行制作、出具的文件有虚假记载、误导性陈述或者重大遗漏,给投资者造成损失的,本所将依法赔偿投资者损失。

七、本次发行摊薄即期回报有关事项

(一)填补被摊薄即期回报的措施

为填补本次发行可能导致的投资者即期回报减少,公司将采取有效措施进一步提高募集资金的使用效率,增强公司的业务实力和盈利能力,尽量减少本次发行对净资产收益率下降以及每股收益摊薄的影响。公司拟采取的具体措施如下:

1. 统筹安排募集资金投资项目的投资建设,加快募集资金投资项目的建设速度,确保募集资金投资项目及早达到预期效益;

2. 加强与现有主要客户的合作,不断提升研发能力以满足主要客户的新需求,进一步完善内部管理以更好地服务于客户;

3. 强化资金管理,加大成本控制力度,降低公司成本费用,提升公司利润率;

4. 落实市场开拓与客户开发计划,提升公司经营业绩;

5. 加强募集资金管理,确保募集资金规范和有效使用;

6. 完善公司现金分红政策。

(二)填补被摊薄即期回报的相关承诺

公司全体董事、高级管理人员对公司及其股东作出如下承诺:

1. 本人承诺不无偿或以不公平条件向其他单位或者个人输送利益,也不采用其他方式损害公司利益;

2. 本人将严格自律并积极使公司采取实际有效措施,对公司董事和高级管理人员的职务消费行为进行约束;

3. 本人承诺不动用公司资产从事与其履行职责无关的投资、消费活动;

4. 本人承诺由董事会或薪酬委员会制定的薪酬制度与公司填补回报措施的执行情况相挂钩;

5. 本人将积极促使承诺公司未来制定、修改的股权激励的行权条件与上述公司填补回报措施的执行情况相挂钩;

6. 本人将根据未来中国证监会、证券交易所等监管机构出台的相关规定,积极采取一切必要、合理措施,使上述公司填补回报措施能够得到有效的实施。

同时,公司的控股股东和实际控制人承诺其不越权干预公司经营管理活动,不侵占公司利益。

八、审计报告截止日后公司经营情况

本公司最近一期审计报告的审计截止日为2016年12月31日。公司经营业绩无明显的周期性和季节性特点,财务报告审计截止日(2016年12月31日)后,公司的经营模式、主要原材料的采购、主要产品的生产和销售、主要客户及供应商的构成、税收政策等均无重大变化。

九、其他说明

本次发行不涉及老股转让的情形。

如无特别说明,本上市公告书中的简称或名词的释义与本公司首次公开发行股票招股说明书中的释义相同。

第二节　股票上市情况

一、本上市公告书系根据《公司法》《证券法》和《上海证券交易所股票上市规则》等有关法律法规规定,按照上海证券交易所《股票上市公告书内容与格式指引》编制而成,旨在向投资者说明本公司首次公开发行A股股票上市的基本情况。

二、本公司首次公开发行A股股票(简称"本次发行")经中国证券监督管理委员会"证监许可〔2017〕343号"文核准。本次发行采用网下向投资者询价配售与网上按市值申购定价发行相结合的方式。

三、本公司A股股票上市经上海证券交易所"自律监管书〔2017〕83号"文批准。证券简称"金麒麟",股票代码"603586"。本次发行的5,250万股社会公众股将于2017年4月6日起上市交易。

四、股票上市概况

1. 上市地点:上海证券交易所

2. 上市时间:2017年4月6日

3. 股票简称:金麒麟

4. 股票代码:603586

5. 本次公开发行后的总股本:20,937万股

6. 本次公开发行的股票数量:5,250万股

7. 本次上市的无流通限制及锁定安排的股票数量:本次发行中网下向投资者询价配售的525万股股份和网上按市值申购定价发行的4,725万股股份无流通限制及锁定安排。

8. 发行前股东所持股份的流通限制及期限以及发行前股东对所持股份自愿锁定的承诺:

公司控股股东山东金麒麟投资管理有限公司、实际控制人孙忠义承诺:如果发行人在证券交易所上市成功,则自股票上市之日起三十六个月内,本人/本公司/本机构对所持上述发行人的股份将不进行任何的股份转让行为,也不委托他人管理本人/本公司/本机构持有的股份,也不由发行人回购本人所持股份。本人/本公司/本机构所持公司股票在锁定期满后两年内减持的,减持价格不低于发行价;公司上市后6个月内如公司股票连续20个交易日的收盘价均低于发行价,或者上市后6个月期末收盘价低于发行价,本人/本公司/本机构持有公司股票的锁定期限自动延长6个月。

发行人其他股东承诺:如果发行人在证券交易所上市成功,则自股票上市之日起十二个月内,本人/本公司/本机构对所持有的发行人股份将不进行任何的股份转让行为,也不委托他人管理本人/本公司/本机构所持有的发行人股份,也不由发行人回购本人/本公司/本机构所持股份。

直接或间接持有发行人股份的董事、高级管理人员承诺:若发行人股票在证券交易所上市成功,自本人持有股票锁定期满后,在本人担任发行人董事或高级管理人员期间,每年转让的股份不超过本人直接或间接持有发行人股份总数的25%;离职后六个月内不转让本人直接或间接持有的发行人股份。本人所持公司股票在锁定期满后两年内减持的,减持价格不低于发行价;公司上市后6个月内如公司股票连续20个交易日的收盘价均低于发行价,或者上市后6个月期末收盘价低于发行价,本人持有公司股票的锁定期限自动延长6个月。上述承诺不因本人不再担任董事、高级管理人员而终止。

直接或间接持有发行人股份的监事人员承诺:若发行人股票在证券交易所上市成功,自本人持有股票锁定期满后,在本人担任发行人监事期间,每年转让的股份不超过本人直接或间接持有发行人股份总数的25%;离职后六个月内不转让本人直接或间接持有的发行人股份。上述承诺不因本人不再担任监事人员而终止。

9. 股票登记机构:中国证券登记结算有限公司上海分公司

10. 上市保荐机构:国金证券股份有限公司

第三节　发行人、股东和实际控制人情况

一、发行人基本情况

中文名称:山东金麒麟股份有限公司

英文名称:Shandong Gold Phoenix Co.,Ltd

注册资本:15,687万元

法定代表人:孙鹏

成立日期:1999年8月10日

整体变更日期:2012年11月13日

住所:山东省乐陵市阜乐路999号

经营范围:研发、制造、销售各类制动摩擦材料及制动产品、垫片、传感器、传感线、滤清器及所需原材料、零配件销售与维修;润滑油销售;制动液(不含危险品)销售;货物及技术进出口业务。(依法须经批准的项目,经相关部门批准后方可开展经营活动)

主营业务:公司主要从事摩擦材料及制动产品的研发、生产和销售。

所属行业:摩擦材料及制动产品

邮政编码:253600

电话:0534-2119967

传真号码:0534-2119967

互联网地址:www.chinabrake.com

电子信箱:ad@chinabrake.com

董事会秘书:辛彬

二、董事、监事、高级管理人员情况

姓　名	职务	任期起止日期	持有发行人股数(万股)
孙忠义	董事长	2015 年 10 月 9 日至 2018 年 10 月 8 日	1,858.81
孙　鹏	总裁、副董事长	2015 年 10 月 9 日至 2018 年 10 月 8 日	–
孙洪杰	董事、财务总监	2015 年 10 月 9 日至 2018 年 10 月 8 日	208.14
辛　彬	董事、董事会秘书、副总裁	2015 年 10 月 9 日至 2018 年 10 月 8 日	–
甄明晖	董事、副总裁	2015 年 10 月 9 日至 2018 年 10 月 8 日	–
赵风良	董事、副总裁	2016 年 9 月 30 日至 2018 年 10 月 8 日	–
孟广娟	独立董事	2015 年 10 月 9 日至 2018 年 10 月 8 日	–
王　耀	独立董事	2015 年 10 月 9 日至 2018 年 10 月 8 日	–
顾一帆	独立董事	2015 年 10 月 9 日至 2018 年 10 月 8 日	–
杨　光	监事会主席	2015 年 10 月 9 日至 2018 年 10 月 8 日	124.88
刘书旺	监事	2015 年 10 月 9 日至 2018 年 10 月 8 日	62.44
张玉杰	监事	2015 年 10 月 9 日至 2018 年 10 月 8 日	–
王晓祥	副总裁	2015 年 10 月 9 日至 2018 年 10 月 8 日	62.44
胡加强	副总裁	2015 年 10 月 9 日至 2018 年 10 月 8 日	208.14
孙伟华	副总裁	2015 年 10 月 9 日至 2018 年 10 月 8 日	–
李延松	副总裁	2015 年 10 月 9 日至 2018 年 10 月 8 日	–

三、控股股东及实际控制人的基本情况

本公司控股股东为山东金麒麟投资管理有限公司,持有公司 57.80%的股份。公司实际控制人为孙忠义,直接持有公司 11.85%的股份,通过山东金麒麟投资管理有限公司间接持有公司 29.19%的股份,合计持有公司 41.04%的股份。

四、股本结构及前十名股东情况

1. 发行前后股本结构变动情况序本次发行前本次发行后备

序号	股东名称	本次发行前 股份数(股)	比例	本次发行后 股份数(股)	比例	锁定期限制	备注
一、有限售条件流通股							
1	金麒麟投资	90,672,757	57.8012%	90,672,757	43.3074%	36 个月	
2	金凤投资	7,012,698	4.4704%	7,012,698	3.3494%	12 个月	
3	孙忠义	18,588,129	11.8495%	18,588,129	8.8781%	36 个月	
4	王春雨	2,081,353	1.3268%	2,081,353	0.9941%	12 个月	
5	胡加强	2,081,353	1.3268%	2,081,353	0.9941%	12 个月	
6	孙玉英	2,081,353	1.3268%	2,081,353	0.9941%	12 个月	
7	孙洪杰	2,081,353	1.3268%	2,081,353	0.9941%	12 个月	
8	刘荣良	2,081,353	1.3268%	2,081,353	0.9941%	12 个月	
9	杨　光	1,248,811	0.7961%	1,248,811	0.5965%	12 个月	
10	王广兴	1,248,811	0.7961%	1,248,811	0.5965%	12 个月	
11	张淑英	1,248,811	0.7961%	1,248,811	0.5965%	12 个月	
12	杨爱武	624,406	0.3980%	624,406	0.2982%	12 个月	
13	王晓祥	624,406	0.3980%	624,406	0.2982%	12 个月	
14	刘书旺	624,406	0.3980%	624,406	0.2982%	12 个月	
15	国盛华兴	6,300,000	4.0161%	6,300,000	3.0090%	12 个月	
16	鑫沐投资	5,250,000	3.3467%	5,250,000	2.5075%	12 个月	
17	上海尚颀	3,990,000	2.5435%	3,990,000	1.9057%	12 个月	
18	扬州尚颀	3,780,000	2.4096%	3,780,000	1.8054%	12 个月	
19	黄河三角洲	5,250,000	3.3467%	5,250,000	2.5075%	12 个月	
二、无限售条件流通股							
	社会公众股东	–	–	52,500,000	25.0752%	–	
	合计	156,870,000	100.00%	209,370,000	100.00%	–	

注:本次发行前本公司股东所持股份的锁定期限自本公司股票上市之日起计算。

2. 本次发行后、上市前的前十大股东持股情况

本次发行后、上市之前的股东户数共 51,393 名,其中前十大股东情况如下:

序号	股东账户名称	持股数量(股)	持股比例
1	金麒麟投资	90,672,757	43.31%
2	孙忠义	18,588,129	8.88%
3	金凤投资	7,012,698	3.35%
4	国盛华兴	6,300,000	3.01%
5	鑫沐投资	5,250,000	2.51%
6	黄河三角洲	5,250,000	2.51%
7	上海尚颀	3,990,000	1.91%
8	扬州尚颀	3,780,000	1.81%
9	孙玉英	2,081,353	0.99%
10	孙洪杰	2,081,353	0.99%
11	王春雨	2,081,353	0.99%
12	胡加强	2,081,353	0.99%
13	刘荣良	2,081,353	0.99%
	合计	151,250,600	72.24%

第四节　股票发行情况

一、发行数量:5,250 万股

二、发行价格:21.37 元/股

三、每股面值:人民币 1.00 元

四、发行方式:采用网下向投资者询价配售与网上按市值申购定价发行相结合的方式,其中网下向投资者配售 525 万股,网上向社会公众投资者发行 4,725 万股。

五、募集资金总额及注册会计师对资金到位的验证情况

本次发行募集资金总额为 112,192.5 万元,其中公司公开发行新股的募集资金总额为 112,192.5 万元。立信会计师事务所(特殊普通合伙)于 2017 年 3 月 29 日对本次发行的资金到位情况进行了审验,并出具了"信会师报字〔2017〕第 ZC10268 号"《验资报告》。

六、发行费用总额及明细构成、每股发行费用

1. 发行费用共计 8208.50 万元,其中承销和保荐费用 7,422.46 万元、审计和验资费用 150.00 万元、律师费用 80.00 万元、发行手续费用 50.04 万元、用于本次发行的信息披露等其他费用 506.00 万元。

2. 本次公司公开发行新股的每股发行费用为 1.56 元(按本次发行费用总额除以发行股数计算)。

七、本次公司公开发行新股的募集资金净额:103,984 万元。

八、发行后每股净资产:9.735 元(按本次发行后净资产除以发行后总股本计算,其中发行后净资产按发行前本公司经审计的净资产和本次募集资金净额之和计算,不考虑审计基准日以后产生的利润影响)

九、发行后每股收益:0.93 元(按照 2016 年经审计的扣除非经常性损益前后孰低的净利润除以本次发行后的股本)

第五节　财务会计情况

立信会计师事务所(特殊普通合伙)依据中国注册会计师独立审计准则,对公司 2014 年 12 月 31 日、2015 年 12 月 31 日和 2016 年 12 月 31 日的合并及母公司资产负债表,2014 年度、2015 年度和 2016 年度的合并及母公司利润表、现金流量表、所有者权益变动表进行了审计,并出具了信会师报字[2017]第 ZC20017 号标准无保留意见《审计报告》。相关财务数据已在公告的招股意向书中详细披露,投资者欲了解相关情况请详细阅读招股意向书,公司上市后将不再另行披露,敬请投资者注意。

一、审阅报告主要财务数据

根据立信会计师事务所出具的审阅报告,公司 2016 年经审阅的主要财务数据如下:

单位:万元

项目	2016-12-31	2015-12-31	增减变动率
流动资产	92,219.72	82,023.13	12.43%
流动负债	69,398.86	57,295.01	21.13%
资产总额	179,397.55	171,322.48	4.71%
负债总额	80,179.52	88,102.71	-8.99%
归属母公司所有者权益	98,970.15	82,958.24	19.30%
股东权益合计	99,218.03	83,219.77	19.22%
项目	2016 年度	2015 年度	增减变动率
营业收入	129,045.54	112,174.72	15.04%
营业利润	23,527.82	17,783.19	32.30%
利润总额	25,033.89	19,677.02	27.22%
归属母公司所有者的净利润	20,718.01	16,141.78	28.35%
扣除非经常性损益后的归属于母公司普通股股东净利润	19,470.86	14,474.20	34.52%
经营活动产生的现金流量净额	26,223.36	34,085.05	-23.06%

二、审计截止日后主要经营情况

公司财务报告审计截止日后，最近一季度经营情况正常，无重大变化，公司经营情况正常。公司生产经营模式未发生重大变化；公司采购模式和销售模式未发生重大变化；公司生产销售情况正常；公司税收政策未发生重大变化；公司亦未出现其他可能影响投资者判断的重大事项。

公司财务报告审计截止日后的经营情况与经营业绩较为稳定，总体运营情况良好，不存在重大异常变动情况。

第六节　其他重要事项

根据《上海证券交易所上市公司募集资金管理办法》，发行人、国金证券已分别与兴业银行股份有限公司济南分行、中国银行股份有限公司乐陵支行、中国银行股份有限公司济阳支行、中国工商银行股份有限公司乐陵支行、招商银行股份有限公司济南高新支行签订《募集资金专户存储三方监管协议》对发行人、保荐机构及开户银行的相关责任和义务进行了详细约定。公司募集资金专户具体情况如下：

开户银行	账号	金额（元）	募集资金用途
兴业银行股份有限公司济南分行	376010100101028717	221,430,000	年产 1500 万套汽车刹车片先进制造项目
中国银行股份有限公司乐陵支行	227332419303	100,000,000	偿还银行贷款项目
中国银行股份有限公司济阳支行	218232430075	248,500,000	年产 600 万件高性能汽车制动盘项目
中国工商银行股份有限公司乐陵支行	1612007029200081943	157,860,400	年产 1500 万套汽车刹车片先进制造项目
中国工商银行股份有限公司乐陵支行	1612007029200081819	200,000,000	偿还银行贷款项目
招商银行股份有限公司济南高新支行	532905264210802	119,910,000	企业技术中心创新能力建设项目

本公司在招股意向书刊登日至上市公告书刊登前，没有发生可能对本公司有较大影响的重要事项，具体如下：

1. 本公司主营业务发展目标进展情况正常。

2. 本公司所处行业和市场未发生重大变化。

3. 除正常经营活动签订的销售、采购、借款等商务合同外，本公司未订立其他对公司资产、负债、权益和经营成果产生重大影响的重要合同。

4. 本公司与关联方未发生重大关联交易。

5. 本公司未进行重大投资。

6. 本公司未发生重大资产（或股权）购买、出售及置换。

7. 本公司住所没有变更。

8. 本公司董事、监事、高级管理人员及核心技术人员没有变化。

9. 本公司未发生重大诉讼、仲裁事项。

10. 本公司未发生除正常经营业务之外的重大对外担保等或有事项。

11. 本公司的财务状况和经营成果未发生重大变化。

12. 本公司未召开董事会、监事会或股东大会。

13. 本公司未发生其他应披露的重大事项。

第七节　上市保荐机构及其意见

一、上市保荐机构的基本情况

保荐机构（主承销商）：国金证券股份有限公司

住所：四川省东城根上街 95 号

法定代表人：冉云

电话：0592-5350605

传真：0592-5350511

保荐代表人：刘昊拓、姜文国

联系人：刘昊拓

二、上市保荐机构的推荐意见

上市保荐机构认为，发行人申请股票上市符合《中华人民共和国公司法》《中华人民共和国证券法》及《上海证券交易所股票上市规则》等有关法律、法规的规定，发行人股票已具备公开上市的条件。国金证券股份有限公司同意推荐山东金麒麟股份有限公司的股票在上海证券交易所上市。

山东金麒麟股份有限公司

2017 年 4 月 5 日

博天环境集团股份有限公司

博天环境集团股份有限公司首次公开发行A股股票上市公告书

特别提示

本公司股票将于2017年2月17日在上海证券交易所上市。本公司提醒投资者应充分了解股票市场风险及本公司披露的风险因素，在新股上市初期切忌盲目跟风“炒新”，应当审慎决策、理性投资。

第一节　重要声明与提示

一、重要提示

博天环境集团股份有限公司(以下简称“博天环境”“发行人”“本公司”或“公司”)及全体董事、监事、高级管理人员保证上市公告书的真实性、准确性、完整性，承诺上市公告书不存在虚假记载、误导性陈述或重大遗漏，并承担个别和连带的法律责任。

上海证券交易所、其他政府机关对本公司股票上市及有关事项的意见，均不表明对本公司的任何保证。

本公司提醒广大投资者注意，凡本上市公告书未涉及的有关内容，请投资者查阅刊载于上海证券交易所网站(http://www.sse.com.cn)的本公司招股说明书全文。

二、股份锁定承诺

(一)公司控股股东汇金联合科技(北京)有限公司(以下简称“汇金联合”或控股股东)承诺：

1. 自公司股票在证券交易所上市交易之日起36个月内，汇金联合不转让或委托他人管理汇金联合所持有的公司股份，也不由公司回购汇金联合所持有的公司股份。公司上市后6个月内如公司股票连续20个交易日的收盘价均低于发行价，或者上市后6个月期末收盘价低于发行价，汇金联合持有公司股份的锁定期限自动延长6个月。

2. 上述锁定期限(包括延长的锁定期限)届满后2年内，若汇金联合减持上述股份，减持价格将不低于公司首次公开发行股票的发行价格。

3. 汇金联合对上述承诺事项依法承担相应法律责任，如违反上述承诺擅自减持公司股份，违规减持股票所得或违规转让所得归公司所有。

(二)公司股东北京中金公信投资管理中心(有限合伙)(以下简称“中金博天环境集团股份有限公司上市公告书公信”)承诺：

1. 自博天环境股票在证券交易所上市交易之日起36个月内，中金公信不转让或委托他人管理中金公信所持有的博天环境股份，也不由博天环境回购中金公信所持有的公司股份。博天环境上市后6个月内如博天环境股票连续20个交易日的收盘价均低于发行价，或者上市后6个月期末收盘价低于发行价，中金公信持有博天环境股份的锁定期限自动延长6个月。

2. 上述锁定期限(包括延长的锁定期限)届满后2年内，若中金公信减持上述股份，减持价格将不低于博天环境首次公开发行股票的发行价格。

3. 中金公信对上述承诺事项依法承担相应法律责任，如违反上述承诺擅自减持博天环境股份，违规减持股票所得或违规转让所得归博天环境所有。

(三)公司实际控制人赵笠钧先生承诺：

1. 自公司股票在证券交易所上市交易之日起36个月内，本人不转让或委托他人管理本人所间接持有的公司股份，也不由公司回购本人所间接持有的公司股份。公司上市后6个月内如公司股票连续20个交易日的收盘价均低于发行价，或者上市后6个月期末收盘价低于发行价，本人间接持有公司股份的锁定期限自动延长6个月。

2. 上述锁定期限(包括延长的锁定期限)届满后2年内，若本人减持上述股份，减持价格将不低于公司首次公开发行股票的发行价格。

3. 除前述锁定期外，在本人担任公司的董事、监事、高级管理人员期间：每年转让的公司股份不超过本人直接或间接持有的公司股份总数的25%；且在离职后半年内不转让本人直接或间接持有的公司股份。

4. 本人对上述承诺事项依法承担相应法律责任，有关股权锁定期的承诺在本人离职后仍然有效，不因本人职务变更而拒绝履行有关义务。如本人违反上述承诺擅自减持公司股份或在任职期间违规转让公司股份，违规减持股票所得或违规转让所得归公司所有。

(四)通过汇金联合间接持有公司股份的公司董事、监事和高级管理人员博天环境集团股份有限公司上市公告书王少艮、缪冬娜、张蕾、窦维东、薛立勇、李璐、蒋玮、高峰承诺：

1. 自公司股票在证券交易所上市交易之日起12个月内，本人不转让或委托他人管理本人所间接持有的公司股份，也不由公司回购本人所间接持有的公司股份。公司上市后6个月内如公司股票连续20个交易日的收盘价均低于发行价，或者上市后6个月期末收盘价低于发行价，本人间接持有公司股份的锁定期限自动延长6个月。

2. 上述锁定期限(包括延长的锁定期限)届满后2年内，若本人减持上述股份，减持价格将不低于公司首次公开发行股票的发行价格。

3. 除前述锁定期外，在本人担任公司的董事、监事、高级管理人员期间：每年转让的公司股份不超过本人直接或间接持有的公司股份总数的25%；且在离职后半年内不转让本人直接或间接持有的公司股份。

4. 本人对上述承诺事项依法承担相应法律责任，有关股权锁定期的承诺在本人离职后仍然有效，不因本人职务变更而拒绝履行有关义务。如本人违反上述承诺擅自减持公司股份或在任职期间违规转让公司股份，违规减持股票所得或违规转让所得归公司所有。

(五)通过中金公信间接持有公司股份的公司监事何杉、方宇承诺：

1. 自博天环境股票在证券交易所上市交易之日起12个月内，本人不转让或委托他人管理本人所间接持有的博天环境股份，也不由博天环境回购本人所间接持有的博天环境股份。博天环境上市后6个月内如博天环境股票连续20个交易日的收盘价均低于发行价，或者上市后6个月期末收盘价低于发行价，本人间接持有博天环境股份的锁定期限自动延长6个月。

2. 上述锁定期限(包括延长的锁定期限)届满后2年内，若本人减持上述股份，减持价格将不低于公司首次公开发行股票的发行价格。

3. 除前述锁定期外，在本人担任博天环境的董事、监事、高级管理人员期间：每年转让的博天环境股份不超过本人直接或间接持有的博天环境股份总数的25%；且在离职后半年内不转让本人直接或间接持有的博天环境股份。

4. 本人对上述承诺事项依法承担相应法律责任，有关股权锁定期的承诺在本人离职后仍然有效，不因其职务变更而拒绝履行有关义务。如本人违反上述承诺擅自减持博天环境股份或在任职期间违规转让博天环境股份的，违规减持股票所得或违规转让所得归博天环境所有。

(六)公司股东上海复星创富股权投资基金合伙企业(有限合伙)(以下简称“复星创富”)做出如下承诺：

1. 自博天环境股票在证券交易所上市交易之日起12个月内，复星创富不转让或委托他人管理复星创富所持有的博天环境股份，也不由博天环境回购复星创富所持有的博天环境股份。

2. 如在复星创富增资入股之日起12个月内博天环境股票在证券交易所上市交易的，复星创富于增资入股之日起36个月内，不转让或委托他人管理复星创富所持有的博天环境股份，也不由博天环境回购复星创富所持有的博天环境股份。

3. 若复星创富未履行上述承诺，复星创富对上述承诺事项依法承担相应法律责任。

(七)公司其余股东均做出如下承诺：

1. 自公司股票在证券交易所上市交易之日起12个月内，不转让或委托他人管理所持有的公司股份，也不由公司回购所持有的公司股份。

2. 对上述承诺事项依法承担相应法律责任，如违反上述承诺擅自减持公司股份，违规减持股票所得或违规转让所得归公司所有。

三、关于公司上市后稳定股价的预案及约束措施

公司股票自挂牌上市之日起三年内，一旦出现连续20个交易日公司股票收盘价均低于公司上一个会计年度末经审计的每股净资产（每股净资产=合并财务报表中归属于母公司普通股股东权益合计数÷年末公司股份总数，下同）情形时(若因除权除息等事项致使上述股票收盘价与公司上一会计年度末经审计的每股净资产不具可比性的，上述股票收盘价应做相应调整)，公司及相关主体将采博天环境集团股份有限公司上市公告书取以下措施稳定公司股价：

1. 公司控股股东增持公司股票；

2. 公司回购公司股票；

3. 公司董事、高级管理人员增持公司股票。

(一)公司控股股东增持公司股票的具体安排

在不影响发行人上市条件的前提下，公司控股股东将在有关股价稳定措施启动条件成就后3个交易日内提出增持公司股份的方案(包括拟增持股份的数量、价格区间、时间等)，并依法履行所需的审批手续，在获得批准后的3个交易日内通知发行人，发行人应按照相关规定披露增持股份的计划。在发行人披露增持发行人股份计划的3个交易日后，将按照方案开始实施增持发行人股份的计划。

公司控股股东增持股份的方式为集中竞价交易方式、要约方式或证券监督管理部门认可的其他方式，增持价格不超过上一个会计年度末经审计的每股净资产。但如果增持发行人股份方案实施前或实施过程中公司股价已经不满足启动稳定公司股价措施条件的，可不再继续实施该方案。若某一会计年度内发行人股价多次触发上述需采取股价稳定措施条件的（不包括其实施稳定股价措施期间及自实施完毕当次稳定股价措施并由发行人公告日后开始计算的连续20个交易日股票收盘价仍低于上一个会计年度末经审计的每股净资产的情形），控股股东将继续按照上述稳定股价预案

执行，但应遵循以下原则：(1)单次用于增持股份的资金金额不高于其自发行人上市后累计从发行人所获得现金分红金额的 20%，和(2)单一年度其用以稳定股价的增持资金不超过自发行人上市后累计从发行人所获得现金分红金额的 50%。超过上述标准的，有关稳定股价措施在当年度不再继续实施。但如下一年度继续出现需启动稳定股价措施的情形时，其将继续按照上述原则执行稳定股价预案。下一年度触发股价稳定措施时，以前年度已经用于稳定股价的增持资金额不再计入累计现金分红金额。

（二）公司回购公司股票的具体安排

公司将根据《上海证券交易所股票上市规则》等有关规定向社会公众股东回购公司部分股票，同时保证回购结果不会导致公司的股权分布不符合上市条件。公司将依据法律、法规及公司章程的规定，在有关股价稳定措施启动条件成就之博天环境集团股份有限公司上市公告书日起 3 个交易日内召开董事会讨论稳定股价方案，并提交股东大会审议。具体实施方案将在股价稳定措施的启动条件成就时，本公司依法召开董事会、股东大会做出股份回购决议后公告。在股东大会审议通过股份回购方案后，公司将依法通知债权人，并向证券监督管理部门、证券交易所等主管部门报送相关材料，办理审批或备案手续。

公司回购股份的资金为自有资金，回购股份的价格不超过上一个会计年度经审计的每股净资产，回购股份的方式为集中竞价交易方式、要约方式或证券监督管理部门认可的其他方式。但如果股份回购方案实施前或实施过程中本公司股价已经不满足启动稳定公司股价措施条件的，可不再继续实施该方案。若某一会计年度内公司股价多次触发上述需采取股价稳定措施条件的（不包括本公司实施稳定股价措施期间及实施完毕当次稳定股价措施并公告日后开始计算的连续 20 个交易日股票收盘价仍低于上一个会计年度末经审计的每股净资产的情形），公司将继续按照上述稳定股价预案执行，但应遵循以下原则：(1)单次用于回购股份的资金金额不高于上一个会计年度经审计的归属于母公司股东净利润的 20%，和(2)单一会计年度用以稳定股价的回购资金合计不超过上一会计年度经审计的归属于母公司股东净利润的 50%。超过上述标准的，有关稳定股价措施在当年度不再继续实施。但如下一年度继续出现需启动稳定股价措施的情形时，公司将继续按照上述原则执行稳定股价预案。

如公司控股股东在上述需启动股价稳定措施的条件触发后启动了股价稳定措施，公司可选择与控股股东同时启动股价稳定措施或在控股股东股价稳定措施实施完毕（以发行人公告的实施完毕日为准）后其股票收盘价仍低于上一个会计年度末经审计的每股净资产时再行启动上述措施。如控股股东实施股价稳定措施后发行人股票收盘价已不再符合需启动股价稳定措施条件的，发行人可不再继续实施上述股价稳定措施。

（三）公司董事、高级管理人员增持公司股票的具体安排

公司董事（不包括独立董事）和高级管理人员将依据法律、法规及公司章程的规定，在不影响发行人上市条件的前提下实施以下具体股价稳定措施：(1)当发行人出现需要采取股价稳定措施的情形时，如发行人、控股股东均已采取股价博天环境集团股份有限公司上市公告书稳定措施并实施完毕后发行人股票收盘价仍低于其上一个会计年度末经审计的每股净资产的，将通过二级市场以竞价交易方式买入发行人股份以稳定发行人股价。发行人应按照相关规定披露其买入公司股份的计划。在发行人披露其买入发行人股份计划的 3 个交易日后，其将按照方案开始实施买入发行人股份的计划；(2)通过二级市场以竞价交易方式买入发行人股份的，买入价格不高于发行人上一会计年度经审计的每股净资产。但如果发行人披露其买入计划后 3 个交易日内或实施过程中其股价已经不满足启动稳定公司股价措施的条件的，其可不再实施上述买入发行人股份计划；(3)若某一会计年度内发行人股价多次触发上述需采取股价稳定措施条件的（不包括其实施稳定股价措施期间及自实施完毕当次稳定股价措施并由发行人公告日后开始计算的连续 20 个交易日股票收盘价仍低于上一个会计年度末经审计的每股净资产的情形），其将继续按照上述稳定股价预案执行，但应遵循以下原则：①单次用于购买股份的资金金额不高于其在担任董事或高级管理人员职务期间上一会计年度从发行人处领取的税后薪酬累计额的 20%，和②单一年度用以稳定股价所动用的资金应不超过其在担任董事或高级管理人员职务期间上一会计年度从发行人处领取的税后薪酬累计额的 50%。超过上述标准的，有关稳定股价措施在当年度不再继续实施。但如下一年度继续出现需启动稳定股价措施的情形时，将继续按照上述原则执行稳定股价预案。

若公司新聘任董事（不包括独立董事）、高级管理人员的，公司将要求该等新聘任的董事、高级管理人员履行本公司上市时董事、高级管理人员已作出的相应承诺。

（四）未履行稳定公司股价措施的约束措施

若公司董事会制订的稳定公司股价措施涉及公司控股股东增持公司股票，如控股股东未能履行稳定公司股价的承诺，则公司有权对控股股东该年度及以后年度的现金分红予以扣留，直至其履行增持义务。

若公司董事会制订的稳定公司股价措施涉及公司董事、高级管理人员增持公司股票，如董事、高级管理人员未能履行稳定公司股价的承诺，则公司有权对该等董事和高级管理人员的该年度及以后年度从公司领取的收入予以扣留，直至其履行增持义务。

（五）稳定股价的承诺

如发行人股票自挂牌上市之日起三年内，出现连续 20 个交易日公司股票收盘价均低于公司上一个会计年度末经审计的每股净资产（若因除权除息等事项致使上述股票收盘价与公司上一会计年度末经审计的每股净资产不具可比性的，上述股票收盘价应做相应调整），在发行人启动稳定股价预案时，发行人控股股东、发行人、发行人董事、高级管理人员承诺如下：

1. 汇金联合为本公司的控股股东，为维护本公司上市后的股价稳定，特别作出如下承诺：汇金联合将严格按照稳定股价预案的要求，依法履行增持发行人股票的义务和责任；汇金联合将极力敦促相关方严格按照稳定股价预案的要求履行其应承担的各项义务和责任；如违反上述承诺，发行人有权将应付汇金联合的现金分红予以扣留，直至实际履行上述各项承诺义务为止。

2. 发行人为维护本公司上市后的股价稳定，特别作出如下承诺：本公司将严格按照稳定股价预案的要求，依法履行回购公司股票的义务和责任；本公司将极力敦促相关方严格按照稳定股价预案的要求履行其应承担的各项义务和责任；如相关方未能履行稳定公司股价的承诺，本公司将扣留其该年度及以后年度应分得的现金分红或应领取的薪酬，直至其履行增持义务为止。

3. 发行人董事（不包括独立董事）、高级管理人员为维护本公司上市后的股价稳定，特别作出如下承诺：本人将严格按照稳定股价预案的要求，依法履行增持发行人股票的义务和责任；本人将极力敦促相关方严格按照稳定股价预案的要求履行其应承担的各项义务和责任；如违反上述承诺，发行人有权将应付本人的该年度及以后年度薪酬予以扣留，直至本人实际履行上述各项承诺义务为止。

四、首次公开发行股票相关文件真实性、准确性、完整性的承诺

（一）发行人的承诺

1. 本公司《招股说明书》所载之内容不存在虚假记载、误导性陈述或重大遗漏之情形，且本公司对《招股说明书》所载之内容真实性、准确性、完整性承担相应的法律责任。

2. 本公司《招股说明书》如有虚假记载、误导性陈述或者重大遗漏，对判断博天环境集团股份有限公司上市公告书断公司是否符合法律规定的发行条件构成重大、实质影响的，本公司董事会将在证券监管部门依法对上述事实作出认定或处罚决定后五个工作日内，制订股份回购方案并提交股东大会审议批准，本公司将依法回购首次公开发行的全部新股，回购价格为发行价格加上同期银行存款利息（若公司股票有派息、送股、资本公积金转增股本等除权、除息事项的，回购的股份包括首次公开发行的全部新股及其派生股份，发行价格将相应进行除权、除息调整）。

3. 若本公司《招股说明书》有虚假记载、误导性陈述或者重大遗漏，致使投资者在证券交易中遭受损失的，本公司将依法赔偿投资者损失。

（二）发行人控股股东汇金联合的承诺

1. 发行人《招股说明书》所载之内容不存在虚假记载、误导性陈述或重大遗漏之情形，且本公司对《招股说明书》所载之内容真实性、准确性、完整性承担相应的法律责任。

2. 发行人《招股说明书》如有虚假记载、误导性陈述或者重大遗漏，对判断公司是否符合法律规定的发行条件构成重大、实质影响的，本公司将促成发行人依法回购首次公开发行的全部新股（若发行人股票有派息、送股、资本公积金转增股本等除权、除息事项的，回购的股份包括首次公开发行的全部新股及其派生股份，发行价格将相应进行除权、除息调整）。

3. 若发行人《招股说明书》有虚假记载、误导性陈述或者重大遗漏，致使投资者在证券交易中遭受损失的，本公司将依法赔偿投资者损失。

4. 如本公司违反上述承诺，发行人有权将应付本公司的现金分红予以扣留，直至本公司实际履行上述各项承诺义务为止。

（三）发行人实际控制人、董事、监事、高级管理人员的承诺

1. 发行人《招股说明书》所载之内容不存在虚假记载、误导性陈述或重大遗漏之情形，且本人对《招股说明书》所载之内容真实性、准确性、完整性承担个别和连带的法律责任。

2. 若发行人《招股说明书》有虚假记载、误导性陈述或者重大遗漏，致使博天环境集团股份有限公司上市公告书投资者在证券交易中遭受损失的，本人将依法赔偿投资者损失。

3. 如本人违反上述承诺，发行人有权将应付本人的薪酬等收入予以扣留，直至本人实际履行上述各项承诺义务为止。

（四）本次发行相关中介机构的承诺

1. 本次发行的保荐机构中信建投证券股份有限公司（以下简称“中信建投”）承诺：如因未勤勉尽责而导致为公司首次公开发行制作、出具的申请文件对本次发行的重大事件作出违背事实真相的虚假记载、误导性陈述，或者在披露信息时发生重大遗漏、不正当披露，致使投资者在证券交易中遭受实际损失的（包括投资者的投资差额损失、投资差额损失部分的佣金和印花税等），在该等违法事实被认定后，中信建投将与公司及其相关过错方就该等实际损失向投资者依法承担个别或连带的赔偿责任，确保投资者的合法权益得到有效保护。

2. 本次发行的律师服务机构北京市康达律师事务所（以下简称“康达”）承诺：康达为公司本次公开发行股票并上市制作、出具的文件不存在虚假记载、误导性陈述或者重大遗漏。若因康达制作、出具的文件存在虚假记载、误导性陈述或者重大遗漏且康达存在过错，致使投资者在证券交易中遭受损失的，将根据康达的具体过错依法赔偿投资者损失。

3. 本次发行的会计师事务所瑞华会计师事务所（特殊普通合伙）（以下简称“瑞华”）承诺：瑞华已对出具的报告进行了核查，确认不存在虚假记载、误导性陈述或重大遗漏，并对其真实性、准确性和完整性承担相应的法律责任。如因瑞华为发行人首次公开发行制作、出具的文件有虚假记载、误导性陈述或者重大遗漏，给投资者造成损失的，瑞华将依法赔偿投资者损失。

五、公开发行前持股 5%以上股东及关联股东的持股意向及减持承诺

（一）控股股东—汇金联合就其持股意向及减持意向作出承诺如下：

1. 汇金联合作为公司的控股股东力主通过长期持有公司之股份以实现和确保汇金联合对公司的控股地位，进而持续地分享公司的经营成果。因此，汇金联合具有长期持有公司之股份的意向。

博天环境集团股份有限公司上市公告书

2. 在汇金联合所持公司之股份的锁定期届满后，且在不丧失对公司控股股东地位、不违反已作出的相关承诺的前提下，汇金联合将根据需要减持其所持公司的股票。具体减持计划为：(1)自汇金联合所持公司之股份的锁定期届满之日起 12 个月内，减持额度将不超过汇金联合届时所持公司股份总数的 5%；(2)自汇金联合所持公司之股份的锁定期届满之日起 12 个月至 24 个月期间，减持额度将不超过汇金联合届时所持公司股份总数的 10%；(3)汇金联合在此期间的减持价格将均不低于公司首次公开发行股票的价格。若公司已发生派息、送股、资本公积转增股本等除权除息事项，则上述减持价格指公司股票复权后的价格。

3. 若汇金联合减持公司股份，将在减持前 3 个交易日公告减持计划；减持将通过上海证券交易所以协议转让、大宗交易、竞价交易或其他方式依法进行。

4. 若汇金联合未履行上述承诺，则减持公司股份所得收益归公司所有。

(二)其他持股 5%以上股东就其持股意向及减持意向作出承诺如下：

除公司控股股东汇金联合外，直接持有公司 5%以上股份的股东包括国投创新(北京)投资基金有限公司(以下简称“国投创新”)、复星创富、苏州鑫发汇泽投资中心(有限合伙)(以下简称“鑫发汇泽”)、北京京都汇能投资咨询有限公司(以下简称“京都汇能”)和新疆高利股权投资管理有限公司(以下简称“新疆高利”)。

国投创新、鑫发汇泽的持股意向及减持承诺如下：

1. 在所持公司之股份的锁定期届满后，在不违反已作出的相关承诺的前提下，将根据自身投资决策安排及公司股价情况，减持其所持公司的股票。具体减持计划为：(1)自所持公司之股份的锁定期届满之日起 12 个月内，减持额度将不超过届时所持公司股份总数的 50%；(2)自所持公司之股份的锁定期届满之日起 12 个月至 24 个月期间，减持额度将不超过届时所持公司股份总数的 100%；(3)在此期间的减持价格将均不低于公司上一年度经审计每股净资产值。若公司已发生派息、送股、资本公积转增股本等除权除息事项，则上述减持价格指公司股票复权后的价格。

2. 若减持公司股份，将在减持前 3 个交易日公告减持计划；减持将通过上博天环境集团股份有限公司上市公告书海证券交易所以协议转让、大宗交易、竞价交易或其他方式依法进行。

3. 若未履行上述承诺，则减持公司股份所得收益归公司所有。

复星创富、京都汇能、新疆高利的持股意向及减持承诺如下：

1. 在所持公司之股份的锁定期届满后，在不违反已作出的相关承诺的前提下，将根据自身投资决策安排及公司股价情况，减持其所持公司的股票。具体减持计划为：自所持公司之股份的锁定期届满之日起 24 个月内，减持额度将不超过届时所持公司股份总数的 100%；本公司在此期间的减持价格根据当时的二级市场价格确定。

2. 若减持公司股份，将在减持前 3 个交易日公告减持计划；减持将通过上海证券交易所以协议转让、大宗交易、竞价交易或其他方式依法进行。

3. 若未履行上述承诺，则减持公司股份所得收益归公司所有。

六、填补即期回报、增强持续回报能力的措施及承诺

(一)本次发行募集资金有效使用的保障措施及防范本次发行摊薄即期回报风险的措施

本次发行完成后，公司总股本及归属母公司的股东所有权益将有所增加，造成公司原股东即期回报有所摊薄。为降低本次发行摊薄公司即期回报的风险，增强对股东利益的回报，公司拟采取措施如下：

1. 加强日常运营效率，降低运营成本

公司在日常运营中将加强内部成本和费用控制，全面提升生产运营效率，降低业务经营成本，持续开展成本改善活动。

2. 提升募集资金使用效率，确保募集资金充分使用

公司已制定《募集资金使用管理制度》，募集资金到位后将存放于董事会指定的专项账户中。公司将定期检查募集资金使用情况，确保募集资金得到合法合规使用。

本次发行完成后，募集资金的到位将在一定程度上改善融资结构，提升盈利博天环境集团股份有限公司上市公告书水平，进一步加快既有项目效益的释放，增强公司资本实力、盈利能力和核心竞争力。本次发行完成后，公司将严格使用募集资金，确保募集资金的使用规范和高效，使募集资金得以充分、有效利用。

3. 加强技术研发，提升未来发展技术保障

经过长期的业务发展和积累，公司已拥有一支高素质的技术人才队伍。本次发行完成后，公司将继续加大技术开发力度，积极研究吸收国际、国内的先进技术和经验，选用优秀专业技术人员，进一步提高研发能力，为公司未来的发展提供技术保障。

4. 不断完善利润分配制度，强化投资者回报机制

根据中国证监会《关于进一步落实上市公司现金分红有关事项的通知》(证监发〔2012〕37 号)、《上市公司监管指引第 3 号—上市公司现金分红》(中国证券监督管理委员会公告〔2013〕43 号)的有关要求，公司对《公司章程》中的股利分配政策进行了完善。

公司 2014 年第七次临时股东大会通过了《公司章程》(草案)和《关于上市后未来三年分红回报规划》，进一步明确了公司利润分配尤其是现金分红的具体条件、比例、分配形式和股票股利分配条件等，完善了公司利润分配的决策程序和机制以及利润分配政策的调整原则，建立了健全有效的股东回报机制。

本次发行完成后，公司将按照法律法规的规定和《公司章程》的规定，在符合利润分配条件的情况下，积极推动对股东的利润分配，增加对股东的回报。

(二)相关主体出具的承诺

公司董事、高级管理人员根据中国证监会相关规定，对公司填补回报措施能够得到切实履行做出如下承诺：

“1. 本人承诺不无偿或以不公平条件向其他单位或者个人输送利益，也不采用其他方式损害公司利益。

2. 本人承诺对董事和高级管理人员的职务消费行为进行约束。

3. 本人承诺不动用公司资产从事与其履行职责无关的投资、消费活动。博天环境集团股份有限公司上市公告书

4. 本人承诺由董事会或薪酬与考核委员会制定的薪酬制度与公司填补被摊薄即期回报措施的执行情况相挂钩。

5. 若公司后续推出公司股权激励政策，本人承诺拟公布的公司股权激励的行权条件与公司填补被摊薄即期回报措施的执行情况相挂钩。

6. 自承诺出具日至公司首次公开发行股票实施完毕，若中国证监会作出关于填补被摊薄即期回报措施及其承诺的其他新的监管规定，且上述承诺不能满足中国证监会规定的，本人承诺将按照中国证监会的最新规定作出承诺。

作为填补被摊薄即期回报措施相关责任主体之一，若违反上述承诺或拒不履行上述承诺，本人同意按照中国证监会和证券交易所等证券监管机构按照其指定或发布的有关规定、规则，对本人作出相关处罚或采取相关管理措施”。

七、股利分配政策

1. 利润分配原则：公司实行持续、稳定的利润分配政策，公司利润分配应重视对投资者的合理投资回报，并兼顾公司的长远利益和可持续发展。利润分配不得超过累计可分配利润的范围，不得损害公司持续经营能力。

2. 利润分配形式：公司采取现金、股票或者现金股票相结合的方式分配股利；公司将优先考虑采取现金方式分配股利；根据公司现金流状况、业务成长性、每股净资产规模等真实合理因素，公司可采取股票或者现金、股票相结合的方式分配股利。

3. 利润分配的时间间隔：在当年盈利的条件下，公司每年度至少分红一次，董事会可以根据公司的资金状况提议公司进行中期现金分红。

4. 现金、股票分红具体条件和比例

如无重大投资计划或重大现金支出发生，公司应当首先采用现金方式分配股利。公司每年以现金方式分配的利润不少于当年实现的可分配利润的 20%；公司在实施上述现金分配股利的同时，可以派发股票股利。重大投资计划或重大现金支出指以下情形之一：

(1)公司未来十二个月内拟对外投资、收购资产或购买设备累计支出达到博天环境集团股份有限公司上市公告书或超过公司最近一期经审计净资产的 10%，且超过 5,000 万元；

(2)公司未来十二个月内拟对外投资、收购资产或购买设备累计支出达到或超过公司最近一期经审计总资产的 10%。

公司将根据当年经营的具体情况及未来正常经营发展的需要，确定当年以现金方式分配的利润占当年实现的可供分配利润的具体比例及是否采取股票股利分配方式，相关议案经公司董事会审议后提交公司股东大会审议通过。

在以下两种情况时，公司将考虑发放股票股利：

(1)公司在面临现金流不足时可考虑采用发放股票股利的利润分配方式；

(2)在满足现金分红的条件下，公司可结合实际经营情况考虑同时发放股票股利。

5. 差异化的现金分红政策

公司董事会应当综合考虑所处行业特点、发展阶段、自身经营模式、盈利水平以及是否有重大资金支出安排等因素，区分下列情形，并按照公司章程规定的程序，提出差异化的现金分红政策：

(1)公司发展阶段属成熟期且无重大资金支出安排的，进行利润分配时，现金分红在本次利润分配中所占比例最低应达到 80%；

(2)公司发展阶段属成熟期且有重大资金支出安排的，进行利润分配时，现金分红在本次利润分配中所占比例最低应达到 40%；

(3)公司发展阶段属成长期且有重大资金支出安排的，进行利润分配时，现金分红在本次利润分配中所占比例最低应达到 20%；

公司发展阶段不易区分但有重大资金支出安排的，可以按照前项规定处理。

6. 利润分配政策的决策机制和程序

董事会提交股东大会的股利分配具体方案，应经董事会全体董事过半数以上表决通过，并经全体独立董事三分之二以上表决通过，由股东大会审议并经出席股东大会的股东所持表决权的 2/3 以上通过。

独立董事应当对股利分配具体方案发表独立意见。

监事会应当对董事会拟定的股利分配具体方案进行审议，并经监事会全体监事过半数以上表决通过。

公司董事会、监事会和股东大会对利润分配政策的决策和论证过程中应当充分考虑独立董事、外部监事(如有)和公众投资者的意见。公司将通过多种途径(电话、传真、电子邮件、投资者关系互动平台)听取、接受公众投资者对利润分配事项的建议和监督。

7. 现金分红方案的决策程序

董事会在制定现金分红具体方案时,应当认真研究和论证公司现金分红的时机、条件和最低比例、调整的条件及决策程序要求等事宜,董事会提交股东大会的现金分红的具体方案,应经董事会全体董事过半数以上表决通过,并经全体独立董事三分之二以上表决通过,由股东大会审议并经出席股东大会的股东所持表决权的 2/3 以上通过。独立董事应对现金分红方案进行审核并发表独立明确的意见。

独立董事可以征集中小股东的意见,提出分红提案,并直接提交董事会审议。

股东大会对现金分红具体方案进行审议时,应通过多种渠道主动与股东特别是中小股东进行沟通和交流,包括但不限于电话、传真和邮件沟通或邀请中小股东参会等方式,充分听取中小股东的意见和诉求,并及时答复中小股东关心的问题。

8. 利润分配政策的调整

公司将保持股利分配政策的连续性、稳定性,如因公司自身经营情况、投资规划和长期发展的需要,或者根据外部经营环境发生重大变化而确需调整利润分配政策的,调整后的利润分配政策不得违反中国证监会和证券交易所等的有关规定,有关调整利润分配政策议案由董事会根据公司经营状况和中国证监会的有关规定拟定,提交股东大会审议并经出席股东大会的股东所持表决权的 2/3 以上通过,在股东大会提案时须进行详细论证和说明原因。

董事会拟定调整利润分配政策议案过程中,应当充分听取股东(特别是公众投资者)、独立董事和外部监事(如有)的意见。董事会审议通过调整利润分配政策议案的,应经董事会全体董事过半数以上表决通过,经全体独立董事三分之二以上表决通过,独立董事须发表独立意见,并及时予以披露。

监事会应当对董事会拟定的调整利润分配政策议案进行审议,充分听取不在公司任职的外部监事(如有)意见,并经监事会全体监事过半数以上表决通过。

股东大会审议调整利润分配政策议案时,应充分听取社会公众股东意见,除设置现场会议投票外,还应当向股东提供网络投票系统予以支持。

9. 利润分配政策的披露

公司若当年不进行或低于公司章程规定的现金分红比例进行利润分配的,公司董事会应当在定期报告中披露原因,独立董事应当对未分红原因、未分红的资金留存公司的用途发表独立意见,有关利润分配的议案需经公司董事会审议后提交股东大会批准,并在股东大会提案中详细论证说明原因及留存资金的具体用途。

10. 存在股东违规占用公司资金情况的,公司应当扣减该股东所分配的现金红利,以偿还其占用的资金。

八、审计报告日后主要经营状况及 2016 年业绩预测

财务报告审计截止日(2016 年 6 月 30 日)至招股说明书签署日期间,公司整体经营状况良好,主营业务、主要产品和经营模式未发生重大变化。2016 年 1-9 月,公司实现营业收入 178,445.86 万元,较上年同期增长 26.69%,实现归属于母公司股东扣除非经常性损益后的净利润 8,610.34 万元,较上年同期增长 24.75%。公司利润指标同比上升主要是由于公司正在实施的工程项目较多,同时公司水务运营板块的收入增幅较大。

预计 2016 年度营业收入约为 20 亿元至 25 亿元,预计 2016 年度营业收入相比上年的上升幅度将在 0%-26%之间,归属于母公司股东的净利润约为 1.3 亿元至 1.55 亿元,相比上年的上升幅度将在 3%-23%之间;扣除非经常性损益后归属于母公司股东的净利润约为 1.28 亿元至 1.49 亿元,相比上年的上升幅度将在博天环境集团股份有限公司上市公告书 2%-18%之间。(数据未经注册会计师审计,且不构成盈利预测)

九、如无特别说明,本上市公告书中的简称或名词的释义与本公司首次公开发行股票招股说明书中的释义相同

第二节 股票上市情况

一、本上市公告书系根据《公司法》《证券法》和《上海证券交易所股票上市规则》等有关法律法规规定,按照上海证券交易所《股票上市公告书内容与格式指引》编制而成,旨在向投资者说明本公司首次公开发行 A 股股票上市的基本情况。

二、本公司首次公开发行 A 股股票(简称"本次发行")经中国证券监督管理委员会"证监许可〔2017〕156 号"文核准。本次发行采用网下向符合条件的投资者询价配售与网上向持有上海市场非限售 A 股股份市值的社会公众投资者定价发行相结合的方式进行。

三、本公司 A 股股票上市经上海证券交易所"自律监管决定书〔2017〕42 号"文批准。证券简称"博天环境",股票代码"603603"。本次发行的 40,010,000 股社会公众股将于 2017 年 2 月 17 日起上市交易。

四、股票上市概况

1. 上市地点:上海证券交易所

2. 上市时间:2017 年 2 月 17 日

3. 股票简称:博天环境

4. 股票代码:603603

5. 本次公开发行后的总股本:400,010,000 股

6. 本次公开发行的股票数量:40,010,000 股

7. 本次上市的无流通限制及锁定安排的股票数量:网下最终发行数量为 4,000,000 股,占本次发行总量的 9.998%;网上最终发行数量为 36,010,000 股,占本次发行总量的 90.002%,本次合计上市的无流通限制及锁定安排的股票数量为 40,010,000 股。

8. 发行前股东所持股份的流通限制及期限以及发行前股东对所持股份自愿锁定的承诺:

该部分参照本《上市公告书》中"第一节重要声明与提示"之"二、股份博天环境集团股份有限公司上市公告书锁定承诺"。

9. 股票登记机构:中国证券登记结算有限公司上海分公司

10. 上市保荐机构:中信建投证券股份有限公司

第三节 发行人、股东和实际控制人情况

一、公司基本情况

1. 中文名称:博天环境集团股份有限公司

英文名称:Poten Environment Group CO.,LTD.

中文简称:博天环境

2. 法定代表人:赵笠钧

3. 成立日期:1995 年 1 月 18 日(2012 年 11 月 15 日整体变更为股份公司)

4. 注册资本:(本次发行前)36,000 万元

5. 住所:北京市海淀区西直门北大街 60 号首钢综合楼 12A06-08 室

6. 经营范围:承包国外工程项目;对外派遣实施上述境外工程所需的劳务人员;水污染治理;水处理技术、水资源管理技术、生态修复技术开发、技术转让、技术服务;承接水和环境项目的工程设计、技术咨询、运营管理;承接环境治理工程、给水净化工程、市政公用工程;机电安装工程总承包;开发、销售环保相关产品和设备、批发、佣金代理(拍卖除外)上述相关产品(涉及配额许可证管理、专项规定管理的商品按照国家有关规定办理);货物进出口、技术进出口、代理进出口;投资管理、资产管理。(未取得行政许可的项目除外)

7. 主营业务:水环境解决方案(工程总承包)、水处理装备和水务投资运营管理

8. 所属行业:生态保护和环境治理业

9. 联系电话:010-82291995

10. 传真号码:010-82291618

11. 互联网网址:www.poten.cn

12. 电子信箱:zqb@poten.cn

13. 董事会秘书:张蕾

14. 董事、监事、高级管理人员博天环境集团股份有限公司上市公告书

(1)董事

本公司本届董事会由 9 名成员组成,其中独立董事 3 名。

姓　名	在发行人任职	任职期间
赵笠钧	董事长、总裁	2015-12-31 至 2018-12-30
王少艮	董事、高级副总裁	2015-12-31 至 2018-12-30
缪冬塬	董事、高级副总裁	2015-12-31 至 2018-12-30
翟　俊	董事	2015-12-31 至 2018-12-30
张　蕾	董事、高级副总裁、董事会秘书	2015-12-31 至 2018-12-30
蔡明浟	董事	2015-12-3 至 2018-12-30
张宏久	独立董事	2015-12-31 至 2018-12-30
刘胜军	独立董事	2015-12-31 至 2018-12-30
邹志文	独立董事	2015-12-31 至 2018-12-30

(2)监事

本公司监事会由 6 名成员组成,其中股东代表监事 4 名,职工代表监事 2 名。

姓　名	在发行人任职	任职期间
窦维东	监事会主席	2015-12-31 至 2018-12-30
李建树	监事	2015-12-31 至 2018-12-30
魏军锋	监事	2015-12-31 至 2018-12-30
余　蕾	监事	2015-12-31 至 2018-12-30
何　杉	职工监事、博乐宝副总经理	2015-12-31 至 2018-12-30
方　宇	职工监事、博中投资高级投资经理	2015-12-31 至 2018-12-30

(3)高级管理人员

本公司共有高级管理人员 8 名。

姓　名	在发行人处职务	任期
赵笠钧	董事长、总裁	2015-12-31 至 2018-12-30
王少艮	董事、高级副总裁	2015-12-31 至 2018-12-30
缪冬塬	董事、高级副总裁	2015-12-31 至 2018-12-30
薛立勇	高级副总裁	2015-12-31 至 2018-12-30
李　璐	高级副总裁、总工程师	2015-12-31 至 2018-12-30
张　蕾	董事、高级副总裁、董事会秘书	2015-12-31 至 2018-12-30

蒋　玮	高级副总裁	2015-12-31 至 2018-12-30
高　峰	财务总监	2015-12-31 至 2018-12-30

15. 本次发行后，公司董事、监事、高级管理人员均未直接持有发行人股票，博天环境集团股份有限公司上市公告书其间接持股情况如下：

单位：万股

姓　名	在公司任职情况	间接持股数	间接持股比例
赵笠钧	董事长、总裁	9,388.52	23.47%
王少艮	董事、高级副总裁	968.40	2.42%
缪冬塬	董事、高级副总裁	651.60	1.63%
张　蕾	董事、高级副总裁、董事会秘书	104.40	0.26%
蔡明洳	董事	99.56	0.25%
窦维东	监事会主席	219.60	0.55%
何　杉	职工监事、博乐宝副总经理	25.20	0.06%
方　宇	职工监事、博中投资高级投资经理	3.60	0.01%
薛立勇	高级副总裁	964.80	2.41%
李　璐	高级副总裁、总工程师	514.80	1.29%
蒋　玮	高级副总裁	126.00	0.31%
高　峰	财务总监	32.40	0.08%
	合　计	13,098.88	32.75%

本公司其他董事、监事和高级管理人员均不存在直接或间接持有本公司股份的情况。

二、控股股东及实际控制人的基本情况

(一)控股股东基本情况

本公司的控股股东为汇金联合科技(北京)有限公司，基本情况如下：

成立时间：2010 年 7 月 8 日

注册资本：2,045 万元

实收资本：2,045 万元

注册地：北京市海淀区上地四街 3 号 221 室

法定代表人：赵笠钧

经营范围：技术开发；投资管理。

截至本上市公告书签署日，汇金联合的股权结构如下：博天环境集团股份有限公司上市公告书

单位：万元

序号	股东名称	出资额	出资比例	序号	股东名称	出资额	出资比例
1	赵笠钧	1,150.60	56.26%	22	郭晓禹	5.40	0.26%
2	王少艮	133.80	6.54%	23	高振海	5.40	0.26%
3	薛立勇	133.00	6.50%	24	付江涛	5.40	0.26%
4	缪冬塬	90.00	4.40%	25	迟　娟	5.40	0.26%
5	李　顺	72.15	3.53%	26	傅仕俊	5.40	0.26%
6	李　璐	71.20	3.48%	27	王　振	5.40	0.26%
7	吴　江	65.60	3.21%	28	高　峰	4.32	0.21%
8	潘　文	62.80	3.07%	29	邹　睐	3.75	0.18%
9	窦维东	30.10	1.47%	30	张利彬	3.63	0.18%
10	陈广升	26.20	1.28%	31	崔　进	3.24	0.16%
11	李占东	23.00	1.12%	32	韩　凯	3.14	0.15%
12	孟　翔	17.60	0.86%	33	张子新	2.80	0.14%
13	蒋　玮	17.40	0.85%	34	黄　会	2.56	0.13%
14	张　蕾	14.60	0.71%	35	陈朝峰	2.25	0.11%
15	杨　超	14.00	0.68%	36	张会敏	2.09	0.10%
16	姚宇威	12.55	0.61%	37	陈士伟	2.09	0.10%
17	俞　彬	10.60	0.52%	38	李杨	1.80	0.09%
18	王玉慧	10.40	0.51%	39	刘付亮	1.80	0.09%
19	陈　峰	9.49	0.46%	40	俞慧龙	1.05	0.05%
20	王纪文	6.27	0.31%	41	张淑霞	1.05	0.05%
21	毕　飞	5.70	0.28%		合　计	2,045.00	100.00%

(二)实际控制人基本情况

公司的实际控制人为赵笠钧，赵笠钧持有控股股东汇金联合 56.26%的股权，本次发行完成后，通过汇金联合控制公司 37.061%的股份；赵笠钧同时持有公司股东中金公信 61.90%的出资份额，本次发行完成后，通过中金公信间接控制公司 4.233%的股份。

三、股本结构及前十名股东情况

1. 本次发行前后的股本结构变动情况

本次发行前，本公司总股本为 36,000 万股，本次发行股数为 4,001 万股，本次发行前后本公司的股本结构如下：

股东名称	本次发行前 持股数量(股)	持股比例	本次发行后 持股数量(股)	持股比例	锁定期限制
一、有限售条件 A 股流通股					
汇金联合科技(北京)有限公司	148,248,078	41.18%	148,248,078	37.06%	自上市之日起锁定 36 个月
国投创新(北京)投资基金有限公司	62,176,970	17.27%	62,176,970	15.54%	自上市之日起锁定 12 个月
上海复星创富股权投资基金合伙企业(有限合伙)	36,000,000	10.00%	36,000,000	9.00%	自上市之日起锁定 12 个月
苏州鑫发汇泽投资中心(有限合伙)	27,757,934	7.71%	27,757,934	6.94%	自上市之日起锁定 12 个月
北京京都汇能投资咨询有限公司	24,149,001	6.71%	24,149,001	6.04%	自上市之日起锁定 12 个月
新疆高利股权投资管理有限公司	18,514,286	5.14%	18,514,286	4.63%	自上市之日起锁定 12 个月
北京中金公信投资管理中心(有限合伙)	16,931,907	4.70%	16,931,907	4.23%	自上市之日起锁定 36 个月
泰来投资有限公司	13,878,967	3.86%	13,878,967	3.47%	自上市之日起锁定 12 个月
北京中关村瞪羚创业投资中心(有限合伙)	12,342,857	3.43%	12,342,857	3.09%	自上市之日起锁定 12 个月
合计	360,000,000	100.00%	360,000,000	90.00%	–
二、无限售条件 A 股流通股					
社会公众股东	–	–	40,010,000	10.00%	–
合计	360,000,000	100.00%	400,010,000	100.00%	–

2. 本次发行后、上市前前十大股东持股情况

本次发行后、上市前的股东户数为 36,286 名，其中前 10 大股东情况如下：

序号	股东账户名称	持股数量(股)	持股比例
1	汇金联合科技(北京)有限公司	148,248,078	37.06%
2	国投创新(北京)投资基金有限公司	62,176,970	15.54%
3	上海复星创富股权投资基金合伙企业(有限合伙)	36,000,000	9.00%
4	苏州鑫发汇泽投资中心(有限合伙)	27,757,934	6.94%
5	北京京都汇能投资咨询有限公司	24,149,001	6.04%
6	新疆高利股权投资管理有限公司	18,514,286	4.63%
7	北京中金公信投资管理中心(有限合伙)	16,931,907	4.23%
8	博天环境集团股份有限公司未确认持有人证券专用账户	13,878,967	3.47%
9	北京中关村瞪羚创业投资中心(有限合伙)	12,342,857	3.09%
10	中信建投证券股份有限公司	76,158	0.02%
	合计	360,076,158	90.02%

第四节　股票发行情况

一、发行数量：40,010,000 股

二、发行价格：6.74 元/股

三、每股面值：人民币 1.00 元

四、发行市盈率：22.97 倍(按发行后总股本全面摊薄计算)

五、发行方式：本次发行采用网下向投资者询价配售与网上按市值申购定价发行相结合的方式或证券监管部门认可的其他方式进行。网下最终发行数量为 4,000,000 股，占本次发行总量的 9.998%；网上最终发行数量为 36,010,000 股，占本次发行总量 90.002%。本次发行网下投资者弃购 9,414 股，网上投资者弃购 66,744 股，合计 76,158 股，由主承销商包销。

六、募集资金总额及注册会计师对资金到位的验证情况

本次发行募集资金总额为 269,667,400 元。瑞华会计师事务所(特殊普通合伙)于 2017 年 2 月 13 日对本次发行的资金到位情况进行了审验，并出具了瑞华验字[2017]01730003 号验资报告。

七、发行费用总额及明细构成、每股发行费用

1. 保荐承销费用 19,000,000 元、审计及验资费用 4,450,000 元、律师费用 800,000 元、信息披露、材料制作及发行手续费 6,748,271.88 元，上述发行费用合计 30,998,271.88 元。

2. 本次公司公开发行新股的每股发行费用为 0.77 元(按本次发行费用总额除以发行股数计算)。

八、本次公司公开发行新股的募集资金净额：238,669,128.12 元。

九、发行后每股净资产：2.60 元(按本公司 2016 年 6 月 30 日经审计的归属于母公司股东权益和本次募集资金净额之和除以发行后总股本计算)

十、发行后每股收益：0.29 元(按 2015 年度经审计的扣除非经常性损益前后孰低的净利润除以本次发行后总股本计算)

第五节　财务会计资料

瑞华会计师事务所对公司 2013 年、2014 年、2015 年及 2016 年 1-6 月的财务报表进行了审计，并出具“瑞华审字〔2016〕01730191 号”标准无保留意见的《审计报告》；同时，瑞华会计师事务所对公司 2016 年 1-9 月的财务报表进行了审阅，并于 2016 年 12 月 21 日出具了“瑞华阅字[2016]01730001 号”《审阅报告》，相关财务会计数据及有关的分析说明请详见本公司已刊登的招股说明书，本上市公告书中不再披露，敬请投资者注意。投资者欲了解相关情况请详细阅读招股说明书相关章节内容。

基于 2016 年度已实现的经营业绩、已签订订单等情况，预计公司 2016 年度营业收入约为 20 亿元至 25 亿元，预计 2016 年度营业收入相比上年的上升幅度将在 0%-26%之间，归属于母公司股东的净利润约为 1.3 亿元至 1.55 亿元，相比上年的上升幅度将在 3%-23%之间；扣除非经常性损益后归属于母公司股东的净利润约为 1.28 亿元至 1.49 亿元，相比上年的上升幅度将在 2%-18%。（数据未经注册会计师审计，且不构成盈利预测）

第六节　其他重要事项

一、募集资金专户存储三方监管协议的签署

根据《上海证券交易所上市公司募集资金管理规定》，本公司于 2017 年 2 月 14 日与保荐机构中信建投证券股份有限公司和存放募集资金的北京银行股份有限公司翠微路支行签订了《募集资金专户存储三方监管协议》。

根据《募集资金专户存储三方监管协议》，协议约定的主要内容如下：

本公司简称为“甲方”，北京银行股份有限公司翠微路支行简称为“乙方”，中信建投证券股份有限公司简称为“丙方”。

1. 甲方已在乙方开设募集资金专项账户（以下简称“专户”），账号为 20000000336200015081641，截至 2017 年 2 月 13 日，专户余额为 25,066.74 万元。该专户仅用于甲方研发中心建设项目、临沂市中心城区水环境治理综合整治工程河道治理 PPP 项目等募集资金投向项目募集资金的存储和使用，不得用作其他用途。

2. 甲乙双方应当共同遵守《中华人民共和国票据法》《支付结算办法》《人民币银行结算账户管理办法》等法律、法规、规章。

3. 丙方作为甲方的保荐人，应当依据有关规定指定保荐代表人或其他工作人员对甲方募集资金使用情况进行监督。

丙方承诺按照《证券发行上市保荐业务管理办法》《上海证券交易所上市公司募集资金管理办法》以及甲方制订的募集资金管理制度对甲方募集资金管理事项履行保荐职责，进行持续督导工作。

丙方可以采取现场调查、书面问询等方式行使其监督权。甲方和乙方应当配合丙方的调查与查询。丙方每半年度对甲方现场调查时应当同时检查专户存储情况。

4. 甲方授权丙方指定的保荐代表人李波、邱荣辉可以随时到乙方查询、复印甲方专户的资料；乙方应当及时、准确、完整地向其提供所需的有关专户的资料。

保荐代表人向乙方查询甲方专户有关情况时应当出具本人的合法身份证明；丙方指定的其他工作人员向乙方查询甲方专户有关情况时应当出具本人的合法身份证明和单位介绍信。

5. 乙方按月（每月 3 日前）向甲方出具真实、准确、完整的专户对账单，并抄送给丙方。

6. 甲方 1 次或 12 个月以内累计从专户支取的金额超过 5000 万元且达到发行募集资金总额扣除发行费用后的净额（以下简称“募集资金净额”）的 20%的，甲方应当及时以传真方式通知丙方，同时提供专户的支出清单。

7. 丙方有权根据有关规定更换指定的保荐代表人。丙方更换保荐代表人的，应当将相关证明文件书面通知乙方，同时按本协议第十二条的要求书面通知更换后保荐代表人的联系方式。更换保荐代表人不影响本协议的效力。

8. 乙方连续三次未及时向甲方出具对账单，以及存在未配合丙方调查专户情形的，甲方可以主动或在丙方的要求下单方面终止本协议并注销募集资金专户。

9. 丙方发现甲方、乙方未按约定履行本协议的，应当在知悉有关事实后及时向上海证券交易所书面报告。

10. 本协议自甲、乙、丙三方法定代表人或其授权代表签署并加盖各自单位公章之日起生效，至专户资金全部支出完毕并依法销户之日起失效。

二、招股说明书首次刊登日至上市公告书刊登日期间无其他重要事项发生

本公司在招股意向书刊登日至上市公告书刊登前，没有发生可能对本公司有较大影响的重要事项，具体如下：

1. 本公司主营业务发展目标进展情况正常。

2. 本公司所处行业和市场未发生重大变化。

3. 除正常经营活动签订的销售、采购、借款等商务合同外，本公司未订立其他对公司资产、负债、权益和经营成果产生重大影响的重要合同。

4. 本公司与关联方未发生重大关联交易。

5. 本公司未进行重大投资。

6. 本公司未发生重大资产（或股权）购买、出售及置换。

7. 本公司住所没有变更。博天环境集团股份有限公司上市公告书

8. 本公司董事、监事、高级管理人员及核心技术人员没有变化。

9. 本公司未发生重大诉讼、仲裁事项。

10. 本公司未发生除正常经营业务之外的重大对外担保等或有事项。

11. 本公司的财务状况和经营成果未发生重大变化。

12. 本公司未召开董事会、监事会或股东大会。

13. 本公司未发生其他应披露的重大事项。

第七节　上市保荐机构及其意见

一、上市保荐机构基本情况

保荐机构（主承销商）：中信建投证券股份有限公司

住所：北京市朝阳区安立路 66 号 4 号楼

联系地址：北京市东城区朝内大街 2 号凯恒中心 B、E 座二、三层

法定代表人：王常青

电话：010-65608299

传真：010-65608450

保荐代表人：李波、邱荣辉

项目协办人：张桐赈

项目组成员：肖鹏、张星明、徐新岳、程明、钟俊、孟婧、杨慧、董贵欣、丁锐、赵涛、王正

二、上市保荐机构的推荐意见

上市保荐机构认为，发行人申请股票上市符合《中华人民共和国公司法》《中华人民共和国证券法》及《上海证券交易所股票上市规则》等有关法律、法规的规定，发行人股票已具备公开上市的条件。中信建投证券股份有限公司同意推荐博天环境集团股份有限公司的股票在上海证券交易所上市。

发行人：博天环境集团股份有限公司

2017 年 2 月 16 日

上海畅联国际物流股份有限公司

上海畅联国际物流股份有限公司首次公开发行A股股票上市公告书

特别提示

本公司股票将于2017年9月13日在上海证券交易所上市。本公司提醒投资者应充分了解股票市场风险及本公司披露的风险因素，在新股上市初期切忌盲目跟风“炒新”，应当审慎决策、理性投资。

第一节　重要声明与提示

一、重要声明

上海畅联国际物流股份有限公司(以下简称“本公司”“公司”“畅联股份”或“发行人”)及全体董事、监事、高级管理人员保证上市公告书所披露信息的真实、准确、完整，承诺上市公告书不存在虚假记载、误导性陈述或重大遗漏，并承担个别和连带的法律责任。

证券交易所、其他政府机关对本公司股票上市及有关事项的意见，均不表明对本公司的任何保证。

本公司提醒广大投资者注意，凡本上市公告书未涉及的有关内容，请投资者查阅刊载于上海证券交易所网站(http://www.sse.com.cn)的本公司招股说明书全文。

本公司提醒广大投资者注意首次公开发行股票(以下简称“新股”)上市初期的投资风险，广大投资者应充分了解风险、理性参与新股交易。

二、股份锁定的承诺

(一)本公司控股股东、实际控制人浦东新区国资委承诺

“自公司股票上市交易之日起三十六个月内，不转让或者委托他人管理我委持有的公司股份，也不由公司回购该部分股份。承诺期限届满后，在符合相关法律法规和公司章程规定的条件下，我委所持有的公司股份可以上市流通和转让。”

“1. 发行人上市后6个月内，如发行人股票连续20个交易日的收盘价均低于发行价，或者上市后6个月期末收盘价低于发行价，则我委持有的发行人股票的锁定期限自动延长6个月。2. 我委在承诺的锁定期满后两年内减持所持发行人股票的，则减持价格不低于发行人首次公开发行股票的发行价，若发行人股票在锁定期内发生除权除息事项的，发行价应相应作除权除息处理。”

(二)本公司其他直接或间接持股的股东承诺

本公司股东联合发展承诺：“自公司股票上市交易之日起十二个月内，不转让或者委托他人管理本公司/合伙企业持有的公司股份，也不由公司回购该部分股份。承诺期限届满后，在符合相关法律法规和公司章程规定的条件下，本公司/合伙企业所持有的公司股份可以上市流通和转让。”

本公司股东嘉融投资承诺：“自公司股票上市交易之日起十二个月内，不转让或者委托他人管理本公司持有的公司股份，也不由公司回购该部分股份。承诺期限届满后，在符合相关法律法规和公司章程规定的条件下，本公司所持有的公司股份可以上市流通和转让。”

本公司股东仪电集团、东航金控及畅连投资承诺：“自公司股票上市交易之日起十二个月内，不转让或者委托他人管理本公司/合伙企业持有的公司股份，也不由公司回购该部分股份。承诺期限届满后，在符合相关法律法规和公司章程规定的条件下，本公司/合伙企业所持有的公司股份可以上市流通和转让。”

本公司股东徐峰等42名自然人承诺：“自公司股票上市交易之日起十二个月内，不转让或者委托他人管理本人持有的公司股份，也不由公司回购该部分股份。承诺期限届满后，在符合相关法律法规和公司章程规定的条件下，本人所持有的公司股份可以上市流通和转让。”

(三)公司董事、监事、高级管理人员承诺

持有本公司股份的董事、高级管理人员徐峰、陈文晔、茆英华、陆健、周颖、沈侃及已退休的高级管理人员潘建华、已离职的高级管理人员杨臻承诺：“1. 发行人上市后6个月内，如发行人股票连续20个交易日的收盘价均低于发行价，或者上市后6个月期末收盘价低于发行价，则本人持有的发行人股票的锁定期限自动延长6个月。2. 本人在承诺的锁定期满后两年内减持所持发行人股票的，则减持价格不低于发行人首次公开发行股票的发行价，若发行人股票在锁定期内发生除权除息事项的，发行价应相应作除权除息处理。3. 本人不会因职务变更、离职等原因终止履行上述两项承诺。”

持有本公司股份的董事、监事及高级管理人员徐峰、陈文晔、茆英华、陆健、周颖、沈侃、吴剑平、张如铁及已离职的高级管理人员杨臻承诺：“本人在任职期间，每年转让的股份不得超过所持有公司股份总数的百分之二十五；所持有公司股份自公司股票上市交易之日起一年内不得转让。离职后半年内，不转让其所持有的公司股份。”

本公司董事、监事及高级管理人员承诺：“本人/公司将遵守中国证监会《上市公司股东、董监高减持股份的若干规定》，上海证券交易所《股票上市规则》《上海证券交易所上市公司股东及董事、监事、高级管理人员减持股份实施细则》的相关规定。”

三、稳定股价预案

根据《公司法》《证券法》《关于进一步推进新股发行体制改革的意见》等相关法律法规的要求，为保护中小股东和投资者利益，公司特制定稳定公司股价的预案如下：

(一)启动股价稳定措施的条件

公司上市后三年内，若公司股票连续20个交易日的收盘价均低于公司上一个会计年度末经审计的每股净资产时，触发股价稳定措施。公司审计基准日后发生除权除息事项的，公司股票相关收盘价做复权复息处理。

(二)股价稳定措施

公司及控股股东、公司董事(独立董事除外)、高级管理人员将按照法律、法规、规范性文件和公司章程的相关规定，在不影响发行人上市条件以及免除控股股东要约收购责任的前提下，按照先后顺序依次实施如下股价稳定措施：

1. 实施利润分配或转增股本；

2. 实施股票回购；

3. 控股股东增持公司股份；

4. 发行人董事(独立董事除外)、高级管理人员增持公司股份。

(三)股价稳定措施的具体实施方案

公司在每个自然年度内首次触发股价稳定措施启动条件时，公司董事会将在3个交易日内根据相关法律、法规和公司章程的规定，在保证公司经营资金需求的前提下，制订并审议通过积极的利润分配方案或者资本公积、未分配利润转增股本方案，并提交股东大会审议。在股东大会审议通过利润分配方案或资本公积、未分配利润转增股本方案后的2个月内，公司实施完毕该方案。在股东大会审议通过该方案前，公司股价已经不满足启动稳定公司股价措施条件的，本公司可不再继续实施该方案。公司在一个会计年度内，最多实施1次该股价稳定措施。

公司在实施利润分配或转增股本方案股价稳定措施后，再次触发股价稳定措施启动条件的，公司董事会将在3个交易日内根据相关法律、法规和公司章程的规定，制订并审议通过股票回购方案，并提交股东大会审议。公司股东大会批准实施回购股票的议案后，公司将依法履行相应的公告、备案及通知债权人等义务。

公司将在股东大会决议作出之日起3个月内回购股票。在实施回购股票期间，公司股价已经不满足启动稳定公司股价措施条件的，本公司可不再继续实施该方案。若某一会计年度内公司股价多次触发股价稳定措施启动条件的，公司将继续按照上述稳定股价预案执行，但应遵循以下原则：(1)单次用于回购股票的资金金额不低于上一个会计年度经审计的归属于母公司股东净利润的20%；(2)单一会计年度用于稳定股价的回购资金合计不超过上一会计年度经审计的归属于母公司股东净利润的50%。超过上述标准的，有关稳定股价措施在当年度不再继续实施。

公司在实施利润分配或转增股本方案及股票回购股价稳定措施后，再次触发股价稳定措施启动条件的，公司控股股东将在3个交易日内提出增持发行人股份的方案(包括拟增持股份的数量、价格区间、时间等)，并依法履行所需的审批手续，在获得批准后的3个交易日内通知发行人，发行人应按照相关规定披露增持股份的计划。在发行人披露增持发行人股份计划的3个交易日后，公司控股股东将按照方案开始实施增持发行人股份的计划。通过二级市场以竞价交易方式增持发行人股份的，买入价格不高于发行人上一个会计年度末经审计的每股净资产。但如果股份增持方案实施前，公司股价已经不满足启动稳定公司股价措施条件的，公司控股股东可不再继续实施该方案。若某一个会计年度内，发行人股价多次触发上述需采取股价稳定措施条件的(不包括前次触发公司满足股价稳定措施的第一个交易日至发行人公告股价稳定措施实施完毕期间的交易日)，控股股东将继续按照上述稳定股价预案执行，但应遵循以下原则：(1)单次用于增持股份的资金金额不超过其自发行人上市后累计从发行人所获得现金分红金额的20%，和(2)单一会计年度其用以稳定股价的增持资金不超过自发行人上市后其累计从发行人所获得现金分红金额的50%。超过上述标准的，有关稳定股价措施在当年度不再继续实施。但如下一年度继续出现需启动稳定股价措施的情形时，其将继续按照上述原则执行稳定股价预案。下一年度触发股价稳定措施时，以前年度已经用于稳定股价的增持资金金额不再计入累计现金分红金额。但如果增持发行人股份计划实施前，公司股价已经不满足启动稳定公司股价措施条件的，公司控股股东可不再继续实施该方案。

公司董事(不包括独立董事)和高级管理人员将依据法律、法规及公司章程的规定，在不影响发行人上市条件的前提下实施股价稳定措施。当发行人出现需要采取股价稳定措施的情形时，如发行人、控股股东均已采取股价稳定措施并实施完毕后，发行人董事(不包括独立董事)和高级管理人员将通过二级市场以竞价交易方式买入发行人股份以稳定发行人股价。发行人应按照相关规定披露发行人董事(不包括独立董事)和高级管理人员买入公司股份的计划。在发行人披露其买入发行人股份计划的3个交易日后，发行人董事(不包括独立董事)和高级管理人员将按照方案开始实施买入发行人股份的计划；通过二级市场以竞价交易方式买入发行人股份的，买入价格不高于发行人上一个会计年度末经审计的每股净资产。但如果发行人披露其买入计划后3个交易日内，公司股价已经不满足启动稳定公司股价措施的条件的，发行人董事(不包括独立董事)和高级管理人员可不再实施上述买入发行人股份计划。若某一个会计年度内发行人股价多次触发上述需采取股价稳定措

施条件的（不包括前次触发公司满足股价稳定措施的第一个交易日至发行人公告股价稳定措施实施完毕期间的交易日），发行人董事(不包括独立董事)和高级管理人员将继续按照上述稳定股价预案执行，但应遵循以下原则：(1)单次用于购买股份的资金金额不超过其在担任董事或高级管理人员职务期间上一个会计年度从发行人处领取的税后薪酬累计额的 20%，和(2)单一年度用以稳定股价所动用的资金金额不超过其在担任董事或高级管理人员职务期间上一个会计年度从发行人处领取的税后薪酬累计额的 50%。超过上述标准的，有关稳定股价措施在当年度不再继续实施。但如下一年度继续出现需启动稳定股价措施的情形时，将继续按照上述原则执行稳定股价预案。若公司新选聘董事(不包括独立董事)、高级管理人员的，公司将要求该等新选聘的董事、高级管理人员履行本公司上市时董事、高级管理人员已作出的相应承诺。

(四)未能履行公开承诺事项的约束措施

公司将严格履行就公司首次公开发行股票并上市所作出的所有公开承诺事项，积极接受社会监督。

1. 非因不可抗力原因导致未能完全且有效地履行承诺事项中的各项义务或责任，则承诺将采取以下措施予以约束：

(1) 将在股东大会及中国证监会指定报刊上公开说明未履行的具体原因并向股东和社会公众投资者道歉。

(2)如果因未履行相关公开承诺事项给投资者造成损失的，将依法向投资者赔偿相关损失。

(3)在本公司未完全消除因本公司未履行相关承诺事项所导致的所有不利影响之前，本公司不得以任何形式向董事、监事、高级管理人员增加薪资或津贴。

2. 若因不可抗力原因导致未能充分且有效履行公开承诺事项的，在不可抗力原因消除后，应在股东大会及中国证监会指定媒体上公开说明造成其未能充分且有效履行公开承诺事项的不可抗力的具体情况，并向股东和社会公众投资者致歉。同时，应尽快研究将投资者利益损失降低到最小的处理方案，尽可能的保护投资者的利益。此外，还应说明原有承诺在不可抗力消除后是否继续实施，如不继续实施的，应根据实际情况提出新的承诺。

四、关于招股说明书信息披露的承诺

(一)发行人承诺

“若招股说明书有虚假记载、误导性陈述或者重大遗漏，对判断本公司是否符合法律规定的发行条件构成重大、实质影响的，本公司将在有关违法事实被有关部门认定后 30 天内依法回购首次公开发行的全部新股。

若上述情形发生于新股已完成发行但未上市交易之阶段内，则将基于发行新股所获之募集资金，按照发行价格并加算银行同期存款利息返还给投资者；若上述情形发生于新股已完成发行并上市交易之后，则将按照发行价格和上述情形发生之日的二级市场收盘价格孰高回购公司首次公开发行的全部新股。公司上市后发生除权除息事项的，上述发行价格做相应调整。

若招股说明书有虚假记载、误导性陈述或者重大遗漏，致使投资者在证券交易中遭受损失的，本公司将在该等违法事实被有权部门认定后 30 天内依法赔偿投资者损失。”

(二)实际控制人、控股股东浦东新区国资委承诺

“若公司招股说明书有虚假记载、误导性陈述或者重大遗漏，对判断公司是否符合法律规定的发行条件构成重大、实质影响的，我委将利用公司控股股东地位促成公司在被有权部门认定违法事实后 30 天内启动依法回购公司首次公开发行的全部新股工作。

若公司招股说明书有虚假记载、误导性陈述或者重大遗漏，致使投资者在证券交易中遭受损失的，我委将在该等违法事实被有权部门认定后 30 天内依法赔偿投资者损失。”

(三)公司董事、监事和高级管理人员承诺

“若招股说明书有虚假记载、误导性陈述或者重大遗漏，致使投资者在证券交易中遭受损失的，将在该等违法事实被有权部门认定后 30 天内依法赔偿投资者损失。但是本人能证明自己没有过错的除外。”

(四)本次发行相关中介机构承诺

1. 保荐人承诺：“如果由于本机构为发行人首次公开发行股票制作、出具的文件有虚假记载、误导性陈述或者重大遗漏，给投资者造成损失的，本机构将先行赔偿投资者损失。”

2. 天职会计师承诺：“如承诺人为发行人首次公开发行股票并上市制作、出具的文件有虚假记载、误导性陈述或者重大遗漏，给投资者造成损失的，承诺人将根据中国证监会或人民法院等有权部门的最终处理决定或生效判决，依法赔偿投资者损失。”

3. 发行人律师承诺：“如国浩在本次发行工作期间未勤勉尽责，导致国浩所制作、出具的文件对重大事件作出违背事实真相的虚假记载、误导性陈述，或在披露信息时发生重大遗漏，导致发行人不符合法律规定的发行条件，造成投资者直接经济损失的，在该等违法事实被认定后，国浩将本着积极协商、切实保障投资者特别是中小投资者利益的原则，自行并督促发行人及其他过错方一并对投资者直接遭受的、可测算的经济损失，选择与投资者和解、通过第三方与投资者调解及设立投资者赔偿基金等方式进行赔偿。国浩保证遵守以上承诺，勤勉尽责地开展业务，维护投资者合法权益，并对此承担相应的法律责任。”

五、公开发行前持股 5%以上股东的持股意向及减持意向

(一)控股股东、实际控制人浦东新区国资委的减持意向

控股股东、实际控制人浦东新区国资委承诺：“1. 在承诺的锁定期内，持续持有公司股份。2. 为持续地分享公司的经营成果，我委具有长期持有公司股份的意向。3. 在所持公司股份锁定期届满后，出于自身需要，我委存在适当减持公司股份的可能。锁定期满后两年内，每年减持股份数量合计不超过公司股本总额的 5%，减持价格不低于发行价。公司上市后发生除权除息事项的，以相应调整后的价格、股本为基数。4. 减持股份行为应符合相关法律法规、证券交易所规则要求，并严格履行相关承诺；减持方式包括二级市场集中竞价交易、大宗交易等证券交易所认可的合法方式。拟减持公司股份的，将提前三个交易日通知公司并予以公告，将按照《公司法》、《证券法》、中国证监会及证券交易所相关规定办理；5. 我委将遵守中国证监会《上市公司股东、董监高减持股份的若干规定》，上海证券交易所《股票上市规则》、《上海证券交易所上市公司股东及董事、监事、高级管理人员减持股份实施细则》的相关规定。”

(二)其他持有发行人 5%以上股份股东的减持意向

持有本公司 5%以上股份的主要股东联合发展承诺：“1. 在承诺的锁定期内，持续持有公司股份。2. 在所持公司股份锁定期届满后两年内，本公司承诺不减持，持续持有公司股份；3. 本公司将遵守中国证监会《上市公司股东、董监高减持股份的若干规定》，上海证券交易所《股票上市规则》、《上海证券交易所上市公司股东及董事、监事、高级管理人员减持股份实施细则》的相关规定。”

持有本公司 5%以上股份的主要股东东航金控承诺：“1. 在承诺的锁定期内，持续持有公司股份。2. 在所持公司股份锁定期届满后两年内减持的，每年减持的股票数量不超过上年末持有公司股份数量的 25%，减持价格不低于发行价。公司上市后发生除权除息事项的，以相应调整后的价格、股本为基数。3. 减持股份行为应符合相关法律法规、证券交易所规则要求，并严格履行相关承诺；减持方式包括二级市场集中竞价交易、大宗交易等证券交易所认可的合法方式。拟减持公司股份的，将提前三个交易日通知公司并予以公告，将按照《公司法》《证券法》、中国证监会及证券交易所相关规定办理；4. 本公司将遵守中国证监会《上市公司股东、董监高减持股份的若干规定》，上海证券交易所《股票上市规则》、《上海证券交易所上市公司股东及董事、监事、高级管理人员减持股份实施细则》的相关规定。”

其他持有本公司 5%以上股份的主要股东仪电集团、嘉融投资和畅连投资承诺：“1. 在承诺的锁定期内，持续持有公司股份。2. 在所持公司股份锁定期届满后两年内，其累计减持数量可能最高达到上市时所持公司股份数量的 100%，减持价格不低于发行价。公司上市后发生除权除息事项的，以相应调整后的价格、股本为基数。3. 减持股份行为应符合相关法律法规、证券交易所规则要求，并严格履行相关承诺；减持方式包括二级市场集中竞价交易、大宗交易等证券交易所认可的合法方式。拟减持公司股份的，将提前三个交易日通知公司并予以公告，将按照《公司法》《证券法》、中国证监会及证券交易所相关规定办理；4. 本公司/合伙企业将遵守中国证监会《上市公司股东、董监高减持股份的若干规定》，上海证券交易所《股票上市规则》《上海证券交易所上市公司股东及董事、监事、高级管理人员减持股份实施细则》的相关规定。”

公司 42 名自然人股东承诺：“本人持续看好公司及所处行业的发展前景，拟长期持有公司股份。本人所持股票在锁定期满后两年内减持的，其减持价格不低于发行价(若公司在上市后有派息、送股、转增股本、增发新股等除权、除息事项的，发行价将按照证券交易所的有关规定调整，下同)；公司上市后 6 个月内如公司股票连续 20 个交易日的收盘价均低于发行价，或者上市后 6 个月期末(如该日不是交易日，则为该日后第一个交易日)收盘价低于发行价，持有公司股票的锁定期限自动延长至少 6 个月。本人所持股票在锁定期满后实施减持时，将提前 3 个交易日予以公告。

本人将遵守中国证监会《上市公司股东、董监高减持股份的若干规定》，上海证券交易所《股票上市规则》《上海证券交易所上市公司股东及董事、监事、高级管理人员减持股份实施细则》的相关规定。”

六、关于填补即期回报措施的承诺

公司全体董事及高级管理人员将忠实、勤勉的履行职责，维护公司和全体股东的合法权益，并对公司填补回报措施能够得到切实履行作出承诺：

“(1)承诺不无偿或以不公平条件向其他单位或者个人输送利益，也不采用其他方式损害公司利益。

(2)承诺对职务消费行为进行约束。

(3)承诺不动用公司资产从事与其履行职责无关的投资、消费活动。

(4)承诺由董事会或薪酬委员会制定的薪酬制度与公司填补回报措施的执行情况相挂钩。

(5)如公司未来实施股权激励方案，承诺未来股权激励方案的行权条件将与公司填补回报措施的执行情况相挂钩。”

七、股利分配政策

公司于 2015 年 11 月 20 日召开 2015 年度第四次临时股东大会，审议通过了《关于<上海畅联国际物流股份有限公司章程(草案)>的议案》、《关于公司首次公开发行股票完成前公司滚存未分配利润分配方案的议案》以及《关于<上海畅联国际物流股份有限公司未来分红回报规划>的议案》。

(一)本次发行后的股利分配政策

根据《公司章程(草案)》，公司发行上市后股利分配政策为：

1. 公司利润分配政策的基本原则

公司实施积极的利润分配政策，重视对投资者的合理投资回报。公司应保持利润分配政策的连续性和稳定性，同时兼顾公司的长远利益、全体股东的整体利益及公司的可持续发展，利润分配不得超过累计可分配利润的范围，不得损害公司的可持续发展能力。公司董事会、监事会和股东大会对利润分配政策的决策和论证过程中应当充分考虑独立董事和公众投资者的意见。

2. 利润分配的方式

按照股东持有的股份比例分配利润；可以采取现金、股票或二者结合的方式分配利润。公司可以进行中期现金分红。公司主要采取现金分红的利润分配政策，即公司当年实现盈利，在依法提取

法定公积金、任意公积金后进行现金分红。

3. 现金分红的条件及比例

在满足现金股利分配之后，公司可以另行提出并实施股票股利分配。如公司采取现金及股票股利结合的方式分配利润的，应当遵循以下原则：

(1)公司发展阶段属成熟期且无重大资金支出安排的，进行利润分配时，现金分红在本次利润分配中所占比例最低应达到80%；

(2)公司发展阶段属成熟期且有重大资金支出安排的，进行利润分配时，现金分红在本次利润分配中所占比例最低应达到40%；

(3)公司发展阶段属成长期且有重大资金支出安排的，进行利润分配时，现金分红在本次利润分配中所占比例最低应达到20%。

考虑到目前公司所处阶段属成长期，且募集资金投资项目尚未完成，未来仍存在重大资金支出的安排，因此，目前公司进行利润分配时，现金分红在本次利润分配中所占比例最低应达到20%。

重大资金支出或重大投资计划是指：公司未来十二个月内拟对外投资、收购资产或者购买设备累计支出达到或者超过公司最近一期经审计净资产的20%，且绝对值达到5,000万元。

公司原则上在每年年度股东大会审议通过后进行一次现金分红，公司董事会可以根据公司的盈利状况及资金需求状况提议公司进行中期现金分红。

4. 股票股利分配的条件

若公司营业收入增长快速，并且董事会认为公司股票价格与公司股本规模不匹配时，可以在满足上述现金分红分配之余，提出并实施股票股利分配预案。采用股票股利进行利润分配的，应当具有公司成长性、每股净资产的摊薄等真实合理因素。

5. 决策程序和机制

公司利润分配预案由董事会提出，但需事先征求独立董事和监事会的意见，独立董事应对利润分配预案发表独立意见，监事会应对利润分配预案提出审核意见。利润分配预案经二分之一以上独立董事及监事会审核同意，并经董事会审议通过后提请股东大会审议。公司董事会、监事会和股东大会对利润分配政策的决策和论证过程中应当充分考虑独立董事、外部监事和公众投资者的意见。

股东大会审议利润分配方案时，公司应为股东提供网络投票方式，通过多种渠道主动与股东特别是中小股东进行沟通和交流，充分听取中小股东的意见和诉求，并及时答复中小股东关心的问题。

公司股东大会对利润分配方案作出决议后，公司董事会须在股东大会召开后2个月内完成股利(或股份)的派发事项。

如公司当年盈利且满足现金分红条件，但董事会未按照既定利润分配政策向股东大会提交利润分配预案的，应当在定期报告中说明原因、未用于分红的资金留存公司的用途和使用计划，并由独立董事发表独立意见。

6. 公司利润分配政策的变更

公司将严格执行公司章程确定的利润分配政策以及股东大会审议批准的现金分红具体方案。如因外部经营环境或者自身经营状况发生较大变化而需要调整利润分配政策尤其现金分红政策的，应以股东权益保护为出发点，在股东大会提案中详细论证和说明原因；调整后的利润分配政策不得违反中国证监会和证券交易所的有关规定；有关调整利润分配政策的议案，须经董事会、监事会审议通过后提交股东大会批准，独立董事应当对该议案发表独立意见，股东大会审议该议案时应当经出席股东大会的股东所持表决权的2/3以上通过。股东大会进行审议时，应当通过多种渠道主动与股东特别是中小股东进行沟通和交流，充分听取中小股东的意见和诉求，并及时答复中小股东关心的问题。

公司外部经营环境或者自身经营状况发生较大变化是指：因国家法律、法规及行业政策发生重大变化，对公司生产经营造成重大不利影响而导致公司经营亏损；因出现战争、自然灾害等不可抗力因素，对公司生产经营造成重大不利影响而导致公司经营亏损；因外部经营环境或者自身经营状况发生重大变化，公司连续三个会计年度经营活动产生的现金流量净额与净利润之比均低于20%；中国证监会和证券交易所规定的其他事项。

(二)未来三年的分红回报规划

1. 规划制定考虑因素

公司着眼于长远和可持续发展，综合考虑了公司实际情况、发展目标，建立对投资者持续、稳定、科学的回报规划和机制，从而对利润分配作出制度性安排，以保证利润分配政策的连续性和稳定性。

2. 规划制定原则

公司利润分配规划和计划充分考虑和听取股东特别是中小股东的要求和意愿，在保证公司正常经营业务发展的前提下，坚持现金分红为主这一基本原则。在公司当年盈利且满足公司正常生产经营资金需求的情况下，公司应当采取现金方式分配利润，每年的利润分配原则上不低于当年实现可供分配利润的20%。

3. 规划制定周期

公司至少每三年重新审阅一次本规划，并由公司董事会结合具体经营数据，充分考虑公司目前盈利规模、现金流量状况、发展所处阶段及当前资金需求，制定年度或中期分红方案。

4. 未来三年的分红回报规划。

本公司未来三年的分红回报规划同《公司章程(草案)》中规定的股利分配政策，详见招股说明书"股利分配政策"之"三、本次发行后的股利分配政策"之"(一)本次发行后的股利分配政策"。

(三)报告期内股利分配情况

1. 2013年股利分配情况

2013年9月，公司2013年度第二次临时股东大会就利润分配事宜通过了决议，决定向股东分配利润27,770,298.32元。

2013年12月，公司2013年度第四次临时股东大会就利润分配事宜通过了决议，决定向股东分配利润63,951,559.86元。

2. 2015年股利分配情况

2015年4月，公司2014年度股东大会就利润分配事宜通过了决议，决定向股东分配利润93,097,920.44元。

2015年5月，公司2015年度第一次临时股东大会就利润分配事宜通过了决议，决定向股东分配利润18,753,400.02元。

2015年8月，公司2015年度第三次临时股东大会就利润分配事宜通过了决议，决定根据公司与东航金控、畅连投资签订的增资协议，向增资前股东分配利润52,653,689.39元。

3. 2017年股利分配情况

2017年3月，公司2016年度股东大会就利润分配事宜通过了决议，决定向股东分配利润100,000,000元。

发行人报告期内利润分配事项已实施完毕，各自然人股东已足额缴纳个人所得税，发行人已依法履行代扣代缴义务。

八、财务报告审计截止日后主要财务信息、经营状况及2017年1-9月业绩预测

财务报告审计截止日(2016年6月30日)至招股说明书签署日期间，公司整体经营状况良好，主营业务、主要产品和经营模式未发生重大变化，主要客户和供应商较为稳定，整体经营环境未发生较大变化，预计2017年1-9月营业收入约为88,500.00万元至95,000.00万元，与上年同期相比变动幅度为-2%至5%；预计2017年1-9月扣除非经常性损益后归属于母公司股东的净利润约为11,000.00万元至13,000.00万元，与上年同期相比变动幅度为6%至25%，不存在大幅下滑的情形(以上数据未经注册会计师审计且不构成盈利预测)。

如无特别说明，本上市公告书中的相关用语或简称具有与本公司首次公开发行股票招股说明书中相同的含义。

第二节　股票上市情况

一、股票发行上市审核情况

(一)编制上市公告书的法律依据

本上市公告书系根据《中华人民共和国公司法》《中华人民共和国证券法》和《上海证券交易所股票上市规则》等有关法律法规规定，按照上海证券交易所《股票上市公告书内容与格式指引》编制而成，旨在向投资者提供有关本公司首次公开发行A股股票上市的基本情况。

(二)股票发行的核准部门和文号

本公司首次公开发行A股股票(以下简称"本次发行")已经中国证券监督管理委员会"证监许可〔2017〕1491号"批复核准。本次发行采用网下向投资者询价配售与网上按市值申购定价发行相结合的方式进行。

(三)交易所同意股票上市文件的文号

本公司A股股票上市已经上海证券交易所"自律监管决定书〔2017〕322号"批准。本公司发行的A股股票在上海证券交易所上市，证券简称"畅联股份"，证券代码"603648"。

二、股票上市相关信息

(一)上市地点：上海证券交易所

(二)上市时间：2017年9月13日

(三)股票简称：畅联股份

(四)股票代码：603648

(五)本次发行后的总股本：36,866.67万股

(六)本次发行的股票数量：9,216.67万股

(七)本次上市的无流通限制及锁定安排的股票数量：9,216.67万股

(八)发行前股东所持股份的流通限制及期限：参见本上市公告书之"第一节　重要声明与提示"

(九)发行前股东对所持股份自愿锁定的承诺：参见本上市公告书之"第一节　重要声明与提示"

(十)股票登记机构：中国证券登记结算有限责任公司上海分公司

(十一)上市保荐机构：中国国际金融股份有限公司

第三节　发行人、股东和实际控制人情况

一、发行人基本情况

发行人中文名称：上海畅联国际物流股份有限公司

发行人英文名称：Shanghai Shine-Link International Logistics Co.,Ltd.

本次发行后注册资本：36,866.67万元

法定代表人：徐峰

成立时间：2001年5月22日

整体变更设立日期：2013年6月19日

住所：中国(上海)自由贸易试验区冰克路500号5-6幢

互联网地址：www.chinaslc.com

邮政编码：200131

联系电话：(021)20895888

传真：(021)58691924

电子邮箱：investor-relations@chinaslc.com

董事会秘书：沈侃

经营范围：医疗器械第三方物流储运；仓储、分拨、配送业务及仓库管理，自有物业租赁业务；普通货运；国际海上货物运输代理服务，航空国际货物运输代理服务；国际公路货物运输代理服务、道路货物运输代理服务；保税区内商品展示及会务服务、商业性简单加工及商品维修；商务、物流业务咨询服务(除经纪)；从事货物及技术的进出口业务；转口贸易、保税区内企业间的贸易；国内航空货运销售代理，食品流通，医疗器械经营(为其他医疗器械生产经营企业提供贮存、配送服务(含冷藏、冷冻)。[依法须经批准的项目，经相关部门批准后方可开展经营活动]

主营业务：精益供应链管理

所属行业：根据中国证监会《上市公司行业分类指引》(2012 年修订)，发行人所在行业属于租赁和商务服务业中的商务服务业(代码 L72)

二、董事、监事、高级管理人员及持股情况

本公司董事、监事、高级管理人员姓名、职务、任职期间以及本次发行后直接或间接持有发行人股票的情况如下：

姓 名	职位	任期	持股数量(股)	发行后持股比例(%)
徐 峰	董事、总经理	2016.09.10-2019.09.09	4,720,362	1.28%
陈文晔	董事、副总经理	2016.09.10-2019.09.09	1,683,230	0.46%
茆英华	副总经理	2016.09.10-2019.09.09	1,646,638	0.45%
陆 健	物流总监	2016.09.10-2019.09.09	1,012,378	0.27%
周 颖	物流副总监	2016.09.10-2019.09.09	1,146,548	0.31%
张如铁	监事	2016.09.10-2019.09.09	670,853	0.18%
沈 侃	董事会秘书、总经理助理	2016.09.10-2019.09.09	256,144	0.07%

此外，本公司监事吴剑平通过会元投资管理(上海)有限公司、上海会元投资中心(有限合伙)、上海自贸区股权投资基金管理有限公司及上海自贸试验区一期股权投资基金合伙企业(有限合伙)间接持有畅连投资出资份额，从而间接持股发行人股份数 348,505 股，发行后持股比例 0.0945%。

三、控股股东及实际控制人的基本情况

本公司的控股股东及实际控制人为浦东新区国资委。在本次发行前，浦东新区国资委直接持有本公司 34.53%股份，并通过联合发展间接控制本公司 13.76%股份，为本公司的实际控制人。

四、股东情况

(一)本次发行前后的股本结构变动情况

本次发行前公司的总股本为 27,650 万股，本次发行股份数量 9,216.67 万股，占公司本次发行后总股本的比例为 25%，本次发行前后的股权结构如下：

股东结构	发行前 持股数(股)	持股比例(%)	发行后 持股数(股)	持股比例(%)	锁定期限制(月)
一、有限售条件 A 股流通股					
浦东新区国资委	95,479,494	34.53	91,688,980	24.87	36
联合发展	38,040,701	13.76	38,040,701	10.32	12
仪电集团	55,476,022	20.06	53,273,945	14.45	12
嘉融投资	23,333,333	8.44	23,333,333	6.33	12
东航金控	23,333,333	8.44	22,406,836	6.08	12
畅连投资	19,833,334	7.17	19,833,334	5.38	12
徐峰等 42 名自然人股东	21,003,783	7.60	21,003,783	5.70	12
全国社会保障基金理事会	-	-	6,919,088	1.88	3,790,514 股锁定 36 个月，3,128,574 锁定 12 个月
合计	276,500,000	100.00	276,500,000	75.00	-
二、无限售条件 A 股流通股					
本次发行的社会公众股	-	-	92,166,700	25.00	-
合计	-	-	92,166,700	25.00	-
总合计	276,500,000	100.00	368,666,700	100.00	-

(二)本次上市前的股东情况

本次发行后、上市前的股东户数为 80,874 户，公司持股数量前十名的股东情况如下：

股东名称	股数(股)	占发行后总股本比例(%)
浦东新区国资委(SS)	91,688,980	24.87
仪电集团(SS)	53,273,945	14.45
联合发展(SS)	38,040,701	10.32
嘉融投资	23,333,333	6.33
东航金控(SS)	22,406,836	6.08
畅连投资(SS)	19,833,334	5.38
全国社会保障基金理事会	6,919,088	1.88
徐 峰	4,720,362	1.28
陈文晔	1,683,230	0.46
茆英华	1,646,638	0.45
合 计	263,546,447	71.49

第四节 股票发行情况

一、发行数量

本次发行股份数量 9,216.67 万股，占本次发行后总股本的 25.00%，全部为公司公开发行新股。其中，网下向投资者询价配售股票数量为 921.57 万股，占本次发行总量的 10%，实际发行 920.4686 万股；网上按市值申购定价发行股票数量为 8,295.10 万股，占本次发行总量的 90%，实际发行 8,278.7524 万股；主承销商包销 17.4490 万股。

二、发行价格

本次发行价格为 7.37 元/股。

三、每股面值

每股面值为 1.00 元。

四、发行方式

本次发行采用网下向投资者询价配售与网上按市值申购定价发行相结合的方式进行。

五、募集资金总额及注册会计师对资金到位的验证情况

本次发行募集资金总额为 679,268,579.00 元；扣除发行费用后，募集资金净额为 638,113,579.00 元。天职国际会计师事务所(特殊普通合伙)对公司本次公开发行新股的资金到位情况进行了审验，并于 2017 年 9 月 8 日出具了天职业字[2017]16858 号《验资报告》。

六、发行费用

1. 本次发行费用共 4,115.50 万元；其中承销费及保荐费 3,257.18 万元，审计费及验资费 202.83 万元，律师费用 96.23 万元，用于本次发行的信息披露费 462.26 万元，发行手续费及印刷费 97.00 万元(以上费用均不含税)

2. 每股发行费用为 0.45 元/股(发行费用除以发行股数)。

七、募集资金净额

本次发行募集资金净额为 638,113,579.00 元。

八、发行后每股净资产

本次发行后每股净资产为 4.03 元。(按本次发行后归属于母公司的净资产除以发行后总股本计算，其中，发行后归属于母公司的净资产按经审计的截至 2017 年 6 月 30 日归属于母公司的净资产和本次募集资金净额之和计算)

九、发行后每股收益

本次发行后每股收益为 0.32 元。(按照 2016 年经审计的扣除非经常性损益前后归属于母公司股东的净利润的较低者除以本次发行后总股本计算)

第五节 财务会计资料

天职国际会计师事务所(特殊普通合伙)已对本公司 2014 年度、2015 年度、2016 年度及 2017 年半年度财务报表进行审计，并出具了标准无保留意见的天职业字[2017]15353 号《审计报告》。

相关财务会计信息已在公告的招股说明书中详细披露，投资者欲了解相关情况请详细阅读招股说明书"第十节财务会计信息"和"第十一节管理层讨论与分析"内容。本上市公告书中不再披露，上市后也不再披露，敬请投资者注意。

公司 2017 年 1-6 月的主要财务信息如下：

一、最近一期财务数据

1. 合并资产负债表主要数据

单位：万元

资产	2017 年 6 月 30 日	2016 年 12 月 31 日	同比变动
流动资产	67,048.32	71,952.20	-6.82%
非流动资产	45,056.72	38,766.03	16.23%
资产总计	112,105.03	110,718.23	1.25%
流动负债	25,918.90	22,574.34	14.82%
非流动负债	1,405.12	1,474.07	-4.68%
负债合计	27,324.02	24,048.41	13.62%
归属于母公司的所有者权益	84,783.91	86,669.83	-2.18%
所有者权益合计	84,781.01	86,669.83	-2.18%

2. 合并利润表主要数据

单位：万元

项目	2017 年 1-6 月	2016 年 1-6 月	同比变动

营业收入	59,628.73	57,832.81	3.11%
营业成本	43,017.42	42,359.29	1.55%
营业利润	10,726.26	9,148.99	17.24%
利润总额	10,885.43	9,930.25	9.62%
归属于母公司股东的净利润	8,115.46	7,326.76	10.76%
扣除非经常性损益后归属于母公司股东的净利润	7,996.08	6,848.38	16.76%

3. 合并现金流量表主要数据

单位：万元

项目	2017 年 1-6 月	2016 年 1-6 月
经营活动产生的现金流量净额	12,131.93	15,617.66
投资活动产生的现金流量净额	−4,312.77	−3,235.62
筹资活动产生的现金流量净额	−10,000.00	−7,604.32
汇率变动对现金及现金等价物的影响	−36.58	24.73
现金及现金等价物净增加/(减少)额	−2,217.42	4,802.45

4. 非经常性损益情况

单位：万元

项目	2017 年 1-6 月	2016 年 1-6 月
非流动性资产处置损益，包括已计提资产减值准备的冲销部分	−0.36	−12.91
计入当期损益的政府补助，但与公司正常经营业务密切相关，符合国家政策规定、按照一定标准定额或定量持续享受的政府补助除外	134.02	577.69
除上述各项之外的其他营业外收入和支出	25.51	29.14
税前非经常性损益合计	159.17	593.92
减：非经常性损益的所得税影响数	39.79	115.55
税后非经常性损益	119.38	478.38
减：归属于少数股东的税后非经常性损益	−	−
归属于母公司股东的税后非经常性损益	119.38	478.38

二、2017 年 1−9 月经营业绩预计

截至本上市公告书签署日，未出现影响公司经营的不利因素，公司整体经营状况良好，主营业务、主要产品和经营模式未发生重大变化。

2017 年 1−6 月，公司实现营业收入 59,628.73 万元，较上年同期上升 3.11%；实现扣除非经常性损益后归属于母公司股东的净利润 7,996.08 万元，较上年同期上升 16.76%。公司利润指标同比均有上升，保持了良好的盈利能力。

财务报告审计截止日（2017 年 6 月 30 日）至本上市公告书签署日期间，公司整体经营状况良好，主营业务、主要产品和经营模式未发生重大变化，主要客户和供应商较为稳定，整体经营环境未发生较大变化。

公司预计 2017 年 1−9 月将保持稳健运行，预计 2017 年 1−9 月实现营业收入 88,500.00 万元至 95,000.00 万元，与上年同期相比变动幅度为−2%至 5%；预计 2017 年 1−9 月扣除非经常性损益后归属于母公司股东的净利润约为 11,000.00 万元至 13,000.00 万元，与上年同期相比变动幅度为 6%至 25%，不存在大幅下滑的情形（以上数据未经注册会计师审计且不构成盈利预测）

第六节　其他重要事项

一、募集资金专户存储三方监管协议的安排

根据《上海证券交易所上市公司募集资金管理办法》，本公司（甲方）及保荐机构中金公司（丙方）已分别与存放募集资金的上海银行股份有限公司上海自贸试验区分行（乙方）、中国光大银行股份有限公司上海自贸试验区分行（乙方）、交通银行股份有限公司上海自贸试验区分行（乙方）签订《募集资金专户存储三方监管协议》。《募集资金专户存储三方监管协议》对发行人、保荐机构及开户银行的相关责任和义务进行了详细约定。

（一）募集资金专户开设情况

序号	银行名称	账户名称	专户账号	用途
1	上海银行股份有限公司上海自贸试验区分行	上海畅联国际物流股份有限公司	31595603003364754	西南物流中心及高端现代物流综合体项目、智慧空运物流网络项目等募集资金投向项目
2	中国光大银行股份有限公司上海自贸试验区分行	上海畅联国际物流股份有限公司	276250188000110492	华东物流基地仓库建造项目、精益医疗器械及医疗试剂冷链供应链项目等募集资金投向项目
3	交通银行股份有限公司上海自贸试验区分行	上海畅联国际物流股份有限公司	310066137018800101668	智慧物流协同服务平台项目等募集资金投向项目

（二）募集资金专户三方监管协议的主要内容

上述《募集资金专户存储三方监管协议》的主要条款如下：

1. 该专户仅用于募集资金投向项目募集资金的存储和使用，不得用作其他用途。甲方对募集资金专项账户中部分募集资金可以以不同期限的定期存单方式存储，并及时通知丙方。甲方承诺上述存单到期后将及时转入本协议规定的募集资金专户进行管理或以存单方式续存，并通知丙方。甲方存单不得质押。

2. 甲乙双方应当共同遵守《中华人民共和国票据法》《支付结算办法》《人民币银行结算账户管理办法》等法律、法规、规章。

3. 丙方作为甲方的保荐人，应当依据有关规定指定保荐代表人或其他工作人员对甲方募集资金使用情况进行监督。

丙方承诺按照《证券发行上市保荐业务管理办法》《上海证券交易所上市公司募集资金管理办法（2013 年修订）》以及甲方制订的募集资金管理制度对甲方募集资金管理事项履行保荐职责，进行持续督导工作。

丙方可以采取现场调查、书面问询等方式行使其监督权。甲方和乙方应当配合丙方的调查与查询。丙方每半年度对甲方现场调查时应当同时检查专户存储情况。

4. 甲方授权丙方指定的保荐代表人张磊、李扬可以随时到乙方查询、复印甲方专户的资料；乙方应当及时、准确、完整地向其提供所需的有关专户的资料。

保荐代表人向乙方查询甲方专户有关情况时应当出具本人的合法身份证明；丙方指定的其他工作人员向乙方查询甲方专户有关情况时应当出具本人的合法身份证明和单位介绍信。

5. 乙方按月（每月 10 日前）向甲方出具真实、准确、完整的专户对账单，并抄送给丙方。

6. 甲方 1 次或 12 个月以内累计从专户支取的金额超过 5000 万元且达到发行募集资金总额扣除发行费用后的净额（以下简称"募集资金净额"）的 20%的，甲方应当及时以传真方式通知丙方，同时提供专户的支出清单。

7. 丙方有权根据有关规定更换指定的保荐代表人。丙方更换保荐代表人的，应当将相关证明文件书面通知乙方，同时按本协议第十二条的要求书面通知更换后保荐代表人的联系方式。更换保荐代表人不影响本协议的效力。

8. 乙方连续三次未及时向甲方出具对账单，以及存在未配合丙方调查专户情形的，甲方可以主动或在丙方的要求下单方面终止本协议并注销募集资金专户。

9. 丙方发现甲方、乙方未按约定履行本协议的，应当在知悉有关事实后及时向上海证券交易所书面报告。

10. 本协议自甲、乙、丙三方法定代表人或其授权代表签署并加盖各自单位公章之日起生效，至专户资金全部支出完毕并依法销户之日起失效。

二、其他事项

本公司在招股说明书刊登日至上市公告书刊登前，没有发生可能对本公司有较大影响的重要事项。具体如下：

（一）本公司主要业务发展目标进展情况正常；

（二）本公司所处行业和市场未发生重大变化；

（三）本公司接受或提供的产品及服务价格未发生重大变化；

（四）本公司没有发生未履行法定程序的关联交易，且没有发生未在招股说明书中披露的重大关联交易；

（五）本公司未发生重大投资；

（六）本公司未发生重大资产（或股权）购买、出售及转换；

（七）本公司住所未发生变更；

（八）本公司董事、监事、高级管理人员及核心技术人员未发生变化；

（九）本公司未发生重大诉讼、仲裁事项；

（十）本公司未发生除正常经营业务之外的重大对外担保等或有事项；

（十一）本公司的财务状况和经营成果未发生重大变化；

（十二）本公司未召开股东大会、董事会或监事会会议；

（十三）本公司未发生其他应披露的重大事项。

第七节　上市保荐机构及其意见

一、上市保荐机构基本情况

保荐机构名称：中国国际金融股份有限公司

法定代表人：毕明建

住所：北京市朝阳区建国门外大街 1 号国贸大厦 2 座 27 层及 28 层

联系电话：(010)65051166

传真：(010)65051156

保荐代表人：张磊、李扬

二、上市保荐机构的推荐意见

上市保荐机构中国国际金融股份有限公司认为，发行人申请其股票上市符合《中华人民共和国公司法》《中华人民共和国证券法》及《上海证券交易所股票上市规则》等法律、法规的规定，发行人股票具备在上海证券交易所上市的条件。

上市保荐机构同意推荐上海畅联国际物流股份有限公司在上海证券交易所上市。

上海畅联国际物流股份有限公司

2017 年 9 月 12 日

无锡阿科力科技股份有限公司

无锡阿科力科技股份有限公司首次公开发行股票上市公告书暨2017年第三季度财务会计报告

特别提示

本公司股票将于2017年10月25日在上海证券交易所上市。本公司提醒投资者应充分了解股票市场风险及本公司披露的风险因素，在新股上市初期切忌盲目跟风“炒新”，应当审慎决策、理性投资。

第一节　重要声明与提示

无锡阿科力科技股份有限公司(以下简称“阿科力”“本公司”或“发行人”“公司”)及全体董事、监事、高级管理人员保证上市公告书所披露信息的真实、准确、完整，承诺上市公告书不存在虚假记载、误导性陈述或重大遗漏，并承担个别和连带的法律责任。

上海证券交易所、其他政府机关对本公司股票上市及有关事项的意见，均不表明对本公司的任何保证。

本公司提醒广大投资者注意，凡本上市公告书未涉及的有关内容，请投资者查阅刊载于上海证券交易所网站(http://www.sse.com.cn)的本公司招股说明书全文。

本公司提醒广大投资者注意首次公开发行股票(以下简称“新股”)上市初期的投资风险，广大投资者应充分了解风险、理性参与新股交易。

一、股东锁定股份承诺

(一)发行人控股股东朱学军、实际控制人朱学军、崔小丽夫妇承诺：“在发行人股票上市之日起三十六个月内，不转让或者委托他人管理本人本次发行前持有的发行人股份，也不由发行人回购该部分股份。发行人上市后六个月内如发行人股票连续二十个交易日的收盘价均低于发行价，或者上市后六个月期末收盘价低于发行价，持有发行人股票的锁定期限自动延长六个月(若发行人股票在此期间发生派息、送股、资本公积转增股本等除权除息事项的，发行价应相应调整)。

限售期满后两年内，选择集中竞价、大宗交易的方式减持，每年减持数量不超过上一年度最后一个交易日登记在本人名下股份总数的25%，减持价格不低于本次公开发行时的发行价(期间如有分红、派息、送股、资本公积转增股本、配股等除权除息事项，则做除权除息处理)。本人保证减持时遵守中国证监会、证券交易所有关法律、法规的相关规定，并提前三个交易日公告。”

(二)朱萌、朱轶谊、朱东岩、蔡保全作为发行人实际控制人近亲属，承诺：“自发行人股票上市之日起三十六个月内，不转让或者委托他人管理本人本次发行前持有的发行人的股份，也不由发行人回购该部分股份。不在该部分股权(股份)之上设定担保或其他足以影响本人充分行使基于该部分股权(股份)所产生之权益的限制。

本人直接或间接持有的发行人股票在锁定期满后两年内减持的，减持价格不低于发行价；发行人上市后六个月内如发行人股票连续二十个交易日的收盘价均低于发行价，或者上市后六个月期末收盘价低于发行价，持有发行人股票的锁定期限自动延长六个月(若发行人股票在此期间发生派息、送股、资本公积转增股本等除权除息事项的，发行价应相应调整)。”

(三)朱萌先生作为持股5%以上股东，另行承诺：“限售期满后两年内，选择集中竞价、大宗交易的方式减持，每年减持数量不超过上一年度最后一个交易日登记在本人名下股份总数的25%，减持价格不低于本次公开发行时的发行价(期间如有分红、派息、送股、资本公积转增股本、配股等除权除息事项，则做除权除息处理)。本人保证减持时遵守中国证监会、证券交易所有关法律、法规的相关规定，并提前三个交易日公告。”

(四)持有发行人股份的发行人高级管理人员(或董事)尤卫民、张文泉、陆敏和常俊承诺：“1.自发行人股票上市之日起十二个月内，不转让或者委托他人管理本人持有的发行人的股份，也不由发行人回购该部分股份；不在该部分股份之上设定担保或其他足以影响本人充分行使基于该部分股份所产生之权益的限制；2.本人担任发行人高级管理人员(或董事)期间，每年转让的股份不超过本人直接和间接持有发行人股份总数的百分之二十五；自离职后半年内，不转让本人直接和间接持有的发行人股份；3.直接或间接持有的发行人股票在锁定期满后两年内减持的，减持价格不低于发行价；发行人上市后六个月内如发行人股票连续二十个交易日的收盘价均低于发行价，或者上市后六个月期末收盘价低于发行价，持有发行人股票的锁定期限自动延长六个月(若发行人股票在此期间发生派息、送股、资本公积转增股本等除权除息事项的，发行价应相应调整)。

如本人违反关于股份锁定的相关承诺，应将出售股份而取得的收益(转让所得扣除税费后的金额)上缴给发行人。

本人不会因职务变更、离职等原因而放弃履行上述承诺。如未来相关监管规则发生变化，本承诺载明事项将相应修订，修订后的承诺事项亦应满足届时监管规则的要求。”

(五)发行人其他股东承诺：“所持有的公司公开发行股份前已发行的股份，自股票上市之日起12个月内，不转让或者委托他人管理所持有的公司股份，也不由公司回购该等股份。如违反关于股份锁定的相关承诺，应将出售股份而取得的收益(转让所得扣除税费后的金额)上缴给发行人。

持有公司首次公开发行前股份的全体股东分别承诺：本人/本企业将遵守中国证监会《上市公司股东、董监高减持股份的若干规定》，上海证券交易所《股票上市规则》《上海证券交易所上市公司股东及董事、监事、高级管理人员减持股份实施细则》的相关规定。”

二、上市后三年内稳定公司股价的预案

为保护中小股东和投资者利益，公司特制定稳定公司股价的预案，具体方案如下：

(一)启动股价稳定措施的条件

如果本公司股票在正式挂牌上市之日后三年内公司股票连续20个交易日收盘价均低于每股净资产，本公司将依据法律法规、公司章程规定及本承诺内容依照以下法律程序启动稳定股价的机制，实施具体的股价稳定措施。

(二)股价稳定措施的措施及顺序

稳定股价措施包括：公司回购股票；公司控股股东及一致行动人增持公司股票；公司董事、高级管理人员增持股票等具体措施。

选用前述方式时应考虑：(1)不能导致公司不满足法定上市条件；(2)不能迫使控股股东及其一致行动人、董事、高级管理人员履行要约收购义务。

触发股价稳定机制的启动条件时，公司将按步骤依序实施上述三项股价稳定措施。若某一步骤措施实施后股价已经连续5个交易日稳定于每股净资产之上，则后一步骤措施不再继续执行；若某一步骤措施实施后股价尚未稳定于每股净资产之上，则后一步骤措施继续执行，直至三项措施顺次执行完毕或者股价已经稳定于每股净资产之上时止。

若某一步骤措施的继续实施将导致公司股权分布不符合上市条件或者违反相关法律法规的，则本步骤措施不再继续执行，执行下一步骤措施稳定股价。

(三)实施公司回购股票的程序

触发股价稳定机制的启动条件时，公司将根据《上市公司回购社会公众股份管理办法》的规定向社会公众股东回购公司部分股票。公司应在触发股价稳定机制的启动条件10个交易日内召开董事会，讨论回购公司股份的方案，包括但不限于回购股份的数量范围、价格区间及完成期限等信息，并提交股东大会审议，公告具体股份回购计划。公司回购股票的价格、方式等应当符合中国证监会和证券交易所关于回购社会公众股相关法律法规的要求。

公司股东大会对实施回购股票做出决议，必须经出席会议的股东所持表决权的2/3以上通过。公司用以稳定股价的回购资金合计不超过本次发行新股融资净额的20%。

董事会召开时，应同时通过决议：如在股东大会会议通知发出后至股东大会召开日前2个工作日期间，公司股票收盘价已经回升达到或超过最近一期末经审计的每股净资产，董事会应取消该次股东大会或取消审议回购方案的提案，并相应公告和说明原因；如股东大会召开日前2个工作日内，公司股票收盘价已经回升达到或超过最近一期末经审计的每股净资产，股东大会可否决回购方案的议案；股份回购方案实施前公司股价已经不满足启动稳定公司股价措施条件的，可不再继续实施该方案。

单次实施回购股票完毕或终止后，本次回购的公司股票应在实施完毕或终止之日起10日内注销，并及时办理公司减资程序。

(四)实施控股股东及一致行动人增持公司股票的程序

公司控股股东可在符合《上市公司收购管理办法》等法律法规的条件和要求的前提下，对公司股票进行增持。

触发控股股东及一致行动人增持股票的启动条件时，控股股东及一致行动人应在10个交易日内提出具体的增持方案并通知公司，包括但不限于拟增持股份的数量范围、价格区间及完成期限等信息。用以稳定股价的增持资金不低于上年自公司所获得现金分红金额的50%，且不超过5,000万元。

(五)董事、高级管理人员增持公司股票的程序

触发董事、高级管理人员增持的启动条件时，董事、高级管理人员应在10个交易日内提出具体的增持方案，包括但不限于拟增持股份的数量范围、价格区间及完成期限等信息并通知公司。用以稳定股价所动用的资金应不超过其在担任董事或高级管理人员职务期间上一会计年度从发行人处领取的税后薪酬累计额的50%。为了保持独立董事的独立性，独立董事不参与增持公司股份。控股股东及其一致行动人若同时为公司的董事、高级管理人员，不应因其履行了控股股东及其一致行动人的增持而免除其履行董事、高级管理人员增持之责任。

(六)稳定股价的其他方式

公司董事会可以根据市场环境和公司经营情况提出增加稳定股价机制启动次数的议案，也可以提出实施利润分配或资本公积转增股本等其他措施的预案。

三、相关主体关于招股说明书所载内容真实性、准确性、完整性的承诺

(一)发行人承诺

若公司发行股票的招股说明书存在虚假记载、误导性陈述或者重大遗漏,对判断本公司是否符合法律规定的发行条件构成重大、实质影响,本公司将依法回购本公司首次公开发行的全部新股,回购价格不低于本次发行价格。

若招股说明书存在虚假记载、误导性陈述或者重大遗漏,致使投资者在证券交易中遭受损失,本公司将依法赔偿投资者损失。具体的赔偿标准、赔偿主体范围、赔偿金额等细节内容待上述情形实际发生时,依据最终依法确定的赔偿方案为准。

(二)控股股东及实际控制人承诺

有权机关或部门认定发行人招股说明书有虚假记载、误导性陈述或者重大遗漏,对判断发行人是否符合法律规定的发行条件构成重大、实质影响的,公司将按照不低于发行价的价格回购首次公开发行的全部新股,且发行人实际控制人也将按照不低于发行价的价格购回已转让的原限售股份。本人作为发行人的实际控制人,将督促发行人依法回购首次公开发行的全部新股及其派生股份。

若招股说明书有虚假记载、误导性陈述或者重大遗漏,致使投资者在证券交易中遭受损失的,本人将依法赔偿投资者损失。

(三)全体董事、监事、高级管理人员承诺

发行人《招股说明书》存在虚假记载、误导性陈述或者重大遗漏,致使投资者在证券交易中遭受损失,本人将依法赔偿投资者损失。

(四)中介机构承诺

光大证券股份有限公司承诺:我公司按照中国证监会对发行人保荐机构尽职调查工作的要求,遵循诚实守信、勤勉尽责的原则,对发行人进行了全面尽职调查,依法出具了本次发行的相关文件,并保证所出具文件的真实性、准确性和完整性。如光大证券为发行人首次公开发行股票制作、出具的文件存在虚假记载、误导性陈述或重大遗漏,给投资者造成损失的,将先行赔偿投资者损失。

北京德恒律师事务所承诺:若因本所为发行人首次公开发行股票并上市而制作、出具的文件有虚假记载、误导性陈述或者重大遗漏,给投资者造成损失的,本所将依照相关法律、法规规定承担民事赔偿责任,赔偿投资者损失。

致同会计师事务所(特殊普通合伙)承诺:因本所为发行人首次公开发行制作、出具的文件有虚假记载、误导性陈述或者重大遗漏,给投资者造成损失的,在该等违法事实被认定后,将依法赔偿投资者损失。

四、5%以上股东的持股意向及减持承诺

本次公开发行前,持股5%以上的股东情况如下:

序号	股东姓名	持股数量(万股)	持股比例(%)
1	朱学军	2,430.00	37.38
2	崔小丽	1,000.00	15.38
3	朱　萌	1,000.00	15.38

朱学军、崔小丽、朱萌对公司上市后的持股意向及减持意向承诺如下:“关于本次公开发行前本人持有的公司股份,本人将严格遵守已做出的关于所持公司股份流通限制及自愿锁定的承诺,在限售期内,不出售本次公开发行前所持有的公司股份。限售期满后两年内,选择集中竞价、大宗交易的方式减持,每年减持数量不超过上一年度最后一个交易日登记在本人名下股份总数的25%,减持价格不低于本次公开发行时的发行价(期间如有分红、派息、送股、资本公积转增股本、配股等除权除息事项,则做除权除息处理)。本人保证减持时遵守中国证监会、证券交易所有关法律、法规的相关规定,并提前三个交易日公告。

减持股份行为的期限为减持计划公告后六个月,减持期限届满后,若拟继续减持股份,则需按照上述安排再次履行减持公告。

如本人未履行上述承诺出售股票,本人承诺将该部分出售股票所获得的收益(如有)全部上缴公司所有。”

五、发行上市后的股利分配政策

(一)本次发行前未分配利润的处理

公司本次公开发行股票并上市完成后,本次发行前滚存的未分配利润由发行后新老股东共同享有。

(二)本次发行上市后的股利分配政策

公司充分考虑投资者的回报,每年按当年实现的可分配利润的一定比例向股东分配现金股利,在有关决策和论证过程中应当充分考虑独立董事、监事和公众投资者的意见。

1.公司利润分配原则

公司的利润分配应重视对投资者的合理投资回报,以可持续发展和维护股东权益为宗旨,利润分配政策应保持连续性和稳定性。公司具体分配方案应符合公司经营状况和有关法律、法规规定;利润分配政策的论证、制定和修改应充分考虑独立董事、监事和中小股东意见;公司优先采用现金分红的利润分配方式;公司利润分配不得超过累计可分配利润的范围。

2.利润分配形式

公司利润分配可采取现金、股票、现金和股票相结合或者法律许可的其他方式,在符合相关规定、约定和条件下,优先选用现金方式分红。

3.利润分配条件

(1)公司该年度的可分配利润(即公司弥补亏损、提取公积金后所余的税后利润)为正值;

(2)审计机构对公司的该年度财务报告出具标准无保留意见的审计报告;

(3)公司未来十二个月内无重大投资计划或者重大现金支出事项(募集资金投资项目除外)发生。重大投资计划或者重大现金支出指以下情形之一:

①公司未来十二个月内拟对外投资、收购资产或进行固定资产投资累计支出达到或超过公司最近一期经审计净资产的30%,或超过5,000万元;

②公司未来十二个月内对外投资、收购资产或进行固定资产投资累计达到或超过公司最近一期经审计总资产的20%。

(4)当年经审计资产负债率(母公司)不超过70%;

(5)公司实施现金分红还应该同时满足母公司该年度和累计可供分配利润均为正值。

4.利润分配的时间间隔

公司经营所得利润首先满足公司经营的需要,在满足公司正常生产经营资金需求、符合利润分配原则和分配条件的前提下,公司原则上每年度进行一次现金分红,董事会可以根据公司的资金状况提议公司进行中期利润分配并经股东大会表决。

5.利润分配计划

(1)公司利润分配方式以现金分红为主,根据公司长远和可持续发展的实际情况,以及年度的盈利情况、现金流状况,在保证最低现金分红比例和公司股本规模及股权结构合理的前提下,可以考虑进行股票股利分配。具体分红比例由公司董事会审议通过后,提交股东大会审议决定。

(2)公司应当综合考虑所处行业特点、发展阶段、自身经营模式、盈利水平以及是否有重大资金支出安排等因素,区分以下情况,提出差异化的现金分红政策:

公司发展阶段属成熟期且无重大资金支出安排的,进行利润分配时,现金分红在本次利润分配中所占比例最低应达到80%;

公司发展阶段属成熟期且有重大资金支出安排的,进行利润分配时,现金分红在本次利润分配中所占比例最低应达到40%;

公司发展阶段属成长期且有重大资金支出安排的,进行利润分配时,现金分红在本次利润分配中所占比例最低应达到20%;

公司发展阶段不易区分但有重大资金支出安排的,可以按照前项规定处理。

(3)公司发放股票股利的具体条件:在保证公司股本规模和股权结构合理的前提下,基于回报投资者和分享企业价值考虑,并且董事会认为发放股票股利有利于全体股东整体利益时,可以在满足本章程规定之现金分红的条件下,提出股票股利分配预案。采用股票股利进行利润分配的,应当具有公司成长性、每股净资产的摊薄等真实合理因素。

(4)在满足公司正常经营资金需求、符合利润分配原则和分配条件前提下,公司每年以现金方式分配的利润不少于当年合并报表口径下实现的归属于母公司股东的可供分配利润的20%。

6.利润分配的决策和监督程序

公司管理层、董事会应结合公司盈利情况、资金需求,合理提出利润分配建议和预案。公司董事会在利润分配预案论证过程中,需要与独立董事、监事充分讨论,并通过多种渠道充分听取中小股东意见,在考虑对全体股东持续、稳定、科学的回报基础上形成利润分配预案。董事会在审议利润分配预案时,须经全体董事过半数表决同意,且经公司二分之一以上独立董事表决同意并发表明确独立意见;监事会在审议利润分配时,须经全体监事过半数表决同意。经董事会、监事会审议通过后,方能提交股东大会审议。

独立董事可以征集中小股东意见提出分红提案,并直接提交董事会审议。

董事会审议现金分红具体预案时,要详细记录管理层建议、参会董事的发言要点、独立董事意见、董事会投票表决内容,并形成书面记录作为公司档案妥善保存。

公司应切实保障中小股东参与股东大会的权利,董事会、独立董事和符合条件的股东可以向公司股东征集其在股东大会上的投票权。

监事会应对董事会和管理层执行公司分红政策和股东回报计划的情况及决策程序进行监督。若公司当年盈利且满足分红条件,但董事会未作出现金利润分配方案的,公司应详细说明原因,还应说明未用于分红的资金留存公司的用途和使用计划,并由独立董事发表独立意见,监事会应对原因、未用于分红的资金留存公司的用途和使用计划审议并发表意见,并就相关政策、规划执行情况发表专项说明和意见。公司上市后,在召开股东大会时,公司应当提供网络投票等方式,同时可以通过征集股东投票权的方式方便中小股东参与表决。

股东大会对每年利润分配预案进行审议前,公司应当通过多种渠道主动与股东特别是中小股东进行沟通和交流(包括但不限于电话、传真、邮件、公司网站、互动平台等),充分听取中小股东的意见和诉求,并及时答复中小股东关心的问题。

7.公司利润分配政策调整的程序

公司的利润分配政策,属于董事会和股东大会的重要决策事项。公司利润分配政策不得随意调整而降低对股东的回报水平,因国家法律法规和证券监管部门对公司的利润分配政策颁布新的规定或公司外部经营环境、自身经营状况发生较大变化而需要调整分红政策的,应以股东权益保护为出发点,详细论证和说明原因,并严格履行决策程序。

公司利润分配政策若需要发生变动,应当由董事会拟定变动方案,经独立董事同意并发表明确独立意见,然后分别提交董事会和监事会审议,董事会和监事会审议通过后提交股东大会审议批准。调整后的利润分配政策不得违反相关法律法规及规范性文件的有关规定。

股东大会审议调整利润分配政策相关的事项的,公司应当为中小股东参加股东大会提供便利,并经持有出席股东大会股东所持表决权的三分之二以上通过。

8.利润分配的披露

公司应当在年度报告中详细披露现金分红政策的制定及执行情况，并对下列事项进行专项说明：

(1)是否符合公司章程的规定或者股东大会决议的要求；

(2)分红标准和比例是否明确和清晰；

(3)相关的决策程序和机制是否完备；

(4)独立董事是否履职尽责并发挥了应有的作用；

(5)中小股东是否有充分表达意见和诉求的机会，中小股东的合法权益是否得到了充分保护等。

公司对现金分红政策进行调整或变更的，还应对调整或变更的条件及程序是否合规和透明等进行详细说明。

六、填补被摊薄即期回报的措施及承诺

本次发行完成后，随着募集资金的到位，公司的资产规模和总股本将大幅度增加，募集资金将可充实公司资本实力，并通过募集资金投资项目的建设，提升公司市场地位。募集资金投资项目达产后，公司的技术优势可得到进一步发挥，营业收入规模将进一步提升，综合竞争力将得到增强。但是，由于募集资金本次发行股票的募投项目产生效益需要一定的时间，短期内募集资金投资项目对利润贡献将较小，因此，本次发行将导致公司发行当年每股收益较上年出现下降的情形。本次融资募集资金到位当年公司的每股收益指标存在短期内被摊薄的风险。

考虑上述情况，公司拟根据自身特点，通过加强经营管理和内部控制、加强募集资金有效使用、加快募投项目投资进度、完善利润分配制度等方式，提高公司日常运营效率，降低公司运营成本，提升公司盈利能力，增厚未来收益，以填补股东回报，具体包括：

1. 加强经营管理和内部控制，提升经营效率和盈利能力。公司将进一步加强企业经营管理和内部控制、发挥企业管控效能，全面有效地控制公司经营和管理风险，提升经营效率和盈利能力。

2. 培养、壮大人才队伍，提升公司可持续发展能力。公司将加大对现有人才的培养力度，不断完善内部建设，主动发现人才，继续加强对业务骨干员工的选拔、培养，不断壮大人才队伍。同时，公司还将建立多元化、全方位的立体招聘策略，多种渠道吸纳引进优秀的管理和技术人才。公司通过科学的考核与薪酬体系、良好的职业平台、优秀的企业文化建设等一系列工作，建立稳定的核心团队，留住核心人才。

3. 保证募集资金有效使用，实现项目预期效益，并利用自有资金，尽早推动募集资金投资项目实施。本次发行募集资金到账后，公司董事会将开设募集资金专项账户，对募集资金进行专项存储；公司将就募集资金账户与开户银行、保荐机构签订募集资金三方监管协议，由保荐机构和开户银行对募集资金进行监管，确保募集资金专款专用。同时，本次发行募集资金到位后，公司将按计划确保募投项目建设进度，争取募投项目早日达产并实现预期效益。为使得募集资金投资项目尽早实现效益，在本次公开发行股票募集资金到位前，公司将利用自有资金或负债方式先行投入启动实施募集资金投资项目。待本次发行股票募集资金到位后，再予以置换。

4. 进一步完善利润分配制度特别是现金分红政策，强化中小投资者回报机制。公司股东大会已审议通过了上市后生效的《无锡阿科力科技股份有限公司章程(草案)》及《关于公司上市后股东分红回报规划》等有关议案。公司在符合相关规定、约定和条件下，优先选用现金方式分红，在满足公司正常经营资金需求、符合利润分配原则和分配条件前提下，公司每年以现金方式分配的利润不少于当年合并报表口径下实现的归属于母公司股东的可供分配利润的 20%，公司董事会可以根据公司的资金状况提议公司进行中期利润分配等。

公司现任的全体董事、高级管理人员对公司及其股东作出如下承诺：

“1. 本人承诺将不无偿或以不公平条件向其他单位或者个人输送利益，也不采用其他方式损害公司利益；

2. 本人将严格自律并积极使公司采取实际有效措施，对公司董事和高级管理人员的职务消费行为进行约束；

3. 本人将不动用公司资产从事与本人履行职责无关的投资、消费活动；

4. 本人将积极促使由公司董事会或薪酬委员会制定、修改的薪酬制度与上述公司填补回报措施的执行情况相挂钩；

5. 本人将积极促使公司未来制定、修改的股权激励的行权条件与上述公司填补回报措施的执行情况相挂钩；

6. 本人将根据未来中国证监会、证券交易所等监管机构出台的相关规定，积极采取一切必要、合理措施，使上述公司填补回报措施能够得到有效的实施；

7. 如本人未能履行上述承诺，本人将积极采取措施，使上述承诺能够重新得到履行并使上述公司填补回报措施能够得到有效的实施，并在中国证监会指定网站上公开说明未能履行上述承诺的具体原因，并向股东及公众投资者道歉。如因未能履行上述承诺，给公司造成损失的，本人承诺将向公司全额赔偿损失。”

公司实际控制人朱学军、崔小丽夫妇承诺：“本人承诺不越权干预公司经营管理活动，不得侵占公司利益。”

七、保荐机构及律师对上述承诺及约束措施的意见

保荐机构和发行人律师认为，发行人及其他责任主体已出具相关承诺，并对其未履行承诺作出相应的约束措施，上述承诺及约束措施真实、合法、有效，符合相关法律、法规和规范性文件的规定。

八、财务报告审计截止日后主要财务信息及经营情况

财务报告审计截止日(2017 年 6 月 30 日)至本上市公告书签署之日，公司总体经营状况良好，经营模式未发生变化。公司主要原材料采购情况、主要产品的生产及销售情况、主要客户及供应商构成情况、税收政策和其他可能影响投资者判断的重大事项均未发生重大变化。公司 2017 年前三季度主要财务数据请参见本上市公告书“第五节财务会计资料”相关内容。

截至本上市公告书签署日，公司各项业务状况正常，未出现影响公司经营的重大不利因素。综合宏观环境、行业发展及公司业绩增长情况，预计公司 2017 年全年的营业收入、净利润与上年相比无重大变化。

如无特别说明，本上市公告书中的简称或名词的释义与本公司首次公开发行股票招股说明书中的释义相同。

第二节　股票上市情况

一、本上市公告书系根据《中华人民共和国证券法》《中华人民共和国公司法》和《上海证券交易所股票上市规则》等有关法律法规规定，按照上海证券交易所《股票上市公告书内容与格式指引》编制而成，旨在向投资者提供有关本公司首次公开发行股票上市的基本情况。

二、本公司首次公开发行股票(以下简称“本次发行”)已经中国证券监督管理委员会证监许可〔2017〕1721 号文核准。

三、本公司 A 股股票上市已经上海证券交易所自律监管决定书〔2017〕395 号文批准。

四、股票上市概况

1. 上市地点：上海证券交易所

2. 上市时间：2017 年 10 月 25 日

3. 股票简称：阿科力

4. 股票代码：603722

5. 本次发行完成后总股本：8,670 万股

6. 本次 A 股公开发行的股份数：2,170 万股，均为新股，无老股转让。

7. 本次发行前股东所持股份的流通限制及期限、发行前股东对所持股份自愿锁定的承诺、本次上市股份的其他锁定安排请参见本上市公告书之“第一节　重要声明与提示”。

8. 本次上市的无流通限制及锁定安排的股份：本次发行中网上及网下申购发行的 2,170 万股股份无流通限制和锁定安排，自 2017 年 10 月 25 日起上市交易。

9. 股票登记机构：中国证券登记结算有限责任公司上海分公司

10. 上市保荐机构：光大证券股份有限公司

第三节　发行人、股东和实际控制人情况

一、发行人基本情况

公司名称：无锡阿科力科技股份有限公司

英文名称：Wuxi Acryl Technology Co.,Ltd.

注册资本：6,500 万元

法定代表人：朱学军

有限公司成立日期：1999 年 7 月 8 日

股份公司成立日期：2013 年 10 月 14 日

公司住所：无锡市锡山区东港镇新材料产业园

联系电话及传真：0510-88263255. 0510-88262666

互联网网址：http://www.chinaacryl.com/

电子信箱：changjun@chinaacryl.com

主营业务：聚醚胺、光学级聚合物材料用树脂、特种环氧树脂等各类化工新材料产品的研发与生产

所属行业：化学原料和化学制品制造业(C2669：其他专用化学产品制造)(国民经济行业分类标准(GB/T4754-2011))；

经营范围：化学原料和化学制品制造业（C26）(中国证监会《上市公司行业分类指引》(2012))丙烯酸树脂、聚酯树脂、脂环族环氧树脂、改性环氧树脂、脂肪胺、聚酯光学材料的研发、生产、销售；国内贸易（不含国内限制及禁止类项目）；自营和代理各类商品和技术的进出口业务(但国家限定公司经营或禁止进出口的商品及技术除外)。(依法须经批准的项目，经有关部门批准后方可开展经营活动)

董事会秘书：常俊

二、董事、监事、高级管理人员任职及其持有公司股票的情况

(一)董事、监事、高级管理人员的姓名、职务、任职起止日期

姓　名	任职	任职期间
朱学军	董事长、总经理	2016 年 6 月至 2019 年 6 月
崔小丽	董事	2016 年 6 月至 2019 年 6 月
尤卫民	董事、副总经理	2016 年 6 月至 2019 年 6 月

张文泉	董事、副总经理	2016年6月至2019年6月
陈坤亮	董事	2016年6月至2019年6月
丁玉强	独立董事	2016年6月至2019年6月
冯凯燕	独立董事	2016年6月至2019年6月
单世文	独立董事	2016年6月至2019年6月
戴　佩	监事会主席	2016年6月至2019年6月
潘　萍	监事	2016年6月至2019年6月
邵子佩	监事	2016年6月至2019年6月
陆　敏	财务负责人	2015年6月至2018年6月
常　俊	董事会秘书	2016年6月至2019年6月

(二)公司董事、监事、高级管理人员直接或间接持有发行人股份的情况

直接持有公司股份的情况如下表所示：

单位：万股

股东姓名	现任职务/亲属关系	持股数量	持股比例	持股方式
朱学军	董事长、总经理	2,430.00	37.38%	直接持股
崔小丽	董事	1,000.00	15.38%	直接持股
尤卫民	董事、副总经理	290.00	4.46%	直接持股
张文泉	董事、副总经理	102.00	1.57%	直接持股
陆　敏	财务负责人	15.50	0.24%	直接持股
常　俊	董事会秘书	36.00	0.55%	直接持股
朱东岩	朱学军之兄弟	50.00	0.77%	直接持股
朱轶谊	朱学军之父亲	100.00	1.54%	直接持股
朱　萌	朱学军之儿子	1,000.00	15.38%	直接持股
蔡保全	崔小丽之兄弟	17.00	0.26%	直接持股
合　计	-	5,040.53	77.53%	-

公司监事邵子佩持有无锡金投产业升级股权投资基金企业(有限合伙)195.00万元出资额(占比1.99%)，从而间接持有本公司股权。

三、控股股东及实际控制人情况

朱学军为公司控股股东。朱学军、崔小丽是夫妻关系，为公司的实际控制人，其合计持有公司3,430万股股份，占公司股份总额的52.77%。

朱学军，男，1964年4月出生，中国国籍，无境外永久居留权，高级经济师。1982年8月至1988年10月担任江苏如东化工总厂技术员、销售员，1988年10月至1996年12月任中烟公司南通丙纤公司供应科科长、物资处处长，1997年1月至1999年6月任江南特种树脂厂车间主任。1999年7月至今在公司任职，现任公司董事长兼总经理。

崔小丽，女，1966年3月出生，中国国籍，无境外永久居留权，大学本科学历。1989年6月至1996年12月任江苏南黄海事业公司团委书记，1997年1月至1999年6月任江南特种树脂厂财务科科长。1999年7月至今在公司任职，现任公司董事。

公司控股股东及实际控制人在报告期内没有发生变化。

四、股东情况

(一)本次发行前后的股本结构情况

序号	股东	发行前		发行后	
		持股数量(万股)	发行前持股比例	持股数量(万股)	发行后持股比例
1	朱学军	2,430.00	37.38%	2,430.00	28.03%
2	崔小丽	1,000.00	15.38%	1,000.00	11.53%
3	朱萌	1,000.00	15.38%	1,000.00	11.53%
4	尤卫民	290.00	4.46%	290.00	3.34%
5	中山联动第一期股权投资中心(有限合伙)	200.00	3.08%	200.00	2.31%
6	陈昱	200.00	3.08%	200.00	2.31%
7	何旭强	200.00	3.08%	200.00	2.31%
8	无锡金投产业升级股权投资基金企业(有限合伙)	200.00	3.08%	200.00	2.31%
9	甘源	182.00	2.80%	182.00	2.10%
10	黄健伟	138.00	2.12%	138.00	1.59%
11	张文泉	102.00	1.57%	102.00	1.18%
12	朱轶谊	100.00	1.54%	100.00	1.15%
13	上海艾朋投资合伙企业(有限合伙)	100.00	1.54%	100.00	1.15%
14	巴小昂	70.00	1.08%	70.00	0.81%
15	董永辉	60.00	0.92%	60.00	0.69%
16	朱东岩	50.00	0.77%	50.00	0.58%
17	上海中汇金玖三期创业投资基金合伙企业(有限合伙)	50.00	0.77%	50.00	0.58%
18	丛远明	40.00	0.62%	40.00	0.46%
19	常俊	36.00	0.55%	36.00	0.42%
20	蔡保全	17.00	0.26%	17.00	0.20%
21	陆敏	15.50	0.24%	15.50	0.18%
22	徐杰	12.00	0.18%	12.00	0.14%
23	倪卫东	7.50	0.12%	7.50	0.09%
24	本次发行股数	--	--	2,170.00	25.03%
	合计	6,500.00	100.00%	8,670.00	100.00%

(二)本次发行后，前十大A股股东持股情况

本次公开发行后，公司股东总数为24,007户，其中前10名股东持股情况如下：

序号	股　东	发行后持股数量(万股)	发行后持股比例
1	朱学军	2,430.00	28.03%
2	崔小丽	1,000.00	11.53%
3	朱　萌	1,000.00	11.53%
4	尤卫民	290.00	3.34%
5	中山联动第一期股权投资中心(有限合伙)	200.00	2.31%
6	陈　昱	200.00	2.31%
7	何旭强	200.00	2.31%
8	无锡金投产业升级股权投资基金企业(有限合伙)	200.00	2.31%
9	甘　源	182.00	2.10%
10	黄健伟	138.00	1.59%
	合　计	5,840.00	67.36%

第四节　股票发行情况

一、发行数量：2,170万股，无老股转让

二、发行价格：11.24元/股

三、每股面值：人民币1.00元

四、发行方式：采用网下向询价对象询价配售和网上按市值申购定价发行相结合的方式。其中网下向配售对象配售217万股，网上申购发行1,953万股。

五、包销情况：网上、网下投资者缴款认购完成后，由主承销商光大证券股份有限公司包销59,478股余股，包销股数占发行总量的比例为0.27%，包销金额共计668,532.72元。

六、募集资金总额及注册会计师对资金到位的验证情况

本次发行募集资金总额24,390.80万元，全部为公司公开发行新股募集。

致同会计师事务所(特殊普通合伙)对公司本次公开发行新股的资金到位情况进行了审验，并于2017年10月19日出具了致同验字〔2017〕110ZC0359号《验资报告》。

七、本次公司公开发行新股的发行费用总额及明细构成、每股发行费用

本次公司公开发行新股的发行费用合计3,045.43万元。根据致同验字[2017]110ZC0359号《验资报告》，发行费用包括：

内容	公司公开发行新股发行费用金额(万元)
承销保荐费用	2,186.79
审计、验资费用	221.70
律师费用	166.51
信息披露费用	452.83
发行手续费及其他	17.60
合计	3,045.43

本次公司公开发行新股的每股发行费用：1.40元(按本次发行费用总额除以发行股数计算)。

八、本次公司公开发行新股的发行募集资金净额：21,345.37万元。

九、本次发行后每股净资产：5.43元(按经审计的2016年12月31日净资产的基础上考虑本次发行募集资金净额的影响)。

十、本次发行后每股收益：0.4892元(按本公司2016年经审计的扣除非经常性损益前后孰低的归属于母公司股东的净利润除以发行后总股本计算)。

第五节　财务会计情况

致同会计师事务所(特殊普通合伙)对公司2014年、2015年、2016年及2017年1-6月的财务数据进行了审计，并出具了"致同审字〔2017〕110ZA6402号"标准无保留意见的审计报告。上述财务数据已在招股说明书进行披露，投资者欲了解相关情况请详细阅读招股说明书，公司上市后将不再另行披露，敬请投资者注意。

本公司2017年第三季度财务报表(未经审计)已经公司第一届董事会第十二次会议审议通过，并在本上市公告书中披露，公司上市后三季度财务报表不再单独披露。本公司2016年1-9月和

2017 年 1–9 月财务数据未经审计，敬请投资者注意。

公司 2017 年 1–9 月主要财务数据列示如下：

项目	2017 年 9 月 30 日	2016 年 12 月 31 日	增减幅度
流动资产(元)	148,539,937.39	130,177,222.08	14.11%
流动负债(元)	139,173,514.20	81,109,062.78	71.59%
总资产(元)	468,420,900.56	375,572,248.54	24.72%
归属于母公司股东的权益	297,344,974.55	257,603,185.76	15.43%
归属于发行人股东的每股净资产(元/股)	4.57	3.96	15.43%
项目	2017 年 1–9 月	2016 年 1–9 月	增减幅度
营业收入	211,252,727.67	174,551,795.24	21.03%
营业利润	41,768,295.26	42,566,058.75	−1.87%
利润总额	47,375,846.99	46,539,399.15	1.80%
归属于公司股东的净利润	40,622,444.52	39,558,489.28	2.69%
归属于公司股东的扣除非经常性损益后的净利润	35,048,496.84	36,180,869.44	−3.13%
基本每股收益(元/股)	0.62	0.61	2.69%
扣除非经常性损益后的基本每股收益(元/股)	0.54	0.56	−3.13%
加权平均净资产收益率	14.64%	17.10%	−14.39%
扣除非经常性损益后的加权净资产收益率	12.63%	15.64%	−19.25%
经营活动产生的现金流量净额	46,651,943.85	29,396,083.15	58.70%
每股经营活动产生的现金流量净额(元/股)	0.72	0.45	58.70%

公司财务报告审计截止日(2017 年 6 月 30 日)至本上市公告书签署之日，公司经营模式、采购模式、销售模式、税收政策均未发生重大变化，经营情况正常，亦未出现其他可能影响投资者判断的重大事项。公司预计 2017 全年生产经营情况和主要财务指标与 2016 年同期相比不会发生重大变化。

第六节　其他重要事项

一、募集资金专户存储三方监管协议的安排

为规范公司募集资金的管理和使用，保护中小投资者的权益，根据中国证监会《上市公司监管指引第 2 号——上市公司募集资金管理和使用的监管要求》《上海证券交易所上市公司募集资金管理办法（2013 年修订）》等法律法规的规定，公司在中国银行股份有限公司无锡东亭支行（账号 502770471858）开设了募集资金专项账户。本公司已与保荐机构和银行分别签订《募集资金专户存储三方监管协议》。

《募集资金专户存储三方监管协议》的主要内容如下(公司简称为“甲方”，银行简称为“乙方”，保荐机构简称为“丙方”)：

“三、丙方作为公司的保荐机构，应当依据有关规定指定保荐机构代表人或其他工作人员对甲方募集资金使用情况进行监督。丙方应当依据《上海证券交易所募集资金管理办法》(2013 年修订)、《上海证券交易所上市公司持续督导工作指引》以及公司制定的募集资金管理制度履行其督导职责，并有权采取现场调查、书面问询等方式行使其监督权。甲方与乙方应当配合丙方的调查与查询。丙方每半年度对甲方现场调查时应同时检查募集资金专户存储情况。

四、甲方授权丙方指定的保荐代表人吕雪岩、钟丙祥可以随时到乙方查询、复印甲方专户的资料；乙方应及时、准确、完整地向其提供所需的有关专户的资料。保荐代表人向乙方查询甲方专户有关情况时应出具本人的合法身份证明；丙方指定的其他工作人员向乙方查询公司专户有关情况时应出具本人的合法身份证明和单位介绍信。

五、乙方按月(每月 15 日之前)向甲方出具交易对账单，并寄送至丙方指定地址。乙方应保证对账单内容真实、准确、完整。

六、甲方一次从募集资金专户中支取的金额超过 5,000 万元，或 12 个月以内累计从募集资金专户支取的金额超过 5,000 万元且达到发行募集资金总额扣除发行费用后的净额即人民币 213,453,700.00 元的 20%，甲方和乙方应及时以传真或电话方式通知丙方，同时提供专户的支出清单。专户账户不得开通网上银行支付及通兑功能。

七、丙方有权根据有关规定更换指定的保荐代表人。丙方更换保荐代表人的，应将相关证明文件书面通知乙方，同时向甲方和乙方书面通知更换后的保荐代表人联系方式。更换保荐代表人不影响本协议的效力。

八、乙方连续三次未及时向丙方出具对账单或向丙方通知专户大额支取情况，以及存在未配合丙方调查专户情形的，甲方有权单方面终止本协议并注销募集资金专户。”

二、其他事项

本公司在招股意向书刊登日至上市公告书刊登前，没有发生可能对本公司有较大影响的重要事项，具体如下：

一、本公司主营业务发展目标进展情况正常。

二、本公司所处行业和市场未发生重大变化，原材料采购价格和产品销售价格、原材料采购和产品销售方式等未发生重大变化。

三、本公司未订立对公司的资产、负债、权益和经营成果产生重大影响的重要合同。

四、本公司没有发生未履行法定程序的关联交易，且没有发生未在招股说明书中披露的重大关联交易。

五、本公司未进行重大投资。

六、本公司未发生重大资产(或股权)购买、出售及置换。

七、本公司住所未发生变更。

八、本公司董事、监事、高级管理人员及核心技术人员未发生变化。

九、本公司未发生重大诉讼、仲裁事项。

十、本公司未发生除正常经营业务之外的重大对外担保等或有事项。

十一、本公司的财务状况和经营成果未发生重大变化。

十二、本公司未召开董事会、监事会和股东大会。

十三、本公司未发生其他应披露的重大事项。

第七节　上市保荐人及其意见

一、上市保荐人基本情况

名称：光大证券股份有限公司

法定代表人：薛峰

住所：上海市静安区新闸路 1508 号

电话：021–22169999

传真：021–22169284

保荐代表人：吕雪岩、钟丙祥

项目协办人：王如意

其他项目人员：邹万海、李聃、王晶、谈钟灵、郑卫杰、范建新

二、上市保荐人的推荐意见

上市保荐人光大证券股份有限公司认为，发行人申请其 A 股股票上市符合《中华人民共和国公司法》《中华人民共和国证券法》及《上海证券交易所股票上市规则》等法律、法规的有关规定，发行人 A 股股票具备在上海证券交易所上市的条件。上市保荐人同意推荐无锡阿科力科技股份有限公司 A 股股票在上海证券交易所上市。

发行人：无锡阿科力科技股份有限公司

2017 年 10 月 24 日

博士眼镜连锁股份有限公司

博士眼镜连锁股份有限公司首次公开发行股票并在创业板上市之上市公告书

特别提示

本公司股票将在深圳证券交易所创业板市场上市，该市场具有较高的投资风险。创业板公司具有业绩不稳定、经营风险高、退市风险大等特点，投资者面临较大的市场风险。投资者应当充分了解创业板市场的投资风险及本公司所披露的风险因素，审慎做出投资决定。

第一节　重要声明与提示

本公司及全体董事、监事、高级管理人员保证上市公告书所披露信息的真实性、准确性、完整性，承诺上市公告书不存在虚假记载、误导性陈述或重大遗漏，并承担个别和连带的法律责任。

深圳证券交易所、其他政府机关对本公司股票上市及有关事项的意见，均不表明对本公司的任何保证。

本公司提醒广大投资者注意，凡本上市公告书未涉及的有关内容，请投资者查阅刊载于巨潮资讯网（网址 www.cninfo.com.cn）的本公司招股说明书全文。

本公司首次公开发行股票并在创业板上市初期具有较大的价格波动风险，并存在跌破发行价格的风险，本公司提醒投资者应充分了解股票市场风险及本公司披露的风险因素，理性参与新股交易。

如无特别说明，本上市公告书中的简称或名词的释义与本公司首次公开发行股票招股说明书中的释义相同。本上市公告书中部分合计数与各加数直接相加之和在尾数上存在差异，系由于四舍五入所致。

一、本次发行前公司股东所持股份的限售安排及自愿锁定股份的承诺

1. 公司实际控制人 Alexander Liu、Louisa Fan 承诺：自公司股票上市之日起三十六个月内，不转让或者委托他人管理所直接持有的公司上市前已发行的全部股份，也不由公司回购该等股份。

2. 公司股东华盖成都、华盖温州、盛冲聚腾、刘开跃、郑庆秋承诺：自公司股票上市之日起三十六个月内，不转让或者委托他人管理所直接持有的公司上市前已发行的全部股份，也不由公司回购该等股份。

3. 公司股东豪石九鼎、民乐九鼎、民安九鼎、嘉赢九鼎承诺：持有的受让自 Louisa Fan 的 1,287,000 股（其中：豪石九鼎 514,800 股、民乐九鼎 334,620 股、民安九鼎 308,880 股、嘉赢九鼎 128,700 股）公司股份，自公司股票上市之日起三十六个月内，不转让或者委托他人管理该等股份，也不由公司回购该等股份；其余持有的 9,652,500 股（其中：豪石九鼎 3,861,100 股、民乐九鼎 2,509,600 股、民安九鼎 2,316,600 股、嘉赢九鼎 965,200 股）公司股份，自公司股票上市之日起十二个月内，不转让或者委托他人管理该等股份，也不由公司回购该等股份。

4. 公司股东江南道、华青投资、陶润投资、杨秋、刘之明承诺：自公司股票上市之日起十二个月内，不转让或者委托他人管理所直接持有的公司上市前已发行的全部股份，也不由公司回购该等股份。

5. 担任公司董事、监事、高级管理人员的股东 Alexander Liu、Louisa Fan、刘开跃、杨秋、刘之明、郑庆秋承诺：除上述锁定期外，在任职期间每年转让的公司股份不超过本人所直接持有公司股份总数的百分之二十五；在申报离任后六个月内，不转让所持有的该等股份；在申报离任六个月后的十二个月内通过证券交易所挂牌交易出售公司股票数量占本人所持有公司股票总数的比例不超过百分之五十。若本人在首次公开发行股票上市之日起六个月内申报离职，自申报离职之日起十八个月内不转让所直接持有的公司股份；在首次公开发行股票上市之日起第七个月至第十二个月之间申报离职，自申报离职之日起十二个月内不转让所直接持有的公司股份。

6. 担任公司董事、监事、高级管理人员的江南道股东刘开跃、杨秋、何庆柏、刘之明、周演文、张晓明承诺：自公司股票上市之日起十二个月内，不转让或者委托他人管理所持有的江南道股权，也不由江南道回购该等股权；在本人任职期间每年转让的江南道股权不超过本人所持有的该公司股权总数的百分之二十五；在本人申报离任后六个月内，不转让所持有的该等股权；在申报离任六个月后的十二个月内转让股权占本人所持有该等股权总数的比例不超过百分之五十；若本人在公司首次公开发行股票上市之日起六个月内申报离职，自申报离职之日起十八个月内不转让所持有的江南道股权；在首次公开发行股票上市之日起第七个月至第十二个月之间申报离职，自申报离职之日起十二个月内不转让所持有的江南道股权。

7. 公司控股股东、持有公司股份的董事和高级管理人员 ALEXANDER LIU、LOUISA FAN、刘开跃、杨秋、刘之明承诺：所持股票在锁定期满后两年内减持的，其减持价格不低于发行价；公司上市后 6 个月内如公司股票连续 20 个交易日的收盘价均低于发行价，或者上市后 6 个月期末收盘价低于发行价，持有公司股票的锁定期限自动延长至少 6 个月（如果本次发行后发生派发股利、送红股、转增股本、增发新股或配股等除权、除息情况的，将按照证券交易所的有关规定对发行价作相应调整）。上述承诺不因本人在公司职务变更或离职等原因而终止履行。

二、公司主要股东关于锁定期满后股份减持意向的说明和承诺

1. 公司控股股东/实际控制人 Alexander Liu、Louisa Fan 的持股及减持意向如下：本人意在长期持有公司股票，除承诺自公司股票上市后 3 年内不减持公司股票外，在锁定期满后两年内，每年减持公司股票不超过上市时持有公司股票数量的 5%，第一年剩余未减持部分不累计到第二年，且减持后仍需保持控股股东或实际控制人地位，减持方式包括竞价交易和大宗交易，减持价格（复权后）不低于发行价。本人减持时，将提前三个交易日予以公告。如本人未履行上述承诺，自愿接受监管机构依据相关规定给予的监管措施或处罚；同时公司董事会将发布声明予以谴责。

2. 持有公司 5%以上股份的股东豪石九鼎的持股及减持意向如下：除承诺"本企业持有的受让自 Louisa Fan 的 514,800 股公司股份，自公司股票上市之日起三十六个月内，不转让或者委托他人管理该等股份，也不由公司回购该等股份；本企业其余持有的 3,861,100 股公司股份，自公司股票上市之日起十二个月内，不转让或者委托他人管理该等股份，也不由公司回购该等股份"以外，在锁定期满后两年内减持价格不低于每股净资产（指最近一期经审计的合并报表每股净资产），减持方式包括竞价交易和大宗交易等证监会或交易所允许的交易方式。本企业减持时，将提前三个交易日予以公告，并按照证券交易所的规则及时、准确地履行信息披露义务，本企业持有发行人股份低于 5%以下时除外。本企业希望通过公司业绩的增长获得股权增值和分红回报，截至说明函出具之日起，本企业未有减持所持公司股份的计划或安排。如本企业未履行上述承诺，自愿接受监管机构依据相关规定给予的监管措施；同时公司董事会将发布声明予以谴责。

3. 持有公司 5%以上股份的股东江南道的持股及减持意向如下：除承诺公司股票上市后 1 年内不减持外，在锁定期满后两年内，每年减持公司股票不超过上市时持有公司股票数量的 25%，第一年剩余未减持部分不累计到第二年，减持价格（复权后）不低于发行价，减持方式包括竞价交易和大宗交易。本公司减持时，将提前三个交易日予以公告。如本公司未履行上述承诺，自愿接受监管机构依据相关规定给予的监管措施；同时公司董事会将发布声明予以谴责。

三、关于招股说明书不存在虚假记载、误导性陈述或重大遗漏的承诺

（一）公司控股股东/实际控制人承诺

1. 如发行人招股说明书中存在虚假记载、误导性陈述，或者在披露信息时发生重大遗漏，对判断发行人是否符合法律规定的发行条件构成重大、实质影响的，本人将督促发行人依法回购首次公开发行的全部新股。同时，本人以市场价格购回首次公开发行股票时公开发售的股份。

2. 如因发行人招股说明书中存在的虚假记载、误导性陈述或者重大遗漏，致使投资者在证券交易中遭受损失的，本人将对上述发行人的赔偿义务承担连带责任。

（二）发行人承诺

1. 如本公司招股说明书中存在虚假记载、误导性陈述或者重大遗漏，对判断本公司是否符合法律规定的发行条件构成重大、实质影响的，本公司将依法回购首次公开发行的全部新股。本公司将在中国证监会出具有关违法事实的认定结果后及时进行公告，并在公告后 5 个交易日内根据相关法律法规及公司章程的规定召开董事会审议股份回购具体方案，并提交股东大会，本公司将根据股东大会决议及相关主管部门的审批依法启动回购首次公开发行的全部新股的相关程序，回购价格为市场价格。

2. 如因本公司招股说明书中存在的虚假记载、误导性陈述或者重大遗漏，致使投资者在证券交易中遭受损失的，本公司将依法赔偿投资者损失。

（三）发行人董事、监事、高级管理人员承诺

如果发行人招股说明书存在虚假记载、误导性陈述或者重大遗漏，致使投资者在证券交易中遭受损失的，将对发行人的赔偿义务承担个别及连带责任。

（四）保荐机构、发行人会计师、发行人验资机构、发行人律师、开元评估和国众联评估承诺中德证券承诺：因其为发行人首次公开发行股票制作、出具的文件有虚假记载、误导性陈述或重大遗漏，给投资者造成损失的，将先行赔偿投资者损失；因其为发行人首次公开发行股票制作、出具的文件有虚假记载、误导性陈述或者重大遗漏，给投资者造成损失的，将依法赔偿投资者损失。

发行人会计师承诺：因本所为发行人首次公开发行制作、出具的文件有虚假记载、误导性陈述或者重大遗漏，给投资者造成损失的，将依法赔偿投资者损失。

发行人验资机构承诺：因本所为发行人首次公开发行制作、出具的文件有虚假记载、误导性陈述或者重大遗漏，给投资者造成损失的，将依法赔偿投资者损失。

发行人律师承诺：如因国浩律师（深圳）事务所为本次发行而制作、出具的文件有虚假记载、误导性陈述或者重大遗漏，给投资者造成损失的，将依法赔偿投资者损失。

开元评估承诺：因本公司为发行人首次公开发行股票并在创业板上市而制作、出具的文件有虚假记载、误导性陈述或者重大遗漏，给投资者造成损失的，将依法赔偿投资者损失。

国众联评估承诺：因本公司为发行人首次公开发行股票并在创业板上市而制作、出具的文件有虚假记载、误导性陈述或者重大遗漏，给投资者造成损失的，将依法赔偿投资者损失。

四、公司上市后三年内股价稳定预案及相关承诺

（一）公司上市后三年内股价稳定预案

1. 启动股价稳定措施的具体条件

公司上市后三年内任意连续 20 个交易日股票收盘价均低于每股净资产，即达到启动股价稳定措施的条件。

每股净资产为最近一期公司定期报告（包括季报、半年报和年报）公告的归属于上市公司普通股股东的每股净资产，最近一期定期报告公开披露后至最近一个交易日，公司发生派发股利、送红股、转增股本、增发新股或配股等除息、除权行为，上述每股净资产亦作相应调整。

如股价稳定方案尚未正式实施前或股价稳定方案实施后，公司股票连续 5 个交易日的收盘价均高于每股净资产时，则可中止实施本阶段股价稳定方案。中止实施股价稳定方案后，如再次出现公司股票收盘价格连续 20 个交易日低于每股净资产时，则应继续实施股价稳定方案。

2. 稳定股价的具体措施及实施顺序

在达到启动股价稳定措施的条件后，公司可以采取以下措施稳定股价，包括但不限于：（1）公司

控股股东或实际控制人增持公司股份;(2)公司董事(不包括独立董事)、高级管理人员增持公司股份;(3)公司回购股份;(4)公司控股股东或实际控制人、董事(不包括独立董事)、高级管理人员承诺延长其所有持有的公司股份的锁定期;(5)公司董事会认为其他必要的合理措施。

以上措施须在符合相关法律法规和有关规定及监管部门的相关要求情况下,

可实施本预案中一项或数项措施,以维护公司股价的稳定,如公司满足启动股价稳定措施的条件,由公司、公司控股股东或实际控制人、公司董事及高级管理人员(独立董事除外)三方主体经友好协商并确定需要采取的稳定股价的具体措施,并在达到上述启动股价稳定措施条件后的5日内召开董事会,公告拟采取稳定股价的具体实施方案。若协商不成,则依次按照如下责任主体的顺序实施稳定股价措施:第一选择为公司控股股东或实际控制人增持公司股份,第二选择为公司董事(不包括独立董事)、高级管理人员增持公司股份;第三选择为公司回购股份;第四选择为公司控股股东或实际控制人、董事(不包括独立董事)、高级管理人员承诺延长其所持有的公司股份的锁定期。若该项具体措施将导致公司股权结构不满足上市条件、触发要约收购、相关法律法规的限制导致其无法实施或实施后相关比例已达到该具体措施规定的上限则自动进入下一个选择,直至公司股票连续5个交易日的收盘价均高于每股净资产,若上述四个选择均无法实施或实施后相关比例已达到该具体措施规定的上限,公司董事会可以采取其他必要的合理措施以稳定公司股价。

(1)公司控股股东或实际控制人增持公司股份的具体方案

在达到启动股价稳定措施的条件后,公司控股股东或实际控制人可以通过深圳证券交易所证券交易系统在二级市场以买入的方式,增持公司股份,资金来源为自筹取得。

公司控股股东或实际控制人在6个月内增持的公司股份不超过公司已发行股份的2%,即公司控股股东或实际控制人可以自首次增持之日起算的未来6个月内,从二级市场上继续择机增持公司股份,累积增持比例不超过公司已发行股份的2%(含首次已增持部分)。

控股股东或实际控制人在增持前应向公司董事会报告具体实施计划方案,公司将按相关规定公告。

(2)公司董事(不包括独立董事)、高级管理人员增持公司股份的具体方案在达到启动股价稳定措施的条件后,公司董事(不包括独立董事)、高级管理人员可以基于对公司未来发展前景的信心和公司股票价值的合理判断作出决定,通过深圳证券交易所证券交易系统在二级市场以买入的方式,增持公司股份,资金来源为自筹取得。

公司董事(不包括独立董事)、高级管理人员可以自首次增持之日起算的未来6个月内,从二级市场上继续择机增持公司股份,合计累积增持比例不超过公司已发行股份的1%(含首次已增持部分)。

在启动股价稳定措施时应提前向公司董事会报告具体实施计划方案,公司将按相关规定公告。对于未来新聘的董事(不包括独立董事)、高级管理人员,须履行以上规定。

(3)公司回购股份的具体方案

在达到启动股价稳定措施的条件后,公司可以启动回购股份,以稳定公司股价,提高投资者信心。

用于股份回购的资金来源为公司自有资金,以不超过上年度归属于上市公司股东的净利润的30%为限,由公司董事会结合公司当时的财务和经营状况,确定回购股份的资金总额上限,公司董事会应当在做出回购股份决议后及时公告董事会决议、回购股份预案,并发布召开股东大会的通知,股份回购预案需经公司董事会和股东大会审议通过,需要事前报相关监管部门履行审批或备案程序的,则在履行审批或备案程序后实施。

(4)公司控股股东或实际控制人、董事(不包括独立董事)、高级管理人员承诺延长其所有持有的公司股份的锁定期的具体方案

在达到启动股价稳定措施的条件后,公司控股股东或实际控制人、董事(不包括独立董事)、高级管理人员可以承诺在原有锁定期的基础上,自愿延长其所有持有的公司股份的锁定期6个月。

(5)公司董事会认为其他必要的合理措施

在达到启动股价稳定措施的条件后,公司董事会可以根据实际情况采取其他必要的合理措施以维护公司股价的稳定。

(二)股价稳定相关承诺

发行人出具《维护公司股价稳定承诺函》,承诺:在公司上市后三年内股价达到《博士眼镜连锁股份有限公司上市后三年内股价稳定预案》(以下简称"《股价稳定预案》")规定的启动股价稳定措施的具体条件后,履行《股价稳定预案》中的各项应尽义务,遵守公司董事会作出的稳定股价的具体实施方案,并根据该具体实施方案采取包括但不限于回购公司股份或董事会作出的其他稳定股价的具体实施措施。

发行人控股股东/实际控制人、董事、高级管理人员出具《维护公司股价稳定承诺函》,承诺:在公司上市后三年内股价达到《博士眼镜连锁股份有限公司上市后三年内股价稳定预案》规定的启动股价稳定措施的具体条件后,履行《股价稳定预案》中的各项应尽义务,遵守公司董事会作出的稳定股价的具体实施方案,并根据该具体实施方案采取包括但不限于增持公司股份、自愿延长所有持有公司股份的锁定期或董事会作出的其他稳定股价的具体实施措施,该具体实施方案涉及股东大会表决的,在股东大会表决时投赞成票。

五、填补被摊薄即期回报的措施及承诺

(一)公司填补被摊薄即期回报的措施及承诺

本次公开发行股票总量不超过2,145万股,鉴于公司首次公开发行股票后,公司股本及净资产规模将有大幅增加,但募集资金投资项目需要一定的建设投入周期,募集资金产生的经济效益需要一段时间,同时存在较大的不确定性,这些因素可能会在短期内影响公司的每股收益和净资产收益率,产生股东即期回报被摊薄的风险。为维护广大股东利益,增强投资者信心,公司承诺,将采取如下措施在首次公开发行股票后填补被摊薄的即期回报:

1. 规范募集资金使用,强化募集资金管理,提高募集资金的使用效率公司承诺,首次公开发行股票募集资金到位后,公司将在募集资金的使用、核算、风险防范等方面强化管理,确保募集资金科学、合理地投入到相关的募投项目中。同时,公司将严格按照募集资金管理制度的相关规定,执行严格的募集资金监管制度,保证募集资金合理、合法、规范的使用。同时,在符合上述要求的基础上,公司将结合当时的市场状况、行业发展等多种因素,优化募集资金的使用,提高募集资金的使用效率。

2. 加快募集资金投资项目的建设进度

公司承诺,在符合法律、法规、规范性文件以及公司募集资金管理制度规定的前提下,将根据市场状况、行业发展的客观条件,在确保公司募集资金规范、科学、合理使用的基础上,尽快完成募集资金投资项目的开发、建设,加快实现募集资金投资项目的预期经济效益。

3. 加强品牌和信息化建设,提升核心竞争力

公司承诺,将依托首次公开发行股票并上市以及募集资金投资项目建设的契机,进一步提升公司在眼镜零售连锁经营领域的品牌影响力和行业地位,同时借助信息化建设,进一步提升客户服务水平、市场快速反应能力和管理效率等,从而整体上提升公司的核心竞争力。

4. 建立健全投资者回报机制,完善利润分配政策

公司承诺,将依照公司上市后适用的公司章程以及股东分红回报规划的相关内容,建立和健全利润分配政策,既符合公司发展战略需要,又紧密结合公司发展阶段、经营状况、行业前景,并在充分考虑投资者利润分配意愿的基础上,完善利润分配政策,持续优化对投资者的回报机制,确保及时给予投资者合理的预期回报。

(二)相关责任主体的承诺

1. 公司董事、高级管理人员承诺

为保障公司摊薄即期回报填补措施能够得到切实履行,公司的董事、高级管理人员将忠实、勤勉地履行职责,并作出以下承诺:

(1)不无偿或以不公平条件向其他单位或者个人输送利益,也不采用其他方式损害公司利益;

(2)对董事和高级管理人员的职务消费行为进行约束;

(3)不动用公司资产从事与其履行职责无关的投资、消费活动;

(4)由董事会或薪酬委员会制定的薪酬制度与公司填补回报措施的执行情况相挂钩;

(5)拟公布的公司股权激励的行权条件与公司填补回报措施的执行情况相挂钩。

2. 公司控股股东和实际控制人承诺

为保障公司摊薄即期回报填补措施能够得到切实履行,公司控股股东、实际控制人 Alexander Liu、Louisa Fan 承诺:

本人不滥用公司的控股股东或实际控制人地位,不侵占公司利益,不无偿或以不公平条件向其他单位或者个人输送公司利益,也不采用其他方式损害公司利益。

六、公司及其控股股东、实际控制人、董事、监事、高级管理人员相关承诺的约束措施

(一)公司自愿提供的保障措施

公司如不能履行所作出的相关承诺,自愿提供如下保障措施:

1. 本公司应及时公告未履行相关承诺的原因,并立即采取措施消除相关违反承诺事项;

2. 本公司以自有资金履行相关承诺;

3. 本公司在自有资金不足以履行相关承诺时,处置公司其他资产保障相关承诺有效履行;

4. 本公司严格执行董事会决议采取的其他保障措施;

5. 本公司发生违反有关承诺之日起一个月内未开始执行上述消除违反承诺事项时,本公司认可董事会或董事会委托的第三方执行上述保障措施。

6. 如本公司未履行相关承诺事项,致使相关利益方遭受损失的,本公司将依法赔偿相关利益方损失,相关利益方具有依据此说明向本公司提起诉讼的权利。

(二)公司控股股东、实际控制人自愿提供的保障措施

公司控股股东、实际控制人如不能履行所作出的相关承诺,自愿提供如下保障措施:

1. 采取措施立即消除相关违反承诺事项;

2. 在消除相关违反承诺事项前,本人持有的发行人尚未转让股份不申请解锁和转让,并暂停领取归属于本人的发行人已宣告尚未发放和未来应得的现金股利;

3. 同意以本人自有财产履行相关承诺;

4. 如本人未在违反相关承诺事项后一个月内启动上述保障措施,授权发行人董事会、同意发行人董事会委托第三方执行上述保障措施;

5. 如本人未履行相关承诺事项,致使相关利益方遭受损失的,本人将依法赔偿相关利益方损失,相关利益方具有依据此说明向本人提起诉讼的权利。

本说明一经作出,即构成本人对相关利益方不可撤销的单方面合同义务。

(三)公司董事、监事和高级管理人员自愿提供的保障措施

公司董事、监事和高级管理人员如不能履行所作出的相关承诺,自愿提供如下保障措施:

1. 采取措施立即消除相关违反承诺事项;

2. 在消除相关违反承诺事项前,本人持有的发行人尚未转让股份不申请解锁和转让,并暂停领取归属于本人的发行人已宣告尚未发放和未来应得的现金股利;

3. 在消除相关违反承诺事项前,同意暂停向发行人领取50%的当月薪酬或津贴;

4. 如本人未在违反相关承诺事项后一个月内启动上述保障措施,授权发行人董事会、同意发行人董事会委托第三方执行上述保障措施;

5. 如本人未履行相关承诺事项,致使相关利益方遭受损失的,本人将依法赔偿相关利益方损失,相关利益方具有依据此说明向本人提起诉讼的权利。

本说明一经作出,即构成本人对相关利益方不可撤销的单方面合同义务,且不得因本人职务变更、离职等原因而放弃履行承诺。

七、公司滚存利润安排和发行上市后公司股利分配政策及分红规划

(一)公司滚存利润安排

根据发行人2015年第四次临时股东大会决议,本次发行前公司滚存的未分配利润由本次发行后全体新老股东按各自持股比例共同享有。

(二)本次发行上市后股利分配政策

根据公司上市后适用的《公司章程(草案)》,有关股利分配的主要规定如下:

1. 利润分配的原则和形式

公司的利润分配政策应保持连续性和稳定性，利润分配注重对股东合理的投资回报，按照同股同权、同股同利的原则，利润分配不得超过累计可分配利润范围。公司遵循重视对投资者的合理回报并兼顾公司当年的实际经营情况和可持续发展的原则，采用现金、股票、现金与股票相结合或者法律、法规允许的其他方式分配利润。公司优先采用现金分红的利润分配方式。

2. 现金分红的条件

公司拟实施现金分红时应同时满足以下条件：

(1)公司该年度实现盈利，且该年度实现的可分配利润(即公司弥补亏损、提取公积金后的税后利润)、累计可分配利润均为正值；

(2)审计机构对公司该年度财务报告出具标准无保留意见的审计报告；

(3)公司无重大投资计划或重大现金支出计划等事项发生(公司首次公开发行股票或再融资的募集资金投资项目除外)；重大投资计划或重大现金支出计划是指公司未来十二个月内拟建设项目、对外投资、收购资产或购买设备的累计支出达到或超过公司最近一期经审计净资产的30%。

3. 现金分红的比例及时间

公司应保持利润分配政策的连续性与稳定性，每年以现金方式分配的利润应不低于当年实现的可分配利润的20%，且最近三年公司以现金方式累计分配的利润不少于最近三年实现的年均可分配利润的30%。公司董事会应当综合考虑所处行业特点、发展阶段、自身经营模式、盈利水平以及是否有重大资金支出安排等因素，区分下列情形，并按照公司章程规定的程序，提出差异化的现金分红政策：

(1)公司发展阶段属成熟期且无重大资金支出安排的，进行利润分配时，现金分红在本次利润分配中所占比例最低应达到80%；

(2)公司发展阶段属成熟期且有重大资金支出安排的，进行利润分配时，现金分红在本次利润分配中所占比例最低应达到40%；

(3)公司发展阶段属成长期且有重大资金支出安排的，进行利润分配时，现金分红在本次利润分配中所占比例最低应达到20%；

公司发展阶段不易区分但有重大资金支出安排的，可以按照前项规定处理。

在满足上述现金分红条件情况下，公司将积极采取现金方式分配股利，公司董事会可以根据公司的资金需求状况提议公司进行中期现金分配。

4. 股票股利分配的条件

公司可以根据累计可供分配利润、公积金及现金流状况，在保证最低现金分红比例和公司股本规模合理的前提下，为保持股本扩张与业绩增长相适应，公司可以采用股票股利方式进行利润分配。

5. 利润分配的决策程序和机制

公司每年利润分配预案由公司董事会结合公司章程的规定、盈利情况、资金供给和需求情况提出、拟订。独立董事及监事会应对提请股东大会审议的利润分配预案进行审核并出具书面意见。

董事会审议现金分红具体方案时，应当认真研究和论证公司现金分红的时机、条件和最低比例、调整的条件及其决策程序要求等事宜。独立董事应对利润分配预案发表明确的独立意见。分红预案经董事会审议通过，方可提交股东大会审议。

股东大会对现金分红具体方案进行审议时，应当通过多种渠道主动与股东特别是中小股东进行沟通和交流，充分听取中小股东的意见和诉求，并及时答复中小股东关心的问题。分红预案应由出席股东大会的股东或股东代理人以所持二分之一以上的表决权通过。

(三)本次发行上市后三年内分红规划

根据发行人于2015年6月10日召开的2015年第四次临时股东大会审议通过的《博士眼镜连锁股份有限公司上市后三年股东分红回报规划》，本次发行后，发行人股东未来分红回报规划如下：

1. 股东分红回报规划制定考虑因素

在综合分析企业经营发展实际情况、股东要求和意愿、社会资金成本、外部融资环境等因素的基础上，充分考虑公司发展所处阶段、项目投资资金需求、银行信贷及债权融资环境、未来盈利规模、现金流量状况等情况，建立对投资者持续、稳定、科学的回报机制，保持股利分配政策的连续性和稳定性。

2. 股东分红回报规划制定原则

公司股东回报规划充分考虑和听取股东特别是中小股东的要求和意愿，在保证公司正常经营业务发展及遵循相关法律、法律及规范性文件的前提下，坚持现金分红为主的基本原则。

3. 公司实施现金分红应当至少同时满足以下条件：

(1)公司该年度实现盈利，且该年度实现的可分配利润(即公司弥补亏损、提取公积金后的税后利润)、累计可分配利润均为正值且满足公司正常生产经营的资金需求；

(2)审计机构对公司该年度财务报告出具标准无保留意见的审计报告；

(3)公司无重大投资计划或重大现金支出计划等事项发生(公司首次公开发行股票或再融资的募集资金投资项目除外)；重大投资计划或重大现金支出计划是指公司未来十二个月内拟建设项目、对外投资、收购资产或购买设备的累计支出达到或超过公司最近一期经审计净资产的30%。

在上述条件同时满足时，公司应采取现金方式分配利润。

公司董事会可以在有关法规允许的情况下根据公司的盈利状况提议进行中期现金分红。

4. 公司上市后三年股东分红回报具体计划

公司遵循重视对投资者的合理回报并兼顾公司当年的实际经营情况和可持续发展的原则，采用现金、股票、现金与股票相结合或者法律、法规允许的其他方式分配利润。公司优先采用现金分红的利润分配方式。

在满足公司章程规定的现金分红条件的情况下，公司采取现金方式分配股利。公司应保持利润分配政策的连续性与稳定性，每年以现金方式分配的利润应不低于当年实现的可分配利润的20%，且最近三年公司以现金方式累计分配的利润不少于最近三年实现的年均可分配利润的30%。

公司可以根据累计可供分配利润、公积金及现金流状况，并结合公司成长性、每股净资产的摊薄等真实合理因素，在保证最低现金分红比例和公司股本规模合理的前提下，公司可以采用股票股利方式进行利润分配。

公司董事会应当综合考虑所处行业特点、发展阶段、自身经营模式、盈利水平以及是否有重大资金支出安排等因素，区分下列情形，并按照公司章程规定的程序，提出差异化的现金分红政策：

(1)公司发展阶段属成熟期且无重大资金支出安排的，进行利润分配时，现金分红在本次利润分配中所占比例最低应达到80%；

(2)公司发展阶段属成熟期且有重大资金支出安排的，进行利润分配时，现金分红在本次利润分配中所占比例最低应达到40%；

(3)公司发展阶段属成长期且有重大资金支出安排的，进行利润分配时，现金分红在本次利润分配中所占比例最低应达到20%；

公司发展阶段不易区分但有重大资金支出安排的，可以按照前项规定处理。

5. 公司上市后三年股东分红回报具体计划的变更

公司的股东分红回报计划不得随意变更。公司根据生产经营情况、投资规划和长期发展的需要，需调整利润分配政策的，调整后的利润分配政策不得违反中国证监会和证券交易所的有关规定。公司应当按照《公司章程(草案)》"第一百五十六条利润分配政策调整的条件、决策程序和机制"的约定履行相应的程序。

6. 股东分红回报规划的调整

分红回报规划的重新制定应由公司董事会提出，并在董事会审议通过后提交股东大会审议；公司在拟定具体方案时应当听取有关各方的意见，包括但不限于通过公开征集意见、召开论证会、电话、传真、邮件等方式，与股东特别是持有公司股份的机构投资者、中小股东就现金分红方案进行充分讨论和交流；涉及股价敏感信息的，公司还应当及时进行信息披露。

八、其他承诺事项

(一)避免同业竞争的承诺

1. 控股股东、实际控制人作出的避免同业竞争的承诺

为避免与发行人发生同业竞争，控股股东/实际控制人 Alexander Liu、Louisa Fan 分别出具了《避免同业竞争承诺函》，确认与发行人不存在同业竞争。

该承诺函承诺："在本承诺函签署之日，本人及本人控制的公司均未生产、销售任何与贵公司及其下属子公司生产、销售的产品构成竞争或可能竞争的产品，未直接或间接经营任何与贵公司及下属子公司经营的业务构成竞争或可能构成竞争的业务，也未参与投资任何与贵公司及其下属子公司生产、销售的产品或经营的业务构成竞争或可能构成竞争的其他企业。"

"自本承诺函签署之日起，本人及本人控制的公司将不生产、销售任何与贵公司及其下属子公司生产、销售的产品构成竞争或可能构成竞争的产品，不直接或间接经营任何与贵公司及其下属子公司经营的业务构成竞争或可能构成竞争的业务，也不参与投资任何与贵公司及其下属子公司生产、销售的产品或经营的业务构成竞争或可能构成竞争的其他企业。"

"自承诺函签署之日起，如本人及本人控制的公司进一步拓展产品和业务范围，本人及本人控制的公司将不与贵公司及其下属子公司拓展后的产品或业务相竞争；若与贵公司及其下属子公司拓展后的产品或业务产生竞争，则本人及本人控制的公司将以停止生产或经营相竞争的业务或产品的方式，或者将相竞争的业务纳入到贵公司经营的方式，或者将相竞争的业务转让给无关联关系的第三方的方式避免同业竞争。"

"在本人及本人控制的公司与贵公司存在关联关系期间，本承诺函为有效之承诺。如上述承诺被证明是不真实的或未被遵守，本人将向贵公司赔偿一切直接和间接损失，并承担相应的法律责任。"

2. 直接持股5%以上的股东作出的避免同业竞争的承诺

直接持股5%以上的股东江南道和豪石九鼎分别出具了内容同上的《避免同业竞争承诺函》，确认与发行人不存在同业竞争。

(二)规范与减少关联交易的承诺

发行人的实际控制人 Alexander Liu 和 Louisa Fan 以及公司的主要股东江南道、豪石九鼎已就规范和减少关联交易出具如下承诺：

"(一)本人/公司/本企业将采取措施尽量避免与贵公司发生关联交易。对于无法避免的任何关联业务往来或交易均按照公平、公允和等价有偿的原则进行，交易价格应按市场公认的合理价格确定，并按照规定履行相关决策程序和信息披露义务；

(二)按相关规定履行必要的关联董事、关联股东回避表决等义务，遵守批准关联交易的法定程序和信息披露义务；

(三)保证不通过关联交易损害贵公司及贵公司其他股东的合法权益；

(四)双方就相互间关联事务及交易所做出的任何约定及安排，均不妨碍对方为其自身利益、在市场同等竞争条件下与任何第三方进行业务往来或交易；

(五)本人/公司/本企业及本人/公司/本企业控制的公司在此承诺并保证，若违反上述承诺，本人/公司/本企业将承担由此引起的一切法律责任和后果，并对相关各方造成的损失予以赔偿和承担。"

(三)控股股东、实际控制人关于承担社保、公积金补缴责任的承诺

就报告期内公司及其子公司可能存在的社会保险和住房公积金缴纳不规范的情形，公司控股股东/实际控制人 Alexander Liu、Louisa Fan 作出了相关承诺：若公司及其子公司被国家有权部门要求补缴社会保险或住房公积金，本人将无条件全额承担公司及其子公司应补缴的费用以及因此所产生的所有相关费用，保证公司及其子公司不因此遭受任何直接和间接损失。本人前述声明、承诺与保证若存在虚假记载、误导性陈述与重大遗漏，本人将对信赖并依据前述声明、保证与承诺行事的公司及所有相关各方给予充分、及时而有效的赔偿，赔偿所及的范围将包括(但不限于)直接损

失、间接损失及/或可得利益等。

第二节　股票上市情况

一、股票发行上市审核情况

(一)编制上市公告书的法律依据

本上市公告书是根据《中华人民共和国公司法》《中华人民共和国证券法》和《首次公开发行股票并在创业板上市管理办法》和《深圳证券交易所创业板股票上市规则》等有关法律、法规的规定,并按照《深圳证券交易所股票上市公告书内容与格式指引》而编制,旨在向投资者提供有关本公司首次公开发行股票并在创业板上市的基本情况。

(二)股票发行的核准部门和文号

本公司首次公开发行股票已经中国证券监督管理委员会"证监许可〔2017〕200 号"文核准,本次发行采用网下向投资者询价配售(以下简称"网下发行")与网上按市值申购定价发行(以下简称"网上发行")相结合的方式进行,共发行新股 2,145 万股,不进行老股转让,其中,网下发行数量为 214.50 万股,为本次发行数量的 10%;网上发行数量为 1,930.50 万股,为本次发行数量的 90%,发行价格为 9.83 元/股。

(三)交易所同意股票上市文件的文号

本公司首次公开发行股票已经深圳交易所"深证上〔2017〕164 号"文核准,本公司发行的人民币普通股股票在深圳证券交易所上市,股票简称"博士眼镜",股票代码"300622",本次公开发行的 2,145 万股股票将于 2017 年 3 月 15 日起上市交易。

二、股票上市相关信息

(一)上市地点:深圳证券交易所;

(二)上市时间:2017 年 3 月 15 日;

(三)股票简称:博士眼镜;

(四)股票代码:300622;

(五)本次公开发行后的总股本:8,580.00 万股;

(六)本次公开发行的股票数量:2,145.00 万股,全部为新股;

(七)发行前股东所持股份的流通限制及期限:参见本上市公告书之"第一节重要声明与提示";

(八)发行前股东对所持股份自愿锁定的承诺:参见本上市公告书之"第一节重要声明与提示";

(九)本次上市股份的其他锁定安排:除上述(七)、(八)外,本次上市股份无其他锁定安排;

(十)本次上市的无流通限制及锁定安排的股份:本次公开发行的新股 2,145.00 万股股份无流通限制及锁定安排;

(十一)公司股份可上市交易日期:

项目	股东名称	持股数量(万股)	占发行后总股本比例	可上市交易日期(非交易日顺延)
首次公开发行前已发行的股份	ALEXANDER LIU	2,356.20	27.46%	2020 年 3 月 15 日
	LOUISA FAN	1,962.05	22.87%	2020 年 3 月 15 日
	豪石九鼎	437.59	5.10%	514,800 股为 2020 年 3 月 15 日,3,861,100 股为 2018 年 3 月 15 日
	江南道	388.00	4.52%	2018 年 3 月 15 日
	民乐九鼎	284.42	3.31%	334,620 股为 2020 年 3 月 15 日,2,509,600 股为 2018 年 3 月 15 日
	民安九鼎	262.55	3.06%	308,880 股为 2020 年 3 月 15 日,2,316,600 股为 2018 年 3 月 15 日
	华青投资	175.50	2.05%	2018 年 3 月 15 日
	陶润投资	146.25	1.70%	2018 年 3 月 15 日
	嘉赢九鼎	109.39	1.27%	128,700 股为 2020 年 3 月 15 日,965,200 股为 2018 年 3 月 15 日
	华盖成都	64.35	0.75%	2020 年 3 月 15 日
	华盖温州	64.35	0.75%	2020 年 3 月 15 日
	盛坤聚腾	64.35	0.75%	2020 年 3 月 15 日
	刘开跃	45.00	0.52%	2020 年 3 月 15 日
	杨　秋	40.00	0.47%	2018 年 3 月 15 日
	刘之明	20.00	0.23%	2018 年 3 月 15 日
	郑庆秋	15.00	0.17%	2020 年 3 月 15 日
	小　计	6,435.00	75.00%	–
首次公开发行股份	网下配售	214.50	2.50%	2017 年 3 月 15 日
	网上发行	1,930.50	22.50%	2017 年 3 月 15 日
	小计	2,145.00	25.00%	–
	总股本	8,580.00	100.00%	–

(十二)股票登记机构:中国证券登记结算有限责任公司深圳分公司;

(十三)上市保荐机构:中德证券有限责任公司。

第三节　发行人、股东和实际控制人情况

一、发行人基本情况

公司名称(中文):博士眼镜连锁股份有限公司

公司名称(英文):Doctorglasses Chain CO., LTD.

注册资本:8,580 万元(本次发行完成后)

法定代表人:Alexander Liu

成立日期:1997 年 4 月 23 日

整体变更为股份有限公司日期:2011 年 12 月 30 日

住所:深圳市福田区金田路与福中路交界东南荣超经贸中心 502

邮政编码:518038

电话:0755-82095801

传真:0755-82095526

互联网网址:http://www.doctorglasses.com.cn

电子信箱:zqswb@doctorglasses.com.cn

信息披露和投资者关系部门:证券部

信息披露和投资者关系负责人:董事会秘书杨秋

经营范围:眼镜的购销及其它国内贸易(不含专营、专控、专卖商品);验光配镜(取得相关资质证书后方可经营);货物及技术进出口(法律、行政法规、国务院决定禁止的项目除外,限制的项目须取得许可后方可经营);企业管理咨询、经济信息咨询、投资咨询(不含证券、保险、基金、金融业务、人才中介服务及其它限制项目);企业形象策划。

主营业务:眼镜零售

所属行业:零售业(行业代码:F52)

董事会秘书:杨秋

二、公司董事、监事、高级管理人员持有公司的股票情况

(一)发行人董事、监事、高级管理人员任职以及持股情况

姓　名	职务	任职起止日期	直接持股数量(万股)	直接持股占发行后的总股本比例	对江南道出资额(万元)	对江南道的出资比例	间接持股占发行后总股本比例
ALEXANDER LIU	董事长	2014 年 12 月-2017 年 12 月	2,356.20	27.46%	–	–	–
LOUISA FAN	董事、总经理	2014 年 12 月-2017 年 12 月	1,962.05	22.87%	–	–	–
刘开跃	董事、副总经理	2014 年 12 月-2017 年 12 月	45.00	0.52%	736.29	39.05%	1.77%
杨　秋	董事、副总经理、董事会秘书	2014 年 12 月-2017 年 12 月	40.00	0.47%	590.49	31.31%	1.42%
刘之明	董事、投资发展部总监	2014 年 12 月-2017 年 12 月	20.00	0.23%	26.73	1.42%	0.06%
江志斌	董事	2014 年 12 月-2017 年 12 月	–	–	–	–	–
胡建军	独立董事	2015 年 3 月-2017 年 12 月	–	–	–	–	–
郭　维	独立董事	2014 年 12 月-2017 年 12 月	–	–	–	–	–
钟兴武	独立董事	2014 年 12 月-2017 年 12 月	–	–	–	–	–
何庆柏	监事会主席、区域营运总监	2014 年 12 月-2017 年 12 月	–	–	87.48	4.64%	0.21%
郑庆秋	监事、采购部总监	2014 年 12 月-2017 年 12 月	15.00	0.17%	–	–	–
周演文	职工监事、区域营运总监	2015 年 5 月-2017 年 12 月	–	–	34.02	1.81%	0.08%
张晓明	财务总监	2014 年 12 月-2017 年 12 月	–	–	72.90	3.87%	0.17%

(二)发行人董事、监事、高级管理人员的近亲属的持股情况

Alexander Liu 与 Louisa Fan 为夫妻关系;刘开跃为 Alexander Liu 的弟弟;刘勤为 Alexander Liu 的堂弟,刘勤持有江南道的出资份额为 24.30 万元,持有出资的比例为 1.29%;黄韬为郑庆秋的配偶,黄韬持有江南道的出资份额为 72.90 万元,持有出资的比例为 3.87%。其他董事、监事、高级管理人员的近亲属不存在持有发行人股份情况。

三、控股股东及实际控制人情况

本次发行完成后,ALEXANDER LIU 持有发行人 27.46%的股份,为发行人的控股股东;Louisa Fan 持有发行人 22.87%的股份。Alexander Liu 与 Louisa Fan 系夫妻关系,两人合计持有发行人 50.33%的股份,为发行人的实际控制人。报告期内,发行人的实际控制人未发生变化。

1. Alexander Liu 先生

澳大利亚国籍,护照号码 E40810★★,住所为深圳市南山区华侨城天鹅堡。本次发行完成后,Alexander Liu 持有发行人 27.46%的股份,为发行人的控股股东、实际控制人之一。

2. Louisa Fan 女士

澳大利亚国籍,护照号码 PE03799★★,住所为深圳市南山区华侨城天鹅堡。本次发行完成后,Louisa Fan 持有发行人 22.87%的股份,为发行人的实际控制人之一。

3. 控股股东和实际控制人投资的其他企业基本情况

公司控股股东/实际控制人曾于 2011 年 11 月 21 日在中国香港登记设立香港博士眼镜连锁有

限公司，该公司《注册证书》编号为 1682648，登记地址为 UNIT2508A，25TH FLOOR BANK OF AMERICA TOWER 12 HARCOURT RD CENTRAL HONGKONG，业务性质：CORP。该公司成立时股本为港币 5,000,000.00 元，分为 5,000,000.00 股普通股，每股为港币 1 元，其中 LOUISA FAN 承购 2,500,000.00 股、Alexander Liu 承购 2,500,000.00 股，首任董事为 Louisa Fan。香港博士眼镜连锁有限公司成立以后未实际运营，也未与发行人产生关联交易，已于 2012 年 11 月 2 日根据香港《公司条例》办理完毕撤销注册和公司解散手续。

截至本上市公告书签署日，除持有博士眼镜股权外，控股股东/实际控制人未控制其他企业，控股股东/实际控制人也未与他人共同控制其他企业。

四、本次发行后公司前十名股东的情况

本次发行后上市前，股东户数为 40,152 户，前十大股东情况如下：

序号	股东名称	发行后	
		持股数量（万股）	持股比例
1	ALEXANDER LIU	2,356.20	27.46%
2	LOUISA FAN	1,962.05	22.87%
3	豪石九鼎	437.59	5.10%
4	江南道	388.00	4.52%
5	民乐九鼎	284.42	3.31%
6	民安九鼎	262.55	3.06%
7	华青投资	175.50	2.05%
8	陶润投资	146.25	1.70%
9	嘉赢九鼎	109.39	1.27%
10	华盖成都	64.35	0.75%
	华盖温州	64.35	0.75%
	盛坤聚腾	64.35	0.75%
	合计	6,315.00	73.60%

第四节 股票发行情况

一、首次公开发行股票数量

本次公开发行股票 2,145 万股，全部为公开发行新股，不进行老股转让。

二、发行价格

本次发行价格为 9.83 元/股，对应的市盈率为 22.98 倍（发行价格除以每股收益，每股收益按照 2016 年度经审计的扣除非经常性损益前后孰低的归属于母公司所有者的净利润除以本次发行后的总股本计算）。

三、发行方式及认购情况

本次发行采用网下向询价对象询价配售（以下简称"网下配售"）和网上向社会公众投资者定价发行（以下简称"网上发行"）相结合的方式。

本次公开发行数量为 2,145 万股。回拨机制启动前，网下初始发行数量为 1,300 万股，占本次发行数量的 60.61%；网上初始发行数量为 845 万股，占本次发行数量的 39.39%。

根据《博士眼镜连锁股份有限公司首次公开发行股票并在创业板上市发行公告》公布的回拨机制，由于网上初步有效申购倍数为 9,099.56846 倍，高于 150 倍，发行人和主承销商决定启动回拨机制。回拨后，网下最终发行数量为 214.50 万股，占本次发行总量的 10%；网上最终发行数量为 1,930.50 万股，占本次发行总量 90%。

各类型网下投资者有效申购及初步配售情况如下表：

投资者类别	有效申购股数（万股）	占总有效申购数量比例	初步配售股数（股）	各类投资者初步配售比例	占网下发行总量的比例
A 类投资者	791,130	23.72%	1,267,574	0.01602232%	59.09%
B 类投资者	195,200	5.85%	305,000	0.01562500%	14.22%
C 类投资者	2,348,420	70.42%	572,426	0.00243749%	26.69%
合计	3,334,750	100.00%	2,145,000	0.00643227%	100.00%

注：投资者类别中 A 类指公募基金和社保基金类投资者；B 类指年金和保险资金类投资者；C 类指 A 和 B 之外其它类型的投资者。

本次发行的网上、网下认购缴款工作已于 2017 年 3 月 6 日（T+2 日）结束。网上、网下投资者放弃缴款认购的股份全部由主承销商包销，主承销商包销的数量为 31,853 股，包销金额为 313,114.99 元，主承销商包销比例为 0.148499%。

四、募集资金总额及注册会计师对资金到位的验证情况

本次募集资金总额为 21,085.35 万元，扣除发行费用后募集资金净额为 17,054.40 万元。大华对公司本次公开发行新股的资金到位情况进行了审验，并于 2017 年 3 月 8 日出具了《验资报告》（大华验字〔2017〕000135 号）。

五、发行费用

本次发行费用总额为 4,030.95 万元，费用明细如下：

序号	项目	金额（万元）
1	承销保荐费用	2,635.00
2	审计及验资费用	513.19
3	律师费用	460.00
4	本次发行的信息披露费用	408.47
5	发行手续费及其他	14.29
	合计	4,030.95

注：本次首次公开发行不涉及老股转让，因此发行费用全部为公开发行新股发行费用。

本次发行每股发行费用为 1.88 元（每股发行费用=发行费用总额/本次新股发行股数）。

六、募集资金净额

本次公开发行股票的募集资金净额为 17,054.40 万元。

七、发行后每股净资产

发行后每股净资产：4.85 元（按截至 2016 年 12 月 31 日经审计的归属于母公司所有者权益与本次发行募集资金净额之和除以本次发行后总股本计算）。

八、发行后每股收益

发行后每股收益：0.4278 元/股（按照 2016 年 12 月 31 日经审计的扣除非经常损益前后孰低的归属于母公司股东的净利润除以本次发行后总股本计算）。

第五节 财务会计资料

一、主要会计数据

本公司 2014 年 12 月 31 日、2015 年 12 月 31 日及 2016 年 12 月 31 日的合并资产负债表及资产负债表，2014 年度、2015 年度及 2016 年度的合并利润表及利润表、合并现金流量表及现金流量表、合并股东权益变动表及股东权益变动表以及财务报表附注已经大华审计，上述财务数据已在公告的招股说明书中进行了详细披露（详见"第九节财务会计信息与管理层分析"），本上市公告书中不需再次披露，敬请投资者注意。

二、主要经营情况

财务报告审计基准日后，公司经营状况良好，经营模式、主要销售商品的内容及价格、主要供应商的构成、董事、监事、高级管理人员和其他核心人员、税收政策、外部经营环境等可能影响投资者判断的重大事项均未发生重大变化。

基于上述因素，经初步测算，公司预计 2017 年第一季度销售收入约为 10,500 万元至 11,500 万元，相比上年同期的增长幅度约为 7.15%至 17.35%；归属于母公司股东的净利润约为 710 万元至 890 万元，相比上年同期的增长幅度约为 11.07%至 39.23%；扣除非经常性损益后归属于母公司股东的净利润约为 695 万元至 875 万元，相比上年同期的增长幅度约为 11.45%至 40.32%。（上述预测财务数据未经注册会计师审计或审阅，且不构成盈利预测）

第六节 其他重要事项

一、本公司已向深圳证券交易所承诺，将严格按照创业板的有关规则，在公司股票上市后三个月内完善公司章程等规章制度。

二、公司在招股说明书刊登日至上市公告书刊登前，没有发生可能对本公司有较大影响的重要事项，具体如下：

（一）本公司主要业务发展目标的进展情况正常；

（二）本公司所处行业或市场未发生重大变化；

（三）除与正常业务经营相关的采购、销售、借款等商务合同外，本公司未订立其他对本公司的资产、负债、权益和经营成果产生重大影响的重要合同；

（四）本公司与关联方未发生重大关联交易；

（五）本公司未发生重大投资；

（六）本公司未发生重大资产（或股权）购买、出售及置换；

（七）本公司住所未发生变更；

（八）本公司董事、监事、高级管理人员及核心业务人员未发生变化；

（九）本公司未发生重大诉讼、仲裁事项；

（十）本公司未发生对外担保等或有事项；

（十一）本公司的财务状况和经营成果未发生重大变化；

（十二）董事会、监事会和股东大会决议及其主要内容；

（十三）其他应披露的重大事项。

第七节 上市保荐机构及其意见

一、上市保荐机构基本情况

保荐机构（主承销商）：中德证券有限责任公司

法定代表人：侯巍

保荐代表人：罗民、黄庆伟

住所：北京市朝阳区建国路 81 号华贸中心 1 号写字楼 22 层

电话：（010）59026666

传真：（010）59026601

联系人：罗民、黄庆伟、孔祥玮

二、上市保荐机构的推荐意见

上市保荐机构中德证券已向深圳证券交易所提交了《中德证券有限责任公司关于博士眼镜连锁股份有限公司股票上市保荐书》，上市保荐机构的保荐意见如下：

中德证券认为博士眼镜申请其股票上市符合《中华人民共和国公司法》《中华人民共和国证券法》及《深圳证券交易所创业板股票上市规则》等有关法律、法规的规定，博士眼镜股票具备在深圳证券交易所创业板上市的条件。中德证券同意推荐发行人的股票上市交易，并承担相关保荐责任。

博士眼镜连锁股份有限公司

2017 年 3 月 13 日

万兴科技股份有限公司

万兴科技股份有限公司首次公开发行股票并在创业板上市之上市公告书

第一节 重要声明与提示

本公司股票将在深圳证券交易所创业板市场上市，该市场具有较高的投资风险。创业板公司具有业绩不稳定、经营风险高、退市风险大等特点，投资者面临较大的市场风险。投资者应充分了解创业板市场的投资风险及本公司所披露的风险因素，审慎做出投资决定。

本公司首次公开发行股票在上市初期具有较大的价格波动风险，本公司提醒投资者应充分了解股票市场风险及本公司披露的风险因素，理性参与新股交易。

万兴科技股份有限公司(以下简称“本公司”“公司”或“万兴科技”)及全体董事、监事、高级管理人员保证上市公告书的真实性、准确性、完整性，承诺上市公告书不存在虚假记载、误导性陈述或重大遗漏，并承担个别和连带的法律责任。

证券交易所、其他政府机关对本公司股票上市及有关事项的意见，均不表明对本公司的任何保证。

本公司提醒广大投资者注意，凡本上市公告书未涉及的有关内容，请投资者查阅刊载于中国证监会创业板指定的五家信息披露网站(巨潮资讯网 www.cninfo.com.cn、中证网 www.cs.com.cn、中国证券网 www.cnstock.com、证券时报网 www.secutimes.com、中国资本证券网 www.ccstock.cn)的本公司招股说明书全文。

如无特别说明，本上市公告书中简称或名词的释义与本公司首次公开发行股票并在创业板上市招股说明书释义相同。

本公司及实际控制人、董事、监事、高级管理人员、中介机构等就首次公开发行股票上市作出的重要承诺及说明如下：

一、本次发行前股东所持股份的限售安排、自愿锁定股份、延长锁定期限以及相关股东持股及减持意向等承诺

(一)关于限售安排、自愿锁定股份、延长锁定期限的承诺

1. 公司控股股东、实际控制人吴太兵以及一致行动人亿兴投资、家兴投资承诺：自发行人股票上市之日起三十六个月内，不转让或者委托他人管理其直接或间接持有的发行人首次公开发行股票前已发行的股份，也不由发行人回购该部分股份；在上述锁定期满后二十四个月内减持的，减持价格不低于发行价格；发行人股票上市后六个月内如股票价格连续 20 个交易日的收盘价格均低于发行价格，或者发行人股票上市后六个月期末(2018 年 7 月 18 日)收盘价低于发行价格，其直接或间接持有的发行人股票的锁定期自动延长六个月。本企业/本人将遵守中国证监会《上市公司股东、董监高减持股份的若干规定》、《深圳证券交易所创业板股票上市规则》、《深圳证券交易所上市公司股东及董事、监事、高级管理人员减持股份实施细则》的相关规定。

2. 股东华睿投资、和谐成长、张愚、宗佩民、傅宇权、朱伟、陈江江、孙淳、梁英智承诺：自发行人股票上市之日起十二个月内，不转让或者委托他人管理其直接或间接持有的发行人首次公开发行股票前已发行的股份，也不由发行人回购该部分股份。本企业/本人将遵守中国证监会《上市公司股东、董监高减持股份的若干规定》、《深圳证券交易所创业板股票上市规则》、《深圳证券交易所上市公司股东及董事、监事、高级管理人员减持股份实施细则》的相关规定。

3. 担任公司董事、监事和高级管理人员并直接或通过家兴投资、亿兴投资间接持有发行人股份的吴太兵、朱伟、王志荣、孙淳、陈江江、凌曙光、刘莉莉承诺：除前述锁定期外，本人在担任发行人董事、监事或高级管理人员期间每年转让的股份不超过所持有的发行人可转让股份总数的百分之二十五；在上述锁定期届满后本人离职的，自离职之日起半年内不转让所持有的发行人股份；如本人在首次公开发行股票上市之日起六个月内申报离职，自申报离职之日起十八个月内不转让本人持有的公司股份；如本人在首次公开发行股票上市之日起第七个月至第十二个月之间申报离职，自申报离职之日起十二月内不转让本人持有的公司股份。本人将遵守中国证监会《上市公司股东、董监高减持股份的若干规定》、《深圳证券交易所创业板股票上市规则》、《深圳证券交易所上市公司股东及董事、监事、高级管理人员减持股份实施细则》的相关规定。

4. 担任公司董事和高级管理人员的吴太兵、朱伟、王志荣、孙淳承诺：本人所持股票在上述锁定期届满后二十四个月内减持的，减持价格不低于发行价格；发行人股票上市后六个月内如股票价格连续 20 个交易日的收盘价格均低于发行价格，或者发行人股票上市后六个月期末(2018 年 7 月 18 日)收盘价低于发行价格，则本人所持公司股票的锁定期自动延长六个月。本人将遵守中国证监会《上市公司股东、董监高减持股份的若干规定》、《深圳证券交易所创业板股票上市规则》、《深圳证券交易所上市公司股东及董事、监事、高级管理人员减持股份实施细则》的相关规定。

上述发行价指公司首次公开发行股票的发行价格，如果公司上市后因派发现金红利、送股、转增股本、增发新股等原因进行除权、除息的，则按照证券交易所的有关规定作除权除息处理。

(二)关于持股意向和减持计划的承诺

公司控股股东、实际控制人吴太兵承诺：未来五年内，如确因自身经济需求，在上述锁定期满后，可根据需要以集中竞价交易、大宗交易、协议转让或其他合法的方式适当转让部分发行人股票，但并不会因转让发行人股票影响本人控股地位。在上述锁定期满后二十四个月内，如本人拟转让持有的发行人股票，则每十二个月转让数量不超过本人所持发行人股票数量的 5%，且转让价格不低于以转让日为基准经前复权计算的发行价格。在本人拟转让所持发行人股票时，本人将在减持前三个交易日通过发行人公告减持意向。

公司主要股东亿兴投资、华睿投资、张愚承诺：在上述锁定期满后二十四个月内，如需减持股份的，将分步减持上市之日直接或间接持有的全部发行人股份，且每次转让价格不低于以转让日为基准经前复权计算的发行价格。在本公司(或本人、本合伙企业)拟转让所持万兴科技股份有限公司股票时，如持股 5%以上，本公司(或本人、本合伙企业)将在减持前三个交易日通过发行人公告减持意向。

公司主要股东和谐成长承诺：本企业持有发行人 5%以上股份期间，在本企业拟转让所持发行人股票时，本企业将在减持前三个交易日通过发行人公告减持意向。二、稳定股价的承诺

(一)触发实施稳定股价方案的条件

公司股票自挂牌上市之日起三年内，一旦出现连续 20 个交易日公司股票收盘价均低于公司当日已公告每股净资产（当日已公告每股净资产为：1. 发行人最近一期报告期期末公告的每股净资产，或者 2. 如最近一期报告期期末财务数据公告后至下一报告期期末财务数据公告前期间因分红、配股、转增等情况导致发行人股份或权益发生变化时，则为经调整后的每股净资产，下同）情形时，本公司将根据《上市公司回购社会公众股份管理办法》的规定向社会公众股东回购公司部分股票，以稳定公司股价。

(二)稳定股价的具体措施

1. 控股股东、实际控制人增持

自公司股票上市交易后三年内触发启动条件的，公司控股股东、实际控制人吴太兵先生将增持公司股份，增持股份应当遵循以下原则：

(1)增持股份不应导致公司的股权分布不符合上市条件；

(2)增持股份的价格不超过最近一期经审计的每股净资产的价格；

(3)增持股份的方式为集中竞价交易或中国证监会认可的其他方式；

(4) 单次用于增持股份的资金金额不低于其上一会计年度从公司分得的现金分红 (税后)的 20%；若某一会计年度内公司股价多次触发上述需采取股价稳定措施条件的，则单一会计年度用于增持股份的资金金额合计不低于其上一会计年度从公司分得的现金分红(税后)的 50%，但不超过最近连续两个会计年度从公司分得的全部现金分红(税后)。

2. 公司回购

在控股股东增持公司股票实施完成后，公司股价仍未达到停止条件的，公司应当向社会公众股东回购公司股份。公司回购股份应当遵循以下原则：

(1)回购股份不应导致公司的股权分布不符合上市条件；

(2)回购股份的价格不超过最近一期经审计的每股净资产的价格；

(3)回购股份的方式为集中竞价交易或中国证监会认可的其他方式；

(4) 公司单次用于回购股份的资金金额不低于上一会计年度经审计归属于公司股东净利润的 10%；若某一会计年度内公司股价多次触发上述需采取股价稳定措施条件的，则公司单一会计年度用于回购股份的资金金额合计不超过上一会计年度经审计归属于公司股东净利润的 20%。

3. 董事、高级管理人员增持

在公司回购股票实施完成后，公司股价仍未达到停止条件的，公司董事(不含独立董事)、高级管理人员将增持公司股份。公司董事(不含独立董事)、高级管理人员增持股份应当遵循以下原则：

(1)增持股份不应导致公司的股权分布不符合上市条件；

(2)增持股份的价格不超过最近一期经审计的每股净资产的价格；

(3)增持股份的方式为集中竞价交易或中国证监会认可的其他方式。

4. 公司董事(不含独立董事)、高级管理人员单次用于增持股份的资金金额不低于该等董事、高级管理人员上一会计年度自公司领取年度薪酬(税后)的 20%，若某一会计年度内公司股价多次触发上述需采取股价稳定措施条件的，则董事(不含独立董事)、高级管理人员单一会计年度用于增持股份的资金金额合计不超过其上一会计年度自公司领取年度薪酬(税后)的 50%。

(三)稳定股价措施的实施程序

1. 控股股东增持

控股股东应在公司股东大会审议通过稳定股价具体方案的 5 个交易日内，根据公司股东大会审议通过的稳定股价具体方案中确定的增持金额、数量及期间，通过交易所集中竞价交易的方式或中国证监会认可的其他方式增持公司股票。

2. 公司回购

当控股股东增持公司股票实施完成后，公司股价仍未达到停止条件的，公司董事会应在控股股东增持股票实施完成后公告之日起3个交易日内，作出实施回购股份或不实施回购股份的决议。董事会在作出决议后2个交易日内公告董事会决议及股份回购的议案，并发布召开股东大会的通知。

经过股东大会决议决定实施回购的，公司应在公司股东大会决议公告之日起3个交易日开始启动回购，并于30日内实施完毕。公司回购方案实施完毕后，应在2个交易日内公告公司股份变动报告，并依法注销所回购的股份，办理工商变更登记。

3. 董事、高级管理人员的增持

当公司回购股票实施完成后，公司股价仍未达到停止条件时，有增持义务的董事、高级管理人员应在公司回购股票完成且公告之日起3个交易日内，就其增持公司股票的具体计划书面通知公司并进行公告，相关董事、高级管理人员应在增持公告作出之日起下一个交易日开始启动增持，并于30日内实施完毕。

(四)股价稳定方案的优先顺序

启动条件触发后，将先以控股股东增持股票的方式稳定股价；控股股东增持股票实施完成后，公司股价仍未达到停止条件的，则由公司进行回购；公司回购股票实施完成后，公司股价仍未达到停止条件的，则由有增持义务的董事、高级管理人员进行增持。

(五)约束措施

1. 若公司或相关责任主体未采取稳定股价的具体措施的，公司及相关责任主体将及时进行公告并向投资者道歉，并将在定期报告中披露相关责任主体关于稳定股价的具体措施的履行情况以及未采取上述稳定股价的具体措施时的补救及改正情况。

2. 若公司控股股东未采取稳定股价的具体措施的，则在其采取稳定股价的具体措施并实施完毕(因公司股价不满足启动股价稳定措施的具体条件而终止实施的，视为实施完毕，下同)前，除因被强制执行、上市公司重组、为履行保护投资者利益承诺等必须转让股份的情形外，其持有的公司股份不得转让。同时公司有权以其获得的上一会计年度的现金分红(税后)的50%为限，扣减其在当年度或以后年度在公司利润分配方案中所享有的现金分红(税后)。

3. 若公司有增持义务的董事、高级管理人员未采取稳定股价的具体措施的，则公司有权以其获得的上一会计年度的薪酬(税后)的50%为限，扣减其在当年度或以后年度在公司获得的薪酬(税后)。

4. 公司将提示及督促公司未来新聘任的董事、高级管理人员履行公司发行上市时董事、高级管理人员已作出的关于股价稳定措施的相应承诺。

三、股份回购的承诺

发行人承诺：如招股说明书有虚假记载、误导性陈述或者重大遗漏，对判断本公司是否符合法律规定的发行条件构成重大、实质影响的，将依法公开回购首次公开发行股票的全部新股。

本公司如因招股说明书有虚假记载、误导性陈述或者重大遗漏而受到如下处罚时，本公司将按照《公司法》《证券法》及《公司章程》规定的程序，履行上述回购承诺：

1. 中国证券监督管理委员会或其派出机构公布对本公司作出处罚决定；

2. 本公司未受行政处罚，但被人民法院认定承担相应责任并作出生效裁决。

回购股份的价格根据以虚假信息揭露日为基准经前复权计算的发行价格和虚假信息揭露日前二十日交易均价孰高为定价依据。其中对发行价格进行调整的前复权计算公式参照《深圳证券交易所交易规则》除权(息)参考价计算公式。

控股股东承诺：如招股说明书有虚假记载、误导性陈述或者重大遗漏，对判断发行人是否符合法律规定的发行条件构成重大、实质影响的，将依法回购已转让的原限售股份。

本人或发行人因招股说明书有虚假记载、误导性陈述或重大遗漏而受到如下处罚时，本人将按照《公司法》《证券法》等有关法律法规，履行上述回购承诺：

1. 中国证监会或其派出机构公布对本人或发行人作出处罚决定；

2. 本人及发行人未受行政处罚，但被人民法院认定承担相应责任并作出生效裁决。

回购股份的价格根据以虚假信息披露日为基准经前复权计算的发行价格和虚假信息披露日前二十日交易均价孰高为定价依据。其中对发行价格进行调整的前复权计算公式参照《深圳证券交易所交易规则》除权(息)参考价计算公式。

四、依法承担赔偿或者补偿责任的承诺

发行人承诺：如招股说明书有虚假记载、误导性陈述或者重大遗漏，致使投资者在证券交易中遭受损失的，将依法赔偿投资者损失。

发行人控股股东、实际控制人吴太兵承诺：如招股说明书有虚假记载、误导性陈述或者重大遗漏，致使投资者在证券交易中遭受损失的，将依法赔偿投资者损失。

发行人全体董事、监事、高级管理人员承诺：如招股说明书有虚假记载、误导性陈述或者重大遗漏，致使投资者在证券交易中遭受损失的，将依法赔偿投资者损失。五、填补被摊薄即期回报的措施及承诺

本次发行完成后，本公司股本和净资产都将大幅增加，但鉴于募集资金投资项目有一定的实施周期，净利润可能不会同步大幅增长，可能导致本公司每股收益、净资产收益率等指标下降，投资者面临本公司首次公开发行并在创业板上市后即期回报被摊薄的风险。

鉴于此，本公司拟通过完善利润分配政策、扩大业务规模、实施募投项目等方式，提高公司盈利能力，以填补股东被摊薄即期回报并承诺如下：

1. 完善利润分配政策，强化投资者回报

本公司制定了《公司章程(草案)》和《未来分红回报规划(2017-2019)》分配具体规划和计划安排，本公司利润分配政策和未来分红回报规划重视对投资者的合理、稳定投资回报。本次发行完成后，本公司将广泛听取投资者尤其是独立董事、中小股东的意见和建议，不断完善本公司利润分配政策，强化对投资者的回报。

2. 扩大业务规模，加大研发投入

公司为消费类软件企业，市场空间广阔，未来本公司将在稳固现有市场和客户的基础上，加强现有产品和业务的市场开拓和推广力度，不断扩大主营业务的经营规模，提高本公司盈利规模；同时，本公司将不断加大研发投入，优化营销布局，加强人才队伍建设，持续提升产品竞争力和本公司盈利能力。

3. 加快募投项目实施进度，加强募集资金管理

本次募投项目均围绕本公司主营业务展开，其实施有利于提升本公司竞争力和盈利能力。本次发行募集资金到位后，本公司将加快推进募投项目实施，使募投项目早日实现预期收益。同时，本公司将根据《公司章程(草案)》《募集资金使用管理办法》及其他相关法律法规的要求，加强募集资金管理，规范使用募集资金，以保证募集资金按照既定用途实现预期收益。

发行人全体董事、高管承诺：

本人作为万兴科技股份有限公司(以下简称"公司")的董事/高级管理人员，将忠实、勤勉地履行职责，维护公司和全体股东的合法权益，根据中国证监会的相关要求，为保证公司首次公开发行股票后的填补回报措施能够得到切实履行，现本人作出如下不可撤销的承诺和保证：

(1)本人承诺不无偿或以不公平条件向其他单位或者个人输送利益，也不采用其他方式损害公司利益；

(2)本人承诺对本人的职务消费行为进行约束；

(3)本人承诺不动用公司资产从事与履行职责无关的投资、消费活动；

(4)本人承诺公司董事会或薪酬委员会制定的薪酬制度与公司填补回报措施的执行情况相挂钩；

(5)若公司后续推出公司股权激励的，本人承诺拟公布的公司股权激励的行权条件与公司填补回报措施的执行情况相挂钩；

(6)有关填补回报措施的承诺，若本人违反该等承诺并给公司或者投资者造成损失的，本人愿意依法承担对公司或者投资者的补偿责任；

发行人控股股东、实际控制人吴太兵对公司首次公开发行股票摊薄即期回报填补措施能够得到切实履行作出如下承诺：本人不越权干预公司经营管理活动，不得侵占公司利益。

六、利润分配的承诺

(一)发行前滚存未分配利润的安排

经公司2017年第三次临时股东大会决议，本次发行前的滚存未分配利润由本次发行后的新老股东按发行后的持股比例共同享有。

(二)发行后的利润分配政策

公司实施积极的利润分配政策，重视对投资者的合理投资回报，并保持利润分配政策的连续性和稳定性。公司可以采取现金或者股票等方式分配利润，利润分配不得超过累计可分配利润的范围，不得损害公司持续经营能力。

1. 公司的利润分配形式：采取现金、股票或二者相结合的方式分配股利，但以现金分红为主。在具备现金分红的条件下，应优先选择以现金形式分红。

2. 公司现金方式分红的具体条件和比例：公司主要采取现金分红的利润分配政策，即公司当年度实现盈利，在依法弥补亏损、提取法定公积金、任意公积金后有可分配利润的，则公司应当进行现金分红；公司利润分配不得超过累计可分配利润的范围。公司单一年度以现金方式分配的利润不少于当年度实现的可分配利润的15%。

同时，公司董事会应当综合考虑公司所处行业特点、发展阶段、自身经营模式、盈利水平以及是否有重大资金支出安排等因素，在提出利润分配方案时，提出差异化的现金分红政策：

(1)公司发展阶段属成熟期且无重大资金支出安排的，进行利润分配时，现金分红在本次利润分配中所占比例最低应达到80%；

(2)公司发展阶段属成熟期且有重大资金支出安排的，进行利润分配时，现金分红在本次利润分配中所占比例最低应达到40%；

(3)公司发展阶段属成长期且有重大资金支出安排的，进行利润分配时，现金分红在本次利润分配中所占比例最低应达到20%；

公司发展阶段不易区分但有重大资金支出安排的，可以按照前项规定处理。

公司的利润分配方案应根据公司章程的规定，遵守中国证监会、证券交易所等相关部门的有关规定，经董事会审议后，提交股东大会表决通过。

3. 发放股票股利的具体条件：若公司快速成长，并且董事会认为公司股票价格与公司股本规模不匹配时，可以在进行现金股利分配之余，提出实施股票股利分配预案。公司的公积金用于弥补公司的亏损、扩大生产经营规模或者转增公司资本，法定公积金转为资本时，所留存的该项公积金将不少于转增前公司注册资本的25%。

4. 利润分配的期间间隔：一般进行年度分红，公司董事会也可以根据公司的资金需求状况及收益留存状况提议进行中期分红。公司董事会应在定期报告中披露利润分配方案及留存的未分配利润的使用计划安排或原则，公司当年利润分配完成后留存的未分配利润应用于发展公司经营业务。

5. 利润分配应履行的审议程序：公司的利润分配方案由公司董事会根据法律法规及规范性文

件的规定,结合公司盈利情况、资金需求及股东回报规划,制定利润分配方案并对利润分配方案的合理性进行充分讨论,独立董事发表独立意见,形成专项决议后提交股东大会审议。

公司董事会、股东大会在制定、讨论及审议利润分配方案时,应充分考虑社会公众投资者、独立董事及监事会的意见,独立董事应对年度利润分配方案发表独立意见,公司董事会办公室应及时将监事会意见、社会公众通过电话、邮件等方式提出的意见汇总后及时提交给公司董事会,以供公司董事会、股东大会参考。股东大会审议利润分配方案时,公司为股东提供网络投票的方式。

6. 利润分配政策的调整:在遇到战争、自然灾害等不可抗力时或发生其他对公司生产经营造成重大影响的情形时,或公司自身经营状况发生重大变化时,公司可对利润分配政策进行调整。

公司调整利润分配方案,必须由董事会作出专题讨论,详细论证说明理由;公司董事会应将调整利润分配的方案发送至独立董事及监事会,由独立董事发表专项意见并经监事会审议通过;同时,公司应充分听取中小股东的意见,应通过网络、电话、邮件等方式收集中小股东意见,并由公司董事会办公室将中小股东意见汇总后交由公司董事会;公司董事会应在充分考虑独立董事、监事会及中小股东意见后形成议案,审议通过后提交公司股东大会以特别决议审议通过。股东大会审议利润分配政策变更事项时,必须提供网络投票方式。

7. 公司应当及时行使对全资或控股子公司的股东权利,根据全资或控股子公司章程的规定,促成全资或控股子公司向公司进行现金分红,并确保该等分红款在公司向股东进行分红前支付给公司。

公司董事会未做出现金利润分配预案的,应当在定期报告中披露原因,独立董事应当对此发表独立意见;公司最近 3 年未进行现金利润分配的,不得向社会公众增发新股、发行可转换公司债券或向原有股东配售股份。

公司将根据自身实际情况,并结合股东(特别是公众投资者)、独立董事和监事的意见,在上述利润分配政策规定的范围内制定或调整股东回报计划。若公司根据生产经营情况、投资规划和长期发展的需要,需调整利润分配政策的,调整后的利润分配政策不得违反中国证监会和证券交易所的有关规定,有关调整利润分配的议案需经公司董事会审议后提交公司股东大会批准。

存在股东违规占用公司资金情况的,公司应当扣减该股东所分配的现金红利,以偿还其占用的资金。

公司股东大会对利润分配方案作出决议后,公司董事会须在股东大会召开后 2 个月内完成股利(或股份)的派发事项。

七、避免同业竞争的承诺

为保障本公司及本公司其他股东的合法权益,避免同业竞争事项,本公司控股股东、实际控制人吴太兵出具《关于避免同业竞争的承诺书》,承诺如下:

为避免对万兴科技的生产经营构成新的(或可能的)、直接(或间接)的业务竞争,承诺人承诺,在承诺人作为万兴科技控股股东、实际控制人期间:

1. 承诺人将不会投资于任何与万兴科技的产品生产或业务经营构成竞争或可能构成竞争的企业;

2. 承诺人保证将促使承诺人及其附属企业不直接或间接从事、参与或进行与万兴科技的产品生产或业务经营相竞争的任何活动;

3. 如万兴科技此后进一步拓展产品或业务范围,承诺人及其附属企业将不与万兴科技拓展后的产品或业务相竞争,如承诺人或其附属企业与万兴科技拓展后的产品或业务构成或可能构成竞争,则承诺人将亲自或促成附属企业采取措施,以按照最大限度符合万兴科技利益的方式退出该等竞争,包括但不限于:(1)停止生产构成竞争或可能构成竞争的产品;(2)停止经营构成或可能构成竞争的业务;(3)将相竞争的业务转让给无关联的第三方;(4)将相竞争的业务纳入到万兴科技来经营。

4. 承诺人确认并向万兴科技声明,将促使附属企业履行本承诺函所述的有关义务。

八、避免资金占用的承诺

公司控股股东、实际控制人吴太兵承诺自签署之日起,本人及本人所控制的企业将不会以下列任何方式占用公司资金:(一)要求公司为本人垫付、承担工资、福利、保险、广告等费用、成本和其他支出;(二)要求公司代本人偿还债务;(三)要求公司有偿或无偿、直接或间接拆借资金给本人使用;(四)要求公司通过银行或非银行金融机构向本人提供委托贷款;(五)要求公司委托本人进行投资活动;(六)要求公司为本人开具没有真实交易背景的商业承兑汇票;(七)要求公司在没有商品和劳务对价情况下以其他方式向本人提供资金;(八) 不及时偿还公司承担对本人的担保责任而形成的债务;(九)中国证监会及深圳证券交易所认定的其他情形。

九、未履行承诺的约束措施

发行人承诺:如本公司违反首次公开发行上市作出的任何公开承诺的,本公司将在股东大会及本公司的章程所规定的信息披露媒体公开说明未履行承诺的具体原因,并向全体股东及其他公众投资者道歉。如果因未履行相关公开承诺事项给投资者造成损失的,发行人将依法向投资者赔偿相关损失。如该等已违反的承诺仍可继续履行,发行人将继续履行该等承诺。

发行人控股股东及实际控制人吴太兵承诺:如本人违反在发行人首次公开发行上市时作出的任何公开承诺,本人将在股东大会及发行人的章程所规定的信息披露媒体公开说明未履行承诺的具体原因,并向全体股东及其他公众投资者道歉。如果因未履行相关公开承诺事项给投资者造成损失的,本人将依法向投资者赔偿相关损失。如该等已违反的承诺仍可继续履行,本人将继续履行该等承诺。如本人违反回购股份的相关承诺,发行人有权将与本人履行回购义务所需款项等额的应付现金股利予以截留,直至本人履行回购义务。如本人违反关于股份转让的相关承诺,应将出售股份而取得的收益(转让所得扣除税费后的金额)上缴给发行人。如本人违反关于股份锁定的相关承诺,应将违规出售股份而取得的收益(转让所得扣除税费后的金额)上缴给发行人。如本人违反减持价格的相关承诺,应向发行人作出补偿,补偿金额按发行价格与减持价格之差,以及对应的减持股份数相乘计算。

发行人全体董事及高级管理人员承诺:如本人违反在发行人首次公开发行上市时作出的任何公开承诺,本人将在股东大会及发行人的章程所规定的信息披露媒体公开说明未履行承诺的具体原因,并向全体股东及其他公众投资者道歉。如果因未履行相关公开承诺事项给投资者造成损失的,本人将依法向投资者赔偿相关损失。如该等已违反的承诺仍可继续履行,本人将继续履行该等承诺。如本人违反关于股份转让的相关承诺,应将出售股份而取得的收益(转让所得扣除税费后的金额)上缴给发行人。如本人违反关于股份锁定的相关承诺,应将违规出售股份而取得的收益(转让所得扣除税费后的金额)上缴给发行人。如本人违反减持价格的相关承诺,应向发行人作出补偿,补偿金额按发行价格与减持价格之差,以及对应的减持股份数相乘计算。

发行人全体监事承诺:如本人违反在发行人首次公开发行上市时作出的任何公开承诺,本人将在股东大会及发行人的章程所规定的信息披露媒体公开说明未履行承诺的具体原因,并向全体股东及其他公众投资者道歉。如果因未履行相关公开承诺事项给投资者造成损失的,本人将依法向投资者赔偿相关损失。如该等已违反的承诺仍可继续履行,本人将继续履行该等承诺。

十、公司实际控制人、控股股东的其他承诺

公司实际控制人、控股股东吴太兵承诺:如果报告期内公司及其控股子公司因来源于海外收入导致公司需要在收入来源地补缴税金,或支付滞纳金、罚金或其他相关费用,本人将全额承担该等税金、滞纳金、罚金或其他相关费用。

如报告期内公司与控股子公司之间的内部交易因转让定价问题导致公司及其控股子公司被当地主管税务机关处罚,需要补缴税金,或支付滞纳金、罚金或其他相关费用,本人将全额承担该等税金、滞纳金、罚金或其他相关费用。

如公司及其控股子公司被要求为员工补缴或追偿社会保险及住房公积金,将无条件全额承担应补缴或被追偿的金额以及为此所产生的相关费用。

十一、中介机构关于为公司首次公开发行制作、出具的文件无虚假记载、误导性陈述或重大遗漏的承诺

保荐机构(主承销商)华林证券股份有限公司承诺:保荐机构承诺因其为发行人首次公开发行股票制作、出具的文件有虚假记载、误导性陈述或者重大遗漏,给投资者造成损失的,将先行赔偿投资者损失。

审计机构大华会计师事务所(特殊普通合伙)承诺:因本所为万兴科技股份有限公司首次公开发行制作、出具的文件有虚假记载、误导性陈述或者重大遗漏,给投资者造成损失的,将依法按照相关监管机构或司法机关认定的金额赔偿投资者损失,如能证明无过错的除外。

验资机构大华会计师事务所(特殊普通合伙)承诺:如因本所会计师未能按照会计师行业公认的业务标准和道德规范严格履行法定职责而导致本所为发行人首次公开发行股票并上市所制作、出具的文件有虚假记载、误导性陈述或者重大遗漏,且因此给投资者造成损失的,本所将按照司法机关依照法律程序作出的司法裁决依法承担相应的民事赔偿责任。

发行人律师北京国枫律师事务所承诺:本所为本项目制作、出具的申请文件真实、准确、完整、及时,无虚假记载、误导性陈述或重大遗漏;若因本所未能勤勉尽责,为本项目制作、出具的申请文件有虚假记载、误导性陈述或重大遗漏,给投资者造成损失的,本所将依法赔偿投资者损失。

资产评估机构国众联资产评估土地房地产估价有限公司承诺:本公司为发行人首次公开发行所制作、出具的文件如有虚假记载、误导性陈述或者重大遗漏,给投资者造成损失的,将依法赔偿投资者损失。

第二节　股票上市情况

一、公司股票发行上市审批情况

本上市公告书是根据《中华人民共和国公司法》《中华人民共和国证券法》、《首次公开发行股票并在创业板上市管理办法》《深圳证券交易所创业板股票上市规则》(2014 年修订)等国家有关法律、法规的规定,并按照《深圳证券交易所股票上市公告书内容与格式指引》(2013 年 12 月修订)而编制,旨在向投资者提供有关本公司首次公开发行股票并在创业板上市的基本情况。

经中国证券监督管理委员会"证监许可〔2017〕2436 号"文核准,本公司公开发行不超过 2,000 万股人民币普通股。根据初步询价结果,确定本次发行数量为 2,000 万股。本次发行采用网上向社会公众投资者定价发行(以下简称"网上发行")的方式,发行价格为 16.55 元/股。

经深圳证券交易所《关于万兴科技股份有限公司人民币普通股股票在创业板上市的通知》(深证上〔2018〕33 号)同意,本公司发行的人民币普通股股票在深圳证券交易所创业板上市,股票简称"万兴科技",股票代码"300624"。本公司首次公开发行的 2,000 万股股票将于 2018 年 1 月 18 日起上市交易。

本次发行的招股说明书全文及相关备查文件可以在中国证监会五家指定网站(巨潮资讯网,网址 www.cninfo.com.cn;中证网,网址 www.cs.com.cn;中国证券网,网址 www.cnstock.com;证券时报网,网址 www.secutimes.com;中国资本证券网,网址 www.ccstock.cn)查询,本公司招股说明书及招股说明书的披露距今不足一个月,故与其重复的内容不再重述,敬请投资者查阅上述内容。

二、公司股票上市概况

1. 上市地点:深圳证券交易所

2. 上市时间:2018 年 1 月 18 日

3. 股票简称:万兴科技

4. 股票代码:300624

5. 首次公开发行后总股本:80,000,000 股

6. 首次公开发行股票增加的股份:20,000,000 股,全部为公开发行新股

7. 发行前股东所持股份的流通限制及期限:

根据《公司法》的有关规定,公司公开发行股份前已发行的股份,自公司股票在证券交易所上市交易之日起十二个月内不得转让。

8. 发行前股东对所持股份自愿锁定的承诺:详见本公告书"第一节重要声明与提示"。

9. 本次上市股份的其他锁定安排:除上述 7. 8 外,本次上市股份无其他锁定安排。

10. 本次上市的无流通限制及锁定安排的股份:本次公开发行的 2,000 万股股份无流通限制及锁定安排。

11. 公司股份可上市交易时间

	项　目	数量(万股)	比例(%)	可上市交易时间(非交易日顺延)
本次公开发行前已发行的股份	吴太兵	1,564.29	19.55	2021 年 1 月 18 日
	深圳市亿兴投资有限公司	1,238.57	15.48	2021 年 1 月 18 日
	浙江华睿盛银创业投资有限公司	870.71	10.88	2019 年 1 月 18 日
	北京和谐成长投资中心(有限合伙)	857.14	10.71	2019 年 1 月 18 日
	张　愚	840.04	10.50	2019 年 1 月 18 日
	深圳市家兴投资有限公司	257.15	3.21	2021 年 1 月 18 日
	宗佩民	140.43	1.76	2019 年 1 月 18 日
	傅宇权	84.34	1.05	2019 年 1 月 18 日
	朱　伟	57.34	0.72	2019 年 1 月 18 日
	梁英智	30.00	0.38	2019 年 1 月 18 日
	陈江江	30.00	0.38	2019 年 1 月 18 日
	孙　淳	30.00	0.38	2019 年 1 月 18 日
	小　计	6,000.00	75.00	—
本次公开发行的股份	网上定价发行的股份	2,000.00	25.00	2018 年 1 月 18 日
	小　计	2,000.00	25.00	—
	合计	8,000.00	100.00	

12. 股票登记机构:中国证券登记结算有限责任公司深圳分公司

13. 上市保荐机构:华林证券股份有限公司

第三节　发行人、股东和实际控制人情况

一、公司基本情况

中文名称:万兴科技股份有限公司

英文名称:Wondershare Technology Co., Ltd.

法定代表人:吴太兵

注册资本(发行前):6,000 万元

注册资本(发行后):8,000 万元

住所:柳梧新区东环路以西、1-4 路以北、1-3 路以南、柳梧大厦以东 8 栋 2 单元 6 层 2 号

经营范围:电子计算机软件、网络、硬件及外部设备的技术开发、技术咨询(不含限制项目);电子计算机软件、硬件、外部设备及计算机耗材的代理、销售(不含专营、专控、专卖商品);家庭智能集成设备、移动智能设备的技术开发、技术咨询、技术服务;家庭智能集成设备、移动智能设备及耗材的销售(生产项目另行申办营业执照),经营进出口业务;信息服务业务;(依法须经批准的项目,经相关部门批准后方可开展经营活动。)

主营业务:公司是一家主要从事消费类软件研发、销售及提供相应技术支持服务的国家级高新技术企业。

所属行业:I65 软件和信息技术服务业

电话:0891-6361168. 0755-86665000

传真:0891-6506329. 0755-86117737

电子邮箱:zhengquan@wondershare.cn

董事会秘书:孙淳

二、公司董事、监事、高级管理人员持有公司的股票情况

本次发行后,公司董事、监事、高级管理人员及其持有公司的股票情况如下:

姓　名	任职	任职期间	直接持股数量(股)	间接持股数量(股)	占发行后股本比例
吴太兵	董事长、总经理	2016 年 1 月 4 日至 2018 年 1 月 3 日	15,642,850	7,838,400	29.3516%
朱　伟	董事、研发总监	2016 年 1 月 4 日至 2018 年 1 月 3 日	573,360	421,680	1.2438%
孙　淳	董事、董事会秘书、财务总监	2016 年 1 月 4 日至 2018 年 1 月 3 日	300,000	450,120	0.9377%
廖越平	董事	2017 年 3 月 9 日至 2018 年 1 月 3 日	0	0	0
朱建寰	董事	2016 年 1 月 4 日至 2018 年 1 月 3 日	0	0	0
王志荣	董事	2016 年 1 月 4 日至 2018 年 1 月 3 日	0	257,160	0.3215%
黄反之	独立董事	2016 年 1 月 4 日至 2018 年 1 月 3 日	0	0	0
邓爱国	独立董事	2016 年 1 月 4 日至 2018 年 1 月 3 日	0	0	0
陈琦胜	独立董事	2017 年 3 月 9 日至 2018 年 1 月 3 日	0	0	0
陈江江	监事会主席	2016 年 1 月 4 日至 2018 年 1 月 3 日	300,000	180,840	0.6011%
刘莉莉	职工代表监事	2016 年 1 月 4 日至 2018 年 1 月 3 日	0	88,580	0.1107%
凌曙光	监事	2016 年 1 月 4 日至 2018 年 1 月 3 日	0	300,000	0.3750%

三、公司控股股东及实际控制人的情况

吴太兵直接持有本公司 19.55%的股权,通过亿兴投资间接持有本公司 8.09%的股权,通过家兴投资间接持有本公司 1.71%的股权,合计持有 29.35%的股权。通过控股亿兴投资和家兴投资,吴太兵能够控制本公司 38.24%的股权,系本公司控股股东及实际控制人,亿兴投资、家兴投资系吴太兵的一致行动人。

吴太兵,中国国籍,无永久境外居留权,身份证号码 42010619750906****,住所为广东省深圳市福田区泽田路 2 号翠海花园 ****,现任公司董事长、总经理。

截至本上市公告书签署日,除家兴投资、亿兴投资外,实际控制人无其他对外投资情况。

四、公司前十名股东持有公司发行后股份情况

此次发行后,公司股东总数为:40,002 户。

公司前 10 名股东持有公司发行后股份情况如下:

序号	股东	股数(股)	持股比例
1	吴太兵	15,642,850	19.55%
2	深圳市亿兴投资有限公司	12,385,690	15.48%
3	浙江华睿盛银创业投资有限公司	8,707,120	10.88%
4	北京和谐成长投资中心(有限合伙)	8,571,430	10.71%
5	张愚	8,400,370	10.50%
6	深圳市家兴投资有限公司	2,571,450	3.21%
7	宗佩民	1,404,300	1.76%
8	傅宇权	843,430	1.05%
9	朱伟	573,360	0.72%
10	梁英智	300,000	0.38%
11	孙淳	300,000	0.38%
12	陈江江	300,000	0.38%
	合计	60,000,000	75.00%

第四节　股票发行情况

1. 首次公开发行股票数量:2,000 万股,全部为新股

2. 发行价格:16.55 元/股,对应的市盈率为:

(1)22.96 倍(每股收益按照经会计师事务所审计的扣除非经常性损益前后孰低的 2016 年度净利润除以本次发行后总股本计算);

(2)17.22 倍(每股收益按照经会计师事务所审计的扣除非经常性损益前后孰低的 2016 年度净利润除以本次发行前总股本计算)。

3. 发行方式及认购情况:本次发行采用网上向社会公众投资者定价发行的方式。本次网上定价发行 2,000 万股,中签率为 0.0148506753%,超额认购倍数为 6,733.70 倍。本次发行余股 45,466 股,全部由主承销商包销。

4. 募集资金总额及注册会计师对资金到位的验证情况:33,100 万元。大华会计师事务所(特殊普通合伙)已于 2018 年 1 月 11 日对本公司首次公开发行股票的资金到位情况进行了审验,并出具大华验字[2018]000017 号《验资报告》。

5. 发行费用总额(不含税):4,137.64 万元,明细如下:

项目	金额(万元)
承销及保荐费	2,878.12
审计、验资费	354.72
律师费	528.30
用于本次发行的信息披露费用	343.40
发行手续费用	33.11
合计	4,137.64

注:所有数值保留 2 位小数,总数与各分项数值之和尾数不符的情况,为四舍五入原因造成。

每股发行费用:2.07 元。(每股发行费用=发行费用总额/本次发行股本)

6. 募集资金净额:28,962.36 万元。

7. 发行后每股净资产:6.61 元(在经审计后的 2017 年 6 月 30 日归属于母公司净资产的基础上考虑本次发行募集资金净额的影响)。

8. 发行后每股收益:0.7207 元/股(以发行人 2016 年扣除非经常性损益后归属于母公司股东的净利润按照发行后股本摊薄计算)。

第五节　财务会计资料

大华会计师事务所(特殊普通合伙)审计了公司 2014 年 12 月 31 日、2015 年 12 月 31 日、2016 年 12 月 31 日、2017 年 6 月 30 日的合并及母公司资产负债表,2014 年度、2015 年度、2016 年度、2017 年 1-6 月的合并及母公司利润表、合并及母公司所有者权益变动表和合并及母公司现金流量表以及财务报表附注,大华会计师事务所(特殊普通合伙)对上述报表出具了编号为大华审字〔2017〕007968 号的标准无保留意见审计报告。

大华会计师事务所(特殊普通合伙)对公司 2017 年 1-9 月的财务报表进行了审阅,并出具了标准无保留意见的《审阅报告》(大华核字〔2017〕004051 号)。

本公司已在招股说明书中"第二节概览"之"三、主要财务数据"以及"第九节财务会计信息及管理层分析"之"七、财务报告审计截止日后主要财务信息及经营状况"披露了上述数据,本上市公告书中不再披露,敬请投资者注意。

财务报告审计截止日至本招股说明书出具日期间,公司经营情况正常,主营业务及经营模式、主要采购、税收政策等均未发生重大变化,亦未发生其他可能影响投资者判断的重大事项。

根据公司已经申报会计师审阅的 2017 年 1-9 月财务数据,结合财务报告审计截止日后的经营情况,公司 2017 年度公司营业收入区间为 46,000 万元至 47,800 万元,较上年度增长 24.94%至 29.83%;归属于母公司股东的利润为 6,800 万元至 7,100 万元,较上年度增长 7.11%至 11.84%;扣除非经常性损益后归属于母公司股东净利润区间为 6,850 万元至 7,200 万元,较上年度增长 18.81%至 24.88%。预计2017 年公司经营情况良好,与上年相比呈增长趋势。

上述业绩变动的预测,只是公司的初步预测。若实际经营情况与公司初步预测发生较大变化,公司将根据实际情况及时进行披露,请广大投资者谨慎决策,注意投资风险。

第六节　其他重要事项

一、本公司已向深圳证券交易所承诺,将严格按照创业板的有关规则,在上市后三个月内尽快完善公司章程等相关规章制度。

二、本公司自 2018 年 1 月 3 日刊登首次公开发行股票招股说明书至本上市公告书刊登前,除以上事项外,没有发生可能对公司有较大影响的重要事项,具体如下:

1. 本公司主营业务发展目标进展情况正常。

2. 本公司生产经营情况、外部条件或生产环境未发生重大变化(包括原材料采购和产品销售价格、原材料采购和产品销售方式、所处行业或市场的重大变化等)。

3. 除正常经营活动签订的销售、采购、借款等商务合同外,本公司未订立其他对公司资产、负债、权益和经营成果产生重大影响的重要合同

4. 本公司与关联方未发生重大关联交易。

5. 本公司未进行重大投资。

6. 本公司未发生重大资产(或股权)购买、出售及置换。

7. 本公司住所没有变更。

8. 本公司董事、监事、高级管理人员及核心技术人员没有变化。

9. 本公司未发生重大诉讼、仲裁事项。

10. 本公司未发生除正常经营业务之外的重大对外担保等或有事项。

11. 本公司的财务状况和经营成果未发生重大变化。

12. 本公司未召开董事会、监事会或股东大会。

13. 本公司未发生其他应披露的重大事项。

第七节　上市保荐机构及其意见

一、上市保荐机构情况

保荐人(主承销商):华林证券股份有限公司

法定代表人:林立

联系地址:深圳市福田区福华一路免税商务大厦 8 楼

电话:0755-82707777

传真:0755-82707983

保荐代表人:何书茂、赵桂荣

二、上市保荐机构的推荐意见

上市保荐机构华林证券股份有限公司(以下简称"华林证券")已向深圳证券交易所提交了《华林证券股份有限公司关于万兴科技股份有限公司股票上市保荐书》,上市保荐机构的推荐意见如下:

万兴科技股份有限公司申请其股票上市符合《中华人民共和国公司法》《中华人民共和国证券法》及《深圳证券交易所创业板股票上市规则》等国家有关法律、法规的有关规定,万兴科技股份有限公司股票具备在深圳证券交易所创业板上市的条件。华林证券愿意推荐万兴科技股份有限公司的股票在深圳证券交易所创业板上市交易,并承担相关保荐责任。

万兴科技股份有限公司

2018.年 1 月 17 日

厦门光莆电子股份有限公司

厦门光莆电子股份有限公司首次公开发行股票并在创业板上市之上市公告书

特别提示

如无特别说明，本上市公告书中的简称或名词的释义与本公司首次公开发行股票招股说明书中的相同。

经深圳证券交易所审核同意，本公司发行的人民币普通股股票将于 2017 年 4 月 6 日在深圳证券交易所创业板上市。本公司提醒投资者应充分了解股票市场风险及本公司披露的风险因素，在新股上市初期切忌盲目跟风“炒新”，应当审慎决策、理性投资。

第一节　重要声明与提示

厦门光莆电子股份有限公司（以下简称“光莆股份”“发行人”“公司”或“本公司”）及全体董事、监事、高级管理人员保证上市公告书的真实性、准确性、完整性，承诺上市公告书不存在虚假记载、误导性陈述或重大遗漏，并承担个别和连带的法律责任。

深圳证券交易所、其他政府机关对本公司股票上市及有关事项的意见，均不表明对本公司的任何保证。

本公司提醒广大投资者注意，凡本上市公告书未涉及的有关内容，请投资者查阅刊载于巨潮资讯网（网址 www.cninfo.com.cn）的本公司招股说明书全文。

本公司股票将在深圳证券交易所创业板市场上市，该市场具有较高的投资风险。创业板公司具有业绩不稳定、经营风险高、退市风险大等特点，投资者面临较大的市场风险。投资者应当充分了解创业板市场的投资风险及本公司所披露的风险因素，审慎做出投资决定。

本公司及控股股东、实际控制人、董事、监事、高级管理人员等就首次公开发行股票上市作出的重要承诺及说明如下：

一、股份锁定的承诺

1. 公司控股股东、实际控制人林瑞梅女士、林文坤先生二人以及其亲属林文美、王文龙承诺：本人自公司股票上市之日起三十六个月内，不转让或者委托他人管理本次发行前本人直接或间接持有的公司股份，也不由公司回购其持有的股份。

2. 担任公司董事、监事及高级管理人员的股东林瑞梅、林文坤、姚聪、吴晞敏、余志伟、崔玉梅、杨元勇承诺：本人自公司股票上市之日起三十六个月内，不转让或者委托他人管理本次发行前本人直接或间接持有的公司股份，也不由公司回购该部分股份；上述股份锁定承诺期限届满后，本人在公司首次公开发行股票上市之日起六个月内申报离职的，自申报离职之日起十八个月内不转让本人直接持有的公司股份；本人在公司首次公开发行股票上市之日起第七个月至第十二个月之间申报离职的，自申报离职之日起十二个月内不转让本人直接持有的公司股份；本人所持股份限售期届满后，在担任发行人董事、监事或高级管理人员期间每年转让的股份不超过本人持有发行人股份总数的 25%；本人从公司离职后 6 个月内，不转让本人所持有的公司股票。

3. 担任发行人董事及高级管理人员的股东林瑞梅、林文坤、姚聪、吴晞敏、余志伟还承诺：公司上市后 6 个月内如发行人股票连续 20 个交易日的收盘价（公司上市后发生除权、除息事项的，上述价格应作相应调整）均低于发行价，或者上市后 6 个月期末收盘价低于发行价，本人所持公司股票的锁定期限自动延长 6 个月。

4. 公司股东恒信宇投资承诺：自公司股票上市交易之日起三十六个月内，不转让或者委托他人管理其直接或间接持有的公司股份，也不由公司回购该部分股份。

5. 达晨创泰、达晨创恒、达晨创瑞、信泽创投承诺：本企业自公司股票上市之日起十二个月内，不转让或者委托他人管理本次发行前本企业直接或间接持有的公司股份，也不由公司回购该部分股份。

6. 恒信宇投资的股东林文坤、姚聪、吴晞敏、姚继东、彭新霞、汤晓慧、李锦庭、朱晓华、林建华、卓淑英、杨元勇、刘红红、崔玉梅、陈招宝、周发权、余志伟、丁云高、张昕明、张承宗、陈庆梅、苏海鼎、江艳、邹平、林丽芳、林淑萍承诺：本人在光莆电子首次公开发行股票上市之日起三十六个月内不转让本人间接持有的光莆电子股份。因光莆电子进行权益分派等导致本人间接持有光莆电子股份发生变化的，上述承诺仍然适用。

7. 恒信宇投资的股东陈锡良承诺：本人在光莆电子首次公开发行股票上市之日起十二个月内不转让本人间接持有的光莆电子股份。

二、稳定股价的承诺

（一）发行人的承诺

自公司股票挂牌上市之日起三年内，如公司股票连续 20 个交易日的收盘价均低于每股净资产（以最近一个会计年度经审计的期末每股净资产为准，若发生送股、转增股本或现金分红等情况，导致公司净资产或股份总数变化的，每股净资产相应进行调整，以下同），公司将根据相关规定向社会公众股东回购公司部分股份，同时保证回购结果不会导致公司的股权分布不符合上市条件。公司将在上述条件成就之日起 5 个工作日内，召开董事会审议公司股份回购方案，并提交股东大会审议。具体方案将在稳定股价措施的启动条件成就时，公司依法召开董事会、股东大会作出股份回购决议后公告。

公司回购股份的方式为集中竞价交易方式、要约方式或证券监督管理部门认可的其他方式，使用的资金金额为上市之日起每十二个月不超过人民币 1,000 万元，资金来源包括但不限于自有资金、银行贷款等方式。

在实施上述股份回购过程中，如发行人股票连续 20 个交易日的收盘价均高于发行人最近一期经审计的每股净资产，则可中止实施股份回购计划。中止实施股份回购计划后，如再次出现发行人股票收盘价格连续 20 个交易日低于发行人最近一期经审计的每股净资产的情况，则应继续实施上述股份回购计划。

（二）实际控制人的承诺

自公司股票挂牌上市之日起三年内，如公司股票连续 20 个交易日的收盘价均低于每股净资产（以最近一个会计年度经审计的期末每股净资产为准，若发生送股、转增股本或现金分红等情况，导致公司净资产或股份总数变化的，每股净资产相应进行调整，以下同），若公司董事会、股东大会未能就公司回购股份作出决议，或在公司股份回购结束后，公司股价（收盘价）仍然连续 20 个交易日低于每股净资产，则由本人按照中国证监会的有关规定利用自有资金通过证券交易所系统以集中竞价的方式增持公司股份，增持金额为上市之日起每十二个月不低于上一会计年度自本公司获得现金分红的 20%。本人将在触发增持义务之日起五个工作日内提出增持计划并通知公司按照相关规定披露控股股东增持计划。

在实施上述股份增持过程中，如发行人股票连续 20 个交易日的收盘价均高于发行人最近一期经审计的每股净资产，则可中止实施股份增持计划。中止实施股份增持计划后，如再次出现发行人股票收盘价格连续 20 个交易日低于发行人最近一期经审计的每股净资产的情况，则应继续实施上述股份增持计划。

若在上述股票增持结束后，公司股价（收盘价）仍然连续 20 个交易日低于每股净资产，则由本人与其他非独立董事、高级管理人员按照中国证监会的有关规定利用自有资金通过证券交易所系统以集中竞价的方式增持公司股份，资金来源于其自公司领取的工资、津贴及其他自有资金。

（三）董事、监事、高管的承诺

自公司股票挂牌上市之日起三年内，如公司股票连续 20 个交易日的收盘价均低于每股净资产（以最近一个会计年度经审计的期末每股净资产为准，若发生送股、转增股本或现金分红等情况，导致公司净资产或股份总数变化的，每股净资产相应进行调整，以下同），且在公司股份回购、控股股东股份增持结束后，公司股价（收盘价）仍然连续 20 个交易日低于每股净资产，则由本人与其他董事（不含独立董事）、高级管理人员按照中国证监会的有关规定利用自有资金通过证券交易所系统以集中竞价的方式增持公司股份，资金来源于本人自公司领取的工资、津贴及其他自有资金（如有），增持总额不低于本人所获得的公司上一年度的税后薪酬 20%。

在实施上述股份增持过程中，如发行人股票连续 20 个交易日的收盘价均高于发行人最近一期经审计的每股净资产，则可中止实施股份增持计划。中止实施股份增持计划后，如再次出现发行人股票收盘价格连续 20 个交易日低于发行人最近一期经审计的每股净资产的情况，则应继续实施上述股份增持计划。

三、发行前持股 5%以上股东的持股意向及减持意向

（一）发行前持股 5%以上股东林瑞梅、林文坤持股及减持意向承诺如下：

在本人所持公司股份锁定期届满后，本人减持所持有公司的股份应符合相关法律法规及证券交易所规则要求。

1. 减持方式。减持方式包括但不限于二级市场集中竞价交易方式及大宗交易方式等。

2. 减持价格。本人减持所持有的公司股份的价格（如果因派发现金红利、送股、转增股本、增发新股等原因进行除权、除息的，须按照证券交易所的有关规定作复权处理）根据当时的二级市场价格确定，并应符合相关法律法规及证券交易所规则要求；本人在公司首次公开发行前所持有的公司股份在锁定期满后两年内减持的，减持价格不低于公司首次公开发行股票的发行价格。

3. 减持期限。本人将根据相关法律法规及证券交易所规则，结合证券市场情况、公司股票走势及公开信息等情况，自主决策、择机进行减持。

4. 本人在减持所持有的公司股份前，应提前三个交易日予以公告，并按照证券交易所的规则及时、准确地履行信息披露义务。

在锁定期满后两年内，每年所减持的公司股票数量合计不超过上一年最后一个交易日登记在本人名下的股份总数的 25%。

（二）恒信宇投资持股及减持意向承诺如下：

1. 本公司所持光莆电子股份在锁定期满后的 12 个月内，累计减持股份比例不超过本公司届时所持股份总数的 50%，本公司在所持光莆电子股份锁定期届满后的 24 个月内，累计减持股份不超过届时所持股份总数的 100%。

2. 如果在锁定期满后，本公司拟减持股票的，将认真遵守公司法、证券法、中国证监会、证券交易所关于股东减持的相关规定，结合光莆电子稳定股价、开展经营、资本运作的需要，审慎制定股票减持计划，在股票锁定期满后逐步减持。

3. 本公司减持光莆电子股份应符合相关法律、法规、规章的规定，具体方式包括但不限于交易所集中竞价交易方式、大宗交易方式、协议转让方式等。

4. 本公司减持光莆电子股份前，应提前三个交易日予以公告，并按照证券交易所的规则履行信息披露义务；本公司持有光莆电子股份低于 5%以下时除外。

5. 如果在锁定期满后两年内，本公司拟减持股票的，减持价格不低于发行价(如果因派发现金红利、送股、转增股本、增发新股等原因进行除权、除息的，须按照中国证监会、证券交易所的有关规定作相应调整)。

(三)达晨创恒、达晨创泰、达晨创瑞持股及减持意向承诺如下：

深圳市达晨创恒股权投资企业(有限合伙)、深圳市达晨创泰股权投资企业(有限合伙)、深圳市达晨创瑞股权投资企业(有限合伙)(以下简称"本企业")，目前分别持有厦门光莆电子股份有限公司(以下简称"公司")226.731 万股、237.036 万股、193.753 万股，系一致行动人，股份锁定期满后 2 年内，在不违反所做出的全部公开承诺事项的前提下，将根据市场情况和自身需求，可减持所持有的发行人全部股份：

1. 减持方式：在本企业所持发行人股份锁定期届满后，本企业减持所持有发行人的股份应符合相关法律法规及证券交易所规则要求，减持方式包括但不限于二级市场集中竞价交易方式及大宗交易方式等。

2. 减持价格：本企业减持所持有的发行人股份的价格(如果因派发现金红利、送股、转增股本、增发新股等原因进行除权、除息的，须按照证券交易所的有关规定作复权处理，下同)根据当时的二级市场价格确定，并应符合相关法律法规及证券交易所规则要求。

3. 减持期限：本企业将根据相关法律法规及证券交易所规则，结合证券市场情况、发行人股票走势及公开信息、本企业的业务发展需要等情况，自主决策、择机进行减持。

4. 本企业在减持所持有的发行人股份前，应提前三个交易日予以公告，并按照证券交易所的规则及时、准确、完整地履行信息披露义务。

自锁定期满 2 年内累计减持股份可达到所持发行人股份的 100%。

四、发行人及其控股股东、公司董事及高级管理人员等责任主体未能履行承诺时的约束措施

(一)发行人未能履行承诺时的约束措施

1. 如果本公司未履行招股说明书披露的承诺事项，本公司将在股东大会及中国证监会指定报刊上公开说明未履行承诺的具体原因并向股东和社会公众投资者道歉。

2. 如果因本公司未履行相关承诺事项，致使投资者在证券交易中遭受损失的，本公司将依法向投资者赔偿相关损失。

(1)在证券监督管理部门或其他有权部门认定公司招股说明书存在虚假记载、误导性陈述或者重大遗漏后 10 个交易日内，公司将启动赔偿投资者损失的相关工作。

(2)投资者损失根据与投资者协商确定的金额，或者依据证券监督管理部门、司法机关认定的方式或金额确定。

(二)控股股东、实际控制人未能履行承诺时的约束措施

1. 关于股权锁定和持股意向承诺的约束措施

若本人未履行上述承诺，本人将在公司股东大会及中国证监会指定报刊上公开就未履行股票锁定期承诺向公司股东和社会公众投资者道歉，并将在符合法律、法规及规范性文件规定的情况下 10 个交易日内回购违规卖出的股票，且自回购完成之日起自动延长持有全部股份的锁定期 3 个月。若本人因未履行上述承诺而获得收入的，所得收入归公司所有，本人将在获得收入的五日内将前述收入支付给公司指定账户。如果因本人未履行上述承诺事项给公司或者其他投资者造成损失的，本人将向公司或者其他投资者依法承担赔偿责任。

2. 关于信息披露的承诺的约束措施

若本人违反上述承诺，则将在公司股东大会及中国证监会指定报刊上公开就未履行上述赔偿措施向公司股东和社会公众投资者道歉，并在违反上述承诺发生之日起 5 个工作日内，停止在公司处领取薪酬/津贴及股东分红，同时本人持有的公司股份将不得转让，直至本人按上述承诺采取相应的购回或赔偿措施并实施完毕时为止。

3. 关于稳定股价的预案及承诺的约束措施

如本人未执行上述稳定股价措施的，本人将在公司股东大会及中国证监会指定报刊上公开说明未采取上述稳定股价措施的具体原因并向公司股东和社会公众投资者道歉，且本人将在前述事项发生之日起 5 个工作日内停止在公司处领取薪酬/津贴及股东分红，直至本人按上述预案内容的规定采取相应的股价稳定措施并实施完毕时为止。

(三)发行人董事、监事、高级管理人员未能履行承诺时的约束措施

1. 关于股权锁定和持股意向承诺的约束措施

若本人未履行上述承诺，本人将在公司股东大会及中国证监会指定报刊上公开就未履行股票锁定期承诺向公司股东和社会公众投资者道歉，并将在符合法律、法规及规范性文件规定的情况下 10 个交易日内回购违规卖出的股票，且自回购完成之日起自动延长持有全部股份的锁定期 3 个月。若本人因未履行上述承诺而获得收入的，所得收入归公司所有，本人将在获得收入的五日内将前述收入支付给公司指定账户。如果因本人未履行上述承诺事项给公司或者其他投资者造成损失的，本人将向公司或者其他投资者依法承担赔偿责任。

2. 关于信息披露的承诺的约束措施

若本人违反上述承诺，则将在公司股东大会及中国证监会指定报刊上公开就未履行上述赔偿措施向公司股东和社会公众投资者道歉，并在违反上述承诺发生之日起 5 个工作日内，停止在公司处领取薪酬/津贴及股东分红，同时本人持有的公司股份将不得转让，直至本人按上述承诺采取相应的购回或赔偿措施并实施完毕时为止。

3. 关于稳定股价的预案及承诺的约束措施

如本人未采取上述稳定股价的具体措施，将在公司股东大会及中国证监会指定报刊上公开说明未采取上述稳定股价措施的具体原因并向发行人股东和社会公众投资者道歉；如果本人未采取上述稳定股价的具体措施的，则本人将在前述事项发生之日起 5 个工作日内停止在发行人处领取薪酬及股东分红(如有)，同时本人持有的发行人股份(如有)不得转让，直至本人按上述预案内容的规定采取相应的股价稳定措施并实施完毕时为止。

本人将不因职务变更、离职等原因，而放弃履行上述承诺。

五、填补被摊薄即期回报的措施及承诺

为降低本次发行摊薄即期回报的影响，公司承诺将采取如下措施实现业务可持续发展从而增加未来收益并加强投资者回报，以填补被摊薄即期回报：

(一)加强募集资金管理

为规范募集资金的管理和使用，确保本次募集资金专款专用，公司已制定《募集资金管理办法》，明确公司对募集资金实行专户存储制度。募集资金存放于公司董事会决定的专项账户集中管理，做到专款专用，便于加强对募集资金的监管和使用，保证募集资金合法、合理地使用。

(二)积极实施募集资金投资项目，尽快获得预期投资收益

公司已对本次发行募集资金投资项目的可行性进行了充分论证，该等募集资金投资项目紧紧围绕公司主营业务，符合国家相关的产业政策，有利于扩大公司整体规模、产品优化并扩大市场份额，进一步提高公司竞争力和可持续发展能力，有利于实现并维护股东的长远利益。公司积极调配内部资源，已先行通过自筹资金开展募投项目的基础工程建设；本次发行所募集的资金到位后，公司将加快推进募投项目的建设，提高募集资金使用效率，争取募投项目早日达产并实现预期收益，提供股东回报，降低本次发行所导致的即期回报被摊薄的风险。

(三)强化投资者回报机制

为建立对投资者持续、稳定的利润分配机制和回报规划，公司已根据中国证监会的规定和监管要求，制定上市后适用的《公司章程(上市修订案)》，对利润分配尤其是现金分红的条件、比例和股票股利的分配条件等作出了详细规定，完善了公司利润分配的决策程序及机制。

(四)董事、高级管理人员关于填补回报措施能够得到切实履行的承诺

公司董事、高级管理人员根据中国证监会相关规定，对公司填补回报措施作出承诺：

1. 承诺不无偿或以不公平条件向其他单位或者个人输送利益，也不采用其他方式损害公司利益；

2. 承诺对董事和高级管理人员的职务消费行为进行约束；

3. 承诺不动用公司资产从事与其履行职责无关的投资、消费活动；

4. 承诺由董事会或薪酬委员会制定的薪酬制度与公司填补回报措施的执行情况相挂钩；

5. 承诺公司股权激励(如有)的行权条件与公司填补回报措施的执行情况相挂钩。

六、本次发行前滚存利润的分配安排

经本公司 2015 年 5 月 18 日召开的 2014 年度股东大会决议，公司首次公开发行股票前的滚存利润由发行后的新老股东按持股比例共享。

第二节　股票上市情况

一、公司股票发行上市审批情况

本上市公告书是根据《中华人民共和国公司法》《中华人民共和国证券法》和《深圳证券交易所创业板股票上市规则》(2014 年修订)等有关法律、法规的规定，并按照《深圳证券交易所股票上市公告书内容与格式指引(2013 年 12 月修订)》而编制，旨在向投资者提供有关本公司首次公开发行股票上市的基本情况。

经中国证券监督管理委员会证监许可〔2017〕348 号文核准，本公司公开发行股票不超过 2,895 万股。本次发行采用网下向投资者询价配售(以下简称"网下配售")和网上按市值申购向公众投资者定价发行(以下简称"网上发行")相结合的方式，本次发行股票数量 2,895 万股，本次发行全部为新股，无老股转让。网下最终发行数量为 289.50 万股，占本次发行数量的 10%，网上最终发行 2,605.50 万股，占本次发行数量的 90%，发行价格为 7.39 元/股。

经深圳证券交易所《关于厦门光莆电子股份有限公司人民币普通股股票在创业板上市的通知》(深证上〔2017〕211 号)同意，本公司发行的人民币普通股股票在深圳证券交易所上市，股票简称"光莆股份"，股票代码"300632"。本公司首次公开发行的 2,895 万股股票将于 2017 年 4 月 6 日起上市交易。

本次发行的招股意向书、招股说明书全文及相关备查文件已在巨潮资讯网(www.cninfo.com.

cn)披露，故与其重复的内容不再重述，敬请投资者查阅上述内容。

二、公司股票上市概况

1. 上市地点：深圳证券交易所

2. 上市时间：2017 年 4 月 6 日

3. 股票简称：光莆股份

4. 股票代码：300632

5. 首次公开发行后总股本：11,580 万股

6. 首次公开发行新股股票增加的股份：2,895 万股

7. 发行前股东所持股份的流通限制及期限：根据《公司法》的有关规定，除公司公开发行股份前已发行的股份，自公司股票在证券交易所上市交易之日起 12 个月内不得转让。

8. 发行前股东对所持股份自愿锁定的承诺：

发行前股东对所持股份自愿锁定的承诺请参见“第一节重要声明与提示”。

9. 本次上市股份的其他锁定安排：无。

10. 本次上市的无流通限制及锁定安排的股份：本次公开发行的 2,895 万股股份无流通限制及锁定安排。

11. 公司股份可上市交易时间：

项目	股东姓名	持股数量（股）	持股比例	可上市交易时间（非交易日顺延）
	林瑞梅	34,318,192	29.64%	2020.04.06
	林文坤	34,378,192	29.69%	2020.04.06
首次	恒信宇投资	6,331,130	5.47%	2020.04.06
公开	林文美	2,719,230	2.35%	2020.04.06
发行	达晨创泰	2,370,358	2.05%	2018.04.06
前已	达晨创恒	2,267,309	1.96%	2018.04.06
发行	达晨创瑞	1,937,527	1.67%	2018.04.06
股份	信泽创投	1,642,089	1.42%	2018.04.06
	王文龙	885,973	0.77%	2020.04.06
	小计	86,850,000	75.00%	
首次公	网下配售发行的股份	2,895,000	2.50%	2017.04.06
开发行	网上定价发行的股份	26,055,000	22.50%	2017.04.06
股份	小计	28,950,000	25.00%	
	合计	105,800,000	100.00%	

12. 股票登记机构：中国证券登记结算有限责任公司深圳分公司

13. 上市保荐机构：中信建投证券股份有限公司

第三节　公司、股东和实际控制人情况

一、公司基本情况

公司中文名称：厦门光莆电子股份有限公司

公司英文名称：：Xiamen Guangpu Electronics CO.,LTD.

法定代表人：林瑞梅

成立日期：1994 年 12 月 7 日

整体变更为股份有限公司日期：2012 年 6 月 21 日

注册资本：8,685 万元（本次发行前），11,580 万元（本次发行后）

注册地址：厦门市思明区岭兜西路 608 号

邮编：361009

董事会秘书或信息披露事务负责人：余志伟

所属行业：计算机、通信和其他电子设备制造业（证监会行业分类代码 C39）；计算机、通信和其他电子设备制造业（国民经济行业分类代码 C39）

主要业务：公司主要从事 LED 照明、LED 封装、LED 背光模组及配套件、FPC 的研发、生产、销售。

统一社会信用代码：91350200612261252T

电话：0592－5625818

传真：0592－5625818

互联网网址：http://www.goproled.cn

电子邮箱：gp@gpelec.cn

二、公司董事、监事、高级管理人员情况及持有公司股票的情况

本次发行后，公司董事、监事、高级管理人员及其持有公司的股票情况如下：

姓名	在公司任职情况	任职期间	直接持有发行人股权 持股数（股）	占发行后的比例	对恒信宇投资的出资* 认缴出资额（万元）	出资比例
林瑞梅	董事长	2015 年 5 月－2018 年 5 月	34,318,192	29.64%	－	－
林文坤	董事、总经理	2015 年 5 月－2018 年 5 月	34,378,192	29.69%	110.857	65.28%
吴晞敏	董事、副总经理	2015 年 5 月－2018 年 5 月	－	－	10.73	6.32%
钱文晖	董事	2015 年 5 月－2018 年 5 月	－	－	－	－
汤金木	独立董事	2016 年 2 月－2018 年 5 月	－	－	－	－
李晋闽	独立董事	2015 年 5 月－2018 年 5 月	－	－	－	－
林建东	独立董事	2015 年 5 月－2018 年 5 月	－	－	－	－
姚　聪	副总经理	2015 年 5 月－2018 年 5 月	－	－	7.242	4.26%
余志伟	副总经理、董事会秘书、财务总监	2015 年 5 月－2018 年 5 月	－	－	5.902	3.47%
詹永丰	监事会主席	2015 年 5 月－2018 年 5 月	－	－	－	－
杨元勇	职工监事	2015 年 5 月－2018 年 5 月	－	－	1.207	0.71%
崔玉梅	监事	2015 年 5 月－2018 年 5 月	－	－	0.671	0.40%

*注：恒信宇投资直接持有发行人发行后 5.47%的股权。

三、公司控股股东及实际控制人的情况

公司的控股股东及实际控制人为林瑞梅女士、林文坤先生，其中林瑞梅女士直接持有公司 3,431.82 万股股份，占公司总股本的 29.64%的股份；林文坤先生直接持有公司 3,437.82 万股股份，占公司总股本的 29.69%的股份。此外，林文坤先生还通过恒信宇投资控制公司 633.11 万股股份。

除上述情况外，林瑞梅女士、林文坤先生没有其他对外投资，亦未自营或为他人经营与本公司相同或相似的业务。

四、公司前十名股东持有公司发行后股份情况

本次发行后，公司股东户数为 53,145 户。公司前十名股东持有公司发行后股份情况如下：

序号	股东名称	股份数额（股）	持股比例
1	林瑞梅	34,318,192	29.64%
2	林文坤	34,378,192	29.69%
3	恒信宇投资	6,331,130	5.47%
4	林文美	2,719,230	2.35%
5	达晨创泰	2,370,358	2.05%
6	达晨创恒	2,267,309	1.96%
7	达晨创瑞	1,937,527	1.67%
8	信泽创投	1,642,089	1.42%
9	王文龙	885,973	0.77%
	合计	86,850,000	75.00%

第四节　股票发行情况

一、发行数量：2,895.00 万股，全部为公开发行新股，不进行老股转让。

二、发行价格：7.39 元/股，此价格对应的市盈率为：

1. 17.22 倍（每股收益按照经会计师事务所审计的、遵照中国会计准则确定的扣除非经常性损益前后孰低的 2016 年归属于母公司所有者的净利润除以本次发行前的总股数计算）；

2. 22.96 倍（每股收益按照经会计师事务所审计的、遵照中国会计准则确定的扣除非经常性损益前后孰低的 2016 年归属于母公司所有者的净利润除以本次发行后的总股数计算）；

三、发行方式及认购情况

本次发行采用网下向符合条件的投资者询价配售（以下简称“网下发行”）和网上按市值申购方式向社会公众投资者定价发行（以下简称“网上发行”）相结合的方式进行。

本次发行网下有效申购量为 1,713,310 万股，网上有效申购量为 10,334,241.70 万股，网上、网下发行均获得足额认购，网上投资者有效认购倍数为 8,924.21563 倍，超过 150 倍。发行人和主承销商根据总体申购情况以及《厦门光莆电子股份有限公司首次公开发行股票并在创业板上市初步询价及推介公告》（以下简称“《初步询价及推介公告》”）和《厦门光莆电子股份有限公司首次公开发行股票并在创业板上市发行公告》（以下简称“《发行公告》”）公布的网上网下回拨机制，于 2017 年 3 月 27 日（T+1 日）决定启动回拨机制，从网下向网上回拨，回拨后，网下最终发行数量为 289.50 万股，占本次发行数量的 10%，网上最终发行数量为 2,605.50 万股，占本次发行数量的 90%。回拨后，网下有效申购倍数为 5,918.16926 倍；网上有效申购倍数为 3,966.31806 倍，中签率为 0.0252122998%。

根据《初步询价及推介公告》和《发行公告》中规定的网下配售原则，本次网下发行公募社保类投资者获配数量为 1,450,844 股，占本次网下发行数量的 50.116%，配售比例为 0.03542965%；年金保险类投资者获配数量为 231,420 股，占本次网下发行数量的的 7.994%，配售比例为 0.03148571%；其他类投资者获配数量为 1,212,736 股，占本次网下发行数量的 41.890%，配售比例为 0.00985716%。

本次网上、网下投资者合计放弃认购股数为 43,107 股，全部由主承销商包销，主承销商包销比例为 0.15%。

四、募集资金总额及注册会计师对资金到位的验证情况

本次发行募集资金总额为 21,394.05 万元，扣除发行费用后募集资金净额为 17,707.11 万元。大

华会计师事务所(特殊普通合伙)已于2017年3月30日对发行人首次公开发行股票的资金到位情况进行了审验,并出具大华验字[2017]000209号《验资报告》。

五、发行费用总额及项目、每股发行费用

发行费用总额为3,686.94万元,明细如下:

序号	项目	金额(万元)
1	承销保荐费用	2,655.66
2	审计、验资费用	518.00
3	评估费	16.98
4	律师费用	169.81
5	信息披露费用	300.00
6	发行手续费用	26.49
	合计	3,686.94

每股发行费用为1.27元。(每股发行费用=发行费用总额/本次发行股本)

六、募集资金净额:17,707.11万元

七、发行后每股净资产:3.99元(以公司截至2016年12月31日经审计的净资产值加本次发行募集资金净额/本次发行后股本摊薄计算)

八、发行后每股收益:0.32元/股(按照经会计师事务所审计的、遵照中国会计准则确定的扣除非经常性损益前后孰低的2016年归属于母公司所有者的净利润除以本次发行后的总股数计算)。

第五节 财务会计资料

公司报告期内2014年、2015年、2016年的财务数据已经大华会计师事务所(特殊普通合伙)审计,并已在公告的招股说明书中详细披露。投资者欲了解详细情况,请阅读在巨潮资讯网披露的招股说明书、审计报告。

公司预计2017年第一季度营业收入为7,702.80万元至8,986.17万元,预计较去年同期增长27.50%至48.75%,归属于母公司股东净利润为982.09万元至1,145.78万元,预计较去年同期增长48.27%至72.98%,扣除非经常性损益后归属于母公司股东净利润为898.91万元至1,048.52万元,预计较去年同期增长57.88%至84.16%。

上述测算不构成公司对2017年第一季度的业绩预测及利润承诺。

第六节 其他重要事项

一、公司已向深圳证券交易所承诺,将严格按照创业板的有关规则,在上市后三个月内尽快完善公司章程等相关规章制度。

二、本公司自2017年3月16日刊登首次公开发行股票招股意向书至本上市公告书刊登前,未发生可能对公司有较大影响的重要事项,具体如下:

(一)公司严格依照《公司法》《证券法》等法律法规的要求,规范运作,经营状况正常,主要业务发展目标进展正常;

(二)公司生产经营情况、外部条件或生产环境未发生重大变化,原材料采购和产品销售价格、原材料采购和产品销售方式、所处行业或市场均未发生重大变化;

(三)公司未订立可能对公司资产、负债、权益和经营成果产生重大影响的重要合同;

(四)公司未发生重大关联交易事项,资金未被关联方非经营性占用;

(五)公司未发生重大投资行为;

(六)公司未发生重大资产(或股权)购买、出售及置换行为;

(七)公司住所没有变更;

(八)公司董事、监事、高级管理人员及核心技术人员未发生变化;

(九)公司未发生重大诉讼、仲裁事项;

(十)公司未发生对外担保等或有事项;

(十一)公司财务状况和经营成果的未发生重大变化;

(十二)公司未召开董事会、监事会和股东大会;

(十三)公司无其他应披露的重大事项。

第七节 上市保荐机构及其意见

一、上市保荐机构情况

保荐机构(主承销商):中信建投证券股份有限公司

法定代表人:王常青

注册地址:北京市朝阳区安立路66号4号楼

办公地址:深圳市福田区益田路荣超商务中心B栋22层

联系电话:0755-23953869

传真:0755-23953850

保荐代表人:程明、邱荣辉

项目协办人:李华筠

项目组成员:钟俊、刘能清、彭欢、林建山、盛芸阳

二、上市保荐机构的保荐意见

上市保荐机构中信建投证券股份有限公司认为,本公司首次公开发行的股票符合上市条件,已向深圳证券交易所提交了《中信建投证券股份有限公司关于厦门光莆电子股份有限公司上市保荐书》,保荐意见如下:

厦门光莆电子股份有限公司申请其股票上市符合《公司法》《证券法》及《深圳证券交易所创业板股票上市规则》等有关规定,厦门光莆电子股份有限公司的股票具备在深圳证券交易所上市的条件。中信建投证券股份有限公司同意担任厦门光莆电子股份有限公司本次发行上市的保荐人,推荐其股票在深圳证券交易所上市交易,并承担相关保荐责任。

厦门光莆电子股份有限公司

2017年3月31日

上海浦东发展银行股份有限公司

公司概况					
公司名称	上海浦东发展银行股份有限公司			证券简称	浦发银行
法人代表	高国富	董秘	谢伟	证券代码	600000
公司网址	www.spdb.com.cn			电子信箱	bdo@spdb.com.cn
电　　话	021-63611226　61618888			传　　真	021-63230807
办公地址	上海市中山东一路12号				
经营范围	(一)吸收公众存款;(二)发放短期、中期和长期贷款;(三)办理结算;(四)办理票据贴现等				

主要财务指标 指标\报告期	2017.06.30	2016.12.31	2016.06.30	2015.12.31
基本每股收益(元)	0.9700	2.4040	1.2290	2.6650
基本每股收益(扣除后)(元)	0.9500	2.3380	1.2020	2.6090
稀释每股收益(元)	0.9700	2.4040	1.2290	2.6650
每股净资产(元)	12.7000	12.0300	14.5950	13.9020
每股经营现金净流量(元)	-9.1100	-8.8810	-6.2007	19.2361
每股现金流量(元)	-3.3933	-0.7991	0.7245	4.0691
每股资本公积金(元)	2.4264	3.4544	3.4544	3.2508
每股盈余公积金(元)	3.3518	3.6399	3.6399	3.4123
每股未分配利润(元)	3.3709	4.5016	3.3260	4.8608
净资产收益率(%)	7.6600	14.4312	8.2200	17.4200
加权净资产收益率(%)	7.8500	16.3500	8.5900	18.8200
净资产收益率(扣除)(%)	7.5000	14.0474	8.0400	17.0600
总资产(万元)	591539500.00	585726300.00	537129300.00	504435200.00
归属母公司股东权益(万元)	38697900.00	36794700.00	34544200.00	31517000.00
营业收入(万元)	8335400.00	16079200.00	8217200.00	14655000.00
营业支出(万元)	4737400.00	9113200.00	4693300.00	8048300.00
投资收益(万元)	613800.00	703300.00	371000.00	46100.00
净利润(万元)	2852200.00	5367800.00	2704000.00	5099700.00
营业利润(万元)	3598000.00	6966000.00	3523900.00	6606700.00
利润总额(万元)	3675100.00	6997500.00	3532200.00	6687700.00

广州白云国际机场股份有限公司

公司概况					
公司名称	广州白云国际机场股份有限公司			证券简称	白云机场
法人代表	邱嘉臣	董秘	戚耀明	证券代码	600004
公司网址	www.gbiac.net			电子信箱	600004@gdairport.com
电　　话	020-36063595　36063593			传　　真	020-36063416
办公地址	广东省广州市白云国际机场南工作区自编一号股份公司本部办公大楼				
经营范围	旅客过港服务,与航空运输有关的地面服务、交通运输和仓储服务等				

主要财务指标 指标\报告期	2017.06.30	2016.12.31	2016.06.30	2015.12.31
基本每股收益(元)	0.5500	1.2100	0.6000	1.0900
基本每股收益(扣除后)(元)	0.5500	1.2100	0.6000	1.0800
稀释每股收益(元)	0.5500	0.9800	0.6000	1.0900
每股净资产(元)	9.9367	9.3619	8.9319	8.3229
每股经营现金净流量(元)	1.1266	1.7009	0.8729	1.5123
每股现金流量(元)	0.2288	-0.3077	1.5210	-1.5267
每股资本公积金(元)	4.4130	2.9536	3.2916	2.9535
每股盈余公积金(元)	0.4029	0.5000	0.5000	0.5000
每股未分配利润(元)	3.8060	4.5103	4.0844	3.8001
净资产收益率(%)	5.5068	12.9459	6.7664	13.0921
加权净资产收益率(%)	6.9300	13.5300	7.0100	14.0000
净资产收益率(扣除)(%)	5.5027	12.9259	6.6762	12.9257
总资产(万元)	1937375.56	1774346.27	1660957.11	1232475.43
归属母公司股东权益(万元)	1418082.14	1076675.56	1027165.58	957136.87
营业收入(万元)	321366.15	616668.31	298465.03	561973.54
营业支出(万元)	194546.32	372403.69	181590.18	336617.54
投资收益(万元)	1882.21	2993.23	1260.57	1794.53
净利润(万元)	78645.14	139194.17	69807.73	129456.61
营业利润(万元)	105040.22	189951.70	92597.59	174733.82
利润总额(万元)	105120.57	190470.92	93846.03	175227.10

东风汽车股份有限公司

公司概况					
公司名称	东风汽车股份有限公司			证券简称	东风汽车
法人代表	雷平	董秘	张斌	证券代码	600006
公司网址	www.dfac.com			电子信箱	zhangxinfeng@dfac.com
电　　话	027-84287896　84287977			传　　真	027-84287988
办公地址	湖北省武汉市经济技术开发区创业路58号				
经营范围	集团的主要业务是制造和销售汽车、发动机及其他汽车零部件				

主要财务指标 指标\报告期	2017.06.30	2016.12.31	2016.06.30	2015.12.31
基本每股收益(元)	0.0674	0.1094	0.1112	0.1722
基本每股收益(扣除后)(元)	0.0620	0.1027	0.1044	0.1130
稀释每股收益(元)	0.0674	0.1094	0.1112	0.1722
每股净资产(元)	3.2906	3.2534	3.2537	3.1951
每股经营现金净流量(元)	-0.3702	0.3714	0.0283	0.1841
每股现金流量(元)	-0.3417	0.2546	0.2334	-0.7345
每股资本公积金(元)	0.3073	0.3073	0.3073	0.3073
每股盈余公积金(元)	0.3521	0.3521	0.3521	0.3521
每股未分配利润(元)	1.6169	1.5825	1.5843	1.5250
净资产收益率(%)	2.0479	3.3635	3.4178	5.3892
加权净资产收益率(%)	2.0500	3.3943	3.4300	5.5141
净资产收益率(扣除)(%)	1.8856	3.1576	3.2073	3.5368
总资产(万元)	2181070.59	2150453.50	1988455.11	2021793.87
归属母公司股东权益(万元)	658114.98	650681.51	650748.49	639020.52
营业收入(万元)	814588.70	1601802.10	688634.61	1687518.68
营业支出(万元)	724442.73	1377521.93	579423.97	1425693.91
投资收益(万元)	26599.60	37071.70	16364.04	40759.99
净利润(万元)	-1356.21	7019.43	15537.54	28643.20
营业利润(万元)	575.70	12499.40	12559.06	19179.69
利润总额(万元)	-13.33	10413.95	14363.74	27600.79

中国国际贸易中心股份有限公司

公司概况					
公司名称	中国国际贸易中心股份有限公司			证券简称	中国国贸
法人代表	洪敬南	董秘	王京京	证券代码	600007
公司网址	www.cwtc.com			电子信箱	dongmi@cwtc.com
电　　话	010-65052288			传　　真	010-65053862
办公地址	北京市朝阳区建国门外大街一号				
经营范围	出租办公场所、公寓、商场及展览场地等				

主要财务指标 指标\报告期	2017.06.30	2016.12.31	2016.06.30	2015.12.31
基本每股收益(元)	0.2900	0.6800	0.3700	0.6200
基本每股收益(扣除后)(元)	0.2900	0.6800	0.3700	0.6100
稀释每股收益(元)	0.2900	0.6800	0.3700	0.6200
每股净资产(元)	6.0834	6.0906	5.7839	5.6092
每股经营现金净流量(元)	0.6239	1.1070	0.5719	1.1363
每股现金流量(元)	0.2231	-0.0488	-	-0.3152
每股资本公积金(元)	1.8590	1.8590	1.8590	1.8590
每股盈余公积金(元)	0.5000	0.5000	0.5000	0.5000
每股未分配利润(元)	2.7244	2.7316	2.4249	2.2502
净资产收益率(%)	4.8135	11.1875	6.4790	11.1079
加权净资产收益率(%)	4.7700	11.7100	6.5400	11.6100
净资产收益率(扣除)(%)	4.8146	11.1967	6.4372	10.9159
总资产(万元)	1145498.94	1120847.09	1066695.61	1021915.70
归属母公司股东权益(万元)	612767.98	613490.57	582603.16	565002.18
营业收入(万元)	125496.82	234939.79	114509.02	227127.84
营业支出(万元)	57844.90	104878.62	50855.79	110553.37
投资收益(万元)	242.54	141.41	63.94	1285.64
净利润(万元)	29522.16	68691.49	37757.32	62826.31
营业利润(万元)	39350.23	91836.57	50006.03	82446.68
利润总额(万元)	39341.99	91858.63	50330.25	83892.83

北京首创股份有限公司

公司概况	公司名称	北京首创股份有限公司		证券简称	首创股份
	法人代表	刘晓光	董秘	邵丽	证券代码	600008
	公司网址	www.capitalwater.cn	电子信箱	securities@capitalwater.cn	
	电　话	010-64689035	传　真	010-64689030	
	办公地址	北京市朝阳区北三环东路8号静安中心三层			
	经营范围	公用基础设施的投资及投资管理、高科技产品的技术开发、咨询、转让等			

主要财务指标	指标\报告期	2017.06.30	2016.12.31	2016.06.30	2015.12.31
	基本每股收益(元)	0.0538	0.1267	0.0533	0.2241
	基本每股收益(扣除后)(元)	0.0546	0.0906	0.0389	0.1040
	稀释每股收益(元)	0.0538	0.1267	0.0533	0.2241
	每股净资产(元)	2.2237	2.0201	1.7657	3.5414
	每股经营现金净流量(元)	0.1807	0.6137	0.2252	0.4177
	每股现金流量(元)	0.2423	-0.2335	-0.1688	0.1609
	每股资本公积金(元)	0.1264	0.1260	0.1107	1.2212
	每股盈余公积金(元)	0.1733	0.1733	0.1628	0.3257
	每股未分配利润(元)	0.3763	0.4024	0.3486	0.7408
	净资产收益率(%)	2.4209	6.2732	3.0160	6.2824
	加权净资产收益率(%)	2.6200	6.7600	3.0100	6.8600
	净资产收益率(扣除)(%)	2.4569	4.4830	2.2012	2.9152
	总资产(万元)	4709084.40	3963511.40	3828267.13	3612520.02
	归属母公司股东权益(万元)	1071966.16	973800.98	851161.46	853584.67
	营业收入(万元)	417344.92	791204.06	306804.58	706149.35
	营业支出(万元)	273751.67	530569.37	194900.79	478064.73
	投资收益(万元)	7821.60	31040.14	14582.95	12953.69
	净利润(万元)	31410.26	64617.79	28709.29	70138.75
	营业利润(万元)	43596.07	67324.42	27698.62	70654.46
	利润总额(万元)	41034.30	94872.65	38568.45	92387.52

上海国际机场股份有限公司

公司概况	公司名称	上海国际机场股份有限公司		证券简称	上海机场
	法人代表	贾锐军	董秘	黄晔	证券代码	600009
	公司网址	www.shairport.com	电子信箱	ir@shairport.com	
	电　话	021-68341609	传　真	021-68341615	
	办公地址	上海市浦东新区启航路900号			
	经营范围	为国内外航空运输企业及旅客提供地面保障服务等			

主要财务指标	指标\报告期	2017.06.30	2016.12.31	2016.06.30	2015.12.31
	基本每股收益(元)	0.8800	1.4600	0.7300	1.3100
	基本每股收益(扣除后)(元)	0.8800	1.4600	0.7300	1.2900
	稀释每股收益(元)	0.8800	1.4600	0.7300	1.3100
	每股净资产(元)	12.0109	11.5709	10.8449	10.5449
	每股经营现金净流量(元)	0.9947	1.3362	0.3174	1.6645
	每股现金流量(元)	0.4066	-0.2321	-0.2673	0.7544
	每股资本公积金(元)	1.3366	1.3366	1.3366	1.3366
	每股盈余公积金(元)	0.6797	0.6797	0.6797	0.6797
	每股未分配利润(元)	8.9947	8.5546	7.8286	7.5286
	净资产收益率(%)	7.3270	12.5833	6.7309	12.4581
	加权净资产收益率(%)	7.3300	13.1700	6.6900	13.0500
	净资产收益率(扣除)(%)	7.3334	12.5808	6.7314	12.2531
	总资产(万元)	2898582.18	2694364.53	2644254.89	2563941.38
	归属母公司股东权益(万元)	2314460.10	2229666.34	2089761.09	2031960.48
	营业收入(万元)	389771.33	695147.45	339779.48	628540.03
	营业支出(万元)	201808.36	381413.87	188223.29	339771.37
	投资收益(万元)	45652.24	72968.21	40911.20	60847.07
	净利润(万元)	177714.74	296565.89	147829.18	268421.34
	营业利润(万元)	223371.53	371747.16	183568.15	332485.63
	利润总额(万元)	223173.10	371767.23	183558.86	338043.59

内蒙古包钢钢联股份有限公司

公司概况	公司名称	内蒙古包钢钢联股份有限公司		证券简称	包钢股份
	法人代表	魏栓师	董秘	白宝生	证券代码	600010
	公司网址	www.btsteel.com	电子信箱	glgfzqb@126.com	
	电　话	0472-2189530　2189515	传　真	0472-2189528	
	办公地址	内蒙古自治区包头市昆区河西工业区			
	经营范围	生产销售黑色金属及其延压加工产品、冶金机械、设备及配件、汽车等			

主要财务指标	指标\报告期	2017.06.30	2016.12.31	2016.06.30	2015.12.31
	基本每股收益(元)	0.0129	0.0026	0.0008	-0.1288
	基本每股收益(扣除后)(元)	0.0086	-0.0144	-0.0081	-0.1855
	稀释每股收益(元)	0.0129	0.0026	0.0008	-0.1288
	每股净资产(元)	1.0500	1.4507	1.4483	1.4464
	每股经营现金净流量(元)	0.0599	0.1984	0.1340	-0.0299
	每股现金流量(元)	-0.0130	-0.1785	-0.2067	0.1969
	每股资本公积金(元)	0.0307	0.4430	0.4430	0.4430
	每股盈余公积金(元)	0.0192	0.0269	0.0269	0.0269
	每股未分配利润(元)	-0.0054	-0.0256	-0.0274	-0.0282
	净资产收益率(%)	1.2278	0.1800	0.0584	-7.0202
	加权净资产收益率(%)	1.2364	0.1800	0.0584	-9.5095
	净资产收益率(扣除)(%)	0.8175	-0.9905	-0.5588	-10.1050
	总资产(万元)	14231332.21	14143972.34	14007775.28	14493216.26
	归属母公司股东权益(万元)	4786243.24	4723430.35	4715613.84	4709728.32
	营业收入(万元)	2113237.71	3102818.03	1203712.74	2250101.65
	营业支出(万元)	1860697.71	2835926.81	1141812.74	2571130.70
	投资收益(万元)	2966.18	3881.22	2491.83	4587.71
	净利润(万元)	57892.29	8513.37	1109.81	-330233.31
	营业利润(万元)	66159.87	-40778.71	-31283.56	-599431.54
	利润总额(万元)	85517.52	32880.28	7876.99	-435383.52

华能国际电力股份有限公司

公司概况	公司名称	华能国际电力股份有限公司		证券简称	华能国际
	法人代表	曹培玺	董秘	黄朝全	证券代码	600011
	公司网址	www.hpi.com.cn	电子信箱	zqb@hpi.com.cn	
	电　话	010-63226999　66086765	传　真	86-10-63226888	
	办公地址	北京市西城区复兴门内大街6号华能大厦			
	经营范围	投资、建设、营运管理电厂、开发、投资、经营等			

主要财务指标	指标\报告期	2017.06.30	2016.12.31	2016.06.30	2015.12.31
	基本每股收益(元)	0.0500	0.5800	0.4100	0.9500
	基本每股收益(扣除后)(元)	0.0400	0.5300	0.4100	0.9300
	稀释每股收益(元)	0.0500	0.5800	0.4100	0.9500
	每股净资产(元)	4.5767	5.3631	5.2344	5.2241
	每股经营现金净流量(元)	0.9409	2.0730	1.2806	2.7869
	每股现金流量(元)	0.1324	0.0219	0.0908	-0.3647
	每股资本公积金(元)	0.9230	1.9428	1.2007	1.2007
	每股盈余公积金(元)	0.5386	0.5386	0.5386	0.5386
	每股未分配利润(元)	2.0440	2.2823	2.4180	2.4740
	净资产收益率(%)	1.1321	10.8122	7.9083	17.3608
	加权净资产收益率(%)	1.0800	10.9100	7.6000	19.2900
	净资产收益率(扣除)(%)	0.9268	9.7899	7.7384	17.0170
	总资产(万元)	38044214.89	37975939.61	29828720.72	29972972.26
	归属母公司股东权益(万元)	6956834.89	8836103.01	7956554.10	7940897.03
	营业收入(万元)	7143368.87	11381423.60	5292437.12	12890487.25
	营业支出(万元)	6322666.24	8938994.92	3783384.98	9152126.38
	投资收益(万元)	29285.44	238314.28	69130.45	169719.60
	净利润(万元)	103715.99	1078622.48	775506.92	1754967.71
	营业利润(万元)	166336.74	1413901.22	1007220.34	2300572.00
	利润总额(万元)	173196.02	1436633.67	1023100.81	2338512.72

安徽皖通高速公路股份有限公司

公司概况						
	公司名称	安徽皖通高速公路股份有限公司			证券简称	皖通高速
	法人代表	乔传福	董秘	董汇慧	证券代码	600012
	公司网址	www.anhui-expressway.net		电子信箱	wtgs@anhui-expressway.cn	
	电　　话	0551-65338697 63738923		传　　真	0551-65338696	
	办公地址	安徽省合肥市望江西路 520 号				
	经营范围	高等级公路投资、建设、设计、监理、收费、养护、施救、路产路权管理等				

主要财务指标	指标＼报告期	2017.06.30	2016.12.31	2016.06.30	2015.12.31
	基本每股收益(元)	0.3161	0.5627	0.2904	0.5655
	基本每股收益(扣除后)(元)	0.3140	0.5616	0.2899	0.5662
	稀释每股收益(元)	0.3161	0.5627	0.2904	0.5655
	每股净资产(元)	5.3188	5.2327	4.9578	4.8936
	每股经营现金净流量(元)	0.5605	1.0565	0.5236	0.9169
	每股现金流量(元)	0.2450	0.7184	0.5243	0.1485
	每股资本公积金(元)	0.1691	0.1691	0.1691	0.1691
	每股盈余公积金(元)	0.5386	0.5386	0.5386	0.5386
	每股未分配利润(元)	3.5755	3.4893	3.2171	3.1567
	净资产收益率(%)	5.9435	10.7531	5.8574	11.5550
	加权净资产收益率(%)	5.9100	11.1600	5.8100	11.9500
	净资产收益率(扣除)(%)	5.9036	10.7332	5.8481	11.5706
	总资产(万元)	1360503.77	1312080.19	1284546.37	1214070.22
	归属母公司股东权益(万元)	882180.53	867896.26	822311.97	811657.39
	营业收入(万元)	139819.06	249913.56	125000.29	242700.49
	营业支出(万元)	59606.94	106248.89	51261.88	97067.31
	投资收益(万元)	738.42	4672.03	2933.82	7440.19
	净利润(万元)	51592.84	90904.05	47421.02	96745.99
	营业利润(万元)	74729.44	124350.25	63276.64	126273.50
	利润总额(万元)	74770.47	124591.98	63379.59	126087.00

华夏银行股份有限公司

公司概况						
	公司名称	华夏银行股份有限公司			证券简称	华夏银行
	法人代表	李民吉	董秘	赵军学	证券代码	600015
	公司网址	www.hxb.com.cn		电子信箱	zhdb@hxb.com.cn	
	电　　话	010-85239938 85238570		传　　真	010-85239605	
	办公地址	北京市东城区建国门内大街 22 号华夏银行大厦				
	经营范围	吸收公众存款、发放短期、中期和长期贷款、办理国内外结算等				

主要财务指标	指标＼报告期	2017.06.30	2016.12.31	2016.06.30	2015.12.31
	基本每股收益(元)	0.7000	1.8400	0.9200	1.7700
	基本每股收益(扣除后)(元)	0.7000	1.8300	0.9200	1.7500
	稀释每股收益(元)	0.7000	1.8400	0.9200	1.7700
	每股净资产(元)	10.8200	10.3100	11.5400	11.0100
	每股经营现金净流量(元)	-3.0945	13.0935	6.9163	0.1503
	每股现金流量(元)	-3.7459	-6.6972	-0.1303	10.3635
	每股资本公积金(元)	2.0764	2.6917	2.6917	2.6917
	每股盈余公积金(元)	0.9127	0.9144	0.9144	0.7405
	每股未分配利润(元)	4.5460	5.4616	4.5397	4.4522
	净资产收益率(%)	6.1958	12.9297	6.8547	16.0463
	加权净资产收益率(%)	6.5900	15.7500	8.0200	17.1800
	净资产收益率(扣除)(%)	6.1851	12.8745	6.8338	15.8840
	总资产(万元)	242309800.00	235623500.00	225054500.00	202060400.00
	归属母公司股东权益(万元)	15875300.00	15218400.00	14334600.00	11767800.00
	营业收入(万元)	3334800.00	6402500.00	3120500.00	5884400.00
	营业支出(万元)	2019700.00	3790600.00	1807700.00	-3391000.00
	投资收益(万元)	14300.00	71700.00	33500.00	12200.00
	净利润(万元)	990700.00	1975600.00	987700.00	1895200.00
	营业利润(万元)	1315100.00	2611900.00	1312800.00	2493400.00
	利润总额(万元)	1318100.00	2624300.00	1316900.00	2520500.00

中国民生银行股份有限公司

公司概况						
	公司名称	中国民生银行股份有限公司			证券简称	民生银行
	法人代表	洪崎	董秘	方舟	证券代码	600016
	公司网址	www.cmbc.com.cn		电子信箱	cmbc@cmbc.com.cn	
	电　　话	010-58560975		传　　真	010-58560720	
	办公地址	中国北京市西城区复兴门内大街 2 号民生银行大厦				
	经营范围	吸收公众存款、发放短期、中期和长期贷款、发放委托贷款等				

主要财务指标	指标＼报告期	2017.06.30	2016.12.31	2016.06.30	2015.12.31
	基本每股收益(元)	0.7700	1.3100	0.7500	1.3000
	基本每股收益(扣除后)(元)	0.7700	1.3100	0.7500	1.2900
	稀释每股收益(元)	0.7700	1.3100	0.7500	1.2700
	每股净资产(元)	9.7100	9.1200	8.7400	8.2600
	每股经营现金净流量(元)	-10.0866	28.1991	19.9686	6.1702
	每股现金流量(元)	-2.4207	1.2291	2.7451	-0.1555
	每股资本公积金(元)	1.7745	1.7745	1.7745	1.7745
	每股盈余公积金(元)	0.8991	0.8237	0.7687	0.6951
	每股未分配利润(元)	4.1058	3.5803	3.4178	3.2020
	净资产收益率(%)	7.7124	13.9651	8.5399	15.3082
	加权净资产收益率(%)	16.2300	15.1300	8.7450	16.9800
	净资产收益率(扣除)(%)	7.6687	13.9773	8.5474	15.2209
	总资产(万元)	576720900.00	589587700.00	525016200.00	452068800.00
	归属母公司股东权益(万元)	36419500.00	34259000.00	31877400.00	30121800.00
	营业收入(万元)	7053500.00	15521100.00	7795100.00	15442500.00
	营业支出(万元)	3633300.00	9504500.00	4276900.00	-
	投资收益(万元)	262100.00	115700.00	600700.00	426400.00
	净利润(万元)	2861400.00	4877800.00	2770200.00	4702200.00
	营业利润(万元)	3420200.00	6016600.00	3518200.00	6025000.00
	利润总额(万元)	3445100.00	6024900.00	3518100.00	6077400.00

日照港股份有限公司

公司概况						
	公司名称	日照港股份有限公司			证券简称	日 照 港
	法人代表	王建波	董秘	余慧芳	证券代码	600017
	公司网址	www.rzpcl.com		电子信箱	yhfang@rzport.com	
	电　　话	0633-8388822		传　　真	0633-8387361	
	办公地址	山东省日照市海滨二路				
	经营范围	港口货物中转、装卸、搬运和仓储(不含易燃易爆危险品)服务等				

主要财务指标	指标＼报告期	2017.06.30	2016.12.31	2016.06.30	2015.12.31
	基本每股收益(元)	0.0700	0.0600	0.0500	0.1000
	基本每股收益(扣除后)(元)	0.0700	0.0600	0.0500	0.0990
	稀释每股收益(元)	0.0700	0.0600	0.0500	0.1000
	每股净资产(元)	3.4119	3.3484	3.3473	3.2907
	每股经营现金净流量(元)	0.2669	0.3232	0.1262	0.3716
	每股现金流量(元)	0.0174	0.0970	0.0304	-0.1052
	每股资本公积金(元)	0.9610	0.9610	0.9610	0.9610
	每股盈余公积金(元)	0.1690	0.1690	0.1652	0.1652
	每股未分配利润(元)	1.2630	1.1992	1.1979	1.1457
	净资产收益率(%)	2.1642	1.7113	1.5581	3.0447
	加权净资产收益率(%)	2.1800	1.7300	1.5700	3.0000
	净资产收益率(扣除)(%)	2.1464	1.6623	1.5474	3.0079
	总资产(万元)	2002197.92	1984419.58	1928231.98	1859632.34
	归属母公司股东权益(万元)	1049391.79	1029862.92	1029505.82	1012101.99
	营业收入(万元)	233509.14	427686.56	216183.54	437792.08
	营业支出(万元)	177756.59	355573.37	171219.09	347542.66
	投资收益(万元)	-1185.91	-3985.45	-563.22	-221.46
	净利润(万元)	26629.82	22830.60	19184.15	37171.25
	营业利润(万元)	35121.37	30817.98	24874.28	45377.92
	利润总额(万元)	35236.13	31411.32	25025.36	45865.24

上海国际港务(集团)股份有限公司

公司概况	公司名称	上海国际港务(集团)股份有限公司		证券简称	上港集团
	法人代表	陈戌源	董秘	丁向明	证券代码	600018
	公司网址	www.portshanghai.com.cn	电子信箱	dongmi@portshanghai.com.cn	
	电　话	021-55333388	传　真	021-35308688	
	办公地址	上海市虹口区东大名路 358 号(国际港务大厦)			
	经营范围	集装箱装卸业务、散杂货装卸业务、港口服务和港口物流业务等			

主要财务指标	指标\报告期	2017.06.30	2016.12.31	2016.06.30	2015.12.31
	基本每股收益(元)	0.1455	0.2994	0.1259	0.2853
	基本每股收益(扣除后)(元)	0.1051	0.2633	0.1171	0.2473
	稀释每股收益(元)	0.1455	0.2994	0.1259	0.2853
	每股净资产(元)	2.6343	2.6204	2.5422	2.5722
	每股经营现金净流量(元)	0.1393	0.0879	0.0689	0.4172
	每股现金流量(元)	0.0493	0.0300	0.1112	0.1002
	每股资本公积金(元)	0.3700	0.3704	0.3746	0.3745
	每股盈余公积金(元)	0.2336	0.2336	0.2048	0.2048
	每股未分配利润(元)	1.0388	1.0495	0.9050	0.9333
	净资产收益率(%)	5.5250	11.4273	4.9516	11.0093
	加权净资产收益率(%)	5.4569	11.3763	4.8240	11.5338
	净资产收益率(扣除)(%)	3.9913	10.0465	4.6061	9.5420
	总资产(万元)	11754038.17	11678477.69	10219767.46	9851491.73
	归属母公司股东权益(万元)	6104673.63	6072386.14	5891299.50	5960819.74
	营业收入(万元)	1671831.01	3135917.85	1541600.62	2951083.19
	营业支出(万元)	1166273.75	2192632.83	1038855.50	1972122.65
	投资收益(万元)	185005.08	346246.63	82086.17	226119.59
	净利润(万元)	402916.94	808790.15	348535.20	786527.20
	营业利润(万元)	512073.01	922021.86	406208.05	858574.88
	利润总额(万元)	534604.11	994188.47	438074.69	985154.52

宝山钢铁股份有限公司

公司概况	公司名称	宝山钢铁股份有限公司		证券简称	宝钢股份
	法人代表	戴志浩	董秘	吴一鸣	证券代码	600019
	公司网址	www.baosteel.com	电子信箱	ir@baosteel.com	
	电　话	021-26647000	传　真	021-26646999	
	办公地址	上海市宝山区富锦路 885 号宝钢指挥中心			
	经营范围	钢铁产品的制造和销售以及钢铁产销过程中产生的副产品的销售与服务等			

主要财务指标	指标\报告期	2017.06.30	2016.12.31	2016.06.30	2015.12.31
	基本每股收益(元)	0.2800	0.5500	0.1700	0.0600
	基本每股收益(扣除后)(元)	0.2800	0.5500	0.1700	0.0700
	稀释每股收益(元)	0.2800	0.5500	0.1700	0.0600
	每股净资产(元)	6.8512	7.3716	7.0216	6.8500
	每股经营现金净流量(元)	0.2960	0.9953	0.6912	1.2860
	每股现金流量(元)	0.2124	0.0222	0.2817	-0.1325
	每股资本公积金(元)	2.1805	2.9264	2.0511	2.0489
	每股盈余公积金(元)	1.2620	1.6957	1.6103	1.6102
	每股未分配利润(元)	2.4182	3.1562	2.4066	2.2248
	净资产收益率(%)	4.0742	7.3933	2.9998	0.8979
	加权净资产收益率(%)	4.0600	7.6800	2.6200	0.8400
	净资产收益率(扣除)(%)	4.0950	7.4168	3.1844	0.9619
	总资产(万元)	35648019.62	35906774.72	26626532.20	23412314.70
	归属母公司股东权益(万元)	15142980.02	14977799.44	11562493.83	11280324.38
	营业收入(万元)	16993250.87	18545864.96	10660615.47	16378954.85
	营业支出(万元)	15278896.68	16185137.41	9342062.90	14925835.62
	投资收益(万元)	139576.83	137707.71	14929.78	103820.75
	净利润(万元)	673908.82	920529.84	389466.60	64560.36
	营业利润(万元)	897164.27	1159525.65	558437.58	175916.32
	利润总额(万元)	851396.64	1151982.81	538173.79	176284.20

河南中原高速公路股份有限公司

公司概况	公司名称	河南中原高速公路股份有限公司		证券简称	中原高速
	法人代表	金雷	董秘	杨亚子	证券代码	600020
	公司网址	www.zygs.com	电子信箱	zygs600020@163.com	
	电　话	0371-67717696 67717695	传　真	0371-87166867	
	办公地址	河南省郑州市郑东新区农业东路 100 号			
	经营范围	高速公路和特大桥梁的投资、经营管理和维护等			

主要财务指标	指标\报告期	2017.06.30	2016.12.31	2016.06.30	2015.12.31
	基本每股收益(元)	0.2252	0.2090	0.0449	0.5093
	基本每股收益(扣除后)(元)	0.2195	0.1962	0.0420	0.5149
	稀释每股收益(元)	0.2252	0.2090	0.0449	0.5093
	每股净资产(元)	5.6450	5.4543	5.2855	5.3887
	每股经营现金净流量(元)	0.4275	1.4998	0.5716	1.1454
	每股现金流量(元)	0.2437	-0.6098	-0.3151	0.1917
	每股资本公积金(元)	0.7894	0.7894	0.7782	0.7782
	每股盈余公积金(元)	0.5452	0.5452	0.5112	0.5112
	每股未分配利润(元)	1.7197	1.5825	1.4525	1.5676
	净资产收益率(%)	6.1199	6.1033	3.1940	9.4508
	加权净资产收益率(%)	5.5200	5.4200	1.1500	13.8600
	净资产收益率(扣除)(%)	6.0185	5.8679	3.1383	9.5551
	总资产(万元)	4939221.95	4835763.05	4898617.11	4740685.41
	归属母公司股东权益(万元)	1268638.81	1225790.72	1187842.46	1211051.50
	营业收入(万元)	325585.11	393373.86	179786.31	453914.66
	营业支出(万元)	165600.98	179842.89	73321.18	184835.87
	投资收益(万元)	19108.44	34783.44	18544.32	41161.91
	净利润(万元)	78695.75	75125.38	37846.05	115368.22
	营业利润(万元)	95809.92	91312.00	45462.69	148429.02
	利润总额(万元)	97511.68	93511.10	45896.04	145375.60

上海电力股份有限公司

公司概况	公司名称	上海电力股份有限公司		证券简称	上海电力
	法人代表	王运丹	董秘	夏梅兴	证券代码	600021
	公司网址	www.shanghaipower.com	电子信箱	sepco@shanghaipower.com	
	电　话	021-23108718 23108800	传　真	021-23108717	
	办公地址	上海市中山南路 268 号			
	经营范围	从事火力发电厂的运营、向用户提供电力和热力产品等			

主要财务指标	指标\报告期	2017.06.30	2016.12.31	2016.06.30	2015.12.31
	基本每股收益(元)	0.0772	0.4283	0.2786	0.6227
	基本每股收益(扣除后)(元)	0.0587	0.3922	0.2700	0.4790
	稀释每股收益(元)	0.0772	0.4283	0.2786	0.6227
	每股净资产(元)	4.7061	4.8089	4.8569	4.7936
	每股经营现金净流量(元)	0.5586	1.8741	1.4151	2.1643
	每股现金流量(元)	0.0611	-0.4346	0.1090	0.7451
	每股资本公积金(元)	1.8539	1.8539	1.9644	1.9647
	每股盈余公积金(元)	0.3682	0.3682	0.3291	0.3291
	每股未分配利润(元)	1.5879	1.6907	1.5801	1.5515
	净资产收益率(%)	1.6405	8.9065	5.7361	12.9904
	加权净资产收益率(%)	1.5900	8.7700	5.6100	13.3100
	净资产收益率(扣除)(%)	1.2479	8.1558	5.5585	9.9922
	总资产(万元)	5682032.59	5555256.53	5297122.21	5199075.34
	归属母公司股东权益(万元)	1006991.56	1028977.82	1039254.63	1025709.90
	营业收入(万元)	863482.22	1604644.17	754762.60	1700634.39
	营业支出(万元)	728013.61	1238741.96	544878.63	1259917.56
	投资收益(万元)	27177.62	72683.29	31625.50	84169.40
	净利润(万元)	40630.26	165357.23	102214.17	222979.85
	营业利润(万元)	51613.68	204044.02	128887.22	265657.64
	利润总额(万元)	58468.70	216348.63	131842.70	284540.40

山东钢铁股份有限公司

公司概况	公司名称	山东钢铁股份有限公司		证券简称	山东钢铁
	法人代表	陶登奎	董秘	金立山	证券代码	600022
	公司网址	www.sdsteel.cc		电子信箱	sdgt600022@126.com
	电　话	0531-67606889　67606888		传　真	0531-67606881
	办公地址	山东省济南市高新区舜华路 2000 号舜泰广场 4 号楼			
	经营范围	钢铁冶炼、加工、钢材、水渣生产、销售等			

主要财务指标	指标\报告期	2017.06.30	2016.12.31	2016.06.30	2015.12.31
	基本每股收益(元)	0.0674	-0.0712	0.0027	0.0107
	基本每股收益(扣除后)(元)	0.0424	-0.0798	0.0046	-0.2534
	稀释每股收益(元)	0.0674	-0.0712	0.0027	0.0107
	每股净资产(元)	1.5179	1.9028	1.9770	1.9740
	每股经营现金净流量(元)	0.0492	0.4575	-0.1596	0.4779
	每股现金流量(元)	-0.0392	-0.4271	-0.3467	0.9262
	每股资本公积金(元)	0.7391	1.2608	1.2637	1.2637
	每股盈余公积金(元)	0.0653	0.0849	0.0849	0.0849
	每股未分配利润(元)	-0.2876	-0.4446	-0.3734	-0.3762
	净资产收益率(%)	3.5846	-3.7440	0.1391	0.4568
	加权净资产收益率(%)	3.6493	-3.6410	0.1392	0.4581
	净资产收益率(扣除)(%)	2.2558	-4.1928	0.2302	-0.0013
	总资产(万元)	4730744.29	5441549.67	5362412.44	5327591.00
	归属母公司股东权益(万元)	1661534.16	1602256.60	1664740.77	1662230.78
	营业收入(万元)	3155865.98	5014293.60	2195974.46	3897231.64
	营业支出(万元)	2995029.32	4787428.80	2069845.15	3808771.01
	投资收益(万元)	14881.85	6206.21	2666.40	2702.18
	净利润(万元)	61750.50	-53803.05	4921.56	8871.53
	营业利润(万元)	51238.95	-53237.47	7458.34	-211639.27
	利润总额(万元)	62900.15	-48667.39	5399.61	10128.24

浙江浙能电力股份有限公司

公司概况	公司名称	浙江浙能电力股份有限公司		证券简称	浙能电力
	法人代表	童亚辉	董秘	曹路	证券代码	600023
	公司网址	www.zzepc.com.cn		电子信箱	zzep@zjenergy.com.cn
	电　话	0571-87210223		传　真	0571-89938659
	办公地址	浙江省杭州市天目山路 152 号浙能大楼			
	经营范围	火力发电业务，辅以提供热力产品，以及对核电投资等			

主要财务指标	指标\报告期	2017.06.30	2016.12.31	2016.06.30	2015.12.31
	基本每股收益(元)	0.1800	0.4600	0.3100	0.5400
	基本每股收益(扣除后)(元)	0.1700	0.4500	0.3000	0.5300
	稀释每股收益(元)	0.1800	0.4600	0.3100	0.5400
	每股净资产(元)	4.2643	4.2848	4.0948	4.0894
	每股经营现金净流量(元)	0.3824	0.9816	0.6169	0.9305
	每股现金流量(元)	-0.1828	0.2434	0.1379	-0.1537
	每股资本公积金(元)	1.7522	1.7522	1.7234	1.7220
	每股盈余公积金(元)	0.1927	0.1927	0.1461	0.1461
	每股未分配利润(元)	1.1498	1.2047	1.0959	1.0597
	净资产收益率(%)	4.1082	10.7711	7.4763	12.5434
	加权净资产收益率(%)	4.0300	11.0900	7.3200	13.8800
	净资产收益率(扣除)(%)	3.9737	10.5928	7.3489	12.2565
	总资产(万元)	10498791.67	10583658.44	10258534.05	10366230.55
	归属母公司股东权益(万元)	5799793.94	5827669.23	5569192.43	5561879.35
	营业收入(万元)	2262905.24	3917661.23	1784293.78	3968793.38
	营业支出(万元)	1997504.81	3042293.46	1252101.00	2933808.92
	投资收益(万元)	153029.22	275156.41	177440.66	315529.47
	净利润(万元)	255417.27	719716.86	484228.00	840592.74
	营业利润(万元)	285494.87	858524.19	573770.48	1016713.82
	利润总额(万元)	296963.46	869924.64	582663.95	1027930.89

华能澜沧江水电股份有限公司

公司概况	公司名称	华能澜沧江水电股份有限公司		证券简称	华能水电
	法人代表	袁湘华	董秘	孙卫	证券代码	600025
	公司网址	www.hnlcj.cn		电子信箱	hnsd@lcjsd.cn
	电　话	0871-67216608		传　真	0871-67217564
	办公地址	云南省昆明市官渡区世纪城中路 1 号			
	经营范围	国内外电力等能源资源的开发、建设、生产、经营和产品销售			

主要财务指标	指标\报告期	2017.06.30	2016.12.31	2016.06.30	2015.12.31
	基本每股收益(元)	0.0900	0.0300	--	0.1400
	基本每股收益(扣除后)(元)	0.1100	0.0600	--	0.1400
	稀释每股收益(元)	0.0900	0.0300	--	0.1400
	每股净资产(元)	2.1603	2.0775	1.9414	2.0385
	每股经营现金净流量(元)	0.2214	0.5210	0.2491	0.7174
	每股现金流量(元)	-0.0124	-0.0095	-0.0084	-0.0080
	每股资本公积金(元)	1.0441	1.0441	0.9114	0.9108
	每股盈余公积金(元)	0.0191	0.0191	0.0175	0.0143
	每股未分配利润(元)	0.0939	0.0100	0.0102	0.1119
	净资产收益率(%)	4.3384	1.5099	1.5474	6.9264
	加权净资产收益率(%)	4.4200	1.4900	--	7.5300
	净资产收益率(扣除)(%)	4.9229	2.9942	--	6.9235
	总资产(万元)	16498462.07	16206827.20	15863881.26	15658139.11
	归属母公司股东权益(万元)	3499702.00	3365534.40	3145141.69	3302314.21
	营业收入(万元)	648126.29	1155202.78	544522.22	1296084.44
	营业支出(万元)	321990.66	642799.46	296229.36	660313.67
	投资收益(万元)	-1922.06	-6058.03	-3809.61	11246.49
	净利润(万元)	167409.75	73271.30	64157.52	252467.91
	营业利润(万元)	209863.49	113258.79	47634.74	196832.55
	利润总额(万元)	186840.19	101512.82	72504.52	292359.77

中远海运能源运输股份有限公司

公司概况	公司名称	中远海运能源运输股份有限公司		证券简称	中海发展
	法人代表	黄小文	董秘	李倬琼	证券代码	600026
	公司网址	www.coscoshippingenergy.com		电子信箱	ir.energy@coscoshipping.com
	电　话	021-65967678		传　真	021-65966160
	办公地址	上海市浦东新区源深路 118 号			
	经营范围	主营沿海、远洋、长江货物运输、船舶租赁、货物代理、代运业务等			

主要财务指标	指标\报告期	2017.06.30	2016.12.31	2016.06.30	2015.12.31
	基本每股收益(元)	0.2112	0.4768	0.4515	0.0980
	基本每股收益(扣除后)(元)	0.2564	0.2324	0.1253	0.1676
	稀释每股收益(元)	0.2112	0.4768	0.4515	0.0980
	每股净资产(元)	6.7628	6.7988	6.6670	6.3733
	每股经营现金净流量(元)	0.4947	3.0153	0.6550	1.2813
	每股现金流量(元)	0.0202	0.3724	-0.1248	-0.0901
	每股资本公积金(元)	1.8847	1.8791	1.8843	3.5284
	每股盈余公积金(元)	0.7136	0.7136	0.7136	0.7136
	每股未分配利润(元)	3.1208	3.1045	3.0835	2.7320
	净资产收益率(%)	3.1231	7.0131	6.7718	1.5165
	加权净资产收益率(%)	3.0700	6.5260	5.5400	0.7790
	净资产收益率(扣除)(%)	3.7911	3.4179	1.8798	2.5931
	总资产(万元)	6045132.66	5830947.65	7234036.90	8561712.15
	归属母公司股东权益(万元)	2726790.17	2741350.63	2688139.19	3174453.97
	营业收入(万元)	503583.32	1300556.63	854660.98	1277652.90
	营业支出(万元)	347242.22	975124.90	648739.76	1042281.19
	投资收益(万元)	20910.38	135733.17	114252.43	28920.42
	净利润(万元)	90805.05	195512.37	184301.20	46244.92
	营业利润(万元)	121574.47	263723.39	205246.67	85229.96
	利润总额(万元)	103446.32	217595.12	194347.86	56469.97

华电国际电力股份有限公司

公司概况	公司名称	华电国际电力股份有限公司		证券简称	华电国际
	法人代表	赵建国	董秘 周连青	证券代码	600027
	公司网址	www.hdpi.com.cn		电子信箱	zhoulq@hdpi.com.cn
	电　　话	010-83567779 83567900		传　　真	010-83567963 83567967
	办公地址	北京市西城区宣武门内大街2号			
	经营范围	建设、经营发电厂和其他与发电相关的产业			

主要财务指标	指标\报告期	2017.06.30	2016.12.31	2016.06.30	2015.12.31
	基本每股收益(元)	-0.0210	0.3390	0.2670	0.8420
	基本每股收益(扣除后)(元)	-0.0320	0.3050	0.2490	0.8150
	稀释每股收益(元)	—	—	–	–
	每股净资产(元)	4.1698	4.3211	4.2479	4.2957
	每股经营现金净流量(元)	0.6055	2.2440	1.1917	3.1964
	每股现金流量(元)	-0.0058	-0.2919	-0.0818	0.3500
	每股资本公积金(元)	1.3332	1.3334	1.3333	1.3480
	每股盈余公积金(元)	0.2986	0.2974	0.2556	0.2556
	每股未分配利润(元)	1.5190	1.6778	1.6476	1.6806
	净资产收益率(%)	-0.5151	7.8472	6.2904	18.1593
	加权净资产收益率(%)	-0.5000	7.9300	6.1200	21.0000
	净资产收益率(扣除)(%)	-0.7652	0.0070	5.8628	17.5762
	总资产(万元)	20784157.00	21011195.30	20283069.10	20665519.60
	归属母公司股东权益(万元)	4112653.60	4261938.70	4189667.30	4236883.10
	营业收入(万元)	3664821.30	6334605.10	2955675.00	7101469.30
	营业支出(万元)	3342059.00	4903377.00	2146253.90	4721301.20
	投资收益(万元)	29554.60	32411.80	10474.10	39844.20
	净利润(万元)	-15289.00	462584.00	353680.80	1047999.90
	营业利润(万元)	-4957.70	592769.00	440640.70	1385557.80
	利润总额(万元)	3283.40	639137.40	470697.70	1381528.10

中国石油化工股份有限公司

公司概况	公司名称	中国石油化工股份有限公司		证券简称	中国石化
	法人代表	王玉普	董秘 黄文生	证券代码	600028
	公司网址	www.sinopec.com		电子信箱	ir@sinopec.com
	电　　话	010-59960028		传　　真	010-59960386
	办公地址	北京市朝阳区朝阳门北大街22号			
	经营范围	石油、天然气勘探、开采、石油炼制、石油化工、成品油销售等			

主要财务指标	指标\报告期	2017.06.30	2016.12.31	2016.06.30	2015.12.31
	基本每股收益(元)	0.2240	0.3830	0.1590	0.2660
	基本每股收益(扣除后)(元)	0.2160	0.2450	0.1510	0.2390
	稀释每股收益(元)	0.2240	0.3830	0.1590	0.2660
	每股净资产(元)	5.9376	5.8830	5.7234	5.5880
	每股经营现金净流量(元)	0.5026	1.7720	0.6287	1.3696
	每股现金流量(元)	0.0385	0.4587	0.0357	0.4829
	每股资本公积金(元)	0.9873	0.9872	0.9864	1.0042
	每股盈余公积金(元)	1.6242	1.6242	1.6242	1.6242
	每股未分配利润(元)	2.3265	2.2727	2.1274	2.0287
	净资产收益率(%)	3.7687	6.5170	2.7780	4.7688
	加权净资产收益率(%)	3.7900	6.6800	2.8100	5.0400
	净资产收益率(扣除)(%)	3.6305	4.1718	2.6395	4.2793
	总资产(万元)	148753800.00	149860900.00	143262400.00	144726800.00
	归属母公司股东权益(万元)	71887800.00	71223200.00	69293400.00	67753800.00
	营业收入(万元)	116583700.00	193091100.00	87922000.00	201888300.00
	营业支出(万元)	94260200.00	149216500.00	66519300.00	159277100.00
	投资收益(万元)	815200.00	3077900.00	539400.00	857300.00
	净利润(万元)	3611700.00	5917000.00	2638100.00	4334600.00
	营业利润(万元)	4501500.00	7887600.00	3427800.00	5208100.00
	利润总额(万元)	4503200.00	7987700.00	3476000.00	5595900.00

中国南方航空股份有限公司

公司概况	公司名称	中国南方航空股份有限公司		证券简称	南方航空
	法人代表	王昌顺	董秘 谢兵	证券代码	600029
	公司网址	www.csair.com		电子信箱	webmaster@csair.com
	电　　话	020-86124462		传　　真	020-86659040
	办公地址	广东省广州市机场路278号			
	经营范围	国内、地区和国际定期及不定期航空客、货、邮、行李运输业务等			

主要财务指标	指标\报告期	2017.06.30	2016.12.31	2016.06.30	2015.12.31
	基本每股收益(元)	0.2800	0.5100	0.3200	0.3900
	基本每股收益(扣除后)(元)	0.2500	0.4500	0.2900	0.3400
	稀释每股收益(元)	0.2800	0.5100	0.3200	0.3900
	每股净资产(元)	4.5914	4.3981	4.1957	3.9688
	每股经营现金净流量(元)	0.9138	2.6878	0.9711	2.6191
	每股现金流量(元)	-0.0142	-0.0778	0.1151	-1.2780
	每股资本公积金(元)	1.4325	1.4210	1.4602	1.4618
	每股盈余公积金(元)	0.1993	0.1993	0.1581	0.1581
	每股未分配利润(元)	1.9384	1.7564	1.5816	1.3660
	净资产收益率(%)	6.1407	11.7065	7.5523	9.8830
	加权净资产收益率(%)	6.2000	12.2800	7.7100	10.3300
	净资产收益率(扣除)(%)	5.4974	10.2476	6.8968	8.5074
	总资产(万元)	20371800.00	20046100.00	19121100.00	18649900.00
	归属母公司股东权益(万元)	4507600.00	4318100.00	4119300.00	3919100.00
	营业收入(万元)	6031900.00	11479200.00	5405400.00	11146700.00
	营业支出(万元)	5297600.00	9635900.00	4426800.00	9138200.00
	投资收益(万元)	33200.00	71700.00	42500.00	58200.00
	净利润(万元)	320000.00	588800.00	367200.00	498600.00
	营业利润(万元)	338800.00	347300.00	304600.00	262400.00
	利润总额(万元)	415800.00	764700.00	476200.00	634100.00

中信证券股份有限公司

公司概况	公司名称	中信证券股份有限公司		证券简称	中信证券
	法人代表	张佑君	董秘 郑京	证券代码	600030
	公司网址	www.cs.ecitic.com		电子信箱	ir@citics.com
	电　　话	0755-23835383 010-60836030		传　　真	0755-23835525 010-60836031
	办公地址	广东省深圳市福田区中心三路8号中信证券大厦　北京市朝阳区亮马桥路48号中信证券大厦			
	经营范围	证券(含境内上市外资股)的代理买卖、代理证券还本付息、分红派息等			

主要财务指标	指标\报告期	2017.06.30	2016.12.31	2016.06.30	2015.12.31
	基本每股收益(元)	0.4100	0.8600	0.4300	1.7100
	基本每股收益(扣除后)(元)	0.4200	0.8500	0.4400	1.7300
	稀释每股收益(元)	0.4100	0.8600	0.4300	1.7100
	每股净资产(元)	11.8600	11.7766	11.2400	11.4829
	每股经营现金净流量(元)	-4.0579	-4.0763	-3.4302	7.1178
	每股现金流量(元)	-1.7419	-3.8060	-3.0367	6.3395
	每股资本公积金(元)	4.4872	4.4944	4.4936	4.4937
	每股盈余公积金(元)	0.6448	0.6448	0.6210	0.6210
	每股未分配利润(元)	3.9551	3.8947	3.6216	3.6962
	净资产收益率(%)	3.4283	7.2638	3.8483	14.2303
	加权净资产收益率(%)	3.3900	7.3600	3.7300	16.6300
	净资产收益率(扣除)(%)	3.5373	7.2478	3.8849	14.4294
	总资产(万元)	60591172.90	59743883.92	57005879.95	61610824.22
	归属母公司股东权益(万元)	14370273.17	14269594.58	13622003.05	13913778.70
	营业收入(万元)	1869419.86	3800192.35	1815932.46	5601343.60
	营业支出(万元)	1168057.38	2379976.48	1079177.37	–
	投资收益(万元)	421410.94	1002750.57	542247.28	1880078.46
	净利润(万元)	518280.12	1098114.01	549434.86	2036034.40
	营业利润(万元)	701362.47	1420215.87	736755.10	2765418.64
	利润总额(万元)	683618.84	1426255.86	732990.54	2728714.43

三一重工股份有限公司

公司概况

公司名称	三一重工股份有限公司			证券简称	三一重工
法人代表	梁稳根	董秘	肖友良	证券代码	600031
公司网址	www.sany.com.cn		电子信箱	sany@sany.com.cn	
电　　话	010-60738888		传　　真	010-60738868	
办公地址	北京市昌平区回龙观镇北清路8号				
经营范围	建筑工程机械、起重机械、停车库、通用设备及机电设备的生产、销售与维修等				

主要财务指标

指标\报告期	2017.06.30	2016.12.31	2016.06.30	2015.12.31
基本每股收益(元)	0.1510	0.0267	0.0180	0.0180
基本每股收益(扣除后)(元)	0.1310	-0.0412	-0.0120	0.0050
稀释每股收益(元)	0.1510	0.0267	0.0180	0.0180
每股净资产(元)	3.1593	2.9137	3.0697	2.9765
每股经营现金净流量(元)	0.7696	0.4269	0.2041	0.2804
每股现金流量(元)	-0.4641	0.0976	-0.1751	0.2243
每股资本公积金(元)	0.0982	0.0781	0.0771	0.2100
每股盈余公积金(元)	0.3412	0.3433	0.3430	0.3430
每股未分配利润(元)	1.9195	1.7891	1.7776	1.7695
净资产收益率(%)	4.7951	0.8956	0.5900	0.6113
加权净资产收益率(%)	4.9400	0.8900	0.5900	0.6000
净资产收益率(扣除)(%)	4.1324	-1.3800	-0.4054	0.1552
总资产(万元)	5951640.60	6155496.70	6201331.00	6257703.80
归属母公司股东权益(万元)	2419379.10	2271740.30	2338060.60	2342776.90
营业收入(万元)	1920782.00	2328007.20	1122009.00	2336686.90
营业支出(万元)	1347248.50	1717940.20	816729.60	1757677.00
投资收益(万元)	-16623.80	218146.80	67680.00	-2697.30
净利润(万元)	127018.50	16379.90	15582.80	13815.00
营业利润(万元)	160592.00	119552.20	16944.90	17053.60
利润总额(万元)	158991.70	6296.90	18923.10	11988.90

福建发展高速公路股份有限公司

公司概况

公司名称	福建发展高速公路股份有限公司			证券简称	福建高速
法人代表	涂慕溪	董秘	何高文	证券代码	600033
公司网址	www.fjgs.com.cn		电子信箱	stock@fjgs.com.cn	
电　　话	0591-87077366		传　　真	0591-87077366	
办公地址	福建省福州市东水路18号福建交通综合大楼26层				
经营范围	高速公路的建设、运营、收费、养护与管理等				

主要财务指标

指标\报告期	2017.06.30	2016.12.31	2016.06.30	2015.12.31
基本每股收益(元)	0.1509	0.2446	0.1250	0.2007
基本每股收益(扣除后)(元)	0.1492	0.2443	0.1236	0.1968
稀释每股收益(元)	0.1509	0.2446	0.1250	0.2007
每股净资产(元)	3.0785	3.0777	2.9581	2.9331
每股经营现金净流量(元)	0.2712	0.6644	0.2822	0.8380
每股现金流量(元)	-0.0099	-0.0069	-0.0421	0.0987
每股资本公积金(元)	0.6051	0.6051	0.6051	0.6051
每股盈余公积金(元)	0.3194	0.3194	0.2922	0.2922
每股未分配利润(元)	1.1541	1.1532	1.0608	1.0359
净资产收益率(%)	4.9014	7.9461	4.2250	6.8424
加权净资产收益率(%)	4.8200	8.1400	4.2000	6.9600
净资产收益率(扣除)(%)	4.8473	7.9384	4.1796	6.7080
总资产(万元)	1781945.01	1796258.05	1823750.73	1831539.52
归属母公司股东权益(万元)	844875.99	844631.50	811815.71	804960.15
营业收入(万元)	120999.49	252812.56	121982.77	257775.50
营业支出(万元)	39064.92	85990.48	36851.38	94250.08
投资收益(万元)	3345.95	-7071.56	-3179.32	-11158.64
净利润(万元)	53151.33	88700.63	44889.86	73019.55
营业利润(万元)	69029.67	120915.31	60394.34	100442.60
利润总额(万元)	69939.61	121133.21	60872.31	101624.61

湖北楚天智能交通股份有限公司

公司概况

公司名称	湖北楚天智能交通股份有限公司			证券简称	楚天高速
法人代表	肖跃文	董秘	宋晓峰	证券代码	600035
公司网址	www.hbctgs.com		电子信箱	600035@hbctgs.com	
电　　话	027-87576667		传　　真	027-87576667	
办公地址	湖北省武汉市洪山区珞瑜路1077号东湖广场宽堂写字楼				
经营范围	对汉荆段及江宜段高速公路的经营管理等				

主要财务指标

指标\报告期	2017.06.30	2016.12.31	2016.06.30	2015.12.31
基本每股收益(元)	0.2000	0.2700	0.1500	0.3000
基本每股收益(扣除后)(元)	0.1700	0.2700	0.1500	0.2900
稀释每股收益(元)	0.2000	0.2700	0.1500	0.3000
每股净资产(元)	3.3290	2.9771	2.8594	2.7985
每股经营现金净流量(元)	0.2790	0.5996	0.2993	0.4743
每股现金流量(元)	0.0987	0.1063	-0.0033	-0.1232
每股资本公积金(元)	0.7873	0.2468	0.2468	0.2468
每股盈余公积金(元)	0.4776	0.5687	0.5108	0.5108
每股未分配利润(元)	1.0638	1.1616	1.1019	1.0409
净资产收益率(%)	5.6589	9.0240	5.2785	10.5638
加权净资产收益率(%)	6.1100	9.3000	5.2500	11.0700
净资产收益率(扣除)(%)	4.6939	8.9621	5.2639	10.4460
总资产(万元)	1074686.45	888680.68	881012.25	890340.54
归属母公司股东权益(万元)	576179.30	432686.77	415577.39	406721.51
营业收入(万元)	114538.34	127260.19	63114.07	123065.05
营业支出(万元)	62759.80	44489.47	19083.91	44607.46
投资收益(万元)	6037.63	--	-	-245.39
净利润(万元)	32448.91	38695.04	21797.98	42621.34
营业利润(万元)	40424.66	53246.81	29794.87	43821.19
利润总额(万元)	41636.33	53604.18	29875.59	44463.08

招商银行股份有限公司

公司概况

公司名称	招商银行股份有限公司			证券简称	招商银行
法人代表	李建红	董秘	王良	证券代码	600036
公司网址	www.cmbchina.com		电子信箱	cmb@cmbchina.com	
电　　话	0755-83198888		传　　真	0755-83195109	
办公地址	广东省深圳市福田区深南大道7088号				
经营范围	从事银行业及相关金融服务等				

主要财务指标

指标\报告期	2017.06.30	2016.12.31	2016.06.30	2015.12.31
基本每股收益(元)	1.5600	2.4600	1.4000	2.2900
基本每股收益(扣除后)(元)	1.5500	2.4200	1.3800	2.2600
稀释每股收益(元)	1.5600	2.4600	1.4000	2.2900
每股净资产(元)	16.6300	15.9500	15.0000	14.3100
每股经营现金净流量(元)	-2.2156	-4.7825	-11.9083	15.8772
每股现金流量(元)	-3.6466	-4.1131	-8.6405	6.5176
每股资本公积金(元)	2.6774	2.6774	2.6774	2.6774
每股盈余公积金(元)	1.5745	1.5745	1.3485	1.3485
每股未分配利润(元)	8.7020	7.8950	7.1845	6.4746
净资产收益率(%)	9.3613	15.4296	9.3160	15.9909
加权净资产收益率(%)	9.5550	16.2700	9.5350	17.0900
净资产收益率(扣除)(%)	9.2916	15.1962	9.2184	15.8104
总资产(万元)	619969000.00	594231100.00	553729800.00	547497800.00
归属母公司股东权益(万元)	41937700.00	40235000.00	37817700.00	36080600.00
营业收入(万元)	11266600.00	20902500.00	11291900.00	20147100.00
营业支出(万元)	6309000.00	13130700.00	6789900.00	12722300.00
投资收益(万元)	440900.00	1195300.00	828300.00	712700.00
净利润(万元)	3946600.00	6238000.00	3533200.00	5801800.00
营业利润(万元)	4957600.00	7771800.00	4502000.00	7424800.00
利润总额(万元)	4994200.00	7896300.00	4549500.00	7507900.00

北京歌华有线电视网络股份有限公司

公司概况	公司名称	北京歌华有线电视网络股份有限公司			证券简称	歌华有线
	法人代表	郭章鹏	董秘	梁彦军	证券代码	600037
	公司网址	www.bgctv.com.cn		电子信箱	600037@bgctv.com.cn	
	电　　话	010-62364114 62035573		传　　真	010-62035573 62364114	
	办公地址	北京市东城区青龙胡同1号歌华大厦7层				
	经营范围	广播电视网络的建设开发、经营管理和维护、广播电视节目收转等				

主要财务指标	指标\报告期	2017.06.30	2016.12.31	2016.06.30	2015.12.31
	基本每股收益(元)	0.2722	0.5211	0.2912	0.5934
	基本每股收益(扣除后)(元)	0.2281	0.3668	0.2127	0.2649
	稀释每股收益(元)	0.2722	0.5211	0.2912	0.5934
	每股净资产(元)	9.0484	9.1180	8.3956	8.2844
	每股经营现金净流量(元)	0.3147	0.8513	0.3364	0.9490
	每股现金流量(元)	1.2822	-1.0641	-1.2678	1.9626
	每股资本公积金(元)	4.7050	4.7050	4.7046	4.7046
	每股盈余公积金(元)	0.5150	0.5150	0.4634	0.4634
	每股未分配利润(元)	2.4980	2.4059	2.2276	2.1164
	净资产收益率(%)	3.0079	5.7146	3.4689	5.8349
	加权净资产收益率(%)	2.9900	6.1500	3.4800	8.9900
	净资产收益率(扣除)(%)	2.5210	4.0233	2.5337	2.6047
	总资产(万元)	1486626.37	1508384.23	1404000.07	1402123.78
	归属母公司股东权益(万元)	1259339.86	1269026.67	1168479.37	1152998.27
	营业收入(万元)	120895.55	266483.23	122072.73	256806.78
	营业支出(万元)	81946.17	195707.17	87717.64	205464.36
	投资收益(万元)	4793.80	10129.07	3470.17	4957.44
	净利润(万元)	37880.08	72537.71	40480.19	67290.35
	营业利润(万元)	35687.50	55985.83	29659.01	32128.13
	利润总额(万元)	38000.90	72858.84	40586.36	67541.95

中航直升机股份有限公司

公司概况	公司名称	中航直升机股份有限公司			证券简称	中直股份
	法人代表	曲景文	董秘	顾韶辉	证券代码	600038
	公司网址	www.hafei.com		电子信箱	capitalcopter@163.com	
	电　　话	0451-86528350		传　　真	022-59800024	
	办公地址	黑龙江省哈尔滨市平房区友协大街15号				
	经营范围	航空产品及零部件的开发、设计研制、生产和销售等				

主要财务指标	指标\报告期	2017.06.30	2016.12.31	2016.06.30	2015.12.31
	基本每股收益(元)	0.2604	0.7450	0.2969	0.7414
	基本每股收益(扣除后)(元)	0.2546	0.7318	0.2940	0.7182
	稀释每股收益(元)	0.2604	0.7450	0.2969	0.7414
	每股净资产(元)	11.6950	11.6350	11.1833	11.1093
	每股经营现金净流量(元)	0.7462	-0.5062	-1.7690	1.0221
	每股现金流量(元)	0.8987	-0.7969	-1.0742	-0.2450
	每股资本公积金(元)	7.1805	7.1805	7.1805	7.1805
	每股盈余公积金(元)	0.5649	0.5649	0.5426	0.5426
	每股未分配利润(元)	2.7253	2.6950	2.2692	2.2223
	净资产收益率(%)	2.2263	6.4031	2.6549	6.6739
	加权净资产收益率(%)	2.2247	6.5511	2.6342	6.8780
	净资产收益率(扣除)(%)	2.1766	6.2895	2.6290	6.4649
	总资产(万元)	2065012.37	1982571.52	1883172.50	2269336.81
	归属母公司股东权益(万元)	689393.65	685857.55	659231.56	654866.97
	营业收入(万元)	530924.00	1252151.40	555693.84	1254412.14
	营业支出(万元)	478159.76	1076026.67	501865.87	1062166.64
	投资收益(万元)	137.34	-1406.38	-1217.73	-111.07
	净利润(万元)	15422.24	43958.08	17515.63	43737.93
	营业利润(万元)	18737.05	51247.16	20162.89	50774.01
	利润总额(万元)	19181.97	52114.53	20390.71	52169.79

四川路桥建设股份有限公司

公司概况	公司名称	四川路桥建设股份有限公司			证券简称	四川路桥
	法人代表	孙云	董秘	宋雪飞	证券代码	600039
	公司网址	www.scrbc.com.cn		电子信箱	srbcdsh@163.com	
	电　　话	028-85126085		传　　真	028-85126084	
	办公地址	四川省成都市高新区九兴大道12号				
	经营范围	各级公路工程和桥梁、隧道工程的施工等				

主要财务指标	指标\报告期	2017.06.30	2016.12.31	2016.06.30	2015.12.31
	基本每股收益(元)	0.1241	0.3459	0.1189	0.3395
	基本每股收益(扣除后)(元)	0.1200	0.3429	0.1196	0.3339
	稀释每股收益(元)	0.1241	0.3459	0.1189	0.3395
	每股净资产(元)	3.3004	3.1939	2.8798	2.8573
	每股经营现金净流量(元)	-0.3461	0.3941	0.0244	1.0109
	每股现金流量(元)	-0.3436	0.4702	0.1369	0.4289
	每股资本公积金(元)	0.4070	0.4070	0.3785	0.4364
	每股盈余公积金(元)	0.0890	0.0890	0.0702	0.0702
	每股未分配利润(元)	1.5671	1.4930	1.2882	1.2193
	净资产收益率(%)	3.7616	10.8304	4.1296	11.8806
	加权净资产收益率(%)	3.8200	11.2400	3.7000	12.7200
	净资产收益率(扣除)(%)	3.6370	10.7378	4.1516	11.6855
	总资产(万元)	6452972.11	6347954.06	5883886.20	5685009.79
	归属母公司股东权益(万元)	996636.21	964459.47	869615.58	881701.09
	营业收入(万元)	1325716.52	3010834.51	1567379.77	3077118.42
	营业支出(万元)	1197272.94	2629910.15	1430300.26	2697462.16
	投资收益(万元)	946.49	-58.97	-455.15	3310.71
	净利润(万元)	38494.45	113743.26	40474.61	102121.30
	营业利润(万元)	46368.82	139837.40	49127.50	128638.18
	利润总额(万元)	46767.34	138146.48	49173.06	127410.39

保利房地产(集团)股份有限公司

公司概况	公司名称	保利房地产(集团)股份有限公司			证券简称	保利地产
	法人代表	宋广菊	董秘	黄海	证券代码	600048
	公司网址	www.polycn.com		电子信箱	stock@polycn.com	
	电　　话	020-89898833		传　　真	020-89898666 8831	
	办公地址	广东省广州市海珠区阅江中路688号保利国际广场北塔29-33层				
	经营范围	房地产开发、销售、租赁及其物业管理等				

主要财务指标	指标\报告期	2017.06.30	2016.12.31	2016.06.30	2015.12.31
	基本每股收益(元)	0.4800	1.1000	0.4600	1.1500
	基本每股收益(扣除后)(元)	0.4700	1.0800	0.4600	1.1400
	稀释每股收益(元)	0.4800	1.1000	0.4600	1.1500
	每股净资产(元)	7.7129	7.5270	6.8993	6.6491
	每股经营现金净流量(元)	-0.8101	2.8719	1.6893	1.6536
	每股现金流量(元)	1.4772	0.8242	0.7498	-0.2236
	每股资本公积金(元)	1.2628	1.2554	1.2479	0.6466
	每股盈余公积金(元)	0.2343	0.2344	0.1815	0.2000
	每股未分配利润(元)	5.1979	5.0366	4.4612	4.8014
	净资产收益率(%)	6.1780	13.9172	6.0642	17.2639
	加权净资产收益率(%)	6.1700	15.5300	6.7500	18.6300
	净资产收益率(扣除)(%)	6.0640	13.7337	6.0159	17.1048
	总资产(万元)	58226600.49	46799677.48	43404587.19	40383320.30
	归属母公司股东权益(万元)	9146283.84	8925318.74	8179576.54	7152255.99
	营业收入(万元)	5445862.04	15475213.81	5514660.73	12342878.42
	营业支出(万元)	3768741.70	10988068.02	3716646.98	8245330.57
	投资收益(万元)	56214.26	124692.12	39850.07	99255.88
	净利润(万元)	716208.70	1707304.97	698454.22	1682771.79
	营业利润(万元)	1004308.61	2312321.83	981111.04	2272440.83
	利润总额(万元)	1018257.68	2331056.73	988536.61	2290075.91

中国联合网络通信股份有限公司

公司概况	公司名称	中国联合网络通信股份有限公司			证券简称	中国联通
	法人代表	王晓初	董秘	王霞	证券代码	600050
	公司网址	www.chinaunicom-a.com		电子信箱	ir@chinaunicom.cn	
	电　话	010-66259179		传　真	010-66259544	
	办公地址	北京市西城区金融大街21号				
	经营范围	从事国(境)内外电信行业的投资等				

	指标＼报告期	2017.06.30	2016.12.31	2016.06.30	2015.12.31
主要财务指标	基本每股收益(元)	0.0367	0.0073	0.0211	0.1638
	基本每股收益(扣除后)(元)	0.0472	-0.0027	0.0260	0.0677
	稀释每股收益(元)	0.0367	0.0073	0.0211	0.1638
	每股净资产(元)	3.6979	3.6564	3.6665	3.7120
	每股经营现金净流量(元)	2.3438	3.7518	2.0784	4.2098
	每股现金流量(元)	0.4810	0.0866	-0.0226	-0.1670
	每股资本公积金(元)	1.3122	1.3121	1.3121	1.3121
	每股盈余公积金(元)	0.0631	0.0631	0.0568	0.0568
	每股未分配利润(元)	1.4253	1.3886	1.4093	1.4454
	净资产收益率(%)	0.9931	0.1988	0.5745	4.4122
	加权净资产收益率(%)	1.0000	0.2000	0.5700	4.4100
	净资产收益率(扣除)(%)	1.2757	-0.0751	0.7091	1.8249
	总资产(万元)	59819757.08	61590735.27	60041410.99	61531938.31
	归属母公司股东权益(万元)	7838328.58	7750260.72	7771704.37	7868217.66
	营业收入(万元)	13815993.11	27419678.25	14025452.51	27704852.91
	营业支出(万元)	10314130.77	21158400.65	10689873.82	20770432.36
	投资收益(万元)	84827.30	74302.70	9430.95	-40532.79
	净利润(万元)	234559.61	47991.63	135060.13	1043439.42
	营业利润(万元)	419834.76	-27476.58	213147.46	571121.19
	利润总额(万元)	331453.90	58126.03	172041.87	1386672.58

宁波联合集团股份有限公司

公司概况	公司名称	宁波联合集团股份有限公司			证券简称	宁波联合
	法人代表	李水荣	董秘	董庆慈	证券代码	600051
	公司网址	www.nug.com.cn		电子信箱	dqc@nug.com.cn	
	电　话	0574-86221609		传　真	0574-86221320	
	办公地址	浙江省宁波市开发区东海路1号联合大厦				
	经营范围	基础设施、房地产、对外贸易、医药生物和其他高新技术产业的开发等				

	指标＼报告期	2017.06.30	2016.12.31	2016.06.30	2015.12.31
主要财务指标	基本每股收益(元)	0.1170	0.4900	0.1080	0.4200
	基本每股收益(扣除后)(元)	0.0450	0.2600	0.0680	0.1800
	稀释每股收益(元)	0.1160	0.4800	0.1070	0.4200
	每股净资产(元)	6.3708	6.2258	6.0101	6.0346
	每股经营现金净流量(元)	1.7746	3.5621	1.4211	0.0633
	每股现金流量(元)	0.5940	0.0390	0.9300	-0.3519
	每股资本公积金(元)	0.4722	0.4700	0.4670	0.4623
	每股盈余公积金(元)	0.7760	0.7760	0.7353	0.7353
	每股未分配利润(元)	2.9625	2.9269	2.5956	2.5695
	净资产收益率(%)	1.8152	7.6777	1.7653	6.7812
	加权净资产收益率(%)	1.8300	7.8000	1.7500	6.6900
	净资产收益率(扣除)(%)	0.6897	4.0682	1.1099	2.8592
	总资产(万元)	794254.39	815339.95	847657.05	810565.87
	归属母公司股东权益(万元)	198054.40	193547.93	186843.01	187602.47
	营业收入(万元)	223319.20	418255.32	140386.38	369839.51
	营业支出(万元)	196752.99	343481.26	110838.90	303004.98
	投资收益(万元)	3128.53	7959.66	1077.60	7985.97
	净利润(万元)	5687.56	24686.06	6672.57	20798.28
	营业利润(万元)	7832.37	32237.99	9681.18	23503.88
	利润总额(万元)	8520.03	34646.01	10891.87	27003.93

浙江广厦股份有限公司

公司概况	公司名称	浙江广厦股份有限公司			证券简称	浙江广厦
	法人代表	张霞	董秘	包宇芬	证券代码	600052
	公司网址	www.gsgf.com		电子信箱	stock600052@gsgf.com	
	电　话	0571-87974176		传　真	0571-85125355	
	办公地址	浙江省杭州市西湖区莫干山路231号锐明大厦15层				
	经营范围	房地产投资、实业投资、房地产中介代理、园林、绿化、市政、幕墙等				

	指标＼报告期	2017.06.30	2016.12.31	2016.06.30	2015.12.31
主要财务指标	基本每股收益(元)	0.0400	0.4100	0.5600	-0.7500
	基本每股收益(扣除后)(元)	0.0300	-0.2200	-0.0200	-0.9600
	稀释每股收益(元)	0.0400	0.4100	0.5600	-0.7500
	每股净资产(元)	2.4630	2.3483	2.4621	1.4923
	每股经营现金净流量(元)	-0.0189	1.3229	1.3390	0.2834
	每股现金流量(元)	-0.0436	0.2228	0.0792	-0.2367
	每股资本公积金(元)	0.1807	0.1185	0.1185	0.0522
	每股盈余公积金(元)	0.2520	0.2520	0.1922	0.1922
	每股未分配利润(元)	0.6355	0.5986	0.8091	0.2482
	净资产收益率(%)	1.4985	17.4617	22.7779	-50.4332
	加权净资产收益率(%)	1.5400	21.3000	28.7200	-39.9500
	净资产收益率(扣除)(%)	1.0203	-9.2946	-0.9335	-64.6332
	总资产(万元)	450445.70	449151.50	521082.09	587029.81
	归属母公司股东权益(万元)	214721.69	204719.54	214642.47	130095.44
	营业收入(万元)	17694.87	173992.21	41657.13	234209.64
	营业支出(万元)	8657.87	138456.30	30540.08	189481.74
	投资收益(万元)	1384.04	47784.45	52743.21	17691.59
	净利润(万元)	3217.57	35747.56	48891.01	-65620.10
	营业利润(万元)	2610.02	30363.09	49747.85	-59995.84
	利润总额(万元)	2512.24	34859.46	49775.41	-59584.88

昆吾九鼎投资控股股份有限公司

公司概况	公司名称	昆吾九鼎投资控股股份有限公司			证券简称	九鼎投资
	法人代表	古志鹏	董秘	易凌杰	证券代码	600053
	公司网址	www.jzjt.com		电子信箱	zjre600053@126.com	
	电　话	0791-88666003　010-63221185		传　真	0791-88666007	
	办公地址	江西省南昌市东湖区沿江北大道1379号紫金城A栋写字楼				
	经营范围	房地产开发及经营、土地开发及经营、对旅游项目的投资、装饰工程等				

	指标＼报告期	2017.06.30	2016.12.31	2016.06.30	2015.12.31
主要财务指标	基本每股收益(元)	0.3011	1.4484	0.3828	0.6609
	基本每股收益(扣除后)(元)	0.2973	1.4149	0.3798	0.3519
	稀释每股收益(元)	0.3011	1.4484	0.3828	0.6609
	每股净资产(元)	4.0835	3.8842	2.9814	2.6678
	每股经营现金净流量(元)	-0.2252	2.0311	0.4873	1.1548
	每股现金流量(元)	-0.3780	-0.1714	-0.3103	1.2370
	每股资本公积金(元)	0.4352	0.4352	0.4352	0.4352
	每股盈余公积金(元)	0.1293	0.1293	0.1235	0.1235
	每股未分配利润(元)	2.1234	2.2572	1.1974	1.0646
	净资产收益率(%)	7.3746	37.2893	12.8387	24.7738
	加权净资产收益率(%)	7.1700	43.9100	13.1600	28.5100
	净资产收益率(扣除)(%)	7.2810	36.4256	12.7384	13.1907
	总资产(万元)	442840.51	424702.51	439305.57	459222.09
	归属母公司股东权益(万元)	177035.46	168397.96	129257.56	115660.94
	营业收入(万元)	33056.99	164415.36	65797.32	112376.43
	营业支出(万元)	1175.36	24419.98	18392.38	71762.29
	投资收益(万元)	4052.98	7992.82	624.90	969.61
	净利润(万元)	13291.00	63195.76	16746.15	28562.12
	营业利润(万元)	14883.22	71585.27	19255.51	19422.99
	利润总额(万元)	14941.19	73103.22	19415.05	33013.11

黄山旅游发展股份有限公司

公司概况					
公司名称	黄山旅游发展股份有限公司			证券简称	黄山旅游
法人代表	叶正军	董秘	丁维	证券代码	600054
公司网址	www.huangshan.com.cn		电子信箱	hstd56@126.com	
电　　话	0559-2586678 2586698		传　　真	0559-2586855	
办公地址	安徽省黄山市屯溪区天都大道 5 号(天都国际饭店 D 座 16-18 楼)				
经营范围	园林门票、客运索道、酒店食宿及旅游服务等				

主要财务指标 指标\报告期	2017.06.30	2016.12.31	2016.06.30	2015.12.31
基本每股收益(元)	0.2502	0.4700	0.2344	0.6200
基本每股收益(扣除后)(元)	0.2566	0.4400	0.2335	0.6100
稀释每股收益(元)	0.2502	0.4700	0.2344	0.6200
每股净资产(元)	5.3704	5.5631	4.0985	5.9761
每股经营现金净流量(元)	0.3307	0.6516	0.2134	1.2750
每股现金流量(元)	-0.4927	0.4215	0.1553	0.8482
每股资本公积金(元)	0.4611	0.4611	0.4611	1.1916
每股盈余公积金(元)	0.4121	0.4121	0.3660	0.5489
每股未分配利润(元)	2.5223	2.4621	2.2714	3.2355
净资产收益率(%)	4.6597	8.4696	5.7197	9.9349
加权净资产收益率(%)	4.5800	9.8700	5.8000	11.7600
净资产收益率(扣除)(%)	4.7779	7.8802	5.6965	9.8907
总资产(万元)	503501.16	515411.21	407948.80	403671.10
归属母公司股东权益(万元)	401329.04	415727.15	306278.08	297727.64
营业收入(万元)	72586.23	166933.56	73211.59	166462.23
营业支出(万元)	34057.99	82590.39	36529.13	83436.59
投资收益(万元)	613.41	2349.73	1457.71	437.31
净利润(万元)	19949.97	37513.42	18519.13	31222.36
营业利润(万元)	27624.27	50749.34	24359.86	42761.00
利润总额(万元)	26657.84	51038.09	24457.93	43273.84

北京万东医疗科技股份有限公司

公司概况					
公司名称	北京万东医疗科技股份有限公司			证券简称	万东医疗
法人代表	吴光明	董秘	任志林	证券代码	600055
公司网址	www.wandong.com.cn		电子信箱	wdyL055@263.net.cn	
电　　话	010-84569688		传　　真	010-84575717	
办公地址	北京市朝阳区酒仙桥东路 9 号院 3 号楼				
经营范围	各类医疗器械的生产和销售等				

主要财务指标 指标\报告期	2017.06.30	2016.12.31	2016.06.30	2015.12.31
基本每股收益(元)	0.0560	0.1900	0.0840	0.1860
基本每股收益(扣除后)(元)	0.0560	0.1580	0.0830	0.1720
稀释每股收益(元)	0.0560	0.1900	0.0840	0.1860
每股净资产(元)	3.2627	4.6394	4.3902	3.2272
每股经营现金净流量(元)	-0.1419	0.2660	-0.0286	-0.0723
每股现金流量(元)	-0.2340	1.7029	0.9451	-0.4532
每股资本公积金(元)	1.5206	2.5288	2.3836	0.5241
每股盈余公积金(元)	0.1759	0.2463	0.2214	0.3952
每股未分配利润(元)	0.5665	0.8647	0.7879	1.3128
净资产收益率(%)	1.7167	3.9920	1.9028	5.7690
加权净资产收益率(%)	1.6800	4.4900	2.1900	5.9000
净资产收益率(扣除)(%)	1.7190	3.3826	1.8803	5.3173
总资产(万元)	215558.60	220312.31	203874.64	133030.81
归属母公司股东权益(万元)	176452.49	179217.78	169592.50	69853.11
营业收入(万元)	33124.78	81340.07	38086.44	81821.81
营业支出(万元)	18054.20	49252.46	23057.66	54596.29
投资收益(万元)	861.34	1172.80	54.05	-381.86
净利润(万元)	2618.38	6838.58	3026.33	4265.89
营业利润(万元)	3377.70	4907.17	1726.02	1290.73
利润总额(万元)	3374.27	8101.06	3029.95	4989.66

中国医药健康产业股份有限公司

公司概况					
公司名称	中国医药健康产业股份有限公司			证券简称	中国医药
法人代表	姜鑫	董秘	刘清源	证券代码	600056
公司网址	www.meheco.cn		电子信箱	meheco600056@sina.com	
电　　话	010-67164267		传　　真	010-67152359	
办公地址	北京市东城区光明中街 18 号				
经营范围	高新技术及成套设备的进出口贸易、易货贸易、国际招标采购等				

主要财务指标 指标\报告期	2017.06.30	2016.12.31	2016.06.30	2015.12.31
基本每股收益(元)	0.6108	0.9237	0.5034	0.6069
基本每股收益(扣除后)(元)	0.5990	0.8685	0.4985	0.5769
稀释每股收益(元)	0.6108	0.9237	0.5034	0.6069
每股净资产(元)	6.8597	6.4380	5.6162	5.3336
每股经营现金净流量(元)	-0.7407	0.9397	0.1728	1.0096
每股现金流量(元)	-1.2629	0.0118	-1.0447	0.8628
每股资本公积金(元)	2.2718	2.3237	1.7081	1.7081
每股盈余公积金(元)	0.3305	0.3423	0.3072	0.3072
每股未分配利润(元)	2.9278	2.6847	2.3346	2.0132
净资产收益率(%)	8.9044	13.7833	8.9635	11.3781
加权净资产收益率(%)	9.1300	15.9700	9.1400	11.9100
净资产收益率(扣除)(%)	8.7315	12.9603	8.8765	10.8160
总资产(万元)	2025949.78	1987741.63	1860153.29	1615828.76
归属母公司股东权益(万元)	732946.84	705537.91	568643.14	540031.68
营业收入(万元)	1425633.06	2573789.22	1202945.61	2057022.60
营业支出(万元)	1241236.72	2270259.90	1052186.50	1805114.68
投资收益(万元)	1208.57	1495.46	6.67	1799.42
净利润(万元)	75362.08	111865.14	58856.73	71876.70
营业利润(万元)	98208.28	138758.12	75559.46	91454.53
利润总额(万元)	98928.11	143874.62	76560.37	93188.18

厦门象屿股份有限公司

公司概况					
公司名称	厦门象屿股份有限公司			证券简称	象屿股份
法人代表	张水利	董秘	高晨霞	证券代码	600057
公司网址	www.xiangyu.cn		电子信箱	stock@xiangyu.cn	
电　　话	0592-6516003 5603375		传　　真	0592-5051631	
办公地址	厦门现代物流园区象屿路 99 号厦门国际航运中心 E 栋 9 层				
经营范围	物流园区相关项目的开发经营、房地产租赁服务等				

主要财务指标 指标\报告期	2017.06.30	2016.12.31	2016.06.30	2015.12.31
基本每股收益(元)	0.2300	0.3600	0.1300	0.2800
基本每股收益(扣除后)(元)	-0.0400	0.5600	0.2200	0.1800
稀释每股收益(元)	0.2300	0.3600	0.1300	0.2800
每股净资产(元)	7.5448	5.7139	5.2812	5.1565
每股经营现金净流量(元)	-5.2321	1.8975	1.1932	2.4964
每股现金流量(元)	1.1361	0.1698	0.0967	1.0306
每股资本公积金(元)	3.1363	3.1396	2.9952	2.9952
每股盈余公积金(元)	0.0741	0.0741	0.0625	0.0625
每股未分配利润(元)	1.5968	1.4546	1.2479	1.1174
净资产收益率(%)	3.3615	6.3746	2.4706	4.7847
加权净资产收益率(%)	3.9600	6.7900	2.5000	7.2100
净资产收益率(扣除)(%)	-0.1550	9.7186	4.1008	0.0003
总资产(万元)	4782071.78	3390973.69	3043781.47	2609804.48
归属母公司股东权益(万元)	883329.76	668970.26	618309.46	603706.59
营业收入(万元)	9137927.74	11906685.67	4960401.59	5992330.70
营业支出(万元)	8968072.71	11502310.39	4820614.35	5763917.95
投资收益(万元)	-6542.95	-12898.07	464.67	56749.69
净利润(万元)	42409.67	67313.63	26770.23	46240.67
营业利润(万元)	48794.88	50407.87	22334.13	51288.00
利润总额(万元)	53542.77	80634.09	32521.91	58563.64

五矿发展股份有限公司

公司概况	公司名称	五矿发展股份有限公司		证券简称	五矿发展
	法人代表	刘青春	董秘	王宏利	证券代码	600058
	公司网址	www.minlist.com.cn		电子信箱	wanghl@minmetals.com
	电　话	010-68494205 68494267		传　真	010-68494207
	办公地址	北京市海淀区三里河路5号B座			
	经营范围	国内外贸易 国际货运、货代、仓储、国际招标投标、酒店经营、工业生产等			

主要财务指标 指标\报告期	2017.06.30	2016.12.31	2016.06.30	2015.12.31
基本每股收益(元)	0.0086	0.0279	0.1049	-3.6878
基本每股收益(扣除后)(元)	--	--	-0.2074	-3.6167
稀释每股收益(元)	0.0086	0.0279	0.1049	-3.6878
每股净资产(元)	4.6744	4.6658	4.7435	4.6397
每股经营现金净流量(元)	-1.0836	9.6396	9.0212	1.3319
每股现金流量(元)	-1.0348	-0.1650	0.1933	1.1682
每股资本公积金(元)	3.8983	3.8434	3.8434	3.8434
每股盈余公积金(元)	0.9042	0.9042	0.9042	0.9042
每股未分配利润(元)	-1.1364	-1.1442	-1.0672	-1.1721
净资产收益率(%)	0.1848	0.5976	2.2111	-79.4839
加权净资产收益率(%)	0.1850	0.6000	2.2356	-59.3622
净资产收益率(扣除)(%)	-0.1580	-4.3263	-4.3733	-77.9510
总资产(万元)	2645464.60	2449592.88	2433264.75	3265459.84
归属母公司股东权益(万元)	501058.93	500128.33	508463.04	497334.23
营业收入(万元)	1117451.33	2771184.82	1686394.86	6198552.42
营业支出(万元)	1080934.84	2635894.48	1596336.27	6022407.33
投资收益(万元)	32200.38	14334.68	15111.17	12266.34
净利润(万元)	585.62	1853.45	10632.44	-597339.88
营业利润(万元)	-93.89	3285.26	3684.38	-543858.33
利润总额(万元)	1917.95	2259.55	9436.44	-585332.07

浙江古越龙山绍兴酒股份有限公司

公司概况	公司名称	浙江古越龙山绍兴酒股份有限公司		证券简称	古越龙山
	法人代表	傅建伟	董秘	周娟英	证券代码	600059
	公司网址	www.shaoxingwine.com.cn		电子信箱	zjy@shaoxingwine.com.cn
	电　话	0575-85158435 85176000		传　真	0575-85166884
	办公地址	浙江省绍兴市北海桥			
	经营范围	黄酒、白酒、饮料、副食品及食品原辅料开发、制造、销售等			

主要财务指标 指标\报告期	2017.06.30	2016.12.31	2016.06.30	2015.12.31
基本每股收益(元)	0.1200	0.1500	0.1000	0.1600
基本每股收益(扣除后)(元)	0.1100	0.1300	0.0900	0.1100
稀释每股收益(元)	0.1200	0.1500	0.1000	0.1600
每股净资产(元)	4.8333	4.8170	4.7656	4.6652
每股经营现金净流量(元)	-0.0032	0.2695	-0.0669	0.0700
每股现金流量(元)	-0.0023	-0.0287	-0.1474	-0.0835
每股资本公积金(元)	2.3260	2.3260	2.3258	2.3258
每股盈余公积金(元)	0.2738	0.2738	0.2612	0.2612
每股未分配利润(元)	1.2367	1.2202	1.1820	1.0818
净资产收益率(%)	2.4108	3.1357	2.1029	3.5338
加权净资产收益率(%)	2.3900	3.1900	2.1300	3.5700
净资产收益率(扣除)(%)	2.2673	2.7791	1.9167	2.2700
总资产(万元)	427187.37	456732.94	426989.81	440569.48
归属母公司股东权益(万元)	390785.02	389466.64	385308.11	377193.44
营业收入(万元)	89814.07	153522.32	86554.89	137594.56
营业支出(万元)	59479.98	98088.51	56518.33	90101.07
投资收益(万元)	728.75	1309.94	679.37	2660.51
净利润(万元)	9425.75	12150.73	8033.45	13364.05
营业利润(万元)	12564.62	15946.86	10832.33	14163.37
利润总额(万元)	12589.44	16391.74	11025.32	18075.04

青岛海信电器股份有限公司

公司概况	公司名称	青岛海信电器股份有限公司		证券简称	海信电器
	法人代表	刘洪新	董秘	王东波	证券代码	600060
	公司网址	www.hisense.com		电子信箱	zqb@hisense.com
	电　话	0532-83889556		传　真	0532-83889556
	办公地址	山东省青岛市经济技术开发区前湾港路218号			
	经营范围	电视机、广播电视设备、通讯产品制造、信息技术产品、家用、商用电器、电子产品的制造、销售等			

主要财务指标 指标\报告期	2017.06.30	2016.12.31	2016.06.30	2015.12.31
基本每股收益(元)	0.3030	1.3440	0.5660	1.1380
基本每股收益(扣除后)(元)	0.2450	1.2830	0.5350	1.0230
稀释每股收益(元)	0.3030	1.3440	0.5660	1.1380
每股净资产(元)	10.4060	10.0760	9.6489	9.0824
每股经营现金净流量(元)	-0.1840	1.8880	1.2105	0.8447
每股现金流量(元)	-0.2045	-1.4779	1.0350	0.2069
每股资本公积金(元)	1.7263	1.7263	1.7263	1.7263
每股盈余公积金(元)	1.1405	1.1405	1.1405	1.1405
每股未分配利润(元)	6.5385	6.2199	5.7820	5.2157
净资产收益率(%)	2.9085	13.3407	5.8690	12.5274
加权净资产收益率(%)	2.9600	13.9900	6.0500	13.1100
净资产收益率(扣除)(%)	2.3562	12.7284	5.5484	11.2620
总资产(万元)	2112776.25	2269136.50	2003988.58	2092131.83
归属母公司股东权益(万元)	1361604.92	1318427.50	1262539.04	1188417.70
营业收入(万元)	1356663.90	3183245.60	1328940.30	3018998.68
营业支出(万元)	1170128.21	2655385.02	1107407.23	2504997.24
投资收益(万元)	8405.92	4686.17	1522.24	1094.64
净利润(万元)	38860.84	178915.63	74124.51	153647.85
营业利润(万元)	46454.03	183543.03	81763.76	147955.41
利润总额(万元)	50090.10	207091.80	91672.39	178825.43

国投资本股份有限公司

公司概况	公司名称	国投资本股份有限公司		证券简称	国投资本
	法人代表	叶柏寿	董秘	李樱	证券代码	600061
	公司网址	www.sdicessence.com.cn		电子信箱	600061@essence.com.cn
	电　话	010-83325163		传　真	010-83325148
	办公地址	北京西城区阜成门北大街2号国投金融大厦19层			
	经营范围	纺织品、纺织原材料、化轻材料、新产品的开发、生产、销售等			

主要财务指标 指标\报告期	2017.06.30	2016.12.31	2016.06.30	2015.12.31
基本每股收益(元)	0.3400	0.6900	0.3800	1.3300
基本每股收益(扣除后)(元)	0.3200	0.6800	0.3700	1.2900
稀释每股收益(元)	0.3400	0.6900	0.3800	1.3300
每股净资产(元)	7.3432	7.4533	7.2818	7.1579
每股经营现金净流量(元)	-0.7240	-1.0670	-1.6234	2.9408
每股现金流量(元)	-2.6781	-3.6767	-4.4908	8.5838
每股资本公积金(元)	3.0184	4.7710	4.5079	4.5079
每股盈余公积金(元)	0.0639	0.0639	0.0104	0.0104
每股未分配利润(元)	2.6878	2.4176	1.5914	1.2161
净资产收益率(%)	4.6709	9.3041	5.1533	17.1037
加权净资产收益率(%)	4.7800	9.4200	5.2000	19.7500
净资产收益率(扣除)(%)	4.2959	9.1513	5.0940	15.2505
总资产(万元)	13111257.96	13777631.13	12317948.96	14114065.55
归属母公司股东权益(万元)	2712678.81	3225148.44	2689990.78	2644219.78
营业收入(万元)	35126.33	51002.45	30015.65	228071.97
营业支出(万元)	32932.47	46267.68	28272.36	223576.24
投资收益(万元)	70395.25	165605.90	94210.77	215217.10
净利润(万元)	144482.82	256108.83	138603.32	467021.82
营业利润(万元)	194121.45	337469.93	183732.26	613855.02
利润总额(万元)	195773.99	343083.70	185860.01	621279.24

华润双鹤药业股份有限公司

公司概况						
	公司名称	华润双鹤药业股份有限公司			证券简称	华润双鹤
	法人代表	李昕	董秘	范彦喜	证券代码	600062
	公司网址	www.dcpc.com		电子信箱	mss@dcpc.com	
	电　　话	86-10-64398099		传　　真	010-64398086	
	办公地址	北京市朝阳区望京利泽东二路 1 号				
	经营范围	加工、制造、销售制剂药品、化学原料药、制药装备等				

主要财务指标	指标\报告期	2017.06.30	2016.12.31	2016.06.30	2015.12.31
	基本每股收益(元)	0.5991	0.9858	0.5984	0.9125
	基本每股收益(扣除后)(元)	0.5773	0.9079	0.5575	0.7074
	稀释每股收益(元)	0.5991	0.9858	0.5984	0.9125
	每股净资产(元)	9.8514	9.2291	8.8412	8.4291
	每股经营现金净流量(元)	0.8876	1.0646	0.4247	0.9681
	每股现金流量(元)	-0.4348	0.9799	0.5703	-0.8179
	每股资本公积金(元)	0.9109	0.9109	0.9109	0.9109
	每股盈余公积金(元)	0.5000	0.5000	0.4780	0.4780
	每股未分配利润(元)	7.4376	6.8177	6.4522	6.0388
	净资产收益率(%)	7.2973	10.6818	6.7683	10.8253
	加权净资产收益率(%)	7.5100	11.1500	6.8600	10.5000
	净资产收益率(扣除)(%)	7.0319	9.8378	6.3062	6.7701
	总资产(万元)	910635.73	824155.00	808851.23	776310.72
	归属母公司股东权益(万元)	713703.20	668621.44	640521.88	610666.03
	营业收入(万元)	307589.14	549480.39	284590.95	513839.54
	营业支出(万元)	135382.32	257649.53	136934.41	247312.28
	投资收益(万元)	374.57	1124.13	624.57	2371.80
	净利润(万元)	54115.46	73924.72	44497.99	66482.16
	营业利润(万元)	65402.35	84320.49	50569.49	76433.02
	利润总额(万元)	65059.12	90679.36	53526.75	80676.23

安徽皖维高新材料股份有限公司

公司概况						
	公司名称	安徽皖维高新材料股份有限公司			证券简称	皖维高新
	法人代表	吴福胜	董秘	吴尚义	证券代码	600063
	公司网址	www.wwgf.com.cn		电子信箱	wusy@wwgf.com.cn	
	电　　话	0551-82189280 82189294		传　　真	0551-82189447	
	办公地址	安徽省巢湖市皖维路 56 号				
	经营范围	系列聚乙烯醇、高强高模 PVA 纤维、超高强高模 PVA 纤维、环保水泥等				

主要财务指标	指标\报告期	2017.06.30	2016.12.31	2016.06.30	2015.12.31
	基本每股收益(元)	0.0420	0.0700	0.0370	0.0700
	基本每股收益(扣除后)(元)	0.0370	0.0600	0.0290	0.0500
	稀释每股收益(元)	0.0420	0.0700	0.0370	0.0700
	每股净资产(元)	2.5519	2.2136	2.0832	2.2295
	每股经营现金净流量(元)	0.0841	0.3500	0.1866	0.5143
	每股现金流量(元)	0.4104	0.0077	0.0742	-0.0376
	每股资本公积金(元)	0.8304	0.3638	0.3638	0.3638
	每股盈余公积金(元)	0.0731	0.0856	0.0780	0.0780
	每股未分配利润(元)	0.1772	0.1629	0.1408	0.1035
	净资产收益率(%)	1.4904	3.0249	1.7898	2.9768
	加权净资产收益率(%)	1.7800	3.0100	1.7000	2.7500
	净资产收益率(扣除)(%)	1.3048	2.6321	1.3980	2.0683
	总资产(万元)	959025.60	871304.72	767809.49	744361.24
	归属母公司股东权益(万元)	491473.85	364331.95	342870.52	366945.55
	营业收入(万元)	214907.27	354343.57	169128.71	348464.33
	营业支出(万元)	177276.18	287204.16	134880.43	282664.81
	投资收益(万元)	1968.95	479.11	-1760.37	3403.88
	净利润(万元)	7325.07	11020.83	6136.72	10923.12
	营业利润(万元)	9160.58	10429.70	6552.35	10717.88
	利润总额(万元)	8856.82	13145.48	7704.01	13791.92

南京高科股份有限公司

公司概况						
	公司名称	南京高科股份有限公司			证券简称	南京高科
	法人代表	徐益民	董秘	谢建晖	证券代码	600064
	公司网址	www.600064.com		电子信箱	600064@600064.com	
	电　　话	025-85800728		传　　真	025-85800720	
	办公地址	江苏省南京市栖霞区学津路 8 号高科中心 A 座				
	经营范围	高新技术产业投资、开发，市政基础设施建设、投资及管理等				

主要财务指标	指标\报告期	2017.06.30	2016.12.31	2016.06.30	2015.12.31
	基本每股收益(元)	0.6640	1.1990	0.9880	1.0960
	基本每股收益(扣除后)(元)	0.6400	1.1980	0.9790	0.6930
	稀释每股收益(元)	0.6640	1.1990	0.9880	1.0960
	每股净资产(元)	13.1605	12.7443	11.7582	11.6186
	每股经营现金净流量(元)	-0.1208	2.7287	1.1526	2.2201
	每股现金流量(元)	0.1068	-0.2619	0.4243	0.3117
	每股资本公积金(元)	0.5591	0.5591	0.5591	0.5945
	每股盈余公积金(元)	0.6933	0.6933	0.6571	0.6555
	每股未分配利润(元)	4.2243	3.9603	3.7848	3.1396
	净资产收益率(%)	5.0453	9.4115	8.4002	9.4280
	加权净资产收益率(%)	5.1000	9.8600	8.3600	9.8300
	净资产收益率(扣除)(%)	4.8647	9.4033	8.3263	5.9623
	总资产(万元)	2654408.32	2509743.14	2304281.14	2264755.56
	归属母公司股东权益(万元)	1016613.73	984466.12	908287.72	899662.86
	营业收入(万元)	144102.80	518309.99	402356.43	383812.13
	营业支出(万元)	82663.47	328638.56	267323.22	272147.05
	投资收益(万元)	37249.25	29312.72	25131.72	81178.31
	净利润(万元)	53324.46	102574.25	84328.32	88097.34
	营业利润(万元)	60082.78	124021.54	102974.93	107120.19
	利润总额(万元)	60108.81	123810.34	103061.01	107224.17

郑州宇通客车股份有限公司

公司概况						
	公司名称	郑州宇通客车股份有限公司			证券简称	宇通客车
	法人代表	汤玉祥	董秘	于莉	证券代码	600066
	公司网址	www.yutong.com		电子信箱	sbd@yutong.com	
	电　　话	0371-66718281 66899008		传　　真	0371-66899399-1389	
	办公地址	河南省郑州市管城区宇通路宇通工业园				
	经营范围	客车及其附件的生产和销售等				

主要财务指标	指标\报告期	2017.06.30	2016.12.31	2016.06.30	2015.12.31
	基本每股收益(元)	0.3600	1.8300	0.5600	1.6000
	基本每股收益(扣除后)(元)	0.3300	1.7100	0.5500	1.4700
	稀释每股收益(元)	0.3600	1.8300	0.5600	1.6000
	每股净资产(元)	5.4993	6.1355	4.8669	5.8089
	每股经营现金净流量(元)	-2.0294	1.5955	-0.8423	2.7145
	每股现金流量(元)	-0.8478	-0.4912	-2.0633	0.3658
	每股资本公积金(元)	0.5776	0.5776	0.5776	0.5776
	每股盈余公积金(元)	0.8813	0.8813	0.7022	0.7022
	每股未分配利润(元)	3.0397	3.6760	2.5865	3.5286
	净资产收益率(%)	6.6122	29.7692	11.4644	27.4888
	加权净资产收益率(%)	6.2500	31.2400	10.7000	30.1900
	净资产收益率(扣除)(%)	6.0477	27.7987	11.2161	25.2511
	总资产(万元)	3056674.19	3515379.61	2558588.00	3013913.13
	归属母公司股东权益(万元)	1217518.03	1358366.37	1077506.69	1286057.67
	营业收入(万元)	931306.75	3585044.20	1326812.14	3121087.39
	营业支出(万元)	699082.57	2587631.90	997121.55	2330589.85
	投资收益(万元)	7498.70	-1266.88	2826.88	6173.78
	净利润(万元)	82687.69	410233.94	126763.39	358768.91
	营业利润(万元)	92210.34	439333.03	135846.65	382828.30
	利润总额(万元)	94287.59	478229.03	145756.71	410434.49

冠城大通股份有限公司

公司概况	公司名称	冠城大通股份有限公司			证券简称	冠城大通
	法人代表	韩孝煌	董秘	肖林寿	证券代码	600067
	公司网址	www.gcdt.net		电子信箱	gcdt@gcdt.net	
	电话	0591-83350026		传真	0591-83350013	
	办公地址	福建省福州市五一北路153号正祥商务中心2#楼8-10层				
	经营范围	自动化仪表及系统制造、维修、销售等				

	指标\报告期	2017.06.30	2016.12.31	2016.06.30	2015.12.31
主要财务指标	基本每股收益(元)	0.3400	0.2200	0.0200	0.1500
	基本每股收益(扣除后)(元)	0.2500	0.1700	0.0200	0.1200
	稀释每股收益(元)	0.3400	0.2200	0.0200	0.1500
	每股净资产(元)	4.8041	4.5681	4.6751	4.7500
	每股经营现金净流量(元)	–1.3782	1.5790	0.8282	0.8027
	每股现金流量(元)	–1.6075	0.1408	–0.1283	0.4424
	每股资本公积金(元)	0.8283	0.8283	1.1351	1.1351
	每股盈余公积金(元)	0.2488	0.2488	0.2343	0.2343
	每股未分配利润(元)	2.7145	2.4719	2.3012	2.3782
	净资产收益率(%)	7.1320	4.7170	0.4923	3.0084
	加权净资产收益率(%)	7.2600	4.5500	0.4900	3.2600
	净资产收益率(扣除)(%)	5.2332	3.8055	0.3222	2.2834
	总资产(万元)	1938360.12	1987430.12	2025102.81	1988909.06
	归属母公司股东权益(万元)	716828.59	681609.49	695559.39	706182.16
	营业收入(万元)	374835.71	612915.65	242862.27	740220.51
	营业支出(万元)	238645.69	463538.47	199951.00	524912.76
	投资收益(万元)	31712.63	12298.60	5406.00	9176.03
	净利润(万元)	65183.67	36441.17	4504.54	45533.55
	营业利润(万元)	92599.72	58503.75	9561.82	70365.80
	利润总额(万元)	93038.64	59662.80	10223.10	77194.58

中国葛洲坝集团股份有限公司

公司概况	公司名称	中国葛洲坝集团股份有限公司			证券简称	葛洲坝
	法人代表	聂凯	董秘	彭立权	证券代码	600068
	公司网址	www.cggc.cn		电子信箱	gzb@cggc.cn	
	电话	027-59270353		传真	027-59270357	
	办公地址	湖北省武汉市硚口区解放大道558号葛洲坝大厦				
	经营范围	水泥生产销售、建筑工程承包施工、民用爆破、水力发电、高速公路等				

	指标\报告期	2017.06.30	2016.12.31	2016.06.30	2015.12.31
主要财务指标	基本每股收益(元)	0.3140	0.6860	0.3110	0.5830
	基本每股收益(扣除后)(元)	0.3030	0.5940	0.2950	0.5280
	稀释每股收益(元)	0.3140	0.6860	0.3110	0.5830
	每股净资产(元)	8.5464	8.3657	5.1645	4.3956
	每股经营现金净流量(元)	–0.5093	–0.7445	–1.3059	–1.0314
	每股现金流量(元)	–0.3378	0.8663	–0.6413	1.4493
	每股资本公积金(元)	1.6736	1.6473	1.6381	1.6315
	每股盈余公积金(元)	0.2610	0.2610	0.1992	0.1992
	每股未分配利润(元)	1.8209	1.7129	1.3997	1.2632
	净资产收益率(%)	4.4055	8.8139	6.0617	13.2558
	加权净资产收益率(%)	6.1770	14.7820	6.8570	13.8160
	净资产收益率(扣除)(%)	4.2814	7.7117	5.7508	12.0204
	总资产(万元)	16640302.37	15122883.08	13646586.53	12762977.10
	归属母公司股东权益(万元)	3935444.43	3852241.61	2378148.37	2024056.50
	营业收入(万元)	5018462.22	10025415.04	3927620.28	8227493.24
	营业支出(万元)	4438127.24	8716715.54	3406196.50	7074481.08
	投资收益(万元)	9130.25	19125.71	10453.24	31272.42
	净利润(万元)	225677.10	447893.71	174584.64	343127.92
	营业利润(万元)	294446.64	456134.79	204953.15	399598.62
	利润总额(万元)	300134.12	567291.80	221201.48	439849.86

河南银鸽实业投资股份有限公司

公司概况	公司名称	河南银鸽实业投资股份有限公司			证券简称	银鸽投资
	法人代表	顾琦	董秘	罗金华(代)	证券代码	600069
	公司网址	www.yinge.com.cn		电子信箱	yinge@yinge.cn	
	电话	0395-5615559 5615539		传真	0395-5615583	
	办公地址	河南省漯河市召陵区人民东路6号银鸽科技研发大厦				
	经营范围	纸张、纸浆及其深加工产品，百货销售、技术服务、投资咨询等				

	指标\报告期	2017.06.30	2016.12.31	2016.06.30	2015.12.31
主要财务指标	基本每股收益(元)	–0.0200	–0.3200	–0.0600	0.0500
	基本每股收益(扣除后)(元)	–0.0200	–0.3100	–0.0500	–0.2900
	稀释每股收益(元)	–0.0200	–0.3200	–0.0600	0.0500
	每股净资产(元)	1.6007	1.6180	1.8775	1.9378
	每股经营现金净流量(元)	0.0979	0.2746	0.0003	0.0678
	每股现金流量(元)	0.0966	–0.0176	–0.0694	0.1749
	每股资本公积金(元)	1.4730	1.4730	1.4730	1.4730
	每股盈余公积金(元)	0.0589	0.0589	0.0589	0.0589
	每股未分配利润(元)	–0.9312	–0.9139	–0.6544	–0.5942
	净资产收益率(%)	–1.0804	–19.7605	–3.2083	1.9325
	加权净资产收益率(%)	–1.0700	–17.9800	–3.1600	3.0700
	净资产收益率(扣除)(%)	–1.1272	–19.4188	–2.7803	–12.1311
	总资产(万元)	477632.15	465837.69	544609.56	507552.61
	归属母公司股东权益(万元)	199947.64	202107.93	234521.33	242045.57
	营业收入(万元)	133192.24	234288.40	118996.68	282023.84
	营业支出(万元)	123322.86	217074.41	110023.01	267591.57
	投资收益(万元)	--	572.14	203.36	–
	净利润(万元)	–3772.58	–43344.37	–8708.04	1995.25
	营业利润(万元)	–3988.35	–37305.30	–10144.26	–30814.59
	利润总额(万元)	–3772.44	–33206.90	–8585.94	9170.17

浙江富润股份有限公司

公司概况	公司名称	浙江富润股份有限公司			证券简称	浙江富润
	法人代表	赵林中	董秘	卢伯军	证券代码	600070
	公司网址	www.furun.net		电子信箱	whf65@126.com	
	电话	0575-87015296 87015763		传真	0575-87026018	
	办公地址	浙江省诸暨市陶朱南路12号				
	经营范围	绢丝及绢丝绸、精纺呢绒、纺织服装、纺织品印染加工、药品零售等				

	指标\报告期	2017.06.30	2016.12.31	2016.06.30	2015.12.31
主要财务指标	基本每股收益(元)	0.1900	0.2800	0.0158	0.0700
	基本每股收益(扣除后)(元)	0.0600	–0.0800	0.0139	–0.0100
	稀释每股收益(元)	0.1900	0.2800	0.0158	0.0700
	每股净资产(元)	4.2301	4.3190	2.2509	2.6444
	每股经营现金净流量(元)	–0.0740	0.1307	0.0298	0.0511
	每股现金流量(元)	–0.0810	0.3271	–0.0514	–0.0227
	每股资本公积金(元)	2.0990	2.5188	0.0923	0.0923
	每股盈余公积金(元)	0.1418	0.2075	0.1815	0.1815
	每股未分配利润(元)	0.3529	0.3903	0.1625	0.1667
	净资产收益率(%)	4.4027	4.7584	0.7040	2.5322
	加权净资产收益率(%)	4.3100	9.7700	0.6000	2.4900
	净资产收益率(扣除)(%)	1.4316	–1.2912	0.6168	–0.2680
	总资产(万元)	350848.38	365710.96	191367.89	209286.83
	归属母公司股东权益(万元)	220786.34	211518.55	80268.96	94302.84
	营业收入(万元)	86557.09	87934.18	41424.52	80464.06
	营业支出(万元)	69870.15	74724.81	34759.71	70621.48
	投资收益(万元)	8202.17	15369.75	293.62	3263.02
	净利润(万元)	12065.65	13588.36	2183.59	2065.41
	营业利润(万元)	14520.88	16601.54	2295.19	2820.07
	利润总额(万元)	14521.80	17035.61	2499.05	3211.74

凤凰光学股份有限公司

公司概况	公司名称	凤凰光学股份有限公司		证券简称	凤凰光学
	法人代表	刘翔	董秘 王炜	证券代码	600071
	公司网址	www.phenixoptics.com.cn		电子信箱	600071@phenixoptics.com.cn
	电　话	0793-8259547 8259523		传　真	0793-8259547
	办公地址	江西省上饶市凤凰西大道 197 号			
	经营范围	光学镜头、照相器材、钢片快门、光学原材料、仪器零配件等产品的生产和销售			

主要财务指标 指标\报告期	2017.06.30	2016.12.31	2016.06.30	2015.12.31
基本每股收益(元)	-0.0781	-0.4900	-0.1363	0.0835
基本每股收益(扣除后)(元)	-0.0916	-0.4400	-0.1313	-0.1523
稀释每股收益(元)	-0.0781	-0.4900	-0.1363	0.0835
每股净资产(元)	1.5648	1.6429	1.9937	2.1585
每股经营现金净流量(元)	-0.1654	-0.1046	-0.1225	0.0307
每股现金流量(元)	-0.2356	-0.3199	-0.3701	0.4007
每股资本公积金(元)	0.4359	0.4359	0.4371	0.4656
每股盈余公积金(元)	0.2961	0.2961	0.2961	0.2961
每股未分配利润(元)	-0.1672	-0.0891	0.2605	0.3968
净资产收益率(%)	-4.9924	-29.5787	-6.8372	3.8703
加权净资产收益率(%)	-4.8700	-25.7300	-6.6000	3.9500
净资产收益率(扣除)(%)	-5.8515	-26.8550	-6.5862	-7.0575
总资产(万元)	86777.63	96034.65	96287.05	108718.44
归属母公司股东权益(万元)	37158.55	39013.40	47346.07	51258.78
营业收入(万元)	35256.38	74955.22	32507.68	80323.29
营业支出(万元)	30816.26	71453.70	30167.90	72174.09
投资收益(万元)	-73.01	-3.81	-	9415.61
净利润(万元)	-1891.58	-12516.34	-3369.17	1986.67
营业利润(万元)	-2069.21	-10516.73	-3044.76	3371.09
利润总额(万元)	-1636.96	-12379.39	-3326.17	3393.23

中船科技股份有限公司

公司概况	公司名称	中船科技股份有限公司		证券简称	中船科技
	法人代表	周辉	董秘 黄来和	证券代码	600072
	公司网址	www.jnhi.com		电子信箱	mail@jnhi.com
	电　话	021-63022385		传　真	021-63141103
	办公地址	上海市鲁班路 600 号江南造船大厦 13 楼			
	经营范围	大型钢结构、压力容器、港口机械等			

主要财务指标 指标\报告期	2017.06.30	2016.12.31	2016.06.30	2015.12.31
基本每股收益(元)	0.0180	-0.0800	-0.1060	0.0470
基本每股收益(扣除后)(元)	0.0010	-0.2700	-0.1060	-0.2500
稀释每股收益(元)	0.0180	-0.0800	-0.1060	0.0470
每股净资产(元)	4.9504	4.9229	2.2905	2.4111
每股经营现金净流量(元)	-1.2130	-0.9536	-0.1495	0.1741
每股现金流量(元)	-1.6321	1.1136	-0.5735	0.1105
每股资本公积金(元)	3.3124	3.3124	0.8477	0.8477
每股盈余公积金(元)	0.2830	0.2830	0.2654	0.2654
每股未分配利润(元)	0.3386	0.3204	0.1774	0.2980
净资产收益率(%)	0.3681	-1.1844	-4.6125	1.9468
加权净资产收益率(%)	0.3700	-1.5200	-4.4800	1.9320
净资产收益率(扣除)(%)	0.0174	-3.9168	-4.6379	-10.3559
总资产(万元)	1127181.63	1117766.21	193750.06	219210.44
归属母公司股东权益(万元)	364473.12	362450.01	109582.80	115354.91
营业收入(万元)	186326.95	530415.19	30593.60	91359.03
营业支出(万元)	167816.98	496518.40	31146.80	83934.11
投资收益(万元)	5878.75	13354.37	248.39	16578.89
净利润(万元)	736.32	-4014.43	-6463.84	2399.51
营业利润(万元)	1078.61	-4380.91	-6491.69	4366.01
利润总额(万元)	1403.64	-1643.28	-6463.84	2399.51

上海梅林正广和股份有限公司

公司概况	公司名称	上海梅林正广和股份有限公司		证券简称	上海梅林
	法人代表	吴通红	董秘 汤爱娣	证券代码	600073
	公司网址	www.shanghaimaling.com		电子信箱	wangxj@shanghaimaling.com
	电　话	86-21-22257017 22257010		传　真	86-21-22257015
	办公地址	上海市恒丰路 601 号			
	经营范围	资产经营、电子商务、信息采集、信息加工、信息发布、经济信息服务等			

主要财务指标 指标\报告期	2017.06.30	2016.12.31	2016.06.30	2015.12.31
基本每股收益(元)	0.2970	0.2700	0.2160	0.1700
基本每股收益(扣除后)(元)	0.2800	0.2300	0.1980	0.1700
稀释每股收益(元)	0.2970	0.2700	0.2160	0.1700
每股净资产(元)	3.7336	3.4115	3.3712	3.1650
每股经营现金净流量(元)	0.2521	1.2380	0.5153	0.2554
每股现金流量(元)	-0.1037	1.3199	0.6680	0.1367
每股资本公积金(元)	1.8115	1.8115	1.8118	1.8118
每股盈余公积金(元)	0.0943	0.0694	0.0694	0.0694
每股未分配利润(元)	0.8098	0.5374	0.4803	0.2638
净资产收益率(%)	7.9640	8.0179	6.4201	5.5088
加权净资产收益率(%)	8.3200	8.3200	6.6200	5.0800
净资产收益率(扣除)(%)	7.5043	6.6500	5.8650	5.3940
总资产(万元)	1202217.36	1156305.27	786318.31	768975.71
归属母公司股东权益(万元)	350113.04	319902.83	316123.26	296795.86
营业收入(万元)	1217623.71	1383358.90	657691.38	1223344.57
营业支出(万元)	1041171.76	1156579.04	551537.64	1044495.61
投资收益(万元)	5029.00	3685.95	1638.51	3139.02
净利润(万元)	46726.58	45789.16	31637.19	22708.04
营业利润(万元)	53726.33	45583.08	33264.32	24291.69
利润总额(万元)	55816.66	52222.13	35543.52	29215.19

江苏保千里视像科技集团股份有限公司

公司概况	公司名称	江苏保千里视像科技集团股份有限公司		证券简称	ST 保千里
	法人代表	鹿鹏	董秘 周皓琳	证券代码	600074
	公司网址	www.protruly.com.cn		电子信箱	stock@protruly.com.cn
	电　话	0755-26009465		传　真	0755-26008476
	办公地址	广东省深圳市南山区登良路 23 号汉京国际大厦 16 层			
	经营范围	生产、销售双向拉伸聚酯薄膜、双向拉伸聚丙烯薄膜、聚乙烯薄膜等			

主要财务指标 指标\报告期	2017.06.30	2016.12.31	2016.06.30	2015.12.31
基本每股收益(元)	0.1500	0.3500	0.1500	0.1800
基本每股收益(扣除后)(元)	0.1500	0.3400	0.1500	0.1800
稀释每股收益(元)	0.1500	0.3400	0.1500	0.1800
每股净资产(元)	1.9519	1.7946	0.7950	0.6299
每股经营现金净流量(元)	-0.2149	-0.1380	0.0198	-0.0642
每股现金流量(元)	-0.8171	0.9345	-0.0660	0.2658
每股资本公积金(元)	0.2987	0.2921	-0.4948	-0.5138
每股盈余公积金(元)	0.0217	0.0217	0.0230	0.0230
每股未分配利润(元)	0.7578	0.6067	0.4405	0.2947
净资产收益率(%)	7.7396	18.2743	18.3432	25.7137
加权净资产收益率(%)	8.0800	30.0000	20.7500	33.5300
净资产收益率(扣除)(%)	7.4265	18.1772	18.3279	25.6183
总资产(万元)	1037679.45	944216.13	417448.71	266992.77
归属母公司股东权益(万元)	475856.33	437492.44	183307.53	145243.57
营业收入(万元)	227455.49	411420.21	141412.25	165699.35
营业支出(万元)	134528.58	243726.81	76940.71	95992.92
投资收益(万元)	-1086.43	-4451.36	-177.25	1.73
净利润(万元)	38048.68	79948.49	33624.47	37347.54
营业利润(万元)	35395.07	77929.34	34083.02	38575.46
利润总额(万元)	37137.67	87011.14	39154.42	43170.37

新疆天业股份有限公司

公司概况	公司名称	新疆天业股份有限公司			证券简称	新疆天业
	法人代表	陈林	董秘	李刚	证券代码	600075
	公司网址	www.xj-tianye.com		电子信箱	ygdq@sohu.com	
	电　话	0993-2623118　2623109		传　真	0993-2623163	
	办公地址	新疆维吾尔自治区石河子市经济技术开发区北三东路36号				
	经营范围	化工产品、塑料制品的生产和销售,商贸、番茄制品加工、柠檬酸的生产和销售等				

主要财务指标	指标\报告期	2017.06.30	2016.12.31	2016.06.30	2015.12.31
	基本每股收益(元)	0.3500	0.8900	0.5900	0.0938
	基本每股收益(扣除后)(元)	0.3500	0.5700	0.2200	0.0509
	稀释每股收益(元)	0.3500	0.8900	0.5900	0.0938
	每股净资产(元)	4.2604	5.5691	3.5617	3.6088
	每股经营现金净流量(元)	0.5521	1.1116	0.4517	-0.1782
	每股现金流量(元)	0.0326	-1.4059	0.1828	-0.0821
	每股资本公积金(元)	1.3662	2.3126	0.0126	1.7044
	每股盈余公积金(元)	0.2559	0.3582	0.3792	0.4846
	每股未分配利润(元)	1.6337	1.8926	2.1699	2.0524
	净资产收益率(%)	8.2898	12.6479	14.0065	2.5979
	加权净资产收益率(%)	8.5000	18.0100	11.5600	2.6300
	净资产收益率(扣除)(%)	8.1862	8.1085	5.1347	1.4111
	总资产(万元)	860481.11	852733.07	869362.76	834007.27
	归属母公司股东权益(万元)	414333.54	386862.52	191864.11	229885.61
	营业收入(万元)	228882.94	559739.23	287047.42	227503.64
	营业支出(万元)	153892.13	424682.65	213627.92	207643.85
	投资收益(万元)	-119.66	54.52	212.20	14852.48
	净利润(万元)	34710.53	44200.93	27001.41	3100.65
	营业利润(万元)	40703.57	58434.89	32009.37	3072.12
	利润总额(万元)	41233.61	60082.26	33035.06	4673.21

康欣新材料股份有限公司

公司概况	公司名称	康欣新材料股份有限公司			证券简称	康欣新材
	法人代表	郭志先	董秘	牟儆	证券代码	600076
	公司网址	www.hbkangxin.com.cn		电子信箱	zqbir@hbkangxin.cn	
	电　话	86-27-83223386		传　真	86-27-83081999	
	办公地址	湖北省武汉市东西湖区金银湖环湖路57号中部慧谷30栋				
	经营范围	通信类产品、计算机类产品、广电类产品、锂离子二次电池类产品的研发、生产和销售				

主要财务指标	指标\报告期	2017.06.30	2016.12.31	2016.06.30	2015.12.31
	基本每股收益(元)	0.2200	0.3712	0.1900	0.4509
	基本每股收益(扣除后)(元)	0.2200	0.3679	0.1800	0.4434
	稀释每股收益(元)	0.2200	0.3712	0.1900	0.4509
	每股净资产(元)	3.0508	2.8275	2.6446	2.4564
	每股经营现金净流量(元)	0.0531	0.1619	0.0629	0.0492
	每股现金流量(元)	0.1030	-0.6289	-0.3527	0.6949
	每股资本公积金(元)	0.4979	0.4979	0.4979	0.4979
	每股盈余公积金(元)	0.0954	0.0954	0.0717	0.0717
	每股未分配利润(元)	1.4575	1.2342	1.0750	0.8868
	净资产收益率(%)	7.3186	13.1266	7.1161	10.6045
	加权净资产收益率(%)	7.6000	14.0500	7.3800	17.8800
	净资产收益率(扣除)(%)	7.2567	13.0116	6.9761	10.4277
	总资产(万元)	455189.33	362629.40	376273.53	366246.59
	归属母公司股东权益(万元)	315533.21	292440.52	273516.74	254053.13
	营业收入(万元)	73252.04	130751.44	62041.42	103084.71
	营业支出(万元)	40306.25	79026.76	37051.53	60940.20
	投资收益(万元)	48.27	27.61	-	-
	净利润(万元)	23051.39	38381.77	19463.61	26941.12
	营业利润(万元)	24135.96	34453.17	18092.96	23293.12
	利润总额(万元)	24224.09	41129.74	21441.97	28529.76

宋都基业投资股份有限公司

公司概况	公司名称	宋都基业投资股份有限公司			证券简称	宋都股份
	法人代表	俞建午	董秘	郑羲亮	证券代码	600077
	公司网址	www.songdu.com		电子信箱	600077@songdu.com	
	电　话	0571-86759621		传　真	0571-86056788	
	办公地址	浙江省杭州市富春路789号宋都大厦				
	经营范围	实业投资、企业管理咨询等				

主要财务指标	指标\报告期	2017.06.30	2016.12.31	2016.06.30	2015.12.31
	基本每股收益(元)	0.0120	-0.1500	0.0780	0.0600
	基本每股收益(扣除后)(元)	0.0090	-0.1700	0.0757	0.0500
	稀释每股收益(元)	0.0120	-0.1500	0.0780	0.0600
	每股净资产(元)	2.6792	2.6672	2.8944	2.8224
	每股经营现金净流量(元)	-0.8683	1.9289	0.7432	1.5731
	每股现金流量(元)	-0.5664	0.5319	0.8275	-0.4784
	每股资本公积金(元)	0.7214	0.7214	0.9456	0.9456
	每股盈余公积金(元)	0.0813	0.0813	0.0765	0.0765
	每股未分配利润(元)	1.2938	1.2819	1.5135	1.4415
	净资产收益率(%)	0.4471	-5.5806	2.6935	2.0501
	加权净资产收益率(%)	0.4500	-5.4200	2.7200	2.0600
	净资产收益率(扣除)(%)	0.3373	-6.4202	2.6138	1.6825
	总资产(万元)	1249124.76	951828.52	1231816.16	1376798.55
	归属母公司股东权益(万元)	359047.56	357442.32	387884.66	378240.90
	营业收入(万元)	68147.95	776389.41	404945.51	347349.02
	营业支出(万元)	55274.37	691332.78	339190.94	284564.09
	投资收益(万元)	618.18	3858.00	-809.10	-1607.31
	净利润(万元)	2200.70	-18653.11	11174.27	8217.02
	营业利润(万元)	3159.44	-3582.45	20417.41	12497.65
	利润总额(万元)	3178.47	-3661.87	20032.07	12497.16

江苏澄星磷化工股份有限公司

公司概况	公司名称	江苏澄星磷化工股份有限公司			证券简称	澄星股份
	法人代表	李兴	董秘	夏正华	证券代码	600078
	公司网址	http://jscxchem.company.lookchem.cn		电子信箱	cx@phosphatechina.com	
	电　话	0510-80622329		传　真	0510-86281884	
	办公地址	江苏省江阴市梅园大街618号				
	经营范围	精细磷化工系列产品的生产和销售、自产化工原料和化工产品的进出口等				

主要财务指标	指标\报告期	2017.06.30	2016.12.31	2016.06.30	2015.12.31
	基本每股收益(元)	0.0300	0.0910	0.0395	0.0270
	基本每股收益(扣除后)(元)	0.0260	0.0770	0.0368	0.0150
	稀释每股收益(元)	0.0300	0.0910	0.0395	0.0270
	每股净资产(元)	2.7616	2.7715	2.7344	2.6948
	每股经营现金净流量(元)	0.3165	0.8760	0.3724	0.5811
	每股现金流量(元)	-0.1256	0.3224	-0.8135	0.7690
	每股资本公积金(元)	0.5887	0.5887	0.5887	0.5887
	每股盈余公积金(元)	0.2018	0.2018	0.1963	0.1963
	每股未分配利润(元)	0.9611	0.9606	0.9300	0.8905
	净资产收益率(%)	1.1025	3.2712	1.4452	1.0042
	加权净资产收益率(%)	1.1000	3.3200	1.4600	1.0100
	净资产收益率(扣除)(%)	0.9324	2.7948	1.3441	0.5609
	总资产(万元)	692076.03	726101.37	636275.94	638639.63
	归属母公司股东权益(万元)	182974.94	183631.72	181170.61	178552.29
	营业收入(万元)	143998.19	326825.43	147683.77	238772.65
	营业支出(万元)	116991.63	279112.20	127388.99	203348.37
	投资收益(万元)	--	--	-	-
	净利润(万元)	2919.48	7148.47	2287.33	3389.48
	营业利润(万元)	3164.94	8654.09	2920.33	3012.45
	利润总额(万元)	3552.20	9622.07	3127.75	4085.75

人福医药集团股份公司

	公司名称	人福医药集团股份公司		证券简称	人福医药
公司概况	法人代表	王学海	董秘	李前伦	证券代码	600079
	公司网址	www.humanwell.com.cn	电子信箱	renfu.pr@renfu.com.cn	
	电　话	027-87597232	传　真	027-87596393	
	办公地址	湖北省武汉市东湖高新区高新大道 666 号			
	经营范围	医药、医疗器械、生殖健康等产品及技术的研发、生产、销售及技术服务等			

主要财务指标	指标\报告期	2017.06.30	2016.12.31	2016.06.30	2015.12.31
	基本每股收益(元)	0.2600	0.6300	0.3300	0.5200
	基本每股收益(扣除后)(元)	0.2500	0.4200	0.1700	0.4500
	稀释每股收益(元)	0.2600	0.6300	0.3300	0.5200
	每股净资产(元)	8.2944	7.8078	6.4272	6.1280
	每股经营现金净流量(元)	–0.0499	0.4094	0.2273	0.2420
	每股现金流量(元)	0.2340	0.5147	1.1696	0.5939
	每股资本公积金(元)	2.9318	3.0391	2.9958	3.0111
	每股盈余公积金(元)	0.1995	0.1995	0.1585	0.1585
	每股未分配利润(元)	2.6382	2.4560	2.2817	1.9497
	净资产收益率(%)	3.5229	8.2899	5.1654	8.2963
	加权净资产收益率(%)	3.9200	9.0900	5.3100	9.4200
	净资产收益率(扣除)(%)	3.3453	5.6245	2.7220	7.1649
	总资产(万元)	2924275.52	2642753.56	2620012.65	1815180.68
	归属母公司股东权益(万元)	1066704.89	1004119.86	826566.49	788087.30
	营业收入(万元)	686192.41	1233095.01	571503.29	1005397.84
	营业支出(万元)	421044.04	779469.34	366261.68	639983.37
	投资收益(万元)	4041.35	23911.91	22206.43	14185.11
	净利润(万元)	50564.62	108014.69	54801.33	85322.39
	营业利润(万元)	62386.79	124862.91	62385.34	98416.13
	利润总额(万元)	65036.73	136518.68	68506.22	107196.95

金花企业(集团)股份有限公司

	公司名称	金花企业(集团)股份有限公司		证券简称	金花股份
公司概况	法人代表	吴一坚	董秘	孙明	证券代码	600080
	公司网址	www.ginwa.com.cn	电子信箱	irm@ginwa.com.cn	
	电　话	029-88336635	传　真	029-81778626	
	办公地址	陕西省西安市高新技术产业开发区科技四路 202 号			
	经营范围	生物制药、旅游开发、影视等			

主要财务指标	指标\报告期	2017.06.30	2016.12.31	2016.06.30	2015.12.31
	基本每股收益(元)	0.0455	0.0894	0.0413	0.0832
	基本每股收益(扣除后)(元)	0.0477	0.0803	0.0427	0.0627
	稀释每股收益(元)	0.0455	0.0894	0.0413	0.0832
	每股净资产(元)	3.5584	3.5128	3.4647	3.4234
	每股经营现金净流量(元)	0.0250	0.1365	0.0300	0.0993
	每股现金流量(元)	–0.0488	–0.3609	–0.2473	–0.0396
	每股资本公积金(元)	0.8274	0.8274	0.8274	0.8274
	每股盈余公积金(元)	0.3458	0.3458	0.3365	0.3365
	每股未分配利润(元)	1.3852	1.3396	1.3008	1.2596
	净资产收益率(%)	1.2799	2.5455	1.1918	2.4287
	加权净资产收益率(%)	1.2882	2.5800	1.1989	2.4900
	净资产收益率(扣除)(%)	1.3418	2.2868	1.2330	1.8301
	总资产(万元)	143988.09	144395.26	127128.89	125809.17
	归属母公司股东权益(万元)	108635.88	107245.43	105776.13	104515.52
	营业收入(万元)	36082.39	66664.55	30480.58	73014.45
	营业支出(万元)	13240.96	24620.64	11422.18	39839.48
	投资收益(万元)	392.68	100.86	–28.95	416.80
	净利润(万元)	1411.58	2780.77	1260.16	2575.68
	营业利润(万元)	1764.46	3873.51	1533.95	2873.16
	利润总额(万元)	1745.08	4330.39	1511.92	3210.24

东风电子科技股份有限公司

	公司名称	东风电子科技股份有限公司		证券简称	东风科技
公司概况	法人代表	陈兴林	董秘	天涯	证券代码	600081
	公司网址	www.detc.com.cn	电子信箱	tianya@detc.com.cn	
	电　话	021-62033003-52	传　真	021-62032133	
	办公地址	上海市中山北路 2000 号 22 楼			
	经营范围	研究、开发、采购、制造、销售汽车仪表系统、饰件系统、制动系统等			

主要财务指标	指标\报告期	2017.06.30	2016.12.31	2016.06.30	2015.12.31
	基本每股收益(元)	0.2630	0.3721	0.1941	0.4884
	基本每股收益(扣除后)(元)	0.2520	0.3605	0.1838	0.4487
	稀释每股收益(元)	0.2630	0.3721	0.1941	0.4884
	每股净资产(元)	3.8112	3.6662	3.4884	3.4420
	每股经营现金净流量(元)	0.3899	1.2372	0.3591	1.7934
	每股现金流量(元)	0.3036	–0.2836	–0.2519	0.4937
	每股资本公积金(元)	0.0486	0.0486	0.0486	0.0486
	每股盈余公积金(元)	0.4286	0.4286	0.4030	0.4030
	每股未分配利润(元)	2.3339	2.1889	2.0365	1.9904
	净资产收益率(%)	6.9019	10.1488	5.5638	14.1905
	加权净资产收益率(%)	6.9265	10.4690	5.4842	14.7367
	净资产收益率(扣除)(%)	6.6115	9.8325	5.2695	13.0374
	总资产(万元)	501850.15	473494.07	430385.57	430317.25
	归属母公司股东权益(万元)	119504.69	114956.08	109381.27	107927.30
	营业收入(万元)	277589.13	522442.72	249944.62	482492.71
	营业支出(万元)	229960.92	428123.35	204847.67	398475.10
	投资收益(万元)	4264.77	6272.47	2979.66	8332.68
	净利润(万元)	15413.62	23364.12	11829.16	28092.78
	营业利润(万元)	16595.44	26918.84	14048.39	29935.92
	利润总额(万元)	17739.39	27503.50	14541.52	31431.24

天津海泰科技发展股份有限公司

	公司名称	天津海泰科技发展股份有限公司		证券简称	海泰发展
公司概况	法人代表	宋克新	董秘	李刚	证券代码	600082
	公司网址	www.hitech-develop.com	电子信箱	irm@hitech-develop.com	
	电　话	022-85689891	传　真	022-85689889	
	办公地址	天津市新技术产业园区华苑产业区海泰西路 18 号			
	经营范围	高新技术企业孵化器建设和经营，创业孵化服务，高新技术产业开发、投资及管理等			

主要财务指标	指标\报告期	2017.06.30	2016.12.31	2016.06.30	2015.12.31
	基本每股收益(元)	–0.0307	–0.1270	–0.0512	0.0161
	基本每股收益(扣除后)(元)	–0.0309	–0.1262	–0.0504	–0.0236
	稀释每股收益(元)	–0.0307	–0.1270	–0.0512	0.0161
	每股净资产(元)	2.5602	2.5909	2.6668	2.7180
	每股经营现金净流量(元)	0.0437	–0.1069	–0.1189	–0.1757
	每股现金流量(元)	0.1855	–0.4415	–0.3742	0.3288
	每股资本公积金(元)	0.6386	0.6386	0.6386	0.6386
	每股盈余公积金(元)	0.1555	0.1555	0.1555	0.1555
	每股未分配利润(元)	0.7661	0.7968	0.8727	0.9239
	净资产收益率(%)	–1.1993	–4.9031	–1.9190	0.5913
	加权净资产收益率(%)	–1.1900	–4.7900	–1.9000	0.5900
	净资产收益率(扣除)(%)	–1.2051	–4.8706	–1.8911	–0.8677
	总资产(万元)	347626.03	340357.63	346471.74	356737.28
	归属母公司股东权益(万元)	165420.01	167403.84	172305.24	175611.78
	营业收入(万元)	30104.60	70072.31	54439.87	68375.11
	营业支出(万元)	26946.15	67866.82	52757.96	61704.45
	投资收益(万元)	12.85	101.43	16.20	185.78
	净利润(万元)	–1983.83	–8207.94	–3306.54	1038.35
	营业利润(万元)	–1755.73	–8033.59	–3084.04	–2079.88
	利润总额(万元)	–1752.94	–8182.34	–3150.46	1150.53

广东博信投资控股股份有限公司

公司概况	公司名称	广东博信投资控股股份有限公司			证券简称	博信股份
	法人代表	罗静	董秘	陈苑	证券代码	600083
	公司网址	www.600083.com		电子信箱	gdbx600083@163.com	
	电　　话	0763-3663333		传　　真	0763-3663311	
	办公地址	广东省清远市新城方正二街1号自来水大厦7楼				
	经营范围	偏转线圈、金属漆包线、会聚磁组件等电子元器件的研究、开发、生产、销售等				

主要财务指标	指标\报告期	2017.06.30	2016.12.31	2016.06.30	2015.12.31
	基本每股收益(元)	-0.0060	0.0130	0.0120	0.0490
	基本每股收益(扣除后)(元)	-0.0060	0.0130	0.0120	0.0490
	稀释每股收益(元)	-0.0060	0.0130	0.0120	0.0490
	每股净资产(元)	0.2349	0.2390	0.2393	0.2250
	每股经营现金净流量(元)	-0.0266	0.0813	0.0236	-0.3368
	每股现金流量(元)	-0.0879	0.0809	0.0231	-0.3527
	每股资本公积金(元)	0.4162	0.4193	0.4193	0.4193
	每股盈余公积金(元)	--	--	-	-
	每股未分配利润(元)	-1.2048	-1.1988	-1.2002	-1.2119
	净资产收益率(%)	-2.5675	5.4811	4.8695	21.9492
	加权净资产收益率(%)	-2.5300	5.6500	4.6700	25.1100
	净资产收益率(扣除)(%)	-2.6063	5.4711	4.8658	21.8746
	总资产(万元)	10325.09	13009.29	12419.45	11800.17
	归属母公司股东权益(万元)	5402.88	5497.17	5504.40	5174.56
	营业收入(万元)	3179.01	9144.57	4130.12	11450.68
	营业支出(万元)	2297.46	6070.09	2663.07	7225.32
	投资收益(万元)	--	--	-	-
	净利润(万元)	-58.21	672.49	455.08	1639.70
	营业利润(万元)	119.53	1325.84	793.44	2530.75
	利润总额(万元)	122.49	1326.76	793.78	2537.26

中信国安葡萄酒业股份有限公司

公司概况	公司名称	中信国安葡萄酒业股份有限公司			证券简称	中葡股份
	法人代表	赵欣	董秘	侯伟	证券代码	600084
	公司网址	www.guoanwine.com		电子信箱	zpjy600084@163.com	
	电　　话	0991-8881238		传　　真	0991-8882439	
	办公地址	新疆维吾尔自治区乌鲁木齐市红山路39号				
	经营范围	农业综合开发、葡萄酒生产销售等				

主要财务指标	指标\报告期	2017.06.30	2016.12.31	2016.06.30	2015.12.31
	基本每股收益(元)	-0.0425	0.0113	-0.0420	0.0138
	基本每股收益(扣除后)(元)	-0.0613	-0.1182	-0.0621	-0.2167
	稀释每股收益(元)	-0.0425	0.0113	-0.0420	0.0138
	每股净资产(元)	2.1232	2.1657	2.1380	2.1800
	每股经营现金净流量(元)	-0.1324	-0.0882	-0.1040	-0.0500
	每股现金流量(元)	0.1740	-0.5748	-0.8632	0.2746
	每股资本公积金(元)	2.3846	2.3846	2.4102	2.4102
	每股盈余公积金(元)	0.0744	0.0744	0.0744	0.0744
	每股未分配利润(元)	-1.3357	-1.2932	-1.3465	-1.3046
	净资产收益率(%)	-2.0013	0.5229	-1.9625	0.6331
	加权净资产收益率(%)	-1.9814	0.5212	-1.9435	0.6352
	净资产收益率(扣除)(%)	-2.8866	-5.4571	-2.9024	-9.9426
	总资产(万元)	300005.26	361528.38	353518.19	392414.67
	归属母公司股东权益(万元)	238593.73	243368.64	240258.38	244973.57
	营业收入(万元)	19182.05	26463.42	12658.48	30314.08
	营业支出(万元)	11633.57	10314.58	5575.45	12426.73
	投资收益(万元)	1810.10	14831.02	2134.60	24386.66
	净利润(万元)	-4787.87	1186.65	-4790.79	2768.83
	营业利润(万元)	-4736.80	1541.93	-4914.22	-1010.45
	利润总额(万元)	-4753.76	1283.14	-4790.79	4259.70

北京同仁堂股份有限公司

公司概况	公司名称	北京同仁堂股份有限公司			证券简称	同仁堂
	法人代表	高振坤	董秘	贾泽涛	证券代码	600085
	公司网址	www.tongrentang.com		电子信箱	jiazetao@tongrentang.com	
	电　　话	010-67020018		传　　真	010-67020018	
	办公地址	北京市崇文区东兴隆街52号				
	经营范围	中药生产、科研、销售等				

主要财务指标	指标\报告期	2017.06.30	2016.12.31	2016.06.30	2015.12.31
	基本每股收益(元)	0.4370	0.6800	0.4110	0.6450
	基本每股收益(扣除后)(元)	0.4340	0.6640	0.4050	0.6400
	稀释每股收益(元)	--	--	0.4110	0.6390
	每股净资产(元)	5.8621	5.6826	5.3832	5.1900
	每股经营现金净流量(元)	0.6316	0.7625	0.4860	0.6070
	每股现金流量(元)	0.3211	0.7788	0.3299	0.1003
	每股资本公积金(元)	1.4628	1.4628	1.4628	1.4676
	每股盈余公积金(元)	0.4248	0.4248	0.3835	0.3835
	每股未分配利润(元)	2.9504	2.7530	2.5246	2.3440
	净资产收益率(%)	7.4605	11.9737	7.6292	12.2954
	加权净资产收益率(%)	7.4200	12.5100	7.6000	13.3300
	净资产收益率(扣除)(%)	7.4042	11.6810	7.5167	12.1978
	总资产(万元)	1849193.63	1706001.07	1575019.30	1436089.69
	归属母公司股东权益(万元)	803968.41	779347.69	738289.16	712309.70
	营业收入(万元)	699930.79	1209074.01	638478.63	1080876.12
	营业支出(万元)	362151.89	653170.10	331134.69	582817.57
	投资收益(万元)	395.04	284.38	5.33	89.68
	净利润(万元)	102318.45	156218.32	95153.91	146509.79
	营业利润(万元)	124148.68	188660.24	114336.71	176339.90
	利润总额(万元)	125146.69	191684.61	115687.89	177841.51

东方金钰股份有限公司

公司概况	公司名称	东方金钰股份有限公司			证券简称	东方金钰
	法人代表	赵宁	董秘	刘雅清	证券代码	600086
	公司网址	www.goldjade.cn		电子信箱	dfjy600086@sina.cn	
	电　　话	0755-25266298		传　　真	0755-25266279	
	办公地址	广东省深圳市罗湖区贝丽北路水贝工业区2栋东方金钰珠宝大厦3楼				
	经营范围	宝石及珠宝饰品的加工、批发、销售、翡翠原材料的批发销售等				

主要财务指标	指标\报告期	2017.06.30	2016.12.31	2016.06.30	2015.12.31
	基本每股收益(元)	0.1478	0.1858	0.1446	0.2308
	基本每股收益(扣除后)(元)	0.1481	0.1888	0.1937	0.2322
	稀释每股收益(元)	0.1478	0.1858	0.1446	0.2308
	每股净资产(元)	2.3524	2.2266	2.1841	2.0395
	每股经营现金净流量(元)	-1.4926	-0.8069	0.0145	-1.2447
	每股现金流量(元)	-0.0442	-0.0434	-0.0915	0.1288
	每股资本公积金(元)	0.4689	0.4689	0.4676	0.4676
	每股盈余公积金(元)	0.0305	0.0305	0.0297	0.0297
	每股未分配利润(元)	0.8491	0.7272	0.6868	0.5422
	净资产收益率(%)	6.2833	8.3440	6.6208	10.9063
	加权净资产收益率(%)	6.4300	8.7100	9.1100	16.4100
	净资产收益率(扣除)(%)	6.2977	8.4806	8.8665	10.9724
	总资产(万元)	1201023.11	935497.93	879006.95	957103.68
	归属母公司股东权益(万元)	317579.63	300595.18	294854.04	275332.30
	营业收入(万元)	406900.27	659154.83	401153.48	866060.08
	营业支出(万元)	350593.59	573981.28	347859.04	790284.35
	投资收益(万元)	12165.84	-4581.28	-2197.84	10910.13
	净利润(万元)	19905.82	25053.75	19400.46	29955.85
	营业利润(万元)	28099.78	31228.35	27882.17	38383.77
	利润总额(万元)	28104.81	32054.03	25962.17	38714.36

中视传媒股份有限公司

公司概况						
	公司名称	中视传媒股份有限公司			证券简称	中视传媒
	法人代表	唐世鼎	董秘	贺芳	证券代码	600088
	公司网址	www.ctv-media.com.cn		电子信箱	irmanager@ctv-media.com.cn	
	电　　话	021-68765168		传　　真	021-68763868	
	办公地址	上海市浦东新区福山路 450 号新天国际大厦 17 层 A 座				
	经营范围	影视拍摄基地开发、经营、影视拍摄[摄制电影(单片)]、电视剧节目制作等				

主要财务指标	指标\报告期	2017.06.30	2016.12.31	2016.06.30	2015.12.31
	基本每股收益(元)	0.1500	-0.3760	-0.0100	0.0800
	基本每股收益(扣除后)(元)	0.1470	-0.3870	-0.0100	0.0650
	稀释每股收益(元)	0.1500	-0.3760	-0.0100	0.0800
	每股净资产(元)	3.2184	3.0682	3.4589	3.4687
	每股经营现金净流量(元)	0.1129	0.4039	0.0244	-0.1400
	每股现金流量(元)	-0.8084	0.3874	-1.0067	-0.2309
	每股资本公积金(元)	0.9653	0.9653	0.9653	0.9653
	每股盈余公积金(元)	0.3887	0.3887	0.3887	0.3887
	每股未分配利润(元)	0.8644	0.7141	1.1049	1.1146
	净资产收益率(%)	4.6684	-12.2709	-0.2828	2.2947
	加权净资产收益率(%)	4.7800	-11.5100	-0.2800	2.3100
	净资产收益率(扣除)(%)	4.5717	-12.6010	-0.2766	1.8601
	总资产(万元)	139761.24	136041.87	139782.79	147090.50
	归属母公司股东权益(万元)	106665.35	101685.79	114634.79	114958.99
	营业收入(万元)	32552.16	51481.87	22622.96	51355.04
	营业支出(万元)	22013.20	47330.05	20507.42	37855.82
	投资收益(万元)	90.72	841.93	42.67	356.58
	净利润(万元)	5087.44	-12906.12	-859.11	2858.96
	营业利润(万元)	6758.61	-16776.16	-1133.65	3515.75
	利润总额(万元)	6783.25	-17184.04	-1142.52	3826.02

特变电工股份有限公司

公司概况						
	公司名称	特变电工股份有限公司			证券简称	特变电工
	法人代表	张新	董秘	郭俊香	证券代码	600089
	公司网址	www.tbea.com.cn		电子信箱	guojunxiang@tbea.com	
	电　　话	0994-6508000		传　　真	0994-2723615	
	办公地址	新疆维吾尔自治区昌吉市北京南路 189 号				
	经营范围	变压器、电线电缆以及输变电成套工程业务等				

主要财务指标	指标\报告期	2017.06.30	2016.12.31	2016.06.30	2015.12.31
	基本每股收益(元)	0.4206	0.6785	0.3736	0.5816
	基本每股收益(扣除后)(元)	0.3975	0.5863	0.3312	0.4627
	稀释每股收益(元)	0.4206	0.6785	0.3736	0.5816
	每股净资产(元)	7.6130	7.1507	6.7771	6.4319
	每股经营现金净流量(元)	0.2802	0.8136	0.0653	0.6333
	每股现金流量(元)	0.9943	0.2345	-0.1642	0.7890
	每股资本公积金(元)	2.9895	2.5357	2.5350	2.5231
	每股盈余公积金(元)	0.2805	0.3216	0.2850	0.2845
	每股未分配利润(元)	3.0024	3.2318	2.9633	2.7774
	净资产收益率(%)	4.8123	9.4441	5.5191	9.0323
	加权净资产收益率(%)	5.7065	9.7817	5.6500	9.3312
	净资产收益率(扣除)(%)	4.5547	8.1769	4.8950	7.1852
	总资产(万元)	8397371.19	7499331.03	7795194.86	7025940.40
	归属母公司股东权益(万元)	2831008.07	2319282.55	2198127.16	2089772.56
	营业收入(万元)	1802663.11	4011749.22	1792936.06	3745196.22
	营业支出(万元)	1382177.05	3281834.54	1448478.00	3070554.91
	投资收益(万元)	6367.79	8041.18	3505.09	5654.41
	净利润(万元)	171071.28	250619.10	140160.19	202512.73
	营业利润(万元)	191356.61	264140.04	150124.66	190676.57
	利润总额(万元)	199956.56	299048.70	164710.29	236875.75

新疆同济堂健康产业股份有限公司

公司概况						
	公司名称	新疆同济堂健康产业股份有限公司			证券简称	同济堂
	法人代表	张美华	董秘	李冲	证券代码	600090
	公司网址	www.xjhops.com		电子信箱	xjhops@163.com	
	电　　话	0991-3687305		传　　真	0991-3687310	
	办公地址	新疆维吾尔自治区乌鲁木齐市经济技术开发区上海路 130 号				
	经营范围	啤酒花、啤酒大麦、食品饮料、房地产开发、农副产品等				

主要财务指标	指标\报告期	2017.06.30	2016.12.31	2016.06.30	2015.12.31
	基本每股收益(元)	0.1700	0.3800	0.1700	0.0350
	基本每股收益(扣除后)(元)	0.1700	0.3800	0.1700	0.0100
	稀释每股收益(元)	0.1700	0.3800	0.1700	0.0350
	每股净资产(元)	3.8577	3.8053	3.6172	1.2362
	每股经营现金净流量(元)	0.6707	0.1113	-0.0400	0.6692
	每股现金流量(元)	0.8450	0.7094	1.4351	0.4475
	每股资本公积金(元)	1.7990	1.9171	1.3488	2.2573
	每股盈余公积金(元)	0.1132	0.1132	0.0843	0.3299
	每股未分配利润(元)	1.5327	1.3622	1.1840	4.1581
	净资产收益率(%)	4.4205	8.6301	3.3566	2.8178
	加权净资产收益率(%)	4.4100	10.3000	4.6100	2.7970
	净资产收益率(扣除)(%)	4.3949	8.5922	3.3503	0.8475
	总资产(万元)	728448.52	726963.19	784227.14	520654.58
	归属母公司股东权益(万元)	555373.51	547831.42	520748.83	344161.17
	营业收入(万元)	460131.86	899656.84	375539.82	120497.71
	营业支出(万元)	394110.11	775509.43	323844.57	72738.95
	投资收益(万元)	283.58	223.66	2.60	1267.29
	净利润(万元)	28975.14	55126.44	21184.83	6427.55
	营业利润(万元)	39577.04	75070.77	29092.45	9172.87
	利润总额(万元)	39593.55	75243.55	29126.61	9652.62

包头明天科技股份有限公司

公司概况						
	公司名称	包头明天科技股份有限公司			证券简称	ST 明科
	法人代表	李国春	董秘	关明	证券代码	600091
	公司网址	www.tomotech.com		电子信箱	600091@sina.com	
	电　　话	0472-2207068 2207058		传　　真	0472-2207059	
	办公地址	内蒙古自治区包头市稀土高新技术产业开发区曙光路 22 号				
	经营范围	生产、销售烧碱、聚氯乙烯树脂、苯酚、盐酸、硫酸、氢氟酸、电石等化工产品				

主要财务指标	指标\报告期	2017.06.30	2016.12.31	2016.06.30	2015.12.31
	基本每股收益(元)	0.0300	0.0300	-0.0800	0.1000
	基本每股收益(扣除后)(元)	-0.0600	-0.2200	-0.1100	-0.6900
	稀释每股收益(元)	0.0300	0.0300	-0.0800	0.1000
	每股净资产(元)	2.0671	2.0332	1.9245	1.9989
	每股经营现金净流量(元)	-0.1028	-0.2041	-0.1050	0.0090
	每股现金流量(元)	0.1221	-0.6281	-0.6220	0.6380
	每股资本公积金(元)	3.8188	3.8188	3.8188	3.8188
	每股盈余公积金(元)	0.1473	0.1473	0.1473	0.1473
	每股未分配利润(元)	-2.8990	-2.9328	-3.0459	-2.9672
	净资产收益率(%)	1.6380	1.6887	-4.0878	3.8706
	加权净资产收益率(%)	1.6500	1.7000	-4.0100	11.1300
	净资产收益率(扣除)(%)	-2.9528	-10.9487	-5.4728	-26.4277
	总资产(万元)	121121.02	126241.10	120823.13	126518.05
	归属母公司股东权益(万元)	90416.90	88935.87	84180.27	87434.11
	营业收入(万元)	2564.15	2823.55	972.64	2202.34
	营业支出(万元)	2529.63	2763.85	950.04	2155.49
	投资收益(万元)	3080.85	4672.37	-1671.48	18479.97
	净利润(万元)	1481.03	1501.83	-3441.11	3384.21
	营业利润(万元)	1521.62	-2609.79	-3875.40	2882.07
	利润总额(万元)	1481.03	1501.83	-3441.11	3384.21

易见供应链管理股份有限公司

公司概况	公司名称	易见供应链管理股份有限公司		证券简称	易见股份
	法人代表	冷天晴	董秘 徐蓬	证券代码	600093
	公司网址	www.easy-visible.com		电子信箱	e-visible@easy-visible.com
	电 话	0871-65739748		传 真	0871-65739748
	办公地址	云南省昆明市西山区前卫西路688号九天大厦10楼			
	经营范围	投资及管理			

主要财务指标 指标\报告期	2017.06.30	2016.12.31	2016.06.30	2015.12.31
基本每股收益(元)	0.3450	0.5400	0.2280	0.4630
基本每股收益(扣除后)(元)	0.3460	0.5200	0.2270	0.1500
稀释每股收益(元)	0.3450	0.5400	0.2280	0.4630
每股净资产(元)	5.8355	5.4903	5.2157	4.9876
每股经营现金净流量(元)	-0.5988	-2.8000	-0.3907	-2.1366
每股现金流量(元)	0.0449	-1.6292	-1.2713	1.7178
每股资本公积金(元)	3.5983	3.5983	3.5983	3.5983
每股盈余公积金(元)	0.0553	0.0553	0.0173	0.0173
每股未分配利润(元)	1.1513	0.8090	0.5760	0.3526
净资产收益率(%)	5.9142	9.7858	4.3743	5.9763
加权净资产收益率(%)	6.0900	10.2200	4.4700	11.0500
净资产收益率(扣除)(%)	5.9228	9.4605	4.3476	1.9946
总资产(万元)	1213155.87	1206953.49	1018028.82	980261.92
归属母公司股东权益(万元)	654998.71	616260.51	585437.97	559829.19
营业收入(万元)	653140.93	1570408.96	681652.96	527129.14
营业支出(万元)	608411.57	1500980.28	637518.73	506046.09
投资收益(万元)	--	1181.18	-	3004.45
净利润(万元)	42940.40	66499.59	28269.31	35221.50
营业利润(万元)	57461.88	92007.79	37719.83	30375.20
利润总额(万元)	57405.86	98710.67	37875.99	45626.68

上海大名城企业股份有限公司

公司概况	公司名称	上海大名城企业股份有限公司		证券简称	大名城
	法人代表	俞培俤	董秘 张燕琦	证券代码	600094
	公司网址	www.greattown.cn		电子信箱	dmc@greattown.cn
	电 话	021-62478900		传 真	021-62479099
	办公地址	上海市红宝石路500号东银中心B栋29楼			
	经营范围	房地产综合开发、建造、销售商品房、物业管理、物业租赁等			

主要财务指标 指标\报告期	2017.06.30	2016.12.31	2016.06.30	2015.12.31
基本每股收益(元)	0.1595	0.3949	0.1742	0.2273
基本每股收益(扣除后)(元)	-0.0254	0.3840	0.1692	0.2399
稀释每股收益(元)	0.1595	0.3949	0.1742	0.2273
每股净资产(元)	4.3019	4.2902	2.6568	2.4826
每股经营现金净流量(元)	-0.1020	-2.6376	-1.2623	-3.3412
每股现金流量(元)	0.3804	-0.5370	-0.4059	0.8743
每股资本公积金(元)	2.3649	2.3649	0.7741	0.7741
每股盈余公积金(元)	0.1290	0.1290	0.1587	0.1587
每股未分配利润(元)	0.8700	0.7863	0.7240	0.5499
净资产收益率(%)	3.0142	7.9122	6.5563	9.1560
加权净资产收益率(%)	2.8000	12.7000	6.7800	8.4500
净资产收益率(扣除)(%)	-0.4796	7.6922	6.3687	9.6633
总资产(万元)	5769437.00	5415635.97	3943591.14	3647638.31
归属母公司股东权益(万元)	1064853.75	1061965.06	534430.68	499391.99
营业收入(万元)	198988.79	876490.30	441893.72	516757.19
营业支出(万元)	129456.91	483268.94	262257.17	318713.24
投资收益(万元)	49265.75	-835.96	-4433.93	10523.30
净利润(万元)	27034.45	109059.69	29733.06	64065.97
营业利润(万元)	39082.96	137248.78	42331.87	86029.51
利润总额(万元)	39008.60	138080.46	42256.96	81611.66

哈尔滨高科技(集团)股份有限公司

公司概况	公司名称	哈尔滨高科技(集团)股份有限公司		证券简称	哈高科
	法人代表	杨登瑞	董秘 马昆	证券代码	600095
	公司网址	www.hgk-group.com		电子信箱	mkn@hgk-group.com
	电 话	0451-84348141 84346722		传 真	0451-84348057 84346722
	办公地址	黑龙江省哈尔滨市高新技术产业开发区迎宾路集中区天平路2号			
	经营范围	大豆深加工、药业、房地产开发等			

主要财务指标 指标\报告期	2017.06.30	2016.12.31	2016.06.30	2015.12.31
基本每股收益(元)	-0.0326	0.0426	-0.0246	0.0404
基本每股收益(扣除后)(元)	-0.0341	0.0037	-0.0364	-0.0295
稀释每股收益(元)	-0.0326	0.0426	-0.0246	0.0404
每股净资产(元)	1.9644	2.0137	1.9457	1.9899
每股经营现金净流量(元)	-0.0037	0.3458	-0.0510	0.5976
每股现金流量(元)	-0.1226	0.2633	-0.2847	0.3639
每股资本公积金(元)	0.7402	0.7402	0.7402	0.7402
每股盈余公积金(元)	0.1003	0.1003	0.1003	0.1003
每股未分配利润(元)	0.1054	0.1530	0.0859	0.1235
净资产收益率(%)	-1.6606	2.1138	-1.2620	2.0277
加权净资产收益率(%)	-1.6400	2.1300	-1.2478	2.0400
净资产收益率(扣除)(%)	-1.7376	0.1819	-1.8701	-1.4842
总资产(万元)	110293.32	111935.26	109093.12	113979.07
归属母公司股东权益(万元)	70967.04	72746.60	70291.58	71888.94
营业收入(万元)	6454.00	25424.35	11007.92	26462.00
营业支出(万元)	4135.24	15645.63	6616.65	15505.32
投资收益(万元)	425.16	58.18	299.61	153.74
净利润(万元)	-1435.01	1657.16	-1260.03	1747.84
营业利润(万元)	-1124.84	2153.55	-820.78	226.21
利润总额(万元)	-1137.55	2892.18	-915.60	2615.44

云南云天化股份有限公司

公司概况	公司名称	云南云天化股份有限公司		证券简称	云天化
	法人代表	张文学	董秘 钟德红	证券代码	600096
	公司网址	www.yyth.com.cn		电子信箱	zhongdehong@yth.cn
	电 话	0871-64327127		传 真	0871-64327155
	办公地址	云南省昆明市滇池路1417号			
	经营范围	化肥、化工原料、新材料、新能源及产品的研发、生产、销售			

主要财务指标 指标\报告期	2017.06.30	2016.12.31	2016.06.30	2015.12.31
基本每股收益(元)	-0.2606	-2.5668	-0.7363	0.0896
基本每股收益(扣除后)(元)	-0.4903	-2.6748	-0.7805	-0.4187
稀释每股收益(元)	-0.2606	-2.5668	-0.7363	0.0896
每股净资产(元)	2.7718	2.9394	4.6927	4.9902
每股经营现金净流量(元)	0.2452	1.3932	0.5317	2.4989
每股现金流量(元)	-0.4124	0.2811	0.1113	-1.6628
每股资本公积金(元)	4.2715	4.2102	4.1327	3.6245
每股盈余公积金(元)	0.2049	0.2049	0.2038	0.2398
每股未分配利润(元)	-2.7808	-2.3039	-0.7142	0.0260
净资产收益率(%)	-9.4018	-86.4933	-15.6905	1.7960
加权净资产收益率(%)	-9.2100	-62.1000	-14.5300	1.8100
净资产收益率(扣除)(%)	-17.6895	-90.1327	-16.6329	-8.3915
总资产(万元)	6610744.52	6835241.01	6748364.57	6707703.17
归属母公司股东权益(万元)	366263.37	421348.38	623349.94	563427.35
营业收入(万元)	2973000.06	5263372.70	1603472.92	5026690.35
营业支出(万元)	2735346.42	4907635.03	1407317.29	4300819.81
投资收益(万元)	15559.31	-33764.52	-12574.58	37908.64
净利润(万元)	-39079.89	-353689.54	-97385.33	19128.27
营业利润(万元)	-44746.21	-363907.32	-98076.64	2407.12
利润总额(万元)	-34231.97	-345744.92	-92676.20	26736.68

上海开创国际海洋资源股份有限公司

公司概况	公司名称	上海开创国际海洋资源股份有限公司			证券简称	开创国际
	法人代表	濮韶华	董秘	汪涛	证券代码	600097
	公司网址	www.skmic.sh.cn		电子信箱	ir@skmic.sh.cn	
	电　话	021-65686875 65690310		传　真	021-65696280	
	办公地址	上海市杨浦区安浦路 661 号 3 号楼 3 楼				
	经营范围	远洋捕捞、食品销售管理、渔用设备、产品销售等				

主要财务指标	指标\报告期	2017.06.30	2016.12.31	2016.06.30	2015.12.31
	基本每股收益(元)	-0.1300	0.0400	-0.5800	-0.5500
	基本每股收益(扣除后)(元)	-0.1300	-0.1300	-0.5700	-0.7100
	稀释每股收益(元)	-0.1300	0.0400	-0.5800	-0.5500
	每股净资产(元)	3.9221	4.0140	3.3408	3.8938
	每股经营现金净流量(元)	-0.0122	0.9772	-0.0990	0.4036
	每股现金流量(元)	-0.4215	0.7820	0.1950	-0.0467
	每股资本公积金(元)	0.1258	0.1258	0.1258	0.1258
	每股盈余公积金(元)	0.3507	0.3507	0.3507	0.3507
	每股未分配利润(元)	1.3039	1.4377	0.8156	1.3988
	净资产收益率(%)	-3.4109	0.9675	-17.4580	-14.0464
	加权净资产收益率(%)	-3.3700	0.9800	-16.1500	-13.0200
	净资产收益率(扣除)(%)	-3.4388	-3.2173	-17.1543	-18.3549
	总资产(万元)	170877.66	173601.01	168362.71	117651.09
	归属母公司股东权益(万元)	79461.91	81322.40	67684.82	78888.47
	营业收入(万元)	79521.00	114873.09	30611.76	67504.79
	营业支出(万元)	58042.10	89262.65	29879.29	56706.37
	投资收益(万元)	0.59	0.23	-	-
	净利润(万元)	-2577.41	806.11	-11813.86	-11033.52
	营业利润(万元)	-2144.09	-15875.14	-11524.39	-14461.90
	利润总额(万元)	-2224.73	1038.62	-11728.49	-11027.47

广州发展集团股份有限公司

公司概况	公司名称	广州发展集团股份有限公司			证券简称	广州发展
	法人代表	伍竹林	董秘	张雪球	证券代码	600098
	公司网址	www.gdg.com.cn		电子信箱	600098@gdgc.com.cn	
	电　话	020-37850968 37850978		传　真	020-37850938	
	办公地址	广东省广州市天河区临江大道 3 号 31-32 楼				
	经营范围	电力、能源物流、基建等产业的投资、建设、生产管理和经营业务等				

主要财务指标	指标\报告期	2017.06.30	2016.12.31	2016.06.30	2015.12.31
	基本每股收益(元)	0.1312	0.2454	0.1822	0.4778
	基本每股收益(扣除后)(元)	0.1261	0.2400	0.1801	0.4521
	稀释每股收益(元)	0.1312	0.2454	0.1822	0.4778
	每股净资产(元)	5.7941	5.4695	5.3978	5.4095
	每股经营现金净流量(元)	0.2443	0.9079	0.1502	1.1698
	每股现金流量(元)	-0.1709	-0.2255	-0.3142	0.1620
	每股资本公积金(元)	1.4477	1.4035	1.4034	1.4034
	每股盈余公积金(元)	1.0488	1.0488	1.0033	1.0033
	每股未分配利润(元)	2.0230	1.9918	1.9742	1.9819
	净资产收益率(%)	2.2636	4.4864	3.3761	8.8328
	加权净资产收益率(%)	2.3083	4.5100	3.3100	9.0900
	净资产收益率(扣除)(%)	2.1771	4.3875	3.3361	8.3568
	总资产(万元)	3626854.27	3531725.97	3616184.96	3486127.28
	归属母公司股东权益(万元)	1579589.13	1491089.06	1471537.00	1474742.39
	营业收入(万元)	1023653.76	2200814.75	1065581.13	2111665.07
	营业支出(万元)	917301.52	1892453.08	917443.70	1777228.72
	投资收益(万元)	11643.95	28247.98	23823.78	51988.00
	净利润(万元)	38645.63	101179.35	69221.07	183819.04
	营业利润(万元)	50370.12	146087.82	90957.19	229655.66
	利润总额(万元)	52340.31	148421.53	91915.14	238477.01

林海股份有限公司

公司概况	公司名称	林海股份有限公司			证券简称	林海股份
	法人代表	刘群	董秘	李鹏鹏	证券代码	600099
	公司网址	www.linhai.cn		电子信箱	18052610333@189.cn	
	电　话	0523-86992088 86552680		传　真	0523-86551403	
	办公地址	江苏省泰州市迎春西路 199 号				
	经营范围	林业及园林动力机械、农业机械、喷灌机械、木材采运设备等				

主要财务指标	指标\报告期	2017.06.30	2016.12.31	2016.06.30	2015.12.31
	基本每股收益(元)	0.0062	0.0088	0.0062	0.0108
	基本每股收益(扣除后)(元)	0.0049	0.0142	0.0047	0.0093
	稀释每股收益(元)	0.0062	0.0142	0.0062	0.0108
	每股净资产(元)	2.1702	2.1645	2.1627	2.1568
	每股经营现金净流量(元)	-0.1240	-0.0327	-0.1444	0.0910
	每股现金流量(元)	-0.1259	-0.0364	-0.1487	0.0162
	每股资本公积金(元)	0.9100	0.9100	0.9100	0.9100
	每股盈余公积金(元)	0.1141	0.1141	0.1141	0.1141
	每股未分配利润(元)	0.1450	0.1388	0.1361	0.1300
	净资产收益率(%)	0.2856	0.4078	0.2851	0.4994
	加权净资产收益率(%)	0.2800	0.4085	0.2900	0.5000
	净资产收益率(扣除)(%)	0.2271	0.6548	0.2192	0.4314
	总资产(万元)	61183.66	59074.07	60419.66	58089.11
	归属母公司股东权益(万元)	47554.46	47428.02	47388.95	47260.71
	营业收入(万元)	22123.34	46260.04	20770.15	35700.39
	营业支出(万元)	19836.79	40647.05	18324.22	30855.33
	投资收益(万元)	--	--	-	-
	净利润(万元)	135.84	193.40	135.10	236.03
	营业利润(万元)	196.72	204.30	143.88	286.89
	利润总额(万元)	196.77	332.01	182.03	325.60

同方股份有限公司

公司概况	公司名称	同方股份有限公司			证券简称	同方股份
	法人代表	周立业	董秘	张园园	证券代码	600100
	公司网址	www.thtf.com.cn		电子信箱	600100@thtf.com.cn	
	电　话	010-82399888		传　真	010-82399765	
	办公地址	北京市海淀区清华同方科技大厦 A 座 29 层				
	经营范围	计算机产品、商品销售、网络、软件、系统集成与信息服务等				

主要财务指标	指标\报告期	2017.06.30	2016.12.31	2016.06.30	2015.12.31
	基本每股收益(元)	-0.0407	1.4516	1.6724	0.4448
	基本每股收益(扣除后)(元)	-0.0598	-0.0456	-0.1620	0.1925
	稀释每股收益(元)	-0.0407	1.4516	1.6724	0.4448
	每股净资产(元)	6.9775	7.3518	7.6916	5.9555
	每股经营现金净流量(元)	-1.1242	-0.7103	-1.2324	0.8437
	每股现金流量(元)	-0.7530	0.3700	-1.0895	1.1844
	每股资本公积金(元)	3.1482	3.1484	3.1265	3.1899
	每股盈余公积金(元)	0.4435	0.4435	0.2983	0.2983
	每股未分配利润(元)	2.3738	2.6646	3.0306	1.4881
	净资产收益率(%)	-0.5835	19.7445	21.7433	7.1473
	加权净资产收益率(%)	-0.5600	19.9900	24.3400	7.6700
	净资产收益率(扣除)(%)	-0.8577	-0.6196	-2.1066	3.0938
	总资产(万元)	5867123.88	5761229.12	5772543.51	5686083.59
	归属母公司股东权益(万元)	2068048.93	2178999.71	2279725.44	1765144.24
	营业收入(万元)	1001358.44	2717433.69	1065548.85	2844728.42
	营业支出(万元)	802847.48	2231874.76	893298.19	2293073.89
	投资收益(万元)	41848.43	624887.77	720448.64	264167.64
	净利润(万元)	-862.25	470078.49	505806.62	216280.73
	营业利润(万元)	-6842.85	506261.68	595965.31	193050.11
	利润总额(万元)	813.23	547230.99	621674.93	237336.32

四川明星电力股份有限公司

公司概况	公司名称	四川明星电力股份有限公司		证券简称	明星电力
	法人代表	秦怀平	董秘 唐敏	证券代码	600101
	公司网址	www.mxdl.com.cn		电子信箱	600101@mxdl.com.cn
	电　　话	0825-2210081		传　　真	0825-2210089
	办公地址	四川省遂宁市开发区明月路 88 号			
	经营范围	电力、热力生产供应送变电工程、线路、设备安装、施工、批发等			

	指标＼报告期	2017.06.30	2016.12.31	2016.06.30	2015.12.31
主要财务指标	基本每股收益(元)	0.1330	0.2600	0.1470	0.2700
	基本每股收益(扣除后)(元)	0.1330	0.2500	0.1170	0.2500
	稀释每股收益(元)	0.1330	0.2600	0.1470	0.2700
	每股净资产(元)	6.2384	6.1012	6.0069	5.8571
	每股经营现金净流量(元)	0.3106	0.5201	0.3569	0.6355
	每股现金流量(元)	0.1273	0.1051	0.1271	-0.1083
	每股资本公积金(元)	1.4528	1.4528	1.4256	1.4251
	每股盈余公积金(元)	0.3588	0.3588	0.3472	0.3472
	每股未分配利润(元)	3.3896	3.2566	3.2077	3.0605
	净资产收益率(%)	2.1308	4.2237	2.4517	4.6918
	加权净资产收益率(%)	2.1550	4.3200	2.4800	4.7900
	净资产收益率(扣除)(%)	2.1330	4.0403	1.9433	4.2828
	总资产(万元)	290906.33	281929.64	280488.08	278263.55
	归属母公司股东权益(万元)	202235.07	197787.62	194731.89	189873.63
	营业收入(万元)	69271.67	138378.16	64873.52	126797.26
	营业支出(万元)	60204.35	116666.21	55507.58	105207.19
	投资收益(万元)	1220.43	2605.94	1504.76	2433.47
	净利润(万元)	4242.20	7641.21	4357.57	8178.07
	营业利润(万元)	4939.11	8444.92	4000.80	8838.61
	利润总额(万元)	4748.87	8825.40	4990.71	9770.91

福建省青山纸业股份有限公司

公司概况	公司名称	福建省青山纸业股份有限公司		证券简称	青山纸业
	法人代表	张小强	董秘 潘其星	证券代码	600103
	公司网址	www.qingshanpaper.com		电子信箱	279875009@qq.com
	电　　话	0591-83307236		传　　真	0591-87110973
	办公地址	福建省三明市沙县青州镇			
	经营范围	纸袋纸系列产品及副产品、高强牛皮卡纸、精制牛皮纸、高强瓦楞纸等			

	指标＼报告期	2017.06.30	2016.12.31	2016.06.30	2015.12.31
主要财务指标	基本每股收益(元)	0.0359	0.0363	0.0028	-0.1380
	基本每股收益(扣除后)(元)	0.0241	0.0316	0.0008	-0.1413
	稀释每股收益(元)	0.0359	0.0363	0.0028	-0.1380
	每股净资产(元)	1.8365	1.8006	1.0359	1.0334
	每股经营现金净流量(元)	-0.0607	0.1707	0.1568	0.0988
	每股现金流量(元)	-0.0589	0.2905	0.0902	-0.0401
	每股资本公积金(元)	0.7596	0.7596	0.0070	0.0070
	每股盈余公积金(元)	0.1152	0.1152	0.1925	0.1927
	每股未分配利润(元)	-0.0384	-0.0742	-0.1636	-0.1663
	净资产收益率(%)	1.9528	1.4087	0.2685	-13.3526
	加权净资产收益率(%)	1.9700	2.7600	0.2700	-12.5200
	净资产收益率(扣除)(%)	1.3116	1.2256	0.0796	-13.6724
	总资产(万元)	492126.55	489164.32	327710.46	327721.28
	归属母公司股东权益(万元)	325732.43	319371.63	109998.03	109728.37
	营业收入(万元)	126918.93	227775.43	112698.64	211161.04
	营业支出(万元)	99427.18	185934.52	94139.05	181160.33
	投资收益(万元)	1863.82	27.34	99.42	-17.37
	净利润(万元)	7884.93	6118.09	1593.29	-13038.96
	营业利润(万元)	9366.12	7333.48	2746.86	-11284.10
	利润总额(万元)	9625.36	8007.06	2978.35	-10904.76

上海汽车集团股份有限公司

公司概况	公司名称	上海汽车集团股份有限公司		证券简称	上汽集团
	法人代表	陈虹	董秘 王剑璋	证券代码	600104
	公司网址	www.saicmotor.com		电子信箱	saicmotor@saic.com.cn
	电　　话	021-22011138		传　　真	021-22011777
	办公地址	上海市静安区威海路 489 号			
	经营范围	汽车,摩托车、拖拉机等各种机动车整车,机械设备,总成及零部件的生产、销售等			

	指标＼报告期	2017.06.30	2016.12.31	2016.06.30	2015.12.31
主要财务指标	基本每股收益(元)	1.3790	2.9030	1.3660	2.7020
	基本每股收益(扣除后)(元)	1.3540	2.7510	1.2670	2.4790
	稀释每股收益(元)	--	--	-	-
	每股净资产(元)	17.6187	17.4069	15.9536	15.8839
	每股经营现金净流量(元)	1.2516	1.0319	-0.4387	2.3575
	每股现金流量(元)	0.0420	2.9003	0.6980	-0.9037
	每股资本公积金(元)	4.7467	3.7288	3.7173	3.5318
	每股盈余公积金(元)	2.7607	2.9254	2.4242	2.4242
	每股未分配利润(元)	7.8905	8.6767	7.8289	7.8361
	净资产收益率(%)	7.7524	16.6780	8.5616	17.0125
	加权净资产收益率(%)	7.5900	17.5300	8.3400	17.9100
	净资产收益率(扣除)(%)	7.6152	15.8028	7.9420	15.6061
	总资产(万元)	63671706.23	59071029.87	51509148.79	51163069.08
	归属母公司股东权益(万元)	20584767.82	19209804.56	17589702.08	17512873.87
	营业收入(万元)	39010785.89	74623674.12	34629474.86	66137392.98
	营业支出(万元)	34001329.31	65021810.59	30336929.43	58583288.32
	投资收益(万元)	1500719.97	3057226.33	1441798.49	2966313.44
	净利润(万元)	2193372.03	4396196.17	2131416.73	4007396.92
	营业利润(万元)	2423263.03	4843300.30	2289468.65	4358803.04
	利润总额(万元)	2465301.62	5049245.75	2449063.21	4580967.65

江苏永鼎股份有限公司

公司概况	公司名称	江苏永鼎股份有限公司		证券简称	永鼎股份
	法人代表	莫林弟	董秘 张国栋	证券代码	600105
	公司网址	www.yongding.com.cn		电子信箱	zqb@yongding.com.cn
	电　　话	0512-63272489		传　　真	0512-63271866
	办公地址	江苏省苏州市吴江区芦墟镇 318 国道 72K 北侧			
	经营范围	光缆、电缆的生产和销售,房地产开发和销售,境外工程承揽与施工等			

	指标＼报告期	2017.06.30	2016.12.31	2016.06.30	2015.12.31
主要财务指标	基本每股收益(元)	0.1400	0.2700	0.1210	0.4000
	基本每股收益(扣除后)(元)	0.1330	0.2500	0.1100	0.2800
	稀释每股收益(元)	0.1400	0.2700	0.1210	0.4000
	每股净资产(元)	2.7178	2.6786	2.4181	4.6347
	每股经营现金净流量(元)	-0.1117	0.0596	-0.2104	0.1064
	每股现金流量(元)	-0.1537	0.0023	-0.2626	-0.0035
	每股资本公积金(元)	0.5898	0.5898	0.4737	1.6475
	每股盈余公积金(元)	0.2688	0.2688	0.2548	0.5097
	每股未分配利润(元)	0.8600	0.8199	0.6895	1.4775
	净资产收益率(%)	5.1525	9.8975	4.9932	8.2533
	加权净资产收益率(%)	5.0900	10.4800	5.0800	8.8400
	净资产收益率(扣除)(%)	4.8814	9.3136	4.5551	5.7320
	总资产(万元)	432101.39	412438.31	352242.74	338069.26
	归属母公司股东权益(万元)	256831.33	253124.60	228509.75	218985.84
	营业收入(万元)	90427.02	257857.87	105011.12	225562.44
	营业支出(万元)	73210.58	216480.47	88055.24	195842.21
	投资收益(万元)	12176.55	13948.10	6421.27	11046.90
	净利润(万元)	15299.23	29493.38	13765.06	19887.53
	营业利润(万元)	16394.70	29653.85	14488.20	19495.43
	利润总额(万元)	16084.81	32303.65	15215.38	21587.69

重庆路桥股份有限公司

公司概况	公司名称	重庆路桥股份有限公司			证券简称	重庆路桥
	法人代表	江津	董秘	张漫	证券代码	600106
	公司网址	www.cqrb.com.cn		电子信箱	cqrb@cqrb.com.cn	
	电　　话	023-62803632		传　　真	023-62909387	
	办公地址	重庆市南坪经济技术开发区丹龙路 11 号				
	经营范围	长江石板坡大桥,嘉陵江石门大桥,嘉华嘉陵江大桥,长寿湖旅游专用高速公路经营,维护等				

主要财务指标	指标\报告期	2017.06.30	2016.12.31	2016.06.30	2015.12.31
	基本每股收益(元)	0.1760	0.3300	0.1800	0.2500
	基本每股收益(扣除后)(元)	0.1580	0.3000	0.1700	0.2300
	稀释每股收益(元)	0.1760	0.3300	0.1800	0.2500
	每股净资产(元)	3.5126	3.8422	3.5735	3.5886
	每股经营现金净流量(元)	0.1219	0.2590	0.1544	0.4243
	每股现金流量(元)	-0.1552	-0.4202	-0.5879	1.0049
	每股资本公积金(元)	0.0544	0.0598	0.0598	0.0598
	每股盈余公积金(元)	0.3448	0.3793	0.3468	0.3468
	每股未分配利润(元)	1.4956	1.6495	1.5389	1.4318
	净资产收益率(%)	5.0114	8.4658	5.0984	6.8994
	加权净资产收益率(%)	5.0000	8.8000	5.0900	7.2600
	净资产收益率(扣除)(%)	4.4990	7.8970	4.7612	6.3327
	总资产(万元)	666763.82	684887.28	671684.58	734069.00
	归属母公司股东权益(万元)	350738.50	348773.06	324380.01	325751.19
	营业收入(万元)	11929.83	30506.88	15674.53	32033.48
	营业支出(万元)	1323.44	3942.20	1985.39	3932.20
	投资收益(万元)	12723.28	21374.19	12902.23	17665.36
	净利润(万元)	17576.87	29526.30	16538.19	22474.99
	营业利润(万元)	18349.69	31124.11	17247.49	23208.56
	利润总额(万元)	18363.04	31271.31	17389.64	23397.83

湖北美尔雅股份有限公司

公司概况	公司名称	湖北美尔雅股份有限公司			证券简称	美尔雅
	法人代表	李轩	董秘	王黎	证券代码	600107
	公司网址	www.mailyard.com.cn		电子信箱	gufen@mailyard.com.cn	
	电　　话	0714-6360298 6360238		传　　真	0714-6360219	
	办公地址	湖北省黄石市团城山开发区美尔雅工业园				
	经营范围	精毛纺织制品、服装及辅料制造、加工和销售,兼营酒店业等				

主要财务指标	指标\报告期	2017.06.30	2016.12.31	2016.06.30	2015.12.31
	基本每股收益(元)	-0.0080	0.0132	-0.0350	0.0100
	基本每股收益(扣除后)(元)	-0.0120	-0.0040	-0.0400	-0.0200
	稀释每股收益(元)	-0.0080	0.0132	-0.0350	0.0100
	每股净资产(元)	1.5237	1.4784	1.4302	1.4650
	每股经营现金净流量(元)	0.0160	0.3197	0.0441	0.0020
	每股现金流量(元)	0.2027	-0.0128	-0.1526	0.0391
	每股资本公积金(元)	0.4966	0.4432	0.4432	0.4432
	每股盈余公积金(元)	0.0674	0.0674	0.0674	0.0674
	每股未分配利润(元)	-0.0404	-0.0322	-0.0802	-0.0454
	净资产收益率(%)	-0.5361	0.8912	-2.4304	0.6521
	加权净资产收益率(%)	-0.5400	0.9000	-2.4000	0.6500
	净资产收益率(扣除)(%)	-0.7566	-0.2707	-2.7772	-1.0827
	总资产(万元)	117533.16	118591.33	127596.37	124861.49
	归属母公司股东权益(万元)	54851.56	53223.76	51487.46	52738.81
	营业收入(万元)	20648.35	43433.70	21080.72	47095.38
	营业支出(万元)	12950.43	24443.07	13739.30	25672.25
	投资收益(万元)	1357.22	2491.17	445.19	1368.21
	净利润(万元)	-415.97	520.85	-1361.04	396.47
	营业利润(万元)	-348.68	540.56	-1315.13	940.96
	利润总额(万元)	-317.15	712.23	-1315.13	959.41

甘肃亚盛实业(集团)股份有限公司

公司概况	公司名称	甘肃亚盛实业(集团)股份有限公司			证券简称	亚盛集团
	法人代表	李克华	董秘	唐亮	证券代码	600108
	公司网址	www.yasheng.com.cn		电子信箱	ysjtdshbgs@163.com	
	电　　话	0931-8857057		传　　真	0931-8857182	
	办公地址	甘肃省兰州市城关区雁兴路 21 号				
	经营范围	高科技农业新技术、新品种的开发、加工、生产等				

主要财务指标	指标\报告期	2017.06.30	2016.12.31	2016.06.30	2015.12.31
	基本每股收益(元)	0.0178	0.0388	0.0204	0.0632
	基本每股收益(扣除后)(元)	0.0201	0.0200	0.0178	0.0284
	稀释每股收益(元)	0.0178	0.0388	0.0204	0.0632
	每股净资产(元)	2.4027	2.4100	2.4036	2.4191
	每股经营现金净流量(元)	0.0248	0.0005	0.0199	0.0286
	每股现金流量(元)	0.0048	0.0915	0.1123	-0.0414
	每股资本公积金(元)	0.2727	0.2727	0.2768	0.2761
	每股盈余公积金(元)	0.1601	0.1601	0.1588	0.1588
	每股未分配利润(元)	0.9105	0.8967	0.8856	0.8652
	净资产收益率(%)	0.7409	1.6082	0.8501	2.6134
	加权净资产收益率(%)	0.7400	1.5900	0.8500	2.6000
	净资产收益率(扣除)(%)	0.8377	0.8279	0.7397	1.1740
	总资产(万元)	775584.46	779600.95	758832.21	761938.80
	归属母公司股东权益(万元)	467793.51	469204.35	467958.82	470981.11
	营业收入(万元)	86980.52	206897.51	101996.78	219111.76
	营业支出(万元)	64251.93	159504.20	82680.91	168697.18
	投资收益(万元)	20.26	925.43	899.72	7868.07
	净利润(万元)	3596.29	7847.79	3835.79	12279.61
	营业利润(万元)	3247.87	4434.22	2665.25	15075.22
	利润总额(万元)	3779.20	8119.16	4058.26	13369.08

国金证券股份有限公司

公司概况	公司名称	国金证券股份有限公司			证券简称	国金证券
	法人代表	冉云	董秘	周洪刚	证券代码	600109
	公司网址	www.gjzq.com.cn		电子信箱	tzzgx@gjzq.com.cn	
	电　　话	028-86690021		传　　真	028-86695681	
	办公地址	四川省成都市青羊区东城根上街 95 号成证大厦 16 楼				
	经营范围	证券代理买卖、证券的自营买卖、证券的承销、证券投资咨询等				

主要财务指标	指标\报告期	2017.06.30	2016.12.31	2016.06.30	2015.12.31
	基本每股收益(元)	0.1820	0.4290	0.2110	0.8010
	基本每股收益(扣除后)(元)	0.1730	0.4060	0.1910	0.7930
	稀释每股收益(元)	0.1820	0.4290	0.2110	0.8010
	每股净资产(元)	5.9602	5.7854	5.5113	5.4486
	每股经营现金净流量(元)	-2.1637	-2.3070	-0.8316	4.5079
	每股现金流量(元)	-1.8570	-3.0574	-1.0702	6.3447
	每股资本公积金(元)	2.5931	2.5929	2.5931	2.5929
	每股盈余公积金(元)	0.2601	0.2601	0.2165	0.2165
	每股未分配利润(元)	1.5741	1.4422	1.3545	1.2235
	净资产收益率(%)	3.0531	7.4225	3.8274	14.3203
	加权净资产收益率(%)	3.0900	7.6500	3.8200	17.4400
	净资产收益率(扣除)(%)	2.9042	7.0118	3.4695	14.1849
	总资产(万元)	4401686.27	4796097.24	5148735.79	5635185.26
	归属母公司股东权益(万元)	1802569.07	1749713.57	1666818.12	1647856.53
	营业收入(万元)	201808.69	467146.24	214707.82	674845.27
	营业支出(万元)	131168.95	303412.71	135998.12	364944.19
	投资收益(万元)	27423.30	52868.89	29637.46	99937.05
	净利润(万元)	54743.82	129353.16	63785.83	235815.07
	营业利润(万元)	70639.74	163733.53	78709.70	309901.08
	利润总额(万元)	74237.58	172308.91	85870.13	312821.82

诺德投资股份有限公司

公司概况	公司名称	诺德投资股份有限公司			证券简称	诺德股份
	法人代表	王为钢	董秘	李鹏程	证券代码	600110
	公司网址	www.ndgf.net		电子信箱	IR@ndgf.net	
	电　话	0431-85161088		传　真	0431-85161071	
	办公地址	深圳市南山区深南大道9672号华润城大冲商务中心D座21层				
	经营范围	热缩材料等高技术、新材料、新产品的开发、生产与经营等				

	指标\报告期	2017.06.30	2016.12.31	2016.06.30	2015.12.31
主要财务指标	基本每股收益(元)	0.1000	0.0230	0.0172	0.1257
	基本每股收益(扣除后)(元)	0.0839	0.0032	0.0135	-1.0427
	稀释每股收益(元)	0.1000	0.0230	0.0172	0.1257
	每股净资产(元)	1.7275	1.6290	1.6118	1.6255
	每股经营现金净流量(元)	-0.2836	0.3788	-0.3441	0.4348
	每股现金流量(元)	0.0268	0.2942	0.0933	-0.0217
	每股资本公积金(元)	0.5901	0.5901	0.5896	0.6184
	每股盈余公积金(元)	0.0628	0.0628	0.0648	0.0648
	每股未分配利润(元)	0.0746	-0.0256	-0.0334	-0.0505
	净资产收益率(%)	5.7898	1.4133	1.0669	7.7301
	加权净资产收益率(%)	5.9597	1.3700	1.0530	7.9500
	净资产收益率(扣除)(%)	4.8576	0.1995	0.8402	-64.1481
	总资产(万元)	630974.88	567777.20	563666.48	617498.27
	归属母公司股东权益(万元)	198715.83	187360.98	185408.91	186984.76
	营业收入(万元)	155269.25	200220.89	86747.64	172646.65
	营业支出(万元)	120606.72	149312.40	66168.62	150775.48
	投资收益(万元)	723.74	-1059.46	-2093.56	164186.45
	净利润(万元)	13112.98	4889.66	2532.03	10914.47
	营业利润(万元)	16727.19	8139.63	2973.33	21578.05
	利润总额(万元)	17185.76	9129.87	3917.73	21250.89

中国北方稀土(集团)高科技股份有限公司

公司概况	公司名称	中国北方稀土(集团)高科技股份有限公司			证券简称	北方稀土
	法人代表	魏栓师	董秘	李金玲	证券代码	600111
	公司网址	www.reht.com		电子信箱	cnrezqb@126.com	
	电　话	0472-2207525 2207799		传　真	0472-2207788	
	办公地址	内蒙古自治区包头市稀土高新技术产业开发区黄河路83号				
	经营范围	稀土精矿、稀土深加工产品、稀土新材料生产与销售等				

	指标\报告期	2017.06.30	2016.12.31	2016.06.30	2015.12.31
主要财务指标	基本每股收益(元)	0.0308	0.0250	0.0086	0.0897
	基本每股收益(扣除后)(元)	0.0269	0.0050	0.0025	0.0729
	稀释每股收益(元)	0.0308	0.0250	0.0086	0.0897
	每股净资产(元)	2.3339	2.2836	2.2677	2.2889
	每股经营现金净流量(元)	0.0252	0.0278	0.1780	0.7455
	每股现金流量(元)	0.6811	0.1425	0.3614	0.1037
	每股资本公积金(元)	0.0429	0.0429	0.0429	0.0429
	每股盈余公积金(元)	0.3242	0.3242	0.3013	0.3013
	每股未分配利润(元)	0.9311	0.9102	0.9169	0.9382
	净资产收益率(%)	1.3204	1.0949	0.3793	3.9168
	加权净资产收益率(%)	1.3300	1.0940	0.3751	3.9310
	净资产收益率(扣除)(%)	1.1525	0.2321	0.1090	3.1836
	总资产(万元)	1832384.75	1562164.44	1588967.39	1453762.91
	归属母公司股东权益(万元)	847912.24	829661.02	823883.06	831584.37
	营业收入(万元)	407537.91	511316.32	221806.35	654880.54
	营业支出(万元)	328702.96	401146.32	172214.81	501113.51
	投资收益(万元)	-329.12	898.87	-3.64	2366.99
	净利润(万元)	22086.23	8027.94	2254.07	5763.71
	营业利润(万元)	30919.63	18216.37	4084.92	28004.50
	利润总额(万元)	33089.04	30979.74	7737.15	36813.83

贵州长征天成控股股份有限公司

公司概况	公司名称	贵州长征天成控股股份有限公司			证券简称	*ST天成
	法人代表	朱洪彬	董秘	陈磊	证券代码	600112
	公司网址	www.tckg.cn		电子信箱	czdq600112@126.com	
	电　话	0852-8620788		传　真	0852-8654903	
	办公地址	贵州省遵义市武汉路长征电气工业园				
	经营范围	高、中、低压电器元件及成套设备,风力发电设备的设计、研制、生产、销售等				

	指标\报告期	2017.06.30	2016.12.31	2016.06.30	2015.12.31
主要财务指标	基本每股收益(元)	0.0592	-0.1943	0.0119	-0.3468
	基本每股收益(扣除后)(元)	-0.0390	-0.2075	0.0074	-0.3583
	稀释每股收益(元)	0.0592	-0.1943	0.0119	-0.3468
	每股净资产(元)	2.3468	2.2647	2.2889	2.2770
	每股经营现金净流量(元)	0.0027	0.0012	-0.0166	0.5756
	每股现金流量(元)	0.0030	0.0227	-0.0029	-0.1859
	每股资本公积金(元)	1.0919	1.0919	0.9098	0.9098
	每股盈余公积金(元)	0.0449	0.0449	0.0449	0.0449
	每股未分配利润(元)	0.1872	0.1280	0.3343	0.3223
	净资产收益率(%)	2.5211	-8.5812	0.5209	-15.2305
	加权净资产收益率(%)	2.5787	-8.9155	0.5222	-14.9925
	净资产收益率(扣除)(%)	-1.6637	-9.1608	0.3231	-15.7369
	总资产(万元)	280564.56	267339.69	245411.34	237898.98
	归属母公司股东权益(万元)	119497.81	115322.03	116552.52	115945.43
	营业收入(万元)	36763.00	59838.27	28889.29	67034.74
	营业支出(万元)	28331.23	37961.75	18050.74	48205.10
	投资收益(万元)	6122.58	358.56	968.51	928.42
	净利润(万元)	2998.17	-9911.45	607.09	-17659.10
	营业利润(万元)	2799.70	-6801.65	560.88	-17739.29
	利润总额(万元)	3049.68	-6200.92	801.07	-17227.08

浙江东日股份有限公司

公司概况	公司名称	浙江东日股份有限公司			证券简称	浙江东日
	法人代表	杨作军	董秘	谢小磊	证券代码	600113
	公司网址	www.dongri.com		电子信箱	600113@dongri.com	
	电　话	0577-88812155		传　真	0577-88842287	
	办公地址	浙江省温州市矮凳桥92号				
	经营范围	房地产销售、租赁以及物业管理等				

	指标\报告期	2017.06.30	2016.12.31	2016.06.30	2015.12.31
主要财务指标	基本每股收益(元)	0.1300	0.3100	0.1600	0.2900
	基本每股收益(扣除后)(元)	0.1300	0.3100	0.1600	0.0800
	稀释每股收益(元)	0.1300	0.3100	0.1600	0.2900
	每股净资产(元)	1.9111	1.7903	1.6499	1.4882
	每股经营现金净流量(元)	0.1728	0.4987	0.2346	0.7524
	每股现金流量(元)	0.0407	0.1613	0.1043	-0.2744
	每股资本公积金(元)	--	--	-	-
	每股盈余公积金(元)	0.0143	0.0143	0.0105	0.0105
	每股未分配利润(元)	0.8968	0.7760	0.6394	0.4777
	净资产收益率(%)	6.8447	17.4305	9.8017	19.5004
	加权净资产收益率(%)	7.0600	19.0300	10.3100	12.6600
	净资产收益率(扣除)(%)	6.8259	17.3482	9.8048	5.3090
	总资产(万元)	92022.60	91798.58	91209.78	88181.18
	归属母公司股东权益(万元)	60886.73	57037.81	52566.93	47414.46
	营业收入(万元)	14838.12	35799.33	16401.48	98844.80
	营业支出(万元)	7596.70	16656.65	7200.98	70729.42
	投资收益(万元)	780.00	702.00	702.00	962.26
	净利润(万元)	4185.53	9982.64	5172.81	10347.73
	营业利润(万元)	5306.53	13079.09	6704.98	14586.27
	利润总额(万元)	5318.44	13118.53	6691.95	14404.09

东睦新材料集团股份有限公司

公司概况	公司名称	东睦新材料集团股份有限公司		证券简称	东睦股份
	法人代表	芦德宝	董秘	肖亚军	证券代码	600114
	公司网址	www.pm-china.com		电子信箱	caoyang@pm-china.com
	电　　话	0574-87841061		传　　真	0574-87831133
	办公地址	浙江省宁波市鄞州工业园区(姜山)景江路 8 号			
	经营范围	粉末冶金机械零件的生产和销售			

主要财务指标	指标\报告期	2017.06.30	2016.12.31	2016.06.30	2015.12.31
	基本每股收益(元)	0.3600	0.4600	0.2000	0.4300
	基本每股收益(扣除后)(元)	0.2900	0.4300	0.1900	0.3900
	稀释每股收益(元)	0.3500	0.4500	0.2000	0.4200
	每股净资产(元)	5.3986	5.3600	3.9856	3.9061
	每股经营现金净流量(元)	0.2210	0.7178	0.3849	0.4729
	每股现金流量(元)	0.1644	0.5282	0.0214	0.0768
	每股资本公积金(元)	3.4486	3.3252	2.2100	2.1660
	每股盈余公积金(元)	0.2121	0.2176	0.2000	0.2000
	每股未分配利润(元)	1.0889	0.9631	0.8344	0.8351
	净资产收益率(%)	6.3920	7.7137	4.9990	10.5077
	加权净资产收益率(%)	6.4200	10.6300	4.9800	11.0900
	净资产收益率(扣除)(%)	5.2669	7.2787	4.7453	9.5291
	总资产(万元)	306869.49	283085.42	250707.77	231440.11
	归属母公司股东权益(万元)	235568.66	227987.44	155744.11	152636.65
	营业收入(万元)	84377.39	146748.00	70314.52	136871.23
	营业支出(万元)	54300.28	96103.16	46534.79	92799.85
	投资收益(万元)	-187.92	-457.08	-13.33	1315.54
	净利润(万元)	15907.80	17998.60	8082.52	16516.64
	营业利润(万元)	15729.80	20211.72	8776.49	18936.91
	利润总额(万元)	18648.00	21291.54	9287.77	19372.53

中国东方航空股份有限公司

公司概况	公司名称	中国东方航空股份有限公司		证券简称	东方航空
	法人代表	刘绍勇	董秘	汪健	证券代码	600115
	公司网址	www.ceair.com		电子信箱	ir@ceair.com
	电　　话	021-22330928 22330921		传　　真	021-62686116
	办公地址	上海市长宁区空港三路 92 号			
	经营范围	国内和经批准的地区、国际航空客、货、邮、行李运输业务及延伸服务等			

主要财务指标	指标\报告期	2017.06.30	2016.12.31	2016.06.30	2015.12.31
	基本每股收益(元)	0.3005	0.3266	0.2460	0.3550
	基本每股收益(扣除后)(元)	0.1577	0.2463	0.2217	0.2496
	稀释每股收益(元)	0.3005	0.3266	0.2460	0.3550
	每股净资产(元)	3.5721	3.2616	3.2340	2.6740
	每股经营现金净流量(元)	0.5026	1.7206	0.7282	1.8512
	每股现金流量(元)	0.4747	-0.5105	0.2857	0.5879
	每股资本公积金(元)	1.8497	1.8497	1.8497	1.4876
	每股盈余公积金(元)	0.0227	0.0227	0.0127	0.0140
	每股未分配利润(元)	0.8844	0.5839	0.5568	0.3670
	净资产收益率(%)	8.4117	9.5537	6.9100	12.9237
	加权净资产收益率(%)	8.7900	10.8500	8.8100	14.7300
	净资产收益率(扣除)(%)	4.4139	7.2055	6.2261	9.0844
	总资产(万元)	22369800.00	21005100.00	21175000.00	19570900.00
	归属母公司股东权益(万元)	5167800.00	4718600.00	4678700.00	3513700.00
	营业收入(万元)	4802000.00	9856000.00	4633200.00	9384400.00
	营业支出(万元)	4262100.00	8258700.00	3773500.00	7714600.00
	投资收益(万元)	191500.00	32200.00	21100.00	23900.00
	净利润(万元)	462700.00	496500.00	353300.00	504700.00
	营业利润(万元)	513000.00	92600.00	185000.00	21800.00
	利润总额(万元)	577900.00	650700.00	457400.00	567100.00

重庆三峡水利电力(集团)股份有限公司

公司概况	公司名称	重庆三峡水利电力(集团)股份有限公司		证券简称	三峡水利
	法人代表	叶建桥	董秘	陈丽娟	证券代码	600116
	公司网址	www.cqsxsl.com		电子信箱	sxsl600116@163.com
	电　　话	023-63801161		传　　真	023-63801165
	办公地址	重庆市渝中区邹容路 68 号大都会商厦 3611 室			
	经营范围	发电、供电、电力建设咨询服务、制造第一类压力容器等			

主要财务指标	指标\报告期	2017.06.30	2016.12.31	2016.06.30	2015.12.31
	基本每股收益(元)	0.1400	0.2300	0.1200	0.6400
	基本每股收益(扣除后)(元)	0.1200	0.2100	0.1200	0.5400
	稀释每股收益(元)	0.1400	0.2300	0.1200	0.6400
	每股净资产(元)	2.5372	2.4690	2.3297	6.7832
	每股经营现金净流量(元)	0.1486	0.4373	0.2051	1.1540
	每股现金流量(元)	-0.1017	0.0340	0.0743	0.7014
	每股资本公积金(元)	0.7683	0.7683	0.7471	4.2413
	每股盈余公积金(元)	0.1013	0.1013	0.0816	0.2447
	每股未分配利润(元)	0.6825	0.6144	0.5202	1.3535
	净资产收益率(%)	5.4454	9.4346	5.1092	9.2276
	加权净资产收益率(%)	5.4700	9.9200	5.1700	10.3600
	净资产收益率(扣除)(%)	4.6338	8.5479	5.0469	7.8398
	总资产(万元)	479958.71	465167.64	454018.05	433694.30
	归属母公司股东权益(万元)	251949.46	245169.04	231342.61	224524.85
	营业收入(万元)	47291.06	125751.19	48112.40	131575.29
	营业支出(万元)	30331.39	87316.13	29395.49	93500.46
	投资收益(万元)	1744.02	3771.06	1330.05	2523.11
	净利润(万元)	13207.89	21890.76	11339.90	18146.75
	营业利润(万元)	13017.55	24302.42	13580.25	19550.75
	利润总额(万元)	15162.79	25798.23	13278.02	22384.81

西宁特殊钢股份有限公司

公司概况	公司名称	西宁特殊钢股份有限公司		证券简称	西宁特钢
	法人代表	黄斌	董秘	熊俊	证券代码	600117
	公司网址	www.xntg.com		电子信箱	xntg@public.xn.qh.cn
	电　　话	0971-5299673 5299865		传　　真	0971-5218389
	办公地址	青海省西宁市柴达木西路 52 号			
	经营范围	特殊钢冶炼及压延、机械设备制造、来料加工、副产品出售等			

主要财务指标	指标\报告期	2017.06.30	2016.12.31	2016.06.30	2015.12.31
	基本每股收益(元)	0.0100	0.0900	-0.4900	-2.1800
	基本每股收益(扣除后)(元)	0.0100	-0.4700	-0.5000	-2.1800
	稀释每股收益(元)	0.0100	0.0900	-0.4900	-2.1800
	每股净资产(元)	2.7582	2.7495	0.9601	1.4461
	每股经营现金净流量(元)	-0.1443	-1.7764	-0.2100	-1.6134
	每股现金流量(元)	-0.2552	0.3126	-0.6893	0.0487
	每股资本公积金(元)	1.7515	5.2754	0.5395	0.5395
	每股盈余公积金(元)	0.1842	0.4448	0.2597	0.2597
	每股未分配利润(元)	-0.1859	16.0349	-0.8564	-0.3705
	净资产收益率(%)	0.3766	2.4153	-50.6166	-151.0393
	加权净资产收益率(%)	0.3800	5.5500	-40.4000	-85.9400
	净资产收益率(扣除)(%)	0.1911	-12.5033	-51.8569	-150.9435
	总资产(万元)	2862099.63	2706950.97	2506517.50	2538015.90
	归属母公司股东权益(万元)	288266.87	287359.59	71167.65	107186.75
	营业收入(万元)	264234.39	738962.43	357217.43	605334.76
	营业支出(万元)	201157.52	636253.04	338970.01	615751.42
	投资收益(万元)	-78.66	31933.79	107.33	243.58
	净利润(万元)	685.29	4231.36	-39446.36	-167549.97
	营业利润(万元)	320.36	-4195.72	-37516.02	-174519.60
	利润总额(万元)	1001.79	9436.12	-36402.54	-174094.17

中国东方红卫星股份有限公司

公司概况	公司名称	中国东方红卫星股份有限公司			证券简称	中国卫星
	法人代表	张洪太	董秘	万银娟	证券代码	600118
	公司网址	www.spacesat.com.cn		电子信箱	600118@spacesat.com.cn	
	电　　话	010-68197793　68118118		传　　真	010-68197777	
	办公地址	北京市海淀区中关村南大街31号神舟科技大厦12层				
	经营范围	卫星及相关产品研制、设计、制造、销售等				

主要财务指标	指标\报告期	2017.06.30	2016.12.31	2016.06.30	2015.12.31
	基本每股收益(元)	0.1500	0.3400	0.1400	0.3200
	基本每股收益(扣除后)(元)	0.1400	0.3100	0.1300	0.3000
	稀释每股收益(元)	0.1500	0.3400	0.1400	0.3200
	每股净资产(元)	4.1717	4.1240	3.9276	3.8847
	每股经营现金净流量(元)	-0.5924	0.5333	-0.4165	0.0982
	每股现金流量(元)	-0.8844	0.3812	-0.6335	-0.2503
	每股资本公积金(元)	1.3668	1.3640	1.3635	1.3635
	每股盈余公积金(元)	0.0871	0.0871	0.0724	0.0724
	每股未分配利润(元)	1.7045	1.6653	1.4811	1.4438
	净资产收益率(%)	3.5752	8.1546	3.4945	8.3484
	加权净资产收益率(%)	3.5500	8.4200	3.4800	8.6400
	净资产收益率(扣除)(%)	3.2561	7.4270	3.2484	7.6409
	总资产(万元)	1106483.51	1085763.71	1058495.36	962525.06
	归属母公司股东权益(万元)	493297.59	487657.53	464429.25	459367.33
	营业收入(万元)	267867.88	633726.46	219831.03	544838.09
	营业支出(万元)	229653.67	548095.32	185357.66	467707.30
	投资收益(万元)	33.77	-127.63	21.80	104.95
	净利润(万元)	19415.01	46068.96	18365.13	44417.21
	营业利润(万元)	21927.87	46732.32	18558.27	44857.17
	利润总额(万元)	22036.51	52417.61	20075.13	49723.34

长发集团长江投资实业股份有限公司

公司概况	公司名称	长发集团长江投资实业股份有限公司			证券简称	长江投资
	法人代表	居亮	董秘	俞泓	证券代码	600119
	公司网址	www.cjtz.cn		电子信箱	litie@cjtz.cn	
	电　　话	021-66601817　66601819		传　　真	021-66601820	
	办公地址	上海市静安区永和路118弄35号				
	经营范围	实业投资、国内贸易、信息咨询服务等				

主要财务指标	指标\报告期	2017.06.30	2016.12.31	2016.06.30	2015.12.31
	基本每股收益(元)	0.0500	0.4600	0.2400	0.2800
	基本每股收益(扣除后)(元)	0.0400	0.4500	0.2300	0.0200
	稀释每股收益(元)	0.0500	0.4600	0.2400	0.2800
	每股净资产(元)	3.0281	3.0905	2.8664	2.7287
	每股经营现金净流量(元)	0.4069	-0.4454	-0.3949	-0.2501
	每股现金流量(元)	0.1424	0.3292	0.1285	0.1222
	每股资本公积金(元)	1.0792	1.0792	1.0790	1.0792
	每股盈余公积金(元)	0.1569	0.1569	0.1178	0.1178
	每股未分配利润(元)	0.7498	0.8410	0.6607	0.5252
	净资产收益率(%)	1.5486	14.7388	8.2389	10.1362
	加权净资产收益率(%)	1.5200	15.7400	8.3900	10.5700
	净资产收益率(扣除)(%)	1.2914	14.5148	8.0647	0.6597
	总资产(万元)	280955.09	292544.85	239186.68	232496.77
	归属母公司股东权益(万元)	93083.19	95003.07	88113.09	83878.78
	营业收入(万元)	167168.63	271153.34	66636.15	235168.67
	营业支出(万元)	155290.71	249317.19	54707.21	215358.14
	投资收益(万元)	893.83	15208.66	6298.12	7044.42
	净利润(万元)	2256.68	15521.22	8111.02	9301.12
	营业利润(万元)	2529.75	16340.50	8463.23	7947.81
	利润总额(万元)	2924.08	16748.56	8755.22	10568.92

浙江东方集团股份有限公司

公司概况	公司名称	浙江东方集团股份有限公司			证券简称	浙江东方
	法人代表	蓝翔	董秘	何欣	证券代码	600120
	公司网址	www.zjorient.com		电子信箱	invest@zjorient.com	
	电　　话	0571-87600383		传　　真	0571-87600324	
	办公地址	浙江省杭州市西湖大道12号				
	经营范围	以毛、棉、麻、晴纶为主要原料的针织、梭织服装、服饰和家用纺织品出口业务				

主要财务指标	指标\报告期	2017.06.30	2016.12.31	2016.06.30	2015.12.31
	基本每股收益(元)	0.5800	1.3100	0.7700	1.1600
	基本每股收益(扣除后)(元)	0.1400	0.2200	0.1900	-0.1500
	稀释每股收益(元)	0.5800	1.3100	0.7700	1.1600
	每股净资产(元)	13.8980	12.6744	9.7648	10.1464
	每股经营现金净流量(元)	-0.0833	-0.4039	0.0162	0.7811
	每股现金流量(元)	-0.0374	0.3012	-0.4389	-0.0533
	每股资本公积金(元)	3.1670	1.5054	0.0838	0.0846
	每股盈余公积金(元)	0.4304	0.5728	0.5728	0.5728
	每股未分配利润(元)	5.5141	6.7100	5.5422	4.8877
	净资产收益率(%)	4.0951	10.3222	7.9316	11.4817
	加权净资产收益率(%)	4.4000	12.5400	7.4800	12.6900
	净资产收益率(扣除)(%)	0.9372	1.7393	1.9687	-1.4544
	总资产(万元)	1799883.34	1511943.31	874823.66	1132360.14
	归属母公司股东权益(万元)	934790.29	745893.17	493586.14	512872.05
	营业收入(万元)	342142.20	449458.46	262364.88	770276.35
	营业支出(万元)	329359.32	377542.57	213462.35	662365.29
	投资收益(万元)	42806.07	89745.12	42431.98	98714.69
	净利润(万元)	39791.11	69188.27	43362.97	62079.76
	营业利润(万元)	49995.67	91915.49	56630.08	94998.97
	利润总额(万元)	50196.52	92918.66	57192.06	97721.65

郑州煤电股份有限公司

公司概况	公司名称	郑州煤电股份有限公司			证券简称	*ST郑煤
	法人代表	郭矿生	董秘	陈晓燕	证券代码	600121
	公司网址	www.zzce.com.cn		电子信箱	zzce@zmjt.cn	
	电　　话	0371-87785116		传　　真	0371-87785126	
	办公地址	河南省郑州市中原西路188号				
	经营范围	煤炭生产和销售、企业专用通信网建设与服务等				

主要财务指标	指标\报告期	2017.06.30	2016.12.31	2016.06.30	2015.12.31
	基本每股收益(元)	0.4000	-0.6203	-0.1900	-0.5360
	基本每股收益(扣除后)(元)	0.3700	0.1752	-0.1900	-0.7490
	稀释每股收益(元)	0.4000	-0.6203	-0.1900	-0.5360
	每股净资产(元)	3.1319	2.7874	3.3389	3.3874
	每股经营现金净流量(元)	0.1218	0.8747	0.3871	-0.2930
	每股现金流量(元)	-0.1658	-0.3021	-0.2933	0.3795
	每股资本公积金(元)	0.4370	0.4955	0.4955	0.4955
	每股盈余公积金(元)	0.4205	0.4205	0.4205	0.4205
	每股未分配利润(元)	0.7652	0.3659	0.7965	0.9861
	净资产收益率(%)	12.7624	-22.2519	-5.6780	-15.8239
	加权净资产收益率(%)	13.5000	-20.0900	-5.6400	-14.2200
	净资产收益率(扣除)(%)	11.8187	6.2855	-5.6493	-22.1152
	总资产(万元)	1156615.09	1124676.65	1175148.12	1109590.84
	归属母公司股东权益(万元)	318000.19	283019.44	339014.94	343941.23
	营业收入(万元)	291304.44	945224.40	489909.88	1199551.67
	营业支出(万元)	187985.54	819822.77	468084.72	1174574.84
	投资收益(万元)	652.55	85.50	-	29607.17
	净利润(万元)	52909.41	-55606.27	-19986.17	-59963.69
	营业利润(万元)	59596.21	-48033.89	-19357.63	-47922.04
	利润总额(万元)	61902.37	-48973.12	-19568.65	-48878.01

江苏宏图高科技股份有限公司

公司概况	公司名称	江苏宏图高科技股份有限公司		证券简称	宏图高科
	法人代表	杨怀珍	董秘 韩宏图	证券代码	600122
	公司网址	www.hiteker.cn		电子信箱	hiteker@hiteker.com.cn
	电　话	025-83274878 83274692		传　真	025-83274701
	办公地址	江苏省南京市雨花台区软件大道68号			
	经营范围	计算机(软硬件)、打印机、网络设备、系统工程集成、通信设备等			

主要财务指标	指标\报告期	2017.06.30	2016.12.31	2016.06.30	2015.12.31
	基本每股收益(元)	0.1900	0.3900	0.1211	0.3693
	基本每股收益(扣除后)(元)	0.1576	0.2934	0.1183	0.2620
	稀释每股收益(元)	0.1906	0.3900	0.1204	0.3652
	每股净资产(元)	7.0820	7.1939	6.7230	6.7138
	每股经营现金净流量(元)	0.4671	0.7097	0.1326	0.4469
	每股现金流量(元)	-1.4647	1.2908	0.3937	0.9794
	每股资本公积金(元)	1.8302	1.8277	1.8192	1.8140
	每股盈余公积金(元)	0.1137	0.1137	0.1016	0.1015
	每股未分配利润(元)	2.3371	2.1869	1.9393	1.8578
	净资产收益率(%)	2.6938	5.3837	1.8017	5.4603
	加权净资产收益率(%)	2.8210	5.5700	1.7990	5.3800
	净资产收益率(扣除)(%)	2.2243	4.0494	1.7593	3.8743
	总资产(万元)	2001411.16	1910748.85	1797331.06	1800312.36
	归属母公司股东权益(万元)	817371.91	830046.51	773125.37	772218.93
	营业收入(万元)	856031.51	2051297.91	884301.54	1871440.86
	营业支出(万元)	776944.51	1885556.19	811644.21	1712576.99
	投资收益(万元)	12941.36	18176.91	6589.71	23338.26
	净利润(万元)	19243.90	42849.05	11794.01	40416.26
	营业利润(万元)	23480.55	53875.14	14920.31	51793.19
	利润总额(万元)	23772.38	55859.46	15368.60	52321.64

山西兰花科技创业股份有限公司

公司概况	公司名称	山西兰花科技创业股份有限公司		证券简称	兰花科创
	法人代表	甄恩赐	董秘 王立印	证券代码	600123
	公司网址	www.chinalanhua.com		电子信箱	wly@chinalanhua.com
	电　话	0356-2189656		传　真	0356-2189608 2189600
	办公地址	山西省晋城市凤台东街2288号兰花科技大厦			
	经营范围	煤炭、化肥的生产和销售等			

主要财务指标	指标\报告期	2017.06.30	2016.12.31	2016.06.30	2015.12.31
	基本每股收益(元)	0.4470	-0.5778	-0.1596	0.0120
	基本每股收益(扣除后)(元)	0.4378	-0.4907	-0.1407	0.0370
	稀释每股收益(元)	0.4470	-0.5778	-0.1596	0.0120
	每股净资产(元)	8.0456	7.5280	8.0518	8.4265
	每股经营现金净流量(元)	0.3073	0.0654	-0.1627	-0.0020
	每股现金流量(元)	-0.2488	-0.2047	0.2684	-0.4055
	每股资本公积金(元)	0.2345	0.2275	0.2190	0.2095
	每股盈余公积金(元)	1.1177	1.1177	1.1720	1.1720
	每股未分配利润(元)	5.0524	4.6054	5.0705	5.3301
	净资产收益率(%)	5.5564	-7.6750	-1.9823	0.1426
	加权净资产收益率(%)	5.7400	-7.3700	-1.9500	0.1400
	净资产收益率(扣除)(%)	5.4418	-6.5188	-1.7479	0.4389
	总资产(万元)	2485000.96	2410112.59	2367696.80	2278896.14
	归属母公司股东权益(万元)	919125.54	859995.26	919834.53	942481.56
	营业收入(万元)	397486.48	435761.38	175118.84	456451.71
	营业支出(万元)	253837.28	333266.71	146507.10	333861.51
	投资收益(万元)	17613.49	17991.06	5684.39	13601.95
	净利润(万元)	49512.47	-86979.92	-25765.12	-11983.31
	营业利润(万元)	64738.83	-73437.32	-24062.55	1713.24
	利润总额(万元)	66874.51	-80574.56	-25836.70	-1891.59

中铁铁龙集装箱物流股份有限公司

公司概况	公司名称	中铁铁龙集装箱物流股份有限公司		证券简称	铁龙物流
	法人代表	吴云天	董秘 畅晓东	证券代码	600125
	公司网址	www.chinacrt.com		电子信箱	changxiaodong@chinacrt.com
	电　话	0411-82810881		传　真	0411-82816639
	办公地址	辽宁省大连市中山区新安街1号			
	经营范围	铁路特种集装箱业务、铁路货运及临港物流业务、房地产业务等			

主要财务指标	指标\报告期	2017.06.30	2016.12.31	2016.06.30	2015.12.31
	基本每股收益(元)	0.1410	0.1850	0.0970	0.2150
	基本每股收益(扣除后)(元)	0.1350	0.1690	0.0850	0.1990
	稀释每股收益(元)	0.1410	0.1850	0.0970	0.2150
	每股净资产(元)	3.9198	3.8391	3.7508	3.7241
	每股经营现金净流量(元)	0.2638	0.3588	0.2490	0.3238
	每股现金流量(元)	0.1247	-0.2225	-0.3101	0.2241
	每股资本公积金(元)	0.1209	0.1209	0.1209	0.1209
	每股盈余公积金(元)	0.4013	0.4013	0.3827	0.3827
	每股未分配利润(元)	2.3977	2.3169	2.2472	2.2205
	净资产收益率(%)	3.5907	4.8196	2.5786	5.7822
	加权净资产收益率(%)	3.6000	4.8930	2.5640	5.9000
	净资产收益率(扣除)(%)	3.4390	4.4089	2.2570	5.3361
	总资产(万元)	843221.41	750656.52	679855.29	755963.66
	归属母公司股东权益(万元)	511743.06	501201.02	489671.41	486183.56
	营业收入(万元)	513887.28	631248.25	291082.16	631602.25
	营业支出(万元)	480264.76	582564.33	266435.40	579236.80
	投资收益(万元)	620.49	2096.04	1440.86	2593.67
	净利润(万元)	18202.09	24223.30	12529.76	28045.84
	营业利润(万元)	24185.77	31332.07	15962.32	35805.75
	利润总额(万元)	24741.25	32964.45	16961.12	37414.00

杭州钢铁股份有限公司

公司概况	公司名称	杭州钢铁股份有限公司		证券简称	杭钢股份
	法人代表	汤民强	董秘 吴继华	证券代码	600126
	公司网址	www.hzsteel.com		电子信箱	hggf@hzsteel.com
	电　话	0571-88132917		传　真	0571-88132919
	办公地址	浙江省杭州市拱墅区半山路178号			
	经营范围	钢铁及压延产品、焦炭及其副产品的生产、销售等			

主要财务指标	指标\报告期	2017.06.30	2016.12.31	2016.06.30	2015.12.31
	基本每股收益(元)	0.1400	0.3200	0.2300	-1.3000
	基本每股收益(扣除后)(元)	0.1200	0.2600	0.2100	-1.3200
	稀释每股收益(元)	0.1400	0.3200	0.2300	-1.3000
	每股净资产(元)	5.8183	5.7107	5.3893	2.6395
	每股经营现金净流量(元)	0.5913	1.2622	0.5618	1.1651
	每股现金流量(元)	-0.3893	1.5410	1.2798	-0.0827
	每股资本公积金(元)	4.2525	4.3998	4.3477	8.4647
	每股盈余公积金(元)	0.2028	0.2028	0.2028	0.6281
	每股未分配利润(元)	0.3626	0.2257	-0.1617	-0.9043
	净资产收益率(%)	2.3527	4.8900	2.4188	-14.0492
	加权净资产收益率(%)	2.3000	6.3500	3.0500	-39.4100
	净资产收益率(扣除)(%)	2.0959	3.9212	2.2773	-50.1200
	总资产(万元)	2401799.86	2602169.24	2520708.16	2517174.52
	归属母公司股东权益(万元)	1511490.02	1514098.50	1400049.46	770865.98
	营业收入(万元)	1277906.93	1966028.71	935302.82	835029.39
	营业支出(万元)	1200924.78	1791985.51	850874.62	893135.66
	投资收益(万元)	1169.95	13.73	-140.57	-78.74
	净利润(万元)	36057.41	73666.16	34221.20	-108222.64
	营业利润(万元)	33736.79	75700.53	33746.76	-107951.48
	利润总额(万元)	37631.86	78199.54	35294.90	-107380.69

金健米业股份有限公司

公司概况	公司名称	金健米业股份有限公司			证券简称	金健米业
	法人代表	谢文辉	董秘	陈绍红	证券代码	600127
	公司网址	www.jjmy.cn		电子信箱	dm_600127@163.com	
	电　话	0736-2588288 2588216		传　真	0736-2588220	
	办公地址	湖南省常德市常德经济技术开发区德山办事处莲池居委会崇德路158号				
	经营范围	开发、生产、销售定型包装粮油及制品、食品包装材料等				

主要财务指标	指标\报告期	2017.06.30	2016.12.31	2016.06.30	2015.12.31
	基本每股收益(元)	0.0109	0.0157	0.0152	-0.2690
	基本每股收益(扣除后)(元)	0.0058	-0.0208	0.0065	-0.1961
	稀释每股收益(元)	0.0109	0.0157	0.0152	-0.2690
	每股净资产(元)	1.1698	1.1589	1.1584	1.1433
	每股经营现金净流量(元)	-0.0079	-0.2234	-0.0325	-0.0894
	每股现金流量(元)	-0.1025	0.0150	-0.1431	0.0414
	每股资本公积金(元)	0.7260	0.7260	0.7261	0.7261
	每股盈余公积金(元)	0.0254	0.0254	0.0254	0.0254
	每股未分配利润(元)	-0.5817	-0.5926	-0.5931	-0.6082
	净资产收益率(%)	0.9308	1.3557	1.3097	-23.5324
	加权净资产收益率(%)	0.9400	1.3600	1.3200	-21.0600
	净资产收益率(扣除)(%)	0.4938	-1.7922	0.5603	-17.1519
	总资产(万元)	181835.42	181384.01	140554.02	150474.90
	归属母公司股东权益(万元)	75073.54	74374.78	74345.93	73372.25
	营业收入(万元)	131285.25	221723.19	100794.10	228524.36
	营业支出(万元)	118655.13	196610.71	88685.26	207109.20
	投资收益(万元)	10.16	479.85	85.93	754.63
	净利润(万元)	726.81	927.14	1027.44	-17228.08
	营业利润(万元)	168.11	-1691.46	-5.17	-18255.26
	利润总额(万元)	965.35	1705.50	1265.56	-16744.52

江苏弘业股份有限公司

公司概况	公司名称	江苏弘业股份有限公司			证券简称	弘业股份
	法人代表	吴廷昌	董秘	王翠	证券代码	600128
	公司网址	www.artall.com.cn		电子信箱	hyzqb@artall.com	
	电　话	025-52262530		传　真	025-52278488	
	办公地址	江苏省南京市中华路50号弘业大厦				
	经营范围	承包与其实力、规模、业绩相适应的国外工程项目等				

主要财务指标	指标\报告期	2017.06.30	2016.12.31	2016.06.30	2015.12.31
	基本每股收益(元)	0.0048	0.0927	0.0901	0.2683
	基本每股收益(扣除后)(元)	-0.0404	0.0032	0.0437	0.0926
	稀释每股收益(元)	0.0048	0.0927	0.0901	0.2683
	每股净资产(元)	5.5593	6.1455	6.1090	6.1315
	每股经营现金净流量(元)	-0.5773	0.7991	-0.0621	1.2962
	每股现金流量(元)	-1.8580	0.5688	-0.5370	0.7541
	每股资本公积金(元)	2.1053	2.1213	2.8781	2.8781
	每股盈余公积金(元)	0.5583	0.5583	0.5381	0.5381
	每股未分配利润(元)	1.8653	1.9105	1.6853	1.6852
	净资产收益率(%)	0.0864	1.5084	1.4751	4.3764
	加权净资产收益率(%)	0.0855	1.5071	1.4724	4.4163
	净资产收益率(扣除)(%)	-0.7263	0.0514	0.7147	1.5096
	总资产(万元)	296901.72	308796.66	282123.90	287458.53
	归属母公司股东权益(万元)	137185.64	139952.84	150750.43	151304.35
	营业收入(万元)	163451.74	290885.78	147558.10	368727.38
	营业支出(万元)	150153.78	267700.98	135804.93	340609.04
	投资收益(万元)	3073.64	2758.07	1112.68	7735.69
	净利润(万元)	758.16	2592.34	1883.52	6780.41
	营业利润(万元)	934.04	422.32	1093.18	7414.33
	利润总额(万元)	1254.36	3236.57	2411.03	8453.97

重庆太极实业(集团)股份有限公司

公司概况	公司名称	重庆太极实业(集团)股份有限公司			证券简称	太极集团
	法人代表	白礼西	董秘	蒋茜	证券代码	600129
	公司网址	www.taiji.com		电子信箱	tjzq@taiji.com	
	电　话	023-89886129		传　真	023-89887399	
	办公地址	重庆市渝北区黄龙路38号				
	经营范围	中成药、西药加工、销售等				

主要财务指标	指标\报告期	2017.06.30	2016.12.31	2016.06.30	2015.12.31
	基本每股收益(元)	0.0814	2.0000	2.2592	0.5434
	基本每股收益(扣除后)(元)	0.0704	-1.0400	-0.4896	-1.2558
	稀释每股收益(元)	0.0814	2.0000	2.2592	0.5434
	每股净资产(元)	2.9874	3.0090	3.8383	2.3836
	每股经营现金净流量(元)	-0.1763	-0.2474	-0.4403	-0.1411
	每股现金流量(元)	-0.0552	-0.4757	-0.4309	0.1973
	每股资本公积金(元)	0.4874	0.4874	0.5140	0.7495
	每股盈余公积金(元)	0.4731	0.4731	0.3507	0.3507
	每股未分配利润(元)	1.2812	1.1998	1.5931	-0.6661
	净资产收益率(%)	2.7247	66.4315	58.8585	22.7979
	加权净资产收益率(%)	2.7100	76.1100	72.6200	23.1400
	净资产收益率(扣除)(%)	2.3574	-34.4722	-12.7556	-52.6847
	总资产(万元)	939513.18	942021.72	958172.87	1002996.08
	归属母公司股东权益(万元)	127529.67	128450.96	163855.58	101755.23
	营业收入(万元)	444411.23	778805.57	388662.27	716463.30
	营业支出(万元)	300557.20	541943.87	275219.90	506151.70
	投资收益(万元)	-182.48	131286.29	114058.55	80033.45
	净利润(万元)	4782.16	84926.80	95863.21	23055.13
	营业利润(万元)	8124.84	76074.03	98525.63	31151.71
	利润总额(万元)	9231.11	87450.32	102359.77	36944.04

宁波波导股份有限公司

公司概况	公司名称	宁波波导股份有限公司			证券简称	波导股份
	法人代表	徐立华	董秘	马思甜	证券代码	600130
	公司网址	www.chinabird.com		电子信箱	birdzq@chinabird.com	
	电　话	0574-88918855		传　真	0574-88929054	
	办公地址	浙江省奉化市大成东路999号				
	经营范围	电子通讯产品，通讯系统，计算机及配件，现代办公室设备研究开发、制造、维修等				

主要财务指标	指标\报告期	2017.06.30	2016.12.31	2016.06.30	2015.12.31
	基本每股收益(元)	-0.0400	0.0400	0.0200	0.0800
	基本每股收益(扣除后)(元)	-0.0400	0.0200	0.0100	0.0500
	稀释每股收益(元)	-0.0400	0.0400	0.0200	0.0800
	每股净资产(元)	1.2580	1.2958	1.2758	1.2560
	每股经营现金净流量(元)	0.0467	-0.2591	-0.3034	0.1217
	每股现金流量(元)	-0.0126	-0.2381	-0.3691	0.1256
	每股资本公积金(元)	0.5936	0.5936	0.5936	0.5936
	每股盈余公积金(元)	0.0865	0.0865	0.0865	0.0865
	每股未分配利润(元)	-0.4285	-0.3905	-0.4108	-0.4306
	净资产收益率(%)	-3.0179	3.0957	1.5558	6.3217
	加权净资产收益率(%)	-2.9700	3.1400	1.5700	6.5500
	净资产收益率(扣除)(%)	-3.2848	1.7855	0.8197	3.8197
	总资产(万元)	122746.42	143166.86	137165.89	137665.02
	归属母公司股东权益(万元)	96615.19	99517.84	97980.68	96464.39
	营业收入(万元)	81092.19	319002.33	181222.35	191177.05
	营业支出(万元)	75948.29	301605.22	170234.19	176039.96
	投资收益(万元)	9.22	1284.91	915.28	2042.01
	净利润(万元)	-2915.71	3080.75	1524.38	6098.24
	营业利润(万元)	-3155.38	1815.75	903.16	3957.50
	利润总额(万元)	-2903.54	3656.19	1733.55	6318.73

四川岷江水利电力股份有限公司

公司概况	公司名称	四川岷江水利电力股份有限公司			证券简称	岷江水电
	法人代表	张有才	董秘	肖劲松	证券代码	600131
	公司网址	www.mjsdgs.com		电子信箱	xjs600131@263.net	
	电　话	028-80808131		传　真	028-80808132	
	办公地址	四川省都江堰市奎光路 301 号				
	经营范围	电力生产、电力购售				

	指标＼报告期	2017.06.30	2016.12.31	2016.06.30	2015.12.31
主要财务指标	基本每股收益(元)	0.0750	0.3300	0.2450	0.2500
	基本每股收益(扣除后)(元)	0.0700	0.3000	0.2230	0.2700
	稀释每股收益(元)	0.0750	0.3300	0.2450	0.2500
	每股净资产(元)	2.0993	2.0747	1.9945	1.7992
	每股经营现金净流量(元)	0.1096	0.4442	0.2363	0.3053
	每股现金流量(元)	0.0211	0.0295	0.0913	-0.0161
	每股资本公积金(元)	0.0935	0.0935	0.0935	0.0935
	每股盈余公积金(元)	0.3106	0.3106	0.2820	0.2820
	每股未分配利润(元)	0.6952	0.6706	0.6189	0.4236
	净资产收益率(%)	3.5531	15.6892	12.2984	13.9635
	加权净资产收益率(%)	3.5300	16.8000	12.7600	14.7900
	净资产收益率(扣除)(%)	3.3394	14.5739	11.1954	15.0237
	总资产(万元)	238116.62	237917.42	248386.16	238467.86
	归属母公司股东权益(万元)	105830.32	104590.64	100546.92	90701.85
	营业收入(万元)	35910.94	113661.06	54541.44	93593.34
	营业支出(万元)	32130.50	92114.47	41889.25	74977.03
	投资收益(万元)	5481.83	8533.02	5509.04	9890.25
	净利润(万元)	4250.26	15848.49	12243.15	12377.33
	营业利润(万元)	4484.61	16281.10	12235.01	14171.62
	利润总额(万元)	4620.88	17759.20	13551.69	13044.13

重庆啤酒股份有限公司

公司概况	公司名称	重庆啤酒股份有限公司			证券简称	重庆啤酒
	法人代表	柯俊财	董秘	邓炜	证券代码	600132
	公司网址	www.chongqingbeer.com		电子信箱	CBCSMIR@chongqinggroup.cn	
	电　话	023-89139399		传　真	023-89139393	
	办公地址	重庆市九龙坡区马王乡龙泉村一号				
	经营范围	生产及销售啤酒等				

	指标＼报告期	2017.06.30	2016.12.31	2016.06.30	2015.12.31
主要财务指标	基本每股收益(元)	0.3300	0.3700	0.2000	-0.1400
	基本每股收益(扣除后)(元)	0.3200	0.3800	0.1900	-0.1400
	稀释每股收益(元)	0.3300	0.3700	0.2000	-0.1400
	每股净资产(元)	2.0756	2.5414	2.3615	2.3583
	每股经营现金净流量(元)	0.9473	1.1766	1.0005	0.9263
	每股现金流量(元)	0.0742	0.1009	0.2272	0.1954
	每股资本公积金(元)	——	——	-	-
	每股盈余公积金(元)	0.5000	0.5000	0.5000	0.5000
	每股未分配利润(元)	0.5863	1.0520	0.8816	0.8785
	净资产收益率(%)	16.1032	14.7152	8.6019	-5.7544
	加权净资产收益率(%)	12.9800	15.3700	8.3700	-5.4700
	净资产收益率(扣除)(%)	15.3036	14.9234	8.2111	-6.0407
	总资产(万元)	353886.49	336565.98	386791.63	372119.40
	归属母公司股东权益(万元)	100453.69	122995.17	114287.55	114136.13
	营业收入(万元)	159009.61	319592.15	163624.94	332374.53
	营业支出(万元)	95306.31	193969.49	99472.45	209646.49
	投资收益(万元)	3133.63	8191.04	2371.87	4309.14
	净利润(万元)	17204.52	13994.12	9541.10	-15355.20
	营业利润(万元)	19602.49	18658.50	8860.32	-11402.39
	利润总额(万元)	19890.31	15677.44	9500.91	-11057.24

武汉东湖高新集团股份有限公司

公司概况	公司名称	武汉东湖高新集团股份有限公司			证券简称	东湖高新
	法人代表	杨涛	董秘	段静	证券代码	600133
	公司网址	www.elht.com		电子信箱	dhgx@hotmail.com	
	电　话	027-87172038		传　真	027-87172038	
	办公地址	湖北省武汉市东湖开发区佳园路 1 号东湖高新大楼				
	经营范围	科技工业园、烟气脱硫和环保电力的建设、开发及运营等				

	指标＼报告期	2017.06.30	2016.12.31	2016.06.30	2015.12.31
主要财务指标	基本每股收益(元)	1.1269	0.2296	0.0248	0.2239
	基本每股收益(扣除后)(元)	0.0104	0.1939	0.0123	0.1776
	稀释每股收益(元)	1.1269	0.2296	0.0248	0.2239
	每股净资产(元)	4.0459	2.9585	2.7035	2.6986
	每股经营现金净流量(元)	1.2925	0.4033	0.0552	-0.9514
	每股现金流量(元)	0.7666	0.5605	0.5694	0.4202
	每股资本公积金(元)	0.8589	0.8969	0.8970	0.8971
	每股盈余公积金(元)	0.2151	0.2151	0.2151	0.2151
	每股未分配利润(元)	1.8126	0.6857	0.4904	0.4655
	净资产收益率(%)	27.8525	7.7603	0.9181	8.2970
	加权净资产收益率(%)	32.1800	8.1300	0.9200	8.7900
	净资产收益率(扣除)(%)	0.2573	6.5530	0.4534	6.5825
	总资产(万元)	2108058.71	2072778.35	1814148.33	1642122.50
	归属母公司股东权益(万元)	256615.61	187647.02	171474.07	171158.22
	营业收入(万元)	286030.78	611390.94	179510.69	619809.18
	营业支出(万元)	248330.17	534389.60	143976.29	524862.19
	投资收益(万元)	72699.08	4953.32	279.00	1808.61
	净利润(万元)	72220.36	15654.52	1430.54	15937.90
	营业利润(万元)	77154.42	20859.49	5478.82	23930.70
	利润总额(万元)	77283.86	24810.20	6612.51	25883.03

乐凯胶片股份有限公司

公司概况	公司名称	乐凯胶片股份有限公司			证券简称	乐凯胶片
	法人代表	滕方迁	董秘	张永光	证券代码	600135
	公司网址	gufen.luckyfilm.com.cn		电子信箱	stock@luckyfilm.com.cn	
	电　话	0312-7922692		传　真	0312-7922691	
	办公地址	河北省保定市乐凯南大街 6 号				
	经营范围	彩色胶卷、彩色相纸、彩色电影胶片等彩色感光材料的科研、生产、销售等				

	指标＼报告期	2017.06.30	2016.12.31	2016.06.30	2015.12.31
主要财务指标	基本每股收益(元)	0.1334	0.1103	0.0793	0.1015
	基本每股收益(扣除后)(元)	0.1237	0.0984	0.0713	0.0988
	稀释每股收益(元)	0.1334	0.1103	0.0793	0.1015
	每股净资产(元)	4.4983	4.3989	4.3679	4.3187
	每股经营现金净流量(元)	-0.0318	-0.1045	0.0692	-0.0960
	每股现金流量(元)	-0.4404	-0.2840	-0.2238	1.0094
	每股资本公积金(元)	2.4127	2.4127	2.4127	2.4127
	每股盈余公积金(元)	0.3919	0.3919	0.3820	0.3820
	每股未分配利润(元)	0.6938	0.5944	0.5732	0.5240
	净资产收益率(%)	2.9659	2.5076	1.8146	2.2752
	加权净资产收益率(%)	2.9914	2.5300	1.8207	2.7200
	净资产收益率(扣除)(%)	2.7506	2.2370	1.6321	2.2133
	总资产(万元)	218075.30	205804.19	196474.77	191421.25
	归属母公司股东权益(万元)	167784.02	164075.87	162917.90	161085.34
	营业收入(万元)	94630.16	142146.36	69385.22	118317.00
	营业支出(万元)	77808.22	117599.63	57497.35	96276.04
	投资收益(万元)	194.69	425.56	491.85	251.38
	净利润(万元)	5233.40	4536.91	3183.31	4011.22
	营业利润(万元)	5362.93	4445.34	3158.72	4360.46
	利润总额(万元)	5592.23	4947.83	3501.50	4498.34

武汉当代明诚文化股份有限公司

公司概况	公司名称	武汉当代明诚文化股份有限公司			证券简称	当代明诚
	法人代表	易仁涛	董秘	高维	证券代码	600136
	公司网址	www.whggfz.com		电子信箱	fwq_whdb@126.com	
	电　　话	027-87115482		传　　真	027-87115487	
	办公地址	湖北省武汉市武昌区中南路99号保利大厦A座33楼				
	经营范围	影视产品制作销售、磷矿石销售、学生公寓运营				

	指标\报告期	2017.06.30	2016.12.31	2016.06.30	2015.12.31
主要财务指标	基本每股收益(元)	0.0400	0.2500	0.0400	0.3500
	基本每股收益(扣除后)(元)	0.0100	0.2300	0.0400	0.3500
	稀释每股收益(元)	0.0400	0.2500	0.0400	0.3500
	每股净资产(元)	4.9656	4.9009	4.6695	5.2995
	每股经营现金净流量(元)	-1.0300	-0.6543	-0.1739	-0.4775
	每股现金流量(元)	0.1823	0.5456	1.1992	0.3540
	每股资本公积金(元)	3.4708	3.4708	3.4611	3.8119
	每股盈余公积金(元)	0.0143	0.0143	0.0143	0.0423
	每股未分配利润(元)	0.4429	0.4007	0.1914	0.4453
	净资产收益率(%)	0.8499	5.1174	0.8879	6.1516
	加权净资产收益率(%)	0.8600	5.5400	0.9900	7.3200
	净资产收益率(扣除)(%)	0.2436	4.7125	0.7550	6.2837
	总资产(万元)	417990.40	357998.80	312490.89	121820.22
	归属母公司股东权益(万元)	241916.80	238763.28	227489.91	86921.27
	营业收入(万元)	21855.25	56904.33	16011.74	43117.43
	营业支出(万元)	10128.78	26052.75	8151.64	25099.61
	投资收益(万元)	1169.64	74.78	-12.48	498.62
	净利润(万元)	3316.09	14697.87	3291.64	6869.78
	营业利润(万元)	3077.69	15910.37	3624.86	8611.04
	利润总额(万元)	3534.63	17301.55	4134.74	10109.25

四川浪莎控股股份有限公司

公司概况	公司名称	四川浪莎控股股份有限公司			证券简称	浪莎股份
	法人代表	翁荣弟	董秘	马中明	证券代码	600137
	公司网址	www.langshastock.com		电子信箱	cjbz@vip.163.com	
	电　　话	0831-8216216		传　　真	0831-8216016	
	办公地址	四川省宜宾市外南街63号				
	经营范围	生产、销售针织品、针织品面料、针织内衣等内装产品等				

	指标\报告期	2017.06.30	2016.12.31	2016.06.30	2015.12.31
主要财务指标	基本每股收益(元)	0.1030	0.1380	0.0310	-0.2130
	基本每股收益(扣除后)(元)	0.0730	0.1020	0.0270	-0.2220
	稀释每股收益(元)	0.1030	0.1380	0.0310	-0.2130
	每股净资产(元)	4.7705	4.6678	4.5608	4.5293
	每股经营现金净流量(元)	-0.4065	0.7506	-0.0034	0.1875
	每股现金流量(元)	-1.0491	-0.0584	-0.3707	0.1894
	每股资本公积金(元)	3.5158	3.5158	3.5158	3.5158
	每股盈余公积金(元)	0.1078	0.1078	0.1078	0.1078
	每股未分配利润(元)	0.1469	0.0442	-0.0628	-0.0943
	净资产收益率(%)	2.1527	2.9659	0.6888	-4.6972
	加权净资产收益率(%)	2.1800	3.0100	0.6900	-4.5900
	净资产收益率(扣除)(%)	1.5382	2.1753	0.5821	-4.9044
	总资产(万元)	57770.46	58593.02	54070.68	54504.88
	归属母公司股东权益(万元)	46377.41	45379.05	44338.56	44033.18
	营业收入(万元)	9168.26	26909.54	7579.70	20519.59
	营业支出(万元)	7250.05	21863.84	6345.22	17983.37
	投资收益(万元)	342.85	219.09	27.60	-
	净利润(万元)	998.36	1345.88	305.39	-2068.31
	营业利润(万元)	1149.03	1405.48	392.57	-2409.67
	利润总额(万元)	1141.48	1586.29	420.62	-2302.31

中青旅控股股份有限公司

公司概况	公司名称	中青旅控股股份有限公司			证券简称	中青旅
	法人代表	康国明	董秘	范思远	证券代码	600138
	公司网址	www.aoyou.com		电子信箱	zhqb@aoyou.com	
	电　　话	010-58158702 58158717		传　　真	010-58158708	
	办公地址	北京市东城区东直门南大街5号中青旅大厦				
	经营范围	旅游、高科技、风险投资领域的投资、旅游服务、高新技术产品开发等				

	指标\报告期	2017.06.30	2016.12.31	2016.06.30	2015.12.31
主要财务指标	基本每股收益(元)	0.4792	0.6700	0.4396	0.4100
	基本每股收益(扣除后)(元)	0.3030	0.5100	0.3040	0.3500
	稀释每股收益(元)	--	--	-	-
	每股净资产(元)	7.4164	7.0383	6.8021	6.4277
	每股经营现金净流量(元)	0.4076	1.3089	0.4308	0.7049
	每股现金流量(元)	-0.0788	0.1159	0.0665	0.0678
	每股资本公积金(元)	2.4218	2.4218	2.4171	2.3841
	每股盈余公积金(元)	0.2108	0.2108	0.2086	0.2086
	每股未分配利润(元)	3.8161	3.4369	3.2107	2.8711
	净资产收益率(%)	6.4613	9.4908	6.4621	6.3434
	加权净资产收益率(%)	6.6000	9.4900	6.6200	6.5100
	净资产收益率(扣除)(%)	4.0858	7.2925	4.4699	5.4809
	总资产(万元)	1122778.37	1094944.79	1048133.93	955477.60
	归属母公司股东权益(万元)	536827.16	509458.50	492360.51	465263.87
	营业收入(万元)	476114.17	1032747.63	497557.47	1057701.59
	营业支出(万元)	349446.39	787061.85	376311.17	833801.63
	投资收益(万元)	1988.04	8782.79	6140.65	1668.25
	净利润(万元)	51595.56	73663.69	46910.33	45658.93
	营业利润(万元)	43809.64	77035.20	42823.66	57370.65
	利润总额(万元)	69476.52	98358.28	61944.86	65464.20

四川西部资源控股股份有限公司

公司概况	公司名称	四川西部资源控股股份有限公司			证券简称	西部资源
	法人代表	段志平	董秘	王娜	证券代码	600139
	公司网址	www.scxbzy.com		电子信箱	hua.qin@scxbzy.com	
	电　　话	028-85917855		传　　真	028-85910202*8160	
	办公地址	四川省成都市锦江区锦江工业开发区毕升路168号				
	经营范围	铜矿石、铜精矿采选、销售等				

	指标\报告期	2017.06.30	2016.12.31	2016.06.30	2015.12.31
主要财务指标	基本每股收益(元)	-0.1833	0.0175	-0.1750	-0.4073
	基本每股收益(扣除后)(元)	-0.0923	-0.4700	-0.1439	-0.3258
	稀释每股收益(元)	-0.1833	0.0175	-0.1750	-0.4073
	每股净资产(元)	1.3497	1.5300	1.3693	1.5470
	每股经营现金净流量(元)	-0.0770	-0.2522	-0.8217	0.4520
	每股现金流量(元)	-0.2056	-0.0338	-0.5568	0.2401
	每股资本公积金(元)	0.5690	0.5690	0.5726	0.5726
	每股盈余公积金(元)	0.1272	0.1272	0.1272	0.1272
	每股未分配利润(元)	-0.3489	-0.1657	-0.3581	-0.1831
	净资产收益率(%)	-13.5775	1.1405	-12.7775	-26.3303
	加权净资产收益率(%)	-12.7100	1.1200	-11.9900	-23.1700
	净资产收益率(扣除)(%)	-6.8412	-30.6590	-10.5104	-21.0609
	总资产(万元)	546913.13	607459.33	720526.06	803738.07
	归属母公司股东权益(万元)	89337.22	101466.97	90633.49	102395.42
	营业收入(万元)	12091.26	86391.45	50580.21	146803.32
	营业支出(万元)	8595.13	63742.18	37509.65	108611.65
	投资收益(万元)	-89.77	64850.88	3239.84	7685.77
	净利润(万元)	-12746.89	-14533.21	-12131.60	-26873.07
	营业利润(万元)	-6391.00	32976.19	-6273.38	-15631.83
	利润总额(万元)	-12372.84	-11729.72	-11306.06	-25848.01

湖北兴发化工集团股份有限公司

公司概况					
公司名称	湖北兴发化工集团股份有限公司			证券简称	兴发集团
法人代表	李国璋	董秘	程亚利	证券代码	600141
公司网址	www.xingfagroup.com		电子信箱	yalicheng@xingfagroup.com	
电　　话	0717-6760939		传　　真	0717-6760850	
办公地址	湖北省宜昌市兴山县古夫镇高阳大道58号				
经营范围	磷化工系列产品及精细化工产品生产销售等				

主要财务指标 指标＼报告期	2017.06.30	2016.12.31	2016.06.30	2015.12.31
基本每股收益(元)	0.1600	0.1732	0.0700	0.1456
基本每股收益(扣除后)(元)	0.1400	–0.0093	0.0400	0.0917
稀释每股收益(元)	0.1600	0.1732	0.0700	0.1456
每股净资产(元)	11.6060	11.4862	9.1431	9.1898
每股经营现金净流量(元)	0.8214	2.2371	0.4343	1.3944
每股现金流量(元)	–0.1328	0.0147	0.3288	–0.1548
每股资本公积金(元)	5.5765	5.5765	5.4062	5.4062
每股盈余公积金(元)	0.5011	0.5011	0.4388	0.4388
每股未分配利润(元)	2.5638	2.4498	2.2859	2.3207
净资产收益率(%)	1.8441	1.7339	0.7131	1.5866
加权净资产收益率(%)	1.6700	1.8800	0.7100	1.5500
净资产收益率(扣除)(%)	1.7010	0.0900	0.3961	0.9988
总资产(万元)	2244571.39	2138083.78	2274027.38	2137331.02
归属母公司股东权益(万元)	594501.91	588368.15	484570.38	487042.34
营业收入(万元)	790612.60	1454119.40	661372.34	1239234.15
营业支出(万元)	673070.41	1264824.05	572820.14	1050170.96
投资收益(万元)	3839.89	10737.06	1657.06	1907.34
净利润(万元)	24398.25	17104.50	6689.83	10236.17
营业利润(万元)	32983.62	22901.77	8704.56	15282.74
利润总额(万元)	34176.17	27115.38	10866.61	18372.14

金发科技股份有限公司

公司概况					
公司名称	金发科技股份有限公司			证券简称	金发科技
法人代表	袁志敏	董秘	宁凯军	证券代码	600143
公司网址	www.kingfa.com.cn		电子信箱	kjning@kingfa.com.cn	
电　　话	020-66818881		传　　真	020-66818881	
办公地址	广州市广州高新技术产业开发区科学城科丰路33号				
经营范围	塑料、化工产品、塑料回收及再生利用、日用机械、金属制品等				

主要财务指标 指标＼报告期	2017.06.30	2016.12.31	2016.06.30	2015.12.31
基本每股收益(元)	0.0881	0.2880	0.1762	0.2800
基本每股收益(扣除后)(元)	0.0502	0.2262	0.1514	0.2100
稀释每股收益(元)	0.0881	0.2880	0.1762	0.2800
每股净资产(元)	3.5431	3.5524	3.3311	3.2538
每股经营现金净流量(元)	–0.5132	0.2875	0.2694	0.5937
每股现金流量(元)	–0.2172	0.3358	0.1189	–0.1779
每股资本公积金(元)	1.2828	1.2828	1.0973	1.0973
每股盈余公积金(元)	0.1717	0.1717	0.1599	0.1599
每股未分配利润(元)	1.0811	1.0930	1.0704	0.9942
净资产收益率(%)	2.4878	7.6395	5.2888	8.5442
加权净资产收益率(%)	2.4500	8.6200	5.2700	8.7700
净资产收益率(扣除)(%)	1.4154	6.0001	4.5443	6.4771
总资产(万元)	2103768.34	2025883.81	1695007.31	1471351.41
归属母公司股东权益(万元)	962574.72	965098.36	852752.92	832981.06
营业收入(万元)	1105951.86	1799085.06	793583.26	1568209.82
营业支出(万元)	965134.18	1485939.93	648805.25	1309585.47
投资收益(万元)	453.10	3474.21	450.78	1583.13
净利润(万元)	24087.77	73644.09	45171.65	69214.48
营业利润(万元)	29599.48	68428.30	48121.67	58974.73
利润总额(万元)	29486.82	85642.93	55670.79	77455.29

新疆亿路万源实业投资控股股份有限公司

公司概况					
公司名称	新疆亿路万源实业投资控股股份有限公司			证券简称	*ST新亿
法人代表	庞建东	董秘	庞建东	证券代码	600145
公司网址	www.gc145.com		电子信箱	gcny600145@163.com	
电　　话	0901-6291128		传　　真	0851-85973347	
办公地址	新疆维吾尔自治区塔城地区塔城市巴克图路六和广场辽塔赣商大厦				
经营范围	建筑卫生陶瓷、复合材料浴缸、塑料制品、五金配件、厨房设备等				

主要财务指标 指标＼报告期	2017.06.30	2016.12.31	2016.06.30	2015.12.31
基本每股收益(元)	0.0030	–0.0020	0.0096	0.1600
基本每股收益(扣除后)(元)	0.0030	–0.0020	0.0003	–0.2600
稀释每股收益(元)	0.0030	–0.0020	0.0096	0.1600
每股净资产(元)	0.4155	0.4128	0.4152	0.4056
每股经营现金净流量(元)	–0.2267	–0.2119	–0.2203	–0.0034
每股现金流量(元)	–0.2403	0.1599	0.1667	0.0742
每股资本公积金(元)	1.0160	1.0160	1.0067	1.0067
每股盈余公积金(元)	0.0239	0.0239	0.0239	0.0239
每股未分配利润(元)	–1.6244	–1.6272	–1.6154	–1.6250
净资产收益率(%)	0.6572	–0.5170	2.3166	10.2143
加权净资产收益率(%)	0.6600	–0.5270	2.3400	–
净资产收益率(扣除)(%)	0.6572	–0.5169	0.0739	–15.7998
总资产(万元)	90903.00	89539.63	107232.31	88500.18
归属母公司股东权益(万元)	61957.65	61550.46	61914.39	60480.11
营业收入(万元)	2499.60	1269.77	–	390.28
营业支出(万元)	2495.80	1255.87	–	468.85
投资收益(万元)	--	--	–	6895.83
净利润(万元)	407.19	–318.20	1434.28	5908.20
营业利润(万元)	409.41	–318.15	45.73	–7480.31
利润总额(万元)	407.19	–318.20	1434.28	5908.20

商赢环球股份有限公司

公司概况					
公司名称	商赢环球股份有限公司			证券简称	商赢环球
法人代表	罗俊	董秘	陈海燕	证券代码	600146
公司网址	www.600146.net		电子信箱	zhang.zijun@600146.net	
电　　话	021-66223666*8101		传　　真	021-64699688	
办公地址	上海市徐汇区徐虹中路8号3楼				
经营范围	生产、销售工程用塑料板材、管材、异型材、电线、电缆等				

主要财务指标 指标＼报告期	2017.06.30	2016.12.31	2016.06.30	2015.12.31
基本每股收益(元)	0.1140	0.1080	–0.0590	–0.3050
基本每股收益(扣除后)(元)	0.1140	0.0980	–0.0590	–0.2800
稀释每股收益(元)	0.1140	0.1080	–0.0590	–0.3050
每股净资产(元)	6.1905	6.1097	0.3642	0.4227
每股经营现金净流量(元)	0.0166	–0.1645	–0.0189	–0.2080
每股现金流量(元)	–0.3200	1.4111	–0.0097	0.0172
每股资本公积金(元)	5.5107	5.5107	0.5976	0.5976
每股盈余公积金(元)	0.0088	0.0088	0.0207	0.0207
每股未分配利润(元)	–0.3333	–0.4473	–1.2541	–1.1955
净资产收益率(%)	1.8410	1.0068	–16.0803	–72.2345
加权净资产收益率(%)	1.8490	3.6500	–14.6700	–51.8000
净资产收益率(扣除)(%)	1.8632	0.9085	–16.0905	–66.1461
总资产(万元)	439005.42	395442.47	17814.09	19678.24
归属母公司股东权益(万元)	290936.26	287136.26	7283.58	8454.81
营业收入(万元)	89831.90	42967.22	459.74	1486.02
营业支出(万元)	60373.19	28020.82	507.28	1615.70
投资收益(万元)	1301.21	59.86	–101.59	–453.57
净利润(万元)	5711.37	3195.63	–1171.23	–6848.83
营业利润(万元)	6627.36	3041.44	–1171.97	–6563.49
利润总额(万元)	6563.02	2976.71	–1171.23	–6848.83

长春一东离合器股份有限公司

公司概况	公司名称	长春一东离合器股份有限公司			证券简称	长春一东	
	法人代表	李艰	董秘	孙长增	证券代码	600148	
	公司网址	www.ccyd.com.cn			电子信箱	600148@ccyd.com.cn	
	电　话	0431-85158575　85158570			传　真	0431-85174234	
	办公地址	吉林省长春市高新技术产业开发区超然街2555号					
	经营范围	制造汽车离合器、机械配件和汽车零件					

主要财务指标	指标\报告期	2017.06.30	2016.12.31	2016.06.30	2015.12.31
	基本每股收益(元)	0.1093	0.0859	0.0161	0.0079
	基本每股收益(扣除后)(元)	0.1098	0.0869	0.0161	-0.0093
	稀释每股收益(元)	0.1093	0.0859	0.0161	0.0079
	每股净资产(元)	2.7738	2.6571	2.5817	2.5579
	每股经营现金净流量(元)	-0.2843	0.3054	0.1942	0.2203
	每股现金流量(元)	-0.2979	-0.2081	0.0784	0.0194
	每股资本公积金(元)	0.6297	0.6297	0.6297	0.6297
	每股盈余公积金(元)	0.2049	0.2049	0.2031	0.2031
	每股未分配利润(元)	0.8817	0.7724	0.7044	0.6883
	净资产收益率(%)	3.9403	3.2340	0.6234	0.3088
	加权净资产收益率(%)	4.0200	3.3000	0.6300	0.3100
	净资产收益率(扣除)(%)	3.9583	3.2722	0.6238	-0.3627
	总资产(万元)	103323.85	95237.12	86433.80	83613.24
	归属母公司股东权益(万元)	39253.75	37601.63	36534.71	36198.39
	营业收入(万元)	40153.53	61011.34	26568.07	51049.22
	营业支出(万元)	28317.94	41150.21	18134.27	36375.28
	投资收益(万元)	--	--	-	-
	净利润(万元)	2545.59	2363.13	966.93	796.12
	营业利润(万元)	2984.56	3066.18	1319.89	737.87
	利润总额(万元)	2974.82	3044.32	1320.36	1022.13

廊坊发展股份有限公司

公司概况	公司名称	廊坊发展股份有限公司			证券简称	*ST坊展	
	法人代表	王大为	董秘	张春岭	证券代码	600149	
	公司网址				电子信箱	lf600149@163.com	
	电　话	0316-2766166			传　真	0316-2765688	
	办公地址	河北省廊坊市广阳区永丰道3号廊坊发展大厦B座22层					
	经营范围	电子通讯专业领域内的技术开发、技术咨询、技术服务、技术转让					

主要财务指标	指标\报告期	2017.06.30	2016.12.31	2016.06.30	2015.12.31
	基本每股收益(元)	-0.0140	-0.0652	-0.0380	-0.1687
	基本每股收益(扣除后)(元)	-0.0140	-0.0545	-0.0240	-0.1911
	稀释每股收益(元)	-0.0140	-0.0652	-0.0380	-0.1687
	每股净资产(元)	0.4693	0.4837	0.5113	0.5489
	每股经营现金净流量(元)	-0.0372	0.0663	0.0412	-0.0818
	每股现金流量(元)	-0.0372	-0.3095	0.0425	0.2883
	每股资本公积金(元)	0.2788	0.2788	0.2788	0.2788
	每股盈余公积金(元)	0.1224	0.1224	0.1224	0.1224
	每股未分配利润(元)	-0.9319	-0.9175	-0.8899	-0.8523
	净资产收益率(%)	-3.0729	-13.4835	-7.3539	-30.7414
	加权净资产收益率(%)	-3.0300	-12.6300	-7.0700	-26.5600
	净资产收益率(扣除)(%)	-3.0729	-11.2749	-4.7201	-34.8076
	总资产(万元)	20332.54	20861.40	37057.30	38831.67
	归属母公司股东权益(万元)	17840.43	18388.64	19438.58	20868.06
	营业收入(万元)	926.40	1651.35	1651.23	1173.95
	营业支出(万元)	922.38	1244.04	1233.12	1025.90
	投资收益(万元)	--	-579.02	-771.57	1102.69
	净利润(万元)	-552.53	-2523.54	-1441.82	-6448.20
	营业利润(万元)	-552.53	-2638.42	-1472.77	-6449.32
	利润总额(万元)	-552.53	-2523.54	-1441.82	-6448.20

中国船舶工业股份有限公司

公司概况	公司名称	中国船舶工业股份有限公司			证券简称	中国船舶	
	法人代表	董强	董秘	陶健	证券代码	600150	
	公司网址	csscholdings.cssc.net.cn			电子信箱	stock@csscholdings.com	
	电　话	021-68860618			传　真	021-68860568	
	办公地址	上海市浦东新区浦东大道1号15A层					
	经营范围	船舶行业和柴油机生产行业内的投资、民用船舶销售					

主要财务指标	指标\报告期	2017.06.30	2016.12.31	2016.06.30	2015.12.31
	基本每股收益(元)	-0.0140	-1.8900	0.0120	0.0400
	基本每股收益(扣除后)(元)	-0.1440	-2.1200	-0.0600	-0.1400
	稀释每股收益(元)	-0.0140	-1.8900	0.0120	0.0400
	每股净资产(元)	10.8387	10.8500	12.7492	12.7344
	每股经营现金净流量(元)	-0.4599	-2.8743	-1.9683	-2.9556
	每股现金流量(元)	0.0022	1.5220	1.0326	2.4834
	每股资本公积金(元)	3.3562	3.3562	3.3527	3.3333
	每股盈余公积金(元)	0.4447	0.4447	0.4416	0.4416
	每股未分配利润(元)	6.0209	6.0352	7.9424	7.9500
	净资产收益率(%)	-0.1322	-17.4339	0.0972	0.3524
	加权净资产收益率(%)	-0.1300	-16.0300	0.1000	0.3500
	净资产收益率(扣除)(%)	-1.3318	-19.5254	-0.4667	-1.0697
	总资产(万元)	5372066.04	5248469.53	5190081.01	5133178.65
	归属母公司股东权益(万元)	1493696.91	1495259.33	1756994.38	1754947.31
	营业收入(万元)	853732.95	2145707.04	1179691.86	2776384.63
	营业支出(万元)	738557.06	1765053.72	1053505.29	2540557.35
	投资收益(万元)	1720.92	-2615.79	-4026.77	396.50
	净利润(万元)	-9734.76	-302178.68	-21304.40	-23373.75
	营业利润(万元)	-21623.63	-272693.05	-14678.69	-41620.19
	利润总额(万元)	-9079.29	-270275.01	-17725.61	-5826.89

上海航天汽车机电股份有限公司

公司概况	公司名称	上海航天汽车机电股份有限公司			证券简称	航天机电	
	法人代表	姜文正	董秘	王慧莉	证券代码	600151	
	公司网址	www.ht-saae.com			电子信箱	saae@ht-saae.com	
	电　话	021-64827176			传　真	021-64827177	
	办公地址	上海市漕溪路222号航天大厦南楼					
	经营范围	研制、开发卫星及卫星应用、运载火箭应用等					

主要财务指标	指标\报告期	2017.06.30	2016.12.31	2016.06.30	2015.12.31
	基本每股收益(元)	-0.1384	0.1523	0.0771	0.1381
	基本每股收益(扣除后)(元)	-0.1469	-0.0380	0.0215	0.1246
	稀释每股收益(元)	-0.1384	0.1523	0.0771	0.1381
	每股净资产(元)	4.0716	4.2463	3.2941	3.2996
	每股经营现金净流量(元)	-0.2800	0.7290	-0.0406	0.0987
	每股现金流量(元)	-0.5627	1.3909	0.0183	-0.0871
	每股资本公积金(元)	3.2696	3.2696	2.2864	2.2864
	每股盈余公积金(元)	0.1617	0.1617	0.1777	0.1777
	每股未分配利润(元)	-0.3599	-0.1765	-0.2793	-0.3064
	净资产收益率(%)	-3.3995	3.3182	2.3401	4.1845
	加权净资产收益率(%)	-3.3073	4.1644	2.3210	4.3445
	净资产收益率(扣除)(%)	-3.6081	-0.8270	0.6520	3.7759
	总资产(万元)	1363560.96	1380050.00	1292690.34	1079995.79
	归属母公司股东权益(万元)	583973.37	609027.95	411826.26	412513.02
	营业收入(万元)	264646.83	544846.59	240679.90	403994.01
	营业支出(万元)	234017.32	452905.65	194491.41	335625.67
	投资收益(万元)	282.95	33114.13	7866.98	25414.34
	净利润(万元)	-20958.76	21326.16	8947.77	18017.33
	营业利润(万元)	-20467.59	22582.60	8390.34	15286.37
	利润总额(万元)	-20073.27	25006.64	9472.24	19565.09

宁波维科精华集团股份有限公司

公司概况	公司名称	宁波维科精华集团股份有限公司			证券简称	维科精华
	法人代表	何承命	董秘	薛春林	证券代码	600152
	公司网址	www.vekenelite.com		电子信箱	xcl@mail.veken.com	
	电　话	0574-87341480		传　真	0574-87279527	
	办公地址	宁波市柳汀街225号20楼				
	经营范围	纱、线、带制品、床上用品、家纺织品、针织品、装饰布等				

	指标\报告期	2017.06.30	2016.12.31	2016.06.30	2015.12.31
主要财务指标	基本每股收益(元)	0.1252	-0.2194	-0.1524	0.1507
	基本每股收益(扣除后)(元)	-0.1637	-0.3174	-0.1677	-0.3326
	稀释每股收益(元)	0.1252	-0.2194	-0.1524	0.1507
	每股净资产(元)	2.0885	1.8755	1.8651	2.0207
	每股经营现金净流量(元)	-0.0760	0.0770	0.0454	0.0951
	每股现金流量(元)	-0.3109	-0.1201	-0.2106	-0.0069
	每股资本公积金(元)	0.5429	1.4479	0.4651	0.4483
	每股盈余公积金(元)	0.4231	0.4433	0.4231	0.4231
	每股未分配利润(元)	0.0350	-0.0108	-0.0231	0.1492
	净资产收益率(%)	5.9961	-11.6996	-8.1686	7.4585
	加权净资产收益率(%)	6.4500	-11.3300	-7.7900	7.6400
	净资产收益率(扣除)(%)	-7.8369	-16.9256	-8.9901	-16.4608
	总资产(万元)	93278.85	207142.49	124533.13	138845.03
	归属母公司股东权益(万元)	61297.73	84526.08	54739.19	59305.31
	营业收入(万元)	20482.82	53887.43	26039.88	75333.27
	营业支出(万元)	17713.27	48923.08	24025.92	67913.37
	投资收益(万元)	8946.57	3290.07	2260.01	8546.66
	净利润(万元)	2951.19	-6890.18	-5385.99	3620.07
	营业利润(万元)	2980.67	-8860.23	-4506.92	-3154.43
	利润总额(万元)	3022.88	-5613.44	-5286.97	3921.72

厦门建发股份有限公司

公司概况	公司名称	厦门建发股份有限公司			证券简称	建发股份
	法人代表	张勇峰	董秘	江桂芝	证券代码	600153
	公司网址	www.chinacnd.com		电子信箱	lm@chinacnd.com	
	电　话	0592-2132319		传　真	0592-2592459	
	办公地址	福建省厦门市思明区环岛东路1699号建发国际大厦29层				
	经营范围	进出口及国内贸易、房地产开发与经营、物流服务及实业投资等				

	指标\报告期	2017.06.30	2016.12.31	2016.06.30	2015.12.31
主要财务指标	基本每股收益(元)	0.3300	1.0100	0.3000	0.9300
	基本每股收益(扣除后)(元)	0.2600	0.8700	0.3100	0.7900
	稀释每股收益(元)	--	--	-	-
	每股净资产(元)	7.8893	7.5907	6.9044	6.7350
	每股经营现金净流量(元)	-4.3006	-1.7073	0.1184	2.0378
	每股现金流量(元)	3.2900	0.3085	1.5028	1.0989
	每股资本公积金(元)	0.8655	0.8740	0.8635	0.8639
	每股盈余公积金(元)	0.3658	0.3658	0.3268	0.3268
	每股未分配利润(元)	5.6006	5.2724	4.6289	4.4416
	净资产收益率(%)	4.1783	13.2644	4.4010	13.8327
	加权净资产收益率(%)	4.2600	14.0800	4.4200	14.5400
	净资产收益率(扣除)(%)	3.2613	11.5139	4.5466	11.7367
	总资产(万元)	16048976.69	12642458.38	12045970.61	9943261.71
	归属母公司股东权益(万元)	2236768.94	2152122.34	1957526.20	1909493.94
	营业收入(万元)	9163463.44	14559089.05	5517964.77	12808856.17
	营业支出(万元)	8735901.25	13391618.64	5138027.69	11573875.75
	投资收益(万元)	41932.20	79127.01	6849.44	61345.18
	净利润(万元)	112261.61	394949.23	110389.94	356374.61
	营业利润(万元)	147884.10	518550.79	142667.99	493229.08
	利润总额(万元)	149352.25	529298.76	147522.83	502383.94

河北宝硕股份有限公司

公司概况	公司名称	河北宝硕股份有限公司			证券简称	宝硕股份
	法人代表	陶永泽	董秘	赵长栓	证券代码	600155
	公司网址	www.baoshuo.com.cn		电子信箱	baoshuo600155@sina.com	
	电　话	0312-3109607		传　真	0312-3109607	
	办公地址	河北省保定市高新区隆兴中路177号				
	经营范围	塑料制品、化工产品的生产和销售				

	指标\报告期	2017.06.30	2016.12.31	2016.06.30	2015.12.31
主要财务指标	基本每股收益(元)	0.0900	-0.2200	-0.0800	0.4700
	基本每股收益(扣除后)(元)	0.0800	-0.2300	-0.0800	-0.2900
	稀释每股收益(元)	0.0900	-0.2200	-0.0800	0.4700
	每股净资产(元)	8.6175	8.5225	0.6642	0.7424
	每股经营现金净流量(元)	-0.6600	-4.2337	-0.0829	-0.0582
	每股现金流量(元)	-1.1420	4.4975	-0.1190	0.1080
	每股资本公积金(元)	7.8886	7.8929	0.7741	0.7741
	每股盈余公积金(元)	0.0093	0.0093	0.0340	0.0340
	每股未分配利润(元)	-0.2886	-0.3737	-1.1439	-1.0656
	净资产收益率(%)	0.9873	-0.9586	-11.7860	63.7895
	加权净资产收益率(%)	0.9900	-6.6900	-11.1300	93.6600
	净资产收益率(扣除)(%)	0.9710	-1.0060	-12.4033	-38.5807
	总资产(万元)	3755300.39	2990787.07	60793.65	67566.95
	归属母公司股东权益(万元)	1499067.74	1482536.26	31653.89	35384.63
	营业收入(万元)	24780.22	43539.60	15522.05	34851.58
	营业支出(万元)	16574.61	36023.85	14852.22	34042.13
	投资收益(万元)	29399.91	14599.38	-3047.45	34566.68
	净利润(万元)	15654.75	-14805.32	-3863.28	21707.86
	营业利润(万元)	21033.09	-14341.31	-4759.84	22095.05
	利润总额(万元)	21299.41	-13741.05	-4645.71	23373.50

湖南华升股份有限公司

公司概况	公司名称	湖南华升股份有限公司			证券简称	华升股份
	法人代表	杨洁	董秘	段传华	证券代码	600156
	公司网址			电子信箱	hnhsgf@163.com	
	电　话	0731-85237818		传　真	0731-85237861	
	办公地址	湖南省长沙市芙蓉中路三段420号华升大厦				
	经营范围	苎麻纺织品的开发、生产和进出口贸易				

	指标\报告期	2017.06.30	2016.12.31	2016.06.30	2015.12.31
主要财务指标	基本每股收益(元)	-0.0819	0.0236	-0.0766	0.0233
	基本每股收益(扣除后)(元)	-0.0862	-0.2062	-0.0811	-0.1088
	稀释每股收益(元)	-0.0819	0.0236	-0.0766	0.0233
	每股净资产(元)	1.6823	1.7506	1.6510	1.7421
	每股经营现金净流量(元)	0.0246	-0.1046	-0.0274	0.0126
	每股现金流量(元)	-0.2756	0.0819	-0.0614	0.2106
	每股资本公积金(元)	0.3691	0.3555	0.3555	0.3555
	每股盈余公积金(元)	0.0519	0.0519	0.0519	0.0519
	每股未分配利润(元)	0.2613	0.3432	0.2435	0.3346
	净资产收益率(%)	-4.8678	1.3466	-4.6390	1.3365
	加权净资产收益率(%)	-4.7900	1.3500	-4.5000	1.3600
	净资产收益率(扣除)(%)	-5.1254	-11.7805	-4.9120	-6.2453
	总资产(万元)	112010.52	115832.62	115983.60	118383.57
	归属母公司股东权益(万元)	67646.49	70394.68	66388.86	70049.90
	营业收入(万元)	33612.09	59314.64	28727.62	76336.68
	营业支出(万元)	33533.09	56759.84	27839.80	70191.29
	投资收益(万元)	81.10	2972.97	44.32	1452.85
	净利润(万元)	-4141.65	-791.29	-3979.09	221.14
	营业利润(万元)	-4332.01	-8272.08	-4111.89	-4088.52
	利润总额(万元)	-4177.97	155.85	-3847.09	1065.55

永泰能源股份有限公司

公司概况

公司名称	永泰能源股份有限公司			证券简称	永泰能源
法人代表	徐培忠	董秘	李军	证券代码	600157
公司网址	www.wtecl.com		电子信箱	wteclzqb@126.com	
电　话	0351-8366507		传　真	0351-8366501	
办公地址	山西省太原市小店区亲贤北街 9 号双喜广场 26-27F				
经营范围	煤炭开采与经营、煤炭洗选加工				

主要财务指标

指标\报告期	2017.06.30	2016.12.31	2016.06.30	2015.12.31
基本每股收益(元)	0.0205	0.0562	0.0209	0.0583
基本每股收益(扣除后)(元)	0.0189	-0.0163	-0.0281	0.0348
稀释每股收益(元)	0.0205	0.0562	0.0209	0.0583
每股净资产(元)	1.9202	1.9000	1.9245	1.8277
每股经营现金净流量(元)	0.1793	0.3271	0.1752	0.2553
每股现金流量(元)	0.1284	0.0188	0.3453	0.2090
每股资本公积金(元)	0.7509	0.7509	0.7310	0.6159
每股盈余公积金(元)	0.0208	0.0208	0.0201	0.0188
每股未分配利润(元)	0.1771	0.1566	0.1626	0.1628
净资产收益率(%)	1.0674	2.8276	0.9941	2.9473
加权净资产收益率(%)	1.0700	3.0300	1.1600	3.2700
净资产收益率(扣除)(%)	0.9860	-0.8183	-1.3390	1.7606
总资产(万元)	10547452.25	9811251.67	9442496.28	8755596.88
归属母公司股东权益(万元)	2385988.99	2366126.91	2391396.98	2046009.43
营业收入(万元)	1167635.09	1369915.59	430581.79	1078422.31
营业支出(万元)	903357.53	922996.74	263065.15	599879.72
投资收益(万元)	1614.94	69766.83	51549.34	12357.39
净利润(万元)	31516.08	76535.47	26627.23	98433.02
营业利润(万元)	42156.41	88727.33	36299.80	101660.31
利润总额(万元)	45468.05	114575.64	47600.94	129445.82

中体产业集团股份有限公司

公司概况

公司名称	中体产业集团股份有限公司			证券简称	中体产业
法人代表	刘军	董秘	许宁宁	证券代码	600158
公司网址	www.csig158.com		电子信箱	csig@csig158.com	
电　话	010-85160816 85160999		传　真	010-65515338	
办公地址	北京市朝阳区朝外大街 225 号				
经营范围	体育用品的生产、加工、销售,体育场馆、设施的建设、开发、经营等				

主要财务指标

指标\报告期	2017.06.30	2016.12.31	2016.06.30	2015.12.31
基本每股收益(元)	0.0160	0.0723	0.0084	0.0920
基本每股收益(扣除后)(元)	0.0141	0.0698	0.0075	0.0147
稀释每股收益(元)	0.0160	0.0723	0.0084	0.0920
每股净资产(元)	1.8788	1.8849	1.8210	1.8405
每股经营现金净流量(元)	0.1524	0.2726	0.0475	0.0260
每股现金流量(元)	0.1246	0.0138	-0.1451	-0.0002
每股资本公积金(元)	0.0282	0.0282	0.0282	0.0282
每股盈余公积金(元)	0.1312	0.1312	0.1281	0.1281
每股未分配利润(元)	0.7021	0.7082	0.6473	0.6669
净资产收益率(%)	0.8503	3.8363	0.4630	4.9965
加权净资产收益率(%)	0.8500	3.8900	0.4600	5.0900
净资产收益率(扣除)(%)	0.7515	3.7008	0.4141	0.7984
总资产(万元)	375453.01	362120.72	380205.28	389733.76
归属母公司股东权益(万元)	158523.64	159031.94	153642.34	155293.40
营业收入(万元)	40735.81	118617.08	44449.64	85140.80
营业支出(万元)	32422.28	93317.51	35265.85	65001.61
投资收益(万元)	1597.21	2009.58	937.60	6248.20
净利润(万元)	37.22	6095.69	-56.06	7113.55
营业利润(万元)	440.67	7723.28	596.09	7694.20
利润总额(万元)	770.43	8400.57	563.63	8298.64

北京市大龙伟业房地产开发股份有限公司

公司概况

公司名称	北京市大龙伟业房地产开发股份有限公司			证券简称	大龙地产
法人代表	马云虎	董秘	马志方	证券代码	600159
公司网址	www.dldc.com.cn		电子信箱	mazhifang2005@tom.com	
电　话	010-69446339		传　真	010-69446339	
办公地址	北京市顺义区府前东街甲 2 号				
经营范围	房地产开发经营等				

主要财务指标

指标\报告期	2017.06.30	2016.12.31	2016.06.30	2015.12.31
基本每股收益(元)	-0.0253	0.1200	0.1093	0.0719
基本每股收益(扣除后)(元)	-0.0274	0.1300	0.1097	0.0585
稀释每股收益(元)	-0.0253	0.1200	0.1093	0.0719
每股净资产(元)	2.6165	2.6819	2.6694	2.5885
每股经营现金净流量(元)	-0.5953	-0.2704	0.1641	-0.0893
每股现金流量(元)	-0.1069	-0.3162	0.1371	0.1654
每股资本公积金(元)	0.4137	0.4137	0.4171	0.4171
每股盈余公积金(元)	0.0325	0.0325	0.0325	0.0325
每股未分配利润(元)	1.1703	1.2357	1.2199	1.1389
净资产收益率(%)	-0.9684	4.5392	4.0946	2.7756
加权净资产收益率(%)	-0.9500	4.6300	4.1500	2.7900
净资产收益率(扣除)(%)	-1.0456	4.7489	4.1095	2.2588
总资产(万元)	304577.12	283331.14	298016.47	292092.95
归属母公司股东权益(万元)	217172.21	222595.41	221563.25	214846.52
营业收入(万元)	17068.06	111056.29	51900.50	66891.98
营业支出(万元)	13356.14	78291.61	26949.57	44356.60
投资收益(万元)	--	--	-	1485.48
净利润(万元)	-2105.95	10129.80	9083.71	5977.31
营业利润(万元)	-2419.14	14733.65	12520.52	8146.58
利润总额(万元)	-2193.33	14110.86	12476.82	8135.94

浙江巨化股份有限公司

公司概况

公司名称	浙江巨化股份有限公司			证券简称	巨化股份
法人代表	胡仲明	董秘	刘云华	证券代码	600160
公司网址	www.jhgf.com.cn		电子信箱	jhgf@juhua.com.cn	
电　话	0570-3091758 3091704		传　真	0570-3091777	
办公地址	浙江省衢州市柯城区				
经营范围	氟化工原料及后续产品,基本化工原料及后续产品和化肥,农药的生产与销售				

主要财务指标

指标\报告期	2017.06.30	2016.12.31	2016.06.30	2015.12.31
基本每股收益(元)	0.2490	0.0800	0.0270	0.0900
基本每股收益(扣除后)(元)	0.2400	0.0300	0.0210	0.0500
稀释每股收益(元)	0.2490	0.0800	0.0270	0.0900
每股净资产(元)	5.0371	4.9324	3.9390	4.0069
每股经营现金净流量(元)	0.1752	0.4365	0.1290	0.4375
每股现金流量(元)	-0.0093	0.4350	-0.0320	0.0606
每股资本公积金(元)	2.5313	2.5313	1.3635	1.3635
每股盈余公积金(元)	0.2402	0.2402	0.2767	0.2767
每股未分配利润(元)	1.2438	1.1447	1.2816	1.3546
净资产收益率(%)	4.9452	1.4520	0.6837	2.2295
加权净资产收益率(%)	4.9200	1.8900	0.6700	2.2400
净资产收益率(扣除)(%)	4.7648	0.5216	0.5309	1.2608
总资产(万元)	1305530.49	1186058.54	943596.29	919314.13
归属母公司股东权益(万元)	1063669.06	1041551.51	713327.66	725612.10
营业收入(万元)	649287.47	1010093.93	496067.01	951615.73
营业支出(万元)	515240.52	894871.85	444577.31	853891.74
投资收益(万元)	2475.04	4003.33	1430.94	3900.83
净利润(万元)	52830.30	15409.72	5279.80	16436.34
营业利润(万元)	65188.04	17478.45	6941.46	16643.70
利润总额(万元)	65399.31	23757.98	7444.98	22330.77

北京天坛生物制品股份有限公司

公司概况	公司名称	北京天坛生物制品股份有限公司		证券简称	天坛生物
	法人代表	付道兴	董秘 慈翔	证券代码	600161
	公司网址	www.tiantanbio.com		电子信箱	jlb@TiantanBio.com
	电　　话	010-60963010		传　　真	010-60963311
	办公地址	北京市经济技术开发区博兴二路6号,9号			
	经营范围	制造生物制品、体外诊断试剂等			

主要财务指标	指标\报告期	2017.06.30	2016.12.31	2016.06.30	2015.12.31
	基本每股收益(元)	1.4100	0.5100	0.1900	0.0200
	基本每股收益(扣除后)(元)	0.2800	0.4700	0.1700	-0.0200
	稀释每股收益(元)	1.4100	0.5100	0.1900	0.0200
	每股净资产(元)	4.1865	4.2571	3.9547	3.7666
	每股经营现金净流量(元)	0.1353	0.8310	0.0350	0.9181
	每股现金流量(元)	1.5115	0.1315	0.1161	-0.7536
	每股资本公积金(元)	0.2232	0.6132	0.3183	0.3183
	每股盈余公积金(元)	0.2354	0.3061	0.2809	0.2809
	每股未分配利润(元)	2.7279	2.6453	2.3794	2.1914
	净资产收益率(%)	33.6928	11.9292	4.7549	0.5139
	加权净资产收益率(%)	33.8900	12.6300	4.8700	0.5100
	净资产收益率(扣除)(%)	6.7371	11.1438	4.3569	-0.6000
	总资产(万元)	331791.11	601306.86	574892.36	563192.64
	归属母公司股东权益(万元)	280538.19	234189.16	203851.05	194158.20
	营业收入(万元)	94417.06	209573.43	88057.85	161798.60
	营业支出(万元)	40609.90	97999.52	46320.13	83170.07
	投资收益(万元)	78240.77	--	-	-
	净利润(万元)	98303.16	30300.54	10991.21	11558.15
	营业利润(万元)	105694.60	35611.46	13996.47	18177.63
	利润总额(万元)	106104.26	37761.73	14835.67	19793.15

深圳香江控股股份有限公司

公司概况	公司名称	深圳香江控股股份有限公司		证券简称	香江控股
	法人代表	翟美卿	董秘 舒剑刚	证券代码	600162
	公司网址	www.hkhc.com.cn		电子信箱	hkhc@hkhc.com.cn
	电　　话	020-34821006		传　　真	020-34821008
	办公地址	广东省广州市番禺区迎宾路锦绣香江花园香江控股办公楼			
	经营范围	从事工程机械和商贸物流业务的经营			

主要财务指标	指标\报告期	2017.06.30	2016.12.31	2016.06.30	2015.12.31
	基本每股收益(元)	0.1020	0.2470	0.1000	0.3285
	基本每股收益(扣除后)(元)	0.0970	0.2514	0.0900	0.2766
	稀释每股收益(元)	0.1020	0.2470	0.1000	0.3285
	每股净资产(元)	2.1090	1.7377	1.8889	2.7659
	每股经营现金净流量(元)	0.1680	0.6906	0.2821	-0.0961
	每股现金流量(元)	0.4561	-0.2760	-0.6543	0.9060
	每股资本公积金(元)	0.7026	0.2445	0.5228	1.2841
	每股盈余公积金(元)	0.0294	0.0356	0.0144	0.0216
	每股未分配利润(元)	0.3778	0.4728	0.3758	0.5007
	净资产收益率(%)	4.6068	14.1223	5.4006	8.8258
	加权净资产收益率(%)	5.4800	13.3000	5.4700	12.0500
	净资产收益率(扣除)(%)	4.3856	12.5938	4.7863	5.5003
	总资产(万元)	1728027.70	1598046.91	1495191.17	1723251.08
	归属母公司股东权益(万元)	717194.36	488794.29	452331.85	441568.33
	营业收入(万元)	207989.23	541002.98	191159.50	421165.39
	营业支出(万元)	105554.70	319482.70	104917.70	241066.69
	投资收益(万元)	-1168.48	-1007.39	-361.17	583.84
	净利润(万元)	38383.79	64799.15	22847.05	32816.23
	营业利润(万元)	50438.94	87759.53	32557.70	53412.39
	利润总额(万元)	52722.88	92915.01	34066.90	56062.87

中闽能源股份有限公司

公司概况	公司名称	中闽能源股份有限公司		证券简称	中闽能源
	法人代表	张骏	董秘 李永和	证券代码	600163
	公司网址	www.zhongminEnergy.com		电子信箱	nzzqb@fjnz163.com
	电　　话	0591-87868796		传　　真	0591-87865515
	办公地址	福建省福州市鼓楼区五四路210号国际大厦二十二层			
	经营范围	新闻纸、纸浆、纸制品及副产品等的生产和销售			

主要财务指标	指标\报告期	2017.06.30	2016.12.31	2016.06.30	2015.12.31
	基本每股收益(元)	0.0570	0.1060	0.0520	0.0060
	基本每股收益(扣除后)(元)	0.0550	0.1050	0.0510	-0.0660
	稀释每股收益(元)	0.0570	0.1060	0.0520	0.0060
	每股净资产(元)	1.6377	1.5812	1.5278	1.4757
	每股经营现金净流量(元)	0.0792	0.2648	0.0943	0.3290
	每股现金流量(元)	-0.1505	0.0555	0.1402	0.1194
	每股资本公积金(元)	2.0929	2.0929	2.0929	2.0929
	每股盈余公积金(元)	0.0708	0.0708	0.0708	0.0708
	每股未分配利润(元)	-1.5259	-1.5824	-1.6358	-1.6880
	净资产收益率(%)	3.4518	6.6744	3.4128	0.3922
	加权净资产收益率(%)	3.5120	6.9050	3.4720	0.4420
	净资产收益率(扣除)(%)	3.3461	6.6425	3.3149	-4.0458
	总资产(万元)	367081.62	310452.07	299128.49	297317.88
	归属母公司股东权益(万元)	163685.60	158035.51	152698.95	147487.65
	营业收入(万元)	18575.73	39421.74	16756.44	67900.00
	营业支出(万元)	8058.90	15787.97	7039.53	44440.07
	投资收益(万元)	178.03	141.59	141.59	1819.89
	净利润(万元)	6412.61	11880.79	5728.86	3043.78
	营业利润(万元)	7921.00	12594.29	5918.82	4611.48
	利润总额(万元)	7915.94	14457.84	6659.05	4765.68

宁夏新日恒力钢丝绳股份有限公司

公司概况	公司名称	宁夏新日恒力钢丝绳股份有限公司		证券简称	新日恒力
	法人代表	高小平	董秘 赵丽莉	证券代码	600165
	公司网址	www.nxhengli.com.cn		电子信箱	root@nxhengli.com.cn
	电　　话	0951-6898015 0952-3671222		传　　真	0951-6898221
	办公地址	宁夏回族自治区石嘴山市惠农区河滨街			
	经营范围	丝、钢丝绳、钢绞线等钢丝及其制品的生产与销售			

主要财务指标	指标\报告期	2017.06.30	2016.12.31	2016.06.30	2015.12.31
	基本每股收益(元)	-0.0180	-0.2800	-0.0780	0.0670
	基本每股收益(扣除后)(元)	-0.0200	-0.2880	-0.0800	-0.0900
	稀释每股收益(元)	-0.0180	-0.2800	-0.0780	0.0670
	每股净资产(元)	1.1451	1.1633	1.3217	1.4067
	每股经营现金净流量(元)	-0.0516	-0.2790	-0.0612	-0.3428
	每股现金流量(元)	-0.0689	0.1338	0.0909	-0.0107
	每股资本公积金(元)	0.4505	0.4505	0.4044	0.4094
	每股盈余公积金(元)	0.0539	0.0539	0.0539	0.0539
	每股未分配利润(元)	-0.3600	-0.3424	-0.1400	-0.0620
	净资产收益率(%)	-1.5400	-24.1004	-5.9014	4.7839
	加权净资产收益率(%)	-1.5270	-21.8850	-5.7070	4.8870
	净资产收益率(扣除)(%)	-1.7680	-24.7242	-6.0687	-6.3637
	总资产(万元)	340968.39	334594.19	406012.98	392265.28
	归属母公司股东权益(万元)	78429.08	79675.22	90523.36	96340.87
	营业收入(万元)	56399.71	278505.39	159339.73	107665.15
	营业支出(万元)	42812.44	264467.46	152150.92	97336.09
	投资收益(万元)	1833.66	4246.66	2053.91	14566.23
	净利润(万元)	-728.79	-18779.96	-5173.85	4716.52
	营业利润(万元)	-453.04	-107749.63	-5195.35	1292.48
	利润总额(万元)	-419.15	-18237.01	-4926.25	4865.96

北汽福田汽车股份有限公司

公司概况	公司名称	北汽福田汽车股份有限公司			证券简称	福田汽车
	法人代表	张夕勇	董秘	龚敏	证券代码	600166
	公司网址	www.foton.com.cn		电子信箱	600166@foton.com.cn	
	电　话	010-80716459		传　真	010-80716459	
	办公地址	北京市昌平区沙河镇沙阳路老牛湾村北				
	经营范围	轻型载货汽车、中重型载货汽车、轻型客车、大中客车等				

主要财务指标	指标\报告期	2017.06.30	2016.12.31	2016.06.30	2015.12.31
	基本每股收益(元)	0.0152	0.0800	0.0400	0.1300
	基本每股收益(扣除后)(元)	-0.0877	-0.0600	-0.0500	-0.2100
	稀释每股收益(元)	---	---	–	0.1300
	每股净资产(元)	2.8705	2.8352	5.5506	5.5596
	每股经营现金净流量(元)	-0.2058	0.1787	-0.6130	0.1469
	每股现金流量(元)	-0.0065	-0.0584	0.1212	0.4868
	每股资本公积金(元)	1.1754	1.1754	3.0508	3.0508
	每股盈余公积金(元)	0.3123	0.3123	0.5994	0.5994
	每股未分配利润(元)	0.3825	0.3673	0.9337	0.9267
	净资产收益率(%)	0.5308	2.9973	0.7932	2.1919
	加权净资产收益率(%)	0.5300	3.0200	0.7900	2.3000
	净资产收益率(扣除)(%)	-3.0560	-1.9935	-0.8480	-3.6268
	总资产(万元)	5865465.60	5391346.49	5013341.31	4275296.13
	归属母公司股东权益(万元)	1914679.59	1891119.35	1851165.10	1854148.45
	营业收入(万元)	2293376.46	4653206.95	1947336.52	3399749.24
	营业支出(万元)	1983767.98	4018517.63	1713651.47	2975470.00
	投资收益(万元)	94483.64	28318.32	24940.72	7380.84
	净利润(万元)	7657.48	51212.79	11439.29	35653.14
	营业利润(万元)	-8841.56	-58163.68	-20700.85	-85095.95
	利润总额(万元)	15252.24	51787.17	15087.68	40148.20

联美控股股份有限公司

公司概况	公司名称	联美控股股份有限公司			证券简称	联美控股
	法人代表	苏壮强	董秘	刘思生	证券代码	600167
	公司网址	www.dawn-garments.com		电子信箱	zqb@shnd.sina.net	
	电　话	024-23784835		传　真	024-83781352	
	办公地址	辽宁省沈阳市浑南新区远航中路1号				
	经营范围	供热、供水、房屋租赁、市政建设、工程施工、物业管理				

主要财务指标	指标\报告期	2017.06.30	2016.12.31	2016.06.30	2015.12.31
	基本每股收益(元)	0.6309	1.0276	0.4643	0.8370
	基本每股收益(扣除后)(元)	0.6239	0.9324	0.4998	0.9259
	稀释每股收益(元)	0.6309	1.0276	0.4643	0.8370
	每股净资产(元)	7.6968	3.6475	3.0936	5.5238
	每股经营现金净流量(元)	-0.3560	1.5082	-0.2558	2.1752
	每股现金流量(元)	4.2501	0.3762	-1.0290	-3.0521
	每股资本公积金(元)	4.2258	0.1263	0.1116	2.5829
	每股盈余公积金(元)	0.1076	0.1280	0.1188	0.3830
	每股未分配利润(元)	2.3620	2.4057	1.8515	4.4718
	净资产收益率(%)	6.6456	28.1731	15.0069	15.1524
	加权净资产收益率(%)	13.4500	32.7400	16.2200	16.3900
	净资产收益率(扣除)(%)	6.5718	18.2161	6.8689	16.7615
	总资产(万元)	983643.69	649864.86	527069.57	595452.55
	归属母公司股东权益(万元)	677357.41	249082.06	210410.34	178843.54
	营业收入(万元)	118925.30	204444.49	99097.79	75772.51
	营业支出(万元)	56388.43	109122.92	50037.03	43655.52
	投资收益(万元)	---	8077.24	-90.95	-79.07
	净利润(万元)	46110.38	71584.18	32366.41	17661.43
	营业利润(万元)	58928.48	88953.77	40908.71	25861.13
	利润总额(万元)	59991.29	92360.92	42103.01	23323.57

武汉三镇实业控股股份有限公司

公司概况	公司名称	武汉三镇实业控股股份有限公司			证券简称	武汉控股
	法人代表	黄思	董秘	涂立俊	证券代码	600168
	公司网址	www.600168.com.cn		电子信箱	dmxx@600168.com.cn	
	电　话	027-85725739		传　真	027-85725739	
	办公地址	湖北省武汉市武昌区友谊大道特8号长江隧道公司管理大楼				
	经营范围	城市给排水、污水综合处理、道路、桥梁、供气、供电、通讯等				

主要财务指标	指标\报告期	2017.06.30	2016.12.31	2016.06.30	2015.12.31
	基本每股收益(元)	0.2300	0.4200	0.2500	0.4700
	基本每股收益(扣除后)(元)	0.2100	0.3800	0.2300	0.4300
	稀释每股收益(元)	0.2300	0.4200	0.2500	0.4700
	每股净资产(元)	6.5520	6.4468	6.2686	6.1654
	每股经营现金净流量(元)	0.1213	0.2899	0.2363	0.3958
	每股现金流量(元)	-0.0854	-0.1382	0.2999	-0.4764
	每股资本公积金(元)	2.1318	2.1318	2.1318	2.1318
	每股盈余公积金(元)	0.3152	0.3152	0.2995	0.2995
	每股未分配利润(元)	3.0884	2.9832	2.8214	2.7181
	净资产收益率(%)	3.5587	6.5729	3.9279	7.6844
	加权净资产收益率(%)	3.5900	6.7600	3.9600	7.8100
	净资产收益率(扣除)(%)	3.2342	5.8694	3.5954	7.0170
	总资产(万元)	904582.82	862173.82	841892.35	797297.23
	归属母公司股东权益(万元)	464908.73	457446.65	444804.10	437479.52
	营业收入(万元)	56977.89	119810.42	55443.38	119867.34
	营业支出(万元)	40746.24	86936.79	39037.02	82255.76
	投资收益(万元)	199.33	231.17	95.64	1056.90
	净利润(万元)	16360.35	30069.39	17375.14	34078.89
	营业利润(万元)	17452.38	11338.90	7624.96	18020.90
	利润总额(万元)	18859.32	33331.79	19388.12	40503.86

太原重工股份有限公司

公司概况	公司名称	太原重工股份有限公司			证券简称	太原重工
	法人代表	王创民	董秘	李迎魁	证券代码	600169
	公司网址	www.tyhi.com.cn		电子信箱	tyhi@tz.com.cn	
	电　话	0351-6361155		传　真	0351-6362554	
	办公地址	山西省太原市万柏林区玉河街53号				
	经营范围	制造销售火车轴、冶金、轧钢、锻压、起重、非标设备、加压气化炉等				

主要财务指标	指标\报告期	2017.06.30	2016.12.31	2016.06.30	2015.12.31
	基本每股收益(元)	0.0056	-0.7922	-0.2442	0.0091
	基本每股收益(扣除后)(元)	-0.0064	-0.8010	-0.2507	-0.0257
	稀释每股收益(元)	0.0056	---	-0.2442	–
	每股净资产(元)	1.5964	1.5899	1.9990	2.2424
	每股经营现金净流量(元)	0.0144	-0.6526	-0.4879	-0.2483
	每股现金流量(元)	-0.1303	0.1370	0.0523	-0.2692
	每股资本公积金(元)	0.6437	0.6437	0.5072	0.5072
	每股盈余公积金(元)	0.1061	0.1061	0.1122	0.1122
	每股未分配利润(元)	-0.1542	-0.1598	0.3790	0.6232
	净资产收益率(%)	0.3517	-47.1071	-12.2175	0.4068
	加权净资产收益率(%)	0.3525	-42.9088	-11.5185	0.4100
	净资产收益率(扣除)(%)	-0.3991	-47.6307	-12.5407	-1.1471
	总资产(万元)	3013696.33	2906409.36	2809777.72	2839985.73
	归属母公司股东权益(万元)	409316.03	407647.88	484542.36	543548.67
	营业收入(万元)	323030.52	427740.58	115155.17	686110.18
	营业支出(万元)	247374.74	420883.80	103587.13	544383.68
	投资收益(万元)	---	---	–	–
	净利润(万元)	1394.39	-191968.13	-59351.36	2302.34
	营业利润(万元)	1094.43	-196839.30	-61966.84	-6154.17
	利润总额(万元)	2101.90	-194326.67	-60122.42	3740.65

上海建工集团股份有限公司

公司概况	公司名称	上海建工集团股份有限公司		证券简称	上海建工
	法人代表	徐征	董秘 李胜	证券代码	600170
	公司网址	www.scg.com.cn		电子信箱	ir@scg.com.cn
	电　话	021-35100838 35318170		传　真	021-55886222
	办公地址	上海市虹口区东大名路 666 号			
	经营范围	各类建设工程总承包、设计、施工、咨询、设备、材料、构配件生产等			

主要财务指标	指标\报告期	2017.06.30	2016.12.31	2016.06.30	2015.12.31
	基本每股收益(元)	0.1400	0.2800	0.1500	0.3100
	基本每股收益(扣除后)(元)	0.1200	0.2200	0.1400	0.2400
	稀释每股收益(元)	0.1400	0.2800	0.1500	0.3100
	每股净资产(元)	2.8800	3.2348	3.0862	3.7077
	每股经营现金净流量(元)	-1.1078	0.4322	-1.1184	1.4729
	每股现金流量(元)	-0.6907	1.4665	-0.7001	1.1711
	每股资本公积金(元)	0.2670	0.4066	0.4039	0.6850
	每股盈余公积金(元)	0.1062	0.1326	0.1147	0.1377
	每股未分配利润(元)	1.0412	1.2592	1.1456	1.3432
	净资产收益率(%)	4.9274	9.0831	4.9015	8.4887
	加权净资产收益率(%)	5.7600	9.8500	5.2000	9.7800
	净资产收益率(扣除)(%)	4.1813	7.1937	4.5088	6.5421
	总资产(万元)	17647679.97	17436957.66	14693153.22	14220024.71
	归属母公司股东权益(万元)	2564429.80	2307036.37	2201027.22	2203560.93
	营业收入(万元)	6628809.21	13365653.51	6055646.79	12543070.74
	营业支出(万元)	5968356.34	12000126.32	5608073.38	11411540.98
	投资收益(万元)	15109.04	10510.69	6498.14	13363.09
	净利润(万元)	136124.48	215460.99	111041.81	197106.50
	营业利润(万元)	174571.13	243582.25	133961.24	208854.65
	利润总额(万元)	182445.47	302115.12	145987.79	258685.16

上海贝岭股份有限公司

公司概况	公司名称	上海贝岭股份有限公司		证券简称	上海贝岭
	法人代表	董浩然	董秘 周承捷	证券代码	600171
	公司网址	www.belling.com.cn		电子信箱	bloffice@belling.com.cn
	电　话	021-24261157		传　真	021-64854424
	办公地址	上海市漕河泾开发区宜山路 810 号			
	经营范围	集成电路的设计、制造、销售和技术服务			

主要财务指标	指标\报告期	2017.06.30	2016.12.31	2016.06.30	2015.12.31
	基本每股收益(元)	0.1980	0.0600	0.0410	0.0800
	基本每股收益(扣除后)(元)	0.0440	0.0500	0.0360	0.0600
	稀释每股收益(元)	0.1980	0.0600	0.0410	0.0800
	每股净资产(元)	2.9177	2.7433	2.7282	2.7121
	每股经营现金净流量(元)	0.0149	0.0887	0.0459	0.0751
	每股现金流量(元)	-0.0522	0.1439	0.0870	1.2417
	每股资本公积金(元)	1.1899	1.1899	1.1899	1.1899
	每股盈余公积金(元)	0.2083	0.2083	0.2079	0.2079
	每股未分配利润(元)	0.5235	0.3451	0.3304	0.3143
	净资产收益率(%)	6.7986	2.0479	1.5055	2.7986
	加权净资产收益率(%)	7.0100	2.0500	1.5100	3.1000
	净资产收益率(扣除)(%)	1.5088	1.6479	1.3249	2.1379
	总资产(万元)	222475.05	210518.56	206193.85	206780.47
	归属母公司股东权益(万元)	196598.64	184845.90	183828.02	182745.04
	营业收入(万元)	24478.43	50909.39	24841.25	48921.02
	营业支出(万元)	17683.12	37726.39	18464.44	36662.26
	投资收益(万元)	12181.94	413.16	132.36	1258.38
	净利润(万元)	13380.38	4055.94	2914.98	5363.65
	营业利润(万元)	15054.59	3442.22	2706.91	3417.12
	利润总额(万元)	15139.20	4020.26	2944.98	5023.29

河南黄河旋风股份有限公司

公司概况	公司名称	河南黄河旋风股份有限公司		证券简称	黄河旋风
	法人代表	乔秋生	董秘 杜长洪	证券代码	600172
	公司网址	www.hhxf.com		电子信箱	hhxfzjb@hhxf.com
	电　话	0374-6108986 6165530		传　真	0374-6108986
	办公地址	河南省长葛市人民路 200 号			
	经营范围	人造金刚石、人造金刚石磨料磨具磨削及其他金刚石制品等			

主要财务指标	指标\报告期	2017.06.30	2016.12.31	2016.06.30	2015.12.31
	基本每股收益(元)	0.1310	0.4665	0.2296	0.4007
	基本每股收益(扣除后)(元)	0.1254	0.4578	0.2161	0.3801
	稀释每股收益(元)	0.1310	0.4665	0.2296	0.4007
	每股净资产(元)	3.5100	6.1300	5.8856	5.7100
	每股经营现金净流量(元)	0.0261	0.2635	0.1150	0.6000
	每股现金流量(元)	0.1338	-0.2753	-0.0205	0.3943
	每股资本公积金(元)	1.2150	2.9813	2.9741	2.9741
	每股盈余公积金(元)	0.1531	0.2755	0.2452	0.2452
	每股未分配利润(元)	1.1436	1.8728	1.6662	1.4866
	净资产收益率(%)	3.7299	7.6105	3.9011	6.0794
	加权净资产收益率(%)	3.7900	7.8900	3.9400	7.8100
	净资产收益率(扣除)(%)	3.5699	7.4689	3.6714	5.7665
	总资产(万元)	974620.84	870869.80	836472.34	758411.46
	归属母公司股东权益(万元)	500881.01	485719.00	466371.68	452137.56
	营业收入(万元)	146828.87	236161.39	115747.21	181694.90
	营业支出(万元)	93046.40	141042.54	69950.32	116401.74
	投资收益(万元)	242.03	1189.36	696.25	2879.55
	净利润(万元)	18664.12	36963.13	18193.81	27487.03
	营业利润(万元)	21490.67	44123.62	20649.16	30961.11
	利润总额(万元)	21395.79	43750.67	21171.96	31806.50

卧龙地产集团股份有限公司

公司概况	公司名称	卧龙地产集团股份有限公司		证券简称	卧龙地产
	法人代表	陈嫣妮	董秘 马亚军	证券代码	600173
	公司网址	www.wolong-re.com		电子信箱	wolong600173@wolong.com
	电　话	0575-82177017 82176751		传　真	0575-82177000
	办公地址	浙江省绍兴市上虞区人民西路 1801 号			
	经营范围	房地产开发与经营，建筑工程、装饰装潢工程设计、施工、物业管理			

主要财务指标	指标\报告期	2017.06.30	2016.12.31	2016.06.30	2015.12.31
	基本每股收益(元)	0.1230	0.1113	0.0680	0.0833
	基本每股收益(扣除后)(元)	0.1230	0.1098	0.0670	0.0737
	稀释每股收益(元)	0.1230	0.1113	0.0680	0.0833
	每股净资产(元)	2.3828	2.3097	2.2661	2.2483
	每股经营现金净流量(元)	0.8821	1.1937	0.6412	0.6498
	每股现金流量(元)	0.6929	0.0872	-0.2663	0.0684
	每股资本公积金(元)	0.0218	0.0218	0.0218	0.0218
	每股盈余公积金(元)	0.2458	0.2458	0.2458	0.2458
	每股未分配利润(元)	1.1151	1.0420	0.9984	0.9807
	净资产收益率(%)	5.1661	4.8209	2.9897	3.7050
	加权净资产收益率(%)	5.2500	4.8900	2.9800	3.7300
	净资产收益率(扣除)(%)	5.1605	4.7559	2.9442	3.2795
	总资产(万元)	457335.38	411492.70	404270.51	440176.95
	归属母公司股东权益(万元)	172785.36	167484.90	164323.38	163036.28
	营业收入(万元)	74548.78	140298.26	72381.68	153001.73
	营业支出(万元)	44334.56	108867.04	54297.22	113599.77
	投资收益(万元)	--	--	-	694.91
	净利润(万元)	8943.41	8100.79	4927.68	6052.12
	营业利润(万元)	12941.42	12511.13	7294.16	12164.11
	利润总额(万元)	12956.88	12588.77	7396.74	12123.72

美都能源股份有限公司

公司概况	公司名称	美都能源股份有限公司		证券简称	美都能源
	法人代表	闻掌华	董秘 沈旭涛	证券代码	600175
	公司网址	www.chinameidu.com		电子信箱	wangqin5182@sohu.com
	电　话	0571-88301613　88301610		传　真	0571-88301607
	办公地址	浙江省杭州市密渡桥路70号美都恒升名楼			
	经营范围	房地产开发、酒店业、贸易及实业投资等			

	指标＼报告期	2017.06.30	2016.12.31	2016.06.30	2015.12.31
主要财务指标	基本每股收益(元)	0.0100	0.0495	0.0100	0.0200
	基本每股收益(扣除后)(元)	0.0042	-0.0245	0.0100	-0.0675
	稀释每股收益(元)	0.0100	0.0495	0.0100	0.0200
	每股净资产(元)	3.0321	3.0506	3.0046	1.8447
	每股经营现金净流量(元)	0.0660	0.2419	-0.0764	-0.6249
	每股现金流量(元)	0.0622	0.5867	0.7003	-0.6214
	每股资本公积金(元)	1.8132	1.8128	1.8114	0.5744
	每股盈余公积金(元)	0.0610	0.0610	0.0480	0.0700
	每股未分配利润(元)	0.1649	0.1687	0.1501	0.2116
	净资产收益率(%)	0.2056	1.3668	0.1687	1.1043
	加权净资产收益率(%)	0.2000	1.9400	0.4000	1.1100
	净资产收益率(扣除)(%)	0.1371	-0.6774	0.3255	-3.6654
	总资产(万元)	1859036.49	1706807.98	1759375.02	1502759.67
	归属母公司股东权益(万元)	1084435.32	1091044.56	1074578.84	453792.20
	营业收入(万元)	304466.13	442093.38	271835.77	491088.17
	营业支出(万元)	278799.10	414212.89	248900.50	438567.27
	投资收益(万元)	7832.28	40673.40	8925.84	42549.49
	净利润(万元)	2945.62	16161.05	2141.53	7049.61
	营业利润(万元)	317.38	16391.75	-3267.38	7384.97
	利润总额(万元)	677.54	16998.91	-3213.74	8918.74

中国巨石股份有限公司

公司概况	公司名称	中国巨石股份有限公司		证券简称	中国巨石
	法人代表	曹江林	董秘 李畅	证券代码	600176
	公司网址	www.jushi.com		电子信箱	cfgcl@cnbm.com.cn
	电　话	0573-88181888		传　真	0573-88181097
	办公地址	浙江省嘉兴市桐乡市梧桐街道文华南路669号			
	经营范围	新材料的研发、生产和销售、商业房地产开发与经营等			

	指标＼报告期	2017.06.30	2016.12.31	2016.06.30	2015.12.31
主要财务指标	基本每股收益(元)	0.3448	0.6254	0.3133	1.1265
	基本每股收益(扣除后)(元)	0.3339	0.6012	0.3109	1.1242
	稀释每股收益(元)	0.3448	0.6254	0.3133	1.1265
	每股净资产(元)	3.8864	4.5089	4.1996	8.7911
	每股经营现金净流量(元)	0.3863	1.3030	0.6733	2.7842
	每股现金流量(元)	-0.0344	-0.4537	-0.1791	2.1320
	每股资本公积金(元)	1.3620	1.8344	1.8343	6.6329
	每股盈余公积金(元)	0.1023	0.1228	0.1145	0.3192
	每股未分配利润(元)	1.4224	1.5431	1.2393	2.9762
	净资产收益率(%)	8.8719	13.8702	7.4593	10.1149
	加权净资产收益率(%)	8.8692	14.8400	7.4436	22.1300
	净资产收益率(扣除)(%)	8.5904	13.3344	7.4029	10.0941
	总资产(万元)	2419594.63	2393206.81	2309417.29	2408362.82
	归属母公司股东权益(万元)	1134269.63	1096624.85	1021413.00	971879.70
	营业收入(万元)	407746.84	744633.37	371635.89	705478.73
	营业支出(万元)	219064.17	411642.49	208887.80	421159.36
	投资收益(万元)	2175.38	-214.09	-61.18	422.04
	净利润(万元)	101294.94	152871.91	77188.87	98653.16
	营业利润(万元)	119236.76	174605.29	93194.58	113802.80
	利润总额(万元)	121903.10	182607.05	93800.88	118109.32

雅戈尔集团股份有限公司

公司概况	公司名称	雅戈尔集团股份有限公司		证券简称	雅戈尔
	法人代表	李如成	董秘 刘新宇	证券代码	600177
	公司网址	www.youngor.com		电子信箱	ir@youngor.com
	电　话	0574-87425136		传　真	0574-87425390
	办公地址	浙江省宁波市鄞州区鄞县大道西段2号			
	经营范围	服装服饰产品及服装辅料的设计制造、销售、房地产开发、销售等			

	指标＼报告期	2017.06.30	2016.12.31	2016.06.30	2015.12.31
主要财务指标	基本每股收益(元)	0.5700	1.5100	1.3100	1.9600
	基本每股收益(扣除后)(元)	0.4500	0.9800	0.8500	0.9900
	稀释每股收益(元)	0.5700	1.5100	1.3100	1.9600
	每股净资产(元)	6.5252	8.8776	8.8763	9.0506
	每股经营现金净流量(元)	0.6365	0.1280	-0.2010	0.8820
	每股现金流量(元)	0.1335	0.7189	0.7237	-0.4776
	每股资本公积金(元)	1.0785	1.9098	1.9098	0.1650
	每股盈余公积金(元)	0.5088	0.7123	0.5899	0.6778
	每股未分配利润(元)	4.4736	5.9628	5.8451	6.2556
	净资产收益率(%)	8.7598	16.2249	13.5225	21.6925
	加权净资产收益率(%)	8.6500	16.6800	14.2000	23.9600
	净资产收益率(扣除)(%)	6.8802	10.5342	8.7406	10.9503
	总资产(万元)	6579597.95	6391183.15	6443840.80	6627728.31
	归属母公司股东权益(万元)	2336950.11	2271050.75	2270726.36	2015211.84
	营业收入(万元)	539927.47	1489499.94	866698.07	1452739.26
	营业支出(万元)	278583.39	867950.72	482110.18	902887.82
	投资收益(万元)	193213.36	349551.87	249150.41	353190.16
	净利润(万元)	204533.29	368734.39	319333.32	437601.47
	营业利润(万元)	236065.82	441458.98	371976.70	451487.20
	利润总额(万元)	242584.13	456792.62	403232.51	536393.40

哈尔滨东安汽车动力股份有限公司

公司概况	公司名称	哈尔滨东安汽车动力股份有限公司		证券简称	东安动力
	法人代表	陈笠宝	董秘 王江华	证券代码	600178
	公司网址	www.daae.com.cn		电子信箱	dadl600178@263.net.cn
	电　话	0451-86528172　86528173		传　真	0451-86505502
	办公地址	黑龙江省哈尔滨市平房区保国街51号			
	经营范围	微型汽车发动机、变速器、零部件及相关产品的研制、生产销售等			

	指标＼报告期	2017.06.30	2016.12.31	2016.06.30	2015.12.31
主要财务指标	基本每股收益(元)	0.0852	0.1700	0.1204	0.0507
	基本每股收益(扣除后)(元)	0.0824	0.1494	0.1191	-0.2207
	稀释每股收益(元)	0.0852	0.1700	0.1204	0.0507
	每股净资产(元)	4.0509	3.9614	3.9051	3.7847
	每股经营现金净流量(元)	-0.4196	-0.2309	-0.0943	0.1716
	每股现金流量(元)	-0.1949	-0.1168	-0.2213	0.1077
	每股资本公积金(元)	1.8609	1.8609	1.8610	1.8610
	每股盈余公积金(元)	0.5242	0.5242	0.5242	0.5242
	每股未分配利润(元)	0.6546	0.5694	0.5199	0.3994
	净资产收益率(%)	2.1034	4.2910	3.0837	1.3401
	加权净资产收益率(%)	2.1300	4.3900	3.1300	1.3500
	净资产收益率(扣除)(%)	2.0348	3.7708	3.0502	-5.8324
	总资产(万元)	383254.35	436173.20	395322.14	342153.22
	归属母公司股东权益(万元)	187185.05	183049.01	180446.56	174882.16
	营业收入(万元)	97003.49	253793.43	119834.57	126139.51
	营业支出(万元)	85726.88	222657.46	106358.09	116317.58
	投资收益(万元)	2478.45	6585.97	5101.11	6322.05
	净利润(万元)	3937.18	7854.68	5564.40	2343.59
	营业利润(万元)	3904.12	6939.62	5537.88	1800.11
	利润总额(万元)	3937.18	7854.68	5564.40	2343.59

安通控股股份有限公司

公司概况				
公司名称	安通控股股份有限公司		证券简称	安通控股
法人代表	郭东泽	董秘 颜联源	证券代码	600179
公司网址	www.hh.chemchina.com	电子信箱	antong@renjian.cn	
电　话	0595-28092211	传　真	0595-28092211	
办公地址	福建省泉州市丰泽区刺桐北路868号仁建大厦			
经营范围	生产与销售焦炭及焦化产品、化学肥料、甲醇等			

指标\报告期	2017.06.30	2016.12.31	2016.06.30	2015.12.31
基本每股收益(元)	0.2200	0.5000	-0.2600	-0.6900
基本每股收益(扣除后)(元)	0.2100	0.4500	-0.3300	-0.7000
稀释每股收益(元)	0.2200	0.5000	-0.2600	-0.6900
每股净资产(元)	2.5185	2.3033	-0.9801	-0.7183
每股经营现金净流量(元)	0.3211	0.8847	-0.0580	0.2298
每股现金流量(元)	-0.1577	0.5395	-0.0023	-0.1802
每股资本公积金(元)	0.5238	0.5238	0.8350	0.1976
每股盈余公积金(元)	0.1109	0.1109	0.0720	0.1976
每股未分配利润(元)	1.2088	0.9937	-2.9101	1.7818
净资产收益率(%)	8.5399	16.4027	-	95.5897
加权净资产收益率(%)	8.9200	22.2400	-	210.8300
净资产收益率(扣除)(%)	8.3095	14.6069	-	96.8503
总资产(万元)	664359.67	664096.56	86912.27	570624.77
归属母公司股东权益(万元)	267492.52	244650.47	-38223.53	138127.20
营业收入(万元)	256671.63	379812.71	9134.14	86646.63
营业支出(万元)	207086.48	293324.06	10622.09	101006.81
投资收益(万元)	--	--	-	-
净利润(万元)	22843.60	40129.28	-10208.65	-26848.69
营业利润(万元)	34487.47	48058.16	-12846.95	-27201.83
利润总额(万元)	30679.84	53818.52	-10208.65	-26848.69

瑞茂通供应链管理股份有限公司

公司概况				
公司名称	瑞茂通供应链管理股份有限公司		证券简称	瑞茂通
法人代表	燕刚	董秘 张菊芳	证券代码	600180
公司网址	www.ccsoln.com	电子信箱	ir@ccsoln.com	
电　话	010-56735855	传　真	010-59715880	
办公地址	北京市西城区宣武门外大街10号庄胜广场中央办公楼北翼13层			
经营范围	投资、房地产租赁及建材生产等			

指标\报告期	2017.06.30	2016.12.31	2016.06.30	2015.12.31
基本每股收益(元)	0.3072	0.5223	0.1806	0.4509
基本每股收益(扣除后)(元)	0.0996	0.1669	0.1232	0.3057
稀释每股收益(元)	0.3072	0.5223	0.1806	0.4487
每股净资产(元)	4.8000	4.0440	4.1951	4.0564
每股经营现金净流量(元)	-1.6595	-4.0277	-1.6890	0.3679
每股现金流量(元)	-0.0436	1.0376	0.1644	-0.1148
每股资本公积金(元)	1.5040	1.4894	1.4738	1.4668
每股盈余公积金(元)	0.0925	0.0925	0.0925	0.0924
每股未分配利润(元)	2.2255	1.9720	1.6475	1.5074
净资产收益率(%)	6.3990	11.4775	4.3103	10.3603
加权净资产收益率(%)	6.5300	12.0900	4.3600	13.6000
净资产收益率(扣除)(%)	2.0749	3.6676	2.9398	7.0233
总资产(万元)	1920470.99	1637470.81	1488147.44	1147028.22
归属母公司股东权益(万元)	487909.50	462584.91	426418.50	412703.59
营业收入(万元)	1585270.37	2123354.53	762936.56	940503.82
营业支出(万元)	1480331.04	1926066.14	691896.32	798678.23
投资收益(万元)	22720.27	33928.83	9272.40	5710.52
净利润(万元)	31109.25	52717.28	18058.52	42579.89
营业利润(万元)	47378.92	64001.83	23978.08	41086.87
利润总额(万元)	46834.74	70827.28	24611.35	55485.14

佳通轮胎股份有限公司

公司概况				
公司名称	佳通轮胎股份有限公司		证券简称	S 佳通
法人代表	李怀靖	董秘 徐健	证券代码	600182
公司网址	www.giticorp.com	电子信箱	giticorp@giti.com	
电　话	021-22073132　22073131	传　真	021-22073002	
办公地址	上海市长宁区临虹路280-2号			
经营范围	轮胎生产及销售等			

指标\报告期	2017.06.30	2016.12.31	2016.06.30	2015.12.31
基本每股收益(元)	0.0524	0.4400	0.2185	0.6000
基本每股收益(扣除后)(元)	0.0509	0.4400	0.2175	0.5879
稀释每股收益(元)	0.0524	0.4400	0.2185	0.6000
每股净资产(元)	2.4081	2.8057	2.5796	3.3111
每股经营现金净流量(元)	-0.2748	2.0005	1.7460	1.8618
每股现金流量(元)	-0.0363	-0.4349	-0.4405	0.0345
每股资本公积金(元)	0.0035	0.0035	0.0035	0.0035
每股盈余公积金(元)	0.3308	0.3308	0.2793	0.2793
每股未分配利润(元)	1.0738	1.4714	1.2968	2.0283
净资产收益率(%)	2.1763	15.8456	8.4698	17.9701
加权净资产收益率(%)	1.9000	14.9200	6.7000	18.2300
净资产收益率(扣除)(%)	2.1156	15.7095	8.4330	17.7562
总资产(万元)	257827.32	234957.62	228123.72	286132.89
归属母公司股东权益(万元)	81876.49	95394.59	87707.37	112578.76
营业收入(万元)	166223.05	302359.04	132434.19	316959.79
营业支出(万元)	147975.27	235123.97	99582.99	239710.43
投资收益(万元)	--	--	-	-
净利润(万元)	3739.65	31110.85	14998.07	40549.25
营业利润(万元)	4917.73	41648.99	20055.29	53741.08
利润总额(万元)	5047.74	41988.32	20139.54	54370.48

广东生益科技股份有限公司

公司概况				
公司名称	广东生益科技股份有限公司		证券简称	生益科技
法人代表	刘述峰	董秘 温世龙	证券代码	600183
公司网址	www.syst.com.cn	电子信箱	tzzgx@syst.com.cn	
电　话	0769-22271828*8225	传　真	0769-22174183	
办公地址	广东省东莞市万江区莞穗大道411号			
经营范围	生产和销售覆铜板和粘结片、印刷线路板、陶瓷电子元件、液晶产品等			

指标\报告期	2017.06.30	2016.12.31	2016.06.30	2015.12.31
基本每股收益(元)	0.3700	0.5200	0.2200	0.3800
基本每股收益(扣除后)(元)	0.3500	0.5100	0.2200	0.3800
稀释每股收益(元)	0.3700	0.5100	0.2200	0.3800
每股净资产(元)	3.5686	3.5022	3.1742	3.2539
每股经营现金净流量(元)	0.1110	0.8122	0.2314	0.7859
每股现金流量(元)	-0.0133	-0.1364	-0.2155	0.1914
每股资本公积金(元)	0.8728	0.8334	0.8068	0.8067
每股盈余公积金(元)	0.4579	0.4626	0.4124	0.4124
每股未分配利润(元)	1.2349	1.2051	0.9548	1.0349
净资产收益率(%)	10.4122	14.8244	6.9302	11.6346
加权净资产收益率(%)	10.4500	15.6500	6.7400	12.3100
净资产收益率(扣除)(%)	9.7331	14.4597	6.8182	11.7290
总资产(万元)	1029451.63	953387.47	906248.37	886009.70
归属母公司股东权益(万元)	518249.35	504706.13	456311.74	467764.56
营业收入(万元)	485453.85	853832.11	389567.93	761023.42
营业支出(万元)	372281.36	678473.74	311800.47	617724.12
投资收益(万元)	746.29	1418.42	595.25	905.22
净利润(万元)	55515.50	76064.39	31984.50	55293.50
营业利润(万元)	65017.01	86588.18	34998.42	60336.00
利润总额(万元)	65031.82	88918.46	36298.49	62096.49

北方光电股份有限公司

公司概况					
公司名称	北方光电股份有限公司			证券简称	光电股份
法人代表	叶明华	董秘	孙峰	证券代码	600184
公司网址	www.sicong.com		电子信箱	newhgzqb@163.com	
电　话	029-82537951		传　真	029-82526666	
办公地址	陕西省西安市长乐中路35号				
经营范围	光电装备、光电仪器产品、信息技术产品、太阳能电池及太阳能发电系统等				

主要财务指标 指标＼报告期	2017.06.30	2016.12.31	2016.06.30	2015.12.31
基本每股收益(元)	0.0100	0.0600	0.0100	0.1100
基本每股收益(扣除后)(元)	0.0100	0.0500	0.0100	0.1100
稀释每股收益(元)	0.0100	0.0600	0.0100	0.1100
每股净资产(元)	4.4098	4.4087	4.3666	4.4098
每股经营现金净流量(元)	-0.5031	-1.0505	-1.1182	0.4662
每股现金流量(元)	-0.6136	-1.5589	-1.6315	2.3059
每股资本公积金(元)	2.6634	2.6634	2.6626	2.6626
每股盈余公积金(元)	0.0994	0.0992	0.0977	0.0977
每股未分配利润(元)	0.6425	0.6460	0.6039	0.6493
净资产收益率(%)	0.3323	1.3201	0.3338	2.1057
加权净资产收益率(%)	0.3300	1.3200	0.3300	4.6700
净资产收益率(扣除)(%)	0.2428	1.1340	0.2596	2.0091
总资产(万元)	369460.99	384950.13	376857.16	416604.35
归属母公司股东权益(万元)	224350.81	224296.20	222156.63	224355.49
营业收入(万元)	49190.41	221142.31	49783.99	274690.88
营业支出(万元)	40964.72	194544.18	40857.88	246746.36
投资收益(万元)	367.67	-1336.14	-1248.78	104.07
净利润(万元)	782.09	3051.92	774.11	4801.84
营业利润(万元)	923.60	2783.00	926.50	4888.82
利润总额(万元)	943.81	3118.43	956.57	5144.76

格力地产股份有限公司

公司概况					
公司名称	格力地产股份有限公司			证券简称	格力地产
法人代表	鲁君四	董秘	邹超	证券代码	600185
公司网址	www.greedc.com		电子信箱	gldc@greedc.com	
电　话	0756-8860606		传　真	0756-8309666	
办公地址	广东省珠海市石花西路213号				
经营范围	实业投资、投资及投资管理、房地产开发经营、物业管理等				

主要财务指标 指标＼报告期	2017.06.30	2016.12.31	2016.06.30	2015.12.31
基本每股收益(元)	0.1300	0.3300	0.1400	2.3700
基本每股收益(扣除后)(元)	0.1300	0.3100	0.1400	0.7800
稀释每股收益(元)	0.1300	0.3100	0.1300	2.2100
每股净资产(元)	3.6262	3.5449	2.4808	6.7597
每股经营现金净流量(元)	-0.2612	-0.5994	0.4373	0.3153
每股现金流量(元)	-0.1998	0.6394	1.8746	1.0889
每股资本公积金(元)	0.4927	0.5231	-0.8775	-0.6572
每股盈余公积金(元)	0.1608	0.1609	0.2049	0.5736
每股未分配利润(元)	1.8857	1.7714	2.0252	5.4770
净资产收益率(%)	3.7066	8.2252	5.6689	35.1031
加权净资产收益率(%)	3.8200	11.8700	5.6900	40.1200
净资产收益率(扣除)(%)	3.6879	7.6651	5.6392	11.5953
总资产(万元)	2728347.12	2637592.73	2467100.94	2061264.18
归属母公司股东权益(万元)	747013.27	730251.57	401277.98	390497.39
营业收入(万元)	152439.61	312175.94	136657.70	254492.38
营业支出(万元)	98166.81	196403.75	91933.46	149768.30
投资收益(万元)	-53.10	4851.23	29.17	101777.89
净利润(万元)	27659.16	59901.17	22678.02	136956.37
营业利润(万元)	36276.55	79454.03	30426.76	172937.85
利润总额(万元)	36490.48	79933.80	30637.91	174798.44

莲花健康产业集团股份有限公司

公司概况					
公司名称	莲花健康产业集团股份有限公司			证券简称	莲花味精
法人代表	夏建统	董秘	时祖健	证券代码	600186
公司网址	www.chinalotus.com.cn		电子信箱	a600186@sina.com	
电　话	0394-4298666		传　真	0394-4298899	
办公地址	河南省项城市莲花大道18号				
经营范围	味精和调味品的生产及销售，热力、电力的生产及销售等				

主要财务指标 指标＼报告期	2017.06.30	2016.12.31	2016.06.30	2015.12.31
基本每股收益(元)	-0.0600	0.0600	-0.0053	-0.4800
基本每股收益(扣除后)(元)	-0.0668	-0.1500	-0.0350	-0.4700
稀释每股收益(元)	-0.0568	0.0600	-0.0053	-0.4800
每股净资产(元)	0.0728	0.1300	0.0808	0.0860
每股经营现金净流量(元)	-0.0185	-0.0284	0.0114	0.0049
每股现金流量(元)	-0.0085	0.0077	0.1757	-0.0120
每股资本公积金(元)	0.2820	0.2820	0.2999	0.2999
每股盈余公积金(元)	0.0781	0.0781	0.0781	0.0781
每股未分配利润(元)	-1.2873	-1.2306	-1.2973	-1.2920
净资产收益率(%)	-78.0313	47.4268	-6.5084	-556.6112
加权净资产收益率(%)	-56.1300	57.0000	-6.3000	-1.4700
净资产收益率(扣除)(%)	-91.7544	-112.5475	-43.3388	-549.8102
总资产(万元)	207526.10	207550.99	241568.51	224553.59
归属母公司股东权益(万元)	7727.58	13757.50	8577.17	9135.41
营业收入(万元)	88695.80	176677.27	87235.36	177627.54
营业支出(万元)	79793.85	159080.77	75854.28	169430.82
投资收益(万元)	-50.74	-1395.22	-646.06	-965.42
净利润(万元)	-7382.13	1782.77	-1787.53	-54665.07
营业利润(万元)	-8838.10	-27240.99	-4964.38	-86659.51
利润总额(万元)	-7981.11	2110.20	-1805.37	-87280.82

黑龙江国中水务股份有限公司

公司概况					
公司名称	黑龙江国中水务股份有限公司			证券简称	国中水务
法人代表	尹峻	董秘	尹峻(代)	证券代码	600187
公司网址	www.interchina.com		电子信箱	liuyuping@interchina.com	
电　话	86-21-62265371		传　真	86-21-62187072	
办公地址	上海市长宁区虹桥路2188弄49号楼				
经营范围	机制纸及纸浆、供排水及污水处理				

主要财务指标 指标＼报告期	2017.06.30	2016.12.31	2016.06.30	2015.12.31
基本每股收益(元)	0.0039	0.0111	0.0139	-0.0810
基本每股收益(扣除后)(元)	0.0043	-0.0158	-0.0111	-0.0497
稀释每股收益(元)	0.0039	0.0111	0.0139	-0.0810
每股净资产(元)	2.1117	1.7602	1.7629	1.7481
每股经营现金净流量(元)	0.0019	0.0650	0.2091	-0.0506
每股现金流量(元)	0.2243	-0.0951	-0.0499	0.0905
每股资本公积金(元)	1.2474	0.9189	0.9188	0.9189
每股盈余公积金(元)	0.0185	0.0210	0.0210	0.0210
每股未分配利润(元)	-0.1556	-0.1810	-0.1782	-0.1921
净资产收益率(%)	0.1762	0.6318	0.7896	-4.6324
加权净资产收益率(%)	0.2000	0.6342	0.7900	-4.5279
净资产收益率(扣除)(%)	0.1938	-0.8984	-0.6271	-2.8410
总资产(万元)	469834.76	415801.61	501075.46	406527.98
归属母公司股东权益(万元)	349268.60	256217.29	256608.63	254456.44
营业收入(万元)	20592.75	35781.99	16928.35	47470.48
营业支出(万元)	13586.31	23643.01	11138.00	32154.23
投资收益(万元)	-150.11	3217.76	3224.99	-5953.42
净利润(万元)	385.53	1469.64	1960.96	-11941.66
营业利润(万元)	1151.65	-1110.52	712.48	-14227.86
利润总额(万元)	541.44	2508.77	2477.48	-11539.60

兖州煤业股份有限公司

公司概况	公司名称	兖州煤业股份有限公司		证券简称	兖州煤业
	法人代表	李希勇	董秘	靳庆彬	证券代码	600188
	公司网址	www.yanzhoucoal.com.cn	电子信箱	yzc@yanzhoucoal.com.cn	
	电话	0537-5382319 5385343	传真	0537-5383311 0852-31706606	
	办公地址	山东省邹城市凫山南路 298 号			
	经营范围	地下煤炭开采、洗选加工、销售和煤炭铁路运输等			

主要财务指标 指标\报告期	2017.06.30	2016.12.31	2016.06.30	2015.12.31
基本每股收益(元)	0.6493	0.4203	0.1205	0.1700
基本每股收益(扣除后)(元)	0.6055	0.3029	0.0196	0.0400
稀释每股收益(元)	0.6493	0.4203	0.1205	0.1700
每股净资产(元)	10.3028	8.5552	8.2736	8.1000
每股经营现金净流量(元)	0.5393	1.3073	–0.0101	0.5737
每股现金流量(元)	0.3564	–1.7194	–1.4027	0.6267
每股资本公积金(元)	0.2562	0.2562	0.2589	0.0003
每股盈余公积金(元)	1.2012	1.2012	1.2012	0.0012
每股未分配利润(元)	6.9072	6.3780	6.0775	0.0060
净资产收益率(%)	6.3017	4.9130	1.4558	2.1592
加权净资产收益率(%)	7.1000	5.0500	1.5000	2.2100
净资产收益率(扣除)(%)	5.8773	3.5445	0.2367	0.5490
总资产(万元)	15777568.70	14562240.30	13944785.10	13906196.20
归属母公司股东权益(万元)	5060736.20	4202305.80	4069263.80	3980767.90
营业收入(万元)	8062424.40	10198221.30	2463521.80	6900738.20
营业支出(万元)	7076027.70	8894436.60	2001828.70	5899038.40
投资收益(万元)	44737.00	76208.90	38514.50	60871.30
净利润(万元)	364730.80	229265.60	57072.40	83121.00
营业利润(万元)	450782.90	231937.50	9621.30	83908.90
利润总额(万元)	468803.70	313613.10	71768.50	151073.40

吉林森林工业股份有限公司

公司概况	公司名称	吉林森林工业股份有限公司		证券简称	吉林森工
	法人代表	姜长龙	董秘	时军	证券代码	600189
	公司网址	www.jlsg.com.cn	电子信箱	gfgs@jlsg.com.cn	
	电话	0431-88912969	传真	0431-88930595	
	办公地址	吉林省长春市朝阳区延安大街 1399 号			
	经营范围	森林采伐、人造板及饰面材料、进出口贸易、林化产品等的生产与销售等			

主要财务指标 指标\报告期	2017.06.30	2016.12.31	2016.06.30	2015.12.31
基本每股收益(元)	–0.1200	0.0400	0.1900	0.1400
基本每股收益(扣除后)(元)	–0.3600	–0.7600	–0.2700	–0.6100
稀释每股收益(元)	–0.1200	0.0400	0.1900	0.1400
每股净资产(元)	4.4237	4.5288	4.6404	4.2757
每股经营现金净流量(元)	–0.2807	–0.1708	–1.2081	0.5034
每股现金流量(元)	–0.1650	–0.3251	–1.0221	0.8720
每股资本公积金(元)	2.3601	2.3480	2.3043	2.0826
每股盈余公积金(元)	0.6005	0.6005	0.6001	0.6001
每股未分配利润(元)	0.4614	0.5786	0.7345	0.5915
净资产收益率(%)	–2.6495	0.8331	4.1580	3.3675
加权净资产收益率(%)	–2.6200	0.8400	4.4100	3.3900
净资产收益率(扣除)(%)	–8.1928	–16.7838	–5.8282	–14.2958
总资产(万元)	383321.38	402656.93	419231.75	460417.34
归属母公司股东权益(万元)	137355.51	140620.09	144084.13	132759.50
营业收入(万元)	10642.32	38403.08	17977.48	134798.44
营业支出(万元)	8062.98	25878.60	13719.57	101617.32
投资收益(万元)	–4137.23	28310.89	17187.41	5290.35
净利润(万元)	–3845.28	257.37	5749.28	2846.61
营业利润(万元)	–3942.11	61.84	5298.50	–22868.93
利润总额(万元)	–3870.11	392.14	5749.71	2684.60

锦州港股份有限公司

公司概况	公司名称	锦州港股份有限公司		证券简称	锦州港
	法人代表	徐健	董秘	李桂萍	证券代码	600190
	公司网址	www.jinzhouport.com	电子信箱	JZP@jinzhouport.com	
	电话	0416-3586462 3586234	传真	0416-3582431	
	办公地址	辽宁省锦州市经济技术开发区锦港大街一段 1 号			
	经营范围	港口装卸、仓储及船货代理服务等			

主要财务指标 指标\报告期	2017.06.30	2016.12.31	2016.06.30	2015.12.31
基本每股收益(元)	0.0421	0.0277	0.0125	0.0645
基本每股收益(扣除后)(元)	0.0308	–0.0211	0.0021	0.0311
稀释每股收益(元)	0.0421	--	0.0125	0.0645
每股净资产(元)	2.9912	2.9462	2.9312	2.9383
每股经营现金净流量(元)	–0.1111	0.3706	0.0518	0.2724
每股现金流量(元)	0.3223	0.1047	0.6004	–0.1156
每股资本公积金(元)	1.3302	1.3302	1.3302	1.3302
每股盈余公积金(元)	0.1824	0.1824	0.1716	0.1716
每股未分配利润(元)	0.4686	0.4264	0.4220	0.4294
净资产收益率(%)	1.4091	0.9409	0.4275	2.1938
加权净资产收益率(%)	1.4200	0.9400	0.4300	2.2000
净资产收益率(扣除)(%)	1.0286	–0.7153	0.0718	1.0586
总资产(万元)	1772470.05	1223844.53	1333713.09	1200415.84
归属母公司股东权益(万元)	598927.85	589910.12	586909.98	588333.96
营业收入(万元)	208639.63	255267.03	99797.03	180554.94
营业支出(万元)	178905.33	226974.50	84944.41	136743.82
投资收益(万元)	2897.35	8578.25	3379.79	3430.12
净利润(万元)	8837.18	5010.47	2123.16	12947.20
营业利润(万元)	10504.04	2874.00	2109.12	13226.24
利润总额(万元)	11164.78	6769.57	3394.87	16644.64

包头华资实业股份有限公司

公司概况	公司名称	包头华资实业股份有限公司		证券简称	华资实业
	法人代表	宋卫东	董秘	李怀庆	证券代码	600191
	公司网址	www.huazi.com	电子信箱	hzsy@huazi.com	
	电话	0472-6957558 6957240	传真	0472-4190473	
	办公地址	内蒙古自治区包头市东河区			
	经营范围	生产、销售糖，食用酒精，颗粒粕，电子元器件，计算机的研制、生产等			

主要财务指标 指标\报告期	2017.06.30	2016.12.31	2016.06.30	2015.12.31
基本每股收益(元)	0.0290	0.0205	0.0255	0.3044
基本每股收益(扣除后)(元)	0.0290	0.0210	0.0260	0.2970
稀释每股收益(元)	0.0290	0.0205	0.0255	0.3044
每股净资产(元)	4.5635	4.5212	4.4141	4.7325
每股经营现金净流量(元)	–0.0296	0.0431	–0.0297	–0.1033
每股现金流量(元)	–0.0683	–0.3501	–0.4417	0.2639
每股资本公积金(元)	1.3050	1.3050	1.3040	1.3040
每股盈余公积金(元)	0.2343	0.2343	0.2324	0.2324
每股未分配利润(元)	0.6751	0.6561	0.6631	0.7376
净资产收益率(%)	0.6345	0.4533	0.5788	6.4327
加权净资产收益率(%)	0.6400	0.4400	0.5500	7.0100
净资产收益率(扣除)(%)	0.6345	0.4635	0.5892	6.2749
总资产(万元)	258966.54	256762.59	248632.83	272631.61
归属母公司股东权益(万元)	221299.77	219248.03	214054.88	229492.23
营业收入(万元)	16261.40	3666.81	3341.29	3276.72
营业支出(万元)	16098.25	3420.68	3216.29	3488.07
投资收益(万元)	4529.60	7934.75	4125.83	27391.67
净利润(万元)	1402.54	990.71	1237.27	14758.93
营业利润(万元)	1251.55	888.33	1195.33	15618.52
利润总额(万元)	1251.55	865.99	1173.01	15980.54

兰州长城电工股份有限公司

公司概况	公司名称	兰州长城电工股份有限公司			证券简称	长城电工
	法人代表	杨林	董秘	白天洪	证券代码	600192
	公司网址	www.chinagwe.com		电子信箱	gwe@chinagwe.com	
	电　话	0931-8415501		传　真	0931-8414606	
	办公地址	甘肃省兰州市城关区农民巷 215 号				
	经营范围	电器机械及器材、电器元件的研究开发、生产、批发零售等				

	指标\报告期	2017.06.30	2016.12.31	2016.06.30	2015.12.31
主要财务指标	基本每股收益(元)	0.0308	0.0505	0.0437	0.0916
	基本每股收益(扣除后)(元)	0.0005	0.0008	0.0060	0.0031
	稀释每股收益(元)	0.0308	0.0505	–	0.0916
	每股净资产(元)	4.4274	4.3628	4.3077	4.2719
	每股经营现金净流量(元)	0.0155	0.0075	0.0070	0.0099
	每股现金流量(元)	–0.1252	–0.2271	–0.3285	0.3334
	每股资本公积金(元)	2.1365	2.0947	2.0464	2.0444
	每股盈余公积金(元)	0.1076	0.1076	0.1076	0.1076
	每股未分配利润(元)	1.1832	1.1604	1.1537	1.1120
	净资产收益率(%)	0.6957	1.1579	1.0150	2.1446
	加权净资产收益率(%)	0.7008	1.1700	1.0192	2.1600
	净资产收益率(扣除)(%)	0.0112	0.0192	0.1395	0.0729
	总资产(万元)	461152.68	463993.66	471253.75	466492.34
	归属母公司股东权益(万元)	195579.92	192725.89	190290.79	188358.97
	营业收入(万元)	92779.30	181608.60	90688.57	180515.15
	营业支出(万元)	71666.39	136069.85	69383.17	133382.61
	投资收益(万元)	153.82	97.33	22.25	–175.68
	净利润(万元)	1921.61	2732.92	2093.50	4519.96
	营业利润(万元)	441.50	351.39	826.29	1028.15
	利润总额(万元)	2079.87	3168.78	2631.07	5739.12

上海创兴资源开发股份有限公司

公司概况	公司名称	上海创兴资源开发股份有限公司			证券简称	创兴资源
	法人代表	翟金水	董秘	连福汉	证券代码	600193
	公司网址			电子信箱	dayang@public.xm.fj.cn	
	电　话	021-58125999		传　真	021-58125066	
	办公地址	上海市浦东新区康桥路 1388 号				
	经营范围	矿业投资、实业投资、从事货物及技术的进出口业务				

	指标\报告期	2017.06.30	2016.12.31	2016.06.30	2015.12.31
主要财务指标	基本每股收益(元)	–0.2710	–0.3000	0.0020	0.1500
	基本每股收益(扣除后)(元)	0.0080	–0.2800	0.0010	–0.2000
	稀释每股收益(元)	–0.2710	–0.3000	0.0020	0.1500
	每股净资产(元)	0.3354	0.6061	0.9050	0.9027
	每股经营现金净流量(元)	0.0128	0.0130	–0.0213	–0.0663
	每股现金流量(元)	0.0128	0.0097	–0.0210	–0.2215
	每股资本公积金(元)	0.3250	0.3248	0.3209	0.3207
	每股盈余公积金(元)	0.1148	0.1148	0.1148	0.1148
	每股未分配利润(元)	–1.1044	–0.8335	–0.5306	–0.5328
	净资产收益率(%)	–80.7770	–49.6109	0.2399	16.7620
	加权净资产收益率(%)	–57.5600	–39.8600	0.2400	9.7800
	净资产收益率(扣除)(%)	2.2435	–45.4304	0.1035	–21.7321
	总资产(万元)	29078.28	30124.19	39812.38	40325.79
	归属母公司股东权益(万元)	14265.27	25782.39	38497.68	38399.40
	营业收入(万元)	2597.71	5735.84	1945.40	1855.19
	营业支出(万元)	2118.91	4606.14	1556.32	1633.28
	投资收益(万元)	118.61	–442.27	–104.63	16137.73
	净利润(万元)	–11523.06	–12790.88	92.35	6436.49
	营业利润(万元)	317.19	–11706.09	22.36	6014.52
	利润总额(万元)	–11523.06	–12790.79	92.36	7215.76

中牧实业股份有限公司

公司概况	公司名称	中牧实业股份有限公司			证券简称	中牧股份
	法人代表	王建成	董秘	王建成(代)	证券代码	600195
	公司网址	www.cahic.com		电子信箱	600195@cahic.com	
	电　话	010-63702195		传　真	010-63702196	
	办公地址	北京市丰台区南四环西路 188 号八区 16-19 号楼				
	经营范围	饲料行业、动物保健品行业及畜牧业生产资料贸易等				

	指标\报告期	2017.06.30	2016.12.31	2016.06.30	2015.12.31
主要财务指标	基本每股收益(元)	0.2651	0.7781	0.3096	0.6414
	基本每股收益(扣除后)(元)	0.2611	0.5997	0.2941	0.6280
	稀释每股收益(元)	0.2651	0.7781	0.3096	0.6414
	每股净资产(元)	8.0695	7.8119	7.3847	7.0665
	每股经营现金净流量(元)	–0.8267	1.4737	–0.4444	1.2334
	每股现金流量(元)	–1.6824	0.8431	–0.8575	0.7180
	每股资本公积金(元)	2.2685	2.2685	2.1268	2.1268
	每股盈余公积金(元)	0.5528	0.5528	0.5528	0.5528
	每股未分配利润(元)	4.2333	3.9682	3.6932	3.3836
	净资产收益率(%)	3.2850	9.9602	4.1926	9.0764
	加权净资产收益率(%)	3.3400	10.3249	4.2900	9.0765
	净资产收益率(扣除)(%)	3.2354	7.6764	3.9824	8.8870
	总资产(万元)	617549.65	603068.11	582367.13	439036.14
	归属母公司股东权益(万元)	346826.12	335757.33	317394.95	303719.05
	营业收入(万元)	151354.74	397387.04	175408.00	423418.99
	营业支出(万元)	105979.81	280621.50	126931.32	313705.30
	投资收益(万元)	6219.32	17072.53	3772.01	3636.42
	净利润(万元)	13119.08	36062.43	14352.63	28117.03
	营业利润(万元)	15324.03	41427.82	16111.01	32411.57
	利润总额(万元)	15569.99	42753.91	17042.50	33609.61

上海复星医药(集团)股份有限公司

公司概况	公司名称	上海复星医药(集团)股份有限公司			证券简称	复星医药
	法人代表	陈启宇	董秘	董晓娴	证券代码	600196
	公司网址	www.fosunpharma.com		电子信箱	ir@fosunpharma.com	
	电　话	021-33987870		传　真	021-33987871	
	办公地址	上海市宜山路 1289 号 A 楼				
	经营范围	药品制造、药品销售、医疗器械和医疗诊断产品等				

	指标\报告期	2017.06.30	2016.12.31	2016.06.30	2015.12.31
主要财务指标	基本每股收益(元)	0.7000	1.2100	0.6500	1.0700
	基本每股收益(扣除后)(元)	0.5200	0.9100	0.4800	0.7200
	稀释每股收益(元)	0.7000	1.2000	0.6500	1.0600
	每股净资产(元)	9.8834	9.1904	8.2075	7.8569
	每股经营现金净流量(元)	0.4423	0.8739	0.4045	0.7005
	每股现金流量(元)	1.7047	0.4926	0.2148	0.1463
	每股资本公积金(元)	3.8408	3.2543	2.6726	2.6187
	每股盈余公积金(元)	0.8503	0.8787	0.8623	0.8623
	每股未分配利润(元)	3.9315	3.7249	3.3261	2.9977
	净资产收益率(%)	6.8493	12.6445	7.8991	13.5307
	加权净资产收益率(%)	7.4600	14.2500	8.0900	14.2100
	净资产收益率(扣除)(%)	5.1423	9.4311	5.8914	9.1093
	总资产(万元)	5063396.45	4376778.73	4094409.57	3820172.58
	归属母公司股东权益(万元)	2466043.26	2219021.55	1899282.48	1818157.01
	营业收入(万元)	835302.26	1462882.04	693709.12	1260864.83
	营业支出(万元)	357189.29	671836.40	322857.45	630804.07
	投资收益(万元)	126657.32	212540.08	107879.87	234662.28
	净利润(万元)	192661.90	322134.18	174862.55	287066.09
	营业利润(万元)	217488.01	339941.61	184902.87	329717.22
	利润总额(万元)	217916.40	357154.88	192977.07	337183.15

新疆伊力特实业股份有限公司

公司概况	公司名称	新疆伊力特实业股份有限公司		证券简称	伊力特
	法人代表	陈智	董秘 君洁	证券代码	600197
	公司网址	www.xjyilite.com		电子信箱	yilitedm@163.com
	电　　话	0991-3667490		传　　真	0991-3672172
	办公地址	新疆维吾尔自治区乌鲁木齐市水磨沟区会展大道1119号大成尔雅A座20楼			
	经营范围	白酒生产和销售等业务			

主要财务指标	指标＼报告期	2017.06.30	2016.12.31	2016.06.30	2015.12.31
	基本每股收益(元)	0.3667	0.6277	0.3124	0.6393
	基本每股收益(扣除后)(元)	0.3396	0.5824	0.3120	0.5948
	稀释每股收益(元)	0.3667	0.6277	0.3124	0.6393
	每股净资产(元)	4.4759	4.3591	4.0437	4.1313
	每股经营现金净流量(元)	0.0247	1.3298	0.5119	0.5646
	每股现金流量(元)	–0.4240	0.8339	0.0801	0.2270
	每股资本公积金(元)	0.4617	0.4617	0.4617	0.4617
	每股盈余公积金(元)	0.7016	0.7016	0.6410	0.6410
	每股未分配利润(元)	2.3121	2.1955	1.9409	2.0285
	净资产收益率(%)	8.1920	14.3989	7.7265	15.4745
	加权净资产收益率(%)	7.8700	14.9000	7.2900	16.2000
	净资产收益率(扣除)(%)	7.5861	13.3615	7.7163	14.3980
	总资产(万元)	243614.80	271604.95	224111.62	244355.07
	归属母公司股东权益(万元)	197387.28	192238.21	178327.31	182188.76
	营业收入(万元)	82852.17	169294.52	81966.92	163753.43
	营业支出(万元)	42598.91	84290.61	41734.83	79561.78
	投资收益(万元)	—	340.86	–302.99	190.93
	净利润(万元)	16158.77	27738.71	13782.55	28228.56
	营业利润(万元)	22109.08	39789.53	20861.49	40243.57
	利润总额(万元)	23233.00	40204.78	20875.02	40849.23

大唐电信科技股份有限公司

公司概况	公司名称	大唐电信科技股份有限公司		证券简称	大唐电信
	法人代表	黄志勤	董秘 蒋昆	证券代码	600198
	公司网址	www.datang.com		电子信箱	dt600198@datang.com
	电　　话	010-58919172		传　　真	010-58919173
	办公地址	北京市海淀区永嘉北路6号			
	经营范围	各类通讯网络系统、各类通信终端、计算机软硬件等产品的开发、生产、销售等			

主要财务指标	指标＼报告期	2017.06.30	2016.12.31	2016.06.30	2015.12.31
	基本每股收益(元)	–0.3651	–2.0129	–0.4254	0.0322
	基本每股收益(扣除后)(元)	–0.4085	–2.1237	–0.4627	–0.8005
	稀释每股收益(元)	–0.3651	–2.0129	–0.4254	0.0322
	每股净资产(元)	2.5318	2.5980	4.1877	4.6154
	每股经营现金净流量(元)	–0.2322	0.8373	–0.1181	1.0243
	每股现金流量(元)	–0.4200	0.5822	–0.1513	–0.5577
	每股资本公积金(元)	4.4925	4.1876	4.1876	4.1876
	每股盈余公积金(元)	0.0686	0.0686	0.0686	0.0686
	每股未分配利润(元)	–3.0146	–2.6496	–1.0633	–0.6367
	净资产收益率(%)	–14.4185	–77.4789	–10.1585	0.6987
	加权净资产收益率(%)	–14.8196	–55.8108	–9.6650	0.7034
	净资产收益率(扣除)(%)	–16.1339	–81.7418	–11.0478	–17.3441
	总资产(万元)	1203629.01	1199385.45	1371660.96	1379458.08
	归属母公司股东权益(万元)	223335.94	229175.08	369403.41	407125.54
	营业收入(万元)	285791.29	722967.28	397966.86	860258.88
	营业支出(万元)	241814.90	641734.02	352635.93	749401.23
	投资收益(万元)	1096.41	3623.95	1369.57	46574.87
	净利润(万元)	–32262.15	–180755.92	–37776.79	4497.86
	营业利润(万元)	–31971.32	–191905.17	–38344.46	–21054.52
	利润总额(万元)	–31922.91	–180100.48	–34840.64	8489.46

安徽金种子酒业股份有限公司

公司概况	公司名称	安徽金种子酒业股份有限公司		证券简称	金种子酒
	法人代表	宁中伟	董秘 金彪	证券代码	600199
	公司网址	www.jzz.cn		电子信箱	jinbiao@600199.com.cn
	电　　话	86-558-2210568		传　　真	86-558-2212666
	办公地址	安徽省阜阳市莲花路259号			
	经营范围	白酒的生产与销售等			

主要财务指标	指标＼报告期	2017.06.30	2016.12.31	2016.06.30	2015.12.31
	基本每股收益(元)	0.0092	0.0300	0.0195	0.0900
	基本每股收益(扣除后)(元)	0.0028	0.0100	0.0052	0.0400
	稀释每股收益(元)	0.0092	0.0300	0.0195	0.0900
	每股净资产(元)	4.0399	4.0322	4.0217	4.0323
	每股经营现金净流量(元)	–0.3604	–0.3282	–0.2931	0.6363
	每股现金流量(元)	–0.5154	0.1190	0.0762	1.5668
	每股资本公积金(元)	1.2609	1.2609	1.2609	1.2609
	每股盈余公积金(元)	0.1994	0.1994	0.1994	0.1994
	每股未分配利润(元)	1.5242	1.5151	1.5040	1.5145
	净资产收益率(%)	0.2267	0.7594	0.4848	2.3240
	加权净资产收益率(%)	0.2300	0.7600	0.4800	2.3400
	净资产收益率(扣除)(%)	0.0703	0.2301	0.1288	0.9492
	总资产(万元)	304827.48	327197.01	316657.64	331006.60
	归属母公司股东权益(万元)	224527.89	224102.07	223514.17	224107.69
	营业收入(万元)	57327.61	143573.97	75968.46	172759.95
	营业支出(万元)	27889.29	64239.73	32429.83	69836.13
	投资收益(万元)	48.46	421.44	373.02	3118.87
	净利润(万元)	557.35	1753.74	1109.68	5235.40
	营业利润(万元)	1475.33	1507.92	1631.30	5354.96
	利润总额(万元)	1526.08	2687.20	2294.58	6312.76

江苏吴中实业股份有限公司

公司概况	公司名称	江苏吴中实业股份有限公司		证券简称	江苏吴中
	法人代表	赵唯一	董秘 朱菊芳	证券代码	600200
	公司网址	www.600200.com		电子信箱	jswz@600200.com
	电　　话	0512-66981888 65626898		传　　真	0512-65270086
	办公地址	江苏省苏州市吴中区东方大道988号			
	经营范围	服装与医药等			

主要财务指标	指标＼报告期	2017.06.30	2016.12.31	2016.06.30	2015.12.31
	基本每股收益(元)	0.0920	0.1050	0.0060	0.0770
	基本每股收益(扣除后)(元)	0.0740	0.0870	–0.0070	0.0560
	稀释每股收益(元)	0.0920	0.1050	0.0060	0.0770
	每股净资产(元)	4.1242	4.0723	2.3076	2.3025
	每股经营现金净流量(元)	0.0839	0.9606	0.7396	0.0614
	每股现金流量(元)	–0.2256	0.3322	–0.0461	0.2680
	每股资本公积金(元)	2.0024	2.0009	0.7792	0.7769
	每股盈余公积金(元)	0.1639	0.1639	0.1767	0.1767
	每股未分配利润(元)	0.5064	0.4448	0.3780	0.3949
	净资产收益率(%)	2.2215	2.4490	0.2573	3.1853
	加权净资产收益率(%)	2.2300	3.4900	0.2600	4.3100
	净资产收益率(扣除)(%)	1.7998	2.0347	–0.2936	2.3269
	总资产(万元)	483696.69	523955.24	414701.58	424244.50
	归属母公司股东权益(万元)	297722.36	293978.88	154480.40	154187.13
	营业收入(万元)	181580.20	398929.08	156836.13	292835.62
	营业支出(万元)	154472.80	352714.91	139833.15	257329.03
	投资收益(万元)	1581.77	666.53	477.75	8664.29
	净利润(万元)	6684.88	7804.98	1416.27	6298.10
	营业利润(万元)	7845.32	3939.77	1457.09	7123.48
	利润总额(万元)	8191.43	4783.54	2409.07	8540.45

金宇生物技术股份有限公司

公司概况	公司名称	金宇生物技术股份有限公司			证券简称	生物股份
	法人代表	张翀宇	董秘	尹松涛	证券代码	600201
	公司网址	www.jinyu.com.cn		电子信箱	stock@jinyu.com.cn	
	电　话	0471-6539434		传　真	0471-6539430	
	办公地址	内蒙古自治区呼和浩特市鄂尔多斯西街58号				
	经营范围	生物药品制造、房地产开发、羊绒纺织、生物技术开发应用等				

主要财务指标	指标\报告期	2017.06.30	2016.12.31	2016.06.30	2015.12.31
	基本每股收益(元)	0.6300	1.1100	0.5000	0.8500
	基本每股收益(扣除后)(元)	0.6200	1.1000	0.4900	0.8400
	稀释每股收益(元)	0.6300	1.1100	0.5000	0.8500
	每股净资产(元)	6.3031	6.1149	3.7687	3.6115
	每股经营现金净流量(元)	0.4534	1.2332	0.2163	0.8629
	每股现金流量(元)	-1.0448	2.2354	-0.2236	0.1424
	每股资本公积金(元)	2.0338	2.0305	0.0969	0.0867
	每股盈余公积金(元)	0.3295	0.3295	0.2699	0.2699
	每股未分配利润(元)	2.9398	2.8082	2.4588	2.3634
	净资产收益率(%)	10.0208	17.1906	13.1463	23.1888
	加权净资产收益率(%)	9.9300	24.9200	12.9900	26.0700
	净资产收益率(扣除)(%)	9.7731	16.9641	12.9074	23.0637
	总资产(万元)	451307.26	434770.64	262083.86	255021.99
	归属母公司股东权益(万元)	386474.84	374938.47	215882.40	206878.96
	营业收入(万元)	75370.90	151701.93	62022.19	124650.58
	营业支出(万元)	16832.24	33696.84	15149.66	28632.77
	投资收益(万元)	1361.21	1779.55	263.87	760.11
	净利润(万元)	38645.40	64276.42	28303.26	47775.77
	营业利润(万元)	45421.66	77231.16	32889.95	59052.37
	利润总额(万元)	45438.81	77954.02	33487.32	59354.86

哈尔滨空调股份有限公司

公司概况	公司名称	哈尔滨空调股份有限公司			证券简称	哈空调
	法人代表	杨凤明	董秘	孙淑玲	证券代码	600202
	公司网址	www.hac.com.cn		电子信箱	ssl@hac.com.cn	
	电　话	0451-84644521		传　真	0451-84676205	
	办公地址	黑龙江省哈尔滨市高新技术开发区迎宾路集中区滇池街7号				
	经营范围	空气冷却设备、空气调节设备、节能换热设备的开发、生产与销售等				

主要财务指标	指标\报告期	2017.06.30	2016.12.31	2016.06.30	2015.12.31
	基本每股收益(元)	-0.0876	-0.4726	0.4400	0.7200
	基本每股收益(扣除后)(元)	-0.1216	-0.5087	0.4300	1.4300
	稀释每股收益(元)	-0.0876	-0.4726	0.4400	0.7200
	每股净资产(元)	1.6963	1.7822	6.4139	5.7115
	每股经营现金净流量(元)	0.1954	0.6733	0.1051	2.0471
	每股现金流量(元)	-0.1932	0.2573	-0.4474	0.8283
	每股资本公积金(元)	0.2046	0.2028	1.1260	1.0381
	每股盈余公积金(元)	0.3414	0.3414	0.4109	0.4117
	每股未分配利润(元)	0.1500	0.2376	4.0769	3.4870
	净资产收益率(%)	-5.1653	-26.5197	13.4636	24.7647
	加权净资产收益率(%)	-5.0400	-23.4600	14.1700	28.0000
	净资产收益率(扣除)(%)	-7.1675	-28.5453	13.4151	24.6212
	总资产(万元)	167968.03	191482.20	221017.05	209799.48
	归属母公司股东权益(万元)	65026.87	68318.68	183704.93	163265.40
	营业收入(万元)	10927.77	26489.43	55787.13	106293.20
	营业支出(万元)	9733.80	25144.62	12825.44	25283.91
	投资收益(万元)	1170.74	-814.22	493.78	423.02
	净利润(万元)	-3358.84	-18117.93	24488.27	40211.70
	营业利润(万元)	-3953.30	-21330.73	29630.54	48031.37
	利润总额(万元)	-3660.65	-19778.59	29732.42	48296.53

福建福日电子股份有限公司

公司概况	公司名称	福建福日电子股份有限公司			证券简称	福日电子
	法人代表	卞志航	董秘	许政声	证券代码	600203
	公司网址	www.furielec.com		电子信箱	xuzs@furielec.com	
	电　话	0591-83315984 83318998		传　真	0591-83319978	
	办公地址	福建省福州市鼓楼区五一北路153号正祥商务中心2号楼12、13层				
	经营范围	电子计算机及配件、电子产品及通讯设备、家用电器、电子元、器件的制造、销售				

主要财务指标	指标\报告期	2017.06.30	2016.12.31	2016.06.30	2015.12.31
	基本每股收益(元)	0.0443	0.1500	0.0892	0.3100
	基本每股收益(扣除后)(元)	0.0217	-0.1100	0.0854	0.0700
	稀释每股收益(元)	0.0443	0.1500	0.0892	0.3100
	每股净资产(元)	4.8307	4.8702	4.9913	4.3235
	每股经营现金净流量(元)	-0.1520	0.1653	0.0633	-0.2902
	每股现金流量(元)	-0.2626	0.2987	0.1182	0.1318
	每股资本公积金(元)	3.5570	3.5665	3.5745	2.8100
	每股盈余公积金(元)	0.0696	0.0696	0.0536	0.0643
	每股未分配利润(元)	0.0998	0.0754	0.0231	-0.0578
	净资产收益率(%)	0.9173	2.8683	1.5877	7.1328
	加权净资产收益率(%)	0.9100	3.2100	1.9800	7.4900
	净资产收益率(扣除)(%)	0.4489	-2.1703	1.5207	1.7330
	总资产(万元)	477921.77	519656.54	476966.27	468289.62
	归属母公司股东权益(万元)	220495.35	222297.14	227827.18	164415.81
	营业收入(万元)	413753.87	709612.72	328789.03	618266.73
	营业支出(万元)	388722.49	665677.12	305386.52	573836.63
	投资收益(万元)	1358.02	11871.40	196.32	11317.27
	净利润(万元)	3157.66	2305.82	1955.89	12011.54
	营业利润(万元)	2735.16	-528.03	1945.86	11758.18
	利润总额(万元)	3961.01	4781.60	2912.37	14061.08

有研新材料股份有限公司

公司概况	公司名称	有研新材料股份有限公司			证券简称	有研新材
	法人代表	张少明	董秘	上官永恒	证券代码	600206
	公司网址	www.gritek.com		电子信箱	stock@griam.cn	
	电　话	010-62369559		传　真	010-62362059	
	办公地址	北京市海淀区北三环中路43号				
	经营范围	单晶硅、锗、化合物、半导体材料及相关电子材料的研究、开发生产和销售				

主要财务指标	指标\报告期	2017.06.30	2016.12.31	2016.06.30	2015.12.31
	基本每股收益(元)	0.0390	0.0600	0.0210	0.0400
	基本每股收益(扣除后)(元)	0.0120	0.0100	0.0030	0.0200
	稀释每股收益(元)	0.0390	0.0600	0.0210	0.0400
	每股净资产(元)	3.3922	3.3555	3.3141	3.2913
	每股经营现金净流量(元)	-0.2892	-0.1539	-0.2094	-0.1372
	每股现金流量(元)	0.1731	-1.2133	-0.0693	0.0497
	每股资本公积金(元)	1.6753	1.6753	1.6753	1.6753
	每股盈余公积金(元)	0.0764	0.0764	0.0764	0.0764
	每股未分配利润(元)	0.6358	0.5965	0.5600	0.5394
	净资产收益率(%)	1.1592	1.7017	0.6218	1.0990
	加权净资产收益率(%)	1.1700	1.7200	0.6200	1.0500
	净资产收益率(扣除)(%)	0.3618	0.4202	0.0789	0.6486
	总资产(万元)	332276.84	323909.43	320787.67	309281.07
	归属母公司股东权益(万元)	284532.89	281452.22	277982.94	276070.58
	营业收入(万元)	183096.38	380797.81	161950.89	258954.85
	营业支出(万元)	171427.26	357295.79	152111.82	237514.92
	投资收益(万元)	1920.17	2617.81	948.27	995.96
	净利润(万元)	3567.09	5050.81	1862.64	3318.14
	营业利润(万元)	3740.17	4373.32	1514.97	2573.77
	利润总额(万元)	4291.86	5627.55	2251.32	3456.94

河南安彩高科股份有限公司

公司概况						
公司名称	河南安彩高科股份有限公司				证券简称	安彩高科
法人代表	郭辉	董秘	冯武		证券代码	600207
公司网址	www.acht.com.cn		电子信箱		achtzqb@acbc.com.cn	
电　话	0372-3732533		传　真		0372-3938035	
办公地址	河南省安阳市中州路南段					
经营范围	21#、25#、29# 彩玻的生产和销售					

主要财务指标				
指标\报告期	2017.06.30	2016.12.31	2016.06.30	2015.12.31
基本每股收益(元)	-0.0173	0.0125	0.0018	0.0270
基本每股收益(扣除后)(元)	-0.0179	0.0092	-0.0025	-0.2457
稀释每股收益(元)	-0.0173	0.0125	0.0018	0.0270
每股净资产(元)	2.1818	2.1987	1.1507	1.1491
每股经营现金净流量(元)	-0.0548	0.1072	0.1193	0.8102
每股现金流量(元)	-0.1245	0.1545	-0.0369	0.0151
每股资本公积金(元)	3.3389	3.3389	2.8388	2.8388
每股盈余公积金(元)	0.4497	0.4497	0.5624	0.5624
每股未分配利润(元)	-2.6131	-2.5958	-3.2585	-3.2603
净资产收益率(%)	-0.7927	0.5029	0.1524	2.3459
加权净资产收益率(%)	-0.7897	0.7100	0.1525	2.3700
净资产收益率(扣除)(%)	-0.8214	0.3355	-0.2214	-21.3797
总资产(万元)	229100.76	239051.58	230121.05	235560.24
归属母公司股东权益(万元)	188280.74	189742.19	79398.55	79288.38
营业收入(万元)	93151.73	187146.65	95333.68	176847.21
营业支出(万元)	83958.26	162520.30	83109.77	162128.80
投资收益(万元)	183.24	-572.34	-426.26	18111.06
净利润(万元)	-1336.91	1461.11	364.61	2238.30
营业利润(万元)	-964.59	1863.71	268.92	2495.85
利润总额(万元)	-916.08	2601.62	632.99	3081.74

新湖中宝股份有限公司

公司概况						
公司名称	新湖中宝股份有限公司				证券简称	新湖中宝
法人代表	林俊波	董秘	虞迪锋		证券代码	600208
公司网址	www.600208.net		电子信箱		yudf@600208.net	
电　话	0571-87395003 85171837		传　真		0571-87395052	
办公地址	浙江省杭州市西溪路 128 号新湖商务大厦 11 层					
经营范围	港口设施、酒店服务、教育产业和房地产业					

主要财务指标				
指标\报告期	2017.06.30	2016.12.31	2016.06.30	2015.12.31
基本每股收益(元)	0.0550	0.6600	0.0340	0.1400
基本每股收益(扣除后)(元)	0.0500	0.0600	0.0310	0.1200
稀释每股收益(元)	0.0550	0.6600	0.0340	0.1400
每股净资产(元)	3.4251	3.3786	2.4731	2.6511
每股经营现金净流量(元)	0.4019	0.5382	0.2805	0.0771
每股现金流量(元)	0.1701	0.4726	-0.1319	0.2762
每股资本公积金(元)	0.9302	0.9277	0.8909	0.9727
每股盈余公积金(元)	0.1058	0.1058	0.0915	0.0865
每股未分配利润(元)	1.4061	1.3509	0.7223	0.6958
净资产收益率(%)	1.6119	20.0954	1.4589	4.8115
加权净资产收益率(%)	1.6200	24.3700	1.3200	5.8900
净资产收益率(扣除)(%)	1.4461	1.9034	1.3005	4.1833
总资产(万元)	12494005.40	11157161.98	9667174.69	8906743.93
归属母公司股东权益(万元)	2945356.68	2905370.14	2126734.95	2412398.53
营业收入(万元)	409090.46	1362624.22	414013.95	1163629.88
营业支出(万元)	353116.88	1086116.25	331424.06	864611.37
投资收益(万元)	155770.18	35346.36	35385.21	97981.49
净利润(万元)	48778.41	584717.95	20694.62	104167.96
营业利润(万元)	78660.33	32387.59	5445.45	150895.78
利润总额(万元)	77002.82	606551.32	4579.04	149453.58

罗顿发展股份有限公司

公司概况						
公司名称	罗顿发展股份有限公司				证券简称	罗顿发展
法人代表	高松	董秘	林丽娟		证券代码	600209
公司网址	www.lawtonfz.com.cn		电子信箱		golden@public.hk.hi.cn	
电　话	0898-66258868-801		传　真		0898-66254868	
办公地址	海南省海口市人民大道 68 号 12 楼					
经营范围	酒店经营与管理和装饰工程等					

主要财务指标				
指标\报告期	2017.06.30	2016.12.31	2016.06.30	2015.12.31
基本每股收益(元)	-0.0360	-0.1046	-0.0890	0.0057
基本每股收益(扣除后)(元)	-0.0360	-0.1410	-0.0930	-0.0560
稀释每股收益(元)	-0.0360	-0.1046	-0.0890	0.0057
每股净资产(元)	1.4765	1.5100	1.5490	1.6430
每股经营现金净流量(元)	-0.0225	-0.0538	-0.0797	-0.0503
每股现金流量(元)	-0.0229	-0.0115	-0.0389	-0.0499
每股资本公积金(元)	0.2697	0.2697	0.2697	0.2697
每股盈余公积金(元)	0.0744	0.0744	0.0744	0.0744
每股未分配利润(元)	0.1324	0.1687	0.1839	0.2751
净资产收益率(%)	-2.4600	-6.9173	-5.7751	0.3488
加权净资产收益率(%)	-2.4300	-6.5800	-5.6000	0.3500
净资产收益率(扣除)(%)	-2.4591	-9.3179	-6.0220	-3.4099
总资产(万元)	88211.75	90938.62	90518.89	97578.49
归属母公司股东权益(万元)	64819.98	66414.54	68001.62	72144.89
营业收入(万元)	4191.50	15335.49	2577.03	10976.00
营业支出(万元)	4126.07	12955.64	2079.28	9028.15
投资收益(万元)	-220.72	-490.61	-312.87	143.33
净利润(万元)	-1995.57	-5735.64	-4681.16	-593.37
营业利润(万元)	-1994.55	-6725.07	-4789.38	-3246.15
利润总额(万元)	-1995.57	-6110.33	-4793.38	-312.52

上海紫江企业集团股份有限公司

公司概况						
公司名称	上海紫江企业集团股份有限公司				证券简称	紫江企业
法人代表	沈雯	董秘	高军		证券代码	600210
公司网址	www.zijiangqy.com		电子信箱		zijiangqy@zijiangqy.com	
电　话	86-21-62377118		传　真		86-21-62377327	
办公地址	上海市虹桥路 2272 号虹桥商务大厦 7 楼 C 座					
经营范围	包装业务和房地产业务					

主要财务指标				
指标\报告期	2017.06.30	2016.12.31	2016.06.30	2015.12.31
基本每股收益(元)	0.3770	0.1480	0.1210	0.0710
基本每股收益(扣除后)(元)	0.1180	0.1340	0.1170	0.0560
稀释每股收益(元)	0.3770	0.1480	0.1210	0.0710
每股净资产(元)	2.8329	2.8075	2.7701	2.6886
每股经营现金净流量(元)	0.3136	0.6828	0.3540	0.6363
每股现金流量(元)	0.6536	0.0906	0.1850	-0.3025
每股资本公积金(元)	0.2488	0.2488	0.2488	0.2487
每股盈余公积金(元)	0.3175	0.3175	0.3012	0.3012
每股未分配利润(元)	1.2665	0.9896	1.0293	0.9083
净资产收益率(%)	13.3056	5.2577	4.3683	2.6276
加权净资产收益率(%)	11.7600	5.3600	4.4300	2.7800
净资产收益率(扣除)(%)	4.1672	4.7656	4.2208	2.0806
总资产(万元)	1127151.51	1083281.40	1102675.61	1079590.26
归属母公司股东权益(万元)	429670.13	425823.37	420154.53	407790.21
营业收入(万元)	428155.76	835601.07	434755.16	838975.36
营业支出(万元)	341174.18	674258.92	343494.20	688261.11
投资收益(万元)	41400.77	2719.06	1665.65	3206.17
净利润(万元)	58610.28	23544.27	19110.29	11434.60
营业利润(万元)	65847.08	30632.12	23875.42	15574.02
利润总额(万元)	65765.94	32071.79	24630.11	17637.93

西藏诺迪康药业股份有限公司

公司概况	公司名称	西藏诺迪康药业股份有限公司		证券简称	西藏药业
	法人代表	陈达彬	董秘	刘岚	证券代码	600211
	公司网址	www.xzyy.cn	电子信箱	zqb@xzyy.cn	
	电　话	0891-6835752 028-86653915	传　真	0891-6837749 028-86660740	
	办公地址	西藏自治区拉萨市北京中路93号			
	经营范围	生产、销售诺迪康胶囊、诺迪康颗粒、诺迪康口服液、藏药产品及医疗器械等			

指标\报告期	2017.06.30	2016.12.31	2016.06.30	2015.12.31
基本每股收益(元)	0.3700	1.3600	0.4240	0.6290
基本每股收益(扣除后)(元)	0.4200	1.1500	0.3080	0.4460
稀释每股收益(元)	0.3700	1.3600	0.4240	0.6290
每股净资产(元)	10.8311	4.5377	3.5931	3.3619
每股经营现金净流量(元)	−0.0244	1.7186	0.2490	0.9199
每股现金流量(元)	−0.2782	−0.6922	−0.7001	0.3578
每股资本公积金(元)	7.8442	1.4882	1.4882	1.4882
每股盈余公积金(元)	0.2906	0.3585	0.2682	0.2682
每股未分配利润(元)	1.6672	1.6574	0.8095	0.5757
净资产收益率(%)	2.9901	30.0150	11.7961	18.7221
加权净资产收益率(%)	5.2900	34.6400	11.8600	20.5800
净资产收益率(扣除)(%)	3.3549	25.3487	8.5804	13.2677
总资产(万元)	356143.46	229067.94	207762.94	70633.00
归属母公司股东权益(万元)	194546.55	66063.46	52311.60	48945.27
营业收入(万元)	43545.64	79680.67	25225.31	138275.58
营业支出(万元)	10792.30	18857.56	3223.96	93546.49
投资收益(万元)	406.96	232.91	95.62	2995.61
净利润(万元)	5977.79	19939.71	6177.91	9073.73
营业利润(万元)	7452.06	18979.39	5240.90	10664.72
利润总额(万元)	6671.99	22203.33	6920.39	10632.57

山东江泉实业股份有限公司

公司概况	公司名称	山东江泉实业股份有限公司		证券简称	江泉实业
	法人代表	兰华升	董秘	张谦	证券代码	600212
	公司网址	www.jiangquan.com.cn	电子信箱	jiangquan600212@126.com	
	电　话	0539-7100051	传　真	0539-7100153	
	办公地址	山东省临沂市罗庄区江泉工业园三江路6号			
	经营范围	电力生产供应、供热、供汽等			

指标\报告期	2017.06.30	2016.12.31	2016.06.30	2015.12.31
基本每股收益(元)	0.0275	0.0871	0.0796	−0.6654
基本每股收益(扣除后)(元)	0.0444	0.0868	0.0306	−0.6582
稀释每股收益(元)	0.0275	0.0871	0.0796	−0.6654
每股净资产(元)	1.4779	1.4497	1.3906	1.3101
每股经营现金净流量(元)	0.0107	0.0101	0.0058	0.0418
每股现金流量(元)	−0.0396	0.0928	0.1082	−0.0728
每股资本公积金(元)	0.9143	0.9143	0.8632	0.8632
每股盈余公积金(元)	0.1899	0.1899	0.1899	0.1899
每股未分配利润(元)	−0.6321	−0.6596	−0.6671	−0.7466
净资产收益率(%)	1.8575	6.0056	5.7214	−50.7911
加权净资产收益率(%)	1.8800	6.3100	5.8900	−40.5500
净资产收益率(扣除)(%)	3.0068	5.9898	2.2015	−50.2375
总资产(万元)	79874.85	82654.06	76117.21	75094.71
归属母公司股东权益(万元)	75624.02	74182.31	71157.33	67037.88
营业收入(万元)	12710.30	26169.68	12797.34	27222.07
营业支出(万元)	9623.15	21286.92	11235.50	25153.41
投资收益(万元)	347.33	3581.54	1641.62	−953.67
净利润(万元)	1404.73	4455.11	4071.22	−34049.25
营业利润(万元)	2349.11	4449.37	1566.51	−32740.50
利润总额(万元)	1404.73	4455.11	4071.22	−33111.59

扬州亚星客车股份有限公司

公司概况	公司名称	扬州亚星客车股份有限公司		证券简称	亚星客车
	法人代表	钱栋	董秘	盛卫宁	证券代码	600213
	公司网址	www.asiastarbus.com	电子信箱	600213@asiastarbus.com	
	电　话	0514-82989118	传　真	0514-87852329	
	办公地址	江苏省扬州市邗江汽车产业园潍柴大道2号			
	经营范围	客车、特种车、农用车、汽车零部件的开发、制造、销售、进出口等			

指标\报告期	2017.06.30	2016.12.31	2016.06.30	2015.12.31
基本每股收益(元)	0.0600	0.2800	0.0600	0.0900
基本每股收益(扣除后)(元)	0.0400	0.2700	0.0600	0.0800
稀释每股收益(元)	0.0600	0.2800	0.0600	0.0900
每股净资产(元)	0.6586	0.5879	0.3696	0.2996
每股经营现金净流量(元)	1.2267	−3.0332	−0.7508	−0.8492
每股现金流量(元)	−0.3404	−0.1161	−0.2937	0.0853
每股资本公积金(元)	1.5550	1.5550	1.5550	1.5550
每股盈余公积金(元)	0.1935	0.1935	0.1935	0.1935
每股未分配利润(元)	−2.1094	−2.1720	−2.3906	−2.4552
净资产收益率(%)	9.5019	48.1715	17.4850	30.6442
加权净资产收益率(%)	10.0400	63.8200	19.3200	36.4100
净资产收益率(扣除)(%)	6.6534	46.4065	15.5627	25.7443
总资产(万元)	440466.70	464608.74	306044.15	268766.84
归属母公司股东权益(万元)	14489.84	12934.57	8132.23	6590.58
营业收入(万元)	85777.70	339574.40	97924.84	201543.97
营业支出(万元)	72242.88	274790.81	86303.07	170720.16
投资收益(万元)	23.71	23.59	–	23.59
净利润(万元)	1965.20	6524.96	1482.02	1579.22
营业利润(万元)	1505.82	12302.98	1561.17	1466.06
利润总额(万元)	2039.73	12607.82	1756.63	1859.62

长春经开(集团)股份有限公司

公司概况	公司名称	长春经开(集团)股份有限公司		证券简称	长春经开
	法人代表	陈平	董秘	王昱人	证券代码	600215
	公司网址	www.ccjk600215.com	电子信箱	ccjk8508@mail.cetdz.com.cn	
	电　话	0431-84644225	传　真	0431-84630809	
	办公地址	吉林省长春市经济技术开发区自由大路5188号			
	经营范围	公用设施投资、开发、建设、租赁、经营、管理、实业与科技投资			

指标\报告期	2017.06.30	2016.12.31	2016.06.30	2015.12.31
基本每股收益(元)	0.0312	0.0200	0.0575	0.0100
基本每股收益(扣除后)(元)	0.0359	0.0200	0.0580	0.0100
稀释每股收益(元)	0.0312	0.0200	0.0575	0.0100
每股净资产(元)	5.2406	5.2143	5.2553	5.2008
每股经营现金净流量(元)	0.3684	0.1526	−0.0859	−0.1266
每股现金流量(元)	−0.1938	−0.3524	−0.6486	0.4603
每股资本公积金(元)	2.1042	2.1042	2.1042	2.1042
每股盈余公积金(元)	0.4363	0.4363	0.4291	0.4291
每股未分配利润(元)	1.7001	1.6739	1.7220	1.6674
净资产收益率(%)	0.5954	0.3182	1.0947	0.1935
加权净资产收益率(%)	0.5967	0.3200	1.1001	0.1900
净资产收益率(扣除)(%)	0.6847	0.3740	1.1035	0.2631
总资产(万元)	300164.58	341017.11	347287.18	404625.24
归属母公司股东权益(万元)	243702.91	242484.30	244388.01	241852.15
营业收入(万元)	9741.82	42909.53	20212.62	37288.85
营业支出(万元)	7492.19	33417.21	15141.70	27073.97
投资收益(万元)	2169.31	5802.63	3777.35	6628.98
净利润(万元)	1452.29	767.73	2675.35	465.69
营业利润(万元)	2148.30	2638.16	3993.98	1291.97
利润总额(万元)	1859.14	2492.25	3981.13	1064.77

浙江医药股份有限公司

公司概况	公司名称	浙江医药股份有限公司		证券简称	浙江医药
	法人代表	李春波	董秘 叶伟东	证券代码	600216
	公司网址	www.china-zmc.com		电子信箱	zmc3@163.com
	电　话	0575-85211969		传　真	0575-85211976
	办公地址	浙江省绍兴市滨海新城马欢路 398 号科创园 A 楼(综合楼)3 层			
	经营范围	化学原料药及其制剂产品的研制、开发、生产与销售			

主要财务指标	指标\报告期	2017.06.30	2016.12.31	2016.06.30	2015.12.31
	基本每股收益(元)	0.0940	0.4800	0.2100	0.1700
	基本每股收益(扣除后)(元)	0.0910	0.4900	0.2000	-0.0600
	稀释每股收益(元)	0.0940	0.4800	0.2100	0.1700
	每股净资产(元)	7.2352	7.2475	7.1250	7.0455
	每股经营现金净流量(元)	0.2023	0.3491	0.0807	0.1138
	每股现金流量(元)	-0.2486	0.1690	-0.1842	-0.1232
	每股资本公积金(元)	1.1654	1.1319	0.9717	0.9717
	每股盈余公积金(元)	1.0673	1.0673	1.0001	1.0001
	每股未分配利润(元)	3.9587	4.0100	3.9466	3.7914
	净资产收益率(%)	1.2943	6.4501	2.8803	2.4533
	加权净资产收益率(%)	1.2800	6.6400	2.8900	2.4600
	净资产收益率(扣除)(%)	1.2528	6.5481	2.7561	-0.8266
	总资产(万元)	885007.68	881430.39	836579.95	824881.36
	归属母公司股东权益(万元)	696638.95	697822.09	666973.50	659531.75
	营业收入(万元)	248522.11	527920.40	264250.66	449666.24
	营业支出(万元)	189834.49	378169.20	197653.09	374359.45
	投资收益(万元)	981.40	229.75	140.75	23543.55
	净利润(万元)	8957.85	44434.20	19333.77	15822.31
	营业利润(万元)	11026.45	55250.53	24028.64	17910.13
	利润总额(万元)	11312.03	54027.22	24714.45	19286.23

中再资源环境股份有限公司

公司概况	公司名称	中再资源环境股份有限公司		证券简称	中再资环
	法人代表	管爱国	董秘 朱连升	证券代码	600217
	公司网址	www.qinling.com		电子信箱	1794463177@qq.com
	电　话	010-59535600		传　真	010-59535600
	办公地址	北京市西城区宣武门外大街甲 1 号环球财讯中心 B 座 8 层			
	经营范围	水泥生产与销售			

主要财务指标	指标\报告期	2017.06.30	2016.12.31	2016.06.30	2015.12.31
	基本每股收益(元)	0.0800	0.1115	0.0200	0.1732
	基本每股收益(扣除后)(元)	0.0700	0.1031	0.0100	0.1647
	稀释每股收益(元)	0.0800	0.1115	0.0200	0.1732
	每股净资产(元)	1.1227	0.7645	0.6721	0.6530
	每股经营现金净流量(元)	-0.3863	-0.2666	-0.2287	0.0511
	每股现金流量(元)	0.2233	0.0296	0.0074	0.0271
	每股资本公积金(元)	-0.0028	-0.2748	-0.2901	-0.2901
	每股盈余公积金(元)	0.0517	0.0544	0.0408	0.0408
	每股未分配利润(元)	0.4633	0.4000	0.3313	0.3122
	净资产收益率(%)	6.5539	14.5812	2.8370	19.9914
	加权净资产收益率(%)	7.7900	15.7300	2.8800	22.2200
	净资产收益率(扣除)(%)	6.0804	13.4879	2.2112	19.0130
	总资产(万元)	417106.47	331758.45	285848.99	243684.32
	归属母公司股东权益(万元)	158446.02	103277.77	90170.00	87611.87
	营业收入(万元)	87505.08	142348.61	56829.74	160713.74
	营业支出(万元)	39134.11	74910.83	33430.07	68348.89
	投资收益(万元)	94.92	1636.79	-	158.20
	净利润(万元)	10384.47	15578.75	2707.68	18672.28
	营业利润(万元)	11210.37	18107.89	2762.08	22908.62
	利润总额(万元)	12088.18	19042.51	3647.73	24026.66

安徽全柴动力股份有限公司

公司概况	公司名称	安徽全柴动力股份有限公司		证券简称	全柴动力
	法人代表	谢力	董秘 徐明余	证券代码	600218
	公司网址	www.quanchai.com.cn		电子信箱	qcxumy@163.com
	电　话	0550-5038369		传　真	0550-5011156
	办公地址	安徽省滁州市全椒县襄河镇吴敬梓路 788 号			
	经营范围	多缸柴油机、单缸柴油机及新型塑料管材的开发、生产和销售			

主要财务指标	指标\报告期	2017.06.30	2016.12.31	2016.06.30	2015.12.31
	基本每股收益(元)	0.1280	0.2600	0.1646	0.2200
	基本每股收益(扣除后)(元)	0.0900	0.1600	0.1213	0.1100
	稀释每股收益(元)	0.1280	0.2600	0.1646	0.2200
	每股净资产(元)	5.1472	5.0896	5.0065	4.8994
	每股经营现金净流量(元)	-0.8351	1.3729	0.1233	0.3752
	每股现金流量(元)	-0.6054	0.2003	-0.0924	0.5261
	每股资本公积金(元)	2.8319	2.8319	2.8319	2.8319
	每股盈余公积金(元)	0.2529	0.2529	0.2176	0.2176
	每股未分配利润(元)	1.0065	0.9584	0.9010	0.8063
	净资产收益率(%)	2.4895	5.0560	3.2887	4.2637
	加权净资产收益率(%)	2.5000	5.1500	3.3000	5.2700
	净资产收益率(扣除)(%)	1.6467	3.1124	2.4229	2.2362
	总资产(万元)	359505.87	341175.76	331876.22	304529.31
	归属母公司股东权益(万元)	189806.20	187680.01	184618.74	180666.04
	营业收入(万元)	167712.20	298098.70	159017.18	285619.12
	营业支出(万元)	147707.73	257135.95	137894.12	250250.89
	投资收益(万元)	993.75	2031.44	724.39	1116.95
	净利润(万元)	4692.03	9360.56	6034.65	7583.94
	营业利润(万元)	5315.14	10077.33	6531.51	6848.64
	利润总额(万元)	5619.81	11327.39	7253.93	8939.82

山东南山铝业股份有限公司

公司概况	公司名称	山东南山铝业股份有限公司		证券简称	南山铝业
	法人代表	宋昌明	董秘 隋冠男	证券代码	600219
	公司网址	www.600219.com.cn		电子信箱	suiguannan@nanshan.com.cn
	电　话	0535-8666352 8616188		传　真	0535-8616230
	办公地址	山东省龙口市东江镇南山村			
	经营范围	铝制品、毛纺织品的开发、生产及销售,电力的生产及供应			

主要财务指标	指标\报告期	2017.06.30	2016.12.31	2016.06.30	2015.12.31
	基本每股收益(元)	0.0800	0.1400	0.0900	0.2100
	基本每股收益(扣除后)(元)	0.0800	0.0700	0.0800	0.2100
	稀释每股收益(元)	0.0800	0.1400	0.0900	0.2100
	每股净资产(元)	3.4514	3.4239	8.4660	8.3611
	每股经营现金净流量(元)	0.0559	0.2045	0.0605	0.3152
	每股现金流量(元)	0.0678	-0.0570	-0.2708	0.3846
	每股资本公积金(元)	1.5869	1.5869	5.0345	5.0345
	每股盈余公积金(元)	0.0827	0.0827	0.2229	0.2229
	每股未分配利润(元)	0.7716	0.7414	2.1896	2.1031
	净资产收益率(%)	2.3224	4.1444	1.0225	2.3636
	加权净资产收益率(%)	2.3200	4.2200	1.0300	2.4800
	净资产收益率(扣除)(%)	2.2847	1.6690	0.9390	2.3436
	总资产(万元)	4428419.60	4268548.53	3502331.43	3478917.95
	归属母公司股东权益(万元)	3192930.61	3167503.01	2400275.02	2370517.98
	营业收入(万元)	755375.79	1322788.62	618980.01	1366989.16
	营业支出(万元)	586114.95	1023098.87	536116.35	1190184.03
	投资收益(万元)	2782.50	8844.52	3177.85	1323.35
	净利润(万元)	78245.99	134434.83	28425.22	67079.61
	营业利润(万元)	93588.27	168174.07	34337.49	80871.44
	利润总额(万元)	94979.62	172798.59	35754.01	83858.58

江苏阳光股份有限公司

公司概况	公司名称	江苏阳光股份有限公司			证券简称	江苏阳光
	法人代表	陈丽芬	董秘	徐伟民	证券代码	600220
	公司网址	www.sunshine.com.cn		电子信箱	jsyg88@pub.wx.jsinfo.net	
	电　话	0510-86121688		传　真	0510-86121688	
	办公地址	江苏省江阴市新桥镇马嘶桥				
	经营范围	中高档精毛纺呢绒、高档男士西服和女式时装的生产和销售				

主要财务指标	指标\报告期	2017.06.30	2016.12.31	2016.06.30	2015.12.31
	基本每股收益(元)	0.0198	0.0857	0.0470	0.0624
	基本每股收益(扣除后)(元)	0.0182	0.0677	0.0352	0.0381
	稀释每股收益(元)	0.0198	0.0857	0.0470	0.0624
	每股净资产(元)	1.1154	1.0956	1.0569	1.0099
	每股经营现金净流量(元)	0.0474	0.1549	0.0497	0.2696
	每股现金流量(元)	0.0197	0.2046	0.2130	-0.0651
	每股资本公积金(元)	--	--	-	-
	每股盈余公积金(元)	0.0856	0.0856	0.0856	0.0856
	每股未分配利润(元)	0.0298	0.0100	-0.0287	-0.0757
	净资产收益率(%)	1.7740	7.8245	4.4498	6.1775
	加权净资产收益率(%)	1.7900	8.1400	4.5500	6.3700
	净资产收益率(扣除)(%)	1.6276	6.1778	3.3343	3.7737
	总资产(万元)	447371.98	450261.09	425234.07	424278.68
	归属母公司股东权益(万元)	198909.20	195385.45	188483.29	180096.23
	营业收入(万元)	99303.30	209217.23	102092.46	204955.64
	营业支出(万元)	76791.38	155876.61	74404.98	159290.50
	投资收益(万元)	98.09	2192.42	2151.01	2902.42
	净利润(万元)	4177.13	17868.70	10153.44	12670.47
	营业利润(万元)	5192.93	20576.03	12316.01	14481.58
	利润总额(万元)	5385.54	21739.83	12951.79	15460.31

海南航空控股股份有限公司

公司概况	公司名称	海南航空控股股份有限公司			证券简称	海南航空
	法人代表	王斐	董秘	武强	证券代码	600221
	公司网址	www.hnair.com		电子信箱	webmaster@hnair.com	
	电　话	0898-66739961		传　真	0898-66739960	
	办公地址	海南省海口市国兴大道7号海航大厦				
	经营范围	航空客货运输业务				

主要财务指标	指标\报告期	2017.06.30	2016.12.31	2016.06.30	2015.12.31
	基本每股收益(元)	0.0683	0.2100	0.1370	0.2460
	基本每股收益(扣除后)(元)	0.0588	0.1490	0.1080	0.1810
	稀释每股收益(元)	0.0683	0.2100	0.1370	0.2460
	每股净资产(元)	3.5908	3.3298	3.0871	2.7484
	每股经营现金净流量(元)	0.3029	0.7311	0.6795	1.0291
	每股现金流量(元)	0.9205	0.2878	0.5163	-0.1640
	每股资本公积金(元)	1.0906	1.0803	0.4733	0.4739
	每股盈余公积金(元)	0.0827	0.0827	0.0963	0.0963
	每股未分配利润(元)	0.8382	0.8213	1.0519	0.9146
	净资产收益率(%)	1.9012	5.6080	4.4494	8.9682
	加权净资产收益率(%)	1.9400	7.0000	4.8800	10.0000
	净资产收益率(扣除)(%)	1.6377	4.1170	3.5032	6.5912
	总资产(万元)	18493248.90	14814401.70	13138097.10	12538122.70
	归属母公司股东权益(万元)	6034683.50	5596053.90	3760795.00	3348155.60
	营业收入(万元)	2852622.20	4067813.00	1899599.10	3522543.90
	营业支出(万元)	2458552.70	3136052.60	1402689.70	2575617.00
	投资收益(万元)	41953.30	106031.30	40069.90	97815.30
	净利润(万元)	138636.50	341014.40	182020.40	325725.10
	营业利润(万元)	146615.60	300479.60	189266.30	303471.30
	利润总额(万元)	173581.90	406237.10	232990.70	391381.90

河南太龙药业股份有限公司

公司概况	公司名称	河南太龙药业股份有限公司			证券简称	太龙药业
	法人代表	李景亮	董秘	付胜龙	证券代码	600222
	公司网址	www.taloph.com		电子信箱	ljc@taloph.com	
	电　话	0371-67982194 67986158		传　真	0371-67993600	
	办公地址	河南省郑州市高新技术产业开发区金梭路8号				
	经营范围	研制、开发、生产和销售中成药和西药				

主要财务指标	指标\报告期	2017.06.30	2016.12.31	2016.06.30	2015.12.31
	基本每股收益(元)	0.0040	0.0070	0.0032	0.0100
	基本每股收益(扣除后)(元)	-0.0005	-0.0016	-0.0018	0.0073
	稀释每股收益(元)	0.0040	0.0070	0.0032	0.0100
	每股净资产(元)	2.5912	2.5872	2.5834	2.5802
	每股经营现金净流量(元)	0.0019	0.1230	-0.0756	0.0859
	每股现金流量(元)	0.0279	0.0268	0.0669	-0.1350
	每股资本公积金(元)	1.1369	1.1369	1.1369	1.1369
	每股盈余公积金(元)	0.0887	0.0887	0.0887	0.0887
	每股未分配利润(元)	0.3655	0.3615	0.3577	0.3545
	净资产收益率(%)	0.1546	0.2705	0.1230	0.3753
	加权净资产收益率(%)	0.1500	0.2700	0.1200	0.4000
	净资产收益率(扣除)(%)	-0.0202	-0.0613	-0.0708	0.2716
	总资产(万元)	270303.80	265082.70	271165.76	263955.83
	归属母公司股东权益(万元)	148704.38	148474.44	148255.20	148072.88
	营业收入(万元)	49341.03	95330.65	40815.15	101738.08
	营业支出(万元)	34682.00	64584.89	28106.34	77458.24
	投资收益(万元)	872.48	445.12	82.25	316.01
	净利润(万元)	289.31	185.33	11.11	440.57
	营业利润(万元)	1237.68	735.61	-687.36	-855.74
	利润总额(万元)	342.78	1041.23	-472.35	-715.67

鲁商置业股份有限公司

公司概况	公司名称	鲁商置业股份有限公司			证券简称	鲁商置业
	法人代表	李彦勇	董秘	李璐	证券代码	600223
	公司网址	www.lshzy.com.cn		电子信箱	600223lszy@163.com	
	电　话	0531-66699999		传　真	0531-66697128	
	办公地址	山东省济南市经十路9777号				
	经营范围	房地产开发与经营				

主要财务指标	指标\报告期	2017.06.30	2016.12.31	2016.06.30	2015.12.31
	基本每股收益(元)	0.0400	0.0900	0.0300	0.1100
	基本每股收益(扣除后)(元)	0.0400	0.0900	0.0300	0.1300
	稀释每股收益(元)	0.0400	0.0900	0.0300	0.1100
	每股净资产(元)	2.2626	2.2240	2.1669	2.1341
	每股经营现金净流量(元)	0.8891	-2.4657	-0.0826	-1.7958
	每股现金流量(元)	-1.9783	1.8478	2.2478	-0.1202
	每股资本公积金(元)	0.2965	0.2965	0.2989	0.2989
	每股盈余公积金(元)	0.1006	0.1006	0.1006	0.1006
	每股未分配利润(元)	0.8655	0.8269	0.7674	0.7346
	净资产收益率(%)	1.7071	4.1494	1.5119	5.2660
	加权净资产收益率(%)	1.7200	4.2300	1.5200	5.4100
	净资产收益率(扣除)(%)	1.8204	4.0662	1.5769	6.0734
	总资产(万元)	4323827.27	4252535.77	3919502.03	3476090.38
	归属母公司股东权益(万元)	226483.98	222617.67	216898.19	213619.00
	营业收入(万元)	227348.73	764592.16	201071.00	586443.47
	营业支出(万元)	193526.72	652898.52	170075.37	469542.03
	投资收益(万元)	250.42	3795.97	2016.80	6687.37
	净利润(万元)	3880.72	11760.12	2841.24	14098.34
	营业利润(万元)	8866.56	22363.81	4038.08	27374.95
	利润总额(万元)	8447.13	23167.96	4082.00	25492.80

天津松江股份有限公司

公司概况	公司名称	天津松江股份有限公司			证券简称	*ST 松江
	法人代表	曹立明	董秘	詹鹏飞	证券代码	600225
	公司网址	www.ciity.com.cn		电子信箱	songjiangzqb@sina.com	
	电　　话	022-58915818		传　　真	022-58915816	
	办公地址	天津市西青区友谊南路与外环线交口东北侧环岛西路天湾园公建 1 号楼				
	经营范围	房地产、高新技术产业、公用事业、环保业、物流业等				

	指标\报告期	2017.06.30	2016.12.31	2016.06.30	2015.12.31
主要财务指标	基本每股收益(元)	0.4780	-0.4900	-0.5200	-0.7700
	基本每股收益(扣除后)(元)	-0.5080	-0.5400	-0.5520	-0.8400
	稀释每股收益(元)	0.4780	-0.4900	-0.5200	-0.7700
	每股净资产(元)	2.0067	1.5283	1.4949	2.0146
	每股经营现金净流量(元)	0.3520	0.5383	-0.3018	-0.8471
	每股现金流量(元)	-0.0731	0.1732	0.4462	0.4177
	每股资本公积金(元)	1.2277	1.2277	1.2277	1.2277
	每股盈余公积金(元)	0.1681	0.1681	0.1681	0.1681
	每股未分配利润(元)	-0.3891	-0.8675	-0.9009	-0.3811
	净资产收益率(%)	23.8399	-31.8252	-34.7701	-36.0552
	加权净资产收益率(%)	27.0700	-27.4600	-29.6200	-34.1400
	净资产收益率(扣除)(%)	-25.2913	-35.1740	-36.9262	-39.3113
	总资产(万元)	1378762.31	1521357.13	1603061.35	1479894.56
	归属母公司股东权益(万元)	187721.15	142968.67	139844.60	188468.69
	营业收入(万元)	55871.35	198734.90	45017.46	63276.01
	营业支出(万元)	46361.10	146184.23	30201.92	35435.37
	投资收益(万元)	113442.63	2402.94	539.04	1372.65
	净利润(万元)	41503.16	-48103.09	-52172.62	-75634.00
	营业利润(万元)	57422.22	-65555.69	-58695.14	-79481.66
	利润总额(万元)	56435.21	-65756.93	-58741.02	-79676.57

浙江瀚叶股份有限公司

公司概况	公司名称	浙江瀚叶股份有限公司			证券简称	瀚叶股份
	法人代表	沈培今	董秘	王旭光	证券代码	600226
	公司网址	www.biok.com		电子信箱	taosx@biok.com	
	电　　话	021-68365799		传　　真	021-68365693	
	办公地址	上海市浦东新区民生路 1199 弄证大五道口广场 1 号楼 2506 室				
	经营范围	计算机软硬件开发及销售				

	指标\报告期	2017.06.30	2016.12.31	2016.06.30	2015.12.31
主要财务指标	基本每股收益(元)	0.1300	0.2200	0.1400	0.1300
	基本每股收益(扣除后)(元)	0.1200	0.1500	0.1200	0.0900
	稀释每股收益(元)	0.1300	0.2200	0.1400	0.1300
	每股净资产(元)	2.4189	1.5531	1.4221	1.2869
	每股经营现金净流量(元)	0.0437	-0.0505	-0.0145	0.0632
	每股现金流量(元)	-0.2644	0.8905	0.8490	0.1007
	每股资本公积金(元)	1.0268	0.1078	0.0561	0.0561
	每股盈余公积金(元)	0.1094	0.1723	0.1486	0.1486
	每股未分配利润(元)	0.2820	0.2709	0.2156	0.0795
	净资产收益率(%)	4.5453	13.8548	9.5735	9.9270
	加权净资产收益率(%)	6.4600	15.2000	10.0500	9.7100
	净资产收益率(扣除)(%)	4.0140	9.8800	8.2040	7.2850
	总资产(万元)	519972.75	337119.00	320922.86	223587.81
	归属母公司股东权益(万元)	417143.35	170056.85	155721.08	140912.64
	营业收入(万元)	72634.73	100549.13	46290.81	101010.24
	营业支出(万元)	58960.19	88119.43	39019.48	86806.52
	投资收益(万元)	19262.10	38687.48	18112.70	22739.61
	净利润(万元)	18856.51	23326.59	14780.56	13455.11
	营业利润(万元)	19371.56	23441.96	14587.40	12727.09
	利润总额(万元)	19404.00	23533.58	14906.94	13466.95

贵州赤天化股份有限公司

公司概况	公司名称	贵州赤天化股份有限公司			证券简称	赤 天 化
	法人代表	丁林洪	董秘	吴善华	证券代码	600227
	公司网址	www.chth.com.cn		电子信箱	gfgs_bgs@chth.cn	
	电　　话	0851-84396315		传　　真	0851-84391503	
	办公地址	贵州省贵阳市观山湖区阳关大道 28 号赤天化大厦				
	经营范围	尿素的生产和销售				

	指标\报告期	2017.06.30	2016.12.31	2016.06.30	2015.12.31
主要财务指标	基本每股收益(元)	0.0017	-0.2389	-0.1510	0.0213
	基本每股收益(扣除后)(元)	-0.0295	-0.4156	-0.1519	-0.2113
	稀释每股收益(元)	0.0017	-0.2389	-0.1510	0.0213
	每股净资产(元)	2.6924	2.6922	2.8721	3.0250
	每股经营现金净流量(元)	-0.0903	0.0744	0.1564	0.0403
	每股现金流量(元)	0.0046	0.2277	0.0631	-0.0323
	每股资本公积金(元)	1.4506	1.4517	1.4174	1.4174
	每股盈余公积金(元)	0.1471	0.1471	0.2631	0.2631
	每股未分配利润(元)	0.0682	0.0665	0.1480	0.2991
	净资产收益率(%)	0.0639	-7.4773	-5.2590	0.7043
	加权净资产收益率(%)	0.0600	-10.8400	-5.1200	0.7100
	净资产收益率(扣除)(%)	-1.0960	-9.9543	-5.2874	-6.9854
	总资产(万元)	720745.50	721444.42	747606.23	726011.53
	归属母公司股东权益(万元)	467480.20	467460.28	272961.01	287496.24
	营业收入(万元)	62883.97	285692.33	131990.44	276147.82
	营业支出(万元)	41457.68	232197.16	124993.37	251669.76
	投资收益(万元)	5157.21	241.16	132.76	23982.48
	净利润(万元)	287.74	-33746.95	-13341.28	4160.86
	营业利润(万元)	1526.18	-30935.45	-13094.06	3628.21
	利润总额(万元)	1842.72	-31668.90	-13105.81	5867.58

江西昌九生物化工股份有限公司

公司概况	公司名称	江西昌九生物化工股份有限公司			证券简称	*ST 昌九
	法人代表	姬连强	董秘	李季	证券代码	600228
	公司网址	www.600228.net		电子信箱	cjsh600228@sina.com	
	电　　话	0791-88504560		传　　真	0791-88397931	
	办公地址	江西省南昌市青山湖区尤氨路				
	经营范围	化工、化肥、环保及生化产品的生产与销售等				

	指标\报告期	2017.06.30	2016.12.31	2016.06.30	2015.12.31
主要财务指标	基本每股收益(元)	-0.0600	-0.1500	-0.0700	-0.1000
	基本每股收益(扣除后)(元)	-0.0300	-0.1100	-0.0400	-0.0600
	稀释每股收益(元)	-0.0600	-0.1500	-0.0700	-0.1000
	每股净资产(元)	0.0485	0.1036	0.1822	0.2426
	每股经营现金净流量(元)	-0.0496	0.0381	-0.0162	0.3976
	每股现金流量(元)	-0.0987	-0.0404	-0.0216	0.0265
	每股资本公积金(元)	1.3964	1.3964	1.3922	1.3922
	每股盈余公积金(元)	0.0544	0.0544	0.0544	0.0544
	每股未分配利润(元)	-2.4740	-2.4153	-2.3268	-2.2616
	净资产收益率(%)	-120.9354	-148.3938	-35.7437	-42.0132
	加权净资产收益率(%)	-77.1800	-88.8000	-31.0100	-35.2700
	净资产收益率(扣除)(%)	-71.7677	-108.5609	-24.0516	-23.8414
	总资产(万元)	43703.56	45764.82	48889.95	51296.10
	归属母公司股东权益(万元)	1171.46	2499.48	4397.41	5854.48
	营业收入(万元)	24399.39	43369.64	18988.66	54237.61
	营业支出(万元)	23057.72	39518.59	16739.97	47825.38
	投资收益(万元)	--	--	-	-
	净利润(万元)	-1692.23	-4384.84	-1953.28	-2178.93
	营业利润(万元)	-1040.10	-3473.77	-1417.51	-614.52
	利润总额(万元)	-1692.23	-4511.30	-1971.99	-1820.29

青岛城市传媒股份有限公司

公司概况	公司名称	青岛城市传媒股份有限公司			证券简称	城市传媒
	法人代表	孟鸣飞	董秘	马琪	证券代码	600229
	公司网址	www.citymedia.com		电子信箱	QCMC@citymedia.cn	
	电话	0532-68068888		传真	0532-68068645	
	办公地址	山东省青岛市崂山区海东路 182 号				
	经营范围	纯碱、肥料、农药氯化钙及其他化工产品的生产和销售				

主要财务指标	指标\报告期	2017.06.30	2016.12.31	2016.06.30	2015.12.31
	基本每股收益(元)	0.1973	0.3875	0.1677	0.6059
	基本每股收益(扣除后)(元)	0.1930	0.3618	0.1662	0.5681
	稀释每股收益(元)	0.1973	0.3875	0.1677	0.6059
	每股净资产(元)	3.2116	3.0143	2.7944	2.7282
	每股经营现金净流量(元)	0.0901	0.5125	0.1724	0.4146
	每股现金流量(元)	-0.1233	-0.1314	-0.3823	0.7750
	每股资本公积金(元)	0.6907	0.6907	0.6907	0.6922
	每股盈余公积金(元)	0.0333	0.0333	0.0202	0.0202
	每股未分配利润(元)	1.4876	1.2903	1.0835	1.0158
	净资产收益率(%)	6.1441	12.8568	6.0001	12.1805
	加权净资产收益率(%)	6.3400	13.5400	5.9600	15.2500
	净资产收益率(扣除)(%)	6.0095	12.0038	5.9463	11.4210
	总资产(万元)	309442.92	289183.91	270343.11	263272.06
	归属母公司股东权益(万元)	225486.98	211632.90	196195.65	191544.87
	营业收入(万元)	92927.16	177388.19	84650.11	153890.44
	营业支出(万元)	58295.29	110110.58	53861.55	96459.02
	投资收益(万元)	160.64	498.96	-	419.33
	净利润(万元)	13970.59	27919.12	12011.31	23799.57
	营业利润(万元)	13967.81	24186.78	10971.50	20288.17
	利润总额(万元)	14048.88	28191.73	12090.05	23939.87

沧州大化股份有限公司

公司概况	公司名称	沧州大化股份有限公司			证券简称	沧州大化
	法人代表	谢华生	董秘	李丽	证券代码	600230
	公司网址	www.czdh.chemchina.com		电子信箱	czdhzqb@126.com	
	电话	0317-3556143 3556897		传真	0317-3025065	
	办公地址	河北省沧州市运河区永济东路 19 号				
	经营范围	尿素、TDI 等化工产品的生产及销售				

主要财务指标	指标\报告期	2017.06.30	2016.12.31	2016.06.30	2015.12.31
	基本每股收益(元)	2.2301	1.2613	-0.0769	-2.0734
	基本每股收益(扣除后)(元)	2.2002	1.2096	-0.1256	-2.0722
	稀释每股收益(元)	2.2301	1.2613	-0.0769	-2.0734
	每股净资产(元)	7.2444	5.1266	3.7780	3.8474
	每股经营现金净流量(元)	1.6926	2.2645	0.8106	-0.4538
	每股现金流量(元)	0.5285	-0.3773	-0.1167	-1.4178
	每股资本公积金(元)	2.1829	2.1829	2.1829	2.1829
	每股盈余公积金(元)	0.5994	0.5994	0.5994	0.5994
	每股未分配利润(元)	3.3682	1.2681	-0.0701	0.0068
	净资产收益率(%)	30.7843	24.6036	-2.0357	-53.8918
	加权净资产收益率(%)	35.9500	28.1100	-2.0200	-38.6100
	净资产收益率(扣除)(%)	30.3707	23.5951	-3.3249	-53.9186
	总资产(万元)	422352.86	374649.67	373906.56	397643.81
	归属母公司股东权益(万元)	213122.50	150817.09	111144.95	113185.90
	营业收入(万元)	206858.29	294390.27	112527.79	179445.43
	营业支出(万元)	95236.64	195854.77	97492.99	186389.02
	投资收益(万元)	--	-42.58	-42.58	-
	净利润(万元)	73571.37	41833.38	-2186.04	-73107.91
	营业利润(万元)	85670.48	39784.10	-3703.17	-74150.19
	利润总额(万元)	86892.62	41562.34	-2186.04	-74113.79

凌源钢铁股份有限公司

公司概况	公司名称	凌源钢铁股份有限公司			证券简称	凌钢股份
	法人代表	文广	董秘	王宝杰	证券代码	600231
	公司网址	www.lggf.com.cn		电子信箱	lggf_zqb@126.com	
	电话	0421-6838192 6838259		传真	0421-6831910	
	办公地址	辽宁省凌源市钢铁路 3 号				
	经营范围	生产、经营、开发冶金产品(含副产品)、进出口业务				

主要财务指标	指标\报告期	2017.06.30	2016.12.31	2016.06.30	2015.12.31
	基本每股收益(元)	0.1600	0.0500	-0.0300	0.0600
	基本每股收益(扣除后)(元)	0.1500	0.0500	-0.0300	-0.7000
	稀释每股收益(元)	0.1600	0.0500	-0.0300	0.0600
	每股净资产(元)	2.2176	2.0700	1.9856	4.0500
	每股经营现金净流量(元)	0.4074	0.2749	0.1138	0.9152
	每股现金流量(元)	0.2056	-0.8971	-0.8614	0.6696
	每股资本公积金(元)	0.1794	0.1794	0.1794	1.2588
	每股盈余公积金(元)	0.2334	0.2334	0.2285	0.4569
	每股未分配利润(元)	0.7943	0.6505	0.5707	1.3247
	净资产收益率(%)	7.2514	2.5647	-1.5940	0.9331
	加权净资产收益率(%)	7.4800	2.6000	-1.5800	1.5300
	净资产收益率(扣除)(%)	6.9508	2.3495	-1.6387	-11.0577
	总资产(万元)	1551431.08	1539905.99	1486583.91	1529908.90
	归属母公司股东权益(万元)	558649.77	522246.70	500200.40	510341.63
	营业收入(万元)	836274.55	1446272.71	610364.51	1245284.11
	营业支出(万元)	743179.97	1338513.59	578032.84	1205966.53
	投资收益(万元)	-4.54	68.24	54.43	1173.12
	净利润(万元)	40509.68	13393.82	-7973.15	4762.23
	营业利润(万元)	52158.25	21180.41	-10304.71	-74417.98
	利润总额(万元)	54396.96	22678.44	-10006.35	6004.58

浙江金鹰股份有限公司

公司概况	公司名称	浙江金鹰股份有限公司			证券简称	金鹰股份
	法人代表	傅国定	董秘	韩钧	证券代码	600232
	公司网址	www.cn-goldeagle.com		电子信箱	gecl@zsptt.zj.cn	
	电话	0580-8021228		传真	0580-8020228	
	办公地址	浙江省舟山市定海区小沙镇				
	经营范围	绢、麻、丝、毛纺机械成套设备制造销售等				

主要财务指标	指标\报告期	2017.06.30	2016.12.31	2016.06.30	2015.12.31
	基本每股收益(元)	0.0290	0.0800	0.0220	0.0800
	基本每股收益(扣除后)(元)	0.0270	0.0500	0.0210	0.0700
	稀释每股收益(元)	0.0290	0.0800	0.0220	0.0800
	每股净资产(元)	3.2540	3.2246	3.1671	3.2253
	每股经营现金净流量(元)	-0.1117	0.1627	-0.0939	0.2834
	每股现金流量(元)	-0.1006	0.0683	-0.3076	-0.0362
	每股资本公积金(元)	1.0895	1.0895	1.0895	1.0895
	每股盈余公积金(元)	0.3248	0.3248	0.3188	0.3188
	每股未分配利润(元)	0.8397	0.8104	0.7589	0.8171
	净资产收益率(%)	0.9024	2.4706	0.6879	2.5371
	加权净资产收益率(%)	0.9060	2.4700	0.6820	2.5400
	净资产收益率(扣除)(%)	0.8268	1.5369	0.6609	2.2828
	总资产(万元)	177981.00	167213.80	164061.63	166272.01
	归属母公司股东权益(万元)	118679.13	117608.17	115511.28	117634.39
	营业收入(万元)	51504.09	102989.88	43316.01	111474.91
	营业支出(万元)	44339.58	88383.89	37466.91	95324.91
	投资收益(万元)	--	--	-	0.14
	净利润(万元)	1141.69	3021.55	841.56	3164.82
	营业利润(万元)	1924.75	3190.11	1322.76	4494.75
	利润总额(万元)	1821.54	4429.98	1314.26	4701.39

圆通速递股份有限公司

公司概况	公司名称	圆通速递股份有限公司			证券简称	圆通速递
	法人代表	喻会蛟	董秘	朱锐	证券代码	600233
	公司网址	www.trands.com		电子信箱	panlixiang@dayang.net	
	电　话	021-69213602		传　真	021-59832913	
	办公地址	上海市青浦区华新镇华徐公路 3029 弄 18 号				
	经营范围	中高档男西服、女时装、运动装、职业装、学生装等服装生产、销售及相关进出口业务				

	指标＼报告期	2017.06.30	2016.12.31	2016.06.30	2015.12.31
主要财务指标	基本每股收益(元)	0.2456	0.5703	0.0439	0.2736
	基本每股收益(扣除后)(元)	0.2268	0.5402	0.0255	0.1075
	稀释每股收益(元)	0.2456	0.5703	–	–
	每股净资产(元)	3.0042	2.9084	3.2419	6.4846
	每股经营现金净流量(元)	0.1090	0.6660	0.0032	0.6197
	每股现金流量(元)	0.2981	0.3890	–0.1195	0.1450
	每股资本公积金(元)	2.0928	2.0928	0.0510	15.8296
	每股盈余公积金(元)	0.0481	0.0481	0.2853	0.8226
	每股未分配利润(元)	0.7316	0.6360	1.9044	2.5600
	净资产收益率(%)	8.1739	16.7202	1.3540	4.2193
	加权净资产收益率(%)	8.1000	27.8100	1.3500	4.2830
	净资产收益率(扣除)(%)	7.5491	15.8359	0.7852	1.6583
	总资产(万元)	1103353.64	1116786.34	153595.41	620339.77
	归属母公司股东权益(万元)	847547.97	820527.95	106982.65	343134.71
	营业收入(万元)	821109.34	1681782.56	39209.09	90778.23
	营业支出(万元)	716566.90	1453773.34	27897.58	70357.87
	投资收益(万元)	12990.80	3268.42	998.32	3785.62
	净利润(万元)	69266.29	137191.00	2592.61	7030.43
	营业利润(万元)	85281.05	173959.05	3753.67	9446.42
	利润总额(万元)	91043.86	182826.15	3884.52	9676.62

山西广和山水文化传播股份有限公司

公司概况	公司名称	山西广和山水文化传播股份有限公司			证券简称	ST 山水
	法人代表	吴太交	董秘	戴蓉	证券代码	600234
	公司网址			电子信箱	tljt600234@163.com	
	电　话	0351-4040922		传　真	0351-4039403	
	办公地址	广东省深圳市福田区福华三路与金田路交汇处卓越世纪中心 3 号楼 A 座 1006-1007 室				
	经营范围	批发零售针纺织品、百货、劳保用品、日用杂品等				

	指标＼报告期	2017.06.30	2016.12.31	2016.06.30	2015.12.31
主要财务指标	基本每股收益(元)	–0.0600	0.0700	0.0100	–0.0800
	基本每股收益(扣除后)(元)	–0.0500	–0.0500	–0.0300	–0.1400
	稀释每股收益(元)	–0.0600	0.0700	0.0100	–0.0800
	每股净资产(元)	0.4207	0.4772	0.2423	0.2313
	每股经营现金净流量(元)	–0.0458	0.1069	0.0379	–0.0020
	每股现金流量(元)	–0.0885	0.0975	0.0333	–0.0059
	每股资本公积金(元)	1.6250	1.6250	1.4495	1.4495
	每股盈余公积金(元)	0.0623	0.0623	0.0623	0.0623
	每股未分配利润(元)	–2.2666	–2.2101	–2.2696	–2.2806
	净资产收益率(%)	–13.4316	14.7694	4.5350	–34.4063
	加权净资产收益率(%)	–12.5900	26.4500	4.6400	–29.3600
	净资产收益率(扣除)(%)	–12.5334	–9.5165	–11.7018	–61.7537
	总资产(万元)	48169.87	49885.35	49023.73	48156.53
	归属母公司股东权益(万元)	8517.65	9661.71	4904.38	4681.97
	营业收入(万元)	706.12	2062.66	733.02	1095.26
	营业支出(万元)	27.81	584.62	–	–
	投资收益(万元)	44.79	6.00	–	–
	净利润(万元)	–1184.70	1291.19	202.10	–1687.01
	营业利润(万元)	–1026.27	–1192.67	–590.03	–675.03
	利润总额(万元)	–1178.77	1238.03	202.97	–1122.41

民丰特种纸股份有限公司

公司概况	公司名称	民丰特种纸股份有限公司			证券简称	民丰特纸
	法人代表	曹继华	董秘	姚名欢	证券代码	600235
	公司网址	www.minfenggroup.com		电子信箱	dsh@mfspchina.com	
	电　话	0573-82812992		传　真	0573-82812992	
	办公地址	浙江省嘉兴市甪里街 70 号				
	经营范围	纸浆、纸和纸制品的制造、销售等				

	指标＼报告期	2017.06.30	2016.12.31	2016.06.30	2015.12.31
主要财务指标	基本每股收益(元)	0.0300	0.0400	0.0060	–0.4400
	基本每股收益(扣除后)(元)	0.0285	0.0400	0.0002	–0.4600
	稀释每股收益(元)	0.0300	0.0400	0.0060	–0.4400
	每股净资产(元)	3.6176	3.5878	3.5575	3.5515
	每股经营现金净流量(元)	0.0289	0.6724	0.1980	–0.0569
	每股现金流量(元)	–0.0985	0.1282	–0.1095	–0.0414
	每股资本公积金(元)	2.3599	2.3599	2.3599	2.3599
	每股盈余公积金(元)	0.2000	0.2000	0.2000	0.2000
	每股未分配利润(元)	0.0571	0.0273	–0.0024	–0.0084
	净资产收益率(%)	0.8231	0.9958	0.1685	–12.4387
	加权净资产收益率(%)	0.8300	1.0000	0.1700	–11.6900
	净资产收益率(扣除)(%)	0.7876	1.0640	0.0045	–12.8504
	总资产(万元)	231755.36	229286.98	244893.71	257717.78
	归属母公司股东权益(万元)	127085.65	126039.60	124973.73	124763.19
	营业收入(万元)	79353.58	146822.95	74614.62	141143.28
	营业支出(万元)	66125.10	119191.33	61301.40	120382.36
	投资收益(万元)	812.23	–26.73	–108.15	–155.74
	净利润(万元)	936.38	1006.36	167.23	–15798.19
	营业利润(万元)	891.22	1692.13	401.49	–15711.36
	利润总额(万元)	936.38	1367.82	528.69	–15500.58

广西桂冠电力股份有限公司

公司概况	公司名称	广西桂冠电力股份有限公司			证券简称	桂冠电力
	法人代表	刘洪	董秘	张云	证券代码	600236
	公司网址	www.ggep.com.cn		电子信箱	zhangyun@ggep.com.cn	
	电　话	0771-6118880		传　真	0771-6118899	
	办公地址	广西壮族自治区南宁市青秀区民族大道 126 号				
	经营范围	开发建设和管理水电站、火电厂和输变电工程等				

	指标＼报告期	2017.06.30	2016.12.31	2016.06.30	2015.12.31
主要财务指标	基本每股收益(元)	0.1200	0.4279	0.3007	0.5421
	基本每股收益(扣除后)(元)	0.1200	0.4242	0.3001	0.3517
	稀释每股收益(元)	0.1200	0.4279	0.3007	0.5421
	每股净资产(元)	2.1618	2.1728	2.0478	2.0700
	每股经营现金净流量(元)	0.3873	0.9379	0.5603	1.3142
	每股现金流量(元)	0.0389	–0.4212	–0.4745	0.2795
	每股资本公积金(元)	0.3515	0.4072	0.3519	0.3747
	每股盈余公积金(元)	0.1635	0.1635	0.1083	0.1083
	每股未分配利润(元)	0.6473	0.6549	0.5829	0.5822
	净资产收益率(%)	5.6600	19.6935	14.6830	20.4694
	加权净资产收益率(%)	5.4000	20.0700	13.6100	29.9900
	净资产收益率(扣除)(%)	5.6706	19.5208	14.6547	6.3905
	总资产(万元)	4154454.98	4193395.20	3989598.27	4340438.64
	归属母公司股东权益(万元)	1310801.96	1350967.85	1241685.68	1255137.30
	营业收入(万元)	363306.59	856498.34	496947.33	1031074.87
	营业支出(万元)	191847.58	386952.37	185300.35	426125.35
	投资收益(万元)	486.41	998.37	–1638.11	6215.26
	净利润(万元)	89097.95	290607.77	207581.96	400637.05
	营业利润(万元)	113102.96	317844.30	234753.04	397440.36
	利润总额(万元)	112886.44	347832.51	249828.33	477729.63

安徽铜峰电子股份有限公司

公司概况	公司名称	安徽铜峰电子股份有限公司		证券简称	铜峰电子
	法人代表	王晓云	董秘 徐文焕	证券代码	600237
	公司网址	www.tong-feng.com		电子信箱	600237@tong-feng.com
	电　话	0562-2819178		传　真	0562-5881888
	办公地址	安徽省铜陵市经济技术开发区铜峰工业园			
	经营范围	薄膜电容器及其相关材料的研究、开发、生产、销售等			

主要财务指标	指标＼报告期	2017.06.30	2016.12.31	2016.06.30	2015.12.31
	基本每股收益(元)	0.0112	–0.3700	–0.0538	0.0200
	基本每股收益(扣除后)(元)	–0.0056	–0.3800	–0.0630	–0.2000
	稀释每股收益(元)	0.0112	--	–0.0538	-
	每股净资产(元)	2.1754	2.1642	2.4820	2.5359
	每股经营现金净流量(元)	–0.0476	0.1044	–0.0608	–0.0604
	每股现金流量(元)	–0.5097	–0.2806	–0.2358	0.6492
	每股资本公积金(元)	1.4840	1.4840	1.4839	1.4839
	每股盈余公积金(元)	0.1228	0.1228	0.1228	0.1228
	每股未分配利润(元)	–0.4315	–0.4427	–0.1247	–0.0708
	净资产收益率(%)	0.5150	–17.1800	–2.1682	0.9788
	加权净资产收益率(%)	0.5200	–15.3600	–2.1400	0.9800
	净资产收益率(扣除)(%)	–0.2576	–17.7668	–2.5382	–7.9743
	总资产(万元)	197386.37	214758.87	232312.60	248544.66
	归属母公司股东权益(万元)	122774.72	122142.47	140079.14	143116.32
	营业收入(万元)	40330.88	59050.14	31332.50	59957.25
	营业支出(万元)	33750.35	56046.52	27119.85	53095.30
	投资收益(万元)	–10.61	81.31	3.10	274.04
	净利润(万元)	650.97	–21830.93	–3356.64	929.02
	营业利润(万元)	–149.05	–22030.76	–3263.89	–12014.15
	利润总额(万元)	1121.09	–21309.34	–2535.68	710.80

海南椰岛(集团)股份有限公司

公司概况	公司名称	海南椰岛(集团)股份有限公司		证券简称	海南椰岛
	法人代表	冯彪	董秘 齐苗苗	证券代码	600238
	公司网址	www.yedao.com		电子信箱	yedaohainan@163.com
	电　话	0898-66532987		传　真	0898-66780881
	办公地址	海南省海口市龙昆北路13-1号			
	经营范围	药酒、饮料、医疗保健品、营养食品的生产与销售及贸易			

主要财务指标	指标＼报告期	2017.06.30	2016.12.31	2016.06.30	2015.12.31
	基本每股收益(元)	–0.0200	–0.0800	–0.1007	0.0300
	基本每股收益(扣除后)(元)	–0.0400	–0.0900	–0.0898	–0.0300
	稀释每股收益(元)	–0.0200	–0.0800	–0.1007	0.0300
	每股净资产(元)	1.9100	1.9300	1.9060	2.0069
	每股经营现金净流量(元)	–0.1679	0.1841	–0.0422	0.0598
	每股现金流量(元)	–0.8708	1.1886	0.0529	0.0551
	每股资本公积金(元)	0.2844	0.2844	0.2844	0.2844
	每股盈余公积金(元)	0.2778	0.2778	0.2739	0.2739
	每股未分配利润(元)	0.3546	0.3704	0.3522	0.4530
	净资产收益率(%)	–0.8243	–4.0797	–5.2854	1.4584
	加权净资产收益率(%)	–0.8200	–4.0000	–5.1500	1.4700
	净资产收益率(扣除)(%)	–1.9651	–4.6422	–4.7117	–1.5474
	总资产(万元)	166991.74	174109.25	130397.55	133133.68
	归属母公司股东权益(万元)	85706.24	86403.84	85428.71	89950.57
	营业收入(万元)	39431.34	84625.01	48997.72	43860.23
	营业支出(万元)	28810.59	60942.40	42611.26	25881.61
	投资收益(万元)	589.84	0.04	–122.60	–327.91
	净利润(万元)	–707.23	–3553.14	–4542.68	1327.99
	营业利润(万元)	–729.47	–2755.44	–4258.34	–2505.99
	利润总额(万元)	–627.35	–2184.67	–4524.36	1286.76

云南城投置业股份有限公司

公司概况	公司名称	云南城投置业股份有限公司		证券简称	云南城投
	法人代表	许雷	董秘 李映红	证券代码	600239
	公司网址	www.ynctzy.com		电子信箱	ynctzy@163.com
	电　话	0871-7199767		传　真	0871-7199767
	办公地址	云南省昆明市民航路869号融城金阶广场A座			
	经营范围	房地产开发与经营、商品房销售、房屋租赁			

主要财务指标	指标＼报告期	2017.06.30	2016.12.31	2016.06.30	2015.12.31
	基本每股收益(元)	–0.1765	0.2300	–0.3011	0.2600
	基本每股收益(扣除后)(元)	–0.2062	–0.3400	–0.3294	–0.1700
	稀释每股收益(元)	–0.1765	0.2300	–0.3011	0.2600
	每股净资产(元)	2.6350	4.3245	3.7531	4.0162
	每股经营现金净流量(元)	0.0582	–1.8075	–0.9916	–1.1263
	每股现金流量(元)	0.4544	1.8880	–0.5105	–0.9632
	每股资本公积金(元)	0.8636	1.7955	1.7529	1.7149
	每股盈余公积金(元)	0.1153	0.1730	0.1539	0.1539
	每股未分配利润(元)	0.6082	1.2910	0.7809	1.0820
	净资产收益率(%)	–6.6974	5.2739	–8.0218	6.4815
	加权净资产收益率(%)	–6.3100	5.4900	–7.7900	6.7000
	净资产收益率(扣除)(%)	–7.8242	–7.8805	–8.7755	–4.2020
	总资产(万元)	6270627.03	6414289.52	4653821.98	4519229.97
	归属母公司股东权益(万元)	423099.19	462922.20	401755.13	429912.97
	营业收入(万元)	364155.34	976968.52	293334.24	401290.99
	营业支出(万元)	271201.42	747525.48	251712.68	292345.19
	投资收益(万元)	2423.67	1413.30	5604.66	–6235.56
	净利润(万元)	–29215.36	27031.63	–36026.80	21132.88
	营业利润(万元)	–37471.30	–33034.27	–44224.66	–446.75
	利润总额(万元)	–37307.92	42480.76	–45603.68	35019.40

北京华业资本控股股份有限公司

公司概况	公司名称	北京华业资本控股股份有限公司		证券简称	华业资本
	法人代表	徐红	董秘 赵双燕	证券代码	600240
	公司网址	www.huayedc.com		电子信箱	hy@huayedc.com
	电　话	010-85710735		传　真	010-85710505
	办公地址	北京市朝阳区东四环中路39号A座16层			
	经营范围	在合法取得地块上从事房地产开发经营业务、物业管理			

主要财务指标	指标＼报告期	2017.06.30	2016.12.31	2016.06.30	2015.12.31
	基本每股收益(元)	0.5912	0.8600	0.2326	0.6200
	基本每股收益(扣除后)(元)	0.5800	0.5500	0.2367	0.3100
	稀释每股收益(元)	0.5912	0.8600	0.2326	0.6200
	每股净资产(元)	4.5683	3.9770	3.3541	3.2215
	每股经营现金净流量(元)	–1.0445	1.4620	–0.2278	2.4060
	每股现金流量(元)	0.2216	–0.0978	–0.2842	0.4173
	每股资本公积金(元)	0.1973	0.1973	0.1973	0.1973
	每股盈余公积金(元)	0.0484	0.0484	0.0484	0.0484
	每股未分配利润(元)	3.3226	2.7314	2.1084	1.9759
	净资产收益率(%)	12.9421	21.5118	6.9338	19.2365
	加权净资产收益率(%)	13.8400	23.7700	6.9700	20.8600
	净资产收益率(扣除)(%)	12.6958	13.7715	7.0562	9.5469
	总资产(万元)	1991547.37	1949874.36	1745474.65	2026308.27
	归属母公司股东权益(万元)	650638.17	566431.93	477705.09	458824.60
	营业收入(万元)	295879.46	520303.13	305083.72	468136.58
	营业支出(万元)	131723.43	342837.71	244174.44	292753.84
	投资收益(万元)	41465.15	89691.40	33459.71	49701.28
	净利润(万元)	84086.57	121400.31	33026.18	87922.06
	营业利润(万元)	113282.74	157276.07	43221.22	128079.07
	利润总额(万元)	113206.45	163611.31	42439.55	126589.33

辽宁时代万恒股份有限公司

公司概况	公司名称	辽宁时代万恒股份有限公司			证券简称	时代万恒
	法人代表	魏钢	董秘	蒋明	证券代码	600241
	公司网址	www.shidaiwanheng.com		电子信箱	600241@shidaiwanheng.com	
	电　话	0411-82357777-756		传　真	0411-82798000	
	办公地址	辽宁省大连市中山区港湾街 7 号				
	经营范围	服装、服饰的出口业务及化工原料、矿产品等进口业务				

	指标\报告期	2017.06.30	2016.12.31	2016.06.30	2015.12.31
主要财务指标	基本每股收益(元)	–0.0080	–0.3500	–0.0800	0.0900
	基本每股收益(扣除后)(元)	–0.0070	–0.3400	–0.0800	–0.3700
	稀释每股收益(元)	–0.0080	–0.3500	–0.0800	0.0900
	每股净资产(元)	2.7950	2.7649	3.1011	3.1502
	每股经营现金净流量(元)	–0.3669	–0.0133	–0.2177	0.0748
	每股现金流量(元)	–0.9692	0.2704	0.4327	0.8350
	每股资本公积金(元)	1.6780	1.6780	1.6780	1.6780
	每股盈余公积金(元)	0.1622	0.1622	0.1622	0.1622
	每股未分配利润(元)	–0.0065	0.0011	0.2941	0.3737
	净资产收益率(%)	–0.2718	–12.5728	–2.5665	2.3363
	加权净资产收益率(%)	–0.2800	–11.6800	–2.5600	3.4900
	净资产收益率(扣除)(%)	–0.2419	–12.3491	–2.5220	–10.1347
	总资产(万元)	195170.93	222188.41	232079.71	215267.71
	归属母公司股东权益(万元)	63219.95	62540.67	70143.79	71255.30
	营业收入(万元)	52007.30	155990.61	41463.37	146378.98
	营业支出(万元)	40015.89	126542.80	31856.10	122184.65
	投资收益(万元)	–1473.24	–2983.62	–816.80	9581.70
	净利润(万元)	–394.26	–7160.42	–2250.18	191.05
	营业利润(万元)	–9.24	–5925.60	–1812.37	–332.82
	利润总额(万元)	–25.36	–6092.30	–1850.77	1377.96

中昌大数据股份有限公司

公司概况	公司名称	中昌大数据股份有限公司			证券简称	中昌数据
	法人代表	蔡全根	董秘	何永祥	证券代码	600242
	公司网址	www.zchy.net.cn		电子信箱	investor@zhongchangdata.com	
	电　话	021-31773723		传　真	021-31773727	
	办公地址	上海市黄埔区外马路 974 号 16 层				
	经营范围	国内的干散货运输业务及疏浚业务				

	指标\报告期	2017.06.30	2016.12.31	2016.06.30	2015.12.31
主要财务指标	基本每股收益(元)	0.1390	0.1000	–0.0680	0.0700
	基本每股收益(扣除后)(元)	0.1300	–0.0300	–0.1460	–0.2000
	稀释每股收益(元)	0.1390	0.1000	–0.0680	0.0700
	每股净资产(元)	3.4237	3.2789	0.1659	0.2343
	每股经营现金净流量(元)	0.0952	–0.5669	–0.0460	0.7652
	每股现金流量(元)	1.4108	0.1275	–0.0552	–0.0053
	每股资本公积金(元)	3.9433	3.9374	1.8946	1.8946
	每股盈余公积金(元)	0.0746	0.0746	0.1141	0.1141
	每股未分配利润(元)	–1.5943	–1.7331	–2.8428	–2.7744
	净资产收益率(%)	4.0555	2.4711	–41.2423	28.0447
	加权净资产收益率(%)	4.1500	6.2200	–34.1900	94.2800
	净资产收益率(扣除)(%)	3.8024	–0.6124	–87.7776	–87.1080
	总资产(万元)	198670.66	213329.04	178371.94	171364.22
	归属母公司股东权益(万元)	143114.40	137060.94	4534.55	6404.70
	营业收入(万元)	95373.09	131423.22	17055.51	40630.41
	营业支出(万元)	82800.20	110390.23	14080.78	26073.79
	投资收益(万元)	42.14	47.55	–	–
	净利润(万元)	5803.98	–176.77	–2977.42	2584.68
	营业利润(万元)	7560.24	–874.77	–2948.75	–1595.08
	利润总额(万元)	7560.68	–689.66	–2928.22	3368.03

青海华鼎实业股份有限公司

公司概况	公司名称	青海华鼎实业股份有限公司			证券简称	青海华鼎
	法人代表	于世光	董秘	李祥军	证券代码	600243
	公司网址	www.qhhdsy.com		电子信箱	liuwzhd@21cn.com	
	电　话	0971-7111159		传　真	0971-7111669	
	办公地址	青海省西宁市七一路 318 号				
	经营范围	数控机床、小型食品机械、齿轮箱、电梯件等机械产品的生产				

	指标\报告期	2017.06.30	2016.12.31	2016.06.30	2015.12.31
主要财务指标	基本每股收益(元)	0.1100	–0.1500	–0.0926	0.0350
	基本每股收益(扣除后)(元)	–0.0800	–0.2200	–0.1085	–0.0890
	稀释每股收益(元)	0.1100	–0.1500	–0.0926	0.0350
	每股净资产(元)	4.0532	3.9529	4.0096	4.1234
	每股经营现金净流量(元)	–0.1952	–0.7383	–0.3520	–0.1284
	每股现金流量(元)	–0.3330	–1.4951	–1.3304	1.6774
	每股资本公积金(元)	2.8305	2.8358	2.8346	2.8358
	每股盈余公积金(元)	0.0436	0.0436	0.0419	0.0419
	每股未分配利润(元)	0.1792	0.0735	0.1331	0.2457
	净资产收益率(%)	2.6073	–3.8077	–2.3083	0.4603
	加权净资产收益率(%)	2.6400	–3.7300	–2.2700	1.1000
	净资产收益率(扣除)(%)	–1.9536	–5.4598	–2.7054	–1.1824
	总资产(万元)	295892.15	300466.82	293819.61	334572.09
	归属母公司股东权益(万元)	177874.32	173470.93	175960.50	180953.82
	营业收入(万元)	47359.24	95649.96	42572.38	115852.16
	营业支出(万元)	37977.53	75105.14	34486.21	86492.81
	投资收益(万元)	58.67	--	–	21.12
	净利润(万元)	4599.93	–5313.08	–4158.67	2607.55
	营业利润(万元)	–4041.63	–9008.73	–5642.35	–79.19
	利润总额(万元)	5445.67	–5398.37	–4823.68	3548.69

北京万通地产股份有限公司

公司概况	公司名称	北京万通地产股份有限公司			证券简称	万通地产
	法人代表	李虹	董秘	王炜鹏	证券代码	600246
	公司网址	www.vantone.com		电子信箱	chengxiaoxi@vantone.com	
	电　话	010-59070788 59071169		传　真	010-59071159	
	办公地址	北京市朝阳区朝外大街甲 6 号万通中心写字楼 D 座 4 层				
	经营范围	住宅的开发和销售及商用物业的开发和出租				

	指标\报告期	2017.06.30	2016.12.31	2016.06.30	2015.12.31
主要财务指标	基本每股收益(元)	0.0249	0.0706	0.2177	–0.5031
	基本每股收益(扣除后)(元)	0.0247	0.0713	0.0068	–0.5064
	稀释每股收益(元)	--	0.0706	0.2177	–0.5031
	每股净资产(元)	3.2364	3.2111	2.6205	2.4015
	每股经营现金净流量(元)	0.1428	0.6443	0.3587	0.0198
	每股现金流量(元)	–0.1632	0.8139	–0.5394	0.0367
	每股资本公积金(元)	1.7271	1.7271	0.6784	0.6784
	每股盈余公积金(元)	0.0828	0.0828	0.1398	0.1398
	每股未分配利润(元)	0.4241	0.3992	0.8009	0.5832
	净资产收益率(%)	0.7694	1.6724	8.3078	–20.9514
	加权净资产收益率(%)	0.7700	2.4700	8.6700	–18.9800
	净资产收益率(扣除)(%)	0.7630	1.6894	0.2586	–21.0887
	总资产(万元)	1395558.07	1420070.80	1213313.51	1366789.80
	归属母公司股东权益(万元)	664762.73	659568.99	318859.38	292210.33
	营业收入(万元)	96045.79	233588.83	119249.83	261886.13
	营业支出(万元)	51927.96	153494.65	74699.65	182911.38
	投资收益(万元)	2589.64	24035.89	25076.48	–158.63
	净利润(万元)	5151.74	9565.34	26469.27	–58901.34
	营业利润(万元)	10733.66	18393.82	32792.95	–51678.57
	利润总额(万元)	10784.28	18329.44	32647.29	–51549.71

吉林成城集团股份有限公司

公司概况	公司名称	吉林成城集团股份有限公司		证券简称	ST成城
	法人代表	方顼	董秘	徐昕欣	证券代码	600247
	公司网址		电子信箱	ccgcxu@126.com	
	电　　话	0755-83558842	传　　真	0755-83556248	
	办公地址	广东省深圳市福田区深南大道6008号特区报业大厦10B			
	经营范围	商品销售业务、商业地产租赁业务、物业管理咨询及房地产销售业务			

主要财务指标	指标\报告期	2017.06.30	2016.12.31	2016.06.30	2015.12.31
	基本每股收益(元)	-0.9790	-0.6375	-0.0630	0.0874
	基本每股收益(扣除后)(元)	-0.0004	-0.3877	-0.0630	-0.2666
	稀释每股收益(元)	-0.9790	-0.6375	-0.0630	0.0874
	每股净资产(元)	-0.7578	0.2219	0.2358	0.2978
	每股经营现金净流量(元)	-0.0029	-0.0019	-0.0061	0.0116
	每股现金流量(元)	-0.0029	-0.0012	-0.0053	-0.0015
	每股资本公积金(元)	0.6518	0.6518	0.0902	0.0902
	每股盈余公积金(元)	0.1744	0.1744	0.1744	0.1744
	每股未分配利润(元)	-2.5839	-1.6042	-1.0288	-0.9668
	净资产收益率(%)	129.2548	-287.2686	-26.8640	29.3562
	加权净资产收益率(%)	-365.7200	-245.3200	-23.8000	40.3100
	净资产收益率(扣除)(%)	0.0590	-174.7153	-26.8966	-89.5363
	总资产(万元)	91234.05	94340.47	101412.59	100800.96
	归属母公司股东权益(万元)	-25494.90	7466.08	7931.72	10019.59
	营业收入(万元)	18243.78	80502.88	16904.79	100589.81
	营业支出(万元)	17707.87	78844.25	16094.15	98455.70
	投资收益(万元)	2600.14	-4728.52	-	-573.24
	净利润(万元)	-32925.90	-21499.61	-2159.51	2884.68
	营业利润(万元)	3085.40	-13096.30	-2161.13	735.15
	利润总额(万元)	-32925.90	-21499.61	-2159.51	2951.00

陕西延长石油化建股份有限公司

公司概况	公司名称	陕西延长石油化建股份有限公司		证券简称	延长化建
	法人代表	高建成	董秘	赵永宏	证券代码	600248
	公司网址	www.ycpcec.com	电子信箱	zhaoyonghong@vip.sina.com	
	电　　话	029-87016796	传　　真	029-87035723	
	办公地址	陕西省西安市杨凌农业高新技术产业示范区新桥北路2号延长化建大厦			
	经营范围	化工石油工程施工			

主要财务指标	指标\报告期	2017.06.30	2016.12.31	2016.06.30	2015.12.31
	基本每股收益(元)	0.1008	0.1994	0.0891	0.2557
	基本每股收益(扣除后)(元)	0.0975	0.1954	0.0886	0.2540
	稀释每股收益(元)	0.1008	0.1994	0.0891	0.2557
	每股净资产(元)	3.2160	3.1287	3.0202	3.8538
	每股经营现金净流量(元)	0.0072	0.0069	0.4368	-0.5958
	每股现金流量(元)	-0.0243	-0.0608	0.3822	-1.0496
	每股资本公积金(元)	0.8049	0.8049	0.8049	1.3464
	每股盈余公积金(元)	0.0525	0.0525	0.0497	0.0646
	每股未分配利润(元)	1.1597	1.0789	0.9714	1.1969
	净资产收益率(%)	3.1337	6.3746	2.9514	6.6357
	加权净资产收益率(%)	3.1700	6.5600	2.9700	6.8500
	净资产收益率(扣除)(%)	3.0306	6.2446	2.9319	6.5907
	总资产(万元)	541795.93	542811.00	518787.83	502765.97
	归属母公司股东权益(万元)	198041.14	192665.82	185985.58	182550.85
	营业收入(万元)	165967.09	362572.11	133545.44	381730.33
	营业支出(万元)	154616.63	330698.44	126571.81	337972.19
	投资收益(万元)	2310.83	401.04	401.04	-
	净利润(万元)	6206.11	12281.65	5489.09	12113.56
	营业利润(万元)	6711.27	14516.92	6515.15	15003.16
	利润总额(万元)	6950.72	14635.50	6557.71	15056.33

柳州两面针股份有限公司

公司概况	公司名称	柳州两面针股份有限公司		证券简称	两面针
	法人代表	林钻煌	董秘	钟春彬(代)	证券代码	600249
	公司网址	www.lmz.com.cn	电子信箱	lmzstock@lmz.com.cn	
	电　　话	0772-2506159	传　　真	0772-2506158	
	办公地址	广西壮族自治区柳州市东环路282号			
	经营范围	牙膏、日用化妆品、香皂、膏霜、香水类、牙刷、旅游用品、家用卫生品等			

主要财务指标	指标\报告期	2017.06.30	2016.12.31	2016.06.30	2015.12.31
	基本每股收益(元)	-0.1073	0.0500	-0.1420	-0.3249
	基本每股收益(扣除后)(元)	-0.1089	-0.2000	-0.1470	-0.3184
	稀释每股收益(元)	-0.1073	0.0500	-0.1420	-0.3249
	每股净资产(元)	3.5169	3.6043	3.6264	3.8823
	每股经营现金净流量(元)	-0.1863	0.0274	-0.0177	-0.5154
	每股现金流量(元)	-0.2227	-0.1619	0.0471	-0.4303
	每股资本公积金(元)	1.5589	1.5589	1.5589	1.5589
	每股盈余公积金(元)	0.4376	0.4376	0.4320	0.4320
	每股未分配利润(元)	0.2309	0.3382	0.1529	0.2949
	净资产收益率(%)	-3.0510	1.3571	-3.9166	-8.1142
	加权净资产收益率(%)	-3.0100	1.3100	-3.7800	-7.5300
	净资产收益率(扣除)(%)	-3.0951	-5.5038	-4.0534	-7.9527
	总资产(万元)	321750.53	327685.21	369300.13	396822.89
	归属母公司股东权益(万元)	193429.21	198234.34	199453.47	213525.39
	营业收入(万元)	71923.56	156183.77	81716.12	135319.25
	营业支出(万元)	56416.63	133571.56	72336.77	117503.02
	投资收益(万元)	1.43	19570.65	824.59	3110.52
	净利润(万元)	-6734.37	-667.63	-9392.39	-23079.04
	营业利润(万元)	-6239.74	-2111.22	-9458.90	-21519.69
	利润总额(万元)	-6253.41	427.78	-8993.40	-24136.65

南京纺织品进出口股份有限公司

公司概况	公司名称	南京纺织品进出口股份有限公司		证券简称	南纺股份
	法人代表	徐德健	董秘	张金源	证券代码	600250
	公司网址	www.nantex.com.cn	电子信箱	zgx@nantex.com.cn	
	电　　话	025-83331634 83331603	传　　真	025-83331639	
	办公地址	江苏省南京市鼓楼区云南北路77号			
	经营范围	纺织、丝绸、针织、服装机电设备、化工原料、轻工产品等产品的进出口业务			

主要财务指标	指标\报告期	2017.06.30	2016.12.31	2016.06.30	2015.12.31
	基本每股收益(元)	-0.0800	0.0700	-0.0600	-0.1700
	基本每股收益(扣除后)(元)	-0.1000	0.0500	-0.0600	-0.2900
	稀释每股收益(元)	--	--	-	-
	每股净资产(元)	1.2607	1.2877	1.1963	1.2664
	每股经营现金净流量(元)	0.0643	0.3730	0.0795	-0.8430
	每股现金流量(元)	0.0005	0.0444	-0.2015	-0.0712
	每股资本公积金(元)	0.7866	0.7744	0.7128	0.7162
	每股盈余公积金(元)	0.4095	0.4095	0.4095	0.4095
	每股未分配利润(元)	-0.8179	-0.7352	-0.8613	-0.8016
	净资产收益率(%)	-6.5637	5.1610	-4.9919	-13.3057
	加权净资产收益率(%)	-6.6100	5.2500	-4.8400	-12.2100
	净资产收益率(扣除)(%)	-7.6176	3.6723	-4.8854	-23.2225
	总资产(万元)	189521.38	171394.54	169498.40	179075.57
	归属母公司股东权益(万元)	32612.36	33311.65	30946.24	32761.96
	营业收入(万元)	34414.41	84794.06	45114.10	135660.58
	营业支出(万元)	32692.14	81438.76	43168.53	129915.66
	投资收益(万元)	2662.81	10204.38	1873.74	8924.49
	净利润(万元)	-2200.16	1540.45	-1630.24	-4825.80
	营业利润(万元)	-2194.54	1310.62	-1563.93	-3536.43
	利润总额(万元)	-2159.67	1700.56	-1611.93	-4732.89

新疆冠农果茸集团股份有限公司

公司概况					
公司名称	新疆冠农果茸集团股份有限公司			证券简称	冠农股份
法人代表	郭良	董秘	金建霞	证券代码	600251
公司网址	www.gngf.cn		电子信箱	gn600251@126.com	
电　话	0996-2113386 2113788		传　真	0996-2113676	
办公地址	新疆维吾尔自治区库尔勒市团结南路48号小区				
经营范围	果业种植、仓储、加工及销售				

主要财务指标：指标\报告期	2017.06.30	2016.12.31	2016.06.30	2015.12.31
基本每股收益(元)	0.0982	0.0337	0.0128	0.1671
基本每股收益(扣除后)(元)	0.0890	0.0023	0.0003	0.1350
稀释每股收益(元)	0.0982	0.0337	0.0128	0.1671
每股净资产(元)	2.4879	2.4075	2.3707	2.4490
每股经营现金净流量(元)	0.1320	-0.2455	0.3309	-0.1796
每股现金流量(元)	0.2966	-0.0015	0.0987	0.0269
每股资本公积金(元)	0.4686	0.4686	0.4718	0.4718
每股盈余公积金(元)	0.1826	0.1826	0.1759	0.1759
每股未分配利润(元)	0.8380	0.7548	0.7406	0.8078
净资产收益率(%)	3.9461	1.4003	0.5419	6.8228
加权净资产收益率(%)	4.0000	1.4000	0.5200	6.9200
净资产收益率(扣除)(%)	3.5760	0.0942	0.0128	5.5112
总资产(万元)	393025.01	373283.39	355041.46	378592.77
归属母公司股东权益(万元)	195261.01	188951.17	186063.69	192210.55
营业收入(万元)	74805.05	153748.88	68419.78	153167.84
营业支出(万元)	65846.10	135890.70	60832.29	134109.62
投资收益(万元)	13182.58	8893.98	1982.37	20582.68
净利润(万元)	7293.78	5079.13	1249.02	15201.08
营业利润(万元)	7209.27	2849.62	-17.86	13564.56
利润总额(万元)	7298.29	5619.71	1401.41	16197.79

广西梧州中恒集团股份有限公司

公司概况					
公司名称	广西梧州中恒集团股份有限公司			证券简称	中恒集团
法人代表	欧阳静波	董秘	崔鼎昌	证券代码	600252
公司网址	www.wz-zhongheng.com		电子信箱	zhongheng@wz-zhongheng.com	
电　话	0774-3939128		传　真	0774-3939053	
办公地址	广西壮族自治区梧州市工业园区工业大道1号				
经营范围	对医药、能源、基础设施、城市公用事业、酒店旅游业、物流业的投资与管理等				

主要财务指标：指标\报告期	2017.06.30	2016.12.31	2016.06.30	2015.12.31
基本每股收益(元)	0.1100	0.1400	0.0810	0.1500
基本每股收益(扣除后)(元)	0.1100	0.1500	0.0780	0.0600
稀释每股收益(元)	0.1100	0.1400	0.0810	0.1500
每股净资产(元)	1.5612	1.5314	1.4854	1.4250
每股经营现金净流量(元)	0.1199	0.4304	0.1847	0.0839
每股现金流量(元)	-0.2222	0.1705	0.0694	-0.3762
每股资本公积金(元)	0.0247	0.0247	0.0247	0.0247
每股盈余公积金(元)	0.1279	0.1279	0.1220	0.1220
每股未分配利润(元)	0.3549	0.2887	0.2342	0.1537
净资产收益率(%)	7.1248	9.1955	5.4194	10.5063
加权净资产收益率(%)	7.0900	9.5300	5.5300	8.9700
净资产收益率(扣除)(%)	7.0894	9.4996	5.2350	4.2294
总资产(万元)	646704.40	648946.18	588965.94	613009.71
归属母公司股东权益(万元)	542529.25	532167.85	516196.35	495093.71
营业收入(万元)	93451.03	167006.20	72499.59	134308.51
营业支出(万元)	20437.81	43941.15	23081.03	36901.26
投资收益(万元)	1545.77	-200.92	607.32	39615.73
净利润(万元)	38653.22	48932.83	27975.14	52005.95
营业利润(万元)	46510.98	61775.05	34101.55	62428.21
利润总额(万元)	46469.15	60779.06	35178.88	64930.80

安徽梦舟实业股份有限公司

公司概况					
公司名称	安徽梦舟实业股份有限公司			证券简称	梦舟股份
法人代表	王继杨	董秘	王继杨(代)	证券代码	600255
公司网址	www.ahxinke.com		电子信箱	ahxkcl600255@163.com	
电　话	0553-5847423 5840468		传　真	0553-5847423	
办公地址	安徽省芜湖市经济技术开发区珠江路				
经营范围	铜基合金材料、金属基复合材料及制品、超细金属及特种粉末材料等				

主要财务指标：指标\报告期	2017.06.30	2016.12.31	2016.06.30	2015.12.31
基本每股收益(元)	0.0040	0.1100	-0.0300	0.0200
基本每股收益(扣除后)(元)	0.0010	0.0800	-0.0400	-0.0040
稀释每股收益(元)	0.0040	0.1100	-0.0300	0.0200
每股净资产(元)	1.8783	1.8748	1.7860	1.8251
每股经营现金净流量(元)	0.1378	0.0744	-0.0413	-0.0172
每股现金流量(元)	-0.1107	-0.1015	-0.2135	-0.0343
每股资本公积金(元)	0.6550	0.6550	0.6550	0.6550
每股盈余公积金(元)	0.0285	0.0285	0.0285	0.0285
每股未分配利润(元)	0.1957	0.1913	0.0693	0.1029
净资产收益率(%)	0.2328	5.7802	-1.8835	1.0211
加权净资产收益率(%)	0.2300	5.7700	-1.8600	1.2200
净资产收益率(扣除)(%)	0.0670	4.2442	-2.0600	-0.1927
总资产(万元)	547352.62	495641.78	484762.92	495937.94
归属母公司股东权益(万元)	332384.51	331768.04	316047.01	322975.91
营业收入(万元)	248908.06	514152.00	223390.27	577195.54
营业支出(万元)	233388.78	472257.42	216684.31	547416.10
投资收益(万元)	143.37	3609.54	-13.08	3829.63
净利润(万元)	1971.31	20193.84	-5501.10	4136.31
营业利润(万元)	1255.71	19506.76	-5170.92	6450.27
利润总额(万元)	1759.23	21906.00	-4673.51	7391.35

广汇能源股份有限公司

公司概况					
公司名称	广汇能源股份有限公司			证券简称	广汇能源
法人代表	宋东升	董秘	倪娟	证券代码	600256
公司网址	www.xjguanghui.com		电子信箱	guanghuigufen@xjghjt.com	
电　话	0991-3762327 3759961		传　真	0991-8637008	
办公地址	新疆维吾尔自治区乌鲁木齐市新华北路165号广汇中天广场27层				
经营范围	液化天然气、现代物流、住宅消费服务、石材和化学建材等				

主要财务指标：指标\报告期	2017.06.30	2016.12.31	2016.06.30	2015.12.31
基本每股收益(元)	0.0210	0.0394	0.0130	0.0476
基本每股收益(扣除后)(元)	0.0131	0.0023	-0.0119	0.0030
稀释每股收益(元)	0.0210	0.0394	0.0130	0.0476
每股净资产(元)	2.1211	2.1321	2.1033	2.0829
每股经营现金净流量(元)	0.1108	0.2634	0.1384	0.1322
每股现金流量(元)	-0.1081	0.0214	0.3309	-0.0524
每股资本公积金(元)	0.1346	0.1346	0.1347	0.1340
每股盈余公积金(元)	0.1523	0.1523	0.1497	0.1497
每股未分配利润(元)	0.8117	0.8207	0.7969	0.7839
净资产收益率(%)	0.9906	1.8468	0.6173	2.2838
加权净资产收益率(%)	0.9800	1.8600	0.6200	2.3000
净资产收益率(扣除)(%)	0.6185	0.1100	-0.5668	0.1434
总资产(万元)	4417670.86	4333266.99	4347653.41	4087085.86
归属母公司股东权益(万元)	1107494.44	1113262.74	1098242.51	1087592.24
营业收入(万元)	264039.08	419434.64	183797.82	482524.45
营业支出(万元)	180874.85	289591.17	130055.61	345036.32
投资收益(万元)	-1094.49	320.80	526.05	580.33
净利润(万元)	7176.54	14457.30	4856.69	22998.15
营业利润(万元)	9945.24	-1833.01	-6287.51	5684.27
利润总额(万元)	14240.83	24199.08	7696.82	30289.42

大湖水殖股份有限公司

公司概况				
公司名称	大湖水殖股份有限公司		证券简称	大湖股份
法人代表	罗订坤	董秘 杨明	证券代码	600257
公司网址	www.dhszgf.com		电子信箱	dhgf@dhszgf.com
电　话	0736-7252796　7215388		传　真	0736-7266736
办公地址	湖南省常德市建设东路 348 号泓鑫桃林六号楼			
经营范围	水产品、水禽养殖、加工、销售及深度综合开发			

指标\报告期	2017.06.30	2016.12.31	2016.06.30	2015.12.31
基本每股收益(元)	0.0162	0.0139	0.0172	0.0062
基本每股收益(扣除后)(元)	0.0105	0.0116	0.0055	-0.0107
稀释每股收益(元)	0.0162	0.0139	0.0172	0.0062
每股净资产(元)	2.6878	2.6715	1.7630	1.7458
每股经营现金净流量(元)	-0.1968	0.0623	-0.1193	0.0422
每股现金流量(元)	-0.3665	0.3637	-0.1152	0.0998
每股资本公积金(元)	1.2473	1.2473	0.2819	0.2819
每股盈余公积金(元)	0.0918	0.0918	0.1034	0.1034
每股未分配利润(元)	0.3487	0.3325	0.3776	0.3605
净资产收益率(%)	0.6035	0.4712	0.9745	0.3523
加权净资产收益率(%)	0.6050	0.8100	0.9800	0.3500
净资产收益率(扣除)(%)	0.3896	0.3919	0.3130	-0.6106
总资产(万元)	162782.38	167734.16	150204.72	150357.62
归属母公司股东权益(万元)	129345.35	128564.71	75287.59	74553.91
营业收入(万元)	40491.92	92619.37	34361.53	80892.47
营业支出(万元)	31535.72	72632.42	25285.69	62798.53
投资收益(万元)	25.07	15.32	7.58	-1.58
净利润(万元)	920.01	782.44	1122.28	502.88
营业利润(万元)	1212.97	1109.94	566.90	-93.52
利润总额(万元)	1261.51	1271.95	1237.88	1082.82

北京首旅酒店(集团)股份有限公司

公司概况				
公司名称	北京首旅酒店(集团)股份有限公司		证券简称	首旅酒店
法人代表	刘毅	董秘 段中鹏	证券代码	600258
公司网址	www.btghg.com		电子信箱	dzpxx@sohu.com
电　话	010-66014466-3846		传　真	010-66063036
办公地址	北京市西城区复兴门内大街 51 号			
经营范围	项目投资及管理、旅游服务、饭店经营及管理			

指标\报告期	2017.06.30	2016.12.31	2016.06.30	2015.12.31
基本每股收益(元)	0.3320	0.7196	0.0603	0.4327
基本每股收益(扣除后)(元)	0.3299	0.4956	0.1355	0.1357
稀释每股收益(元)	--	--	-	-
每股净资产(元)	8.5198	9.8854	4.8078	5.1253
每股经营现金净流量(元)	1.0069	3.0993	2.0525	1.5720
每股现金流量(元)	0.3437	1.9597	4.0640	-0.3522
每股资本公积金(元)	5.9970	10.5322	0.3067	0.3707
每股盈余公积金(元)	0.2339	0.3990	0.8082	0.8082
每股未分配利润(元)	1.2352	1.6178	2.5088	2.5985
净资产收益率(%)	3.4636	3.1390	1.2534	8.4427
加权净资产收益率(%)	3.5200	12.7800	1.2100	8.4400
净资产收益率(扣除)(%)	3.4421	2.1619	2.8183	2.6479
总资产(万元)	1708553.22	1729328.29	1735926.39	396096.52
归属母公司股东权益(万元)	694997.77	671997.84	111253.45	118599.15
营业收入(万元)	398824.67	652277.92	232785.18	133279.96
营业支出(万元)	19881.21	35921.28	13387.44	18133.53
投资收益(万元)	-1067.30	17101.19	6297.61	9556.37
净利润(万元)	25997.74	33331.08	6974.25	11272.01
营业利润(万元)	42566.57	46726.84	14834.51	13331.12
利润总额(万元)	41190.21	52825.40	15704.11	14674.99

广晟有色金属股份有限公司

公司概况				
公司名称	广晟有色金属股份有限公司		证券简称	广晟有色
法人代表	兰亚平	董秘 王东	证券代码	600259
公司网址	www.gsysgf.com		电子信箱	ysgsys@gdmi.com
电　话	020-87705052		传　真	020-87649987
办公地址	广东省广州市天河区林和西路 157 号保利中汇广场 A 栋 31-32 楼			
经营范围	有色金属的开采、加工与销售			

指标\报告期	2017.06.30	2016.12.31	2016.06.30	2015.12.31
基本每股收益(元)	-0.1100	0.1000	-0.3800	-1.0500
基本每股收益(扣除后)(元)	-0.1400	-0.6800	-0.4200	-1.2200
稀释每股收益(元)	-0.1100	0.1000	-0.3800	-1.0500
每股净资产(元)	6.2943	6.4003	1.6414	2.0258
每股经营现金净流量(元)	-1.0263	-1.3889	-0.5398	-0.1960
每股现金流量(元)	-0.0014	1.4430	0.4456	-0.1042
每股资本公积金(元)	6.9456	6.9456	2.9034	2.9034
每股盈余公积金(元)	0.0711	0.0711	0.0819	0.0819
每股未分配利润(元)	-1.7486	-1.6417	-2.3755	-1.9906
净资产收益率(%)	-1.6988	1.3626	-23.4515	-51.6837
加权净资产收益率(%)	-1.6800	4.0200	-20.9900	-40.0300
净资产收益率(扣除)(%)	-2.2407	-9.4790	-25.4628	-59.9834
总资产(万元)	502314.76	443138.24	380103.78	327902.69
归属母公司股东权益(万元)	189964.46	193162.28	43025.30	53101.62
营业收入(万元)	268635.10	416195.65	131591.06	342761.86
营业支出(万元)	258338.42	402279.98	127897.82	330918.78
投资收益(万元)	339.23	16089.54	-351.44	1878.56
净利润(万元)	-2724.44	968.44	-11071.16	-31165.73
营业利润(万元)	-3567.57	-6186.77	-13527.28	-36074.02
利润总额(万元)	-2004.54	442.29	-11929.87	-32916.59

湖北凯乐科技股份有限公司

公司概况				
公司名称	湖北凯乐科技股份有限公司		证券简称	凯乐科技
法人代表	朱弟雄	董秘 陈杰	证券代码	600260
公司网址	www.cnkaile.com		电子信箱	kaile@cnkaile.com
电　话	027-87250890		传　真	027-87250586
办公地址	湖北省公安县斗湖堤镇城关			
经营范围	塑料硬管及管件、软管、管材、塑料零件及塑料土工合成材料等			

指标\报告期	2017.06.30	2016.12.31	2016.06.30	2015.12.31
基本每股收益(元)	0.4900	0.2700	0.1200	0.1900
基本每股收益(扣除后)(元)	0.4700	0.2600	0.1100	0.1300
稀释每股收益(元)	0.4900	0.2700	0.1200	0.1900
每股净资产(元)	6.0825	4.4772	4.3262	4.2525
每股经营现金净流量(元)	-0.2668	-2.4577	-0.7245	1.4351
每股现金流量(元)	1.3303	0.0437	0.1677	-0.0167
每股资本公积金(元)	2.9788	1.7570	1.7581	1.7581
每股盈余公积金(元)	0.3845	0.4087	0.4010	0.4010
每股未分配利润(元)	1.7094	1.2979	1.1588	1.0824
净资产收益率(%)	8.0318	6.1045	2.7918	4.3512
加权净资产收益率(%)	10.9600	6.2700	2.8000	4.8900
净资产收益率(扣除)(%)	7.6564	5.7915	2.5617	2.9334
总资产(万元)	1535223.26	1390547.17	983944.58	774612.75
归属母公司股东权益(万元)	431159.99	298518.18	288450.60	283156.99
营业收入(万元)	752336.36	842067.99	366809.84	323011.25
营业支出(万元)	667079.05	757044.31	334485.52	267938.71
投资收益(万元)	192.48	1215.00	1087.11	5148.45
净利润(万元)	37262.15	24615.90	8965.12	12377.83
营业利润(万元)	40783.42	26111.85	9470.93	13441.30
利润总额(万元)	43249.69	27218.33	9754.84	13676.20

浙江阳光照明电器集团股份有限公司

公司概况	公司名称	浙江阳光照明电器集团股份有限公司			证券简称	阳光照明
	法人代表	陈卫	董秘	赵芳华	证券代码	600261
	公司网址	www.yankon.com		电子信箱	ygjt@yankon.com	
	电　话	86-575-82027721		传　真	86-575-82027720	
	办公地址	浙江省绍兴市上虞区曹娥街道人民大道西段 568 号				
	经营范围	节能电光源、照明电器、仪器设备的开发、制造、销售;照明电器等				

主要财务指标	指标＼报告期	2017.06.30	2016.12.31	2016.06.30	2015.12.31
	基本每股收益(元)	0.1600	0.3100	0.1500	0.2600
	基本每股收益(扣除后)(元)	0.1500	0.2800	0.1300	0.2400
	稀释每股收益(元)	0.1600	0.3100	0.1500	0.2600
	每股净资产(元)	2.1783	2.1763	2.0119	2.0113
	每股经营现金净流量(元)	0.0298	0.7108	0.3599	0.3925
	每股现金流量(元)	-0.4848	0.4753	0.1315	0.0545
	每股资本公积金(元)	0.1812	0.1812	0.1826	0.1826
	每股盈余公积金(元)	0.1991	0.1991	0.1695	0.1695
	每股未分配利润(元)	0.8035	0.7986	0.6667	0.6668
	净资产收益率(%)	7.3452	14.3095	7.4523	12.7248
	加权净资产收益率(%)	7.1800	14.9700	7.2700	13.3000
	净资产收益率(扣除)(%)	6.7446	12.6606	6.3873	12.0363
	总资产(万元)	570488.06	564064.01	498630.46	504885.18
	归属母公司股东权益(万元)	316313.58	316016.51	292153.22	292067.81
	营业收入(万元)	240294.03	439312.35	212639.01	425792.44
	营业支出(万元)	179757.31	318342.82	155932.62	318440.36
	投资收益(万元)	414.33	484.62	11.78	72.85
	净利润(万元)	23722.91	46294.26	22678.44	35856.80
	营业利润(万元)	26199.92	48653.33	23654.57	31481.85
	利润总额(万元)	27250.50	54604.31	27207.23	42794.10

内蒙古北方重型汽车股份有限公司

公司概况	公司名称	内蒙古北方重型汽车股份有限公司			证券简称	北方股份
	法人代表	高汝森	董秘	常德明	证券代码	600262
	公司网址	www.chinanhl.com		电子信箱	cdm@chinanhl.com	
	电　话	0472-2642210 2642244		传　真	86-472-2207538	
	办公地址	内蒙古自治区包头市稀土高新技术产业开发区北方股份大厦				
	经营范围	制造、销售各种型号的特雷克斯牌非公路矿用自卸汽车及相应的零部件				

主要财务指标	指标＼报告期	2017.06.30	2016.12.31	2016.06.30	2015.12.31
	基本每股收益(元)	0.1254	0.1000	-0.0434	-0.9500
	基本每股收益(扣除后)(元)	0.0978	-0.0200	-0.0681	-1.0800
	稀释每股收益(元)	0.1254	0.1000	-0.0434	-0.9500
	每股净资产(元)	6.0954	5.9648	5.8135	5.8505
	每股经营现金净流量(元)	-0.0899	1.8189	1.4987	0.7755
	每股现金流量(元)	0.3068	-1.1691	0.3933	-0.6837
	每股资本公积金(元)	2.3761	2.3761	2.3761	2.3761
	每股盈余公积金(元)	1.9907	1.9907	1.9670	1.9670
	每股未分配利润(元)	0.6313	0.5059	0.3840	0.4274
	净资产收益率(%)	2.0568	1.7131	-0.7473	-16.2882
	加权净资产收益率(%)	2.0800	1.7200	-0.8300	-14.5300
	净资产收益率(扣除)(%)	1.6048	-0.3994	-1.1713	-18.5233
	总资产(万元)	210247.93	209201.25	252764.32	271368.55
	归属母公司股东权益(万元)	103621.53	101402.31	98828.90	99458.84
	营业收入(万元)	26885.20	88304.78	28145.10	99033.45
	营业支出(万元)	21288.05	68526.91	22405.64	79766.73
	投资收益(万元)	917.55	1940.98	1759.84	1551.70
	净利润(万元)	2258.37	1723.40	-877.67	-23652.89
	营业利润(万元)	1956.37	-1445.85	-1392.49	-25619.64
	利润总额(万元)	2567.17	1734.51	-875.95	-23010.82

云南景谷林业股份有限公司

公司概况	公司名称	云南景谷林业股份有限公司			证券简称	ST 景谷
	法人代表	蓝来富	董秘	蓝来富	证券代码	600265
	公司网址	www.jgly.cn		电子信箱	jglymsc@163.com	
	电　话	0879-5226908 0871-63822528		传　真	0879-5228008 0871-63822528	
	办公地址	云南省普洱市景谷傣族彝族自治县林纸路 201 号				
	经营范围	林产化工产品制造,人造板制造、森林资源培育、木材采运、加工、林业技术开发研究、畜牧业				

主要财务指标	指标＼报告期	2017.06.30	2016.12.31	2016.06.30	2015.12.31
	基本每股收益(元)	-0.0700	0.2600	-0.1000	-0.7000
	基本每股收益(扣除后)(元)	-0.1300	-0.3600	-0.1400	-0.5500
	稀释每股收益(元)	-0.0700	0.2600	-0.1000	-0.7000
	每股净资产(元)	0.1260	0.1563	-0.7302	-0.6278
	每股经营现金净流量(元)	-0.1633	-0.2462	-0.0351	0.0948
	每股现金流量(元)	0.0141	0.0485	0.0726	-0.0086
	每股资本公积金(元)	1.9164	1.8796	1.3551	1.3551
	每股盈余公积金(元)	0.1062	0.1062	0.1062	0.1062
	每股未分配利润(元)	-2.8967	-2.8295	-3.1916	-3.0892
	净资产收益率(%)	-53.3175	166.1418	14.0216	-111.7250
	加权净资产收益率(%)	-54.7400	--	15.0800	258.0800
	净资产收益率(扣除)(%)	-100.9448	-230.7708	18.9448	-86.9213
	总资产(万元)	33701.49	32936.23	34962.05	34293.99
	归属母公司股东权益(万元)	1635.47	2028.96	-9478.38	-8149.37
	营业收入(万元)	3089.10	7071.83	3833.90	8784.72
	营业支出(万元)	2711.73	6583.54	3251.04	8671.58
	投资收益(万元)	1.07	2.57	--	--
	净利润(万元)	-875.47	3467.78	-1347.26	-9132.03
	营业利润(万元)	-1654.40	-4751.76	-1813.90	-7038.71
	利润总额(万元)	-875.47	3467.78	-1347.26	-9132.03

北京城建投资发展股份有限公司

公司概况	公司名称	北京城建投资发展股份有限公司			证券简称	北京城建
	法人代表	陈代华	董秘	张财广	证券代码	600266
	公司网址	www.bucid.com		电子信箱	tz@bucid.com	
	电　话	010-82275665 82275598		传　真	010-82275598	
	办公地址	北京市朝阳区北土城西路 11 号城建开发大厦				
	经营范围	房地产开发、销售商品房;投资及投资管理				

主要财务指标	指标＼报告期	2017.06.30	2016.12.31	2016.06.30	2015.12.31
	基本每股收益(元)	0.1686	0.9200	0.2775	0.9100
	基本每股收益(扣除后)(元)	0.1678	0.9200	0.2804	0.8800
	稀释每股收益(元)	0.1686	0.9200	0.2775	0.9100
	每股净资产(元)	11.9878	12.5487	12.0233	12.3867
	每股经营现金净流量(元)	-3.8298	-1.1123	-0.2389	-3.5936
	每股现金流量(元)	0.0556	1.7406	0.7270	0.2524
	每股资本公积金(元)	2.4232	2.4232	2.4232	2.4232
	每股盈余公积金(元)	0.5391	0.5391	0.4607	0.4607
	每股未分配利润(元)	5.1331	5.2445	4.6792	4.6817
	净资产收益率(%)	1.4068	7.3410	2.3081	7.3622
	加权净资产收益率(%)	1.3600	7.3900	2.2500	8.1500
	净资产收益率(扣除)(%)	1.3999	7.3123	2.3322	7.0833
	总资产(万元)	8541283.65	7605737.80	7098464.03	6403455.95
	归属母公司股东权益(万元)	1878537.44	1966434.58	1884102.80	1941044.24
	营业收入(万元)	392254.70	1162783.28	300329.04	917820.40
	营业支出(万元)	286073.29	805626.05	205543.39	565244.47
	投资收益(万元)	11763.43	35114.00	23022.73	21135.25
	净利润(万元)	28663.32	163073.79	44534.43	148359.66
	营业利润(万元)	46995.56	206725.47	57507.99	188862.47
	利润总额(万元)	47143.00	209945.40	57863.98	192257.24

浙江海正药业股份有限公司

公司概况	公司名称	浙江海正药业股份有限公司			证券简称	海正药业
	法人代表	白骅	董秘	沈锡飞	证券代码	600267
	公司网址	www.hisunpharm.com		电子信箱	hy@hisunpharm.com	
	电　　话	86-576-88827809		传　　真	86-576-88827887	
	办公地址	浙江省台州市椒江区外沙路46号				
	经营范围	化学原料药、化学中间体、医药制剂、生物制药、中成药、中药制剂等				

	指标\报告期	2017.06.30	2016.12.31	2016.06.30	2015.12.31
主要财务指标	基本每股收益(元)	0.0140	-0.1000	0.0210	0.0100
	基本每股收益(扣除后)(元)	-0.0010	-0.2900	-0.0440	-0.1400
	稀释每股收益(元)	0.0140	-0.1000	0.0210	0.0100
	每股净资产(元)	6.9612	6.9963	7.1156	7.1666
	每股经营现金净流量(元)	0.1865	0.8036	0.1248	0.7624
	每股现金流量(元)	-0.2875	0.4369	0.6128	-0.2583
	每股资本公积金(元)	3.7801	3.7801	3.7801	3.7801
	每股盈余公积金(元)	0.3475	0.3475	0.3472	0.3472
	每股未分配利润(元)	1.8372	1.8732	1.9924	2.0413
	净资产收益率(%)	0.2009	-1.3979	0.2961	0.1961
	加权净资产收益率(%)	0.2000	-1.3800	0.2940	0.1900
	净资产收益率(扣除)(%)	-0.0108	-4.1944	-0.6130	-2.0097
	总资产(万元)	2137666.88	2075827.25	2056058.07	1917442.63
	归属母公司股东权益(万元)	672128.51	675515.99	687038.64	691957.83
	营业收入(万元)	550518.34	973342.35	472936.43	876742.81
	营业支出(万元)	396125.87	704007.15	345638.88	632711.41
	投资收益(万元)	1000.26	7151.23	6831.18	8898.13
	净利润(万元)	13824.10	6185.29	9216.87	12630.07
	营业利润(万元)	22388.29	1196.14	13958.01	6019.61
	利润总额(万元)	21978.08	18751.28	16836.02	20936.63

国电南京自动化股份有限公司

公司概况	公司名称	国电南京自动化股份有限公司			证券简称	国电南自
	法人代表	王凤蛟	董秘	王茹	证券代码	600268
	公司网址	www.sac-china.com		电子信箱	s-dept@sac-china.com	
	电　　话	025-83410173 83537368		传　　真	025-83410871	
	办公地址	江苏省南京市浦口高新技术开发区星火路8号				
	经营范围	继电保护系统、控制系统、电力自动化系统、监测系统、管理信息系统等				

	指标\报告期	2017.06.30	2016.12.31	2016.06.30	2015.12.31
主要财务指标	基本每股收益(元)	-0.1500	0.0500	-0.1800	0.0500
	基本每股收益(扣除后)(元)	-0.2600	-0.1300	-0.1900	0.0100
	稀释每股收益(元)	-0.1500	0.0500	-0.1800	0.0500
	每股净资产(元)	2.8076	2.9763	2.7544	3.0727
	每股经营现金净流量(元)	-0.8642	0.7335	-1.2150	0.7843
	每股现金流量(元)	-0.9273	0.5647	0.2257	0.1278
	每股资本公积金(元)	1.5147	1.5147	1.5188	1.6106
	每股盈余公积金(元)	0.3027	0.3027	0.2673	0.2673
	每股未分配利润(元)	-0.0098	0.1590	-0.0318	0.1947
	净资产收益率(%)	-5.2990	1.6667	-6.4087	1.5599
	加权净资产收益率(%)	-5.1300	1.6700	-6.0100	1.5500
	净资产收益率(扣除)(%)	-9.0898	-4.4297	-6.9778	0.2751
	总资产(万元)	1029041.19	1111121.53	1140168.70	1102080.11
	归属母公司股东权益(万元)	178349.32	189070.53	174970.04	195189.08
	营业收入(万元)	216164.37	589348.95	218192.02	558539.66
	营业支出(万元)	174283.11	454012.39	171421.00	414925.75
	投资收益(万元)	1240.04	508.68	-338.88	-764.61
	净利润(万元)	-6818.63	15467.55	-7603.01	15369.42
	营业利润(万元)	-10590.36	-2776.01	-11704.56	9433.35
	利润总额(万元)	-5081.82	20874.73	-7435.98	24034.74

江西赣粤高速公路股份有限公司

公司概况	公司名称	江西赣粤高速公路股份有限公司			证券简称	赣粤高速
	法人代表	吴克海	董秘	熊长水	证券代码	600269
	公司网址	www.600269.cn		电子信箱	xcs@600269.cn	
	电　　话	0791-86539322 86527021		传　　真	0791-86527021 86539322	
	办公地址	江西省南昌市西湖区朝阳洲中路367号赣粤大厦				
	经营范围	高速公路等交通基础设施项目的投资、建设、经营管理和维护				

	指标\报告期	2017.06.30	2016.12.31	2016.06.30	2015.12.31
主要财务指标	基本每股收益(元)	0.2500	0.4400	0.3200	0.3000
	基本每股收益(扣除后)(元)	0.1500	0.2300	0.1200	0.1600
	稀释每股收益(元)	0.2500	0.4400	0.3200	0.3000
	每股净资产(元)	6.0135	6.0800	5.7990	5.4955
	每股经营现金净流量(元)	0.5862	0.7282	0.3081	0.8132
	每股现金流量(元)	0.1655	0.0698	0.2104	-0.3187
	每股资本公积金(元)	0.7871	0.7871	0.7871	0.7871
	每股盈余公积金(元)	0.5529	0.5529	0.5105	0.5105
	每股未分配利润(元)	3.3484	3.2460	3.1606	2.9942
	净资产收益率(%)	4.1983	7.3066	5.4568	5.5485
	加权净资产收益率(%)	4.1800	7.7100	5.5800	5.6700
	净资产收益率(扣除)(%)	2.4436	3.7188	2.1552	2.8413
	总资产(万元)	3194335.80	3201786.79	3174355.81	3105883.08
	归属母公司股东权益(万元)	1404387.44	1419917.68	1354299.34	1283425.72
	营业收入(万元)	215857.03	455476.69	229380.96	550160.07
	营业支出(万元)	124158.53	284135.97	139659.40	383897.82
	投资收益(万元)	1357.79	55460.22	55907.01	27451.08
	净利润(万元)	56353.15	94175.62	68870.09	60055.59
	营业利润(万元)	52018.04	132971.31	97929.04	87782.54
	利润总额(万元)	80227.31	138038.64	97843.15	97128.55

中外运空运发展股份有限公司

公司概况	公司名称	中外运空运发展股份有限公司			证券简称	外运发展
	法人代表	高伟	董秘	王晓征	证券代码	600270
	公司网址	www.sinoair.com		电子信箱	stock@sinoair.com	
	电　　话	010-80418928		传　　真	010-80418933	
	办公地址	北京市顺义区天竺空港工业区A区天柱路20号				
	经营范围	经营国际航空货运代理、航空快递和国内物流综合服务业务				

	指标\报告期	2017.06.30	2016.12.31	2016.06.30	2015.12.31
主要财务指标	基本每股收益(元)	0.7004	1.0991	0.5390	1.1157
	基本每股收益(扣除后)(元)	0.4992	0.8116	0.4924	0.9941
	稀释每股收益(元)	--	--	-	-
	每股净资产(元)	8.4309	8.2036	7.8416	8.0430
	每股经营现金净流量(元)	0.0381	-0.1032	-0.1337	0.0600
	每股现金流量(元)	0.4121	0.6974	-0.1945	0.4463
	每股资本公积金(元)	0.5947	0.5947	0.5947	0.5947
	每股盈余公积金(元)	0.5412	0.5412	0.5412	0.5412
	每股未分配利润(元)	5.9536	5.7531	5.1930	5.1540
	净资产收益率(%)	8.3081	13.3982	6.8736	13.8722
	加权净资产收益率(%)	8.2700	13.3100	6.7300	14.7000
	净资产收益率(扣除)(%)	5.9215	9.8927	6.2838	12.3600
	总资产(万元)	960623.54	884541.48	879302.65	842178.39
	归属母公司股东权益(万元)	763398.26	742824.62	710044.36	728283.11
	营业收入(万元)	261495.32	494958.20	219399.61	435279.54
	营业支出(万元)	240611.64	459630.33	201415.55	396832.62
	投资收益(万元)	66548.16	109414.00	47405.85	99709.61
	净利润(万元)	63375.22	99454.70	48774.29	100989.53
	营业利润(万元)	69473.36	105699.67	48002.67	102483.30
	利润总额(万元)	69849.36	102421.66	49168.86	101039.18

航天信息股份有限公司

公司概况	公司名称	航天信息股份有限公司		证券简称	航天信息
	法人代表	时旸	董秘 陈仕俗	证券代码	600271
	公司网址	www.aisino.com		电子信箱	stock@aisino.com
	电　　话	010-88896053		传　　真	010-88896055
	办公地址	北京市海淀区杏石口路甲 18 号航天信息园			
	经营范围	电子及通信设备、计算机及外部设备、智能机电产品，财税专用设备的研制、生产、销售			

主要财务指标	指标\报告期	2017.06.30	2016.12.31	2016.06.30	2015.12.31
	基本每股收益(元)	0.3100	0.8300	0.3300	1.6800
	基本每股收益(扣除后)(元)	0.3500	0.8100	0.3300	1.6500
	稀释每股收益(元)	0.3100	0.8300	0.3300	1.6800
	每股净资产(元)	5.1215	4.9788	4.4825	8.8063
	每股经营现金净流量(元)	0.0165	1.6170	0.0472	2.7204
	每股现金流量(元)	–1.3918	–0.2636	–0.6140	3.9118
	每股资本公积金(元)	0.2304	0.1170	0.1168	0.2332
	每股盈余公积金(元)	0.5190	0.5235	0.4570	0.9140
	每股未分配利润(元)	3.1333	3.0980	2.6671	6.1757
	净资产收益率(%)	6.0917	16.7042	7.4572	19.1187
	加权净资产收益率(%)	6.1100	17.9700	7.2500	22.0400
	净资产收益率(扣除)(%)	6.8202	16.2601	7.3170	18.7166
	总资产(万元)	1853218.03	172.37	1508935.67	1449185.10
	归属母公司股东权益(万元)	954054.04	86.05	827837.02	813176.14
	营业收入(万元)	1353730.85	2561377.66	1089377.00	2238342.05
	营业支出(万元)	1132628.09	2123324.51	902966.45	1823199.90
	投资收益(万元)	1232.56	1473.32	942.87	1082.46
	净利润(万元)	93717.54	220895.91	88931.41	213954.42
	营业利润(万元)	115789.34	257134.92	109121.02	223335.37
	利润总额(万元)	117029.45	277039.69	114833.67	256873.84

上海开开实业股份有限公司

公司概况	公司名称	上海开开实业股份有限公司		证券简称	开开实业
	法人代表	王强	董秘 刘光靓	证券代码	600272
	公司网址	www.chinesekk.com		电子信箱	dm@chinesekk.com
	电　　话	86-21-62712002		传　　真	86-21-62712002
	办公地址	上海市静安区海防路 421 号 3 号楼 1-3 楼			
	经营范围	生产衬衫、羊毛衫、针绵织品、服装、鞋帽、纺织面料等			

主要财务指标	指标\报告期	2017.06.30	2016.12.31	2016.06.30	2015.12.31
	基本每股收益(元)	0.0700	0.0900	0.0500	0.0800
	基本每股收益(扣除后)(元)	0.0300	0.0600	0.0300	0.0200
	稀释每股收益(元)	0.0700	0.0900	0.0500	0.0800
	每股净资产(元)	1.9561	2.0080	1.9965	2.1046
	每股经营现金净流量(元)	0.1133	0.0464	0.0445	0.0501
	每股现金流量(元)	–0.0247	0.0155	–0.0613	0.1006
	每股资本公积金(元)	0.0636	0.0636	0.0552	0.0552
	每股盈余公积金(元)	0.1806	0.1806	0.1717	0.1717
	每股未分配利润(元)	0.4323	0.3952	0.3648	0.3415
	净资产收益率(%)	3.4324	4.3636	2.4173	3.8808
	加权净资产收益率(%)	3.3400	4.1000	2.4500	4.8000
	净资产收益率(扣除)(%)	1.5296	2.9230	1.4681	0.8067
	总资产(万元)	99867.43	102501.99	99223.74	103154.96
	归属母公司股东权益(万元)	47533.45	48795.09	48515.13	51141.21
	营业收入(万元)	46941.53	90605.85	44859.38	88127.91
	营业支出(万元)	36989.47	72165.75	35150.64	69681.16
	投资收益(万元)	200.94	61.53	130.04	176.41
	净利润(万元)	1596.12	2068.34	1152.64	1954.64
	营业利润(万元)	2340.84	2632.38	1537.50	2065.85
	利润总额(万元)	2375.92	3260.93	1922.84	3164.03

浙江嘉化能源化工股份有限公司

公司概况	公司名称	浙江嘉化能源化工股份有限公司		证券简称	嘉化能源
	法人代表	管建忠	董秘 林琳	证券代码	600273
	公司网址	www.jhec.com.cn		电子信箱	jhnydsh@163.com
	电　　话	0573-85585166		传　　真	0573-85585033
	办公地址	浙江省嘉兴市乍浦滨海大道 2288 号			
	经营范围	化学危险品的生产等			

主要财务指标	指标\报告期	2017.06.30	2016.12.31	2016.06.30	2015.12.31
	基本每股收益(元)	0.3500	0.5700	0.3000	0.5100
	基本每股收益(扣除后)(元)	0.3500	0.5700	0.3000	0.4800
	稀释每股收益(元)	0.3500	0.5700	0.3000	0.5100
	每股净资产(元)	3.2223	3.0402	2.7755	2.6289
	每股经营现金净流量(元)	–0.1517	1.0012	0.2535	0.3871
	每股现金流量(元)	–0.1056	0.0960	–0.0097	–0.1618
	每股资本公积金(元)	1.0761	1.0802	1.0802	1.0802
	每股盈余公积金(元)	0.1259	0.1259	0.0775	0.0775
	每股未分配利润(元)	1.0138	0.8336	0.6162	0.4702
	净资产收益率(%)	10.9007	18.6457	10.8468	19.5793
	加权净资产收益率(%)	11.0200	20.0000	10.8300	21.3500
	净资产收益率(扣除)(%)	10.8007	18.7641	10.8209	18.3355
	总资产(万元)	737184.00	680786.34	659574.68	587713.34
	归属母公司股东权益(万元)	420926.14	397130.65	362555.91	343407.20
	营业收入(万元)	266353.38	450333.56	201691.57	339133.03
	营业支出(万元)	192942.95	324996.63	134187.39	232033.65
	投资收益(万元)	–520.25	821.11	246.38	5060.66
	净利润(万元)	46084.74	74307.44	39446.34	67529.72
	营业利润(万元)	54623.76	89156.71	47467.85	79944.79
	利润总额(万元)	55377.54	88530.62	47427.77	80039.41

湖北武昌鱼股份有限公司

公司概况	公司名称	湖北武昌鱼股份有限公司		证券简称	*ST 昌鱼
	法人代表	高士庆	董秘 许轼	证券代码	600275
	公司网址	www.wuchangyu.com.cn		电子信箱	wuchangyu@263.net
	电　　话	0711-5115556　010-84094197		传　　真	0711-5115556
	办公地址	湖北省鄂州市洋澜路中段东侧第三幢第四层			
	经营范围	淡水鱼类及其他水产品养殖、畜禽养殖(屠宰)、蔬菜种植等			

主要财务指标	指标\报告期	2017.06.30	2016.12.31	2016.06.30	2015.12.31
	基本每股收益(元)	–0.0306	–0.0809	–0.0295	–0.0705
	基本每股收益(扣除后)(元)	–0.0306	–0.0885	–0.0295	–0.0671
	稀释每股收益(元)	–0.0306	–0.0809	–0.0295	–0.0705
	每股净资产(元)	0.2506	0.2813	0.3326	0.3621
	每股经营现金净流量(元)	0.0237	0.0221	0.0293	–0.0226
	每股现金流量(元)	–0.0014	–0.0451	–0.0367	0.0492
	每股资本公积金(元)	0.2596	0.2596	0.2596	0.2596
	每股盈余公积金(元)	0.0495	0.0495	0.0495	0.0495
	每股未分配利润(元)	–1.0584	–1.0278	–0.9765	–0.9469
	净资产收益率(%)	–12.2157	–28.7558	–8.8765	–19.4541
	加权净资产收益率(%)	–11.5125	–25.1400	–8.4993	–17.7295
	净资产收益率(扣除)(%)	–12.2157	–31.4574	–8.8765	–18.5173
	总资产(万元)	31617.29	32505.04	34738.88	38579.33
	归属母公司股东权益(万元)	12753.97	14311.96	16925.11	18427.47
	营业收入(万元)	282.60	1788.98	591.40	1126.64
	营业支出(万元)	181.91	1023.47	111.24	492.81
	投资收益(万元)	–543.69	–1450.31	–250.96	–580.40
	净利润(万元)	–1569.16	–4137.26	–1514.38	–3583.35
	营业利润(万元)	–1569.16	–4134.57	–1514.38	–3409.55
	利润总额(万元)	–1569.16	–4137.26	–1514.38	–3583.25

江苏恒瑞医药股份有限公司

公司概况	公司名称	江苏恒瑞医药股份有限公司			证券简称	恒瑞医药
	法人代表	孙飘扬	董秘	刘笑含	证券代码	600276
	公司网址	www.hrs.com.cn		电子信箱	600276@hrs.com.cn	
	电　话	0518-81220012		传　真	0518-85453845	
	办公地址	江苏省连云港市经济技术开发区昆仑山路7号				
	经营范围	原料药、片剂、硬胶囊剂、注射剂的制造、销售				

	指标\报告期	2017.06.30	2016.12.31	2016.06.30	2015.12.31
主要财务指标	基本每股收益(元)	0.5579	1.1040	0.5589	1.1149
	基本每股收益(扣除后)(元)	0.5573	1.1044	0.5606	1.1145
	稀释每股收益(元)	0.5572	1.1025	0.5575	1.1125
	每股净资产(元)	4.8491	5.2772	4.7135	5.0761
	每股经营现金净流量(元)	0.4815	1.1044	0.5465	1.1640
	每股现金流量(元)	–0.0735	–0.0941	0.2807	0.8608
	每股资本公积金(元)	0.1574	0.1867	0.1855	0.2147
	每股盈余公积金(元)	0.4419	0.5303	0.4213	0.5056
	每股未分配利润(元)	3.2619	3.5789	3.1444	3.4015
	净资产收益率(%)	11.5191	20.8989	11.8769	21.8658
	加权净资产收益率(%)	11.9800	23.2400	12.4100	24.3700
	净资产收益率(扣除)(%)	11.5051	20.9051	11.9120	21.8572
	总资产(万元)	1573459.56	1433005.87	1273278.35	1149670.04
	归属母公司股东权益(万元)	1365930.15	1238795.39	1106618.99	993136.45
	营业收入(万元)	634459.47	1109372.41	527911.14	931596.02
	营业支出(万元)	85150.25	143463.14	70459.22	137167.05
	投资收益(万元)	3067.38	1474.78	20.09	–252.12
	净利润(万元)	159367.55	263419.48	132052.13	222396.98
	营业利润(万元)	187063.59	302433.36	154132.75	255887.05
	利润总额(万元)	187212.81	301318.47	153725.87	256197.05

亿利洁能股份有限公司

公司概况	公司名称	亿利洁能股份有限公司			证券简称	亿利洁能
	法人代表	尹成国	董秘	侯菁慧	证券代码	600277
	公司网址	www.elion.cn		电子信箱	Elion_yl600277@163.com	
	电　话	010-56632450 56632432		传　真	010-56632585	
	办公地址	北京市朝阳区光华路15号亿利生态广场一号楼10层				
	经营范围	从事无机化学品、医药产品科技开发和生产、销售				

	指标\报告期	2017.06.30	2016.12.31	2016.06.30	2015.12.31
主要财务指标	基本每股收益(元)	0.0600	0.1200	0.0751	0.0600
	基本每股收益(扣除后)(元)	0.0400	0.0600	0.0328	–0.1200
	稀释每股收益(元)	0.0600	--	0.0751	–
	每股净资产(元)	5.1434	4.5780	4.5781	4.4091
	每股经营现金净流量(元)	0.7416	0.1806	0.2573	0.5273
	每股现金流量(元)	1.8291	1.3028	0.9246	–0.2204
	每股资本公积金(元)	3.5738	2.9120	2.9146	2.8262
	每股盈余公积金(元)	0.0821	0.1076	0.0966	0.0966
	每股未分配利润(元)	0.4675	0.5358	0.5353	0.4602
	净资产收益率(%)	1.1421	2.7016	1.6400	1.4187
	加权净资产收益率(%)	1.2100	2.7800	1.5300	1.4300
	净资产收益率(扣除)(%)	0.8020	0.6799	0.7157	–2.6863
	总资产(万元)	2796250.36	2329518.19	2213822.21	2072511.90
	归属母公司股东权益(万元)	1408751.69	956605.97	956626.21	921310.96
	营业收入(万元)	706960.10	1104717.29	446253.75	805609.44
	营业支出(万元)	638745.84	981194.82	386161.13	728505.05
	投资收益(万元)	5347.04	28838.37	4155.94	797.96
	净利润(万元)	23344.22	39208.19	18076.81	15229.72
	营业利润(万元)	26268.48	36791.36	9483.27	6373.23
	利润总额(万元)	30062.87	51302.15	18234.81	24191.20

东方国际创业股份有限公司

公司概况	公司名称	东方国际创业股份有限公司			证券简称	东方创业
	法人代表	吕勇明	董秘	陈乃轶	证券代码	600278
	公司网址	www.oie.com.cn		电子信箱	oiehq@oie.com.cn	
	电　话	021-62785521 62789999		传　真	021-62784020	
	办公地址	上海市娄山关路85号A座				
	经营范围	自营和代理商品、技术进出口业务等				

	指标\报告期	2017.06.30	2016.12.31	2016.06.30	2015.12.31
主要财务指标	基本每股收益(元)	0.1500	0.2900	0.1400	0.2800
	基本每股收益(扣除后)(元)	0.0600	0.1100	0.0700	0.0700
	稀释每股收益(元)	0.1500	0.2900	0.1400	0.2800
	每股净资产(元)	7.5537	6.0871	5.5852	5.5908
	每股经营现金净流量(元)	–0.4031	1.1315	0.3122	0.4277
	每股现金流量(元)	–0.3446	1.7632	0.3252	0.6627
	每股资本公积金(元)	1.8425	1.8425	1.6846	1.6846
	每股盈余公积金(元)	0.3855	0.3855	0.3360	0.3360
	每股未分配利润(元)	2.2307	2.0779	2.0740	1.9323
	净资产收益率(%)	2.0235	4.6828	2.5381	5.0468
	加权净资产收益率(%)	2.3400	5.0500	2.5300	4.9800
	净资产收益率(扣除)(%)	0.8456	1.7387	1.3144	1.2302
	总资产(万元)	807521.45	727396.05	655957.11	623738.24
	归属母公司股东权益(万元)	394483.41	317891.41	291681.47	291972.91
	营业收入(万元)	738341.58	1537814.27	668975.24	1417438.59
	营业支出(万元)	695909.40	1456362.57	630661.13	1344776.41
	投资收益(万元)	8002.70	16835.09	9003.26	14519.64
	净利润(万元)	9701.46	17528.38	8731.80	18020.50
	营业利润(万元)	13524.48	23452.49	11091.17	19175.71
	利润总额(万元)	13713.30	24693.00	11693.73	24976.86

重庆港九股份有限公司

公司概况	公司名称	重庆港九股份有限公司			证券简称	重庆港九
	法人代表	杨昌学	董秘	张强	证券代码	600279
	公司网址	www.cqgj.com.cn		电子信箱	zhangqiang921@sina.com	
	电　话	023-63100700		传　真	023-63100700	
	办公地址	重庆市江北区海尔路298号				
	经营范围	内河货物运输、货物装卸、搬运、商品储存、船舶修理等				

	指标\报告期	2017.06.30	2016.12.31	2016.06.30	2015.12.31
主要财务指标	基本每股收益(元)	0.0910	0.1100	0.0503	0.1700
	基本每股收益(扣除后)(元)	0.0828	0.1000	0.0393	0.1500
	稀释每股收益(元)	0.0910	0.1100	0.0503	0.1700
	每股净资产(元)	4.7391	4.6855	4.6338	6.9321
	每股经营现金净流量(元)	–0.2753	–0.2740	0.1860	0.7237
	每股现金流量(元)	0.1922	–0.5546	–0.4664	0.1939
	每股资本公积金(元)	3.0420	3.0420	3.0420	5.0630
	每股盈余公积金(元)	0.1239	0.1239	0.1172	0.1758
	每股未分配利润(元)	0.6024	0.5514	0.4952	0.7273
	净资产收益率(%)	1.9194	2.4165	1.0860	2.4293
	加权净资产收益率(%)	1.9200	2.4300	1.0800	2.4400
	净资产收益率(扣除)(%)	1.7466	2.0570	0.8471	2.1074
	总资产(万元)	849624.78	766947.68	713400.34	734296.90
	归属母公司股东权益(万元)	328397.03	324687.44	321106.09	320243.67
	营业收入(万元)	319510.74	219940.43	66869.14	206605.88
	营业支出(万元)	295649.75	180630.33	48353.88	167245.79
	投资收益(万元)	–106.25	156.40	–81.63	283.07
	净利润(万元)	8935.04	12669.44	5832.10	12540.92
	营业利润(万元)	9740.35	12800.69	5559.23	11860.84
	利润总额(万元)	10546.34	15359.37	7171.07	14083.38

南京中央商场(集团)股份有限公司

公司概况	公司名称	南京中央商场(集团)股份有限公司			证券简称	中央商场
	法人代表	吴晓国	董秘	刘宇袖	证券代码	600280
	公司网址	www.600280.com			电子信箱	liuyuxiu@njzsgroup.com
	电　　话	025-66008022			传　　真	025-66008020
	办公地址	江苏省南京市建邺区雨润路10号				
	经营范围	百货、食品、针织服装、五金交电化工等商品的零售、批发等				

主要财务指标	指标\报告期	2017.06.30	2016.12.31	2016.06.30	2015.12.31
	基本每股收益(元)	0.2110	0.1030	0.0650	0.0980
	基本每股收益(扣除后)(元)	0.2270	0.1140	0.0760	0.0560
	稀释每股收益(元)	0.2110	0.1030	0.0650	0.0980
	每股净资产(元)	1.6911	1.5310	1.4699	1.4351
	每股经营现金净流量(元)	−0.0778	0.6765	−0.1162	−0.6748
	每股现金流量(元)	−0.1146	0.2813	−0.0383	−0.3698
	每股资本公积金(元)	0.0111	0.0111	0.0111	0.0111
	每股盈余公积金(元)	0.2677	0.2611	0.2407	0.2407
	每股未分配利润(元)	0.2687	0.1090	0.0911	0.0563
	净资产收益率(%)	12.5024	6.7293	4.4054	6.8469
	加权净资产收益率(%)	13.1500	7.0000	4.4100	6.7800
	净资产收益率(扣除)(%)	13.4320	7.4609	5.1653	3.8873
	总资产(万元)	1635255.50	1636422.48	1638801.44	1565481.71
	归属母公司股东权益(万元)	194195.20	175808.78	168788.10	164797.24
	营业收入(万元)	444196.86	643025.93	316931.19	664613.54
	营业支出(万元)	337539.99	504661.77	246208.81	520486.36
	投资收益(万元)	924.28	275.02	157.74	8543.79
	净利润(万元)	24398.13	12044.76	7665.27	11500.27
	营业利润(万元)	39246.72	26440.40	14401.67	19256.17
	利润总额(万元)	36051.95	24149.67	13965.31	19554.98

太原化工股份有限公司

公司概况	公司名称	太原化工股份有限公司			证券简称	太化股份
	法人代表	张旭升	董秘	李志平	证券代码	600281
	公司网址	www.th600281.cn			电子信箱	sxtjjxl@126.com
	电　　话	0351-5638003 5638016			传　　真	0351-5638000 5638066
	办公地址	山西省太原市晋源区义井街20号				
	经营范围	研制、开发、生产、销售化工产品及原料、化肥、焦炭、煤气等				

主要财务指标	指标\报告期	2017.06.30	2016.12.31	2016.06.30	2015.12.31
	基本每股收益(元)	−0.0606	0.0640	−0.1850	−0.3445
	基本每股收益(扣除后)(元)	−0.0467	−0.0874	−0.0701	−0.1546
	稀释每股收益(元)	−0.0606	0.0640	−	−
	每股净资产(元)	1.0110	1.0720	0.8229	1.0078
	每股经营现金净流量(元)	−0.1117	−0.2634	−0.2930	−0.0900
	每股现金流量(元)	−0.6266	0.6360	−0.1296	0.0807
	每股资本公积金(元)	1.1226	1.1226	1.1226	1.1226
	每股盈余公积金(元)	0.1062	0.1062	0.1062	0.1062
	每股未分配利润(元)	−1.2334	−1.1728	−1.4218	−1.2368
	净资产收益率(%)	−5.9914	5.9721	−22.4800	−34.1886
	加权净资产收益率(%)	−5.8200	6.1600	−20.2100	−29.2100
	净资产收益率(扣除)(%)	−4.6240	−8.1489	−8.5149	−15.3363
	总资产(万元)	180228.51	211890.00	196714.47	230902.28
	归属母公司股东权益(万元)	52007.46	55142.92	42329.50	51840.37
	营业收入(万元)	32451.50	158109.12	41428.34	230557.86
	营业支出(万元)	31251.04	156087.32	40034.88	226579.73
	投资收益(万元)	—	—	−	17.72
	净利润(万元)	−3094.51	3361.40	−9498.69	−17729.93
	营业利润(万元)	−2334.78	−17398.79	−8309.38	−24383.14
	利润总额(万元)	−3283.02	1097.70	−9715.24	−17803.55

南京钢铁股份有限公司

公司概况	公司名称	南京钢铁股份有限公司			证券简称	南钢股份
	法人代表	黄一新	董秘	徐林	证券代码	600282
	公司网址	www.600282.net			电子信箱	webmaster@600282.net
	电　　话	025-57072073 57072083			传　　真	025-57072064
	办公地址	江苏省南京市六合区卸甲甸				
	经营范围	黑色金属冶炼及压延加工、钢材、钢坯及其他金属材料销售等				

主要财务指标	指标\报告期	2017.06.30	2016.12.31	2016.06.30	2015.12.31
	基本每股收益(元)	0.3049	0.0893	0.0367	−0.6276
	基本每股收益(扣除后)(元)	0.2785	0.0373	0.0356	−0.6362
	稀释每股收益(元)	0.3049	0.0893	0.0367	−0.6276
	每股净资产(元)	1.9392	1.7069	1.6268	1.5916
	每股经营现金净流量(元)	0.1657	0.8187	0.5697	0.2627
	每股现金流量(元)	0.1527	−0.1103	−0.1195	−0.1635
	每股资本公积金(元)	0.0942	0.1546	0.1550	0.1550
	每股盈余公积金(元)	0.1662	0.1662	0.1662	0.1662
	每股未分配利润(元)	0.6673	0.3624	0.3099	0.2731
	净资产收益率(%)	15.7244	5.2307	2.2583	−38.5733
	加权净资产收益率(%)	16.4500	5.4400	2.2800	−33.1600
	净资产收益率(扣除)(%)	14.3627	2.1876	2.1890	−39.1003
	总资产(万元)	3552827.31	3430164.55	3387237.25	3634342.35
	归属母公司股东权益(万元)	768330.31	676272.06	644543.61	630597.94
	营业收入(万元)	1695820.85	2417385.91	1087529.07	2225188.88
	营业支出(万元)	1456007.86	2171370.89	962064.07	2160272.11
	投资收益(万元)	3750.69	12328.11	1180.11	−5377.58
	净利润(万元)	122991.65	35488.50	14516.31	−243252.82
	营业利润(万元)	130156.93	30950.55	9730.71	−226270.93
	利润总额(万元)	141037.45	45166.98	18626.69	−208861.32

钱江水利开发股份有限公司

公司概况	公司名称	钱江水利开发股份有限公司			证券简称	钱江水利
	法人代表	刘正洪	董秘	刘正洪(代)	证券代码	600283
	公司网址	www.qjwater.com.cn			电子信箱	qjsl@qjwater.com.cn
	电　　话	0571-87974387			传　　真	0571-87974400
	办公地址	浙江省杭州市三台山路3号				
	经营范围	水力发电、供水、水利资源开发、水利工程承包等				

主要财务指标	指标\报告期	2017.06.30	2016.12.31	2016.06.30	2015.12.31
	基本每股收益(元)	0.0900	0.1700	−0.0100	0.1200
	基本每股收益(扣除后)(元)	0.0200	0.1400	−0.0400	0.0300
	稀释每股收益(元)	0.0900	0.1700	−0.0100	0.1200
	每股净资产(元)	5.0195	4.8935	4.8725	5.0311
	每股经营现金净流量(元)	0.4545	0.3591	0.2556	0.5441
	每股现金流量(元)	0.0191	0.2697	0.4602	0.6415
	每股资本公积金(元)	3.2908	3.2908	3.3110	3.3110
	每股盈余公积金(元)	0.2305	0.2305	0.2305	0.2305
	每股未分配利润(元)	0.3487	0.2605	0.0815	0.1935
	净资产收益率(%)	1.7562	3.4126	−0.2479	2.3225
	加权净资产收益率(%)	1.7900	3.3700	−0.2400	2.5600
	净资产收益率(扣除)(%)	0.4531	2.8356	−0.7783	0.5148
	总资产(万元)	493858.46	545560.88	545212.73	523900.07
	归属母公司股东权益(万元)	177185.50	172738.55	171998.54	177595.11
	营业收入(万元)	43545.91	81549.58	37743.44	80443.07
	营业支出(万元)	25642.97	47581.25	21093.26	48044.97
	投资收益(万元)	50921.55	9557.73	2168.07	4294.93
	净利润(万元)	22687.54	11267.93	211.38	−3731.80
	营业利润(万元)	24438.15	12457.78	1091.39	−4991.79
	利润总额(万元)	24535.44	13951.14	1430.09	−854.43

上海浦东路桥建设股份有限公司

公司概况					
公司名称	上海浦东路桥建设股份有限公司			证券简称	浦东建设
法人代表	郭亚兵	董秘	马家顺	证券代码	600284
公司网址	www.pdjs.com.cn		电子信箱	majs@pdjs.com.cn	
电　话	021-58206677-226		传　真	021-68765759	
办公地址	上海市浦东新区银城中路 8 号中融碧玉蓝天大厦 14F				
经营范围	道路、公路、桥梁路面摊铺施工、其他基础工程总包施工、沥青销售				

主要财务指标　指标＼报告期	2017.06.30	2016.12.31	2016.06.30	2015.12.31
基本每股收益(元)	0.2143	0.5182	0.2087	0.5471
基本每股收益(扣除后)(元)	0.1857	0.5066	0.2069	0.4965
稀释每股收益(元)	0.2143	0.5182	0.2087	0.5471
每股净资产(元)	7.6509	7.5970	7.2905	7.2534
每股经营现金净流量(元)	−0.1273	−0.1796	−0.6306	−0.3315
每股现金流量(元)	0.2885	0.1602	−0.6056	−0.0754
每股资本公积金(元)	3.2733	3.2733	3.2733	3.2818
每股盈余公积金(元)	0.4659	0.4659	0.3834	0.3834
每股未分配利润(元)	2.9089	2.8505	2.6235	2.5798
净资产收益率(%)	2.8011	6.8208	2.8625	7.5425
加权净资产收益率(%)	2.7900	6.9900	2.8500	7.7600
净资产收益率(扣除)(%)	2.4272	6.6681	2.8382	6.8658
总资产(万元)	1097779.97	1108559.51	1194772.64	1336437.50
归属母公司股东权益(万元)	530238.17	526499.03	505258.05	502692.91
营业收入(万元)	98922.56	253763.16	93023.94	316361.25
营业支出(万元)	88147.21	215446.21	78169.98	282240.51
投资收益(万元)	13954.38	34798.09	16992.44	60211.57
净利润(万元)	15424.21	40379.37	17252.01	48025.78
营业利润(万元)	18254.22	53028.17	23624.61	56916.08
利润总额(万元)	18330.50	53086.66	23603.62	61388.69

河南羚锐制药股份有限公司

公司概况					
公司名称	河南羚锐制药股份有限公司			证券简称	羚锐制药
法人代表	程剑军	董秘	叶强	证券代码	600285
公司网址	www.lingrui.com		电子信箱	yeqiang@lingrui.com	
电　话	0376-2973569		传　真	0376-2973606	
办公地址	河南省信阳市新县城关解放路 59 号				
经营范围	中药硬膏剂、冲剂、搽剂、片剂、胶囊剂的生产和销售				

主要财务指标　指标＼报告期	2017.06.30	2016.12.31	2016.06.30	2015.12.31
基本每股收益(元)	0.2260	0.6000	0.1780	0.2500
基本每股收益(扣除后)(元)	0.2060	0.2800	0.1680	0.2300
稀释每股收益(元)	0.2260	0.6000	0.1780	0.2500
每股净资产(元)	3.5910	3.5236	3.6202	3.1862
每股经营现金净流量(元)	−0.0574	0.1068	−0.0378	0.2929
每股现金流量(元)	0.0588	−0.0627	0.0901	0.0779
每股资本公积金(元)	0.9544	0.9544	0.9322	0.3130
每股盈余公积金(元)	0.1870	0.1870	0.1250	0.1384
每股未分配利润(元)	1.0628	0.9866	0.8024	0.6833
净资产收益率(%)	6.2999	16.5673	4.5899	7.7648
加权净资产收益率(%)	6.2200	16.7400	5.3200	8.2100
净资产收益率(扣除)(%)	5.7286	7.6261	4.3475	7.0741
总资产(万元)	321236.01	298152.14	310747.75	283318.09
归属母公司股东权益(万元)	212701.49	208707.23	214448.51	172725.30
营业收入(万元)	83268.44	143931.35	66357.77	107076.72
营业支出(万元)	24646.89	46880.80	21754.10	39600.82
投资收益(万元)	1396.37	25060.75	1661.66	3297.95
净利润(万元)	13619.22	34772.43	9960.87	13370.62
营业利润(万元)	15535.08	40322.72	10996.12	14963.36
利润总额(万元)	15974.74	40908.57	11605.33	15479.52

江苏舜天股份有限公司

公司概况					
公司名称	江苏舜天股份有限公司			证券简称	江苏舜天
法人代表	杨青峰	董秘		证券代码	600287
公司网址	www.saintycorp.com		电子信箱	ir@saintycorp.com	
电　话	025-52875628		传　真	025-84201927	
办公地址	江苏省南京市雨花台区软件大道 21 号 B 座				
经营范围	主营服装、纺织品及其他产品的进出口业务				

主要财务指标　指标＼报告期	2017.06.30	2016.12.31	2016.06.30	2015.12.31
基本每股收益(元)	0.0901	0.1076	0.0716	0.1745
基本每股收益(扣除后)(元)	0.0426	0.0915	0.0714	0.0701
稀释每股收益(元)	--	--	–	–
每股净资产(元)	4.3686	4.7701	2.8666	2.8670
每股经营现金净流量(元)	−0.2712	0.3235	0.0976	0.9101
每股现金流量(元)	−0.2911	−0.0542	−0.1670	0.1975
每股资本公积金(元)	0.4429	0.4429	0.4429	0.4429
每股盈余公积金(元)	0.3136	0.3136	0.2986	0.2986
每股未分配利润(元)	1.1626	1.1425	1.1216	1.1199
净资产收益率(%)	2.0622	2.2556	2.4994	6.0859
加权净资产收益率(%)	1.9666	2.8200	2.4800	6.2400
净资产收益率(扣除)(%)	0.9751	1.9183	2.4915	2.4447
总资产(万元)	402109.62	441329.22	334027.19	326374.62
归属母公司股东权益(万元)	190818.08	208354.55	125210.88	125229.92
营业收入(万元)	254586.75	475050.95	213973.28	584059.52
营业支出(万元)	233544.09	422821.69	192535.88	532816.26
投资收益(万元)	693.25	1646.78	2502.88	4091.87
净利润(万元)	5048.76	8285.43	3909.31	11274.12
营业利润(万元)	4435.26	11738.47	5610.30	9178.93
利润总额(万元)	6913.42	12815.49	5892.17	14495.90

大恒新纪元科技股份有限公司

公司概况					
公司名称	大恒新纪元科技股份有限公司			证券简称	大恒科技
法人代表	鲁勇志	董秘	严宏深	证券代码	600288
公司网址	www.dhxjy.com.cn		电子信箱	600288@dhkj.sina.net	
电　话	010-82827855 82827852		传　真	010-82827853	
办公地址	北京市海淀区苏州街 3 号大恒科技大厦北座 15 层				
经营范围	光机电一体化产品开发、生产、销售等				

主要财务指标　指标＼报告期	2017.06.30	2016.12.31	2016.06.30	2015.12.31
基本每股收益(元)	−0.0079	0.0672	−0.0148	0.0632
基本每股收益(扣除后)(元)	−0.0147	0.0541	−0.0194	0.0353
稀释每股收益(元)	−0.0079	0.0672	−0.0148	0.0632
每股净资产(元)	3.4189	3.4474	3.3679	3.4045
每股经营现金净流量(元)	−0.3109	0.0961	−0.4160	0.3951
每股现金流量(元)	−0.3968	0.1030	−0.4573	−0.2855
每股资本公积金(元)	0.4283	0.4283	0.4283	0.4283
每股盈余公积金(元)	0.2284	0.2284	0.2147	0.2147
每股未分配利润(元)	1.7043	1.7332	1.6649	1.6987
净资产收益率(%)	−0.2303	1.9506	−0.4380	1.8554
加权净资产收益率(%)	−0.2300	1.9600	−0.4300	1.8800
净资产收益率(扣除)(%)	−0.4285	1.5695	−0.5761	1.0381
总资产(万元)	313383.44	307622.03	295996.11	306621.64
归属母公司股东权益(万元)	149336.46	150580.80	147107.95	148706.51
营业收入(万元)	125506.76	268641.40	112841.10	268202.61
营业支出(万元)	97941.03	204171.11	85880.94	212310.38
投资收益(万元)	3050.17	4968.10	2053.56	7287.92
净利润(万元)	−1931.53	5458.83	−1052.92	4536.13
营业利润(万元)	−1961.30	2473.61	−2210.54	−1994.43
利润总额(万元)	−1640.90	7481.80	−242.31	5500.40

亿阳信通股份有限公司

公司概况	公司名称	亿阳信通股份有限公司			证券简称	亿阳信通
	法人代表	曲飞	董秘	方圆	证券代码	600289
	公司网址	www.boco.com.cn		电子信箱	bit@boco.com.cn	
	电　话	010-88157899 88128686		传　真	010-88140589	
	办公地址	北京市海淀区杏石口路99号B座				
	经营范围	电信、交通、能源、金融、政府等行业的IT应用为主				

主要财务指标	指标\报告期	2017.06.30	2016.12.31	2016.06.30	2015.12.31
	基本每股收益(元)	0.0401	0.2230	0.0322	0.1862
	基本每股收益(扣除后)(元)	0.0386	0.2206	0.0319	0.1591
	稀释每股收益(元)	0.0401	0.2230	0.0322	0.1862
	每股净资产(元)	5.0925	5.1173	3.5719	3.5647
	每股经营现金净流量(元)	-0.2745	0.1761	-0.3047	0.2528
	每股现金流量(元)	-0.4365	1.6234	-0.3608	0.2185
	每股资本公积金(元)	2.2355	2.2355	0.6710	0.6710
	每股盈余公积金(元)	0.4374	0.4374	0.4453	0.4453
	每股未分配利润(元)	1.4191	1.4440	1.4554	1.4482
	净资产收益率(%)	0.7883	4.0200	0.9010	5.2321
	加权净资产收益率(%)	0.7814	5.5100	0.8987	5.3600
	净资产收益率(扣除)(%)	0.7576	3.9774	0.8932	4.4708
	总资产(万元)	404601.79	414556.04	298876.00	300474.89
	归属母公司股东权益(万元)	321360.69	322929.35	202143.68	201737.25
	营业收入(万元)	67763.50	133103.07	62643.88	119753.65
	营业支出(万元)	26063.90	46575.88	24902.57	47771.71
	投资收益(万元)	-222.27	-63.39	-307.09	631.05
	净利润(万元)	2522.94	12955.94	1804.17	10511.85
	营业利润(万元)	4283.74	11814.65	2839.73	8283.47
	利润总额(万元)	4913.07	15613.18	3400.08	12102.75

华仪电气股份有限公司

公司概况	公司名称	华仪电气股份有限公司			证券简称	华仪电气
	法人代表	陈孟列	董秘	李维龙	证券代码	600290
	公司网址	www.heag.com		电子信箱	hyzqb@heag.com	
	电　话	0577-62661122		传　真	0577-62237777	
	办公地址	浙江省乐清市经济开发区中心大道228号				
	经营范围	高压电器和风电设备制造				

主要财务指标	指标\报告期	2017.06.30	2016.12.31	2016.06.30	2015.12.31
	基本每股收益(元)	0.0136	-0.0600	0.0684	0.1100
	基本每股收益(扣除后)(元)	-0.0063	-0.1300	0.0546	0.1100
	稀释每股收益(元)	0.0136	-0.0600	0.0684	0.1100
	每股净资产(元)	5.4199	5.4064	5.5385	5.5001
	每股经营现金净流量(元)	-0.1302	-0.5408	-0.4017	0.0905
	每股现金流量(元)	-0.7968	-1.9180	-1.1138	2.8237
	每股资本公积金(元)	3.7780	3.7780	3.7780	3.7780
	每股盈余公积金(元)	0.0570	0.0570	0.0570	0.0570
	每股未分配利润(元)	0.5849	0.5714	0.7035	0.6651
	净资产收益率(%)	0.2500	-1.1786	1.2354	1.4386
	加权净资产收益率(%)	0.2500	-1.1700	1.2400	3.0000
	净资产收益率(扣除)(%)	-0.1166	-2.4564	0.9861	1.4325
	总资产(万元)	661183.36	698645.16	769845.54	734543.05
	归属母公司股东权益(万元)	411863.58	410833.79	420875.38	417954.88
	营业收入(万元)	70183.69	177239.38	89099.26	205988.50
	营业支出(万元)	50463.65	133259.82	64117.79	156549.69
	投资收益(万元)	1004.57	2566.49	1436.65	474.94
	净利润(万元)	1314.23	-4780.73	5159.17	5928.87
	营业利润(万元)	3230.84	-5164.51	6406.16	10174.40
	利润总额(万元)	3239.18	-4143.79	6681.80	9966.05

内蒙古西水创业股份有限公司

公司概况	公司名称	内蒙古西水创业股份有限公司			证券简称	西水股份
	法人代表	郭予丰	董秘	苏宏伟	证券代码	600291
	公司网址			电子信箱	xishuigufen@163.com	
	电　话	0473-6953126		传　真	0473-6953126	
	办公地址	内蒙古自治区乌海市海勃湾滨河区世景苑西4-21号				
	经营范围	水泥、熟料的制造、销售、计算机硬件销售及软件开发、网络产品的研制等				

主要财务指标	指标\报告期	2017.06.30	2016.12.31	2016.06.30	2015.12.31
	基本每股收益(元)	2.1551	0.0340	0.0059	0.4631
	基本每股收益(扣除后)(元)	0.0149	-0.0698	0.0041	0.1576
	稀释每股收益(元)	2.1551	0.0340	0.0059	0.4631
	每股净资产(元)	11.2903	10.3509	10.1295	15.5608
	每股经营现金净流量(元)	-53.0720	96.1798	92.9663	141.9178
	每股现金流量(元)	-14.2601	0.2538	-12.2962	49.7492
	每股资本公积金(元)	5.3928	5.4611	5.4456	10.4174
	每股盈余公积金(元)	0.0972	0.0972	0.0930	0.1518
	每股未分配利润(元)	2.8784	0.7332	0.7101	1.2011
	净资产收益率(%)	19.0884	0.3181	0.0543	1.7070
	加权净资产收益率(%)	19.9100	0.3400	0.0600	5.2400
	净资产收益率(扣除)(%)	0.1323	-0.6527	0.0380	0.5809
	总资产(万元)	25322038.18	30586609.59	29191571.42	17295579.49
	归属母公司股东权益(万元)	1234104.68	1131422.23	1107217.94	1041675.36
	营业收入(万元)	1561959.24	3060366.05	1411451.35	2002926.70
	营业支出(万元)	1361249.23	3079414.85	1415059.46	-
	投资收益(万元)	819061.01	1799539.22	836301.78	1073880.06
	净利润(万元)	254777.40	33147.65	-2236.33	48754.88
	营业利润(万元)	200710.01	-19048.80	-3608.11	72601.00
	利润总额(万元)	285342.65	757.48	-2842.35	76220.50

国家电投集团远达环保股份有限公司

公司概况	公司名称	国家电投集团远达环保股份有限公司			证券简称	远达环保
	法人代表	郑武生	董秘	黄青华	证券代码	600292
	公司网址	www.zdydep.com		电子信箱	dm@jiulongep.com	
	电　话	023-65933051 65933055		传　真	023-65933000	
	办公地址	重庆市北部新区黄环北路10号1栋				
	经营范围	电力生产、电力技术服务、销售电机及输变电设备等				

主要财务指标	指标\报告期	2017.06.30	2016.12.31	2016.06.30	2015.12.31
	基本每股收益(元)	0.0400	0.1900	0.0700	0.3700
	基本每股收益(扣除后)(元)	0.0300	0.1800	0.0700	0.2200
	稀释每股收益(元)	0.0400	0.1900	0.0700	0.3700
	每股净资产(元)	6.1927	6.2391	6.1208	6.1960
	每股经营现金净流量(元)	-0.0094	0.1889	0.0701	0.6325
	每股现金流量(元)	0.1410	-0.3073	-0.1996	-0.3605
	每股资本公积金(元)	3.8145	3.8145	3.8145	3.8145
	每股盈余公积金(元)	0.1954	0.1954	0.1789	0.1789
	每股未分配利润(元)	1.0596	1.0810	0.9780	1.0033
	净资产收益率(%)	0.6232	3.1115	1.2211	5.9249
	加权净资产收益率(%)	0.6200	3.1300	1.2200	5.9800
	净资产收益率(扣除)(%)	0.5445	2.8580	1.1470	3.4895
	总资产(万元)	883640.94	869728.92	834757.86	856021.63
	归属母公司股东权益(万元)	483536.13	487158.61	477920.71	483790.96
	营业收入(万元)	142037.47	326123.77	161937.79	353613.79
	营业支出(万元)	117127.12	269073.79	134990.69	291411.66
	投资收益(万元)	1599.76	1738.31	1236.82	18768.68
	净利润(万元)	4106.79	16430.57	6873.75	31332.49
	营业利润(万元)	6003.04	15237.98	6998.87	41538.69
	利润总额(万元)	6581.08	17041.29	7519.98	40091.07

湖北三峡新型建材股份有限公司

公司概况	公司名称	湖北三峡新型建材股份有限公司			证券简称	三峡新材
	法人代表	许锡忠	董秘	杨晓凭	证券代码	600293
	公司网址	www.sxxc.com.cn		电子信箱	zhanggc@sxxc.com.cn	
	电　　话	0717-3280108		传　　真	0717-3285258	
	办公地址	湖北省当阳市经济技术开发区				
	经营范围	平板玻璃及玻璃深加工制品、石膏及制品的生产和销售等				

	指标＼报告期	2017.06.30	2016.12.31	2016.06.30	2015.12.31
主要财务指标	基本每股收益(元)	0.2166	0.3677	0.0123	–0.1920
	基本每股收益(扣除后)(元)	0.2044	0.3549	0.0076	–0.3173
	稀释每股收益(元)	0.2166	0.3677	0.0123	–0.1920
	每股净资产(元)	3.0455	4.3734	1.9706	1.9583
	每股经营现金净流量(元)	0.0512	–0.9243	0.0288	–0.0268
	每股现金流量(元)	0.0481	0.3917	0.0777	0.0859
	每股资本公积金(元)	1.7553	3.1330	0.9391	0.9391
	每股盈余公积金(元)	0.0533	0.0799	0.1676	0.1676
	每股未分配利润(元)	0.2369	0.1599	–0.1367	–0.1490
	净资产收益率(%)	5.1370	5.2949	0.6249	–9.8230
	加权净资产收益率(%)	5.2000	11.1500	0.6300	–9.3300
	净资产收益率(扣除)(%)	4.8476	5.1343	0.3832	–16.2045
	总资产(万元)	643414.03	626707.88	260965.34	260411.91
	归属母公司股东权益(万元)	353927.52	338833.97	67887.70	67463.46
	营业收入(万元)	602875.41	335458.07	54088.24	100735.07
	营业支出(万元)	556890.95	288127.00	47082.15	96154.18
	投资收益(万元)	20.52	742.60	–	–464.22
	净利润(万元)	18512.11	18135.67	425.36	–6640.72
	营业利润(万元)	20553.75	22811.58	263.85	–12389.58
	利润总额(万元)	21737.22	23011.88	427.94	–7505.53

内蒙古鄂尔多斯资源股份有限公司

公司概况	公司名称	内蒙古鄂尔多斯资源股份有限公司			证券简称	鄂尔多斯
	法人代表	王臻	董秘	郭升	证券代码	600295
	公司网址	www.chinaerdos.com		电子信箱	zeng_gc@chinaerdos.com	
	电　　话	0477-8543509 8543776		传　　真	0477-8520402	
	办公地址	内蒙古自治区鄂尔多斯市东胜区罕台镇羊绒工业园区				
	经营范围	生产无毛绒、羊绒纱、羊绒衫并销售公司自产产品				

	指标＼报告期	2017.06.30	2016.12.31	2016.06.30	2015.12.31
主要财务指标	基本每股收益(元)	0.1600	0.2600	0.1000	0.2300
	基本每股收益(扣除后)(元)	0.1500	0.0700	–	–0.0100
	稀释每股收益(元)	0.1600	0.2600	0.1000	0.2300
	每股净资产(元)	7.1591	7.0458	7.0593	6.8511
	每股经营现金净流量(元)	1.1909	4.1405	3.3715	4.8509
	每股现金流量(元)	0.8980	1.5592	1.1885	–0.0013
	每股资本公积金(元)	1.2660	1.2660	1.4106	1.2798
	每股盈余公积金(元)	0.4767	0.4767	0.4767	0.4767
	每股未分配利润(元)	4.3725	4.2590	4.1100	4.0587
	净资产收益率(%)	2.2844	3.6532	1.4363	3.4077
	加权净资产收益率(%)	2.2900	3.6300	1.4700	3.3200
	净资产收益率(扣除)(%)	2.1192	0.9899	0.0123	–0.1620
	总资产(万元)	4943760.31	4526444.32	4486998.75	4448218.26
	归属母公司股东权益(万元)	738816.87	727129.86	728516.91	707034.67
	营业收入(万元)	973289.06	1659120.66	726628.49	1524009.00
	营业支出(万元)	716517.92	1158912.91	507404.25	1117888.65
	投资收益(万元)	3204.14	1240.75	–2315.10	6459.83
	净利润(万元)	35735.81	57855.26	28491.78	48799.27
	营业利润(万元)	55001.92	66283.21	24905.50	32955.64
	利润总额(万元)	56166.94	87686.99	40612.02	67298.48

广汇汽车服务股份公司

公司概况	公司名称	广汇汽车服务股份公司			证券简称	广汇汽车
	法人代表	李建平	董秘	许星	证券代码	600297
	公司网址	www.chinagrandauto.com.cn		电子信箱	IR@chinagrandauto.com	
	电　　话	021-24032833		传　　真	021-24032811	
	办公地址	上海市闵行区虹莘路3998号				
	经营范围	汽车及配件销售、二手车销售、汽车维修、汽车保险代理、汽车及配件进出口的项目开发等				

	指标＼报告期	2017.06.30	2016.12.31	2016.06.30	2015.12.31
主要财务指标	基本每股收益(元)	0.2776	0.5096	0.2509	0.3939
	基本每股收益(扣除后)(元)	0.2915	0.4756	0.2298	0.3719
	稀释每股收益(元)	0.2776	0.5096	0.2509	0.3939
	每股净资产(元)	3.5718	4.2845	4.0639	3.8148
	每股经营现金净流量(元)	–0.8916	0.6013	–0.6904	1.0115
	每股现金流量(元)	0.0452	0.9332	0.2778	–0.1307
	每股资本公积金(元)	0.9199	1.4822	1.4825	1.4829
	每股盈余公积金(元)	0.0628	0.0817	0.0512	0.0512
	每股未分配利润(元)	1.4778	1.7599	1.5317	1.2808
	净资产收益率(%)	7.8395	11.8936	6.1739	9.4759
	加权净资产收益率(%)	8.1600	12.5800	6.3700	11.4100
	净资产收益率(扣除)(%)	8.2271	11.1004	5.6551	8.9478
	总资产(万元)	11386057.95	11195952.70	10419368.52	7581148.05
	归属母公司股东权益(万元)	2554023.87	2356649.42	2235292.38	2098308.72
	营业收入(万元)	7028279.26	13542226.31	5374264.06	9370003.52
	营业支出(万元)	6271214.07	12344456.49	4874957.20	8505406.80
	投资收益(万元)	5173.20	14267.93	7905.74	3839.34
	净利润(万元)	230872.80	304297.73	146396.08	211847.28
	营业利润(万元)	287980.54	382484.29	188021.21	257343.92
	利润总额(万元)	290030.26	397559.13	189715.75	270046.15

安琪酵母股份有限公司

公司概况	公司名称	安琪酵母股份有限公司			证券简称	安琪酵母
	法人代表	俞学锋	董秘	周帮俊	证券代码	600298
	公司网址	www.angelyeast.com		电子信箱	zbj@angelyeast.com	
	电　　话	86-717-6369865		传　　真	86-717-6369865	
	办公地址	湖北省宜昌市城东大道168号				
	经营范围	酵母及深加工产品、保健食品、特殊营养食品、烘焙原料、食品添加剂等				

	指标＼报告期	2017.06.30	2016.12.31	2016.06.30	2015.12.31
主要财务指标	基本每股收益(元)	0.5110	0.6493	0.3150	0.8497
	基本每股收益(扣除后)(元)	0.4820	0.5990	0.2690	0.7404
	稀释每股收益(元)	0.5110	0.6493	0.3150	0.8497
	每股净资产(元)	4.1455	3.9479	3.8535	9.2200
	每股经营现金净流量(元)	0.4163	0.9469	0.2715	1.7308
	每股现金流量(元)	0.0385	0.0382	–0.0756	0.3065
	每股资本公积金(元)	0.7912	0.7912	0.7898	3.4745
	每股盈余公积金(元)	0.2637	0.2637	0.1982	0.4955
	每股未分配利润(元)	2.4625	2.2518	1.9831	4.4698
	净资产收益率(%)	12.3210	16.4473	8.1785	9.2167
	加权净资产收益率(%)	12.0100	16.4700	8.2800	9.5500
	净资产收益率(扣除)(%)	11.6237	15.1730	6.9904	8.0304
	总资产(万元)	751552.07	677774.44	653176.85	619676.48
	归属母公司股东权益(万元)	341619.94	325336.96	317561.41	303898.67
	营业收入(万元)	290982.76	486053.24	237738.44	421336.03
	营业支出(万元)	185665.86	327519.56	162474.49	295420.17
	投资收益(万元)	239.20	337.42	6.82	249.85
	净利润(万元)	44641.81	57758.17	27898.43	31871.07
	营业利润(万元)	47774.17	59922.89	30032.63	33396.07
	利润总额(万元)	50000.45	64621.58	31781.60	37676.92

蓝星安迪苏股份有限公司

公司概况	公司名称	蓝星安迪苏股份有限公司			证券简称	安迪苏
	法人代表	Jean Marc Dublanc	董秘	王鹏	证券代码	600299
	公司网址	www.bluestar-adisseo.com		电子信箱	investor-service@bluestar-adisseo.com	
	电　话	010-61958799		传　真	010-61958805	
	办公地址	北京市朝阳区北土城西路 9 号				
	经营范围	有机硅单体及相关产品的研制、生产、销售等				

	指标\报告期	2017.06.30	2016.12.31	2016.06.30	2015.12.31
主要财务指标	基本每股收益(元)	0.2200	0.7000	0.4100	0.5800
	基本每股收益(扣除后)(元)	0.2100	0.7000	0.4100	0.1600
	稀释每股收益(元)	0.2200	0.7000	0.4100	0.5800
	每股净资产(元)	4.6239	4.5027	4.2360	3.7993
	每股经营现金净流量(元)	0.4502	1.1387	0.5645	1.3259
	每股现金流量(元)	0.0513	0.6489	0.2676	1.2094
	每股资本公积金(元)	0.8324	0.8324	0.8324	0.8324
	每股盈余公积金(元)	0.0975	0.0955	0.0731	0.0513
	每股未分配利润(元)	2.8811	2.8957	2.6353	2.4113
	净资产收益率(%)	4.6559	15.4469	9.6962	15.0025
	加权净资产收益率(%)	4.6300	16.7900	10.0700	17.6000
	净资产收益率(扣除)(%)	4.6211	15.4583	9.6731	2.5481
	总资产(万元)	2020896.45	1994382.14	1890834.88	1791308.11
	归属母公司股东权益(万元)	1240091.70	1207583.87	1136058.31	1018933.51
	营业收入(万元)	493212.02	1068826.31	543495.61	1517333.17
	营业支出(万元)	308642.66	561847.40	264199.89	890637.29
	投资收益(万元)	---	43.74	-	-
	净利润(万元)	73648.35	231618.12	135206.53	200279.56
	营业利润(万元)	104516.04	319116.69	200136.39	360724.53
	利润总额(万元)	105240.21	318894.19	200593.56	362585.32

维维食品饮料股份有限公司

公司概况	公司名称	维维食品饮料股份有限公司			证券简称	维维股份
	法人代表	杨启典	董秘	孟召永	证券代码	600300
	公司网址	www.vvgroup.com		电子信箱	mengzy@vvgroup.com	
	电　话	0516-83398138 83398890		传　真	0516-83394888	
	办公地址	江苏省徐州市维维大道 300 号				
	经营范围	研究、开发、生产食品、饮料系列产品及相关产品、销售自产产品				

	指标\报告期	2017.06.30	2016.12.31	2016.06.30	2015.12.31
主要财务指标	基本每股收益(元)	0.0600	0.0400	0.0500	0.0600
	基本每股收益(扣除后)(元)	0.0600	0.0100	0.0560	0.0200
	稀释每股收益(元)	0.0600	0.0400	0.0500	0.0600
	每股净资产(元)	1.6333	1.5914	1.6269	1.6087
	每股经营现金净流量(元)	-0.1086	0.0607	-	-0.0166
	每股现金流量(元)	0.2896	0.0818	0.1746	0.0602
	每股资本公积金(元)	0.1215	0.1215	0.1523	0.1523
	每股盈余公积金(元)	0.1055	0.1055	0.1045	0.1045
	每股未分配利润(元)	0.4036	0.3629	0.3702	0.3520
	净资产收益率(%)	3.7207	2.6355	2.9640	3.7738
	加权净资产收益率(%)	3.7500	2.6400	2.9600	3.8300
	净资产收益率(扣除)(%)	3.8371	0.6482	3.4156	1.1671
	总资产(万元)	861706.28	839824.14	868990.43	803087.93
	归属母公司股东权益(万元)	273087.78	266075.33	272018.25	268971.65
	营业收入(万元)	242456.50	446359.53	237275.81	388776.96
	营业支出(万元)	174065.18	318661.33	165478.52	260795.05
	投资收益(万元)	-1132.79	10082.03	2261.46	10734.63
	净利润(万元)	9963.35	6478.07	8409.20	6916.86
	营业利润(万元)	14661.55	7380.48	12813.71	11067.25
	利润总额(万元)	13975.48	13909.99	12933.28	16126.61

南宁化工股份有限公司

公司概况	公司名称	南宁化工股份有限公司			证券简称	ST 南化
	法人代表	韦韬	董秘	蔡桂生	证券代码	600301
	公司网址	www.nh.com.cn		电子信箱	nhzq@nnchem.com	
	电　话	0771-4835135 4821093		传　真	0771-4835643 4821093	
	办公地址	广西南宁市良庆区银海大道 1223 号中国东盟进出口大宗商品展示交易中心楼 7 楼				
	经营范围	氯碱化学工业及其系列产品、农药、消毒剂等无机和有机化工产品等				

	指标\报告期	2017.06.30	2016.12.31	2016.06.30	2015.12.31
主要财务指标	基本每股收益(元)	-0.0397	0.0256	-0.0622	-0.1779
	基本每股收益(扣除后)(元)	-0.0391	-0.1675	-0.0622	-0.5073
	稀释每股收益(元)	-0.0397	0.0256	-0.0622	-0.1779
	每股净资产(元)	1.1044	1.1220	1.0026	1.0648
	每股经营现金净流量(元)	-0.5928	-0.3157	-0.6169	-0.3633
	每股现金流量(元)	-0.2140	-0.9365	-0.8442	1.5538
	每股资本公积金(元)	4.7052	4.6831	4.6515	4.6515
	每股盈余公积金(元)	0.2424	0.2424	0.2424	0.2424
	每股未分配利润(元)	-4.8432	-4.8035	-4.8913	-4.8291
	净资产收益率(%)	-3.5989	2.2794	-6.2031	-16.7082
	加权净资产收益率(%)	-3.5700	2.3300	-6.0200	-
	净资产收益率(扣除)(%)	-3.5402	-14.9314	-6.2029	-47.6454
	总资产(万元)	80728.52	96643.79	82466.38	90640.70
	归属母公司股东权益(万元)	25969.21	26384.67	23576.23	25038.67
	营业收入(万元)	2220.32	7174.21	4019.52	6393.95
	营业支出(万元)	2080.86	6194.54	3528.69	5559.50
	投资收益(万元)	---	---	-	-66.68
	净利润(万元)	-1610.78	-1955.96	-1649.44	-6114.79
	营业利润(万元)	-1595.54	-2993.98	-1649.39	-24929.89
	利润总额(万元)	-1610.78	-1955.96	-1649.44	-6114.79

西安标准工业股份有限公司

公司概况	公司名称	西安标准工业股份有限公司			证券简称	标准股份
	法人代表	朱寅	董秘	郑璇	证券代码	600302
	公司网址	www.chinatypical.com		电子信箱	typical@chinatypical.com	
	电　话	029-88279352		传　真	029-88263001	
	办公地址	陕西省西安市太白南路 335 号				
	经营范围	缝制设备研发、生产、销售				

	指标\报告期	2017.06.30	2016.12.31	2016.06.30	2015.12.31
主要财务指标	基本每股收益(元)	0.0014	0.1704	-0.0859	0.1368
	基本每股收益(扣除后)(元)	-0.0779	-0.2127	-0.0888	-0.2513
	稀释每股收益(元)	0.0014	0.1704	-0.0859	0.1368
	每股净资产(元)	3.5173	3.5143	3.2579	3.3428
	每股经营现金净流量(元)	-0.1319	-0.1499	-0.2039	-0.1174
	每股现金流量(元)	-0.4741	0.3050	-0.3555	-0.0804
	每股资本公积金(元)	1.0041	1.0041	1.0041	1.0041
	每股盈余公积金(元)	0.6665	0.6665	0.6665	0.6665
	每股未分配利润(元)	0.8464	0.8450	0.5887	0.6746
	净资产收益率(%)	0.0407	4.8483	-2.6373	4.0933
	加权净资产收益率(%)	0.0400	4.9700	-2.6000	4.1800
	净资产收益率(扣除)(%)	-2.2158	-6.0524	-2.7255	-7.5177
	总资产(万元)	166892.21	164448.60	153737.40	161350.70
	归属母公司股东权益(万元)	121702.35	121597.10	112726.92	115662.72
	营业收入(万元)	37747.55	57127.56	27904.26	64231.34
	营业支出(万元)	29042.98	45268.47	22953.07	53189.77
	投资收益(万元)	260.82	479.32	207.67	123.91
	净利润(万元)	336.23	6058.53	-2882.13	4988.87
	营业利润(万元)	-2040.23	-6837.58	-3066.18	-8715.59
	利润总额(万元)	330.89	5993.75	-2950.08	4670.98

辽宁曙光汽车集团股份有限公司

公司概况					
公司名称	辽宁曙光汽车集团股份有限公司			证券简称	曙光股份
法人代表	李进巅	董秘	那涛	证券代码	600303
公司网址	www.sgautomotive.com		电子信箱	dongban@sgautomotive.com	
电　话	0415-4146825		传　真	0415-4142821	
办公地址	辽宁省丹东市振安区曙光路50号				
经营范围	汽车前后桥、汽车底盘、汽车零部件、客车的生产、销售等				

主要财务指标 指标\报告期	2017.06.30	2016.12.31	2016.06.30	2015.12.31
基本每股收益(元)	0.5800	0.1000	0.1300	0.1700
基本每股收益(扣除后)(元)	-0.1100	-0.3100	-0.1800	-0.0900
稀释每股收益(元)	0.5800	0.1000	0.1300	0.1700
每股净资产(元)	4.7071	4.1466	3.9482	3.8157
每股经营现金净流量(元)	0.3079	-0.8832	-0.2713	-1.1916
每股现金流量(元)	0.3933	0.3330	-0.4053	0.5532
每股资本公积金(元)	1.6435	1.6435	1.2800	1.2800
每股盈余公积金(元)	0.3889	0.3889	0.4097	0.4097
每股未分配利润(元)	1.6747	1.1166	1.2635	1.1321
净资产收益率(%)	12.4087	2.1663	3.3268	4.3691
加权净资产收益率(%)	13.1600	2.4000	3.3800	4.4700
净资产收益率(扣除)(%)	-2.2710	-7.0694	-4.5510	-2.3968
总资产(万元)	843144.94	931292.66	958150.22	1009929.40
归属母公司股东权益(万元)	318013.25	280149.30	244914.36	236698.64
营业收入(万元)	190523.15	373669.21	156155.53	443184.52
营业支出(万元)	161749.38	309764.71	132972.66	369008.02
投资收益(万元)	48584.59	24749.29	23479.09	-1260.73
净利润(万元)	39605.51	6853.16	8924.73	10825.41
营业利润(万元)	43642.64	5215.80	12442.07	-4180.85
利润总额(万元)	44974.46	6254.53	10488.60	15088.09

江苏恒顺醋业股份有限公司

公司概况					
公司名称	江苏恒顺醋业股份有限公司			证券简称	恒顺醋业
法人代表	张玉宏	董秘	魏陈云	证券代码	600305
公司网址	www.zjhengshun.com		电子信箱	wcy08@163.com	
电　话	0511-85226003		传　真	0511-85230209	
办公地址	江苏省镇江市丹徒新城恒顺大道66号				
经营范围	食醋、酱油、酱菜、复合调味料、调味剂、副食品、粮油制品、饮料等				

主要财务指标 指标\报告期	2017.06.30	2016.12.31	2016.06.30	2015.12.31
基本每股收益(元)	0.1558	0.2827	0.1261	0.7952
基本每股收益(扣除后)(元)	0.1389	0.2598	0.1206	0.3761
稀释每股收益(元)	0.1558	0.2827	0.1261	0.7952
每股净资产(元)	2.6780	2.6072	2.4506	4.8890
每股经营现金净流量(元)	0.2651	0.5209	0.2499	0.9359
每股现金流量(元)	-0.0607	-0.1610	-0.1011	-0.2376
每股资本公积金(元)	0.7819	0.7819	0.7819	2.5639
每股盈余公积金(元)	0.1427	0.1427	0.1166	0.2333
每股未分配利润(元)	0.7533	0.6825	0.5520	1.0918
净资产收益率(%)	5.8165	10.8441	5.1446	16.2650
加权净资产收益率(%)	5.8000	11.1900	5.0300	17.4900
净资产收益率(扣除)(%)	5.1868	9.9657	4.9196	7.6927
总资产(万元)	238858.51	226405.41	226198.02	226187.02
归属母公司股东权益(万元)	161411.60	157146.40	147704.08	147338.13
营业收入(万元)	73355.67	144727.48	69417.46	130542.82
营业支出(万元)	43008.73	85031.62	40586.81	78686.67
投资收益(万元)	46.07	-88.92	15.31	14630.82
净利润(万元)	9464.48	16826.10	7588.41	23760.60
营业利润(万元)	10504.22	18837.28	8438.69	27834.14
利润总额(万元)	11698.41	20660.06	8960.88	28187.67

沈阳商业城股份有限公司

公司概况					
公司名称	沈阳商业城股份有限公司			证券简称	商业城
法人代表	陈弖元	董秘	谢中华	证券代码	600306
公司网址	www.sysyc.cn		电子信箱	sycgf3801@sina.com.cn	
电　话	024-24865832		传　真	024-24848007 24865832	
办公地址	辽宁省沈阳市沈河区中街路212号				
经营范围	日用百货、箱包皮具、食品、服装、鞋帽、针纺织品、文化钟表等				

主要财务指标 指标\报告期	2017.06.30	2016.12.31	2016.06.30	2015.12.31
基本每股收益(元)	0.7986	0.6200	-0.4400	-0.9200
基本每股收益(扣除后)(元)	-0.2967	-0.6800	-0.4400	-0.8800
稀释每股收益(元)	0.7986	0.6200	-0.4400	-0.9200
每股净资产(元)	1.1744	0.3757	-0.6848	-0.2449
每股经营现金净流量(元)	0.1170	-0.0667	-0.0621	0.0896
每股现金流量(元)	0.1013	-0.6561	-0.5605	-0.3473
每股资本公积金(元)	1.1446	1.1446	1.1446	1.1455
每股盈余公积金(元)	0.1056	0.1056	0.1056	0.1056
每股未分配利润(元)	-1.0758	-1.8744	-2.9350	-2.4959
净资产收益率(%)	68.0065	165.4091	-64.1141	-374.3094
加权净资产收益率(%)	103.0450	943.3200	-94.5500	-429.4800
净资产收益率(扣除)(%)	-25.2655	-181.1280	-63.9357	357.8005
总资产(万元)	161835.68	168603.71	209267.90	223260.74
归属母公司股东权益(万元)	20920.15	6693.09	-12199.48	-4361.87
营业收入(万元)	43492.97	96682.76	49408.92	125089.70
营业支出(万元)	35815.86	79489.58	40584.37	103916.57
投资收益(万元)	19622.25	26376.75	–	2351.25
净利润(万元)	14228.57	11070.26	-7822.84	-16339.06
营业利润(万元)	14492.18	11159.58	-7861.03	-15697.42
利润总额(万元)	14518.88	11180.57	-7782.80	-16273.66

甘肃酒钢集团宏兴钢铁股份有限公司

公司概况					
公司名称	甘肃酒钢集团宏兴钢铁股份有限公司			证券简称	酒钢宏兴
法人代表	程子建	董秘	程子建(代)	证券代码	600307
公司网址	www.jisco.cn		电子信箱	irjg@jiugang.com	
电　话	0937-6715370		传　真	86-937-6715710	
办公地址	甘肃省嘉峪关市雄关东路12号				
经营范围	钢、铁及其压延产品的生产和销售				

主要财务指标 指标\报告期	2017.06.30	2016.12.31	2016.06.30	2015.12.31
基本每股收益(元)	0.0560	0.0132	0.0363	-1.1757
基本每股收益(扣除后)(元)	0.0504	0.0002	0.0363	-1.1814
稀释每股收益(元)	0.0560	0.0132	0.0363	-1.1757
每股净资产(元)	1.5242	1.4619	1.4864	1.4480
每股经营现金净流量(元)	0.0143	0.6940	0.1355	-0.0518
每股现金流量(元)	-0.0156	0.0668	-0.0355	-1.4149
每股资本公积金(元)	1.0963	1.0963	1.0963	1.0963
每股盈余公积金(元)	0.2025	0.2025	0.2025	0.2025
每股未分配利润(元)	-0.7948	-0.8508	-0.8277	-0.8640
净资产收益率(%)	3.6743	0.9002	2.4420	-81.1977
加权净资产收益率(%)	3.7500	0.9000	2.4757	-57.8127
净资产收益率(扣除)(%)	3.3046	0.0131	2.4417	-81.5924
总资产(万元)	3693503.86	3783380.22	3790637.77	3878165.08
归属母公司股东权益(万元)	954661.93	915624.73	930968.96	906906.90
营业收入(万元)	1932770.82	3509385.11	1843023.88	5477679.62
营业支出(万元)	1654569.82	2897709.94	1551425.22	5505803.48
投资收益(万元)	-935.14	-4172.49	-1420.80	-3059.32
净利润(万元)	34409.33	2172.23	21989.59	-741082.43
营业利润(万元)	30136.77	56259.16	28525.60	-742924.81
利润总额(万元)	34642.74	67227.80	28527.68	-738567.83

山东华泰纸业股份有限公司

公司概况	公司名称	山东华泰纸业股份有限公司			证券简称	华泰股份
	法人代表	李晓亮	董秘	任英祥	证券代码	600308
	公司网址	www.huataipaper.com		电子信箱	htjtzq@163.com	
	电　话	0546-7798799 7798848		传　真	0546-6888018	
	办公地址	山东省东营市广饶县大王镇				
	经营范围	造纸、纸制品及纸料加工、热电等				

	指标\报告期	2017.06.30	2016.12.31	2016.06.30	2015.12.31
主要财务指标	基本每股收益(元)	0.2530	0.1560	0.0610	0.0550
	基本每股收益(扣除后)(元)	0.2460	0.0890	0.0370	-0.1480
	稀释每股收益(元)	0.2530	0.1560	0.0610	0.0550
	每股净资产(元)	5.7824	5.5790	5.4800	5.4325
	每股经营现金净流量(元)	0.7789	1.5337	0.2049	1.5714
	每股现金流量(元)	0.5204	0.1299	0.1212	-0.2251
	每股资本公积金(元)	1.9218	1.9218	1.9218	1.9218
	每股盈余公积金(元)	0.4343	0.4343	0.4183	0.4183
	每股未分配利润(元)	2.4026	2.1964	2.1170	2.0735
	净资产收益率(%)	4.3796	2.7946	1.1045	1.0181
	加权净资产收益率(%)	4.4390	2.8330	1.1080	1.0220
	净资产收益率(扣除)(%)	4.2534	1.6012	0.6681	-2.7331
	总资产(万元)	1525172.91	1489325.99	1598107.14	1603219.84
	归属母公司股东权益(万元)	675126.25	651384.80	639818.47	634281.10
	营业收入(万元)	630458.59	1080990.70	482682.93	941678.21
	营业支出(万元)	538615.16	938036.10	417436.83	818329.11
	投资收益(万元)	8.30	-1074.63	-137.02	-466.16
	净利润(万元)	29775.83	17998.47	6805.79	4701.01
	营业利润(万元)	32018.41	15946.86	7002.13	-13605.15
	利润总额(万元)	33013.91	30091.57	10430.62	9980.69

万华化学集团股份有限公司

公司概况	公司名称	万华化学集团股份有限公司			证券简称	万华化学
	法人代表	廖增太	董秘	寇光武	证券代码	600309
	公司网址	www.whchem.com		电子信箱	stocks@whchem.com	
	电　话	0535-6698537		传　真	0535-6837894	
	办公地址	山东省烟台市幸福南路7号				
	经营范围	聚氨酯及助剂、异氰酸酯(MDI)及衍生产品开发、生产和销售				

	指标\报告期	2017.06.30	2016.12.31	2016.06.30	2015.12.31
主要财务指标	基本每股收益(元)	1.7900	1.7000	0.6300	0.7400
	基本每股收益(扣除后)(元)	1.7700	1.7000	0.6200	0.7200
	稀释每股收益(元)	--	1.7000	-	-
	每股净资产(元)	7.6840	6.8544	5.7844	5.3511
	每股经营现金净流量(元)	0.5298	3.3986	1.4785	2.1284
	每股现金流量(元)	0.1394	-0.0460	-0.0539	0.4938
	每股资本公积金(元)	0.8752	0.0224	0.0224	0.0224
	每股盈余公积金(元)	0.5777	0.7304	0.7304	0.7304
	每股未分配利润(元)	5.2268	5.0982	4.0292	3.5966
	净资产收益率(%)	23.1389	24.8248	10.9370	13.9119
	加权净资产收益率(%)	25.4300	28.1100	11.3600	14.6700
	净资产收益率(扣除)(%)	22.8131	24.8037	10.7858	13.4356
	总资产(万元)	5998808.30	5076501.55	5034067.15	4780441.71
	归属母公司股东权益(万元)	2100811.33	1482158.61	1250777.98	1157097.29
	营业收入(万元)	2443008.65	3009986.15	1247577.00	1949238.29
	营业支出(万元)	1494617.75	2074480.93	885195.20	1361996.54
	投资收益(万元)	5566.11	5275.30	3047.42	338.75
	净利润(万元)	580956.12	454806.94	163343.88	227956.08
	营业利润(万元)	738190.29	565052.72	197872.34	281501.29
	利润总额(万元)	739017.57	565307.94	202182.71	295444.88

广西桂东电力股份有限公司

公司概况	公司名称	广西桂东电力股份有限公司			证券简称	桂东电力
	法人代表	秦敏	董秘	陆培军	证券代码	600310
	公司网址	www.gdep.com.cn		电子信箱	600310@gdep.com.cn	
	电　话	0774-5297796 5283977		传　真	0774-5285255	
	办公地址	广西壮族自治区贺州市平安西路12号				
	经营范围	水力发电、供电、电力投资开发、供水、交通建设及其基础设施开发				

	指标\报告期	2017.06.30	2016.12.31	2016.06.30	2015.12.31
主要财务指标	基本每股收益(元)	0.0067	0.2530	0.1364	0.4541
	基本每股收益(扣除后)(元)	0.0019	0.0541	0.1293	-0.2719
	稀释每股收益(元)	0.0067	0.2530	0.1364	0.4541
	每股净资产(元)	2.7454	3.2172	3.2136	3.2349
	每股经营现金净流量(元)	-0.2993	0.2752	0.1807	0.5183
	每股现金流量(元)	-0.9492	0.6925	1.4261	-0.0295
	每股资本公积金(元)	0.3314	0.3314	0.3343	0.3310
	每股盈余公积金(元)	0.1983	0.1983	0.1983	0.1983
	每股未分配利润(元)	0.1696	0.2429	0.1263	0.0499
	净资产收益率(%)	0.2430	7.8630	4.2444	14.0383
	加权净资产收益率(%)	0.2100	7.5300	4.2700	11.8700
	净资产收益率(扣除)(%)	0.0702	1.6813	4.0240	-8.4044
	总资产(万元)	1150935.11	1100453.40	1098213.65	924585.07
	归属母公司股东权益(万元)	227259.48	266310.48	266010.20	267777.76
	营业收入(万元)	408575.26	521262.32	224610.88	359060.38
	营业支出(万元)	377134.86	458304.24	186138.00	304546.43
	投资收益(万元)	1440.48	5546.93	1571.73	65445.80
	净利润(万元)	1730.80	23777.43	13008.84	39925.47
	营业利润(万元)	3444.37	14166.31	16033.98	48177.83
	利润总额(万元)	3572.52	27712.34	16228.16	54260.40

甘肃荣华实业(集团)股份有限公司

公司概况	公司名称	甘肃荣华实业(集团)股份有限公司			证券简称	荣华实业
	法人代表	刘永	董秘	辛永清	证券代码	600311
	公司网址	www.rong-hua.net		电子信箱	rhxyongqin@163.com	
	电　话	0935-6151222		传　真	0935-6151333	
	办公地址	甘肃省武威市凉州区发放镇沙子沟村				
	经营范围	谷氨酸,生物发酵肥,淀粉及其副产品,饲料,包装材料,塑料制品的生产,批发零售等				

	指标\报告期	2017.06.30	2016.12.31	2016.06.30	2015.12.31
主要财务指标	基本每股收益(元)	0.0050	-0.0976	-0.0630	0.0065
	基本每股收益(扣除后)(元)	0.0050	-0.0978	-0.0630	-0.1091
	稀释每股收益(元)	0.0050	-0.0976	-0.0630	0.0065
	每股净资产(元)	1.2476	1.2427	1.2756	1.3403
	每股经营现金净流量(元)	0.0746	-0.0372	-0.0694	0.0783
	每股现金流量(元)	-0.0158	-0.7610	-0.0696	0.2694
	每股资本公积金(元)	0.3297	0.3297	0.3297	0.3297
	每股盈余公积金(元)	0.0787	0.0787	0.0787	0.0787
	每股未分配利润(元)	-0.1608	-0.1657	-0.1312	-0.0681
	净资产收益率(%)	0.3953	-7.8532	-4.9481	0.4821
	加权净资产收益率(%)	0.4000	-7.5600	-4.8300	0.4800
	净资产收益率(扣除)(%)	0.3729	-7.8739	-4.9492	-8.1408
	总资产(万元)	96096.83	94235.99	94725.43	98271.99
	归属母公司股东权益(万元)	83040.58	82712.35	84905.43	89207.91
	营业收入(万元)	10320.72	8243.57	666.90	7876.37
	营业支出(万元)	9828.61	8225.69	562.45	7308.37
	投资收益(万元)	775.50	131.46	-	-
	净利润(万元)	328.24	-6495.56	-4201.23	430.09
	营业利润(万元)	309.64	-6512.67	-4202.18	-7150.72
	利润总额(万元)	328.24	-6495.56	-4201.23	616.88

河南平高电气股份有限公司

公司概况	公司名称	河南平高电气股份有限公司			证券简称	平高电气
	法人代表	任伟理	董秘	刘湘意	证券代码	600312
	公司网址	www.pinggao.com		电子信箱	changyb@pinggao.sgcc.com.cn	
	电话	0375-3804039 3804990		传真	0375-3804464	
	办公地址	河南省平顶山市南环东路22号				
	经营范围	制造、销售高压开关设备、控制设备及其配件、技术服务、咨询服务				

	指标\报告期	2017.06.30	2016.12.31	2016.06.30	2015.12.31
主要财务指标	基本每股收益(元)	0.2600	0.9300	0.4615	0.7300
	基本每股收益(扣除后)(元)	0.2600	0.8500	0.4597	0.7100
	稀释每股收益(元)	0.2600	0.9300	0.4615	0.7300
	每股净资产(元)	6.3108	6.6500	5.3478	5.3863
	每股经营现金净流量(元)	-1.1143	1.1185	0.0075	0.2794
	每股现金流量(元)	-0.5363	0.5562	-0.1175	0.1967
	每股资本公积金(元)	3.6011	3.6011	2.6581	2.6581
	每股盈余公积金(元)	0.3253	0.3253	0.2952	0.2952
	每股未分配利润(元)	1.3824	1.7243	1.3945	1.4330
	净资产收益率(%)	4.0897	13.5191	8.6294	13.4940
	加权净资产收益率(%)	3.8600	15.2900	8.4700	13.5700
	净资产收益率(扣除)(%)	4.0503	12.3773	8.5960	13.2310
	总资产(万元)	1929535.11	1772455.58	1228693.82	1195137.93
	归属母公司股东权益(万元)	856330.03	902351.49	608304.04	612685.17
	营业收入(万元)	411338.43	886971.45	261508.88	583059.62
	营业支出(万元)	323703.28	636411.74	164733.73	409646.22
	投资收益(万元)	1226.65	209.26	-	-
	净利润(万元)	36093.96	126505.63	54090.97	85556.81
	营业利润(万元)	43817.99	149253.80	64026.64	99502.82
	利润总额(万元)	44230.97	150036.53	64280.90	101423.95

中农发种业集团股份有限公司

公司概况	公司名称	中农发种业集团股份有限公司			证券简称	农发种业
	法人代表	陈章瑞	董秘	黄金鑑	证券代码	600313
	公司网址	znfzy.com		电子信箱	huhd@zhufenggufen.com	
	电话	010-56342171		传真	0010-56342170	
	办公地址	北京市朝阳区东三环北路16号全国农业展览馆文化产业楼				
	经营范围	小麦、水稻、杂交水稻、杂交玉米、棉花、油菜、大豆、蔬菜、花卉等				

	指标\报告期	2017.06.30	2016.12.31	2016.06.30	2015.12.31
主要财务指标	基本每股收益(元)	-0.0182	0.0413	0.0074	0.2235
	基本每股收益(扣除后)(元)	-0.0300	-0.0778	0.0039	0.1103
	稀释每股收益(元)	-0.0182	0.0413	0.0074	0.2235
	每股净资产(元)	1.5598	1.5784	1.5948	4.0284
	每股经营现金净流量(元)	-0.1286	0.0659	0.0263	0.2980
	每股现金流量(元)	-0.2266	-0.0346	-0.0296	-0.0869
	每股资本公积金(元)	0.3870	0.3870	0.4373	2.5931
	每股盈余公积金(元)	0.0125	0.0125	0.0120	0.0301
	每股未分配利润(元)	0.1599	0.1781	0.1447	0.4031
	净资产收益率(%)	-1.1685	2.6195	0.4667	4.8466
	加权净资产收益率(%)	-1.1600	2.6400	0.4600	6.8000
	净资产收益率(扣除)(%)	-1.9220	-4.9272	0.2430	2.3919
	总资产(万元)	409716.75	412177.87	398075.35	376624.26
	归属母公司股东权益(万元)	168805.71	170813.09	172592.40	174381.29
	营业收入(万元)	187202.26	441450.11	224501.06	377297.79
	营业支出(万元)	180241.46	408840.18	214778.12	349847.20
	投资收益(万元)	641.11	1083.42	363.44	1025.56
	净利润(万元)	-3254.28	9341.34	1084.10	13692.11
	营业利润(万元)	-3180.86	-9869.98	690.25	7676.36
	利润总额(万元)	-2821.72	10894.69	1586.44	15316.00

上海家化联合股份有限公司

公司概况	公司名称	上海家化联合股份有限公司			证券简称	上海家化
	法人代表	张东方	董秘	韩敏	证券代码	600315
	公司网址	www.jahwa.com.cn		电子信箱	zengwei@jahwa.com.cn	
	电话	021-35907000 35907666		传真	021-65129748	
	办公地址	上海市杨浦区江湾城路99号尚浦商务中心5幢				
	经营范围	六神、美加净、清妃、高夫、佰草集、飘洒等系列洗浴、护肤、护发及美容产品等				

	指标\报告期	2017.06.30	2016.12.31	2016.06.30	2015.12.31
主要财务指标	基本每股收益(元)	0.3200	0.3200	0.5500	3.3100
	基本每股收益(扣除后)(元)	0.3500	0.3000	0.5400	1.2200
	稀释每股收益(元)	0.3200	0.3200	0.5500	3.3000
	每股净资产(元)	8.0553	7.8170	9.0376	8.4992
	每股经营现金净流量(元)	0.7393	0.0802	-0.0503	0.7456
	每股现金流量(元)	0.2414	-1.7745	-0.4777	0.4463
	每股资本公积金(元)	1.6731	1.6729	1.7067	1.6965
	每股盈余公积金(元)	0.5827	0.5827	0.5822	0.5822
	每股未分配利润(元)	4.7774	4.5563	5.7741	5.2217
	净资产收益率(%)	3.9864	4.1036	6.1125	38.5767
	加权净资产收益率(%)	4.0200	3.8800	6.3000	46.5000
	净资产收益率(扣除)(%)	4.3881	3.8938	5.9545	14.2764
	总资产(万元)	807184.09	763244.74	834240.50	815939.00
	归属母公司股东权益(万元)	542455.31	526412.60	609166.25	572874.75
	营业收入(万元)	265188.11	532119.83	306573.08	584586.53
	营业支出(万元)	79777.45	206139.45	120005.13	238630.85
	投资收益(万元)	3737.33	2139.15	2445.32	178737.82
	净利润(万元)	21624.23	21601.67	37235.18	220996.21
	营业利润(万元)	27985.90	27319.96	43169.71	257583.61
	利润总额(万元)	25437.79	29057.05	44207.89	261146.02

江西洪都航空工业股份有限公司

公司概况	公司名称	江西洪都航空工业股份有限公司			证券简称	洪都航空
	法人代表	宋承志	董秘	邓峰	证券代码	600316
	公司网址	www.hongdu-aviation.com		电子信箱	hdhk600316@126.com	
	电话	0791-88468162 87668769		传真	0791-88467843	
	办公地址	江西省南昌市新溪桥				
	经营范围	航空产品的开发与研制、生产与销售、航空制造技术的开发、咨询、服务				

	指标\报告期	2017.06.30	2016.12.31	2016.06.30	2015.12.31
主要财务指标	基本每股收益(元)	-0.0831	0.0154	0.0013	0.1090
	基本每股收益(扣除后)(元)	-0.0868	-0.0671	-0.0487	-0.0259
	稀释每股收益(元)	-0.0831	0.0154	-	-
	每股净资产(元)	6.9180	7.0628	7.2678	7.3657
	每股经营现金净流量(元)	-0.4330	-0.9018	-0.8635	0.4839
	每股现金流量(元)	-0.0525	-0.2412	0.3919	0.3741
	每股资本公积金(元)	4.3788	4.3788	4.3788	4.3788
	每股盈余公积金(元)	0.2419	0.2419	0.2408	0.2408
	每股未分配利润(元)	0.8536	0.9437	0.9307	0.9394
	净资产收益率(%)	-1.2013	0.2180	0.0172	1.4798
	加权净资产收益率(%)	-0.5600	0.2100	0.0200	1.5300
	净资产收益率(扣除)(%)	-1.2546	-0.9496	-0.6695	-0.3512
	总资产(万元)	1080406.58	1063843.18	1129923.36	961738.87
	归属母公司股东权益(万元)	496098.54	506481.61	521185.35	528201.55
	营业收入(万元)	96952.28	368018.39	128769.05	281557.52
	营业支出(万元)	89872.68	346785.95	120385.36	258137.11
	投资收益(万元)	223.96	4022.22	-125.04	4987.98
	净利润(万元)	-5924.45	1254.46	131.75	7960.61
	营业利润(万元)	-6003.81	-2013.28	-3828.53	2179.36
	利润总额(万元)	-5772.90	1025.26	270.48	9005.23

营口港务股份有限公司

公司概况					
公司名称	营口港务股份有限公司			证券简称	营口港
法人代表	李和忠	董秘	周志旭	证券代码	600317
公司网址	www.ykplc.com		电子信箱	lili_ykp@ykport.com.cn	
电　　话	0417-6268506		传　　真	0417-6268506	
办公地址	辽宁省营口市鲅鱼圈区营港路1号				
经营范围	港口装卸、堆存和运输服务				

主要财务指标 指标\报告期	2017.06.30	2016.12.31	2016.06.30	2015.12.31
基本每股收益(元)	0.0393	0.0759	0.0341	0.0773
基本每股收益(扣除后)(元)	0.0395	0.0770	0.0340	0.0794
稀释每股收益(元)	0.0393	0.0759	0.0341	0.0773
每股净资产(元)	1.6248	1.6095	1.5767	1.5410
每股经营现金净流量(元)	0.1269	0.1653	0.0419	0.2677
每股现金流量(元)	0.0050	0.0666	-0.0064	-0.0631
每股资本公积金(元)	0.2375	0.2401	0.2401	0.2401
每股盈余公积金(元)	0.0719	0.0719	0.0651	0.0651
每股未分配利润(元)	0.3074	0.2910	0.2660	0.2319
净资产收益率(%)	2.4216	4.7183	2.1636	5.0135
加权净资产收益率(%)	2.4139	4.8285	2.1883	5.1310
净资产收益率(扣除)(%)	2.4328	4.7812	2.1587	5.1502
总资产(万元)	1614961.25	1652760.53	1633892.22	1632972.78
归属母公司股东权益(万元)	1051710.86	1041844.79	1020569.25	997515.85
营业收入(万元)	189214.45	366558.59	171345.26	378776.31
营业支出(万元)	137418.57	247161.82	120910.27	256170.63
投资收益(万元)	3594.48	-3762.76	2170.82	1002.86
净利润(万元)	26843.25	50868.81	23294.53	52448.30
营业利润(万元)	33985.38	68176.33	29033.95	68949.49
利润总额(万元)	33886.99	67314.86	29074.96	66913.34

安徽新力金融股份有限公司

公司概况					
公司名称	安徽新力金融股份有限公司			证券简称	新力金融
法人代表	吴昊	董秘	刘洋	证券代码	600318
公司网址	www.xinlijinrong.cn		电子信箱	xljr@xinlijinrong.cn	
电　　话	0551-63542136　63542160		传　　真	0551-63542136	
办公地址	安徽省合肥市祁门路1777号				
经营范围	水泥及相关产品、轻钢结构、新型建材产品的生产、销售、建材设计等				

主要财务指标 指标\报告期	2017.06.30	2016.12.31	2016.06.30	2015.12.31
基本每股收益(元)	0.0800	0.6700	0.3300	0.3100
基本每股收益(扣除后)(元)	0.0800	0.2800	0.0300	0.2900
稀释每股收益(元)	0.0800	0.6700	0.3300	0.3100
每股净资产(元)	2.7126	5.3677	5.0257	4.7945
每股经营现金净流量(元)	-0.1996	1.6357	-1.3082	-4.2460
每股现金流量(元)	-0.2682	-0.3294	-0.1918	0.8682
每股资本公积金(元)	0.2893	1.5787	1.4612	1.4612
每股盈余公积金(元)	0.1511	0.3022	0.3022	0.3022
每股未分配利润(元)	1.2229	2.3767	2.1790	1.9381
净资产收益率(%)	3.0206	12.5217	6.5678	6.5502
加权净资产收益率(%)	3.0400	13.2500	6.7200	6.7700
净资产收益率(扣除)(%)	2.9935	5.2766	0.6794	6.1135
总资产(万元)	605909.04	618302.90	646104.04	731435.63
归属母公司股东权益(万元)	131291.97	129898.83	121621.15	116026.81
营业收入(万元)	31421.76	81130.30	16120.59	94459.76
营业支出(万元)	5302.91	17668.46	8441.28	69022.42
投资收益(万元)	77.11	186.75	110.22	255.24
净利润(万元)	9826.94	29723.53	13635.89	19972.59
营业利润(万元)	14450.46	36641.99	11543.42	26796.75
利润总额(万元)	14655.60	46202.28	21136.31	27792.13

潍坊亚星化学股份有限公司

公司概况					
公司名称	潍坊亚星化学股份有限公司			证券简称	亚星化学
法人代表	韩海滨	董秘	李文青	证券代码	600319
公司网址	www.chinayaxing.com		电子信箱	info@chinayaxing.com	
电　　话	0536-8591007　8591189		传　　真	0536-8663853　8660047	
办公地址	山东省潍坊市奎文区北宫东街321号				
经营范围	生产经营烧碱、聚氯乙烯、氯化聚乙烯、液氯、漂液、非药品易制毒化学品盐酸等				

主要财务指标 指标\报告期	2017.06.30	2016.12.31	2016.06.30	2015.12.31
基本每股收益(元)	0.0240	0.0800	-0.2250	-1.0500
基本每股收益(扣除后)(元)	0.0290	-0.4600	-0.2190	-1.0500
稀释每股收益(元)	0.0240	0.0800	-0.2250	-1.0500
每股净资产(元)	0.0487	0.0233	-0.7170	-0.4928
每股经营现金净流量(元)	-0.3706	0.1614	0.0078	0.0931
每股现金流量(元)	-0.4942	0.2539	-0.2298	0.1466
每股资本公积金(元)	2.6963	2.6963	2.2686	2.2686
每股盈余公积金(元)	0.1578	0.1578	0.1578	0.1578
每股未分配利润(元)	-3.8179	-3.8415	-4.1518	-3.9263
净资产收益率(%)	48.4461	364.4023	-	-213.2980
加权净资产收益率(%)	67.2400	-18.8400	-	-3010.7600
净资产收益率(扣除)(%)	60.3967	-1969.5439	30.4977	-212.0587
总资产(万元)	172556.20	170986.51	207328.61	202284.24
归属母公司股东权益(万元)	1536.70	734.95	-22628.23	-15553.50
营业收入(万元)	94561.97	145743.76	65237.54	131150.34
营业支出(万元)	83848.23	139606.30	62684.95	129904.72
投资收益(万元)	-3.48	7846.39	31.63	18.27
净利润(万元)	744.47	888.56	-8042.59	-37812.15
营业利润(万元)	924.70	-8681.64	-7796.53	-38082.27
利润总额(万元)	744.47	888.56	-8042.59	-37812.15

上海振华重工(集团)股份有限公司

公司概况					
公司名称	上海振华重工(集团)股份有限公司			证券简称	振华重工
法人代表	朱连宇	董秘	孙厉(代)	证券代码	600320
公司网址	www.zpmc.com		电子信箱	zpmc@public.sta.net.cn	
电　　话	021-50390727		传　　真	021-31193316	
办公地址	上海市东方路3261号				
经营范围	从事设计、建造、销售大型港口设备、工程船舶及大型金属结构及其部件、配件等				

主要财务指标 指标\报告期	2017.06.30	2016.12.31	2016.06.30	2015.12.31
基本每股收益(元)	0.0300	0.0500	0.0300	0.0500
基本每股收益(扣除后)(元)	0.0300	0.0400	0.0300	-0.0500
稀释每股收益(元)	0.0300	0.0500	0.0300	0.0500
每股净资产(元)	3.3890	3.4614	3.4100	3.3869
每股经营现金净流量(元)	0.0105	0.3777	0.0239	-0.4173
每股现金流量(元)	-0.2435	0.2641	0.0459	0.1038
每股资本公积金(元)	1.2589	1.2589	1.2589	1.2589
每股盈余公积金(元)	0.3652	0.3652	0.3590	0.3590
每股未分配利润(元)	0.6902	0.7639	0.7473	0.7217
净资产收益率(%)	0.7758	1.3978	0.7501	1.4285
加权净资产收益率(%)	0.7600	1.4100	0.7500	1.4100
净资产收益率(扣除)(%)	0.7364	1.0360	0.7392	-1.4419
总资产(万元)	6122048.54	6082381.91	6147462.87	5902075.23
归属母公司股东权益(万元)	1487859.48	1519673.63	1497073.26	1486957.29
营业收入(万元)	1061678.69	2434808.79	1180164.26	2327239.47
营业支出(万元)	900636.32	1972766.39	998920.67	1971731.49
投资收益(万元)	6007.48	11851.34	4054.63	49823.70
净利润(万元)	11591.18	30734.42	13369.58	19420.57
营业利润(万元)	13926.14	31604.20	16407.75	20668.80
利润总额(万元)	15399.79	36886.11	17200.78	27173.56

正源控股股份有限公司

公司概况	公司名称	正源控股股份有限公司			证券简称	正源股份
	法人代表	何廷龙	董秘	曾莉	证券代码	600321
	公司网址	www.rightwayholdings.com.cn		电子信箱	zengli@rightwayholdings.com	
	电　话	028-85803711		传　真	028-85803711	
	办公地址	四川省成都市双流区西航港开发区长城路二段1号				
	经营范围	生产销售溅射镀膜玻璃、中空玻璃、钢化及夹胶玻璃等				

	指标\报告期	2017.06.30	2016.12.31	2016.06.30	2015.12.31
主要财务指标	基本每股收益(元)	0.0010	0.0030	-0.0900	-0.0400
	基本每股收益(扣除后)(元)	-0.0040	-0.1000	-0.0900	-0.0400
	稀释每股收益(元)	0.0010	0.0030	-0.0900	-0.0400
	每股净资产(元)	1.7742	1.7734	1.6842	1.7707
	每股经营现金净流量(元)	0.0425	-0.0115	-0.0852	-0.0079
	每股现金流量(元)	0.0353	0.0290	-0.0043	-0.0343
	每股资本公积金(元)	0.6763	0.6763	0.6763	0.6763
	每股盈余公积金(元)	0.0653	0.0653	0.0642	0.0642
	每股未分配利润(元)	0.0326	0.0319	-0.0563	0.0302
	净资产收益率(%)	0.0411	0.1551	-5.1338	-2.1352
	加权净资产收益率(%)	0.0400	0.1600	-5.0100	-2.2400
	净资产收益率(扣除)(%)	-0.2093	-5.6444	-5.1405	-2.2543
	总资产(万元)	301278.36	302107.35	327139.21	341192.95
	归属母公司股东权益(万元)	267996.78	267886.75	254410.16	267471.14
	营业收入(万元)	34747.54	56271.11	23612.83	56442.57
	营业支出(万元)	31650.07	57456.93	25417.30	51645.79
	投资收益(万元)	--	13703.56	-	-
	净利润(万元)	111.16	414.12	-13061.38	-5707.90
	营业利润(万元)	-747.28	-2755.11	-13077.59	-6452.06
	利润总额(万元)	111.16	418.22	-13060.56	-5673.23

天津市房地产发展(集团)股份有限公司

公司概况	公司名称	天津市房地产发展(集团)股份有限公司			证券简称	天房发展
	法人代表	熊光宇	董秘	杨新喆	证券代码	600322
	公司网址	www.tffzgroup.cn		电子信箱	tffz@sina.com	
	电　话	022-23317185		传　真	022-23317185	
	办公地址	天津市和平区常德道80号				
	经营范围	房地产的开发经营、销售与出租				

	指标\报告期	2017.06.30	2016.12.31	2016.06.30	2015.12.31
主要财务指标	基本每股收益(元)	0.1581	-0.3400	-0.0794	0.0041
	基本每股收益(扣除后)(元)	0.0974	-0.4500	-0.1670	-0.0532
	稀释每股收益(元)	0.1581	-0.3400	-0.0794	0.0041
	每股净资产(元)	3.9230	3.7649	4.0266	4.1080
	每股经营现金净流量(元)	0.5837	-1.9983	0.0328	-3.2609
	每股现金流量(元)	-0.7695	1.8280	0.9947	2.1515
	每股资本公积金(元)	1.9944	1.9944	1.9944	1.9944
	每股盈余公积金(元)	0.2673	0.2673	0.2673	0.2673
	每股未分配利润(元)	0.6613	0.5032	0.7649	0.8463
	净资产收益率(%)	4.0296	-9.0506	-1.9729	0.0990
	加权净资产收益率(%)	4.1100	-8.6600	-1.9500	0.1000
	净资产收益率(扣除)(%)	2.4825	-11.8424	-4.1472	-1.2958
	总资产(万元)	3663951.40	3448495.02	2724419.45	2439101.31
	归属母公司股东权益(万元)	433768.94	416289.95	445219.52	454224.43
	营业收入(万元)	212508.73	353124.89	117437.33	380217.63
	营业支出(万元)	159447.43	246593.86	77388.77	286731.72
	投资收益(万元)	508.83	-356.71	-295.53	-368.76
	净利润(万元)	21500.00	-24772.94	-1553.79	18226.03
	营业利润(万元)	18236.64	-29170.06	-6840.77	21668.25
	利润总额(万元)	26418.32	-16242.66	6077.83	30007.29

瀚蓝环境股份有限公司

公司概况	公司名称	瀚蓝环境股份有限公司			证券简称	瀚蓝环境
	法人代表	金铎	董秘	黄春然	证券代码	600323
	公司网址	www.grandblue.cn		电子信箱	600323@grandblue.cn	
	电　话	0757-86280996		传　真	0757-86328565	
	办公地址	广东省佛山市南海区桂城南海大道建行大厦				
	经营范围	供水业务、污水处理业务和固废处理业务等				

	指标\报告期	2017.06.30	2016.12.31	2016.06.30	2015.12.31
主要财务指标	基本每股收益(元)	0.4100	0.6600	0.3400	0.5300
	基本每股收益(扣除后)(元)	0.3800	0.6400	0.3300	0.4900
	稀释每股收益(元)	0.4100	0.6600	0.3400	0.5300
	每股净资产(元)	6.5067	6.2958	5.9802	5.7348
	每股经营现金净流量(元)	0.5671	1.5380	0.6059	1.6478
	每股现金流量(元)	-0.0764	-0.2725	-0.1183	0.6869
	每股资本公积金(元)	2.2683	2.2683	2.2776	2.2776
	每股盈余公积金(元)	0.5023	0.5023	0.4823	0.4823
	每股未分配利润(元)	2.6867	2.4765	2.1746	1.9329
	净资产收益率(%)	6.3036	10.5419	5.7144	9.1685
	加权净资产收益率(%)	6.3100	11.0400	5.7800	9.8100
	净资产收益率(扣除)(%)	5.7694	10.2147	5.4386	8.5064
	总资产(万元)	1362135.29	1327267.19	1253352.47	1235928.40
	归属母公司股东权益(万元)	498584.03	482424.60	458242.83	439440.12
	营业收入(万元)	196203.62	369034.46	172433.32	335696.72
	营业支出(万元)	135146.56	249520.88	113771.18	230004.72
	投资收益(万元)	-403.83	134.01	-	519.28
	净利润(万元)	34021.09	55611.57	28648.70	44564.73
	营业利润(万元)	37635.96	60944.10	32417.69	49767.30
	利润总额(万元)	43209.36	74857.27	36905.05	57550.60

珠海华发实业股份有限公司

公司概况	公司名称	珠海华发实业股份有限公司			证券简称	华发股份
	法人代表	李光宁	董秘	侯贵明	证券代码	600325
	公司网址	www.cnhuafas.com		电子信箱	zqb@cnhuafas.com	
	电　话	0756-8282111		传　真	0756-8281000	
	办公地址	广东省珠海市昌盛路155号				
	经营范围	房地产开发和销售				

	指标\报告期	2017.06.30	2016.12.31	2016.06.30	2015.12.31
主要财务指标	基本每股收益(元)	0.2700	0.8700	0.2900	0.8400
	基本每股收益(扣除后)(元)	0.2700	0.8600	0.2900	0.7600
	稀释每股收益(元)	0.2700	0.8700	0.2900	0.8400
	每股净资产(元)	5.8069	11.1112	10.7513	10.0262
	每股经营现金净流量(元)	0.8936	16.3117	6.9292	0.5524
	每股现金流量(元)	-0.6139	6.5943	7.8122	1.2926
	每股资本公积金(元)	2.1302	4.8135	5.2889	4.7268
	每股盈余公积金(元)	0.1810	0.3280	0.2348	0.2348
	每股未分配利润(元)	2.4151	4.6951	4.2117	4.0672
	净资产收益率(%)	4.6227	7.8401	2.7385	6.0405
	加权净资产收益率(%)	4.4400	8.3000	2.9200	9.2900
	净资产收益率(扣除)(%)	4.5880	7.7508	2.7099	5.5210
	总资产(万元)	12313428.17	11379683.51	11233841.66	9346688.42
	归属母公司股东权益(万元)	1230083.77	1298947.89	1256879.12	1174081.27
	营业收入(万元)	700125.53	1329891.11	497717.89	834233.91
	营业支出(万元)	477171.60	900627.30	376118.26	587530.30
	投资收益(万元)	576.07	5158.58	544.08	12497.65
	净利润(万元)	79169.97	142768.40	32599.47	68878.68
	营业利润(万元)	112010.35	196189.13	41917.85	97829.54
	利润总额(万元)	112250.78	197008.49	42581.10	97292.46

西藏天路股份有限公司

公司概况	公司名称	西藏天路股份有限公司			证券简称	西藏天路
	法人代表	多吉罗布	董秘	西虹	证券代码	600326
	公司网址	www.xztianlu.com		电子信箱	xztlgf@263.net	
	电　　话	0891-6902701		传　　真	0891-6903003	
	办公地址	西藏自治区拉萨市夺底路14号				
	经营范围	公路工程施工的基础设施建设、主要承担西藏自治区内的公路桥梁的建设任务				

主要财务指标	指标\报告期	2017.06.30	2016.12.31	2016.06.30	2015.12.31
	基本每股收益(元)	0.2306	0.3800	0.1178	0.2600
	基本每股收益(扣除后)(元)	0.2321	0.3600	0.1120	0.2600
	稀释每股收益(元)	0.2306	0.3800	0.1178	0.2600
	每股净资产(元)	2.9320	3.5878	3.3274	3.2657
	每股经营现金净流量(元)	0.1933	0.7094	0.1784	0.3053
	每股现金流量(元)	0.0046	0.1438	-0.7867	1.8043
	每股资本公积金(元)	1.2078	1.5078	1.4996	1.5078
	每股盈余公积金(元)	0.1353	0.1353	0.1119	0.1119
	每股未分配利润(元)	1.1588	0.9390	0.7126	0.6449
	净资产收益率(%)	7.8656	10.5967	3.5395	6.7283
	加权净资产收益率(%)	8.1000	11.0900	3.5600	10.8100
	净资产收益率(扣除)(%)	7.9159	9.9862	3.3674	6.7540
	总资产(万元)	743378.94	675050.08	507808.58	496485.70
	归属母公司股东权益(万元)	253728.11	238833.32	221499.11	217390.82
	营业收入(万元)	151854.82	250125.73	125514.27	208696.92
	营业支出(万元)	107115.40	181221.57	100843.88	153250.13
	投资收益(万元)	4170.79	6316.58	2000.48	1763.22
	净利润(万元)	27063.50	34822.58	11114.44	20110.45
	营业利润(万元)	29240.43	37568.43	11771.42	23440.53
	利润总额(万元)	29118.61	38498.61	12325.00	22992.75

无锡商业大厦大东方股份有限公司

公司概况	公司名称	无锡商业大厦大东方股份有限公司			证券简称	大东方
	法人代表	高兵华	董秘	陈辉	证券代码	600327
	公司网址	www.eastall.com		电子信箱	cmc@eastall.com	
	电　　话	0510-82702093		传　　真	0510-82700159	
	办公地址	江苏省无锡市中山路343号				
	经营范围	国内一般商业百货零售				

主要财务指标	指标\报告期	2017.06.30	2016.12.31	2016.06.30	2015.12.31
	基本每股收益(元)	0.3270	0.3800	0.2870	0.3400
	基本每股收益(扣除后)(元)	0.3210	0.3220	0.2410	0.2920
	稀释每股收益(元)	0.3270	0.3800	0.2870	0.3400
	每股净资产(元)	5.1506	5.1099	4.0729	4.1808
	每股经营现金净流量(元)	0.0541	0.5707	0.3099	0.7843
	每股现金流量(元)	-0.3699	0.7753	0.0834	0.1228
	每股资本公积金(元)	0.6990	0.7167	0.1330	0.1330
	每股盈余公积金(元)	0.3708	0.3708	0.3863	0.3863
	每股未分配利润(元)	1.9142	1.7869	1.8554	1.5682
	净资产收益率(%)	6.3549	7.0429	7.0501	8.1252
	加权净资产收益率(%)	6.2300	8.2200	6.8000	10.8900
	净资产收益率(扣除)(%)	6.2265	5.9601	5.9135	6.9743
	总资产(万元)	502015.47	538922.16	455951.64	497876.56
	归属母公司股东权益(万元)	292123.13	289817.93	212490.12	218117.41
	营业收入(万元)	424151.96	906967.27	433639.92	838152.46
	营业支出(万元)	362347.40	797103.34	376623.34	732660.67
	投资收益(万元)	2963.48	4255.03	3331.35	4865.61
	净利润(万元)	20296.67	20751.90	15506.14	17697.49
	营业利润(万元)	24649.82	26831.88	18901.12	22255.67
	利润总额(万元)	25079.55	28622.51	20003.80	23764.83

内蒙古兰太实业股份有限公司

公司概况	公司名称	内蒙古兰太实业股份有限公司			证券简称	兰太实业
	法人代表	李德禄	董秘	陈云泉	证券代码	600328
	公司网址	www.lantaicn.com		电子信箱	ltzqb@lantaicn.com	
	电　　话	0483-8182016 8182718		传　　真	0483-8182022	
	办公地址	内蒙古自治区阿拉善盟阿拉善左旗乌斯太镇阿拉善经济开发区				
	经营范围	加碘食用盐、化工原料盐、农牧渔业盐产品、金属钠、液氯、CPE等				

主要财务指标	指标\报告期	2017.06.30	2016.12.31	2016.06.30	2015.12.31
	基本每股收益(元)	0.2650	0.1930	0.0970	-0.0920
	基本每股收益(扣除后)(元)	0.2560	0.1486	0.0780	-0.1590
	稀释每股收益(元)	0.2650	0.1930	0.0970	-0.0920
	每股净资产(元)	4.8665	4.5637	4.4743	3.3774
	每股经营现金净流量(元)	0.4206	0.6436	0.3363	0.7959
	每股现金流量(元)	0.0821	-0.2920	0.6742	0.3243
	每股资本公积金(元)	2.3254	2.2939	2.2947	1.0492
	每股盈余公积金(元)	0.2357	0.2357	0.2138	0.2608
	每股未分配利润(元)	1.2878	1.0223	0.9510	1.0417
	净资产收益率(%)	5.4546	4.1660	2.1669	-2.7304
	加权净资产收益率(%)	5.6300	5.1860	2.6770	-2.6830
	净资产收益率(扣除)(%)	5.2637	3.2065	1.7394	-4.7173
	总资产(万元)	670751.82	639332.78	694956.07	670320.93
	归属母公司股东权益(万元)	213169.54	199902.05	195987.57	121287.49
	营业收入(万元)	158626.99	252491.73	114291.40	236780.91
	营业支出(万元)	96839.96	171450.73	81549.98	171506.56
	投资收益(万元)	-478.60	-1597.88	-399.82	-187.29
	净利润(万元)	21499.12	11545.05	3778.95	-7635.00
	营业利润(万元)	20609.19	11283.20	3771.57	-8676.99
	利润总额(万元)	21312.89	13787.50	4994.10	-5864.96

天津中新药业集团股份有限公司

公司概况	公司名称	天津中新药业集团股份有限公司			证券简称	中新药业
	法人代表	李立群	董秘	焦艳	证券代码	600329
	公司网址	www.zhongxinyaoye.com		电子信箱	zxyy600329@163.com	
	电　　话	022-27020892		传　　真	022-27020926	
	办公地址	天津市南开区白堤路17号				
	经营范围	生产及出售中药、西药、保健品及医疗器械				

主要财务指标	指标\报告期	2017.06.30	2016.12.31	2016.06.30	2015.12.31
	基本每股收益(元)	0.3610	0.5500	0.3400	0.6000
	基本每股收益(扣除后)(元)	0.2930	0.4500	0.3200	0.4600
	稀释每股收益(元)	0.3610	0.5500	0.3400	0.6000
	每股净资产(元)	5.5856	5.3840	5.2674	5.1006
	每股经营现金净流量(元)	0.0544	0.5461	0.1885	0.4690
	每股现金流量(元)	-0.0070	0.2198	0.0935	0.2678
	每股资本公积金(元)	1.7101	1.7916	1.7005	1.7005
	每股盈余公积金(元)	0.5000	0.5000	0.4644	0.4644
	每股未分配利润(元)	2.3108	2.0999	2.0379	1.8515
	净资产收益率(%)	6.4616	10.2044	6.3863	11.5114
	加权净资产收益率(%)	6.4300	10.3800	6.4300	13.5400
	净资产收益率(扣除)(%)	5.2395	8.3870	6.0759	8.7837
	总资产(万元)	683079.17	645887.62	625273.92	606887.71
	归属母公司股东权益(万元)	429463.22	419803.67	404995.57	392170.80
	营业收入(万元)	298743.92	617882.18	324647.23	708055.22
	营业支出(万元)	188825.44	417774.83	223917.64	499003.40
	投资收益(万元)	11585.84	18034.45	9527.28	13187.22
	净利润(万元)	27562.29	40761.19	25032.76	45786.81
	营业利润(万元)	30112.98	42096.57	27333.55	49901.15
	利润总额(万元)	30986.19	46552.26	28869.27	53717.07

天通控股股份有限公司

公司概况					
公司名称	天通控股股份有限公司			证券简称	天通股份
法人代表	潘建清	董秘	郑晓彬	证券代码	600330
公司网址	www.tdgcore.com			电子信箱	tdga@tdgcore.com
电话	0573-80701330			传真	0573-80701300
办公地址	浙江省海宁市经济开发区双联路129号				
经营范围	软磁铁氧体 MnZn 和 NiZn 磁芯的生产和销售				

主要财务指标 指标\报告期	2017.06.30	2016.12.31	2016.06.30	2015.12.31
基本每股收益(元)	0.1210	0.1330	0.1120	0.0930
基本每股收益(扣除后)(元)	0.1020	0.0560	0.0660	0.0170
稀释每股收益(元)	0.1210	0.1330	0.1120	0.0930
每股净资产(元)	4.4646	4.3435	4.3111	4.2255
每股经营现金净流量(元)	0.0815	-0.0597	-0.0586	-0.0014
每股现金流量(元)	-0.1060	-0.4693	-0.2368	0.9681
每股资本公积金(元)	3.1587	3.1587	3.1449	3.1784
每股盈余公积金(元)	0.1029	0.1029	0.0984	0.0984
每股未分配利润(元)	0.2084	0.0874	0.0728	-0.0391
净资产收益率(%)	2.7098	3.0587	2.5959	2.0855
加权净资产收益率(%)	2.7500	3.1000	2.6100	2.4500
净资产收益率(扣除)(%)	2.2750	1.2894	1.5225	0.3911
总资产(万元)	484578.01	476759.17	433894.87	440325.09
归属母公司股东权益(万元)	370771.08	360714.87	358028.22	351518.09
营业收入(万元)	102059.48	169177.28	81510.42	131614.01
营业支出(万元)	77989.96	132150.95	63391.27	104484.15
投资收益(万元)	401.34	2570.93	2142.24	1717.75
净利润(万元)	10020.82	11277.79	9536.26	7381.98
营业利润(万元)	9416.75	8495.74	8415.04	3186.28
利润总额(万元)	11094.88	12739.83	10451.67	8499.08

四川宏达股份有限公司

公司概况					
公司名称	四川宏达股份有限公司			证券简称	宏达股份
法人代表	黄建军	董秘	王延俊	证券代码	600331
公司网址	www.sichuanhongda.com			电子信箱	dshbgs@sinohongda.com
电话	028-86141081			传真	028-86140372
办公地址	四川省成都市锦里东路2号宏达国际广场28楼				
经营范围	工业硫酸、普通过磷酸钙、复合肥、锌锭、氧化锌、硝酸钾、氯化氨等				

主要财务指标 指标\报告期	2017.06.30	2016.12.31	2016.06.30	2015.12.31
基本每股收益(元)	0.0616	0.0632	0.0124	0.0194
基本每股收益(扣除后)(元)	0.0608	0.0492	0.0105	-0.0191
稀释每股收益(元)	0.0616	0.0632	0.0124	0.0194
每股净资产(元)	2.3847	2.3249	2.2764	2.2630
每股经营现金净流量(元)	-0.0877	0.5532	0.1806	0.4997
每股现金流量(元)	-0.3171	0.4778	0.0054	0.1150
每股资本公积金(元)	1.5149	1.5149	1.5149	1.5149
每股盈余公积金(元)	0.0850	0.0850	0.0850	0.0850
每股未分配利润(元)	-0.2173	-0.2789	-0.3296	-0.3421
净资产收益率(%)	2.5821	2.7188	0.5463	0.8583
加权净资产收益率(%)	2.6100	2.7600	0.5500	0.8600
净资产收益率(扣除)(%)	2.5482	2.1167	0.4616	-0.8459
总资产(万元)	998163.90	1027817.63	1026586.18	1023617.73
归属母公司股东权益(万元)	484576.90	472425.93	462558.63	459848.86
营业收入(万元)	213781.15	407635.97	148416.00	436875.58
营业支出(万元)	153074.16	347191.67	128401.55	384198.09
投资收益(万元)	8274.66	34830.87	11808.28	29359.96
净利润(万元)	21229.28	14078.41	1312.80	4350.84
营业利润(万元)	28572.50	22605.05	1416.90	-1832.18
利润总额(万元)	28638.06	16140.25	1779.73	4596.01

广州白云山医药集团股份有限公司

公司概况					
公司名称	广州白云山医药集团股份有限公司			证券简称	白云山
法人代表	李楚源	董秘	黄雪贞	证券代码	600332
公司网址	www.gybys.com.cn			电子信箱	chenj@gybys.com.cn
电话	020-66281218 66281219			传真	020-66281229
办公地址	广东省广州市荔湾区沙面北街45号				
经营范围	中成药的制造与销售及天然药物和生物医药的研究开发等				

主要财务指标 指标\报告期	2017.06.30	2016.12.31	2016.06.30	2015.12.31
基本每股收益(元)	0.7120	1.0750	0.6440	1.0070
基本每股收益(扣除后)(元)	0.6930	0.7640	0.5400	0.8740
稀释每股收益(元)	0.7120	1.0750	0.6440	1.0070
每股净资产(元)	11.1000	10.6700	7.2000	6.5500
每股经营现金净流量(元)	0.5320	1.5037	1.3268	1.5041
每股现金流量(元)	-0.6261	5.4859	0.2368	0.6104
每股资本公积金(元)	6.0741	6.0741	1.8174	1.8174
每股盈余公积金(元)	0.6471	0.6471	0.7207	0.7207
每股未分配利润(元)	3.3739	2.9415	3.6522	3.0080
净资产收益率(%)	6.4173	8.6943	8.9515	15.3900
加权净资产收益率(%)	6.4600	12.7500	9.3800	15.9100
净资产收益率(扣除)(%)	6.2454	6.1753	7.5044	13.3600
总资产(万元)	2670311.35	2589717.02	1781214.94	1587057.73
归属母公司股东权益(万元)	1804716.31	1734507.97	929232.10	845081.44
营业收入(万元)	1111533.85	2003568.15	1085726.93	1912465.83
营业支出(万元)	695544.44	1341206.29	673523.95	1220050.00
投资收益(万元)	15093.42	20632.19	14528.54	-368.76
净利润(万元)	119096.97	155867.40	86312.81	134528.70
营业利润(万元)	136249.65	146662.53	88567.24	141033.55
利润总额(万元)	140042.81	194505.34	105913.59	162812.21

长春燃气股份有限公司

公司概况					
公司名称	长春燃气股份有限公司			证券简称	长春燃气
法人代表	张志超	董秘	孙树怀	证券代码	600333
公司网址	www.ccrq.com.cn			电子信箱	ccrq_zy@163.com
电话	0431-85954615 85954383			传真	0431-85954383
办公地址	吉林省长春市朝阳区延安大街421号				
经营范围	焦炉煤气、冶金焦炭、煤焦油的生产、销售,天然气、液化石油气供应等				

主要财务指标 指标\报告期	2017.06.30	2016.12.31	2016.06.30	2015.12.31
基本每股收益(元)	0.0200	0.1200	0.0030	-0.6200
基本每股收益(扣除后)(元)	0.0200	0.1100	-0.0030	-0.5900
稀释每股收益(元)	0.0200	0.1200	0.0030	-0.6200
每股净资产(元)	3.5180	3.0426	2.9270	2.9725
每股经营现金净流量(元)	-0.0239	0.2609	0.0751	-0.1731
每股现金流量(元)	0.8373	-0.4456	-0.4841	0.3809
每股资本公积金(元)	1.6430	1.0636	1.0636	1.0636
每股盈余公积金(元)	0.2346	0.2697	0.2695	0.2695
每股未分配利润(元)	0.6301	0.7001	0.5844	0.6318
净资产收益率(%)	0.6048	3.8944	0.0882	-20.7707
加权净资产收益率(%)	0.8000	3.9400	0.0900	-18.8300
净资产收益率(扣除)(%)	0.4368	3.4564	-0.1019	-19.7068
总资产(万元)	576540.00	512906.99	476960.82	475434.73
归属母公司股东权益(万元)	214258.63	161143.84	155017.91	157426.95
营业收入(万元)	66277.57	130184.75	56535.03	151374.45
营业支出(万元)	41161.58	76759.27	34089.58	109301.11
投资收益(万元)	1688.54	3083.41	1399.21	3301.68
净利润(万元)	1173.05	5922.94	-149.81	-33330.80
营业利润(万元)	383.01	7103.18	-526.26	-40726.16
利润总额(万元)	876.85	8034.11	-133.43	-42407.70

国机汽车股份有限公司

公司概况						
公司名称	国机汽车股份有限公司				证券简称	国机汽车
法人代表	陈有权	董秘	谈正国		证券代码	600335
公司网址	www.sinomach-auto.com	电子信箱	600335@sinomach-auto.com			
电　话	010-88825988	传　真	010-88825988			
办公地址	北京市海淀区中关村南三街6号中科资源大厦北楼					
经营范围	生产和销售工程机械产品					

主要财务指标 指标\报告期	2017.06.30	2016.12.31	2016.06.30	2015.12.31
基本每股收益(元)	0.4888	0.6326	0.4554	0.7664
基本每股收益(扣除后)(元)	0.4642	0.5965	0.4818	0.6667
稀释每股收益(元)	0.4888	0.6326	0.4554	0.7664
每股净资产(元)	7.1173	6.8178	6.1195	8.7744
每股经营现金净流量(元)	-1.8074	8.3883	5.3411	14.7278
每股现金流量(元)	-1.7714	1.4595	-1.1597	-2.7097
每股资本公积金(元)	2.1713	2.1725	1.3210	1.9815
每股盈余公积金(元)	0.1112	0.1112	0.1101	0.1651
每股未分配利润(元)	3.5440	3.2052	3.4103	5.0523
净资产收益率(%)	6.8674	8.7437	7.4425	8.7343
加权净资产收益率(%)	6.9600	10.1000	7.5800	9.0800
净资产收益率(扣除)(%)	6.5223	8.2443	7.8740	7.5986
总资产(万元)	1979460.86	2220513.51	2023295.13	2881453.88
归属母公司股东权益(万元)	732897.16	697441.08	575669.44	550283.78
营业收入(万元)	2558213.28	5058479.12	2619049.43	6416371.45
营业支出(万元)	2431559.31	4756223.86	2491186.81	6043738.98
投资收益(万元)	434.16	4346.82	2568.19	1400.29
净利润(万元)	50418.33	55267.06	38111.51	37995.51
营业利润(万元)	57910.92	78258.48	55840.90	53009.00
利润总额(万元)	61770.87	80185.49	54667.64	61754.17

澳柯玛股份有限公司

公司概况						
公司名称	澳柯玛股份有限公司				证券简称	澳柯玛
法人代表	李蔚	董秘	王英峰		证券代码	600336
公司网址	www.aucma.com.cn	电子信箱	wyf@aucma.com.cn			
电　话	0532-86765129	传　真	0532-86765129			
办公地址	山东省青岛市经济技术开发区前湾港路315号					
经营范围	冷柜系列、水净化设备、车用冷热转换箱、自动售货机、锂电池等					

主要财务指标 指标\报告期	2017.06.30	2016.12.31	2016.06.30	2015.12.31
基本每股收益(元)	0.0596	0.0400	0.0942	0.0300
基本每股收益(扣除后)(元)	0.0438	0.0100	0.0815	0.0100
稀释每股收益(元)	0.0596	0.0400	0.0942	0.0300
每股净资产(元)	2.3284	2.2688	1.5753	1.4812
每股经营现金净流量(元)	-0.1799	0.2135	-0.0505	0.5430
每股现金流量(元)	-0.3288	1.2202	0.1877	0.0498
每股资本公积金(元)	1.4600	1.4600	0.7340	0.7340
每股盈余公积金(元)	0.0931	0.0931	0.1042	0.1042
每股未分配利润(元)	-0.2247	-0.2843	-0.2628	-0.3570
净资产收益率(%)	2.5601	1.3593	5.9771	1.9025
加权净资产收益率(%)	2.5900	2.3400	6.1600	1.9200
净资产收益率(扣除)(%)	1.8817	0.4186	5.1766	0.8807
总资产(万元)	453919.69	415991.47	329495.43	282902.99
归属母公司股东权益(万元)	180862.31	176232.06	107449.28	101026.88
营业收入(万元)	239754.81	375064.48	220672.05	360685.77
营业支出(万元)	186889.84	286537.28	166833.57	272500.55
投资收益(万元)	692.84	-25.12	-148.09	44.48
净利润(万元)	4504.55	2248.78	6384.83	1261.40
营业利润(万元)	5783.14	1888.88	7593.23	907.06
利润总额(万元)	6018.94	3459.37	8419.65	1797.44

美克国际家居用品股份有限公司

公司概况						
公司名称	美克国际家居用品股份有限公司				证券简称	美克家居
法人代表	寇卫平	董秘	黄新		证券代码	600337
公司网址	www.markorfurniture.com	电子信箱	mkzq1@markor.com.cn			
电　话	0991-3836028	传　真	0991-3838191			
办公地址	新疆维吾尔自治区乌鲁木齐市北京南路506号					
经营范围	装饰装修材料、实木家具、聚脂家具及配套产品生产及销售等					

主要财务指标 指标\报告期	2017.06.30	2016.12.31	2016.06.30	2015.12.31
基本每股收益(元)	0.1000	0.5100	0.2040	0.4600
基本每股收益(扣除后)(元)	0.1000	0.5100	0.2040	0.4600
稀释每股收益(元)	0.1000	0.5100	0.2040	0.4600
每股净资产(元)	2.1265	4.9686	4.6200	4.7266
每股经营现金净流量(元)	0.0937	0.9112	0.1630	0.4287
每股现金流量(元)	-0.0341	-0.0914	-0.0183	0.3977
每股资本公积金(元)	0.0677	1.4556	1.4730	1.4632
每股盈余公积金(元)	0.1575	0.3622	0.3062	0.3062
每股未分配利润(元)	0.9033	2.1424	1.8854	1.9908
净资产收益率(%)	4.8095	10.3229	4.4097	9.8403
加权净资产收益率(%)	4.7200	10.5800	4.2200	10.1800
净资产收益率(扣除)(%)	4.7202	10.1630	4.4168	9.7229
总资产(万元)	528927.27	514272.20	490788.67	481929.91
归属母公司股东权益(万元)	315441.86	320454.13	298586.67	305495.13
营业收入(万元)	179778.16	346651.24	148570.60	285881.97
营业支出(万元)	74791.45	147202.26	58162.13	110682.08
投资收益(万元)	571.96	165.69	-28.21	-51.69
净利润(万元)	15171.17	33080.05	13166.78	30061.52
营业利润(万元)	19786.80	39204.46	16460.78	37227.88
利润总额(万元)	19693.67	39696.46	16455.11	37724.47

西藏珠峰工业股份有限公司

公司概况						
公司名称	西藏珠峰工业股份有限公司				证券简称	西藏珠峰
法人代表	黄建荣	董秘	胡晗东		证券代码	600338
公司网址	www.xizangzhufeng.com	电子信箱	zhufengdb@zhufenggufen.com			
电　话	021-66284908	传　真	021-66284923			
办公地址	上海市闸北区柳营路305号7楼					
经营范围	锌、铟等有色金属冶炼及相关产品生产、销售					

主要财务指标 指标\报告期	2017.06.30	2016.12.31	2016.06.30	2015.12.31
基本每股收益(元)	0.8727	0.9958	0.4037	0.2451
基本每股收益(扣除后)(元)	0.8652	0.9776	0.4117	-0.0723
稀释每股收益(元)	0.8727	0.9958	0.4037	0.2451
每股净资产(元)	2.4589	1.9873	1.2932	1.0205
每股经营现金净流量(元)	0.7506	0.8870	0.0638	0.3009
每股现金流量(元)	0.5376	0.4482	-0.0058	-0.0185
每股资本公积金(元)	0.0342	0.0342	0.0342	0.0342
每股盈余公积金(元)	0.1109	0.0218	0.0218	0.0218
每股未分配利润(元)	2.2400	1.4563	0.8643	0.4606
净资产收益率(%)	35.4913	50.1081	31.2173	24.0163
加权净资产收益率(%)	39.2600	66.2100	23.2900	22.6200
净资产收益率(扣除)(%)	35.1878	49.1943	30.5952	-7.0874
总资产(万元)	224585.45	194729.75	141852.63	120732.88
归属母公司股东权益(万元)	160567.77	129770.92	84445.25	66637.45
营业收入(万元)	117069.04	147675.52	64877.56	149144.88
营业支出(万元)	36000.91	44155.50	23643.59	95288.03
投资收益(万元)	565.77	1890.69	323.87	-592.07
净利润(万元)	56963.49	64732.53	26099.40	13960.43
营业利润(万元)	70663.79	76910.53	30989.22	20026.57
利润总额(万元)	69893.91	76599.24	30968.46	20069.21

中国石油集团工程股份有限公司

公司概况	公司名称	中国石油集团工程股份有限公司		证券简称	中油工程
	法人代表	覃伟中	董秘 于国锋	证券代码	600339
	公司网址	www.600339.cc		电子信箱	tangtac@cpec.com.cn
	电　话	010-59983451		传　真	010-62099351
	办公地址	北京市东城区东直门北大街9号中国石油集团工程股份有限公司			
	经营范围	许可经营项目:普通货物运输等			

指标\报告期	2017.06.30	2016.12.31	2016.06.30	2015.12.31
基本每股收益(元)	0.1061	0.2793	–0.6838	–1.6390
基本每股收益(扣除后)(元)	0.0965	–0.7472	–0.6844	–1.6726
稀释每股收益(元)	0.1061	0.2793	–0.6838	–1.6390
每股净资产(元)	4.1008	3.5902	–0.5861	0.0978
每股经营现金净流量(元)	–0.8828	0.2565	0.3068	0.2027
每股现金流量(元)	–1.0540	0.2022	0.0797	0.2079
每股资本公积金(元)	2.6012	2.0763	0.7788	0.7788
每股盈余公积金(元)	0.1453	0.1760	0.1794	0.1794
每股未分配利润(元)	0.3793	0.3347	–2.5450	–1.8612
净资产收益率(%)	2.5109	7.7808	–	–1675.0565
加权净资产收益率(%)	2.6400	4.4300	–	–178.7100
净资产收益率(扣除)(%)	2.2841	–2.6108	–	–1709.3890
总资产(万元)	8723427.74	8945604.29	277582.17	324539.25
归属母公司股东权益(万元)	2289521.89	1654759.57	–33885.67	5657.21
营业收入(万元)	1901967.16	5065944.13	110826.02	192928.07
营业支出(万元)	1695186.38	4619486.42	98413.29	196878.27
投资收益(万元)	632.80	37065.70	65.63	1269.98
净利润(万元)	57856.35	125110.50	–44844.16	–99412.17
营业利润(万元)	78988.40	185223.12	–45079.92	–99921.86
利润总额(万元)	79637.83	190406.01	–44962.18	–97656.94

华夏幸福基业股份有限公司

公司概况	公司名称	华夏幸福基业股份有限公司		证券简称	华夏幸福
	法人代表	王文学	董秘 林成红	证券代码	600340
	公司网址	www.cfldcn.com		电子信箱	ir@cfldcn.com
	电　话	010-56982988		传　真	010-56982989
	办公地址	北京市朝阳区东三环北路霞光里18号佳程广场A座23层			
	经营范围	实业投资、企业管理咨询、建筑装饰材料的销售			

指标\报告期	2017.06.30	2016.12.31	2016.06.30	2015.12.31
基本每股收益(元)	1.8200	2.2200	1.3600	1.8100
基本每股收益(扣除后)(元)	1.7200	2.0500	1.3000	1.7200
稀释每股收益(元)	1.8200	2.2200	1.3600	1.8100
每股净资产(元)	12.5325	8.5825	7.6255	5.1126
每股经营现金净流量(元)	–1.4449	2.6271	–1.6131	2.8157
每股现金流量(元)	4.5878	2.7509	1.0952	7.9206
每股资本公积金(元)	1.6471	1.9906	2.2864	0.1735
每股盈余公积金(元)	0.3732	0.3732	0.3293	0.3677
每股未分配利润(元)	5.9036	4.7975	3.9850	3.5584
净资产收益率(%)	14.4930	25.5968	17.5591	35.4909
加权净资产收益率(%)	16.9600	29.5400	18.9100	42.0700
净资产收益率(扣除)(%)	13.7629	23.6552	16.7969	33.5638
总资产(万元)	32453977.09	24990332.88	21698982.37	16862335.21
归属母公司股东权益(万元)	3703285.10	2536091.26	2253286.69	1352678.52
营业收入(万元)	2225889.48	5382058.75	1760483.54	3833468.97
营业支出(万元)	945448.83	3604515.42	874654.08	2510336.30
投资收益(万元)	41931.22	41497.01	15729.74	30378.86
净利润(万元)	540847.25	616811.83	385534.33	498709.13
营业利润(万元)	803401.01	881827.50	559505.21	690304.31
利润总额(万元)	795561.68	897551.78	566246.96	694856.10

陕西航天动力高科技股份有限公司

公司概况	公司名称	陕西航天动力高科技股份有限公司		证券简称	航天动力
	法人代表	周利民	董秘 崔积堂	证券代码	600343
	公司网址	www.china-htdl.com		电子信箱	cjt@china-htdl.com
	电　话	029-81881823		传　真	029-81881812
	办公地址	陕西省西安市高新区锦业路78号			
	经营范围	航天技术流体机械系列液力变矩器、特种泵的研究、设计、试验、生产、销售等			

指标\报告期	2017.06.30	2016.12.31	2016.06.30	2015.12.31
基本每股收益(元)	0.0206	0.0465	0.0221	0.0782
基本每股收益(扣除后)(元)	0.0165	0.0247	0.0165	0.0586
稀释每股收益(元)	0.0206	0.0465	0.0221	0.0782
每股净资产(元)	3.4582	3.4364	3.4062	3.4830
每股经营现金净流量(元)	–0.4833	–0.1749	–0.4885	0.0065
每股现金流量(元)	–0.5100	–0.0123	–0.4266	–0.1841
每股资本公积金(元)	1.8635	1.8635	1.8577	1.8577
每股盈余公积金(元)	0.0714	0.0714	0.0684	0.0684
每股未分配利润(元)	0.5171	0.4965	0.4751	0.5530
净资产收益率(%)	0.5956	1.3523	0.6498	2.2441
加权净资产收益率(%)	0.5974	1.3486	0.6394	2.2693
净资产收益率(扣除)(%)	0.4761	0.7185	0.4845	1.6820
总资产(万元)	442104.45	435503.97	419355.85	407950.00
归属母公司股东权益(万元)	220706.34	219312.88	217383.55	222287.44
营业收入(万元)	66087.97	180366.74	62294.80	150335.99
营业支出(万元)	56915.65	159898.46	52856.34	129431.01
投资收益(万元)	--	--	–	24.00
净利润(万元)	1499.18	3622.92	1543.00	5616.99
营业利润(万元)	1217.02	1492.94	1107.59	3800.38
利润总额(万元)	1709.34	3813.64	1801.57	6289.33

武汉长江通信产业集团股份有限公司

公司概况	公司名称	武汉长江通信产业集团股份有限公司		证券简称	长江通信
	法人代表	吕卫平	董秘 梅勇	证券代码	600345
	公司网址	www.ycig.com		电子信箱	sh600345@ycig.com
	电　话	027-67840308		传　真	027-67840308
	办公地址	湖北省武汉市东湖开发区关东工业园文华路2号			
	经营范围	通信、电子、计算机技术及产品的开发、研制、技术服务等			

指标\报告期	2017.06.30	2016.12.31	2016.06.30	2015.12.31
基本每股收益(元)	0.6000	0.3200	0.1300	0.3700
基本每股收益(扣除后)(元)	0.6000	0.2700	0.1300	0.3000
稀释每股收益(元)	0.6000	0.3200	0.1300	0.3700
每股净资产(元)	7.1569	6.5522	6.3343	6.3265
每股经营现金净流量(元)	–0.5409	0.0494	–0.3264	–0.0647
每股现金流量(元)	–0.9371	0.0961	–0.3283	–0.5192
每股资本公积金(元)	1.9972	1.9972	1.9906	1.9906
每股盈余公积金(元)	1.4064	1.4064	1.3776	1.3776
每股未分配利润(元)	2.5882	1.9836	1.8184	1.7915
净资产收益率(%)	8.4487	4.8971	2.0037	5.8561
加权净资产收益率(%)	8.8200	4.9900	2.0000	6.0500
净资产收益率(扣除)(%)	8.3184	4.0766	1.9802	4.7712
总资产(万元)	175267.06	165453.02	169553.89	167633.55
归属母公司股东权益(万元)	141705.83	129733.52	125419.78	125264.67
营业收入(万元)	15045.00	58386.08	22920.82	57733.32
营业支出(万元)	13836.50	50671.08	19680.82	49445.74
投资收益(万元)	14223.40	13247.36	6634.77	12232.43
净利润(万元)	11716.10	6220.02	2147.35	6606.48
营业利润(万元)	11578.21	3487.15	1850.50	5074.66
利润总额(万元)	11699.80	5353.74	2003.18	6273.57

恒力石化股份有限公司

公司概况					
公司名称	恒力石化股份有限公司			证券简称	恒力股份
法人代表	范红卫	董秘	李峰	证券代码	600346
公司网址	hengliinc.com		电子信箱	hlzq@hengli.com	
电　　话	86-411-86641378		传　　真	0411-82224480	
办公地址	辽宁省大连市中山区港兴路6号大连万达中心写字楼41层01-06单元				
经营范围	从事橡胶机械专用设备、塑料机械专用设备及其零配件的研制、生产和销售				

主要财务指标 指标\报告期	2017.06.30	2016.12.31	2016.06.30	2015.12.31
基本每股收益(元)	0.2000	0.4500	0.1900	−0.3600
基本每股收益(扣除后)(元)	0.1800	0.4200	0.1800	−0.4000
稀释每股收益(元)	0.2000	0.4500	0.1900	−0.3600
每股净资产(元)	2.1227	2.0737	1.8036	0.6180
每股经营现金净流量(元)	0.0323	0.2583	−0.0858	−0.1437
每股现金流量(元)	−0.0331	−0.4036	−0.1863	−0.0548
每股资本公积金(元)	0.3211	0.3211	0.1158	2.6396
每股盈余公积金(元)	0.0891	0.0891	0.0580	0.2455
每股未分配利润(元)	0.7125	0.6635	0.6298	1.1726
净资产收益率(%)	9.3744	20.1346	9.1349	−58.9107
加权净资产收益率(%)	9.3700	22.7600	11.2600	−45.0100
净资产收益率(扣除)(%)	8.6552	18.9776	8.6156	−64.7567
总资产(万元)	2023506.61	1969875.53	1729252.83	2234814.38
归属母公司股东权益(万元)	599818.25	585974.19	509641.31	461600.39
营业收入(万元)	1089168.99	1923995.84	748561.74	84070.31
营业支出(万元)	945048.81	1665024.48	634783.96	75622.87
投资收益(万元)	443.84	−−	−	273.87
净利润(万元)	55910.37	114542.28	46560.08	−24918.78
营业利润(万元)	62381.40	126201.66	54586.59	−27137.39
利润总额(万元)	66962.55	139792.76	58007.34	−24734.82

阳泉煤业(集团)股份有限公司

公司概况					
公司名称	阳泉煤业(集团)股份有限公司			证券简称	阳泉煤业
法人代表	王强	董秘	成晓宇	证券代码	600348
公司网址	www.yqmy.cc		电子信箱	yqmy600348@sina.com	
电　　话	0353-7080590 7071015		传　　真	0353-7080589	
办公地址	山西省阳泉市北大街5号				
经营范围	煤炭生产、洗选加工、销售、电力生产、销售、热力生产、销售等				

主要财务指标 指标\报告期	2017.06.30	2016.12.31	2016.06.30	2015.12.31
基本每股收益(元)	0.3500	0.1800	0.0400	0.0300
基本每股收益(扣除后)(元)	0.3700	0.2500	0.0300	0.0400
稀释每股收益(元)	0.3500	0.1800	0.0400	0.0300
每股净资产(元)	6.0961	5.6184	5.5146	5.3449
每股经营现金净流量(元)	−0.4346	1.4212	−0.8400	0.4078
每股现金流量(元)	−0.6647	1.1616	0.1956	0.0531
每股资本公积金(元)	−−	−−	−	−
每股盈余公积金(元)	0.5059	0.5059	0.4669	0.4669
每股未分配利润(元)	3.5364	3.1818	3.0788	3.0435
净资产收益率(%)	5.8164	3.1752	0.6403	0.6487
加权净资产收益率(%)	5.2400	3.1400	0.5700	0.5800
净资产收益率(扣除)(%)	6.0536	4.4116	0.6194	0.7358
总资产(万元)	4036681.90	4179302.69	3482813.41	3367533.27
归属母公司股东权益(万元)	1466107.17	1351228.28	1326269.85	1285453.03
营业收入(万元)	1461947.94	1870141.75	758363.91	1686390.81
营业支出(万元)	1194087.02	1423125.80	645874.61	1371300.93
投资收益(万元)	6152.52	5979.72	5123.12	9253.72
净利润(万元)	90301.05	45445.91	602.08	−2056.77
营业利润(万元)	118191.64	104167.81	1449.04	19295.92
利润总额(万元)	113773.00	88470.91	1746.66	18162.16

山东高速股份有限公司

公司概况					
公司名称	山东高速股份有限公司			证券简称	山东高速
法人代表	孙亮	董秘	王云泉	证券代码	600350
公司网址	www.sdecl.com.cn		电子信箱	zhangz@sdecl.com.cn	
电　　话	0531-89260052		传　　真	0531-89260050	
办公地址	山东省济南市奥体中路5006号				
经营范围	从事对高等级公路、桥梁、隧道基础设施的投资、管理、养护等				

主要财务指标 指标\报告期	2017.06.30	2016.12.31	2016.06.30	2015.12.31
基本每股收益(元)	0.2640	0.6420	0.2640	0.5730
基本每股收益(扣除后)(元)	0.2620	0.5400	0.2510	0.5160
稀释每股收益(元)	0.2640	0.6420	0.2640	0.5730
每股净资产(元)	5.2472	5.1794	4.8052	4.7693
每股经营现金净流量(元)	0.3531	1.3912	0.4264	0.6872
每股现金流量(元)	0.0662	0.7328	1.1643	0.0138
每股资本公积金(元)	0.9606	0.9606	0.9621	1.0004
每股盈余公积金(元)	0.5270	0.5270	0.4705	0.4705
每股未分配利润(元)	2.7588	2.6904	2.3658	2.2809
净资产收益率(%)	5.0396	12.3976	5.4922	12.0190
加权净资产收益率(%)	5.0100	12.9300	5.4300	12.4800
净资产收益率(扣除)(%)	4.9869	10.4339	5.2273	10.8118
总资产(万元)	4595740.05	4543051.26	5377319.75	4495734.13
归属母公司股东权益(万元)	2524515.79	2491904.98	2311884.61	2288783.44
营业收入(万元)	334654.92	846056.19	301233.87	695460.85
营业支出(万元)	129330.22	407580.81	97153.70	242377.48
投资收益(万元)	11562.01	78882.19	5235.29	7782.02
净利润(万元)	123805.84	291476.17	124224.49	268638.07
营业利润(万元)	170999.39	399860.82	163768.20	366903.95
利润总额(万元)	172779.69	403255.89	171925.81	372435.01

亚宝药业集团股份有限公司

公司概况					
公司名称	亚宝药业集团股份有限公司			证券简称	亚宝药业
法人代表	任武贤	董秘	王刚	证券代码	600351
公司网址	www.yabao.com.cn		电子信箱	wanggang@yabaoyaoye.com	
电　　话	86-10-57809936		传　　真	86-10-57809937	
办公地址	北京市经济技术开发区天华北街11号院2号楼11层				
经营范围	中西药制剂、化学合成原料药的生产与销售				

主要财务指标 指标\报告期	2017.06.30	2016.12.31	2016.06.30	2015.12.31
基本每股收益(元)	0.1361	0.0286	0.1130	0.3209
基本每股收益(扣除后)(元)	0.1328	−0.0608	0.0510	0.2807
稀释每股收益(元)	0.1361	0.0286	0.1130	0.3209
每股净资产(元)	3.4506	3.3344	3.4192	3.4058
每股经营现金净流量(元)	0.0376	0.1982	0.2821	0.1823
每股现金流量(元)	−0.0060	−0.6210	−0.2451	1.0048
每股资本公积金(元)	1.3698	1.3698	1.3698	1.3698
每股盈余公积金(元)	0.1847	0.1847	0.1844	0.1844
每股未分配利润(元)	0.8960	0.7799	0.8650	0.8516
净资产收益率(%)	3.9455	0.8582	3.3165	8.2854
加权净资产收益率(%)	4.0100	0.8500	3.2900	12.0000
净资产收益率(扣除)(%)	3.8479	−1.8238	1.5013	7.2455
总资产(万元)	437795.99	420551.29	384005.96	425182.36
归属母公司股东权益(万元)	271572.71	262430.84	269103.45	268049.06
营业收入(万元)	117875.58	180611.02	92525.13	206562.71
营业支出(万元)	55152.44	100966.95	50612.03	97964.86
投资收益(万元)	−1.56	−19.86	23.08	1341.29
净利润(万元)	10005.24	2704.07	9985.78	21804.82
营业利润(万元)	11618.29	−6041.57	4321.95	22415.46
利润总额(万元)	11505.45	2781.85	11035.21	24782.48

浙江龙盛集团股份有限公司

公司概况	公司名称	浙江龙盛集团股份有限公司		证券简称	浙江龙盛
	法人代表	阮伟祥	董秘 姚建芳	证券代码	600352
	公司网址	www.longsheng.com		电子信箱	mail@longsheng.com
	电　　话	0575-82048616		传　　真	0575-82041589
	办公地址	浙江省绍兴市上虞区道墟镇			
	经营范围	染料、助剂、中间体的生产和销售			

主要财务指标	指标＼报告期	2017.06.30	2016.12.31	2016.06.30	2015.12.31
	基本每股收益(元)	0.3114	0.6237	0.2962	0.7929
	基本每股收益(扣除后)(元)	0.3012	0.3495	0.1935	0.5157
	稀释每股收益(元)	0.3114	0.6237	0.2962	0.7929
	每股净资产(元)	4.9105	4.8018	4.4481	4.2455
	每股经营现金净流量(元)	−0.3413	−1.8674	−1.3222	0.5006
	每股现金流量(元)	−0.1885	−0.1087	−0.3044	0.7388
	每股资本公积金(元)	0.4772	0.4772	0.4748	0.4748
	每股盈余公积金(元)	0.1531	0.1531	0.1265	0.1265
	每股未分配利润(元)	3.1827	3.0713	2.7627	2.6164
	净资产收益率(%)	6.3420	12.9884	6.6595	18.3995
	加权净资产收益率(%)	6.2800	13.7600	6.6700	20.0900
	净资产收益率(扣除)(%)	6.1331	7.2783	4.3512	11.9654
	总资产(万元)	4255725.22	3993642.78	3388049.65	2683754.75
	归属母公司股东权益(万元)	1597545.39	1562177.38	1447105.73	1392541.54
	营业收入(万元)	751493.21	1235553.30	628132.28	1484211.31
	营业支出(万元)	472665.96	777350.80	405416.81	973070.65
	投资收益(万元)	5167.26	31979.46	6243.03	84920.03
	净利润(万元)	116708.79	248233.28	119837.42	287807.38
	营业利润(万元)	141662.46	310857.09	139780.15	318338.50
	利润总额(万元)	142317.83	319010.71	153694.89	333287.68

成都旭光电子股份有限公司

公司概况	公司名称	成都旭光电子股份有限公司		证券简称	旭光股份
	法人代表	葛行	董秘 刘卫东	证券代码	600353
	公司网址	www.xuguang.com.cn		电子信箱	xgzq@xuguang.com.cn
	电　　话	028-83967182		传　　真	028-83967187
	办公地址	四川省成都市新都区新都镇新工大道318号			
	经营范围	电子管、开关管和开关柜及电器元件等三大系列			

主要财务指标	指标＼报告期	2017.06.30	2016.12.31	2016.06.30	2015.12.31
	基本每股收益(元)	0.0392	0.0801	0.0377	0.0893
	基本每股收益(扣除后)(元)	0.0374	0.0749	0.0366	0.0709
	稀释每股收益(元)	0.0392	0.0801	0.0377	0.0893
	每股净资产(元)	1.9714	1.9572	1.9148	1.9041
	每股经营现金净流量(元)	0.0354	0.0570	−0.0535	−0.0063
	每股现金流量(元)	0.1853	−0.1805	−0.1077	0.4336
	每股资本公积金(元)	0.2092	0.2092	0.2092	0.2092
	每股盈余公积金(元)	0.1849	0.1813	0.1746	0.1746
	每股未分配利润(元)	0.5773	0.5667	0.5309	0.5202
	净资产收益率(%)	1.9877	4.0947	1.9691	4.6899
	加权净资产收益率(%)	1.9907	4.1510	1.9608	4.8663
	净资产收益率(扣除)(%)	1.8993	3.8261	1.9127	3.7253
	总资产(万元)	164153.13	158921.34	145162.74	150657.87
	归属母公司股东权益(万元)	107190.70	106419.37	104111.94	103529.89
	营业收入(万元)	51001.14	97862.86	46066.73	83501.47
	营业支出(万元)	41910.56	79981.18	38172.44	66500.41
	投资收益(万元)	42.06	63.66	-	673.63
	净利润(万元)	3194.88	5831.16	3155.12	6819.45
	营业利润(万元)	4005.31	6522.78	3821.28	7203.24
	利润总额(万元)	4078.78	6946.99	3943.42	7809.70

甘肃省敦煌种业股份有限公司

公司概况	公司名称	甘肃省敦煌种业股份有限公司		证券简称	敦煌种业
	法人代表	马宗海	董秘 顾生明	证券代码	600354
	公司网址	www.dhseed.com		电子信箱	dhzyzqp@sina.com
	电　　话	0937-2663908		传　　真	0937-2663908
	办公地址	甘肃省酒泉市肃州区肃州路28号			
	经营范围	农作物制种和棉花收购加工业务			

主要财务指标	指标＼报告期	2017.06.30	2016.12.31	2016.06.30	2015.12.31
	基本每股收益(元)	0.3675	−0.4813	−0.1957	0.0485
	基本每股收益(扣除后)(元)	−0.2687	−0.5781	−0.2272	−0.3147
	稀释每股收益(元)	0.3675	−0.4813	−0.1957	0.0485
	每股净资产(元)	2.0646	1.6971	1.9796	2.1752
	每股经营现金净流量(元)	−0.4184	−0.5453	−0.3658	0.5824
	每股现金流量(元)	0.3427	−1.0016	−0.5140	−0.5861
	每股资本公积金(元)	1.7126	1.7126	1.7094	1.7094
	每股盈余公积金(元)	0.0584	0.0584	0.0584	0.0584
	每股未分配利润(元)	−0.7064	−1.0740	−0.7883	−0.5927
	净资产收益率(%)	17.8019	−28.3609	−9.8836	1.9463
	加权净资产收益率(%)	19.5400	−24.8800	−9.4200	3.3300
	净资产收益率(扣除)(%)	−13.0154	−34.1726	−11.4757	−12.6415
	总资产(万元)	300239.91	303133.12	294876.46	352736.05
	归属母公司股东权益(万元)	108972.53	89573.40	104481.86	114808.39
	营业收入(万元)	14277.11	65513.76	13520.17	130402.67
	营业支出(万元)	13673.68	50278.75	12240.89	91439.94
	投资收益(万元)	32422.92	4020.88	2069.94	15939.23
	净利润(万元)	16619.53	−32213.36	−13756.69	5613.38
	营业利润(万元)	15904.80	−34723.39	−14398.37	8798.04
	利润总额(万元)	16960.22	−33447.80	−13735.31	9394.54

精伦电子股份有限公司

公司概况	公司名称	精伦电子股份有限公司		证券简称	精伦电子
	法人代表	张学阳	董秘 张万宏	证券代码	600355
	公司网址	www.routon.com		电子信箱	IR@routon.com
	电　　话	86-27-87921111*3221		传　　真	027-87467166
	办公地址	湖北省武汉市东湖开发区光谷大道70号			
	经营范围	媒体屏产品、二代身份证阅读机具、工业缝纫机伺服控制器等			

主要财务指标	指标＼报告期	2017.06.30	2016.12.31	2016.06.30	2015.12.31
	基本每股收益(元)	−0.0180	0.0200	0.0040	−0.1900
	基本每股收益(扣除后)(元)	−0.0210	−0.0043	−0.0140	−0.2000
	稀释每股收益(元)	−0.0180	0.0200	0.0040	−0.1800
	每股净资产(元)	0.8152	0.8332	0.8141	0.8102
	每股经营现金净流量(元)	−0.0544	0.0719	−0.0707	0.0528
	每股现金流量(元)	−0.1578	0.0759	−0.0517	0.0726
	每股资本公积金(元)	0.3067	0.3067	0.3067	0.3067
	每股盈余公积金(元)	0.0841	0.0841	0.0841	0.0841
	每股未分配利润(元)	−0.5757	−0.5577	−0.5767	−0.5806
	净资产收益率(%)	−2.2058	2.7547	0.4786	−22.5417
	加权净资产收益率(%)	−2.1800	2.7900	0.4800	−18.5200
	净资产收益率(扣除)(%)	−2.5582	−0.5201	−1.7248	−23.7283
	总资产(万元)	55047.71	57814.72	57534.99	58752.98
	归属母公司股东权益(万元)	40115.31	41000.17	40062.46	39870.73
	营业收入(万元)	16663.15	33581.11	19722.96	40792.41
	营业支出(万元)	12565.74	24850.79	15115.87	29335.82
	投资收益(万元)	−200.07	−145.75	−447.24	245.23
	净利润(万元)	−884.87	1129.44	191.73	−8987.53
	营业利润(万元)	−1161.66	−697.53	−653.29	−10432.10
	利润总额(万元)	−871.85	969.03	305.93	−9178.47

牡丹江恒丰纸业股份有限公司

公司概况					
公司名称	牡丹江恒丰纸业股份有限公司			证券简称	恒丰纸业
法人代表	徐祥	董秘	刘新欢	证券代码	600356
公司网址	www.hengfengpaper.com		电子信箱	sh356@hengfengpaper.com	
电　　话	0453-6886668		传　　真	0453-6886667	
办公地址	黑龙江省牡丹江市阳明区恒丰路 11 号				
经营范围	纸、纸浆和纸制品的制造、销售、造纸原辅材料生产等				

主要财务指标 指标\报告期	2017.06.30	2016.12.31	2016.06.30	2015.12.31
基本每股收益(元)	0.1500	0.3200	0.1300	0.3100
基本每股收益(扣除后)(元)	0.1500	0.3100	0.1300	0.3000
稀释每股收益(元)	0.1500	0.3200	0.1300	0.3100
每股净资产(元)	6.7668	6.7084	6.5213	6.4815
每股经营现金净流量(元)	0.2918	1.0506	0.1225	1.3119
每股现金流量(元)	0.7324	-0.2680	0.2767	0.3709
每股资本公积金(元)	3.0987	3.0987	3.0987	3.0987
每股盈余公积金(元)	0.5364	0.5364	0.5041	0.5041
每股未分配利润(元)	2.1318	2.0734	1.9186	1.8788
净资产收益率(%)	2.2817	4.7240	1.9904	4.5433
加权净资产收益率(%)	2.2800	4.8100	1.9800	4.8300
净资产收益率(扣除)(%)	2.2416	4.6019	1.9497	4.4291
总资产(万元)	268330.73	272207.18	264156.83	265878.56
归属母公司股东权益(万元)	202145.78	200401.26	194811.74	193622.84
营业收入(万元)	67236.15	136045.87	64070.56	139502.67
营业支出(万元)	48973.58	98376.96	47716.60	102382.63
投资收益(万元)	--	32.22	-	-
净利润(万元)	4584.83	9366.72	3786.84	8781.35
营业利润(万元)	6068.54	12586.30	5076.60	11548.78
利润总额(万元)	6177.85	12798.29	5184.13	11857.63

国旅联合股份有限公司

公司概况					
公司名称	国旅联合股份有限公司			证券简称	国旅联合
法人代表	施亮	董秘	陆邦一	证券代码	600358
公司网址	www.cutc.com.cn		电子信箱	webmaster@cutc.com.cn	
电　　话	025-84700028　59409356		传　　真	025-84702099	
办公地址	江苏省南京市江宁区汤山街道温泉路 8 号 4 幢				
经营范围	旅行服务、旅游综合服务业务、旅游客运业务等				

主要财务指标 指标\报告期	2017.06.30	2016.12.31	2016.06.30	2015.12.31
基本每股收益(元)	-0.0453	-0.3270	-0.0711	0.0300
基本每股收益(扣除后)(元)	-0.0455	-0.3059	-0.0703	-0.1600
稀释每股收益(元)	-0.0453	-0.3270	-0.0711	0.0300
每股净资产(元)	0.9296	1.0091	1.2745	0.7222
每股经营现金净流量(元)	-0.0813	-0.0396	-0.0401	-0.0296
每股现金流量(元)	-0.0590	0.0265	0.3232	0.0269
每股资本公积金(元)	0.7037	0.7037	0.7037	0.1337
每股盈余公积金(元)	0.0162	0.0162	0.0162	0.0190
每股未分配利润(元)	-0.7496	-0.7043	-0.4464	-0.4457
净资产收益率(%)	-4.8763	-32.0103	-5.1084	4.0811
加权净资产收益率(%)	-4.6000	-28.6100	-15.2600	4.2100
净资产收益率(扣除)(%)	-4.8993	-29.9449	-5.0481	-21.4917
总资产(万元)	103818.44	91398.69	95969.35	73237.52
归属母公司股东权益(万元)	46940.95	50953.46	64354.76	31197.16
营业收入(万元)	8343.72	11728.44	4320.22	8832.67
营业支出(万元)	4184.31	4918.83	634.40	1170.47
投资收益(万元)	139.81	31.81	31.81	10002.74
净利润(万元)	-2135.64	-16313.34	-3231.51	1288.93
营业利润(万元)	-1969.80	-14852.00	-3152.90	3476.55
利润总额(万元)	-2025.38	-16302.99	-3223.54	3253.55

新疆塔里木农业综合开发股份有限公司

公司概况					
公司名称	新疆塔里木农业综合开发股份有限公司			证券简称	新农开发
法人代表	白宏本	董秘	张春疆	证券代码	600359
公司网址	www.xnkf.com		电子信箱	zhang-chunjiang@126.com	
电　　话	86-997-6378567　6378568		传　　真	86-997-6378500	
办公地址	新疆维吾尔自治区阿拉尔市军垦大道东 75 号领先商业写字楼 11、12 层				
经营范围	农业种植、牧渔养殖、农产品、畜产品的生产、加工及销售等				

主要财务指标 指标\报告期	2017.06.30	2016.12.31	2016.06.30	2015.12.31
基本每股收益(元)	0.1100	-0.4000	-0.1700	0.0400
基本每股收益(扣除后)(元)	-0.3900	-0.4300	-0.1700	-0.3900
稀释每股收益(元)	0.1100	-0.4000	-0.1700	0.0400
每股净资产(元)	1.8433	1.7309	1.9739	2.1389
每股经营现金净流量(元)	0.1586	0.1231	0.0396	0.2163
每股现金流量(元)	0.2538	-0.5545	-0.3123	-0.6698
每股资本公积金(元)	2.4464	2.4464	2.4575	2.4575
每股盈余公积金(元)	0.1670	0.1670	0.1670	0.1670
每股未分配利润(元)	-1.7701	-1.8825	-1.6505	-1.4855
净资产收益率(%)	6.0981	-22.9337	-8.3604	1.6457
加权净资产收益率(%)	6.2900	-19.8100	-8.0200	1.4900
净资产收益率(扣除)(%)	-21.1744	-24.5723	-8.6862	-18.0335
总资产(万元)	296843.83	280265.58	283191.40	274528.23
归属母公司股东权益(万元)	70323.07	66034.72	75307.55	81603.59
营业收入(万元)	80243.75	156219.29	50096.88	63126.86
营业支出(万元)	75192.34	138833.26	42833.75	47991.32
投资收益(万元)	-60.58	-258.82	-62.04	-775.80
净利润(万元)	3428.71	-17837.16	-7315.31	-1390.09
营业利润(万元)	-15717.02	-19176.91	-7569.32	-17600.12
利润总额(万元)	3436.75	-17771.73	-7315.31	-1482.72

吉林华微电子股份有限公司

公司概况					
公司名称	吉林华微电子股份有限公司			证券简称	华微电子
法人代表	夏增文	董秘	聂嘉宏	证券代码	600360
公司网址	www.hwdz.com.cn		电子信箱	niejiahong@hwdz.com.cn	
电　　话	0432-64684562		传　　真	0432-64665812	
办公地址	吉林省吉林市高新区深圳街 99 号				
经营范围	半导体器件、集成电路、电力电子产品、汽车电子产品、自动化仪表等				

主要财务指标 指标\报告期	2017.06.30	2016.12.31	2016.06.30	2015.12.31
基本每股收益(元)	0.0460	0.0600	0.0350	0.0600
基本每股收益(扣除后)(元)	0.0410	0.0400	0.0290	0.0500
稀释每股收益(元)	0.0460	0.0600	0.0350	0.0600
每股净资产(元)	2.7769	2.7455	2.7183	2.7032
每股经营现金净流量(元)	0.1933	0.1026	0.0930	0.3209
每股现金流量(元)	0.1002	0.2550	0.0181	0.2460
每股资本公积金(元)	0.6792	0.6742	0.6669	0.6669
每股盈余公积金(元)	0.1315	0.1315	0.1282	0.1282
每股未分配利润(元)	0.9662	0.9399	0.9232	0.9081
净资产收益率(%)	1.6681	2.0044	1.2910	2.1556
加权净资产收益率(%)	1.6700	2.0200	1.2900	2.1800
净资产收益率(扣除)(%)	1.4782	1.4474	1.0606	1.7201
总资产(万元)	376780.91	368517.73	357725.82	358188.26
归属母公司股东权益(万元)	204956.52	202643.08	200633.43	199519.44
营业收入(万元)	68848.04	139586.35	61112.98	130065.97
营业支出(万元)	53206.26	112238.26	46578.71	101204.75
投资收益(万元)	180.16	269.26	65.82	403.42
净利润(万元)	3405.92	3678.08	2252.68	3763.22
营业利润(万元)	4044.25	3051.98	2081.02	3198.91
利润总额(万元)	4060.90	4260.91	2558.63	4303.08

北京华联综合超市股份有限公司

公司概况					
公司名称	北京华联综合超市股份有限公司			证券简称	华联综超
法人代表	罗志伟	董秘	李春生	证券代码	600361
公司网址	zc.beijing-hualian.com		电子信箱	zczqb@beijing-hualian.com	
电　话	010-68364982		传　真	010-68364982	
办公地址	北京市西城区阜成门外大街 1 号四川大厦 6 层				
经营范围	商业零售、经营大型综合超市和百货店				

主要财务指标	指标\报告期	2017.06.30	2016.12.31	2016.06.30	2015.12.31
	基本每股收益(元)	0.1000	−0.3900	−0.1100	0.0800
	基本每股收益(扣除后)(元)	0.0100	−0.1879	−0.0700	−0.0400
	稀释每股收益(元)	——	——	–	–
	每股净资产(元)	4.0427	3.9281	4.2179	4.6197
	每股经营现金净流量(元)	0.0305	−0.1167	−0.0342	0.3829
	每股现金流量(元)	−1.5818	−1.0498	0.1684	−3.5983
	每股资本公积金(元)	2.5198	2.5198	2.5086	2.5198
	每股盈余公积金(元)	0.2158	0.2158	0.2158	0.2158
	每股未分配利润(元)	0.3022	0.1983	0.4939	0.8895
	净资产收益率(%)	2.5693	−9.9581	−2.5077	1.7273
	加权净资产收益率(%)	2.6100	−9.2100	−2.3400	1.7300
	净资产收益率(扣除)(%)	0.2513	−4.7824	−1.7522	−0.9105
	总资产(万元)	953035.59	1097706.76	1160039.88	1161279.05
	归属母公司股东权益(万元)	269168.03	261533.47	280829.75	307584.03
	营业收入(万元)	635907.63	1235821.03	671939.30	1342980.94
	营业支出(万元)	497976.76	962351.05	525926.48	1039473.28
	投资收益(万元)	33186.49	5331.17	855.74	3911.93
	净利润(万元)	6797.15	−26419.37	−7068.67	5206.88
	营业利润(万元)	29568.13	−13236.76	−3509.11	−2865.27
	利润总额(万元)	7320.56	−35375.80	−6619.98	5737.67

江西铜业股份有限公司

公司概况					
公司名称	江西铜业股份有限公司			证券简称	江西铜业
法人代表	龙子平	董秘	龙子平(代)	证券代码	600362
公司网址	www.jxcc.com		电子信箱	jccl@jxcc.com	
电　话	0791-82710117　82710111		传　真	0791-82710114	
办公地址	江西省南昌市昌东大道 7666 号				
经营范围	有色金属矿、稀贵金属矿及非金属矿、有色金属及相关副产品的冶炼等				

主要财务指标	指标\报告期	2017.06.30	2016.12.31	2016.06.30	2015.12.31
	基本每股收益(元)	0.2400	0.2300	0.1400	0.1800
	基本每股收益(扣除后)(元)	0.1800	0.4000	0.1000	0.0400
	稀释每股收益(元)	——	0.2300	–	0.1800
	每股净资产(元)	13.5691	13.4570	13.3651	13.2573
	每股经营现金净流量(元)	0.2495	1.2493	0.1908	0.5493
	每股现金流量(元)	−0.1016	−2.4388	−0.9391	−0.7766
	每股资本公积金(元)	3.3748	3.3748	3.3748	3.3748
	每股盈余公积金(元)	4.1771	4.1771	4.1116	4.1116
	每股未分配利润(元)	4.8630	4.7732	4.7480	4.7113
	净资产收益率(%)	1.7669	1.6901	1.0229	1.3881
	加权净资产收益率(%)	1.7700	1.7000	1.0300	1.3900
	净资产收益率(扣除)(%)	1.3230	2.9791	0.7671	0.2655
	总资产(万元)	9419378.07	8738409.23	9320010.60	8975521.11
	归属母公司股东权益(万元)	4698615.43	4659787.32	4627955.17	4590638.01
	营业收入(万元)	9828580.76	20230822.02	9020443.44	18578249.13
	营业支出(万元)	9477962.20	19531026.50	8783276.25	18147825.53
	投资收益(万元)	17221.86	−22825.85	56444.01	55202.77
	净利润(万元)	81854.84	94080.49	56792.78	68475.47
	营业利润(万元)	150684.13	196870.98	80663.34	99107.81
	利润总额(万元)	151710.91	203353.68	85477.12	116441.78

江西联创光电科技股份有限公司

公司概况					
公司名称	江西联创光电科技股份有限公司			证券简称	联创光电
法人代表	曾智斌	董秘	潘婉琳	证券代码	600363
公司网址	www.lianchuang.com.cn		电子信箱	600363@lianchuang.com.cn	
电　话	0791-88161979		传　真	0791-88162001	
办公地址	江西省南昌市高新产业技术开发区京东大道 168 号				
经营范围	光电器件、继电器、通信线缆等				

主要财务指标	指标\报告期	2017.06.30	2016.12.31	2016.06.30	2015.12.31
	基本每股收益(元)	0.2607	0.3500	0.2237	0.3200
	基本每股收益(扣除后)(元)	0.2564	0.3300	0.2110	0.2900
	稀释每股收益(元)	0.2607	0.3500	0.2237	0.3200
	每股净资产(元)	4.8666	4.6389	4.5004	4.3079
	每股经营现金净流量(元)	−0.1513	0.1395	−0.2182	0.0399
	每股现金流量(元)	−0.0116	0.0513	−0.1396	0.0817
	每股资本公积金(元)	1.4387	1.4371	1.4322	1.4299
	每股盈余公积金(元)	0.2879	0.2879	0.2513	0.2513
	每股未分配利润(元)	2.1307	1.9060	1.8118	1.6210
	净资产收益率(%)	5.3560	7.6523	4.9715	7.4578
	加权净资产收益率(%)	5.4700	7.9400	5.0600	7.6900
	净资产收益率(扣除)(%)	5.2693	7.1534	4.6880	6.6763
	总资产(万元)	416874.03	386138.84	365629.05	358101.67
	归属母公司股东权益(万元)	215822.27	205722.63	199582.05	191047.29
	营业收入(万元)	135957.64	250432.81	118667.55	249727.99
	营业支出(万元)	114544.28	211238.45	100524.49	215164.00
	投资收益(万元)	12064.02	19087.00	10601.55	17215.57
	净利润(万元)	12876.57	18018.49	11004.22	15075.34
	营业利润(万元)	12789.66	16633.21	10567.23	13422.60
	利润总额(万元)	13008.73	18220.36	11348.07	15236.74

通化葡萄酒股份有限公司

公司概况					
公司名称	通化葡萄酒股份有限公司			证券简称	通葡股份
法人代表	何为民	董秘	孙永成	证券代码	600365
公司网址	www.tonhwa.com		电子信箱	gaozhencai@163.com	
电　话	0435-3948468　3949249		传　真	0435-3949616	
办公地址	吉林省通化市前兴路 28 号				
经营范围	果露酒、葡萄酒制造、销售，土特产品收购、加工，物资运输等				

主要财务指标	指标\报告期	2017.06.30	2016.12.31	2016.06.30	2015.12.31
	基本每股收益(元)	0.0030	0.0100	0.0060	0.0100
	基本每股收益(扣除后)(元)	0.0040	0.0100	0.0080	−0.0400
	稀释每股收益(元)	0.0030	0.0100	0.0060	0.0100
	每股净资产(元)	1.6910	1.7078	1.7182	1.7176
	每股经营现金净流量(元)	−0.1428	−0.7200	−0.0708	−0.2900
	每股现金流量(元)	−0.1881	−0.0907	−0.2836	−0.2625
	每股资本公积金(元)	1.3698	1.3698	1.3698	1.3698
	每股盈余公积金(元)	0.0179	0.0179	0.0179	0.0179
	每股未分配利润(元)	−0.6966	−0.6799	−0.6695	−0.6753
	净资产收益率(%)	0.1698	0.3031	0.3383	0.3709
	加权净资产收益率(%)	0.1700	0.3000	0.3400	0.3700
	净资产收益率(扣除)(%)	0.2483	0.3290	0.4746	−1.2070
	总资产(万元)	96021.49	107958.17	90861.85	98358.05
	归属母公司股东权益(万元)	67640.95	68310.11	68727.54	68495.04
	营业收入(万元)	47294.45	59401.68	23483.86	47470.71
	营业支出(万元)	39987.17	47586.21	18464.62	37290.49
	投资收益(万元)	1.73	——	–	−90.40
	净利润(万元)	1203.23	1998.07	1034.27	1456.28
	营业利润(万元)	1998.43	3289.01	1783.06	1331.66
	利润总额(万元)	1945.30	3257.54	1689.37	2618.44

宁波韵升股份有限公司

公司概况					
公司名称	宁波韵升股份有限公司			证券简称	宁波韵升
法人代表	竺晓东	董秘	傅健杰	证券代码	600366
公司网址	www.yunsheng.com		电子信箱	fujj@ysweb.com	
电　　话	0574-87776939		传　　真	0574-87776466	
办公地址	浙江省宁波市国家高新区扬帆路1号				
经营范围	钕铁硼永磁材料、八音琴和电机产品的生产和销售及进出口贸易				

主要财务指标				
指标\报告期	2017.06.30	2016.12.31	2016.06.30	2015.12.31
基本每股收益(元)	0.2986	1.4810	1.3797	0.6620
基本每股收益(扣除后)(元)	0.2068	0.6562	0.5763	0.5244
稀释每股收益(元)	0.2958	1.4566	1.3568	0.6605
每股净资产(元)	7.9738	8.1128	8.5595	6.4152
每股经营现金净流量(元)	-0.1702	0.0541	0.0035	0.3820
每股现金流量(元)	0.0487	0.7739	0.1467	0.2035
每股资本公积金(元)	1.1981	1.1943	1.1826	1.1797
每股盈余公积金(元)	0.5030	0.5027	0.5027	0.5036
每股未分配利润(元)	5.3541	5.2598	5.1566	4.0325
净资产收益率(%)	3.6436	17.6821	15.5541	9.5423
加权净资产收益率(%)	3.6600	19.4800	17.7100	10.6500
净资产收益率(扣除)(%)	2.5232	7.8343	6.4966	7.5590
总资产(万元)	603618.32	572789.61	613222.97	484636.61
归属母公司股东权益(万元)	444195.86	452278.27	477181.52	356956.74
营业收入(万元)	83135.90	156026.35	75299.49	143558.87
营业支出(万元)	58505.69	115342.80	56466.36	105199.58
投资收益(万元)	2977.60	88617.71	85204.95	18192.51
净利润(万元)	16443.91	83508.60	77280.81	36817.38
营业利润(万元)	15051.55	98516.68	92415.71	34997.68
利润总额(万元)	19421.87	102619.07	96030.79	39966.93

贵州红星发展股份有限公司

公司概况					
公司名称	贵州红星发展股份有限公司			证券简称	红星发展
法人代表	郭汉光	董秘	万洋	证券代码	600367
公司网址	www.hxfz.com.cn		电子信箱	chenguoqiang@hxfz.com.cn	
电　　话	0851-36780388　36780003		传　　真	0851-36780066	
办公地址	贵州省安顺市镇宁县丁旗镇				
经营范围	钡、锶、锰盐产品的研发、生产和销售				

主要财务指标				
指标\报告期	2017.06.30	2016.12.31	2016.06.30	2015.12.31
基本每股收益(元)	0.1300	0.1600	0.1000	-0.6500
基本每股收益(扣除后)(元)	0.1200	0.1400	0.0900	-0.6800
稀释每股收益(元)	0.1300	0.1600	0.1000	-0.6500
每股净资产(元)	3.8000	3.6769	3.6200	3.5200
每股经营现金净流量(元)	0.2395	0.4067	0.3421	0.3938
每股现金流量(元)	0.0404	0.2794	0.2418	0.0533
每股资本公积金(元)	0.9794	0.9794	0.9794	0.9794
每股盈余公积金(元)	0.6726	0.6726	0.6607	0.6607
每股未分配利润(元)	1.1407	1.0223	0.9751	0.8768
净资产收益率(%)	3.5390	4.2831	2.7162	-18.5687
加权净资产收益率(%)	3.5900	4.3700	2.7500	-16.9400
净资产收益率(扣除)(%)	3.2770	3.7902	2.4270	-19.3570
总资产(万元)	162672.03	165450.31	159445.75	160783.31
归属母公司股东权益(万元)	110549.14	107071.64	105400.88	102533.43
营业收入(万元)	64248.07	117196.20	53980.84	104259.99
营业支出(万元)	47999.21	86712.85	39873.24	81216.62
投资收益(万元)	-81.72	-2741.50	-275.35	-13365.42
净利润(万元)	4310.13	5424.76	3461.29	-20108.94
营业利润(万元)	4562.46	6586.67	3745.70	-19311.57
利润总额(万元)	4794.05	7184.57	4067.07	-18390.98

广西五洲交通股份有限公司

公司概况					
公司名称	广西五洲交通股份有限公司			证券简称	五洲交通
法人代表	梁君	董秘	韩钢	证券代码	600368
公司网址			电子信箱	wzjt600368@sohu.com	
电　　话	0771-5568918　5518383		传　　真	0771-5518111	
办公地址	广西壮族自治区南宁市民族大道115-1号现代国际大厦27层				
经营范围	经营收费公路、桥梁				

主要财务指标				
指标\报告期	2017.06.30	2016.12.31	2016.06.30	2015.12.31
基本每股收益(元)	0.2763	0.2664	0.1700	-0.1147
基本每股收益(扣除后)(元)	0.2747	0.2002	0.1700	-0.2850
稀释每股收益(元)	0.2763	0.2700	0.1700	-0.1147
每股净资产(元)	3.7864	3.5901	3.6061	3.4323
每股经营现金净流量(元)	0.7536	1.2866	0.7956	1.1596
每股现金流量(元)	-0.2460	-0.1564	0.8638	0.3464
每股资本公积金(元)	0.5869	0.5869	0.6956	0.6956
每股盈余公积金(元)	0.4546	0.4546	0.4314	0.4314
每股未分配利润(元)	1.7438	1.5475	1.4780	1.3043
净资产收益率(%)	7.2966	7.4214	4.8176	-3.3421
加权净资产收益率(%)	7.4100	7.4700	4.9400	-3.2900
净资产收益率(扣除)(%)	7.2539	5.5762	4.7212	-8.3031
总资产(万元)	1094240.30	1141864.21	1229573.93	1233503.40
归属母公司股东权益(万元)	315712.23	299346.32	300673.36	286188.17
营业收入(万元)	79154.87	128978.46	59881.70	208569.24
营业支出(万元)	28175.39	35582.99	15455.16	111877.31
投资收益(万元)	--	-453.16	292.10	12379.52
净利润(万元)	23173.56	19062.51	13395.10	-21831.41
营业利润(万元)	27650.46	22463.03	16417.82	-17718.62
利润总额(万元)	27806.90	23206.85	16621.89	-15732.50

西南证券股份有限公司

公司概况					
公司名称	西南证券股份有限公司			证券简称	西南证券
法人代表	吴坚	董秘	廖庆轩(代)	证券代码	600369
公司网址	www.swsc.com.cn		电子信箱	xmd@swsc.com.cn	
电　　话	023-63786433		传　　真	023-63786477	
办公地址	重庆市江北区桥北苑8号西南证券大厦				
经营范围	证券经纪、证券投资、投资银行				

主要财务指标				
指标\报告期	2017.06.30	2016.12.31	2016.06.30	2015.12.31
基本每股收益(元)	0.0600	0.1600	0.1500	0.6300
基本每股收益(扣除后)(元)	0.0700	0.1700	0.1500	0.6200
稀释每股收益(元)	0.0600	0.1600	0.1500	0.6300
每股净资产(元)	3.3684	3.3660	3.2957	3.3689
每股经营现金净流量(元)	-0.1613	-1.8805	-2.1355	0.4353
每股现金流量(元)	-0.3086	-0.8253	-0.8568	2.2553
每股资本公积金(元)	1.3910	1.3910	1.3910	1.3910
每股盈余公积金(元)	0.1641	0.1641	0.1465	0.1465
每股未分配利润(元)	0.4539	0.4889	0.5314	0.5090
净资产收益率(%)	1.9285	4.8290	4.6245	18.6912
加权净资产收益率(%)	1.9200	4.8400	4.5700	19.8300
净资产收益率(扣除)(%)	2.1150	4.9543	4.4517	18.3901
总资产(万元)	6776389.51	7099969.20	7905437.23	7174943.82
归属母公司股东权益(万元)	1901515.69	1900127.21	1860438.24	1901773.60
营业收入(万元)	136593.49	363165.96	200295.32	849679.92
营业支出(万元)	87112.74	247406.42	102914.91	-
投资收益(万元)	82558.92	137058.67	55242.31	394801.86
净利润(万元)	37336.74	91270.14	88031.38	354506.01
营业利润(万元)	49480.75	115759.54	97380.42	426609.69
利润总额(万元)	45953.12	112653.08	97632.39	434274.20

江苏三房巷实业股份有限公司

公司概况	公司名称	江苏三房巷实业股份有限公司			证券简称	三房巷
	法人代表	卞平刚	董秘	张民	证券代码	600370
	公司网址	www.jssfx.com		电子信箱	jssfx@sfxjt.com	
	电　　话	0510-86229867		传　　真	0510-86229823	
	办公地址	江苏省江阴市周庄镇三房巷村				
	经营范围	各类棉纱、印染布、涤棉布加工与销售；布匹染整、印花及进出口业务等				

主要财务指标	指标＼报告期	2017.06.30	2016.12.31	2016.06.30	2015.12.31
	基本每股收益(元)	0.0365	0.0584	0.0410	0.0582
	基本每股收益(扣除后)(元)	0.0360	0.0525	0.0408	0.0470
	稀释每股收益(元)	0.0365	0.0584	0.0410	0.0582
	每股净资产(元)	1.5746	1.5582	1.5448	3.7695
	每股经营现金净流量(元)	0.0137	0.1881	0.0866	0.6687
	每股现金流量(元)	-0.0083	0.1749	0.0752	0.6926
	每股资本公积金(元)	0.0740	0.0740	0.0740	1.6850
	每股盈余公积金(元)	0.1295	0.1295	0.1295	0.3238
	每股未分配利润(元)	0.3711	0.3546	0.3413	0.7607
	净资产收益率(%)	2.3159	3.7462	2.6557	1.5438
	加权净资产收益率(%)	2.3100	3.8100	2.6800	1.5500
	净资产收益率(扣除)(%)	2.2861	3.3714	2.6403	1.2466
	总资产(万元)	173461.87	169714.39	164841.46	161567.40
	归属母公司股东权益(万元)	125535.85	124223.08	123161.23	120207.23
	营业收入(万元)	47338.90	97675.60	42589.47	99626.88
	营业支出(万元)	39878.63	83482.16	34749.29	88826.71
	投资收益(万元)	--	--	-	-
	净利润(万元)	4280.35	6449.45	4565.94	3368.74
	营业利润(万元)	5720.48	8390.51	5905.40	4671.24
	利润总额(万元)	5737.19	8318.20	5911.40	5059.38

万向德农股份有限公司

公司概况	公司名称	万向德农股份有限公司			证券简称	万向德农
	法人代表	管大源	董秘	管大源(代)	证券代码	600371
	公司网址	www.wxdoneed.com		电子信箱	wxdoneed@163.com	
	电　　话	0451-82368448		传　　真	0451-82368448	
	办公地址	黑龙江省哈尔滨市南岗区玉山路18号				
	经营范围	玉米、油葵、高粱、小麦、棉花等的杂交种子、亲本种子及化肥等				

主要财务指标	指标＼报告期	2017.06.30	2016.12.31	2016.06.30	2015.12.31
	基本每股收益(元)	0.1150	0.2400	0.1300	0.0300
	基本每股收益(扣除后)(元)	0.1160	0.2200	0.1200	0.0800
	稀释每股收益(元)	0.1150	0.2400	0.1300	0.0300
	每股净资产(元)	2.0348	1.9040	1.7866	1.6860
	每股经营现金净流量(元)	0.3756	0.6265	0.8216	0.4936
	每股现金流量(元)	0.5790	0.6735	0.8531	0.1817
	每股资本公积金(元)	0.1530	0.1373	0.1373	0.1373
	每股盈余公积金(元)	0.1947	0.1947	0.1947	0.1947
	每股未分配利润(元)	0.6871	0.5720	0.4546	0.3540
	净资产收益率(%)	5.6546	12.8137	7.0827	1.4964
	加权净资产收益率(%)	5.8400	13.5900	7.2900	1.5200
	净资产收益率(扣除)(%)	5.7054	11.5241	6.9764	4.4968
	总资产(万元)	81464.99	74851.32	79747.43	66831.53
	归属母公司股东权益(万元)	45794.45	42851.84	40208.80	37945.93
	营业收入(万元)	12181.72	31850.24	14070.46	37171.59
	营业支出(万元)	8384.30	19719.04	9376.69	26352.59
	投资收益(万元)	1170.00	1281.02	1287.00	817.14
	净利润(万元)	2701.71	5654.10	2960.17	623.98
	营业利润(万元)	2727.54	5097.93	2915.63	1807.84
	利润总额(万元)	2701.71	5671.24	2960.17	623.98

中航航空电子系统股份有限公司

公司概况	公司名称	中航航空电子系统股份有限公司			证券简称	中航电子
	法人代表	张昆辉	董秘	戚侠	证券代码	600372
	公司网址	www.aviconics.com.cn		电子信箱	qix@vip.163.com	
	电　　话	010-58355270		传　　真	010-58355275	
	办公地址	北京市朝阳区曙光西里甲5号院20号楼第八、九层				
	经营范围	航空机载照明与控制系统产品的制造业务				

主要财务指标	指标＼报告期	2017.06.30	2016.12.31	2016.06.30	2015.12.31
	基本每股收益(元)	0.0829	0.2617	0.0727	0.2712
	基本每股收益(扣除后)(元)	0.0431	0.1847	0.0509	0.1501
	稀释每股收益(元)	0.0829	0.2617	0.0727	0.2712
	每股净资产(元)	3.4607	3.4134	3.2715	3.2131
	每股经营现金净流量(元)	-0.3742	-0.0594	-0.4455	0.2955
	每股现金流量(元)	-0.1130	-0.0229	-0.0738	0.2673
	每股资本公积金(元)	0.7209	0.7010	0.7245	0.6618
	每股盈余公积金(元)	0.2364	0.2364	0.2237	0.2237
	每股未分配利润(元)	1.5148	1.4819	1.3056	1.2829
	净资产收益率(%)	2.3945	7.6675	2.2216	8.4390
	加权净资产收益率(%)	2.3400	7.8600	2.2400	8.8000
	净资产收益率(扣除)(%)	1.2466	5.4111	1.5558	4.6723
	总资产(万元)	1842170.20	1753174.71	1703478.78	1623108.94
	归属母公司股东权益(万元)	608793.17	600471.07	575502.62	565243.16
	营业收入(万元)	272816.96	695867.83	247525.10	680946.60
	营业支出(万元)	186025.33	465481.02	164791.78	455990.56
	投资收益(万元)	760.10	688.77	516.24	13717.38
	净利润(万元)	14840.60	47799.36	13678.25	50752.50
	营业利润(万元)	11193.15	49832.76	13097.59	62739.16
	利润总额(万元)	18941.85	58297.30	17707.31	68093.38

中文天地出版传媒股份有限公司

公司概况	公司名称	中文天地出版传媒股份有限公司			证券简称	中文传媒
	法人代表	赵东亮	董秘	吴涤	证券代码	600373
	公司网址	www.600373.com.cn		电子信箱	zwcm@600373.com.cn	
	电　　话	0791-85896008		传　　真	0791-85896008	
	办公地址	江西省南昌市红谷滩新区学府大道299号中文传媒大厦				
	经营范围	国内版图书、电子、期刊批发、文化艺术品经营				

主要财务指标	指标＼报告期	2017.06.30	2016.12.31	2016.06.30	2015.12.31
	基本每股收益(元)	0.5800	0.9400	0.4600	0.7800
	基本每股收益(扣除后)(元)	0.5700	0.9200	0.3900	0.7600
	稀释每股收益(元)	0.5800	0.9400	0.4600	0.7800
	每股净资产(元)	8.3508	7.9866	7.4621	7.0827
	每股经营现金净流量(元)	0.0398	1.7108	0.2387	0.7342
	每股现金流量(元)	-1.5784	0.6637	-0.3937	1.3407
	每股资本公积金(元)	3.9453	3.9478	3.9451	3.9451
	每股盈余公积金(元)	0.0941	0.0941	0.0690	0.0690
	每股未分配利润(元)	3.3704	2.9137	2.4592	2.0787
	净资产收益率(%)	6.9064	11.7706	6.1703	10.8402
	加权净资产收益率(%)	7.0000	12.5100	6.3000	11.5400
	净资产收益率(扣除)(%)	6.7720	11.5543	5.2044	10.5219
	总资产(万元)	1883891.24	1885179.96	1880555.97	1760726.67
	归属母公司股东权益(万元)	1150695.93	1100504.79	1028228.13	975957.41
	营业收入(万元)	599176.03	1277583.76	609886.30	1160162.00
	营业支出(万元)	362154.64	774046.74	361191.05	745880.71
	投资收益(万元)	4886.54	6308.66	2930.16	7566.73
	净利润(万元)	79671.96	128099.34	65817.33	116195.97
	营业利润(万元)	83622.15	131448.19	65531.24	117504.33
	利润总额(万元)	83212.28	136987.16	68614.65	122020.40

华菱星马汽车(集团)股份有限公司

公司概况	公司名称	华菱星马汽车(集团)股份有限公司			证券简称	华菱星马
	法人代表	刘汉如	董秘	李峰	证券代码	600375
	公司网址	www.camc.cc		电子信箱	leef7951@163.com	
	电　话	0555-8323038		传　真	0555-8323031	
	办公地址	安徽省马鞍山市经济技术开发区				
	经营范围	重卡、专用车及汽车零部件的研发、生产与销售				

	指标＼报告期	2017.06.30	2016.12.31	2016.06.30	2015.12.31
主要财务指标	基本每股收益(元)	0.0500	0.1400	-0.3700	-1.7000
	基本每股收益(扣除后)(元)	0.0100	-0.5400	-0.5600	-1.7300
	稀释每股收益(元)	0.0500	0.1400	-0.3700	-1.7000
	每股净资产(元)	4.8990	4.8444	4.3430	4.7169
	每股经营现金净流量(元)	-0.3590	1.2401	1.0013	0.9315
	每股现金流量(元)	-0.3663	0.1340	0.4300	-0.0980
	每股资本公积金(元)	4.7952	4.7952	4.7952	4.7952
	每股盈余公积金(元)	0.1840	0.1840	0.1840	0.1840
	每股未分配利润(元)	-1.0788	-1.1331	-1.6351	-1.2615
	净资产收益率(%)	1.1078	2.8062	-8.4299	-35.9732
	加权净资产收益率(%)	1.1100	2.8400	-8.0700	-30.4800
	净资产收益率(扣除)(%)	0.2104	-11.2100	-12.8490	-36.5814
	总资产(万元)	1058645.07	976729.60	950849.14	878013.77
	归属母公司股东权益(万元)	272258.19	269223.21	241357.47	262138.89
	营业收入(万元)	311091.99	404734.86	167478.34	354266.37
	营业支出(万元)	265684.20	353266.95	150653.42	333289.53
	投资收益(万元)	--	--	-	287.03
	净利润(万元)	3634.74	7758.51	-20689.16	-94819.35
	营业利润(万元)	4266.98	-26313.08	-30627.17	-82162.29
	利润总额(万元)	4317.74	8790.92	-20089.02	-80782.40

北京首都开发股份有限公司

公司概况	公司名称	北京首都开发股份有限公司			证券简称	首开股份
	法人代表	潘利群	董秘	王怡	证券代码	600376
	公司网址	www.shoukaigufen.com		电子信箱	bcdc@bcdh.com.cn	
	电　话	010-66428156 66428113		传　真	010-66428061	
	办公地址	北京市西城区复兴门内大街156号招商国际金融中心D座				
	经营范围	房地产的开发与经营				

	指标＼报告期	2017.06.30	2016.12.31	2016.06.30	2015.12.31
主要财务指标	基本每股收益(元)	0.0665	0.5793	0.3116	0.8927
	基本每股收益(扣除后)(元)	0.0158	0.4372	0.2325	0.7530
	稀释每股收益(元)	0.0665	0.5793	0.3116	0.8927
	每股净资产(元)	11.6441	10.7601	11.5183	9.8328
	每股经营现金净流量(元)	-5.1570	-3.2989	0.1691	-4.2682
	每股现金流量(元)	-0.7443	2.9539	4.6622	3.5481
	每股资本公积金(元)	2.9707	2.9707	2.9709	1.8073
	每股盈余公积金(元)	0.6705	0.6705	0.5761	0.6629
	每股未分配利润(元)	3.0863	3.3698	3.4454	3.6505
	净资产收益率(%)	1.0505	6.8504	3.1557	9.4510
	加权净资产收益率(%)	0.8300	7.5200	4.2900	13.1200
	净资产收益率(扣除)(%)	0.6150	5.6157	2.5547	8.0302
	总资产(万元)	21667813.43	18141738.48	16142616.67	14051541.12
	归属母公司股东权益(万元)	3003675.13	2775649.15	2971211.03	2204527.05
	营业收入(万元)	1116904.60	2988326.46	1245245.29	2361788.26
	营业支出(万元)	811907.81	1975226.49	805302.85	1403317.26
	投资收益(万元)	-1988.71	70434.23	13071.85	13469.56
	净利润(万元)	43656.25	257903.17	133724.10	255425.66
	营业利润(万元)	77293.36	394869.17	188109.10	387349.53
	利润总额(万元)	74188.50	398358.28	190695.87	391251.38

江苏宁沪高速公路股份有限公司

公司概况	公司名称	江苏宁沪高速公路股份有限公司			证券简称	宁沪高速
	法人代表	常青	董秘	姚永嘉	证券代码	600377
	公司网址	www.jsexpressway.com		电子信箱	jsnh@jsexpwy.com	
	电　话	025-84362700*301836		传　真	025-84466643	
	办公地址	江苏省南京市栖霞区仙林大道6号				
	经营范围	沪宁高速公路江苏段、312国道沪宁段、南京至连云港一级公路南京段等				

	指标＼报告期	2017.06.30	2016.12.31	2016.06.30	2015.12.31
主要财务指标	基本每股收益(元)	0.3771	0.6642	0.3096	0.4976
	基本每股收益(扣除后)(元)	0.3756	0.6583	0.3076	0.5346
	稀释每股收益(元)	--	--	-	-
	每股净资产(元)	4.3638	4.4087	3.9733	4.0645
	每股经营现金净流量(元)	0.5108	1.0846	0.5787	0.8885
	每股现金流量(元)	0.0142	-0.0053	-0.0039	-0.0968
	每股资本公积金(元)	2.0700	2.0700	2.0737	2.0737
	每股盈余公积金(元)	0.6259	0.6259	0.6035	0.6035
	每股未分配利润(元)	0.5621	0.6050	0.2729	0.3633
	净资产收益率(%)	8.6411	15.0657	7.7927	12.2417
	加权净资产收益率(%)	8.2000	16.0600	7.3400	12.4500
	净资产收益率(扣除)(%)	8.6069	14.9322	7.7410	13.1518
	总资产(万元)	3846988.41	3628257.35	3621353.00	3647603.97
	归属母公司股东权益(万元)	2198389.15	2220975.62	2001645.27	2047615.93
	营业收入(万元)	466903.51	920129.71	406538.79	876132.12
	营业支出(万元)	207177.01	436372.03	171790.36	441620.76
	投资收益(万元)	29144.92	47296.67	20588.72	44406.82
	净利润(万元)	195300.10	343713.78	160618.28	258990.99
	营业利润(万元)	254591.01	440308.12	209683.65	351184.51
	利润总额(万元)	253398.23	441727.59	209632.05	289505.49

四川天一科技股份有限公司

公司概况	公司名称	四川天一科技股份有限公司			证券简称	天科股份
	法人代表	陈虹	董秘	冯新华	证券代码	600378
	公司网址	www.tianke.com		电子信箱	ctyc@tianke.com	
	电　话	028-85963417 85963659		传　真	028-85963417	
	办公地址	四川省成都市外南机场路常乐二段12号				
	经营范围	碳一化学技术及催化剂、变压吸附气体分离技术及装置、合成芳樟醇、维生素E等				

	指标＼报告期	2017.06.30	2016.12.31	2016.06.30	2015.12.31
主要财务指标	基本每股收益(元)	0.0800	0.0900	0.0400	0.1500
	基本每股收益(扣除后)(元)	0.0700	0.0800	0.0400	0.1400
	稀释每股收益(元)	0.0800	0.0900	0.0400	0.1500
	每股净资产(元)	2.5590	2.5097	2.4615	2.4692
	每股经营现金净流量(元)	-0.0920	0.1278	-0.1741	0.0105
	每股现金流量(元)	-0.1186	-0.2996	-0.2308	-0.0646
	每股资本公积金(元)	0.5151	0.5151	0.5151	0.5151
	每股盈余公积金(元)	0.2021	0.2021	0.1915	0.1915
	每股未分配利润(元)	0.8390	0.7911	0.7509	0.7605
	净资产收益率(%)	3.0462	3.6348	1.6405	5.8887
	加权净资产收益率(%)	3.0600	3.6600	1.6200	5.9600
	净资产收益率(扣除)(%)	2.5477	3.2719	1.4999	5.4772
	总资产(万元)	97772.01	98892.17	96651.49	99319.53
	归属母公司股东权益(万元)	76052.40	74588.05	73154.86	73382.58
	营业收入(万元)	20923.39	39154.48	18419.94	47360.96
	营业支出(万元)	15336.40	28302.61	13913.20	34659.56
	投资收益(万元)	138.35	-127.90	-	53.21
	净利润(万元)	2316.74	2584.68	1166.05	4322.08
	营业利润(万元)	1880.48	2790.47	1178.23	3943.48
	利润总额(万元)	2321.58	3227.21	1289.70	4245.61

陕西宝光真空电器股份有限公司

公司概况	公司名称	陕西宝光真空电器股份有限公司		证券简称	宝光股份
	法人代表	李军望	董秘 李军望(代)	证券代码	600379
	公司网址	www.baoguang.com.cn	电子信箱	office@baoguang.com.cn	
	电话	0917-3561512	传真	0917-3561512	
	办公地址	陕西省宝鸡市宝光路53号			
	经营范围	高、中、低压真空灭弧室、真空断路器、真空开关柜等产品的研制等			

主要财务指标 指标\报告期	2017.06.30	2016.12.31	2016.06.30	2015.12.31
基本每股收益(元)	0.0984	0.1532	0.1023	0.1164
基本每股收益(扣除后)(元)	0.0948	0.1455	0.0973	0.1077
稀释每股收益(元)	0.0984	0.1532	0.1023	0.1164
每股净资产(元)	2.0535	1.9967	1.9466	1.8431
每股经营现金净流量(元)	0.0120	-0.1688	0.1682	0.5634
每股现金流量(元)	0.1114	-0.5309	0.0364	0.5710
每股资本公积金(元)	0.0324	0.0324	0.0322	0.0322
每股盈余公积金(元)	0.1333	0.1333	0.1190	0.1190
每股未分配利润(元)	0.8821	0.8297	0.7931	0.6907
净资产收益率(%)	4.7934	7.6749	5.2571	6.3162
加权净资产收益率(%)	4.8606	7.9800	5.4007	6.5200
净资产收益率(扣除)(%)	4.6163	7.2892	5.0009	5.8421
总资产(万元)	72355.28	69660.47	87363.02	81936.70
归属母公司股东权益(万元)	48433.89	47094.54	45912.27	43470.63
营业收入(万元)	38705.42	69605.77	35381.20	60814.85
营业支出(万元)	30136.63	51383.19	26441.29	45587.05
投资收益(万元)	--	--	-	-
净利润(万元)	2321.65	3625.35	2418.21	2718.84
营业利润(万元)	2423.35	3971.79	2553.62	2972.55
利润总额(万元)	2524.73	4185.94	2697.30	3203.75

健康元药业集团股份有限公司

公司概况	公司名称	健康元药业集团股份有限公司		证券简称	健康元
	法人代表	朱保国	董秘 赵凤光	证券代码	600380
	公司网址	www.joincare.com	电子信箱	zhaofengguang@joincare.com	
	电话	0755-86252388	传真	0755-86252165	
	办公地址	广东省深圳市南山区高新区北区郎山路17号健康元药业集团大厦			
	经营范围	中药、保健品及西药的研究、开发及生产经营			

主要财务指标 指标\报告期	2017.06.30	2016.12.31	2016.06.30	2015.12.31
基本每股收益(元)	0.2048	0.2890	0.1638	0.2644
基本每股收益(扣除后)(元)	0.1813	0.2014	0.1438	0.2293
稀释每股收益(元)	0.2048	0.2890	0.1638	0.2631
每股净资产(元)	3.5420	3.3915	3.0568	2.9644
每股经营现金净流量(元)	0.3837	1.0362	0.3402	0.7968
每股现金流量(元)	0.7816	0.3740	0.0085	0.4326
每股资本公积金(元)	0.6049	0.5957	0.4413	0.4040
每股盈余公积金(元)	0.2228	0.2226	0.2137	0.2137
每股未分配利润(元)	1.7093	1.6605	1.5473	1.4852
净资产收益率(%)	5.8225	8.3862	5.3010	8.7673
加权净资产收益率(%)	5.9000	9.3100	5.3250	9.2070
净资产收益率(扣除)(%)	5.1593	5.8600	4.6637	7.6150
总资产(万元)	2181377.86	1607171.23	1465797.90	1379558.16
归属母公司股东权益(万元)	561732.57	538282.53	485539.60	470462.95
营业收入(万元)	544346.26	972154.42	491104.63	864189.14
营业支出(万元)	199365.81	366196.34	183939.30	342691.66
投资收益(万元)	2516.56	13444.63	2444.32	4830.61
净利润(万元)	66657.31	97440.79	52102.05	82179.32
营业利润(万元)	72928.88	103907.35	56496.42	86697.92
利润总额(万元)	79489.85	118064.42	62868.19	98134.02

青海春天药用资源科技股份有限公司

公司概况	公司名称	青海春天药用资源科技股份有限公司		证券简称	青海春天
	法人代表	张雪峰	董秘 陈定	证券代码	600381
	公司网址	www.verygrass.com	电子信箱	investor@verygrass.com	
	电话	0971-8816171	传真	0971-8816171	
	办公地址	青海省西宁市经济技术开发区东新路1号			
	经营范围	矿产资源,天然气,水泥,水电,火电资源的投资开发			

主要财务指标 指标\报告期	2017.06.30	2016.12.31	2016.06.30	2015.12.31
基本每股收益(元)	0.1234	0.3600	0.0788	0.5600
基本每股收益(扣除后)(元)	0.1168	0.3100	0.0781	0.5000
稀释每股收益(元)	0.1234	0.3600	0.0788	0.5600
每股净资产(元)	3.0401	2.9167	2.6282	2.5494
每股经营现金净流量(元)	0.0440	0.5032	-0.1114	1.2090
每股现金流量(元)	-0.3468	0.6101	0.8725	-0.1831
每股资本公积金(元)	0.1982	0.1982	0.1935	0.1935
每股盈余公积金(元)	0.1555	0.1555	0.1548	0.1548
每股未分配利润(元)	1.6865	1.5631	1.2799	1.2011
净资产收益率(%)	4.0585	12.2497	2.9997	20.3773
加权净资产收益率(%)	4.1400	13.0500	3.0500	22.4300
净资产收益率(扣除)(%)	3.8431	10.5218	2.9713	18.3643
总资产(万元)	224944.36	221073.97	205835.69	211298.48
归属母公司股东权益(万元)	208432.87	199973.55	180904.01	175477.45
营业收入(万元)	21857.63	70813.02	25607.02	140168.93
营业支出(万元)	12022.82	36756.45	12174.97	72447.39
投资收益(万元)	2556.76	2371.77	1142.51	1775.85
净利润(万元)	8477.72	24540.34	5438.95	35828.95
营业利润(万元)	9236.07	24459.12	6614.98	39400.27
利润总额(万元)	9724.11	27618.68	6675.62	42266.95

广东明珠集团股份有限公司

公司概况	公司名称	广东明珠集团股份有限公司		证券简称	广东明珠
	法人代表	张文东	董秘 李杏	证券代码	600382
	公司网址	www.gdmzh.com	电子信箱	gdmzh@gdmzh.com	
	电话	0753-3327282	传真	0753-3338549	
	办公地址	广东省兴宁市官汕路99号			
	经营范围	以实业投资发展、贸易、建筑安装、房地产开发以及生产等			

主要财务指标 指标\报告期	2017.06.30	2016.12.31	2016.06.30	2015.12.31
基本每股收益(元)	0.3600	0.5000	0.3600	0.4600
基本每股收益(扣除后)(元)	0.3200	0.4100	0.3100	0.3200
稀释每股收益(元)	0.3600	0.5000	0.3600	0.4600
每股净资产(元)	10.5688	10.2457	8.0386	7.7315
每股经营现金净流量(元)	-1.5420	-1.4349	-0.6299	-3.5506
每股现金流量(元)	0.8544	0.2108	0.1186	-0.7599
每股资本公积金(元)	4.1744	4.1744	0.2726	0.2726
每股盈余公积金(元)	0.4258	0.4258	0.5313	0.5313
每股未分配利润(元)	4.9686	4.6455	6.2346	5.9275
净资产收益率(%)	3.3884	3.7049	4.4422	5.9485
加权净资产收益率(%)	3.4400	6.1400	4.5300	6.1200
净资产收益率(扣除)(%)	3.0668	3.0482	3.8734	4.2034
总资产(万元)	775060.23	579267.42	337194.30	321987.02
归属母公司股东权益(万元)	493380.04	478296.46	274716.42	264221.77
营业收入(万元)	27059.45	23956.49	11466.06	21769.95
营业支出(万元)	3516.32	7837.82	4611.22	8778.22
投资收益(万元)	2433.87	8504.33	8324.90	8295.64
净利润(万元)	18128.68	17840.66	12165.28	15826.36
营业利润(万元)	23465.00	20837.10	13610.60	18397.62
利润总额(万元)	23466.62	20919.57	13537.60	18363.04

金地(集团)股份有限公司

公司概况	公司名称	金地(集团)股份有限公司		证券简称	金地集团
	法人代表	凌克	董秘 徐家俊	证券代码	600383
	公司网址	www.gemdale.com		电子信箱	ir@gemdale.com
	电　话	0755-82039509		传　真	0755-82039900
	办公地址	广东省深圳市福田区福强路金地商业大楼			
	经营范围	主要从事房地产开发经营、自有物业管理、兴办各类实体、经营进出口业务			

主要财务指标	指标\报告期	2017.06.30	2016.12.31	2016.06.30	2015.12.31
	基本每股收益(元)	0.2600	1.4000	0.1700	0.7100
	基本每股收益(扣除后)(元)	0.2400	1.2900	0.1600	0.3700
	稀释每股收益(元)	0.2600	1.4000	0.1700	0.7100
	每股净资产(元)	7.8925	8.2929	7.0201	7.4670
	每股经营现金净流量(元)	-0.6680	3.7845	1.5684	1.8656
	每股现金流量(元)	-0.2195	1.4657	1.2229	-0.4144
	每股资本公积金(元)	0.8011	0.8011	0.7324	0.9543
	每股盈余公积金(元)	0.4155	0.4155	0.3751	0.3752
	每股未分配利润(元)	5.5121	5.9568	4.7883	5.0368
	净资产收益率(%)	3.2346	16.8322	2.4622	9.5252
	加权净资产收益率(%)	3.1100	17.8400	2.3400	9.8600
	净资产收益率(扣除)(%)	3.0104	15.4954	2.2514	4.9669
	总资产(万元)	17006094.53	15363425.89	14554137.46	13934614.61
	归属母公司股东权益(万元)	3562376.98	3743090.64	3159658.29	3359872.57
	营业收入(万元)	1256843.55	5532948.05	1400208.83	3273326.72
	营业支出(万元)	867428.05	3913326.32	1058418.71	2337526.47
	投资收益(万元)	51798.62	243407.99	19134.58	140763.79
	净利润(万元)	169402.85	857585.01	128996.77	484331.69
	营业利润(万元)	210725.81	1111318.48	169356.68	619988.55
	利润总额(万元)	216404.81	1120525.72	174773.17	627966.40

山东金泰集团股份有限公司

公司概况	公司名称	山东金泰集团股份有限公司		证券简称	山东金泰
	法人代表	林云	董秘 杨继座	证券代码	600385
	公司网址	www.sdjintai.com.cn		电子信箱	jtjt-jn@263.net
	电　话	0531-88902341		传　真	0531-88902341
	办公地址	山东省济南市洪楼西路29号			
	经营范围	化学原料药、化学药品制剂、中药制剂、生物药品的研制、生产等			

主要财务指标	指标\报告期	2017.06.30	2016.12.31	2016.06.30	2015.12.31
	基本每股收益(元)	-0.0200	0.0200	0.0200	0.0400
	基本每股收益(扣除后)(元)	-0.0044	0.0400	0.0300	0.0600
	稀释每股收益(元)	-0.0200	0.0200	0.0200	0.0400
	每股净资产(元)	0.4869	0.5328	0.4958	0.4557
	每股经营现金净流量(元)	0.0137	-0.0077	-0.2139	1.0093
	每股现金流量(元)	-0.0111	0.0074	-0.1926	0.9925
	每股资本公积金(元)	2.0191	2.0191	2.0191	2.0191
	每股盈余公积金(元)	0.1106	0.1106	0.1106	0.1106
	每股未分配利润(元)	-2.7324	-2.7147	-2.7087	-2.7305
	净资产收益率(%)	-3.6347	2.9566	4.3799	8.3891
	加权净资产收益率(%)	-3.5000	3.1900	4.5600	9.3700
	净资产收益率(扣除)(%)	-0.9110	7.6702	6.9628	13.9967
	总资产(万元)	17156.00	18242.83	17226.16	22668.36
	归属母公司股东权益(万元)	7211.62	7890.71	7342.97	6749.28
	营业收入(万元)	385.77	28994.92	28449.90	63875.72
	营业支出(万元)	15.71	27512.45	27496.46	61617.14
	投资收益(万元)	7.33	--	-	-1.63
	净利润(万元)	-262.12	151.50	321.62	459.23
	营业利润(万元)	1.47	723.38	629.60	1121.74
	利润总额(万元)	-202.28	348.92	439.94	744.49

北京巴士传媒股份有限公司

公司概况	公司名称	北京巴士传媒股份有限公司		证券简称	北巴传媒
	法人代表	王春杰	董秘 王婕	证券代码	600386
	公司网址	www.bbcm.com.cn		电子信箱	bbcm@bbcm.com.cn
	电　话	010-68477383		传　真	010-68731430
	办公地址	北京市海淀区紫竹院路32号			
	经营范围	设计、制作、代理、发布国内及外商来华广告等			

主要财务指标	指标\报告期	2017.06.30	2016.12.31	2016.06.30	2015.12.31
	基本每股收益(元)	0.0600	0.2900	0.1300	0.3600
	基本每股收益(扣除后)(元)	0.0500	0.2500	0.1100	0.3400
	稀释每股收益(元)	0.0600	0.2900	0.1300	0.3600
	每股净资产(元)	4.4672	4.3723	4.2839	4.3648
	每股经营现金净流量(元)	0.1572	0.5314	0.2542	0.6813
	每股现金流量(元)	0.5677	-0.2165	0.3625	0.2970
	每股资本公积金(元)	1.6046	1.6046	1.6047	1.6047
	每股盈余公积金(元)	0.3730	0.3730	0.3469	0.3469
	每股未分配利润(元)	1.3260	1.2136	1.0739	1.1376
	净资产收益率(%)	2.5157	6.6784	2.9469	8.3034
	加权净资产收益率(%)	2.5400	6.6800	2.8800	8.4700
	净资产收益率(扣除)(%)	2.1011	5.5991	2.6562	7.7332
	总资产(万元)	367020.62	363940.89	353993.28	345658.65
	归属母公司股东权益(万元)	180117.06	176290.81	172725.68	175987.64
	营业收入(万元)	181169.36	349564.65	155581.35	301059.89
	营业支出(万元)	147220.51	277927.04	121840.16	223558.30
	投资收益(万元)	799.60	1185.75	526.67	-2179.62
	净利润(万元)	4701.74	12546.26	5376.53	16492.32
	营业利润(万元)	6488.07	17282.31	7212.48	22830.43
	利润总额(万元)	6793.21	17709.33	7388.49	23545.86

浙江海越股份有限公司

公司概况	公司名称	浙江海越股份有限公司		证券简称	海越股份
	法人代表	符之晓	董秘 夏建丰	证券代码	600387
	公司网址	www.hy600387.com		电子信箱	haiyue600387@163.com
	电　话	0575-87016161		传　真	0575-87032163
	办公地址	浙江省诸暨市西施大街59号			
	经营范围	交通、能源等基础设施的投资和经营			

主要财务指标	指标\报告期	2017.06.30	2016.12.31	2016.06.30	2015.12.31
	基本每股收益(元)	0.0030	0.1000	-0.1600	0.0600
	基本每股收益(扣除后)(元)	0.0200	-0.0400	-0.1400	-0.5300
	稀释每股收益(元)	0.0030	0.1000	-0.1600	0.0600
	每股净资产(元)	2.9595	3.0430	2.9493	3.4943
	每股经营现金净流量(元)	-0.2407	2.9485	0.7092	0.6622
	每股现金流量(元)	-0.8507	-0.5824	-0.8580	0.0162
	每股资本公积金(元)	0.4464	0.4442	0.4390	0.4390
	每股盈余公积金(元)	0.3417	0.3417	0.3229	0.3229
	每股未分配利润(元)	0.9182	0.9155	0.7188	0.8807
	净资产收益率(%)	0.0892	3.4067	-5.4911	1.7046
	加权净资产收益率(%)	0.0900	3.1000	-5.0300	1.8100
	净资产收益率(扣除)(%)	0.7637	-1.4117	-4.6506	-15.2086
	总资产(万元)	766814.22	814407.50	820131.74	910586.73
	归属母公司股东权益(万元)	114267.83	117490.10	113873.11	134915.70
	营业收入(万元)	492507.23	979224.72	420275.31	628476.63
	营业支出(万元)	467232.83	921876.06	403915.97	616108.81
	投资收益(万元)	2980.16	12229.30	3184.49	32784.96
	净利润(万元)	-2551.64	-3936.27	-15454.35	-19126.59
	营业利润(万元)	-1547.05	-753.73	-14641.68	-14945.51
	利润总额(万元)	-1456.22	-299.47	-14302.53	-12577.63

福建龙净环保股份有限公司

公司概况	公司名称	福建龙净环保股份有限公司		证券简称	龙净环保
	法人代表	林冰	董秘 罗继永	证券代码	600388
	公司网址	www.longking.com.cn		电子信箱	longkinghb@163.com
	电话	0597-2210288		传真	0597-2290903
	办公地址	福建省龙岩市新罗区工业西路龙净环保工业园			
	经营范围	环境污染防治设备、工业自动控制系统装置、环保专用仪器、仪表等			

主要财务指标	指标\报告期	2017.06.30	2016.12.31	2016.06.30	2015.12.31
	基本每股收益(元)	0.2100	0.6200	0.1800	0.5200
	基本每股收益(扣除后)(元)	0.1900	0.4900	0.1600	0.4900
	稀释每股收益(元)	0.2100	0.6200	0.1800	0.5200
	每股净资产(元)	3.7666	3.7449	3.3625	3.3349
	每股经营现金净流量(元)	–0.3328	0.8556	–0.2076	0.9492
	每股现金流量(元)	–0.9107	0.3685	–0.2988	0.5254
	每股资本公积金(元)	0.4387	0.4387	0.4887	0.4887
	每股盈余公积金(元)	0.2411	0.2411	0.2001	0.2001
	每股未分配利润(元)	2.0904	2.0692	1.6734	1.6492
	净资产收益率(%)	5.6059	16.5831	5.4769	15.7117
	加权净资产收益率(%)	5.5300	17.4000	5.4100	16.7500
	净资产收益率(扣除)(%)	5.0926	13.1634	4.8391	14.5563
	总资产(万元)	1416503.31	1463345.30	1386927.66	1351511.70
	归属母公司股东权益(万元)	402667.33	400350.73	359469.13	356515.98
	营业收入(万元)	295765.79	802353.99	292980.75	739096.05
	营业支出(万元)	222161.29	620688.37	224408.87	569742.58
	投资收益(万元)	––	111.55	383.08	1121.82
	净利润(万元)	22784.94	67143.99	19685.21	56103.89
	营业利润(万元)	25171.88	64717.29	21844.28	62417.88
	利润总额(万元)	27657.59	81671.43	24149.26	66545.50

南通江山农药化工股份有限公司

公司概况	公司名称	南通江山农药化工股份有限公司		证券简称	江山股份
	法人代表	薛健	董秘 宋金华	证券代码	600389
	公司网址	www.jsac.com.cn		电子信箱	songjh@jsac.com.cn
	电话	0513-83558270 83530931		传真	0513-83521807
	办公地址	江苏省南通市经济技术开发区江山路998号			
	经营范围	化学农药、有机化学品、无机化学品、高分子聚合物等制造、加工、销售			

主要财务指标	指标\报告期	2017.06.30	2016.12.31	2016.06.30	2015.12.31
	基本每股收益(元)	0.2241	0.1764	0.0141	0.0534
	基本每股收益(扣除后)(元)	0.2012	0.1516	–0.0042	–0.0040
	稀释每股收益(元)	0.2241	0.1764	0.0141	0.0534
	每股净资产(元)	4.7884	4.6285	4.3447	6.5254
	每股经营现金净流量(元)	–0.2646	1.1744	0.7023	1.1436
	每股现金流量(元)	0.5314	0.4941	0.2070	0.0434
	每股资本公积金(元)	0.3892	0.3892	0.3891	1.0836
	每股盈余公积金(元)	0.5060	0.5060	0.4893	0.7340
	每股未分配利润(元)	2.5885	2.4174	2.2719	3.4166
	净资产收益率(%)	4.6797	3.8104	0.3250	0.8182
	加权净资产收益率(%)	4.7269	3.9300	0.3241	0.8100
	净资产收益率(扣除)(%)	4.2020	3.2753	–0.0965	–0.0614
	总资产(万元)	336496.35	325472.28	310429.85	312012.79
	归属母公司股东权益(万元)	142215.84	137467.04	129038.34	129202.87
	营业收入(万元)	172264.46	475149.47	322765.84	267720.82
	营业支出(万元)	148934.68	442970.43	310498.17	240554.28
	投资收益(万元)	1538.30	652.61	620.85	201.97
	净利润(万元)	6655.26	5238.04	419.38	1057.08
	营业利润(万元)	9052.27	5369.69	–253.08	–358.65
	利润总额(万元)	8939.16	6535.66	488.34	1145.96

五矿资本股份有限公司

公司概况	公司名称	五矿资本股份有限公司		证券简称	五矿资本
	法人代表	任珠峰	董秘 李淼	证券代码	600390
	公司网址	www.king-ray.com.cn		电子信箱	kingray@minmetals.com
	电话	0731-88657382 88657300		传真	0731-88711158
	办公地址	湖南省长沙市岳麓区麓山南路966号;北京市海淀区三里河路5号			
	经营范围	电子基础材料、金属材料、超硬材料及其制品、专用设备的技术开发等			

主要财务指标	指标\报告期	2017.06.30	2016.12.31	2016.06.30	2015.12.31
	基本每股收益(元)	0.3100	3.4500	0.1658	–0.8910
	基本每股收益(扣除后)(元)	0.3100	0.1800	0.1470	–0.8320
	稀释每股收益(元)	0.3100	3.4500	0.1658	–0.8910
	每股净资产(元)	7.9598	31.3798	2.7613	2.5943
	每股经营现金净流量(元)	–1.1737	0.5245	–0.1829	–0.4169
	每股现金流量(元)	1.6124	–0.6783	0.0068	0.0583
	每股资本公积金(元)	5.9119	23.7645	2.5939	2.5939
	每股盈余公积金(元)	0.2056	1.7080	0.0520	0.0520
	每股未分配利润(元)	0.7419	3.9511	–0.8889	–1.0547
	净资产收益率(%)	3.3453	10.9959	6.0037	–31.6377
	加权净资产收益率(%)	3.6800	10.5200	6.1900	–37.8400
	净资产收益率(扣除)(%)	3.2914	0.5611	5.3253	–29.5612
	总资产(万元)	6101642.86	3399331.24	315124.90	228260.81
	归属母公司股东权益(万元)	2983634.60	1416034.42	124604.49	117071.64
	营业收入(万元)	487074.54	893841.78	81493.03	136587.90
	营业支出(万元)	462719.52	856499.41	64771.18	131632.60
	投资收益(万元)	64560.15	112374.45	–	–
	净利润(万元)	117502.89	195403.20	7428.68	–37698.00
	营业利润(万元)	143997.73	215452.32	8380.78	–35279.30
	利润总额(万元)	144434.81	246363.25	9322.70	–37710.79

中国航发航空科技股份有限公司

公司概况	公司名称	中国航发航空科技股份有限公司		证券简称	航发科技
	法人代表	孙岩峰	董秘 熊奕	证券代码	600391
	公司网址	www.ast.aecc.cn		电子信箱	board-fast@avic.com
	电话	028-89358665 89358616		传真	028-89358615
	办公地址	四川省成都市新都区三河街成发工业园			
	经营范围	研究、制造、加工、维修销售航空发动机及零部件等			

主要财务指标	指标\报告期	2017.06.30	2016.12.31	2016.06.30	2015.12.31
	基本每股收益(元)	0.0800	0.1300	0.1000	0.1000
	基本每股收益(扣除后)(元)	0.0500	0.1000	0.0900	0.0800
	稀释每股收益(元)	0.0800	0.1300	0.1000	0.1000
	每股净资产(元)	5.3455	5.2521	5.2118	5.1368
	每股经营现金净流量(元)	0.5383	–0.3340	–0.1356	–0.0670
	每股现金流量(元)	0.0193	–0.2057	–0.1769	0.0098
	每股资本公积金(元)	3.0641	3.0641	3.0641	3.0641
	每股盈余公积金(元)	0.2348	0.2348	0.2175	0.2175
	每股未分配利润(元)	0.9917	0.9089	0.8924	0.8273
	净资产收益率(%)	1.5491	2.4540	1.8241	1.8649
	加权净资产收益率(%)	1.5600	2.4800	1.8400	1.8800
	净资产收益率(扣除)(%)	1.0065	1.8682	1.7298	1.5840
	总资产(万元)	571509.92	565864.30	522575.84	501437.29
	归属母公司股东权益(万元)	176471.29	173388.04	172058.46	169581.56
	营业收入(万元)	92877.89	212583.70	99896.14	202796.63
	营业支出(万元)	72182.05	168360.34	77685.71	164978.90
	投资收益(万元)	––	––	–	–
	净利润(万元)	3318.24	5362.61	4302.86	4287.60
	营业利润(万元)	3816.23	5654.89	4702.85	4238.03
	利润总额(万元)	3720.59	6656.69	4906.35	4768.99

盛和资源控股股份有限公司

公司概况					
公司名称	盛和资源控股股份有限公司			证券简称	盛和资源
法人代表	胡泽松	董秘	黄厚兵	证券代码	600392
公司网址	www.scshre.com		电子信箱	600392@scshre.com	
电　　话	028-85425108		传　　真	028-85530349	
办公地址	四川省成都市高新区盛和一路 66 号城南天府 7 楼				
经营范围	研制、开发、生产、销售智能电子设备及其网络系统等				

主要财务指标：指标＼报告期	2017.06.30	2016.12.31	2016.06.30	2015.12.31
基本每股收益(元)	0.1121	–0.0349	–0.0245	0.0205
基本每股收益(扣除后)(元)	0.1140	–0.0959	–0.0272	0.0173
稀释每股收益(元)	0.1121	–0.0349	–0.0245	0.0205
每股净资产(元)	3.5903	1.2677	1.2591	1.2831
每股经营现金净流量(元)	–0.4236	–0.1133	–0.1266	–0.2805
每股现金流量(元)	0.0966	–0.0831	–0.1198	0.0540
每股资本公积金(元)	1.8757	–0.5797	–0.5797	–0.5797
每股盈余公积金(元)	0.0105	0.0150	0.0150	0.0150
每股未分配利润(元)	0.6629	0.8080	0.8184	0.8429
净资产收益率(%)	2.7766	–2.7540	–1.9491	1.6007
加权净资产收益率(%)	3.8800	–2.7600	–1.9300	1.5300
净资产收益率(扣除)(%)	2.8248	–7.5666	–2.1576	1.3520
总资产(万元)	817447.57	251714.81	240358.25	229465.84
归属母公司股东权益(万元)	484740.53	119291.01	118482.85	120748.39
营业收入(万元)	221078.80	137113.35	40139.09	109815.43
营业支出(万元)	185766.08	130822.14	36541.92	94074.39
投资收益(万元)	–57.60	710.00	–30.94	61.00
净利润(万元)	13492.42	–3132.70	–2072.34	1851.87
营业利润(万元)	18597.31	–10273.57	–2314.63	3505.53
利润总额(万元)	18377.74	–3987.16	–1957.61	3684.73

广州粤泰集团股份有限公司

公司概况					
公司名称	广州粤泰集团股份有限公司			证券简称	粤泰股份
法人代表	杨树坪	董秘	蔡锦鹭	证券代码	600393
公司网址	www.gzdh.com.cn		电子信箱	caijinlu@tom.com	
电　　话	020-87379702　87397172		传　　真	020-87386297	
办公地址	广东省广州市寺右新马路 170 号四楼				
经营范围	房地产开发、出售、出租房屋、房屋拆迁、土建工程电气配套承装、旅游等业务				

主要财务指标：指标＼报告期	2017.06.30	2016.12.31	2016.06.30	2015.12.31
基本每股收益(元)	0.3600	0.1300	0.0800	0.2200
基本每股收益(扣除后)(元)	0.3640	0.1300	0.0710	0.1100
稀释每股收益(元)	0.3600	0.1300	0.0800	0.2200
每股净资产(元)	2.2489	3.8213	4.0514	3.4150
每股经营现金净流量(元)	0.1328	–2.5249	–0.4163	–3.8658
每股现金流量(元)	–0.0434	0.2413	0.0790	–0.4058
每股资本公积金(元)	0.8168	2.6337	2.6998	1.3839
每股盈余公积金(元)	0.0430	0.0861	0.0775	0.3276
每股未分配利润(元)	0.3890	0.0991	0.2741	1.3367
净资产收益率(%)	15.9862	2.9951	1.4274	6.2966
加权净资产收益率(%)	17.2500	3.3200	1.5400	6.3100
净资产收益率(扣除)(%)	16.1661	2.8846	1.2532	3.2603
总资产(万元)	1475908.13	1249276.32	1064187.36	753381.58
归属母公司股东权益(万元)	570367.74	484593.42	513767.99	121446.80
营业收入(万元)	376517.63	95391.38	46262.28	83105.38
营业支出(万元)	198359.32	52347.09	25524.52	48490.07
投资收益(万元)	--	1165.93	1107.61	-
净利润(万元)	116831.33	12962.46	7418.42	6034.57
营业利润(万元)	135620.27	12855.72	6300.32	4713.03
利润总额(万元)	134594.37	13837.42	8017.83	7903.33

贵州盘江精煤股份有限公司

公司概况					
公司名称	贵州盘江精煤股份有限公司			证券简称	盘江股份
法人代表	易国晶	董秘	桑增林	证券代码	600395
公司网址	www.pjgf.cn		电子信箱	15117440957@163.com	
电　　话	0858-3703046　3703068		传　　真	0858-3703046	
办公地址	贵州省六盘水市红果经济开发区干沟桥				
经营范围	原煤开采、洗选加工及销售				

主要财务指标：指标＼报告期	2017.06.30	2016.12.31	2016.06.30	2015.12.31
基本每股收益(元)	0.2780	0.1180	–	0.0140
基本每股收益(扣除后)(元)	0.2590	–0.2290	–0.0180	0.0130
稀释每股收益(元)	0.2780	0.1180	–	0.0140
每股净资产(元)	3.8594	3.7147	3.4358	3.4200
每股经营现金净流量(元)	0.0056	–0.0598	–0.1263	0.3348
每股现金流量(元)	0.0545	0.0372	–0.0819	0.0104
每股资本公积金(元)	1.4679	1.4679	1.4135	1.4135
每股盈余公积金(元)	0.4193	0.4193	0.4076	0.4076
每股未分配利润(元)	0.7075	0.6690	0.5623	0.5723
净资产收益率(%)	7.2159	3.1884	0.0014	0.4100
加权净资产收益率(%)	7.2260	3.3460	0.0010	0.3950
净资产收益率(扣除)(%)	6.7159	–6.1689	–0.5323	0.3935
总资产(万元)	1243259.87	1150840.75	1037312.53	1036704.35
归属母公司股东权益(万元)	638747.90	614805.49	568647.39	566034.12
营业收入(万元)	290664.98	391422.29	154091.84	406902.33
营业支出(万元)	190073.14	299534.41	125268.41	317537.92
投资收益(万元)	–547.90	56593.56	404.03	–7404.47
净利润(万元)	46091.47	19602.06	7.88	2320.05
营业利润(万元)	52370.48	17191.78	–3306.12	1573.24
利润总额(万元)	55389.97	20418.87	168.89	2572.49

沈阳金山能源股份有限公司

公司概况					
公司名称	沈阳金山能源股份有限公司			证券简称	金山股份
法人代表	于学东	董秘	周可为	证券代码	600396
公司网址	www.chd.com.cn		电子信箱	zqb600396@126.com	
电　　话	024-83996041　83996009		传　　真	024-83996039	
办公地址	辽宁省沈阳市和平区南五马路 183 号泰宸商务大厦 B 座 22–26 层				
经营范围	火力发电、风力发电、供暖及供热				

主要财务指标：指标＼报告期	2017.06.30	2016.12.31	2016.06.30	2015.12.31
基本每股收益(元)	–0.0871	0.0146	0.1202	0.2153
基本每股收益(扣除后)(元)	–0.0908	0.0131	0.1171	0.1333
稀释每股收益(元)	–0.0871	0.0146	0.1202	0.2153
每股净资产(元)	2.3754	2.4457	2.6181	2.4790
每股经营现金净流量(元)	0.1915	1.1777	0.4221	1.8823
每股现金流量(元)	0.0309	–0.1715	0.0975	0.0921
每股资本公积金(元)	0.9287	0.9160	0.9287	0.9099
每股盈余公积金(元)	0.0928	0.0928	0.0879	0.0879
每股未分配利润(元)	0.3504	0.4375	0.6031	0.4829
净资产收益率(%)	–3.6680	0.5953	4.5906	7.0838
加权净资产收益率(%)	–3.6200	0.5900	4.7200	8.9800
净资产收益率(扣除)(%)	–3.8233	0.5364	4.4739	3.3566
总资产(万元)	2024935.64	2040790.74	2031114.32	2022975.46
归属母公司股东权益(万元)	349826.12	360185.54	385565.47	365089.75
营业收入(万元)	320852.35	656744.92	301140.55	715390.98
营业支出(万元)	294395.98	531378.14	224384.16	540338.54
投资收益(万元)	1398.47	–2359.85	890.92	3763.07
净利润(万元)	–11567.48	10082.10	23210.76	49436.87
营业利润(万元)	–13738.27	14553.70	30606.08	65996.40
利润总额(万元)	–13505.05	15172.55	31357.86	68478.12

安源煤业集团股份有限公司

公司概况					
公司名称	安源煤业集团股份有限公司			证券简称	安源煤业
法人代表	林绍华	董秘	兰祖良	证券代码	600397
公司网址	www.anyuan2002.com		电子信箱	anyuan2002@126.com	
电话	0791-87151886 87151860		传真	86-791-87151886	
办公地址	江西省南昌市西湖区丁公路117号				
经营范围	煤炭采掘销售、浮法玻璃生产、玻璃深加工及客车制造				

主要财务指标 指标\报告期	2017.06.30	2016.12.31	2016.06.30	2015.12.31
基本每股收益(元)	-0.0202	-2.0770	-0.2562	0.0281
基本每股收益(扣除后)(元)	0.0049	-2.0084	-0.2567	-0.1283
稀释每股收益(元)	-0.0202	-2.0770	-0.2562	0.0281
每股净资产(元)	1.4763	1.4961	3.3019	3.5588
每股经营现金净流量(元)	-0.1004	0.2554	-0.4684	0.1184
每股现金流量(元)	-0.2953	-1.1862	-1.2873	1.4333
每股资本公积金(元)	1.8822	1.8822	1.8686	1.9215
每股盈余公积金(元)	0.2424	0.2424	0.2424	0.2424
每股未分配利润(元)	-1.7526	-1.7324	0.0861	0.3844
净资产收益率(%)	-1.3690	-138.8294	-7.7582	0.7910
加权净资产收益率(%)	-1.3600	-81.9500	-7.4700	0.7900
净资产收益率(扣除)(%)	0.3330	-134.2439	-7.7739	-3.6061
总资产(万元)	744008.85	734516.36	976967.81	1100940.89
归属母公司股东权益(万元)	146143.41	148108.56	326878.54	361710.89
营业收入(万元)	175307.19	326123.57	143919.81	511646.31
营业支出(万元)	149722.98	291430.51	139540.45	462590.99
投资收益(万元)	-166.61	334.09	-	-
净利润(万元)	-2738.42	-214334.91	-26520.37	188.79
营业利润(万元)	2317.06	-200541.78	-26757.45	-13768.09
利润总额(万元)	-915.41	-209515.92	-26642.18	4721.80

海澜之家股份有限公司

公司概况					
公司名称	海澜之家股份有限公司			证券简称	海澜之家
法人代表	周建平	董秘	许庆华	证券代码	600398
公司网址	www.heilanhome.com		电子信箱	600398@heilanhome.com	
电话	0510-86121071		传真	0510-86126877	
办公地址	江苏省江阴市新桥镇				
经营范围	高档精纺呢绒、高档西服、衬衫、职业服的生产和销售、染整加工业务				

主要财务指标 指标\报告期	2017.06.30	2016.12.31	2016.06.30	2015.12.31
基本每股收益(元)	0.4200	0.7000	0.3900	0.6600
基本每股收益(扣除后)(元)	0.4100	0.6800	0.3800	0.6500
稀释每股收益(元)	--	--	-	-
每股净资产(元)	2.1618	2.2356	1.9098	1.8450
每股经营现金净流量(元)	0.1178	0.6517	0.1631	0.6204
每股现金流量(元)	-0.5265	0.1929	-0.2298	0.1348
每股资本公积金(元)	0.4490	0.4490	0.4490	0.4490
每股盈余公积金(元)	0.2150	0.2150	0.1746	0.1746
每股未分配利润(元)	1.2129	1.2855	1.0254	0.9608
净资产收益率(%)	19.3074	31.0896	20.6620	35.6264
加权净资产收益率(%)	18.3000	34.6400	19.8600	40.0200
净资产收益率(扣除)(%)	19.0803	30.5369	20.0762	35.0765
总资产(万元)	2279939.60	2437679.37	2198319.80	2344173.65
归属母公司股东权益(万元)	971229.09	1004401.40	858020.17	828916.78
营业收入(万元)	925268.18	1699959.17	876251.47	1583010.96
营业支出(万元)	553836.92	1037137.14	518564.54	945507.11
投资收益(万元)	380.03	4025.46	4000.00	240.41
净利润(万元)	187564.19	312313.45	177305.81	295407.21
营业利润(万元)	245344.33	407241.58	236247.44	393651.94
利润总额(万元)	248089.82	410547.34	238898.57	399418.76

抚顺特殊钢股份有限公司

公司概况					
公司名称	抚顺特殊钢股份有限公司			证券简称	抚顺特钢
法人代表	孙启	董秘	孔德生	证券代码	600399
公司网址	www.fs-ss.com		电子信箱	fstg@fs-ss.com	
电话	024-56676495 56678441		传真	024-56688966 56676495	
办公地址	辽宁省抚顺市望花区鞍山路东段8号				
经营范围	钢冶炼、压延钢加工及冶金技术服务、工业(含液体)制造、销售等				

主要财务指标 指标\报告期	2017.06.30	2016.12.31	2016.06.30	2015.12.31
基本每股收益(元)	0.0450	0.0856	0.0800	0.2328
基本每股收益(扣除后)(元)	0.0450	0.0686	0.0729	0.1110
稀释每股收益(元)	0.0450	0.0856	0.0800	0.2328
每股净资产(元)	1.5728	1.5269	1.5214	1.4764
每股经营现金净流量(元)	0.0029	-0.1136	0.0101	0.0954
每股现金流量(元)	0.1274	-0.0735	-0.0572	0.0243
每股资本公积金(元)	0.1251	0.1251	0.1251	0.1251
每股盈余公积金(元)	0.0854	0.0854	0.0766	0.0766
每股未分配利润(元)	0.3623	0.3165	0.3197	0.2747
净资产收益率(%)	2.9144	5.6038	5.2583	10.2503
加权净资产收益率(%)	2.9100	5.7000	5.3400	10.7300
净资产收益率(扣除)(%)	2.8575	4.4945	4.7927	4.8852
总资产(万元)	1247329.67	1235008.36	1234076.42	1299508.66
归属母公司股东权益(万元)	204461.26	198502.42	197778.45	191928.69
营业收入(万元)	277295.84	467755.52	239340.72	455769.32
营业支出(万元)	234396.25	368840.15	193984.28	353973.47
投资收益(万元)	-162.37	-356.16	-163.59	-375.10
净利润(万元)	5958.84	11123.73	10399.76	19673.28
营业利润(万元)	6851.15	9284.34	11197.76	9207.26
利润总额(万元)	6988.11	11912.95	12281.16	21330.16

江苏红豆实业股份有限公司

公司概况					
公司名称	江苏红豆实业股份有限公司			证券简称	红豆股份
法人代表	刘连红	董秘	孟晓平	证券代码	600400
公司网址	www.hongdou.com.cn		电子信箱	hongdou@hongdou.com	
电话	0510-66868422 66868278		传真	0510-88350139	
办公地址	江苏省无锡市锡山区港下镇				
经营范围	服装、针织品、服装面料的生产与销售、锦纶丝的生产与销售等				

主要财务指标 指标\报告期	2017.06.30	2016.12.31	2016.06.30	2015.12.31
基本每股收益(元)	0.2800	0.1100	0.0400	0.1400
基本每股收益(扣除后)(元)	0.0400	0.1000	0.0300	0.1400
稀释每股收益(元)	0.2800	0.1100	0.0400	0.1400
每股净资产(元)	2.4516	2.4915	1.5490	3.0737
每股经营现金净流量(元)	-0.8582	-0.6516	0.1414	1.1765
每股现金流量(元)	0.0537	0.4276	-0.0700	0.9009
每股资本公积金(元)	0.8222	1.0044	0.0525	1.1050
每股盈余公积金(元)	0.0721	0.0794	0.0837	0.1675
每股未分配利润(元)	0.5574	0.4102	0.4174	0.8016
净资产收益率(%)	11.2343	3.8897	2.6831	3.9348
加权净资产收益率(%)	11.5000	5.6200	2.6800	4.8000
净资产收益率(扣除)(%)	1.4281	3.4828	2.1923	3.8828
总资产(万元)	540393.69	984319.34	633512.88	675511.56
归属母公司股东权益(万元)	443617.10	409844.50	220527.36	218804.42
营业收入(万元)	159849.78	304146.72	133675.28	265109.24
营业支出(万元)	124129.33	234322.65	105733.80	200521.55
投资收益(万元)	58398.03	4384.65	1800.26	2541.20
净利润(万元)	49851.87	17636.63	6521.66	8895.01
营业利润(万元)	64841.83	20452.26	5993.65	12161.62
利润总额(万元)	65131.50	23208.53	8241.67	12083.18

海润光伏科技股份有限公司

公司概况	公司名称	海润光伏科技股份有限公司		证券简称	*ST 海润
	法人代表	李延人	董秘 问闻	证券代码	600401
	公司网址	www.hareonsolar.com		电子信箱	ir@hareon.net
	电　话	0510-68522289		传　真	0510-68522079
	办公地址	江苏省无锡市惠山区智慧路 5 号无锡信息港-A 座			
	经营范围	研究、开发、生产、加工单晶硅片、单晶硅棒、多晶硅锭、多晶硅片			

	指标\报告期	2017.06.30	2016.12.31	2016.06.30	2015.12.31
主要财务指标	基本每股收益(元)	-0.1061	-0.2496	0.0090	0.0203
	基本每股收益(扣除后)(元)	-0.1021	-0.2496	0.0123	-0.0203
	稀释每股收益(元)	-0.1061	-0.2496	0.0090	0.0203
	每股净资产(元)	0.6897	0.8056	1.0638	1.0454
	每股经营现金净流量(元)	0.0390	-0.1909	-0.0038	0.2235
	每股现金流量(元)	-0.1649	0.1539	-0.0373	-0.0629
	每股资本公积金(元)	0.2655	0.2655	0.2655	0.2655
	每股盈余公积金(元)	0.0170	0.0170	0.0170	0.0170
	每股未分配利润(元)	-0.5716	-0.4655	-0.2069	-0.2159
	净资产收益率(%)	-15.3906	-30.9837	0.8448	1.9452
	加权净资产收益率(%)	-14.1978	-27.1100	0.8522	1.9600
	净资产收益率(扣除)(%)	-14.8100	-29.3087	1.1525	-1.9423
	总资产(万元)	1729446.07	1937649.40	1687063.91	1592696.81
	归属母公司股东权益(万元)	325877.73	380632.98	502628.38	493946.84
	营业收入(万元)	172443.93	451908.05	245099.68	608896.55
	营业支出(万元)	160491.20	364786.19	185462.40	494421.61
	投资收益(万元)	1527.59	5808.96	8397.41	26508.21
	净利润(万元)	-50346.08	-118293.66	4161.89	9402.19
	营业利润(万元)	-50494.16	-103951.19	4458.54	2373.03
	利润总额(万元)	-53269.26	-115517.49	2553.74	7832.45

河南大有能源股份有限公司

公司概况	公司名称	河南大有能源股份有限公司		证券简称	*ST 大有
	法人代表	吴同性	董秘 张建强	证券代码	600403
	公司网址	www.hndyny.com		电子信箱	dsh@hndyny.com
	电　话	0398-5886075 5888908		传　真	0398-5897007
	办公地址	河南省三门峡市义马市千秋路 6 号			
	经营范围	原煤开采、煤炭批发经营、对煤炭行业的投资、煤炭洗选加工			

	指标\报告期	2017.06.30	2016.12.31	2016.06.30	2015.12.31
主要财务指标	基本每股收益(元)	0.1212	-0.8200	-0.4014	-0.5400
	基本每股收益(扣除后)(元)	0.1122	-0.7000	-0.3338	-0.4400
	稀释每股收益(元)	0.1212	-0.8200	-0.4014	-0.5400
	每股净资产(元)	2.8962	2.7666	3.1848	3.5517
	每股经营现金净流量(元)	-0.0206	0.1090	-0.0608	-0.0553
	每股现金流量(元)	0.1572	0.1076	-0.2151	0.0061
	每股资本公积金(元)	0.1374	0.1374	0.1374	0.1374
	每股盈余公积金(元)	0.2183	0.2183	0.2183	0.2183
	每股未分配利润(元)	1.4914	1.3702	1.7898	2.1911
	净资产收益率(%)	4.1842	-29.6715	-12.6032	-15.1721
	加权净资产收益率(%)	4.2800	-26.1300	-11.9200	-14.0700
	净资产收益率(扣除)(%)	3.8739	-25.3334	-10.4809	-12.2819
	总资产(万元)	1542058.46	1456781.45	1485609.08	1557404.01
	归属母公司股东权益(万元)	692425.15	661453.56	761432.66	849141.93
	营业收入(万元)	335122.30	518105.30	158861.06	462430.40
	营业支出(万元)	207140.37	484282.58	179227.40	448634.53
	投资收益(万元)	-1738.02	-12127.27	-2730.79	-6051.59
	净利润(万元)	25017.61	-206660.90	-100182.22	-145092.45
	营业利润(万元)	30581.26	-182971.12	-80497.28	-123378.40
	利润总额(万元)	32766.60	-211647.69	-96652.69	-145511.79

北京动力源科技股份有限公司

公司概况	公司名称	北京动力源科技股份有限公司		证券简称	动力源
	法人代表	何振亚	董秘 胡一元	证券代码	600405
	公司网址	www.dpc.com.cn		电子信箱	gyj@dpc.com.cn
	电　话	010-83681321		传　真	010-63783054
	办公地址	北京市丰台区科技园区星火路 8 号			
	经营范围	直流电源产品、交流电源产品及相关服务和集中监控系统产品及相关服务			

	指标\报告期	2017.06.30	2016.12.31	2016.06.30	2015.12.31
主要财务指标	基本每股收益(元)	-0.0660	0.0620	-0.0520	0.1170
	基本每股收益(扣除后)(元)	-0.0740	0.0290	-0.0620	0.0970
	稀释每股收益(元)	-0.0660	0.0620	-0.0520	0.1170
	每股净资产(元)	2.3339	1.9585	1.8031	1.8268
	每股经营现金净流量(元)	-0.2237	0.5063	0.0145	0.0306
	每股现金流量(元)	0.6905	-0.0478	0.0356	0.0055
	每股资本公积金(元)	0.9806	0.4375	0.4029	0.3750
	每股盈余公积金(元)	0.0611	0.0783	0.0785	0.0785
	每股未分配利润(元)	0.3699	0.5422	0.4694	0.5212
	净资产收益率(%)	-2.2697	3.1609	-2.8732	6.2379
	加权净资产收益率(%)	-3.5300	3.3000	-2.8800	6.4700
	净资产收益率(扣除)(%)	-2.5370	1.4914	-3.4273	5.1424
	总资产(万元)	309652.45	268430.95	263797.18	228102.54
	归属母公司股东权益(万元)	131303.96	85933.92	78965.41	80003.49
	营业收入(万元)	47016.76	127785.76	50232.34	111739.19
	营业支出(万元)	33347.50	85780.65	35173.73	75635.06
	投资收益(万元)	-13.77	57.37	-32.78	2.00
	净利润(万元)	-2980.26	2734.63	-2264.35	5020.23
	营业利润(万元)	-4402.12	-625.56	-3290.40	3389.21
	利润总额(万元)	-2723.34	2663.63	-2057.93	4999.34

国电南瑞科技股份有限公司

公司概况	公司名称	国电南瑞科技股份有限公司		证券简称	国电南瑞
	法人代表	奚国富	董秘 方飞龙	证券代码	600406
	公司网址	www.naritech.cn		电子信箱	stock@sgepri.sgcc.com.cn
	电　话	025-81087102		传　真	025-83422355
	办公地址	江苏省南京市江宁经济技术开发区诚信大道 19 号 2 幢			
	经营范围	电网调度自动化、变电站自动化、农村电网自动化等			

	指标\报告期	2017.06.30	2016.12.31	2016.06.30	2015.12.31
主要财务指标	基本每股收益(元)	0.1400	0.6000	0.1200	0.5300
	基本每股收益(扣除后)(元)	0.1400	0.5800	0.1100	0.5200
	稀释每股收益(元)	0.1400	0.6000	0.1200	0.5300
	每股净资产(元)	3.4876	3.6400	3.1629	3.3200
	每股经营现金净流量(元)	-0.0112	0.7511	-0.2228	0.4951
	每股现金流量(元)	-0.4483	0.3384	-0.5106	0.0604
	每股资本公积金(元)	0.4730	0.4730	0.4728	0.4728
	每股盈余公积金(元)	0.2738	0.2738	0.2280	0.2280
	每股未分配利润(元)	1.7409	1.8970	1.4621	1.6166
	净资产收益率(%)	4.1266	16.3515	3.6513	16.1235
	加权净资产收益率(%)	3.8700	17.2300	3.4700	17.0900
	净资产收益率(扣除)(%)	3.9633	15.9080	3.5787	15.8167
	总资产(万元)	1668207.23	1753238.61	1529763.11	1629928.19
	归属母公司股东权益(万元)	847133.62	885044.25	768261.01	805790.86
	营业收入(万元)	417596.54	1141528.30	377493.32	967801.35
	营业支出(万元)	334648.31	881516.06	301337.40	723990.81
	投资收益(万元)	--	--	-	-
	净利润(万元)	33627.03	145124.98	27835.75	132528.23
	营业利润(万元)	35301.76	138226.06	25890.90	127813.47
	利润总额(万元)	36932.99	165034.55	33327.42	153248.49

山西安泰集团股份有限公司

公司概况	公司名称	山西安泰集团股份有限公司		证券简称	安泰集团
	法人代表	杨锦龙	董秘	杨锦龙(代)	证券代码	600408
	公司网址	www.antaigroup.com		电子信箱	securities_dpt@antaigroup.com
	电　话	0354-7531034		传　真	0354-7536786
	办公地址	山西省介休市义安镇			
	经营范围	煤炭洗选、焦炭、生铁、水泥及其制品、电力的生产与销售			

主要财务指标	指标＼报告期	2017.06.30	2016.12.31	2016.06.30	2015.12.31
	基本每股收益(元)	-0.0700	-0.5800	-0.3500	0.0400
	基本每股收益(扣除后)(元)	-0.0800	-0.5100	-0.3000	-0.4700
	稀释每股收益(元)	-0.0700	-0.5800	-0.3500	0.0400
	每股净资产(元)	0.8912	0.9585	1.1855	1.5359
	每股经营现金净流量(元)	0.6946	-0.1275	-0.0824	-0.3320
	每股现金流量(元)	0.3776	-0.1185	-0.1119	0.0285
	每股资本公积金(元)	1.4532	1.4532	1.4532	1.4532
	每股盈余公积金(元)	0.1316	0.1316	0.1316	0.1316
	每股未分配利润(元)	-1.6939	-1.6274	-1.4014	-1.0493
	净资产收益率(%)	-7.4693	-60.3081	-29.6997	2.4509
	加权净资产收益率(%)	-7.1900	-46.3600	-25.8900	2.4900
	净资产收益率(扣除)(%)	-8.8342	-53.2883	-25.7269	-30.9016
	总资产(万元)	631052.98	647191.27	647566.13	661713.33
	归属母公司股东权益(万元)	89721.59	96497.03	119357.47	154632.04
	营业收入(万元)	253716.95	338473.27	94182.15	236953.93
	营业支出(万元)	226535.81	320586.59	94043.51	229787.21
	投资收益(万元)	--	-0.16	-	6111.57
	净利润(万元)	-5956.91	-60115.97	-36782.03	-8102.69
	营业利润(万元)	-5045.10	-53379.28	-32162.24	-32588.89
	利润总额(万元)	-5788.88	-60108.18	-36892.22	-7604.59

唐山三友化工股份有限公司

公司概况	公司名称	唐山三友化工股份有限公司		证券简称	三友化工
	法人代表	么志义	董秘	刘印江	证券代码	600409
	公司网址	www.sanyou-chem.com.cn		电子信箱	zhengquanbu@sanyou-chem.com.cn
	电　话	0315-8511642 8519078		传　真	0315-8511006
	办公地址	河北省唐山市南堡开发区			
	经营范围	纯碱、食品添加剂碳酸钠、轻质碳酸钙生产、销售			

主要财务指标	指标＼报告期	2017.06.30	2016.12.31	2016.06.30	2015.12.31
	基本每股收益(元)	0.5200	0.4123	0.1588	0.2230
	基本每股收益(扣除后)(元)	0.5061	0.4287	0.1641	0.2319
	稀释每股收益(元)	0.5200	0.4123	0.1588	0.2230
	每股净资产(元)	4.4011	3.7610	3.5055	3.4316
	每股经营现金净流量(元)	0.2953	0.7262	0.2996	0.5311
	每股现金流量(元)	0.5299	-0.0564	-0.0934	0.0609
	每股资本公积金(元)	1.7172	1.2810	1.2783	1.2783
	每股盈余公积金(元)	0.1333	0.1487	0.1375	0.1375
	每股未分配利润(元)	1.5360	1.3187	1.0764	0.9976
	净资产收益率(%)	10.5899	10.9618	4.5294	6.4980
	加权净资产收益率(%)	12.9900	11.4700	4.6300	6.6200
	净资产收益率(扣除)(%)	10.3074	11.3982	4.6805	6.7565
	总资产(万元)	2327262.63	2100085.19	2027385.73	2034725.75
	归属母公司股东权益(万元)	908539.05	695926.83	648648.80	634972.38
	营业收入(万元)	998944.41	1575679.93	734556.65	1369385.31
	营业支出(万元)	732753.13	1183522.55	556758.24	1072071.50
	投资收益(万元)	5.50	16.38	6.57	118.26
	净利润(万元)	102795.50	80086.92	30619.42	38411.71
	营业利润(万元)	129108.16	110504.68	43586.05	53184.00
	利润总额(万元)	132633.06	107786.22	42922.34	52808.95

北京华胜天成科技股份有限公司

公司概况	公司名称	北京华胜天成科技股份有限公司		证券简称	华胜天成
	法人代表	王维航	董秘	张月英	证券代码	600410
	公司网址	www.teamsun.com.cn		电子信箱	securities@teamsun.com.cn
	电　话	86-10-80986666		传　真	86-10-80986020
	办公地址	北京市海淀区学东北旺西路软件园二期华胜天成科研大楼			
	经营范围	电信、金融等行业用户提供系统集成及专业服务			

主要财务指标	指标＼报告期	2017.06.30	2016.12.31	2016.06.30	2015.12.31
	基本每股收益(元)	0.1400	0.0378	0.0366	0.0812
	基本每股收益(扣除后)(元)	0.0400	0.0137	0.0324	0.0452
	稀释每股收益(元)	0.1400	0.0377	0.0366	0.0811
	每股净资产(元)	4.4370	4.3335	2.6400	3.6733
	每股经营现金净流量(元)	-0.3482	0.1173	-0.1743	0.5169
	每股现金流量(元)	-0.3302	0.6892	-0.7372	-0.2317
	每股资本公积金(元)	2.3329	2.3351	0.4768	1.0644
	每股盈余公积金(元)	0.1689	0.1689	0.2036	0.2851
	每股未分配利润(元)	0.9628	0.8545	1.0509	1.4703
	净资产收益率(%)	3.1161	0.7480	1.3793	2.1962
	加权净资产收益率(%)	3.1500	1.2000	1.3800	2.2200
	净资产收益率(扣除)(%)	0.8983	0.2716	1.2232	1.2229
	总资产(万元)	1128413.88	1009523.85	642380.12	677763.37
	归属母公司股东权益(万元)	490058.94	478624.36	237217.33	235724.86
	营业收入(万元)	254677.80	480003.30	209195.78	479298.30
	营业支出(万元)	214338.94	395393.67	170292.95	397744.24
	投资收益(万元)	18333.41	5004.61	1200.65	5112.16
	净利润(万元)	15747.48	3998.14	3119.50	10631.16
	营业利润(万元)	17045.92	3017.44	3260.91	7248.86
	利润总额(万元)	17745.12	4885.32	3636.75	10528.50

浙江中国小商品城集团股份有限公司

公司概况	公司名称	浙江中国小商品城集团股份有限公司		证券简称	小商品城
	法人代表	朱旻	董秘	许杭	证券代码	600415
	公司网址	www.cccgroup.com.cn		电子信箱	600415@cccgroup.com.cn
	电　话	0579-85182700 85182812		传　真	0579-85197755
	办公地址	浙江省义乌市福田路105号海洋商务楼			
	经营范围	市场网点经营、房地产开发销售、酒店服务、商品销售等			

主要财务指标	指标＼报告期	2017.06.30	2016.12.31	2016.06.30	2015.12.31
	基本每股收益(元)	0.1900	0.1900	0.1000	0.1300
	基本每股收益(扣除后)(元)	0.1900	0.2200	0.1000	0.1200
	稀释每股收益(元)	0.1900	0.1900	0.1000	0.1300
	每股净资产(元)	1.9819	1.8629	1.7733	1.7404
	每股经营现金净流量(元)	0.0209	0.2016	-0.1667	1.2541
	每股现金流量(元)	0.0804	-0.0439	-0.0475	-0.1467
	每股资本公积金(元)	0.2698	0.2698	0.2698	0.2698
	每股盈余公积金(元)	0.1658	0.1658	0.1487	0.1487
	每股未分配利润(元)	0.5258	0.3956	0.3234	0.2679
	净资产收益率(%)	9.5968	10.4561	5.9507	7.2669
	加权净资产收益率(%)	9.7200	10.8100	5.7400	7.5700
	净资产收益率(扣除)(%)	9.5120	11.6363	5.9439	6.8930
	总资产(万元)	2388196.03	2713987.82	2566228.59	2962784.72
	归属母公司股东权益(万元)	1078775.09	1014021.08	965240.68	947313.43
	营业收入(万元)	760200.51	703803.16	429605.08	569818.98
	营业支出(万元)	545720.23	398207.88	254451.60	336232.47
	投资收益(万元)	2409.95	-6949.41	504.84	1956.99
	净利润(万元)	102153.22	100342.10	55958.18	66275.32
	营业利润(万元)	139864.09	161187.24	79531.00	96868.81
	利润总额(万元)	137874.08	135303.27	76970.33	95046.39

湘潭电机股份有限公司

公司概况	公司名称	湘潭电机股份有限公司			证券简称	湘电股份
	法人代表	柳秀导	董秘	李怡文	证券代码	600416
	公司网址	www.xemc.com.cn		电子信箱	Lyw1119@.163.com	
	电　　话	0731-58595252		传　　真	0731-58595252	
	办公地址	湖南省湘潭市下摄司街 302 号				
	经营范围	大中型交直流电机(含特种电机)的开发、生产和销售业务等				

主要财务指标	指标＼报告期	2017.06.30	2016.12.31	2016.06.30	2015.12.31
	基本每股收益(元)	0.0200	0.1700	0.1000	0.0900
	基本每股收益(扣除后)(元)	—	—	-0.0100	0.0200
	稀释每股收益(元)	0.0200	0.1700	0.1000	0.0900
	每股净资产(元)	6.7770	6.8072	5.2451	5.1690
	每股经营现金净流量(元)	-0.5960	0.3059	-0.8265	0.4075
	每股现金流量(元)	0.1258	0.1248	0.7367	0.2283
	每股资本公积金(元)	5.1522	5.3970	3.4703	3.4703
	每股盈余公积金(元)	0.2191	0.2191	0.2604	0.2604
	每股未分配利润(元)	0.4271	0.4593	0.5577	0.4896
	净资产收益率(%)	0.3015	2.1554	1.8694	1.6520
	加权净资产收益率(%)	0.3100	3.0700	1.8800	1.7900
	净资产收益率(扣除)(%)	0.0539	-0.0482	-0.1178	0.3080
	总资产(万元)	2080642.84	2019059.35	1951703.91	1849300.22
	归属母公司股东权益(万元)	640990.19	666404.68	389925.38	384267.11
	营业收入(万元)	476867.18	1094852.84	504163.09	950041.24
	营业支出(万元)	410556.40	951116.52	441228.49	809629.20
	投资收益(万元)	1281.21	1245.84	986.47	3652.24
	净利润(万元)	1195.22	13443.17	6337.18	4653.74
	营业利润(万元)	3833.54	-1047.23	1069.92	3338.54
	利润总额(万元)	4022.65	13938.78	9045.94	6468.35

安徽江淮汽车股份有限公司

公司概况	公司名称	安徽江淮汽车股份有限公司			证券简称	江淮汽车
	法人代表	安进	董秘	冯梁森	证券代码	600418
	公司网址	www.jac.com.cn		电子信箱	jqgf@jac.com.cn	
	电　　话	0551-62296835		传　　真	0551-62296837	
	办公地址	安徽省合肥市东流路 176 号				
	经营范围	汽车、汽车底盘及其汽车变速箱等零部件的开发、生产和销售				

主要财务指标	指标＼报告期	2017.06.30	2016.12.31	2016.06.30	2015.12.31
	基本每股收益(元)	0.1800	0.7200	0.3900	0.5900
	基本每股收益(扣除后)(元)	0.1000	0.5300	0.3300	0.3800
	稀释每股收益(元)	0.1800	0.7200	0.3900	0.5900
	每股净资产(元)	7.2817	7.2857	5.9462	5.7513
	每股经营现金净流量(元)	-2.0525	-0.1848	0.9747	2.4215
	每股现金流量(元)	-1.0077	1.8201	2.6819	0.9320
	每股资本公积金(元)	2.8150	2.8152	0.8593	0.8869
	每股盈余公积金(元)	0.8557	0.8557	0.9755	0.9755
	每股未分配利润(元)	2.5572	2.5652	3.0526	2.8380
	净资产收益率(%)	2.5002	8.4236	6.6373	10.1905
	加权净资产收益率(%)	2.4700	11.2600	6.6800	10.5800
	净资产收益率(扣除)(%)	1.3958	6.1156	5.4734	6.2819
	总资产(万元)	4809136.96	4921459.78	4533150.59	3890380.02
	归属母公司股东权益(万元)	1378656.20	1379419.12	870062.40	841548.66
	营业收入(万元)	2531342.44	5249055.68	2639028.18	4638591.23
	营业支出(万元)	2271597.76	4745608.79	2385205.01	4121588.54
	投资收益(万元)	13069.32	22934.72	10063.97	11321.55
	净利润(万元)	31113.36	121461.07	59817.16	85546.65
	营业利润(万元)	26981.69	-265541.40	-111435.42	-153375.00
	利润总额(万元)	30542.13	134186.00	67399.38	100679.14

新疆天润乳业股份有限公司

公司概况	公司名称	新疆天润乳业股份有限公司			证券简称	天润乳业
	法人代表	刘让	董秘	侯晓勤	证券代码	600419
	公司网址	www.xjth.cn		电子信箱	zqb600419@126.com	
	电　　话	0991-3960621		传　　真	86-991-3930026	
	办公地址	新疆维吾尔自治区乌鲁木齐市经济技术开发区(头屯河区)乌昌公路 2702 号				
	经营范围	造纸、纸制品及纸料加工、销售、化工产品(有毒除外)、印刷物资的销售等				

主要财务指标	指标＼报告期	2017.06.30	2016.12.31	2016.06.30	2015.12.31
	基本每股收益(元)	0.5800	0.7600	0.4900	0.5500
	基本每股收益(扣除后)(元)	0.5800	0.6700	0.4200	0.4900
	稀释每股收益(元)	0.5800	0.7600	0.4900	0.5500
	每股净资产(元)	7.7013	7.1233	6.8630	6.3700
	每股经营现金净流量(元)	0.9977	1.5128	0.6193	0.9720
	每股现金流量(元)	1.4569	-0.5260	0.1542	0.7826
	每股资本公积金(元)	5.8594	5.8594	5.8619	5.8619
	每股盈余公积金(元)	0.1573	0.1573	0.1573	0.1573
	每股未分配利润(元)	0.6846	0.1066	-0.1562	-0.6492
	净资产收益率(%)	7.5049	10.6109	7.1835	7.7102
	加权净资产收益率(%)	7.8000	11.2000	7.4500	11.7000
	净资产收益率(扣除)(%)	7.5705	9.4425	6.0598	6.8943
	总资产(万元)	134100.65	116212.52	111255.26	107556.79
	归属母公司股东权益(万元)	79752.57	73767.25	71071.02	65965.67
	营业收入(万元)	60205.44	87517.57	43371.56	58856.81
	营业支出(万元)	43133.39	60408.54	29654.96	38981.68
	投资收益(万元)	—	—	-	-
	净利润(万元)	6424.03	8474.70	5495.24	5587.25
	营业利润(万元)	7336.67	8915.13	5653.15	5750.78
	利润总额(万元)	7353.39	10053.67	6323.65	6449.13

上海现代制药股份有限公司

公司概况	公司名称	上海现代制药股份有限公司			证券简称	现代制药
	法人代表	周斌	董秘	魏冬松	证券代码	600420
	公司网址	www.shyndec.com		电子信箱	xdzy_weidongsong@sinopharm.com	
	电　　话	021-52372865 52373839		传　　真	021-62510787	
	办公地址	上海市静安区北京西路 1320 号				
	经营范围	医药产品的开发、生产、经营、医药产品的代理销售				

主要财务指标	指标＼报告期	2017.06.30	2016.12.31	2016.06.30	2015.12.31
	基本每股收益(元)	0.3217	0.9809	0.3085	0.7683
	基本每股收益(扣除后)(元)	0.3191	0.4892	0.2412	0.7263
	稀释每股收益(元)	0.3217	0.9809	0.3085	0.7683
	每股净资产(元)	5.3284	19.8238	4.8754	4.6168
	每股经营现金净流量(元)	0.1549	1.5103	0.4987	0.7877
	每股现金流量(元)	0.0103	0.9291	-0.0821	0.0624
	每股资本公积金(元)	2.2170	5.4338	0.2503	0.2503
	每股盈余公积金(元)	0.1383	0.2767	0.3990	0.3990
	每股未分配利润(元)	1.9741	3.5648	3.2301	2.9716
	净资产收益率(%)	6.0380	8.3614	6.3284	16.6403
	加权净资产收益率(%)	6.1000	9.3800	6.4700	17.7200
	净资产收益率(扣除)(%)	5.9885	2.8455	4.9471	15.7308
	总资产(万元)	1514898.32	1501507.38	426494.79	413741.01
	归属母公司股东权益(万元)	591697.64	570398.11	140281.11	132842.17
	营业收入(万元)	457966.09	912577.48	136602.50	268224.47
	营业支出(万元)	281585.52	582683.57	67078.69	135834.86
	投资收益(万元)	568.02	1569.22	-	396.65
	净利润(万元)	52475.30	85403.15	13399.08	29155.49
	营业利润(万元)	63518.24	90781.70	14817.11	33769.00
	利润总额(万元)	63967.32	103651.30	18342.09	35262.70

湖北仰帆控股股份有限公司

	公司名称	湖北仰帆控股股份有限公司		证券简称	ST 仰帆
公司概况	法人代表	周伟兴	董秘 闻彩兵	证券代码	600421
	公司网址	www.spring.com.cn		电子信箱	stocks@spring.com.cn
	电话	027-87654767		传真	027-87654767
	办公地址	湖北省武汉市武昌区武珞路 628 号亚洲贸易广场 B 座 22 层			
	经营范围	企业投资开发			

主要财务指标	指标\报告期	2017.06.30	2016.12.31	2016.06.30	2015.12.31
	基本每股收益(元)	-0.0060	0.0200	-0.0040	0.0010
	基本每股收益(扣除后)(元)	-0.0060	-0.0100	-0.0047	0.0010
	稀释每股收益(元)	-0.0060	0.0200	-0.0040	0.0010
	每股净资产(元)	0.0397	0.0453	0.0246	0.0289
	每股经营现金净流量(元)	0.0053	-0.0085	-0.0061	-0.0190
	每股现金流量(元)	0.0046	-0.0133	-0.0067	-0.0527
	每股资本公积金(元)	1.0013	1.0013	1.0013	1.0013
	每股盈余公积金(元)	0.1433	0.1433	0.1433	0.1433
	每股未分配利润(元)	-2.1049	-2.0993	-2.1200	-2.1157
	净资产收益率(%)	-14.0408	36.2561	-17.1986	3.3121
	加权净资产收益率(%)	--	44.2800	-17.2000	3.3700
	净资产收益率(扣除)(%)	-14.0444	-28.1935	-19.2725	3.2164
	总资产(万元)	6735.41	6380.99	7685.03	7913.46
	归属母公司股东权益(万元)	776.37	885.37	481.55	564.37
	营业收入(万元)	1727.55	2817.71	1346.87	2785.24
	营业支出(万元)	1471.56	2373.95	1212.93	1820.68
	投资收益(万元)	--	--	-	-
	净利润(万元)	-119.78	312.80	-85.61	107.52
	营业利润(万元)	-118.97	-277.93	-89.64	197.42
	利润总额(万元)	-118.95	303.02	-79.65	225.85

昆药集团股份有限公司

	公司名称	昆药集团股份有限公司		证券简称	昆药集团
公司概况	法人代表	戴晓畅	董秘 徐朝能	证券代码	600422
	公司网址	www.kpc.com.cn		电子信箱	irm.kpc@holley.cn
	电话	0871-68324311		传真	0871-8324267
	办公地址	云南省昆明市国家高新技术开发区科医路 166 号			
	经营范围	天然植物药的生产经营和外购药品的批发零售			

主要财务指标	指标\报告期	2017.06.30	2016.12.31	2016.06.30	2015.12.31
	基本每股收益(元)	0.2733	0.5164	0.3149	1.0672
	基本每股收益(扣除后)(元)	0.2439	0.3987	0.2854	1.0640
	稀释每股收益(元)	0.2733	0.5164	0.3149	1.0672
	每股净资产(元)	4.6109	4.5107	4.2867	8.3981
	每股经营现金净流量(元)	-0.0371	0.3945	0.1489	1.2086
	每股现金流量(元)	0.0566	0.1129	-0.2221	0.1356
	每股资本公积金(元)	1.7990	1.7940	1.7940	4.5880
	每股盈余公积金(元)	0.2324	0.2324	0.1905	0.3811
	每股未分配利润(元)	1.5752	1.4820	1.3223	2.4248
	净资产收益率(%)	5.9265	11.4477	7.3462	12.7078
	加权净资产收益率(%)	5.9200	11.9000	7.3500	18.3700
	净资产收益率(扣除)(%)	5.2890	8.8401	6.6574	11.3877
	总资产(万元)	554818.70	540226.33	498915.33	494827.10
	归属母公司股东权益(万元)	363653.57	355753.34	338088.33	331176.06
	营业收入(万元)	272977.44	510059.71	249998.75	491568.59
	营业支出(万元)	156834.34	312856.50	154731.78	321982.99
	投资收益(万元)	509.64	3795.61	1486.55	1382.11
	净利润(万元)	21635.74	40951.84	24951.42	43131.52
	营业利润(万元)	26867.68	42430.75	28651.09	46541.86
	利润总额(万元)	26737.05	48092.68	29516.68	50591.49

柳州化工股份有限公司

	公司名称	柳州化工股份有限公司		证券简称	*ST 柳化
公司概况	法人代表	陆胜云	董秘 龙立萍	证券代码	600423
	公司网址	www.lzhg.cn		电子信箱	lhgf@vip.163.com
	电话	0772-2519434		传真	0772-2510401
	办公地址	广西壮族自治区柳州市北雀路 67 号			
	经营范围	以煤为原料、以合成氨为中间产品的系列氨加工产品的生产和销售			

主要财务指标	指标\报告期	2017.06.30	2016.12.31	2016.06.30	2015.12.31
	基本每股收益(元)	-0.2200	-2.0400	-0.6000	-1.2200
	基本每股收益(扣除后)(元)	-0.6200	-2.0600	-0.5900	-1.2600
	稀释每股收益(元)	--	--	-	-
	每股净资产(元)	-0.2685	-0.0614	1.3759	1.9710
	每股经营现金净流量(元)	0.4189	0.0670	0.4963	0.2018
	每股现金流量(元)	-0.1431	-0.2517	0.3814	-0.8581
	每股资本公积金(元)	1.2753	1.2753	1.2753	1.2753
	每股盈余公积金(元)	0.2232	0.2232	0.2232	0.2232
	每股未分配利润(元)	-2.7955	-2.5754	-1.1310	-0.5314
	净资产收益率(%)	--	-3330.4086	-43.5777	-61.6888
	加权净资产收益率(%)	--	-215.3800	-35.8800	-46.2500
	净资产收益率(扣除)(%)	231.4132	3361.8652	-43.0689	-64.0263
	总资产(万元)	341407.99	369918.14	457402.48	478836.89
	归属母公司股东权益(万元)	-10724.47	-2450.87	54945.15	78709.96
	营业收入(万元)	88421.56	207640.53	112055.35	262936.62
	营业支出(万元)	86378.42	213128.59	111671.38	254527.24
	投资收益(万元)	--	36.08	-	-261.31
	净利润(万元)	-8791.68	-81623.98	-23943.83	-48555.24
	营业利润(万元)	-24817.84	-81063.55	-23399.13	-51081.47
	利润总额(万元)	-8791.68	-79950.74	-23713.54	-49417.44

新疆青松建材化工(集团)股份有限公司

	公司名称	新疆青松建材化工(集团)股份有限公司		证券简称	*ST 青松
公司概况	法人代表	郑术建	董秘 尹华军	证券代码	600425
	公司网址	www.xjqscc.com		电子信箱	xxh723@163.com
	电话	0997-2813793 2811282		传真	0997-2811675
	办公地址	新疆维吾尔自治区阿克苏市林园			
	经营范围	水泥及水泥制品的生产和销售			

主要财务指标	指标\报告期	2017.06.30	2016.12.31	2016.06.30	2015.12.31
	基本每股收益(元)	-0.0890	-0.4200	-0.1240	-0.4900
	基本每股收益(扣除后)(元)	-0.0920	-0.3300	-0.1290	-0.4800
	稀释每股收益(元)	-0.0890	-0.4200	-0.1240	-0.4900
	每股净资产(元)	2.8094	2.8985	3.1927	3.3159
	每股经营现金净流量(元)	0.1540	0.5148	0.0901	0.0486
	每股现金流量(元)	-0.0070	0.0009	0.0272	-0.2310
	每股资本公积金(元)	2.3221	2.3221	2.3221	2.3221
	每股盈余公积金(元)	0.0951	0.0951	0.0951	0.0951
	每股未分配利润(元)	-0.6091	-0.5199	-0.2267	-0.1025
	净资产收益率(%)	-3.1723	-14.4015	-3.8895	-14.8907
	加权净资产收益率(%)	-3.1230	-13.4300	-3.8160	-13.7800
	净资产收益率(扣除)(%)	-3.2788	-11.3460	-4.0338	-14.4834
	总资产(万元)	988756.65	999874.19	1108284.44	1119803.58
	归属母公司股东权益(万元)	387354.54	399642.61	440213.19	457197.13
	营业收入(万元)	73153.40	180235.74	72815.81	175477.29
	营业支出(万元)	66403.24	156076.91	66327.95	189872.65
	投资收益(万元)	624.98	813.12	-313.29	838.66
	净利润(万元)	-18073.27	-74492.50	-25248.45	-93136.05
	营业利润(万元)	-21649.51	-67760.38	-27499.19	-97062.47
	利润总额(万元)	-17884.07	-72469.04	-24579.84	-92180.52

山东华鲁恒升化工股份有限公司

公司概况	公司名称	山东华鲁恒升化工股份有限公司		证券简称	华鲁恒升	
	法人代表	常怀春	董秘	高文军	证券代码	600426
	公司网址	www.hl-hengsheng.com		电子信箱	hlhs2465031@126.com	
	电　话	0534-2465426		传　真	0534-2465017	
	办公地址	山东省德州市德城区天衢西路 24 号				
	经营范围	尿素、DMF 和三甲胺的生产和销售				

主要财务指标	指标\报告期	2017.06.30	2016.12.31	2016.06.30	2015.12.31
	基本每股收益(元)	0.3370	0.7020	0.3930	0.9490
	基本每股收益(扣除后)(元)	0.3360	0.7040	0.3950	0.9450
	稀释每股收益(元)	0.3370	0.7020	0.3930	0.9490
	每股净资产(元)	5.2978	6.5471	6.2358	7.6909
	每股经营现金净流量(元)	0.4638	0.8000	0.5846	2.5123
	每股现金流量(元)	0.0124	0.1584	0.2066	–0.5470
	每股资本公积金(元)	1.2320	1.9004	1.8960	2.4633
	每股盈余公积金(元)	0.3838	0.4989	0.4287	0.5573
	每股未分配利润(元)	2.7051	3.1790	2.9400	3.7110
	净资产收益率(%)	6.3542	10.7275	6.3038	12.2672
	加权净资产收益率(%)	6.4700	11.2700	6.4300	12.9800
	净资产收益率(扣除)(%)	6.3450	10.7458	6.3305	12.2202
	总资产(万元)	1421844.37	1320554.36	1209001.96	1160859.68
	归属母公司股东权益(万元)	858502.34	816114.55	777301.95	737452.82
	营业收入(万元)	471447.63	770106.02	388049.87	865129.61
	营业支出(万元)	381305.42	614298.24	306031.15	688554.84
	投资收益(万元)	—	—	–	–
	净利润(万元)	54551.00	87549.05	48999.46	90464.94
	营业利润(万元)	64256.43	103542.19	57996.78	106334.49
	利润总额(万元)	64349.76	103379.44	57752.66	106742.39

中远海运特种运输股份有限公司

公司概况	公司名称	中远海运特种运输股份有限公司		证券简称	中远海特	
	法人代表	丁农	董秘	董宇航	证券代码	600428
	公司网址	www.coscol.com.cn		电子信箱	lijianxiong@coscol.com.cn	
	电　话	020-38161888		传　真	020-38162888	
	办公地址	广东省广州市天河区珠江新城花城大道 20 号广州远洋大厦 17-26 楼				
	经营范围	远洋及沿海运输				

主要财务指标	指标\报告期	2017.06.30	2016.12.31	2016.06.30	2015.12.31
	基本每股收益(元)	0.0340	0.0240	0.0020	0.0860
	基本每股收益(扣除后)(元)	0.0480	–0.0260	–0.0080	–0.0520
	稀释每股收益(元)	0.0340	0.0240	0.0020	0.0860
	每股净资产(元)	4.3660	4.3636	4.2793	3.9435
	每股经营现金净流量(元)	0.2159	0.2977	0.1350	0.6088
	每股现金流量(元)	0.0306	0.0165	0.6761	–0.4108
	每股资本公积金(元)	1.9945	1.9945	1.9945	1.3336
	每股盈余公积金(元)	0.3864	0.3864	0.3839	0.4874
	每股未分配利润(元)	1.1191	1.0855	1.0667	1.3646
	净资产收益率(%)	0.7708	0.5366	0.0480	2.1839
	加权净资产收益率(%)	0.7700	0.5600	0.0500	2.2100
	净资产收益率(扣除)(%)	1.0908	–0.5889	–0.1910	–1.3170
	总资产(万元)	2141919.29	2129014.84	2088665.82	1794307.77
	归属母公司股东权益(万元)	937236.67	936720.01	918623.76	666619.25
	营业收入(万元)	331235.05	588317.04	283986.36	684050.25
	营业支出(万元)	279384.78	527017.17	246539.32	616375.43
	投资收益(万元)	1860.17	12057.90	1281.38	36349.18
	净利润(万元)	7282.04	5311.09	631.29	14570.29
	营业利润(万元)	13530.91	–4005.24	1042.76	24151.85
	利润总额(万元)	10298.98	9846.01	3673.36	27799.79

北京三元食品股份有限公司

公司概况	公司名称	北京三元食品股份有限公司		证券简称	三元股份	
	法人代表	常毅	董秘	张娜	证券代码	600429
	公司网址	www.sanyuan.com.cn		电子信箱	zhengquanbu@sanyuan.com.cn	
	电　话	010-56306020 56306096		传　真	010-56306655	
	办公地址	北京市大兴区瀛海瀛昌街 8 号				
	经营范围	乳及乳制品的生产、销售业务				

主要财务指标	指标\报告期	2017.06.30	2016.12.31	2016.06.30	2015.12.31
	基本每股收益(元)	0.0231	0.0704	0.1024	0.0564
	基本每股收益(扣除后)(元)	0.0092	–0.0521	0.0235	–0.0041
	稀释每股收益(元)	0.0231	0.0704	0.1024	0.0564
	每股净资产(元)	3.1855	3.1629	3.8453	3.7427
	每股经营现金净流量(元)	–0.1090	0.2503	0.1053	0.2877
	每股现金流量(元)	–0.3523	–1.5155	–0.6814	2.3027
	每股资本公积金(元)	2.1565	2.2281	2.8457	2.8457
	每股盈余公积金(元)	0.0591	0.0662	0.0507	0.0507
	每股未分配利润(元)	–0.0305	–0.1112	–0.0523	–0.1547
	净资产收益率(%)	0.7239	2.2257	2.6626	1.4047
	加权净资产收益率(%)	0.7264	1.9300	2.7000	1.6000
	净资产收益率(扣除)(%)	0.2893	–1.6468	0.6104	–0.1015
	总资产(万元)	772615.78	772841.89	805502.08	758623.72
	归属母公司股东权益(万元)	477042.19	476825.99	575858.43	560497.63
	营业收入(万元)	308869.88	585387.54	229942.83	454986.53
	营业支出(万元)	211285.17	407290.65	156779.34	316177.94
	投资收益(万元)	10198.72	9176.58	4043.59	6667.49
	净利润(万元)	3258.91	13374.58	13844.60	7618.73
	营业利润(万元)	4271.17	2218.83	3110.13	6678.09
	利润总额(万元)	4240.61	15134.36	14233.10	8667.95

广东冠豪高新技术股份有限公司

公司概况	公司名称	广东冠豪高新技术股份有限公司		证券简称	冠豪高新	
	法人代表	钟天崎	董秘	杨映辉	证券代码	600433
	公司网址	www.guanhao.com		电子信箱	guanhao@guanhao.com	
	电　话	0759-2820938		传　真	86-759-2820680	
	办公地址	广东省湛江市东海岛东海大道 313 号				
	经营范围	生产和销售热敏记录纸、无碳复写纸及其微胶囊				

主要财务指标	指标\报告期	2017.06.30	2016.12.31	2016.06.30	2015.12.31
	基本每股收益(元)	0.0268	0.0900	0.0300	0.0300
	基本每股收益(扣除后)(元)	0.0263	0.0600	0.0290	0.0200
	稀释每股收益(元)	0.0268	0.0900	0.0300	0.0300
	每股净资产(元)	1.9788	1.9900	1.9372	1.9147
	每股经营现金净流量(元)	0.0372	0.1244	0.0240	0.1506
	每股现金流量(元)	–0.0750	0.0938	–0.0966	0.0810
	每股资本公积金(元)	0.5474	0.5474	0.5474	0.5474
	每股盈余公积金(元)	0.0691	0.0691	0.0606	0.0606
	每股未分配利润(元)	0.3623	0.3735	0.3293	0.3067
	净资产收益率(%)	1.3527	4.2896	1.6799	1.5102
	加权净资产收益率(%)	1.3500	4.3700	1.6900	1.5900
	净资产收益率(扣除)(%)	1.3298	3.2298	1.4971	1.2168
	总资产(万元)	417691.92	417867.85	412134.31	399255.58
	归属母公司股东权益(万元)	251567.83	252995.99	246280.80	243414.81
	营业收入(万元)	91689.92	173995.08	84239.64	129522.33
	营业支出(万元)	75479.15	138397.65	67817.18	104371.18
	投资收益(万元)	–312.03	146.85	74.95	462.92
	净利润(万元)	3091.30	10398.12	3931.90	3484.43
	营业利润(万元)	3734.07	11258.50	4479.21	1777.11
	利润总额(万元)	3803.26	13042.32	5006.43	4265.56

北方导航控制技术股份有限公司

公司概况	公司名称	北方导航控制技术股份有限公司			证券简称	北方导航
	法人代表	苏立航	董秘	赵晗	证券代码	600435
	公司网址	www.bfdh.com.cn		电子信箱	600435@bfdh.com.cn	
	电　话	010-58089788		传　真	010-58089552	
	办公地址	北京市北京经济技术开发区科创十五街2号				
	经营范围	惯性导航制导类产品、精密光机电一体化产品、遥感信息系统技术产品等				

	指标\报告期	2017.06.30	2016.12.31	2016.06.30	2015.12.31
主要财务指标	基本每股收益(元)	0.0030	0.0300	0.0027	0.0500
	基本每股收益(扣除后)(元)	0.0030	0.0200	-0.0020	0.0400
	稀释每股收益(元)	0.0030	0.0300	0.0027	0.0500
	每股净资产(元)	1.3744	1.3911	1.3614	2.7652
	每股经营现金净流量(元)	0.0806	-0.2479	-0.3047	0.3540
	每股现金流量(元)	-0.0525	-0.2114	-0.3175	0.1249
	每股资本公积金(元)	0.0534	0.0500	0.0471	1.0943
	每股盈余公积金(元)	0.0565	0.0565	0.0562	0.1124
	每股未分配利润(元)	0.2598	0.2816	0.2558	0.5563
	净资产收益率(%)	0.2338	2.0706	0.1978	1.8737
	加权净资产收益率(%)	0.2310	2.0800	0.1950	1.9000
	净资产收益率(扣除)(%)	0.2256	1.5105	-0.1494	1.5747
	总资产(万元)	457845.83	472588.87	431855.53	438281.53
	归属母公司股东权益(万元)	204686.12	207178.11	202758.65	205910.08
	营业收入(万元)	68696.04	200273.10	70715.87	184932.23
	营业支出(万元)	48974.58	147876.62	51253.10	138623.07
	投资收益(万元)	--	-6.26	-	1.02
	净利润(万元)	3067.27	13057.83	4163.39	10773.81
	营业利润(万元)	3603.70	13685.98	3545.88	11222.47
	利润总额(万元)	3664.23	16505.18	5351.66	12885.11

漳州片仔癀药业股份有限公司

公司概况	公司名称	漳州片仔癀药业股份有限公司			证券简称	片仔癀
	法人代表	刘建顺	董秘	陈纪鹏	证券代码	600436
	公司网址	www.zzpzh.com		电子信箱	pzhych@zzpzh.com	
	电　话	0596-2305239　2301955		传　真	0596-2300313	
	办公地址	福建省漳州市芗城区上街1号				
	经营范围	片仔癀、茵胆平肝胶囊、清热止咳颗粒心舒宝片等中成药的生产经营				

	指标\报告期	2017.06.30	2016.12.31	2016.06.30	2015.12.31
主要财务指标	基本每股收益(元)	0.7200	0.8900	0.5100	1.1600
	基本每股收益(扣除后)(元)	0.6900	0.8700	0.5000	1.1400
	稀释每股收益(元)	0.7200	0.8900	0.5100	1.1600
	每股净资产(元)	6.2363	5.7903	5.3332	7.8451
	每股经营现金净流量(元)	0.7379	0.6539	0.3078	0.7596
	每股现金流量(元)	0.0485	0.6126	-0.1750	0.5518
	每股资本公积金(元)	1.0567	1.0573	1.0063	2.0095
	每股盈余公积金(元)	0.5978	0.5978	0.5049	0.7573
	每股未分配利润(元)	3.4026	2.9518	2.6618	3.5804
	净资产收益率(%)	11.5137	15.3470	9.4927	14.7898
	加权净资产收益率(%)	11.6800	16.2000	9.3800	15.4300
	净资产收益率(扣除)(%)	11.0804	14.9539	9.4499	14.5591
	总资产(万元)	499580.07	503781.89	425322.57	405492.24
	归属母公司股东权益(万元)	376246.61	349340.21	321759.38	315538.55
	营业收入(万元)	175283.13	230895.43	96043.31	188567.47
	营业支出(万元)	97988.90	117882.11	39194.10	99930.63
	投资收益(万元)	2868.01	660.62	683.43	1150.98
	净利润(万元)	42293.16	50681.74	30904.70	46334.06
	营业利润(万元)	50515.79	60848.00	36185.11	54159.43
	利润总额(万元)	50850.48	60921.48	36319.22	54970.22

通威股份有限公司

公司概况	公司名称	通威股份有限公司			证券简称	通威股份
	法人代表	刘汉元	董秘	严虎	证券代码	600438
	公司网址	www.tongwei.com.cn		电子信箱	yanhu@tongwei.com	
	电　话	028-86168571　86168552		传　真	028-85199999	
	办公地址	四川省成都市高新区天府大道中段588号通威国际中心				
	经营范围	生产、销售饲料及饲料添加剂				

	指标\报告期	2017.06.30	2016.12.31	2016.06.30	2015.12.31
主要财务指标	基本每股收益(元)	0.2039	0.3218	0.1122	0.4053
	基本每股收益(扣除后)(元)	0.1979	0.2572	0.1099	0.3811
	稀释每股收益(元)	0.2039	0.3218	0.1122	0.4053
	每股净资产(元)	3.1299	3.0080	2.6374	3.0596
	每股经营现金净流量(元)	0.2008	0.6263	0.5684	1.2455
	每股现金流量(元)	-0.5512	0.5771	0.6086	-0.4420
	每股资本公积金(元)	1.4753	1.4753	1.3842	2.4601
	每股盈余公积金(元)	0.0643	0.0643	0.0909	0.2739
	每股未分配利润(元)	0.5959	0.4720	0.1763	1.9503
	净资产收益率(%)	6.5147	8.7748	3.5627	7.4993
	加权净资产收益率(%)	6.5600	14.3800	5.3700	13.8000
	净资产收益率(扣除)(%)	6.3217	5.2506	3.4405	12.4567
	总资产(万元)	2426878.82	2139865.17	1367906.67	1555437.20
	归属母公司股东权益(万元)	1215141.75	1167805.13	649100.64	460171.25
	营业收入(万元)	1110158.23	2088404.90	696109.04	1407924.65
	营业支出(万元)	901355.56	1759844.59	587712.42	1219567.57
	投资收益(万元)	1307.04	6513.80	651.57	835.37
	净利润(万元)	80594.49	102343.67	22763.51	34157.30
	营业利润(万元)	100392.70	111281.17	25179.01	38284.44
	利润总额(万元)	100729.76	122120.41	27481.20	42277.70

河南瑞贝卡发制品股份有限公司

公司概况	公司名称	河南瑞贝卡发制品股份有限公司			证券简称	瑞贝卡
	法人代表	郑有全	董秘	胡丽平	证券代码	600439
	公司网址	www.rebecca.com.cn		电子信箱	rbk600439@rebeccafashion.cn	
	电　话	0374-5136699		传　真	86-374-5166016	
	办公地址	河南省许昌市瑞贝卡大道666号				
	经营范围	发制品的生产和销售				

	指标\报告期	2017.06.30	2016.12.31	2016.06.30	2015.12.31
主要财务指标	基本每股收益(元)	0.0930	0.1819	0.0808	0.1499
	基本每股收益(扣除后)(元)	0.0906	0.1784	0.0800	0.1480
	稀释每股收益(元)	0.0930	0.1819	0.0808	0.1499
	每股净资产(元)	2.0988	2.4739	2.4132	2.4828
	每股经营现金净流量(元)	0.0492	0.5546	0.2823	0.0332
	每股现金流量(元)	0.1434	-0.3757	-0.4372	0.4361
	每股资本公积金(元)	0.2195	0.4634	0.4634	0.4634
	每股盈余公积金(元)	0.1661	0.1993	0.1844	0.1844
	每股未分配利润(元)	1.0429	1.2000	1.1138	1.0830
	净资产收益率(%)	4.4291	7.3535	3.3490	6.0369
	加权净资产收益率(%)	4.4300	7.1400	3.2700	6.1100
	净资产收益率(扣除)(%)	4.3158	7.2123	3.3155	5.9593
	总资产(万元)	438035.62	426336.45	421404.15	487892.90
	归属母公司股东权益(万元)	237580.56	233368.23	227637.84	234205.92
	营业收入(万元)	97285.47	181085.90	95638.25	194519.20
	营业支出(万元)	65396.33	120164.29	65890.30	136435.43
	投资收益(万元)	--	600.19	-	-
	净利润(万元)	10580.87	17198.14	7622.13	14131.26
	营业利润(万元)	11560.42	19477.23	8475.34	12168.71
	利润总额(万元)	11877.25	20742.86	9008.91	15939.12

国机通用机械科技股份有限公司

公司概况	公司名称	国机通用机械科技股份有限公司			证券简称	国机通用
	法人代表	陈学东	董秘	钱俊	证券代码	600444
	公司网址	www.guotone.com		电子信箱	gt600444@126.com	
	电　话	0551-63817860		传　真	0551-63817000	
	办公地址	安徽省合肥市经济技术开发区蓬莱路 616 号				
	经营范围	PVC 波纹管、PE 波纹管、燃气管、给水管的研发、生产、销售业务				

主要财务指标	指标\报告期	2017.06.30	2016.12.31	2016.06.30	2015.12.31
	基本每股收益(元)	0.0700	0.1050	–0.0860	0.2100
	基本每股收益(扣除后)(元)	–0.1000	0.0933	–0.0950	0.1100
	稀释每股收益(元)	0.0700	0.1050	–0.0860	0.2100
	每股净资产(元)	2.4082	2.3388	2.1492	2.2336
	每股经营现金净流量(元)	–0.6320	0.5606	0.0286	0.6233
	每股现金流量(元)	–0.7539	0.4716	–0.1377	–0.6924
	每股资本公积金(元)	2.2480	2.2480	2.7470	2.7470
	每股盈余公积金(元)	0.1961	0.1961	0.1090	0.1090
	每股未分配利润(元)	–1.0392	–1.1093	–1.7120	–1.6261
	净资产收益率(%)	2.9078	4.4901	–3.9959	9.2333
	加权净资产收益率(%)	3.2800	4.5900	–3.9200	9.6800
	净资产收益率(扣除)(%)	–4.1540	3.9897	–4.4187	4.7303
	总资产(万元)	77390.60	88879.18	83630.96	87386.73
	归属母公司股东权益(万元)	35261.41	34245.34	31469.50	32704.88
	营业收入(万元)	21280.60	66909.01	22802.59	72667.73
	营业支出(万元)	17517.15	53290.84	19651.87	56962.30
	投资收益(万元)	---	---	–	–
	净利润(万元)	1007.52	1412.12	–1401.92	2616.84
	营业利润(万元)	–1603.72	1884.20	–1427.63	3038.89
	利润总额(万元)	1325.37	2077.54	–1260.20	3426.58

深圳市金证科技股份有限公司

公司概况	公司名称	深圳市金证科技股份有限公司			证券简称	金证股份
	法人代表	赵剑	董秘	姚震	证券代码	600446
	公司网址	www.szkingdom.com		电子信箱	wangkai@szkingdom.com	
	电　话	0755-86393989		传　真	0755-86393986	
	办公地址	广东省深圳市南山区高新南五道金证科技大楼 8-9 层				
	经营范围	金融证券软件、系统集成及服务				

主要财务指标	指标\报告期	2017.06.30	2016.12.31	2016.06.30	2015.12.31
	基本每股收益(元)	0.0243	0.2800	0.0451	0.3100
	基本每股收益(扣除后)(元)	0.0169	0.3000	0.0385	0.2800
	稀释每股收益(元)	0.0243	0.2800	0.0451	0.3100
	每股净资产(元)	1.7703	1.7604	1.5240	1.5452
	每股经营现金净流量(元)	–0.2994	0.0251	–0.3840	0.2160
	每股现金流量(元)	0.0021	0.0849	0.1597	0.2996
	每股资本公积金(元)	0.0095	0.0120	0.0121	0.0121
	每股盈余公积金(元)	0.1368	0.1368	0.1139	0.1145
	每股未分配利润(元)	0.6240	0.6116	0.3981	0.4122
	净资产收益率(%)	1.3744	15.9926	2.9595	19.8517
	加权净资产收益率(%)	1.3800	17.1300	2.9100	23.7800
	净资产收益率(扣除)(%)	0.9526	16.7774	2.5268	18.2743
	总资产(万元)	341607.57	317453.35	321470.75	305526.21
	归属母公司股东权益(万元)	147818.78	146992.50	127257.77	128326.05
	营业收入(万元)	183778.01	366560.66	148266.44	261487.99
	营业支出(万元)	142638.63	273144.14	114280.99	195590.41
	投资收益(万元)	–513.49	–337.25	–773.23	1063.49
	净利润(万元)	4259.97	27922.83	4588.92	27868.85
	营业利润(万元)	3728.84	31131.05	3824.37	29296.61
	利润总额(万元)	4879.57	30896.57	4918.55	31213.15

华纺股份有限公司

公司概况	公司名称	华纺股份有限公司			证券简称	华纺股份
	法人代表	王力民	董秘	丁泽涛	证券代码	600448
	公司网址	www.hfgf.cn		电子信箱	hfzqb@hfgf.cn	
	电　话	0543-3288398		传　真	0543-3288555	
	办公地址	山东省滨州市黄河二路 819 号				
	经营范围	棉纺、毛纺、印染产品的生产、加工、销售和进出口贸易				

主要财务指标	指标\报告期	2017.06.30	2016.12.31	2016.06.30	2015.12.31
	基本每股收益(元)	0.0200	0.0200	0.0100	0.0300
	基本每股收益(扣除后)(元)	0.0100	0.0200	0.0100	0.0200
	稀释每股收益(元)	0.0200	0.0200	0.0100	0.0300
	每股净资产(元)	2.0248	2.0056	1.9973	1.9837
	每股经营现金净流量(元)	0.1154	0.1698	0.0911	0.1476
	每股现金流量(元)	0.0756	0.0211	–0.0145	–0.0650
	每股资本公积金(元)	1.5504	1.5504	1.5504	1.5504
	每股盈余公积金(元)	0.0188	0.0188	0.0188	0.0188
	每股未分配利润(元)	–0.5415	–0.5596	–0.5698	–0.5840
	净资产收益率(%)	0.8963	1.2136	0.7116	1.4956
	加权净资产收益率(%)	0.9000	1.2200	0.7100	1.5100
	净资产收益率(扣除)(%)	0.3833	0.8101	0.6959	1.1345
	总资产(万元)	274952.42	272342.45	266812.90	242946.04
	归属母公司股东权益(万元)	85520.54	84709.49	84357.76	83782.53
	营业收入(万元)	131085.85	236111.49	108089.46	227483.06
	营业支出(万元)	122305.09	218407.40	100003.90	211289.82
	投资收益(万元)	---	---	–	–
	净利润(万元)	766.53	1028.00	600.26	1253.06
	营业利润(万元)	328.33	692.15	608.82	1126.93
	利润总额(万元)	767.07	1033.92	622.07	1434.77

宁夏建材集团股份有限公司

公司概况	公司名称	宁夏建材集团股份有限公司			证券简称	宁夏建材
	法人代表	尹自波	董秘	武雄	证券代码	600449
	公司网址	www.saimasy.com		电子信箱	wuxiong@sinoma.cn	
	电　话	0951-2085256 2052215		传　真	0951-2085256	
	办公地址	宁夏回族自治区银川市金凤区人民广场东街 219 号建材大厦				
	经营范围	水泥及水泥熟料的生产与销售				

主要财务指标	指标\报告期	2017.06.30	2016.12.31	2016.06.30	2015.12.31
	基本每股收益(元)	0.2400	0.1200	–0.0900	0.0400
	基本每股收益(扣除后)(元)	0.2700	0.1000	–0.1017	0.0100
	稀释每股收益(元)	0.2400	0.1200	–0.0900	0.0400
	每股净资产(元)	9.0447	8.8313	8.6105	8.7111
	每股经营现金净流量(元)	1.1245	1.2518	0.2918	0.6471
	每股现金流量(元)	0.7344	0.7031	0.1685	0.0910
	每股资本公积金(元)	4.2529	4.2529	4.2381	4.2381
	每股盈余公积金(元)	0.3874	0.3874	0.3630	0.3630
	每股未分配利润(元)	3.3838	3.1869	3.0043	3.1108
	净资产收益率(%)	2.6183	1.3652	–1.0040	0.4776
	加权净资产收益率(%)	2.6500	1.3800	–1.0000	0.4700
	净资产收益率(扣除)(%)	2.9522	1.1265	–1.1810	0.1274
	总资产(万元)	822699.83	783582.45	784301.07	776639.65
	归属母公司股东权益(万元)	432502.62	422294.60	411737.23	416546.86
	营业收入(万元)	203314.13	368890.06	142505.61	318449.95
	营业支出(万元)	146890.40	262119.60	108143.09	240722.33
	投资收益(万元)	311.50	372.58	372.58	372.18
	净利润(万元)	13290.77	9547.58	–2918.78	5490.83
	营业利润(万元)	18724.07	3765.04	–4500.29	–6932.57
	利润总额(万元)	16927.77	14087.08	–1906.37	7957.52

重庆涪陵电力实业股份有限公司

公司概况	公司名称	重庆涪陵电力实业股份有限公司			证券简称	涪陵电力
	法人代表	张波	董秘	蔡彬	证券代码	600452
	公司网址	www.flepc.com		电子信箱	fldlcaibin@163.com	
	电　话	023-72286777　72286349		传　真	023-72286777　72286349	
	办公地址	重庆市涪陵区望州路20号				
	经营范围	电力供应、销售				

	指标\报告期	2017.06.30	2016.12.31	2016.06.30	2015.12.31
主要财务指标	基本每股收益(元)	0.6900	1.0500	0.4600	1.1600
	基本每股收益(扣除后)(元)	0.6800	0.9300	0.3000	0.4800
	稀释每股收益(元)	0.6900	1.0500	0.4600	1.1600
	每股净资产(元)	6.2911	5.5713	4.4401	4.3393
	每股经营现金净流量(元)	0.6094	2.1512	0.3342	1.0623
	每股现金流量(元)	-0.0957	-0.0727	-1.1635	2.1797
	每股资本公积金(元)	2.4844	2.2899	1.7468	1.7575
	每股盈余公积金(元)	0.4754	0.4754	0.3705	0.3705
	每股未分配利润(元)	2.3313	1.8060	1.3228	1.2113
	净资产收益率(%)	10.8924	18.8405	10.3941	26.8049
	加权净资产收益率(%)	11.5000	22.2300	10.4000	30.8500
	净资产收益率(扣除)(%)	10.7593	16.7109	6.7214	11.1579
	总资产(万元)	395688.90	374249.08	235657.46	123003.29
	归属母公司股东权益(万元)	100657.62	89140.94	71041.53	69428.97
	营业收入(万元)	98130.28	166524.21	66101.39	124996.39
	营业支出(万元)	80144.06	144276.35	58501.88	111944.82
	投资收益(万元)	189.51	1343.96	644.31	12481.42
	净利润(万元)	10964.00	16794.64	7384.10	18610.36
	营业利润(万元)	11285.76	17906.84	8114.83	19405.82
	利润总额(万元)	11443.30	17761.09	8130.05	19786.84

西安博通资讯股份有限公司

公司概况	公司名称	西安博通资讯股份有限公司			证券简称	博通股份
	法人代表	王萍	董秘	蔡启龙	证券代码	600455
	公司网址	www.butone.com		电子信箱	caiql@butone.com	
	电　话	029-82693206		传　真	029-82693205	
	办公地址	陕西省西安市高新技术开发区东区火炬路3号楼10层C座				
	经营范围	拥有自主知识产权应用软件产品、行业解决方案的研发销售等				

	指标\报告期	2017.06.30	2016.12.31	2016.06.30	2015.12.31
主要财务指标	基本每股收益(元)	-0.0240	-0.1600	-0.1000	0.0510
	基本每股收益(扣除后)(元)	-0.0240	-0.1770	-0.1060	-0.0950
	稀释每股收益(元)	-0.0240	-0.1600	-0.1000	0.0510
	每股净资产(元)	1.9656	1.9891	2.0488	2.1491
	每股经营现金净流量(元)	-0.7165	0.4319	-0.8024	0.6574
	每股现金流量(元)	-1.0664	0.1232	-0.6778	0.3035
	每股资本公积金(元)	2.3322	2.3322	2.3322	2.3322
	每股盈余公积金(元)	0.1176	0.1176	0.1176	0.1176
	每股未分配利润(元)	-1.4842	-1.4606	-1.4010	-1.3007
	净资产收益率(%)	-1.2000	-8.0412	-4.8972	2.3681
	加权净资产收益率(%)	-1.1930	-7.7300	-4.7800	2.3960
	净资产收益率(扣除)(%)	-1.2443	-8.8779	-5.1934	-4.4016
	总资产(万元)	58721.08	67620.88	61973.52	67937.54
	归属母公司股东权益(万元)	12276.49	12423.80	12796.17	13422.83
	营业收入(万元)	8143.76	16170.82	7417.72	17219.64
	营业支出(万元)	3875.05	7398.48	3539.88	7991.60
	投资收益(万元)	-0.01	0.02	0.01	-0.01
	净利润(万元)	-34.86	-739.91	-531.78	610.13
	营业利润(万元)	-35.48	-857.64	-569.27	-296.87
	利润总额(万元)	-34.75	-741.83	-530.13	617.67

宝鸡钛业股份有限公司

公司概况	公司名称	宝鸡钛业股份有限公司			证券简称	宝钛股份
	法人代表	王文生	董秘	贾栓孝(代)	证券代码	600456
	公司网址	www.baoti.com		电子信箱	zhenghaishan@baoti.com	
	电　话	0917-3382333　3382666		传　真	0917-3382132	
	办公地址	陕西省宝鸡市高新大道88号				
	经营范围	钛及钛合金材料的生产、加工和销售等				

	指标\报告期	2017.06.30	2016.12.31	2016.06.30	2015.12.31
主要财务指标	基本每股收益(元)	-0.1216	0.0857	-0.2102	-0.4341
	基本每股收益(扣除后)(元)	-0.1319	-0.0771	-0.2225	-0.4573
	稀释每股收益(元)	-0.1216	0.0857	-0.2102	-0.4341
	每股净资产(元)	7.7899	7.9615	7.6658	7.9258
	每股经营现金净流量(元)	-0.2903	-0.2959	-0.1569	0.0725
	每股现金流量(元)	-0.1179	-0.3638	0.0612	0.0350
	每股资本公积金(元)	5.5099	5.5099	5.5099	5.5099
	每股盈余公积金(元)	0.4125	0.4125	0.4125	0.4125
	每股未分配利润(元)	0.8661	1.0377	0.7418	1.0020
	净资产收益率(%)	-1.5604	1.0761	-2.7417	-5.4770
	加权净资产收益率(%)	-1.5418	1.0791	-2.6902	-5.3210
	净资产收益率(扣除)(%)	-1.6937	-0.9682	-2.9031	-5.7702
	总资产(万元)	699050.64	693603.40	708630.54	697279.08
	归属母公司股东权益(万元)	335174.04	342555.92	329832.04	341021.43
	营业收入(万元)	114131.48	251047.81	90696.23	214211.16
	营业支出(万元)	97981.95	200011.90	79660.26	175489.71
	投资收益(万元)	-22.24	-524.16	-198.10	-629.46
	净利润(万元)	-4761.50	3894.76	-9330.65	-17983.51
	营业利润(万元)	-4168.35	956.66	-10053.58	-19288.09
	利润总额(万元)	-4189.87	4278.15	-9350.71	-17750.30

株洲时代新材料科技股份有限公司

公司概况	公司名称	株洲时代新材料科技股份有限公司			证券简称	时代新材
	法人代表	李东林	董秘	季晓康	证券代码	600458
	公司网址	www.trp.com.cn		电子信箱	jixiaokang@csrzic.com	
	电　话	0731-22837786		传　真	0731-22837888	
	办公地址	湖南省株洲市天元区海天路18号				
	经营范围	轨道交通装备零部件的开发、设计、制造、销售等				

	指标\报告期	2017.06.30	2016.12.31	2016.06.30	2015.12.31
主要财务指标	基本每股收益(元)	0.0400	0.3000	0.2300	0.3900
	基本每股收益(扣除后)(元)	0.0100	0.1800	0.1300	0.3400
	稀释每股收益(元)	--	--	-	-
	每股净资产(元)	6.0157	6.0243	6.0493	5.8156
	每股经营现金净流量(元)	-0.0788	0.8215	0.2088	0.3373
	每股现金流量(元)	-0.0991	-1.1799	-0.7272	2.2057
	每股资本公积金(元)	3.8477	3.8477	3.8474	3.8474
	每股盈余公积金(元)	0.1768	0.1768	0.1551	0.1551
	每股未分配利润(元)	1.1933	1.2550	1.2020	1.0252
	净资产收益率(%)	0.6364	5.0036	3.7496	5.4741
	加权净资产收益率(%)	0.6200	5.0900	3.8100	8.3300
	净资产收益率(扣除)(%)	0.0993	2.9689	2.2079	4.7945
	总资产(万元)	1324350.83	1340710.68	1321906.74	1308417.82
	归属母公司股东权益(万元)	482938.27	483631.08	485635.09	466876.08
	营业收入(万元)	523512.59	1164139.30	592402.72	1082510.71
	营业支出(万元)	439501.90	968958.71	490417.21	898026.98
	投资收益(万元)	307.42	1193.25	764.36	-96.02
	净利润(万元)	2697.86	23211.23	18258.05	25732.30
	营业利润(万元)	1815.20	15076.19	12916.97	23159.59
	利润总额(万元)	5031.83	27116.43	21902.96	26857.20

贵研铂业股份有限公司

公司概况	公司名称	贵研铂业股份有限公司		证券简称	贵研铂业
	法人代表	郭俊梅	董秘 刚剑	证券代码	600459
	公司网址	www.sino-platinum.com.cn		电子信箱	stock@ipm.com.cn
	电　话	0871-8328190		传　真	0871-8326661
	办公地址	云南省昆明市高新技术产业开发区科技路 988 号			
	经营范围	贵金属和相关产品的生产、综合回收利用和销售等			

主要财务指标	指标＼报告期	2017.06.30	2016.12.31	2016.06.30	2015.12.31
	基本每股收益(元)	0.2300	0.3200	0.1600	0.2500
	基本每股收益(扣除后)(元)	0.2100	0.1300	0.0900	0.0500
	稀释每股收益(元)	0.2300	0.3200	0.1600	0.2500
	每股净资产(元)	7.3282	7.0727	6.9281	6.8394
	每股经营现金净流量(元)	-3.8022	0.1282	0.4451	-0.8335
	每股现金流量(元)	0.5534	-0.3076	-0.1709	-0.4079
	每股资本公积金(元)	4.4733	4.4733	4.4733	4.4733
	每股盈余公积金(元)	0.2891	0.2891	0.2647	0.2647
	每股未分配利润(元)	1.5548	1.3208	1.1840	1.1010
	净资产收益率(%)	3.1935	4.4978	2.2652	3.5828
	加权净资产收益率(%)	3.2600	4.5700	2.2700	3.6200
	净资产收益率(扣除)(%)	2.9305	1.8231	1.2554	0.7389
	总资产(万元)	499266.69	343654.15	336042.41	329119.50
	归属母公司股东权益(万元)	191249.34	184581.19	180807.77	178493.06
	营业收入(万元)	736389.11	1077369.24	459298.13	774271.81
	营业支出(万元)	716775.94	1050501.07	446236.69	751767.40
	投资收益(万元)	2301.03	1318.37	588.33	985.43
	净利润(万元)	6610.68	9025.31	4373.58	6981.48
	营业利润(万元)	7915.57	4192.90	3034.15	-761.16
	利润总额(万元)	8193.15	10513.44	5360.81	8691.87

杭州士兰微电子股份有限公司

公司概况	公司名称	杭州士兰微电子股份有限公司		证券简称	士 兰 微
	法人代表	陈向东	董秘 陈越	证券代码	600460
	公司网址	www.silan.com.cn		电子信箱	600460@silan.com.cn
	电　话	0571-88210880 88212980		传　真	0571-88210763
	办公地址	浙江省杭州市黄姑山路 4 号			
	经营范围	电子元器件、电子零部件及其他电子产品设计、制造、销售,经营进出口业务			

主要财务指标	指标＼报告期	2017.06.30	2016.12.31	2016.06.30	2015.12.31
	基本每股收益(元)	0.0700	0.0800	0.0200	0.0300
	基本每股收益(扣除后)(元)	0.0500	0.0200	-0.0020	-0.0200
	稀释每股收益(元)	0.0700	0.0800	0.0200	0.0300
	每股净资产(元)	2.0357	1.9940	1.9354	1.9257
	每股经营现金净流量(元)	0.0738	0.3061	0.0696	0.1616
	每股现金流量(元)	0.0522	0.0365	0.1974	-0.0070
	每股资本公积金(元)	0.1371	0.1393	0.1379	0.1379
	每股盈余公积金(元)	0.1141	0.1141	0.1042	0.1042
	每股未分配利润(元)	0.7774	0.7347	0.6874	0.6777
	净资产收益率(%)	3.3253	3.8560	1.0174	1.6603
	加权净资产收益率(%)	3.3500	3.9300	1.0200	1.6700
	净资产收益率(扣除)(%)	2.4663	0.9348	-0.0965	-1.1475
	总资产(万元)	550102.71	508780.36	498221.96	434100.44
	归属母公司股东权益(万元)	253889.48	248679.13	241379.17	240173.34
	营业收入(万元)	129817.99	237505.38	105632.65	192641.48
	营业支出(万元)	93671.00	178921.49	80930.35	141258.93
	投资收益(万元)	485.08	1593.25	491.99	2100.90
	净利润(万元)	8439.38	9164.31	2388.80	4157.04
	营业利润(万元)	8674.05	1227.43	-739.07	-4104.93
	利润总额(万元)	9096.67	8861.45	2069.02	2803.58

江西洪城水业股份有限公司

公司概况	公司名称	江西洪城水业股份有限公司		证券简称	洪城水业
	法人代表	李钢	董秘 蔡翘	证券代码	600461
	公司网址	www.jxhcsy.com		电子信箱	ytx1@sina.com
	电　话	0791- 85238232 85235057		传　真	0791-85226672
	办公地址	江西省南昌市灌婴路 99 号			
	经营范围	自来水、水表、给排水设备、节水设备、仪器仪表、环保设备的生产、销售等			

主要财务指标	指标＼报告期	2017.06.30	2016.12.31	2016.06.30	2015.12.31
	基本每股收益(元)	0.1600	0.3000	0.3400	0.5700
	基本每股收益(扣除后)(元)	0.1400	0.2500	0.2700	0.5200
	稀释每股收益(元)	0.1600	0.3000	0.3400	0.5700
	每股净资产(元)	4.0539	3.9030	6.9486	6.1585
	每股经营现金净流量(元)	0.2526	0.9161	0.5453	1.5264
	每股现金流量(元)	0.0153	0.4540	1.2038	0.2011
	每股资本公积金(元)	1.7038	1.7038	3.8669	3.9709
	每股盈余公积金(元)	0.1471	0.1471	0.2200	0.2924
	每股未分配利润(元)	1.1785	1.0204	1.7929	1.9698
	净资产收益率(%)	3.9002	7.5403	4.4767	9.3265
	加权净资产收益率(%)	3.9700	8.2800	5.3100	9.7600
	净资产收益率(扣除)(%)	3.4901	6.0980	3.2911	8.4499
	总资产(万元)	774984.36	774881.06	752175.44	694714.94
	归属母公司股东权益(万元)	320090.83	308178.38	304808.89	242673.43
	营业收入(万元)	150366.68	309121.17	143883.34	161767.48
	营业支出(万元)	112013.02	233509.30	106266.29	111070.94
	投资收益(万元)	1253.06	2563.15	1164.54	3949.44
	净利润(万元)	16362.24	29048.65	17748.82	19314.05
	营业利润(万元)	19992.36	29578.80	17518.14	20838.37
	利润总额(万元)	21878.98	38488.48	23474.21	23597.68

深圳九有股份有限公司

公司概况	公司名称	深圳九有股份有限公司		证券简称	九有股份
	法人代表	韩越	董秘 崔文根	证券代码	600462
	公司网址	www.jlshixian.com		电子信箱	cwg0048@vip.sina.com
	电　话	0755-26417750		传　真	0755-86717392
	办公地址	广东省深圳市南山区深南大道 9672 号大冲商务中心 3 号楼 C 座 2303 单元			
	经营范围	新闻纸、胶版纸、商品木浆等产品的生产和销售			

主要财务指标	指标＼报告期	2017.06.30	2016.12.31	2016.06.30	2015.12.31
	基本每股收益(元)	0.0032	0.0126	0.0005	-0.0671
	基本每股收益(扣除后)(元)	0.0032	0.0104	0.0002	-0.0795
	稀释每股收益(元)	0.0032	0.0126	0.0005	-0.0671
	每股净资产(元)	0.5491	0.5460	0.5338	0.5335
	每股经营现金净流量(元)	0.0020	-0.3445	-0.0868	-0.0185
	每股现金流量(元)	0.0245	-0.4285	-0.1230	0.4216
	每股资本公积金(元)	1.2047	1.2047	1.2047	1.2048
	每股盈余公积金(元)	0.0408	0.0408	0.0408	0.0408
	每股未分配利润(元)	-1.6964	-1.6996	-1.7117	-1.7122
	净资产收益率(%)	0.5754	2.3119	0.0843	-12.5716
	加权净资产收益率(%)	0.5771	0.0234	0.0820	-0.1183
	净资产收益率(扣除)(%)	0.5866	1.9002	0.0342	-14.9023
	总资产(万元)	53392.05	47162.77	39251.81	40319.54
	归属母公司股东权益(万元)	29312.25	29143.57	28493.81	28475.05
	营业收入(万元)	16954.19	41239.65	8149.97	25060.73
	营业支出(万元)	14930.26	37587.49	6993.39	22850.85
	投资收益(万元)	--	71.99	16.73	1041.22
	净利润(万元)	277.55	1160.87	123.38	-3491.21
	营业利润(万元)	377.30	1356.81	166.17	-3031.22
	利润总额(万元)	371.73	1473.73	169.12	-3391.72

北京空港科技园区股份有限公司

公司概况					
公司名称	北京空港科技园区股份有限公司			证券简称	空港股份
法人代表	卞云鹏	董秘	刘彦明	证券代码	600463
公司网址	www.600463.com.cn		电子信箱	yanm_liu@163.com	
电　　话	010-80489305		传　　真	010-80491684	
办公地址	北京市顺义区空港工业区B区裕民大街甲6号				
经营范围	高新技术的开发、转让和咨询、销售开发后的产品等				

主要财务指标：指标\报告期	2017.06.30	2016.12.31	2016.06.30	2015.12.31
基本每股收益(元)	0.2100	0.0938	0.0700	0.0900
基本每股收益(扣除后)(元)	0.2071	0.0427	0.0700	0.0500
稀释每股收益(元)	0.2074	0.0938	0.0700	0.0900
每股净资产(元)	4.8231	4.6557	4.6353	4.6135
每股经营现金净流量(元)	0.4046	0.4902	0.1359	-0.0918
每股现金流量(元)	0.7122	-2.9410	-2.2775	2.4731
每股资本公积金(元)	2.1246	2.1246	2.1263	2.1263
每股盈余公积金(元)	0.2199	0.2199	0.2147	0.2147
每股未分配利润(元)	1.4786	1.3112	1.2944	1.2726
净资产收益率(%)	4.3001	2.0153	1.5481	1.6420
加权净资产收益率(%)	4.3600	2.0200	1.5400	2.8600
净资产收益率(扣除)(%)	4.2949	0.9180	1.5149	0.9343
总资产(万元)	326010.10	291894.56	298239.95	368733.79
归属母公司股东权益(万元)	144694.11	139672.18	139058.86	138406.12
营业收入(万元)	108150.48	70918.52	30979.32	63773.23
营业支出(万元)	87573.75	56345.92	23366.05	46421.75
投资收益(万元)	15.83	731.42	7.22	5.06
净利润(万元)	5619.10	2562.86	2237.58	3025.87
营业利润(万元)	7506.80	1875.32	2935.53	3719.14
利润总额(万元)	7517.01	3385.69	2994.14	4058.70

四川蓝光发展股份有限公司

公司概况					
公司名称	四川蓝光发展股份有限公司			证券简称	蓝光发展
法人代表	张巧龙	董秘	李高飞	证券代码	600466
公司网址	www.brc.com.cn		电子信箱	luog@brc.com.cn	
电　　话	028-87826466		传　　真	028-87829595	
办公地址	四川省成都高新区(西区)西芯大道9号				
经营范围	投资及投资管理、企业策划、咨询服务、企业管理、房地产投资等				

主要财务指标：指标\报告期	2017.06.30	2016.12.31	2016.06.30	2015.12.31
基本每股收益(元)	0.1189	0.4096	0.0087	0.3952
基本每股收益(扣除后)(元)	0.1129	0.3946	0.0150	0.4427
稀释每股收益(元)	0.1187	0.4089	0.0087	0.3952
每股净资产(元)	5.0714	4.6700	3.9724	4.1621
每股经营现金净流量(元)	1.8318	-1.2575	-1.6054	0.6757
每股现金流量(元)	1.8992	1.6111	0.0274	0.2333
每股资本公积金(元)	0.7524	0.7519	0.9495	0.9480
每股盈余公积金(元)	0.1338	0.1336	0.1315	0.1327
每股未分配利润(元)	2.2342	2.2135	1.8199	1.9477
净资产收益率(%)	2.6170	8.9833	0.2432	9.0545
加权净资产收益率(%)	2.5100	9.8600	0.2400	10.5100
净资产收益率(扣除)(%)	2.4993	8.6640	0.4019	10.1428
总资产(万元)	8971238.46	7336470.97	6369217.64	5624392.99
归属母公司股东权益(万元)	1082387.05	997156.84	848548.35	889069.17
营业收入(万元)	643888.55	2132881.24	487577.22	1759836.12
营业支出(万元)	466261.16	1600217.49	357953.99	1238099.13
投资收益(万元)	5765.50	13835.31	-780.09	-857.96
净利润(万元)	29030.48	88988.08	1688.42	95424.20
营业利润(万元)	45219.31	147129.18	6427.04	151337.91
利润总额(万元)	43569.38	146782.36	6181.77	150056.33

山东好当家海洋发展股份有限公司

公司概况					
公司名称	山东好当家海洋发展股份有限公司			证券简称	好当家
法人代表	唐传勤	董秘	李俊峰	证券代码	600467
公司网址	www.sdhaodangjia.com		电子信箱	king_zm@sina.com	
电　　话	0631-7438073		传　　真	0631-7438073	
办公地址	山东省威海市荣成市虎山镇沙咀子				
经营范围	海水养殖、许可范围内水产加工品、速冻食品、饮料的加工、销售等				

主要财务指标：指标\报告期	2017.06.30	2016.12.31	2016.06.30	2015.12.31
基本每股收益(元)	0.0299	0.0300	0.0260	0.0500
基本每股收益(扣除后)(元)	0.0191	0.0220	0.0210	0.0100
稀释每股收益(元)	0.0299	0.0300	0.0260	0.0500
每股净资产(元)	2.0569	2.0270	2.0235	4.0099
每股经营现金净流量(元)	-0.0187	0.2958	0.0869	0.5230
每股现金流量(元)	0.0336	-0.0550	-0.0941	0.3294
每股资本公积金(元)	0.2727	0.2727	0.2727	1.5455
每股盈余公积金(元)	0.1384	0.1384	0.1341	0.2681
每股未分配利润(元)	0.6457	0.6158	0.6167	1.1963
净资产收益率(%)	1.4554	1.4559	1.2847	1.2015
加权净资产收益率(%)	1.4700	1.4600	1.2900	1.2100
净资产收益率(扣除)(%)	0.9407	1.0991	1.0322	0.1280
总资产(万元)	549963.31	531821.97	514743.66	513510.43
归属母公司股东权益(万元)	300512.43	296138.75	295625.09	292922.87
营业收入(万元)	58299.80	105982.71	50311.88	98696.74
营业支出(万元)	38705.71	83026.97	41021.30	82230.82
投资收益(万元)	1234.81	1867.29	1876.27	1932.08
净利润(万元)	4369.61	4423.89	3733.63	3060.42
营业利润(万元)	2354.69	3591.76	2805.14	31.65
利润总额(万元)	4416.96	4939.68	3800.47	3576.75

天津百利特精电气股份有限公司

公司概况					
公司名称	天津百利特精电气股份有限公司			证券简称	百利电气
法人代表	左斌	董秘	刘敏	证券代码	600468
公司网址	www.benefo.tj.cn		电子信箱	benefo600468@126.com	
电　　话	022-83963876		传　　真	022-83963876	
办公地址	天津市西青经济开发区民和道12号				
经营范围	输配电设备制造与稀有金属加工等				

主要财务指标：指标\报告期	2017.06.30	2016.12.31	2016.06.30	2015.12.31
基本每股收益(元)	0.0442	0.0998	0.0509	0.0367
基本每股收益(扣除后)(元)	0.0356	0.0186	0.0424	0.0207
稀释每股收益(元)	0.0442	0.0998	0.0509	0.0367
每股净资产(元)	2.1794	3.2382	3.1906	1.3964
每股经营现金净流量(元)	-0.1309	-0.0251	-0.0128	0.1623
每股现金流量(元)	0.1868	0.1325	-0.0002	-0.1117
每股资本公积金(元)	0.9257	1.8885	1.8875	0.1064
每股盈余公积金(元)	0.0359	0.0538	0.0538	0.0638
每股未分配利润(元)	0.2302	0.3090	0.2601	0.2626
净资产收益率(%)	2.0299	3.0414	1.5528	2.6279
加权净资产收益率(%)	2.0300	3.2500	1.7400	2.6400
净资产收益率(扣除)(%)	1.6340	0.5671	1.2938	1.4850
总资产(万元)	265793.02	266518.72	257059.54	150795.41
归属母公司股东权益(万元)	176774.46	175101.30	172527.93	64918.47
营业收入(万元)	59273.40	84042.11	46453.85	86873.34
营业支出(万元)	43417.27	60157.68	37017.69	68112.38
投资收益(万元)	1328.03	1116.20	2224.10	1533.87
净利润(万元)	4225.56	6169.11	3048.52	2493.05
营业利润(万元)	4852.46	4041.67	2740.06	2166.34
利润总额(万元)	5003.59	7250.71	3525.83	3354.06

风神轮胎股份有限公司

公司概况	公司名称	风神轮胎股份有限公司			证券简称	风神股份
	法人代表	白忻平	董秘	刘新军	证券代码	600469
	公司网址	www.aeolustyre.com		电子信箱	investor@aeolustyre.com	
	电　话	0391-3999080 3999007		传　真	0391-3999080	
	办公地址	河南省焦作市焦东南路48号				
	经营范围	轮胎的研制、设计、开发、生产、经营及轮胎进出口等				

	指标\报告期	2017.06.30	2016.12.31	2016.06.30	2015.12.31
主要财务指标	基本每股收益(元)	–0.2000	0.1500	0.2560	0.6600
	基本每股收益(扣除后)(元)	–0.2100	0.1800	0.2590	0.5900
	稀释每股收益(元)	–0.2000	0.1500	0.2560	0.6600
	每股净资产(元)	4.0568	4.3586	4.8599	7.9187
	每股经营现金净流量(元)	–0.0320	1.3685	0.5088	2.9116
	每股现金流量(元)	–0.4346	–1.0253	–0.6617	1.1233
	每股资本公积金(元)	3.1204	3.1204	1.4131	2.1197
	每股盈余公积金(元)	0.4752	0.4752	0.4254	0.6381
	每股未分配利润(元)	–0.5564	–0.2564	2.0035	4.1208
	净资产收益率(%)	–4.9307	3.4492	5.2731	8.3270
	加权净资产收益率(%)	–4.7000	3.7800	4.7400	8.5500
	净资产收益率(扣除)(%)	–5.4250	4.0559	5.3354	7.4018
	总资产(万元)	782559.97	772774.07	644354.92	687007.16
	归属母公司股东权益(万元)	228162.17	245131.41	273328.62	296907.23
	营业收入(万元)	374301.75	732515.61	285374.67	635785.12
	营业支出(万元)	337861.04	622941.17	225144.86	511979.48
	投资收益(万元)	–1580.08	–1171.95	–	2002.84
	净利润(万元)	–11249.91	8455.14	14412.86	24723.41
	营业利润(万元)	–12158.81	2017.90	17749.35	27762.30
	利润总额(万元)	–11030.99	13923.70	17548.90	29102.76

安徽六国化工股份有限公司

公司概况	公司名称	安徽六国化工股份有限公司			证券简称	六国化工
	法人代表	陈嘉生	董秘	邢金俄	证券代码	600470
	公司网址	www.liuguo.com		电子信箱	tlxxe@163.com	
	电　话	0562-3801021 3801675		传　真	0562-3802688	
	办公地址	安徽省铜陵市铜港路				
	经营范围	化学肥料(含复混肥料)、磷石膏生产、加工、销售等				

	指标\报告期	2017.06.30	2016.12.31	2016.06.30	2015.12.31
主要财务指标	基本每股收益(元)	–0.0170	–0.2400	–0.0620	0.2900
	基本每股收益(扣除后)(元)	–0.0270	–0.2700	–0.0660	0.2100
	稀释每股收益(元)	–0.0170	–0.2400	–0.0620	0.2900
	每股净资产(元)	3.8138	3.8407	4.0157	4.1500
	每股经营现金净流量(元)	–0.6304	1.0841	–0.2431	0.3178
	每股现金流量(元)	–0.2177	0.1913	–0.1374	0.2328
	每股资本公积金(元)	2.4208	2.4208	2.4208	2.4208
	每股盈余公积金(元)	0.2372	0.2372	0.2372	0.2372
	每股未分配利润(元)	0.1133	0.1299	0.3069	0.4489
	净资产收益率(%)	–0.4363	–6.2209	–1.5427	6.8738
	加权净资产收益率(%)	–0.4300	–2.9900	–1.5000	6.9500
	净资产收益率(扣除)(%)	–0.7089	–7.0462	–1.6325	4.9989
	总资产(万元)	580369.13	583720.70	625925.12	618251.74
	归属母公司股东权益(万元)	198925.51	200333.43	209458.18	216464.97
	营业收入(万元)	200406.75	445695.56	204015.58	557699.82
	营业支出(万元)	180475.49	417412.69	185139.19	492960.89
	投资收益(万元)	––	47.54	–	3469.64
	净利润(万元)	–3055.45	–20689.25	–5946.12	3887.99
	营业利润(万元)	–4138.84	–22417.99	–6164.51	5678.07
	利润总额(万元)	–3860.44	–19977.78	–5873.86	6669.22

无锡华光锅炉股份有限公司

公司概况	公司名称	无锡华光锅炉股份有限公司			证券简称	华光股份
	法人代表	蒋志坚	董秘	周建伟	证券代码	600475
	公司网址	www.wxboiler.com		电子信箱	600475@wxboiler.com	
	电　话	0510-85215556		传　真	051-85215605	
	办公地址	江苏省无锡市城南路3号				
	经营范围	电站锅炉、工业锅炉、锅炉辅机、水处理设备、压力容器、烟气脱硫脱硝成套设备的制造、销售				

	指标\报告期	2017.06.30	2016.12.31	2016.06.30	2015.12.31
主要财务指标	基本每股收益(元)	0.4668	0.4214	0.2016	0.4354
	基本每股收益(扣除后)(元)	0.5049	0.4590	0.1956	0.3643
	稀释每股收益(元)	0.4668	0.4214	0.2016	0.4354
	每股净资产(元)	7.9917	6.2054	5.8757	5.6741
	每股经营现金净流量(元)	–0.4573	0.4209	–0.5301	2.3757
	每股现金流量(元)	–0.6342	–0.1533	–0.7476	1.6228
	每股资本公积金(元)	0.4864	2.2085	0.3498	0.3498
	每股盈余公积金(元)	0.3493	0.7632	0.7125	0.7125
	每股未分配利润(元)	6.0395	12.2053	3.8134	3.6118
	净资产收益率(%)	5.6797	6.7917	3.4303	7.6729
	加权净资产收益率(%)	6.1300	7.2200	3.4300	7.9100
	净资产收益率(扣除)(%)	5.0585	7.3966	3.3289	6.4208
	总资产(万元)	984563.62	909069.92	481133.05	506788.95
	归属母公司股东权益(万元)	447052.27	420742.45	150417.85	145258.02
	营业收入(万元)	256077.86	370260.74	165617.12	339871.02
	营业支出(万元)	216326.11	302860.96	134405.33	275302.43
	投资收益(万元)	18958.05	1045.64	541.54	1156.08
	净利润(万元)	27257.97	15876.62	7703.96	16568.67
	营业利润(万元)	28816.93	19136.05	9411.67	18166.84
	利润总额(万元)	30250.10	18875.83	9607.50	20120.83

湖南湘邮科技股份有限公司

公司概况	公司名称	湖南湘邮科技股份有限公司			证券简称	湘邮科技
	法人代表	董志宏	董秘	孟京京	证券代码	600476
	公司网址	www.copote.com		电子信箱	copote@copote.com	
	电　话	0731-88998688 88998817		传　真	0731-88998859	
	办公地址	湖南省长沙市高新技术产业开发区麓谷基地玉兰路2号				
	经营范围	研制、开发、生产、销售计算机软、硬件及邮电高科技电子产品等				

	指标\报告期	2017.06.30	2016.12.31	2016.06.30	2015.12.31
主要财务指标	基本每股收益(元)	0.0085	0.0140	–0.0262	–0.2450
	基本每股收益(扣除后)(元)	0.0078	–0.1950	–0.0320	–0.2660
	稀释每股收益(元)	0.0085	0.0140	–0.0262	–0.2450
	每股净资产(元)	1.2380	1.2295	1.1611	1.1872
	每股经营现金净流量(元)	–0.1600	–0.1932	–0.2260	–0.1253
	每股现金流量(元)	0.1369	0.0363	–0.0501	–0.0931
	每股资本公积金(元)	0.8438	0.8438	0.8158	0.8158
	每股盈余公积金(元)	0.0834	0.0834	0.0834	0.0834
	每股未分配利润(元)	–0.6891	–0.6977	–0.7382	–0.7120
	净资产收益率(%)	0.6886	1.1672	–2.2544	–20.6716
	加权净资产收益率(%)	0.6900	1.2000	–2.2300	–18.7400
	净资产收益率(扣除)(%)	0.6339	–15.8220	–2.7535	–22.4051
	总资产(万元)	40689.20	35363.19	36778.58	33844.02
	归属母公司股东权益(万元)	19941.20	19803.88	18701.18	19122.78
	营业收入(万元)	8822.57	27764.14	12947.78	20304.04
	营业支出(万元)	6700.84	24651.92	11444.83	19044.40
	投资收益(万元)	72.76	3103.58	98.51	158.86
	净利润(万元)	137.29	229.13	–421.97	–3954.23
	营业利润(万元)	126.37	7.51	–492.33	–4210.03
	利润总额(万元)	137.29	342.66	–398.99	–3896.66

杭萧钢构股份有限公司

公司概况	公司名称	杭萧钢构股份有限公司			证券简称	杭萧钢构
	法人代表	单银木	董秘	陈瑞	证券代码	600477
	公司网址	www.hxss.com.cn		电子信箱	chen.rui@hxss.com.cn	
	电话	0571-87246788		传真	0571-87247920	
	办公地址	浙江省杭州市中河中路258号瑞丰大厦3-7楼				
	经营范围	钢结构工程的设计、制作与安装				

主要财务指标	指标\报告期	2017.06.30	2016.12.31	2016.06.30	2015.12.31
	基本每股收益(元)	0.2610	0.4320	0.2740	0.1670
	基本每股收益(扣除后)(元)	0.2620	0.4130	0.2730	0.1550
	稀释每股收益(元)	0.2600	0.4280	0.2720	0.1660
	每股净资产(元)	1.7951	2.0522	1.7890	2.0473
	每股经营现金净流量(元)	0.1411	1.1879	0.2254	0.1166
	每股现金流量(元)	-0.0829	0.1434	-0.1162	0.2610
	每股资本公积金(元)	0.0687	0.2689	0.2383	0.5475
	每股盈余公积金(元)	0.1000	0.1300	0.0726	0.0944
	每股未分配利润(元)	0.6239	0.6519	0.4969	0.4324
	净资产收益率(%)	14.5256	20.6923	11.7580	7.2771
	加权净资产收益率(%)	15.4000	24.0800	12.6500	9.8500
	净资产收益率(扣除)(%)	14.5861	19.7589	11.6784	6.7549
	总资产(万元)	608255.91	627514.38	609047.81	642298.56
	归属母公司股东权益(万元)	246663.86	216872.15	188182.81	165601.85
	营业收入(万元)	212984.58	433851.60	169856.48	378643.47
	营业支出(万元)	143360.29	307514.25	112503.77	289628.30
	投资收益(万元)	-558.65	-391.25	-53.92	-34.21
	净利润(万元)	35863.98	43981.57	22222.26	14353.85
	营业利润(万元)	42775.39	50559.44	26742.86	16467.36
	利润总额(万元)	42324.05	53157.51	27008.17	18130.70

湖南科力远新能源股份有限公司

公司概况	公司名称	湖南科力远新能源股份有限公司			证券简称	科力远
	法人代表	钟发平	董秘	赵丽萍	证券代码	600478
	公司网址	www.corun.com		电子信箱	zcbinformation@corun.com	
	电话	0731-88983638 88983602		传真	0731-88983623	
	办公地址	湖南省长沙市岳麓区长沙国家高新技术产业开发区桐梓坡西路348号				
	经营范围	法律、法规、政策允许的新材料、新能源的研究、开发、生产、销售等				

主要财务指标	指标\报告期	2017.06.30	2016.12.31	2016.06.30	2015.12.31
	基本每股收益(元)	-0.0560	-0.1520	-0.0460	0.0100
	基本每股收益(扣除后)(元)	-0.0660	-0.1620	-0.0560	-0.1100
	稀释每股收益(元)	-0.0560	-0.1520	-0.0460	0.0100
	每股净资产(元)	0.8853	0.9397	1.0407	1.6079
	每股经营现金净流量(元)	-0.1447	-0.1385	-0.0206	0.1504
	每股现金流量(元)	0.1967	0.1527	0.3445	0.0949
	每股资本公积金(元)	0.0992	0.0992	0.0887	0.6331
	每股盈余公积金(元)	0.0216	0.0216	0.0216	0.0323
	每股未分配利润(元)	-0.2011	-0.1454	-0.0397	0.0100
	净资产收益率(%)	-6.2899	-16.1888	-4.4541	0.5005
	加权净资产收益率(%)	-6.1000	-15.1900	-4.3800	0.6300
	净资产收益率(扣除)(%)	-6.2680	-17.2738	-5.3831	-6.5028
	总资产(万元)	611206.09	522766.70	457303.10	381688.15
	归属母公司股东权益(万元)	123155.39	130713.00	144771.22	149116.08
	营业收入(万元)	75341.52	170015.59	81469.23	112478.95
	营业支出(万元)	67220.02	160424.24	76624.28	99663.03
	投资收益(万元)	-699.78	-3350.09	-931.52	-1227.61
	净利润(万元)	-11522.42	-25216.81	-7420.00	5709.49
	营业利润(万元)	-11508.25	-26286.96	-9007.73	-11426.04
	利润总额(万元)	-11539.81	-24709.30	-7347.15	7667.33

株洲千金药业股份有限公司

公司概况	公司名称	株洲千金药业股份有限公司			证券简称	千金药业
	法人代表	江端预	董秘	谢爱维	证券代码	600479
	公司网址	www.cnqjyy.com		电子信箱	qianjin@cnqjyy.com	
	电话	0731-22496088 22492897		传真	0731-22496088	
	办公地址	湖南省株洲市天元区株洲大道801号				
	经营范围	中成药产品、中药保健品、化学药制品的开发、生产和销售				

主要财务指标	指标\报告期	2017.06.30	2016.12.31	2016.06.30	2015.12.31
	基本每股收益(元)	0.1302	0.4285	0.1073	0.2910
	基本每股收益(扣除后)(元)	0.1115	0.3866	0.0981	0.2405
	稀释每股收益(元)	0.1302	0.4285	0.1073	0.2910
	每股净资产(元)	4.9387	5.0054	4.6837	4.7220
	每股经营现金净流量(元)	0.3213	0.4039	0.2392	0.1935
	每股现金流量(元)	-0.7936	0.5633	-0.1452	0.7666
	每股资本公积金(元)	1.8974	1.8943	1.8938	1.8894
	每股盈余公积金(元)	0.4812	0.4812	0.4522	0.4522
	每股未分配利润(元)	1.5601	1.6299	1.3377	1.3804
	净资产收益率(%)	2.6369	8.5600	2.2918	5.6448
	加权净资产收益率(%)	2.5800	8.8100	2.2500	7.2200
	净资产收益率(扣除)(%)	2.2583	7.7232	2.0947	4.6657
	总资产(万元)	299261.07	303209.12	288171.67	274322.74
	归属母公司股东权益(万元)	172241.73	174566.62	163347.08	164681.77
	营业收入(万元)	151261.33	286488.55	127827.15	244668.41
	营业支出(万元)	84487.93	157332.39	75606.44	131150.78
	投资收益(万元)	378.54	1058.62	459.25	836.25
	净利润(万元)	5378.41	17336.10	3621.32	8833.82
	营业利润(万元)	6663.96	19395.10	4341.79	9475.55
	利润总额(万元)	6732.12	20637.81	4513.97	10960.03

凌云工业股份有限公司

公司概况	公司名称	凌云工业股份有限公司			证券简称	凌云股份
	法人代表	赵延成	董秘	翟斌(代)	证券代码	600480
	公司网址	www.lingyun.com.cn		电子信箱	zhangjianhua@lygf.com	
	电话	0312-3951002		传真	0312-3951234	
	办公地址	河北省涿州市松林店镇				
	经营范围	生产和销售塑料燃气管道系统、给水管道系统、供热管道系统等				

主要财务指标	指标\报告期	2017.06.30	2016.12.31	2016.06.30	2015.12.31
	基本每股收益(元)	0.5200	0.4700	0.3300	0.3700
	基本每股收益(扣除后)(元)	0.5200	0.4400	0.3200	0.3500
	稀释每股收益(元)	0.5200	0.4700	0.3300	0.3700
	每股净资产(元)	8.1556	7.7594	7.6967	7.3408
	每股经营现金净流量(元)	-0.8138	1.2400	-0.9264	1.2329
	每股现金流量(元)	-0.4953	-0.6665	-1.4392	0.6729
	每股资本公积金(元)	3.8573	3.8573	3.8573	3.8573
	每股盈余公积金(元)	0.1667	0.1667	0.1646	0.1646
	每股未分配利润(元)	3.0364	2.6581	2.6210	2.2880
	净资产收益率(%)	6.3799	6.0885	4.3271	4.1531
	加权净资产收益率(%)	6.6000	6.2400	4.4400	6.3400
	净资产收益率(扣除)(%)	6.3298	5.6071	4.1756	3.8940
	总资产(万元)	1156301.11	1001463.35	943131.04	888517.31
	归属母公司股东权益(万元)	367763.74	349897.38	347071.00	331019.83
	营业收入(万元)	579829.83	889787.81	423968.95	724478.52
	营业支出(万元)	462376.58	710950.76	335781.73	576801.72
	投资收益(万元)	2003.66	5530.48	3351.31	4097.76
	净利润(万元)	37999.59	38182.91	25347.59	30302.65
	营业利润(万元)	44815.31	46811.96	30117.19	37502.87
	利润总额(万元)	45179.12	48837.46	30845.00	38828.14

双良节能系统股份有限公司

公司概况	公司名称	双良节能系统股份有限公司		证券简称	双良节能
	法人代表	缪文彬	董秘 王磊	证券代码	600481
	公司网址	www.shuangliang.com		电子信箱	600481@shuangliang.com
	电话	0510-86632358		传真	0510-86630191*481
	办公地址	江苏省江阴市利港镇西利路 88 号			
	经营范围	研究、开发、生产空调、热泵、空气冷却设备、海水淡化节能设备等			

	指标\报告期	2017.06.30	2016.12.31	2016.06.30	2015.12.31
主要财务指标	基本每股收益(元)	0.0084	0.0996	0.0378	0.2151
	基本每股收益(扣除后)(元)	-0.0003	0.0487	0.0257	0.1100
	稀释每股收益(元)	0.0084	0.0996	0.0378	0.2151
	每股净资产(元)	1.3053	1.3056	1.2434	1.3070
	每股经营现金净流量(元)	-0.0011	0.1440	-0.0591	0.6780
	每股现金流量(元)	-0.0206	0.0261	-0.1435	0.1788
	每股资本公积金(元)	0.0019	0.0102	0.0098	0.0113
	每股盈余公积金(元)	0.2079	0.2079	0.1920	0.1920
	每股未分配利润(元)	0.0956	0.0872	0.0413	0.1035
	净资产收益率(%)	0.6427	7.6269	3.0379	16.4566
	加权净资产收益率(%)	0.6400	7.6200	2.8500	15.2500
	净资产收益率(扣除)(%)	-0.0194	3.7307	2.0688	8.4166
	总资产(万元)	431499.28	444453.19	450172.02	446566.05
	归属母公司股东权益(万元)	211527.47	211566.74	201490.95	211796.56
	营业收入(万元)	80243.55	201436.20	85700.16	311645.30
	营业支出(万元)	55265.14	124562.40	53374.54	226733.12
	投资收益(万元)	118.52	4905.60	1497.96	15154.52
	净利润(万元)	966.46	14713.20	4885.58	33824.90
	营业利润(万元)	1553.60	14990.96	6367.53	32794.90
	利润总额(万元)	1899.93	19412.25	6546.10	39858.37

中国船舶重工集团动力股份有限公司

公司概况	公司名称	中国船舶重工集团动力股份有限公司		证券简称	中国动力
	法人代表	何纪武	董秘 王善君	证券代码	600482
	公司网址	www.china-csicpower.com.cn		电子信箱	sh600482@163.com
	电话	010-88010210 88010961		传真	010-88010958
	办公地址	北京市海淀区昆明湖南路 72 号			
	经营范围	蓄电池开发、生产、销售等			

	指标\报告期	2017.06.30	2016.12.31	2016.06.30	2015.12.31
主要财务指标	基本每股收益(元)	0.3200	0.7100	0.3600	0.3300
	基本每股收益(扣除后)(元)	0.2900	0.6700	0.4100	0.3100
	稀释每股收益(元)	0.3200	0.7100	0.3600	0.3300
	每股净资产(元)	14.5898	14.6340	14.2132	4.0916
	每股经营现金净流量(元)	-0.4113	0.6570	0.1689	1.4301
	每股现金流量(元)	-0.6881	6.7566	9.5330	0.1200
	每股资本公积金(元)	11.0000	11.1463	14.6927	12.8304
	每股盈余公积金(元)	0.1016	0.1016	0.0948	0.2274
	每股未分配利润(元)	2.4684	2.3657	3.0767	6.5193
	净资产收益率(%)	2.2098	4.2169	1.8665	7.9758
	加权净资产收益率(%)	2.2000	5.9000	4.0500	8.2400
	净资产收益率(扣除)(%)	1.9566	3.2936	1.3131	7.5483
	总资产(万元)	4272707.05	4350766.26	4129907.68	2878745.71
	归属母公司股东权益(万元)	2537452.11	2545126.76	2471939.61	1102639.71
	营业收入(万元)	1164102.50	2074118.62	944995.97	575064.53
	营业支出(万元)	983975.18	1713453.61	788484.92	498038.28
	投资收益(万元)	4552.92	5410.44	373.23	423.63
	净利润(万元)	60446.17	115334.85	49509.57	17008.21
	营业利润(万元)	68269.44	127580.60	52972.87	20565.63
	利润总额(万元)	70931.62	139624.11	57947.93	21377.18

福建福能股份有限公司

公司概况	公司名称	福建福能股份有限公司		证券简称	福能股份
	法人代表	林金本	董秘 汪元军	证券代码	600483
	公司网址	www.fjec.com.cn		电子信箱	wangyj1@fjec.com.cn
	电话	86-591-8621128 86211273		传真	0591-86211275
	办公地址	福建省福州市五四路 109 号东煌大厦 13 楼			
	经营范围	纺织品、PU 革的制造、经营本公司自产产品及相关的出口业务			

	指标\报告期	2017.06.30	2016.12.31	2016.06.30	2015.12.31
主要财务指标	基本每股收益(元)	0.1900	0.6600	0.2800	0.8500
	基本每股收益(扣除后)(元)	0.1600	0.6600	0.2800	0.8400
	稀释每股收益(元)	0.1900	0.6600	0.2800	0.8500
	每股净资产(元)	6.4196	6.4331	6.0456	5.2527
	每股经营现金净流量(元)	0.4464	1.1352	0.5654	1.9879
	每股现金流量(元)	0.3291	0.6966	0.7075	0.0393
	每股资本公积金(元)	2.0652	2.0652	2.0652	0.6493
	每股盈余公积金(元)	0.2517	0.2517	0.1946	0.2400
	每股未分配利润(元)	1.6472	1.6571	1.3311	1.5543
	净资产收益率(%)	2.9613	10.1633	4.4780	16.0875
	加权净资产收益率(%)	2.9100	10.7700	4.6900	17.1600
	净资产收益率(扣除)(%)	2.5236	10.1147	4.4538	16.0030
	总资产(万元)	1854451.96	1794887.72	1717537.43	1482168.44
	归属母公司股东权益(万元)	996216.47	998297.33	938177.86	660970.76
	营业收入(万元)	246225.99	636171.06	268025.31	715756.67
	营业支出(万元)	200262.98	457078.17	194224.64	518912.85
	投资收益(万元)	6589.61	2187.71	614.79	616.07
	净利润(万元)	27141.85	106974.18	41723.06	112376.48
	营业利润(万元)	32940.48	133561.36	51124.30	141119.34
	利润总额(万元)	33501.83	135154.95	52172.11	143408.42

北京信威通信科技集团股份有限公司

公司概况	公司名称	北京信威通信科技集团股份有限公司		证券简称	信威集团
	法人代表	王靖	董秘 王铮	证券代码	600485
	公司网址	www.xinweigroup.com.cn		电子信箱	investor@xinwei.com.cn
	电话	010-62802618		传真	010-62802688
	办公地址	北京市海淀区东北旺西路 8 号中关村软件园 7 号楼一层			
	经营范围	通信网测试维护产品的研制开发、生产、销售和服务			

	指标\报告期	2017.06.30	2016.12.31	2016.06.30	2015.12.31
主要财务指标	基本每股收益(元)	0.2500	0.5200	0.4800	0.6500
	基本每股收益(扣除后)(元)	0.2500	0.5100	0.4800	0.6400
	稀释每股收益(元)	—	—	-	-
	每股净资产(元)	4.2765	4.0454	3.9983	4.1788
	每股经营现金净流量(元)	-0.1667	-1.2719	-0.4154	-0.6888
	每股现金流量(元)	-0.1605	-0.2843	-0.3306	0.0872
	每股资本公积金(元)	1.0494	1.0494	1.0716	1.7278
	每股盈余公积金(元)	0.0803	0.0803	0.0557	0.0557
	每股未分配利润(元)	2.3750	2.1361	2.1208	1.6458
	净资产收益率(%)	5.8141	12.9100	12.0637	15.5613
	加权净资产收益率(%)	5.9700	12.7500	10.9100	16.8600
	净资产收益率(扣除)(%)	5.8088	12.5884	12.0075	15.2939
	总资产(万元)	2292168.02	2203998.42	1895574.33	1753511.16
	归属母公司股东权益(万元)	1250326.26	1182774.74	1169009.31	1221783.32
	营业收入(万元)	194567.00	308796.88	242146.17	357421.65
	营业支出(万元)	17709.40	59097.34	30984.58	43004.09
	投资收益(万元)	596.51	6731.81	3811.68	10876.19
	净利润(万元)	73577.40	159989.56	144883.72	204474.19
	营业利润(万元)	89684.33	145407.49	157285.21	173072.19
	利润总额(万元)	89654.11	178755.81	169075.67	233305.47

江苏扬农化工股份有限公司

公司概况	公司名称	江苏扬农化工股份有限公司			证券简称	扬农化工	
	法人代表	程晓曦	董秘	吴孝举	证券代码	600486	
	公司网址	www.yngf.com		电子信箱	stockcom@yngf.com		
	电话	0514-85860486		传真	0514-85889486		
	办公地址	江苏省扬州市文峰路39号					
	经营范围	卫生用、农用拟除虫菊酯系列产品的生产和销售					

	指标\报告期	2017.06.30	2016.12.31	2016.06.30	2015.12.31
主要财务指标	基本每股收益(元)	0.8170	1.4170	0.6860	1.4680
	基本每股收益(扣除后)(元)	0.7140	1.1960	0.5720	1.3280
	稀释每股收益(元)	0.8170	1.4170	0.6860	1.4680
	每股净资产(元)	11.5363	11.1172	10.3851	10.1213
	每股经营现金净流量(元)	1.7508	0.8290	0.1438	0.7916
	每股现金流量(元)	1.3941	–1.2591	–0.8592	–1.8697
	每股资本公积金(元)	2.6311	2.6311	2.6311	2.6311
	每股盈余公积金(元)	0.7222	0.7222	0.6765	0.6765
	每股未分配利润(元)	6.8287	6.4419	5.7560	5.5201
	净资产收益率(%)	7.0806	12.7499	6.6045	14.5089
	加权净资产收益率(%)	7.1200	13.4400	6.5500	15.5200
	净资产收益率(扣除)(%)	6.1882	10.7553	5.5105	13.1195
	总资产(万元)	631425.48	570048.42	472549.82	465735.62
	归属母公司股东权益(万元)	357508.14	344521.86	321833.60	313659.13
	营业收入(万元)	200170.37	292896.62	159524.48	311412.97
	营业支出(万元)	148856.57	220203.52	117702.32	228681.25
	投资收益(万元)	3365.38	8082.22	3907.37	4959.66
	净利润(万元)	26443.27	45574.29	21826.76	47040.45
	营业利润(万元)	31089.73	52843.88	26085.44	56995.94
	利润总额(万元)	31071.64	52962.27	26409.35	56931.13

江苏亨通光电股份有限公司

公司概况	公司名称	江苏亨通光电股份有限公司			证券简称	亨通光电	
	法人代表	尹纪成	董秘	温小杰	证券代码	600487	
	公司网址	www.htgd.com.cn		电子信箱	htgd@htgd.com.cn		
	电话	0512-63430985		传真	0512-63092355		
	办公地址	江苏省吴江市经济开发区亨通路100号					
	经营范围	光纤光缆的生产与销售					

	指标\报告期	2017.06.30	2016.12.31	2016.06.30	2015.12.31
主要财务指标	基本每股收益(元)	0.6180	1.0605	0.3080	0.4620
	基本每股收益(扣除后)(元)	0.5770	0.8910	0.2880	0.4240
	稀释每股收益(元)	0.6180	1.0605	0.3080	0.4620
	每股净资产(元)	5.0284	4.7122	3.9565	3.7191
	每股经营现金净流量(元)	–0.6048	2.0776	0.0656	0.9320
	每股现金流量(元)	–0.9720	0.9324	0.0150	0.4711
	每股资本公积金(元)	0.4972	0.6754	0.6869	0.7549
	每股盈余公积金(元)	0.2257	0.2257	0.1729	0.1729
	每股未分配利润(元)	3.2721	2.7640	2.0913	1.8032
	净资产收益率(%)	12.2953	22.5057	7.7873	12.4084
	加权净资产收益率(%)	12.4100	25.1600	7.9500	13.1200
	净资产收益率(扣除)(%)	11.4757	18.9087	7.2710	11.4101
	总资产(万元)	2311276.48	1973432.60	1729653.28	1548218.11
	归属母公司股东权益(万元)	624156.76	584914.97	491104.51	461636.15
	营业收入(万元)	1141314.66	1930054.64	804828.81	1356327.27
	营业支出(万元)	913231.27	1523360.62	614702.54	1081890.06
	投资收益(万元)	5587.70	27155.13	6820.31	5624.31
	净利润(万元)	84106.71	152312.74	49798.06	69327.52
	营业利润(万元)	98555.20	157287.79	60194.23	74104.96
	利润总额(万元)	98699.18	178953.75	63511.51	81381.70

天津天药药业股份有限公司

公司概况	公司名称	天津天药药业股份有限公司			证券简称	天药股份	
	法人代表	陈坚	董秘	王春丽	证券代码	600488	
	公司网址	www.kingyork.biz/tianyaoyaoye		电子信箱	tjpc600488@vip.sina.com		
	电话	022-65277565		传真	022-65277561		
	办公地址	天津市开发区西区新业九街19号(金耀生物园)					
	经营范围	皮质激素类原料药和制剂的生产和销售、出口					

	指标\报告期	2017.06.30	2016.12.31	2016.06.30	2015.12.31
主要财务指标	基本每股收益(元)	0.0710	0.0660	0.0410	0.0820
	基本每股收益(扣除后)(元)	0.0380	0.0640	0.0410	0.0790
	稀释每股收益(元)	0.0710	0.0660	0.0410	0.0820
	每股净资产(元)	2.4341	2.5702	2.5437	2.5269
	每股经营现金净流量(元)	0.0096	0.0659	0.0167	0.1348
	每股现金流量(元)	–0.1829	0.1157	–0.0470	–0.0866
	每股资本公积金(元)	0.4717	1.1249	0.6334	0.6334
	每股盈余公积金(元)	0.1681	0.1874	0.1606	0.1566
	每股未分配利润(元)	0.7957	0.8583	0.7519	0.7397
	净资产收益率(%)	2.5494	2.5837	1.6230	3.2424
	加权净资产收益率(%)	2.2000	2.6100	1.6200	3.2800
	净资产收益率(扣除)(%)	1.3561	2.4790	1.6209	3.1361
	总资产(万元)	417875.67	411179.63	298918.61	303317.90
	归属母公司股东权益(万元)	265776.68	304568.55	244416.26	242794.96
	营业收入(万元)	99215.67	120660.02	61877.04	140471.99
	营业支出(万元)	69830.84	99680.22	50530.75	117743.82
	投资收益(万元)	924.09	0.31	322.68	401.99
	净利润(万元)	8711.49	6396.99	3970.74	7880.76
	营业利润(万元)	10273.76	6596.61	4423.45	8387.80
	利润总额(万元)	10318.97	6908.24	4429.63	8698.22

中金黄金股份有限公司

公司概况	公司名称	中金黄金股份有限公司			证券简称	中金黄金	
	法人代表	宋鑫	董秘	李跃清	证券代码	600489	
	公司网址	www.zjgold.com		电子信箱	lyq@zjgold.com		
	电话	010-56353909 56353910		传真	010-56353910		
	办公地址	北京市东城区安外大街9号					
	经营范围	黄金等有色金属地质勘查、采选、冶炼等					

	指标\报告期	2017.06.30	2016.12.31	2016.06.30	2015.12.31
主要财务指标	基本每股收益(元)	0.0600	0.1100	0.0600	0.0300
	基本每股收益(扣除后)(元)	0.0800	0.0900	0.0600	0.0300
	稀释每股收益(元)	0.0600	0.1100	0.0600	0.0300
	每股净资产(元)	3.8815	3.8400	3.8166	3.3539
	每股经营现金净流量(元)	0.3404	0.2869	0.5937	–0.5125
	每股现金流量(元)	0.1867	0.1053	0.4311	0.2441
	每股资本公积金(元)	1.1975	1.1975	1.2050	0.5378
	每股盈余公积金(元)	0.1910	0.1910	0.1837	0.2154
	每股未分配利润(元)	1.4822	1.4556	1.4142	1.5924
	净资产收益率(%)	1.5855	2.7343	1.4734	0.8751
	加权净资产收益率(%)	1.5900	3.0300	1.8500	0.8600
	净资产收益率(扣除)(%)	2.1522	2.2714	1.4715	0.9333
	总资产(万元)	4017354.08	3876649.60	3913863.45	3678969.65
	归属母公司股东权益(万元)	1339560.23	1325251.78	1317146.03	987116.64
	营业收入(万元)	1595134.12	3892803.43	1333733.96	3706353.85
	营业支出(万元)	1412366.02	3561365.87	1175575.36	3452212.62
	投资收益(万元)	3283.69	3761.47	1906.59	4311.33
	净利润(万元)	33632.10	47630.29	26501.27	14688.87
	营业利润(万元)	46077.39	72283.15	35900.51	22689.57
	利润总额(万元)	43441.82	74242.53	36458.72	25660.75

鹏欣环球资源股份有限公司

公司概况					
公司名称	鹏欣环球资源股份有限公司			证券简称	鹏欣资源
法人代表	楼定波	董秘	储越江	证券代码	600490
公司网址	www.pengxinzy.com.cn		电子信箱	600490@pengxinzy.com.cn	
电话	021-61677397		传真	021-62429110	
办公地址	上海市虹桥路 2188 弄 41 号、47 号楼				
经营范围	医药中间体、农药中间体及有机新材料等精细化工品的生产和销售				

主要财务指标 指标\报告期	2017.06.30	2016.12.31	2016.06.30	2015.12.31
基本每股收益(元)	0.0624	0.0300	0.0115	0.0100
基本每股收益(扣除后)(元)	0.0658	0.0300	0.0015	0.0200
稀释每股收益(元)	0.0624	0.0300	0.0115	0.0100
每股净资产(元)	2.9372	2.2721	1.2227	1.1838
每股经营现金净流量(元)	0.2042	0.2460	0.0792	0.2662
每股现金流量(元)	0.0488	-0.2335	-0.2250	0.1732
每股资本公积金(元)	1.7786	1.1073	0.1130	0.1130
每股盈余公积金(元)	0.0082	0.0092	0.0104	0.0104
每股未分配利润(元)	0.0930	0.0368	0.0198	0.0070
净资产收益率(%)	2.0478	1.3489	1.0458	1.1206
加权净资产收益率(%)	1.9500	1.4600	0.9676	1.2000
净资产收益率(扣除)(%)	2.1604	0.9928	0.1447	1.3594
总资产(万元)	738639.52	460446.71	485130.67	451864.24
归属母公司股东权益(万元)	552589.12	381747.24	180836.59	175080.95
营业收入(万元)	190563.91	256008.79	134928.41	178806.10
营业支出(万元)	160275.67	217586.54	120166.13	147883.97
投资收益(万元)	2194.20	783.32	1967.49	-859.60
净利润(万元)	12702.86	12031.70	3985.43	3989.46
营业利润(万元)	13338.68	13064.27	4518.76	4667.40
利润总额(万元)	13388.32	13104.63	4531.76	5009.23

龙元建设集团股份有限公司

公司概况					
公司名称	龙元建设集团股份有限公司			证券简称	龙元建设
法人代表	赖振元	董秘	张丽	证券代码	600491
公司网址	www.lycg.com.cn		电子信箱	webmaster@lycg.com.cn	
电话	021-65615689		传真	021-65615689	
办公地址	上海市静安区寿阳路 99 弄龙元集团大楼				
经营范围	民用、工业、市政及公共设施等各类工程的建筑施工、工程安装				

主要财务指标 指标\报告期	2017.06.30	2016.12.31	2016.06.30	2015.12.31
基本每股收益(元)	0.1841	0.2800	0.1035	0.2200
基本每股收益(扣除后)(元)	0.1625	0.2200	0.0802	0.1400
稀释每股收益(元)	0.1841	0.2800	0.1035	0.2200
每股净资产(元)	4.3538	4.1753	4.0068	3.7613
每股经营现金净流量(元)	0.2042	0.9165	-0.5032	-0.5354
每股现金流量(元)	0.2583	0.9703	0.3378	-0.1698
每股资本公积金(元)	1.1714	1.1714	1.1718	0.4555
每股盈余公积金(元)	0.3131	0.3131	0.2878	0.3834
每股未分配利润(元)	1.6874	1.5383	1.3924	1.7443
净资产收益率(%)	4.2284	6.6120	2.5835	5.7518
加权净资产收益率(%)	4.3000	6.9900	2.7600	5.9700
净资产收益率(扣除)(%)	3.7323	5.1998	2.0028	3.7903
总资产(万元)	3116182.31	2742740.62	2580989.42	2438282.04
归属母公司股东权益(万元)	549498.91	526958.34	505697.35	356421.42
营业收入(万元)	825326.11	1458848.34	724720.44	1602876.81
营业支出(万元)	760924.71	1335348.56	668188.37	1463657.87
投资收益(万元)	1816.72	615.66	766.80	-95.80
净利润(万元)	22573.37	35021.57	12950.48	19833.46
营业利润(万元)	31306.12	49998.90	17036.40	31431.03
利润总额(万元)	31259.27	50514.06	17280.71	32066.67

福建凤竹纺织科技股份有限公司

公司概况					
公司名称	福建凤竹纺织科技股份有限公司			证券简称	凤竹纺织
法人代表	陈澄清	董秘	陈美珍	证券代码	600493
公司网址	www.fynex.com.cn		电子信箱	tzzq@fynex.com.cn	
电话	0595-85656506		传真	0595-85656941	
办公地址	福建省晋江市青阳凤竹工业区				
经营范围	生产、加工针织、机织色布、漂染、染纱、服装,销售自产产品等				

主要财务指标 指标\报告期	2017.06.30	2016.12.31	2016.06.30	2015.12.31
基本每股收益(元)	0.0363	0.2074	0.0186	0.0478
基本每股收益(扣除后)(元)	0.0342	0.2139	0.0148	0.0271
稀释每股收益(元)	0.0363	0.2074	0.0186	0.0478
每股净资产(元)	2.5063	2.5400	2.3512	2.3526
每股经营现金净流量(元)	0.0202	0.4518	0.2998	0.3084
每股现金流量(元)	-0.1204	0.1644	0.0023	-0.0410
每股资本公积金(元)	0.7019	0.7019	0.7019	0.7019
每股盈余公积金(元)	0.3143	0.3143	0.3026	0.3026
每股未分配利润(元)	0.4900	0.5237	0.3466	0.3480
净资产收益率(%)	1.4467	8.1665	0.7921	2.0313
加权净资产收益率(%)	1.4173	8.4852	0.7925	2.0448
净资产收益率(扣除)(%)	1.3664	8.4211	0.6275	1.1522
总资产(万元)	95114.52	101230.61	93937.09	99975.32
归属母公司股东权益(万元)	68170.07	69087.86	63952.37	63989.77
营业收入(万元)	35614.40	76214.47	32271.12	71994.03
营业支出(万元)	30794.87	62870.41	28139.65	61185.69
投资收益(万元)	—	3268.57	-	-
净利润(万元)	986.21	5642.09	506.59	1299.80
营业利润(万元)	1311.33	6217.15	520.83	1243.09
利润总额(万元)	1384.34	5993.96	661.27	1911.31

晋西车轴股份有限公司

公司概况					
公司名称	晋西车轴股份有限公司			证券简称	晋西车轴
法人代表	张朝宏	董秘	周海红	证券代码	600495
公司网址	www.jinxiaxle.com.cn		电子信箱	zhh@jinxiaxle.com	
电话	86-351-6628286 6629027		传真	86-351-6628286	
办公地址	山西省太原市和平北路北巷 5 号				
经营范围	各类车轴的生产及销售,合金钢等精密锻件生产、销售或委托加工				

主要财务指标 指标\报告期	2017.06.30	2016.12.31	2016.06.30	2015.12.31
基本每股收益(元)	0.0100	0.0200	0.0100	0.0800
基本每股收益(扣除后)(元)	0.0027	-0.0200	0.0003	0.0500
稀释每股收益(元)	0.0100	0.0200	0.0100	0.0800
每股净资产(元)	2.5803	2.5693	2.5591	2.5723
每股经营现金净流量(元)	0.1205	-0.1118	-0.2040	0.0272
每股现金流量(元)	0.0836	-0.2901	-0.3672	-0.3088
每股资本公积金(元)	0.9602	0.9602	0.9602	0.9602
每股盈余公积金(元)	0.1563	0.1459	0.1441	0.1392
每股未分配利润(元)	0.4624	0.4618	0.4524	0.4722
净资产收益率(%)	0.4270	0.8679	0.4353	3.2438
加权净资产收益率(%)	0.4300	0.8700	0.4300	3.2800
净资产收益率(扣除)(%)	0.1065	-0.8365	0.0116	2.0619
总资产(万元)	385426.75	368195.75	371369.28	387321.02
归属母公司股东权益(万元)	311751.82	310426.31	309185.43	310777.66
营业收入(万元)	64508.98	96132.94	46139.78	201025.56
营业支出(万元)	54437.45	82018.50	40615.59	173061.65
投资收益(万元)	2379.20	4787.68	2502.76	4273.80
净利润(万元)	1331.23	2694.31	1345.94	10071.17
营业利润(万元)	1862.64	1337.43	1552.28	10595.16
利润总额(万元)	2102.16	3020.43	1544.19	11612.02

长江精工钢结构(集团)股份有限公司

公司概况	公司名称	长江精工钢结构(集团)股份有限公司			证券简称	精工钢构
	法人代表	万朝阳	董秘	沈月华	证券代码	600496
	公司网址	www.600496.com		电子信箱	600496@jgsteel.cn	
	电　话	021-62968628 0564-3631386		传　真	021-62967718 0564-3630000	
	办公地址	安徽省六安市经济技术开发区长江精工工业园				
	经营范围	轻型、高层用钢结构产品及新型墙体材料生产销售等				

主要财务指标	指标\报告期	2017.06.30	2016.12.31	2016.06.30	2015.12.31
	基本每股收益(元)	0.0400	0.0725	0.0627	0.1268
	基本每股收益(扣除后)(元)	0.0118	0.0623	0.0577	0.1095
	稀释每股收益(元)	0.0368	0.0725	0.0627	0.1268
	每股净资产(元)	2.5259	2.4906	2.3943	2.3385
	每股经营现金净流量(元)	-0.0852	0.5589	0.1186	0.3076
	每股现金流量(元)	-0.2492	0.1174	-0.0723	0.0455
	每股资本公积金(元)	0.2201	0.2201	0.2228	0.2162
	每股盈余公积金(元)	0.0824	0.0824	0.0813	0.0813
	每股未分配利润(元)	1.1377	1.1009	1.0922	1.0496
	净资产收益率(%)	1.4555	2.9127	2.6180	5.4241
	加权净资产收益率(%)	1.4700	3.0000	2.6500	5.5500
	净资产收益率(扣除)(%)	0.4672	2.4996	2.4100	4.6827
	总资产(万元)	1032675.61	1064704.86	934759.82	1044376.76
	归属母公司股东权益(万元)	381516.32	376185.67	361639.78	353221.78
	营业收入(万元)	303269.06	607076.18	260190.93	720533.74
	营业支出(万元)	273477.74	516377.05	216123.95	601145.06
	投资收益(万元)	1316.79	322.09	-21.65	368.74
	净利润(万元)	5582.46	10976.46	9427.97	19159.60
	营业利润(万元)	2425.92	12860.02	10287.05	18491.91
	利润总额(万元)	6550.73	14035.06	10846.91	20593.54

云南驰宏锌锗股份有限公司

公司概况	公司名称	云南驰宏锌锗股份有限公司			证券简称	驰宏锌锗
	法人代表	孙勇	董秘	王小强	证券代码	600497
	公司网址	www.chxz.com		电子信箱	ynchxz@chxz.com	
	电　话	0874-8966698		传　真	86-874-8966699	
	办公地址	云南省曲靖市经济技术开发区翠峰路与学府路交叉口				
	经营范围	铅、锌、锗系列产品的生产与销售等				

主要财务指标	指标\报告期	2017.06.30	2016.12.31	2016.06.30	2015.12.31
	基本每股收益(元)	0.1264	-0.4111	0.0090	0.0297
	基本每股收益(扣除后)(元)	0.1237	-0.3967	-0.0133	0.0821
	稀释每股收益(元)	0.1264	-0.4111	0.0090	0.0297
	每股净资产(元)	2.1735	2.0451	4.9698	4.1263
	每股经营现金净流量(元)	0.4054	0.4042	0.2766	1.1014
	每股现金流量(元)	-0.0279	0.1572	0.1486	-0.0426
	每股资本公积金(元)	1.1970	1.1969	3.3926	2.4218
	每股盈余公积金(元)	0.1298	0.1298	0.2597	0.3355
	每股未分配利润(元)	-0.0991	-0.2254	0.4240	0.5378
	净资产收益率(%)	5.8139	-18.7529	0.1565	0.7198
	加权净资产收益率(%)	5.9909	-19.1500	0.2000	0.7100
	净资产收益率(扣除)(%)	5.6893	-18.0942	-0.2319	1.9904
	总资产(万元)	3217783.52	3283183.02	3428076.39	3349017.36
	归属母公司股东权益(万元)	936761.57	881415.99	1070958.25	688092.06
	营业收入(万元)	916101.41	1410439.64	605581.43	1811357.10
	营业支出(万元)	751716.69	1195868.89	519576.29	1592916.89
	投资收益(万元)	-2436.67	-2801.87	2226.97	-9228.91
	净利润(万元)	54058.38	-166746.19	765.46	6900.95
	营业利润(万元)	68946.12	-156854.73	3501.61	9456.19
	利润总额(万元)	68648.93	-154073.55	4739.61	11596.84

烽火通信科技股份有限公司

公司概况	公司名称	烽火通信科技股份有限公司			证券简称	烽火通信
	法人代表	鲁国庆	董秘	符宇航	证券代码	600498
	公司网址	www.fiberhome.com.cn		电子信箱	info@fiberhome.com.cn	
	电　话	86-27-87693885		传　真	027-87691704	
	办公地址	湖北省武汉市东湖新技术开发区高新四路6号				
	经营范围	光纤通信和相关通信技术、信息技术领域科技开发等				

主要财务指标	指标\报告期	2017.06.30	2016.12.31	2016.06.30	2015.12.31
	基本每股收益(元)	0.4300	0.7300	0.3700	0.6400
	基本每股收益(扣除后)(元)	0.4100	0.6600	0.3500	0.6000
	稀释每股收益(元)	0.4300	0.7300	0.3700	0.6400
	每股净资产(元)	7.0481	6.9577	6.5701	6.5511
	每股经营现金净流量(元)	-2.3865	0.3325	-1.7138	0.7785
	每股现金流量(元)	-0.2456	-0.6160	-1.5550	0.0081
	每股资本公积金(元)	2.9360	2.9360	2.9053	2.9264
	每股盈余公积金(元)	0.3713	0.3713	0.3372	0.3372
	每股未分配利润(元)	2.7332	2.6434	2.3195	2.2889
	净资产收益率(%)	6.0983	10.4460	5.6327	9.5849
	加权净资产收益率(%)	6.0400	10.7500	5.5200	9.8300
	净资产收益率(扣除)(%)	5.7977	9.4388	5.2860	8.9640
	总资产(万元)	2674589.42	2432249.40	2155048.11	1907856.16
	归属母公司股东权益(万元)	737424.90	727967.76	687690.28	685850.63
	营业收入(万元)	972138.20	1736107.83	771400.91	1348963.69
	营业支出(万元)	745026.57	1314377.65	585987.13	990905.27
	投资收益(万元)	4672.94	7195.73	3216.14	6118.49
	净利润(万元)	49010.66	79462.15	40170.66	70724.54
	营业利润(万元)	39138.43	61486.96	35651.05	53870.83
	利润总额(万元)	52184.11	86943.60	42255.41	76547.26

广东科达洁能股份有限公司

公司概况	公司名称	广东科达洁能股份有限公司			证券简称	科达洁能
	法人代表	吴木海	董秘	李跃进	证券代码	600499
	公司网址	www.kedachina.com.cn		电子信箱	600499@kedachina.com.cn	
	电　话	0757-23833869		传　真	0757-23833869	
	办公地址	广东省佛山市顺德区陈村镇广隆工业园环镇西路1号				
	经营范围	陶瓷、石材、墙体材料、节能环保等建材机械设备制造等				

主要财务指标	指标\报告期	2017.06.30	2016.12.31	2016.06.30	2015.12.31
	基本每股收益(元)	0.1970	0.2150	0.3820	0.7710
	基本每股收益(扣除后)(元)	0.1750	0.2060	0.3320	0.0060
	稀释每股收益(元)	0.1970	0.2150	0.3820	0.7710
	每股净资产(元)	2.9831	2.8673	5.8854	5.8213
	每股经营现金净流量(元)	-0.2629	0.3164	0.1346	0.8005
	每股现金流量(元)	-0.1254	0.0411	-0.1107	0.4649
	每股资本公积金(元)	0.1964	0.1970	1.3955	1.7161
	每股盈余公积金(元)	0.1972	0.1972	0.3620	0.3620
	每股未分配利润(元)	1.5866	1.4696	3.1235	2.7418
	净资产收益率(%)	6.6040	7.4940	6.4858	13.1763
	加权净资产收益率(%)	6.6700	7.2400	6.4000	14.0400
	净资产收益率(扣除)(%)	5.8816	7.1769	5.6361	0.0975
	总资产(万元)	954346.65	842944.43	817633.97	842057.19
	归属母公司股东权益(万元)	421059.12	404709.42	415352.48	410826.93
	营业收入(万元)	250329.28	438048.17	220662.35	359368.43
	营业支出(万元)	189899.84	337398.58	165726.46	277606.24
	投资收益(万元)	3404.92	-1245.87	-	70835.26
	净利润(万元)	27761.00	28035.21	26186.07	53178.90
	营业利润(万元)	28551.73	36075.04	25215.23	65446.74
	利润总额(万元)	32579.60	35615.69	30163.51	65903.73

中化国际(控股)股份有限公司

公司概况					
公司名称	中化国际(控股)股份有限公司			证券简称	中化国际
法人代表	冯志斌	董秘	柯希霆	证券代码	600500
公司网址	www.sinochemintl.com		电子信箱	ir@sinochem.com	
电　话	021-31768000 31769818		传　真	021-31769199	
办公地址	中国(上海)自由贸易试验区长清北路 233 号				
经营范围	化工原料、精细化工、农用化工、塑料、橡胶制品等的进出口、内销贸易等				

主要财务指标：指标\报告期	2017.06.30	2016.12.31	2016.06.30	2015.12.31
基本每股收益(元)	0.1800	0.0300	0.0800	0.2300
基本每股收益(扣除后)(元)	0.0700	0.0800	0.1100	0.0300
稀释每股收益(元)	0.1800	0.0300	0.0800	0.2300
每股净资产(元)	5.4837	5.3634	5.4241	5.4276
每股经营现金净流量(元)	-0.4035	0.9212	0.3873	1.1289
每股现金流量(元)	0.7209	1.2306	1.1825	-0.2592
每股资本公积金(元)	2.1506	2.1506	2.1323	2.1412
每股盈余公积金(元)	0.3224	0.3224	0.3211	0.3211
每股未分配利润(元)	2.1937	2.1053	2.1626	2.1927
净资产收益率(%)	3.2545	0.5124	1.4738	4.2501
加权净资产收益率(%)	3.3300	0.5100	1.4700	4.2500
净资产收益率(扣除)(%)	1.2630	1.5824	2.0378	0.6252
总资产(万元)	5104119.39	5001083.42	4489879.65	4033781.73
归属母公司股东权益(万元)	1142263.88	1117195.28	1129854.95	1130573.29
营业收入(万元)	2488528.14	4065674.60	1962440.57	4374569.19
营业支出(万元)	2192829.10	3604343.22	1738087.71	3920273.56
投资收益(万元)	31800.84	-10322.15	-9810.10	70702.57
净利润(万元)	77112.20	44080.84	38469.61	103009.25
营业利润(万元)	109570.65	43589.36	39738.50	130187.64
利润总额(万元)	108623.32	59205.68	50495.95	138645.78

航天晨光股份有限公司

公司概况					
公司名称	航天晨光股份有限公司			证券简称	航天晨光
法人代表	薛亮	董秘	施起	证券代码	600501
公司网址	www.aerosun.cn		电子信箱	zt@aerosun.cn	
电　话	025-52826008 52826031		传　真	025-52826039	
办公地址	江苏省南京市江宁经济技术开发区天元中路 188 号				
经营范围	压力容器设计、制造、销售				

主要财务指标：指标\报告期	2017.06.30	2016.12.31	2016.06.30	2015.12.31
基本每股收益(元)	-0.0200	0.0300	-0.0100	0.0500
基本每股收益(扣除后)(元)	-0.0300	-0.0300	-0.0200	0.0300
稀释每股收益(元)	-0.0200	0.0300	-0.0100	0.0500
每股净资产(元)	5.1924	5.2277	5.0781	5.0901
每股经营现金净流量(元)	-0.4461	0.2112	-0.4738	0.5075
每股现金流量(元)	-0.5879	-0.9268	-1.1050	1.7553
每股资本公积金(元)	3.5041	3.5041	3.3465	3.3465
每股盈余公积金(元)	0.1886	0.1886	0.1886	0.1886
每股未分配利润(元)	0.4998	0.5344	0.5427	0.5548
净资产收益率(%)	-0.4547	0.6637	-0.2380	0.8781
加权净资产收益率(%)	-0.4500	0.6600	-0.2400	1.1200
净资产收益率(扣除)(%)	-0.5941	-0.6289	-0.3488	0.6041
总资产(万元)	456375.40	471610.70	451734.64	474349.80
归属母公司股东权益(万元)	218748.04	220235.70	213932.20	214437.91
营业收入(万元)	109876.86	318340.98	114061.66	318059.28
营业支出(万元)	85538.62	251764.46	87509.60	257340.99
投资收益(万元)	1766.50	3706.45	1332.30	3961.97
净利润(万元)	41.21	3952.01	153.05	3612.10
营业利润(万元)	-489.45	1893.40	-346.39	3581.17
利润总额(万元)	106.77	4509.03	89.03	4377.59

安徽水利开发股份有限公司

公司概况					
公司名称	安徽水利开发股份有限公司			证券简称	安徽水利
法人代表	张晓林	董秘	赵作平	证券代码	600502
公司网址	www.cahsl.com		电子信箱	ahslzqb@163.com	
电　话	0552-3950553		传　真	0552-3950276	
办公地址	安徽省蚌埠市东海大道张公山南侧				
经营范围	利水电工程及其他工程施工、小水电和城乡供水				

主要财务指标：指标\报告期	2017.06.30	2016.12.31	2016.06.30	2015.12.31
基本每股收益(元)	0.2400	0.3400	0.0900	0.5000
基本每股收益(扣除后)(元)	0.1600	0.3200	0.0800	0.4900
稀释每股收益(元)	0.2400	0.3400	0.0900	0.5000
每股净资产(元)	4.2748	4.0665	2.9428	4.9161
每股经营现金净流量(元)	-3.2138	0.3670	-0.2637	1.1664
每股现金流量(元)	-0.1032	0.6256	0.0075	0.3291
每股资本公积金(元)	0.8629	0.9819	0.3576	1.1079
每股盈余公积金(元)	0.2410	0.3642	0.2183	0.3712
每股未分配利润(元)	1.3299	2.3899	1.2323	2.2007
净资产收益率(%)	5.4981	8.3120	3.0844	9.7856
加权净资产收益率(%)	6.4900	11.1400	3.0800	11.6900
净资产收益率(扣除)(%)	2.9076	7.8877	2.5668	9.6980
总资产(万元)	5348661.61	4573223.09	1460743.07	1357403.80
归属母公司股东权益(万元)	522595.11	533058.52	266102.28	261490.97
营业收入(万元)	1389302.41	1147742.72	538807.56	915012.23
营业支出(万元)	1258499.22	1030217.54	489104.14	808814.09
投资收益(万元)	479.36	371.78	387.98	235.50
净利润(万元)	28430.12	31030.99	8395.69	25856.15
营业利润(万元)	39560.11	45591.33	12700.85	34615.57
利润总额(万元)	39552.03	46997.44	14149.34	34518.18

华丽家族股份有限公司

公司概况					
公司名称	华丽家族股份有限公司			证券简称	华丽家族
法人代表	林立新	董秘	金泽清	证券代码	600503
公司网址	www.deluxe-family.com		电子信箱	dmb@deluxe-family.com	
电　话	021-62376199		传　真	021-62376089	
办公地址	上海市长宁区红宝石路 500 号东银中心 B 栋 15 楼				
经营范围	房地产开发经营				

主要财务指标：指标\报告期	2017.06.30	2016.12.31	2016.06.30	2015.12.31
基本每股收益(元)	0.0395	0.0804	0.0541	0.0133
基本每股收益(扣除后)(元)	0.0407	0.0796	0.0536	0.0076
稀释每股收益(元)	0.0395	0.0804	0.0541	0.0133
每股净资产(元)	2.1732	2.3405	2.3138	2.2638
每股经营现金净流量(元)	-0.1885	0.6085	0.6033	0.3975
每股现金流量(元)	-0.2154	-0.1623	-0.0771	0.1502
每股资本公积金(元)	0.5923	1.0604	0.7483	0.7483
每股盈余公积金(元)	0.1332	0.1332	0.1199	0.1199
每股未分配利润(元)	0.4474	0.4319	0.4456	0.3956
净资产收益率(%)	1.8163	3.4347	2.3371	0.5860
加权净资产收益率(%)	1.4900	3.4900	2.3600	0.5900
净资产收益率(扣除)(%)	1.8723	3.4001	2.3159	0.3169
总资产(万元)	658091.87	715263.54	615214.48	541748.81
归属母公司股东权益(万元)	348211.78	420732.68	370742.92	362719.19
营业收入(万元)	71069.30	95599.14	43091.42	43022.92
营业支出(万元)	59220.42	67913.15	26516.53	32972.30
投资收益(万元)	6537.06	8270.34	3780.57	4891.72
净利润(万元)	5511.91	11611.63	8330.89	1805.18
营业利润(万元)	7169.03	15197.36	11053.01	3675.88
利润总额(万元)	7271.29	15465.44	11210.12	4062.69

四川西昌电力股份有限公司

公司概况	公司名称	四川西昌电力股份有限公司			证券简称	西昌电力
	法人代表	卿松	董秘	邱永志	证券代码	600505
	公司网址	www.scxcdl.com		电子信箱	xcdlgs@126.com	
	电话	0834-3830167		传真	0834-3830169	
	办公地址	四川省西昌市胜利路66号				
	经营范围	生产、开发电力产品及发、供、用电设备、发电、供电、电力、电子设计、安装、调试				

主要财务指标	指标\报告期	2017.06.30	2016.12.31	2016.06.30	2015.12.31
	基本每股收益(元)	0.0233	0.1537	0.0068	0.1789
	基本每股收益(扣除后)(元)	0.0309	0.1822	0.0143	0.1615
	稀释每股收益(元)	0.0233	0.1537	0.0068	0.1789
	每股净资产(元)	2.8213	2.8280	2.6796	2.7022
	每股经营现金净流量(元)	0.2705	0.4536	0.1802	0.6102
	每股现金流量(元)	0.0016	0.0240	0.0688	-0.0464
	每股资本公积金(元)	0.2090	0.2090	0.2090	0.2090
	每股盈余公积金(元)	0.3162	0.3162	0.2979	0.2979
	每股未分配利润(元)	1.2941	1.3007	1.1722	1.1954
	净资产收益率(%)	0.8273	5.4347	0.2529	6.6199
	加权净资产收益率(%)	0.8300	5.5600	0.2500	6.8100
	净资产收益率(扣除)(%)	1.0967	6.4419	0.5342	5.9776
	总资产(万元)	241468.76	241488.80	233062.42	227135.86
	归属母公司股东权益(万元)	102854.88	103101.23	97688.13	98514.40
	营业收入(万元)	42225.79	90074.71	39298.33	83697.81
	营业支出(万元)	32992.66	67300.11	32393.82	65363.70
	投资收益(万元)	-583.95	-688.26	-286.87	-1382.11
	净利润(万元)	1319.74	5587.27	4.03	6097.43
	营业利润(万元)	1478.65	7145.11	85.15	5990.70
	利润总额(万元)	1759.63	7408.46	390.52	7552.69

新疆库尔勒香梨股份有限公司

公司概况	公司名称	新疆库尔勒香梨股份有限公司			证券简称	香梨股份
	法人代表	陈义斌	董秘	阿尔斯兰·阿迪里	证券代码	600506
	公司网址	www.xjxlgf.com.cn		电子信箱	xlgf_dmb@163.com	
	电话	0996-2115936		传真	0996-2115935	
	办公地址	新疆维吾尔自治区库尔勒市圣果路圣果名苑				
	经营范围	农业、林业、果业的种植为主、农副产品的收购加工和销售				

主要财务指标	指标\报告期	2017.06.30	2016.12.31	2016.06.30	2015.12.31
	基本每股收益(元)	-0.0010	-0.0580	-0.0240	0.0160
	基本每股收益(扣除后)(元)	-0.0140	-0.0650	-0.0280	-0.0910
	稀释每股收益(元)	-0.0010	-0.0580	-0.0240	0.0160
	每股净资产(元)	1.8035	1.8100	1.8319	1.8600
	每股经营现金净流量(元)	0.1526	-0.1468	0.0999	0.0964
	每股现金流量(元)	0.2843	-0.0622	0.0339	0.0336
	每股资本公积金(元)	1.5164	1.5164	1.5164	1.5164
	每股盈余公积金(元)	0.2315	0.2315	0.2315	0.2315
	每股未分配利润(元)	-0.9444	-0.9435	-0.9160	-0.8916
	净资产收益率(%)	-0.0482	-3.2243	-1.3301	0.8664
	加权净资产收益率(%)	-0.0500	-3.1800	-1.3200	0.8700
	净资产收益率(扣除)(%)	-0.7847	-3.5933	-1.5322	-4.8967
	总资产(万元)	28595.19	28309.84	28639.15	29628.47
	归属母公司股东权益(万元)	26639.45	26752.47	27058.70	27418.62
	营业收入(万元)	3384.80	6503.20	1985.14	5386.58
	营业支出(万元)	3206.55	6298.35	1879.65	5242.01
	投资收益(万元)	263.47	-5.77	-6.37	-1089.38
	净利润(万元)	-12.83	-862.59	-359.91	237.57
	营业利润(万元)	-17.06	-799.41	-284.34	-2392.78
	利润总额(万元)	-17.06	-800.85	-285.78	274.11

方大特钢科技股份有限公司

公司概况	公司名称	方大特钢科技股份有限公司			证券简称	方大特钢
	法人代表	谢飞鸣	董秘	刘韬	证券代码	600507
	公司网址	www.fangda-specialsteels.com		电子信箱	fdtg600507@163.com	
	电话	0791-88392322 88396314		传真	86-791-88386926	
	办公地址	江西省南昌市青山湖区冶金大道475号				
	经营范围	汽车钢板弹簧、扭杆弹簧、圆簧、弹簧扁钢、减震器、弹簧专用设备等				

主要财务指标	指标\报告期	2017.06.30	2016.12.31	2016.06.30	2015.12.31
	基本每股收益(元)	0.5300	0.5000	0.2000	0.0800
	基本每股收益(扣除后)(元)	0.5300	0.4800	0.1900	0.0700
	稀释每股收益(元)	0.5300	0.5000	0.2000	0.0800
	每股净资产(元)	2.2777	1.9984	1.6915	1.5204
	每股经营现金净流量(元)	0.6386	1.0146	0.4883	0.5328
	每股现金流量(元)	0.3759	-0.0174	-0.3897	0.0941
	每股资本公积金(元)	0.0349	0.0349	0.0349	0.0349
	每股盈余公积金(元)	0.3024	0.3024	0.2540	0.2540
	每股未分配利润(元)	0.9127	0.6334	0.3750	0.2038
	净资产收益率(%)	23.3259	25.1250	11.5402	5.2180
	加权净资产收益率(%)	26.4100	28.5100	12.2500	4.2000
	净资产收益率(扣除)(%)	23.3498	24.2571	11.3044	4.5346
	总资产(万元)	936654.83	847709.76	763468.42	930572.89
	归属母公司股东权益(万元)	302047.75	265009.81	224306.56	201615.61
	营业收入(万元)	627170.57	892377.93	379253.78	814829.07
	营业支出(万元)	470703.58	717317.84	306325.49	719861.65
	投资收益(万元)	545.50	1425.40	634.41	1297.38
	净利润(万元)	71066.97	69416.49	27107.43	11468.40
	营业利润(万元)	92867.41	87903.39	34867.29	12537.37
	利润总额(万元)	92586.24	90424.53	35577.34	13267.50

上海大屯能源股份有限公司

公司概况	公司名称	上海大屯能源股份有限公司			证券简称	上海能源
	法人代表	包正明	董秘	戚后勤	证券代码	600508
	公司网址	www.sdtny.com		电子信箱	shdtny@sh163.net	
	电话	021-68864621		传真	021-68865615	
	办公地址	上海市浦东新区浦东南路256号(华夏银行大厦12层)				
	经营范围	煤炭开采、洗选加工、煤炭销售、铁路运输、矿山采掘设备、洗选设备等				

主要财务指标	指标\报告期	2017.06.30	2016.12.31	2016.06.30	2015.12.31
	基本每股收益(元)	0.5200	0.6200	0.4000	0.0200
	基本每股收益(扣除后)(元)	0.5000	0.1700	-	0.0100
	稀释每股收益(元)	0.5200	0.6200	0.4000	0.0200
	每股净资产(元)	12.1749	11.7648	11.5239	11.0450
	每股经营现金净流量(元)	0.4293	1.8763	0.8563	0.8957
	每股现金流量(元)	-0.4501	0.7166	0.7524	0.0052
	每股资本公积金(元)	1.2663	1.2663	1.2606	1.2334
	每股盈余公积金(元)	0.5000	0.5000	0.5000	0.5000
	每股未分配利润(元)	9.1037	8.6788	8.4512	8.0539
	净资产收益率(%)	4.3112	5.3121	3.4481	0.1429
	加权净资产收益率(%)	4.3700	5.4800	3.5200	0.1400
	净资产收益率(扣除)(%)	4.1242	1.4579	0.0198	0.1343
	总资产(万元)	1376692.53	1398947.02	1432540.36	1367037.93
	归属母公司股东权益(万元)	879902.19	850260.19	832853.87	798242.53
	营业收入(万元)	305644.35	517954.00	236273.11	496039.29
	营业支出(万元)	189254.70	395457.27	197377.25	408927.76
	投资收益(万元)	—	32900.40	28607.47	6953.14
	净利润(万元)	28794.84	41342.41	27594.59	-2973.87
	营业利润(万元)	37365.36	47795.21	27628.73	5913.87
	利润总额(万元)	39478.89	47695.91	27603.00	6144.24

新疆天富能源股份有限公司

公司概况	公司名称	新疆天富能源股份有限公司			证券简称	天富能源
	法人代表	赵磊	董秘	陈志勇	证券代码	600509
	公司网址	www.tfny.com		电子信箱	tfrd.600509@163.com	
	电　话	0993-2901128 2902860		传　真	0993-2901728 2904371	
	办公地址	新疆维吾尔自治区石河子市北一路东-2 号				
	经营范围	电、热的生产与供应				

	指标\报告期	2017.06.30	2016.12.31	2016.06.30	2015.12.31
主要财务指标	基本每股收益(元)	0.1700	0.3500	0.1400	0.3500
	基本每股收益(扣除后)(元)	0.1700	0.3000	0.1000	0.2500
	稀释每股收益(元)	0.1700	0.3500	0.1400	0.3500
	每股净资产(元)	5.4131	5.2475	5.2460	5.1023
	每股经营现金净流量(元)	0.7063	0.6702	-0.0310	0.7132
	每股现金流量(元)	0.6427	0.8720	0.2750	-0.1072
	每股资本公积金(元)	2.8340	2.8340	2.8314	2.8457
	每股盈余公积金(元)	0.3342	0.3342	0.2989	0.2989
	每股未分配利润(元)	1.2449	1.0793	1.1157	0.9578
	净资产收益率(%)	3.0591	6.5778	2.7385	6.7617
	加权净资产收益率(%)	3.1100	6.6900	2.7800	6.9500
	净资产收益率(扣除)(%)	3.0730	5.6381	1.9416	4.9812
	总资产(万元)	2052172.40	1940864.69	1837404.54	1730151.22
	归属母公司股东权益(万元)	490262.68	475265.08	475128.55	462117.22
	营业收入(万元)	189451.03	363603.89	171779.32	348396.91
	营业支出(万元)	129467.95	250008.94	117929.08	243674.91
	投资收益(万元)	54.40	2415.18	2928.01	-2155.57
	净利润(万元)	15083.75	30696.75	13112.44	31305.27
	营业利润(万元)	18683.70	32707.90	14480.73	32728.33
	利润总额(万元)	18789.49	38073.45	16254.85	38056.65

黑牡丹(集团)股份有限公司

公司概况	公司名称	黑牡丹(集团)股份有限公司			证券简称	黑牡丹
	法人代表	戈亚芳	董秘	周明	证券代码	600510
	公司网址	www.blackpeony.com		电子信箱	600510@blackpeony.com	
	电　话	0519-68866958		传　真	0519-68866908	
	办公地址	江苏省常州市青洋北路 47 号				
	经营范围	牛仔布、服装的制造和加工				

	指标\报告期	2017.06.30	2016.12.31	2016.06.30	2015.12.31
主要财务指标	基本每股收益(元)	0.1300	0.3500	0.1700	0.3400
	基本每股收益(扣除后)(元)	0.1300	0.2600	0.1600	0.2200
	稀释每股收益(元)	0.1300	0.3500	0.1700	0.3400
	每股净资产(元)	7.2340	7.2486	6.3999	6.3253
	每股经营现金净流量(元)	0.2849	0.0717	-0.1001	0.1788
	每股现金流量(元)	0.6102	-0.5953	-0.3583	1.0643
	每股资本公积金(元)	2.8541	2.8662	2.8567	2.8567
	每股盈余公积金(元)	0.3631	0.3631	0.3509	0.3509
	每股未分配利润(元)	2.1899	2.1753	2.0021	1.9268
	净资产收益率(%)	1.8394	4.8950	2.6355	4.0902
	加权净资产收益率(%)	1.8100	5.3200	2.6300	5.7100
	净资产收益率(扣除)(%)	1.8165	3.5709	2.5647	2.6651
	总资产(万元)	2033398.12	1935563.92	1876363.25	1839209.33
	归属母公司股东权益(万元)	757466.70	759912.54	670134.68	662316.64
	营业收入(万元)	332501.99	607537.72	340500.65	432347.77
	营业支出(万元)	283475.50	495604.81	283853.93	355632.25
	投资收益(万元)	2031.00	36.87	10.83	879.25
	净利润(万元)	18114.55	45352.66	21371.73	28167.35
	营业利润(万元)	24539.36	62889.24	28546.01	36840.88
	利润总额(万元)	24746.44	63928.17	29108.41	38816.16

国药集团药业股份有限公司

公司概况	公司名称	国药集团药业股份有限公司			证券简称	国药股份
	法人代表	姜修昌	董秘	朱霖	证券代码	600511
	公司网址	www.cncm.com.cn		电子信箱	zhulin7@sinopharm.com	
	电　话	86-10-67271828		传　真	86-10-67271828	
	办公地址	北京市东城区永外三元西巷甲 12 号				
	经营范围	批发中成药、化学药制剂、化学原料药、抗生素、生化药品、生物制品等				

	指标\报告期	2017.06.30	2016.12.31	2016.06.30	2015.12.31
主要财务指标	基本每股收益(元)	0.7851	1.1437	0.6099	1.0711
	基本每股收益(扣除后)(元)	0.8632	1.1265	0.6019	1.0203
	稀释每股收益(元)	0.7851	1.1437	0.6099	1.0711
	每股净资产(元)	9.9197	7.3556	6.8055	6.3278
	每股经营现金净流量(元)	-0.6123	1.2349	0.8737	0.9196
	每股现金流量(元)	1.5400	0.2396	0.0625	1.5509
	每股资本公积金(元)	3.0465	2.7405	0.1867	0.1867
	每股盈余公积金(元)	0.4699	0.7526	0.6416	0.6416
	每股未分配利润(元)	5.3539	7.6190	4.8887	4.3788
	净资产收益率(%)	7.2806	15.5487	8.9620	16.9269
	加权净资产收益率(%)	8.7800	16.7000	9.2900	18.9100
	净资产收益率(扣除)(%)	5.9773	15.3153	8.8438	16.1239
	总资产(万元)	1835195.27	1666554.20	660384.37	655605.40
	归属母公司股东权益(万元)	760777.96	584949.97	325848.94	302976.41
	营业收入(万元)	1760407.94	1338641.75	652465.48	1207819.41
	营业支出(万元)	1637622.58	1239255.03	603190.92	1111788.48
	投资收益(万元)	6080.34	13152.30	6334.55	10449.71
	净利润(万元)	64875.62	56394.31	29572.13	53230.91
	营业利润(万元)	82613.53	69491.59	36204.17	63326.33
	利润总额(万元)	82427.29	71108.50	37060.18	66772.74

腾达建设集团股份有限公司

公司概况	公司名称	腾达建设集团股份有限公司			证券简称	腾达建设
	法人代表	杨九如	董秘	陈英	证券代码	600512
	公司网址	www.tengdajs.com		电子信箱	zqb@tengdajs.com	
	电　话	021-68406906		传　真	021-68406906	
	办公地址	浙江省台州市路桥区路桥大道东 1 号				
	经营范围	市政公用工程、房屋建筑工程、公路工程、桥梁工程、公路路面工程等				

	指标\报告期	2017.06.30	2016.12.31	2016.06.30	2015.12.31
主要财务指标	基本每股收益(元)	0.0500	0.0700	0.0400	-0.0300
	基本每股收益(扣除后)(元)	0.0500	0.0600	0.0400	-0.0300
	稀释每股收益(元)	0.0500	0.0700	0.0400	-0.0300
	每股净资产(元)	2.9221	2.9075	2.0269	1.9817
	每股经营现金净流量(元)	-0.1289	0.1266	0.1215	-0.0857
	每股现金流量(元)	-0.5411	0.9554	0.1076	-0.0180
	每股资本公积金(元)	1.6103	1.6103	0.6219	0.6219
	每股盈余公积金(元)	0.0786	0.0786	0.1142	0.1142
	每股未分配利润(元)	0.2048	0.1816	0.2551	0.2115
	净资产收益率(%)	1.8197	1.8171	2.1501	-1.4224
	加权净资产收益率(%)	1.8200	3.1300	2.1700	-1.5200
	净资产收益率(扣除)(%)	1.8371	1.5115	2.1459	-1.3838
	总资产(万元)	765496.07	782091.91	597035.23	544734.76
	归属母公司股东权益(万元)	467208.19	464884.96	206350.25	201743.11
	营业收入(万元)	152752.75	306826.98	153061.01	292106.49
	营业支出(万元)	133863.61	269949.31	133305.03	261354.03
	投资收益(万元)	-314.65	-75.31	-337.90	-120.54
	净利润(万元)	8023.72	6002.00	4332.23	-6122.11
	营业利润(万元)	11979.80	8673.54	5855.24	-3147.77
	利润总额(万元)	11874.10	10382.41	5867.56	-3707.24

江苏联环药业股份有限公司

公司概况				
公司名称	江苏联环药业股份有限公司		证券简称	联环药业
法人代表	夏春来	董秘	潘和平	证券代码 600513
公司网址	www.lhpharma.com		电子信箱	php@lhpharma.com
电　话	0514-87813082		传　真	0514-87815079
办公地址	江苏省扬州市文峰路 21 号			
经营范围	制造和销售化学原料药、化学药制剂、有机中间体			

主要财务指标　指标＼报告期	2017.06.30	2016.12.31	2016.06.30	2015.12.31
基本每股收益(元)	0.1200	0.2900	0.1700	0.3000
基本每股收益(扣除后)(元)	0.1200	0.2800	0.1700	0.3000
稀释每股收益(元)	--	--	-	-
每股净资产(元)	2.9532	3.7649	4.6971	4.5832
每股经营现金净流量(元)	0.0244	0.3201	0.0586	0.3678
每股现金流量(元)	0.0342	0.0539	-0.0443	1.7839
每股资本公积金(元)	0.9011	1.4727	2.2145	2.2145
每股盈余公积金(元)	0.1296	0.1684	0.1940	0.1940
每股未分配利润(元)	0.9225	1.1238	1.2886	1.1747
净资产收益率(%)	4.2059	7.5831	3.7023	6.4736
加权净资产收益率(%)	4.2000	7.8200	3.7300	7.6900
净资产收益率(扣除)(%)	4.1936	7.5247	3.6864	6.2909
总资产(万元)	104934.37	106628.40	102075.29	100053.66
归属母公司股东权益(万元)	84300.43	82670.49	79338.83	77414.93
营业收入(万元)	29568.07	60486.07	31082.85	64243.29
营业支出(万元)	10556.96	25108.35	14632.75	27658.05
投资收益(万元)	249.90	95.63	108.87	691.36
净利润(万元)	3545.39	6252.57	2937.87	5000.58
营业利润(万元)	4278.00	7662.86	3542.88	5893.34
利润总额(万元)	4294.83	7718.18	3560.26	6060.83

海航基础设施投资集团股份有限公司

公司概况				
公司名称	海航基础设施投资集团股份有限公司		证券简称	海航基础
法人代表	黄秋	董秘	蹇军法	证券代码 600515
公司网址	www.hnainfrastructure.com		电子信箱	jf_qian@hnair.com
电　话	0898-69960278		传　真	0898-66732350
办公地址	海南省海口市国兴大道 5 号海南大厦海航实业中心 46F			
经营范围	商品零售业、旅游宾馆业和房地产业			

主要财务指标　指标＼报告期	2017.06.30	2016.12.31	2016.06.30	2015.12.31
基本每股收益(元)	0.2712	0.6100	0.0210	0.1512
基本每股收益(扣除后)(元)	0.3045	0.1600	0.0210	0.1519
稀释每股收益(元)	0.2712	0.6100	0.0210	0.1512
每股净资产(元)	9.1041	8.7069	2.1036	2.0826
每股经营现金净流量(元)	0.6974	0.1116	0.2735	0.5086
每股现金流量(元)	0.5813	-0.0188	-0.0022	-0.8571
每股资本公积金(元)	6.5071	6.7350	1.3185	33.7319
每股盈余公积金(元)	0.0114	0.0114	0.1081	0.1081
每股未分配利润(元)	0.6812	0.3559	-0.4069	2.0731
净资产收益率(%)	2.9786	2.8209	0.9996	7.2619
加权净资产收益率(%)	3.0890	5.0400	1.0000	6.8300
净资产收益率(扣除)(%)	3.3444	0.7733	1.0001	7.2944
总资产(万元)	9203792.21	9963174.38	408590.58	8565114.10
归属母公司股东权益(万元)	3557503.98	3480899.80	88934.28	1683447.69
营业收入(万元)	550699.14	993651.99	78974.90	132100.81
营业支出(万元)	305674.22	709473.03	60353.05	84651.93
投资收益(万元)	60920.88	179373.93	-2.66	-14.11
净利润(万元)	124865.22	112548.72	888.97	6393.77
营业利润(万元)	123779.35	93814.77	1301.84	10240.03
利润总额(万元)	158260.17	163742.36	1301.24	10199.41

方大炭素新材料科技股份有限公司

公司概况				
公司名称	方大炭素新材料科技股份有限公司		证券简称	方大炭素
法人代表	杨光	董秘	宁庆才	证券代码 600516
公司网址	www.fdtsgs.com		电子信箱	mhd6239226@126.com
电　话	0931-6239320 6239122		传　真	0931-6239221 6239320
办公地址	甘肃省兰州市红古区海石湾镇炭素路 277 号			
经营范围	石墨电极、炭砖、炭糊、特种炭素新材料等石墨及炭素制品的生产销售			

主要财务指标　指标＼报告期	2017.06.30	2016.12.31	2016.06.30	2015.12.31
基本每股收益(元)	0.2396	0.0400	0.0087	0.0200
基本每股收益(扣除后)(元)	0.2379	0.0100	0.0031	-0.0400
稀释每股收益(元)	0.2396	0.0400	0.0087	0.0200
每股净资产(元)	3.6176	3.3947	3.3673	3.3573
每股经营现金净流量(元)	0.4370	0.1833	0.0754	0.2346
每股现金流量(元)	0.4059	-0.3833	-0.0818	-0.0012
每股资本公积金(元)	0.9722	0.9722	0.9722	0.9722
每股盈余公积金(元)	0.1503	0.1503	0.1498	0.1498
每股未分配利润(元)	1.4825	1.2650	1.2350	1.2262
净资产收益率(%)	6.6223	1.1557	0.2589	0.5373
加权净资产收益率(%)	6.8300	1.1600	0.2600	0.5400
净资产收益率(扣除)(%)	6.5750	0.3176	0.0927	-1.3180
总资产(万元)	864519.13	805610.25	839485.37	901669.77
归属母公司股东权益(万元)	621916.07	583598.15	578890.96	577166.79
营业收入(万元)	181343.24	239529.16	107156.68	233040.63
营业支出(万元)	96822.35	178677.39	85309.26	177197.75
投资收益(万元)	1382.99	11386.40	3851.09	13888.00
净利润(万元)	44830.32	3001.88	285.41	1300.07
营业利润(万元)	52439.46	5479.38	151.05	2579.25
利润总额(万元)	52669.27	8495.12	1462.18	4548.45

上海置信电气股份有限公司

公司概况				
公司名称	上海置信电气股份有限公司		证券简称	置信电气
法人代表	宋云翔	董秘	牛希红	证券代码 600517
公司网址	www.zhixindianqi.com.cn		电子信箱	600517@zhixindianqi.com
电　话	021-52311588 52311566		传　真	021-52311580
办公地址	上海市长宁区天山西路 588 号			
经营范围	电气领域内的科技咨询、技术开发、转让、服务、生产销售自身开发的产品			

主要财务指标　指标＼报告期	2017.06.30	2016.12.31	2016.06.30	2015.12.31
基本每股收益(元)	0.0500	0.3500	0.1500	0.3300
基本每股收益(扣除后)(元)	0.0400	0.2700	0.1300	0.1700
稀释每股收益(元)	0.0500	0.3500	0.1500	0.3300
每股净资产(元)	2.4867	2.5864	2.3955	2.3479
每股经营现金净流量(元)	-0.8246	0.9381	-0.2742	0.1261
每股现金流量(元)	-0.6299	0.0911	-0.4135	-0.0629
每股资本公积金(元)	0.2781	0.2781	0.2781	0.2781
每股盈余公积金(元)	0.1444	0.1444	0.1269	0.1269
每股未分配利润(元)	1.0642	1.1639	0.9904	0.9429
净资产收益率(%)	2.0243	13.4790	6.1592	13.9307
加权净资产收益率(%)	1.9300	14.1600	6.0900	14.5500
净资产收益率(扣除)(%)	1.4472	10.3484	5.2196	6.8325
总资产(万元)	915926.75	895934.55	930154.22	888812.21
归属母公司股东权益(万元)	337237.77	350753.69	324863.35	318416.10
营业收入(万元)	261558.01	698711.03	296860.31	637695.89
营业支出(万元)	225758.55	581426.32	246943.33	521640.35
投资收益(万元)	3.45	488.26	331.54	364.16
净利润(万元)	7937.00	49228.66	20784.67	45980.97
营业利润(万元)	6871.02	56892.43	25779.17	53878.17
利润总额(万元)	12130.05	62111.77	26741.96	58420.63

康美药业股份有限公司

公司概况	公司名称	康美药业股份有限公司		证券简称	康美药业
	法人代表	马兴田	董秘	邱锡伟	证券代码 600518
	公司网址	www.kangmei.com.cn		电子信箱	kangmei@kangmei.com.cn
	电　话	0755-33187777*8009		传　真	0755-86275777
	办公地址	广东省深圳市福田区下梅林泰科路			
	经营范围	中药饮片、化学药品等的生产与销售等			

主要财务指标	指标\报告期	2017.06.30	2016.12.31	2016.06.30	2015.12.31
	基本每股收益(元)	0.4370	0.6670	0.4010	0.6230
	基本每股收益(扣除后)(元)	0.4350	0.6620	0.3990	0.6190
	稀释每股收益(元)	0.4350	0.6660	0.4010	0.6230
	每股净资产(元)	6.0665	5.8852	5.5920	4.2673
	每股经营现金净流量(元)	0.2153	0.3241	0.0209	0.1157
	每股现金流量(元)	0.2622	2.3145	1.2563	1.3246
	每股资本公积金(元)	2.2987	2.2919	2.2887	0.8317
	每股盈余公积金(元)	0.2980	0.2980	0.2315	0.2604
	每股未分配利润(元)	1.8972	1.7245	1.4728	1.4973
	净资产收益率(%)	7.1696	11.4729	6.3837	14.6907
	加权净资产收益率(%)	7.9000	14.8800	9.0600	18.5400
	净资产收益率(扣除)(%)	7.1507	11.3812	6.3544	14.5914
	总资产(万元)	5953725.09	5482389.66	4795528.15	3810522.93
	归属母公司股东权益(万元)	3000942.53	2911557.04	2766478.43	1876512.69
	营业收入(万元)	1326236.47	2164232.41	1120349.86	1806682.80
	营业支出(万元)	932180.93	1517153.05	798801.23	1294727.38
	投资收益(万元)	3680.54	6718.86	3117.17	7215.48
	净利润(万元)	214585.73	333675.91	176059.91	275645.63
	营业利润(万元)	256498.90	395772.34	209594.46	321792.98
	利润总额(万元)	257172.50	398757.62	210419.96	324264.11

贵州茅台酒股份有限公司

公司概况	公司名称	贵州茅台酒股份有限公司		证券简称	贵州茅台
	法人代表	袁仁国	董秘	樊宁屏	证券代码 600519
	公司网址	www.moutaichina.com		电子信箱	fnp@moutaichina.com
	电　话	0852-2386002		传　真	0851-22386193
	办公地址	贵州省仁怀市茅台镇			
	经营范围	贵州茅台酒系列产品的生产与销售			

主要财务指标	指标\报告期	2017.06.30	2016.12.31	2016.06.30	2015.12.31
	基本每股收益(元)	8.9600	13.3100	7.0100	12.3400
	基本每股收益(扣除后)(元)	8.9800	13.5000	7.0000	12.4300
	稀释每股收益(元)	8.9600	13.3100	7.0100	12.3400
	每股净资产(元)	60.1996	58.0276	51.7267	50.8885
	每股经营现金净流量(元)	5.5209	29.8132	10.8295	13.8803
	每股现金流量(元)	4.8565	22.3009	7.7738	7.7880
	每股资本公积金(元)	1.0945	1.0945	1.0945	1.0945
	每股盈余公积金(元)	6.3942	5.6804	5.6391	4.9439
	每股未分配利润(元)	51.3821	49.9267	43.8277	43.6866
	净资产收益率(%)	14.8776	22.9351	13.5469	24.2516
	加权净资产收益率(%)	14.3300	24.4400	12.8800	26.2300
	净资产收益率(扣除)(%)	14.9160	23.2593	13.5412	24.4296
	总资产(万元)	12038274.00	11293453.83	9554649.92	8630146.34
	归属母公司股东权益(万元)	7562263.12	7289413.78	6497891.12	6392597.84
	营业收入(万元)	2419003.02	3886219.00	1817323.47	3265958.37
	营业支出(万元)	251122.84	341010.41	147540.77	253833.74
	投资收益(万元)	--	--	-	386.93
	净利润(万元)	1204443.87	1793064.31	937720.30	1645499.66
	营业利润(万元)	1612376.99	2426562.52	1276012.35	2215899.20
	利润总额(万元)	1608352.95	2395788.10	1276528.53	2200171.50

文一三佳科技股份有限公司

公司概况	公司名称	文一三佳科技股份有限公司		证券简称	文一科技
	法人代表	黄言勇	董秘	夏军	证券代码 600520
	公司网址	www.chinatrinity.com		电子信箱	office@chinatrinity.com
	电　话	86-562-2627520		传　真	0562-2627555
	办公地址	安徽省铜陵市石城路电子工业区			
	经营范围	半导体集成电路塑封模具与化学建材挤出模具等精密模具的生产等			

主要财务指标	指标\报告期	2017.06.30	2016.12.31	2016.06.30	2015.12.31
	基本每股收益(元)	-0.0179	0.0800	-0.0398	-0.3600
	基本每股收益(扣除后)(元)	-0.0346	-0.1600	-0.0689	-0.4200
	稀释每股收益(元)	-0.0179	0.0800	-0.0398	-0.3600
	每股净资产(元)	2.6914	2.7092	2.5915	2.6313
	每股经营现金净流量(元)	-0.0840	0.0666	-0.0021	-0.0331
	每股现金流量(元)	-0.1010	0.0596	-0.1539	-0.6137
	每股资本公积金(元)	2.3954	2.3954	2.3954	2.3954
	每股盈余公积金(元)	0.0767	0.0767	0.0767	0.0767
	每股未分配利润(元)	-0.7808	-0.7629	-0.8807	-0.8409
	净资产收益率(%)	-0.6636	2.8775	-1.5358	-13.6694
	加权净资产收益率(%)	-0.6600	2.9200	-1.5200	-12.8000
	净资产收益率(扣除)(%)	-1.2844	-5.8236	-2.6601	-15.8669
	总资产(万元)	85408.74	81130.59	79190.57	78810.17
	归属母公司股东权益(万元)	42639.41	42922.37	41056.70	41687.27
	营业收入(万元)	14592.97	21395.92	10253.57	19163.69
	营业支出(万元)	11488.09	17472.17	8553.90	16601.14
	投资收益(万元)	---	1978.01	440.77	-78.01
	净利润(万元)	-288.50	872.26	-619.65	-5888.31
	营业利润(万元)	-522.83	-762.39	-1125.80	-6549.84
	利润总额(万元)	-251.65	1094.90	-590.35	-5854.94

浙江华海药业股份有限公司

公司概况	公司名称	浙江华海药业股份有限公司		证券简称	华海药业
	法人代表	陈保华	董秘	祝永华	证券代码 600521
	公司网址	www.huahaipharm.com		电子信箱	600521@huahaipharm.com
	电　话	0576-85991096		传　真	0576-85016010
	办公地址	浙江省临海市汛桥			
	经营范围	片剂、硬胶囊剂、原料药、医药中间体的制造与销售			

主要财务指标	指标\报告期	2017.06.30	2016.12.31	2016.06.30	2015.12.31
	基本每股收益(元)	0.2900	0.4900	0.2500	0.5600
	基本每股收益(扣除后)(元)	0.2500	0.4400	0.2200	0.5300
	稀释每股收益(元)	0.2800	0.4900	0.2500	0.5600
	每股净资产(元)	4.3193	4.2026	3.7802	4.5277
	每股经营现金净流量(元)	-0.0584	0.4152	0.1351	0.2463
	每股现金流量(元)	-0.0517	0.1782	0.1032	0.0514
	每股资本公积金(元)	1.1559	1.1447	0.9523	1.3002
	每股盈余公积金(元)	0.3524	0.3523	0.2929	0.3852
	每股未分配利润(元)	1.8504	1.7461	1.5735	1.9430
	净资产收益率(%)	6.5606	11.4253	6.6417	12.3213
	加权净资产收益率(%)	6.5100	12.7100	6.8200	13.0600
	净资产收益率(扣除)(%)	5.6435	10.3674	5.8000	11.5078
	总资产(万元)	746778.91	672638.40	612648.80	551549.57
	归属母公司股东权益(万元)	450311.51	438352.29	389763.61	359110.68
	营业收入(万元)	235043.61	409285.30	198301.48	350036.21
	营业支出(万元)	108052.48	205266.51	107359.12	177748.99
	投资收益(万元)	24.63	49.10	47.53	159.76
	净利润(万元)	27796.00	45689.92	24710.47	43672.09
	营业利润(万元)	27375.53	50789.81	24716.39	49309.95
	利润总额(万元)	32593.48	56706.64	28668.58	52378.96

江苏中天科技股份有限公司

公司概况	公司名称	江苏中天科技股份有限公司		证券简称	中天科技
	法人代表	薛济萍	董秘	杨栋云	证券代码	600522
	公司网址	www.chinaztt.com		电子信箱	zqb@chinaztt.com
	电　话	0513-83599505		传　真	0513-83599504
	办公地址	江苏省南通市经济技术开发区中天路六号			
	经营范围	光纤、光缆、电线、电缆、导线及相关材料和附件等			

主要财务指标	指标\报告期	2017.06.30	2016.12.31	2016.06.30	2015.12.31
	基本每股收益(元)	0.3180	0.6080	0.2787	0.9880
	基本每股收益(扣除后)(元)	0.2580	0.4680	0.2090	0.8910
	稀释每股收益(元)	0.3180	0.6080	0.2787	0.9880
	每股净资产(元)	5.5515	4.5740	4.1455	9.8128
	每股经营现金净流量(元)	-0.3446	0.4741	0.0976	1.7083
	每股现金流量(元)	0.5565	0.1042	0.0592	1.0628
	每股资本公积金(元)	2.4860	1.4447	1.4447	4.8118
	每股盈余公积金(元)	0.1276	0.1499	0.1214	0.3034
	每股未分配利润(元)	1.7141	1.6489	1.3479	3.0729
	净资产收益率(%)	5.5846	13.2982	6.7234	9.6386
	加权净资产收益率(%)	7.7500	14.3100	6.8700	11.1300
	净资产收益率(扣除)(%)	4.5321	10.2247	5.0359	7.7290
	总资产(万元)	2552395.75	2045253.07	1844108.03	1570226.68
	归属母公司股东权益(万元)	1702136.87	1194179.48	1082296.19	1024758.51
	营业收入(万元)	1230110.18	2110795.03	920357.96	1652294.62
	营业支出(万元)	1022775.73	1764967.98	752936.74	1373350.72
	投资收益(万元)	21389.35	35736.61	18300.60	-1061.06
	净利润(万元)	95496.74	159547.22	73494.78	101074.10
	营业利润(万元)	106412.03	177316.89	87614.66	112208.10
	利润总额(万元)	113677.20	187052.68	90448.34	120456.24

贵州贵航汽车零部件股份有限公司

公司概况	公司名称	贵州贵航汽车零部件股份有限公司		证券简称	贵航股份
	法人代表	张晓军	董秘	孙冬云	证券代码	600523
	公司网址	www.gzghgf.com		电子信箱	ghgf700523@163.com
	电　话	0851-3802670		传　真	0851-3803931
	办公地址	贵州省贵阳市小河区珠江路166号			
	经营范围	汽车、摩托车零部件的开发、制造、销售等			

主要财务指标	指标\报告期	2017.06.30	2016.12.31	2016.06.30	2015.12.31
	基本每股收益(元)	0.3400	0.6000	0.2600	0.5700
	基本每股收益(扣除后)(元)	0.3300	0.5400	0.2600	0.5400
	稀释每股收益(元)	0.3400	0.6000	0.2600	0.5700
	每股净资产(元)	7.4315	7.2479	6.9111	6.8193
	每股经营现金净流量(元)	0.5046	1.5635	0.3129	0.6861
	每股现金流量(元)	-0.0376	-0.1425	-0.1808	-0.2727
	每股资本公积金(元)	3.2409	3.2249	3.2249	3.2249
	每股盈余公积金(元)	0.7138	0.6720	0.6303	0.5947
	每股未分配利润(元)	2.4677	2.3479	2.0524	2.0018
	净资产收益率(%)	4.5882	8.2765	3.7659	8.4070
	加权净资产收益率(%)	4.6200	8.5300	3.7400	8.6700
	净资产收益率(扣除)(%)	4.4589	7.4335	3.7137	7.9690
	总资产(万元)	360888.84	378046.68	374871.37	376660.23
	归属母公司股东权益(万元)	214615.81	209313.82	199588.40	196936.51
	营业收入(万元)	170031.07	336121.11	157711.58	320075.49
	营业支出(万元)	134187.14	257974.90	121922.39	251975.58
	投资收益(万元)	2715.12	3068.26	1289.64	4766.86
	净利润(万元)	10357.69	19084.33	8190.71	17652.13
	营业利润(万元)	11371.88	19427.22	9070.25	18422.62
	利润总额(万元)	11520.59	21672.92	9467.08	19400.85

长园集团股份有限公司

公司概况	公司名称	长园集团股份有限公司		证券简称	长园集团
	法人代表	许晓文	董秘	倪昭华	证券代码	600525
	公司网址	www.cyg.com		电子信箱	zqb@cyg.com
	电　话	0755-26719476		传　真	0755-26739900
	办公地址	广东省深圳市南山区高新区科苑中路长园新材料港6栋5楼			
	经营范围	高分子热缩材料、功能材料、辐射加工、机电产品、通信电缆附件等			

主要财务指标	指标\报告期	2017.06.30	2016.12.31	2016.06.30	2015.12.31
	基本每股收益(元)	0.2030	0.5300	0.2478	0.5100
	基本每股收益(扣除后)(元)	0.1757	0.4600	0.2217	0.4100
	稀释每股收益(元)	0.1989	0.5300	0.2437	0.5000
	每股净资产(元)	5.6083	5.3555	4.1665	4.8863
	每股经营现金净流量(元)	-0.2427	0.3379	-0.0805	0.4177
	每股现金流量(元)	-0.6398	0.4513	0.0530	0.4708
	每股资本公积金(元)	1.5645	1.5589	1.5484	2.0205
	每股盈余公积金(元)	0.1038	0.1038	0.0930	0.1122
	每股未分配利润(元)	2.0165	1.8955	1.6245	1.8498
	净资产收益率(%)	3.5830	9.0725	4.9170	9.0533
	加权净资产收益率(%)	3.6600	10.2800	4.9100	13.1000
	净资产收益率(扣除)(%)	3.1045	7.7987	4.4007	7.2887
	总资产(万元)	1629933.52	1561996.00	1117207.25	934185.06
	归属母公司股东权益(万元)	738792.76	705492.02	549146.98	533438.04
	营业收入(万元)	309060.71	584896.37	242443.62	416185.31
	营业支出(万元)	171323.46	324035.22	141444.67	233277.37
	投资收益(万元)	791.56	6033.20	1191.03	8105.85
	净利润(万元)	29362.82	70555.26	28003.48	51263.76
	营业利润(万元)	27525.55	63198.22	26456.85	49341.70
	利润总额(万元)	34985.61	80862.62	34197.78	63607.41

浙江菲达环保科技股份有限公司

公司概况	公司名称	浙江菲达环保科技股份有限公司		证券简称	菲达环保
	法人代表	舒英钢	董秘	周明良	证券代码	600526
	公司网址	www.feida.biz		电子信箱	feida@ep.zjbnet.com
	电　话	0575-87211326		传　真	86-575-87214308
	办公地址	浙江省诸暨市望云路88号			
	经营范围	除尘器、气力输送设备			

主要财务指标	指标\报告期	2017.06.30	2016.12.31	2016.06.30	2015.12.31
	基本每股收益(元)	0.0700	0.0800	0.0400	0.1700
	基本每股收益(扣除后)(元)	0.0600	0.1200	0.0600	0.1400
	稀释每股收益(元)	0.0700	0.0800	0.0400	0.1700
	每股净资产(元)	4.6954	4.6299	4.6926	4.6487
	每股经营现金净流量(元)	-0.4313	0.1349	-0.5750	0.0034
	每股现金流量(元)	-0.2636	0.3226	-0.2029	0.2054
	每股资本公积金(元)	3.1077	3.1077	3.1077	3.1077
	每股盈余公积金(元)	0.0644	0.0644	0.0599	0.0599
	每股未分配利润(元)	0.5247	0.4592	0.5264	0.4826
	净资产收益率(%)	1.3939	1.7531	0.9346	3.2995
	加权净资产收益率(%)	1.4000	1.7500	0.9400	3.9200
	净资产收益率(扣除)(%)	1.2030	2.6690	1.2312	2.8208
	总资产(万元)	906394.01	797228.33	748321.26	687830.15
	归属母公司股东权益(万元)	257030.72	253441.05	256872.86	254470.15
	营业收入(万元)	181703.88	368941.38	159336.38	338415.94
	营业支出(万元)	150609.77	305779.75	132454.37	281885.94
	投资收益(万元)	287.84	1726.76	609.95	79.23
	净利润(万元)	3624.98	4926.90	2635.81	8887.75
	营业利润(万元)	4688.93	10220.01	4942.89	10077.34
	利润总额(万元)	5384.87	8444.37	3922.29	11169.97

江苏江南高纤股份有限公司

公司概况

公司名称	江苏江南高纤股份有限公司			证券简称	江南高纤
法人代表	陶冶	董秘	陆正中	证券代码	600527
公司网址	www.jngx.cn		电子信箱	investor@jngx.cn	
电　　话	0512-65712564		传　　真	0512-65712238	
办公地址	江苏省苏州市相城区黄埭镇春秋路 8 号				
经营范围	生产、销售短纤维、涤纶毛条等				

主要财务指标

指标＼报告期	2017.06.30	2016.12.31	2016.06.30	2015.12.31
基本每股收益(元)	0.0300	0.0300	0.0088	–0.0200
基本每股收益(扣除后)(元)	0.0300	0.0300	0.0062	–0.0200
稀释每股收益(元)	0.0300	0.0300	0.0088	–0.0200
每股净资产(元)	2.0158	2.0266	2.0010	2.0825
每股经营现金净流量(元)	0.0608	0.1082	0.0377	0.1979
每股现金流量(元)	0.0315	–0.0774	–0.0768	0.1090
每股资本公积金(元)	0.1601	0.1601	0.1601	0.1601
每股盈余公积金(元)	0.1501	0.1501	0.1427	0.1427
每股未分配利润(元)	0.7024	0.7133	0.6953	0.7764
净资产收益率(%)	1.4401	1.6886	0.4411	–1.1194
加权净资产收益率(%)	1.4300	1.6700	0.4200	–1.0900
净资产收益率(扣除)(%)	1.4101	1.6132	0.3082	–1.1907
总资产(万元)	169226.78	172409.99	165871.68	176997.39
归属母公司股东权益(万元)	161688.33	162555.31	160499.93	167032.07
营业收入(万元)	54063.92	118819.39	48664.01	149019.81
营业支出(万元)	46963.18	105594.13	43702.95	134588.46
投资收益(万元)	–106.55	–3298.13	–800.87	–9226.20
净利润(万元)	2328.40	2750.46	713.54	–1845.81
营业利润(万元)	2755.72	2831.42	758.00	–1651.29
利润总额(万元)	2812.74	3278.46	1009.00	–1419.26

中铁高新工业股份有限公司

公司概况

公司名称	中铁高新工业股份有限公司			证券简称	中铁工业
法人代表	易铁军	董秘	余赞	证券代码	600528
公司网址	www.crhic.cn		电子信箱	ztgyir@crhic.cn	
电　　话	010-53025528		传　　真	010-52265800	
办公地址	北京市丰台区南四环西路诺德中心 11 号楼				
经营范围	钢桥梁、钢结构的设计、制造、运输、安装；铁路道岔及配件的设计、制造等				

主要财务指标

指标＼报告期	2017.06.30	2016.12.31	2016.06.30	2015.12.31
基本每股收益(元)	0.3180	0.1150	0.0525	0.1151
基本每股收益(扣除后)(元)	0.3140	0.0891	0.0460	0.1159
稀释每股收益(元)	––	––	–	–
每股净资产(元)	6.3131	4.2783	4.2157	4.2232
每股经营现金净流量(元)	–0.4078	0.9376	–0.7862	–3.4632
每股现金流量(元)	0.2958	–0.3493	–1.3091	0.6424
每股资本公积金(元)	2.3869	4.2917	1.0950	1.0950
每股盈余公积金(元)	0.2530	0.3851	0.3883	0.3883
每股未分配利润(元)	2.5541	4.0378	1.7324	1.7399
净资产收益率(%)	4.6116	2.6889	1.2448	2.7243
加权净资产收益率(%)	5.4100	2.7100	1.2500	2.7400
净资产收益率(扣除)(%)	4.4023	2.0824	1.0902	2.7434
总资产(万元)	3056864.86	8003974.35	5410485.72	5644719.81
归属母公司股东权益(万元)	1402479.39	1451515.24	615153.33	616251.30
营业收入(万元)	756749.57	5124156.92	2062046.02	5778744.17
营业支出(万元)	605942.84	4840781.95	1967151.01	5370429.83
投资收益(万元)	8922.01	18203.60	1330.51	15637.37
净利润(万元)	65597.90	4272.51	–12347.14	–9713.13
营业利润(万元)	72371.61	4886.38	–7624.36	9322.83
利润总额(万元)	75289.99	10784.93	–6557.33	9071.98

山东省药用玻璃股份有限公司

公司概况

公司名称	山东省药用玻璃股份有限公司			证券简称	山东药玻
法人代表	柴文	董秘	赵海宝	证券代码	600529
公司网址	www.pharmglass.com		电子信箱	sdyb@pharmglass.com	
电　　话	0533-3259028		传　　真	0533-3249700	
办公地址	山东省淄博市沂源县城				
经营范围	各种药用玻璃包装产品的制造、销售				

主要财务指标

指标＼报告期	2017.06.30	2016.12.31	2016.06.30	2015.12.31
基本每股收益(元)	0.4352	0.7400	0.3348	0.5600
基本每股收益(扣除后)(元)	0.4201	0.7800	0.3707	0.5700
稀释每股收益(元)	0.4352	0.7400	0.3348	0.5600
每股净资产(元)	10.2711	10.0265	8.8318	8.6600
每股经营现金净流量(元)	0.4876	1.6687	0.8999	1.5138
每股现金流量(元)	0.5194	2.3839	0.2619	0.5408
每股资本公积金(元)	3.9692	3.9692	2.2768	2.2794
每股盈余公积金(元)	0.7400	0.7400	0.8018	0.8018
每股未分配利润(元)	4.4259	4.1907	4.6116	4.4468
净资产收益率(%)	4.2374	6.2296	3.7908	6.5237
加权净资产收益率(%)	4.2600	8.2600	3.8200	6.7000
净资产收益率(扣除)(%)	4.0904	6.6237	4.1979	6.6031
总资产(万元)	407142.55	390422.54	318937.26	297307.09
归属母公司股东权益(万元)	311784.42	304360.10	227312.00	222890.77
营业收入(万元)	115003.73	205747.31	97103.33	172320.72
营业支出(万元)	79638.88	138250.33	64925.86	118373.62
投资收益(万元)	608.18	188.62	31.96	281.83
净利润(万元)	13211.42	18904.66	8561.17	14467.25
营业利润(万元)	15793.46	25467.08	13151.13	19784.98
利润总额(万元)	15805.29	23925.71	11928.66	19531.68

上海交大昂立股份有限公司

公司概况

公司名称	上海交大昂立股份有限公司			证券简称	交大昂立
法人代表	杨国平	董秘	李红	证券代码	600530
公司网址	www.onlly.com.cn		电子信箱	stock@mail.onlly.com.cn	
电　　话	021-54277865　54277820		传　　真	021-54277820	
办公地址	上海市田州路 99 号 13 号楼 11 楼				
经营范围	生物制品、保健食品、参制品等保健食品的研制、生产和销售				

主要财务指标

指标＼报告期	2017.06.30	2016.12.31	2016.06.30	2015.12.31
基本每股收益(元)	0.0760	0.1760	0.0730	0.3180
基本每股收益(扣除后)(元)	0.0150	–0.0430	0.0260	–0.2000
稀释每股收益(元)	0.0760	0.1760	0.0730	0.3180
每股净资产(元)	2.0052	2.1400	1.9800	5.8783
每股经营现金净流量(元)	–0.0239	0.0517	–0.0867	0.0736
每股现金流量(元)	0.2243	–0.1946	–0.0722	0.5795
每股资本公积金(元)	0.0665	0.0734	0.0773	1.6932
每股盈余公积金(元)	0.1456	0.1456	0.1314	0.3285
每股未分配利润(元)	0.3113	0.2956	0.2073	0.4346
净资产收益率(%)	3.7764	8.2354	3.7102	5.4141
加权净资产收益率(%)	3.6000	7.8400	3.3600	5.0600
净资产收益率(扣除)(%)	0.7559	–2.0210	1.3208	–3.4022
总资产(万元)	245571.42	246514.18	277705.04	268803.71
归属母公司股东权益(万元)	156408.12	166599.57	154436.91	183403.15
营业收入(万元)	13944.47	25326.67	13827.59	25174.62
营业支出(万元)	5851.92	10236.33	5583.03	10420.57
投资收益(万元)	7783.39	24859.19	6817.22	25098.17
净利润(万元)	6155.97	11440.27	5775.51	9422.68
营业利润(万元)	7264.15	13140.06	6187.57	13811.28
利润总额(万元)	7714.17	13669.06	6318.49	13954.78

河南豫光金铅股份有限公司

公司概况						
	公司名称	河南豫光金铅股份有限公司			证券简称	豫光金铅
	法人代表	杨安国	董秘	苗红强	证券代码	600531
	公司网址	www.yggf.com.cn			电子信箱	yuguang@yggf.com.cn
	电　话	0391-6665836			传　真	0391-6688986
	办公地址	河南省济源市荆梁南街1号				
	经营范围	电解铅、白银、黄金、冰铜、硫酸、次氧化锌的生产和销售				

主要财务指标	指标\报告期	2017.06.30	2016.12.31	2016.06.30	2015.12.31
	基本每股收益(元)	0.0785	0.2000	0.0405	0.0400
	基本每股收益(扣除后)(元)	0.0512	0.1600	0.0426	-0.1700
	稀释每股收益(元)	0.0785	0.2000	0.0405	0.0400
	每股净资产(元)	2.8027	2.7722	1.5793	4.6275
	每股经营现金争流量(元)	0.5174	-1.0269	0.5265	4.4415
	每股现金流量(元)	-0.0917	0.8439	0.0358	-0.1255
	每股资本公积金(元)	1.3335	1.3335	0.1984	2.5969
	每股盈余公积金(元)	0.1323	0.1323	0.1629	0.4887
	每股未分配利润(元)	0.3379	0.3094	0.2222	0.5580
	净资产收益率(%)	2.8014	5.8372	2.5653	0.9153
	加权净资产收益率(%)	2.7900	12.1600	2.5900	0.9200
	净资产收益率(扣除)(%)	1.8266	4.5833	2.6971	-3.6201
	总资产(万元)	1024823.30	1128034.83	740411.91	743486.76
	归属母公司股东权益(万元)	305567.48	302235.50	139883.50	136626.08
	营业收入(万元)	778575.57	1356549.96	602327.21	1097521.87
	营业支出(万元)	742352.15	1272035.35	570413.81	1076180.46
	投资收益(万元)	9524.92	-15245.66	2418.13	27742.65
	净利润(万元)	8549.04	17995.84	3439.16	1267.05
	营业利润(万元)	1869.43	7201.14	-1646.77	-10855.27
	利润总额(万元)	5939.14	21693.92	2371.17	3867.31

上海宏达矿业股份有限公司

公司概况						
	公司名称	上海宏达矿业股份有限公司			证券简称	宏达矿业
	法人代表	崔之火	董秘	郑金	证券代码	600532
	公司网址	hd.hdky.net			电子信箱	sdhd@hdky.net
	电　话	86-21-68813390			传　真	86-21-68813500
	办公地址	上海市浦东新区银城中路488号太平金融大厦2302室				
	经营范围	对采矿业的投资、开发、管理				

主要财务指标	指标\报告期	2017.06.30	2016.12.31	2016.06.30	2015.12.31
	基本每股收益(元)	-0.0500	0.2200	-0.1400	-0.8100
	基本每股收益(扣除后)(元)	-0.0500	-0.1600	-0.1400	-0.8100
	稀释每股收益(元)	-0.0500	0.2200	-0.1400	-0.8100
	每股净资产(元)	3.6465	3.6953	3.3381	3.4748
	每股经营现金净流量(元)	0.0679	0.1993	0.1744	-0.1915
	每股现金流量(元)	-1.2372	0.7771	-1.1401	1.0089
	每股资本公积金(元)	2.0301	2.0301	2.0301	2.0301
	每股盈余公积金(元)	0.0345	0.0345	0.0345	0.0345
	每股未分配利润(元)	0.5739	0.6223	0.2640	0.4002
	净资产收益率(%)	-1.3256	6.0111	-4.0789	-19.7707
	加权净资产收益率(%)	-1.3200	6.2000	-4.0000	-26.5900
	净资产收益率(扣除)(%)	-1.4334	-4.4158	-4.1019	-19.8042
	总资产(万元)	278318.03	271518.59	237013.26	260718.14
	归属母公司股东权益(万元)	188181.43	190700.15	172268.89	179322.38
	营业收入(万元)	36514.61	25423.50	12512.05	47832.54
	营业支出(万元)	32799.88	20182.43	10344.06	45028.62
	投资收益(万元)	2353.27	26923.71	-1831.33	4093.43
	净利润(万元)	-2494.54	11463.12	-7026.66	-35453.24
	营业利润(万元)	-2934.64	16951.02	-7054.22	-34187.30
	利润总额(万元)	-3010.10	16892.63	-7014.61	-34115.12

南京栖霞建设股份有限公司

公司概况						
	公司名称	南京栖霞建设股份有限公司			证券简称	栖霞建设
	法人代表	江劲松	董秘	王海刚	证券代码	600533
	公司网址	www.chixia.com			电子信箱	invest@chixia.com
	电　话	025-85600533			传　真	025-85502482
	办公地址	江苏省南京市玄武区龙蟠路9号				
	经营范围	住宅小区综合开发建设、商品房销售、租赁、售后服务等				

主要财务指标	指标\报告期	2017.06.30	2016.12.31	2016.06.30	2015.12.31
	基本每股收益(元)	0.0645	0.1861	0.0226	0.1769
	基本每股收益(扣除后)(元)	-0.0079	0.1344	-0.0027	0.1449
	稀释每股收益(元)	0.0645	0.1861	0.0226	0.1769
	每股净资产(元)	3.8273	3.7457	3.7987	3.7999
	每股经营现金净流量(元)	0.0719	-2.2144	-1.8722	1.4669
	每股现金流量(元)	0.4320	-1.0651	-0.9422	0.6350
	每股资本公积金(元)	1.0001	0.9726	0.9940	0.9940
	每股盈余公积金(元)	0.2990	0.2990	0.2770	0.2770
	每股未分配利润(元)	0.9237	0.9467	0.8052	0.8326
	净资产收益率(%)	1.6856	4.9680	0.5944	4.6550
	加权净资产收益率(%)	1.7000	4.9700	0.5900	4.9000
	净资产收益率(扣除)(%)	-0.2077	3.5873	-0.0719	3.8122
	总资产(万元)	1397039.55	1401956.50	1463672.44	1346662.72
	归属母公司股东权益(万元)	401866.39	393295.62	398861.67	398986.31
	营业收入(万元)	125155.30	289586.58	82051.09	573664.03
	营业支出(万元)	112558.37	230286.89	63765.00	484054.99
	投资收益(万元)	13023.76	9526.09	6759.48	5391.93
	净利润(万元)	6951.78	17974.12	1263.32	17647.06
	营业利润(万元)	7246.43	24025.18	1320.96	26494.06
	利润总额(万元)	8009.14	24505.39	1550.10	26394.33

天士力制药集团股份有限公司

公司概况						
	公司名称	天士力制药集团股份有限公司			证券简称	天士力
	法人代表	闫凯境	董秘	于杰	证券代码	600535
	公司网址	www.tasly.com			电子信箱	stock@tasly.com
	电　话	022-26736999　26735302			传　真	022-26736721
	办公地址	天津市北辰区普济河东道2号(天士力现代中药城)				
	经营范围	滴丸剂、颗粒剂、硬胶囊剂、软胶囊剂、片剂、丸剂的生产等				

主要财务指标	指标\报告期	2017.06.30	2016.12.31	2016.06.30	2015.12.31
	基本每股收益(元)	0.6999	1.0900	0.6300	1.3800
	基本每股收益(扣除后)(元)	0.6857	1.0700	0.6200	1.3300
	稀释每股收益(元)	0.6999	1.0900	0.6300	1.3800
	每股净资产(元)	7.5138	7.3707	7.0958	6.9131
	每股经营现金净流量(元)	-1.0869	1.0678	0.6211	0.3147
	每股现金流量(元)	0.1045	0.2475	0.1307	-0.2644
	每股资本公积金(元)	1.4320	1.4293	1.6085	1.6395
	每股盈余公积金(元)	0.7633	0.7633	0.6783	0.6783
	每股未分配利润(元)	4.3207	4.1808	3.8108	3.5970
	净资产收益率(%)	9.3149	14.7721	8.9318	19.7945
	加权净资产收益率(%)	9.0600	15.2400	8.8600	22.8200
	净资产收益率(扣除)(%)	9.1258	14.5054	8.7521	18.9990
	总资产(万元)	1907441.64	1712627.17	1571882.68	1541269.12
	归属母公司股东权益(万元)	811850.19	796384.31	766679.17	746948.42
	营业收入(万元)	726446.92	1394549.70	639892.23	1322166.68
	营业支出(万元)	487319.21	885362.47	418810.29	810159.65
	投资收益(万元)	-353.59	-1011.31	-180.65	560.40
	净利润(万元)	76891.33	121923.33	70667.12	152366.99
	营业利润(万元)	91254.97	146614.25	85157.69	174723.44
	利润总额(万元)	92485.76	149633.64	86658.03	179542.39

中国软件与技术服务股份有限公司

公司概况					
公司名称	中国软件与技术服务股份有限公司			证券简称	中国软件
法人代表	周进军	董秘	陈复兴	证券代码	600536
公司网址	www.css.com.cn			电子信箱	cfx@css.com.cn
电　　话	010-62158879			传　　真	010-62169523
办公地址	北京市昌平区昌盛路 18 号				
经营范围	自主软件产品、行业解决方案与服务、软件外包服务				

主要财务指标　指标＼报告期	2017.06.30	2016.12.31	2016.06.30	2015.12.31
基本每股收益(元)	-0.3400	0.2100	-0.1100	0.1200
基本每股收益(扣除后)(元)	-0.3600	0.1000	-0.1500	-0.0600
稀释每股收益(元)	-0.3400	0.2100	-0.1100	0.1200
每股净资产(元)	3.7676	4.1734	3.8542	3.9974
每股经营现金净流量(元)	-1.3898	0.1077	-1.5001	0.8535
每股现金流量(元)	-1.3350	-0.1601	-2.0456	1.2950
每股资本公积金(元)	1.9719	1.9719	1.9720	1.9720
每股盈余公积金(元)	0.1138	0.1138	0.0982	0.0982
每股未分配利润(元)	0.7549	1.1599	0.8592	1.0046
净资产收益率(%)	-9.0778	4.9567	-2.8382	2.9887
加权净资产收益率(%)	-8.5700	5.0700	-2.7800	3.0500
净资产收益率(扣除)(%)	-9.5675	2.4124	-3.9445	-1.6045
总资产(万元)	573013.39	596790.67	493445.75	552302.57
归属母公司股东权益(万元)	186330.62	206401.52	190615.33	197697.61
营业收入(万元)	194836.98	452977.85	159797.41	363039.21
营业支出(万元)	125182.27	275801.83	88879.59	229154.88
投资收益(万元)	-664.18	-114.85	-181.22	3379.49
净利润(万元)	-23113.36	11850.70	-8513.46	10268.70
营业利润(万元)	-24812.85	-11131.37	-20313.75	-8029.93
利润总额(万元)	-23154.42	12018.40	-9284.94	11013.64

亿晶光电科技股份有限公司

公司概况					
公司名称	亿晶光电科技股份有限公司			证券简称	亿晶光电
法人代表	荀耀	董秘	刘党旗	证券代码	600537
公司网址	www.egingpv.com			电子信箱	eging-public@egingpv.com
电　　话	0519-82585558			传　　真	0519-82585550
办公地址	江苏省金坛市尧塘镇金武路 18 号				
经营范围	太阳能电池用单晶硅棒/棒片、多晶硅锭/片、太阳能电池片及组件的研发、生产和销售				

主要财务指标　指标＼报告期	2017.06.30	2016.12.31	2016.06.30	2015.12.31
基本每股收益(元)	0.0300	0.3100	0.2400	0.4000
基本每股收益(扣除后)(元)	0.0200	0.3000	0.2300	0.3700
稀释每股收益(元)	0.0300	0.3100	0.2400	0.4000
每股净资产(元)	3.0413	2.5782	2.5094	4.6770
每股经营现金净流量(元)	-0.2226	0.3742	0.4582	1.4632
每股现金流量(元)	0.3314	-0.0325	-0.0904	1.0545
每股资本公积金(元)	1.0907	0.4997	0.4997	1.9308
每股盈余公积金(元)	0.0370	0.0370	0.0199	0.0399
每股未分配利润(元)	0.9138	1.0417	0.9899	1.7068
净资产收益率(%)	0.8260	11.8439	9.4264	8.4867
加权净资产收益率(%)	0.9100	12.4500	9.6100	9.1400
净资产收益率(扣除)(%)	0.5917	11.4983	9.2226	7.8678
总资产(万元)	691023.25	709240.44	667567.68	672541.00
归属母公司股东权益(万元)	357763.23	303283.19	295193.82	275091.18
营业收入(万元)	239298.16	516728.52	319260.94	491887.64
营业支出(万元)	205626.67	407683.86	252799.19	395568.57
投资收益(万元)	60.38	57.67	57.67	1261.38
净利润(万元)	2955.00	35920.57	27826.01	23163.67
营业利润(万元)	2005.94	39858.73	31387.59	22302.04
利润总额(万元)	2152.00	41244.97	32023.69	23145.22

北海国发海洋生物产业股份有限公司

公司概况					
公司名称	北海国发海洋生物产业股份有限公司			证券简称	国发股份
法人代表	潘利斌	董秘	李勇	证券代码	600538
公司网址	www.gofar.com.cn			电子信箱	securities@gofar.com.cn
电　　话	0779-3200619			传　　真	0779-3200618
办公地址	广西壮族自治区北海市北部湾中路 3 号				
经营范围	藻类、贝类、甲壳类等海洋生物系列产品的研究、开发、生产和销售等				

主要财务指标　指标＼报告期	2017.06.30	2016.12.31	2016.06.30	2015.12.31
基本每股收益(元)	-0.0300	-0.0700	-0.0300	0.0100
基本每股收益(扣除后)(元)	-0.0300	-0.0900	-0.0400	-0.0200
稀释每股收益(元)	-0.0300	-0.0700	-0.0300	0.0100
每股净资产(元)	1.3723	1.4004	1.4425	1.4690
每股经营现金净流量(元)	-0.0334	-0.0400	-0.0381	-0.0141
每股现金流量(元)	-0.0102	-0.1377	-0.2015	-0.4309
每股资本公积金(元)	1.2638	1.2638	1.2638	1.2638
每股盈余公积金(元)	0.0788	0.0788	0.0788	0.0788
每股未分配利润(元)	-0.9703	-0.9422	-0.9003	-0.8736
净资产收益率(%)	-2.0436	-4.8994	-1.8484	0.5941
加权净资产收益率(%)	-2.0200	-4.7800	-1.8300	0.6000
净资产收益率(扣除)(%)	-2.2990	-6.3089	-2.5609	-1.3381
总资产(万元)	92313.24	95771.05	98758.94	98401.91
归属母公司股东权益(万元)	63730.09	65032.48	66988.85	68218.68
营业收入(万元)	18726.92	45540.85	23194.49	50640.80
营业支出(万元)	16246.28	40619.40	20668.30	42220.79
投资收益(万元)	93.08	797.29	428.02	1137.77
净利润(万元)	-2002.28	-4905.12	-1802.51	824.97
营业利润(万元)	-1988.64	-5021.44	-1853.02	698.52
利润总额(万元)	-1988.89	-4852.28	-1775.97	961.26

太原狮头水泥股份有限公司

公司概况					
公司名称	太原狮头水泥股份有限公司			证券简称	ST 狮头
法人代表	曹志东	董秘	郝瑛	证券代码	600539
公司网址	www.600539.com.cn			电子信箱	haoying@lionhead.com.cn
电　　话	0351-2857002　6838977			传　　真	0351-6838977
办公地址	山西省太原市万柏林区开城街 1 号				
经营范围	水泥、水泥熟料、商品混凝土、新型墙体材料的生产和销售等				

主要财务指标　指标＼报告期	2017.06.30	2016.12.31	2016.06.30	2015.12.31
基本每股收益(元)	0.0072	-0.0500	-0.1171	0.0600
基本每股收益(扣除后)(元)	0.0052	-0.2200	-0.1178	-0.1684
稀释每股收益(元)	0.0072	-0.0500	-0.1171	0.0600
每股净资产(元)	2.0533	2.0461	1.9746	2.0917
每股经营现金净流量(元)	-0.0419	-0.2691	-0.0475	0.3297
每股现金流量(元)	-0.3057	1.7518	-0.1669	0.1519
每股资本公积金(元)	2.3755	2.3755	2.3755	2.3755
每股盈余公积金(元)	0.1626	0.1626	0.1626	0.1626
每股未分配利润(元)	-1.4848	-1.4920	-1.5635	-1.4464
净资产收益率(%)	0.3494	-2.2268	-5.9295	2.8975
加权净资产收益率(%)	0.3500	-2.2000	-5.7590	2.9400
净资产收益率(扣除)(%)	0.2535	-10.8502	-5.9648	-8.0528
总资产(万元)	52592.13	58411.66	91796.99	97850.22
归属母公司股东权益(万元)	47225.62	47060.61	45415.66	48108.57
营业收入(万元)	3774.03	18996.25	5443.68	9165.10
营业支出(万元)	2995.12	18122.08	5601.91	6925.20
投资收益(万元)	-	2103.61	-	-
净利润(万元)	264.81	-3077.70	-4374.86	241.31
营业利润(万元)	295.15	-5092.47	-4401.56	-4918.40
利润总额(万元)	346.39	-3030.09	-4374.76	241.31

新疆赛里木现代农业股份有限公司

公司概况	公司名称	新疆赛里木现代农业股份有限公司			证券简称	*ST 新赛
	法人代表	马晓宏	董秘	陈建江	证券代码	600540
	公司网址	www.xinsai.com.cn		电子信箱	gmgsgwq@sina.com	
	电　话	86-909-2269378　2268210		传　真	0909-2268162	
	办公地址	新疆维吾尔自治区博乐市红星路 158 号				
	经营范围	棉花种植、加工、销售及食用油的生产、销售等				

	指标\报告期	2017.06.30	2016.12.31	2016.06.30	2015.12.31
主要财务指标	基本每股收益(元)	0.0125	-1.0061	-0.0156	-0.2330
	基本每股收益(扣除后)(元)	-0.0131	-0.5010	-0.0444	-0.3356
	稀释每股收益(元)	0.0125	-1.0061	-0.0156	-0.2330
	每股净资产(元)	1.3164	1.3039	2.2944	2.3100
	每股经营现金净流量(元)	-0.1344	0.1094	0.1092	-0.0421
	每股现金流量(元)	-0.0397	-0.2187	-0.1789	-0.5412
	每股资本公积金(元)	1.7089	1.7089	1.7089	1.7089
	每股盈余公积金(元)	0.0873	0.0873	0.0873	0.0873
	每股未分配利润(元)	-1.4798	-1.4922	-0.5017	-0.4861
	净资产收益率(%)	0.9483	-77.1613	-0.6791	-10.0878
	加权净资产收益率(%)	0.9529	-55.6800	-0.6800	-9.6031
	净资产收益率(扣除)(%)	-0.9939	-38.4267	-1.9346	-14.5297
	总资产(万元)	229627.37	252721.01	279280.52	291794.72
	归属母公司股东权益(万元)	61991.31	61403.42	108049.33	108783.09
	营业收入(万元)	69969.09	105026.32	18039.51	119242.07
	营业支出(万元)	66262.23	100668.68	16436.90	123554.07
	投资收益(万元)	146.88	-1157.26	-429.82	104.18
	净利润(万元)	1254.61	-71664.49	-1074.53	-15366.92
	营业利润(万元)	-454.60	-74177.63	-2689.73	-19700.38
	利润总额(万元)	1262.57	-71482.18	-1074.53	-15493.22

甘肃莫高实业发展股份有限公司

公司概况	公司名称	甘肃莫高实业发展股份有限公司			证券简称	莫高股份
	法人代表	赵国柱	董秘	朱晓宇	证券代码	600543
	公司网址	www.mogao.com		电子信箱	mgjiahw@126.com	
	电　话	86-931-8776219		传　真	0931-4890543	
	办公地址	甘肃省兰州市城关区东岗西路 638 号兰州财富中心 23 层				
	经营范围	农产品及加工品、药品的生产和销售等				

	指标\报告期	2017.06.30	2016.12.31	2016.06.30	2015.12.31
主要财务指标	基本每股收益(元)	0.0400	0.0600	0.0400	0.0600
	基本每股收益(扣除后)(元)	0.0400	0.0600	0.0400	0.0400
	稀释每股收益(元)	0.0400	0.0600	0.0400	0.0600
	每股净资产(元)	3.4709	3.4266	3.4024	3.3833
	每股经营现金净流量(元)	0.0558	0.1331	0.0052	0.0838
	每股现金流量(元)	-0.1157	-0.1409	-0.1025	0.1589
	每股资本公积金(元)	1.4510	1.4510	1.4510	1.4510
	每股盈余公积金(元)	0.3302	0.3302	0.3109	0.3109
	每股未分配利润(元)	0.6898	0.6454	0.6405	0.6214
	净资产收益率(%)	1.2783	1.8475	1.1495	1.7704
	加权净资产收益率(%)	1.2900	1.8500	1.1500	1.7900
	净资产收益率(扣除)(%)	1.2567	1.8510	1.0934	1.3154
	总资产(万元)	128122.24	131038.62	125934.87	127602.97
	归属母公司股东权益(万元)	111458.95	110034.22	109257.32	108643.60
	营业收入(万元)	11963.47	21186.22	10688.62	24864.80
	营业支出(万元)	4913.11	8318.85	4522.85	9958.88
	投资收益(万元)	796.80	1867.29	753.93	2068.09
	净利润(万元)	1278.14	1837.69	1236.55	1826.22
	营业利润(万元)	1472.43	2492.73	1389.00	3711.62
	利润总额(万元)	1508.45	2501.01	1461.20	4294.33

卓郎智能技术股份有限公司

公司概况	公司名称	卓郎智能技术股份有限公司			证券简称	卓郎智能
	法人代表	潘雪平	董秘	曾正平	证券代码	600545
	公司网址	www.xjcj.com		电子信箱	dlu-china-ir@saurer.com	
	电　话	0991-4889803　4889812		传　真	0991-4889813	
	办公地址	新疆维吾尔自治区乌鲁木齐市南湖南路 133 号城建大厦 22 层				
	经营范围	城市基础设施建设与运营、城市源水供应、房地产开发与销售等				

	指标\报告期	2017.06.30	2016.12.31	2016.06.30	2015.12.31
主要财务指标	基本每股收益(元)	-0.0303	-0.3374	-0.1247	0.0462
	基本每股收益(扣除后)(元)	-0.0390	-0.3628	-0.1360	0.0221
	稀释每股收益(元)	-0.0303	-0.3374	-0.1247	0.0462
	每股净资产(元)	2.6795	2.7098	2.9689	3.0936
	每股经营现金净流量(元)	-0.1385	-0.5826	-0.2512	-0.0267
	每股现金流量(元)	0.1151	-0.7749	-0.1616	1.1635
	每股资本公积金(元)	0.8325	0.8325	0.8312	0.8312
	每股盈余公积金(元)	0.2330	0.2330	0.2330	0.2330
	每股未分配利润(元)	0.6095	1.8899	0.9025	1.0271
	净资产收益率(%)	-1.1305	-12.4503	-4.1994	1.4919
	加权净资产收益率(%)	-1.0300	-11.6173	-4.1130	1.4923
	净资产收益率(扣除)(%)	-1.4546	-13.3892	-4.5821	0.7149
	总资产(万元)	1015848.49	1322524.30	1005002.20	1044908.20
	归属母公司股东权益(万元)	181076.70	253003.30	200636.37	209061.83
	营业收入(万元)	70299.62	319067.98	106350.54	437972.60
	营业支出(万元)	54885.80	291261.86	100978.39	387815.43
	投资收益(万元)	0.11	15.62	-143.10	-393.66
	净利润(万元)	143.19	-21827.03	-7807.13	6011.67
	营业利润(万元)	2233.38	-28133.81	-8358.09	4007.14
	利润总额(万元)	2987.22	-25407.78	-7019.41	6004.56

山煤国际能源集团股份有限公司

公司概况	公司名称	山煤国际能源集团股份有限公司			证券简称	山煤国际
	法人代表	王为民	董秘	马凌云	证券代码	600546
	公司网址	www.smgjcoal.com		电子信箱	smzqb@shanxicoal.cn	
	电　话	0351-4645546		传　真	0351-4645846	
	办公地址	山西省太原市长风街 115 号				
	经营范围	煤炭生产和销售等				

	指标\报告期	2017.06.30	2016.12.31	2016.06.30	2015.12.31
主要财务指标	基本每股收益(元)	0.0500	0.1600	-0.2200	-1.2000
	基本每股收益(扣除后)(元)	0.0600	-0.9100	-0.2200	-1.1800
	稀释每股收益(元)	0.0500	0.1600	-0.2200	-1.2000
	每股净资产(元)	2.0995	2.0276	1.7036	1.8870
	每股经营现金净流量(元)	0.0958	1.9726	0.0829	0.2928
	每股现金流量(元)	-0.2894	-0.2589	-1.3691	0.7385
	每股资本公积金(元)	1.1325	1.1325	1.1325	1.1325
	每股盈余公积金(元)	0.1041	0.1041	0.1041	0.1041
	每股未分配利润(元)	-0.2657	-0.3162	-0.6944	-0.4714
	净资产收益率(%)	2.4049	7.6543	-13.0953	-63.6264
	加权净资产收益率(%)	2.4600	7.9000	-12.4300	-47.9600
	净资产收益率(扣除)(%)	2.9787	-45.0509	-13.1337	-62.3598
	总资产(万元)	4302789.95	4486005.95	4818083.68	5048995.36
	归属母公司股东权益(万元)	416210.01	401971.25	337736.18	374092.08
	营业收入(万元)	2303707.50	4915975.95	2134904.81	3959489.43
	营业支出(万元)	2083650.15	4540304.42	2049959.70	3722955.85
	投资收益(万元)	--	225174.24	33.34	-252.22
	净利润(万元)	41323.20	65415.73	-40199.98	-226407.52
	营业利润(万元)	71888.27	120248.71	-35349.38	-200669.30
	利润总额(万元)	68224.02	105666.99	-35037.08	-204398.54

山东黄金矿业股份有限公司

公司概况					
公司名称	山东黄金矿业股份有限公司			证券简称	山东黄金
法人代表	李国红	董秘	汤琦	证券代码	600547
公司网址	www.sdhjgf.com		电子信箱	ir@sd-gold.com	
电　　话	0531-67710376		传　　真	0531-67710380	
办公地址	山东省济南市舜华路 2000 号舜泰广场 3 号楼				
经营范围	黄金开采和选冶加工、同时伴有白银、硫精矿的生产				

主要财务指标　指标\报告期	2017.06.30	2016.12.31	2016.06.30	2015.12.31
基本每股收益(元)	0.3300	0.7700	0.3900	0.4100
基本每股收益(扣除后)(元)	0.3400	0.8800	0.3900	0.4000
稀释每股收益(元)	0.3300	0.7700	0.3900	0.4100
每股净资产(元)	8.5904	8.3566	7.0762	6.7847
每股经营现金净流量(元)	0.6946	1.4668	0.5691	1.4629
每股现金流量(元)	0.6906	0.3538	-0.0241	0.0231
每股资本公积金(元)	2.2697	2.2697	0.0245	0.0245
每股盈余公积金(元)	0.2537	0.2537	0.3174	0.3174
每股未分配利润(元)	5.0685	4.8351	5.7249	5.4355
净资产收益率(%)	3.8724	8.3301	5.5010	6.0800
加权净资产收益率(%)	3.9300	10.3600	5.5800	6.2300
净资产收益率(扣除)(%)	3.9742	8.6526	5.5200	5.8885
总资产(万元)	4224058.96	2835721.27	2347310.91	2267764.79
归属母公司股东权益(万元)	1595333.17	1551925.50	1006997.77	965510.47
营业收入(万元)	2577121.27	5019885.26	2482253.73	3857290.77
营业支出(万元)	2348369.99	4579912.17	2285510.98	3559294.36
投资收益(万元)	-3809.14	2172.56	-6028.50	18487.94
净利润(万元)	65336.07	130880.86	56621.80	60141.15
营业利润(万元)	84499.79	169843.17	76830.55	85634.45
利润总额(万元)	82739.72	169145.22	76515.61	85007.98

深圳高速公路股份有限公司

公司概况					
公司名称	深圳高速公路股份有限公司			证券简称	深高速
法人代表	胡伟	董秘	罗琨	证券代码	600548
公司网址	www.sz-expressway.com		电子信箱	secretary@sz-expressway.com	
电　　话	0755-82853338 82853331		传　　真	0755-82853400	
办公地址	广东省深圳市福田区益田路江苏大厦裙楼 2-4 层				
经营范围	公路和道路的投资和建造、建设管理、经营管理等				

主要财务指标　指标\报告期	2017.06.30	2016.12.31	2016.06.30	2015.12.31
基本每股收益(元)	0.3400	0.5360	0.2820	0.7120
基本每股收益(扣除后)(元)	0.3270	0.4610	0.2380	0.2420
稀释每股收益(元)	0.3400	0.5360	0.2820	0.7120
每股净资产(元)	5.9304	5.8119	5.6139	5.6700
每股经营现金净流量(元)	0.5329	0.9752	0.4146	0.8123
每股现金流量(元)	-1.1164	-0.8884	-1.4015	2.2588
每股资本公积金(元)	0.9863	0.9864	1.0429	1.0429
每股盈余公积金(元)	0.9314	0.9314	0.8785	0.8785
每股未分配利润(元)	2.6040	2.4839	2.2826	2.3406
净资产收益率(%)	5.7352	9.2260	5.0227	12.5529
加权净资产收益率(%)	5.7200	9.3500	4.9000	12.9400
净资产收益率(扣除)(%)	5.5172	7.9271	4.2358	4.2639
总资产(万元)	3644404.31	3238484.44	3116272.41	3167065.51
归属母公司股东权益(万元)	1293291.53	1267447.60	1224258.26	1236889.30
营业收入(万元)	210838.50	453220.92	206312.81	342057.83
营业支出(万元)	102130.49	253293.13	106703.86	167874.76
投资收益(万元)	24659.06	43398.21	22735.52	115499.08
净利润(万元)	79700.96	131642.18	69374.06	149515.00
营业利润(万元)	97381.15	164535.12	86357.80	163536.66
利润总额(万元)	99902.06	162244.89	86433.10	167232.69

厦门钨业股份有限公司

公司概况					
公司名称	厦门钨业股份有限公司			证券简称	厦门钨业
法人代表	黄长庚	董秘	许火耀	证券代码	600549
公司网址	www.cxtc.com		电子信箱	xtc@public.xm.fj.cn	
电　　话	0592-5363856		传　　真	0592-5363857	
办公地址	福建省厦门市开元区湖滨南路 619 号 16 层				
经营范围	钨及有色金属冶炼、加工、钨合金、钨深加工产品的生产和销售				

主要财务指标　指标\报告期	2017.06.30	2016.12.31	2016.06.30	2015.12.31
基本每股收益(元)	0.4189	0.1359	0.0633	-0.6125
基本每股收益(扣除后)(元)	0.3721	0.0549	0.0177	-0.6486
稀释每股收益(元)	0.4189	0.1359	0.0633	-0.6125
每股净资产(元)	6.2181	5.9998	6.0048	6.1351
每股经营现金净流量(元)	-0.7189	1.1150	0.3817	-1.1677
每股现金流量(元)	0.1802	0.5553	0.4209	-0.5641
每股资本公积金(元)	3.0270	3.0270	3.1115	3.1115
每股盈余公积金(元)	0.3085	0.3085	0.2930	0.2930
每股未分配利润(元)	1.7725	1.5537	1.4965	1.6332
净资产收益率(%)	6.7364	2.2654	1.0535	-9.9837
加权净资产收益率(%)	6.7500	2.2300	1.0300	-9.4400
净资产收益率(扣除)(%)	5.9846	0.9153	0.2942	-10.5714
总资产(万元)	1742780.02	1549954.42	1566746.44	1598714.20
归属母公司股东权益(万元)	672536.01	648917.57	649463.89	663561.80
营业收入(万元)	618056.36	852839.07	349939.25	775484.06
营业支出(万元)	460951.59	682878.82	285487.00	645873.54
投资收益(万元)	4731.48	3425.46	3160.54	3643.77
净利润(万元)	62415.10	29910.28	14225.32	-57718.10
营业利润(万元)	69363.15	34117.68	12505.62	-56286.55
利润总额(万元)	76180.22	42457.93	15588.24	-53838.84

保定天威保变电气股份有限公司

公司概况					
公司名称	保定天威保变电气股份有限公司			证券简称	保变电气
法人代表	薛桓	董秘	何光盛	证券代码	600550
公司网址	www.twbb.com		电子信箱	tzb@twbb.com	
电　　话	0312-3252455		传　　真	0312-3230382	
办公地址	河北省保定市天威西路 2222 号				
经营范围	变压器、互感器、电抗器等输变电设备及辅助设备、零部件的制造与销售等				

主要财务指标　指标\报告期	2017.06.30	2016.12.31	2016.06.30	2015.12.31
基本每股收益(元)	0.0500	0.0710	0.0400	0.0590
基本每股收益(扣除后)(元)	-0.0570	0.0040	0.0080	-0.4390
稀释每股收益(元)	0.0500	0.0710	0.0400	0.0590
每股净资产(元)	0.3189	0.2695	0.2400	0.1957
每股经营现金净流量(元)	0.0509	0.3323	0.0920	0.0999
每股现金流量(元)	0.0880	0.4288	0.4876	-0.0404
每股资本公积金(元)	2.0493	2.0493	2.0553	2.0553
每股盈余公积金(元)	0.2122	0.2122	0.2122	0.2122
每股未分配利润(元)	-2.9626	-3.0078	-3.0374	-3.0789
净资产收益率(%)	14.1526	26.3872	17.2910	30.1874
加权净资产收益率(%)	15.3400	30.5700	19.1700	14.9200
净资产收益率(扣除)(%)	-17.9979	1.3054	3.4059	-224.2988
总资产(万元)	1003945.82	965226.50	954115.18	804286.34
归属母公司股东权益(万元)	48940.65	41356.51	36829.73	30029.51
营业收入(万元)	149360.04	406843.60	187132.90	402743.30
营业支出(万元)	121203.48	310588.42	149482.65	330014.49
投资收益(万元)	15460.26	1310.72	391.55	74725.56
净利润(万元)	6525.74	10967.23	5820.69	9235.89
营业利润(万元)	4824.25	2481.26	1284.10	7348.75
利润总额(万元)	6453.57	11530.31	6397.13	9568.05

时代出版传媒股份有限公司

公司概况	公司名称	时代出版传媒股份有限公司			证券简称	时代出版
	法人代表	王民	董秘	刘红	证券代码	600551
	公司网址	www.press-mart.com		电子信箱	luyl@press-mart.com	
	电　话	0551-63533679　63533050		传　真	0551-63533185	
	办公地址	安徽省合肥市蜀山区翡翠路 1118 号出版传媒广场				
	经营范围	出版传媒、印刷复制以及与其密切相关的高新科技研发与成果转化等				

主要财务指标	指标\报告期	2017.06.30	2016.12.31	2016.06.30	2015.12.31
	基本每股收益(元)	0.3028	0.7959	0.4641	0.7770
	基本每股收益(扣除后)(元)	0.2612	0.4804	0.4081	0.5563
	稀释每股收益(元)	0.3028	0.7959	0.4641	0.7770
	每股净资产(元)	10.0046	10.0820	8.3386	8.3239
	每股经营现金净流量(元)	-0.9528	0.5182	-0.5905	0.8642
	每股现金流量(元)	-0.8235	1.2854	-0.4142	0.8066
	每股资本公积金(元)	2.6575	2.6575	2.6577	2.6588
	每股盈余公积金(元)	0.3131	0.3131	0.2763	0.2763
	每股未分配利润(元)	4.6633	4.3605	4.0654	3.8353
	净资产收益率(%)	3.0263	7.8943	5.5653	9.3344
	加权净资产收益率(%)	3.0100	8.6500	5.4700	10.3600
	净资产收益率(扣除)(%)	2.6107	4.7651	4.8943	6.6826
	总资产(万元)	756876.29	764983.04	654758.98	685051.72
	归属母公司股东权益(万元)	506057.27	509973.54	421788.82	421042.39
	营业收入(万元)	353619.55	676660.59	321960.72	602112.28
	营业支出(万元)	318768.49	603306.88	285898.06	535865.01
	投资收益(万元)	1424.33	10759.29	3069.99	7762.12
	净利润(万元)	15618.03	40608.76	23877.72	39624.19
	营业利润(万元)	15907.82	30180.44	19921.99	24559.43
	利润总额(万元)	16022.23	41289.53	24155.91	40615.33

凯盛科技股份有限公司

公司概况	公司名称	凯盛科技股份有限公司			证券简称	凯盛科技
	法人代表	夏宁	董秘	黄晓婷	证券代码	600552
	公司网址	www.fangxingkj.com		电子信箱	chch0254@sina.com	
	电　话	0552-4968015		传　真	0552-4077780	
	办公地址	安徽省蚌埠市黄山大道 8009 号				
	经营范围	浮法玻璃、在线镀膜玻璃、ITO 导电膜玻璃、玻璃深加工制品及新型材料的开发等				

主要财务指标	指标\报告期	2017.06.30	2016.12.31	2016.06.30	2015.12.31
	基本每股收益(元)	0.0459	0.1970	0.0725	0.2900
	基本每股收益(扣除后)(元)	0.0362	0.0519	0.0427	0.1535
	稀释每股收益(元)	0.0459	0.1970	0.0725	0.2900
	每股净资产(元)	3.0402	6.0947	5.9701	5.8977
	每股经营现金净流量(元)	0.0162	0.1730	0.0119	0.1329
	每股现金流量(元)	0.2903	-0.8787	-1.0915	0.4442
	每股资本公积金(元)	1.2666	3.5391	3.5391	3.5391
	每股盈余公积金(元)	0.0393	0.0785	0.0650	0.0650
	每股未分配利润(元)	0.7344	1.4770	1.3660	1.2935
	净资产收益率(%)	1.5083	3.2325	1.2144	4.9177
	加权净资产收益率(%)	1.4900	3.2900	1.2200	6.1700
	净资产收益率(扣除)(%)	1.1893	0.8514	0.7159	2.6025
	总资产(万元)	541700.53	487314.49	441351.07	460126.77
	归属母公司股东权益(万元)	233198.11	233745.51	228968.48	226189.80
	营业收入(万元)	156696.65	310664.52	103838.34	112965.27
	营业支出(万元)	131867.74	261003.31	86640.44	89330.38
	投资收益(万元)	——	——	9.01	25.97
	净利润(万元)	4352.04	10032.43	3523.97	12255.86
	营业利润(万元)	4588.70	6724.39	3389.36	7886.19
	利润总额(万元)	5676.67	13321.54	4714.42	15153.08

海航创新股份有限公司

公司概况	公司名称	海航创新股份有限公司			证券简称	海航创新
	法人代表	郭亚军	董秘	孙爱林	证券代码	600555
	公司网址	www.ninedragon.com.cn		电子信箱	chenhaiyan@ninedragon.com.cn	
	电　话	0898-88338308		传　真	0898-88981305	
	办公地址	海南省三亚市天涯区三亚湾路 228 号三亚湾皇冠假日度假酒店二层办公区				
	经营范围	房地产、商业房产综合开发				

主要财务指标	指标\报告期	2017.06.30	2016.12.31	2016.06.30	2015.12.31
	基本每股收益(元)	-0.0800	-0.1500	-0.0100	0.0200
	基本每股收益(扣除后)(元)	-0.0700	-0.1800	-0.0700	-0.1200
	稀释每股收益(元)	-0.0800	-0.1500	-0.0100	0.0200
	每股净资产(元)	1.1113	1.1891	1.3259	1.3485
	每股经营现金净流量(元)	0.0684	-0.1231	-0.0591	-0.1698
	每股现金流量(元)	-0.2079	-0.2704	-0.2791	0.4077
	每股资本公积金(元)	0.3098	0.3098	0.3098	0.3098
	每股盈余公积金(元)	0.1095	0.1095	0.1077	0.1077
	每股未分配利润(元)	-0.3361	-0.2582	-0.1228	-0.1087
	净资产收益率(%)	-7.0029	-12.4285	-1.0624	1.5925
	加权净资产收益率(%)	-0.0600	-11.5700	-1.0500	1.6300
	净资产收益率(扣除)(%)	-6.6871	-15.4610	-5.0839	-8.9721
	总资产(万元)	336249.41	361378.45	371274.13	376455.11
	归属母公司股东权益(万元)	144857.95	155002.14	172826.31	175773.65
	营业收入(万元)	2081.75	3609.87	1890.38	12960.45
	营业支出(万元)	1724.55	3173.32	1750.49	9879.90
	投资收益(万元)	328.50	357.18	204.84	8445.52
	净利润(万元)	-10230.57	-19841.14	-2644.89	2583.79
	营业利润(万元)	-8990.98	-24576.81	-9595.14	-6768.42
	利润总额(万元)	-9448.38	-19079.84	-2644.89	4233.57

广西慧金科技股份有限公司

公司概况	公司名称	广西慧金科技股份有限公司			证券简称	ST 慧球
	法人代表	张琲	董秘	李洁	证券代码	600556
	公司网址	www.bsyy.com.cn		电子信箱	bsyy_bh@163.net	
	电　话	0779-2228937		传　真	0779-2228936	
	办公地址	广西壮族自治区北海市北海大道西 16 号海富大厦 17 层 D 座				
	经营范围	化学药品、抗生素,中药材、中药饮片、中成药,生化药品、生物制品等				

主要财务指标	指标\报告期	2017.06.30	2016.12.31	2016.06.30	2015.12.31
	基本每股收益(元)	-0.0292	-0.0700	-0.0318	0.0130
	基本每股收益(扣除后)(元)	-0.0210	-0.0600	-0.0403	0.0050
	稀释每股收益(元)	-0.0292	-0.0700	-0.0318	0.0130
	每股净资产(元)	0.1594	0.1886	0.0517	0.0835
	每股经营现金净流量(元)	-0.0211	0.0200	-0.0430	-0.2341
	每股现金流量(元)	0.0007	-0.0074	-0.0211	-0.0308
	每股资本公积金(元)	1.1547	1.1547	0.9829	0.9829
	每股盈余公积金(元)	0.0975	0.0975	0.0975	0.0975
	每股未分配利润(元)	-2.0928	-2.0636	-2.0286	-1.9969
	净资产收益率(%)	-18.2854	-35.4013	-61.4776	15.5733
	加权净资产收益率(%)	-16.7500	-40.3200	-47.0200	112.8400
	净资产收益率(扣除)(%)	-13.1698	-34.0486	-77.9047	6.0326
	总资产(万元)	12693.81	28818.96	12542.79	12460.62
	归属母公司股东权益(万元)	6294.71	7445.73	2040.73	3295.32
	营业收入(万元)	1573.62	4688.21	2346.75	9290.94
	营业支出(万元)	1677.82	4020.29	1989.19	6329.71
	投资收益(万元)	——	——	-	1.45
	净利润(万元)	-1151.02	-2650.40	-1257.88	512.65
	营业利润(万元)	-888.67	-2492.74	-1228.61	624.84
	利润总额(万元)	-1132.60	-2507.17	-1243.38	628.42

江苏康缘药业股份有限公司

公司概况	公司名称	江苏康缘药业股份有限公司		证券简称	康缘药业	
	法人代表	肖伟	董秘	肖伟(代)	证券代码	600557
	公司网址	www.kanion.com		电子信箱	fzb@kanion.com	
	电　话	0518-85521990		传　真	0518-85521990	
	办公地址	江苏省连云港市经济技术开发区江宁工业城				
	经营范围	中成药制剂、保健品制造、销售等				

主要财务指标	指标\报告期	2017.06.30	2016.12.31	2016.06.30	2015.12.31
	基本每股收益(元)	0.3100	0.6100	0.3100	0.7100
	基本每股收益(扣除后)(元)	0.3000	0.5500	0.3000	0.6700
	稀释每股收益(元)	0.3100	0.6100	0.3100	0.7100
	每股净资产(元)	5.3495	5.0990	4.8025	5.4713
	每股经营现金净流量(元)	0.3624	0.4851	0.4375	1.0021
	每股现金流量(元)	-0.1258	0.0433	0.0318	-0.6459
	每股资本公积金(元)	0.8442	0.8442	0.8442	1.0131
	每股盈余公积金(元)	0.4457	0.4457	0.3854	0.4624
	每股未分配利润(元)	3.0599	2.8094	2.5733	2.9962
	净资产收益率(%)	5.8035	11.8901	6.4505	12.8916
	加权净资产收益率(%)	5.9100	12.5500	6.5700	13.6500
	净资产收益率(扣除)(%)	5.6509	10.7333	6.2991	12.3129
	总资产(万元)	505495.70	473010.54	451049.23	430450.30
	归属母公司股东权益(万元)	329769.60	314330.25	296051.39	281063.62
	营业收入(万元)	166322.61	300027.78	150258.70	282044.63
	营业支出(万元)	41223.34	76074.23	37749.24	71382.16
	投资收益(万元)	72.29	49.05	0.08	-68.38
	净利润(万元)	19409.60	37614.59	19301.26	36524.34
	营业利润(万元)	22362.20	38677.56	22179.05	39871.77
	利润总额(万元)	22890.03	42948.50	22730.81	41876.92

四川大西洋焊接材料股份有限公司

公司概况	公司名称	四川大西洋焊接材料股份有限公司		证券简称	大西洋	
	法人代表	李欣雨	董秘	唐敏	证券代码	600558
	公司网址	www.weldatlantic.com		电子信箱	dxy600558@vip.163.com	
	电　话	0813-5101327		传　真	0813-5109042	
	办公地址	四川省自贡市大安区马冲口街2号				
	经营范围	开发、生产、销售电焊条、焊丝、焊剂三大类别、八大系列等				

主要财务指标	指标\报告期	2017.06.30	2016.12.31	2016.06.30	2015.12.31
	基本每股收益(元)	0.0250	0.0495	0.0320	0.1106
	基本每股收益(扣除后)(元)	0.0210	0.0400	0.0270	0.0517
	稀释每股收益(元)	0.0250	0.0495	0.0320	0.1106
	每股净资产(元)	2.0670	2.0619	2.0442	3.0583
	每股经营现金净流量(元)	-0.0670	0.0590	0.0473	0.2400
	每股现金流量(元)	-0.1368	0.0137	0.2144	-0.1729
	每股资本公积金(元)	0.4991	0.4991	0.4991	1.2486
	每股盈余公积金(元)	0.1003	0.0975	0.0967	0.1400
	每股未分配利润(元)	0.4675	0.4651	0.4483	0.6696
	净资产收益率(%)	1.2167	2.4013	1.5620	3.6151
	加权净资产收益率(%)	1.2120	2.4100	1.5540	3.6400
	净资产收益率(扣除)(%)	1.0131	1.9378	1.3264	1.6895
	总资产(万元)	281313.81	268063.46	266631.72	264765.81
	归属母公司股东权益(万元)	185536.40	185081.36	183489.10	183007.66
	营业收入(万元)	100559.88	168209.09	80871.14	169197.68
	营业支出(万元)	84250.41	135586.13	64135.85	138314.16
	投资收益(万元)	216.79	360.69	269.11	1112.12
	净利润(万元)	2868.71	5448.80	3537.85	7498.20
	营业利润(万元)	3225.75	6237.01	3825.08	6074.05
	利润总额(万元)	3397.50	7049.24	4304.46	9106.60

河北衡水老白干酒业股份有限公司

公司概况	公司名称	河北衡水老白干酒业股份有限公司		证券简称	老白干酒	
	法人代表	刘彦龙	董秘	刘勇	证券代码	600559
	公司网址	www.hengshuilaobaigan.net		电子信箱	hslbg@hengshuilaobaigan.net	
	电　话	0318-2122755		传　真	0318-2669976	
	办公地址	河北省衡水市路北开发区振华新路酒都大厦				
	经营范围	衡水老白干酒的生产与销售、商品猪及种猪的饲养与销售				

主要财务指标	指标\报告期	2017.06.30	2016.12.31	2016.06.30	2015.12.31
	基本每股收益(元)	0.1100	0.2500	0.0600	0.5400
	基本每股收益(扣除后)(元)	0.1000	0.2200	0.0300	0.4300
	稀释每股收益(元)	0.1100	0.2500	0.0600	0.5400
	每股净资产(元)	3.7865	3.6690	3.4646	8.8048
	每股经营现金净流量(元)	-0.7629	1.8197	-0.3959	1.9161
	每股现金流量(元)	-0.3007	1.2849	-0.3796	2.4021
	每股资本公积金(元)	1.5638	1.5638	1.5638	5.4096
	每股盈余公积金(元)	0.1396	0.1390	0.1331	0.3327
	每股未分配利润(元)	1.0161	0.9082	0.7175	1.9529
	净资产收益率(%)	2.8628	6.8966	1.6264	4.8640
	加权净资产收益率(%)	2.9100	7.0500	1.5900	10.8300
	净资产收益率(扣除)(%)	2.5461	6.0073	0.8550	3.8982
	总资产(万元)	279527.34	320431.09	244746.78	280250.23
	归属母公司股东权益(万元)	165872.60	160722.36	151768.73	154280.42
	营业收入(万元)	110680.67	243833.25	104292.84	233580.53
	营业支出(万元)	42501.09	99401.58	47498.98	100568.80
	投资收益(万元)	226.07	132.94	158.93	-50.41
	净利润(万元)	4748.54	11084.33	2468.31	7504.19
	营业利润(万元)	6622.71	16856.86	4075.93	17134.80
	利润总额(万元)	7023.47	18483.61	5162.06	18643.49

北京金自天正智能控制股份有限公司

公司概况	公司名称	北京金自天正智能控制股份有限公司		证券简称	金自天正	
	法人代表	孙彦广	董秘	胡邦周	证券代码	600560
	公司网址	www.aritime.com		电子信箱	hubangzhou@163.com	
	电　话	010-56982304		传　真	010-63713257	
	办公地址	北京市丰台区科学城富丰路6号				
	经营范围	自动化系统的技术开发、技术转让、技术咨询、技术培训、技术服务				

主要财务指标	指标\报告期	2017.06.30	2016.12.31	2016.06.30	2015.12.31
	基本每股收益(元)	0.0509	0.0900	0.0700	0.0800
	基本每股收益(扣除后)(元)	0.0473	0.0600	0.0600	0.0345
	稀释每股收益(元)	0.0509	0.0900	0.0700	0.0800
	每股净资产(元)	3.2827	3.2581	3.2365	3.1991
	每股经营现金净流量(元)	-0.0098	-0.2913	-0.1760	0.0997
	每股现金流量(元)	-0.0008	-0.0575	-0.0107	0.1003
	每股资本公积金(元)	0.9243	0.9243	0.9243	0.9243
	每股盈余公积金(元)	0.2509	0.2509	0.2431	0.2431
	每股未分配利润(元)	1.1050	1.0811	1.0655	1.0251
	净资产收益率(%)	1.5516	2.7247	2.0194	2.5432
	加权净资产收益率(%)	1.5500	2.7500	2.0200	2.5700
	净资产收益率(扣除)(%)	1.4413	1.8482	1.7001	1.0781
	总资产(万元)	168364.09	167679.87	167958.59	175220.54
	归属母公司股东权益(万元)	73416.61	72865.92	72383.00	71546.18
	营业收入(万元)	28247.96	46508.60	29637.50	53623.23
	营业支出(万元)	21809.49	32266.31	23374.37	40322.43
	投资收益(万元)	82.32	409.28	238.11	629.62
	净利润(万元)	1219.60	2052.67	1492.17	1968.51
	营业利润(万元)	1159.72	1683.87	1490.81	1127.40
	利润总额(万元)	1185.46	2295.00	1641.87	2355.22